幕末明治
人物研究文献目録

日外アソシエーツ

Bibliography of Personals in The Bakumatsu and Meiji Era

Compiled by
Nichigai Associates, Inc.

©2010 by Nichigai Associates, Inc.
Printed in Japan

> 本書はディジタルデータでご利用いただくことができます。詳細はお問い合わせください。

●編集担当● 城谷 浩
装 丁：浅海 亜矢子

刊行にあたって

　1853年にペリー艦隊が来航し太平の眠りから覚めた日本は、以後、幕末・明治時代の約60年間に、開国、明治維新、文明開化、富国強兵、日清・日露戦争を経て、世界列強の一国に肩を並べていく。この時代は近代日本の礎が築かれた時代として、世紀を超えて日本人の関心を集めている。勝海舟、坂本龍馬、西郷隆盛など幕末・維新の功労者が小説や映画・テレビドラマでたびたび取り上げられるほか、企業の創業者、技術者、学校の創設者、啓蒙思想家、お雇い外国人、近代文学作家、芸術家、冒険家、革命思想家など、経済・社会・文化の各分野でも大きな足跡を残した人物が活躍し、伝記、研究文献などが今日まで数多く書かれている。

　本書は、1980年から2009年までの30年間に国内で刊行・発表された図書・雑誌・紀要類から、幕末・明治期の人物2,024人に関する文献50,695点を収録した人物文献索引である。市販され広く流通する図書・雑誌のほか、一般には入手が難しい私家版、大学・短大や学会の紀要・研究報告、専門誌・業界誌、記念論文集やシンポジウム記録なども収録した。図書の内容の一部で取りあげられているものや、書名や論題に直接人名が現れない作品研究のように、通常の目録検索では調査が困難な文献まで、人物ごとに一覧することができる。本文は政治・経済・社会・学術・文化の分野別に収録し、政治家・実業家・作家などの同分野の人物を一覧できる。巻頭には五十音順の人名目次を付して検索の便を図った。

　なお、小社では、国内外のあらゆる分野の人物の調査・研究に役立つ人物書誌の基本ツールとして「人物文献目録」シリーズを「'80」から「2005-2007」まで計27冊刊行してきた。こちらも併せてご利用いただければ幸いである。

　本書が、日本の近代史の人物研究のツールとして広く活用されることを期待したい。

2010年3月

日外アソシエーツ

総　目　次

凡　例 .... (6)

人名目次 .... (8)

幕末明治　人物研究文献目録

政治 1

経済 215

社会 265

学術 327

文化 451

凡　例

1. 収録期間と範囲

　　1980年～2009年に国内で刊行された図書・雑誌・紀要類から、幕末・明治時代の人物に関する研究文献（伝記・日記・回想・人物論・年譜・著作目録・書誌等）を収録した。収録範囲・点数は、ペリーが来航した1853年から明治天皇が崩御した1912年までの期間に主に活動した人物2,024人（来日外国人を含む）に関する文献50,695点である。

2. 見出し

　（1）本名、通称、旧姓名、別名（号、筆名、芸名等）のうち、一般に最も知られているものを見出しとして採用し、検索の便を図るため適宜参照を用いた。
　（2）西洋人は姓のカタカナ表記を見出しとし、原綴を付した。
　（3）漢字は原則として常用漢字・新字を用いた。
　（4）世系などがある場合は必要に応じて補記した。
　（5）見出し人名には、読み、生没年、簡単なプロフィールを付した。

3. 見出しの排列

　（1）人物の活動分野によって、全体を「政治」「経済」「社会」「学術」「文化」に大別し、大見出しとした。
　（2）各分野の下では、人名の読みの五十音順に排列した。濁音・半濁音は清音扱い、拗音・促音は直音扱いとし、長音符（音引き）は無視した。

4. 文献の排列と記載の形式

　（1）排　列

　　見出し人名のもとは【図書】【雑誌】に分け、小見出しを示した。図書・雑誌の下はそれぞれ刊行年月順とした。

　（2）記載の形式

　　文献は下記の原則によって記載した。

　　　1）図書
　　　　◇書名―副書名／巻次／（著編者等）／出版者／刊行年月／ページ数または冊数／（叢書名）
　　　　例）◇大久保利通―国権の道は経済から　（落合功著）　日本経済評論社　2008.7　242p　（評伝・日本の経済思想）

　　なお、論集・図書の一部分については以下のように記載した。
　　　　◇論題／（著者）／『書名』／（著編者等）／出版者／刊行年月／掲載ページ

例）◇樋口一葉の『にごりえ』―「恩寵」の時間と「歴史」の時間　　（蓮実重彦）
　　　　『立教国際シンポジウム報告書』（北山晴一編）　立教大学　1997.3　p279
2）雑誌の論文
　　◇論題／（著編者等）／「誌名」／発行者／巻（号）／発行年月／掲載ページ
　例）◇E.S.モースが描く維新期の男と女の位相―博物学者のまなざしとスケッチから
　　　（野間晴雄）　　「関西大学文学論集」　関西大学文学会　54（2）　2004.10
　　　p35～69

5．人名目次（巻頭）

　　本文に収録した見出し人名を五十音順に排列し、分野と掲載ページを示した。

6．参考資料

　　主に以下のデータベースを参考にした。
　　BOOKPLUS
　　JAPAN/MARC
　　MAGAZINEPLUS

人 名 目 次

【あ】

愛加那（政治）……………1
会津小鉄（社会）…………265
饗庭篁村（文化）…………451
青木繁（文化）……………451
青木周蔵（政治）……………1
青山小三郎（政治）…………1
青山胤通（学術）…………327
青山鉄槍（学術）…………327
赤木忠春（社会）…………265
明石博高（学術）…………327
明石元二郎（政治）…………1
吾妻謙（経済）……………215
赤根武人（政治）……………2
赤羽一（社会）……………265
赤星研造（社会）…………265
赤松小三郎（学術）………327
赤松則良（学術）…………327
赤松連城（社会）…………265
秋月橘門（学術）…………327
秋月種樹（政治）……………2
秋月悌次郎（政治）…………2
秋元正一郎（学術）………327
秋山真之（政治）……………3
秋山好古（政治）……………4
秋良貞臣（経済）…………215
浅井忠（文化）……………452
安積艮斎（学術）…………327
浅田宗伯（社会）…………265
浅野総一郎〔初代〕（経済）……………215
浅野長勲（政治）……………5
浅野長訓（政治）……………5
浅野梅堂（経済）…………215
浅原才一（社会）…………265
朝彦親王（政治）……………5
朝比奈知泉（社会）………266
朝吹英二（経済）…………216
安島帯刀（政治）……………5
アストン, W.（政治）………5
畔上楳仙（社会）…………266
麻生太吉（経済）…………216
安達憲忠（社会）…………266
安達清風（社会）……………6
足立節子（文化）…………453
足立文太郎（学術）………328
アダムズ, A.（社会）……266
吾妻健三郎（社会）………266
跡部良弼（政治）……………6
跡見花蹊（学術）…………328
姉小路公知（政治）…………6
アーノルド, E.（文化）…453
安部井磐根（政治）…………6
安部磯雄（社会）…………266
阿部宇之八（社会）………267
阿部真造（学術）…………328
阿部泰蔵（経済）…………216

阿部正外（政治）……………6
阿部正弘（政治）……………6
甘糟春女（政治）……………7
天田愚庵（文化）…………453
天野為之（学術）…………328
天野八郎（政治）……………7
雨宮敬次郎（経済）………216
雨森精翁（政治）……………7
アメリカ彦蔵（文化）
　→浜田彦蔵（はまだひこぞう）
　を見よ
荒井郁之助（学術）………328
新井奥邃（社会）…………267
新居日薩（社会）…………268
新居守村（学術）…………328
荒尾精（政治）………………7
荒木寛畝（文化）…………453
荒木寅三郎（学術）………329
有賀長雄（学術）…………329
有坂成章（学術）……………7
有島武（経済）……………216
有馬四郎助（社会）………268
有馬新七（政治）……………7
有村次左衛門（政治）………7
有村連寿尼（政治）…………7
アールブルク, H.（学術）…329
アンチセル, T.（学術）……329
安東菊子（社会）…………268
安藤野雁（学術）…………329
安藤信正（政治）……………7
安藤文沢（社会）…………268
安藤和風（社会）…………268
アンベール, A.（政治）……8
飯島魁（学術）……………329
飯田歌子（経済）…………216
飯田新七〔2代〕（経済）…216
飯田武郷（学術）…………329
飯田忠彦（学術）…………329
飯田守年（学術）…………329
井伊直弼（政治）……………8
飯野吉三郎（社会）………268
伊木忠澄（政治）……………10
生沢クノ（社会）…………268
生田安宅（社会）…………268
井上貞法尼（社会）………268
池内大学（学術）…………330
池上雪枝（社会）…………268
池田章政（政治）……………10
池田菊苗（学術）…………330
池田謙斎（学術）…………330
池田謙三（経済）…………216
池田幸（政治）………………10
池田草庵（学術）…………330
池田種徳（社会）……………10
池田長発（政治）……………10
池田茂政（政治）……………10
池田慶徳（政治）……………10
池辺三山（文化）…………453
池辺義象（文化）…………454
伊古田純道（社会）………268

伊沢修二（学術）…………331
石井研堂（学術）…………331
石井十次（社会）…………268
石井宗謙（学術）…………332
石井亮一（社会）…………269
石川舞台（社会）…………269
石河正竜（経済）…………217
石川素堂（社会）…………269
石川台嶺（社会）…………269
石川啄木（文化）…………454
石川千代松（学術）………332
石川理紀之助（経済）……217
石川和助（学術）…………332
石黒忠悳（学術）…………332
石坂周造（政治）……………10
石坂昌孝（政治）……………10
石崎ナカ（社会）…………269
伊地知貞馨（政治）…………11
伊地知季安（政治）…………11
伊地知正治（政治）…………11
石野雲嶺（経済）…………217
石橋思案（文化）…………469
石橋忍月（文化）…………469
イーストレイク, F.（学術）…332
泉智等（社会）……………270
和泉要助（経済）…………217
泉麟太郎（経済）…………217
井関盛良（政治）……………11
磯永彦助（政治）……………11
磯永彦輔（経済）…………217
磯野小右衛門（経済）……217
磯部四郎（社会）…………270
磯村音介（経済）…………217
板垣退助（政治）……………11
板倉勝静（政治）……………12
市川兼恭（学術）…………332
市川九女八〔初代〕（文化）……………469
市川小団次〔4代〕（文化）……………469
市川左団次〔初代〕（文化）……………469
市川三左衛門（政治）………12
市川団十郎〔9代〕（文化）……………469
市川段四郎〔2代〕（文化）……………470
市川団蔵〔7代〕（文化）…470
市川中車〔7代〕（文化）…470
市川渡（文化）……………470
市来四郎（政治）……………12
市村瓚次郎（学術）………332
伊藤梅子（政治）……………12
伊藤一隆（経済）…………217
伊東甲子太郎（政治）………12
伊藤圭介（学術）…………332
伊東玄朴（学術）…………333
伊藤小左衛門〔5代〕（経済）……………218
伊藤左千夫（文化）………470

伊藤慎蔵（学術）…………333
伊東祐亨（政治）……………13
伊東忠太（学術）…………333
伊藤忠兵衛〔初代〕（経済）……………218
伊藤痴遊〔初代〕（政治）…13
伊藤伝右衛門（経済）……218
伊藤伝七〔10代〕（経済）…218
伊藤博文（政治）……………13
伊東方成（社会）…………270
伊東巳代治（政治）…………17
伊藤六郎兵衛（社会）……270
稲垣示（政治）………………18
稲妻雷五郎（文化）………472
稲畑勝太郎（経済）………218
稲葉正邦（政治）……………18
乾十郎（政治）………………18
乾新兵衛（経済）…………218
井上円了（学術）…………334
井上馨（政治）………………18
井上清直（政治）……………19
井上毅（政治）………………19
井上省三（政治）……………22
井上井月（文化）…………472
井上武子（政治）……………22
井上達也（社会）…………270
井上勤（文化）……………473
井上哲次郎（学術）………335
井上伝（経済）……………218
井上伝蔵（政治）……………22
井上八郎（経済）…………218
井上文雄（学術）…………336
井上正直（政治）……………22
井上勝（経済）……………218
井上保次郎（経済）………219
井上八千代〔3代〕（文化）……………473
井上良馨（政治）……………22
井上淑蔭（学術）…………336
井上頼圀（学術）…………336
伊能穎則（学術）…………336
井口在屋（経済）…………219
伊庭貞剛（経済）…………219
伊庭八郎（政治）……………22
イービ, C.（社会）………270
井深梶之助（学術）………336
飯降伊蔵（社会）…………270
今泉嘉一郎（経済）………219
今泉みね（文化）…………473
今井兼七（経済）…………220
今城重子（政治）……………22
今北洪川（社会）…………270
今西林三郎（経済）………220
今村恵猛（社会）…………270
今村力三郎（社会）………270
伊予田与八郎（経済）……220
入江九一（政治）……………22
入江長八（文化）…………473
入江文郎（学術）…………336
入沢達吉（学術）…………337

岩井勝次郎(経済)………220	内海忠勝(政治)………28	大島友之允(政治)………42	岡部東平(政治)………44
岩井半四郎〔8代〕(文化)………473	海上胤平(政治)………28	大島正健(学術)………342	岡松甕谷(学術)………347
岩倉具視(政治)………22	梅ケ谷藤太郎〔初代〕(文化)………474	大島道太郎(経済)………224	岡村司(学術)………347
岩倉槇子(政治)………25	梅謙次郎(学術)………340	大須賀筠軒(学術)………342	岡村政子(文化)………482
岩崎久弥(経済)………220	梅田雲浜(政治)………28	大関和(学術)………342	岡本監輔(経済)………225
岩崎弥太郎(経済)………220	梅若実〔初代〕(文化)………474	大関増裕(政治)………42	岡本黄石(政治)………44
岩崎弥之助(経済)………221	浦敬一(社会)………280	太田稲主(社会)………281	岡本保孝(学術)………347
岩下清周(経済)………222	浦田長民(社会)………280	大田垣蓮月(文化)………476	岡本柳之助(政治)………44
岩下方平(政治)………25	瓜生岩(社会)………280	太田黒伴雄(政治)………42	岡吉胤(社会)………282
岩瀬忠震(政治)………25	海野勝珉(文化)………474	太田資始(政治)………42	岡鹿門(学術)………347
岩永マキ(社会)………270	雲竜久吉(文化)………474	太田朝敷(社会)………282	小河一敏(政治)………45
岩松助左衛門(経済)………222	エアトン,W.(学術)………340	大谷嘉兵衛(経済)………224	小川一真(文化)………482
岩村高俊(政治)………26	永機(文化)………475	大谷光瑩(社会)………282	小河滋次郎(社会)………283
岩村通俊(政治)………26	英照皇太后(政治)………28	大谷光尊(社会)………282	小川泰堂(学術)………347
巖本善治(学術)………337	永楽和全(文化)………475	大谷光沢(社会)………282	小川とく子(経済)………225
巌谷一六(文化)………473	江川太郎左衛門〔36代〕(政治)………28	太田用成(社会)………282	小川直平(学術)………347
岩谷松平(経済)………222	江木鰐水(学術)………340	大塚楠緒子(文化)………476	荻江露友〔4代〕(文化)………482
イング,J.(社会)………271	江木千之(政治)………29	大槻俊斎(学術)………342	沖牙太郎(経済)………225
印南丈作(経済)………222	江木衷(社会)………280	大槻如電(学術)………342	小木曽猪兵衛(社会)………283
インブリ,W.(社会)………271	絵金(文化)………475	大槻磐渓(学術)………342	沖田総司(政治)………45
ウィグモア,J.(学術)………337	枝権兵衛(経済)………223	大槻文彦(学術)………343	荻野吟子(社会)………283
ウィリアムズ,C.(社会)………271	枝吉経種(学術)………29	大友亀太郎(経済)………224	荻野独園(社会)………284
ウィリアムズ,S.(社会)………271	エッケルト,F.(学術)………340	大鳥圭介(政治)………42	大給恒(政治)………46
ウィリス,W.(社会)………271	エッゲルト,U.(学術)………340	鴻雪爪(社会)………282	荻原守衛(文化)………482
ウィルソン,H.(学術)………337	江藤新平(政治)………29	大音竜太郎(政治)………43	奥田正香(経済)………225
ウィン,T.(社会)………271	江藤正澄(社会)………280	大西絹(学術)………343	奥野昌綱(社会)………284
植木枝盛(政治)………26	榎本武揚(政治)………30	大西祝(学術)………343	奥宮健之(社会)………284
植木貞子(文化)………473	江幡五郎(政治)………33	大沼枕山(文化)………476	奥宮慥斎(学術)………347
上杉斉憲(政治)………27	江原素六(政治)………33	大野規周(経済)………224	奥原晴湖(文化)………483
上杉茂憲(政治)………27	海老名弾正(社会)………280	大庭恭平(政治)………43	奥村五百子(社会)………284
ウェスト,C.(学術)………337	海老名リン(社会)………340	大橋乙羽(文化)………477	小倉香雨(文化)………483
ウェストン,W.(文化)………473	江馬元益(社会)………281	大橋佐平(経済)………224	小栗忠順(政治)………46
上田万年(学術)………337	エルメレンス,C.(学術)………340	大橋慎(政治)………43	小栗栖香頂(社会)………284
上田及淵(学術)………338	遠藤七郎(政治)………33	大橋新太郎(経済)………224	尾崎紅葉(文化)………483
上田寅吉(学術)………338	遠藤波津子〔初代〕(経済)………223	大橋訥庵(社会)………43	尾崎三良(政治)………48
上野景範(政治)………27	オイレンブルク,F.(政治)………33	大橋巻子(政治)………43	押川方義(社会)………284
上野彦馬(文化)………474	おうの(社会)………281	大庭雪斎(学術)………344	押小路甫子(文化)………48
上野理一(文化)………474	大井憲太郎(政治)………33	大林芳五郎(経済)………224	オズーフ,P.(社会)………284
上原勇作(政治)………27	大石誠之助(社会)………281	大原重徳(政治)………43	小田宅子(文化)………486
上原六四郎(学術)………338	大石正己(政治)………33	大前田英五郎(社会)………282	尾台榕堂(社会)………284
植松茂岳(学術)………338	大内青巒(社会)………281	大三輪長兵衛(経済)………225	尾高惇忠(経済)………225
植村正久(社会)………271	大浦兼武(政治)………33	大村益次郎(学術)………344	尾高ゆう(経済)………225
養鸕徹定(社会)………272	大浦慶(経済)………223	大矢透(学術)………345	織田純一郎(文化)………486
浮田一蕙(文化)………474	大江卓(政治)………33	大山巌(政治)………43	織田得能(学術)………347
浮田和民(学術)………338	大川平三郎(経済)………223	大山捨松(社会)………282	男谷精一郎(政治)………48
潮田千勢子(社会)………272	大木喬任(政治)………34	大山綱良(政治)………43	落合直亮(政治)………48
牛島謹爾(社会)………272	大国隆正(学術)………340	大和田建樹(文化)………477	落合直澄(学術)………347
牛場卓蔵(経済)………222	大久保一翁(政治)………34	岡倉天心(文化)………477	落合直文(文化)………486
宇宿彦右衛門(政治)………27	大久保要(政治)………34	岡崎邦輔(政治)………43	落合芳幾(文化)………487
宇田川興斎(学術)………272	大久保利通(政治)………34	小笠原長行(政治)………44	音吉(社会)………285
歌川広重〔3代〕(文化)………474	大隈綾子(政治)………39	岡千仞(学術)………345	お富(社会)………285
宇田川文海(文化)………474	大熊氏広(文化)………475	緒方郁蔵(学術)………345	小野梓(政治)………48
歌沢能六斎(文化)………474	大隈言道(文化)………475	岡田以蔵(政治)………44	尾上菊五郎〔5代〕(文化)………487
内田五観(学術)………339	大隈重信(政治)………39	緒方洪庵(学術)………345	尾上松助〔4代〕(文化)………487
内田瀞(経済)………222	大熊弁玉(文化)………475	緒方惟準(社会)………282	小野鵞堂(文化)………487
内田九一(文化)………474	大倉喜八郎(経済)………223	岡田佐平治(社会)………44	小野湖山(政治)………49
内田康哉(政治)………27	大河内存真(社会)………281	岡田為恭(文化)………481	小野太三郎(社会)………285
内村鑑三(社会)………272	大迫貞清(政治)………42	緒方正規(学術)………346	小野寺丹元(学術)………347
内村鱸香(学術)………339	大里忠一郎(経済)………224	緒方八重(学術)………346	小野友五郎(学術)………347
内山愚童(社会)………279	大沢善助(経済)………224	岡田良一郎(学術)………44	小野光景(経済)………225
内山七郎右衛門(政治)………28	大下藤次郎(文化)………475	岡田良平(学術)………347	小幡英之助(社会)………285
宇津木六之丞(政治)………28	大島貞益(学術)………341	岡上菊栄(社会)………282	小幡篤次郎(学術)………348
宇都宮三郎(経済)………223	大島高任(学術)………341	岡野喜太郎(経済)………225	小原鉄心(政治)………49
宇都宮仙太郎(経済)………223		岡野敬次郎(政治)………44	お美津の方(政治)………50
宇都宮黙霖(政治)………28		岡野知十(文化)………482	小山鼎吉(社会)………285
		岡谷繁実(政治)………44	小山東助(政治)………50

お由羅の方(政治)............50	金井烏洲(文化)............488	木内喜八(文化)............495	久坂玄瑞(政治)............69
オリファント,L.(政治)....50	金井延(学術)............350	キオソーネ,E.(文化)....495	草鹿砥宣隆(社会)............294
オールコック,R.(政治)....50	金井之恭(政治)............60	気賀林(経済)............227	日下部鳴鶴(文化)............502
	仮名垣魯文(文化)............488	義観(社会)............288	日柳燕石(政治)............69
【か】	金森通倫(社会)............286	菊池貫平(社会)............288	草山貞胤(社会)............294
	金子喜一(社会)............286	菊池恭三(経済)............227	串田万蔵(経済)............228
貝島太助(経済)............225	金子重輔(政治)............60	菊池教中(経済)............228	九条道孝(政治)............70
海保漁村(学術)............348	金子直吉(経済)............226	菊池九郎(政治)............64	楠瀬喜多(政治)............70
ガウランド,W.(学術)....348	金子孫二郎(政治)............60	木口小平(政治)............64	葛原勾当(文化)............502
臥雲辰致(経済)............225	兼松房治郎(経済)............227	菊池三渓(学術)............353	楠本イネ(社会)............294
海江田信義(政治)............51	狩野亨吉(学術)............350	菊池大麓(学術)............353	楠本碩水(学術)............356
嘉悦孝(学術)............348	嘉納治五郎(学術)............350	菊池楯衛(経済)............228	楠本たき(社会)............294
香川敬三(政治)............51	嘉納治郎作(経済)............227	菊池徳子(経済)............228	楠本端山(学術)............356
賀来飛霞(学術)............348	狩野雅信(文化)............488	菊池容斎(文化)............495	楠本正隆(政治)............70
加古千賀(文化)............487	加納夏雄(文化)............488	儀山善来(社会)............288	久津見蕨村(学術)............294
笠井順八(経済)............226	加納久宜(政治)............60	岸田吟香(文化)............502	クーデンホーフ光子(政治)............70
笠原研寿(学術)............348	狩野芳崖(文化)............489	岸田俊子(社会)............289	国木田独歩(文化)............502
笠原白翁(社会)............285	樺山愛輔(経済)............227	岸竹堂(文化)............495	国沢新九郎(文化)............508
梶常吉(文化)............487	樺山資紀(政治)............61	鬼島広蔭(学術)............353	国沢新兵衛(経済)............228
鹿島則文(社会)............285	加部琴堂(経済)............227	来島又兵衛(政治)............64	司司信濃(政治)............70
鹿島万平(経済)............226	鎌田出雲(政治)............61	岸本能武太(学術)............353	クニッピング,E.(学術)....356
カション,l.(政治)............51	神谷与平治(経済)............227	岸本芳秀(文化)............495	久原躬弦(学術)............357
柏木忠俊(政治)............51	亀井茲監(政治)............61	キダー,M.(社会)............289	窪田次郎(社会)............294
柏原学而(学術)............348	萱野権兵衛(政治)............61	北浦定政(学術)............353	窪田静太郎(社会)............294
春日潜庵(学術)............348	カロザース,C.(社会)....287	北尾次郎(学術)............354	久保田米僊(文化)............508
和宮(政治)	川合清丸(社会)............287	北垣国道(政治)............64	熊谷直孝(経済)............228
→静寛院宮(せいかんいんのみや)を見よ	川合小梅(文化)............489	北風正造(経済)............228	久米邦武(学術)............357
片岡健吉(政治)............51	河井継之助(政治)............61	北里柴三郎(学術)............354	久米桂一郎(文化)............508
片岡直輝(経済)............226	川上音二郎(文化)............489	北島схерき朝(政治)............64	雲井竜雄(政治)............70
片岡直温(経済)............226	河上彦斎(政治)............62	北田薄氷(文化)............495	鞍懸吉寅(政治)............70
片岡仁左衛門〔8代〕(文化)............487	川上貞奴(文化)............490	北野元峰(社会)............289	クラーク,E.(学術)............358
片岡仁左衛門〔11代〕(文化)............487	川上操六(政治)............62	北畠道龍(社会)............289	クラーク,W.(学術)............358
片倉兼太郎〔初代〕(経済)............226	川上冬崖(文化)............491	北畠治房(政治)............64	グラバー,T.(経済)............229
片平信明(政治)............51	川上眉山(文化)............491	北村透谷(文化)............496	栗田寛(学術)............358
片山国嘉(学術)............348	河上弥市(政治)............62	北村美那(学術)............355	栗原イネ(経済)............229
片山潜(社会)............285	河口慧海(学術)............352	吉川経幹(政治)............65	栗原順庵(社会)............294
片山東熊(文化)............487	川崎正蔵(経済)............227	木津無庵(社会)............290	栗原信充(学術)............359
片寄平蔵(経済)............226	川路高子(文化)............63	木戸孝允(政治)............65	グリフィス,W.(学術)............359
勝海舟(政治)............51	川路聖謨(政治)............63	木戸松子(政治)............67	栗本鋤雲(経済)............294
香月恕経(経済)............226	川路利良(政治)............64	木梨精一郎(政治)............67	来島恒喜(社会)............295
葛飾応為(文化)............487	河島醇(政治)............64	杵屋六左衛門〔10代〕(文化)............502	来原良蔵(政治)............71
カッテンダイケ,W.(政治)............58	川島甚兵衛〔2代〕(経済)............227	木村曙(文化)............502	呉秀三(学術)............359
カッペレッティ,G.(文化)............487	川瀬太宰(政治)............64	木村芥舟(政治)............67	グロ,J.(政治)............71
桂川甫周〔7代〕(社会)............286	河瀬秀治(経済)............227	木村九蔵(経済)............228	黒岩涙香(文化)............509
葛城彦一(社会)............58	川田甕江(学術)............352	木村熊二(学術)............355	黒川真頼(学術)............359
桂誉重(学術)............348	河竹新七〔3代〕(文化)............491	木村清四郎(経済)............228	黒川良安(学術)............359
桂田富士郎(学術)............348	河竹黙阿弥(文化)............492	木村長七(経済)............228	黒木為楨(政治)............71
桂太郎(政治)............58	川田小一郎(経済)............227	木村鐙子(学術)............356	黒駒勝蔵(社会)............295
桂久武(政治)............59	河田小龍(文化)............493	木村正辞(学術)............356	黒沢鷹次郎(経済)............229
桂文治〔6代〕(文化)............487	川田竜吉(経済)............227	木村安兵衛(経済)............228	黒沢登幾(文化)............510
加藤桜老(学術)............349	川面凡児(社会)............287	木村利右衛門(経済)............228	黒田麹廬(学術)............360
加藤素毛(文化)............487	川手文治郎(社会)............287	京極高朗(政治)............67	黒田清隆(政治)............71
加藤高明(政治)............59	河鍋暁斎(文化)............493	清岡道之助(政治)............67	黒田清綱(学術)............71
加藤時次郎(社会)............286	川端玉章(文化)............495	清川八郎(政治)............67	黒田清輝(文化)............510
加藤徳成(政治)............60	川村迂叟(経済)............227	清沢満之(社会)............290	黒田長溥(政治)............71
加藤友三郎(政治)............60	川村清雄(文化)............495	清野勉(学術)............356	桑田立斎(学術)............71
加藤弘之(学術)............349	川村純義(政治)............64	清元延寿太夫〔5代〕(文化)............502	郡司成忠(政治)............71
加藤政之助(政治)............286	川本幸民(学術)............352	桐野利秋(政治)............68	けい(社会)............295
加藤正義(経済)............226	岩亀楼喜遊(社会)............287	宜湾朝保(政治)............69	月照(政治)............72
梶取素彦(政治)............60	菅周庵(社会)............287	禽語楼小さん〔2代〕(文化)............502	月性(政治)............72
	神田孝平(学術)............352	金原明善(経済)............228	ケプロン,H.(政治)............72
	神田乃武(学術)............353	陸羯南(社会)............292	ケーベル,R.(学術)............360
	神田兵右衛門(経済)............227	九鬼隆一(学術)............356	ケルメル,O.(学術)............360
	管野すが(社会)............287	久坂玄機(学術)............356	剣持章行(学術)............361
	菅野八郎(社会)............288		小泉信吉(経済)............229
	菅政友(学術)............353		

人名	ページ
小泉八雲(文化)	511
肥塚龍(政治)	72
小出粲(文化)	521
甲賀源吾(政治)	72
郷誠之助(経済)	229
幸徳秋水(社会)	295
河野常吉(学術)	361
河野槇造(学術)	361
河野鉄兜(文化)	521
河野敏鎌(政治)	72
幸野楳嶺(文化)	522
河野広中(政治)	72
孝明天皇(政治)	72
神山郡廉(政治)	74
古賀謹一郎(政治)	74
久我建通(政治)	74
古賀辰四郎(経済)	229
小勝(社会)	298
小金井小次郎(社会)	298
小金井良精(学術)	361
国分青厓(文化)	522
古在由直(学術)	361
小崎千代(社会)	298
小崎弘道(社会)	298
児島惟謙(政治)	74
古島一雄(社会)	298
児島強介(政治)	74
小島文治郎(社会)	298
小杉榲邨(文化)	522
五姓田芳柳〔初代〕(文化)	522
五姓田義松(文化)	522
五代友厚(経済)	229
古高俊太郎(政治)	74
児玉源太郎(政治)	75
児玉順蔵(学術)	361
篭手田安定(政治)	76
後藤象二郎(政治)	76
後藤碩田(学術)	361
後藤宙外(文化)	522
小藤文次郎(学術)	361
小中村清矩(学術)	361
小西増太郎(社会)	298
近衛篤麿(政治)	76
近衛忠熙(政治)	76
小橋安蔵(政治)	77
小林清親(文化)	522
小林吟右衛門〔2代〕(経済)	230
小林富次郎〔初代〕(経済)	230
小林虎三郎(政治)	77
古曳盤谷(社会)	299
コープランド,W.(学術)	361
ゴーブル,J.(社会)	299
小堀鞆音(文化)	523
小松帯刀(政治)	77
小松原英太郎(社会)	299
小村寿太郎(政治)	78
小室三吉(経済)	230
小室信夫(政治)	79
小室信介(政治)	79
子安峻(経済)	230
小山健三(経済)	230
小山正太郎(文化)	523
コール,J.(社会)	299
是枝柳右衛門(文化)	523
コワニエ,F.(経済)	230
権田直助(学術)	361
近藤勇(政治)	79
近藤実左衛門(社会)	299
近藤長次郎(経済)	230
近藤ツネ(政治)	81
近藤真琴(学術)	362
近藤芳樹(学術)	362
近藤廉平(経済)	230
コンドル,J.(文化)	523

【さ】

人名	ページ
西園寺公望(政治)	81
細木香以(文化)	524
西郷いと(政治)	83
西郷孤月(文化)	524
西郷四郎(文化)	524
西郷隆盛(政治)	83
西郷頼母(政治)	93
西郷従道(政治)	93
税所敦子(文化)	524
税所篤(政治)	93
斎藤宜義(学術)	362
斎藤月岑〔9代〕(文化)	524
斎藤高行(政治)	93
斎藤野の人(文化)	524
斎藤寿雄(社会)	299
斎藤秀三郎(学術)	362
斎藤実(政治)	93
斎藤壬生雄(社会)	299
斎藤弥九郎〔初代〕(政治)	94
斎藤緑雨(文化)	524
佐伯定胤(社会)	299
酒井忠義(政治)	94
酒井忠篤(政治)	94
酒井雄三郎(政治)	94
榊原鍵吉(政治)	95
榊原芳野(学術)	362
嵯峨寿安(学術)	362
阪谷朗盧(学術)	363
嵯峨の屋お室(文化)	526
相模屋政五郎(社会)	299
坂本乙女(政治)	95
坂本嘉治馬(文化)	526
坂本金弥(経済)	231
坂本直寛(政治)	95
坂本龍(政治)	95
坂本龍馬(政治)	95
相楽総三(政治)	105
相良知安(社会)	299
佐久間左馬太(政治)	105
佐久間象山(政治)	105
佐久間繢(学術)	363
佐久間繡(学術)	363
佐久間勉(政治)	108
佐久間貞一(経済)	231
佐久良東雄(文化)	526
桜井錠二(学術)	363
桜井ちか子(学術)	363
佐倉常七(経済)	231
桜間伴馬(文化)	526
佐々木元俊(学術)	363
佐々木高行(政治)	108
佐々木長淳(経済)	231
佐々木東洋(学術)	363
佐々城豊寿(社会)	299
佐々木春夫(学術)	363
佐々木弘綱(文化)	526
笹森儀助(文化)	526
佐竹悦子(社会)	299
佐竹義堯(政治)	108
佐々友房(政治)	108
颯田本真(社会)	300
サトウ,E.(政治)	108
佐藤清臣(学術)	363
佐藤元萇(学術)	300
佐藤志か(経済)	231
佐藤志津(学術)	363
佐藤誠実(学術)	364
佐藤昌介(学術)	364
佐藤尚中(社会)	300
佐藤輔子(文化)	526
佐藤進(学術)	364
佐藤泰然(学術)	364
佐藤政養(経済)	231
佐野鼎(政治)	110
佐野常民(政治)	110
佐野経彦(社会)	300
サマーズ,J.(学術)	364
鮫島尚信(政治)	110
沢太郎左衛門(政治)	110
沢野糸子(経済)	231
沢宣嘉(政治)	110
沢辺琢磨(社会)	300
沢村田之助〔3代〕(文化)	527
沢柳政太郎(学術)	364
沢山保羅(社会)	300
山々亭有人(文化)	527
三条実美(政治)	110
三遊亭円朝〔初代〕(文化)	527
シェパード,C.(経済)	231
ジェーンズ,L.(社会)	300
塩川文麟(文化)	528
塩谷宕陰(学術)	365
志賀重昂(学術)	365
敷田年治(学術)	366
重野安繹(学術)	367
宍戸璣(政治)	111
四条隆謌(政治)	111
仕立屋銀次(社会)	300
七里恒順(社会)	300
品川弥二郎(政治)	111
篠田雲鳳(文化)	528
篠原国幹(政治)	111
篠原忠右衛門(経済)	231
信夫恕軒(学術)	367
柴田是真(文化)	528
柴山愛次郎(政治)	111
司馬凌海(学術)	367
渋沢栄一(経済)	231
渋沢喜作(経済)	237
渋沢宗助(経済)	237
渋沢千代(社会)	300
シーボルト,A.(政治)	111
シーボルト,H.(政治)	111
シーボルト,P.(学術)	367
島崎正樹(経済)	237
島地黙雷(社会)	300
島田一良(政治)	112
島田三郎(社会)	301
島津お政(社会)	301
島津忠義(政治)	112
島津斉彬(政治)	112
島津斉興(政治)	113
島津久光(政治)	113
島村光津(社会)	301
島本仲道(政治)	114
島義勇(政治)	114
清水卯三郎(経済)	237
清水喜助〔2代〕(政治)	114
清水次郎長(社会)	301
清水誠(経済)	237
志村源太郎(経済)	237
下岡蓮杖(文化)	529
下城弥一郎(経済)	237
下瀬雅允(経済)	238
下田歌子(学術)	372
下村正太郎(経済)	238
下村善太郎(経済)	238
下曽根信敦(政治)	114
シモンズ,D.(社会)	302
釈雲照(社会)	302
釈宗演(社会)	302
謝花昇(政治)	114
充真院(社会)	303
ショイベ,H.(社会)	303
松旭斎天一〔初代〕(文化)	529
昭憲皇太后(政治)	114
正司考祺(政治)	115
荘田平五郎(経済)	238
城常太郎(社会)	303
ジョン万次郎(文化) →中浜万次郎(なかはままんじろう)を見よ	
白石正一郎(経済)	238
白井千代梅(文化)	529
白井光太郎(学術)	372
白神新一郎〔初代〕(社会)	303
白瀬矗(文化)	529
白鳥庫吉(学術)	373
白仁武(経済)	238
ジラール,P.(社会)	303
慈隆(社会)	303
神中糸子(文化)	529
陣幕久五郎(文化)	530
新見正興(政治)	115
新門辰五郎(社会)	303
スウィフト,J.(学術)	373
末広鉄腸(社会)	303
末松謙澄(政治)	115
須貝快天(社会)	303
菅沼貞風(学術)	373
杉浦重剛(学術)	373
杉浦誠(学術)	116
杉浦譲(政治)	116
杉亨二(学術)	374
杉滝子(政治)	116
杉田玄端(学術)	374
杉田成卿(学術)	374
杉田定一(政治)	116
杉孫七郎(政治)	116
杉本ゆり(社会)	303

杉山茂丸(社会)……………304	ダイバース, E.(学術)……376	武田とき(政治)……………125	田村顕允(政治)……………131
スクリーバ, J.(学術)……374	大場久八(社会)……………305	武田成章(政治)……………380	田村梶介(政治)……………537
スクーンメーカー, D.(社会)……………………304	大楽源太郎(政治)…………120	武田範之(社会)……………306	田村直臣(社会)……………307
スコット, M.(学術)………374	田岡嶺雲(文化)……………530	武市瑞山(政治)……………125	田村又吉(経済)……………241
鈴木梅四郎(経済)…………238	高井鴻山(経済)……………239	武市富子(政治)……………125	樺井藤吉(政治)……………131
鈴木其一(文化)……………530	高木兼寛(社会)……………305	竹内貞基(学術)……………380	熾仁親王(政治)……………132
鈴木清(経済)………………238	高木仙右衛門(社会)………305	竹内綱(政治)………………125	ダン, E.(学術)……………382
鈴木三郎助〔2代〕(経済)……………………238	高木壬太郎(社会)…………305	竹内啓(社会)………………307	談洲楼燕枝〔初代〕(文化)……………………537
鈴木三蔵(経済)……………239	高楠順次郎(社会)…………376	竹内保徳(政治)……………125	団琢磨(経済)………………241
鈴木春山(社会)……………304	高倉寿宣(政治)……………120	武村耕靄(文化)……………535	チェンバレン, B.(学術)…382
鈴木千里(政治)……………116	高崎五六(政治)……………120	竹本長十郎(社会)…………307	千葉佐那(文化)……………537
鈴木藤三郎(経済)…………239	高崎親章(政治)……………120	田崎草雲(文化)……………535	千葉周作(政治)……………132
鈴木徳次郎(経済)…………239	高崎正風(文化)……………531	田沢稲舟(文化)……………535	千葉卓三郎(社会)…………307
鈴木馬左也(政治)…………116	高島嘉右衛門(経済)………239	田島梅子(文化)……………536	長洲(政治)…………………132
鈴木雅之(学術)……………374	高島秋帆(政治)……………120	田島直之(経済)……………240	長南年恵(社会)……………308
鈴木よね(経済)……………239	高島鞆之助(政治)…………121	田島弥平(経済)……………241	長梅外(社会)………………308
スタウト, H.(社会)………304	高島北海(文化)……………531	田尻稲次郎(政治)…………125	珍田捨巳(政治)……………132
スターリング, J.(政治)…117	高杉晋作(政治)……………121	田代栄助(社会)……………307	塚原渋柿園(文化)…………537
角田定憲(文化)……………530	高瀬羽皐(社会)……………305	田添鉄二(社会)……………307	塚本明毅(政治)……………132
須藤南翠(文化)……………530	高田畊安(社会)……………305	橘曙覧(文化)………………536	塚本ハマ(社会)……………383
ストレンジ, F.(文化)……530	高田早苗(学術)……………376	橘義天(社会)………………307	辻新次(学術)………………383
スネル, E.(経済)…………239	高田慎蔵(経済)……………240	橘旭翁〔初代〕(文化)……536	津田出(政治)………………132
スネル, H.(経済)…………239	高田善右衛門(経済)………240	橘耕斎(学術)………………380	津田梅子(学術)……………383
巣内式部(政治)……………117	高田宜和(経済)……………240	橘周太(政治)………………126	津田仙(学術)………………385
周布政之助(政治)…………117	鷹司輔煕(政治)……………124	立花家橘之助(文化)………537	津田弘道(経済)……………242
淑子内親王(政治)…………117	高野房太郎(社会)…………305	辰馬きよ(経済)……………241	津田真道(学術)……………385
スミス, S.(社会)…………304	高場乱(学術)………………377	辰野金吾(文化)……………537	土御門藤子(政治)…………132
住友友純(経済)……………239	高橋お伝(社会)……………305	立見尚文(政治)……………126	都筑馨六(政治)……………132
炭谷小梅(社会)……………304	高橋杏村(社会)……………240	伊達邦成(政治)……………126	続豊治(経済)………………242
住谷寅之介(政治)…………117	高橋景作(社会)……………306	伊達邦直(政治)……………126	堤磯右衛門(経済)…………242
静寛院宮(政治)……………117	高橋健三(政治)……………124	伊達千広(文化)……………537	綱島梁川(学術)……………386
清宮秀堅(学術)……………375	高橋五郎(文化)……………531	伊達宗城(政治)……………126	角田忠行(政治)……………132
瀬川如皐〔3代〕(文化)…530	高橋正作(政治)……………240	伊達弥助(経済)……………241	坪井九馬三(学術)…………386
関寛斎(学術)………………375	高橋箒庵(経済)……………240	伊達保子(政治)……………127	坪井玄道(学術)……………386
関口隆吉(政治)……………118	高橋竹之助(政治)…………124	伊達慶邦(政治)……………127	坪井正五郎(学術)…………386
関沢明清(政治)……………118	高橋泥舟(文化)……………532	田中稲城(社会)……………307	坪井信良(学術)……………387
尺振八(学術)………………375	高橋富枝(社会)……………306	田中王堂(学術)……………380	坪井為春(学術)……………387
関雪江(経済)………………239	高橋白山(学術)……………377	田中カツ(政治)……………127	坪内逍遙(文化)……………537
関鉄之介(政治)……………118	高橋瑞子(社会)……………306	田中河内介(政治)…………127	貞心尼(社会)………………308
関根矢作(経済)……………239	高橋由一(文化)……………532	田中正造(政治)……………127	出口なお(社会)……………308
関野貞(学術)………………375	高畠式部(文化)……………533	田中正平(政治)……………380	手島精一(学術)……………387
関谷清景(学術)……………375	高畠藍泉(文化)……………533	田中新兵衛(政治)…………127	手塚律蔵(学術)……………387
関矢孫左衛門(政治)………118	熾仁親王(政治)……………124	田中千弥(社会)……………307	鉄翁祖門(文化)……………543
関義臣(政治)………………118	高松凌雲(社会)……………306	田中館愛橘(学術)…………380	鉄竜海(社会)………………309
世古格太郎(政治)…………118	田上宇平太(社会)…………306	田中智学(学術)……………380	デーニッツ, W.(学術)……387
世良修蔵(政治)……………118	高峰譲吉(学術)……………377	田中長兵衛〔初代〕(経済)……………………241	デニング, W.(社会)………309
芹沢鴨(政治)………………119	高嶺秀夫(学術)……………378	田中久重〔初代〕(経済)…241	デービス, J.(社会)………309
千家尊澄(学術)……………375	高村光雲(文化)……………533	田中不二麿(政治)…………130	デフォレスト, J.(社会)…309
千家尊福(社会)……………304	高村素月(文化)……………533	田中平八(経済)……………241	デュ＝ブスケ, A.(政治)…132
専修院お美代(政治)………119	高山長五郎(経済)…………240	田中光顕(政治)……………130	寺内正毅(政治)……………133
千秋藤篤(政治)……………119	高山樗牛(文化)……………533	田中芳男(学術)……………381	寺尾寿(学術)………………387
宗重正(政治)………………119	高山盈子(社会)……………306	棚橋絢子(学術)……………381	寺門静軒(学術)……………387
副島種臣(政治)……………119	宝井馬琴〔4代〕(文化)…535	田辺朔郎(学術)……………381	寺崎広業(文化)……………543
添田寿一(政治)……………120	滝善三郎(社会)……………306	田辺太一(政治)……………130	寺島宗則(政治)……………133
曽禰荒助(政治)……………120	滝山(政治)…………………124	谷口靄山(文化)……………537	寺屋登勢(経済)……………242
園田孝吉(経済)……………239	滝廉太郎(文化)……………535	谷口藍田(学術)……………382	照姫(政治)…………………133
薗田宗恵(社会)……………305	田口卯吉(学術)……………378	谷三山(学術)………………382	デ＝レーケ, J.(経済)……242
	田口和美(学術)……………379	谷干城(政治)………………130	田健治郎(政治)……………133
【た】	竹内久一(文化)……………535	谷本富(学術)………………382	天璋院(政治)………………134
	竹川竹斎(経済)……………240	谷森善臣(学術)……………382	デントン, M.(社会)………309
ダイアー, H.(学術)………375	竹越与三郎(学術)…………379	田沼意尊(政治)……………131	土居光華(社会)……………309
大蘇芳年(文化)……………530	竹崎順子(学術)……………379	田能村直入(文化)…………537	土井利忠(政治)……………134
大道長安(社会)……………305	竹添進一郎(学術)…………379	玉木文之進(政治)…………131	土居通夫(経済)……………242
	武田錦年(学術)……………380	玉乃世履(政治)……………131	東海散士(政治)……………134
	武田耕雲斎(政治)…………125	玉松操(政治)………………131	東郷平八郎(政治)…………135
		玉虫左太夫(政治)…………131	

東条琴台 (学術) ……387	中井太一郎 (経済) ……244	永山盛輝 (政治) ……152	乃木静子 (政治) ……153
唐人お吉 (文化) ……543	永井尚志 (政治) ……146	中山慶子 (政治) ……146	乃木希典 (政治) ……153
藤堂高猷 (政治) ……136	長井長義 (学術) ……391	長与専斎 (学術) ……394	野口シカ (社会) ……315
頭山満 (社会) ……309	中井弘 (政治) ……146	半井梧庵 (社会) ……311	野口小蘋 (文化) ……611
東陽円月 (社会) ……310	中居屋重兵衛 (経済) ……244	半井桃水 (文化) ……547	野口寧斎 (文化) ……611
戸川残花 (文化) ……543	中江兆民 (政治) ……146	那須信吾 (政治) ……152	野口幽香 (学術) ……404
徳川昭武 (政治) ……136	長岡謙吉 (社会) ……310	夏目漱石 (文化) ……548	能勢栄 (学術) ……404
徳川家定 (政治) ……137	中岡慎太郎 (政治) ……150	鍋島直大 (政治) ……152	野田卯太郎 (政治) ……157
徳川家達 (政治) ……137	永岡鶴蔵 (政治) ……391	鍋島直正 (政治) ……152	ノックス, G. (社会) ……315
徳川家茂 (政治) ……137	長岡半太郎 (学術) ……391	鍋島直彬 (政治) ……152	野津道貫 (政治) ……157
徳川斉昭 (政治) ……138	永岡久茂 (政治) ……150	生江孝之 (社会) ……311	野村宗十郎 (経済) ……247
徳川茂徳 (政治) ……139	仲尾次政隆 (社会) ……310	涛川惣助 (文化) ……610	野村文夫 (社会) ……315
徳川慶篤 (政治) ……139	中川嘉兵衛 (経済) ……244	並河靖之 (文化) ……610	野村望東 (文化) ……611
徳川慶勝 (政治) ……139	中川幸子 (政治) ……151	楢崎猪太郎 (社会) ……311	野村靖 (政治) ……157
徳川慶喜 (政治) ……139	中川虎之助 (経済) ……244	奈良専二 (経済) ……246	
徳大寺実則 (政治) ……144	中川横太郎 (社会) ……310	奈良原繁 (政治) ……152	【は】
徳富一敬 (学術) ……387	永倉新八 (政治) ……151	成石平四郎 (社会) ……311	
徳富久子 (学術) ……387	那珂梧楼 (学術) ……391	成島柳北 (文化) ……610	梅亭金鵞 (文化) ……612
得能良介 (政治) ……144	長沢別天 (社会) ……310	成瀬仁蔵 (学術) ……394	ハウ, A. (学術) ……405
土倉庄三郎 (経済) ……242	中島歌子 (文化) ……544	名和靖 (学術) ……395	ハウス, E. (社会) ……315
所郁太郎 (社会) ……310	中島湘烟 (社会)	南条神興 (社会) ……311	ハウスクネヒト, E. (学術) ……405
利光鶴松 (経済) ……242	→岸田俊子 (きしだとしこ) を見よ	南条文雄 (学術) ……395	
戸田忠恕 (政治) ……144		南天棒 (社会) ……311	芳賀矢一 (文化) ……612
戸塚静海 (学術) ……388	中島信行 (政治) ……151	難波抱節 (社会) ……312	萩野由之 (学術) ……405
土肥慶蔵 (学術) ……388	中島ます (文化) ……544	南部利剛 (政治) ……152	萩原三圭 (社会) ……315
富松正安 (政治) ……144	長瀬富郎 (経済) ……244	南摩綱紀 (学術) ……395	萩原鐐太郎 (経済) ……247
富井於菟 (学術) ……388	中曽根慎吾 (経済) ……244	新島襄 (社会) ……312	パークス, H. (政治) ……157
富井政章 (学術) ……388	中西君尾 (文化) ……544	新島八重子 (学術) ……395	箱田六輔 (政治) ……157
冨田甚平 (経済) ……243	中西耕石 (文化) ……544	新美卯一郎 (社会) ……314	橋本雅邦 (文化) ……612
富田高慶 (政治) ……144	中西為子 (文化) ……544	新村忠雄 (社会) ……314	橋本左内 (政治) ……157
富田鉄之助 (政治) ……145	中西梅花 (文化) ……544	ニコライ (社会) ……314	橋本綱常 (学術) ……405
富永有隣 (政治) ……145	長沼守敬 (文化) ……545	西周 (学術) ……395	長谷川昭道 (政治) ……158
登美宮 (政治) ……145	中根雪江 (政治) ……151	西有穆山 (社会) ……315	長谷川宗右衛門 (政治) ……158
友国晴子 (学術) ……388	中野いと (社会) ……151	西川鯉三郎〔初代〕(文化) ……611	長谷川泰 (学術) ……405
伴林光平 (社会) ……145	中野梧一 (経済) ……151		長谷川芳之助 (経済) ……247
鳥谷部春汀 (文化) ……543	長野主膳 (学術) ……391	西川藤吉 (経済) ……246	長谷川好道 (政治) ……158
外山正一 (学術) ……388	中野逍遙 (文化) ……545	西川吉輔 (経済) ……246	畑銀鶏 (社会) ……315
豊川良平 (経済) ……243	中野竹子 (政治) ……151	西毅一 (学術) ……398	畠山太助 (経済) ……247
豊沢団平〔2代〕(文化) ……543	中野武営 (経済) ……244	西田千太郎 (学術) ……398	畠山勇子 (経済) ……247
豊田佐吉 (経済) ……243	中野半左衛門 (経済) ……244	西道仙 (社会) ……315	羽田埜敬雄 (社会) ……316
豊原芙雄 (学術) ……388	中橋徳五郎 (政治) ……152	西村勝三 (経済) ……246	波多野承五郎 (経済) ……247
豊原国周 (文化) ……543	中浜東一郎 (社会) ……310	西村絹 (経済) ……246	波多野鶴吉 (経済) ……247
鳥居素川 (社会) ……310	中浜万次郎 (文化) ……545	西村敬蔵 (社会) ……315	バチェラー, J. (社会) ……316
鳥居耀蔵 (政治) ……145	中林梧竹 (文化) ……546	西村茂樹 (学術) ……398	蜂須賀斉裕 (政治) ……158
鳥尾小弥太 (政治) ……145	中部幾次郎 (経済) ……245	西村捨三 (政治) ……152	蜂須賀茂韶 (政治) ……158
鳥尾得庵 (政治) ……146	長松日扇 (社会) ……310	西村天囚 (文化) ……611	八田知紀 (文化) ……612
トルー, M. (学術) ……388	中上川彦次郎 (経済) ……245	二条斉敬 (政治) ……152	服部宇之吉 (学術) ……405
ド＝ロ, M. (社会) ……310	那珂通世 (学術) ……391	日薩 (社会) ……315	服部金太郎 (経済) ……247
ドンクル＝キュルシウス, J. (政治) ……146	中牟田倉之助 (政治) ……152	新田邦光 (社会) ……315	服部撫松 (文化) ……613
頓成 (社会) ……310	中村歌右衛門〔5代〕(文化) ……547	新田長次郎 (経済) ……246	バード, I. (文化) ……613
		新渡戸稲造 (学術) ……399	鳩山和夫 (政治) ……158
【な】	中村栄助 (経済) ……245	新渡戸伝 (経済) ……246	鳩山春子 (学術) ……405
	中村歌六〔3代〕(文化) ……547	二宮敬作 (学術) ……404	花井お梅 (文化) ……613
内藤湖南 (学術) ……389	中村鴈治郎〔初代〕(文化) ……547	二宮忠八 (社会) ……246	花房義質 (政治) ……158
内藤耻叟 (学術) ……390		仁礼景範 (政治) ……153	花柳寿輔〔初代〕(文化) ……614
内藤久寛 (経済) ……243	中村芝翫〔4代〕(文化) ……547	庭田嗣子 (政治) ……153	馬場辰猪 (政治) ……159
内藤鳴雪 (文化) ……544	中村善右衛門 (経済) ……245	沼田香雪 (文化) ……611	馬場道久 (経済) ……247
内藤魯一 (政治) ……146	中村宗十郎〔初代〕(文化) ……547	沼田頼輔 (学術) ……404	パーマー, H. (経済) ……248
ナウマン, E. (学術) ……390		沼間守一 (社会) ……315	浜尾新 (学術) ……406
長井雅楽 (政治) ……146	中村直三 (経済) ……245	根岸武香 (学術) ……404	浜崎太平次〔8代〕(経済) ……248
長井雲坪 (文化) ……544	中村仲蔵〔3代〕(文化) ……547	根岸友山 (社会) ……153	
永井建子 (文化) ……544	中村正直 (学術) ……391	根津嘉一郎〔初代〕(経済) ……246	浜田彦蔵 (文化) ……614
中伊三郎 (文化) ……544	中村栗園 (学術) ……394		早川勇 (社会) ……316
永井繁子 (学術) ……390	中山久蔵 (経済) ……246	ネットー, C. (学術) ……404	早川千吉郎 (経済) ……248
	永山武四郎 (政治) ……152	根本通明 (学術) ……404	林歌子 (社会) ……316
	中山みき (社会) ……311	納富介次郎 (政治) ……153	
	中山三屋 (文化) ……547	能美洞庵 (社会) ……315	

名前	頁
林遠里（経済）	248
林桜園（学術）	406
林鶴梁（学術）	406
林研海（学術）	406
林権助（政治）	159
林董（政治）	159
林洞海（学術）	406
林有造（政治）	159
早矢仕有的（経済）	248
速水堅曹（経済）	248
バラー, J.（社会）	316
原市之進（政治）	160
原采蘋（文化）	614
原善三郎（経済）	248
原田一道（学術）	406
原田二郎（経済）	249
原田助（社会）	316
原田武夫（経済）	249
原田豊吉（学術）	406
原田直次郎（文化）	614
原胤昭（社会）	316
ハラタマ, K.（学術）	406
原坦山（社会）	317
原抱一庵（文化）	615
原信好（社会）	317
原嘉道（社会）	317
原亮三郎（経済）	249
原六郎（経済）	249
ハリス, T.（政治）	160
ハーン, L.（文化） →小泉八雲（こいずみやくも）を見よ	
坂東亀蔵〔初代〕（文化）	615
坂東彦三郎〔5代〕（文化）	615
坂東三津五郎〔4代〕（文化）	615
パンペリー, R.（学術）	406
日置黙仙（社会）	317
東久世通禧（政治）	161
東沢瀉（学術）	407
樋口一葉（文化）	615
樋口真吉（政治）	161
樋口竜温（社会）	317
ビゴー, G.（文化）	625
ピゴット, F.（学術）	407
久松義典（学術）	407
土方歳三（政治）	161
土方久元（政治）	163
菱田春草（文化）	626
日高凉台（学術）	407
肥田浜五郎（学術）	407
日根対山（学術）	627
日比翁助（経済）	249
日比谷平左衛門（経済）	249
百武兼行（文化）	627
ヒュースケン, H.（政治）	163
平井希昌（政治）	164
平井収二郎（政治）	164
平岡浩太郎（経済）	249
平岡凞（経済）	249
平生釟三郎（経済）	249
平尾魯仙（文化）	627
平瀬作五郎（学術）	407
平瀬露香（社会）	317
平田鐐胤（学術）	407
平田東助（政治）	164

名前	頁
平沼専蔵（経済）	250
平野国臣（政治）	164
平野五岳（文化）	627
平野富二（経済）	250
平山省斎（政治）	164
ビリオン, A.（社会）	317
広井勇（学術）	407
広岡浅子（経済）	250
広川晴軒（学術）	407
広沢真臣（政治）	164
広沢安任（経済）	250
広瀬久兵衛（経済）	250
広瀬旭荘（学術）	407
広瀬元恭（学術）	408
広瀬宰平（経済）	250
弘世助三郎（経済）	251
広瀬武夫（政治）	164
広瀬林外（学術）	408
広瀬亀次（経済）	251
広津柳浪（文化）	627
ファビウス, G.（政治）	165
ファン＝デン＝ブルーク, J.（社会）	317
ファン＝ドールン, C.（経済）	251
フェスカ, M.（学術）	408
フェノロサ, E.（学術）	409
フェントン, J.（文化）	628
フォンタネージ, A.（文化）	628
深沢利重（経済）	251
深沢雄象（経済）	251
深瀬洋春（社会）	317
深見篤慶（経済）	251
福岡孝弟（政治）	165
福沢諭吉（学術）	410
福島安正（政治）	165
福住正兄（経済）	251
福田義導（社会）	317
福田行誡（社会）	317
福田半香（文化）	628
福田英子（社会）	317
福田ヨシ（学術）	429
福田理軒（学術）	429
福田理兵衛（経済）	252
福地源一郎（文化）	628
福西志計子（学術）	429
福羽逸人（学術）	429
福羽美静（学術）	429
福原有信（経済）	252
福原越後（政治）	166
福本日南（社会）	318
福山滝助（社会）	318
藤井健次郎（学術）	429
藤井宣正（社会）	318
藤井竹外（文化）	629
藤井能三（経済）	252
藤岡市助（学術）	429
藤岡作太郎（文化）	629
藤川三溪（政治）	166
富士川游（学術）	429
藤沢浅二郎（文化）	629
藤沢南岳（学術）	430
藤沢利喜太郎（学術）	430
富士重本（社会）	318
藤田小四郎（政治）	166
藤田伝三郎（経済）	252

名前	頁
藤田東湖（政治）	166
藤村操（学術）	430
藤本荘太郎（経済）	252
藤本鉄石（政治）	167
藤山雷太（経済）	252
伏島近蔵（経済）	252
二葉亭四迷（文化）	629
淵沢能恵（学術）	431
プチャーチン, E.（政治）	167
プティジャン, B.（社会）	318
船津伝次平（経済）	252
ブラウン, N.（社会）	319
ブラウン, S.（社会）	319
ブラキストン, T.（学術）	431
ブラック, J.（社会）	319
ブラント, M.（政治）	167
ブラントン, R.（経済）	253
ブリューナ, P.（経済）	253
ブリンクリ, F.（政治）	167
古市公威（学術）	431
古河市兵衛（経済）	253
古川太四郎（学術）	431
古河力作（社会）	319
古荘嘉門（政治）	167
ブルックス, W.（学術）	431
古橋暉皃（経済）	253
フルベッキ, G.（学術）	431
ブレーク, W.（学術）	431
フローレンツ, K.（学術）	431
ベアト, F.（文化）	634
ベックマン, W.（文化）	634
ヘボン, J.（社会）	319
ベリ, J.（社会）	320
ベリー, J.（学術）	432
ペリー, M.（政治）	168
ベルクール, P.（政治）	171
ベルツ, E.（学術）	432
ベルニ, F.（経済）	253
ボアソナード, G.（学術）	432
ホイットマン, C.（学術）	433
星恂太郎（政治）	171
星亨（政治）	171
星野長太郎（経済）	253
細川潤次郎（学術）	433
細谷十太夫（政治）	171
堀田正倫（政治）	171
堀田正睦（政治）	171
穂積歌子（社会）	320
穂積陳重（学術）	433
穂積八束（学術）	434
ボードイン, A.（社会）	320
堀河紀子（政治）	172
堀口藍園（学術）	434
堀啓次郎（経済）	254
堀越角次郎〔初代〕（経済）	254
堀達之助（学術）	434
堀貞一（社会）	320
堀利熙（政治）	172
堀直虎（政治）	172
堀秀成（政治）	172
堀基（経済）	254
本因坊秀甫（文化）	634
本庄宗秀（政治）	172
本多静六（学術）	434
本多日生（社会）	320

名前	頁
本多庸一（学術）	435
ポンペ, J.（社会）	320
本間精一郎（政治）	172
本間棗軒（社会）	321

【ま】

名前	頁
マイエット, P.（経済）	254
前島密（経済）	254
前田杏斎（社会）	321
前田慧雲（学術）	435
前田駒次（経済）	254
前田夏蔭（文化）	634
前田斉泰（政治）	172
前田正名（政治）	172
前田慶寧（政治）	173
前原一誠（政治）	173
真木和泉（政治）	173
牧志朝忠（政治）	174
牧野権六郎（政治）	174
牧野富太郎（学術）	435
牧野伸顕（政治）	174
槇村正直（政治）	174
マクシモービッチ, K.（学術）	436
マクドナルド, C.（政治）	174
マクネア, T.（社会）	321
馬越恭平（経済）	255
正岡子規（文化）	634
間崎滄浪（政治）	174
益田孝（経済）	255
増田平四郎（社会）	321
増山守正（社会）	321
間瀬みつ（社会）	175
町田久成（政治）	175
町村金弥（経済）	256
松井康直（社会）	175
松浦武四郎（文化）	649
松岡荒村（文化）	651
松岡小鶴（社会）	321
松岡調（学術）	436
松尾多勢子（政治）	175
松方幸次郎（経済）	256
松方正義（政治）	175
松川弁之助（経済）	256
松崎渋右衛門（政治）	176
松崎求策（社会）	176
松下軍治（経済）	256
松下元芳（社会）	321
松下千代（社会）	321
松平容保（政治）	177
松平左近（政治）	177
松平定敬（政治）	177
松平太郎（政治）	178
松平照子（政治）	178
松平直克（政治）	178
松平斉民（政治）	178
松平比佐子（政治）	178
松平賛昭（政治）	178
松平慶永（政治）	178
松平頼聰（政治）	178
松田正久（政治）	179
松田道之（政治）	179
松田緑山（文化）	651
松野クララ（学術）	436

人名	ページ
松の門三艸子(文化)	651
松林伯円〔2代〕(文化)	651
松村介石(学術)	436
松村任三(学術)	436
松本英子(社会)	321
松本荻江(学術)	436
松本奎堂(政治)	179
松本重太郎(経済)	256
松本十郎(経済)	256
松本楓湖(文化)	651
松本亦太郎(学術)	436
松本良順(社会)	321
松森胤保(学術)	436
松山高吉(社会)	322
松山棟庵(学術)	437
万里小路博房(政治)	179
真名井純一(経済)	257
間部詮勝(政治)	179
間宮八十子(文化)	651
丸尾文六(経済)	257
丸山作楽(政治)	179
丸山晩霞(文化)	651
マレー, D.(政治)	179
マンスフェルト, C.(社会)	322
万亭応賀(文化)	651
マンロー, N.(社会)	322
美泉定山(社会)	322
三浦謹之助(学術)	437
三浦乾也(文化)	651
三浦梧楼(政治)	179
御巫清直(社会)	322
三上参次(学術)	437
美幾(社会)	322
三木竹二(文化)	652
御木本幸吉(経済)	257
三国大学(学術)	437
三沢富子(文化)	652
三島中洲(学術)	437
三島通庸(政治)	179
三島通良(社会)	322
三島弥太郎(経済)	257
水越兵助(社会)	322
水野忠央(政治)	180
水野忠徳(政治)	180
水野年方(文化)	652
三瀬周三(学術)	438
三井高棟(経済)	257
三井高保(経済)	257
三井高喜(経済)	257
三井高福(経済)	257
三井八郎次郎(経済)	258
箕作佳吉(学術)	438
箕作元八(学術)	438
箕作阮甫(学術)	438
箕作秋坪(学術)	438
箕作麟祥(学術)	438
ミットフォード, A.(政治)	180
光永星郎(経済)	258
光村弥兵衛(経済)	258
南尚(経済)	258
嶺田楓江(政治)	180
三野村利左衛門(経済)	258
御船千鶴子(文化)	652
三森幹雄(文化)	652
宮川香山(文化)	652
宮川経輝(社会)	322
三宅艮斎(学術)	439
三宅雪嶺(文化)	652
三宅友信(学術)	439
三宅米吉(学術)	439
宮崎車之助(社会)	322
宮崎湖処子(文化)	653
宮崎民蔵(社会)	322
宮下太吉(社会)	322
宮原良碩(社会)	322
宮部金吾(学術)	439
宮部鼎蔵(政治)	180
ミルン, J.(学術)	439
三輪田米山(学術)	323
三輪田真佐子(学術)	439
三輪田元綱(学術)	439
椋梨藤太(政治)	180
向山黄村(学術)	439
陸奥宗光(政治)	180
ムテージウス, H.(文化)	653
武藤山治(経済)	258
村井吉兵衛(経済)	259
村井弦斎(文化)	653
村井知至(社会)	323
村垣範正(政治)	182
村上英俊(学術)	439
村上鬼城(文化)	654
村上専精(学術)	440
村上忠順(学術)	440
村雲日栄(社会)	323
村崎サイ(学術)	440
村瀬太乙(経済)	259
村田新八(政治)	182
村田経芳(政治)	182
村野常右衛門(政治)	182
ムラビヨフ, N.(政治)	182
村山たか(政治)	182
村山龍平(文化)	655
明治天皇(政治)	183
目賀田種太郎(政治)	189
メーソン, L.(学術)	440
メチニコフ, L.(学術)	440
メッケル, K.(政治)	189
毛利敬親(政治)	189
毛利勅子(政治)	189
毛利元徳(政治)	189
茂木惣兵衛〔初代〕(経済)	259
モース, E.(学術)	440
物集高見(学術)	442
物集高世(学術)	442
物外不遷(社会)	323
モッセ, A.(学術)	442
本居豊穎(学術)	442
本居豊頴(文化)	655
本木昌造(学術)	442
元田作之進(社会)	323
元田永孚(政治)	189
本山彦一(文化)	655
元良勇次郎(学術)	443
桃井春蔵(政治)	190
モラエス, W.(政治)	190
モラエス・ヨネ(政治)	191
森有礼(政治)	191
森一鳳(文化)	655
森鷗外(文化)	655
森岡昌純(経済)	259
森お常(社会)	323
森槐南(文化)	686
森川杜園(文化)	686
森寛斎(文化)	686
森清子(文化)	686
森春涛(文化)	686
守田勘弥〔12代〕(文化)	687
森田悟由(学術)	323
森田思軒(文化)	687
森田節斎(学術)	443
森田無絃(学術)	443
森近運平(社会)	323
森の石松(社会)	323
森松次郎(社会)	323
森村市左衛門〔6代〕(経済)	259
森山多吉郎(文化)	687
森山芳平(経済)	260
森立之(社会)	324
モレル, E.(経済)	260
門田樸斎(文化)	687
モンブラン, C.(政治)	193

【や】

人名	ページ
矢板武(経済)	260
矢島楫子(学術)	443
安井息軒(学術)	443
保岡嶺南(政治)	193
安川敬一郎(経済)	260
安田善次郎〔初代〕(経済)	260
安原玉樹(文化)	687
矢田部良吉(学術)	444
矢田堀鴻(政治)	193
柳川一蝶斎〔3代〕(文化)	687
梁川紅蘭(文化)	687
柳河春三(学術)	444
柳楢悦(学術)	444
柳原極堂(文化)	688
柳原前光(政治)	193
柳原愛子(政治)	193
柳原初子(社会)	324
柳家小さん〔3代〕(文化)	688
矢野勘三郎(経済)	262
矢野玄道(学術)	444
矢野龍渓(政治)	193
山内豊信(政治)	194
山内豊範(政治)	195
山岡鉄舟(政治)	195
山尾庸三(政治)	197
山県有朋(政治)	197
山川健次郎(学術)	444
山川登美子(文化)	688
山川浩(政治)	199
山川二葉(社会)	324
山極勝三郎(学術)	445
山口玄洞(経済)	262
山口仙之助(経済)	262
山崎弁栄(社会)	324
山路愛山(学術)	445
山下亀三郎(経済)	262
山下りん(文化)	689
山城屋和助(経済)	262
山田顕義(政治)	200
山田猪三郎(経済)	262
山田いち(経済)	262
山田音羽子(文化)	689
山田武甫(政治)	201
山田美妙(文化)	689
山田文右衛門(経済)	262
山田方谷(学術)	446
山田亦介(政治)	201
山田芳翠(文化)	689
山中新十郎(経済)	262
山内容堂(政治) →山内豊信(やまうちとよしげ)を見よ	
山辺丈夫(経済)	262
山葉寅楠(経済)	262
山本覚馬(政治)	201
山本玄峰(社会)	324
山本権兵衛(政治)	201
山本条太郎(経済)	262
山本芳翠(文化)	690
湯浅治郎(社会)	324
湯浅初子(学術)	447
湯地津尾子(社会)	324
湯本義憲(経済)	263
由利公正(政治)	202
由利適水(社会)	324
横井小楠(政治)	203
横井玉子(学術)	447
横井時雄(社会)	324
横井時敬(学術)	447
横河民輔(経済)	263
横山源之助(社会)	324
横山松三郎(文化)	691
横山安武(学術)	447
横山由清(学術)	448
与謝野晶子(文化)	691
与謝野礼厳(社会)	325
吉井友実(政治)	206
芳川顕正(政治)	206
吉沢検校〔2代〕(文化)	704
吉田清成(政治)	206
吉田松陰(政治)	207
吉田東伍(学術)	448
吉田東洋(政治)	213
吉田稔麿(政治)	213
芳野金陵(学術)	448
芳野菅子(文化)	704
吉原重俊(経済)	263
能久親王(政治)	213
吉益亮子(学術)	448
吉村寅太郎(政治)	214
芳村正秉(社会)	325
依田学海(文化)	704
依田勉三(経済)	263
万屋兵四郎(経済)	263

【ら】

人名	ページ
ライト, W.(社会)	325
ライマン, B.(学術)	448
頼三樹三郎(政治)	448
ライン, J.(学術)	448
ラグーザ, V.(文化)	704
ラグーザ玉(文化)	704

ラゲ,É.(社会)................325
ラーネッド, D.(学術)......449
ランバス, W.(社会)........325
リギンズ, J.(社会).........325
リース, L.(学術)............449
リチャーズ, L.(学術)......449
リデル, H.(社会)............325
劉石秋(学術)................449
笠亭仙果(文化)............705
留守伊予子(学術)........449
ルーミス, H.(社会).......325
レーマン, R.(経済).........263
ロエスレル, K.(学術)......449
ロッシュ, L.(政治).........214

【わ】

ワイコフ, M.(社会)........325
和井内貞行(経済)...........263
若江薫子(学術).............449
若尾逸平(経済).............263
若松賎子(文化).............705
若山儀一(学術).............449
ワーグナー, G.(学術)......449
ワーグマン, C.(社会).....326
和田英(経済)................263
和田垣謙三(学術)..........449
和田維四郎(学術)..........449
和田豊治(経済).............264
渡辺重石丸(学術)..........450
渡辺霞亭(文化).............706
渡辺カネ(経済).............264
渡辺国武(政治).............214
渡辺洪基(政治).............214
渡辺千秋(政治).............214
渡辺昇(政治)................214
渡辺祐策(経済).............264

政　治

愛加那　あいかな　1837～1902
幕末, 明治期の女性。西郷隆盛の奄美大島配流時代の妻。
【図　書】
◇西郷のアンゴ(島妻)―愛加那　(潮田聡, 木原三郎共著)　本場大島紬の里　1990.3
【雑　誌】
◇西郷と「3人の妻」―「偉大な男」を夫に持った薩摩の女の至福と苦難(特集・西郷隆盛)　(楠戸義昭)「プレジデント」27(1) 1989.1
◇西郷隆盛の島女房、3年間の深き愛―愛加那(いまも昔もおんな史)「潮」373 1990.5
◇おんな風土記(6)鹿児島の女　(下重暁子)「書斎の窓」396　1990.7・8

青木周蔵　あおきしゅうぞう　1844～1914
明治期の外交官, 政治家。子爵, 貴族院議員。
【図　書】
◇近代日本の自伝　(佐伯彰一)　講談社　1981.5
◇日本のリーダー4 日本外交の旗手　(第二アートセンター編)　ティビーエス・ブリタニカ　1983.6
◇日本史学論集 坂本太郎博士頌寿記念 下　(国学院大学文学部史学科編)　吉川弘文館　1983.12
◇日本史学論集―坂本太郎博士頌寿記念 下　吉川弘文館　1983.12
◇明治外交と青木周蔵　(坂根義久著)　刀水書房　1985.11
◇拡張主義国家の相克―日・米の摩擦 ハワイ・フィリピン併合問題　(辺野喜英昭著)　月刊沖縄社　1986.4
◇青木周蔵 明治外交の創造―青年編　(水沢周)　日本エディタースクール出版部　1988.9
◇青木周蔵―明治外交の創造〈壮年篇〉　(水沢周著)　日本エディタースクール出版部　1989.5
◇日本の技術〈10〉ビールの100年　(遠藤一夫著)　第一法規出版　1989.8
◇近代日本の自伝　(佐伯彰一著)　中央公論社　1990.9　(中公文庫)
◇青木周蔵―日本をプロシヤにしたかった男　上巻　(水沢周著)　中央公論社　1997.5　(中公文庫)
◇青木周蔵―日本をプロシヤにしたかった男　中　(水沢周著)　中央公論社　1997.6　459p　(中公文庫)
◇青木周蔵―日本をプロシヤにしたかった男　下巻　(水沢周著)　中央公論社　1997.7　384p　(中公文庫)
◇青木農場と青木周蔵那須別邸　(岡田義治, 磯忍著)　随想舎　2001.11　183p
◇虹の懸橋　(長谷川つとむ著)　冨山房　2004.7　318p
◇明治国家の政策と思想　(犬塚孝明著)　吉川弘文館　2005.10　284p
◇条約改正交渉史―1887～1894　(大石一男著)　思文閣出版　2008.10　338p
◇人物で読む近代日本外交史―大久保利通から広田弘毅まで　(佐道明広, 小宮一夫, 服部竜二編)　吉川弘文館　2009.1　316p
【雑　誌】
◇近代日本の自伝(4～6)　(佐伯彰一)「群像」35(4～6) 1980.4～6
◇ミュンヘン物語(4)明治十九年のミュンヘン―青木周蔵, ルードウィヒ二世, 森鷗外　(小松伸六)「文学界」35(10) 1981.10
◇青木周蔵外相の対韓政策　(河村一夫)「韓」106 1987.5
◇フォンアオキ(青木周蔵)と夢の小ドイツ　(水沢周)「那須野ヶ原開拓史研究」30 1991.7
◇森鷗外「舞姫」のモデルとしての青木周蔵　(水沢周)「学鐙」丸善 94(2) 1997.2 p24～29
◇明治憲法とドイツ憲法学(見抜かれた20世紀 マックス・ヴェーバー物語〔7〕)　(長部日出雄)「新潮45」17(11) 1998.11 p252～267
◇那須野が原の開拓と重要文化財「旧青木家那須別邸(青木周蔵那須別邸)」　(高根沢翼)「月刊文化財」第一法規出版 436 2000.1 p4～7
◇『青木周蔵筆記』の詩と真実―渡独前の経歴を中心として　(森川潤)「広島修大論集 人文編」広島修道大学人文学会 48(1) 2007.9 p446～416

青山小三郎　あおやまこさぶろう　1826～1898
幕末, 明治期の官吏。貴族院議員, 男爵。
【雑　誌】
◇青山小三郎と越前藩―新史料青山貞文書の一考察　(犬塚孝明)「日本歴史」483 1988.8
◇青山小三郎文書再論―書翰及び日記を中心に　(犬塚孝明)「日本歴史」508 1990.9

明石元二郎　あかしもとじろう　1864～1919
明治, 大正期の陸軍軍人。大将。
【図　書】
◇明石元二郎―世をゆさぶったスパイは, 博多のダンディズムの中から生まれた　(柳猛直述)　福岡相互銀行　1983.5　(博多に強くなろうシリーズ 25)
◇明石大佐とロシア革命　(小山勝清著)　原書房　1984.2
◇復興アジアの志士群像―東亜先覚者列伝　大東塾出版部　1984.5
◇ハルビンの残照　(柳田桃太郎著)　地久館　1986.4
◇日露の激戦―その戦略と戦術の研究　(秦郁彦, 豊田穣, 渡部昇一他文)　世界文化社　1987.3　(BIGMANビジネスブックス)
◇情報将軍明石元二郎―ロシアを倒したスパイ大将の生涯　(豊田穣著)　光人社　1987.7
◇日ソ諜報戦の軌跡―明石工作とゾルゲ工作　(黒羽茂著)　日本出版放送企画　1987.10
◇明石元二郎 伝記・明石元二郎　(小森徳治)　大空社　1988.10　(伝記叢書<51,52>)
◇日ソ諜報戦の軌跡―明石工作とゾルゲ工作　(黒羽茂著)　日本出版放送企画　1991.12
◇壁の世紀　(大江志乃夫著)　講談社　1992.4
◇主役・脇役おもしろ列伝―歴史変遷の人間模様！　(加来耕三著)　大陸書房　1992.7　(大陸文庫)
◇日本史ミステリー読本　(小林久三著)　光風社出版　1992.9
◇日露200年―隣国ロシアとの交流史　(ロシア史研究会編)　彩流社　1993.6
◇日露戦争〈下〉　(旧参謀本部編)　徳間書店　1994.5　(徳間文庫―日本の戦史)
◇動乱はわが掌中にあり―情報将校明石元二郎の日露戦争　(水木楊著)　新潮社　1994.7　(新潮文庫)
◇情報将軍明石元二郎―ロシアを倒したスパイ大将の生涯　(豊田穣著)　光人社　1994.9　(光人社NF文庫)
◇運命には逆らい方がある―英傑の軌跡　(中薗英助著)　青春出版社　1996.11　239p
◇半日の客 一夜の友　(丸谷才一, 山崎正和著)　文芸春秋　1998.12　427p　(文春文庫)
◇曙光　9　(日中文化研究会編)　和泉書院　1998.12　129p
◇トンヘ日本海物語　(柏木四郎著)　彩図社　2001.10　195p　(ぶんりき文庫)
◇文明論としてのイスラーム　(山内昌之著)　角川書店　2002.2　218p　(角川選書)
◇日本のこころ 花の巻　(竹西寛子, 加藤周一, 脇田修, ドナルド・キーン, 小原信, 深田祐介, 林真理子, 門屋光昭, 藤田宜永, 西沢潤一ほか著)　講談社　2002.8　243p
◇明治・大正・昭和 30の「真実」　(三代史研究会著)　文芸春秋　2003.8　176p　(文春新書)
◇豪快痛快世界の歴史を変えた日本人―明石元二郎の生涯　(清水克之著)　桜の花出版　2009.11　365p
【雑　誌】
◇明石大佐―歴史の襞に生きた影武者　(栗原隆一)「日本及日本人」1569 1983.1
◇〈明石元二郎文書〉及び解題―主要書簡を中心に〔含 履歴書〕　(日本政治外交史研究会)「法学研究(慶応義塾大学法学研究会)」58(9) 1985.9
◇陸軍大将・明石元二郎―ロシア国内の攪乱(日本陸海軍のリーダー総覧)　(加来耕三)「歴史と旅」13(13) 1986.9
◇「諜報マン」明石元二郎、日露戦争勝利を呼ぶ―「上智」の人材を活用すること。収集、分析、いずれもそれにかかる(特集・『孫子』の情報学)　(小林久三)「プレジデント」29(5) 1991.5
◇明石元二郎の本のことなど(私のサイド・コレクション〈特集〉)　(西

原和') 「彷書月刊」 8(9) 1992.9
◇「明石元二郎文書」欧文書簡―日露戦争中のスパイからの手紙を中心に(資料紹介) (稲葉千晴) 「早稲田大学社会科学討究」 40(1) 1994.7
◇各論・日露戦争を勝利へと導いた切れ者群像―稀代の大諜報家明石元二郎 そのスパイ工作の全貌(巻頭特集・『坂の上の雲』の男たち―ビジネスマンに最も愛される司馬作品を味わう) (水木楊) 「プレジデント」 34(12) 1996.12 p100～111
◇日本統治時代と明石元二郎の軌跡 (井上聰) 「曙光」 和泉書院 9 1998.12 p22～30
◇ロシア革命と「明石工作」(一九〇〇年への旅〔21〕) (寺島実郎) 「Foresight」 10(6) 1999.6 p58～60
◇華族になりたい！―死を秘して授爵の準備 男爵明石元二郎(特集・まぼろしの名家 華族80年の栄枯盛衰―華族とは何か、その存在意義と波瀾万丈のドラマ) (祖田浩一) 「歴史と旅」 27(6) 2000.4 p64～67
◇台湾に殉じたわが祖父、わが父(随筆) (明石元紹) 「正論」 337 2000.9 p35～37
◇日露戦争時の諜報部員・明石大佐と外務省要人外国訪問支援室・松尾元室長の機密費をめぐる大いなる乖離(歴史合せ鏡〔90〕) (三好徹) 「フォーブス日本版」 10(6) 2001.6 p168～173
◇謀略に生きた武官・明石元二郎の後方攪乱工作(特集・日露戦争と明治国家) (利根川裕) 「歴史と旅」 28(10) 2001.10 p88～93
◇日露戦争外史に輝く明石元二郎大佐(賢者は歴史から学ぶ―古代～明治篇―私が学んだ日本史上の人物) (佐々淳行) 「文藝春秋special」 文藝春秋 3(4) 2009.秋 p34～36
◇明石元二郎台湾総督のお墓を訪ねて (堤尚広) 「交流」 交流協会 824 2009.11 p47
◇座談会 対ロシア情報戦略の虚々実々―福島安正、明石元二郎、広瀬武夫、石光真清(『坂の上の雲』と司馬遼太郎) (藤原正彦、水木楊、佐藤優) 「文芸春秋」 文芸春秋 87(14臨増) 2009.12 p174～184

赤根武人　あかねたけと　1838～1866
幕末の志士、長州(萩)藩士。奇兵隊総管。
【図　書】
◇狂風われを過ぐ (古川薫著) 新人物往来社 1988.11
◇物語 奇兵隊悲話 (古川薫著) 新人物往来社 1989.12
◇幕末維新随想―松陰周辺のアウトサイダー (河上徹太郎著) 河出書房新社 2002.6 224p
◇赤根武人の冤罪 (村上磐太郎著) マツノ書店 2007.1 281,20p
【雑　誌】
◇長州藩の異端児―赤根武人(特集・高杉晋作と奇兵隊) (内田伸) 「歴史読本」 26(5) 1981.4
◇奇兵隊内部の分裂とその後の展開―功山寺挙兵と赤禰総督の脱走をめぐって (成田勝美) 「日本歴史」 410 1982.7

秋月種樹　あきづきたねたつ　1833～1904
幕末, 明治期の政治家。貴族院議員。
【図　書】
◇日向文庫 日向文庫刊行会 1982.8

秋月悌次郎　あきづきていじろう　1824～1900
幕末, 明治期の会津藩士、教育者。公武合体に尽力。
【図　書】
◇旧ридат社小伝 巻1(幕末維新儒者文人小伝シリーズ第8冊) (坂口筑母著) 坂口筑母刊 1982.11
◇秋月悌次郎―老日本の面影 (松本健一) 作品社 1987.5
◇物語 会津戦争悲話 (宮崎十三八ほか著) 新人物往来社 1988.8
◇秋月悌次郎詩碑建立記念誌 (秋月悌次郎詩碑建立委員会編) 秋月悌次郎詩碑建立委員会 1990.10
◇対談書評 歴史の読み方 (粕谷一希編) 筑摩書房 1992.1
◇ラフカディオ・ハーン再考―百年後の熊本から (熊本大学小泉八雲研究会編) 恒文社 1993.10
◇幕末・会津藩士銘々伝 上 (小檜山六郎、間島勲編) 新人物往来社 2004.7 331p
◇秋月悌次郎老日本の面影 増補・新版 (松本健一著) 辺境社 2008.4 280p (松本健一伝説シリーズ)
【雑　誌】
◇秋月悌次郎―老日本の面影 (松本健一) 「新潮」 82(7) 1985.7
◇会津のこころ―秋月悌次郎をめぐって (松本健一) 「歴史春秋」 29 1989.5
◇秋月悌次郎がかかげた「白旗」(幕末史話―"第三の開国"のさ中に〔17〕) (松本健一) 「エコノミスト」 72(7) 1994.2.8
◇旧会津藩士「秋月悌次郎」について (羽賀重弥) 「歴史春秋」 歴史春秋社 第43号 1996.4 p114～119
◇会津から羽ばたいた人びと 秋月悌次郎―神の如き教職人生(特集・戊辰戦争会津の悲劇―至誠を全うして一藩一丸炎と化した会津の士道

(秋月一江) 「歴史と旅」 24(9) 1997.6 p142～147
◇会津藩降伏文書と秋月悌次郎 (武藤清一) 「歴史春秋」 歴史春秋社 第47号 1998.4 p13～18
◇「城下の盟」に涙した会津人の生きかた―国破れて人あり (中村彰彦) 「諸君！」 31(9) 1999.9 p86～97
◇秋月悌次郎と幕末の水戸藩―水戸藩主より贈られた記念刀の経緯と幕末水戸藩の悲劇 (羽賀重弥) 「歴史春秋」 歴史春秋社 第54号 2001.10 p124～136

秋山真之　あきやまさねゆき　1868～1918
明治, 大正期の海軍軍人。中将。
【図　書】
◇歴史と名将―戦史に見るリーダーシップの条件 (山梨勝之進) 毎日新聞社 1981.10
◇日本海軍の名将と名参謀 (吉田俊雄、千早正隆ほか著) 新人物往来社 1986.8
◇海軍経営者 山本権兵衛 (千早正隆著) プレジデント社 1986.12
◇知将秋山真之―ある先任参謀の生涯 (生出寿) 光人社 1987.2
◇企業内参謀学 (土門周平著) 講談社 1987.2 (講談社ビジネス)
◇秋山真之のすべて (生出寿ほか著, 新人物往来社編) 新人物往来社 1987.4
◇自分らしく生きるための名「脇役」事典―戦国武将～現代経営者に学ぶ (百々由紀男著) 公人の友社 1987.11
◇トップを活かす―参謀型人材の要諦 (渡部昇一ほか著) 三笠書房 1988.1 (知的生きかた文庫)
◇ロシヤ戦争前夜の秋山真之―明治期日本人の一肖像 (島田謹二著) 朝日新聞社 1990.5
◇魅力あるリーダーとは―歴史の中の肖像 (加来耕三著) 日本経済新聞社 1990.9
◇知将 秋山真之 (生出寿著) 徳間書店 1992.5 (徳間文庫)
◇名将 秋山好古―鬼謀の人 前線指揮官の生涯 (生出寿著) 光人社 1993.5 (光人社NF文庫)
◇智謀の人 秋山真之 (土門周平著) 総合法令 1995.2 238p
◇知将 秋山真之―ある先任参謀の生涯 (生出寿著) 光人社 1996.5 222p
◇甦る秋山真之、その軍学的経営パラダイム (三浦康之著) ウェッジ 1996.7 366p
◇秋山兄弟の生き方―『坂の上の雲』の主人公なぜリーダーたちの心をとらえるのか (池田清著) ごま書房 1996.9 228p
◇日露戦争秘話 杉野はいずこ―英雄の生存説を追う (林えいだい著) 新評論 1998.9 215p
◇明治に名参謀ありて―近代国家「日本」を建国した6人 (三好徹著) 小学館 1999.1 350p (小学館文庫)
◇日露戦争の名参謀 秋山兄弟に学ぶリーダーの条件 (池田清) ごま書房 1999.1 244p (ゴマブックス)
◇秋山真之―日本海海戦の名参謀 (中村晃著) PHP研究所 1999.4 336p
◇瀬戸七橋と水軍の宝の歴史物語 (神川晃利著) 叢文社 1999.5 242p
◇1900年への旅―あるいは、道に迷わば車輪を見よ (寺島実郎著) 新潮社 2000.2 230,7p
◇日本補佐役列伝―興亡を分ける組織人間学 (加来耕三著) 学陽書房 2001.11 420p (人物文庫)
◇帝国海軍将官総覧 (太平洋戦争研究会著) ベストセラーズ 2002.8 300p (ベストセラーシリーズ・ワニの本)
◇秋山真之―日本海大海戦の名参謀 (羽生道英著) 学習研究社 2002.8 221p (学研M文庫)
◇アメリカにおける秋山真之 下巻 (島田謹二著) 朝日新聞社 2003.6 362p (朝日選書)
◇アメリカにおける秋山真之 上巻 (島田謹二著) 朝日新聞社 2003.6 353p (朝日選書)
◇知将秋山真之―個性派先任参謀の生涯 (生出寿著) 光人社 2003.7 272p (光人社名作戦記)
◇日露戦争と「菊と刀」―歴史を見る新しい視点 (森貞彦著) 東京図書出版会 2004.2 258p
◇日本人の手紙 (村尾尚一著) 岩波書店 2004.2 206p
◇日露戦争・あの人の「その後」―東郷平八郎、秋山兄弟から敵将ステッセルまで (日本博学倶楽部著) PHP研究所 2004.4 285p (PHP文庫)
◇『坂の上の雲』の真実 (菊田慎典著) 光人社 2004.5 245p
◇サムライの墨書―元帥東郷平八郎と三十一人の提督 (松橋暉男著) 毎日ワンズ 2004.5 231p
◇名将秋山好古―鬼謀の人・前線指揮官の生涯 新装版 (生出寿著) 光人社 2004.9 344p (光人社NF文庫)
◇秋山真之 (田中宏巳著) 吉川弘文館 2004.9 284p (人物叢書 新装版)

◇日本海海戦一〇〇年目の真実―バルチック艦隊かくて敗れたり （菊田慎典著） 光人社 2004.12 229p
◇秋山真之のすべて 新装版 （生出寿他著） 新人物往来社 2005.4 217p
◇写説『坂の上の雲』を行く （太平洋戦争研究会著） ビジネス社 2005.5 175p
◇ロシヤ戦争前夜の秋山真之―明治期日本人の一肖像 上（1900年2月―1902年7月） （島田謹二著） 朝日新聞社 2005.9 579p
◇ロシヤ戦争前夜の秋山真之―明治期日本人の一肖像 下（1902年7月―1904年2月） （島田謹二著） 朝日新聞社 2005.9 p581-1246
◇名将ファイル秋山好古・真之 （松村劭監修,造事務所著） PHP研究所 2005.11 189p （PHP文庫）
◇秋山真之戦術論集 （戸高一成編） 中央公論新社 2005.12 389p
◇百年目の波濤―智謀の提督秋山真之の生涯 （石丸淳也著） 光人社 2006.1 280p
◇日本海海戦とメディア―秋山真之神話批判 （木村勲著） 講談社 2006.5 252p （講談社選書メチエ）
◇図解 あの軍人の「意外な結末」 （日本博学倶楽部著） PHP研究所 2007.2 95p
◇子規と真之―第一回企画展テーマ展示 （松山市総合政策部,坂の上の雲ミュージアム編） 松山市総合政策部 2007.4 48p
◇補佐役の精神構造―リーダーを支えた名参謀の条件 （小田晋著） 生産性出版 2007.6 197p
◇司馬遼太郎 歴史のなかの邂逅―ある明治の庶民 4 （司馬遼太郎著） 中央公論新社 2007.7 394p
◇左千夫歌集 （永塚功著,久保田淳監修） 明治書院 2008.2 540p （和歌文学大系）
◇甦る秋山真之 上 （三浦康之著） ウェッジ 2008.8 345p （ウェッジ文庫）
◇甦る秋山真之 下 （三浦康之著） ウェッジ 2008.8 395p （ウェッジ文庫）
◇『坂の上の雲』の秋山好古・真之とその時代―なぜ、この兄弟の生き方が、日本人の心をとらえるのか （池田清著） ごま書房新社VM 2008.12 228p
◇司馬遼太郎「坂の上の雲」を読む （谷沢永一著） 幻冬舎 2009.4 213p
◇秋山真之 （秋山真之会編） マツノ書店 2009.4 484,p178-186,8p 図版〔15〕枚
◇逆境を切り開く!!司馬遼太郎『坂の上の雲』50の知恵 （北原義昭監修） ゴマブックス 2009.9 171p
◇日本の命運を決めた『坂の上の雲』の時代―立志・風雲編 （谷沢永一,太平洋戦争研究会著） 李白社 2009.9 127p
◇秋山好古と秋山真之―日露戦争を勝利に導いた兄弟 （楠木誠一郎著） PHPエディターズ・グループ 2009.9 318p
◇「坂の上の雲」と日本人 （関川夏央著） 文芸春秋 2009.10 346p （文春文庫）
◇秋山真之のすべて （新人物往来社編） 新人物往来社 2009.10 286p （新人物文庫）
◇図解 『坂の上の雲』のすべてがわかる本―日本が最も輝いた明治時代と秋山兄弟の生涯 （後藤寿一監修） PHP研究所 2009.11 95p
◇『坂の上の雲』もうひとつの読み方 （塩沢実信著） 北辰堂出版 2009.11 359p
◇『坂の上の雲』まるわかり人物烈伝 （明треш「時代と人物」研究会編） 徳間書店 2009.11 455p （徳間文庫）
◇秋山兄弟 好古と真之 （森愁也著） 学研パブリッシング 2009.11 337p （学研M文庫）
◇秋山兄弟 好古と真之―明治の人材はいかにして生まれたか （滝沢中著） 新人物往来社 2009.11 255p （新人物文庫）
◇『坂の上の雲』と司馬史観 （中村政則著） 岩波書店 2009.11 241p
◇司馬遼太郎 リーダーの条件 （半藤一利,磯田道史,鴨下信一ほか著） 文芸春秋 2009.11 251p （文春新書）
◇文芸春秋にみる「坂の上の雲」とその時代 （文芸春秋編） 文芸春秋 2009.11 421p
◇『坂の上の雲』を読み解く！―これで全部わかる秋山兄弟と正岡子規 （土居豊著） 講談社 2009.11 191p
◇知将秋山真之―ある先任参謀の生涯 （生出寿著） 光人社 2009.11 341p （光人社NF文庫）
◇日露戦争を勝利に導いた奇跡の兄弟秋山好古・真之 （小野木圭介著） ぶんか社 2009.11 255p
◇アメリカにおける秋山真之 上 （島田謹二著） 朝日新聞出版 2009.11 418p （朝日文庫）
◇こんなに面白い！『坂の上の雲』の世界―物語をもっと楽しむための「雑学・人物伝」 （河合敦監修,『坂の上の雲』研究会編） 三笠書房 2009.12 237p （知的生きかた文庫）
◇天気晴朗ナレドモ波高シ―「提督秋山真之」と「日本海海戦誌」 （秋山真之著,秋山真之会編） 毎日ワンズ 2009.12 263p
◇アメリカにおける秋山真之 中 （島田謹二著） 朝日新聞出版 2009.12 441p （朝日文庫）
◇アメリカにおける秋山真之 下 （島田謹二著） 朝日新聞出版 2009.12 407p （朝日文庫）
◇秋山真之―日本海海戦を勝利へ導いた名参謀 （歴史街道編集部編） PHP研究所 2009.12 125p （「歴史街道」select）

【雑誌】
◇秋山真之の抱負（33～44） （島田謹二）「学鐙」 77（1～12） 1980.1～12
◇秋山真之の抱負（45～56） （島田謹二）「学鐙」 78（1～12） 1981.1～12
◇秋山真之の抱負（57） （島田謹二）「学鐙」 79（1） 1982.1
◇秋山真之の抱負（58） （島田謹二）「学鐙」 79（2） 1982.2
◇秋山真之の抱負（59） （島田謹二）「学鐙」 79（3） 1982.3
◇秋山真之の抱負（60） （島田謹二）「学鐙」 79（4） 1982.4
◇秋山真之の抱負（61） （島田謹二）「学鐙」 79（5） 1982.5
◇秋山真之の抱負（62） （島田謹二）「学鐙」 79（6） 1982.6
◇秋山真之の抱負（63） （島田謹二）「学鐙」 79.7 1982.7
◇秋山真之の抱負（64） （島田謹二）「学鐙」 79（8） 1982.8
◇秋山真之の抱負（65） （島田謹二）「学鐙」 79（9） 1982.9
◇秋山真之の抱負（66） （島田謹二）「学鐙」 79（10） 1982.10
◇秋山真之の抱負（67） （島田謹二）「学鐙」 79（11） 1982.11
◇秋山真之の抱負（68） （島田謹二）「学鐙」 79（12） 1982.12
◇秋山真之の抱負（69） （島田謹二）「学鐙」 80（1） 1983.1
◇秋山真之の抱負（70） （島田謹二）「学鐙」 80（2） 1983.2
◇秋山真之の抱負（71） （島田謹二）「学鐙」 80（3） 1983.3
◇秋山真之の抱負（72） （島田謹二）「学鐙」 80（4） 1983.4
◇秋山真之の抱負（73） （島田謹二）「学鐙」 80（5） 1983.5
◇秋山真之の抱負（74） （島田謹二）「学鐙」 80（6） 1983.6
◇秋山真之の抱負（75） （島田謹二）「学鐙」 80（7） 1983.7
◇秋山真之の抱負（76） （島田謹二）「学鐙」 80（8） 1983.8
◇秋山真之の抱負（77） （島田謹二）「学鐙」 80（9） 1983.9
◇秋山真之の抱負（78） （島田謹二）「学鐙」 80（10） 1983.10
◇秋山真之の抱負（79） （島田謹二）「学鐙」 80（11） 1983.11
◇秋山真之の抱負―完― （島田謹二）「学鐙」 80（12） 1983.12
◇高級指揮官を鍛えた「座上の実学」―海軍大学校と秋山真之（特集・海軍式「人材」育成術―「強いリーダー」をいかに育てるか） （野村実）「プレジデント」 22（5） 1984.5
◇名将「秋山真之伝」4000枚を書いた私（ミニ伝記） （島田謹二）「新潮45」 5（5） 1986.5
◇海軍中将・秋山真之―東郷の名参謀（日本陸海軍のリーダー総覧） （今村了介）「歴史と旅」 13（13） 1986.9
◇秋山真之に関する2つの研究 （島田謹二）「白山英米文学」 13 1988.3
◇「智謀湧くがごとし」秋山真之の勝利への道―司馬遼太郎『坂の上の雲』（特集・「歴史小説」における人間の研究―名作が示唆する豊饒な人生、そして生き方とは） （豊田穣）「プレジデント」 28（9） 1990.9
◇秋山真之を書く前のこと （島田謹二）「学鐙」 87（9） 1990.9
◇日本海海戦に丁字戦法はなかった （戸高一成）「中央公論」 106（6） 1991.6
◇「坂の上の雲」、秋山好古・真之「時代の精神」を駆けるー日露戦を通して問いかける「日本人とは何か」（特集・司馬遼太郎「維新人物小説」を読む） （池田清）「プレジデント」 31（12） 1993.12
◇「ロシヤ戦争前夜の秋山真之―明治期日本人の一肖像」を読む（追悼・島田謹二先生） （池田清）「比較文学研究」 64 1993.12
◇アメリカにおける秋山真之（追悼・島田謹二先生） （小堀桂一郎）「比較文学研究」 64 1993.12
◇開国以来の戦略家―秋山真之（平成日本の源流30人） （吉田茂人）「文芸春秋」 72（5） 1994.4
◇各論・日露戦争を勝利へと導いた切れ者群像―日本海海戦の名作戦家秋山真之 バルチック艦隊を壊滅させた「7段構えの戦法」を考案（巻頭特集・『坂の上の雲』の男たち―ビジネスマンに最も役立つ司馬作品を味わう） （中村彰彦）「プレジデント」 34（12） 1996.12 p90～96
◇1900年パリ〔1〕万国博覧会を訪れた日本人（1900年への旅〔1〕） （寺島実郎）「Foresight」 8（8） 1997.8 p62～64
◇ロシア艦隊を全滅させた男（明治に名参謀ありて 第4部・秋山真之〔1〕） （三好徹）「SAPIO」 10（7） 1998.4.22 p60～63
◇兵学校、日清開戦、そして米国留学並外れた知謀に鎧えがかかる（明治に名参謀ありて 第4部・秋山真之〔2〕） （三好徹）「SAPIO」 10（8） 1998.5.13 p62～65
◇米国での兵棋演習と米西戦争の実践を観て、海戦の要諦を掴む（明治に名参謀ありて 第4部・秋山真之〔3〕） （三好徹）「SAPIO」 10（9） 1998.5.27 p62～65
◇バルチク艦隊を全滅させた「丁字戦法」はこうして考案された（明治に名参謀ありて 第4部・秋山真之〔4〕） （三好徹）「SAPIO」 10（10） 1998.6.10 p66～69

◇日本海海戦、実は東郷・秋山とも読み違えていた（歴史と文明の世紀に向けて、歴史常識の「ウソ20」）（半藤一利）「諸君！」31(2) 1999.2 p171～174

◇太平洋の転換点となった米西戦争での米国の勝利（1900年への旅―アメリカ・太平洋篇〔1〕）（寺島実郎）「Foresight」11(1) 2000.1 p58～61

◇ビジネス・レポート　財界人が好む歴史小説のヒーロー　「フォーブス日本版」9(11) 2000.11 p164～168

◇秋山真之名参謀孫娘のドバイまでわが自衛艦を追いかけるの記（大石尚子）「正論」369 2003.4 p290～300

◇戦策と秋山海軍中佐「海軍基本戦術第二編」から見た丁字戦法（日本海海戦100周年特集）（北澤法隆）「波濤」兵術同好会 31(2) 2005.7 p107～116

◇日本の「騎兵の父」秋山好古と「智謀湧くが如し」の名参謀 秋山眞之（日本海海戦百周年）（関谷勝嗣）「月刊自由民主」自由民主党 629 2005.8 p74～83

◇軍神と名参謀の真実―乃木希典、秋山真之（彼らは「この国」の危機をいかに救ったか？ 司馬遼太郎 日本のリーダーの条件―渾身の大特集）「文藝春秋」86(8) 2008.7 p145～151

◇秋山真之アルバム―日本海軍史上もっとも優れた戦略家（特集 古写真集成 明治人の肖像―特別グラビア 明治偉人古写真帖）「歴史読本」新人物往来社 54(3) 2009.3 p226～233

◇秋山兄弟、正岡子規……これが歴史ドラマの醍醐味だ（司馬遼太郎を10倍楽しむ」旅ガイド（迷いが晴れる「歴史・古典」入門）（野地秩嘉）「プレジデント」プレジデント社 47(13) 2009.6.15 p110～113

◇週刊司馬遼太郎(130)子規と秋山兄弟の青春―「坂の上の雲」の世界（第1回）秋山兄弟の生誕地（村井重俊, 守田直樹）「週刊朝日」朝日新聞出版 114(34) 2009.7.31 p116～121

◇週刊司馬遼太郎(131)子規と秋山兄弟の青春―「坂の上の雲」の世界（第2回）好古の遺伝子（村井重俊, 太田サトル）「週刊朝日」朝日新聞出版 114(35) 2009.8.7 p98～103

◇週刊司馬遼太郎(132)子規と秋山兄弟の青春―「坂の上の雲」の世界（第3回）「超凡」の友情（村井重俊, 守田直樹）「週刊朝日」朝日新聞出版 114(37) 2009.8.14 p84～89

◇週刊司馬遼太郎(133)子規と秋山兄弟の青春―「坂の上の雲」の世界（第4回）少年軍術家（村井重俊, 守田直樹）「週刊朝日」朝日新聞出版 114(38) 2009.8.21 p100～105

◇週刊司馬遼太郎(134)子規と秋山兄弟の青春―「坂の上の雲」の世界（第5回）漱石と道後温泉（村井重俊, 守田直樹）「週刊朝日」朝日新聞出版 114(39) 2009.8.28 p86～91

◇週刊司馬遼太郎(135)子規と秋山兄弟の青春―「坂の上の雲」の世界（第6回）さらば松山中学（村井重俊, 守田直樹）「週刊朝日」朝日新聞出版 114(40) 2009.9.4 p90～95

◇週刊司馬遼太郎(136)子規と秋山兄弟の青春―「坂の上の雲」の世界（第7回）好古の器（村井重俊）「週刊朝日」朝日新聞出版 114(42) 2009.9.11 p94～99

◇週刊司馬遼太郎(137)子規と秋山兄弟の青春―「坂の上の雲」の世界（第8回）津軽の恩人（村井重俊）「週刊朝日」朝日新聞出版 114(44) 2009.9.18 p71～

◇週刊司馬遼太郎(138)子規と秋山兄弟の青春―「坂の上の雲」の世界（第9回）弥次喜多の日々（村井重俊, 太田サトル）「週刊朝日」朝日新聞出版 114(45) 2009.9.25 p84～89

◇週刊司馬遼太郎(139)子規と秋山兄弟の青春―「坂の上の雲」の世界（第10回）子規の影法師（村井重俊）「週刊朝日」朝日新聞出版 114(47) 2009.10.2 p96～101

◇週刊司馬遼太郎(140)子規と秋山兄弟の青春―「坂の上の雲」の世界（第11回）野球と子規（村井重俊, 守田直樹）「週刊朝日」朝日新聞出版 114(48) 2009.10.9 p102～107

◇週刊司馬遼太郎(141)子規と秋山兄弟の青春―「坂の上の雲」の世界（第12回）真之と遠泳（村井重俊）「週刊朝日」朝日新聞出版 114(49) 2009.10.16 p84～89

◇週刊司馬遼太郎(142)子規と秋山兄弟の青春―「坂の上の雲」の世界（第13回）明治23年の「祝猿」（村井重俊）「週刊朝日」朝日新聞出版 114(50) 2009.10.23 p86～91

◇週刊司馬遼太郎(143)子規と秋山兄弟の選択―「坂の上の雲」の世界（第2部・第1回）鶯横丁の子規（村井重俊, 太田サトル）「週刊朝日」朝日新聞出版 114(55) 2009.11.27 p84～89

◇「坂の上の雲」を仰いだ明治の青春群像(2)秋山真之―智謀湧くが如き理論とひらめきの「日本の戦術家」の所在（坂の上の雲」を仰ぐ）（特集・司馬遼太郎さんが、描いた「日本の青春」の所在「坂の上の雲」を仰ぐ）「サライ」小学館 21(19)通号508 2009.12 p120～121

◇週刊司馬遼太郎(144)子規と秋山兄弟の選択―「坂の上の雲」の世界 第2部（第2回）新聞人の天才戦術家（村井重俊）「週刊朝日」朝日新聞出版 114(57) 2009.12.4 p118～123

◇週刊司馬遼太郎(145)子規と秋山兄弟の選択―「坂の上の雲」の世界 第2部（第3回）日清戦争前夜（村井重俊, 守田直樹）「週刊朝日」朝日新聞出版 114(58) 2009.12.11 p90～95

◇NHK話題作・ボクが灼った「秋山真之のサムライ魂」（司馬遼太郎と「幕末・明治」の人物学）（本木雅弘）「プレジデント」プレジデント社 47(28) 2009.12.14 p68～70

◇週刊司馬遼太郎(146)子規と秋山兄弟の選択―「坂の上の雲」の世界 第2部（第4回）伊藤博文と下関条約（村井重俊, 守田直樹）「週刊朝日」朝日新聞出版 114(60) 2009.12.18 p92～97

◇週刊司馬遼太郎(147)子規と秋山兄弟の選択―「坂の上の雲」の世界 第2部（第5回）子規の従軍（村井重俊, 守田直樹）「週刊朝日」朝日新聞出版 114(62) 2009.12.25 p144～149

秋山好古　あきやまよしふる　1859～1930
明治、大正期の陸軍軍人。大将。

【図　書】

◇ハルビンの残照（柳田桃太郎著）地久館 1986.4
◇名将秋山好古―鬼謀の最前線指揮官の生涯（生出寿著）光人社 1988.7
◇知将 秋山真之（生出寿著）徳間書店 1992.5（徳間文庫）
◇名将 秋山好古―鬼謀の人 前線指揮官の生涯（生出寿著）光人社 1993.5（光人社NF文庫）
◇秋山兄弟の生き方―『坂の上の雲』の主人公なぜリーダーたちの心をとらえるのか（池田清著）ごま書房 1996.9 228p
◇日露戦争の名参謀 秋山兄弟に学ぶリーダーの条件（池田清著）ごま書房 1999.1 244p（ゴマブックス）
◇天気晴朗ナレドモ浪高シ―日露戦争の実相を読み解く（三野正洋著）PHP研究所 1999.10 377p
◇秋山好古―明治陸軍屈指の名将（野村敏雄著）PHP研究所 2002.11 429p（PHP文庫）
◇知将秋山真之―個性派先任参謀の生涯（生出寿著）光人社 2003.7 272p（光人社名作戦記）
◇日露戦争と「菊と刀」―歴史を見る新しい視点（森貞彦著）東京図書出版会 2004.2 258p
◇日露戦争・あの人の「その後」―東郷平八郎、秋山兄弟から敵将ステッセルまで（日本博学倶楽部著）PHP研究所 2004.4 285p（PHP文庫）
◇写説『坂の上の雲』（谷沢永一, 太平洋戦争研究会著）ビジネス社 2004.6 165p
◇名将秋山好古―鬼謀の人前線指揮官の生涯 新装版（生出寿著）光人社 2004.9 344p（光人社NF文庫）
◇戦後教育の原点を守れるのは誰か―大人になれない大人がつくった「学習指導要領」の破産と虚妄（重見法樹著）東京図書出版会 2004.10 219p
◇写説『坂の上の雲』を行く（太平洋戦争研究会著）ビジネス社 2005.5 175p
◇名将ファイル秋山好古・真之（松村劭監修, 造事務所著）PHP研究所 2005.11 189p（PHP文庫）
◇日本陸海軍・あの人の「意外な結末」（日本博学倶楽部著）PHP研究所 2006.6 304p（PHP文庫）
◇我輩は軍刀にあらず―愛刀が物語る秋山好古の後半生（高笠原建著）アトラス出版 2006.11 159p
◇戦後教育の原点を守れるのは誰か―大人になれない大人がつくった「学習指導要領」の破産と虚妄 新装版（重見法樹著）東京図書出版会 2007.1 240p
◇司馬遼太郎 歴史のなかの邂逅―ある明治の庶民 4（司馬遼太郎著）中央公論新社 2007.7 394p
◇左千夫歌集（永塚功著, 久保田淳監修）明治書院 2008.2 540p（和歌文学大系）
◇秋より高き―晩年の秋山好古と周辺のひとびと（片上雅仁著）アトラス出版 2008.7 179p
◇『坂の上の雲』の秋山好古・真之とその時代―なぜ、この兄弟の生き方が、日本人の心をとらえるのか（池田清著）ごま書房新社VM 2008.12 228p
◇秋山好古揮毫の石碑写真集―秋山好古生誕150年記念 常盤同郷会 2009.1 60p
◇秋山好古―第3回企画展テーマ展示（坂の上の雲ミュージアム編）坂の上の雲ミュージアム 2009.3 38p
◇司馬遼太郎「坂の上の雲」を読む（谷沢永一著）幻冬舎 2009.4 213p
◇秋山好古（秋山好古大将伝記刊行会編）マツノ書店 2009.4 673, 9p 図版〔34〕枚
◇第二教育勅語を夢見る秋山好古―内ポケットにある教育勅語から考え直せ（重見法樹著）東京図書出版会 2009.8 254p
◇逆境を切り開く!!司馬遼太郎『坂の上の雲』50の知恵（北原義昭監修）ゴマブックス 2009.9 171p
◇日本の命運を決めた『坂の上の雲』の時代―立志・風雲編（谷沢永一, 太平洋戦争研究会著）李白社 2009.9 127p
◇秋山好古と秋山真之―日露戦争を勝利に導いた兄弟（楠木誠一郎著）PHPエディターズ・グループ 2009.9 318p
◇「坂の上の雲」と日本人（関川夏央著）文藝春秋 2009.10 346p

（文春文庫）
◇図解『坂の上の雲』のすべてがわかる本―日本が最も輝いた明治時代と秋山兄弟の生涯 （後藤寿一監修） PHP研究所 2009.11 95p
◇『坂の上の雲』もうひとつの読み方 （塩見実信著） 北辰堂出版 2009.11 95p
◇『坊っちゃん』と日露戦争―もうひとつの『坂の上の雲』 （古川愛哲著） 徳間書店 2009.11 269p （徳間文庫）
◇『坂の上の雲』まるわかり人物烈伝 （明治「時代と人物」研究会編著） 徳間書店 2009.11 455p （徳間文庫）
◇秋山兄弟 好古と真之 （森悠也著） 学研パブリッシング 2009.11 337p （学研M文庫）
◇秋山兄弟 好古と真之―明治の人材はいかにして生まれたか （滝沢中著） 新人物往来社 2009.11 255p （明日を拓く）
◇『坂の上の雲』と司馬史観 （中村政則著） 岩波書店 2009.11 241p
◇司馬遼太郎 リーダーの条件 （半藤一利、磯田道史、鴨下信一ほか著） 文芸春秋 2009.11 251p （文春新書）
◇『坂の上の雲』を読み解く！―これで全部わかる秋山兄弟と正岡子規 （土居豊著） 講談社 2009.11 191p
◇日露戦争を勝利に導いた奇跡の兄弟秋山好古・真之 （小野木圭二著） ぶんか社 2009.11 255p
◇こんなに面白い！『坂の上の雲』の世界―物語をもっと楽しむための"雑学・人物伝" （河合敦監修、『坂の上の雲』研究会著） 三笠書房 2009.12 237p （知的生きかた文庫）
【雑 誌】
◇「坂の上の雲」、秋山好古・真之『時代の精神』を駆ける―日露戦を通して問いかける「日本人とは何か」（特集・司馬遼太郎「維新人物小説」を読む） （池田清）「プレジデント」 31（12） 1993.12
◇日本の「騎兵の父」秋山好古と「智謀湧くが如し」の名参謀 秋山眞之（日本海海戦百周年） （関谷勝嗣）「月刊自由民主」 自由民主党 629 2005.8 p74～83
◇秋山好古アルバム―世界最強の騎兵団を破った陸軍軍人（特集 古写真集成 明治人の肖像―特別グラビア 明治偉人古写真帖）「歴史読本」 新人物往来社 54（3） 2009.3 p216～225
◇秋山兄弟、正岡子規……これが歴史ドラマの醍醐味だ「司馬遼太郎を10倍楽しむ」旅ガイド（迷いが晴れる「歴史・古典」入門） （野地秩嘉）「プレジデント」 プレジデント社 47（13） 2009.6.15 p110～113
◇週刊司馬遼太郎（130）子規と秋山兄弟の青春―「坂の上の雲」の世界（第1回）秋山兄弟の生誕地 （村井重俊、守田直樹）「週刊朝日」 朝日新聞出版 114（34） 2009.7.31 p116～121
◇週刊司馬遼太郎（131）子規と秋山兄弟の青春―「坂の上の雲」の世界（第2回）好古の遺伝子 （村井重俊、太田サトル）「週刊朝日」 朝日新聞出版 114（35） 2009.8.7 p98～103
◇週刊司馬遼太郎（132）子規と秋山兄弟の青春―「坂の上の雲」の世界（第3回）超凡の友情 （村井重俊、守田直樹）「週刊朝日」 朝日新聞出版 114（37） 2009.8.14 p84～89
◇週刊司馬遼太郎（133）子規と秋山兄弟の青春―「坂の上の雲」の世界（第4回）少年戦術家 （村井重俊、守田直樹）「週刊朝日」 朝日新聞出版 114（38） 2009.8.21 p100～105
◇週刊司馬遼太郎（134）子規と秋山兄弟の青春―「坂の上の雲」の世界（第5回）漱石と道後温泉 （村井重俊、守田直樹）「週刊朝日」 朝日新聞出版 114（39） 2009.8.28 p86～91
◇週刊司馬遼太郎（135）子規と秋山兄弟の青春―「坂の上の雲」の世界（第6回）さらば松山中学 （村井重俊、守田直樹）「週刊朝日」 朝日新聞出版 114（40） 2009.9.4 p90～95
◇週刊司馬遼太郎（136）子規と秋山兄弟の青春―「坂の上の雲」の世界（第7回）好古の器 （村井重俊）「週刊朝日」 朝日新聞出版 114（42） 2009.9.11 p94～99
◇週刊司馬遼太郎（137）子規と秋山兄弟の青春―「坂の上の雲」の世界（第8回）津軽の恩人 （村井重俊）「週刊朝日」 朝日新聞出版 114（44） 2009.9.18 p84～89
◇週刊司馬遼太郎（138）子規と秋山兄弟の青春―「坂の上の雲」の世界（第9回）弥丸喜多の日々 （村井重俊、太田サトル）「週刊朝日」 朝日新聞出版 114（45） 2009.9.25 p84～89
◇週刊司馬遼太郎（139）子規と秋山兄弟の青春―「坂の上の雲」の世界（第10回）子規の影法師 （村井重俊）「週刊朝日」 朝日新聞出版 114（47） 2009.10.2 p96～101
◇週刊司馬遼太郎（140）子規と秋山兄弟の青春―「坂の上の雲」の世界（第11回）野球と子規 （村井重俊、守田直樹）「週刊朝日」 朝日新聞出版 114（48） 2009.10.9 p102～107
◇週刊司馬遼太郎（141）子規と秋山兄弟の青春―「坂の上の雲」の世界（第12回）真之と遠泳 （村井重俊）「週刊朝日」 朝日新聞出版 114（49） 2009.10.16 p84～89
◇週刊司馬遼太郎（142）子規と秋山兄弟の青春―「坂の上の雲」の世界（第13回）明治23年の「祝宴」 （村井重俊）「週刊朝日」 朝日新聞出版 114（50） 2009.10.23 p86～91
◇週刊司馬遼太郎（143）子規と秋山兄弟の選択―「坂の上の雲」の世界（第2部・第1回）鴛鴦町の日々 （村井重俊、太田サトル）「週刊朝日」 朝日新聞出版 114（55） 2009.11.27 p84～89

◇「坂の上の雲」を仰いだ明治の青春群像（3）秋山好古―豪放な日本騎兵の父は最後の武士として生く（特集・司馬遼太郎が見た、「日本の青春」の所在「坂の上の雲」を仰ぐ）「サライ」 小学館 21（19）通号 508 2009.12 p122～123
◇特集 その後の秋山好古・真之（『坂の上の雲』と司馬遼太郎）「文芸春秋」 文芸春秋 87（14臨増） 2009.12 p208～211
◇週刊司馬遼太郎（144）子規と秋山兄弟の選択―「坂の上の雲」の世界 第2部（第2回）新聞人の磁場 （村井重俊）「週刊朝日」 朝日新聞出版 114（57） 2009.12.4 p118～123
◇週刊司馬遼太郎（145）子規と秋山兄弟の選択―「坂の上の雲」の世界 第2部（第3回）日清戦争前夜 （村井重俊、守田直樹）「週刊朝日」 朝日新聞出版 114（58） 2009.12.11 p90～95
◇週刊司馬遼太郎（146）子規と秋山兄弟の選択―「坂の上の雲」の世界 第2部（第4回）伊藤博文と下関条約 （村井重俊、守田直樹）「週刊朝日」 朝日新聞出版 114（60） 2009.12.18 p92～97
◇週刊司馬遼太郎（147）子規と秋山兄弟の選択―「坂の上の雲」の世界 第2部（第5回）子規の従軍 （村井重俊、守田直樹）「週刊朝日」 朝日新聞出版 114（62） 2009.12.25 p144～149

浅野長勲　あさのながこと　1842～1937
幕末、明治期の広島藩主、政治家。貴族院議員、侯爵。
【図 書】
◇昭和まで生きた最後の大名 浅野長勲 （江宮隆之著） グラフ社 2008.12 269p
【雑 誌】
◇安芸広島藩 浅野長勲（幕末維新最後の藩主285人） （浅野長孝）「別冊歴史読本」 20 1981.6

浅野長訓　あさのながみち　1812～1872
幕末、明治期の大名。安芸広島新田藩主、安芸広島藩主。
【図 書】
◇武一騒動―広島・旧浅野藩下における明治農民騒擾の真相 （金谷俊則著） 中央公論事業出版 2005.9 241p

朝彦親王　あさひこしんのう　1824～1891
幕末、明治期の皇族。伏見宮邦家親王の子。
【図 書】
◇明治維新と神道 （阪本健一） 同朋舎出版 1981.7
◇文久三年七・八月日記―勅諭を否定する勅諭 （畑中一男著） アイ・エス・シー 1999.3 329p
◇それぞれの明治維新―変革期の生き方 （佐々木克編） 吉川弘文館 2000.8 330p
【雑 誌】
◇朝彦親王の広島謫遷に関する新史料とその考察 （大平祐典）「史料」 皇學館大學史料編纂所 203 2006.6.10 p1～9
◇『久邇宮行実』と『岩倉公実記』―朝彦親王広島謫遷の叙述をめぐって （大平祐典）「皇學館論叢」 皇学館大学人文学会 39（4） 2006.8 p1～17
◇久邇宮朝彦親王と維新史編纂事業 （大平祐典）「皇學館大学文学部紀要」 皇學館大学文学部 46 2008.3 p55～77
◇幕末の皇魁朝彦親王 （徳田武）「図書」 岩波書店 723 2009.5 p22～25

安島帯刀　あじまたてわき　1812～1859
幕末の水戸藩家老。安政の大獄で刑死。
【雑 誌】
◇安政の大獄と水戸藩 （但野正弘）「藝林」 藝林会 58（1） 2009.4 p39～66

アストン, W.　Aston, William George　1841～1911
イギリスの外交官。1864年来日、日本文化を研究。
【図 書】
◇蒐書家・業界・業界人 （反町茂雄著） 八木書店 1984.6
◇一九世紀日本の情報と社会変動（京都大学人文科学研究所研究報告） （吉田光邦著） 京都大学人文科学研究所 1985.3
◇イギリス人ジャパノロジストの肖像―サトウ、アストン、チェンバレン （楠家重敏著） 日本図書刊行会 1998.10 306p
◇英国と日本―架橋の人びと （ヒュー・コータッツィ、ゴードン・ダニエルズ編著、横山俊夫解説、大山瑞代訳） 思文閣出版 1998.11 503, 68p
◇世界に広がる俳句 （内田園生著） 角川学芸出版 2005.9 279p （角川学芸ブックス）
◇W・G・アストン―日本と朝鮮を結ぶ学者外交官 （楠家重敏著） 雄松堂出版 2005.10 418,21p （東西交流叢書）
【雑 誌】
◇アストンの墓碑を発見するの記 （上村和也）「鹿児島大学文科報告（第2分冊英語・英文学篇）」 18 1982.9

安達清風

◇アストン日本語口語文典（仏訳本）附録（資料紹介）（渡辺修）「大妻国文」14 1983.3
◇アストン『日本口語文典』4版の性格（加藤信明）「上智大学国文学論集」19 1986.1
◇日本語系統論―アストン・白鳥庫吉の探究―（特集・日本語論）（橋本万太郎）「言語」15(10) 1986.10
◇西洋人はなぜ「天皇」を理解しないのか（遠田勝）「諸君！」21(1) 1989.1
◇アストンの「日本文学史」ほか〔含 久保忠夫執筆目録〕（久保忠夫）「東北学院大学論集 人間・言語・情報」103 1993.1
◇初期来日西洋学者と「日本」という言説―アストン・チェンバレン・モース・ハーンと南方熊楠・柳田国男の対比の試み（松居竜五）「駿河台大学論叢」駿河台大学 第12号 1996.6 p89〜104
◇文禄慶長の役を外国人に紹介した英語の論文―W.G.アストン著"Hideyoshi's invasion of Korea"について（太田弘毅）「政治経済史学」日本政治経済史学研究所 370 1997.6 p114〜132
◇Bibliotheca Japonica(54) W.G.アストン著『日本文学史』の成立とその周辺（八木正自）「日本古書通信」日本古書通信社 67(6) 2002.6 p21
◇どこか違和感を覚える文―チェンバレン、アストンの文法論から見て（大久保恒子）「都留文科大学研究紀要」都留文科大学 61 2005 p45〜55

安達清風　あだちせいふう　1835〜1884
幕末、明治期の鳥取藩士。尊皇攘夷運動に従事。
【雑　誌】
◇新たに発見された安達清風日記―記録された万延元年の証言―（小林修）「蟹行」2 1987.2

跡部良弼　あとべよしすけ　？〜1869
幕末の旗本、若年寄。
【図　書】
◇日本さらりいまん大研究―山上憶良から夏目漱石まで（福田紀一）PHP研究所 1982.12
◇サラリーマン日本史―山上憶良から夏目漱石まで（福田紀一著）旺文社 1987.5（旺文社文庫）

姉小路公知　あねがこうじきんとも　1839〜1863
幕末の公家、宮廷政治家。
【図　書】
◇維新暗殺秘録（平尾道雄著）河出書房新社 1990.8（河出文庫）
◇龍馬暗殺に隠された恐るべき日本史―われわれの歴史から伏せられた謎と物証（小林久三著）青春出版社 1999.10 229p（プレイブックス）
【雑　誌】
◇御所猿ヶ辻の暗殺の謎（幕末維新の謎）「歴史と旅」23(11) 1996.7.5 臨増（日本史の謎100選）p356〜357
◇姉小路公知「京都日誌」〈公開〉―闇につつまれた過激派青年公卿の暗殺事件（特集 幕末京都 志士日誌―特集ドキュメント 幕末京都 志士の足跡）（菊地明）「歴史読本」新人物往来社 51(7) 2006.5 p156〜159

安部井磐根　あべいいわね　1832〜1916
幕末、明治期の陸奥二本松藩士、政治家。衆議院議員。
【雑　誌】
◇士族の「市民化」―啓蒙結社明八会と安部井磐根（近代化のリーダーシップ〈特集〉）（酒田正敏）「明治学院論叢」396 1986.8

阿部正外　あべまさと　1828〜1887
幕末、明治期の大名。陸奥白河藩主、老中。
【雑　誌】
◇幕末阿部正外履歴についての基礎的検討（小特集 旧大名家史料の総合的研究）（針谷武志）「学習院大学史料館紀要」学習院大学史料館 11 2001.3 p59〜86

阿部正弘　あべまさひろ　1819〜1857
幕末の大名。備後福山藩主、老中。
【図　書】
◇洋学史の研究（佐藤昌介）中央公論社 1980.11
◇徳川名君名臣言行録（岡谷繁実著 安藤英男校注）新人物往来社 1981.1
◇天皇と明治維新（阪本健一）暁書房 1983.1
◇宰相の系譜―時代を刻んだ男たちの言行録（Kosaido books）（村松剛編）広済堂出版 1983.12
◇林竹二著作集 5 開国をめぐって 筑摩書房 1984.2
◇開国へのあゆみ―阿部正弘とペリー（福山市立福山城博物館編）福山市立福山城博物館 1985.4
◇人間・阿部正弘とその政治―危機の時代を生きる発想（小森竜邦）明石書店 1985.5
◇海軍創設史―イギリス軍事顧問団の影（篠原宏著）リブロポート 1986.2
◇ブレーン 歴史にみる群像〈4〉抜擢（神坂次郎、永井路子、大石慎三郎、古川薫、赤木駿介、春名徹著）旺文社 1986.4
◇勝者は歴史を読む〈2〉泰平を治める（南条範夫著）六興出版 1986.5
◇続 徳川家臣団―組織を支えたブレーンたち（綱淵謙錠著）講談社 1987.3（講談社文庫）
◇幕末政治家（福地源一郎著）平凡社 1989.5（東洋文庫）
◇幕末閣僚伝（徳永真一郎著）PHP研究所 1989.11（PHP文庫）
◇全国の伝承 江戸時代 人づくり風土記―ふるさとの人と知恵〈34〉広島（加藤秀俊、谷川健一、稲垣史生、石川松太郎、吉田豊編）農山漁村文化協会 1991.3
◇日米関係の原点―ペリー来航に関する研究（浜屋雅軌著）高文堂出版社 1992.2
◇江戸人遣い達人伝（童門冬二著）講談社 1994.6
◇開国の時代を生き抜く知恵（童門冬二著）プレイグラフ社 1996.4 301p
◇運命には逆らい方がある―英傑の軌跡（中薗英助著）青春出版社 1996.11 239p
◇阿部正弘のすべて（新人物往来社編）新人物往来社 1997.9 239p
◇完全制覇 幕末維新―この一冊で歴史に強くなる！（外川淳著）立風書房 1997.12 254p
◇幕末の官僚―どのように政治危機を乗り切ろうとしたか（檜山良昭著）光文社 1998.2 246p
◇日本近代化の萌芽に関する一考察―阿部正弘の政策を中心として（永橋弘介）『日本の経済発展と近代化』（国士舘大学政経学部付属経済研究所編）成文堂 1998.3（研究論文叢書 第1巻）p257
◇明治維新と西洋国際社会（明治維新史学会編）吉川弘文館 1999.2 230p（明治維新史研究）
◇開国への布石―評伝・老中首座阿部正弘（土居良三著）未来社 2000.8 359,5p
◇幕末維新 陰の参謀（童門冬二著）東京書籍 2000.12 246p
◇勝海舟と坂本龍馬（加来耕三著）学習研究社 2001.1 531p（学研M文庫）
◇幕末維新なるほど人物事典―100人のエピソードで激動の時代がよくわかる（泉秀樹著）PHP研究所 2003.8 452p（PHP文庫）
◇目からウロコの幕末維新―黒船来航から廃藩置県まで、歴史の舞台裏がよくわかる（山村竜也著）PHP研究所 2003.10 236p（PHP文庫）
◇第三の開国と日米関係（松本健一著）第三文明社 2004.3 238p
◇完全保存版 幕末維新なるほど人物事典―100人のエピソードで読む幕末維新（泉秀樹著）PHP研究所 2004.4 110p
◇勝ち組が消した開国の真実―新撰組の誠と会津武士道の光跡（鈴木荘一著）かんき出版 2004.6 287p
◇黒船以降―政治家と官僚の条件（山内昌之、中村彰彦著）中央公論新社 2006.1 218p
◇大政奉還―徳川慶喜（童門冬二著）学陽書房 2006.1 335p（人物文庫）
◇予告されていたペリー来航と幕末情報戦争（岩下哲典著）洋泉社 2006.5 206p（新書y）
◇阿部正弘政権、その組織と手法（菊地久著）『変容する世界と法律・政治・文化―北海学園大学法学部40周年記念論文集』（北海学園大学法学部編）北海学園大学法学部、ぎょうせい北海道支社（印刷）2007.3 p147〜184
◇サムライはどう評価されたのか―現代評価のルーツを探る（川村彰男著）新人物往来社 2007.5 228p
◇敗者たちの幕末維新―徳川を支えた13人の戦い（武光誠著）PHP研究所 2007.9 235p
◇著名人のお墓を歩く―谷中、染井、雑司ヶ谷編（あきやまみみこ撮影）風塵社 2008.10 1冊
◇黒船以降―政治家と官僚の条件（中村彰彦、山内昌之著）中央公論新社 2009.1 303p（中公文庫）
【雑　誌】
◇新・歴史人物風土記 広島県―最終回―阿部正弘と近代の夜明け（村上正名）「歴史読本」25(13) 1980.10
◇「幕末のゴルビー」阿部正弘、黒船来航で奔る―揺れる幕政。彼は士農工商問わず意見を問い、人材を登用、そして（特集・「幕末維新」の人物学）（中薗英助）「プレジデント」28(6) 1990.6
◇弘化・嘉永年間の対外問題と阿部正弘政権（上白石実）「地方史研究」41(3) 1991.6
◇老中阿部正弘と海防―『阿部正弘事蹟』より（伊庭富照）「京浜歴科研年報」6 1992.1
◇阿部正弘の対外政策に関する一試論（田中弘之）「駒沢史学」駒沢大学史学会 58 2002.3 p239〜251

◇近代日本における海軍建設の政治的起源―阿部正弘幕閣の海軍建設評議と初期海軍建設政策を中心に （朴栄濬）「国際関係論研究」 国際関係論研究会 19 2003.3 p51～71
◇阿部正弘の海防政策と国防 （田中弘之）「日本歴史」 吉川弘文館 685 2005.6 p54～68
◇阿部正弘における人材登用施策の諸相 （佐藤環）「人間科学論究」 常磐大学大学院人間科学研究科 14 2006.3 p1～15
◇幕末三美男政治家―阿部正弘／安藤信睦／岩瀬忠震（特集 男の品格と心意気 江戸のダンディズム） （野口武彦）「東京人」 都市出版 23(5) 2008.4 p58～60
◇阿部正弘の先見性とリアリズム（賢者は歴史から学ぶ―古代～明治篇―私が学んだ日本史上の人物） （榊原英資）「文藝春秋special」 文藝春秋 3(4) 2009.秋 p63～65

甘糟春女　あまかすはるじょ　1844～1901
幕末、明治期の武家女性。「塵塚日記」の著者。
【雑　誌】
◇甘糟春女『塵塚日記』とその言語 （山本淳）「米沢国語国文」 山形県立米沢女子短期大学国語国文学会 35 2006.2 p156～115

天野八郎　あまのはちろう　1831～1868
幕末の佐幕派志士、彰義隊士。
【図　書】
◇士魂の群像 （吉田武三） 冨山房 1980.7
◇明治叛臣伝 （徳永真一郎） 毎日新聞社 1981.1
◇彰義隊遺聞 （森まゆみ著） 新潮社 2004.11 287p
◇ラストサムライの群像―幕末維新に生きた誇り高き男たち （星亮一、遠藤由紀子著） 光人社 2006.2 283p
【雑　誌】
◇彰義隊長天野八郎 （大塚政義）「群馬風土記」 2(6) 1988.11
◇子孫が語り継ぐ生きている歴史 彰義隊頭並・天野八郎 （加来耕三）「歴史研究」 353 1990.9
◇歴史人物史譚 天野八郎 （永岡慶之助）「群馬風土記」 19 1990.12
◇天野八郎―今日に至る決して香華に恥じなけ（特集・幕末明治人物臨終の言葉―近代の夜明けを駆けぬけた44人の人生決別の辞 英傑死してことばを遺す） （一坂太郎、稲垣明雄、今川徳三、井門寛、宇都宮泰長、河合敦、木村幸比古、祖田浩一、高野澄、高橋和彦、畑山博、三谷茉沙夫、百瀬明治、山村竜也）「歴史と旅」 24(7) 1997.5 p72～73

雨森精翁　あめのもりせいおう　1822～1882
幕末、明治期の出雲松江藩士。
【雑　誌】
◇明治維新期の松江藩儒雨森精翁について （桃裕行）「歴史手帖」 12(2) 1984.2
◇明治維新期の松江藩儒雨森精翁について〈続〉 （桃裕行）「歴史手帖」 12(3) 1984.3

荒尾精　あらおせい　1858～1896
明治期の軍人、アジア主義者。日清貿易研究所設立。
【図　書】
◇復興アジアの志士群像―東亜先覚者列伝 大東塾出版部 1984.5
◇上海 東亜同文書院―日中を架けんとした男たち （栗田尚弥著） 新人物往来社 1993.12
◇巨人荒尾精―伝記・荒尾精 （井上雅二著） 大空社 1997.2 358,5p （伝記叢書）
◇白岩竜平日記―アジア主義実業家の生涯 （中村義著） 研文出版 1999.9 697,30p
◇東亜同文書院 中国大調査旅行の研究 （藤田佳久著） 大明堂 2000.3 349p （愛知大学文学会叢書）
【雑　誌】
◇荒尾精の中国観―東亜同文会の思想的源流 （［テキ］新）「法学政治学論究」 慶応義塾大学大学院法学研究科内「法学政治学論究」編集委員会 29 1996.6 p35～72
◇日清戦争前日本の対清人材教育―荒尾精と上海日清貿易研究所 （汪輝）「広島東洋史学報」 広島東洋史学研究会 第3号 1998.12 p72～78
◇日本文明の先駆者(6)荒尾精 （坪内隆彦）「月刊日本」 K&Kプレス 12(5) 2008.5 p74～81

有坂成章　ありさかなりあきら　1852～1915
明治期の陸軍軍人。中尉。
【図　書】
◇有坂銃―日露戦争の本当の勝因 （兵頭二十八著） 光人社 2009.11 199p （光人社NF文庫）

有馬新七　ありましんしち　1825～1862
幕末の志士。
【図　書】
◇古典大系日本の指導理念 9 公務者の人生論 3 士道の再建をめざして （源了円ほか編纂） 第一法規出版 1983.10
◇幕末維新・群像の死に際 （合田一道著） 小学館 1998.10 303p （小学館ライブラリー）
【雑　誌】
◇過激派粛清、寺田屋事件 「歴史と旅」 8(8) 1981.7
◇西郷南洲と有馬新七(2) （篠原亮）「敬天愛人」 11 1993.9
◇有馬新七―おいごと刺せ！（特集・幕末明治人物臨終の言葉―近代の夜明けを駆けぬけた44人の人生決別の辞 英傑死してことばを遺す） （一坂太郎、稲垣明雄、今川徳三、井門寛、宇都宮泰長、河合敦、木村幸比古、祖田浩一、高野澄、高橋和彦、畑山博、三谷茉沙夫、百瀬明治、山村竜也）「歴史と旅」 24(7) 1997.5 p46～47

有村次左衛門　ありむらじざえもん　1839～1860
幕末の志士、薩摩藩士。井伊直弼を暗殺。
【図　書】
◇撃つ！ （鍋倉健悦著） 竹内書店新社 1992.4
◇江戸ノ頃追憶―過ぎにし物語 （鍋倉健悦著） 彩図社 2001.11 191p （ぶんりき文庫）
◇日本暗殺総覧―この国を動かしたテロルの系譜 （泉秀樹） ベストセラーズ 2002.5 302p （ベスト新書）
【雑　誌】
◇有村三兄弟 西郷の影響下に成長した竹馬の友の命運―三男は桜田門外の変で倒れ、連座した次兄は切腹。長兄は（特集・西郷隆盛の人間関係学） （小林久三）「プレジデント」 28(2) 1990.2

有村連寿尼　ありむられんじゅに　1809～1895
江戸後期～明治期の女性。桜田門外の変の有村兄弟の母。
【図　書】
◇幕末裏面史―勤皇烈女伝 （小川煙村著） 新人物往来社 1998.1 292p （日本伝記叢書）

安藤信正　あんどうのぶまさ　1820～1871
幕末、明治期の大名。陸奥磐城平藩主、老中。
【図　書】
◇坂下門外の変―閣老安藤対馬守信正の記録 （斎藤伊知郎著） 纂修堂出版 1982.6
◇考証風流大名列伝 （稲垣史生） 作品社 1983.4
◇続 徳川家臣団―組織を支えたブレーンたち （綱淵謙錠著） 講談社 1987.3 （講談社文庫）
◇考証 風流大名列伝 （稲垣史生著） 旺文社 1987.6 （旺文社文庫）
◇ビジュアルワイド 新日本風土記〈7〉福島県 ぎょうせい 1989.4
◇幕末閣僚伝 （徳永真一郎著） PHP研究所 1989.11 （PHP文庫）
◇全国の伝承 江戸時代 人づくり風土記―ふるさとの人と知恵〈7〉福島 （加藤秀俊、谷川健一、稲垣史生、石川松太郎、吉田豊編） 農山漁村文化協会 1990.9
◇閣老安藤対馬守 （藤沢衛彦著） 白竜会竜が城美術館 1992.7
◇安藤信正の時代―マンガ「いわきの歴史から」 （いわき市編） いわき市 1999.3 259p
◇日本暗殺総覧―この国を動かしたテロルの系譜 （泉秀樹） ベストセラーズ 2002.5 302p （ベスト新書）
◇幕末維新なるほど人物事典―100人のエピソードで激動の時代がよくわかる （泉秀樹著） PHP研究所 2003.8 452p （PHP文庫）
◇考証 風流大名列伝 （稲垣史生著） 新潮社 2004.4 252p （新潮文庫）
◇完全保存版 幕末維新なるほど人物事典―100人のエピソードで読む幕末維新 （泉秀樹著） PHP研究所 2004.4 110p
◇黒船以降―政治家と官僚の条件 （山内昌之、中村彰彦著） 中央公論新社 2006.1 218p
◇安藤対馬守信睦公 （いわき歴史文化研究会編著） 磐城平藩主安藤家入部二五〇年記念事業実行委員会 2006.8 131p
◇敗者たちの幕末維新―徳川を支えた13人の戦い （武光誠著） PHP研究所 2007.9 235p （PHP文庫）
【雑　誌】
◇閣老安藤対馬守と開国 （清水金司）「古文幻想」 2 1980.3
◇時代考証から見た安藤対馬守江戸城日記 （竹本正尚）「古文幻想」 2 1980.3
◇風流大名列伝 安藤信正 （稲垣史生）「淡交」 34(405) 1980.9
◇幕末維新最後の藩主285人―安藤信正〈小野佳秀〉：別冊歴史読本（伝記シリーズ）「別冊歴史読本〈伝記シリーズ〉」 20 1981.6
◇小笠原諸島回収をめぐる安藤外交 （北原伊久美）「古文幻想」 7 1986.12
◇安藤対馬守家お家騒動 （大沢富志郎）「古文幻想」 7 1986.12

◇「晩翠」と号した男（歴史一月一語〔1〕）（ずいひつ・波音）（加来耕三）「潮」353 1988.9
◇幕末三美男政治家―阿部正弘/安藤信睦/岩瀬忠震（特集 男の品格と心意気 江戸のダンディズム）（野口武彦）「東京人」都市出版 23 (5) 2008.4 p58～60

アンベール, A. Humbert, Aimé 1819～1900
スイスの外交官。1863年遣日使節団長として来日。
【図書】
◇西洋人の歌舞伎発見（中村哲郎）劇書房 1982.4
◇富岳歴覧―外国人の見た富士山（伏見功）現代旅行研究所 1982.4
◇フランスから見た幕末維新―「イリュストラシオン」日本関係記事集から（朝比奈美知子編訳, 増子博調解説）東信堂 2004.3 418p
◇日本とスイスの交流―幕末から明治へ（森田安一編）山川出版社 2005.6 160p
◇続・世界の偉人たちの驚き日本発見記（波田野毅著）明成社 2009.9 47p（日本の息吹ブックレット）
【雑誌】
◇エーメ・アンベール（永ь信之）「ひびや」139 1990.3
◇研究の周辺 エメ・アンベール『幕末日本図絵』とその周辺―「日欧文化交渉史」展に寄せて（吉田隆）「神奈川大学評論」神奈川大学広報委員会 55 2006 p129～134
◇エメ・アンベールの『絵で見る日本』(1870年)における江戸の都市の表象（第8回国際日本学シンポジウム 比較日本学研究の対話と深化―都市の芸術的記憶とアイデンティティー―日本とヨーロッパ：交錯する視点）(Beranger Veronique)「お茶の水女子大学比較日本学研究センター研究年報」お茶の水女子大学比較日本学研究センター 3 2007.3 p55～69

井伊直弼 いいなおすけ 1815～1860
幕末の大名、大老。近江彦根藩主。
【図書】
◇茶の湯人物志（村井康彦）角川書店 1980.6（角川選書113）
◇埋木舎 井伊直弼の青春―国指定特別史蹟（大久保治男）高文堂出版社 1980.11（高文堂新書）
◇徳川名君名臣言行録（岡谷繁実著 安藤英男校注）新人物往来社 1981.1
◇古田紹欽著作集8（古田紹欽）講談社 1981.3
◇古田紹欽著作集11（古田紹欽）講談社 1981.5
◇歴史に学ぶ（奈良本辰也）潮出版社 1981.6
◇指導者の戦略と決断―危機突破の行動学・江戸激動期の実務家に学ぶ（風巻紘一）日本文芸社 1981.8
◇考証武家女人奇談（稲垣史生）時事通信社 1982.2
◇男の系譜（池波正太郎）立風書房 1982.8
◇幕末政治思想史研究 改訂増補（山口宗之）ぺりかん社 1982.11
◇人物探訪日本の歴史 15 幕末の英傑 暁教育図書 1982.12
◇茶道文化論集 下（永島福太郎）淡交社 1982.12
◇ナンバー2の時代―徳川300年をささえた12人の男（萩原裕雄）東京経済 1982.12
◇天皇と明治維新（阪本健一）暁書房 1983.1
◇考証風流大名列伝（稲垣史生）作品社 1983.4
◇近世日本国民史井伊直弼（徳富蘇峰, 平泉澄校訂）講談社 1983.10（講談社学術文庫）
◇日本史探訪 19 開国か攘夷か 角川書店 1985.5
◇井伊直弼（人物叢書 新装版）（吉田常吉著）吉川弘文館 1985.10
◇京都の謎―日本史の旅（ノン・ポシェット）（奈良本辰也, 高野澄編）祥伝社 1986.2
◇首丘の人 大西郷（平泉澄著）原書房 1986.2
◇うわじま物語―大君の疑わしい友（谷有二著）未来社 1986.3
◇目でみる日本史 維新の青春群像（文春文庫）（小西四郎編）文芸春秋 1986.4
◇武士道の歴史〈3〉（高橋富雄著）新人物往来社 1986.5
◇明治を創った人々―乱世型リーダーのすすめ（講談社文庫）（利根川裕著）講談社 1986.11
◇千利休と村田珠光（王丸勇著）近代文芸社 1986.11
◇幕末・男の決断―異才の行動力（会田雄次ほか著）三笠書房 1986.12
◇続佐賀藩の総合研究―藩政改革と明治維新（藤野保編）吉川弘文館 1987.2
◇続 徳川家臣団―組織を支えたブレーンたち（綱淵謙錠著）講談社 1987.3（講談社文庫）
◇考証 風流大名列伝（稲垣史生著）旺文社 1987.6（旺文社文庫）
◇日本史の巷説と実説（和歌森太郎著）河出書房新社 1987.9（河出文庫）
◇井伊直弼と彦根藩佐野領―第10回企画展 佐野市郷土博物館 1988.4
◇日本歴史を散歩する（海音寺潮五郎著）PHP研究所 1988.6（PHP文庫）
◇転換期の戦略〈5〉維新前夜・動乱と変革の時代（尾崎秀樹, 徳永真一郎, 光瀬龍, 高野澄, 藤田公道, 左方郁子, 小堺昭三著）経界社 1988.9
◇島田三郎全集 第3巻 開国始末―井伊掃部頭直弼伝（島田三郎全集編集委員会編, 西田毅編）竜渓書舎 1989.5
◇幕末政治家（福地源一郎著）平凡社 1989.5（東洋文庫）
◇幕末・維新大百科―激動の時代が何でもわかる本（歴史トレンド研究会編）ロングセラーズ 1989.11（ムックセレクト）
◇明治維新紀行（邦光史郎著）徳間書店 1989.11（徳間文庫）
◇幕末閣僚伝（徳永真一郎著）PHP研究所 1989.11（PHP文庫）
◇幕末・維新おもしろ群像―風雲の世の主役たちを裸にする（河野亮著）広済堂出版 1990.1（広済堂ブックス）
◇井伊直弼―その人と生涯 企画展（彦根城博物館編）彦根城博物館 1990.3
◇雪の桜田門外をゆく（鈴木茂乃夫著）暁印書館 1990.4
◇維新暗殺秘録（平尾道雄著）河出書房新社 1990.8（河出文庫）
◇史談 徳川の落日―繁栄と崩壊の人物伝（邦光史郎著）大陸書房 1991.4（大陸文庫）
◇埋木舎―井伊直弼の青春（大久保治男）高文堂出版社 1991.10
◇日本史おもしろ推理―謎の殺人事件を追え（楠木誠一郎著）二見書房 1992.1（二見文庫―二見WAi WAi文庫）
◇近世大名の美と心―彦根・井伊家（難波田徹編）芸艸堂 1992.3
◇対決―大老VS.開国商人（長尾三郎著）講談社 1992.4
◇撃つ！（鍋倉健悦著）竹内書店新社 1992.4
◇日本史大逆転―もしも…あの時（奈良本辰也ほか著）天山出版 1992.5（天山ブックス）
◇幕末日本を救った「先見力と胆識」―逆風の中の名リーダー（新井喜美夫著）プレジデント社 1992.6
◇大物になる男の人間学（広瀬仁紀著）三笠書房 1993.8（知的生きかた文庫）
◇幕藩権力解体過程の研究（小野正雄著）校倉書房 1993.11（歴史科学叢書）
◇文武不岐（黒岩葉舟著）錦正社 1994.1（伝統文化叢書）
◇東海道五十三次抄（杉浦明平著）オリジン出版センター 1994.2
◇日本を創った先覚者たち―井伊直弼・小栗忠順・河井継之助（新井喜美夫著）総合法令 1994.3（HOREI BOOKS）
◇井伊直弼―はたして剛毅果断の人か？（山口宗之著）ぺりかん社 1994.4
◇歴史の教訓 生き残りの戦略〈第3巻〉対外交渉力が勝敗を決める（永岡慶之助, 赤木駿介, 童門冬二, 松浦玲, 宮地佐一郎, 綱淵謙錠, 田原総一朗著）学習研究社 1994.4
◇大物は殺される―歴史を変えた「暗殺」の世界史（大沢正道著）日本文芸社 1994.4（ラクダブックス）
◇江戸人遣い達人伝（童門冬二著）講談社 1994.6
◇ライバル日本史〈1〉（NHK取材班編）角川書店 1994.10
◇幕末 乱世の群像（吉田常吉著）吉川弘文館 1996.1 282p
◇江戸人物伝（白石一郎著）文芸春秋 1996.3 248p（文春文庫）
◇危機―ライバル日本史 8（NHK取材班編）角川書店 1996.12 316p（角川文庫）
◇完全制覇 幕末維新―この一冊で歴史に強くなる！（外川淳著）立風書房 1997.12 254p
◇幕末維新 奔流の時代 新装版（青山忠正著）文英堂 1998.1 239p
◇茶湯一会―井伊直弼を慕って（井伊文子著）春秋社 1998.9 185p
◇陰謀が歴史をつくる―日本史の闇に葬られた驚くべき真実（藤川桂介著）ロングセラーズ 1998.10 230p（ムックセレクト）
◇幕末維新・群像の死に際（合田一道著）小学館 1998.10 303p（小学館ライブラリー）
◇幕末―その常識のうそ（北岡敬志著）鷹書房弓プレス 1998.11 253p
◇軍師と家老―ナンバー2の研究（鈴木亨著）中央公論新社 1999.2 307p（中公文庫）
◇楽しく調べる人物図解日本の歴史―江戸時代末期・明治時代 6（佐藤和彦監修）あかね書房 2000.4 47p
◇人物で読む近現代史 上（歴史教育者協議会編）青木書店 2001.1 299p
◇安政の大獄―井伊直弼と長野主膳（松岡英夫著）中央公論新社 2001.3 223p（中公新書）
◇その時歴史が動いた 8（NHK取材班編）KTC中央出版 2001.8 253p
◇井伊直弼 修養としての茶の湯（谷村玲子著）創文社 2001.11 248,33p
◇江戸ノ頃追憶―過ぎにし物語（鍋倉健悦著）彩図社 2001.11 191p（ぶんりき文庫）
◇孝明天皇と「一会桑」―幕末・維新の新視点（家近良樹著）文芸春秋 2002.1 228p（文春新書）
◇横浜ベイサイドヒストリー47景（山田一広著）街と暮らし社 2002.3 229p

◇史料井伊直弼の茶の湯 上 （熊倉功夫編） 彦根市教育委員会 2002.3 397p （彦根城博物館叢書）
◇新東海道物語—そのとき、街道で （新東海道物語を進める会編） 日本経済新聞社 2002.4 390p
◇日本暗殺総覧—この国を動かしたテロルの系譜 （泉秀樹著） ベストセラーズ 2002.5 302p （ベスト新書）
◇幕末暗殺 （黒鉄ヒロシ著） PHP研究所 2002.8 515p （PHP文庫）
◇風流大名蕎麦 （笠井俊弥著） 中央公論新社 2003.5 221p
◇図解推理 迷宮の日本史 （歴史の謎研究会編） 青春出版社 2003.9 95p
◇茶懐石と健康——一汁三菜の知恵 （玉川和子編） 淡交社 2003.10 174p （裏千家学園公開講座）
◇日本史「悪役」たちの言い分—視点を変えればワルも善玉 （岳真也著） PHP研究所 2003.12 275p （PHP文庫）
◇化天—小説 最後の武士・井伊直弼 （竜道真一著） 広済堂出版 2004.1 397p
◇幕末テロリスト列伝 （歴史を旅する会編） 講談社 2004.3 282p （講談社文庫）
◇考証 風流大名列伝 （稲垣史生著） 新潮社 2004.4 252p （新潮文庫）
◇勝ち組が消した開国の真実—新撰組の誠と会津武士道の光跡 （鈴木荘一著） かんき出版 2004.6 389p
◇日本史人物12人でわかる本 （爆笑問題著） 幻冬舎 2004.7 253p
◇歴史を楽しむこと、歴史に参加すること—黒羽清隆日本史入門講座 （黒羽清隆著、池ヶ谷民仁編） 明石書店 2005.1 425p
◇「善玉」「悪玉」大逆転の幕末史 （新井喜美夫著） 講談社 2005.1 201p （講談社プラスアルファ新書）
◇大政奉還—徳川慶喜 （童門冬二著） 学陽書房 2006.1 335p （人物文庫）
◇日本の歴史 19 改版 （小西四郎著） 中央公論新社 2006.2 581p （中公文庫）
◇井伊直弼 （母利美和著） 吉川弘文館 2006.5 244p （幕末維新の個性）
◇まるわかり！幕末維新 （コーエー出版部編） 光栄 2006.10 111p
◇芥川竜之介の夢—「海軍機関学校」若い英語教官の日 （清水昭三著） 原書房 2007.3 270p
◇史料公用方秘録 （佐々木克編集代表） 彦根博物館 2007.3 381p （彦根博物館叢書）
◇井伊直弼の茶の湯 （熊倉功夫編） 国書刊行会 2007.6 261p
◇図解 日本史と世界史並列年表—比べてみるとよくわかる！ （歴史の読み方研究会編） PHP研究所 2007.8 95p
◇敗者たちの幕末維新—徳川を支えた13人の戦い （武光誠著） PHP研究所 2007.9 235p （PHP文庫）
◇帝とかぐや姫—『竹取物語』の世界 （河村望著） 人間の科学新社 2007.10 257p
◇史料井伊直弼の茶の湯 下 （熊倉功夫編集代表） 彦根城博物館 2007.11 375p （彦根城博物館叢書）
◇近代日本の社会と文化—明治維新とは何だったのか （河村望著） 人間の科学新社 2007.12 249p
◇豪快茶人伝 （火坂雅志著） 角川学芸出版 2008.1 313p （角川文庫）
◇井伊直弼の首—幕末バトル・ロワイヤル （野口武彦著） 新潮社 2008.2 251p （新潮新書）
◇日本の闇「あの暗殺事件」の意外な真相 （日本博学倶楽部著） PHP研究所 2008.4 245p
◇暗殺の世界史—シーザー、坂本龍馬からケネディ、朴正熙まで （大沢正道著） PHP研究所 2008.6 315p （PHP文庫）
◇埋木舎と井伊直弼 （大久保治男著） サンライズ出版 2008.9 217p （淡海文庫）
◇井伊直弼と黒船物語—幕末・黎明の光芒を歩く （豊島昭彦著） サンライズ出版 2009.10 266p
◇政治の時代—井伊直弼と幕末の群像 井伊直弼と開国150年祭 シリーズ直弼発見！特別企画展 （彦根城博物館編） 彦根博物館 2009.10 164p
◇知将秋山真之—ある先任参謀の生涯 （生出寿著） 光人社 2009.11 341p （光人社NF文庫）
◇幕末維新人物新論—時代をよみとく16のまなざし （笹部昌利編） 昭和堂 2009.12 321p

【雑誌】
◇風流大名列伝—井伊直弼 （稲垣史生） 「淡交」 34(400) 1980.4
◇反井伊派の大老批判（井伊大老論(4)） （山口宗之） 「歴史学・地理学年報」 5 1981.3
◇幕末維新最後の藩主285人—井伊直弼 （中村達夫） 「別冊歴史読本」 20 1981.6
◇井伊大老が暗殺されなかったら（特集・逆転日本史—あの時もしも） （高野澄） 「歴史と人物」 12(5) 1982.5
◇幕閣三大名—土井利勝・柳沢吉保・井伊直弼（特集・江戸大名100選） （白石一郎） 「歴史と旅」 9(9) 1982.7
◇桜田門の標的—井伊直弼（特集・徳川幕府の実力者たち） （利根川裕） 「歴史読本」 27(14) 1982.10
◇井伊直弼—極限に挑んだ幕末の大老—大名総覧—江戸時代に存在した大名420余家を収録 （松浦玲） 「歴史と旅」 10(2) 1983.1
◇大老井伊直弼の開国決断（特集黒船・国難の時代） （矢野暢） 「歴史と人物」 14(4) 1984.4
◇桜田門外の変後、井伊直弼の首級はどうなった？ （杉田幸三） 「歴史読本」 29(8)特別増刊 1984.5
◇ドキュメント桜田門外の変（特集幕末維新暗殺剣） （安西篤子） 「歴史と旅」 11(14) 1984.11
◇井伊直弼の人物像管見 （山口宗之） 「皇学論叢」 18(3) 1985.6
◇わび茶と露地（茶庭）の変遷に関する史的考察(2) 庸軒・直弼にみる原点復帰への動き （浅野二郎、仲隆裕、藤井英二郎） 「千葉大学園芸学部学術報告」 37 1986.3
◇桜田門外の銃声（幕末風塵録［16］） （綱淵謙錠） 「諸君！」 18(4) 1986.4
◇平和主義の決断—井伊直弼と安政の大獄（徳川300年を動かした男たち〈特集〉） （大久保治男） 「歴史読本」 31(11) 1986.6
◇「ラザフォード・オルコック書簡」を読む 5 井伊大老暗殺の衝撃 （飯田鼎） 「書斎の窓」 361 1987.1・2
◇通りすがりの一町人が目撃した桜田門外の変（目撃者が語る日本史の決定的瞬間） 「歴史読本」 32(17) 1987.8
◇井伊直弼と開国 （末松修） 「湖国と文化」 41 1987.10
◇井伊直弼 危機管理政策のための英断（特集 日本史悪党列伝） （小林久三） 「歴史と旅」 15(7) 1988.5
◇宰相が負った政治選択の罪科 井伊直弼・岸信介（特集 それでも歴史は繰り返す） （広瀬仁紀） 「歴史と旅」 15(16) 1988.11
◇井伊家伝来の大名美術(1)井伊直弼の茶の湯 （谷口徹） 「日本美術工芸」 604 1989.1
◇企画展 井伊直弼—その人と生涯 「彦根城博物館だより」 8 1990.2
◇井伊直弼伝における若干の問題点 （山口宗之） 「九州文化史研究所紀要」 35 1990.3
◇井伊家伝来の大名美術(15)自作作品から見た直弼像 （母利美和） 「日本美術工芸」 618 1990.3
◇桜田門外に「開国派」井伊直弼、甦る—朝憲断の大老は勅許なしに「日米通商条約」締結に踏み切るが（特集・幕末維新の人物学） （岡好古） 「プレジデント」 28(6) 1990.6
◇桜田門外の変（対談） （吉村昭、粕谷一希） 「波」 24(8) 1990.8
◇緊迫感が漂う井伊直弼像 「彦根城博物館だより」 10 1990.8
◇井伊直弼と正法眼蔵、「受身捨身ともに布施」が支えた開国の決断—10代から曹洞禅に親しみ、悟道の允許さえ得た男を待ち構えていたのは（特集・「仏典のこころ」を読む） （新井生） 「プレジデント」 29(7) 1991.7
◇近世・大名文化の深層（10～12完） （難波田徹） 「日本美術工芸」 637～639 1991.10～12
◇井伊直弼小伝 （山口宗之） 「皇学館大学紀要」 30 1992.1
◇井伊直弼の下での幕政—条約勅許問題を中心に （小野正雄） 「歴史学研究」 645 1993.5
◇幕末期佐賀藩の幕藩領かかり計画と井伊直弼 （木原溥幸） 「香川大学教育学部研究報告 第1部」 95 1995.9 p85～108
◇井伊直弼の茶の湯—心から形へ、形から心へ （谷村玲子） 「日本思想史学」 日本思想史学会 第27号 1995.9 p121～132
◇彦根藩主井伊直弼・直憲（幕末最後の藩主） 「歴史と旅」 23(5) 1996.1 臨増（大名家の事件簿総覧） p296～303
◇南伸坊のonaidoshi album—10—御小平とサルバドール・ダリ、オットー・ビスマルクと井伊直弼、ヨハン・シュトラウスと高野長英 （南伸坊、鹿島茂勉） 「太陽」 平凡社 34(11) 1996.10 p145～147
◇学習院大学史学会第12回大会記念講演 大老井伊直弼 （井上勲） 「学習院史学」 学習院大学史学会 35 1997.3 p129～136
◇仏洲仙英と井伊直弼 （福田真由美） 「宗学研究」 駒沢大学曹洞宗宗学研究所 40 1998.3 p187～192
◇井伊直弼の『一期一会』について （笠井哲） 「研究紀要」 福島工業高等専門学校 37 1998.8 p66～73
◇名品シリーズ 楽焼蓋置 七種 井伊直弼作 （谷口徹） 「茶道の研究」 茶之研究社 45(9) 2000.9 p68～69, 図1
◇井伊直弼ゆかりの茶道具(1) （谷口徹） 「彦根城博物館研究紀要」 彦根城博物館 第12号 2001.3 p1～30
◇名品シリーズ 曲物黒漆塗栗山桶水指—井伊直弼作 （谷口徹） 「茶道の研究」 茶之研究社 46(12) 2001.12 p5～7
◇茶の湯百人一首(26)井伊直弼・徳川斉昭・野本道元 （筒井紘一） 「淡交」 淡交社 57(2) 2003.2 p50～53
◇文化人・井伊直弼の「埋木舎」における茶道についての一考察 （大久保治男） 「武蔵野短期大学研究紀要」 武蔵野短期大学 18 2004 p9～20
◇井伊直弼ゆかりの茶道具(2) （谷口徹） 「彦根城博物館研究紀要」 彦根城博物館 第15号 2004.3 p1～32

◇大老井伊直弼のコメモレイションの文化社会史(その1)　(小松秀雄)「神戸女学院大学論集」　神戸女学院大学研究所　51(2)　2004.12　p165～191
◇文化人・井伊直弼の「埋木舎」における「和歌」と「国学」についての一考察　(大久保治男)「武蔵野短期大学研究紀要」　武蔵野短期大学　19　2005　p9～22
◇井伊直弼の著述活動と片桐宗猿─石州流相伝の師系をめぐって　(母利美和)「史窓」　京都女子大学史学会　62　2005.2　p1～44
◇近世大名の茶、貴族の茶　井伊直弼─自らの茶の精神を具現する好みと自作の茶道具(茶人と茶道具─名器をめぐる茶人群像─茶人と茶道具　茶道具にたずねる茶匠の数寄と風流)　(谷端昭夫)「淡交」　淡交社　59(増刊)　2005.9　p90～93
◇日本の土木を歩く　横浜港物語(その1)井伊直弼と横浜に港を開かせた岩瀬忠震　(峯崎淳)「CE建設業界」　日本土木工業協会　54(10)　2005.10　p34～41
◇文化人・井伊直弼の諸政治決断─将軍継嗣、開国、安政小獄　(大久保治男)「武蔵野短期大学研究紀要」　武蔵野短期大学　20　2006　p9～20
◇井伊直弼の「将軍継嗣問題」に対する態度と決断　(大久保治男)「武蔵野短期大学研究紀要」　武蔵野短期大学　21　2007　p9～14
◇井伊直弼銅像問題　(佐藤能丸)「同志社法学」　同志社法学会　59(2)　2007.7　p927～961
◇茶人の筆跡─茶の湯のこころ書のこころ　井伊直弼の書　(水田至摩子)「淡交」　淡交社　61(12)　2007.12　p32～35
◇直弼/象山/忠震(1)競争する記念碑(小特集 地域をみる、地元に学ぶ)　(阿部安成)「彦根論叢」　滋賀大学経済学会　370　2008.1　p3～22
◇〔滋賀大学〕経済学部ワークショップ Texture in Cultural Backyard2（第1回）井伊直弼という歴史　(小林隆, 阿部安成)「彦根論叢」　滋賀大学経済学会　370　2008.1　p223～225
◇故井伊直弼を考課する。─直弼五十回忌までの歴史評判　(阿部安成)「彦根論叢」　滋賀大学経済学会　371　2008.3　p47～78
◇故井伊直弼「復権」の文脈─二〇〇七年彦根城築城四百年祭の投機　(阿部安成)「滋賀大学経済学部附属史料館研究紀要」　滋賀大学経済学部附属史料館　41　2008.3　p45～58
◇不遇の青春時代に、人間性を培った三人─長谷川平蔵/徳川宗春/井伊直弼(特集 男の品格と心意気 江戸のダンディズム)　(諸田玲子)「東京人」　都市出版　23(5)　2008.4　p50～57
◇直弼/象山/忠震(2)競争する記念碑　(阿部安成)「彦根論叢」　滋賀大学経済学会　373　2008.6　p21～42
◇芸能史ノート　井伊直弼と三條家薫物秘説との関係について　(田中圭子)「芸能史研究」　芸能史研究会　182　2008.7　p26～40
◇直弼/象山/忠震(3)競争する記念碑　(阿部安成)「彦根論叢」　滋賀大学経済学会　375　2008.11　p45～65
◇横浜掃部山公園　井伊直弼銅像建立をめぐる紛争と事件の顛末　(田村泰治)「郷土神奈川」　神奈川県立図書館　47　2009.2　p1～16
◇安政の大獄と水戸藩　(但野正弘)「藝林」　藝林会　58(1)　2009.4　p39～66

伊木忠澄　いぎただずみ　1818～1886
幕末、明治期の岡山藩士。岡山藩主席家老。
【図　書】
◇茶の湯人物志　(村井康彦)　角川書店　1980.6　(角川選書113)
【雑　誌】
◇ふるさと文化探訪 史話・瀬戸内の文化人(106)伊木三猿斎　(生咲恭仁彦)「岡山経済」　岡山経済研究所　28(324)　2005.1　p42～45

池田章政　いけだあきまさ　1836～1903
幕末、明治期の華族。岡山藩主、侯爵。
【雑　誌】
◇幕末維新最後の藩主285人─池田章政　(朝森要)「別冊歴史読本」　20　1981.6

池田幸　いけだこう　1818～1865
幕末の女性。志士。
【図　書】
◇幕末裏面史─勤皇烈女伝　(小川煙村著)　新人物往来社　1998.1　292p　(日本伝記叢書)

池田種徳　いけだたねのり　1831～1874
幕末、明治期の志士。安芸広島藩士。
【図　書】
◇新選組と出会った人びと　(伊東成郎著)　河出書房新社　2004.2　254p
【雑　誌】
◇豊田郡入野村清田塾の人々(特集・わが町の新開)　(阪田泰正)「安芸津風土記」　44　1981.1
◇史談往来/北から南から 清河八郎の盟友池田徳太郎の生涯　(竹村鉱

一)「歴史研究」　歴研　50(1・2)　2008.1・2　p13～15

池田長発　いけだながおき　1837～1879
幕末、明治期の幕臣。1863年遣欧使節正使として渡欧。
【図　書】
◇幕臣列伝　(綱淵謙錠)　中央公論社　1981.3
◇幕末教育史の研究2─諸術伝習政策　(倉沢剛著)　吉川弘文館　1984.2
◇幕臣列伝(中公文庫)　(綱淵謙錠)　中央公論社　1984.5
【雑　誌】
◇池田筑後守とフランス(幕臣列伝(6))　(綱渕謙錠)「歴史と人物」　10(6)　1980.6
◇井ヶ谷事件と遣仏使節池田筑後守　(沢護)「千葉敬愛経済大学研究論集」　29　1986.1

池田茂政　いけだもちまさ　1839～1899
幕末、明治期の大名。備前岡山藩主。
【雑　誌】
◇備前岡山藩　池田茂政・章政(幕末維新最後の藩主285人)　(朝森要)「別冊歴史読本」　20　1981.6
◇部会ニュース　〔日本史研究会〕近世史・近現代史合同部会 幕末期岡山藩の政治的立場について─藩主池田茂政の水戸家血統意識を中心に〔含 討論〕　(大久保恵理)「日本史研究」　日本史研究会　531　2006.11　p78～80

池田慶徳　いけだよしのり　1837～1877
幕末、明治期の大名。鳥取藩知事。
【図　書】
◇贈従一位池田慶徳公御伝記 1. (鳥取県立博物館編)　鳥取県立博物館　1987.9
◇贈従一位池田慶徳公御伝記 2. (鳥取県立博物館編)　鳥取県立博物館　1988.3
◇贈従一位池田慶徳公御伝記 3 (鳥取県立博物館編)　鳥取県立博物館　1988.12
◇贈従一位池田慶徳公御伝記 4 (鳥取県立博物館編)　鳥取県立博物館　1989.3
◇贈従一位池田慶徳公御伝記 5 (鳥取県立博物館編)　鳥取県立博物館　1990.3
◇贈従一位池田慶徳公御伝記 別巻 (鳥取県立博物館編)　鳥取県立博物館　1992.3
【雑　誌】
◇迷いの多かった最後の殿様新・歴史人物風土記─鳥取県の巻・最終回　(今村実)「歴史読本」　26(10)　1981.8

石坂周造　いしざかしゅうぞう　1832～1903
幕末、明治期の志士、実業家。石油掘削事業を興す。
【図　書】
◇日本の〈創造力〉─近代・現代を開花させた470人〈2〉殖産興業への挑戦　(富田仁編)　日本放送出版協会　1993.1
◇「浪士」石油を掘る─石坂周造をめぐる異色の維新史　(真島節朗著)　共栄書房　1993.3
◇「高級な日本人」の生き方　(松本健一著)　新潮社　1999.10　214p　(新潮選書)
◇幕末維新異聞─「西郷さんの首」他　(童門冬二ほか著)　中央公論新社　2002.12　281p　(中公文庫)
◇新選組証言録─『史談会速記録』が語る真実　(山村竜也著)　PHP研究所　2004.7　291p　(PHP新書)
◇幕末・明治の英傑たち　(加来耕三著)　土屋書店　2009.12　287p
【雑　誌】
◇信州人物意外史(5)石坂周造(一八三二～一九〇三)　((忠))「地域文化」　28　1994.4
◇明治の石油王・石坂周造の矜持「高級な日本人」の研究〔7〕　(松本健一)「新潮45」　18(4)　1999.4　p158～170
◇史談往来/北から南から 清河八郎の盟友 石坂周造　(竹村紘一)「歴史研究」　歴研　46(4)　2004.4　p11～13
◇特別読物 山岡鉄舟と石坂周造　(今川徳三)「歴史研究」　歴研　47(3)　2005.3　p52～58

石坂昌孝　いしざかまさたか　1841～1907
明治期の自由民権運動家, 政治家。衆議院議員。
【図　書】
◇石阪昌孝とその同志たち─豪農民権家の生涯パート3　(町田市立自由民権資料館編)　町田市教育委員会　1993.3　(民権ブックス 6号)
◇石坂昌孝とその時代─豪農民権家の栄光と悲惨の生涯　(渡辺奨, 鶴巻孝雄著)　町田ジャーナル社　1997.7　499p
【雑　誌】
◇石坂昌孝の群馬県知事就任　(手島仁)「群馬文化」　236　1994.4

伊地知貞馨　いじちさだか　1826～1887
幕末，明治期の鹿児島藩士，官吏。
【図　書】
◇沖縄にきた明治の人物群像　（太田良博）　月刊沖縄社　1980.2
◇西郷隆盛―人望あるリーダーの条件　（山本七平，毛利敏彦，野中敬五他文）　世界文化社　1987.3　（BIGMANビジネスブックス）
【雑　誌】
◇外務省六等出仕伊地知貞馨と琉摩藩（上）（原口虎雄先生追悼記念「薩摩藩の研究」〈特集〉）（原口邦紘）「西南地域史研究」　第7輯　1992.12

伊地知季安　いじちすえやす　1782～1867
幕末の武士，歴史家。薩摩藩士。
【雑　誌】
◇伊地知季安と『五指量愛染明王由来記』　（五味克夫）「人文学科論集（鹿児島大）」17　1981
◇伊地知季安と『秘伝島津譜図』・『花尾社伝記』・『花尾祭神輯考』―島津氏祖廟成立の経緯　（五味克夫）「人文学科論集」18　1982
◇伊地知季安と『秘伝島津譜図』『花尾社伝記』『花尾祭神輯考』―島津氏祖廟成立の経緯―（五味克夫）「鹿児島大学人文学科論集」18　1983.3
◇伊地知季安と「帖佐来歴」　（五味克夫）「鹿児島県歴史資料センター黎明館旧記雑録月報」13（付録）1992.1
◇伊地知季安の『漢学紀源』について　（東英寿）「鹿児島大学文科報告　第1分冊　哲学・倫理学・史学・国文学・中国文学篇」鹿児島大学教養部　32　1996.8　p99～124
◇伊地知季安と佐藤一斎―桂菴禅師碑銘作成過程に着目して　（東英寿）「中国文学論集」九州大学中国文学会　25　1996.12　p125～140
◇伊地知季安著『漢学起源』訳注（四）　（江藤秀一，堤雅彦，吉田洋一）「久留米大学大学院比較文化研究論集」久留米大学大学院比較文化研究科　8　2000.7　p35～19
◇伊地知季安における桂菴―『漢学起原』に着目して　（東英寿）「鹿大史学」鹿大史学会　50　2003　p1～15

伊地知正治　いじちまさはる　1828～1886
幕末，明治期の鹿児島藩士，官吏。
【図　書】
◇幕末三舟伝　（頭山満著）　島津書房　1990.8
【雑　誌】
◇伊地知正治の勧農構想と内務省勧業寮　（友田清彦）「日本歴史」吉川弘文館　650　2002.7　p57～73

井関盛艮　いせきもりとめ　1833～1890
幕末，明治期の官僚，政治家。外務大丞，神奈川県知事。
【図　書】
◇日本の『創造力』―近代・現代を開花させた470人〈2〉殖産興業への挑戦　（富田仁編）　日本放送出版協会　1993.1
【雑　誌】
◇医史資料　名古屋大学医学部の歴史　（高橋昭）「現代医学」愛知県医師会　56(3)　2009.3　p577～584

磯永彦助　いそながひこすけ　1854～1934
幕末，明治期の薩摩藩士。
【雑　誌】
◇書斎の海から〔34〕ハリスと長沢のブドウ園（ずいひつ「波音」）（板坂元）「潮」495　2000.5　p62～63

板垣退助　いたがきたいすけ　1837～1919
幕末，明治期の民権家。自由党総理。
【図　書】
◇明治まんが遊覧船　（清水勲）　文芸春秋　1980.8
◇男たちの明治維新―エピソード人物史　（奈良本辰也ほか）　文芸春秋　1980.10　（文春文庫）
◇歴史への招待8　日本放送出版協会　1980.10
◇青年の風雪―高新ふるさと文庫　（平尾道雄）　高知新聞社　1981.1
◇近代史の舞台　（坂本六良）　環文庫　1981.6
◇類聚伝記大日本史11　政治家篇　（尾佐竹猛編集解説）　雄山閣出版　1981.6
◇自由民権秘密探偵史料集―国立公文書館蔵　（井出孫六〔ほか〕編）三一書房　1981.12
◇「明治」をつくった男たち―歴史が明かした指導者の条件　（鳥海靖）　PHP研究所　1982.2
◇変革期型リーダーの条件―「維新」を見てきた男たち　（佐々克明）　PHP研究所　1982.9
◇日本のリーダー　2　政党政治の雄　ティビーエス・ブリタニカ　1983.4
◇人物探訪　日本の歴史―18―明治の逸材　暁教育図書　1984.2
◇板垣遭難前後史談―明治民権史話　相原尚〔ノブ〕と小池勇　（建部恒二著）　建部恒二　1984.10
◇日本のテロリスト（潮文庫）（室伏哲郎著）　潮出版社　1986.1
◇政治家　その善と悪のキーワード　（加藤尚文著）　日経通信社　1986.6
◇大久保利通と官僚機構　（加来耕三著）　講談社　1987.2
◇近代知識人の天皇論　（石田圭介編著）　日本教文社　1987.3
◇明治自由党の研究〈上巻〉（寺崎修著）　慶応通信　1987.4
◇板垣退助―自由民権の夢と敗北　（榛葉英治）　新潮社　1988.8
◇板垣退助　自由民権の夢と敗北　（榛葉英治）　新潮社　1988.8
◇幕末維新の志士読本　（奈良本辰也著）　天山出版　1989.9　（天山文庫）
◇幕末・維新大百科―激動の時代が何でもわかる本　（歴史トレンド研究会編）　ロングセラーズ　1989.11　（ムックセレクト）
◇目でみる日本史「翔ぶが如く」と西郷隆盛　（文芸春秋編）　文芸春秋　1989.11　（文春文庫―ビジュアル版）
◇幕末・維新の群像　5　（高野澄）　PHP研究所　1990.1
◇板垣退助　（高野澄著）　PHP研究所　1990.1　（歴史人物シリーズ―幕末・維新の群像）
◇蘇翁夢物語―わが交遊録　（徳富猪一郎著）　中央公論社　1990.4　（中公文庫）
◇世を拓く――一身にして二世を経る　（左方郁子著）　ダイヤモンド社　1990.12
◇板垣伯岐阜遭難録〔復刻版〕（岩田徳義）　土佐出版社　1991
◇日本史探訪〈幕末維新　5〉「明治」への疾走　（さいとうたかを著）　角川書店　1991.3　（角川コミックス）
◇人物で学ぶ歴史の授業（下）（市川真一編著）　日本書籍　1992.3
◇板垣退助展―板垣死すとも自由は死せず　解説図録　（高知市立自由民権記念館）　高知市立自由民権記念館　1994.10
◇板垣退助一行の北海道遊説について　（船津功）『近代日本と北海道』（永井秀夫編）　河出書房新社　1998.4　p122
◇明治秘史疑獄難獄　復刻版　（尾佐竹猛裁，礫川全次解題）　批評社　1998.12　552,13p
◇日本史の現場検証　2　（合田一道著）　扶桑社　1999.11　261p
◇楽しく調べる人物図解日本の歴史―明治・大正・昭和・平成時代　7　（佐藤和彦監修）　あかね書房　2000.4　47p
◇日本人に大喝！（山田紘一著）　東海出版社　2000.6　231p
◇国のつくり方―明治維新人物学　（渡部昇一，岡崎久彦著）　致知出版社　2000.9　221p
◇人物日本の歴史・日本を変えた53人　7　（高野尚好監修）　学習研究社　2002.6　64p
◇教科書に出てくる世界の偉人100人のことがよくわかる本　（イデア・ビレッジ著）　メイツ出版　2003.1　160p
◇「第三の開国」は可能か　（田中浩著）　日本放送出版協会　2003.8　253p　（NHKライブラリー）
◇その時歴史が動いた　26　（NHK取材班編）　KTC中央出版　2004.6　253p
◇新・にいがた歴史紀行　1　（足立豊，五百川清，五十嵐公，石川新一郎，大塚哲ほか著）　新潟日報事業社　2004.9　185p
◇図説　歴史の意外な結末　愛蔵版　（日本博学倶楽部著）　PHP研究所　2004.12　222p
◇お札になった偉人　（童門冬二著）　池田書店　2005.2　191p
◇新島襄の交遊―維新の元勲・先覚者たち　（本井康博著）　思文閣出版　2005.3　325,13p
◇明治の教訓　日本の気骨―明治維新人物学　（渡部昇一，岡崎久彦著）　致知出版社　2005.8　216p　（CHICHI SELECT）
◇日本の戦争　封印された言葉　（田原総一朗著）　アスコム　2006.8　267p
◇ライバル対決で読む日本史―古代から近代まで、歴史を作った名勝負　（菊池道人著）　PHP研究所　2006.8　95p
◇未完の明治維新　（坂野潤治著）　筑摩書房　2007.3　249p　（ちくま新書）
◇NHKその時歴史が動いた　コミック版―維新の夜明け編　（NHK取材班編）　ホーム社　2007.4　498p　（ホーム社漫画文庫）
◇近代日本の社会科学と東アジア　（武藤秀太郎著）　藤原書店　2009.4　262p
◇板垣退助君伝記　第1巻　（宇田友猪著，公文豪校訂）　原書房　2009.9　546p　（明治百年史叢書）
◇幕末維新「英傑」たちの言い分―坂本龍馬から相楽総三まで　（岳真也著）　PHP研究所　2009.10　391p　（PHP文庫）
◇板垣退助君伝記　第2巻　（宇田友猪著，公文豪校訂）　原書房　2009.10　551p　（明治百年史叢書）
◇板垣退助君伝記　第3巻　（宇田友猪著，公文豪校訂）　原書房　2009.11　581p　（明治百年史叢書）
◇幕末土佐の12人　（武光誠著）　PHP研究所　2009.12　265p　（PHP文庫）

板倉勝静

【雑　誌】
◇連載対談 "明治の獅子たち"(4) 板垣退助「楽節」の元勲　(小西四郎,内村剛介)「歴史読本」25(6) 1980.5
◇板垣・大鳥の対決―宇都宮戦争　(桂英澄)「歴史と人物」122 1981.9
◇板垣退助名言の表裏―小室信介の文学的演出(自由民権運動百年記念特集号)　(松井幸子)「信州白樺」44・45・46 1981.10
◇百年前点描(4)板垣退助遭難　(遠藤鎮雄)「日本古書通信」47(4) 1982.4
◇特集・板垣退助　「土佐史談」16 1982.12
◇維新政治家との交遊(下)考証・福沢諭吉(47)　(富田正文)「三田評論」844 1984.2
◇中江兆民と板垣退助の来飯　(村松武夫)「伊那」675 1984.8
◇板垣退助の外遊と自由党(1)　(寺崎修)「政治学論集」22 1985.9
◇板垣退助の手紙　(林由是)「郷土研究・岐阜」43 1986.2
◇板垣退助の外遊と自由党(2)　(寺崎修)「政治学論集」23 1986.3
◇板垣退助と文学(特集・民権と文学)　(岡林清水)「社会文学」創刊号 1987.6
◇自由主義者の系譜(3)板垣退助―民あって政府立ち政府立って民その生を遂ぐ　(米田龍二)「月刊自由民主」444 1990.3
◇自由民権運動、薩長藩閥政治の打倒を目指す熱き闘い―板垣死すとも自由は死せず。退助はイギリス皇帝に1つの理想を見た(特集・明治天皇―こうして現代日本への道は開かれた)　(三好徹)「プレジデント」29(3) 1991.3
◇そのとき板垣は何と言ったか　(小玉正任)「土佐史談」186 1991.3
◇板垣退助水原に来る―郷土の自由民権運動点描　(阿部二郎)「五頭郷土文化」28 1992.7
◇薩長支配を嫌って飛び出した板垣退助に重なる鳩菅新党の行方(歴史合せ鏡〔41〕)　(清宮竜)「フォーブス日本版」6(2) 1997.2 p160～167
◇民党と第一帝国議会(歴史の眼〔5〕)　(広瀬順晧)「月刊社民主」511 1997.12 p88～89
◇第3部・自由民権〔1〕自由民権運動のルーツは坂本龍馬にまで遡る(日本を動かした言葉)　(田原総一朗)「SAPIO」10(21) 1998.12.9 p36～39
◇第3部自由民権〔3〕自由党解党の原因「板垣の不正資金疑惑」を覆す新資料(日本を動かした言葉)　(田原総一朗)「SAPIO」11(1) 1999.1.13 p92～95
◇第3部自由民権〔4〕「ああ自由死す」板垣退助の"変貌"に中江兆民はそう嘆いた(日本を動かした言葉)　(田原総一朗)「SAPIO」11(2) 1999.2.3 p44～47
◇板垣退助アルバム―志士から自由民権運動の立役者へ(特集 古写真集成 明治人の肖像―特別グラビア 明治偉人古写真帖)「歴史読本」新人物往来社 54(3) 2009.3 p204～209

板倉勝静　いたくらかつきよ　1823～1889
幕末,明治期の大名、老中。備中松山藩主。
【図　書】
◇増訂 備中松山藩の研究　(朝森要)　日本文教出版社 1982.11
◇幕末政治家　(福地源一郎著)　平凡社 1989.5　(東洋文庫)
◇幕末閣僚伝　(徳永真一郎著)　PHP研究所 1989.11　(PHP文庫)
◇世を拓く―一身にして二世を経る　(左方郁子著)　ダイヤモンド社 1990.12
◇ゆかりの地を訪ねて〈上〉　(山陽新聞社編)　(岡山)山陽新聞社 1993.2
◇ケインズに先駆けた日本人―山田方谷外伝　(矢吹邦彦著)　明徳出版社 1998.4 393p
【雑　誌】
◇板倉勝静考(4)　(加藤義範)「目白学園女子短期大学研究紀要」17 1980.12
◇板倉勝静考(5)　(加藤義範)「目白学園女子短期大学研究紀要」18 1981.12
◇勝海舟と幕末の閣老板倉勝静(特集/勝海舟の謎)　(中本淳爾)「歴史研究」人物往来社歴史研究会 445 1998.6 p31～32
◇歴史に見る リーダーと、それを支えた人たち 藩主不在の経営責任者に―老中板倉勝静と山田方谷(2)　(童門冬二)「市政」全国市長会館 57(1) 2008.1 p116～119
◇歴史に見る リーダーと、それを支えた人たち 古い藩札を焼却する―老中板倉勝静と山田方谷(3)　(童門冬二)「市政」全国市長会館 57(2) 2008.2 p98～101
◇歴史に見る リーダーと、それを支えた人たち 守りから攻めの改革へ―老中板倉勝静と山田方谷(4)　(童門冬二)「市政」全国市長会館 57(3) 2008.3 p96～99
◇歴史に見る リーダーと、それを支えた人たち 改革は北風でなく春風で―老中板倉勝静と山田方谷(5)　(童門冬二)「市政」全国市長会館 57(4) 2008.4 p98～101
◇歴史に見る リーダーと、それを支えた人たち 悪習の是正は自覚から―老中板倉勝静と山田方谷(6)　(童門冬二)「市政」全国市長会館 57(5) 2008.5 p100～103
◇歴史に見る リーダーと、それを支えた人たち 家計を公開―老中板倉勝静と山田方谷(7)　(童門冬二)「市政」全国市長会館 57(6) 2008.6 p106～109

市川三左衛門　いちかわさんざえもん　1816～1869
幕末,明治期の水戸藩士。
【図　書】
◇市川勢の軌跡　(市村真一著)　茨城新聞社 2008.2 175p　(いばらきBOOKS)

市来四郎　いちきしろう　1828～1903
幕末,明治期の鹿児島藩士。
【雑　誌】
◇市来四郎日記にみる 鹿児島藩廃仏毀釈前史　(芳即正)「鹿児島歴史研究」鹿児島歴史研究会 第3号 1998.5 p1～15
◇薩摩藩鋳銭事業と市来四郎の安田轍蔵擁護運動　(芳即正)「地域・人間・科学」鹿児島純心女子短期大学地域人間科学研究所 6・7 2003 p130～114

伊藤梅子　いとううめこ　1848～1924
幕末～大正期の女性。伊藤博文の妻。
【図　書】
◇変革期型リーダーの条件―「維新」を見てきた男たち　(佐々克明)　PHP研究所 1982.9
◇鹿鳴館貴婦人考　(近藤富枝)　講談社 1983.11　(講談社文庫)
◇こんな女性たちがいた！　(にんげん史研究会著)　講談社 2000.6 246p
◇ヒロインの日本史―時代を彩った女性100人　(梓沢要著)　ベストセラーズ 2006.3 221p　(ベスト新書)
【雑　誌】
◇伊藤博文・梅子 女狂いの亭主を支えた日本初のファーストレディ(総力特集「功名が辻」もびっくり！ 明治・大正・昭和 13の有名夫婦「怪」事件簿)「新潮45」新潮社 25(4) 2006.4 p34～36

伊東甲子太郎　いとうきねたろう　1835～1867
幕末の新撰組参謀。
【図　書】
◇江戸暗殺虫　(森川哲郎)　三一書房 1981.8
◇激闘！新選組　(中村彰彦著)　ダイナミックセラーズ 1987.1
◇物語 新選組隊士悲話　(北原亜以子ほか著)　新人物往来社 1988.6
◇土方歳三―青春を新選組に賭けた鉄の男　(津本陽一、藤本義一、粕谷一希ほか著)　プレジデント社 1990.2　(歴史と人間学シリーズ)
◇維新暗殺秘録　(平尾道雄著)　河出書房新社 1990.8　(河出文庫)
◇会津藩主・松平容保は朝敵にあらず　(中村彰彦著)　新人物往来社 1994.8
◇完全制覇 新選組―この一冊で歴史に強くなる！　(山村竜也著)　立風書房 1998.2 254p
◇新選組日誌 コンパクト版 下　(菊地明、伊東成郎、山村竜也編)　新人物往来社 2003.2 339p
◇新選組決定録　(池波正太郎著)　河出書房新社 2003.5 301p
◇新選組銘々伝 第3巻　(新人物往来社編)　新人物往来社 2003.9 279p
◇新選組　(松浦玲著)　岩波書店 2003.9 243p　(岩波新書)
◇新撰組の光と影―幕末を駆け抜けた男達　(童門冬二著)　学陽書房 2003.10 263p　(人物文庫)
◇新選組紀行　(中村彰彦著、神長文夫写真)　文芸春秋 2003.10 261p　(文春新書)
◇新選組が京都で見た夢―動乱の幕末に青春を賭けた男たちがいた　(中田昭写真)　学習研究社 2003.11 145p　(GAKKEN GRAPHIC BOOKS)
◇新選組読本　(司馬遼太郎ほか著, 日本ペンクラブ編)　光文社 2003.11 626p　(光文社文庫)
◇新選組の大常識　(矢口祥有里監修)　ポプラ社 2003.12 143p　(これだけは知っておきたい)
◇新選組・高台寺党　(市居浩一著)　新人物往来社 2004.4 248p
◇最後のサムライ！新選組入門　(田中ひろみ著)　幻冬舎 2004.4 119p
◇新選組全史―天誅vs.志士狩りの幕末　(木村幸比古著)　講談社 2004.7 254p　(講談社選書メチエ)
◇新選組、敗れざる武士達　(山川健一著)　ダイヤモンド社 2004.8 288p
◇龍馬と新選組―"文"で読む幕末　(管宗次著)　講談社 2004.9 238p　(講談社選書メチエ)
◇英傑の日本史―新撰組・幕末編　(井沢元彦著)　角川書店 2004.10 311p

◇新選組随想録——一五〇年の時をへて蘇る語り継がれる幕末剣士集団の実像と秘話（日本随想録編集委員会編）歴研 2005.1 159p
◇図解 軍師と参謀 知略戦のすべて——歴史に学ぶ「勝つ」ための戦略（ビジネス兵法研究会著）PHP研究所 2007.12 95p
◇英傑の日本史——新撰組・幕末編（井沢元彦著）角川書店 2007.12 371p（角川文庫）
◇真説 龍馬暗殺——諸説11の謎を解く（加藤厚志著）学研パブリッシング 2009.12 294p（学研M文庫）
【雑　誌】
◇新選組大特集 子孫が語る隊士の面影——曽祖父の兄・伊東甲子太郎（鈴木康夫）「歴史と旅」7(2) 1980.1
◇伊東甲子太郎と塚本源吾（野口晋一郎）「三池史談」14 1980.7
◇伊東甲子太郎の最期 高台寺党結成に謀略の血刃（特集 新選組隊士臨終図巻）（中村彰彦）「歴史と旅」15(4) 1988.3
◇中岡慎太郎——黎明のなか共に死す（特集・坂本龍馬の人間関係学）（新宮正春）「プレジデント」30(7) 1992.7

伊東祐亨　いとうすけゆき　1843～1914
明治期の海軍軍人。元帥。
【図　書】
◇地の記憶をあるく——平戸・長崎篇（松本健一著）中央公論新社 2001.11 268p
◇士魂の提督 伊東祐亨——明治海軍の屋台骨を支えた男（神川武利著）PHP研究所 2002.4 531p（PHP文庫）
◇帝国海軍将官総覧（太平洋戦争研究会）ベストセラーズ 2002.8 300p（ベストセラーシリーズ・ワニの本）
◇元勲・近代諸家書簡集成——宮津市立041尾記念文庫所蔵（仏教大学近代書簡研究会編）宮津市 2004.2 599,3p
◇侍たちの海——小説 伊東祐亨（中村彰彦著）角川書店 2004.9 350p（角川文庫）
【雑　誌】
◇伊東祐亨、「指揮官先頭」の伝統を生んだ闘将——明治27年7月～28年5月日本海軍初の近代海戦に圧勝す（特集・連合艦隊司令長官）（桂英澄）「プレジデント」24(5) 1986.5
◇元帥・海軍大将・伊東祐亨—日清戦争黄海の大海戦（日本陸海軍のリーダー総覧）（野瀬光二）「歴史と旅」13(13) 1986.9
◇元帥・伊東祐亨の「アメリカ赤毛布」歴史の交差点〔416〕（中村彰彦）「ダイヤモンド」90(28) 2002.7.20 p136～137

伊藤痴遊〔初代〕　いとうちゆう　1867～1938
明治～昭和期の講釈師, 政治家。
【図　書】
◇武士道の歴史〈3〉（高橋富雄著）新人物往来社 1986.5
◇政界回顧録（伊藤痴遊著）本の友社 1999.7 584p（伊藤痴遊明治期史談選 編集復刻版）
【雑　誌】
◇出版広告史(114)「伊藤痴遊全集」(平凡社)下中弥三郎のほれこみを示すフレーズ（尾崎秀樹）「出版ニュース」1239 1982.1.上
◇もののふの道 文学にみる武士道の歴史(45)（高橋富雄）「武道」186 1982.5
◇伊藤痴遊の獄中記と「痴遊雑誌」（広瀬順皓）「日本古書通信」58(10) 1993.10

伊藤博文　いとうひろぶみ　1841～1909
明治期の政治家。公爵, 首相。
【図　書】
◇伊藤博文関係文書 8（伊藤博文関係文書研究会編）塙書房 1980.2
◇日本政治の実力者たち——リーダーの条件1 幕末・明治篇（鵜沢義行ほか）有斐閣 1980.7（有斐閣新書）
◇明治まんが遊覧船（清水勲）文芸春秋 1980.8
◇伊藤博文関係文書9（伊藤博文関係文書研究会編）塙書房 1981.2
◇リーダーの魅力（プレジデント社）プレジデント社 1981.2
◇童話感覚——漫画論と偉人伝（佐野美津男）北斗出版 1981.4
◇近代日本の自伝（佐伯彰一）講談社 1981.5
◇類聚伝記大日本史11 政治家篇（尾佐竹猛編集解説）雄山閣出版 1981.6
◇日本内閣史録1 第一法規出版 1981.8
◇七人の宰相（読売新聞山口支局編著）条例出版 1981.9
◇幕末維新名士書簡集 李家文書（李家正文編）木耳社 1981.11
◇伊藤博文秘録 続（平塚篤編）原書房 1982.2（明治百年史叢書）
◇「明治」をつくった男たち——歴史が明かした指導者の条件（鳥海靖）PHP研究所 1982.2
◇沓掛伊左吉著作集——書物文化史考（沓掛伊左吉, 池田孝ほか編）八潮書店 1982.6
◇幕末志士の生活（芳賀登）雄山閣出版 1982.6（生活史叢書 8）
◇変革期型リーダーの条件——「維新」を見てきた男たち（佐々克明）

PHP研究所 1982.9
◇小田原近代百年史（中野敬次郎）八小堂書店 1982.10
◇日本のリーダー 1 明治天皇と元勲 TBSブリタニカ 1982.10
◇日本書誌学大系 28 林若樹集 青裳堂書店 1983.4
◇明治・大正の宰相 第1巻 伊藤博文と維新の元勲たち（戸川猪佐武）講談社 1983.7
◇維新史の青春激像——動乱期に情熱を賭けた獅子たちの熱血譜（藤田公道）日本文芸社 1983.10
◇男の切れ味——先見力・着眼力・行動力の研究（小堺昭三）PHP研究所 1983.12
◇明治リーダーの戦略戦術（佐々克明）ダイヤモンド社 1983.12
◇宰相の系譜——時代を刻んだ男たちの言行録（Kosaido books）（村松剛編）広済堂出版 1983.12
◇人物探訪 日本の歴史—18—明治の逸材 暁教育図書 1984.2
◇逆境を愛する男たち（小島直記）新潮社 1984.3
◇天皇元勲重臣（長文連著）図書出版社 1984.10
◇日本宰相列伝 1 伊藤菊男著 時事通信社 1985.10
◇日本のテロリスト（潮文庫）（室伏哲郎著）潮出版社 1986.1
◇橋川文三著作集〈7〉近代日本と中国（橋川文三著）筑摩書房 1986.2
◇ハルビンの残照（柳田桃太郎著）地久館 1986.4
◇元老（山本四郎著）静山社 1986.4
◇大久保利謙歴史著作集〈2〉明治国家の形成（大久保利謙著）吉川弘文館 1986.5
◇聞書 庶民烈伝——牧口常三郎とその時代〈3〉夏の巻 衆生病む（竹中労著）潮出版社 1986.5
◇政治家 その善と悪のキーワード（加藤尚文著）日経通信社 1986.6
◇知将児玉源太郎——ある名補佐役の生涯（生出寿著）光人社 1986.7
◇激録・日本大戦争〈第22巻〉日清戦争と黄海海戦（原康史著）東京スポーツ新聞社 1986.8
◇官僚制の形成と展開（近代日本研究会）山川出版社 1986.11
◇東の島国 西の島国（中公文庫）（ヒュー・コータッツィ著）中央公論社 1986.12
◇近代日本の政局と西園寺公望（中川小十郎著, 後藤靖, 鈴木良校訂）吉川弘文館 1987.1
◇激録・日本大戦争〈第23巻〉乃木大将と日露戦争（原康史著）東京スポーツ新聞社 1987.1
◇幕末酒徒列伝（村島健一著）旺文社 1987.1（旺文社文庫）
◇大久保利通・木戸孝允・伊藤博文特別展示目録——立憲政治への道（憲政記念館編）憲政記念館 1987.2
◇大久保利通と官僚機構（加来耕三著）講談社 1987.2
◇プロ棋士誕生——将棋四段の瞬間（福井浩治著）三一書房 1987.4
◇新・米欧回覧の記——一世紀をへだてた旅（泉三郎著）ダイヤモンド社 1987.4
◇明治の海舟とアジア（松浦玲著）岩波書店 1987.4
◇白頭山曼陀羅（釈弘元著）水書坊 1987.5
◇アジアの叛逆——内田良平 慟哭の生涯（喜安幸夫著）全貌社 1987.7
◇映像が語る「日韓併合」史 1875年～1945年（辛基秀編著）労働経済社 1987.8
◇一歩先を読む生きかた（堺屋太一ほか）三笠書房 1987.9（知的生きかた文庫）
◇雑学 明治珍聞録（西沢爽著）文芸春秋 1987.11（文春文庫）
◇明治リーダーの戦略戦術（佐々克明著）講談社 1987.11（講談社文庫）
◇逆運殺——日本史に見る凶運・悲運の人たち（丹鬼堂著）曜曜社出版 1987.12
◇勲章幻影（夏堀正元著）中央公論社 1988.1
◇維新侠艶録（井筒月翁著）中央公論 1988.3（中公文庫）
◇日本近代史講義——明治立憲制の形成とその理念（鳥海靖著）東京大学出版会 1988.6
◇英親王李垠伝——李王朝最後の皇太子（李王垠伝記刊行会編著）共栄書房 1988.7
◇地球物理学者 竹内均の人物山脈〈1〉（竹内均著）同文書院 1988.11（コスモス・ライブラリー—HUMAN SCIENCE）
◇歴史に学ぶライバルの研究（会田雄次, 谷沢永一著）PHP研究所 1988.12
◇ビジュアルワイド 新日本風土記〈35〉山口県 ぎょうせい 1989.4
◇読本 憲法の100年〈1〉憲法の誕生（作品社編集部編）作品社 1989.4
◇西郷隆盛と維新の英傑たち（佐々克明著）三笠書房 1989.5（知的生きかた文庫）
◇青木周蔵——明治外交の創造（壮年篇）（水沢周著）日本エディタースクール出版部 1989.5
◇幕末・維新大百科——激動の時代が何でもわかる本（歴史トレンド研究会編）ロングセラーズ 1989.11（ムックセレクト）
◇大久保利通——幕末を切り裂いたリアリストの智謀（石原慎太郎, 藤原

◇弘達, 渡部昇一ほか著） プレジデント社 1989.11
◇目でみる日本史 「翔ぶが如く」と西郷隆盛 （文芸春秋編） 文芸春秋 1989.11 （文春文庫—ビジュアル版）
◇代表的日本人—自己実現に成功した43人 （竹内均著） 同文書院 1990.1
◇近代日本の政治家 （岡義武著） 岩波書店 1990.3 （同時代ライブラリー）
◇蘇翁夢物語—わが交遊録 （徳富猪一郎著） 中央公論社 1990.4 （中公文庫）
◇日本侵略興亡史—明治天皇出生の謎 （鹿島昇著） 新国民社 1990.4
◇桓檀古記要義—日韓民族共通の古代史 （鹿島昇著） 新国民社 1990.4
◇明治草創—啓蒙と反乱 （植手通有編著） 社会評論社 1990.7 （思想の海へ「解放と変革」）
◇近代日本の自伝 （佐伯彰一著） 中央公論社 1990.9 （中公文庫）
◇鹿鳴館の系譜—近代日本文芸史誌 （磯田光一著） 講談社 1991.1 （講談社文芸文庫）
◇思想史の相貌—近代日本の思想家たち （西部邁著） 世界文化社 1991.6
◇艶説おもしろ日本史 （風早恵介著） 広済堂出版 1991.11 （広済堂文庫—ヒューマン・セレクト）
◇明治天皇の生涯〈下〉 （童門冬二著） 三笠書房 1991.11
◇伊藤博文と明治国家形成—「宮中」の制度化と立憲制の導入 （坂本一登著） 吉川弘文館 1991.12
◇日本史おもしろ推理—謎の殺人事件を追え （楠木誠一郎著） 二見書房 1992.1 （二見文庫—二見WAi WAi文庫）
◇人物で学ぶ歴史の授業〈下〉 （市川真一編著） 日本書籍 1992.3
◇親日派—李朝末から今日に至る売国売族者たちの正体 （林鍾国著, 反民族問題研究所編, コリア研究訳） 御茶の水書房 1992.8
◇賭博と国家と男と女 （竹内久美子著） 日本経済新聞社 1992.8
◇考証 福沢諭吉〈下〉 （富田正文著） 岩波書店 1992.9
◇伊藤博文と安重根 （佐木隆三） 文芸春秋 1992.11
◇「兄弟型」で解く江戸の怪物 （畑田国男, 武光誠著） トクマオリオン 1993.9 （トクマオーブックス）
◇大物は殺される—歴史を変えた「暗殺」の世界史 （大沢正道著） 日本文芸社 1994.4 （ラクダブックス）
◇史疑 幻の家康論 〔復刻版〕 （礫川全次編著） 批評社 1994.5
◇史伝 伊藤博文 上 （三好徹著） 徳間書店 1995.5 477p
◇史伝 伊藤博文 下 （三好徹著） 徳間書店 1995.5
◇伊藤博文はなぜ殺されたか—暗殺者安重根から日本人へ （鹿嶋海馬著） 三一書房 1995.6 218p （三一新書）
◇伊藤公と韓国 （原田豊次郎著） 竜渓書舎 1996.1 119,14p （韓国併合史研究資料）
◇満州の誕生—日米摩擦のはじまり （久保尚之著） 丸善 1996.2 267p （丸善ライブラリー）
◇安重根と伊藤博文 （中野泰雄著） 恒文社 1996.10 221p
◇裏切られた三人の天皇—明治維新の謎 （鹿島昇著） 新国民社 1997.1 394p
◇日本官僚史！—驚きのエピソードで綴る官僚たちの歴史 （広見直樹著） ダイヤモンド社 1997.7 221p （日本経済100年）
◇歴史に学ぶライバルの研究 （会田雄次, 谷沢永一著） PHP研究所 1997.8 261p （PHP文庫）
◇痩我慢というかたち—激動を乗り越えた日本の志 （感性文化研究会編） 黙出版 1997.8 111p （MOKU BOOKS）
◇大陸に渡った円の興亡 上 （多田井喜生著） 東洋経済新報社 1997.8 312p
◇孝子伊藤公 （末松謙澄著） マツノ書店 1997.9 510,2,11p
◇伊藤公実録 （中原邦平著） マツノ書店 1997.9 670,4p 図版18枚
◇政治史 3 （伊藤隆, 滝沢誠監修, 楢崎観一著） ぺりかん社 1997.10 465p （明治人による近代朝鮮影印叢書）
◇伊藤博文—アジアで最初の立憲国家への舵取り （勝本淳弘著, 自由主義史観研究会編） 明治図書出版 1997.12 123p （教科書が教えない歴史人物の生き方）
◇金沢文庫と明治の元勲たち—伊藤博文と陸奥宗光 （神奈川県立金沢文庫編） 神奈川県立金沢文庫 1998.6 63p （金沢文庫テーマ展図録）
◇明治維新の生贄—誰が孝明天皇を殺したか 長州忍者外伝 （鹿島昇, 宮崎鉄雄, 松重正著） 新国民社 1998.7 457p
◇写真集 暗殺の瞬間 （毎日新聞社編） 毎日新聞社 1998.10 175p
◇日韓皇室秘話 李方子妃 （渡辺みどり著） 読売新聞社 1998.10 266p
◇薩英戦争—遠い崖 アーネスト・サトウ日記抄 2 （萩原延寿著） 朝日新聞社 1998.10 386p
◇この日本人を見よ—在りし日の人たち （馬野周二著） フォレスト出版 1998.12 263p
◇明治・大正・昭和歴史資料全集—暗殺篇 （平野晨編, 前坂俊之監修） 大空社 1999.1 556p （近代犯罪資料叢書）

◇妖婦 下田歌子—「平民新聞」より （山本博雄解説） 風媒社 1999.2 246p
◇裏切られた三人の天皇—明治維新の謎 増補版 （鹿島昇著） 新国民社 1999.2 441p
◇伊藤博文を撃った男—革命義士安重根の原像 （斎藤充功著） 中央公論新社 1999.4 277p （中公文庫）
◇明治国家と宗教 （山口輝臣著） 東京大学出版会 1999.6 352p
◇立憲国家の確立と伊藤博文—内政と外交 1889～1898 （伊藤之雄著） 吉川弘文館 1999.7 338,5p
◇伊藤博文の情報戦略—藩閥政治家たちの攻防 （佐々木隆著） 中央公論新社 1999.7 322p （中公新書）
◇旧韓国の教育と日本人 （稲葉継雄著） 九州大学出版会 1999.10 352p
◇ドイツ国家学と明治国制—シュタイン国家学の軌跡 （滝井一博著） ミネルヴァ書房 1999.10 350p （MINERVA人文・社会科学叢書）
◇大久保利通と民業奨励 （安藤哲著） 御茶の水書房 1999.11 333p
◇日本史の現場検証 2 （合田一道著） 扶桑社 1999.11 261p
◇日本の"地霊" （鈴木博之著） 講談社 1999.12 231p （講談社現代新書）
◇史疑 幻の家康論 新装増補改訂版 （礫川全次著） 批評社 2000.2 173p
◇菊池英夫教授・山崎利男教授古稀記念アジア史論叢 （中央大学東洋史学研究室編） 刀水書房 2000.3 255p
◇楽しく調べる人物図解日本の歴史—明治・大正・昭和・平成時代 7 （佐藤和彦監修） あかね書房 2000.4
◇列伝・日本近代史—伊達宗城から岸信介まで （楠精一郎著） 朝日新聞社 2000.5 307,17p （朝日選書）
◇国のつくり方—明治維新人物学 （渡部昇, 岡崎久彦著） 致知出版社 2000.9 221p
◇史伝 伊藤博文 上 （三好徹著） 徳間書店 2000.9 654p （徳間文庫）
◇史伝 伊藤博文 下 （三好徹著） 徳間書店 2000.9 651p （徳間文庫）
◇暗殺・伊藤博文 （上垣外憲一著） 筑摩書房 2000.10 234p （ちくま新書）
◇社外取締役—企業経営から企業統治へ （大橋敬三著） 中央公論新社 2000.11 192p （中公新書）
◇素顔の宰相—日本を動かした政治家83人 （冨森叡児著） 朝日ソノラマ 2000.12 294p
◇条約改正と国内政治 （小宮一夫著） 吉川弘文館 2001.1 274,7p
◇天皇と日本の近代 上 （八木公生著） 講談社 2001.1 257p （講談社現代新書）
◇ベルツ日本文化論集 （エルヴィン・ベルツ著, 若林操子編訳, 山口静一, 及川茂, 池上純一, 池上弘子訳） 東海大学出版会 2001.4 660p
◇橘川文三著作集 7 増補版 （橘川文三著） 筑摩書房 2001.4 385p
◇英親王李垠伝—李王朝最後の皇太子 新装版 （李王垠伝記刊行会編） 共栄書房 2001.8 326p
◇首相列伝—伊藤博文から小泉純一郎まで （宇治敏彦編） 東京書籍 2001.9 410p
◇伊藤博文と朝鮮 （高大勝著） 社会評論社 2001.10 205p
◇岡義武著作集 第4巻 （岡義武著） 岩波書店 2001.10 281p
◇明治人のお葬式 （此経啓助著） 現代書館 2001.12 203p
◇ニッポンの総理大臣紳士録—伊藤博文から小泉純一郎まで、56人の首相の功罪とエピソード （福岡政行監修） 主婦と生活社 2001.12 183p
◇人物日本の歴史・日本を変えた53人 7 （高野尚好監修） 学習研究社 2002.2 64p
◇山口県の歴史と文化 （播磨定男著） 大学教育出版 2002.3 234p （徳山大学研究叢書）
◇明治憲法の思想—日本の国柄とは何か （八木秀次著） PHP研究所 2002.4 306p （PHP新書）
◇総理の値打ち （福田和也著） 文芸春秋 2002.4 182p
◇韓国・朝鮮と向き合った36人の日本人—西郷隆盛、福沢諭吉から現代まで （舘野晢編） 明石書店 2002.4 231p
◇政商—大倉財閥を創った男 （若山三郎著） 学習研究社 2002.5 470p （学研M文庫）
◇天皇破壊史 （太田竜著） 成甲書房 2002.6 347p
◇明治天皇と政治家群像—近代国家形成の推進者たち （沼田哲編） 吉川弘文館 2002.6 286p
◇伊藤博文と「行政国家」の発見—明治十四年政変と憲法調査をめぐって （坂本一登） 『明治天皇と政治家群像 近代国家形成の推進者たち』 （沼田哲編） 吉川弘文館 2002.6 p194～
◇ドラえもんの社会科おもしろ攻略 日本の歴史15人 （日能研指導） 小学館 2002.8 190p （ドラえもんの学習シリーズ）
◇君臣の義を廃して—続々日本人にとって天皇とは何であったか （松浦玲著） 辺境社 2002.8 279p

◇明治天皇の生涯 下 （童門冬二著） 徳間書店 2002.9 299p （徳間文庫）
◇おもしろ法律学入門―司法試験の合格請負人 井藤公量の （井藤公量著） 日本実業出版社 2002.9 286p
◇百年の遺産―日本の近代外交73話 （岡崎久彦著） 産経新聞ニュースサービス 2002.9 334p
◇井上毅のドイツ化構想 （森川潤著） 雄松堂出版 2003.1 196,20p （広島修道大学学術選書）
◇幕末に学んだ若き志士達―日本留学生列伝 2 （松邨賀太著） 文芸社 2003.2 190p
◇歴代首相物語 （御厨貴編） 新書館 2003.3 302p
◇「原典」秘書類纂―伊藤博文文書 宮内庁書陵部所蔵 第17巻 （伊藤博文原編,伊藤博文文書研究会編） 北泉社 2003.5 458p
◇統監伊藤博文の韓国法治国家構想の破綻 （小川原宏幸著） 『日朝関係史論集―姜徳相先生古希・退職記念』（姜徳相先生古希・退職記念論文集刊行委員会著） 新幹社 2003.5 p162
◇外国人が見た日本の一世紀 （佐伯修著） 洋泉社 2003.6 222p （新書y）
◇日本人に一番合った英語学習法―先人たちに学ぶ「四〇〇年の知恵」 （斎藤兆史著） 祥伝社 2003.6 186p
◇「第三の開国」は可能か （田中浩著） 日本放送出版協会 2003.8 253p （NHKライブラリー）
◇伊藤文暗殺事件の闇に葬られた真犯人 （大野芳著） 新潮社 2003.8 414p
◇日韓の架け橋となった人びと （東アジア学会編） 明石書店 2003.10 193p
◇日韓「禁断の歴史」 （金完燮著） 小学館 2003.11 221p
◇伊藤博文―近代国家を創り上げた宰相 （羽生道英著） PHP研究所 2004.1 342p （PHP文庫）
◇歴史随想 （菊池寛著,郡司勝義編） 未知谷 2004.2 222p
◇元勲・近代諸家書簡集成―宮津市立前尾記念文庫所蔵 （仏教大学近代書簡研究会編） 宮津市 2004.2 599,3p
◇伊藤博文と立憲国家の形成 （瀧井一博著） 『二〇世紀日本の天皇と君主制―国際比較の視点から一八六七～一九四七』（伊藤之雄,川田稔編） 吉川弘文館 2004.3 p35
◇徹底大研究 日本の歴史人物シリーズ 14 （坂本一登監修） ポプラ社 2004.4 79p
◇堂々たる日本人―知られざる岩倉使節団 （泉三郎著） 祥伝社 2004.6 291p （祥伝社黄金文庫）
◇新篇 吉田松陰 （奈良本辰也著） たちばな出版 2004.6 341p
◇伊藤博文と韓国併合 （海野福寿著） 青木書店 2004.6 244,12p
◇向学心 （谷沢永一著） 五月書房 2004.7 202p
◇岩倉使節団という冒険 （泉三郎著） 文芸春秋 2004.7 221p （文春新書）
◇理想的日本人―「日本文明」の礎を築いた12人 （渡部昇一著） PHP研究所 2004.8 222p
◇政界秘話 政治とオンナ （岩見隆夫著） リベラルタイム出版社 2004.10 331p
◇大久保利通 （佐々木克監修） 講談社 2004.11 334p （講談社学術文庫）
◇至上の決断力―歴代総理大臣が教える「生き残るリーダー」 （小林吉弥著） 講談社 2004.12 398p
◇えっ！そうなの？―歴史を飾った人物たちの仰天素顔 （平川陽一著） 徳間書店 2004.12 286p
◇明治・大正・昭和史話のたね100 （三代史研究会著） 文芸春秋 2004.12 186p （文春新書）
◇全一冊 小説 伊藤博文―幕末青春児 （童門冬二著） 集英社 2004.12 717p （集英社文庫）
◇NHKにんげん日本史 伊藤博文―明治の国づくりをリードして （酒寄雅志監修,小西聖一著） 理論社 2004.12 113p
◇日本宰相列伝 上 （三好徹著） 学陽書房 2005.1 487p （人物文庫）
◇李王朝最後の皇太子・英親王李垠と伊藤博文 （梅崎大夢著） 正風書舎 2005.1 213p
◇お札になった偉人 （童門冬二著） 池田書店 2005.2 191p
◇伊藤博文の立憲政治調査 （鳥海靖著） 『日本立憲政治の形成と変質』（鳥海靖,三谷博,西川誠,矢野信幸編） 吉川弘文館 2005.2 p112
◇新島襄の交遊―維新の元勲・先覚者たち （本井康博著） 思文閣出版 2005.3 325,13p
◇総理の値打ち （福田和也著） 文芸春秋 2005.4 234p （文春文庫）
◇明治維新三大政治家 大久保・岩倉・伊藤論 改版 （池辺三山著,滝田樗陰編） 中央公論新社 2005.4 275p （中公文庫）
◇歴代総理大臣伝記叢書 第1巻 （御厨貴監修） ゆまに書房 2005.7 510,2,9p
◇明治の教訓 日本の気骨―明治維新人物学 （渡部昇一,岡崎久彦著） 致知出版社 2005.8 216p （CHICHI SELECT）

◇この結婚―明治大正昭和の著名人夫婦70態 （林えり子著） 文芸春秋 2005.8 242p （文春文庫）
◇日本史・ライバルたちの「意外な結末」―宿敵・政敵・好敵手たちの知られざる「その後」 （日本博学倶楽部著） PHP研究所 2005.9 275p （PHP文庫）
◇大江戸曲者列伝―幕末の巻 （野口武彦著） 新潮社 2006.2 220,9P （新潮新書）
◇日本人に一番合った英語学習法―明治の人は、なぜあれほどできたのか （斎藤兆史著） 祥伝社 2006.3 187p （祥伝社黄金文庫）
◇帝国議会誕生―今の国会と何が違うか！ （原田敬一著） 文英堂 2006.4 271p
◇ニッポン偉人奇行録 （前坂俊之著） ぶんか社 2006.6 255p （ぶんか社文庫）
◇日本の戦争 封印された言葉 （田原総一朗著） アスコム 2006.8 267p
◇総理の品格 （滝沢中著） ぶんか社 2006.9 245p （ぶんか社文庫）
◇実録 首相列伝―国を担った男達の本懐と蹉跌 （学研編集部編） 学習研究社 2006.9 381p （学研M文庫）
◇宗教と日本人―司馬遼太郎対話選集 8 （司馬遼太郎著者代表,関川夏央監修） 文芸春秋 2006.10 285p （文春文庫）
◇政治家の名セリフ―日本人の心を動かした （滝沢中著） 青春出版社 2006.12 267p （青春文庫）
◇日本の近現代史講義 歴史をつくるもの 下 （五百旗頭真,伊藤正直,滝井一博,小倉和夫著,藤井裕久,仙谷由人監修,日本の近現代史調査会編） 中央公論新社 2006.12 300p
◇世界に誇れる日本人 （渡部昇一著） PHP研究所 2007.1 237p （PHP文庫）
◇歴代総理大臣伝記叢書 別巻 （御厨貴監修） ゆまに書房 2007.1 284p
◇東大医学部初代綜理池田謙斎―池田文書の研究 下 （池田文書研究会編） 思文閣出版 2007.2 684,20p
◇明治・大正・昭和 日本のリーダー名語録―優れた指導者に学ぶ決断力 （武ား鏡村著） PHP研究所 2007.4 270p
◇明治天皇 4 （ドナルド・キーン著,角地幸男訳） 新潮社 2007.5 501p （新潮文庫）
◇マキァヴェリの子どもたち―日伊の政治指導者は何を成し遂げ、何を残したか （リチャード・J.サミュエルス著,鶴田知佳子,村田久美子訳） 東洋経済新報社 2007.5 374,113p
◇吉田松陰の予言―なぜ、山口県ばかりから総理大臣が生まれるのか？ （浜崎惟,本誌編集部著） Book&Books 2007.5 275p
◇近代日本の転機 明治・大正篇 （鳥海靖編） 吉川弘文館 2007.6 298,4p
◇宰相たちのデッサン―幻の伝記で読む日本のリーダー （御厨貴編） ゆまに書房 2007.6 280p
◇歴史再検証 日韓併合―韓民族を救った「日帝36年」の真実 （崔基鎬著） 祥伝社 2007.7 203p （祥伝社黄金文庫）
◇司馬遼太郎 歴史のなかの邂逅―ある明治の庶民 4 （司馬遼太郎著） 中央公論新社 2007.7 394p
◇史疑―幻の家康論 新装増補改訂版 （村川堅次著） 批評社 2007.8 187p
◇中学校の日本史世界史を重要人物20で完全攻略 （向山洋一著,櫛引丈志著） PHP研究所 2007.10 190p （新「勉強のコツ」シリーズ）
◇薩英戦争―遠い崖 アーネスト・サトウ日記抄 2 （萩原延壽著） 朝日新聞社 2007.10 436p （朝日文庫）
◇勝者と敗者の近現代史 （河上民雄著） かまくら春秋社 2007.10 189p
◇ヒコの幕末―漂流民ジョセフ・ヒコの生涯 （山下昌也著） 水曜社 2007.12 334p
◇近代日本の社会と文化―明治維新とは何だったのか （河村望著） 人間の科学社 2007.12 249p
◇元老西園寺公望―古希からの挑戦 （伊藤之雄著） 文芸春秋 2007.12 358p （文春新書）
◇左千夫歌集 （永塚功著,久保田淳監修） 明治書院 2008.2 540p （和歌文学大系）
◇日本のステンドグラス 小川三知の世界 （増田彰久写真,田辺千代文） 白揚社 2008.4 223p
◇人間盛りは百から百から―転ばぬ先の「超人」語録 （秋庭道博著） 麗澤大学出版会 2008.5 243p
◇誇り高き日本人―国の命運を背負った岩倉使節団の物語 （泉三郎著） PHPエディターズ・グループ 2008.6 613p
◇ひょうご幕末維新列伝 （一坂太郎著） 神戸新聞総合出版センター 2008.7 408p
◇歴史のかげにグルメあり （黒岩比佐子著） 文芸春秋 2008.8 254p （文春新書）
◇人物で読む近代日本外交史―大久保利通から広田弘毅まで （佐道明広,小宮一夫,服部竜二編） 吉川弘文館 2009.1 316p
◇伊藤博文関係文書 5 オンデマンド版 （伊藤博文関係文書研究会

編）塙書房　2009.1　457p
◇伊藤博文関係文書　7　オンデマンド版　（伊藤博文関係文書研究会編）塙書房　2009.1　403p
◇東京おぼえ帳　（平山蘆江著）　ウェッジ　2009.2　364p　（ウェッジ文庫）
◇史観宰相論　（松本清張著）　筑摩書房　2009.5　311p　（ちくま文庫）
◇歴史人物に学ぶリーダーの条件　（童門冬二著）　大和書房　2009.6　251p　（だいわ文庫）
◇伊藤博文と韓国統治―初代韓国統監をめぐる百年目の検証　（伊藤之雄、李盛煥編著）　ミネルヴァ書房　2009.6　328,8p　（シリーズ・人と文化の探究）
◇日本史有名人「おやじの背中」　（新人物往来社編）　新人物往来社　2009.7　382p　（新人物文庫）
◇リーダー60人　とっておきの秘話　（清宮竜著）　テーミス　2009.7　276p
◇滄浪閣の時代―伊藤博文没後100年記念展　（大磯町郷土資料館編）大磯町郷土資料館　2009.10　40p
◇明治聖徳記念学会紀要　復刊第四十六号　（明治聖徳記念学会編）　明治聖徳記念学会　2009.11　482p
◇伊藤博文―近代日本を創った男　（伊藤之雄著）　講談社　2009.11　606p
◇決めぜりふ―時代が見える人物像がわかる幕末維新名言集　（斎藤孝著）　世界文化社　2009.12　303p
◇日本統計史群像　（島村史郎著）　日本統計協会　2009.12　214p
【雑　誌】
◇伊藤博文と井上馨の政党観―中―　（高橋正則）「政治学論集」11　1980.3
◇伊藤博文の政党結成についての検討　（武田敏朗）「浪速短期大学紀要」5　1980.3
◇新連載対談"明治の獅子たち"(2)伊藤博文―天皇制構築のテクノロジー　（松浦玲、内村剛介）「歴史読本」25(3)　1980.3
◇伊藤博文と井上馨の政党感（下）　（高橋正則）「政治学論集」13　1981.3
◇日本人がみた安重根義士　（崔書勉）「韓」9(4・5)　1981.4・5
◇伊藤博文と山県有朋国家の柱石文武の対立(特集・明治ライバル物語)　（糸屋寿雄）「歴史と人物」120　1981.7
◇教養講座・国家と軍隊　（大江志乃夫）「法学セミナー」1981.8,9
◇伊藤博文と自由民権運動　（高橋正則）「政治学論集（駒沢大）」14　1981.9
◇議会政治への軌道を敷いた大隈の入閣―伊藤博文との関係における考察　（高橋正則）「政治学論集」15　1982.3
◇歴史と審判―安重根と伊藤博文　（中野泰雄）「亜細亜大学経済学紀要」8(1)　1982.9
◇鹿鳴館の系譜(11完)三人の鹿鳴館演出者―聖徳太子・伊藤博文・吉田茂　（磯田光一）「文学界」37(4)　1983.4
◇伊藤内閣の朝鮮出兵決定に対する政略論的検討（上）日清戦争前史として　（桧山幸夫）「中京法学」18(1・2)　1984
◇『明治日報』と伊藤博文　（沢目健介）「法学政治学研究（成蹊大学）」4　1984.3
◇伊藤博文と神戸　（荒尾親成）「神戸史談」256　1985.1
◇伊藤博文、「長州の危機」に燃えた若き「周旋家」―英・米・仏・蘭「四ヵ国連合艦隊」下関に来襲す(特集・明治維新」の男たち）　（松浦行真）「プレジデント」23(1)　1985.1
◇考証・福沢諭吉　五八―伊藤博文との交情　（富田正文）「三田評論」855　1985.2
◇河豚食禁令、伊藤博文と稲荷町、下関の河豚と廓の料理茶屋　（喜太川店主）「料理友の会」特集号　1985.4
◇華族制度をめぐる伊藤博文と岩倉具視　（坂本一登）「東京都立大学法学会雑誌」26(1)　1985.7
◇伊藤博文―「憎めない三枚目」で立ちまわった明治最大の「周旋家」（人物大特集・大研究　ネアカのリーダー）　（古川薫）「NEXT」3(7)　1986.7
◇螢雪の功、三たび（評伝・陸奥宗光〔14〕）　岡崎久彦「Voice」106　1986.10
◇伊藤博文のロシア行と歴史家徳富蘇峰　（柴崎力栄）「日本歴史」462　1986.11
◇宮中の制度化と内閣制度の創設―伊藤博文の政治指導を中心に　（坂本一登）「年報近代日本研究」8　1986.11
◇朝鮮と伊藤博文　（姜徳相）「季刊　三千里」49　1987.2
◇明治憲法に関する一考察(1)　伊藤博文の憲法調査とローレンツ・フォン・シュタイン　（木曽朗生）「明治大学大学院紀要　政治経済学篇」24　1987.2
◇伊藤博文公の念持仏　（仁藤祐治）「南風競わず」2　1987.4
◇明治25年の伊藤新党問題　（佐々木隆）「日本歴史」468　1987.5
◇伊藤博文と神戸(特集　神戸開港120年)　（神田一夫）「神戸史談」261　1987.8
◇伊藤博文暗殺の真犯人は別にいた!?現場にいた随員の証言(目撃者が語る日本史の決定的瞬間)「歴史読本」32(17)　1987.8

◇伊藤博文と津田梅子　（亀田帛子）「国際関係研究所報（津田塾大）」21　1987.11
◇伊藤博文における教育思想の発展過程―スタイン「行政学」摂受による理論的枠組の形成　（秋元光弘）「教育学雑誌」22　1988
◇伊藤博文と立憲政友会　（伊藤勲）「松阪政経研究」6(1)　1988.3
◇第2次伊藤内閣前期の陸奥外交―外交の内政的側面についての一事例(2)　（関静雄）「帝塚山大学論集」62　1988.9
◇明治期における統帥権の範囲の拡大―伊藤博文の抵抗　（熊谷光久）「軍事史学」24(4)　1989.3
◇啄木と伊藤博文暗殺事件　（岩城之徳）「国文学」34(4)　臨増（近代文壇事件史）1989.3
◇伊藤博文と安重根　（中野泰雄）「亜細亜大学経済学紀要」14(3)　1989.11
◇リストを日本に呼ぼうとした伊藤博文(音楽の旅・大作曲家をめぐって〔番外編〕）　（属啓成）「知識」95　1989.11
◇国立国会図書館所蔵本　蔵書印(178)伊藤博文　（村山久江）「国立国会図書館月報」346　1990.1
◇自由主義者の系譜(4)伊藤博文―政治は国民の上になお春雨がうるおうが如くに　（米田龍二）「月刊自由民主」445　1990.4
◇伊藤博文の清国総理衙門における会談録について　（河村一夫）「日本歴史」509　1990.10
◇帝国憲法発布、昭和に禍根を残す「不磨の大典」成る―「万世一系の統治者」を超えて、時の最高権力者、伊藤博文は法を蹂躙(特集・明治天皇―こうして現代日本への道は開かれた)　（松浦玲）「プレジデント」29(3)　1991.3
◇黎明の日本を担った波瀾の「治世45年」―剛毅なる「大帝」はまた、元勲に利用された悲劇の人でもあった(特集・明治天皇―こうして現代日本への道は開かれた）　（榛葉英治）「プレジデント」29(3)　1991.3
◇第2次伊藤内閣期の政党と藩閥官僚　（伊藤之雄）「名古屋大学文学部研究論集」113　1992
◇日露戦争直後における満州問題―韓国統監伊藤博文に対する一分析　（林敏）「史学研究」197　1992.7
◇黎明の足音(7)憲法制定―「伊藤憲法」の苦悩　（米田龍二）「月刊自由民主」473　1992.8
◇安重根と伊藤博文―韓国文化院「相互認識・文化講座」　（中野泰雄）「国際関係紀要（秋田短期大学）」1(2)　1992.9
◇伊藤博文と日清戦争への道　（大沢博明）「社会科学研究（東京大学社会科学研究所）」44(2)　1992.9
◇維新前夜と晋作型人材―動けば雷電の如く、発すれば風雨の如し(特集・変革の旗手　高杉晋作の魅力）　（三好徹）「プレジデント」31(2)　1993.2
◇伊藤博文と議会政治の寿命(日本近代史の誰に学ぶか―人物オピニオン特集・リーダーなき「平成」を撃つ24人)　（村松剛）「諸君！」25(2)　1993.2
◇元老制度再考―伊藤博文・明治天皇・桂太郎　（伊藤之雄）「史林」77(1)　1994.1
◇伊藤渡欧時代の憲法史的考察―「留守政府」による国内法改変事情の分析　（大石真）「法学論叢（京都大学法学会）」134(5・6)　1994.3
◇日韓交流時代の石川啄木と松本清張（一部）―小説「統監」と伊藤博文暗殺事件　（岩城之徳）「国際啄木学会会報」国際啄木学会　第7号　1995.8　p16～23
◇ねじれた「日韓史」をつくった伊藤博文の「任意的併合」(土下座外交はもううんざりだ！「謝り続ける日本」最悪の日韓関係をつくったのは誰だ）　（海野福寿）「SAPIO」7(22)　1995.12.20　p10～11
◇韓国統監伊藤博文の間島領土政策(1)統監府派出所の設置決定の経緯　（崔長根）「法学新報」中央大学法学会　102(7・8)　1996.2　p175～202
◇韓国統監伊藤博文の間島領土政策(二・完)―統監府派出所の設置決定の経緯　（崔長根）「法学新報」中央大学法学会　102(9)　1996.3　p171～187
◇モッセにおける「学問・教育の自由」―伊藤博文「憲法資料」の「憲法講義」と「モッセ代講義」　（小笠原正）「季刊教育法」エイデル研究所　108　1997.1　p61～64
◇資料紹介「伊東巳代治関係文書」所収伊藤博文書翰翻刻（上）　（伊東文書を読む会）「参考書誌研究」国立国会図書館　47　1997.3　p1～33
◇伊藤博文滞欧憲法調査の考察　（滝井一博）「人文学報」京都大学人文科学研究所　80　1997.3　p33～78
◇伊藤博文―バカな奴だ(特集・幕末明治人物臨終の言葉―近代の夜明けを駆けぬけた44人の人生決別の辞　英傑死してことばを遺す）　（一坂太郎、稲田明雄、今川徳三、井尸寛、宇都宮泰長、河合敦、木村幸比古、祖田浩一、高野澄、高橋和彦、畑during、三谷茉沙夫、百瀬明治、山村竜也）「歴史と旅」24(7)　1997.5　p120～121
◇日清戦後の対清国経済進出構想―伊藤博文を中心に　（高蘭）「日本歴史」吉川弘文館　593　1997.10　p49～64
◇伊藤博文の演説の副用言―近・現代語と比較して　（平沢啓）「きのくにに国文」和歌山大学国文会　4　1998　p58～43
◇伊藤博文・安重根―韓国併合と日本の朝鮮支配政策(20世紀の歴史のなかの人物)　（糟谷政和）「歴史地理教育」歴史教育者協議会　576

1998.3 p24〜27
◇チェコに残る伊藤博文の手紙(1)ブルノに『クルメッキ文書』を訪ねて (滝井一博)「書斎の窓」 有斐閣 475 1998.6 p28〜32
◇東大は勝海舟が作った—伊藤博文がお世話になった英和辞書は"東大"製(私の東大論〔5〕) (立花隆)「文芸春秋」 76(7) 1998.7 p194〜206
◇チェコに残る伊藤博文の手紙(2・完)—ブルノに『クルメッキ文書』を訪ねて (滝井一博)「書斎の窓」 有斐閣 476 1998.8 p48〜54
◇明治三十一年の伊藤新党問題(上) (佐々木隆)「聖心女子大学論叢」 聖心女子大学 91 1998.9 p27〜88
◇明治憲法とドイツ憲法学(見抜かれた20世紀 マックス・ヴェーバー物語〔7〕) (長部日出雄)「新潮45」 17(11) 1998.11 p252〜267
◇明治三十一年の伊藤新党問題(中) (佐々木隆)「聖心女子大学論叢」 聖心女子大学 92 1999.2 p179〜205
◇伊藤博文の念持仏 (播磨定男)「徳山大学論叢」 徳山大学 51 1999.6 p172〜149
◇第5部・帝国主義〔1〕伊藤博文はなぜ韓国で「大悪人視」されるのか(日本を動かした言葉) (田原総一朗)「SAPIO」 11(11) 1999.6.23 p36〜39
◇第5部・帝国主義〔3〕日清戦争は日本が強引に仕掛けた戦争だが、伊藤らに「侵略」意識はなかった(日本を動かした言葉) (田原総一朗)「SAPIO」 11(13) 1999.7.28 p42〜45
◇第5部・帝国主義〔6〕韓国の独立維持派だった伊藤博文は、なぜ「日韓併合」に走ったか(日本を動かした言葉) (田原総一朗)「SAPIO」 11(16) 1999.9.22 p78〜81
◇伊藤博文報道と啄木 (尹在石)「国際啄木学会会報」 国際啄木学会 第11号 1999.10 p10
◇第5部・帝国主義〔7〕伊藤博文の挫折、日韓併合へ(日本を動かした言葉) (田原総一朗)「SAPIO」 11(17) 1999.10.13 p80〜83
◇伊藤博文暗殺(明治天皇〔58〕) (ドナルド・キーン著、角地幸男訳)「新潮45」 18(11) 1999.11 p264〜271
◇乃木将軍の敬礼(わが家の百年—戦争あり、天災あり……幾多の風雪に耐えたこの人この家族、喜びと悲しみの百年) (伊藤満洲雄)「文芸春秋」 78(2) 2000.2 臨増「私たちが生きた20世紀 全篇書き下ろし362人の物語・永久保存版」p54〜55
◇一九〇四年玄葉運の伊藤博文招聘について (鈴木修)「中央大学アジア史研究」 白東史学会 第24号 2000.3 p151〜168
◇伊藤公暗殺がなければ韓国併合もなかった?(明治人の息づかい 明治期の新聞記事から〔最終回〕) (大塚明洋)「正論」 338 2000.10 p182〜183
◇伊藤博文のロシア訪問と日英同盟—イギリス政府首脳部の対応を中心に (君塚直隆)「神奈川県立外語短期大学紀要 総合篇」 神奈川県立外語短期大学 23 2000.12 p33〜48
◇新時代の異文化体験・岩倉使節団欧歴訪おどろき見聞記 (伊藤史湖)「歴史と旅」 28(3) 2001.3 p182〜189
◇日韓"不惜身命"の構図(特集・生命"いのち") (大野力)「公評」 38(4) 2001.5 p20〜27
◇初期国家学会の考察—伊藤博文と渡辺洪基 (滝井一博)「人文論集」 神戸商科大学学術研究会 37(1) 2001.8 p1〜18
◇明治天皇と伊藤博文—銀婚式をめぐるあつれき(特集・Meiji the Great 明治天皇というふ人。) (麻田子彦)「歴史と旅」 28(12) 2001.12 p46〜51
◇大日本帝国憲法発布!—近代日本の建設に没頭した若き「元勲」たち(重大事件でつづる日本通史) (三好徹)「歴史読本」 47(1) 2002.1 p148〜155
◇採点「歴代総理の値打ち」—伊藤博文から小泉純一郎まで、最高91点、最低は17点 (福田和也)「文芸春秋」 80(2) 2002.2 p112〜134
◇「安重根と伊藤博文」英雄比較論〔上〕(日韓「禁断のテーマ」を斬る!〔5〕) (金完燮)「SAPIO」 14(20) 2002.11.13 p36〜39
◇「安重根と伊藤博文」英雄比較論〔下〕(日韓「禁断のテーマ」を斬る!〔6〕) (金完燮)「SAPIO」 14(21) 2002.11.27 p34〜37
◇正確無比の人間鑑識眼(サン=シモン主義者 渋沢栄一〔45〕) (鹿島茂)「諸君!」 35(4) 2003.4 p226〜233
◇肘後集—明治人の清国見物(17)俄かに旧の寂寥に帰す—伊藤博文の巻(1) (草森紳一)「月刊しにか」 大修館書店 14(9) 2003.9 p108〜113
◇肘後集—明治人の清国見物(18)東洋的豪értous面影あり—伊藤博文の巻(2) (草森紳一)「月刊しにか」 大修館書店 14(10) 2003.10 p108〜113
◇肘後集—明治人の清国見物(19)李(鴻章)ノ如キ如何ナル人歟(や)—伊藤博文の巻(3) (草森紳一)「月刊しにか」 大修館書店 14(11) 2003.11 p112〜117
◇肘後集—明治人の清国見物(20)如何ナル困難ニモ耐忍スベシ—伊藤博文の巻(4) (草森紳一)「月刊しにか」 大修館書店 14(12) 2003.12 p108〜113
◇日韓併合当時の大韓帝国政権に関する一考察—伊藤博文と宋秉〔シュン〕、一進会を中心に (柳尚熙)「二松学舎大学東洋学研究所集刊」 二松学舎大学東洋学研究所 34 2004 p295〜330

◇肘後集—明治人の清国見物(21)伊藤博文の巻(5)既往は咎めず (草森紳一)「月刊しにか」 大修館書店 15(1) 2004.1 p108〜113
◇肘後集—明治人の清国見物(22)伊藤博文の巻(6)輔車(ほしゃ)音(ただ)ならず (草森紳一)「月刊しにか」 大修館書店 15(2) 2004.2 p108〜113
◇光武9(1905)年関丙〔セキ〕制度視察団の日本派遣について—大江卓による韓帝の伊藤博文延聘をめぐり (鈴木修)「栃木史学」 国学院大学栃木短期大学史学会 18 2004.3 p56〜80
◇肘後集—明治人の清国見物(23・最終回)伊藤博文の巻(7)貴国ノ挙措、驕傲ニ失シタリ (草森紳一)「月刊しにか」 大修館書店 15(3) 2004.3 p108〜113
◇伊藤博文の韓国併合構想と第三次日韓協約体制の形成 (小川原宏幸)「青丘学術論集」 韓国文化研究振興財団 25 2005.3 p61〜107
◇伊藤博文の立憲デザイン—憲法と「国のかたち」(特集 戦後日本外交60年の歴史—過去と現在の対話—歴史の教訓—新しい時代の日本のあり方・生き方) (瀧井一博)「外交フォーラム」 都市出版 18(8) 2005.8 p68〜73
◇小学校の授業 6年 内閣総理大臣伊藤博文殿!—地租改正反対一揆から自由民権運動へ(2) (早川寛司)「歴史地理教育」 歴史教育者協議会 689 2005.9 p42〜45
◇早稲田大学図書館蔵『桂太郎旧蔵諸家書翰』について—特に,山県有朋宛伊藤博文書翰をめぐって (星原大輔)「社学研論集」 早稲田大学大学院社会科学研究科 8 2006 p257〜272
◇伊藤博文・梅子 女狂いの亭主を支えた日本初のファーストレディ(総力特集「功名が辻」もびっくり! 明治・大正・昭和 13の有名夫婦「怪」事件簿)「新潮45」 新潮社 25(4) 2006.4 p34〜36
◇部会ニュース〔日本史研究会〕近現代史部会 植民地領有と地域の変容—日清戦後の九州地方を中心に/韓国皇帝〈純宗〉の巡幸と伊藤博文の政治的イベント〔合 討論〕 (小正展也,李主先)「日本史研究」 日本史研究会 525 2006.5 p89〜92
◇伊藤博文の日本社会論—「帝国憲法制定の由来」を素材として (小島伸之)「東洋学研究」 東洋大学東洋学研究所 44 2007 p260〜244
◇大木喬任と三好退蔵—伊藤博文の滞欧憲法調査一件を中心に (重松優)「社学研論集」 早稲田大学大学院社会科学研究科 9 2007 p300〜313
◇歴史のかげに "食"あり(第8回)伊藤博文 河豚の本場で開かれた日清講和会議 (黒岩比佐子)「文學界」 文藝春秋 61(3) 2007.3 p224〜231
◇ベルリンの伊藤博文 (鳥海靖)「本郷」 吉川弘文館 70 2007.7 p2〜4
◇伊藤博文の憲法修業—吉野作造「スタイン、グナイストと伊藤博文」を読む (堅田剛)「独協法学」 独協大学法学会 73 2007.9 p1〜29
◇「井上馨関係文書」所収 伊藤博文書翰翻刻(続)(伊藤博文関係文書講読会)「参考書誌研究」 国立国会図書館 68 2008.3 p1〜60
◇鉄路は語る 歴史紀行「満鉄路線」の旅(第48回)伊藤博文暗殺 (岡田和裕)「丸」 潮書房 61(4) 2008.4 p198〜205
◇鉄路は語る 歴史紀行「満鉄路線」の旅(第49回)伊藤博文暗殺(2) (岡田和裕)「丸」 潮書房 61(5) 2008.5 p194〜201
◇伊藤博文との対話(中国に「産業革命」をもたらした男 盛宣懐とその時代—明治の指導者が盛宣懐に託した「共存共栄」への思い)「Decide」 サバイバル出版 26(6) 2009.1 p45〜47
◇伊藤博文の韓国統治と韓国併合—ハーグ密使事件以降 (伊藤之雄)「法学論叢」 京都大学法学会 164 2009.3 p1〜70
◇明治の英傑たち(2)伊藤博文 (宮田昌明)「国体文化」 日本国体学会 1019 2009.4 p16〜23
◇ロー・クラス 現行民法典を創った人びと(新連載・1)序論、総裁・副総裁(1)伊藤博文・西園寺公望 (七戸克彦)「法学セミナー」 日本評論社 54(5) 2009.5 p40〜44
◇明治国家をつくった人びと(11)長州ファイブとしての伊藤俊輔—「博文」の誕生 (瀧井一博)「本」 講談社 34(6) 2009.6 p48〜51
◇抗争 伊藤博文vs山県有朋 道を違えた二人の元勲—なぜ伊藤は議会政治を、山県は超然内閣を志向したのか(特集 日本国総理大臣全史—特集ワイド 首相の座をめぐる八大抗争史)「歴史読本」 新人物往来社 54(11) 2009.11 p62〜65
◇伊藤博文と明治憲法—憲法制定におけるドイツ人の寄与(特集 日本の法制度・法文化 東京奠都百四十年) (堅田剛)「明治聖徳記念学会紀要」 明治聖徳記念学会 46 2009.11 p32〜50
◇文明・立憲制・国民政治—伊藤博文の政治思想(特集 日本の法制度・法文化 東京奠都百四十年) (瀧井一博)「明治聖徳記念学会紀要」 明治聖徳記念学会 46 2009.11 p66〜83
◇週刊司馬遼太郎(146)子規と秋山兄弟の選択—「坂の上の雲」の世界第2部(第4回)伊藤博文と下関条約 (村井重俊,守田直樹)「週刊朝日」 朝日新聞出版 114(60) 2009.12.18 p92〜97

伊東巳代治 いとうみよじ 1857〜1934
明治〜昭和期の政治家,官僚。伯爵。
【図 書】
◇原敬をめぐる人びと 続 (原奎一郎,山本四郎編) 日本放送出版協会 1982.8 (NHKブックス 419)

稲垣示

◇近代政治の彗星 2 想い出の政治家 （松本幸輝久） 三信図書 1982.11
◇危機—ライバル日本史 8 （NHK取材班編） 角川書店 1996.12 316p （角川文庫）
◇伊東巳代治日記・記録—未刊翠雨荘日記憲政史編纂会旧蔵 第1巻 （伊東巳代治著，広瀬順晧監修・編集） ゆまに書房 1999.7 615p （近代未刊史料叢書）
◇伊東巳代治日記・記録—未刊翠雨荘日記憲政史編纂会旧蔵 第2巻 （伊東巳代治著，広瀬順晧監修・編集） ゆまに書房 1999.7 557p （近代未刊史料叢書）
◇伊東巳代治日記・記録—未刊翠雨荘日記憲政史編纂会旧蔵 第3巻 （伊東巳代治著，広瀬順晧監修・編集） ゆまに書房 1999.7 313p （近代未刊史料叢書）
◇伊東巳代治日記・記録—未刊翠雨荘日記憲政史編纂会旧蔵 第4巻 （伊東巳代治著，広瀬順晧監修・編集） ゆまに書房 1999.7 537p （近代未刊史料叢書）
◇伊東巳代治日記・記録—未刊翠雨荘日記憲政史編纂会旧蔵 第5巻 （伊東巳代治著，広瀬順晧監修・編集） ゆまに書房 1999.7 253p （近代未刊史料叢書）
◇伊東巳代治日記・記録—未刊翠雨荘日記憲政史編纂会旧蔵 第6巻 （伊東巳代治著，広瀬順晧監修・編集） ゆまに書房 1999.7 409p （近代未刊史料叢書）
◇伊東巳代治日記・記録—未刊翠雨荘日記憲政史編纂会旧蔵 第7巻 （伊東巳代治著，広瀬順晧監修・編集） ゆまに書房 1999.7 437,7p （近代未刊史料叢書）
◇憲法史と憲法解釈 （大石真裕著，高見勝利，長尾竜一編） 信山社出版 2000.10 266p （日本憲法史叢書）
◇元勲・近代諸家書簡集成—宮津市立前尾記念文庫所蔵 （仏教大学近代書簡研究会編） 宮津市 2004.2 599,3p
◇シベリア出兵の史的研究 （細谷千博著） 岩波書店 2005.1 313,8p （岩波現代文庫）
◇帝国議会誕生—今の国会と何が違うか！ （原田敬一著） 文英堂 2006.4 271p
◇小嶋和司憲法論集 1 （小嶋和司著） 木鐸社 2006.9 450p
◇「日本叩き」を封殺せよ—情報官僚・伊東巳代治のメディア戦略 Miyoji Ito 1857-1934 （原田武夫著） 講談社 2006.10 271p
◇伊東巳代治遺稿「憲法衍義」に付いて．『美濃部達吉著作集』（美濃部達吉著，高見勝利編） 慈学社出版，大学図書（発売） 2007.3 p104～128

【雑　誌】

◇伊東巳代治述「御前講話筆記—帝室制度完成ノ経緯ニツイテ」 （牟礼仁紹介） 「神道史研究」 37(1) 1989.1
◇杉並の名墓 (22)伊東巳代治(政治家)の墓 （原田弘） 「杉並郷土史会々報」 96 1989.7
◇昭和という時代(2)南京事件と山東出兵 （林健太郎） 「知識」 103 1990.6
◇明治政治家の政治情報活動—明治前中期の伊東巳代治 （佐々木隆） 「メディア史研究」 1 1994.3
◇二つの憲法の成立史(1,2) （佐藤功） 「書斎の窓」 439,440 1994.11,12
◇憲政資料室所蔵田健治郎関係文書中の伊東巳代治書簡について—日清戦争期の情報・宣伝活動に関する一史料 （大谷正） 「専修史学」 専修大学歴史学会 28 1997.1 p56～76
◇資料紹介 「伊東巳代治関係文書」所収伊藤博文書翰翻刻（上） （伊東文書を読む会） 「参考書誌研究」 国立国会図書館 47 1997.3 p1～33
◇欧州王室財産制度の移入に関する一考察—井上毅・伊東巳代治を中心として （川田敬一） 「産大法学」 京都産業大学法学会 31(2) 1997.7 p242～264
◇「伊東巳代治関係文書」所収伊藤博文書翰翻刻（下） （伊東文書を読む会） 「参考書誌研究」 国立国会図書館 48 1997.10 p32～61
◇ロー・クラス 現行民法典を創った人びと(4)主査委員(1)末松謙澄・伊東巳代治 外伝(1)司法省法学校正則科第2期生と賄征伐 （七戸克彦） 「法学セミナー」 日本評論社 54(8) 2009.8 p87～89

稲垣示　いながきしめす　1849〜1902
明治期の政治家。衆議院議員。

【雑　誌】

◇石川県会議員稲垣示官吏侮辱事件小考 （原禎嗣） 「北陸法学」 北陸大学法学会 6(4) 1999.3 p175～209

稲葉正邦　いなばまさくに　1834〜1898
幕末，明治期の大名，老中。山城淀藩主。

【雑　誌】

◇稲葉正邦（幕末維新最後の藩主285人） 「別冊歴史読本」 20 1981.6
◇紹大寺に蟄居した稲葉正邦 （加藤利之） 「小田原史談」 132 1988.3

乾十郎　いぬいじゅうろう　1827/28〜1864
幕末の志士。天誅組挙兵に参加。

【図　書】

◇保田与重郎全集〈第21巻〉南山踏雲録，校註祝詞 （保田与重郎著） 講談社 1987.7
◇保田与重郎全集〈第25巻〉絶対平和論，明治維新とアジアの革命 （保田与重郎著） 講談社 1987.11

井上馨　いのうえかおる　1835〜1915
幕末〜大正期の政治家。外務卿，外相。

【図　書】

◇鹿鳴館貴婦人考 （近藤富枝） 講談社 1980.10
◇類聚伝記大日本史11 政治家篇 （尾佐竹猛編集解説） 雄山閣出版 1981.6
◇原敬をめぐる人びと （原奎一郎，山本四郎編） 日本放送出版協会 1981.10 （NHKブックス）
◇幕末志士の生活 （芳賀登） 雄山閣出版 1982.6 （生活史叢書 8）
◇変革期型リーダーの条件—「維新」を見てきた男たち （佐々克明） PHP研究所 1982.9
◇人物探訪 日本の歴史—18—明治の逸材 暁教育図書 1984.2
◇天皇元勲重臣 （長文連著） 原書房 1984.10
◇首都計画の政治—形成期明治国家の実像（近代日本研究双書） （御厨貴） 山川出版社 1984.11
◇近世名茶会物語 （高原富保） 毎日新聞社 1985
◇元老 （山本四郎著） 静山社 1986.4
◇美術話題史—近代の数寄者たち （松田延夫著） 読売新聞社 1986.5
◇吉田松陰の恋（文春文庫） （古川薫） 文芸春秋 1986.7
◇政商の誕生—もうひとつの明治維新 （小林正彬著） 東洋経済新報社 1987.1
◇雑学 明治珍聞録 （西沢爽著） 文芸春秋 1987.11 （文春文庫）
◇実録 日本汚職史 （室伏哲郎著） 筑摩書房 1988.2 （ちくま文庫）
◇維新侠艶録 （井筒月翁著） 中央公論社 1988.3 （中公文庫）
◇地球のでこぼこ〈2〉とうようズ・ブルース （中村とうよう著） 話の特集 1989.6
◇目でみる日本史 「翔ぶが如く」と西郷隆盛 （文芸春秋編） 文芸春秋 1989.11 （文春文庫—ビジュアル版）
◇考証 福沢諭吉〈下〉 （富田正文著） 岩波書店 1992.9
◇大蔵大臣 高橋是清—不況乗り切りの達人 （大石亨著） マネジメント社 1992.9
◇明治日本の政治家群像 （福地惇，佐々木隆編） 吉川弘文館 1993.4
◇日本近代史の再構築 （伊藤隆編） 山川出版社 1993.4
◇閔妃（ミンビ）暗殺—朝鮮王朝末期の国母 （角田房子著） 新潮社 1993.7 （新潮文庫）
◇文化のクリエーターたち—江戸・東京を造った人々 （東京人編集室編） 都市出版 1993.12
◇甲申事変報道をめぐる井上馨の新聞操縦の試み—英国人ルーシーの場合 （大山瑞代）『横浜居留地と異文化交流』（横浜開港資料館，横浜居留地研究会編） 山川出版社 1996.6 p313
◇薩英戦争—遠い崖 アーネスト・サトウ日記抄 2 （萩原延寿著） 朝日新聞社 1998.10 386p
◇鈍翁・益田孝 下 （白崎秀雄著） 中央公論社 1998.10 424p （中公文庫）
◇井上条約改正問題をめぐる政治的競合とその帰結 （小宮一夫）『近代日本の形成と展開』（安岡昭男編） 巌南堂書店 1998.11 p173
◇日清戦争期の韓国改革運動—甲午更張ից探究 （柳永益著，秋月望，広瀬貞三訳） 法政大学出版局 2000.5 221,54p （韓国の学術と文化）
◇国のつくり方—明治維新人物学 （渡部昇，岡崎久彦著） 致知出版社 2000.9 221p
◇条約改正と国内政治 （小宮一夫著） 吉川弘文館 2001.1 274,7p
◇密航留学生たちの明治維新—井上馨と幕末藩士 （犬塚孝明著） 日本放送出版協会 2001.8 268p （NHKブックス）
◇尊敬される国民 品格ある国家 （渡部昇一，岡崎久彦著） ワック 2002.6 260p （WAC BUNKO）
◇明治日本美術紀行—ドイツ人女性美術史家の日記 （フリーダ・フィッシャー著，安藤勉訳） 講談社 2002.7 233p （講談社学術文庫）
◇益田鈍翁をめぐる9人の数寄者たち （松田延夫著） 里文出版 2002.11 235p
◇ホテルと日本近代 （富田昭次著） 青弓社 2003.5 261p
◇元勲・近代諸家書簡集成—宮津市立前尾記念文庫所蔵 （仏教大学近代書簡研究会編） 宮津市 2004.2 599,3p
◇近代の茶室と数寄屋—茶の湯空間の伝承と展開 （桐浴邦夫著） 淡交社 2004.6 151p
◇近代数寄者の名茶会三十選 （熊倉功夫編） 淡交社 2004.12 295,16p
◇教科書が教えない歴史有名人の晩年 （新人物往来社編） 新人物往来社 2005.5 286p

◇明治の教訓 日本の気骨―明治維新人物学 （渡部昇一, 岡崎久彦著） 致知出版社 2005.8 216p （CHICHI SELECT）
◇明治前期井上馨の政治構想 （大沢博則）『明治国家の政策と思想』（犬塚孝明編） 吉川弘文館 2005.10 p58
◇悪人列伝 近代篇 新装版 （海音寺潮五郎著） 文芸春秋 2007.2 301p （文春文庫）
◇薩英戦争―遠い崖 アーネスト・サトウ日記抄 2 （萩原延壽著） 朝日新聞社 2007.10 436p （朝日文庫）
◇坂の上に雲はあったか―明治国家創成のミスキャスト （宮崎光雄著） 東洋出版 2007.12 310p
◇歴史のかげにグルメあり （黒岩比佐子著） 文芸春秋 2008.8 254p （文春新書）
◇人物で読む近代日本外交史―大久保利通から広田弘毅まで （佐道明広, 小宮一夫, 服部龍二編） 吉川弘文館 2009.1 316p
◇近代日本の国家構想―1871-1936 （坂野潤治著） 岩波書店 2009.8 289,14p （岩波現代文庫）

【雑誌】
◇「オマハ号事件」について （久世尚子）「中央大学論究（文学研究科篇）」13(1) 1981.3
◇井上馨宛益田孝書簡 「三井文庫論叢」16 1982.12
◇井上外相の条約改正案に反対する建白書（資料紹介）（森田敏彦）「仙台郷土研究」復刊9(1) 1984.6
◇考証・福沢諭吉 五一―井上馨との交情 （富田正文）「三田評論」854 1985.1
◇原敬をめぐる人脈〔2〕ボスの選択（日本の資本主義をつくった男たち）（小島直記）「日経ビジネス」446 1986.9.29
◇条約改正（評伝・陸奥宗光〔16〕）（岡崎久彦）「Voice」108 1986.12
◇井上条約改正の再検討―条約改正予議会を中心に （津田多賀子）「歴史学研究」575 1987.12
◇貝島家の石炭業経営と井上馨 （宇田川勝）「経営志林」26(4) 1990.1
◇自由民権運動、薩長藩閥政治の打倒を目指す熱き闘い―板垣死すとも自由は死せず。退助はイギリス皇帝に1つの理想を見た（特集・明治天皇―こうして現代日本への道は開かれた）（三好徹）「プレジデント」29(3) 1991.3
◇楽長次郎の雁取茶碗と井上世外 （牧孝治）「茶道の研究」37(6) 1992.6
◇山田顕義の書簡 井上馨宛 （村井益男）「日本大学精神文化研究所紀要」日本大学精神文化研究所 27 1996.3 p1～52
◇明治5年井上馨の遊女「解放」建議の考察―近代的公娼制への志向 （阿部恒志）「史流」北海道教育大学史学会 36 1996.6 p73～91
◇井上馨の外交思想（1）「泰西主義」の論理とその展開 （犬塚孝明）「政治経済史学」日本政治経済史学研究所 366 1996.12 p1～22
◇井上馨の外交思想（2）「泰西主義」の論理とその展開 （犬塚孝明）「政治経済史学」日本政治経済史学研究所 367 1997.1 p24～41
◇"明治の元勲"井上馨に学ぶ真の国家指導者 （渡部昇一）「正論」293 1997.1 p46～58
◇閔妃暗殺（明治天皇〔47〕）（ドナルド・キーン著, 角地幸男訳）「新潮45」17(12) 1998.12 p254～270
◇特別研究 井上聞多伝（慶応元年六月）（山本栄一郎）「歴史研究」人物往来社歴史研究会 474 2000.11 p54～56
◇大日本帝国憲法発布！―近代日本の建設に没頭した若き「元勲」たち（重大事件でつづる日本通史）（三好徹）「歴史読本」47(1) 2002.1 p148～155
◇七分利付外国公債と井上馨 （半田英俊）「法学政治学論究」慶應義塾大学大学院法学研究科内「法学政治学論究」刊行会 58 2003.秋季 p103～133
◇正確無比の人間鑑識眼（サン=シモン主義者 渋沢栄一〔45〕）（鹿島茂）「諸君！」35(4) 2003.4 p226～233
◇維新史料編纂会と臨時編修局の合併問題と協定書の成立過程について―特に井上馨と金子堅太郎の動向を中心として （堀口修）「日本大学精神文化研究所紀要」日本大学精神文化研究所 36 2005.3 p1～56
◇忘れがたき政治家（52）井上馨＝「条約改正」に端緒を開いた明治の元勲 （新井勉）「月刊自由民主」自由民主党 634 2006.1 p114～120
◇歴史のかげに"食"あり（第5回）井上馨 鹿鳴館のダンスと美食の饗宴 （黒岩比佐子）「文學界」文藝春秋 60(12) 2006.12 p296～301
◇井上馨内務大臣の「北海道ニ関スル意見書」について （麓慎一）「環日本海研究年報」新潟大学大学院現代社会文化研究科環日本海研究室 15 2008.2 p33～45
◇「井上馨関係文書」所収 伊藤博文書翰翻刻（続）（井上馨関係文書講読会）「参考書誌研究」国立国会図書館 68 2008.3 p1～60
◇大宰相・原敬（第19回）井上馨 （福田和也）「Voice」PHP研究所 367 2008.7 p244～251
◇七分利付外債における井上馨の方針 （半田英俊）「法学研究」慶應義塾大学法学研究会 82(2) 2009.2 p379～403
◇国家構想の展開と木戸孝允―往復書翰からみた木戸孝允と井上馨 （落合弘樹）「明治大学人文科学研究所紀要」明治大学人文科学研究所 64 2009.3 p17～31〔含 英語文要旨〕

井上清直 いのうえきよなお 1809～1867
幕末の幕府官僚、町奉行。
【図書】
◇幕末 五人の外国奉行―開国を実現させた武士 （土居良三著） 中央公論社 1997.7 358p
◇謎解き「兄弟」の日本史―歴史を動かした"血の絆"とは （歴史の謎研究会） 青春出版社 2003.3 235p （青春文庫）
◇痛恨の江戸東京史 （青山佾著） 祥伝社 2008.9 401p （祥伝社黄金文庫）

井上毅 いのうえこわし 1843～1895
明治期の官僚、政治家。子爵、文相。
【図書】
◇明治・大正・昭和教育思想学説人物史 1 明治前期篇 （藤原喜代蔵） 湘南堂書店 1980.9
◇井上毅伝外篇近代日本法制史料集3 （国学院大学日本文化研究所編） 東京大学出版会 1980.12
◇明治教育古典叢書 第2期 31 井上毅君教育事業小史 （木村匡） 国書刊行会 1981.4
◇幕末維新名士書簡集 李家文書 （李家正文編） 木耳社 1981.11
◇井上毅と明治国家 （坂井雄吉） 東京大学出版会 1983.9
◇井上毅と明治国家 （坂井雄吉） 東京大学出版会 1983.9
◇人物探訪 日本の歴史―18―明治の逸材 暁教育図書 1984.2
◇日本の近代化と人間形成 （下程勇吉編） 法律文化社 1984.6
◇法制官僚の時代―国家の設計と知の歴程 （山室信一） 木鐸社 1984.12
◇近代日本政治における中央と地方（年報政治学 1984年度）（日本政治学会編） 岩波書店 1985.3
◇近代日本の知と政治 （山室信一） 木鐸社 1985.5
◇近代日本の知と政治―井上毅から大衆演芸まで （山室信一） 木鐸社 1985.5
◇大久保利謙歴史著作集〈2〉明治国家の形成 （大久保利謙著） 吉川弘文館 1986.5
◇手塚豊著作集〈第6巻〉明治刑法史の研究〈下〉（手塚豊著） 慶応通信 1986.6
◇井上毅伝外篇 近代日本法制史料集 8. （国学院大学日本文化研究所編） 東京大学出版会 1986.8
◇大久保利謙歴史著作集 8 明治維新の人物像 吉川弘文館 1987.7
◇思想の横顔 （鈴木武） 勁草書房 1987.9
◇明治の精神 （荒川久寿男著）（伊勢）皇學館大学出版部 1987.12
◇評伝井上毅 （辻義教） 弘生書林 1988.3 （阪南大学叢書 26）
◇小学校の歴史〈2〉小学校政策の模索過程と確立過程 （倉沢剛著） ジャパン・ライブラリー・ビューロー 1989.10
◇近代日本教員養成史研究―教育者精神主義の確立過程 （水原克敏著） 風間書房 1990.1
◇教育勅語への道―教育の政治史 田中不二麿、元田永孚、森有礼、井上毅 （森川輝紀著） 三元社 1990.5
◇近代日本中学校制度の確立―法制・教育機能・支持基盤の形成 （米田俊彦著） 東京大学出版会 1992.1
◇法学の諸課題 （創立20周年記念論文集発刊部会編）（八尾）大阪経済法科大学出版部 1992.11
◇日本教育立法史研究序説―勅令主義を中心として （伊藤敏行著） 福村出版 1993.10
◇国家神道形成過程の研究 （阪本是丸著） 岩波書店 1994.1
◇兵庫県の教育史 （鈴木正幸, 布川清司, 藤井譲治共著）（京都）思文閣出版 1994.2 （都道府県教育史シリーズ）
◇井上毅の教育思想 （野口伐名著） 風間書房 1994.2
◇井上毅 （木野主計著） 続郡書類従完成会 1995.3 500,8p （木野主計著作集）
◇古城貞吉稿井上毅先生伝 （梧陰文庫研究会編） 木鐸社 1996.4 493p
◇日本憲法史における抵抗権思想の系譜―植木枝盛と井上毅を中心に （大石真）『国法学の諸問題』（榎原猛ほか編） 嵯峨野書院 1996.9 p165
◇明治14年政変再考―井上毅と福沢諭吉 （渡辺駿一）『比較の中の近代日本思想』（近代日本研究会編） 山川出版社 1996.11 （年報・近代日本研究 18） p134
◇明治憲典体制の成立と「シラス」型統治理念の変容―井上毅と皇室財産 （鈴木正幸）『地域社会の歴史と構造』（丹野清秋編著） 御茶の水書房 1998.3 p87
◇対談集 憲法史の面白さ （大石真, 高見勝利, 長尾竜一編） 信山社出版 1998.7 282,7p （日本憲法史叢書）
◇井上毅の構想と内務省の政策 （新田均）『現代神道研究集成』（現代神道研究集成編集委員会編） 神社新報社 1998.12 p551

◇明治政党論史 （山田央子著） 創文社 1999.1 265,10p
◇妖婦 下田歌子—「平民新聞」より （山本博雄解説） 風媒社 1999.2 246p
◇琉球・沖縄史研究序説 （山下重一著） 御茶の水書房 1999.7 337p
◇維新と人心 （伊藤弥彦著） 東京大学出版会 1999.12 281p
◇井上毅とその周辺 （梧陰文庫研究会編） 木鐸社 2000.3 574p
◇天皇と日本の近代 下 （八木公生著） 講談社 2001.1 331p （講談社現代新書）
◇近代日本の国家形成と皇室財産 （川田敬一著） 原書房 2001.2 412p （明治百年史叢書）
◇文部大臣井上毅における明治国民教育観 （野口伐名著） 風間書房 2001.2 431p
◇井上毅のドイツ認識 （森川潤著） 広島修道大学総合研究所 2001.5 81,10p （広島修道大学研究叢書）
◇明治憲法の思想—日本の国柄とは何か （八木秀次著） PHP研究所 2002.4 306p （PHP新書）
◇井上毅のドイツ化構想 （森川潤著） 雄松堂出版 2003.1 196,20p （広島修道大学学術選書）
◇土着主義運動と井上毅「人心教導」構想 （大間実）『仏教土着 論集』（大桑斉編） 法蔵館 2003.3 p341–
◇元勲・近代諸彦書簡集成—宮津市立前尾記念文庫所蔵 （仏教大学近代書簡研究会編） 宮津市 2004.2 599,3p
◇井上毅と福沢諭吉 （渡辺俊一著） 日本図書センター 2004.9 335p （学術叢書）
◇続琉球・沖縄史研究序説 （山下重一著） 御茶の水書房 2004.12 267p
◇井上毅と梧陰文庫 （国学院大学日本文化研究所編） 汲古書院 2006.2 389,8p
◇帝国議会誕生—今の国会と何が違うか！ （原田敬一著） 文英堂 2006.4 271p
◇井上毅と宗教—明治国家形成と世俗主義 （斉藤智朗著） 弘文堂 2006.4 332,5p （久伊豆神社小教院叢書）
◇小嶋和司憲法論集 1 （小嶋和司著） 木鐸社 2006.9 450p
◇肥後の歴史と文化 （早稲田大学日本地域文化研究所編） 行人社 2008.1 310p （日本地域文化ライブラリー）
◇井上毅伝 史料篇 補遺 第2 （国学院大学日本文化研究所編） 国学院大学 2008.3 372p
◇条約改正交渉史—1887~1894 （大石一男著） 思文閣出版 2008.10 338p
◇明治聖徳記念学会紀要 復刊第四十六号 （明治聖徳記念学会編） 明治聖徳記念学会 2009.11 482p
◇法の流通—法制史学会60周年記念若手論文集 （鈴木秀光, 高谷知佳, 林真貴子, 屋敷二郎編著） 慈学社出版 2009.12 922p
【雑 誌】
◇教育と明治国家—井上毅の教育観・学問観の分析を通して （藤原利）「教育学雑誌」 14 1980
◇井上毅の教育思想—国体教育主義の形成 （野口伐名）「弘前大学教育学部紀要」 43 1980.3
◇伊藤博文と井上毅の政党観—中— （高橋正則）「駒沢大学政治学論集」 11 1980.3.25
◇明治前期の国体観と井上毅 （大原康男）「国学院雑誌」 81（5） 1980.5
◇井上毅と明治14年政変 （中島昭三）「中央大学法学新報」 87（3・4） 1980.7
◇井上毅の教育思想—国体教育主義の形成 （野口伐名）「弘前大学教育学部紀要」 44 1980.9
◇揺籃期の特許制度（4~6）井上毅と特許制度の成立（上~下） （佐々木信夫）「発明」 77（10~12） 1980.10~12
◇大日本帝国憲法と井上毅の国典研究（研究ノート） （夜久正雄）「亜細亜大学教養部紀要」 23 1981
◇続・井上毅と特許制度の成立（揺籃期の特許制度（7）） （佐々木信夫）「発明」 78（1） 1981.1
◇井上毅における憲法主義の展開—大隈外相期・外人法官任用問題をめぐって （根本純一）「明治大学大学院紀要（3 政治・経済学篇）」 18 1981.2
◇井上毅の教育思想—国体教育主義の形成 （野口伐名）「弘前大学教育学部紀要」 45 1981.2
◇伊藤博文と井上毅の政党観（下） （高橋正則）「政治学論集（駒沢大）」 13 1981.3
◇教育と明治国家—井上毅の思惟構造と教育政策を中心に （藤原利）「日本大学人文科学研究所研究紀要」 25 1981.3
◇明治政治史料収集の歩みと井上毅と修史事業の再建 （桑原伸介）「参考書誌研究」 22 1981.6
◇国家の制度化と法制官僚（レジスト）の政策「キョウ」導—明治前期における法による支配と井上毅 （山室信一）「社会科学研究（東大）」 33（2） 1981.8
◇井上毅の教育思想—国体教育主義の形成 （野口伐名）「弘前大学教育学部紀要」 46 1981.9
◇井上の憲法私案について （大石真）「国学院法学」 19（2） 1981.9
◇井上毅の読書歴 （木野主計）「国史学」 115 1981.12
◇皇位継承をめぐる井上毅の書簡について—明治皇室典範成立過程の一齣 （小林宏）「国学院法学」 19（4） 1982.2
◇牢絡敬重の道—井上毅と宗教 （伊藤弥彦）「キリスト教社会問題研究」 30 1982.2
◇熊本在藩時代の井上毅 （木野主計）「日本歴史」 406 1982.3
◇財閥・官僚人物あれこれ （中村青志, 沢村和成）「歴史公論」 8（3） 1982.3
◇木下〔カ〕村書門生名籍（6）木下家所蔵井上毅文書について （木野主計）「神道学」 114 1982.8
◇明治地方制度とフランス—井上毅の立法意見を手がかりとして（近代日本政治における中央と地方） （坂井雄吉）「日本政治学会年報政治学」 1984 1984
◇文部大臣井上毅の文教思想（1）井上毅の教育思想 （野口伐名）「弘前大学教育学部紀要」 51 1984.3
◇井上毅における宗教・道徳・政治と教育 （小山常実）「ぱいでぃあ（大阪薬科大学）」 8 1984.3
◇井上毅と教育勅語—政治史的背景 （中島昭三）「法学新報」 91（1・2） 1984.6
◇井上毅の南仏紀行（上） （坂井雄吉）「UP」 13（9） 1984.9
◇井上毅の南仏紀行（下） （坂井雄吉）「UP」 13（10） 1984.10
◇井上毅における宗教・道徳・政治と教育（2） （小山常実）「ぱいでぃあ（大阪薬科大学）」 9 1985.3
◇井上毅と朝鮮問題 （中島昭三）「国学院大・院法政論叢」 6 1985.3
◇井上毅のプロシア主義と「独逸学協会」 （藤原保matrix）「国際学院埼玉短期大学研究紀要」 6 1985.4
◇井上毅滞仏中の司法攷究事蹟 （木野主計）「大倉山論集」 19 1986.3
◇明治10年代の宗教政策と井上毅 （阪本是丸）「国学院雑誌」 87（11） 1986.11
◇井上毅と明治皇室典範 （長尾龍一）「法律時報」 59（2） 1987.2
◇井上毅の官有財産論—政治的背景— （中島昭三）「法学新報（中央大学）」 94（1・2）（小林丈児先生追悼号） 1987.10
◇明治8年太政官布告第103号「裁判事務心得」の成立と井上毅（1） （大河純夫）「立命館法学」 205・206 1989
◇明治7年対清北京交渉と井上毅 （山下重一）「栃木史学（国学院大学栃木短期大学）」 3 1989.3
◇井上毅と「梧陰文庫」 （木野主計）「書斎の窓」 387 1989.9
◇井上毅の大学南校改革構想—「学制意見案」を中心として （森川潤）「作陽音楽大学・作陽短期大学研究紀要」 22（2） 1990.1
◇「尾崎三良自叙略伝」と井上毅 （木野主計）「日本歴史」 501 1990.2
◇井上毅における天皇輔弼体制構想—一元的輔弼体制論の展開とその挫折 （大庭邦彦）「史観」 122 1990.3
◇官報創刊と福沢諭吉の官報新聞発行の挫折—井上毅の画策を中心として （木野主計）「出版研究」 20 1990.3
◇西園寺公望の井上毅批判—「梧陰存稿」書き込み本について （鈴木良, 福井純子）「日本史研究」 338 1990.10
◇大久保政権と井上毅 （木野主計）「国学院大学栃木短期大学紀要」 25 1991.3
◇文部大臣井上毅の徒弟教育観 （野口伐名）「弘前大学教育学部紀要」 66 1991.10
◇文部大臣井上毅における実業補習学校の教育的性格の問題 （野口伐名）「弘前大学教育学部紀要」 67 1992.3
◇文部大臣井上毅における工業教員養成観 （野口伐名）「弘前大学教育学部紀要」 68 1992.10
◇文部大臣井上毅における農業教育観—簡易農学校規程の制定の視点から （野口伐名）「弘前大学教育学部紀要」 69 1993.3
◇文部大臣井上毅における教員養成観（1~3） （野口伐名）「弘前大学教育学部紀要」 70~73 1993.7,94.3,10
◇井上毅の実業教育論の歴史的意義について （佐伯友弘）「鳥取大学教育学部研究報告 教育科学」 35（1） 1993.7
◇井上毅と近代熊本 （木野主計）「芸林」 42（3） 1993.8
◇陸羯南宛犬養毅・井上毅・近衛篤麿・内藤鳴雪の書簡—「羯南全集」への補遺（研究余録） （梅渓昇）「日本歴史」 545 1993.10
◇近代史部会—近代国家形成期「国家構想」への社会参加〔含 討論要旨〕—井上毅における「国家」と「国民」（1993年度歴史学研究会大会報告—歴史のなかの情報） （大庭邦彦）「歴史学研究」 651 臨増 1993.10
◇近代熊本の黎明と井上毅（近代熊本の黎明〈シンポジウム〉） （木野主計）「国学院法学」 31（3） 1994.2
◇リーバーと小野梓, 井上毅 （山下重一）「日本古書通信」 59（7） 1994.7
◇植木枝盛の東京遊学と井上毅 （木野主計）「UP」 264 1994.10
◇文部大臣井上毅における体育・衛生教育観 （野口伐名）「弘前大学教育学部紀要」 弘前大学教育学部 73 1995.3 p69~81

◇井上毅の「北海道意見」（山下重一）「国学院法学」国学院大学法学会 32（4）1995.3 p187～225

◇文部大臣井上毅における貧民教育観（野口伐名）「弘前大学教育学部紀要」弘前大学教育学部 74 1995.10 p71～81

◇明治地方自治制度導入をめぐる相克—井上毅の「自治」認識を中心に（大庭邦彦）「専修人文論集」専修大学学会 57 1995.10 p137～189

◇文部大臣井上毅における修身教育観（1）（野口伐名）「弘前大学教育学部紀要」弘前大学教育学部 75 1996.3 p113～123

◇井上毅—明治憲法のグランド・デザイナー（上）（八木秀次）「高崎経済大学論集」高崎経済大学 39（2）1996.9 p138～121

◇文部大臣井上毅における修身教育観（2）（野口伐名）「弘前大学教育学部紀要」弘前大学教育学部 76 1996.10 p101～112

◇井上毅—明治憲法のグランド・デザイナー（下）（八木秀次）「高崎経済大学論集」高崎経済大学会 39（3）1996.12 p88～69

◇植木枝盛と井上毅（学術シンポジウム「明治国家と自由民権運動」）（木野主計）「国学院法学」国学院大学法学会 34（3）1997.2 p119～128

◇井上毅の民権観（学術シンポジウム「明治国家と自由民権運動」）（坂本一登）「国学院法学」国学院大学法学会 34（3）1997.2 p134～138

◇明治初年の国家機構改革と井上毅（大庭邦彦）「専修人文論集」専修大学学会 60 1997.3 p15～49

◇文部大臣井上毅における宗教教育観（野口伐名）「弘前大学教育学部紀要」弘前大学教育学部 77 1997.3 p91～104

◇欧州王室財産制度の移入に関する一考察—井上毅・伊東巳代治を中心として（川田敬一）「産大法学」京都産業大学法学会 31（2）1997.7 p242～264

◇文部大臣井上毅における歴史教育観（野口伐名）「弘前大学教育学部紀要」弘前大学教育学部 78 1997.10 p147～156

◇文部大臣井上毅における高等学校教育観—高等学校令制度の改革（野口伐名）「弘前大学教育学部教科教育研究紀要」弘前大学教育学部 第26号（通巻第37号）1997.12 p37～46

◇井上毅論—秘書時代（柴山正）「名古屋女子大学紀要 人文・社会編」名古屋女子大学 44 1998.3 p49～59

◇教科書検定制度に関する一考察—森有礼文相期から井上毅文相期までを中心に（北沢富江）「法政史論」法政大学大学院日本史学 第25号 1998.3 p50～65

◇文部大臣井上毅における国語国文教育観（野口伐名）「弘前大学教育学部教科教育研究紀要」弘前大学教育学部 第27号（通巻第38号）1998.3 p79～90

◇文部大臣井上毅における大学教育観（野口伐名）「弘前大学教育学部紀要」弘前大学教育学部 79 1998.3 p91～100

◇文部大臣井上毅における漢文漢学教育観（1）（野口伐名）「弘前大学教育学部紀要」弘前大学教育学部 80 1998.10 p99～108

◇明治一七年神仏教導職廃止と井上毅—神道・国学政策構想を中心に（斉藤智朗）「国学院大学大学院紀要 文学研究科」国学院大学大学院 31 1999 p99～118

◇文部大臣井上毅における漢文漢学教育観（2）（野口伐名）「弘前大学教育学部紀要」弘前大学教育学部 81 1999.3 p113～122

◇明治14年の政変への道程—井上毅をめぐる「ドイツへの傾斜」の動き（森川潤）「広島修大論集 人文編」広島修道大学人文学会 40（1）1999.9 p1～29

◇井上毅の国際認識と外政への寄与（『近代日本法制史料集』完結記念公開講演会）（山室信一）「国学院大学日本文化研究所紀要」国学院大学日本文化研究所 84 1999.9 p201～225

◇明治一七年神仏教導職廃止と井上毅—神道・国学政策構想を中心に（斉藤智朗）「国学院大学大学院紀要」国学院大学大学院 第31輯 2000.3 p99～118

◇「ボアソナード意見書」の再検討（渡辺俊一）「史学雑誌」山川出版社 109（3）2000.3 p393～414

◇井上毅文相の教育思想—先行研究と今後の課題（花田実）「教育論叢」近畿大学教職教育部 12（2）2001 p67～72

◇井上毅文相の教育思想—先行研究と今後の課題（花田実）「教育論叢」近畿大学教職教育部 第12巻第2号 2001.1 p67～72

◇ベルリンの井上毅（森川潤）「広島修大論集 人文編」広島修道大学人文学会 41（2）2001.2 p1～45

◇正統性と〈理性〉—井上毅と法・行政の礎（1）（嘉戸一将）「日本文化環境論講座紀要」京都大学大学院人間・環境学研究科日本文化環境論講座 3 2001.3 p13～27

◇井上毅と『図書寮記録』の編纂・刊行（斉藤智朗）「国学院雑誌」国学院大学出版部 102（3）2001.3 p14～24

◇高等教育と「国語」—井上毅の高等教育行政と「国語」との関係（嘉戸一将）「政治経済史学」日本政治経済史学研究所 415 2001.3 p23～37

◇文部大臣井上毅における教授法・授業法観（1）（野口伐名）「青森中央学院大学研究紀要」青森中央学院大学 3 2001.3 p69～82

◇十月政変の演出者井上毅（森川潤）「広島修大論集 人文編」広島修道大学人文学会 42（2）2002.2 p1～31

◇文部大臣井上毅における教授法・授業法観（2）（野口伐名）「青森中央学院大学研究紀要」青森中央学院大学 4 2002.3 p13～31

◇正統性と〈理性〉—井上毅と法・行政の礎（2）（嘉戸一将）「日本文化環境論講座紀要」京都大学大学院人間・環境学研究科日本文化環境論講座 4 2002.3 p17～30

◇井上毅と自治—明治期における〈政治的理性〉（嘉戸一将）「社会システム研究」京都大学大学院人間・環境学研究科〔ほか〕5 2002.3 p39～55

◇『ジャパン・ガゼット』論説の琉球処分批判と井上毅の反論（山下重一）「国学院法学」国学院大学法学会 40（1）2002.7 p53～94

◇井上毅の「国際法ト耶蘇教トノ関係」—非西洋・非キリスト教国日本の「文明国」化への模索（斉藤智朗）「国学院大学日本文化研究所紀要」国学院大学日本文化研究所 90 2002.9 p79～114

◇若き日の井上毅—日本近代国制の発見者（雨倉敏広）「東洋大学大学院紀要」東洋大学大学院 40（法・経営・経済）2003 p138～126

◇井上毅と官吏任用制度（坂本一登）「国学院法学」国学院大学法学会 40（4）2003.3 p333～374

◇井上毅の詔勅文案起草の条理（木野主計）「芸林」芸林会 52（1）2003.4 p99～132

◇井上毅の反駁文草稿（ミニシンポジウム「琉球処分をめぐる国際紛争」）（山下重一）「国学院法学」国学院大学法学会 41（1）2003.7 p68～73

◇明治22年条約改正問題における帰化法—井上毅の役割を中心に（大石一男）「日本史研究」日本史研究会 493 2003.9 p1～26

◇井上毅の国体実用教育思想（祝淑春）「国学院雑誌」国学院大学綜合企画部 105（3）2004.3 p17～30

◇国家神道の成立・展開過程と井上毅の教育政策（井之上大輔）「国史学研究」竜谷大学国史研究会 27 2004.3 p34～71

◇井上毅の『仏訳四書』序文和訳—西洋における中国思想研究史料の紹介・分析（斉藤智朗）「国学院大学日本文化研究所紀要」国学院大学日本文化研究所 93 2004.3 p133～151

◇教育勅語の成立—井上毅を中心に（鈴木良）「部落問題研究」部落問題研究所 169 2004.7 p2～30

◇初期議会と井上毅（木野主計）「芸林」芸林会 53（2）2004.10 p104～163

◇君主に対する請願をめぐる井上毅の思想の転回（今村千文）「中央大学大学院研究年報」中央大学大学院研究年報編集委員会 35文学研究科篇 2005 p1001～1017

◇井上毅の教育改革とお雇い外国人（祝淑春）「國學院雑誌」國學院大學綜合企画部 106（2）2005.2 p28～40

◇国家神道の成立・展開過程と井上毅の宗教観・宗教政策—特にその「トレランス」（宗教的寛容）・「信教の自由」論の実質について（井之上大輔）「竜谷史壇」竜谷大学史学会 123 2005.3 p124～154

◇陸羯南と井上毅—その思想的親近性をめぐって（1）（特集 陸羯南）（野口伐名）「地域学」弘前学院大学, 北方新社 3 2005.6 p47～61

◇井上毅文政期の私立学校取締法案（土方苑子）「東京大学大学院教育学研究科紀要」東京大学大学院教育学研究科 46 2006 p1～9

◇井上毅の地方自治意見（木野主計）「国学院大学栃木短期大学紀要」国学院大学栃木短期大学 41 2006年度 p95～124

◇『教育勅語』草案と起草者達—中村正直・元田永孚・井上毅（岡本晴行）「人間環境科学」帝塚山大学人間環境科学研究所 15 2006 p101～109

◇陸羯南と井上毅—その思想的親近性「愛国心」をめぐって（2）（野口伐名）「地域学」弘前学院大学, 北方新社 4 2006.6 p27～55

◇井上毅の〈立法〉観についての覚書—梧陰文庫所収史料「憲法制定権」を手がかりに（金子元）「政治学論集」学習院大学大学院政治学研究科 20 2007.3 p43～60

◇明治初年における井上毅の憲法制定構想—明治7年12月の憲法制定意見書を手がかりとして（星原大輔）「社学研論集」早稲田大学大学院社会科学研究科 12 2008 p59～74

◇井上毅の国体主義における近代国学の影響（小川有閑）「東京大学宗教学年報」東京大学宗教学研究室 26 2008 p77～100

◇大日本帝国憲法第四十条とJ.S.ミル『代議制統治論』—井上毅文書にみられる制度構築への意思（天野嘉子）「法学政治学論究」慶應義塾大学大学院法学研究科内「法学政治学論究」刊行会 77 2008.夏季 p105～138

◇明治5年前後の井上毅（星原大輔）「ソシオサイエンス」早稲田大学大学院社会科学研究科 15 2009 p204～211

◇井上毅文書にみる参事院構想の変容—「参議院」との用語の差違に着目して（天野嘉子）慶應義塾大学大学院法学研究科内「法学政治学論究」刊行会 80 2009.春季 p255～284

◇井上毅と沖縄（山下重一）「南島史学」南島史学会 73 2009.3 p1～28

◇知識人はどこに（18）法治国家・日本を確立した井上毅の「思想形成」を辿る—中国がいまだに法治国家を実現できない理由（安井太郎）「Themis」テーミス 18（6）2009.6 p92

◇井上毅の統帥権の立憲的統御構想（上）（木野主計）「藝林」藝林

井上省三　いのうえしょうぞう　1845～1886
明治期の農商務省官吏、技術者。千住製絨所初代所長。
【図　書】
◇文化財復元―井上省三の功績と記念物の探索　（小林茂多著）　小林茂多　1998.3　209p

井上武子　いのうえたけこ　1850～1920
明治、大正期の女性。井上馨の妻。
【図　書】
◇鹿鳴館貴婦人考　（近藤富枝）　講談社　1980.10
◇鹿鳴館貴婦人考　（近藤富枝）　講談社　1983.11　（講談社文庫）
◇上海へ渡った女たち　（西沢教夫著）　新人物往来社　1996.5　297p
【雑　誌】
◇海を越えた日本人たちの系譜（26）鹿鳴館のヒロイン―井上武子　（富田仁）　「明治村通信」　217　1988.7

井上伝蔵　いのうえでんぞう　1853～1918
明治期の自由民権運動家。
【図　書】
◇千葉・茨城自由民権―風雪の譜（利根川民権紀行）　（石川猪興）　崙書房　1981.5
◇近代史の舞台　（坂本六良）　環文庫　1981.6
◇秩父困民軍会計長井上伝蔵　（新井佐次郎）　新人物往来社　1981.8
◇秩父事件―子孫からの報告　（高野寿夫）　木馬館　1981.11
◇女たちの秩父事件　（五十嵐睦子他著）　新人物往来社　1984.9
◇秩父困民党群像（現代教養文庫）　（井出孫六著）　社会思想社　1986.9
◇峠の軍談師―連作・秩父困民党秘史（現代教養文庫）　（井出孫六著）　社会思想社　1986.11
◇井上伝蔵―秩父事件と俳句　（中嶋幸三著）　邑書林　2000.9　294p
◇井上伝蔵とその時代　（中嶋幸三著）　埼玉新聞社　2004.4　355p
◇野付牛における井上伝蔵―中間報告　（田丸誠著）　北見市史編さん事務局　2004.5　66p
【雑　誌】
◇秩父事件の教師たち（自由民権運動百年記念特集号）　（井野川潔）　「信州白樺」　44・45・46　1981.10
◇秩父事件の井上伝蔵・落合寅市・飯塚森蔵は土佐郡土佐村西川に潜伏していたか　（相沢三千夫）　「土佐史談」　16　1982.12
◇井上伝蔵を匿まった斎藤氏―新左衛門は改名していた　（新井佐次郎）　「埼玉史談」　30（1）　1983.4
◇井上伝蔵を匿まった斎藤氏・補遺　（新井佐次郎）　「埼玉史談」　30（2）　1983.7
◇会計長井上伝蔵長期潜伏の謎　（新井佐次郎）　「歴史研究」　284　1984.11
◇自由民権運動家「井上伝蔵」葬儀執行の寺　（海田勝男）　「北海道歴史だより」　14　1989.7
◇井上伝蔵の妻きまの一つぶだね井上ふでの戸籍の秘密　（高野寿夫）　「グループ秩父事件会報」　32　1990.6
◇井上伝蔵―秩父事件の首魁、別人人生35年（特集・ドラマの後の主役たち―歴史を彩った人びとのその後の奮闘と変貌！）　（河合敦）　「歴史と旅」　24(18)　1997.12　p86～91
◇歴史なるほど・ザ・フィールドワーク(1)「映画『草の乱』―秩父事件・井上伝蔵ゆかりの地」を訪ねる旅　（篠田健一）　「歴史地理教育」　歴史教育者協議会　668　2004.6　51
◇石狩俳壇と井上伝蔵（特集：俳句/世界のHAIKU―ことばを折りたたむ/響きと新しみ）　（中嶋鬼谷）　「國文學 解釈と教材の研究」　學燈社　50(9)　2005.9　p126～131

井上正直　いのうえまさなお　1837～1904
幕末、明治期の大名。遠江浜松藩主、上総鶴舞藩主。
【雑　誌】
◇上総の昔話　（小幡重康）　「房総路」　8　1981.5
◇井上河内守正直　（小幡重康）　「房総路」　15　1986.4

井上良馨　いのうえよしか　1845～1929
明治、大正期の海軍軍人。子爵、元帥。
【図　書】
◇幕末維新名士書簡集 李家文書　（李家正文編）　木耳社　1981.11

伊庭八郎　いばはちろう　1843～1869
幕末の幕臣、剣術家、遊撃隊士。
【図　書】
◇江戸4 戦記編　（大久保利謙編）　立体社　1981.7
◇日本剣豪こぼれ話　（渡辺誠）　日本文芸社　1981.10
◇小説の散歩みち　（池波正太郎著）　朝日新聞社　1987.4　（朝日文庫）
◇日本剣豪列伝〈下〉　（伊藤桂一ほか著）　旺文社　1987.6　（旺文社文庫）
◇池波正太郎自選随筆集〈下巻〉　（池波正太郎著）　朝日新聞社　1988.3
◇物語 五稜郭悲話　（新人物往来編）　新人物往来社　1988.8
◇幕末遊撃隊 伊庭八郎　（長谷川つとむ著）　新人物往来社　1993.5
◇会津藩主・松平容保は朝敵にあらず　（中村彰彦著）　新人物往来社　1994.8
◇歴史の影の男たち　（池田理代子）　小学館　1996.7　190p
◇伊庭八郎のすべて　（新人物往来社編）　新人物往来社　1998.6　289p
◇日本剣豪列伝 新版　（直木三十五著）　大東出版社　1999.9　286p
◇新人物日本史・光芒の生涯 下　（畑山博著）　学陽書房　1999.10　364p　（人物文庫）
◇宮本武蔵・剣士大全　（コーエー出版部編）　光栄　2000.2　127p
◇人物日本剣豪伝 5　（八尋舜右ほか著）　学陽書房　2001.7　303p　（人物文庫）
◇伊庭八郎―遊撃隊隊長 戊辰戦争に散った伝説の剣士　（野村敏雄著）　PHP研究所　2004.6　378p　（PHP文庫）
◇箱館戦争銘々伝 下　（好川之範、近江幸雄編）　新人物往来社　2007.8　351p
◇幕末剣豪秘伝　（津本陽監修）　ベストセラーズ　2008.8　255p　（ワニ文庫）
【雑　誌】
◇特集幕末の剣士―心形刀流・伊庭八郎の転戦　（江崎俊平）　「歴史と人物」　10(9)　1980.9
◇血液型史談巷談(21)心形刀流伊庭八郎　（打木城太郎）　「歴史と旅」　15(13)　1988.9
◇湊省太郎と幕臣伊庭・三橋のこと　（樋口雄彦）　「静岡県近代史研究会会報」　121　1988.10
◇伊庭八郎 幕末を駆け抜けた「隻腕の名剣士」―動乱の時代を生きた"戦士"に学ぶ（颯爽!!「剣豪」伝説 心はいかにして強くなるのか）　（早乙女貢）　「プレジデント」　33(6)　1995.6　p232～239
◇伊庭八郎「京都日誌」（幕府御家人）―江戸有数の剣術道場で生まれ育った「伊庭の小天狗」の京都での日々（特集 幕末京都 志士日誌―特集ドキュメント 幕末京都 志士の足跡）　（藤堂利寿）　「歴史読本」　新人物往来社　51(7)　2006.5　p138～143

今城重子　いまきしげこ　1828～1901
幕末、明治期の女官。
【雑　誌】
◇幕末維新の異色女人―和宮降嫁にうごめく両嬪　（左方郁子）　「歴史と旅」　7(1)　1980.1

入江九一　いりえくいち　1837～1864
幕末の志士、長州（萩）藩士。奇兵隊設立に加わる。
【図　書】
◇吉田松陰　（池田諭）　大和書房　1990.2
◇入江九一資料集　（入江遠編）　楽　1994.12

岩倉具視　いわくらともみ　1825～1883
幕末、明治期の政治家。右大臣。
【図　書】
◇男たちの明治維新―エピソード人物史　文芸春秋　1980.10　（文春文庫）
◇歴史に学ぶ　（奈良本辰也）　潮出版社　1981.6
◇中嶋敏先生古稀記念論集 下（中嶋敏先生古稀記念事業会）編刊　1981.7
◇明治維新と神道　（阪本健一）　同朋舎出版　1981.7
◇幕末・維新の日本　山川出版社　1981.10　（年報・近代日本研究3）
◇「明治」をつくった男たち―歴史が明かした指導者の条件　（鳥海靖）　PHP研究所　1982.2
◇特命全権大使米欧回覧実記 5　（久米邦武編、田中彰校注）　岩波書店　1982.5　（岩波文庫）
◇日本のリーダー 1 明治天皇と元勲　TBSブリタニカ　1982.10
◇人物探訪日本の歴史 15 幕末の英傑　暁教育図書　1982.12
◇天皇と明治維新　（阪本健一）　暁書房　1983.1
◇北海道の研究 5 近・現代篇 1　（関秀志編）　清秀堂出版　1983.2
◇古典大系日本の指導理念 6 創業の初心 3 近代社会の事始め　（源了円ほか編纂）　第一法規出版　1983.10
◇明治リーダーの戦略戦術　（佐々克明）　ダイヤモンド社　1983.12

◇宰相の系譜―時代を刻んだ男たちの言行録(Kosaido books)（村松剛編）広済堂出版 1983.12
◇幕末・明治期における日伊交流（日伊協会編）日本放送出版協会 1984.3
◇明治四年のアンバッサドル―岩倉使節団文明開化の旅（泉三郎著）日本経済新聞社 1984.3
◇「脱亜」の明治維新―岩倉使節団を追う旅から(NHKブックス 452)（田中彰著）日本放送出版協会 1984.5
◇国際日本を拓いた人々―日本とスコットランドの絆（北政巳著）同文館出版 1984.5
◇歴史の群像―2―黒幕 集英社 1984.6
◇天皇元勲重臣（長文連著）図書出版社 1984.10
◇特命全権大使米欧回覧実記 1（久米邦武編, 田中彰校注）岩波書店 1985.6
◇日本史探訪22 幕末維新の英傑たち（角川文庫）角川書店 1985.8
◇特命全権大使米欧回覧実記 3（久米邦武編, 田中彰校注）岩波書店 1985.8
◇特命全権大使米欧回覧実記 4（久米邦武編, 田中彰校注）岩波書店 1985.9
◇中央大学百周年記念論文集（法学部）中央大学 1985.10
◇日本のテロリスト（潮文庫）（室伏哲郎著）潮出版社 1986.1
◇異聞 岩倉使節団（古川薫著）新潮社 1986.2
◇首丘の人 大西郷（平泉澄著）原書房 1986.2
◇大久保利謙歴史著作集〈2〉明治国家の形成（大久保利謙著）吉川弘文館 1986.5
◇佐幕派論議（大久保利謙）吉川弘文館 1986.5
◇西郷隆盛を語る（大和選書）（司馬遼太郎ほか著）大和書房 1986.9
◇明治を創った人々―乱世型リーダーのすすめ（講談社文庫）（利根川裕著）講談社 1986.11
◇幕末酒徒列伝（村島健一著）旺文社 1987.1（旺文社文庫）
◇大久保利通と官僚機構（加来耕三著）講談社 1987.4
◇逃げない男たち―志に生きる歴史群像〈下〉（林左馬衛, 中薗英助, 今川徳三, 古川薫, 杉浦明平, 栗原隆一, 邦光史郎著）旺文社 1987.3
◇新・米欧回覧の記――世紀をへだてた旅（泉三郎著）ダイヤモンド社 1987.4
◇副島種臣伯（丸山幹治著）みすず書房 1987.4（みすずリプリント）
◇大久保利謙歴史著作集 8 明治維新の人物像 吉川弘文館 1987.7
◇明治リーダーの戦略戦術（佐々克明著）講談社 1987.11（講談社文庫）
◇日本近代史講義―明治立憲制の形成とその理念（鳥海靖著）東京大学出版会 1988.6
◇大久保利謙歴史著作集〈7〉日本近代史学の成立（大久保利謙著）吉川弘文館 1988.10
◇摩擦に立つ文明―ナウマンの牙の射程（五十嵐一著）中央公論社 1989.4
◇西郷隆盛と維新の英傑たち（佐々克明著）三笠書房 1989.5（知的生きかた文庫）
◇西郷隆盛と大物の人間学（童門冬二ほか著）三笠書房 1989.6（知的生きかた文庫）
◇幕末・維新大百科―激動の時代が何でもわかる本（歴史トレンド研究会編）ロングセラーズ 1989.11（ムックセレクト）
◇目でみる日本史「翔ぶが如く」と西郷隆盛（文芸春秋編）文芸春秋 1989.11（文春文庫―ビジュアル版）
◇岩倉具視（毛利敏彦著）PHP研究所 1989.12（歴史人物シリーズ―幕末・維新の群像）
◇幕末・維新おもしろ群像―風雲の世の主役たちを裸にする（河野亮著）広済堂出版 1990.1（広済堂ブックス）
◇風雲回顧録（岡本柳之助著, 平井晩村編）中央公論社 1990.3（中公文庫）
◇明治草創―啓蒙と反乱（植手通有編著）社会評論社 1990.7（思想の海へ「解放と変革」）
◇岩倉具視（大久保利謙著）中央公論社 1990.8（中公新書）
◇日本よもやま歴史館（南条範夫著）天山出版 1990.9（天山文庫）
◇歴史誕生〈7〉（NHK歴史誕生取材班編）角川書店 1990.12
◇王政復古―慶応3年12月9日の政変（井上勲著）中央公論社 1991.8（中公新書）
◇明治天皇の生涯〈上〉（童門冬二著）三笠書房 1991.11
◇アメリカの岩倉使節団（宮永孝）筑摩書房 1992.3
◇明治維新と天皇制（田中彰著）吉川弘文館 1992.4
◇京都の謎〈幕末維新編〉（高野澄著）祥伝社 1992.4（ノン・ポシェット―日本史の旅）
◇英雄たちの伝説―歴史の見どころ（南原幹雄著）悠思社 1992.6
◇幕末維新オランダ異聞（宮永孝著）日本経済評論社 1992.7
◇「死の跳躍」を越えて―西洋の衝撃と日本（佐藤誠三郎著）都市出版 1992.12
◇参謀たちの戦略と経営―時代をささえた影のヒーローたち（中村整史朗著）ベストセラーズ 1993.1（ワニ文庫―歴史文庫シリーズ）
◇近代日本の形成と宗教問題（中央大学人文科学研究所〔編〕）中央大学人文科学研究所 1993.3
◇「米欧回覧」百二十年の旅―岩倉使節団の足跡を追って〈米英編〉（泉三郎著）図書出版社 1993.3
◇NHK 歴史発見〈8〉（NHK歴史発見取材班〔編〕）角川書店 1993.8
◇「米欧回覧」百二十年の旅 図書出版社 1993.8
◇大物になる男の人間学（広瀬仁紀著）三笠書房 1993.8（知的生きかた文庫）
◇NHK 歴史発見〈15〉（NHK歴史発見取材班編）角川書店 1994.8
◇岩倉公実記（多田好問編）書肆沢井 1995.9 2冊
◇裏切られた三人の天皇―明治維新の謎（鹿島昇著）新国民社 1997.1 394p
◇岩倉使節団と日本近代化―『特命全権大使米欧回覧実記』再読（芳賀徹）『東アジアにおける近代化の指導者たち』国際日本文化研究センター 1997.3 p17
◇失敗は失敗にして失敗にあらず―近現代史の虚と実 歴史の教科書に書かれなかったサムライたち（中薗英助著）青春出版社 1997.8 239p
◇岩倉具視と台湾出兵問題（川畑恵）『近代日本の形成と展開』（安岡昭男編）厳南堂書店 1998.11 p153
◇明治維新と西洋国際社会（明治維新史学会編）吉川弘文館 1999.2 230p（明治維新史研究）
◇軍師と家老―ナンバー2の研究（鈴木亨著）中央公論新社 1999.2 307p（中公文庫）
◇裏切られた三人の天皇―明治維新の謎 増補版（鹿島昇著）新国民社 1999.2 441p
◇小国主義―日本の近代を読みなおす（田中彰著）岩波書店 1999.4 210p（岩波新書）
◇草花の匂ふ国家（桶谷秀昭著）文芸春秋 1999.6 249p
◇龍馬暗殺に隠された恐るべき日本史―われわれの歴史から伏せられた謎と物証（小林久三著）青春出版社 1999.10 229p（プレイブックス）
◇幕末維新の社会と思想（田中彰編）吉川弘文館 1999.11 363p
◇近代日本の内と外（田中彰）吉川弘文館 1999.11 331p
◇日本のテロ―変質するバイオレンス130年史（室伏哲郎著）世界書院 2000.6 309p（腐蝕列島・日本）
◇遠い崖―アーネスト・サトウ日記抄 10（萩原延寿著）朝日新聞社 2000.10 396p
◇幕末維新 陰の参謀（童門冬二著）東京書籍 2000.12 246p
◇人物で読む近現代史 上（歴史教育者協議会編）青木書店 2001.1 299p
◇歴史人物アルバム 日本をつくった人たち大集合 4（PHP研究所編）PHP研究所 2001.2 47p
◇京都に遊ぶ―坂本龍馬・新選組、幕末志士が愛した町（木村幸比古文, 杉本雅実, 猪口公一郎著）マリア書房 2001.9 96p（創作市場）
◇明治天皇 下巻（ドナルド・キーン著, 角地幸男訳）新潮社 2001.10 582p
◇日本語中・上級用読本 日本を知ろう―日本の近代化に関わった人々（三浦昭, ワット・伊東泰子著）アルク 2001.12 231p
◇明治人のお葬式（此経啓助著）現代書館 2001.12 203p
◇東京市史稿 市街篇 第56 復刻版（東京都編）臨川書店 2002.2 1085p
◇明治天皇の生涯 上（童門冬二著）徳間書店 2002.9 286p（徳間文庫）
◇明治大帝（飛鳥井雅道著）講談社 2002.11 316p（講談社学術文庫）
◇岩倉使節団『米欧回覧実記』（田中彰編）岩波書店 2002.12 262p（岩波現代文庫）
◇井上毅のドイツ化構想（森川潤著）雄松堂出版 2003.1 196,20p（広島修道大学学術叢書）
◇岩倉使節団の再発見（欧米回覧の会編）思文閣出版 2003.3 263, 10p
◇歴史人物絵事典―国際交流がひと目でわかる（河合敦監修）PHP研究所 2003.9 79p
◇幕末維新・あの人の「その後」―新選組から明治の指導者まで（日本博学倶楽部著）PHP研究所 2003.9 275p（PHP文庫）
◇よくわかる幕末維新ものしり事典（主婦と生活社編）主婦と生活社 2003.12 420p
◇図説 西郷隆盛と大久保利通 新装版（芳即正, 毛利敏彦編著）河出書房新社 2004.2 128p（ふくろうの本）
◇日本の近代化とスコットランド（オリーヴ・チェックランド著, 加藤詔士, 宮田学編訳）玉川大学出版 2004.4 222p
◇堂々たる日本人―知られざる岩倉使節団（泉三郎著）祥伝社 2004.6 291p（祥伝社黄金文庫）

岩倉具視　政治

◇明治国家と岩倉具視　(大塚桂著)　信山社　2004.6　254p　(SBC学術文庫)
◇岩倉使節団という冒険　(泉三郎著)　文芸春秋　2004.7　221p　(文春新書)
◇征韓論政変の謎　(伊牟田比呂多著)　海鳥社　2004.12　240p
◇お札になった偉人　(童門冬二著)　池田書店　2005.2　191p
◇明治維新三大政治家―大久保・岩倉・伊藤論　改版　(池辺三山著, 滝田樗陰編)　中央公論新社　2005.4　275p　(中公文庫)
◇日本とスイスの交流―幕末から明治へ　(森田安一編)　山川出版社　2005.6　160p
◇近代の神社神道　(阪本是丸著)　弘文堂　2005.8　286p
◇幕末維新人物列伝　(奈良本辰也著)　たちばな出版　2005.12　293p
◇大江戸曲者列伝―幕末の巻　(野口武彦著)　新潮社　2006.2　220,9P　(新潮新書)
◇岩倉具視　(佐々木克著)　吉川弘文館　2006.2　204p　(幕末維新の個性)
◇井上毅と宗教―明治国家形成と世俗主義　(斉藤智朗著)　弘文堂　2006.4　332,5p　(久伊豆神社小教院叢書)
◇師弟―ここに志あり　(童門冬二著)　潮出版社　2006.6　269p
◇岩倉使節団における宗教問題　(山崎渾子著)　思文閣出版　2006.10　557p
◇岩倉具視―『国家』と『家族』―米欧巡回中の「メモ帳」とその後の家族の歴史　(岩倉具忠著)　国際高等研究所　2006.10　183p　(高等研選書)
◇王政復古への道　(原口清著, 原口清著作集編集委員会編)　岩田書院　2007.9　383p　(原口清著作集)
◇幕末の朝廷―若き孝明帝と鷹司関白　(家近良樹著)　中央公論新社　2007.10　328p　(中公叢書)
◇左千夫歌集　(永塚功彦, 久保田淳監修)　明治書院　2008.2　540p　(和歌文学大系)
◇岩倉具視―言葉の皮を剥きながら　(永井路子著)　文芸春秋　2008.3　251p
◇誇り高き日本人―国の命運を背負った岩倉使節団の物語　(泉三郎著)　PHPエディターズ・グループ　2008.6　613p
◇日本の歴代権力者　(小谷野敦著)　幻冬舎　2008.9　285,17p　(幻冬舎新書)
◇本当は偉くない? 歴史人物―日本を動かした70人の通信簿　(八幡和郎著)　ソフトバンククリエイティブ　2009.10　287p　(ソフトバンク新書)
◇真説　龍馬暗殺―諸説11の謎を解く　(加野厚志著)　学研パブリッシング　2009.12　294p　(学研M文庫)
◇幕末維新人物新論―時代をよみとく16のまなざし　(笹部昌利編)　昭和堂　2009.12　321p
◇幕末・明治の英傑たち　(加来耕三著)　土屋書店　2009.12　287p

【雑誌】
◇岩倉使節団の成立と大蔵省(留守政府と大蔵省 2)―　(関口栄一)「法学(東北大)」　43(4)　1980.3
◇明治維新に探る自由の原点(18)岩倉使節団と明治六年の政変　(有根川裕)「月刊新自由クラブ」　4(40)　1980.11
◇岩倉使節団の編成事情―参議木戸孝允の副使就任問題を中心に(変動における東アジアと日本―その史的考察)　(毛利敏彦)「季刊国際政治」　66　1980.11
◇幕末期における岩倉具視の政治意識―政治意見書の検討　(板垣哲史)「日本歴史」　392　1981.1
◇岩倉使節団の派遣をめぐる一考察　(家近良樹)「日本史研究」　222　1981.2
◇明治日本の近代化への模索―岩倉使節団とスコットランド紀行　(北政巳)「創大アジア研究」　2　1981.3
◇調停者としての岩倉　(佐藤誠三郎)「近代日本研究」　3　1981.10
◇公家における明治維新―岩倉具視を中心に　(五十嵐暁郎)「立教法学」　21　1983
◇岩倉使節団とその歴史的意義　(田中彰)「思想」　709　1983.7
◇宮家相続問題と岩倉具視　(河畑浩)「史料(皇学館大)」　62　1983.7
◇華族の立憲制への対応と岩倉―明治二年華族会館改革運動を中心に　(坂本一登)「日本歴史」　423　1983.8
◇岩倉使節団と日本近代化　(田桓, 楊暁光)「UP」　133　1983.11
◇岩倉使節団の見たアメリカ合衆国　(高島涼子)「北陸学院短期大学紀要」　15　1983.12
◇維新政治家との交遊―中―考証・福沢諭吉―46　(富田正文)「三田評論」　843　1984.1
◇維新後における岩倉具視の政治意識―国内政治について　(板垣哲史)「山形大学紀要　人文科学」　10(3)　1984.1
◇維新後における岩倉具視の対外意識　(板垣哲史)「日本歴史」　430　1984.3
◇岩倉使節団のメンバー構成　(菅原彬州)「法学新報」　91(1・2)　1984.6
◇岩倉具視、「王政復古」に賭けた「権謀術数」の人―激論の「小御所会議」で「武力倒幕」が決まる(特集・「明治維新」の男たち)　(南原幹雄)「プレジデント」　23(1)　1985.1
◇岩倉使節団の文明論―「特命全権大使米欧回覧実記」を読む　(毛利敏彦紹介)「日本史研究」　274　1985.6
◇華族制度をめぐる伊藤博文と岩倉具視　(坂本一登)「東京都立大学法学会雑誌」　26(1)　1985.7
◇孝明天皇　岩倉具視　朝廷の信任を得た下級公卿(特集リーダーと参謀の条件)　(高野澄)「歴史と旅」　12(15)　1985.11
◇岩倉使節団の観たフランス―「米欧回覧実記」を通して　(松井千恵)「白百合女子大学研究紀要」　21　1985.12
◇岩倉使節団の見たイギリスの化学工業　(金子六郎)「化学教育」　34(4)　1986.8
◇岩倉使節団の欧米教育視察―「文部省理事功程」と諸外国の体育　(鈴木敏夫, 加賀秀雄)「体育の科学」　36(9)　1986.9
◇海を越えた日本人たちの系譜(18)　岩倉使節団の見たパリ　(富田仁)「明治村通信」　208　1987.10
◇岩倉使節団の観たフランス―「米欧回覧実記」を通して(2)　(松井千恵)「白百合女子大学研究紀要」　23　1987.12
◇岩倉使節団とロシア　(外川継男)「上智大学外国語学部紀要」　23　1988
◇イタリアにおける岩倉使節団―現地新聞報道の分析　(太田昭子)「比較文化研究」　27　1988
◇オランダにおける岩倉使節団　(宮永孝)「社会労働研究」　34(2)　1988.1
◇岩倉使節団のパリの足跡　(富田仁)「桜文論叢(日本大)」　24　1988.2
◇強制栽培制度と岩倉遣米欧使節団　(田中則雄)「東南アジア　歴史と文化」　17　1988.5
◇なぜ江戸が最適地とされたか(遷都ドキュメント・東京ができた日〔1〕)　(岩川隆)「Will」　7(6)　1988.6
◇岩倉使節団の観たフランス―「米欧回覧実記」を通して(3)　(松井千恵)「白百合女子大学研究紀要」　24　1988.12
◇新聞に見る岩倉使節団のパリ滞在　(松村剛)「比較文学研究」　55　1989.6
◇岩倉使節団　「小御所会議」で手を携えた宮廷政治家の背信―慶応3年12月のクーデター時の同志は、征韓論では対立者として立ち現れた(特集・西郷隆盛の人間関係学)　(松浦玲)「プレジデント」　28(2)　1990.2
◇岩倉使節団のバーミンガム訪問―地元新聞の報道記事の紹介　(藤井泰)「松山大学論集」　1(5・6)　1990.2
◇岩倉使節団の日本発見(特集・明治の洋行)　(楠称重敏)「知識」　98　1990.2
◇孝明天皇と岩倉具視　(原口清)「名城商学」　39(別冊)　1990.2
◇岩倉具視の贈位と宮中問題　(上野秀治)「史料(皇学館大学史料編纂所)」　110　1990.12
◇岩倉使節団の成立と副使人事問題(1,2完)　(菅原彬州)「法学新報」　97(9・10,11・12)　1991.5,6
◇黎明の足音(2)岩倉使節団―海に汽輪を、陸に汽車を　(米田龍二)「月刊自由民主」　467　1992.2
◇岩倉具視の奉儀局開設建議と宮内省諸規取調所―近代日本の所謂典憲2元体制の淵源　(島善高)「早稲田社会科学研究」　45(早稲田人文自然科学研究42号との合併号)　1992.10
◇岩倉使節団と日本の近代化　(米慶余)「愛知大学国際問題研究所紀要」　98　1993.7
◇岩倉使節団とアメリカ(日米交流―美の周辺3)　(清水真砂)「日本美術工芸」　654　1993.3
◇大阪遷都を建言した大久保利通(幕末史話―"第三の開国"のさ中に(17))　(松本健一)「エコノミスト」　72(8)　1994.2.15
◇岩倉使節団のシカゴ訪問　(太田昭子)「教養論叢(慶応義塾大学法学部法学研究会)」　96　1994.3
◇岩倉使節団とフランス―キリシタン禁令をめぐって　(中島昭子)「キリスト教史学」　48　1994.7
◇策士　岩倉具視(明治天皇〔12〕)　(ドナルド・キーン著, 角地幸男訳)「新潮45」　14(12)　1995.12　p180～191
◇いま思う岩倉使節団の意義(ホワイトハウスの見える窓から〔46〕)　(寺島実郎)「Foresight」　7(1)　1996.1　p72～73
◇岩倉使節団編成過程への新たな視点―研究史への批判と試論　(鈴木栄樹)「人文学報　京都大学人文科学研究所」　78　1996.3　p27～49
◇岩倉使節団とイタリア　(太田昭子)「教養論叢」　慶応義塾大学法学部法学研究会　102　1996.3　p72～44
◇岩倉使節団の見たパリ　(福井憲彦)「学習院史学」　学習院大学史学会　34　1996.3　p157～167
◇岩倉具視VS山内容堂―小御所会議での失言で軍配は?(政治編)　(木村幸比古)「歴史と旅」　23(17)　1996.11.10　臨増（日本史ライバル総覧）p188～191
◇幕末維新期における信教の自由―岩倉使節団と宗教問題(その7)　(山崎渾子)「聖心女子大学論叢」　聖心女子大学　88　1997.1　p23～58
◇岩倉具視―これは、決して自分一身の事柄ではないのだ(特集・幕末明治人物臨終の言葉―近代の夜明けを駆けぬけた44人の人生決別の辞

英傑死してことばを遺す）（一坂太郎，稲川明雄，今村徳三，井門寛，宇都宮泰左，河合敦，木村幸比古，祖田浩一，高野澄，高橋和彦，畑山博，三谷茉沙夫，百瀬明治，山村竜也）「歴史と旅」24（7）1997.5 p92～93
◇岩倉具視の国葬（明治天皇〔37〕）（ドナルド・キーン著，角地幸男訳）「新潮45」17（2）1998.2 p250～266
◇岩倉使節団と「米欧回覧実記」（堀口幸雄）「関西外国語大学研究論集」関西外国語大学 67 1998.2 p319～336
◇The Iwakura Mission in Britain： an assessment of aims, objectives and results（Ian Ruxton）「九州工業大学研究報告 人文・社会科学」九州工業大学 46 1998.3 p1～12
◇岩倉具視の憲法構想（伊藤真実子）「聖心女子大学大学院論集」聖心女子大学 第20集 1998.7 p29～53
◇富国強兵―「新国家づくり」を実現させた「妖怪」岩倉の暗躍（日本を動かした言葉〔3〕）（田原総一朗）「SAPIO」10（15）1998.8.26・9.2 p42～45
◇The Iwakura Mission in Britain（太田昭子）「教養論叢」慶応義塾大学法学部法学研究会 113 2000 p61～74
◇壬午事変と岩倉具視意見書―明治前期の日朝関係と清国の宗主権（浦川和也）「研究紀要」佐賀県立名護屋城博物館 第6集 2000.3 p57（1）～34（24）
◇華族の事件簿・岩倉公爵令嬢靖子の自殺（特集・まぼろしの名家 華族80年の栄枯盛衰―華族とは何か，その存在意義と波瀾万丈のドラマ）（森実与子）「歴史と旅」27（6）2000.4 p68～71
◇「最も敬愛された男」西郷隆盛の出処進退（賢者は歴史に学ぶ―リーダーの決断〔8〕）（林青梧）「プレジデント」38（11）2000.7.3 p158～163
◇新時代の異文化体験・岩倉使節団米欧歴訪おどろき見聞記（伊藤史湖）「歴史と旅」28（3）2001.3 p182～189
◇岩倉使節団と情報技術―アメリカにおける電信と新聞報道（佐藤聡彦）「国際関係研究」日本大学国際関係学部国際関係研究所 22（1）2001.7 p321～343
◇岩倉使節団出航！―文明開化に先鞭をつけた海外雄飛（重大事件でつづる日本通史）（風野真知雄）「歴史読本」47（1）2002.1 p140～147
◇「右大臣さま」との和解（岩倉具忠）「文芸春秋」80（3）2002.3 p89～90
◇岩倉具視の政治思想（1）（大塚桂）「駒沢法学」駒沢大学法学部 3（1）2003.12 p1～23
◇岩倉具視の政治思想（2）（大塚桂）「駒沢法学」駒沢大学法学部 3（2）2004.2 p150～112
◇慶応三年の高野山出張に関する一考察―岩倉具視周辺の浪士を中心に（亀尾美香）「中央史学」中央史学会 第27号 2004.3 p95～114
◇岩倉具視の政治思想（3）（大塚桂）「駒沢法学」駒沢大学法学部 3（3）2004.3 p1～28
◇岩倉具視の政治思想（4）（大塚桂）「駒沢法学」駒沢大学法学部 3（4）2004.3 p35～66
◇岩倉具視の政治思想（5）（大塚桂）「駒沢法学」駒沢大学法学部 4（1）2004.10 p79～124
◇岩倉具視の政治思想（6）（大塚桂）「駒澤法学」駒澤大学法学部 4（2）2005.2 p67～95
◇岩倉具視の政治思想（7）（大塚桂）「駒澤法学」駒澤大学法学部 4（3）2005.3 p1～45
◇岩倉具視の政治思想（8・完）（大塚桂）「駒澤法学」駒澤大学法学部 4（4）2005.3 p166～151
◇La Mission Iwakura（1871—1873）et la France—ce que virent en Europe les Japonais de l'epoque Meiji（市川慎一）「地中海研究所紀要」早稲田大学地中海研究所 4 2006.3 p119～129
◇『岩倉公実記』編纂関係書簡補遺・編年索引（1）（上野秀治）「皇学館大学文学部紀要」皇学館大学文学部 44 2006.3 p170～187
◇岩倉具視「京都日誌」（公卿）―佐幕派から討幕派へ「変身」し，朝廷工作を担った，その真実とは（特集 幕末京都 志士日誌―特集ドキュメント 幕末京都 志士の足跡）（木村幸比古）「歴史読本」新人物往来社 51（7）2006.5 p150～155
◇中学校社会科歴史分野での明治維新における政府や人々の努力に気付かせる単元教材の開発―「岩倉使節団」と郷土の人物「藤井能三」の教材化をめざして（堀内和直，田尻信一）「教育実践研究」富山大学人間発達科学部附属人間発達科学研究実践総合センター 1 2006.12 p53～63
◇中岡慎太郎から岩倉具視への書状が見つかった！（特集 古写真集成 幕末人の肖像）（豊田満広）「歴史読本」新人物往来社 53（3）2008.3 p238～240
◇永井路子『岩倉具視 言葉の皮を剥ぎながら』―下級公家の軌跡を通して日本政治システムの変遷を描く（文藝春秋BOOK倶楽部）（佐藤優（起訴休職外務事務官）評者）「文芸春秋」文芸春秋 86（6）2008.5 p382～383
◇神戸布引・岩倉具視旧居のなぞ（楠本利夫）「芦屋大学論叢」芦屋大学 51 2009 p1～15
◇岩倉具視 実相院・京都市左京区―5年間辛酸を嘗めた地で，満開の桜

に再起を誓った（大特集・春爛漫，ぶらり「桜旅」―第1部 小松帯刀，坂本龍馬，西郷隆盛… 維新の英傑縁の地を巡り，古都に遊ぶ「京の桜」幕末・歴史探訪）「サライ」小学館 21（6）通号491 2009.3.19 p34～35
◇青い血のカルテ（SERIES 66）岩倉具視とがん告知（早川智）「産科と婦人科」診断と治療社 76（10）2009.10 p1267～1269

岩倉槇子　いわくらまきこ　1827～1903
幕末，明治期の女性。岩倉具視の後妻。
【雑　誌】
◇近江の志士たち（11）頼梨影と岩倉槇子（徳永真一郎）「湖国と文化」34 1986.1

岩下方平　いわしたまさひら　1827～1900
幕末，明治期の鹿児島藩藩士，政治家。子爵，貴族院議員。
【雑　誌】
◇岩下方平随想録（佐々木隆）「日本歴史」433 1984.6

岩瀬忠震　いわせただなり　1818～1861
幕末の幕府官僚，外国奉行。
【図　書】
◇江戸5 人物編（大久保利謙編輯）立体社 1980.8
◇幕臣列伝（綱淵謙錠）中央公論社 1981.3
◇岩瀬忠震―日本を開国させた外交家（松岡英夫）中央公論社 1981.10（中公新書）
◇横浜開港の恩人岩瀬忠震 第2版（森篤男）横浜歴史研究普及会 1982.7（横歴双書 第1巻）
◇幕臣列伝（中公文庫）（綱淵謙錠）中央公論社 1984.5
◇白野夏雲（白野仁）北海道出版企画センター 1984.6
◇ペリー来航前後―幕末開国史（山口宗之著）ぺりかん社 1988.11
◇幕末政治家（福地源一郎著）平凡社 1989.5（東洋文庫）
◇江戸文人のスクラップブック（工藤宜著）新潮社 1989.8
◇岩瀬忠震の年譜的研究（飯田虎男著）飯田虎男 1990.6
◇岩瀬忠震書簡注解木村喜毅（芥舟）宛（新城）肥後守忠震顕彰会 1993.3
◇棟梁朽敗せば改むべし―わたしの明治維新（玉木存著）R出版 1994.3
◇日本の開国と三人の幕臣（桑原三二著）桑原三二 1996.12 217p
◇幕末 五人の外国奉行―開国を実現させた武士（土居良三著）中央公論社 1997.7 358p
◇日米外交の人間史―黒船から経済摩擦まで（越智道雄著）中央公論新社 2003.11 299p（中公新書ラクレ）
◇岩瀬忠震書簡注解―橋本左内宛（岩瀬忠震書簡研究会著）忠震会 2004.6 165p
◇大江戸曲者列伝―幕末の巻（野口武彦著）新潮社 2006.2 220,9P（新潮新書）
◇明治維新史という冒険（青山忠正著）仏教大学通信教育部 2008.3 324p（仏教大学鷹陵文化叢書）
◇幕末"志士"列伝（別冊宝島編集部編）宝島社 2008.11 223p（宝島SUGOI文庫）
【雑　誌】
◇幕臣列伝（3,4）（綱淵謙錠）「歴史と人物」10（3,4）1980.3,4
◇幕末の外交家岩瀬忠震の生涯（池田勝）「熊本工業大学研究報告」8（1）1983.3
◇国立国会図書館所蔵本 蔵書印―その115―岩瀬忠震 「国立国会図書館月報」282 1984.9
◇岩瀬肥後守忠震の書簡（滝川一美）「三河地域史研究」3 1985.11
◇進歩派官僚の先駆者―岩瀬忠震と日米修好通商条約（徳川300年を動かした男たち〈特集〉）（岸上耿久）「爽快」31（11）1986.6
◇木村喜毅（芥舟）宛岩瀬忠震書簡（河北展生他）「近代日本研究（慶応義塾大学・福沢研究センター）」5 1989.3
◇日露外交秘話―二人の旗本外交官をめぐって（小山勤二）「歴史懇談（大阪歴史懇談会）」3 1989.8
◇伊達宗城とその周辺 続―岩瀬忠震・永井尚志ほか（河内八郎）「人文学科論集（茨城大学人文学部）」23 1990.3
◇岩瀬忠震と橋本左内（入山寛）「爽快」7 1994.4
◇忠震と江川太郎左衛門（岸上耿久）「爽快」7 1994.4
◇忠震の漢詩をよむ（田中洋二）「爽快」7 1994.4
◇一橋派運動と岩瀬忠震（飯田虎男）「政治経済史学」日本政治経済史学研究所 368 1997.2 p1～14
◇歴史読み物 日本海軍の創設者達―創業垂統の時代の人々から学ぶ点，無しとせむや（8）島津斉彬と幕府の有司（永井尚志，岩瀬忠震）（谷光太郎）「波濤」兵術同好会 30（5）2005.1 p107～133
◇岩瀬忠震の展開と課題（湯浅大司）「設楽原歴史資料館研究紀要」新城市設楽原歴史資料館 第9号 2005.3 p25～42
◇日本の土木を歩く 横浜港物語（その1）井伊直弼と横浜に港を開かせ

た岩瀬忠震 （峯崎淳）「CE建設業界」日本土木工業協会 54(10) 2005.10 p34～41
◇『大日本古文書 幕末外国関係文書』における岩瀬忠震関係の記録（設楽原報告）（森野進）「設楽原歴史資料館研究紀要」 新城市設楽原歴史資料館 第11号 2007.3 p21～33
◇直弼/象山/忠震（1）競争する記念碑（小特集 地域をみる、地元に学ぶ）（阿部安成）「彦根論叢」滋賀大学経済学会 370 2008.1 p3～22
◇幕末三美男政治家―阿部正弘/安藤信睦/岩瀬忠震（特集 男の品格と心意気 江戸のダンディズム）（野口武彦）「東京人」都市出版 23(5) 2008.4 p58～60
◇直弼/象山/忠震（2）競争する記念碑（阿部安成）「彦根論叢」滋賀大学経済学会 373 2008.6 p21～42
◇直弼/象山/忠震（3）競争する記念碑（阿部安成）「彦根論叢」滋賀大学経済学会 375 2008.11 p45～65

岩村高俊　いわむらたかとし　1845～1906
幕末、明治期の土佐藩士、官僚。男爵、貴族院議員。
【図書】
◇戻橋堂主人自伝―岩村高俊自伝 復刻 （岩村高俊著、平井金三郎編） 戻橋堂子孫有志 1997.3 151p
【雑誌】
◇『岩村高俊自伝草稿』の翻刻と解題 （磯貝幸彦、古山悟由）「国学院大学図書館紀要」5 1993.3

岩村通俊　いわむらみちとし　1840～1915
幕末、明治期の高知藩士、官僚。男爵、農商務相。
【図書】
◇沖縄にきた明治の人物群像 （太田良博） 月刊沖縄社 1980.2
◇近代日本と沖縄 （我部政男） 三一書房 1981.5
◇白野夏雲 （白野仁） 北海道出版企画センター 1984.6
◇ほっかいどう百年物語―北海道の歴史を刻んだ人々 （STVラジオ編） 中西出版 2002.2 343p
【雑誌】
◇辣腕の行政官僚・岩村通俊（特集 明治の地方官）（松尾正人）「彷書月刊」2(11) 1986.10
◇岩村通俊と旭川（土佐と北海道特集号）（橘田庫欣）「土佐史談」191 1993.1

植木枝盛　うえきえもり　1857～1892
明治期の自由民権思想家。
【図書】
◇青年の風雪―高新ふるさと文庫 （平尾道雄） 高知新聞社 1981.1
◇斎藤昌三著作集4 書物随筆 （斎藤昌三著 後藤憲二編） 八潮書店 1981.5
◇玄洋社発掘―もうひとつの自由民権 （石滝豊美） 西日本新聞社 1981.6
◇植木枝盛「日本国国憲」(抄) 静岡県の自由民権運動 静岡県近代史研究会編 1981.8 （静岡県近代史研究叢書2）
◇日本人の自伝 2 植木枝盛、馬場辰猪.田中正造.玉水常治.松山守善 平凡社 1982.1
◇読書清興 （岩倉規夫） 汲古書院 1982.11
◇近代日本思想史序説―「自然」と「社会」の論理 （森一貫著） 晃洋書房 1984.2
◇田中正造・河野広中・植木枝盛特別展示目録―第一回総選挙で当選した異色の政治家たち 憲政記念館 1984.2
◇自由・平等をめざして中江兆民と植木枝盛（清水新書）（松永昌三著） 清水書院 1984.9
◇文学論集〈1〉文学の近代 （越智治雄著） 砂子屋書房 1986.3
◇近代日本の反権力思想―龍馬の『藩論』を中心に （関家新助著） 法律文化社 1986.10
◇土佐の自由民権運動と教育 （千葉昌弘） 土佐出版社 1987.11
◇続・百代の過客―日記にみる日本人〈上〉（ドナルド・キーン著、金関寿夫訳） 朝日新聞社 1988.1 （朝日選書）
◇明治・青春の夢―革新的行動者たちの日記 （嶋岡晨著） 朝日新聞社 1988.7 （朝日選書）
◇続 百代の過客―日記にみる日本人 （ドナルド・キーン著、金関寿夫訳） 朝日新聞社 1988.12
◇読本 憲法の100年〈1〉憲法の誕生 （作品社編集部編） 作品社 1989.4
◇植木枝盛集〈第7巻〉（植木枝盛著） 岩波書店 1990.2
◇反天皇制―「非国民」「大逆」「不逞」の思想 （加納実紀代、天野恵一編） 社会評論社 1990.6 （思想の海へ「解放と変革」）
◇植木枝盛集〈第8巻〉（植木枝盛著） 岩波書店 1990.7
◇植木枝盛の生涯―解説目録 1990年度特別展 （高知市立自由民権記念館編） 高知市立自由民権記念館 1991.1
◇近代日本の思想像―啓蒙主義から超国家主義まで （井田輝敏著）（京都）法律文化社 1991.6

◇日本史のなかの湖国―地域史の再発見 （苗村和正著）（京都）文理閣 1991.11
◇植木枝盛集〈第10巻〉（植木枝盛著） 岩波書店 1991.11
◇歴史をひらく愛と結婚 （福岡女性学研究会編） ドメス出版 1991.12
◇植木枝盛―民権青年の自我表現 （米原謙） 中央公論社 1992.8
◇育児のエスプリ―知恵の宝石箱 （毛利子来著） 新潮社 1993.10
◇土佐自由民権派の教育思想―植木枝盛・阪本直寛・北川貞彦等を中心として （千葉昌弘）『秋田大学教育学研究』 秋田大学教育学部教育学研究室 1995.2 p23
◇日本憲法史における抵抗権思想の系譜―植木枝盛と井上毅を中心に （大石真）「国法学の諸問題」（榎原猛ほか編） 嵯峨野書院 1996.9 p165
◇近代日本の先駆的啓蒙家たち―福沢諭吉・植木枝盛・徳富蘇峰・北村透谷・田岡嶺雲 （タグマーラ・パーブロブナ・ブガーエワ著、亀井博訳） 平和文化 1996.10 222p
◇司馬遼太郎が語る雑誌言論100年 （司馬遼太郎ほか著） 中央公論社 1998.11 492p
◇小国主義―日本の近代を読みなおす （田中彰著） 岩波書店 1999.4 210p （岩波新書）
◇植木枝盛研究資料目録 （外崎光広著） 平和資料館・草の家 2001.6 91p
◇近代日本のアイデンティティと政治 （米原謙著） ミネルヴァ書房 2002.4 243,4p （MINERVA人文・社会科学叢書）
◇日本近代思想史序説 明治期前篇 下 （岩崎允胤著） 新日本出版社 2002.6 358,9p
◇岡田純也著作選集 1 （岡田純也著） KTC中央出版 2005.3 221p
◇明治デモクラシー （坂野潤治著） 岩波書店 2005.3 228p （岩波新書）
◇日本の戦争 封印された言葉 （田原総一朗著） アスコム 2006.8 267p
◇近代日本の戦争と文学 （西田勝著） 法政大学出版局 2007.5 290p
◇近代の再構築―日本政治イデオロギーにおける自然の概念 （ジュリア・アデニー・トーマス著、杉田米行訳） 法政大学出版局 2008.7 328p （叢書・ウニベルシタス）
◇近代日本の社会科学と東アジア （武藤秀太郎著） 藤原書店 2009.4 262p
【雑誌】
◇植木枝盛の死刑廃止論 （田中肇）「社会科学論集（高知短大）」41 1981.3
◇「自由詞林」のこと （八木福次郎）「日本古書通信」46(7) 1981.7
◇女性学からみた民権家（自由民権運動百年記念特集号）（もろさわようこ）「信州白樺」44・45・46 1981.10
◇植木草案の抵抗権思想とそのモデル（自由民権運動百年記念特集号）（玉井茂）「信州白樺」44・45・46 1981.10
◇植木枝盛の主権論（自由民権百年記念特集号）（鈴木安蔵）「土佐史談」158 1982.1
◇植木枝盛日記のこと （竹末勤）「奈良県近代史研究会会報」14 1982.5
◇和歌山県と植木枝盛―『植木枝盛日記』を手がかりとして （後藤正人）「和歌山地方史研究」4 1982.7
◇史料紹介 明治十一年松山に於ける植木枝盛演説 （島津豊幸）「愛媛近代史研究」44・45 1982.8
◇明治前期の「抵抗権」思想―福沢諭吉と植木枝盛を中心として （井田輝敏）「北九州大学法政論集」10(1・2) 1982.11
◇植木枝盛の徳富蘇峰に送った書簡 [史料]徳富蘇峯宛植木枝盛書簡 （高野静子）「土佐史談」16 1982.12
◇植木枝盛の憲法草案と立志社の憲法草案 （外崎光広）「社会科学論集（高知短大）」44 1982.12
◇植木枝盛憲法草案と立志社憲法草案の関係 （外崎光広）「土佐史談」16 1982.12
◇徳富蘇峰と植木枝盛―枝盛の書簡から （高野静子）「日本歴史」431 1984.4
◇光明透『越江日記』と植木枝盛の書簡（上）（光明誠一, 外崎光広, 公文豪）「土佐史談」168 1985.9
◇光明透『越江日誌』と植木枝盛の書簡（下）（光明誠一, 外崎光広, 公文豪）「土佐史談」169 1985.10
◇自由民権の闘士『遊蕩日記』の圧巻 （嶋岡晨）「新潮45」5(10) 1986.10
◇高知県幼児保育（教育）施設創設の背景に関する一考察―植木枝盛と『育幼論』を中心に― （森岡和子）「高知女子大学保育短期大学部紀要」11 1987.3
◇植木枝盛と全国酒屋会議事件 （穂積忠彦）「書斎の窓」363 1987.4
◇植木枝盛と藤井教義の明治義塾 （田村貞雄）「静岡大学教養部研究報告 人文・社会科学篇」26(2) 1990
◇植木枝盛の憲法草案(1881年)―架設合衆国憲法と日本国憲法橋梁的草案 （堀真清）「西南学院大学法学論集」24(1) 1991.5
◇植木枝盛の死因について （外崎光広）「高知市立自由民権記念館紀要」1 1991.10

◇植木枝盛の思想　（内藤辰郎）「日本思想史研究会会報」9　1991.10
◇『自由詞林』の問題　（西田谷洋）「イミタチオ」19　1992.3
◇植木枝盛「閲読書目記」・解題（上）　（米原謙）「阪大法学」163　1992.8
◇植木枝盛の自由教育論―集成並びに解題　（千葉昌弘）「高知大学教育学部研究報告　第1部」46　1993
◇植木枝盛日記（日本近代を読む〔日記大全〕）「月刊Asahi」5(1)　1993.1・2
◇森有礼と植木枝盛―その女性観と実際行動について　（秋枝蕭子）「九州国際大学教養研究」4(2・3)　1993.3
◇模倣と反逆―植木枝盛の政治思想　（米原謙）「阪大法学」167　1993.7
◇植木枝盛の教育思想の歴史的意義―教育の自由の思想を中心として　（佐伯友弘）「鳥取大学教育学部研究報告　教育科学」35(1)　1993.7
◇植木枝盛の自由教育論―集成並びに解題　（千葉昌弘）「高知大学教育学部研究報告 第1部」46　1993.10
◇植木枝盛における「無天」の思想　（中川洋子）「竜谷史壇」101・102　1994.1
◇三河民権飯田事件と植木枝盛（上）　（北原明文）「歴史（東北史学会）」83　1994.9
◇植木枝盛の東京遊学と井上毅　（木野主計）「UP」264　1994.10
◇三河民権飯田事件と植木枝盛―下―　（北原明文）「歴史」東北史学会　84　1995.4　p87～107
◇植木枝盛と井上毅（学術シンポジウム「明治国家と自由民権運動」）　（木野主計）「国学院法学」国学院大学法学会 34(3)　1997.2　p119～128
◇植木枝盛の自由民権（明治天皇〔35〕）　（ドナルド・キーン著, 角地幸男訳）「新潮45」16(12)　1997.12　p246～260
◇近代以降日本道徳教育史の研究 第3報 植木枝盛の道徳教育論の検討　（千葉昌弘）「高知大学教育学部研究報告 第1部」高知大学教育学部 57　1999　p75～81
◇自由民権運動家・植木枝盛の誕生―自由ハ土佐ノ山間ヨリ　（小畑隆資）「岡山大学法学会雑誌」岡山大学法学会 50(3・4)　2001.3　p533～577
◇植木枝盛の対外思想(1)　（黒木彬文）「福岡国際大学紀要」福岡国際大学 7　2002.2　p15～27
◇「共生」の課題―植木枝盛とキリスト教　（小畑隆資）「文化共生学研究」岡山大学大学院文化科学研究科 1　2003　p43～62
◇興亜会のアジア主義と植木枝盛のアジア主義　（黒木彬文）「福岡国際大学紀要」9　2003.2　p67～73
◇植木枝盛とキリスト教―枝盛における「天賦自由」論の成立　（小畑隆資）「文化共生学研究」岡山大学大学院文化科学研究科 2　2004　p49～69
◇文献目録　植木枝盛文献目録　（中村克明）「関東学院大学文学部紀要」関東学院大学人文学会 102　2004年度　p273～290
◇文献目録　植木枝盛文献目録（増補改訂版）　（中村克明）「関東学院大学文学部紀要」関東学院大学人文学会 105　2005年度　p157～185
◇植木枝盛の軍隊論　（中村克明）「社会論集」関東学院大学人文学会社会学部会 11　2005.3　p3～10
◇植木枝盛研究文献目録―1946―2005年　（中村克明）「関東学院大学文学部紀要」関東学院大学人文学会 107　2006年度　p45～111
◇植木枝盛『民権自由論』（明治十二年）考―「天賦自由」と「民権自由」　（小畑隆資）「岡山大学法学会雑誌」岡山大学法学会 56(3・4)　2007.3　p471～525
◇植木枝盛の憲法構想―「東洋大日本国国憲按」考　（小畑隆資）「文化共生学研究」岡山大学大学院社会文化科学研究科 6　2008　p83～106
◇植木枝盛憲法案の防衛構想に関する考察　（中村克明）「関東学院大学文学部紀要」関東学院大学人文学会 113　2008年度　p105～127
◇近代知識人の天皇観―福沢諭吉と植木枝盛　（李玉燕）「岩手大学大学院人文社会科学研究科研究紀要」岩手大学大学院人文社会科学研究科 17　2008.7　p109～126
◇植木枝盛憲法案の人権保障規定に関する考察　（中村克明）「関東学院大学文学部紀要」関東学院大学人文学会 116　2009年度　p149～169
◇日本文明の先駆者(14)植木枝盛　（坪内隆彦）「月刊日本」K&Kプレス 13(1)　2009.1　p80～87

上杉斉憲　うえすぎなりのり　1820～1889
幕末, 明治期の大名。出羽米沢藩主。
【図　書】
◇上杉家御年譜－15－斉憲公1　（米沢温故会〔編〕）みちのく書房　1994.4
◇上杉家御年譜－16－斉憲公2　（米沢温故会〔編〕）みちのく書房　1994.4
◇上杉家御年譜－17－斉憲公3　（米沢温故会〔編〕）みちのく書房　1994.4
◇上杉家御年譜－18－斉憲公4上杉家支侯　（米沢温故会〔編〕）みちのく書房　1994.4

上杉茂憲　うえすぎもちのり　1844～1919
明治期の政治家。元老院議官, 貴族院議員。
【図　書】
◇沖縄にきた明治の人物群像　（太田良博）月刊沖縄社　1980.2
◇沖縄びとの幻想　（関広延著）三一書房　1990.5
◇上杉家御年譜－19－茂憲公1　（米沢温故会〔編〕）みちのく書房　1994.4
◇上杉家御年譜－20－茂憲公2　（米沢温故会〔編〕）みちのく書房　1994.4
◇上杉家御年譜－21－茂憲公3　（米沢温故会〔編〕）みちのく書房　1994.4
◇上杉家御年譜－22－茂憲公4　（米沢温故会〔編〕）みちのく書房　1994.4
◇沖縄県令上杉茂憲　（寺崎房子著, 斉藤公夫編）寺崎房子　2006.1　196p

上野景範　うえのかげのり　1844～1888
幕末, 明治期の鹿児島藩士, 外交官。元老院議員。
【図　書】
◇大久保利謙歴史著作集〈5〉幕末維新の洋学　（大久保利謙著）吉川弘文館　1986.8
【雑　誌】
◇上野景範履歴　（門田明他）「鹿児島県立短期大学研究年報」11　1983.3
◇上野景範日記　（吉元正幸）「鹿児島県立短期大学研究年報」11　1983.3
◇出崎中日記　（吉元正幸）「鹿児島県立短期大学研究年報」12　1984.3
◇上野景範渡米日記　（吉元正幸）「鹿児島県立短期大学研究年報」14　1986.3
◇日本近代化と上野景範　（門田明）「鹿児島県立短期大学研究年報」19　1991.3
◇上野景範公使の西葡両国訪問　（安岡昭男）「政治経済史学」日本政治経済史学研究所　364　1996.10　p1～17

上原勇作　うえはらゆうさく　1856～1933
明治～昭和期の陸軍軍人。子爵, 元帥。
【図　書】
◇昭和陸軍派閥抗争史　（今西英造）伝統と現代社　1983.3
◇日本軍閥暗闘史　（田中隆吉著）中央公論社　1988.3　（中公文庫）
◇近代日本内閣史論　（藤井貞文著）吉川弘文館　1988.7
◇近代未満の軍人たち―兵頭二十八軍学塾　（兵頭二十八著）光人社　2009.11　217p
【雑　誌】
◇鈴木荘六参謀総長後任を繞って―宇垣一成と上原勇作　（照沼康孝）「日本歴史」421　1983.6
◇愛ひとすじの女　（角田房子）「婦人公論」69(2)　1984.2
◇満蒙に血の雨を―河本大作「張作霖爆殺予告書簡」を初公開！（インタビュー）（裁かれる昭和―日本陸軍亡国秘録(1)）　（佐野増彦, 佐藤肇）「現代」26(9)　1992.9
◇スキー史研究の醍醐味(2)上原勇作と旭川のスキー前史　（中浦皓至）「日本スキー学会誌」日本スキー学会誌編集事務局 16(1)　2006.8　p33～50

宇宿彦右衛門　うじゅくひこえもん　1820～1864
幕末の薩摩藩士。洋式工業の指導者。
【雑　誌】
◇技術開発一途に生きた―宇宿彦右衛門（日本史発掘(46)）　（芳則正）「日本及日本人」1563　1981.7

内田康哉　うちだこうさい　1865～1936
明治～昭和期の政治家, 外交官。外務大臣, 満鉄総裁。
【図　書】
◇原敬をめぐる人びと　（原奎一郎, 山本四郎編）日本放送出版協会　1981.10　（NHKブックス）
◇人物で読む近代日本外交史―大久保利通から広田弘毅まで　（佐道明広, 小宮一夫, 服部竜二編）吉川弘文館　2009.1　316p
【雑　誌】
◇満州国承認問題に関する内田満鉄総裁とリットン国際連盟中国調査委員会委員長との会談について　（河村一夫）「政治経済史学」164　1980.1
◇満州国承認問題と斎藤首相, 内田外相　（河村一夫）「軍事史学」18(2)　1982.9
◇「内田康哉伝記草稿」について　（内藤和寿）「外交史料館報」7　1994.3

内山七郎右衛門　うちやましちろうえもん　1807～1881
幕末, 明治期の越前大野藩士。
【図書】
◇男たちの履歴書—現代に生きる企業ロマン　(加藤広)　東洋経済新報社　1981.11
【雑誌】
◇福井県の産業・経済近代化を進めた人—藩店「大野屋」の創始者内山良休　「調査月報(福井経済経営研究所)」20 1985.10

宇津木六之丞　うつきろくのじょう　1809～1862
幕末の近江彦根藩士。井伊直弼を補佐。
【雑誌】
◇安政の大獄と水戸藩　(但野正弘)「藝林」藝林会 58(1) 2009.4 p39～66

宇都宮黙霖　うつのみやもくりん　1824～1897
幕末, 明治期の勤王僧。
【図書】
◇宇都宮黙霖・吉田松陰往復書翰　(川上喜蔵編著)　錦正社 1982.2　(国学研究叢書 第5編)
◇春日潜菴・池田草菴　(大西晴隆, 疋田啓佑著)　明徳出版社 1987.12　(叢書・日本の思想家)
◇黙霖物語—きさらぎの花は開いて　(大尾博敏著)　宇都宮黙霖研究会　1997.9 171p
◇ひょうご幕末維新列伝　(一坂太郎著)　神戸新聞総合出版センター 2008.7 408p
【雑誌】
◇倒幕思想の先駆者・宇都宮黙霖の生涯と思想　(山岸紘一)「伝統と現代」11(1)62 1980.1
◇異形の僧黙霖との出会い(特集・吉田松陰と若き志士たち)　(村松孝徳)「歴史と人物」117 1981.4
◇維新の傑僧・宇都宮黙霖　(平田澄子)「歴史と旅」11(14) 1984.11

内海忠勝　うつみただかつ　1843～1905
幕末, 明治期の政治家, 萩藩士。貴族院議員, 内相。
【図書】
◇維新俠艶録　(井筒月叟著)　中央公論社 1988.3　(中公文庫)
◇近代日本史の新研究(9)　(手塚豊編著)　北樹出版 1991.12
【雑誌】
◇明治地方経営と内海忠勝(特集 明治の地方官)　(笠原英彦)「彷書月刊」2(11) 1986.10

海上胤平　うながみたねひら　1829～1916
明治, 大正期の官吏, 歌人。
【図書】
◇国学雑攷　(丸山季夫)　吉川弘文館 1982.9
【雑誌】
◇剣客としての海上胤平(読者招待席)　(海土義治)「歴史読本」25(7) 1980.6

梅田雲浜　うめだうんぴん　1815～1859
幕末の尊攘派志士。
【図書】
◇草莽の維新史　(寺尾五郎)　徳間書店 1980.2
◇幕末酒徒列伝 続　(村島健一)　講談社 1980.3
◇梅田雲浜　(法本義弘)　小浜市立図書館 1981.2　(若狭人物叢書9)
◇幕末志士の生活　(芳賀登)　雄山閣出版 1982.6　(生活史叢書 8)
◇人物探訪日本の歴史 15 幕末の英傑　暁教育図書 1982.12
◇「人間(リーダー)の魅力」が人を育てる—"知"で率い, "心"で伸ばすリーダーシップの方法　(童門冬二著)　大和出版 1992.5
◇幕末維新・群像の死に際　(合田一道著)　小学館 1998.10 303p (小学館ライブラリー)
◇白墓の声—横井小楠暗殺事件の深層　(栗谷川虹著)　新人物往来社 2004.1 205p
◇幕末に散った男たちの行動学　(童門冬二著)　PHP研究所 2004.2 397p　(PHP文庫)
◇京の名墓探訪—京に生き, 京に眠る　(高野澄著)　淡交社 2004.3 127p　(新撰 京の魅力)
◇江戸の経済改革—日本人の知恵の原点　(童門冬二著)　ビジネス社 2004.8 269p
◇幕末"志士"列伝　(別冊宝島編集部編)　宝島社 2008.11 223p (宝島SUGOI文庫)
【雑誌】
◇幕末維新の異色女人—理論派志士の婦人たち　(梅本育子)「歴史と旅」7(1) 1980.1
◇梅田雲浜の生家矢部家のこと(上)　(大西荘三郎)「若狭」29 1982.8
◇梅田雲浜取調記録(1)「若狭」32 1984.4
◇梅田雲浜の生家 矢部家のこと(下)　(大西荘三郎)「若狭」32 1984.4
◇梅田雲浜取調記録(2)「若狭」33 1984.10
◇身勝手な夫に惚れ愛想づかして蒸発しなかった妻—上原信子(いまも昔もおんな史)　(泉秀樹)「潮」341 1987.9
◇史談往来/北から南から 梅田雲浜が止宿した山田家復元　(小沢和司)「歴史研究」歴研 46(5) 2004.5 p15～17

英照皇太后　えいしょうこうたいごう　1833～1897
幕末, 明治期の皇族。孝明天皇の皇后。
【図書】
◇明治国家の精神史的研究—"明治の精神"をめぐって　(鈴木徳男, 嘉戸一将編)　以文社 2008.10 273p
【雑誌】
◇千住に於ける明治三陛下の聖蹟(1)　(尾佐竹猛)「足立史談」186 1983.8
◇千住に於ける明治三陛下の聖蹟(2)　(尾佐竹猛)「足立史談」187 1983.9
◇千住に於ける明治三陛下の聖蹟(3)　(尾佐竹猛)「足立史談」188 1983.10
◇千住に於ける明治三陛下の聖蹟(4)　(尾佐竹猛)「足立史談」189 1983.11
◇千住に於ける明治三陛下の聖蹟(5)　(尾佐竹猛)「足立史談」190 1983.12
◇千住に於ける明治三陛下の聖蹟(6)　(尾佐竹猛)「足立史談」191 1984.1
◇近代の皇室儀式における英照皇太后大喪の位置と国民統合　(小園優子, 中島三千男)「人文研究」神奈川大学人文学会 157 2005 p65～99
◇第121代孝明天皇/女御・九条夙子—養蚕に心を砕き, 日本の近代化に貢献した皇太后(特集 歴代皇后全伝—特集ワイド 歴代天皇配偶者総覧—系譜・事績・逸話・謎を網羅 江戸時代)　(小田部雄次)「歴史読本」新人物往来社 50(12) 2005.12 p260～262

江川太郎左衛門〔36代〕　えがわたろうざえもん　1801～1855
幕末の代官, 洋式砲術家。
【図書】
◇江戸の化学　(奥野久輝)　玉川大学出版部 1980.5　(玉川選書)
◇江戸 幕政編2　立体社 1980.6
◇指導者の戦略と決断—危機突破の行動学—江戸激動期の実務家に学ぶ　(風巻紘一)　日本文芸社 1981.8
◇長崎の西洋料理—洋食のあけぼの　(越中哲也)　第一法規 1982.4
◇江川坦庵全集 別巻 3　(戸羽山瀚編著)　巌南堂書店 1982.6
◇天保騒動始末記—甲州と江川坦庵　(島田駒男著)　島田駒男 1982.11
◇日本史探訪 9 戦国の武将たち　(角川書店編)　角川書店 1983.7 (角川文庫)
◇日本史探訪 19 開国か攘夷か　角川書店 1985.5
◇江川坦庵(人物叢書 新装版)　(仲田正之著)　吉川弘文館 1985.10
◇知的散索のたのしみ—江戸期の科学者と鍛冶技術(共立科学ブックス)　(吉羽和夫著)　共立出版 1986.6
◇江川太郎左衛門—開国派英才挫折す　(林青梧著)　読売新聞社 1986.9
◇近世国家と明治維新　(津田秀夫編)　三省堂 1989.8
◇パンの日本史—食文化の西洋化と日本人の知恵　(安達巌著)　ジャパンタイムズ 1989.12
◇全国の伝承 江戸時代 人づくり風土記—ふるさとの人と知恵〈22〉静岡　(加藤秀俊, 谷川健一, 稲垣史生, 石川松太郎, 吉田豊編)　農山漁村文化協会 1990.2
◇ロシアから来た黒船　(大南勝彦著)(静岡)静岡新聞社 1991.3
◇江川太郎左衛門 宇田川榕菴—科学・技術の飛躍　(熊谷聡漫画, 草509昭シナリオ)　ほるぷ出版 1992.1　(漫画人物科学の歴史 日本編)
◇反射炉と江川坦庵　(山田寿々六著編)〔山田寿々六〕1995.1 1冊 (頁付なし)
◇反射炉と江川坦庵 増補改訂　(山田寿々六著編)〔山田寿々六〕1996.3 23枚
◇幕末・明治維新期における江川坦庵とその門下生　(磯部博平, 磯部美波共著)　磯部出版 1996.9 29p
◇国家という難題—東湖と鷗外の大塩事件　(武藤功著)　田畑書店 1997.12 330p
◇韮山代官江川氏の研究　(仲田正之著)　吉川弘文館 1998.11 665,9p
◇ふるさと百話 1巻　(戸羽山瀚, 中川雄太郎, 後藤聡吉郎著)　静岡新聞社 1998.11 266p
◇多摩の代官　(村上直, 馬場憲一, 米崎清実著)　たましん地域文化財団 1999.1 184p
◇反射炉に学ぶ 増補改訂　(山田寿々六著)　修善寺印刷所(印刷)

1999.1　1冊
◇反射炉に学ぶ　〔2001〕増補改訂　(山田寿々六著)〔山田寿々六〕 2001.5　1冊
◇日本深層文化を歩く旅—日本ナショナリズムは江戸時代に始まる　(海原峻著)　梨の木舎　2002.6　211p
◇成せば、成る。—知られざる「成功者」たちの再起と逆転のドラマ　(加来耕三著)　一二三書房　2002.11　296p
◇薬史から見たふるさと伊豆　(杉山茂著)　近代文芸社　2004.3　130p (近代文芸社新書)
◇日本の技術者—江戸・明治時代　(中山秀太郎著, 技術史教育学会編) 雇用問題研究会　2004.8　206p
◇まちづくり人国記—パイオニアたちは未来にどう挑んだのか　(「地域開発ニュース」編集部編)　水曜社　2005.4　253p　(文化とまちづくり叢書)
◇未完の「多摩共和国」—新選組と民権の郷　(佐藤文明著)　凱風社 2005.9　355p
◇幕臣たちと技術立国—江川英龍・中島三郎助・榎本武揚が追った夢　(佐々木譲著)　集英社　2006.5　222p　(集英社新書)
◇ガイドブック 新・日本のなかのロシア—ロシア文化と交流史跡を訪ねる　(長塚英雄、「日本とユーラシア」紙編集部編)　東洋書店 2007.2　63p　(ユーラシア・ブックレット)
◇義塾の原点 上　(童門冬二著, 関戸勇写真)　リブロアルテ　2008.7 251p
◇江戸の未来人列伝—47都道府県 郷土の偉人たち　(泉秀樹著)　祥伝社 2008.9　452p　(祥伝社黄金文庫)
◇評伝江川太郎左衛門—幕末・海防に奔走した韮山代官の軌跡　(加来耕三著)　時事通信出版局　2009.11　350p
【雑誌】
◇徳丸原演練後の江川坦庵　(仲田正之)「静岡県地域史研究会報」6 1982.4
◇幕末の実学者江川太郎左衛門製パン事始　(安達巌)「歴史と人物」 14(1)　1984.1
◇江川坦庵と大槻磐渓—下田開港説と親露説を中心として　(仲田正之)「韮山」8　1984.3
◇幕末期における西欧科学技術の受容(その2)江川太郎左衛門英龍　(岩楯幸雄)「科学・人間(関東学院大学工学部教養学会)」14　1985.3
◇幕末期における西欧科学技術の受容(その2)江川太郎左衛門英龍　(岩楯幸雄)「科学・人間(関東学院大学)」15　1986.3
◇江川坦庵と鍋島直正の交流—書状紹介を中心として　(仲田正之) 「韮山町史の栞」10　1986.3
◇江川英龍の甲州郡内領支配—世直し江川大明神のこと　(増田広実) 「富士吉田市史研究」創刊号　1986.3
◇江川坦庵と韮山塾(日本を創った私塾と学舎〈特集〉)　(駒敏郎)「歴史と旅」13(9)　1986.7
◇佐藤信淵と坦庵　(戸羽山瀚)「伊豆文談」116　1987.1
◇江川坦庵と韮山塾(江戸時代の「私塾」に学ぶ—近代日本を創った私塾)　(島武史)「ザ・イーグル」283　1987.3
◇鳥居耀蔵と江川坦庵—"蛮社の獄"に負けて勝つ　(栗原隆一)「日本及日本人」1591　1988.7
◇「パン祖」と称えられた男(歴史一月一話(24))　(加来耕三)「潮」 379　1990.10
◇次々に現われ出た「生き神さま」たち(幕末興話—"第三の開国"のさ中に(13))　(松本健一)「エコノミスト」72(2)　1994.1.11
◇忠震と江川太郎左衛門　(岸上耿久)「爽快」7　1994.4
◇日本のダ・ヴィンチと呼ばれた江川英龍のふるさと韮山(旅紀行・クローズアップ中伊豆)　(村宏)「歴史と旅」28(9)　2001.9　p132〜133
◇学問の歩きオロジー 幕末のミケランジェロ—江川太郎左衛門　(水谷仁)「Newton」ニュートンプレス　27(5)　2007.5　p102〜107
◇韮山代官江川英龍の海防思想とその形成要因について—幕府への建議書を中心に　(色川喜美夫)「防衛大学校紀要 社会科学分冊」〔防衛大学校〕95　2007.9　p97〜112
◇品川台場計画について—新発見の絵図より　(神吉和夫, 肥留間博) 「土木史研究 講演集」土木学会　29　2009　p13〜16
◇科学技術の先達を訪ねて(8)幕末の技術官僚 江川坦庵　(君川治) 「金属」アグネ技術センター　79(11)　2009.11　p1058〜1061

江木千之　えぎかずゆき　1853〜1932
明治、大正期の官僚、政治家。貴族院議員、文相。
【図書】
◇近代の神社神道　(阪本是丸著)　弘文堂　2005.8　286p
【雑誌】
◇自由民権運動と江木千之の教育観—明治10年代の道徳教育政策をめぐって　(小寺正一)「京都教育大学教育研究所所報」29　1983.3
◇歴史随想 大学改革をめぐるシーソーゲーム—高田早苗と江木千之の大学改革論議　(鎮目良文)「千葉史学」千葉歴史学会　39　2001.11 p5〜7
◇江木千之と文政審議会(6)勅令青年訓練所令発布の経緯(2)　(三井須美子)「都留文科大学研究紀要」都留文科大学　56　2002　p1〜28
◇江木千之と文政審議会(7)若者の軍事訓練(教練)　(三井須美子) 「都留文科大学研究紀要」都留文科大学　57　2002　p1〜28

枝吉経種　えだよしつねたね　1822〜1862
幕末の志士、肥前佐賀藩校弘道館教諭。
【図書】
◇副島種臣伯　(丸山幹治著)　みすず書房　1987.4　(みすずリプリント)
◇幕末に甦る律令—枝吉神陽伝　(島善高)『律令論纂』(小林宏編)　汲古書院　2003.2　p179〜
【雑誌】
◇枝吉神陽碑　(副島種臣)「碑文」5　1992.3

江藤新平　えとうしんぺい　1834〜1874
幕末, 明治期の佐賀藩士、政治家。司法卿。
【図書】
◇類聚伝記大日本史11 政治家篇　(尾佐竹猛編集解説)　雄山閣出版 1981.6
◇佐賀県明治行政資料目録・江藤家資料目録　佐賀県立図書館　1983.12
◇「佐賀県明治行政資料目録江藤家資料目録」　(佐賀県立図書館編) 佐賀県立図書館　1984.1
◇日本史探訪22 幕末維新の英傑たち　(角川文庫)　角川書店　1985.8
◇江藤新平　[新装版](人物叢書)　(杉谷昭著)　吉川弘文館　1986.3
◇政治家 その善と悪のキーワード　(加藤尚文著)　日経通信社　1986.6
◇「佐賀の役」と地域社会　(長野暹編著)　九州大学出版会　1987.2
◇大久保利通と官僚機構　(勝田政治著)　講談社　1987.2
◇江藤新平—急進的改革者の悲劇　(毛利敏彦著)　中央公論社　1987.5 (中公新書)
◇大久保利謙歴史著作集 8 明治維新の人物像　吉川弘文館　1987.7
◇東洋法史の探究　(島田正郎博士頌寿記念論集刊行委員会編)　汲古書院　1987.9
◇江藤新平　(鈴木鶴子著)　鈴木鶴子　1987.12
◇明治民衆史　(井出孫六著)　徳間書店　1988.9　(徳間文庫)
◇江藤新平と明治維新　(鈴木鶴子著)　朝日新聞社　1989.6
◇目でみる日本史「翔ぶが如く」と西郷隆盛　(文芸春秋編)　文芸春秋　1989.11　(文春文庫—ビジュアル版)
◇江藤新平関係文書　(広瀬順晧編修)　北泉社　1989.12
◇西郷隆盛 七つの謎　(新人物往来社編)　新人物往来社　1989.12
◇手塚豊著作集〈第7巻〉明治民法史の研究〈上〉　(手塚豊著)　慶応通信 1990.1
◇風前雨後　(中野好夫著)　講談社　1990.5　(講談社文芸文庫—現代日本のエッセイ)
◇島田三郎と近代日本—孤高の自由主義者　(井上徹英著)　明石書店 1991.10
◇明治国家と官僚制　(笠原英彦著)　芦書房　1991.12　(RFP叢書)
◇民権の獅子—兆民をめぐる男たちの生と死　(日下藤吾著)　叢文社 1991.12　(現代を拓く歴史名作シリーズ)
◇明治日本の政治家群像　(福地惇, 佐々木隆編)　吉川弘文館　1993.4
◇日本史を揺るがした反逆者の野望—野望を貫く男たちの闘いと決断！ (寺林峻著)　日本文芸社　1993.8　(にちぶん文庫)
◇福島正夫著作集〈第1巻〉日本近代法史　(福島正夫著)　勁草書房 1993.12
◇NHK 歴史発見〈15〉　(NHK歴史発見取材班編)　角川書店　1994.8
◇御用心!!—いま明治の亡霊がうろついている　(日下藤吾著)　近代文芸社　1996.5　149p
◇江藤新平—近代日本のかたちをデザインした人　(中島優友, 自由主義史観研究会編)　明治図書出版　1997.11　108p　(教科書が教えない歴史人物の生き方)
◇NIPPONの気概—使命に生きた先人たち　(上原卓著)　モラロジー研究所　2001.3　327p
◇明治維新政治外交史研究　(毛利敏彦著)　吉川弘文館　2002.9　300, 7p
◇閨閥の日本史　(中嶋繁雄著)　文芸春秋　2003.2　203p　(文春新書)
◇幕末維新なるほど人物事典—100人のエピソードで激動の時代がよくわかる　(泉秀樹著)　PHP研究所　2003.8　452p　(PHP文庫)
◇江藤新平伝—奇跡の国家プランナーの栄光と悲劇　(星川栄一著)　新風舎　2003.10　301p
◇完全保存版 幕末維新なるほど人物事典—100人のエピソードで読む幕末維新　(泉秀樹著)　PHP研究所　2004.4　110p
◇幕末歴史散歩 東京篇　(一坂太郎著)　中央公論新社　2004.6　320p (中公新書)
◇征韓論政変の謎　(伊牟田比呂多著)　海鳥社　2004.12　240p
◇日本立憲政治の形成と変質　(鳥海靖, 三谷博, 西川誠, 矢野信幸編) 吉川弘文館　2005.2　390p

◇江藤南白　上巻　復刻　（的野半介著）　マツノ書店　2006.1　32,708p
◇江藤南白　下巻　復刻　（的野半介著）　マツノ書店　2006.1　1冊
◇久留米藩難から新選組まで　（松本茂著）　海鳥社　2006.2　254p
◇幕末維新と佐賀藩―日本西洋化の原点　（毛利敏彦著）　中央公論新社　2008.7　226p　（中公新書）
◇これでおしまい―歴史に名を残す人物たちの辞世、最期の言葉　（加来耕三著）　グラフ社　2009.7　253p
◇幕末維新人物新論―時代をよみとく16のまなざし　（笹部昌利編）　昭和堂　2009.12　321p

【雑誌】

◇特集明治維新の青春群像―佐賀藩の救世主江藤新平　（滝口康彦）「歴史と人物」　10(2) 1980.2
◇叛乱　その主役たち　江藤新平―佐賀の乱　（滝口康彦）「歴史と旅」　7(4) 1980.3
◇南白江藤新平実伝(49～51)　（岩部兵部）「佐賀史談」　11(7,8,9) 1980.5,8,11
◇南白江藤新平実伝(52)　（岩部兵部）「佐賀史談」　11(9) 1981.3
◇江藤新平の逮捕　（松野仁）「佐賀史談」　12(1) 1981.6
◇佐賀の三平（一平・新平・晃平）―副島伯の三平批判　「大肥前」　52(6) 1982.6
◇江藤新平奈半利川の迷路　（松野仁）「土佐史談」　160 1982.10
◇江藤新平・奈半利川の迷路　（松野仁）「佐賀史談」　12(8) 1982.11
◇江藤新平とロッキード事件　（田川誠一）「青春と読書」　87 1983.12
◇江藤新平と甲浦　（西内康浩）「土佐史談」　177 1988.3
◇江藤新平の司法改革構想と司法省の創設　（菊山正明）「早稲田法学」　63(4) 1988.7
◇江藤新平の司法改革　（菊山正明）「法制史研究」　39 1989
◇明治初期政治・法制史における江藤新平―「江藤新平関係文書」解説　（毛利敏彦）「法学雑誌（大阪市立大学法学会）」　36(3・4) 1990.3
◇土佐の海浜文学―江藤新平の航跡を追って　（岡林清水）「土佐史談」　185 1991.1
◇江藤新平と司法省　（梶野順子）「日本歴史」　530 1992.7
◇江藤新平の十円札（十周年記念）　（岩崎義郎）「秦史談」　53 1993.1
◇江藤新平卿の木碑を尋ねて　（井手勝）「大肥前」　63(4) 1993.4
◇「歳月」、悲劇を招いた江藤新平「法認識の矛盾」―なぜ辣腕の実務家は時代の流れを踏み外したか（特集・司馬遼太郎「維新人物小説」を読む）　（堀田力）「プレジデント」　31(12) 1993.12
◇江藤新平と岡田敬吉（郵便局便り）　（松本紀郎）「秦史談」　64 1994.11
◇江藤新平の首（明治天皇〔26〕）　（ドナルド・キーン著，角地幸男訳）「新潮45」　16(2) 1997.2 p146～164
◇江藤新平―ただ皇天后土わが心を知るのみ（特集・幕末明治人物臨終の言葉―近代の夜明けを駆けぬけた44人の人生決別の辞　英傑死してことばを遺す）　（一坂太郎、稲川明雄、今川徳三、井門寛、宇都宮泰長、河合敦、木村幸比古、祖田浩一、高野澄、高橋和彦、畑山博、三谷茉沙夫、百瀬明治、山村竜也）「歴史と旅」　24(7) 1997.5 p82～83
◇研究レポート　江藤新平のフランス志向　（宮代輝之）「歴史研究」　人物往来社歴史研究会　433 1997.6 p34～38
◇講演　江藤新平の司法改革をめぐって〔含　質疑応答・江藤新平年譜〕（第15回公開講座）　（毛利敏彦）「ノモス」　関西大学法学研究所　8 1997.12 p143～155
◇報告　児島惟謙と江藤新平（第21回総合研究会）　（竹下賢）「ノモス」　関西大学法学研究所　8 1997.12 p285～291
◇江藤新平の土佐路横断逃避行―国賊の汚名を着て「土佐の九十九里洋」を逃亡する江藤最後の日々を追う　（原田英祐）「歴史と旅」　26(12) 1999.8 p246～255
◇江藤新平の土佐路横断逃避行〔承前〕―捕縛に異常な執念を燃やす大久保の包囲網から逃れる道はもはやなかった　（原田英祐）「歴史と旅」　26(13) 1999.9 p246～255
◇江藤新平と司法制度改革（随想）　（霞信彦）「ジュリスト」　1171 2000.2.1 p2
◇「大不安の時代」を生きる、それぞれの選択―阿部正弘、大久保利通、河井継之助、松平容保、榎本武揚、江藤新平……（特集1・幕末維新の男たちに学ぶ「変革と決断」の方程式）　（浜野卓也）「プレジデント」　39(6) 2001.3.19 p98～103
◇近代日本国家文教体制における西洋学立脚原則の選択―初代文部大輔江藤新平の歴史的決断　（毛利敏彦）「法学雑誌」　大阪市立大学法学会　48(1) 2001.8 p72～100
◇学校教育は「西洋ノ丸写シ」で―初代文部大輔江藤新平の運命的決断　（毛利敏彦）「学士会会報」　学士会　2002(3) 2002.7 p52～57
◇随想　その後の江藤新平　（小津博司）「罪と罰」　日本刑事政策研究会　39(4) 2002.8 p59～61
◇史料翻刻　江藤新平関係文書―書翰の部(1)　（島善高）「早稲田社会科学総合研究」　早稲田大学社会科学学会　4(1) 2003.7 p61～79
◇史料翻刻　江藤新平関係文書―書翰の部(2)　（江藤新平関係文書研究会）「早稲田社会科学総合研究」　早稲田大学社会科学学会　4(2) 2003.11 p59～80
◇史料翻刻　江藤新平関係文書―書翰の部(3)　（島善高）「早稲田社会科学総合研究」　早稲田大学社会科学学会　4(3) 2004.3 p33～60
◇史料翻刻　江藤新平関係文書―書翰の部(4)　（島善高）「早稲田社会科学総合研究」　早稲田大学社会科学学会　5(2) 2004.12 p35～67
◇江藤新平における「道学」論の形成基盤―佐賀藩時代の教育的背景を手がかりとして　（大間敏行）「教育学論集」　筑波大学大学院人間総合科学研究科教育学専攻　1 2005 p51～69〔含　英語文要旨〕
◇史料翻刻　江藤兵部氏所蔵　江藤新平関係文書　（島善高，星原大輔）「早稲田社会科学総合研究」　早稲田大学社会科学学会　5(3) 2005.3 p1～49
◇史料翻刻　江藤新平関係文書―書翰の部(5)　（島善高）「早稲田社会科学総合研究」　早稲田大学社会科学学会　5(3) 2005.3 p51～76
◇史料翻刻　江藤新平関係文書―書翰の部(6)　（島善高）「早稲田社会科学総合研究」　早稲田大学社会科学学会　6(2) 2005.12 p39～70
◇江藤新平の教育構想―「道芸二学ヲ開ク」の展開と帰結　（大間敏行）「日本の教育史学」　教育史学会　49 2006 p32～44
◇江戸鎮台判事時代の江藤新平―金銀座移管と長岡一件をめぐって　（星原大輔）「社学研論集」　早稲田大学大学院社会科学研究科　7 2006 p136～151
◇江藤新平の明治維新―「東京奠都の議」を中心に　（星原大輔）「ソシオサイエンス」　早稲田大学大学院社会科学研究科　12 2006 p202～217
◇史料翻刻　江藤新平関係文書―書翰の部(7)　（島善高）「早稲田社会科学総合研究」　早稲田大学社会科学学会　6(3) 2006.3 p39～56
◇史料翻刻　真木なお子氏所蔵　江藤新平関係文書　（島善高）「早稲田社会科学総合研究」　早稲田大学社会科学学会　7(2) 2006.12 p21～44
◇由利財政と江藤新平―いわゆる「由利江藤金札論争」を中心に　（星原大輔）「ソシオサイエンス」　早稲田大学大学院社会科学研究科　13 2007 p217～232
◇史料翻刻　江藤新平関係文書―書翰の部(8)　（江藤新平関係文書研究会）「早稲田社会科学総合研究」　早稲田大学社会科学学会　7(3) 2007.3 p21～50
◇江藤新平の裁判　（菊山正明）「宇都宮大学教育学部紀要　第1部」　宇都宮大学教育学部　57 2007.3 p39～53
◇史料翻刻　江藤新平関係文書―書翰の部(9)　（江藤新平関係文書研究会）「早稲田社会科学総合研究」　早稲田大学社会科学学会　8(1) 2007.7 p21～43
◇明治初期における民法作成の意義―江藤新平が民法編纂を開始した理由　（土屋怜）「日本史の方法」　日本史の方法研究会　6 2007.9 p35～44
◇律令制から立憲制へ―江藤新平の場合　（島善高）「法史学研究会会報」　法史学研究会　13 2008 p36～57
◇史料翻刻　江藤新平関係文書―書翰の部(11)　（江藤新平関係文書研究会）「早稲田社会科学総合研究」　早稲田大学社会科学学会　8(3) 2008.3 p17～40
◇部会ニュース　近現代史部会　明治初期における民法作成の意義―江藤新平が民法編纂を開始した理由〔含　討論〕　（土屋怜）「日本史研究」　日本史研究会　548 2008.4 p84～87
◇史料翻刻　江藤新平関係文書―書翰の部(12)　（江藤新平関係文書研究会）「早稲田社会科学総合研究」　早稲田大学社会科学学会　9(1) 2008.7 p19～44
◇史料翻刻　江藤新平関係文書―書翰の部(13)　（江藤新平関係文書研究会）「早稲田社会科学総合研究」　早稲田大学社会科学学会　9(2) 2008.12 p1～21
◇江藤新平の政治行動　（大庭裕介）「国士館史学」　国士館大学史学会　13 2009.3 p56～79
◇明治の英傑たち(3)江藤新平　（木寺只一）「国体文化」　日本国体学会　1020 2009.5 p14～19
◇「土佐派」の「明治維新観」形成と『自由党史』―西郷隆盛・江藤新平像の形成過程を中心に　（中元崇智）「明治維新史研究」　明治維新史学会　6 2009.12 p1～21

榎本武揚　えのもとたけあき　1836～1908
幕末，明治期の政治家。子爵，外相。

【図書】

◇士魂の群像　（吉田武三）　冨山房　1980.7
◇男たちの明治維新―エピソード人物史　（奈良本辰也ほか）　文芸春秋　1980.10　（文春文庫）
◇歴史の顔　（綱渕謙錠）　文芸春秋　1980.11
◇榎本武揚―物語と史蹟をたずねて　（赤木駿介）　成美堂出版　1980.12
◇幕臣列伝　（綱渕謙錠）　中央公論社　1981.3
◇歴史への招待14　日本放送出版協会　1981.4
◇邦人海外発展史上　（入江寅次）　原書房　1981.11　（明治百年史叢書　303）
◇幕末和蘭留学関係史料集成　（日蘭学会編，大久保利謙編著）　雄松堂書店　1982.2　（日蘭学会学術叢書　第3）
◇幕府オランダ留学生　（宮永孝）　東京書籍　1982.3　（東書選書　73）

- ◇原敬をめぐる人びと 続 （原奎一郎, 山本四郎編） 日本放送出版協会 1982.8 （NHKブックス 419）
- ◇人物探訪日本の歴史 15 幕末の英傑 暁教育図書 1982.12
- ◇日本史探訪 9 戦国の武将たち （角川書店編） 角川書店 1983.7 （角川文庫）
- ◇榎本武揚 （旺文社編） 旺文社 1983.9 （現代視点 戦国・幕末の群像）
- ◇幕臣列伝（中公文庫） （綱淵謙錠） 中央公論社 1984.5
- ◇河野広道博士没後二十年記念論文集 （河野広道博士没後二十年記念論文集刊行会編） 北海道出版企画センター 1984.7
- ◇日本史探訪22 幕末維新の英傑たち（角川文庫） 角川書店 1985.8
- ◇激録・日本大戦争〈第21巻〉明治の大叛乱 （原康史著） 東京スポーツ新聞社 1986.3
- ◇航（こう）—榎本武揚と軍艦開陽丸の生涯 （綱淵謙錠著） 新潮社 1986.4
- ◇幕末風塵録 （綱淵謙錠著） 文芸春秋 1986.4
- ◇カラベラへの旅—メキシコ・インド （峰丘著） PMC出版 1986.10
- ◇明治を創った人々—乱世型リーダーのすすめ （講談社文庫） （利根川裕著） 講談社 1986.11
- ◇榎本武揚とメキシコ殖民移住 同文館出版 1986.12
- ◇日本の城の謎—日本史の旅〈下 攻防編〉 （ノン・ポシェット） （井上宗和著） 祥伝社 1986.12
- ◇日本史の巷説と実説 （和歌森太郎著） 河出書房新社 1987.9 （河出文庫）
- ◇榎本武揚 （加茂儀一著） 中央公論社 1988.4 （中公文庫）
- ◇黄金郷への旅—北の砂金物語 （矢野牧夫著） （札幌）北海道新聞社 1988.5 （道新選書）
- ◇怪奇と謎の人物日本史—歴史のウラが楽しめるエピソード満載!! （風早恵介著） 日本文芸社 1988.5
- ◇物語 五稜郭悲話 （新人物往来社編） 新人物往来社 1988.8
- ◇誰も書かなかった箱館戦争 （脇его著） 新人物往来社 1988.11
- ◇箱館五稜郭（物語・日本の名城） （星亮一著） 成美堂出版 1988.11
- ◇幕末風塵録 （綱淵謙錠著） 文芸春秋 1989.4 （文春文庫）
- ◇幕末・維新大百科—激動の時代が何でもわかる本 （歴史トレンド研究会編） ロングセラーズ 1989.11 （ムックセレクト）
- ◇英雄に学ぶ自分づくりのススメ （宮原安春著） スコラ 1990.1 （スコラBOOKS）
- ◇NHK歴史への招待〈第25巻〉白虎隊と榎本艦隊 （日本放送出版協会編） 日本放送出版協会 1990.4 （新コンパクト・シリーズ）
- ◇日墨（メヒコ）交流史 （日墨協会, 日墨交流史編集委員会編） PMC出版 1990.5
- ◇世を拓く——身にして二世を経る （左方郁子著） ダイヤモンド社 1990.12
- ◇日本史探訪〈幕末維新 5〉「明治」への疾走 （さいとうたかを著） 角川書店 1991.3 （角川コミックス）
- ◇土方歳三読本 （新人物往来社編） 新人物往来社 1991.5
- ◇志の人たち （童門冬二著） 読売新聞社 1991.10
- ◇隠された幕末日本史—動乱の時代のヒーロー群像 （早乙女貢著） 広済堂出版 1992.2 （広済堂文庫—ヒューマン・セレクト）
- ◇共同研究ロシアと日本3 （一橋大学社会学部中村喜和研究室〔編〕） 一橋大学 1992.3
- ◇サイコロジー人物日本史—小田晋の精神医学史〈下巻〉幕末・維新から現代 （小田晋著） ベストセラーズ 1992.7
- ◇才幹の人間学—習謀の群像たち 士は己れを知る者の為に死す （南条範夫著） ベストセラーズ 1993.5 （ワニ文庫—歴史文庫）
- ◇苦悩するリーダーたち 日本テレビ放送網 1993.6 （知ってるつもり?!）
- ◇悪役のふるさと （村松友視著） 講談社 1993.6
- ◇日本史を揺るがした反逆者の野望—野望を貫く男たちの闘いと決断！ （寺林峻著） 日本文芸社 1993.8 （にちぶん文庫）
- ◇福沢諭吉伝（石河幹明著） 岩波書店 1994.2
- ◇色と欲の異色人物日本—怪奇と謎に満ち満ちた英雄たちの意外な素顔 （風早恵介著） 日本文芸社 1994.2 （にちぶん文庫）
- ◇メキシコ榎本殖民—榎本武揚の理想と現実 （上野久著） 中央公論社 1994.4 （中公新書）
- ◇風を追う—土方歳三への旅 （村松友視著） 朝日新聞社 1994.10 （朝日文芸文庫）
- ◇運命には逆らい方がある—英傑の軌跡 （中薗英助著） 青春出版社 1996.11 239p
- ◇日本人の志—最後の幕臣たちの生と死 （片岡紀明著） 光人社 1996.12 257p
- ◇時代を疾走した国際人 榎本武揚—ラテンアメリカ移住の道を拓く （山本厚子著） 信山社出版 1997.8 285p
- ◇徳川慶喜と幕臣たちの履歴書 （入江康範著） ダイヤモンド社 1997.12 226p
- ◇田中正造をめぐる言論思想—足尾鉱毒問題の情報化プロセス （田村紀雄著） 社会評論社 1998.9 202p

- ◇陰謀が歴史をつくる—日本史の闇に葬られた驚くべき真実 （藤川桂介著） ロングセラーズ 1998.10 230p （ムックセレクト）
- ◇会津残照譜 （星亮一著） 集英社 1998.12 254p
- ◇安部公房全集 18 （安部公房著） 新潮社 1999.3 495,9p
- ◇安部公房全集 21 （安部公房著） 新潮社 1999.6 19,468p
- ◇安部公房全集 27 （安部公房著） 新潮社 2000.1 469,29p
- ◇それぞれの明治維新—変革期の生き方 （佐々木克編） 吉川弘文館 2000.8 330p
- ◇日本史を走れ！—日本列島ウルトラ・ラン （松尾秀助著, 大竹雄介絵） 晶文社出版 2001.1 271p
- ◇ロシアの風—日露交流二百年を旅する （中村喜和著） 風行社 2001.10 327,9p
- ◇榎本武揚と東京農大 第2版 （松田藤四郎著） 東京農大出版会 2001.11 218p （シリーズ・実学の森）
- ◇冬の偉人たち—逆境を乗りこえた80話 （中西進監修, 笠原秀, 坂元孝雄, 丹野顕編著） 四季社 2001.12 238p （いのちとこころの例話シリーズ）
- ◇オランダ100の素顔—もうひとつのガイドブック （東京農大オランダ100の素顔編集委員会編） 東京農業大学出版会 2001.12 144p
- ◇日本人の足跡 2 （産経新聞「日本人の足跡」取材班著） 産経新聞ニュースサービス 2002.2 644p
- ◇ほっかいどう百年物語—北海道の歴史を刻んだ人々 （STVラジオ編） 中西出版 2002.2 343p
- ◇「国民」形成における統合と隔離 （原田勝正編著） 日本経済評論社 2002.3 410p
- ◇帝国海軍将官総覧 （太平洋戦争研究会著） ベストセラーズ 2002.8 300p （ベストセラーシリーズ・ワニの本）
- ◇福沢諭吉著作集 第9巻 （福沢諭吉著, 坂本多加雄編） 慶応義塾大学出版会 2002.9 312p
- ◇日本外交史人物叢書 第11巻 （吉村道男監修） ゆまに書房 2002.12 1冊
- ◇幕末に学んだ若き志士達—日本留学生列伝 2 （松邨賀太著） 文芸社 2003.2 190p
- ◇榎本武揚未公開書簡集 （榎本隆充編） 新人物往来社 2003.4 244p
- ◇幕臣たちの誤算—彼らはなぜ維新を実現できなかったか （星亮一著） 青春出版社 2003.5 187p （プレイブックス・インテリジェンス）
- ◇その時歴史が動いた 19 （NHK取材班著） KTC中央出版 2003.6 253p
- ◇ドキュメント 榎本武揚—明治の「読売」記事で検証 （秋岡伸彦著） 東京農業大学出版会 2003.8 108p （シリーズ・実学の森）
- ◇土方歳三の遺言状 （鵜飼清著） 新人物往来社 2003.11 317p
- ◇一冊で読む土方歳三—新選組を率いた男の行動哲学 （河合敦著） 成美堂出版 2003.12 235p （成美文庫）
- ◇教科書から消された偉人・隠された賢人—いま明かされる日本史の真実 （濤川栄太著） イーグルパブリシング 2004.5 249p
- ◇人間登場—北の歴史を彩る 第3巻 （合田一道, 番組取材班著） 北海道出版企画センター 2004.6 253p （NHKほっからんど212）
- ◇われ徒死せず—明治を生きた大鳥圭介 （福本竜著） 国書刊行会 2004.7 342p
- ◇榎本武揚から世界史が見える （臼井隆一郎著） PHP研究所 2005.3 293p （PHP新書）
- ◇黒船以降—政治家と官僚の条件 （山内昌之, 中村彰彦著） 中央公論新社 2006.1 218p
- ◇歴史人物・意外な「その後」—あの有名人の「第二の人生」「晩年」はこうだった （泉秀樹著） PHP研究所 2006.3 295p （PHP文庫）
- ◇とっておきの道徳授業 5 （佐藤幸司編著） 日本標準 2006.3 159p （21世紀の学校づくり これからを生きる子どもたちへ）
- ◇幕臣たちと技術立国—江川英龍・中島三郎助・榎本武揚が追った夢 （佐々木譲著） 集英社 2006.5 222p （集英社新書）
- ◇高校生のための東大授業ライブ （東京大学教養学部編） 東京大学教養学部附属教養教育開発機構 2007.3 249p
- ◇日本史人物「第二の人生」発見読本 （楠木誠一郎著） 彩流社 2007.3 222p
- ◇箱館戦争銘々伝 上 （好川之範, 近江幸雄編） 新人物往来社 2007.8 328p
- ◇月刊松山「捨石」 vol.3 （松山千春著） アスコム 2007.11 146p
- ◇サムライたちのメキシコ—漫画メキシコ榎本殖民史 （上野久原作, 木ノ花さくや作画, メキシコ榎本殖民史漫画化プロジェクトチーム, 京都精華大学事業推進室編） 京都国際マンガミュージアム 2008.3 223p
- ◇近代日本の万能人・榎本武揚—1836-1908 （榎本隆充, 高成田享編） 藤原書店 2008.4 338p
- ◇榎本武揚 シベリア日記 （講談社編） 講談社 2008.6 360p （講談社学術文庫）
- ◇榎本武揚と横井時敬—東京農大二人の学祖 （東京農大榎本・横井研究会編） 東京農大出版会 2008.6 359p
- ◇故国を忘れず新天地を拓く—移民から見る近代日本 （天沼香著） 新

潮社　2008.8　205p　(新潮選書)
◇幕末維新「英傑」たちの言い分―坂本龍馬から相楽総三まで　(岳真也著)　PHP研究所　2009.10　391p　(PHP文庫)
【雑誌】
◇榎本武揚―華麗なる転身(特集徳川幕府滅亡の舞台裏)　(高野澄)　「歴史読本」　30(18)　1960.10
◇函館戦争と榎本「封建」政権の崩壊(1,2)　(亀掛川博正)　「政治経済史学」　169,170　1980.5,7
◇幕臣列伝(10)勝海舟と榎本武揚　(綱淵謙錠)　「歴史と人物」　10(11)　1980.11
◇気象事業創始期と台風(台風物語)　(饒村曜)　「気象」　293　1981.9
◇榎本武揚と万国海律全書　(岩倉規夫)　「官界」　10(1)　1984.1
◇榎本武揚の箱館政府は「共和国」ではない(間違いだらけの歴史常識)　(高野澄)　「歴史読本」　29(3)特別増刊　1984.2
◇梁川をめぐる人一―「回覧集」を中心に　(川合道雄)　「国士舘大学人文学会紀要」　17　1985.1
◇榎本武揚とメキシコ殖民移住　(角山幸洋)　「関西大学経済論集」　34(6)　1985.2
◇榎本武揚とメキシコ殖民移住(2)　(角山幸洋)　「関西大学経済論集」　35(1)　1985.5
◇榎本武揚とメキシコ殖民移住(3)〔史料・別表〕　(角山幸洋)　「関西大学経済論集」　35(2)　1985.6
◇デンマーク通信(3)榎本武陽・赤松大三郎とブラムセン　(坂本勇)　「松前文庫」　43　1985.10
◇榎本武揚とメキシコ殖民移住(4)　(角山幸洋)　「関西大学経済論集」　35(4)　1985.11
◇榎本武揚の「シベリア日記」(1)　(山口平四郎)　「立命館文学」　485・486　1985.12
◇榎本武揚とメキシコ殖民移住(5)〔含諸新聞掲載移民関係記事、外務省史科〕　(角山幸洋)　「関西大学経済論集」　35(5)　1986.2
◇榎本武揚の「シベリア日記」(2完)　(山口平四郎)　「立命館文学」　487～489　1986.3
◇海軍中将・榎本武揚―日本海軍創設の礎(日本陸海軍のリーダー総覧)　(宮地佐一郎)　「歴史と旅」　13(13)　1986.9
◇榎本艦隊へのハワイ亡命勧告(上)　(福永郁雄)　「明治村通信」　206　1987.8
◇榎本艦隊へのハワイ亡命勧告(下)　(福永郁雄)　「明治村通信」　207　1987.9
◇榎本公使と対露交渉　(大山梓)　「ロシア・東欧史研究(立正大)」　2　1987.11
◇失政者榎本、その後の謎　(後藤広喜)　「歴史研究」　332　1988.12
◇榎本武揚の移民奨励策とそれを支えた人脈(廃娼・移民・平和)　(佐々木敏二)　「キリスト教社会問題研究」　37　1989.3
◇ソ連最新事情あれこれ―地域研究の重要性　(大田憲司)　「はぐるま」　34(6)　1989.6
◇榎本武揚「五稜郭の賊将」に日本の明日を賭けた―彼の一言で助命された男の長年対露外交の立役者にした(特集・西郷隆盛の人間関係学)　(中薗英助)　「プレジデント」　28(2)　1990.2
◇二題話(榎本武揚・第六天神)―相沢虻研究(54)(特集 徳丸粕谷家古神札調査概要報告(5))　(小原清三郎)　「板橋史談」　148　1992.1
◇福沢諭吉、「痩せ我慢」を説いた「近代」の啓蒙者―必敗必死を眼前に見てなお勇進する一事(特集・男はいかに生くべきか―いま「武士道」に学ぶ)　(岩崎俊夫)　「プレジデント」　30(10)　1992.10
◇外交史料館所蔵榎本武揚駐清公使原敬天津領事書簡について　(冨塚一彦)　「外交史料館報」　7　1994.3
◇榎本武揚が箱館で守ろうとしたもの(幕末史話―「第三の開国」のさ中に)(21)　(松本健一)　「エコノミスト」　72(11)　1994.3.8
◇外交のエキスパート！榎本武揚(エコノミー歴史館)　(中村克洋)　「フォーブス日本版」　5(7)　1996.7　p91
◇榎本武揚、蝦夷へ脱走の謎(幕末維新の謎)　「歴史と旅」　23(11)　1996.7.5 臨増(日本史の謎100選)　p376～377
◇『榎本武揚』論―小説と戯曲と(特集 安部公房―ボーダーレスの思想―作品の新しい顔)　(今村忠純)　「國文學 解釈と教材の研究」　学灯社　42(9)　1997.8　p54～60
◇榎本武揚―敗軍の将転じて新政府高官への華麗なる変身(特集・ドラマの後の主役たち―歴史を彩った人びとのその後の奮闘と変貌！)　(鷲見貞雄)　「歴史と旅」　24(18)　1997.12　p80～85
◇(人間・福沢諭吉に学ぶ)己を生かし人を生かす(16)榎本武揚の助命　(川村真二)　「企業と人材」　産労総合研究所　32(722)　1999.4.5　p80～85
◇榎本武揚の明治政府登用に見るヘッドハンティングの原点(歴史合わせ鏡〔78〕)　(百瀬明治)　「フォーブス日本版」　9(5)　2000.5　p184～189
◇リーダーの決断・榎本武揚と五稜郭の戦い(賢者は歴史に学ぶ〔10〕)　(楠木誠一郎)　「プレジデント」　38(13)　2000.7.31　p150～155
◇「大不安の時代」を生きる、大久保利通、河井継之助、松平容保、榎本武揚、江藤新平……(特集1・幕末維新の男たちに学ぶ「変革と決断」の方程式)　(浜野卓也)　「プレジ

デント」　39(6)　2001.3.19　p98～103
◇榎本武揚の日本地質学史上に占める位置(1)科学者としての出発　(吉岡学, 本間久英)　「東京学芸大学紀要 第4部門 数学・自然科学」　東京学芸大学　53　2001.8　p75～134
◇世界はすべて実験室だ―『榎本武揚』における裏切り者非英雄伝　(Mark Gibeau)　「比較文化論叢」　札幌大学文化学部　10　2002.9　p83～109
◇肘後集―明治人の清国見物(8)筆を以て舌に代えん―榎本武揚の巻(上)　(草森紳一)　「月刊しにか」　大修館書店　13(12)　2002.11　p108～113
◇肘後集―明治人の清国見物(9)気略ある民にあらず―榎本武揚の巻(中の上)　(草森紳一)　「月刊しにか」　大修館書店　13(13)　2002.12　p108～113
◇榎本武揚と開陽丸のルネサンス(地学クラブ講演要旨)　(西川治)　「地学雑誌」　東京地学協会　112(3)　2003　p450～452
◇榎本武揚の流星刀製作と「流星刀記事」／シベリア横断旅行と『シベリア日記』(地学クラブ講演要旨)　(榎本隆充)　「地学雑誌」　東京地学協会　112(3)　2003　p453～457
◇肘後集―明治人の清国見物(10)無遠慮に辞達して止む―榎本武揚の巻(中の下)「筆談」というドラマ　(草森紳一)　「月刊しにか」　大修館書店　14(1)　2003.1　p91～97
◇肘後集―明治人の清国見物(11)無遠慮に辞達して止む―榎本武揚の巻(下の上)　(草森紳一)　「月刊しにか」　大修館書店　14(2)　2003.2　p108～113
◇肘後集―明治人の清国見物(12)拙者ハ少々不服ナリ―榎本武揚の巻(下の中)　(草森紳一)　「月刊しにか」　大修館書店　14(3)　2003.3　p114～119
◇肘後集―明治人の清国見物(13)前途暗迷にて行当りバッタリ―榎本武揚の巻(下の下1)　(草森紳一)　「月刊しにか」　大修館書店　14(4)　2003.4　p112～117
◇肘後集―明治人の清国見物(14)六日の菖蒲―榎本武揚の巻(下の下2)　(草森紳一)　「月刊しにか」　大修館書店　14(6)　2003.6　p106～111
◇肘後集―明治人の清国見物(15)平気の平左衛門に候―榎本武揚の巻(下の下3)　(草森紳一)　「月刊しにか」　大修館書店　14(7)　2003.7　p106～111
◇肘後集―明治人の清国見物(16)国旗を卸して引き揚げん―榎本武揚の巻(下の下4)　(草森紳一)　「月刊しにか」　大修館書店　14(8)　2003.8　p110～117
◇ロシア文化逍遙(32)ヴェーラ・ザスーリチ異聞―榎本武揚の書簡に見るロシア　(中村喜和)　「窓」　ナウカ　129　2004.7　p22～27
◇化学, 隕石, 北海道―榎本武揚とウイリアム・クラークを結ぶ糸(1)　(山本明夫)　「化学と工業」　日本化学会　58(7)　2005.7　p824～827
◇化学, 隕石, 北海道―榎本武揚とウイリアム・クラークを結ぶ糸(その2)　(山本明夫)　「化学と工業」　日本化学会　58(8)　2005.8　p927～929
◇浦賀船渠および東京石川島造船所川間工場の乾ドックにレンガ積みが採用された経緯―榎本武揚のオランダの技術への信頼性と先見性　(若村国夫, E. Pauer, 中川洋)　「産業考古学」　産業考古学会　129　2008.9　p16～26
◇榎本武揚没百年―『近代日本の万能人・榎本武揚』出版記念！ シンポジウム 今、なぜ榎本武揚か　「環」　藤原書店　35　2008.Aut.　p222～249
◇問題提起 インテリジェンスの観点から(榎本武揚没百年―『近代日本の万能人・榎本武揚』出版記念！ シンポジウム 今、なぜ榎本武揚か)　(佐藤優)　「環」　藤原書店　35　2008.Aut.　p228～231
◇ディスカッション(榎本武揚没百年―『近代日本の万能人・榎本武揚』出版記念！ シンポジウム 今、なぜ榎本武揚か)　(M. William Steele, 小倉和夫, 佐藤優〔他〕)　「環」　藤原書店　35　2008.Aut.　p234～249
◇地学者列伝 榎本武揚―地学者でもあった幕末・明治の政治家　(諏訪兼位)　「地球科学」　地学団体研究会　62(6)　2008.11　p415～420
◇古文書からみた榎本武揚―思想と信条(第1回) 外国への視線　(合田一道)　「環」　藤原書店　37　2009.Spr.　p252～268
◇古文書からみた榎本武揚―思想と信条(2) 戊辰の嵐に、立つ　(合田一道)　「環」　藤原書店　38　2009.Sum.　p296～314
◇榎本武揚―歴史のなかでも自由に生きる(賢者は歴史から学ぶ―古代～明治篇―私がうんだ日本史上の人物)　(木田元)　「文藝春秋 special」　3(4)　2009.秋　p16～18
◇古文書からみた榎本武揚―思想と信条(3) 蝦夷の大地、燃ゆ　(合田一道)　「環」　藤原書店　39　2009.Aut.　p284～305
◇「日本近代化の父」の事績を再評価！ 小特集 榎本武揚没後百周年をふりかえる　「環」　藤原書店　36　2009.Win.　p225～248
◇榎本武揚没後百周年記念事業を回顧して(「日本近代化の父」の事績を再評価！ 小特集 榎本武揚没後百周年をふりかえる)　(榎本隆充)　「環」　藤原書店　36　2009.Win.　p226～233
◇古文書から見た榎本武揚(「日本近代化の父」の事績を再評価！ 小特集 榎本武揚没後百周年をふりかえる)　(合田一道)　「環」　藤原書店　36　2009.Win.　p234～237
◇わが国産業近代化における榎本武揚の位相―箱館戦争後の榎本武揚の

新たな評価(「日本近代化の父」の事績を再評価！ 小特集 榎本武揚没後百周年をふりかえる)（黒瀧秀久）「環」藤原書店 36 2009.Win. p238〜248

江幡五郎　えばたごろう　1827〜1879
幕末，明治期の盛岡藩士，儒学者。藩校教授。
【雑　誌】
◇蒼龍軒と文政の旗手たち（茎田佳寿子）「日本歴史」 511 1990.12

江原素六　えばらそろく　1842〜1922
明治，大正期の政治家，教育家。
【図　書】
◇日本人の終末観―日本キリスト教人物史研究（野村耕三）新教出版社 1981.5
◇学びの場と人―歴史に残る各地の私塾探訪（高瀬善夫）毎日新聞社 1982.1
◇江原素六（駿河新書 1）（辻真澄著）英文堂書店 1985.1
◇江原素六旧蔵明治大正名士書簡集 沼津市明治史料館 1986
◇沼津市明治史料館史料目録 1 江原素六関係史料目録（沼津市明治史料館編）沼津市明治史料館 1987.9
◇江原素六生誕百五十年記念誌（沼津市明治史料館編）沼津市明治史料館 1992.7
◇江原素六先生伝―伝記・江原素六　大空社 1996.7 1冊（伝記叢書）
◇遺聞 市川・船橋戊辰戦争―若き日の江原素六・江戸・船橋・沼津（内田宜人著）嵩書房出版 1999.9 254p
◇江原素六の生涯（加藤史朗著）麻布中学校 2003.4 198p（麻布文庫）
◇麻布中学と江原素六（川又一英著）新潮社 2003.9 185p（新潮新書）
◇近代日本の社会科学と東アジア（武藤秀太郎）藤原書店 2009.4 262p
【雑　誌】
◇江原素六の事蹟を追う（村上忠見）「沼津史談」 33 1982.6
◇江原素六の教育勅語変更発言事件（樋口雄彦）「静岡県近代史研究会報」 82 1985.7
◇江原素六に維新史を再考 沼津歴史・文学散歩資料（1）「伊豆通信」 387 1985.9.5
◇明治史料館 江原素六関係資料（高田四郎）「伊豆通信」 387 1985.9.5
◇江原素六の教育関係活動―日清・日露戦間期を中心とした素描（樋口雄彦）「静岡県近代史研究」 12 1986.9
◇江原素六教育勅語変更演説事件（久木幸男）「仏教大学教育学部論集」 4 1992.12
◇江原素六小考―女子教育，女性解放運動への関わりを中心に（入江寿賀子）「史艸」 日本女子大学史学研究会 第38号 1997.11 p37〜55

遠藤七郎　えんどうしちろう　1839〜1892
幕末，明治期の志士。
【雑　誌】
◇草莽の国学（伊東多三郎）名著出版 1982.3（名著選書 2）

オイレンブルク, F.　Eulenburg, Friedrich Albert　1815〜1981
ドイツの遣日使節。1861年日普修好通商航海条約を締結。
【図　書】
◇オイレンブルク伯「バンコク日記」―ドイツ，アジアで覇権を競う（大西健夫著）リブロポート 1990.9（社会科学の冒険）
【雑　誌】
◇咸豊末年の政局とオイレンブルク使節団（上野聖薫）「愛知学院大学大学院文学研究科文研会紀要」愛知学院大学大学院文学研究科文研会 第17号 2006.3 p1〜12
◇オイレンブルク使節団との条約締結交渉からみた清朝外交（上野聖薫）「現代中国研究」中国現代史研究会 24 2009.3.31 p48〜61

大井憲太郎　おおいけんたろう　1843〜1922
明治期の政治家，社会運動家。代言人。
【図　書】
◇秩父困民軍会計長井上伝蔵（新井佐次郎）新人物往来社 1981.8
◇郷土大分の先覚者 中巻（大分県教育委員会編）大分県教育委員会 1981.12
◇大阪事件の研究（大阪事件研究会編著）柏書房 1982.5
◇日本の国士―日本人にとってアジアとは何か（渡辺京二ほか）有斐閣 1982.10（有斐閣新書）
◇復興アジアの志士群像―東亜先覚者列伝 大東塾出版部 1984.5
◇秩父事件の妻たち(東書選書 95)（新井佐次郎著）東京書籍 1984.9
◇大井憲太郎（平野義太郎著）吉川弘文館 1988.5（人物叢書〔新装版〕）
◇明治大正おもしろ資料―大井憲太郎・清水次郎長選挙権獲得運動（青池沈魚）樹芸書房 1988.6
◇平野義太郎選集〈第5巻〉社会主義・民主主義（平野義太郎著，守屋典郎編）白石書店 1991.3
◇大井憲太郎―郷里高並と福沢諭吉とのかかわり（神戸輝夫）『宇佐・院内・安心院地域』（大分大学教育学部編）大分大学教育学部 1995.3 p191
◇36人の日本人 韓国・朝鮮へのまなざし（舘野晳編著）明石書店 2005.2 231p
◇第一回衆議院議員選挙と大井憲太郎（寺崎修著）『現代政治学の課題―日本法政学会五十周年記念』（日本法政学会創立五十周年記念論文集編集委員会編）成文堂 2006.3 p327〜341
◇自由民権運動の研究―急進的自由民権運動家の軌跡（寺崎修著）慶応義塾大学法学研究会 2008.3 264,13p（慶応義塾大学法学研究会叢書）
【雑　誌】
◇「大阪事件」後の大井憲太郎（西重信）「季刊三千里」 26 1981.5
◇民権と国権―大井憲太郎を中心に（牧原憲夫）「自由民権百年」臨時増刊号 1984.11
◇記伝を歩く(21)平野義太郎著「大井憲太郎」―自由なければ，人死す（石川猪興）「農政調査時報」 366 1987.3
◇大井憲太郎と初期議会自由党―組織改革をめぐって（河西英通）「歴史評論」 443 1987.3
◇明治23年岐阜県自由党系政治運動と大井憲太郎―大阪「自由」新聞発行計画を通して（谷里佐）「岐阜県歴史資料館報」岐阜県歴史資料館 20 1997.3 p109〜121
◇さまざまな愛のかたち―三角関係 大井憲太郎と清水紫琴と福田英子（特集・恋に果てる生き方―至上の愛を貫いた女と男の波瀾の物語）（吉田知子）「歴史読本」 24(13) 1997.9 p82〜89
◇帝国議会開設前後の諸政党と大井憲太郎―議会制の運用をめぐって（塩出浩之）「史学雑誌」山川出版社 107(9) 1998.9 p1615〜1637
◇日本文明の先駆者(7)大井憲太郎（坪内隆彦）「月刊日本」 K&Kプレス 12(6) 2008.6 p76〜83

大石正己　おおいしまさみ　1855〜1935
明治，大正期の政治家。衆議院議員。
【図　書】
◇大石正巳日記（大石正著）〔大石正〕 1993.8
【雑　誌】
◇国土・大石正巳を追想する（自由民権百年記念特集号）（浜田米次）「土佐史談」 158 1982.1

大浦兼武　おおうらかねたけ　1850〜1918
明治期の政治家，官僚。熊本県知事，警視総監，子爵。
【図　書】
◇伊沢多喜男と近代日本（大西比呂志編）芙蓉書房出版 2003.6 235p
◇新薩摩学 雑誌『改造』とその周辺（鹿児島純心女子大学国際文化研究センター編）南方新社 2007.10 225p（新薩摩学シリーズ）

大江卓　おおえたく　1847〜1921
明治，大正期の政治家，社会事業家。衆議院議員。
【図　書】
◇マリア・ルス事件―大江卓と奴隷解放（武田八洲満）有隣堂 1981.5（有隣新書）
◇日本の思想家 近代篇（菅孝行）大和書房 1981.9
◇手塚豊作集〈第6巻〉明治刑法史の研究〈下〉（手塚豊著）慶応通信 1986.6
◇雑学 明治珍聞録（西沢爽著）文芸春秋 1987.11（文春文庫）
◇大江卓（鹿嶋海馬著）大空社 1999.11 85,2p（シリーズ福祉に生きる）
【雑　誌】
◇大江大也師考（木下龍也）「宗学研究」 26 1984.3
◇大江卓―坂本龍馬・中岡慎太郎とのえにし（坂本龍馬生誕150年記念特集号）（橋田庫欽）「土佐史談」 170 1985.11
◇大江卓と近代女子教育の曙（福田須美子）「郷土神奈川」 18 1986.2
◇自由主義者の系譜(2)大江卓―大義名文を超えて「進化」をはかる（米田龍二）「月刊自由民主」 443 1990.2
◇廃藩置県後の中央政府と地方官―神奈川県権令大江卓の事例を中心として（神崎勝一郎）「法学政治学論究」慶応義塾大学大学院法学研究科内「法学政治学論究」編集委員会 47 2000.12 p217〜251
◇光武9(1905)年閏丙〔セキ〕制度視察団の日本派遣について―大江卓による韓帝の伊藤博文延聘をめぐり（鈴木修）「栃木史学」国学院大学栃木短期大学史学会 18 2004.3 p56〜80

大木喬任　おおきたかとう　1832〜1899
明治期の政治家。東京府知事。
【図　書】
◇明治・大正・昭和教育思想学説人物史 1 明治前期篇　（藤原喜代蔵）　湘南堂書店　1980.9
◇明治教育古典叢書第1期14 帝国六大教育家　（全国教育者大集会編）　国書刊行会　1980.11
◇類聚伝記大日本史11 政治家篇　（尾佐竹猛編集解説）　雄山閣出版　1981.6
◇大木喬任一年譜考　（島内嘉市著）　アピアランス工房　2002.7　574p
【雑　誌】
◇大木喬任と中野方蔵　（中村純九郎）「佐賀史談」12（1）1981.6
◇佐賀の三平（一平・新平・民平）―副島伯の三平批判　「大肥前」52（6）1982.6
◇第2次大木文部卿期文部省の教科書政策―文部省教科書の出版・供給拡張計画　（掛本勲夫）「皇学館大学紀要」27 1989.1
◇大木喬任伝記史料「談話筆記」について　（重松優）「ソシオサイエンス」早稲田大学大学院社会科学研究科 12 2006 p249〜256
◇大木喬任文政の教科書政策　（掛本勲夫）「皇学館大学文学部紀要」皇学館大学文学部 44 2006.3 p38〜85
◇大木喬任と「天賦人権」―民法典論争における大木喬任の舌禍事件　（重松優）「ソシオサイエンス」早稲田大学大学院社会科学研究科 13 2007 p125〜139
◇大木喬任と三好退蔵―伊藤博文の滞欧憲法調査一件を中心に　（重松優）「社学研論集」早稲田大学大学院社会科学研究科 9 2007 p300〜313
◇『大木喬任伯意見雑記』をめぐって　（重松優）「社学研論集」早稲田大学大学院社会科学研究科 10 2007 p395〜400
◇青年大輔大木喬任と佐賀勤王党　（重松優）「社学研論集」早稲田大学大学院社会科学研究科 11 2008 p144〜159
◇民部大輔大木喬任と明治三年「建国策」　（重松優）「明治維新史研究」明治維新史学会 6 2009.12 p36〜47

大久保一翁　おおくぼいちおう　1817〜1888
幕末, 明治期の政治家。京都町奉行, 東京府知事, 子爵。
【図　書】
◇江戸5 人物編　（大久保利謙編）　立体社　1980.8
◇男たちの明治維新―エピソード人物史　（奈良本辰也ほか）　文芸春秋　1980.10　（文春文庫）
◇天皇と明治維新　（阪本健一）　暁書房　1983.1
◇幕末閣僚伝　（徳永真一郎著）　PHP研究所　1989.11　（PHP文庫）
◇世を拓く―一身にして二世を経る　（左方郁子著）　ダイヤモンド社　1990.12
◇才幹の人間学―智謀の群像たち 士は己れを知る者の為に死す　（南条範夫著）　ベストセラーズ　1993.5　（ワニ文庫―歴史文庫）
◇文化のクリエーターたち―江戸・東京を造った人々　（東京人編集室編）　都市出版　1993.12
◇徳川慶喜と幕臣たちの履歴書　（入江康節著）　ダイヤモンド社　1997.12　226p
◇敗者たちの幕末維新―徳川を支えた13人の戦い　（武光誠著）　PHP研究所　2007.9　235p　（PHP文庫）
◇勝海舟を動かした男大久保一翁―徳川幕府最大の頭脳　（古川愛哲著）　グラフ社　2008.11　296p
◇坂本龍馬を英雄にした男―大久保一翁　（古川愛哲著）　講談社　2009.12　222p　（講談社プラスアルファ新書）
【雑　誌】
◇東京新繁昌記（3〜14）大久保一翁評伝補遺　（松岡英夫）「学鐙」77（1〜12）1980.1〜12
◇東京新繁昌記―大久保一翁評伝補遺（15〜26）　（松岡英夫）「学鐙」78（1〜12）1981.1〜12
◇東京新繁昌記（27）　（松岡英夫）「学鐙」79（1）1982.1
◇東京新繁昌記（28）　（松岡英夫）「学鐙」79（2）1982.2
◇東京新繁昌記（29）　（松岡英夫）「学鐙」79（3）1982.3
◇東京新繁昌記（30）　（松岡英夫）「学鐙」79（4）1982.4
◇東京新繁昌記（31）　（松岡英夫）「学鐙」79（5）1982.5
◇東京新繁昌記（32）　（松岡英夫）「学鐙」79（6）1982.6
◇東京新繁昌記（33）　（松岡英夫）「学鐙」79.7 1982.7
◇東京新繁昌記―〔34〕完―　（松岡英夫）「学鐙」79（8）1982.8

大久保要　おおくぼかなめ　1798〜1859
幕末の尊王派志士。
【雑　誌】
◇土浦藩士大久保要と水戸学　（市川律子）「土浦市立博物館紀要」3 1991.3

大久保利通　おおくぼとしみち　1830〜1878
幕末, 明治期の政治家。大蔵卿, 内務卿。
【図　書】
◇男たちの明治維新―エピソード人物史　（奈良本辰也ほか）　文芸春秋　1980.10　（文春文庫）
◇日本の思想 下　新日本出版社　1980.12
◇大久保利通　（松原致遠編）　大久保甲東顕彰会　1980.12
◇リーダーの魅力　（プレジデント編）　プレジデント社　1981.2
◇近世日本国民史明治三傑―西郷隆盛・大久保利通・木戸孝允　（徳富蘇峰著 平泉澄校訂）　講談社　1981.5　（講談社学術文庫）
◇類聚伝記大日本史11 政治家篇　（尾佐竹猛編集解説）　雄山閣出版　1981.6
◇日本工業先覚者史話　（福本和夫）　創論社　1981.7
◇「明治」をつくった男たち―歴史が明かした指導者の条件　（鳥海靖）　PHP研究所　1982.2
◇日本資本主義史上の指導者たち　（土屋喬雄）　岩波書店　1982.3　（岩波新書 特装版）
◇変革期型リーダーの条件―「維新」を見てきた男たち　（佐々克明）　PHP研究所　1982.9
◇日本のリーダー 1 明治天皇と元勲　TBSブリタニカ　1982.10
◇人物探訪日本の歴史 15 幕末の英傑　暁教育図書　1982.12
◇人物・日本資本主義2 殖産興業　（大島清ほか著）　東京大学出版会　1983.6
◇大久保利通文書 4（日本史籍協会叢書 31）　（日本史籍協会編）　東京大学出版会　1983.9
◇大久保利通文書 5（日本史籍協会叢書 32）　（日本史籍協会編）　東京大学出版会　1983.9
◇大久保利通文書 6（日本史籍協会叢書 33）　（日本史籍協会編）　東京大学出版会　1983.10
◇大久保利通文書 7（日本史籍協会叢書 34）　（日本史籍協会編）　東京大学出版会　1983.10
◇大久保利通文書 8（日本史籍協会叢書 35）　（日本史籍協会編）　東京大学出版会　1983.11
◇大久保利通文書 9（日本史籍協会叢書 36）　（日本史籍協会編）　東京大学出版会　1983.11
◇西郷隆盛の悲劇　（上田滋）　中央公論社　1983.12
◇明治リーダーの戦略戦術　（佐々克明）　ダイヤモンド社　1983.12
◇大久保利通文書 10（日本史籍協会叢書 37）　（日本史籍協会編）　東京大学出版会　1983.12
◇宰相の系譜―時代を刻んだ男たちの言行録（Kosaido books）　（村松剛編）　広済堂出版　1983.12
◇歴史を変えた決断の瞬間　（会田雄次）　角川書店　1984.6
◇大久保利通―その生涯　（東郷実晴著）「東郷実晴」1984.8
◇歴史の群像―1―変革　集英社　1984.11
◇近代日本政治における中央と地方（年報政治学 1984年度）　（日本政治学会編）　岩波書店　1985.3
◇日本史探訪22 幕末維新の英傑たち（角川文庫）　角川書店　1985.8
◇日本のテロリスト（潮文庫）　（室伏哲郎著）　潮出版社　1986.1
◇前島密にあてた大久保利通書簡集（郵政省通信博物館資料図録 別冊 1）　郵政省通信博物館　1986.2
◇首丘の人 大西郷　（平泉澄著）　原書房　1986.2
◇追跡 黒田清隆夫人の死　（井黒弥太郎著）　北海道新聞社　1986.4
◇刻まれた歴史―碑文は語る農政史　（中村信夫著）　家の光協会　1986.5
◇佐幕派論議　（大久保利謙著）　吉川弘文館　1986.5
◇利通暗殺―紀尾井町事件の基礎的研究　（遠矢浩規著）　行人社　1986.6
◇街で話した言葉―山田太一談話集　（山田太一著）　筑摩書房　1986.9
◇選択と経略―大局を読み事を成すべき条件（歴史に学ぶ生きかた学）　（山本七平ほか著）　三笠書房　1986.10
◇明治を創った人々―乱世型リーダーのすすめ（講談社文庫）　（利根川裕著）　講談社　1986.11
◇大久保利通・木戸孝允・伊藤博文特別展示目録―立憲政治への道（憲政記念館編）　憲法記念館　1987.2
◇大久保利通と官僚機構　（加来耕三著）　講談社　1987.2
◇西郷隆盛―人望あるリーダーの条件（山本七平, 毛利敏彦, 野中敬吾他文）　世界文化社　1987.3　（BIGMANビジネスブックス）
◇新・米欧回覧の記―一世紀をへだてた旅　（泉三郎著）　ダイヤモンド社　1987.4
◇近代天皇制の成立　（遠山茂樹編）　岩波書店　1987.11
◇明治リーダーの戦略戦術　（佐々克明著）　講談社　1987.11　（講談社文庫）
◇近代天皇制の研究〈1〉近代天皇制の成立　（遠山茂樹著）　岩波書店　1987.11
◇西南戦争　（岩井護著）　成美堂出版　1987.12
◇田原坂―日本テレビ大型時代劇　（杉山義法著）　日本テレビ放送網

1987.12
◇鹿児島県史料　(鹿児島県歴史資料センター黎明館編)　鹿児島県　1988.1
◇人物列伝幕末維新史―明治戊辰への道　(綱淵謙錠著)　講談社　1988.2
◇日本を創った戦略集団〈5〉維新の知識と情熱　(堺屋太一著)　集英社　1988.3
◇明治前期財政史―資本主義成立期における財政の政治過程(明治維新―明治23年)　(坂入長太郎著)　酒井書店　1988.6　(日本財政史研究)
◇狂雲われを過ぐ　(古川薫著)　新人物往来社　1988.11
◇地球物理学者　竹内均の人物山脈〈1〉(竹内均著)　同文書院　1988.11　(コスモス・ライブラリー―HUMAN SCIENCE)
◇歴史に学ぶライバルの研究　(会田雄次, 谷沢永一著)　PHP研究所　1988.12
◇大系　日本の歴史〈12〉開国と維新　(石井寛治著)　小学館　1989.3
◇西郷隆盛と維新の英傑たち　(佐々木明著)　三笠書房　1989.5　(知的生きかた文庫)
◇係長の智慧〈1〉係長こそ現場の主権者だ　(童門冬二著)　ぎょうせい　1989.5
◇西郷隆盛と大物の人間学　(童門冬二ほか著)　三笠書房　1989.6　(知的生きかた文庫)
◇日本の青春―西郷隆盛と大久保利通の生涯　明治維新を創った男たちの栄光と死　(童門冬二著)　三笠書房　1989.6
◇「団団珍聞」(まるまるちんぶん)「驥尾団子」(きびだんご)がゆく　(木本至著)　白水社　1989.6
◇友情は消えず―西郷隆盛と大久保利通　(土橋治重著)　経済界　1989.7　(リュウブックス)
◇日本の青春　(童門冬二著)　三笠書房　1989.7　(知的生きかた文庫)
◇西郷隆盛と大久保利通―男の進退と決断　(邦光史郎著)　勁文社　1989.9　(ケイブンシャブックス)
◇薩摩の盟友　西郷と大久保の生涯　(栗原隆一著, 斉藤政秋撮影)　大陸書房　1989.9
◇大久保利通―物語と史蹟をたずねて　(松永義弘著)　成美堂出版　1989.10
◇幕末・維新大百科―激動の時代が何でもわかる本　(歴史トレンド研究会編)　ロングセラーズ　1989.11　(ムックセレクト)
◇大久保利通―幕末を切り裂いたリアリストの智謀　(石原慎太郎, 藤原弘達, 渡部昇一ほか著)　プレジデント社　1989.11
◇目でみる日本史　「翔ぶが如く」と西郷隆盛　(文芸春秋編)　文芸春秋　1989.11　(文春文庫―ビジュアル版)
◇日本財政史研究　(坂入長太郎著)　酒井書店　1989.11
◇西郷隆盛と大久保利通―幕末・維新ものしり百科　(幕末・維新史研究会編)　リクルート出版　1989.12
◇維新の英雄　西郷隆盛　(塩田道夫著)　日新報道　1989.12
◇日録　田原坂戦記　(勇知之編著)　(熊本)熊本出版文化会館　1989.12　(熊本ふるさと選書)
◇代表的な日本人―自己実現に成功した43人　(竹内均著)　同文書院　1990.1
◇図説　西郷隆盛と大久保利通　(芳即正, 毛利敏彦編著)　河出書房新社　1990.1
◇幕末・維新おもしろ群像―風雲の世の主役たちを裸にする　(河野亮著)　広済堂出版　1990.1　(広済堂ブックス)
◇大久保利通　(宮野澄著)　PHP研究所　1990.2　(歴史人物シリーズ―幕末・維新の群像)
◇書で綴る維新の群像　(広論社出版局編)　広論社　1990.2
◇大将と賢将―西郷の志と大久保の辣腕　(新野哲也著)　光風社出版　1990.3
◇蘇翁夢物語―わが交遊録　(徳富猪一郎著)　中央公論社　1990.4　(中公文庫)
◇征韓論政変―明治六年の権力闘争　(姜範錫著)　サイマル出版会　1990.7
◇明治草創―啓蒙と反乱　(植手通有編著)　社会評論社　1990.7　(思想の海へ「解放と変革」)
◇西郷隆盛と大久保利通―特別陳列　(鹿児島県歴史資料センター黎明館企画・編集)　鹿児島県歴史資料センター黎明館　1990.9
◇魅力あるリーダーとは―歴史の中の肖像　(加来耕三著)　日本経済新聞社　1990.9
◇長崎幕末浪人伝　(深潟久著)　(福岡)西日本新聞社　1990.10
◇日本史探訪〈幕末維新5〉「明治」への疾走　(さいとうたかを著)　角川書店　1991.3　(角川コミックス)
◇日本人は今、何をなすべきか　(藤井昇著)　ティビーエス・ブリタニカ　1991.4
◇明治天皇の生涯〈下〉(童門冬二著)　三笠書房　1991.11
◇民権の獅子―兆民をめぐる男たちの生と死　(日下藤吾著)　叢文社　1991.12　(現代を拓く歴史名作シリーズ)
◇日本史おもしろ推理―謎の殺人事件を追え　(楠木誠一郎著)　二見書房　1992.1　(二見文庫―二見WAi WAi文庫)
◇明治維新と天皇制　(田中彰著)　吉川弘文館　1992.4

◇死んでもともと―この男の魅力を見よ！　最後の最後まで諦めなかった男たち　(河野守宏著)　三笠書房　1992.4
◇遠山茂樹著作集〈第2巻〉維新変革の諸相　(遠山茂樹著)　岩波書店　1992.5
◇サイコロジー人物日本史―小田晋の精神歴史学〈下巻〉幕末・維新から現代　(小田晋著)　ベストセラーズ　1992.7
◇明治維新の政治と権力　(明治維新史学会編)　吉川弘文館　1992.9　(明治維新史研究)
◇人物列伝幕末維新史　(綱淵謙錠著)　講談社　1992.11　(講談社文庫)
◇「死の跳躍」を越えて―西洋の衝撃と日本　(佐藤誠三郎著)　都市出版　1992.12
◇外政家としての大久保利通　(清沢洌著)　中央公論社　1993.3　(中公文庫)
◇日本史ものしり英雄伝―とっておきの戦略・戦術　(加来耕三著)　広済堂出版　1993.3　(広済堂文庫―ヒューマン・セレクト)
◇明治日本の政治家群像　(福地惇, 佐々木隆編)　吉川弘文館　1993.4
◇大系　日本の歴史〈12〉開国と維新　(石井寛治著)　小学館　1993.6　(小学館ライブラリー)
◇悪役のふるさと　(村松友視著)　講談社　1993.6
◇大物になる男の人間学　(広瀬仁紀著)　三笠書房　1993.8　(知的生きかた文庫)
◇「兄弟型」で解く江戸の怪物　(畑田国男, 武光誠著)　トクマオリオン　1993.9　(トクマオーブックス)
◇維新への胎動〈上〉寺田屋事件　(徳富蘇峰著, 平泉澄校訂)　講談社　1993.10　(講談社学術文庫―近世日本国民史)
◇龍馬逝く―「歴史裁判」坂本龍馬暗殺の黒幕　維新の自由人を葬った悪しき者ども　(会田雄次, さいとうたかをほか著)　ベストセラーズ　1993.11　(ワニ文庫―歴史マガジン文庫)
◇森鴎外と下水道―下水道夜話　(斎藤健次郎著)　環境新聞社　1994.3
◇大物は殺される―歴史を変えた「暗殺」の世界史　(大沢正道著)　日本文芸社　1994.4　(ラクダブックス)
◇江戸人遣い達人法　(童門冬二著)　講談社　1994.6
◇歴史に学ぶ人間学―「逆風の時代」を生き抜く知恵とは　(江坂彰著)　PHP研究所　1994.7
◇細川政権二百五十日の真実！　(小沢鋭仁著)　(豊島区)東京出版　1994.7
◇図説　幕末・維新おもしろ事典　三笠書房　1994.9　(知的生きかた文庫)
◇ライバル日本史〈1〉(NHK取材班編)　角川書店　1994.10
◇激変の時代を生き抜く発想と行動―幕末・明治の大物にみる　(黒川志津雄著)　日新報道　1995.12　228p
◇開国の時代を生き抜く知恵　(童門冬二著)　プレイグラフ社　1996.4　301p
◇海神よ眠れ―野蒜築港始末記　(伊藤仁著)　筑波書房　1996.4　295p
◇御用心!!―いま明治の亡霊がうろついている　(日下藤吾著)　近代文芸社　1996.5　149p
◇明治新政権の権力構造　(福地惇著)　吉川弘文館　1996.8　272p
◇大久保利通―物語と史蹟をたずねて　(松永義弘著)　成美堂出版　1996.10　312p　(成美文庫)
◇日本を創った10人の名参謀―歴史を動かした頭脳と人間力　(邦光史郎著)　広済堂出版　1996.10　308p　(広済堂ブックス)
◇挑戦―ライバル日本史　5　(NHK取材班編)　角川書店　1996.11　294p　(角川文庫)
◇明治維新における「公議」と「指導」―横井小楠と大久保利通　(三谷博)『東アジアにおける近代化の指導者たち』　国際日本文化研究センター　1997.3　p107
◇日本官僚史！―驚きのエピソードで綴る官僚たちの歴史　(広見直樹著)　ダイヤモンド社　1997.7　221p　(日本経済100年)
◇大久保利通日記　1　(大久保利通著, 日本史籍協会編)　北泉社　1997.7　496p
◇大久保利通日記　2　(大久保利通著, 日本史籍協会編)　北泉社　1997.7　605p
◇歴史に学ぶライバルの研究　(会田雄次, 谷沢永一著)　PHP研究所　1997.8　261p　(PHP文庫)
◇完全制覇　幕末維新―この一冊で歴史に強くなる！　(外川淳著)　立風書房　1997.12　254p
◇大久保政権と士族　(落合弘樹)『近世国家の成立・展開と近代』(藤野保編)　雄山閣出版　1998.4　p360
◇堂々日本史　第15巻　(NHK取材班編)　KTC中央出版　1998.5　249p
◇歌之介のさつまのボッケモン　(KTS鹿児島テレビ編著, 原口泉監修)　高城書房　1998.7　176p
◇大久保利通と明治維新　(佐々木克著)　吉川弘文館　1998.8　220p　(歴史文化ライブラリー)
◇幕末維新列伝　(綱淵謙錠著)　学陽書房　1998.8　316p　(人物文庫)
◇人生と経営―人間として正しいことを追求する　(稲盛和夫著)　致知

◇半日の客 一夜の友 （丸谷才一、山崎正和著） 文芸春秋 1998.12 427p （文春文庫）
◇井伊大老暗殺―水戸浪士金子孫二郎の軌跡 （童門冬二著） 光人社 1999.2 205p
◇裏切られた三人の天皇―明治維新の謎 増補版 （鹿島昇著） 新国民社 1999.2 441p
◇豪雨の前兆 （関川夏央著） 文芸春秋 1999.5 239p
◇近代日本の内と外 （田中彰著） 吉川弘文館 1999.11 331p
◇大久保利通と民業奨励 （安藤哲著） 御茶の水書房 1999.11 333p
◇志士と官僚―明治を「創業」した人びと （佐々木克著） 講談社 2000.1 324p （講談社学術文庫）
◇Story日本の歴史―近現代史編 （日本史教育研究会編） 山川出版社 2000.2 274p
◇幕末・維新を考える （原田敬一編） 仏教大学通信教育部 2000.3 180p （仏教大学鷹陵文化叢書）
◇明治の怪 山県有朋 （原田務著） 叢文社 2000.4 249p
◇日本のテロル―変質するバイオレンス130年史 （室伏哲郎著） 世界書院 2000.6 309p （腐蝕立国・日本）
◇西郷、大久保、稲盛和夫の源流 鹿児島いろは歌 （斎藤之幸著） 出版文化社 2000.7 301p
◇国のつくり方―明治維新人物学 （渡部昇、岡崎久彦著） 致知出版社 2000.9 221p
◇遠い崖―アーネスト・サトウ日記抄 10 （萩原延寿著） 朝日新聞社 2000.10 396p
◇明治維新の源流―その人と作品 （安岡正篤編著） 郷学研修所・安岡正篤記念館 2000.11 171p
◇明治国家と士族 （落合弘樹著） 吉川弘文館 2001.1 316,10p
◇人物で読む近現代史 上 （歴史教育者協議会編） 青木書店 2001.1 299p
◇天皇と日本の近代 上 （八木公生著） 講談社 2001.1 257p （講談社現代新書）
◇遠い崖―アーネスト・サトウ日記抄 11 （萩原延寿著） 朝日新聞社 2001.1 300p
◇歴史人物アルバム 日本をつくった人たち大集合 4 （PHP研究所編） PHP研究所 2001.2 47p
◇大阪でごわす―明治商都物語 （島実蔵著） 時事通信社 2001.3 278p
◇NIPPONの気概―使命に生きた先人たち （上原卓著） モラロジー研究所 2001.3 327p
◇内務省―名門官庁はなぜ解体されたか （百瀬孝著） PHP研究所 2001.4 196p （PHP新書）
◇歴史に学ぶリーダーシップ （渡部昇一著） 致知出版社 2001.5 278p
◇知っているときっと役に立つ日本史人物クイズ112 （石田泰照、町田槌男著） 黎明書房 2001.8 125p
◇維新人物学―激動に生きた百七人 （林青梧著） 全日出版 2001.11 286p
◇明治人のお葬式 （此経啓助著） 現代書館 2001.12 203p
◇明治維新の新視角―薩摩からの発信 （明治維新史学会編） 高城書房 2001.12 215p
◇日本の思想 下 新装版 （荒木繁、松島栄一、加藤文三、河野公平、北村実、佐木秋夫、藤谷俊雄、池田敬正、佐々木潤之介著） 新日本出版社 2001.12 302p
◇司馬遼太郎が考えたこと 4 （司馬遼太郎著） 新潮社 2002.1 379p
◇人物日本の歴史・日本を変えた53人 6 （高野尚好監修） 学習研究社 2002.2 64p
◇政商―大倉財閥を創った男 （若山三郎著） 学習研究社 2002.5 470p （学研M文庫）
◇NHKその時歴史が動いた コミック版 4 （NHK「その時歴史が動いた」取材班編、井上大助、本山一城、帯ひろ志作画） ホーム社 2002.7 249p
◇その時歴史が動いた 15 （NHK取材班編） KTC中央出版 2002.8 253p
◇君臣の義を廃して―続々日本人にとって天皇とは何であったか （松浦玲著） 辺境社 2002.8 279p
◇明治天皇の生涯 下 （童門冬二著） 徳間書店 2002.9 299p （徳間文庫）
◇西郷と大久保と明治国家―「日本生態史観」日本史の中の帝国と共和国 1 （冨川光雄著）〔冨川光雄〕〔2003〕 p91-124
◇井上毅のドイツ化構想 （森川潤著） 雄松堂出版 2003.1 196,20p （広島修道大学学術選書）
◇明治維新 （田中彰著） 講談社 2003.2 492p （講談社学術文庫）
◇大久保利通関係資料目録 国立歴史民俗博物館 2003.3 154p （国立歴史民俗博物館資料目録）
◇便生録―「前島密郵便創業談」に見る郵便事業発祥の物語 （アチーブメント出版制作、日本郵政公社郵便事業本部監修） アチーブメント出版 2003.4 224p
◇薩摩と出水街道 （三木靖、向山勝貞編） 吉川弘文館 2003.7 250,23p （街道の日本史）
◇"政事家"大久保利通―近代日本の設計者 （勝田政治著） 講談社 2003.7 238p （講談社選書メチエ）
◇NHKその時歴史が動いたコミック版 幕末編 （NHK取材班編） ホーム社 2003.7 497p （ホーム社漫画文庫）
◇天を敬い人を愛す―西郷南洲・人と友 （芳即正著） 高城書房 2003.7 238p
◇「第三の開国」は可能か （田中浩著） 日本放送出版協会 2003.8 253p （NHKライブラリー）
◇大久保利通 復刻版 （松原致遠編） マツノ書店 2003.8 256,69p
◇歴史人物絵事典―国際交流がひと目でわかる （河合敦監修） PHP研究所 2003.9 79p
◇江藤新平伝―奇跡の国家プランナーの栄光と悲劇 （星川栄一著） 新風舎 2003.10 301p
◇河井継之助と明治維新 （太田修著） 新潟日報事業社 2003.10 235p
◇対訳・日本を創った12人 （堺屋太一著、ジャイルズ・マリー訳） 講談社インターナショナル 2003.11 287p
◇よくわかる幕末維新ものしり事典 （主婦と生活社編） 主婦と生活社 2003.12 420p
◇図説 西郷隆盛と大久保利通 新装版 （芳即正、毛利敏彦編著） 河出書房新社 2004.2 128p （ふくろうの本）
◇豪雨の前兆 （関川夏央著） 文芸春秋 2004.2 266p （文春文庫）
◇立憲政体成立史の研究 （奥田晴樹著） 岩田書院 2004.3 453p （近代史研究叢書）
◇西郷隆盛 惜別譜 （横山庄一著） 朔北社 2004.3 211p
◇歴史を変えた決断の瞬間 （会田雄次著） PHP研究所 2004.5 330p （PHP文庫）
◇日本の偽書 （藤原明著） 文芸春秋 2004.5 198p （文春新書）
◇教科書から消された偉人・隠された賢人―いま明かされる日本史の真実 （濤川栄太著） イーグルパブリシング 2004.5 249p
◇大久保利通と安積開拓―開拓者の群像 （立岩寧著） 青史出版 2004.5 410,12p
◇堂々たる日本人―知られざる岩倉使節団 （泉三郎著） 祥伝社 2004.6 291p （祥伝社黄金文庫）
◇その時歴史が動いた 26 （NHK取材班編） KTC中央出版 2004.6 253p
◇岩倉使節団という冒険 （泉三郎著） 文芸春秋 2004.7 221p （文春新書）
◇大久保利通伝 上巻 （勝田孫弥著） マツノ書店 2004.7 691p
◇大久保利通伝 中巻 （勝田孫弥著） マツノ書店 2004.7 876p
◇大久保利通伝 下巻 （勝田孫弥著） マツノ書店 2004.7 827,7p 図版10枚
◇甲東逸話 復刻版 （勝田孫弥著） マツノ書店 2004.7 281,41,5p
◇理想的日本人―「日本文明」の礎を築いた12人 （渡部昇一著） PHP研究所 2004.8 222p
◇明治日本の創造と選択 （相沢邦衛著） 叢文社 2004.11 183p
◇大久保利通 （佐々木克監修） 講談社 2004.11 334p （講談社学術文庫）
◇征韓論政変の謎 （伊牟田比呂多著） 海鳥社 2004.12 240p
◇精神としての武士道―高次元的伝統回帰への道 （内田順三著） シーエイチシー 2005.1 279p
◇知ったかぶり日本史 （谷沢永一著） PHP研究所 2005.2 213p
◇歴史に魅せられて―異能集団のエッセイ集 （史遊会編） 彩流社 2005.2 413p
◇明治維新三大政治家―大久保・岩倉・伊藤論 改版 （池辺三山著、滝田樗陰編） 中央公論新社 2005.4 275p （中公文庫）
◇大久保利通 （笠原英彦著） 吉川弘文館 2005.5 238p （幕末維新の個性）
◇内務卿大久保利通評伝―遭難までの五年間、その業績と生きざま （安島良著） 東京書籍 2005.6 330p
◇明治の教訓 日本の気骨―明治維新人物学 （渡部昇一、岡崎久彦著） 致知出版社 2005.8 216p （CHICHI SELECT）
◇司馬遼太郎の遺言 （谷沢永一著） ビジネス社 2005.9 260p
◇大久保利通文書 第1巻 （大久保利通著） マツノ書店 2005.9 502p
◇大久保利通文書 第3巻 （大久保利通著） マツノ書店 2005.9 558p
◇大久保利通文書 第4巻 （大久保利通著） マツノ書店 2005.9 529p
◇大久保利通文書 第5巻 （大久保利通著） マツノ書店 2005.9 566p
◇大久保利通文書 第6巻 （大久保利通著） マツノ書店 2005.9 552p
◇大久保利通文書 第7巻 （大久保利通著） マツノ書店 2005.9 576p
◇大久保利通文書 第8巻 （大久保利通著） マツノ書店 2005.9 522p
◇大久保利通文書 第9巻 （大久保利通著） マツノ書店 2005.9 546p

◇大久保利通文書 第10巻 （大久保利通著） マツノ書店 2005.9 486,84,22p
◇大久保利通と佐賀の乱 （佐々木克）『明治維新期の政治文化』（佐々木克編） 思文閣出版 2005.9 p205
◇岩倉具視 （佐々木克著） 吉川弘文館 2006.2 204p （幕末維新の個性）
◇日本を創った12人 （堺屋太一著） PHP研究所 2006.2 413p （PHP文庫）
◇久留米藩難から新選組まで （松本茂著） 海鳥社 2006.2 254p
◇学校では教えてくれない日本史事件の謎―史上に残る大事件の知られざる真相に迫る！ （学研編集部編） 学習研究社 2006.5 161p
◇指導力の差 （渡部昇一著） ワック 2006.6 255p （WAC BUNKO）
◇日本の戦争 封印された言葉 （田原総一朗著） アスコム 2006.8 267p
◇図解 指導力の研究―人を動かす情報力・根回し・統率力はこうして磨け！ （渡部昇一著） PHP研究所 2006.8 103p
◇ライバル対決で読む日本史―古代から近代まで、歴史を作った名勝負 （菊地道人著） PHP研究所 2006.8 95p
◇唯今戦争始め候。明治十年のスクープ合戦 （黄民基著） 洋泉社 2006.9 222p （新書y）
◇指導者の精神構造―時代を動かすリーダーたちの内面をさぐる （小田晋著） 生産性出版 2006.10 226p
◇世界に誇れる日本人 （渡部昇一著） PHP研究所 2007.1 237p （PHP文庫）
◇未完の明治維新 （坂野潤治著） 筑摩書房 2007.3 249p （ちくま新書）
◇NHKその時歴史が動いた コミック版―維新の夜明け編 （NHK取材班編） ホーム社 2007.4 498p （ホーム社漫画文庫）
◇マキャヴェッリの子どもたち―日伊の政治指導者は何を成し遂げ、何を残したか （リチャード・J.サミュエルズ著、鶴田知佳子、村田久美子訳） 東洋経済新報社 2007.5 374,113p
◇近代日本の転機 明治・大正編 （鳥海靖編） 吉川弘文館 2007.6 298,4p
◇大久保利通の意識と行動 （笠原英彦）『近代日本の政治意識』（笠原英彦編） 慶応義塾大学出版会 2007.8 （叢書21COE-CCC多文化世界における市民意識の動態） p87
◇薩摩のキセキ―日本の礎を築いた英傑たちの真実！ （西郷吉太郎、西郷隆文、大久保利泰、島津修久著、薩摩総合研究所「チェスト」編著） 総合法令出版 2007.10 447p
◇日本歴史を点検する 新装版 （海音寺潮五郎、司馬遼太郎著） 講談社 2007.12 249p （講談社文庫）
◇左千夫歌集 （永塚功算、久保田淳監修） 明治書院 2008.2 540p （和歌文学大系）
◇風よ波よ―柳川が生んだ元勲・曽我祐準伝 （田中省三著） 海鳥社 2008.4 230p
◇誇り高き日本人―国の命運を背負った岩倉使節団の物語 （泉三郎著） PHPエディターズ・グループ 2008.6 613p
◇暗殺の世界史―シーザー、坂本龍馬からケネディ、朴正熙まで （大沢正道著） PHP研究所 2008.6 315p （PHP文庫）
◇福本和夫著作集 第7巻 （福本和夫著） こぶし書房 2008.6 830,15p
◇ひょうご幕末維新列伝 （一坂太郎著） 神戸新聞総合出版センター 2008.7 408p
◇大久保利通―国権の道は経済から （落合功著） 日本経済評論社 2008.7 242p （評伝・日本の経済思想）
◇大久保利通関係文書 第1巻 復刻版 （立教大学日本史研究会編纂） マツノ書店 2008.8 427p
◇大久保利通関係文書 第2巻 復刻版 （立教大学日本史研究会編纂） マツノ書店 2008.8 420p
◇大久保利通関係文書 第3巻 復刻版 （立教大学日本史研究会編纂） マツノ書店 2008.8 400p
◇大久保利通関係文書 第4巻 復刻版 （立教大学日本史研究会編纂） マツノ書店 2008.8 269p
◇大久保利通関係文書 第5巻 復刻版 （立教大学日本史研究会編纂） マツノ書店 2008.8 398p
◇大久保利通関係文書・人名索引 （勝田政治編） マツノ書店 2008.8 181p
◇明治国家の精神史的研究―「明治の精神」をめぐって （鈴木徳男、嘉戸一将編） 以文社 2008.10 273p
◇私の好きな日本人 （石原慎太郎著） 幻冬舎 2008.11 320p
◇人物で読む近代日本外交史―大久保利通から広田弘毅まで （佐道明広、小宮一夫、服部竜二編） 吉川弘文館 2009.1 316p
◇史観宰相論 （松本清張著） 筑摩書房 2009.5 311p （ちくま文庫）
◇私の好きな日本人 （石原慎太郎著） 幻冬舎 2009.6 294p （幻冬舎新書ゴールド）
◇世界危機をチャンスに変えた幕末維新の知恵 （原口泉著） PHP研究所 2009.7 267p （PHP新書）
◇日本史有名人の苦節時代 （新人物往来社編） 新人物往来社 2009.9 351p （新人物文庫）
◇暗殺の日本史―血塗られた闘争の裏側が見えてくる本！ （歴史の謎を探る会編） 河出書房新社 2009.10 222p （KAWADE夢新書）
◇本当は偉くない？歴史人物―日本を動かした70人の通信簿 （八幡和郎著） ソフトバンククリエイティブ 2009.10 287p （ソフトバンク新書）
◇司馬遼太郎 リーダーの条件 （半藤一利、磯田道史、鴨下信一ほか著） 文芸春秋 2009.11 251p （文春新書）
◇「アラサー」が変えた幕末―時代を動かした若き志士たち （渡辺大門著） 毎日コミュニケーションズ 2009.11 199p （マイコミ新書）
◇幕末維新人物新論―時代をよみとく16のまなざし （笹部昌利編） 昭和堂 2009.12 321p
◇「英雄」坂本龍馬はなぜ生まれたのか （菊地明著） 大和書房 2009.12 221p （だいわ文庫）
◇大久保利通―明治維新と志の政治家 （佐々木克著） 山川出版社 2009.12 91p （日本史リブレット）

【雑　誌】
◇大久保利通―旧体制の徹底破壊者 旧体制内から改革は不可能だ（盛夏特別企画 改革者の光と影 歴史で考える小泉改革―社会を本当に動かしたリーダーシップとは） 「東洋経済」 5776 2002.8.10・17 p61～63
◇特集明治維新の青春群像 維新三傑の夢―西郷隆盛・大久保利通・木戸孝允の青春 （小西四郎） 「歴史と人物」 10(2) 1980.2
◇特集ライバル明治の獅子たち 新連載対談"明治の獅子たち"征韓論をめぐる政争の構図―西郷隆盛と大久保利通の対立にみる政治の論理 （田中彰、内村剛介） 「歴史読本」 25(2) 1980.2
◇特集・大久保利通の研究―果断なるリーダーとは 「プレジデント」 18(5) 1980.4
◇私観・宰相論(2)絶対権力の原理―大久保利通 （松本清張） 「文芸春秋」 58(9) 1980.9
◇明治維新に探る自由の原点(20完)大久保利通と官僚体制 （利根川裕） 「月刊新自由クラブ」 5(43) 1981.2
◇国家と軍隊統帥権独立の起源(教養講座) （大江志乃夫） 「法学セミナー」 316 1981.6
◇大久保利通と西郷隆盛(特集・明治ライバル物語) （毛利敏彦） 「歴史と人物」 120 1981.7
◇大久保内務卿期(明治6年11月～11年5月)における内務省官僚 （板垣哲夫） 「近代日本研究」 3 1981.10
◇大久保没後体制―統治機構改革と財政転換 （御厨貴） 「近代日本研究」 3 1981.10
◇「明治6年政変」と大久保利通の政治的意図 （家近良樹） 「日本史研究」 232 1981.12
◇大久保利通「妄議」の思想史的考察(日本人の精神生活(4)) （時野谷滋） 「大倉山論集」 15 1981.12
◇大久保利通―「近代」を拓いた偉大なるリアリスト(特集・「大転換期」を乗り切る才覚) （松浦玲） 「プレジデント」 21(11) 1983.11
◇征韓論は大久保利通の陰謀か(特集西郷隆盛の生涯) （毛利敏彦） 「歴史読本」 29(2) 1984.2
◇維新政治家との交遊(下)考証・福沢諭吉(47) （富田正文） 「三田評論」 844 1984.2
◇大久保利通―出身の士族も、盟友・西郷も切り捨て「勝てる戦だけ」で明治の礎を築いた官ék（人物大特集・「醒めた目」をもったリーダー） （童門冬二） 「NEXT」 3(10) 1986.10
◇西郷と大久保（インタビュー）明治維新史を語る〔2〕 （葦津珍彦、大原康男） 「諸君！」 20(3) 1988.3
◇なぜ江戸が最適地とされたか(遷都ドキュメント・東京ができた日〔1〕) （岩川隆）「Will」 7(6) 1988.6
◇大久保利通の「富強化」構想 （辻岡正己） 「広島経済大学経済研究論集」 11(2) 1988.6
◇権力構造の冷厳なリアリズム 北条義時・大久保利通(特集 それでも歴史は繰り返す) （加来耕三） 「歴史と旅」 15(16) 1988.11
◇追い落とされた「維新最大の功臣」(特集・西郷隆盛) （古川薫） 「プレジデント」 27(1) 1989.1
◇大久保政権の成立とその性格 （辻岡正己） 「広島経済大学経済研究論集」 12(4) 1989.12
◇大久保利通 西郷なくして大久保なく、大久保なくして…―刎頸の友。薩摩の両輪。だが徐々に生き方は乖離の度を増し、ついに訣別へと至る（特集・西郷隆盛の人間関係学） （綱淵謙錠） 「プレジデント」 28(2) 1990.2
◇西郷隆盛vs.大久保利通―日本史を変えた動と静 （加来耕三） 「潮」 370 1990.2
◇吉田茂と3代の「系譜」―大久保利通・牧野伸顕・吉田茂を結ぶ人脈 （柴田紳一） 「国学院大学日本文化研究所紀要」 65 1990.3
◇歴史随想―西郷と大久保 （小西四郎） 「吉川弘文館の新刊」 33 1990.4
◇土民革命, あるいは近代日本における市民革命について(3)大久保利通

と分一税法案の挫折　（蓮沼啓介）「神戸法学雑誌」 40（1） 1990.6
◇日本は西郷隆盛を必要としていたか—海音寺潮五郎『西郷と大久保』（特集・「歴史小説」における人間の研究—名作が示唆する豊饒な人生、そして生き方とは）（宮ர澄）「プレジデント」 28（9） 1990.9
◇西南戦争「脱亜入欧」5路線を加速した「薩軍の敗北」—「征韓論」に敗れた西郷隆盛は何故この無謀な戦いを始めたか（特集・明治天皇—こうして現代日本への道は開かれた）（小山内美江子）「プレジデント」 29（3） 1991.3
◇大久保政権と井上毅　（木野主計）「国学院大学栃木短期大学紀要」 25 1991.3
◇大久保利通碑　（重野成斎）「碑文」 5 1992.3
◇大久保利通と立憲政体構想　（辻岡正己）「広島経済大学研究論集」 15（2） 1992.9
◇大久保政権期の政治構造　（渡辺隆喜）「明治大学人文科学研究所紀要」 34 1993
◇陰と陽、対照的なふたりの元勲—木戸孝允日記、大久保利通日記（日本近代を読む〔日記大全〕）「月刊Asahi」 5（1） 1993.1・2
◇「責任」政治家のルーツは大久保利通を見よ（日本近代史の誰に学ぶか—人物オピニオン特集・リーダーなき「平成」を撃つ24人）（奈須田敬）「諸君！」 25（2） 1993.2
◇大久保政権成立期の「府会」　（渡辺隆喜）「駿台史学」 88 1993.3
◇大久保政権下の安積開墾政策—明治初年における開墾政策の再検討（矢部洋三）「日本大学工学部紀要 B」 34 1993.3
◇大久保利通の大阪遷都論　（西村泰治）「歴史懇談」 7 1993.7
◇西南の役戦災に対する大久保利通の配慮（吉原重久）「敬天愛人」 11 1993.9
◇西南ノ役の性格と日本の運命—久光、隆盛、利通の葛藤の生んだ秘因（鮫島志芽太）「敬天愛人」 11 1993.9
◇「翔ぶが如く」、西郷は「征韓論」を主唱したか—西南戦争へと追い込まれる過程には常に大久保の影が（特集・司馬遼太郎「維新人物小説」を読む）（毛利敏彦）「プレジデント」 31（12） 1993.12
◇大阪遷都を建言した大久保利通（幕末史話—"第三の開国"のさ中に〔17〕）（松本健一）「エコノミスト」 72（8） 1994.2.15
◇大久保利通と内務省勧業—「民業」奨励政策の成立　（安藤哲）「宇都宮短期大学研究紀要」創刊号 1994.3
◇大久保政権下の安積開墾政策再論〔含 安積開拓研究文献目録補遺（1）〕（矢部洋三）「日本大学工学部紀要 B」 34 1994.3
◇大久保利通の一書簡　（三浦茂一）「房総の郷土史」 22 1994.3
◇特集 大久保利通の謎　「歴史研究」人物往来社歴史研究会 426 1996.11 p4～27
◇幕末維新の「知恵者」たちは何を成したか—坂本龍馬、勝海舟、大久保利通らは「時代参謀」だった（歴史特集・参謀の資質 その任に着く者は人間通でなければならない）（童門冬二）「プレジデント」 34（11） 1996.11 p236～243
◇西郷隆盛VS大久保利通—維新の盟友、明治新政府で袂を分かつ（政治編）（新宮正春）「歴史と旅」 23（17） 1996.11.10 臨増（日本史ライバル総覧）p196～203
◇大久保利通の「内政優先主義」（中村尚美）「社会科学討究」早稲田大学大隈記念社会科学研究所 42（3） 1997.3 p751～781
◇大久保利通—いやな夢を見た（特集・幕末明治人物臨終の言葉—近代の夜明けを駆け抜けた44人の人生決別の辞 英傑死してことばを遺す）（一坂太郎、稲川明雄、今川徳三、井門寛、宇都宮泰民、河合敦、木村幸比古、祖田浩一、高野澄、高橋和彦、畑山博、三谷茉沙夫、百瀬明治、山村竜也）「歴史と旅」 24（7） 1997.5 p90～110
◇大久保利通受難（明治天皇〔29〕）（ドナルド・キーン著、角地幸男訳）「新潮45」 16（6） 1997.6 p234～248
◇明治初期における大久保利通の政治構想（北河由紀）「奈良歴史研究」奈良歴史研究会 46・47号 1997.9 p32～51
◇藩の軍事力・経済力を利用して変革に挑んだ男たち—西郷隆盛と大久保利光、小御所会議「慶喜の反攻」を封じた両輪の豪胆と智略（歴史特集・幕末維新の「人材」学—こんな男が組織を変える）（須崎勝弥）「プレジデント」 36（7） 1998.7 p80～89
◇富国強兵—大久保利通の「したたかな現実主義」（日本を動かした言葉〔2〕）（田原総一朗）「SAPIO」 10（14） 1998.8.5 p42～45
◇富国強兵—「新国家づくり」を実現させた「妖怪」岩倉の暗躍（日本を動かした言葉〔3〕）（田原総一朗）「SAPIO」 10（15） 1998.8.26・9.2 p42～45
◇富国強兵—山県の「強兵」が大久保の「富国」を駆逐した日本は日清戦争に突入した（日本を動かした言葉〔4〕）（田原総一朗）「SAPIO」 10（16） 1998.9.23 p56
◇特別対談・「平成の世に龍馬と大久保あらば」—日本人を魅了し続ける志士たちの素顔に迫る（大特集・動乱世紀末に「幕末」に学べ）（津本陽、浅田次郎）「現代」 32（10） 1998.10 p88～97
◇明治維新における「王政」と「公議」—横井小楠と大久保利通を手がかりに　（三谷博）「季刊アステイオン」ティビーエス・ブリタニカ 50 1998.10 p176～195
◇明治維新における「王政」と「公議」—横井小楠と大久保利通を手がかりに　（三谷博）「アステイオン」 50 1998.10 p176～195
◇大久保利通 有無をいわさぬ実行力（「新春特別企画」この人に学ぶ・

新春アンケート 今の日本にこの人がいれば、私が選んだ歴史上の人物）（三好徹）「潮」 480 1999.2 p88～89
◇大久保利通の仕掛けた薩長土肥連合と小沢一郎の仕掛けた自自連合の鮮やかな符合（歴史合せ鏡〔66〕）（加来耕三）「フォーブス日本版」 8（6） 1999.6 p184～189
◇大久保利通暗殺事件（明治人の息づかい 明治期の新聞記事から〔5〕）（大藤修洋）「正論」 330 2000.2 p162～163
◇著者に聞く—『大久保利通と民業奨励』（本）（安藤哲）「エコノミスト」 78（12） 2000.3.21 p98～99
◇大久保利通の政治体制構想とその展開（黒田信二）「史学研究」広島史学研究会 231 2001.1 p1～21
◇「20世紀日本」を創った10人、駄目にした10人—激論5時間！半藤一利vs保阪正康vs松本健一 賢者は歴史に学ぶ（特集・歴史に学ぶ「成功と失敗」—我々は「目先」に囚われすぎていないか）（半藤一利、保阪正康、松本健一）「プレジデント」 39（2） 2001.1.15 p44～53
◇人は「情」に動くか、「理」に動くか—西郷隆盛と大久保利通、二人の友情と対決が今に語りかけるもの（特集・歴史に学ぶ「成功と失敗」—我々は「目先」に囚われすぎていないか）（童門冬二）「プレジデント」 39（2） 2001.1.15 p62～69
◇元勲たちの素顔（サン＝シモン主義者 渋沢栄一〔19〕）（鹿島茂）「諸君！」 33（2） 2001.2 p294～301
◇新時代の異文化体験・岩倉使節団米欧歴訪おどろき見聞記（伊藤史湖）「歴史と旅」 28（3） 2001.3 p182～189
◇対談・指針なき時代、この男たちの「非常識」に学べ—徳川250年の「常識」を打ち破ったのは地位なき若者だった（特集1・幕末維新の男たちに学ぶ「変革と決断」の方程式）（津本陽、童門冬二）「プレジデント」 39（6） 2001.3.19 p44～51
◇「大不安の時代」を生きる、それぞれの選択—阿部正弘、大久保利通、河井継之助、松平容保、榎本武揚、江藤新平……（特集1・幕末維新の男たちに学ぶ「変革と決断」の方程式）（浜野卓也）「プレジデント」 39（6） 2001.3.19 p98～103
◇「変革期に輝く人材」を精神分析する—西郷、大久保、坂本 なぜ普通の若者が「日本のヒーロー」となったか（特集1・幕末維新の男たちに学ぶ「変革と決断」の方程式）（小此木啓吾）「プレジデント」 39（6） 2001.3.19 p104～109
◇政体書官制と大久保利通（笠原英彦）「法学研究」慶応義塾大学法学研究会 74（4） 2001.4 p1～28
◇大久保利通と台湾出兵（勝田政治）「国士舘大学文学部人文学会紀要」国士舘大学文学部人文学会 34 2001.12 p1～15
◇明治天皇と大久保利通—近代天皇制のプランナーとしての才覚（特集・Meiji the Great 明治天皇というひと。）（保阪正康）「歴史と旅」 28（12） 2001.12 p40～45
◇大日本帝国憲法発布！—近代日本の建設に没頭した若き「元勲」たち（重大事件でつづる日本通史）（三好徹）「歴史読本」 47（1） 2002.1 p148～155
◇岩倉使節団の成立と大久保利通—大久保の洋行参入と「約定書」の成立をめぐって（諸洪一）「九州史学」九州史学研究会 134 2002.11 p34～49
◇大久保利通と明治維新の思想（蘆田東一）「法学ジャーナル」関西大学大学院法学研究科院生協議会 72 2002.11 p89～152
◇大久保利通という〈政事家〉（勝田政治）「本」講談社 28（8） 2003.8 p42～44
◇西郷隆盛排斥で成功者となった大久保利通（特集 対決の日本史）（中名生正巳）「歴史研究」歴研 45（12） 2003.12 p23～25
◇大久保利通小伝—聞書（Oral History）による（杉谷昭）「久留米大学文学部紀要 国際文化学科編」久留米大学文学部 21 2004.3 p45～60
◇森有礼・明・有正三代の西欧文明受容の概観—大久保利通、牧野伸顕（吉田茂）、吉田健一四代の西欧文明受容との比較から考えた〈西欧文明受容の明るい照明（リュミエール）を当てて〉（不和民由）「愛知淑徳大学言語コミュニケーション学会言語文化」愛知淑徳大学言語コミュニケーション学会紀要編集委員会 13 2005 p61～70
◇大久保利通とビスマルク（勝田政治）「国士舘大学文学部人文学会紀要」国士舘大学文学部人文学会 38 2005.12 p114～99
◇大久保利通の国家像（勝部秀俊）「日本大学大学院法学研究年報」日本大学大学院法学研究科 37 2007 p1～52
◇明治九年巡幸における大久保内務卿の主導性—「恩賜」決定を中心に（川越美穂）「日本歴史」吉川弘文館 711 2007.8 p52～69
◇大久保利通の気魄と行動に学ぶ—21世紀型リーダーシップと武士道（「戦略経営研究」Vol.33、No.1&2（合併号）FORUM33～35特集号 特集 21世紀型リーダーとリーダーシップの構築〈続篇〉「この国のかたち」をつくり直すための提言—戦略経営の視点から〈続編〉—FORUM篇）（山田徹）「戦略経営研究」戦略経営協会 33（1・2） 2008 p11～14
◇大久保利通の「突出」の論理と藩への忠誠（工藤憲一郎）「国士舘大学大学院政経論集」国士舘大学政経学会 11 2008.1 p1～26
◇石原慎太郎「私の好きな日本人」（第5回）大久保利通（前篇）（石原慎太郎）「プレジデント」プレジデント社 46（6） 2008.3.31 p174～178

◇石原慎太郎「私の好きな日本人」(第6回)大久保利通（後篇）（石原慎太郎）「プレジデント」プレジデント社 46(8) 2008.4.14 p150〜154
◇明治憲法下の地方財政制度(2)大久保利通の地方自治　（松元崇）「ファイナンス」大蔵財務協会 44(3) 2008.6 p74〜92
◇政治における悪の効用―西郷隆盛、大久保利通、桂小五郎(彼らは「この国」の危機をいかに救ったか？　司馬遼太郎　日本のリーダーの条件―渾身の大特集)「文芸春秋」文芸春秋 86(8) 2008.7 p128〜135
◇昭和史の大河を往く(第116回)第9部　華族たちの昭和史(7)大久保利通、牧野伸顕、吉田茂の系譜（保阪正康）「サンデー毎日」毎日新聞社 87(28) 2008.7.13 p52〜55
◇明治天皇という人(8)侍補制度と大久保の遭難　（松本健一）「本の時間」毎日新聞社 3(12) 2008.12 p18〜29
◇日記に残された言葉―大久保利通と木戸孝允(特集 言葉の力(4))（狐塚裕子）「清泉文苑」清泉女子大学人文科学研究所 26 2009 p17〜20
◇薩摩藩　西郷隆盛vs.大久保利通(歴史ロマン「幕末ヒーロー」列伝―ヒーローはどっちだ)（松本健一）「現代」講談社 43(1) 2009.1 p210〜213
◇三島由紀夫と司馬遼太郎(第6回)西郷隆盛と大久保利通（上）（松本健一）「波」新潮社 43(3) 2009.3 p82〜87
◇三島由紀夫と司馬遼太郎(第7回)西郷隆盛と大久保利通（中）（松本健一）「波」新潮社 43(4) 2009.4 p52〜57
◇三島由紀夫と司馬遼太郎(第8回)西郷隆盛と大久保利通（下）（松本健一）「波」新潮社 43(5) 2009.5 p76〜81
◇恨まれた大久保利通―佐々木『大久保利通と明治維新』の知恵袋 枕頭の歴史書「人物との対話」（岸田秀）「文芸春秋」文芸春秋 87(7) 2009.5 p284〜285
◇大久保利通とリストラ―目的のためには全可能性を検討せよ（迷いが晴れる「歴史・古典」入門―幕末維新の人物学――歩前に出る勇気、決断）（田原総一朗）「プレジデント」プレジデント社 47(13) 2009.6.15 p70〜72

大隈綾子　おおくまあやこ　1853〜1923
幕末〜大正期の女性。大隈重信の後妻。
【図　書】
◇鹿鳴館貴婦人考　（近藤富枝）講談社 1983.11（講談社文庫）
【雑　誌】
◇大隈綾子宛長知内簡易教育所書翰　（中嶋久人）「早稲田大学史記要」早稲田大学大学史資料センター 38 2007.3 p149〜155

大隈重信　おおくましげのぶ　1838〜1922
明治、大正期の政治家，教育者。
【図　書】
◇大隈重信―その生涯と人間像　（J.C.リブラ著　正田健一郎訳）早稲田大学出版部 1980.1
◇小野梓全集　（小野梓著　早稲田大学大学史編集所編）早稲田大学出版部 1981.3
◇日本史攷究―熊谷幸次郎先生古稀記念論集　文献出版 1981.3
◇大隈伯昔日譚2（大隈重信述　円城寺清編）東京大学出版会 1981.4（続日本史籍協会叢書）
◇近代日本の中国認識―アジアへの航跡　（野村浩一）研文出版 1981.4
◇類聚伝記大日本史11　政治家篇（尾佐竹猛編集解説）雄山閣出版 1981.6
◇大正の「日本少年」と「少女の友」　（渋沢清花）千人社 1981.10
◇近代日本と欧米の思想群像1（早稲田大学社会科学研究所日本近代思想会編）早稲田大学出版部 1981.11
◇「昭和維新」と右翼テロ　（大野達三）新日本出版社 1981.12
◇「明治」をつくった男たち―歴史が明かした指導者の条件　（鳥海靖）PHP研究所 1982.2
◇大正政変―1900年体制の崩壊　（坂野潤治）ミネルヴァ書房 1982.4（歴史と日本人 5）
◇大正政変―1900年体制の崩壊（歴史と日本人5）ミネルヴァ書房 1982.4
◇近代日本政治外交史の研究―日露戦後から第一次東方会議まで　（野村乙二朗）刀水書房 1982.7
◇変革期型リーダーの条件―「維新」を見てきた男たち　（佐々克明）PHP研究所 1982.9
◇夕陽を知らぬ男たち―彼らはいかに生きたか　（小島直記）旺文社 1983.2（旺文社文庫）
◇日本のリーダー2 政党政治の雄　ティビーエス・ブリタニカ 1983.4
◇人物・日本資本主義2 殖産興業　（大島清ほか著）東京大学出版会 1983.6
◇維新史の青春激像―動乱期に情熱を賭けた獅子たちの熱血譜　（藤田公道）日本文芸社 1983.10
◇明治リーダーの戦略戦術　（佐々克明）ダイヤモンド社 1983.12
◇大隈重信関係文書1（日本史籍協会叢書 38）（日本史籍協会編）東京大学出版会 1983.12
◇宰相の系譜―時代を刻んだ男たちの言行録(Kosaido books)（村松剛編）広済堂出版 1983.12
◇大隈重信関係文書2（日本史籍協会叢書 39）（日本史籍協会編）東京大学出版会 1984.1
◇大隈重信関係文書3（日本史籍協会叢書 40）（日本史籍協会編）東京大学出版会 1984.1
◇明治・大正の宰相　第6巻　大隈重信と第一次世界大戦　（豊田穣著）講談社 1984.1
◇狭間の早春　（武田逸городе）日本経済評論社 1984.2
◇人物探訪　日本の歴史―18―明治の逸材　暁教育図書 1984.2
◇大隈重信関係文書4（日本史籍協会叢書 41）（日本史籍協会編）東京大学出版会 1984.2
◇大隈重信関係文書5（日本史籍協会叢書 42）（日本史籍協会編）東京大学出版会 1984.2
◇大隈重信関係文書6（日本史籍協会叢書 43）（日本史籍協会編）東京大学出版会 1984.3
◇天皇元勲重臣　（長文連著）図書出版社 1984.10
◇大隈重信―進取の精神、学の独立　（榛葉英治著）新潮社 1985.3
◇日本宰相列伝 3 大隈重信　（渡辺幾治郎著）時事通信社 1985.10
◇中村隆英先生還暦記念　近代日本の経済と政治　（原朗編）御茶の水書房 1986
◇大隈重信（人物叢書 新装版）（中村尚美著）吉川弘文館 1986.1
◇大久保利謙歴史著作集〈2〉明治国家の形成　（大久保利謙著）吉川弘文館 1986.5
◇自立のすすめ―覇気と個性を創造するために　（加瀬英明著）講談社 1986.5
◇小原直回顧録（中公文庫）（小原直著）中央公論社 1986.10
◇続佐賀藩の総合研究―藩政改革と明治維新　（藤野保編）吉川弘文館 1987.2
◇大久保利謙歴史著作集 8 明治維新の人物像　吉川弘文館 1987.7
◇明治リーダーの戦略戦術　（佐々克明著）講談社 1987.11（講談社文庫）
◇いのち輝け―親と子の人生読本　（松原哲明著）鈴木出版 1988.2
◇日本近代史講義―明治立憲制の形成とその理念　（鳥海靖著）東京大学出版会 1988.6
◇学問の独立―早稲田の建学精神　（中村尚美著）北樹出版 1988.10（フマニタス選書）
◇図録　大隈重信―近代日本の設計者　（早稲田大学編）早稲田大学出版部 1988.10
◇自由民権と大隈・松方財政　（大石嘉一郎著）東京大学出版会 1989.2
◇青木周蔵―明治外交の創造（壮年篇）（水沢周著）日本エディタースクール出版部 1989.5
◇エピソード大隈重信 125話（エピソード大隈重信編集委員会編）早稲田大学出版部 1989.7
◇大隈重信とその時代―議会・文明を中心として　大隈重信生誕150年記念　（早稲田大学大学史編集所編）早稲田大学出版部 1989.10
◇長谷川如是閑集〈第1巻〉（長谷川如是閑著）岩波書店 1989.10
◇幕末・維新大百科―激動の時代が何でもわかる本　（歴史トレンド研究会編）ロングセラーズ 1989.11（ムックセレクト）
◇大隈重信　（榛葉英治著）PHP研究所 1989.12（歴史人物シリーズ―幕末・維新の群像）
◇近代日本の政治家　（岡義武著）岩波書店 1990.3（同時代ライブラリー）
◇蘇翁夢物語―わが交遊録　（徳富猪一郎著）中央公論社 1990.4（中公文庫）
◇大隈重信『東西文明之調和』を読む　（峰島旭雄、小泉仰、丸野稔、谷中信一、増田与、依田嘉家、山岡道男著）北樹出版 1990.11（フマニタス選書）
◇明治14年の政変―大隈重信一派が挑んだもの　（姜範錫著）朝日新聞社 1991.10（朝日選書）
◇近代日本と早稲田大学　（佐藤能丸著）早稲田大学出版部 1991.12
◇考証 福沢諭吉〈下〉（富田正文著）岩波書店 1992.9
◇日本の『創造力』―近代・現代を開花させた470人〈3〉流通と情報の革命　（富田仁編）日本放送出版協会 1993.2
◇「兄弟型」で解く江戸の怪物　（畑田国男、武光誠著）トクマオリオン 1993.9（トクマオーブックス）
◇「東西文明調和論」をめぐる大隈重信と浮田和民　（間宮国夫〔パネリスト〕）『自由の風土・在野の精神』(同志社大学人文科学研究所編）同志社大学人文科学研究所 1995.2（人文研ブックレット no.2）p33
◇大隈重信研究の過去・現在・未来　（佐藤能丸〔パネリスト〕）『自由の風土・在野の精神』(同志社大学人文科学研究所編）同志社大学人文科学研究所 1995.2（人文研ブックレット no.2）p53
◇大隈重信の余業　（針ケ谷鐘吉著）東京農業大学出版会 1995.8 200p

◇3分間で読む 生きる姿勢 （花岡大学著） 同朋舎出版 1996.10 234p
◇最高裁における松田・大隈論争 （小島康裕） 『昭和商法学史』（倉沢康一郎、奥島孝康編） 日本評論社 1996.12 p141
◇瘠我慢というかたち―激動を乗り越えた日本の志 （感性文化研究所編） 黙出版 1997.8 111p （MOKU BOOKS）
◇食客風雲録―日本篇 （草森紳一著） 青土社 1997.11 456p
◇わが早稲田―大隈重信とその建学精神 （木村時夫著） 恒文社 1997.12 227p
◇歴史を動かした男たち―近世・近現代篇 （高橋千劔破著） 中央公論社 1997.12 429p （中公文庫）
◇早稲田派エコノミスト列伝 （原輝史編） 早稲田大学出版部 1998.5 202p （ワセダ・オープンカレッジ双書）
◇妖婦 下田歌子―「平民新聞」より （山本博雄解説） 風媒社 1999.2 246p
◇明治維新と西洋国際社会 （明治維新史学会編） 吉川弘文館 1999.2 230p （明治維新史研究）
◇原敬と立憲政友会 （玉井清著） 慶応義塾大学出版会 1999.4 390p
◇立憲国家の確立と伊藤博文―内政と外交 1889～1898 （伊藤之雄著） 吉川弘文館 1999.7 338p
◇孤独な帝国 日本の1920年代―ポール・クローデル外交書簡1921‐27 （ポール・クローデル著, 奈良道子訳） 草思社 1999.7 446p
◇大久保利通と民業奨励 （安藤哲著） 御茶の水書房 1999.11 333p
◇人物探訪 地図から消えた東京遺産 （田中聡著） 祥伝社 2000.2 297p （祥伝社黄金文庫）
◇楽しく調べる人物図解日本の歴史―明治・大正・昭和・平成時代 7 （佐藤和彦監修） あかね書房 2000.4 47p
◇列伝・日本近代史―伊達宗城から岸信介まで （楠精一郎著） 朝日新聞社 2000.5 307,17p （朝日選書）
◇知られざる大隈重信 （木村時夫著） 集英社 2000.12 253p （集英社新書）
◇条約改正と国内政治 （小宮一夫著） 吉川弘文館 2001.1 274,7p
◇教科書が教えない歴史人物―福沢諭吉・大隈重信 （藤岡信勝監修, 長谷川公一, 久保田庸四郎著） 扶桑社 2001.6 335p （扶桑社文庫）
◇首相列伝―伊藤博文から小泉純一郎まで （宇治敏彦編） 東京書籍 2001.9 410p
◇岡義武著作集 第4巻 （岡義武著） 岩波書店 2001.10 281p
◇人物日本の歴史・日本を変えた53人 7 （高野尚好監修） 学習研究社 2002.2 64p
◇新東海道物語―そのとき、街道で （新東海道物語を進める会編） 日本経済新聞社 2002.4 390p
◇未来にかける橋―早稲田大学と中国 （安藤彦太郎著） 成文堂 2002.6 282p （成文堂選書）
◇盟約ニテ成セル梅屋庄吉と孫文 （読売新聞西部本社編著） 海鳥社 2002.10 113p
◇相場師異聞―一攫千金に賭けた猛者たち （鍋島高明著） 河出書房新社 2002.12 316p
◇ザ早慶戦 （井手美来著） 新潮社 2003.1 190p （ラッコブックス）
◇日本の復興者たち （童門冬二著） 光人社 2003.2 211p
◇明治という名の少年時代 （松浦光著） 新風舎 2003.3 190p
◇大隈重信と政党政治―複数政党制の起源明治十四年―大正三年 （五百旗頭薫著） 東京大学出版会 2003.3 319,7p
◇便生録―「前島密郵便創業談」に見る郵便事業発祥の物語 （アチーブメント出版制作, 日本郵政公社郵便事業本部監修） アチーブメント出版 2003.4 224p
◇源流―福沢・大隈は「官」に挑んだ （望月護著） まどか出版 2003.4 254p
◇知られざる日本史 あの人の「幕引き」 （歴史の謎研究会編） 青春出版社 2003.7 237p （青春文庫）
◇「第三の開国」は可能か （田中浩著） 日本放送出版協会 2003.8 253p （NHKライブラリー）
◇日本政治研究 第1巻第1号 （日本政治研究学会編） 木鐸社 2004.1 201p
◇松方財政研究―不退転の政策行動と経済危機克服の実相 （室山義正著） ミネルヴァ書房 2004.7 312p （MINERVA人文・社会科学叢書）
◇新島襄と私立大学の創立者たち （志村和次郎著） キリスト新聞社 2004.8 213p
◇時代の先覚者・後藤新平1857‐1929 （御厨貴編） 藤原書店 2004.10 301p
◇大隈重信関係文書 1（あ―いの） （早稲田大学大学史資料センター編） みすず書房 2004.10 317p
◇日本の経済思想世界―「十九世紀」の企業者・政策者・知識人 （川口浩編著） 日本経済評論社 2004.12 530p
◇日本宰相列伝 上 （三好徹著） 学陽書房 2005.1 487p （人物文庫）

◇大隈重信 （大園隆二郎著） 西日本新聞社 2005.4 246p （西日本人物誌）
◇歴代総理大臣伝記叢書 第5巻 （御厨貴監修） ゆまに書房 2005.7 418p
◇この結婚―明治大正昭和の著名人夫婦70態 （林えり子著） 文芸春秋 2005.8 242p （文春文庫）
◇志立の明治人 上巻 （佐藤能丸著） 芙蓉書房出版 2005.10 164p
◇大正時代―現代を読みとく大正の事件簿 （永沢道雄著） 光人社 2005.11 271p
◇大隈重信関係文書 2（いの―おお） （早稲田大学大学史資料センター編） みすず書房 2005.11 298p
◇日本の復興者たち （童門冬二著） 講談社 2006.1 355p （講談社文庫）
◇ひとりは大切―新島襄を語る 2 （本井康博著） 思文閣出版 2006.1 223,10p
◇日本の戦争 封印された言葉 （田原総一朗著） アスコム 2006.8 267p
◇ライバル対決で読む日本史―古代から近代まで、歴史を作った名勝負 （菊池道人著） PHP研究所 2006.8 95p
◇特別支援教育―子どもの未来を拓く （鈴木陽子著） 星の環会 2006.9 169p
◇国家を築いたしなやかな日本知 （中西進著） ウェッジ 2006.12 245p
◇吉備の歴史と文化 （早稲田大学日本地域文化研究所編） 行人社 2006.12 338p （日本地域文化ライブラリー）
◇大隈重信関係文書 3（おおーかと） （早稲田大学大学史資料センター編） みすず書房 2006.12 314p
◇歴代総理大臣伝記叢書 別巻 （御厨貴監修） ゆまに書房 2007.1 284p
◇宰相たちのデッサン―幻の伝記で読む日本のリーダー （御厨貴編） ゆまに書房 2007.6 280p
◇「あの人」の言葉―人生の指針を残した偉人たち （武光誠著） リイド社 2007.10 254p （リイド文庫）
◇大隈さんと日本橋界隈 （奥島孝康著） 『日本橋トポグラフィ事典』（日本橋トポグラフィ事典編集委員会編） たる出版 2007.11 p79～88
◇大隈重信関係文書 4（かとーくれ） （早稲田大学大学史資料センター編） みすず書房 2008.1 315p
◇早稲田と慶応―名門私大の栄光と影 （橘木俊詔著） 講談社 2008.9 237p （講談社現代新書）
◇条約改正交渉史―1887～1894 （大石一男著） 思文閣出版 2008.10 338p
◇封建制の文明史観―近代化をもたらした歴史の遺産 （今谷明著） PHP研究所 2008.11 266p （PHP新書）
◇大隈重信と江副廉蔵―忘れられた明治たばこ輸入王 （末岡晩美著） 洋学堂書店 2008.12 184p
◇大隈重信関係文書 5（くろーさと） （早稲田大学大学史資料センター編） みすず書房 2009.3 335p
◇近代日本の社会科学と東アジア （武藤秀太郎著） 藤原書店 2009.4 262p
◇国民リーダー大隈重信 （片岡寛光著） 冨山房インターナショナル 2009.7 456p
◇日本統計史群像 （島村史郎著） 日本統計協会 2009.12 214p
【雑　誌】
◇「支那保全」論と中国の「朝鮮」化―大隈重信の対外論とその一展開 （細野浩二） 「史観」 102 1980.3
◇第二次大隈内閣の成立 （松岡八郎） 「東洋法学」 23（1） 1980.3
◇一九一六年政変の考察―当時の政治諸勢力の状態 （山本四郎） 「日本歴史」 388 1980.9
◇明治前期財政史研究(3)大隈財政の展開と破綻 （坂入長太郎） 「立正法学」 14（1・2） 1981
◇「オマハ号事件」について （久世尚子） 「中央大学大学院論究（文学研究科篇）」 13（1） 1981.3
◇第二次大隈内閣の施政(1) （松岡八郎） 「東洋法学」 24（2） 1981.3
◇大隈外相の条約改正案に対する中止の建白書（史料紹介） （森田敏彦） 「宮城教育大学紀要」 17 1982
◇大隈重信と「円」時代の開幕（特集・日本の人物と貨幣物語） （坂本藤良） 「歴史と人物」 12（1） 1982.1
◇議会政治への軌道を敷いた大隈の入閣―伊藤博文との関係における考察 （高橋正則） 「政治学論集」 15 1982.3
◇第二次大隈内閣の施政(2) （松岡八郎） 「東洋法学」 25（2） 1982.3
◇大正期の国定教科書反対運動・資料と解説―大隈首相の国定制度打破論と教科書の改訂 （土方苑子） 「国民教育」 52 1982.4
◇第二次大隈内閣における政党と元老 （季武嘉也） 「史学雑誌」 91（6） 1982.6
◇大隈老侯と早稲田大学 「大肥前」 52（9） 1982.9
◇大正5年の大隈後継内閣問題 （季武嘉也） 「日本歴史」 413 1982.10

◇第2次大隈内閣と元老—成立から改造への経緯 （斎藤聖二）「紀尾井史学」 1 1982.12
◇大隈重信の中央銀行構想—その意義と限界 （深谷徳次郎）「宇都宮大学教育学部紀要（第1部）」 32 1982.12
◇大隈重信の教化的国家論について—戦間期教育論の批判的克服のために （鈴木慎一）「社会科学討究（早大）」 28（2） 1983.2
◇大隈の官金直接管理政策と官金運用 （深谷徳次郎）「研究年報経済学」 44（4） 1983.3
◇第二次大隈内閣の施政（3） （松岡八郎）「東洋法学」 26（1） 1983.3
◇内ニ紙幣アリ外ニ墨銀アリ—大隈財政期の通貨構造 （山本有造）「人文学報」 55 1983.9
◇大隈重信「国家論」の構成—その「内容」と「教化」の構造 （鈴木慎一）「社会科学討究（早大）」 29（1） 1983.10
◇維新政治家との交遊（下）考証・福沢諭吉（47） （富田正文）「三田評論」 844 1984.2
◇第二次大隈内閣の施政（4） （松岡八郎）「東洋法学」 27（2） 1984.3
◇明治14年の政変（下）考証・福沢諭吉（55） （富田正文）「三田評論」 852 1984.11
◇明治の雄大隈重信 （榛葉英治）「波」 183 1985.3
◇考証・福沢諭吉 五九—大隈重信との交情 （富田正文）「三田評論」 857 1985.4
◇大隈重信財政観（2）明治維新財政論 （内田正弘）「下関市立大学論集」 29（1） 1985.5
◇大隈重信襲撃事件と下村馬太郎（号豊山） （渡辺盛男）「大豊史談」 13 1985.8
◇大隈重信と早稲田大学—国民精神の独立は、一に学問の独立による （特集・男を鍛える） （榛葉英治）「プレジデント」 24（1） 1986.1
◇大隈重信と早稲田大学（日本を創った私塾と学舎〈特集〉） （中村尚美）「歴史と旅」 13（9） 1986.7
◇大隈重信の財政経済政策 （辻岡正己）「広島経済大学経済研究論集」 9（4） 1986.12
◇大隈重信脱党後の立憲改進党—党大会（1884〜87年）の分析を通じて （大日方純夫）「早稲田大学史記要」 19 1987.3
◇第2次大隈内閣の成立 （山本四郎）「神戸女子大学紀要」 20（文学部篇）1987.3
◇「条約改正と陰の尽力者 H・S・パーマー」（4） 大隈重信遭難とH・S・パーマーの通信 （檜山隆）「かながわ風土記」 137 1988.12
◇大隈内閣の初政—参謀まで （山本四郎）「史窓」 46 1989
◇生誕150年記念大隈重信研究論文〈特集〉 「早稲田大学史記要」 21 1989.3
◇あらためてその偉大さを痛感した「生誕150年記念大隈重信展」報告 （金子宏二）「早稲田大学図書館紀要」 31 1989.12
◇第二次大隈内閣の財政政策と官業整理調査委員会—鉄道官民合同経営論を中心に （神山恒雄）「日本歴史」 499 1989.12
◇大隈の迫力 （三好徹）「現代」 24（2） 1990.12
◇松方財政「超緊縮政策の断行」で救った国家破産の危機—西南戦争後の経済混乱に「実務派官僚」松方正義の真価は発揮された（特集・明治天皇—こうして現代日本への道は開かれた）（上之郷利昭）「プレジデント」 29（3） 1991.3
◇帝国憲法発布、昭和に禍根を残す「不磨の大典」成る—「万世一系の統治者」を超えて、時の最高権力者、伊藤博文は法を蹂躙（特集・明治天皇—こうして現代日本への道は開かれた）（松浦玲）「プレジデント」 29（3） 1991.3
◇最近の小野梓研究—大日方純夫『自由民権運動と立憲改進党』・姜範錫『明治14年の政変—大隈重信一派が挑んだもの』の刊行に寄せて （福井淳）「早稲田大学史記要」 24 1992.3
◇近代西洋の終末・危機意識と大隈重信の文明論（末法思想と終末論〈特集〉） （中川久嗣）「季刊日本思想史」 40 1993
◇「大隈重信と早稲田大学展」記念講演・出品目録 「早稲田大学史記要」 25 1993.3
◇大隈外相の条約改正交渉と日本裁判権の構成—対英交渉を中心として （上、中、下） （藤原明久）「神戸法学雑誌」 43（2）,44（1,2） 1993.9,94.6,9
◇なぜ大隈重信の「陞爵申牒書」は廃棄されたか—大隈と元老たち （関田かおる）「早稲田大学史記要」 27 1995.7 p117〜140
◇第2次大隈内閣における貴族院—減債基金問題を中心に （内藤一成）「史学雑誌」 山川出版社 104（11）1995.9 p1604〜1630
◇「大隈研究」聞き書き （中村尚美、間宮国夫）「社会科学討究」 早稲田大学大隈記念社会科学研究所 41（3） 1996.3 p1〜162
◇大隈重信と「移民問題」 （間宮国夫）「社会科学討究」 早稲田大学大隈記念社会科学研究所 42（3） 1997.3 p1103〜1122
◇第一次大隈重信内閣成立百周年記念「シンポジウム 早稲田と自由民権」 「早稲田大学史記要」 早稲田大学大学史資料室 30 1998 p45〜95
◇大隈重信による政商三井の救済は公的資金投入の走りだった（歴史合せ鏡〔57〕）（石井寛治）「フォーブス日本版」 7（7） 1998.7 p172〜177
◇第二次大隈内閣の財政構想—「絶対的非募債」政策を中心に （木下

恵太）「早稲田大学史記要」 早稲田大学大学史資料センター 31 1999.7 p65〜90
◇『大隈老侯記念名流精華集』—大隈講堂建設記念事業基金募集美術展覧会図録について （金子宏二）「早稲田大学史記要」 早稲田大学大学史資料センター 31 1999.7 p125〜150
◇大隈重信との邂逅（サン＝シモン主義者 渋沢栄一〔16〕）（鹿島茂）「諸君！」 32（11） 2000.11 p252〜257
◇大隈重信遭難事件と切断肢に関する研究 （村地俊二, 羽場俊秀）「日本赤十字愛知短期大学紀要」 日本赤十字愛知短期大学 12 2001 p1〜14
◇「東西文明調和論」の三つの型—大隈重信・徳富蘇峰・浮田和民（政治学篇）（神谷昌史）「大東法政論集」 大東文化大学大学院法学研究科 9 2001.3 p159〜180
◇複式簿記の早期導入こそ必要—会計ビックバン時代を乗り切るためには （森木亮）「月刊TIMES」 25（4） 2001.5 p28〜31
◇研究余録 大隈重信の眼力 （内藤一成）「日本歴史」 吉川弘文館 641 2001.10 p90〜92
◇大日本帝国憲法発布！—近代日本の建設に没頭した若き「元勲」たち（重大事件でつづる日本通史） （三好徹）「歴史読本」 47（1） 2002.1 p148〜155
◇温故知新—「違式の国」からの脱却へ （松岡正剛）「エコノミスト」 81（11） 2003.3.4 p40〜42
◇正確無比の人間鑑識眼（サン＝シモン主義者 渋沢栄一〔45〕）（鹿島茂）「諸君！」 35（4） 2003.4 p226〜233
◇探照灯（194）大隈重信『青年訓話』 （谷沢永一）「国文学解釈と鑑賞」 至文堂 68（7） 2003.7 p248〜251
◇政友会成立期における大隈重信と憲政本党 （木下恵太）「早稲田大学史記要」 早稲田大学大学史資料センター 35 2003.10 p151〜189
◇展覧会記録 「諷刺画の中の大隈重信—明治期編」展 「早稲田大学史記要」 早稲田大学大学史資料センター 35 2003.10 p259〜261
◇展覧会記録 「大隈重信と維新の群像—近代日本の幕開けと新政のヴィジョン」展 「早稲田大学史記要」 早稲田大学大学史資料センター 35 2003.10 p264〜266
◇原敬のなかの「大隈重信」—二人の"政党政治家"の交諠 （大日方純夫）「早稲田大学史記要」 早稲田大学大学史資料センター 36 2004.12 p87〜132
◇日露戦後における大隈重信と憲政本党—1907年1月の総理辞任とその周辺について （木下恵太）「早稲田大学史記要」 早稲田大学大学史資料センター 36 2004.12 p217〜257
◇大隈重信による条約改正計画 （杉谷昭）「純心人文研究」 長崎純心大学 11 2005 p175〜190
◇書簡に見る福澤人物誌（11）大隈重信—福澤諭吉との交流 （佐藤能丸）「三田評論」 慶応義塾 1077 2005.3 p66〜71
◇われらが親文・大隈重信に続け！（しっかりしろ!!早稲田（6））（志賀節）「月刊日本」 K&Kプレス 9（4） 2005.4 p90〜92
◇大隈重信を演じて （奥島孝康）「文芸春秋」 文芸春秋 83（15） 2005.11 p78〜80
◇講演 『大隈重信関係文書』刊行記念講演会 大隈重信と日本近代史のあいだ—大隈宛の手紙は何を語るか （大日方純夫）「早稲田大学史記要」 早稲田大学大学史資料センター 37 2005.12 p63〜87
◇香港総督ジョン・ポープ・ヘネシーと大隈重信—大隈財政と条約改正における御雇外国人 （重松優）「社学研論集」 早稲田大学大学院社会科学研究科 8 2006 p239〜256
◇由利財政と第一次大隈財政 （落合功）「修道商学」 広島修道大学商経学会 46（2） 2006.2 p1〜15
◇研究余録 大隈重信の朝鮮開発構想 （長井純市）「日本歴史」 吉川弘文館 695 2006.4 p70〜75
◇大隈重信への提言—『大隈重信関係文書』第二巻を読む （望月雅士）「みすず」 みすず書房 48（4） 2006.5 p24〜33
◇峯源次郎旧蔵・大隈重信関係欧文文書 （島善高, 重松優）「早稲田社会科学総合研究」 早稲田大学社会科学学会 7（1） 2006.7 p41〜54
◇大隈重信陞爵・国葬問題をめぐる政治過程 （荒船俊太郎）「早稲田大学史記要」 早稲田大学大学史資料センター 38 2007.3 p31〜64
◇早慶学長対談 福澤と大隈が日本を作った （安西祐一郎, 白井克彦）「文芸春秋」 文芸春秋 85（11） 2007.9 p174〜182
◇メンタルヘルスの広場 大隈重信と日本の精神衛生運動（前編） （岡田靖雄）「心と社会」 日本精神衛生会 39（3） 2008 p113〜115
◇メンタルヘルスの広場 大隈重信と日本の精神衛生運動（後編） （岡田靖雄）「心と社会」 日本精神衛生会 39（4） 2008 p83〜88
◇大隈重信—東京専門学校はいかにして生まれたか（特集 早稲田と慶應）（山崎光夫）「國文學 解釈と教材の研究」 學燈社 53（2） 2008.2 p24〜32
◇大隈重信と福澤諭吉（特集 早稲田と慶應） （佐藤能丸）「國文學 解釈と教材の研究」 學燈社 53（2） 2008.2 p42〜49
◇統計史群像（1）大隈重信と統計 （島村史郎）「統計」 日本統計協会 59（2） 2008.2 p77〜82
◇元勲と元老のはざまで—大隈重信「元老」となる （荒船俊太郎）「早稲田大学史記要」 早稲田大学大学史資料センター 39 2008.2

p11～52
- ◇『大隈重信関係文書』の近代私文書論的研究　（真辺将之）「早稲田大学史記要」　早稲田大学大学史資料センター　39　2008.2　p53～75
- ◇〔日本医史学会〕例会抄録　大隈重信と日本の精神衛生運動　（岡田靖雄）「日本医史学雑誌」　日本医史学会　54（1）　2008.3　p82～84
- ◇大隈重信と東京での康有爲　（齊藤泰治）「教養諸学研究」　早稲田大学政治経済学部教養諸学研究会　126　2009　p47～78
- ◇原敬内閣期の「元老待遇」大隈重信　（荒船俊太郎）「早稲田大学史記要」　早稲田大学大学史資料センター　40　2009.3　p23～67
- ◇芥川龍之介、三島由紀夫、西郷隆盛、大隈重信、澁澤龍彦、米原万里……　悪党・悪女の「便利なユーモア」レトリック（読まれる書き方バカにされる書き方）　（鹿島茂）「プレジデント」　プレジデント社　47（12）　2009.6.1　p78～81
- ◇忘れがたき政治家（95）大隈重信＝政党政治の実現に生涯を賭した「稀代の天才政治家」　（奈良岡聰智）「月刊自由民主」　自由民主党，千代田永田書房　677　2009.8　p94～101

大迫貞清　おおさこさだきよ　1825～1896
明治期の官吏。警視総監。
【図　書】
- ◇沖縄にきた明治の人物群像　（太田良博）　月刊沖縄社　1980.2

大島友之允　おおしまとものじょう　1826～1882
幕末，明治期の対馬藩士。
【雑　誌】
- ◇同盟論から征韓論へ—元治元年「大島建白書」を中心として—　（仲尾宏）「瓜生（京都芸術短期大学）」　9　1986.12

大関増裕　おおぜきますひろ　1838～1868
幕末の大名。下野黒羽藩主。
【図　書】
- ◇徳川名君名臣言行録　（岡island繁実著　安藤英男校注）　新人物往来社　1981.1
- ◇黒羽藩「主君押込」事件顛末　（次田万貴子）　新人物往来社　1992.8
- ◇大関増裕の動乱の幕末となぞの死　幕末の陸海軍を率いた黒羽藩主　（栃木県立博物館編）　栃木県立博物館　2004.10　102p
【雑　誌】
- ◇「大関増裕と勝海舟」研究ノート—企画展「大関増裕」余録　（千田孝明）「栃木県立博物館研究紀要　人文」　栃木県立博物館　22　2005　p1～19

太田黒伴雄　おおたぐろともお　1835～1876
幕末，明治期の志士。復古的尊攘主義者。
【図　書】
- ◇明治叛臣伝　（徳永真一郎）　毎日新聞社　1981.1
- ◇日本暗殺総覧—この国を動かしたテロルの系譜　（泉秀樹著）　ベストセラーズ　2002.5　302p　（ベスト新書）
【雑　誌】
- ◇叛乱—その主役たち　太田黒伴雄—神風連の乱　（荒木精之）「歴史と旅」　7（4）　1980.3

太田資始　おおたすけもと　1799～1867
幕末の大名、老中。遠江掛川藩主。
【図　書】
- ◇資料紹介　遠州掛川城主—太田資始文書　（寺田富男）「練馬郷土史研究会会報」　207　1990.5
- ◇幕末の掛川藩太田資始　（奈倉有子）「地方史静岡」　22　1994.3

大鳥圭介　おおとりけいすけ　1833～1911
明治期の外交家。学習院院長。
【図　書】
- ◇江戸の化学　（奥野久輝）　玉川大学出版部　1980.5
- ◇活版印刷史　（川田久長）　印刷学会出版部　1981.10
- ◇日本のリーダー4　日本外交の旗手　（第二アートセンター編）　ティビーエス・ブリタニカ　1983.6
- ◇医学史話　杉田玄白から福沢諭吉　（藤野恒三郎著）　菜根出版　1984.1
- ◇「適塾」の研究　なぜ逸材が輩出したのか　（百瀬明治）　PHP研究所　1986.1
- ◇「適塾」の研究—なぜ逸材が輩出したのか　（百瀬明治著）　PHP研究所　1989.11　（PHP文庫）
- ◇遠山茂樹著作集〈第2巻〉維新変革の諸相　（遠山茂樹著）　岩波書店　1992.5
- ◇大鳥圭介—土方歳三との出会いと別れ　（古賀志郎著）　彩流社　1993.5
- ◇大鳥圭介伝—伝記・大鳥圭介　（山崎有信著）　大空社　1995.6　628, 8,6p　（伝記叢書）
- ◇組織の成功哲学—歴史に見る11のケーススタディ　（百瀬明治著）　PHP研究所　1997.5　249p
- ◇会津残照譜　（星亮一著）　集英社　1998.12　254p
- ◇われ徒死せず—明治を生きた大鳥圭介　（福本竜著）　国書刊行会　2004.7　342p
- ◇工手学校—旧幕臣たちの技術者教育　（茅原健著）　中央公論新社　2007.6　345p　（中公新書ラクレ）
- ◇大鳥圭介の英・米産業視察日記—明治5年・6年　（福本竜著）　国書刊行会　2007.6　234p
- ◇箱館戦争銘々伝　下　（好川之範, 近江幸雄編）　新人物往来社　2007.8　351p
- ◇評伝大鳥圭介—威ありて、猛からず　Keisuke Ootori 1832-1911　（高崎哲郎著）　鹿島出版会　2008.4　296p
【雑　誌】
- ◇板垣・大鳥の対決　宇都宮戦争（特集・維新の激戦）　（桂英澄）「歴史と人物」　122　1981.9
- ◇大鳥圭介の生い立ちと尼崎藩　（梅渓昇）「大阪春秋」　64　1991.7
- ◇大鳥圭介と関谷　（相模輝男）「歴史懇談」　6　1992.8
- ◇土方歳三、新選組副長「士道の美学」に殉ず—明治2年5月11日、箱館一本木関門内（特集・男はいかに生くべきか—いま「武士道」に学ぶ）　（早乙女貢）「プレジデント」　30（10）　1992.10
- ◇大鳥圭介の東アジア史論　（古林森広）「姫路人間学研究」　姫路獨協大学一般教育部　2（1）　1999.3　p17～29
- ◇『威ありて、猛からず—私説・大鳥圭介』（プロローグ）創造の夜明け—工部大学校開校　（高崎哲郎）「ダム日本」　日本ダム協会　747　2007.1　p43～52
- ◇威ありて、猛からず—私説・大鳥圭介（1）旅立ちの朝—医家か、儒家か、それとも……　（高崎哲郎）「ダム日本」　日本ダム協会　748　2007.2　p41～48
- ◇威ありて、猛からず—私説・大鳥圭介（2）激震の予兆—医家を捨て，兵学を取る　（高崎哲郎）「ダム日本」　日本ダム協会　749　2007.3　p45～53
- ◇威ありて、猛からず—私説・大鳥圭介（3）激浪の沖へ—兵学者から幕臣そして幕府歩兵奉行へ　（高崎哲郎）「ダム日本」　日本ダム協会　750　2007.4　p25～35
- ◇威ありて、猛からず—私説・大鳥圭介（4）紅蓮の炎、あがる—仏式軍隊訓練、鳥羽・伏見の戦、幕府崩壊　（高崎哲郎）「ダム日本」　日本ダム協会　751　2007.5　p33～45
- ◇威ありて、猛からず—私説・大鳥圭介（5）常在戦場（1）江戸脱出、総州・野州路を紅く染めて　（高崎哲郎）「ダム日本」　日本ダム協会　752　2007.6　p23～32
- ◇威ありて、猛からず—私説・大鳥圭介（6）常在戦場（2）野洲での血戦、戦雲は暁の空に広がり　（高崎哲郎）「ダム日本」　日本ダム協会　753　2007.7　p37～48
- ◇威ありて、猛からず—私説・大鳥圭介（7）常在戦場（3）野州から会津へ、暗雲は北に流れて　（高崎哲郎）「ダム日本」　日本ダム協会　754　2007.8　p31～43
- ◇威ありて、猛からず—私説・大鳥圭介（8）常在戦場（4）会津から蝦夷地へ、暗雲は急を告げて　（高崎哲郎）「ダム日本」　日本ダム協会　755　2007.9　p37～48
- ◇威ありて、猛からず—私説・大鳥圭介（9）常在戦場（5）蝦夷地から牢獄へ、敗北の響きと怒り　（高崎哲郎）「ダム日本」　日本ダム協会　756　2007.10　p43～54
- ◇威ありて、猛からず—私説・大鳥圭介（10）〈敗軍の将〉の再生—皆一場の夢なり　（高崎哲郎）「ダム日本」　日本ダム協会　757　2007.11　p41～52
- ◇威ありて、猛からず—私説・大鳥圭介（11）〈敗軍の将〉、太平洋を渡る～一生に国は二つ～　（高崎哲郎）「ダム日本」　日本ダム協会　758　2007.12　p43～56
- ◇威ありて、猛からず—　私説・大鳥圭介（12）工作を開く道しるべとならん一百工ヲ勧ム　（高崎哲郎）「ダム日本」　日本ダム協会　759　2008.1　p53～64
- ◇威ありて、猛からず—私説・大鳥圭介（13）一身にて二世を経る—外交官, 日清戦争, そして男爵　（高崎哲郎）「ダム日本」　日本ダム協会　760　2008.2　p53～65
- ◇威ありて、猛からず—私説・大鳥圭介（エピローグ）不死鳥（フェニックス）は舞う—よしもあしきも夢の一ふし　（高崎哲郎）「ダム日本」　日本ダム協会　761　2008.3　p57～70
- ◇日タイ交流史の余白（第1回）大鳥圭介の訪ねた1875（明治8）年頃のタイ　（吉田千之輔）「タイ国情報」　日本タイ協会　42（4）　2008.7　p51～61
- ◇日タイ交流史の余白（第2回）大鳥圭介の『暹羅紀行』を読む　（吉田千之輔）「タイ国情報」　日本タイ協会　42（5）　2008.9　p89～103
- ◇日タイ交流史の余白（第3回）大鳥圭介の『暹羅紀行』を読む—19世紀後半、バンコクの暮らし　（吉田千之輔）「タイ国情報」　日本タイ協会　42（6）　2008.11　p38～47

大音竜太郎　おおおとりゅうたろう　1840～1912
幕末、明治期の郷士、官史。岩鼻知県事。
【雑　誌】
◇近江の志士たち(3)大音龍太郎―無法者退治で知事失脚　(徳永真一郎)「湖国と文化」25　1983.10

大庭恭平　おおばきょうへい　1830～1902
幕末、明治期の志士、陸奥会津藩士。
【図　書】
◇幕末・会津藩士銘々伝　上　(小檜山六郎、間島勲編)　新人物往来社　2004.7　331p
◇大江戸曲者列伝―幕末の巻　(野口武彦著)　新潮社　2006.2　220,9P　(新潮新書)

大橋慎　おおはししん　1835～1872
幕末、明治期の高知藩士。
【雑　誌】
◇橋本鉄猪の「義挙論」　(松岡司)「土佐史談」175　1987.7

大橋訥庵　おおはしとつあん　1816～1862
幕末の尊攘派志士、儒者。
【図　書】
◇江戸暗殺史　(森川哲郎)　三一書房　1981.8
◇儒教ルネッサンスを考える　(溝口雄三、中嶋嶺雄編著)　大修館書店　1991.10
◇国家と宗教　(源了円、玉懸博之〔編〕)　思文閣出版　1992.3
◇維新への胎動(上)寺田屋事件　(徳富蘇峰著、平泉澄校訂)　講談社　1993.10　(講談社学術文庫―近世日本国民史)
◇大橋訥庵―日本「商人国」批判と攘夷論　(小池喜明著)　ぺりかん社　1999.2　194p
◇幕末期の思想と習俗　(宮城公子著)　ぺりかん社　2004.12　359,7p
◇大橋訥庵伝　(寺田剛著)　慧文社　2006.12　229p
【雑　誌】
◇大橋訥庵　(渡辺一郎)「古文幻想」3　1981.3
◇勤王家大橋訥庵の妻―特集・大江戸の女性秘話50選　(赤間倭子)「歴史と旅」10(10)　1983.8
◇西洋列強への危機感―大橋訥庵―特集・攘夷か開国か―国防意識のめばえ　(永岡慶之助)「歴史と人物」13(13)　1983.11
◇「誠意」のゆくえ―大橋訥庵と幕末儒学　(宮城公子)「日本史研究」285　1986.5
◇大橋訥庵と菊地教中の末路―坂下門事件の黒幕―　(秋本典夫)「宇都宮大学教養部研究報告　第1部」20　1987.12
◇歴史人物史譚　大橋訥庵　(永岡慶之助)「群馬風土記」18　1990.10
◇この夫にこの妻がいた―大橋訥庵と巻子(特集・幕末維新おんなたちの体験―乱世を密やかにしたたかに生きた女性たち)　(萩原雄二郎)「歴史と旅」24(12)　1997.8　p124～129
◇大橋訥庵逮捕一件　(徳田武)「明治大学教養論集」明治大学教養論集刊行会　392　2005.3　p33～83

大橋巻子　おおはしまきこ　1824～1881
幕末、明治期の勤王家、歌人。思誠塾や尊皇運動を助ける。
【図　書】
◇長谷川伸―メリケン波止場の沓掛時次郎　(平岡正明著)　リブロポート　1987.4　(シリーズ　民間日本学者)
【雑　誌】
◇幕末維新の異色女人―五人の女流勤皇歌人　(辻ミチ子)「歴史と旅」7(1)　1980.1
◇勤王家大橋訥庵の妻―特集・大江戸の女性秘話50選　(赤間倭子)「歴史と旅」10(10)　1983.8
◇大橋訥庵と夢路日記　(岩崎良能)「下野史談」67　1989.3
◇この夫にこの妻がいた―大橋訥庵と巻子(特集・幕末維新おんなたちの体験―乱世を密やかにしたたかに生きた女性たち)　(萩原雄二郎)「歴史と旅」24(12)　1997.8　p124～129

大原重徳　おおはらしげとみ　1801～1879
幕末、明治期の公家。従三位右近権中納言、刑法官知事。
【雑　誌】
◇幕末維新史における一〔シン〕紳―大原重徳　(稲雄次)「秋田法学」秋田経済法科大学法学部法学会　38　2001　p79～134
◇和宮降嫁と文久の修陵―文久二年七月二十三日の勅使大原重徳と慶喜・慶永の会談　(外池昇)「人間文化研究」田園調布学園大学短期大学部　1　2002　p156～146

大山巌　おおやまいわお　1842～1916
明治、大正期の陸軍軍人、元帥。公爵。
【図　書】
◇日本のリーダー3　帝国陸海軍の総帥　ティビーエス・ブリタニカ　1983.7
◇リーダーとスタッフ―戦史・古典に学ぶ連携プレーの妙　(大橋武夫著)　プレジデント社　1983.12
◇大山巌1　戊辰戦争(文春文庫)　(児島襄著)　文藝春秋　1985.6
◇大山巌2　西南戦争(文春文庫)　(児島襄著)　文藝春秋　1985.6
◇大山巌3　日清戦争(文春文庫)　(児島襄著)　文藝春秋　1985.7
◇大山巌4　日清戦争2(文春文庫)　(児島襄著)　文藝春秋　1985.7
◇元老　(山本四郎著)　静山社　1986.4
◇ザ・ライバル―軍人に見る組織管理の手腕　(熊谷直著)　光人社　1986.12
◇西郷隆盛―人望あるリーダーの条件　(山本七平、毛利敏彦、野中敬吾他文)　世界文化社　1987.3　(BIGMANビジネスブックス)
◇指導者(リーダー)の研究　(土門周平著)　講談社　1988.12　(講談社文庫)
◇究極の統率法―将に将たる器とは何か　(奥田鉱一郎著)　マネジメント社　1990.6
◇捕虜の文明史　(吹浦忠正著)　新潮社　1990.9　(新潮選書)
◇日本史ものしり英雄伝―とっておきの戦略・戦術　(加来耕三著)　広済堂出版　1993.3　(広済堂文庫―ヒューマン・セレクト)
◇元帥・西郷従道伝　新装版　(西郷従宏著)　芙蓉書房出版　1997.4　334p
◇明治日本とロシアの影　(渡辺雅司著,ユーラシア研究所・ブックレット編集委員会企画・編)　東洋書店　2003.6　63p　(ユーラシア・ブックレット)
◇失われた史前学―公爵大山柏と日本考古学　(阿部芳郎著)　岩波書店　2004.3　266,3p
◇戦場の名言―指揮官たちの決断　(田中恒夫、菱原和三、熊代将起、藤井久編著)　草思社　2006.6　254p
◇司馬遼太郎　歴史のなかの邂逅―ある明治の庶民　4　(司馬遼太郎著)　中央公論新社　2007.7　394p
◇文芸春秋にみる「坂の上の雲」とその時代　(文芸春秋編)　文芸春秋　2009.11　421p
【雑　誌】
◇満州軍総司令官大山巌の重み(特集・日露の激戦)　(棟田博)「歴史と人物」10(5)　1981.3
◇大山・児玉に見る軍人像と自衛隊の一課題(特集・日露戦争―統―)　(山下純夫)「軍事史学」16(4)　1981.3
◇元帥・陸軍大将・大山巌―日露戦争の総司令官(日本陸海軍のリーダー総覧)　(栗原隆一)「歴史と旅」13(13)　1986.9
◇西郷従道と大山巌　偉大な「血族」を持つ栄光と苦悩―父とも師とも仰ぐ隆盛の影響下、尊攘運動に飛び込んだ2人だったが(特集・西郷隆盛の人間関係学)　(豊田穣)「プレジデント」28(2)　1990.2
◇日露戦争、極東の小国の勝利、世界を驚愕させる―発せられた開戦の辞。満洲軍総司令官に任じられた大山巌は(特集・明治天皇―こうして現代日本への道は開かれた)　(笠原和夫)「プレジデント」29(3)　1991.3
◇参謀を活かした「将の器量」　大山巌と東郷平八郎―司令官と参謀のコンビネーションが、いかにこの戦争の成否を決定づけたのか(巻頭特集・「坂の上の雲」の男たち―ビジネスマンに最も愛される司馬作品を味わう)　(須崎勝弥)「プレジデント」34(12)　1996.12　p130～137
◇大山元帥と「君が代」(ずいひつ「波音」)　(板坂元)「潮」477　1998.11　p62～64

大山綱良　おおやまつなよし　1825～1877
幕末、明治期の政治家、鹿児島県令。
【図　書】
◇薩摩問わず語り　上・下　(五代夏夫)　葦書房　1986.1
◇大久保利通と官僚機構　(加来耕三著)　講談社　1987.2
【雑　誌】
◇鹿児島県令大山綱良の覚悟(特集・西郷隆盛と西南の役)　(五代夏夫)「歴史と人物」12(8)　1982.8

岡崎邦輔　おかざきくにすけ　1853～1936
明治～昭和期の政治家。衆議院議員。
【図　書】
◇原敬をめぐる人びと　続　(原奎一郎,山本四郎編)　日本放送出版協会　1982.8　(NHKブックス　419)
◇岡崎邦輔関係文書・解説と小伝　(伊藤隆,酒田正敏著)　自由民主党和歌山県支部連合会　1985.8
◇人間学のすすめ　(安岡正篤著)　福村出版　1987.4
◇勇気凛々こんな人生　(谷沢永一著)　講談社　2003.5　278p
◇写説『坂の上の雲』　(谷沢永一,太平洋戦争研究会著)　ビジネス社

2004.6　165p
◇本好き人好き話好き　（谷沢永一著）　五月書房　2005.3　227p
【雑　誌】
◇岡崎邦輔―伊藤大八文書より　（山本四郎）「神戸女子大学紀要」24L（文学部史学篇）1990.11

小笠原長行　おがさわらながみち　1822〜1891
幕末、明治期の幕府老中。
【図　書】
◇小笠原壱岐守長行　（小笠原壱岐守長行編纂会編纂）　土筆社　1984.9
◇幕末閣僚伝　（徳永真一郎著）　PHP研究所　1989.11　（PHP文庫）
◇開国の騎手小笠原長行　（岩井弘融）　新人物往来社　1992.10
◇小笠原壱岐守　（佐々木味津三著）　講談社　1997.2　322p　（大衆文学館）
【雑　誌】
◇小笠原壱岐守長行（4）　（藤井貞文）「未盧国」70　1980.3

岡田以蔵　おかだいぞう　1838〜1865
幕末の尊攘派志士。人斬り以蔵。
【図　書】
◇幕末酒徒列伝　（村島健一著）　旺文社　1987.1　（旺文社文庫）
◇坂本龍馬―幕末風雲の夢　（宮地佐一郎著）　大和書房　1987.7
◇日本よもやま歴史館　（南条範夫著）　天山出版　1990.9　（天山文庫）
◇血ぬられた悪役たち　日本テレビ放送網　1993.2　（知ってるつもり?!）
◇日本暗殺総覧―この国を動かしたテロルの系譜　（泉秀樹著）　ベストセラーズ　2002.5　302p　（ベスト新書）
◇幕末暗殺　（黒鉄ヒロシ著）　PHP研究所　2002.8　515p　（PHP文庫）
◇幕末に散った男たちの行動学　（童門冬二著）　PHP研究所　2004.2　397p　（PHP文庫）
◇幕末テロリスト列伝　（歴史を旅する会編）　講談社　2004.3　282p　（講談社文庫）
◇小説・剣豪もし戦わば!?　（巨椋修編）　セントラルSOG　2004.12　218p
◇大江戸曲者列伝―幕末の巻　（野口武彦著）　新潮社　2006.2　220,9P　（新潮新書）
◇幕末剣豪秘伝　（津本陽監修）　ベストセラーズ　2008.8　255p　（ワニ文庫）
◇幕末暗殺剣―血湧き肉踊る最強剣豪伝説　（マーヴェリック著）　双葉社　2009.12　249p
【雑　誌】
◇岡田以蔵（特集幕末維新暗殺剣）　（南條範夫）「歴史と旅」11（14）1984.11
◇岡田以蔵―殺戮に狂奔する陰惨な殺人鬼！（日本剣豪総覧）　（南条範夫）「歴史と旅」13（2）1986.1
◇使い捨てられた殺し屋　岡田以蔵（特集 幕末残酷物語）　（中山安房）「歴史と旅」14（15）1987.10

岡田佐平治　おかださへいじ　1812〜1878
幕末、明治期の農政家。牛岡組報徳社を作った。
【図　書】
◇全国の伝承　江戸時代　人づくり風土記―ふるさとの人と知恵〈22〉静岡　（加藤秀俊、谷川健一、稲垣史生、石川松太郎、吉田豊編）　農山漁村文化協会　1990.2

岡田良一郎　おかだりょういちろう　1839〜1915
明治期の農政家。参議院議員、報徳社社長。
【図　書】
◇日本老農伝　改訂増補　（大西伍一）　農山漁村文化協会　1985.12
◇全国の伝承　江戸時代　人づくり風土記―ふるさとの人と知恵〈22〉静岡　（加藤秀俊、谷川健一、稲垣史生、石川松太郎、吉田豊編）　農山漁村文化協会　1990.2
◇冀北の人・岡田良一郎　（三戸岡道夫著）　栄光出版社　1999.3　288p
◇近世の村と生活文化―村落から生まれた知恵と報徳仕法　（大藤修著）　吉川弘文館　2001.2　466,10p
◇日本の経済思想世界―「十九世紀」の企業者・政策者・知識人　（川口浩編著）　日本経済評論社　2004.12　530p
【雑　誌】
◇岡田良一郎言論関係文書の紹介（1）　（大藤修）「史料館研究紀要」14　1982.9
◇岡田良一郎言論関係文書の紹介（2）　（大藤修）「史料館研究紀要」15　1983.9
◇維新・文明開化と岡田良一郎の言論―日本の近代化と報徳主義（上）　（大藤修）「歴史（東北史学会）」66　1986.9
◇維新・文明開化と岡田良一郎の言論（下）―日本の近代化と報徳主義　（大藤修）「歴史」67　1986.12

◇静岡県国家学会と岡田良一郎の国家思想（1）　（和田守）「大東法学」19　1992.1
◇遠州地方における企業家精神の醸成と報徳思想―岡田良一郎の思想を中心に（上）　（長谷川直哉）「高千穂論叢」高千穂大学商学会 37（1）2002.4　p93〜110
◇遠州地方における企業家精神の醸成と報徳思想―岡田良一郎の思想を中心に（下）　（長谷川直哉）「高千穂論叢」高千穂大学商学会 37（2）2002.8　p59〜77
◇大日本報徳社所蔵・掛川農学校関係史料―岡田良一郎の勧農構想　（大村敏仁）「近代史料研究」日本近代史研究会 5　2005　p22〜44
◇岡田良一郎の経済思想―報徳思想を背景とした社会企業家的活動に関する一考察　（長谷川直哉）「日本経済思想史研究」日本経済思想史研究会,日本経済評論社 7　2007.3　p21〜40

岡野敬次郎　おかのけいじろう　1865〜1925
明治、大正期の法学者、政治家。帝国大学教授、文部大臣。
【図　書】
◇カイゼル髭の恋文―岡野敬次郎と森鷗外　（吉野俊彦著）　清流出版　1997.11　342p
【雑　誌】
◇わが国の手形法学説史（1）岡野敬次郎博士を起点として　（小山賢一）「Artes liberales」30　1982.7
◇わが国の手形法学説史（2）岡野敬次郎博士を起点として　（小山賢一）「Artes liberales（岩手大）」31　1982.12
◇資料　岡野敬次郎博士（1865―1925）業績目録　（高田晴仁、西原慎治）「法学雑誌tatonnement」tatonnement刊行会 3　1999　p349〜363
◇第2部・商法100年の肖像―商法の起草者・岡野敬次郎　ドイツ留学時代の勉強振り（特集・商法100年その軌跡と21世紀への展望）　（吉野俊彦）「ジュリスト」1155　1999.5.1・15　p42〜46
◇岡野敬次郎博士・田部芳博士の略年譜および主要著作（特集 商法100年―II立法）　（高田晴仁、西原慎治）「法律時報」日本評論社 71（7）1999.6　p16〜18

岡谷繁実　おかのやしげざね　1835〜1920
幕末、明治期の志士。館林藩士。
【図　書】
◇サムライの書斎―江戸武家文人列伝　（井上泰至著）　ぺりかん社　2007.12　226p
【雑　誌】
◇田山花袋と岡谷繁実　（青柳達雄）「芸林」43（1）1994.2
◇特別寄稿　にせ勅使小沢一仙と岡谷繁実　（今川徳三）「歴史研究」歴研 45（11）2003.11　p62〜67
◇維新の草莽高松隊と岡谷繁実　（松尾正人）「中央大学文学部紀要」中央大学文学部 206　2005.3　p1〜61

岡部東平　おかべとうへい　1794〜1856
幕末の石見浜田藩士、儒学者。
【雑　誌】
◇岡部東平伝の研究―増上寺の学寮との関係を中心に　（岡中正行）「帝京大学文学部紀要（国語国文学）」14　1982.10
◇隠れた国学者岡部春平　（南博）「亀山」12　1985.10

岡本黄石　おかもとこうせき　1811〜1898
幕末、明治期の近江彦根藩士。藩の勤王転向を宣伝。
【図　書】
◇漢詩人岡本黄石の生涯　（世田谷区立郷土資料館編）　世田谷区立郷土資料館　2001.10　143p
◇漢詩人岡本黄石の生涯　第2章（その詩業と交友）　（世田谷区立郷土資料館編）　世田谷区立郷土資料館　2005.10　174p
◇赤備え―武田と井伊と真田と　（井伊達夫著）　宮帯出版社　2007.6　257p
◇漢詩人岡本黄石の生涯　第3章　（世田谷区立郷土資料館編）　世田谷区立郷土資料館　2008.10　173p
◇須永文庫資料展―須永元と近代の文人たち　佐野市郷土博物館第51回企画展　佐野市郷土博物館　2009.5　43p
【雑　誌】
◇岡本黄石と三詩人―彦根来遊の棕隠・山陽・星巌等　（倉島幸雄）「斯文」斯文会 114　2006.3　p44〜63

岡本柳之助　おかもとりゅうのすけ　1852〜1912
明治期の陸軍軍人。少佐。
【図　書】
◇右翼浪人登場―岡本柳之助の光と影　（名草杜夫）　草風社　1980.11
◇風雲回顧録　（岡本柳之助著, 平井晩村編）　中央公論社　1990.3　（中公文庫）
◇民権の獅子―兆民をめぐる男たちの生と死　（日下藤吾著）　叢文社　1991.12　（現代を拓く歴史名作シリーズ）

◇風雲回顧録 改版 （岡本柳之助著, 平井晩村編） 中央公論新社 2006.1 260p （中公文庫）
◇坂の上に雲はあったか―明治国家創成のミスキャスト （宮崎光雄著） 東洋出版 2007.12 310p

小河一敏　おがわかずとし　1813～1886
幕末, 明治期の豊後岡藩士。堺県知事。
【図書】
◇小河一敏写真・資料集―小河家蔵 1 辞令編 （小河国麿, 小河織衣編） 小河織衣 1986.8
◇幕藩・維新期の国家支配と法―官僚制・兵制・村・家・婚姻を主題とする （山中永之佑著） 信山社出版 1991.3 （学術選書）
【雑誌】
◇外様小藩における勤王動向―豊後岡藩と小河一敏 （後藤重巳）「日本歴史」 443 1985.4
◇豊後岡藩士小河一敏の勤皇運動 （後藤清春）「歴史研究」 人物往来社歴史研究会 432 1997.5 p28～33

沖田総司　おきたそうじ　1842/44～1868
幕末の剣士。新撰組の一番隊隊長。
【図書】
◇幕末酒徒列伝 続 （村島健一） 講談社 1980.3
◇風雲児烈伝―「時代」に燃え尽きた男たち （早乙女貢） PHP研究所 1983.2
◇歴史への招待 26 日本放送出版協会 1983.5
◇沖田総司と新撰組の旅 （旺文社人物グラフィティ） （尾崎秀樹著） 旺文社 1984.2
◇歴史の風景 白河こんじゃく （金子誠三著） 歴史春秋社 1986.5
◇新選組の哲学 （中公文庫） （福田定良著） 中央公論社 1986.8
◇完全複製 沖田総司・土方歳三・坂本龍馬の手紙 （新人物往来社編） 新人物往来社 1988.5
◇物語 新選組隊士悲話 （北原" 子ほか著） 新人物往来社 1988.6
◇幕末を駆け抜けた男たち―新選組誠忠記 （今川徳三著） 教育書籍 1988.6
◇狂雲われを過ぐ （古川薫著） 新人物往来社 1988.11
◇興亡新撰組 （加太こうじ著） 光和堂 1989.5
◇沖田総司を歩く （大路和子） 新人物往来社 1989.6
◇近藤勇と新選組―続幕末を駆け抜けた男たち （今川徳三著） 教育書籍 1989.9
◇土方歳三―青春を新選組に賭けた鉄の男 （津本陽一, 藤本義一, 粕谷一希ほか著） プレジデント社 1990.2 （歴史と人間学シリーズ）
◇NHK歴史への招待〈第21巻〉新選組 （日本放送協会編） 日本放送出版協会 1990.2 （新コンパクト・シリーズ）
◇新選組沖田総司 （星亮一編） 教育書籍 1990.6
◇沖田総司読本 （新人物往来社編） 新人物往来社 1990.10
◇新選組余話 （小島政孝著） （町田）小島資料館 1990.12
◇英雄の時代（1）新選組 （萩原農, 山村竜也編） 教育書籍 1991.6
◇隠された幕末日本史―動乱の時代のヒーロー群像 （早乙女貢著） 広済堂出版 1992.2 （広済堂文庫―ヒューマン・セレクト）
◇花あかり・沖田総司慕情 （三輪佳子著） 新人物往来社 1992.10
◇新選組日誌 上 （菊地明, 伊東成郎, 山村竜也編） 新人物往来社 1995.8 377p
◇土方歳三・沖田総司全書簡集 （菊地明編） 新人物往来社 1995.12 183p
◇沖田総司―物語と史蹟をたずねて （童門冬二著） 成美堂出版 1996.2 326p （成美文庫）
◇新選組三部作 新選組遺聞 改版 （子母沢寛） 中央公論社 1997.1 330p （中公文庫）
◇完全制覇 新選組―この一冊で歴史に強くなる！ （山村竜也著） 立風書房 1998.2 254p
◇新選組剣客伝 （山村竜也著） PHP研究所 1998.7 212p
◇沖田総司・おもかげ抄 新装版 （森満喜子著） 新人物往来社 1999.4 216p
◇新選組468隊士大名鑑―幕末を駆け抜けた壬生狼たちの群像 愛蔵版 （壬生狼友の会編） 駿台曜曜社 1999.12 351p
◇宮本武蔵・剣士大全 （コーエー出版部編） 光栄 2000.2 127p
◇沖田総司・青春の愛と死 （新人物往来社編） 新人物往来社 2001.10 271p
◇新選組剣客伝 （山村竜也著） PHP研究所 2002.9 251p （PHP文庫）
◇土方歳三―幕末新選組の旅 （河合敦著） 光人社 2002.10 221p
◇沖田総司と新選組―「誠」とは剣を極めることなり （木村幸比古著） PHP研究所 2002.12 244p （PHP新書）
◇新選組日誌 コンパクト版 上 （菊地明, 伊東成郎, 山村竜也編） 新人物往来社 2003.2 380p
◇新選組の青春―壬生と日野の日々 青幻舎 2003.4 94p

◇新選組決定録 （伊東成郎著） 河出書房新社 2003.5 301p
◇新選組列伝 （早乙女貢著） 新人物往来社 2003.7 351p
◇沖田総司拾遺 新装版 （大内美予子著） 新人物往来社 2003.8 290p
◇剣豪伝 地の巻 （歴史を旅する会著） 講談社 2003.8 340p （講談社文庫）
◇知れば知るほど面白い！NHK大河ドラマの新選組 （新選組「誠」発掘隊編, 久保田英一文） リフレ出版 2003.8 185p
◇新選組銘々伝 第3巻 （新人物往来社編） 新人物往来社 2003.9 279p
◇土方歳三波濤録 （釣洋一著） 新人物往来社 2003.9 278p
◇新撰組の光と影―幕末を駆け抜けた男達 （童門冬二著） 学陽書房 2003.10 263p （人物文庫）
◇新選組京都―新選組と龍馬たち （川端洋之文, 中田昭写真） 光村推古書院 2003.11 95p （SUIKO BOOKS）
◇「新選組」の事情通になる！―マニアも知らないネタまで開陳 人物、事件史、ウワサ話まで徹底取材 （岳真也著） PHP研究所 2003.11 325p （PHP文庫）
◇新選組読本 （司馬遼太郎ほか著, 日本ペンクラブ編） 光文社 2003.11 626p （光文社文庫）
◇沖田総司―物語と史蹟をたずねて 改訂 （童門冬二著） 成美堂出版 2003.11 326p （成美文庫）
◇イラストで読む入門 新選組 （黒鉄ヒロシ画, 新選組研究会「碧血碑」文） PHPエディターズ・グループ 2003.12 157p
◇新選組クイズ100連発！ （幕末史研究会編, 笠原秀文） 学習研究社 2003.12 216p
◇沖田総司―新選組きっての天才剣士 （松田十刻著） PHP研究所 2003.12 391p （PHP文庫）
◇映画・テレビ完全ガイド 燃えよ！新選組 （山村竜也, 岸田一則, 横田淳編著） たちばな出版 2003.12 143p
◇その名は新選組 （砂田弘著, 伊藤勢絵） ポプラ社 2003.12 119p
◇新選組―知れば知るほど・人物歴史丸ごとガイド （横田淳著, 山村竜也監修） 学習研究社 2003.12 239p
◇新選組 （佐藤文明文, ふなびきかずこイラスト） 現代書館 2003.12 174p （FOR BEGINNERSシリーズ）
◇沖田総司を歩く （大路和子著） 新潮社 2003.12 313p （新潮文庫）
◇図解雑学 沖田総司と新選組隊士 （河合敦著） ナツメ社 2004.1 206p （図解雑学シリーズ）
◇新選組全隊士徹底ガイド （前田政記著） 河出書房新社 2004.1 213p （河出文庫）
◇実録 沖田総司と新選組 （今川徳三著） PHP研究所 2004.1 284p （PHP文庫）
◇新選組一番隊・沖田総司 （結喜しはや著） 新人物往来社 2004.3 280p
◇最後のサムライ！新選組入門 （田中ひろみ著） 幻冬舎 2004.4 119p
◇沖田総司―誠一筋の天才剣士 学習研究社 2004.4 63p （歴史群像シリーズ）
◇新選組全史 下 （菊地明著） 新人物往来社 2004.6 317p
◇幕末新選組拾遺帖 （伊東成郎著） 新人物往来社 2004.7 285p
◇英傑の日本史―新撰組・幕末編 （井沢元彦著） 角川書店 2004.10 311p
◇小説・剣豪もし戦わば!? （巨椋修編） セントラルSOG 2004.12 218p
◇多摩・新選組新聞 （平野勝著） 東京新聞出版局 2005.2 220p
◇ラストサムライの群像―幕末維新に生きた誇り高き男たち （星亮一, 遠藤由紀子著） 光人社 2006.2 283p
◇水戸黄門は旅嫌いだった!?―種明かし日本史20人の素顔 （楠木誠一郎著） 朝日新聞社 2006.3 190p （朝日選書）
◇沖田総司伝私記 （菊地明著） 新人物往来社 2007.4 221p
◇新選組 二千二百四十五日 （伊東成郎著） 新潮社 2007.6 396p （新潮文庫）
◇新選組468隊士大名鑑 完全版 （壬生狼友の会監修） 小池書院 2007.11 351p
◇英傑の日本史―新撰組・幕末編 （井沢元彦著） 角川書店 2007.12 371p （角川文庫）
◇幕末"志士"列伝 （別冊宝島編集部編） 宝島社 2008.11 223p （宝島SUGOI文庫）
◇魂をゆさぶる辞世の名句―最期の言葉から死に方と生き方を学ぶ （宜昌陽一郎編著） 成美堂出版 2009.2 255p （成美文庫）
◇坂本龍馬と幕末維新人物100選 （清水昇著） リイド社 2009.12 253p （リイド文庫）
【雑誌】
◇新選組大特集 沖田総司のバラード 「歴史と旅」 7(2) 1980.1
◇特集・謎と異説の新選組 沖田総司の謎と異説 「歴史と旅」 7(12)

1980.11
◇沖田総司文献総覧　（斯馬司）「別冊歴史読本」6（2）1981.4
◇沖田総司は池田屋で喀血したか（歴史研究）（伊東成郎）「歴史と旅」8（10）1981.8
◇新説・近藤勇と沖田総司　（神保侃月）「歴史読本」27（9）1982.7
◇新撰組沖田総司の手紙　「季刊銀花　別冊　手紙」2 1984.12
◇沖田総司の謎　（小島政孝）「歴史研究」291 1985.7
◇沖田総司の最期 天才剣士、結核に斃れる（特集 新選組隊士臨終図巻）（森満喜子）「歴史と旅」15（4）1988.3
◇沖田総司は黒猫を見たか（中村彰彦）「文芸春秋」74（4）1996.3 p83～85
◇南伸坊のonaidoshi album—7—東千代之介とマリリン・モンロー ニーチェと沖田総司 湯川秀樹とジョン・ウェイン（南伸坊）「太陽」平凡社 34（8）1996.7 p137～139
◇沖田総司—ばアさん、あの黒い猫は来てるだろうなア（特集・幕末明治人物臨終の言葉—近代の夜明けを駆けぬけた44人の人生決別の辞 英傑死してことばを遺す）（一坂太郎、稲川明雄、今川徳三、井門寛、宇都宮泰長、河合敦、木村幸比古、祖田浩一、高野澄、高橋和彦、畑山博、三谷茉沙夫、百瀬明治、山村竜也）「歴史と旅」24（7）1997.5 p68～69
◇沖田総司と植木屋平五良　（野口達男）「幕末研究」小島資料館（発売）No.34 1998.1 p2～13
◇MEDICAL ESSAYS「新選組」余話—沖田総司の病のことなど（松本茂）「日本医事新報」日本医事新報社 4155 2003.12.13 p56～59
◇評論 沖田総司という伝説　（野口武彦）「すばる」集英社 26（1）2004.1 p194～217
◇新選組 沖田総司伝私記（2）江戸1 沖田惣次郎の日々（2）（菊地明）「歴史読本」新人物往来社 50（2）2005.2 p202～209
◇新選組 沖田総司伝私記（3）江戸1 沖田惣次郎の日々（3）（菊地明）「歴史読本」新人物往来社 50（3）2005.3 p214～221
◇新選組 沖田総司伝私記（4）江戸1 沖田惣次郎の日々（4）（菊地明）「歴史読本」新人物往来社 50（4）2005.4 p226～233
◇黒猫—沖田総司の死線（1）（中場利一）「一冊の本」朝日新聞社 10（5）2005.5 p16～21
◇新選組 沖田総司伝私記（5）江戸1 沖田惣次郎の日々（5）（菊地明）「歴史読本」新人物往来社 50（5）2005.5 p234～241
◇黒猫—沖田総司の死線（2）（中場利一）「一冊の本」朝日新聞社 10（6）2005.6 p16～21
◇新選組 沖田総司伝私記（6）江戸1 沖田惣次郎の日々（6）（菊地明）「歴史読本」新人物往来社 50（6）2005.6 p214～221
◇黒猫—沖田総司の死線（3）（中場利一）「一冊の本」朝日新聞社 10（7）2005.7 p14～19
◇新選組 沖田総司伝私記（7）江戸1 沖田惣次郎の日々（7）（菊地明）「歴史読本」新人物往来社 50（7）2005.7 p228～235
◇黒猫 沖田総司の死線（4）（中場利一）「一冊の本」朝日新聞社 10（8）2005.8 p13～18
◇新選組 沖田総司伝私記（8）江戸1 沖田惣次郎の日々（8）（菊地明）「歴史読本」新人物往来社 50（8）2005.8 p212～219
◇新選組 沖田総司伝私記（9）京都 沖田総司の日々（1）（菊地明）「歴史読本」新人物往来社 50（9）2005.9 p216～223
◇黒猫 沖田総司の死線（5）（中場利一）「一冊の本」朝日新聞社 10（10）2005.10 p19～24
◇新選組 沖田総司伝私記（10）京都 沖田総司の日々（2）（菊地明）「歴史読本」新人物往来社 50（10）2005.10 p212～219
◇黒猫 沖田総司の死線（6）（中場利一）「一冊の本」朝日新聞社 10（11）2005.11 p29～34
◇新選組 沖田総司伝私記（11）京都 沖田総司の日々（3）（菊地明）「歴史読本」新人物往来社 50（11）2005.11 p336～343
◇黒猫 沖田総司の死線（7）（中場利一）「一冊の本」朝日新聞社 10（12）2005.12 p28～33
◇新選組 沖田総司伝私記（12）京都 沖田総司の日々（4）（菊地明）「歴史読本」新人物往来社 50（12）2005.12 p324～331
◇黒猫 沖田総司の死線（8）（中場利一）「一冊の本」朝日新聞社 11（1）2006.1 p68～73
◇新選組 沖田総司伝私記（13）京都 沖田総司の日々（5）（菊地明）「歴史読本」新人物往来社 51（1）2006.1 p256～263
◇黒猫 沖田総司の死線（9）（中場利一）「一冊の本」朝日新聞社 11（2）2006.2 p68～73
◇新選組 沖田総司伝私記（14）京都 沖田総司の日々（6）（菊地明）「歴史読本」新人物往来社 51（2）2006.2 p252～259
◇黒猫 沖田総司の死線（10）（中場利一）「一冊の本」朝日新聞社 11（3）2006.3 p68～73
◇新選組 沖田総司伝私記（15）京都 沖田総司の日々（7）（菊地明）「歴史読本」新人物往来社 51（5）2006.3 p274～281
◇黒猫 沖田総司の死線（11）（中場利一）「一冊の本」朝日新聞社 11（4）2006.4 p68～73
◇新選組 沖田総司伝私記（16）京都 沖田総司の日々（8）（菊地明）「歴史読本」新人物往来社 51（6）2006.4 p280～287
◇黒猫 沖田総司の死線（12）（中場利一）「一冊の本」朝日新聞社 11（5）2006.5 p68～73
◇新選組 沖田総司伝私記（17）京都 沖田総司の日々（9）（菊地明）「歴史読本」新人物往来社 51（7）2006.5 p312～319
◇黒猫 沖田総司の死線（13）（中場利一）「一冊の本」朝日新聞社 11（6）2006.6 p68～73
◇新選組 沖田総司伝私記（18）京都 沖田総司の日々（10）（菊地明）「歴史読本」新人物往来社 51（9）2006.6 p276～283
◇黒猫—沖田総司の死線（14）（中場利一）「一冊の本」朝日新聞社 11（7）2006.7 p68～73
◇新選組 沖田総司伝私記（19）江戸2 沖田総司の日々（1）（菊地明）「歴史読本」新人物往来社 51（10）2006.7 p272～279
◇黒猫—沖田総司の死線（15）（中場利一）「一冊の本」朝日新聞社 11（8）2006.8 p68～73
◇新選組 沖田総司伝私記（20）江戸2 沖田総司の日々（2）（菊地明）「歴史読本」新人物往来社 51（11）2006.8 p278～285
◇黒猫 沖田総司の死線（16）（中場利一）「一冊の本」朝日新聞社 11（9）2006.9 p68～73
◇新選組 沖田総司伝私記（21）江戸2 沖田総司の日々（3）（菊地明）「歴史読本」新人物往来社 51（12）2006.9 p284～290
◇黒猫 沖田総司の死線（17）（中場利一）「一冊の本」朝日新聞社 11（10）2006.10 p68～73
◇新選組 沖田総司伝私記（22）江戸2 沖田総司の日々（4）（菊地明）「歴史読本」新人物往来社 51（13）2006.10 p304～311
◇黒猫 沖田総司の死線（18）（中場利一）「一冊の本」朝日新聞社 11（11）2006.11 p68～73
◇新選組 沖田総司伝私記（23）江戸2 沖田総司の日々（5）（菊地明）「歴史読本」新人物往来社 51（14）2006.11 p308～315
◇黒猫 沖田総司の死線（19）（中場利一）「一冊の本」朝日新聞社 11（12）2006.12 p68～73
◇新選組 沖田総司伝私記（最終回）江戸2 沖田総司の日々（6）（菊地明）「歴史読本」新人物往来社 51（15）2006.12 p264～274
◇黒猫 沖田総司の死線（20）（中場利一）「一冊の本」朝日新聞社 12（1）2007.1 p66～71
◇黒猫 沖田総司の死線（21）（中場利一）「一冊の本」朝日新聞社 12（2）2007.2 p66～71
◇黒猫 沖田総司の死線（22）（中場利一）「一冊の本」朝日新聞社 12（3）2007.3 p67～72
◇黒猫 沖田総司の死線（23）（中場利一）「一冊の本」朝日新聞社 12（4）2007.4 p76～81
◇黒猫 沖田総司の死線（24）（中場利一）「一冊の本」朝日新聞社 12（5）2007.5 p79～84
◇黒猫 沖田総司の死線（25）（中場利一）「一冊の本」朝日新聞社 12（6）2007.6 p79～84
◇黒猫 沖田総司の死線（26）（中場利一）「一冊の本」朝日新聞社 12（7）2007.7 p75～80
◇黒猫 沖田総司の死線（27）（中場利一）「一冊の本」朝日新聞社 12（8）2007.8 p87～92
◇黒猫 沖田総司の死線（28）（中場利一）「一冊の本」朝日新聞社 12（9）2007.9 p83～88
◇黒猫 沖田総司の死線（29）（中場利一）「一冊の本」朝日新聞社 12（10）2007.10 p87～92
◇黒猫 沖田総司の死線（30）（中場利一）「一冊の本」朝日新聞社 12（11）2007.11 p83～88
◇黒猫 沖田総司の死線（31）（中場利一）「一冊の本」朝日新聞社 12（12）2007.12 p83～88
◇黒猫 沖田総司の死線（最終回）（中場利一）「一冊の本」朝日新聞社 13（1）2008.1 p96～100

大給恒　おぎゅうゆずる　1839～1910
幕末，明治期の竜岡藩知事，伯爵。
【図　書】
◇もう一つの五稜郭　（中村勝実）櫟 1982.6
◇大給恒と赤十字　銀河書房 1991.1
◇近代佐久を開いた人たち　（中村勝実著）（佐久）櫟 1994.2
◇もう一つの五稜郭—信州竜岡城 新版　（中村勝実著）櫟 1997.7 192p（千曲川文庫）
◇赤十字のふるさと—ジュネーブ条約をめぐって（北野進著）雄山閣 2003.7 237p

小栗忠順　おぐりただまさ　1827～1868
幕末の幕臣。
【図　書】
◇士魂の群像　（吉田武三）富山房 1980.7

◇江戸5 人物編 （大久保利謙編輯） 立体社 1980.8
◇明治阪臣伝 （徳永真一郎） 毎日新聞社 1981.1
◇幕臣列伝 （綱淵謙錠） 中央公論社 1981.3
◇参謀の器量学―日本史の策士たち10人 （奈良本辰也著） 広済堂出版 1982.12 （Kosaido books）
◇夕陽を知らぬ男たち―彼らはいかに生きたか （小島直記） 旺文社 1983.2 （旺文社文庫）
◇幕末維新の経済人―先見力・決断力・指導力（中公新書） （坂本藤良著） 中央公論社 1984.4
◇幕臣列伝（中公文庫） （綱淵謙錠） 中央公論社 1984.5
◇目でみる日本史 維新の青春群像（文春文庫） （小西四郎） 文芸春秋 1986.4
◇危機の行動力―幕末人物新研究（リキトミブックス〈20〉） （会田雄次, 百瀬明治著） 力富書房 1986.5
◇小栗上野介の生涯―「兵庫商社」を創った最後の幕臣 （坂本藤良） 講談社 1987.9
◇維新太平記―小栗上野介の栄光と挫折〈上〉 （清水惣七著） 新人物往来社 1988.2
◇維新太平記―小栗上野介の栄光と挫折〈下〉 （清水惣七著） 新人物往来社 1988.2
◇三越物語―劇的百貨店、その危機と再生 （梅本浩志著） ティビーエス・ブリタニカ 1988.7
◇坂本龍馬と海援隊―日本を変えた男のビジネス魂 （坂本藤良著） 講談社 1988.11 （講談社文庫）
◇幕末政治家 （福地源一郎著） 平凡社 1989.5 （東洋文庫）
◇幕末日本を救った「先見力と胆識」―逆風の中の名リーダー （新井喜美夫著） プレジデント社 1992.6
◇小栗上野介忠順―その謎の人物の生と死 （矢島ひろ明） 群馬出版センター 1992.10
◇歴史にみるビジネスマンの原理・原則―創造的な判断力を磨く （新井喜美夫著） 総合法令 1992.12 （原理・原則シリーズ）
◇小栗上野介忠順 （矢島ひろ明） 群馬出版センター 1993
◇幕末開明の人小栗上野介 （市川光一, 村上泰賢著） 群馬県高崎財務事務所 1994.3
◇日本を創った先覚者たち―井伊直弼・小栗忠順・河井継之助 （新井喜美夫著） 総合法令 1994.3 （HOREI BOOKS）
◇上州権田村の驟雨―小栗上野介の生涯 （星亮一著） 教育書籍 1995.6 285p
◇危機―ライバル日本史 8 （NHK取材班著） 角川書店 1996.12 316p （角川文庫）
◇普門院―大宮 （柳田敏司監修, 早川智明著） さきたま出版会 1997.5 37p （さきたま文庫）
◇痩我慢というかたち―激動を乗り越えた日本の志 （感性文化研究所編） 黙出版 1997.8 111p MOKU BOOKS）
◇徳川慶喜の幕末・明治 （童門冬二, 勝部真長, 田中彰, 杉田幸三, 永岡慶之助ほか著） 中央公論社 1998.2 296p （中公文庫）
◇幕末 英傑風雲録 （羽生道英著） 中央公論社 1998.5 365p （中公文庫）
◇真説 上野彰義隊 （加来耕三著） 中央公論社 1998.12 396p （中公文庫）
◇勝海舟のライバル小栗上野介一族の悲劇―小栗騒動及び小栗夫人等脱出潜行、会津への道、踏査実録 （小板橋良平著） あさを社 1999.5 272p
◇小栗上野介一族の悲劇―勝海舟のライバル小栗騒動及び小栗夫人等脱出潜行、会津への道、踏査実録 （小板橋良平著） あさを社 1999.5 272p
◇歴史に学ぶ「執念」の財政改革 （佐藤雅美著） 集英社 1999.8 278p （集英社文庫）
◇君はトミー・ポルカを聴いたか―小栗上野介と立石斧次郎の「幕末」 （赤塚行雄著） 風媒社 1999.10 255,4p
◇新人物日本史・光芒の生涯 下 （畑山博著） 学陽書房 1999.10 364p （人物文庫）
◇徳川埋蔵金検証事典 （川口素生著） 新人物往来社 2001.1 246p
◇小泉純一郎を読み解く15章 （濤川栄太著） 文芸社 2001.7 293p
◇幕末遣米使節小栗忠順従者の記録―名主佐藤義七の世界一周 （村上泰賢編著） 東善寺 2001.11 191p
◇現代の建築保存論 （鈴木博之著） 王国社 2001.12 221p
◇小説 小栗上野介 （童門冬二著） 集英社 2002.12 401p
◇幕末維新異聞―「西郷さんの首」他 （童門冬二ほか著） 中央公論新社 2002.12 281p （中公文庫）
◇維新の驍小栗上野介 （上村翠著） 文芸書房 2003.1 161p
◇その時歴史が動いた 18 （NHK取材班編） KTC中央出版 2003.2 253p
◇幕臣たちの誤算―彼らはなぜ維新を実現できなかったか （星亮一著） 青春出版社 2003.5 187p （プレイブックス・インテリジェンス）
◇怒濤逆巻くも 下 （鳴海風著） 新人物往来社 2003.6 383p
◇歴史に消された「18人のミステリー」 （中津文彦著） PHP研究所 2003.6 215p （PHP文庫）
◇小栗上野介をめぐる秘話 （河野正男著） 群馬出版センター 2003.12 215p
◇コミック版 NHKその時歴史が動いた 改革者編 （NHK取材班編） ホーム社 2004.5 500p （ホーム社漫画文庫）
◇教科書から消された偉人・隠された賢人―いま明かされる日本史の真実 （濤川栄太著） イーグルパブリシング 2004.6 249p
◇高井鴻山夢物語 （山崎実著） 高井鴻山記念館 2004.7 202p
◇幕末武士道、若きサムライ達 （山川健一著） ダイヤモンド社 2004.8 280p
◇小栗上野介 （市川光一, 村上泰賢, 小板橋良平共著） みやま文庫 2004.8 222p （みやま文庫）
◇思想劇画 属国日本史 幕末編 （副島隆彦著, ロシナンテ青木劇画） 早月堂書房 2004.9 275p
◇「善玉」「悪玉」大逆転の幕末史 （新井喜美夫著） 講談社 2005.1 201p （講談社プラスアルファ新書）
◇関口大砲製造所 （大松駿一著） 東京文献センター 2005.2 145p
◇ラストサムライの群像―幕末維新に生きた誇り高き男たち （星亮一, 遠藤由紀子著） 光人社 2006.2 283p
◇日本史「わき役」たちの言い分―われらが歴史を盛り上げた！ （岳真也著） PHP研究所 2006.10 338p （PHP文庫）
◇もはや堪忍成り難し―自由民権秘史島本仲道と三浦半島の仲間たち （岸本隆巳著, 酒井一監修） 叢文社 2007.1 234p
◇最後の将軍徳川慶喜の無念―大統領になろうとした男の誤算 （星亮一, 遠藤由紀子著） 光人社 2007.2 289p
◇敗者たちの幕末維新―徳川を支えた13人の戦い （武光誠著） PHP研究所 2007.9 235p （PHP文庫）
◇小栗忠順のすべて （村上泰賢編） 新人物往来社 2008.4 285p
◇最後の幕臣小栗上野介 （星亮一著） 筑摩書房 2008.8 239p （ちくま文庫）
◇幕末維新「英傑」たちの言い分―坂本龍馬から相楽総三まで （岳真也著） PHP研究所 2009.10 391p （PHP文庫）
◇幕末・明治の英傑たち （加来耕三著） 土屋書店 2009.12 287p
【雑誌】
◇小栗忠順―幕府の大蔵大臣(特集徳川幕府滅亡の舞台裏) （小林久三）「歴史読本」 30(18) 1960.10
◇幕臣列伝(5)遣外使節と幕臣 （綱淵謙錠）「歴史と人物」 10(5) 1980.5
◇幕臣列伝(9)小栗上野介 （綱淵謙錠）「歴史と人物」 10(10) 1980.10
◇幕末の武断派小栗忠順(特集・大江戸旗本八万騎) （栗原隆一）「歴史と旅」 8(5) 1981.4
◇政敵小栗上野介を殺した男(特集・維新の激戦) （栗原隆一）「歴史と人物」 122 1981.9
◇小栗上野介の処刑(1)附「新田官軍」 （新井清武）「東毛史談」 2 1982.2
◇小栗上野介を斬る―高崎藩―特集・幕末諸藩の戦い （杉田幸三）「歴史と人物」 1983.3
◇小栗上野介忠順 （丑木幸男）「群馬歴史散歩」 74 1986.1
◇2つの政治路線―小栗忠順と勝海舟(徳川300年を動かした男たち〈特集〉) （石井孝）「歴史読本」 31(11) 1986.6
◇小栗上野介遺聞 （白柳夏男）「専修商学論集」 43(加藤俊彦教授退職記念号) 1987.3
◇小栗上野介忠順の死 （中島明）「群馬歴史散歩」 83 1987.7
◇幕府徹底抗戦派の末路 小栗忠順(特集 幕末残酷物語) （長谷圭剛）「歴史と旅」 14(15) 1987.10
◇消えた小栗上野介父子の首 （川島雄知）「群馬風土記」 2(4) 1988.7
◇開国・開港舞台裏(49) 万延元年遣米使節小栗豊後守忠順(上) （半沢正時）「かながわ風土記」 133 1988.8
◇開国・開港舞台裏(50) 万延元年遣米使節小栗豊後守忠順(下) （半沢正時）「かながわ風土記」 134 1988.9
◇外交官としての小栗忠順―1861年露艦「ポサドニック」号対馬滞泊事件をめぐって （亀掛川博正）「政治経済史学」 277 1989.5
◇小栗上野介忠順 （金本勝三郎）「姓氏と家紋」 57 1989.11
◇上州に小栗上野介忠順の墓を訪ねて （金本勝三郎）「練馬郷土研究会会報」 205 1990.1
◇小栗忠順「徳川復権」に賭けた辣腕―財政の再建、軍制の近代化でそれは成ると確信していた(特集・「幕末維新」の人物学) （佐藤雅美）「プレジデント」 28(6) 1990.6
◇幕末親仏派の再検討―「小栗日記」を中心として （唐沢はるみ）「史窓」 49 1992
◇小栗上野介と螺子 （浅田晃彦）「群馬歴史散歩」 123 1992.7
◇小栗上野介番外編 養子又一と伊勢崎 （赤坂善蔵）「群馬風土記」 7(1) 1993.2
◇開明派幕閣の生涯 （尾崎秀樹）「波」 28(10) 1994.10

◇小栗上野介の埋蔵金の謎（幕末維新の謎）「歴史と旅」23(11) 1996.7.5 臨増(日本史の謎100選) p370～371
◇勝海舟VS小栗忠順―維新前夜の幕府官僚の暗闘（政治編）（栗原隆一）「歴史と旅」23(17) 1996.11.10 臨増(日本史ライバル総覧) p192～195
◇小栗忠順―おしずかに(特集・幕末明治人物臨終の言葉―近代の夜明けを駆けぬけた44人の人生決別の辞 英傑死してことばを遺す）（一坂太郎、稲川明雄、今川徳三、井門寛、宇都宮泰長、河合敦、木村幸比古、祖田浩一、高野澄、高橋和彦、畑山博、三谷茉沙夫、百瀬明治、山村竜也）「歴史と旅」24(7) 1997.5 p66～67
◇歴史の裏側 （市川森一）「文芸春秋」77(3) 1999.3 p80～82
◇小栗上野介の先見の明 （中台登）「歴史研究」人物往来社歴史研究会 460 1999.9 p34～38
◇小栗上野介の経歴―復々小栗様の御役替え （久田俊夫）「社会科学論集」名古屋経済大学〔ほか〕66 2000.3 p31～51
◇小栗忠順と兵庫商社―組織論の視点から （平池久義）「下関市立大学論集」下関市立大学学会 44(2) 2000.9 p1～11
◇小栗上野介の遺産―土産付きの売家 （久田俊夫）「社会科学論集」名古屋経済大学〔ほか〕67 2000.10 p49～70
◇小栗上野介の使命―万延元年遣米使節 （久田俊夫）「人文科学論集」名古屋経済大学〔ほか〕第67号 2001.1 p33～48
◇小栗上野介の最期―海舟に敗れたり （久田俊夫）「人文科学論集」名古屋経済大学〔ほか〕第68号 2001.7 p89～104
◇江戸・幕末に学ぶ人間関係―歴史の断章としての海舟、諭吉、徂徠、忠順 （徳間腆洪）「久留米大学商学研究」久留米大学商学会 8(1) 2002.9 p133～162
◇空っ風赤城山―小栗上野介の最期 （野口武彦）「文学界」文芸春秋 58(8) 2004.8 p167～189
◇幕末・日本近代化への道を開いた偉人 小栗上野介忠順 （井上昌威）「歴史春秋」歴史春秋社 2006.4 p47～89
◇覚悟 小栗上野介という男(特集 変革期に貫いた志)（佐藤雅美）「月刊自由民主」自民党 658 2008.1 p26～32
◇学問の歩きオロジー 明治国家の父 小栗上野介(1)その人柄とその時代 （水谷仁）「Newton」ニュートンプレス 28(3) 2008.3 p100～105
◇学問の歩きオロジー 明治国家の父 小栗上野介(2)製鉄造船所をつくる （水谷仁）「Newton」ニュートンプレス 28(4) 2008.4 p104～109

尾崎三良　おざきさぶろう　1842～1918
明治期の官吏。太政官、泉炭鉱社長。
【図　書】
◇尾崎三良自叙略伝 上,中,下 中央公論社 1980.1～3 （中公文庫）
◇近代日本と沖縄 （我部政男）三一書房 1981.5
◇近代日本の自伝 （佐伯彰一）講談社 1981.5
◇近代日本の自伝 （佐伯彰一著）中央公論社 1990.9 （中公文庫）
◇尾崎三良日記〈上巻〉（尾崎三良著、伊藤隆、尾崎春盛編）中央公論社 1991.8
◇尾崎三良日記〈中巻〉（伊藤隆、尾崎春盛編）中央公論社 1991.10
◇尾崎三良日記〈下巻〉（尾崎三良著、伊藤隆、尾崎春盛編）中央公論社 1992.2
◇近代日本の人物と史料 （伊藤隆著）青史出版 2000.1 199,6p
【雑　誌】
◇社会の急変動期におけるホワイトカラーの職業的生きがい感の変質過程―明治期政治エリート・尾崎三良の場合(1) （守屋研二）「応用社会科学研究(立教大)」21 1980.
◇近代日本の自伝(7)棄て子・ピカロの青春 （佐伯彰一）「群像」35(7) 1980.7
◇尾崎三良『沖縄県視察復命書』と『地方巡察使復命書』の刊行 （我部政男）「地域と文化」2 1980.10
◇社会の急変動期におけるホワイトカラーの職業的生きがい感の変質過程―明治期政治エリート・尾崎三良の場合(2) （守屋研二）「応用社会科学研究(立教大)」22 1981.10
◇「尾崎三良自叙略伝」と井上毅 （木野主計）「日本歴史」501 1990.2
◇西南戦争日録―尾崎三良文書による史料構成 （東京大学国史伊藤ゼミグループA）「中央公論」105(11) 1990.11
◇近代法制の草分けは財テクも得意―尾崎三良自叙略伝(日本近代を読む［日記大全］)「月刊Asahi」5(1) 1993.1・2
◇史料紹介「尾崎三良関係文書」（村瀬信一）「皇学館史学」7・8 1993.3
◇一勲功華族における妻と妾―男爵尾崎三良の場合 （森岡清美）「淑徳大学社会学部研究紀要」淑徳大学社会学部 32 1998 p107～129

押小路甫子　おしこうじなみこ　1808～1884
江戸後期～明治期の女性。孝明天皇の大乳人。
【図　書】
◇押小路甫子日記 1（日本史籍協会叢書 48）（日本史籍協会編）東京大学出版会 1984.5
◇押小路甫子日記 2（日本史籍協会叢書 49）（日本史籍協会編）東京大学出版会 1984.6
◇押小路甫子日記 3（日本史籍協会叢書 50）（日本史籍協会編）東京大学出版会 1984.6

男谷精一郎　おだにせいいちろう　1798～1864
幕末の幕臣、剣術家、講武所奉行並。
【図　書】
◇日本剣豪列伝〈下〉（伊藤桂一ほか著）旺文社 1987.6 （旺文社文庫）
◇日本剣客列伝 （津本陽著）講談社 1987.11 （講談社文庫）
◇日本よもやま歴史館 （南条範夫著）天山出版 1990.9 （天山文庫）
◇おもしろ日本史探訪 （南條範夫著）広済堂出版 1991.2 （広済堂文庫―ヒューマン・セレクト）
◇剣豪―剣一筋に生きたアウトローたち （草野巧著）新紀元社 1999.3 216p （Truth In Fantasy）
◇謎の仙መ剣 （諸田政治著）叢文社 2001.6 389p
◇空の剣―男谷精一郎の孤独 （高橋三千綱著）集英社 2004.8 445p
◇幕末剣豪秘伝 （津本陽監修）ベストセラーズ 2008.8 255p （ワニ文庫）
【雑　誌】
◇剣豪ナンバーワン(特集日本史ナンバーワン物語) （山本邦夫）「歴史と旅」11(4) 1984.3
◇男谷精一郎―講武所頭取となった幕末の剣聖(日本剣豪総覧) （山本邦夫）「歴史と旅」13(2) 1986.1
◇幕末の剣客男谷精一郎における右文―「平山季重遺跡之碑」をめぐって （安部成得）「帝京大学文学部紀要 国語国文学」21 1989.10
◇幕末の剣聖・男谷下総守信友 （北原昭太郎）「江東史談」236 1990.12

落合直亮　おちあいなおあき　1827～1894
幕末,明治期の勤王家。刑法官監察司。
【図　書】
◇草の根の維新 （桜沢一昭）埼玉新聞社 1982.8
◇赤報隊と薩摩邸の浪士 （安藤良平著）日本文学館 2004.7 237p
【雑　誌】
◇落合直文とその周辺(2) （落合秀男）「短歌」27(11) 1980.11

小野梓　おのあずさ　1852～1886
明治期の政治家, 法学者。太政官少書記官。
【図　書】
◇小野梓全集3 （早稲田大学大学史編集所編）早稲田大学出版部 1980.4
◇日本の国家思想 上 （小松茂夫・田中浩編）青木書店 1980.5
◇近代日本と早稲田の思想群像1 （早稲田大学社会科学研究所日本近代思想編）早稲田大学出版部 1981.11
◇小野梓全集 第5巻 （早稲田大学大学史編集所編）早稲田大学出版部 1982.3
◇小野梓全集 別冊 （早稲田大学大学史編集所編）早稲田大学出版部 1982.3
◇近代日本の海外留学史 （石附実著）ミネルヴァ書房 1984.5
◇法制官僚の時代―国家の設計と知の歴程 （山室信一）木鐸社 1984.12
◇大久保利謙歴史著作集(2)明治国家の形成 （大久保利謙著）吉川弘文館 1986.5
◇小野梓の研究 早稲田大学出版部 1986.10
◇もう一つの天皇制構想―小田為綱文書「憲法草稿評林」の世界 （小西豊治著）御茶の水書房 1989.3
◇小野梓 （中村尚美）早稲田大学出版部 1989.6 （早稲田人物叢書2）
◇近代日本の思想像―啓蒙主義から超国家主義まで （井田輝敏著）（京都）法律文化社 1991.6
◇自由民権運動と立憲改進党 （大日方純夫著）早稲田大学出版部 1991.9
◇明治14年の政変―大隈重信一派が挑んだもの （姜範錫著）朝日新聞社 1991.10 （朝日選書）
◇近代日本と早稲田大学 （佐藤能丸著）早稲田大学出版部 1991.12
◇イギリス思想と近代日本 （武田清子、峰島旭雄、小泉仰、山下重一著）北樹出版 1992.3 （フマニタス選書）
◇近代日本の海外留学史 （石附実著）中央公論社 1992.6 （中公文庫）
◇立憲改進党の活動と思想 （安在邦夫著）校倉書房 1992.6 （歴史

科学叢書）
◇植木枝盛―民権青年の自我表現　（米原謙著）　中央公論社　1992.8（中公新書）
◇福島正夫著作集〈第1巻〉日本近代法史　（福島正夫著）　勁草書房　1993.12
◇小野梓の政治思想の研究　（沢大洋著）　天聖社　1995.10　400p
◇天賦人権論と功利主義―小野梓の政治思想　（荻原隆著）　新評論　1996.1　248p　（名古屋学院大学産業科学研究所研究叢書）
◇法思想の世界　（矢崎光圀著）　塙書房　1996.9　193p　（塙新書）
◇図録小野梓―立憲政治の先駆・大学創立の功労者　（早稲田大学編）　早稲田大学　2002.3　111p
◇小野梓―独立自主の精神　（吉井蒼生夫編）　早稲田大学　2003.1　167p
◇小野梓生誕150周年記念事業記録集　（早稲田大学編）　早稲田大学　2003.2　51p
◇小野梓の政法思想の総合的研究―日本の憲法学と政党政綱の源流　（沢大洋著）　東海大学出版会　2005.3　438p
◇春城師友録　（市島春城著，山口昌男監修）　国書刊行会　2006.4　434p　（知の自由人叢書）

【雑　誌】
◇条約改正と小野梓　（中村尚美）「早稲田大学社会科学討究」25(2)　1980.1
◇「万国公法」認識から東洋盟主論まで―小野梓の対外論とその展開（下）（細野浩二）「早稲田大学史記要」13　1980.5
◇小野梓の政治思想の基礎的形成と発展―共存同衆とその政治思想(3)（沢大洋）「東海大学紀要 政治経済学部」12　1981.3
◇立憲改進党系思想家の憲法観・国家観―小野梓と浮田和民（特集・大日本帝国憲法）（栄जाय幸二）「歴史公論」7(3)　1981.3
◇小野梓の人と学問　（中村吉三郎）「法学セミナー」314　1981.4
◇一八八一年の政変をめぐる小野梓の軌跡　（大日方純夫）「早稲田大学史記要」14　1981.7
◇明治十年の小野梓―広瀬進一関係の文書を通じて　（福島正夫）「早稲田大学史記要」14　1981.7
◇小野梓の「家庭の制」をめぐって　（中村吉三郎）「早稲田法学」57(3)　1982
◇小野梓の経済思想　（間宮国夫）「早稲田法学」57(3)　1982
◇小野梓の財政論・産業論（自由民権百年記念特集号）（間宮国夫）「土佐史談」158　1982.1
◇華士族論と小野梓　（福島正夫）「早稲田大学史記要」15　1982.9
◇小野梓と仏教　（阿部恒久）「早稲田大学史記要」15　1982.9
◇華士族論と小野梓　（福島正夫）「早稲田大学史記要」15　1982.9
◇小野梓の共存同衆初期における政治思想（共存同衆とその政治思想(6)）（沢大洋）「東海大学紀要 政治経済学部」15　1983
◇学問啓蒙論・東交外交略論・立憲国民論―小野梓にみる資本主義的発展のための教育構想（上）（尹健次）「思想」706　1983.4
◇学問啓蒙論・東交外交略論・立憲国民論―小野梓にみる資本主義的発展のための教育構想（下）（尹健次）「思想」707　1983.5
◇「小野梓全集」補遺(2)　（阿部恒久）「早稲田大学史記要」16　1983.10
◇小野梓と地方自治　（阿部恒久）「早稲田大学史記要」16　1983.10
◇小野梓における人権論の展開とその特質（近代社会における人権問題の研究（特集））（出原政雄）「社会科学（同志社大学人文科学研究所）」33　1984.3
◇小野梓の「読詔余論」と「国憲組綱」における政治思想（共存同衆とその政治思想(8)）（沢大洋）「東海大学紀要 政治経済学部」17　1985
◇小野梓の啓蒙活動―共存同衆を中心に　（勝田政治）「早稲田大学史記要」17　1985.1
◇立憲改進党の関連組織をめぐる点描―小野梓（大日方純夫）「早稲田大学史記要」17　1985.1
◇小野梓とナショナリズム―官史時代を中心に　（阿部恒久）「社会科学討究(早稲田大学大隈記念社会科学研究所)」30(3)　1985.4
◇小野梓の功利主義　（荻原隆）「名古屋学院大学論集 人文・自然科学篇」22(1)　1985.5
◇立憲改進党の結党過程と組織構造―小野梓を中心として　（大日方純夫）「社会科学討究(早稲田大学大隈記念社会科学研究所)」31(1)　1985.9
◇小野梓の理想国家論と自由民権思想（共存同衆とその政治思想(9)）（沢大洋）「東海大学紀要 政治経済学部」18　1986
◇小野梓の国権論　（荻原隆）「名古屋学院大学論集 人文・自然科学篇」22(2)　1986.1
◇自由民権家のアジア観―改進党小野梓の場合　（中村尚美）「歴史研究」551　1986.2
◇東京専門学校「第1期生」のある肖像―「学問の独立」とその体現のあり様　（河野昭昌）「早稲田大学史記要」18　1986.3
◇「小野梓全集」補遺(3)　（佐藤能丸）「早稲田大学史記要」18　1986.3
◇小野梓・高田早苗における「貨幣理論」の不在　（藤原洋二）「早稲田大学史記要」18　1986.3
◇小野梓の統治機構論（共存同衆とその政治思想(10)）（沢大洋）「東海大学紀要 政治経済学部」19　1987
◇自由民権運動と小野梓―馬場辰猪の思想との比較―　（遠山茂樹）「早稲田大学史記要」19　1987.3
◇小野梓小特集(2)「早稲田大学史記要」19　1987.3
◇天賦人権論と功利主義―小野梓を中心に　（荻原隆）「名古屋学院大学論集 人文・自然科学篇」24(1)　1987.6
◇明治初期のイギリス文化摂取2例―馬場辰猪と小野梓（その1）（高橋公雄）「国際関係研究(日本大学国際関係学部国際関係研究所)」8(1)　1987.7
◇国立国会図書館所蔵本 蔵書印―その157―小野梓　（村山久江）「国立国会図書館月報」325　1988.4
◇小野梓と信仰の自由　（有田穎右）「土佐史談」178　1988.9
◇小野梓の国家財政と会計検査院制度論についての政治思想史的分析（共存同衆とその政治思想(11)）（沢大洋）「東海大学紀要 政治経済学部」21　1989
◇小野梓の国家秩序維持制度論（共存同衆とその政治思想(12)）（沢大洋）「東海大学紀要 政治経済学部」22　1990
◇最近の小野梓研究―大日方純夫「自由民権運動と立憲改進党」・姜範錫「明治14年の政変―大隈重信一派が挑んだもの」の刊行に寄せて　（福井淳）「早稲田大学史記要」24　1992.3
◇小野梓の国際政治思想　（荻原隆）「名古屋学院大学論集 社会科学篇」28(4)　1992.4
◇小野梓の国家構想　（荻原隆）「名古屋学院大学論集 人文・自然科学篇」29(1)　1992.7
◇リーバーと小野梓, 井上毅　（山下重一）「日本古書通信」59(7)　1994.7
◇小野梓における功利主義の政治社会観―功利と国体　（荻原隆）「名古屋学院大学論集 人文・自然科学篇」名古屋学院大学産業科学研究所　31(2)　1995.1　p230～200
◇小野梓と立憲改進党(一)　（胡慧娟）「国学院法政論叢」国学院大学大学院　第16輯　1995.3　p133～172
◇小野梓の自由権論とリーバーの『自由自治論』　（胡慧娟）「国学院法政論叢」国学院大学大学院　第17輯　1996.3　p57～103
◇小野梓研究の現状と課題　（勝田政治）「早稲田大学史記要」早稲田大学大学史資料室　28　1996.9　p229～255
◇大学史編纂所と私―「小野梓研究」のころ『早稲田大学百年史』完結記念特集）（中村尚美）「早稲田大学史記要」早稲田大学大学史資料室　29　1997　p53～63
◇小野梓の国会論―西洋政治思想の受容を中心として　（胡慧娟）「国学院法政論叢」国学院大学大学院　第18輯　1997.3　p83～128
◇小野梓の『国憲汎論』について　（胡慧娟）「国学院法研論叢」国学院大学大学院法学研究会　第24号　1997.3　p135～168
◇小野梓の行政制度論―西洋政治思想の受容を中心として　（胡慧娟）「国学院法政論叢」国学院大学大学院　第19輯　1998.3　p79～116
◇小野梓の生涯とその法思想の軌跡上―明治憲法制定史における憲法思想の研究　（小池正行）「岐阜大学教育学部研究報告 人文科学」岐阜大学教育学部　46(2)　1998.3　p276～249
◇小野梓の生涯とその法思想の軌跡（中）明治憲法制定史における憲法思想の研究　（小池正行）「岐阜大学教育学部研究報告 人文科学」岐阜大学教育学部　47(2)　1999.3　p358～320
◇小野梓の生涯とその法思想の軌跡（下）小野梓の私法思想の一考察　（小池正行）「岐阜大学教育学部研究報告 人文科学」岐阜大学教育学部　48(2)　2000.3　p154～126
◇最近の小野梓研究動向点描　（木下恵太）「早稲田大学史記要」早稲田大学大学史資料センター　34　2002.9　p219～253
◇小野梓とローマ法　（佐藤篤士）「早稲田大学史記要」早稲田大学大学史資料センター　36　2004.12　p69～86
◇鴎渡会会員 小川為次郎―小野梓の遺志の継承者　（西川昇一）「早稲田大学史記要」早稲田大学大学史資料センター　36　2004.12　p133～215
◇小野梓におけるローマ法学と功利主義（上）（大久保健晴）「政経論叢」明治大学政治経済研究所　76(3・4)　2008.3　p271～344
◇小野梓におけるローマ法学と功利主義（下）（大久保健晴）「政経論叢」明治大学政治経済研究所　76(5・6)　2008.3　p465～539

小野湖山　おののこざん　1814～1910
　幕末, 明治期の志士, 漢詩人。玉池吟社を師から譲られた。
【雑　誌】
◇歴史をたずねて小野篁と湖山　「東総文化」7　1984.11
◇郷土を紹介した詩壇界名匠 小野湖山翁絶筆の碑―太東終焉の地をたずねて　（川城昭一）「房総」42　1990.10

小原鉄心　おはらてっしん　1817～1872
　幕末, 明治期の美濃大垣藩士。大垣藩大参事。
【図　書】
◇全国の伝承 江戸時代 人づくり風土記―ふるさとの人と知恵〈21〉岐

阜 (加藤秀俊, 谷川健一, 稲垣史生, 石川松太郎, 吉田豊編) 農山漁村文化協会 1992.9
【雑　誌】
◇大垣藩老・小原鉄心——一二〇周年に想う (清水春一)「美濃民俗」304 1992.9
◇酒で身を亡ぼした—維新の功臣・小原鉄心 (清水春一)「美濃民俗」305 1992.10
◇小原鉄心の青年時代(近世・近代における日本と中国の文化交渉史の研究) (徳田武)「明治大学人文科学研究所紀要」 明治大学人文科学研究所 60 2007.3 p96〜121

お美津の方　おみつのかた　1807〜1885
江戸後期〜明治期の女性。13代将軍徳川家定の母。
【図　書】
◇尾張大奥物語〈上巻〉 (大野一英著) (舞阪町)ひくまの出版 1990.5
◇大奥炎上—江戸城の女たち (楠戸義昭著) 大和書房 2007.11 284p (だいわ文庫)

小山東助　おやまとうすけ　1860〜1919
明治, 大正期の思想家, 政治家。衆議院議員。
【図　書】
◇小山東助政治論集—大正デモクラシーの使徒 (西田耕三編) NSK地方出版 1984.4
◇小山東助ノート(さんりく文庫11) (西田耕三) NSK地方出版 1985
◇トーク鼎浦小山東助を語る—生誕120年記念事業記録 (西田耕三, 斉藤克己, 小野寺宏述) 鼎浦小山東助顕彰会 1999.12 80p
◇鼎浦小山東助公開講座テキスト—郷土が生んだ偉大な哲人 気仙沼市市制施行50周年記念 鼎浦小山東助顕彰会 2003.11 1冊
【雑　誌】
◇小山東助のキリスト教受容〔含著作〕 (関岡一成)「キリスト教社会問題研究」 同志社大学人文科学研究所 48 1999.12 p125〜150

お由羅の方　おゆらのかた　?〜1866
江戸後期〜幕末の女性。薩摩藩主島津斉興の側室。
【図　書】
◇人物探訪・日本の歴史 8 仇討と騒動 暁教育図書 1983.1
◇男をむさぼる悪女の日本史—妖しく咲き誇る女たちの毒と華 (片岡鬼堂著) 日本文芸社 1993.11 (にちぶん文庫)
【雑　誌】
◇幕末薩摩 新生への血の権力闘争—お由羅騒動—特集・御家騒動の勝者と敗者 (原口泉)「歴史と人物」13(6) 1983.5
◇琉球外交事件とお由良騒動 (芳即正)「玉里島津家史料月報」1 1992.1
◇争乱と事件の中のおんなたち—お由羅と島津家御家騒動(特集・幕末維新おんなたちの体験—乱世を密やかにしたたかに生きた女性たち) (相尾雅子)「歴史と旅」24(12) 1997.8 p58〜63

オリファント, L.　Oliphant, Laurence　1829〜1888
イギリスの外交官。東禅寺襲撃事件で負傷し帰国。
【図　書】
◇富岳歴覧—外国人の見た富士山 (伏見功) 現代旅行研究所 1982.4
◇幕末志士の生活 (芳賀登) 雄山閣出版 1982.6 (生活史叢書 8)
◇異文化遍歴者森有礼(異文化接触と日本の教育〈2〉) (木村力雄著) 福村出版 1986.12
【雑　誌】
◇ヴィクトリア期イギリスにおける日本像形成についての覚書(2)L.オリファントとエディンバラの出版社ブラックウッド (横山俊夫)「人文学報(京大)」50 1981.3
◇ローレンス・オリファントの秘書時代 (藤田雅子)「岡山女子短期大学紀要」10 1987.10
◇ロレンス・オリファントと"神的なる女性" (土屋博政)「慶応義塾大学日吉紀要 英語英米文学」慶応義塾大学日吉紀要刊行委員会 28・29 1996 p23〜78
◇Bibliotheca Japonica(45)オリファント著『エルギン卿遣日使節録』の成立とその周辺 (八木正自)「日本古書通信」日本古書通信社 66(9) 2001.9 p19

オールコック, R.　Alcock, Sir Rutherford　1809〜1897
イギリスの初代駐日全権大使。著書に『大君の都』。
【図　書】
◇幕末期の英国人 R・オールコック覚書 (増田毅) 神戸大学研究双書刊行会 1980.9 (神戸法学双書 14)
◇西洋人の歌舞伎発見 (中村哲郎) 劇書房 1982.4
◇富岳歴覧—外国人の見た富士山 (伏見功) 現代旅行研究所 1982.4
◇人物探訪 日本の歴史—17—異郷の人々 暁教育図書 1984.3

◇江戸西洋事情—鎖国うちそと (金井圓著) 新人物往来社 1988.2
◇文化の往還—比較文化のたのしみ (芳賀徹著) 福武書店 1989.10 (Fukutake Books)
◇東西文化摩擦—欧米vs.日本の15類型 (小倉和夫著) 中央公論社 1990.11
◇東アジア世界史の展開 青山学院大学東洋史論集 (青山学院大学東洋史論集編集委員会〔編〕) 汲古書院 1994.3
◇ラザフォード=オールコック『大君の都』における日本人論 (菅野徳子)『近世日本の文化と社会』(大石慎三郎編) 雄山閣出版 1995.9 p154
◇薩英戦争—遠い崖 アーネスト・サトウ日記抄 2 (萩原延寿著) 朝日新聞社 1998.10 386p
◇幕末・京大坂 歴史の旅 (松浦玲著) 朝日新聞社 1999.2 331,9p (朝日選書)
◇近代日本語論考 (松村明著) 東京堂出版 1999.9 378p
◇伊豆と世界史—豆州国際事始め (桜井祥行著) 批評社 2002.4 213p
◇富士山をひらいた人々—れきしにのこる富士登山 (宮沢悟京) 近代文芸社 2002.4 69p
◇眼に効く眼の話—歴史の中の「眼」を診る (安達恵美子著) 小学館 2003.3 271p
◇オールコックの江戸—初代英国公使が見た幕末日本 (佐野真由子著) 中央公論新社 2003.8 283p (中公新書)
◇イギリス紳士の幕末 (山田勝著) 日本放送出版協会 2004.8 243p (NHKブックス)
◇開国と治外法権—領事裁判制度の運用とマリア・ルス号事件 (森田朋子著) 吉川弘文館 2005.1 332p
◇歴代の駐日英国大使1859-1972 (ヒュー・コータッツィ編著, 日英文化交流研究会訳) 文眞堂 2007.7 480p
◇薩英戦争—遠い崖 アーネスト・サトウ日記抄 2 (萩原延寿著) 朝日新聞社 2007.10 436p (朝日文庫)
【雑　誌】
◇ラザフォード・オルコック覚書(3完)幕末期の日本観(2) (増田毅)「神戸法学雑誌」29(4) 1980.3
◇外交官ジャポニズムの系譜—英仏・幕末対日外交の比較 (芳賀徹)「諸君」13(6) 1981.6
◇横浜居留地ノート (杉本三木雄)「かながわ風土記」1981.6,8
◇日本人の見た西洋・西洋人の見た日本—久米邦武とオールコック (太田昭子)「比較文学研究」40 1981.11
◇第一次東禅寺事件の事実 (石上守男)「葵」17 1983.2
◇開国期に来た欧米人のみた日本—オールコックの日本観 (石井孝)「歴史公論」10(3) 1984.3
◇幕末来日外人のみた天皇と将軍 (小西四郎)「歴史公論」10(10) 1984.10
◇〈「ラザフォード・オルコック書簡」を読む1〉初代イギリス公使のみた幕末の江戸 (飯田鼎)「書斎の窓」357 1986.9
◇〈「ラザフォード・オルコック書簡」を読む2〉オルコックと清国および日本 (飯田鼎)「書斎の窓」358 1986.10
◇〈「ラザフォード・オルコック書簡」を読む3〉幕末日本の通貨問題と物価 (飯田鼎)「書斎の窓」359 1986.11
◇〈「ラザフォード・オルコック書簡」を読む4〉万延遣米使節と幕末の日本 (飯田鼎)「書斎の窓」360 1986.12
◇「ラザフォード・オルコック書簡」を読む(5)井伊大老暗殺の衝撃 (飯田鼎)「書斎の窓」361 1987.1・2
◇「ラザフォード・オルコック書簡」を読む(6)公使オルコックの憂愁 (飯田鼎)「書斎の窓」362 1987.3
◇「ラザフォード・オルコック書簡」を読む(7)攘夷と開国のはざまで (飯田鼎)「書斎の窓」363 1987.4
◇「ラザフォード・オルコック書簡」を読む(8)開市開港に戸惑う幕府 (飯田鼎)「書斎の窓」364 1987.5
◇「ラザフォード・オルコック書簡」を読む(9)北からの黒船 (飯田鼎)「書斎の窓」365 1987.6
◇「ラザフォード・オルコック書簡」を読む(10)幕末の日本とロシア (飯田鼎)「書斎の窓」366 1987.8
◇「ラザフォード・オルコック書簡」を読む(11)幕末ロシア人のみた日本 (飯田鼎)「書斎の窓」367 1987.9
◇「ラザフォード・オルコック書簡」を読む(12)オルコックとハリス (飯田鼎)「書斎の窓」368 1987.10
◇「ラザフォード・オルコック書簡」を読む(13)大君とミカド (飯田鼎)「書斎の窓」369 1987.11
◇「ラザフォード・オルコック書簡」を読む(14)遣欧使節派遣への誘い (飯田鼎)「書斎の窓」370 1987.12
◇「ラザフォード・オルコック書簡」を読む(15)最初の遣欧使節 (飯田鼎)「書斎の窓」371 1988.1・2
◇「ラザフォード・オルコック書簡」を読む(16)はじめて見る日本人 (飯田鼎)「書斎の窓」372 1988.3
◇「ラザフォード・オルコック書簡」を読む(17)安藤対馬守の遭難 (飯田鼎)「書斎の窓」373 1988.4

◇「ラザフォード・オルコック書簡」を読む(18)生麦事件の衝撃 （飯田鼎）「書斎の窓」 374 1988.5
◇「ラザフォード・オルコック書簡」を読む(19)薩摩と英国のはざまで （飯田鼎）「書斎の窓」 375 1988.6
◇「ラザフォード・オルコック書簡」を読む(20・完)薩英戦争とその後 （飯田鼎）「書斎の窓」 376 1988.7・8
◇オールコックの見た大坂の芝居その他―ワーグマン研究拾遺 （西岡淑雄）「英学史研究」 22 1989
◇明治期の来日外国人の日本観(2)オールコックの場合(1) （針生清人）「アジア・アフリカ文化研究所研究年報」 25 1990
◇明治期の来日外国人の日本観(3)オールコックの場合(2) （針生清人）「アジア・アフリカ文化研究所研究年報」 26 1991
◇日本における発達の概念の導入について―Perry,M.C.,Harris,T., Alcock,R.の場合 （田中昌人）「京都大学教育学部紀要」 37 1991.3
◇オールコックと熱海―今も残る2つの記念碑 （森岡美子）「日本歴史」 533 1992.10
◇オールコック「大君の都」（外国人の見た日本・日本人〈特集〉―江戸時代の日本論） （太田昭子）「国文学解釈と鑑賞」 至文堂 60(3) 1995.3 p82〜89
◇オールコックとアヘン貿易 （新村容子）「就実女子大学史学論集」 就実女子大学史学科 第14号 1999.12 p79〜110
◇英国人の異文化理解―オールコックの富士登山と熱海温泉訪問の旅をめぐって （梅本順子）「国際関係研究」 日本大学国際関係学部国際関係研究所 23(1) 2002.7 p147〜161
◇批判と反省 オールコックは対馬占領を言わなかったか―1861年ポサドニック号事件における英国の対応について （保谷徹）「歴史学研究」 青木書店 796 2004.12 p16〜21
◇オールコックが観た歌舞伎 （小谷野敦）「図書」 岩波書店 669 2005.1 p19〜23

海江田信義　かえだのぶよし　1832〜1906
幕末、明治期の子爵、貴族院議員。薩摩藩士、奈良県知事。
【図　書】
◇還らざる者たち―余滴の日本史 （中村彰彦著） 角川書店 1999.1 263p
◇海江田信義の幕末維新 （東郷尚武著） 文芸春秋 1999.12 246p （文春新書）
【雑　誌】
◇有村三兄弟 西郷の影響下に成長した竹馬の友の命運―三男は桜田門外の変で倒れ、連座した次男に切腹。長兄は（特集・西郷隆盛の人間関係学） （梅本久三）「プレジデント」 28(2) 1990.2
◇余滴の日本史(27)薩摩藩士・海江田信義の仮病 （中村彰彦）「本の旅人」 角川書店 4(1) 1998.1 p72〜75
◇海江田信義の政治思想と活動―明治14年前後を中心に （菅谷昌道）「駒澤大学大学院史学論集」 駒澤大学大学院史学会 36 2006.4 p75〜88
◇海江田信義の洋行―シュタイン・クルメッキとの交流を中心に （〔千葉史学〕50号記念特集） （渡邉昌道）「千葉史学」 千葉歴史学会 50 2007.5 p88〜97

香川敬三　かがわけいぞう　1839〜1915
幕末、明治期の勤王志士、宮内大官。皇太后宮大夫。
【図　書】
◇香川敬三履歴史料 （皇学館大学史料編纂所編） 皇学館大学史料編纂所 1992.3
【雑　誌】
◇香川敬三の履歴 （松平秀治）「史料(皇学館大)」 57・58 1983.3
◇明治10年代における皇族の処遇問題と香川敬三 （河村浩）「史料(皇学館大)」 69 1984.2
◇香川敬三と『水戸歴世譚』 （上野秀治）「皇学館大史料」 80 1985.12
◇香川敬三碑 （殷野藍田）「碑文」 5 1992.3
◇『岩倉公実記』編纂関係書（1）―香川敬三関係文書所収 （上野秀治）「皇学館大学文学部紀要」 皇学館大学文学部 40 2001.12 p79〜112
◇『岩倉公実記』編纂関係書(2)香川敬三関係文書所収 （上野秀治）「皇学館大学文学部紀要」 皇学館大学文学部 41 2002.12 p202〜238
◇香川敬三が見た明治宮廷の欧風化 （上野秀治）「史料」 皇學館大学史料編纂所 218 2008.12.10 p36〜43

カション, l.　Cachon, l'Abbé Mermet de　1828〜？
フランスの宣教師。1858年日仏通商条約締結時の通訳。
【図　書】
◇メルメ・カション―幕末フランス怪僧伝 （富田仁） 有隣堂 1980.4 （有隣新書）
【雑　誌】
◇メルメ・カションの箱館離去の日 （安藤平）「日本歴史」 386 1980.7

◇「夜明け前」に登場する2人の異人―メルメ・カションとケズウィック （赤尾利弘）「亜細亜大学教養部紀要」 43 1991.11
◇メルメ・カションに関する若干の資料 （沢護）「敬愛大学研究論集」 敬愛大学経済学会 56 1999.6 p177〜198

柏木忠俊　かしわぎただとし　1824〜1878
明治期の地方官。韮山県大参事、足柄県令。
【雑　誌】
◇豆州民会覚書―柏木忠俊と伊豆の豪農層 （鈴木基之）「静岡県近代史研究」 11 1985.9
◇柏木忠俊と福沢諭吉 （金原左門）「郷土神奈川」 23 1988.11
◇福沢諭吉と柏木忠俊―明治初年の「国政人」(ステーツマン)をめぐって （金原左門）「近代日本研究」 9 1993.3
◇足柄県令柏木忠俊の足跡 （柏木操男）「郷土神奈川」 神奈川県立図書館 35 1997 p25〜37

和宮　かずのみや
→静寛院宮（せいかんいんのみや）を見よ

片岡健吉　かたおかけんきち　1843〜1903
幕末、明治期の政治家。土佐藩士、衆議院議員。
【図　書】
◇近代史の舞台 （坂本六良） 環文庫 1981.6
◇明治維新対外関係史研究 （犬塚孝明著） 吉川弘文館 1987.7
◇明治・青春の夢―革新的行動者たちの日記 （嶋岡晨著） 朝日新聞社 1988.7 （朝日選書）
◇「立憲政治の父片岡健吉」解説目録―平成3年度第2回企画展 （高知市立自由民権記念館編） 高知市立自由民権記念館 1991.10
◇片岡健吉先生の生涯―伝記・片岡健吉 （片岡健吉先生銅像再建期成会編） 大空社 1996.10 329,25,5p （伝記叢書）
◇日本立憲政治の形成と変質 （鳥海靖、三谷博、西川誠、矢野信幸編） 吉川弘文館 2005.2 390p
【雑　誌】
◇祖父片岡健吉を語る （片岡健次）「自由のともしび」 6 1991.12
◇片岡健吉と自由民権運動 （外崎光広）「自由のともしび」 6 1991.12

片平信明　かたひらのぶあき　1830〜1898
明治期の農政家。農村教育のパイオニア。
【図　書】
◇日本老農伝 改訂増補 （大西伍一） 農山漁村文化協会 1985.12

勝海舟　かつかいしゅう　1823〜1899
幕末、明治期の蘭学者、政治家。日本海軍創設者。
【図　書】
◇勝海舟全集 4,5 （勝部真長ほか編） 勁草書房 1980.6,9
◇士魂の群像 （吉田武三） 冨山房 1980.7
◇男たちの明治維新―エピソード人物史 （奈良本辰也ほか） 文芸春秋 1980.10 （文春文庫）
◇勝海舟に学ぶ人間鑑定法―人のどこを見、どう育てるか （利根川裕） 日本文芸社 1980.11
◇幕臣列伝 （綱淵謙錠） 中央公論社 1981.3
◇海舟とホイットニー―ある外国人宣教師の記録 （渋沢輝二郎） ティビーエス・ブリタニカ 1981.4
◇童話感覚―漫画論と偉人伝 （佐野美津男） 北斗出版 1981.4
◇歴史に学ぶ （奈良本辰也） 潮出版社 1981.6
◇日本剣豪こぼれ話 （渡辺誠） 日本文芸社 1981.10
◇幕末・維新の日本 山川出版社 1981.10 （年報・近代日本研究3）
◇勝海舟全集 2 書簡と建言 講談社 1982.2
◇勝海舟全集 別巻 1 海舟書簡・海舟宛書簡 （勝部真長ほか編） 勁草書房 1982.4
◇勝海舟全集 別巻 2 海舟宛書簡・海舟別記ほか （勝部真長ほか編） 勁草書房 1982.4
◇幕末群像―大義に賭ける男の生き方 （奈良本辰也） ダイヤモンド社 1982.4 （シリーズ・歴史の発想 2）
◇三舟及び南洲の書 （寺山葛常） 巖南堂書店 1982.9
◇さらりーまんで候―「非情」の世界―江戸の管理者 （童門冬二） 日本経済新聞社 1982.10
◇読書清興 （岩倉規夫） 汲古書院 1982.11
◇読書清興 （岩倉規夫） 汲古書院 1982.11
◇人物探訪日本の歴史 15 幕末の英傑 暁教育図書 1982.12
◇ナンバー2の時代―徳川300年をささえた12人の男 （萩原裕雄） 東京経済 1982.12
◇天皇と明治維新 （阪本健一） 暁書房 1983.1
◇海舟座談 新訂 勝部真長校注 （勝海舟述, 巌本善治編） 岩波書店 1983.2 （岩波文庫）

◇勝海舟（旺文社編）旺文社 1983.5（現代視点 戦国・幕末の群像）
◇悪の社会学（戸川猪佐武）角川書店 1983.6（角川文庫）
◇日本海軍を動かした人びと―勝海舟から山本五十六まで（半藤一利）力富書房 1983.7（リキトミブックス 7）
◇勝海舟全集 22 秘録と随想 講談社 1983.9
◇維新史の青春激像―動乱期に情熱を賭けた獅子たちの熱血譜（藤田公道）日本文芸社 1983.10
◇歴史にみる実力者の条件―対談・人とその時代（城山三郎）講談社文庫 1983.11
◇幕末維新の思想家たち（山田洸）青木書店 1983.12
◇明治リーダーの戦略戦術（佐々克明）ダイヤモンド社 1983.12
◇歴史の群像―3―決断 集英社 1984.2
◇幕末・明治海外体験詩集（川口久雄編）―樵夫・敬宇から鷗外・漱石にいたる 大東文化大学東洋研究所 1984.3
◇シンポジウム 幕末維新と山陽道 上 山陽新聞社 1984.5
◇幕近列伝（中公文庫）（綱淵謙錠）中央公論社 1984.5
◇歴史を変えた決断の瞬間（会田雄次）角川書店 1984.6
◇日本の名著 32 勝海舟（中公バックス）（江藤淳責任編集）中央公論社 1984.6
◇海舟余波―わが読史余滴（文春文庫）（江藤淳）文芸春秋 1984.7
◇人物日本史英雄その後それから―意外！案外！名将軍から大泥棒まで（Kosaido books）（萩原裕雄著）広済堂出版 1984.10
◇近世日本の思想像―歴史的考察（松本三之介著）研文出版 1984.12
◇新編江藤淳文学集成 3 勝海舟論集―他 河出書房新社 1985.1
◇高橋磌一著作集 第3巻 開国への政治情勢 あゆみ出版 1985.1
◇日本史探訪22 幕末維新の英傑たち（角川文庫）角川書店 1985.8
◇勝海舟のすべて（小西四郎編）新人物往来社 1985.10
◇勝海舟の人生訓―多様化時代に対処する、勇気・先見・行動力（ビジネス選書 5）（童門冬二著）永岡書店 1985.12
◇非情の人間管理学 江戸の高級官僚たち（旺文社文庫）（童門冬二）旺文社 1986.1
◇首丘の人 大西郷（平泉澄著）原書房 1986.2
◇幕末風塵録（綱淵謙錠著）文芸春秋 1986.4
◇目でみる日本史 維新の青春群像（文春文庫）（小西四郎編）文芸春秋 1986.4
◇武士道の歴史（3）（高橋富雄著）新人物往来社 1986.5
◇佐幕派論議（大久保利謙著）吉川弘文館 1986.5
◇勝者は歴史を読む〈2〉泰平を治める（南条範夫著）六興出版 1986.5
◇心が大きくなる本―こだわりがなくなる、プラスの生き方（桜木健古著）三笠書房 1986.5
◇政治家 その善と悪のキーワード（加藤尚文著）日経通信社 1986.6
◇隣りの夫婦―ちょっといい話（知的生きかた文庫）（斎藤茂太著）三笠書房 1986.7
◇大久保利謙歴史著作集〈5〉幕末維新の洋学（大久保利謙著）吉川弘文館 1986.8
◇明治を創った人々―乱世型リーダーのすすめ（講談社文庫）（利根川裕著）講談社 1986.11
◇勝海舟〔新装版〕（人物叢書）（石井孝著）吉川弘文館 1986.12
◇幕末・男の決断―異才の行動力（会田雄次ほか著）三笠書房 1986.12
◇ザ・ライバル―軍人に見る組織管理の手腕（熊谷直著）光人社 1986.12
◇幕末酒徒列伝（村島健一著）旺文社 1987.1（旺文社文庫）
◇続 徳川家臣団―組織を支えたブレーンたち（綱淵謙錠著）講談社 1987.3（講談社文庫）
◇西郷隆盛―人望あるリーダーの条件（山本七平、毛利敏彦、野中敬吾他文）世界文化社 1987.3（BIGMANビジネスブックス）
◇明治の海軍とアジア（松浦玲著）岩波書店 1987.4
◇海市閑話―胆力をつける男の美学（窪島一系著）中経出版 1987.5
◇日本史の巷説と実説（和歌森太郎著）河出書房新社 1987.9（河出文庫）
◇小栗上野介の生涯―「兵庫商社」を創った最後の幕臣（坂本藤良著）講談社 1987.9
◇雑司 明治珍聞録（西沢爽著）文芸春秋 1987.11（文春文庫）
◇明治リーダーの戦略戦術（佐々克明著）講談社 1987.11（講談社文庫）
◇吉本隆明全対談集〈2（1970〜1973）〉（吉本隆明著）青土社 1988.1
◇人物列伝幕末維新史―明治戊辰への道（綱淵謙錠著）講談社 1988.2
◇血と血脈のあいだ（綱淵謙錠著）文芸春秋 1988.4（文春文庫）
◇二つの戦後―権力と知識人（三谷太一郎著）筑摩書房 1988.6
◇蘇峰とその時代―よせられた書簡から（高野静子著）中央公論社 1988.8
◇転換期の戦略〈5〉維新前夜・動乱と変革の時代（尾崎秀樹、徳永真一郎、光瀬龍、高野澄、藤田公道、左方郁子、小堺昭三著）経済界 1988.9

◇おれの話を心して聞け―勝海舟を育てた父夢酔の実践訓（勝夢酔著、勝部真長解訳）力富書房 1988.9（リキトミブックス）
◇坂本龍馬と海援隊―日本を変えた男のビジネス魂（坂本藤良著）講談社 1988.11（講談社文庫）
◇病気物語―医学リポート（君島善次郎著）近代文芸社 1989.1
◇勝つためのリーダー学―5人の男が教える組織を動かし自己を変革する50のヒント（安島新著）こう書房 1989.2（KOU BUSINESS）
◇昭和文学全集〈第27巻〉（福田恆存、花田清輝、江藤淳、吉本隆明、竹内好、林達夫著）小学館 1989.3
◇病気物語―医学リポート（君島善次郎著）泰流社 1989.3
◇幕末風塵録（綱淵謙錠著）文芸春秋 1989.4（文春文庫）
◇西郷隆盛と維新の英傑たち（佐々克明著）三笠書房 1989.5（知的生きかた文庫）
◇歴史を変えた決断（会田雄次著）角川書店 1989.5（角川文庫）
◇西郷隆盛と大物の人間学（童門冬二ほか著）三笠書房 1989.6（知的生きかた文庫）
◇日本の青春―西郷隆盛と大久保利通の生涯 明治維新を創った男たちの栄光と死（童門冬二著）三笠書房 1989.6
◇氷川清話（勝海舟著）第三文明社 1989.7（21C文庫）
◇勝海舟の人生訓（童門冬二）PHP研究所 1989.8（PHP文庫）
◇NHK 歴史への招待〈第23巻〉江戸城総攻め（日本放送協会編）日本放送出版協会 1989.8（新コンパクト・シリーズ）
◇勝海舟と坂本龍馬（加来耕三）講談社 1989.9
◇「明治」という国家（司馬遼太郎著）日本放送出版協会 1989.9
◇幕末・維新大百科―激動の時代が何でもわかる本（歴史トレンド研究会編）ロングセラーズ 1989.11（ムックセレクト）
◇新選組余聞史（高木たかし著）新人物往来社 1989.11
◇幕末・維新おもしろ群像―風雲の世の主役たちを裸にする（河野亮著）広済堂出版 1990.1（広済堂ブックス）
◇坂本龍馬（池田諭著）大和書房 1990.2
◇幕末の挑戦者・坂本龍馬―その人脈と行動力のすべて（宮地佐一郎著）PHP研究所 1990.3
◇蘇翁夢物語―わが交遊録（徳富猪一郎著）中央公論社 1990.4（中公文庫）
◇英傑 巨人を語る（勝海舟評論、高橋泥舟校閲、安部正人編）日本出版放送企画 1990.6（武士道叢書）
◇江戸期の開明思想―世界へ開く・近代を耕す（杉浦明平、別所興一編著）社会評論社 1990.6（思想の海へ「解放と変革」）
◇幕末三舟伝（頭山満著）島津書房 1990.8
◇世を拓く―一身にして二世を経る（左方郁子著）ダイヤモンド社 1990.12
◇江戸洋学事情（杉本つとむ著）八坂書房 1990.12
◇咸臨丸の男たち―勝海舟・ジョン万次郎・福沢諭吉（砂田弘著）講談社 1990.12
◇勝海舟（杉山義法）日本テレビ放送網 1991.1
◇国語学と蘭語学（杉本つとむ著）武蔵野書院 1991.2
◇万延元年「咸臨」航米（星亮一著）教育書店 1991.4
◇徳川おもしろ意外史（南条範夫著）大陸書房 1991.8（大陸文庫）
◇龍馬百話（宮地佐一郎著）文芸春秋 1991.8（文春文庫）
◇隠された幕末日本史―動乱の時代のヒーロー群像（早乙女貢著）広済堂出版 1992.2（広済堂文庫―ヒューマン・セレクト）
◇死んでもともと―この男の魅力を見よ！ 最後の最後まで諦めなかった男たち（河野守宏著）三笠書房 1992.4
◇勝海舟〈上巻〉（勝部真長著）PHP研究所 1992.6
◇勝海舟〈下巻〉（勝部真長著）PHP研究所 1992.6
◇幕末日本を救った「先見力と胆識」―逆風の中の名リーダー（新井喜美夫著）プレジデント社 1992.6
◇サイコロジー人物日本史―小田晋の精神歴史学（下巻）幕末・維新から現代（小田晋著）ベストセラーズ 1992.7
◇日本史ミステリー読本（小林久三著）光風社出版 1992.9
◇人物列伝幕末維新史（綱淵謙錠著）講談社 1992.11（講談社文庫）
◇歴史にみるビジネスマンの原理・原則―創造的な判断力を磨く（新井喜美夫著）総合法令 1992.12（原理・原則シリーズ）
◇日本史ものしり英雄伝―とっておきの戦略・戦術（加来耕三著）広済堂出版 1993.3（広済堂文庫―ヒューマン・セレクト）
◇勝海舟をめぐる群像（早乙女貢著）青人社 1993.3（幕末・維新百人一話）
◇「兄弟型」で解く江戸の怪物（畑田国男、武光誠著）トクマオリオン 1993.9（トクマオーブックス）
◇さらりーまん事情（こころえ）―株式会社江戸幕府（童門冬二著）ベストセラーズ 1993.10（ベストセラーシリーズ・ワニの本）
◇江戸無血開城のうそ（山中秀夫著）日本出版放送企画 1993.11
◇NHK 歴史発見〈10〉〔カラー版〕（NHK歴史発見取材班編）角川書店 1994.1
◇「明治」という国家〈下〉（司馬遼太郎著）日本放送出版協会

1994.1 （NHKブックス）
◇幕末三傑・乱世の行動学 （尾崎秀樹著） 時事通信社 1994.2
◇歴史の零れもの （司馬遼太郎ほか著,日本ペンクラブ編） 光文社 1994.3 （光文社文庫）
◇勝海舟全集 別巻 講談社 1994.4
◇幕末人間学—サムライ講座 （童門冬二著） 産経新聞ニュースサービス 1994.4
◇男の「引き際」の研究—"新しい自分"に生まれ変わる意識革命の法 （童門冬二著） 大和出版 1994.7
◇風と海の回廊—日本を変えた知の冒険者たち （泉秀樹著） 広済堂出版 1994.9
◇歴史に学ぶ危機管理 （童門冬二著） 丸善 1994.10 （丸善ライブラリー）
◇海舟座談 〔新訂〕 （巌本善治編,勝部真長校注） 岩波書店 1995.2 376p （ワイド版 岩波文庫）
◇世界の伝記 7 新装版 （滑川道夫著） ぎょうせい 1995.2 258p
◇幕臣勝麟太郎 （土居良三著） 文芸春秋 1995.3 382p
◇激変の時代を生き抜く発想と行動—幕末・明治の大物にみる （黒川志津雄著） 日新報道 1995.12 228p
◇歴史海道のターミナル—兵庫の津の物語 （神木哲男,崎山昌広編著） 神戸新聞総合出版センター 1996.4 274p （のじぎく文庫）
◇勝海舟の嫁 クララの明治日記 上 （クララ・ホイットニー著,一又民子,高野フミ,岩原明子,小林ひろみ訳） 中央公論社 1996.5 598p （中公文庫）
◇名君 保科正之—歴史の群像 （中村彰彦著） 文芸春秋 1996.7 346p （文春文庫）
◇勝海舟と坂本龍馬 （加来耕三著） PHP研究所 1996.8 416p （PHP文庫）
◇日本を創った10人の名参謀—歴史を動かした頭脳と人間力 （邦光史郎著） 広済堂出版 1996.10 308p （広済堂ブックス）
◇幕末の三舟—海舟・鉄舟・泥舟の生きかた （松本健一著） 講談社 1996.10 222p （講談社選書メチエ）
◇3分間で読む成功の秘訣 （花岡大学著） 同朋舎出版 1996.11 238p
◇海舟余録—「掌記」・「詠草」を読む （勝部真長編） PHP研究所 1996.11 315p
◇日本人の志—最後の幕臣たちの生と死 （片岡紀明著） 光人社 1996.12 257p
◇危機—ライバル日本史 8 （NHK取材班編） 角川書店 1996.12 316p （角川文庫）
◇勝海舟 この人物の大きさを見よ！ （風巻紘一著） 三笠書房 1997.1 265p （知的生きかた文庫）
◇勝海舟 （杉田幸三文,梶鮎太絵） 勉誠社 1997.1 142p （親子で楽しむ歴史と古典）
◇とっておきのもの とっておきの話 第1巻 （YANASE LIFE編集室編） 芸神出版社 1997.5 213p （芸神集団Amuse）
◇堂々日本史 7 （NHK取材班編） KTC中央出版 1997.6 251p
◇勝海舟 （童門冬二著） 歴思書院 1997.7 267p
◇痩我慢というかたち—激動を乗り越えた日本の志 （感性文化研究所編） 黙出版 1997.8 111p （MOKU BOOKS）
◇堂々日本史 第7巻 再版 （NHK取材班編） KTC中央出版 1997.8 251p
◇人物相関日本史 幕末維新編—維新回天の真実 （神一行著） 本の森出版センター 1997.9 213p （「超」読解講座）
◇坂本龍馬と「勝先生」—渡辺昇あて新発見書簡のこと （宮地佐一郎）『共同研究・坂本龍馬』（新人物往来社編） 新人物往来社 1997.9 p180
◇坂本龍馬—現代的に学ぶ （堅山忠男著） 東洋書院 1997.10 248p
◇徳川慶喜と勝海舟 （立石優著） 学陽書房 1997.11 298p
◇勝海舟 敵に味方あり味方に敵あり （鈴村進著） 大和出版 1997.12 283p
◇勝海舟—国家建設に尽くしながら幕臣で終わった人 （竹内孝彦著,自由主義史観研究会編） 明治図書出版 1997.12 118p （教科書が教えない歴史人物の生き方）
◇爆笑幕末維新 （シブサワ・コウ編） 光栄 1997.12 166p （歴史人物笑史）
◇徳川慶喜と幕臣たちの履歴書 （入江康範著） ダイヤモンド社 1997.12 226p
◇過去世物語—生まれ変わりの人物伝 （ザ・リバティ編集部編） 幸福の科学出版 1997.12 209p
◇誰も知らなかった幕末維新の謎 （武田鏡村著） ロングセラーズ 1998.1 227p （ムックセレクト）
◇勝海舟 復刻版 （山路愛山著） 日本図書センター 1998.1 244,14p （山路愛山伝記選集）
◇江戸管理社会反骨者列伝 （童門冬二著） 講談社 1998.2 259p （講談社文庫）
◇歴史を語る手紙たち （杉本苑子著） 文芸春秋 1998.6 263p （文春文庫）

◇勝海舟 行蔵は我にあり （加来耕三著） 日本実業出版社 1998.6 256,5p
◇大義を世界に—横井小楠の生涯 （石津達也著） 東洋出版 1998.8 272p
◇幕末維新列伝 （綱淵謙錠著） 学陽書房 1998.8 316p （人物文庫）
◇歴史の舞台を旅する—幕末維新群像ゆかりの土地を訪ねて 2 近畿日本ツーリスト 1998.8 191p
◇戦後教科書から消された人々 2 （濤川栄太著） ごま書房 1998.9 254p
◇もう一つの近代—側面からみた幕末明治 （マリオン・ウィリアム・スティール著） ぺりかん社 1998.10 357,4p
◇偉人たちのお脈拝見—英傑の死の謎にせまる （若林利光著） 日本医療企画 1998.10 269p
◇イギリス人ジャパノロジストの肖像—サトウ、アストン、チェンバレン （楠家重敏著） 日本図書刊行会 1998.10 306p
◇日本史がわかる人物ネットワーク事典—人と人との関わりが歴史を作る!! （加来耕三監修,歴史人物研究会編著） かんき出版 1998.12 245,10p
◇真説 上野彰義隊 （加来耕三著） 中央公論社 1998.12 396p （中公文庫）
◇咸臨丸 海を渡る （土居良三著） 中央公論社 1998.12 602p （中公文庫）
◇勝小吉おもいで噺 （久坂総三著） 鳥影社 1998.12 268p
◇坂本龍馬 （筑波常治作,田代三善絵） 国土社 1999.3 222p （堂々日本人物史）
◇勝海舟と新島襄 （竹中正夫著） 同志社 1999.4 51p （新島講座）
◇勝海舟展—没後100年 （東京都江戸東京博物館編） 東京都江戸東京博物館 1999.4 135p
◇勝海舟のライバル 小栗上野介一族の悲劇—小栗夫人等脱出潜行、会津への道踏査実録 （小板橋良平著） あさを社 1999.5 272p
◇偉人を育てた親たち—子どもの才能をどう見つけどう伸ばすか （松枝史明著） 産能大学出版 1999.6 242p
◇坂本龍馬 自分の「壁」を破る生き方—人間関係の極意 （童門冬二著） 三笠書房 1999.9 249p （知的生きかた文庫）
◇男子豹変のすすめ—歴史に学ぶ現状突破のヒント （童門冬二著） PHP研究所 1999.9 252p （PHPビジネスライブラリー）
◇山岡鉄舟の武士道 （勝部真長著） 角川書店 1999.9 282p （角川ソフィア文庫）
◇目賀田ダンス—勝海舟の孫・目賀田綱美が拓いたもう一つのダンス史 （目賀田匡夫著） モダン出版 1999.10 159p
◇「高級な日本人」の生き方 （松本健一著） 新潮社 1999.10 214p （新潮選書）
◇龍馬暗殺に隠された恐るべき日本史—われわれの歴史から伏せられた謎と物証 （小林久三著） 青春出版社 1999.10 229p （プレイブックス）
◇新人物日本史・光芒の生涯 下 （畑山博著） 学陽書房 1999.10 364p （人物文庫）
◇幕末三舟伝 （頭山満著） 島津書房 1999.11 368p
◇最後の幕臣 勝海舟 （童門冬二著） 成美堂出版 1999.12 262p （成美文庫）
◇遠い崖—アーネスト・サトウ日記抄 7 （萩原延寿著） 朝日新聞社 2000.1 345p
◇部下の心をつかむ江戸の人間学 （童門冬二著） 集英社 2000.2 282p （集英社文庫）
◇Story日本の歴史—近現代史編 （日本史教育研究会編） 山川出版社 2000.2 274p
◇楽しく調べる人物図解日本の歴史—江戸時代末期・明治時代 6 （佐藤和彦監修） あかね書房 2000.4 47p
◇歴史へのいざない （小谷野修著） 近代文芸社 2000.5 193p
◇二十一世紀の日本と田中正造・勝海舟 下町人間総合研究所 2000.5 86p
◇熱血！日本偉人伝—歴史に虹をかけた人たち （三波春夫著） 集英社インターナショナル 2000.7 285p
◇国のつくり方—明治維新人物学 （渡部昇一,岡崎久彦著） 致知出版社 2000.9 221p
◇氷川清話 （勝海舟著,江藤淳,松浦玲編） 講談社 2000.12 400p （講談社学術文庫）
◇勝海舟と坂本龍馬 （加来耕三著） 学習研究社 2001.1 531p （学研M文庫）
◇人物で読む近現代史 上 （歴史教育者協議会編） 青木書店 2001.1 299p
◇司馬遼太郎のテムズ紀行など—フォト・ドキュメント歴史の旅人 （NHK出版編,司馬遼太郎,吉田直哉著,飯田隆夫写真） 日本放送出版協会 2001.2 213p
◇幕末維新期伊勢商人の文化史的研究 （上野利三著） 多賀出版 2001.2 323p

◇勝海舟関係資料 文書の部 （東京都江戸東京博物館都市歴史研究室編） 東京都歴史文化財団 2001.3 187p （江戸東京博物館史料叢書）
◇福沢諭吉研究―福沢諭吉と幕末維新の群像 （飯田鼎著） 御茶の水書房 2001.7 439,20p （飯田鼎著作集）
◇江藤淳コレクション 1 （江藤淳著, 福田和也編） 筑摩書房 2001.7 538p （ちくま学芸文庫）
◇江戸切絵図を歩く （新人物往来社編） 新人物往来社 2001.8 262p
◇勝海舟―わが青春のポセイドン （岡田嘉夫画, 古川薫著） 小峰書店 2001.8 209p （時代を動かした人々）
◇対談集 世界に誇る日本人―21世紀に伝えたい日本の心 （広池幹堂著, モラロジー研究所出版部編） モラロジー研究所 2001.9 269p
◇自然と技術 （小島純郎著） 近代文芸社 2001.11 230p （近代文芸社新書）
◇日本史101人のことば （円谷真護著） 柘植書房新社 2001.11 219p
◇明治人のお葬式 （此経啓助著） 現代書館 2001.12 203p
◇冬の偉人たち―逆境を乗りこえた80話 （中西進監修, 笠原秀, 坂元孝雄, 丹野顕編著） 四季社 2001.12 238p （いのちとこころの例話シリーズ）
◇歴史を動かした意外な人間関係―親子・男女・師弟・ライバルたちの秘められた事実 （日本博学倶楽部著） PHP研究所 2002.2 227p （PHP文庫）
◇人物日本の歴史・日本を変えた53人 6 （高野尚好監修） 学習研究社 2002.2 64p
◇日本の海軍 上 （池田清著） 学習研究社 2002.3 374p （学研M文庫）
◇新東海道物語―そのとき、街道で （新東海道物語を進める会編） 日本経済新聞社 2002.4 390p
◇散歩をもっと楽しくする本 （遠藤昭著） 文芸社 2002.6 192p
◇日本創始者列伝―歴史にみる先駆者の条件 （加来耕三著） 学陽書房 2002.6 389p （人物文庫）
◇山岡鉄舟 幕末・維新の仕事人 （佐藤寛著） 光文社 2002.7 254p （光文社新書）
◇日本史にみる経済改革―歴史教科書には載らない日本人の知恵 （童門冬二著） 角川書店 2002.9 212p （角川oneテーマ21）
◇福沢諭吉著作集 第9巻 （福沢諭吉著, 坂本多加雄編） 慶応義塾大学出版会 2002.9 312p
◇新訂 海舟座談 （巌本善治編, 勝部真長校注） 岩波書店 2002.9 376p （岩波文庫）
◇還暦以後 （松浦玲著） 筑摩書房 2002.11 319p
◇教科書が教えない歴史人物の常識疑問 （新人物往来社編） 新人物往来社 2002.12 358p
◇司馬遼太郎対話選集 2 （司馬遼太郎著, 関川夏央監修・解説） 文芸春秋 2002.12 557p
◇「小さな幸福」―一日ひとつの生き方 （堀田そう著） ソニー・マガジンズ 2003.2 230p
◇古書肆「したよし」の記 （松山荘二著） 平凡社 2003.3 243p
◇幕臣たちの誤算―彼らはなぜ維新を実現できなかったか （星亮一著） 青春出版社 2003.5 187p （プレイブックス・インテリジェンス）
◇あの世とこの世 （永六輔著） 朝日新聞社 2003.5 286p （朝日文庫）
◇行ってみよう 東京江戸たんけんガイド （田中ひろみ著） PHP研究所 2003.7 147p （未知へのとびらシリーズ）
◇坂本龍馬―日本の「洗濯」にいどむ （酒寄雅志監修, 小西聖一著） 理論社 2003.7 105p （NHKにんげん日本史）
◇「第三の開国」は可能か （田中浩著） 日本放送出版協会 2003.8 253p （NHKライブラリー）
◇坂本龍馬 33年の生涯 （高野澄著） 三修社 2003.9 271p
◇幕末・あの人の「その後」―新選組から明治の指導者まで （日本博学倶楽部著） PHP研究所 2003.9 275p （PHP文庫）
◇夢酔独言 （勝小吉著） 教育出版 2003.9 214p （読んでおきたい日本の名作）
◇老いは生のさなかにあり （津本陽著） 幻冬舎 2003.9 254p
◇目からウロコの幕末維新―黒船来航から廃藩置県まで、歴史の舞台裏がよくわかる （山村竜也著） PHP研究所 2003.10 236p （PHP文庫）
◇勝海舟関係資料海舟日記 2 （勝海舟著, 東京都江戸東京博物館都市歴史研究室編） 東京都 2003.10 290p （江戸東京博物館史料叢書）
◇それからの海舟 （半藤一利著） 筑摩書房 2003.11 324p
◇幕末剣客秘録―江戸町道場の剣と人 （渡辺誠著） 新人物往来社 2003.12 253p
◇もっと知りたい坂本龍馬 （木村幸比古, 木村武仁著） 日本実業出版社 2003.12 246,7p （歴史を動かした人物Series）
◇思想からみた明治維新―「明治維新」の哲学 （市井三郎著） 講談社 2004.2 248p （講談社学術文庫）
◇第三の開国と日米関係 （松本健一著） 第三文明社 2004.3 238p

◇太田克巳家文書―勝海舟宛書簡を中心とする資料群 （多摩市文化振興財団編） 多摩市文化振興財団 2004.3 47p （パルテノン多摩資料叢書）
◇坂本龍馬のすべてがわかる本―敵も味方も惚れぬいた"さわやかな男" （風巻絋一著） 三笠書房 2004.4 298p （知的生きかた文庫）
◇歴史を変えた決断の瞬間 （会田雄次著） PHP研究所 2004.5 330p （PHP文庫）
◇教科書から消された偉人・隠された賢人―いま明かされる日本史の真実 （濤川栄太著） イーグルパブリシング 2004.5 249p
◇一冊で人生論の名著を読む―人の生き方がわかる珠玉の28編 （本田有明著） 中経出版 2004.6 175p
◇明治の精神史―勝海舟から内村鑑三まで （堀切直人著） J&Jコーポレーション 2004.6 196p
◇幕末史―激闘！薩摩・長州・会津 （星亮一著） 三修社 2004.7 285p
◇歴史人物・とっておきのウラ話―教科書が教えない「面白い話・珍しい話・ドジな話」 （泉秀樹著） PHP研究所 2004.7 338p （PHP文庫）
◇幕末武士道、若きサムライ達 （山川健一著） ダイヤモンド社 2004.8 280p
◇思想劇画 属国日本史 幕末編 （副島隆彦著, ロシナンテ青木劇画） 早月堂書房 2004.9 275p
◇禅と武士道―柳生宗矩から山岡鉄舟まで （渡辺誠著） ベストセラーズ 2004.10 243p （ベスト新書）
◇行蔵は我にあり―出頭の102人 （出久根達郎著） 文芸春秋 2004.10 221p （文春新書）
◇海舟語録 （勝海舟著, 江藤淳, 松浦玲編） 講談社 2004.10 299p （講談社学術文庫）
◇日本史 意外すぎる、この結末！ （歴史の謎を探る会編） 河出書房新社 2004.11 220p （KAWADE夢文庫）
◇健康ニッポン人 上巻 （千葉正敏著） 中央通信社 2004.11 445p
◇「日本人の名著」を読む （岬竜一郎著） 致知出版社 2004.12 282p
◇理念なくして戦略なし―戦略家西郷隆盛と孫子 （田村文重著） 芙蓉書房出版 2004.12 242p
◇「善玉」「悪玉」大逆転の幕末史 （新井喜美夫著） 講談社 2005.1 201p （講談社プラスアルファ新書）
◇関口大砲製造所 （大松騏一著） 東京文献センター 2005.2 145p
◇勝海舟関係資料海舟日記 3 （勝海舟著, 東京都江戸東京博物館都市歴史研究室編） 東京都 2005.2 224p （江戸東京博物館史料叢書）
◇その時歴史が動いた 31 （NHK取材班編） KTC中央出版 2005.3 253p
◇徳川家に伝わる徳川四百年の内緒話 ライバル敵将篇 （徳川宗英著） 文芸春秋 2005.6 206p （文春文庫）
◇教養のすすめ―明治の知の巨人に学ぶ （岡崎久彦著） 青春出版社 2005.7 215p
◇骨肉 父と息子の日本史 （森下賢一著） 文芸春秋 2005.7 262p （文春新書）
◇偉人にみる人の育て方 （河合敦著） 学陽書房 2005.7 254p
◇明治の教訓 日本の気骨―明治維新人物学 （渡部昇一, 岡崎久彦著） 致知出版社 2005.8 216p （CHICHI SELECT）
◇幕末・明治の士魂―啓蒙と抵抗の思想的系譜 （飯田鼎著） 御茶の水書房 2005.8 412,11p （飯田鼎著作集）
◇津波とたたかった人―浜口梧陵伝 （戸石四郎著） 新日本出版社 2005.8 188p
◇あなたが変われば日本が変わる―明治維新の真の演出家横井子小楠に学ぶ平成維新への道筋 （新風舍編） 新風舍 2005.9 218p
◇地球時代の志士たちへ―スピリチュアルメッセージ 1 （レムリア・ルネッサンス編） たま出版 2005.10 288p
◇海舟想い出の浦賀湊 （斉藤秀一著） 湘南海援隊 2006.1 45p （湘南海援隊文庫）
◇ラストサムライの群像―幕末維新に生きた誇り高き男たち （星亮一, 遠藤由紀子著） 光人社 2006.2 283p
◇勝海舟関係資料海舟日記 4 （勝海舟著, 東京都江戸東京博物館都市歴史研究室編） 東京都 2006.2 153p （江戸東京博物館史料叢書）
◇歴史を動かす力―司馬遼太郎対話選集 3 （司馬遼太郎著） 文芸春秋 2006.5 380p （文春文庫）
◇還暦以後 （松浦玲著） 筑摩書房 2006.6 339p （ちくま文庫）
◇師弟―ここに志あり （童門冬二著） 潮出版社 2006.6 269p
◇高嶋教科書裁判が問うたもの―その焦点と運動13年の総括 （高嶋教科書訴訟を支援する会編） 高文研 2006.6 301p
◇英雄かく生まれ―過去物語 英傑編 生まれ変わりの人物伝 （ザ・リバティ編集部編） 幸福の科学出版 2006.7 235p
◇日本の戦争 封印された言葉 （田原総一朗著） アスコム 2006.8 267p
◇嗚呼海軍兵学校 日本を愛した勇士たち―江田島教育参考館の展示から 『日本を愛した勇士たち』製作委員会編） 明成社 2006.8 63p
◇輪舞―文学・美術散策 （沢田繁晴著） 審美社 2006.8 255p

◇神戸学 (神戸新聞総合出版センター編, 崎山昌広監修) 神戸新聞総合出版センター 2006.10 140,15p
BLでわかる日本史 幕末編 (鷹峰りん著) 夏目書房 2006.10 209p
行徳歴史街道—歴史の主役と脇役 2 (鈴木和明著) 文芸社 2006.12 258p
◇日本の近現代史述講 歴史をつくるもの 上 (坂野潤治, 三谷太一郎著, 藤井裕久, 仙谷由人監修, 日本の近現代史調査会編) 中央公論新社 2006.12 252p
◇はぐれもののお墓—お墓曼陀羅続編 (池田亮二著) 新風舎 2006.12 329p
勝海舟と明治維新 (板倉聖宜著) 仮説社 2006.12 290p
図解 あの軍人の「意外な結末」 (日本博学倶楽部著) PHP研究所 2007.2 95p
◇最後の将軍徳川慶喜の無念—大統領になろうとした男の誤算 (星亮一, 遠藤由紀子著) 光人社 2007.2 289p
◇教科書が教えない歴史有名人の晩年と死 (新人物往来社編) 新人物往来社 2007.2 293p
◇幕末・男たちの名言—時代を超えて甦る「大和魂」 (童門冬二著) PHP研究所 2007.3 283p
司馬遼太郎 歴史のなかの邂逅 3 (司馬遼太郎著) 中央公論新社 2007.6 428p
◇器量人の研究 (童門冬二著) PHP研究所 2007.9 256p (PHP文庫)
◇敗者たちの幕末維新—徳川を支えた13人の戦い (武光誠著) PHP研究所 2007.9 235p (PHP文庫)
◇神戸居留地史話—神戸開港140周年記念 (土居晴夫) リーブル出版 2007.9 294p
◇神戸海軍操練所と勝海舟の神戸塾 『神戸居留地史話—神戸開港140周年記念』 (土居晴夫) リーブル出版 2007.9 p223～291
◇勝者と敗者の近現代史 (河上民雄著) かまくら春秋社 2007.10 189p
幕末三舟伝 (頭山満述) 国書刊行会 2007.11 340p
◇勝海舟と幕末長崎—日蘭修好一五〇周年記念事業 開館二周年記念特別展 (長崎歴史文化博物館編) 長崎歴史文化博物館 2007.11 113p
◇歴史人物ウラの素顔 (歴史の謎プロジェクト編) ベストセラーズ 2007.12 239p (ワニ文庫)
◇萩原延壽集 2 (萩原延壽著) 朝日新聞社 2007.12 485p
◇坂の上に雲はあったか—明治国家創成のミスキャスト (宮崎光雄著) 東洋出版 2007.12 310p
◇日本歴史を点検する 新装版 (海音寺潮五郎, 司馬遼太郎著) 講談社 2007.12 249p (講談社文庫)
◇勝海舟強い生き方 (窪島一系著) 中経出版 2008.1 255p (中経の文庫)
◇連続と非連続の日本政治 (菅原彬州編) 中央大学出版部 2008.3 305p (中央大学社会科学研究所研究叢書)
◇勝海舟の人生訓—時代を超えた含蓄に富む箴言集 新装版 (童門冬二著) PHP研究所 2008.6 293p
◇それからの海舟 (半藤一利著) 筑摩書房 2008.6 375p (ちくま文庫)
◇義塾の原点 上 (童門冬二著, 関戸勇写真) リブロアルテ 2008.7 251p
◇ひょうご幕末維新列伝 (一坂太郎著) 神戸新聞総合出版センター 2008.7 408p
◇先賢諸聖のことば—直筆の格言・名言コレクション75 (田中大著) PHP研究所 2008.8 190p
◇歴史ポケット人物新聞 回天ふたたび 坂本龍馬 (及川拓哉著) 大空出版 2008.8 227p (大空ポケット新書)
◇勝海舟を動かした男 大久保一翁 (古川愛哲著) グラフ社 2008.11 296p
◇時代を創ったリーダーの訓え—戦国時代から現代まで、偉人たちの魅力とは (島田一男著) ごま書房 2008.11 138p
◇日本海軍の興亡—戦いに生きた男たちのドラマ (半藤一利著) PHP研究所 2008.12 199p
◇浦西和彦著述と書誌 第1巻 (浦西和彦著) 和泉書院 2009.1 526p
◇日本人の恋物語—男と女の日本史 (時野佐一郎著) 光人社 2009.2 229p
◇「今」を生き抜く57の言葉—若いビジネスマンのための (植西聰著) ナナ・コーポレート・コミュニケーション 2009.2 134p (Nanaブックス)
◇勝海舟を軸に日本の近現代史を考える (山口義夫, 石山久男, 宮地正人, 梅田欽治, 浅川保, 鵜沢義行, 吉岡吉典著) 下町壱研 2009.2 83p
◇維新のリーダー—人を動かし、育てる力 (河合敦著) 光文社 2009.3 303p (光文社知恵の森文庫)
童門冬二の歴史に学ぶ知恵 (童門冬二著) 茨城新聞社 2009.3 239p
◇歴史がわかる！100人日本史 (河合敦著) 光文社 2009.8 251p

◇日本史有名人の苦節時代 (新人物往来社編) 新人物往来社 2009.9 351p (新人物文庫)
◇日本史「宿敵」26番勝負 (関裕二, 後藤寿一, 一坂太郎著) 宝島社 2009.10 221p (宝島SUGOI文庫)
◇勝海舟 上 新装版 (勝部真長著) PHP研究所 2009.10 374p
◇勝海舟 中 新装版 (勝部真長著) PHP研究所 2009.10 493p
◇勝海舟 下 新装版 (勝部真長著) PHP研究所 2009.10 466p
◇新編 氷川清話—勝海舟の政治観と幕末維新の裏面史 (高野澄編著) PHP研究所 2009.11 250p
◇誰が坂本龍馬をつくったか (河合敦著) 角川SSコミュニケーションズ 2009.11 186p (角川SSC新書)
◇司馬遼太郎 リーダーの条件 (半藤一利, 磯田道史, 鴨下信一ほか著) 文芸春秋 2009.11 251p (文春新書)
◇いまさら入門 坂本龍馬 (加来耕三著) 講談社 2009.11 251p (講談社プラスアルファ文庫)
◇「アラサー」が変えた幕末—時代を動かした若き志士たち (渡辺大門著) 毎日コミュニケーションズ 2009.11 199p (マイコミ新書)
◇勝海舟と坂本龍馬 新訂版 (加来耕三著) 出版芸術社 2009.11 435p
◇わが子のやる気を引き出す育て方—天才・偉人の親たちに学ぶ (松枝史明著) 主婦の友社 2009.12 191p (Como子育てBOOKS)
◇幕末維新人物新論—時代をよみとく16のまなざし (笹部昌利編) 昭和堂 2009.12 321p
◇決めぜりふ—時代が見える人物像がわかる幕末維新名言集 (斎藤孝著) 世界文化社 2009.12 303p
◇坂本龍馬と幕末維新人物100選 (清水昇著) リイド社 2009.12 253p (リイド文庫)
◇幕末暗殺剣—血湧き肉踊る最強剣豪伝説 (マーヴェリック著) 双葉社 2009.12 249p
◇ウォール・ストリートと極東—政治における国際金融資本 (三谷太一郎著) 東京大学出版会 2009.12 280,8p

【雑 誌】
◇勝海舟—幕府の代理人 (特集徳川幕府滅亡の舞台裏) (勝部眞長) 「歴史読本」 30(18) 1960.10
◇西郷隆盛VS勝海舟女くらべ (来水明子) 「歴史と旅」 7(1) 1980.1
◇特集・ライバル明治の獅子たち—新時代の幕臣と幕史 (勝海舟VS福沢諭吉) (杉浦明平) 「歴史読本」 25(2) 1980.2
◇明治維新に探る自由の原点(13)勝海舟と江戸城明渡し (利根川裕) 「月刊新自由クラブ」 4(35) 1980.5
◇幕臣列伝(10)勝海舟と榎本武揚 (綱淵謙錠) 「歴史と人物」 10(11) 1980.11
◇勝海舟にみる人材の見分け方 (勝部真長) 「季刊中央公論経営問題」 19(5) 1980.12
◇勝海舟と徳川株式会社 (特集・サラリーマン考現学 "武士道と愛社精神") (勝部真長) 「月刊ペン」 14(4) 1981.4
◇貧乏旗本出身の海軍卿—勝海舟 (特集・日本立身出世物語) (神谷次郎) 「歴史と旅」 8(5) 1981.5
◇勝海舟関係資料を整理する—紹介を兼ねた中間報告1 (櫛野義明) 「科学医学資料研究」 85 1981.5
◇勝海舟関係文書を整理する—紹介を兼ねた中間報告2 (櫛野義明) 「科学医学資料研究」 86 1981.6
◇政敵小栗上野介を殺した男 (特集・維新の激戦) (栗原隆一) 「歴史と人物」 122 1981.9
◇歴史と時間—勝海舟と7年サイクル (中野泰雄) 「亜細亜大学経済学紀要」 7(2) 1982.1
◇「日本第一の人物」勝海舟 (特集・坂本龍馬の人脈と維新) (桂英澄) 「歴史と人物」 12(2) 1982.2
◇勝海舟と千葉 (野村治治) 「史誌」 17 1982.6
◇勝海舟のドゥーフ・ハルマ (写本) (杉本つとむ) 「科学医学資料研究」 97 1982.6
◇勝海舟—日本第一の開明の師 (特集・坂本龍馬光芒の生涯) (松浦玲) 「歴史と旅」 9(10) 1982.8
◇明治の海舟とアジア(1)—勝海舟の日清戦争反対論 (松浦玲) 「世界」 443 1982.10
◇明治の海舟とアジア(2)—勝海舟から見た条約改正 (松浦玲) 「世界」 444 1982.11
◇明治の海舟とアジア(3)—勝海舟の征韓論否認 (松浦玲) 「世界」 445 1982.12
◇勝海舟とキリスト教 (岩楯幸雄) 「六浦論叢」 20 1983
◇勝海舟の西南戦争 (明治の海舟とアジア(4)) (松浦玲) 「世界」 446 1983.1
◇勝海舟と南洲私祭 (明治の海舟とアジア(5)) (松浦玲) 「世界」 448 1983.5
◇勝海舟における文明と海軍 (明治の海舟とアジア(6)) (松浦玲) 「世界」 449 1983.4
◇勝海舟と伊藤新体制 (明治の海舟とアジア(7)) (松浦玲) 「世界」 450 1983.5

◇ボアソナードの仕込杖・勝海舟の悪態―久津見蕨村が見た人物 （斎藤英子）「日本古書通信」48(7) 1983.7
◇勝海舟と薩長両藩邸（明治の海舟とアジア(8)）（松浦玲）「世界」452 1983.7
◇勝海舟と清国駐日公使（明治の海舟とアジア(9)）（松浦玲）「世界」453 1983.8
◇明治の海舟とアジア(10・最終回)（松浦労）「世界」454 1983.9
◇勝海舟の「時代」の計り方（特集・チャンスのつかみ方）（童門冬二）「will」3(4) 1984.4
◇勝海舟関係資料を整理する(3)（櫛野義明）「科学医学資料研究」120 1984.5
◇歴史に学ぶ！乱世リーダーの着眼力（特集・指導者の「着眼力」）（桂英澄）「will」3(5) 1984.5
◇勝海舟と福沢諭吉（政治を見つめて[45]）（宇治敏彦）「行政とADP」20(12) 1984.12
◇勝海舟、「弱者」の交渉力「100万の命」を救う―「男の友情」で実現した奇跡の「江戸無血開城」（特集・「明治維新」の男たち）（桂英澄）「プレジデント」23(1) 1985.1
◇勝海舟と出処進退（田中角栄と政治倫理(3)）（俵孝太郎、山田洸、勝部真長）「諸君！」17(3) 1985.3
◇特別読物歴史を作った邂逅勝海舟と西郷・福沢（福田常雄）「歴史と旅」12(12) 1985.9
◇海舟疑わるる（幕末風塵録[11]）（綱淵謙錠）「諸君！」17(11) 1985.11
◇書人國散策(54)海舟の建てた南洲詩碑（中西慶爾）「墨」54 1986.5
◇国立国会図書館所蔵本　蔵書印―その137―勝海舟（村山久江）「国立国会図書館月報」303 1986.6
◇2つの政治路線―小栗忠順と勝海舟（徳川300年を動かした男たち(特集)）（石井孝）「歴史読本」31(11) 1986.6
◇海軍操練所―勝海舟創設の神戸遊学所（日本を創った私塾と学舎（特集））（宮地佐一郎）「歴史と旅」13(9) 1986.7
◇サルは木から落とせ＝勝海舟（悪の行動学[20]）（童門冬二）「経済界」21(15) 1986.7.29
◇勝海舟と中村家との関係を解明〔埼玉県吉川町〕（岡田利久）「歴史研究」307 1986.11
◇日本における儒教活用の一局面―横井小楠と勝海舟の場合（松浦玲）「所報（桃山学園大・総合研）」14(1) 1987.7
◇江戸無血開城、そして一新政府の要職に就いた海舟に投げつけられたさまざまな悪罵（特集・勝海舟と坂本龍馬）（早乙女貢）「プレジデント」26(10) 1988.10
◇時代を拓く「男」の条件―維新の変革を担った若者たちを揺り動かしたものは（対談）（特集・勝海舟と坂本龍馬）（会田雄次、綱淵謙錠）「プレジデント」26(10) 1988.10
◇神戸海軍操練所の「400日」―海防の充実以外に国を守る策はない。そのためにも人材育成が急務だった（特集・勝海舟と坂本龍馬）（豊田穣）「プレジデント」26(10) 1988.10
◇敗戦処理にみせる政治テクニック　勝海舟・吉田茂（特集　それでも歴史は繰り返す）（上之郷利昭）「歴史と旅」15(16) 1988.11
◇忠誠心の相剋―勝海舟の場合（外国人の日本研究(1)（特集））（M.William Steele著、桜井慶祥訳）「季刊日本思想史」31 1988.12
◇「大悪人」こそ時代を変える英雄である―今、日本の指導者たちに欠けている資質は何か（特集・強い男の魅力）（会田雄次）「プレジデント」27(2) 1989.2
◇新撰　海舟語録俗解(1)（勝部真長）「日本及日本人」1594 1989.4
◇「氷川清話」にみられる勝海舟の教育思想―陽明学的見識を中心に（杉山信亮）「政治経済史学」277 1989.5
◇勝海舟に喧嘩を売った女（加来耕三）「新潮45」8(7) 1989.7
◇新撰　海舟語録俗解(3)（勝部真長）「日本及日本人」1596 1989.10
◇新撰　海舟語録俗解(4)（勝部真長）「日本及日本人」1597 1990.1
◇勝海舟　「倒幕」を決意させた異端の幕閣―2人の大器量の信頼感は江戸無血開城へとつながれた（特集・西郷隆盛の人間関係学）（榛葉英治）「プレジデント」28(2) 1990.2
◇幕末期における西欧科学技術の受容(6)洋学と海舟（岩楯幸雄）「科学/人間（関東学院大学・工学部）」19 1990.3
◇福沢諭吉と武士道―勝海舟、内村鑑三および新渡戸稲造との関連において（飯田鼎）「三田学会雑誌」83(1) 1990.4
◇新撰　海舟語録俗解(5完)（勝部真長）「日本及日本人」1598 1990.4
◇勝海舟の交渉力の冴え「江戸無血開城」―徳川家の武力討伐を狙う西郷らを押しとどめ、内戦勃発を阻止（特集・「幕末維新」の人物学）（小林久三）「プレジデント」28(6) 1990.6
◇本所に縁りのある栗本鋤雲と勝海舟（北原昭太郎）「江東史談」234 1990.6
◇特集　勝海舟と神戸　「神戸史談」269 1991.8
◇勝海舟―海軍操練所に「開国の夢」を追う（特集・坂本龍馬の人間関係学）（畑山博）「プレジデント」30(7) 1992.7
◇福沢諭吉、「痩せ我慢」を説いた「近代」の啓蒙者―必敗必死を眼前に見てなお勇進するの一事（特集・男はいかに生くべきか―いま「武士道」に学ぶ）（岩崎呉夫）「プレジデント」30(10) 1992.10
◇『魯敏遜漂行紀略』翻訳考(5完)（松田清）「京古本や往来」59 1993.1
◇龍馬と海舟の出会い（十周年記念）（松本紀郎）「秦史談」53 1993.1
◇日本を1つにした勝海舟の偉業（日本近代史の誰に学ぶか―人物オピニオン特集・リーダーなき「平成」を撃つ24人）（勝部真長）「諸君！」25(2) 1993.2
◇勝海舟―世界に「開かれた心眼」（加来耕三）「潮」407 1993.2
◇ロシアの「対馬占拠」を退去させた勝海舟（松本健一）「エコノミスト」71(36) 1993.8.17・24
◇「国民」として「国家」を意識した勝海舟（幕末史話―"第三の開国"のさ中に）（松本健一）「エコノミスト」72(3) 1994.1.18
◇勝海舟とキリスト教（竹中正夫）「基督教研究」55(2) 1994.3
◇伝記・「高級な日本人」の研究―新・幕末三舟伝（松本健一）「新潮45」15(1) 1996.1 p196～207
◇遙かな海へ―評伝「勝海舟の生涯とその後」〔1〕（松浦玲）「Ronza」2(4) 1996.4 p152～159
◇遙かな海へ　評伝「勝海舟の生涯とその後」〔2〕（松浦玲）「Ronza」2(5) 1996.5 p152
◇ペリー来航前夜（遙かな海へ　評伝「勝海舟の生涯とその後」〔3〕）（松浦玲）「Ronza」2(6) 1996.6 p152～159
◇ペリーの衝撃と波及（遙かな海へ　評伝「勝海舟の生涯とその後」〔4〕）（松浦玲）「Ronza」2(7) 1996.7 p154～161
◇「追想の吉田松陰」（遙かな海へ　大河評伝・勝海舟〔5〕）（松浦玲）「Ronza」2(8) 1996.8 p152～159
◇「オランダが巻き返す」（遙かな海へ　大河評伝・勝海舟〔6〕）（松浦玲）「Ronza」2(9) 1996.9 p150～157
◇勝海舟（特集　日本人の見た異国・異国人―古代から幕末まで―近世の異国・異国人論）（松岡俊）「国文学解釈と鑑賞」至文堂61(10) 1996.10 p146～149
◇「海舟は落第生か？」（遙かな海へ　大河評伝勝海舟〔7〕）（松浦玲）「Ronza」2(10) 1996.10 p152～159
◇米蘭のせめぎあい（遙かな海へ　大河評伝勝海舟〔8〕）（松浦玲）「Ronza」2(11) 1996.11 p152～159
◇幕末維新の「知恵者」たちは何を成したか―坂本龍馬、勝海舟、大久保利通らは「時代参謀」だった（歴史特集・参謀の資質　その任に着く者は人間通でなければならない）（童門冬二）「プレジデント」34(11) 1996.11 p238～243
◇勝海舟VS小栗忠順―維新前夜の幕府官僚の暗闘（政治編）（栗原隆一）「歴史と旅」23(17) 1996.11.10 臨増（日本史ライバル総覧）p192～195
◇琉球対策と島津斉彬（遙かな海へ　大河評伝・勝海舟〔9〕）（松浦玲）「Ronza」2(12) 1996.12 p148～155
◇大獄さなかに渡米請求（遙かな海へ　大河評伝・勝海舟〔10〕）（松浦玲）「Ronza」3(1) 1997.1 p152～159
◇一国を背負って（遙かな海へ　大河評伝・勝海舟〔11〕）（松浦玲）「Ronza」3(2) 1997.2 p154～161
◇アメリカで得たもの（遙かな海へ　大河評伝勝海舟〔12〕）（松浦玲）「Ronza」
◇『瘠我慢の説』と「氷川清話」―勝海舟と福沢諭吉の間（その1）（飯田鼎）「三田学会雑誌」慶応義塾経済学会90(1) 1997.4 p1～17
◇勝海舟―これで、おしまい（特集・幕末明治人物臨終の言葉―近代の夜明けを駆けぬけた44人の人生決別の辞　英傑死してことばを遺す）（一坂太郎、稲川明雄、今川徳三、井門寛、宇都宮泰長、河合敦、木村幸比古、祖田浩一、高野澄、高橋和彦、畑山博、三谷茉沙夫、百瀬明治、山村竜也）「歴史と旅」24(7) 1997.5 p108～109
◇慶喜と海舟の関係（特集/徳川慶喜の謎）（加藤昇）「歴史研究」人物往来社歴史研究会433 1997.6 p20
◇遙かなる海へ　大河評伝・勝海舟〔14〕（松浦玲）「Ronza」3(6) 1997.6 p152～159
◇遙かな海へ　大河評伝・勝海舟〔15〕（松浦玲）「Ronza」3(7) 1997.7 p156～163
◇正道を歩む―勝海舟（新養生訓〔19〕）（大宮司朗）「歴史と旅」24(10) 1997.7 p235
◇江戸はどんづまり（遙かなる海へ　大河評伝・勝海舟〔16〕）（松浦玲）「Ronza」3(8) 1997.8 p154～161
◇龍馬転々（遙かな海へ　大河評伝・勝海舟〔17〕）（松浦玲）「Ronza」3(9) 1997.9・10 p152～159
◇安房守の憂鬱（遙かな海へ　大河評伝・勝海舟〔18〕）（松浦玲）「論座」31 1997.11 p164～175
◇勝海舟―徳川家と旧幕臣を援助、アジア同盟を志向する（特集・ドラマの後の主役たち―歴史を彩った人びとのその後の奮闘と変貌！）（松浦玲）「歴史と旅」24(18) 1997.12 p56～59
◇将軍家茂の辞表（遙かな海へ　大河評伝・勝海舟〔19〕）（松浦玲）「論座」32 1997.12 p198～209
◇みずから倒れよ（遙かな海へ　大河評伝・勝海舟〔20〕）（松浦玲）

「論座」 33 1998.1 p188〜199
◇『痩我慢の説』と『氷川清話』―勝海舟と福沢諭吉の間(その二) (飯田鼎)「三田学会雑誌」慶応義塾経済学会 90(4) 1998.1 p895〜917
◇厳島応接(遙かなる海へ 大河評伝・勝海舟〔21〕)(松浦玲)「論座」 34 1998.2 p198〜209
◇幕末三舟(海舟・泥舟・鉄舟と慶喜)(特集・徳川慶喜と幕府崩壊―混迷の時代を駆け抜けた「最後の将軍」波瀾の半生)「歴史と旅」 25(4) 1998.3 p100〜105
◇大政奉還前夜(遙かなる海へ 大河評伝・勝海舟〔22〕)(松浦玲)「論座」 35 1998.3 p232〜243
◇王政復古は薩長の「私」(遙かなる海へ 大河評伝・勝海舟〔23〕)(松浦玲)「論座」 36 1998.4 p224〜235
◇非命の死を憐察せよ(遙かな海へ 大河評伝・勝海舟〔24〕)(松浦玲)「論座」 37 1998.5 p224〜235
◇特集/勝海舟の謎 「歴史研究」人物往来社歴史研究会 445 1998.6 p14〜33
◇江戸城総攻撃を阻止(遙かな海へ 大河評伝・勝海舟〔25〕)(松浦玲)「論座」 38 1998.6 p224〜235
◇帰属する組織の利害を超えて体制転換を図った男たち―勝海舟 江戸無血開城 希代の政治家「徳川政権の幕引き」を取り仕切る(歴史特集・幕末維新の「人材」学―こんな男が組織を変える)(江坂彰)「プレジデント」 36(7) 1998.7 p112〜119
◇東大は勝海舟が作った―伊藤博文がお世話になった英和辞書は"東大"製(私の東大論〔5〕)(立花隆)「文芸春秋」 76(7) 1998.7 p194〜206
◇無血開城前後(遙かな海へ 大河評伝・勝海舟〔26〕)(松浦玲)「論座」 39 1998.7 p224〜235
◇勝海舟が煙たがった「遅れてきた若者」の才覚(明治に名参謀ありて第5部・前島密〔2〕)(三好徹)「SAPIO」 10(12) 1998.7.8 p88〜91
◇あ、吾機会を失せり(遙かな海へ 大河評伝・勝海舟〔27〕)(松浦玲)「論座」 40 1998.8 p224〜235
◇いまゼロから出直すとき―混迷の淵に立ち竦む現代日本人は「西郷南洲」に学べ(特集・自壊する日本)(江藤淳、伊藤雅俊)「Voice」 249 1998.9 p54〜63
◇東北戦争(遙かな海へ 大河評伝・勝海舟〔28〕)(松浦玲)「論座」 41 1998.9 p226〜237
◇黒船来航〔1〕(佐久間象山〔21〕)(松本健一)「THIS IS 読売」 9(6) 1998.9 p316〜325
◇平成の西郷隆盛・勝海舟がいま必要だ(特集・ヒタヒタ…世界恐慌の足音が聞こえる トップは発想を変えよ!)(諸井虔(地方分権推進委員会委員長)、村田博文)「財界」 46(23) 1998.9.29 p22〜25
◇勝海舟の生涯とその後(遙かな海へ 大河評伝・勝海舟〔29〕)(松浦玲)「論座」 42 1998.10 p218〜229
◇亡友横井小楠(遙かな海へ 大河評伝・勝海舟〔30〕)(松浦玲)「論座」 43 1998.11 p220〜231
◇安房から安芳へ(大河評伝 遙かな海へ・勝海舟〔31〕)(松浦玲)「論座」 44 1998.12 p220〜231
◇開成所版『万国公法』の刊行―万屋兵四郎と勝海舟をめぐって(高原泉)「中央大学大学院研究年報」中央大学大学院研究年報編集委員会 29 1999 p239〜269
◇幕末のグローバリズム(経済の史点〔13〕)(童門冬二)「フォーブス日本版」 8(1) 1999.1 p186〜187
◇西郷の苦衷を知る(遙かな海へ 大河評伝・勝海舟〔32・最終回〕)(松浦玲)「論座」 45 1999.1 p222〜231
◇歴史の裏側 (市川森一)「文芸春秋」 77(3) 1999.3 p80〜82
◇蘭学狂い(私に帰せず―小説・勝海舟〔1〕)(津本陽)「潮」 487 1999.9 p372〜385
◇小吉の抵抗(私に帰せず―小説・勝海舟〔2〕)(津本陽)「潮」 488 1999.10 p370〜382
◇希望の光(私に帰せず―小説・勝海舟〔3〕)(津本陽)「潮」 489 1999.11 p348〜360
◇長崎〔1〕(私に帰せず―小説・勝海舟〔4〕)(津本陽)「潮」 490 1999.12 p364〜376
◇勝海舟と福沢諭吉のアジア観の対比 (河上民雄)「聖学院大学総合研究所newsletter」聖学院大学総合研究所 10(3) 2000 p4〜6
◇長崎〔2〕(私に帰せず―小説・勝海舟〔5〕)(津本陽)「潮」 491 2000.1 p386〜399
◇留学の夢想(私に帰せず―小説・勝海舟〔6〕)(津本陽)「潮」 492 2000.2 p384〜397
◇自由の国(私に帰せず―小説・勝海舟〔7〕)(津本陽)「潮」 493 2000.3 p382〜395
◇攘夷の風(私に帰せず―小説・勝海舟〔8〕)(津本陽)「潮」 494 2000.4 p382〜395
◇渦潮(私に帰せず―小説・勝海舟〔9〕)(津本陽)「潮」 495 2000.5 p378〜391

◇海軍興隆(私に帰せず―小説・勝海舟〔10〕)(津本陽)「潮」 496 2000.6 p384〜397
◇波浪は高く〔1〕(私に帰せず―小説・勝海舟〔11〕)(津本陽)「潮」 497 2000.7 p378〜391
◇勝海舟と西郷隆盛(上)(君島善郎郎)「日本医事新報」週刊日本医事新報社 3977 2000.7.15 p55〜57
◇勝海舟と西郷隆盛(下)(君島善郎郎)「日本医事新報」週刊日本医事新報社 3978 2000.7.22 p62〜64
◇波浪は高く〔2〕(私に帰せず―小説・勝海舟〔12〕)(津本陽)「潮」 498 2000.8 p382〜395
◇波浪は高く〔3〕(私に帰せず―小説・勝海舟〔13〕)(津本陽)「潮」 499 2000.9 p382〜395
◇まわり灯籠(私に帰せず―小説・勝海舟〔14〕)(津本陽)「潮」 500 2000.10 p382〜395
◇禁門の政変(私に帰せず―小説・勝海舟〔16〕)(津本陽)「潮」 502 2000.12 p380〜393
◇それからの海舟(1)(半藤一利)「ちくま」筑摩書房 358 2001.1 p28〜31
◇蛤御門の変(私に帰せず―小説・勝海舟〔17〕)(津本陽)「潮」 503 2001.1 p374〜387
◇坂本龍馬と薩長同盟―「アライアンス」の原点ここにあり(特集・歴史に学ぶ「成功と失敗」―我々は「目先」に囚われすぎていないか)(西木正明)「プレジデント」 39(2) 2001.1.15 p72〜77
◇それからの海舟(2)(半藤一利)「ちくま」筑摩書房 359 2001.2 p32〜35
◇それからの海舟(3)(半藤一利)「ちくま」筑摩書房 360 2001.3 p30〜33
◇暗転(私に帰せず―小説・勝海舟〔19〕)(津本陽)「潮」 505 2001.3 p382〜395
◇勝海舟、西郷隆盛と江戸無血開城―「説得の心理戦」かく闘うべし(特集1・幕末維新の男たちに学ぶ「変革と決断」の方程式)(赤瀬川準)「プレジデント」 39(6) 2001.3.19 p90〜97
◇それからの海舟(4)(半藤一利)「ちくま」筑摩書房 361 2001.4 p36〜39
◇海局挫折す(私に帰せず―小説・勝海舟〔20〕)(津本陽)「潮」 506 2001.4 p380〜393
◇それからの海舟(5)(半藤一利)「ちくま」筑摩書房 362 2001.5 p38〜41
◇遠雷(私に帰せず―小説・勝海舟〔21〕)(津本陽)「潮」 507 2001.5 p382〜395
◇史談往来/北から南から 勝海舟と長州人(山本栄一郎)「歴史研究」歴研 43(6) 2001.6 p8〜11
◇それからの海舟(6)(半藤一利)「ちくま」筑摩書房 363 2001.6 p18〜21
◇征長解兵(私に帰せず―小説・勝海舟〔22〕)(津本陽)「潮」 508 2001.6 p382〜395
◇それからの海舟(7)(半藤一利)「ちくま」筑摩書房 364 2001.7 p22〜25
◇日照雨(私に帰せず―小説・勝海舟〔23〕)(津本陽)「潮」 509 2001.7 p380〜393
◇それからの海舟(8)(半藤一利)「ちくま」筑摩書房 365 2001.8 p26〜29
◇風楼に満つ(私に帰せず―小説・勝海舟〔24〕)(津本陽)「潮」 510 2001.8 p382〜395
◇それからの海舟(9)(半藤一利)「ちくま」筑摩書房 366 2001.9 p28〜31
◇大政奉還〔1〕(私に帰せず―小説・勝海舟〔25〕)(津本陽)「潮」 511 2001.9 p382〜395
◇それからの海舟(10)(半藤一利)「ちくま」筑摩書房 367 2001.10 p36〜39
◇大政奉還〔2〕(私に帰せず―小説・勝海舟〔26〕)(津本陽)「潮」 512 2001.10 p382〜395
◇それからの海舟(11)(半藤一利)「ちくま」筑摩書房 368 2001.11 p36〜39
◇大厦かたむく(私に帰せず―小説・勝海舟〔27〕)(津本陽)「潮」 513 2001.11 p382〜391
◇それからの海舟(12)(半藤一利)「ちくま」筑摩書房 369 2001.12 p36〜39
◇運命の岐路(私に帰せず―小説・勝海舟〔28〕)(津本陽)「潮」 514 2001.12 p382〜395
◇それからの海舟(13)(半藤一利)「ちくま」筑摩書房 370 2002.1 p40〜43
◇瓦解(私に帰せず―小説・勝海舟〔29〕)(津本陽)「潮」 515 2002.1 p384〜397
◇それからの海舟(14)(半藤一利)「ちくま」筑摩書房 371 2002.2 p34〜37

◇官軍東征（私に帰せず―小説・勝海舟〔30〕）（津本陽）「潮」 516 2002.2 p384〜397
◇それからの海舟（15）（半藤一利）「ちくま」 筑摩書房 372 2002.3 p38〜41
◇官軍東征〔2〕（私に帰せず―小説・勝海舟〔31〕）（津本陽）「潮」 517 2002.3 p384〜397
◇それからの海舟（16）（半藤一利）「ちくま」 筑摩書房 373 2002.4 p42〜45
◇官軍東征〔3〕（私に帰せず―小説・勝海舟〔32〕）（津本陽）「潮」 518 2002.4 p382〜395
◇それからの海舟（17）（半藤一利）「ちくま」 筑摩書房 374 2002.5 p48〜51
◇江戸開城〔1〕（私に帰せず―小説・勝海舟〔33〕）（津本陽）「潮」 519 2002.5 p382〜395
◇それからの海舟（18）（半藤一利）「ちくま」 筑摩書房 375 2002.6 p48〜51
◇江戸開城〔2〕（私に帰せず―小説・勝海舟〔34〕）（津本陽）「潮」 520 2002.6 p378〜391
◇それからの海舟（19）（半藤一利）「ちくま」 筑摩書房 376 2002.7 p48〜51
◇江戸開城〔3〕（私に帰せず―小説・勝海舟〔35〕）（津本陽）「潮」 521 2002.7 p372〜384
◇それからの海舟（20）（半藤一利）「ちくま」 筑摩書房 377 2002.8 p48〜51
◇海軍脱走（私に帰せず―小説・勝海舟〔36〕）（津本陽）「潮」 522 2002.8 p378〜391
◇それからの海舟（21）（半藤一利）「ちくま」 筑摩書房 378 2002.9 p50〜53
◇幕末期の海軍建設再考―勝海舟の「船譜」再検討と「海軍革命」の仮説（朴栄濬）「軍事史学」 錦正社 38（2）2002.9 p77〜93
◇江戸・幕末に学ぶ人間関係―歴史の断章としての海舟、諭吉、徂徠、忠順（徳増腆洪）「久留米大学商学研究」 久留米大学商学会 8（1）2002.9 p133〜162
◇彰義隊（私に帰せず―小説・勝海舟〔37〕）（津本陽）「潮」 523 2002.9 p378〜391
◇それからの海舟（22）（半藤一利）「ちくま」 筑摩書房 379 2002.10 p68〜71
◇上野攻め（私に帰せず―小説・勝海舟〔38〕）（津本陽）「潮」 524 2002.10 p378〜391
◇それからの海舟（23）（半藤一利）「ちくま」 筑摩書房 380 2002.11 p72〜75
◇渡航 咸臨丸と塩飽水軍―子母沢寛『勝海舟』にふれつつ（特集：〈時代小説〉のアルケオロジー―反＝時代とは何か）（平岡敏夫）「國文學 解釈と教材の研究」 学灯社 47（13）2002.11 p98〜103
◇麟太郎の誤算（私に帰せず―小説・勝海舟〔39〕）（津本陽）「潮」 525 2002.11 p374〜387
◇それからの海舟（最終回）（半藤一利）「ちくま」 筑摩書房 381 2002.12 p72〜75
◇静岡移封（私に帰せず―小説・勝海舟〔40〕）（津本陽）「潮」 526 2002.12 p378〜391
◇征韓論と勝海舟（滝川修吾）「日本大学大学院法学研究年報」 日本大学大学院法学研究科 33 2003 p83〜130
◇尾張藩士間瀬権右衛門が勝海舟から入手した情報（土井康弘）「一滴」 津山洋学資料館 11 2003 p128〜72
◇新政府（私に帰せず―小説・勝海舟〔41〕）（津本陽）「潮」 527 2003.1 p378〜391
◇隠棲まで（私に帰せず―小説・勝海舟〔42〕）（津本陽）「潮」 528 2003.2 p376〜388
◇なぜか「勝海舟」の銅像建立に待ったをかけた子孫たち（ワイド特集・旅路の果て）「週刊新潮」 48（7）2003.2.20 p44
◇福別の物理、海舟の地理―近代日本における二つの合理精神（宇治光洋）「近畿大学日本語・日本文学」 近畿大学文芸学部 第5号 2003.3 p19〜36
◇講武所創設の経緯について―佐久間象山と勝海舟をめぐって（鵜沢義行）「日本大学史紀要」 日本大学総務部 9 2003.3 p1〜32
◇正をふんでおそれず（私に帰せず―小説・勝海舟〔最終回〕）（津本陽）「潮」 529 2003.3 p376〜389
◇勝海舟が「海外の一知己」丁汝昌（福井智子）「大阪大学言語文化学」 大阪大学言語文化学会 13 2004 p35〜47
◇尾張藩士間瀬権右衛門が勝海舟から入手した情報（注と文献・資料）（前号『一滴』第11号論文の注と文献・資料編）（土井康弘）「一滴」 津山洋学資料館 12 2004 p176〜137
◇「大関増裕と勝海舟」研究ノート―企画展「大関増裕」余録（千田孝明）「栃木県立博物館研究紀要 人文」 栃木県立博物館 22 2005 p1〜19
◇『勝海舟の嫁―クララの明治日記』について―人物記載のあり方の検討を通して（野口武司）「信州豊南短期大学紀要」 信州豊南短期大

学 22 2005.3 p1〜186
◇特別論考 天海―勝海舟が絶賛した天台宗の傑僧（特集 徳川幕閣 暗闘史―謎の老中・奉行・役人列伝）（浦井正明）「歴史読本」 新人物往来社 50（10）2005.10 p134〜142
◇勝海舟の海軍論形成―建設と運用の循環理論（金澤裕之）「軍事史学」 錦正社 42（2）2006.9 p83〜97
◇幕末維新の立役者 勝海舟（特集・名著で学ぶ「日本人の志」―第1部 作家が選んだ英雄たち）（津本陽）「現代」 講談社 41（11）2007.11 p208〜209
◇「天の意思」が命じた―坂本龍馬、勝海舟（彼らは「この国」の危機をいかに救ったか？ 司馬遼太郎 日本のリーダーの条件―渾身の大特集）「文芸春秋」 文芸春秋 86（8）2008.7 p122〜128
◇男ことばはこう時代を彩った（第8回）勝海舟親子、いなせな語り口（小林千草）「本が好き！」 光文社 3（7）2008.7 p100〜105
◇勝海舟の『治水と堤防』―堤防論（島陶也）「建設オピニオン」 建設公論社 15（9）2008.9 p62〜65
◇勝海舟の『治水と堤防』―治水論（その2）（島陶也）「建設オピニオン」 建設公論社 15（10）2008.10 p54〜57
◇勝海舟と現代―勝海舟先生帰山一一〇周年を前にして（眞鍋俊二）「関西大学法学論集」 関西大学法学会 58（4）2008.11 p84〜89
◇大政奉還 坂本龍馬vs.勝海舟（歴史ロマン 「幕末ヒーロー」列伝―ヒーローはどっちだ）（出久根達郎）「現代」 講談社 43（1）2009.1 p206〜209
◇週刊司馬遼太郎（120）徳川慶喜の孤独―「最後の将軍」の世界（第4回）勝海舟との絆（村井重俊、太田サトル）「週刊朝日」 朝日新聞出版 114（4）2009.1.30 p84〜89
◇勝海舟から受け継いだ江戸弁（賢者は歴史から学ぶ―古代〜明治篇―私が学んだ日本史上の人物）（中島誠之助）「文藝春秋special」 文藝春秋 3（4）2009.秋 p40〜42

カッテンダイケ, W. Kattendijke, Willem Johan Cornelis, Ridder Huijssen van 1816〜1866
オランダの軍人。長崎海軍伝習所で勝海舟らを指導。
【図　書】
◇「明治」という国家（司馬遼太郎）日本放送出版協会 1989.9
◇「明治」という国家〈下〉（司馬遼太郎著）日本放送出版協会 1994.1 （NHKブックス）
◇司馬遼太郎のテムズ紀行など―フォト・ドキュメント歴史の旅人（NHK出版編、司馬遼太郎、吉田直哉著、飯田隆夫写真）日本放送出版協会 2001.2 213p
◇近代日本の万能人・榎本武揚 1836-1908（榎本隆充、高成田享編）藤原書店 2008.4 338p
◇続・世界の偉人たちの驚き日本発見記（波田野毅著）明成社 2009.9 47p（日本の息吹ブックレット）
【雑　誌】
◇外国人の書いた日本（7）カッテンディーケ著『一八五七年の日本』（宮永孝）「日本古書通信」 50（7）1985.7
◇Bibliotheca Japonica（76）ファン・カッテンディーケ著『滞日日記抄』の成立とその周辺（八木正自）「日本古書通信」 日本古書通信社 69（4）2004.4 p21

葛城彦一 かつらぎひこいち 1818〜1880
幕末、明治期の志士。薩摩藩士。
【雑　誌】
◇『薩藩維新秘史葛城彦一伝』（上木敏郎）「彷書月刊」 4（3）1988.3

桂太郎 かつらたろう 1847〜1913
明治期の政治家。陸軍大将。
【図　書】
◇七人の宰相（読売新聞山口支局編）条例出版 1981.9
◇大正政変―1900年体制の崩壊（坂野潤治）ミネルヴァ書房 1982.4（歴史と日本人 5）
◇大正政変―1900年体制の崩壊（歴史と日本人5）ミネルヴァ書房 1982.4
◇上智大学法学部創設25周年記念論文集 上智大学法学会 1983.3
◇維新史の青春激像―動乱期に情熱を賭けた獅子たちの熱血譜（藤田公道）日本文芸社 1983.10
◇明治・大正の宰相 第4巻 桂太郎と日露戦争将軍たち（豊田穣）講談社 1983.11
◇宰相の系譜―時代を刻んだ男たちの言行録（Kosaido books）（村松剛編）広済堂出版 1983.12
◇天皇元勲重臣（長文連著）図書出版社 1984.10
◇『東国の社会と文化』（小笠原長和編）梓出版社 1985.4
◇日本宰相列伝 4 桂太郎（川原次郎著）時事通信社 1985.11
◇元老（山本四郎著）静山社 1986.4
◇ザ・ライバル―軍人に見る組織管理の手腕（熊谷直著）光人社

1986.12
- ◇近代日本の政局と西園寺公望　(中川小十郎著, 後藤靖, 鈴木良校訂)　吉川弘文館　1987.1
- 回り道を選んだ男たち　(小島直記著)　新潮社　1987.2
- 人間学のすすめ　(安岡正篤著)　福村出版　1987.4
- 雑学 明治珍聞録　(西沢爽著)　文芸春秋　1987.11　(文春文庫)
- ◇近代日本内閣史論　(藤井貞文著)　吉川弘文館　1988.7
- 日本海軍 失敗の研究　(鳥巣建之助著)　文芸春秋　1990.2
- 風雲回顧録　(岡本柳之助著, 平井晩村編)　中央公論社　1990.3　(中公文庫)
- 蘇翁夢物語―わが交遊録　(徳富猪一郎著)　中央公論社　1990.4　(中公文庫)
- 日本史ものしり英雄伝―とっておきの戦略・戦術　(加来耕三著)　広済堂出版　1993.3　(広済堂文庫―ヒューマン・セレクト)
- 桂太郎自伝　(桂太郎著, 宇野俊一校注)　平凡社　1993.4　(東洋文庫)
- ◇日本の大陸政策 1895・1914―桂太郎と後藤新平　(小林道彦著)　南窓社　1996.10　318p
- 運命の児―日本宰相列 2　(三好徹著)　徳間書店　1997.8　334p　(徳間文庫)
- ◇日露戦争以後の日本外交―パワー・ポリティクスの中の満韓問題　(寺本康俊著)　信山社出版　1999.9　563,14p
- 参謀―戦史に学ぶリーダーシップ・組織管理　(熊谷直著)　かや書房　2001.4　258p
- ◇首相列伝―伊藤博文から小泉純一郎まで　(宇治敏彦編)　東京書籍　2001.9　410p
- 20世紀日米関係と東アジア　(川田稔, 伊藤之雄編)　風媒社　2002.4　329p
- ◇山河ありき―明治の武人宰相・桂太郎の人生　(古川薫著)　文芸春秋　2002.12　359p　(文春文庫)
- 軍人宰相列伝―山県有朋から鈴木貫太郎まで三代総理実記　(小林久三著)　光人社　2003.2　296p
- 教科書が教えない歴史有名人の死の瞬間　(新人物往来社編)　新人物往来社　2003.4　337p
- ◇日本宰相列伝 上　(三好徹著)　学陽書房　2005.1　487p　(人物文庫)
- 歴代総理大臣伝記叢書 第6巻　(御厨貴監修)　ゆまに書房　2005.7　688p
- 日本アジア関係史研究―日本の南進政策を中心に　(伊藤幹彦著)　ブイツーソリューション　2005.8　208p
- 大正時代―現代を読みとく大正の事件簿　(永沢道雄著)　光人社　2005.11　271p
- 桂太郎　(宇野俊一著)　吉川弘文館　2006.3　300p　(人物叢書 新装版)
- 帝国陸軍の"改革と抵抗"　(黒野耐著)　講談社　2006.9　194p　(講談社現代新書)
- ◇桂太郎―予が生命は政治である　(小林道彦著)　ミネルヴァ書房　2006.12　354,10p　(ミネルヴァ日本評伝選)
- 歴代総理大臣伝記叢書 別巻　(御厨貴監修)　ゆまに書房　2007.1　284p
- ◇吉田松陰の予言―なぜ、山口県ばかりから総理大臣が生まれるのか？　(浜崎惟, 本誌編集部著)　Book&Books　2007.5　275p
- 宰相たちのデッサン―幻の伝記で読む日本のリーダー　(御厨貴編)　ゆまに書房　2007.6　280p
- 司馬遼太郎 歴史のなかの邂逅―ある明治の庶民 4　(司馬遼太郎著)　中央公論新社　2007.7　394p

【雑　誌】
- 第1次桂内閣の成立について　(宇野俊一)「千葉大学人文研究」9　1980.3
- 桂園体制論への一視角―元老をくぐる権力状況について　(柴崎力栄)「史学雑誌」90(6) 1981.6
- 国家と軍隊日露戦争の戦争指導―国務と統帥　(教養講座)　(大江志乃夫)「法学セミナー」320 1981.10
- 桂園内閣期の貴族院(1906～1909)　(西尾林太郎)「早稲田政治公法研究」12 1983.12
- ◇「タフト・桂」覚書の再検討　(南昌祐)「コリア評論」27(264) 1984.4
- 原敬をめぐる人脈〔7〕ラッキー・ガイ(日本の資本主義をつくった男たち)　(小島直記)「日経ビジネス」451 1986.11.17
- 「桂太郎公自伝稿本」　(広瀬順晧)「国立国会図書館月報」351 1990.6
- 「桂・タフト協定」に関する一考察―韓国との関係を中心に　(長田彰文)「朝鮮史研究会論文集」28 1991.3
- 桂=ハリマン協定と日露戦後経営　(小林道彦)「北九州大学法政論集」20(4) 1993.3
- 桂園体制の形成と台湾統治問題　(斎藤容子)「史学雑誌」103(1) 1994.1
- ◇元老制度再考―伊藤博文・明治天皇・桂太郎　(伊藤之雄)「史林」77(1) 1994.1
- 一視同仁より妥協へ―第2次桂内閣初政の異例　(山本四郎)「政治経済史学」336 1994.6
- ◇第5部・帝国主義〔4〕「維新の第二世代」―桂、小村が仕掛けた対露開戦への道(日本を動かした言葉)　(田原総一朗)「SAPIO」11(14) 1999.8.11　p42～45
- 対談 軍人宰相桂太郎の時代　(古川薫, 清原康正)「本の話」文芸春秋 5(11) 1999.11　p54～60
- 「桂太郎と孫文との密約」についての覚書―『大阪朝日新聞』の森本厚吉の談話　(浜田直也)「孫文研究」孫文研究会 36 2004.7　p53～58
- 桂太郎・山県有朋間の政治的コミュニケーション(特集 人と人をつなぐメディア 面談・書簡・電信・電話)　(佐々木隆)「メディア史研究」ゆまに書房 17 2004.11 p18～33
- 幸徳事件をめぐる徳富蘆花の桂太郎宛書簡　(田中真人)「文学」岩波書店 5(6) 2004.11・12　p149～153
- 桂太郎台湾総督の創設した台湾協会―我能く彼を知ると共に彼亦我を知る　(池田憲彦)「自由」自由社 47(10) 2005.10　p24～43
- 早稲田大学図書館蔵「桂太郎旧蔵諸家書翰」について―特に、山県有朋宛伊藤博文書翰をめぐって　(星原大輔)「社学研論集」早稲田大学大学院社会科学研究科 8 2006　p257～272
- 日露戦争時の宗教問題と宣教師―桂首相と宣教師W・インブリーの関係を中心にして　(中島耕二)「歴史」東北史学会 106 2006.4　p122～143
- 明治陸軍の成立と桂太郎　(宇野俊一)「本郷」吉川弘文館 63 2006.5　p12～14
- 新刊紹介 宇野俊一著「桂太郎」　(渡辺昌道)「千葉史学」千葉歴史学会 49 2006.11　p123～125
- 桂太郎と山県有朋―早稲田大学図書館蔵「桂太郎旧蔵諸家書翰」を手がかりとして　(星原大輔)「社学研論集」早稲田大学大学院社会科学研究科 9 2007　p330～343
- 明治末期「高等遊民」問題への対応―第二次桂内閣の政策を中心に　(町田祐一)「日本歴史」吉川弘文館 723 2008.8　p71～87

桂久武　かつらひさたけ　1830～1877
幕末, 明治期の鹿児島藩士。都城県参事。
【図　書】
- 鹿児島県史料集 26 桂久武日記　鹿児島県立図書館　1986.2
- 西郷隆盛―人望あるリーダーの条件　(山本七平, 毛利敏彦, 野中敬吾他文)　世界文化社　1987.3　(BIGMANビジネスブックス)

加藤高明　かとうたかあき　1860～1926
明治, 大正期の政治家, 外交官。内閣総理大臣。
【図　書】
- ◇類聚伝記大日本史11 政治家篇　(尾佐竹猛編集解説)　雄山閣出版　1981.6
- 日本内閣史録2 第一法規出版　1981.8
- ◇原敬をめぐる人びと　(原奎一郎, 山本四郎編)　日本放送出版協会　1981.10　(NHKブックス)
- 日本のリーダー 4 日本外交の旗手　ティビーエス・ブリタニカ　1983.6
- ◇日本のリーダー4 日本外交の旗手　(第二アートセンター編)　ティビーエス・ブリタニカ　1983.6
- 明治・大正の宰相 第8巻 加藤高明と大正デモクラシー　(豊田穣著)　講談社　1984.3
- 人物探訪 日本の歴史―19―大正・昭和の主役　暁教育図書　1984.4
- 日本宰相列伝 10 加藤高明　(近藤操著)　時事通信社　1986.1
- 拡張主義国家の相克―日・米の摩擦 ハワイ・フィリピン併合問題　(辺野喜英昭著)　月刊沖縄社　1986.4
- ◇近代日本の政局と西園寺公望　(中川小十郎著, 後藤靖, 鈴木良校訂)　吉川弘文館　1987.1
- 凛冽の宰相 加藤高明　(寺林峻著)　講談社　1994.4
- 加藤高明―伝記・加藤高明 上巻　(伊藤正徳編)　大空社　1995.6　816,6p　(伝記叢書)
- 加藤高明―伝記・加藤高明 下巻　(伊藤正徳編)　大空社　1995.6　786,16,13p　(伝記叢書)
- ◇大正期日本のアメリカ認識　(長谷川雄一編著)　慶応義塾大学出版会　2001.5　304p
- ◇加藤高明とイギリスの立憲君主制　(奈良岡聡智)『二〇世紀日本の天皇と君主制―国際比較の視点から一八六七～一九四七』(伊藤之雄, 川田稔編)　吉川弘文館　2004.3　p62
- 日本宰相列伝 下　(三好徹著)　学陽書房　2005.1　530p　(人物文庫)
- ◇加藤高明　(御厨貴監修)　ゆまに書房　2006.2　1冊　(歴代総理大臣伝記叢書)
- ◇加藤高明と政党政治―二大政党制への道　(奈良岡聡智著)　山川出版社　2006.8　447,15p

加藤徳成

◇歴代総理大臣伝記叢書　別巻　（御厨貴監修）　ゆまに書房　2007.1　284p
◇宰相たちのデッサン―幻の伝記で読む日本のリーダー　（御厨貴編）　ゆまに書房　2007.6　280p
◇人物で読む近代日本外交史―大久保利通から広田弘毅まで　（佐道明広, 小宮一夫, 服部竜二編）　吉川弘文館　2009.1　316p
◇近代日本の社会科学と東アジア　（武藤秀太郎著）　藤原書店　2009.4　262p
◇辛亥革命と日本政治の変動　（桜井良樹著）　岩波書店　2009.12　378,7p

【雑　誌】
◇対華21カ条要求―加藤高明の外交指導（1）　（島田洋一）「政治経済史学」259 1987.11
◇対華21カ条要求―加藤高明の外交指導（2完）　（島田洋一）「政治経済史学」260 1987.12
◇ワシントン海軍軍縮会議前後の海軍部内状況―「両加藤の対立」再考　（小池聖一）「日本歴史」480 1988.5
◇対独開戦と日本外交史―加藤外相と海陸軍　（波多野勝）「法学研究（慶応義塾大学法学研究会）」61（8）1988.8
◇対支21カ条をつきつけた護憲派―加藤高明（平成日本の源流30人）　（向谷進）「文芸春秋」72（5）1994.4
◇（研究余録）加藤高明, 浜口雄幸と土佐　（黒沢文貴）「日本歴史」吉川弘文館 583 1996.12 p86～91
◇華族の問題―華族にみる旧主と旧家臣のいい関係（特集・まぼろしの名家　華族80年の栄枯盛衰―華族とは何か, その存在意義と波瀾万丈のドラマ）　（桐野作人）「歴史と旅」27（6）2000.4 p94～99
◇加藤高明の政治指導と憲政会の創立（1）1915～1919　（奈良岡聡智）「法学論叢」京都大学法学会 151（2）2002.5 p112～137
◇加藤高明の政治指導と憲政会の創立（2・完）1915～1919　（奈良岡聡智）「法学論叢」京都大学法学会 152（1）2002.10 p114～135
◇加藤高明＝凛冽の総理―本格連立政権で政党政治の基盤築く〔シリーズ・忘れがたき政治家〔14〕〕（寺林峻）「月刊自由民主」596 2002.11 p98～104
◇加藤高明像の再構築―政党政治家とビジネスマンとしての視点から　（王平）「一橋法学」一橋大学大学院法学研究科 1（3）2002.11 p755～805
◇加藤高明内閣の政治過程（1）加藤高明の政治指導と二大政党制の成立　（奈良岡聡智）「法学論叢」京都大学法学会 152（3）2002.12 p64～87
◇加藤高明内閣の政治過程（2・完）加藤高明の政治指導と二大政党制の成立　（奈良岡聡智）「法学論叢」京都大学法学会 153（1）2003.4 p122～143
◇ロンドン駐箚公使時代の加藤高明―書簡史料を中心に（2004年度九州史学研究会大会公開講演）（櫻井良樹）「九州史学」九州史学研究会 141 2005.6 p59～75
◇加藤高明内閣成立の底流と幣原外交―国際的自立と内外融和への挑戦　（宮田昌明）「日本研究」角川書店, 国際日本文化研究センター 32 2006.3 p149～179
◇加藤高明―特に彼の外相及び首相としての功罪　（小笠原眞）「人間文化」愛知学院大学人間文化研究所 23 2008.9 p324～307
◇抗争　清浦奎吾vs加藤高明　官僚閥と護憲政党の激突―大正期,「憲政の常道」はどのように整っていたのか（特集　日本国　内閣総理大臣全史―特集ワイド　首相の座をめぐる八大抗争史）「歴史読本」新人物往来社 54（11）2009.11 p72～375

加藤徳成　かとうとくなり　1830～1865
幕末の尊王攘夷派志士。

【図　書】
◇加藤司書の周辺―筑前藩・乙丑の獄始末　（成松正隆著）　西日本新聞社　1997.4　478p
◇福岡地方史研究　第40号　（福岡地方史研究会編）　福岡地方史研究会　2002.7　144p

【雑　誌】
◇史談往来/北から南から　福岡藩加藤司書伝の虚偽　乙丑の獄とは　（加納五郎）「歴史研究」歴研 50（5）2008.5 p8～10

加藤友三郎　かとうともさぶろう　1861～1923
明治, 大正期の子爵、海軍軍人, 元帥。総理大臣。

【図　書】
◇類聚伝記大日本史11　政治家篇　（尾佐竹猛編集解説）　雄山閣出版　1981.6
◇日本内閣史録2　第一法規出版　1981.8
◇宰相の系譜―時代を刻んだ男たちの言行録（Kosaido books）（村松剛編）　広済堂出版　1983.12
◇加藤友三郎　新装版　時事通信社　1985.12
◇日本宰相列伝 9　加藤友三郎　（新井達夫著）　時事通信社　1985.12
◇勝負と決断―海軍士官に見る勇気と明察　（生出寿著）　光人社　1986.3
◇日本海軍の名将と名参謀　（吉田俊雄, 千早正隆ほか著）　新人物往来社　1986.8
◇近代日本の政局と西園寺公望　（中川小十郎著, 後藤靖, 鈴木良校訂）　吉川弘文館　1987.1
◇大正デモクラシー期の権力の思想　（栄沢幸二著）　研文出版　1992.9
◇大蔵大臣　高橋是清―不況乗り切りの達人　（大石亨著）　マネジメント社　1992.9
◇海軍人事の失敗の研究―太平洋戦争・誤断の開戦と完敗の主因　（生出寿著）　光人社　1999.6　326p
◇軍人宰相列伝―山県有朋から鈴木貫太郎まで三代総理実記　（小林久三著）　光人社　2003.2　262p
◇幣原喜重郎とその時代　（岡崎久彦著）　PHP研究所　2003.7　468,15p（PHP文庫）
◇サムライの墨書―元帥東郷平八郎と三十一人の提督　（松橋暉男著）　毎日ワンズ　2004.5　231p
◇歴代総理大臣伝記叢書　第13巻　（御厨貴監修）　ゆまに書房　2006.2　16,287p　図版35枚
◇歴代総理大臣伝記叢書　別巻　（御厨貴監修）　ゆまに書房　2007.1　284p
◇宰相たちのデッサン―幻の伝記で読む日本のリーダー　（御厨貴編）　ゆまに書房　2007.6　280p
◇昭和陸海軍の失敗―彼らはなぜ国家を破滅の淵に追いやったのか　（黒野耐, 戸高一成, 戸部良一, 秦郁彦, 半藤一利, 平間洋一, 福田和也, 保阪正康著）　文芸春秋　2007.12　231p（文春新書）

【雑　誌】
◇私観・宰相論（3）虚構の二大政党―高橋是清・加藤友三郎・田中義一など　（松本清張）「文芸春秋」58（10）1980.10
◇加藤友三郎内閣期の選挙法改正問題　（松尾尊兊）「史林」65（6）1982.11
◇ワシントン会議（1921～1922）と七割海軍問題―加藤友三郎と加藤寛治　（瀬川善信）「法学新報」91（1・2）1984.6
◇元帥・海軍大将・加藤友三郎―ワシントン軍縮会議の首席全権（日本陸海軍のリーダー総覧）（高須広一）「歴史と旅」13（13）1986.9
◇ワシントン海軍軍縮会議前後の海軍部内状況―「両加藤の対立」再考　（小池聖一）「日本歴史」480 1988.5
◇加藤友三郎とワシントン軍縮会議―「主力艦の対米比率6割」に艦隊派が猛反発, 太平洋の緊張が急速に高まっていく（特集・日米「宿命の150年戦争」）（秦郁彦）「プレジデント」29（8）1991.8
◇ワシントン会議と加藤友三郎　（横山隆介）「戦史研究年報」防衛研究所 3 2000.3 p27～42

楫取素彦　かとりもとひこ　1829～1912
幕末, 明治期の官吏。足柄県知事。

【図　書】
◇楫取家文書（日本史籍協会叢書 55,56）（日本史籍協会編）　東京大学出版会　1984.9
◇関東を拓く二人の賢者　（韮塚一三郎）　さきたま出版　1987.2
◇絹先人考　（上毛新聞社編）　上毛新聞社　2009.2　313p（シルクカントリー双書）

【雑　誌】
◇楫取素彦の教育観についての一考察―文久二年の上書「学制議草稿」を中心に　（道迫真吾）「山口県地方史研究」山口県地方史学会 99 2008.6 p34～49

金井之恭　かないゆきやす　1833～1907
幕末, 明治期の志士。新田勤王党を支援。

【雑　誌】
◇金井之恭のひ孫宮沢総理（特集　群馬の逸材）（五十嵐太郎）「群馬風土記」5（6）1991.12

金子重輔　かねこじゅうすけ　1831～1855
幕末の萩藩士。吉田松陰に従い密航を計る。

【図　書】
◇踏海志士金子重之助―伝記・金子重之助　（福本義亮著）　大空社　1997.2　136,5p（伝記叢書）

金子孫二郎　かねこまごじろう　1804～1861
幕末の尊攘派水戸藩士。桜田門外の変の指導者。

【図　書】
◇井伊大老暗殺―水戸浪士金子孫二郎の軌跡　（童門冬二著）　光人社　1999.2　205p

加納久宜　かのうひさよし　1848～1919
明治, 大正期の子爵, 殖産家。一宮知事。

【図　書】
◇刻まれた歴史―碑文は語る農政史　（中村信夫著）　家の光協会　1986.5

◇加納久宜―鹿児島を蘇らせた男　（大囿純也著）　高城書房　2004.10　210p　（鹿児島人物叢書）
【雑誌】
◇生涯を公益に捧げた男(歴史一月一日話(23))　（加来耕三）「潮」378　1990.9
◇加納久宜と入新井信用組合の一考察(スポット)　（日塔悦夫）「月刊金融ジャーナル」33(12)　1992.12
◇日清戦後の地方政治状況―官僚知事加納久宜を通して　（阿部恒久）「社会科学討究」早稲田大学大隈記念社会科学研究所　41(3)　1996.3　p747～779

樺山資紀　かばやますけのり　1837～1922
　明治期の海軍軍人。大将。
【図書】
◇心に残る人々　（白洲正子著）　講談社　1996.4　233p　（講談社文芸文庫）
◇白洲正子自伝　（白洲正子著）　新潮社　1999.10　302p　（新潮文庫）
◇帝国海軍将官総覧　（太平洋戦争研究会著）　ベストセラーズ　2002.8　300p　（ベストセラーシリーズ・ワニの本）
◇白洲正子全集　第14巻　（白洲正子著）　新潮社　2002.8　613p
◇植民地帝国人物叢書1　台湾編1　（谷ヶ城秀吉編）　ゆまに書房　2008.6　960p　図版10枚
【雑誌】
◇「樺山資紀文書(書類)政党の衰退」　（安在邦夫）「民衆史研究」34　1987.11
◇疑史(第四十回)高島鞆之助と樺山資紀(1)　（落合莞爾）「月刊日本」K&Kプレス　12(2)　2008.2　p112～115
◇疑史(第42回)高島鞆之助と樺山資紀(2)　（落合莞爾）「月刊日本」K&Kプレス　12(3)　2008.3　p110～113
◇疑史(第43回)高島鞆之助と樺山資紀(3)　（落合莞爾）「月刊日本」K&Kプレス　12(4)　2008.4　p108～111
◇疑史(第44回)高島鞆之助と樺山資紀(4)　（落合莞爾）「月刊日本」K&Kプレス　12(5)　2008.5　p106～109
◇疑史(第44回)高島鞆之助と樺山資紀(5)　（落合莞爾）「月刊日本」K&Kプレス　12(6)　2008.6　p108～111
◇疑史(第46回)高島鞆之助と樺山資紀(6)　（落合莞爾）「月刊日本」K&Kプレス　12(7)　2008.7　p110～113
◇疑史(第47回)高島鞆之助と樺山資紀(7)　（落合莞爾）「月刊日本」K&Kプレス　12(8)　2008.8　p110～113
◇疑史(第48回)高島鞆之助と樺山資紀(8)　（落合莞爾）「月刊日本」K&Kプレス　12(9)　2008.9　p108～111

鎌田出雲　かまたいずも　1816～1858
　幕末の勤王家。薩摩藩士。
【図書】
◇鹿児島県史料　鎌田正純日記1　（鹿児島県歴史資料センター黎明館編）　鹿児島県　1989.1
◇鹿児島県史料―鎌田正純日記3　（鹿児島県歴史資料センター黎明館〔編〕）　鹿児島県　1991.3

亀井茲監　かめいこれみ　1825～1885
　幕末、明治期の伯爵、久留米藩主、津和野藩知事。
【図書】
◇明治維新と神道　（阪本健一）　同朋舎出版　1981.7
◇於杼呂我中―亀井茲監伝　（加部巌夫編）　マツノ書店　1982.2

萱野権兵衛　かやのごんべえ　1830～1869
　幕末、明治期の会津藩士。
【図書】
◇物語　会津戦争悲話　（宮崎十三八ほか著）　新人物往来社　1988.8
◇幕末・会津藩士銘々伝　上　（小檜山六郎、間島勲編）　新人物往来社　2004.7　331p
◇異能の勝者―歴史に見る「非常の才」　（中村彰彦著）　集英社　2006.4　286p
【雑誌】
◇萱野権兵衛・郡長正父子の自刃(特集・戊辰戦争会津の悲劇―至誠を全うして一藩一丸炎と化した会津の士道)　（宇都宮泰長）「歴史と旅」24(9)　1997.6　p114～119

河井継之助　かわいつぐのすけ　1827～1868
　幕末の越後長岡藩家老。藩政改革に尽力。
【図書】
◇河井継之助伝　（今泉鐸次郎著　小西四郎解題）　象山社　1980.3　（目黒書店昭和6年刊）の複製）
◇幕末酒徒列伝　続　（村桐健一）　講談社　1980.3
◇歴史への招待14　日本放送出版協会　1981.4

◇河井継之助のすべて　（安藤英男編）　新人物往来社　1981.5
◇陽明学十講　（安岡正篤）　明徳出版社　1981.9
◇男―生きざまの研究　（早乙女貢）　PHP研究所　1982.4
◇地方割拠の政治思想　（吉川誠）　碩文社　1982.12
◇ナンバー2の経営学―諸藩名家老に学ぶ　（鈴木亨）　日本文芸社　1983.5
◇ビジネス・ヒーローの帝王学―江戸時代の「再建マン」に学ぶマネジメント　（佐々克明著）　東洋経済新報社　1984.8
◇河井継之助余聞　（緑川玄三著）　野島出版　1984.11
◇日本史探訪21　菊と葵の盛衰　角川書店　1985.7
◇日本史探訪21　菊と葵の盛衰(角川文庫)　（角川書店編）　角川書店　1985.11
◇ブレーン：歴史にみる群像1　企画―政策・事業を企画推進した男たちの頭脳と行動力　（童門冬二ほか著）　旺文社　1986.1
◇目でみる日本史　維新の青春群像(文春文庫)　（小西四郎編）　文芸春秋　1986.4
◇愛憎　河井継之助　（中島欣也著）　恒文社　1986.5
◇河井継之助写真集　（安藤英男著、横村克宏写真）　新人物往来社　1986.5
◇みちのく伝統文化〈5〉人物編　（高橋富雄編）　小学館　1986.6
◇遠い記憶―歴史小説と私　（綱淵謙錠著）　文芸春秋　1987.2　（文春文庫）
◇河井継之助の生涯　（安藤英男著）　新人物往来社　1987.6
◇男―生きざまの研究　（早乙女貢著）　PHP研究所　1987.8　（PHP文庫）
◇事例研究　補佐役　（下村彰義著）　日本能率協会　1987.11
◇摩擦に立つ文明―ナウマンの牙の射程　（五十嵐一著）　中央公論社　1989.4　（中公新書）
◇砲術家の生活　（安斎実著）　雄山閣出版　1989.7　（生活史叢書）
◇NHK歴史への招待〈第25巻〉白虎隊と榎本艦隊　（日本放送協会編）　日本放送出版協会　1990.4　（新コンパクト・シリーズ）
◇人物・学問　（安岡正篤著）　明徳出版　1990.6
◇図説　歴史の街道・幕末維新　（榊原和夫写真・文）　河出書房新社　1990.11
◇長岡城燃ゆ　（稲川明雄著）　恒文社　1991.8
◇英雄伝説が彩る夢の跡地　（清水春一、横浜雄幸、山上笙介、永岡慶之助、足利健亮、鶴田文史、半藤一利）　ぎょうせい　1991.10　（ふるさと歴史舞台）
◇世界史の十二の出来事　（中野好夫著）　筑摩書房　1992.3　（ちくま文庫）
◇われに万古の心あり―幕末藩士　小林虎三郎　（松本健一著）　新潮社　1992.5
◇幕末日本を救った「先見力と胆識」―逆風の中の名リーダー　（新井喜美夫著）　プレジデント社　1992.6
◇主役・脇役おもしろ列伝―歴史変遷の人間模様！　（加来耕三著）　大陸書房　1992.7　（大陸文庫）
◇河井継之助の妻　（佐々木セツ著）　新人物往来社　1992.7
◇歴史に親しむ366夜〈8月篇〉　（綱淵謙錠著）　悠思社　1992.7　（ポシェット・カランドリエ）
◇良知の人河井継之助―義に生き義に死なん　（石原和昌）　日本経済評論社　1993.7
◇日本を創った先覚者たち―井伊直弼・小栗忠順・河井継之助　（新井喜美夫著）　総合法令　1994.3　（HOREI BOOKS）
◇河井継之助の妻「すが」の証言　（島宏著）　柏書房　1994.5
◇会津藩主・松平容保は朝敵にあらず　（中村彰彦著）　新人物往来社　1994.8
◇河井継之助を支えた男―長岡藩勘定頭　村松忠治右衛門　（立石優著）　恒文社　1994.12
◇河井継之助伝　復刻版　（今泉鐸次郎著）　象山社　1996.5　762p
◇歴史の道を歩く　（今谷明著）　岩波書店　1996.6　199p　（岩波新書）
◇財政の巨人―幕末の陽明学者・山田方谷　（林田明大著）　三五館　1996.12　286p
◇堂々日本史7　（NHK取材班編）　KTC中央出版　1997.6　251p
◇われに万古の心あり―幕末藩士小林虎三郎　（松本健一著）　筑摩書房　1997.7　365p　（ちくま学芸文庫）
◇堂々日本史　第7巻　再版　（NHK取材班編）　KTC中央出版　1997.8　251p
◇河井継之助のすべて　新装版　（安藤英男編）　新人物往来社　1997.11　247p
◇歴史現場からわかる河井継之助の真実―誕生から終焉の地まで99ポイント　（外川淳著）　東洋経済新報社　1998.10　293p
◇幕末維新・群像の死に際　（合田一道著）　小学館　1998.10　303p　（小学館ライブラリー）
◇救国「武士道」案内　（大橋健二著）　小学館　1998.12　378p　（小学館文庫）
◇河井継之助―立身は孝の終りと申し候　（稲川明雄著）　恒文社　1999.8　301p

◇吏に生きた男 河井継之助 （安藤哲也著） 新潟日報事業社 2000.7 271p
◇河井継之助―幕末の風雲児 （辺見輝夫画、稲川明雄文） 考古堂書店 2001.1 1冊 （ビジュアルふるさと風土記）
◇司馬遼太郎―司馬文学の「場所」 （松本健一著） 学習研究社 2001.2 197p （学研M文庫）
◇小林虎三郎―「米百俵」の思想 （松本健一著） 学習研究社 2001.10 397p （学研M文庫）
◇怨念の系譜―河井継之助、山本五十六、そして田中角栄 （早坂茂三著） 東洋経済新報社 2001.11 298p
◇地の記憶をあるく―平戸・長崎篇 （松本健一著） 中央公論新社 2001.11 268p
◇山田方谷―河井継之助が学んだ藩政改革の師 （童門冬二著） 学陽書房 2002.5 260p （人物文庫）
◇国を興すは教育にあり―小林虎三郎と「米百俵」 （松本健一著） 麗沢大学出版会 2002.10 245p
◇一発の銃弾―河井継之助小伝 （平林卓郎著） 文化書房博文社 2002.11 101p
◇名家老がいて、愚家老がいた―江戸の殿様を支えたナンバー2それぞれの美学 （鈴木亨著） ベストセラーズ 2002.12 239p （ワニ文庫）
◇男の道は夕茜―中島欣也エッセー集 （中島欣也著） 新潟日報事業社 2003.5 184p
◇河井継之助と明治維新 （太田修著） 新潟日報事業社 2003.10 235p
◇怨念の系譜―河井継之助、山本五十六、そして田中角栄 （早坂茂三著） 集英社 2003.11 302p （集英社文庫）
◇長岡藩―雪の重み、戊辰の戦い、それらをも糧に、新発想で立ち向かう長岡人の源流を読む。 （稲川明雄著） 現代書館 2004.8 205p （シリーズ藩物語）
◇竜虎会談―戊辰、長岡戦争の反省を語る （山崎宗弥著） 山崎宗弥 2004.10 193p
◇「善玉」「悪玉」大逆転の幕末史 （新井喜美夫著） 講談社 2005.1 201p （講談社プラスアルファ新書）
◇長岡藩軍事総督河井継之助―武士道に生きた最後のサムライ （星亮一著） ベストセラーズ 2005.1 244p （ベスト新書）
◇日本史「敗者」たちの言い分―負けた側にも正義あり （岳真也著） PHP研究所 ［2005.9］ 300p （PHP文庫）
◇異能の勝者―歴史に見る「非常の才」 （中村彰ютра著） 集英社 2006.4 286p
◇師弟―ここに志あり （童門冬二著） 潮出版社 2006.6 269p
◇財務の教科書―「財政の巨人」山田方谷の原動力 （林田明大著） 三五館 2006.10 365p
◇日本陽明学奇蹟の系譜 改訂版, 二版 （大橋健二著） 叢文社 2006.12 445p
◇河井継之助 （稲川明雄著） 『逸格の系譜―愚の行方』（北川フラム編） 現代企画室 2007.7 p148～150
◇ひょうご幕末維新列伝 （一坂太郎著） 神戸新聞総合出版センター 2008.7 408p
◇河井継之助―新潟県人物小伝 （稲川明雄著） 新潟日報事業社 2008.7 117p
◇子孫が語る河井継之助 （根岸千代子著） 新人物往来社 2008.12 168p
◇人物・学問 新版 （安岡正篤著） 明徳出版社 2009.3 260p
◇気の文明と気の哲学―蒼竜窟河井継之助の世界 （大橋健二著） 勉誠出版 2009.3 300p
◇「アラサー」が変えた幕末―時代を動かした若き志士たち （渡辺大門著） 毎日コミュニケーションズ 2009.11 199p （マイコミ新書）
◇幕末・明治の英傑たち （加来耕三著） 土屋書店 2009.12 287p
【雑 誌】
◇読者の綴る郷土の話題 河井継之助の形見 （佐々木節）「歴史と人物」 10(5) 1980.5
◇河井継之助はなぜ孤立したか（特集・維新の激戦） （祖田浩一）「歴史と人物」 122 1981.9
◇河井蒼龍窟の墓 （伊東知也）「長岡郷土史」 20 1982.3
◇幕末長岡藩の一考察―河井継之助抬頭の事情(2) （稲川明雄）「長岡郷土史」 20 1982.3
◇鉄砲の一撃―長岡藩（特集・幕末嵐の300藩） （榛葉英治）「歴史読本」 27(10) 1982.8
◇幕末長岡藩の一考察―河井継之助抬頭の事情(3) （稲川明雄）「長岡郷土史」 21 1983.3
◇凍土と明日（聞書／庶民烈伝「牧口常三郎とその時代」(7)） （竹中労）「潮」 294 1983.10
◇河合蒼龍窟の漢詩について(上) （小林安治）「長岡郷土史」 23 1985.6
◇河井継之助考 （佐々木セツ）「長岡郷土史」 23 1985.6
◇河井継之助の年譜(1) （稲川明雄）「長岡郷土史」 特集号 1986.7
◇霊元上皇の御祈願文 「史料」 94 1988.4

◇河井継之助を巡りて―実学有縁のある一つの系譜 （奥村孝亮）「長崎ウエスレヤン短期大学紀要」 12 1989.3
◇河井継之助の私闘 （稲川明雄）「長岡郷土史」 26 1989.6
◇河井継之助と小林虎三郎（われに万古の心あり―小林虎三郎と近代日本(3)） （松本健一）「正論」 209 1990.1
◇「峠」、「開明家」河井継之助「侍の美学」に死す―「理性の政治」こそ彼の「気概の戦争」に対置される（特集・司馬遼太郎「維新人物小説」を読む） （松本健一）「プレジデント」 31(12) 1993.12
◇「気概」の戦争と「理性」の政治（幕末史話―"第3の開国"のさ中に(16)） （松本健一）「エコノミスト」 72(5) 1994.2.1
◇慈眼寺と河井継之助の無念（特集 名古屋城の謎） （金野豊）「歴史研究」 402 1994.11
◇地域への愛情や誇りを育てる社会科学習―6年「河井継之助と戊辰戦争」、4年「鎧島の宝―水路トンネル」の実践より （小林雄二）「教育研究論文集」 新潟教育会 第10集 1996.3 p9～16
◇河井継之助―見ているところで、私の入る棺を作ってくれや（特集・幕末明治人物臨終の言葉―近代の夜明けを駆けぬけた44人の人生決別の辞 英傑死してことばを遺す） （一坂太郎、稲川明雄、今川德三、井門寛、宇都宮泰長、河合敦、木村幸比古、祖田浩一、高野澄、高橋和彦、畑山博、三谷栄沙夫、百瀬明治、山村竜也）「歴史と旅」 24(7) 1997.5 p70～71
◇リーダーの決断・河井継之助と戊辰の役―知己を百年の後に求めいまはただ戦わんのみ（賢者は歴史に学ぶ[6]） （須崎勝弥）「プレジデント」 38(9) 2000.5.29 p151～155
◇鈴木無隠の「河井継之助言行録」について （吉田公平）「東洋大学中国哲学文学科紀要」 東洋大学文学部 14 2006 p21～36
◇河井継之助異聞―『陽明学』（鉄華書院）の一隅 （吉田公平）「東洋学研究」 東洋大学東洋学研究所 43 2006 p404～394
◇河井継之助と陽明学―司馬遼太郎『峠』にことよせて （吉田公平）「東洋学研究」 東洋大学東洋学研究所 44 2007 p408～397
◇河井継之助の崩壊―大佛次郎と司馬遼太郎(2) （川西政明）「すばる」 集英社 29(9) 2007.9 p168～211
◇反天才主義を貫け―大村益次郎、河井継之助（彼らは「この国」の危機をいかに救ったか？ 司馬遼太郎 日本のリーダーの条件―渾身の大特集）（文芸春秋） 文芸春秋 86(8) 2008.7 p140～145
◇江戸後期における陽明学と武士道の連関―大塩中斎・山田方谷・河井継之助 （森田健司）「大阪学院大学経済論集」 大阪学院大学経済学会 22(2) 2008.12 p73～105

河上彦斎 かわかみげんさい 1834～1871
幕末、明治期の熊本藩士。人きり彦斎と異名をとる。
【図 書】
◇幕末暗殺史 （森川哲郎著） 毎日新聞社 1993.7 （ミューブックス）
◇幕末暗殺 （黒鉄ヒロシ著） PHP研究所 2002.8 515p （PHP文庫）
◇幕末暗殺史 （森川哲郎著） 筑摩書房 2002.8 393p （ちくま文庫）
◇幕末テロリスト列伝 （歴史を旅する会編） 講談社 2004.3 282p （講談社文庫）
◇龍馬の時代―京を駆けた志士群像 （木村幸比古著） 淡交社 2006.2 269p
【雑 誌】
◇河上彦斎(特集幕末維新暗殺剣) （早乙女貢）「歴史と旅」 11(14) 1984.11
◇「天岡覚明論」の成立背景に関する歴史的考察(1) （堤克彦）「熊本史学」 66・67 1990.5

川上操六 かわかみそうろく 1848～1899
明治期の陸軍軍人。参謀次官、大将。
【図 書】
◇参謀の器量学―日本史の策士たち10人 （奈良本辰也編著） 広済堂出版 1982.12 （Kosaido books）
◇知将児玉源太郎―ある名補佐役の生涯 （生出寿著） 光人社 1986.7
◇陸軍大将川上操六 伝記・川上操六 （徳富猪一郎編著） 大空社 1988.10 （伝記叢書<49>）
◇蘇翁夢物語―わが交遊録 （徳富猪一郎著） 中央公論社 1990.4 （中公文庫）
【雑 誌】
◇華族の問題―軍功華族とは何か（特集・まぼろしの名家 華族80年の栄枯盛衰―華族とは何か、その存在意義と波瀾万丈のドラマ） （戸高一成）「歴史と旅」 27(6) 2000.4 p100～105

河上弥市 かわかみやいち 1843～1863
幕末の志士, 奇兵隊総督。
【図 書】
◇物語 奇兵隊悲話 （古川薫ほか著） 新人物往来社 1989.12

川路高子　かわじたかこ　1803〜1884
　幕末, 明治期の家老女。
【図　書】
◇遊芸文化と伝統　(熊倉功夫編)　吉川弘文館　2003.3　350p

川路聖謨　かわじとしあきら　1801〜1868
　幕末, 明治期の幕府官僚。勘定奉行。
【図　書】
◇幕末酒徒列伝 続　(村島健一)　講談社　1980.3
◇士魂の群像　(吉田武三)　冨山房　1980.7
◇江戸5 人物編　(大久保利謙編輯)　立体社　1980.8
◇幕臣列伝　(綱淵謙錠)　中央公論社　1981.3
◇歴史に学ぶ　(奈良本辰也)　潮出版社　1981.6
◇日本さらりいまん大研究―山上憶良から夏目漱石まで　(福田紀一)　PHP研究所　1982.12
◇開国一箕作阮甫と川路聖謨　(玉木存)　創林社　1983.9
◇幕臣列伝(中公文庫)　(綱淵謙錠)　中央公論社　1984.5
◇百代の過客―日記にみる日本人 下(朝日選書260)　(ドナルド・キーン著, 金関寿夫訳)　朝日新聞社　1984.8
◇川路聖謨文書 1(日本史籍協会叢書 58)　(日本史籍協会編)　東京大学出版会　1984.10
◇川路聖謨文書 2(日本史籍協会叢書 59)　(日本史籍協会編)　東京大学出版会　1984.11
◇川路聖謨文書 3(日本史籍協会叢書 60)　(日本史籍協会編)　東京大学出版会　1984.11
◇川路聖謨文書 4(日本史籍協会叢書 61)　(日本史籍協会編)　東京大学出版会　1984.12
◇川路聖謨文書 5(日本史籍協会叢書 62)　(日本史籍協会編)　東京大学出版会　1984.12
◇川路聖謨文書 6(日本史籍協会叢書 63)　(日本史籍協会編)　東京大学出版会　1985.1
◇川路聖謨文書 7(日本史籍協会叢書 64)　(日本史籍協会編)　東京大学出版会　1985.1
◇川路聖謨文書 8(日本史籍協会叢書 65)　(日本史籍協会編)　東京大学出版会　1985.2
◇川路聖謨　(江上照彦著)　教育社　1987.4
◇サラリーマン日本史―山上憶良から夏目漱石まで　(福田紀一著)　旺文社　1987.5　(旺文社文庫)
◇大久保利謙歴史著作集 8 明治維新の人物像　吉川弘文館　1987.7
◇竹べらとペン―考古学と随想　(森浩一著)　社会思想社　1987.12　(現代教養文庫)
◇奈良閑話　(喜多野徳俊著)　近代文芸社　1988.1
◇西洋が見えてきた頃　(亀井俊介著)　南雲堂　1988.11　(亀井俊介の仕事)
◇幕末閣僚伝　(徳永真一郎著)　PHP研究所　1989.11　(PHP文庫)
◇風前雨後　(中野好夫著)　講談社　1990.5　(講談社文芸文庫―現代日本のエッセイ)
◇日ソ交事始―交流の原点はここにあった　(藤野順著)　山手書房新社　1990.8
◇ロシアから来た黒船　(大南勝彦著)　(静岡)静岡新聞社　1991.3
◇第七回全国天領ゼミナール記録集　(全国天領ゼミナール事務局編)　全国天領ゼミナール事務局　1992.8
◇「死の跳躍」を越えて―西洋の衝撃と日本　(佐藤誠三郎著)　都市出版　1992.12
◇ちくま日本文学全集〈055〉中野好夫　(中野好夫著)　筑摩書房　1993.6
◇棟梁朽ちせば改むべし―わたしの明治維新　(玉木存著)　R出版　1994.2
◇伝記文学の面白さ　(中野好夫著)　岩波書店　1995.2　215p　(同時代ライブラリー)
◇名君 保科正之―歴史の群像　(中村彰彦著)　文芸春秋　1996.7　346p　(文春文庫)
◇江戸柳生と尾張柳生　(童門冬二著)　中央公論社　1996.10　308p　(中公文庫)
◇日本人の志―最後の幕臣たちの生と死　(片岡紀明著)　光人社　1996.12　257p
◇日本の開国と三人の幕臣　(桑原三二著)　桑原三二　1996.12　217p
◇川路聖謨 新装版　(川田貞夫著, 日本歴史学会編)　吉川弘文館　1997.10　380p　(人物叢書)
◇徳川最後の西国代官　(西沢隆治著)　叢文社　1997.10　247p
◇徳川慶喜と幕臣たちの履歴書　(入江康範著)　ダイヤモンド社　1997.12　226p
◇江戸の性風俗―笑いと頓死のエロス　(氏家幹人著)　講談社　1998.2　220p　(講談社現代新書)
◇幕末明治の佐渡日記　(磯部欣三著)　恒文社　2000.12　19,390p
◇北への絆　(喜多太郎著)　文芸社　2001.1　374p

◇文明論としてのイスラーム　(山内昌之著)　角川書店　2002.2　218p　(角川選書)
◇文化財と近代日本　(鈴木良, 高木博志編)　山川出版社　2002.12　167,31p
◇謎解き「兄弟」の日本史―歴史を動かした"血の絆"とは　(歴史の謎研究会編)　青春出版社　2003.3　235p　(青春文庫)
◇日本の経済思想世界―「十九世紀」の企業者・政策者・知識人　(川口浩編著)　日本経済評論社　2004.12　530p
◇人事の日本史　(遠山美都男, 関幸彦, 山本博文著)　毎日新聞社　2005.3　329p
◇教科書が教えない歴史有名人の晩年　(新人物往来社編)　新人物往来社　2005.5　286p
◇続 歴史の「いのち」―公に生きた日本人の面影　(占部賢志著)　モラロジー研究所　2006.2　334p
◇幕臣川路聖謨の日記　(川越裕子著)　新風舎　2007.6　233p
◇敗者たちの幕末維新―徳川を支えた13人の戦い　(武光誠著)　PHP研究所　2007.9　235p　(PHP文庫)
◇江戸の名奉行―人物・事績・仕置きのすべて　(丹野顕著)　新人物往来社　2008.10　352p
◇幕末期武士/士族の思想と行為―武人性と儒学の相生的素養とその転回　(竹村英二著)　御茶の水書房　2008.12　352,7p
◇日本有名人の苦節時代　(新人物往来社編)　新人物往来社　2009.9　351p　(新人物文庫)
【雑　誌】
◇川路聖謨―幕府に殉じた男(特集徳川幕府滅亡の舞台裏)　(童門冬二)「歴史読本」　30(18)　1960.10
◇幕臣列伝 川路聖謨　(綱淵謙錠)「歴史と人物」　10(1)　1980.1
◇今は昔サラリーマン史 ただ一人の殉死者　(福田紀一)「大阪人」　34(12)　1980.12
◇お玉ケ池種痘所開設をめぐって(2)川路聖謨と斎藤源蔵　(深瀬泰旦)「日本医史学雑誌」　26(4)　1981.10
◇国立国会図書館所蔵本 蔵書印(90)川路聖謨　「国立国会図書館月報」　256　1982.7
◇最初の幕臣外交官川路聖謨(特集黒船・国難の時代)　(童門冬二)「歴史と人物」　14(4)　1984.4
◇プチャーチン・川路の国境談判(特集ロシアの黒船鎖国日本を揺るがす)　(高野明)「歴史と人物」　14(7)　1984.7
◇伊東家古文書の紹介(川路聖謨の手紙)　(大沼ハツ)「古文幻想」　7　1986.12
◇海の町・紀行―人と碑を訪ねて〔6〕長崎〔1〕(東西南北)　(小野元夫)「造船界」　3　1987.8
◇川路左衛門尉の下田日記より　(三須真)「伊豆ово談」　116　1987.1
◇川路聖謨と秩父　(新井佐次郎)「埼玉史談」　34(4)　1988.1
◇日露外交秘話―二人の旗本外交官をめぐって　(小山勤二)「歴史懇談(大阪歴史懇談会)」　3　1989.8
◇幕末吏僚私記―荒井と川路の周辺　(水谷三公)「UP」　19(2)　1990.2
◇異文明との遭遇―川路聖謨とプチャーチン　(土谷直人)「東海大学紀要 文学部」　55　1991
◇日ソ関係の振り出し地点―漂民・大黒屋光太夫と幕臣・川路聖謨　(田口英爾)「Will」　10(6)　1991.6
◇川路聖謨―日露交渉の先達(私の好きな日本人)　(中川融)「正論」　242　1992.10
◇実年の知的生活の工夫　(板坂元)「潮」　409　1993.4
◇新発掘・八十歳勘定奉行の戒老日録　(田口英爾)「新潮45」　13(3)　1994.3
◇実年の知的生活の工夫　(板坂元)「潮」　423　1994.6
◇奈良奉行川路聖謨の民政　(鎌田道隆)「奈良史学」　奈良大学史学会　第13号　1995.12　p105〜123
◇遠国奉行の着任と離任―奈良奉行川路聖謨　(鎌田道隆)「立命館文学」　立命館大学人文学会　542　1995.12　p661〜680
◇幕末、ロシア全権大使を感服させた日本人の理想型「川路聖謨」(安保、新ビジネス、官僚、教育...100のキーワード「日本」よ、お前はいったい何者か)　(吉村昭)「SAPIO」　8(10)　1996.6.12　p33〜35
◇江戸奇人伝(4)オシャマ娘は奈良奉行のアイドル―川路聖謨『寧府紀事』　(氏家幹人)「太陽」　平凡社　35(4)　1997.4　p161〜164
◇川路聖謨―生き代わり死かわりきていくたびも(特集・幕末明治人物臨終の言葉―近代の夜明けを駆けぬけた44人の人生決別の辞 英傑死してことばを遺す)　(一坂太郎, 稲垣明雄, 今川徳三, 井門寛, 宇都宮泰長, 河合敦, 木村幸比古, 祖田浩一, 高澤澄, 高橋和彦, 畑山博, 三谷茉沙夫, 百瀬明治, 山村竜也)「歴史と旅」　24(7)　1997.5　p62〜63
◇江戸奇人伝―5―天才少女のその後……川路聖謨『寧府紀事』　(氏家幹人)「太陽」　平凡社　35(6)　1997.5　p145〜148
◇江戸奇人伝(9)江戸きってのマザコン男―川路聖謨『寧府紀事』『浪花日記』　(氏家幹人)「太陽」　平凡社　35(11)　1997.9　p169〜172
◇江戸奇人伝(10)左衛門尉さんのでき過ぎた!?少年時代―川路聖謨『寧府紀事』　(氏家幹人)「太陽」　平凡社　35(12)　1997.10　p169

～172
◇江戸奇人伝―11―〈父は江戸の星一徹〉川路聖謨『寧府紀事（ねいふきじ）』 （氏家幹人） 「太陽」 平凡社 35（14） 1997.11 p153～156
◇江戸奇人伝（12）養父は洒脱な酩酊親爺―川路聖謨『寧府紀事』 （氏家幹人） 「太陽」 平凡社 35（15） 1997.12 p153～156
◇江戸奇人伝（14）なぜか憎めぬ奈良のアウトローたち―川路聖謨「寧府紀事」 （氏家幹人） 「太陽」 平凡社 36（2） 1998.2 p161～164
◇江戸奇人伝（15）〈左衛門尉さんの"ジジ馬鹿"〉―川路聖謨「浪花日記」 （氏家幹人） 「太陽」 平凡社 36（3） 1998.3 p169～172
◇江戸奇人伝（16）左衛門尉さん、最大の悩み―川路聖謨「寧府記事」 （氏家幹人） 「太陽」 平凡社 36（4） 1998.4 p161～164
◇黒船来航〔3〕（佐久間象山〔23〕） （松本健一） 「THIS IS 読売」 9（8） 1998.11 p318～327
◇歴史のぐるり スキピオと川路聖謨―二十一世紀の新しい外交とは （山内昌之） 「本の旅人」 角川書店 5（6） 1999.6 p26～29
◇川路聖謨―危機一髪 （久田俊夫） 「社会科学論集」 名古屋経済大学〔ほか〕 65 1999.10 p1～16
◇川路聖謨―英才教育 （久田俊夫） 「人文科学論集」 名古屋経済大学〔ほか〕 第65号 1999.12 p41～51
◇五泣百笑の奉行―川路聖謨の愛民思想 （久田俊夫） 「人文科学論集」 名古屋経済大学〔ほか〕 第66号 2000.7 p97～111
◇川路聖謨の日記『島根のすさみ』を読む （市村軍平） 「古典と現代」 古典と現代の会 69 2001.10 p32～41
◇奈良奉行川路聖謨の植樹活動について （鎌田道隆） 「奈良史学」 奈良大学史学会 20 2002 p41～55
◇史談往来 北から南から 川路聖謨と日露外交 （江蔵一成） 「歴史研究」 歴研 44（7） 2002.7 p16～18
◇奈良奉行川路聖謨の植樹活動について （鎌田道隆） 「奈良史学」 奈良大学史学会 第20号 2002.12 p41～55
◇史料紹介 『上総日記』翻刻―付 川路聖謨・高子史料目録 （藤實久美子、渋谷葉子） 「学習院大学史料館紀要」 学習院大学史料館 13 2005.3 p199～268
◇東洋の學藝 川路聖謨と佐藤一斎の学―川路『遺書』の考察を中心に （竹村英二） 「東洋文化」 無窮会 96 2006.4 p55～68
◇名奉行仕置帖（最終回）奈良奉行・川路左衛門尉聖謨 （丹野顯） 「歴史読本」 新人物往来社 52（14） 2007.12 p304～309
◇奈良奉行 川路聖謨の生涯―母に送った手紙日記より 「あかい奈良」 星雲社, 青垣出版 45 2009.秋 p37～41

川路利良 かわじとしよし 1834～1879
幕末, 明治期の内務省官吏。大警視。
【図 書】
◇警察教育の先覚者たち （渡辺忠威） 立花書房 1982.12
◇古典大系日本の指導理念 6 創業の初心 3 近代社会の事始め （源了円ほか編纂） 第一法規出版 1983.10
◇明治のプランナー―大警視川路利良 （肥後精一著） 南郷出版 1983.12
◇目でみる日本史 「翔ぶが如く」と西郷隆盛 （文芸春秋 編） 文芸春秋 1987.11 （文春文庫―ビジュアル版）
◇日本の『創造力』―近代・現代を開花させた470人〈3〉流通と情報の革命 （冨田仁編） 日本放送出版協会 1993.2
◇大警視 川路利良―幕末・明治を駆け抜けた巨人 （加来耕三著） 出版芸術社 1998.6 445p
◇維新残影―大警視・川路とその時代 読売新聞社 1999.12 33p
◇脈々と―大警視川路利良銅像建立記念誌 （鹿児島県警察本部監修） 鹿児島県警察協会 〔2000〕 66p
◇大警視・川路利良―日本の警察を創った男 （神川武利著） PHP研究所 2003.2 365p
◇日本警察の父川路大警視―幕末・明治を駆け抜けた巨人 （加来耕三著） 講談社 2004.2 429p （講談社＋α文庫）
◇大警視川路利良の魅力―『翔ぶがごとく』の司馬遼太郎から警察官へのメッセージ （久野猛著） 教育実務センター 2005.6 172p
◇唯今戦争始め候。明治十年のスクープ合戦 （黄民基著） 洋泉社 2006.9 222p （新書y）
◇『警察手眼』に親しむ （久野猛著） 立花書房 2007.4 224p
【雑 誌】
◇大警視川路利良物伝（上, 下） （渡辺忠威） 「警察学論集」 34（4,5） 1981.4,5
◇警察と民衆（2）川路利良, ヨーロッパへ （大日方純夫） 「法学セミナー」 366 1985.6
◇続日本刑事政策史上の人々（3）川路利良 （吉田英法） 「罪と罰」 31（3） 1994.4
◇川路利良と秘密情報 （佐々木隆） 「メディア史研究」 ゆまに書房 8 1999.3 p92～96

河島醇 かわしまあつし 1847～1911
明治期の外務省官吏、滋賀・福岡県知事。
【図 書】
◇河島醇伝―日本勧業銀行初代総裁 （河野弘善） 河島醇伝刊行会 1981.11

川瀬太宰 かわせだざい 1819～1866
幕末の勤王志士, 学者。
【雑 誌】
◇近江の志士たち（4）川瀬太宰―維新直前に無念の刑死 （徳永真一郎） 「湖国と文化（滋賀県文化体育振興事業団）」 26 1984.1

川村純義 かわむらすみよし 1836～1904
明治期の海軍軍人。大将。
【図 書】
◇天皇百話 上の巻 （鶴見俊輔, 中川六平編） 筑摩書房 2006.10 782p （ちくま文庫）
【雑 誌】
◇昭和天皇（3）養育先へ―日本海軍の創設者、川村純義に預けられた理由 （福田和也） 「文芸春秋」 文芸春秋 83（12） 2005.9 p460～472

菊池九郎 きくちくろう 1847～1926
明治, 大正期の政治家。衆議院議員。
【図 書】
◇青森県近代の群像 （稲葉克夫） 北の街社 1985.9

木口小平 きぐちこへい 1872～1894
明治期の軍人。ラッパ手。
【図 書】
◇明治民衆史を歩く （井出孫六） 新人物往来社 1980.6
◇岡山と朝鮮―その2000年のきずな （西山宏） 日本文教出版 1982.4
◇ラッパ手の最後―戦争のなかの民衆 （西川宏著） 青木書店 1984.12
◇ラッパ手の最後 （西川宏） 青木書店 1984.12
◇軍国美談と教科書 （中内敏夫著） 岩波書店 1988.8 （岩波新書）
◇明治民衆史 （井出孫六著） 徳間書店 1988.9 （徳間文庫）

来島又兵衛 きじままたべえ 1816～1864
幕末の長州（萩）藩士。尊攘過激派の一人。
【図 書】
◇所郁太郎伝 （青山松任著） 新人物往来社 1991.4 （日本伝記叢書）

北垣国道 きたがきくにみち 1836～1916
明治期の官僚。京都府知事。
【雑 誌】
◇北垣国道―琵琶湖疏水に賭けた京都府知事の執念―京都復興の壮大なプロジェクトに全力投球し、ついにそれを実現させた辣腕家（特集・堂堂たる人生） （森谷尅久） 「プレジデント」 19（6） 1981.6
◇北垣国道と「任他主義」（laissez-faire）について （秋元せき） 「京都市歴史資料館紀要」 京都市歴史資料館 第13号 1996.3 p55～62
◇「覚悟」を持っていた日本人 京都府知事北垣国道の決断 （井村裕夫） 「新潮45」 16（11） 1997.11 p68～74
◇京都府知事幕末期の北垣国道―北垣はなぜ内務次官に任命されたか （高久嶺之介） 「社会科学」 同志社大学人文科学研究所 74 2005 p1～27

北島秀朝 きたじまひでとも 1842～1877
明治期の官僚。長崎県令。
【図 書】
◇県令北島秀朝関係書簡集 （県令北島秀朝関係書簡集編集委員会編） 馬頭町 1991.10
【雑 誌】
◇教材開発〈地域の歴史上の人物〉北島秀朝―天皇と窮民に尽した人 （天下井恵） 「歴史科学と教育」 歴史科学と教育研究会 16 1997.12 p67～87

北畠治房 きたばたけはるふさ 1833～1921
幕末, 明治期の志士。司法官。
【雑 誌】
◇平岡武夫先生年譜・著作目録―平岡武夫先生退任記念号 「漢学研究」 20 1983.2
◇平岡武夫、今井清校定本《白氏文集》詩歌巻校勘補遺 （厳杰, 石川薫〔訳〕） 「白居易研究年報」 勉誠出版 3 2002 p173～182

吉川経幹　きっかわつねもと　1829～1867
幕末，明治期の周防国岩国藩主。皇居整備。
【図書】
◇吉川経幹周旋記 1（日本史籍協会叢書 68）（日本史籍協会編）　東京大学出版会　1985.3
◇吉川経幹周旋記 2（日本史籍協会叢書 69）（日本史籍協会編）　東京大学出版会　1985.4
◇吉川経幹周旋記 3（日本史籍協会叢書 70）（日本史籍協会編）　東京大学出版会　1985.4
◇吉川経幹周旋記 4（日本史籍協会叢書 71）（日本史籍協会編）　東京大学出版会　1985.5
◇吉川経幹周旋記 5（日本史籍協会叢書 72）（日本史籍協会編）　東京大学出版会　1985.5
◇吉川経幹周旋記 6（日本史籍協会叢書 73）（日本史籍協会編）　東京大学出版会　1985.6
◇幕末維新随想―松陰周辺のアウトサイダー（河上徹太郎著）　河出書房新社　2002.6　224p

木戸孝允　きどたかよし　1833～1877
幕末，明治期の萩藩士。地方長官会議議長。
【図書】
◇幕末酒徒列伝 続（村島健一）　講談社　1980.3
◇明治六年後半の政局と木戸孝允の動向（平尾道雄追悼記念論文集）（福地惇著　高知市民図書館編）　1980.7
◇男たちの明治維新―エピソード人物史　文芸春秋　1980.10　（文春文庫）
◇近世日本国民史明治三傑―西郷隆盛・大久保利通・木戸孝允（徳富蘇峰著　平泉澄校訂）　講談社　1981.5　（講談社学術文庫）
◇近代日本の自伝（佐伯彰一）　講談社　1981.5
◇重臣たちの昭和史 上，下（勝田龍夫）　文芸春秋　1981.5
◇類聚伝記大日本史11 政治家篇（尾佐竹猛編集解説）　雄山閣出版　1981.6
◇歴史に学ぶ（奈良本辰也）　潮出版社　1981.6
◇日本剣豪こぼれ話（渡辺誠）　日本文芸社　1981.10
◇幕末維新名士書簡集―李家文書（李家正文編）　木耳社　1981.11
◇「明治」をつくった男たち―歴史が明かした指導者の条件（鳥海靖）　PHP研究所　1982.2
◇幕末群像―大義に賭ける男の生き方（奈良本辰也）　ダイヤモンド社　1982.4（シリーズ・歴史の発想 2）
◇木戸孝允遺文集（妻木忠太編）　東京大学出版会　1982.7（続日本史籍協会叢書）
◇日本のリーダー 1　明治天皇と元勲　TBSブリタニカ　1982.10
◇人物探訪日本の歴史 15 幕末の英傑　暁教育図書　1982.12
◇天皇と明治維新（阪本健一）　晩書房　1983.1
◇維新史の青春激像―動乱期に情熱を賭けた獅子たちの熱血譜（藤田公道）　日本文芸社　1983.10
◇明治の戦略戦術（佐々克明）　ダイヤモンド社　1983.12
◇宰相の系譜―時代を刻んだ男たちの言行録（Kosaido books）（村松剛）　広済堂出版　1983.12
◇木戸松菊公逸事（史実考証）復刻（妻木忠太）　村田書店　1984
◇木戸松菊略伝（妻木忠太）　村田書店　1985
◇木戸孝允日記 1（日本史籍協会叢書 74）（日本史籍協会編）　東京大学出版会　1985.7
◇日本史探訪22 幕末維新の英傑たち（角川文庫）　角川書店　1985.8
◇史實参照　木戸松菊公逸話（妻木忠太）　村田書店　1985.8
◇木戸孝允日記 2（日本史籍協会叢書 75）（日本史籍協会編）　東京大学出版会　1985.8
◇木戸孝允日記 3（日本史籍協会叢書 76）（日本史籍協会編）　東京大学出版会　1985.9
◇木戸孝允文書 1（日本史籍協会叢書 77）（日本史籍協会編）　東京大学出版会　1985.10
◇木戸孝允文書 2（日本史籍協会叢書 78）（日本史籍協会編）　東京大学出版会　1985.11
◇木戸孝允文書 4（日本史籍協会叢書 80）（日本史籍協会編）　東京大学出版会　1986.1
◇木戸孝允文書 5（日本史籍協会叢書 81）（日本史籍協会編）　東京大学出版会　1986.2
◇木戸孝允文書 6（日本史籍協会叢書 82）（日本史籍協会編）　東京大学出版会　1986.3
◇目でみる日本史　維新の青春群像（文春文庫）（小西四郎編）　文芸春秋　1986.4
◇佐幕派論議（大久保利謙著）　吉川弘文館　1986.5
◇政治家 その善と悪のキーワード（加藤尚文著）　日経通信社　1986.6
◇大久保利通・木戸孝允・伊藤博文特別展示目録―立憲政治への道（憲政記念館編）　憲政記念館　1987.2
◇西郷隆盛―人望あるリーダーの条件（山本七平，毛利敏彦，野中敬吾他文）　世界文化社　1987.3（BIGMANビジネスブックス）
◇新・米欧回覧の記――一世紀をへだてた旅（泉三郎著）　ダイヤモンド社　1987.4
◇だれが広沢参議を殺したか（古川薫著）　文芸春秋　1987.7（文春文庫）
◇醒めた炎　木戸孝允 下（村松剛）　中央公論社　1987.8
◇大久保利謙歴史著作集 3 華族制の創出　吉川弘文館　1987.10
◇明治リーダーの戦略戦術（佐々克明著）　講談社　1987.11（講談社文庫）
◇続・百代の過客―日記にみる日本人〈上〉（ドナルド・キーン著，金関寿夫訳）　朝日新聞社　1988.1　（朝日選書）
◇維新俠艶録（井筒月翁著）　中央公論社　1988.3　（中公文庫）
◇青木周蔵―明治外交の創造〈青年篇〉（水沢周著）　日本エディタースクール出版部　1988.9
◇続 百代の過客―日記にみる日本人（ドナルド・キーン著，金関寿夫訳）　朝日新聞社　1988.12
◇ビジュアルワイド　新日本風土記〈35〉山口県　ぎょうせい　1989.4
◇西郷隆盛と維新の英傑たち（佐々克明著）　三笠書房　1989.5　（知的生きかた文庫）
◇係長の智慧〈1〉係長こそ現場の主権者だ（童門冬二著）　ぎょうせい　1989.5
◇西郷隆盛と大物の人間学（童門冬二ほか著）　三笠書房　1989.6（知的生きかた文庫）
◇幕末維新の志士読本（奈良本辰也著）　天山出版　1989.9（天山文庫）
◇幕末・維新大百科―激動の時代が何でもわかる本（歴史トレンド研究会編）　ロングセラーズ　1989.11　（ムックセレクト）
◇目でみる日本史　「翔ぶが如く」と西郷隆盛（文春春秋）　文春春秋　1989.11　（文春文庫―ビジュアル版）
◇幕末・維新おもしろ群像―風雲の世の主役たちを裸にする（河野亮著）　広済堂出版　1990.1　（広済堂ブックス）
◇明治草創―啓蒙と反乱（植手通有編著）　社会評論社　1990.7　（思想の海へ「解放と変革」）
◇明治を彩った妻たち（阿井景子著）　新人物往来社　1990.8
◇近代日本の自伝（佐伯彰一著）　中央公論社　1990.9　（中公文庫）
◇長崎幕末浪人伝（深潟久著）（福岡）西日本新聞社　1990.10
◇幕末・長州に吹いた風（古川薫著）　PHP研究所　1990.12　（PHP文庫）
◇日本史探訪〈幕末維新 5〉「明治」への疾走（さいとうたかを著）　角川書店　1991.3　（角川コミックス）
◇醒めた炎―木戸孝允 4（村松剛）　中央公論社　1991.10
◇京都の謎〈幕末維新編〉（高野澄著）　祥伝社　1992.4　（ノン・ポシェット―日本史の旅）
◇大久保利謙歴史著作集〈3〉華族制の創出（大久保利謙著）　吉川弘文館　1993.6
◇「徳川」が滅ぶとき―泰平から変革への事件簿（早乙女貢著）　ベストセラーズ　1993.8　（ワニ文庫―ワニ歴史文庫シリーズ）
◇「兄弟型」で解く江戸の怪物（畑田国男，武元誠長）　トクマオリオン　1993.9　（トクマオーブックス）
◇図説　幕末・維新おもしろ事典　三笠書房　1994.9　（知的生きかた文庫）
◇木戸孝允をめぐるドイツ・コネクションの形成（森川潤著）　広島修道大学総合研究所　1995.4（広島修道大学研究叢書）
◇木戸孝允日記 3（日本史籍協会編）　マツノ書店　1996.2　591p
◇松菊木戸公伝（木戸公伝記編纂所編）　マツノ書店　1996.2　2冊
◇木戸孝允日記 1（日本史籍協会編）　マツノ書店　1996.2　464p
◇木戸孝允日記 2（日本史籍協会編）　マツノ書店　1996.2　504p
◇文明開化と木戸孝允（桑原三二著）　桑原三二　1996.4　168p
◇明治新政権の権力構造（福地惇著）　吉川弘文館　1996.8　272p
◇ほんとうの智恵を学ぶ―人生の手本にしたい名君の真骨頂（童門冬二著）　三天書房　1996.9　271p（Santen Books）
◇白い崖の国をたずねて―岩倉使節団の旅　木戸孝允のみたイギリス（宮永孝著）　集英社　1997.3　285p
◇痩我慢というかたち―激動を乗り越えた日本の志（感性文化研究所編）　黙出版　1997.8　111p　（MOKU BOOKS）
◇日本恋愛事件史（山崎洋子著）　講談社　1997.8　299p　（講談社文庫）
◇完全制覇　幕末維新―この一冊で歴史に強くなる！（外川淳著）　立風書房　1997.12　254p
◇幕末維新　奔流の時代　新装版（青山忠正著）　文英堂　1998.1　239p
◇幕末 英傑風雲録（羽生道英著）　中央公論社　1998.5　365p（中公文庫）
◇裏切られた三人の天皇―明治維新の謎 増補版（鹿島昇著）　新国民社　1999.2　441p
◇兵庫史の謎（春木一夫著）　神戸新聞総合出版センター　1999.10　315p

◇志士と官僚―明治を「創業」した人びと （佐々木克著） 講談社 2000.1 324p （講談社学術文庫）
◇Story日本の歴史―近現代史編 （日本史教育研究会編） 山川出版社 2000.2 274p
◇明治の怪 山県有朋 （原田務著） 叢文社 2000.4 249p
◇歴史人物アルバム 日本をつくった人たち大集合 4 （PHP研究所編） PHP研究所 2001.2 47p
◇新選組・池田屋事件顚末記 （冨成博著） 新人物往来社 2001.7 255p
◇明治人のお葬式 （此経啓助著） 現代書館 2001.12 203p
◇検証・龍馬伝説 （松浦玲著） 論創社 2001.12 331,7p
◇人物日本の歴史・日本を変えた53人 6 （高野尚好監修） 学習研究社 2002.2 64p
◇ほんとうの智恵を学ぶ―人生の手本にしたい名君の真骨頂 新装版 （童門冬二編著） 碧天舎 2002.5 259p
◇明治天皇と政治家群像―近代国家形成の推進者たち （沼田哲編） 吉川弘文館 2002.6 286p
◇木戸孝允と宮中問題 （西川誠）『明治天皇と政治家群像 近代国家形成の推進者たち』（沼田哲編） 吉川弘文館 2002.6 p29～
◇明治維新政治外交史研究 （毛利敏彦著） 吉川弘文館 2002.9 300,7p
◇時代別・京都を歩く―歴史を彩った24人の群像 改訂第3版 （蔵田敏明文, 土村清治写真） 山と渓谷社 2003.2 175p （歩く旅シリーズ歴史・文学）
◇岩倉使節団の再発見 （欧米回覧の会編） 思文閣出版 2003.3 263,10p
◇再考・東アジアの21世紀―友好と飛躍への新たなシナリオを探る （横浜商科大学公開講座委員会編） 南窓社 2003.3 221p （横浜商科大学公開講座）
◇岩倉使節団の比較文化史的研究 （芳賀徹編） 思文閣出版 2003.7 339,12p
◇剣豪伝 地の巻 （歴史を旅する会著） 講談社 2003.8 340p （講談社文庫）
◇江藤新平伝―奇跡の国家プランナーの栄光と悲劇 （星川栄一著） 新風舎 2003.10 301p
◇幕末京都―新選組と龍馬たち （川端洋之文, 中田昭写真） 光村推古書院 2003.11 95p （SUIKO BOOKS）
◇幕末剣客秘録―江戸町道場の剣と人 （渡辺誠著） 新人物往来社 2003.12 333p
◇2時間でわかる図解 新選組のことが面白いほどわかる本 （中見利男著） 中経出版 2003.12 271p （2時間でわかる図解シリーズ）
◇京都時代MAP 幕末・維新編 （新創社編） 光村推古書院 2003.12 80p
◇坂本龍馬―幕末志士の旅 （河合敦著） 光人社 2004.2 302p
◇図説 西郷隆盛と大久保利通 新装版 （芳即正, 毛利敏彦編著） 河出書房新社 2004.2 128p （ふくろうの本）
◇岩倉使節団という冒険 （泉三郎著） 文芸春秋 2004.7 221p （文春新書）
◇桂小五郎―奔れ！憂い顔の剣士 （古川薫文, 岡田嘉夫絵） 小峰書店 2004.11 187p （時代を動かした人々 維新篇）
◇新島襄の交遊―維新の元勲・先覚者たち （本井康博著） 思文閣出版 2005.3 325,13p
◇洛西壬生村 八木一族と新選組 2 （橋本隆著） 日本文学館 2005.4 86p
◇サムライたちの幕末維新 （近江七実著） スキージャーナル 2005.5 207p （剣道日本コレクション）
◇地球時代の志士たちへ―スピリチュアルメッセージ 1 （レムリア・ルネッサンス著） たま出版 2005.10 288p
◇木戸孝允関係文書 第1巻 （木戸孝允関係文書研究会編） 東京大学出版会 2005.10 439p
◇日本人の朝鮮観―その光と影 （琴秉洞著） 明石書店 2006.10 303p
◇木戸孝允 （松尾正人著） 吉川弘文館 2007.2 248p （幕末維新の個性）
◇木戸孝允関係文書 第2巻 （木戸孝允関係文書研究会編） 東京大学出版会 2007.2 441p
◇未完の明治維新 （坂野潤治著） 筑摩書房 2007.3 249p （ちくま新書）
◇日本史人物「第二の人生」発見読本 （楠木誠一郎著） 彩流社 2007.3 222p
◇天界の経綸 （レムリア・ルネッサンス著） まんだらけ 2007.6 270p （レムリア・ルネッサンス スピリチュアルメッセージシリーズ）
◇ヒコの幕末―漂流民ジョセフ・ヒコの生涯 （山下昌也著） 水曜社 2007.12 334p
◇左千夫歌集 （永塚功著, 久保田淳監修） 明治書院 2008.2 540p （和歌文学大系）

◇木戸孝允関係文書 第3巻 （木戸孝允関係文書研究会編） 東京大学出版会 2008.2 537p
◇誇り高き日本人―国の命運を背負った岩倉使節団の物語 （泉三郎著） PHPエディターズ・グループ 2008.6 613p
◇水害大国―天災・人災・怠慢災 （辻田啓志著） 柘植書房新社 2008.6 133p
◇ひょうご幕末維新列伝 （一坂太郎著） 神戸新聞総合出版センター 2008.7 408p
◇幕末"志士"列伝 （別冊宝島編集部編） 宝島社 2008.11 223p （宝島SUGOI文庫）
◇日本人の恋物語―男と女の日本史 （時野佐一郎著） 光人社 2009.2 229p
◇木戸孝允関係文書 4 （木戸孝允関係文書研究会編） 東京大学出版会 2009.5 551p
◇司馬遼太郎 リーダーの条件 （半藤一利, 磯田道史, 鴨下信一ほか著） 文芸春秋 2009.11 251p （文春新書）
◇いまさら入門 坂本龍馬 （加来耕三著） 講談社 2009.11 251p （講談社プラスアルファ文庫）
◇幕末維新人物新論―時代をよみとく16のまなざし （笹部昌利編） 昭和堂 2009.12 321p
◇「英雄」坂本龍馬はなぜ生まれたのか （菊地明著） 大和書房 2009.12 221p （だいわ文庫）
◇幕末暗殺剣―血湧き肉踊る最強剣豪伝説 （マーヴェリック著） 双葉社 2009.12 249p

【雑　誌】
◇維新三傑の夢―西郷隆盛・大久保利通・木戸孝允の青春（特集・明治維新の青春群像） （小西四郎）「歴史と人物」 10(2) 1980.2
◇岩倉使節団の編成事情―参議木戸孝允の副使就任問題を中心に（変動期における東アジアと日本―その史的考察） （毛利敏彦）「季刊国際政治」 66 1980.11
◇"同志友"桂小五郎実権を握る（特集・吉田松陰と若き志士たち） （村松剛）「歴史と人物」 117 1981.4
◇木戸孝允「征韓論」の意味（維新史の問題点） （毛利敏彦）「歴史と人物」 12(4) 1982.4
◇明治6年政変と木戸孝允 （西尾林太郎）「政治経済史学」 194 1982.7
◇高杉晋作 その革命とデカダンス(9)―情愛―桂小五郎の戯れ （粕谷一希）「正論」 110 1982.9
◇木戸孝允の書状 （時野谷勝）「日本歴史」 426 1983.11
◇維新政治家との交遊―中―考証・福沢諭吉―46 （富田正文）「三田評論」 843 1984.1
◇明治維新期における山田顕義と木戸孝允(1) （山本哲生）「日本大学精神文化研究所教育制度研究所紀要」 15 1984.3
◇明治維新期における山田顕義と木戸孝允(2) （山本哲生）「日本大学精神文化研究所・教育制度研究所紀要」 16 1985.3
◇五卿の移転に関する二, 三の問題点―桂（本戸）の帰関前後を中心に （成田勝美）「山口県地方史研究」 53 1985.6
◇征韓論における木戸孝允の動き （成田勝美）「山口県地方史研究」 56 1986.10
◇吉田松陰と桂小五郎 （三好啓治）「徳山大学総合経済研究所紀要」 9 1987.3
◇西郷・木戸連立体制の成立事情 （福地惇）「海南史学」 27 1989.8
◇木戸孝允「薩長同盟」を約した「懇篤の士」―何度かの行き違いの末2人は会盟し, 時代は大きく回転した（特集・西郷隆盛の人間関係学） （浜野卓也）「プレジデント」 28(2) 1990.2
◇維新政府の朝鮮政策と木戸孝允 （高橋秀直）「人文論集（神戸商科大学学術研究会）」 26(1・2) 1990.12
◇実説「幾松という女」―明治の元勲と芸者妻たち （村松剛）「新潮45」 10(4) 1991.4
◇木戸孝允のパリ―その人間模様をめぐって （富田仁）「日本大学 桜文論叢」 33 1992.2
◇桂小五郎―「近代精神への共鳴」薩長連合成る（特集・坂本龍馬の人間関係学） （半藤一利）「プレジデント」 30(7) 1992.7
◇「春風駘蕩」龍馬がいく―金もない, 組織もない。しかし人と時代は動いた（特集・坂本龍馬の人間関係学） （三好徹）「プレジデント」 30(7) 1992.7
◇陰と陽, 対照的なふたりの元勲―木戸孝允日記, 大久保利通日記（日本近代を読む〔日記大全〕） 「月刊Asahi」 5(1) 1993.1・2
◇明治政府と木戸孝允 （福地惇）「高知大学学術研究報告 人文科学」 高知大学 44 1995 p89～109
◇木戸孝允―西郷もまた大抵にせんか, 予今自ら赴きて之を説諭すべし（特集・幕末明治人臨終の言葉―近代の夜明けを駆けぬけた44人の人生決別の辞 英傑死してことばを遺す） （一坂太郎, 稲川明雄, 今川徳三, 井ण़寛, 宇都宮泰長, 河合敦, 木村幸比古, 祖田浩一, 高野澄, 高橋和彦, 畑山博, 三谷茉沙夫, 百瀬明治, 山村竜也）「歴史と旅」 24(7) 1997.5 p86～87
◇練兵館の門下生・桂小五郎―練兵館塾頭から維新の三傑へ（特集・幕末青春譜剣道三国志―江戸の道場は維新のスペシャリスト養成所だ）

（一坂太郎）「歴史と旅」24(16) 1997.11 p76～81
◇練兵館の門下生・渡辺昇―桂小五郎時代の練兵館塾頭（特集・幕末青春譜剣道三国志―江戸の道場は維新のスペシャリスト養成所だ）（中井一水）「歴史と旅」24(16) 1997.11 p82～85
◇木戸孝允覚書―分権論を中心として（長井純市）「法政史学」法政大学史学会 50 1998.3 p34～61
◇藩の軍事力・経済力を利用して変革に挑んだ男たち―高杉晋作と桂小五郎 第二次防長戦争「登用」された下級武士たちの峻烈なる戦い（歴史特集・幕末維新の「人材」学―こんな男が組織を変える）（古川薫）「プレジデント」36(7) 1998.7 p90～99
◇新時代の異文化体験・岩倉使節団米欧歴訪おどろき見聞記（伊藤史湖）「歴史と旅」28(3) 2001.3 p182～189
◇幕長戦争段階における木戸孝允の政治構想（田口由香）「広島大学大学院教育学研究科紀要 第二部 文化教育開発関連領域」広島大学大学院教育学研究科 51 2002 p53～60
◇大日本帝国憲法発布！―近代国家の建設に没頭した若き「元勲」たち（重大事件でつづる日本通史）（三好徹）「歴史読本」47(1) 2002.1 p148～155
◇幕末期における木戸孝允の政治構想―慶応3年を中心として（田口由香）「史学研究」広島史学研究会 237 2002.7 p22～39
◇民族の独立と尊厳のための改革―明治維新の本質（近現代史百年、曇りなき歴史常識）（岡崎久彦、鳥海靖、福地惇）「諸君！」35(2) 2003.2 p189～200
◇桂小五郎 先妻宍戸富子逃げる（史談往来／北から南から）（小沢和也）「歴史研究」歴研 46(3) 2004.3 p9～11
◇桂小五郎「京都日誌」〈長州藩士〉―攘夷か、開国か。長州の周旋家が選んだ結論とは（特集 幕末京都 志士日誌―特集ドキュメント 幕末京都 志士の足跡）（一坂太郎）「歴史読本」新人物往来社 51(7) 2006.5 p116～123
◇明治の木戸孝允「逃げの小五郎」と維新政権（松尾正人）「駒澤大学大学院史学論集」駒澤大学大学院史学会 37 2007.4 p1～16
◇明治新政府の東アジア外交と木戸孝允（2006年 名古屋歴史科学研究会大会特集号 大会テーマ 東アジアにおける国際秩序の近代的再編）（沈箕載）「歴史の理論と教育」名古屋歴史科学研究会 126・127 2007.5.25 p27～38
◇政治における悪の効用―西郷隆盛、大久保利通、桂小五郎（彼らは「この国」の危機をいかに救ったか・司馬遼太郎 日本のリーダーの条件―渾身の大特集）「文芸春秋」文芸春秋 86(8) 2008.7 p128～135
◇木戸孝允と教育のあけぼの（郷通子）「学士会会報」学士会 2008(6) 2008.5 p17～20
◇木戸孝允と明治初期の新開界（内山京子）「日本歴史」吉川弘文館 727 2008.12 p72～90
◇日記に残された言葉―大久保利通と木戸孝允（特集 言葉の力(4)）（狐塚裕子）「清泉文苑」清泉女子大学人文科学研究所 26 2009 p17～20
◇長州藩 高杉晋作vs.木戸孝允（歴史ロマン 「幕末ヒーロー」列伝―ヒーローはどっちだ）（古川薫）「現代」講談社 43(1) 2009.1 p214～217
◇国家構想の展開と木戸孝允―往復書翰からみた木戸孝允と井上馨（落合弘樹）「明治大学人文科学研究所紀要」明治大学人文科学研究所 64 2009.3 p17～31〔含 英語文要旨〕
◇桂小五郎 高瀬川一之舟入の桜・京都市中京区―「抜け穴」つきの屋敷に住み、高瀬川沿いの桜を楽しんだ（大特集・春爛漫、ぶらり「桜旅」―第1部 小ıル帯刀、坂本龍馬、西郷隆盛… 維新の英傑縁の地を巡り、古都に遊ぶ「京の桜」・歴史探訪）「サライ」小学館 21(6)通号491 2009.3.19 p36～38

木戸松子 きどまつこ 1843～1886
幕末, 明治期の女性。木戸孝允の夫人。
【図　書】
◇図説人物日本の女性史9 小学館 1980.3
◇幕末酒徒列伝 続（村島健一）講談社 1980.3
◇変革期型リーダーの条件―「維新」を見てきた男たち（佐々克明）PHP研究所 1982.9
◇人物探訪日本の歴史 15 幕末の英傑 暁教育図書 1982.12
◇転換期の戦略(5)幕末前夜・動乱と変革の時代（尾崎秀樹、徳永真一郎、光瀬龍、高野澄、藤田公道、左方郁子、小槻昭三著）経済界 1988.9
◇明治を彩った妻たち（阿井景子著）新人物往来社 1990.8
◇幾松という女 新潮社 1993.8
◇日本恋愛事件史（山崎洋子著）講談社 1997.8 299p（講談社文庫）
◇日本人の恋物語―男と女の日本史（時野佐一郎著）光人社 2009.2 229p
◇幕末の志士を支えた「五人」の女―坂本龍馬の「おりょう」から近藤勇の「おつね」まで（由良弥生著）講談社 2009.11 268p（講談社プラスアルファ文庫）
【雑　誌】
◇逃げの小五郎支えた芸者幾松（阿部光子）「歴史と旅」7(1) 1980.1
◇幕末明治編（上）日本の女性史 幕末維新の女性たち（連載対談）（橋田寿賀子, 吉見周子）「歴史と旅」7(7) 1980.6
◇コジキになった恋人を支えた幾松―木戸松子（いまも昔もおんな史）（泉秀樹）「潮」351 1988.7
◇実説「幾松という女」―明治の元勲と芸者妻たち（村松剛）「新潮45」10(4) 1991.4

木梨精一郎 きなしせいいちろう 1845～1910
幕末, 明治期の萩藩八組士, 軍人。長野県知事。
【図　書】
◇沖縄にきた明治の人物群像（太田良博）月刊沖縄社 1980.2

木村芥舟 きむらかいしゅう 1830～1901
明治期の幕臣。咸臨丸提督として太平洋横断。
【図　書】
◇江戸5 人物編（大久保利謙編）立体社 1980.8
◇続・百代の過客―日記にみる日本人〈上〉（ドナルド・キーン著、金関寿夫訳）朝日新聞社 1988.1（朝日選書）
◇木村芥舟とその資料―旧幕臣の記録（横浜開港資料館編）横浜開港資料普及会 1988.3
◇続 百代の過客―日記にみる日本人（ドナルド・キーン著、金関寿夫訳）朝日新聞社 1988.12
◇木村喜毅（芥舟）宛「岩瀬忠震書簡注解」（岩瀬忠震書簡研究会〔編〕）岩瀬肥後守忠震顕彰会 1992.3
◇軍艦奉行木村摂津守 中央公論社 1994.2
◇軍艦奉行木村摂津守―近代海軍誕生の陰の立役者（土居良三）中央公論社 1994.2
◇痩我慢というかたち―激動を乗り越えた日本の志（感性文化研究所編）黙出版 1997.8 111p（MOKU BOOKS）
◇福沢諭吉の教育観（桑原三郎著）慶応義塾大学出版会 2000.11 326p
◇日本海軍の興亡―戦いに生きた男たちのドラマ（半藤一利著）PHP研究所 2008.12 199p
【雑　誌】
◇木村喜毅（芥舟）宛岩瀬忠震書簡（河北展生他）「近代日本研究（慶応義塾大学・福沢研究センター）」5 1989.3
◇幕臣木村喜毅あて書簡―「旧雨手簡」から（柴田光彦〔監修〕）「横浜開港資料館紀要」11 1993.3
◇書簡に見る福澤人物誌(14)木村芥舟・長尾幸作―咸臨丸の人々（佐志傳）「三田評論」慶応義塾 1080 2005.6 p52～58

京極高朗 きょうごくたかあきら 1798～1874
幕末, 明治期の大名。讃岐丸亀藩主。
【図　書】
◇讃岐人物風景 8 百花繚乱の西讃（四国新聞社編）大和学芸図書 1982.9

清岡道之助 きよおかみちのすけ 1833～1864
幕末の勤王志士。
【図　書】
◇青年の風雪（平尾道雄）高知新聞社 1981.1（高新ふるさと文庫2）

清川八郎 きよかわはちろう 1830～1863
幕末の尊攘派志士。
【図　書】
◇江戸暗殺史（森川哲郎）三一書房 1981.8
◇幕末志士の生活（芳賀登）雄山閣出版 1982.6（生活史叢書 8）
◇人物探訪日本の歴史 15 幕末の英傑 暁教育図書 1982.12
◇古典大系日本の指導理念 3 公道の根本 3 近代日本への模索の方法（源了円ほか編纂）第一法規出版 1983.7
◇みちのく伝統文化〈5〉人物編（高橋富雄編）小学館 1986.6
◇維新侠艶録（井筒月翁著）中央公論社 1988.3（中公文庫）
◇近藤勇と新選組―続幕末を駆け抜けた男たち（今川徳三著）教育書籍 1989.9
◇新選組余聞史（木高たかし著）新人物往来社 1989.11
◇維新暗殺秘録（平尾道雄著）河出書房新社 1990.8（河出文庫）
◇幕末三舟伝（頭山満著）島津書房 1990.8
◇新選組余話（小島政孝著）（町田）小島資料館 1990.12
◇全国の伝承 江戸時代 人づくり風土記―ふるさとの人と知恵(6)山形（加藤秀俊, 谷川健一, 稲垣史生, 石川松太郎, 吉田豊編）農山漁村文化協会 1991.2
◇隠された幕末日本史―動乱の時代のヒーロー群像（早乙女貢著）広済堂出版 1992.2（広済堂文庫―ヒューマン・セレクト）
◇撃つ！（鍋倉健悦著）竹内書店新社 1992.4

◇幕末暗殺史（森川哲郎著）毎日新聞社 1993.7（ミューブックス）
◇維新への胎動〈上〉寺田屋事件（徳富蘇峰著，平泉澄校訂）講談社 1993.10（講談社学術文庫―近世日本国民史）
◇風を追う―土方歳三への旅（村松友視著）朝日新聞社 1994.10（朝日文芸文庫）
◇覆された日本史―俗説・妄説に埋もれた史実を再検証（中村彰彦著）日本文芸社 1995.2 245p
◇新撰組顛末記 新装版（永倉新八著）新人物往来社 1998.11 275p
◇幕末・京大坂 歴史の旅（松浦玲著）朝日新聞社 1999.2 331,9p（朝日選書）
◇幕末三舟伝（頭山満著）島津書房 1999.11 368p
◇新選組468隊士大名鑑―幕末を駆け抜けた壬生狼たちの群像 愛蔵版（壬生狼友の会編）駿台曜曜社 1999.12 351p
◇江戸切絵図を歩く（新人物往来社編）新人物往来社 2001.8 262p
◇江戸ノ頃追憶―過ぎにし物語（鍋倉健悦著）彩図社 2001.11 191p（ぶんりき文庫）
◇日本暗殺総覧―この国を動かしたテロルの系譜（泉秀樹著）ベストセラーズ 2002.5 302p（ベスト新書）
◇幕末暗殺史（森川哲郎著）筑摩書房 2002.8 393p（ちくま文庫）
◇土方歳三の遺言状（鵜飼清著）新人物往来社 2003.11 317p
◇新選組が京都で見た夢―動乱の幕末に青春を賭けた男たちがいた（中田昭写真）学習研究社 2003.11 145p（GAKKEN GRAPHIC BOOKS）
◇京都新選組案内―物語と史跡（武山峯久著）創元社 2004.1 227p
◇図説 新選組（横田淳著）河出書房新社 2004.1 127p（ふくろうの本）
◇新選組全史 上（菊地明著）新人物往来社 2004.2 267p
◇土方歳三―知れば知るほど面白い・人物歴史丸ごとガイド（藤堂利寿著）学習研究社 2004.2 279p
◇新選組と出会った人びと（伊東成郎著）河出書房新社 2004.2 254p
◇図説 幕末維新の歴史地図（河合敦監修）青春出版社 2004.3 95p
◇幕末テロリスト列伝（歴史を旅する会編）講談社 2004.3 282p（講談社文庫）
◇清河八郎の明治維新―草莽の志士なるがゆえに（高野澄著）日本放送出版協会 2004.3 307p（NHKブックス）
◇サムライの墓書―元帥東郷平八郎と三十一人の提督（松橋暉男著）毎日ワンズ 2004.5 231p
◇新選組証言録―『史談会速記録』が語る真実（山村竜也著）PHP研究所 2004.7 291p（PHP新書）
◇はぐれもののお墓―お墓曼陀羅続編（池田亮二著）新風舎 2006.12 329p
◇新選組468隊士大名鑑 完全版（壬生狼友の会監修）小池書院 2007.11 351p
◇幕末三舟伝（頭山満述）国書刊行会 2007.11 340p
◇幕末"志士"列伝（別冊宝島編集部編）宝島社 2008.11 223p（宝島SUGOI文庫）
◇幕末維新「英傑」たちの言い分―坂本龍馬から相楽総三まで（岳真也著）PHP研究所 2009.10 391p（PHP文庫）
◇幕末維新人物新論―時代をよみとく16のまなざし（笹部昌利編）昭和堂 2009.12 321p
【雑　誌】
◇新選組興亡史―新選組生みの親・清河八郎（新選組大特集）（早乙女貢）「歴史と旅」 7（2）1980.1
◇浪士の巨魁清河八郎暗殺（松永義弘）「歴史と旅」 7（7）1980.6
◇動乱の火付役―清河八郎（特集・叛乱！幕末の群像）（鈴木正節）「歴史読本」 26（11）1981.9
◇清河八郎の妻お蓮―特集・大江戸の女性秘話50選（山本藤枝）「歴史と旅」 10（10）1983.8
◇麻布一ノ橋の無念―清河八郎（特集幕末維新暗殺剣）（今川徳三）「歴史と旅」 11（14）1984.11
◇清河八郎「西遊草」の疑問（稲垣史生）「冒険」 268 1994.4
◇博物館めぐり 清河八郎記念館（山田兵庫）「歴史研究」 人物往来社歴史研究会 438 1997.11 p1
◇史談往来/北から南から 清河八郎の盟友 石坂周造（竹村紘一）「歴史研究」 歴研 46（4）2004.4 p11～13
◇憂国悲劇の志士・清河八郎（特集 新選組の正体）（窪田孟）「歴史研究」 歴研 46（4）2004.6 p29～31
◇安積五郎と清河八郎（上）（徳田武）「明治大学教養論集」 明治大学教養論集刊行会 418 2007.3 p1～66
◇安積五郎と清河八郎（中）（徳田武）「明治大学教養論集」 明治大学教養論集刊行会 425 2008.1 p61～142
◇文久期における「処士横議」と草莽―薩摩藩誠忠組激派と清河八郎の関係を通じて（長南伸治）「国士舘史学」 国士舘大学史学会 12 2008.3 p36～68
◇安積五郎と清河八郎（下の1）（徳田武）「明治大学教養論集」 明治大学教養論集刊行会 430 2008.3 p1～41
◇命も、名も、金も要らぬ 山岡鉄舟（35）尊王攘夷―清河八郎（其の1）（山本紀久雄）「Verdad」ベストブック 14（4）2008.4 p64～66
◇命も、名も、金も要らぬ 山岡鉄舟（36）尊王攘夷―清河八郎（其の2）（山本紀久雄）「Verdad」ベストブック 14（5）2008.5 p68～70
◇命も、名も、金も要らぬ 山岡鉄舟（37）尊王攘夷―清河八郎（其の3）（山本紀久雄）「Verdad」ベストブック 14（6）2008.6 p68～70
◇命も、名も、金も要らぬ 山岡鉄舟（38）尊王攘夷―清河八郎（其の4）（山本紀久雄）「Verdad」ベストブック 14（7）2008.7 p68～70
◇命も、名も、金も要らぬ 山岡鉄舟（39）尊王攘夷―清河八郎（其の五）（山本紀久雄）「Verdad」ベストブック 14（8）2008.8 p68～70
◇命も、名も、金も要らぬ 山岡鉄舟（40）尊王攘夷―清河八郎（其の六）（山本紀久雄）「Verdad」ベストブック 14（9）2008.9 p64～66
◇安積五郎と清河八郎（下の2）（徳田武）「明治大学教養論集」 明治大学教養論集刊行会 441 2009.1 p73～137
◇命も、名も、金も要らぬ 山岡鉄舟（45）清河暗殺（その1）（山本紀久雄）「Verdad」ベストブック 15（2）2009.2 p64～66
◇命も、名も、金も要らぬ 山岡鉄舟（46）清河暗殺（その2）（山本紀久雄）「Verdad」ベストブック 15（3）2009.3 p64～66
◇命も、名も、金も要らぬ 山岡鉄舟（47）清河暗殺（其の3）（山本紀久雄）「Verdad」ベストブック 15（4）2009.4 p64～66
◇命も、名も、金も要らぬ 山岡鉄舟（48）清河暗殺（其の4）（山本紀久雄）「Verdad」ベストブック 15（5）2009.5 p68～71
◇清河八郎の顕彰―贈位決定までの過程を中心に（長南伸治）「明治維新史研究」 明治維新史学会 6 2009.12 p22～35

桐野利秋　きりのとしあき　1838～1877
幕末, 明治期の鹿児島藩士, 陸軍軍人。
【図　書】
◇人斬り半次郎（日本歴史文学館〈31〉）（池波正太郎著）講談社 1986.8
◇西郷隆盛―人望あるリーダーの条件（山本七平,毛利敏彦,野中敬吾他文）世界文化社 1987.3（BIGMANビジネスブックス）
◇西南戦争（岩井護著）成美堂出版 1987.12
◇維新侠艶録（井筒月翁著）中央公論社 1988.3（中公文庫）
◇目でみる日本史「翔ぶが如く」と西郷隆盛（文芸春秋編）文芸春秋 1989.11（文春文庫―ビジュアル版）
◇龍馬暗殺の謎を解く（新人物往来社編）新人物往来社 1991.7
◇群れず、敢えて一人で立つ―混迷の時代を生き抜く人生の流儀（童門冬二著）PHP研究所 1992.9
◇天命を知る―乱世に輝いた男たち（白石一郎著）PHP研究所 1992.11
◇江戸人物伝（白石一郎著）文芸春秋 1993.1
◇大物になる男の人間学（広瀬仁紀著）三笠書房 1993.8（知的生きかた文庫）
◇桐野利秋のすべて 新人物往来社 1996.3 263p
◇江戸人物伝（白石一郎著）文芸春秋 1996.3 248p（文春文庫）
◇乱世を斬る（白石一郎著）講談社 1999.7 284p（講談社文庫）
◇歴史人物意外なウラ話―笑える話・恥かしい話・驚きのエピソード（高野澄著）PHP研究所 2000.4 267p（PHP文庫）
◇幕末暗殺（黒鉄ヒロシ著）PHP研究所 2002.8 515p（PHP文庫）
◇史伝 桐野利秋（栗原智久著）学習研究社 2002.9 268p（学研M文庫）
◇幕末テロリスト列伝（歴史を旅する会編）講談社 2004.3 282p（講談社文庫）
◇桐野利秋日記（桐野利秋著,栗原智久編著・訳）PHP研究所 2004.11 227p
◇サムライたちの幕末維新（近江七実著）スキージャーナル 2005.5 207p（剣道日本コレクション）
◇久留米藩難から新選組まで（松本茂著）海鳥社 2006.2 254p
◇唯今戦争始め候。明治十年のスクープ合戦（黄民基著）洋泉社 2006.9 222p（新書y）
◇桐野利秋遺稿（川﨑久敏編, 桐野利秋述,中川九郎,中村俊次郎筆記）慧文社 2007.8 100p
◇幕末暗殺剣―血湧き肉踊る最強剣豪伝説（マーヴェリック著）双葉社 2009.12 249p
【雑　誌】
◇特集・幕末の剣士,示現流・中村半次郎の最期（白石一郎）「歴史と人物」 10（8）1980.8
◇西郷・桐野への俗説を駁す（永井保）「歴史と人物」 10（10）1980.10
◇仁鳥、風の如く生きた桐野利秋（特集・西郷隆盛と西南の役）（白石一郎）「歴史と人物」 12（8）1982.8
◇中村半次郎（特集幕末維新暗殺剣）（利根川裕）「歴史と旅」 11（14）1984.11

◇中村半次郎—人斬りから明治新政府の高官へ（日本剣豪総覧）（利根川裕）「歴史と旅」 13(2) 1986.1
◇「西南の役」に散った薩摩の逸材たち—村田新八も桐野利秋も、西郷を慕い西郷に魅せられ、そして（特集・西郷隆盛の人間関係学）（赤瀬川隼）「プレジデント」 28(2) 1990.2
◇桐野利秋の論述を読む（栗原智久）「歴史研究」 人物往来社歴史研究会 439 1997.12 p60～65
◇中村半次郎＝桐野利秋の幕末維新をゆく〔1〕生い立ち（栗原智久）「歴史と旅」 25(9) 1998.6 p203～207
◇中村半次郎＝桐野利秋の幕末維新をゆく〔2〕入京（栗原智久）「歴史と旅」 25(10) 1998.7 p203～207
◇中村半次郎＝桐野利秋の幕末維新をゆく〔3〕変と乱（栗原智久）「歴史と旅」 25(12) 1998.8 p203～207
◇中村半次郎＝桐野利秋の幕末維新をゆく〔4〕長・土州人往来（栗原智久）「歴史と旅」 25(13) 1998.9 p203～207
◇志欠く「集団主義」、近代日本人のしたたかさどこへ（トレンド E-mail）（吉野源太郎）「日経ビジネス」 959 1998.9.28 p18
◇中村半次郎＝桐野利秋の幕末維新をゆく〔5〕討幕密勅と大政奉還（栗原智久）「歴史と旅」 25(15) 1998.10 p203～213
◇中村半次郎＝桐野利秋の幕末維新をゆく〔6〕戊辰戦争突入（栗原智久）「歴史と旅」 25(16) 1998.11 p203～207
◇中村半次郎＝桐野利秋の幕末維新をゆく〔7〕東証（栗原智久）「歴史と旅」 25(18) 1998.12 p203～207
◇中村半次郎＝桐野利秋の幕末維新をゆく〔8〕日光藤原口軍監（栗原智久）「歴史と旅」 26(1) 1999.1 p203～207
◇中村半次郎＝桐野利秋の幕末維新をゆく〔9〕戊辰戦争集結（栗原智久）「歴史と旅」 26(3) 1999.2 p203～207
◇中村半次郎＝桐野利秋の幕末維新をゆく〔10〕在官時代（栗原智久）「歴史と旅」 26(4) 1999.3 p203～207
◇中村半次郎＝桐野利秋の幕末維新をゆく〔11〕在官時代〔2〕（栗原智久）「歴史と旅」 26(6) 1999.4 p203～207
◇中村半次郎＝桐野利秋の幕末維新をゆく〔12〕下野帰国後〔1〕（栗原智久）「歴史と旅」 26(7) 1999.5 p203～207
◇中村半次郎＝桐野利秋の幕末維新をゆく〔13〕下野帰国後〔2〕（栗原智久）「歴史と旅」 26(9) 1999.6 p203～207
◇中村半次郎＝桐野利秋の幕末維新をゆく〔14〕西南戦争〔1〕（栗原智久）「歴史と旅」 26(10) 1999.7 p203～207
◇中村半次郎＝桐野利秋の幕末維新をゆく〔15〕西南戦争〔2〕（栗原智久）「歴史と旅」 26(12) 1999.8 p203～207
◇中村半次郎＝桐野利秋の幕末維新をゆく〔16〕西南戦争〔3〕（栗原智久）「歴史と旅」 26(13) 1999.9 p203～207
◇中村半次郎＝桐野利秋の幕末維新をゆく〔17〕西南戦争〔4〕（栗原智久）「歴史と旅」 26(15) 1999.10 p203～207
◇中村半次郎＝桐野利秋の幕末維新をゆく〔18〕西南戦争〔5〕（栗原智久）「歴史と旅」 26(16) 1999.11 p203～207
◇中村半次郎＝桐野利秋の幕末維新をゆく〔完〕余波（栗原智久）「歴史と旅」 26(17) 1999.12 p203～207
◇「明治六年の政変」の再検討—桐野利秋からの聞書（杉谷昭）「比較文化年報」 久留米大学大学院比較文化研究科 第十一輯 2002.3 p(1)～(21)
◇「桐野利秋談話」（一名「桐陰仙譚」）について（田村貞雄）「国際関係研究」 日本大学国際関係学部国際関係研究所 26(1) 2005.7 p163～189
◇桐野利秋「京都日誌」〈薩摩藩士〉—『京在日記』から「人斬り半次郎」の実像に迫る（特集 幕末京都 志士日誌—特集ドキュメント 幕末京都 志士の足跡）（結喜しはや）「歴史読本」 新人物往来社 51(7) 2006.5 p102～107
◇桐野利秋京都史蹟一覧（特集 幕末京都 志士日誌—特集事典 完全踏査 幕末京都史蹟大事典）「歴史読本」 新人物往来社 51(7) 2006.5 p219～221

宜湾朝保　ぎわんちょうほ　1823～1876
幕末, 明治期の琉球の政治家。
【図　書】
◇琉球歴史の謎とロマン その2（亀島靖著）環境芸術研究所 2000.4 239p（琉球歴史入門シリーズ）
【雑　誌】
◇「御茶屋之御掛物並御額御掛末字写」所収「宜野湾朝保歌集」—解説と翻刻（池宮正治）「琉球大学法文学部紀要 国文学・哲学論集」 28 1984.3

久坂玄瑞　くさかげんずい　1840～1864
幕末の尊攘派志士。
【図　書】
◇列伝・青春の死—白鳳から大正まで（よこみつる編著）栄光出版社 1980.11
◇歴史に学ぶ（奈良本辰也）潮出版社 1981.6

◇人物探訪日本の歴史 15 幕末の英傑 暁教育図書 1982.12
◇高杉晋作と久坂玄瑞（大和選書）（池田諭著）大和書房 1984.11
◇佐幕派論議（大久保利謙著）吉川弘文館 1986.5
◇維新侠客録（井筒月翁著）中央公論社 1988.3（中公文庫）
◇日本歴史を散歩する（海音寺潮五郎著）PHP研究所 1988.6（PHP文庫）
◇幕末維新の志士読本（奈良本辰也著）天山出版 1989.9（天山文庫）
◇幕末・維新おもしろ群像—風雲の世の主役たちを裸にする（河野亮著）広済堂出版 1990.1（広済堂ブックス）
◇吉田松陰（池田諭著）大和書房 1990.2
◇歴史の窓—京都歴史研究会創立五周年記念誌（京都歴史研究会〔編〕）京都歴史研究会 1991.10
◇久坂玄瑞全集（福本義亮〔編〕）マツノ書店 1992.2
◇高杉晋作と久坂玄瑞〔新装版〕（池田諭著）大和書房 1993.9
◇久坂玄瑞 復刻版（武田勘治者）マツノ書店 1998.6 410,91,6p
◇その時歴史が動いた 18（NHK取材班編）KTC中央出版 2003.2 253p
◇思想からみた明治維新—「明治維新」の哲学（市井三郎著）講談社 2004.2 248p（講談社学術文庫）
◇日本史・ライバルたちの「意外な結末」—宿敵・政敵・好敵手たちの知られざる「その後」（日本博学倶楽部著）PHP研究所 2005.9 275p（PHP文庫）
◇幕末防長儒医の研究（亀田一邦著）知泉館館 2006.10 340,28p
◇知将秋山真之—ある先任参謀の生涯（生出寿著）光人社 2009.11 341p（光人社NF文庫）
◇誰が坂本龍馬をつくったか（河合敦著）角川SSコミュニケーションズ 2009.11 186p（角川SSC新書）
◇「英雄」坂本龍馬はなぜ生まれたのか（菊地明著）大和書房 2009.12 221p（だいわ文庫）
【雑　誌】
◇「草莽」の典型・久坂玄瑞（特集・吉田松陰と若き志士たち）（江崎誠致）「歴史と人物」 117 1981.4
◇久坂玄瑞「蛤御門」で迎えた25歳の死—この変の失敗は、尊攘激派が開明性に目覚める契機となった（特集・「幕末維新」の人物学）（古川薫）「プレジデント」 28(6) 1990.6
◇松陰に学んだ「男はいかに死ぬべきか」—19歳で松下村塾に入り、大志を得る（特集・「変革の旗手」高杉晋作の魅力）（童門冬二）「プレジデント」 31(2) 1993.2
◇禁門の変と久坂玄瑞（特集 禁門の変）（川越富夫）「歴史研究」 384 1993.5
◇志士久坂玄端は死士だった（特集 禁門の変）（岡本陽子）「歴史研究」 384 1993.5
◇久坂玄瑞京都史蹟一覧（特集 幕末京都 志士日誌—特集事典 完全踏査 幕末京都史蹟大事典）「歴史読本」 新人物往来社 51(7) 2006.5 p226～228
◇吉田松陰と久坂玄瑞—思想の伝承とその展開（張惟綜）「倫理学」 筑波大学倫理学研究会 25 2009 p57～74

日柳燕石　くさなぎえんせき　1817～1868
幕末の勤皇博徒。
【図　書】
◇複眼の視座—日本近世史の虚と実（松田修）角川書店 1981.12
◇讃岐人物風景 8 百花繚乱の西讃（四国新聞社編）大和学芸図書 1982.9
◇維新史の青春激像—動乱期に情熱を賭けた獅子たちの熱血譜（藤田公遠）日本文芸社 1983.10
◇人物探訪 日本の歴史 10 仁侠の群像 暁教育図書 1983.12
◇歴史の仕掛人—日本黒幕列伝（童門冬二著）読売新聞社 1990.9
◇文武不岐（黒岩棠舟著）錦正社 1994.1（伝統文化叢書）
◇江戸やくざ列伝（田村栄太郎著）雄山閣 2003.11 219p（江戸時代選書）
◇天下太平の礎—藤川三渓と日柳燕石（井下香泉著）讃岐先賢顕彰会 2007.11 217p
【雑　誌】
◇日柳燕石と託問（紀豊）「ことひら」 36 1981.新春
◇博徒勤王家・日柳燕石（上）（栗原隆一）「歴史と旅」 10(7) 1983.6
◇博徒勤王家・日柳燕石（下）（栗原隆一）「歴史と旅」 10(9) 1983.7
◇燕石と望東尼（特集 高杉晋作の謎）（境淳伍）「歴史研究」 339 1989.7
◇日柳燕石の「旅の恥かき捨ての日記」について（板坂耀子）「福岡教育大学紀要 第1部 文科編」 福岡教育大学 46 1997 p1～13

九条道孝　くじょうみちたか　1839～1906
幕末、明治期の公卿。国事御用掛、左大臣。
【図　書】
◇明治維新と名参謀前山清一郎　（中山吉弘編著）　東京図書出版会　2002.1　220p

楠瀬喜多　くすのせきた　1833～1920
明治期の女性民権家。板垣退助の立志社を支援。
【図　書】
◇女たちの20世紀・100人―姉妹たちよ　（ジョジョ企画編）　集英社　1999.8　158p
◇20世紀のすてきな女性たち―アウン・サン・スーチー、金活蘭、シシリー・ソンダース、市川房枝　7　（加藤純子、李相琴、若林一美、鳥海哲子著）　岩崎書店　2000.4　159p
【雑　誌】
◇おんな風土記(5)　高知の女　（下重暁子）「書斎の窓」394　1990.6

楠本正隆　くすもとまさたか　1838～1902
幕末、明治期の官僚、政治家。衆議院議員。
【図　書】
◇東京の公園通誌　下　（末松四郎）　郷学舎　1981.9　（東京公園文庫32）

クーデンホーフ光子　Coudenhove-Kalergi, Mitsuko　1874～1941
明治～昭和期の伯爵夫人。オーストリア代理公使の妻。
【図　書】
◇女の一生　人物近代女性史3　（瀬戸内晴美編集）　講談社　1980.12
◇一億人の昭和史　日本人1　三代の女たち　上　明治大正編　毎日新聞社　1981.2
◇近代日本の女性史7　国際舞台の女性たち　（創美社編）　集英社　1981.4
◇愛と反逆―近代女性史を創った女たち　（岩橋邦枝著）　講談社　1984.4
◇女の一生―人物近代女性史　3　黎明の国際結婚　（瀬戸内晴美他著）　講談社　1984.4
◇クーデンホーフ光子伝　〔普及版〕　（木村毅著）　鹿島出版会　1986.10
◇暗い血の旋舞（センブ）　（松本清張著）　日本放送出版協会　1987.4
◇ミツコ　2つの世紀末―シナリオ集　（吉田直哉構成）　日本放送出版協会　1987.6
◇国際結婚の黎明―人物近代女性史　（瀬戸内晴美編）　講談社　1989.6　（講談社文庫）
◇ウィーンの日本―欧州に根づく異文化の軌跡　（ペーター・パンツァー, ユリア・クレイサ著, 佐久間穆訳）　サイマル出版会　1990.3
◇国際交流につくした日本人(5)ヨーロッパ2　ソ連　くもん出版　1991.3
◇松本清張全集　64　（松本清張著）　文芸春秋　1996.1　467p
◇クーデンホーフ光子―黒い瞳の伯爵夫人　（南川三治郎著、シュミット村木、真寿美評伝）　河出書房新社　1997.5　87p　（カルチュア・ドキュメント）
◇ECの母　クーデンホーフ・光子―言語と人生観　（入谷幸江）『若き日本と世界』（東海大学外国語教育センター編）　東海大学出版会　1998.3　p205
◇クーデンホーフ光子の手記　（シュミット村木真寿美訳）　河出書房新社　1998.8　292p
◇日本の近代化と知識人―若き日本と世界　2　（東海大学外国語教育センター異文化交流研究会編）　東海大学出版会　2000.2　284p
◇ミツコと七人の子供たち―Mitsuko Coudenhove　（シュミット村木真寿美）　講談社　2001.7　333p
◇日本人の足跡　2　（産経新聞「日本人の足跡」取材班著）　産経新聞ニュースサービス　2002.2　644p
◇クーデンホーフ・光子の生涯―黎明期の国際ロマンス　（堀口進著）　宝塚出版　2003.11　203p
◇築地居留地―近代文化の原点　Vol.3　築地居留地研究会　2004.11　175p
◇二十世紀から何を学ぶか　上　（寺島実郎著）　新潮社　2007.5　241,7p　（新潮選書）
◇左手のピアニスト―ゲザ・ズィチから舘野泉へ　（シュミット村木寿美著）　河出書房新社　2008.3　290p
◇ミツコと七人の子供たち　（シュミット村木真寿美著）　河出書房新社　2009.3　316p　（河出文庫）
【雑　誌】
◇クーデンホーフ・カレルギー・光子の生涯―EECの母―世紀末ウィーンを生きた黒い瞳の伯爵夫人　（倉田稔）「小樽商科大学人文研究」小樽商科大学人文科学研究室　91　1996.3　p127～143
◇香る女―クーデンホーフ光子（表紙のことば）「婦人公論」83(1)

1998.1　p281
◇1900年ウィーン〔1〕欧州統合の母、クーデンホーフ・光子（1900年への旅〔13〕）　（寺島実郎）「Foresight」9(8)　1998.8　p58～60
◇クーデンホーフ光子の娘、イーダ・フリーデリケ・ゲレスの結婚観　（入谷幸江）「東海大学紀要」東海大学外国語教育センター　第21輯　2000.11　p191～198

国司信濃　くにししなの　1842～1864
幕末の長州（萩）藩家老。
【図　書】
◇国司信濃親相伝　（堀山久夫編著）　マツノ書店　1995.8　308,12p
【雑　誌】
◇三家老切腹の屈辱―第一次長州征伐（特集・長州討幕紀行―新時代への扉を開いた男たちの熱き闘い！）　（百瀬明治）「歴史と旅」25(7)　1998.5　p80～85

雲井竜雄　くもいたつお　1844～1870
幕末、明治期の米沢藩士。
【図　書】
◇士魂の群像　（吉田武三）　富山房　1980.7
◇明治叛臣伝　（徳永真一郎）　毎日新聞社　1981.1
◇新稿雲井龍雄全伝　上,下　（安藤英男）　光風社　1981.10
◇詩歌と歴史と生死　第1巻　（福田昭昌著）　教育開発研究所　1995.4　262p
◇幕末畸人伝　（松本健一著）　文芸春秋　1996.2　257p
◇雲井竜雄の寒河江・柴橋探索　付―竜雄・素堂・魯斎の関係　（阿部西喜夫）『西村山の歴史と文化』　西村山地域史研究会　1996.11　p297
◇明治秘史疑獄難獄　復刻版　（尾佐竹猛著、礫川全次解題）　批評社　1998.12　552,13p
◇雲井竜雄―謀殺された志士　また蒼昊に訴えず　（高島真著）　歴史春秋出版　2003.3　322p
◇教科書が教えない歴史有名人の死の瞬間　（新人物往来社編）　新人物往来社　2003.4　337p
◇幕末維新なるほど人物事典―100人のエピソードで激動の時代がよくわかる　（泉秀樹）　PHP研究所　2003.8　452p　（PHP文庫）
◇完全保存版　幕末維新なるほど人物事典―100人のエピソードで読む幕末維新　（泉秀樹）　PHP研究所　2004.4　110p
◇持戒の聖者　叡尊・忍性　（松尾剛次編）　吉川弘文館　2004.12　222p　（日本の名僧）
◇雲井竜雄庄内藩探索紀行　（高島真著）　無明舎出版　2005.2　162p
◇足尾銅山物語　（小野崎敏著）　新樹社　2007.7　263p
◇これでおしまい―歴史に名を残す人物たちの辞世、最期の言葉　（加来耕三著）　グラフ社　2009.7　253p
◇幕末維新「英傑」たちの言い分―坂本龍馬から相楽総三まで　（岳真也著）　PHP研究所　2009.10　391p　（PHP文庫）
【雑　誌】
◇遅れて来た志士雲井龍雄（特集・明治維新の青春群像）　（藤沢周平）「歴史と人物」10(2)　1980.2
◇首斬り浅右衛門の回想―雲井竜雄・夜嵐おきぬ・島田一郎・長連豪・高橋お伝―総特集・死刑「伝統と現代」78　1983
◇雲井龍雄と米沢の思い出　（宍戸修）「歴史読本」29(11)　1984.7
◇雲井龍雄事件　（一坂太郎）「歴史研究」330　1988.10
◇雲井龍雄慶応三年春の「不在証明」　（高島真）「羽陽文化」130　1991.3
◇雲井龍雄研究序説―慷慨と隠逸をめぐって　（有馬卓也）「徳島大学教養部紀要　人文・社会科学」23　1993.3
◇『雲奔る』と雲井龍雄―薩摩の「力」に「志」で挑んだ幕末の風雲児。その激しくも哀しき生涯（特集・「藤沢周平」を読む）　（神崎倫一）「プレジデント」31(9)　1993.9
◇雲井竜雄―死して死を畏れず生きて生を偸すず……（特集・幕末明治人物臨終の言葉―近代の夜明けを駆けぬけた44人の人生決別の辞　英傑死してことばを遺す）　（一坂太郎、稲川明雄、今川徳三、井門寛、宇都宮泰長、河合敦、木村幸比古、祖田浩一、高野澄、高橋和彦、畑山博、山村竜也、百瀬明治、山村竜也）「歴史と旅」24(7)　1997.5　p78～79
◇特別研究　永倉新八交遊録　雲井龍雄と永倉新八―峠を越えた友情と縁　（特集　永倉新八と『新撰組顛末記』の謎）　（大蔵素子）「歴史読本」新人物往来社　50(9)　2005.9　p144～149
◇雲井龍雄と「棄児行」―杜鵑解釈をめぐって　（有馬卓也）「書法漢學研究」アートライフ社　2　2008.1　p42～51

鞍懸吉寅　くらかけよしとら　1834～1871
幕末、明治期の赤穂藩士。国事周旋掛となり、京都で活躍。
【図　書】
◇幕末志士の生活　（芳賀登）　雄山閣出版　1982.6　（生活史叢書　8）

来原良蔵　くるはらりょうぞう　1829～1862
幕末の志士、長州（萩）藩軍制家。
【図　書】
◇来原良蔵伝　（妻木忠太著）　村田書店　1988.5
◇評伝　前原一誠―ああ、東方に道なきか　（奈良本辰也著）　徳間書店　1989.10　（徳間文庫）
【雑　誌】
◇来原良蔵と公武合体運動について　（長富優）「駒沢史学」41　1990.3

グロ, J.　Gros, Jean Baptiste Louis, Baron　1793～1870
フランスの外交官。1858来日し日仏修好通商条約を締結。
【雑　誌】
◇フランス外交使節ジャン・バチスト・ルイ・グロ（1793～1870）について（1,2）（資料）　（西堀昭）「横浜経営研究」14（2,3）1993.9,12

黒木為楨　くろきためもと　1844～1923
明治期の陸軍軍人。伯爵。
【図　書】
◇指導者（リーダー）の研究　（土門周平著）　講談社　1988.12　（講談社文庫）
◇名将たちの決断―ザ・グレート・ジェネラルズ　（柘植久慶著）　原書房　1992.6

黒田清隆　くろだきよたか　1840～1900
明治期の政治家。総理大臣。
【図　書】
◇黒船前後・志士と経済　他十六篇　（服部之総）　岩波書店　1981.7　（岩波文庫）
◇日本内閣史録　第一法規出版　1981.8
◇変革期型リーダーの条件―「維新」を見てきた男たち　（佐々克明）　PHP研究所　1982.9
◇宰相の系譜―時代を刻んだ男たちの言行録（Kosaido books）　（村松剛編）　広済堂出版　1983.12
◇天皇元勲重臣　（長文連著）　図書出版社　1984.10
◇北海道酪農百年史　（木村勝太郎）　樹村房　1985.10
◇薩摩問わず語り　上・下　（五代夏夫）　葦書房　1986.1
◇追跡　黒田清隆夫人の死　（井黒弥太郎著）　北海道新聞社　1986.4
◇元老　（山本四郎著）　静山社　1986.4
◇大久保利通と官僚機構　（加来耕三著）　講談社　1987.2
◇黒田清隆　（井黒弥太郎著）　吉川弘文館　1987.11　（人物叢書〔新装版〕）
◇実録　日本汚職史　（室伏哲郎著）　筑摩書房　1988.2　（ちくま文庫）
◇明治東京犯罪暦　明治元年～明治23年　（山下恒夫著）　東京法経学院出版　1988.4　（犯罪ドキュメントシリーズ）
◇異形の人―厚司判官松本十郎伝　（井黒弥太郎著）　（札幌）北海道新聞社　1988.5　（道新選書）
◇「団ади珍聞」（まるまるちんぶん）「驥尾団子」（きびだんご）がゆく　（木本至著）　白水社　1989.6
◇函館港長に何があったか―お雇い英国人の悲運　（西島照男著）　（札幌）北海道新聞社　1992.10
◇黒田清隆の対外認識―西外相期を中心に　（佐々木隆）『政府と民間』（近代日本研究会編）　山川出版社　1995.11　（年報・近代日本研究17）p32
◇歌之介のさつまのボッケモン　（KTS鹿児島テレビ編著、原口泉監修）高城書房　1998.7　176p
◇会津残照譜　（星亮一著）　集英社　1998.12　254p
◇素顔の宰相―日本を動かした政治家83人　（冨森叡児著）　朝日ソノラマ　2000.12　294p
◇征西home日誌―一巡査の西南戦争　（喜多平四郎著, 佐々木克監修）　講談社　2001.3　252p　（講談社学術文庫）
◇首相列伝―伊藤博文から小泉純一郎まで　（宇治敏彦編）　東京書籍　2001.9　410p
◇ほっかいどう百年物語―北海道の歴史を刻んだ人々　（STVラジオ編）　中西出版　2002.2　343p
◇歴代首相物語　（御厨貴編）　新書館　2003.3　302p
◇北物語―「試される大地」への11通のラブレター　（北風史著）　太風出版　2004.12　317p
◇至上の決断力―歴代総理大臣が教える「生き残るリーダー」　（小林吉弥著）　講談社　2004.12　398p
◇日本宰相列伝　上　（三好徹著）　学陽書房　2005.1　487p　（人物文庫）
◇歴代総理大臣伝記叢書　第2巻　（御厨貴監修）　ゆまに書房　2005.7　p453-518,p157-194,p124-202
◇異界の海―芳翠・清輝・天心における西洋　改訂版　（高階絵里加著）　三好企画　2006.1　315p
◇総理の品格　（滝沢中著）　ぶんか社　2006.9　245p　（ぶんか社文庫）
◇実録　首相伝―国を担った男達の本懐と蹉跌　（学研編集部編）　学習研究社　2006.9　381p　（学研M文庫）
◇歴代総理大臣伝記叢書　別巻　（御厨貴監修）　ゆまに書房　2007.1　284p
◇幕末・男たちの名言―時代を超えて甦る「大和魂」　（童門冬二著）　PHP研究所　2007.3　283p
◇宰相たちのデッサン―幻の伝記で読む日本のリーダー　（御厨貴編）　ゆまに書房　2007.6　280p
◇明治5年・6年　大鳥圭介の英・米産業視察日記　（福本竜著）　国書刊行会　2007.6　234p
◇人物で読む近代日本外交史―大久保利通から広田弘毅まで　（佐道明広, 小宮一夫, 服部竜二編）　吉川弘文館　2009.1　316p
◇リーダー60人　とっておきの秘話　（清宮竜著）　テーミス　2009.7　276p
【雑　誌】
◇黒田清隆維新事歴談―「原敬関係文書」より　（寺町明子）「史窓」40　1983.3
◇維新政治家との交遊―中―考証・福沢諭吉―46　（富田正文）「三田評論」843　1984.1
◇黒田清隆とその母―近代日本洋画移植期の一挿話　（近藤不二）「学習院女子短期大学紀要」30　1992.12
◇西南の役・黒田清隆をめぐる人間ドラマ　（星子静六）「石人」413　1994.2
◇黒田清隆の板垣復権工作　（佐々木隆）「日本歴史」吉川弘文館　612　1999.5　p86～89
◇榎本武揚の明治政府登用に見るヘッドハンティングの原点（歴史合わせ鏡〔78〕）（百瀬明治）「フォーブス日本版」9（5）2000.5　p184～189
◇リーダーの決断・榎本武揚と五稜郭の戦い（賢者は歴史に学ぶ〔10〕）　（楠木誠一郎）「プレジデント」38（13）2000.7.31　p150～155
◇MEDICAL ESSAYS　古書にまつわる話(44)黒田清隆『環游日記』（中村昭）「日本医事新報」日本医事新報社　4215　2005.2.5　p64～66
◇明治政府による北海道農業開拓の構想―黒田清隆とホーレス・ケプロンに注目して　（中西僚太郎）「史境」日本図書センター, 歴史人類学会　59　2009.9　p1～18

黒田清綱　くろだきよつな　1830～1917
明治期の官僚, 歌人。子爵。
【雑　誌】
◇黒田清綱の歌集　（三輪正胤）「人文学論集」大阪府立大学総合科学部西洋文化講座　第17集　1999.3　p45～58

黒田長溥　くろだながひろ　1811～1887
幕末, 明治期の大名。筑前福岡藩主。
【図　書】
◇江戸の化学　（奥野久輝）　玉川大学出版部　1980.5　（玉川選書）
◇新訂黒田家譜　第6巻　従二位黒田長溥公伝　（川添昭二, 福岡古文書を読む会校訂）　文献出版　1983.9
◇悲運の藩主　黒田長溥　（柳猛直著）　（福岡）海鳥社　1989.12
◇幕末日本の情報活動―「開国」の情報史　（岩下哲典著）　雄山閣出版　2000.1　377p
◇幕末土佐の12人　（武光誠著）　PHP研究所　2009.12　265p　（PHP文庫）

郡司成忠　ぐんじしげただ　1860～1924
明治期の海軍軍人, 開拓者。
【図　書】
◇日本のリーダー10　未知への挑戦者　ティビーエス・ブリタニカ　1983.5
◇日本のリーダー10　未知への挑戦者　（第二アートセンター編）　ティビーエス・ブリタニカ　1983.5
◇人物・近世産業文化史　雄山閣出版　1984.1
◇復興アジアの志士群像―東亜先覚者列伝　大東塾出版部　1984.5
◇政治家　その善と悪のキーワード　（加藤尚文著）　日経通信社　1986.6
◇濤（とう）〈上〉（新潮文庫）　（綱淵謙錠著）　新潮社　1986.9
◇濤（とう）〈下〉（新潮文庫）　（綱淵謙錠著）　新潮社　1986.9
◇千島探検誌　全三冊　（郡司成忠著）　郡司すみ　1987
◇北洋の開拓者―郡司成忠大尉の挑戦　（豊田穣著）　講談社　1994.3
◇開拓者郡司大尉―伝記・郡司成忠　（寺島柾史著）　大空社　1997.2　315,5p　（伝記叢書）
【雑　誌】
◇郡司成忠と白瀬矗―二大探険家綾なす愛憎（特集・明治ライバル物語）　（夏堀正元）「歴史と人物」120　1981.7
◇明治中期の千島開発について―海軍大尉郡司成忠のシュムシュ島移住を中心に　（麓慎一）「新潟大学教育人間科学部紀要　人文・社会科学

月照　げっしょう　1813〜1858
幕末の勤王僧。大坂。
【図　書】
◇讃岐人物風景 8 百花繚乱の西讃　(四国新聞社編)　大和学芸図書　1982.9
◇月照　(友松円諦著)　吉川弘文館　1988.7　(人物叢書〔新装版〕)
◇黒衣の参謀学―歴史をあやつった11人の僧侶　(武田鏡村著)　徳間書店　1993.1
◇海江田信義の幕末維新　(東郷尚武著)　文芸春秋　1999.12　246p　(文春新書)
◇黒衣の参謀列伝　(武田鏡村著)　学習研究社　2001.5　267p　(学研M文庫)
◇天を敬い人を愛す―西郷南洲・人と友　(芳即正著)　高城書房　2003.7　238p
【雑　誌】
◇名僧・怪僧・悪僧伝―月照　(寺内大吉)「歴史と旅」9(13)　1982.11
◇なぜ月照と入水したのか(特集西郷隆盛謎の生涯)　(左方郁子)「歴史読本」29(2)　1984.2
◇「人生の試練」2度にわたる遠島(特集・西郷隆盛)　(今村了介)「プレジデント」27(1)　1989.1

月性　げっしょう　1817〜1858
幕末の真宗の勤王僧。周防国大島郡遠崎村妙円寺住職。
【図　書】
◇近世私塾の研究　(海原徹)　思文閣出版　1983.6
◇あの猿を見よ―江戸伴狂伝　(草森紳一)　新人物往来社　1984.11
◇評伝 前原一誠―あゝ東方に道なきか　(奈良本辰也著)　徳間書店　1989.10　(徳間文庫)
◇近世私塾の研究　(海原徹著)　(京都)思文閣出版　1993.2
◇月性―人間到る処青山有り　(海原徹著)　ミネルヴァ書房　2005.9　336,10p　(ミネルヴァ日本評伝選)
◇志を貫いた先人たち　(モラロジー研究所出版部編)　モラロジー研究所　2009.3　255p　(「歴史に学ぼう、先人に学ぼう」)
【雑　誌】
◇梅軒交遊録・篠崎小竹・僧月性(特集 憂国の士、津軽藩伊東梅軒特集)　(大内よし子)「古文幻想」8　1990.6
◇月性『護法意見封事』における教団改革論―特に『仏法護国論』との対比において(真宗学会第六十二回大会研究発表旨)　(岩田真美)「真宗学」竜谷大学真宗学会　119・120　2009.3　p563〜566
◇史談往来/北から南から 真宗僧侶月性　(小沢和也)「歴史読本」歴研　51(9)　2009.9　p12〜14

ケプロン, H.　Capron, Horace　1804〜1885
アメリカの農政家。1871年北海道開拓使顧問として来日。
【図　書】
◇お雇い外国人　(札幌市教育委員会編)　北海道新聞社　1981.12　(さっぽろ文庫)
◇蝦夷と江戸―ケプロン日誌　(ホーレス・ケプロン著, 西島照男訳)　北海道新聞社　1985.2
◇ホーレス・ケプロン将軍 北海道開拓の父の人間像　(メリット・スター著, 西島照男訳)　北海道出版企画センター　1986.11
◇ホーレス・ケプロン自伝　(西島照男訳)　北海道出版企画センター　1989.5
◇開化異国(おつくに)助っ人奮戦記　(荒俣宏著, 安井仁撮影)　小学館　1991.2
◇教養講座シリーズ60 日本の近代化をになった外国人　(国立教育会館〔編〕)　ぎょうせい　1992.5
◇日本の近代化をになった外国人―フォンタネージ・クラークとケプロン・スコット　(国立教育会館編)　ぎょうせい　1992.5　(教養講座シリーズ)
◇北海道を開拓したアメリカ人　(藤田文子著)　新潮社　1993.7　(新潮選書)
◇日本の『創造力』―近代・現代を開花させた470人〈15〉貢献した外国人たち　(富田仁編)　日本放送出版協会　1994.2
◇外国人が残した日本への功績　(プランニングコーツ編)　世界経済情報サービス　2000.3　206p
◇ほっかいどう百年物語―北海道の歴史を刻んだ人々　(STVラジオ編)　中西出版　2002.3　343p
◇牛丼を変えたコメ―北海道「きらら397」の挑戦　(足立紀尚著)　新潮社　2004.8　191p　(新潮新書)
◇ケプロンの教えと現ësse生徒―北海道農業の近代化をめざして　(富士田金輔著)　北海道出版企画センター　2006.4　306p
【雑　誌】
◇青い眼の北辺開拓―ケプロンVSアンチセル(特集・ライバル明治の獅子たち　(井黒弥太郎)「歴史読本」25(2)　1980.2
◇来日外国人たちが書き残した秘話の数々―アーネスト・サトウ公使日記、ベルツの日記、ケプロン日誌(日本近代を読む〔日記大全〕)「月刊Asahi」5(1)　1993.1・2
◇蝦夷地紀行の食文化考―ブラキストン、ケプロン、バードおよびランドーの紀行文について　(佐藤茂美, 池添博彦)「帯広大谷短期大学紀要」31　1994.3
◇明治政府による北海道農業開拓の構想―黒田清隆とホーレス・ケプロンに注目して　(中西修太郎)「史境」日本図書センター, 歴史人類学会　59　2009.9　p1〜18

肥塚龍　こいづかりゅう　1848〜1920
明治, 大正期の政治家。衆議院議員。
【図　書】
◇自由民権思想の研究　(松尾章一著)　日本経済評論社　1990.3
【雑　誌】
◇兵庫県出身の先覚的民権家・肥塚龍―「国会論」を中心として　(木村勲)「地域史研究」13(1)　1983.9
◇子ども自らが疑問を解明する資料・写真の活用―ふるさとの民権家・肥塚龍の教材化(特集 子どもの疑問と歴史の授業)　(間森誉司)「歴史地理教育」歴史教育者協議会　728　2008.4　p16〜21

甲賀源吾　こうがげんご　1839〜1869
幕末, 明治期の幕臣。
【図　書】
◇幕末・明治初期数学者群像〈上 幕末編〉　(小松醇郎著)　(京都)吉岡書店　1990.9
◇箱館戦争銘々伝　上　(好川之範, 近江幸雄編)　新人物往来社　2007.8　328p

河野敏鎌　こうのとがま　1844〜1895
幕末, 明治期の政治家。子爵。
【雑　誌】
◇河野敏鎌文部卿転任小考　(渡辺昌道)「千葉史学」千葉歴史学会　52　2008.5　p47〜62

河野広中　こうのひろなか　1849〜1923
明治, 大正期の政治家。衆議院議長, 農商務大臣。
【図　書】
◇日本政治の実力者たち―リーダーの条件1 幕末・明治篇　(鵜沢義行ほか)　有斐閣　1980.7　(有斐閣新書)
◇近代史の舞台　(坂本六良)　環文庫　1981.6
◇類聚伝記大日本史11 政治家篇　(尾佐竹猛編集解説)　雄山閣出版　1981.6
◇田中正造・河野広中・植木枝盛特別展示目録―第一回総選挙で当選した異色の政治家たち　憲政記念館　1984.2
◇激録・日本大戦争〈第23巻〉乃木大将と日露戦争　(原康史著)　東京スポーツ新聞社　1987.1
◇ビジュアルワイド 新日本風土記〈7〉福島県　ぎょうせい　1989.4
◇ライバル日本史 4　(NHK取材班編)　角川書店　1995.4　216p
◇挑戦―ライバル日本史 5　(NHK取材班編)　角川書店　1996.11　294p　(角川文庫)
◇河野広中　(長井純市著)　吉川弘文館　2009.5　279p　(人物叢書 新装版)
【雑　誌】
◇河野広中獄中書翰　(小山博也)「埼玉大学社会科学論集」46　1980.12
◇国立国会図書館憲政資料室蔵「河野広中文書(書類)河野広中日記」(1)　(民衆史研究会近代文書の会)「民衆史研究」31　1986.11
◇国立国会図書館憲政資料室蔵「河野広中文書(書類)河野広中日記」(3)　(近代文書の会)「民衆史研究」35　1988.5
◇河野広中関係文書に見られる上海時代の北一輝の行動―有賀文八郎からの書簡と電報を中心に　(Christopher W. A. Szpilman)「九州産業大学国際文化学部紀要」九州産業大学国際文化学会　31　2005.9　p1〜8
◇河野広中という政治家　(長井純市)「本郷」吉川弘文館　81　2009.5　p24〜26
◇河野広中覚書(上)　(長井純市)「法政史学」法政大学史学会　72　2009.9　p22〜49

孝明天皇　こうめいてんのう　1831〜1866
幕末の第121代天皇。在位1846〜1866。
【図　書】
◇幕末酒徒列伝 続　(村島健一)　講談社　1980.3
◇孝明天皇紀附図　(宮内省編)　吉川弘文館(発売)　1981.5
◇明治維新と神道　(阪本健一)　同朋舎出版　1981.7
◇日本史の研究 第1輯 上　(三浦周行)　岩波書店　1981.9

◇歴史のカルテ―英雄の生と死の謎　(尾崎秀樹)　実業之日本社　1981.10
◇天皇と明治維新　(阪本健一)　暁書房　1983.1
◇人物探訪 日本の歴史―20―日本史の謎　暁教育図書　1984.5
◇日本のテロリスト　(室伏哲郎著)　潮出版社　1986.1
◇京都の謎―日本史の旅(ノン・ポシェット)　(奈良本辰也, 高野澄著)　祥伝社　1986.2
◇誤訳される日本―なぜ、世界で除け者にされるのか(カッパ・ビジネス)　(シロニー, ベン・アミー著, 山本七平監訳)　光文社　1986.8
◇明治を創った人々―乱世型リーダーのすすめ(講談社文庫)　(利根川裕著)　講談社　1986.11
◇大久保利謙歴史著作集 8 明治維新の人物像　吉川弘文館　1987.7
◇日本王朝興亡史　(鹿島昇著)　新国民社　1989.2
◇天皇の日本史〈下〉　山本峯章編著　光風社出版　1989.9
◇幕末・維新おもしろ群像―風雲の世の主役たちを裸にする　(河野亮著)　広済堂出版　1990.1　(広済堂ブックス)
◇日本近代の虚像と実像(1)開国～日露戦争　(藤原彰, 今井清一, 宇野俊一, 粟屋憲太郎編)　大月書店　1990.1
◇日本侵略興亡史―明治天皇出生の謎　(鹿島昇著)　新国民社　1990.4
◇日本よもやま歴史館　(南条範夫著)　天山出版　1990.9　(天山文庫)
◇文久三年一月自記―孝明天皇を利用した人々の日記　(畑中一男)　アイ・エヌ・シー　1991
◇おもしろ日本史探訪　(南條範夫著)　広済出版　1991.2　(広済堂文庫―ヒューマン・セレクト)
◇明治天皇の生涯〈上〉　(童門冬二著)　三笠書房　1991.11
◇日本史おもしろ推理―謎の殺人事件を追え　(楠木誠一郎著)　二見書房　1992.1　(二見文庫―二見WaiWaiWai文庫)
◇サイコロジー人物日本史―小田晋の精神歴史学〈下巻〉幕末・維新から現代　(小田晋著)　ベストセラーズ　1992.7
◇幕末の天皇　(藤田覚著)　講談社　1994.9　(講談社選書メチエ)
◇孝明天皇の攘夷　(鍋谷博著)　近代文芸社　1995.8 199p
◇裏切られた三人の天皇―明治維新の謎　(鹿島昇著)　新国民社　1997.1 394p
◇誰も知らなかった幕末維新の謎　(武田鏡村著)　ロングセラーズ　1998.1 227p　(ムックセレクト)
◇明治維新の生贄―誰が孝明天皇を殺したか 長州忍者外伝　(鹿島昇, 宮崎鉄雄, 松重正著)　新国民社　1998.7 457p
◇裏切られた三人の天皇―明治維新の謎 増補　(鹿島昇著)　新国民社　1999.2 441p
◇龍馬暗殺に隠された恐るべき日本史―われわれの歴史から伏せられた謎と物証　(小林久三著)　青春出版社　1999.10 229p　(プレイブックス)
◇天皇と明治維新 復刻版　(阪本健一著)　皇学館大学出版部　2000.2 268p
◇日本のテロル―変質するバイオレンス130年史　(室伏哲郎著)　世界書院　2000.6 309p　(腐蝕立国・日本)
◇明治天皇 上巻　(ドナルド・キーン著, 角地幸男訳)　新潮社　2001.10 566p
◇幕末の会津藩―運命を決めた上洛　(星亮一著)　中央公論新社　2001.12 237p　(中公新書)
◇孝明天皇と「一会桑」―幕末・維新の新視点　(家近良樹著)　文芸春秋　2002.1 229p　(文春新書)
◇日本暗殺総覧―この国を動かしたテロルの系譜　(泉秀樹著)　ベストセラーズ　2002.5 302p　(ベスト新書)
◇開国と幕末変革　(井上勝生著)　講談社　2002.5 396p　(日本の歴史)
◇天皇破壊史　(太田竜著)　成甲書房　2002.6 347p
◇会津藩はなぜ「朝敵」か―幕末維新史最大の謎　(星亮一著)　ベストセラーズ　2002.9 205p　(ベスト新書)
◇明治天皇の生涯 上　(童門冬二著)　徳間書店　2002.9 286p　(徳間文庫)
◇大正天皇の〈文学〉　(田所泉著)　風濤社　2003.2 310p
◇新選組が京都で見た夢―動乱の幕末に青春を賭けた男たちがいた　(中田昭写真)　学習研究社　2003.11 145p　(GAKKEN GRAPHIC BOOKS)
◇攘夷と護憲―歴史比較の日本原論　(井沢元彦著)　徳間書店　2004.3 290p
◇勝ち組が消した開国の真実―新撰組の誠と会津武士道の光跡　(鈴木荘一著)　かんき出版　2004.6 389p
◇明治維新と文化　(明治維新史学会編)　吉川弘文館　2005.8 238p　(明治維新史学会)
◇幕末の天皇・明治の天皇　(佐々木克著)　講談社　2005.11 289p　(講談社学術文庫)
◇東大駒場連続講義―歴史をどう書くか　(甚野尚志編)　講談社　2006.4 249p　(講談社選書メチエ)
◇孝明天皇実録　(藤井讓治, 吉岡真之監修)　ゆまに書房　2006.10 2冊（セット）
◇幕末・維新―シリーズ日本近現代史 1　(井上勝生著)　岩波書店　2006.11 242,15p　(岩波新書)
◇孝明天皇の死因について　(杉立義一著)『公家と武家』　思文閣出版　2006.11 p257～269
◇二人で一人の明治天皇　(松重楊江著)　たま出版　2007.1 302p
◇謎とき徳川慶喜―なぜ大坂城を脱出したのか　(河合重子著)　草思社　2007.5 318p
◇王政復古への道　(原口清著, 原口清著作集編集委員会編)　岩田書院　2007.9 383p
◇幕末の朝廷―若き孝明帝と鷹司関白　(家近良樹著)　中央公論新社　2007.10 328p　(中公叢書)
◇ひょうご幕末維新列伝　(一坂太郎著)　神戸新聞総合出版センター　2008.7 408p
◇幕末"志士"列伝　(別冊宝島編集部編)　宝島社　2008.11 223p　(宝島SUGOI文庫)
【雑　誌】
◇孝明天皇毒殺説に関して　(坂田吉雄)「産大法学(京都産業大)」14(2) 1980.9
◇121孝明天皇―幕末動乱の渦中に(特集・歴代天皇紀)　(石井孝)「歴史と旅」9(1) 1982.1
◇近代天皇制成立の前提―孝明天皇についての試論　(依田憙家)「社会科学討究(早大)」29(1) 1983.10
◇孝明天皇暗殺の謎(特集幕末維新暗殺剣)　(長文連)「歴史と旅」11(14) 1984.11
◇孝明天皇 岩倉具視 朝廷の信任を得た下級公卿(特集リーダーと参謀の条件)　(高野澄)「歴史と旅」12(15) 1985.11
◇孝明・和宮―公武合体の札幌たりき(天皇家の史話50選〈特集〉)　(栗原隆一)「歴史と旅」13(8) 1986.6
◇孝明天皇は病死だった いや、毒殺された(特集 歴史をさわがせた大論争)　(左方郁子)「歴史と旅」14(12) 1987.8
◇孝明天皇の御即位礼と真木和泉守　(小川常人)「神道史研究」36(4) 1988.10
◇最新医学から見た歴代天皇のカルテ　(篠田達明)「新潮45」7(11) 1988.11
◇孝明天皇と岩倉具視　(原口清)「名城商学」39(別冊) 1990.2
◇側面観、孝明天皇　(浦中直人)「研究紀要(東邦音楽大学・東邦音楽短期大学)」4 1990.3
◇出雲大社における孝明天皇攘夷御祈願文書　(村田正志)「神道大系月報」103 1991.3
◇孝明天皇大喪儀・山陵造営の一考察(上, 下)　(武田秀章)「神道宗教」149,150 1992.12,93.3
◇孝明天皇(明治天皇〔2〕)　(ドナルド・キーン, 角地幸男訳)「新潮45」14(2) 1995.2 p232～243
◇日米修好通商条約締結問題と天皇　(吉田昌彦)「九州文化史研究所紀要」九州大学九州文化史研究所施設 40 1996.3 p117～139
◇孝明天皇毒殺説の謎(幕末維新の謎)「歴史と旅」23(11) 1996.7.5 臨増(日本史の謎100選) p358～359
◇第121代孝明天皇―「神州日本」を信じ、佐幕攘夷を貫いた天皇(特集 歴代天皇全紀―特集ワイド 歴代天皇完全総覧―系譜・事績・事件・逸話・謎を網羅)　(小田部雄次)「歴史読本」新人物往来社 50(11) 2005.11 p266～269
◇第121代孝明天皇/女御・九条夙子―養蚕に心を砕き、日本の近代化に貢献した皇太后(特集 歴代皇后全伝―特集ワイド 歴代天皇配偶者総覧―系譜・事績・逸話・謎を網羅 江戸時代)　(小田部雄次)「歴史読本」新人物往来社 50(12) 2005.12 p260～262
◇「孝明政権」の確立と展開　(ジョン・ブリーン)「中央史学」中央史学会 第29号 2006.3 p4～14
◇孝明天皇「京都日誌」〈第百二十一代天皇〉―多難な時代に対し、佐幕攘夷の信念を貫いた天皇(特集 幕末京都 志士日誌―特集ワイドドキュメント 幕末京都 志士の足跡)　(石田孝喜)「歴史読本」新人物往来社 51(7) 2006.5 p144～149
◇art news 鳳凰が舞い、熊が遊ぶ孝明天皇の絵画空間 「芸術新潮」新潮社 58(1) 2007.1 p178～187
◇保守とは何か？ グローバリズムに対峙した孝明天皇　(竹田恒泰)「月刊日本」K&Kプレス 11(3) 2007.3 p16～23
◇宮内省の事績調査と『孝明天皇紀』編纂(特集 歴史を記す)　(岩壁義光)「史潮」弘文堂 63 2008.5 p42～63
◇即位と崩御―天皇の家族史(第19回) 孝明天皇「毒殺」の噂　(保阪正康)「波」新潮社 42(7) 2008.7 p82～91
◇即位と崩御―天皇の家族史(第20回)「亡霊」となった孝明天皇　(保阪正康)「波」新潮社 42(8) 2008.8 p74～83
◇カラーグラビア 『孝明天皇紀 附図』を読む―幕末の宮中行事を観る(特集 天皇家と日本の名家・名門)「歴史読本」新人物往来社 53(10) 2008.10 p7～16
◇孝明天皇の賀茂社行幸　(米田裕之)「儀礼文化」儀礼文化学会 40 2009.3 p44～57

神山郡廉

◇逆説の日本史(第823回)第八十二話 幕末維新への胎動1 「国学の成立と展開」編(その6)「開国反対」を貫いた孝明天皇の「西洋人嫌い」と「ケガレ」思想 (井沢元彦) 「週刊ポスト」 小学館 41(44) 2009.10.30 p112～115

◇青い血のカルテ(SERIES 67)孝明天皇と種痘 (早川智) 「産科と婦人科」 診断と治療社 76(11) 2009.11 p1488～1490

◇特集史話 孝明天皇をめぐる女性たち—幕末明治「奥向」事情 激動の時代を生きた生母・皇后・皇女たちの逸話集(特集 天皇家を支えた女性たち) (辻ミチ子) 「歴史読本」 新人物往来社 54(12) 2009.12 p156～169

神山郡廉 こうやまくにきよ 1829～1909
幕末、明治期の高知藩士、官僚。貴族院議員。
【雑誌】
◇門脇重綾日記・神山郡廉日記を読む—太政官政府における隠岐事件 (藤田新) 「隠岐の文化財」 9 1992.3

古賀謹一郎 こがきんいちろう 1816～1884
幕末、明治期の幕臣。洋学者、儒者。
【図書】
◇江戸2 幕政編2 (大久保利謙編輯) 立体社 1980.6
◇江戸5 人物篇 (大久保利謙編輯) 立体社 1980.8
◇古賀謹一郎—万民の為、有益の芸事御開 (小野寺竜太著) ミネルヴァ書房 2006.5 322,14p (ミネルヴァ日本評伝選)
◇徳川後期の学問と政治—昌平坂学問所儒者と幕末外交変容 (真壁仁著) 名古屋大学出版会 2007.2 649,11p
【雑誌】
◇古賀家三代—精里・侗菴・茶渓—の時務策(1) (松下忠) 「斯文」 83 1980.1
◇古賀家三代—精里・侗菴・茶渓—の時務策(2) (松下忠) 「斯文」 84 1981.3
◇日本の大学の父・古賀謹一郎の生涯 (小野寺龍太) 「学士会会報」 学士会 2007(1) 2007.1 p54～59

久我建通 こがたけみち 1815～1903
幕末、明治期の公家。朝幕間の調整に努める。
【図書】
◇皇典講究所草創期の人びと 国学院大学 1982.11

児島惟謙 こじまいけん 1837～1908
明治期の裁判官。衆議院議員。
【図書】
◇法史学の諸問題 (利光三津夫編著) 慶応通信 1987.4
◇児島惟謙 (田畑忍著) 吉川弘文館 1987.10 (人物叢書〔新装版〕)
◇大津事件の真相 (早崎慶三著) (京都)サンブライト出版 1987.11 (近江文化叢書)
◇勲章幻影 (夏堀正元著) 中央公論社 1988.1
◇勇気と挑戦の人生—明日を担う若人のために (熊谷八州男著) 日本教育新聞社 1988.2
◇明治初期刑事法の基礎的研究 (霞信彦著) 慶応義塾大学法学研究会 1990.10 (慶応義塾大学法学研究会叢書)
◇刑法運用論 (西村克彦著) 成文堂 1991.5
◇日本の『創造力』—近代・現代を開花させた470人〈3〉流通と情報の革命 (富田仁編) 日本放送出版協会 1993.2
◇児島惟謙の航跡 (児島惟謙研究班編) 関西大学法学研究所 1996.3 283p (関西大学法学研究所研究叢書)
◇児島惟謙—大津事件と明治ナショナリズム (楠精一郎著) 中央公論社 1997.4 237p (中公新書)
◇児島惟謙と其時代—護法の巨人伝記・児島惟謙 (原田光三郎著) 大空社 1997.11 355,19,5p (伝記叢書)
◇児島惟謙の航跡 続 (児島惟謙研究班著) 関西大学法学研究所 1998.3 325p (関西大学法学研究所研究叢書)
◇明治・大正・昭和 30の「真実」 (三代史研究会著) 文芸春秋 2003.8 176p (文春新書)
◇先人の勇気と誇り—「歴史に学ぼう、先人に学ぼう」 第2集 (モラロジー研究所出版部編) モラロジー研究所 2006.1 249p
【雑誌】
◇児島惟謙の法思想と司法権の独立(4)大津事件を中心として (緒方真澄) 「香川大学経済論叢」 53(2) 1980.10
◇大津事件と「司法権の独立」問題(最終講義) (元川房三) 「南山法学」 7(1) 1983.7
◇児島大審院長の再評価—緊急避難の法理に照らして(上) (西村克彦) 「警察研究」 54(8) 1983.8
◇児島大審院長の再評価—緊急避難の法理に照らして(下) (西村克彦) 「警察研究」 54(9) 1983.9
◇児島惟謙の法思想と司法権の独立(5完)大津事件を中心として (緒方真澄) 「香川大学経済論叢」 61(2) 1988.9

◇児島惟謙から緒方陸朗への書簡 (緒方真澄) 「伊予史談」 279・280 1990.10
◇大津事件(一〇〇年前の日本〈特集〉) (家永三郎) 「彷書月刊」 7(1) 1991.1
◇明治法学教育成立期の三人—児島惟謙・加藤恒忠・穂積陳重 (高須賀康生) 「伊予史談」 281 1991.4
◇大津事件の法的・歴史的評価 (山中敬一) 「関西大学法学論集」 41(5・6) 1992.2
◇司法界ゆるがす弄花事件始末記(読者レポート) (野村義文) 「歴史と旅」 23(9) 1996.6 p312～317
◇大津事件に関する梅謙次郎意見書 (安岡昭男) 「法学志林」 法政大学法学志林協会 94(3) 1997.3 p141～147
◇報告 児島惟謙と江藤新平(第21回総合研究会) (竹下賢) 「ノモス」 関西大学法学研究所 8 1997.12 p285～291
◇五代友厚と児島惟謙 (市川訓敏) 「ノモス」 関西大学法学研究所 8 1997.12 p301～306
◇児島惟謙の手記の評価と取り扱い方(1)楠精一郎著『児島惟謙』の刊行を機縁として (新井勉) 「日本法学」 日本大学法学会 63(4) 1998.3 p555～599
◇児島惟謙の手記の評価と取り扱い方(2完)楠精一郎著『児島惟謙』の刊行を機縁として (新井勉) 「日本法学」 日本大学法学会 64(2) 1998.9 p253～298
◇新史料による大津事件の核心—兼ねて木野主計・須賀博志両氏の所説を評する (新井勉) 「法学紀要」 日本大学法学部法学研究所 41 1999 p7～64
◇児島惟謙と松岡康毅—社会史の試み (新井勉) 「日本大学史紀要」 日本大学史編纂室 6 1999.12 p1～36
◇日銀・速水優総裁は、大津事件の大審院長・児島惟謙になれるか(歴史合わせ鏡〔75〕) (三好徹) 「フォーブス日本版」 9(2) 2000.2 p184～189
◇児島惟謙自筆原稿・権利競争論序について (山川雄巳) 「関西大学年史紀要」 関西大学事務局出版部 13 2001.3 p1～13
◇百十年目の大逆転(日本の心〔2〕) (近藤道生) 「財界」 49(14) 2001.7.10 p169
◇山川先生と大津事件・児島惟謙(山川雄巳先生追悼文集) (市原靖久) 「関西大学法学会誌」 関西大学法学会 48その2 2003 p77～79
◇「司法権の独立」と児島惟謙—大津事件を中心にして (坂井暉) 「九州竜谷短期大学紀要」 九州竜谷短期大学 53 2007.3.14 p27～41
◇児島惟謙没後100年記念シンポジウム いま裁判員制度が日本に導入される意義—児島惟謙の思想的源流を探りつつ (三谷太一郎, 佐藤幸治, 竹下賢〔他〕) 「ノモス」 関西大学法学研究所 23 2008.12 p77～120
◇開会・企画趣旨説明とご挨拶(児島惟謙没後100年記念シンポジウム いま裁判員制度が日本に導入される意義—児島惟謙の思想的源流を探りつつ) (吉田栄司, 河田悌一, 上原洋允〔他〕) 「ノモス」 関西大学法学研究所 23 2008.12 p77～80
◇連続小講演「司法権と民主制」(児島惟謙没後100年記念シンポジウム いま裁判員制度が日本に導入される意義—児島惟謙の思想的源流を探りつつ) (吉田栄司, 竹下賢, 三谷太一郎〔他〕) 「ノモス」 関西大学法学研究所 23 2008.12 p80～95
◇鼎談前半部「明治憲法下の陪審制度」(児島惟謙没後100年記念シンポジウム いま裁判員制度が日本に導入される意義—児島惟謙の思想的源流を探りつつ) (吉田栄司, 竹下賢, 三谷太一郎〔他〕) 「ノモス」 関西大学法学研究所 23 2008.12 p95～107
◇鼎談後半部「日本国憲法下の裁判員制度」〈含 質疑応答〉(児島惟謙没後100年記念シンポジウム いま裁判員制度が日本に導入される意義—児島惟謙の思想的源流を探りつつ) (吉田栄司, 竹下賢, 三谷太一郎, 佐藤幸治〔他〕) 「ノモス」 関西大学法学研究所 23 2008.12 p107～120
◇"歴史事件"を現代の裁判制度で読み解く(12)「大津事件」を裁く (橋本康弘, 藤澤幸則) 「社会科教育」 明治図書出版 46(3) 2009.3 p110～115
◇琵琶湖文化館蔵「大津事件関係資料」 (井上ひろ美) 「滋賀県立琵琶湖文化館研究紀要」 滋賀県立琵琶湖文化館 25 2009.3 p1～12, 図巻頭1p

児島強介 こじまきょうすけ 1837～1862
幕末の志士。
【雑誌】
◇児島強介 (小野重信) 「古文幻想」 3 1981.3

古高俊太郎 こたかしゅんたろう 1829～1864
幕末の尊攘派志士、武器商。
【図書】
◇維新侠艶録 (井筒月翁著) 中央公論社 1988.3 (中公文庫)
◇新選組—知れば知るほど面白い・人物歴史丸ごとガイド (横田淳著, 山村竜也監修) 学習研究社 2003.12 239p
【雑誌】
◇近江の志士たち(1)古高俊太郎—維新を3年間遅らせた土方歳三の拷

問　（德永真一郎）「湖国と文化」23 1983.4

児玉源太郎　こだまげんたろう　1852～1906
明治期の陸軍軍人。

【図　書】
- 名将の軍略に学ぶ「勝利」へのマネジメント―組織統率の秘密を探る！（岡本好古）PHP研究所 1982.8（PHP business library）
- 名将児玉源太郎　（加登川幸太郎）日本工業新聞社 1982.11（Ohtemachi books）
- 夕陽を知らぬ男たち―彼らはいかに生きたか　（小島直記）旺文社 1983.2（旺文社文庫）
- リーダーとスタッフ―戦史・古典に学ぶ連携プレーの妙　（大橋武夫著）プレジデント社 1983.12
- 児玉源太郎にみる大胆な人の使い方・仕え方―動かされながら人を動かす知恵　（加登川幸太郎著）日新報道 1985.6
- 勝負と決断―海軍士官に見る勇気と明察　（生出寿著）光人社 1986.3
- 知将児玉源太郎―ある名補佐役の生涯　（生出寿著）光人社 1986.7
- 孫中山研究日中国際学術討論会報告集　（孫文研究会編）法律文化社 1986.11
- 激録・日本大戦争〈第23巻〉乃木大将と日露戦争　（原康史著）東京スポーツ新聞社 1987.1
- 日露の激戦―その戦略と戦術の研究　（秦郁彦、豊田穰、渡部昇一他文）世界文化社 1987.3（BIGMANビジネスブックス）
- 自分らしく生きるための名「脇役」事典―戦国武将～現代経営者に学ぶ　（百々由紀男著）公人の友社 1987.11
- トップを活かす参謀型人材の要諦　（渡部昇一ほか著）三笠書房 1988.1（知的生きかた文庫）
- 父の映像　（犬養健ほか著）筑摩書房 1988.3（筑摩叢書）
- 指導者（リーダー）の研究　（土門周平著）講談社 1988.12（講談社文庫）
- 児玉大将伝　（杉山茂丸著）中央公論社 1989.8（中公文庫）
- 知将 秋山真之　（生出寿著）徳間書店 1992.5（徳間文庫）
- 名将たちの決断―ザ・グレート・ジェネラルズ　（柘植久慶著）原書房 1992.6
- 児玉源太郎〔復刻版〕（宿利重一）マツノ書店 1993
- 参謀学―戦史に学ぶスタッフの役割　（大橋武夫著）ビジネス社 1993.6
- 知将児玉源太郎―ある名補佐役の生涯　（生出寿著）光人社 1996.5 254p
- ライバル日本史 2　（NHK取材班編）角川書店 1996.9 252p（角川文庫）
- 明治に名参謀ありて―近代国家「日本」を建国した6人　（三好徹著）小学館 1999.1 350p（小学館文庫）
- 国際通信の日本史―植民地化解消へ苦闘の九十九年　（石原藤夫著）東海大学出版会 1999.12 265p
- 日本人の生き方―児玉源太郎と歴史に学ぶ「生き残る道は必ずある！」（濤川栄太著）文芸社 2000.5 293p
- 熱血！日本偉人伝―歴史に虹をかけた人たち　（三波春夫著）集英社インターナショナル 2000.7 285p
- 完全勝利の鉄則―東郷平八郎とネルソン提督　（生出寿著）徳間書店 2001.9 331p（徳間文庫）
- 児玉源太郎―明治陸軍の巨星　（三戸岡道夫著）学習研究社 2002.8 363p（学研M文庫）
- 歴史にみる「勝つリーダー、負けるリーダー」―何が明暗を分けるのか　（岡本好古著）PHP研究所 2003.3 237p（PHP文庫）
- 児玉源太郎　（長田昇著）「児玉源太郎」出版記念委員会 2003.11 419p
- 日露戦争と「菊と刀」―歴史を見る新しい視点　（森貞彦著）東京図書出版会 2004.2 258p
- 日露戦争名将伝―人物で読む「激闘の軌跡」　（柘植久慶著）PHP研究所 2004.3 280p（PHP文庫）
- 「坂の上の雲」では分からない旅順攻防戦―乃木司令部は無能ではなかった　（別宮暖朗、兵頭二十八対談）並木書房 2004.3 291p
- 教科書から消された偉人・隠された賢人―いま明かす日本史の真実　（濤川栄太著）イーグルパブリシング 2004.5 249p
- 児玉源太郎―日露戦争における陸軍の頭脳　（神川武利著）PHP研究所 2004.8 323p
- 児玉陸軍大将　（博文館編）マツノ書店 2005.7 1冊
- 日本アジア関係史研究―日本の南進政策を中心に　（伊藤幹彦著）ブイツーソリューション 2005.8 208p
- 真説 日露戦争　（加来耕三著）出版芸術社 2005.9 311p
- 名将・台湾総督としての児玉源太郎　（中村勝範）『運命共同体としての日本と台湾』（中村勝範、黄昭堂、浅野和生、佐岡仁志）早稲田出版 2005.12 p207
- 周南風土記　（小川宣泰）文芸社 2006.8 252p
- 史論児玉源太郎―明治日本を背負った男　（中村謙司著）光人社 2006.8 213p
- NHKその時歴史が動いたコミック版 決死の外交編　（NHK取材班編）ホーム社 2007.11 498p（ホーム社漫画文庫）
- 左千夫歌集　（永塚功著、久保田淳監修）明治書院 2008.2 540p（和歌文学大系）
- 歴史のかげにグルメあり　（黒岩比佐子著）文芸春秋 2008.8 254p（文春新書）
- 歴代陸軍大将全覧 明治篇　（半藤一利、横山恵一、秦郁彦、原剛著）中央公論新社 2009.1 273,25p（中公新書ラクレ）
- 「坂の上の雲」では分からない日露戦争陸戦―児玉源太郎は名参謀ではなかった　（別宮暖朗著）並木書房 2009.10 226p
- 近代未満の軍人たち―兵頭二十八軍学塾　（兵頭二十八著）光人社 2009.11 217p
- 『坂の上の雲』まるわかり人物烈伝　（明治「時代と人物」研究会編著）徳間書店 2009.11 455p（徳間文庫）
- 文芸春秋にみる「坂の上の雲」とその時代　（文芸春秋編）文芸春秋 2009.11 421p
- 謀将児玉源太郎―ある名補佐役の生涯　（生出寿著）光人社 2009.11 397p（光人社NF文庫）
- 史論 児玉源太郎―明治日本を背負った男 新装版　（中村謙司著）光人社 2009.12 213p

【雑　誌】
- 満州軍総参謀長児玉源太郎の苦心（特集・日露の激戦）（加登川幸太郎）「歴史と人物」10(5) 1980.5
- 大山・児玉に見る軍人像と自衛隊の一課題（特集・日露戦争―続―）（山下純夫）「軍事史学」16(4) 1981.3
- 権兵衛と児玉―「日露戦争」二人の名マネジャー（特集・果敢なる挑戦―プロジェクトリーダーの研究）（田村竜二）「プレジデント」19(4) 1981.4
- 陸軍大将・児玉源太郎―日露戦争のプロデューサー（日本陸軍のリーダー総覧）（佐々克明）「歴史と旅」13(13) 1986.9
- 児玉源太郎陸相の辞表捧呈―馬蹄銀事件（佐藤三郎）「日本歴史」506 1990.7
- 「勝利の悲哀」の論拠―ナポレオン、児玉源太郎から日本国民の場合へ　（吉田正信）「日本文学」40(12) 1991.12
- 宰相の椅子を謝絶した児玉源太郎は今いずこ？（日本近代史の誰に学ぶか―人物オピニオン特集・リーダーなき「平成」を撃つ24人）（村上兵衛）「諸君！」25(2) 1993.2
- 各論・日露戦争を勝利へと導いた切れ者群像―陸軍最高の参謀児玉源太郎 自ら前線の指揮を執り、日本軍を勝利に導く（巻頭特集・『坂の上の雲』の男たち―ビジネスマンに最も愛される司馬作品を味わう）（三好徹）「プレジデント」34(12) 1996.12 p82～88
- 幼年時代に舐めた辛酸が「参謀たる人格」を磨いた（明治に名参謀ありて 第1部 児玉源太郎〔3〕）（三好徹）「SAPIO」9(17) 1997.10.8 p90～93
- 「児玉が勝つ」日本軍育ての親メッケル将軍は予言した（明治に名参謀ありて 第1部 児玉源太郎〔4〕）（三好徹）「SAPIO」9(18) 1997.10.22 p82～95
- 勝利。そして「日本国の名参謀」の唐突すぎる死（明治に名参謀ありて 第1部 児玉源太郎〔5〕）（三好徹）「SAPIO」9(19) 1997.11.12 p90～93
- リーダーの決断・児玉源太郎と日露戦争―陸海軍の相克を収め、乃木将軍をも操った「知略と果断」（賢者は歴史に学ぶ〔14〕）（楠木誠一郎）「プレジデント」38(17) 2000.10.2 p170～175
- 日本型将校養成制度は如何に発足したのか―児玉源太郎の陸軍幼年学校改革構想をめぐって　（野邑理栄子）「歴史評論」校倉書房 607 2000.11 p47～62
- 「20世紀日本」を創った10人、駄目にした10人―激論5時間！半藤一利vs保阪正康vs松本健一 賢者は歴史に学ぶ（特集・歴史に学ぶ「成功と失敗」―我々は「目先」に囚われすぎていないか）（半藤一利, 保阪正康, 松本健一）「プレジデント」39(2) 2001.1.15 p44～53
- ナンバー2に徹した傑物―児玉源太郎の二元哲学（特集・かかる日本人ありき）（古川薫）「文芸春秋」80(16) 2002.12 臨時増刊（日本人の肖像 このすがすがしい生きかた）p86～87
- 人物考察 ナンバー2を貫いた異能の軍人政治家 児玉源太郎が果たした業績（特集 立党50年企画 明治の気骨に学ぶ）（古川薫）「月刊自由民主」自由民主党 625 2005.4 p50～57
- 歴史のかげに"食"あり（第9回）児玉源太郎 旅順陥落のシャンパンシャワー　（黒岩比佐子）「文學界」文藝春秋 61(4) 2007.4 p276～283
- 1904―1905年日露戦争と台湾　（藤井志津枝）「問題と研究」国立政治大学国際関係研究センター 37(2) 2008.4/5/6 p117～132
- 日本近代史の真相 陸軍の裏側を見た吉薗周蔵の手記（21）台湾そして満洲へ 外征のキーパーソン児玉源太郎と後藤新平（落合莞爾）「ニューリーダー」はあと出版 21(9) 2008.9 p84～88
- 近代未満の軍人たち（20）児玉源太郎　（兵頭二十八）「表現者」ジョルダン 20 2008.9 p168～171
- 竹中半兵衛、黒田官兵衛、児玉源太郎……頼りになるナンバー2に学ぶ 新・企業参謀の条件―「能力の三角形」が勝敗を分かつ（司馬遼太

郎と「幕末・明治」の人物学）（江坂彰）「プレジデント」プレジデント社 47(28) 2009.12.14 p71〜73

篭手田安定　こてだやすさだ　1840〜1899
明治期の官吏。男爵、貴族院議員。
【図　書】
◇史料県令籠手田安定（鉅鹿敏子編）鉅鹿敏子 1985.6
◇地の記憶をあるく―平戸・長崎篇（松本健一著）中央公論新社 2001.11 268p
【雑　誌】
◇県令籠手田安定の更迭（佐々木克）「季報大津市史」34 1985.11
◇籠手田安定の統治観（特集 明治の地方官）（坂本一登）「彷書月刊」2(11) 1986.10

後藤象二郎　ごとうしょうじろう　1838〜1897
幕末、明治期の高知藩士、政治家。
【図　書】
◇青年の風雪（平尾道雄）高知新聞社 1981.1（高新ふるさと文庫）
◇類聚伝記大日本史11 政治家篇（尾佐竹猛編集解説）雄山閣出版 1981.6
◇参謀の器量学―日本史の策士たち10人（奈良本辰也編著）広済堂出版 1982.12（Kosaido books）
◇ナンバー2の経営学―諸藩名家老に学ぶ（鈴木亨）日本文芸社 1983.5
◇ブレーン：歴史にみる群像 1 企画―政策・事業を企画推進した男たちの頭脳と行動力（童門冬二ほか著）旺文社 1986.1
◇歴史のなかの下剋上（嶋岡晨著）名著刊行会 1986.11
◇幕末酒徒列伝（村島健一著）旺文社（旺文社文庫）1987.1
◇坂本龍馬―幕末風雲の夢（宮地佐一郎著）大和書房 1987.7
◇自由は土佐の山間より（土佐自由民権研究会編）三省堂 1989.5
◇西郷隆盛と大物の人間学（童門冬二ほか著）三笠書房 1989.6（知的生きかた文庫）
◇坂本龍馬（池田諭著）大和書房 1990.2
◇長崎幕末浪人伝（深渦久著）（福岡）西日本新聞社 1990.10
◇世を拓く―一身にして二世を経る（左方郁子著）ダイヤモンド社 1990.12
◇龍馬暗殺の謎を解く（新人物往来社編）新人物往来社 1991.7
◇後藤象二郎と近代日本（大橋昭夫著）三一書房 1993.6
◇龍馬逝く―「歴史裁判」坂本龍馬暗殺の黒幕 維新の自由人を葬った悪しき者は（会田雄次、さいとうたかをほか著）ベストセラーズ 1993.11（ワニ文庫―歴史マガジン文庫）
◇会津藩主・松平容保は朝敵にあらず（中村彰彦著）新人物往来社 1994.8
◇伯爵後藤象二郎―伝記・後藤象二郎（大町桂月著）大空社 1995.6 793,16,5p（伝記叢書）
◇軍師と家老―ナンバー2の研究（鈴木亨著）中央公論新社 1999.2 307p（中公文庫）
◇幕末維新 険の参謀（童門冬二著）東京書籍 2000.12 246p
◇名家老がいて、愚家老がいた―江戸の殿様を支えたナンバー2それぞれの美学（鈴木亨著）ベストセラーズ 2002.12 239p（ワニ文庫）
◇坂本龍馬のすべてがわかる本―敵も味方も惚れぬいた"さわやかな男"（風巻絃一著）三笠書房 2004.4 298p（知的生きかた文庫）
◇幕末・維新（高野澄著）ナツメ社 2005.2 255p（図解雑学）
◇幕末維新「英傑」たちの言い分―坂本龍馬から相楽総三まで（岳真也著）PHP研究所 2009.10 191p（PHP文庫）
◇誰が坂本龍馬をつくったか（河合敦著）角川SSコミュニケーションズ 2009.11 186p（角川SSC新書）
◇幕末土佐の12人（武光誠著）PHP研究所 2009.12 265p（PHP文庫）
◇真説 龍馬暗殺―諸説11の謎を解く（加野厚志著）学研パブリッシング 2009.12 294p（学研M文庫）
◇「英雄」坂本龍馬はなぜ生まれたのか（菊地明著）大和書房 2009.12 221p（だいわ文庫）
【雑　誌】
◇千両役者後藤象二郎の大芝居(特集・坂本龍馬の人脈と維新)（宮地佐一郎）「歴史と人物」12(2) 1982.2
◇後藤象二郎―新政権構想を受く(特集・坂本龍馬光芒の生涯)（小中陽太郎）「歴史と旅」9(10) 1982.8
◇維新政治家との交遊（下)考証・福沢諭吉（47）（富田正文）「三田評論」844 1984.2
◇龍馬と後藤象二郎―龍馬その思想の流脈と人脈(坂本龍馬生誕150年記念特集号）（神谷正司）「土佐史談」170 1985.11
◇日本とフランスの文化的接点をたどる(ルイ・ヴィトンの挑戦〔1〕)（乌原美智子）「Will」5(9) 1986.9
◇「土佐海援隊長」33歳の死―大政奉還が決し、龍馬は世界に向け歩き出そうとしていた(特集・勝海舟と坂本龍馬）（利根川裕）「プレジデント」26(10) 1988.10

◇食客風雲録(20)チンリンチンリンチンチチン―後藤象二郎の息子猛太郎をめぐって（6）（草森紳一）「ユリイカ」23(13) 1991.12
◇第3部・自由民権〔1〕自由民権運動のルーツは坂本龍馬にまで遡る（日本を動かした言葉）（田原総一朗）「SAPIO」10(21) 1998.12.9 p36〜39
◇明治27年・甲午改革における日本人顧問官派遣問題―後藤象二郎渡韓計画を中心に（都倉武之）「武蔵野短期大学研究紀要」武蔵野短期大学 20 2006 p131〜145

近衛篤麿　このえあつまろ　1863〜1904
明治期の政治家。貴族院議員、公爵。
【図　書】
◇類聚伝記大日本史11 政治家篇（尾佐竹猛編集解説）雄山閣出版 1981.6
◇復興アジアの志士群像―東亜先覚者列伝 大東塾出版部 1984.5
◇上海 東亜同文書院―日中を架けんとした男たち（栗田尚弥著）新人物往来社 1993.12
◇東亜同文書院大学と愛知大学 第4集（愛知大学東亜同文書院大学記念センター編）六甲出版 1996.11 94p
◇近衛篤麿公―伝記・近衛篤麿（工藤武重著）大空社 1997.5 395,5p（伝記叢書）
◇近代日本のアジア観（岡本幸治編著）ミネルヴァ書房 1998.5 293,10p（MINERVA日本史ライブラリー）
◇近衛篤麿―その明治国家観とアジア観（山本茂樹著）ミネルヴァ書房 2001.4 310,7p（MINERVA日本史ライブラリー）
◇近衛篤麿と清末要人―近衛篤麿宛書簡集成（衛藤瀋吉監修、李廷江編著）原書房 2004.3 525p（明治百年史叢書）
◇京都鉄道の創設と近衛篤麿（松下佐知子著）『近代京都の改造―都市経営の起源1850〜1918年』（伊藤之雄編著）ミネルヴァ書房 2006.4 p175〜192
◇工藤利三郎―国宝を撮った男・明治の写真師（中田善明著）向陽書房 2006.9 310p
【雑　誌】
◇陸羯南宛犬養毅・井上毅・近衛篤麿・内藤鳴雪の書簡―『羯南全集』への補遺（梅渓昇）「日本歴史」545 1993.10
◇近衛篤麿と関係集団（瀬﨑誠）「社会科学」同志社大学人文科学研究所 54 1995.1 p1〜38
◇留学前における近衛篤麿の政治思想の形成過程（1）（相原茂樹）「政治経済史学」日本政治経済史学研究所 358 1996.4 p1〜21
◇留学前における近衛篤麿の政治思想の形成過程（2）（相原茂樹）「政治経済史学」日本政治経済史学研究所 359 1996.5 p22〜34
◇近衛篤麿の思想と行動（1）近衛篤麿の立憲主義（相原茂樹）「政治経済史学」日本政治経済史学研究所 367 1997.1 p42〜59
◇近衛篤麿の思想と行動（2）近衛篤麿の立憲主義（相原茂樹）「政治経済史学」日本政治経済史学研究所 368 1997.2 p15〜28
◇近衛篤麿の思想と行動（3）近衛篤麿の立憲主義（相原茂樹）「政治経済史学」日本政治経済史学研究所 369 1997.3 p23〜43
◇近衛篤麿と『蛍雪余聞』―近衛篤麿の留学と思想形成過程（1）（相原茂樹）「社会システム研究」京都大学大学院人間・環境学研究科〔ほか〕1 1998.1 p119〜129
◇近衛篤麿の北海道論―アジア主義との論理的連関（相原茂樹）「日本文化環境論講座紀要」京都大学大学院人間・環境学研究科日本文化環境論講座 1 1999.1 p1〜21
◇近衛篤麿と『蛍雪余聞』―近衛篤麿の留学と思想形成過程（2）（相原茂樹）「社会システム研究」京都大学大学院人間・環境学研究科〔ほか〕2 1999.1 p49〜60
◇近衛篤麿のアジア主義―東亜同文会活動期編（相原茂樹）「社会システム研究」京都大学大学院人間・環境学研究科〔ほか〕3 2000.2 p189〜214
◇国民同盟会における近衛篤麿のアジア主義（相原茂樹）「日本文化環境論講座紀要」京都大学大学院人間・環境学研究科日本文化環境論講座 2 2000.3 p63〜80
◇伊沢修二と近衛篤麿（三原芳一）「花園大学文学部研究紀要」花園大学文学部 35 2003 p1〜22
◇近衛篤麿の『蛍雪余聞』にみるミュンヘンの原田直次郎（宮本久宣）「待兼山論叢」大阪大学大学院文学研究科 38美学篇 2004 p29〜51

近衛忠熙　このえただひろ　1808〜1898
幕末、明治期の公家。従三位から左大臣。
【図　書】
◇天皇と明治維新（阪本健一）暁書房 1983.1
【雑　誌】
◇文久期における公武合体派―近衛忠熙への建白を中心として（森内隆雄）「学習院史学」18 1981.12
◇近世煎茶交遊録(20)政争の狭間で―忠熙 輔熙 忠香（小川後楽）「日本美術工芸」527 1982.8

小橋安蔵　こばしやすぞう　1808～1872
幕末, 明治期の志士。
【図書】
◇讃岐人物風景 9 幕末から維新へ　（四国新聞社編）　大和学芸図書　1982.11

小林虎三郎　こばやしとらさぶろう　1828～1877
幕末, 明治期の越後長岡藩士。長岡藩大参事。
【図書】
◇全国の伝承 江戸時代 人づくり風土記—ふるさとの人と知恵〈15〉新潟　（加藤秀俊, 谷川健一, 稲垣史生, 石川松太郎, 吉田豊編）　農山漁村文化協会　1988.12
◇英雄伝説が彩る夢の跡地　（清水春一, 横浜雄幸, 山上笙介, 永岡慶之助, 足利健亮, 鶴田文史, 半藤一利）　ぎょうせい　1991.10　（ふるさと歴史舞台）
◇われに万古の心あり—幕末藩士 小林虎三郎　（松本健一著）　新潮社　1992.5
◇米百俵 小林虎三郎の天命　（島宏）　ダイヤモンド社　1993.11
◇幕末維新の志士小林虎三郎　（松本健一著）　筑摩書房　1997.7　365p　（ちくま学芸文庫）
◇河井継之助—立身は孝の終りと申し候　（稲川明雄著）　恒文社　1999.8　301p
◇この一粒の知恵の種—成功する人の、物の考え方 小林虎三郎「米百俵の精神」！　（船井幸雄著）　三笠書房　2001.6　348p
◇米百俵・藩政改革の訓話集　（萩原裕雄著）　アートブック本の森　2001.7　201p
◇米百俵と小林虎三郎　（童門冬二, 稲川明雄著）　東洋経済新報社　2001.8　187p
◇小林虎三郎—「米百俵」の思想　（松本健一著）　学習研究社　2001.10　397p　（学研M文庫）
◇冬の偉人たち—逆境を乗りこえた80話　（中西進監修, 笠原秀, 坂元孝雄, 丹野顕編著）　四季社　2001.12　238p　（いのちとこころの例話シリーズ）
◇国を興すは教育にあり—小林虎三郎と「米百俵」　（松本健一著）　麗澤大学出版会　2002.10　245p
◇謎解き「兄弟」の日本史—歴史を動かした"血の絆"とは　（歴史の謎研究会編）　青春出版社　2003.3　235p　（青春文庫）
◇第三の開国と日米関係　第三文明社　2004.3　238p
◇竜虎会談—戊辰、長岡戦争の反省を語る　（山崎宗弥著）　山崎宗弥　2004.10　193p
◇米百俵の歴史学—封印された主人公と送り主　（坂本保富著）　学文社　2006.8　206p
◇明治初期における欧米翻訳教育書の校訂活動—日本近代化と米百俵の主人公・小林虎三郎の教育的軌跡（2）　論文　信州大学全学教育機構坂本保富研究室　2008.3　34p　（信州大学全学教育機構坂本保富研究室研究報告書）
◇米百俵—その先の未来へ　長岡市米百俵財団　2008.5　128p
【雑誌】
◇われに万古の心あり—小林虎三郎と近代日本（1）　（松本健一）　「正論」　208　1989.12　9p
◇常在戦場という精神（われに万古の心あり—小林虎三郎と近代日本（2））　（松本健一）　「正論」　208　1989.12
◇河井継之助と小林虎三郎（われに万古の心あり—小林虎三郎と近代日本（3））　（松本健一）　「正論」　209　1990.1
◇象山と松陰を繋ぐもの（われに万古の心あり—小林虎三郎と近代日本（4））　（松本健一）　「正論」　210　1990.2
◇精神のリレー（小林虎三郎と近代日本—われに万古の心あり（5））　「正論」　211　1990.3
◇幕末のパトリオット（われに万古の心あり—小林虎三郎と近代日本（6））　（松本健一）　「正論」　212　1990.4
◇戦わない論理（われに万古の心あり—小林虎三郎と近代日本（7））　（松本健一）　「正論」　213　1990.5
◇遠望するまなざし（われに万古の心あり—小林虎三郎と近代日本（8））　（松本健一）　「正論」　214　1990.6
◇小林一族の戊辰戦争（1）（われに万古の心あり—小林虎三郎と近代日本（9））　（松本健一）　「正論」　215　1990.7
◇小林一族の戊辰戦争出版（2）（われに万古の心あり—小林虎三郎と近代日本（10））　（松本健一）　「正論」　216　1990.8
◇小林一族の戊辰戦争（3）（われに万古の心あり—小林虎三郎と近代日本（11））　（松本健一）　「正論」　217　1990.9
◇敗戦国の復興（われに万古の心あり—小林虎三郎と近代日本（12））　（松本健一）　「正論」　218　1990.10
◇後から来るものへ（1）（われに万古の心あり—小林虎三郎と近代日本（13））　（松本健一）　「正論」　219　1990.11
◇後から来るものへ（2）（われに万古の心あり—小林虎三郎と近代日本（14））　（松本健一）　「正論」　220　1990.12
◇『米百俵』に描かれた小林虎三郎の教育的思想世界I—「東洋道徳・西洋芸術」思想を媒介とした「興学私議」の成立とその展開　（坂本保富）「創価大学教育学部 教育学部論集」　29　1990.12
◇後から来るものへ（3）（われに万古の心あり—小林虎三郎と近代日本（15））　（松本健一）　「正論」　221　1991.1
◇後から来るものへ（4）（われに万古の心あり—小林虎三郎と近代日本（16））　（松本健一）　「正論」　222　1991.2
◇終焉（われに万古の心あり—小林虎三郎と近代日本（17））　（松本健一）　「正論」　223　1991.3
◇ながい影（われに万古の心あり—小林虎三郎と近代日本〔18・最終回〕）　（松本健一）　「正論」　224　1991.4
◇『米百俵』に描かれた小林虎三郎の教育的思想世界II—歴史教科書『小学国史』の編纂刊行に至る明治初期教育展開への問題認識　（坂本保富）「創価大学教育学部 教育学部論集」　31　1991.12
◇『米百俵』に描かれた小林虎三郎の教育的思想世界III—歴史教科書『小学国史』の編纂意図とその内容および特徴　（坂本保富）「創価大学教育学部 教育学部論集」　32　1992.3
◇小林虎三郎—遠くを見る人（私の好きな日本人）　（松本健一）「正論」　242　1992.10
◇「教育過剰の中の教育不在」に小林虎三郎の檄（日本近代史の誰に学ぶか—人物オピニオン特集・リーダーなき「平成」を撃つ24人）　（半藤一利）　「諸君！」　25（2）　1993.2
◇「気概」の戦争と「理性」の政治（幕末史話—"第3の開国"のさ中に（16））　（松本健一）　「エコノミスト」　72（5）　1994.2.1
◇「米百俵」と小林虎三郎を語る—下田三智夫氏（あの時この人）〔インタビュー〕下田三智夫,〔インタビュー〕寺山義雄「Aff」農林弘済会　26（8）　1995.8　p40～43
◇黒船来航〔1〕（佐久間象山〔21〕）　（松本健一）　「THIS IS 読売」　9（6）　1998.9　p316～325
◇黒船来航〔6〕（佐久間象山〔26〕）　（松本健一）　「THIS IS 読売」　9（11）　1999.2　p334～343
◇我らが語り継いできた小林虎三郎「米百俵」の精神（ビッグ対談）（船井幸雄, 斑目力曠）　「経済界」　36（15）　2001.8　p144～149
◇明治初期の歴史教科書『小学国史』の内容と特徴—日本近代化と「米百俵」の主人公・小林虎三郎の軌跡　（坂本保富）「信州大学人文社会科学研究」　信州大学人文社会科学研究会　3　2009.3　p2～17
◇地域に伝わる教え 米 百俵の精神／小林虎三郎　（稲川明雄）「環境会議」宣伝会議　32　2009.秋　p208～213

小松帯刀　こまつたてわき　1835～1870
幕末, 明治期の鹿児島藩士、総務局顧問、外国官副知事。
【図書】
◇鹿児島県史料集 21 小松帯刀伝・薩藩小松帯刀履歴・小松公之記事　鹿児島県立図書館　1980.11
◇鹿児島県史料集 21 小松帯刀伝・薩藩小松帯刀履歴　鹿児島県立図書館　1980.11
◇幻の宰相—小松帯刀伝　（瀬野富吉編著）　小松帯刀顕彰会　1985.10
◇幻の宰相—小松帯刀伝　（瀬野富吉編著）　小松帯刀顕彰会　1986.4
◇NHK かごしま歴史散歩　（原口泉著, NHK鹿児島放送局編）　日本放送出版協会　1986.5
◇薩摩藩最後の城代家老小松帯刀と堺事件　小松帯刀研究会　1998.4　49p　（小松帯刀研究会叢書）
◇横浜・横須賀両製鉄所と小松帯刀　小松帯刀研究会　1999.11　52p　（小松帯刀研究会叢書）
◇東京行幸と小松帯刀　小松帯刀研究会　2001.4　56p　（小松帯刀研究会叢書）
◇龍馬を超えた男 小松帯刀　（原口泉）　グラフ社　2008.4　254p
◇篤姫の謎 大奥魔物語　（武山憲明著）　ぶんか社　2008.8　255p
◇幻の宰相小松帯刀伝 改訂復刻版　（瀬野富吉著, 原口泉監修）　宮帯出版社　2008.10　430p
◇維新の系譜一家に、国に、命を尽くした薩摩藩・三人の功臣たち　（原口泉著）　グラフ社　2008.12　231p
◇世界危機をチャンスに変えた幕末維新の知恵　（原口泉著）　PHP研究所　2009.7　267p　（PHP新書）
◇「英雄」坂本龍馬はなぜ生まれたのか　（菊地明著）　大和書房　2009.12　221p　（だいわ文庫）
【雑誌】
◇薩摩藩の庇護者小松帯刀（特集・坂本龍馬の人脈と維新）　（岩井護）「歴史と人物」　12（2）　1982.2
◇小松帯刀の功績をたたえて　（瀬野富吉）　「季刊南九州文化」　15　1983.4
◇明治維新の推進者小松帯刀から学ぶ　（瀬野富吉）　「近畿南九州史談」　3　1987.7
◇小松帯刀とカヴール—1860年代の日伊関係　（根占献一）　「日伊文化研究」　26　1988
◇小松帯刀とその時代—特に「外国交際」の観点から　（根占献一）「学習院女子大学紀要」　学習院女子大学　11　2009　p71～91
◇大特集・春爛漫、ぶらり「桜旅」—第1部 小松帯刀、坂本龍馬、西郷隆盛… 維新の英傑縁の地を巡り、古都に遊ぶ「京の桜」幕末・歴史

探訪 「サライ」 小学館 21(6)通号491 2009.3.19 p19
◇小松帯刀 相国寺・京都市上京区――一時の安らぎを桜に求めた "影の宰相"（大特集・春爛漫、ぶらり「桜旅」―第1部 小松帯刀、坂本龍馬、西郷隆盛… 維新の英傑縁の地を巡り、古都に遊ぶ「京の桜」幕末・歴史探訪） 「サライ」 小学館 21(6)通号491 2009.3.19 p28～29

小村寿太郎　こむらじゅたろう　1855～1911
明治期の外交官。外務大臣、公爵。

【図　書】
◇類聚伝記大日本史11 政治家篇 （尾佐竹猛編集解説） 雄山閣出版 1981.6
◇日本外交の憂鬱 （加瀬俊一） 山手書房 1981.9
◇獅子たちの瞬間―歴史にみる人間の真実 （江上照彦） 山手書房 1981.11
◇日本のリーダー 4 日本外交の旗手 ティビーエス・ブリタニカ 1983.6
◇日本のリーダー4 日本外交の旗手 （第二アートセンター編） ティビーエス・ブリタニカ 1983.6
◇人物探訪 日本の歴史―18―明治の逸材 暁教育図書 1984.2
◇小村寿太郎とポーツマス―ロシアに「外交」で勝った男 （金山宣夫著） PHP研究所 1984.12
◇拡張主義国家の相克―日・米の摩擦 ハワイ・フィリピン併合問題 （辺野喜英昭著） 月刊沖縄社 1986.4
◇日露の激戦―その戦略と戦術の研究 （秦郁彦,豊田穣,渡部昇一他文） 世界文化社 1987.3 （BIGMANビジネスブックス）
◇父の映像 （犬養健ほか著） 筑摩書房 1988.3 （筑摩叢書）
◇ビジュアルワイド 新日本風土記〈45〉宮崎県 ぎょうせい 1989.2
◇外交六十年 （芳沢謙吉著） 中央公論社 1990.12 （中公文庫）
◇日露戦争〈7〉（児島襄著） 文芸春秋 1994.4 （文春文庫）
◇日露戦争〈8〉（児島襄著） 文芸春秋 1994.4 （文春文庫）
◇自然の人小村寿太郎―伝記・小村寿太郎 （桝本卯平著） 大空社 1995.6 739,6p （伝記叢書）
◇人間 小村寿太郎―国を愛し国家に尽くした外務大臣の生涯 （木village勝美著） 光人社 1995.10 291p
◇新聞にみる日中関係史―中国の日本人経営紙 （中下正治著） 研文出版 1996.10 241,38,17p
◇危機―ライバル日本史 8 （NHK取材班編） 角川書店 1996.12 316p （角川文庫）
◇宮崎の偉人 上 （佐藤一一著） 鉱脈社 1997.1 186p
◇戦後教科書から消された人々 2 （濤川栄太著） ごま書房 1998.9 254p
◇小村寿太郎とその時代 （岡崎久彦著） PHP研究所 1998.12 329p
◇秋山真之―日本海海戦の名参謀 （中村晃著） PHP研究所 1999.4 336p
◇日本人の気概を教える （渡辺尚人著） 明治図書出版 1999.5 118p （オピニオン叢書）
◇日露戦争以後の日本外交―パワー・ポリティクスの中の満韓問題 （寺本康俊著） 信山社出版 1999.9 563,14p
◇国のつくり方―明治維新人物学 （渡部昇一,岡崎久彦著） 致知出版社 2000.9 222p
◇人物日本の歴史・日本を変えた53人 8 （高野尚好監修） 学習研究社 2002.2 64p
◇いい加減にしろ！外務省―国益、国民益を損なってまで、なにを守ろうとしているのか？ （濤川栄太,21世紀の日本の外交を考える会著） ネコ・パブリッシング 2002.5 198p
◇百年の遺産―日本の近代外交史73話 （岡崎久彦著） 産経新聞ニュースサービス 2002.9 334p
◇小村寿太郎とその時代 （岡崎久彦著） PHP研究所 2003.5 416,16p （PHP文庫）
◇歴史の影絵 （吉村昭著） 文芸春秋 2003.8 198p （文春文庫）
◇日米外交の人間史―黒船から経済摩擦まで （越智道雄著） 中央公論新社 2003.11 299p （中公新書ラクレ）
◇教科書から消された偉人・隠された賢人―いま明かされる日本史の真実 （濤川栄太著） イーグルパブリシング 2004.5 249p
◇日本人が知ってはならない歴史 （若狭和朋著） 朱鳥社 2004.7 216p
◇小村寿太郎―近代随一の外交家その剛毅なる魂 （岡田幹彦著） 展転社 2005.2 273p
◇日露戦争 2 （軍事史学会編） 錦正社 2005.6 339p
◇明治の教訓 日本の気骨―明治維新人物学 （渡部昇一,岡崎久彦著） 致知出版社 2005.8 216p （CHICHI SELECT）
◇骨肉 （小村寿太郎侯奉賛会企画編集,小村捷治著） 鉱脈社 2005.9 454p
◇日露戦争 勝利のあとの誤算 （黒岩比佐子著） 文芸春秋 2005.10 318p （文春新書）
◇日向の歴史と文化 （早稲田大学日本地域文化研究所編） 行人社 2006.1 300p （日本地域文化ライブラリー）
◇幣原喜重郎と二十世紀の日本―外交と民主主義 （服部竜二著） 有斐閣 2006.12 336p
◇左千夫歌集 （永塚功著,久保田淳監修） 明治書院 2008.2 540p （和歌文学大系）
◇身体とアイデンティティ （礫川全次著） 批評社 2008.12 222p （歴史民俗学資料叢書 解説編）
◇人物で読む近代日本外交史―大久保利通から広田弘毅まで （佐道明広,小宮一夫,服部竜二編） 吉川弘文館 2009.1 316p
◇明日に続く道―吉田松陰から安倍晋三へ （岡島茂雄著） 高木書房 2009.3 223p
◇アメリカにおける秋山真之 中 （島田謹二著） 朝日新聞出版 2009.12 441p （朝日文庫）

【雑　誌】
◇日英同盟の危機の際の小村駐英大使 （河村一夫） 「政治経済史学」 179 1981.4
◇明治の外相・小村寿太郎 （私の書架から） 「経済セミナー」 318 1981.7
◇小村外相の満韓に関する日露交渉関係意見書について （河村一夫） 「朝鮮学報」 101 1981.10
◇満州の国際中立化案と小村外交 （寺本康俊） 「政治経済史学」 209 1983.12
◇ポーツマス講和会議と外相小村寿太郎 （宮崎道衛） 「多摩歴研究要」 4 1988.12
◇2人の戦時外務大臣―小村寿太郎と東郷茂徳 （松村正義） 「軍事史学」 26(2) 1990.9
◇愛国的リアリストの苦悩―小村寿太郎（平成日本の源流30人） （保阪正康）「文芸春秋」 72(5) 1994.4
◇水を得た魚（評伝 小林寿太郎〔2〕） （岡崎久彦） 「Voice」 235 1997.7 p252～261
◇小村寿太郎「命がけの胆力」と「したたかな外交技術」（いま想い起こすべき「明治の覇気」―いつから我々は、あの「努力」と「誇り」を失ったのか？） （吉村昭） 「SAPIO」 9(13) 1997.7.23 p20～21
◇瓦解する清帝国（評伝 小林寿太郎〔3〕） （岡崎久彦） 「Voice」 236 1997.8 p216～229
◇議会民主主義への執念（評伝 小林寿太郎〔4〕） （岡崎久彦） 「Voice」 237 1997.9 p248～259
◇ロシアの東方進出（評伝 小林寿太郎〔5〕） （岡崎久彦） 「Voice」 238 1997.10 p256～267
◇ロシアの満州占領（評伝 小林寿太郎〔6〕） （岡崎久彦） 「Voice」 239 1997.11 p246～257
◇日英同盟（評伝 小林寿太郎〔7〕） （岡崎久彦） 「Voice」 240 1997.12 p220～231
◇日露開戦（評伝 小林寿太郎〔8〕） （岡崎久彦） 「Voice」 241 1998.1 p260～271
◇日本民族の興隆期（評伝 小林寿太郎〔9〕） （岡崎久彦） 「Voice」 242 1998.2 p235～247
◇死闘（評伝 小林寿太郎〔10〕） （岡崎久彦） 「Voice」 243 1998.3 p233～245
◇日露戦争の関ヶ原（評伝 小林寿太郎〔11〕） （岡崎久彦） 「Voice」 244 1998.4 p239～251
◇ポーツマス条約（評伝 小林寿太郎〔12〕） （岡崎久彦） 「Voice」 245 1998.5 p235～247
◇明治という時代の終り（評伝 小林寿太郎〔最終章〕） （岡崎久彦） 「Voice」 246 1998.6 p237～249
◇第5部・帝国主義〔4〕「維新の第二世代」―桂、小村が仕掛けた対露開戦への道（日本を動かした言葉） （田原総一朗） 「SAPIO」 11(14) 1999.8.11 p42～45
◇「国運を賭けた談判」小村寿太郎と日露講和会議（特集1・「説得の心理戦」に絶対勝つ法則） （半藤一利） 「プレジデント」 38(12) 2000.7.17 p94～99
◇二人の外務大臣（霞の髄から〔50〕） （阿川弘之） 「文芸春秋」 79(6) 2001.6 p77～78
◇浅知恵の標本、小村寿太郎（本は私にすべてのことを教えてくれた―雑書放蕩記・自立編〔20〕） （谷沢永一） 「Voice」 301 2003.1 p236～241
◇南船北馬 小村寿太郎の光と影 （花井等） 「問題と研究」 問題と研究出版, 光國堂 33(10) 2004.7 p78～83
◇南満州の獲得―小村寿太郎とその権益認識（日露戦争一〇〇周年・軍事史学会四〇周年記念号 日露戦争(2)戦いの諸相と遺産―第三篇 戦争の遺産） （藤田賀久） 「軍事史学」 錦正社 41(1・2) 2005.6 p252～266
◇ポーツマス講和条約交渉の再考察―多国間交渉・ミディエーション分析と小村寿太郎の一側面 （御手洗昭治） 「比較文化論叢」 札幌大学文化学部 16 2005.9 p1～28
◇日露戦争と列強への台頭―小村外交と大陸国家への道（焦点/転換期の日本外交） （簑原俊洋） 「国際問題」 日本国際問題研究所 546 2005.9 p7～22

◇忘れがたき政治家(76)小村寿太郎=ポーツマスに駆けた明治外交の巨星　(新井勉)「月刊自由民主」 自由民主党 658 2008.1 p106～112
◇小村寿太郎の提言(中国に「産業革命」をもたらした男 盛宣懐とその時代―明治の財界の指導者が盛宣懐に託した「共存共栄」への思い)「Decide」 サバイバル出版 26(6) 2009.1 p47～49
◇場の磁力(17) 葉山・小村寿太郎終焉の地 時代の節目の地で果てた外交官の志　(新木洋光)「週刊東洋経済」 東洋経済新報社 6225 2009.10.3 p180

小室信夫　こむろしのぶ　1839～1898
明治期の政治家、実業家。日本郵船理事、貴族院議員。
【雑　誌】
◇小室信夫研究序説―岩鼻知県事在職時代の思想と行動に関する試論　(中島明)「信濃」 35(2) 1983.2

小室信介　こむろしんすけ　1852～1885
明治期の政治家。外務省准奏任御用掛。
【図　書】
◇案外堂小室信介の文学(和泉選書 22)　(和田繁二郎著)　和泉書院 1985.6
◇メディア都市・京都の誕生―近代ジャーナリズムと諷刺漫画　(今西一著)　雄山閣出版 1999.6 252p
【雑　誌】
◇小室案外堂「自由艶舌女文章」　(和田繁二郎)「大谷女子大国文」 10 1980.3
◇板垣退助名言の表裏―小室信介の文学的演出(自由民権運動百年記念特集号)　(松井幸子)「信州白樺」 44・45・46 1981.10
◇略歴　「郷土と美術」 84 1984.9
◇小室信介年譜　「郷土と美術」 84 1984.9
◇小室信介とその時代(1)　(原田久美子)「郷土と美術」 84 1984.9
◇天橋義塾と小室父子　(中嶋利雄)「郷土と美術」 84 1984.9
◇小室・沢山紀念文庫について 永島家所蔵の2,3の史料から　(今西一)「郷土と美術」 84 1984.9
◇郷土が生んだ民権作家　(沢村秀夫)「郷土と美術」 84 1984.9
◇小室信介の文学　(和田繁二郎)「郷土と美術」 84 1984.9
◇丹後郷土資料目録より　「郷土と美術」 84 1984.9
◇小室信介おぼえがき　(原田久美子)「季刊郷土と美術」 100 終刊 1991.11
◇義民顕彰をめぐる自由主義とファシズム―小室信介編『東洋民権百家伝』について(近代京都における自由主義思潮の研究)　(後藤正人)「立命館大学人文科学研究所紀要」 立命館大学人文科学研究所 65 1996.2 p1～24
◇歴史の物語―小室案外堂の政治小説を中心に　(西田谷洋)「近代文学研究」 日本文学協会近代部会 15 1997.12 p72～84

近藤勇　こんどういさみ　1834～1868
幕末、明治期の武士。新撰組組長。
【図　書】
◇日本剣豪こぼれ話　(渡辺誠)　日本文芸社 1981.10
◇話のタネ本―人物日本史　(村松駿吉)　日本文芸社 1981.10
◇町田に影を落とした旅人たち　(飯田俊郎)　町田ジャーナル社 1981.12
◇変革期型リーダーの条件―「維新」を見てきた男たち　(佐々克明)　PHP研究所 1982.9
◇人物日本史英雄のその後それから―意外!案外!名将軍から大泥棒まで(Kosaido books)　(萩原裕雄著)　広済堂出版 1984.10
◇日本史探訪 21 菊と葵の盛衰　角川書店 1985.7
◇東京歴史物語―新・東京の中の江戸(角川選書162)　(長谷章久)　角川書店 1985.9
◇日本史探訪 21 菊と葵の盛衰(角川文庫)　(角川書店編)　角川書店 1985.11
◇危機の行動力―幕末人物新研究(リキトミブックス〈20〉)　(会田雄次、百瀬明治著)　力富書房 1986.5
◇明治兜割り(講談社文庫)　(津本陽著)　講談社 1986.11
◇幕末酒徒列伝　(村島健一著)　旺文社 1987.1 (旺文社文庫)
◇激闘!新選組　(中村彰彦著)　ダイナミックセラーズ 1987.1
◇男の人望―何が人をひきつけるか　(童門冬二ほか著)　三笠書房 1987.1
◇歴史ウォッチング〈Part1〉　(名古屋テレビ編)　(舞阪町)ひくまの出版 1987.4
◇日本剣豪列伝〈下〉　(伊藤桂一ほか著)　旺文社 1987.6 (旺文社文庫)
◇京の旅 観光総ガイド　(京美観光出版社編)　(京都)京美観光出版社 1987.7
◇日本剣客列伝　(津本陽著)　講談社 1987.11 (講談社文庫)
◇逆運殺―日本史に見る凶運・悲運の人たち　(丹鬼堂著)　曜曜社出版 1987.11

◇物語 新選組戊辰戦記　(童門冬二ほか著)　新人物往来社 1988.2
◇物語 新選組隊士悲話　(北原亜以子ほか著)　新人物往来社 1988.6
◇幕末を駆け抜けた男たち―新選組誠忠記　(今川徳三著)　教育書籍 1988.6
◇興亡新撰組　(加太こうじ著)　光和堂 1989.5
◇幕末維新の志士読本　(奈良本辰也著)　天山出版 1989.9 (天山文庫)
◇近藤勇と新選組―続幕末を駆け抜けた男たち　(今川徳三著)　教育書籍 1989.9
◇土方歳三―青春を新選組に賭けた鉄の男　(津本陽一、藤本義一、粕谷一希ほか著)　プレジデント社 1990.2 (歴史と人間学シリーズ)
◇死ぬことと生きること　(土門拳著)　築地書館 1990.11
◇図説 歴史の街道・幕末維新　(榛原和夫写真・文)　河出書房新社 1990.11
◇新選組余話　(小島政孝著)　(町田)小島資料館 1990.12
◇のるかそるか　(津本陽著)　文芸春秋 1991.4
◇土方歳三読本　(新人物往来社編)　新人物往来社 1991.5
◇英雄の時代(1)新選組　(萩尾農、山村竜也編)　教育書籍 1991.6
◇撃つ!　(鍋倉健悦著)　竹内書店新社 1992.4
◇ウラ読みの人物・日本史―日本史を揺るがした豪傑・烈女の素顔　(村松駿吉著)　日本文芸社 1993.3 (にちぶん文庫)
◇男の真剣勝負　(津本陽著)　日本経済新聞社 1993.4
◇近藤勇のすべて　(新人物往来社編)　新人物往来社 1993.4
◇土方歳三―「剣」に生き、「誠」に殉じた生涯　(松永義弘著)　PHP研究所 1993.6 (PHP文庫)
◇爆笑新選組　(シブサワコウ編)　(横浜)光栄 1993.7 (歴史人物笑史)
◇新選組99の謎　(鈴木亨著)　PHP研究所 1993.10 (PHP文庫)
◇のるかそるか　(津本陽著)　文芸春秋 1994.4 (文春文庫)
◇会津藩主・松平容保は朝敵にあらず　(中村彰彦著)　新人物往来社 1994.8
◇ライバル日本史〈2〉　(NHK取材班編)　角川書店 1994.12
◇新選組日誌 上　(菊地明、伊東成郎、山村竜也編)　新人物往来社 1995.8 377p
◇ライバル日本史 2　(NHK取材班編)　角川書店 1996.9 252p (角川文庫)
◇新選組三部作 新選組遺聞 改版　(子母沢寛著)　中央公論社 1997.1 330p (中公文庫)
◇組織の成功哲学―歴史に見る11のケーススタディ　(百瀬明治著)　PHP研究所 1997.5 249p
◇完全制覇 新選組―この一冊で歴史に強くなる!　(山村竜也著)　立風書房 1998.2 254p
◇新選組誠史　(釣洋一著)　新人物往来社 1998.3 443p
◇新選組剣客伝　(山村竜也著)　PHP研究所 1998.7 212p
◇新選組戦場日記―永倉新八「浪士文久報国記事」を読む　(木村幸比古編・訳)　PHP研究所 1998.10 231p
◇新選組追録録　(万代修著)　新人物往来社 1998.10 268p
◇新撰組顛末記 新装版　(永倉新八著)　新人物往来社 1998.11 275p
◇明治秘史疑獄難獄 復刻版　(尾佐竹猛著、礫川全次解題)　批評社 1998.12 552,13p
◇堂々日本史 20　(NHK取材班編)　KTC中央出版 1998.12 247p
◇還らざる者たち―余滴の日本史　(中村彰彦著)　角川書店 1999.1 263p
◇剣豪―剣一筋に生きたアウトローたち　(草野巧著)　新紀元社 1999.3 216p (Truth In Fantasy)
◇新選組裏話　(万代修著)　新人物往来社 1999.4 279p
◇新選組468名大名鑑―幕末を駆け抜けた壬生狼たちの群像 愛蔵版　(壬生狼友の会編)　駿台曜曜社 1999.12 351p
◇歴史に学ぶ「叛逆者」の人生哲学　(早乙女貢著)　集英社 2000.5 270p (集英社文庫)
◇下戸列伝　(鈴木真哉著)　集英社 2000.6 254p (集英社文庫)
◇土方歳三の日記　(伊東成郎著)　新人物往来社 2000.7 271p
◇人間臨終図巻 1　(山田風太郎著)　徳間書店 2001.3 525p (徳間文庫)
◇人物日本剣豪伝 5　(八尋舜右ほか著)　学陽書房 2001.7 303p (人物文庫)
◇真説 新選組　(山村竜也著)　学習研究社 2001.8 342p (学研M文庫)
◇図解雑学 新選組　(菊地明著)　ナツメ社 2001.10 231p (図解雑学シリーズ)
◇日本暗殺総覧―この国を動かしたテロルの系譜　(泉秀樹著)　ベストセラーズ 2002.5 302p (ベスト新書)
◇BOX絵草紙シリーズ Vol.1　(下田昌忠、高山泰治、長谷川義史、中村純司、下谷二助絵、三井浩、片山喜康、大友博、安藤寛志文)　アートン 2002.7 5冊(セット)
◇剣技・剣術 3　(牧秀彦著)　新紀元社 2002.8 457p

◇新選組剣客伝　（山村竜也著）　PHP研究所　2002.9　251p　（PHP文庫）
◇二十五人の剣豪―宮本武蔵から近藤勇まで　（戸部新十郎著）　PHP研究所　2002.10　245p　（PHP文庫）
◇歴史に学ぶ人間学　（童門冬二著）　潮出版社　2002.10　284p
◇土方歳三―幕末新選組の旅　（河合敦著）　光人社　2002.10　221p
◇新選組と沖田総司―「誠」とは剣を極めることなり　（木村幸比古著）　PHP研究所　2002.12　244p　（PHP新書）
◇新選組日誌　コンパクト版　上　（菊地明、伊東成郎、山村竜也編）　新人物往来社　2003.2　380p
◇江戸の村医者―本田覚庵・定年父子の日記にみる　（菅野則子著）　新日本出版社　2003.2　190p
◇新選組決定版　（伊東成郎著）　河出書房新社　2003.5　301p
◇土方歳三・孤立無援の戦士　新装版　（新人物往来社編）　新人物往来社　2003.5　274p
◇江戸・東京歴史物語　（長谷章久著）　講談社　2003.5　367p　（講談社学術文庫）
◇新選組日記―永倉新八日記・島田魁日記を読む　（木村幸比古著）　PHP研究所　2003.7　321p　（PHP新書）
◇新選組列伝　（早乙女貢著）　新人物往来社　2003.7　351p
◇時代劇・剣術のことが語れる本―「その名」で映画を見るときに「あっ、そうなのか」　（是本信義著）　明日香出版社　2003.8　243p　（アスカビジネス）
◇知れば知るほど面白い！NHK大河ドラマ的新選組　（新選組「誠」発掘隊編、久保田英一文）　リフレ出版　2003.8　185p
◇わかる！新選組―この一冊であなたも新選組通！　（山村竜也監修）　PHPエディターズ・グループ　2003.9　141p
◇幕末維新・あの人の「その後」―新選組から明治の指導者まで　（日本博学倶楽部著）　PHP研究所　2003.9　275p　（PHP文庫）
◇土方歳三波濤録　（釣洋一著）　新人物往来社　2003.9　278p
◇新撰組のことがマンガで3時間でわかる本―へえーそうなのか！　（津田太愚斎著, つだゆみ漫画）　明日香出版社　2003.9　231p　（アスカビジネス）
◇新選組　（松浦玲著）　岩波書店　2003.9　243p　（岩波新書）
◇新選組銘々伝　第4巻　（新人物往来社編）　新人物往来社　2003.10　292p
◇新選組は京都で何をしていたか　（伊東成郎著）　KTC中央出版　2003.10　309p
◇新撰組の光と影―幕末を駆け抜けた男達　（童門冬二著）　学陽書房　2003.10　263p　（人物文庫）
◇土方歳三の遺言状　（鵜飼清著）　新人物往来社　2003.11　317p
◇幕末京都―新選組と龍馬たち　（川端洋之文、中田昭写真）　光村推古書院　2003.11　95p　SUIKO BOOKS
◇再現・新選組―見直される青春譜　（鈴木亨著）　三修社　2003.11　251p
◇新選組が京都で見た夢―動乱の幕末に青春を賭けた男たちがいた　（中田昭写真）　学習研究社　2003.11　145p　GAKKEN GRAPHIC BOOKS
◇小説　近藤勇　（童門冬二著）　潮出版社　2003.11　289p
◇「新選組」の事情通になる！―マニアも知らないネタまで開陳　人物、事件史、ウワサ話まで徹底取材　（岳也編著）　PHP研究所　2003.11　325p　（PHP文庫）
◇歳三と龍馬―幕末・維新の青春譜　（菊地明、山林かおる、大牟田太朗、杉本章子、中村彰彦、桐野作人、皆川真理子、大庭邦彦著）　集英社　2003.11　220p
◇新選組近藤勇伝　（山村竜也著）　日本放送出版協会　2003.11　218p
◇イラストで読む入門　新選組　（黒鉄ヒロシ画、新選組研究会「碧血碑」文）　PHPエディターズ・グループ　2003.12　157p
◇新選組クイズ100連発！　（幕末史研究会編、笠原秀文）　学習研究社　2003.12　216p
◇紀行新選組　（尾崎秀樹文、榊原和夫写真）　光文社　2003.12　179p　（知恵の森文庫）
◇映画・テレビ完全ガイド　燃えよ！新選組　（山村竜也、岸田一則、横田淳編）　たちばな出版　2003.12　143p
◇その名は新選組　（砂田弘豪、伊藤勢絵）　ポプラ社　2003.12　119p
◇写真集・新選組宝典　（釣洋一著）　新人物往来社　2003.12　259p
◇新選組―知れば知るほど面白い・人物歴史丸ごとガイド　（横田淳著、山村竜也監修）　学習研究社　2003.12　229p
◇壬生狼FILE―新選組人物事典　（加来耕三監修、水谷俊樹著）　朝日ソノラマ　2003.12　143p
◇新選組　（佐藤文明文、ふなびきかずこイラスト）　現代書館　2003.12　174p　（FOR BEGINNERSシリーズ）
◇司馬遼太郎が描いた「新選組」の風景　（司馬遼太郎著）　新潮社　2003.12　127p　（とんぼの本）
◇新選組―知られざる隊士の真影　（相川司著）　新紀元社　2003.12　271p　Truth In History

◇新選組の大常識　（矢口祥有里監修）　ポプラ社　2003.12　143p　（これだけは知っておきたい）
◇図解雑学新選組　（菊地明著）　ナツメ社　2003.12　269p
◇新選組局長近藤勇―士道に殉じたその実像　（木村幸比古著）　淡交社　2003.12　237p
◇図解雑学　沖田総司と新選組隊士　（河合敦著）　ナツメ社　2004.1　206p　（図解雑学シリーズ）
◇新選組全隊士徹底ガイド　（前田政記著）　河出書房新社　2004.1　213p　（河出文庫）
◇京都新選組案内―物語と史跡　（武山峯久著）　創元社　2004.1　227p
◇俳遊の人・土方歳三―句と詩歌が語る新選組　（管宗次著）　PHP研究所　2004.1　235p　（PHP新書）
◇近藤勇―士道を貫く誠の魂　学習研究社　2004.1　71p　（歴史群像シリーズ）
◇歴史をつくった自由人　（青丹社歴史編集部編著）　ソフトマジック　2004.2　191p
◇新選組の真実―幕末の最強集団　（菊地明著）　PHPエディターズ・グループ　2004.2　285p
◇日本人の手紙　（村尾清一著）　岩波書店　2004.2　206p
◇歴史のなかの新選組　（宮地正人著）　岩波書店　2004.3　263p
◇実録　新選組　（京一輔著）　愛隆堂　2004.4　239p
◇漱石の時代―天皇制下の明治の精神　（林順治著）　彩流社　2004.4　668p
◇最後のサムライ！新選組入門　（田中ひろみ著）　幻冬舎　2004.4　119p
◇教科書から消された偉人・隠された賢人―いま明かされる日本史の真実　（濤川栄太著）　イーグルパブリシング　2004.5　249p
◇新選組証言録―『史談会速記録』が語る真実　（山村竜也著）　PHP研究所　2004.7　291p　（PHP新書）
◇新編・新選組流山始末―幕末の下総と近藤勇一件　（山形紘著）　崙書房　2004.7　179p
◇新選組、敗れざる武士達　（山川健一著）　ダイヤモンド社　2004.8　288p
◇新選組多摩党の虚実―土方歳三・日野宿・佐藤彦五郎　（神津陽著）　彩流社　2004.9　294p
◇英傑の日本史―新撰組・幕末編　（井沢元彦著）　角川書店　2004.10　311p
◇のんびり、ゆっくり江戸東京七福神めぐり　（グループ漫歩編）　日本出版社　2004.12　127p
◇所さん&おすぎの偉大なるトホホ人物事典　（トホホ史観学会編）　講談社　2005.2　214p
◇多摩・新選組紀聞　（平野勝著）　東京新聞出版局　2005.2　220p
◇幕末・新選組雑学事典　（山村竜也著）　リイド社　2005.7　238p
◇未完の「多摩共和国」―新選組と民権の郷　（佐藤文明著）　凱風社　2005.9　355p
◇NHKその時歴史が動いたコミック版　新選組・龍馬編　（NHK取材班編）　ホーム社　2006.3　498p　（ホーム社漫画文庫）
◇拝啓近藤勇様―いさまーからの手紙　（持見美乃著）　新人物往来社　2007.5　159p
◇新選組残目録　（伊東成郎著）　新人物往来社　2007.6　269p
◇新選組　二千二百四十五日　（伊東成郎著）　新潮社　2007.6　396p　（新潮文庫）
◇新選組468隊士大名鑑　完全版　（壬生狼友の会監修）　小池書院　2007.11　351p
◇図解　軍師と参謀　知略戦のすべて―歴史に学ぶ「勝つ」ための戦略　（ビジネス兵法研究会著）　PHP研究所　2007.12　95p
◇英傑の日本史―新撰組・幕末編　（井沢元彦著）　角川書店　2007.12　371p　（角川文庫）
◇幕末剣豪秘伝　（津本陽監修）　ベストセラーズ　2008.8　255p　（ワニ文庫）
◇本当はもっと面白い新選組　（山村竜也著）　祥伝社　2008.10　264p　（祥伝社黄金文庫）
◇幕末"志士"列伝　（別冊宝島編集部編）　宝島社　2008.11　223p　（宝島SUGOI文庫）
◇愛と信義の人　（志村有弘著）　勉誠出版　2009.8　196p　（人間愛叢書）
◇歴史がわかる！100人日本史　（河合敦著）　光文社　2009.8　251p
◇幕末維新「英傑」たちの言い分―坂本龍馬から相楽総三まで　（岳真也著）　PHP研究所　2009.10　391p　（PHP文庫）
◇知将秋山真之―ある先任参謀の生涯　（生出寿著）　光人社　2009.11　341p　（光人社NF文庫）
◇幕末維新人物新論―時代をよみとく16のまなざし　（笹部昌利編）　昭和堂　2009.12　321p
◇坂本龍馬と幕末維新人物100選　（清水昇著）　リイド社　2009.12　253p　（リイド文庫）
◇幕末暗殺剣―血湧き肉踊る最強剣豪伝説　（マーヴェリック著）　双葉

社　2009.12　249p
【雑　誌】
◇子孫が語る隊士の面影―曽祖父の弟・近藤勇（新選組大特集）（宮川豊治）「歴史と旅」7(2) 1980.1
◇新選組興亡史―多摩剣法天然理心流（新選組大特集）（小島政孝）「歴史と旅」7(2) 1980.1
◇新選組局長近藤勇の最期　（松永義弘）「歴史と旅」7(7) 1980.6
◇近藤勇の逮捕と板橋での疑問　（浅沼政直）「板橋史談」79 1980.7
◇その後の謎と異説―近藤勇流山自刎の真因（特集・謎と異説の新選組）（山形紘）「歴史と旅」7(12) 1980.11
◇特別資料・両雄士伝（特集・迷と異説の新選組）（小島資料館解題・小島政孝）「歴史と旅」7(12) 1980.11
◇中島次郎兵衛宛近藤勇の書翰　（小島政孝）「多摩のあゆみ」22 1981.9
◇新選組隊長近藤勇の処刑　（橋詰延寿）「土佐史談」156 1981.3
◇山崎天王山掃討戦と近藤勇（読者招待席）（万代修）「歴史読本」26(11) 1981.9
◇近藤勇自筆書状、百二十年振りに故郷へ帰る!!（荒尾親成）「神戸史談」250 1982.1
◇新説・近藤勇と沖田総司　（神保侃司）「歴史読本」27(8) 1982.7
◇近藤勇の妻つね―特集・大江戸の女性秘話50選（赤間倭子）「歴史と旅」10(10) 1983.8
◇殺人剣虎徹乱刃―近藤勇―特集・秘剣七つの太刀　（古川薫）「歴史と旅」10(12) 1983.11
◇特集徹底調査近藤勇　「歴史と旅」11(10) 1984.8
◇近藤勇首塚の謎　（赤間倭子）「歴史研究」291 1985.7
◇近藤勇―幕末の京師を跳梁する必殺剣！（日本剣豪総覧）（古川薫）「歴史と旅」12(8) 1985.8
◇書き国散策(53)新選組・近藤勇　（中西慶爾）「墨」53 1986.3
◇近藤勇はなぜ流山に陣を敷いたか　（大出俊幸）「流山研究におどり」5 1986.8
◇近藤勇を逮捕するまでの顛末　（大出俊幸）「流山研究におどり」6 1987.7
◇近藤勇の最期　局長、板橋の露と消ゆ（特集　新選組隊士臨終図巻）（童門冬二）「歴史と旅」15(4) 1988.3
◇近藤勇墓碑建立の謎　（浅沼政直）「歴史研究」326 1988.6
◇近藤勇・土方歳三墓碑　（北原昭太郎）「江東史談」227 1988.9
◇「新撰組」近藤勇と「池田屋襲撃」の苛烈―浪士狩りのマシーンと化し、尊攘派の怨嗟の的となった理由（特集・幕末維新」の人物学）（光瀬龍）「プレジデント」28(6) 1990.6
◇私と分子遺伝学(3)ファージ・核酸・遺伝子―微生物遺伝の道を辿る間にまに　（近藤勇）「遺伝」41(5) 1987.5
◇新選組―士としての生と死（幕末史話―"第三の開国"のさ中に(12)）（松本健一）「エコノミスト」71(54) 1993.12.21
◇新選組隊士秘聞　近藤勇と松井徳太郎―著名大幹部と無名平隊士は義兄弟だった（万代修）「大阪歴史懇談会会報」117 1994.5
◇鶴見川水系のほとり(1)近藤勇らが訪れた小野路　「歴研よこはま」32 1994.5
◇美濃苗木藩記録にみる近藤勇の首級転送噺―京都二条城内で新政府要人が異臭を放つ敵将の首実験をしていた（万代修）「大阪歴史懇談会会報」122 1994.10
◇近藤勇―只一死を将て君恩に報いん（特集・幕末明治人物臨終の言葉―近代の夜明けを駆けぬけた44人の人生決別の辞　英傑死してことばを遺す）（一坂太郎、稲川明雄、今川徳三、井門寛、宇都宮泰長、河合敦、木村幸比古、祖田浩一、高野澄、高橋和彦、畑山博、三谷茉沙夫、百瀬明治、山村竜也）「歴史と旅」24(7) 1997.5 p64～65
◇余滴の日本史―完―証言から見た近藤勇の就縛前後　（中村彰彦）「本の旅人」角川書店 4(10) 1998.10 p74～77
◇新選組旅情　近藤勇が立ち寄った萩原道場（釣洋一）「歴史研究」人物往来社歴史研究 453 1999.2 p44～47
◇流山近藤勇の陣営確認か　（山形紘）「幕末史研究」小島資料館（発売）No.37 2001.7 p16～29
◇横倉日記にみる近藤勇最期の日　（あさくらゆう）「幕末史研究」小島資料館（発売）No.39 2003.9 p28～32
◇近藤勇のSOS書簡　（小島政孝）「幕末史研究」小島資料館（発売）No.39 2003.9 p33～40
◇近藤勇処刑前後―横倉家資料から　（あさくらゆう）「幕末史研究」小島資料館（発売）No.41 2005.9 p42～51
◇エノケン劇　近藤勇のスナップ写真　（小島政孝）「幕末史研究」小島資料館（発売）No.41 2005.9 p130～131
◇近藤勇処刑前後―横倉家資料から　（あさくらゆう）「幕末史研究」小島資料館（発売）No.41 2005.9 p42～51
◇近藤勇料弾建白書事件(特集 永倉新八と『新撰組顚末記』の謎―特集ワイド2 新視点 永倉新八の再検証（Part2)新選組結成～脱隊 永倉新八 激闘譜―「七ヶ所手傷負う」の謎）（屋屋芳恵）「歴史読本」新人物往来社 50(9) 2005.9 p84～87
◇「近藤勇と新選組隊士供養塔」建立の真相(特集 永倉新八と『新撰組顚末記』の謎―特集ワイド3 新視点 永倉新八の再検証（Part3)杉村

義衛と明治新選組）（新井慧誉）「歴史読本」新人物往来社 50(9) 2005.9 p126～129
◇エノケン劇　近藤勇のスナップ写真　（小島政孝）「幕末史研究」小島資料館（発売）No.41 2005.9 p130～131
◇近藤勇「京都日誌」(新選組局長)―戦闘的佐幕派の憧憬がみちびいた悲しき粛清劇（特集　幕末京都 志士日誌―特集ドキュメント 幕末京都 志士の足跡）（伊東成郎）「歴史読本」新人物往来社 51(7) 2006.5 p64～71
◇最新研究レポート　近藤勇の写真について　（森重和雄）「霊山歴史館紀要」霊山顕彰会 19 2009.7 p18～67
◇脈脈たる仏道(16回目)敗者・近藤は見た、勿外不遷を　（小嵐九八郎）「大法輪」大法輪閣 76(11) 2009.11 p234～242

近藤ツネ　こんどうつね　1837～1892
　幕末、明治期の女性。新撰組隊長近藤勇の妻。
【図　書】
◇幕末の志士を支えた「五人」の女―坂本龍馬の「おりょう」から近藤勇の「おつね」まで　（由良弥生著）講談社 2009.11 268p（講談社プラスアルファ文庫）

西園寺公望　さいおんじきんもち　1849～1940
　明治～昭和期の政治家。公爵、内閣総理大臣。
【図　書】
◇幕末酒徒列伝　続　（村島健一）講談社 1980.3
◇男たちの明治維新―エピソード人物史　文芸春秋 1980.10（文春文庫）
◇重臣たちの昭和史　上，下　（勝田龍夫）文芸春秋 1981.5
◇文壇一夕話　（巌谷大四）牧羊社 1981.7
◇最後の元老西園寺公望　（豊田穣）新潮社 1982.4
◇大正政変―1900年体制の崩壊　（坂野潤治）ミネルヴァ書房 1982.4（歴史と日本人 5）
◇大正政変―1900年体制の崩壊(歴史と日本人5)　ミネルヴァ書房 1982.4
◇日仏の交流―友好380年　（高橋邦太郎）三修社 1982.5
◇原敬をめぐる人びと　続　（原奎一郎、山本四郎編）日本放送出版協会 1982.8（NHKブックス 419）
◇読書清興　（岩倉規夫）汲古書院 1982.11
◇西園寺公望と原敬特別展示目録　衆議院憲政記念館 1983.2
◇明治・大正の宰相 5 西園寺公望と明治大帝崩御　（豊田穣）講談社 1983.12
◇宰相の系譜―時代を刻んだ男たちの言行録(Kosaido books)　（村松剛編）広済堂出版 1983.12
◇人物探訪　日本の歴史19―大正・昭和の主役　暁教育図書 1984.4
◇泣きどころ人物誌　（戸板康二）文芸春秋 1984.9
◇天皇元勲重臣　（長文連著）図書出版社 1984.10
◇最後の元老西園寺公望（新潮文庫）　豊田穣著　新潮社 1985.11
◇日本宰相列伝 5 西園寺公望　（木村毅著）時事通信社 1985.11
◇元老　（山本四郎著）静山社 1986.4
◇百年の日本人〈その3〉　（川口松太郎、杉本苑子、鈴木史楼ほか著）読売新聞社 1986.6
◇政治家　その善と悪のキーワード　（加藤尚文著）日経通信社 1986.6
◇運命を開く―人間学講話　（安岡正篤著）プレジデント社 1986.12
◇近代日本の政局と西園寺公望（中川小十郎著，後藤靖，鈴木良校訂）吉川弘文館 1987.1
◇泣きどころ人物誌　（戸板康二著）文芸春秋 1987.11（文春文庫）
◇世界の中の日本―日本に期待されるもの　（磯村尚徳、加藤周一ほか著）（京都）法律文化社 1988.5
◇近代日本内閣史論　（森井貞文著）吉川弘文館 1988.7
◇明治文芸院始末記　（和田利夫著）筑摩書房 1989.12
◇近代日本の政治家　（岡義武著）岩波書店 1990.3（同時代ライブラリー）
◇陶庵随筆　（西園寺公望著，国木田独歩校）中央公論社 1990.4（中公文庫）
◇立命館大学図書館蔵西園寺文庫目録　（立命館大学図書館編）立命館大学図書館 1990.10
◇最後の元老・西園寺公望展―京都・パリ・東京　（立命館大学西園寺公望展実行委員会編）立命館大学 1990.10
◇西園寺公望伝〈第1巻〉　（立命館大学西園寺公望伝編集委員会編）岩波書店 1990.10
◇西園寺公望伝〈第2巻〉　（立命館大学西園寺公望伝編纂委員会編）岩波書店 1991.9
◇ぜいたく列伝　（戸板康二著）文芸春秋 1992.9
◇近代日本社会と思想　（後藤靖編）吉川弘文館 1992.11
◇西園寺公望伝〈第3巻〉　（立命館大学西園寺公望伝編纂委員会編）岩波書店 1993.12
◇自由は人の天性なり―「東洋自由新聞」と明治民権の士たち　（吉野

孝雄著）　日本経済新聞社　1993.6
◇西園寺公望伝　第4巻　（立命館大学西園寺公望伝編纂委員会編）　岩波書店　1996.3　446p
◇西園寺公望伝　別巻1　（立命館大学西園寺公望伝編纂委員会編）　岩波書店　1996.11　348,19p
◇西園寺公望伝　別巻2　（立命館大学西園寺公望伝編纂委員会編）　岩波書店　1997.10　394,4p
◇政党内閣と元老西園寺公望─『松本剛吉政治日誌』を中心に　（土川信男）「宮中・皇室と政治」　山川出版社　1998.11　（年報・近代日本研究 20　近代日本研究会編）　p73
◇この日本人を見よ─在りし日の人たち　（馬野周二著）　フォレスト出版　1998.12　263p
◇世紀転換期の国際秩序と国民文化の形成　（西川長夫, 渡辺公三編）　柏書房　1999.2　532p
◇日露戦争以後の日本外交─パワー・ポリティクスの中の満韓問題　（寺本康俊著）　信山社出版　1999.9　563,14p
◇結婚百物語　（林えり子著）　河出書房新社　2000.1　251p　（河出文庫）
◇「西園寺公望と興津」展図録─特別企画　（岩井忠熊監修, フェルケール博物館編）　フェルケール博物館　2001　44p
◇首相列伝─伊藤博文から小泉純一郎まで　（宇治敏彦編）　東京書籍　2001.9　410p
◇岡義武著作集　第4巻　（岡義武著）　岩波書店　2001.10　281p
◇西園寺公望と明治の文人たち　（高橋正succ）　不二出版　2002.1　247,8p
◇西園寺公望─最後の元老　（岩井忠熊著）　岩波書店　2003.3　232p　（岩波新書）
◇青年君主昭和天皇と元老西園寺　（永井和著）　京都大学学術出版会　2003.7　536p
◇満州事変と対中国政策　（小池聖一著）　吉川弘文館　2003.12　295,6p
◇近代日本と仏蘭西─10人のフランス体験　（三浦信孝編）　大修館書店　2004.3　403p
◇ぜいたく列伝　（戸板康二著）　学陽書房　2004.4　324p　（人物文庫）
◇陶庵随筆　改版　（西園寺公望著, 国木田独歩編）　中央公論新社　2004.4　130p　（中公文庫）
◇日本宰相列伝　上　（三好徹著）　学陽書房　2005.1　487p　（人物文庫）
◇西園寺公一回顧録「過ぎ去りし、昭和」　（西園寺公一著）　日本図書センター　2005.2　358p　（人間の記録）
◇教科書が教えない歴史有名人の晩年　（新人物往来社編）　新人物往来社　2005.5　286p
◇歴代総理大臣記録叢書　第7巻　（御厨貴監修）　ゆまに書房　2005.7　240p
◇この結婚─明治大正昭和の著名人夫婦70態　（林えり子著）　文芸春秋　2005.8　242p　（文春文庫）
◇昭和天皇と帝王学─知られざる人間形成と苦悩　（高濱広居著）　展望社　2006.6　206p
◇政・財　腐蝕の100年　大正編　（三好徹著）　講談社　2006.12　319p
◇歴代総理大臣記録叢書　別巻　（御厨貴監修）　ゆまに書房　2007.1　284p
◇宰相たちのデッサン─幻の伝記で読む日本のリーダー　（御厨貴編）　ゆまに書房　2007.6　280p
◇元老西園寺公望─古希からの挑戦　（伊藤之雄著）　文芸春秋　2007.12　358p　（文春新書）
◇風よ波よ─柳川が生んだ元勲・曽我祐準伝　（田中省三著）　海鳥社　2008.4　230p
◇歴史のかげにグルメあり　（黒岩比佐子著）　文芸春秋　2008.8　254p　（文春新書）
◇リーダーシップの比較政治学　（日本比較政治学会編）　早稲田大学出版部　2008.9　196p　（日本比較政治学会年報）
◇史観宰相論　（松本清張著）　筑摩書房　2009.5　311p　（ちくま文庫）
◇パリの日本人　（鹿島茂著）　新潮社　2009.10　286p　（新潮選書）
【雑　誌】
◇パリの友情─西園寺と公妙寺三郎　（高橋邦太郎）「明治村通信」　11（7）　1980.7
◇漱石の招宴欠席をめぐって　（樋用満夫）「文芸論叢（文教大）」　17　1981.3
◇桂園体制論への一視角─元老をめぐる権力状況について　（柴崎力栄）「史学雑誌」　90（6）　1981.6
◇近代日本と西園寺公　（檜山良昭）「波」　16（5）　1982.5
◇失敗した積極政策─第一次西園寺公望内閣と日露戦後財政　（中里裕司）「日本歴史」　409　1982.6
◇若き日の西園寺公望　（藤井貞文）「政治経済史学」　200　1983.3
◇桂園内閣期の貴族院（1906〜1909）　（西尾林太郎）「早稲田政治公法研究」　12　1983.12
◇夏目漱石と西園寺公望─招宴辞退をめぐって　（高橋正）「高大国語

教育」　32　1984.12
◇「伝記は書くな」と遺言した西園寺公望　（岩井忠熊）「新潮45」　5（1）　1986.1
◇西園寺公望の政治理念　（伊藤勲）「上智法学論集」　29（2・3）（相沢好則教授退職記念号）　1986.3
◇西園寺公望　近衛文麿　軍国日本二人の宰相（特集　王宮の魔族　藤原氏）　（小堺昭三）「歴史と旅」　15（15）　1988.10
◇西園寺公望─天皇神格化には絶対反対だった「最後の元老」（真の人物には感動がある！「輝ける昭和人」血族の証言55）　（西園寺公一）「文芸春秋」　67（10）　1989.9
◇西園寺公望のパリ留学時代（特集・明治の洋行）　（富田仁）「知識」　98　1990.2
◇西園寺陶庵〔公望〕と竹越三叉〔与三郎〕　（中村哲）「法学志林」　87（3）　1990.3
◇近代日本のなかのフランス山脈─西園寺公望と中江兆民　（鈴木良）「立命館言語文化研究」　1（2）　1990.3
◇自由主義者の系譜（8）西園寺公望─国の艱難なる時こそ益々「世界之日本」たれ　（米田龍二）「月刊自由民主」　449　1990.8
◇白鳥の心境・「西園寺公の心境」　（上田博）「立命館言語文化研究」　2（2）　1990.9
◇西園寺公望の井上毅批判─「悟陰存稿」書き込み本について　（鈴木良, 福井純子）「日本史研究」　338　1990.10
◇2つの「日記」が解いた張作霖爆殺事件の謎　（佐藤元英）「中央公論」　105（11）　1990.11
◇帝国国防方針の策定と西園寺の対応　（浅野和生）「中部女子短期大学紀要」　20　1990.12
◇西園寺公望の異文化受容─尊攘派公家から西欧型リベラリストへの転身　（岩井忠熊）「立命館言語文化研究」　2（5・6）　1991.3
◇第1次西園寺内閣の総辞職原因について（近現代政軍関係と国際政治経済）　（山本四郎）「政治経済史学」　320　1993.2
◇桂園体制の形成と台湾統治問題　（斎藤容子）「史学雑誌」　103（1）　1994.1
◇西園寺公望の思想（世界のなかの日本文化〈特集〉）　（岩井忠熊）「日本の科学者」　29（4）　1994.4
◇軍米オンチの民権派─西園寺公望（平成日本の源流30人）　（保坂正康）「文芸春秋」　72（5）　1994.5
◇西園寺公望はいかにして最後の元老となったのか─「一人元老制」と「元老・内大臣協議方式」　（永井和）「京都大学文学部研究紀要」京都大学文学部　36　1997.3　p111〜152
◇長沙開港前後と日本人─竜蔵・信綱・梅暁・公望をめぐって　（中村義）「史叢」　弘文堂（発売）41　1997.5　p2〜19
◇近世・近代の藤原氏・西園寺公望─政界に影響力を与え続けた最後の元老（日本の歴史をつらぬく貴族エリート集団藤原氏の繁栄と永続の秘密！）　（瑞納美鳳）「歴史と旅」　24（17）　1997.11.10　増刊（権勢の魔族藤原一門）　p228〜235
◇1900年パリ〔5〕ベルサイユ講和会議と西園寺公望（1900年への旅〔5〕）　（寺島実郎）「Foresight」　8（12）　1997.12　p62〜64
◇西園寺公望のフランス語蔵書　（奥村功）「立命館経済学」　立命館大学経済学会　46（6）　1998.2　p836〜853
◇西園寺公望と二つの護憲運動（特集　歴史の虚像と実像）　（季武嘉也）「日本歴史」　吉川弘文館　600　1998.5　p55〜58
◇西園寺公望のフランス語蔵書─（その2）陶庵文庫　（奥村功）「立命館経済学」　立命館大学経済学会　47（2・3・4）　1998.10　p472〜494
◇西園寺公望書簡─鳩居堂熊谷信吉宛　（竹村房子）「史窓」　京都女子大学文学部史学会　57　2000　p131〜151, 図1枚
◇西園寺公望別荘・坐漁荘と興津の場所性─近代和風別荘におけるオーセンティシティに関する一考察　（土屋和男）「常葉学園短期大学紀要」　常葉学園短期大学　31　2000　p167〜179
◇中江兆民と西園寺公望（続稿）　（高橋正）「日本文学研究」　高知日本文学研究会　第37号　2000.3　p37〜62
◇「20世紀日本」を創った10人、駄目にした10人─激論5時間！半藤一利vs保阪正康vs松本健一　賢者は歴史に学ぶ（特集・歴史に学ぶ「成功と失敗」─我々は「目先」に囚われすぎていないか）（半藤一利, 保阪正康, 松本健一）「プレジデント」　39（2）　2001.1.15　p44〜53
◇元老西園寺公望の内大臣像─内大臣就任過程を素材として　（中島英大）「鴨台史学」　大正大学史学会　2　2001.3　p44〜52
◇田中義一内閣期における天皇・宮中側近と元老の政治姿勢─西園寺公望と牧野伸顕を中心として　（足立政喜）「竜谷大学大学院法学研究」竜谷大学大学院法学研究編集委員会　第3号　2001.8　p1〜12
◇田中義一内閣期における天皇・宮中側近と元老の政治姿勢─西園寺公望と牧野伸顕を中心として　（足達政喜）「竜谷大学大学院法学研究」竜谷大学大学院法学研究編集委員会　3　2001.9　p1〜12
◇「協力内閣」構想と元老西園寺公望─犬養内閣の成立をめぐって　（小山俊樹）「史林」　史学研究会　84（6）　2001.11　p933〜953
◇元老「西園寺公望」が泣く曽孫監修の「池田大作」ヨイショ本（ワイド特集・壁に耳あり）「週刊新潮」　47（4）　2002.1.31　p45〜46
◇明治20年代における中学校「国語科」観─西園寺公望の「国文科」廃止論を中心に　（小笠原拓）「教育科学論集」　神戸大学発達科学部教

◇高校の授業 日本史 最後の元老・西園寺公望―軍部の台頭 （伊藤和彦）「歴史地理教育」 歴史教育者協議会 674 2004.9 p54〜57
◇忘れがたき政治家(43)西園寺公望 「憲政の常道」を現出させた最後の元老 （新井勉）「月刊自由民主」 自由民主党 625 2005.4 p102〜108
◇文部大臣西園寺公望の文教政策 （張智慧）「市大日本史」 大阪市立大学日本史学会 8 2005.5 p54〜76
◇西園寺公望旧蔵の俳書一付 陶庵秀吟発句抄 （小林孔）「立命館文學」 立命館大学人文学会 592 2006.2 p528〜538
◇黒田清輝と西園寺公望―理想画の社会的意義 （中江彬）「人文学論集」 大阪府立大学総合科学部西洋文化講座 第25集 2007.3 p1〜39
◇『蜻蛉集』のための西園寺公望の下訳について（第9回国際日本学シンポジウム―〈日本〉表象の交差―ジャポニスムの文学と音楽） （浅田徹）「お茶の水女子大学比較日本学研究センター研究年報」 お茶の水女子大学比較日本学研究センター 4 2008.3 p49〜58
◇摂政輔導問題と元老西園寺公望―日支便便宜定処理問題における「聖断」の実施過程を中心に （荒船俊太郎）「史観」 早稲田大学史学会 158 2008.3 p18〜36
◇昭和史の大河を往く（第117回）第9部 華族たちの昭和史(8)西園寺公望と近衛文麿の暗闘 （保阪正康）「サンデー毎日」 毎日新聞社 87(29) 2008.7.20 p52〜55
◇昭和史の大河を往く（第120回）第9部 華族たちの昭和史(11)最後の元老・西園寺公望、坐漁荘での日々 （保阪正康）「サンデー毎日」 毎日新聞社 87(32) 2008.8.10 p52〜55
◇昭和史の大河を往く（第121回）第9部 華族たちの昭和史(12)西園寺公望と日本の政治の「死」 （保阪正康）「サンデー毎日」 毎日新聞社 87(33) 2008.8.17 p52〜55
◇「憲政の常道」と政党内閣制―西園寺公望の目指した日本政治 （山田裕恒）「福岡大学大学院論集」 福岡大学大学院論集刊行委員会 40(1) 2008.8.20 p222〜203
◇明治民法の成立と西園寺公望―法典調査会の議論を中心に （張智慧）「立命館大学人文科学研究所紀要」 立命館大学人文科学研究所 93 2009.3 p207〜236
◇ロー・クラス 現行民法典を創った人びと（新連載・1）序論、総裁・副総裁(1)伊藤博文・西園寺公望 （七戸克彦）「法学セミナー」 日本評論社 54(5) 2009.5 p40〜44

西郷いと　さいごういと　1843〜1922
幕末〜大正期の女性。西郷隆盛の妻。
【図　書】
◇西郷家の女たち （阿井景子著） 文芸春秋 1987.2
◇西郷隆盛―人望あるリーダーの条件 （山本七平、毛利敏彦、野中敬吾他文） 世界文化社 1987.3 （BIGMANビジネスブックス）
◇明治を彩った妻たち （阿井景子著） 新人物往来社 1990.8
◇西郷さんを語る―義妹・岩山トクの回想 （岩山清子、岩山和子編著） 至言社 1997.6 213p
【雑　誌】
◇西郷と「3人の妻」―「偉大な男」を夫に持った薩摩の女の至福と苦難（特集・西郷隆盛） （楠戸義昭）「プレジデント」 27(1) 1989.1
◇西郷糸子〈西郷隆盛の妻〉―夫不在の家をきりもりし深い愛情で教育に心を注ぐ（特集 日本の良妻賢母―特集ワイド 物語 日本の良妻賢母 幕末維新を生きた「良妻賢母」と志士の群像）「歴史読本」 新人物往来社 51(11) 2006.8 p128〜131

西郷隆盛　さいごうたかもり　1827〜1877
幕末、明治期の鹿児島藩士、政治家。陸軍元帥。
【図　書】
◇日本コミューン主義の系譜 （渡辺京二） 葦書房 1980.5
◇西郷隆盛全集6 （西郷隆盛全集編集委員会編纂） 大和書房 1980.8
◇男たちの明治維新エピソード人物史 文芸春秋 1980.10 （文春文庫）
◇歴史の顔 （綱淵謙錠） 文芸春秋 1980.11
◇リーダーの魅力 （プレジデント編） プレジデント社 1981.2
◇永遠の維新児 （葦津珍彦） 葦書房 1981.3
◇現代史への証言 （林房雄） 日本及日本人社 1981.3
◇明治の精神 （古川哲史） ぺりかん社 1981.3
◇童話感覚―漫画論と偉人伝 （佐野美津男） 北斗出版 1981.4
◇近世日本国民史明治三傑―西郷隆盛・大久保利通・木戸孝允 （徳富蘇峰〔著〕） 講談社学術文庫 1981.5 （講談社学術文庫）
◇西郷隆盛は死せず―知られざる西郷追放劇 愛の巻 （木俣秋水） 大和書房 1981.5
◇歴史に学ぶ （奈良本辰也） 潮出版社 1981.6
◇「狂」を生きる （奈良本辰也） PHP研究所 1981.7
◇続西郷隆盛関係文献解題目録稿―西郷隆盛観の変遷の2 （野中敬吾）編刊 1981.9
◇歴史への招待17 日本放送出版協会 1981.10
◇歴史のカルテ―英雄の生と死の謎 （尾崎秀樹） 実業之日本社 1981.10
◇西郷隆盛紀行 （橋川文三） 朝日新聞社 1981.11
◇高貴なる敗北 （A・モリス 斎藤和明訳） 中央公論社 1981.12
◇「明治」をつくった男たち―歴史が明かした指導者の条件 （鳥海靖） PHP研究所 1982.2
◇錦絵日本の歴史 4 西郷隆盛と明治時代 （尾崎秀樹ほか著） 日本放送出版協会 1982.4
◇幕末群像―大義に賭ける男の生き方 （奈良本辰也） ダイヤモンド社 1982.4 （シリーズ・歴史の発想 2）
◇歴史を変えた愛と行動 （赤星彰） 八重岳書房 1982.5
◇西郷征韓論は無かった （窪田志一） 日本ロマン集団会 1982.6
◇男の系譜 （池波正太郎） 立風書房 1982.8
◇変革期型リーダーの条件―「維新」を見てきた男たち （佐々克明） PHP研究所 1982.9
◇三舟及び南洲の書 （寺山万常） 巖南堂書店 1982.9
◇日本のリーダー 1 明治天皇と元勲 TBSブリタニカ 1982.10
◇日本の国士―日本人にとってアジアとは何か （渡辺京二ほか） 有斐閣 1982.10 （有斐閣新書）
◇人物探訪日本の歴史 15 幕末の英傑 暁教育図書 1982.12
◇風雲児烈伝―「時代」に燃え尽きた男たち （早乙女貢） PHP研究所 1983.2
◇悪の社会学 （戸川猪佐武） 角川書店 1983.6 （角川文庫）
◇西郷隆盛 （旺文社編） 旺文社 1983.7 （現代視点 戦国・幕末の群像）
◇西郷隆盛―写真 （林忠彦撮影） 桐原書店 1983.7
◇古典大系日本の指導理念 10 公務者の人生論 4 近代を築いた指導者像 （源了円ほか編纂） 第一法規出版 1983.10
◇英雄伝説―史実と虚説の谷間 （尾崎秀樹） 旺文社 1983.11 （旺文社文庫）
◇西郷隆盛の悲劇 （上田滋） 中央公論社 1983.12
◇明治リーダーの戦略戦術 （佐々克明） ダイヤモンド社 1983.12
◇英雄の素顔ナポレオンから東条英機まで （児島襄） ダイヤモンド社 1983.12
◇宰相の系譜―時代を刻んだ男たちの言行録(Kosaido books) （村松剛編） 広済堂出版 1983.12
◇歴史への招待 29 日本放送出版協会 1984.3
◇西郷隆盛（歴史ライブ） 書武書店 1984.4
◇新北海道伝説考 （脇哲） 北海道出版企画センター 1984.5
◇復興アジアの志士群像―東亜先覚者列伝 大東塾出版部 1984.5
◇英雄の心理学 （小此木啓吾） PHP研究所 1984.9
◇天皇元勲重臣 （長又連著） 図書出版社 1984.10
◇西郷隆盛はなぜ敗れたか （佐々克明著） 新人物往来社 1984.10
◇人物日本史英雄のその後それから―意外！案外！名将軍から大泥棒まで (Kosaido books) （萩原裕雄著） 広済堂出版 1984.10
◇西郷隆盛の人と思想 （満江厳著） 郷土の偉人顕彰会 1984.11
◇西郷隆盛 1 早春の巻.落花の巻（徳間文庫） （林房雄著） 徳間書店 1985.1
◇吉田松陰を語る（大和選書） （司馬遼太郎他著） 大和書房 1985.1
◇西郷隆盛関係文献解題目録稿―西郷隆盛観の変遷の跡を追う〔追補版〕 （野中敬吾編） 野中敬吾 1985.3
◇西郷隆盛観の変遷の跡を追う―西郷隆盛関係文献解題目録稿― （野中敬吾編） 野中敬吾 1985.3
◇西郷隆盛紀行（朝日選書 280） （橋川文三著） 朝日新聞社 1985.5
◇西郷隆盛―その生涯 （東郷実晴著） 〔東郷実晴〕 1985.6
◇西郷隆盛のすべて （五代夏夫編） 新人物往来社 1985.6
◇日本史探訪22 幕末維新の英傑たち（角川文庫） 角川書店 1985.8
◇西郷隆盛（人物叢書 新装版） （田中惣五郎著） 吉川弘文館 1985.8
◇橋川文三著作集 3 （神島二郎ほか編） 筑摩書房 1985.10
◇裏読みヒーロー列伝 平凡社 1985.12
◇日本のテロリスト（潮文庫） （室伏哲郎著） 潮出版社 1986.1
◇首丘の人 大西郷 （平泉澄著） 原書房 1986.2
◇激録・日本大戦争〈第21巻〉明治の大反乱 （原康史著） 東京スポーツ新聞社 1986.3
◇目でみる日本史 維新の青春群像（文春文庫） （小西四郎編） 文芸春秋 1986.4
◇危機の行動力―幕末人物新研究(リキトミブックス〈20〉) （会田雄次、百瀬明治他） 力富書房 1986.5
◇佐幕派論議 （大久保利謙著） 吉川弘文館 1986.5
◇日本人乃原父―有島武郎と西郷隆盛 （三木利英著） 明治書院 1986.5
◇政治家 その善と悪のキーワード （加藤尚文著） 日経通信社 1986.6
◇明治事件簿―風雪時代のエピソード（旺文社文庫） （紀田順一郎著） 旺文社 1986.7
◇素顔のリーダー―ナポレオンから東条英機まで（文春文庫） （児島襄著） 文芸春秋 1986.8
◇西郷隆盛を語る（大和選書） （司馬遼太郎ほか著） 大和書房 1986.9

◇夜明けを駆ける（文春文庫）（綱淵謙錠著）文芸春秋　1986.9
◇山県有朋〔新装版〕(人物叢書)（藤村道生著）吉川弘文館　1986.11
◇女たちの明治維新（小松浅乃著）文園社　1986.11
◇獅子の道　中野正剛（日下藤吾著）叢文社　1986.11
◇明治を創った人々―乱世型リーダーのすすめ（講談社文庫）（利根川裕著）講談社　1986.11
◇勝海舟〔新装版〕(人物叢書)（石井孝著）吉川弘文館　1986.12
◇海軍経営者　山本権兵衛（千早正隆著）プレジデント社　1986.12
◇人を率いる男の器量―堂々と生きる（奈良本辰也ほか著）三笠書房　1986.12
◇男の肖像（塩野七生著）文芸春秋　1986.12
◇薩摩島津古写真集（鹿島晃久, 福田敏之編著）新人物往来社　1986.12
◇ザ・ライバル―軍人に見る組織管理の手腕（熊谷直著）光人社　1986.12
◇西郷従道―大西郷兄弟物語（豊田穣著）光人社　1987.1
◇幕末酒徒列伝（村島健一著）旺文社　1987.1（旺文社文庫）
◇西郷家の女たち（阿井景子著）文芸春秋　1987.2
◇大久保利通と官僚機構（加来耕三著）徳間書店　1987.2
◇岩屋天狗と千年王国（上巻）（窪田志一著, 岩屋梓梁顕彰会編）（川口）岩屋梓梁顕彰会　1987.3
◇西郷隆盛―人望あるリーダーの条件（山本七平, 毛利敏彦, 野中敬吾他文）世界文化社　1987.3（BIGMANビジネスブックス）
◇小説の散歩みち（池波正太郎著）朝日新聞社　1987.4（朝日文庫）
◇明治の海軍とアジア（松浦玲著）岩波書店　1987.4
◇津田左右吉全集〈第8巻〉文学に現はれたる国民思想の研究〈5〉（津田左右吉著）岩波書店　1987.4
◇誤算の論理―戦史に学ぶ失敗の構造（児島襄著）文芸春秋　1987.4
◇南洲清話―太っ腹になる男の美学（赤根祥道著）中経出版　1987.5
◇日本型リーダーの魅力（百瀬明治著）三笠書房　1987.8（知的生きかた文庫）
◇西郷と明治維新革命（斎藤信明著）彩流社　1987.10
◇西郷隆盛写真集（福田敏之編著）新人物往来社　1987.10
◇雑学　明治珍聞録（西沢爽著）文芸春秋　1987.11（文春文庫）
◇明治リーダーの戦略戦術（佐々克明著）講談社　1987.11（講談社文庫）
◇西南戦争（岩井護著）成美堂出版　1987.12
◇田原坂―日本テレビ大型時代劇（杉山義法著）日本テレビ放送網　1987.12
◇維新侠艶録（井筒月翁著）中央公論社　1988.3（中公文庫）
◇史伝　西郷隆盛（安藤英男著）鈴木出版　1988.6
◇月照（友松円諦著）吉川弘文館　1988.7（人物叢書〔新装版〕）
◇人生を選び直した男たち―歴史に学ぶ転機の哲学（童門冬二著）PHP研究所　1988.9
◇転換期の戦略（5）維新前夜・動乱と変革の時代（尾崎秀樹, 徳永真一郎, 光瀬龍, 高野澄, 藤田公道, 左方郁子, 小堺昭三著）経済界　1988.9
◇大和の詩魂―大和にしきを心にぞ（山口正紀, 中山士朗絵）銀の鈴社　1988.11（銀鈴叢書）
◇西郷隆盛の遺書（伴野朗著）新潮社　1988.12（新潮文庫）
◇「代表的日本人」を読む（鈴木範久著）大明堂　1988.12
◇歴史に学ぶライバルの研究（会田雄次, 谷沢永一著）PHP研究所　1988.12
◇明治維新とフランス革命（小林良彰著）三一書房　1988.12
◇改版　人間・西郷隆盛（満江巌）高城書房　1989
◇再訂西郷隆盛関係文献解題稿（野中敬吾）野中敬吾　1989.1
◇武者小路実篤全集〈第9巻〉（武者小路実篤著）小学館　1989.4
◇西南戦争探偵秘話（河野弘善著）木耳社　1989.4（オリエントブックス）
◇西郷隆盛と維新の英傑たち（佐々克明著）三笠書房　1989.5（知的生きかた文庫）
◇係長の智慧〈1〉係長こそ現場の主権者だ（童門冬二著）ぎょうせい　1989.5
◇再訂西郷隆盛関係文献解題目録稿　補遺1〜4（野中敬吾編）野中敬吾　1989.6
◇日当山温泉南洲逸話（三島亭参, 藤浪三千尋編）高城書房出版　1989.6
◇西郷隆盛と大物の人間学（童門冬二ほか著）三笠書房　1989.6（知的生きかた文庫）
◇日本の青春―西郷隆盛と大久保利通の生涯　明治維新を創った男たちの栄光と死（童門冬二著）三笠書房　1989.6
◇友情は消えず―西郷隆盛と大久保利通（土橋治重著）経済界　1989.7（リュウブックス）
◇日本の青春（三笠書房）1989.7（知的生きかた文庫）
◇悪政に憤怒を燃やせ―中村てるお　国政への挑戦（中村晃生著）政界往来社　1989.7

◇NHK　歴史への招待〈第23巻〉江戸城総攻め（日本放送協会編）日本放送出版協会　1989.8（新コンパクト・シリーズ）
◇幕末維新の志士読本（奈良本辰也著）天山出版　1989.9（天山文庫）
◇西郷隆盛と大久保利通―男の進退と決断（邦光史郎著）勁文社　1989.9（ケイブンシャブックス）
◇薩摩の盟友　西郷と大久保の生涯（栗原隆一著, 斉藤政秋撮影）大陸書房　1989.9
◇西郷隆盛に学ぶ（石原貫一郎）新人物往来社　1989.10
◇日本刀よもやま話（福永酔剣著）雄山閣出版　1989.10
◇西郷さんのここが偉い（維新研究会編）角川書店　1989.10（カドカワブックス）
◇大和ごころはひとすじに―尊皇の系譜（中山広司, 中山エイ子著）展転社　1989.10
◇幕末・維新大百科―激動の時代が何でもわかる本（歴史トレンド研究会編）ロングセラーズ　1989.11（ムックセレクト）
◇大久保利通―幕末を切り裂いたリアリストの智謀（石原慎太郎, 藤原弘達, 渡部昇一ほか著）プレジデント社　1989.11
◇西郷隆盛―随いて行きたくなるリーダーの魅力（堺屋太一, 奈良本辰也, 綱淵謙錠ほか著）プレジデント社　1989.11
◇目でみる日本史「翔ぶが如く」と西郷隆盛（文芸春秋編）文芸春秋　1989.11（文春文庫―ビジュアル版）
◇新選組余聞史（高木たかし編）新人物往来社　1989.11
◇大西郷　謎の顔（芳即正編著）著作社　1989.11
◇西郷星は生きている（日下藤吾著）叢文社　1989.12（現代を拓く歴史名作シリーズ）
◇写真紀行　西郷隆盛（福田敏之著）新人物往来社　1989.12
◇西郷隆盛と大久保利通―幕末・維新ものしり百科（幕末・維新史研究会編）リクルート出版　1989.12
◇成長する企業―企業家精神と人間的魅力（平敷慶宏著）（那覇）ニライ社　1989.12
◇「人望」の研究―西郷隆盛はなぜ人を魅きつけるのか？（童門冬二著）主婦と生活社　1989.12
◇真説　西郷隆盛ものしり読本―徳川幕府を倒した男の栄光と挫折（森純大著）広済堂出版　1989.12（広済堂ブックス）
◇西郷隆盛　七つの謎（新人物往来社編）新人物往来社　1989.12
◇維新の英雄　西郷隆盛（塩田道夫著）日新報道　1989.12
◇NHK　歴史への招待〈第26巻〉大西郷の謎（日本放送協会編）日本放送出版協会　1989.12（新コンパクト・シリーズ）
◇日録　田原坂戦記（勇知之編）（熊本）熊本出版文化会館　1989.12（熊本ふるさと選書）
◇幕末維新の出向社員（童門冬二著）実業之日本社　1989.12
◇大西郷終焉悲史（田中万逸）青潮社　1990（西南戦争資料集1）
◇図説　西郷隆盛と大久保利通（芳即正, 毛利敏彦編著）河出書房新社　1990.1
◇幕末・維新おもしろ群像―風雲の世の主役たちを裸にする（河野亮著）広済堂出版　1990.1（広済堂ブックス）
◇日本近代史の虚像と実像（1）開国〜日露戦争（藤原彰, 今井清一, 宇野俊一, 粟屋憲太郎編）大月書店　1990.1
◇英雄に学ぶ自分づくりのススメ（宮原安春著）スコラ　1990.1（スコラBOOKS）
◇吉田松陰を語る（司馬遼太郎, 奈良本辰也ほか著）大和書房　1990.2
◇西郷隆盛の謎（後藤寿一, 河野亮著）天山出版　1990.2（天山文庫）
◇西郷隆盛を語る（司馬遼太郎, 奈良本辰也ほか著）大和書房　1990.2
◇史伝　西郷隆盛と山岡鉄舟―日本人の武士道（原園光憲著）日本出版放送企画　1990.2（武士道叢書）
◇西郷隆盛（勝部真長著）PHP研究所　1990.2（歴史人物シリーズ―幕末・維新の群像）
◇書で綴る維新の群像（広論社出版局編）広論社　1990.2
◇大将と賢将―西郷の志と大久保の辣腕（新野哲也著）光風社出版　1990.2
◇西郷隆盛　人生の詩（神長文夫写真）コーリウ生活文化研究室　1990.2
◇国にも金にも嵌まらず―西郷隆盛・新伝〈上〉（鮫島志芽太著）サイマル出版会　1990.3
◇日本でいちばん好かれた男―ねうちある生きかたを求めて（鮫島志芽太著）講談社　1990.3
◇西郷のアンゴ（島妻）―愛加那（潮田聡, 木原三郎共著）本場大島紬の里　1990.3
◇西郷南洲遺訓講話（西郷隆盛著, 頭山満講話, 雑賀鹿野編）至言社　1990.4
◇西郷隆盛（高野澄著）徳間書店　1990.4（徳間文庫）
◇流魂記―奄美大島の西郷南洲（脇野素粒著）丸山学芸図書　1990.4
◇21世紀への西郷隆盛―変革の時代の生き方研究　自由がいるとき心の西郷が甦る（高野澄著）徳間書店　1990.4（トクマブックス）
◇寓話の中の経済学（大矢野栄次著）同文舘出版　1990.5

◇西郷隆盛の思想　(上田滋)　PHP研究所　1990.6
◇英傑 巨人を語る　(勝海舟評論,高橋泥舟校閲,安部正人編)　日本出版放送企画　1990.6　(武士道叢書)
◇究極の統率法―将に将たる器とは何か　(奥田鉱一郎著)　マネジメント社　1990.6
◇征韓論政変―明治六年の権力闘争　(姜範錫著)　サイマル出版会　1990.7
◇書の終焉―近代書史論　(石川九楊著)　(京都)同朋舎出版　1990.7
◇西郷隆盛　(池波正太郎)　新人物往来社　1990.7
◇明治を彩った妻たち　(阿井景子著)　新人物往来社　1990.8
◇幕末三舟伝　(頭山満著)　島津書房　1990.8
◇歴史随筆 男の流儀　(津本陽著)　PHP研究所　1990.8
◇西郷隆盛と大久保利通―特別陳列　(鹿児島県歴史資料センター黎明館企画・編集)　鹿児島県歴史資料センター黎明館　1990.9
◇国にも金にも嵌まらず―西郷隆盛・本伝〈下〉　(鮫島志芽太著)　サイマル出版会　1990.9
◇日本よもやま歴史館　(南条範夫著)　天山出版　1990.9　(天山文庫)
◇私は見た―決定的体験　(文芸春秋編)　文芸春秋　1990.9　(文春文庫)
◇捕虜の文明史　(吹浦忠正著)　新潮社　1990.9　(新潮選書)
◇魅力あるリーダーとは―歴史の中の肖像　(加来耕三著)　日本経済新聞社　1990.9
◇長崎幕末浪人伝　(深潟久著)　(福岡)西日本新聞社　1990.10
◇戦国武将の管理学―歴史に基づく人事管理法　(鈴木芳正著)　産心社　1990.10　(産心ビジネス)
◇日本人は何を失(な)くしたのか―西郷隆盛が遺したこと　(加来耕三著)　講談社　1990.10
◇図説 歴史の街道・幕末維新　(榊原和夫写真・文)　河出書房新社　1990.11
◇表具屋渡世うちあけばなし　(小池壮蔵著)　三樹書房　1990.12
◇日本史探訪〈幕末維新 5〉「明治」への疾走　(さいとうたかを著)　角川書店　1991.3　(角川コミックス)
◇日本人は今、何をなすべきか　(藤井昇著)　ティビーエス・ブリタニカ　1991.4
◇明治維新の歴史探訪―西郷隆盛のあゆみを尋ねて　(近本喜続著)　近本税理士事務所　1991.5
◇王政復古―慶応3年12月9日の政変　(井上勲著)　中央公論社　1991.8　(中公新書)
◇怪の日本史―不死伝説の謎を解く　(三谷茉沙夫著)　評伝社　1991.10
◇明治天皇の生涯〈下〉　(童門冬二著)　三笠書房　1991.11
◇渋沢栄一―人間の礎(いしずえ)　(童門冬二著)　経済界　1991.12　(リュウセレクション)
◇サムライ・マインド―歴史をつくる精神の力とは　(森本哲郎著)　PHP研究所　1991.12
◇西郷隆盛と明治維新　(谷口純義〔編〕)　三笠出版　1992
◇明治の北海道　(夏堀正元著)　岩波書店　1992.3　(岩波ブックレット―シリーズ「日本近代史」)
◇西郷隆盛　(西郷従宏著)　西郷従宏　1992.4
◇京都の謎〈幕末維新編〉　(高野澄著)　祥伝社　1992.4　(ノン・ポシェット―日本史の旅)
◇男の肖像　(塩野七生著)　文芸春秋　1992.6　(文春文庫)
◇西郷隆盛―西南戦争への道　(猪飼隆明著)　岩波書店　1992.6　(岩波新書)
◇型と日本文化　(源了円著)　創文社　1992.6
◇サイコロジ―人物日本史―小田晋の精神歴史学〈下巻〉幕末・維新から現代　(小田晋著)　ベストセラーズ　1992.7
◇偽官軍と明治維新政権　(芳賀登著)　教育出版センター　1992.8　(史学叢書)
◇明治維新の政治と権力　(明治維新史学会編)　吉川弘文館　1992.9　(明治維新史研究)
◇話のタネ本 日本史―英雄・烈女の意外な色と欲　(村松駿吉著)　日本文芸社　1992.9　(にちぶん文庫)
◇西郷隆盛と沖永良部島　(先則政明著)　八重岳書房　1992.9
◇明治維新の革新と連続―政治・思想状況と社会経済　(近代日本研究会編)　山川出版社　1992.10
◇天命を知る―乱世に輝いた男たち　(白石一郎著)　PHP研究所　1992.11
◇史談 切り捨て御免　(海音寺潮五郎著)　文芸春秋　1992.12　(文春文庫)
◇江戸人物伝　(白石一郎著)　文芸春秋　1993.1
◇黒衣の参謀学―歴史をあやつった11人の僧侶　(武田鏡村著)　徳間書店　1993.1
◇人望力―人を引きつける力とは何か　(邑井操著)　PHP研究所　1993.2　(PHP文庫)
◇日本史ものしり英雄伝―とっておきの戦略・戦術　(加来耕三著)　広済堂出版　1993.3　(広済堂文庫―ヒューマン・セレクト)
◇逆転の人物日本史―歴史に甦る英雄たちの不死伝説とその後を推理！

(中江克己著)　日本文芸社　1993.3　(ラクダブックス)
◇明治日本の政治家群像　(福地惇,佐々木隆編)　吉川弘文館　1993.4
◇NHK歴史発見〈5〉〔カラー版〕　(NHK歴史発見取材班編)　角川書店　1993.4
◇九つの謎と死角―「歴史ミステリー」裏面史の暗号を解く　(中津文彦著)　ベストセラーズ　1993.6　(ベストセラーシリーズ・ワニの本)
◇西郷南洲翁遺訓―口語訳付　第2版　(西郷隆盛著)　西郷南洲顕彰会　1993.7
◇西郷隆盛の道―失われゆく風景を探して　(アラン・ブース著,柴田京子訳)　新潮社　1993.7
◇日本史を揺るがした反逆者の野望―野望を貫く男たちの闘いと決断！　(寺林峻著)　日本文芸社　1993.8　(にちぶん文庫)
◇西郷隆盛をめぐる群像　(古川薫ほか著)　青人社　1993.9　(幕末・維新百人一話)
◇「兄弟型」で解く江戸の怪物　(畑田国男,武光誠著)　トクマオリオン　1993.9　(トクマオーブックス)
◇西郷隆盛　(山口宗之著)　明徳出版社　1993.9　(シリーズ陽明学)
◇維新への胎動〈上〉寺田屋事件　(徳冨蘇峰著,平泉澄校訂)　講談社　1993.10　(講談社学術文庫―近代日本国民史)
◇謎の迷宮入り事件を解け―歴史おもしろ推理　(楠木誠一郎著)　二見書房　1993.10　(二見文庫―二見WAi WAi文庫)
◇龍馬逝く―「歴史裁判」坂本龍馬暗殺の黒幕 維新の自由人を葬った悪しき者ども　(会田雄次,さいとうたかをほか著)　ベストセラーズ　1993.11　(ワニ文庫―歴史マガジン文庫)
◇江戸無血開城のうそ　(山中秀夫著)　日本出版放送企画　1993.11
◇修羅に賭ける　(神坂次郎著)　プレジデント社　1993.11
◇サムライ・マインド―日本人の生き方を問う　(森本哲郎著)　PHP研究所　1993.12　(PHP文庫)
◇岩波講座 日本通史〈第16巻〉近代〈1〉　(朝尾直弘,網野善彦,石井進,鹿野政直,早川庄八,安丸良夫編)　岩波書店　1994.1
◇生き残りの戦略―歴史の教訓〈第1巻〉組織活用力が勝敗を決める　(井沢元彦,百瀬明治,小和田哲男,新宮正春,多岐川恭,高野澄著)　学習研究社　1994.2
◇幕末三傑・乱世の行動学　(尾崎秀樹著)　時事通信社　1994.2
◇捨てて勝つ―この時を超えた男の魅力を見よ　(河野守宏著)　大和出版　1994.2
◇兄弟は他人のはじまりか？　日本テレビ放送網　1994.6　(知ってるつもり?!)
◇歴史人物知ってるつもり!?―歴史に名を刻む男たちの凄絶な生涯と知られざる素顔　(片岡紀明,寺戸衛好著)　日本文芸社　1994.6　(ラクダブックス)
◇図説 幕末・維新おもしろ事典　三笠書房　1994.9　(知的生きかた文庫)
◇ライバル日本史〈1〉　(NHK取材班編)　角川書店　1994.10
◇遊歌遊侠―今年の牡丹はよい牡丹　(朝倉喬司著)　現代書館　1994.11
◇西郷隆盛―物語と史蹟をたずねて　(童門冬二著)　成美堂出版　1995.2　338p　(成美文庫)
◇世界の伝記 16 新装版　(福田清人著)　ぎょうせい　1995.2　312p
◇逸話逸事にみる西郷隆盛の人間像　(野中敬吾編)　野中敬吾　1995.4　45p
◇代表的日本人 〔新版〕　(内村鑑三著,鈴木範久訳)　岩波書店　1995.7　208p　(岩波文庫)
◇激変の時代を生き抜く発想と行動―幕末・明治の大物にみる　(黒川志津雄著)　日新報道　1995.12　228p
◇西郷隆盛の人生訓　(童門冬二著)　PHP研究所　1996.1　236p　(PHP文庫)
◇心に生きる日本人―歴史を彩る人物列伝　(杉田幸三著)　展転社　1996.2　294p
◇西郷隆盛　(勝部真長著)　PHP研究所　1996.2　324p　(PHP文庫)
◇江戸人物伝　(白石一郎著)　文芸春秋　1996.3　248p　(文春文庫)
◇開国の時代を生き抜く知恵　(童門冬二著)　プレイグラフ社　1996.4　301p
◇御用心!!―いま明治の亡霊がうろついている　(日下藤吾著)　近代文芸社　1996.5　149p
◇日本人の生き方　(童門冬二著)　学陽書房　1996.6　295p　(陽セレクション)
◇詩歌と歴史と生死 第4巻　(福田昭昌著)　教育開発研究所　1996.6　249p
◇明治新政権の権力構造　(福地惇著)　吉川弘文館　1996.8　272p
◇偉大なる教育者 西郷隆盛―沖永良部島の南洲塾　(本部広哲著)　海風社　1996.9　279p
◇3分間で読める成功の秘訣　(花岡大学著)　同朋舎出版　1996.11　238p
◇「南洲翁遺訓」を読む―わが西郷隆盛論　(渡部昇一著)　致知出版社　1996.11　252p
◇挑戦―ライバル日本史 5　(NHK取材班編)　角川書店　1996.11　294p　(角川文庫)

◇歴史上の本人　（南伸坊著）　日本交通公社出版事業局　1996.12　222p
◇裏切られた三人の天皇—明治維新の謎　（鹿島昇著）　新国民社　1997.1　394p
◇元帥・西郷従道伝　新装版　（西郷従宏著）　芙蓉書房出版　1997.4　334p
◇西郷さんを語る—義妹・岩山トクの回想　（岩山清子, 岩山和子編著）　至言社　1997.6　213p
◇歴史に学ぶライバルの研究　（会田雄次, 谷沢永一著）　PHP研究所　1997.8　261p　（PHP文庫）
◇痩我慢というかたち—激動を乗り越えた日本の志　（感性文化研究所編）　黙出版　1997.8　111p　（MOKU BOOKS）
◇90分でわかる幕末・維新の読み方—基本と常識　（加来耕三監修, 日本史フォーラム21編著）　かんき出版　1997.10　233,6p
◇海よ島よ—歴史紀行　（白石一郎著）　講談社　1997.11　236p　（講談社文庫）
◇南洲百話　（山田準著）　明徳出版社　1997.11　149p
◇完全制覇　幕末維新—この一冊で歴史に強くなる！　（外川淳著）　立風書房　1997.12　254p
◇爆笑幕末維新　（シブサワ・コウ編）　光栄　1997.12　166p　（歴史人物笑史）
◇歴史を動かした男たち—近世・近現代篇　（高橋千劔破著）　中央公論社　1997.12　429p　（中公文庫）
◇西郷隆盛　（安藤英男著）　学陽書房　1997.12　495p　（人物文庫）
◇幕末維新　奔流の時代　新装版　（青山忠正著）　文英堂　1998.1　239p
◇「自在」に生きた日本人　（河原宏著）　農山漁村文化協会　1998.1　186p　（人間選書）
◇西郷隆盛　復刻版　（山路愛山著, 小尾俊人解説）　日本図書センター　1998.1　498,21p　（山路愛山伝記選集）
◇西郷隆盛の世界　（上田滋著）　中央公論社　1998.1　500p　（中公文庫）
◇南洲残影　（江藤淳著）　文芸春秋　1998.3　238p
◇堂々日本史　第15巻　（NHK取材班編）　KTC中央出版　1998.5　249p
◇歌之介のさつまのボッケモン　（KTS鹿児島テレビ編著, 原口泉監修）　高城書房　1998.7　176p
◇勇のこと—坂本龍馬、西郷隆盛が示した変革期の生き方　（津本陽著）　講談社　1998.7　197p
◇明治維新の生贄—誰が孝明天皇を殺したか　長州忍者外伝　（鹿島昇, 宮崎鉄雄, 松重正著）　新国民社　1998.7　457p
◇人生と経営—人間として正しいことを追求する　（稲盛和夫著）　致知出版社　1998.9　210p
◇戦後教科書から消された人々　2　（濤川栄太著）　ごま書房　1998.9　254p
◇もう一つの近代—側面からみた幕末明治　（マリオン・ウィリアム・スティール著）　ぺりかん社　1998.10　357,4p
◇私説西郷隆盛と千代香　沖永良部島編　（安達征一郎著）　海風社　1998.10　268p　（南島叢書）
◇南洲随想　その他　（江藤淳著）　文芸春秋　1998.12　245p
◇半日の客　一夜の友　（丸谷才一, 山崎正和著）　文芸春秋　1998.12　427p　（文春文庫）
◇異端と反逆の思想史—近代日本における革命と維新　（岡崎正道著）　ぺりかん社　1999.1　313p
◇五人の先覚者に学べ—日本再生への道　（吉川寅二郎著）　日新報道　1999.2　250p
◇井伊大老暗殺—水戸浪士金子孫二郎の軌跡　（童門冬二著）　光人社　1999.2　205p
◇軍師と家老—ナンバー2の研究　（鈴木亨著）　中央公論新社　1999.2　307p　（中公文庫）
◇裏切られた三人の天皇—明治維新の謎　増補版　（鹿島昇著）　新国民社　1999.3　441p
◇坂本龍馬　（筑波常治作, 田代三善絵）　国土社　1999.3　222p　（堂々日本人物史）
◇島津斉彬　（筑波常治作, 寺田政明絵）　国土社　1999.3　222p　（堂々日本人物史）
◇代表的日本人　（内村鑑三著, 稲盛和夫監訳）　講談社インターナショナル　1999.3　265p　（バイリンガル・ブックス）
◇西郷隆盛　（筑波常治作, 田代三善絵）　国土社　1999.3　222p　（堂々日本人物史）
◇謎を読み解く日本史真相推理　（小林久三著）　日本実業出版社　1999.5　254p
◇西郷さんを語る—義妹・岩山トクの回想　増補版　（岩山清子, 岩山和子編著）　至言社　1999.5　216p
◇西郷南洲遺訓講話　新装版　（西郷隆盛, 頭山満著, 雑賀鹿野編著）　至言社　1999.5　163p
◇教科書が教えない歴史—明治・大正・昭和、大事件の真相　（藤岡信勝, 自由主義史観研究会著）　産経新聞ニュースサービス　1999.6　386p　（扶桑社文庫）
◇インドネシア繚乱　（今дыハ健之著）　鹿砦社　1999.7　207p
◇乱世を斬る　（白石一郎著）　講談社　1999.7　284p　（講談社文庫）
◇わが人生に悔いあり—世界没落人物伝　（藤井薫著）　なあぶる　1999.7　286p
◇真As青果—大いなる魂　（田辺明雄著）　沖積舎　1999.8　263p　（作家論叢書）
◇日本近代の逆説—渡辺京二評論集成　1　（渡辺京二著）　葦書房　1999.8　484p
◇男子豹変のすすめ—歴史に学ぶ現状突破のヒント　（童門冬二著）　PHP研究所　1999.9　252p　（PHPビジネスライブラリー）
◇山岡鉄舟の武士道　（勝部真長編）　角川書店　1999.9　282p　（角川ソフィア文庫）
◇龍馬暗殺に隠された恐るべき日本史—われわれの歴史から伏せられた謎と物証　（小林久三著）　青春出版社　1999.10　229p　（プレイブックス）
◇薩摩夜叉雛・宮本武蔵　（津本陽著）　角川書店　1999.10　530p　（津本陽歴史長篇全集）
◇人名のひみつ　（国松俊英文, 熊谷さとし絵）　岩崎書店　1999.11　94p　（名前のはじまり探検隊）
◇日本一周駆け足の旅　東海道篇　（金沢良夫著）　日本図書刊行会　1999.11　302
◇真説「伝習録」入門—人生を変えるには、まず思いから　（林田明大著）　三五館　1999.12　270p
◇海江田信義の幕末維新　（東郷尚武著）　文芸春秋　1999.12　246p　（文春新書）
◇点描演劇史　（野村喬著）　花伝社　1999.12　451p
◇志士と官僚—明治を「創業」した人びと　（佐々木克著）　講談社　2000.1　324p　（講談社学術文庫）
◇遠い崖—アーネスト・サトウ日記抄　7　（萩原延寿著）　朝日新聞社　2000.1　345p
◇Story日本の歴史—近現代史編　（日本史教育研究会編）　山川出版社　2000.2　274p
◇ザ・45歳　（鱒淵但馬守著）　風塵社　2000.4　232p　（SERIESその歳に彼は）
◇明治の怪　山県有朋　（原田務著）　叢文社　2000.4　249p
◇楽しく調べる人物図解日本の歴史—江戸時代末期・明治時代　6　（佐藤和彦監修）　あかね書房　2000.4　47p
◇人生を選び直した男たち—歴史に学ぶ転機の活かし方　（童門冬二著）　PHP研究所　2000.5　242p　（PHP文庫）
◇西郷南州家の家庭教師　北条巻蔵先生の死　（北上健介著）　ダブリュネット　2000.5　161p
◇歴史へのいざない　（小谷野修著）　近代文芸社　2000.5　193p
◇目からウロコの近現代史—「激動の時代」の真実を読み解く！　（河合敦著）　PHPエディターズ・グループ　2000.6　268p
◇下戸列伝　（鈴木真哉著）　集英社　2000.6　254p　（集英社文庫）
◇日本のテロ—変質するバイオレンス130年史　（室伏哲郎著）　世界書院　2000.6　309p　（腐蝕国家・日本）
◇西郷南洲の道と明治維新—滅びなき世世への指導者道を啓示　（鮫島志芽太著）　高城書房　2000.6　274p
◇西郷、大久保、稲盛和夫の源流　島津いろは歌　（斎藤之幸著）　出版文化社　2000.7　301p
◇実践経営指南録—西郷隆盛に学ぶ指導者像　（亀井民治著）　三五館　2000.8　253p
◇歴史に学ぶ組織活用　生き残りの戦略　（田原総一朗, 井沢元彦, 小和田哲男, 新宮正春, 高野澄, 多岐川恭, 百瀬明治著）　学習研究社　2000.9　317p　（学研M文庫）
◇国のつくり方—明治維新人物学　（渡部昇, 岡崎久彦著）　致知出版社　2000.9　221p
◇遠い崖—アーネスト・サトウ日記抄　10　（萩原延寿著）　朝日新聞社　2000.10　396p
◇反逆者たち—時代を変えた10人の日本人　（保阪正康著）　ティビーエス・ブリタニカ　2000.11　269p
◇明治維新の源流—その人と作品　（安岡正篤編著）　郷学研修所・安岡正篤記念館　2000.11　171p
◇人間的魅力の研究　（伊藤肇著）　日本経済新聞社　2000.11　277p　（日経ビジネス人文庫）
◇その時歴史が動いた　3　（NHK取材班編）　KTC中央出版　2000.12　253p
◇橋川文三著作集　3　増補版　（橋川文三著）　筑摩書房　2000.12　392p
◇日本史を走れ！—日本列島ウルトラ・ラン　（松尾秀助著, 大竹雄介絵）　晶文社出版　2001.1　271p
◇代表的日本人　第2刷　（内村鑑三著, 鈴木範久訳）　岩波書店　2001.1　208p　（ワイド版岩波文庫）
◇人物で読む近現代史　上　（歴史教育者協議会編）　青木書店　2001.1

299p
◇歴史人物アルバム　日本をつくった人たち大集合　4　（PHP研究所編）　PHP研究所　2001.2　47p
◇総合的学習に役立つクイズでわかる日本の歴史　9　（竹内誠、梅沢実監修）　学習研究社　2001.2　60p
◇知られざる西南戦争　（山口茂著）　鳥影社　2001.3　312p
◇南洲残影　（江藤淳著）　文芸春秋　2001.3　280p　〔文春文庫〕
◇征西従軍日誌―一巡査の西南戦争　（喜多平四郎著、佐々木克監修）　講談社　2001.3　252p　〔講談社学術文庫〕
◇平成新国体論―日本を救う日本の国がら　（井上俊輔著）　国書刊行会　2001.4　292p
◇黒衣の参謀列伝　（武田鏡村著）　学習研究社　2001.5　267p　〔学研M文庫〕
◇歴史に学ぶリーダーシップ　（渡部昇一著）　致知出版社　2001.5　278p
◇江藤淳コレクション　1　（江藤淳著、福田和也編）　筑摩書房　2001.7　538p　〔ちくま学芸文庫〕
◇江戸切絵図を歩く　（新人物往来社編）　新人物往来社　2001.8　262p
◇知っているときっと役に立つ日本史人物クイズ112　（石田泰照、町田樹男著）　黎明書房　2001.8　125p
◇封印の近現代史　（谷沢永一、渡部昇一著）　ビジネス社　2001.8　348p
◇歴史が動く時―人間とその時代　（歴史科学協議会編）　青木書店　2001.10　340p
◇日本のこころ―「私の好きな人」　風の巻　（長部日出雄、谷沢永一、杉本苑子、赤坂憲雄、桶谷秀昭ほか著）　講談社　2001.10　291p
◇内村鑑三の『代表的日本人』を読む　（岬竜一郎著）　致知出版社　2001.11　221p
◇維新人物学―激動に生きた百七人　（林青梧著）　全日出版　2001.11　286p
◇日本史101人のことば　（円谷真護著）　柏植書房新社　2001.11　219p
◇明治時代は謎だらけ　（横田順弥著）　平凡社　2002.2　335p
◇人物日本の歴史・日本を変えた53人　6　（高野尚好監修）　学習研究社　2002.2　64p
◇明治・破獄協奏曲―白銀屋文七とその時代　（朝倉喬司著）　毎日新聞社　2002.3　271p
◇九州・菊池一族の集大成―西郷隆盛・菊池武光・菊池寛・広瀬武夫・清少納言　（平山繁信著）　文芸社　2002.4　250p
◇日本人の心を育てた陽明学―現代人は陽明学から何を学ぶべきか　（吉田和男著）　恒星出版　2002.4　277p　〔カルチャーフロンティアシリーズ〕
◇坂本龍馬暗殺事件覚え書　（土屋雄嗣著）　新人物往来社　2002.4　209p
◇勇のこと―坂本龍馬、西郷隆盛が示した変革期の生き方　（津本陽著）　講談社　2002.4　198p　〔講談社文庫〕
◇新東海道物語―そのとき、街道で　（新東海道物語を進める会編）　日本経済新聞社　2002.4　390p
◇銅像めぐり旅―蘊畜紀行　（清水義範著）　祥伝社　2002.4　283p
◇韓国・朝鮮と向き合った36人の日本人―西郷隆盛、福沢諭吉から現代まで　（舘野哲編著）　明石書店　2002.4　231p
◇生きる力もらった　（野村春眠著）　幻冬舎　2002.5　234p
◇発掘！意外日本史―三択クイズで読み解く歴史の裏側　（河合敦監修）　成美堂出版　2002.7　252p　〔成美文庫〕
◇天才たちの10代、20代に何をしたか―知られざる家庭・環境、そして勉強法　（芹沢俊介著）　中経出版　2002.7　255p
◇山岡鉄舟　幕末・維新の仕事人　（佐藤寛著）　光文社　2002.7　254p　〔光文社新書〕
◇BOX絵草紙シリーズ　Vol.1　（下田昌克、高山泰治、長谷川義史、中村純司、下谷二助絵、三井浩、片山喜嘛、大友博、安藤寛志文）　アートン　2002.7　5冊（セット）
◇ドラえもんの社会科おもしろ攻略　日本の歴史15人　（日能研指導）　小学館　2002.8　190p　〔ドラえもんの学習シリーズ〕
◇児玉源太郎―明治陸軍の巨星　（三戸岡道夫著）　学習研究社　2002.8　363p　〔学研M文庫〕
◇明治天皇の生涯　下　（童門冬二著）　徳間書店　2002.9　299p　〔徳間文庫〕
◇巨眼さぁ開眼　（阪口雄三著）　元就出版社　2002.9　287p
◇巨眼さぁ往く　（阪口雄三著）　元就出版社　2002.9　355p
◇英雄評伝―漢詩で読むリーダーの生き方　（福島良治著）　日本経済新聞社　2002.9　277p
◇福沢諭吉著作集　第9巻　（福沢諭吉著、坂本多加雄編）　慶応義塾大学出版会　2002.9　312p
◇西郷隆盛に学ぶ　世界は一つ　（石原貫一郎著）　石原出版社　2002.9　275p
◇代表的日本人　（内村鑑三著、鈴木範久訳）　岩波書店　2002.9　208p　〔岩波文庫〕
◇対訳・代表の日本人　（内村鑑三著、稲盛和夫監訳）　講談社インターナショナル　2002.10　295p
◇成せば、成る。―知られざる「成功者」たちの再起と逆転のドラマ　（加来耕三著）　一二三書房　2002.11　296p
◇幕末入門書―志士たちの生涯と死生観　（花谷幸比古著）　展転社　2002.12　221p
◇安岡正篤・中村天風の人望学―「男の器量」はかくあれ！　（下村澄、清水栄一著）　プレジデント社　2002.12　223p
◇明治維新と征韓論―吉田松陰から西郷隆盛へ　（吉野誠著）　明石書店　2002.12　256p
◇幕末維新異聞―「西郷さんの首」他　（童門冬二ほか著）　中央公論新社　2002.12　281p　〔中公文庫〕
◇西郷と大久保と明治国家―「日本生態史観」日本史の中の帝国と共和国　1　（冨川光雄著）　明治〔2003〕　p91-124
◇西郷と横山安武―幕末維新の光芒　（清水昭三著）　彩流社　2003.1　226p
◇その時歴史が動いた　18　（NHK取材班編）　KTC中央出版　2003.2　253p
◇生きる力もらった一心が元気になる、知らなかった50の話　（野村春眠著）　幻冬舎　2003.2　236p　〔幻冬舎文庫〕
◇日本人人物55人のひみつ　（小和田哲男監修、甲斐謙二漫画）　学習研究社　2003.3　136p　〔学研まんが・新ひみつシリーズ〕
◇西郷南洲遺訓―附・手抄言志録及遺文　（山田済斎編）　岩波書店　2003.4　108p　〔岩波文庫〕
◇愛で世界を照らした人々―偉人たちの"あの日あの時"　（鈴木洋子著、山岡勝司絵）　日本教文社　2003.5　150p
◇日本人の神髄―8人の先賢に学ぶ「大和魂」　（小田全宏）　サンマーク出版　2003.6　331p
◇闇の日本史―国民の知らない歴史　3　（中津文彦著）　ベストセラーズ　2003.7　223p　〔ワニ文庫〕
◇歴史人物　あの人のその後　（インターナショナル・ワークス編著）　幻冬舎　2003.7　277p　〔幻冬舎文庫〕
◇薩摩と出水街道　（三木靖、向山勝良編）　吉川弘文館　2003.7　250,23p　〔街道の日本史〕
◇天を敬い人を愛す―西郷南洲・人と友　（芳即正著）　高城書房　2003.7　238p
◇すっきりわかる「靖国神社」問題　（山中恒著）　小学館　2003.8　286p
◇二十一世紀のリーダー像―甦れ！日本人のこころ　（池口恵観著）　法蔵館　2003.8　312p
◇坂本龍馬　33年の生涯　（高野澄著）　三修社　2003.9　271p
◇幕末維新・あの人の「その後」―新選組から明治の指導者まで　（日本博学倶楽部著）　PHP研究所　2003.9　275p　〔PHP文庫〕
◇時代に挑んだ反逆者たち―近代日本をつくった「変革」のエネルギー　（保阪正康著）　PHP研究所　2003.9　285p　〔PHP文庫〕
◇山岡鉄舟　剣禅話　（山岡鉄舟原著、高野澄編訳）　たちばな出版　2003.9　242p　〔タチバナ教養文庫〕
◇東京の第1歩　（森本博文著）　文芸社　2003.10　211p
◇目からウロコの幕末維新―黒船来航から廃藩置県まで、歴史の舞台裏がよくわかる　（山村竜也著）　PHP研究所　2003.10　236p　〔PHP文庫〕
◇勇者の魅力―人を動かし、組織を動かす　（童門冬二著）　清文社　2003.10　198p
◇大津事件考　（鎌倉利行著）　大阪大学出版会　2003.10　162p
◇幕末京都―新選組と龍馬たち　（川端之文、中田昭写真）　光村推古書院　2003.11　95p　〔SUIKO BOOKS〕
◇感謝の心を忘れずに　（下川高士絵・文）　新人物往来社　2003.11　77p　〔シリーズ：こどもとおとなたちに贈る人物日本の歴史〕
◇2時間でわかる図解　新選組のことが面白いほどわかる本　（中見利男著）　中経出版　2003.12　271p　〔2時間でわかる図解シリーズ〕
◇歴史に学ぶ　（津本陽著）　講談社　2003.12　297p　〔講談社文庫〕
◇よくわかる幕末維新ものしり事典　（主婦と生活社編）　主婦と生活社　2003.12　420p
◇巨眼の男　西郷隆盛　3　（津本陽著）　新潮社　2004.1　472p
◇巨眼の男　西郷隆盛　4　（津本陽著）　新潮社　2004.1　422p
◇新選組と出会った人びと　（伊東成郎著）　河出書房新社　2004.2　254p
◇日本警察の父　川路大警視―幕末・明治を駆け抜けた巨人　（加来耕三著）　講談社　2004.2　429p　〔講談社プラスアルファ文庫〕
◇図説・西郷隆盛と大久保利通　新装版　（芳即正、毛利敏彦編著）　河出書房新社　2004.2　126p　〔ふくろうの本〕
◇西郷隆盛　惜別譜　（横田庄一郎著）　朔北社　2004.3　211p
◇西郷隆盛に学ぶ―先ず世界共通語　第8改訂版　（石原貫一郎）　石原出版社　2004.3　270p
◇漱石の時代―天皇制下の明治の精神　（林順治著）　彩流社　2004.4　668p
◇先知先哲に学ぶ人間学　（渡部昇一著）　致知出版社　2004.5　299p

◇教科書から消された偉人・隠された賢人―いま明かされる日本史の真実 （濤川栄太著）　イーグルパブリシング　2004.5　249p
◇幕末史―激闘！薩摩・長州・会津 （星亮一著）　三修社　2004.7　285p
◇雷鳴福岡藩―草莽早川勇伝 （栗田藤平著）　弦書房　2004.7　283p
◇日本保守主義者の信義を問う （西岡朗著）　悠飛社　2004.7　246p（悠飛社ホット・ノンフィクション）
◇幕末武士道、若きサムライ達 （山川健一著）　ダイヤモンド社　2004.8　280p
◇大久保利通 （佐々木克監修）　講談社　2004.11　334p（講談社学術文庫）
◇陽明学がわかる本―武士道の源流 日本人の人生美学をさぐる （長尾剛著）　PHP研究所　2004.12　254p
◇『日本人の名著』を読む （岬竜一郎著）　致知出版社　2004.12　282p
◇征韓論政変の謎 （伊牟田比呂多著）　海鳥社　2004.12　240p
◇ビルマの大東亜戦争―雷帝と呼ばれた男／鈴木敬司 （伊知地良雄著）　元就出版社　2004.12　358p
◇理念なくして戦略なし―戦略家西郷隆盛と孫子 （田村文重著）　芙蓉書房出版　2004.12　242p
◇日本精神の研究―人格を高めて生きる （安岡正篤著）　致知出版社　2005.1　505p
◇「善玉」「悪玉」大逆転の幕末史 （新井喜美夫著）　講談社　2005.1　201p（講談社プラスアルファ新書）
◇大西郷の逸話 （西田実者）　南方新社　2005.1　346p
◇神なき国ニッポン （上田篤著、平岡竜人聞き手）　新潮社　2005.2　221p
◇江戸の流刑 （小石房子著）　平凡社　2005.4　196p（平凡社新書）
◇決定版 司馬史観がわかる本 明治史観編 （北影雄幸著）　白亜書房　2005.5　309p
◇徳川家に伝わる徳川四百年の内緒話 ライバル敵将篇 （徳川宗英著）　文芸春秋　2005.6　206p（文春文庫）
◇教養のすすめ―明治の知の巨人に学ぶ （岡崎久彦著）　青春出版社　2005.7　223p
◇偉人にみる人の育て方 （河合敦著）　学陽書房　2005.7　254p
◇日本の名匠 改版 （海音寺潮五郎著）　中央公論新社　2005.7　332p（中公文庫）
◇南洲翁遺訓の人間学 （渡辺五郎三郎著）　致知出版社　2005.7　182p
◇知っておきたい日本の名言・格言事典 （大隅和雄、神田千里、季武嘉也、山本博文、義江彰夫著）　吉川弘文館　2005.8　251,5p
◇明治の教訓 日本の気骨―明治維新人物学 （渡部昇一、岡崎久彦著）　致知出版社　2005.8　216p（CHICHI SELECT）
◇靖国神社に異議あり―「神」となった三人の兄へ （樋口篤三著）　同時代社　2005.8　258p
◇司馬遼太郎の遺言 （谷沢永一著）　ビジネス社　2005.9　260p
◇日本史「敗者」たちの言い分―負けた側にも正義あり （岳真也著）　PHP研究所　[2005.9]　300p（PHP文庫）
◇西郷隆盛に学ぶ―現代人目覚めよ 世界共通語こそ平和に直結 第9改訂版 （石原貫一郎著）　石原出版社　2005.9　270p
◇地球時代の志士たちへ―スピリチュアルメッセージ 1 （レムリア・ルネッサンス編）　たま出版　2005.10　288p
◇西郷隆盛と士族 （落合弘樹著）　吉川弘文館　2005.10　235p（幕末維新の個性）
◇西郷隆盛 （上田滋著）　弓立社　2005.10　412p（甦る伝記の名著）
◇日本人の歴史哲学―なぜ彼らは立ち上がったのか （岩田温著）　展転社　2005.11　227,10p
◇モノ語り日本史 続・歴史のかたち （読売新聞大阪本社編）　淡交社　2005.12　214p
◇話し言葉で読める「西郷南洲翁遺訓」―無事は有事のごとく、有事は無事のごとく （長尾剛著）　PHP研究所　2005.12　205p（PHP文庫）
◇頭山満言志録 （頭山満著）　書肆心水　2006.1　316p
◇西郷南洲遺訓 （山田済斎編）　岩波書店　2006.1　108p（ワイド版岩波文庫）
◇久留米難難から新選組まで （松本茂著）　海鳥社　2006.2　254p
◇大西郷遺訓―立雲頭山満先生講評 （西郷［隆盛］述、頭山満評、『大西郷遺訓』出版委員会編）　K&Kプレス　2006.2　181p
◇武士道の考察 （中本征利著）　人文書院　2006.4　302p
◇志は死なず 過去世物語日本編―教科書には出てこない「もう一つの歴史」 （ザ・リバティ編集部著）　幸福の科学出版　2006.4　210p
◇「仕事」論―自分だけの「人生成功の方程式」をつくる （岬竜一郎編著）　PHP研究所　2006.6　186p
◇師弟―ここに志あり （童門冬二著）　潮出版社　2006.6　269p
◇目からウロコの近現代史 （河合敦著）　PHP研究所　2006.7　334p（PHP文庫）
◇日本の戦争 封印された言葉 （田原総一朗著）　アスコム　2006.8　267p

◇ライバル対決で読む日本史―古代から近代まで、歴史を作った名勝負 （菊池道人著）　PHP研究所　2006.8　95p
◇(新)西郷南洲伝 上 （稲垣秀哉著）　高城書房　2006.8　466p
◇銅像めぐり旅―ニッポン藩蕃紀行 （清水義範著）　祥伝社　2006.9　306p（祥伝社文庫）
◇唯々戦争始め候。明治十年のスクープ合戦 （黄民基著）　洋泉社　2006.9　222p（新書y）
◇幕末動乱と開国 （半藤一利監修）　世界文化社　2006.10　167p（ビジュアル版 日本の歴史を見る）
◇西郷隆盛―西南戦争への道 （猪飼隆明著）　岩波書店　2006.11　234p（岩波新書）
◇西郷隆盛と徳之島―徳のある島…徳のある人との出会い… （益田宗児著）　浪進社　2006.11　204p
◇政治家の名セリフ―日本人の心を動かした （滝沢中著）　青春出版社　2006.12　267p（青春文庫）
◇歴史と小説 （司馬遼太郎著）　集英社　2006.12　368p（集英社文庫）
◇日本陽明学奇蹟の系譜 改訂版、二版 （大橋健二著）　叢文社　2006.12　445p
◇図解 あの軍人の「意外な結末」 （日本博学倶楽部著）　PHP研究所　2007.2　95p
◇これだけは知っておきたい日韓問題20のポイント―真の友好を築くために （勝岡寛次著）　明成社　2007.2　47p
◇幕末・男たちの名言―時代を超えて甦る「大和魂」 （童門冬二著）　PHP研究所　2007.3　283p
◇未完の明治維新 （坂野潤治著）　筑摩書房　2007.3　249p（ちくま新書）
◇芥川竜之介の夢―「海軍機関学校」若い英語教官の日 （清水昭三著）　原書房　2007.3　270p
◇NHKその時歴史が動いた コミック版―維新の夜明け編 （NHK取材班編）　ホーム社　2007.4　498p（ホーム社漫画文庫）
◇西郷隆盛伝説 （佐高信著）　角川学芸出版　2007.4　361p
◇西郷隆盛「南洲翁遺訓」 （西郷隆盛著、猪飼隆明訳・解説）　角川学芸出版　2007.4　207p（角川文庫）
◇大人の歴史ドリル 書き込み幕末維新 （河合敦監修）　小学館　2007.5　135p
◇日本史の影で動いた男たち―戦国忍者列伝 （武山憲明著）　ぶんか社　2007.5　237p（ぶんか社文庫）
◇ドーダの近代史 （鹿島茂著）　朝日新聞社　2007.6　396p
◇佐藤一斎―克己の思想 （栗原剛著）　講談社　2007.7　278p（再発見日本の哲学）
◇道徳の教科書・実践編―「善く生きる」ことの大切さをどう教えるか （渡辺毅著）　PHP研究所　2007.8　249p
◇南海物語―西郷家の愛と哀しみの系譜 （加藤和子著）　郁朋社　2007.8　261p
◇器量人の研究 （童門冬二著）　PHP研究所　2007.9　256p（PHP文庫）
◇人生の王道―西郷南洲の教えに学ぶ （稲盛和夫著）　日経BP社　2007.9　263p
◇内村鑑三の『代表的日本人』―品格ある5人の日本人が教えてくれたこと （童門冬二著）　PHP研究所　2007.10　249p
◇薩摩のキセキ―日本の礎を築いた英傑たちの真実！ （西郷吉太郎、西郷隆文、大久保利泰、島津修久著、薩摩総合研究所「チェスト」編著）　総合法令出版　2007.10　447p
◇「あの人」の言葉―人生の指針を残した偉人たち （武光誠著）　リイド社　2007.10　254p（リイド文庫）
◇夢の代価―ケルト／フランス・日本の近代文化 （浜田泉著）　成文堂　2007.10　282p（成文堂選書）
◇人の上に立つ者の哲学―武士道的精神に学ぶ10の要諦 （岬竜一郎著）　PHP研究所　2007.12　223p
◇働く意味 生きる意味―73人のみごとな生き方に学ぶ （川村真二著）　日本経済新聞出版社　2007.12　263p（日経ビジネス人文庫）
◇近代日本の社会と文化―明治維新とは何だったのか （河村望著）　人間の科学新社　2007.12　249p
◇日本歴史を点検する 新装版 （海音寺潮五郎、司馬遼太郎著）　講談社　2007.12　249p（講談社文庫）
◇西南戦争―西郷隆盛と日本最後の内戦 （小川原正道著）　中央公論新社　2007.12　258p（中公新書）
◇左千夫歌集 （永塚功著、久保田淳監修）　明治書院　2008.2　540p（和歌文学大系）
◇アジア主義者たちの声 上 （頭山満、犬養毅、杉山茂丸、内田良平著）　書肆心水　2008.3　315p（入門セレクション）
◇西郷隆盛―「無私」と「胆力」の人 （上木嘉郎著）　高城書房　2008.3　320p（鹿児島人物叢書）
◇西南戦争―戦争の大義と動員される民衆 （猪飼隆明著）　吉川弘文館　2008.4　208p（歴史文化ライブラリー）

- ◇西南戦争―遠い崖 アーネスト・サトウ日記抄 13 （萩原延壽著） 朝日新聞出版 2008.4 392p （朝日文庫）
- ◇山田方谷から三島中洲へ （松川健二著） 明徳出版社 2008.4 360p
- ◇西郷隆盛の人生訓 新装版 （童門冬二著） PHP研究所 2008.4 287p
- ◇人間盛りは百から百から―転ばぬ先の「超人」語録 （秋庭道博著） 麗沢大学出版会 2008.5 243p
- ◇社会運動の仁義・道徳―人間いかに生きるべきか （樋口篤三著） 同時代社 2008.6 234p
- ◇西郷隆盛人間学―道をひらく言葉 （神渡良平著） 致知出版社 2008.6 253p
- ◇(新)西郷南洲伝 下 （稲垣秀哉著） 高城書房 2008.7 554p
- ◇「育つ・学ぶ」の社会史―「自叙伝」から （小山静子, 太田素子編） 藤原書店 2008.9 299p
- ◇日本の歴代権力者 （小谷野敦著） 幻冬舎 2008.9 285,17p （幻冬舎新書）
- ◇西郷隆盛の教え―通勤大学図解・速習 （ハイブロー武蔵著, 薩摩総合研究所「チェスト」監修） 総合法令出版 2008.9 153p
- ◇江戸の備忘録 （磯田道史著） 朝日新聞出版 2008.10 223p
- ◇西郷隆盛―孤高の英雄全軌跡 新人物往来社 2008.10 159p （別冊歴史読本）
- ◇幕末"志士"列伝 （別冊宝島編集部編） 宝島社 2008.11 223p （宝島SUGOI文庫）
- ◇西郷隆盛と乃木希典は本当に英雄だったか―教科書にのっていない明治の歴史おもしろ100選 （楠木誠一郎著） 有楽出版社 2008.11 213p （ゆうらくBooks）
- ◇うわさの日本史 （加来耕三著） 日本放送出版協会 2008.11 235p （生活人新書）
- ◇ブレない生き方―自分に軸を通す （斎藤孝著） 光文社 2008.11 221p
- ◇図解で迫る西郷隆盛 （木村武仁著） 淡交社 2008.11 233,5p
- ◇人生の師を見つけよう―歴史のなかにキラリと光る人々 （岬竜一郎著） PHP研究所 2008.12 193p
- ◇新訳 南洲翁遺訓―西郷隆盛が遺した「敬天愛人」の教え （松浦光修編訳） PHP研究所 2008.12 359p
- ◇歴代陸軍大将全覧 明治篇 （半藤一利, 横山恵一, 秦郁彦, 原剛共著） 中央公論新社 2009.1 273,25p （中公新書ラクレ）
- ◇西南戦争外史―太政官に反抗した西郷隆盛 （飯干憶著） 鉱脈社 2009.1 173p （みやざき文庫）
- ◇気張りもんそ―西郷隆盛の生涯 第1巻 （鷲尾村夫子著） 日本文学館 2009.1 283p
- ◇幕末志士の「政治力」―国家救済のヒントを探る （滝沢中著） 祥伝社 2009.2 268p （祥伝社新書）
- ◇明日に続く道―吉田松陰から安倍晋三へ （岡島茂雄著） 高木書房 2009.3 223p
- ◇維新のリーダー―人を動かし、育てる力 （河合敦著） 光文社 2009.3 303p （光文社知恵の森文庫）
- ◇代表的日本人 （内村鑑三著, 岬竜一郎訳） PHPエディターズ・グループ 2009.7 218p
- ◇変革のリーダー70の力―西郷隆盛の生き方に学ぶ人心掌握術 （山元清則著） 展望社 2009.7 178p
- ◇為政者の器―現代の日本に求められる政治家像 （丹羽文生著） 春日出版 2009.8 127p
- ◇歴史がわかる！100人日本史 （河合敦著） 光文社 2009.8 251p
- ◇日本史有名人の苦節時代 （新人物往来社編） 新人物往来社 2009.9 351p （新人物文庫）
- ◇西郷隆盛―皇御国に馳せる夢 （乗附久著） 郁朋社 2009.9 165p
- ◇日本史「宿敵」26番勝負 （関裕二, 後藤寿一, 一坂太郎著） 宝島社 2009.10 221p （宝島SUGOI文庫）
- ◇思想放談 （西郷邁, 佐高信著） 朝日新聞出版 2009.10 357p
- ◇裏から読むとおもしろい日本の歴史 （歴史の謎研究会編） 青春出版社 2009.11 218p
- ◇誰が坂本龍馬をつくったか （河合敦著） 角川SSコミュニケーションズ 2009.11 186p （角川SSC新書）
- ◇司馬遼太郎 リーダーの条件 （半藤一利, 磯田道史, 鴨下信一ほか著） 文芸春秋 2009.11 251p （文春新書）
- ◇いまさら入門 坂本龍馬 （加来耕三著） 講談社 2009.11 251p （講談社プラスアルファ文庫）
- ◇西郷隆盛ラストサムライ （上田篤著） 日本経済新聞出版社 2009.11 317p
- ◇真説 龍馬暗殺―諸説11の謎を解く （加野厚志著） 学研パブリッシング 2009.12 294p （学研M文庫）
- ◇決めぜりふ―時代が見える人物像がわかる幕末維新名言集 （斎藤孝著） 世界文化社 2009.12 303p
- ◇「英雄」坂本龍馬はなぜ生まれたのか （菊地明著） 大和書房 2009.12 221p （だいわ文庫）
- ◇坂本龍馬と幕末維新人物100選 （清水昇著） リイド社 2009.12 253p （リイド文庫）

【雑 誌】
- ◇西郷隆盛VS勝海舟女くらべ （来水明子）「歴史と旅」 7(1) 1980.1
- ◇人間の生地について(読中独語(11)) （渡部昇一）「諸君」 12(1) 1980.1
- ◇会津の西郷・薩摩の西郷 （尾崎秀樹）「歴史と旅」 7(3) 1980.2
- ◇維新三傑の夢―西郷隆盛・大久保利道・木戸孝允の青春（特集・明治維新の青春群像） （小西四郎）「歴史と人物」 10(2) 1980.2
- ◇"明治の獅子たち"征韓論をめぐる政争の構図―西郷隆盛と大久保利通の対立にみる政治の論理（特集・ライバル明治の獅子たち）(対談) （田中彰・内村剛介）「歴史読本」 25(2) 1980.2
- ◇西郷・桐野への俗説を駁す （永井保）「歴史と人物」 10(10) 1980.10
- ◇西郷隆盛の謎―毛利敏彦「明治六年政変」 （橘川文三）「月刊エディター 本と批評」 72 1980.10
- ◇東西二人の西郷交流の謎(上)戊辰以来、密かに伝えられてきた、頼母と隆盛の謎の部分を新史料で解明 （牧野登）「歴史と旅」 7(11) 1980.10
- ◇明治維新に探る自由の原点(19)西郷隆盛と西南戦争 （利根川裕）「月刊新自由クラブ」 4(41) 1980.12
- ◇西郷隆盛とその一族(2)市来・椎原・岩山家に就いて （村野守治）「鹿児島女子短期大学紀要」 16 1981.3
- ◇西郷は来た （岡野実）「最上地域史」 4 1981.5
- ◇大久保利通と西郷隆盛―無二の親友悲劇の結末(特集・明治ライバル物語) （毛利敏彦）「歴史と人物」 120 1981.7
- ◇古戦場に立つ―最終回―孤軍奮闘囲ミヲ破ツテ還ル（西南の役） （豊田穣）「旅」 657 1981.12
- ◇あれが西郷星じゃ(特集・英雄その史実と伝説) （白石一郎）「歴史と人物」 12(3) 1982.3
- ◇南洲翁謫所逸話(5)明治40年・東郷中介 「道之島通信」 92 1982.4
- ◇南洲翁謫所逸話(6)明治40年・東郷中介 「道之島通信」 92 1982.4
- ◇南洲翁謫所逸話(7)明治40年・東郷中介 「道之島通信」 94 1982.6
- ◇南洲翁謫所逸話(8)明治40年・東郷中介 「道之島通信」 95 1982.7
- ◇西郷隆盛―大器、鐘のごとく響く（特集・坂本龍馬光芒の生涯） （高野澄）「歴史と旅」 9(10) 1982.8
- ◇特集・西郷隆盛と西南の役 「歴史と人物」 12(8) 1982.8
- ◇南洲翁謫所逸話(9)明治40年・東郷中介 「道之島通信」 96 1982.8
- ◇南洲翁謫所逸話(10)明治40年―東郷中介 「道之島通信」 97 1982.9
- ◇南洲翁謫所逸話(11)明治40年―東郷中介 「道之島通信」 98 1982.10
- ◇南洲翁謫所逸話(12)明治40年―東郷中介 「道之島通信」 99 1982.11
- ◇南洲翁謫所逸話(13)明治40年―東郷中介 「道之島通信」 100 1982.12
- ◇南州翁謫所逸話(14)明治40年 （東郷中介）「道之島通信」 101 1983.1
- ◇南洲翁謫所逸話(15)明治40年 （東郷中介）「道之島通信」 102 1983.2
- ◇ヒーローの履歴書(9)西郷隆盛 （毛利敏彦）「太陽」 248 1983.3
- ◇南洲翁謫所逸話(16)明治40年 （東郷中介）「道之島通信」 103 1983.3
- ◇南洲翁謫所逸話―完―明治40年 （東郷中介）「道之島通信」 104 1983.4
- ◇日本最後の内戦―隆盛の西南戦争 （佐々克明）「軍事研究」 18(7) 1983.7
- ◇西南戦争の路線闘争―文明開化と征韓論 （佐々克明）「軍事研究」 18(8) 1983.8
- ◇西郷隆盛の旅 「歴史研究」 270 1983.10
- ◇西南戦争・鹿児島独立軍団の西郷 （佐々克明）「軍事研究」 18(10) 1983.10
- ◇西郷隆盛論 （浦島嘉典）「夜豆志呂」 71 1983.11
- ◇西南戦争・"鎖国"鹿児島の西郷 （佐々克明）「軍事研究」 18(11) 1983.11
- ◇西南戦争・内乱前夜の鹿児島情勢 （佐々克明）「軍事研究」 18(12) 1983.12
- ◇売りに出た神戸事件関係の勅書と新発見の西郷隆盛書状 （荒尾親成）「神戸史談（神戸史談会）」 254 1984.1
- ◇特集西郷隆盛謎の生涯 「歴史読本」 29(2) 1984.2
- ◇西郷隆盛と風見鶏 （清水厳人）「歴史読本」 29(2) 1984.2
- ◇維新政治家との交遊(下)考証・福沢諭吉(47) （富田正文）「三田評論」 844 1984.2
- ◇明治10年西南の役考証・福沢諭吉(48) （富田正文）「三田評論」 845 1984.3
- ◇もうひとつの旅―「西郷隆盛紀行」について(橘川文三研究) （前田愛）「思想の科学」 49 1984.6
- ◇西郷隆盛VSロビスピエール(特集・名将の器) （佐々克明）「will」 3(8) 1984.8

◇西郷隆盛、「幕府粉砕」への「非情」なるリーダーシップ―「禁門の変」と「長州征伐」で見せた「薩摩人」の凄腕(特集・「明治維新」の男たち)(坂本藤良)「プレジデント」23(1) 1985.1
◇特別読物歴史を作った邂逅勝海舟と西郷・福沢(福田常雄)「歴史と旅」12(12) 1985.9
◇西郷隆盛論(イザヤ・ベンダサン、山本七平訳)「現代のエスプリ」218 1985.9
◇西郷隆盛と李鴻章(陳舜臣)「波」190 1985.10
◇男の肖像[8]西郷隆盛(塩野七生)「文芸春秋」63(11) 1985.10
◇南洲翁書『手本帖』(広瀬順晧)「国立国会図書館月報」296 1985.11
◇西郷隆盛における維新と国家(岡崎正道)「文化(東北大学文学会)」49(3・4) 1986.2
◇西郷隆盛関係文献について(西野猛)「大阪府立図書館紀要」22 1986.3
◇日本人―征韓論で分裂する政府。陸奥は思いを大論文に托す(評伝・陸奥宗光[7])(岡崎久彦)「Voice」99 1986.3
◇書人国散策(54)海舟の建てた南洲詩碑(中西慶爾)「墨」54 1986.5
◇西郷隆盛は征韓論者か(毛利敏彦)「近畿南九州史談」2 1986.8
◇元帥・陸軍大将・西郷隆盛―最初の陸軍大将(日本陸海軍のリーダー総覧)(邦光史郎)「歴史と旅」13(13) 1986.9
◇明治日本の肖像―キヨソネの西郷隆盛像(山口康助)「帝京史学」2 1986.9
◇西郷隆盛とは(中山幹董)「歴史懇談」創刊号 1987.8
◇歌舞伎座の西郷隆盛(ミニ伝記)(福田逸)「新潮45」6(10) 1987.10
◇西郷隆盛―第二代・京都市長として活躍した息子菊次郎(有名人の子孫たち〈特集〉)「歴史読本」32(22) 1987.11
◇中国近代史における西郷隆盛像(中村義)「東京学芸大学紀要 社会科学」39 1987.12
◇いまリーダーが果たすべき「三つの役割」(特集・新・日本型リーダーの条件―織田信長的発想が「構造変革」に対応できる唯一の道である)(堺屋太一)「プレジデント」26(1) 1988.1
◇清末変法派(立憲派)と革命派の西郷観(大谷敏夫)「同朋」119 1988.3
◇西郷隆盛の武士道(原園光憙)「歴史研究」323 1988.3
◇西郷と大久保(インタビュー)(明治維新史を語る〔2〕)(葦津珍彦、大原康男)「諸君！」20(3) 1988.3
◇西郷隆盛とは(中山幹董)「歴史懇談」2 1988.7
◇西郷の来関とその後の展開(成田勝美)「山口県地方史研究」60 1988.10
◇「人生の試練」2度にわたる遠島(特集・西郷隆盛)(今村了介)「プレジデント」27(1) 1989.1
◇「倒幕」で見せた凄まじき「権謀術策」(特集・西郷隆盛)(浜野卓也)「プレジデント」27(1) 1989.1
◇「蒙」を啓いた師父・斉彬との邂逅(特集・西郷隆盛)(白石一郎)「プレジデント」27(1) 1989.1
◇「勇断」長州と連合へ―坂本龍馬の斡旋を受け入れた瞬間、時代の命運は彼の掌中に(特集・西郷隆盛)(志茂田景樹)「プレジデント」27(1) 1989.1
◇城山で迎えた「51歳」の死―「西南戦争」の221日間、彼の行動は不可思議の一言に尽きる(特集・西郷隆盛)(笠原和夫)「プレジデント」27(1) 1989.1
◇西郷が持ち、日本人が失ったもの―彼を超える魅力的リーダーにわれわれが巡り合えない原因もそこにある(対談)(特集・西郷隆盛)(奈良本辰也、綱淵謙錠)「プレジデント」27(1) 1989.1
◇西郷と「3人の妻」―「偉大な男」を夫に持った薩摩の女の至福と苦難(特集・西郷隆盛)(楠戸義昭)「プレジデント」27(1) 1989.1
◇青年西郷と下加治屋町の仲間たち(特集・西郷隆盛)(瀧口康彦)「プレジデント」27(1) 1989.1
◇追い落とされた「維新最大の功臣」(特集・西郷隆盛)(古川薫)「プレジデント」27(1) 1989.1
◇西郷隆盛詩論(菊地久雄)「日本及日本人」1593 1989.1
◇西郷隆盛とアジア(毛利敏彦、松本健一)「知識」86 1989.2
◇明治政府と西郷隆盛―西郷上京問題を中心に(福地惇)「日本歴史」490 1989.3
◇「汝自身を知れ」を知るとき(科学者とロマン(4))(西沢潤一)「中央公論」104(4) 1989.4
◇大東亜戦争への道(中村粲)「諸君！」21(5) 1989.5
◇西郷・木戸連立体制の成立事情(福地惇)「海南史学」27 1989.8
◇南洲翁作諱伝(児玉正志)「近畿南九州史談」5 1989.9
◇西郷隆盛と支藩長府の関連について(成田勝美)「山口県地方史研究」62 1989.10
◇西郷隆盛関係文献を蒐めて半世紀(野中敬吾)「日本古書通信」55(1) 1991.1
◇西郷隆盛の謎<特集>(熊谷光久他)「歴史研究」345 1990.1
◇「西南の役」に散った薩摩の逸材たち―村田新八も桐野利秋も、西郷を慕い西郷に魅せられ、そして(特集・西郷隆盛の人間関係学)(赤瀬川隼)「プレジデント」28(2) 1990.2
◇榎本武揚「五稜郭の賊将」に日本の明日を賭ける―彼の一言で助命された男は、後年対露外交の立役者に(特集・西郷隆盛の人間関係学)(中薗英助)「プレジデント」28(2) 1990.2
◇岩倉具視「小御所会議」で手を携えた宮廷政治家の背信―慶応3年12月のクーデター時の同志は、征韓論では対立者として立ち現れた(特集・西郷隆盛の人間関係学)(松浦玲)「プレジデント」28(2) 1990.2
◇五代友厚 異才は「藩際貿易」で倒幕に貢献した―卓絶した商才は維新後、彼をして大阪財界の大立者に(特集・西郷隆盛の人間関係学)(佐藤雅美)「プレジデント」28(2) 1990.2
◇坂本龍馬「僅か3年の交友」が開いた近代への扉―「商」の発想を持つ土佐浪士に彼は厚い信頼を寄せ、結果(特集・西郷隆盛の人間関係学)(渡部昇一)「プレジデント」28(2) 1990.2
◇勝海舟「倒幕」を決意させた異端の幕閣―2人の大器量の信頼感は江戸無血開城へとつながる(特集・西郷隆盛の人間関係学)(榛葉英治)「プレジデント」28(2) 1990.2
◇松平春岳と橋本左内 青桜に与えられた「人間の絆」―彼らとの交際は「悲憤慷慨の士」からの脱却の契機となった(特集・西郷隆盛の人間関係学)(古川薫)「プレジデント」28(2) 1990.2
◇西郷従道と大山巌 偉大な「血族」を持つ栄光と苦悩―父とも師とも仰ぐ隆盛の影響下、尊攘運動に飛び込んだ2人だったが(特集・西郷隆盛の人間関係学)(豊田穣)「プレジデント」28(2) 1990.2
◇大久保利通 西郷なくして大久保なく、大久保なくして……刎頸の友。薩摩の両輪。だが徐々に生き方は乖離の度を増し、ついに訣別へと至る(特集・西郷隆盛の人間関係学)(綱淵謙錠)「プレジデント」28(2) 1990.2
◇調所笑左衛門 薩摩藩近代化の資金を準備した名財政家(特集・西郷隆盛の人間関係学)(童門冬二)「プレジデント」28(2) 1990.2
◇島津久光 最後は常に頼らざるをえなかった「西郷嫌い」―この人物との確執がなければ、歴史はまた違っただろう(特集・西郷隆盛の人間関係学)(夏堀正元)「プレジデント」28(2) 1990.2
◇島津斉彬 無垢な青年武士の蒙を啓いた「英明の主」―この邂逅こそが維新回天の「原動力」を生むこととなった。(特集・西郷隆盛の人間関係学)(徳永真一郎)「プレジデント」28(2) 1990.2
◇明治維新とは「西郷の維新」であった―彼の「人間力」が多数の男たちをして近代日本の扉を押し開かせた(対談)(特集・西郷隆盛の人間関係学)(尾崎秀樹、白石一郎)「プレジデント」28(2) 1990.2
◇明治天皇「朝敵」となっても不変だった厚き信頼―真に西郷が敬ったのは「天子」ではなく「天」であったが(特集・西郷隆盛の人間関係学)(勝部真長)「プレジデント」28(2) 1990.2
◇木戸孝允「薩長同盟」を約した「懇篤の士」―何度かの行き違いの末2人は会盟し、時代は大きく回転した(特集・西郷隆盛の人間関係学)(浜野卓也)「プレジデント」28(2) 1990.2
◇西郷隆盛vs.大久保利通―日本史を変えた動と静(加来耕三)「潮」370 1990.2
◇元田永孚の西郷隆盛観(日本史上の人物と史料―続―)(沼田哲)「日本歴史」501 1990.2
◇歴史随想―西郷と大久保(小西四郎)「吉川弘文館の新刊」33 1990.4
◇西郷隆盛の島女房、3年間の深き愛―愛加那(いまも昔もおんな史)「潮」373 1990.5
◇西郷隆盛「鳥羽・伏見」に幕軍を暴発させる―江戸薩摩藩邸焼打ちを導火線に、武力倒幕に点火する策謀が(特集・「幕末維新」の人物学)(林青梧)「プレジデント」28(6) 1990.6
◇西郷隆盛(せごどん)は菊池氏の分流(今村歳剣)「夜豆志呂」98 1990.8
◇日本は西郷隆盛を必要としていたか―海音寺潮五郎『西郷と大久保』(特集・「歴史小説」における人間の研究―名作が示唆する豊饒な人生、生きた生き方とは)(宮野澄)「プレジデント」28(9) 1990.9
◇西郷の来岩と副総督府の動き―対帆楼の会見にみる動機を求めて(成田勝美)「山口県地方史研究」64 1990.10
◇自由民権運動、薩長藩閥政治の打倒を目指す熱き闘い―板垣死すとも自由は死せず。退陣はイギリス皇帝に1つの理想を見た(特集・明治天皇―こうして現代日本への道は開かれた)(三好徹)「プレジデント」29(3) 1991.3
◇西南戦争「脱亜入欧」5路線を加速した「薩軍の敗北」―「征韓論」に敗れた西郷隆盛は何故この無謀な戦いを始めたか(特集・明治天皇―こうして現代日本への道は開かれた)(小山内美江子)「プレジデント」29(3) 1991.3
◇西南戦争における西郷隆盛と士族(佐々木克)「人文学報(京都大学人文科学研究所)」68 1991.3
◇特集・四人の名リーダーはどうやって強い軍団をつくり上げたのか？―強いリーダーの「人間力」の研究「近代中小企業」26(6) 1991.5
◇"三分の愚かさ"をめぐって―「抵抗」の次元と形象(2)(書評・丸山真男「反動の概念」(4))(北沢恒彦)「思想の科学」482 1991.10
◇春風駘蕩 龍馬がいく―金もない、組織もない。しかし人と時代は動いた(特集・坂本龍馬の人間関係学)(三好徹)「プレジデント」30(7) 1992.7

◇西郷隆盛—薩摩の巨人を動かした「純粋なる魂」(特集・坂本龍馬の人間関係学) (中津文彦)「プレジデント」 30(7) 1992.7
◇福沢諭吉、「瘦せ我慢」を説いた「近代」の啓蒙者—必敗必死を眼前に見てなお勇進するの一事(特集・男はいかに生くべきか—いま「武士道」に学ぶ) (岩崎貝夫)「プレジデント」 30(10) 1992.10
◇日本人の南州像『西郷隆盛』(明徳出版社)序説 (山口宗之)「久留米工業大学研究報告」 16 1992.12
◇西郷隆盛と「敬天愛人」の思想—人は己れに克つを以て成り、自ら愛することを以て敗るる(特集・「四書五経」のリーダー学) (半藤一利)「プレジデント」 31(3) 1993.3
◇西郷隆盛の「官位もいらぬ金もいらぬ名もいらぬ」(特集・清貧の時代)「経営コンサルタント」 535 1993.5
◇西郷南洲と温泉 (児玉正志)「敬天愛人」 11 1993.9
◇西郷南洲と有馬新七(2) (篠原亮)「敬天愛人」 11 1993.9
◇西郷隆盛の遺韓論『西郷隆盛は征韓論者にあらず』 (川尻政輝)「敬天愛人」 11 1993.9
◇安政5年西郷への斉彬密命を追う (芳即生)「敬天愛人」 11 1993.9
◇最後の縄文人「西郷隆盛」 (上笹貫敏弥)「敬天愛人」 11 1993.9
◇尚古集成館にある南洲翁関係の資料について (島津修久)「敬天愛人」 11 1993.9
◇新史料 西郷隆盛の書簡4通 (山田尚二)「敬天愛人」 11 1993.9
◇西南ノ役の性格と日本の運命—久光、隆盛、利通の葛藤の生んだ秘因 (鮫島志芽太)「敬天愛人」 11 1993.9
◇大西郷の下野 (中山広司)「敬天愛人」 11 1993.9
◇西郷隆盛における「文明」の理念(幕末史話 "第3の開国" のさ中に(4)) (松本健一)「エコノミスト」 71(45) 1993.10.26
◇「翔ぶが如く」、西郷は「征韓論」を主唱したか—西南戦争へと追い込まれる過程には常に大久保の影が(特集・司馬遼太郎「維新人物小説」を読む) (毛利敏彦)「プレジデント」 31(12) 1993.12
◇the last one that lies—西郷隆盛(1827 - 1877)(20世紀の「失敗」・人物篇) (加藤典洋)「思想の科学」 509 1994.2
◇西郷隆盛の来航を記した本合海町「辰年軍事指向書上」 (大友義助)「最上地域史」 16 1994.3
◇西郷隆盛の遺したもの—言葉以前の知恵を信じて危機の時代を駆け抜けた英雄。その生涯は現代人に何を教えるか (江藤淳(慶応義塾大学教授), 松本健一)「諸君!」 28(1) 1996.1 p42〜52
◇歴史ははたして物語か、歴史観の再検討—リッケルトの影・序—『西郷隆盛』(特集・歴史観:芥川龍之介『小説の読みは変わるか—小説の読みはどう変わるか) (松本常彦)「國文學 解釈と教材の研究」 学灯社 41(5) 1996.4 p36〜40
◇西郷隆盛暗殺計画の謎(幕末維新の謎) (河野弘善)「歴史と旅」 23(11) 1996.7.5 臨増(日本史の謎100選) p378〜383
◇西郷隆盛生存説の謎(幕末維新の謎)「歴史と旅」 23(11) 1996.7.5 臨増(日本史の謎100選) p384〜385
◇西郷隆盛VS大久保利通—維新の盟友、明治新政府で袂を分かつ(政治編) (新宮正春)「歴史と旅」 23(17) 1996.11.10 臨増(日本史ライバル総覧) p196〜203
◇子規と漱石の「西郷隆盛」(特集 漱石と子規—子規の視座から) (中野一夫)「漱石研究」 翰林書房 7 1996.12 p116〜127
◇西郷隆盛と陳独秀—詩文からみた幕末と清末の志士 (横山宏章)「明治学院論叢」 明治学院大学 589 1997.3 p17〜33
◇西郷隆盛—晋どん、もうここらでよか(特集・幕末明治人物臨終の言葉—近代の夜明けを駆けぬけた44人の人生決別の辞 英雄死してことばを遺す) (一坂太郎, 稲川明雄, 今川徳三, 井門寛, 宇都宮泰長, 河合敦, 木村幸比古, 祖田浩一, 高橋和彦, 高野澄, 畑山博, 三谷茉沙夫, 百瀬明治, 山村竜也)「歴史と旅」 24(7) 1997.5 p88〜89
◇功臣賊臣西郷隆盛(明治天皇〔28〕) (ドナルド・キーン著, 角地幸男訳)「新潮45」 16(5) 1997.5 p250〜264
◇西郷南洲特集「陽明学」二松学舎大学陽明学研究所 9 1997.6 p69〜141
◇ドキュメント西南戦争 発端—西郷暗殺計画から薩摩軍進撃の軌跡(特集・西南戦争120年目の真実—時空を超えて甦る戦争と人間の鮮烈なドラマ) (芳即正)「歴史と旅」 24(11) 1997.10 p36〜43
◇今想え、西郷南洲の「立国の気魄」(年頭に訴える) (江藤淳)「THIS IS 読売」 8(12) 1998.2 p38〜48
◇南州随想—失敗や敗北によってしか伝えられぬメッセージが、確かにあるのではないか (江藤淳)「文芸春秋」 76(4) 1998.4 p94〜100
◇西郷南洲が発した問いは平成の日本人に向けられている(「アメリカ標準」を疑えの一歩で日本だけが、このスーパーパワーに盲従するのか) (江藤淳)「SAPIO」 10(7) 1998.4.22 p26〜28
◇西郷隆盛の評価について (ぬめひろし)「北方風土」 秋田文化出版社 36 1998.5 p20〜29
◇なぜ、いまごろ「西郷」か(田康康弘の序曲2000) (田勢康弘)「婦人公論」 83(10) 1998.6.22 p152〜153
◇藩の軍事力・経済力を利用して変革に挑んだ男たち—西郷隆盛と大久保利通 小御所会議「慶喜の反攻」を封じた両輪の豪胆と智略(歴史特集・幕末維新の「人材」学—こんな男が組織を変える) (須崎勝弥)

「プレジデント」 36(7) 1998.7 p80〜89
◇いまゼロから出直すとき—混迷の淵に立ち竦む現代日本人は「西郷南洲」に学べ(特集・自壊する日本) (江藤淳, 伊集雅俊)「Voice」 249 1998.9 p54〜63
◇平成の西郷南洲・勝海舟がいま必要だ(特集・ヒタヒタ…と世界恐慌の足音が聞こえる トップは発想を変えよ!) (諸井虔(地方分権推進委員会委員長), 村田博文)「財界」 46(23) 1998.9.29 p22〜25
◇西郷の苦衷を知る(遙かなる海へ 大河評伝・勝海舟〔32・最終回〕) (松浦玲)「論座」 45 1999.1 p222〜233
◇人間・福沢諭吉に学ぶ—己を生かし人を生かす(21)維新の三傑と心友・西郷隆盛 (川村真二)「企業と人材」 産労総合研究所 32(731) 1999.9.5 p84〜89
◇南洲、三島、江藤淳—「公」のために「私」を選んで散った西郷隆盛の "歌" から、母の "声" にたどり着くまで(江藤淳の「論跡」) (桶谷秀昭, 松本健一)「諸君!」 31(10) 1999.10 p140〜151
◇上野公園の≪西郷隆盛像≫とミケランジェロ (中江彬)「大阪府立大学紀要 人文・社会科学」 大阪府立大学 48 2000 p11〜22
◇「最も敬愛された男」西郷隆盛の出処進退(賢者は歴史に学ぶ—リーダーの決断〔8〕) (林青梧)「プレジデント」 38(11) 2000.7.3 p158〜163
◇勝海舟と西郷隆盛(上) (君島善次郎)「日本医事新報」 週刊日本医事新報社 3977 2000.7.15 p55〜57
◇勝海舟と西郷隆盛(下) (君島善次郎)「日本医事新報」 週刊日本医事新報社 3978 2000.7.22 p62〜64
◇台湾にいた「西郷隆盛」の遺児(異説日本史) (陳火桐)「新潮45」 19(8) 2000.8 p232〜237
◇神になった人びと(最終回)西郷隆盛—南洲神社 (小松和彦)「淡交」 淡交社 54(12) 2000.12 p114〜121
◇人は「情」に動くか、「理」に動くか—西郷隆盛と大久保利通、二人の友情と対決が今に語りかけるもの(特集・歴史に学ぶ「成功と失敗」—我々は「目先」に囚われすぎていないか) (童門冬二)「プレジデント」 39(2) 2001.1.15 p62〜69
◇坂本龍馬と薩長同盟—「アライアンス」の原点ここにあり(特集・歴史に学ぶ「成功と失敗」—我々は「目先」に囚われていないか) (西木正明)「プレジデント」 39(2) 2001.1.15 p72〜77
◇ふたたび "獅子の時代" がやってきた—歴史の叡智に学ぶ危機突破のシナリオ〔下〕 (渡部昇一)「正論」 342 2001.2 p64〜75
◇元勲たちの素顔(サン=シモン主義者 渋沢栄一〔19〕) (鹿島茂)「諸君!」 33(2) 2001.2 p294〜301
◇西郷隆盛と報徳仕法 (宇津木三郎)「大倉山論集」 大倉精神文化研究所 47 2001.3 p183〜209
◇対談・指針なき時代、この男たちの「非常識」に学べ—徳川250年の「常識」を打ち破ったのは地位なき若者だった(特集1・幕末維新の男たちに学ぶ「変革と決断」の方程式) (津本陽, 童門冬二)「プレジデント」 39(6) 2001.3.19 p44〜51
◇坂本龍馬と薩長同盟—感情の対立を克服した「合理主義精神」(特集1・幕末維新の男たちに学ぶ「変革と決断」の方程式) (百瀬明治)「プレジデント」 39(6) 2001.3.19 p82〜89
◇勝海舟、西郷隆盛と江戸無血開城—「説得の心理戦」かく闘うべし(特集1・幕末維新の男たちに学ぶ「変革と決断」の方程式) (赤瀬川準)「プレジデント」 39(6) 2001.3.19 p90〜97
◇「変革期に輝く人材」を精神分析する—西郷、大久保、坂本 なぜ普通の若者が「日本のヒーロー」となったか(特集1・幕末維新の男たちに学ぶ「変革と決断」の方程式) (小此木啓吾)「プレジデント」 39(6) 2001.3.19 p104〜109
◇史上最強の改革内閣成立!森内閣嗤うべし—もし幕末維新の英傑が閣僚名簿に名を連ねれば、日本はいま……(鼎談)(特集1・幕末維新の男たちに学ぶ「変革と決断」の方程式) (粕谷一希, 半藤一利, 岩見隆夫)「プレジデント」 39(6) 2001.3.19 p110〜119
◇西郷隆盛の「座右の書」を書いた男(歴史再考) (長尾剛)「新潮45」 20(6) 2001.6 p106〜113
◇靖国神社「鎮霊社」のミステリー—"逆賊" 西郷隆盛の白虎隊も靖国に祀られていた(特集・終わらない夏) (秦郁彦)「文芸春秋」 79(13) 2001.11 p344〜358
◇「敬天愛人」—西郷隆盛の思想(永久(とわ)からの伝言(メッセージ)〔17〕) (鈴木治雄)「経済界」 36(22) 2001.11.20 p60〜61
◇明治6年の征韓論争と西郷隆盛—閣議決定と「勅旨」をめぐって (諸洪一)「日本歴史」 吉川弘文館 655 2002.12 p75〜91
◇池宮彰一郎氏・歴史小説家(編集長インタビュー) (池宮彰一郎, 野村裕知)「日経ビジネス」 1173 2003.1.6 p76〜79
◇西郷隆盛の知られざる素顔(作家の眼) (野口武彦)「日経ビジネス」 1174 2003.1.13 p65
◇続・「明治6年の政変」の再検討—西郷隆盛からの聞書 (杉谷昭)「比較文化年報」 久留米大学大学院比較文化研究科 12 2003.3 p1〜24
◇三宅雪嶺の英雄論—西郷隆盛と「革命家」のエートス (長妻三佐雄)「日本歴史」 吉川弘文館 662 2003.7 p74〜90
◇西郷隆盛排斥で成功者となった大久保利通(特集 対決の日本史) (中名生正巳)「歴史研究」 歴研 45(12) 2003.12 p23〜25

◇ルソー、兆民、西郷をめぐって―フランス近代と明治日本　(浜田泉)　「桜文論叢」　日本大学法学部 58 2003.12 p262～231
◇「維新元勲西郷隆盛君之伝」香骨序について　(伊藤秀雄)　「日本古書通信」　日本古書通信社 69(5) 2004.5 p18～19
◇百家風発『西郷隆盛と秋田戊辰戦争』を推奨する　「北方風土」　イズミヤ出版 48 2004.7 p116～118
◇"大西郷"に学ぶ(特集 生き方教育としての道徳教育)　(笹川雄吉)　「道徳と教育」　日本道徳教育学会事務局 49(3・4) 2005 p146～169
◇西郷隆盛「習字手本」の謎を追う　(徳永洋)　「霊山歴史館紀要」　霊山顕彰会 17 2005.4 p8～14
◇空想と現実の接点―大津事件に先立つ西郷隆盛生存伝説　(小林実)　「日本近代文学」　日本近代文学会 73 2005.10 p16～32
◇特別論考 西郷隆盛首級のゆくえ―「歴史」と「文化財」の関係を考える　(平田信芳)　「歴史読本」　新人物往来社 50(10) 2005.10 p172～176
◇明治期における自由のあり方をめぐる応答―西郷隆盛、スペンサー、中江兆民の相関　(井上誠一)　「多元文化」　名古屋大学国際言語文化研究科国際多元文化専攻 6 2006.3 p1～14
◇首なし死体でも判定できた西郷隆盛の男っぷり(総力特集 明治・大正・昭和 有名人13の「死にざま」)　「新潮45」　新潮社 25(5) 2006.5 p34～36
◇西郷糸子〈西郷隆盛の妻〉―夫不在の家をきりもりし深い愛情で教育に心を注ぐ(特集 日本の良妻賢母―特集ワイド 物語 日本の良妻賢母 幕末維新を生きた「良妻賢母」と志士の群像)　「歴史読本」　新人物往来社 51(11) 2006.8 p126～131
◇ドーダの近代史(36)内ドーダへの転換―西郷隆盛の子供たち(その1)　(鹿島茂)　「一冊の本」　朝日新聞社 11(10) 2006.10 p80～84
◇「西郷隆盛」論―見ることと記憶・認識の揺らぎ　(五島慶一)　「日本近代文学」　日本近代文学会 75 2006.11 p61～74
◇ドーダの近代史(37)内ドーダへの転換―西郷隆盛の子供たち(その2)　(鹿島茂)　「一冊の本」　朝日新聞社 11(11) 2006.11 p80～84
◇ドーダの近代史(38)内ドーダへの転換―西郷隆盛の子供たち(その3)　(鹿島茂)　「一冊の本」　朝日新聞社 11(12) 2006.12 p80～84
◇ドーダの近代史(39)内ドーダへの転換―西郷隆盛の子供たち(その4)　(鹿島茂)　「一冊の本」　朝日新聞社 12(1) 2007.1 p80～84
◇ドーダの近代史(最終回)内ドーダへの転換―西郷隆盛の子供たち(その5)　(鹿島茂)　「一冊の本」　朝日新聞社 12(2) 2007.2 p78～82
◇辺海放浪(10) 遠島人西郷隆盛(1)アンゴと奄美大島　(日高恒太朗)　「歴史読本」　新人物往来社 52(5) 2007.5 p326～333
◇辺海放浪(11) 遠島人西郷隆盛(2)境界の島・沖永良部　(日高恒太朗)　「歴史読本」　新人物往来社 52(7) 2007.6 p381～387
◇辺海放浪(12) 遠島人西郷隆盛(3)台湾伝説　(日高恒太朗)　「歴史読本」　新人物往来社 52(8) 2007.7 p280～287
◇ミッキー安川のズバリ勝負！(118)西郷さんを靖国神社に祀れ　(ミッキー安川, 平野貞夫)　「月刊日本」　K&Kプレス 11(11) 2007.11 p90～93
◇西郷隆盛―「明治維新」に異議をとなえたラストサムライ(新連載・第1回)　西郷以前―サムライとは何か？　(上田篤)　「國文學 解釈と教材の研究」　學燈社 53(1) 2008.1 p144～157
◇西郷隆盛に学ぶ 経営人間学―西郷南洲翁遺訓より(第22回)常に「公平至誠」を心がけよ　(徳永靖弘)　「スタッフアドバイザー」　税務研究会 214 2008.1 p112～114
◇西郷南洲生誕百八十年 西郷隆盛と陽明学　(中野正剛)　「月刊日本」　K&Kプレス 12(1) 2008.1 p44～53
◇西郷隆盛―「明治維新」に異議をとなえたラストサムライ(第2回)(1)立志(2)耐乏　(上田篤)　「國文學 解釈と教材の研究」　學燈社 53(2) 2008.2 p156～171
◇西郷隆盛に学ぶ 西郷隆盛と陽明学(続)　(中野正剛)　「月刊日本」　K&Kプレス 12(2) 2008.2 p52～57
◇今の日本をどう再生するか―南洲翁に学ぶ誇りある日本の国づくり　(椛島有三)　「祖国と青年」　日本協議会 353 2008.2 p17～26
◇西郷隆盛に学ぶ「経営人間学」―西郷南洲翁遺訓より(第23回)空理空論を論ずる勿れ　(徳永靖弘)　「スタッフアドバイザー」　税務研究会 215 2008.2 p121～123
◇ミケランジェロの「アンコーラ・イムパーロ」と西郷隆盛の「敬天愛人」についての謎　(中江彬)　「人文学論集」　大阪府立大学人文学会 第26集 2008.3 p1～32
◇西郷隆盛―「明治維新」に異議をとなえたラストサムライ(第3回)(1)滅私(2)奉公　(上田篤)　「國文學 解釈と教材の研究」　學燈社 53(4) 2008.3 p150～165
◇西郷隆盛に学ぶ「経営人間学」―西郷南洲翁遺訓より(第24回)偽らず飾らぬ「真心」に価値がある。　(徳永靖弘)　「スタッフアドバイザー」　税務研究会 216 2008.3 p109～112
◇西郷隆盛―「明治維新」に異議をとなえたラストサムライ(第4回)(1)文明開化(2)尊皇攘夷　(上田篤)　「國文學 解釈と教材の研究」　學燈社 53(6) 2008.4 p160～177
◇西郷隆盛に学ぶ「経営人間学」―西郷南洲翁遺訓より(第25回)努力が機会を生かす　(徳永靖弘)　「スタッフアドバイザー」　税務研究会 217 2008.4 p104～107

◇西郷隆盛―「明治維新」に異議をとなえたラストサムライ(第5回)(3)佐幕(4)開国　(上田篤)　「國文學 解釈と教材の研究」　學燈社 53(7) 2008.5 p142～161
◇西郷隆盛に学ぶ「経営人間学」―西郷南洲翁遺訓より(第26回)才識だけで事は成らぬ！　(徳永靖弘)　「スタッフアドバイザー」　税務研究会 218 2008.5 p114～117
◇西郷隆盛―「明治維新」に異議をとなえたラストサムライ(第6回)(1)公武合体(2)征長　(上田篤)　「國文學 解釈と教材の研究」　學燈社 53(8) 2008.6 p126～145
◇西郷隆盛に学ぶ「経営人間学」―西郷南洲翁遺訓より(第27回)世俗の垢を洗う　(徳永靖弘)　「スタッフアドバイザー」　税務研究会 219 2008.6 p112～115
◇西郷隆盛とリーダーシップ―己を捨ててこそ人はついてくる(特集 挑む！やり抜く！「歴史・古典」入門―今、一歩抜きんでる「上司・部下力」の真髄)　(稲盛和夫)　「プレジデント」　プレジデント社 46(12) 2008.6.16 p72～75
◇西郷隆盛―「明治維新」に異議をとなえたラストサムライ(第7回)(1)倒幕(2)徳(含 西郷隆盛略年譜)　(上田篤)　「國文學 解釈と教材の研究」　學燈社 53(10) 2008.7 p152～177
◇政治における悪の効用―西郷隆盛、大久保利通、桂小五郎(彼らは「この国」の危機をいかに救ったか？ 司馬遼太郎 日本のリーダーの条件―渾身の大特集)　「文芸春秋」　文芸春秋 86(8) 2008.7 p128～135
◇西郷隆盛に学ぶ 経営人間学(第28回)何事にも決まりをつけよ　(徳永靖弘)　「スタッフアドバイザー」　税務研究会 220 2008.7 p102～105
◇西郷隆盛―「明治維新」に異議をとなえたラストサムライ(第8回)(1)郷土開放(2)第二維新　(上田篤)　「國文學 解釈と教材の研究」　學燈社 53(11) 2008.8 p142～162
◇西郷隆盛に学ぶ 経営人間学(第29回)平生の黙座静思　(徳永靖弘)　「スタッフアドバイザー」　税務研究会 221 2008.8 p111～113
◇西郷隆盛―「明治維新」に異議をとなえたラストサムライ(第9回)統制か自由か 天意の旅(含 西郷隆盛略年譜(続))　(上田篤)　「國文學 解釈と教材の研究」　學燈社 53(13) 2008.9 p128～157
◇西郷隆盛に学ぶ「経営人間学」―西郷南洲翁遺訓より(第30回)道義を求める者は中国古典に学ぶべし　(徳永靖弘)　「スタッフアドバイザー」　税務研究会 222 2008.9 p114～117
◇西郷隆盛ゆかりの地 鹿児島・熊本を訪ねて 英雄の足跡　(浅田次郎)　「Tashinami」　文藝春秋 1(2) 2008.Aut. p24～33
◇西郷隆盛―「明治維新」に異議をとなえたラストサムライ(最終回・結)西郷以後―サムライは死んだか？　(上田篤)　「國文學 解釈と教材の研究」　學燈社 53(14) 2008.10 p136～170
◇西郷隆盛に学ぶ「経営人間学」―西郷南洲翁遺訓より(第31回)遺訓集に記された問答　(徳永靖弘)　「スタッフアドバイザー」　税務研究会 223 2008.10 p118～121
◇日本人 意志の力(23)敬天愛人を貫いた至誠の生涯〈西郷隆盛〉　(中西進)　「Wedge」　ウエッジ 20(11) 2008.11 p112～114
◇西郷隆盛に学ぶ「経営人間学」―西郷南洲翁遺訓より(第32回)知と能、そして勇　(徳永靖弘)　「スタッフアドバイザー」　税務研究会 224 2008.11 p130～133
◇西郷隆盛に学ぶ「経営人間学」―西郷南洲翁遺訓より(第33回)理と勢は分けられない！　(徳永靖弘)　「スタッフアドバイザー」　税務研究会 225 2008.12 p103～105
◇西郷南洲翁の漢詩―平仄式による検証と解釈　(松尾善弘)　「山口大学文学会志」　山口大学文学会 59 2009 p1～21
◇家政学における人間形成と文化の継承の役割―西郷隆盛・ペスタロッチの生き方の援用から　(東美穂, 高田久美子)　「地域・人間・科学」　鹿児島純心女子短期大学江角学びの交流センター地域人間科学研究所 12・13 2009 p91～115
◇薩摩藩 西郷隆盛vs.大久保利通(歴史ロマン 「幕末ヒーロー」列伝―ヒーローはどっちだ)　(松本健一)　「現代」　講談社 43(1) 2009.1 p210～213
◇西郷隆盛に学ぶ「経営人間学」―西郷南洲翁遺訓より(第34回)儻倖を頼りとせず！　(徳永靖弘)　「スタッフアドバイザー」　税務研究会 226 2009.1 p108～112
◇西郷精神なくして日本再建なし―外国人が見た西郷隆盛　(Vulpitta Romano)　「月刊日本」　K&Kプレス 13(2) 2009.2 p38～43
◇櫛風沐雨(その103)年初『南洲翁遺訓』を読む(1)指導者論　(岡本幸治)　「月刊日本」　K&Kプレス 13(2) 2009.2 p120～123
◇西郷隆盛に学ぶ「経営人間学」―西郷南洲翁遺訓より(第35回)変事の動揺は、平時の心構えに問題あり！　(徳永靖弘)　「スタッフアドバイザー」　税務研究会 227 2009.2 p101～105
◇櫛風沐雨(その104)年初『南洲翁遺訓』を読む(2)国家運営論　(岡本幸治)　「月刊日本」　K&Kプレス 13(3) 2009.3 p120～123
◇西郷隆盛に学ぶ「経営人間学」―西郷南洲翁遺訓より(第36回)誠は深く厚くあるべし！　(徳永靖弘)　「スタッフアドバイザー」　税務研究会 228 2009.3 p97～101
◇三島由紀夫と司馬遼太郎(第6回)西郷隆盛と大久保利通(上)　(松本健一)　「波」　新潮社 43(3) 2009.3 p82～87

◇明治の英傑たち(1)西郷隆盛　(金子宗德)「国体文化」日本国体学会　1018　2009.3　p18〜23
◇大特集・春爛漫、ぶらり「桜旅」―第1部 小松帯刀、坂本龍馬、西郷隆盛―維新の英傑縁の地を巡り、古都に遊ぶ「京の桜」幕末・歴史探訪「サライ」小学館　21(6)通号491　2009.3.19　p19
◇西郷隆盛 清水寺・京都市東山区―尊皇派の僧・月照とともに見た清水の桜(大特集・春爛漫、ぶらり「桜旅」―第1部 小松帯刀、坂本龍馬、西郷隆盛…維新の英傑縁の地を巡り、古都に遊ぶ「京の桜」幕末・歴史探訪)「サライ」小学館　21(6)通号491　2009.3.19　p23〜25
◇三島由紀夫と司馬遼太郎(第7回)西郷隆盛と大久保利通(中)　(松本健一)「波」新潮社　43(4)　2009.4　p52〜57
◇西郷隆盛に学ぶ「経営人間学」―西郷南洲翁遺訓より(第37回)剛胆は慎重より発する！　(徳永靖弘)「スタッフアドバイザー」税務研究会　229　2009.4　p105〜109
◇三島由紀夫と司馬遼太郎(第8回)西郷隆盛と大久保利通(下)　(松本健一)「波」新潮社　43(5)　2009.5　p76〜81
◇西郷隆盛に学ぶ「経営人間学」―西郷南洲翁遺訓より(第38回)英雄の気質は剛胆のみに非ず！　(徳永靖弘)「スタッフアドバイザー」税務研究会　230　2009.5　p115〜119
◇西郷隆盛に学ぶ経営人間学(最終回)明治の西郷　(徳永靖弘)「スタッフアドバイザー」税務研究会　231　2009.6　p119〜121
◇芥川龍之介、三島由紀夫、大隈重信、澁澤龍彦、米原万里……悪党・悪女の「便利なユーモア」レトリック(読まれる書き方バカにされる書き方)　(鹿島茂)「プレジデント」プレジデント社　47(12)　2009.6.1　p78〜81
◇徳川家康から西郷隆盛まで 中国で人気者になった日本の英雄　(譚〔ロ〕美)「新潮45」新潮社　28(7)　2009.7　p236〜242
◇童門冬二の日本列島・諸国賢人列伝(99)門人は大塩平八郎から西郷隆盛まで 佐藤一斎(1)　(童門冬二)「ガバナンス」ぎょうせい　99　2009.7　p108〜111
◇西郷隆盛と横井小楠　(徳永洋)「霊山歴史館紀要」霊山顕彰会　19　2009.7　p3〜17
◇西郷隆盛の体調不良問題と「明治六年政変」(1)　(家近良樹)「大阪経大論集」大阪経大学会　60(2)　2009.7　p42〜24
◇いまでも西郷隆盛として(賢者は歴史から学ぶ―古代〜明治篇―私が学んだ日本史上の人物)　(南伸坊)「文藝春秋special」文藝春秋　3(4)　2009.秋　p32〜34
◇西郷隆盛の体調不良問題と「明治六年政変」(2)　(家近良樹)「大阪経大論集」大阪経大学会　60(3)　2009.9　p26〜12
◇「土佐派」の「明治維新観」形成と『自由党史』―西郷隆盛・江藤新平像の形成過程を中心に　(中元崇智)「明治維新史研究」明治維新史学会　6　2009.12　p1〜21
◇現地レポート 日本活性化の道を探る―西郷隆盛ゆかりの地・奄美大島の講演会から　「財界」財界研究所　57(24)　2009.12.8　p52〜57

西郷頼母　さいごうたのも　1830〜1903
　幕末、明治期の会津藩士。家老。
【図書】
◇会津の群像―獅子の時代を生きた　(小島一男)　歴史春秋社　1981.2
◇明治人物拾遺物語―キリスト教の一系譜　(森井真)　新教出版社　1982.10
◇ナンバー2の経営学―諸藩名家老に学ぶ　(鈴木亨)　日本文芸社　1983.5
◇平和を作る人たち　(安芸基雄著)　みすず書房　1984.1
◇物語 会津戦争悲話　(宮崎十三八ほか著)　新人物往来社　1988.8
◇NHK歴史への招待(第25巻)白虎隊と榎本艦隊　(日本放送協会編)　日本放送出版協会　1990.4　(新コンパクト・シリーズ)
◇物語 妻たちの会津戦争　(宮崎十三八編)　新人物往来社　1991.3
◇幕末の会津藩家老 西郷頼母　(早乙女貢著)　歴史春秋社　1993
◇自叙伝『栖雲記』私注―会津藩老・西郷頼母　(堀田節夫著)　東京書籍　1993.9
◇孤影の名臣 西郷頼母　(西郷鶴夫著)　叢文社　2000.6　265p
◇孤影の名臣 西郷頼母 改訂版　(西郷鶴夫著)　叢文社　2001.5　265p
◇幕末・会津藩士銘々伝 下　(小檜山六郎、間島勲編)　新人物往来社　2004.7　311p
◇西郷頼母―幕末の会津藩家老　(堀田節夫著)　歴史春秋出版　2004.7(第2刷)　248p
◇『帰る雁が袂』私注―会津藩老・西郷頼母の晩年の日誌　(堀田節夫著)　東京書籍　2007.3　277p
【雑誌】
◇会津の西郷・薩摩の西郷(特集・惨!!会津落城 幕末維新シリーズ3)　(尾崎秀樹)「歴史と旅」7(3)　1980.2
◇東西二人の西郷交流の謎(上)戊辰以来、密かに伝えられてきた、頼母と隆盛の謎の部分を新史料で解明　(牧野登)「歴史と旅」7(11)　1980.10
◇家老西郷頼母悲憤の生涯(特集会津戦争と松平容保)　(牧野登)「歴史と人物」14(11)　1984.10
◇西郷頼母、恭順派の行方(特集・戊辰戦争会津の悲劇―至誠を全うし て―藩一丸炎と化した会津の士道)　(高橋富雄)「歴史と旅」24(9)　1997.6　p88〜95

西郷従道　さいごうつぐみち　1843〜1902
　幕末、明治期の軍人、政治家。侯爵。
【図書】
◇元帥西郷従道伝―祖父へ捧げる鎮魂譜　(西郷従宏)　芙蓉書房　1981.4
◇元老　(山本四郎著)　静山社　1986.4
◇海軍経営者 山本権兵衛　(千早正隆著)　プレジデント社　1986.12
◇西郷従道―大西郷兄弟物語　(豊田穣著)　光人社　1987.1
◇西郷隆盛―人望あるリーダーの条件　(山本七平、毛利敏彦、野中敬吾他文)　世界文化社　1987.3　(BIGMANビジネスブックス)
◇一歩先を読む生きかた　(堺屋太一ほか著)　三笠書房　1987.9　(知的生きかた文庫)
◇大津事件の真相　(早崎慶三著)　(京都)サンブライト出版　1987.11　(近江文化叢書)
◇雑学 明治珍聞録　(西沢爽著)　文芸春秋　1987.11　(文春文庫)
◇勲章幻影　(夏堀正元著)　中央公論社　1988.1
◇目でみる日本史「翔ぶが如く」と西郷隆盛　(文芸春秋編)　文芸春秋　1989.11　(文春文庫―ビジュアル版)
◇物語 馬のいる歴史風景　(山岡明著)　新人物往来社　1989.12
◇究極の統率法―将に将たる器とは何か　(奥田鉱一郎著)　マネジメント社　1990.6
◇西郷従道―大西郷兄弟物語　(豊田穣著)　光人社　1995.4　445p　(光人社NF文庫)
◇元帥・西郷従道伝 新装版　(西郷従宏著)　芙蓉書房出版　1997.4　334p
◇帝国海軍将官総覧　(太平洋戦争研究会著)　ベストセラーズ　2002.8　300p　(ベストセラーシリーズ・ワニの本)
◇日本海軍の興亡―戦いに生きた男たちのドラマ　(半藤一利著)　PHP研究所　2008.12　199p
【雑誌】
◇西郷従道の西洋体験(上、下)　(菊地重郎)「明治村通信」11(8,9)　1980.8,9
◇西郷従道 日本海軍を育てた「陸軍」中将―自ら創выら者たらざるも「有力なる賛成者」なり(特集「素人考え」の効用―発想法転換のすすめ　(百瀬明治)「プレジデント」22(7)　1984.7
◇明治26年3月の西郷従道入閣問題　(村瀬信一)「日本歴史」464　1987.1
◇西郷従道と大山巌 偉大な「血族」を持つ栄光と苦悩―父とも師とも仰ぐ隆盛の影響下、尊攘運動に飛び込んだ2人だったが(特集・西郷隆盛の人間関係学)　(豊田穣)「プレジデント」28(2)　1990.2

税所篤　さいしょあつし　1827〜1910
　幕末、明治期の鹿児島藩士、政治家。子爵。
【図書】
◇国学者雑攷　(丸山季夫)　吉川弘文館　1982.9

斎藤高行　さいとうたかゆき　1819〜1894
　幕末、明治期の陸奥中村藩士、農政家。
【図書】
◇日本老農伝 改訂増補　(大西伍一)　農山漁村文化協会　1985.12
◇訳註 報徳外記　(堀井純二編著)　錦正社　2002.7　235p

斎藤実　さいとうまこと　1858〜1936
　明治、大正期の海軍軍人、政治家。海相、内閣総理大臣。
【図書】
◇昭和宰相列伝―権力の昭和史　(現代の眼編集部編)　現代評論社　1980.7
◇日本内閣史録 第一法規出版社　1981.8
◇岩手宰相論　(七宮洋三)　新人物往来社　1981.11
◇一億人の昭和史―日本人 7 三代の宰相たち 上 初代伊藤博文から33代林銑十郎まで　毎日新聞社　1982.2
◇バックミラーの証言―20人の宰相を運んだ男　(柄沢好三郎、NHK取材班)　日本放送出版協会　1982.6
◇斎藤実記念館のあゆみ　斎藤実記念館　1984.1
◇海軍経営者 山本権兵衛　(千早正隆著)　プレジデント社　1986.12
◇海―生きる、学ぶ、探る　(小島敦夫著)　大月書店　1987.6　(シリーズ 人と仕事)
◇映像が語る「日韓併合」史 1875年〜1945年　(辛基秀編著)　労働経済社　1987.8
◇天皇と昭和の宰相〈上巻〉　(昭和史懇談会編)　(浦和)振学出版　1989.1
◇証言・私の昭和史(2)戦争への道　(三国一朗きき手、テレビ東京編)　文芸春秋　1989.3　(文春文庫)
◇比較文化論―近代日韓交流史研究を中心として　(芳賀登著)　教育出

◇版センター　1992.4　（史学叢書）
◇大蔵大臣　高橋是清―不況乗り切りの達人　（大石亨著）　マネジメント社　1992.9
◇平和の海と戦いの海―2.26事件から「人間宣言」まで　（平川祐弘著）　講談社　1993.5　（講談社学術文庫）
◇現代社会への転形　（坂野潤治，宮地正人，高村直助，安田浩，渡辺治編）　岩波書店　1993.7　（シリーズ　日本近現代史―構造と変動）
◇斎藤実関係文書目録　書類の部 1 海軍・朝鮮総督時代　（国立国会図書館専門資料部編）　国立国会図書館　1993.11　（憲政資料目録 第17）
◇大物は殺される―歴史を変えた「暗殺」の世界史　（大沢正道著）　日本文芸社　1994.4　（ラクダブックス）
◇斎藤実関係文書目録　書類の部　（国立国会図書館専門資料部編）　国立国会図書館　1995.6　236p　（憲政資料目録）
◇斎藤実関係文書目録　書翰の部 1　（国立国会図書館専門資料部編）　国立国会図書館　1998.6　289p　（憲政資料目録）
◇秋霜の人　広田弘毅　（渡辺行男著）　葦書房　1998.12　297p
◇斎藤実関係文書目録　書翰の部 2　（国立国会図書館専門資料部編）　国立国会図書館　1999.7　297p　（憲政資料目録）
◇韓国・朝鮮と向き合った36人の日本人―西郷隆盛，福沢諭吉から現代まで　（舘野晳編著）　明石書店　2002.4　231p
◇軍人宰相列伝―山県有朋から鈴木貫太郎まで三代総理実記　（小林久三著）　光人社　2003.2　262p
◇昭和戦前期立憲政友会の研究―党内派閥の分析を中心に　（奥健太郎著）　慶応義塾大学出版会　2004.7　289p
◇日本宰相列伝　下　（三好徹著）　学陽書房　2005.1　530p　（人物文庫）
◇日本の朝鮮統治と国際関係―朝鮮独立運動とアメリカ　1910 - 1922　（長田彰文著）　平凡社　2005.2　527p
◇昭和戦中期の議会と行政　（古川隆久著）　吉川弘文館　2005.4　300，6p
◇二・二六事件　（太平洋戦争研究会編，平塚柾緒著）　河出書房新社　2006.2　297p　（河出文庫）
◇歴代総理大臣伝記叢書　第21巻　（御厨貴監修）　ゆまに書房　2006.6　327p
◇歴代総理大臣伝記叢書　別巻　（御厨貴監修）　ゆまに書房　2007.1　284p
◇宰相たちのデッサン―幻の伝記で読む日本のリーダー　（御厨貴編）　ゆまに書房　2007.6　280p
◇斎藤実伝―「二・二六事件」で暗殺された提督の真実　（松田十刻著）　元就出版社　2008.11　309p
【雑　誌】
◇権力の昭和史―昭和宰相列伝　斎藤実　（久留米清）「現代の眼」 21 （1） 1980.1
◇国際協力映画づくり雑用係の記　（斎藤実）「中央公論」 96（8） 1981.7
◇斎藤内閣における天皇の支配について　（藤岡真理）「明治大学大学院紀要（政治・経済学篇）」 19 1982.2
◇満州国承認問題と斎藤首相，内田外相　（河村一夫）「軍事史学」 18 （2） 1982.9
◇斎藤實旧宅再訪の記　（三沢潤生）「日本歴史」 451 1985.12
◇斎藤実内閣における対ソ政策―日ソ不侵略条約問題と五相会議を中心に　（佐藤元英）「中央史学」 9 1986.3
◇国立国会図書館所蔵本　蔵書印―その163―斎藤実　（村山久江）「国立国会図書館月報」 331 1988.10
◇平沼内閣運動と斎藤内閣期の政治　（堀田慎一郎）「史林」 77（3） 1994.5
◇商業―プラザクリエイト・大島康広、アールビバン・野沢克巳、ハウス オブ ローゼ・川原皓、高速・赫規矩夫、ティムコ・酒井貞彦、ヒマラヤ・小森裕作、光通信・重田康光、ベンチャー・リンク・小林忠嗣、東北化学薬品・東康夫、アイ・エム・アイ・積賀洋之、ダルトン・矢沢英雄、スズデン・鈴木賢寧、ナガイレーベン・沢登一郎、松田産業・松田洋、グッドマン・品田明、ネデックス・古川雅敏、西川計測・西川徹、初穂電機・斎藤実、船橋薬品・舩橋洋昭、エスピーケイ・中嶋功、井内盛栄堂・井内英夫、ふじ・六車寛、セイジョー・斉藤正巳、たいらや・平宮節、ドン・キホーテ・安田隆夫、ワタミフードサービス・渡辺美樹、サンワドー・中村勝弘、アイエー・古川教行、マルシェ・谷垣忠成、サンマルク・片山直之、メガネトップ・冨沢昌三、伯東・高山成雄（日本の店頭企業一株式公開を果たした100人の「素顔」と「鬼気」）「フォーブス日本版」 6（12） 1997.12 p73～95
◇日本の朝鮮統治における「文化政治」の導入と斎藤実　（長田彰文）「上智史学」 上智大学史学会 43 1998.11 p29～58
◇斎藤実内閣の予算編成と大蔵省（2）　（大前信也）「法学論叢」 京都大学法学会 145（3） 1999.6 p28～50
◇斎藤実総督の対朝鮮植民地政策―「文化政治」期の宗教政策を中心として　（徐鍾珍）「早稲田政治公法研究」 早稲田大学大学院政治学研究科 64 2000 p195～226
◇斎藤実内閣の予算編成と大蔵省（2・完）　（大前信也）「法学論叢」 京都大学法学会 147（3） 2000.6 p29～50

◇岩手の人物史　洗心の群像―石川啄木・金田一京助・宮沢賢治，気鋭の群像―原敬・斉藤実・米内光政（第52回中小企業団体全国大会）（金野静一）「中小企業と組合」 全国中小企業団体中央会 55（10） 2000.10 p20～23
◇斎藤実朝鮮総督更迭をめぐる対立図式―田中義一内閣倒閣論再考　（駄場裕司）「日本歴史」 吉川弘文館 690 2005.11 p52～69
◇忘れがたき政治家（63）斎藤実＝その値打ちを茫洋さに包み、政党内閣復活を模索　（黒澤良）「月刊自由民主」 自由民主党 645 2006.12 p102～108

斎藤弥九郎〔初代〕　さいとうやくろう　1798～1871
幕末，明治期の剣術家，会計官権判事。
【図　書】
◇日本剣豪こぼれ話　（渡辺誠）　日本文芸社　1981.10
◇私塾―近代日本を拓いたプライベート・アカデミー　（リチャード・ルビンジャー，石附実訳，海原徹訳）　サイマル出版　1982.2
◇人物探訪　日本の歴史 9　剣客の生涯　晩教育図書　1983.2
◇日本剣豪列伝（下）　（伊藤桂一ほか著）　旺文社　1987.6　（旺文社文庫）
◇斎藤弥九郎関係資料調査目録・佃山秋関係資料調査目録　（氷見市教育委員会〔編〕）　氷見市教育委員会　1993.6
◇日本剣豪列伝　新版　（直木三十五著）　大衆出版社　1999.9　286p
◇剣客斎藤弥九郎伝　（木村紀八郎著）　鳥影社　2001.2　569p
◇二十五人の剣豪―宮本武蔵から近藤勇まで　（戸部新十郎著）　PHP研究所　2002.10　245p　（PHP文庫）
◇幕末剣殺秘伝　（津本陽監修）　ベストセラーズ　2008.8　255p　（ワニ文庫）
◇幕末暗殺剣―血湧き肉踊る最強剣豪伝説　（マーヴェリック著）　双葉社　2009.12　249p
【雑　誌】
◇神道無念流・斎藤彌九郎の活人剣　（徳永真一郎）「歴士と人物」 10（9） 1980.9
◇血液型史談巷談（16）剣豪斎藤九郎七色仮面　（打木城太郎）「歴史と旅」 15（6） 1988.4
◇剣聖斎藤弥九郎翁　（橋本芳雄）「氷見春秋」 21 1990.4

酒井忠義　さかいただあき　1813～1873
幕末，明治期の小浜藩知事。
【雑　誌】
◇酒井忠義（幕末維新最後の藩主285人）　（小畑昭八郎）「別冊歴史読本」 20 1981.6

酒井忠篤　さかいただすみ　1853～1915
幕末～大正期の武士，陸軍軍人。庄内藩主，中佐。
【雑　誌】
◇酒井忠篤・忠宝（幕末維新最後の藩主285人）　（堀司朗）「別冊歴史読本」 20 1981.6

酒井雄三郎　さかいゆうざぶろう　1860～1900
明治期の政治評論家。
【図　書】
◇蘇峰とその時代―よせられた書簡から　（高野静子著）　中央公論社　1988.8
◇酒井雄三郎の社会主義認識―研究史の整理を中心として　（川原崎剛雄）『近代日本の形成と展開』（安岡昭男編）　巌南堂書店　1998.11 p411
◇酒井雄三郎における「近世文明」論と社会主義批判　（山田央子）『「文明」「開化」「平和」―日本と韓国』（朴忠錫，渡辺浩編著）　慶応義塾大学出版会　2006.3　（日韓共同研究叢書）　p175
【雑　誌】
◇酒井雄三郎と東洋自由新聞　（宮原賢吾）「西日本文化」 183 1982.7
◇酒井雄三郎と東洋自由新聞（2）　（宮原賢吾）「西日本文化」 185 1982.10
◇酒井雄三郎と東洋自由新聞（3）　（宮原賢吾）「西日本文化」 186 1982.11
◇酒井雄三郎と東洋自由新聞―終―　（宮原賢吾）「西日本文化」 187 1982.12
◇酒井雄三郎と伊勢新聞　補遺（1）　（宮原賢吾）「西日本文化」 197 1983.12
◇酒井雄三郎と伊勢新聞　補遺（2）　（宮原賢吾）「西日本文化」 199 1984.2
◇明治時代の図書における「朱引」の残照―酒井雄三郎の論説・著書を中心として　（宮原賢吾）「図書館学」 44 1984.3
◇酒井雄三郎と伊勢新聞　補遺（終）　（宮原賢吾）「西日本文化」 202 1984.6
◇酒井雄三郎の保安条例論（上）　（宮原賢吾）「西日本文化」 209 1985.3
◇酒井雄三郎の保安条例論（中）　（宮原賢吾）「西日本文化」 212

1985.6
◇酒井雄三郎の保安条例論（下）（宮原賢吾）「西日本文化」 215 1985.10
◇牡鳥狂史・酒井雄三郎―兆民仏学塾入門以前　（菅井憲一）「隣人」3 1986.5
◇酒井雄三郎の思想一斑（1）（宮原賢吾）「西日本文化」 229 1987.3
◇酒井雄三郎の思想一斑（下）（宮原賢吾）「西日本文化」 230 1987.4
◇酒井雄三郎と「社会」への視点（特集1 何もない空間としての社会）（山田央子）「創文」　創文社 483 2006.1・2 p10～13

榊原鍵吉　さかきばらけんきち　1830～1894
幕末，明治期の剣術家。
【図書】
◇明治の剣術―鉄舟・警視庁・榊原（山下泰治）新人物往来社 1980.3
◇日本剣豪こぼれ話（渡辺誠）日本文芸社 1981.10
◇人物探訪 日本の歴史 9 剣客の生涯　暁教育図書 1983.2
◇歴史への招待 26　日本放送出版協会 1983.5
◇明治兜割り（講談社文庫）（津本陽著）講談社 1986.11
◇日本剣豪列伝〈下〉（伊藤桂一ほか著）旺文社 1987.6（旺文社文庫）
◇日本剣客列伝（津本陽著）講談社 1987.11（講談社文庫）
◇NHK歴史への招待〈第16巻〉剣客の時代（日本放送出版協会編）日本放送出版協会 1990.7（新コンパクト・シリーズ）
◇人物日本剣豪伝 5（八尋舜右ほか著）学陽書房 2001.7 303p（人物文庫）
◇サムライたちの幕末維新（近江七実著）スキージャーナル 2005.5 207p（剣道日本コレクション）
◇幕末剣豪秘伝（津本陽監修）ベストセラーズ 2008.8 255p（ワニ文庫）
【雑誌】
◇榊原鍵吉―維新最後の剣客―特集・秘剣七つの太刀（祖田浩一）「歴史と旅」10（14）1983.11
◇榊原鍵吉―撃剣興行を催す波瀾の剣道人生（日本剣豪総覧）（祖田浩一）「歴史と旅」13（2）1986.1
◇血液型史談巷誌（20）不器用剣客榊原鍵吉（打木総太郎）「歴史と旅」15（12）1988.8
◇E.ベルツの剣術・柔術理解に関する一考察―榊原鍵吉および三浦謹之助との出会いを中心として（頼住一昭）「スポーツ史研究」スポーツ史学会 第15号 2002.3 p1～10

坂本乙女　さかもとおとめ　1832～1879
幕末，明治期の女性。坂本龍馬の姉。
【図書】
◇坂本龍馬の後裔たち（中野文枝著）新人物往来社 1986.11
◇全国の伝承 江戸時代 人づくり風土記―ふるさとの人と知恵〈39〉高知（加藤秀俊，谷川健一，稲垣坦生，石川松太郎，吉田豊編）農山漁村文化協会 1990.3
◇明治を彩った妻たち（阿井景子著）新人物往来社 1990.8
◇物語 龍馬を愛した七人の女（新人物往来社編）新人物往来社 1991.6
◇龍馬の姪 岡上菊栄の生涯（武市優著）鳥影社 2003.3 352p
◇謎解き「兄弟」の日本史―歴史を動かした"血の絆"とは（歴史の謎研究会編）青春出版社 2003.3 235p（青春文庫）
◇青雲の志 龍馬回想（森田恭二著）和泉書院 2004.9 93p（IZUMI BOOKS）
◇龍馬と八人の女性（阿井景子著）戎光祥出版 2005.4 219p
◇龍馬と八人の女性（阿井景子著）筑摩書房 2009.9 212p（ちくま文庫）
◇誰が坂本龍馬をつくったか（河合敦著）角川SSコミュニケーションズ 2009.11 186p（角川SSC新書）
【雑誌】
◇乙女―「泣き虫」の弟に見た大器の片鱗（特集・坂本龍馬の人間関係学）（阿井景子）「プレジデント」30（7）1992.7

坂本直寛　さかもとなおひろ　1853～1911
明治期の自由民権家，牧師。
【図書】
◇坂本直寛と北光社―片の聖火予が胸中に燃えて　自由民権100年北見実行委員会 1981.10
◇高知の研究 5 近代篇　清文堂出版 1982.7
◇北見市史（北見市史編さん委員会編）北見市 1984.11
◇北見市史（北見市史編さん委員会編）福村書店 1984.11
◇龍馬復活―自由民権家坂本直寛の生涯（吉田曠二著）朝日新聞社 1985.3
◇幻視の革命―自由民権と坂本直寛（松岡僖一）法律文化社 1986.9
◇坂本龍馬の後裔たち（中野文枝著）新人物往来社 1986.11

◇坂本龍馬―幕末風雲の夢（宮地佐一郎著）大和書房 1987.7
◇坂本直寛・自伝（坂本直寛著，土居晴夫編・口語訳）爆業出版社 1988.1
◇土佐自由民権派の教育思想―植木枝盛・阪本直寛・北川貞彦等を中心として（千葉昌弘）『秋田大学教育学研究』秋田大学教育学部教育学研究室 1995.2 p23
◇北海道における坂本直寛の思想と行動（金田隆一）『近代日本と北海道』（永井秀夫編）河出書房新社 1998.4 p290
◇坂本直寛の生涯―龍馬の甥（土居晴夫著）リーブル出版 2007.1 293p
【雑誌】
◇坂本南海男のピューリタン的政治思想―その殖民論と韓国経営策（自由民権百年記念特集号）（吉田曠二）「土佐史談」 158 1982.1
◇「龍馬復活」書名の由来―坂本直寛研究の反省と課題（坂本龍馬生誕150年記念特集号）（吉田曠二）「土佐史談」 170 1985.11
◇坂本直寛（南海男）における自由民権思想の形成―立志学舎における政治教育（千葉昌弘）「高知大学教育学部研究報告 第1部」 43 1991
◇民権家文物録（7）坂本直寛「自由のともしび」 7 1992.2
◇坂本直寛と北光社―札幌とクンネップ原野に直寛の足跡を追って（土佐と北海道特集号）（吉田曠二）「土佐史談」 191 1993.1
◇坂本龍馬と坂本直寛（土佐と北海道特集号）（浦臼町郷土史料館）「土佐史談」 191 1993.1
◇土佐民権家二人のその後について―北海道立文書館所蔵資料にみる坂本直寛と前田駒次（土佐と北海道特集号）（齲原美穂子）「土佐史談」 191 1993.1
◇坂本直寛関係文書について（山下重一）「国学院大学図書館紀要」 5 1993.3
◇「北光社」農場・坂本直寛のキリスト教的開拓者精神―北海道開拓者精神史におけるその特色と限界（白井暢明）「旭川工業高等専門学校研究報」旭川工業高等専門学校 37 2000.3 p63～90

坂本龍　さかもとりょう　1837～1879
幕末，明治期の女性。坂本龍馬の妻。
【図書】
◇明治を彩った妻たち（阿井景子著）新人物往来社 1990.8
◇女たちの幕末京都（辻ミチ子著）中央公論新社 2003.4 250p（中公新書）
◇龍馬とおりょうの想い出物語―名は竜と申私ににており候（斎藤秀一著）湘南海援隊 2005.1 39p（湘南海援隊文庫）
◇龍馬と八人の女性（阿井景子著）戎光祥出版 2005.4 219p
◇司馬遼太郎作品の女性たち（北影雄幸著）文芸企画 2006.2 357p
◇司馬遼太郎 歴史のなかの邂逅 3（司馬遼太郎著）中央公論新社 2007.6 428p
◇龍馬の夢―幕末に夢を信じて夢を追い続けた男（斉藤秀一筆）湘南海援隊 2007.10 46p（湘南海援隊文庫）
◇龍馬とおりょうの想い出物語―名は竜と申私ににており候　再版（斎藤秀一筆）湘南海援隊 2007.11 40p（湘南海援隊文庫）
◇史料が語る坂本龍馬の妻お竜（鈴木かほる著）新人物往来社 2007.12 274p
◇日本人の恋物語―男と女の日本史（時野佐一郎著）光人社 2009.2 229p
◇龍馬とお竜の下関―海峡に遺した夢のあと（古城春樹著）瞬報社写真印刷 2009.8 105p
◇龍馬と八人の女性（阿井景子著）筑摩書房 2009.9 212p（ちくま文庫）
◇日本史「宿敵」26番勝負（関裕二，後藤寿一，一坂太郎著）宝島社 2009.10 221p（宝島SUGOI文庫）
◇誰が坂本龍馬をつくったか（河合敦著）角川SSコミュニケーションズ 2009.11 186p（角川SSC新書）
◇幕末の志士を支えた「五人」の女―坂本龍馬の「おりょう」から近藤勇の「おつね」まで（中良弥生著）講談社 2009.11 268p（講談社プラスアルファ文庫）
◇わが夫坂本龍馬―おりょう聞書き（［おりょう］述，一坂太郎著）朝日新聞出版 2009.11 210p（朝日新書）

坂本龍馬　さかもとりょうま　1835～1867
幕末の志士。もと土佐藩士。
【図書】
◇日本政治の実力者たち―リーダーの条件1 幕末・明治篇（鵜沢義行ほか著）有斐閣 1980.7（有斐閣新書）
◇坂本龍馬の神戸時代（土居晴夫）『平尾道雄追悼記念論文集（高知市民図書館編）』 1980.7
◇未来に生きた人々（塩田庄兵衛）新日本出版社 1980.10（新日本新書）
◇青年の風雪―高新ふるさと文庫（平尾道雄）高知新聞社 1981.1
◇童話感覚―漫画論と偉人伝（佐野美津男）北斗出版 1981.4
◇「狂」を生きる（奈良本辰也）PHP研究所 1981.7

◇江戸暗殺史 （森川哲郎） 三一書房 1981.8
◇日本剣豪こぼれ話 （渡辺誠） 日本文芸社 1981.10
◇梟傑坂本龍馬 （坂本・中岡銅像建設会編） 象山社 1981.11
◇覇者の系譜―乱世の人物にみる行動力と知謀（対論） （会田雄次, 奈良本辰也） 広済堂出版 1981.12
◇幕末志士の生活 （芳賀登） 雄山閣出版 1982.6 （生活史叢書 8）
◇坂本龍馬に学ぶ （童門冬二） 新人物往来社 1982.9
◇変革期型リーダーの条件―「維新」を見てきた男たち （佐々克明） PHP研究所 1982.9
◇坂本龍馬全集 増補三訂版 （平尾道雄監修, 宮地佐一郎編集・解説） 光風社 1982.10
◇坂本龍馬全集 増補3訂版 （宮地佐一郎編集・解説） 光風社出版 1982.11
◇坂本龍馬写真集 （宮地佐一郎） 新人物往来社 1982.12
◇人物探訪日本の歴史 15 幕末の英傑 暁教育図書 1982.12
◇坂本龍馬の手帳 （嶋岡晨） 名著刊行会 1983.1
◇坂本龍馬 （旺文社編） 旺文社 1983.1 （現代視点 戦国・幕末の群像）
◇坂本龍馬の生涯 （嶋岡晨） 新人物往来社 1983.1
◇天皇と明治維新 （阪本健一） 暁書房 1983.1
◇風雲児烈伝―「時代」に燃え尽きた男たち （早乙女貢） PHP研究所 1983.2
◇夕陽を知らぬ男たち―彼らはいかに生きたか （小島直記） 旺文社 1983.2 （旺文社文庫）
◇歴史への招待 25 日本放送出版協会 1983.2
◇坂本龍馬男の行動論 （宮地佐一郎） PHP研究所 1983.7
◇古典大系日本の指導理念 3 公道の根本 3 近代日本への模索の方法 （源了円ほか編纂） 第一法規出版 1983.7
◇坂本龍馬について （加茂泰助著） 加茂屋 1983.8
◇維新史の青春激像―動乱期に情熱を賭けた獅子たちの熱血譜 （藤田公道） 日本文芸社 1983.10
◇坂本龍馬青春と旅 （宮地佐一郎） 旺文社 1983.10 （旺文社人物グラフィティ）
◇英雄伝説―史実と虚説の谷間 （尾崎秀樹） 旺文社 1983.11 （旺文社文庫）
◇坂本龍馬 福武書店 1983.11 （歴史ライブ）
◇男の切れ味―先見力・着眼力・行動力の研究 （小堺昭三） PHP研究所 1983.12
◇明治リーダーの戦略戦術 （佐々克明） ダイヤモンド社 1983.12
◇幕末維新の経済人―先見力・決断力・指導力(中公新書) （坂本藤良著） 中央公論社 1984.4
◇日本ではじめて株式会社を創った男・坂本龍馬 （宮地佐一郎著） 新人物往来社 1984.7
◇坂本龍馬 （池田諭） 大和書房 1984.10
◇坂龍馬読本 （新人物往来社編） 新人物往来社 1985.2
◇坂本龍馬(土佐史談復刻叢書 9) （千頭清臣著） 土佐史談会 1985.3
◇坂本龍馬 （現代視点） （旺文社編） 旺文社 1985.5
◇龍馬軌跡 （宮地佐一郎） 旺文社 1985.5
◇日本史探訪 21 菊と葵の盛衰 角川書店 1985.7
◇明治維新と坂本龍馬 （平尾道雄著） 新人物往来社 1985.7
◇坂本龍馬生誕百五十年記念 高知県立郷土文化会館 1985.8
◇生誕百五十年記念坂本龍馬展 高知県立郷土文化会館 1985.8
◇新版 龍馬のすべて （平尾道雄） 高知新聞社 1985.9
◇坂本龍馬グラフティー （新人物往来社編） 新人物往来社 1985.10
◇坂本龍馬男の行動論(PHP文庫) （宮地佐一郎著） PHP研究所 1985.11
◇坂本龍馬と海援隊―日本を変えた男のビジネス魂 （坂本藤良著） 講談社 1985.11
◇日本史探訪 21 菊と葵の盛衰（角川文庫） （角川書店編） 角川書店 1985.11
◇坂本龍馬とその一族 （土居晴夫著） 新人物往来社 1985.12
◇話は力―心からでた言葉で話せ(人間開発シリーズ) （江木武彦著） マネジメント社 1986.3
◇目でみる日本史 維新の青春群像（文春文庫） （小西四郎著） 文芸春秋 1986.4
◇危機の行動力―幕末人物新研究(リキミブックス〈20〉) （会田雄次, 百瀬明治著） 力富書房 1986.5
◇NHK かごしま歴史散歩 （原口泉著, NHK鹿児島放送局編） 日本放送出版協会 1986.5
◇組織力の人物学 （童門冬二著） 学陽書房 1986.6
◇随想 坂本龍馬(旺文社文庫) （宮地佐一郎著） 旺文社 1986.7
◇近代日本の反権力思想―龍馬の『藩論』を中心に （関家新助） 法律文化社 1986.10
◇岩崎弥太郎の独創経営―三菱を起こしたカリスマ （坂本藤良著） 講談社 1986.10
◇近代日本の反権力思想―龍馬の『藩論』を中心に （関家新助著） 法律文化社 1986.10
◇坂本龍馬の後裔たち （中野文枝） 新人物往来社 1986.11
◇坂本龍馬の後裔たち （中野文枝著） 新人物往来社 1986.11
◇明治兜割り(講談社文庫) （津本陽著） 講談社 1986.11
◇坂本龍馬の人間学(講談社文庫) （童門冬二著） 講談社 1986.11
◇明治を創った人々―乱世型リーダーのすすめ(講談社文庫) （利根川裕著） 講談社 1986.11
◇幕末・男の決断―異才の行動力 （会田雄次ほか著） 三笠書房 1986.12
◇土佐なまり （土居重俊著） 筑摩書房 1986.12
◇ヤポネシアの旅 （立松和平著） 主婦の友社 1986.12
◇幕末酒徒列伝 （村島健一著） 旺文社 1987.1 （旺文社文庫）
◇坂本龍馬と歩く （童門冬二） 新人物往来社 1987.2
◇坂本龍馬―幕末風雲の夢 （宮地佐一郎著） 大和書房 1987.7
◇坂本龍馬とその時代 （花輪莞爾著） 新人物往来社 1987.7
◇坂本龍馬―時代を読む智の力 （村上元三, 粕谷一希, 邦光史郎他文） 世界文化社 1987.8 （BIGMANビジネス・ブックス）
◇日本型リーダーの魅力 （百瀬明治著） 三笠書房 1987.8 （知的生きかた文庫）
◇「バサラ人間」待望論―人生、意気に感ずる生き方・21項 （童門冬二著） 大和出版 1987.9
◇坂本龍馬―隠された肖像 （山田一郎著） 新潮社 1987.10
◇京の旅 観光総ガイド （京美観光出版社編）（京都）京美観光出版社 1987.11
◇明治リーダーの戦略戦術 （佐々克明著） 講談社 1987.11 （講談社文庫）
◇逆運殺―日本史に見る凶運・悲運の人たち （丹鬼堂著） 曜曜社出版 1987.11
◇なんたって龍馬ジョイフルマップ （広谷喜十郎） 高新企業事業局出版部 1987.12
◇坂本龍馬・男の魅力―天衣無縫の独創人生 （宮地佐一郎著） 三笠書房 1987.12 （知的生きかた文庫）
◇旅に棲んで―ヤポネシア純情紀行 （立松和平著） 毎日新聞社 1987.12
◇坂本龍馬・海援士列伝 （山田一郎ほか著） 新人物往来社 1988.2
◇人物列伝幕末維新史―明治戊辰への道 （綱淵謙錠著） 講談社 1988.2
◇安岡章太郎対談集〈2〉歴史と風土 （安岡章太郎ほか編） 読売新聞社 1988.2
◇明治維新と部落解放令―海賊政之助由来書 （石尾芳久著） 三一書房 1988.2 （三一新書）
◇日本を創った戦略集団〈5〉維新の知識と情熱 （堺屋太一編） 集英社 1988.3
◇坂本龍馬全集 増補四訂版 （宮地佐一郎編） 光風社出版 1988.5
◇坂本龍馬事典 （小西四郎, 山本大, 江藤文夫, 宮地佐一郎, 広谷喜十郎編） 新人物往来社 1988.5
◇完全複製 沖田総司・土方歳三・坂本龍馬の手紙 （新人物往来社編） 新人物往来社 1988.5
◇幕末を駆け抜けた男たち―新選組誠忠記 （今川徳三著） 教育書籍 1988.6
◇板垣退助―自由民権の夢と敗北 （榛葉英治著） 新潮社 1988.8
◇転換期の戦略〈5〉維新前夜・動乱と変革の時代 （尾崎秀樹, 徳永真一郎, 光瀬龍, 高野澄, 藤田公道, 左方郁子, 小堺昭三著） 経済界 1988.9
◇西洋が見えてきた頃 （亀井俊介著） 南雲堂 1988.11 （亀井俊介の仕事）
◇坂本龍馬と海援隊―日本を変えた男のビジネス魂 （坂本藤良著） 講談社 1988.11 （講談社文庫）
◇坂本龍馬・中岡慎太郎 （平尾道雄著） 土佐史談会 1988.12
◇明治維新とフランス革命 （小林良彰著） 三一書房 1988.12
◇写真集 坂本龍馬の生涯 （土居晴夫, 前田秀徳, 一081太郎著） 新人物往来社 1989.2
◇ビジュアルワイド新日本風土記〈39〉高知県 ぎょうせい 1989.4
◇西郷隆盛と維新の英傑たち （佐々克明著） 三笠書房 1989.5 （知的生きかた文庫）
◇坂本龍馬七つの謎 （新人物往来社編） 新人物往来社 1989.5
◇坂本龍馬 脱藩の道を探る （村上恒夫著） 新人物往来社 1989.5
◇西郷隆盛と大物の人間学 （童門冬二ほか著） 三笠書房 1989.6 （知的生きかた文庫）
◇坂本龍馬おもしろ事典 （百瀬明治著） 紀行社 1989.6 （歴史おもしろシリーズ）
◇日本の青春―西郷隆盛と大久保利通の生涯 明治維新を創った男たちの栄光と死 （童門冬二著） 三笠書房 1989.6
◇龍馬と晋作―維新回天に命を賭けた二人の英傑の交遊と生涯 （会田雄次, 奈良本辰也, 百瀬明治著） 竹井出版 1989.7 （致知選書）
◇勝海舟と坂本龍馬 （加来耕三） 講談社 1989.9
◇幕末維新の志士読本 （奈良本辰也著） 天山出版 1989.9 （天山文庫）

◇幕末・維新大百科―激動の時代が何でもわかる本 （歴史トレンド研究会編） ロングセラーズ 1989.11 （ムックセレクト）
◇龍馬に学ぶ成功法則―脱サラ・夢実現を目指せ！ （倉原忠夫著） ウィーグル 1989.12 （ウィーグルブックス）
◇坂本龍馬 （邦光史郎著） PHP研究所 1989.12 （歴史人物シリーズ―幕末・維新の群像）
◇幕末維新の出向社員 （童門冬二著） 実業之日本社 1989.12
◇幕末・維新おもしろ群像―風雲の世の主役たちを裸にする （河野亮著） 広済堂出版 1990.1 （広済堂ブックス）
◇中岡慎太郎と坂本龍馬―薩長連合の演出者 （寺尾五郎著） 徳間書店 1990.1 （徳間文庫）
◇日本近代史の虚像と実像〈1〉開国〜日露戦争 （藤原彰, 今井清一, 宇野俊一, 粟屋憲太郎編） 大月書店 1990.1
◇英雄に学ぶ自分づくりのススメ （宮原安春著） スコラ 1990.1 （スコラBOOKS）
◇NHK 歴史への招待〈第22巻〉海援隊と奇兵隊 （日本放送協会編） 日本放送出版協会 1990.1 （新コンパクト・シリーズ）
◇坂本龍馬―幕末を駆け抜けた男 （堺屋太一, 藤原弘達, 沢田ふじ子ほか著） プレジデント社 1990.2 （歴史と人間学シリーズ）
◇坂本龍馬 （池田諭著） 大和書房 1990.2
◇龍馬はこう語った （森友幸照著） 中経出版 1990.3
◇龍馬はこう語った―大変化を生きる男の魅力 （森友幸照著） 中経出版 1990.3
◇幕末の挑戦者・坂本龍馬―その人脈と行動力のすべて （宮地佐一郎著） PHP研究所 1990.3
◇全国の伝承 江戸時代 人づくり風土記―ふるさとの人と知恵〈39〉高知 （加藤秀俊, 谷川健一, 稲垣史生, 石川松太郎, 吉田豊編） 農山漁村文化協会 1990.3
◇坂本龍馬・男の値打ち （芳ென堂太著） 三笠書房 1990.4
◇「逆転」日本史 （土橋治重著） 天山出版 1990.6 （天山文庫）
◇もう一つの思想家像 （唯物論研究協会編） 白石書店 1990.7 （白石新書）
◇維新暗殺秘録 （平尾道雄著） 河出書房新社 1990.8 （河出文庫）
◇明治を彩った妻たち （阿井景子著） 新人物往来社 1990.8
◇維新風雲回顧録 （田中光顕著） 河出書房新社 1990.9 （河出文庫）
◇人脈づくりの達人 坂本龍馬の研究―人をつなげ人を動かす極意とは （邦光史郎著） PHP研究所 1990.9 （PHPビジネスライブラリー）
◇坂本龍馬 いろは丸事件の謎を解く （森重繁著） 新人物往来社 1990.10
◇坂本龍馬の人間関係―しごとに活かす （童門冬二著） 白馬出版 1990.10 （ハクバヒューマンビジネス）
◇長崎 歴史の旅 （外山幹夫著） 朝日新聞社 1990.10 （朝日選書）
◇長崎幕末浪人伝 （深潟久著） （福岡）西日本新聞社 1990.10
◇戦国武将の管理学―歴史に基づく人事管理法 （鈴木芳正著） 産心社 1990.10 （産心ビジネス）
◇図説 歴史の街道・幕末維新 （榊原和夫写真・文） 河出書房新社 1990.11
◇海援隊遺文―坂本龍馬と長岡謙吉 （山田一郎著） 新潮社 1991.3
◇史談 徳川の落日―繁栄と崩壊の人物伝 （邦光史郎著） 大陸書房 1991.4 （大陸文庫）
◇殿と重役―多価値（マルチ・バリュー）型組織はどうつくられるのか （ジョージ・フィールズ著） イースト・プレス 1991.4
◇のるかそるか （津本陽著） 文芸春秋 1991.4
◇物語 龍馬を愛した七人の女 （新人物往来社編） 新人物往来社 1991.6
◇龍馬暗殺の謎を解く （新人物往来社編） 新人物往来社 1991.7
◇龍馬百話 （宮地佐一郎） 文芸春秋 1991.8 （文春文庫）
◇龍馬謀殺秘聞余話―新資料にもとづく龍馬暗殺事件の解明 （西尾秋風著） 京都龍馬会 1991.10
◇日本史夜話―事件・人物・エピソード （邦光史郎著） 広済堂出版 1991.10 （広済堂文庫―ヒューマン・セレクト）
◇龍馬からの遺言状 （山田一郎著） 新人物往来社 1991.11
◇日本史おもしろ推理―謎の殺人事件を追え （楠木誠一郎著） 二見書房 1992.1 （二見文庫―二見WAi WAi文庫）
◇隠された幕末日本史―動乱の時代のヒーロー群像 （早乙女貢著） 広済堂出版 1992.2 （広済堂文庫―ヒューマン・セレクト）
◇坂本龍馬―幕末の自由精神 （飛鳥井雅道著） 福武書店 1992.3 （福武文庫）
◇撃つ！ （鍋倉健悦著） 竹内書店新社 1992.4
◇京都の謎〈幕末維新編〉 （高野澄著） 祥伝社 1992.4 （ノン・ポシェット―日本史の旅）
◇遠山茂樹著作集〈第2巻〉維新変革の諸相 （遠山茂樹著） 岩波書店 1992.5
◇サイコロジー人物日本史―小田晋の精神歴史学〈下巻〉幕末・維新から現代 （小田晋著） ベストセラーズ 1992.7
◇坂本龍馬・男の生き方 （新人物往来社編） 新人物往来社 1992.9
◇だから歴史は面白い―谷沢永一対談集 （谷沢永一著） 潮出版社 1992.10
◇坂本龍馬と下関―特別展 （下関市立長府博物館編） 下関市立長府博物館 1992.11
◇人物列伝幕末維新史 （綱淵謙錠著） 講談社 1992.11 （講談社文庫）
◇NHK 歴史発見〈1〉 （NHK歴史発見取材班著） 角川書店 1992.11
◇幕末の青春―坂本龍馬の生涯 （山本大） 高知市文化振興事業団 1993
◇日本史ものしり英雄伝―とっておきの戦略・戦術 （加来耕三著） 広済堂出版 1993.3 （広済堂文庫―ヒューマン・セレクト）
◇坂本龍馬をめぐる群像 （邦光史郎著） 青人社 1993.3 （幕末・維新百人一話）
◇英雄の時代〈3〉坂本龍馬 （北原亜以子, 高橋三千綱, 宮地佐一郎, 山村竜也著） 教育書籍 1993.3
◇幕末の青春―坂本龍馬の生涯 （山本大） （高知）文化振興事業団 1993.5
◇坂本龍馬のすべてがわかる本 （風巻紘一著） 三笠書房 1993.5 （知的生きかた文庫）
◇NHK 歴史発見〈6〉 〔カラー版〕 （NHK歴史発見取材班編） 角川書店 1993.5
◇九つの謎と死角―「歴史ミステリー」裏面史の暗号を解く （中津文彦著） ベストセラーズ 1993.5 （ベストセラーシリーズ・ワニの本）
◇坂本龍馬・人間の大きさ―人は何をバネにして大きくなるのか （童門冬二著） 三笠書房 1993.6
◇幕末暗殺史 （森川哲郎著） 毎日新聞社 1993.7 （ミューブックス）
◇大物になる男の人間学 （広瀬仁紀著） 三笠書房 1993.8 （知的生きかた文庫）
◇日本の歴史探訪―日本人も知らなかった （古川愛哲著） 日本実業出版社 1993.8
◇「兄弟型」で解く江戸の怪物 （畑田国男, 武光誠著） トクマオリオン 1993.9 （トクマオーブックス）
◇坂本龍馬殉難秘話 （西尾秋風著） 京都龍馬会 1993.10
◇汗血千里駒 全 （土佐史談会〔編〕） 土佐史談会 1993.10 （土佐史談会復刻叢書）
◇龍馬海援隊 夢と志 （高野澄著） 経営書院 1993.10
◇坂本龍馬の魅力学 （加来耕三著） 講談社 1993.10 （講談社プラスアルファ文庫）
◇龍馬逝く―「歴史裁判」坂本龍馬暗殺の黒幕 維新の自由人を葬った悪しき者ども （会田雄次, さいとうたかをほか著） ベストセラーズ 1993.11 （ワニ文庫―歴史マガジン文庫）
◇修羅に賭ける （神ു次郎著） プレジデント社 1993.11
◇龍馬を創った男 河田小龍 （桑原恭子著） 新人物往来社 1993.12
◇人間うらおもて （中野好夫著） 筑摩書房 1994.1 （ちくま文庫）
◇坂本龍馬・男の哲学 （宮地佐一郎著） 三笠書房 1994.2 （知的生きかた文庫）
◇幕末三傑・乱世の行動学 （尾崎秀樹著） 時事通信社 1994.2
◇捨てて勝つ―この時を超えた男の魅力を見よ （河野守宏著） 大和出版 1994.2
◇龍馬の妻 おりょう （前田愛子著） 新人物往来社 1994.4
◇のるかそるか （津本陽著） 文芸春秋 1994.4 （文春文庫）
◇幕末人間学―サムライ講座 （童門冬二著） 産経新聞ニュースサービス 1994.4
◇歴史の教訓 生き残りの戦略〈第3巻〉対外交渉力が勝敗を決める （永岡慶之助, 赤木駿介, 童門冬二, 松浦玲, 宮地佐一郎, 綱淵謙錠, 田原総一朗著） 学習研究社 1994.4
◇大物は殺される―歴史を変えた「暗殺」の世界史 （大沢正道著） 日本文芸社 1994.4 （ラクダブックス）
◇歴史人物知ってるつもり!?―歴史に名を刻む男たちの凄絶な生涯と知られざる素顔 （片岡紀明, 寺戸衛好著） 日本文芸社 1994.6 （ラクダブックス）
◇坂本龍馬・男の値打ち （芳賀堂太著） 三笠書房 1994.8 （知的生きかた文庫）
◇山内容堂のすべて （山本大編） 新人物往来社 1994.8
◇小説・総合商社「亀山社中」坂本龍馬の「人の活かし方・殺し方」―人脈と組織に仕掛けた奇策のゆくえ （上里剛士著） こう書房 1994.8 （KOU BUSINESS）
◇図説 幕末・維新おもしろ事典 三笠書房 1994.9 （知的生きかた文庫）
◇覆された日本史―俗説・妄説に埋もれた史実を再検証 （中村彰彦著） 日本文芸社 1995.2 245p
◇ライバル日本史 3 （NHK取材班編） 角川書店 1995.2 216p
◇世界の伝記 17 新装版 （山下喬子著） ぎょうせい 1995.2 318p
◇密告―こだわりの日本史 （後藤寿一著） 同文書院 1995.3 223p
◇坂本龍馬大事典 新人物往来社 1995.5 336p
◇坂本龍馬伝 （千頭清臣著） 新人物往来社 1995.7 330p （日本伝記叢書）
◇龍馬暗殺の真犯人は誰か （木村幸比古著） 新人物往来社 1995.7

251p
◇龍馬のすべて （平尾道雄著） 高知新聞社 1995.7 443,11p
◇龍馬の手紙—坂本龍馬全書簡集・関係文書・詠草 （宮地佐一郎著） PHP研究所 1995.8 576,8p （PHP文庫）
◇龍馬が愛した下関 （一坂太郎著） 新人物往来社 1995.8 295p
◇案内図録 （高知県立坂本龍馬記念館編） 高知県立坂本龍馬記念館 1995.11 1冊
◇坂本龍馬と刀剣 （小美濃清明著） 新人物往来社 1995.11 180p
◇幕末 乱世の群像 （吉田常吉著） 吉川弘文館 1996.1 282p
◇開国の時代を生き抜く知恵 （童門冬二著） プレイグラフ社 1996.4 301p
◇拝啓龍馬殿 （下元正清著） 下元正清 1996.5 234p
◇坂本龍馬日記 上 （菊地明, 山村竜也編） 新人物往来社 1996.7 267p
◇坂本龍馬日記 下 （菊地明, 山村竜也編） 新人物往来社 1996.7 238p
◇勝海舟と坂本龍馬 （加来耕三著） PHP研究所 1996.8 416p （PHP文庫）
◇坂本龍馬—動乱の時代を疾走した風雲児 世界文化社 1996.8 162p （ビッグマンスペシャル）
◇龍馬暗殺—捜査報告書 （小林久三著） 光風社出版 1996.9 265p
◇坂本龍馬関係文書 1 （日本史籍協会編） 北泉社 1996.9 502p
◇ライバル日本史 2 （NHK取材班編） 角川書店 1996.9 252p （角川文庫）
◇坂本龍馬関係文書 2 （日本史籍協会編） 北泉社 1996.9 548p
◇3分間で読む人生の知恵 （花岡大学著） 同朋舎出版 1996.10 234p
◇日本を創った10人の名参謀—歴史を動かした頭脳と人間力 （邦光史郎著） 広済堂出版 1996.10 308p （広済堂ブックス）
◇龍馬殉難ひろい話 （西尾秋風著） 京都龍馬会 1996.10 100p
◇坂本龍馬 （泉淳文, 田村元絵） 勉誠社 1997.1 136p （親子で楽しむ歴史と古典）
◇組織の成功哲学—歴史に見る11のケーススタディ （百瀬明治著） PHP研究所 1997.5 249p
◇龍馬と七人の刺客 （高橋邦征著） 飛鳥出版室 1997.5 292p
◇とっておきのもの とっておきの話 第1巻 （YANASE LIFE編集室編） 芸神出版社 1997.5 213p （芸神集団Amuse）
◇堂々日本史 7 （NHK取材班編） KTC中央出版 1997.6 251p
◇『竜馬がゆく』読本 （一坂太郎著） 世論時報社 1997.8 228p
◇堂々日本史 第7巻 再版 （NHK取材班編） KTC中央出版 1997.8 251p
◇共同研究・坂本龍馬 （新人物往来社編） 新人物往来社 1997.9 332p
◇90分でわかる幕末・維新の読み方—基本と常識 （加来耕三監修, 日本史フォーラム21編著） かんき出版 1997.10 233,6p
◇坂本龍馬—現代的に学ぶ （堅山忠男著） 東洋書院 1997.10 248p
◇坂本龍馬—海原遠くに夢をかけた男の生涯 （小宮宏著, 自由主義史観研究会編） 明治図書出版 1997.11 118p （教科書が教えない歴史人物の生き方）
◇完全制覇 幕末維新—この一冊で歴史に強くなる！ （外川淳著） 立風書房 1997.12 254p
◇坂本龍馬 男の幸福論 （宮地佐一郎著） PHP研究所 1997.12 266p
◇爆笑幕末維新 （シブサワ・コウ著） 光栄 1997.12 166p （歴史人物笑史）
◇過去世物語—生まれ変わりの人物伝 （ザ・リバティ編集部編） 幸福の科学出版 1997.12 209p
◇坂本龍馬 （黒鉄ヒロシ画・文） PHP研究所 1997.12 316p
◇幕末維新 奔流の時代 新装版 （青山忠正著） 文英堂 1998.1 239p
◇誰も知らなかった幕末維新の謎 （武田鏡村著） ロングセラーズ 1998.1 227p （ムックセレクト）
◇坂本龍馬 人間の大きさ—人は何をバネにして大きくなるのか （童門冬二著） 三笠書房 1998.2 251p （知的生きかた文庫）
◇密告の日本史—歴史は告げ口で動かされた！ 新装版 （後藤寿一編） 同文書院 1998.2 223p （快楽脳叢書）
◇勇のこと—坂本龍馬、西郷隆盛が示した変革期の生き方 （津本陽著） 講談社 1998.7 197p
◇幕末維新列伝 （綱淵謙錠著） 学陽書房 1998.8 316p （人物文庫）
◇龍馬—最後の真実 （菊地明著） 実業之日本社 1998.8 238p
◇歴史の舞台を旅する—幕末維新群像ゆかりの土地を訪ねて 2 近畿日本ツーリスト 1998.8 191p
◇龍馬に学ぶ 水のこころと行動哲学—動乱の時代を闘い続けた男の思想が現代に蘇る！ （百瀬昭次著） かんき出版 1998.9 235p
◇戦後教科書から消された人々 2 （濤川栄太著） ごま書房 1998.9 254p
◇陰謀が歴史をつくる—日本史の闇に葬られた驚くべき真実 （藤川桂介著） ロングセラーズ 1998.10 230p （ムックセレクト）

◇龍馬殉難西尾史観 （西尾秋風著） 京都龍馬会 1998.10 110p
◇坂本龍馬 （横山充男文） ポプラ社 1998.11 166p （おもしろくてやくにたつ子どもの伝記）
◇死生夢のごとし—津本陽の世界 （津本陽著） 学陽書房 1998.12 237p
◇明治秘史疑獄難獄 復刻版 （尾佐竹猛著, 礫川全次解題） 批評社 1998.12 552,13p
◇坂本龍馬と薩長同盟—龍馬周旋は作り話か… 新説・通説異論あり （芳即正著） 高城書房 1998.12 242p
◇中岡慎太郎伝—大輪の回天 （松岡司著） 新人物往来社 1999.1 385p
◇坂本龍馬を旅する—維新回天に奔走した33年の生涯を追う 世界文化社 1999.1 183p （ビッグマンスペシャル）
◇次郎長の経済学—幕末恐慌を駆け抜けた男 （竹内宏, 田口英爾著） 東洋経済新報社 1999.2 195p
◇五人の先哲者に学べ—日本再生への道 （吉川寅二郎著） 日新報道 1999.2 250p
◇横井小楠—その思想と行動 （三上一夫著） 吉川弘文館 1999.3 218p （歴史文化ライブラリー）
◇坂本龍馬 （筑波常治作, 田代三善絵） 国土社 1999.3 222p （堂々日本人物史）
◇男ならやってみな （森川宗弘著） 里文出版 1999.4 270p
◇日本人は歴史から何を学ぶべきか—財産としての日本史を読み直す （小和田哲男著） 三笠書房 1999.4 290p
◇写真集 龍馬脱藩物語 （前田秀徳著） 新人物往来社 1999.6 208p
◇インターネットの超新星 孫正義—巨人ビル・ゲイツが無視できない唯一の日本人 （清水高著） 財界研究所 1999.6 257p
◇司馬遼太郎の日本史探訪 （司馬遼太郎著） 角川書店 1999.6 318p （角川文庫）
◇坂本龍馬・青春時代 （小美濃清明著） 新人物往来社 1999.7 270p
◇坂本龍馬 知れば知るほど—維新をプロデュースした発想力・行動力・先見性 （山本大監修） 実業之日本社 1999.7 237p （知れば知るほどシリーズ）
◇堂々日本史 第24巻 （NHK取材班編） KTC中央出版 1999.7 247p
◇真山青果—大いなる魂 （田辺明雄著） 沖積舎 1999.8 263p （作家論叢書）
◇坂本龍馬関係資料—国指定重要文化財 （京都国立博物館編） 京都国立博物館 1999.8 87p
◇坂本龍馬 自分の「壁」を破る生き方—人間関係の極意 （童門冬二著） 三笠書房 1999.9 249p （知的生きかた文庫）
◇男子豹変のすすめ—歴史に学ぶ現状突破のヒント （童門冬二著） PHP研究所 1999.9 252p （PHPビジネスライブラリー）
◇歴史に学ぶ「生き残り」の奇襲戦略 （童門冬二著） 集英社 1999.9 269p （集英社文庫）
◇龍馬阿波を行く—実説明治維新 （鎌村善子編） 徳島県教育印刷（印刷） 1999.9 65p
◇龍馬暗殺に隠された恐るべき日本史—われわれの歴史から伏せられた謎と物証 （小林久三著） 青春出版社 1999.10 229p （プレイブックス）
◇新人物日本史・光芒の生涯 下 （畑山博著） 学陽書房 1999.10 364p （人物文庫）
◇司馬遼太郎の風景 9 （NHK「街道をゆく」プロジェクト著） 日本放送出版協会 1999.11 199p
◇松平春岳のすべて （三上一夫, 舟沢茂樹編） 新人物往来社 1999.12 274p
◇坂本龍馬・永遠の青春—時代に先駆けた町人郷士 （相良竜介著） 東洋経済新報社 2000.1 301p
◇部下の心をつかむ江戸の人間学 （童門冬二著） 集英社 2000.2 282p （集英社文庫）
◇Story日本の歴史—近現代史編 （日本史教育研究会編） 山川出版社 2000.2 274p
◇大塩平八郎の乱—精神科医が診た歴史上の事件 （大原和雄著） 新風舎 2000.3 182p
◇龍馬暗殺—捜査報告書 （小林久三著） 光風社出版 2000.3 269p （光風社文庫）
◇一九三二・土州の沖は—旧制高校旧制中学同窓誌に雄叫ぶ （藤塚明直著） 文芸社 2000.4 111p
◇楽しく調べる人物図解日本の歴史—江戸時代末期・明治時代 6 （佐藤和彦監修） あかね書房 2000.4 47p
◇坂本龍馬—飛べ！ペガッス （古川薫著） 小峰書店 2000.5 185p （時代を動かした人々）
◇歴史へのいざない （小谷野修著） 近代文芸社 2000.5 193p
◇坂本龍馬になりたかった男—信念の人 孫正義の半生 （松本幸夫著） 総合法令出版 2000.6 219p
◇日本経済の故郷を歩く—蓮如から龍馬へ （舩橋晴雄著） 中央公論新

◇社 2000.6 390p
◇龍馬暗殺 完結篇 （菊地明著） 新人物往来社 2000.8 241p
◇日本を今一度せんたくいたし申候―龍馬が「手紙」で伝えたかったこと （木村幸比古著） 祥伝社 2000.10 280p
◇龍馬阿波路を行く―実説明治維新 （鎌村善子著）〔鎌村善子〕 2000.10 69p
◇その時歴史が動いた 2 （NHK取材班編） KTC中央出版 2000.10 253p
◇坂本龍馬―明治維新のプロデューサー日本を近代国家に導いた幕末の風雲児 （宮崎知子画、木村幸比古監修、すぎたとおる作） コミックス 2000.11 159p （アトムポケット人物館）
◇歴史上の人物に学ぶリーダーの条件―おごるなトップ （吉田進著） 文芸社 2000.12 135p
◇幕末維新 陰の参謀 （童門冬二著） 東京書籍 2000.12 246p
◇勝海舟と坂本龍馬 （加来耕三著） 学習研究社 2001.1 531p （学研M文庫）
◇日本史を走れ！―日本列島ウルトラ・ラン （松尾秀助著、大竹雄介絵） 晶文社出版 2001.1 271p
◇人物で読む近現代史 上 （歴史教育者協議会編） 青木書店 2001.1 299p
◇司馬遼太郎のテムズ紀行など―フォト・ドキュメント歴史の旅人 （NHK出版編、司馬遼太郎、吉田直哉著、飯田隆夫写真） 日本放送出版協会 2001.2 213p
◇歴史をあるく、文学をゆく （半藤一利著） 平凡社 2001.2 269p
◇歴史家の心眼 （会田雄次著） PHP研究所 2001.3 315p （PHP文庫）
◇人間臨終図巻 1 （山田風太郎著） 徳間書店 2001.3 525p （徳間文庫）
◇坂本龍馬、京をゆく （木村幸比古文、三村博史写真） 淡交社 2001.4 126p （新撰 京の魅力）
◇その「一言」で歴史が動いた―日本史大論戦 （歴史の謎研究会編） 青春出版社 2001.4 220p （青春文庫）
◇痛快！歴史人物―彼らは天使か、悪魔か （桂文珍著） PHP研究所 2001.5 346p
◇由利公正のすべて （三上一夫、舟沢茂樹編） 新人物往来社 2001.5 244p
◇その時歴史が動いた 6 （NHK取材班編） KTC中央出版 2001.5 253p
◇「野性」の哲学―生きぬく力を取り戻す （町田宗鳳著） 筑摩書房 2001.7 206p （ちくま新書）
◇人物日本剣豪伝 5 （八尋舜右ほか著） 学陽書房 2001.7 303p （人物文庫）
◇爆笑問題の日本史原論 偉人編 （爆笑問題著） メディアワークス 2001.8 247p
◇大東亜戦争肯定論 （林房雄著） 夏目書房 2001.8 487p
◇京都に遊ぶ―坂本龍馬・新選組、幕末志士が愛した町 （木村幸比古文、杉本雅実、猪口公一撮影） マリア書房 2001.9 96p （創作市場）
◇対談集 世界に誇る日本人―21世紀に伝えたい日本の心 （小池幹堂著、モラロジー研究所出版部編） モラロジー研究所 2001.9 269p
◇司馬遼太郎が愛した「風景」 （芸術新潮編集部編） 新潮社 2001.10 119p （とんぼの本）
◇日本のこころ―「私の好きな人」 風の巻 （長部日出雄、谷沢永一、杉本苑子、赤坂憲雄、桶谷秀昭ほか著） 講談社 2001.10 291p
◇維新人物学―激動に生きた百七人 （林吾楼著） 全日出版 2001.11 286p
◇龍馬と新選組の京都―史跡ガイド （武山峯久著） 創元社 2001.11 207p
◇いまさら聞けない日本史の大疑問 （歴史の謎研究会編） 青春出版社 2001.11 222p （青春文庫）
◇真説・薩長同盟―坂本龍馬の真実 （山本栄一郎著） 文芸社 2001.11 249p
◇坂本龍馬大事典―コンパクト版 （新人物往来社編） 新人物往来社 2001.12 339p
◇検証・龍馬伝説 （松浦玲著） 論創社 2001.12 331,7p
◇孝明天皇と「一会桑」―幕末・維新の新視点 （家近良樹著） 文芸春秋 2002.1 228p （文春新書）
◇人類アカシャ全史―アカシックレコードから読み解く人類の起源と歴史、そして驚愕の近未来 （ゲリー・ボーネル、古川益三著、大野百合子訳） ヴォイス 2002.2 220p
◇人物日本の歴史・日本を変えた53人 6 （高野尚好監修） 学習研究社 2002.2 64p
◇教科書が教えない歴史人物―高杉晋作・坂本龍馬 （藤岡信勝、小宮宏著） 扶桑社 2002.2 305p （扶桑社文庫）
◇「仕事の場で認められる人」はここが違う （中川昌彦著） 新講社 2002.3 229p
◇司馬遼太郎が考えたこと 7 （司馬遼太郎著） 新潮社 2002.4 379p

◇勇のこと―坂本龍馬、西郷隆盛が示した変革期の生き方 （津本陽著） 講談社 2002.4 198p （講談社文庫）
◇銅像めぐり旅―蘊畜紀行 （清水義範著） 祥伝社 2002.4 283p
◇坂本龍馬暗殺事件覚え書 （土屋雄嗣著） 新人物往来社 2002.4 209p
◇日本暗殺総覧―この国を動かしたテロルの系譜 （泉秀樹著） ベストセラーズ 2002.5 302p （ベスト新書）
◇参謀は秀吉―勝者たちに学ぶビジネス戦略 （河合敦著） 河出書房新社 2002.5 222p
◇坂本龍馬 （飛鳥井雅道著） 講談社 2002.5 329p （講談社学術文庫）
◇日本創始者列伝―歴史にみる先駆者の条件 （加来耕三著） 学陽書房 2002.6 389p （人物文庫）
◇NHKその時歴史が動いた コミック版 3 （NHK「その時歴史が動いた」取材班編、村上としや、狩那庭、井上大助作画） ホーム社 2002.6 429p
◇BOX絵草紙シリーズ Vol.1 （下田昌克、高山泰治、長谷川義史、中村純司、下谷二助絵、三井浩、片山喜康、大友博、安藤寛志文） アートン 2002.7 5冊（セット）
◇龍馬の謎（徹底検証） （加来耕三著） 講談社 2002.7 517p （講談社文庫）
◇坂本龍馬進化論 （菊地明著） 新人物往来社 2002.7 270p
◇幕末暗殺史 （森川哲郎著） 筑摩書房 2002.8 393p （ちくま文庫）
◇巨眼さぁ往く （阪口雄三著） 元就出版社 2002.9 355p
◇信長の朝ごはん 龍馬のお弁当 （俎倶楽部編） 毎日新聞社 2002.9 222p
◇歴史に学ぶ人間学 （童門冬二著） 潮出版社 2002.10 284p
◇長崎商人伝 大浦お慶の生涯 （小川内清孝著） 商業界 2002.10 183p
◇龍馬阿波路を行く―幕末秘史 実説明治維新 最終編 （鎌村善子編）〔鎌村善子〕 2002.11 98p
◇司馬遼太郎が考えたこと 15 （司馬遼太郎著） 新潮社 2002.12 429p
◇自由とはなんだろう―グローバリゼーションと日本人の倫理観 （桂木隆夫著） 朝日新聞社 2002.12 189p
◇史伝坂本龍馬 （山村竜也著） 学習研究社 2003.1 270p （学研M文庫）
◇時代別・京都を歩く―歴史を彩った24人の群像 改訂第3版 （蔵田敏明文、土村清治写真） 山と渓谷社 2003.2 175p （歩く旅シリーズ 歴史・文学）
◇和紙と土佐っぽと中国の話 （富士秋平著） 木耳社 2003.2 262p
◇坂本龍馬を歩く （一坂太郎著） 山と渓谷社 2003.3 159p （歩く旅シリーズ歴史・文学）
◇陸奥宗光とその時代 （岡崎久彦著） PHP研究所 2003.3 601,16p （PHP文庫）
◇龍馬の姪 岡上菊栄の生涯 （武井優著） 鳥影社 2003.3 352p
◇謎解き「兄弟」の日本史―歴史を動かした"血の絆"とは （歴史の謎研究会編） 青春出版社 2003.3 235p （青春文庫）
◇江戸の釣り―水辺に開いた趣味文化 （長辻象平著） 平凡社 2003.4 254p （平凡社新書）
◇司馬遼太郎の幕末・明治―『竜馬がゆく』と『坂の上の雲』を読む （成田竜一著） 朝日新聞社 2003.5 309p （朝日選書）
◇龍馬海へ （浜田けい子著、依光隆画） 四季社 2003.5 189p
◇日本人の神髄―8人の先賢に学ぶ「大和魂」 （小田全宏著） サンマーク出版 2003.6 331p
◇歴史に消された「18人のミステリー」 （中津文彦著） PHP研究所 2003.6 215p （PHP文庫）
◇努力は必ず報われる―勇気を与えてくれる歴史上の人物12人の絵物語 （下川高士絵・文） 新人物往来社 2003.6 77p （シリーズ：こどもとおとなたちに贈る人物日本の歴史）
◇歴史パロディ 英雄よみがえる!!日本篇 （ARISAWAKEN著） 学生社 2003.6 314p
◇闇の日本史―国民の知らない歴史 3 （中津文彦著） ベストセラーズ 2003.7 223p （ワニ文庫）
◇国際フリーター、世界を翔る―21世紀の坂本龍馬をめざせ （中野有著） 太陽企画出版 2003.7 222p
◇坂本龍馬―日本の"洗濯"にいどむ （酒寄雅志監修、小西聖一著） 理論社 2003.7 105p （NHKにんげん日本史）
◇NHKその時歴史が動いたコミック版 幕末編 （NHK取材班編） ホーム社 2003.7 497p （ホーム社漫画文庫）
◇龍馬阿波路を行く―幕末秘史 補説 （鎌村善子編）〔鎌村善子〕 2003.7 19p
◇図説 歴史の意外な結末―教科書には載ってない！あの人物・事件の"その後" （日本博学倶楽部著） PHP研究所 2003.8 95p
◇剣豪伝 地の巻 （歴史を旅する会著） 講談社 2003.8 340p （講談社文庫）

坂本龍馬　政治　幕末明治 人物研究文献目録

◇「第三の開国」は可能か　（田中浩著）　日本放送出版協会　2003.8　253p　（NHKライブラリー）
◇幕末維新・あの人の「その後」─新選組から明治の指導者まで　（日本博学倶楽部著）　PHP研究所　2003.9　275p　（PHP文庫）
◇坂本龍馬33年の生涯　（高野澄著）　三修社　2003.9　271p
◇目からウロコの幕末維新─黒船来航から廃藩置県まで、歴史の舞台裏がよくわかる　（山村竜也著）　PHP研究所　2003.10　236p　（PHP文庫）
◇新選組111の謎─Q＆Aで知る幕末最強軍団の真実　（楠木誠一郎著）　成美堂出版　2003.10　271p　（成美文庫）
◇武者の影　（村上公一著）　新風舎　2003.10　260p
◇幕末京都─新選組と龍馬たち　（川端洋之文、中田昭写真）　光村推古書院　2003.11　95p　（SUIKO BOOKS）
◇龍馬を読む愉しさ─再発見の手紙が語ること　（宮川禎一著）　臨川書店　2003.11　214p　（臨川選書）
◇ペリー来航 歴史を動かした男たち　（山本博文著）　小学館　2003.11　203p
◇新選組読本　（司馬遼太郎ほか著, 日本ペンクラブ編）　光文社　2003.11　626p　（光文社文庫）
◇歳三と龍馬─幕末・維新の青春譜　（菊地明ほか筆）　集英社　2003.11　220p
◇図解雑学 坂本龍馬　（木村幸比古著）　ナツメ社　2003.12　239p　（図解雑学シリーズ）
◇幕末剣客秘録─江戸町道場の剣と人　（渡辺誠著）　新人物往来社　2003.12　333p
◇2時間でわかる図解 新選組のことが面白いほどわかる本　（中見利男著）　中経出版　2003.12　271p　（2時間でわかる図解シリーズ）
◇京都時代MAP 幕末・維新編　（新創社編）　光村推古書院　2003.12　80p
◇坂本龍馬に聞け！─志高く、度量は海の如し。　（才谷登士夫著）　鳥影社　2003.12　240p
◇歴史に学ぶ　（津本陽著）　講談社　2003.12　298p　（講談社文庫）
◇龍馬の手紙─坂本龍馬全書簡集・関係文書・詠草　（宮地佐一郎著）　講談社　2003.12　627p　（講談社学術文庫）
◇もっと知りたい坂本龍馬　（木村幸比古, 木村武仁著）　日本実業出版社　2003.12　246,7p　（歴史を動かした人物Series）
◇定本坂本龍馬伝─青い航跡　（松岡司著）　新人物往来社　2003.12　950p
◇晋作・龍馬像「青春交響の塔」完成記念誌　（志士の杜推進実行委員会事務局編）　志士の杜推進実行委員会　2003.12　60p
◇龍馬の夢は君たちの夢─龍馬に学ぶ夢と希望の人生　（百瀬昭次著）　学習研究社　2004.1　223p
◇明日を夢見て─日本を変えた龍馬の船中八策　（斎藤猛著）　新風舎　2004.1　148p
◇坂本龍馬新聞 新装版　（坂本龍馬新聞編集委員会編）　新人物往来社　2004.1　161p
◇歴史をつくった自由人　（青丹社歴史編集部編著）　ソフトマジック　2004.2　191p
◇思想からみた明治維新─「明治維新」の哲学　（市井三郎著）　講談社学術文庫　2004.2　248p　（講談社学術文庫）
◇坂本龍馬─幕末志士の旅　（河合敦著）　光人社　2004.2　302p
◇天下の事成就せり─福井藩と坂本龍馬　（福井市立郷土歴史博物館企画・制作・編集）　福井市立郷土歴史博物館　2004.3　111p
◇武士道 サムライ精神の言葉　（笠谷和比古監修）　青春出版社　2004.4　184p　（ブレイブックス・インテリジェンス）
◇最後のサムライ！新選組入門　（田中ひろみ著）　幻冬舎　2004.4　119p
◇日本の国という水槽の水の入れ替え方─憂国の随想集　（岡潔著）　成甲書房　2004.4　349p
◇坂本龍馬のすべてがわかる本 新装版　（風巻絃一著）　三笠書房　2004.4　298p　（知的生きかた文庫）
◇教科書から消された偉人・隠された賢人─いま明かされる日本史の真実　（濤川栄太著）　イーグルパブリシング　2004.5　249p
◇図説 歴史の「決定的瞬間」─図と漫画で歴史の「その時」を表現！　（日本博学倶楽部著）　PHP研究所　2004.6　95p
◇日本史の舞台裏─ここが一番おもしろい！　（歴史の謎研究会編）　青春出版社　2004.6　253p
◇龍馬、蝦夷地を開きたく　（合田一道著）　寿郎社　2004.6　281p
◇龍馬阿波路を行く─幕末秘史 実説明治維新　（鎌村善子編）〔鎌村善子〕　2004.8　121p
◇思想劇画 属国日本史 幕末編　（副島隆彦著, ロシナンテ青木劇画）　早月堂書房　2004.9　275p
◇龍馬と新選組─〈文〉で読む幕末　（管宗次著）　講談社　2004.9　238p　（講談社選書メチエ）
◇龍馬回想─青雲の志　（森田恭二著）　和泉書院　2004.9　93p　（Izumi books）

◇日本史 意外すぎる、この結末！　（歴史の謎を探る会編）　河出書房新社　2004.11　220p　（KAWADE夢文庫）
◇郵政の父 前島密と坂本龍馬　（加来耕三著）　二見書房　2004.12　326p
◇えっ！そうなの？─歴史を飾った人物たちの仰天素顔　（平川陽一著）　徳間書店　2004.12　286p
◇京都石碑探偵　（伊東宗裕著）　光村推古書院　2004.12　221p
◇日本列島「士風」探訪　（津本陽著）　PHP研究所　2005.1　362p
◇「善玉」「悪玉」大逆転の幕末同盟　（新井喜美夫著）　講談社　2005.1　201p　（講談社プラスアルファ新書）
◇龍馬とおりょうの想い出物語─名は竜と申私にゝにており候　（斎藤秀一著）　湘南海援隊　2005.1　39p　（湘南海援隊文庫）
◇歴史の山をあるく 関東周辺　（敷島悦郎著）　JTBパブリッシング　2005.2　159p　（大人の遠足BOOK）
◇教科書が教えない歴史 普及版　（藤岡信勝, 自由主義史観研究会著）　産経新聞ニュースサービス　2005.3　253p
◇龍馬の洗濯─亀山社中から薩長同盟　（高杉俊一郎著）　アガリ総合研究所　2005.3　155p　（Siesta books）
◇図説坂本龍馬　（小椋克己, 土居晴夫監修）　戎光祥出版　2005.3　191p
◇爆笑問題の日本史原論 偉人編　（爆笑問題著）　幻冬舎　2005.4　253p　（幻冬舎文庫）
◇龍馬と八人の女性　（阿井景子著）　戎光祥出版　2005.4　220p
◇司馬遼太郎が考えたこと 6　（司馬遼太郎著）　新潮社　2005.5　489p　（新潮文庫）
◇サムライたちの幕末維新　（近江七実著）　スキージャーナル　2005.5　207p　（剣道日本コレクション）
◇徳川家に伝わる徳川四百年の内緒話 ライバル敵将篇　（徳川宗英著）　文芸春秋　2005.6　206p　（文春文庫）
◇近代国家を構想した思想家たち　（鹿野政直著）　岩波書店　2005.6　181p　（岩波ジュニア新書）
◇幕末・新選組雑学事典　（山村竜也著）　リイド社　2005.7　238p
◇その時歴史が動いた 34　（NHK取材班編）　KTC中央出版　2005.7　253p
◇龍馬の翔けた時代─その生涯と激動の幕末 The age of Sakamoto Ryoma 特別展覧会　（京都国立博物館編）　京都新聞社　2005.7　313p
◇お墓参りは楽しい　（新井満写真・文）　朝日新聞社　2005.8　127p
◇爆笑問題が読む龍馬からの手紙　（爆笑問題著）　情報センター出版局　2005.8　270p
◇あなたが変われば日本が変わる─明治維新の真の演出家横井子小楠に学ぶ平成維新への道筋　（片岡友博著）　新風舎　2005.9　238p
◇天界の神者大いに語る─正法眼蔵、法華経、古神道の真髄 新装版　（立花大敬著）　潮社　2005.9　259p
◇つれづれなるままに…　（野口節子著）　日本文学館　2005.10　78p　（ノベル倶楽部）
◇地球時代の志士たちへ─スピリチュアルメッセージ 1　（レムリア・ルネッサンス編）　たま出版　2005.10　288p
◇司馬遼太郎を読む　（松本健一著）　めるくまーる　2005.11　212p
◇龍馬外伝 命脈と継体編　（中祭邦乙著）　中央文化出版　2005.12　224p
◇龍馬阿波路を行く─幕末秘史 実説明治維新　（鎌村善子編）〔鎌村善子〕　2006.1　122p
◇龍馬の時代─京を駆けた志士群像　（木村幸比古著）　淡交社　2006.2　269p
◇あやつられた龍馬─明治維新と英国諜報部、そしてフリーメーソン　（加治将一著）　祥伝社　2006.2　414p
◇NHKその時歴史が動いたコミック版 新選組・龍馬編　（NHK取材班編）　ホーム社　2006.3　498p　（ホーム社漫画文庫）
◇クロニクル坂本龍馬の33年　（菊地明著）　新人物往来社　2006.4　263p
◇歴史を動かす力─司馬遼太郎対話選集 3　（司馬遼太郎著）　文芸春秋　2006.5　380p　（文春文庫）
◇龍馬の金策日記─維新の資金をいかにつくったか　（竹下倫一著）　祥伝社　2006.5　252p　（祥伝社新書）
◇師弟─ここに志あり　（童門冬二著）　潮出版社　2006.6　269p
◇英雄かく生まれり─過去世物語 英傑編 生まれ変わりの人物伝　（ザ・リバティ編集部編）　幸福の科学出版　2006.7　235p
◇意外な「日本史」　（「歴史ミステリー」倶楽部著）　三笠書房　2006.8　200p　（王様文庫）
◇維新創世坂本龍馬─"日本の夜明け"を疾駆した快男児　学習研究社　2006.8　171p　歴史群像シリーズ
◇銅像めぐり旅─ニッポン蓋蓄紀行　（清水義範著）　祥伝社　2006.9　306p　（祥伝社文庫）
◇龍馬語がゆく─日常をハイに生きる土佐弁　（渡辺瑠海著）　ロコモーションパブリッシング　2006.10　213p
◇幕末動乱と開国　（半藤一利監修）　世界文化社　2006.10　167p　（ビ

◇ジュアル版 日本の歴史を見る)
◇神戸学 (神戸新聞総合出版センター編, 崎山昌広監修) 神戸新聞総合出版センター 2006.10 140,15p
◇BLでわかる日本史 幕末編 (鷹峰りん著) 夏目書房 2006.10 209p
◇坂本龍馬の系譜 (土居晴夫著) 新人物往来社 2006.11 270p
◇歴史と小説 (司馬遼太郎著) 集英社 2006.12 368p (集英社文庫)
◇坂本龍馬を歩く 改訂版 (一坂太郎著) 山と渓谷社 2006.12 159p (歩く旅シリーズ 歴史・文学)
◇坂本龍馬は新撰組だった! (赤司典弘著) ぶんか社 2006.12 251p (ぶんか社文庫)
◇龍馬、原点消ゆ。―2006年夏、土佐の墓山が跡形もなく消えた。新発見で編んだ『龍馬事典』 (前田秀徳著) 三五館 2006.12 430p
◇龍馬が長い手紙を書く時 (小椋克己著) 戎光祥出版 2007.1 231p
◇坂本龍馬とフリーメーソン (鬼塚五十一著) 学習研究社 2007.1 256p (Mu super mystery books)
◇龍馬暗殺の謎―諸説を徹底検証 (木村幸比古著) PHP研究所 2007.3 259p (PHP新書)
◇坂本龍馬事典 コンパクト版 (小西四郎, 山本大, 江藤文夫, 宮地佐一郎, 広谷喜十郎編) 新人物往来社 2007.3 402p
◇明治・大正・昭和 日本のリーダー名語録―優れた指導者に学ぶ決断力 (武田鏡村著) PHP研究所 2007.4 270p
◇大人の歴史ドリル 書き込み幕末維新 (河合敦監修) 小学館 2007.5 135p
◇司馬遼太郎 歴史のなかの邂逅 3 (司馬遼太郎著) 中央公論新社 2007.6 428p
◇龍馬とカエサル―ハートフル・リーダーシップの研究 (一条真也著) 三五館 2007.7 205p
◇坂本龍馬・中岡慎太郎展―暗殺一四〇年!―時代が求めた"命"か? 特別展三館合同企画 (高知県立歴史民俗資料館, 高知県立坂本龍馬記念館, 北川村立中岡慎太郎館編) 高知県立歴史民俗資料館 2007.7 102p
◇図解 日本史と世界史並列年表―比べてみるとよくわかる! (歴史の読み方研究会著) PHP研究所 2007.8 95p
◇歴史リテラシーから考える近現代史―面白ネタ&「ウソッ」「ホント」授業 (河原和之著) 明治図書出版 2007.8 144p
◇先人に学ぶ生き方―伝えていきたい日本の30人 (田中治郎著) 麗沢大学出版会 2007.8 223p
◇器量人の研究 (童門冬二著) PHP研究所 2007.9 256p (PHP文庫)
◇神戸居留地史話―神戸開港140周年記念 (土居晴夫著) リーブル出版 2007.9 294p
◇龍馬の夢―幕末に夢を信じて夢を追い続けた男 (斉藤秀一著) 湘南海援隊 2007.10 46p (湘南海援隊文庫)
◇龍馬と長州 ザメディアジョン 2007.11 224p (山口の歴史シリーズ)
◇龍馬100問 (「幕末動乱」研究会編) 双葉社 2007.11 226p
◇ヒコの幕末―漂流民ジョセフ・ヒコの生涯 (山下昌也著) 水曜社 2007.12 334p
◇史料が語る坂本龍馬の妻お竜 (鈴木かほる著) 新人物往来社 2007.12 274p
◇その「手紙」が変えた日本の歴史 (日本の歴史研究班編) リイド社 2007.12 239p (リイド文庫)
◇毎日ひと言坂本龍馬―英雄の息づかいを感じる (坂本龍馬に学ぶ会編) 扶桑社 2007.12 287p
◇左千夫歌集 (永塚功著, 久保田淳監修) 明治書院 2008.2 540p (和歌文学大系)
◇龍馬の愛した町 幕末を歩く (山県基与志編) 毎日コミュニケーションズ 2008.4 127p (マイコミ旅ブック「大人の修学旅行」シリーズ)
◇幕末検定クイズ 龍馬編 (木村幸比古, 木村武仁編) 淡交社 2008.4 135p
◇暗殺の世界史―シーザー、坂本龍馬からケネディ、朴正熙まで (大沢正道著) PHP研究所 2008.6 315p (PHP文庫)
◇ひょうご幕末維新列伝 (一坂太郎編) 神戸新聞総合出版センター 2008.7 408p
◇坂本龍馬言行ノート―日本を洗濯する (森友幸照著) 中経出版 2008.7 255p (中経の文庫)
◇ほいたら待ちゅうよ龍馬―入館者の龍馬への手紙「拝啓龍馬殿」より (高知県立坂本龍馬記念館編) 幻冬舎ルネッサンス 2008.7 362p
◇幕末剣豪秘伝 (津本陽監修) ベストセラーズ 2008.8 255p (ワニ文庫)
◇歴史ポケット人物新聞 回天ふたたび 坂本龍馬 (及川拓哉著) 大空出版 2008.8 227p (大空ポケット新書)
◇坂本龍馬幕末歴史検定 公式テキストブック (新人物往来社編) 新人物往来社 2008.8 210p

◇歴史ポケット人物新聞天ふたたび「坂本龍馬」 (及川拓哉著) 大空出版 2008.8 227p (大空ポケット新書)
◇異説 日本史99の謎 (「歴史の真相」研究会著) 宝島社 2008.9 251p (宝島SUGOI文庫)
◇江戸の備忘録 (磯田道史著) 朝日新聞出版 2008.10 223p
◇本当はもっと面白い新選組 (山村竜也著) 祥伝社 2008.10 264p (祥伝社黄金文庫)
◇坂本龍馬といろは丸事件―船を沈めたその償いは金を取らずに国をとる 幕末龍馬ら志士の息づかいが今、ここに蘇る 開館二十年記念特別展鞆まるごと博物館 福山市鞆の浦歴史民俗資料館 2008.10 111p
◇幕末「志士」列伝 (別冊宝島編集部編) 宝島社 2008.11 223p (宝島SUGOI文庫)
◇うわさの日本史 (加来耕三著) 日本放送出版協会 2008.11 235p (生活人新書)
◇坂本龍馬 (松浦玲著) 岩波書店 2008.11 209,11p (岩波新書)
◇坂本龍馬歴史大事典 新人物往来社 2008.11 367p (別冊歴史読本)
◇坂本龍馬の人生訓 新装版 (童門冬二著) PHP研究所 2008.12 326p
◇浦西和彦著述と書誌 第1巻 (浦西和彦著) 和泉書院 2009.1 526p
◇日本人の恋物語―男と女の日本史 (時野佐一郎著) 光人社 2009.2 229p
◇幕末志士の「政治力」―国家救済のヒントを探る (滝沢中著) 祥伝社 2009.2 268p (祥伝社新書)
◇勝海舟を軸に日本の近現代史を考える (山口義夫, 石山久男, 宮地正人, 梅田欽治, 浅川保, 鵜沢義行, 吉岡吉典著) 下町総研 2009.2 83p
◇坂本龍馬と竹島開拓 (小美濃清明著) 新人物往来社 2009.2 264p
◇維新のリーダー―人を動かし、育てる力 (河合敦著) 光文社 2009.3 303p (光文社知恵の森文庫)
◇坂本龍馬 (河合敦著) 小学館 2009.3 191p
◇暗殺・闇の真実―歴史108のミステリー (歴史ミステリーを研究する会編著) コスミック出版 2009.4 461p (コスミック文庫)
◇日本史の犯行現場―歴史サスペンス! (武光誠監修) 青春出版社 2009.4 237p (青春文庫)
◇龍馬の長崎 (本田貞勝著) 長崎文献社 2009.4 222p
◇龍馬―最後の真実 (菊地明著) 筑摩書房 2009.4 293p (ちくま文庫)
◇攘夷と皇国―幕末維新のネジレと明治国家の闇 (備仲臣道, 礫川全次著) 批評社 2009.5 265p
◇織田信長に学ぶ (童門冬二著) 新人物往来社 2009.5 286p (新人物文庫)
◇龍馬語録―自由闊達に生きる (木村幸比古著) PHP研究所 2009.5 192p
◇龍馬の黒幕―明治維新と英国諜報部、そしてフリーメーソン 歴史ノンフィクション (加治将一著) 祥伝社 2009.6 410p (祥伝社文庫)
◇龍馬の如く―自分らしく幸せに生きる82の法則 (茶谷清志著) インフォトップ出版 2009.6 175p
◇世界危機をチャンスに変えた幕末維新の知恵 (原口泉著) PHP研究所 2009.7 267p (PHP新書)
◇歴女―私の愛する戦国武将 (美甘子著) ビジネス社 2009.7 175p
◇坂本龍馬に学ぶ (童門冬二著) 新人物往来社 2009.8 287p (新人物文庫)
◇エヘン!ようわかるぜよ!坂本龍馬 (木村武仁著) 京都新聞出版センター 2009.8 225p
◇龍馬とお竜の下関―海峡に遺した夢のあと (古城春樹著) 瞬報社写真印刷 2009.8 105p
◇坂本龍馬事典―虚構と真実 (加来耕三著) 東京堂出版 2009.8 286p
◇龍馬・新選組が駆けた幕末京都めぐり地図 ユニプラン 2009.9 23p
◇「龍馬」と幕末維新がよくわかる本 (本郷陽二, 幕末維新検定倶楽部著) ワンツーマガジン社 2009.9 203p
◇幕末 龍馬の京都案内 (「らくたび文庫」編集部編) コトコト 2009.9 127p (らくたび文庫)
◇「龍」と幕末維新がよくわかる本 (本郷陽二, 幕末維新検定倶楽部著) ワンツーマガジン社 2009.9 203p
◇異聞・珍聞龍馬伝 (松岡司著) 新人物往来社 2009.9 253p
◇坂本龍馬のことがマンガで3時間でわかる本―へえ〜そうなんだ! (津田太愚著) 明日香出版社 2009.9 194p (Asuka business & language books)
◇龍馬と八人の女性 (阿井景子著) 筑摩書房 2009.9 212p (ちくま文庫)
◇海はるか坂本龍馬―足跡ガイド (京都新聞出版センター編) 熊本日日新聞 2009.9 137p
◇海はるか坂本龍馬―足跡ガイド (京都新聞出版センター編) 京都新聞出版センター 2009.9 137p
◇海はるか坂本龍馬―足跡ガイド (京都新聞出版センター編) 長崎新聞社 2009.9 137p

◇海はるか坂本龍馬―足跡ガイド （京都新聞出版センター編） 南日本新聞社 2009.9 137p
◇暗殺の日本史―血塗られた闘争の裏側が見えてくる本！ （歴史の謎を探る会編） 河出書房新社 2009.10 222p （KAWADE夢文庫）
◇坂本龍馬地図帳―夜明けを夢見た風雲児たちの道 （小美濃清明監修・考証, 橋本邦健監修） 人文社 2009.10 127p
◇幕末維新「英傑」たちの言い分―坂本龍馬から相楽総三まで （岳真也著） PHP研究所 2009.10 391p （PHP文庫）
◇本当は偉くない？歴史人物―日本を動かした70人の通信簿 （八幡和郎著） ソフトバンククリエイティブ 2009.10 287p （ソフトバンク新書）
◇坂本龍馬74の謎―幕末ミステリー （楠木誠一郎著） 成美堂出版 2009.10 301p （成美文庫）
◇坂本龍馬その偽りと真実―なぜ、暗殺されなければならなかったのか （星亮一著） 静山社 2009.10 254p （静山社文庫）
◇龍馬を殺したのは誰か―幕末最大の謎を解く （相川司著） 河出書房新社 2009.10 234p （河出文庫）
◇坂本龍馬歴史大事典 （『歴史読本』編集部編） 新人物往来社 2009.10 367p （歴史読本ライブラリー）
◇坂本龍馬101の謎 （菊地明, 伊東成郎, 山村竜也著） 新人物往来社 2009.10 351p （新人物文庫）
◇追跡！坂本龍馬―旅立ちから暗殺までの足どりを徹底検証 （菊地明著） PHPエディターズ・グループ 2009.10 319p
◇坂本龍馬―シリーズ歴史と人物 （百瀬明治著） 角川学芸出版 2009.10 327p （角川文庫）
◇海はるか坂本龍馬―足跡ガイド （京都新聞出版センター編） 神戸新聞総合出版センター 2009.10 137p
◇知将秋山真之―ある先任参謀の生涯 （生出寿著） 光人社 2009.11 341p （光人社NF文庫）
◇龍馬伝京都幕末地図本 龍馬完全年表付 （赤尾博章著） ユニプラン 2009.11 143p
◇岩崎弥太郎―国家の有事に際して、私利を顧みず （立石優著） PHP研究所 2009.11 305p （PHP文庫）
◇日本人が意外と知らない幕末龍馬伝 （にほん幕末研究会編） 幻冬舎エデュケーション 2009.11 190p
◇司馬遼太郎 リーダーの条件 （半藤一利, 磯田道史, 鴨下信一ほか著） 文芸春秋 2009.11 251p （文春新書）
◇「龍馬」という日本人―司馬遼太郎が描いたこと （高橋誠一郎著） 人文書館 2009.11 383p
◇「アラサー」が変えた幕末―時代を動かした若き志士たち （渡辺大門著） 毎日コミュニケーションズ 2009.11 199p （マイコミ新書）
◇坂本龍馬と幕末動乱の時代 （志村有弘著） 勉誠出版 2009.11 217p
◇面白くてよくわかる！坂本龍馬―「幕末史の奇跡」を知る大人の教科書 （山村竜也監修） アスペクト 2009.11 205p
◇坂本龍馬と海援隊101の謎 （川口素生著） PHP研究所 2009.11 300p （PHP文庫）
◇龍馬塾―行動しながら考え、現状を打破する坂本龍馬的問題解決法 （西村克己著） 海竜社 2009.11 150p
◇勝海舟と坂本龍馬 新訂版 （加来耕三著） 出版芸術社 2009.11 435p
◇史伝坂本龍馬 増補改訂版 （山村竜也著） 学研パブリッシング 2009.11 313p （学研M文庫）
◇誰が坂本龍馬をつくったか （河合敦著） 角川SSコミュニケーションズ 2009.11 186p （角川SSC新書）
◇龍馬が望まなかった戊辰戦争 （星亮一著） ベストセラーズ 2009.11 187p （ベスト新書）
◇坂本龍馬―手紙にみる真実の姿 （外川淳著） アスキー・メディアワークス 2009.11 221p （アスキー新書）
◇今こそ学べ坂本龍馬感動の人生哲学 （百瀬昭次著） ロングセラーズ 2009.11 222p
◇天翔る竜―坂本龍馬伝 （山村竜也著） 日本放送出版協会 2009.11 267p
◇龍馬暗殺最後の謎 （菊地明著） 新人物往来社 2009.11 270p （新人物文庫）
◇龍馬と弥太郎 （童門冬二著） 日本放送出版協会 2009.11 253p
◇いまさら入門坂本龍馬 （加来耕三著） 講談社 2009.11 251p （講談社+α文庫）
◇坂本龍馬の野望―33年の生涯とその時代 （鷲田小弥太著） PHP研究所 2009.11 291p
◇わが坂本龍馬―おりょう聞き書き （〔おりょう〕述, 一坂太郎著） 朝日新聞出版 2009.11 210p （朝日新書）
◇龍馬が歩いた幕末地図 （木村幸比古監修） 朝日新聞出版 2009.11 111p
◇完本坂本龍馬日記 （菊地明, 山村竜也編） 新人物往来社 2009.11 518p
◇歴史の雑学 司馬遼太郎を読めば常識がひっくり返る！ （石原靖久

著） 新講社 2009.12 223p （新講社ワイド新書）
◇坂本龍馬をめぐる旅―ゆかりの地を訪ね、足跡をたどる （オフィス・クリオ著） メイツ出版 2009.12 128p
◇坂本龍馬ゆかりの地を歩く―15のコースで巡る英雄の足跡 （清水克悦著） PHP研究所 2009.12 127p
◇龍馬VS新撰組 幕末京都歴史ウォーキング―若き志士たちの青春の足跡をたどる （乾ひとみ, 藤田あかり, 米原有二著） 水曜社 2009.12 126p
◇龍馬と弥太郎―海に賭けた男たち （新井恵美子著） 北辰堂出版 2009.12 155p （こはるブックス）
◇岩崎弥太郎 不屈の生き方―「三菱」の創業者 （武田鏡村著） PHP研究所 2009.12 245p
◇幕末土佐の12人 （武光誠著） PHP研究所 2009.12 265p （PHP文庫）
◇知ってるようで知らない坂本龍馬がわかる本 （加来耕三監修, 嶋健一郎著） あさ出版 2009.12 199p
◇日本人の経営魂 （中野明著） 学研パブリッシング 2009.12 271p
◇龍馬を継いだ男 岩崎弥太郎 （安藤優一郎著） アスキー・メディアワークス 2009.12 205p （アスキー新書）
◇龍馬が見た長崎―古写真が語る幕末開港 （姫野順一著） 朝日新聞出版 2009.12 205,3p （朝日選書）
◇幕末維新人物新論―時代をよみとく16のまなざし （笹部昌利編） 昭和堂 2009.12 321p
◇決めぜりふ―時代が見える人物像がわかる幕末維新名言集 （斎藤孝著） 世界文化社 2009.12 303p
◇英語で読む坂本龍馬 上 （ロミュラス・ヒルズボロウ著, 正木恵美訳） ジャパンタイムズ 2009.12 158p
◇英語で読む坂本龍馬 下 （ロミュラス・ヒルズボロウ著, 正木恵美訳） ジャパンタイムズ 2009.12 152p
◇ビジュアル幕末1000人―龍馬と維新の群像歴史を変えた英雄と女傑たち （大石学監修） 世界文化社 2009.12 351p
◇龍馬・新選組らの京都史跡を歩く 13コース （青木繁男著） ユニプラン 2009.12 33p
◇坂本龍馬 海援隊始末記 改版 （平尾道雄著） 中央公論新社 2009.12 293p （中公文庫）
◇幕末・明治の英傑たち （加来耕三著） 土屋書店 2009.12 287p
◇坂本龍馬と幕末維新人物100選 （清水昇著） リイド社 2009.12 253p （リイド文庫）
◇幕末暗殺剣―血湧き肉踊る最強剣豪伝説 （マーヴェリック著） 双葉社 2009.12 249p
◇龍馬とあるく幕末長崎―日本の夜明けはこの街からはじまった 長崎文献社 2009.12 79p
◇坂本龍馬事典 （志村有弘編） 勉誠出版 2009.12 322,10p
◇坂本龍馬とその時代―歴史から学ぶ （坂本正次著） 北の街社 2009.12 255p
◇坂本龍馬―時代に愛された風雲児 カラー＆図解ですぐわかる （主婦の友社編） 主婦の友社 2009.12 191p （主婦の友ベストbooks）
◇坂本龍馬のすべてがわかる本 （風巻紘一著） 三笠書房 2009.12 349p （知的生きかた文庫）
◇坂本龍馬・男の値打ち 〔新装新版〕 （芳岡堂太著） 三笠書房 2009.12 253p
◇龍馬はなぜあんなにモテたのか―歴史アイドルがわかりやすく解説した「幕末時代」の入門書 （美甘子著） ベストブック 2009.12 223p （ベストセレクトBB§Big birdのbest books）
◇図説地図とあらすじで読み解く！坂本龍馬の足跡 （木村幸比古監修） 青春出版社 2009.12 95p
◇坂本龍馬99の謎 （「歴史の真相」研究会著） 宝島社 2009.12 220p （宝島sugoi文庫）
◇坂本龍馬―本当は何を考え、どう生きたか？ （加来耕三著） 実業之日本社 2009.12 263p （じっぴコンパクト新書）
◇徹底図解坂本龍馬―日本を近代国家へと導いた桁違いの男 カラー版 （榎本秋著） 新星出版社 2009.12 191p
◇坂本龍馬と明治維新 新装版 （マリアス・B・ジャンセン著, 平尾道雄, 浜田亀吉訳） 時事通信出版局 2009.12 480p
◇「英雄」坂本龍馬はなぜ生まれたのか （菊地明著） 大和書房 2009.12 221p （だいわ文庫）
◇真説龍馬暗殺―諸説11の謎を解く （加野厚志著） 学研パブリッシング 2009.12 294p （学研M文庫）
◇「龍馬」を読み解く100問 （大石学, 佐藤宏之著） 日本放送出版協会 2009.12 166p （生活人新書）
◇坂本龍馬とその時代 （佐々木克著） 河出書房新社 2009.12 225p
◇七人の龍馬―坂本龍馬名言集 （出久根達郎編著） 講談社 2009.12 318p
◇幕末の志士―〈図説〉日本の歴史 第1巻 （講談社編） 講談社 2009.12 63p
◇爆笑問題が読む龍馬からの手紙 （爆笑問題著） 祥伝社 2009.12

315p（祥伝社黄金文庫）
◇坂本龍馬と海援隊―"世界"を目指した異色の集団　学研パブリッシング　2009.12　163p　〔歴史群像シリーズ〕
◇坂本龍馬―海洋の志士（井上勲著）　山川出版社　2009.12　87p（日本史リブレット）
◇龍馬伝説（北影雄幸著）　桜の花出版　2009.12　374p
◇坂本龍馬とbakumatsu（幕末歴史研究会編・著）　PHP研究所　2009.12　223p
◇坂本龍馬が超おもしろくなる本（龍馬と幕末を愛する会著）　扶桑社　2009.12　222p（扶桑社文庫）
◇龍馬と海　上（脱藩編）（肥留間正明著）　音羽出版　2009.12　270p

【雑誌】
◇坂本龍馬の二人の恋人（三枝和子）「歴史と旅」7(1) 1980.1
◇龍馬暗殺と遺留品（万代修）「月刊ペン」14(2) 1981.2
◇坂本龍馬ゆかりの万国公法について（吉永豊寛）「土佐史談」156 1981.1
◇坂本龍馬文献総覧（小池正夫）「別冊歴史読本」6(2) 1981.4
◇「司馬龍馬」の虚像と実像（特集・日本史の新しい見方）（宮地佐一郎）「知識」22 1981.4
◇特集・京都の史話50選「歴史と旅」8(8) 1981.7
◇特集・龍馬の人脈と維新「歴史と人物」12(2) 1982.2
◇坂本龍馬（一通の手紙から）（松田修）「淡交」428 1982.6
◇坂本龍馬の恋人とその一族（新史料発掘（宮地佐一郎）「歴史と人物」12(7) 1982.7
◇特集・龍馬光芒の生涯「歴史と旅」9(10) 1982.8
◇特集・坂本龍馬と海援隊「歴史読本」28(10) 1983.10
◇11月15日坂本龍馬暗殺さる（日本史365日）（宮地佐一郎）「歴史と旅」11(2) 臨時増刊 1984.1
◇なぜ薩長連合を締結したか（特集西郷隆盛謎の生涯）（邦光史郎）「歴史読本」29(2) 1984.2
◇歴史に学ぶ！乱世リーダーの着眼力（特集・指導者の「着眼力」）（桂英澄）「will」3(5) 1984.5
◇坂本龍馬暗殺事件（日本史疑惑の10大事件を推理する）（特集日本史ミステリーゾーン）「歴史読本」29(12) 1984.8
◇坂本龍馬暗殺の謎（特集幕末維新暗殺剣）（光瀬龍）「歴史と旅」11(14) 1984.11
◇坂本龍馬、「仇敵」を結びつけた「時代の天才演出家」―「薩長同盟」成立「倒幕派」の大同団結なる（特集・「明治維新」の男たち）（光瀬龍）「プレジデント」23(1) 1985.1
◇坂本龍馬生誕百五十年をむかえて（広谷喜十郎）「土佐史談」167 1985.2
◇坂本龍馬生誕百五十年を迎えて（広谷喜十郎）「歴史研究」288 1985.4
◇坂本龍馬が立川関へ行く（広谷喜十郎）「大豊史談」13 1985.8
◇坂本龍馬と豊永氏（都築貫一郎）「大豊史談」13 1985.8
◇坂本龍馬関連図書「ウイークリー出版情報日販」4(35) 1985.9
◇坂本龍馬と「船中八策」―「自由民権」の源流（入交好脩）「伊那」689 1985.10
◇ジャンセン著「坂本龍馬と明治維新」ととりくんだ思い出（坂本龍馬生誕150年記念特集号）（関川夏央）「土佐史談」170 1985.11
◇坂本龍馬生誕150年記念特集号「土佐史談」170 1985.11
◇生誕150年　坂本龍馬の遺した夢（対談）（マリウス・B・ジャンセン，山本大）「中央公論」100(13) 1985.12
◇姉乙女宛の龍馬の手紙（宮地佐一郎）「中央公論」100(13) 1985.12
◇記伝を歩く(9)マリアス・ジャンセン著，平尾道雄・浜田亀吉訳「坂本龍馬と明治維新」―幕藩制から統一国家を構想（石川猶興）「農政調査時報」352 1986.1
◇彼こそ変革期のリーダー―坂本龍馬「海援隊」の"約規"にこそ原点あり（問題提起ワイド特集・新日本的経営とは何か）（坂本藤良）「NEXT」3(1) 1986.1
◇初見の坂本龍馬書状と北辰一刀兵法目録（松岡司）「日本歴史」454 1986.3
◇坂本龍馬はドラえもんのポケット（対談）（坂本藤良，武田鉄矢）「潮」324 1986.4
◇坂本龍馬遠点考―時代が創る男の顔・龍像再見（因藤泉石）「香川史学」15 1986.6
◇鉄の海流(1)時空を駆けぬけた3人の男たち（長谷川義記）「日本及日本人」1583 1986.7
◇坂本龍馬―逆境さえ面白がり、人に任せて組織を動かす「結合の魔術師」（人物大特集・大研究　ネアカのリーダー）（坂本藤良）「NEXT」3(7) 1986.7
◇鉄の海流―時空を駆けぬけた3人の男たち(2)坂本龍馬(1)（長谷川義記）「日本及日本人」1584 1986.10
◇坂本龍馬新婚旅行の塩浸温泉（歴史のある名湯秘湯50選（特集）「歴史と旅」13(14) 1986.10
◇坂本龍馬の靴（ミニ伝記）（山川暁）「新潮45」5(11) 1986.11

◇坂本龍馬の死―言論と暴力（石尾芳久）「関西大学法学論集」36(3～5) 1986.12
◇鉄の海流―時空を駆けぬけた3人の男たち(3)坂本龍馬(2)渾沌から凝縮へ（長谷川義記）「日本及日本人」1585 1987.1
◇特集・龍馬と現代「彷書月刊」3(2) 1987.2
◇鉄の海流―時空を駆けぬけた3人の男たち(4)坂本龍馬(3)うつろなる功労者（長谷川義記）「日本及日本人」1586 1987.4
◇史劇評論・新制作座「坂本龍馬」管見記―今、何が坂本龍馬なのか（因藤泉石）「香川史学」16 1987.6
◇鉄の海流―時空を駆けぬけた3人の男たち(5)坂本龍馬(4)凄絶な回天の供犠（長谷川義記）「日本及日本人」1587 1987.7
◇坂本龍馬十の謎（藤田禎信）「歴史懇談」創刊号 1987.8
◇坂本龍馬暗殺直後、現場に駆けつけた同志たちの目撃談（目撃者が語る日本史の決定的瞬間）「歴史読本」32(17) 1987.8
◇検証・坂本龍馬の書状（土居晴夫）「歴史と神戸」26(5) 1987.10
◇龍馬伝には書かれない「継母の力」（山田一郎）「新潮45」6(11) 1987.11
◇検証・坂本龍馬の書状―土居晴夫氏に答える（荒尾親成）「歴史と神戸」26(6) 1987.12
◇坂本龍馬の絶筆と暗殺の危険を感じていたことを証する書状発見（特集　明治維新神戸事件）（荒尾親成）「神戸史談」262 1988.1
◇坂本龍馬ゆかりの広場・長崎県五島列島マリンピア「龍馬研究」26 1988.2
◇独眼龍政宗と坂本龍馬（広谷喜十郎）「龍馬研究」26 1988.2
◇文献総覧坂本龍馬（小池正夫）「別冊歴史読本」6(2) 1988.8
◇「維新回天」を決定した運命の出合い―28歳の青年は、これを機に目を世界に見開くのだった（特集・勝海舟と坂本龍馬）（志茂田景樹）「プレジデント」26(10) 1988.10
◇「薩長連合」ついに成る―腐りきった幕府を倒し、新しい日本を創るべく龍馬は奔った（特集・勝海舟と坂本龍馬）（古川薫）「プレジデント」26(10) 1988.10
◇「土佐海援隊長」33歳の死―大政奉還が決し、龍馬は世界に向け歩き出そうとしていた（特集・勝海舟と坂本龍馬）（利根川裕）「プレジデント」26(10) 1988.10
◇かくて「志士」たちは「近代」の扉を敲いた―幕藩体制は行き詰まり、欧米諸列強の開国要求は強まるばかり（特集・勝海舟と坂本龍馬）（松浦玲）「プレジデント」26(10) 1988.10
◇時代を拓く「男」の条件―維新の変革を担った若者たちを揺り動かしたものは（対談）（特集・勝海舟と坂本龍馬）（会田雄次，綱淵謙錠）「プレジデント」26(10) 1988.10
◇神戸海軍操練所の「400日」―海防の充実以外に国を守る策はない。そのためにも人材育成が急務だった（特集・勝海舟と坂本龍馬）（豊田穣）「プレジデント」26(10) 1988.10
◇中江兆民と龍馬（広谷喜十郎）「たばこ研究」26 1988.11
◇歴史の中で―ディキンスンと龍馬（武田雅子）「学鐙」85(11) 1988.11
◇脱藩の道―那須信吾と坂本龍馬等の場合（横田達雄）「土佐史談」79 1988.12
◇「勇断」長州と連合へ―坂本龍馬の斡旋を受け入れた瞬間、時代の命運は彼の掌中に（特集・西郷隆盛）（志茂田景樹）「プレジデント」27(1) 1989.1
◇龍馬像建立秘史（福田真人）「歴史研究」335 1989.3
◇近代夜明けの道―坂本龍馬の通った道（地域だより・四国）（中越準一）「道路」578 1989.4
◇龍馬が選んだ生涯の伴侶は勝気で豪快な気性―おりょう（いまも昔もおんな史）（泉秀樹）「潮」362 1989.6
◇鉄の海流―時空を駆けぬけた3人の男たち(13完)冥闇を裂いた権謀の閃光（長谷川義記）「日本及日本人」1595 1989.7
◇坂本龍馬ファンにおくる「ベスト15冊」「別冊歴史読本」14(12) 1989.8
◇坂本龍馬旅行記（山田一郎）「新潮45」8(9) 1989.9
◇龍馬の短銃スミス・アンド・ウェッソン（乾文雄）「土佐史談」181 1989.9
◇坂本龍馬　「僅か3年の交友」が開いた近代への扉―「商」の発想を持つ土佐浪士に彼は厚い信頼を寄せ、結果（特集・西郷隆盛の人間関係学）（渡部昇一）「プレジデント」28(2) 1990.2
◇坂本龍馬―平和路線に死す（講演）（山田一郎）「火力原子力発電」41(2) 1990.2
◇坂本龍馬の長刀兵法免許目録について（森田芳博）「土佐史談」183 1990.3
◇龍馬はイゴッソウか（西内康治）「土佐史談」183 1990.3
◇「薩長同盟」を成立させた坂本龍馬の卓見―倒幕には2大雄藩の提携が不可欠だ、と西郷、桂に彼は説く（特集・「幕末維新」の人物学）（新宮正春）「プレジデント」28(6) 1990.6
◇独眼龍政宗と坂本龍馬（広谷喜十郎）「秦史談」39 1990.8
◇坂本龍馬と鹿持雅澄（広谷喜十郎）「土佐史談」186 1991.3
◇坂本龍馬の北辰一刀流兵法目録「長刀」は「なぎなた」（前田年雄）「土佐史談」186 1991.3
◇「咲いた桜になぜ駒つなぐ」は坂本龍馬の作ではない（近藤勝）

「土佐史談」 186 1991.3
◇龍馬二題 (西内康浩)「土佐史談」 186 1991.3
◇坂本龍馬と神戸 (武智透)「秦史談」 43 1991.5
◇りゅうまじゃあないぜよ (西内康浩)「土佐史談」 189 1992.3
◇龍馬俚謡について (宮地佐一郎)「土佐史談」 189 1992.3
◇坂本龍馬暗殺考 (岩波碩司)「オール諏訪」 93 1992.6
◇お龍という女―「男と女」に通じた都会派エッセイストが描く「幕末の恋」(特集・坂本龍馬の人間関係学)(諸井薫)「プレジデント」 30(7) 1992.7
◇グラバー―国際商人が認めたビジネスマインド(特集・坂本龍馬の人間関係学)(岩井護)「プレジデント」 30(7) 1992.7
◇乙女―「泣き虫」の弟に見た大器の片鱗(特集・坂本龍馬の人間関係学)(阿井景子)「プレジデント」 30(7) 1992.7
◇桂小五郎―「近代精神への共鳴」薩長連合成る(特集・坂本龍馬の人間関係学)(半藤一利)「プレジデント」 30(7) 1992.7
◇「春風駘蕩」龍馬がいく―金もない、組織もない。しかし人と時代は動いた(特集・坂本龍馬の人間関係学)(三好徹)「プレジデント」 30(7) 1992.7
◇勝海舟―海軍操練所に「開国の夢」を追う(特集・坂本龍馬の人間関係学)(畑山博)「プレジデント」 30(7) 1992.7
◇西郷隆盛―薩摩の巨人を動かした「純粋なる魂」(特集・坂本龍馬の人間関係学)(中津文彦)「プレジデント」 30(7) 1992.7
◇中岡慎太郎―黎明のなか共に死す(特集・坂本龍馬の人間関係学)(新宮正春)「プレジデント」 30(7) 1992.7
◇武市半平太―桂浜の青春そして「覚悟の別れ」(特集・坂本龍馬の人間関係学)(八尋舜右)「プレジデント」 30(7) 1992.7
◇陸奥宗光―「世界の海援隊」の理想を継がん(特集・坂本龍馬の人間関係学)(神坂次郎)「プレジデント」 30(7) 1992.7
◇龍馬とジョン万次郎―近代日本の源流(特別講演)(第27回土質工学研究発表会〈特集〉)(永国淳哉)「土と基礎」 40(10) 1992.10
◇坂本龍馬 (山本和夫)「秦史談」 52 1992.11
◇坂本龍馬「剣客伝説」が覆った―決定的史料発見!!書きかえられる英雄像 (加来耕三)「現代」 26(12) 1992.12
◇龍馬と海舟の出会い(十周年記念)(松本紀original)「秦史談」 53 1993.1
◇坂本龍馬と坂本直寛(土佐と北海道特集号)(浦臼町郷土史料館)「土佐史談」 191 1993.1
◇坂本龍馬の北方開拓計画(土佐と北海道特集号)(宮地佐一郎)「土佐史談」 191 1993.1
◇龍馬と蝦夷地開発(土佐と北海道特集号)(松岡司)「土佐史談」 191 1993.1
◇真の龍馬斬殺は誰か(特集 大坂商人に学ぶ)(川原崎次郎)「歴史研究」 386 1993.7
◇龍馬のきた道(1～3)(原直正)「オール諏訪」 107～109 1993.8～10
◇坂本龍馬と北垣国道 (橋田定男)「土佐史談」 193 1993.9
◇龍馬を斬らせた男 (西内康浩)「土佐史談」 193 1993.9
◇「竜馬がゆく」、先見力、実行力、人を使う商人の才覚―「土佐人気質」を誇る起業家が魅せられるもの(特集・司馬遼太郎「維新人物小説」を読む)(中内功)「プレジデント」 31(12) 1993.12
◇自由人・坂本龍馬がつくった薩長同盟(幕末史話―"第3の開国"のさ中に〈19〉)(本郷健一)「エコノミスト」 72(9) 1994.2.22
◇今井信郎に対する刑部省の裁判に思う―坂本龍馬暗殺事件 (中沢千里)「土佐史談」 195 1994.3
◇歴史学と時代劇―坂本龍馬の人物像をめぐって(歴史学とマスメディア―史実とフィクションのあいだ〈特集〉)(箱石大)「歴史評論」 530 1994.6
◇人間の魅力 この国の将来像の構築のために―龍馬、松陰、晋作、村田蔵六…幕末維新の人物を通して人の在り方を語り尽す(文芸春秋復刊50周年記念)(司馬遼太郎)「文芸春秋」 73(14) 1995.10 p94～108
◇日本史探偵団「龍馬暗殺の謎」を解く―黒幕は薩摩か幕府か、はたまた「巻き添え」か!? (中津文彦, 阿井景子, 木村幸比古)「現代」 30(1) 1996.1 p228～238
◇龍馬暗殺の下手人の行方(幕末維新の謎)(木村幸比古)「歴史と旅」 23(11) 1996.7.5 臨増(日本史の謎100選) p366～369
◇幕末維新の「知恵者」たちは何を成したか―坂本龍馬、勝海舟、大久保利通らは「時代参謀」だった(歴史特集・参謀の資質 その任に着く者は人間すべてに通じていなければならない)(童門冬二)「プレジデント」 34(11) 1996.11 p238～243
◇坂本龍馬VS中岡慎太郎―「無血倒幕論」と「武力討幕論」(政治編)(木村幸比古)「歴史と旅」 23(17) 1996.11.10 臨増(日本史ライバル総覧) p180～183
◇〔異色トーク〕必要なのは知識よりコミュニケーション能力「平成の坂本龍馬よ、出でよ!」(津本陽, 橋本大二郎)「現代」 31(3) 1997.3 p218～226
◇薩長同盟と坂本龍馬の役割―龍馬周旋はフィクションではない (芳即正)「鹿児島歴史研究」 鹿児島歴史研究会 第2号 1997.5 p1～13

◇坂本龍馬―慎太、オレは脳をやられた もう駄目だ(特集・幕末明治人物臨終の言葉―近代の夜明けを駆けぬけた44人の人生決別の辞 英傑死してことばを遺す)(一坂太郎, 稲川明雄, 今川徳三, 井門寛, 宇都宮泰長, 河合敦, 木村幸比古, 祖田浩一, 高野澄, 高橋和彦, 畑山博, 三谷茉沙夫, 百瀬明治, 山村竜也)「歴史と旅」 24(7) 1997.5 p58～59
◇海舟と龍馬の師弟関係(特集/勝海舟の謎)(境信伍)「歴史研究」 人物往来社歴史研究会 445 1998.6 p28～29
◇講演 龍馬雑学―手紙からみる龍馬 (小椋克己)「火力原子力発電」 火力原子力発電技術協会 50(4) 1999.4 p380～390
◇慶応元年12月の坂本龍馬 (山本栄一郎)「歴史研究」 人物往来社歴史研究会 459 1999.8 p40～44
◇新田舎人宣言 高知県大月町 岡浩之さん もしも坂本龍馬が百姓をしていたら (岡浩之)「地上」 家の光協会 53(13) 1999.12 p58～67
◇坂本龍馬の妻、お竜 (坂本尚子)「文献探索」 文献探索研究会 2000 2000 p287～298
◇坂本龍馬と海援隊―ベンチャー・ビジネスの視点から (平池久義)「下関市立大学論集」 下関市立大学学会 43(3) 2000.1 p35～59
◇坂本龍馬の恋人たち お竜と佐那(文献探索・書誌・書誌論)(坂本尚子)「文献探索」 文献探索研究会 2001 2001 p227～230
◇文体と言語―坂本龍馬書簡を素材に (青山忠正)「仏教大学総合研究所紀要」 仏教大学総合研究所 8 2001.3 p61～74
◇日本語技法特別講義―日本語技法 (小椋克己)「高知大学教育研究論集」 高知大学大学教育開発委員会 6 2002 p18～38
◇龍馬(13)海援隊 (津本陽)「本の旅人」 角川書店 8(1) 2002.1 p136～150
◇土佐商人(商人の遺伝子〔23〕)(加来耕三)「日経ベンチャー」 209 2002.2 p90～93
◇龍馬(14)海援隊(2)(津本陽)「本の旅人」 角川書店 8(2) 2002.2 p120～134
◇坂本龍馬の基礎知識(特集 異論・坂本龍馬)(一坂太郎)「歴史研究」 歴研 44(3) 2002.3 p22～28
◇特集 異論・坂本龍馬 「歴史研究」 歴研 44(3) 2002.3 p22～45
◇龍馬(15)海援隊(3)(津本陽)「本の旅人」 角川書店 8(3) 2002.3 p136～150
◇龍馬(16)海援隊(4)(津本陽)「本の旅人」 角川書店 8(4) 2002.4 p144～158
◇龍馬(17)海援隊(5)(津本陽)「本の旅人」 角川書店 8(5) 2002.5 p162～176
◇龍馬(18)海援隊(6)(津本陽)「本の旅人」 角川書店 8(6) 2002.6 p130～144
◇薩長商社計画と坂本龍馬―坂本紫瀾の叙述をめぐって(小特集 江戸・幕末、近代の日本)(松下祐三)「駒沢史学」 駒沢史学会 59 2002.7 p42～64
◇龍馬(19)大政奉還(1)(津本陽)「本の旅人」 角川書店 8(7) 2002.7 p136～150
◇龍馬(20)大政奉還(2)(津本陽)「本の旅人」 角川書店 8(8) 2002.8 p148～162
◇龍馬(21)波瀾 (津本陽)「本の旅人」 角川書店 8(9) 2002.9 p172～186
◇龍馬(22)最後の帰郷 (津本陽)「本の旅人」 角川書店 8(10) 2002.10 p184～198
◇龍馬(23)最後の帰郷 (津本陽)「本の旅人」 角川書店 8(11) 2002.11 p188～202
◇特別研究 坂本龍馬の竹島開拓計画 (山本栄一郎)「歴史研究」 歴研 45(5) 2003.5 p60～64
◇坂本龍馬を殺した話をしてあげよう―でも惜しい事にベルが鳴ってしまいました (佐藤かう)「幕末史研究」 小島資料館(発売) No.39 2003.9 p9～20
◇横井小楠と坂本龍馬―その共通性と異質性 (北野雄士)「大阪産業大学人間環境論集」 大阪産業大学学会 3 2004 p45～59
◇坂本龍馬湿板写真の調査経緯について(調査報告)(山口孝子, 三井圭司)「高知県立歴史民俗資料館研究紀要」 高知県立歴史民俗資料館 第13号 2004.3 p6～16
◇「コロジオン湿板方式・坂本龍馬像」調査報告(調査報告)(山口孝子, 三井圭司)「高知県立歴史民俗資料館研究紀要」 高知県立歴史民俗資料館 第13号 2004.3 p17～21
◇Bibliotheca Japonica(80)「坂本龍馬の手紙」(八木正自)「日本古書通信」 日本古書通信社 69(8) 2004.8 p25
◇坂本龍馬「京都日誌」〈海援隊隊長〉―日本の独立を維持するため、龍馬は何を願い、行動したのだろうか(特集 幕末京都 志士日誌―特集ドキュメント 幕末京都 志士の足跡)(松岡司)「歴史読本」 新人物往来社 51(7) 2006.5 p86～93
◇坂本龍馬京都史蹟一覧(特集 幕末京都 志士日誌―特集事典 完全踏査 幕末京都史蹟大事典)「歴史読本」 新人物往来社 51(7) 2006.5 p216～218
◇龍馬遭難事件の新視角(第1回)海援隊士・佐々木多門書状の再検討 (桐野作人)「歴史読本」 新人物往来社 51(10) 2006.7 p229～239

◇龍馬遭難事件の新視角―海援隊士・佐々木多門書状の再検討(第2回)(桐野作人) 「歴史読本」 新人物往来社 51(11) 2006.8 p229〜239
◇龍馬遭難事件の新視角―海援隊士佐々木多門書状の再検討(最終回)(桐野作人) 「歴史読本」 新人物往来社 51(12) 2006.9 p244〜253
◇幕末を血で洗う戦闘集団と決死のネゴシエーター 新撰組と坂本龍馬編(今、時代劇がおもしろい!―時代劇マンガの英雄(ヒーロー)列伝) 「Kino」 河出書房新社, 京都精華大学情報院 4 2007.5 p44〜46
◇龍馬、歌舞伎になる (市川染五郎) 「文芸春秋」 文芸春秋 85(11) 2007.9 p83〜85
◇暗殺140年 誰が龍馬を殺したか (黒鉄ヒロシ) 「週刊新潮」 新潮社 52(44) 2007.11.22 p156〜159
◇幕末期長崎における政治的デモクラシーの芽生え―亀山社中(海援隊)・龍馬の「藩論」を中心に (関家新助) 「長崎国際大学論叢」 長崎国際大学研究センター 8 2008 p59〜62
◇龍馬奔る!(2)龍馬とリンカーン (山折哲雄) 「理念と経営」 コスモ教育出版 26 2008.2 p35〜42
◇坂本龍馬の「肖像写真」を解読する(特集 古写真集成 幕末人の肖像―特集カラー解説) (菊地明) 「歴史読本」 新人物往来社 53(3) 2008.3 p22〜27
◇史料発掘 龍馬から慎蔵への手紙(特集 古写真集成 幕末人の肖像) (山下大輔) 「歴史読本」 新人物往来社 53(3) 2008.3 p230〜237
◇龍馬奔る!(3)黒澤の「用心棒」と龍馬のピストル (山折哲雄) 「理念と経営」 コスモ教育出版 27 2008.3 p37〜42
◇龍馬、奔る(4)支倉の「遣外使節」と龍馬の「脱藩」 (山折哲雄) 「理念と経営」 コスモ教育出版 28 2008.4 p45〜50
◇龍馬、奔る(5)美空ひばりが歌いあげる「龍馬残影」 (山折哲雄) 「理念と経営」 コスモ教育出版 29 2008.5 p33〜37
◇「龍馬暗殺」の真犯人は新撰組か(歴史ロマン探検 日本史の「謎」を味わう〈詳細ブックガイド付き〉―六大ミステリーに挑む) (中津文彦) 「現代」 講談社 42(6) 2008.6 p106〜109
◇熱血謎解き対談 山本一力vs.出久根達郎 坂本龍馬「五つの謎」「最大の魅力」(歴史ロマン探検 日本史の「謎」を味わう〈詳細ブックガイド付き〉) (出久根達郎,山本一力) 「現代」 講談社 42(6) 2008.6 p110〜117
◇龍馬、奔る(第6回・最終回)頼山陽の『日本外史』と龍馬の武士道 (山折哲雄) 「理念と経営」 コスモ教育出版 30 2008.6 p33〜37
◇「天の意思」が命じた―坂本龍馬、勝海舟(彼らは「この国」の危機をいかに救ったか) 司馬遼太郎 日本のリーダーの条件―渾身の大特集) 「文藝春秋」 文藝春秋 86(8) 2008.7 p122〜128
◇『竜馬がゆく』名言集(新連載)事をなすのは、その人間の弁舌や才智ではない。人間の魅力なのだ。 (出久根達郎) 「現代」 講談社 42(7) 2008.7 p168〜172
◇『竜馬がゆく』名言集(2)女は言葉に出していってくださらなければわからないのです。いってください、そのお言葉を一生の宝にします。 (出久根達郎) 「現代」 講談社 42(8) 2008.8 p230〜234
◇大特集・「日本の夜明け」を駆け抜けた坂本龍馬を旅する 「サライ」 小学館 20(15) 2008.8.7 p20〜38,81〜112
◇『竜馬がゆく』名言集(3)他人が舞台を作ってくれやせぬ (出久根達郎) 「現代」 講談社 42(9) 2008.9 p236〜240
◇『竜馬がゆく』名言集(4)死ぬなような生きかたをしたい (出久根達郎) 「現代」 講談社 42(10) 2008.10 p252〜256
◇薩長同盟を成功させた坂本龍馬に学ぶ営業スキル(特集 「歴史」を知れば経済がわかる!―歴史に学ぶビジネスの要諦) (桑原正守) 「週刊ダイヤモンド」 ダイヤモンド社 96(41) 2008.10.25 p84〜85
◇『竜馬がゆく』名言集(5)金よりも大事なものに評判というものがある (出久根達郎) 「現代」 講談社 42(11) 2008.11 p314〜318
◇『竜馬がゆく』名言集(最終回)惚れずに物事ができるか (出久根達郎) 「現代」 講談社 42(12) 2008.12 p348〜352
◇記憶に残る本(16)「竜馬がゆく」司馬遼太郎 (大場啓志) 「日本古書通信」 日本古書通信社 73(12) 2008.12 p24〜25
◇大政奉還 坂本龍馬vs.勝海舟(歴史ロマン「幕末ヒーロー」列伝―ヒーローはどっちだ) (出久根達郎) 「現代」 講談社 43(1) 2009.1 p206〜209
◇維新を見ずに散った〈晋作と龍馬〉―晋作と龍馬の手紙から読む幕末―篤姫・和宮時代(清話会セミナー講演録) (一坂太郎) 「先見経済」 清話会 55(2別冊) 2009.2.1 p10〜13
◇龍馬書簡・再考―春猪あての不思議な手紙 (宮川禎一) 「歴史読本」 新人物往来社 54(3) 2009.3 p244〜255
◇巻頭対談 夢は必ず叶う 勇気と挑戦の経営(5)「まいくり龍馬」が夢見た (商人への道) (津本陽,山折哲雄) 「理念と経営」 コスモ教育出版 41 2009.5 p9〜15
◇「人たらし」坂本龍馬―司馬遼太郎『竜馬がゆく』(識者34人の知恵袋 枕頭の歴史書「人物との対話」) (松平定知) 「文芸春秋」 文芸春秋 87(7) 2009.6 p276〜277
◇新発見レポート 坂本龍馬紋服の絵金書 (宮川禎一) 「歴史読本」 新人物往来社 54(7) 2009.7 p36〜37,214〜215
◇坂本龍馬―"何くそ"の精神でポジティブに生きる。(特集「この人」に学ぶ) (美甘子) 「潮」 潮出版社 607 2009.9 p138〜141

◇大底からの反転―坂本龍馬〈賢者は歴史から学ぶ―古代〜明治篇―私が学んだ日本史上の人物〉 (船曳建夫) 「文藝春秋special」 文藝春秋 3(4) 2009.秋 p53〜55
◇特集 坂本龍馬暗殺の謎 「歴史研究」 歴研 51(10) 2009.10 p20〜43
◇坂本龍馬が明治を生きる(現代を変える「歴史のIF」) (中村彰彦) 「文芸春秋」 文芸春秋 87(13) 2009.11 p193〜196
◇「坂本龍馬」の虚実 ウソホント30 「サンデー毎日」 毎日新聞社 88(53) 2009.12.13 p126〜130

相楽総三　さがらそうぞう　1839〜1868
幕末, 明治期の尊攘派志士。赤報隊1番隊隊長。

【図　書】
◇草莽の維新史 (寺尾五郎) 徳間書店 1980.2
◇相楽総三とその同志―上, 下― (長谷川伸) 中央公論社 1981.2,3 (中公文庫)
◇江戸暗殺史 (森川哲郎) 三一書房 1981.8
◇幕末志士の生活 (芳賀登) 雄山閣出版 1982.6 (生活史叢書 8)
◇維新史の青春群像―動乱期に情熱を賭けた獅子たちの熱血譜 (藤田公道) 日本文芸社 1983.10
◇日本史探訪 21 菊と葵の盛衰 角川書店 1985.7
◇日本史探訪 21 菊と葵の盛衰 (角川文庫) (角川書店編) 角川書店 1985.11
◇『夜明け前』研究 (鈴木昭一著) 桜楓社 1987.10
◇相楽総三とその同志, 相馬大作と津軽頼母 (長谷川伸著) 講談社 1988.12 (日本歴史文学館)
◇図説 歴史の街道・幕末維新 (榊原和夫写真・文) 河出書房新社 1990.11
◇偽官軍と明治維新新政権 (芳賀登著) 教育出版センター 1992.8 (史学叢書)
◇幕府挑発―江戸薩摩藩邸浪士隊 (伊牟田比呂多著) 海鳥社 2000.12 247p
◇維新人物学―激動に生きた百七人 (林青梧著) 全日出版 2001.11 286p
◇よくわかる幕末維新ものしり事典 (主婦と生活社編) 主婦と生活社 2003.12 420p
◇赤報隊と薩摩邸の浪士 (安藤良平著) 日本文学館 2004.7 237p
◇島崎藤村とパリ・コミューン (梅本浩志著) 社会評論社 2004.8 298p
◇西郷隆盛伝説 (佐高信著) 角川学芸出版 2007.4 361p
◇相楽総三・赤報隊史料集 (西沢朱実編) マツノ書店 2008.8 1冊
◇幕末維新「英傑」たちの言い分―坂本龍馬から相楽総三まで (岳真也著) PHP研究所 2009.10 391p (PHP文庫)

【雑　誌】
◇相楽總三と私(文机から) (鷲津美栄子) 「正論」 136 1984.6
◇相楽総三と年貢半減令 (横山伊徳) 「歴史学研究」 531 1984.8
◇島崎藤村ノート(13)―『夜明け前』の相楽総三とその史料1― (鈴木昭一) 「青須我波良(帝塚山短期大学)」 30 1985.11
◇偽官軍の汚名に消ゆ 相楽総三(特集 幕末残酷物語) (武田鏡村) 「歴史と旅」 14(15) 1987.10
◇史跡めぐり 相楽総三(特集・奥の細道の謎) (一坂太郎) 「歴史研究」 336 1989.4
◇草莽の生と死―相楽総三, 渋沢栄一, 田中正造 (西野辰吉) 「日本及日本人」 1610 1993.4
◇赤報隊相楽総三の史的評価 (斉藤肇) 「歴史学と歴史教育」 歴史学と歴史教育の会 第56号 1999.6 p6〜9
◇全国史跡めぐり(信州篇・7)魁塚・草莽無惨!―相楽総三とその同志 (八巻実) 「歴史研究」 歴研 50(1・2) 2008.1・2 p72〜77

佐久間左馬太　さくまさまた　1844〜1915
明治期の陸軍軍人。大将, 伯爵。

【図　書】
◇植民地帝国人物叢書 3 台湾編 3 (谷ヶ城秀吉編) ゆまに書房 2008.6 873p 図版20枚

佐久間象山　さくましょうざん　1811〜1864
幕末の思想家, 信濃松代藩士。

【図　書】
◇江戸の化学 (奥野久輝) 玉川大学出版部 1980.5 (玉川選書)
◇洋学史の研究 (佐藤昌介) 中央公論社 1980.11
◇江戸時代・蘭語学の成立とその展開4 蘭語研究における人的要素に関する研究 (杉本つとむ) 早稲田大学出版部 1981.2
◇歴史に学ぶ (奈良本辰也) 潮出版社 1981.6
◇叢書日本の思想家38 (高畑常信, 小尾郊一) 明徳出版社 1981.12
◇覇者の系譜―乱世の人物にみる行動力と知謀(対論) (会田雄次, 奈良本辰也) 広済堂出版 1981.12

◇幕末におけるヨーロッパ学術の受容の一断面—内田五観・高野長英・佐久間象山　（川尻信夫）　東海大学出版会　1982.3
◇幕末の儒学者たち—美濃の文人たち　（横山寛吾）　大衆書房　1982.3
◇幕末群像—大義に賭ける男の生き方　（奈良本辰也）　ダイヤモンド社　1982.4　（シリーズ・歴史の発掘 2）
◇日本の近代化と維新　（今中寛司編）　ぺりかん社　1982.9
◇人物探訪日本の歴史 15　幕末の英傑　暁教育図書　1982.12
◇佐久間象山の実像　（田中誠三郎）　銀河書房　1983.4　（研究・資料シリーズ 5）
◇維新史の青春激像—動乱期に情熱を賭けた獅子たちの熱血譜　（藤田公道）　日本文芸社　1983.10
◇幕末維新の思想家たち　（山田洸）　青木書店　1983.12
◇近代日本思想史序説—「自然」と「社会」の論理　（森一貫著）　晃洋書房　1984.2
◇日本の名著 30　佐久間象山・横井小楠（中公バックス）　（松浦玲責任編集）　中央公論社　1984.6
◇百代の過客—日記にみる日本人　下（朝日選書260）　（ドナルド・キーン著, 金関寿夫訳）　朝日新聞社　1984.8
◇歴史の群像 8　信念　（沢田ふじ子ほか著）　集英社　1984.9
◇象山の書　（佐久間象山著, 市川本太郎, 高橋雲峰編）　信濃毎日新聞社　1984.9
◇日本史探訪 19　開国か攘夷か　角川書店　1985.5
◇創立15周年記念論文集　（創立15周年記念論文集編集委員会編）　創価大学出版会　1985.11
◇実学思想の系譜（講談社学術文庫）　（源了円著）　講談社　1986.6
◇江川太郎左衛門—開国派英才が挫折す　（林青梧著）　読売新聞社　1986.9
◇雲の評定—哲学と文学の間に　（森進一著）　筑摩書房　1986.12
◇幕末酒徒列伝　（村島健一著）　旺文社　1987.1　（旺文社文庫）
◇反逆の日本史　（原田伴彦著）　河出書房新社　1987.6　（河出文庫）
◇佐久間象山　（大平喜間多著）　吉川弘文館　1987.9　（人物叢書〔新装版〕）
◇医学史研究余録　（服部敏良著）　吉川弘文館　1987.11
◇逆運殺—日本史に見る凶運・悲運の人たち　（丹鬼堂著）　曜曜社出版　1987.11
◇血と血糊のあいだ　（網渕謙錠著）　文芸春秋　1988.4　（文春文庫）
◇全国の伝承 江戸時代　人づくり風土記—ふるさとの人と知恵〈20〉長野　（加藤秀俊, 谷川健一, 稲垣史生, 石川松太郎, 吉田豊編）　農山漁村文化協会　1988.4
◇古代大和朝廷　（宮崎市定著）　筑摩書房　1988.9　（筑摩叢書）
◇江戸文人のスクラップブック　（工藤宜著）　新潮社　1989.8
◇幕末維新の志士読本　（奈良本辰也著）　天山出版　1989.9　（天山文庫）
◇幕末・維新大百科—激動の時代が何でもわかる本　（歴史トレンド研究会編）　ロングセラーズ　1989.11　（ムックセレクト）
◇北斎の隠し絵—晩年の肉筆画への執念を解く　（荒井勉著）　AA出版　1989.12
◇幕末維新の出向社員　（童門冬二著）　実業之日本社　1989.12
◇幕末・維新おもしろ群像—風雲の世の主役たちを裸にする　（河野亮著）　広済堂出版　1990.1
◇実学史研究〈6〉　（実学資料研究会編）　（京都）思文閣出版　1990.3
◇佐久間象山　（源了円著）　PHP研究所　1990.3　（歴史人物シリーズ—幕末・維新の群像）
◇江戸期の開明思想—世界へ開く・近代を耕す　（杉浦明平, 別所興一編著）　社会評論社　1990.6　（思想の海へ〈解放と変革〉）
◇維新暗殺秘録　（平尾道雄著）　河出書房新社　1990.8　（河出文庫）
◇国語学と蘭語学　（杉本つとむ著）　武蔵野書院　1991.2
◇儒教ルネッサンスを考える　（溝口雄三, 中嶋嶺雄編著）　大修館書店　1991.10
◇死んでもともと—この男の魅力を見よ！　最後の最後まで諦めなかった男たち　（河野守宏著）　三笠書房　1992.4
◇われに万古の心あり—幕末藩士 小林虎三郎　（松本健一著）　新潮社　1992.5
◇忠誠と反逆—転形期日本の精神史的位相　（丸山真男著）　筑摩書房　1992.6
◇宮崎市定全集〈22〉日中交渉　（宮崎市定著）　岩波書店　1992.9
◇明治維新の革新と連続—政治・思想状況と社会経済　（近代日本研究会編）　山川出版社　1992.10
◇佐久間象山先生をしのふ　（岩下式岳編）　岩下武岳　19〔93〕
◇アジアにおける近代思想の先駆—佐久間象山と魏源　（銭国紅）　信毎書籍出版センター　1993
◇技術の文化史　（黒岩俊郎著）　アグネ　1993.1　（産業考古学シリーズ）
◇日本研究—国際日本文化研究センター紀要〈第9集〉　（国際日本文化研究センター編）　角川書店　1993.9
◇佐久間象山における「東洋道徳、西洋芸術」論—「格物窮理」概念を中心に　（栗原孝）『明治維新の人物と思想』（明治維新史学会編）吉川弘文館　1995.8　（明治維新史研究 3）　p3
◇江戸柳生と尾張柳生　（童門冬二著）　中央公論社　1996.10　308p　（中公文庫）
◇われに万古の心あり—幕末藩士小林虎三郎　（松本健一著）　筑摩書房　1997.7　365p　（ちくま学芸文庫）
◇佐久間象山　復刻版　（山路愛山著）　日本図書センター　1998.1　274p　（山路愛山伝記選集）
◇幕末政治思想の展開—横井小楠と佐久間象山　（沖田行司）『近代日本政治思想史』（西田毅編）ナカニシヤ出版　1998.3　p3
◇佐久間象山における武の精神と砲学　（小林寛）『武と知の新しい地平』（身体運動文化学会編）昭和堂　1998.9　p128
◇歴史の現場—幕末から近・現代まで　（松本健一著）　五柳書院　1998.10　246p　（五柳叢書）
◇オリジナリティを訪ねて—輝いた日本人たち 1　（富士通編）　富士通経営研修所　1999.3　236p
◇会津藩最後の首席家老　（長谷川つとむ著）　中央公論新社　1999.5　277p　（中公文庫）
◇中日文化交流史話　（王暁秋著, 木田知生訳）　日本エディタースクール出版部　2000.2　197p　（中国文化史ライブラリー）
◇評伝 佐久間象山　上　（松本健一著）　中央公論新社　2000.9　317p　（中公叢書）
◇評伝 佐久間象山　下　（松本健一著）　中央公論新社　2000.9　313p　（中公叢書）
◇反逆者たち—時代を変えた10人の日本人　（保阪正康著）　ティビーエス・ブリタニカ　2000.11　269p
◇NIPPONの気概—使命に生きた先人たち　（上原卓著）　モラロジー研究所　2001.3　327p
◇福沢諭吉研究—福沢諭吉と幕末維新の群像　（飯田鼎著）　御茶の水書房　2001.7　439,20p　（飯田鼎著作集）
◇小林虎三郎—「米百俵」の思想　（松本健一著）　学習研究社　2001.10　397p　（学研M文庫）
◇吉田松陰　（徳富蘇峰著）　岩波書店　2001.11　282p　（ワイド版岩波文庫）
◇佐久間象山と科学技術　（東徹著）　思文閣出版　2002.2　283p
◇国を興すは教育にあり—小林虎三郎と「米百俵」　（松本健一著）　麗沢大学出版会　2002.10　245p
◇象山雅号に決着を　（山口義孝著）　竜鳳書房　2003.8　145p　（竜鳳ブックレット）
◇時代に挑んだ反逆者たち—近代日本をつくった「変革」のエネルギー　（保阪正康著）　PHP研究所　2003.9　285p　（PHP文庫）
◇勇者の魅力—人を動かし、組織を動かす　（童門冬二著）　清文社　2003.10　198p
◇思想からみた明治維新—「明治維新」の哲学　（市井三郎著）　講談社　2004.2　248p　（講談社学術文庫）
◇第三の開国と日米関係　（松本健一著）　第三文明社　2004.3　238p
◇日本の技術者—江戸・明治時代　（中山秀太郎著, 技術史教育学会編）　雇用問題研究会　2004.8　26p
◇サムライ、ITに遭う—幕末通信事始　（中野明著）　NTT出版　2004.9　266p
◇「日本人の名著」を読む　（岬竜一郎著）　致知出版社　2004.12　282p
◇ワイド版 街道をゆく 9　（司馬遼太郎著）　朝日新聞社　2005.1　363p
◇信州と福沢諭吉　（丸山信著）　東京図書出版会　2005.4　149p
◇吉田松陰と現代　（加藤周一著）　かもがわ出版　2005.9　62p　（かもがわブックレット）
◇彼の人に学ぶ　（月刊「ABC」編集部編）　冨山房インターナショナル　2005.10　279p
◇幕末維新人物列伝　（奈良本辰也著）　たちばな出版　2005.12　293p
◇技術と身体—日本「近代化」の思想　（木岡伸夫, 鈴木貞美編著）　ミネルヴァ書房　2006.3　389,11p
◇見て楽しむ江戸のテクノロジー　（鈴木一義監修）　数研出版　2006.5　207p　（チャートBOOKS）
◇吉田松陰　（徳富蘇峰著）　岩波書店　2006.5　282p　（岩波文庫）
◇近世儒者の思想挑戦　（本山幸彦著）　思文閣出版　2006.5　302,10p
◇師魂—ここに志あり　（童門冬二著）　潮出版社　2006.6　269p
◇小・中学校社会科教育の実践と理論—社会科教育法　（小泉博明, 楢原毅, 宮崎猛, 魚山秀介編）「社会科教育法マニュアル」刊行会　2006.9　181p
◇幕末・男たちの名言—時代を超えて甦る「大和魂」　（童門冬二著）　PHP研究所　2007.3　283p
◇江戸の知識から明治の政治へ　（松田宏一郎著）　ぺりかん社　2008.2　288,4p
◇武士と開国　（小池喜明著）　ぺりかん社　2008.5　233,4p
◇義塾の原点　上　（童門冬二著, 関戸勇写真）　リブロアルテ　2008.7　251p
◇藩地域の政策主体と藩政　（渡辺尚志, 小関悠一郎編）　岩田書院

2008.7 344p （信濃国松代藩地域の研究）
◇幕末の明星 佐久間象山 （童門冬二著）講談社 2008.8 349p （講談社文庫）
◇日本史有名人「おやじの背中」（新人物往来社編） 新人物往来社 2009.7 382p （新人物文庫）
◇決めぜりふ―時代が見える人物像がわかる幕末維新名言集 （斎藤孝著）世界文化社 2009.12 303p
【雑 誌】
◇佐久間象山と「望岳の賦」（吉永孝雄）「羽衣学園短期大学研究紀要」16 1980.1
◇幕末維新の異色女人―理論派志士の婦人たち （梅本育子）「歴史と旅」7（1）1980.1
◇佐野にある象山の関係の記録の中から（1〜4）（中山清文）「高井」50〜53 1980.2,4,6,9
◇象山特集号 「長野」92 1980.4
◇続「象山敗れたり」（田中誠三郎）「長野」94 1980.6
◇私と象山先生 （高橋四郎）「長野」94 1980.6
◇佐久間象山（江戸時代の教育家たち）（源了円）「教育と医学」29（1）1981.1
◇佐野にある象山関係の記録から（3〜7）（中山清文）「高井」54〜56 1981.1,3,7
◇佐久間象山詩に現われた詩論について―陶淵明の関連からの一考察 （土屋正晴）「東洋研究（大東文化大）」60 1981.2
◇下川渡海における佐久間象山と吉田松陰 （加藤章次）「駒沢大学史学論集」11 1981.3
◇幕末のドン・キホーテ佐久間象山（特集・吉田松陰と若き志士たち）（童門冬二）「歴史と人物」117 1981.4
◇佐久間象山の賦―桜の賦 （小尾郊一）「武庫川国文」20 1982.3
◇人の名の読み方―佐久間象山 （渡辺慶一）「地誌と歴史」29 1982.7
◇佐久間象山は「ショウザン」（歴史手帖）（小林計一郎）「日本歴史」412 1982.9
◇佐久間象山『増訂荷蘭語彙』の小察 （杉本つとむ）「日本歴史」415 1982.12
◇近世「鬼神論」の政治思想史的意味―白石・篤胤・象山をめぐって （栗原孝）「桐朋学園大学研究紀要」9 1983
◇佐久間象山の西洋理解と「道徳」（1） （後藤広子）「日本大学精神文化研究所・教育制度研究所紀要」14 1983.2
◇佐久間象山の歌 （中川千春）「思想の科学（第7次）」30 1983.3
◇和魂洋才の開国論―佐久間象山・特集・攘夷か開国か―国防意識のめばえ （桂英澄）「歴史と人物」13（13）1983.11
◇幕末知識人の西欧認識―佐久間象山と福沢諭吉を中心として（1）（飯田鼎）「三田学会雑誌」77（1）1984.4
◇佐久間象山の電信実験 （関章）「産業考古学」32 1984.6
◇佐久間象山の電池―再現と実験 （関章）「産業考古学」34 1984.12
◇日本における洋学摂受の一パターン―佐久間象山の場合（1） （高瀬学）「国士館大学政経論叢」50 1984.12
◇日本における洋学摂受の一パターン―佐久間象山の場合（2） （高瀬学）「国士館大学政経論叢」51 1985.3
◇佐久間象山書状七通について （岩崎鉄志）「静岡女子短期大学研究紀要」32 1985.3
◇佐久間象山の西洋理解と「道徳」（2） （後藤広子）「日本大学精神文化研究所・教育制度研究所紀要」15 1985.3
◇象山の上洛に関わるその直前の書状 （堀内暉巳）「長野」126 1986.3
◇象山の和蘭語を追って （田中誠三郎）「長野」128 1986.4
◇インド大反乱と佐久間象山 （古川学）「史学」55（4）1986.5
◇象山研究あれこれ （田中誠三郎）「長野」87（2）1987.3
◇佐久間象山―父の仇討ちをめざし新選組に入隊した遺児恪二郎（有名人の子孫たち〈特集〉）「歴史読本」32（22）1987.11
◇幕末期のガルヴァニ電池について―佐久間象山の電池を中心にして （布施光男）「科学史研究 II期」171 1989
◇佐久間象山と「省〔ケン〕録」（毛利敏彦）「法学雑誌（大阪市立大学法学会）」35（3・4）1989.3
◇佐久間象山の呼称 （高橋宏）「UP」18（8）1989.8
◇幕末期のガルヴァニ電池について―佐久間象山の電池を中心にして （布施光男）「科学史研究（日本科学史学会）」171 1989.10
◇象山と松陰を繋ぐもの（われに万古の心あり―小林虎三郎と近代日本（4））（松本健一）「正論」210 1990.2
◇象山称呼の問題点 （高橋宏）「長野」90（3）1990.5
◇技術史/産業史―佐久間象山と日本の電気技術の遺産 （関章）「金属」60（6）1990.6
◇後から来るものへ（3）（われに万古の心あり―小林虎三郎と近代日本（15））（松本健一）「正論」221 1991.1
◇佐久間象山の医学について―付、田中誠三郎氏著『佐久間象山の実像』の誤謬 （青木富士弥）「長野」160 1991.11
◇佐久間象山における道徳と教育 （上田浩史）「関西大学教育科学セミナリー」23 1991.12
◇佐久間象山とその時代 （清水良三）「国士舘大学大学院紀要」12 1992.3
◇佐久間象山と横井小楠の「富国思想」（1）日本における「重商主義」思想の展開 （矢嶋道文）「短大論叢（関東学院女子短期大学）」88 1992.7
◇佐久間象山とその弟子 （井上閑大）「大阪女子学園短期大学紀要」36 1992.7
◇佐久間象山と横井小楠の「富国思想」（2）日本における「重商主義」思想の展開 （矢島道文）「関東学院女子短期大学短大論叢」89 1993.1
◇佐久間象山とアヘン戦後の東アジアを生きる気分―「省〔ケン〕録」と蘭学文学史（アジアという視座〈特集〉）（岡田袈裟男）「日本文学」42（1）1993.1
◇横井小楠・佐久間象山の海防論―両論の異同性を中心に （三上一夫）「福井工業大学研究紀要第2部」23 1993.3
◇近代思想の源流としての佐久間象山―対外認識の形式過程を中心に （河原美耶子）「日本大学国際関係研究国際文化編9」14（1）1993.7
◇佐久間象山の科学研究とオランダ科学書―電気治療器の製作とElektrische Stroomen （東徹）「科学史研究 第II期」187 1993.9
◇幕末・維新期における『海国図志』の受容―佐久間象山を中心として （源了円）「国際日本文化研究センター紀要 日本研究」9 1993.9
◇ペリー来航の意味をとらえていた志士たち（幕末史話―"第3の開国"のさ中に（1））（松本健一）「エコノミスト」71（42）1993.10.5
◇大阪遷都を建言した大久保利通（幕末史話―"第三の開国"のさ中に（17））（松本健一）「エコノミスト」72（8）1994.2.15
◇佐久間象山と沓野山林騒動 （北条浩）「徳川林政史研究所研究紀要」28 1994.3
◇京都大学図書館所蔵佐久間象山史料 （小林計一郎）「長野」177 1994.9
◇佐久間象山（しょうざん）雅号呼称の決め手―恵明寺（えみょうじ）山号「ぞうざん」から山名「ぞうざん」へ そして雅号「しょうざん」へ （高橋宏）「信州大学教養部紀要」信州大学教養部 29 1995.2 p29〜52
◇死者は生者をとらえ （松本健一）「文芸春秋」75（1）1997.1 p83〜84
◇省〔ケン〕録〔中〕（佐久間象山〔5〕）（松本健一）「THIS IS 読売」8（2）1997.5 p310〜319
◇省〔ケン〕録〔下〕（佐久間象山〔6〕）（松本健一）「THIS IS 読売」8（4）1997.6 p318
◇佐久間象山における「理」と「格物窮理」 （斎藤尚志）「教育科学セミナリー」関西大学教育学会 第29号 1997.12 p1〜16
◇道徳と学芸の融合めざして―佐久間象山が体現した国策の先見性（特集 現代に生きる先人の訓論）（門脇弘）「日本及日本人」日本及日本人社 1632 1998.10 p68〜75
◇書との出会い（29）佐久間象山と顔真卿の書 （古谷稔）「茶道の研究」茶道之研究社 46（5）2001.5 p15〜19
◇講武所創設の経緯について―佐久間象山と勝海舟をめぐって （鵜沢義行）「日本大学史紀要」日本大学総務部 9 2003.3 p1〜32
◇吉田松陰における歴史認識と尊王―佐久間象山との関わりを含めて （〔ケイ〕永鳳）「山口県地方史研究」山口県地方史学会 94 2005.11 p19〜36
◇日本を守った名場面（5）ペリーを感動させた日本のナポレオン―佐久間象山 （童門冬二）「日本の風」防衛弘済会 5 2006.春 p46〜49
◇佐久間象山「京都日誌〈松代藩士〉」―尊攘派の公卿を遊説して回るなか白昼の凶刃に斃れた佐久間象山 京都 志士日誌―生々しきドキュメント 幕末京都 志士の足跡）（菊地明）「歴史読本」新人物往来社 51（7）2006.5 p124〜129
◇佐久間象山と魏源 （新村容子）「文化共生学研究」岡山大学大学院社会文化科学研究科 6 2008 p69〜81
◇直弼/象山/忠震（1）競争する記念碑（小特集 地域をみる,地元に学ぶ）（阿部安成）「彦根論叢」滋賀大学経済学会 370 2008.1 p3〜22
◇佐久間象山におけるナショナリズムの論理 （前田勉）「日本文化論叢」愛知教育大学日本文化研究室 16 2008.3 p23〜44
◇直弼/象山/忠震（2）競争する記念碑 （阿部安成）「彦根論叢」滋賀大学経済学会 373 2008.6 p21〜42
◇佐久間象山像の成立をめぐって （原田和彦）「信濃〔第3次〕」信濃史学会 60（8）2008.8 p591〜605
◇電力人脈銘々伝（129）佐久間象山のめがね （芝一角）「政経人」政経社 55（10）2008.10 p87〜99
◇直弼/象山/忠震（3）競争する記念碑 （阿部安成）「彦根論叢」滋賀大学経済学会 375 2008.11 p45〜65
◇勝家の娘（8）佐久間象山の噂話に興味を覚えるお順 （諸田玲子）「サンデー毎日」毎日新聞社 88（39）2009.9.20 p90〜94
◇勝家の娘（17）島田虎之助と佐久間象山 （諸田玲子）「サンデー毎日」毎日新聞社 88（50）2009.11.22 p106〜110

佐久間勉　さくまつとむ　1879〜1910
明治期の海軍軍人。潜水艇を研究し第六潜水艇長となる。
【図書】
◇花の佐久間艇長―世界海難史上不朽の芳香を放つ―第六潜水艇の遭難と艇長遺書　(保田耕志)　1980.4
◇男―生きざまの研究　(早乙女貢)　PHP研究所　1982.4
◇指揮官魂―組織を率いる攻防の人間学　(岡本好古)　PHP研究所　1983.9
◇男―生きざまの研究　(早乙女貢著)　PHP研究所　1987.8　(PHP文庫)
◇佐久間艇長　(法本義弘著)　小浜市立図書館　1987.11　(若狭人物叢書 10)
◇松前の風　(稲垣達郎著)　講談社　1988.9
◇「第六潜水艇浮上せず…」―漱石・佐久間艇長・広瀬中佐　(飯島英一著)　創造社　1994.7
◇佐久間艇長の遺書　(TBSブリタニカ編集部編)　ティビーエス・ブリタニカ　2001.2　92p
◇人生最後の時間―よく生ききった人たちの物語　(木原武一著)　PHP研究所　2002.2　317p　(PHP文庫)
◇日本を護った軍人の物語―近代日本の礎となった人びとの気概　(岡田幹彦著)　都築事務所　2002.7　268p
◇成せば、成る。―知られざる「成功者」たちの再起と逆転のドラマ　(加来耕三著)　一二三書房　2002.11　296p
◇嗚呼海軍兵学校　日本を愛した勇士たち―江田島教育参考館の展示から　(「日本を愛した勇士たち」製作委員会編)　明成社　2006.6　63p
◇佐久間艇長の遺書と現代　(藤本仁著)　九嶺書房焼山店　2006.9　168p
◇戦ニ斃レシト雖モ―佐久間艇長と六号艇の男たち　(片山利子著)　展転社　2009.4　207p
【雑誌】
◇人間・佐久間勉の心を憶う　(小武家芳郎)　「慶応通信雑志会雑誌」　8　1984.7
◇開発途上国で新しい作物を紹介する楽しさ―ネパールに日本ナシ、カキを紹介して　(佐久間勉)　「Aff」　25(7)　1994.7
◇佐久間勉―十二時三十分呼吸非常ニクルシイ(特集・幕末明治人物叢終の言葉―近代の夜明けを駆けぬけた44人の人生決別の辞　英傑死してことばを遺す)　(一坂太郎、稲川明雄、今川徳三、井門寛、宇都宮泰長、河合敦、木村幸比古、祖田浩一、髙橋稔彦、畑山伸、三谷茉沙夫、百瀬明治、山村竜也)　「歴史と旅」　24(7)　1997.5　p122〜123
◇戦史　佐久間艇長遺書―米国議会図書館に所蔵されている文書の紹介　(千田建一)　「波濤」　兵術同好会　31(4)　2005.11　p43〜50

佐佐木高行　ささきたかゆき　1830〜1910
幕末、明治期の高知藩士、政治家。侯爵。
【図書】
◇勤王秘史佐佐木老侯昔日談2　(佐佐木高行)　東京大学出版会　1980.6　(続日本史籍協会叢書)
◇青年の風雪　(平尾道雄)　高知新聞社　1981.1　(高新ふるさと文庫 2)
◇高知の研究 5 近代篇　清文堂出版　1982.7
◇日本史学論集　坂本太郎博士頌寿記念 下　(国学院大学文学部史学科編)　吉川弘文館　1983.12
◇日本史学論集―坂本太郎博士頌寿記念 下　吉川弘文館　1983.12
◇長崎幕末浪人伝　(深潟久著)　(福岡)西日本新聞社　1990.10
◇明治国家と官僚制　(笠原英彦著)　芦書房　1991.12　(RFP叢書)
◇天皇親政―佐々木高行日記にみる明治政府と宮廷　(笠原英彦著)　中央公論社　1995.2　195p　(中公新書)
◇明治新政権の権力構造　(福地惇著)　吉川弘文館　1996.8　272p
◇工部省とその時代　(鈴木淳編)　山川出版社　2002.10　260p　(史学会シンポジウム叢書)
◇佐佐木高行日記―かざしの桜　(佐佐木高行著、安在邦夫、望月雅士編)　北泉社　2003.4　544p
【雑誌】
◇「佐佐木高行日記」と彼の人生観　(岡田精一)　「東京音楽大学研究紀要」　9　1984.12
◇史料紹介「明治12年、佐々木高行一行の民情視察関係資料について―藤田一郎著「奥羽紀行」を中心として―　(佐久間昇)　「最上地域史」　9　1986.7
◇明治10年代前半の佐々木高行グループ　(西川誠)　「日本歴史」　484　1988.9
◇「佐々木高行日記」(1877年)を読む　(松岡僖一)　「高知大学教育学部研究報告」　高知大学教育学部　62　2002.3　p1〜36
◇研究余録　『保古飛呂比 佐佐木高行日記』の注記と成立　(西川誠)　「日本歴史」　吉川弘文館　685　2005.6　p85〜87

佐竹悦子　さたけえつこ　1841〜1916
幕末〜大正期の華族。秋田藩主義睦の妻。
【図書】
◇諒鏡院・佐竹悦子の生涯―土佐女の見た秋田の幕末明治維新　(伊藤武美)　無明舎出版　1993.6

佐竹義堯　さたけよしたか　1825〜1884
幕末、明治期の出羽久保田藩主、侯爵。
【雑誌】
◇羽後秋田藩　佐竹義堯(幕末維新最後の藩主285人)　(今村義孝)　「別冊歴史読本」　20　1981.6

佐々友房　さっさともふさ　1854〜1906
明治期の政治家。衆議院議員。
【図書】
◇戦袍日記　(佐々友房著)　青潮社　1986.9
◇克堂佐々先生遺稿　伝記・佐々友房　(佐々克堂先生遺稿刊行会編)　大空社　1988.10　(伝記叢書〈50〉)
◇池辺三山―ジャーナリストの誕生　(池辺一郎,富永健一)　みすず書房　1989.10
【雑誌】
◇佐々友房の「戦袍日記」―三山とその時代(2)　(池辺一郎)　「みすず」　283　1984.4

サトウ、E.　Satow, Sir Ernest Mason　1843〜1929
イギリスの外交官。1862年来日以来通算22年滞日。
【図書】
◇遠い崖―アーネスト・サトウ日記抄1　(萩原延寿)　朝日新聞社　1980.12
◇西洋人の歌舞伎発見　(中村哲郎)　劇書房　1982.4
◇富岳歴覧―外国人の見た富士山　(伏見功)　現代旅行研究所　1982.4
◇幕末志士の生活　(芳賀登)　雄山閣出版　1982.6　(生活史叢書 8)
◇青い目の旅人たち(みやま文庫 92)　(萩原進編)　みやま文庫　1984.3
◇蒐書家・業界・業界人　(反町茂雄著)　八木書店　1984.6
◇日本海文化の形成　(高瀬重雄著)　名著出版　1984.6
◇ある英国外交官の明治維新―ミットフォードの回想　(ヒュー・コータッツィ編,中須賀哲朗訳)　中央公論社　1986.6
◇ネズミはまだ生きている―チェンバレンの伝記(東西交流叢書〈2〉)　(楠家重敏)　雄松堂出版　1986.11
◇東の島国 西の島国(中公文庫)　(ヒュー・コータッツィ著)　中央公論社　1986.12
◇幕末酒徒列伝　(村島໐一著)　旺文社　1987.1　(旺文社文庫)
◇近代語研究〈第7集〉吉田澄夫博士頌寿記念論文集　(近代語学会編)　武蔵野書院　1987.2
◇ワーグマンとその周辺―横浜を愛したポンチ絵の元祖　(重富昭夫著)　ほるぷ出版　1987.10　(ほるぷ現代ブックス)
◇友情は消えず―西郷隆盛と大久保利通　(土橋治重著)　経済界　1989.7　(リュウブックス)
◇アーネスト・サトウ公使日記 1　(アーネスト・サトウ、長岡祥三訳)　新人物往来社　1989.10
◇人間と創造―日本大学創立100周年記念論文集　日本大学　1989.10
◇日本の肖像―旧皇族・華族秘蔵アルバム〈第7巻〉　毎日新聞社　1990.7
◇アーネスト・サトウ公使日記 2　(アーネスト・サトウ、長岡祥三, 福永郁雄訳)　新人物往来社　1991.1
◇風と海の回廊―日本を変えた知の冒険者たち　(泉秀樹著)　広済堂出版　1994.9
◇「幕末」に殺された男―生麦事件のリチャードソン　(宮沢真一著)　新潮社　1997.9　294p　(新潮選書)
◇イギリス人ジャパノロジストの肖像―サトウ、アストン、チェンバレン　(楠家重敏)　日本図書刊行会　1998.10　306p
◇旅立ち―遠い崖　アーネスト・サトウ日記抄 1　〔改装新版〕　(萩原延寿著)　朝日新聞社　1998.10　277p
◇薩英戦争―遠い崖　アーネスト・サトウ日記抄 2　(萩原延寿著)　朝日新聞社　1998.10　386p
◇英国と日本―架橋の人びと　(ヒュー・コータッツィ, ゴードン・ダニエルズ編著、横山俊夫解説、大山瑞代訳)　思文閣出版　1998.11　503, 68p
◇アーネスト・サトウ伝　(B.M.アレン、庄田元男訳)　平凡社　1999.2　202,17p　(東洋文庫)
◇遠い崖―アーネスト・サトウ日記抄 3　(萩原延寿著)　朝日新聞社　1999.3　345p
◇遠い崖―アーネスト・サトウ日記抄 4　(萩原延寿著)　朝日新聞社　1999.3　369p
◇遠い崖―アーネスト・サトウ日記抄 5　(萩原延寿著)　朝日新聞社　1999.7　342p

◇遠い崖—アーネスト・サトウ日記抄 6 （萩原延寿著） 朝日新聞社 1999.10 322p
◇遠い崖—アーネスト・サトウ日記抄 7 （萩原延寿著） 朝日新聞社 2000.1 345p
◇遠い崖—アーネスト・サトウ日記抄 8 （萩原延寿著） 朝日新聞社 2000.3 355p
◇遠い崖—アーネスト・サトウ日記抄 9 （萩原延寿著） 朝日新聞社 2000.7 346p
◇大分裂 （萩原延寿著） 朝日新聞社 2000.10 396p （遠い崖—アーネスト・サトウ日記抄）
◇遠い崖—アーネスト・サトウ日記抄 11 （萩原延寿著） 朝日新聞社 2001.1 300p
◇遠い崖—アーネスト・サトウ日記抄 12 （萩原延寿著） 朝日新聞社 2001.3 299p
◇西南戦争 （萩原延寿著） 朝日新聞社 2001.7 354p （遠い崖—アーネスト・サトウ日記抄）
◇離日 （萩原延寿著） 朝日新聞社 2001.10 340p （遠い崖—アーネスト・サトウ日記抄）
◇図説アーネスト・サトウ—幕末維新のイギリス外交官 （横浜開港資料館編） 有隣堂 2001.12 123p
◇アーネスト・サトウの生涯—その日記と手紙より （イアン・C.ラックストン著, 長岡祥三, 関口英男訳） 雄松堂出版 2003.8 499p （東西交流叢書）
◇続日光近代事始 （栃木県歴史文化研究会近代日光史セミナー編） 随想舎 2004.8 191p （ずいそうしゃ新書）
◇「エコノミック・アニマル」は褒め言葉だった—誤解と誤訳の近現代史 （多賀敏行著） 新潮社 2004.9 182,6p （新潮新書）
◇シネマ・ボム！ （鷲沢萌著） アクセス・パブリッシング 2004.11 175p
◇史料紹介 英国公使サー・アーネスト・サトウが北京から見た日露戦争 （イアン・ラックストン, 平山幸子訳） 『日露戦争』（軍事史学会編） 錦正社 2004.12 p161
◇新しい日本のかたち—明治開明の諸相 （秋山勇造著） 御茶の水書房 2005.10 281p
◇薩英戦争 （萩原延寿著） 朝日新聞社 2007.10 436p （朝日文庫）
◇旅立ち （萩原延寿著） 朝日新聞社 2007.10 360p （朝日文庫）
◇慶喜登場 （萩原延寿著） 朝日新聞社 2007.11 417p （朝日文庫）
◇英国策論 （萩原延寿著） 朝日新聞社 2007.11 388p （朝日文庫）
◇萩原延寿集 2 （萩原延寿著） 朝日新聞社 2007.12 485p
◇外国交際 （萩原延寿著） 朝日新聞社 2007.12 379p （朝日文庫）
◇西南戦争—遠い崖 アーネスト・サトウ日記抄 13 （萩原延寿著） 朝日新聞出版 2008.4 392p （朝日文庫）
◇歴史のかげにグルメあり （黒岩比佐子著） 文芸春秋 2008.8 254p （文春新書）

[雑誌]
◇E.M.さとう蒐集ジャパノロジー資料について （楠家重敏）「英学史研究」 15 1982
◇E.サトウ, チェンバレン関係図書目録 （楠家重敏）「史叢（日大）」 29 1982.5
◇サトウ, チェンバレン関係図書目録について （楠家重敏）「史叢」 29 1982.5
◇日本学の祖アーネスト・サトウの生涯 （安藤義郎）「経済集志」 52（別号2） 1982.10
◇英人の日本史研究—チェムバレン・サトー・ノーマン （池田哲郎）「武蔵野英米文学」 16 1983
◇アーネスト・サトウの「英国策論」 （安藤義郎）「経済集志 人文・自然科学」 53・別2 1983.10
◇アーネスト・サトウの『英国策論』 （朝倉治彦）「国立国会図書館月報」 272 1983.11
◇アーネスト・サトウ蒐集の古版本 （川瀬一馬, 岡崎久司）「かがみ」 25 1985.3
◇明治維新以来の和漢書散逸について （川瀬一馬）「書誌学」 新35・36 1985.5
◇記伝を歩く(2)アーネスト・サトウ著「一外交官の見た明治維新」—興味深い幕末の裏面史 （石川猪男）「農政調査時報」 345 1985.6
◇アーネスト・サトウの神道研究—「『純粋神道の復活』について— （安藤義郎）「日本大学研究紀要 一般教育・外国語・保健体育」 2 1985.10
◇アーネスト・サトウの見た幕末土佐（坂本龍馬生誕150年記念特集号） （岡崎豊）「土佐史談」 170 1985.11
◇アーネスト・サトウの平田篤胤研究 （安藤義郎）「日本大学研究紀要 一般教育・外国語・保健体育」 5 1987.4
◇サトウとハーン （楠家重敏）「明治村通信」 209 1987.11
◇アーネスト・サトウの日本研究—『薩摩における朝鮮陶工』 （安藤義郎）「研究紀要 一般教育・外国語・保健体育（日本大学）」 8 1988.10
◇日本書誌学者としてのアーネスト・サトウ （藤津滋生）「大図研論文集」 15 1989

◇西洋人はなぜ「天皇」を理解しないのか （遠田勝）「諸君！」 21（1） 1989.1
◇明治初年におけるAdjective考—E.サトウ「会話篇」を中心として （大久保恵子）「人間文化研究年報（お茶の水女子大学）」 12 1989.3
◇アーネスト・サトウと日清戦争後の朝鮮問題 （長岡祥三）「韓（韓国研究院）」 115 1989.8
◇アーネスト・サトウと日本の古典籍 （反町茂雄）「古本屋」 9 1989.10
◇サトウ卿の日本学を慕って （弥吉光長）「日本古書通信」 54（10） 1989.10
◇アーネスト・サトウの上海滞在に関する資料的考察—Ernest Satow's Autograph Diaryを中心にして （宮沢真一）「研究紀要（埼玉女子短期大学）」 1 1990.3
◇アーネスト・サトウの日本研究—日本における印刷の歴史 （安藤義郎）「研究紀要（一般教育・外国語・保健体育）（日本大学・経済学部）」 11 1990.7
◇アーネスト・サトウの周辺 （長岡祥三）「三浦古文化」 49 1990.7
◇アーネスト・サトウの京都 （加来耕三）「新潮45」 10（5） 1991.5
◇アーネスト・サトウの日本研究—日本におけるスペイン人とポルトガル人の抗争の起源 （安藤義郎）「日本大学経済学部研究紀要（一般教育・外国語・保健体育）」 15 1992.4
◇幕藩体制の崩壊と英学—アーネスト・サトウ『一外交の見た明治維新』（「欧米受容の100年—日本人と近代化—」-Part I-〈特集〉） （佐藤茂樹）「ビブリア」 20 1993.1
◇来日外国人たちが書き残した秘話の数々—アーネスト・サトウ公使日記、ベルツの日記、ケプロン日誌〔日本近代を読む〔日記大全〕〕「月刊Asahi」 5（1） 1993.1・2
◇アーネスト・サトウの延喜式祝詞研究 （虎尾俊哉）「神田外語大学日本研究所紀要」 1 1993.12
◇外国人のみた日本(10)アーネスト・サトウ「日本に於ける一外交官」 （石山洋）「日本古書通信」 59（10） 1994.10
◇アーネスト・サトウの見た明治維新」（外国人の見た日本・日本人〈特集〉—明治時代の日本論） （大沢吉博）「国文学解釈と鑑賞」 至文堂 60（3） 1995.3 p98〜105
◇The Early Years of Ernest Mason Satow（1843—1862） （Ian Ruxton）「九州工業大学研究報告 人文・社会科学」 九州工業大学 44 1996.3 p1〜11
◇幕末維新を演出した外国人—アーネスト・サトウ（特集・黒船の世紀 日本開国秘史—押し寄せる跫音！かくて近代の扉は開かれた） （宮沢真一）「歴史と旅」 23（16） 1996.11 p148〜153
◇Ernest Satow's Early Years in Japan（1862—9）（Part1） （Ian Ruxton）「九州工業大学研究報告 人文・社会科学」 九州工業大学 45 1997.3 p13〜31
◇Ernest Satow, British Policy and the Meiji Restoration （Ian Ruxton）「九州工業大学研究報告 人文・社会科学」 九州工業大学 45 1997.3 p33〜41
◇アーネスト・サトウの見た幕末四国—宇和島・徳島・土佐〔含 対訳 英文〕 （岡崎豊）「徳島文理大学研究紀要」 徳島文理大学研究紀要編集委員会 53 1997.3 p39〜67
◇カリュー事件とアーネスト・サトウ （長岡祥三）「学鐙」 丸善 94（10） 1997.10 p28〜31
◇E＝M＝サトウ旧蔵書について—日本大学文理学部図書館の場合 （楠家重敏）「杏林大学外国語学部紀要」 杏林大学外国語学部 10 1998 p43〜61
◇アーネスト・サトウ著「上野地方の古墳群」の学史的位置—英国外交官の考古学探究 （加部二生）「国立歴史民俗博物館研究報告」 国立歴史民俗博物館 76 1998.3 p83〜119
◇アーネスト・サトウの旧蔵書について（上） （吉良芳恵）「日本古書通信」 日本古書通信社 63（9） 1998.9 p2〜5
◇アーネスト・サトウの旧蔵書について（下） （吉良芳恵）「日本古書通信」 日本古書通信社 63（10） 1998.10 p5〜7
◇Sir Ernest Satow in Tokyo, 1895—1900：from Triple Intervention to Boxer Rebellion （Ian Ruxton）「九州工業大学研究報告 人文・社会科学」 九州工業大学 48 2000.3 p35〜59
◇明治期における日本語教本の研究(2)アーネスト M.サトウ著 "KUAIWA HEN—Twenty-Five Exercises in the Yedo COlloquial" の日本語教育における意義 （中川かず子）「北海学園大学人文論集」 北海学園大学人文学会 17 2000.11 p41〜69
◇アーネスト・サトウと伊勢神宮 （中西正史）「神道研究集録」 国学院大学大学院神道学専攻学生会 15 2001.3 p11〜29
◇Bibliotheca Japonica(39)アーネスト・サトウの日本文字筆跡小考 （八木正自）「日本古書通信」 日本古書通信社 66（3） 2001.3 p25
◇ヘボンとサトウの英和辞書の訳語比較 （丹治弘昌, 伊藤益基）「駒沢大学外国語部論集」 駒沢大学外国語部 54 2001.3 p71〜152
◇『エソポのハブラス』考—E.M.サトウの解題をめぐって （遠藤潤一）「国語研究」 国学院大学国語研究会 64 2001.3 p75〜82
◇E・M・サトウ『会話篇』にみられる音節「エ」の表記原理—表記と音韻・音価の関わりをめぐって （常磐智子）「国語と国文学」 至文堂 78（6） 2001.6 p41〜53

◇E.M.サトウの著作にみられる音節「エ」の表記原理の変化―複数の著作からの考察　(常盤智子)「千葉大学日本文化論叢」千葉大学文学部日本文化学会 3 2002.3 p32～20
◇Bibliotheca Japonica(52)市川清流著『尾蠅欧行漫録』のアーネスト・サトウ英訳　(八木正自)「日本古書通信」日本古書通信社 67(4) 2002.4 p23
◇アーネスト・サトウがみた京都　(加来耕三)「日本及日本人」日本及日本人社 1647 2003.1 p14～28
◇ケンブリッジ大学図書館蔵アーネスト・サトウ自筆資料について―『日本語会話練習帖』と『会話篇』との比較および翻字　(常盤智子)「千葉大学日本文化論叢」千葉大学文学部日本文化学会 4 2003.3 p49～70
◇アーネスト・サトウの日本政治観―1895～1900年　(奈良岡聰智)「法学論叢」京都大学法学会 156(3・4) 2005.1 p356～407
◇サトウの『英和口語辞典』における訳語の考察　(丹治弘昌、伊藤益基)「駒沢大学外国語部論集」駒沢大学外国語部 62 2005.3 p69～115
◇E.M.Satow著Kuaiwa Henの書誌に関する追考　(常盤智子)「日本語学論集」東京大学大学院人文社会系研究科国語研究室 1 2005.3 p114～105
◇歴史のかげに"食"あり(第2回)アーネスト・サトウ　最後の将軍によるフランス料理の饗宴　(黒岩比佐子)「文學界」文藝春秋 60(9) 2006.9 p194～199
◇京都の不思議、俵屋の謎―アーネスト・サトウと京都(よそさんにはわからない京都の正体)「Kino」河出書房新社、京都精華大学情報館 3 2006.10 p49～55
◇アストン旧蔵和書とアーネスト・サトウ―ケンブリッジ大学図書館蔵「アストン和書目録」について・断章　(虎尾達哉)「地域政策科学研究」鹿児島大学大学院人文社会科学研究科博士後期課程地域政策科学専攻 4 2007.2 p181～193
◇アーネスト・サトウの幕末・明治初期の読書ノート―サトウ研究の20年　(楠家重敏)「杏林大学外国語学部紀要」杏林大学外国語学部 20 2008 p23～35
◇日光と英国　アーネスト・サトウ公使の桜　(フライ豊子)「大日光」日光東照宮 78 2008.3 p7～11
◇サトウ・石橋編『英和口語辞典』(2版)の増補語彙について　(村山昌俊)「国学院大学紀要」国学院大学 47 2009 p75～91

佐野鼎　さのかなえ　1831～1877
幕末、明治期の加賀藩士、教育者。
【図　書】
◇富士出身の佐野鼎と幕末・明治維新　その1　(磯部博平著)磯部出版 1998.4 40p
◇富士出身の佐野鼎と幕末・明治維新　その2　(磯部博平著)磯部出版 1998.8 19p
◇佐野鼎と共立学校―開成の黎明　開成学園創立130周年記念　(開成学園創立130周年記念行事運営委員会校史編纂委員会)開成学園創立130周年記念行事運営委員会校史編纂委員会 2001.11 33p
【雑　誌】
◇明治3年金沢藩女子英学生の系譜　(フラーシェム・N.ヨシコ)「石川郷土史学会会誌」14 1981.2
◇佐野鼎の英学とTommy・立石斧次郎のこと　(今井一良)「英学史研究」15 1982
◇加賀藩における洋式兵学者の招聘と佐野鼎の出仕　(松本英治)「洋学史研究」洋学史研究会 22 2005.4 p60～81

佐野常民　さのつねたみ　1822～1902
幕末、明治期の佐賀藩士、政治家。
【図　書】
◇明治のエンジニア教育―日本とイギリスのちがい　(三好信浩)中央公論社 1983.6 (中公新書)
◇「適塾」の研究　なぜ逸材が輩出したのか　(百瀬明治)PHP研究所 1986.1
◇「適塾」の研究―なぜ逸材が輩出したのか　(百瀬明治著)PHP研究所 1989.11 (PHP文庫)
◇日本の『創造力』―近代・現代を開花させた470人〈1〉御一新の光と影　(富田仁編)日本放送出版協会 1992.12
◇日赤の創始者　佐野常民　(吉川竜子著)吉川弘文館 2001.5 220p (歴史文化ライブラリー)
◇赤十字のふるさと―ジュネーブ条約をめぐって　(北野進著)雄山閣 2003.7 237p
【雑　誌】
◇佐賀藩の技術移転―佐野常民の事蹟を中心に　(菊浦重雄)「経済論集(東洋大)」7(1・2) 1981.12
◇幕末維新期の佐賀藩における西欧技術の受容と対応―佐野常民の事蹟を中心に、主として蘭学との関連で　(菊浦重雄)「東洋大学経済研究所研究報告」7 1982.3
◇幕末・維新期の万国博覧会と佐賀藩―1867年(慶応3)パリ万国博と佐野常民との関連で　(菊浦重雄)「東洋大学経済研究所研究報告」8 1983.3
◇佐野常民―日本赤十字社の創始者　(石橋達三)「大肥前」56(3) 1986.3
◇博物館事始め―(11)―佐野常民の発想・博物館を設けてから博覧会を　(椎名仙卓)「博物館研究」22(3) 1987.3
◇佐野常民旧蔵の『和蘭字彙』について　(大西愛)「適塾」25 1992.12
◇初代日赤社長・佐野常民　(石原理年)「医譚」81(復刊64) 1993.5
◇佐野常民が設立した博愛社の性格と高松凌雲の赤十字に対する思い　(川田浩子)「道歴研だより」24 1993.12
◇佐野常民と田中芳男―幕末明治期のある官僚の行動　(角山幸洋)「関西大学経済論集」関西大学経済学会 48(3) 1998.12 p329～362
◇佐野常民と日本赤十字社(特集　20世紀、医学・医療分野の)人物史・人物群像史　(吉川竜子)「医学史研究」医学史研究会 81 2002 p97～104
◇慶応3年パリ万国博覧会での佐賀藩―佐野常民を中心として　(西田みどり)「大正大学大学院研究論集」大正大学 28 2004.3 p127～138
◇医者も知りたい「医者のはなし」(16)日本赤十字創始者・佐野常民(1822～1902)その1　(木村專太郎)「臨床整形外科」医学書院 40(10) 2005.10 p1132～1136
◇医者も知りたい「医者のはなし」(17)日本赤十字創始者　佐野常民(1822～1902)(その2)　(木村專太郎)「臨床整形外科」医学書院 40(12) 2005.12 p1318～1321
◇医者も知りたい「医者のはなし」(18)日本赤十字創始者　佐野常民(1822～1902)(その3)　(木村專太郎)「臨床整形外科」医学書院 41(1) 2006.1 p34～36

鮫島尚信　さめしまなおのぶ　1845～1880
明治期の外交官。
【図　書】
◇近代画説―明治美術学会誌 7　(明治美術学会編)明治美術学会 1998.12 143p
◇明治維新と西洋国際社会　(明治維新史学会編)吉川弘文館 1999.2 230p (明治維新史研究)
◇鮫島尚信在欧外交書簡録　(鮫島文書研究会編)思文閣出版 2002.2 625p
【雑　誌】
◇『日本宗教自由論』・『日本西教史』とその背景　(杉井六郎)「同志社大学文化学年報」33 1984.3
◇美術史的観点から見た山本芳翠作《鮫島尚信像》　(三浦篤)「創形美術学校修復研究所報告」高沢学園 Vol.13 1997.12 p20～21

沢太郎左衛門　さわたろうざえもん　1834～1898
幕末、明治期の幕臣、海軍軍人。
【図　書】
◇幕末和蘭留学関係史料集成　(日蘭学会編、大久保利謙編著)雄松堂書店 1982.2 (日蘭学会学術叢書 第3)
◇幕府オランダ留学生　(宮永孝)東京書籍 1982.3 (東書選書 73)
◇幕末和蘭留学関係史料集成―続　(大久保利謙編、日蘭学会監修) 1984.3
◇高島秋帆と沢太郎左衛門―板橋の工業事始　板橋区立郷土資料館 1990.2
◇日本の『創造力』―近代・現代を開花させた470人〈2〉殖産興業への挑戦　(富田仁編)日本放送出版協会 1993.1
◇会津残照譜　(星亮一著)集英社 1998.12 254p
◇箱館戦争銘々伝　下　(好川之範、近江幸雄編)新人物往来社 2007.8 351p

沢宣嘉　さわのぶよし　1835～1873
幕末、明治期の公卿。長崎府知事などを経て外務卿に就任。
【雑　誌】
◇沢三位宣嘉卿四国路に入る　(原春光)「新居浜　郷土史談」72 1981.7
◇長州藩と沢宣嘉(史談往来　北から南から)　(小沢和也)「歴史研究」歴研 43(2) 2001.2 p14～16

三条実美　さんじょうさねとみ　1837～1891
幕末、明治期の公卿、政治家。
【図　書】
◇飯盛女　(五十嵐富夫)新人物往来社 1981.1
◇明治維新と神道　(阪本健一)同朋舎出版 1981.7
◇天皇と明治維新　(阪本健一)暁書房 1983.1
◇天皇元勲重臣　(長文連著)図書出版社 1984.10
◇政治家　その善と悪のキーワード　(加藤尚文著)日経通信社 1986.6
◇近代日本内閣史論　(藤井貞文著)吉川弘文館 1988.7
◇目でみる日本史「翔ぶが如く」と西郷隆盛　(文芸春秋編)文芸春

秋 1989.11 （文春文庫―ビジュアル版）
◇風雲回顧録 （岡本柳之助著, 平井晩村編） 中央公論社 1990.3 （中公文庫）
◇幕末三舟伝 （頭山満著） 島津書房 1990.8
◇七卿回天史桐巻―別冊：三条実美公履歴付 （東久世通禧, 田中有美） マツノ書店 1994.10
◇三条実美公年譜 （宮内省図書寮編） 宗高書房 〔2001.2〕 821p
◇明治天皇と政治家群像―近代国家形成の推進者たち （沼田哲編） 吉川弘文館 2002.6 286p
◇内大臣時代の三条実美 （佐々木隆）『明治天皇と政治家群像 近代国家形成の推進者たち』（沼田哲編） 吉川弘文館 2002.6 p235～
◇発掘！意外日本史―三択クイズで読み解く歴史の裏側 （河合敦監修） 成美堂出版 2002.7 252p （成美文庫）
◇歴代総理の通信簿―間違いだらけの首相選び （八幡和郎著） PHP研究所 2006.9 385p （PHP新書）
◇日本史有名人「おやじの背中」 （新人物往来社編） 新人物往来社 2009.7 382p （新人物文庫）
【雑 誌】
◇富岡海荘について （増田恒男） 「ヨコハマメモリー」 5 1981.6
◇八・一八政変と七卿落ち （特集・京都の史話50選） 「歴史と旅」 8 (8) 1981.7
◇「三条実美公年譜」の考察―巻4・29を中心にして （秋元信英） 「日本歴史」 450 1985.11
◇三条実美 過激攘夷派から明治の元勲へ （特集 王宮の魔族 藤原氏） （飯干晃一） 「歴史と旅」 15(15) 1988.10
◇反面教師・三条実美に学ぶ「二重権力」の愚 （日本近代史の誰に学ぶか―人物オピニオン特集・リーダーなき「平成」を撃つ24人） （毛利敏彦） 「諸君！」 25(2) 1993.2
◇近世・近代の藤原氏・三条実美―名門ゆえに政治の表舞台に出された受動の人 （日本の歴史をつらぬく貴族エリート集団藤原氏の繁栄と永続の秘密！） （河合敦） 「歴史と旅」 24(17) 1997.11.10 増刊 （権勢の魔族藤原一門） p220～227
◇明治九年、三条実美の北海道・東北巡視 （秋元信英） 「明治聖徳記念学会紀要」 明治聖徳記念学会 第29号 2000.4 p36～75
◇幕末期公家の政治意識形成とその転回―三条実美を素材に （笹部昌利） 「仏教大学総合研究所紀要」 仏教大学総合研究所 8 2001.3 p25～44
◇『三条実美公記』にみる五曜筑前朝座について（上） （杉谷昭） 「佐賀県立佐賀城本丸歴史館研究紀要」 佐賀県立佐賀城本丸歴史館 4 2009 p24～37

宍戸璣 ししどたまき 1829～1901
幕末, 明治期の政治家。長州（萩）藩士安田直温の3男。
【雑 誌】
◇安田三郎『社会移動の研究』 （特集 労働研究の流れを変えた本・論文―産業社会学・経営・産業心理学） （石田浩） 「日本労働研究雑誌」 日本労働研究機構 45(4) 2003.4 p68～71

四条隆謌 しじょうたかうた 1828～1898
幕末, 明治期の公卿, 陸軍軍人。侯爵。
【図 書】
◇三代の系譜 （阪谷芳直著） 洋泉社 2007.3 434p （洋泉社MC新書）

品川弥二郎 しながわやじろう 1843～1900
幕末, 明治期の萩藩士, 政治家。子爵。
【図 書】
◇類聚伝記大日本史11 政治家篇 （尾佐竹猛編集解説） 雄山閣出版 1981.6
◇政治家 その善と悪のキーワード （加藤尚文著） 日経通信社 1986.6
◇歴史の精神 （斎藤博著） 学文社 1986.6
◇講座・日本技術の社会史（別巻2）人物篇〈近代〉 （永原慶二, 山口啓二, 加藤幸三郎, 深谷克己編） 日本評論社 1986.12
◇維新俠艶録 （井筒月翁著） 中央公論社 1988.3 （中公文庫）
◇品川子爵伝 （村田峯次郎著） マツノ書店 1989.6
◇NHK 歴史への招待〈第23巻〉江戸城総攻め （日本放送協会編） 日本放送出版協会 1989.8 （新コンパクト・シリーズ）
◇吉田松陰 （池田諭著） 大和書房 1990.2
◇日本の「創造力」―近代・現代を開花させた470人〈4〉進む交流と機能 （富田仁編） 日本放送出版協会 1993.3
◇品川弥二郎関係文書〈1〉 （尚友倶楽部品川弥二郎関係文書編纂委員会編） 山川出版社 1993.6
◇吉田松陰門下生の遺文―襖の下から幕末志士の手紙が出た （一坂太郎著） 世論時報社 1994.3
◇品川弥二郎関係文書〈2〉 （尚友倶楽部品川弥二郎関係文書編集委員会編） 山川出版社 1994.12
◇品川弥二郎関係文書 3 （尚友倶楽部品川弥二郎関係文書編纂委員会

編） 尚友倶楽部 1995.12 478p （尚友叢書）
◇品川弥二郎関係文書 4 （尚友倶楽部品川弥二郎関係文書編纂委員会編） 山川出版社 1998.1 459p
◇品川弥二郎関係文書 5 （尚友倶楽部品川弥二郎関係文書編纂委員会編） 尚友倶楽部 1999.7 373p （尚友叢書）
◇品川弥二郎関係文書 6 （尚友倶楽部品川弥二郎関係文書編纂委員会編） 山川出版社 2003.9 388p
◇品川弥二郎関係文書 7 （尚友倶楽部品川弥二郎関係文書編纂委員会編） 山川出版社 2009.1 300p
【雑 誌】
◇「宮さん宮さん」作詞者・作曲者 （近藤三郎） 「江東史談」 195 1980.7
◇品川弥二郎の手紙 （三島義温） 「那須野ヶ原開拓史研究」 30 1991.7
◇品川弥二郎の直接の勧めが契機に 黒船来航の地、国際観光都市下田と共に―創業時からFace to Faceを実践 （特別企画 産業組合法施行100年を迎えて―21世紀に向けてあらためて信用金庫のあり方を見つめる―歴史ある信用金庫を訪ねて 下田信用金庫） 「信用金庫」 全国信用金庫協会 54(9) 2000.9 p45～48

篠原国幹 しのはらくにもと 1836～1877
幕末, 明治期の鹿児島藩士, 陸軍軍人。
【図 書】
◇西郷隆盛―人望あるリーダーの条件 （山本七平, 毛利敏彦, 野中敬吾他文） 世界文化社 1987.3 （BIGMANビジネスブックス）
◇目でみる日本史 「翔ぶが如く」と西郷隆盛 （文芸春秋編） 文芸春秋 1989.11 （文春文庫―ビジュアル版）
【雑 誌】
◇「西南の役」に散った薩摩の逸材たち―村田新八も桐野利秋も、西郷を慕い西郷に魅せられ、そして （特集・西郷隆盛の人間関係学） （赤瀬川隼） 「プレジデント」 28(2) 1990.2

柴山愛次郎 しばやまあいじろう 1836～1862
幕末の薩摩藩士、尊攘派志士。
【図 書】
◇柴山愛次郎日記を読む （柴山愛次郎著, 平川次郎著） 那珂書房（発売） 2000.7 134p

シーボルト，A. Siebold, Alexander Georg Gustav von 1846～1911
ドイツの外交官。のちベルリン駐在日本公使館書記官。
【図 書】
◇ジーボルト最後の日本旅行 （A.シーボルト著 斎藤信訳） 平凡社 1981.6 （東洋文庫）
◇ジーボルト最後の日本旅行 （A.シーボルト著 斎藤信訳） 平凡社 1981.6 （東洋文庫）
◇黄昏のトクガワ・ジャパン―シーボルト父子の見た日本 （ヨーゼフ・クライナー編著） 日本放送出版協会 1998.10 284p （NHKブックス）
【雑 誌】
◇義和団事変と欧州のアレキサンダー・シーボルト （松村正義） 「アジア太平洋討究」 早稲田大学アジア太平洋研究センター出版・編集委員会 3 2001.3 p42～57

シーボルト，H. Siebold, Heinrich Philipp von 1852～1908
ドイツの外交官。駐日オーストリア公使館書記官。
【図 書】
◇考古学の先覚者たち （森浩一編） 中央公論社 1988.4 （中公文庫）
◇共同研究 モースと日本 （守屋毅編） 小学館 1988.7
◇黄昏のトクガワ・ジャパン―シーボルト父子の見た日本 （ヨーゼフ・クライナー編著） 日本放送出版協会 1998.10 284p （NHKブックス）
【雑 誌】
◇もう一人のシーボルト―日本考古学・民族文化起源論の学史から〔含 H.v.シーボルト著作文献リスト〕・ （Josef Kreiner） 「思想」 672 1980.6
◇ハインリヒ・シーボルトと日本 （考古学先覚者列伝） （関俊彦） 「歴史と人物」 13(1) 1983.1
◇ハインリヒ・シーボルトの英文日本考古学書の翻訳「先史・原史時代の日本―H.v.シーボルト著『日本考古学』」 関俊彦, 関川雅子訳 「書誌学月報」 13 1983.6
◇博物館事始め(18)ヘンリー・フォン・シーボルトの博物館論 （椎名仙卓） 「博物館研究」 22(10) 1987.10
◇H・シーボルトと吉田正春のこと （平井尚志先生古稀記念考古学論攷 第一集） （杉山荘平） 「郵政考古紀要」 18 1992.3
◇関口家ハインリッヒ資料の研究(2,3) （関口忠志） 「鳴滝紀要」 2,3 1992.3,93.3
◇〈調査報告〉オーストリア国立工芸美術館（MAK）所蔵ハインリッヒ・

111

島田一良　しまだいちろう　1848～1878
幕末、明治期の加賀藩士、陸軍軍人。藩軍士官、大尉。
【図　書】
◇明治叛臣伝　（徳永真一郎）　毎日新聞社　1981.1
◇日本のテロリスト（潮文庫）　（室伏哲郎著）　潮出版社　1986.1
◇利通暗殺―紀尾井町事件の基礎的研究　（遠矢浩規著）　行人社　1986.6
◇加賀藩工族島田一良の反乱　（野村昭子）　北国新聞社　1991
【雑　誌】
◇首斬り浅右衛門の回想―雲井竜雄・夜嵐おきぬ・島田一郎・長連豪・高橋お伝―総特集・死刑　「伝統と現代」　78　1983
◇三宅雪嶺と島田一良　（野村昭子）「日本及日本人」日本及日本人社　1647　2003.1　p39～45

島津忠義　しまつただよし　1840～1897
幕末、明治期の鹿児島藩主、公爵。
【図　書】
◇薩摩島津古写真集　（鹿島晃久、福田敏之編者）　新人物往来社　1986.12
◇薩摩ガラス―殖産と美の追求にゆれた幕末の光芒　（戸沢道夫著）　里文出版　2000.5　230p（里文選書）
【雑　誌】
◇島津忠義（幕末維新最後の藩主285人）「別冊歴史読本」20　1981.6
◇歴史トピックス(79)薩摩藩最後の藩主忠義は写真マニアだった　（鹿島晃久）「歴史と旅」12(4)　1985.3
◇戦国島津氏創業期の軍事力―統帥の淵源〈島津日新〉（晋哲哉）「鹿児島中世史研究会会報」43　1986.2
◇薩摩藩主島津斉彬・忠義（幕末最後の藩主）（三浦昇）「歴史と旅」23(5)　1996.3.10　臨増（大名家の事件簿総覧）p280～287
◇最後の薩摩藩主島津忠義の婚姻　（寺尾美保）「国語国文薩摩路」鹿児島大学法文学部国文学研究室　49　2005.3　p113～119

島津斉彬　しまづなりあきら　1809～1858
幕末の大名。開明的君主で藩政改革を断行。
【図　書】
◇徳川名君名臣言行録　（岡谷繁実著　安藤英男校注）　新人物往来社　1981.1
◇鹿児島県史料―斉彬公史料 1 文化8年～嘉永6年、旧記雑録後編1　（鹿児島県維新史料編さん所編）　鹿児島県　1981.1
◇日本工業先覚者史話（福本和夫）論創社　1981.7
◇薩摩人とヨーロッパ　（芳即正）　著作社　1982.4
◇幕末群像―大義に賭ける男の生き方　（奈良本辰也）ダイヤモンド社　1982.4（シリーズ・歴史の発想 2)
◇日本の近代化と維新　（今中寛司編）　ぺりかん社　1982.9
◇幕末政治思想史研究　改訂増補　（山口宗之）　ぺりかん社　1982.11
◇人物探訪日本の英傑 15 幕末の英傑　晩教育図書　1982.12
◇林竹二著作集 5 開国をめぐって　筑摩書房　1984.2
◇人物探訪 日本の歴史―20―日本史の謎　晩教育図書　1984.5
◇歴史の群像―7―挑戦　集英社　1984.12
◇日本史探訪 19 開国か攘夷か　角川書店　1985.5
◇NHK かごしま歴史散歩　（原口泉著,NHK鹿児島放送局編）日本放送出版協会　1986.5
◇薩摩島津古写真集　（鹿島晃久、福田敏之編者）　新人物往来社　1986.12
◇大久保利通と官僚機構　（加来耕三著）　講談社　1987.2
◇西郷隆盛―人望あるリーダーの条件　（山本七平、毛利敏彦、野中敬房他文）　世界文化社　1987.3（BIGMANビジネスブックス）
◇調所広郷　（芳即正著）　吉川弘文館　1987.5（人物叢書［新装版］）
◇考証 風流大名列伝　（稲垣史生著）　旺文社　1987.6（旺文社文庫）
◇史談・往く人来る人　（綱淵謙錠著）　文芸春秋　1987.10（文春文庫）
◇史伝 西郷隆盛　（安藤英男著）　鈴木出版　1988.6
◇島津斉彬―黎明館開館5周年記念特別展　（鹿児島県歴史資料センター黎明館企画・編集）　鹿児島県歴史資料センター黎明館　1988.9
◇島津斉彬の全容　改訂版　（鮫島志芽太）　斯文堂出版広告　1989.2
◇幕末政治家　（福地源一郎著）　平凡社　1989.5（東洋文庫）
◇幕末・維新大百科―激動の時代が何でもわかる本　歴史トレンド研究会編）　ロングセラーズ　1989.11（ムックセレクト）
◇島津斉彬のすべて　（村野守治編）　新人物往来社　1989.12
◇幕末・維新おもしろ群像―風雲の世の主役たちを裸にする　（河野亮著）　広済堂出版　1990.1（広済堂ブックス）
◇島津斉彬　（綱淵謙錠著）PHP研究所　1990.1（歴史人物シリーズ―幕末・維新の群像）
◇史伝 西郷隆盛と山岡鉄舟―日本人の武士道　（原園光憲著）日本出版放送企画　1990.2（武士道叢書）
◇Theあんてぃーく〈Vol.6〉特集・江戸の骨董　（読売新聞社編）読売新聞社　1990.4
◇江戸期の開明思想―世界へ開く・近代を耕す　（杉浦明平、別所興一編著）　社会評論社　1990.6（思想の海へ「解放と変革」
◇幕末 名君と参謀―維新パワー西南四藩の秘密を解く　（西東玄著）PHP研究所　1990.10（PHP文庫）
◇江戸人物伝　（白石一郎著）　文芸春秋　1993.1
◇謎の迷宮入り事件を解け―歴史おもしろ推理　（楠木誠一郎著）二見書房　1993.10（二見文庫―二見WAi WAi文庫）
◇島津斉彬　［新装版］　（芳即正著）　吉川弘文館　1993.11（人物叢書）
◇島津斉彬公伝　（池田俊彦著）　中央公論社　1994.5（中公文庫）
◇島津斉彬　（綱淵謙錠著）　文芸春秋　1995.7　221p（文春文庫）
◇江戸人物伝　（白石一郎著）　文芸春秋　1996.3　248p（文春文庫）
◇幕末 英傑風雲録　（羽生道英著）　中央公論社　1998.5　365p（中公文庫）
◇歌之介のさつまのボッケモン　（KTS鹿児島テレビ編者, 原口泉監修）高城書房　1998.7　176p
◇幕末維新・群像の死に際　（合田一道著）　小学館　1998.10　303p（小学館ライブラリー）
◇日本史がわかる人物ネットワーク事典―人と人との関わりが歴史を作る‼︎　（加来耕三監修, 歴史人物研究会編著）　かんき出版　1998.12　245,10p
◇軍師と家老―ナンバー2の研究　（鈴木亨著）　中央公論新社　1999.2　307p（中公文庫）
◇西郷隆盛　（筑波常治作、田代三善絵）　国土社　1999.3　222p（堂々日本人物史）
◇島津斉彬　（筑波常治作、寺田政明絵）　国土社　1999.3　222p（堂々日本人物史）
◇日本人の気概を教える　（渡辺尚人著）　明治図書出版　1999.5　118p（オピニオン叢書）
◇薩摩夜叉雛・宮本武蔵　（津本陽著）　角川書店　1999.10　530p（津本陽歴史長篇全集）
◇楽しく調べる人物図解日本の歴史―江戸時代末期・明治時代　6　（佐藤和彦監修）　あかね書房　2000.4　47p
◇薩摩ガラス―殖産と美の追求にゆれた幕末の光芒　（戸沢道夫著）　里文出版　2000.5　230p（里文選書）
◇明治維新の源流―その人と作品　（安岡正篤著）　郷学研修所・安岡正篤記念館　2000.11　171p
◇島津斉彬の挑戦―集成館事業　（尚古集成館編著）　春苑堂出版　2002.3　228p（かごしま文庫）
◇巨眼さぁ開眼　（阪口継三著）　元就出版社　2002.9　287p
◇島津久光と明治維新―久光はなぜ討幕を決意したのか　（芳即正著）新人物往来社　2002.4　292p
◇かごしま印刷史　（高柳毅著）　鹿児島県印刷工業組合　2003.1　498p
◇教科書が教えない歴史有名人の死の瞬間　（新人物往来社編）　新人物往来社　2003.4　337p
◇島津斉彬の集成館事業―図録薩摩のモノづくり　尚古集成館　2003.9　83p
◇図説 西郷隆盛と大久保利通　新装版　（芳即正、毛利敏彦編著）　河出書房新社　2004.2　128p（ふくろうの本）
◇図説 幕末維新の歴史地図　（河合敦監修）　青春出版社　2004.3　95p
◇考証 風流大名列伝　（稲垣史生著）　新潮社　2004.4　252p（新潮文庫）
◇日本の技術者―江戸・明治時代　（中山秀太郎著, 技術史教育学会編）雇用問題研究会　2004.8　206p
◇西郷隆盛と士族　（落合弘樹著）　吉川弘文館　2005.10　235p（幕末維新の個性）
◇島津斉彬とその時代　（安田山彦著）　安田山彦　2006.3　495p
◇師弟―ここに志あり　（童門冬二著）　潮出版社　2006.6　269p
◇薩摩のキセキ―日本の礎を築いた英傑たちの真実！　（西郷吉太郎、西郷隆文、大久保利泰、島津修久著, 薩摩総合研究所「チェスト」編著）総合法令出版　2007.10　447p
◇天璋院と徳川将軍家101の謎　（川口素生著）PHP研究所　2007.11　311p（PHP文庫）
◇島津斉彬のすべて　新装版　（村野守治編）　新人物往来社　2007.11　259p
◇天璋院篤姫―徳川家を護った将軍御台所　（徳永和喜著）　新人物往来社　2007.12　244p
◇『篤姫』と島津・徳川の五百年―日本でいちばん長く成功した二つの

（左列上部）
◇シーボルト・コレクションの浮世絵について　（原田敦子）「宮城県美術館研究紀要」宮城県美術館　第8号　1996.3　p23～64
◇ハインリッヒ・フォン・シーボルトの業績をたどる調査旅行―没後一〇〇年を迎えて（調査報告）（関矢忠志）「中央史学」中央史学会　第31号　2008.3　p80～101
◇H.v.シーボルト著『考古説略』と明治期の日本考古学　（平田健）「図書の譜」明治大学図書館　12　2008.3　p139～156

◇家の物語　(八幡和郎, 八幡衣代著)　講談社　2007.12　395p　(講談社文庫)
◇日本歴史を点検する　新装版　(海音寺潮五郎, 司馬遼太郎著)　講談社　2007.12　249p　(講談社文庫)
◇篤姫の謎　大奥魔物語　(武山憲明著)　ぶんか社　2008.8　255p
◇幕末藩主の通知表　(八幡和郎監修)　宝島社　2008.9　269p　(宝島社文庫)
◇ヒトがいきる経営　(斉藤毅憲編, 多摩大学大学院ヒューマンリソースディベロップメント研究会著)　学文社　2008.9　181p
◇世界危機をチャンスに変えた幕末維新の知恵　(原口泉著)　PHP研究所　2009.7　267p　(PHP新書)
◇九州の蘭学―越境と交流　(鳥井裕美子, 川嵨真人, ヴォルフガング・ミヒェル編)　思文閣出版　2009.7　359,11p
◇島津斉彬―大海原に夢を抱いた殿様　尚古集成館　2009.7　62p
◇日本史有名人の苦節時代　(新人物往来社編)　新人物往来社　2009.9　351p　(新人物文庫)
◇司馬遼太郎　リーダーの条件　(半藤一利, 磯田道史, 鴨下信一ほか著)　文芸春秋　2009.11　251p　(文春新書)
◇日本人の経営魂　(中野明著)　学研パブリッシング　2009.12　271p
◇決めぜりふ―時代が見える人物像がわかる幕末維新名言集　(斎藤孝著)　世界文化社　2009.12　303p
◇幕末・明治の英傑たち　(加来耕三著)　土屋書店　2009.12　287p
【雑誌】
◇幕府の御意見番・四賢侯(特集徳川幕府滅亡の舞台裏)　(栗原隆一)「歴史読本」　30(18)　1960.10
◇島津斉彬の外交政策に関する一考察―弘化年間の琉球外艦事件を中心として　(岩崎正雄)「駒沢史学(駒沢大)」　27　1980.3
◇高野長英と島津斉彬―「兵制全書」を中心に　(佐藤昌介)「東北大学教養部紀要」　33　1981.2
◇藩校教育の形成と展開―島津斉彬の政治と教育　(沖田行司)「人文学」　136　1981.3
◇島津斉彬(幕末維新最後の藩主285人)　「別冊歴史読本」　20　1981.6
◇幕末四賢侯―松平春嶽・山内容堂・伊達宗城・島津斉彬(特集・江戸大名100選)　(嶋岡晨)「歴史と旅」　9(9)　1982.7
◇幕末薩摩　新生への血の権力闘争―お由羅騒動―特集・御家騒動の勝者と敗者　(原口泉)「歴史と人物」　13(6)　1983.5
◇明治を先取りした島津斉彬(特集・いま求められる「先見力」)　(新井英生)「will」　2(6)　1983.6
◇徳川斉昭と島津斉彬―琉球渡来佛英人事件　(宮田俊彦)「南島史学」　21・22　1983.9
◇時代変革を予知した先行投資―薩摩藩主・島津斉彬(特集 江戸大名の経営学)　(童門冬二)「歴史と旅」　14(6)　1987.4
◇「蒙」を啓いた師父・斉彬との邂逅(特集・西郷隆盛)　(白石一郎)「プレジデント」　27(1)　1989.1
◇化学風土記―わが街の化学史跡(1)島津斉彬の集成館事業と薩摩切子　(新村089憲)「化学と教育」　37(1)　1989.2
◇日本は西郷隆盛を必要としていたか―海音寺潮五郎『西郷と大久保』(特集・「歴史小説」における人間の研究―名作が示唆する豊饒な人生, そして生き方とは)　(宮野澄)「プレジデント」　28(9)　1990.9
◇開国前後の政局とペリー来航予告情報　(岩下哲典)「日蘭学会会誌」　15(2)　1991.3
◇「瓦斯灯御創試ノ事」私記　(中根君郎)「日蘭学会会誌」　15(2)　1991.3
◇新発掘日本史　島津藩密貿易の300年―これ抜きで明治維新は語れない　(梅北道夫)「新潮45」　11(9)　1992.9
◇坪井芳洲筆島津斉彬容体書について　(泉彪之助)「日本医史学雑誌」　39(2)　1993.6
◇安政5年西郷への斉彬密命を追う　(芳即生)「敬天愛人」　11　1993.9
◇島津斉彬の「常平倉」設置について　(原口泉)「鹿大史学」　42　1994
◇天璋院入輿は本来継嗣問題と無関係―島津斉彬の証言に聞く(研究余録)　(芳即正)「日本歴史」　551　1994.4
◇島津斉彬の西洋技術導入政策と蘭学(特集　藩政改革を歩く)　(川田浩子)「歴史研究」　399　1994.8
◇薩摩藩主島津斉彬・忠義(幕末最後の藩主)　(三浦昇)「歴史と旅」　23(5)　1996.3.10 臨増(大名家の事件簿総覧) p280～287
◇琉球対策と島津斉彬(遙かな海へ 大河評伝・勝海舟〔9〕)　(松浦玲)「Ronza」　2(12) 1996.12 p149～155
◇島津斉彬の対外貿易策―在琉仏人書簡の検討　(原口泉)「鹿大史学」鹿児島大学文学部史学地理学教室　45　1997　p1～19
◇研究余録　島津斉彬稿「御一条初発より之大意」宛先と時期　(芳即正)「日本歴史」　598　1998.3 p91～95
◇歴史読み物　日本海軍の創設者達―創業垂統の時代の人々から学ぶ点、無しとせむや(8)島津斉彬と幕府の有司　(永井尚志, 岩瀬忠震)　(谷光太郎)「経団連月報」　30(5)　2005.1 p107～133
◇お遊羅騒動〈薩摩藩〉―対外危機意識と幕府の思惑が複雑に絡んだ対立の構図(特集　徳川三〇〇藩御家騒動録―特集ワイド　藩主継嗣をめぐる騒動記)　(松尾千歳)「歴史読本」　新人物往来社　50(3)　2005.3 p60～65
◇特集　国家改造を夢見た斉彬と久光「島津将軍」の野望はあったか!?　(坂本犬之介)「歴史群像」　学習研究社　17(1)　2008.2 p64～76
◇天璋院篤姫と法華信仰(愛知学院大学における第五十九回「日本印度学仏教学会」学術大会紀要(2))　(長倉信祐)「印度學佛教學研究」日本印度仏教学会　57(2) 2009.3 p712～715

島津斉興　しまづなりおき　1791～1859
幕末の大名。薩摩藩主。
【図書】
◇考証　風流大名列伝　(稲垣史生著)　旺文社　1987.6　(旺文社文庫)
◇薩摩ガラス―殖産と美の追求にゆれた幕末の光芒　(戸沢道夫著)　里文出版　2000.5　230p　(里文選書)
◇大名の暮らしと食　(江後迪子著)　同成社　2002.11　236p　(同成社江戸時代史叢書)
◇考証　風流大名列伝　(稲垣史生著)　新潮社　2004.4　252p　(新潮文庫)
【雑誌】
◇島津斉興関係二文書　(戸塚武比古)「日本医史学雑誌」　26(4)　1980.10
◇幕末薩摩　新生への血の権力闘争―お由羅騒動―特集・御家騒動の勝者と敗者　(原口泉)「歴史と人物」　13(6)　1983.5
◇お遊羅騒動〈薩摩藩〉―対外危機意識と幕府の思惑が複雑に絡んだ対立の構図(特集　徳川三〇〇藩御家騒動録―特集ワイド　藩主継嗣をめぐる騒動記)　(松尾千歳)「歴史読本」　新人物往来社　50(3)　2005.3 p60～65

島津久光　しまづひさみつ　1817～1887
幕末, 明治期の政治家。
【図書】
◇薩摩人とヨーロッパ　(芳即正)　著作社　1982
◇人物探訪日本の歴史 15　幕末の英傑　暁教育図書　1982.12
◇天皇と明治維新　(阪本健一)　暁書房　1983.1
◇大久保利通と官僚機構　(加来耕三著)　講談社　1987.2
◇西郷隆盛―人望あるリーダーの条件　(山本七平, 毛利敏彦, 野中敬吾他文)　世界文化社　1987.3　(BIGMANビジネスブックス)
◇明治の海舟とアジア　(松浦玲著)　岩波書店　1987.4
◇友情は消えず―西郷隆盛と大久保利通　(土橋治重著)　経済界　1989.7　(リュウブックス)
◇維新への胎動〈上〉寺田屋事件　(徳富蘇峰著, 平泉澄校訂)　講談社　1993.10　(講談社学術文庫―近世日本国民史)
◇維新への胎動〈中〉生麦事件　(徳富蘇峰著, 平泉澄校訂)　講談社　1994.3　(講談社学術文庫―近世日本国民史)
◇江戸人遣い達人伝　(童門冬二著)　講談社　1994.6
◇堂々日本史 20　(NHK取材班編)　KTC中央出版　1998.12　247p
◇西郷隆盛　(筑波常治作, 田代三善絵)　国土社　1999.3　222p　(堂々日本人物史)
◇薩摩ガラス―殖産と美の追求にゆれた幕末の光芒　(戸沢道夫著)　里文出版　2000.5　230p
◇島津久光公実紀　3　新装版　(日本史籍協会編)　東京大学出版会　2000.10　388p　(続日本史籍協会叢書)
◇島津久光公実紀　1　新装版　(日本史籍協会編)　東京大学出版会　2000.10　322p　(続日本史籍協会叢書)
◇島津久光公実紀　2　新装版　(日本史籍協会編)　東京大学出版会　2000.10　458p　(続日本史籍協会叢書)
◇歴史に学ぶ後継者育成の経営術―身を切らずしての後継者の育成なし　(童門冬二著)　広済堂出版　2002.3　290p　(広済堂文庫)
◇島津久光と明治維新―久光はなぜ討幕を決意したのか　(芳即正著)　新人物往来社　2002.12　292p
◇目からウロコの幕末維新―黒船来航から廃藩置県まで、歴史の舞台裏がよくわかる　(山村竜也著)　PHP研究所　2003.10　236p　(PHP文庫)
◇日本警察の父　川路大警視―幕末・明治を駆け抜けた巨人　(加来耕三著)　講談社　2004.2　429p　(講談社プラスアルファ文庫)
◇幕末政治と薩摩藩　(佐々木克著)　吉川弘文館　2004.10　440,7p
◇西郷隆盛と士族　(落合弘樹著)　吉川弘文館　2005.10　235p　(幕末維新の個性)
◇幕末維新の政治と天皇　(高橋秀直著)　吉川弘文館　2007.2　553,6p
◇島津久光＝幕末政治の焦点　(町田明広著)　講談社　2009.1　230p　(講談社選書メチエ)
◇幕末維新人物新論―時代をよみとく16のまなざし　(笹部昌利編)　昭和堂　2009.12　321p
【雑誌】
◇西南戦争の研究―中立派島津久光の動向に就いて―　(村野守治)「鹿児島女子短期大学紀要」　19　1984.1
◇内憂外患の中の幕末四賢侯(日本史のニューリーダー〈特集〉)　(左方

郁子)「歴史と旅」13(15) 1986.11
◇島津久光 最後は常に頼らざるをえなかった「西郷嫌い」―この人物との確執がなければ,歴史はまた違っただろう(特集・西郷隆盛の人間関係学) (夏堀正元)「プレジデント」28(2) 1990.2
◇島津久光処遇問題と「政体改革」構想―岩倉具視の対応を中心として(1,2完) (西尾林太郎)「社会科学研究(中京大学社会科学研究所成文堂(発売))」13(1,2) 1993.1,3
◇西南ノ役の性格と日本の運命―久光,隆盛,利通の葛藤の生んだ秘因 (鮫島志芽太)「敬天愛人」11 1993.9
◇島津久光の官位叙任問題―NHK説を検証する (芳即正)「地域・人間・科学」鹿児島純心女子短期大学地域人間科学研究所 5 2001 p192～179
◇薩摩藩島津家と近衛家の相互的「私」の関わり―文久2年島津久光「上京」を素材に (笹部昌利)「日本歴史」吉川弘文館 657 2003.2 p20～37
◇お遊羅騒動〔薩摩藩〕―対外危機意識と幕府の思惑が複雑に絡んだ対立の構図(特集 徳川三〇〇藩御家騒動録―特集ワイド 藩主継嗣をめぐる騒動記) (松尾千歳)「歴史読本」新人物往来社 50(3) 2005.3 p60～65
◇特集 国家改造を夢見た斉彬と久光 「島津将軍」の野望はあったか!? (坂本犬之介)「歴史群像」学習研究社 17(1) 2008.2 p64～76
◇廃藩置県後の島津久光と藤田祗候 (刑部芳則)「日本歴史」吉川弘文館 718 2008.3 p54～70
◇文久二年閏八月の島津久光帰国と朝廷 (清水善仁)「明治維新史研究」明治維新史学会 5 2009.2 p38～50

島本仲道 しまもとなかみち 1833～1893
幕末,明治期の高知藩士,政治家。
【図　書】
◇もはや堪忍成り難し―自由民権秘史島本仲道と三浦半島の仲間たち (岸本隆巳著,酒井一監修) 叢文社 2007.1 234p
【雑　誌】
◇島本仲道の見た山梨の自由民権運動―明治・甲州人の心理 (岡林春雄)「山梨大学教育学部研究報告 第1分冊 人文社会科学系」44 1993
◇「司法大丞・島本仲道伝」余話 (島本昭)「大塩研究」大塩事件研究会 第59号 2008.9 p92～100

島義勇 しまよしたけ 1822～1874
幕末,明治期の佐賀藩士,政治家。
◇肥前史研究 三好不二雄先生傘寿記念誌刊行会 1985.3
◇明治・札幌の群像 (北海道ノンフィクション集団著) 北海道出版企画センター 1986.7
◇ほっかいどう百年物語―北海道の歴史を刻んだ人々 (STVラジオ編) 中西出版 2002.2 343p
◇人間登場―北の歴史を彩る 第3巻 (合田一道,番組取材班著) 北海道出版企画センター 2004.6 253p (NHKほっからんど212)
◇島義勇の『入北記』と前後の日記 (有田政博著)『北海道の歴史と文化―その視点と展開 北海道史研究協議会創立四十周年記念論集』(北海道史研究協議会編) 北海道出版企画センター 2006.7 p233～246
【雑　誌】
◇島判官の札幌本府経営計画とその諸問題―昇平丸の沈没をめぐって (榎本洋介)「札幌の歴史」19 1990.8
◇島義勇先生を憶ふ (廉嶋元夫)「大肥前」62(5) 1992.5
◇北海道の開拓功労者島義勇さんの事績 (古沢一次郎)「大肥前」62(9) 1992.9
◇明治初期の札幌市街地形成における札幌神社―札幌都市形成期における神社の象徴的意義 (天野太郎)「地域と環境」「地域と環境」研究会 8・9 2009.3 p177～187

清水喜助〔2代〕 しみずきすけ 1815～1881
幕末,明治期の建築家,建設業者。
【図　書】
◇幕末・明治のホテルと旅券 (大鹿武著) 築地書館 1987.10
◇日本の『創造力』―近代・現代を開花させた470人〈1〉御一新の光と影 (富田仁編) 日本放送出版協会 1992.12
◇建設業を興した人びと―いま創業の時代に学ぶ (菊岡倶也著) 彰国社 1993.1
◇幕末・明治 匠たちの挑戦―現代に甦るプロジェクトリーダーの本質 (長尾剛著) 実業之日本社 2004.4 243p
◇名士の系譜―日本養子伝 (新井えり著) 集英社 2009.9 238p (集英社新書)
【雑　誌】
◇近代日本の異色建築家(13)和と洋のはざまに生きた―2代目清水喜助 (初田亨)「科学朝日」43(1) 1983.1
◇特別寄稿 清水喜助の三大建築の同時代的保存 (鳥海基樹)「日本の美術」至文堂 446 2003.7 p86～98

下曽根信敦 しもそねのぶあつ 1806～1874
幕末,明治期の幕臣。幕府講武所で砲術師範を務めた。
【雑　誌】
◇下曽根信敦の西洋砲術門人の析出―高知市民図書館蔵「徳弘家資料」を中心として (坂本昌富)「日本歴史」吉川弘文館 582 1996.11 p58～74

謝花昇 じゃはなのぼる 1865～1908
明治期の自由民権運動家。沖縄県技師に任命され高等官。
【図　書】
◇近代日本と沖縄 (我部政男) 三一書房 1981.5
◇謝花昇集 (伊佐真一編) みすず書房 1998.6 402p
◇人物でつづる被差別民の歴史 (中尾健次,黒川みどり著) 部落解放・人権研究所 2004.3 165p
◇義人・謝花昇略伝―自由民権運動の父 人物史伝 東風平町歴史民俗資料館 2005.3 98p
【雑　誌】
◇記伝を歩く(16)大里康永著「沖縄の自由民権運動―先駆者謝花昇の思想と行動」―沖縄が生んだ不屈の民権家 (石川猶興)「農政調査時報」359 1986.8
◇謝花昇の活動に関する新聞記事目録 (田港朝和)「史料編纂室紀要」12 1987.3
◇謝花昇と杣山処分問題 (坂本一敏)「グループ秩父事件会報」20 1988.6
◇謝花昇の国政参加(選挙大干渉百年全国集会報告集) (伊佐真一)「高知市立自由民権記念館紀要」3 1993.12
◇謝花昇の農業思想―沖縄と近代農学の出会い (並松信久)「京都産業大学論集 人文科学系列」京都産業大学 35 2006.3 p25～54
◇謝花昇の「悲劇」―沖縄人アイデンティティーを巡って (小松寛)「沖縄学」沖縄学研究所 10(1) 2007.3 p66～90
◇明治三〇年代の沖縄県と謝花昇の活動―謝花昇が構想した産業・経済の振興論の検討を中心に (安崎文人)「沖縄文化」沖縄文化協会 42(1) 2008.5 p54～79

昭憲皇太后 しょうけんこうたいごう 1849～1914
幕末,明治期の女性。明治天皇の皇后。
【図　書】
◇昭憲皇太后さま―御生誕百五十年記念 (明治神宮編) 明治神宮 2000.5 251p
◇エピソードでつづる昭憲皇太后 (出雲井晶著) 錦正社 2001.1 298p
◇皇后の肖像―昭憲皇太后の表象と女性の国民化 (若桑みどり著) 筑摩書房 2001.12 462p
◇皇后四代―明治から平成まで (保阪正康著) 中央公論新社 2002.10 216p (中公新書ラクレ)
◇四代の天皇と女性たち (小田部雄次著) 文芸春秋 2002.10 225p (文春新書)
◇天皇家が恋した嫁たち (渡辺みどり著) マガジンハウス 2002.11 253p
◇大正天皇の「文学」 (田所泉著) 風濤社 2003.2 310p
◇明治天皇関係文献集 第6巻 (堀口修監修・編集,渡辺幾治郎編) クレス出版 2003.8 270p
◇皇后の近代 (片野真佐子著) 講談社 2003.11 230p (講談社選書メチエ)
◇明治神宮叢書 第6巻(聖徳編 6) (明治神宮編) 明治神宮社務所 2004.4 849p
◇昭憲皇太后―美しき明治の皇后 昭憲皇太后九十年祭記念展 明治神宮 2004.4 120p
◇語り継ぎたい日本人 (モラロジー研究所出版部編) モラロジー研究所 2004.9 223p (「歴史に学ぼう、先人に学ぼう」)
◇明治神宮叢書 第8巻(御集編 2) (明治神宮編) 明治神宮社務所 2004.11 864p
◇平和へのカギ―いま赤十字をよく知ること (田島弘著) 童話屋 2004.12 74p (小さな学問の書)
◇天皇家の姫君たち―明治から平成・女性皇族の素顔 (渡辺みどり著) 文芸春秋 2005.11 285p (文春文庫)
◇明治天皇と昭憲皇太后 (外山勝志監修,山本和子文,村上正師画) 善本社 2007.2 1冊(ページ付なし) (歴史絵本)
◇夏目漱石と個人主義―"自律"の個人主義から"他律"の個人主義へ (亀山佳明著) 新曜社 2008.2 290p
【雑　誌】
◇明治洋装史の研究(1)皇后の洋装 (安蔵裕子)「学苑」499 1981.7
◇千住に於ける明治三陛下の聖蹟(1) (尾佐竹猛)「足立史談」186 1983.8
◇千住に於ける明治三陛下の聖蹟(2) (尾佐竹猛)「足立史談」187

1983.9
◇千住に於ける明治三陸下の聖蹟(3) (尾佐竹猛) 「足立史談」 188 1983.10
◇千住に於ける明治三陸下の聖蹟(4) (尾佐竹猛) 「足立史談」 189 1983.11
◇千住に於ける明治三陸下の聖蹟(5) (尾佐竹猛) 「足立史談」 190 1983.12
◇千住に於ける明治三陸下の聖蹟(6) (尾佐竹猛) 「足立史談」 191 1984.1
◇明治天皇皇后の桂へのお成り(建築史料の周辺) (西和夫) 「茶道の研究」 29(7) 1984.7
◇歌碑を歩く(11)昭憲皇太后歌碑(吉野山) 「吉野路」 25 1985.4
◇122代明治天皇皇后・一条美子(昭憲皇太后)(歴代皇后総覧〈特集〉) (福地重孝) 「歴史と旅」 13(1) 1986.1
◇三代の皇后の肖像(特集 明治・大正・昭和の皇室) (左方郁子) 「歴史と旅」 14(9) 1987.6
◇最新医学から見た歴代天皇のカルテ (篠田達明) 「新潮45」 7(11) 1988.11
◇明治天皇の見合い 「文芸春秋」 67(4) 1989.3 臨増(大いなる昭和)
◇女子教育の先駆者たち(女性への12の手紙(4)) (犬養道子) 「婦人公論」 75(6) 1990.6
◇暗い部分しか見ない人々(オバタリアン改造読本) (出雲井晶) 「知識」 104 1990.7
◇才媛 美子皇后(明治天皇〔13〕) (ドナルド・キーン著, 角地幸男訳) 「新潮45」 15(1) 1996.1 p210〜221
◇史料紹介 明治天皇・昭憲皇太后の葬儀と旧山科郷士 (後藤靖) 「京都橘女子大学研究紀要」 京都橘女子大学 24 1997 p186〜199
◇明治天皇の皇后の洋装について—文献資料による (植木淑子) 「日本服飾学会誌」 大阪薫英女子短期大学松本敏子研究室 17 1998 p117〜126
◇明治天皇の皇后の洋装について—ピンク地羽根文様御中礼服 (植木淑子) 「日本服飾学会誌」 大阪薫英女子短期大学松本敏子研究室 18 1999 p47〜54
◇「明治・大正」二代の皇后の御臨終 (河原敏明) 「新潮45」 20(7) 2001.7 p193〜199
◇昭憲皇太后は着せ替え人形か—若桑みどり「皇后の肖像」を批判する (片野真佐子) 「論座」 82 2002.3 p126〜133
◇昭憲皇太后は国家の「協力者」—「皇后の肖像」論争 片野真佐子氏の批判に答えて (若桑みどり) 「論座」 83 2002.4 p269〜273
◇昭憲皇太后の隠された愛読書—「皇后の肖像」論争 片野・若桑論争に欠けるもの (関口すみ子) 「論座」 84 2002.5 p196〜203
◇「束髪」普及の過程における一考察—昭憲皇后を中心として (渡辺友希紀) 「鷹陵史学」 仏教大学歴史研究所 第28号 2002.9 p165〜185
◇偉大なる先見の明、昭憲皇太后基金 (出雲井晶) 「正論」 365 2002.12 臨時増刊(明治天皇とその時代) p140〜150
◇明治天皇と昭憲皇太后に関する参考文献 「正論」 365 2002.12 臨時増刊(明治天皇とその時代) p356〜359
◇若桑みどり『皇后の肖像—昭憲皇太后の表象と女性の国民化』(特集 知と創造の最前線—21世紀へ、ブックガイド+世界思想見取図—帝国・権力) (増野恵子) 「國文學 解釈と教材の研究」 学燈社 48(10) 2003.8 p50〜52
◇亳摺寺「御遺物」特別公開—明治天皇、昭憲皇太后を中心に 「日本書法」 1(3) 2005.8.30 p4〜12
◇第122代明治天皇/皇后・一条美子—養蚕・女子教育等、近代文化の振興に尽力(特集 歴代皇后全伝—特集ワイド 歴代天皇配偶者総覧—系譜・事績・逸話・謎を網羅 明治・大正・昭和・平成) (高野澄) 「歴史読本」 新人物往来社 50(12) 2005.12 p264〜266
◇明治神宮造営と明治聖徳論の展開 (佐藤一伯) 「神道宗教」 神道宗教学会 212 2008.10 p1〜26
◇明治天皇最後の十日間—突如病に倒れた明治天皇を手厚く看病した皇后美子の十日間(特集 天皇家を支えた女性たち) (米窪明美) 「歴史読本」 新人物往来社 54(12) 2009.12 p128〜135

正司考祺 しょうじこうき 1793〜1857
幕末の経世家。『経済問答秘録』の著者。
【図 書】
◇町人社会の人間群像 (宮本又次) ぺりかん社 1982.5
【雑 誌】
◇近世の均田思想と町人学者正司考祺 (三溝博之) 「国学院大学経済学研究」 17 1986.3
◇古文書の学習から—正司考祺と深江順房 (尾崎葉子) 「西日本文化」 243 1988.7
◇近世後期の経済思想家 正司考祺と『倹法冨強録』(3〜5) (秀村選三) 「産業経済研究(久留米大学産業経済研究会)」 30(3,4),31(1) 1989.12,90.3,6
◇正司碩渓伝 「大肥前」 62(4) 1992.4

新見正興 しんみまさおき 1822〜1869
幕末,明治期の幕臣,外国奉行。
【図 書】
◇国学者雑攷 (丸山季夫) 吉川弘文館 1982.9
◇幕末教育史の研究2—諸藩伝習政策 (倉沢剛著) 吉川弘文館 1984.2
◇幕末歴史散歩 東京篇 (一坂太郎著) 中央公論新社 2004.6 320p (中公新書)
【雑 誌】
◇幕臣列伝—その五—遣外使節と幕臣 (綱渕謙錠) 「歴史と人物」 10(5) 1980.5

末松謙澄 すえまつけんちょう 1855〜1920
明治期の政治家,評論家。貴族院議員,内務大臣。
【図 書】
◇末松謙澄と「防長回天史」 (金子厚男) 青潮社 1980.10
◇青萍・末松謙澄の生涯 (玉江彦太郎著) 葦書房 1985.8
◇豊前・宇都宮氏—黒田藩戦国史 (松山譲著) ライオンズマガジン社 1986.4
◇手塚豊著作集〈第6巻〉明治刑法史の研究〈下〉(手塚豊著) 慶応通信 1986.6
◇史の辺境にむけて—逆光のヨーロッパ (西沢龍生著) 未来社 1986.10
◇ポーツマスへの道—黄禍論とヨーロッパの末松謙澄 (松村正義) 原書房 1987.1
◇若き日の末松謙澄—在英通信 (玉江彦太郎) 海鳥社 1991
◇燕雀雑稚 (久保田正文著) 永田書房 1991.3
◇若き日の末松謙澄—在英通信 (玉江彦太郎) 海鳥社 1992.1
◇維新風雲録 末松謙澄編—伊藤井上二元老直話 (末松謙澄〔編〕) マツノ書店 1994.10
◇埋もれた翻訳—近代文学の開拓者たち (秋山勇造著) 新読書社 1998.10 312,11p
◇明治翻訳異聞 (秋山勇造著) 新読書社 2000.5 230p
◇小倉藩の終焉と近代化 (玉江彦太郎著) 西日本新聞社 2002.7 247p
◇京築の文学風土 (城戸淳一著) 海鳥社 2003.3 229p
◇末松子爵家所蔵文書—公刊明治天皇御紀編修委員会史料 上巻 (堀口修, 西川誠監修・編集) ゆまに書房 2003.9 606p
◇ヨーロッパにおける"広報担当大使"としての末松謙澄 (松村正義) 『日露戦争』(軍事史学会編) 錦正社 2004.12 p125
◇明治から昭和における『源氏物語』の受容—近代日本の文化創造と古典 (川勝麻里著) 和泉書院 2008.3 460p (研究叢書)
◇講座源氏物語研究 第12巻 (伊井春樹監修, 河添房江編) おうふう 2008.6 315p
◇明治聖徳記念学会紀要 復刊第45号 (明治聖徳記念学会編) 明治聖徳記念学会 2008.11 512p
【雑 誌】
◇日露戦争と日本の広報外交—米欧における金子堅太郎と末松謙澄(特集・日露戦争) (松村正義) 「軍事史学」 16(3) 1980.12
◇末松謙澄の在英時代(5)明治十一年 (玉江彦太郎) 「西日本文化」 183 1982.7
◇末松謙澄の在英時代(6)明治十一年 (玉江彦太郎) 「西日本文化」 185 1982.10
◇末松謙澄の在英時代(7)明治十一年 (玉江彦太郎) 「西日本文化」 187 1982.12
◇末松謙澄「和歌を論じて兼て与謝野君に答ふ」(1) (武川忠一) 「音」 2(4) 1983.4
◇末松謙澄の在英時代(8)明治11年 (玉江彦太郎) 「西日本文化」 190 1983.4
◇末松謙澄「和歌を論じて兼て与謝野君に答ふ」(2) (武川忠一) 「音」 2(5) 1983.5
◇末松謙澄の在英時代(9)明治11年 (玉江彦太郎) 「西日本文化」 191 1983.5
◇末松謙澄「和歌を論じ兼て与謝野君に答ふ」(3) (武川忠一) 「音」 2(7) 1983.6
◇末松謙澄の在英時代(10) (玉江彦太郎) 「西日本文化」 197 1983.12
◇末松謙澄の英訳「源氏物語」 (三浦鉄夫) 「東京音楽大学研究紀要」 8 1983.12
◇末松謙澄の在英時代(11) (玉江彦太郎) 「西日本文化」 201 1984.5
◇末松謙澄の在英時代(12) (玉江彦太郎) 「西日本文化」 204 1984.8
◇末松謙澄の在英時代(13) (玉江彦太郎) 「西日本文化」 206 1984.11
◇末松謙澄の在英時代(14) (玉江彦太郎) 「西日本文化」 209 1985.3
◇末松謙澄の在英時代(15) (玉江彦太郎) 「西日本文化」 212 1985.6

◇末松謙澄の在英時代(16)　(玉江彦太郎)「西日本文化」216　1985.11
◇末松謙澄の在英時代(17)　(玉江彦太郎)「西日本文化」220　1986.4
◇末松謙澄の在英時代(18)　(玉江彦太郎)「西日本文化」225　1986.10
◇末松謙澄の在英時代(19)　(玉江彦太郎)「西日本文化」227　1986.12
◇万葉集と近代短歌―謙澄・鉄幹・子規(万葉集の世界〈特集〉)(武川忠一)「短歌」33(12) 1986.12
◇木村包政宛の末松謙澄書簡　(瓜生敬一)「郷土田川」30 1987.3
◇末松謙澄の在英時代(20)　(玉江彦太郎)「西日本文化」232　1987.6
◇末松謙澄の在英時代(22)　(玉江彦太郎)「西日本文化」239　1988.3
◇末松謙澄の在英時代(23)　(玉江彦太郎)「西日本文化」241　1988.5
◇末松謙澄の在英時代(終)　(玉江彦太郎)「西日本文化」243 1988.7
◇末松謙澄―生涯と業績　(秋山勇造)「人文研究」神奈川大学人文学会 130 1997.9 p77～103
◇末松謙澄の英国帝室諸礼調査について―宮内省による近代皇室制度調査によせて　(堀口修)「明治聖徳記念学会紀要」明治聖徳記念学会　第28号 1999.12 p63～96
◇『源氏物語』と日本文化イメージ―末松謙澄『Genji Monogatari』における言文一致と天皇の位置づけ方について　(川勝麻里)「立教大学日本文学」立教大学日本文学会 94 2005.7 p2～14
◇末松謙澄『Genji Monogatari』刊行の辞に見る出版事情―イギリスに対する文化イメージ操作と徳川昭武　(川勝麻里)「日本近代文学」日本近代文学会 73 2005.10 p1～15
◇末松謙澄『Genji Monogatari』序文の紹介―日本語訳および解説・解題　(川勝麻里〔訳〕)「立教大学大学院日本文学論叢」立教大学大学院文学研究科日本文学専攻 5 2005.11 p125～148
◇末松謙澄の著作及び研究文献(特集・書誌新人集)(曽野正士)「文献探索」金沢文圃閣, 文献探索研究会 2006 p303～309
◇日清戦争における高陞号事件と末松謙澄(特集 政治家とメディア)(松村正義)「メディア史研究」ゆまに書房 22 2007.6 p1～21
◇初期議会前期における末松謙澄と温泉の動向　(福部綾)「聖心女子大学大学院論集」聖心女子大学 29(1) 2007.7 p5～27
◇末松謙澄訳Genji monogatariにおける「女性」(レベッカ・クレメンツ)「平安朝文学研究」平安朝文学研究会 復刊第16号(通巻第44号) 2008.3 p70～60
◇末松謙澄と門司新報　(城戸淳一)「北九州国文」北九州地区高等学校国語部会 35 2008.3 p84～94
◇「明治天皇紀」編修をめぐる宮内省臨時編修局総裁人事問題と末松謙澄(特集 維新と伝統)(堀口修)「明治聖徳記念学会紀要」明治聖徳記念学会 45 2008.11 p165～184
◇ロー・クラス 現行民法典を創った人びと(4)主査委員(1)末松謙澄・伊東巳代治 外伝(1)司法省法学校正則科第2期生と賄征伐　(七戸克彦)「法学セミナー」日本評論社 54(8) 2009.8 p87～89

杉浦誠　すぎうらまこと　1826～1900
幕末, 明治期の幕臣, 官吏。箱館奉行。
【図　書】
◇杉浦梅潭日付日記・箱館奉行日記　(杉浦梅潭著)　杉浦梅潭日記刊行会　1991.11
◇最後の箱館奉行の日記　(田口英爾著)　新潮社 1995.4 226p (新潮選書)
◇詩人杉浦梅潭とその時代　(国文学研究資料館編)　臨川書店 1998.2 271p (古典講演シリーズ)
◇杉浦梅潭文庫目録稿　(宮崎修多)『明治開化期と文学』(国文学研究資料館編)　臨川書店 1998.3 p213
◇箱館戦争銘々伝　下　(好川之範, 近江幸雄編)　新人物往来社 2007.8 351p
◇博覧の世紀―消費/ナショナリティ/メディア　(福間良明, 難波功士, 谷本奈穂編著)　梓出版社 2009.7 310p
【雑　誌】
◇発掘された最後の箱館奉行日記―書かれざる維新史　(田口英爾)「新潮45」9(4) 1990.4

杉浦譲　すぎうらゆずる　1835～1877
幕末, 明治期の官吏。内務省大書記官地理局長。
【雑　誌】
◇「杉浦譲全集」を読む(2)(金丸平八)「青山経済論集」32(2・3) 1980.12
◇旧幕臣の明治維新―近代官僚の原型・杉浦譲の構想とエートス　(五十嵐暁郎)「思想」800 1991.2

杉滝子　すぎたきこ　1807～1890
幕末, 明治期の女性。吉田松陰の母。
【図　書】
◇女たちの明治維新　(小松浅乃著)　文園社 1986.11
◇杉滝子刀自―吉田松陰先生母堂 翻刻並びに抄録集　(桜井健一編著)　梓書院 2009.9 112p
【雑　誌】
◇歴史を根底から動かした吉田松陰の母―杉滝子(いまも昔もおんな史)「潮」371 1990.3

杉田定一　すぎたていいち　1851～1929
明治～昭和期の政治家。衆議院議員, 北海道庁長官。
【図　書】
◇福井置県その前後　(池内啓)　福井県立図書館 1981.3 (福井県郷土新書7)
◇杉田定一関係文書目録　(大阪経済大学日本経済史研究所編)　大阪経済大学図書館 2007.3 314p
【雑　誌】
◇自由党成立後の杉田定一(特集「杉田定一関係文書」が語る世界)(飯塚一幸)「経済史研究」大阪経済大学日本経済史研究所 12 2008 p110～136
◇上海東洋学館と「興亜」意識の変化―杉田定一を中心に(特集「杉田定一関係文書」が語る世界)(熟美保子)「経済史研究」大阪経済大学日本経済史研究所 12 2008 p137～156
◇一九世紀後半の日本絹織物業における機械化過程と世界史的背景―杉田定一の海外視察旅行に関連して(特集「杉田定一関係文書」が語る世界)(岩本真一)「経済史研究」大阪経済大学日本経済史研究所 12 2008 p157～186
◇新聞報道から見た政党政治家杉田定一　(保科英人)「日本海地域の自然と環境」福井大学地域環境研究教育センター 16 2009.11.1 p73～200

杉孫七郎　すぎまごしちろう　1835～1920
幕末, 明治期の萩藩士, 政治家。
【図　書】
◇幕末維新名士書簡集 李家文書　(李家正文編)　木耳社 1981.11
【雑　誌】
◇杉孫七郎宛(資料翻刻 山田顕義の書簡)(田渕正和)「日本大学史紀要」日本大学総務部 11 2009.3 p69～94

鈴木千里　すずきせんり　1807～1859
幕末の志士, 蘭学医。足利藩医。
【雑　誌】
◇足利の医家考(9)史料翻刻「鈴木千里書簡」(菊地卓)「足利の医史抄」18 1980.6
◇足利の医家考(10)鈴木千里の書簡　(菊地卓)「足利の医史抄」19 1980.7
◇足利の医家考(11)鈴木千里の書簡　(菊地卓)「足利の医史抄」21 1980.10
◇足利の医家考(12)史料翻刻「鈴木千里書簡」の伝来について, 鵤本検校・川島与左衛門度賢・川島元叔について, 田代義徳博士と川島栄吉―栃木中教院時代のこと　(菊地卓)「足利の医史抄」22 1980.11
◇足利の医家考(15) 医師後藤宗庵, 温知社の設立と医師栗崎道機, 医師鈴木千里と親交のあった本島白柳, 医師寺内玄益の墓, 医師の大縞周碩, 文人的医師今尾祐庵・下山勝伯, 牛ома賢輔(号学南)と幻の稿本「足利学校事蹟録」(菊地卓)「足利の医史抄(足利市医師会会史編纂委員会)」25 1984.2

鈴木馬左也　すずきまさや　1861～1922
明治, 大正期の官僚。内務省, 農商務省に勤務。
【図　書】
◇夕陽を知らぬ男たち―彼らはいかに生きたか　(小島直記)　旺文社 1983.2 (旺文社文庫)
◇住友財閥成立史の研究　(畠山秀樹著)　同文館出版 1988.1
◇志は高く―高鍋の魂の系譜　(和田雅実著)　鉱脈社 1998.1 243p
◇近代住友の経営理念―企業者史的アプローチ　(瀬岡誠著)　有斐閣 1998.10 276p
◇日本の権力人脈　(佐高信著)　社会思想社 2001.12 302p (現代教養文庫)
【雑　誌】
◇経営者・鈴木馬左也と報徳　(村松敬司)「浜松短期大学研究論集」22 1980.12
◇真清居士・鈴木馬左也の禅的人間像と生涯―臨済居士禅の事例考察　(松本晧一)「駒沢大学仏教学部研究紀要」41 1983.3
◇財閥経営者の準拠集団―鈴木馬左也の場合　(瀬岡誠)「大阪大学経済学」35(1) 1985.6
◇子供よ, あなたは強かった(昭和の挑戦〔最終回〕)(草柳大蔵)

「中央公論」106(12) 1991.12
◇鈴木馬左也と越後正一の仏教と経営観(経営者の宗教意識と仏教的経営〈共同研究報告(1)〉)　(武井昭)「仏教経済研究」23 1994.5
◇「黎明期」(1901〜1925年)「論語とソロバンの一致」を旨とした明治の財界人—渋沢栄一(第一国立銀行)、益田孝(三井財閥)、岩崎弥太(三菱財閥)、浅野総一郎(浅野財閥)、安田善次郎(安田財閥)、鮎川義介(日産コンツェルン)、古河虎之助(古河財閥)、藤原銀次郎(王子製紙)、武藤山治(鐘紡)、森矗昶(昭和電工)、諸井恒平(秩父セメント)、日比翁助(三越)、森永太一郎(森永製菓)、馬越恭平(大日本麦酒)、鈴木三郎助(味の素)、大原孫三郎(倉敷紡績)、福原有信(資生堂)、野村徳七(野村証券)、鈴木馬左也(住友電工)、弘世助三郎(日本生命)(日本経済100年100人)(童門冬二)「フォーブス日本版」9(1) 2000.1 p63〜69

スターリング, J.　Stirling, Sir James　1791〜1865
イギリスの海軍軍人。1854年来日、日英和親条約を締結。
【図書】
◇イギリス紳士の幕末　(山田勝著)　日本放送出版協会　2004.8　243p (NHKブックス)

巣内式部　すのうちしきぶ　1818〜1872
幕末、明治期の志士。狂信的尊皇攘夷を主唱。
【図書】
◇大洲・内子を掘る—人と歴史と文学と　(澄田恭一著)　アトラス出版　2007.11　375p

周布政之助　すふまさのすけ　1823〜1864
幕末の長州(萩)藩の指導者。
【図書】
◇幕末酒徒列伝　続　(村島健一)　講談社　1980.3
◇偉人周布政之助伝　復刻　(妻木忠太)　村田書店　1984
◇あの猿を見よ—江戸佯狂伝　(草森紳一)　新人物往来社　1984.11
◇幕末に散った男たちの行動学　(童門冬二著)　PHP研究所　2004.2　397p　(PHP文庫)
【雑誌】
◇高杉晋作　その革命とデカダンス—面白きこともなき世を面白く(7)　(粕谷一希)「正論」107 1982.7
◇周布政之助の容疑俳諧—梅屋敷事件の真相　(横田達雄)「土佐史談」187 1991.8

淑子内親王　すみこないしんのう　1829〜1881
幕末、明治期の皇族。仁孝天皇第3皇女。
【雑誌】
◇桂宮淑子内親王の桂への御成(建築史料の周辺)　(西和夫)「茶道の研究」29(8) 1984.8

住谷寅之介　すみやとらのすけ　1818〜1867
幕末の尊攘派水戸藩士。坂下門外の変に関与。
【図書】
◇維新暗殺秘録　(平尾道雄著)　河出書房新社　1990.8　(河出文庫)

静寛院宮　せいかんいんのみや　1846〜1877
幕末、明治期の皇族。仁孝天皇の第8皇女。
【図書】
◇日本の女性史3 封建女性の愛と哀しみ　(和歌森太郎、山本藤枝)　集英社 1919　(集英社文庫)
◇図説人物日本の女性史9　小学館 1980.3
◇江戸2 政編2　(大久保利謙編輯)　立体社 1980.6
◇人物史でまなぶ日本の歴史　(黒羽清隆)　地歴社 1980.7
◇歴史の顔　(綱淵謙錠)　文芸春秋 1980.11
◇歴史に学ぶ　(奈良本辰也)　潮出版社 1981.6
◇幕末維新の女性—日本女性の歴史　晩教育図書 1982.8　(日本発見人物シリーズ no.6)
◇無私庵雑記　(服部敏良)　科学書院 1982.9
◇人物探訪日本の歴史 15 幕末の英傑　晩教育図書 1982.12
◇天皇と明治維新　(阪本健一)　晩教育図書 1983.1
◇日本女性の歴史 15 日本女性史の謎　晩教育図書 1984.1
◇皇女和宮と中山道　(依田幸人)　依田幸人 1985.4
◇皇女和宮と中山道　(依田幸人著)　信毎書籍出版センター 1985.4
◇日本史20の謎〈世界の謎シリーズ〉　(浜洋史)　大陸書房 1986.3
◇佐幕派論議　(大久保利謙著)　吉川弘文館 1986.7
◇日本を変えた女たち—女帝より遊女まで〈光文社文庫〉　(田中澄江著)　光文社 1986.8
◇明治を創った人々—乱世型リーダーのすすめ〈講談社文庫〉　(利根川裕著)　講談社 1986.11
◇歴史のなかの下剋上　(嶋岡晨著)　名著刊行会 1986.11

◇和宮様御下向御用日記帳　(岡田加兵衛著, 蕨市編)　蕨市 1987.1　(蕨市史調査報告書 第3集)
◇遠い記憶—歴史小説と私　(綱淵謙錠著)　文芸春秋 1987.2　(文春文庫)
◇和宮　(武部敏夫著)　吉川弘文館 1987.3　(人物叢書〔新装版〕)
◇軽井沢に想う—その歴史と展望　(楠本正康著)　ドメス出版 1987.3
◇史談・往く人来る人　(綱淵謙錠著)　文芸春秋 1987.10　(文春文庫)
◇天皇の話よもやま物語　(富沢繁著, 山内一生イラスト)　光人社 1989.2　(イラスト・エッセイシリーズ)
◇幕末・維新大百科—激動の時代が何でもわかる本　(歴史トレンド研究会編)　ロングセラーズ 1989.11　(ムックセレクト)
◇政治と文化を動かした女性たち　(邦光史郎著)　勁文社 1990.2　(ケイブンシャ文庫)
◇風雲回顧録　(岡本柳之助著, 平井晩村編)　中央公論社 1990.3　(中公文庫)
◇NHK歴史への招待〈第24巻〉幕府崩壊　(日本放送協会編)　日本放送出版協会 1990.3　(新コンパクト・シリーズ)
◇図説 歴史の街道・幕末維新　(榊原和夫写真・文)　河出書房新社 1990.11
◇明治天皇の生涯〈上〉　(童門冬二著)　三笠書房 1991.11
◇聞き語り にっぽん女性「愛」史　(杉本苑子著)　講談社 1992.4　(講談社文庫)
◇和宮御降嫁—久世・安藤執政時代　(徳富蘇峰著, 平泉澄校訂)　講談社 1992.7　(講談社学術文庫—近世日本国民史)
◇日本史に光る女性22話—その虚像と実像と　(田郷和雄著)　近代文芸社 1993.1
◇NHK 歴史発見〈9〉〔カラー版〕　(NHK歴史発見取材班編)　角川書店 1993.11
◇和宮—物語と史蹟をたずねて　(遠藤幸威著)　成美堂出版 1996.7　327p　(成美文庫)
◇和宮の通行　(浅科村教育委員会編)　浅科村教育委員会 1998.3　126p　(浅科村の歴史)
◇幕末維新・群像の死に際　(合田一道著)　小学館 1998.10　303p　(小学館ライブラリー)
◇幕末・京大坂 歴史の旅　(松浦玲著)　朝日新聞社 1999.2　331,9p　(朝日選書)
◇川越しものがたり—中山道筋千曲川　(小林基芳著)　浅科村教育委員会 1999.3　82p　(浅科村の歴史)
◇堂々日本史 21　(NHK取材班編)　KTC中央出版 1999.4　247p
◇楽しく調べる人物図解日本の歴史—江戸時代末期・明治時代 6　(佐藤和彦監修)　あかね書房 2000.4　47p
◇その時歴史が動いた 1　(NHK取材班編)　KTC中央出版 2000.9　253p
◇明治天皇 上巻　(ドナルド・キーン著, 角地幸男訳)　新潮社 2001.10　566p
◇中山道—武州・西上州・東信州　(山田忠雄編)　吉川弘文館 2001.11　264,24p　(街道の日本史)
◇新東海道物語—そのとき、街道で　(新東海道物語を進める会編)　日本経済新聞社 2002.4　390p
◇明治天皇の生涯 上　(童門冬二著)　徳間書店 2002.9　286p　(徳間文庫)
◇女たちの幕末京都　(辻ミチ子著)　中央公論新社 2003.4　250p　(中公新書)
◇歴史人物 あの人のその後　(インターナショナル・ワークス編著)　幻冬舎 2003.7　277p　(幻冬舎文庫)
◇目からウロコの幕末維新—黒船来航から廃藩置県まで、歴史の舞台裏がよくわかる　(山村竜也著)　PHP研究所 2003.10　236p　(PHP文庫)
◇人物なるほど「一日一話」—今日は誰の日?　(白泉正顕著)　PHP研究所 2003.12　400p　(PHP文庫)
◇和宮様御下向ニ付諸事留帳—古里下飯田　(谷口宰著)　朝日新聞名古屋本社企画事業部編集制作センター(製作) 2004.2　203p
◇時代を変えた女たち　(童門冬二著)　潮出版社 2004.7　280p
◇日本史が人物12人でわかる本　(爆笑問題著)　幻冬舎 2004.7　253p
◇教科書が教えない歴史 普及版　(藤岡信勝、自由主義史観研究会著)　産経新聞ニュースサービス 2005.3　253p
◇大江戸の姫さま—ペットからお輿入れまで　(関口すみ子著)　角川学芸出版 2005.8　188p　(角川選書)
◇利根川裕のじつは、じつはの話　(利根川裕著)　右文院 2005.9　237p
◇徳川将軍家の結婚　(山本博文著)　文芸春秋 2005.12　212p　(文春新書)
◇日本の歴史 19 改版　(小西四郎著)　中央公論新社 2006.2　581p　(中公文庫)
◇和宮様御下向『御固出役留記』を読む　(〔丸山吉三郎〕原著, 倉石梓著)　むげん出版 2006.12　39p
◇敗者たちの幕末維新—徳川を支えた13人の戦い　(武光誠著)　PHP

研究所　2007.9　235p　（PHP文庫）
◇大奥のおきて―「女人版図」しきたりの謎　（由良弥生著）　阪急コミュニケーションズ　2007.10　211p
◇天璋院篤姫と大奥の女たちの謎―徹底検証　（加来耕三著）　講談社　2007.10　459p　（講談社文庫）
◇天璋院と徳川将軍家101の謎　（川口素生著）　PHP研究所　2007.11　311p　（PHP文庫）
◇大奥炎上―江戸城の女たち　（楠戸義昭著）　大和書房　2007.11　284p　（だいわ文庫）
◇篤姫の生涯　（宮尾登美子著）　日本放送出版協会　2007.11　219p
◇最後の大奥　天璋院篤姫と和宮　（鈴木由紀子著）　幻冬舎　2007.11　204p　（幻冬舎新書）
◇天璋院篤姫―徳川家を護った将軍御台所　（徳永和喜著）　新人物往来社　2007.12　244p
◇徳川300年　ホントの内幕話―天璋院と和宮のヒミツ　（徳川宗英著）　大和書房　2007.12　284p　（だいわ文庫）
◇面白いほどわかる大奥のすべて―江戸城の女性たちは、どのような人生を送っていたのか　（山本博文著）　中経出版　2007.12　223p
◇幕末の大奥―天璋院と薩摩藩　（畑尚子著）　岩波書店　2007.12　211, 3p　（岩波新書）
◇和宮―後世まで清き名を残したく候　（辻ミチ子著）　ミネルヴァ書房　2008.2　186,5p　（ミネルヴァ日本評伝選）
◇天璋院篤姫と皇女和宮　（清水将大著）　コスミック出版　2008.10　223p　（コスミック文庫）
◇日本史「宿敵」26番勝負　（関裕二、後藤寿一、一坂太郎著）　宝島社　2009.10　221p　（宝島SUGOI文庫）
【雑　誌】
◇幕府に殉じた皇女・和宮（特集徳川幕府滅亡の舞台裏）　（桂英澄）「歴史読本」　30（18）1960.10
◇連載対談・江戸編　上　日本の女性史―徳川家の女性たち　（十返舎鶴子, 西村圭子）「歴史と旅7（5）」1980.4
◇和宮と板橋宿　（瀧善成）「板橋史談」78 1980.5
◇和宮様御留　（井岡鐘）「板橋史談」86 1981.9
◇悲劇の皇女和宮―特集・大江戸の女性秘話50選　（秋月しのぶ）「歴史と旅」10（10）1983.8
◇皇女和宮降嫁の旅　（依田幸人）「信濃路」48 1985.6
◇しなのよろず語り（5）和宮様の短尺箱　（小林計一郎）「信濃路」48 1985.6
◇皇女和宮下向―水内郡稲積村の名主控から　（宮沢忍夫）「長野」128 1984.6
◇孝明・和宮―公武合体の軋轢の中で（天皇家の史話50選〈特集〉　（栗原隆一）「歴史と旅」13（8）1986.6
◇和宮の「謎」をめぐって　（武内善信）「和歌山地方史研究」14 1987.12
◇幕末の公武合体論の犠牲者―皇女和宮（いまも昔もおんな史）　（泉秀樹）「潮」363 1989.7
◇和宮降嫁と尾張の々々　（桜井芳昭）「郷土文化」45（1）1990.8
◇和宮の東下と人馬の用意　（児玉幸多）「五街道」13（7）1990.11
◇特集　皇女和宮の謎　（香森与〔他〕）「歴史研究」360 1991.5
◇和宮様御下向御用留　（杉崎静代）「群馬歴史散歩」123 1992.7
◇文久関オランダ人による日本情報―皇女和宮替玉事件情報を中心に　（佐藤隆一）「青山史学」13 1992.11
◇近世の女筆（11）和宮―公武一和のかけ橋　（前田詠子）「日本美術工芸」657 1993.6
◇争乱と事件の中のおんなたち―和宮公武一和のお輿入れ（特集・幕末維新おんなたちの体験―乱世を密やかにしたたかに生きた女性たち）　（竹田真砂子）「歴史と旅」24（12）1997.8 p76～81
◇和宮降嫁と文久の修陵―文久二年七月二十三日の勅使大原重徳と慶喜・慶永の会談　（外池昇）「人間文化研究」田園調布学園大学短期大学部 1 2002 p156～146
◇特集カラー　中山道　和宮降嫁の旅路（特集　徳川将軍家の正室）「歴史読本」新人物往来社 53（7）2008.7 p7～18
◇14代　徳川家茂の正室　和宮親子―公武合体を成し遂げ、徳川家を守りきった皇女（特集　徳川将軍家の正室―特集ワイド　徳川十五代正室伝）　（斉藤典子）「歴史読本」新人物往来社 53（7）2008.7 p160～166
◇徳川家一入内・降嫁による徳川幕府の政治戦略　和子入内と和宮降嫁、各々の幕府の目論見の相違とは（特集　天皇家と日本の名家・名門―特集ワイド　歴史のなかの天皇家と名族）　（平野明夫）「歴史読本」新人物往来社 55（1）2008.10 p104～111
◇きものにまつわる物語（12）皇女和宮と御所解文・江戸解文　（久我なつみ）「茶道雑誌」河原書店 72（12）2008.12 p104～113
◇降嫁後の和宮　（松尾静華）「五浦論叢」茨城大学五浦美術文化研究所 16 2009 p1～16
◇ヒロインの底力　篤姫と和宮（歴史ロマン「幕末ヒーロー」列伝）　（田渕久美子）「現代」講談社 43（1）2009.1 p228～233

関口隆吉　せきぐちたかよし　1836～1889
幕末, 明治期の官吏。静岡県知事。
【図　書】
◇関口隆吉の生涯―幕末・維新の隠れた偉傑　（八木繁樹）　緑蔭書房　1983.8
◇関口隆吉伝　（関口隆正著）　関口隆克　1984.5
◇関口隆吉関係書簡集―久能文庫蔵　（静岡県立中央図書館歴史文化情報センター編）　静岡県立中央図書館　2009.10　129p
【雑　誌】
◇久能文庫と関口隆吉　（近藤啓吾）「葵」18 1984.2
◇牧ノ原開墾と関口隆吉　（栗林沢一）「葵」18 1984.2
◇山岡鉄舟と関口隆吉（相良石油関係資料）（久能文庫書簡を読む会）「葵」18 1984.2
◇良二千石関口隆吉（特集　明治の地方官）　（村瀬信一）「彷書月刊」2（11）1986.10

関沢明清　せきざわあききよ　1843～1897
明治期の官吏。東京農林学校教授。
【図　書】
◇日本の『創造力』―近代・現代を開花させた470人〈4〉進む交流と機能　（富田仁編）　日本放送出版協会　1993.3
◇鮭と鯨と日本人―関沢明清の生涯　（和田顕太著）　成山堂書店　1994.11
【雑　誌】
◇近藤真琴と関沢明清　（和田顕太）「図書」459 1987.10
◇関沢明清と村田保―ふたりの大日本水産会水産伝習所長　（影山昇）「放送教育開発センター研究紀要」文部省大学共同利用機関放送教育開発センター　第12号 1996.1 p63～98

関鉄之介　せきてつのすけ　1824～1862
幕末の尊攘派水戸藩士。
【図　書】
◇日本暗殺総覧―この国を動かしたテロルの系譜　（泉秀樹著）　ベストセラーズ　2002.5　302p　（ベスト新書）

関矢孫左衛門　せきやまござえもん　1844～1917
幕末, 明治期の勤王の志士, 実業家。衆議院議員。
【図　書】
◇北海道開拓秘話―酷寒の荒野に挑み理想郷建設を目指した人達　（津田芳夫著）　230クラブ出版社　2004.2　207p
◇情熱の人関矢孫左衛門　（磯部定治著）　新潟日報事業社　2007.1　181p

関義臣　せきよしおみ　1839～1918
明治期の男爵, 官僚, 政治家。宮城控訴院検事長。
【図　書】
◇江戸2　幕政編2　（大久保利謙編輯）　立体社　1980.6
【雑　誌】
◇福井藩志士関義臣と水戸　（仲田昭一）「水戸史学」28 1988.5

世古格太郎　せこかくたろう　1824～1876
幕末, 明治期の志士。安政の大獄で蟄居。
【図　書】
◇風雲回顧録　（岡本柳之助著, 平井晩村編）　中央公論社　1990.3　（中公文庫）

世良修蔵　せらしゅうぞう　1835～1868
幕末, 明治期の長州藩士。第二奇兵隊軍監。
【図　書】
◇奥羽戊辰戦争と仙台藩―世良修蔵事件顛末　（藤原相之助）　柏書房　1981.7
◇男一生きざまの研究　（早乙女貢）　PHP研究所　1982.4
◇男一生きざまの研究　（早乙女貢著）　PHP研究所　1987.8　（PHP文庫）
◇物語　奇兵隊悲話　（古川薫ほか著）　新人物往来社　1989.12
◇維新暗殺秘録　（平尾道雄著）　河出書房新社　1990.8　（河出文庫）
◇世良修蔵　復刻版　（谷林博著）　マツノ書店　2001.11　246p
◇幕末維新随想―松陰周辺のアウトサイダー　（河上徹太郎著）　河出書房新社　2002.6　224p
【雑　誌】
◇特集・惨!!会津落城　幕末維新シリーズ（3）傲慢無礼!!鎮撫総督参謀　（山born野理夫）「歴史と旅」7（3）1980.2
◇世良修蔵暗殺の背景（上, 下）　（栗原隆一）「歴史と旅」8（1,3）1981.1,2
◇決断なき第三の道へ―仙台藩―特集・幕末諸藩の戦い　（童門冬二）「歴史と人物」13（4）1983.3

◇世良修蔵暗殺事件の建物の復元（特集 第一八回郷土史研究賞）（近藤英喜）「歴史研究」 383 1993.4

芹沢鴨　せりざわかも　？～1863
幕末の新撰組局長。
【図書】
◇新選組の哲学（中公文庫）（福田定良著） 中央公論社 1986.8
◇興亡新撰組（加太こうじ著） 光和堂 1989.5
◇土方歳三―青春を新選組に賭けた鉄の男（津本陽一、藤本義一、粕谷一希ほか著） プレジデント社 1990.2 （歴史と人間学シリーズ）
◇悪役のふるさと（村松友視著） 講談社 1993.6
◇新選組99の謎（鈴木亨著） PHP研究所 1993.10 （PHP文庫）
◇新選組三部作 新選組遺聞 改版（子母澤寛著） 中央公論社 1997.1 330p（中公文庫）
◇新選組戦場日記―永倉新八「浪士文久報国記事」を読む（木村幸比古編著・訳） PHP研究所 1998.10 231p
◇新撰組顛末記 新装版（永倉新八著） 新人物往来社 1998.11 275p
◇悪役のふるさと（村松友視著） 学陽書房 1999.11 331p （人物文庫）
◇新選組468隊士大名鑑―幕末を駆け抜けた壬生狼たちの群像 愛蔵版（壬生狼友の会編） 駿台曜曜社 1999.12 351p
◇真説 新選組（山村竜也著） 学習研究社 2001.8 342p （学研M文庫）
◇京都に遊ぶ―坂本龍馬・新選組、幕末志士が愛した町（木村幸比古文、杉本雅実、猪口公一撮影） マリア書房 2001.9 95p （創作市場）
◇土方歳三遺聞（菊地明著） 新人物往来社 2002.10 243p
◇新選組日誌 コンパクト版 上（菊地明、伊東成郎、山村竜也編） 新人物往来社 2003.2 380p
◇新選組列伝（早乙女貢著） 新人物往来社 2003.7 351p
◇新選組銘々伝 第4巻（新人物往来社編） 新人物往来社 2003.10 292p
◇「新選組」がゆく―過激に"誠"を貫いた男たちの実像（立石優著） ベストセラーズ 2003.10 266p （ワニ文庫）
◇新選組111の謎―Q＆Aで知る幕末最強軍団の真実（楠木誠一郎著） 成美堂出版 2003.10 271p （成美文庫）
◇新撰組の光と影―幕末を駆け抜けた男達（童門冬二著） 学陽書房 2003.10 263p （人物文庫）
◇土方歳三の遺言状（鵜飼清著） 新人物往来社 2003.11 317p
◇新選組が京都で見た夢―動乱の幕末に青春を賭けた男たちがいた（中田昭写真） 学習研究社 2003.11 145p （GAKKEN GRAPHIC BOOKS）
◇新選組 近藤勇伝（山村竜也著） 日本放送出版協会 2003.11 218p
◇日本史「悪役」たちの言い分―視点を変えればワルも善玉（岳真也著） PHP研究所 2003.12 275p （PHP文庫）
◇図解雑学 沖田総司と新選組隊士（河合敦著） ナツメ社 2004.1 206p （図解雑学シリーズ）
◇新選組全隊士徹底ガイド（前田政記著） 河出書房新社 2004.1 213p （河出文庫）
◇京都新選組案内―物語と史跡（武山峯久著） 創元社 2004.1 227p
◇幕末テロリスト列伝（歴史を旅する会編） 講談社 2004.3 282p （講談社文庫）
◇名将がいて、愚者がいた（中村彰彦著） 講談社 2004.3 316p
◇実録 新選組（京一輔著） 愛隆堂 2004.4 239p
◇最後のサムライ！新選組入門（田中ひろみ著） 幻冬舎 2004.4 119p
◇新選組468隊士大名鑑 完全版（壬生狼友の会監修） 小池書院 2007.11 351p
◇名将がいて、愚者がいた（中村彰彦著） 講談社 2008.8 394p （講談社文庫）
◇幕末暗殺剣―血湧き肉踊る最強剣豪伝説（マーヴェリック著） 双葉社 2009.12 249p
【雑誌】
◇特集・謎と異説の新選組 粛清史の謎と異説 芹沢鴨の暗殺者はだれか（祖田浩一）「歴史と旅」 7(12) 1980.11
◇芹沢鴨の最期 初代局長、雨夜の惨殺（特集 新選組隊士臨終図巻）（新宮正春）「歴史と旅」 15(4) 1988.3
◇芹沢鴨のこと（特集 浅田版「新選組」―『壬生義士伝』から『輪違屋糸里』へ）（菊地明）「本の話」 文芸春秋 10(6) 2004.6 p16～18

専行院お美代　せんこういんおみよ　？～1872
幕末、明治期の将軍家斉側室。
【雑誌】
◇家斉の側室お美代の方―特集・大江戸の女性秘話50選（秋月しのぶ）「歴史と旅」 10(10) 1983.8

千秋藤篤　せんしゅうふじあつ　1815～1864
幕末の尊皇論者、儒学者。
【図書】
◇武士の道（奈良本辰也著） アートデイズ 2002.2 424p
【雑誌】
◇千秋藤篤における部落解放思想の特質（滝光彦）「日本思想史への史論」 1984年 1985.6

宗重正　そうしげまさ　1847～1902
幕末、明治期の官僚。伯爵、外務大丞。
【雑誌】
◇明治3年における吉岡使節団の朝鮮派遣と第1次宗重正起用渡韓運動（沈箕載）「人文学報」 京都大学人文科学研究所 81 1998.3 p47～78
◇史料紹介 九州大学所蔵「宗義達吹嘘」について（特集 前近代の日朝関係史料と地域交流）（伊藤幸司）「九州史学」 九州史学研究会 132 2002.7 p125～131

副島種臣　そえじまたねおみ　1828～1905
幕末、明治期の佐賀藩士、政治家。松方内閣内相、伯爵。
【図書】
◇類聚伝記大日本史11 政治家篇（尾佐竹猛編集解説） 雄山閣出版 1981.6
◇復興アジアの志士群像―東亜先覚者列伝 大東塾出版部 1984.5
◇政治家 その善と悪のキーワード（加藤尚文著） 日経通信社 1986.6
◇副島種臣伯（丸山幹治著） みすず書房 1987.4 （みすずリプリント）
◇維新俠艶録（井筒月翁著） 中央公論社 1988.3 （中公文庫）
◇副島種臣（大橋昭夫） 新人物往来社 1990.7
◇書の終焉―近代書史論（石川九楊著）（京都）同朋舎出版 1990.7
◇環太平洋国際関係史のイメージ（日本国際政治学会編） 日本国際政治学会 1993.2
◇文武不岐（黒岩棠舟著） 錦城社 1994.1 （伝統文化叢書）
◇遠い崖―アーネスト・サトウ日記抄 10（萩原延寿著） 朝日新聞社 2000.10 396p
◇師と友（山口勝朗著） 邑心文庫 2001.2 395p
◇明治維新とアジア（明治維新史学会編） 吉川弘文館 2001.12 258p （明治維新史研究）
◇ますらをの道―武蔵・道元・山鹿素行（安岡正篤著） ディ・シー・エス 2003.8 284p
◇文字 第4号（石川九楊責任編集） 京都精華大学文字文明研究所 2004.7 226p
◇副島種臣全集 2（島善高編） 慧文社 2004.12 495p
◇東アジアの政治文化と近代（深谷克己編） 有志舎 2009.3 269p
【雑誌】
◇東邦協会と副島種臣〔含東邦協会「報告」「会報」寄稿目録抄,東邦協会会員抄〕（安岡昭男）「政治経済史学」 169 1980.6
◇佐々木哲太郎をめぐる副島種臣と中林梧竹(8)（佐々木盛行）「西日本文化」 179 1982.3
◇佐々木哲太郎をめぐる副島種臣と中林梧竹―最終回―（佐々木盛行）「西日本文化」 180 1982.4
◇佐賀の三平（一平・新平・民平）―副島伯の三平批判 「大肥前」 52(6) 1982.6
◇副島外務卿排斥運動と「明治6年政変」（家近良樹）「文化史学」 38 1982.11
◇副島蒼海のうた（小柳陽太郎）「九州造形短期大学紀要」 11（開学20年特別記念号）1989.3
◇近代書道史における中林梧竹と副島蒼海（豊島嘉穂、江口葉子）「福岡教育大学紀要 第5分冊 芸術・保健体育・家政科編」 39 1990
◇紉蘭（じんらん）―詩人副島種臣の生涯（1～18）（草森紳一）「すばる」 13(7)～14(12) 1991.7～92.12
◇副島蒼海伯を偲ぶ（水町義夫）「大肥前」 62(8) 1992.8
◇紉蘭（じんらん）―詩人副島種臣の生涯（19～42）（草森紳一）「すばる」 15(1)～16(12) 1993.1～94.12
◇明治初期外交指導者の対外認識―副島種臣と寺島宗則を中心に（環太平洋国際関係史のイメージ）（犬塚孝明）「季刊国際政治」 102 1993.2
◇紉蘭―詩人副島種臣の生涯―43―（草森紳一）「すばる」 集英社 17(1) 1995.1 p354～367
◇紉蘭―詩人副島種臣の生涯―44―（草森紳一）「すばる」 集英社 17(2) 1995.2 p312～325
◇紉蘭―詩人副島種臣の生涯―45―（草森紳一）「すばる」 集英社 17(3) 1995.3 p230～243
◇副島種臣の対清外交（毛利敏彦）「法学雑誌」 大阪市立大学法学会 41(4) 1995.3 p485～519
◇紉蘭―詩人副島種臣の生涯―46―（草森紳一）「すば

◇紅蘭（じんらん）―詩人副島種臣の生涯―47―　（草森紳一）「すばる」　集英社 17(4) 1995.4 p226～239
◇紅蘭（じんらん）―詩人副島種臣の生涯―48―　（草森紳一）「すばる」　集英社 17(5) 1995.5 p262～275
◇紅蘭（じんらん）―詩人副島種臣の生涯―49―　（草森紳一）「すばる」　集英社 17(6) 1995.6 p378～392
◇紅蘭（じんらん）―詩人副島種臣の生涯―50―　（草森紳一）「すばる」　集英社 17(7) 1995.7 p342～357
◇紅蘭（じんらん）―詩人副島種臣の生涯―51―　（草森紳一）「すばる」　集英社 17(8) 1995.8 p242～251
◇紅蘭（じんらん）―詩人副島種臣の生涯―52―　（草森紳一）「すばる」　集英社 17(9) 1995.9 p233～244
◇紅蘭（じんらん）―詩人副島種臣の生涯―53―　（草森紳一）「すばる」　集英社 17(10) 1995.10 p227～240
◇紅蘭（じんらん）―詩人副島種臣の生涯―54―　（草森紳一）「すばる」　集英社 17(11) 1995.11 p301～314
◇紅蘭（じんらん）―詩人副島種臣の生涯―54―　（草森紳一）「すばる」　集英社 17(12) 1995.12 p248～261
◇紅蘭（じんらん）―詩人副島種臣の生涯―55―　（草森紳一）「すばる」　集英社 18(1) 1996.1 p344～357
◇紅蘭（じんらん）―詩人副島種臣の生涯―56―　（草森紳一）「すばる」　集英社 18(2) 1996.2 p242～255
◇紅蘭（じんらん）―詩人副島種臣の生涯―57―　（草森紳一）「すばる」　集英社 18(4) 1996.4 p222～235
◇紅蘭（じんらん）―詩人副島種臣の生涯―58―　（草森紳一）「すばる」　集英社 18(5) 1996.5 p232～245
◇紅蘭（じんらん）―詩人副島種臣の生涯―59―　（草森紳一）「すばる」　集英社 18(6) 1996.6 p222～235
◇紅蘭（じんらん）―詩人副島種臣の生涯―60―　（草森紳一）「すばる」　集英社 18(7) 1996.7 p288～301
◇紅蘭（じんらん）―詩人副島種臣の生涯（61）　（草森紳一）「すばる」　集英社 18(8) 1996.8 p232～247
◇紅蘭（じんらん）―詩人副島種臣の生涯―63―　（草森紳一）「すばる」　集英社 18(10) 1996.10 p216～229
◇紅蘭（じんらん）―詩人副島種臣の生涯―64―　（草森紳一）「すばる」　集英社 18(11) 1996.11 p324～337
◇紅蘭（じんらん）―詩人副島種臣の生涯―65―　（草森紳一）「すばる」　集英社 18(12) 1996.12 p222～235
◇日本の上将軍　副島種臣（明治天皇〔25〕）　（ドナルド・キーン著，角地幸男訳）「新潮45」 16(1) 1997.1 p156～174
◇副島種臣の国体論―『精神教育』(1898年)の検討　（安養寺信俊）「岡山大学大学院文化科学研究科紀要」　岡山大学大学院文化科学研究科 13 2002.3 p1～16
◇薔薇香処―副島種臣の中国漫遊(38)　（草森紳一）「文学界」 文芸春秋 57(3) 2003.3 p302～325
◇薔薇香処―副島種臣の中国漫遊(39)　（草森紳一）「文学界」 文芸春秋 57(4) 2003.4 p332～352
◇薔薇香処―副島種臣の中国漫遊(最終回)　（草森紳一）「文学界」 文芸春秋 57(5) 2003.5 p268～286
◇副島種臣の「君主専制」論　（安養寺信俊）「岡山大学大学院文化科学研究科紀要」 岡山大学大学院文化科学研究科 16 2003.11 p1～14
◇副島種臣―その人と思想　（島善高）「法史学研究会会報」 法史学研究会 10 2005 p17～27
◇明治6年の対清交渉にみる「副島外交」の検討　（安養寺信俊）「岡山大学大学院文化科学研究科紀要」 岡山大学大学院文化科学研究科 20 2005.11 p166～155
◇副島種臣と「天皇親政運動」　（齋藤洋子）「学習院女子大学紀要」 学習院女子大学 8 2006 p21～37
◇明治16年の副島種臣―九州遊説願いをめぐって　（齋藤洋子）「社学研論集」 早稲田大学大学院社会科学研究科 7 2006 p123～135
◇国会開設勅論と副島種臣―明治15年の「建言」を手がかりにして　（齋藤洋子）「ソシオサイエンス」 早稲田大学大学院社会科学研究科 12 2006 p186～201
◇内務大臣副島種臣と第三議会　（齋藤洋子）「社学研論集」 早稲田大学大学院社会科学研究科 8 2006 p273～288
◇副島種臣の「神道」論　（安養寺信俊）「岡山大学大学院社会文化科学研究科紀要」 岡山大学大学院社会文化科学研究科 22 2006.11 p206～195
◇副島種臣の国際関係観　（安養寺信俊）「文化共生学研究」 岡山大学大学院社会文化科学研究科 5 2007 p85～94
◇副島種臣の借金問題について　（齋藤洋子）「ソシオサイエンス」 早稲田大学大学院社会科学研究科 13 2007 p110～124
◇副島種臣と「御宸翰」　（齋藤洋子）「社学研論集」 早稲田大学大学院社会科学研究科 9 2007 p289～299
◇慶応四年の長崎鎮定と副島種臣　（野村亮）「社学研論集」 早稲田大学大学院社会科学研究科 11 2008 p160～174
◇近代日中関係史の曙―副島種臣と李鴻章　（島善高）「書法漢學研究」 アートライフ社 2 2008.1 p52～58

◇日本文明の先駆者(3)副島種臣　（坪内隆彦）「月刊日本」 K&Kプレス 12(2) 2008.2 p82～89
◇捕鼠―明治十一年の文人政治家副島種臣の行方(2)　（草森紳一）「表現」 ミネルヴァ書房，京都精華大学表現研究機構 2 2008.5 p152～163

添田寿一　そえだじゅいち　1864～1929
明治～昭和期の財政経済学者，官僚。
【図　書】
◇財政の原理と現実　（井手文雄ほか編著）　千倉書房 1986.1
◇日本の近代化とスコットランド　（オリーヴ・チェックランド著，加藤詔士，宮田学編訳）　玉川大学出版部 2004.4 222p
【雑　誌】
◇鈴木文治と添田寿一　（川原崎剛雄）「法政史論」 8 1981.3
◇鈴木文治と添田寿一　（川原崎剛雄）「法政史論（法政大学）」 8 1981.3
◇続・日本の経済学者たち(3)添田寿一―明治のテクノクラート　「現代の理論」 21(1) 1984.1

曾禰荒助　そねあらすけ　1849～1910
明治期の政治家，官僚。子爵，衆議院議員，貴族院議員。
【雑　誌】
◇ロー・クラス 現行民法典を創った人びと(2)総裁・副総裁(2)松方正義・清浦奎吾・曾禰荒助　（七戸克彦）「法学セミナー」 日本評論社 54(6) 2009.6 p78～80

大楽源太郎　だいらくげんたろう　1832～1871
幕末, 明治期の長州（萩）藩脱藩隊騒動の指導者。
【図　書】
◇NHK歴史への招待〈第24巻〉幕府崩壊　（日本放送協会編）　日本放送出版協会 1990.3　（新コンパクト・シリーズ）
◇幕末暗殺　（黒鉄ヒロシ著）PHP研究所 2002.8 515p　（PHP文庫）
【雑　誌】
◇文学碑探訪　（秋山実）「文叢筑後」 14 1981.2
◇暗殺煽動者の末路―大楽源太郎（特集幕末維新暗殺剣）　（内田伸）「歴史と旅」 11(14) 1984.11

高倉寿子　たかくらとしこ　1840～1930
明治, 大正期の女官。明治天皇皇后の輔導役。
【図　書】
◇後宮のすべて　（国文学編集部編）　学灯社 1988.10
【雑　誌】
◇後宮を彩る女たち 高倉寿子―明治帝の後に控えた女性　（角田文衛）「國文學 解釈と教材の研究」 25(13) 1980.10

高崎五六　たかさきごろく　1836～1896
幕末, 明治期の官僚。男爵，東京府知事。
【図　書】
◇瀬戸内の経済人―人と企業の歴史に学ぶ24話　（赤井克己著）　吉備人出版 2007.9 244p

高崎親章　たかさきちかあき　1848～1917
明治, 大正期の政治家，官吏。貴族院議員，京都知事。
【図　書】
◇品川弥二郎　関係文書 5　（尚友倶楽部品川弥二郎関係文書編纂委員会編）　山川出版社 1999.7 373p

高島秋帆　たかしましゅうはん　1798～1866
幕末の砲術家，洋式兵学者。高島流砲術の創始者。
【図　書】
◇洋学史の研究　（佐藤昌介）　中央公論社 1980.11
◇居南捕鯨―附・鯨の墓　（吉原友友）　相沢文庫 1982.2
◇歴史を変えた愛と行動　（赤星彰）　八重岳書房 1982.5
◇維新史の青春激像―動乱期に情熱を賭けた獅子たちの熱血譜　（藤田公道）　日本文芸社 1983.10
◇陸軍創設史―フランス軍事顧問団の影　（篠原宏著）　リブロポート 1983.12
◇評伝高島秋帆　葦書房 1986.8
◇評伝高島秋帆　（石山滋夫）　葦書房 1986.8
◇江川太郎左衛門―開国派英才挫折す　（林青梧著）　読売新聞社 1986.9
◇高島秋帆　（有馬成甫著）吉川弘文館 1989.5　（人物叢書(新装版)）
◇江戸文人のスクラップブック　（工藤宜著）　新潮社 1989.8
◇高島秋帆と沢太郎左衛門―板橋の工業事始　〔東京都〕板橋区立郷土資料館 1990.2

◇江戸期の開明思想—世界へ開く・近代を耕す（杉浦明平,別所興一編著）社会評論社 1990.6（思想の海へ「解放と変革」）
◇街道をゆく(37)本郷界隈（司馬遼太郎著）朝日新聞社 1992.12
◇高島秋帆—西洋砲術家の生涯と徳丸原 特別展（〔東京都〕板橋区立郷土資料館編）板橋区立郷土資料館 1994.2
◇集論高島秋帆（〔東京都〕板橋区立郷土資料館編）板橋区立郷土資料館 1995.3 78p
◇佐賀藩と反射炉（長野暹著）新日本出版社 2000.6 206p（新日本新書）
◇明治維新の源流—その人と作品（安岡正篤編著）郷学研修所・安岡正篤記念館 2000.11 171p
◇幕末歴史散歩 東京篇（一坂太郎著）中央公論新社 2004.6 320p（中公新書）
◇日本の技術者—江戸・明治時代（中山秀太郎著,技術史教育学会編）雇用問題研究会 2004.8 206p
【雑　誌】
◇高島秋帆と妻香（浅沼政直）「板橋史談」86 1981.9
◇高島秋帆の獄（下）史伝鳥居燿蔵（杉浦明平）文芸 20(10) 1981.10
◇洋式兵制の戦略的展開—高島秋帆・特集・攘夷か開国か—国防意識のめばえ（結束信二）「歴史と人物」13(13) 1983.11
◇高島秋帆作と思われる掛軸のこと（高橋田鶴子）「板橋史談」126 1988.5
◇種痘史にみる高島秋帆（村松和子）「板橋史談」155 1993.3
◇(史料紹介)天保12年高島秋帆の出府に関する一史料『高島秋帆徳丸原入費覚書』（梶輝行）「洋学史研究」10 1993.4

高島鞆之助　たかしまとものすけ　1844～1916
明治期の陸軍軍人。中将、子爵。
【図　書】
◇大阪偕行社附属小学校物語—ステッセルと乃木将軍の「棗の木」は、なぜ残った（宮本直和著）東洋出版 2000.1 318p
【雑　誌】
◇高島鞆之助と大阪偕行社附属小学校（三崎一明）「教育研究所紀要」追手門学院大学教育研究所 第25号 2007.3 p65～81
◇高島鞆之助（三崎一明）「追手門経済論集」追手門学院大学経済学会 42(1) 2007.9 p117～163
◇日本近代史の真相 陸軍の裏側を見た吉薗周蔵の手記(13)知られざる大物「上原勇作伝」と「周蔵手記」に見る高島鞆之助（落合莞爾）「ニューリーダー」はあと出版 21(1) 2008.1 p84～88
◇疑史（第四十回）高島鞆之助と樺山資紀(1)（落合莞爾）「月刊日本」K&Kプレス 12(2) 2008.2 p112～115
◇日本近代史の真相 陸軍の裏側を見た吉薗周蔵の手記(14)「大西郷の後継者」から「人格異変」？高島鞆之助の実像（落合莞爾）「ニューリーダー」はあと出版 21(2) 2008.2 p88～92
◇高島鞆之助と今井兼利と銀塚（三崎一明）「教育研究所紀要」追手門学院大学教育研究所 第26号 2008.3 p91～103
◇日本近代史の真相 陸軍の裏側を見た吉薗周蔵の手記(15)薩摩ワンワールド総長・高島鞆之助の代理人こそ杉山茂丸（落合莞爾）「ニューリーダー」はあと出版 21(3) 2008.3 p122～126
◇疑史（第42回）高島鞆之助と樺山資紀(2)（落合莞爾）「月刊日本」K&Kプレス 12(3) 2008.3 p110～113
◇疑史（第43回）高島鞆之助と樺山資紀(3)（落合莞爾）「月刊日本」K&Kプレス 12(4) 2008.4 p108～111
◇疑史（第44回）高島鞆之助と樺山資紀(4)（落合莞爾）「月刊日本」K&Kプレス 12(5) 2008.5 p106～109
◇疑史（第44回）高島鞆之助と樺山資紀(5)（落合莞爾）「月刊日本」K&Kプレス 12(6) 2008.6 p108～111
◇日本近代史の真相 陸軍の裏側を見た吉薗周蔵の手記(19)『宇都宮太郎日記』から超高作戦＝高島鞆之助再起策を追う（落合莞爾）「ニューリーダー」はあと出版 21(7) 2008.7 p84～88
◇疑史（第46回）高島鞆之助と樺山資紀(6)（落合莞爾）「月刊日本」K&Kプレス 12(7) 2008.7 p110～113
◇疑史（第47回）高島鞆之助と樺山資紀(7)（落合莞爾）「月刊日本」K&Kプレス 12(8) 2008.8 p110～113
◇日本近代史の真相 陸軍の裏側を見た吉薗周蔵の手記(20)「高島鞆之助の家政困難」はある目的のためのめくらまし（落合莞爾）「ニューリーダー」はあと出版 21(8) 2008.8 p112～116
◇疑史（第48回）高島鞆之助と樺山資紀(8)（落合莞爾）「月刊日本」K&Kプレス 12(9) 2008.9 p108～111
◇高島鞆之助(2)（三崎一明）「追手門経済論集」追手門学院大学経済学会 43(1) 2008.9 p71～152
◇日本近代史の真相 陸軍の裏側を見た吉薗周蔵の手記(26)高島鞆之助、薩摩ワンワールド総長の座を上原勇作へ禅譲（落合莞爾）「ニューリーダー」はあと出版 22(2) 2009.2 p94～98
◇高島鞆之助の侍従時代（三崎一明）「追手門経済論集」追手門学院大学経済学会 43(2) 2009.3 p89～166

高杉晋作　たかすぎしんさく　1839～1867
幕末の長州（萩）藩士。
【図　書】
◇歴史に学ぶ（奈良本辰也）潮出版社 1981.6
◇「狂」を生きる（奈良本辰也）PHP研究所 1981.7
◇高杉晋作の愛した女おうの（松本幸子）新人物往来社 1981.10
◇人物を語る—激動期の群像（奈良本辰也）潮出版社 1981.11
◇幕末群像—大義に賭ける男の生き方（奈良本辰也）ダイヤモンド社 1982.4（シリーズ・歴史の発想 2）
◇幕末志士の生活（芳賀登）雄山閣出版 1982.6（生活史叢書 8）
◇抜群の決断—北条時宗・高杉晋作・東郷平八郎（青木健он）丸二商行 1982.10
◇人物探訪日本の歴史 15 幕末の英傑 暁教育図書 1982.12
◇天皇と明治維新（阪本健一）暁書房 1983.1
◇歴史への招待 25 日本放送出版協会 1983.2
◇高杉晋作青春と旅（奈良本辰也）旺文社 1983.12（旺文社人物グラフィティ）
◇高杉晋作写真集（古川薫ほか著）新人物往来社 1984.2
◇面白きこともなき世を面白く—高杉晋作遊記（粕谷一希著）新潮社 1984.7
◇歴史の群像—12—雄飛 集英社 1984.10
◇高杉晋作と久坂玄瑞（大和選書）（池田諭著）大和書房 1984.11
◇日本史探訪22 幕末維新の英傑たち（角川文庫）角川書店 1985.8
◇高杉晋作—戦闘者の愛と死（新潮文庫）（古川薫）新潮社 1985.9
◇高杉晋作と奇兵隊（岩波新書）（田中彰）岩波書店 1985.10
◇ブレーン：歴史にみる群像 2 旺文社 1986.2
◇ブレーン：歴史にみる群像〈3〉交渉（佐々克明ほか著）旺文社 1986.3
◇高杉晋作と維新の史跡—やさしい歴史ガイド（「東行庵だより」編集部編）〔東行庵だより編集部〕1986.4
◇目でみる日本史 維新の青春群像（文春文庫）（小西四郎編）文芸春秋 1986.4
◇危機の行動力—幕末人物新研究(リキトミブックス〈20〉)（会田雄次, 百瀬明治著）力富書房 1986.5
◇佐幕派論議（大久保利謙著）吉川弘文館 1986.5
◇勝者は歴史を読む〈2〉泰平を治める（南条範夫著）六興出版 1986.5
◇組織力の人物学（童門冬二著）学陽書房 1986.6
◇歴史の精神（斎藤博著）学文社 1986.6
◇女たちの明治維新（小松浅乃著）文園社 1986.11
◇明治を創った人々—乱世型リーダーのすすめ（講談社文庫）（利根川裕著）講談社 1986.11
◇幕末酒徒列伝（村島健一著）旺文社 1987.1（旺文社文庫）
◇中国の都城〈5〉上海物語（丸山昇著）集英社 1987.10
◇高杉晋作（森本覚丹）四季出版 1988.3
◇維新俠艶録（井筒月翁著）中央公論社 1988.3（中公文庫）
◇日本を創った戦略集団〈5〉維新の知識と情熱（堺屋太一編）集英社 1988.3
◇日本史 人物列伝（奈良本辰也著）徳間書店 1988.9（徳間文庫）
◇明治維新とフランス革命（小林良彰著）三一書房 1988.12
◇ビジュアルワイド 新日本風土記〈35〉山口県 ぎょうせい 1989.4
◇係長の智慧〈1〉係長こそ現場の主権者だ（童門冬二著）ぎょうせい 1989.5
◇龍馬と晋作—維新回天に命を賭けた二人の英傑の交遊と生涯（会田雄次, 奈良本辰也, 百瀬明治著）竹井出版 1989.7（致知選書）
◇幕末維新の志士読本（奈良本辰也著）天山出版 1989.9（天山文庫）
◇高杉晋作と奇兵隊 東行庵 1989.10
◇大器の片鱗—実力者はどこが違うのか（邑井操著）PHP研究所 1989.10
◇幕末・維新大百科—激動の時代が何でもわかる本（歴史トレンド研究会編）ロングセラーズ 1989.11（ムックセレクト）
◇西郷星は生きている（日下藤吾著）叢文社 1989.12（現代を拓く歴史名作シリーズ）
◇物語 奇兵隊悲話（古川薫ほか著）新人物往来社 1989.12
◇写真集 高杉晋作の生涯（冨成博, 吉岡一生, 新谷照人, 清水恒治著）新人物往来社 1989.12
◇幕末・維新おもしろ群像—風雲の世の主役たちを裸にする（河野亮著）広済堂出版 1990.1（広済堂ブックス）
◇方法の革命＝感性の解放—徳川の平和の弁証法（いいだもも著）社会評論社 1990.1（思想の海へ「解放と変革」）
◇NHK 歴史への招待〈第22巻〉海援隊と奇兵隊（日本放送協会編）日本放送出版協会 1990.1（新コンパクト・シリーズ）
◇吉田松陰（池田諭著）大和書房 1990.2
◇上海 モダンの伝説（森田靖郎著）JICC出版局 1990.4
◇奔れ晋作！—長州維新風雲録（榛葉英治）日経新聞社 1990.8

◇倒幕の思想・草莽の維新 （寺尾五郎編著） 社会評論社 1990.8 （思想の海へ「解放と変革」）
◇維新風雲回顧録 （田中光顕著） 河出書房新社 1990.9 （河出文庫）
◇長崎幕末浪人伝 （深渦久著） （福岡）西日本新聞社 1990.10
◇図説 歴史の街道・幕末維新 （榊原和夫写真・文） 河出書房新社 1990.11
◇幕末・長州に吹いた風 （古川薫著） PHP研究所 1990.12 （PHP文庫）
◇所郁太郎伝 （青山松任著） 新人物往来社 1991.4 （日本伝記叢書）
◇艶説おもしろ日本史 （風早惣介著） 広済堂出版 1991.11 （広済堂文庫—ヒューマン・セレクト）
◇維新を駆ける—吉田松陰と高杉晋作 （清水唯夫） 中国新聞社 1992
◇高杉晋作 詩と生涯 （冨成博著） 三一書房 1992.1
◇高杉晋作の手紙 （一坂太郎） 新人物往来社 1992.3 （日本手紙叢書）
◇死んでもともと—この男の魅力を見よ！ 最後の最後まで諦めなかった男たち （河野守宏著） 三笠書房 1992.4
◇サイコロジー人物日本史—小田晋の精神歴史学〈下巻〉幕末・維新から現代 （小田晋著） ベストセラーズ 1992.7
◇日本文化の史的研究 （高瀬重雄） 桂書房 1992.8
◇坂本龍馬・男の生き方 （一坂太郎編著） 新人物往来社 1992.9
◇日本史ものしり英雄伝—とっておきの戦略・戦術 （加来耕三著） 広済堂出版 1993.3 （広済堂文庫—ヒューマン・セレクト）
◇苦悩するリーダーたち 日本テレビ放送網 1993.6 （知ってるつもり?!）
◇高杉晋作と奇兵隊 〔特装版〕 （田中彰著） 岩波書店 1993.7 （岩波新書の江戸時代）
◇高杉晋作と久坂玄瑞 〔新装版〕 （池田諭著） 大和書房 1993.9
◇高杉晋作をめぐる群像 （奈良本辰也ほか著） 青人社 1993.9 （幕末・維新百人一話）
◇女人絵巻—歴史を彩った女の肖像 （沢田ふじ子著） 徳間書店 1993.10
◇高杉晋作のすべてがわかる本 （風巻紘一著） 三笠書房 1994.4 （知的生きかた文庫）
◇幕末人間学—サムライ講座 （童門冬二著） 産経新聞ニュースサービス 1994.4
◇市民革命の先駆者 高杉晋作 （小林良彰著） 三一書房 1994.4
◇図説 幕末・維新おもしろ事典 三笠書房 1994.9 （知的生きかた文庫）
◇粋で過激で危険な男・高杉晋作 （中村吾郎著） 鷹書房弓プレス 1994.11
◇高杉晋作—物語と史蹟をたずねて （八尋舜右著） 成美堂出版 1995.2 318p （成美文庫）
◇高杉晋作の上海報告 （宮永孝著） 新人物往来社 1995.3 261p
◇高杉晋作 漢詩改作の謎 （一坂太郎著） 世論時報社 1995.4 190p
◇高杉晋作 復刻版 （横山健堂著） 東行庵 1996.4 570,6p
◇高杉晋作の日記—現代語訳 （高杉晋作著,一坂太郎訳） 東行記念館 1996.4 191p
◇高杉晋作—幕末長州と松下村塾の俊英 学習研究社 1996.5 177p （歴史群像シリーズ）
◇詩学と歴史と生死 第4巻 （福田昭昌著） 教育開発研究所 1996.6 249p
◇高杉晋作の生涯 （冨成博著） 新人物往来社 1996.8 270p
◇屹立—ライバル日本史 6 （NHK取材班著） 角川書店 1996.11 300p （角川文庫）
◇組織の成功哲学—歴史に見る11のケーススタディ （百瀬明治著） PHP研究所 1997.5 249p
◇高杉晋作・奇兵隊関係文献目録 （一坂太郎編） 東行庵 1997.6 105p
◇90分でわかる幕末・維新の読み方—基本と常識 （加来耕三監修,日本史フォーラム21編著） かんき出版 1997.10 233,6p
◇完全制覇 幕末維新—この一冊で歴史に強くなる！ （外川淳著） 立風書房 1997.12 254p
◇高杉晋作—誇りと気概に生きた幕末の風雲児 （藤岡信勝者,自由主義史観研究会編） 明治図書出版 1997.12 139p （教科書が教えない歴史人物の生き方）
◇高杉晋作・男の値打ち—この"人間的魅力"を見よ！ （芳岡堂太著） 三笠書房 1998.2 246p
◇高杉晋作の見た上海—中国の半植民地化と日本 （中野謙二著） 『若き日本と世界』（東海大学外国語教育センター編） 東海大学出版会 1998.3 p119
◇幕末 英傑風雲録 （羽生道英著） 中央公論社 1998.5 365p （中公文庫）
◇はじめに志ありき—明治に先駆けた男 吉田松陰 （阿部博人著） 致知出版社 1998.11 295p
◇堂々日本史 20 （NHK取材班編） KTC中央出版 1998.12 247p
◇高杉晋作 （筑波常治作,田代三善絵） 国土社 1999.3 222p （堂々日本人物史）
◇上海特電—アジア新世紀を読む人脈と金脈 （森田靖郎著） 小学館 1999.7 300p （小学館文庫）
◇歴史に学ぶ「勝者」の組織革命 （堺屋太一著） 集英社 1999.7 265p （集英社文庫）
◇幕末・維新を考える （原田敬一編） 仏教大学通信教育部 2000.3 180p （仏教大学鷹陵文化叢書）
◇明治の怪 山県有朋 （原田務著） 叢文社 2000.4 249p
◇楽しく調べる人物図解日本の歴史—江戸時代末期・明治時代 6 （佐藤和彦監修） あかね書房 2000.4 47p
◇魔都上海—日本知識人の「近代」体験 （劉建輝著） 講談社 2000.6 253p （講談社選書メチエ）
◇高杉晋作—走れ！若き獅子 （古川薫著） 小峰書店 2000.8 197p （時代を動かした人々）
◇日本より先に書かれた謎の吉田松陰伝 烈々たる日本人—イギリスの文豪スティーヴンスンがなぜ （よしだみどり著） 祥伝社 2000.10 218p （ノン・ブック）
◇その時歴史が動いた 4 （NHK取材班編） KTC中央出版 2001.1 253p
◇乱世に生きる—歴史の群像 （中村彰彦著） 中央公論新社 2001.3 349p （中公文庫）
◇高杉晋作の歌 （高杉晋作著,一坂太郎編） 高杉晋作歌碑建立実行委員会 2001.3 48p
◇維新人物学—激動に生きた百七人 （林青梧著） 全日出版 2001.11 286p
◇日本のこころ—「私の好きな人」 月の巻 （五味文彦,松岡正剛,小和田哲男,篠田正浩,垣花秀武ほか著） 講談社 2001.12 251p
◇教科書が教えない歴史人物—高杉晋作・坂本龍馬 （藤岡信勝,小宮宏著） 扶桑社 2002.3 305p （扶桑社文庫）
◇高杉晋作 （一坂太郎著） 文芸春秋 2002.3 236p （文春新書）
◇新東海道物語—そのとき,街道で （新東海道物語を進める会編） 日本経済新聞社 2002.4 390p
◇NHKその時歴史が動いた コミック版 3 （NHK「その時歴史が動いた」取材班編,村上としや,狩那匠,井上大助作画） ホーム社 2002.6 249p
◇疾走の志士高杉晋作 （童門冬二著） ベストセラーズ 2002.6 284p
◇高杉晋作 （梅溪昇著） 吉川弘文館 2002.7 342p （人物叢書 新装版）
◇高杉晋作 復刻版 （村田峰次郎著） マツノ書店 2002.7 254p
◇日本文化論—美意識と歴史的風景 （奈良本辰也著） 角川書店 2002.9 310p （角川選書）
◇歴史に学ぶ人間学 （童門冬二著） 潮出版社 2002.10 284p
◇長州奇兵隊—勝者のなかの敗者たち （一坂太郎著） 中央公論新社 2002.10 255p （中公新書）
◇高杉晋作を歩く （一坂太郎著,吉岡一生写真） 山と渓谷社 2002.11 159p （歩く旅シリーズ 歴史・文学）
◇幕末入門書—志士たちの生涯と死生観 （花谷幸比古著） 展転社 2002.12 221p
◇梅の花咲く—決断の人・高杉晋作 （田中秀征著） 講談社 2002.12 281p （講談社文庫）
◇いい話—こころに一滴,たちまちさわやか （志賀内泰弘著） 日本デザインクリエーターズカンパニー 2003.2 79p （COCOROの文庫）
◇日本の歴史 その不思議な結末—傑物・英雄たちの「その後」 （河合敦著） 三笠書房 2003.6 284p （知的生きかた文庫）
◇中国見聞一五〇年 （藤井治三著） 日本放送出版協会 2003.7 222p （生活人新書）
◇NHKその時歴史が動いたコミック版 幕末編 （NHK取材班編） ホーム社 2003.7 497p （ホーム社漫画文庫）
◇関門手描き立体イラストマップ （GA企画編） GA企画 2003.10 51p
◇目からウロコの幕末維新—黒船来航から廃藩置県まで,歴史の舞台裏がよくわかる （山村竜也著） PHP研究所 2003.10 236p （PHP文庫）
◇衛藤瀋吉著作集 第7巻 （衛藤瀋吉著,衛藤瀋吉著作集編集委員会編） 東方書店 2003.11 266p
◇2時間でわかる図解 新選組のことが面白いほどわかる本 （中見利男著） 中経出版 2003.12 271p （2時間でわかる図解シリーズ）
◇その時歴史が動いた 22 （NHK取材班編） KTC中央出版 2003.12 253p
◇晋作・龍馬像「青春交響の塔」完成記念誌 （志士の杜推進実行委員会事務局編） 志士の杜推進実行委員会 2003.12 60p
◇幕末新詳解事典 （脇坂昌宏著） 学習研究社 2004.1 325p （知れば知るほど面白い・人物歴史丸ごとガイド）
◇教科書から消された偉人・隠された賢人—いま明かされる日本史の真実 （潜川栄太郎著） イーグルパブリシング 2004.5 249p
◇幕末—激闘！薩摩・長州・会津 （星亮一著） 三修社 2004.7 285p

◇日本史が人物12人でわかる本（爆笑問題著）幻冬舎 2004.7 253p
◇雷鳴福岡藩―草莽早川勇伝（栗田藤平著）弦書房 2004.7 283p
◇下関・維新物語―明治維新発祥の地（清永唯夫著）新日本教育図書 2004.8 83p
◇日本精神の研究―人格を高めて生きる（安岡正篤著）致知出版社 2005.1 505p
◇松陰と晋作の志―捨て身の変革者（一-坂太郎著）ベストセラーズ 2005.1 254p（ベスト新書）
◇日本史勝ち組の法則500 徹底検証（加来耕三著）講談社 2005.5 339p（講談社文庫）
◇日本史・ライバルたちの「意外な結末」―宿命・政敵・好敵手たちの知られざる「その後」（日本博学倶楽部編）PHP研究所 2005.9 275p（PHP文庫）
◇高杉晋作（冨成博著）弓立社 2005.10 315p（甦る伝記の名著）
◇歴史人物「その後」の意外な話―あの有名人の驚きの結末（河合敦著）ベストセラーズ 2006.4 230p
◇維新の回天と長州藩―倒幕へ向けての激動の軌跡（相沢邦衛著）新人物往来社 2006.4 246p
◇師弟―ここに志あり（童門冬二著）潮出版社 2006.6 269p
◇判断力と決断力―リーダーの資質を問う（田中秀征著）ダイヤモンド社 2006.7 237p
◇長崎が出会った近代中国（横山宏章著）海鳥社 2006.8 242p（海鳥ブックス）
◇幕末防長儒医の研究（亀田一邦著）知泉書館 2006.10 340,28p
◇星はまた輝く―晋作の炎馬関に燃ゆ（入野清著, 歴史研究会出版局編）歴研 2006.10 242p（歴研選書）
◇高杉晋作と奇兵隊（田中彰著）岩波書店 2006.11 208p（岩波新書）
◇日本陽明学奇蹟の系譜 改訂版, 二版（大橋健二著）叢文社 2006.12 445p
◇高杉晋作と奇兵隊（青山忠正著）吉川弘文館 2007.1 218p（幕末維新の個性）
◇高杉晋作―動けば雷電のごとく（海原徹著）ミネルヴァ書房 2007.2 305,9p（ミネルヴァ日本評伝選）
◇大人の歴史ドリル 書き込み幕末維新（河合敦監修）小学館 2007.5 135p
◇高杉晋作・上海行―攘夷から開国への覚醒（相沢邦衛著）叢文社 2007.10 223p
◇「その時歴史が動いた」心に響く名言集 NHK『その時歴史が動いた』三笠書房 2007.12 221p（知的生きかた文庫）
◇高杉晋作が経営者だったら（板垣英憲著）サンガ 2008.3 267p
◇クロニクル高杉晋作の29年（一坂太郎著）新人物往来社 2008.8 275p（クロニクルシリーズ）
◇幕末「志士」列伝（別冊宝島編集部編）宝島社 2008.11 223p（宝島SUGOI文庫）
◇日本人の死にぎわ（中嶋繁雄著）幻冬舎 2009.3 220p
◇日本史「宿敵」26番勝負（関裕二, 後藤寿一, 一坂太郎著）宝島社 2009.10 221p（宝島SUGOI文庫）
◇幕末維新「英傑」たちの言い分―坂本龍馬から相楽総三まで（岳真也著）PHP研究所 2009.10 391p（PHP文庫）
◇司馬遼太郎 リーダーの条件（半藤一利, 磯田道史, 鴨下信一ほか著）文芸春秋 2009.11 251p（文春新書）
◇幕末維新人物新論―時代をよみとく16のまなざし（笹部昌利編）昭和堂 2009.12 321p
◇決めぜりふ―時代が見える人物像がわかる幕末維新名言集（斎藤孝著）世界文化社 2009.12 303p
◇「英雄」坂本龍馬はなぜ生まれたのか（菊地明著）大和書房 2009.12 221p（だいわ文庫）
◇坂本龍馬と幕末維新人物100選（清水昇著）リイド社 2009.12 253p（リイド文庫）

【雑　誌】
◇高杉晋作の漢詩―開港直後の横浜（増田恒男）「ヨコハマ・メモリー」 3 1980.3
◇高杉晋作と中牟田倉之助（中村孝也）「佐賀史談」 11(9) 1981.3
◇特集・高杉晋作と奇兵隊 「歴史読本」 26(5) 1981.4
◇特集・吉田松陰と若き志士たち 「歴史と人物」 117 1981.4
◇東行庵を訪ふ記 下（藤井貞文）「歴史情報」 9 1981.9
◇高杉晋作 その革命とデカダンス―面白きこともなき世を面白く(1)（粕谷一希）「正論」 100 1982.1
◇高杉晋作 その革命とデカダンス―面白きこともなき世を面白く(2)（粕谷一希）「正論」 101 1982.2
◇高杉晋作 その革命とデカダンス―面白きこともなき世を面白く(3)（粕谷一希）「正論」 103 1982.4
◇高杉晋作 その革命とデカダンス―面白きこともなき世を面白く(4)（粕谷一希）「正論」 104 1982.4
◇高杉晋作 その革命とデカダンス―面白きこともなき世を面白く(5)（粕谷一希）「正論」 105 1982.5
◇高杉晋作 その革命とデカダンス(10)―松陰の"狂"（粕谷一希）「正論」 111 1982.10
◇高杉晋作 その革命とデカダンス(11)―晋作、犬を斬る（粕谷一希）「正論」 112 1982.11
◇高杉晋作 その革命とデカダンス(12)―武者修業時代（粕谷一希）「正論」 114 1982.12
◇高杉晋作 その革命とデカダンス(13)さらば、平和よ！（粕谷一希）「正論」 115 1983.1
◇高杉晋作 その革命とデカダンス(14)拳銃と軍艦（粕谷一希）「正論」 116 1983.2
◇高杉晋作 その革命とデカダンス(15)焼き打ち（粕谷一希）「正論」 117 1983.3
◇高杉晋作の一書簡の考証（荒川久寿男）「史料（皇学館大）」 59 1983.4
◇高杉晋作 その革命のデカダンス(16)西へ行く人を慕いて（粕谷一希）「正論」 119 1983.4
◇高杉晋作 その革命とデカダンス(17)奇兵隊成る（粕谷一希）「正論」 120 1983.5
◇高杉晋作 その革命とデカダンス(18)受難の嵐（粕谷一希）「正論」 121 1983.6
◇高杉晋作 その革命とデカダンス(19)講和談判前後（粕谷一希）「正論」 122 1983.7
◇高杉晋作 その革命とデカダンス(20)功山寺挙兵（粕谷一希）「正論」 124 1983.8
◇高杉晋作 その革命とデカダンス(21)長州男子の胆っ玉（粕谷一希）「正論」 125 1983.9
◇高杉晋作 その革命とデカダンス(22)逃避行、あるいはおうの（粕谷一希）「正論」 126 1983.10
◇龍馬と四境戦争―特集・坂本龍馬と海援隊（粕谷一希）「歴史読本」 28(10) 1983.10
◇高杉晋作 その革命とデカダンス(23)弔わる人となるべき身なりしに（粕谷一希）「正論」 128 1983.11
◇高杉晋作 その革命とデカダンス(24・最終回)面白きこともなき世を面白く（粕谷一希）「正論」 129 1983.12
◇歴史に学ぶ！乱世リーダーの着眼力(特集・指導者の「着眼力」)（桂英澄）「will」 3(5) 1984.5
◇高杉晋作、「動けば雷電の如く発すれば風雨の如し」―「四境戦争」を勝ち抜いた奇兵隊の「先制奇襲」戦法(特集・「明治維新」の男たち)（武岡淳彦）「プレジデント」 23(1) 1985.1
◇幕末における「狂」の問題―高杉晋作の死生観を中心に―（合田晃治）「早稲田政治公法研究」 19 1986.3
◇「維新」を拓いた高杉晋作の「狂挙」―死して「不朽」の見込みあらば、いつにても死ぬべし(特集・吉田松陰)（古川薫）「プレジデント」 24(3) 1986.3
◇高杉晋作の「天下」「穢多」の書簡―偽文書のアリバイと時代のシルエット（北川健）「研究紀要（山口県文書館）」 15 1988.3
◇高杉晋作の基礎知識 概説／略年表／関係人物在世年表／史跡案内／関係地図／参考文献(特集 高杉晋作の謎)「歴史研究」 339 1989.7
◇高杉晋作の亡命(特集 高杉晋作の謎)（小沢和也）「歴史研究」 339 1989.7
◇高杉晋作研究の問題点(特集 高杉晋作の謎)（田中彰）「歴史研究」 339 1989.7
◇東行高杉晋作の漢詩考―尊攘堂文庫所蔵の遺墨について（水野実）「防衛大学校紀要 人文科学分冊」 59 1989.9
◇高杉晋作潜伏地について（松本二郎）「山口県地方史研究」 62 1989.10
◇高杉晋作バスハイク（松島実則）「歴史研究」 343 1989.11
◇高杉晋作「奇兵隊」で倒幕の血路を拓く―日本初の農民までをも組織した軍隊が第2次征長軍を打ち破った(特集・「幕末維新」の人物学)（杉森久英）「プレジデント」 28(6) 1990.6
◇「死すべき所如何」―松陰と晋作の関係(師弟 この鮮烈なる出会い―師はいかにして教えたか。弟子は何を学んだか。)（古川薫）「潮」 378 1990.9
◇子孫が語り継ぐ生きている歴史 奇兵隊・高杉晋作（加来耕三）「歴史研究」 354 1990.10
◇高杉晋作「草稿」考（水野実）「防衛大学校紀要 人文科学分冊」 62 1991.3
◇東行高杉晋作の漢詩考―「遊清五録」中の西上の詩3首をめぐって（水野実）「防衛大学校紀要 人文科学分冊」 63 1991.9
◇桂小五郎―「近代精神への共鳴」薩長連合成る(特集・坂本龍馬の人間関係学)（半藤一利）「プレジデント」 30(7) 1992.7
◇高杉晋作の潜伏処と佐伯屋藤八（福本上）「山口県地方史研究」 68 1992.11
◇高杉晋作の手紙（一坂太郎）「飛梅」 87 1993.1
◇「ひとつの志」が時代を動かす―男たちよ「命懸けのゲーム」を楽しめ(対談)(特集・「変革の旗手」高杉晋作の魅力)（奈良本辰也, 会田雄次）「プレジデント」 31(2) 1993.2
◇「自我」を探し求めた「迷いと変節」の日々―「上海外遊」で開眼し

た回天への道程（特集・「変革の旗手」高杉晋作の魅力）（笠原和夫）「プレジデント」 31(2) 1993.2
◇29歳の死「我が人生に悔いなし」―病を押して幕府軍を撃破。だが維新を見ずに…（特集・「変革の旗手」高杉晋作の魅力）（利根川裕）「プレジデント」 31(2) 1993.2
◇その「おもしろき人生」学ぶべし―革命を志し、詩に親しみ、そして女を愛し（特集・「変革の旗手」高杉晋作の魅力）（古川薫）「プレジデント」 31(2) 1993.2
◇維新前夜と晋作型人材―動けば雷電の如く、発すれば風雨の如し（特集・「変革の旗手」高杉晋作の魅力）（三好徹）「プレジデント」 31(2) 1993.2
◇酒と女と都々逸と―大胆な金遣い、粋な遊び。希代の革命家「もう1つの顔」（特集・「変革の旗手」高杉晋作の魅力）（諸井薫）「プレジデント」 31(2) 1993.2
◇松陰に学んだ「男はいかに死ぬべきか」―19歳で松下村塾に入り、大志を得る（特集・「変革の旗手」高杉晋作の魅力）（童門冬二）「プレジデント」 31(2) 1993.2
◇平成の晋作よ、出でよ―いま必要なのは決断力と果断な実行力である（特集・「変革の旗手」高杉晋作の魅力）（渡部昇一）「プレジデント」 31(2) 1993.2
◇東行高杉晋作の漢詩考―「遊清五録」中の獄中詩について（水野実）「防衛大学校紀要 人文科学分冊」 66 1993.3
◇高杉晋作が上海でみた「アジア」（幕末史話―"第三の開国"のさ中に(9)）（松本健一）「エコノミスト」 71(51) 1993.11.30
◇攘夷のための"国民軍"―奇兵隊（幕末史話―"第三の開国"のさ中に(11)）（松本健一）「エコノミスト」 71(53) 1993.12.14
◇東行高杉晋作の漢詩考―所謂箱根越えの詩をめぐって（水野実）「防衛大学校紀要 人文科学分冊」 68 1994.3
◇再び高杉晋作潜居地について（松本二郎）「山口県地方史研究」 71 1994.6
◇続高杉晋作の潜伏地と佐伯屋藤八（福本ול）「山口県地方史研究」 71 1994.6
◇館蔵「高杉晋作」書簡の真偽（北川健）「山口県立山口博物館研究報告」 山口県立博物館 第21号 1995.3 p41～52
◇村山富市は高杉晋作の生まれ変わりか？―パラダイムの変節に見る「回天の志」（歴史合せ鏡[18]）（上里剛士）「フォーブス日本版」 4(3) 1995.3 p164～172
◇人間の魅力 この国の将来像の構築のために―龍馬、松陰、晋作、村田蔵六…幕末維新の人物を通して人の在り方を語り尽す（文芸春秋復刊50周年記念）（司馬遼太郎）「文芸春秋」 73(14) 1995.10 p94～108
◇東行高杉晋作の漢詩考―所謂筑前滞留中の詩について（水野実）「防衛大学校紀要 人文科学分冊」 防衛大学校 72 1996.3 p1～26
◇吉田松陰と高杉晋作（特集・師弟の肖像―この師にしてこの弟子あり）（一坂太郎）「歴史と旅」 24(1) 1997.1 p236～241
◇高杉晋作の「親友」（読者レポート）（蔵本朋依）「歴史と旅」 24(3) 1997.2 p318～321
◇高杉晋作―しっかりやってくれろ（特集・幕末明治人物臨終の言葉―近代の夜明けを駆けぬけた44人の人生決別の辞 英傑死してことばを遺す）（一坂太郎、稲田明雄、今川徳三、井門寛、宇都宮泰長、河合敦、木村幸比古、祖田浩一、高野澄、高橋和彦、畑山博、三谷栄沙夫、百瀬明治、山村竜也）「歴史と旅」 24(7) 1997.5 p56～57
◇この夫にこの妻がいた―高杉晋作とマサ（特集・幕末維新おんなたちの体験―乱世を密やかにしたたかに生きた女性たち）（一坂太郎）「歴史と旅」 24(12) 1997.8 p106～111
◇論争・近現代史教育の改革(21)歴史人物シリーズ『高杉晋作』を書いて（藤岡信勝）「現代教育科学」 明治図書出版 40(12) 1997.12 p108～115
◇論争・近現代史教育の改革(22)歴史人物シリーズ『高杉晋作』を書いて（藤岡信勝）「現代教育科学」 明治図書出版 41(1) 1998.1 p108～115
◇江戸人に会う―たおやかに一途な人―野村望東尼について（五嶋靖弘）「古典評論 第二次」 古典評論会 2(2) 1998.10 p18～37
◇古文書を読む 高杉晋作の吹聴状（一坂太郎）「歴史研究」 人物往来社歴史研究会 449 1998.10 p66～71
◇高杉晋作―新時代への開眼（中村尚美）「社会科学討究」 早稲田大学アジア太平洋研究センター 44(2) 1999.1 p259～284
◇『世に棲む日日』「維新の発火点」長州人の狂気と怜悧―長府・功山寺での高杉晋作の決起が、幕藩体制崩壊を加速させたのである（特集・司馬遼太郎を旅する）（八尋舜右）「プレジデント」 37(6) 1999.6 p76～83
◇研究余録 高杉晋作の誕生旧宅図（梅渓昇）「日本歴史」 吉川弘文館 629 2000.10 p84～89
◇高杉晋作になぜ魅せられたか（田中秀征）「本」 講談社 26(5) 2001.5 p10～12
◇歴史手帖 高杉晋作の祖母と母の手紙（梅渓昇）「日本歴史」 吉川弘文館 643 2001.12 p36～38
◇史談往来/北から南から だれが見たのか、高杉劇場（山本栄一郎）「歴史研究」 歴研 47(2) 2005.2 p7～9

◇日本を守った名場面(3)百年租借を断固拒否―高杉晋作（童門冬二）「日本の風」 防衛弘済会 3 2005.9 p46～49
◇番記者が見た「裸の変人総理」―信長か、高杉晋作か。自己陶酔型政治家の素顔（里見隆）「文芸春秋」 文芸春秋 83(13) 2005.10 p214～221
◇高杉晋作の念持仏と四国亡命に関する一考察（中本静晩）「山口県地方史研究」 山口県地方史学会 94 2005.11 p93～98
◇史談往来/北から南から 高杉晋作と野村望東尼（小沢和也）「歴史研究」 歴研 48(7) 2006.7 p12～14
◇高杉晋作の「肖像写真」を解読する（特集 古写真集成 幕末人の肖像―特集カラー解説）（一坂太郎）「歴史読本」 新人物往来社 53(3) 2008.3 p34～38
◇松陰と晋作の志―教育とは何か！松下村塾に学ぶ（清話会セミナー講演録）（一坂太郎）「先見経済」 清話会 54(3別冊) 2008.3.1 p14～17
◇組織の力、個人の力―土方歳三、高杉晋作（彼らは「この国」の危機をいかに救ったか？ 司馬遼太郎 日本のリーダーの条件―渾身の大特集）「文芸春秋」 文芸春秋 86(8) 2008.7 p135～140
◇長州藩 高杉晋作vs.木戸孝允（歴史ロマン「幕末ヒーロー」列伝―ヒーローはどっちだ）（古川薫）「現代」 講談社 43(1) 2009.1 p214～217
◇維新を見ずに散った〈晋作と龍馬〉―晋作と龍馬の手紙から読む幕末―篤姫・和宮時代（清話会セミナー講演録）（一坂太郎）「先見経済」 清話会 55(2別冊) 2009.2.1 p10～13
◇讃岐の高杉晋作（河西保則）「霊山歴史館紀要」 霊山顕彰会 19 2009.7 p68～75

鷹司輔熙　たかつかさすけひろ　1807～1878
幕末、明治期の神祇官知事。
【雑　誌】
◇近世煎茶交遊録(20)政争の狭間で―忠熙 輔熙 忠香（小川後楽）「日本美術工芸」 527 1982.8

高橋健三　たかはしけんぞう　1855～1898
明治期の官僚、ジャーナリスト。内閣官報局長。
【図　書】
◇内藤湖南全集　第2巻（内藤虎次郎著）筑摩書房 1996.12 760p
【雑　誌】
◇高橋健三伝追記（姉崎岩蔵）「鶴舞」 44 1982.6
◇二葉亭四迷と内藤湖南―高橋健三を軸として（亀田帛子）「津田塾大学紀要」 18 1986.3
◇内藤湖南「高橋健三君伝」（特集＝近代文学に見る日本海―秋田県）（粕谷一希）「国文学解釈と鑑賞」 至文堂 70(2) 2005.2 p92～97

高橋竹之助　たかはしたけのすけ　1842～1909
幕末、明治期の勤王の志士。
【図　書】
◇北越草莽維新史（田中惣五郎著 本間恂一郎解題）柏書房 1980.10

幟仁親王　たかひとしんのう　1812～1886
幕末、明治期の皇族。父の死により有栖川宮家を継ぐ。
【図　書】
◇皇典講究所草創期の人びと 国学院大学 1982.11
◇有栖川宮幟仁親王略御事蹟―昭和六十一年一月二十四日百年祭に当って 高松宮 1986
【雑　誌】
◇『有栖川宮幟仁親王日記』の文化史的特質（秋元信英）「国学院短期大学紀要」 国学院短期大学 26 2009 p3～68

滝山　たきやま　1806～1876
幕末、明治期の女性。大奥最後の年寄り。
【図　書】
◇埼玉の女たち―歴史の中の24人（韮塚一三郎）さきたま出版会 1980.11
◇近世史のなかの女たち（水江漣子）日本放送出版協会 1983.6（NHKブックス 440）
◇大奥炎上―江戸城の女たち（楠戸義昭著）大和書房 2007.11 284p（だいわ文庫）
【雑　誌】
◇幕末維新の異色女人 大奥最後の女―老女滝山・天璋院（水江漣子）「歴史と旅」 7(1) 1980.1
◇動乱を見つめたおんなたち 御年寄滝山―水戸嫌いの大奥総務長官（特集・幕末維新おんなたちの体験―乱世を密やかにしたたかに生きた女性たち）（田位友季子）「歴史と旅」 24(12) 1997.8 p88～93

武田耕雲斎　たけだこううんさい　1804～1865
幕末の水戸藩尊攘派の首領。
【図　書】
◇徳川名君名臣言行録　（岡谷繁実著　安藤英男校注）　新人物往来社　1981.1
◇首丘の人　大西郷　（平泉澄著）　原書房　1986.2
◇史実で見る日本の正気─尋古一葉抄─　（黒岩栄舟著）　錦正社　1989.12　（国学研究叢書）
◇日本人の死生観─時代のヒーローたちのみごとな生きざま死にざま　（志村有弘著）　ニュートンプレス　1998.11　278p　（ニュートンプレス選書）
◇武田耕雲斎評伝──名水戸藩幕末史　上巻　復刻版　（大内地山著）　マツノ書店　2008.3　742p　図版13枚
◇武田耕雲斎評伝──名水戸藩幕末史　下巻　復刻版　（大内地山著）　マツノ書店　2008.3　509,111,5p　図版16枚
【雑　誌】
◇耕雲斎ゆかりの敦賀市を訪ねて　（上野茂）　「下野史談」　60　1986.11
◇武田耕雲斎─せめて、あの梅の香りだけでも（特集・幕末明治人物臨終の言葉─近代の夜明けを駆けぬけた44人の人生決別の辞　英傑死してことばを遺す）　（一坂太郎、稲川明雄、今川徳三、井門寛、宇都宮泰長、河合敦、木村幸比古、祖田浩一、高野澄、高橋和彦、畑山博、三谷茉沙夫、百瀬明治、山村竜也）　「歴史と旅」　24（7）　1997.5　p52～53
◇徳川慶喜と武田耕雲斎（特集/徳川慶喜の謎）　（茶木稔郎）　「歴史研究」　人物往来社歴史研究会　433　1997.6　p29
◇水戸天狗党の首領　武田耕雲斎　（跡部真）　「歴史研究」　歴研　43（4）2001.4　p40～46

武田とき　たけだとき　1826～1865
幕末の女性。水戸藩の尊攘派志士武田耕雲斎の後妻。
【雑　誌】
◇争乱と事件の中のおんなたち─武田ときと天狗党事件（特集・幕末維新おんなたちの体験─乱世を密やかにしたたかに生きた女性たち）　（光武敏郎）　「歴史と旅」　24（12）　1997.8　p46～51

武市瑞山　たけちずいざん　1829～1865
幕末の土佐藩の剣術家、尊王家。
【図　書】
◇日本の思想　下　（荒木繁ほか）　新日本出版社　1980.12
◇武市半平太─ある草莽の実像　（入交好脩）　中央公論社　1982.3　（中公新書）
◇幕末志士の生活　（芳賀登）　雄山閣出版　1982.6　（生活史叢書 8）
◇武市半平太　（島本徳彦）　沖積舎　1985.11
◇歴史のなかの下剋上　（嶋岡晨著）　名著刊行会　1986.11
◇坂本龍馬─幕末風雲の夢（宮地佐一郎著）　大和書房　1987.7
◇坂本龍馬　（池田諭著）　大和書房　1990.2
◇全国の伝承　江戸時代　人づくり風土記─ふるさとの人と知恵〈39〉高知　（加藤秀俊、谷川健一、稲垣史生、石川松太郎、吉田豊編）　農山漁村文化協会　1990.3
◇維新風雲回顧録　（田中光顕著）　河出書房新社　1990.9　（河出文庫）
◇幕末暗殺史　（森川哲郎著）　毎日新聞社　1993.7　（ミューブックス）
◇山内容堂のすべて　（山本大編）　新人物往来社　1994.8
◇武市半平太伝─月と影と　（松岡司著）　新人物往来社　1997.3　387p
◇京都に遊ぶ─坂本龍馬・新選組、幕末志士が愛した町　（木村幸比古文、杉本雅美、猪口公一撮影）　マリア書房　2001.9　96p　（創作市場）
◇龍馬と新選組の京都─史跡ガイド　（武山峯久著）　創元社　2001.11　207p
◇日本の思想　下　新装版　（荒木繁、松島栄一、加藤文三、河野公平、北村実、佐木秋夫、藤谷俊雄、池田敬正、佐々木潤之介著）　新日本出版社　2001.12　302p
◇幕末暗殺史　（森川哲郎著）　筑摩書房　2002.8　393p　（ちくま文庫）
◇幕末維新なるほど人物事典─100人のエピソードで激動の時代がよくわかる　（泉秀樹著）　PHP研究所　2003.8　452p　（PHP文庫）
◇『武市半平太ある草莽の実像』批判─併せて我が国史壇批判　（横田達雄著）　日本図書刊行会　2003.12　379p
◇維新土佐勤王史　（瑞山会編纂）　マツノ書店　2004.1　1300,49,4p　図版16枚
◇坂本龍馬─幕末志士の旅　（河合敦著）　光人社　2004.2　302p
◇坂本龍馬のすべてがわかる本─敵も味方も惚れぬいた"さわやかな男"　（風巻紘一著）　三笠書房　2004.4　298p　（知的生きかた文庫）
◇完全保存版　幕末維新なるほど人物事典─100人のエピソードで読む幕末維新　（泉秀樹著）　PHP研究所　2004.4　110p
◇武市半平太と土佐勤王党　（横田達雄著）　横田達雄　2007.4　713p
◇幕末維新「英傑」たちの言い分─坂本龍馬から相楽総三まで　（岳真也著）　PHP研究所　2009.10　391p　（PHP文庫）
◇幕末土佐の12人　（武光誠著）　PHP研究所　2009.12　265p　（PHP文庫）
◇幕末維新人物新論─時代をよみとく16のまなざし　（笹部昌利編）　昭和堂　2009.12　321p
◇「英雄」坂本龍馬はなぜ生まれたのか　（菊地明著）　大和書房　2009.12　221p　（だいわ文庫）
【雑　誌】
◇武市半平太の怨念（特集・坂本龍馬の人脈と維新）　（嶋岡晨）　「歴史と人物」　12（2）　1982.2
◇武市瑞山─土佐勤王党の領袖（特集・坂本龍馬光芒の生涯）　（山本大）　「歴史と旅」　9（10）　1982.8
◇土佐勤王党々主瑞山武市半平太の生涯　（入交好脩）　「伊那」　672　1984.5
◇武市半平太、悲運の「革命家」と土佐勤王党─「遼原の火」のごとく燃え広がる「尊王攘夷」運動（特集・『明治維新』の男たち）　（嶋岡晨）　「プレジデント」　23（1）　1985.1
◇武市半平太の妻富子への書簡─「武市瑞山関係文書」と「武市千賀覚書」による（坂本龍馬生誕150年記念特集号）　（入交好脩）　「土佐史談」　170　1985.11
◇武市瑞山120年祭について（坂本龍馬生誕150年記念特集号）　（下元和子）　「土佐史談」　170　1985.11
◇武市半平太─桂浜の青春そして「覚悟の別れ」（特集・坂本龍馬の人間関係学）　（八尋舜右）　「プレジデント」　30（7）　1992.7
◇武市瑞山─つつしんでお受け申しいたす（特集・幕末明治人物臨終の言葉─近代の夜明けを駆けぬけた44人の人生決別の辞　英傑死してことばを遺す）　（一坂太郎、稲川明雄、今川徳三、井門寛、宇都宮泰長、河合敦、木村幸比古、祖田浩一、高野澄、高橋和彦、畑山博、三谷茉沙夫、百瀬明治、山村竜也）　「歴史と旅」　24（7）　1997.5　p54～55
◇この夫にこの妻がいた─武市瑞山と富子（特集・幕末維新おんなたちの体験─乱世を密やかにしたたかに生きた女性たち）　（小石房子）　「歴史と旅」　24（12）　1997.8　p112～117

武市富子　たけちとみこ　1830～1917
幕末、明治期の武市瑞山の妻。
【図　書】
◇司馬遼太郎作品の女性たち　（北影雄幸著）　文芸企画　2006.2　357p
◇幕末の志士を支えた「五人」の女─坂本龍馬の「おりょう」から近藤勇の「おつね」まで　（由良弥生著）　講談社　2009.11　268p　（講談社プラスアルファ文庫）
【雑　誌】
◇この夫にこの妻がいた─武市瑞山と富子（特集・幕末維新おんなたちの体験─乱世を密やかにしたたかに生きた女性たち）　（小石房子）　「歴史と旅」　24（12）　1997.8　p112～117

竹内綱　たけのうちつな　1839～1922
幕末～大正期の高知藩士、政治家、実業家。衆議院議員。
【雑　誌】
◇吉田茂の明治時代　（木原健太郎、本田秀輝）　「公評」　37（3）　2000.4　p96～103

竹内保徳　たけのうちやすのり　1807～1867
幕末の幕臣。
【図　書】
◇幕末教育史の研究2─諸術伝習政策　（倉沢剛著）　吉川弘文館　1984.2
◇文久二年のヨーロッパ報告　（宮永孝著）　新潮社　1989.6　（新潮選書）
◇幕末維新オランダ異聞　（宮永孝著）　日本経済評論社　1992.7
【雑　誌】
◇博物館事始め（3）竹内使節団のみた「展覧場」と「博物館」　（椎名仙卓）　「博物館研究」　21（7）　1986.7
◇竹内使節団の英国バーミンガム訪問─地元新聞の報道記事の紹介　（藤井泰）　「松山大学論集」　4（2）　1992.6

田尻稲次郎　たじりいなじろう　1850～1923
明治、大正期の財政学者。子爵。
【図　書】
◇わが国財政制度の近代化─財務官僚の研究　（森田右一著）　霞ケ関出版　1990.4
◇田尻稲次郎年表　専修大学大学史資料室　2000.1　112,16p　（専修大学創立者年表）
【雑　誌】
◇専修大学創立者・田尻稲次郎（薩摩が生んだ偉大な経済学者）　（坂本敏雄）　「季刊南九州文化」　11　1982.4
◇わが国における財政制度の近代化─田尻稲次郎の貢献─　（森田右一）「関東学園大学大学院紀要」　3　1985.12
◇わが国における財政制度の近代化の貢献　（森田右一）「紀要（関東学院大・院）」　3　1985.12
◇田尻稲次郎と「フランス財政学」の導入　（大淵利男）「政経研究（日本大学法学会）」　25（3）　1988.12

橘周太　たちばなしゅうた　1865〜1904
明治期の陸軍軍人。日露戦争出兵、戦死、軍神と言われる。
　【図　書】
◇遼陽城頭夜は闌けて―軍神橘中佐の生涯　（江崎惇）　スポニチ出版　1981.4
◇分隊長のよもやま談義　（棟田博著）　光人社　1986.7
◇日露の激戦―その戦略と戦術の研究　（秦郁彦, 豊田穣, 渡部昇一他文）　世界文化社　1987.3　（BIGMANビジネスブックス）
◇児童戦争読み物の近代　（長谷川潮著）　久山社　1999.3　108p　（日本児童文化史叢書）
◇教育者橘周太中佐―いまよみがえる明治の教育精神　（坂憲章著）　長崎出島文庫　1999.4　178p
◇日本を護った軍人の物語―近代日本の礎となった人びとの気概　（岡田幹彦著）　都築事務所　2002.7　268p
◇明治の教育精神―橘周太中佐伝　（坂憲章著）　出島文庫　2003.11　216p
◇軍神―近代日本が生んだ「英雄」たちの軌跡　（山室建徳著）　中央公論新社　2007.7　356p　（中公新書）
　【雑　誌】
◇日露戦争・橘中佐・軍神　（古賀保夫）「社会科学研究（中京大学社会科学研究所）」7(2)　1987.3
◇軍歌ブームと軍神の誕生(特集・日露戦争と明治国家)　（御田重宝）「歴史と旅」28(10)　2001.10　p108〜111

立見尚文　たつみなおぶみ　1845〜1907
明治期の陸軍軍人。大将、第8師団長。
　【図　書】
◇日露戦争名将伝―人物で読む「激闘の軌跡」　（柘植久慶著）　PHP研究所　2004.3　280p　（PHP文庫）
　【雑　誌】
◇日露戦争の「陰の功労者」たち 立見尚文―賊軍の猛将、満州で奮戦す（巻頭特集・『坂の上の雲』の男たち―ビジネスマンに最も愛される司馬作品を味わう）　（宮野澄）「プレジデント」34(12)　1996.12　p143
◇特別招待席 奉天大会戦の名将・立見尚文大将―戊辰に「賊軍」、西南に「官軍」の元桑名藩士　（横山高治）「歴史研究」歴研 46(9)　2004.9　p104〜110

伊達邦成　だてくにしげ　1841〜1904
幕末、明治期の武士。亘理藩主。
　【図　書】
◇伊達郷土史黎明期―戊辰の役と開拓苦闘編　（菅原清三編集）〔菅原清三〕1982
◇伊達郷土史黎明期―戊辰戦争と開拓苦闘編 改訂版　（菅原清三編）〔菅原清三〕1984.10
◇歴史の群像―7―挑戦 集英社　1984.12
◇侍たちの北海道開拓　（榎本守恵著）（札幌）北海道新聞社　1993.1
◇北海道開拓秘話―酷寒の荒野に挑み理想郷建設を目指した人達　（津田芳夫著）　230クラブ出版社　2004.2　207p
◇女性が主人公―有名328家の新系図　（本多修著）　中央公論事業出版　2005.3　142p　（新家系図集成）
　【雑　誌】
◇明治国家を屈服させた男(歴史一月一日話(22))　（加来耕三）「潮」377　1990.8

伊達邦直　だてくになお　1834〜1891
幕末, 明治期の仙台藩士。
　【図　書】
◇伊達邦直の日記　（坂田資紀）　北方文芸刊行会　1989.9
◇侍たちの北海道開拓　（榎本守恵著）（札幌）北海道新聞社　1993.1

伊達宗城　だてむねなり　1818〜1892
幕末, 明治期の宇和島藩主、外国事務総督。
　【図　書】
◇幕末酒徒列伝 続　（村島健一）　講談社　1980.3
◇うわじま物語―大君の疑わしい友　（谷有二著）　未来社　1986.3
◇徳川斉昭・伊達宗城往復書翰集　（河内八郎〔編〕）　校倉書房　1993.2
◇列伝・日本近代史―伊達宗城から岸信介まで　（楠精一郎著）　朝日新聞社　2000.5　307,17p　（朝日選書）
◇幕末期宇和島藩の動向―伊達宗城を中心に　（三好昌文著）　三好昌文　2001.10　360p
◇幕末最後の賢侯 伊達宗城―世界を見据えた「先覚の人」　（神川武利著）　PHP研究所　2004.4　395p　（PHP文庫）
◇伊達宗城公伝　（兵頭賢一著, 宇和島伊達文化保存会監修, 近藤俊文校注）　創泉堂出版　2005.1　365p
◇長英逃亡潜伏記―高野長英と伊達宗城異聞　（青山淳平著）　光人社 2008.10　273p
◇幕末土佐の12人　（武光誠著）　PHP研究所　2009.12　265p　（PHP文庫）
　【雑　誌】
◇幕府の御意見番・四賢侯(特集徳川幕府滅亡の舞台裏)　（栗原隆一）「歴史読本」30(18)　1960.10
◇徳川斉昭と伊達宗城(4)嘉永元年の住復書翰(1)　（河内八郎）「茨城大学人文学科論集」13　1980.2
◇徳川斉昭と伊達宗城(5)嘉永元年の往復書翰―統一及び, 同二年の往復書翰(1)　（河内八郎）「人文学科論集」14　1981.3
◇伊達宗城・宗徳(幕末維新最後の藩主285人)　（安岡昭男）「別冊歴史読本」20　1981.6
◇徳川斉昭と伊達宗城(6)嘉永2年の往復書翰(2)　（河内八郎）「茨城大学人文学部紀要 文学科論集」15　1982.3
◇幕末四賢侯―松平春嶽・山内容堂・伊達宗城・島津斉彬(特集・江戸大名100選)　（嶋岡晨）「歴史と旅」9(9)　1982.7
◇徳川斉昭と伊達宗城(7)嘉永2年及び同3年の往復書翰　（河内八郎）「茨城大学人文学科論集」16　1983.3
◇徳川斉昭と伊達宗城(8)嘉永三年―安政元年の往復書翰　（河内八郎）「人文学科論集(茨城大学人文学部)」17　1984.3
◇徳川斉昭と伊達宗城(9)安政元年の往復書翰―統一　（河内八郎）「人文学科論集」18　1985.3
◇伊達宗城の後裔―子孫訪問　（楡井範正）「姓氏と家紋」41　1985.3
◇徳川斉昭と伊達宗城(10)安政3〜5年の往復書翰　（河内八郎）「人文学科論集(茨城大学人文学部)」19　1986.3
◇内憂外患の中の幕末四賢侯(日本史のニューリーダー〈特集〉)　（左方郁子）「歴史と旅」13(15)　1986.11
◇徳川斉昭と伊達宗城(11) 菊池為三郎重善(三左衛門)関係資料　（河内八郎）「人文学科論集(茨城大学人文学部)」20　1987.3
◇徳川斉昭と伊達宗城(12)補遺史料各種　（河内八郎）「人文学科論集(茨城大学人文学部)」21　1988.3
◇伊達宗城とその周辺―岩瀬忠震とその書翰　（河内八郎）「人文学科論集(茨城大学人文学部)」22　1989.3
◇伊達宗城とその周辺―統一 岩瀬忠震・永井尚志ほか　（河内八郎）「人文学科論集(茨城大学人文学部)」23　1990.3
◇伊達宗城とその周辺(3)―橋慶喜の書翰, 他　（河内八郎）「人文学科論集(茨城大学人文学部)」24　1990.7
◇修史館副総裁伊達宗城宛副島種臣書翰2通　（Margaret Mehl）「日本歴史」507　1990.8
◇宇和島伊達宗城の書状　（中沢祐一）「歴史懇談(大阪歴史懇談会)」4　1990.8
◇幕末期における宇和島藩の動向(1)伊達宗城を中心に　（三好昌文）「松山大学論集」松山大学学術研究会　10(6)　1999.2　p105〜132
◇幕末期における宇和島藩の動向(2)―伊達宗城を中心に　（三好昌文）「松山大学論集」松山大学学術研究会　11(1)　1999.4　p123〜149
◇幕末期における宇和島藩の動向(3)伊達宗城を中心に　（三好昌文）「松山大学論集」松山大学学術研究会　11(2)　1999.6　p125〜151
◇幕末期における宇和島藩の動向(4)伊達宗城を中心に　（三好昌文）「松山大学論集」松山大学学術研究会　11(3)　1999.8　p89〜119
◇幕末期宇和島港の動向(5)伊達宗城を中心に　（三好昌文）「松山大学論集」松山大学学術研究会　11(4)　1999.10　p351〜380
◇幕末期宇和島藩の動向(6)伊達宗城を中心に　（三好昌文）「松山大学論集」松山大学学術研究会　11(5)　1999.12　p147〜177
◇幕末期宇和島藩の動向(7)伊達宗城を中心に　（三好昌文）「松山大学論集」松山大学学術研究会　11(6)　2000.2　p99〜124
◇伊達宗城の国防論―弘化・嘉永期の書翰を素材にして　（藤田正）「研究紀要」愛媛県歴史文化博物館　第5号　2000.3　p1〜18
◇幕末期宇和島藩の動向(8)伊達宗城を中心に　（三好昌文）「松山大学論集」松山大学学術研究会　12(1)　2000.4　p99〜129
◇幕末期宇和島藩の動向(9)伊達宗城を中心に　（三好昌文）「松山大学論集」松山大学学術研究会　12(2)　2000.6　p119〜149
◇幕末期宇和島藩の動向(10)伊達宗城を中心に　（三好昌文）「松山大学論集」松山大学学術研究会　12(3)　2000.8　p131〜156
◇幕末期宇和島藩の動向(11)伊達宗城を中心に　（三好昌文）「松山大学論集」松山大学学術研究会　12(4)　2000.10　p119〜148
◇幕末期宇和島藩の動向(12)伊達宗城を中心に　（三好昌文）「松山大学論集」松山大学学術研究会　12(5)　2000.12　p245〜273
◇幕末期宇和島藩の動向(13)伊達宗城を中心に　（三好昌文）「松山大学論集」松山大学学術研究会　12(6)　2001.2　p123〜148
◇有志大名の連携と伊達宗城―開国問題を中心にして　（藤田正）「研究紀要」愛媛県歴史文化博物館　第8号　2003.3　p1〜26
◇伊達宗城の養子事情　（藤田正）「研究紀要」愛媛県歴史文化博物館　第11号　2006.3　p1〜15

伊達保子　だてやすこ　1827～1904
明治期の女性。仙台藩主伊達斉義の娘。
【図書】
◇人間登場―北の歴史を彩る　第1巻　（合田一道,番組取材班著）　北海道出版企画センター　2003.3　253p　（NHKほっかからんど）
◇続々 ほっかいどう百年物語―北海道の歴史を刻んだ人々　（STVラジオ編）　中西出版　2003.7　387p
◇仙台藩最後のお姫さま―北の大地に馳せた夢　（伊達宗弘,伊達君代編）　新人物往来社　2004.7　273p

伊達慶邦　だてよしくに　1825～1874
幕末,明治期の大名。陸奥仙台藩主。
【図書】
◇おかしな大名たち　（神坂次郎著）　中央公論社　1995.11　401p　（中公文庫）

田中カツ　たなかかつ　1849～1936
幕末～昭和期の女性。田中正造の妻。
【雑誌】
◇烈婦列伝―田中カツと長谷川テル（主婦列伝＜特集＞）　（寺井美奈子）「思想の科学」　47　1984.5

田中河内介　たなかかわちのすけ　1815～1862
幕末の尊攘派志士。
【図書】
◇古書発掘　（山下武著）　青弓社　1989.7
◇明治天皇に最も慕われた男―田中河内介拾遺　（田中稔著,熊坂泰忠編）　田中河内介顕彰会　2007.5　38p
【雑誌】
◇田中河内介（特集・証言 日本海軍の戦慄）　（山下武）「歴史と人物」118　1981.5
◇タブーの人田中河内介　（田中稔）「歴史研究」　325　1988.5
◇明治天皇と田中河内介―厳次の士、埋滅して称せられず。悲しいかな。（「史記」「伯夷列伝」）　（田中稔）「東洋文化」　無窮会　87　2001.9　p66～81

田中正造　たなかしょうぞう　1841～1913
明治期の政治家、社会運動家。衆議院議員。
【図書】
◇田中正造全集 5,18,19, 別　（田中正造全集編纂会編）　1980.2,3,5,8
◇男たちの明治維新―エピソード大物史　（奈良本辰也ほか）　文芸春秋　1980.10　（文春文庫）
◇未来に生きた人びと　（塩田庄兵衛）　新日本出版社　1980.10　（新日本新書）
◇田中正造ノート　（日向康）　田畑書店　1981.1
◇怒濤と深淵―田中正造・新井奥邃頌　（長野精一）　法律文化社　1981.6
◇類聚伝記大日本史11 政治家篇　（尾佐竹猛版）　雄山閣出版　1981.6
◇足尾鉱毒事件 下　（森長英三郎）　日本評論社　1982.3
◇日本人の自伝 2 植木枝盛,馬場辰猪.田中正造.玉水常治.松山守善　平凡社　1982.7
◇歴史の精神―大衆のエトスを基軸として　（松本健一）　柏書房　1982.7
◇佐野市立図書館所蔵田中正造関係資料目録 昭和58年4月現在　佐野市立図書館　1983
◇本倉　（松尾尊兊）　みすず書房　1983.1
◇足尾鉱毒事件 上　（森長英三郎）　日本評論社　1983.2
◇日本のリーダー 11 風雲の異端児　ティビーエス・ブリタニカ　1983.10
◇私のなかの歴史 1　（北海道新聞社編）　北海道新聞社　1983.10
◇生きる場の風景―その継承と創造　（花崎皋平著）　朝日新聞社　1984
◇自由民権運動と教育　（国民教育研究所／「自由民権運動と教育」研究会編）　草土文化　1984.1
◇人物探訪 日本の歴史―18―明治の逸材　暁教育図書　1984.2
◇田中正造・河野広中・植木枝盛特別展示図録―第一回総選挙で当選した異色の政治家たち　憲政記念館　1984.2
◇通史足尾鉱毒事件 1877―1984　（東海林吉郎,菅井益郎）　新曜社　1984.4
◇林竹二著作集 6 明治的人間　筑摩書房　1984.7
◇田中正造（岩波新書）　（由井正臣著）　岩波書店　1984.8
◇林竹二著作集 3 田中正造―その生涯と思想　筑摩書房　1985.1
◇ふくろう通信―火山の山麓での生活　（三田博雄著）　草思社　1986.6
◇言論は日本を動かす〈第9巻〉文明を批評する　（丸谷才一編著）　講談社　1986.9
◇公害報道の原点―田中正造と世論形成　（山本武利著）　御茶の水書房　1986.11

◇経営の小さなヒント　（浅野喜起著）　日本経済新聞社　1987.2
◇夢をもとめた人びと〈5〉郷土開発　（金平正,北島春信,蓑田正治編）（町田）玉川大学出版部　1987.3
◇明治の海舟とアジア　（松浦玲著）　岩波書店　1987.4
◇私にとっての田中正造　（田村紀雄編）　総合労働研究所　1987.5
◇田中正造伝―嵐に立ち向かう雄牛　（ケネス・ストロング著,川端康雄,佐野正信訳）　晶文社　1987.7
◇近代天皇制の研究〈1〉近代天皇制の成立　（遠山茂樹著）　岩波書店　1987.11
◇沖縄史料学の方法―近代日本の指標と周辺　（我部政男著）　新泉社　1988.1
◇乳の潮　（石牟礼道子著）　筑摩書房　1988.4
◇田中正造と足尾鉱毒―開館5周年記念企画展　佐野市郷土博物館　1988.10
◇歴史のなかの個性たち―日本の近代を裂く　（鹿野政直著）　有斐閣　1989.3　（有斐閣選書）
◇田中正造選集 1～7　（田中正造）　岩波書店　1989.5
◇近代日本社会思想史研究　（工藤英一著）　教文館　1989.7
◇土民の思想―大衆の中のアナキズム　（大沢正道編著）　社会評論社　1990.2　（思想の海へ「解放と変革」）
◇人間を学ぶ―林竹二先生の人と思想　（小林洋文著）　径書房　1990.4
◇近代に残った習俗的差別　（峯岸賢太郎著）　（神戸）兵庫部落問題研究所　1990.11　（ヒューマンブックレット）
◇世を拓く――一身にして二世を経る　（左方郁子著）　ダイヤモンド社　1990.12
◇田中正造と足尾鉱毒問題を考える―法政平和大学第三回マラソン講座　（法政大学）　オリジン出版センター　1991
◇救現―4―田中正造大学ブックレット　（坂原辰夫〔編〕）　随想舎　1991
◇平野義太郎選集〈第5巻〉社会主義・民主主義　（平野義太郎著,守屋典郎編）　白石書店　1991.3
◇平和とゆたかさを問いなおす　（法政平和大学編）　オリジン出版センター　1991.4　（法政平和大学講義録）
◇鶴見俊輔集〈8〉私の地平線の上に　（鶴見俊輔著）　筑摩書房　1991.4
◇田中正造国政への歩み―生誕150年記念企画展　佐野市郷土博物館　1991.10
◇島田三郎と近代日本―孤高の自由主義者　（井上徹英著）　明石書店　1991.10
◇田中正造と足尾鉱毒問題を考える　（法政平和大学）　オリジン出版センター　1991.11　（法政平和大学マラソン講座）
◇田中正造之生涯　（木下尚江編）　大空社　1991.11　（伝記叢書）
◇語りつぐ田中正造―先駆のエコロジスト　（田村紀雄,志村章子共編）　社会評論社　1991.12
◇新・田中正造伝―現代に生きる正造思想　（朝日新聞宇都宮支局〔編〕）　随想舎　1992
◇木下尚江全集〈第10巻〉田中正造翁　（木下尚江著）　教文館　1992.1
◇人物で学ぶ歴史の授業〈下〉　（市川真一編著）　日本書籍　1992.3
◇立憲改進党の活動と思想　（安在邦夫著）　校倉書房　1992.6　（歴史科学叢書）
◇日本エコロジズムの系譜―安藤昌益から江渡狄嶺まで　（西村俊一著）　農山漁村文化協会　1992.6
◇遠山茂樹著作集〈第4巻〉日本近代史論　（遠山茂樹著）　岩波書店　1992.7
◇新・田中正造伝　（朝日新聞宇都宮支局〔編〕）　（宇都宮）随想舎　1992.12
◇日本の『創造力』―近代・現代を開花させた470人〈4〉進む交流と機能　（富田仁編）　日本放送出版協会　1993.3
◇苦悩するリーダーたち　日本テレビ放送網　1993.6　（知ってるつもり?!）
◇権利の法社会史―近代国家と民衆運動　（後藤正人著）　（京都）法律文化社　1993.11
◇ひとが生まれる―五人の日本人の肖像　（鶴見俊輔著）　筑摩書房　1994.3　（ちくま文庫）
◇田中正造と足尾鉱毒事件を歩く　（布川了,神山勝三）　随想舎　1994.4
◇日本思想の可能性―いま 近代の遺産を読みなおす　（鈴木正,山領健二編）　五月書房　1994.4
◇田中正造　（由井正臣）　岩波書店　1994.9　（岩波新書）
◇田中正造―二一世紀への思想人　（小松裕著）　筑摩書房　1995.9　213,7p
◇田中正造遺墨集　佐野市郷土博物館　1995.11　50p
◇近代史を視る眼―開国から現代まで　（石井孝著）　吉川弘文館　1996.4　263p
◇きょう土につくした人びと ふるさと歴史新聞 7　（笠原秀文）　ポプラ社　1996.4　47p
◇田中正造―田中正造昔話　（田中正造著）　日本図書センター　1997.2　179p　（人間の記録）
◇田中正造　（布川清司著）　清水書院　1997.5　225p　（Century Books）

◇男たちの天地　（今井美沙子,中野章子著）　樹花舎　1997.8　324p
◇新版 20世紀理科年表　（山口幸夫著）　岩波書店　1998.2　218,8p　（岩波ジュニア新書）
◇共生思想の源流—田中正造、南方熊楠、柳田国男　（鶴見和子）『白神山地と共生思想』（野添憲治,北川智彦編）　白神山地を考える能代の会　1998.7　p10
◇田中正造をめぐる言論思想—足尾鉱毒問題の情報化プロセス　（田村紀雄著）　社会評論社　1998.9　202p
◇語りつぐ田中正造—先駆のエコロジスト　（田村紀雄,志村章子共編）　社会評論社　1998.9　261p
◇真理への途上—苦渋に満ちた生涯 田中正造・原胤昭・新渡戸稲造　（雨貝行磨者）　近代文芸社　1999.3　358p
◇100問100答 日本の歴史　5　（歴史教育者協議会編）　河出書房新社　1999.7　271p
◇早わかり20世紀年表　（年鑑事典編集部編）　朝日新聞社　2000.3　232p
◇亡国への抗論—田中正造未発表書簡集　（田中正造著, 由井正臣, 小松裕編）　岩波書店　2000.3　288p
◇楽しく調べる人物図解日本の歴史—明治・大正・昭和・平成時代　7　（佐藤和彦監修）　あかね書房　2000.4　47p
◇日本民衆倫理思想史研究　（布川清司著）　明石書店　2000.5　788p
◇二十一世紀の日本と田中正造・勝海舟　下町人間総合研究所　2000.5　86p
◇反逆者たち—時代を変えた10人の日本人　（保阪正康著）　ティビーエス・ブリタニカ　2000.11　269p
◇イラスト＆エッセイ 男の肖像　（弘法堂建二著）　彩硯社　2000.12　159p　（ぶんりき文庫）
◇理想国日本の追求者・田中正造の思想　（南敏雄著）　近代文芸社　2001.1　230p
◇田中正造の近代　（小松裕著）　現代企画室　2001.3　836p
◇明治のスウェーデンボルグ—奥邃・有礼・正造をつなぐもの　（瀬上正仁著）　春風社　2001.4　270p
◇世界で初めて公害に挑んだ男—政治家の中の政治家 義人・田中正造　（早乙女伸著）　東京図書出版会　2001.5　371p
◇田中正造と天皇直訴事件　（布川了著）　随想舎　2001.8　174p
◇我拾って天国を創らん—田中正造晩年の思想と戦い　（花村冨士男著）　花村冨士男　2001.9　538p
◇続・明治世相こぼればな史　読売新聞社　2001.10　63p　（読売ぶっくれっと）
◇田中正造とその時代—天皇直訴100周年　栃木県立博物館　2001.11　135p
◇公害の原点を後世に—入門・足尾鉱毒事件　（広瀬武著）　随想舎　2001.12　206p
◇人物日本の歴史・日本を変えた53人　8　（高野尚好監修）　学習研究社　2002.2　64p
◇みんな仲よく光ってる　（小堀光詮著）　鈴木出版　2002.3　157p
◇埼玉の自由と民権を掘る—生徒と歩んだ教師の記録　（鈴木義治著）　埼玉新聞社　2002.6　266p
◇内村鑑三と田中正造　（大竹庸悦著）　流通経済大学出版会　2002.9　221p
◇もっと知りたい！人物伝記事典　3　（漆原智良監修）　フレーベル館　2003.4　103p
◇努力は必ず報われる—勇気を与えてくれる歴史上の人物12人の絵物語　（下川高士絵・文）　新人物往来社　2003.6　77p　（シリーズ：こどもとおとなたちに贈る人物日本の歴史）
◇時代に挑んだ反逆者たち—近代日本をつくった「変革」のエネルギー　（保阪正康著）　PHP研究所　2003.9　285p　（PHP文庫）
◇田中正造翁伝—正造翁と同時代史　（花村冨士男著）　花村冨士男　2003.11　506p
◇田中正造を追う—その「生」と周辺　（日向康著）　岩波書店　2003.12　367p
◇日露戦争100年田中正造の人権・平和思想　（梅田欽治著）　下町人間総合研究所　2004.2　47p
◇漱石の時代—天皇制下の明治の精神　（林順治著）　彩流社　2004.4　668p
◇公共哲学　11　（西尾勝, 小林正弥, 金泰昌編）　東京大学出版会　2004.7　406p
◇田中正造と利根・渡良瀬の流れ—それぞれの東流・東遷史　（布川了著）　随想舎　2004.7　231p
◇直訴は必要だったか—足尾鉱毒事件の真実　（砂川幸雄編）　勉誠出版　2004.10　256p
◇田中正造文集　1　（由井正臣, 小松裕編）　岩波書店　2004.11　414p　（岩波文庫）
◇人間っておもしろい—シリーズ「人間の記録」ガイド　（「人間の記録」編集室編著）　日本図書センター　2004.12　367p
◇谷中の思想　（田中正造著）　岩波書店　2005.2　399,8p　（岩波文庫）

◇田中正造全集関係資料目録—岩波書店寄贈資料　館林市　2005.5　405p
◇田中正造と谷中村—谷中村廃村100年 第45回企画展　佐野市郷土博物館　2005.5　48p
◇「健土健民」への招待　（仙北富志和著）　ストーク　2005.7　151p
◇近代社会と格闘した思想家たち　（鹿野政直著）　岩波書店　2005.9　192p　（岩波ジュニア新書）
◇田中正造翁の生涯—評伝　（花村冨士男著）　花村冨士男　2005.11　519p
◇「公共（する）知識人」としての田中正造　（小松裕）『知識人から考える公共性』（平石直昭, 金泰昌編）　東京大学出版会　2006.3　（公共哲学）　p315
◇NHK その時歴史が動いた コミック版 危機突破編　（NHK取材班編, 田中正仁, 帯ひろ志, 小だまたけし, 大林かおる, 井沢まさみ著）　ホーム社　2006.4　408p　（ホーム社漫画文庫）
◇福沢諭吉の戦争論と天皇制論—新たな福沢美化論を批判する　（安川寿之輔著）　高文研　2006.7　386p
◇在日朝鮮・韓国人と日本の精神医療　（黒川洋治著）　批評社　2006.12　177p
◇初期社会主義研究—社会主義と基督教　第19号　（堀切利高, 山泉進, 志村正昭, 梅森直之編）　初期社会主義研究会　2006.12　225p
◇後藤民俗思想史と田中正造の天皇制・利根川東遷問題（布川了述）『後藤民俗思想史の継承と新たな展開』（常民大学合同研究会編）　岩田書院　2007.1　p7~31
◇日本史人物「第二の人生」発見読本　（楠木誠一郎著）　彩流社　2007.3　222p
◇救現　No.10　田中正造大学出版部　2007.3　112p　（田中正造大学ブックレット）
◇環境思想と人間学の革新　（尾関周二著）　青木書店　2007.4　306p
◇足尾銅山物語　（小野崎敏著）　新樹社　2007.7　263p
◇愛の人田中正造の生涯　（花村冨士男著）　随想舎　2007.7　246p
◇スウェーデンボルグを読み解く　（日本スウェーデンボルグ協会（JSA）編）　春風社　2007.11　308p
◇東アジア共同体構想と日本国憲法・田中正造のアジア認識　（三浦一夫, 飯田進著）　下町人間・天狗講九条の会　2008.2　151p
◇予は下野の百姓なり—田中正造と足尾鉱毒事件新聞でみる公害の原点　下野新聞社　2008.5　238p
◇予は下野の百姓なり—新聞でみる、民衆政治家田中正造　栃木県立博物館夏季企画展　栃木県立博物館　2008.7　66p
◇勝海舟を軸に日本の近現代史を考える　（山口義夫, 石山久男, 宮地正人, 梅田欽治, 浅川保, 鵜沢義行, 吉岡吉典著）　下町総研　2009.2　83p
◇田中正造と足尾鉱毒事件を歩く　改訂　（布川了文, 堀内洋助写真）　随想舎　2009.7　139p
◇谷中村事件—ある野人の記録・田中正造伝　新版　（大鹿卓著, 石牟礼道子解題）　新泉社　2009.12　397p

【雑　誌】
◇足尾鉱毒事件（22~32）　（森長英三郎）　「法学セミナー」　300~310　1980.2~7
◇足尾鉱毒事件に関する新資料—田中正造および足尾鉱毒事件関係者書簡　（笠野滋）　「法学研究（慶大）」　53（3）　1980.3
◇村落共同体と田中正造　（安食文雄）　「竜谷史壇」　78　1980.3
◇田中正造の生涯（講演）　（林竹二）　「西南学院大学神学論集」　37（2）　1980.3
◇木下尚江と田中正造—日本近代化の過程における二人の出会いの意味をテーマとして　（藤田美実）　「立正大学文学部論叢」　67　1980.7
◇田中正造研究の組織論　（田村紀雄）　「技術と人間」　9（11）　1980.11
◇足尾鉱毒事件　（森長英三郎）　「法学セミナ」　1981.1~3
◇文学の中の田中正造（風速計）　（田村紀雄）　「思想の科学（第7次）」　9　1981.11
◇「亡国」の思想—田中正造—近代日本の国家像　（五十嵐暁郎）　「日本政治学会年報政治学」　1982　1982
◇教育としての田中正造　（田村紀雄）　「教育評論」　421　1982.7
◇田中正造と河井重蔵—河井重蔵の選挙運動に対する応援演説　（田村貞雄）　「静岡県近代史研究会会報」　47　1982.8
◇田中正造の全体像を求めて—知られざる翁の近代批判と完全非武装論について　（南敏雄）　「日本及日本人」　1571　1983.7
◇田中正造「府県会規則の改正を遂げたり」　（日向康）　「社会科学の方法」　16（8）　1983.8
◇田中正造の思想（上）　（花崎皋平）　「世　界」　460　1984.3
◇田中正造翁とわが家　（佐々木斐佐夫）　「古河郷土史研究会会報」　22　1984.3
◇田中正造の思想（下）　（花崎皋平）　「世　界」　461　1984.4
◇田中正造における自治思想の展開　（小松裕）　「民衆史研究」　26　1984.5
◇伝記と<伝説>と—田中正造と「明治の柩」（近代伝記劇<特集>）　（茨木憲）　「悲劇喜劇」　37（5）　1984.5
◇田中正造の政治思想　（南敏雄）　「自　由」　26（7）　1984.7

◇田中正造(島田宗三ほか宛)(日本人100人の手紙) (佐藤泰正)「国文学」29(12) 1984.9
◇神と人間を内包する自然—終生、底辺人民のため闘いつづけた田中正造の天地観 (南敏雄)「日本及日本人」1576 1984.10
◇地底の記録(28)明治・大正・昭和を生きる—田中正造と自治の思想 (石川猪興)「農政調査時報」338 1984.11
◇地方自治思想の系譜(5)田中正造の自治思想(2) (神戸市地方自治研究会)「都市政策」39 1985.4
◇地方自治思想の系譜(6)田中正造の自治思想(3) (神戸市地方自治研究会)「都市政策」40 1985.7
◇地方自治思想の系譜(7)田中正造の自治思想(4) (神戸市地方自治研究会)「都市政策」42 1986.1
◇文明開化の再吟味について—現代人に問いかける田中正造とブルクハルトの近代批判を素描する (南敏雄)「日本及日本人」1581 1986.1
◇先人たちの思いを溯る源流の山やま(25)渡良瀬川—田中正造、大町桂月、吹原不二雄らの嘆き (斎藤一男)「岳人」467 1986.5
◇田中正造と谷中村の復活 (葛井義憲)「名古屋学院大学論集 人文・自然科学篇」23(1) 1986.6
◇田中正造における憲法と天皇 (小松裕)「文学部論叢」21 1987.3
◇明治前期における田中正造の存村の近代化構想 (安食文雄)「国史学研究(龍谷大学)」13 1987.3
◇「足尾そして日本の歴史」の授業—松木村・谷中村、そして田中正造 (加藤清次)「宇大史学」6 1987.9
◇田中正造の直訴と半山・秋水・尚江 (後神俊文)「初期社会主義研究」2 1988.4
◇田中正造の聖書観(人物誌) (竹中正夫)「キリスト教社会問題研究」37 1989.3
◇田中正造の民主主義思想 (田平暢志)「鹿児島短期大学研究紀要」43 1989.3
◇栃木県会議長時代の田中正造 (小松裕)「文学部論叢」29 1989.3
◇「人、国を亡ぼすは常なり」 (日向康)「図書」480 1989.6
◇田中正造と足尾鉱毒事件(1)いま、なぜ足尾銅山か? (吉沢弘)「グループ秩父事件会報」1989.10
◇田中正造の遺跡を訪ねる (武正正子)「グループ秩父事件会報」28 1989.10
◇足尾鉱毒事件と田中正造 (関口守正)「グループ秩父事件会報」28 1989.10
◇田中正造と足尾鉱毒事件(2)松木村滅亡史(上) (吉沢弘)「グループ秩父事件会報」29 1989.12
◇田中正造と足尾鉱毒事件(3)正造六番目の分骨地発見させる (吉沢弘)「グループ秩父事件会報」30 1990.2
◇田中正造と足尾鉱毒事件(4)よみがえる田中正造 (吉沢弘)「グループ秩父事件会報」31 1990.4
◇田中正造と鹿角疑獄事件 (安村二郎)「北方風土」20 1990.4
◇田中正造と足尾鉱毒事件(5)松木村滅亡史(中) (吉沢弘)「グループ秩父事件会報」32 1990.6
◇田中正造と赤尾塾 (赤尾禎一)「安蘇史談会会報」6 1990.7
◇田中正造と足尾鉱毒事件(6)松木村滅亡史(下) (吉沢弘)「グループ秩父事件会報」33 1990.8
◇田中正造と足尾鉱毒事件(6)松木村滅亡史(下の2) (吉沢弘)「グループ秩父事件会報」34 1990.10
◇田中正造と足尾鉱毒事件(7)足尾暴動小史(上) (吉沢弘)「グループ秩父事件会報」35 1990.12
◇田中正造と鉱毒事件(一〇〇年前の日本〈特集〉) (布川了)「彷書月刊」7(1) 1991.1
◇田中正造と足尾鉱毒事件(8)足尾暴動小史(中) (吉沢弘)「グループ秩父事件会報」36 1991.2
◇田中正造と足尾鉱毒事件(9)足尾暴動小史(中)承前— (吉沢弘)「グループ秩父事件会報」37 1991.4
◇田中正造と足尾鉱毒事件(10)足尾暴動小史(中) (吉沢弘)「グループ秩父事件会報」39 1991.8
◇田中正造と足尾鉱毒事件(11)足尾暴動小史(下) (吉沢弘)「グループ秩父事件会報」40 1991.10
◇田中正造と足尾鉱毒事件(12)足尾暴動小史(下) (吉沢弘)「グループ秩父事件会報」41 1991.12
◇推定明治二年田中正造書簡に関する一考察 (赤尾禎一)「史談(安蘇史談会会報)」8 1992.5
◇足尾銅山 (児玉幸多)「五街道」16(2) 1993.1
◇草莽の生と死—相楽総三、渋沢栄一、田中正造 (西野辰吉)「日本及日本人」1610 1993.4
◇田中正造の改名と六角家在獄「十か月二十日について」 (布川了)「安蘇史談会史談会会報」9 1993.5
◇ひとつの「義人・田中正造考」—外交防衛論にみる良心とその限界 (南敏雄)「日本及日本人」1611 1993.7
◇田中正造と新約聖書、そしてキリスト教? (大竹庸悦)「流通経済大学論集」28(1) 1993.7
◇田中正造の理論と現代的意義(上)彼の歴史観を中心として (南敏雄)「自由」35(8) 1993.8
◇田中正造の論理と現代的意義(下)田中の歴史観を中心として (南敏雄)「自由」35(9) 1993.9
◇田中正造の宗教思想 (南敏雄)「正論」253 1993.9
◇秋灯机の上の幾山河—ゆめはるか吉屋信子(4,5) (田辺聖子)「月刊Asahi」6(1,2) 1994.1,2
◇田中正造の水の思想 (小松裕)「文学部論叢」45 1994.2
◇アジア認識の形成—田中正造を中心に (飯503進)「日本私学教育研究所紀要」29(2) 1994.3
◇続田中正造と足尾鉱毒事件 (吉沢弘)「グループ秩父事件会報」51 1994.5
◇田中正造生家の保存問題と市民運動 (板橋文夫)「月刊社会教育」38(9) 1994.9
◇田中正造と嚶鳴社 (西成健)「立教日本史論集」立教大学日本史研究会 第6号 1995.1 p53〜61
◇田中正造は株主代表訴訟の先駆者か?(歴史合せ鏡) (小林久三)「フォーブス日本版」4(2) 1995.2 p168〜176
◇自由民権期の田中正造の「民力休養」論—三島県令時代の道路開削反対論を中心として(日本史特集号) (西成健)「史苑」立教大学史学会 56(1) 1995.10 p23〜41
◇田中正造の天皇像—その変遷と政治思想 (南敏雄)「自由」自由社 37(12) 1995.12 p151〜157
◇田中正造の天皇像—中—その発言にみる尊王論 (南敏雄)「自由」自由社 38(1) 1996.1 p146〜156
◇田中正造の天皇像(下)天皇批判と天皇万歳の矛盾 (南敏雄)「自由」自由社 38(2) 1996.2 p127〜135
◇田中正造研究—直訴報道と研究史 (小西徳応)「明治大学社会科学研究所紀要」明治大学社会科学研究所 34(2) 1996.3 p315〜342
◇田中正造—"天皇直訴"後の晩年の潔さ(大特集・「こういう人に私はなりたい」生き方を見つめ直す珠玉のエッセイ21篇) (佐江衆一)「現代」30(8) 1996.8 p69〜71
◇Multi-scale historyから見た田中正造の直訴 (日原高志)「東京都立工業高等専門学校研究報告」東京都立工業高等専門学校 33 1997 p141〜150
◇田中正造における政治と宗教(1) (佐藤裕史)「法学」東北大学法学会 61(1) 1997.4 p79〜128
◇田中正造における政治と宗教(二) (佐藤裕史)「法学」東北大学法学会 61(2) 1997.6 p316〜357
◇田中正造のみた自然と人間(特集 自然と人間—対立から融和へ) (南敏雄)「日本及日本人」日本及日本人社 1628 1997.10 p68〜73
◇田中正造における政治と宗教(3・完) (佐藤裕史)「法学」東北大学法学会 61(5) 1997.12 p1056〜1098
◇田中正造—足尾鉱毒事件(20世紀の歴史のなかの人物) (飯田進)「歴史地理教育」歴史教育者協議会 576 1998.3 p12〜15
◇足尾銅山鉱毒事件と熊本の女性—矢嶋楫子・宮崎槌子と田中正造のかかわりを中心に (犬童美子)「新女性史研究」共同体社 第3号 1998.9 p1〜16
◇直訴状をめぐる幸徳秋水と田中正造(特集 幸徳秋水) (大沢正道)「初期社会主義研究」弘隆社 12 1999 p15〜22
◇田中正造考(4)下野の政治的風土(3) (住田良仁)「北海道東海大学紀要 人文社会科学系」北海道東海大学 12 1999 p226〜209
◇知られざる罪と罰〔4〕私刑の極—拷問(ロー・クラス) (村井敏邦)「法学セミナー」44(1) 1999.1 p94〜98
◇見よ、神は谷中にあり(上)—田中正造の解放神学 (栗林輝夫)「関西学院大学キリスト教学研究」関西学院大学キリスト教と文化研究センター 第2号 1999.3 p19〜45
◇田中正造研究—直訴にみる政治システム認識と天皇観 (小西徳応)「明治大学社会科学研究所紀要」明治大学社会科学研究所 37(2) 1999.3 p199〜240
◇意思決定力を育成する中学校社会科歴史授業—単元「田中正造へのメッセージ」の場合 (峰明秀)「社会科研究」全国社会科教育学会 第50号 1999.3 p271〜280
◇「川俣事件」から100年 (田村紀雄)「公評」37(1) 2000.1 p140〜147
◇田中正造晩年のキリスト教的特性 (長江弘晃)「日本大学教育制度研究所紀要」日本大学教育制度研究所 31 2000.3 p19〜47
◇田中正造における天皇と国家 (岡崎正道)「文芸研究」日本文芸研究会 149 2000.3 p59〜72
◇田中正造における非戦論の形成と構造 (佐藤裕史)「史学雑誌」山川出版社 109(7) 2000.7 p1348〜1367
◇田中正造の闘争—運動の論理を中心に (菅原光)「相関社会科学」東京大学大学院総合文化研究科国際社会科学専攻 11 2001 p51〜65
◇田中正造のヴィジョン—その「仕事」と「事業」 (新藤泰男)「桜美林エコノミックス」桜美林大学経済学部 46 2001.12 p21〜33
◇田中正造直訴一〇〇年—通説のいくつかの誤りについて (飯田進)「歴史地理教育」歴史教育者協議会 632 2001.12 p68〜73
◇田中正造の闘争 (菅原光)「相関社会科学」東京大学大学院総合文

化研究科国際社会科学専攻 第11号 2002.3 p51～65
◇田中正造の原初体験 （三浦顕一郎）「白鷗法学」 白鷗大学法学部 20 2002.11 p67～99
◇田中正造の直訴とその後の天皇観 （箕裏奈緒）「帝塚山学院大学日本文学研究」 帝塚山学院大学日本文学会 35 2004.2 p36～52
◇教材研究「田中正造」—〈子ども向けの伝記〉比較検討の活用 （服部裕子）「愛知教育大学大学院国語研究」 愛知教育大学大学院国語教育専攻 13 2005.3 p37～49
◇田中正造におけるエコロジー思想の形成過程（1） （三浦顕一郎）「白鷗法学」 白鷗大学法学部 25 2005.5 p209～256
◇反抗の人間の紙碑—田中正造、ジャック.白井、石垣綾子（特集・評伝劇—その尽きせぬ魅力） （岩ћ剛）「テアトロ」 カモミール社 770 2005.11 p36～38
◇『新紀元』と田中正造（特集『新紀元』—社会主義と基督教） （小松裕）「初期社会主義研究」 初期社会主義研究会,不二出版 19 2006 p57～73
◇環境教育学試論—環境教育教材としての「足尾鉱毒事件と田中正造」 （真下弘征）「宇都宮大学教育学部紀要 第1部」 宇都宮大学教育学部 56 2006.3 p167～176
◇田中正造—社会運動と民衆の思想（特集 日本近代〈知〉の巨人たち—時代に屹立する精神） （小松裕）「神奈川大学評論」 神奈川大学広報委員会 56 2007 p77～83
◇田中正造と社会福祉の関係—棄民への援助のあり方 （長江弘晃）「日本佐渡学」 日本佐渡学会 第9号 2007.10 p24～30
◇早大雄弁会物語(17)田中正造直訴事件と雄弁会設立 （栗原福雄）「Policy」 ニュースニッポン社 161 2008.5 p26～29
◇環境・自治・生命の視点—田中正造の生涯と足尾鉱毒事件の新聞報道 （若林治美）「新聞研究」 日本新聞協会 687 2008.10 p59～62
◇田中正造の「無学」をめぐる一考察 （商兆[k]）「新潟史学」 新潟史学会 62 2009.11 p36～56

田中新兵衛 たなかしんべえ 1841～1863
幕末の薩摩藩士、尊攘派志士。
【図 書】
◇日本よもやま歴史館 （南条範夫著） 天山出版 1990.9 （天山文庫）
◇人間臨終図巻 1 （山田風太郎著） 徳間書店 2001.3 525p （徳間文庫）
◇幕末暗殺 （黒鉄ヒロシ著） PHP研究所 2002.8 515p （PHP文庫）
◇幕末テロリスト列伝 （歴史を旅する会編） 講談社 2004.3 282p （講談社文庫）
◇幕末剣豪秘伝 （津本陽監修） ベストセラーズ 2008.8 255p （ワニ文庫）
【雑 誌】
◇田中新兵衛(特集幕末維新暗殺剣) （滝口康彦）「歴史と旅」 11(14) 1984.11

田中不二麿 たなかふじまろ 1845～1909
幕末,明治期の政治家。子爵,枢密院顧問官,法相。
【図 書】
◇日本洋史学の研究 6 （有坂隆道編） 創元社 1982.4 （創元学術双書）
◇教育勅語への道—教育の政治史 田中不二麿、元田永孚、森有礼、井上毅 （森川輝紀著） 三元社 1990.5
◇学制論考 （井上久雄著） 風間書房 1991.9
◇日本の『創造力』—近代・現代を開花させた470人〈4〉進む交流と機能 （富田仁編） 日本放送出版協会 1993.3
【雑 誌】
◇久米邦武と田中不二麿の宗教視察—岩倉使節団と宗教問題(4) （山崎渾子）「論叢(聖心女子大学)」 73 1989.7
◇田中不二麿の幼児教育認識—欧米教育事情から幼稚園創設へ （湯川嘉津美）「香川大学教育学部研究報告 第1部」 77 1989.9
◇田中不二麻呂と「教育令」制定 （水野節夫）「中京大学教養論叢」 中京大学教養部 38(1) 1997.6 p61～86
◇東京女子師範学校附属幼稚園の創設と中村正直の幼児教育観(2)田中不二麿の東京女子師範学校附属幼稚園開設の建議から中村正直の東京女子師範学校附属幼稚園の創設へ （小川澄江）「国学院大学栃木短期大学紀要」 国学院大学栃木短期大学 35 2000 p47～71
◇源流から辿る近代図書館(3)田中不二麻呂が東京書籍館を設立 （石山洋）「日本古書通信」 日本古書通信社 66(3) 2001.3 p24
◇The Rump Government, Educational Order of 1872, and TANAKA Fujimaro （伊藤弥彦）「同志社法学」 同志社法学会 54(1) 2002.5 p470～455
◇デイビッド・マレーと田中不二麿—明治初期における教育制度と博物館 （内川隆志）「国学院大学博物館学紀要」 国学院大学博物館学研究室 28 2003 p3～17
◇田中不二麿の統制主義と自由主義について—新島草稿と『理事功程』

（ドイツ編）を中心に （森川輝紀）「埼玉大学紀要 教育科学」 埼玉大学教育学部 54(1) 2005 p59～77
◇駐伊公使時代の田中不二麿と訪伊日本人たち—明治中期における日本人政治家のイタリア〈観光〉（特集 国際シンポジウム イタリア観の一世紀—旅と知と美—イタリア・イメージの形成と交差） （鈴木栄樹）「立命館言語文化研究」 立命館大学国際言語文化研究所 20(2) 2008.11 p13～31
◇自由教育令に見る「生活指導」規定—田中不二麿が採用したアメリカ学校法 （山本由美）「東京田中短期大学紀要」 東京田中短期大学 8 2009.3 p82～89

田中光顕 たなかみつあき 1843～1939
幕末,明治期の高知藩士,政治家。子爵,宮内相。
【図 書】
◇維新侠艶録 （井筒月翁著） 中央公論社 1988.3 （中公文庫）
◇日本侵略興亡史—明治天皇出生の謎 （鹿島昇著） 新国民社 1990.4
◇維新風雲回顧録 （田中光顕著） 河出書房新社 1990.9 （河出文庫）
◇裏切られた三人の天皇—明治維新の謎 （鹿島昇著） 新国民社 1997.1 394p
◇裏切られた三人の天皇—明治維新の謎 増補版 （鹿島昇著） 新国民社 1999.2 441p
◇明治日本美術紀行—ドイツ人女性美術史家の日記 （フリーダ・フィッシャー著,安藤勉訳） 講談社 2002.7 233p （講談社学術文庫）
◇無法と悪党の民俗学 （礫川全次編） 批評社 2004.4 325p （歴史民俗学資料叢書 第二期）
【雑 誌】
◇大島氏青裳書屋のこと （川瀬一馬）「書誌学」 29 1982.4
◇明治宮廷秘話—徳富蘇峰翁取材の田中光顕伯談話—（大正14年5月25日）「石川文化事業財団特報」 1 1984.9
◇明治期田中光顕の周辺（含 略歴） （安岡昭男）「法政史学」 37 1985.3
◇田中光顕（坂本龍馬生誕150年記念特集号） （堀見初亀）「土佐史談」 170 1985.11
◇愛書家・田中光顕伯と内野皎亭—「皎亭漫録」抄（研究余録） （柴田光彦）「日本歴史」 558 1994.11
◇幕末から昭和まで生きた維新の志士—歴史の証言者・田中光顕—最下級武士から宮内大臣へ駆け上った男の生涯 （北岡勲）「日本及日本人」 日本及日本人社 1629 1998.1 p82～91
◇大正デモクラシーと貴族院—田中光顕・渡辺千秋復活問題と貴族院の地殻変動 （内藤一成）「青山史学」 青山学院大学文学部史学研究室 第23号 2005.3 p63～76
◇部会ニュース［日本史研究会］近現代史部会 土佐系志士とその顕彰—田中光顕の活動を中心に［含 討論］ （高田祐介）「日本史研究」 日本史研究会 524 2006.4 p85～87
◇歴史の指標・田中光顕（第1回）隠された明治の偉人 「明日への選択」 日本政策研究センター 261 2007.10 p38～41
◇歴史の指標・田中光顕（第2回）高野山の義挙 「明日への選択」 日本政策研究センター 262 2007.11 p38～41
◇歴史の指標・田中光顕（第3回）宮内大臣の天職 「明日への選択」 日本政策研究センター 263 2007.12 p38～41
◇田中光顕関係文書紹介(6) （安岡昭男,長井純市）「法政大学文学部紀要」 法政大学文学部 57 2008年度 p25～41
◇田中光顕関係文書紹介(7) （安岡昭男,長井純市）「法政大学文学部紀要」 法政大学文学部 58 2008年度 p13～27
◇歴史の指標・田中光顕（第4回）明治の御代を築いた一礎石 「明日への選択」 日本政策研究センター 264 2008.1 p38～41
◇歴史の指標・田中光顕（第5回）護国の忠霊に捧げた余生 「明日への選択」 日本政策研究センター 265 2008.2 p38～41
◇歴史の指標・田中光顕（第6・最終回）生涯を貫いた誠忠 「明日への選択」 日本政策研究センター 266 2008.3 p38～41
◇田中光顕関係文書紹介(8) （安岡昭男,長井純市）「法政大学文学部紀要」 法政大学文学部 59 2009年度 p1～17

田辺太一 たなべたいち 1831～1915
幕末,明治期の外交官。貴族院議員。
【図 書】
◇フランスとの出会い—中江兆民とその時代 （富田仁） 三修社 1981.12
◇幕末外国奉行 田辺太一 （尾辻紀子著） 新人物往来社 2006.8 257p

谷干城 たにたてき 1837～1911
明治期の陸軍軍人,政治家。子爵,貴族院議員。
【図 書】
◇青年の風雪—高新ふるさと文庫 （平尾道雄） 高知新聞社 1981.1
◇明治の人—反骨・谷干城 （嶋岡晨）学芸書林 1981.7
◇子爵谷干城伝 （平尾道雄） 象山社 1981.9
◇歴史のなかの下剋上 （嶋岡晨著）名著刊行会 1986.11

◇明治・青春の夢―革新的行動者たちの日記 （嶋岡晨著） 朝日新聞社 1988.7 （朝日選書）
◇明治を彩った妻たち （阿井景子著） 新人物往来社 1990.8
◇捕虜の文明史 （吹浦忠正著） 新潮社 1990.9 （新潮選書）
◇旅の文化史―生きられたアジアの風景 （追手門学院大学東洋文化研究会編） 駸々堂出版 1993.4
◇飯沼二郎著作集〈第2巻〉日本史研究 （飯沼二郎著） 未来社 1994.3
◇会津藩主・松平容保は朝敵にあらず （中村彰彦著） 新人物往来社 1994.8
◇谷干城のみた明治展図録 （高知市立自由民権記念館編） 高知市立自由民権記念館 1997.10 71p
◇松平容保は朝敵にあらず （中村彰彦著） 中央公論新社 2000.2 250p （中公文庫）
◇明治天皇と政治家群像―近代国家形成の推進者たち （沼田哲編） 吉川弘文館 2002.6 286p
◇明治初年の谷干城における「輔弼」のかたち （小林和幸）『明治天皇と政治家群像 近代国家形成の推進者たち』（沼田哲編） 吉川弘文館 2002.6 p137〜
◇幕末維新・あの人の「その後」―新選組から明治の指導者まで （日本博学倶楽部著） PHP研究所 2003.9 275p （PHP文庫）
◇帝国議会誕生―今の国会と何が違うか！ （原田敬一著） 文英堂 2006.4 271p
◇図解 あの軍人の「意外な結末」 （日本博学倶楽部著） PHP研究所 2007.2 95p
◇幕末土佐の12人 （武光誠著） PHP研究所 2009.12 265p （PHP文庫）
【雑　誌】
◇谷干城とシュタイン講議―特に柴四郎の講義録を中心として （堀口修）「中央大学大学院研究年報」 10(2) 1981.3
◇月曜会事件についての一考察―四将軍との関係を中心に （土居秀夫）「軍事史学」 17(2) 1981.9
◇頑愚の反骨人 谷干城（特集・西郷隆盛と西南の役） （嶋岡晨）「歴史と人物」 12(8) 1982.8
◇憲法論議―三山とその時代(6) （池辺一郎）「みすず」 287 1984.9
◇谷干城出生地（坂本龍馬生誕150年記念特集号） （岡内英吉）「土佐史談」 170 1985.11
◇陸軍中将・谷干城―孤塁熊本城守備（日本陸海軍のリーダー総覧） （羽村ہ）「歴史と旅」 13(13) 1986.9
◇明治の「日本男児」ヨーロッパ珍道中 （嶋岡晨）「新潮45」 5(9) 1986.9
◇熊本市谷尾崎町・谷干城作「谷隠探梅」のことなど （志水良雄）「石人」 326 1986.10
◇幕末における谷干城の長崎派遣・上海渡航をめぐって：攘夷論とその超克 （岡崎精郎）「旅の文化史（追手門学院大学）」（生きられたアジアの風景） 1993.4
◇個人文書目録データベースの作成―谷干城関係文書 （岡部次次，広瀬順晧）「文化情報学」 駿河台大学文化情報学部 第2巻 1995.12 p37〜43
◇谷干城―熊本鎮台指令官籠城五十余日（特集・西南戦争120年目の真実―時空を超えて甦る戦争と人間の鮮烈なドラマ） （高野澄）「歴史と旅」 24(15) 1997.10 p76〜81
◇谷干城と「民権」と「天皇」 （小林和幸）「駒沢史学」 駒沢大学史学会 54 1999.6 p1〜22
◇谷干城の政治思想―非地租増徴論を通して （黒川和政）「南大阪大学紀要」 南大阪大学 1(2) 1999.8 p75〜84
◇谷干城の議会開設後における対外観・外交論 （小林和幸）「駒沢史学」 駒沢大学史学会 57 2001.3 p1〜32
◇谷干城覚書 （岩井忠熊）「立命館大学人文科学研究所紀要」 立命館大学人文科学研究所 77 2001.9 p61〜95
◇谷干城の慶応三年 （小林和幸）「駒沢史学」 駒沢史学会 64 2005.2 p309〜324
◇明治二〇年谷干城提出「意見書」とその周辺―「王道論」の射程 （小林和幸）「青山史学」 青山学院大学文学部史学研究室 第23号 2005.3 p15〜27

田沼意尊　たぬまおきたか　1818〜1870
幕末の大名，若年寄。上総小久保藩主，遠江相良藩主。
【雑　誌】
◇水戸天狗党の乱と相良藩主田沼意尊 （川原崎次郎）「地方史静岡」 17 1989.3

玉木文之進　たまきぶんのしん　1810〜1876
幕末，明治期の長州（萩）藩士。
【図　書】
◇男たちの明治維新―エピソード人物史 （奈良本辰也ほか） 文芸春秋 1980.10 （文春文庫）

玉乃世履　たまのせいり　1825〜1886
明治期の司法官。大審院長，元老院議官を務める。
【図　書】
◇手塚豊著作集〈第6巻〉明治刑法史の研究〈下〉 （手塚豊著） 慶応通信 1986.6
◇初代大審院長玉乃世履―年譜 （吉岡達生著） 吉岡達生 2002.9 253p
【雑　誌】
◇五竜老人玉乃世履の墨跡 （大内捷司）「法曹」 法曹会 598 2000.8 p10〜13

玉松操　たままつみさお　1810〜1872
幕末，明治期の公卿，国学者。
【図　書】
◇歴史の仕掛人―日本黒幕列伝 （童門冬二著） 読売新聞社 1990.9

玉虫左太夫　たまむしさだゆう　1823〜1869
幕末，明治期の仙台藩士。養賢堂学頭副役。
【図　書】
◇福沢諭吉年鑑 12(1985) 福沢諭吉協会 1985.10
◇蝦夷地・樺太巡見日誌―入北記 （玉虫左太夫〔著〕，稲葉一郎〔解〕） 北海道出版企画センター 1992
◇玉虫左太夫『航米日録』を読む―日本最初の世界一周日記 （小田基著） 東北大学出版会 2000.2 366p （東北大学出版会叢書）
【雑　誌】
◇玉虫左太夫の原「航米日録」について （宮地正人）「日本歴史」 418 1983.3
◇彦の『海外新聞』と『夷匪入港録』 （近盛晴嘉）「日本古書通信」 48(10) 1983.10
◇玉虫左太夫を読む―『航米日録』を通して （小田基）「学鐙」 丸善 93(9) 1996.9 p24〜29
◇玉虫左太夫『航米記録』を読む （小田基）「言語と文化」 岩手県立大学言語文化教育研究センター 1 1998 p13〜27
◇遣米使節団の二つの日記―John M.Brooke's Pacific Cruise and Japanese Adventure 1858—1860と玉虫左太夫『航米日録』 （小田基）「岩手県立大学盛岡短期大学部研究論集 人文・社会科学編」 岩手県立大学盛岡短期大学部 [1] 1999.3 p9〜17
◇玉虫左太夫・新資料「獄中からの手紙」 （小田基）「言語と文化」 岩手県立大学言語文化教育研究センター 2 2000 p1〜31
◇玉虫左太夫著『入北記』におけるアイヌ観 （増澤智世）「国際人間学フォーラム」 中部大学大学院国際人間学研究科 3 2007.3 p171〜182
◇明治国家をつくった人びと(8)玉虫左太夫―幕末の異文化探訪者 （瀧井一博）「本」 講談社 34(3) 2009.3 p48〜51

田村顕允　たむらあきまさ　1832〜1913
幕末，明治期の亘理藩士。家老，紋鼈製糖社長。
【図　書】
◇伊達郷土史黎明期―戊辰の役と開拓苦闘編 （菅原清三編集）〔菅原清三〕 1982
◇伊達郷土史黎明期―戊辰戦争と開拓苦闘編 改訂版 （菅原清三編）〔菅原清三〕 1984.10
◇北海道開拓秘話―酷寒の荒野に挑み理想郷建設を目指した人達 （津田芳夫著） 230クラブ出版社 2004.2 207p

樽井藤吉　たるいとうきち　1850〜1922
明治期の政治家，社会運動家。衆議院議員。
【図　書】
◇近代日本右派社会思想研究 （滝沢誠） 論創社 1980.8
◇日本の思想家 近代篇 （菅孝行） 大和書房 1981.9
◇復興アジアの志士群像―東亜先覚者列伝 大東塾出版部 1984.5
◇思想史の横顔 （鈴木正著） 勁草書房 1987.9
◇近代日本政治思想史入門―原典で学ぶ19の思想 （大塚健洋編著） ミネルヴァ書房 1999.5 348p
◇韓国・朝鮮と向き合った36人の日本人―西郷隆盛，福沢諭吉から現代まで （舘野晳編著） 明石書店 2002.4 231p
◇アジアと日本―平和思想としてのアジア主義 （李彩華，鈴木正著） 農山漁村文化協会 2007.2 297p
【雑　誌】
◇「大東合邦」構想と「併韓」の構図―西欧列強と清朝中国の間の樽井藤吉 （細野浩二）「史観」 107 1982.10
◇幻影の政府・曾根崎1888年(4)社会党と虚無党 （松本健一）「歴史読本」 28(4) 1983.3
◇樽井藤吉と東洋社会党 （小松裕）「熊本近代史研究会会報」 198 1986.9
◇新日本海時代の幕開け―竹内внутри〈アジア主義の展望〉と樽井藤吉〈大東合邦〉の間（これからの日本(9)） （片岡啓治）「公明」 359

1991.12
◇在京時代の樽井藤吉の軌跡　（高木知明）「日本歴史」　吉川弘文館　616　1999.9　p55～72
◇日本文明の先駆者(2)樽井藤吉　（坪内隆彦）「月刊日本」　K&Kプレス　12(1)　2008.1　p78～85

熾仁親王　たるひとしんのう　1835～1895
幕末,明治期の皇族。参謀総長。
【図　書】
◇明治天皇行幸と地方政治　（鈴木しづ子著）　日本経済評論社　2002.5　284p
【雑　誌】
◇(48)有栖川宮・輪王寺宮―官軍の親王と賊軍の親王(天皇家の史話50選〈特集〉)」「歴史と旅」　13(8)　1986.6

千葉周作　ちばしゅうさく　1794～1856
幕末の剣客家。北辰一刀流始祖。
【図　書】
◇日本剣豪こぼれ話　（渡辺誠）　日本文芸社　1981.10
◇人物探訪　日本の歴史 9　剣客の生涯　暁教育図書　1983.2
◇歴史への招待　26　日本放送出版協会　1983.5
◇日本史探訪 9　戦国の武将たち　（角川書店編）　角川書店　1983.7　（角川文庫）
◇千葉周作（さんりく文庫 7）　（西田耕三編）　NSK地方出版　1983.11
◇日本史探訪　17　講談・歌舞伎のヒーローたち　角川書店　1985.3
◇日本剣客列伝〈下〉　（伊藤桂一ほか著）　旺文社　1987.6　（旺文社文庫）
◇日本剣客列伝　（津本陽著）　講談社　1987.11　（講談社文庫）
◇秘伝兵法三十七番　（戸部新十郎著）　読売新聞社　1988.3
◇NHK歴史への招待〈第16巻〉剣客の時代　（日本放送出版協会編）　日本放送出版協会　1990.7　（新コンパクト・シリーズ）
◇剣豪千葉周作―生誕地の謎を明かす　（佐藤訓雄）　宝文堂　1991
◇よみがえる北斗の剣―実録北辰一刀流　（星耕司著, 小西重治郎絵）　河出書房新社　1993.10
◇剣聖千葉周作〈守の巻〉　（小西重治郎著）　北辰一刀流本部　玄武館　1994.10
◇剣豪―剣一筋に生きたアウトローたち　（草野巧著）　新紀元社　1999.3　216p　（Truth In Fantasy）
◇日本剣豪列伝　新版　（直木三十五著）　大東出版社　1999.9　286p
◇千葉周作遺稿　（千葉周作, 千葉栄一郎編）　体育とスポーツ出版社　2001.6　244p
◇江戸ノ頃追憶―過ぎにし物語　（鍋倉健悦著）　彩図社　2001.11　191p　（ぶんりき文庫）
◇二十五人の剣豪―宮本武蔵から近藤勇まで　（戸部新十郎著）　PHP研究所　2002.10　245p　（PHP文庫）
◇千葉周作遺稿　（千葉周作, 千葉栄一郎編）　体育とスポーツ出版社　2005.5　244p　（武道名著復刻シリーズ）
◇師弟―ここに志あり　（童門冬二著）　潮出版社　2006.6　269p
◇英雄かく生まれり―過去世物語　英傑編　生まれ変わりの人物伝　（ザ・リバティ編集部編）　幸福の科学出版　2006.7　235p
◇千葉周作遺稿　（千葉周作, 千葉栄一郎編）　慧文社　2007.4　192p
◇幕末剣豪秘伝　（津本陽監修）　ベストセラーズ　2008.8　255p　（ワニ文庫）
◇ブレない生き方―自分に軸を通す　（斎藤孝著）　光文社　2008.11　221p
【雑　誌】
◇特集・幕末の剣士, 江戸町道場の隆盛　（童門冬二）「歴史と人物」　10(9)　1980.9
◇妙鶴鶉鴒の尾―千葉周作・特集・秘剣七つの太刀　（岩井護）「歴史と旅」　10(14)　1983.11
◇千葉周作―幕末剣界で輝いた北辰一刀流の祖(日本剣豪総覧)　（津本陽）「歴史と旅」　13(2)　1986.1

長三洲　ちょうさんしゅう　1833～1895
幕末,明治期の勤王の志士, 文人, 書家。
【図　書】
◇田川の文学とその人びと　（瓜生敏一）　瓜生敏一先生著作集刊行委員会　1982.8
◇才翁長三洲先生―没後百年記念誌　天瀬町長三洲没後百年記念事業実行委員会　1994.11
◇三洲長光著作選集　（〔長光〕原著, 中島三夫編著）　中島三夫　2003.12　220p

珍田捨巳　ちんだすてみ　1856～1929
明治～昭和期の外交官。東宮大夫。
【図　書】
◇天皇と侍従長(朝日文庫)　（岸田英夫著）　朝日新聞社　1986.3
◇ポトマックの桜―津軽の外交官珍田夫妻物語　（外崎克久著）　サイマル出版会　1994.11
◇大正期日本のアメリカ認識　（長谷川雄一編著）　慶応義塾大学出版会　2001.5　304p
◇日本外交史人物叢書　第7巻　（吉村道男監修）　ゆまに書房　2002.1　320p

塚本明毅　つかもとあきたけ　1833～1885
幕末,明治期の幕臣, 海軍軍人, 地理・地誌学者。
【図　書】
◇江戸5　人物編　（大久保利謙編輯）　立体社　1980.8
◇幕末・明治初期数学者群像（上　幕末編）　（小松醇郎著）　（京都）吉岡書店　1990.9
◇日本の『創造力』―近代・現代を開花させた470人〈2〉殖産興業への挑戦　（富田仁編）　日本放送出版協会　1993.1

津田出　つだいずる　1832～1905
幕末,明治期の和歌山藩士。貴族院議員。
【図　書】
◇人間学のすすめ　（安岡正篤著）　福村出版　1987.4
◇瘦我慢というかたち―激動を乗り越えた日本の志　（感性文化研究所編）　黙出版　1997.8　111p　（MOKU BOOKS）

土御門藤子　つちみかどふじこ　？～1875
幕末,明治期の侍女。和宮側近筆頭。
【図　書】
◇女たちの幕末京都　（辻ミチ子著）　中央公論新社　2003.4　250p　（中公新書）
【雑　誌】
◇土御門藤子の旅路(特集　徳川将軍家の正室)　（植松三十里）「歴史読本」　新人物往来社　53(7)　2008.7　p202～207

都筑馨六　つづきけいろく　1861～1923
幕末,明治期の内務官僚。男爵, 貴族院議員。
【図　書】
◇日本外交史人物叢書　第14巻　（吉村道男監修）　ゆまに書房　2002.12　245,37p

角田忠行　つのだただゆき　1834～1918
幕末,明治期の幕末の志士。賀茂・熱田神宮宮司。
【図　書】
◇角田忠行翁小伝　（阪本是丸著）　熱田神宮宮庁　1989.2
◇明治維新と国学者　（阪本是丸著）　大明堂　1993.3
◇芳賀登著作選集　第6巻　（芳賀登著）　雄山閣　2003.8　373p
【雑　誌】
◇足利3代木像梟首事件の真相と志士角田忠行について　（市川武治）「長野」　123　1985.9
◇市川氏の尊氏木像梟首事件に関する「角田忠行不参加説」について　（角田富雄）「長野」　123　1985.9
◇矢野・角田先生往復書翰　（後藤利夫）「温古」　8　1986.3
◇近代の熱田神宮と角田忠行　（阪本是丸）「国学院大学日本文化研究所紀要」　65　1990.3
◇熱田神宮に赴任した頃の角田忠行の著作　（川口高風）「愛知学院大学教養部紀要」　愛知学院大学一般教育研究会　47(2)　1999.11　p92～58

デュ=ブスケ, A.　Bousquet, Albert Charles du　1837～1882
フランス出身の軍人。1867年来日, 明治政府雇い。
【図　書】
◇お雇い外国人　（札幌市教育委員会編）　北海道新聞社　1981.12　（さっぽろ文庫19）
◇富岳歴覧―外国人の見た富士山　（伏見功）　現代旅行研究所　1982.4
◇陸軍創設史―フランス軍事顧問団の影　（篠原宏著）　リブロポート　1983.12
◇日本近代化の諸相　（梅溪昇著）　思文閣出版　1984.7
◇詩　場所なるもの（フランス近代詩人論〈2〉）　（小浜俊郎著）　慶応義塾大学法学研究会　1986.5
◇手塚豊著作集〈第9巻〉明治法学教育史の研究　（手塚豊著）　慶応通信　1988.3
◇カルカソンヌの一夜―ヴェイユとブスケ　（大木健著）　朝日出版社　1989.8
◇手塚豊著作集〈第7巻〉明治民法史の研究〈上〉　（手塚豊著）　慶応通信

1990.1
◇福島正夫著作集〈第1巻〉日本近代法史　(福島正夫著)　勁草書房　1993.12
◇手塚豊著作集〈第10巻〉明治史研究雑纂　(手塚豊著)　慶応通信　1994.3
【雑　誌】
◇比較文学研究―日本の近代化とフランス(3)神奈川　(冨田ゼミナール)　「文芸論叢〈文教大学女子短大〉」　17　1981.3
◇ジョー・ブスケにおけるombre,autre,doubleについて―"La Connaissance du Soir"と"Le Meneur de lune"　(小浜俊郎)　「教養論叢〈慶応義塾大学法学部法学研究会〉」　69　1985.3

寺内正毅　てらうちまさたけ　1852～1919
明治～昭和期の陸軍軍人。初代朝鮮総督、伯爵。
【図　書】
◇寺内正毅日記 1900～1918　(寺内正毅著 山本四郎編)　京都女子大学　1980.12　(京都女子大学研究叢刊5)
◇再考・太平洋戦争前夜―日本の一九三〇年代論として　創世記　1981.7　(創世記選書)
◇日本内閣史録2　第一法規出版　1981.8
◇七人の宰相　(読売新聞山口支局編著)　条例出版　1981.9
◇寺内正毅関係文書―首相以前(京都女子大学研究叢刊 9)　(山本四郎編)　京都女子大学
◇政党内閣の成立と崩壊(年報・近代日本研究 6)　(近代日本研究会編)　山川出版社　1984.10
◇寺内正毅内閣関係史料(京都女子大学研究叢刊 10)　(山本四郎編)　京都女子大学
◇獅子の道 中野正剛　(日下藤吾著)　叢文社　1986.11
◇玄界灘に架けた歴史―日朝関係の光と影　(姜在彦著)　(大阪)大阪書籍　1988.5
◇原敬と立憲政友会　(玉井清著)　慶応義塾大学出版会　1999.4　390p
◇植民地教育政策の研究―朝鮮・1905‐1911　(佐藤由美著)　竜渓書舎　2000.2　332p
◇首相列伝―伊藤博文から小泉純一郎まで　(宇治敏彦編)　東京書籍　2001.9　410p
◇軍人宰相列伝―山県有朋から鈴木貫太郎まで三代総理実記　(小林久三著)　光人社　2003.2　262p
◇歴代首相物語　(御厨貴編)　新書館　2003.3　302p
◇日清戦争の軍事戦略　(斎藤聖二著)　芙蓉書房出版　2003.12　277p
◇伊藤博文と韓国併合　(海野福寿著)　青木書店　2004.6　244,12p
◇至上の決断力―歴代総理大臣が教える「生き残るリーダー」　(小林吉弥著)　講談社　2004.12　398p
◇歴代総理大臣伝記叢書　第9巻　(御厨貴監修)　ゆまに書房　2005.7　245p
◇日本の歴史 23　改版　(今井清一著)　中央公論新社　2006.7　585p　(中公文庫)
◇総理の品格　(滝沢中著)　ぶんか社　2006.9　245p　(ぶんか社文庫)
◇歴代総理大臣伝記叢書　別巻　(御厨貴監修)　ゆまに書房　2007.1　284p
◇吉田松陰の予言―なぜ、山口県ばかりから総理大臣が生まれるのか？　(浜崎惟、本誌編集部著)　Book&Books　2007.5　275p
◇宰相たちのデッサン―幻の伝記で読む日本のリーダー　(御厨貴編)　ゆまに書房　2007.6　280p
◇司馬遼太郎 歴史のなかの邂逅―ある明治の庶民 4　(司馬遼太郎著)　中央公論新社　2007.7　394p
【雑　誌】
◇寺内内閣初期の対華政策〔含資料〕　(山本四郎)　「史窓」　37　1980.4
◇寺内内閣における民間団体の対華問題意見(一九一六～一九一八年における)　(鈴木敏г)　「史窓」　37　1980.3
◇寺内内閣時代の日中関係の一面―西原亀三と坂西利八郎　(山本四郎)　「史林」　64(1)　1981.1
◇寺内内閣と西原亀三―対中国政策の初期段階(日本外交の非正式チャネル)　(斎藤聖二)　「季刊国際政治」　75　1983.6
◇第一次大戦と寺内内閣の成立―戦時「危機」内閣の設置　(斎藤聖二)　「上智史学」　28　1983.11
◇寺内内閣成立期の政治状況　(高橋秀直)　「日本歴史」　434　1984.7
◇寺内内閣期の政治体制　(高橋秀直)　「史 林」　67(4)　1984.7
◇総力戦政策と寺内内閣　(高橋秀直)　「歴史学研究」　552　1986.3
◇「寺内朝鮮総督謀殺未遂被告事件」の論理　(北博昭)　「日本歴史」　459　1986.8
◇元帥・陸軍大将・寺内正毅―日韓併合の推進者(日本陸海軍のリーダー総覧)　(小泉剛)　「歴史と旅」　13(13)　1986.9
◇寺内内閣における援段政策確立の経緯　(斎藤聖二)　「季刊国際政治」　83　1986.10
◇寺内正毅と武断政治　(馬淵貞利)　「季刊 三千里」　49　1987.2
◇寺内・原の書翰について―大正6年総選挙関係　(山本四郎)　「日本歴史」　468　1987.5

◇寺内内閣の研究について　(山本四郎)　「政治経済史学」　300　1991.6
◇抗争 原敬vs寺内正毅 政党と藩閥の代理戦争―政党、藩閥、陸海軍、官僚閥が無視できなくなった勢力とは(特集 日本国 内閣総理大臣全史―特集ワイド 首相の座をめぐる八大抗争史)「歴史読本」　新人物往来社　54(11)　2009.11　p66～71

寺島宗則　てらしまむねのり　1832～1893
幕末、明治期の政治家、鹿児島藩士。枢密顧問官、伯爵。
【図　書】
◇林竹二著作集 5 開国をめぐって　筑摩書房　1984.2
◇寺島宗則関係資料集　(寺島宗則研究会編)　示人社　1987.2
◇明治維新対外関係史研究　(犬塚孝明著)　吉川弘文館　1987.7
◇寺島宗則日本―電気通信の父　(高橋善七)　国書刊行会　1989.12
◇寺島宗則　(犬塚孝明)　吉川弘文館　1990.10　(人物叢書 新装版)
◇近代川崎の民衆史―明治人とその風土　(小林孝雄著)　(立川)けやき出版　1992.3
◇日本の『創造力』―近代・現代を開花させた470人〈2〉殖産興業への挑戦　(富田仁編)　日本放送出版協会　1993.1
◇環太平洋国際関係史のイメージ　(日本国際政治学会編)　日本国際政治学会　1993.2
◇近代日本の内と外　(田中彰編)　吉川弘文館　1999.11　331p
◇国際通信の日本史―植民地化解消へ苦闘の九十九年　(石原藤夫著)　東海大学出版会　1999.12　265p
◇明治人のお葬式　(此経啓助著)　現代書館　2001.12　203p
◇日本外交史人物叢書　第11巻　(吉村道男監修)　ゆまに書房　2002.12　1冊
◇日本政治研究　第1巻第1号　(日本政治研究学会編)　木鐸社　2004.1　201p
◇ヨーロッパ人の見た幕末使節団　(鈴木健夫、ポール・スノードン、ギュンター・ツォーベル著)　講談社　2008.8　271p　(講談社学術文庫)
【雑　誌】
◇対外交渉の練達者寺島宗則(造艦テクノクラートの草分け赤松則良)　(高野澄)　「歴史と人物」　14(3)　1984.3
◇明治初期外交指導者の対外認識―副島種臣と寺島宗則を中心に(環太平洋国際関係史のイメージ)　(犬塚孝明)　「季刊国際政治」　102　1993.2
◇寺島外交と法権回復問題　(長沼秀明)　「駿台史学」　駿台史学会 97　1996.3　p1～28
◇寺島宗則外務卿時代における領事裁判権撤廃問題についての研究　(長沼秀明)　「明治大学人文科学研究所年報」　明治大学人文科学研究所　No.38　1997.10　p63～64
◇寺島宗則外務卿時代における領事裁判権撤廃問題についての研究―領事裁判と「内外交渉訴訟」《個人研究》(長沼秀明)　「明治大学人文科学研究所紀要」　明治大学人文科学研究所 47　2000.3　p195～210

照姫　てるひめ　1833～1884
幕末、明治期の女性。会津藩主松平容敬の養女。
【図　書】
◇物語 妻たちの会津戦争　(宮崎十三八編)　新人物往来社　1991.3
◇中野竹子と娘子隊―会津戊辰戦争と娘子隊長中野竹子史話　(水沢繁雄著)　歴史春秋出版　2002.8　55p　(歴春ブックレット)
【雑　誌】
◇石神井城の照姫―特集・大江戸の女性秘話50選　(阿井景子)　「歴史と旅」　10(10)　1983.8
◇照姫と題目隊旗(東北の名城「会津若松城」〈特集〉)　(加藤和宏)　「歴史研究」　377　1992.10

田健治郎　でんけんじろう　1855～1930
明治、大正期の官僚、政治家。
【図　書】
◇田健治郎伝 伝記・田健治郎　(田健治郎伝記編纂会編)　大空社　1988.10　(伝記叢書＜47＞)
◇田健治郎日記 1(明治39年―43年)　(田健治郎著、広瀬順晧編)　尚友倶楽部　2008.11　402p　(尚友叢書)
◇田健治郎日記 1(明治39年―43年)　(田健治郎著、尚友倶楽部、広瀬順晧編)　芙蓉書房出版　2008.12　402p
◇田健治郎日記 2　(尚友倶楽部、桜井良樹編)　芙蓉書房出版　2009.8　505p
◇田健治郎日記 2(明治44年―大正3年)　(田健治郎著、桜井良樹編)　尚友倶楽部　2009.8　505p　(尚友叢書)
【雑　誌】
◇憲政資料室所蔵田健治郎関係文書中の伊東巳代治書簡について―日清戦争期の情報・宣伝活動に関する一史料　(大谷正)　「専修史学」　専修大学歴史学会 28　1997.1　p56～76
◇部会ニュース〔日本史研究会〕近現代史部会 田健治郎の政治的位置付け―1901～1913〔含 討論〕　(島村幸子)　「日本史研究」　日本史研究会 503　2004.7　p105～107

◇地震保険国営論の系譜(6)田健治郎と頼母木桂吉 （田村祐一郎）「流通科学大学論集 流通・経営編」 流通科学大学学術研究会 18(3) 2006.3 p1～14

天璋院 てんしょういん 1837～1883
　幕末, 明治期の女性。13代将軍徳川家定の正室。
【図　書】
◇近世史のなかの女たち （水江漣子） 日本放送出版協会 1983.6 （NHKブックス 440）
◇人物探訪 日本の歴史―16―歴史の女性 暁教育図書 1984.1
◇史談・往く人来る人 （綱淵謙錠著） 文芸春秋 1987.10 （文春文庫）
◇聞き語り にっぽん女性「愛」史 （杉本苑子著） 講談社 1992.4 （講談社文庫）
◇天璋院―薩摩の篤姫から御台所 黎明館企画特別展 鹿児島県歴史資料センター黎明館 1995.9 108p
◇篤姫―わたくしこと一命にかけ 徳川の「家」を守り抜いた女の生涯 （原口泉著） グラフ社 2008.1 239p
◇篤姫と大奥の秘められた真実 （清水将大著） コスミック出版 2008.1 223p （コスミック新書）
◇天璋院篤姫展 （NHKプロモーション編） NHK 2008.2 225p
◇天璋院篤姫ガイドブック 新人物往来社 2008.7 140p （別冊歴史読本）
◇篤姫の謎 大奥魔物語 （武山憲明著） ぶんか社 2008.8 255p
◇二人の妃 篤姫と木花開耶姫 （伊藤発子著） 櫂歌書房 2008.9 168p
◇新薩摩学―天璋院篤姫 （古閑章編） 南方新社 2008.9 296p （新薩摩学シリーズ）
◇天璋院篤姫と皇女和宮 （清水将大著） コスミック出版 2008.10 223p （コスミック文庫）
◇薩摩から江戸へ―篤姫の辿った道 （半田隆夫著） 海鳥社 2008.12 216p
◇時代考証の窓から―「篤姫」とその世界 （大石学編） 東京堂出版 2009.1 246p
◇日本人の恋物語―男と女の日本史 （時野佐一郎著） 光人社 2009.2 229p
◇幕末志士の「政治力」―国家救済のヒントを探る （滝沢中著） 祥伝社 2009.2 268p （祥伝社新書）
◇異説 徳川将軍99の謎 （「歴史の真相」研究会著） 宝島社 2009.2 254p （宝島SUGOI文庫）
◇日本の歴史を動かした女たち （杉本苑子, ジェームス三木著） 中経出版 2009.3 222p （中経の文庫）
◇日本史「宿敵」26番勝負 （関裕二, 後藤寿一, 一坂太郎著） 宝島社 2009.10 221p （宝島SUGOI文庫）
◇決めぜりふ―時代が見える人物像がわかる幕末維新名言集 （斎藤孝著） 世界文化社 2009.12 303p
【雑　誌】
◇幕末維新の異色女人 大奥最後の女―老女滝山・天璋院 （水江漣子）「歴史と旅」 7(1) 1980.1
◇連載対談・江戸編（上）日本の女性史―徳川家の女性たち （十返千鶴子, 西村圭子）「歴史と旅」 7(5) 1980.4
◇天璋院様御麻疹諸留帳について （戸塚武比古）「日本医史学雑誌」 28(1) 1982.1
◇大奥に君臨する天璋院―特集・大江戸の女性秘話50選 （秋月しのぶ）「歴史と旅」 10(10) 1983.8
◇天璋院入輿は本来継嗣問題と無関係―島津斉彬の証言に聞く（研究余録） （芳即正）「日本歴史」 551 1994.4
◇NHK大河ドラマ・天璋院・篤姫の時代を行く（50＋）「プレジデント」 プレジデント社 46(7別冊) 2008.4.17 p6～9
◇13代 徳川家定の正室 鷹司任子・一条秀子・天璋院篤姫―二人の正室の儚い死のあとに入輿した、烈婦の波瀾の生涯 （特集 徳川将軍家の正室―特集ワイド 徳川十五代正室伝） （伊東成郎）「歴史読本」 新人物往来社 53(7) 2008.7 p154～159
◇新時代への移行・天璋院篤姫と幕末―いかに時の流れを読み生き残っていくか……歴史が教える生き方の知恵 （清話会セミナー講演録） （一龍斎貞花） 「先見経済」 清話会 54(7別冊) 2008.7.1 p2～5
◇激動の時代を駆け抜けた天璋院篤姫―その足跡をたずねて （清田和美）「火力原子力発電」 火力原子力発電技術協会 59(9) 2008.9 p808～814
◇天璋院篤姫 婚礼の乗物が発見された！ （齋藤慎一）「歴史読本」 新人物往来社 54(1) 2009.1 p24～27,255
◇研究余録 慶応四年の徳川宗家―田安慶頼と天璋院の動向を通じて （藤田英昭）「日本歴史」 吉川弘文館 729 2009.2 p70～79
◇単刀 歴史を動かした天璋院篤姫 「Themis」 テーミス 18(2) 2009.2 p95
◇天璋院篤姫と法華信仰（愛知学院大学における第五十九回〔日本印度学仏教学会〕学術大会紀要(2)） （長倉信裕）「印度學佛教學研究」 日本印度学仏教学会 57(2) 2009.3 p712～715
◇多言数窮 天璋院篤姫 （大石久和）「時評」 時評社 51(4) 2009.4 p76～78

土井利忠 どいとしただ 1811～1869
　幕末の大名。越前大野藩主。
【雑　誌】
◇土井利忠と幕末の大野藩 （河原哲郎）「古河市史研究」 11 1986.3

東海散士 とうかいさんし 1852～1922
　明治, 大正期の政治家, 小説家, ジャーナリスト。
【図　書】
◇福島と近代文学 （塩谷邦夫） 桜楓社 1981.6
◇復興アジアの志士群像―東亜先覚者列伝 大東塾出版部 1984.5
◇二松学舎大学創立110周年記念論文集 二松学舎大学 1987.10
◇池辺三山―ジャーナリストの誕生 （池辺一郎, 富永健一） みすず書房 1989.10
◇他山石語 （吉川幸次郎著） 講談社 1990.6 （講談社文芸文庫―現代日本のエッセイ）
◇日本近代文学の出発 （平岡敏夫著） 塙書房 1992.9 （塙新書）
◇池辺三山―ジャーナリストの誕生 （池辺一郎, 富永健一著） 中央公論社 1994.4 （中公文庫）
◇近代文学成立過程の研究―柳北・学海・東海散士・蘇峰 （井上弘著） 有朋堂 1995.1 319p
◇日本畸人伝―明治・七人の侍 （鈴木明著） 光人社 2000.10 301p
◇起死回生の日本史―逆境に負けなかった男たち （歴史人物発掘会編） 竹書房 2004.3 237p （竹書房文庫）
◇明治の兄弟―柴太一郎、東海散士柴四朗、柴五郎 （中井けやき著） 文芸社 2008.9 592p
【雑　誌】
◇漢訳「佳人奇遇」の周辺―中国政治小説研究札記 （山田敬三）「神戸大学文学部紀要」 9 1981
◇谷干城とシュタイン講義―特に柴四朗の講義録を中心として （堀口修）「中央大学大学院研究年報」 10(II) 1981.3
◇近代文学にあらわれた仏教 （見理文周）「大法輪」 48(12) 1981.12
◇「佳人之奇遇」成立考証序説―慶応義塾図書館蔵稿本と刊行本 （大沼敏男）「文学」 51(9) 1983.9
◇東海散士、ヨーロッパに心酔す―三山とその時代(4) （池辺一郎）「みすず」 285 1984.6
◇「経世評論」―三山とその時代(5) （池辺一郎）「みすず」 286 1984.8
◇在米時代の東海散士―2枚の写真から （大沼敏男）「日本近代文学」 32 1985.5
◇「佳人之奇遇」の詩と其の作者 （木下彪）「文学」 53(9) 1985.9
◇「佳人之奇遇」に描かれた外交問題―条約改正 （松井幸子）「山口大学教養部紀要 人文科学篇」 21 1987
◇「佳人之奇遇」―作品中の英・露の問題― （松井幸子）「名古屋大学国語国文学」 60 1987.7
◇東海散士柴四朗の「佳人之奇遇」と「東洋之佳人」 （井上弘）「静岡女子大学研究紀要」 21 1988
◇「佳人之奇遇」巻16とその政治的背景 （松井幸子）「山口大学教養部紀要 人文科学篇」 22 1988
◇東海散士柴四朗の「佳人之奇遇」と「東洋之佳人」 （井上弘）「静岡女子大学研究紀要」 21 1988
◇「佳人之奇遇」巻16―対露警戒論 （松井幸子）「山口大学教養部紀要 人文科学篇」 23 1989
◇「佳人之奇遇」巻16について （井上弘）「静岡女子大学研究紀要」 22 1989
◇「佳人之奇遇」の変貌〈近代文学における＜他者＞と＜天皇制＞(2)＜特集＞〉 （林原純生）「日本文学」 39(11) 1990.11
◇東海散士「佳人之奇遇」（明治長編小説事典〈特集〉） （大沼敏男）「国文学解釈と鑑賞」 57(4) 1992.4
◇東海散士『佳人之奇遇』―自由とナショナリズム（特集＝続・日本人の見た異国・異国人―明治・大正期―明治時代の異国・異国人論） （広岡守穂）「国文学解釈と鑑賞」 至文堂 62(12) 1997.12 p40～45
◇東海散士柴四朗の政治思想―政治小説『佳人之奇遇』発刊以前 （高井多佳子）「史窓」 京都女子大学文学部史学会 56 1999 p69～87
◇東海散士『佳人之奇遇』合作の背景―慶応義塾図書館所蔵稿本を読む （特集 新世紀への課題集―未来へのストラテジー―歴史、国家、ネイティブ） （井田進也）「國文學 解釈と教材の研究」 学灯社 44(12) 1999.10 p36～43
◇『佳人之奇遇』を読む―小説と現実の「時差」 （高井多佳子）「史窓」 京都女子大学文学部史学会 58 2001.2 p293～306
◇柴四朗の「国粋保存主義」―『大阪毎日新聞』主筆就任から退社まで （高井多佳子）「京都女子大学大学院文学研究科研究紀要 史学編」 京都女子大学 1 2002 p49～76
◇『東京電報』における柴四朗―高島炭坑視察実記 （高井多佳子）「京都女子大学大学院文学研究科研究紀要 史学編」 京都女子大学 2 2003 p1～29

◇東海散士『東洋之佳人』の漢文異本—保寧山顕聖寺蔵『東洋佳人』(武田範之筆)の紹介と翻刻　(井田進也)　「大妻比較文化」　大妻女子大学比較文化学部　4　2003.Spr　p130〜116
◇柴四朗の国権論—『佳人之奇遇』における「自由」　(高井多佳子)　「史窓」　京都女子大学文学部史学会　60　2003.2　p1〜24
◇『新中国未来記』における「志士」と「佳人」—『経国美談』『佳人之奇遇』からの受容を中心に　(寇振鋒)　「多元文化」　名古屋大学国際言語文化研究科国際多元文化専攻　4　2004.3　p43〜56
◇飛行と〈未来〉の日露戦争—東海散士『日露戦争羽川六郎』を中心に　(小特集「日露戦争と近代の記憶」)　(熊谷昭宏)　「同志社国文学」　同志社大学国文学会　61　2004.11　p376〜386
◇柴四朗の言語活動—政治と思想の実践　(高井多佳子)　「京都女子大学大学院文学研究科研究紀要　史学編」　京都女子大学　8　2009　p79〜126

東郷平八郎　とうごうへいはちろう　1847〜1934
明治、大正期の海軍軍人。元帥、東宮御学文所総裁、侯爵。
【図書】
◇東郷平八郎　(下村寅太郎)　講談社　1981.7　(講談社学術文庫)
◇抜群の決断—北条時宗・高杉晋作・東郷平八郎　(青木健治)　丸二商行　1982.10
◇英雄の素顔ナポレオンから東条英機まで　(児島襄著)　ダイヤモンド社　1983.12
◇東郷神社誌　東郷神社　1984.5
◇英雄の心理学　(小此木啓吾)　PHP研究所　1984.9
◇東郷平八郎　下　(真木洋三)　文芸春秋　1985.5
◇勝負と決断—海軍士官に見る勇気と明察　(生出寿著)　光人社　1986.3
◇政治家　その善と悪のキーワード　(加藤尚文著)　日経通信社　1986.6
◇東郷平八郎のすべて　新人物往来社　1986.7
◇日本海軍の名将と名参謀　(吉田俊雄,千早正隆ほか著)　新人物往来社　1986.8
◇素顔のリーダー—ナポレオンから東条英機まで(文春文庫)　(児島襄著)　文芸春秋　1986.8
◇海軍経営者　山本権兵衛　(千早正隆著)　プレジデント社　1986.12
◇日露の激戦—その戦略と戦術の研究　(秦郁彦、豊田穣、渡部昇一他文)　世界文化社　1987.3　(BIGMANビジネスブックス)
◇帝国海軍　軍令部総長の失敗—天皇に背いた伏見宮元帥　(生出寿著)　徳間書店　1987.3
◇栄光と悲劇　連合艦隊—東郷平八郎と山本五十六　(吉田俊雄著)　秋田書店　1987.6
◇聖将東郷全伝　第1巻　(小笠原長生編著)　国書刊行会　1987.8
◇聖将東郷全伝　第2巻　(小笠原長生編著)　国書刊行会　1987.8
◇聖将東郷全伝　第3巻　(小笠原長生編著)　国書刊行会　1987.8
◇聖将東郷全伝　別巻　(戸高一成編)　国書刊行会　1987.8
◇ドキュメント　世界に生きる日本の心—21世紀へのメッセージ　(名越二荒之助著)　展転社　1987.10
◇明治リーダーの戦略戦術　(佐々克明著)　講談社　1987.11　(講談社文庫)
◇東郷平八郎〈上〉　(真木洋三著)　文芸春秋　1988.5　(文春文庫)
◇東郷平八郎〈下〉　(真木洋三著)　文芸春秋　1988.5　(文春文庫)
◇私記キスカ徹退　(阿川弘之著)　文芸春秋　1988.6　(文春文庫)
◇旗艦三笠と東郷元帥〈上〉　(豊田穣著)　勁文社　1988.9　(ケイブンシャ文庫)
◇旗艦三笠と東郷元帥〈下〉　(豊田穣著)　勁文社　1988.9　(ケイブンシャ文庫)
◇信玄とヒトラー—歴史に学ぶ東西「生きざま」比較　(金森誠也著)　日本経済通信社　1988.9
◇東郷元帥は何をしたか　(前田哲男,纐纈厚)　高文研　1989
◇平成の天皇　(橋本明著)　文芸春秋　1989.3
◇東郷元帥は何をしたか—昭和の戦争を演出した将軍たち　(前田哲男,纐纈厚著)　高文研　1989.7
◇「明治」という国家　(司馬遼太郎著)　日本放送出版協会　1989.9
◇象徴天皇制—その思想的考察　(唯物論研究協会編)　白石書店　1989.11
◇連合艦隊戦訓48—戦訓から学ぶ発想の転換　(佐藤和正著)　光人社　1989.12
◇史実で見る日本の正気—尋古一葉抄　(黒岩棠舟著)　錦正社　1989.12　(国学研究叢書)
◇夕日のミッドウェー—アドミラル東郷の弟子たちとニミッツ提督　(江戸雄介著)　光人社　1990.1
◇東郷平八郎　元帥の晩年　(佐藤国雄著)　朝日新聞社　1990.3
◇究極の統率法—将に将たる器とは何か　(奥田鉱一郎著)　マネジメント社　1990.9
◇昭和天皇に背いた伏見宮元帥　(生出寿著)　徳間書店　1991.8　(徳間文庫)
◇資料集　いま、なぜ東郷元帥か　(高嶋伸欣編)　同時代社　1991.8
◇人物で学ぶ歴史の授業〈下〉　(市川真一編著)　日本書籍　1992.3
◇知将　秋山真之　(生出寿著)　徳間書店　1992.5　(徳間文庫)
◇乃木神社・東郷神社　新人物往来社　1993.10　(神社シリーズ)
◇3分間で読む　生きる喜び　(花岡大学著)　同朋舎出版　1997.2　237p
◇東郷平八郎—近代日本をおこした明治の気概　(岡田幹彦著)　展転社　1997.5　286p
◇勝つ戦略　負ける戦略—東郷平八郎と山本五十六　(出生寿著)　徳間書店　1997.7　248p　(徳間文庫)
◇東郷平八郎—日本艦隊はなぜロシア艦隊に勝ったか　(上原卓著,自由主義史観研究会編)　明治図書出版　1997.12　114p　(教科書が教えない歴史人物の生き方)
◇この日本人を見よ—在りし日の人たち　(馬野周二著)　フォレスト出版　1998.12　263p
◇天風先生の心の学校—不透明な時代を生きるために　(堀添勝身著)　中経出版　1998.12　189p
◇日本海海戦の真実　(野村実著)　講談社　1999.7　230p　(講談社現代新書)
◇東郷平八郎　(田中宏巳著)　筑摩書房　1999.7　237p　(ちくま新書)
◇連合艦隊の栄光と悲劇—東郷平八郎と山本五十六　(吉田俊雄著)　PHP研究所　2000.8　417p　(PHP文庫)
◇その時歴史が動いた　1　(NHK取材班編)　KTC中央出版　2000.9　253p
◇沈黙の提督—海将東郷平八郎伝　(星亮一著)　光人社　2001.1　330p
◇司馬遼太郎のテムズ紀行など—フォト・ドキュメント歴史の旅人　(NHK出版編,司馬遼太郎,吉田直哉著,飯田隆夫写真)　日本放送出版協会　2001.2　213p
◇ミットフォード日本日記—英国貴族の見た明治　(A.B.ミットフォード著,長岡祥三訳)　講談社　2001.2　298p　(講談社学術文庫)
◇対談集　世界に誇る日本人—21世紀に伝えたい日本の心　(小池幹生著,モラロジー研究所出版部編)　モラロジー研究所　2001.9　269p
◇完全勝利の鉄則—東郷平八郎とネルソン提督　(生出寿著)　徳間書店　2001.9　331p　(徳間文庫)
◇日本補佐役列伝—興亡を分ける組織人間学　(加来耕三著)　学陽書房　2001.11　420p　(人物文庫)
◇人物日本の歴史・日本を変えた53人　8　(高野尚好監修)　学習研究社　2002.2　64p
◇盛田昭夫・竹下登・フルシチョフ—指導者達の素顔　(清宮竜著)　善本社　2002.3　275p
◇靖国神社—そこに祀られている人びと　(板倉聖宣,重弘忠晴著)　仮説社　2002.7　60p　(仮説社授業書)
◇日本海軍の歴史　(野村実著)　吉川弘文館　2002.8　248p
◇帝国海軍将官総覧　(太平洋戦争研究会著)　ベストセラーズ　2002.8　300p　(ベストセラーシリーズ・ワニの本)
◇英国と日本—日英交流人物列伝　(イアン・ニッシュ編,日英文化交流研究会訳)　博文館新社　2002.9　424,16p
◇知的追求「向山型社会」の展開　小学校6年　(TOSS社会科研究会,吉田高志編)　明治図書出版　2003.3　151p
◇日露戦争・あの人の「その後」—東郷平八郎、秋山兄弟から敵将ステッセルまで　(日本博学倶楽部著)　PHP研究所　2004.4　285p　(PHP文庫)
◇サムライの墨書—元帥東郷平八郎と三十一人の提督　(松橋暉男著)　毎日ワンズ　2004.5　231p
◇教科書から消された偉人・隠された賢人—いま明かされる日本史の真実　(濤川栄太著)　イーグルパブリシング　2004.5　249p
◇東郷平八郎伝—日本海海戦の勝者　(星亮一著)　光人社　2004.6　388p　(光人社NF文庫)
◇小村寿太郎—近代随一の外交家その剛毅なる魂　(岡田幹彦著)　展転社　2005.2　273p
◇「坂の上の雲」では分からない日本海海戦—なぜ日本はロシアに勝利できたか　(別宮暖朗著)　並木書房　2005.5　349p
◇天気晴朗なれども波高し—海の英雄・東郷平八郎　(武蔵野二郎著)　新風舎　2005.5　77p
◇東郷平八郎—失われた五分間の真実　(菊田慎典著)　光人社　2005.7　219p
◇真説　日露戦争　(加来耕三著)　出版芸術社　2005.9　311p
◇東郷平八郎空白の四年間—対米作戦に向けた日本海軍の足跡　(遠藤昭著)　芙蓉書房出版　2005.12　187p
◇海涛譜—東郷平八郎小伝　(小野敬太著)　東京図書出版会　2006.4　209p
◇日本海海戦とメディア—秋山真之神話批判　(木村勲著)　講談社　2006.5　252p　(講談社選書メチエ)
◇書で見る日本人史事典　(坪内稔典監修)　柏書房　2006.6　271p
◇戦場の名言—指揮官たちの決断　(田中恒夫、葛原和三、熊代将起、藤井久編著)　草思社　2006.6　254p
◇死にざまの昭和史　(高木規矩郎著)　中央公論新社　2006.8　272p
◇嗚呼海軍兵学校　日本を愛した勇士たち—江田島教育参考館の展示か

ら（「日本を愛した勇士たち」製作委員会編）明成社　2006.8　63p
◇図解　あの人の「意外な結末」（日本博学倶楽部著）　PHP研究所　2007.2　95p
◇日本史偉人「健康長寿法」（森村宗冬著）　講談社　2007.5　201p（講談社プラスアルファ新書）
◇元帥の品格—東郷平八郎の実像（嶋田耕一編著）　毎日ワンズ　2007.6　269p
◇司馬遼太郎　歴史のなかの邂逅—ある明治の庶民　4（司馬遼太郎著）　中央公論新社　2007.7　394p
◇NHKその時歴史が動いたコミック版　勝負師・達人編（田中正仁、鴨林源史、高芝昌子、殿塚実、帯ひろ志著）　ホーム社　2007.8　498p
◇ヒトが神になる条件（井上宏生著）　リヨン社　2007.10　223p（かしん書）
◇人の上に立つ者の哲学—武士道的精神に学ぶ10の要諦（岬竜一郎著）　PHP研究所　2007.12　223p
◇昭和陸海軍の失敗—彼らはなぜ国家を破滅の淵に追いやったのか（黒野耐、戸高一成、戸部良一、森郁彦、半藤一利、平間洋一、福田和也、保阪正康著）　文芸春秋　2007.12　231p（文春新書）
◇左千夫歌集（永塚功著、久保田淳監修）　明治書院　2008.2　540p（和歌文学大系）
◇井沢元彦の英雄の世界史（井沢元彦著）　広済堂出版　2008.5　203p（広済堂文庫）
◇明日に続く道—吉田松陰から安倍晋三へ（岡島茂雄著）　高木書房　2009.3　223p
◇『坊っちゃん』と日露戦争—もうひとつの『坂の上の雲』（古川愛哲著）　徳間書店　2009.11　269p（徳間文庫）
◇勝つ司令部　負ける司令部—東郷平八郎と山本五十六（生出寿著）　新人物往来社　2009.11　334p（新人物文庫）
◇司馬遼太郎　リーダーの条件（半藤一利、磯田道史、鴨下信一ほか著）　文芸春秋　2009.11　251p（文春新書）
◇文芸春秋にみる「坂の上の雲」とその時代（文芸春秋編）　文芸春秋　2009.11　421p
◇明治聖徳記念学会紀要　復刊第四十六号（明治聖徳記念学会編）　明治聖徳記念学会　2009.11　482p

【雑　誌】
◇連合艦司令長官東郷平八郎の信念（特集・日露の激戦）（筑土龍男）「歴史と人物」10（5）1980.5
◇東郷元帥と国際法（井馬栄）「旅客船」139　1982.2
◇東郷平八郎の統率と決断（特集・人を動かす＝リーダーの条件）（筑土龍男）「will」2（4）1983.4
◇東郷元帥の五十年忌に想う（仲野晋）「佐伯史談」138　1985.3
◇昭和7年前後における東郷グループの活動—小笠原長生日記を通して（1）（田中宏巳）「防衛大学校紀要　人文・社会科学編」51　1985.9
◇昭和7年前後における東郷グループの活動—小笠原長生日記を通して（2）（田中宏巳）「防衛大学校紀要　人文・社会科学編」52　1986.3
◇東郷平八郎、「強運」と「執念」が奇跡を呼んだ—明治36年12月～38年6月日本帝国の「完全勝利」（特集・連合艦隊司令長官）（実松譲）「プレジデント」24（5）1986.5
◇日本海海戦、一瞬の勝機　東郷平八郎の決断と執念（名将、決断の一瞬〈特集〉）（檜山良昭）「歴史と人物」13（11）1986.8
◇元帥・海軍大将・東郷平八郎—日本海海戦の連合艦隊司令長官（日本陸海軍のリーダー総覧）（岡本好古）「歴史と旅」13（13）1986.9
◇東郷平八郎—自滅の危機に泰然「敵を呑め」の訓示でパニックの兵を立ち直らせた臨戦5箇条・強い軍団のリーダー（人物大特集・強い軍団はいかにしてつくられたか）（佐藤和正）「NEXT」3（9）1986.9
◇日本海海戦の丁字戦法（野村実）「日本歴史」461　1986.10
◇私の曾祖父は「元帥東郷平八郎」（東郷宏重）「新潮45」7（7）1988.7
◇「副官」が書き遺した聖将・東郷の知られざる晩年（田中宏巳）「文芸春秋」66（10）1988.8　臨増「昭和」の瞬間」
◇東郷平八郎の虚像と実像（歴史上の人物—その虚像と実像をさぐる＜特集＞）（山田朗）「歴史評論」469　1989.5
◇歴史教育史における東郷平八郎—歴史「教材資料」作成の方法と課題（梅野正信）「史潮」27　1990.5
◇日本海海戦に丁字戦法はなかった（戸高一成）「中央公論」106（6）1991.6
◇東郷元帥の評価—もっと東郷研究の掘り下げが必要（大特集・是か非か）（田中宏巳）「正論」229　1991.9
◇東郷元帥の評価—東郷平八郎はわが民族の大恩人（大特集・是か非か）（真木洋三）「正論」229　1991.9
◇消えゆくサムライ日本（2）日露戦争までの士魂健やか—東郷・乃木将軍らにみる「指揮と勇気と組織」は武士道の遺産（勝部真長）「日本及日本人」1614　1994.4
◇参謀を活かした「将の器量」大山巌と東郷平八郎—司令官と参謀のコンビネーションが、いかにこの戦争の成否を決定づけたのか（巻頭特集・『坂の上の雲』の男たち—ビジネスマンに最も愛される司馬作品を味わう）（須崎勝弥）「プレジデント」34（12）1996.12 p130～137

◇世界が敬愛した明治の偉人たち—東郷平八郎、北里柴三郎、新島襄、井沢修司、新渡戸稲造、後藤新平（いま想い起こすべき「明治の覇気」—いつから我々は、あの「努力」と「誇り」を失ったのか？）「SAPIO」9（13）1997.7.23 p36～40
◇東郷元帥1907年のワイン外交（秋元禧男）「歴史と旅」24（15）1997.10 p248～257
◇東郷平八郎—生ける軍神と称えられた日本海海戦の英雄の光と影（特集・ドラマの後の主役たち—歴史を彩った人びとのその後の奮闘と変貌！）（土門周平）「歴史と旅」24（18）1997.12 p92～97
◇日本海海戦、実は東郷・秋山とも読み違えていた（歴史と文明の世紀に向けて、歴史常識の「ウソ20」）（半藤一利）「諸君！」31（2）1999.2 p171～174
◇精神史としての東郷平八郎—下村寅太郎再考（大橋良介）「創文」創文社　417　2000.1 p13～16
◇聖将東郷平八郎（特集　神社に祀られた人々）（岡本陽子）「歴史研究」人物往来社歴史研究会　465　2000.2 p23～24
◇華族の問題—軍功華族とは何か（特集・まぼろしの名家　華族80年の栄枯盛衰—華族とは何か、その存在意義と波瀾万丈のドラマ）（戸高一成）「歴史と旅」27（6）2000.4 p100～105
◇リーダーの決断・東郷平八郎と日本海海戦—バルチック艦隊は必ず対馬海峡に来る（賢者は歴史に学ぶ〔2〕）（須崎勝弥）「プレジデント」38（5）2000.4.3 p178～183
◇東郷平八郎（新養士訓〔56〕）（大宮司朗）「歴史と旅」27（10）2000.8 p259
◇「20世紀日本」を創った10人、駄目にした10人—激論5時間！半藤一利vs保阪正康vs松本健一　賢者は歴史に学ぶ（特集・歴史に学ぶ「成功と失敗」—我々は「目先」に囚われすぎていないか）（半藤一利、保阪正康、松本健一）「プレジデント」39（2）2001.1.15 p44～53
◇視点2　東郷とマカロフ　緒戦の情報通信合戦（日本海海戦百周年記念特集・日本海海戦：その情報通信からの視点）（中田良平）「太平洋学会誌」太平洋学会　28（1）2005.5 p35～51
◇「軍神」と「学び舎」、東郷平八郎と九段小学校（中川達夫）「東京人」都市出版　23（2）2008.2 p134～139
◇歴史の指標・有馬良橘（1）東郷平八郎との出会い　「明日への選択」日本政策研究センター　267　2008.4 p38～41
◇明治天皇と東郷平八郎—日本海海戦前夜のエピソード（嶋田耕一）「明治聖徳記念学会紀要」明治聖徳記念学会　45　2008.11 p392～397
◇東郷平八郎、上村彦之丞……世界を震撼させた彼らの思考と行動とは　日露戦争の名将に学ぶ「最大の敵との闘い方」（迷いが晴れる「歴史・古典」入門）（半藤一利）「プレジデント」プレジデント社　47（13）2009.6.15 p84～87
◇「明治三十七年二月～八月　聯合艦隊司令長官東郷平八郎日記」について（堀口修）「明治聖徳記念学会紀要」明治聖徳記念学会　46　2009.11 p349～399

藤堂高猷　とうどうたかゆき　1813～1895
幕末、明治期の大名。伊勢津藩主。

【雑　誌】
◇藤堂高猷（幕末維新最後の藩主285人）（樋田清砂）「別冊歴史読本」20　1981.6

徳川昭武　とくがわあきたけ　1853～1910
幕末、明治期の水戸藩主、開拓者。

【図　書】
◇フランスとの出会い—中江兆民とその時代（富田仁）三修社　1981.12
◇幕末教育史の研究2—諸新伝習政策（倉沢剛著）吉川弘文館　1984.2
◇徳川昭武—万博殿様一代記（中公新書）（須見裕著）中央公論社　1984.12
◇松戸徳川家資料目録　第1集（松戸市教育委員会編）松戸市教育委員会　1989.3
◇プリンス・トクガワの生涯—徳川昭武とその時代（戸定歴史館編）松戸市戸定歴史館　1991.11
◇将軍のフォトグラフィー—写真にみる徳川慶喜・昭武兄弟（松戸市戸定歴史館編）松戸市戸定歴史館　1992
◇慶応二年幕府イギリス留学生（宮永孝著）新人物往来社　1994.3
◇幕末—写真の時代（小沢健志編）筑摩書房　1994.3
◇痩我慢というかたち—激動を乗り越えた日本の志（感性文化研究所編）黙出版　1997.8　111p（MOKU BOOKS）
◇徳川昭武幕末滞欧日記（宮地正人監修、松戸市教育委員会編）山川出版社　1999.5　230,45p
◇プリンス昭武の欧州紀行—慶応3年パリ万博使節（宮永孝著）山川出版社　2000.3　239p
◇徳川昭武に宛てたレオポルド・ヴィレットの書簡—1867年パリ万博の出会いから日露戦争まで　上巻（レオポルド・ヴィレット筆、寺本敬子著）一橋大学社会科学古典資料センター　2009.3　128p（一橋大学社会科学古典資料センターstudy series）

徳川昭武

【雑　誌】
◇徳川昭武（幕末維新最後の藩主285人）（小松徳年）「別冊歴史読本」20 1981.6
◇アルプスを越えた民部公子（中川浩一）「茨城県史研究」47 1981.8
◇幕末の日本とフランス―フランス外務省の日本に関する調査、徳川昭武のフランス語日記を中心に（阪上脩）「法政大学教養部紀要」53 1985.1
◇徳川昭武の京都時代（須見裕）「茨城県史研究」55 1985.11
◇徳川昭武の北海道日記（須見裕）「茨城県史研究」56 1986.3
◇幕末・明治勲章史探索（3）徳川昭武一行の伊太利勲章受領と「外国勲章佩用允許証」に就て（歴史手帖）（長谷川昇）「日本歴史」519 1991.8
◇慶応3年遣欧使節団参加者の記録について―徳川昭武日記を中心に（柏木一朗）『戸定論叢』3 1993.3
◇水戸藩主徳川斉昭・慶篤・昭武（幕末最後の藩主）（野村敏雄）「歴史と旅」23（5）1996.3.10 臨増（大名家の事件簿総覧）p304～311
◇維新前後にイタリアを訪れた日本人―徳川昭武の場合（岩倉翔子）「イタリア図書」イタリア書房 27 2001.5 p8～12
◇明治の写真家徳川昭武（長谷川高章）「法曹」法曹会 619 2002.5 p23～25
◇末松謙澄『Genji Monogatari』刊行の辞に見る出版事情―イギリスに対する文化イメージ操作と徳川昭武（川勝麻里）「日本近代文学」日本近代文学会 73 2005.10 p1～15
◇明治国家をつくった人々（12）ヒト、モノ、そして情報―徳川昭武使節団と一八六七年パリ万博―（瀧井一博）「本」講談社 34（7）2009.7 p46～49

徳川家定　とくがわいえさだ　1824～1858
幕末の江戸幕府第13代将軍。在職1853～1858。
【図　書】
◇江戸2 幕政編2　立体社　1980.6
◇逆光の中の障害者たち―古代史から現代文学まで（後藤安彦）千書房　1982.6
◇徳川将軍列伝（北島正元編）秋田書店　1989.12
◇幕末・維新おもしろ群像―風雲の世の主役たちを裸にする（河野亮著）広済堂出版　1990.1（広済堂ブックス）
◇家康と徳川三百年の功罪―近代化への土壌（和田正道著）日本図書刊行会　1997.6　287p
◇徳川15将軍の事件簿―家康から慶喜までビックリ面白史（山本敦司編）扶桑社　1998.2　159p
◇徳川将軍と柳生新陰流（赤羽根竜夫著）南窓社　1998.11　365p
◇趣味史談 大奥秘史 復刻版（武田完二著）永田社　1999.2　506p
◇人物日本歴史館 江戸のすべてがわかる事典―将軍・天皇から藩主・幕末志士まで（児玉幸多監修）三笠書房　1999.6　398p（知的生きかた文庫）
◇続徳川実紀　第2篇　新装版（黒板勝美編）吉川弘文館　1999.8　716p（新訂増補国史大系）
◇続徳川実紀　第3篇　新装版（黒板勝美編）吉川弘文館　1999.9　852p（新訂増補国史大系）
◇図説徳川将軍家の「お家事情」―財産から趣味、結婚、後継ぎまで（中江克己著）PHP研究所　2007.4　111p
◇天璋院と徳川家101の謎（川口素生著）PHP研究所　2007.11　311p（PHP文庫）
◇篤姫の生涯（宮尾登美子著）日本放送出版協会　2007.11　219p
◇最後の大奥 天璋院篤姫と和宮（鈴木由紀子著）幻冬舎　2007.11　204p（幻冬舎新書）
◇徳川将軍の意外なウラ事情 愛蔵版（中江克己著）PHP研究所　2007.12　254p
◇異説 徳川将軍99の謎（「歴史の真相」研究会著）宝島社　2009.2　254p（宝島SUGOI文庫）
◇幕末の将軍（久住真也著）講談社　2009.2　269p（講談社選書メチエ）

【雑　誌】
◇家定―暗殺したのは誰か（特集徳川将軍家の謎）（飯干晃一）「歴史読本」30（10）1960.6
◇13代 徳川家定―ハリスが会った癇癪将軍―特集・武門の棟梁征夷大将軍（勝部真長）「歴史と旅」10（13）1983.10
◇現代医学による徳川十五代「臨終図巻」（篠田達明）「新潮45」6（12）1987.12
◇江戸時代三百年に君臨した将軍伝 第十三代徳川家定（徳川将軍家総覧 初代家康から十五代慶喜までの覇王の系譜）（山本大）「歴史と旅」15（17）1988.11 臨増

徳川家達　とくがわいえさと　1863～1940
明治～昭和期の華族、公爵、政治家。
【図　書】
◇徳川慶喜の幕末・明治（童門冬二、勝部真長、田中彰、杉田幸三、永岡慶之助ほか著）中央公論社　1998.2　296p（中公文庫）
◇家康・吉宗・家達―転換期の徳川家（徳川恒孝監修、徳川記念財団編）徳川記念財団　2008.2　83p

【雑　誌】
◇徳川家達（幕末維新最後の藩主285人）（若林淳之）「別冊歴史読本」20 1981.6
◇明治・大正・昭和・平成「徳川宗家三代記」（加来耕三）「新潮45」10（8）1991.8
◇明治維新後の徳川宗家―徳川家達の境遇（辻達也）「専修人文論集」専修大学学会 60 1997.3 p47～84
◇徳川邸炎上（「部落解放の父」松本治一郎伝〔4〕）（高山文彦）「新潮45」20（12）2001.12 p102～113
◇東京都 徳川家達邸跡 徳川家達暗殺未遂事件と松本源太郎の獄死（部落史ゆかりの地）「部落解放」解放出版社 555増刊 2005 p34～37
◇徳川家達の静岡旅行の費用（新年特集 日本史と旅）（辻達也）「日本歴史」吉川弘文館 716 2008.1 p57～59
◇爛熟からの出発―徳田秋聲（特集 金沢と近代文学―金沢出身の作家達）（松本徹）「国文学解釈と鑑賞」至文堂 73（11）2008.11 p35～41
◇徳田秋聲『町の踊り場』論―近代の「踊り場」で（特集 金沢と近代文学―金沢出身の作家達）（大木志門）「国文学解釈と鑑賞」至文堂 73（11）2008.11 p48～53

徳川家茂　とくがわいえもち　1846～1866
幕末の江戸幕府第14代将軍。在職1858～1866。
【図　書】
◇江戸2 幕政編2　立体社　1980.6
◇列伝・青春の死―白鳳から大正まで（よこみつる編著）栄光出版社　1980.11
◇男の系譜（池波正太郎）立風書房　1982.8
◇幕末風塵録（綱淵謙錠著）文芸春秋　1986.4
◇和宮（武部敏夫著）吉川弘文館　1987.3　人物叢書〔新装版〕
◇徳川将軍列伝（北島正元編）秋田書店　1989.12
◇幕末・維新おもしろ群像―風雲の世の主役たちを裸にする（河野亮著）広済堂出版　1990.1（広済堂ブックス）
◇史談 徳川の落日―繁栄と崩壊の人物伝（邦光史郎著）大陸書房　1991.4（大陸文庫）
◇続徳川実紀〈第4篇〉（黒板勝美編）吉川弘文館　1991.11（国史大系）
◇主役・脇役おもしろ列伝―歴史変遷の人間模様！（加来耕三著）大陸書房　1992.7（大陸文庫）
◇家康と徳川三百年の功罪―近代化への土壌（和田正道著）日本図書刊行会　1997.6　287p
◇徳川15将軍の事件簿―家康から慶喜までビックリ面白史（山本敦司編）扶桑社　1998.2　159p
◇明治維新の生贄―誰が孝明天皇を殺したか 長州忍者外伝（鹿島昇、宮崎鉄雄、松重正著）新国民社　1998.7　457p
◇骨が語る日本史（鈴木尚著）学生社　1998.8　242p
◇徳川将軍と柳生新陰流（赤羽根竜夫著）南窓社　1998.11　365p
◇趣味史談 大奥秘史 復刻版（武田完二著）永田社　1999.2　506p
◇続徳川実紀　第3篇　新装版（黒板勝美編）吉川弘文館　1999.9　852p（新訂増補国史大系）
◇続 徳川実紀　第四篇　新装版（黒板勝美編）吉川弘文館　1999.10　988p（新訂増補国史大系）
◇徳川御三家の野望―秘められた徳川時代史（河合敦著）光人社　2000.2　229p
◇将軍の庭―浜離宮と幕末政治の風景（水谷三公著）中央公論新社　2002.4　268p（中公叢書）
◇徳川妻妾記（高柳金芳著）雄山閣　2003.8　286p（江戸時代選書）
◇幕末維新・あの人の「その後」―新選組から明治の指導者まで（日本博学倶楽部著）PHP研究所　2003.9　275p（PHP文庫）
◇土方歳三の遺言状（鵜飼清著）新人物往来社　2003.11　317p
◇新選組が京都で見た夢―動乱の幕末に青春を賭けた男たちがいた（中田昭写真）学習研究社　2003.11　145p（GAKKEN GRAPHIC BOOKS）
◇幕末に散った男たちの行動学（童門冬二著）PHP研究所　2004.2　397p（PHP文庫）
◇新選組と出会った人びと（伊東成郎著）河出書房新社　2004.2　254p
◇平野国臣（小河扶希子著，岡田武彦監修）西日本新聞社　2004.4　290p（西日本人物誌）
◇徳川将軍の意外なウラ事情―家康から慶喜まで、十五代の知られざる

エピソード （中江克己著）PHP研究所 2004.5 314p （PHP文庫）
◇十四代将軍家茂の上洛と孝明政権論 （ジョン・ブリーン）『明治維新と文化』（明治維新史学会編）吉川弘文館 2005.8 （明治維新史研究）p126
◇幕末維新人物列伝 （奈良本辰也著）たちばな出版 2005.12 293p
◇徳川家茂とその時代―若き将軍の生涯 （徳川恒孝監修、徳川記念財団編）徳川記念財団 2007.1 83p
◇図説徳川将軍家の「お家事情」―財産から趣味、結婚、後継ぎまで （中江克己著）PHP研究所 2007.4 111p
◇新選組残日録 （伊東成郎著）新人物往来社 2007.6 269p
◇天璋院篤姫と大奥の女たちの謎―徹底検証 （加来耕三著）講談社 2007.10 459p （講談社文庫）
◇天璋院と徳川将軍家101の謎 （川口素生著）PHP研究所 2007.11 311p （PHP文庫）
◇最後の大奥 天璋院篤姫と和宮 （鈴木由紀子著）幻冬舎 2007.11 204p （幻冬舎新書）
◇徳川将軍の意外なウラ事情 愛蔵版 （中江克己著）PHP研究所 2007.12 254p
◇幕末の将軍 （久住真也著）講談社 2009.2 269p （講談社選書メチエ）
◇骨が語る日本史 解説付新装版 （鈴木尚著、馬場悠男解説）学生社 2009.5 254p
【雑誌】
◇家茂―なぜ将軍を辞職しようとしたか（特集徳川将軍家の謎）（左方郁子）「歴史読本」30(10) 1960.6
◇14代 徳川家茂―皇女和宮を迎えた将軍―特集・武門の棟梁征夷大将軍 （勝部真長）「歴史と旅」10(13) 1983.10
◇将軍家茂の再上洛と松江藩軍艦八雲丸 （鈴木樸実）「山陰史談」21 1985.5
◇現代医学による徳川十五代「臨終図巻」（篠田達明）「新潮45」6(12) 1987.12
◇江戸時代三百年に君臨した将軍伝 第十四代徳川家茂（徳川将軍家総覧 初代家康から十五代慶喜までの覇王の系譜）（山本大）「歴史と旅」15(17) 1988.11 臨増
◇将軍家茂逝去の時の穏便 （土井裕夫）「郷土研究岐阜」52 1989.3
◇家茂の参内と勤語―慶応元年夏の風景 （青山忠正）「人文学報（京都大学人文科学研究所）」73 1994.1
◇青い血のカルテ(41)徳川家茂の脚気 （早川智）「産科と婦人科」診断と治療社 74(5) 2007.5 p612〜616

徳川斉昭　とくがわなりあき　1800〜1860
幕末の大名。水戸藩第9代藩主。
【図書】
◇徳川名君名臣言行録 （岡谷繁実著 安藤英男校注）新人物往来社 1981.1
◇近世史の研究1 信仰と思想の統制 （伊東多三郎）吉川弘文館 1981.11
◇水戸市史 中巻4 （水戸市史編さん委員会編）水戸市役所 1982.10
◇幕末政治思想史研究 改訂増補 （山口宗之）ぺりかん社 1982.11
◇人物・近世産業文化史　雄山閣出版 1984.1
◇幕末武家奇談 （稲垣史生著）時事通信社 1984.4
◇日本史探訪 19 開国か攘夷か　角川書店 1985.5
◇明治を創った人々―乱世型リーダーのすすめ（講談社文庫）（利根川裕著）講談社 1986.11
◇幕末・男の決断―異才の行動力 （会田雄次ほか著）三笠書房 1986.12
◇遠い記憶―歴史小説と私 （綱淵謙錠著）文芸春秋 1987.2 （文春文庫）
◇水戸藩学問・教育史の研究 （鈴木暎一著）吉川弘文館 1987.3
◇日本史の巷説と実説 （和歌森太郎著）河出書房新社 1987.9 （河出文庫）
◇牛乳と日本人 （雪印乳業広報室編）新宿書房 1988.4
◇全国の伝承 江戸時代 人づくり風土記―ふるさとの人と知恵〈8〉茨城 （加藤秀俊、谷川健一、稲垣史生ほか編）農山漁村文化協会 1989.3
◇幕末政治家 （福地源一郎著）平凡社 1989.5 （東洋文庫）
◇排耶論の研究 （同志社大学人文科学研究所編）教文館 1989.7 （同志社大学人文科学研究叢書）
◇幕末・維新おもしろ群像―風雲の世の主役たちを裸にする （河野亮著）広済堂出版 1990.1 （広済堂ブックス）
◇水戸の彰考館―その学問と成果 （福田耕二郎著）（水戸）水戸史学会 1991.8 （水戸史学選書）
◇近世政治―人と政治 （辻達也著）悠思社 1991.10
◇徳川斉昭・伊達宗城往復書翰集 （河内八郎〔編〕）校倉書房 1993.2
◇西垣晴次先生退官記念 宗教史・地方史論纂 （西垣晴次先生退官記念宗教史・地方史論纂編集委員会〔編〕）刀水書房 1994.3
◇宗教史・地方史論纂―西垣晴次先生退官記念 （西垣晴次先生退官記念宗教史・地方史論纂編集委員会編）刀水書房 1994.3
◇ライバル日本史〈1〉（NHK取材班編）角川書店 1994.10
◇危機―ライバル日本史 8 （NHK取材班編）角川書店 1996.12 316p （角川文庫）
◇烈公水戸斉昭 （高野澄著）毎日新聞社 1997.5 282p
◇徳川慶喜と水戸家の謎―「最後の将軍」悲劇の深層 （小林久三著）歴思書院 1997.11 221p
◇父より慶喜殿へ―水戸斉昭―橋慶喜宛書簡集 （大庭邦彦著）集英社 1997.11 303p
◇水戸藩主・光圀と斉昭の巡村―そのゆかりの地と遺品展 企画展 （大子町教育委員会社会教育課編）大子町 〔1998〕11p
◇流星の如く―幕末維新・水戸藩の栄光と苦痛 （瀬谷義彦、鈴木暎一著）日本放送出版協会 1998.1 222p
◇幕末―その常識のうそ （北岡敬当）鷹書房弓プレス 1998.11 253p
◇水戸の斉昭　新装版 （瀬谷義彦著）茨城新聞社 2000.6 268p
◇水戸烈公と藤田東湖『弘道館記』の碑文 （但野正弘著）水戸史学会 2002.8 117p （水戸の碑文シリーズ）
◇教科書が教えない歴史人物の常識疑問 （新人物往来社編）新人物往来社 2002.12 358p
◇歴史に消された「18人のミステリー」 （中津文彦著）PHP研究所 2003.6 215p （PHP文庫）
◇水戸弘道館小史 （鈴木暎一著）文真堂 2003.6 7,147p （五浦歴史叢書）
◇尊王攘夷の旗―徳川斉昭と藤田東湖 （童門冬二著）光人社 2004.7 213p
◇徳川慶喜 （家近良樹著）吉川弘文館 2004.10 242p （幕末維新の個性）
◇駿河湾に沈んだディアナ号 （奈木盛雄著）元就出版社 2005.1 659p
◇黒船以降―政治家と官僚の条件 （山内昌之, 中村彰彦著）中央公論新社 2006.1 218p
◇水戸斉昭の『偕楽園記』碑文 （安見隆雄著）水戸史学会 2006.7 108p （水戸の碑文シリーズ）
◇徳川300年 ホントの内幕話―天璋院と和宮のヒミツ （徳川宗英著）大和書房 2007.12 284p （だいわ文庫）
◇水戸藩と領民 （仲田昭一著）錦正社 2008.7 249p （水戸史学選書）
◇幕末日本と徳川斉昭―平成20年度特別展 （茨城県立歴史館編）茨城県立歴史館 2008.10 133p
◇黒船以降―政治家と官僚の条件 （中村彰彦, 山内昌之著）中央公論新社 2009.1 303p （中公文庫）
◇幕末維新人物新論―時代をよみとく16のまなざし （笹部昌利編）昭和堂 2009.12 321p
【雑誌】
◇徳川斉昭―尊攘派の首領（特集徳川幕府滅亡の舞台裏）（小西四郎）「歴史読本」30(18) 1960.10
◇徳川斉昭と伊達宗城(4)嘉永元年の往復書翰(1) （河内八郎）「茨城大学人文学科論集」13 1980.2
◇後期水戸学の論理―幕府の「相対化」と徳川斉昭（特集・尊王攘夷思想）（吉田昌彦）「季刊日本思想史」13 1980.4
◇徳川斉昭と蘭学 （福田耕二郎）「水戸史学」13 1980.10
◇徳川斉昭書翰 （加地宏江）「密教文化」132 1980.11
◇徳川斉昭と伊達宗城(5)嘉永元年の往復書翰(続)及び同2年の往復書翰(1) （河内八郎）「茨城大学人文科学論集」14 1981.3
◇徳川斉昭・慶篤・昭武（幕末維新最後の藩主285人）（小松年年）「別冊歴史読本」20 1981.6
◇徳川斉昭と伊達宗城(6)嘉永2年の往復書翰(2) （河内八郎）「茨城大学人文学科紀要 文学科論集」15 1982.3
◇徳川斉昭の社寺改革と天妃社 （小松年年）「北茨城史壇」2 1982.3
◇「浪華の梅の記」―烈公歌碑について （照沼好文）「水戸史学」16 1982.4
◇烈公の厚生済民について（大黄の植栽）（史料紹介）（小泉芳敏）「水戸史学」17 1982.10
◇徳川斉昭と伊達宗城(7)嘉永2年及び同3年の往復書翰 （河内八郎）「茨城大学人文学部紀要 人文学科論集」16 1983.3
◇徳川斉昭と島津斉彬―琉球渡来佛英人事件 （宮田俊彦）「南島史学」21・22 1983.9
◇幕末政局に関する一考察―徳川斉昭の幕政登用とその動向を中心として―（正下千博）「駒沢大学史学論集」14 1984.2
◇徳川斉昭と伊達宗城(8)嘉永三年〜安政元年の往復書翰 （河内八郎）「人文学科論集（茨城大学人文学部）」13 1984.3
◇水戸中納言斉昭公へ直訴 （小幡重康）「房総路」13 1985.1
◇徳川斉昭と伊達宗城(9)安政元年の往復書翰―統― （河内八郎）「人文学科論集（茨城大学人文学部）」17 1985.3
◇徳川斉昭と伊達宗城(10)安政3〜5年の往復書翰 （河内八郎）「人文学科論集（茨城大学人文学部）」19 1986.3

◇徳川斉昭と伊達宗城(11) 菊池為三郎重善(三左衛門)関係資料 (河内八郎)「人文学科論集(茨城大学人文学部)」20 1987.3
◇セラミックスに挑戦した水戸烈公 (竹内清和)「はぐるま」371 1987.5
◇徳川斉昭と伊達宗城(12) 補遺史料各種 (河内八郎)「茨城大学人文学科論集」21 1988.3
◇徳川斉昭と伊達宗城(12) 補遺史料各種 (河内八郎)「人文学科論集(茨城大学人文学部)」21 1988.3
◇水戸藩主烈公の三尊仏と銘文 (小林安治)「日本歴史」492 1989.5
◇烈公斉昭の鹿島神宮景仰(特集 中世史論集) (梶山孝夫)「常総の歴史」4 1989.7
◇維新回天に先駆した「気骨の系譜」―第9代藩主斉昭は後期水戸学に則り攘夷論を鼓吹する。だが、その表裏ある政治性は(特集・水戸光圀―男の気骨と世直しの論理) (綱淵謙錠)「プレジデント」30(5) 1992.5
◇徳川斉昭書「癸卯抄冬望後二日閏暦漫成」の詩について (斎藤真人)「水戸史学」37 1992.10
◇斉昭継嗣問題と大久保今助 (前田恒泰)「茨城県史研究」69 1992.10
◇烈公の揚水器・雲霓機について (川瀬二郎)「日本歴史」539 1993.4
◇水戸藩主徳川斉昭・慶篤・昭武(幕末最後の藩主) (野村敏雄)「歴史と旅」23(5) 1996.3.10 臨増(大名家の事件簿総覧) p304～311
◇徳川斉昭と「有志」大名の情報ネットワーク (星山京子)「アジア文化研究」国際基督教大学 25 1999.3 p188～170
◇徳川斉昭、海防の幕府参与に就任―年表原稿についての断想 (井上勲)「日本歴史」吉川弘文館 616 1999.9 p73～76
◇歴史の中の総務部長―176―徳川斉昭のグローカリズム藤田東湖(20) (童門冬二)「月刊総務」総合経営管理協会 37(12) 1999.12 p54～57
◇歴史の中の総務部長(178)藤田東湖(22)主君斉昭との間に亀裂 (童門冬二)「月刊総務」総合経営管理協会 38(2) 2000.2 p54～57
◇茶の湯百人一首(26)井伊直弼・徳川斉昭・野本道元 (筒井紘一)「淡交」淡交社 57(2) 2003.2 p50～53
◇歴随想 徳川斉昭の木下街道通行 (丹治健蔵)「千葉史学」千葉歴史学会 43 2003.12 p11～13
◇安政の大獄と水戸藩 (但野正弘)「藝林」藝林会 58(1) 2009.4 p39～66

徳川茂徳 とくがわもちなが 1831～1884
幕末、明治期の大名。尾張藩第15代藩主。
【雑 誌】
◇徳川慶勝・茂徳・義宜(幕末維新最後の藩主285人) (所三男)「別冊歴史読本」20 1981.6
◇尾張藩主徳川慶勝・茂徳・義宜(幕末最後の藩主) (生駒忠一郎)「歴史と旅」23(5) 1996.3.10 臨増(大名家の事件簿総覧) p312～319

徳川慶篤 とくがわよしあつ 1832～1868
幕末、明治期の武士。第10代水戸藩主。
【雑 誌】
◇徳川斉昭・慶篤・昭武(幕末維新最後の藩主285人) (小松徳年)「別冊歴史読本」20 1981.6
◇水戸藩主徳川斉昭・慶篤・昭武(幕末最後の藩主) (野村敏雄)「歴史と旅」23(5) 1996.3.10 臨増(大名家の事件簿総覧) p304～311

徳川慶勝 とくがわよしかつ 1824～1883
幕末、明治期の名古屋藩主、名古屋知事。
【図 書】
◇雅俗邂逅 鈴木治雄対談集 (鈴木治雄著) 実業之日本社 1984.3
◇逃げない男たち―志に生きる歴史群像〈下〉 (林左馬衛、中薗英助、今川徳三、古川薫、杉浦明平、邦光史郎著) 旺文社 1987.3
◇金鯱叢書―史学美術史論文集〈第18輯〉 (大石慎三郎、徳川義宣編) 徳川黎明会 1991.9
◇幕末日本の情報活動―「開国」の情報史 (岩下哲典著) 雄山閣出版 2000.1 377p
◇徳川慶勝写真研究関連史料『金鯱叢書―史学美術史論文集』(竹内誠、徳川義宣編) 徳川黎明会、思文閣出版(発売) 2005.4 p161
◇徳川慶勝写真研究関連史料(二)『金鯱叢書―史学美術史論文集』(竹内誠、徳川義崇編) 徳川黎明会、思文閣出版(発売) 2006.10 p205
◇尾陽―徳川美術館論集 第4号 (徳川美術館編) 徳川黎明会 2008.9 176p
◇幕末土佐の12人 (武光誠著) PHP研究所 2009.12 265p (PHP文庫)
【雑 誌】
◇徳川慶勝・茂徳・義宜(幕末維新最後の藩主285人) (所三男)「別冊歴史読本」20 1981.6
◇徳川慶勝に学ぶ混乱期の指導者(対談)(特集・転換期 経営者の条件) (鈴木治雄、城山三郎)「will」1(1) 1982.6
◇特集対談・転換期の指導者とは―幕末尾張藩の動向(特集・幕末嵐の300藩) (城山三郎、杉浦明平)「歴史読本」27(10) 1982.8
◇分与賞禄の奉還問題について―尾張徳川家を例に (上野秀治)「徳川林政史研究所研究紀要」昭和59年度 1985.3
◇幕末名古屋藩の海防と藩主慶勝―藩主の主導による海防整備の実態 (岩下哲典)「青山学院大学文学部紀要」33 1991
◇徳川慶勝の写真研究と撮影写真(上) (岩下哲典)「徳川林政史研究所研究紀要」25 1991.3
◇徳川慶勝の写真研究と撮影写真(下) (岩下哲典)「徳川林政史研究所研究紀要」26 1992.3
◇改革指導者の思想的背景―徳川慶勝の書斎、直筆「目録」の分析(幕末改革の思想〈特集〉) (岩下哲典)「季刊日本思想史」43 1994
◇尾張藩主徳川慶勝・茂徳・義宜(幕末最後の藩主) (生駒忠一郎)「歴史と旅」23(5) 1996.3.10 臨増(大名家の事件簿総覧) p312～319
◇尾張家一四代徳川慶勝の藩政改革と槫木植栽 (藤田英昭)「徳川林政史研究所研究紀要」徳川黎明会 43 2008年度 p89～107
◇医史資料 名古屋大学医学部の歴史 (高橋昭)「現代医学」愛知県医師会 56(3) 2009.3 p577～584
◇殿様、徳川慶勝の幕末(賢者は歴史から学ぶ―古代～明治篇―私が学んだ日本史上の人物) (黒鉄ヒロシ)「文藝春秋special」文藝春秋 3(4) 2009.秋 p61～63

徳川慶喜 とくがわよしのぶ 1837～1913
幕末、明治期の江戸幕府15代将軍、公爵。
【図 書】
◇幕末酒徒列伝 続 (村島健一) 講談社 1980.3
◇男たちの明治維新―エピソード人物史 (奈良本辰也ほか) 文芸春秋 1980.10 (文春文庫)
◇探訪日本の古寺3 東京・鎌倉 小学館 1981.6
◇歴史に学ぶ (奈良本辰也) 潮出版社 1981.6
◇聞き書き徳川慶喜残照 (遠藤幸威) 朝日新聞社 1982.9
◇変革期リーダーの条件―「維新」を見てきた男たち (佐々克明) PHP研究所 1982.9
◇人物探訪日本の歴史 15 幕末の英傑 暁教育図書 1982.12
◇天皇と明治維新 (阪本健一) 暁書房 1983.1
◇宿命の将軍徳川慶喜 (藤井貞文) 吉川弘文館 1983.6
◇陸軍創設史―フランス軍事顧問団の影 (篠原宏著) リブロポート 1983.12
◇徳川慶喜のすべて (小西四郎編) 新人物往来社 1984.5
◇人物日本史英雄その後それから―意外！案外！名将軍から大泥棒まで (Kosaido books) (萩原裕雄著) 広済堂出版 1984.10
◇日本史探訪 21 菊と葵の盛衰 角川書店 1985.7
◇日本史探訪 21 菊と葵の盛衰(角川文庫) (角川書店編) 角川書店 1985.11
◇女聞き書き徳川慶喜残照(朝日文庫) (遠藤幸威著) 朝日新聞社 1985.12
◇幕末風塵録 (綱淵謙錠著) 文芸春秋 1986.4
◇武士道の歴史〈3〉 (高橋富雄著) 新人物往来社 1986.5
◇勝者は歴史を読む〈2〉泰平を治める (南条範夫著) 六興出版 1986.6
◇会津藩燃ゆ―東北・越後立つ (星亮一著) 教育書籍 1986.6
◇ある英国外交官の明治維新―ミットフォードの回想 (ヒュー・コータッツィ編、中須賀哲朗訳) 中央公論社 1986.6
◇夜明けを駆けよ (文春文庫) (綱淵謙錠著) 文芸春秋 1986.9
◇将軍が撮った明治―徳川慶喜公撮影写真集 (徳川慶喜写真、徳川慶朝監修) 朝日新聞社 1986.10
◇明治を創った人々―乱世型リーダーのすすめ(講談社文庫) (利根川裕著) 講談社 1986.11
◇幕末・男の決断―異才の行動力 (会田雄次ほか著) 三笠書房 1986.12
◇英国外交官の見た幕末維新 (A.B.ミットフォード著、長岡祥三訳) 新人物往来社 1986.12
◇遠い記憶―歴史小説と私 (綱淵謙錠著) 文芸春秋 1987.2 (文春文庫)
◇大久保利通と官僚機構 (加来耕三著) 講談社 1987.2
◇近代の創造―渋沢栄一の思想と行動 (山本七平著) PHP研究所 1987.3
◇逃げない男たち―志に生きる歴史群像〈下〉 (林左馬衛、中薗英助、今川徳三、古川薫、杉浦明平、栗原隆一、邦光史郎著) 旺文社 1987.3
◇日本を創った戦略集団〈5〉維新の知識と情熱 (堺屋太一編) 集英社 1988.3
◇血と糊のあいだ (綱淵謙錠著) 文芸春秋 1988.4 (文春文庫)
◇桃山の落日―京都名庭秘話 (駒敏郎著) 学芸書林 1988.6
◇幕末風塵録 (綱淵謙錠著) 文芸春秋 1989.4 (文春文庫)
◇日本の肖像―旧皇族・華族秘蔵アルバム〈第3巻〉 毎日新聞社 1989.5
◇日本の青春―西郷隆盛と大久保利通の生涯 明治維新を創った男たち

- の栄光と死　（童門冬二著）　三笠書房　1989.6
- ◇NHK 歴史への招待〈第23巻〉江戸城総攻め　（日本放送協会編）　日本放送出版協会　1989.8　（新コンパクト・シリーズ）
- ◇徳川将軍列伝　（北島正元編）　秋田書店　1989.12
- ◇原市之進—徳川慶喜のブレーン　（松本佳子）　筑波書林　1990　（ふるさと文庫）
- ◇幕末・維新おもしろ群像—風雲の世の主役たちを裸にする　（河野亮著）　広済堂出版　1990.1　（広済堂ブックス）
- ◇「逆転」日本史　（土橋治重著）　天山出版　1990.6　（天山文庫）
- ◇昭和二十年〈第1部 4〉鈴木内閣の成立　（鳥居民著）　草思社　1990.7
- ◇世を拓く—一身にして二世を経る　（左方郁子著）　ダイヤモンド社　1990.12
- ◇のるかそるか　（津本陽著）　文芸春秋　1991.4
- ◇徳川おもしろ意外史　（南条範夫著）　大陸書房　1991.8　（大陸文庫）
- ◇続徳川実紀〈第5篇〉　（黒板勝美編）　吉川弘文館　1991.12　（国史大系）
- ◇将軍のフォトグラフィー—写真にみる徳川慶喜・昭武兄弟　（松戸市戸定歴史館編）　松戸市戸定歴史館　1992
- ◇新・大逆転の日本史　（早乙女貢ほか著）　三笠書房　1992.3　（知的生きかた文庫）
- ◇明治維新と天皇制　（田中彰著）　吉川弘文館　1992.4
- ◇英雄たちの伝説—歴史の見どころ　（南原幹雄著）　悠思社　1992.6
- ◇幕末日本を救った「先見力と胆識」—逆風の中の名リーダー　（新井喜美夫著）　プレジデント社　1992.6
- ◇幕末・明治の画家たち—文明開化のはざまに　（辻惟雄編著）　ぺりかん社　1992.12
- ◇才幹の人間学—智謀の群像たち 士は己れを知る者の為に死す　（南条範夫著）　ベストセラーズ　1993.5　（ワニ文庫—歴史文庫）
- ◇「兄弟型」で解く江戸の怪物　（畑田国男, 武光誠著）　トクマオリオン　1993.9　（トクマオーブックス）
- ◇さらりーまん事情（こころえ）—株式会社江戸幕府　（童門冬二著）　ベストセラーズ　1993.10　（ベストセラーシリーズ・ワニの本）
- ◇司馬遼太郎がゆく—激動期を生きるテキスト　（中島誠著）　第三文明社　1994.1
- ◇棟梁朽廃せば改むべし—わたしの明治維新　（玉木存著）　R出版　1994.3
- ◇のるかそるか　（津本陽著）　文芸春秋　1994.4　（文春文庫）
- ◇図説 幕末・維新おもしろ事典　三笠書房　1994.9　（知的生きかた文庫）
- ◇名君 保科正之—歴史の群像　（中村彰彦著）　文芸春秋　1996.7　346p　（文春文庫）
- ◇徳川慶喜家の子ども部屋　（榊原喜佐子著）　草思社　1996.11　271p
- ◇徳川慶喜—家康の再来と恐れられた男　（鈴村進著）　三笠書房　1997.6　278p
- ◇十五代将軍・慶喜—先が見えすぎた男　（綱淵謙錠著）　PHP研究所　1997.6　253p
- ◇家康と徳川三百年の功罪—近代化への土壌　（和田正道著）　日本図書刊行会　1997.6　287p
- ◇徳川慶喜—最後の将軍と幕末維新　（奈良本辰也他著）　三笠書房　1997.6　234p　（知的生きかた文庫）
- ◇徳川慶喜—将軍家の明治維新 増補版　（松浦玲著）　中央公論社　1997.7　253p　（中公新書）
- ◇最後の将軍 徳川慶喜とその時代がわかる本　（永岡慶之助著）　三笠書房　1997.8　248p　（知的生きかた文庫）
- ◇痩我慢というかたち—激動を乗り越えた日本の志　（感性文化研究所編）　黙出版　1997.8　111p　（MOKU BOOKS）
- ◇最後の将軍 徳川慶喜　（林左馬衛著）　河出書房新社　1997.8　259p　（河出文庫）
- ◇将軍 徳川慶喜—「最後の将軍」の政略と実像　（星亮一著）　広済堂出版　1997.9　262p　（広済堂ブックス）
- ◇徳川慶喜と幕末99の謎　（後藤寿一著）　PHP研究所　1997.9　278p　（PHP文庫）
- ◇徳川慶喜のすべて　新装版　（小西四郎編）　新人物往来社　1997.9　294p
- ◇最後の大君 徳川慶喜とその時代　（加来耕三著）　立風書房　1997.9　269p
- ◇徳川慶喜—近代日本の演出者　（高野澄著）　日本放送出版協会　1997.9　278p　（NHKブックス）
- ◇徳川慶喜と華麗なる一族　（祖田浩一著）　東京堂出版　1997.9　314p
- ◇晩年の徳川慶喜—将軍 東京へ帰る　（比屋根かをる著）　新人物往来社　1997.10　213p
- ◇徳川慶喜—最後の将軍　（吉幡通夫作, 鋿田幹画）　岩崎書店　1997.10　156p　（フォア文庫）
- ◇徳川慶喜の生涯—最後の将軍と幕末動乱　（中江克己著）　太陽企画出版　1997.10　222p
- ◇徳川慶喜家にようこそ—わが家に伝わる愛すべき「最後の将軍」の横顔　（徳川慶朝著）　集英社　1997.10　223p

- ◇徳川慶喜—逆境を生きぬく決断と行動力　成美堂出版　1997.10　253p　（成美文庫）
- ◇最後の将軍徳川慶喜の生涯—幕府を葬り去った悲運の将軍'98NHK大河ドラマ特集　新人物往来社　1997.10　211p　（別冊歴史読本）
- ◇徳川慶喜の明治維新　（緒形隆司著）　光風社出版　1997.11　273p
- ◇徳川慶喜と勝海舟　（立石優著）　学陽書房　1997.11　298p
- ◇徳川慶喜—最後の将軍　（百瀬明治著）　講談社　1997.11　205p　（講談社 火の鳥伝記文庫）
- ◇徳川慶喜公伝 史料篇 3 新装版　（日本史籍協会編）　東京大学出版会　1997.11　664p　（続日本史籍協会叢書）
- ◇徳川慶喜と水戸家の謎—「最後の将軍」悲劇の深層　（小林久三著）　歴思書院　1997.11　221p
- ◇父より慶喜殿へ—水戸斉昭一橋慶喜宛書簡集　（大庭邦彦著）　集英社　1997.11　303p
- ◇徳川慶喜の謎　（郡順史著）　ごま書房　1997.11　238p　（ゴマブックス）
- ◇大政奉還—徳川慶喜の二〇〇〇日　（童門冬二著）　日本放送出版協会　1997.11　270p
- ◇徳川慶喜と幕末維新の群像　成美堂出版　1997.11　144p　（Seibido mook）
- ◇徳川慶喜新聞　新人物往来社　1997.11　161p　（別冊歴史読本）
- ◇徳川慶喜公伝 史料篇 1 新装版　（日本史籍協会編）　東京大学出版会　1997.11　667p　（続日本史籍協会叢書）
- ◇徳川慶喜公伝 史料篇 2 新装版　（日本史籍協会編）　東京大学出版会　1997.11　522p　（続日本史籍協会叢書）
- ◇完全制覇 幕末維新—この一冊で歴史に強くなる！　（外川淳著）　立風書房　1997.12　254p
- ◇徳川慶喜 維新への挑戦　（田原八郎著）　新人物往来社　1997.12　233p
- ◇誰も知らなかった徳川慶喜　（左方郁子著）　勁文社　1997.12　217p　（ケイブンシャブックス）
- ◇徳川慶喜評判記—同時代人が語る毀誉褒貶　（高野澄著）　徳間書店　1997.12　253p　（徳間文庫）
- ◇徳川慶喜 101の謎　（菊地明, 伊東成郎著）　新人物往来社　1997.12　262p
- ◇徳川慶喜の歴史散歩—最後の将軍が見た風景　（保科輝勝著）　なあぶる　1997.12　239p
- ◇爆笑幕末維新　（シブサワ・コウ編）　光栄　1997.12　166p　（歴史人物笑史）
- ◇徳川慶喜と幕臣たちの履歴書　（入江康範著）　ダイヤモンド社　1997.12　226p
- ◇徳川慶喜—将軍としての幕末、人間としての明治　（加来耕三監修・著）　光文社　1997.12　197p　（光文社文庫）
- ◇徳川慶喜 静岡の30年　（前林孝一良著）　静岡新聞社　1997.12　179p
- ◇最後の将軍 徳川慶喜　（田中惣五郎著）　中央公論社　1997.12　317p　（中公文庫）
- ◇歴史を動かした男たち—近世・近現代篇　（高橋千劒破著）　中央公論社　1997.12　429p　（中公文庫）
- ◇徳川慶喜最後の寵臣 渋沢栄一—そしてその一族の人びと　（渋沢華子著）　国書刊行会　1997.12　317p
- ◇徳川慶喜　（水野泰治著）　成美堂出版　1997.12　268p　（物語と史蹟をたずねて）
- ◇徳川慶喜—物語と史蹟をたずねて　（水野泰治著）　成美堂出版　1997.12　360p　（成美文庫）
- ◇徳川慶喜—最後の将軍おもしろ日本史まんが　（原田久仁信まんが）　講談社　1997.12　223p
- ◇（図説）徳川慶喜　（河出書房新社編集部編）　河出書房新社　1997.12　112p
- ◇徳川慶喜—菊と葵に揺れた最後の将軍　学習研究社　1997.12　178p　（歴史群像シリーズ）
- ◇徳川慶喜ものしり事典　主婦と生活社　1997.12　398p　（主婦と生活・生活シリーズ）
- ◇徳川慶喜—幕末の群像と最後の将軍の野望　世界文化社　1997.12　162p　（ビッグマンスペシャル）
- ◇十五代将軍徳川慶喜—NHK大河ドラマ『徳川慶喜』の歴史・文化ガイド　日本放送出版協会　1997.12　158p
- ◇最後の将軍徳川慶喜　（松戸市戸定歴史館編）　松戸市戸定歴史館　1998　225p
- ◇「徳川慶喜」展　（徳川慶喜展企画委員会編）　NHK　1998　190p
- ◇徳川慶喜—「最後の将軍」と幕末維新の男たち　（堺屋太一, 津本陽, 百瀬明治, 利根川裕, 岡本好古ほか著）　プレジデント社　1998.1　340p
- ◇幕末維新40人で読むほんとうの徳川慶喜—「最後の将軍」とその時代がわかる事典　（加来耕三監修）　PHPエディターズ・グループ　1998.1　234p
- ◇幕末維新 奔流の時代 新装版　（青山忠正著）　文英堂　1998.1　239p
- ◇「徳川慶喜」なるほど百話—NHK大河ドラマの人物像がよくわかる

（大衆文学研究会編）　広済堂出版　1998.1　318p　（広済堂ブックス）
◇最後の公方 徳川慶喜―魔人と恐れられた十五代将軍の生涯　（佐野正時著）　光人社　1998.1　267p
◇徳川慶喜 知れば知るほど―幕府存亡の秋をいかに生きたか　（永岡慶之助著）　実業之日本社　1998.1　294p
◇誰も知らなかった幕末維新の謎　（武田鏡村著）　ロングセラーズ　1998.1　227p　（ムックセレクト）
◇流星の如く―幕末維新・水戸藩の栄光と苦境　（瀬谷義彦, 鈴木暎一著）　日本放送出版協会　1998.1　222p
◇徳川慶喜オモシロ人生99の世渡り術―最後の将軍、本音の独り言　（楠木誠一郎著）　二見書房　1998.1　237p　（二見wai wai文庫）
◇徳川慶喜を歩く　（さんぽみち総合研究所編著, 植苗竹司監修）　新紀元社　1998.1　176p
◇徳川慶喜をめぐる歴史散歩―水戸・東京・静岡・京都・大阪　（原遙平著）　三心堂出版社　1998.2　100p
◇歴史現場からわかる徳川慶喜の真実―幕末史跡ガイド　（外川淳著）　東洋経済新報社　1998.2　268p
◇徳川15将軍の事件簿―家康から慶喜までビックリ面白史　（山本敦司編）　扶桑社　1998.2　159p
◇慶喜の見た明治維新―歴史の激流の中で、その運命の選択　（早乙女貢著）　青春出版社　1998.2　267p　（プレイブックス）
◇弧高の将軍 徳川慶喜―水戸の子・有栖川宮の孫に生まれて　（桐野作人著）　集英社　1998.2　253p
◇江戸管理社会反骨者列伝　（童門冬二著）　講談社　1998.2　259p　（講談社文庫）
◇15代将軍徳川慶喜　（吉本直志郎著, 高田勲画）　ポプラ社　1998.2　246p　（テレビドラマ文庫）
◇徳川慶喜の幕末・明治　（童門冬二他著）　中央公論社　1998.2　296p　（中公文庫）
◇図説徳川慶喜　毎日新聞社　1998.2　162p　（毎日ムック）
◇徳川慶喜を紀行する―幕末二十四景　（津川安男著）　新人物往来社　1998.3　220p
◇日本文化史上の渋沢栄一―『徳川慶喜公伝』をめぐって　（河原宏）『日本思想の地平と水脈』（河原宏, 河原宏教授古稀記念論文集刊行会編著）　ぺりかん社　1998.3　p609
◇反 徳川慶喜伝説―幕末政治ドラマの真実　（北野太乙著）　今日の話題社　1998.4　286p
◇堂々日本史　第14巻　（NHK取材班編）　KTC中央出版　1998.4　249p
◇幕末 英傑風雲録　（羽生道英著）　中央公論社　1998.5　365p　（中公文庫）
◇徳川慶喜と幕臣たち―十万人静岡移住のその後　（田村貞雄編）　静岡新聞社出版局　1998.5　182p
◇徳川慶喜と将軍家の謀略　世界文化社　1998.5　162p　（ビッグマンスペシャル）
◇堂々日本史　第15巻　（NHK取材班編）　KTC中央出版　1998.5　249p
◇徳川慶喜評伝　（大江志乃夫著）　立風書房　1998.7　331p
◇黒船が見た幕末日本―徳川慶喜とペリーの時代　（ピーター・ブース・ワイリー著, 興梠一郎訳）　ティビーエス・ブリタニカ　1998.7　415p
◇明治維新の生贄―誰が孝明天皇を殺したか 長州忍者外伝　（鹿島昇, 宮崎鉄雄, 松重正著）　新国民社　1998.7　457p
◇徳川慶喜とそれからの一族―徳川一族の明治・大正・昭和史　（佐原朝泰著）　立風書房　1998.8　278p
◇平岡円四郎の「慶喜公言行私記」について―安政四年の将軍継嗣問題と慶喜神話をめぐる一史料　（岩下哲典著）『金鯱叢書』　徳川黎明会　1998.8　p95
◇江戸の豪侠 人さまざま―鳶魚江戸文庫 24　（三田村鳶魚著, 朝倉治彦編）　中央公論社　1998.8　407p　（中公文庫）
◇英国外交官の見た幕末維新―リーズデイル卿回想録　（A.B.フリーマン・ミットフォード著, 長岡祥三訳）　講談社　1998.10　291p　（講談社学術文庫）
◇私論 徳川慶喜―モラトリアム人間からの視点　（磯野五郎著）　近代文芸社　1998.10　101p
◇最後の将軍徳川慶喜に想う　（鈴木茂乃夫著）　曉印書館　1998.10　215p
◇ザ・町並み　第2号　（ザ・町並み編集部編）　全国町並み保存連盟　1998.10　54,46p
◇菊と葵のものがたり　（高松宮妃喜久子著）　中央公論社　1998.11　276p
◇徳川将軍と柳生新陰流　（赤羽根竜夫著）　南窓社　1998.11　365p
◇柴五郎ものがたり―人を信じ、愛しつづけた　（鈴木喜代春作, 阿部誠一絵）　北水　1998.12　156p
◇堂々日本史　20　（NHK取材班編）　KTC中央出版　1998.12　247p
◇小栗上野介―物語と史蹟をたずねて　（星亮一著）　成美堂出版　1999.1　511p　（成美文庫）

◇徳川慶喜　（筑波常治作, 田代三善絵）　国土社　1999.3　222p　（堂々日本人物史）
◇遠い崖―アーネスト・サトウ日記抄 4　（萩原延壽著）　朝日新聞社　1999.3　369p
◇堂々日本史 21　（NHK取材班編）　KTC中央出版　1999.4　247p
◇謎を読み解く日本史真相推理　（小林久三著）　日本実業出版社　1999.5　254p
◇徳川昭武幕末滞欧日記　（宮地正人監修, 松戸市教育委員会編）　山川出版社　1999.5　230,45p
◇人物日本歴史館 江戸のすべてがわかる事典―将軍・天皇から藩主・幕末志士まで　（児玉幸多監修）　三笠書房　1999.6　398p　（知的生きかた文庫）
◇続徳川実紀　第2篇　新装版　（黒板勝美編）　吉川弘文館　1999.8　716p　（新訂増補国史大系）
◇山岡鉄舟の武士道　（勝部真長著）　角川書店　1999.9　282p　（角川ソフィア文庫）
◇遠い崖―アーネスト・サトウ日記抄 6　（萩原延壽著）　朝日新聞社　1999.10　322p
◇続徳川実紀　第5篇　新装版　（黒板勝美編）　吉川弘文館　1999.11　438,6p　（新訂増補国史大系）
◇松平春岳のすべて　（三上一夫, 舟沢茂樹編）　新人物往来社　1999.12　274p
◇徳川慶喜―その人と時代　（岩下哲典編著）　岩田書院　1999.12　275p
◇徳川御三家の野望―秘められた徳川時代史　（河合敦著）　光人社　2000.1　229p
◇プリンス昭武の欧州紀行―慶応3年パリ万博使節　（宮永孝著）　山川出版社　2000.3　239p
◇幕末パノラマ館　（野口武彦著）　新人物往来社　2000.4　251p
◇楽しく調べる人物図解日本の歴史―江戸時代末期・明治時代 6　（佐藤和彦監修）　あかね書房　2000.4　47p
◇徳川慶喜家の子ども部屋　（榊原喜佐子著）　角川書店　2000.12　297p　（角川文庫）
◇人物で読む近現代史 上　（歴史教育者協議会編）　青木書店　2001.1　299p
◇建築史研究の新視点 3　（西和夫著）　中央公論美術出版　2001.2　361p
◇その時歴史が動いた 7　（NHK取材班編）　KTC中央出版　2001.6　253p
◇銀座木村屋あんパン物語　（大山真人著）　平凡社　2001.7　206p　（平凡社新書）
◇慶喜とワイン―至高の味と権力者　（小田晋著）　悠飛社　2001.10　267p　（悠飛社ホット・ノンフィクション）
◇維新人物学―激動に生きた百七人　（林青梧著）　全日出版　2001.11　286p
◇幕末の会津藩―運命を決めた上洛　（星亮一著）　中央公論新社　2001.12　237p　（中公新書）
◇孝明天皇と「一会桑」―幕末・維新の新視点　（家近良樹著）　文芸春秋　2002.1　228p　（文春新書）
◇菊と葵のものがたり　（高松宮妃喜久子著）　中央公論新社　2002.1　315p　（中公文庫）
◇幕末気分　（野口武彦著）　講談社　2002.2　284p
◇人物日本の歴史・日本を変えた53人 6　（高野尚好監修）　学習研究社　2002.2　64p
◇幕末暗殺　（黒鉄ヒロシ著）　PHP研究所　2002.8　515p　（PHP文庫）
◇会津藩はなぜ「朝敵」か―幕末維新史最大の謎　（星亮一著）　ベストセラーズ　2002.9　205p　（ベスト新書）
◇還暦以後　（松浦玲著）　筑摩書房　2002.11　319p
◇江戸でピアノを―バロックの家康からロマン派の慶喜まで　（岳本恭治著）　未知谷　2002.12　140p
◇江戸の釣り―水辺に開いた趣味文化　（長辻象平著）　平凡社　2003.4　254p　（平凡社新書）
◇随筆玉手箱　（松永伍一著）　三月書房　2003.6　253p
◇清水次郎長と明治維新　（田口英爾著）　新人物往来社　2003.7　272p
◇知られざる日本史 あの人の「幕引き」　（歴史の謎研究会編）　青春出版社　2003.7　237p　（青春文庫）
◇幕末維新・あの人の「その後」―新選組から明治の指導者まで　（日本博学倶楽部著）　PHP研究所　2003.9　275p　（PHP文庫）
◇徳川慶喜家にようこそ―わが家に伝わる愛すべき「最後の将軍」の横顔　（徳川慶朝著）　文芸春秋　2003.9　221p　（文春文庫）
◇新選組111の謎―Q＆Aで知る幕末最強軍団の真実　（楠木誠一郎著）　成美堂出版　2003.10　271p　（成美文庫）
◇勇者の魅力―人を動かし、組織を動かす　（童門冬二著）　清文社　2003.10　198p
◇慶喜邸を訪れた人々―「徳川慶喜家扶日記」より　（前田匡一郎編著）　羽衣出版　2003.10　298p

◇土方歳三の遺言状　(鵜飼清著)　新人物往来社　2003.11　317p
◇江戸幕末滞在記―若き海軍士官の見た日本　(エドゥアルド・スエンソン著, 長島要一訳)　講談社　2003.11　277p　(講談社学術文庫)
◇新選組と出会った人びと　(伊東成郎著)　河出書房新社　2004.2　254p
◇図説 幕末・維新おもしろ事典―歴史のウラに隠された謎と秘話　(奈良本辰也監修)　三笠書房　2004.5　283p　(知的生きかた文庫)
◇教科書から消された偉人・隠された賢人―いま明かされる日本史の真実　(濤川栄太著)　イーグルパブリシング　2004.5　249p
◇勝ち組が消した開国の真実―新撰組の誠と会津武士道の光跡　(鈴木荘一著)　かんき出版　2004.6　389p
◇幕末史―激闘！薩摩・長州・会津　(星亮一著)　三修社　2004.7　285p
◇新選組、敗れざる武士達　(山川健一著)　ダイヤモンド社　2004.8　288p
◇徳川慶喜　(家近良樹著)　吉川弘文館　2004.10　242p　(幕末維新の個性)
◇彰義隊遺聞　(森まゆみ著)　新潮社　2004.11　287p
◇「善玉」「悪玉」大逆転の幕末史　(新井喜美夫著)　講談社　2005.1　201p　(講談社プラスアルファ新書)
◇その後の慶喜―大正まで生きた将軍　(家近良樹著)　講談社　2005.1　214p　(講談社選書メチエ)
◇覚王院義観の生涯―幕末史の闇と謎　(長島進著)　さきたま出版会　2005.2　328p
◇その時歴史が動いた 31　(NHK取材班編)　KTC中央出版　2005.3　253p
◇幕末気分　(野口武彦著)　講談社　2005.3　351p　(講談社文庫)
◇「日本型社会」論の射程―「帝国化」する世界の中で　(大平祐一, 桂島宣弘編)　文理閣　2005.3　375p
◇徳川慶喜家の食卓　(徳川慶朝著)　文芸春秋　2005.9　230p
◇幕末維新人物列伝　(奈良本辰也著)　たちばな出版　2005.12　293p
◇大政奉還―徳川慶喜　(童門冬二著)　学陽書房　2006.1　335p　(人物文庫)
◇歴史人物・意外な「その後」―あの有名人の「第二の人生」「晩年」はこうだった　(泉秀樹著)　PHP研究所　2006.3　279p　(PHP文庫)
◇まるわかり！幕末維新　(コーエー出版部編)　光栄　2006.10　111p
◇静岡の遊廓 二丁町　(小長谷澄子著)　文芸社　2006.12　222p
◇最後の将軍徳川慶喜の無念―大統領になろうとした男の誤算　(星亮一, 遠藤由紀子著)　光人社　2007.2　289p
◇龍馬暗殺の謎―諸説を徹底検証　(木村幸比古著)　PHP研究所　2007.3　259p　(PHP新書)
◇日本史人物「第二の人生」発見読本　(楠木誠一郎著)　彩流社　2007.3　222p
◇露八史観 大江戸ひっくり返史　(阿井渉介著)　河出書房新社　2007.3　226p
◇図説徳川将軍家の「お家事情」―財産から趣味、結婚、後継ぎまで　(中江克己著)　PHP研究所　2007.4　111p
◇徳川慶喜家カメラマン二代目　(徳川慶朝著)　角川書店　2007.4　164p　(角川oneテーマ21)
◇サムライはどう評価されたのか―現代評価のルーツを探る　(川村彰男著)　新人物往来社　2007.5　228p
◇徳川慶喜公の散歩道―別荘の街・国府津の人模様　(奥津弘高著)　夢工房(製作)　2007.5　249p
◇謎とき徳川慶喜―なぜ大坂城を脱出したのか　(河合重子著)　草思社　2007.5　318p
◇新選組残日録　(伊東成郎著)　新人物往来社　2007.6　269p
◇天璋院篤姫と大奥の女たちの謎―徹底検証　(加来耕三著)　講談社　2007.10　459p　(講談社文庫)
◇勝者と敗者の近現代史　(河上民雄著)　かまくら春秋社　2007.10　189p
◇慶喜登場―遠い崖 アーネスト・サトウ日記抄 4　(萩原延寿著)　朝日新聞社　2007.11　417p　(朝日文庫)
◇徳川将軍の意外なウラ事情 愛蔵版　(中江克己著)　PHP研究所　2007.12　254p
◇大政奉還―遠い崖 アーネスト・サトウ日記抄 6　(萩原延寿著)　朝日新聞社　2007.12　355p　(朝日文庫)
◇徳川300年 ホントの内幕話―天璋院と和宮のヒミツ　(徳川宗英著)　大和書房　2007.12　284p　(だいわ文庫)
◇近代日本の社会と文化―明治維新とは何だったのか　(河村望著)　人間の科学新社　2007.12　249p
◇徳川慶喜家の食卓　(徳川慶朝著)　文芸春秋　2008.6　255p　(文春文庫)
◇先賢諸聖のことば―直筆の格言・名言コレクション75　(田中大著)　PHP研究所　2008.8　190p
◇痛恨の江戸東京史　(青山佾著)　祥伝社　2008.9　401p　(祥伝社黄金文庫)

◇幕末藩主の通知表　(八幡和郎監修)　宝島社　2008.9　269p　(宝島社文庫)
◇「育つ・学ぶ」の社会史―「自叙伝」から　(小山静子, 太田素子編)　藤原書店　2008.9　299p
◇著名人のお墓を歩く―谷中、染井、雑司ヶ谷編　(あきやまみみこ撮影)　風塵社　2008.10　1冊
◇幕末・明治の画家たち―文明開化のはざまに 新装版　(辻惟雄著)　ぺりかん社　2008.10　296p
◇異説 徳川将軍99の謎　(「歴史の真相」研究会著)　宝島社　2009.2　254p　(宝島SUGOI文庫)
◇幕末の将軍　(久住真也著)　講談社　2009.2　269p　(講談社選書メチエ)
◇みんな俳句が好きだった―各界一〇〇人句のある人生　(内藤好之著)　東京堂出版　2009.7　230p
◇歴史の雑学 司馬遼太郎を読めば常識がひっくり返る！　(石原靖久著)　新講社　2009.12　223p　(新講社ワイド新書)
◇幕末維新人物新論―時代をよみとく16のまなざし　(笹部昌利編)　昭和堂　2009.12　321p
【雑　誌】
◇慶喜―なぜ生きのびたか(特集徳川将軍家の謎)　(榎本滋民)　「歴史読本」　30(10)　1960.6
◇特集・明治維新の青春群像 徳川慶喜激動のなかの青春　(藤井貞文)　「歴史と人物」　10(2)　1980.2
◇明治維新に探る自由の原点(11)徳川慶喜と大政奉還　(利根川裕)　「月刊新自由クラブ」　4(33)　1980.3
◇慶喜政権について―幕府倒壊過程試論　(布施啓一)　「立命館史学」　2　1981.3
◇鳥羽・伏見の戦いと慶喜恭順(特集・維新の激戦)　(勝部真長)　「歴史と人物」　122　1981.9
◇徳川慶喜の愛妾　(中沢〔ミチ〕夫)　「政界往来」　47(10)　1981.10
◇もののふの道 文学にみる武士道の歴史(41)徳川慶喜公征士論　(高橋富雄)　「武道」　182　1982.1
◇慶喜の構想が実現していたら(特集・逆転日本史―あの時もしも)　(田中彰)　「歴史と人物」　12(5)　1982.5
◇『慶喜残照』余話　遠藤幸威　「歴史と人物」　13(12)　1983.10
◇15代 徳川慶喜―大政奉還した最後の将軍―特集・武門の棟梁征夷大将軍　(奈良本辰也)　「歴史と旅」　10(13)　1983.10
◇徳川慶喜と観音信仰　(遠藤幸威)　「大法輪」　51(6)　1984.6
◇将軍の慶喜大坂城脱出(特集大阪の史話50選)　「歴史と旅」　12(8)　1985.6
◇慶喜揺れる(幕末風塵録〔10〕)　(綱淵謙錠)　「諸君！」　17(10)　1985.10
◇慶喜へのこだわり(幕末風塵録〔11〕)　(綱淵謙錠)　「諸君！」　17(12)　1985.12
◇水戸家の逆襲―徳川慶喜・15代将軍の座　(南原幹雄)　「歴史読本」　31(8)　1986.5
◇徳川慶喜の大政奉還と義公以来の家訓　(名越時正)　「水戸史学」　27　1987.10
◇現代医学による徳川十五代「臨終図巻」　(篠田達明)　「新潮45」　6(12)　1987.12
◇文久2年の将軍後見職徳川慶喜について　(細川義)　「史学」　57(4)　1988.3
◇危機体制首班の毀誉褒貶 徳川慶喜・近衛文麿(特集 それでも歴史は繰り返す)　(利根川裕)　「歴史と旅」　15(16)　1988.11
◇江戸時代三百年に君臨した将軍伝 第十五代徳川慶喜 徳川将軍家総覧 初代家康から十五代慶喜までの覇王の系譜　(石井孝)　「歴史と旅」　15(17)　1988.11 臨増
◇慶応3(1867)年の仏蘭西料理―15代将軍・徳川慶喜、大坂城に4国公使招聘の背景と謁見当日のプロトコール、宮廷主催晩餐会のメニューを探る　(村岡実)　「風俗」　28(3)　1989.9
◇徳川慶喜「大政奉還」の大いなる賭け―倒幕派の機先を制しはしたが、小御所会議の謀略を阻止できず(特集「幕末維新」の人物学)　(南原幹雄)　「プレジデント」　28(6)　1990.6
◇伊達宗城とその周辺(3)―橋慶喜の書翰, 他　(河内八郎)　「人文学科論集(茨城大学人文学部)」　24　1990.7
◇文明開化の間(はざま)に―幕末・明治の画家たち(5)徳川慶喜の油絵‐前, 後‐　(山梨絵美子)　「三彩」　515,516　1990.8,9
◇あらかわ文化財講座 徳川慶喜とその周辺(1)　「荒川史談」　224　1990.12
◇あらかわ文化財講座 徳川慶喜とその周辺(2)浦井正明先生講演要旨　「荒川史談」　225　1991.3
◇あらかわ文化財講座 徳川慶喜とその周辺(3)浦井正明先生講演要旨　「荒川史談」　226　1991.6
◇松戸郷土史談「将軍慶喜松戸宿を去る」　(きりん享猿象)　「松戸史談」　32　1992.11
◇徳川慶喜―裏切りと敵前逃亡(特集・私の嫌いな日本人)　(童門冬二)　「正論」　244　1992.11
◇「最後の将軍」、歴史の偶然と必然が分けた徳川慶喜の運命―山内容

堂、松平容保にも共通する名君の陥穽が（特集・司馬遼太郎「維新人物小説」を読む）（水木楊）「プレジデント」 31(12) 1993.12
◇徳川慶喜大政奉還の謎（幕末維新の謎）「歴史と旅」 23(11) 1996.7.5 臨増〔日本史の謎100選〕 p364～365
余滴の日本史(18)最後の将軍・徳川慶喜の出処進退 （中村彰彦）「本の旅人」 角川書店 3(4) 1997.4 p78～81
◇特集/徳川慶喜の謎 「歴史研究」 人物往来社歴史研究会 433 1997.6 p14～32
この夫にこの妻がいた—徳川慶喜と美賀子（特集・幕末維新おんなたちの体験—乱世を密やかにしたたかに生きた女性たち）（秋元藍）「歴史と旅」 24(12) 1997.8 p118～123
大河ドラマ"最後の将軍"見所は（視点）（佐藤雅美）「日経ビジネス」 906 1997.9.8 p125
◇子孫が語り継ぐ〈生きている歴史〉最後の将軍徳川慶喜 （加来耕三）「歴史研究」 人物往来社歴史研究会 438 1997.11 p58～59
徳川慶喜—寡黙を貫き通した最後の将軍の長い余生（特集・ドラマの後の主役たち—歴史を彩った人びとのその後の奮闘と変貌！）（斉藤洋一）「歴史と旅」 24(18) 1997.12 p36～43
20世紀の幕末（巻頭連続エッセイ）（野口武彦）「アステイオン」 47 1998.1 p26～27
◇この実力なくして幕体解体はできなかった—日本がはじめて体験する「自己改革」は、その英断から始まった（特集・徳川慶喜「最後の決断」を下した将軍）（大石慎三郎、童門冬二、松浦玲）「プレジデント」 36(1) 1998.1 p76～85
司馬遼太郎が『最後の将軍』で活写した徳川慶喜（特集・徳川慶喜「最後の決断」を下した将軍）（尾崎秀樹）「プレジデント」 36(1) 1998.1 p86～89
水戸烈公はわが子に「将軍の夢」をみた—七郎麿の一橋家入りを打診された水戸藩主・徳川斉昭は……（特集・徳川慶喜「最後の決断」を下した将軍）（高野澄）「プレジデント」 36(1) 1998.1 p90～97
「攘夷実行」でみせた権謀家の貌—勤皇思想を貫き、列強諸国の侵略から守る、という難しい舵取りを迫られ……（特集・徳川慶喜「最後の決断」を下した将軍）（八尋舜右）「プレジデント」 36(1) 1998.1 p98～105
徳川家存続をかけた大博打「大政奉還」—朝廷に政権を返上しても幕府崩壊は免れうると確信して、最後の勝負に出る（特集・徳川慶喜「最後の決断」を下した将軍）（南原幹雄）「プレジデント」 36(1) 1998.1 p108～115
鳥羽伏見の戦い、「賢者」ゆえの敵前逃亡—敗れた理由は軍事力の差だけではなかった。この男なりの「勝算」はあったのだが（特集・徳川慶喜「最後の決断」を下した将軍）（星亮一）「プレジデント」 36(1) 1998.1 p116～121
時代の陰で矜持を持ち続けた45年—32歳で政治の表舞台から退いた男が歩んだ「もう一つの人生」（特集・徳川慶喜「最後の決断」を下した将軍）（利根川裕）「プレジデント」 36(1) 1998.1 p124～129
◇幕府側からみた徳川家のドラマ」を描く（特集・徳川慶喜「最後の決断」を下した将軍）（田向正健）「プレジデント」 36(1) 1998.1 p132～135
「英明なる君主」に幕政を託した男たち—阿部正弘、松平春岳、島津斉彬、山内容堂、伊達宗城（特集・徳川慶喜「最後の決断」を下した将軍）（百瀬明治）「プレジデント」 36(1) 1998.1 p136～142
◇慶喜と競馬（随筆）（岳真也）「正論」 306 1998.2 p37～39
追悼司馬遼太郎、時代を終わりの相で見る、徳川慶喜—『最後の将軍』をどう読むか（山崎正和）「諸君！」 30(2) 1998.2 p46～54
◇"最後の将軍・徳川慶喜"の人生と魅力 NHK大河ドラマ「徳川慶喜」を先読み 「フォーブス日本版」 7(2) 1998.2 p170～177
徳川慶喜、八月十五日、タケノコ狂想曲—対談・橋本竜太郎・三波春夫（対談・高松宮妃殿下、阿川弘之氏〔後編〕）（高松宮喜久子、阿川弘之）「THIS IS 読売」 8(2) 1998.2 p224～237
◇対談・なぜいま「徳川慶喜」なのか—幕末維新の激動期にも譬えられる今、「切り換え」のキーワードを体現した慶喜とは （徳川慶朝、加来耕三）「潮」 468 1998.2 p248～255
徳川慶喜おもかげ探しinMITO（特集カラー口絵）（特集・徳川慶喜と幕府崩壊—混迷の時代を駆け抜けた「最後の将軍」波瀾の半生）「歴史と旅」 25(4) 1998.3 p11～15
先読み慶喜 NHK大河ドラマ「徳川慶喜」（読者レポート）「歴史と旅」 25(4) 1998.3 p20～21
歴史トピックス—徳川慶喜・昭武兄弟の未鑑定「名刺判写真」（読者レポート）「歴史と旅」 25(4) 1998.3 p32～33
◇水戸学にみる慶喜の原点—藤田幽谷・東湖父子が再興した水戸学が慶喜の行動原理となった！（特集・徳川慶喜と幕府崩壊—混迷の時代を駆け抜けた「最後の将軍」波瀾の半生）（加来耕三）「歴史と旅」 25(4) 1998.3 p36～41
徳川慶喜の烈々たる半生・激震する幕末政界への船出（一橋家時代）——橋当主となった慶喜は幕末の激浪の中に乗り出していく（特集・徳川慶喜と幕府崩壊—混迷の時代を駆け抜けた「最後の将軍」波瀾の半生）（八尋舜右）「歴史と旅」 25(4) 1998.3 p42～47
徳川慶喜の烈々たる半生・将軍後見・禁裏守衛の権謀家（京都時代）—政治的野望が渦巻く京都政界に乗り込んだ慶喜の決意と蹉跌（特集・

徳川慶喜と幕府崩壊—混迷の時代を駆け抜けた「最後の将軍」波瀾の半生）（利根川裕）「歴史と旅」 25(4) 1998.3 p48～55
◇徳川慶喜の烈々たる半生・果たされなかった権力への執念（将軍時代）—「天皇に任命された将軍」を辞し、新たな中央集権体制を志向（特集・徳川慶喜と幕府崩壊—混迷の時代を駆け抜けた「最後の将軍」波瀾の半生）（松浦玲）「歴史と旅」 25(4) 1998.3 p56～63
徳川慶喜をめぐる人びと・「幕臣」小栗忠順—開明的勘定奉行（特集・徳川慶喜と幕府崩壊—混迷の時代を駆け抜けた「最後の将軍」波瀾の半生）（星亮一）「歴史と旅」 25(4) 1998.3 p64～69
徳川慶喜をめぐる人びと・「大名」松平春岳—四賢侯の一人（特集・徳川慶喜と幕府崩壊—混迷の時代を駆け抜けた「最後の将軍」波瀾の半生）（百瀬明治）「歴史と旅」 25(4) 1998.3 p70～75
徳川慶喜をめぐる人びと・「用人」原市之進—股肱の謀臣（特集・徳川慶喜と幕府崩壊—混迷の時代を駆け抜けた「最後の将軍」波瀾の半生）（河合敦）「歴史と旅」 25(4) 1998.3 p76～81
徳川慶喜をめぐる人びと・「家臣」渋沢栄——最後の寵臣（特集・徳川慶喜と幕府崩壊—混迷の時代を駆け抜けた「最後の将軍」波瀾の半生）（渋沢華子）「歴史と旅」 25(4) 1998.3 p82～87
徳川慶喜をめぐる人びと・「外交官」レオン・ロッシュ—親幕フランス公使（特集・徳川慶喜と幕府崩壊—混迷の時代を駆け抜けた「最後の将軍」波瀾の半生）（高野澄）「歴史と旅」 25(4) 1998.3 p88～93
徳川慶喜をめぐる人びと・「市井人」新門辰五郎—任侠の町火消し（特集・徳川慶喜と幕府崩壊—混迷の時代を駆け抜けた「最後の将軍」波瀾の半生）（祖田浩一）「歴史と旅」 25(4) 1998.3 p94～99
幕末三舟（海舟・泥舟・鉄舟）像（特集・徳川慶喜と幕府崩壊—混迷の時代を駆け抜けた「最後の将軍」波瀾の半生）「歴史と旅」 25(4) 1998.3 p100～105
慶喜を支えた多彩な女性たち—生母吉子、正室美賀子、側室信・幸ら慶喜を取り巻く女たちの運命（特集・徳川慶喜と幕府崩壊—混迷の時代を駆け抜けた「最後の将軍」波瀾の半生）（萩尾農）「歴史と旅」 25(4) 1998.3 p106～111
明治期における徳川慶喜の待遇 （山嵜千歳）「史友」 青山学院大学史学会 第30号記念号 1998.3 p107～121
慶喜と徳川ファミリー—慶喜をとりまく37人の兄弟と21人の子供たちの華やかな血族（特集・徳川慶喜と幕府崩壊—混迷の時代を駆け抜けた「最後の将軍」波瀾の半生）（萩原裕雄）「歴史と旅」 25(4) 1998.3 p112～117
慶喜のまぼろしの国家構想—弱体幕府を捨て、大君という絶対権力のもとでの幕府復古だった（特集・徳川慶喜と幕府崩壊—混迷の時代を駆け抜けた「最後の将軍」波瀾の半生）（童門冬二）「歴史と旅」 25(4) 1998.3 p118～123
水戸は慶喜で燃えている（ご当地探訪）（特集・徳川慶喜と幕府崩壊—混迷の時代を駆け抜けた「最後の将軍」波瀾の半生）「歴史と旅」 25(4) 1998.3 p124～129
特集 徳川慶喜 「太陽」 平凡社 36(4) 1998.4 p5～96
我が苦心30年…『海舟日記』にみる徳川慶喜の実像—維新の動乱に翻弄された最後の将軍の人間像（勝部真長）「日本及日本人」 日本及日本人社 1630 1998.4 p85～93
幕死（死ヌ死ぬエブリバディ〔12〕）（黒鉄ヒロシ）「新潮45」 17(4) 1998.4 p282
徳川慶喜の墓 （内田駿一郎）「工業用水」 日本工業用水協会 476 1998.5 p45～47
第15代徳川慶喜—最後の将軍のむなしき政治手腕（歴代将軍たちの肖像）（宮沢正紀）「歴史と旅」 25(8) 1998.5.5 増刊〔徳川15代と一族の系譜〕 p148～155
慶喜をめぐる人々と史跡ガイド—幼少期の水戸時代、15代将軍時代、養子先の一橋家時代、隠退後の静岡時代（祖田浩一）「歴史と旅」 25(8) 1998.5.5 増刊〔徳川15代と一族の系譜〕 p350～373
徳川慶喜の巻（この男が好き!?〔54〕）（麻生圭子）「THE21」 15(6) 1998.6 p48
徳川慶喜（新養生訓〔31〕）（大宮司朗）「歴史と旅」 25(10) 1998.7 p235
NAVI芸人＝講談師・神田陽司「江戸。徳川慶喜の曽孫の寄稿や江戸っ子弁変換」（HOMO in INTERNET）「AERA」 11(26) 1998.7.6 p39
緑叢放談・徳川慶喜の孫に生まれて—天衣無縫の語り口で、平安朝の伝統が生きる皇室のとっておきの話を初公開 （高松宮妃喜久子）「文芸春秋」 76(8) 1998.8 p94～109
ドキュメント 徳川慶喜と江戸城明け渡し—戦意なく大坂から逃げ帰った最後の将軍が自ら選び取った恭順のシナリオ（特集・徳川300年将軍の城を歩く 天下に君臨した空前の大城郭江戸城を徹底散策）（三浦昇）「歴史と旅」 25(12) 1998.8 p144～153
徳川慶喜VS薩摩藩「最後」の闘い—京都を舞台に、希代の策士が織りなす壮絶な権謀術数の対決（歴史に現代を見る）（小林久三）「プレジデント」 36(10) 1998.10 p244～250
最後の将軍・徳川慶喜の師 会沢正志斎の国家思想（下）明治維新への先覚と明治国家の精神的支柱 （安蘇谷正彦）「日本及日本人」 日本及日本人社 1633 1999.1 p58～70
西周伝への若干の考察—慶喜と周, 周と鷗外 （村岡功）「鷗外」 森

鷗外記念会 64 1999.1 p73〜81
◇"最後の将軍"たちと「終わりへの意志」―徳川慶喜、源実朝、足利義輝にみる生き様・死に様 （河原宏）「日本及日本人」 日本及日本人社 1633 1999.1 p100〜109
◇フランスと手を組んだ徳川幕府が暗示する日産自動車の行く末（歴史合せ鏡〔68〕）（百瀬明治）「フォーブス日本版」 8(7) 1999.7 p184〜189
◇将軍家の継嗣騒動―15代将軍慶喜 反古にされた将軍家茂の遺言（特集・徳川将軍家 血の暗闘史―政権の座をめぐる血族間の熾烈な抗争劇！）（河合敦）「歴史と旅」 26(12) 1999.8 p90〜95
◇明治30年代の徳川慶喜(3) （上野秀治）「史料」 皇學館大学史料編纂所 165 2000.2 p10〜13
◇慶喜との再会（サン＝シモン主義者 渋沢栄一〔14〕）（鹿島茂）「諸君！」 32(9) 2000.9 p262〜268
◇Bibliotheca Japonica(34)歴史の実物を手にして「徳川慶喜宛駐日フランス公使ロッシュ書簡」 （八木正自）「日本古書通信」 日本古書通信社 65(10) 2000.10 p23
◇明治30年代の徳川慶喜(4) （上野秀治）「史料」 皇學館大学史料編纂所 169 2000.10 p4〜7
◇徳川慶喜のブリュメール十八日 （野口武彦）「群像」 講談社 56(2) 2001.2 p216〜237
◇明治30年代の徳川慶喜(5) （上野秀治）「史料」 皇學館大学史料編纂所 171 2001.2.10 p7〜11
◇「激動！幕末維新のすべて」3分間講座―この未曽有の大転換期は、今を生き抜く知恵の宝庫だ（特集1・幕末維新の男たちに学ぶ 「変革と決断」の方程式）（楠木誠一郎）「プレジデント」 39(6) 2001.3.19 p54〜61
◇勝海舟、西郷隆盛と江戸無血開城―「説得の心理戦」かく闘うべし（特集1・幕末維新の男たちに学ぶ 「変革と決断」の方程式）（赤瀬川準）「プレジデント」 39(6) 2001.3.19 p90〜97
◇徳川慶喜と小泉純一郎（ずいひつ「波音」）（古川薫）「潮」 512 2001.10 p64〜66
◇和宮降嫁と文久の修陵―文久二年七月二十三日の勅使大原重徳と慶喜・慶永の会談 （外池昇）「人間文化研究」 田園調布学園大学短期大学部 1 2002 p156〜146
◇権力者とゴシップ （野口武彦）「文芸春秋」 80(8) 2002.7 p82〜83
◇「慶喜と純一郎」ハードランディングに踊らされた男たち （野口武彦）「週刊現代」 45(3) 2003.1.25 p64〜67
◇徳川慶喜〈家〉の明治 （家近良樹）「日本歴史」 吉川弘文館 662 2003.7 p1〜20
◇大名家・藩校の典籍と記録(2)徳川慶喜の蔵書と記録 （広瀬順皓）「日本古書通信」 日本古書通信社 70(3) 2005.3 p24〜25
◇著者に聞く 凝り性は曾祖父・慶喜の遺伝？ （徳川慶朝、風野真知雄）「本の話」 文芸春秋 11(10) 2005.10 p42〜45
◇徳川慶喜「京都日記」〈江戸幕府十五代将軍〉―京都政界の主役から「朝敵」となった要因に迫る（特集 幕末京都 志士日誌―特集ドキュメント 幕末京都 志士の足跡）（横田淳）「歴史読本」 新人物往来社 51(7) 2006.5 p130〜137
◇男ことばはこう時代を彩った（第9回）徳川慶喜から漱石作品の男たち （小林千草）「本が好き！」 光文社 3(8) 2008.8 p76〜81
◇週刊司馬遼太郎(117)徳川慶喜の孤独―「最後の将軍」の世界（第1回）二つの人生を生きた男 （村井重俊、守田直樹）「週刊朝日」 朝日新聞出版 114(1) 2009.1.2 p150〜155
◇週刊司馬遼太郎(118)徳川慶喜の孤独―「最後の将軍」の世界（第2回）凝り性な一族 （村井重俊、守田直樹）「週刊朝日」 朝日新聞出版 114(2) 2009.1.16 p84〜89
◇週刊司馬遼太郎(119)徳川慶喜の孤独―「最後の将軍」の世界（第3回）二条城への思い （村井重俊、守田直樹）「週刊朝日」 朝日新聞出版 114(3) 2009.1.23 p84〜88
◇週刊司馬遼太郎(120)徳川慶喜の孤独―「最後の将軍」の世界（第4回）勝海舟との絆 （村井重俊、太田サトル）「週刊朝日」 朝日新聞出版 114(4) 2009.1.30 p84〜89
◇週刊司馬遼太郎(121)徳川慶喜の孤独―「最後の将軍」の世界（第5回）将軍のお酌 （村井重俊、守田直樹）「週刊朝日」 朝日新聞出版 114(5) 2009.2.6 p90〜95
◇週刊司馬遼太郎(122)徳川慶喜の孤独―「王城の護衛者」の世界（第6回）会津中将の悲運 （村井重俊、太田サトル）「週刊朝日」 朝日新聞出版 114(6) 2009.2.13 p84〜89
◇週刊司馬遼太郎(123)徳川慶喜の孤独―「白河・会津のみち」の世界（第7回）月になった男 （村井重俊）「週刊朝日」 朝日新聞出版 114(7) 2009.2.20 p86〜91
◇史談往来/北から南から 徳川慶喜の挫折 （伊勢祐二）「歴史研究」 歴研 51(4) 2009.4 p12〜14
◇安政の大獄と水戸藩 （但野正弘）「藝林」 藝林会 58(1) 2009.4 p39〜66

徳大寺実則　とくだいじさねつね　1839〜1919
幕末,明治期の幕末の公卿。明治天皇侍従長, 公爵。
【図　書】
◇明治天皇と政治家群像―近代国家形成の推進者たち （沼田哲編） 吉川弘文館 2002.6 286p
◇徳大寺実則の履歴について―明治十七年侍従長就任以前を中心に （梶田明宏）『明治天皇と政治家群像 近代国家形成の推進者たち』（沼田哲編） 吉川弘文館 2002.6 p66〜
【雑　誌】
◇徳大寺実則と政治的意思伝達(特集 人と人をつなぐメディア 面談・書簡・電信・電話) （川上寿代）「メディア史研究」 ゆまに書房 17 2004.11 p34〜52

得能良介　とくのうりょうすけ　1825〜1883
明治期の官僚。紙幣局長。
【図　書】
◇得能良介君伝 復刻版 印刷朝陽会 2000.3 604p
【雑　誌】
◇資料紹介 得能良介巡回日記(1〜11) （益田清）「板橋史談」 131〜141 1989.3,5,7,9,11,90.1,3,5,7,9,11
◇資料紹介 得能良介巡回日記(12〜22) （益田清）「板橋史談」 142〜149,151〜153 1991.1〜92.1
◇資料紹介 得能良介巡回日記(24〜31) （益田清）「板橋史談」 155〜162 1993.3〜94.5
◇資料紹介 得能良介巡回日記(付録一) （益田清）「板橋史談」 163 1994.7
◇資料紹介 得能良介巡回日記(付録1・続) （益田清）「板橋史談」 164 1994.9

戸田忠恕　とだただゆき　1847〜1868
幕末,明治期の武士。宇都宮藩主, 越前守。
【図　書】
◇やさしく書いた下野の歴史 （徳田浩淳） 新人物往来社 1981.11
【雑　誌】
◇幕内五郎左衛門書状(寛政年間), 年貢金受取書(宝暦六年・同七年), 実相寺定書(慶長五年), 戸田忠恕書状(文久年間) 「下野歴史」 49 1983.8

富松正安　とまつまさやす　1849〜1886
明治期の自由民権家。自由党決死派。
【図　書】
◇加波山事件と富松正安―地方民権運動の軌跡 （桐原光明著） 嵩書房 1984.9
◇自由民権運動の研究―急進的自由民権運動家の軌跡 （寺崎修著） 慶応義塾大学法学研究会 2008.3 264,13p （慶応義塾大学法学研究会叢書）
【雑　誌】
◇加波山事件富松正安裁判関係資料 （加藤時男）「千葉史学」 千葉歴史学会 53 2008.12 p106〜117

富田高慶　とみたたかよし　1814〜1890
幕末,明治期の農政家。二宮尊徳の門人。
【図　書】
◇富田高慶日記 （佐藤高俊編） 竜渓書舎 1981.3
◇日本老農伝 改訂増補 （大西伍一） 農山漁村文化協会 1985.12
◇全国の伝承 江戸時代 人づくり風土記―ふるさとの人と知恵〈7〉福島 （加藤秀俊, 谷川健一, 稲垣史生, 石川松太郎, 吉田豊編） 農山漁村文化協会 1990.9
◇地域おこしの手本―至誠一貫の富田高慶 富田高慶百年祭記念誌 相馬報徳会 1991.6
◇富田高慶 報徳秘録 （報徳博物館〔編〕） 報徳博物館 1994.3 （報徳博物館資料集）
◇二宮尊徳とその弟子たち （宇津木三郎著, 小田原ライブラリー編集委員会企画・編） 夢工房 2002.2 133p （小田原ライブラリー）
【雑　誌】
◇富田高慶日記(弘化二年十一月六日から同十六日)を辿る （南部孝之）「相馬郷土」 4 1987.11
◇相馬の尊徳・富田高慶小伝 （岩崎敏夫）「日本及日本人」 1603 1991.7
◇尊徳研究(17)高弟富田高慶聞書『報徳秘録』について （多田顕）「経済論集」 大東文化大学経済学会 76 2000.1 p148〜136
◇歴史の指標・二宮尊徳(第9回)尊徳と高弟富田高慶 「明日への選択」 日本政策研究センター 257 2007.6 p38〜41

富田鉄之助　とみたてつのすけ　1835～1916
明治, 大正期の官僚。日本銀行総裁, 貴族院議員。
【図　書】
◇日本金融史点描　(戸田正志, 丹羽重省共著)　(市川)バリエ社　1987.1
◇サラリーマンの生きがい　(吉野俊彦著)　徳間書店　1987.3　(徳間文庫)
【雑　誌】
◇早矢仕有的への来翰を巡って(4)(遺稿)　(曽我なつ子, 松島栄一)「学鐙」　79(4) 1982.4
◇早矢仕有的への来翰を巡って(5)(遺稿)　(曽我なつ子, 松島栄一)「学鐙」　79(5) 1982.5
◇第2代・富田鉄之助—政府から独立をはかった反骨漢(金融資本の司祭・日銀総裁百年史)「現代の眼」　24(2) 1983.2
◇明治前期における外国為替資金の問題—松方と富田の論争　(大佐正之)「拓殖大学論集」　155 1985.5
◇資料探索への執念—「富田鉄之助伝」にまつわる話　(吉野俊彦)「日本古書通信」　58(7) 1993.7

富永有隣　とみながゆうりん　1821～1900
幕末, 明治期の幕末の萩藩士。
【図　書】
◇冨永有隣伝　(林芙美夫編)　田布施町教育委員会　2001.6　69p　(郷土館叢書)
◇幕末維新随想—松陰周辺のアウトサイダー　(河上徹太郎著)　河出書房新社　2002.6　224p
【雑　誌】
◇小笠原清之進と富永有隣　(都築建康)「大豊史談」　9 1983.3

登美宮　とみのみや　1804～1893
幕末, 明治期の女性。徳川斉昭の妻。
【図　書】
◇御母堂物語—歴史を創った偉人の母17人　(田井友季子著)　光言社　1998.7　258p

伴林光平　ともばやしみつひら　1813～1864
幕末の志士。号は斑鳩隠士, 岡痩, 嵩斎など。
【図　書】
◇保田与重郎全集〈第21巻〉南山踏雲録, 校註祝詞　(保田与重郎著)　講談社　1987.7
◇古典和歌論叢　(犬養廉編)　明治書院　1988.4
◇保田与重郎全集〈別巻4〉対談・講演　(保田与重郎著)　講談社　1989.7
◇大和ごころはひとすじに—尊皇の系譜　(中山広司, 中山エイ子著)　展転社　1989.10
◇本居派国学の展開　(中村一基著)　雄山閣出版　1993.11
◇文武不岐　(黒岩葉舟著)　錦正社　1994.1　(伝統文化叢書)
◇「天皇陵」総覧　〔愛蔵保存版〕　(水野正好ほか著)　新人物往来社　1994.4
◇南山踏雲録　(保田与重郎著)　新学社　2000.10　383p　(保田与重郎文庫)
◇今村歌合集と伴林光平—付・今村歌合集　増補改訂版　(堀井寿郎著)　ぺりかん社　2001.4　379,6p
◇伴林光平の研究　(鈴木純孝著)　講談社出版サービスセンター(製作)　2001.11　518p
【雑　誌】
◇伴林光平手写本「伊呂波字類抄」　(国井邦子)「混沌」　6 1980.3
◇伴林光平の陵墓研究と考古学—光平のみた藤ノ木古墳　(上田広範)「帝塚山学院大学研究論集」　21 1986
◇伴林光平に関する一考察　(吉田昌彦)「歴史学・地理学年報」　14 1990
◇伴林光平の「山陵志」批判—光平の山陵家としての位置をめぐって　(中村一基)「鈴屋学会報」　10 1993.12
◇中西多豆比と伴林光平—伴林光平をめぐる若干の資料(4)　(多治比郁夫)「すみのえ」　211 1994.1
◇伴林光平と『菅家遺誡』—諸家論の『古今集』真名序評価を媒介にして　(中村一基)「中央大学国文(大曽根章介教授追悼)」　37 1994.3
◇伴林光平加評の門人歌稿(上, 中)—伴林光平をめぐる若干の資料(5, 6)　(多治比郁夫)「すみのえ」　212,213 1994.4,7
◇伴林光平と種痘の和歌　(管宗次)「武庫川国文」　武庫川女子大学国文学会　69 2007.2　p29～32

鳥居耀蔵　とりいようぞう　1796～1873
幕末, 明治期の幕臣。のちの甲斐守忠耀。
【図　書】
◇明治叛臣伝　(徳永真一郎)　毎日新聞社　1981.1
◇鳥居甲斐晩年日録　(鳥居正博訓注)　桜楓社　1983.4
◇医学史話　杉田玄白から福沢諭吉　(藤野恒三郎著)　菜根出版　1984.1
◇日本史探訪 19 開国か攘夷か　角川書店　1985.5
◇続 徳川家臣団—組織を支えたブレーンたち　(綱淵謙錠著)　講談社　1987.3　(講談社文庫)
◇前田愛著作集〈第4巻〉幻景の明治　(前田愛著)　筑摩書房　1989.12
◇鳥居耀蔵—天保の改革の弾圧者　(松岡英夫)　中央公論社　1991.11　(中公新書)
◇落花の人—日本史の人物たち　(多945川恭著)　光風社出版　1991.11
◇江戸人物伝　(白石一郎著)　文芸春秋　1993.1
◇悪役のふるさと　(村松友視著)　講談社　1993.6
◇江戸人物伝　(白石一郎著)　文芸春秋　1996.3　248p　(文春文庫)
◇日本人の志—最後の幕臣たちの生と死　(片岡紀明著)　光人社　1996.12　257p
◇堂々日本史 18　(NHK取材班編)　KTC中央出版　1998.10　247p
◇高野長英　(筑波常治作, 田代三善絵)　国土社　1999.3　222p　(堂々日本史別巻)
◇堂々日本史 別巻3　(NHK取材班編)　KTC中央出版　1999.9　310p
◇人物探訪 地図から消えた東京遺産　(田中聡著)　祥伝社　2000.2　297p　(祥伝社黄金文庫)
◇天保改革と印旛沼普請　(鏑木行広著)　同成社　2001.11　238p　(同成社江戸時代史叢書)
◇影の日本史　(森博之著)　総和社　2004.3　201p
◇教科書が教えない歴史有名人の晩年と死　(新人物往来社編)　新人物往来社　2007.2　293p
◇悪人列伝 近代篇 新装版　(海音寺潮五郎著)　文芸春秋　2007.2　301p　(文春文庫)
◇日記をのぞく　(日本経済新聞社編)　日本経済新聞出版社　2007.11　278p
◇近現代仏教思想の研究—伝統と創造　(芹川博通著)　北樹出版　2008.6　383p　(芹川博通著作集)
◇江戸の名奉行—人物・事績・仕置きのすべて　(丹野顕著)　新人物往来社　2008.10　352p
【雑　誌】
◇鳥居耀蔵—非情なる弾圧者(特集徳川幕府滅亡の舞台裏)　(中田耕治)「歴史読本」　30(18) 1960.10
◇鳥居耀蔵(特集・江戸時代の官僚システム)　(比留間尚)「歴史公論」　7(6) 1981.6
◇高島秋帆の獄(下)史伝鳥居耀蔵　(杉浦明平)「文芸」　20(10) 1981.10
◇鳥居耀蔵—妖怪・蝮と恐れられた男(特集・江戸の三大行革)　(杉浦明平)「歴史と人物」　12(9) 1982.9
◇天保の妖怪—鳥居耀蔵(特集・徳川幕府の実力者たち)　(青木美智男)「歴史読本」　27(14) 1982.10
◇幕末日記二つ 上—鳥居甲斐と水野忠徳　(松岡英夫)「学鐙」　81(3) 1984.3
◇獅子身中の虫—水野忠邦と鳥居耀蔵(徳川300年を動かした男たち〈特集〉)　(渡辺慶一)「歴史読本」　31(11) 1986.6
◇鳥居耀蔵 儒教の正義に発す洋学者弾圧(特集 日本史悪党列伝)　(中村整史朗)「歴史と旅」　15(7) 1988.5
◇鳥居耀蔵と江川坦庵—"蛮社の獄"に負けって勝つ　(栗原隆一)「日本及日本人」　1591 1988.7
◇鳥居甲斐晩年の天文記録　(斉藤国治)「日本歴史」　487 1988.12
◇歴史の法廷—鳥居耀蔵再審(特集 歴史の虚像と実像)　(三谷博)「日本歴史」　吉川弘文館　600 1998.5　p140～144
◇官吏意外史 渡辺崋山(9)佐藤一斎と鳥居耀蔵　(童門冬二)「地方自治職員研修」　公職研 35(10) 2002.10　p86～88
◇研究余禄 鳥居耀蔵と蛮社の獄　(田中弘之)「日本歴史」　吉川弘文館　657 2003.2　p80～87
◇鳥居耀蔵—「妖怪」と恐れられ嫌われた弾圧魔の町奉行(特集 徳川幕閣 暗闘史—謎の老中・奉行・役人列伝—特集ワイド 謎多き 異貌の実力者)　(磐紀一郎)「歴史読本」　新人物往来社 50(10) 2005.10　p80～89

鳥尾小弥太　とりおこやた　1847～1905
明治期の陸軍軍人, 政治家。枢密院顧問官, 子爵。
【図　書】
◇風雲回顧録　(岡本柳之助著, 平井晩村編)　中央公論社　1990.3　(中公文庫)
◇ひょうご幕末維新列伝　(一坂太郎著)　神戸新聞総合出版センター　2008.7　408p
【雑　誌】
◇月曜会事件についての一考察—四将軍との関係を中心に　(土居秀夫)「軍事史学」　17(2) 1981.9
◇近代国家形成期における伝説思想—鳥尾小弥太『王法論』の評価をめぐって　(真辺将之)「早稲田大学大学院文学研究科紀要 第4分冊」

早稲田大学大学院文学研究科 47 2001 p67〜79
◇鳥尾小弥太における政府批判の形成―『王法論』執筆まで （真辺将之）「日本歴史」 吉川弘文館 657 2003.2 p64〜79

鳥尾得庵　とりおとくあん　1848〜1905
明治期の政治家。枢密顧問官、統一学舎開設者。
【雑　誌】
◇「禅と日本文化」という図式の先蹤―伊達自得と鳥尾得庵の活動 （石井公成）「駒沢大学禅研究所年報」 駒沢大学禅研究所 15 2003.12 p205〜219

ドンクル＝キュルシウス, J.　Curtius, Jan Hendrik Donker　1813〜1879
オランダの外交官。1852年アメリカの艦隊派遣を予告。
【図　書】
◇幕末出島未公開文書―ドンケル・クルチウス覚え書 （フォス美弥子編訳） 新人物往来社 1992.5

内藤魯一　ないとうろいち　1846〜1911
明治期の自由民権家。衆議院議員。
【図　書】
◇内藤魯一関係文書目録 （知立市歴史民俗資料館編） 知立市教育委員会 1996.3 147p
◇内藤魯一自由民権運動資料集 （内藤魯一著, 知立市歴史民俗資料館編, 長谷川昇監修） 知立市教育委員会 2000.3 434p
【雑　誌】
◇特集・自由民権百年　「東海近代史研究」 3 1981.11
◇自由民権の闘士内藤魯一(17) （隅田三郎）「郷土研究」 31 1982.3
◇自由民権の闘志内藤魯一(18) （隅田三郎）「郷土研究」 32 1982.7

長井雅楽　ながいうた　1819〜1863
幕末の長州（萩）藩士。公武合体運動の推進者。
【図　書】
◇歴史に学ぶ （奈良本辰也） 潮出版社 1981.6
◇維新の長州 （古川薫著）（大阪）創元社 1988.2
◇維新への胎動〈上〉寺田屋事件 （徳富蘇峰著, 平泉澄校訂） 講談社 1993.10 （講談社学術文庫―近世日本国民史）
◇維新への胎動(中)生麦事件 （徳富蘇峰著, 平泉澄校訂） 講談社 1994.3 （講談社学術文庫―近世日本国民史）
◇幕末維新人物列伝 （奈良本辰也著） たちばな出版 2005.12 293p
【雑　誌】
◇公武合体による開国推進―長井雅楽―特集・攘夷か開国か―国防意識のめばえ （古川薫）「歴史と人物」 13(13) 1983.11

永井尚志　ながいなおのぶ　1816〜1891
幕末, 明治期の幕臣, 官吏。
【図　書】
◇江戸5 人物編 （大久保利謙編輯） 立体社 1980.8
◇永井玄蕃 （城staff輝雄）〔城殿輝雄〕 1982.1
◇白野夏雲 （白野仁） 北海道出版企画センター 1984.6
◇物語 五稜郭悲話 （新人物往来社編） 新人物往来社 1988.8
◇幕末 五人の外国奉行―開国を実現させた武士 （土居良三著） 中央公論社 1997.7 358p
◇徳川昭武幕末滞欧日記 （宮地正人監修, 松戸市教育委員会編） 山川出版社 1999.5 230,45p
【雑　誌】
◇伊達宗城とその周辺―統一岩瀬忠震・永井尚志ほか （河内八郎）「人文学科論集（茨城大学人文学部）」 23 1990.3
◇歴史読み物 日本海軍の創設者達―創業垂統の時代の人々から学ぶ点、無しとせむや(8)島津斉彬と幕府の有司（永井尚志、岩瀬忠震） （谷光太郎）「波濤」 兵術同好会 30(5) 2005.1 p107〜133

中井弘　なかいひろし　1838〜1894
幕末, 明治期の政治家。駐英公使館書記官。
【図　書】
◇原敬をめぐる人びと （原奎一郎, 山本四郎編） 日本放送出版協会 1981.10 （NHKブックス）
◇薩摩問わず語り 上・下 （五代夏夫） 葦書房 1986.1
◇列伝・日本近代史―伊達宗城から岸信介まで （楠精一郎著） 朝日新聞社 2000.5 307,17p （朝日選書）
◇地中海世界を見た日本人―エリートたちの異文化体験 （牟田口義郎著） 白水社 2002.10 237p
【雑　誌】
◇Nakai Hiromu: unsung hero of Anglo-Japanese relations （Eleanor Robinson）「社会システム研究」 京都大学大学院人間・環境学研究科社会システム研究刊行会 10 2007.2 p25〜37

◇大宰相・原敬（第13回）中井弘との出会い （福田和也）「Voice」 PHP研究所 361 2008.1 p242〜251

中江兆民　なかえちょうみん　1847〜1901
明治期の自由民権思想家, 評論家。
【図　書】
◇日本哲学思想全書5 思想―唯物論篇 （三枝博音, 清水幾太郎編） 第2版 平凡社 1980.1
◇日本の国家思想 上 （小松茂夫・田中浩編） 青木書店 1980.5
◇研究資料現代日本文学3 評論・論説・随想1 （浅井清ほか編） 明治書院 1980.5
◇明治・大正・昭和教育思想学説人物史 2 明治後期篇 （藤原喜代蔵） 湘南堂書店 1980.9
◇男たちの明治維新―エピソード人物史 （奈良本辰也ほか） 文芸春秋 1980.10 （文春文庫）
◇悲曲の精神「三酔人経綸問答」以後 （尾原和久） 国文社 1980.10
◇未来に生きた人びと （塩田庄兵衛） 新日本出版社 1980.10 （新日本新書）
◇青年の風雪 （平尾道雄） 高地新聞社 1981.1 （高新ふるさと文庫 2）
◇社会変動と法―法学と歴史の接点 勁草書房 1981.9
◇日本の思想家 近代篇 （菅孝行） 大和書房 1981.9
◇フランスとの出会い―中江兆民とその時代 （富田仁） 三修社 1981.12
◇西洋文化とその受容―共同研究 （長野県短期大学人文社会研究会） 白文社 1982.3
◇人間と宗教―近代日本人の宗教観 （比較思想史研究会編） 東洋文化出版 1982.6
◇現代日本におけるジャーナリズムの政治的機能 （田中浩編集） 御茶の水書房 1982.7
◇高知の研究 5 近代篇 清文堂出版 1982.7
◇歴史の精神―大衆のエトスを基軸として （松本健一） 柏書房 1982.7
◇中江兆民全集 10 岩波書店 1983.11
◇中江兆民全集 1 岩波書店 1983.12
◇日本のリーダー 12 気骨の思想家 ティビーエス・ブリタニカ 1983.12
◇日本のリーダー 12 気骨の思想家 ティビーエス・ブリタニカ 1983.12
◇知の在野精神 （鈴木正著） 勁草書房 1984
◇中江兆民全集 4 岩波書店 1984.1
◇近代日本思想史序説―「自然」と「社会」の論理 （森一貫著） 晃洋書房 1984.2
◇人物探訪 日本の歴史―18―明治の逸材 暁教育図書 1984.2
◇中江兆民全集 8 岩波書店 1984.2
◇明治大正言論資料 10 中江兆民集―東雲新聞 1888-1890 （後藤孝夫編） みすず書房 1984.2
◇逆境を愛する男たち （小島直記） 新潮社 1984.3
◇中江兆民全集 2 岩波書店 1984.3
◇中江兆民全集 7 岩波書店 1984.4
◇中江兆民全集 9 岩波書店 1984.5
◇中江兆民全集 11 岩波書店 1984.6
◇中江兆民全集 5 岩波書店 1984.7
◇日本の名著 36 中江兆民(中公バックス) （河野健二責任編集） 中央公論社 1984.8
◇中江兆民全集 12 岩波書店 1984.9
◇自由・平等をめざして中江兆民と植木枝盛(清水新書) （松永昌三著） 清水書院 1984.9
◇日本の名著 44 幸徳秋水(中公バックス) （伊藤整責任編集） 中央公論社 1984.10
◇中江兆民全集 3 岩波書店 1984.11
◇法制官僚の時代―国家の設計と知の歴程 （山室信一） 木鐸社 1984.12
◇自由民権と現代 （遠山茂樹） 筑摩書房 1985
◇中江兆民全集 13 岩波書店 1985.1
◇統合と抵抗の政治学―山崎時彦先生退任記念論文集 （平井友義ほか編） 有斐閣 1985.3
◇中江兆民全集 6 岩波書店 1985.3
◇中江兆民全集 14 岩波書店 1985.5
◇中江兆民全集 15 岩波書店 1985.8
◇中江兆民全集 17 岩波書店 1986.2
◇言論は日本を動かす〈第6巻〉体制に反逆する （粕谷一希編） 講談社 1986.2
◇中江兆民全集 別巻 岩波書店 1986.4
◇哲学的断章 （中村雄二郎著） 青土社 1986.4
◇日本近代化の思想(講談社学術文庫) （鹿野政直著） 講談社 1986.7

◇日本近代思想と中江兆民　新評論　1986.10
◇日本仏教史論叢―二葉憲香博士古稀記念　（二葉憲香博士古稀記念論集刊行会編）　永田文昌堂　1986.10
◇近代日本の反権力思想―龍馬の『藩論』を中心に　（関家新助著）　法律文化社　1986.10
◇近代ジャーナリスト列伝―天馬の如く〈上〉（中公文庫）（三好徹著）中央公論社　1986.11
◇回り道を選んだ男たち　（小島直記著）　新潮社　1987.2
◇大久保利通と官僚機構　（加来耕三著）　講談社　1987.2
◇近代知識人の天皇論　（石田圭介編著）　日本教文社　1987.3
◇思想史の横顔　（鈴木正著）　勁草書房　1987.9
◇日本文学講座〈8〉評論　（亀井秀雄ほか著）　大修館書店　1987.11
◇近代日本政治思想の座標―思想家・政治家たちの対外観　（宮本盛太郎編）　有斐閣　1987.11　（有斐閣選書）
◇中江兆民のフランス　（井田進也）　岩波書店　1987.12
◇人生案内―塩田庄兵衛対談集　（塩田庄兵衛著）　昭和出版　1988.8
◇近代日本研究の検討と課題　（近代日本研究会編）　山川出版社　1988.11
◇起業家　五代友厚　（小寺正三著）　社会思想社　1988.12　（現代教養文庫）
◇内田義彦著作集〈第8巻〉作品としての社会科学, 作品への遍歴　（内田義彦著）　岩波書店　1989.3
◇ビジュアルワイド新日本風土記〈39〉高知県　ぎょうせい　1989.4
◇読本　憲法の100年〈1〉憲法の誕生　（作品社編集部編）　作品社　1989.4
◇天皇論　（鷲田小弥太著）　三一書房　1989.5
◇病いの人間史―明治・大正・昭和　（立川昭二著）　新潮社　1989.12
◇近代日本の作者　（鈴木正, 下崇道編著）　北樹出版　1990.2
◇記者　兆民　（後藤孝夫著）　みすず書房　1990.7
◇平民社の人びと―秋水・枯川・尚江・栄　（林尚男著）　朝日新聞社　1990.9
◇修羅と鎮魂―日本文化試論　（篠田浩一郎著）　小沢書店　1990.11
◇世を拓く―一身にして二世を経る　（左方郁子著）　ダイヤモンド社　1990.12
◇歴史誕生〈7〉　（NHK歴史誕生取材班編）　角川書店　1990.12
◇中江丑吉の肖像　（阪谷芳直著）　勁草書房　1991.3
◇漫画の歴史　（清水勲著）　岩波書店　1991.5　（岩波新書）
◇市場・道徳・秩序　（坂本多加雄著）　創文社　1991.6
◇民権の獅子―兆民をめぐる男たちの生と死　（日下藤吾著）　叢文社　1991.12　（現代を拓く歴史名作シリーズ）
◇作品としての社会科学　（内田義彦著）　岩波書店　1992.2　（同時代ライブラリー）
◇黒岩涙香―探偵実話　（いいだもも著）　リブロポート　1992.3　（シリーズ　民間日本学者）
◇明治の北海道　（夏堀正元著）　岩波書店　1992.3　（岩波ブックレット・シリーズ「日本近代史」）
◇忠誠と反逆―転形期日本の精神史的位相　（丸山真男著）　筑摩書房　1992.6
◇中江兆民　（猪野睦, 岡林清水）　高知市立自由民権記念館友の会　1992.7
◇植木枝盛―民権青年の自我表現　（米原謙著）　中央公論社　1992.8　（中公新書）
◇中江兆民評伝　岩波書店　1993.5
◇自由は人の天性なり―「東洋自由新聞」と明治民権の士たち　（吉野孝雄著）　日本経済新聞社　1993.6
◇抵抗の系譜―福沢諭吉・中江兆民・河上肇・石橋湛山　（正田庄次郎著）　近代文芸社　1993.9
◇文明としての徳川日本　（芳賀徹編）　中央公論社　1993.10　（叢書比較文学比較文化）
◇福島正夫著作集〈第1巻〉日本近代法史　（福島正夫著）　勁草書房　1993.12
◇日本は自らの来歴を語りうるか　（坂本多加雄著）　筑摩書房　1994.3
◇思想と表現―近代日本文学史の一側面　（山口博著）　有朋堂　1994.4
◇日本思想の可能性―いま 近代の遺産を読みなおす　（鈴木正, 山領健二編）　五月書房　1994.4
◇人間・出会いの研究　（小島直記著）　新潮社　1994.9
◇哲学を始める年齢　（小島直記著）　実業之日本社　1995.12　215p
◇開国経験の思想史―兆民と時代精神　（宮村治雄著）　東京大学出版会　1996.5　290,5p
◇近代日本精神史論　（坂本多加雄著）　講談社　1996.9　329p　（講談社学術文庫）
◇中江兆民序論―兆民における西洋と東洋　（岡林清水）『文学・社会へ地球へ』（西田勝退任・退職記念文集編集委員会編）　三一書房　1996.9　p87
◇三絃の誘惑―近代日本精神史覚え書　（樋口覚著）　人文書院　1996.12　334p
◇人間・出会いの研究　（小島直記著）　新潮社　1997.9　231p　（新潮文庫）

◇食客風雲録―日本篇　（草森紳一著）　青土社　1997.11　456p
◇部落の歴史と解放運動―近代篇　増補版　（部落問題研究所編）　部落問題研究所出版部　1997.12　298p
◇哲学　（木田元編）　作品社　1998.10　259p　（日本の名随筆）
◇初期社会主義研究　第11号　初期社会主義研究会　1998.12　281p
◇書物・人物・心景　（鈴木正著）　北樹出版　1999.3　259p
◇小国主義―日本の近代を読みなおす　（田中彰著）　岩波書店　1999.4　210p　（岩波新書）
◇近代日本政治思想史入門―原典で学ぶ19の思想　（大塚健洋編著）　ミネルヴァ書房　1999.5　348p
◇近代日本における制度と思想―明治法思想史研究序説　新装版　（中村雄二郎著）　未来社　1999.5　357p
◇中江兆民　（飛鳥井雅道著）　吉川弘文館　1999.8　274p　（人物叢書　新装版）
◇完本 文語文　（山本夏彦著）　文芸春秋　2000.5　366p
◇海をこえて 近代知識人の冒険　（高沢秀次著）　秀明出版会　2000.6　329p
◇孤独と不安―二十世紀思想史の一断面　（山崎庸佑著）　北樹出版　2000.10　139p
◇中江兆民全集　1　（中江篤介著）　岩波書店　2000.11　296p
◇中江兆民全集　2　（中江篤介著）　岩波書店　2000.11　346p
◇福沢諭吉と中江兆民　（松永昌三著）　中央公論新社　2001.1　241p　（中公新書）
◇中江兆民全集　7　（中江篤介著）　岩波書店　2001.2　293,16p
◇中江兆民全集　8　（中江篤介著）　岩波書店　2001.2　362p
◇体制擁護と変革の思想　（池庄司敬信編）　中央大学出版部　2001.3　498p　（中央大学社会科学研究所研究叢書）
◇内田義彦セレクション　第4巻　（内田義彦著）　藤原書店　2001.5　332p
◇東洋のルソー中江兆民の生涯　（高知市立自由民権記念館編）　高知市立自由民権記念館　2001.11　89p
◇二〇〇一年の中江兆民―憲法から義太夫節まで　（井田進也著）　光芒社　2001.12　353p
◇歴史とテクスト―西鶴から諭吉まで　（井田進也著）　光芒社　2001.12　370p
◇明治人のお葬式　（此経啓助著）　現代書館　2001.12　203p
◇兆民をひらく―明治近代の〈夢〉を求めて　（井田進也ほか著）　光芒社　2001.12　502p　（日本アンソロジー）
◇欧化と国粋―日露の「文明開化」とドストエフスキー　（高橋誠一郎著）　刀水書房　2002.1　252p　（比較文明学叢書）
◇西園寺公望と明治の文人たち　（高橋正著）　不二出版　2002.1　247,8p
◇新島襄と徳富蘇峰―熊本バンド、福沢諭吉、中江兆民をめぐって　（本井康博著）　晃洋書房　2002.3　268,7p
◇日本近代思想史序説　明治期前篇　上　（岩崎允胤著）　新日本出版社　2002.5　421,9p
◇病いの人間史―明治・大正・昭和　（立川昭二著）　文芸春秋　2002.12　363p　（文春文庫）
◇完本・文語文　（山本夏彦著）　文芸春秋　2003.3　334p　（文春文庫）
◇国際フリーター、世界を翔る―21世紀の坂本龍馬をめざせ　（中野有著）　太陽企画出版　2003.7　222p
◇「お葬式」の日本史―いまに伝わる弔いのしきたりと死生観　（新谷尚紀監修）　青春出版社　2003.7　187p　（プレイブックス・インテリジェンス）
◇近代政党政治家と地域社会　（丑木幸男著, 国文学研究資料館編）　臨川書店　2003.7　221p　（原典講読セミナー）
◇自由の精神　（萩原延寿著）　みすず書房　2003.9　387p
◇福沢諭吉と自由民権運動―自由民権運動と脱亜論　（飯田鼎著）　御茶の水書房　2003.10　315,12p　（飯田鼎著作集）
◇人物でつづる被差別民の歴史　（中尾健次, 黒川みどり著）　部落解放・人権研究所　2004.3　165p
◇近代日本と仏蘭西―10人のフランス体験　（三浦信孝編）　大修館書店　2004.3　403p
◇若き日の湛山と兆民　（浅川保）『山梨近代史論集』（有泉貞夫編）　岩田書院　2004.3　p133
◇日本史を動かした名言―その「名場面」を読み解く　（小和田哲男著）　青春出版社　2004.6　269p　（プレイブックス・インテリジェンス）
◇スイスと日本―日本におけるスイス受容の諸相　（森田安一編）　刀水書房　2004.10　314p
◇幕末期の思想と習俗　（宮城公子著）　ぺりかん社　2004.12　359,7p
◇開花期の若き啓蒙学者達―日本留学生列伝　4　（松邨賀太著）　文芸社　2005.2　177p
◇明治デモクラシー　（坂野潤治著）　岩波書店　2005.3　228p　（岩波新書）

◇近代国家を構想した思想家たち （鹿野政直著） 岩波書店 2005.6 181p（岩波ジュニア新書）
◇中江兆民にみられる「理義」と「利益」 （松永昌三）『近代日本文化の再発見』（松永昌三編） 岩波書院 2006.1 p11
◇中江兆民の平和理念と孟子 （朴鴻圭）「『文明』『開化』『平和』—日本と韓国」（朴忠錫, 渡辺浩編著） 慶応義塾大学出版会 2006.3 （日韓共同研究叢書） p281
◇中江兆民の仏学塾における『エミール』教育の実践 （井田進也）『十八世紀における他者のイメージ—アジアの側から、そしてヨーロッパの側から』（中川久定, J.シュローバハ編） 河合文化教育研究所, 河合出版（発売） 2006.3 p169
◇帝国議会誕生—今の国会と何が違うか！ （原田敬一著） 文英堂 2006.4 271p
◇ニッポン偉人奇行録 （前坂俊之著） ぶんか社 2006.6 255p（ぶんか社文庫）
◇京の美学者たち （神林恒道編著） 晃洋書房 2006.10 258p
◇日本陽明学奇蹟の系譜 改訂版, 二版 （大橋健二著） 叢文社 2006.12 445p
◇近代日本人の宗教意識 （山折哲雄著） 岩波書店 2007.2 321p（岩波現代文庫）
◇ドーダの近代史 （鹿島茂著） 朝日新聞社 2007.6 396p
◇市場・道徳・秩序 （坂本多加雄著） 筑摩書房 2007.7 454p （ちくま学芸文庫）
◇中江兆民 新装版 （土方和雄著） 東京大学出版会 2007.9 233p（近代日本の思想家）
◇夢の代価—ケルト/フランス・日本の近代文化 （浜田泉著） 成文堂 2007.10 282p（成文堂選書）
◇火の虚舟 （松本清張著） 筑摩書房 2008.4 292p（ちくま文庫）
◇中江兆民の国家構想—資本主義化と民衆・アジア （小林瑞乃著） 明石書店 2008.9 398p
◇福沢諭吉伝説 （佐高信著） 角川学芸出版 2008.10 310p
◇明治精神史 下 （色川大吉著） 岩波書店 2008.10 368p （岩波現代文庫）
◇近代日本の知識人と中国哲学—日本の近代化における中国哲学の影響 （徐水生著, 阿川修三, 佐藤一樹訳） 東方書店 2008.10 181p
◇仮名法語の研究—道元・盤珪をめぐる諸問題 （諏訪安弘著） 地人館 2008.10 290,8p
◇福沢諭吉と中江兆民—「近代化」と「民主化」の思想 （吉田傑俊著） 大月書店 2008.12 261p （近代日本思想論）
◇テロルとクーデターの予感—ラスプーチンかく語りき 2 （佐藤優, 魚住昭著） 朝日新聞出版 2009.1 230p
◇勝海舟を軸に日本の近現代史を考える （山口義夫, 石山久男, 宮地正人, 梅田欽治, 浅川保, 鵜沢義行, 吉岡吉典著） 下町総研 2009.2 83p
◇漫画の歴史 （清水勲著） 岩波書店 2009.8 201,39p （岩波新書）
◇中江兆民 翻訳の思想 （山田博雄著） 慶応義塾大学出版会 2009.11 264,4p
【雑　誌】
◇中江兆民「一年有半」「続一年有半」についての書誌学的考察 （福田静夫）「日本福祉大学研究紀要」 44 1980.6.20
◇中江兆民の翻訳・訳語について（上） （井田進也）「文学」 48(12) 1980.12
◇近世ジャーナリスト列伝(6,7)中江兆民 （三好徹）「中央公論」 96(1,2) 1981.1,2
◇中江兆民の翻訳・訳語について（下） （井田進也）「文学」 49(1) 1981.1
◇「東洋のルソー」考 （米原謙）「阪大法学」 116・117 1981.3
◇「理学者」兆民 （宮村治雄）「東京都立大学法学会雑誌」 21(2) 1981.3
◇中江兆民と明治啓蒙思想 （米原謙）「下関市立大学論集」 25(1) 1981.6
◇中江兆民—一八八六〜一八九一 （後藤孝夫）「思想」 686 1981.8
◇「立法者」中江兆民—元老院国憲案編纂過程における"豆喰ひ書記官"とボアソナードの角逐 （井田進也）「思想」 686 1981.8
◇自由民権と中江兆民（座談会） （井田進也, 松永昌三, 飛鳥井雅道）「歴史公論」 7(9) 1981.9
◇旅と乗郷と （近藤信行）「早稲田文学（第8次）」 1981.9,10
◇中江兆民の文明構想とスイス（自由民権運動百年記念特集号） （藤野雅己）「信州白樺」 44・45・46 1981.10
◇中江兆民とそのアジア認識—東洋学館・義勇軍結成運動との関連で （特集・自由民権百年） （小松裕）「歴史評論」 379 1981.11
◇福沢諭吉と中江兆民 （宮村治雄）「創文」 221 1982.6
◇中江兆民の唯物論の今日的意義(1) （福田静夫）「日本福祉大学研究紀要」 55 1983.2
◇幻影の政府・曽根崎1888年(6)中江兆民と壮士 （松本健一）「歴史読本」 28(8) 1983.6
◇中江兆民の唯物論の今日的意義(2) （福田静夫）「日本福祉大学研究紀要」 56 1983.7

◇一言論人の気骨—兆民をめぐる断章 （菅井憲一）「東国民衆史」 9 1983.8
◇兆民とその時代(座談会) （平岡昇, 安岡章太郎, 井田進也）「図書」 412 1983.12
◇猿島（茨城県さしま）で発見された中江兆民—地域掘りおこしの過程で （佐野俊正）「自由民権百年（自由民権百年全国集会実行委員会）」 13 1984.1
◇〔資料紹介〕初見八郎宛の中江兆民書簡 「自由民権百年（自由民権百年全国集会実行委員会）」 13 1984.1
◇方法としての中江兆民—「民約訳解」を読む （米原謙）「下関市立大学論集」 27(3) 1984.1
◇青年像の転換—「壮士」の終焉と知識人の任務, 中江兆民, 徳富蘇峰そして若き幸徳秋水 （飛鳥井雅道）「世界」 459 1984.2
◇長崎で開眼した仏学の途中江兆民（特集幕末明治遊学の青春） （飛鳥井雅道）「歴史と人物」 14(3) 1984.3
◇兆民の井上毅評をめぐって （鈴木正）「UP」 13(7) 1984.7
◇中江兆民と板垣退助の来飯 （村沢武夫）「伊那」 675 1984.8
◇「経世評論」—三山とその時代(5) （池辺一郎）「みすず」 286 1984.8
◇中江兆民における民衆観—"底辺・奈落・辺境"の人々について （桐村彰郎）「法学雑誌（大阪市立大学法学会）」 31(1) 1984.8
◇兆民と鉄道—毛武鉄道を中心に （小松裕）「史観」 111 1984.9
◇幻の小説—兆民と鷗外（自由・民権・文学〈特集〉）（田中実）「日本文学」 33(11) 1984.11
◇福沢諭吉と中江兆民—明治の近代化と実学の精神— （松永昌三）「三田評論」 853 1984.12
◇『三酔人経綸問答』のなぞ （松田道雄）「世界」 472 1985.3
◇中江兆民と浅川家について （広谷喜十郎）「秦史談」 15 1986.1
◇フランス時代の中江兆民—その思想形成— （米原謙）「下関市立大学論集」 29(3) 1986.1
◇福沢諭吉と中江兆民—壬午事変をめぐって （松永昌三）「近代日本研究（慶大・福沢研）」 2 1986.3
◇差別問題における兆民から介山まで—兆民・秋水・三遊・藤村・介山 （明治30年代の文学〈特集〉）（松本健一）「文学」 54(8) 1986.8
◇福沢諭吉と中江兆民の自由観 （種村完司）「鹿児島大学教育学部研究紀要 人文社会科学編」 39 1987
◇人間の顔をともなった変革—龍馬・兆民・秋水—（特集・龍馬と現代）（飛鳥井雅道）「彷書月刊」 3(2) 1987.2
◇明治初期における洋学受容の態度(7)中江兆民について （小林利裕）「日本大学一般教育紀要」 13 1987.2
◇中江兆民における「ルソー」と「理学」—「理学鈎玄」の成立過程の一考察 （宮村治雄）「東京都立大学法学会雑誌」 28(1)（赤木須留喜教授退職記念号） 1987.7
◇（対談）中江兆民と馬場辰猪 （井田進也, 萩原延寿）「図書」 460 1987.11
◇3大事件建白運動と中江兆民(3大事件建白運動から100年〈特集〉) （松永昌三）「歴史評論」 452 1987.12
◇フランス時代の中江兆民〔含 質疑応答〕(第12回 社会思想史学会）大会記録） （米原謙）「社会思想史研究」 12 1988
◇民権の教育家《中江兆民》（平和思想の系譜〔13〕） （なだいなだ）「婦人之友」 82(1) 1988.1
◇水面下の闘い—兆民主筆「自由・平等経綸」と森鷗外 （田中実）「国文学論考」 24 1988.3
◇中江兆民と「実質説（マテリアリスム）」—「理学鈎玄」巻之3の典拠をめぐって （宮村治雄）「東京都立大学法学会雑誌」 29(1) 1988.7
◇中江兆民と龍馬 （広谷喜十郎）「たばこ史研究」 26 1988.11
◇中江兆民における道徳と政治—「近代的政治思想」とは何か （坂本多加雄）「年報近代日本研究」 10 1988.11
◇海を越えた日本人たちの系譜(31) 中江兆民—ジャン・ジャック・ルソーの思想の移植者 （富田仁）「明治村通信」 222 1988.12
◇中江兆民によるJ=J.ルソー「学問芸術論」の翻訳（「非開化論」上節）（中川久定）「比較文学年誌」 25 1989
◇中江兆民はなぜ"革命史"を書かなかったか—フランス革命二百周年(14)（井田進也）「学鐙」 86(2) 1989.2
◇兆民は『日本国憲按』を書いたか—『中江兆民全集』における無署名論説認定基準の客観性と応用の可能性について （井田進也）「思想」 776 1989.2
◇北海道の中江兆民 （後藤孝夫）「みすず」 337 1989.3
◇中江兆民のフランス革命 （井田進也）「思想」 782 1989.5
◇近代日本のなかのフランス山脈—西園寺公望と中江兆民 （鈴木良）「立命館言語文化研究」 1(2) 1990.3
◇兆民の「一年有半」 （田中彰）「文学」 1(3) 1990.7
◇あるべき政治社会の「理義」を求めて—中江兆民の政治社会像についての一考察 （小原薫）「北大法学論集」 40(5・6-下) 1990.9
◇中江兆民「三酔人経綸問答」再読 （坂本多加雄）「学習院大学法学部研究年報」 26 1991
◇中江兆民と浅川範彦 （橋詰英昭）「秦史談」 42 1991.3
◇中江兆民—ルソーに人生を賭けた明治の"奇人"（まるごとの人生が面

◇G・ビゴーと中江兆民との接点―時局諷刺雑誌『トバエ』考（清水勲）「歴史と地理」 427 1991.3
◇中江兆民と現代（新聞から）（橘詰英昭）「秦史談」 43 1991.5
◇中江兆民と現代（松永昌三）「高知市立自由民権記念館紀要」 1 1991.10
◇西周と中江兆民における東西思想の出会い―とくに「自由」の概念を中心として（片山寿昭、徐水生）「人文学（同志社大学人文学会）」 151 1991.10
◇「兆民の魅力」改めて（橘詰英昭）「秦史談」 46 1991.11
◇中江兆民における民主国の人間モデル＝「士」について―とくに儒教思想との関わりを中心にして（近代国家形成期における精神的基盤〈シンポジウム〉）（易素玫）「史学研究」 196 1992.3
◇中江兆民を追って（橘詰英昭）「秦史談」 50 1992.7
◇中江兆民および息子丑吉の事（橘詰英昭）「土佐史談」 190 1992.9
◇中江兆民と北海道（土佐と北海道特集号）（岡林清水）「土佐史談」 191 1993.1
◇井上甚太郎と中江兆民（第五〇号刊行記念）（坂本守央）「日本大学史学会史叢」 50 1993.3
◇暗裏の明治人物月旦―民権論者・兆民と秋水―異形した思想的師弟の関係と、その始末を照射する（長谷川義記）「日本及日本人」 1610 1993.4
◇中江兆民の「戯書」をめぐって（岡崎精郎）「東洋文化学科年報（追手門学院大学）」 8 1993.11
◇中江篤介「維氏美学」自筆草稿について（松永昌三）「岡山大学文学部紀要」 20 1993.12
◇中江兆民に癌を告げた医師（井田進也）「図書」 540 1994.6
◇中江兆民と「三酔人経綸問答」―とくに、"南海先生胡麻化せり" の意味について（斉藤博道）「研究紀要（日本大学文理学部人文科学研究所［編］）」 48 1994.9
◇講談「中江兆民」（神田山陽）「図書」 544 1994.10
◇中江兆民の「理義」の思考様式に関する一考察―「民約訳解」の「叙」とその前後期の著作を中心に（山田博雄）「法学新報」 中央大学法学会 101（3・4）1995.2 p251～280
◇中江兆民と討論―1―（小原薫）「国学院法学」 国学院大学法学会 32（4）1995.3 p271～296
◇ルソーと中江兆民（上）『民約訳解』における文化の受容（佐藤誠）「同朋文学」 同朋大学日本文学会 26 1995.6 p19～54
◇日本に哲学なし―中江兆民と日本語（文明季評'95夏）（平田オリザ）「中央公論 文芸特集」 中央公論社 12（2）1995.6 p186～193
◇日清戦争後の中江兆民（日本史特集号）（留場瑞乃）「史苑」 立教大学史学会 56（1）1995.10 p42～59
◇兆民・土佐・三国志（岡林清水）「高大国語教育」 高知大学国語教育学会 44 1996 p1～8
◇兆民先生（愚図の大いそがし〔72〕）（山本夏彦）「文芸春秋」 74（1）1996.1 p422～423
◇兆民先生〔2〕（愚図の大いそがし〔73〕）（山本夏彦）「文芸春秋」 74（2）1996.2 p438～439
◇ルソーと中江兆民（中）『民約訳解』における文化の受容（佐藤誠）「同朋文学」 同朋大学日本文学会 27 1996.3 p65～101
◇中江兆民と討論（2・完）（小原薫）「国学院法学」 国学院大学法学会 33（4）1996.3 p89～108
◇兆民先生〔3〕（愚図の大いそがし〔74〕）（山本夏彦）「文芸春秋」 74（4）1996.3 p470～471
◇中江兆民における対外意識の展開（桐村彰郎）「法学雑誌」 大阪市立大学法学会 42（4）1996.3 p707～738
◇中江兆民の手紙（伊東恒夫）「図書」 岩波書店 566 1996.8 p36～39
◇ルソーと中江兆民（下）『民約訳解』における文化の受容（佐藤誠）「同朋大学論叢」 同朋大学 74・75 1996.12 p21～56
◇中江兆民の下咽頭癌と医師のネットワーク（井田進也）「思想」 岩波書店 875 1997.5 p133～145
◇中江兆民における「文明開化」の一側面（1）兆民訳『非開化論』とルソー著『学問芸術論』の比較検討を中心に（山田博雄）「法学新報」 中央大学法学会 103（9）1997.8 p93～112
◇中江兆民における「文明開化」の一側面（2）兆民訳『非開化論』とルソー著『学問芸術論』の比較検討を中心に（山田博雄）「法学新報」 中央大学法学会 104（1）1997.11 p107～142
◇中江兆民の翻訳方法―『非開化論』に関する覚書（佐藤誠）「同朋大学論叢」 同朋学会 76 1997.12 p23～68
◇中江兆民『一年有半』と「東洋のルソー」の西洋、アジアへの視線（特集＝続・日本人の見た異国・異国人―明治・大正期―明治時代の異国・異国人）（志村正昭）「国文学解釈と鑑賞」 至文堂 62（12）1997.12 p51～56
◇中江篤介の「秋水」と幸徳伝次郎の「秋水」（飛鳥井雅道）「初期社会主義研究」 弘隆社 11 1998 p5～16
◇中江兆民の経済論―日清戦後経営期資本主義体制の構想（留場瑞乃）「立教日本史論集」 立教大学日本史研究会 第7号 1998.1 p35～53

◇福沢諭吉と兆民・辰猪―明治思想史研究序説（飯田鼎）「近代日本研究」 慶応義塾福沢研究センター 第14巻 1998.3 p79～111
◇探照灯＝中江兆民奇行談（谷沢永一）「国文学解釈と鑑賞」 至文堂 63（9）1998.9 p182～185
◇第3部・自由民権〔1〕自由民権運動のルーツは坂本龍馬にまで遡る（日本を動かした言葉）（田原総一朗）「SAPIO」 10（21）1998.12.9 p36～39
◇兆民と秋水―師弟の対話（特集 幸徳秋水）（井上進也）「初期社会主義研究」 弘隆社 12 1999 p7～14
◇第3部自由民権〔4〕「ああ自由党死す」板垣退助の "変貌" に中江兆民はそう嘆いた（日本を動かした言葉）（田原総一朗）「SAPIO」 11（2）1999.2.3 p44～47
Nakae Chomin et la Modernisation Japonaise（Ken Yonehara）「国際公共政策研究」 大阪大学大学院国際公共政策研究科紀要編集委員会 4（1）1999.9 p101～111
◇中江兆民と西園寺公望（続稿）（高橋正）「日本文学研究」 高知日本文学研究会 第37号 2000.3 p7～14
◇明治前期における "Du Contrat social" 訳出の比較検討（補遺）―中江兆民と服部徳の場合（山田博雄）「法学新報」 中央大学法学会 107（3・4）2000.9 p613～632
◇中江兆民とE・ヴェロンの美学（岩崎允胤）「大阪経済法科大学論集」 大阪経済法科大学法学会 78 2000.11 p1～28
◇中江兆民の死と葬儀―最初の「告別式」と生の最終表現としての葬儀（村上興匡）「東京大学宗教学年報」 東京大学宗教学研究室 19 2001 p1～14
◇特集 兆民と秋水―没後100年と『帝国主義』「初期社会主義研究」 弘隆社 14 2001 p5～71
◇西洋哲学の受容―中江兆民の無神無霊魂論（朴亨鎮）「東洋大学大学院紀要」 東洋大学大学院 38（文学（哲学・仏教））2001 p76～58
◇探照灯（164）兆民先生（谷沢永一）「国文学解釈と鑑賞」 至文堂 66（1）2001.1 p208～211
◇兆民・秋水・尚江と河上肇―『社会主義評論』における論争〔上〕（河上肇とその論争者たち〔2〕）（鈴木篤）「環」 4 2001.1 p324～343
◇中江兆民〔1〕僕、実に恥かしきの極点なり（徳富蘇峰宛書簡〔7〕）（高野静子）「環」 7 2001.10 p334～347
◇「東洋のルソー」索隠―兆民そしてトルコ・朝鮮・中国（宮村治雄）「思想」 岩波書店 932 2001.12 p93～117
◇中江兆民〔2〕天下茫々、知己と称する者幾何有るや（徳富蘇峰宛書簡〔8〕）（高野静子）「環」 8 2002.1 p428～443
◇中江兆民の『民約論』『民約訳解』覚え書―兆民の社会構想の一側面（山田博雄）「法学新報」 中央大学法学会 109（1・2）2002.4 p51～75
◇中江兆民〔3・完〕『一年有半』（徳富蘇峰宛書簡〔9〕）（高野静子）「環」 9 2002.4 p524～539
◇探照灯（193）常識哲学者中江兆民（谷沢永一）「国文学解釈と鑑賞」 至文堂 68（6）2003.6 p236～239
◇ルソー、兆民、西郷をめぐって―フランス近代と明治日本（浜田泉）「桜文論叢」 日本大学法学部 58 2003.12 p262～231
◇カント平和論と近代徴兵制―中江兆民・鹿子木員信・朝永三十郎の解釈を中心に（伊藤貴雄）「創価大学人文論集」 創価大学人文学会 16 2004 p129～169
◇歴史手帖 中江兆民と禅（島善高）「日本歴史」 吉川弘文館 670 2004.3 p34～36
◇中江兆民の『三酔人経綸問答』の意義―英訳者の視点から（津久井喬子）「明星大学研究紀要 人文学部」 明星大学 40 2004.3 p91～109
◇兆民はなぜ『民約訳解』を漢文で訳したか（特集 翻訳―翻訳とは何を翻訳するのか―翻訳のパースペクティブ）（柳父章）「國文學 解釈と教材の研究」 学灯社 49（10）2004.9 p21～28
◇中江兆民と近代日本（上）『三酔人経綸問答』に関する覚書（佐藤誠）「同朋大学論叢」 同朋学会 89 2004.12 p23～64
◇「叙事」から「叙議夾雑」へ―岡松甕谷・中江兆民における言語と社会（金子元）「相関社会科学」 東京大学大学院総合文化研究科国際社会科学専攻 15 2005 p2～17
◇高知県 中江兆民生誕地―中江兆民と「新民世界」（部落史ゆかりの地）「部落解放」 解放出版社 555増刊 2005 p134～137
◇井上甚太郎と東雲新聞―中江兆民をめぐって（坂本守央）「史叢」 日本大学史学会 71・72 2005.3 p29～45
◇日本の近代化と中江兆民―その思想的軌跡と行動原理（井上誠一）「多元文化」 名古屋大学国際言語文化研究科国際多元文化専攻 5 2005.3 p51～64
◇『選挙人目さまし』（1890）中江兆民（1847～1901）―代表をめぐる原理的考察（総特集 ブックガイド 日本の思想）（宮村治雄）「現代思想」 青土社 33（7臨増）2005.6 p80～83
◇章炳麟の哲学思想と明治の厭世観―中江兆民訳『道徳大原論』を中心に（小林武）「中国」 日本社会文化学会 20 2005.6 p225～240
◇明治期における自由のあり方をめぐる応答―西郷隆盛、スペンサー、中江兆民の相関（井上誠一）「多元文化」 名古屋大学国際言語文化研究科国際多元文化専攻 6 2006.3 p1～14

◇中江兆民と近代日本(中)『三酔人経綸問答』に関する覚書　(佐藤誠)　「同朋大学論叢」　同朋学会 90 2006.3 p1～34
◇緑雨・女性憎悪のアフォリズム—兆民訳「情海」・秋水訳「情海一瀾」・鷗外訳「毒舌」に見る、西洋アフォリズムとの交差　(塚本章子)　「国文学攷」　広島大学国語国文学会 189 2006.3 p11～23
◇荒ぶる魂の地に寄せて(30)天馬空を征く—中江兆民と北海道(11)　(里見脩)　「北の発言」　西部邁事務所 29 2008.1・2 p61～63
◇荒ぶる魂の地に寄せて(31)天馬空を征く—中江兆民と北海道(12・完)　(里見脩)　「北の発言」　西部邁事務所 30 2008.3・4 p24～26
◇梁啓超の『新中国未来記』について—兆民の『三酔人経綸問答』と対照させて　(王閏梅)　「言葉と文化」　名古屋大学大学院国際言語文化研究科日本言語文化専攻 9 2008.3 p71～88
◇中江兆民と儒教思想—「自由権」の解釈をめぐって(特集 西周と東亜思想の出会い)　(井上厚史)　「北東アジア研究」　島根県立大学北東アジア地域研究センター 14・15 2008.3 p117～140
◇非武装市民への陥路—カントと兆民 (シンポジウム「カント永遠平和論の諸問題」)　(石川求)　「東北哲学会年報」　東北哲学会 25 2009 p71～85
◇特集 大原社会問題研究所所蔵 幸徳秋水・堺利彦訳『共産党宣言』の意義　「大原社会問題研究所雑誌」　法政大学出版局、法政大学大原社会問題研究所 603 2009.1 p1～26
◇社会科学とことば—福沢・中江・丸山の場合　(山田博雄)　「法学新報」　中央大学出版部、中央大学法学会 115(9・10) 2009.3 p819～847
◇ビゴーの中江兆民像を読む　(宮村治雄)　「図書」　岩波書店 730 2009.12 p8～15

中岡慎太郎　なかおかしんたろう　1838～1867
幕末の尊攘・討幕派志士、土佐藩郷士。
【図　書】
◇草莽の維新史　(寺尾五郎)　徳間書店 1980.2
◇青年の風雲　(平尾道雄)　高知新聞社 1981.1　(高新ふるさと文庫)
◇幕末群像—大義に賭ける男の生き方　(奈良本辰也)　ダイヤモンド社 1982.4　(シリーズ・歴史の発想 2)
◇幕末志士の生活　(芳賀登)　雄山閣出版 1982.6　(生活史叢書 8)
◇天皇と明治維新　(阪本健一)　暁書房 1983.1
◇坂本龍馬—幕末風雲の夢　(宮地佐一郎著)　大和書房 1987.7
◇坂本龍馬・中岡慎太郎　(平尾道雄著)　土佐史談会 1988.12
◇幕末維新の志士読本　(奈良本辰也著)　天山出版 1989.9　(天山文庫)
◇幕末・維新大百科—激動の時代が何でもわかる本　(歴史トレンド研究会編)　ロングセラーズ 1989.11　(ムックセレクト)
◇中岡慎太郎と坂本龍馬—薩長連合の演出者　(寺尾五郎著)　徳間書店 1990.1　(徳間文庫)
◇維新暗殺秘録　(平尾道雄著)　河出書房新社 1990.8　(河出文庫)
◇倒幕の思想・草莽の維新　(寺尾五郎編著)　社会評論社 1990.8　(思想の海へ「解放と変革」)
◇維新風雲回顧録　(田中光顕著)　河出書房新社 1990.9　(河出文庫)
◇明治維新と中岡慎太郎—中岡慎太郎生誕百五十周年記念講演集　(井上清ほか述、前田年雄編)　中岡慎太郎先生生誕百五十周年記念行事実行委員会 1990.11
◇中岡慎太郎全集　(中岡慎太郎)　勁草書房 1991.6
◇土佐と明治維新—中岡慎太郎をめぐって　(近藤勝彦)　新人物往来社 1992.1
◇撃つ！　(鍋倉健伍著)　竹内書店新社 1992.4
◇中岡慎太郎　(宮地佐一郎著)　PHP研究所 1992.7
◇坂本龍馬・男の生き方　(新人物往来社編)　新人物往来社 1992.9
◇中岡慎太郎 下　(堀和久)　講談社 1992.10
◇幕末暗殺史　(森川哲郎著)　毎日新聞社 1993.7　(ミューブックス)
◇中岡慎太郎—維新の周旋家　(宮地佐一郎)　中央公論社 1993.8　(中公新書)
◇ライバル日本史 3　(NHK取材班編)　角川書店 1995.2 216p
◇ライバル日本史 2　(NHK取材班編)　角川書店 1996.9 252p　(角川文庫)
◇中岡慎太郎伝—大輪の回天　(松岡司著)　新人物往来社 1999.1 385p
◇勝海舟と坂本龍馬　(加来耕三著)　学習研究社 2001.1 531p　(学研M文庫)
◇幕末暗殺史　(森川哲郎著)　筑摩書房 2002.8 393p　(ちくま文庫)
◇中岡慎太郎と野根山二十三士—平成十四年度中岡慎太郎館夏期企画展　(中岡慎太郎編)　中岡慎太郎館 2002.8 43p
◇新選組日誌 コンパクト版 下　(菊地明、伊東成郎、山村竜也編)　新人物往来社 2003.2 339p
◇「中岡慎太郎と薩長連合」展—中岡慎太郎館開館10周年記念特別展　(中岡慎太郎編)　中岡慎太郎館 2004.8 61p
◇中岡慎太郎と陸援隊—平成十七年度中岡慎太郎館夏期特別展　(中岡慎太郎編)　中岡慎太郎 2005.8 47p

◇龍馬、原点消ゆ。—2006年夏、土佐の墓山が跡形もなく消えた。　(前田秀徳著)　三五館 2006.12 430p
◇坂本龍馬・中岡慎太郎展—暗殺一四〇年！—時代が求めた"命"か？ 特別展三館合同企画　(高知県立歴史民俗資料館、高知県立坂本龍馬記念館、北川村立中岡慎太郎館編)　高知県立歴史民俗資料館 2007.7 102p
◇左千夫歌集　(永塚功著、久保田淳監修)　明治書院 2008.2 540p　(和歌文学大系)
◇幕末"志士"列伝　(別冊宝島編集部編)　宝島社 2008.11 223p　(宝島SUGOI文庫)
◇幕末維新「英傑」たちの言い分—坂本龍馬から相楽総三まで　(岳真也著)　PHP研究所 2009.10 391p　(PHP文庫)
◇歴史の雑学 司馬遼太郎を読めば常識がひっくり返る！　(石原靖久著)　新講社 2009.12 223p　(新講社ワイド新書)
◇幕末土佐の12人　(武光誠著)　PHP研究所 2009.12 265p　(PHP文庫)
◇真説 龍馬暗殺—諸説11の謎を解く　(加野厚志著)　学研パブリッシング 2009.12 294p　(学研M文庫)
◇「英雄」坂本龍馬はなぜ生まれたのか　(菊地明著)　大和書房 2009.12 221p　(だいわ文庫)
◇坂本龍馬と幕末維新人物100選　(清水昇著)　リイド社 2009.12 253p　(リイド文庫)
【雑　誌】
◇陸援隊長中岡慎太郎の最期(特集・坂本龍馬の人脈と維新)　(江崎誠致)　「歴史と人物」　12(2) 1982.2
◇中岡慎太郎と陸援隊—特集・坂本龍馬と海援隊　(高木俊輔)　「歴史読本」　28(10) 1983.10
◇迂山中岡慎太郎異聞(坂本龍馬生誕150年記念特集号)　(前田年雄)　「土佐史談」　170 1985.11
◇中岡慎太郎異聞(坂本龍馬生誕150年記念特集号)　(瀬戸鉄男)　「土佐史談」　170 1985.11
◇大江卓—坂本龍馬・中岡慎太郎とのえにし(坂本龍馬生誕150年記念特集号)　(橋田庫欽)　「土佐史談」　170 1985.11
◇中岡慎太郎の銅像が出来るまで(坂本龍馬生誕150年記念特集号)　(山本武雄)　「土佐史談」　170 1985.11
◇中岡慎太郎関係主要文献の紹介　(広谷喜十郎)　「土佐史談」　180 1989.4
◇中岡慎太郎生誕百五十年回顧　「土佐史談」　180 1989.4
◇農業土木を支えてきた人々—「勤皇家」中岡慎太郎と農業土木　(村田正亀)　「農業土木学会誌」　57(8) 1989.8
◇中岡慎太郎を偲んで維新史を問う　(奈良本辰也)　「土佐史談」　181 1989.9
◇中岡慎太郎先生生誕百五十年記念講演 明治維新における中岡慎太郎の役割　(井上清)　「土佐史談」　183 1990.3
◇人間中岡慎太郎の素顔　(宮地佐一郎)　「中央公論」　105(5) 1990.5
◇中岡慎太郎柏木の記念碑　(前田年雄)　「土佐史談」　188 1992.1
◇中岡慎太郎—黎明のなか共に死す(特集・坂本龍馬の人間関係学)　(新宮正春)　「プレジデント」　30(7) 1992.7
◇坂本龍馬VS中岡慎太郎「無血倒幕論」と「武力討幕論」(政治編)　(木村幸比古)　「歴史と旅」　23(17) 1996.11.10 臨増(日本史ライバル総覧) p180～183
◇中岡慎太郎の討幕思想と周旋活動—慶応二年一月以降を中心として　(亀尾美香)　「中央大学大学院研究年報」　中央大学大学院研究年報編集委員会 29(文学) 1999 p75～87
◇中岡慎太郎「京都日誌」〈海援隊副長〉—武力倒幕派の志士が構想した「中原進出」計画(特集 幕末京都 志士日誌—特集ドキュメント 幕末京都 志士の足跡)　(松岡司)　「歴史読本」　新人物往来社 51(7) 2006.5 p94～101
◇中岡慎太郎から岩倉具視への書状が見つかった！(特集 古写真集成 幕末人の肖像)　(豊田満広)　「歴史読本」　新人物往来社 53(3) 2008.3 p238～240
◇中岡慎太郎 京都霊山護国神社・京都市東山区—同志が眠る霊山の桜越しに、倒幕の思いを新たにした(大特集・春爛漫、ぶらり「桜旅」—第1部 小松帯刀、坂本龍馬、西郷隆盛… 維新の英傑縁の地を巡り、古都に遊ぶ「京の桜」幕末・歴史探訪)　「サライ」　小学館 21(6)通号491 2009.3.19 p26～27

永岡久茂　ながおかひさしげ　1840～1877
幕末, 明治期の会津藩士。
【図　書】
◇民権の獅子—兆民をめぐる男たちの生と死　(日下藤吾著)　叢文社 1991.12　(現代を拓く歴史名作シリーズ)
◇幕末・会津藩士銘々伝 下　(小檜山六郎、間島勲編)　新人物往来社 2004.7 311p
◇会津藩 斗南へ—誇り高き魂の軌跡　(星亮一著)　三修社 2006.4 309p
◇会津藩 斗南へ—誇り高き魂の軌跡　新装版　(星亮一著)　三修社 2009.9 309p

【雑　誌】
◇叛乱―その主役たち　永岡久茂―思案橋事件　（祖田浩一）「歴史と旅」　7（4）1980.3
◇会津から羽ばたいた人びと　永岡久茂―思案橋事件の首謀者（特集・戊辰戦争会津の悲劇―至誠を全うして一藩一丸炎と化した会津の士道）（栗原隆一）「歴史と旅」　24（9）1997.6 p148～153

中川幸子　なかがわさちこ　1857～1910
明治期の民権運動家。
【図　書】
◇近代史の舞台　（坂本六良）　環文庫　1981.6
◇貴婦人とおさんどん―高田菊枝さんと中川幸子女史　（宮崎知恵子編著）　宮崎知恵子　1992.1

永倉新八　ながくらしんぱち　1839～1915
幕末、明治期の幕末の新撰組隊士。
【図　書】
◇池波正太郎自選随筆集〈下巻〉（池波正太郎著）　朝日新聞社　1988.3
◇物語　新選組隊士悲話　（北原亜以子ほか著）　新人物往来社　1988.6
◇夜明けのブランデー　（池波正太郎著）　文芸春秋　1989.2（文春文庫）
◇新選組三部作　新選組遺聞　改版　（子母沢寛著）　中央公論社　1997.1　330p（中公文庫）
◇完全制覇　新選組―この一冊で歴史に強くなる！　（山村竜也著）　立風書房　1998.2　254p
◇新選組剣客伝　（山村竜也著）　PHP研究所　1998.7　212p
◇新選組戦場日記―永倉新八「浪士文久報国記事」を読む　（木村幸比古編著・訳）　PHP研究所　1998.10　231p
◇新撰組顛末記　新装版　（永倉新八著）　新人物往来社　1998.11　275p
◇新選組裏話　（万代著）　新人物往来社　1999.4　279p
◇完本　池波正太郎大成　第24巻　（池波正太郎著）　講談社　2000.6　945p
◇北へ―異色人物伝　（北海道新聞社編）　北海道新聞社　2000.12　308p
◇新選組剣客伝　（山村竜也著）　PHP研究所　2002.9　251p（PHP文庫）
◇新選組決定録　（伊東成郎著）　河出書房新社　2003.5　301p
◇新選組日記―永倉新八日記・島田魁日記を読む　（木村幸比古著）　PHP研究所　2003.7　321p（PHP新書）
◇新選組銘々伝　第3巻　（新人物往来社編）　新人物往来社　2003.9　279p
◇一冊で読む土方歳三―新選組を率いた男の行動哲学　（河合敦著）　成美堂出版　2003.12　235p（成美文庫）
◇新選組　永倉新八外伝　（杉村悦郎著）　新人物往来社　2003.12　194p
◇新選組　（佐藤文明文、ふqびきかずこイラスト）　現代書館　2003.12　174p（FOR BEGINNERSシリーズ）
◇図解雑学　沖田総司と新選組隊士　（河合敦著）　ナツメ社　2004.1　206p（図解雑学シリーズ）
◇新選組・永倉新八のすべて　（新人物往来社編）　新人物往来社　2004.2　255p
◇ほっかいどう百年物語　第4集　（STVラジオ編）　中西出版　2004.3　390p
◇人間登場―北の歴史を彩る　第3巻　（合田一道、番組取材班著）　北海道出版企画センター　2004.6　253p（NHKほっからんど212）
◇英傑の日本史―新撰組・幕末編　（井沢元彦著）　角川書店　2004.10　311p
◇サムライたちの幕末維新　（近江七実著）　スキージャーナル　2005.5　207p（剣道日本コレクション）
◇新選組永倉新八のひ孫がつくった本　（杉村悦郎、杉村和紀編著）　柏艪舎　2005.11　290p（ネプチューン・ノンフィクション・シリーズ）
◇戦国と幕末　新装版　（池波正太郎著）　角川書店　2006.4　358p（角川文庫）
◇閃光の新選組　（伊東成郎著）　新人物往来社　2006.6　324p
◇英傑の日本史―新撰組・幕末編　（井沢元彦著）　角川書店　2007.12　371p（角川文庫）
◇子孫が語る永倉新八　（杉村悦郎著）　新人物往来社　2009.2　212p
◇新撰組顛末記　（永倉新八著）　新人物往来社　2009.5　255p（新人物文庫）
【雑　誌】
◇特集・明治維新の青春群像―男子の生き方永倉新八　（結束信二）「歴史と人物」　10（2）1980.2
◇読者研究―新撰組副長助勤・永倉新八の情念　（武部富雄）「歴史と旅」　13（5）1986.4
◇永倉新八　隊士鎮魂にささげた後半生（特集　新選組隊士臨終図巻）（野口達男）「歴史と旅」　15（4）1988.3
◇新選組の新事実「浪士文久報国記事」より―幕末史・新選組史の書き直しをせまる永倉新八の「幻の手記」が発見された　（木村幸比古）

「歴史と旅」　26（1）1999.1　p246～255
◇永倉新八の足跡―新選組離脱、戊辰戦争後も剣に生きた剣術家（追跡！新選組隊士の行方）　（伊東成郎）「歴史読本」　47（2）2002.2　p56～59
◇特集カラー　永倉新八遺品選〈特集　永倉新八と『新撰組顛末記』の謎〉「歴史読本」　新人物往来社　50（9）2005.9　p7～16
◇特集ワイド1　新視点　永倉新八の再検証（Part1）永倉新八誕生～浪士組〈特集　永倉新八と『新撰組顛末記』の謎〉「歴史読本」　新人物往来社　50（9）2005.9　p41～56
◇特集　永倉新八と『新撰組顛末記』の謎　「歴史読本」　新人物往来社　50（9）2005.9　p41～179,7～16
◇新選組隊士「京都日誌」〈永倉新八・原田左之助・島田魁〉―「壬生狼」と恐れられた隊士たちの意外な日常生活（特集　幕末京都　志士日誌―特集ドキュメント　幕末京都　志士の足跡）（長屋芳恵）「歴史読本」新人物往来社　51（7）2006.5　p80～85

中島信行　なかじまのぶゆき　1846～1899
幕末、明治期の政治家。男爵、貴族院議員。
【図　書】
◇明治人物拾遺物語―キリスト教の一系譜　（森井真）　新教出版社　1982.10
◇坂本龍馬・海援隊士列伝　（山田一郎ほか著）　新人物往来社　1988.2
◇自由民権家中島信行と岸田俊子―自由への闘い　（横沢清子著）　明石書店　2006.11　474p
◇『帰る雁が袮』私注―会津藩老・西郷頼母の晩年の日誌　（堀田節夫著）　東京書籍　2007.3　277p
【雑　誌】
◇中島信行と横浜税関―外国との対立をめぐって　（横沢清子）「専修史学」　専修大学歴史学会　36　2004.3　p3～29
◇碑文から読む"近代"―中島信行の三撰文〔含　年譜〕（横澤清子）「専修総合科学研究」　専修大学緑鳳学会　13　2005.11　p1～26

中根雪江　なかねゆきえ　1807～1877
幕末、明治期の越前福井藩士。衆譜の長男。
【図　書】
◇ブレーン　歴史にみる群像〈2〉情報　（戸部新十郎、南原幹雄、米原正義、津本陽、栗原隆一、出井孫六著）　旺文社　1986.2
◇ブレーン：歴史にみる群像　3　旺文社　1986.3
◇松平春岳のすべて　（三上一夫、舟沢茂樹編）　新人物往来社　1999.12　274p
◇男の背中―転形期の思想と行動　（井出孫六著）　平原社　2005.5　265p
【雑　誌】
◇中根雪江先生百年祭事業会「中根雪江先生」1977　（高木不二）「史学」　51（1・2）1981.6
◇中根雪江名号考―「ユキエ」か「セッコウ」か　（伴五十嗣郎）「若越郷土研究」　26（5）1981.11
◇松平春岳・中根雪江と田中大秀門人の関係　（伴五十嗣郎）「皇学館大学神道研究所所報」　28　1984.12

中野いと　なかのいと　1856～1929
幕末～昭和期の民権運動家。
【図　書】
◇静岡おんな百年　上　（市原正恵）　ドメス出版　1982.8
【雑　誌】
◇中野いと―自由党激化事件同志の救援活動をした唯一の民権女性　（市原正恵）「静岡県近代史研究会会報」　30　1981.6
◇中野いとに会った人―令孫上村貢代さんからの手紙　（市原正恵）「静岡県近代史研究会会報」　162　1992.3

中野竹子　なかのたけこ　1850～1868
幕末、明治期の女性。会津戊辰戦争で奮戦。
【図　書】
◇物語　会津戦争悲話　（宮崎十三八ほか著）　新人物往来社　1988.8
◇現代に生きる会津士魂　（佐野七郎著）　三樹書房　1988.8
◇物語　妻たちの会津戦争　（宮崎十三八編）　新人物往来社　1991.3
◇涙のスプリングボード　（小島康誉著）　（名古屋）プラス　1991.4
◇隠された幕末日本史―動乱の時代のヒーロー群像　（早乙女貢著）　広済堂出版　1992.2（広済堂文庫―ヒューマン・セレクト）
◇中野竹子と娘子隊　（水沢繁雄著）　歴史春秋出版　2002.8　55p（歴春ブックレット）
◇幕末・会津藩士銘々伝　下　（小檜山六郎、間島勲編）　新人物往来社　2004.7　311p
【雑　誌】
◇特集・惨!!会津落城―幕末維新シリーズ（3）戦う会津女性　果敢!!斬込み娘子軍中野竹子　（竹野純恵）「歴史と旅」　7（3）1980.2

中橋徳五郎　なかはしとくごろう　1861～1934
明治～昭和期の政治家、実業家。大阪商船社長。
【図書】
◇中橋徳五郎—伝記・中橋徳五郎　上巻　（牧野良三編）　大空社　1995.6　629,12,6p　（伝記叢書）
◇中橋徳五郎—伝記・中橋徳五郎　下巻　（牧野良三編）　大空社　1995.6　581,6p　（伝記叢書）

中牟田倉之助　なかむたくらのすけ　1837～1916
明治期の海軍軍人、子爵。横須賀造船所所長。
【図書】
◇幕末・明治初期数学者群像〈上　幕末編〉　（小松醇郎著）　（京都）吉岡書店　1990.9
◇中牟田倉之助伝—伝記・中牟田倉之助　（中村孝也著）　大空社　1995.6　1冊　（伝記叢書）
【雑誌】
◇高杉晋作と中牟田倉之助　（中村孝也）「佐賀史談」11（9）1981.3
◇中牟田倉之助の上海体験—『文久二年上海行日記』を中心に　（春名徹）「国学院大学紀要」国学院大学　35　1997.3　p57～96
◇中牟田倉之助の上海経験再考—「公儀御役々唐国上海表にて道台其外と応接書」を中心に　（春名徹）「国学院大学紀要」国学院大学　39　2001　p77～109

永山武四郎　ながやまたけしろう　1837～1904
明治期の陸軍軍人。男爵、中将。
【図書】
◇北見市史　（北見市史編さん委員会編）　北見市　1984.11
◇北見市史　（北見市史編さん委員会編）　福village書店　1984.11
◇よみがえった「永山邸」　（高安正明）　共同文化社　1990.6
【雑誌】
◇永山武四郎と屯田兵　（桜井浩）「法曹」法曹会　619　2002.5　p20～22

永山盛輝　ながやまもりてる　1826～1902
幕末、明治期の官吏。貴族院議員。
【雑誌】
◇特集・新潟県の明治（2）新潟県令永山盛輝の人間像　（鮫島志芽太）「かみくひむし」37　1980.4
◇明治8年筑摩県権令永山盛輝の飛騨巡回の一考察—高山町煥章学校の新築を中心として　（中野谷康司）「岐阜県歴史資料館報」岐阜県歴史資料館　20　1997.3　p51～71

中山慶子　なかやまよしこ　1835～1907
幕末、明治期の女官。明治天皇の御生母。
【図書】
◇明治天皇の生涯　上　（童門冬二著）　徳間書店　2002.9　286p　（徳間文庫）
【雑誌】
◇121代孝明天皇大典侍・中山慶子（歴代皇后総覧〈特集〉）　（井門寛）「歴史と旅」13（1）1986.1

那須信吾　なすしんご　1829～1863
幕末の土佐藩の郷士、勤王運動家。
【図書】
◇那須信吾書簡　3　（横田達雄編）　青山文庫後援会　1983.3　（青山文庫所蔵資料集 7）
◇維新風雲回顧録　（田中光顕著）　河出書房新社　1990.9　（河出文庫）
【雑誌】
◇天誅組の大和義挙に付て（維新殉難志士特集号）　（山口辰次郎）「土佐史談」155　1981.11
◇碑に見る天誅組の遺跡（14）「那須信吾戦死の地」の碑（東吉野村）「吉野路」17　1983.4
◇脱藩の道—那須信吾と坂本龍馬等の場合　（横田達雄）「土佐史談」79　1981.12

鍋島直大　なべしまなおひろ　1846～1921
幕末～大正期の佐賀藩主。元老院議官式部頭、侯爵。
【雑誌】
◇鍋島閑叟・直大（幕末維新最後の藩主285人）　（杉谷昭）「別冊歴史読本」20　1981.6
◇鍋島家の服飾遺品（1）鍋島直大とその夫人　（石井とめ子、大網美代子、藤巻知寿子）「大妻女子大学紀要　家政系」28　1992.3
◇佐賀藩主鍋島直正・直大（幕末最後の藩主）　（宇都宮泰長）「歴史と旅」23（5）1996.3.10　臨増（大名家の事件簿総覧）p332～337

鍋島直正　なべしまなおまさ　1814～1871
幕末、明治期の大名。蘭学、英学を奨励、自作農を保護。
【図書】
◇人物探訪日本の歴史 7　将軍と大名　暁教育図書　1983.8
◇肥前史研究　三好不二雄先生傘寿記念誌刊行会　1985.3
◇続佐賀藩の総合研究—藩政改革と明治維新　（藤野保編）　吉川弘文館　1987.2
◇ペリー来航前後—幕末開国史　（山口宗之著）　ぺりかん社　1988.11
◇幕末 名君と参謀—維新パワー西南四藩の秘密を解く　（西東玄著）　PHP研究所　1990.10　（PHP文庫）
◇鍋島閑叟—蘭癖・佐賀藩主の幕末　（杉谷昭著）　中央公論社　1992.3　（中公新書）
◇痩我慢というかたち—激動を乗り越えた日本の志　（感性文化研究所編）　黙出版　1997.8　111p　（MOKU BOOKS）
◇佐賀藩と反射炉　（長野暹著）　新日本出版社　2000.6　206p　（新日本新書）
◇幕末の鍋島佐賀藩—10代藩主直正（閑叟）とその時代　（田中耕作著）　佐賀新聞社　2004.8　375p
◇幕末動乱と開国　（半藤一利監修）　世界文化社　2006.10　167p　（ビジュアル版 日本の歴史を見る）
◇幕末維新と佐賀藩—日本西洋化の原点　（毛利敏彦著）　中央公論新社　2008.7　226p　（中公新書）
◇日本人の経営魂　（中野明著）　学研パブリッシング　2009.12　271p
【雑誌】
◇鍋島閑叟公と書道　（直塚淳）「佐賀史談」11（9）1980.11
◇鍋島閑叟・直大（幕末維新最後の藩主285人）　（杉谷昭）「別冊歴史読本」20　1981.6
◇江川坦庵と鍋島直正の交流—書状紹介を中心として　（仲田正之）「韮山町史の栞」10　1986.3
◇佐賀藩主鍋島直正・直大（幕末最後の藩主）　（宇都宮泰長）「歴史と旅」23（5）1996.3.10　臨増（大名家の事件簿総覧）p332～337
◇「鍋島直正公伝」にみる青年久米邦武の修養と史学思想の萌芽　（秋元信英）「国学院短期大学紀要」国学院短期大学　18　2000　p83～181
◇歴史読み物　日本海軍の創設者達—創業垂統の時代の人々から学ぶ点、無しとせむや（9）鍋島直正と水野忠徳　（谷光太郎）「波濤」兵術同好会　30（6）2005.3　p124～149
◇鍋島の思い出　閑叟公と鍋島　（大塚清吾）「陶説」日本陶磁協会　642　2006.9　p20～22

鍋島直彬　なべしまなおよし　1843～1915
幕末、明治期の官吏。子爵、貴族院議員。
【図書】
◇沖縄にきた明治の人物群像　（太田良博）　月刊沖縄社　1980.2
【雑誌】
◇鍋島直彬沖縄関係文書　（杉谷昭）「日本歴史」458　1986.7

奈良原繁　ならはらしげる　1834～1918
幕末、明治期の藩士、政治家。
【図書】
◇沖縄にきた明治の人物群像　（太田良博）　月刊沖縄社　1980.2

南部利剛　なんぶとしひさ　1827～1896
幕末、明治期の大名。奥羽越列藩同盟に参加。
【雑誌】
◇間宮永好、八十子と南部利剛、明子と—挿話として　（山田洋嗣）「福岡大学人文論叢」福岡大学研究推進部　41（2）2009.9　p985～1027

西村捨三　にしむらすてぞう　1843～1908
明治期の官僚。大阪府知事。
【図書】
◇沖縄にきた明治の人物群像　（太田良博）　月刊沖縄社　1980.2
◇旧彦根藩士西村捨三における〈京都の祝祭〉、そして彦根　（鈴木栄樹）「近代京都研究」（丸山宏、伊従勉、高木博志編）思文閣出版　2008.8　p418
【雑誌】
◇西村捨三の青春　（谷田啓一）「湖国と文化」27　1984.4

二条斉敬　にじょうなりゆき　1816～1878
幕末、明治期の公卿。左大臣関白。
【図書】
◇天皇と明治維新　（阪本健一）　暁書房　1983.1

仁礼景範 にれかげのり 1831〜1900
明治期の海軍軍人。中将、子爵。
【雑　誌】
◇仁礼景範航米日記　(犬塚孝明)「鹿児島県立短期大学研究年報」14　1986.3

庭田嗣子 にわたつぐこ 1820〜1867
幕末の女性。和宮の補導を務めた。
【図　書】
◇女たちの幕末京都　(辻ミチ子著)　中央公論新社　2003.4　250p (中公新書)

根岸友山 ねぎしゆうざん 1809〜1890
幕末、明治期の志士。
【図　書】
◇草の根の維新　(桜沢一昭)　埼玉新聞社　1982.8
◇前田愛著作集〈第4巻〉幻景の明治　(前田愛著)　筑摩書房　1989.12
◇幕末武州の青年群像　(岩上進著)　(浦和)さきたま出版会　1991.3
◇新選組銘々伝　第4巻　(新人物往来社編)　新人物往来社　2003.10　292p
◇根岸友山・武香の軌跡—幕末維新から明治へ　(根岸友憲監修、根岸友山・武香顕彰会編)　さきたま出版会　2006.5　221p
【雑　誌】
◇武蔵の豪農と尊攘思想—大里郡甲山村根岸友山の場合　(沼田哲)「季刊日本思想史」13　1980.4
◇根岸友山と根岸武香　(根岸友憲)「立正大学地域研究センター年報」立正大学地域研究センター　第22号　1999.1　p2〜4

納富介次郎 のうとみかいじろう 1844〜1918
明治期の官吏、工芸教育者。
【雑　誌】
◇石川県における実業教育の展開過程—納富介次郎と石川県工業学校の創立をめぐって　(江森一郎、胡国勇)「金沢大学教育学部紀要　教育科学編」金沢大学教育学部　48　1999.2　p1〜15
◇納富介次郎の目指したもの—工芸産業の育成振興にむけて　(山崎達文)「金沢学院大学紀要　文学・美術編」金沢学院大学　1　2003　p156〜143

乃木静子 のぎしずこ 1859〜1912
幕末〜大正期の女性。乃木希典の妻。
【図　書】
◇図説人物日本の女性史9　小学館　1980.3
◇近代日本の女性史4　激動期の妻たち　(創美社編)　集英社　1981.1
◇日本女性の歴史 15 日本女性史の謎　暁教育図書　1984.1
◇明治を駆けぬけた女たち　(中村彰彦編著)　KKダイナミックセラーズ　1984.12
◇日本刀物語　(福永酔剣著)　雄山閣出版　1988.3
◇人間 乃木希典—乃木夫妻の生涯の愛と真実　(戸川幸夫著)　光人社　1988.5
◇乃木希典殉死・以後—伯爵家再興をめぐって　(井戸田博史著)　新人物往来社　1989.10
◇歴史ロマン 火宅往来—日本史のなかの女たち　(沢田ふじ子著)　広済堂出版　1990.8
◇明治を駆けぬけた女たち　(中村彰彦編著)　ダイナミックセラーズ出版　1994.11
◇大阪偕行社附属小学校物語—ステッセルと乃木将軍の「棗の木」は、なぜ残った　(宮本直和著)　東洋出版　2000.1　318p
◇夏目漱石と個人主義—"自律"の個人主義から"他律"の個人主義へ　(亀山佳明著)　新曜社　2008.2　290p
【雑　誌】
◇静寂(しじま)の声—乃木希典夫人の生涯　(渡辺淳一)「文芸春秋」60(1) 1982.1
◇静寂の声—乃木希典夫人の生涯(2)　(渡辺淳一)「文芸春秋」60(2) 1982.2
◇静寂の声—乃木希典夫人の生涯(3)　(渡辺淳一)「文芸春秋」60(3) 1982.3
◇静寂の声—乃木希典夫人の生涯(4)　(渡辺淳一)「文芸春秋」60(4) 1982.4
◇静寂の声—乃木希典夫人の生涯(5)　(渡辺淳一)「文芸春秋」60(6) 1982.5
◇静寂の声—乃木希典夫人の生涯(6)　(渡辺淳一)「文芸春秋」60(7) 1982.6
◇静寂の声—乃木希典夫人の生涯(7)　(渡辺淳一)「文芸春秋」60(8) 1982.7
◇静寂の声—乃木希典夫人の生涯(8)　(渡辺淳一)「文芸春秋」60(9) 1982.8
◇静寂の声—乃木希典夫人の生涯(9)　(渡辺淳一)「文芸春秋」60(10) 1982.9
◇静寂の声—乃木希典夫人の生涯(10)　(渡辺淳一)「文芸春秋」60(12) 1982.10
◇静寂の声—乃木希典夫人の生涯(11)　(渡辺淳一)「文芸春秋」60(13) 1982.11
◇静寂の声—乃木希典夫人の生涯(12)　(渡辺淳一)「文芸春秋」60(14) 1982.12
◇静寂の声—乃木希典夫人の生涯(13)　(渡辺淳一)「文芸春秋」61(1) 1983.1
◇静寂の声—乃木希典夫人の生涯(14)　(渡辺淳一)「文芸春秋」61(2) 1983.2
◇静寂の声—乃木希典夫人の生涯(15)　(渡辺淳一)「文芸春秋」61(3) 1983.3
◇静寂の声—乃木希典夫人の生涯(16)　(渡辺淳一)「文芸春秋」61(4) 1983.4
◇静寂の声—乃木希典夫人の生涯(17)　(渡辺淳一)「文芸春秋」61(5) 1983.5
◇静寂の声—乃木希典夫人の生涯(18)　(渡辺淳一)「文芸春秋」61(6) 1983.6
◇静寂の声—乃木希典夫人の生涯(19)　(渡辺淳一)「文芸春秋」61(7) 1983.7
◇静寂の声—乃木希典夫人の生涯(20)　(渡辺淳一)「文芸春秋」61(8) 1983.8
◇静寂の声—乃木希典夫人の生涯(21)　(渡辺淳一)「文芸春秋」61(10) 1983.9
◇静寂の声—乃木希典夫人の生涯(22)　(渡辺淳一)「文芸春秋」61(11) 1983.10
◇静寂の声—乃木希典夫人の生涯(23)　(渡辺淳一)「文芸春秋」61(12) 1983.11
◇静寂の声—乃木希典夫人の生涯(24)　(渡辺淳一)「文芸春秋」61(13) 1983.12
◇静寂の声—乃木希典夫人の生涯〔25〕　(渡辺淳一)「文芸春秋」62(1) 1984.1
◇静寂の声—乃木希典夫人の生涯〔26〕　(渡辺淳一)「文芸春秋」62(2) 1984.2
◇静寂の声—乃木希典夫人の生涯〔27〕　(渡辺淳一)「文芸春秋」62(3) 1984.3
◇静寂の声—乃木希典夫人の生涯〔28〕　(渡辺淳一)「文芸春秋」62(4) 1984.4
◇静寂の声—乃木希典夫人の生涯〔29〕　(渡辺淳一)「文芸春秋」62(5) 1984.5
◇静寂の声—乃木希典夫人の生涯〔30〕　(渡辺淳一)「文芸春秋」62(6) 1984.6
◇静寂の声—乃木希典夫人の生涯〔31〕　(渡辺淳一)「文芸春秋」62(8) 1984.7
◇静寂の声—乃木希典夫人の生涯〔32〕　(渡辺淳一)「文芸春秋」62(9) 1984.8
◇静寂の声—乃木希典夫人の生涯〔33〕　(渡辺淳一)「文芸春秋」62(10) 1984.9
◇静寂の声—乃木希典夫人の生涯〔34〕　(渡辺淳一)「文芸春秋」62(11) 1984.10
◇静寂の声—乃木希典夫人の生涯〔35〕　(渡辺淳一)「文芸春秋」62(12) 1984.11
◇乃木静子—明治天皇に殉じた軍人の妻(特集花ひらく明治の女性たち)　(岸宏子)「歴史と旅」12(2) 1985.2
◇乃木希典将軍の妻、ひたすら仕える一生、乃木静子(いまも昔もおんな史)　(泉秀樹)「潮」365 1989.9
◇乃木希典の殉死、時代に裏切られた「誠忠」から発した武人の行為—西南戦争では軍旗を奪われ、203高地では多くの戦死者を出したにもかかわらず、天皇の寵愛は(特集・明治天皇—こうして現代日本への道は開かれた)　(豊田穣)「プレジデント」29(3) 1991.3
◇女たちシリーズ(26)乃木静子　(妹尾侑子)「調査月報」香川経済研究所　255　2008.5　p36〜38

乃木希典 のぎまれすけ 1849〜1912
明治期の陸軍軍人。大将、伯爵。
【図　書】
◇情死の歴史—陰の日本史　(奈良本辰也編　邦光史郎著)　日本書籍　1980.1
◇乃木大将と日本人　(スタンレー=ウォシュバン著　目黒真澄訳)　講談社　1980.1　(講談社学術文庫)
◇男たちの明治維新—エピソード人物史　文芸春秋　1980.10　(文春文庫)
◇軍神乃木希典の謎　(前川和彦)　現代史出版会　1981.1
◇日本人の死にかた—"白き旅"への幻想　(利根川裕)　PHP研究所　1981.7
◇乃木将軍と光家耕改　(臼杵幸編)　山地竹枝顕彰会　1981.9

◇近代日本史の新研究1　北樹出版　1981.10
◇歴史への招待17　日本放送出版協会　1981.10
◇人物を語る―激動期の群像　(奈良本辰也)　潮出版社　1981.11
◇日本史の研究　新輯 2　(三浦周行)　岩波書店　1982.2
◇大正女性史　上巻　市民生活　(村上信彦)　理論社　1982.7
◇変革期型リーダーの条件―「維新」を見てきた男たち　(佐々克明)　PHP研究所　1982.9
◇日本人の心情―その根底を探る　(山折哲雄)　日本放送出版協会　1982.10
◇日本のリーダー 3 帝国陸海軍の総師　ティビーエス・ブリタニカ　1983.7
◇明治リーダーの戦略戦術　(佐々克明)　ダイヤモンド社　1983.12
◇英雄の素顔ナポレオンから東条英機まで　(児島襄著)　ダイヤモンド社　1983.12
◇乃木将軍詩歌集　(中央乃木会編)　日本工業新聞社　1984.1
◇嗚呼至誠の人乃木希典将軍　(吉川寅二郎)　展転社　1984.10
◇乃木希典将軍―嗚呼至誠の人　(吉川寅二郎著)　展転社　1984.10
◇橋川文三著作集 3　(神島二郎ほか編)　筑摩書房　1985.10
◇乃木希典(人物叢書 新装版)　(松下芳男著)　吉川弘文館　1985.12
◇村構造と他界観―鳥越憲三郎博士古稀記念論文集　(鳥越憲三郎博士古稀記念論集)　雄山閣出版　1986.1
◇天皇裕仁の昭和史(文春文庫)　(河原敏明著)　文芸春秋　1986.4
◇武士道の歴史(3)　(高橋富雄著)　新人物往来社　1986.5
◇政治家　その善と悪のキーワード　(加藤尚文著)　日経通信社　1986.6
◇知将児玉源太郎―ある名補佐役の生涯　(生出寿著)　光人社　1986.7
◇素顔のリーダー―ナポレオンから東条英機まで(文春文庫)　(児島襄著)　文芸春秋　1986.8
◇東京空間1868〜1930〈第2巻〉帝都東京　(小木新造、芳賀徹、前田愛編)　筑摩書房　1986.9
◇歴史のなかの下剋上　(嶋岡晨著)　名著刊行会　1986.11
◇激録・日本大戦争〈第23巻〉乃木大将と日露戦争　(原康史著)　東京スポーツ新聞社　1987.1
◇酒・千夜一夜　(稲垣真美著)　昭和出版　1987.2
◇日露の激戦―その戦略と戦術の研究　(秦郁彦、豊田穣、渡部昇一他文)　世界文化社　1987.3　(BIGMANビジネスブックス)
◇大久保利謙歴史著作集 8 明治維新の人物像　吉川弘文館　1987.7
◇明治リーダーの戦略戦術　(佐々克明著)　講談社　1987.11　(講談社文庫)
◇教育勅語の時代　(加藤地三著)　三修社　1987.12
◇明治の精神　(荒川久寿男著)　(伊勢)皇學館大学出版部　1987.12
◇乃木希典　(大浜徹也著)　河出書房新社　1988.1　(河出文庫)
◇福田恒存全集〈第6巻〉　(福田恒存著)　文芸春秋　1988.3
◇日本刀物語　(福永酔剣著)　雄山閣出版　1988.3
◇静寂の声　下　(渡辺淳一)　文芸春秋　1988.4
◇人間　乃木希典―乃木夫妻の生涯の愛と真実　(戸川幸夫著)　光人社　1988.5
◇乃木希典関係図書目録学習院大学所蔵　(学習院大学図書館編)　学習院大学図書館　1988.6
◇ことばのある暮し　(外山滋比古著)　中央公論社　1988.7　(中公文庫)
◇日本人の死にかた　(利根川裕著)　朝日新聞社　1988.8　(朝日文庫)
◇日本史　人物列伝　(奈良本辰也著)　徳間書店　1988.9　(徳間文庫)
◇病気物語―医学リポート　(君島善次郎著)　近代文芸社　1989.1
◇明治大帝　(飛鳥井雅道著)　筑摩書房　1989.1　(ちくまライブラリー)
◇日本スキー事始め―レルヒと長岡外史将軍との出会い　(長岡忠一著)　ベースボール・マガジン社　1989.1
◇病気物語―医学リポート　(君島善次郎著)　泰流社　1989.3
◇情死の歴史―陰の日本史　(邦光史郎著、奈良本辰也、邦光史郎編)　広済堂出版　1989.7　(広済堂文庫―ヒューマン・セレクト)
◇乃木希典殉死・以後―伯爵家再興をめぐって　(井戸田博史著)　新人物往来社　1989.10
◇病いの人間史―明治・大正・昭和　(立川昭二著)　新潮社　1989.12
◇史実で見る日本の正気―尋古一葉抄　(黒岩棠舟著)　錦正社　1989.12　(国学研究叢書)
◇過ぎゆく日暦(カレンダー)　(松本清張著)　新潮社　1990.4
◇名将乃木希典―司馬遼太郎の誤りを正す　(桑原岳著)　中央乃木会　1990.9
◇大正デモクラシーと教育―1920年代の教育　(中野光著)　新評論　1990.12
◇忘れ得ぬ人々　(辰野隆著)　講談社　1991.2　(講談社文芸文庫―現代日本のエッセイ)
◇欽仰する乃木大将の生涯　(根本勝著)　根本勝　1991.3
◇死の横顔―なぜ、彼らは自殺したのか　(布施豊正著)　誠信書房　1991.4
◇日本近代「家」制度の研究―乃木伯爵家問題を通じて　(井戸田博史著)　雄山閣出版　1992.7
◇勝負強さを持つ人間の研究　(田原八郎著)　PHP研究所　1992.10
◇乃木希典の世界　(桑原岳、菅原一彪編)　新人物往来社　1992.11
◇明治四十三年の転轍―大逆と殉死のあいだ　(河田宏著)　社会思想社　1993.2
◇過ぎゆく日暦(カレンダー)　(松本清張著)　新潮社　1993.4　(新潮文庫)
◇乃木神社・東郷神社　新人物往来社　1993.10　(神社シリーズ)
◇乃木希典全集〈中〉　(乃木神社社務所編)　国書刊行会　1994.7
◇風と海の回廊―日本を変えた知の冒険者たち　(泉秀樹著)　広済堂出版　1994.9
◇日本文壇史 8　(伊藤整著)　講談社　1996.2　250,22p　(講談社文芸文庫)
◇ライバル日本史 2　(NHK取材班編)　角川書店　1996.9　252p　(角川文庫)
◇3分間で読む人生の知恵　(花園大学著)　同朋舎出版　1996.10　234p
◇乃木希典全集　補遺　(乃木神社社務所編)　国書刊行会　1997.12　370p
◇イスタンブールを愛した人々―エピソードで綴る激動のトルコ　(松谷浩尚著)　中央公論社　1998.3　264p　(中公新書)
◇この日本人を見よ―在りし日の人たち　(馬野周二著)　フォレスト出版　1998.12　263p
◇妖婦　下田歌子―「平民新聞」より　(山本博雄解説)　風媒社　1999.2　246p
◇日本史の現場検証 2　(合田一道著)　扶桑社　1999.11　261p
◇大阪偕行社附属小学校物語―ステッセルと乃木将軍の「棗の木」は、なぜ残った　(宮本直和著)　東洋出版　2000.1　318p
◇座談会 明治・大正文学史 3　(柳田泉、勝本清一郎、猪野謙二編)　岩波書店　2000.5　370p　(岩波現代文庫)
◇人間乃木希典　(戸川幸夫著)　学陽書房　2000.10　281p　(人物文庫)
◇橋川文三著作集 3 増補版　(橋川文三著)　筑摩書房　2000.12　392p
◇乃木希典―高貴なる明治　(岡田幹彦著)　展転社　2001.2　301p
◇乃木「神話」と日清・日露　(嶋名政雄著)　論創社　2001.3　255p
◇改革者―私の「代表的日本人」　(大原一三著)　フォレスト出版(2001.7)　377p
◇地ひらく―石原莞爾と昭和の夢　(福田和也著)　文芸春秋　2001.9　773p
◇百貌百言　(出久根達郎著)　文芸春秋　2001.10　215p　(文春新書)
◇日本語中・上級用読本　日本を知ろう―日本の近代化に関わった人々　(三浦昭、ワット・イ東泰子著)　アルク　2001.12　231p
◇悲しみの精神史　(山折哲雄著)　PHP研究所　2002.1　253p
◇靖国神社―そこに祀られている人びと　(板倉聖宣、重弘忠晴著)　仮説社　2002.7　60p　(ミニ授業書)
◇改革者―私の「代表的日本人」　(大原一三著)　角川書店　2002.8　373p　(角川文庫)
◇明治大帝　(飛鳥井雅道著)　講談社　2002.11　316p　(講談社学術文庫)
◇病いの人間史―明治・大正・昭和　(立川昭二著)　文芸春秋　2002.12　363p　(文春文庫)
◇日本人の漢詩―風雅の過去へ　(石川忠久著)　大修館書店　2003.2　332p
◇やっちゃ場伝―競り人伊勢長日誌　(神田川菜翁著)　江戸青果物研究連合会　2003.4　231p
◇乃木将軍の御生涯とその精神―東京乃木神社御祭神九十年祭記念講演録　(小堀桂一郎著)　乃木神社社務所　2003.4　78p
◇明治・大正・昭和30の「真実」　(三代研究会著)　文芸春秋　2003.8　176p　(文春新書)
◇日露戦争名将伝―人物で読む「激闘の軌跡」　(柘植久慶著)　PHP研究所　2004.3　280p　(PHP文庫)
◇「坂の上の雲」では分からない旅順攻防戦―乃木司令部は無能ではなかった　(別宮暖朗著、兵頭二十八対談)　並木書房　2004.3　291p
◇日露戦争・あの人の「その後」―東郷平八郎、秋山兄弟から敵将ステッセルまで　(日本博学倶楽部著)　PHP研究所　2004.4　285p　(PHP文庫)
◇教科書から消された偉人・隠された賢人―いま明かされる日本史の真実　(濤川栄太著)　イーグルパブリシング　2004.5　249p
◇クリニック・クリティック―私批評宣言　(千葉一幹著)　ミネルヴァ書房　2004.6　275p　(ミネルヴァ評論叢書・文学の在り処)
◇加藤玄智集　第3巻　(加藤玄智著)　クレス出版　2004.6　292,206,44p　(シリーズ日本の宗教学)
◇乃木希典　(福田和也著)　文芸春秋　2004.8　163p
◇乃木希典　増補　復刻版　(宿利重一著)　マツノ書店　2004.11　486,7p
◇東京10000歩ウォーキング―文学と歴史を巡る　No.7　(篭谷典子編

◇著）真珠書院　2005.1　103p
◇精神としての武士道―高次元的伝統回帰への道　（内田順三著）　シーエイチシー　2005.1　279p
◇乃木大将と愛馬『寿号』のエピソード　（〔佐伯友賢〕著）佐伯友賢　2005.1　52p
◇小村寿太郎―近代随一の外交家その剛毅なる魂　（岡田幹彦著）　展転社　2005.2　273p
◇明治天皇と日露戦争―世界を感動せしめた日本武士道　（占部賢志，名越二荒之助，小堀桂一郎，小柳陽太郎，加瀬英明，入江隆則著）明成社　2005.3　240p
◇決定版　司馬史観がわかる本　明治史観編　（北影雄幸著）　白亜書房　2005.5　309p
◇日露戦争　2　（軍事史学会編）　錦正社　2005.6　339p
◇シベリア・グルジア抑留記考―「捕虜」として，「抑留者」として（清水昭三著）　彩流社　2005.7　237p
◇明治大正見聞史　改版　（生方敏郎著）　中央公論新社　2005.8　372p（中公文庫BIBLIO）
◇乃木希典―予は諸君の子弟を殺したり　（佐々木英昭著）　ミネルヴァ書房　2005.8　436,7p（ミネルヴァ日本評伝選）
◇栄光の日露戦争　（円道祥之著）　宝島社　2005.9　287p
◇真説　日露戦争　（加来耕三著）　出版芸術社　2005.9　311p
◇乃木将軍揮毫の碑　（中央乃木会編）　中央乃木会　2005.9　246p
◇評伝乃木希典―乃木伝説とその実像　（金本正孝著）〔金本正孝〕　2005.9　387p
◇戦前・戦後の本当のことを教えていただけますか　（兼松学述，加賀谷貢樹記）　PHP研究所　2006.6　213p
◇昭和天皇と帝王学―知られざる人間形成と苦悩　（高瀬広居著）　展望社　2006.6　206p
◇指導力の差　（渡部昇一著）　ワック　2006.6　255p（WAC BUNKO）
◇麦酒伝来―森鷗外とドイツビール　（村上満著）　創元社　2006.7　314p
◇図解　指導力の研究―人を動かす情報力・根回し・統率力はこうして磨け！　（渡部昇一著）　PHP研究所　2006.8　103p
◇天皇百話　上の巻　（鶴見俊輔，中川六平編）　筑摩書房　2006.10　782p（ちくま文庫）
◇図解　あの軍人の「意外な結末」　（日本博学倶楽部著）　PHP研究所　2007.2　95p
◇芥川竜之介の夢―「海軍機関学校」若い英語教官の日　（清水昭三著）原書房　2007.3　270p
◇明治天皇　4　（ドナルド・キーン著，角地幸男訳）　新潮社　2007.5　501p　（新潮文庫）
◇司馬遼太郎　歴史のなかの邂逅―ある明治の庶民　4　（司馬遼太郎著）中央公論新社　2007.7　394p
◇軍神―近代日本が生んだ「英雄」たちの軌跡　（山室建徳著）　中央公論新社　2007.7　356p（中公新書）
◇乃木希典　（福田和也著）　文芸春秋　2007.8　169p（文春文庫）
◇左千夫歌集　（永塚功著，久保田淳監修）　明治書院　2008.2　540p（和歌文学大系）
◇夏目漱石と個人主義―"自律"の個人主義から"他律"の個人主義へ（亀山佳明著）　新曜社　2008.2　290p
◇風よ波よ―柳川が生んだ元勲・曽我祐準伝　（田中省三著）　海鳥社　2008.4　230p
◇植民地帝国人物叢書　2　台湾編　2　（谷ヶ城秀吉編）　ゆまに書房　2008.6　212,6p
◇乃木希典の死生観　（宮本誉士）『神道と生命倫理』（神道文化会編）弘文堂　2008.7　p77
◇山川健次郎と乃木希典―「信」を第一とした会津と長州の武士道（笠井尚著）　長崎出版　2008.8　415p
◇大塩平八郎と陽明学　（森田康夫著）　和泉書院　2008.9　389p　（日本史研究叢刊）
◇西郷隆盛と乃木希典は本当に英雄だったか―教科書にのっていない明治の歴史おもしろ100話　（楠木誠一郎著）　有楽出版社　2008.11　213p（ゆうらくBooks）
◇歴代陸軍大将全覧　明治篇　（半藤一利，横山恵一，秦郁彦，原剛著）　中央公論新社　2009.1　273,25p（中公新書ラクレ）
◇明日に続く道―吉田松陰から安倍晋三へ　（岡島茂雄著）　高木書房　2009.3　223p
◇『坂の上の雲』もうひとつの読み方　（塩沢実信著）　北辰堂出版　2009.11　359p
◇『坂の上の雲』まるわかり人物烈伝　（明治「時代と人物」研究会編著）　徳間書店　2009.11　455p　（徳間文庫）

【雑　誌】
◇特集・日露の激戦　第三軍司令官乃木希典の死生　（戸川幸夫）「歴史と人物」　10（5）1980.5
◇乃木殉死をめぐる文学―鷗外・漱石たち　（小瀬千恵子）「論究日本文学（立命館大）」　43　1980.5
◇新発見！乃木将軍の生母の墓　（前川和彦）「歴史読本」　26（2）1981.2
◇乃木将軍と御前酒　（中島まさし）「経済往来」　33（2）1981.2
◇乃木希典と旅順の戦い（特集・日露戦争―統一）　（黄栄昌）「軍事史学」　16（4）1981.3
◇乃木殉死の陥穽（戦争とジャーナリズム（8））　（茶本繁正）「現代の眼」　22（5）1981.5
◇静寂（しじま）の声―乃木希典夫人の生涯　（渡辺淳一）「文芸春秋」60（1）1982.1
◇静寂の声―乃木希典夫人の生涯（2）　（渡辺淳一）「文芸春秋」　60（2）1982.2
◇静寂の声―乃木希典夫人の生涯（3）　（渡辺淳一）「文芸春秋」　60（3）1982.3
◇静寂の声―乃木希典夫人の生涯（4）　（渡辺淳一）「文芸春秋」　60（4）1982.4
◇静寂の声―乃木希典夫人の生涯（5）　（渡辺淳一）「文芸春秋」　60（6）1982.5
◇静寂の声―乃木希典夫人の生涯（6）　（渡辺淳一）「文芸春秋」　60（7）1982.6
◇静寂の声―乃木希典夫人の生涯（7）　（渡辺淳一）「文芸春秋」　60（8）1982.7
◇静寂の声―乃木希典夫人の生涯（8）　（渡辺淳一）「文芸春秋」　60（9）1982.8
◇乃木希典　軍旗を失う（特集・西郷隆盛と西南の役）　（建部常生）「歴史と人物」　12（8）1982.8
◇静寂の声―乃木希典夫人の生涯（9）　（渡辺淳一）「文芸春秋」　60（10）1982.9
◇静寂の声―乃木希典夫人の生涯（10）　（渡辺淳一）「文芸春秋」　60（12）1982.10
◇静寂の声―乃木希典夫人の生涯（11）　（渡辺淳一）「文芸春秋」　60（13）1982.11
◇もののふの道　文学にみる武士道の歴史（52）武士道終焉　（高橋富雄）「武道」　193　1982.12
◇静寂の声―乃木希典夫人の生涯（12）　（渡辺淳一）「文芸春秋」　60（14）1982.12
◇乃木希典の絶家思想と養子否定論　（井戸田博史）「日本法政学会法政論叢」　19　1983
◇静寂の声―乃木希典夫人の生涯（13）　（渡辺淳一）「文芸春秋」　61（1）1983.1
◇静寂の声―乃木希典夫人の生涯（14）　（渡辺淳一）「文芸春秋」　61（2）1983.2
◇静寂の声―乃木希典夫人の生涯（15）　（渡辺淳一）「文芸春秋」　61（3）1983.3
◇名古屋時代の乃木希典　（水谷盛光）「郷土文化」　37（2）1983.3
◇静寂の声―乃木希典夫人の生涯（16）　（渡辺淳一）「文芸春秋」　61（4）1983.4
◇静寂の声―乃木希典夫人の生涯（17）　（渡辺淳一）「文芸春秋」　61（5）1983.5
◇乃木伯爵家絶家再興の経緯について　（井戸田博史）「日本文化史研究」　5　1983.5
◇静寂の声―乃木希典夫人の生涯（18）　（渡辺淳一）「文芸春秋」　61（6）1983.6
◇静寂の声―乃木希典夫人の生涯（19）　（渡辺淳一）「文芸春秋」　61（7）1983.7
◇静寂の声―乃木希典夫人の生涯（20）　（渡辺淳一）「文芸春秋」　61（8）1983.8
◇静寂の声―乃木希典夫人の生涯（21）　（渡辺淳一）「文芸春秋」　61（10）1983.9
◇静寂の声―乃木希典夫人の生涯（22）　（渡辺淳一）「文芸春秋」　61（11）1983.10
◇静寂の声―乃木希典夫人の生涯（23）　（渡辺淳一）「文芸春秋」　61（12）1983.11
◇静寂の声―乃木希典夫人の生涯（24）　（渡辺淳一）「文芸春秋」　61（13）1983.12
◇鷗外と乃木大将（鷗外をめぐる人物群像）　（松島栄一）「国文学解釈と鑑賞」　49（2）1984.1
◇静寂の声―乃木希典夫人の生涯〔25〕　（渡辺淳一）「文芸春秋」　62（1）1984.1
◇静寂の声―乃木希典夫人の生涯〔26〕　（渡辺淳一）「文芸春秋」　62（2）1984.2
◇静寂の声―乃木希典夫人の生涯〔27〕　（渡辺淳一）「文芸春秋」　62（3）1984.3
◇静寂の声―乃木希典夫人の生涯〔28〕　（渡辺淳一）「文芸春秋」　62（4）1984.4
◇二十世紀の武士道―乃木希典自刃の波紋　（菅原克也）「比較文学研究」　45　1984.4
◇静寂の声―乃木希典夫人の生涯〔29〕　（渡辺淳一）「文芸春秋」　62

◇（5）1984.5
◇しみじみ日本乃木大将（近代伝記劇＜特集＞）（三田純市）「悲劇喜劇」37（5）1984.5
◇静寂の声―乃木希典夫人の生涯〔30〕（渡辺淳一）「文芸春秋」62（6）1984.6
◇静寂の声―乃木希典夫人の生涯〔31〕（渡辺淳一）「文芸春秋」62（8）1984.7
◇乃木希典VSマッカーサー（特集・名将の器）（佐々克明）「will」3（8）1984.8
◇攻撃と防寒―乃木将軍は"愚将"か（現代と戦略〔8〕）（永井陽之助）「文芸春秋」62（9）1984.8
◇静寂の声―乃木希典夫人の生涯〔32〕（渡辺淳一）「文芸春秋」62（9）1984.8
◇現代と戦略（8）攻撃と防寒―乃木将軍は"愚将"か（永井陽之助）「文芸春秋」62（9）1984.8
◇静寂の声―乃木希典夫人の生涯〔33〕（渡辺淳一）「文芸春秋」62（10）1984.9
◇静寂の声―乃木希典夫人の生涯〔34〕（渡辺淳一）「文芸春秋」62（11）1984.10
◇静寂の声―乃木希典夫人の生涯〔35〕（渡辺淳一）「文芸春秋」62（12）1984.11
◇鷗外と漱石―乃木希典の「殉死」をめぐる2つの文学（西成彦）「比較文学」28 1985
◇ドキュメント・天皇の学校―東宮御学問所物語〔13〕（大竹秀一）「正論」161 1986.2
◇乃木将軍殉死と明治の時代（上）（小林敏男）「鹿児島短期大学研究紀要」37 1986.3
◇乃木伯爵家再興問題に関する資料集成 「帝塚山短期大学紀要 人文・社会科学編」23 1986.8
◇陸軍大将・乃木希典―旅順攻略の肉弾戦（日本陸海軍のリーダー総覧）（古川薫）「歴史と旅」13（13）1986.9
◇乃木将軍殉死と明治の時代（下）（小林敏男）「鹿児島短期大学研究紀要」38 1986.10
◇小倉時代の乃木と森鷗外―その相違と共通点（森田定治）「西日本文化」227 1986.12
◇乃木殉死―その近代文学史への残響（山田輝彦）「九州女子大学紀要」22（1）1987.3
◇和魂の人・乃木希典（芦原節子）「日本及日本人」1586 1987.4
◇乃木・ステッセル両将軍の水師営会見に同席した一参謀の記録（目撃者が語る日本史の決定的瞬間）「歴史読本」32（17）1987.8
◇乃木希典と軍旗（特集 田原坂の謎）（日吉憲城）「歴史研究」320 1987.12
◇乃木将軍日記（佐野駿一）「歴史研究」323 1988.3
◇旅順戦と乃木希典―勝典,保典の戦死（芦原節子）「日本及日本人」1592 1988.10
◇激論・大東亜戦争への道（対談）（中村粲,秦郁彦）「諸君！」22（3）1991.3
◇乃木希典の殉死、時代に裏切られた「誠忠」から発した武人の行為―西南戦争では軍旗を奪われ、203高地では多くの戦死者を出したにもかかわらず、天皇の寵愛は（特集・明治天皇―こうして現代日本への道は開かれた）（豊田穣）「プレジデント」29（3）1991.3
◇石樵・乃木希典の漢詩（1）「立斜陽」と「夕陽蒼」（諸井耕二）「宇部短期大学学術報告」30 1993.7
◇石樵・乃木希典の漢詩（2）そのテキストをめぐって（諸井耕二）「宇部国文研究（宇部短期大学）」21 1993.8
◇乃木石樵の漢詩（石川忠久）「二松学舎大学人文論叢」51 1993.10
◇「血沸き肉躍る」名文編（3）（忘れられた名文たち（74））（鴨下信一）「諸君！」26（2）1994.2
◇消えゆくサムライ日本（2）日露戦争までの士魂健やか―東郷・乃木将軍らにみる「指揮と勇気と組織」は武士道の遺産（勝部真長）「日本及日本人」1614 1994.4
◇石樵・乃木希典の漢詩（3）雑誌『百花欄』との係わりから（諸井耕二）「学術報告（宇部短期大学）」31 1994.7
◇石樵・乃木希典の漢詩（4）孤劍飄然,乃木の来たる（諸井耕二）「宇部国文研究（宇部短期大学）」25 1994.10
◇乃木希典と明治の終り（地ひらく石原莞爾と昭和の夢〔6〕）（福田和也）「諸君！」27（11）1995.11 p217～225
◇石樵・乃木希典の漢詩（6）「旅順惨殺事件」など（諸井耕二）「宇部短期大学学術報告」29 1996.1 p1～5
◇石樵 乃木希典の漢詩（五）―遼東・金州を巡る人たち（諸井耕二）「宇部国文研究」宇部短期大学国語国文学研究室 第27号 1996.3 p27～55
◇乃木将軍の文藻（渡辺三男）「駒沢国文」駒沢大学国文学会 34 1997.2 p21～54
◇石樵乃木希典の漢詩（七）―師・結城香崖のことなど（諸井耕二）「宇部国文研究」宇部短期大学国語国文学研究室 第28号 1997.3 p31～62
◇乃木希典―大君のみあとしたひて我はゆくなり（特集・幕末明治人物

臨終の言葉―近代の夜明けを駆けぬけた44人の人生決別の辞 英傑死してことばを遺す）（一坂太郎、稲川明雄、今川徳三、井門寛、宇都宮泰長、河倉敦、木村幸比古、祖田浩一、高野澄、高橋和彦、畑山博、三谷茉沙夫、百瀬明治、山村竜也）「歴史と旅」24（7）1997.5 p128～129
◇歴史のクロスロード―5―乃木将軍とアタテュルクそして地域文化研究（山内昌之）「本の旅人」角川書店 3（8）1997.8 p64～67
◇乃木希典―連帯旗喪失事件と田原坂の血戦（特集・西南戦争120年目の真実―時空を超えて甦る戦争と人間の鮮烈なドラマ）（岩井護）「歴史と旅」24（15）1997.10 p64～69
◇鷗外と乃木希典・山県有朋（特集：森鷗外を読むための研究事典）（須田喜代次）「國文學 解釈と教材の研究」学灯社 43（1）1998.1 p54～55
◇『香崖詩鈔』をめぐって―阪谷朗廬、長梅外、乃木希典（諸井耕二）「宇部国文研究」宇部短期大学国語国文学研究室 第29号 1998.3 p73～102
◇名こそ惜しめ（葭の髄から〔16〕）（阿川弘之）「文芸春秋」76（8）1998.8 p77～78
◇乃木希典の秘められた同性愛―『乃木日記』の克明な日録にさりげなく書き記された妹の夫との密会交情（梶野満）「歴史と旅」26（1）1999.1 p256～265
◇明治天皇と乃木希典（田所泰夫）「在野史論」歴研 7 1999.2 p481～486
◇乃木将軍の手紙の書（増田孝）「日本古書通信」日本古書通信社 64（3）1999.3 p4～7
◇乃木希典とナルシシズム―父への恐怖と母への恨みを癒しがたく育った乃木の肥大化した自己愛とは（梶野満）「歴史と旅」26（7）1999.5 p268～276
◇乃木希典とドイツ語日記―聖人伝説に彩られる乃木の日記に記録されていた遊興に逸脱した日日の痕跡（梶野満）「歴史と旅」26（15）1999.10 p266～275
◇オヤッ‼旧乃木邸（縮緬雑魚の休日〔109〕）（鈴木義司）「正論」331 2000.3 p154～155
◇乃木希典の殉死（明治天皇〔62〕）（ドナルド・キーン著、角地幸男訳）「新潮45」19（3）2000.3 p255～269
◇華族になりたい！―一代華族の再興 伯爵新乃木家幻の20年（特集・まぼろしの名家 華族80年の栄枯盛衰―華族とは何か、その存在意義と波瀾万丈のドラマ）（梶野満）「歴史と旅」27（6）2000.4 p54～57
◇リーダーの決断・児玉源太郎と日露戦争―陸軍の相克を収め、乃木将軍をも操った「知識と果断」（新説は歴史に学ぶ〔14〕）（楠木誠一郎）「プレジデント」38（17）2000.10.2 p170～175
◇森鷗外・井上哲次郎・乃木希典―三者の関係（宮本盛太郎）「社会システム研究」京都大学大学院人間・環境学研究科〔ほか〕4 2001.2 p19～30
◇二人の文豪（漱石・鷗外）と乃木希典―『心』と乃木保典（宮本盛太郎）「日本文化環境論講座紀要」京都大学大学院人間・環境学研究科日本文化環境論講座 3 2001.3 p1～12
◇叙情する乃木希典（悲しみの精神史〔15〕）（山折哲雄）「Voice」279 2001.3 p280～285
◇明治天皇と乃木希典―国家創生の大君によせるひたぶるなる心（特集・Meiji the Great 明治天皇というふ人。）（大浜徹也）「歴史と旅」28（12）2001.12 p52～57
◇特別企画・私が選んだ日本を代表する九人の改革者〔下〕（大原一三）「月刊自由民主」585 2001.12 p57～67
◇日本漢詩の名作を読む―山陽・竹外・乃木将軍（大特集 日本人の好きな漢詩―読者が選ぶ究極の漢詩名作選）（池沢一郎）「月刊しにか」大修館書店 13（11）2002.10 p71～77
◇乃木将軍の忍耐力が日本を救った 日露戦史「二〇三高地論争」の教訓（小林台三）「正論」365 2002.12 臨時増刊（明治天皇とその時代）p270～290
◇畏友 森林太郎と乃木希典が遺した「日露戦役忠魂碑」（宮田忠郎）「鷗外」森鷗外記念会 74 2004.2 p55～78
◇著者に聞く 乃木が背負った「明治」の矛盾と宿命（福田和也）「本の話」文芸春秋 10（9）2004.9 p34～37
◇乃木希典における文学―日露戦争と漢詩というジャンル（小特集「日露戦争と近代の記憶」）（真銅正宏）「同志社国文学」同志社大学国文学会 61 2004.11 p399～408
◇MEDICAL ESSAYS 検証 乃木希典（1）（大坪雄三）「日本医事新報」日本医事新報社 4206 2004.12.4 p41～43
◇MEDICAL ESSAYS 検証 乃木希典（2）（大坪雄三）「日本医事新報」日本医事新報社 4207 2004.12.11 p45～47
◇MEDICAL ESSAYS 検証 乃木希典（3）（大坪雄三）「日本医事新報」日本医事新報社 4208 2004.12.18 p45～47
◇MEDICAL ESSAYS 検証 乃木希典（4―完）（大坪雄三）「日本医事新報」日本医事新報社 4209 2004.12.25 p43～46
◇『坂の上の雲』を読む（5）乃木将軍と鉄道改軌（関川夏央）「文學界」文芸春秋 59（5）2005.5 p216～229
◇日露戦争と仏教思想―乃木将軍と太田覚眠の邂逅をめぐって（日露戦

争一〇〇周年・軍事史学会四〇周年記念号 日露戦争（2）戦いの諸相と遺産―第二篇 戦争と社会）（松本郁子）「軍事史学」錦正社 41(1・2) 2005.6 p184〜200
◇西行と啄木のざわめく魂(『歌』の精神史〔7〕)（山折哲雄）「中央公論」中央公論新社 120(11) 2005.11 p288〜295
◇庭に一本棗の木(特集・日本人の美学)（関川夏央）「文芸春秋」文芸春秋 84(10) 2006.8 臨時増刊号(私が愛する日本) p58〜59
◇明治天皇という人(2)天皇と乃木希典の関係（松本健一）「本の時間」毎日新聞社 3(6) 2008.6 p36〜47
◇昭和史の大河を往く(第112回)第9部 華族たちの昭和史(3)乃木、山梨勝之進、大河入身の歴代学習院院長たち（保阪正康）「サンデー毎日」毎日新聞社 87(24) 2008.6.15 p52〜55
◇軍神と名参謀の真実―乃木希典、秋山真之(彼らは「この国」の危機をいかに救ったか？ 司馬遼太郎 日本のリーダーの条件―渾身の大特集)「文芸春秋」文芸春秋 86(8) 2008.7 p145〜151
◇人物考察 乃木希典の毀誉褒貶（古川薫）「月刊自由民主」自由民主党, 千代田永田書房 674 2009.5 p52〜57
◇三島由紀夫と司馬遼太郎(第11回)陽明学―松陰と乃木希典(上)（松本健一）「波」新潮社 43(8) 2009.8 p28〜33
◇三島由紀夫と司馬遼太郎(第12回)陽明学―松陰と乃木希典(中)（松本健一）「波」新潮社 43(9) 2009.9 p58〜63
◇三島由紀夫と司馬遼太郎(第13回)陽明学―松陰と乃木希典(下)（松本健一）「波」新潮社 43(10) 2009.10 p98〜103

野田卯太郎 のだうたろう 1853〜1927
明治, 大正期の政治家, 実業家。三井紡績社長。
【図 書】
◇秀村選三先生御退官記念論文集『西南地域の史的展開』近代篇（西南地域史研究会編）文真閣出版 1988.1
◇野田大塊伝―伝記・野田卯太郎（坂口二郎著）大空社 1995.6 892,5p（伝記叢書）
【雑 誌】
◇桂園時代の野田卯太郎（季武嘉也）「創価大学人文論集」3 1991.3
◇忘れがたき政治家(60)野田卯太郎＝豆腐屋稼業から大臣へ―「大塊」と号した巨漢、大食漢（渡邊行男）「月刊自由民主」自由民主党 642 2006.9 p94〜100

野津道貫 のづみちつら 1841〜1908
明治期の陸軍軍人。元帥, 侯爵。
【図 書】
◇歴代陸軍大将全覧 明治篇（半藤一利, 横山恵一, 秦郁彦, 原剛著）中央公論新社 2009.1 273,25p（中公新書ラクレ）
【雑 誌】
◇元帥・陸軍大将・野津道貫―奉天大会戦の演出者(日本陸海軍のリーダー総覧)（関口甫四郎）「歴史と旅」13(13) 1986.9

野村靖 のむらやすし 1842〜1909
幕末, 明治期の政治家。子爵, 内務大臣, 通信大臣。
【図 書】
◇幕末維新名士書簡集 李家文書（李家正文編）木耳社 1981.11
◇追懐録（野村靖著）マツノ書店 1999.8 1冊（維新回顧録叢書）
◇野村靖の地方制度論（大湖賢一）『近代京浜社会の形成―京浜歴史科学研究会創立二〇周年記念論集』（京浜歴史科学研究会編）岩田書院 2004.12 p185
【雑 誌】
◇歴史手帳 野村靖内相の憂鬱（村瀬信一）「日本歴史」吉川弘文館 630 2000.11 p73〜76

パークス, H. Parkes, Sir Harry Smith 1828〜1885
イギリスの外交官。駐日全権公使として1865年来日。
【図 書】
◇薩英戦争―遠い崖 アーネスト・サトウ日記抄 2（萩原延寿著）朝日新聞社 1998.10 386p
◇遠い崖―アーネスト・サトウ日記抄 3（萩原延寿著）朝日新聞社 1999.3 345p
◇遠い崖―アーネスト・サトウ日記抄 6（萩原延寿著）朝日新聞社 1999.10 322p
◇遠い崖―アーネスト・サトウ日記抄 7（萩原延寿著）朝日新聞社 2000.1 345p
◇日本奥地紀行（イザベラ・バード著, 高梨健吉訳）平凡社 2000.2 529p（平凡社ライブラリー）
◇英国と日本―日英交流人物列伝（イアン・ニッシュ編, 日英文化交流研究会訳）博文館新社 2002.9 424,16p
◇坂本龍馬のすべてがわかる本―敵も味方も惚れぬいた"さわやかな男"（風巻紘一著）三笠書房 2004.4 298p（知的生きかた文庫）
◇開国と治外法権―領事裁判制度の運用とマリア・ルス号事件（森田朋子著）吉川弘文館 2005.1 332p
◇薩英戦争―遠い崖 アーネスト・サトウ日記抄 2（萩原延寿著）朝日新聞社 2007.10 436p（朝日文庫）
◇坂本龍馬のすべてがわかる本―敵さえも味方につけた男のすごさ（風巻紘一著）三笠書房 2009.12 349p（知的生きかた文庫）
【雑 誌】
◇神戸英国領事館関係文書目録稿―付, サー・ハリー・パークス書簡（原田信男他）「札幌大学女子短期大学部紀要」14(三上日出夫・秋田俊一教授定年退職記念号) 1989.9
◇大隈の迫力（三好徹）「現代」24(12) 1990.12
◇イギリス公使パークスと幕末の日本(1〜20・完)（飯田鼎）「書斎の窓」401〜420 1991.1・2〜92.12
◇幕末維新を演出した外国人―パークスとロッシュ(特集・黒船の世紀 日本開国秘史―押し寄せる跫音！かくて近代の扉は開かれた)（泉秀樹）「歴史と旅」23(16) 1996.11 p136〜141
◇パークスVSロッシュ―新政府、幕府支援の英仏代理戦争(政治編)（木村幸比古）「歴史と旅」23(17) 1996.11.10 臨増(日本史ライバル総覧) p184〜187
◇駐日公使ハリー・S・パークスの墓（宮永孝）「社会労働研究」法政大学社会学部学会 44(3・4) 1998.3 p199〜220
◇サー・ハリー・パークスと華夷秩序―イギリスと中国・朝鮮の宗属関係（小林隆夫）「中京大学教養論叢」中京大学教養部 43(2) 2002 p221〜243

箱田六輔 はこだろくすけ 1850〜1888
明治期の自由民権家。
【図 書】
◇玄洋社発掘―もうひとつの自由民権（石滝豊美）西日本新聞社 1981.6
【雑 誌】
◇箱田六輔と丸山作楽―共愛会憲法草案をめぐる歴史のひとコマ（石滝豊美）「県史だより(福岡県地域史研究所)」3 1981.12
◇二人の六輔(エッセイ・心に残る人びと)（永六輔）「ノーサイド」5(3) 1995.3 p96〜97

橋本左内 はしもとさない 1834〜1859
幕末の越前福井藩士, 改革論者。緒方洪庵に入門。
【図 書】
◇列伝・青春の死―白鳳から大正まで（よこみつる編著）栄光出版社 1980.11
◇歴史に学ぶ（奈良本辰也）潮出版社 1981.6
◇啓発録 付書簡・意見書・漢詩（橋本左内著, 伴五十嗣郎訳注）講談社 1982.7（講談社学術文庫）
◇啓発録 増補再訂版(福井市立郷土歴史博物館史料叢書 1)（橋本左内）福井市立郷土歴史博物館 1982.7
◇日本の近代化と維新（今中寛司編）ぺりかん社 1982.9
◇幕末政治思想史研究 改訂増補（山口宗之）ぺりかん社 1982.11
◇人物探訪日本の歴史 15 幕末の英傑 暁教育図書 1982.12
◇ナンバー2の経営学―諸藩名家老に学ぶ（鈴木亨）日本文芸社 1983.5
◇古典大系日本の指導理念 3 公道の根本 3 近代日本への模索の方法（源了円ほか編纂）第一法規出版 1983.7
◇幕末維新の思想家たち（山田洸）青木書店 1983.12
◇医学史話 杉田玄白から福沢諭吉（藤野恒三郎著）菜根出版 1984.1
◇橋本景岳先生の生涯―生誕150年記念図録（福井市立郷土歴史博物館編）福井市立郷土歴史博物館 1985.3
◇橋本景岳先生の生涯―生誕150年記念図録（福井市立郷土歴史博物館編）福井市郷土歴史博物館 1985.3
◇橋本左内(人物叢書 新装版)（山口宗之著）吉川弘文館 1985.12
◇「適塾」の研究 なぜ逸材が輩出したのか（百瀬明治）PHP研究所 1986.1
◇目でみる日本史 維新の青春群像(文春文庫)（小西四郎編）文芸春秋 1986.4
◇危機の行動力―幕末人物新研究(リキトミブックス〈20〉)（会田雄次, 百瀬明治著）力富書房 1986.5
◇佐幕派論議（大久保利謙著）吉川弘文館 1986.5
◇橋本左内事迹（中根雪江筆）福井市立郷土歴史博物館 1987.3（福井市立郷土歴史博物館史料叢書 5）
◇西郷隆盛―人望あるリーダーの条件（山本七平, 毛利敏彦, 野中敬吾他文）世界文化社 1987.3（BIGMANビジネスブックス）
◇橋本左内（白崎昭一郎著）毎日新聞社 1988.5
◇橋本左内言行録（山田秋甫）安田書店 1988.8
◇武士道の復活（平泉澄著）錦正社 1988.10
◇係長の智慧〈1〉係長こそ現場の主権者だ（童門冬二著）ぎょうせい 1989.5
◇「適塾」の研究―なぜ逸材が輩出したのか（百瀬明治著）PHP研究所 1989.11（PHP文庫）
◇江戸期の開明思想―世界へ開く・近代を耕す（杉浦明平, 別所興一編

著）　社会評論社　1990.6　（思想の海へ「解放と変革」）
◇全国の伝承 江戸時代 人づくり風土記―ふるさとの人と知恵〈18〉福井　（加藤秀俊，谷川健一，稲垣史生，石川松太郎，吉田豊編）　農山漁村文化協会　1990.6
◇近代における熊本・日本・アジア　（熊本近代史研〔編〕）　熊本近代史研　1991.10
◇現代社会の諸相　（前田繁一編）　（京都）晃洋書房　1992.6
◇先哲を仰ぐ　普及版　（平泉澄著）　錦正社　1998.9　567p
◇幕末維新・群像の死に際　（合田一道著）　小学館　1998.10　303p　（小学館ライブラリー）
◇日本人の死生観―時代のヒーローたちのみごとな生きざま死にざま　（志村有弘著）　ニュートンプレス　1998.11　278p　（ニュートンプレス選書）
◇横井小楠―その思想と行動　（三上一夫著）　吉川弘文館　1999.3　218p　（歴史文化ライブラリー）
◇松平春岳のすべて　（三上一夫，舟沢茂樹編）　新人物往来社　1999.12　274p
◇啓発録―英改訳書　（橋本左内著，紺野大介訳）　錦正社　1999.12　110枚
◇麒麟橋本左内　（岳真也著）　学習研究社　2000.12　526p　（学研M文庫）
◇由利公正のすべて　（三上一夫，舟沢茂樹編）　新人物往来社　2001.5　244p
◇「福井県関係漢詩集，橋本左内，橘曙覧」文献資料の研究　福井大学　2003.3　83p
◇戦略型読書指南―先人の書に学んで、思考回路を鍛える　（三上武久著）　碧天舎　2003.5　367p
◇君よ、志を持って生きてみないか―橋本左内『啓発録』を読む　（石川洋著）　致知出版社　2005.2　206p
◇啓発録―英改訳書　縮刷改訂版　（橋本左内著，紺野大介訳）　錦正社　2005.7　126p
◇日本怨霊紀行　（宗優子著）　英知出版　2006.9　251p　（英知文庫）
◇道徳の教科書・実践編―「善く生きる」ことの大切さをどう教えるか　（渡辺毅著）　PHP研究所　2007.8　249p
◇義塾の原点　上　（童門冬二著，関戸勇写真）　リブロアルテ　2008.7　251p
◇橋本左内と弟綱常―平成20年夏季特別陳列　（福井市立郷土歴史博物館編）　福井市立郷土歴史博物館　2008.7　34p
◇橋本左内と安政の大獄―平成二十一年企画展　（福井市立郷土歴史博物館編）　福井市立郷土歴史博物館　2009.8　41p
◇幕末維新「英傑」たちの言い分―坂本龍馬から相楽総三まで　（岳真也著）　PHP研究所　2009.10　391p　（PHP文庫）
◇橋本左内と小塚原の仕置場―平成21年度荒川ふるさと文化館企画展　（荒川区教育委員会，荒川区立荒川ふるさと文化館編）　荒川区教育委員会　2009.10　111p
◇「アラサー」が変えた幕末―時代を動かした若き志士たち　（渡辺大門著）　毎日コミュニケーションズ　2009.11　199p　（マイコミ新書）
【雑　誌】
◇橋本左内の政治運動―将軍継嗣問題を中心として　（清水雅寛）「政治経済史学」　169　1980.6
◇橋本左内覚之書　（白崎昭一郎）「若越郷土研究」　33（1）　1988.1
◇松平春岳と橋本左内 斉彬に与えられた「人間の絆」―彼らとの交際は「悲憤慷慨の士」からの脱却の契機となった（特集・西郷隆盛の人間関係学）「プレジデント」　28（2）　1990.2
◇重い歴史の虚像への歎称―幕末国際社会の先覚者・橋本左内　（今中寛司）「日本と日本人」　1599　1990.7
◇橋本景岳（左内）の別号「桜花晴暉楼」について（上）　（伴五十嗣郎）「皇學館大学神道研究所所報」　45　1993.7
◇橋本左内―斬りたいというなら、よし、斬ればよかろう（特集・幕末明治人物最終の言葉―近代の夜明けを駆けぬけた44人の人生決別の辞 英傑死してことばを遺す）　（一坂太郎，稲川明雄，今川徳三，井門寛，宇都宮泰長，河合敦，木村幸比古，祖田浩一，高野澄，高橋和彦，畑山博，三坂祐沙夫，百瀬明治，山村竜也）「歴史と旅」　24（7）　1997.5　p42～43
◇『啓発録』に見る橋本左内の忠孝観　（前川正名）「国学院中国学会報」　国学院大学中国学会　47　2001.12　p58～67
◇橋本左内作「鷹巣山懐古、弔烈将軍」小考　（前川幸ün）「国語国文学」　福井大学言語文化学会　44　2005.3　p19～30
◇英雄評伝 科学史の風雲児たち（34）橋本左内―政治に殉じた天才蘭医　（金子務）「歴史読本」　新人物往来社　50（10）　2005.10　p220～223
◇橋本左内作「謁新田墓、弔源左將公」考（特集 中国学の現在―日本漢文学・比較文学）　（前川幸一）「國學院雜誌」　國學院大學綜合企画部　106（11）　2005.11　p417～429
◇橋本左内の旅日記　（山口宗之）「史料」　皇學館大學史料編纂所　200　2005.12.10　p1～9
◇博物館資料に見る橋本左内（平成18年度忠震会・設楽原をまもる会合同総会記念講演会）　（西村之之）「設楽原歴史資料館研究紀要」　新城市設楽原歴史資料館　第11号　2007.3　p1～8

◇甦る歴史のいのち（86）橋本左内覚書（上）「立志」の周辺　（占部賢志）「祖国と青年」　日本協議会　371　2009.8　p68～73
◇甦る歴史のいのち（87）橋本左内覚書（下）「池中の蛟龍」と呼ばれた人　（占部賢志）「祖国と青年」　日本協議会　372　2009.9　p74～79
◇橋本景岳より母堂あて自筆書簡〔含 橋本景岳（左内）略年譜〕　（所功）「藝林」　藝林会　58（2）　2009.10　p176～194

長谷川昭道　はせがわあきみち　1815～1897
幕末，明治期の松代藩士。
【図　書】
◇近代知識人の天皇論　（石田圭介編著）　日本教文社　1987.3
【雑　誌】
◇王政復古期の教育と伝統主義―長谷川昭道の皇学を中心として　（沖田行司）「人文学（同志社大）」　139　1983.9
◇幕末国学における洋学受容の一形態―長谷川昭道の場合―　（沖田行司）「同志社大学文化学年報」　33　1984.3

長谷川宗右衛門　はせがわそうえもん　1803～1870
幕末，明治期の讃岐高松藩士。
【図　書】
◇讃岐人物風景 9 幕末から維新へ　（四国新聞社編）　大和学芸図書　1982.11
【雑　誌】
◇堀越に潜伏した幕末勤皇の志士長谷川宗右衛門　（武田彦左衛門）「伊那」　686　1985.7

長谷川好道　はせがわよしみち　1850～1924
明治，大正期の陸軍軍人。大将，元帥。
【図　書】
◇日露戦争名将伝―人物で読む「激闘の軌跡」　（柘植久慶著）　PHP研究所　2004.3　280p　（PHP文庫）

蜂須賀斉裕　はちすかなりひろ　1821～1868
幕末の大名。阿波徳島藩主。
【雑　誌】
◇公議政体派・徳島藩 覚書―蜂須賀斉裕から茂韶へ　（松本博）「凌霄」　四国大学　15　2008.3　p1～13

蜂須賀茂韶　はちすかもちあき　1846～1918
幕末，明治期の政治家。侯爵，元老院議官，文部大臣。
【雑　誌】
◇阿波徳島藩―蜂須賀茂韶（幕末維新最後の藩主285人）　（松本博）「別冊歴史読本（伝記シリーズ）」　20　1981.6

鳩山和夫　はとやまかずお　1856～1911
明治期の政治家，弁護士。外務大臣，法学博士。
【図　書】
◇雑学 明治珍聞録　（西沢爽著）　文芸春秋　1987.11　（文春文庫）
◇父の映像　（犬養健ほか著）　筑摩書房　1988.3　（筑摩叢書）
◇鳩山一郎―英才の家系　（豊田穣著）　講談社　1989.2
◇英才の家系―鳩山一郎と鳩山家の人々　（豊田穣著）　講談社　1996.10　696p　（講談社文庫）
◇鳩山一族―誰も書かなかったその内幕　（伊藤博敏著）　ぴいぷる社　1996.12　283p
◇鳩山の一生―伝記・鳩山和夫　（鳩山春子編）　大空社　1997.9　1冊　（伝記叢書）
◇鳩山由紀夫と鳩山家四代　（森省歩著）　中央公論新社　2009.9　186p　（中公新書ラクレ）
【雑　誌】
◇ロー・クラス 現行民法典を創った人びと（8）主査委員（5）鳩山和夫・菊池武夫 外伝（4）日本最初の弁護士　（七戸克彦）「法学セミナー」　日本評論社　54（12）　2009.12　p81～83

花房義質　はなぶさよしもと　1842～1917
明治期の外交官。子爵，日本赤十字社長。
【図　書】
◇日本外交史人物叢書 第1巻　（吉村道男監修）　ゆまに書房　2002.1　6,334p　図版36枚
【雑　誌】
◇明治初期日朝国交不調原因論―外務大丞花房義質「尋交商量渋滞之縁由略」の紹介　（毛利敏彦）「法学雑誌（大阪市立大学法学会）」　38（3・4）　1992.3
◇『アフガン近況論第二』―駐露日本特命全権公使花房義質の報告書　（Svetlana Maltseva）「間谷論集」　日本語日本文化教育研究会編集委員会　3　2009.3　p119～131

馬場辰猪　ばばたつい　1850〜1888
明治期の政治家，民権論者。自由民権思想の啓蒙に努めた。
【図書】
◇青年の風雪　(平尾道雄)　高知新聞社　1981.1　(高新ふるさと文庫 2)
◇日本人の自伝 2 植木枝盛，馬場辰猪.田中正造.玉水常治.松山守善　平凡社　1982.7
◇近代日本思想史序説―「自然」と「社会」の論理　(森一貫著)　晃洋書房　1984.2
◇遠い波濤―土佐自由民権家馬場辰猪アメリカに死す　(永国淳哉著)　青英舎　1984.10
◇手塚豊著作集〈第6巻〉明治刑法史の研究〈下〉　(手塚豊著)　慶応通信　1986.6
◇馬場辰猪　(安永梧郎著)　みすず書房　1987.8　(みすずリプリント)
◇沖縄史料学の方法―近代日本の指標と周辺　(我部政男著)　新泉社　1988.1
◇明治・青春の夢―革新的行動者たちの日記　(嶋岡晨著)　朝日新聞社　1988.7　(朝日選書)
◇馬場辰猪全集〈第4巻〉　(馬場辰猪著)　岩波書店　1988.9
◇日本ジャーナリズム史研究　(西田長寿著)　みすず書房　1989.11
◇いま、帝(ミカド)の国の人権　(上田誠吉著)　花伝社　1989.11
◇民衆の弁護士論　(上田誠吉編著)　花伝社　1992.2
◇明治の国際化を構築した人びと　(小林通，佐藤三武朗，清家茂，高橋公雄，東和敏，吉田克己著)　多賀出版　1992.7
◇植木枝盛―民権青年の自我表現　(米原謙著)　中央公論社　1992.8　(中公新書)
◇馬場辰猪　(萩原延寿著)　中央公論社　1995.6　404p　(中公文庫)
◇法思想の世界　(矢崎光圀著)　埴書院　1996.9　193p　(埴新書)
◇英国と日本―架橋の人びと　(ヒュー・コータッツィ，ゴードン・ダニエルズ編著，横山俊夫解説，大山瑞代訳)　思文閣出版　1998.11　503,68p
◇日本近代思想史序説 明治期前篇 下　(岩崎允胤著)　新日本出版社　2002.6　358,9p
◇福沢諭吉の法思想―視座・実践・影響　(安西敏三，岩谷十郎，森征一編著)　慶應義塾大学出版会　2002.8　349,13p
◇自由の精神　(萩原延寿著)　みすず書房　2003.9　387p
◇福沢諭吉と自由民権運動―自由民権運動と脱亜論　(飯田鼎著)　御茶の水書房　2003.10　315,12p　(飯田鼎著作集)
◇馬場辰猪　(萩原延寿著)　朝日新聞社　2007.11　391p　(萩原延寿集)
◇萩原延寿集 2　(萩原延寿著)　朝日新聞社　2007.12　485p
◇鹿野政直思想史論集 第6巻　(鹿野政直著)　岩波書店　2008.4　434p
◇洋楽紳士：馬場辰猪の『雄弁法』　(橋本満弘)『人・言葉・社会・文化とコミュニケーション』(橋本満弘，畠山均，清水孝子，八尋春海編著)　北樹出版　2008.4　p180
◇近代の再構築―日本政治イデオロギーにおける自然の概念　(ジュリア・アデニー・トーマス著，杉田米行訳)　法政大学出版局　2008.7　328p　(叢書・ウニベルシタス)
◇福沢諭吉伝説　(佐高信著)　角川学芸出版　2008.10　310p
【雑誌】
◇馬場辰猪の"日本語文法"―試訳　(金子尚一)「共立女子短期大学文科紀要」24 1981.2
◇続・馬場辰猪の"日本語文法"　(金子尚一)「共立女子短期大学文科紀要」25 1982.2
◇ある民権家の体験的監獄記―馬場辰猪の青春とたたかい　(上田誠吉)「文化評論」261 1982.12
◇三田政談社及び国友会の結成―馬場辰猪の政治行動を中心として　(沢大洋)「東海大学紀要 政治経済学部」16 1984
◇福沢諭吉と条約改正運動(1)福沢諭吉と馬場辰猪　(飯田鼎)「三田学会雑誌」79(4) 1986.10
◇自由民権運動と小野梓―馬場辰猪の思想との比較　(遠山茂樹)「早稲田大学史紀要」19 1987.3
◇明治初期のイギリス文化摂取2例―馬場辰猪と小野梓(その1)　(高橋公雄)「国際関係研究(日本大学国際関係学部国際関係研究所)」8(1) 1987.7
◇(対談)中江兆民と馬場辰猪　(井田進也，萩原延寿)「図書」460 1987.11
◇外国とふれあった日本人とその日本語研究 馬場辰猪の日本文典初歩(日本語と他言語)(特集)　(金子尚一)「国文学 解釈と鑑賞」53(1) 1988.1
◇森有礼と馬場辰猪の日本語論―「国語」以前の日本語　(イヨンスク)「思想」795 1990.9
◇続 自由民権家の体験的監獄論―馬場辰猪は正しかったか　(上田誠吉)「法と民主主義」253 1990.12
◇ニッポン近代の亡命者たち(亡命と難民)　(川口和正責)「思想の科学」486 1992.2
◇近代日本の政治と知識人―馬場辰猪へのエッセイ　(渡辺茂)「六浦論叢」29・30 1993
◇馬場辰猪の法学啓蒙『商法律概論初編』を手がかりにして(上，下)　(小沢隆司)「早稲田大学 法研論集」66,67 1993.7,9
◇馬場辰猪の社会党論　(松尾貞子)「初期社会主義研究」7 1994.3
◇ロンドン日本学生会と共存同衆　(山下重一)「日本古書通信」59(3) 1994.3
◇自由は国の光かな―自由民権家・馬場辰猪の留学時代　(本田野恵)「アステイオン」39 1996.1　p160〜176
◇福沢諭吉と兆民・辰猪―明治思想史研究序説　(飯田鼎)「近代日本研究」慶応義塾福沢研究センター　第14巻 1998.3　p79〜111
◇講演録 明六社・日本学士院と共存同衆・交詢社―福沢諭吉・小幡篤次郎・馬場辰猪　「近代日本研究」慶應義塾福沢研究センター 22 2005　p229〜265
◇書簡に見る福澤人物誌(10)馬場辰猪―福澤門下の民権家　(川崎勝)「三田評論」慶應義塾　1076 2005.2　p58〜63
◇イギリス留学生伊賀陽太郎book簡に見る日英交流(1)イギリス人家庭教師ハムを中心に　(井上琢智)「経済学論究」関西学院大学経済学部研究会　61(3) 2008.2　p1〜37
◇イギリス留学生伊賀陽太郎book簡に見る日英交流(2)イギリス人家庭教師ハムを中心に　(井上琢智)「経済学論究」関西学院大学経済学部研究会　61(4) 2008.4　p1〜34
◇慶應義塾史跡めぐり(第27回)アメリカに眠る義塾の「亀鑑」―小幡甚三郎と馬場辰猪の墓所　(山内慶太)「三田評論」慶応義塾 1115 2008.8-9　p38〜41

林権助　はやしごんすけ　1860〜1939
明治，大正期の外交官。男爵。
【図書】
◇原敬をめぐる人びと 続　(原奎一郎，山本四郎編)　日本放送出版協会　1982.8　(NHKブックス 419)
◇日本外交史人物叢書 第13巻　(吉村道男監修)　ゆまに書房　2002.12　433p

林董　はやしただす　1850〜1913
明治期の外交官，政治家。外務大臣，伯爵。
【図書】
◇学びの場と人―歴史に残る各地の私塾探訪　(高瀬善夫)　毎日新聞社　1982.1
◇原敬をめぐる人びと 続　(原奎一郎，山本四郎編)　日本放送出版協会　1982.8　(NHKブックス 419)
◇日本のリーダー4 日本外交の旗手　(第二アートセンター編)　ティビーエス・ブリタニカ　1983.6
◇近代日本外交思想史入門―原典で学ぶ17の思想　(関静雄編著)　ミネルヴァ書房　1999.5　310p
◇日露戦争以後の日本外交―パワー・ポリティクスの中の満韓問題　(寺本康俊著)　信山社出版　1999.9　563,14p
◇林董の外交政策に関する研究　(寺本康俊)『日露戦争研究の新視点』(日露戦争研究会編)　成文社　2005.5　p374
◇人物で読む近代日本外交史―大久保利通から広田弘毅まで　(佐道明広，小宮一夫，服部竜二編)　吉川弘文館　2009.1　316p
【雑誌】
◇国学院大学図書館所蔵「林董『日英同盟秘録』稿本」をめぐって　(村島滋)「国学院雑誌」国学院大学出版部　100(7) 1999.7　p47〜60
◇『蹇蹇録』の執筆時期をめぐって―林董宛陸奥宗光書簡　(武内善信)「和歌山市立博物館研究紀要」和歌山市教育委員会 15 2001.3　p31〜40
◇史料解題 外交史料館所蔵「林董関係文書」について　(熊本史雄)「外交史料館報」外務省外交史料館 15 2001.6　p123〜143
◇林董宛陸奥宗光書簡について(その2)　(武内善信)「和歌山市立博物館研究紀要」和歌山市教育委員会 16 2002.3　p13〜21
◇林董宛陸奥宗光書簡について(その3)　(武内善信)「和歌山市立博物館研究紀要」和歌山市教育委員会 17 2003.3　p70〜78
◇明治の開明的外交官林董とハーグ平和会議　(関野昭一)「国学院法学」国学院大学法学会 40(4) 2003.3 p161〜188

林有造　はやしゆうぞう　1842〜1921
明治期の政治家。衆議院議員。
【図書】
◇明治・青春の夢―革新的行動者たちの日記　(嶋岡晨著)　朝日新聞社　1988.7　(朝日選書)
【雑誌】
◇『林有造自歴談』を読む―土佐挙兵計画について　(松岡僖一)「高知大学教育学部研究報告」高知大学教育学部 63 2003.3　p1〜31

原市之進　はらいちのしん　1830～1867
幕末の幕臣。菁莪塾を経営し子弟の教育に当たる。
【図書】
◇さらりーまんで候―"非情"の世界―江戸の管理者　(童門冬二)　日本経済新聞社　1982.10
◇非情の人間管理学　江戸の高級官僚たち(旺文社文庫)　(童門冬二)　旺文社　1986.1
◇原市之進―徳川慶喜のブレーン　(松本佳子)　筑摩書林　1990　(ふるさと文庫)
◇維新暗殺秘録　(平尾道雄著)　河出書房新社　1990.8　(河出文庫)
◇歴史の仕掛人―日本黒幕列伝　(童門冬二著)　読売新聞社　1990.9
◇さらりーまん事情(こころえ)―株式会社江戸幕府　(童門冬二著)　ベストセラーズ　1993.10　(ベストセラーシリーズ・ワニの本)
◇江戸管理社会反骨者列伝　(童門冬二著)　講談社　1998.2　259p　(講談社文庫)
◇幕末に散った男たちの行動学　(童門冬二著)　PHP研究所　2004.2　397p　(PHP文庫)
◇幕末テロリスト列伝　(歴史を旅する会編)　講談社　2004.3　282p　(講談社文庫)
◇原伍軒と『菁莪遺徳碑』　(久野勝弥著)　水戸史学会　2005.4　115p　(水戸の碑文シリーズ)
【雑誌】
◇水戸の幕臣「原市之進」実記　(久野勝弥)「月刊新自由クラブ」5(46)　1981.5
◇原市之進の「南遊日録」(史料紹介(1))　(宇野量介)「地誌と歴史」27・28　1981.11
◇原市之進の「南遊日録」(史料紹介(2))　(宇野量介)「地誌と歴史」29　1982.7
◇天誅に散る慶喜の懐刀―原市之進(特集幕末維新暗殺剣)　(高野澄)「歴史と旅」11(14)　1984.11

ハリス, T.　Harris, Townsend　1804～1878
アメリカの外交官。1856年初代駐日総領事として来日。
【図書】
◇富岳歴覧―外国人の見た富士山　(伏見功)　現代旅行研究所　1982.4
◇下田物語　上　アメリカ総領事ハリスの着任　(スタットラー, 金井円ほか共訳)　社会思想社　1983.1　(現代教養文庫 1072)
◇下田物語　下　総領事ハリスの江戸への旅行　(スタットラー, 金井円ほか共訳)　社会思想社　1983.4　(現代教養文庫 1074)
◇静岡県の歴史　近世編　静岡新聞社　1983.10
◇人物探訪　日本の歴史―17―異郷の人々　暁教育図書　1984.3
◇開国の使者―ハリスとヒュースケン(東西交流叢書〈1〉)　(宮永孝著)　雄松堂出版　1986.2
◇絹のカーテンの陰に―タウンゼンド・ハリス物語　(I・E・レヴィーン著, 佐藤清治訳)　伊豆新聞本社　1986.5
◇日本開国―ペリーとハリスの交渉　(タマリン, アルフレッド著, 浜屋雅軌訳)　高文堂出版社　1986.5
◇平田禿木選集(第4巻・第5巻)英文学エッセイ2, 明治文学評論・随筆　(平田禿木著, 島田謹二, 小川和夫編)　南雲堂　1986.10
◇明治を創った人々―乱世型リーダーのすすめ(講談社文庫)　(利根川裕著)　講談社　1986.11
◇ハリス　(坂田精一著)　吉川弘文館　1987.6　(人物叢書)
◇明治維新対外関係史研究　(犬塚孝明著)　吉川弘文館　1987.7
◇『夜明け前』研究　(鈴木昭一著)　桜楓社　1987.10
◇ペリー来航前後―幕末開国史　(山口宗之著)　ぺりかん社　1988.11
◇江戸の税と通貨―徳川幕府を支えた経済官僚　(佐藤雅美著)　太陽企画出版　1989.2
◇交渉力研究(2)　(藤田忠著)　プレジデント社　1990.3
◇東西文化摩擦―欧米vs.日本の15類型　(小倉和夫著)　中央公論社　1990.11
◇タウンゼント・ハリス　(中西道子)　有隣堂(神奈川)　1992.11
◇タウンゼント・ハリス―幕末の外交にかけた生涯　(中西道子著)　(横浜)有隣堂　1993.1　(有隣新書)
◇19世紀の世界と横浜　(横浜開港資料館・横浜近世史研究会〔編〕)　山川出版社　1993.3
◇ミカドの国の外国人　(ウィリアムズ, ハロルド・S.著, 西村充夫訳)　近代文芸社　1994.3
◇江戸の経済官僚　(佐藤雅美著)　徳間書店　1994.4　(徳間文庫)
◇幕末の官僚―どのように政治危機を乗り切ろうとしたか　(檜山良昭著)　光文社　1994.8　246p
◇鈍翁・益田孝　下　(白崎秀雄著)　中央公論社　1998.10　424p　(中公文庫)
◇わが生涯と愛　(フランク・ハリス著, 佐藤晴夫訳)　ルー出版　1998.11　444p
◇幕末・京大坂　歴史の旅　(松浦玲著)　朝日新聞社　1999.2　331,9p　(朝日選書)

◇国家と教育―森有礼と新島襄の比較研究　(井上勝也著)　晃洋書房　2000.3　195p
◇人物で読む近現代史　上　(歴史教育者協議会編)　青木書店　2001.1　299p
◇家康くんの経済学入門―おカネと貯蓄の神秘をさぐる　(内田勝晴著)　筑摩書房　2001.5　217p　(ちくま新書)
◇明治天皇　上巻　(ドナルド・キーン著, 角地幸男訳)　新潮社　2001.10　566p
◇伊豆と世界史―豆州国際化事始め　(桜井祥行著)　批評社　2002.4　213p
◇評伝　堀田正睦　(土居良三著)　国書刊行会　2003.4　254p
◇病いとかかわる思想―看護学・生活学から"もうひとつの臨床教育学"へ　(森本芳生著)　明石書店　2003.9　325p
◇日米外交の人間史―黒船から経済摩擦まで　(越智道雄著)　中央公論新社　2003.11　299p　(中公新書ラクレ)
◇坂本龍馬―幕末志士の旅　(河合敦著)　光人社　2004.2　302p
◇益田孝　天人録―横浜で実学を修め三井物産の誕生へ　(松永秀夫著)　新人物往来社　2005.7　256p
◇タウンゼント・ハリスと堀田正睦―日米友好関係史の一局面　(河村望著)　人間の科学新社　2005.10　295p
◇日本の歴史　19　改版　(小西四郎著)　中央公論新社　2006.2　581p　(中公文庫)
◇病いとかかわる思想―看護学・生活学から"もうひとつの臨床教育学"へ　(森本芳生著)　明石書店　2006.3　414p
◇サムライ異文化交渉史　(御手洗昭治著)　ゆまに書房　2007.4　270p
◇開国の使者―ハリスとヒュースケン　(宮永孝著)　雄松堂出版　2007.6　226,6p　図版10枚　(東西交流叢書)
◇日記をのぞく　(日本経済新聞社編)　日本経済新聞出版社　2007.11　278p
◇ヒコの幕末―漂流民ジョセフ・ヒコの生涯　(山下昌也著)　水曜社　2007.12　334p
◇日本開国―アメリカがペリー艦隊を派遣した本当の理由　(渡辺惣樹著)　草思社　2009.12　261p
【雑誌】
◇幕臣列伝(4)条約勅許と幕臣　(綱渕謙錠)「歴史と人物」10(4)　1980.4
◇ハリス来日をめぐる疑問の2,3　(山口宗之)「歴史学・地理学年報(九大)」7　1983.3
◇古文書歴史散歩―ハリス帰国の事　(樋口政則)「歴史手帖」11(4)　1983.4
◇初の駐日公使ハリスの自己演出(特集黒船・国難の時代)　(平野日出雄)「歴史と人物」14(4)　1984.4
◇幕末来日外人のみた天皇と将軍　(小西四郎)「歴史公論」10(10)　1984.10
◇教育者としてのタウンゼント・ハリス　(ヴィグデン中西道子)「関東学院女子短期大学短大論叢」78　1987.7
◇ハリス130年前の「日本探険」　(徳岡孝夫)「新潮45」6(9)　1987.9
◇「ラザフォード・オルコック書簡」を読む(12)オルコックとハリス　(飯田鼎)「書斎の窓」368　1987.10
◇益田孝とタウンゼンド・ハリス―益田のスピーチ'Memories of Seventy Years Ago'を中心として―　(今井一良)「英学史研究」20　1987.10
◇幕末「黒船」の日本人妻たち　(加来耕三)「新潮45」8(12)　1989.12
◇日本における発達の概念の導入について―Perry,M.C.,Harris,T.,Alcock,R.の場合　(田中昌人)「京都大学教育学部紀要」37　1991.3
◇幕末通貨問題をめぐるハリスの制作と幕府の対応　(嶋村元宏)「史友」23　1991.4
◇2000字提言・いまアメリカとどうつきあうか―140年前から変わらぬ交渉法(特集・平成4年、アメリカ「発見」のすすめ)　(徳岡孝夫)「中央公論」107(3)　1992.3
◇ハリスの後ろ楯となった「万国公法」(幕末史話―"第三の開国"のさ中に(22))　(松本健一)「エコノミスト」72(12)　1994.3.15
◇タウンゼント・ハリス(明治天皇〔5〕)　(ドナルド・キーン著, 角地幸男訳)「新潮45」14(5)　1995.5　p154～165
◇祖法撤回、日本開国―駐日総領事ハリス着任(特集・黒船の世紀　日本開国秘史―押し寄せる跫音！かくて近代の扉は開かれた)　(河合敦)「歴史と旅」23(16)　1996.11　p128～135
◇幕末通商条約をめぐるアメリカの対日政策について―アジアにおけるT・ハリスの外交活動を中心に　(嶋村元宏)「青山史学」青山学院大学文学部史学研究室　第23号　2005.3　p29～47
◇日米和親条約の締結前後における領事駐在権をめぐって―オランダ通詞森山栄之助の関与とハリス駐在問題の発生と解決　(岩下哲典)「応用言語学研究」明海大学大学院応用言語学研究科紀要編集委員会　7　2005.3　p77～86
◇〔交通史研究会〕例会報告要旨　ハリスの江戸滞在と市中遊歩　(鈴木章生)「交通史研究」交通史研究会　65　2008.4　p87～89
◇世界発見・日本発見(44)幕末の外交官ハリスとアメリカ領事館の跡を

訪ねて　（池田晶一）「地理」古今書院　53（6）2008.6 p112～116
◇世界発見・日本発見（48）幕末の外交官ハリスとアメリカ領事館の跡を訪ねて（続）　（池田晶一）「地理」古今書院　53（10）2008.10 p103～107
◇史談往来/北から南から　ハリスの大罪と岩倉使節団　（伊勢祐二）「歴史研究」歴研　51（7・8）2009.7・8 p15～19

東久世通禧　ひがしくぜみちとみ　1833～1912
幕末、明治期の公家、政治家。伯爵。
【図　書】
◇側面観幕末史2 竹亭回顧録維新前後　（日本史籍協会編）東京大学出版会　1981.12
◇竹亭回顧録維新前後（続日本史籍協会叢書）　（東久世通禧述、高瀬真卿編）東京大学出版会　1982.9
◇川上善兵衛伝　（木島章著）サントリー　1991.12（サントリー博物館文庫）
◇東久世通禧日記　上巻　（霞会館華族資料調査委員会〔編著〕）霞会館　1992.1
◇東久世通禧日記（下）　（霞会館華族資料調査委員会〔編〕）霞会館　1993.3
◇東久世通禧日記　別巻　（霞会館華族資料調査委員会編纂）霞会館　1995.3 141,175p
◇星籠　1　（北海道新聞社編）北海道新聞社　2002.5 304p
【雑　誌】
◇「花よりもかぐはしく」―五卿関係資料の1　（市場直次郎）「とびうめ」63 1985.10
◇東久世通禧『西航日記』にみる七卿西国動座の実状　（杉谷昭）「佐賀県立佐賀城本丸歴史館研究紀要」佐賀県立佐賀城本丸歴史館　3 2008 p10～22
◇東久世通禧『西航日記』にみる七卿西国動座の実状　（杉谷昭）「佐賀県立佐賀城本丸歴史館研究紀要」佐賀県立佐賀城本丸歴史館　第3号　2008.3 p10～22

樋口真吉　ひぐちしんきち　1815～1870
幕末、明治期の志士。
【図　書】
◇樋口真吉伝§樋口先生　（樋口真吉著、横田達雄編・註§横田達雄編・註）県立青山文庫後援会　2006.10 36,34p（青山文庫所蔵資料集）
【雑　誌】
◇通説への疑問（2）本間精一郎の来藩と吉村虎太郎―忘れられた史料―樋口真吉の日記より　（横田達雄）「土佐史談」165 1984.3
◇樋口日記にみる龍馬と真吉（坂本龍馬生誕150年記念特集号）　（上岡正五郎）「土佐史談」170 1985.11

土方歳三　ひじかたとしぞう　1835～1869
幕末の新撰組副長、箱館五稜郭政権の陸軍奉行並。
【図　書】
◇新選組のすべて　新人物往来社　1981.5
◇日本剣豪こぼれ話　（渡辺誠）日本文芸社　1981.10
◇土方歳三の最期　（加瀬谷直）丸ノ内出版（発売）1982
◇維新史の青春激像―動乱期に情熱を賭けた獅子たちの熱血譜　（藤田公道）日本文芸社　1983.10
◇土方歳三（歴史ライブ）福武書店　1984.1
◇風を追う―土方歳三への旅　（村松友視）PHP研究所　1985.3
◇土方歳三―物語と史蹟をたずねて　（童門冬二著）成美堂出版　1985.11
◇激録・日本大戦争〈第21巻〉明治の大叛乱　（原康史著）東京スポーツ新聞社　1986.3
◇危機の行動力―幕末人物新研究（リキトミブックス〈20〉）　（会田雄次、百瀬明治著）力富書房　1986.5
◇新選組の哲学（中公文庫）　（福田定良著）中央公論社　1986.8
◇参謀と演出―組織を活かす補佐役の智恵（歴史に学ぶ生きかた学）　（佐々義朗ほか著）三笠書房　1986.10
◇京の旅　観光総合ガイド　（京美観光出版社編）（京都）京美観光出版社　1987.11
◇自分らしく生きるための名「脇役」事典―戦国武将～現代経営者に学ぶ　（百々由紀男著）公人の友社　1987.11
◇物語　新選組戊辰戦記　（童門冬二ほか著）新人物往来社　1988.2
◇土方歳三への旅　（村松友視著）PHP研究所　1988.3（PHP文庫）
◇池波正太郎自選随筆集〈下巻〉　（池波正太郎著）朝日新聞社　1988.3
◇完全複製　沖田総司・土方歳三・坂本龍馬の手紙　（新人物往来社編）新人物往来社　1988.5
◇物語　新選組隊士悲話　（北原亜以子ほか著）新人物往来社　1988.6
◇幕末を駆け抜けた男たち―新選組誠忠記　（今川徳三著）教育書籍　1988.6
◇物語　五稜郭悲話　（新人物往来社編）新人物往来社　1988.8
◇誰も書かなかった箱館戦争　（脇哲著）新人物往来社　1988.11

◇土方歳三を歩く　（野田雅子、久松奈都子著）新人物往来社　1988.11
◇歳三からの伝言　（北原亜以子著）新人物往来社　1988.12
◇新選組土方歳三の游霊―ドキュメンタリー1869年5月11日　（小林孝史著）梁山泊舎　1989
◇散華　土方歳三　（萩尾農）新人物往来社　1989.5
◇興亡新撰組　（加太こうじ著）光和堂　1989.5
◇近藤勇と新選組―続幕末を駆け抜けた男たち　（今川徳三著）教育書籍　1989.9
◇土方歳三―青春を新選組に賭けた鉄の男　（津本陽一、藤本義一、粕谷一希ほか著）プレジデント社　1990.2（歴史と人間学シリーズ）
◇図説　歴史の街道・幕末維新　（榊原和夫写真・文）河出書房新社　1990.11
◇新選組余話　（小島政孝著）（町田）小島資料館　1990.12
◇史談　徳川の落日―繁栄と崩壊の人物伝　（邦光史郎著）大陸書房　1991.4（大陸文庫）
◇土方歳三読本　（新人物往来社編）新人物往来社　1991.5
◇英雄の時代〈1〉新選組　（萩尾農、山村竜也編）教育書籍　1991.6
◇NHK歴史発見（2）〔カラー版〕　（NHK歴史発見取材班編）角川書店　1993.1
◇大鳥圭介―土方歳三との出会いと別れ　（古賀志郎著）彩流社　1993.5
◇土方歳三―「剣」に生き、「誠」に殉じた生涯　（松永義弘著）PHP研究所　1993.6（PHP文庫）
◇爆笑新選組　（シブサワコウ編）（横浜）光栄　1993.7（歴史人物笑史）
◇大物になる男の人間学　（広瀬仁紀著）三笠書房　1993.8（知的生きかた文庫）
◇会津藩主・松平容保は朝敵にあらず　（中村彰彦著）新人物往来社　1994.8
◇風を追う―土方歳三への旅　（村松友視著）朝日新聞社　1994.10（朝日文芸文庫）
◇ライバル日本史〈2〉　（NHK取材班編）角川書店　1994.12
◇土方歳三の生涯　（菊地明著）新人物往来社　1995.1 304p
◇暗闇から―土方歳三異聞　（北原亜以子著）実業之日本社　1995.2 319p
◇新選組日誌　上　（菊地明、伊東成郎、山村竜也編）新人物往来社　1995.8 377p
◇新選組日誌　下　（菊地明、伊東成郎、山村竜也編）新人物往来社　1995.8 336p
◇土方歳三写真集　（菊地明、伊東成郎編）新人物往来社　1995.11 195p
◇土方歳三・沖田総司全書簡集　（菊地明編）新人物往来社　1995.12 183p
◇ライバル日本史　2　（NHK取材班編）角川書店　1996.9 252p（角川文庫）
◇日本人の志―最後の幕臣たちの生と死　（片岡紀明著）光人社　1996.12 257p
◇土方新選組　（菊地明、山村竜也著）PHP研究所　1997.6 219p
◇失敗は失敗にして失敗にあらず―近現代史の虚と実　歴史の教科書に書かれなかったサムライたち　（中薗英助著）青春出版社　1997.8 239p
◇完全制覇　新選組―この一冊で歴史に強くなる！　（山村竜也著）立風書房　1998.2 254p
◇土方歳三・孤立無援の戦士　（新人物往来社編）新人物往来社　1998.2 274p
◇新選組研究最前線　上　（新人物往来社編）新人物往来社　1998.4 296p
◇新選組研究最前線　下　（新人物往来社編）新人物往来社　1998.4 298p
◇新選組剣客伝　（山村竜也著）PHP研究所　1998.7 212p
◇土方歳三の歩いた道―多摩に生まれ多摩に帰る　（のんぶる舎編集部編）のんぶる舎　1998.10 155p
◇会津残照譜　（星亮一著）集英社　1998.12 254p
◇軍師と家老―ナンバー2の研究　（鈴木亨著）中央公論新社　1999.2 307p（中公文庫）
◇新選組裏話　（万代修著）新人物往来社　1999.4 279p
◇土方歳三―熱情の士道、冷徹の剣　学習研究社　1999.4 185p（歴史群像シリーズ）
◇新選組468藩士大名鑑―幕末を駆け抜けた壬生狼たちの群像　愛蔵版　（壬生狼友の会編）駿台曜曜社　1999.12 351p
◇土方歳三の日記　（伊東成郎著）新人物往来社　2000.7 271p
◇日本史を走れ！―日本列島ウルトラ・ラン　（松尾秀助著、大竹雄介絵）晶文社出版　2001.1 271p
◇写真集　土方歳三の生涯　（菊地明、伊東成郎、横田淳著）新人物往来社　2001.7 195p
◇江戸切絵図を歩く　（新人物往来社編）新人物往来社　2001.8 262p
◇土方歳三散華　（萩尾農著）アース出版局　2001.8 358p

◇図解雑学 新選組 (菊地明著) ナツメ社 2001.10 231p (図解雑学シリーズ)
◇史伝土方歳三 (木村幸比古著) 学習研究社 2001.12 350p (学研M文庫)
◇その時歴史が動いた 10 (NHK取材班編) KTC中央出版 2001.12 253p
◇日本史人物逸話事典 (鈴木亨編著) 学習研究社 2002.1 602p (学研M文庫)
◇土方歳三―新選組の組織者総特集 河出書房新社 2002.2 263p (Kawade夢ムック)
◇NHKその時歴史が動いた コミック版 4 (NHK「その時歴史が動いた」取材班編, 井上大助, 本山一城, 帯ひろ志作画) ホーム社 2002.7 249p
◇新選組剣客伝 (山村竜也著) PHP研究所 2002.9 251p (PHP文庫)
◇土方歳三―幕末新選組の旅 (河合敦著) 光人社 2002.10 221p
◇土方歳三遺聞 (菊地明著) 新人物往来社 2002.11 243p
◇新選組と沖田総司―「誠」とは剣を極めることなり (木村幸比古著) PHP研究所 2002.12 244p (PHP新書)
◇新選組日誌 コンパクト版 上 (菊地明, 伊東成郎, 山村竜也編) 新人物往来社 2003.2 380p
◇聞きがき新選組 新装版 (佐藤昱編著) 新人物往来社 2003.3 275p
◇人間登場―北の歴史を彩る 第1巻 (合田一道, 番組取材班著) 北海道出版企画センター 2003.3 253p (NHKほっからんど)
◇新選組―時代に翻弄された誠 (小森宏著) 文芸社 2003.4 237p
◇新選組の青春―壬生と日野の日々 青幻舎 2003.4 94p
◇土方歳三の生涯 新装版 (菊地明著) 新人物往来社 2003.4 302p
◇新選組決定版 (伊東成郎著) 河出書房新社 2003.5 301p
◇土方歳三・孤立無援の戦士 新装版 (新人物往来社編) 新人物往来社 2003.5 274p
◇新選組日記―永倉新八日記・島田魁日記を読む (木村幸比古著) PHP研究所 2003.7 321p (PHP新書)
◇新選組列伝 (早乙女貢著) 新人物往来社 2003.7 351p
◇新選組銘々伝 第1巻 (新人物往来社編) 新人物往来社 2003.7 278p
◇NHKその時歴史が動いたコミック版 幕末編 (NHK取材班編) ホーム社 2003.7 497p (ホーム社漫画文庫)
◇知れば知るほど面白い！NHK大河ドラマの新選組 (新選組「誠」発掘隊編, 久保田英一文) リフレ出版 2003.8 185p
◇幕末維新・あの人の「その後」―新選組から明治の指導者まで (日本博学倶楽部著) PHP研究所 2003.9 275p (PHP文庫)
◇土方歳三波瀾録 (釣洋一著) 新人物往来社 2003.9 278p
◇新撰組のことがマンガで3時間でわかる本―へぇーそうなのか！ (津田太愚著, つだゆみ漫画) 明日香出版社 2003.9 231p (アスカビジネス)
◇新選組は京都で何をしていたか (伊東成郎著) KTC中央出版 2003.10 309p
◇土方歳三副長「トシさん」かく描かれき (今川美玖, 別冊ダ・ヴィンチ編集部編) メディアファクトリー 2003.10 206p (ダ・ヴィンチ特別編集)
◇新選組紀行 (中村彰彦著, 神長文夫写真) 文芸春秋 2003.10 261p (文春新書)
◇土方歳三の遺言状 (鵜飼清著) 新人物往来社 2003.11 317p
◇クロニクル土方歳三の35年 (菊地明著) 新人物往来社 2003.11 261p
◇幕末京都―新選組と龍馬たち (川端洋之文, 中田昭写真) 光村推古書院 2003.11 95p (SUIKO BOOKS)
◇再現・新選組―見直される青春譜 (鈴木亨著) 三修社 2003.11 251p
◇ペリー来航 歴史を動かした男たち (山本博文著) 小学館 2003.11 203p
◇新選組読本 (司馬遼太郎ほか著, 日本ペンクラブ編) 光文社 2003.11 626p (光文社文庫)
◇敗者から見た明治維新―松平容保と新選組 (早乙女貢著) 日本放送出版協会 2003.11 251p
◇感謝の心を忘れずに (下川高士絵・文) 新人物往来社 2003.11 77p (シリーズ：こどもとおとなたちに贈る人物日本の歴史)
◇土方歳三―物語と史蹟をたずねて 改訂 (童門冬二著) 成美堂出版 2003.11 317p (成美文庫)
◇歳三と龍馬―幕末・維新の青春譜 (菊地明ほか筆) 集英社 2003.11 220p
◇イラストで読む入門 新選組 (黒鉄ヒロシ画, 新選組研究会「碧血碑」文) PHPエディターズ・グループ 2003.12 157p
◇新選組クイズ100連発！ (幕末史研究会編, 笠原秀文) 学習研究社 2003.12 216p

◇「新選組」土方歳三を歩く (蔵田敏明著) 山と渓谷社 2003.12 159p (歩く旅シリーズ 歴史・文学)
◇「新選組」ふれあいの旅―人や史跡との出逢いを求めて (岳真也著) PHP研究所 2003.12 249p
◇紀行新選組 (尾崎秀樹文, 榊原和夫写真) 光文社 2003.12 179p (知恵の森文庫)
◇映画・テレビ完全ガイド 燃えよ！新選組 (山村竜也, 岸田一則, 横田淳編著) たちばな出版 2003.12 143p
◇その名は新選組 (砂田弘著, 伊藤勢絵) ポプラ社 2003.12 119p
◇写真集・新選組宝典 (釣洋一著) 新人物往来社 2003.12 259p
◇新選組―知れば知るほど面白い・人物歴史丸ごとガイド (横田淳著, 山村竜也監修) 学習研究社 2003.12 239p
◇壬生狼FILE―新選組人物事典 (加来耕三監修, 水谷俊樹著) 朝日ソノラマ 2003.12 143p
◇新選組 (佐藤文明文, ふなびきかずこイラスト) 現代書館 2003.12 174p (FOR BEGINNERSシリーズ)
◇司馬遼太郎が描いた「新選組」の風景 (司馬遼太郎著) 新潮社 2003.12 127p (とんぼの本)
◇新選組―知られざる隊士の真影 (相川司著) 新紀元社 2003.12 271p (Truth In History)
◇新選組の大常識 (矢仕祥有里監修) ポプラ社 2003.12 143p (これだけは知っておきたい)
◇一冊で読む土方歳三 (河合敦著) 成美堂出版 2003.12 235p (成美文庫)
◇ふるさとが語る土方歳三 (児玉幸多監修, 谷春雄, 大空智明著) 日野郷土史研究会 2003.12 300p
◇図解雑学 沖田総司と新選組隊士 (河合敦著) ナツメ社 2004.1 206p (図解雑学シリーズ)
◇図解雑学 土方歳三 (山村竜也著) ナツメ社 2004.1 223p (図解雑学シリーズ)
◇新選組全隊士徹底ガイド (前田政記著) 河出書房新社 2004.1 213p (河出文庫)
◇実録 沖田総司と新選組 (今川徳三著) PHP研究所 2004.1 284p (PHP文庫)
◇図説 新選組 (横田淳著) 河出書房新社 2004.1 127p (ふくろうの本)
◇俳遊の人・土方歳三―句と詩歌が語る新選組 (管宗次著) PHP研究所 2004.1 235p (PHP新書)
◇土方歳三 増補版 (大内美予子著) 新人物往来社 2004.2 322p
◇新選組の真実―幕末の最強集団 (菊地明著) PHPエディターズ・グループ 2004.2 285p
◇歳三の写真 増補版 (草森紳一著) 新人物往来社 2004.2 296p
◇土方歳三―知れば知るほど面白い・人物歴史丸ごとガイド (藤堂利寿著) 学習研究社 2004.2 279p
◇名将がいて、愚将がいた (中村彰彦著) 講談社 2004.3 316p
◇ほっかいどう百年物語 第4集 (STVラジオ編) 中西出版 2004.3 390p
◇土方歳三―闇を斬り裂く非情の剣 学習研究社 2004.3 63p (歴史群像シリーズ)
◇実録 新選組 (京一輔著) 愛隆堂 2004.4 239p
◇新選組全史 中 (菊地明著) 新人物往来社 2004.4 290p
◇誇り高き剣客・土方歳三 (大蔵園美著) 新人物往来社 2004.4 131p
◇最後のサムライ！新選組入門 (田中ひろみ著) 幻冬舎 2004.4 119p
◇新選組のすべて 増補版 (新人物往来社編) 新人物往来社 2004.5 354p
◇教科書から消された偉人・隠された賢人―いま明かされる日本史の真実 (濤川栄太著) イーグルパブリシング 2004.5 249p
◇新選組全史 下 (菊地明著) 新人物往来社 2004.6 317p
◇幕末新選拾遺帖 (伊東成郎著) 新人物往来社 2004.7 285p
◇新選組証言録―『史談会速記録』が語る真実 (山村竜也著) PHP研究所 2004.7 291p (PHP新書)
◇日本史が人物12人でわかる本 (爆笑問題著) 幻冬舎 2004.7 253p
◇われ徒死せず―明治を生きた大鳥圭介 (福本竜雄) 国書刊行会 2004.7 342p
◇新選組多摩党の虚実―土方歳三・日野宿・佐藤彦五郎 (神津陽著) 彩流社 2004.9 294p
◇異聞 土方歳三の最期 (中村忠司著) 文芸社 2004.10 181p
◇英傑の日本史―新撰組・幕末編 (井沢元彦著) 角川書店 2004.10 311p
◇多摩・新選組紀聞 (平野勝著) 東京新聞出版局 2005.2 220p
◇子孫が語る土方歳三 (土方愛著) 新人物往来社 2005.5 232p
◇お墓参りは楽しい (新井満写真・文) 朝日新聞社 2005.8 127p
◇司馬遼太郎を読む (松本健一著) めるくまーる 2005.11 212p

◇ラストサムライの群像―幕末維新に生きた誇り高き男たち（星亮一、遠藤由紀子著）光人社 2006.2 283p
◇日本史「補佐役」たちの言い分―ナンバー2こそ本当の主役（岳真也著）PHP研究所 2006.4 316p（PHP文庫）
◇戦国と幕末　新装版（池波正太郎著）角川書店 2006.4 358p（角川文庫）
◇師弟―ここに志あり（童門冬二著）潮出版社 2006.6 269p
◇箱館五稜郭物語（河合敦著）光人社 2006.7 247p
◇意外な意外な「日本史」（「歴史ミステリー」倶楽部著）三笠書房 2006.8 200p（王様文庫）
◇歴史と小説（司馬遼太郎著）集英社 2006.12 368p（集英社文庫）
◇新選組残日録（伊東成郎著）新人物往来社 2007.6 269p
◇新選組　二千二百四十五日（伊東成郎著）新潮社 2007.6 396p（新潮文庫）
◇箱館戦争銘々伝　下（好川之範、近江幸雄編）新人物往来社 2007.8 351p
◇新選組468隊士大名鑑　完全版（壬生狼友の会監修）小池書院 2007.11 351p
◇英傑の日本史―新撰組・幕末編（井沢元彦著）角川書店 2007.12 371p（角川文庫）
◇土方歳三―洋装の"武士"として散った漢の一徹　学習研究社 2008.4 163p（新・歴史群像シリーズ）
◇幕末剣豪秘伝（津本陽監修）ベストセラーズ 2008.8 255p（ワニ文庫）
◇名将がいて、愚者がいた（中村彰彦著）講談社 2008.8 394p（講談社文庫）
◇土方歳三―新選組を組織した男（相川司著）扶桑社 2008.9 287p
◇本当はもっと面白い新選組（山村竜也著）祥伝社 2008.10 264p（祥伝社黄金文庫）
◇幕末"志士"列伝（別冊宝島編集部編）宝島社 2008.11 223p（宝島SUGOI文庫）
◇魂をゆさぶる辞世の名句―最期の言葉から死に方と生き方を学ぶ（宜田陽一郎著）成美堂出版 2009.2 255p（成美文庫）
◇サムライと日本刀―土方歳三からの言伝て（杉山頴男著）並木書房 2009.7 203p
◇慶応四年新撰組隊士伝―下総流山に転機を迎えた男たち（あさくらゆう著）崙書房 2009.11 186p（ふるさと文庫）
◇坂本龍馬と幕末維新人物100選（清水昇著）リイド社 2009.12 253p（リイド文庫）
◇幕末暗殺剣―血湧き肉踊る最強剣豪伝説（マーヴェリック著）双葉社 2009.12 249p

【雑誌】
◇新選組大特集　子孫が語る隊士の面影―曽祖父の弟・土方歳三（土方康）「歴史と旅」7(2) 1980.1
◇立体構成　新選組のすべて―土方歳三と闘いの組織（松本健一）「歴史読本」25(9) 1980.7
◇特集・謎と異説の新選組　特別資料―両雄士伝(小島資料館)（小島政考解題）「歴史と旅」7(12) 1980.11
◇近江の志士たち(1)古高俊太郎―維新を3年間遅らせた土方歳三の拷問（徳永真一郎）「湖国と文化」21 1983.4
◇土方歳三の謎（釣洋一）「歴史研究」291 1985.7
◇土方歳三生誕150年特集号　「日野の歴史と文化」22 1985.10
◇身のほど知らずの攘夷歌―赤心を歌いあげた土方歳三の詞藻（読者研究）（伊東成郎）「歴史と旅」14(6) 1987.4
◇俳人　土方歳三（佃秀明）「歴史研究」324 1988.3
◇近藤勇・土方歳三墓碑（北原昭太郎）「江東史談」227 1988.9
◇土方歳三　新選組副長、「士道」の美学に殉ず―箱館戦争は彼にとり、武士の証を立てるものでしかなかった（特集・男の死生観）（利根川裕）「プレジデント」27(4) 1989.4
◇歳三、総司、勇の足跡に魅力―東京・日野市(付グラビア)（街並みと自然(36)）「エコノミスト」67(54) 1989.12.19
◇土方歳三　新選組副長「士道の美学」に殉ず―明治2年5月11日、箱館一本木関門内(特集・男はいかに生くべきか―いま「武士道」に学ぶ)（早乙女貢）「プレジデント」30(10) 1992.10
◇土方歳三に恋焦がれ、私は物書きになった―テーマエッセイ館　わが心のヒーロー（萩尾農）「プレジデント」30(12) 1992.12
◇『燃えよ剣』、土方歳三にいかなる「美学」を見出すか―その剣法は、その士道は、そしてその生き様は(特集・司馬遼太郎「維新人物小説」を読む)（勝部眞長）「プレジデント」31(12) 1993.12
◇新選組―士としての生と死(幕末史話―"第三の開国"のさ中に)(12)（松本健一）「エコノミスト」71(54) 1993.12.21
◇土方歳三完全年譜・完全版文献総目録　「歴史読本」39(15) 1994.8
◇土方歳三―よしや身は蝦夷が島辺に朽ちぬとも魂は東の君や守らむ（特集・幕末明治人物臨終の言葉―近代の夜明けを駆けぬけた44人の人生決別の辞　英傑死してことばを遺す）（一坂太郎、稲井明雄、今川徳三、井閥寛、宇都宮泰長、河合敦、木村幸比古、祖田浩一、高野澄、高橋和彦、畑山博、三谷茉沙夫、百瀬明治、山村竜也）「歴史と旅」24(7) 1997.5 p74〜75
◇全国史跡めぐり〈特別企画/新選組旅情〉土方歳三の海路をさぐる旅（その1）松島湾岸碇泊の道標（釣洋一）「歴史研究」人物往来社歴史研究会 435 1997.8 p42〜47
◇全国史跡めぐり〈特別企画/新選組旅情〉第3弾　土方歳三の海路をさぐる旅の2―南部鍬ヶ崎の雷神（釣洋一）「歴史研究」人物往来社歴史研究会 436 1997.9 p46〜51
◇全国史跡めぐり〈特別企画/新選組旅情〉土方歳三の海路をさぐる旅（その3）浄土ヶ浜散策と宮古の奇襲（釣洋一）「歴史研究」人物往来社歴史研究会 437 1997.10 p50〜54
◇土方歳三の年賀状（小島政孝）「幕末史研究」小島資料館（発売）No.35 1999.2 p9〜16
◇道草宝物館―8―土方歳三の拵・その後（森雅裕）「月刊百科」平凡社 436 1999.2 p16〜19
◇土方将軍―箱館脱走軍における組織と編成から見た土方歳三論（佐藤喜一）「幕末史研究」小島資料館（発売）No.35 1999.2 p17〜34
◇「土方歳三の写真」を解明する（桜井孝三）「幕末史研究」小島資料館（発売）No.35 1999.2 p35〜64
◇土方歳三と小島家（小島政孝）「幕末史研究」小島資料館（発売）No.35 1999.2 p65〜81
◇土方歳三　心の風景（林栄太郎）「幕末史研究」小島資料館（発売）No.35 1999.2 p150〜162
◇リクエスト人物編[1]「土方歳三」の巻(爆笑問題の日本史原論)（田中裕二、太田光文・構成）「ダ・ヴィンチ」10(1) 2003.1 p186〜187
◇土方歳三の会津若松滞在（研究ノート）（大場美弥子）「歴史春秋」歴史春秋社 No.58 2002.11 p106〜122
◇MEDICAL ESSAYS　土方歳三と究極の武士道（板津安彦）「日本医事新報」日本医事新報社 4164 2004.2.14 p60〜62
◇開館十一年を迎えた土方歳三資料館（土方愛）「幕末史研究」小島資料館（発売）No.41 2005.9 p134〜136
◇土方歳三「京都日誌」(新選組副長)―組織の規律を守るため隊規違反者を処断した鬼の副長の素顔に迫る(特集　幕末京都　志士日誌―特集ドキュメント　幕末京都　志士の記録)（伊東成郎）「歴史読本」新人物往来社 51(7) 2006.5 p72〜79
◇人物伝記　名奉行仕置帖(12)勘定奉行・内藤隼人正矩佳（丹野顯）「歴史読本」新人物往来社 51(15) 2006.12 p276〜281
◇土方歳三の「肖像写真」を解読する(特集　古写真集成　幕末人の肖像―特集カラー解説)（菊地明）「歴史読本」新人物往来社 53(3) 2008.3 p28〜33
◇組織の力、個人の力―土方歳三、高杉晋作(彼らは「この国」の危機をいかに救ったか？　司馬遼太郎　日本のリーダーの条件―渾身の大特集)「文芸春秋」文芸春秋 86(8) 2008.7 p135〜140
◇土方歳三　円山公園・京都市東山区―新撰組の土方歳三を引き連れて、桜の名所を闊歩(大特集・春爛漫、ぶらり「桜旅」―第1部　小松帯刀、坂本龍馬、西郷隆盛…　維新の英傑縁の地を巡り、古都に遊ぶ「京の桜」幕末・歴史探訪)「サライ」小学館 21(6)通号491 2009.3.19 p30〜31
◇土方歳三に惚れた―司馬遼太郎『燃えよ剣』（識者34人の知恵袋　枕頭の歴史書「人物との対話」）（江夏豊）「文芸春秋」文芸春秋 87(7) 2009.6 p311〜312

土方久元　ひじかたひさもと　1833〜1918
幕末、明治期の政治家、高知藩士。
【図書】
◇青年の風雪（平尾道雄）高知新聞社 1981.1（高新ふるさと文庫2）
◇蝶蘭の花が咲いたよ―演劇ジャーナリストの回想（尾崎宏次著）影書房 1988.8

ヒュースケン, H.　Heusken, Henry C.J.　1832〜1861
オランダ人の駐日アメリカ公使館通訳。尊攘派に襲われ死亡。
【図書】
◇富岳歴覧―外国人の見た富士山（伏見功）現代旅行研究所 1982.4
◇開国の使者―ハリスとヒュースケン（宮永孝）雄松堂出版 1986.2（東西交流叢書 1）
◇開国の使者―ハリスとヒュースケン(東西交流叢書(1))（宮永孝著）雄松堂出版 1986.2
◇ワーグマンとその周辺―横浜を愛したポンチ絵の元祖（重富昭夫著）ほるぷ出版 1987.10（ほるぷ現代ブックス）
◇マローン　日本と中国（ヘルマン・マローン著、真田収一郎訳）雄松堂出版 2002.3 360p（新異国叢書）
◇日本暗殺総覧―この国を動かしたテロルの系譜（泉秀樹著）ベストセラーズ 2002.5 302p（ベスト新書）
◇幕末暗殺（黒鉄ヒロシ著）PHP研究所 2002.8 515p（PHP文庫）
◇『ヒュースケン日本日記』に出会ってから、（西岡たかし著）そし

えて 2002.10 159p （Roots music叢書）
◇江戸・東京の中のドイツ （ヨーゼフ・クライナー著,安藤勉訳） 講談社 2003.12 236p （講談社学術文庫）
◇開国の使者―ハリスとヒュースケン （宮永孝著） 雄松堂出版 2007.6 226,6p 図版10枚 （東西交流叢書）
【雑　誌】
◇ヒュースケン遭難始末記 （吉野敏）「古文幻想」 5 1983.4
◇攘夷派に斬られた外交請負人（特集黒船・国難の時代） （武田八洲満）「歴史と人物」 14(4) 1984.4
◇外人の書いた日本(1)ヒュースケンの「日本日記」 （宮永孝）「日本古書通信」 50(1) 1985.1
◇Heuskenの死をめぐって(1) （佐藤林平）「慶応義塾大学日吉紀要 英語英米文学」 9 1988
◇Heuskenの死をめぐって(2) （佐藤林平）「慶応義塾大学日吉紀要 英語英米文学」 10 1988
◇Heuskenの死をめぐって（補遺） （佐藤林平）「慶応義塾大学日吉紀要 英語英米文学」 12 1989
◇拾遺ヒュースケン （佐藤林平）「慶応義塾大学日吉紀要 英語英米文学」 13 1990
◇史料を発掘する　ヒュースケンの日記をめぐって（日本史上の人物と史料＜特集＞） （佐伯有清）「日本歴史」 500 1990.1
◇ヒュースケン「日本日記」（外国人の見た日本・日本人〈特集〉）―江戸時代の日本論 （青木枝朗）「国文学解釈と鑑賞」 至文堂 60(3) 1995.3 p90～97

平井希昌　ひらいきしょう　1839～1896
幕末,明治期の外交官。維新後、長崎裁判所通弁役頭取。
【雑　誌】
◇明治の通事平井希昌（読者招待席） （平井洋）「歴史読本」 26(3) 1981.3

平井収二郎　ひらいしゅうじろう　1835～1863
幕末の土佐藩士、勤王運動家。
【図　書】
◇坂本龍馬のすべてがわかる本―敵も味方も惚れぬいた"さわやかな男" （風巻絃一著） 三笠書房 2004.4 298p （知的生きかた文庫）
◇平井・西山家資料目録―歴史分野 （高知県立歴史民俗資料館編） 高知県立歴史民俗資料館 2005.3 47p （収蔵資料目録）

平田東助　ひらたとうすけ　1849～1925
明治,大正期の政治家。内務大臣、伯爵。
【図　書】
◇日本政治の実力者たち―リーダーの条件1 幕末・明治篇 （鵜沢義行ほか著） 有斐閣 1980.7 （有斐閣新書）
◇刻まれた歴史―碑文は語る農政史 （中村信夫著） 家の光協会 1986.5
◇君presents平田東助論―産業組合を統帥した超然主義官僚政治家 （佐賀郁朗） 日本経済評論社 1987.8
◇資料の検索と利用の方法―「君ぜ平田東助論」を執筆して （佐賀郁朗述） 全国農業協同組合中央会協同組合図書資料センター 1989.5
◇協同組合運動に燃焼した群像 （日本農業新聞編） 富民協会 1989.11
◇明治文芸始末記 （和田利夫著） 筑摩書房 1989.12
◇平田東助像と産業組合章碑 （協同組合経営研究所編） 全国農業協同組合中央会 1997.4 102p
【雑　誌】
◇日本近代教育における農村的潮流(2)平田東助の産業組合論 （杉林隆）「神戸女子大学紀要」 11(文学部篇) 1981.2
◇財閥・官僚人物あれこれ （中村青志,沢村和成）「歴史公論」 8(3) 1982.3
◇碑文は語る農政史(1)"産業組合の父"平田東助 （中村信夫）「協同組合経営研究月報」 373 1984.10
◇平田東助の産業組合思想―その時代的位相と思想的限界について （杉林隆）「論苑」 姫路工業大学 7 1996.12 p172～157
◇内大臣制度の転機と平田東助 （松田好史）「国史学」 国史学会 199 2009.12 p117～153

平野国臣　ひらのくにおみ　1828～1864
幕末の筑前福岡藩士、尊攘派志士。
【図　書】
◇幕末酒徒列伝 続 （村島健一） 講談社 1980.3
◇平野国臣伝記及遺稿 （平野国臣顕彰会編） 象山社 1980.11
◇幕末志士の生活 （芳賀登） 雄山閣出版 1982.6 （生活史叢書 8）
◇維新史の青春像―動乱期に情熱を賭けた獅子たちの熱血譜 （藤田公雄） 日本文芸社 1983.10
◇あの猿を見よ―江戸佯狂伝 （草ересnormalized紳一） 新人物往来社 1984.11
◇討幕軍師 平野国臣 （日下藤吾著） 叢文社 1988.5
◇文武不岐 （黒岩棗舟著） 錦正社 1994.1 （伝統文化叢書）

◇福岡地方史研究 第40号 （福岡地方史研究会編） 福岡地方史研究会 2002.7 144p
◇幕末入門書―志士たちの生涯と死生観 （花谷幸比古著） 展転社 2002.12 221p
◇平野国臣 （小河扶希子著） 西日本新聞社 2004.4 290p （西日本人物誌）
【雑　誌】
◇特別企画・天誅組・生野の変・天狗党―ドキュメント幕末三大叛乱事件（特集・叛乱！幕末の群像） （栗原隆一）「歴史読本」 26(11) 1981.9
◇奇人変人物語―平野国臣 （中沢〔ミチ〕夫）「歴史と旅」 8(14) 1981.12
◇特集 五卿西遷120年 王政復古に燃えた平野国臣(2) （小河扶希子）「とびうめ」 60 1985.1
◇特集 五卿西遷120年 王政復古に燃えた平野国臣(3) （山内勝二郎）「とびうめ」 61 1985.4
◇江戸人に会う―たおやかに一途な人―野村望東尼について （五嶋靖弘）「古典評論 第二次」 古典評論の会 2(2) 1998.10 p18～37
◇平野国臣の署名寸考 （山口宗之）「史料」 皇學館大學史料編纂所 204 2006.8.10 p1～4

平山省斎　ひらやませいさい　1815～1890
幕末,明治期の幕臣。
【図　書】
◇江戸5 人物編 （大久保利謙編輯） 立体社 1980.8
◇教派神道の形成 （井上順孝著） 弘文堂 1991.3
◇平山省斎と明治の神道 （鎌田東二著） 春秋社 2002.5 263p

広沢真臣　ひろさわさねおみ　1833～1871
幕末,明治期の萩藩士。
【図　書】
◇歴史への招待 29 日本放送出版協会 1984.3
◇だれが広沢参議を殺したか （古川薫著） 文芸春秋 1987.7 （文春文庫）
◇係長の智慧〈1〉係長こそ現場の主権者だ （童門冬二著） ぎょうせい 1989.5
◇NHK歴史への招待〈第24巻〉幕府崩壊 （日本放送協会編） 日本放送出版協会 1990.3 （新コンパクト・シリーズ）
◇維新暗殺秘録 （平尾道雄著） 河出書房新社 1990.8 （河出文庫）
◇落花の人―日本史の人物たち （多岐川恭著） 光風社出版 1991.11
◇明治秘史疑獄難獄 復刻版 （尾佐竹猛著、礫川全次解題） 批評社 1998.12 552,13p
◇法窓秘聞 （尾佐竹猛著、礫川全次解題） 批評社 1999.12 407,7p
◇広沢真臣日記 復刻版 （広沢真臣著） マツノ書店 2001.11 559,33p
◇日本の歴史 その不思議な結末―傑物・英雄たちの「その後」 （河合敦著） 三笠書房 2003.6 284p （知的生きかた文庫）
◇歴史人物「その後」の意外な話―あの有名人の驚きの結末 （河合敦著） ベストセラーズ 2006.4 230p
【雑　誌】
◇広沢真臣暗殺事件の政治的背景(1) （田中時彦）「東海大学紀要 政治経済学部」 15 1983
◇広沢真臣暗殺の謎（特集幕末維新暗殺剣） （祖田浩一）「歴史と旅」 11(14) 1984.11
◇広沢真臣暗殺事件の政治的背景(2) （田中時彦）「東海大学紀要 政治経済学部」 19 1987
◇広沢参議暗殺余話 （一坂太郎）「歴史研究」 329 1988.9
◇広沢真臣暗殺事件の政治的背景(3) （田中時彦）「東海大学紀要 政治経済学部」 22 1990
◇史疑広沢真臣の暗殺 （遠藤鎮雄）「日本古書通信」 55(3) 1990.3
◇広沢真臣暗殺事件の政治的背景(4,5) （田中時彦）「東海大学紀要 政治経済学部」 25 1993
◇明治初年広沢参議暗殺事件の創傷状況 （小関恒雄）「犯罪学雑誌」 59(5) 1993.10

広瀬武夫　ひろせたけお　1868～1904
明治期の海軍軍人。日露戦争時の福井丸の船長。
【図　書】
◇指揮官魂―組織を率いる攻防の人間学 （岡本好古） PHP研究所 1983.9
◇広瀬武夫全集 上 講談社 1983.12
◇広瀬武夫全集 下 講談社 1983.12
◇古典の変容と新生 （川口久雄編） 明治書院 1984.11
◇ハルビンの残照 （柳田桃太郎著） 地久館 1986.4
◇分隊長のよもやま談義 （棟田博著） 光人社 1986.7
◇必殺者―軍神・広瀬中佐の秘密（集英社文庫） （伴野朗著） 集英社

1986.7
- ◇大ぼけ小ぼけ （阿川弘之著） 講談社 1986.10
- ◇激録・日本大戦争〈第23巻〉乃木大将と日露戦争 （原康史著） 東京スポーツ新聞社 1987.1
- ◇日露の激戦―その戦略と戦術の研究 （秦郁彦、豊田穣、渡部昇一他文） 世界文化社 1987.3 （BIGMANビジネスブックス）
- ◇ある運命について （司馬遼太郎著） 中央公論社 1987.6 （中公文庫）
- ◇教育勅語の時代 （加藤地三著） 三修社 1987.12
- ◇明治の精神 （荒川久寿男著） （伊勢）皇学館大学出版部 1987.12
- ◇私記キスカ徹退 （阿川弘之著） 文芸春秋 1988.6 （文春文庫）
- ◇軍国美談と教科書 （中内敏夫著） 岩波書店 1988.8 （岩波新書）
- ◇日露戦争〈第1巻〉 （児島襄著） 文芸春秋 1990.7
- ◇表具屋渡世うちあけばなし （小池壮蔵著） 三樹書房 1990.12
- ◇知将 秋山真之 （生出寿著） 徳間書店 1992.5 （徳間文庫）
- ◇「第六潜水艇浮上せず…」―漱石・佐久間艇長・広瀬中佐 （飯島英一著） 創造社 1994.7
- ◇日露戦争秘話 杉野はいずこ―英雄の生存説を追う （林えいだい著） 新評論 1998.9 215p
- ◇児童戦争読み物の近代 （長谷川潮著） 久山社 1999.3 108p （日本児童文化史叢書）
- ◇男冥利 （谷沢永一著） PHP研究所 2001.1 221p
- ◇明治人のお葬式 （此経啓助著） 現代書館 2001.12 203p
- ◇九州・菊池一族の集大成―西郷隆盛・菊池武光・菊池寛・広瀬武夫・清少納言 （平山繁信著） 文芸社 2002.4 250p
- ◇日本を護った軍人の物語―近代日本の礎となった人びとの気概 （岡田幹彦著） 都築事務所 2002.7 268p
- ◇こんな人生を送ってみたい―私が惚れた十五人 （谷沢永一著） PHP研究所 2003.1 247p （PHP文庫）
- ◇ロシヤにおける広瀬武夫 上巻 オンデマンド版 （島田謹二著） 朝日新聞社 2003.6 236p （朝日選書）
- ◇ロシヤにおける広瀬武夫 下巻 オンデマンド版 （島田謹二著） 朝日新聞社 2003.6 270p （朝日選書）
- ◇知将秋山真之―個性派先任参謀の生涯 （生出寿著） 光人社 2003.7 272p （光人社名作戦記）
- ◇教科書から消された偉人・隠された賢人―いま明かされる日本史の真実 （濤川栄太著） イーグルパブリシング 2004.5 249p
- ◇日露戦争―その百年目の真実 （産経新聞「日露戦争」取材班著） 産経新聞ニュースサービス 2004.11 263p
- ◇礎―広瀬武夫 広瀬神社 2005.5 79p
- ◇鳴呼海軍兵学校 日本を愛した勇士たち―江田島教育参考館の展示から （「日本を愛した勇士たち」製作委員会編） 明成社 2006.8 63p
- ◇新・代表的日本人 （勢古浩爾著） 洋泉社 2006.12 269p （洋泉書新書y）
- ◇広瀬武夫余話 『阿川弘之全集』 （阿川弘之著） 新潮社 2007.1 p235～238
- ◇軍神―近代日本が生んだ「英雄」たちの軌跡 （山室建徳著） 中央公論新社 2007.7 356p （中公新書）
- ◇左千夫歌集 （永塚功著、久保田淳監修） 明治書院 2008.2 540p （和歌文学大系）
- ◇私の好きな日本人 （石原慎太郎著） 幻冬舎 2008.11 320p
- ◇私の好きな日本人 （石原慎太郎著） 幻冬舎 2009.6 294p （幻冬舎新書ゴールド）
- ◇軍神広瀬武夫の生涯 （高橋安美著） 新人物往来社 2009.9 303p （新人物文庫）

【雑　誌】
- ◇広瀬神社の昼の月―『広瀬武夫全集』に寄せて （江藤淳） 「学鐙」 81（4） 1984.4
- ◇隠蔽された＜死＞―テクストとしての広瀬武夫教材 （「大東亜教育」と教科書） （小森陽一） 「成城文芸」 126 1989.3
- ◇個の全体への責任を教える広瀬武夫 （日本近代史の誰に学ぶか―人物オピニオン特集・リーダーなき「平成」を撃つ24人） （小堀桂一郎） 「諸君！」 25（2） 1993.2
- ◇ロシヤにおける広瀬武夫 （追悼・島田謹二先生） （芳賀徹） 「比較文学研究」 64 1993.12
- ◇社交界〔9〕 （愚図の大いそがし〔61〕） （山本夏彦） 「文芸春秋」 73（2） 1995.2 p418～419
- ◇Hirose Takeo and George Frost Kennan on Russian Affairs （森永和利） 「大分工業高等専門学校研究報告」 大分工業高等専門学校 32 1996.1 p137～143
- ◇広瀬武夫が見たものは何か―一九〇〇年への旅〔22〕 （寺島実郎） 「Foresight」 10（7） 1999.7 p58～60
- ◇軍歌ブームと軍神の誕生 （特集・日露戦争と明治国家） （御ற重宝） 「歴史と旅」 28（10） 2001.10 p108～111
- ◇石原慎太郎「私の好きな日本人」（第7回）広瀬武夫（前篇） （石原慎太郎） 「プレジデント」 プレジデント社 46（9） 2008.5.5 p128～131
- ◇石原慎太郎「私の好きな日本人」（第8回）広瀬武夫（後篇） （石原慎太郎） 「プレジデント」 プレジデント社 46（10） 2008.5.19 p154～158
- ◇「軍神」広瀬武夫・死の真相 （『坂の上の雲』と司馬遼太郎） （川村秀） 「文芸春秋」 文芸春秋 87（14臨増） 2009.12 p146～152
- ◇座談会 対ロシア情報戦略の虚々実々―福島安正、明石元二郎、広瀬武夫、石光真清 （『坂の上の雲』と司馬遼太郎） （藤原正彦、水木楊、佐藤優） 「文芸春秋」 文芸春秋 87（14臨増） 2009.12 p174～184

ファビウス, G. Fabius, Gerhardes 1806～1888
オランダの海軍軍人。1854年来日、長崎海軍伝習所教官。

【図　書】
- ◇九州の蘭学―越境と交流 （鳥井裕美子、川嶌真人、ヴォルフガング・ミヒェル編） 思文閣出版 2009.7 359,11p

【雑　誌】
- ◇G.ファビウスの建言と幕府海軍の創立 （藤井哲博） 「日蘭学会会誌」 13（1） 1988.10
- ◇オランダ海軍ファビウス中佐の来日―日本海軍草創の恩人 （特集・幕末維新軍事史） （土居良三） 「軍事史学」 錦正社 32（1） 1996.6 p4～19
- ◇ファビウスの観た幕末日本海軍 （杉谷昭） 「比較文化研究」 久留米大学比較文化研究所 31 2003.3 p185～196

福岡孝弟　ふくおかたかちか　1835～1919
幕末、明治期の政治家、高知藩士。子爵。

【図　書】
- ◇青年の風雪 （平尾道雄） 高知新聞社 1981.1 （高新ふるさと文庫2）
- ◇幕末土佐の12人 （武光誠著） PHP研究所 2009.12 265p （PHP文庫）

【雑　誌】
- ◇東京大学関係公文書類―福岡孝弟文政期から森有礼文部大臣の誕生まで （森川潤） 「作陽音楽大学・作陽短期大学研究紀要」 21（2） 1989.1

福島安正　ふくしまやすまさ　1852～1919
明治期の陸軍軍人。大将、男爵。

【図　書】
- ◇復興アジアの志士群像―東亜先覚者列伝　大東塾出版部 1984.5
- ◇歴史のなかの紀行（北日本・海外） （中田嘉種著） そしえて 1986.7
- ◇シベリア横断 福島安正大将伝 （坂井藤雄著） （福岡）葦書房 1992.4
- ◇中央アジアに入った日本人 （金子民雄著） 中央公論社 1992.5 （中公文庫）
- ◇名将たちの決断―ザ・グレート・ジェネラルズ （柘植久慶著） 原書房 1992.6
- ◇福島安正 情報将校の先駆―ユーラシア大陸単騎横断 （豊田穣著） 講談社 1993.6
- ◇福島将軍遺績―伝記・福島安正 （太田阿山編） 大空社 1997.2 370,5p （伝記叢書）
- ◇中央亜細亜より亜拉比亜へ―伝記・福島安正福島将軍遺績続 （太田阿山編） 大空社 1997.2 378,5p （伝記叢書）
- ◇五枚の金貨―アメリカン・ヒーローたちの裏面史 （柘植久慶著） 中央公論新社 2001.10 387p
- ◇日本を護った軍人の物語―近代日本の礎となった人びとの気概 （岡田幹彦著） 都築事務所 2002.7 268p
- ◇陸軍大将福島安正と情報戦略 （篠原昌人著） 芙蓉書房出版 2002.12 240p
- ◇日露戦争名将伝―人物で読む「激闘の軌跡」 （柘植久慶著） PHP研究所 2004.3 280p （PHP文庫）
- ◇歴代陸軍大将全覧 大正篇 （半藤一利、横山恵一、秦郁彦、原剛著） 中央公論新社 2009.2 357,31p （中公新書ラクレ）

【雑　誌】
- ◇義和団事件と福島安正―一読者の質問に答えて （島貫重節） 「軍事史学」 17（2） 1981.9
- ◇昔の旅路 （中田嘉種） 「武道」 200 1983.7
- ◇長期戦略のなかの諜報活動―特集・日清・日露戦役秘話 （島貫重節） 「歴史と人物」 13（8） 1983.7
- ◇昔の旅路 （中田嘉種） 「武道」 201 1983.8
- ◇伊内修二書翰5通―附福島安正書翰 （多賀宗隼） 「日本歴史」 457 1986.6
- ◇「蒙古風俗」―福島安正からの聞書による19世紀末期のモンゴル民族誌 （原山煌） 「桃山学院大学総合研究所紀要」 桃山学院大学総合研究所 29（3） 2004.2 p71～78
- ◇福島安正の言説―シベリア単騎横断旅行以後の大衆向け活動について （原山煌） 「桃山学院大学総合研究所紀要」 桃山学院大学総合研究所 31（3） 2006.3 p97～114

◇明治時代の対チベット接近策―福島安正, 寺本婉雅を中心に（特集 日本陸軍とアジア）（篠原昌人）「軍事史学」 錦正社 45（1） 2009.6 p4～18
◇福島安正参謀本部第二部長訓示「列国ノ現状ニ付テ」（明治三十五年五月於参謀長会議）（特集 日本陸軍とアジア）（柴田紳一）「軍事史学」 錦正社 45（1） 2009.6 p63～71
◇座談会 対ロシア情報戦略の虚々実々―福島安正、明石元二郎、広瀬武夫、石光真清『坂の上の雲』と司馬遼太郎）（藤原正彦、木木楊、佐藤優）「文芸春秋」 文芸春秋 87（14臨増）2009.12 p174～184

福原越後　ふくはらえちご　1815～1864
幕末の長州（萩）藩家老。
【雑　誌】
◇三家老切腹の屈辱―第一次長州征伐（特集・長州討幕紀行―新時代への扉を開いた男たちの熱き闘い！）（百瀬明治）「歴史と旅」 25（7） 1998.5 p80～85

藤川三渓　ふじかわさんけい　1816～1889
幕末、明治期の高松藩士、実業家。
【図　書】
◇居前捕鯨―附・鯨の墓　（吉原友吉）　相沢文庫 1982.2
◇藤川三渓・人と業績―勤王志士・水産開発の先駆者　（天川維文著）　天川維文 1982.6
◇赤報隊と薩摩邸の浪士　（安藤良平著）　日本文学館 2004.7 237p
◇天下太平の礎―藤川三渓と日柳燕石　（井下香泉著）　讃岐先賢顕彰会 2007.11 217p
【雑　誌】
◇藤川三渓の著書　（安藤良平）「跡見学園女子大学紀要」 15 1982.3
◇国事鞅掌者の映像（2）〔含 楫田直助、藤川三渓著書目録〕　（安藤良平）「跡見学園女子大学紀要」 15 1982.3

藤田小四郎　ふじたこしろう　1842～1865
幕末の尊攘派水戸藩士。
【雑　誌】
◇筑波の義軍―天狗党（特集・叛乱！幕末の群像）（福田耕二郎）「歴史読本」 26（11） 1981.9

藤田東湖　ふじたとうこ　1806～1855
幕末の水戸藩士、天保改革派, 後期水戸学の大成者。
【図　書】
◇徳川名君名臣言行録　（岡谷繁実著　安藤英男校注）　新人物往来社 1981.1
◇会沢正志斎・藤田東湖　（原田種成）　明徳出版社 1981.10　（叢書日本の思想家36）
◇日本の近代化と維新　（今中寛司編）　ぺりかん社 1982.9
◇人物探訪日本の歴史 15 幕末の英傑　暁教育図書 1982.12
◇ナンバー2の経営学―諸藩名家老に学ぶ　（鈴木亨）　日本文芸社 1983.5
◇近世私塾の研究　（海原徹）　思文閣出版 1983.6
◇日本の名著 29 藤田東湖（中公バックス）（橘川文三責任編集）　中央公論社 1984.5
◇江戸人の昼と夜　（野口武彦）　筑摩書房 1984.8
◇水戸藩学問・教育史の研究　（鈴木暎一著）　吉川弘文館 1987.3
◇西郷隆盛―人望あるリーダーの条件　（山本七平, 毛利敏彦、野中敬吾他文）　世界文化社 1987.3　（BIGMANビジネスブックス）
◇歴史の中の名総務部長―実務と人間経営の名人たち　（童門冬二著）　三笠書房 1987.12
◇太田晶二郎著作集 第二冊　（太田晶二郎）　吉川弘文館 1991.7
◇群れず、敢えて一人で立つ―混迷の時代を生き抜く人生の流儀　（童門冬二著）　PHP研究所 1992.9
◇森銑三著作集〈続編 第2巻〉人物篇〈2〉（森銑三著）　中央公論社 1992.12
◇文武不岐　（黒岩榮舟著）　錦正社 1994.1　（伝統文化叢書）
◇藤田東湖の生涯　（但野正弘著）　水戸史学会 1997.10 173p　（水戸人物シリーズ）
◇国家という難題―東湖と鷗外の大塩事件　（武藤功著）　田畑書店 1997.12 330p
◇藤田東湖　（鈴木暎一著, 日本歴史学会編）　吉川弘文館 1998.1 272p　（人物叢書 新装版）
◇新定 東湖全集・東湖先生之半面 復刻版　（菊池謙二郎, 水戸市教育会編）　国書刊行会 1998.5 2冊（セット）
◇藤田東湖―人間東湖とその周辺　（佐野仁著）　佐野仁 1998.6 286p
◇思想としての日本人　（武藤功著）　錦正社 1998.7 348p
◇茨城の思想　（小林三衛, 武井邦夫編）　茨城新聞社 1998.8 213p
◇東京江戸謎とき散歩―首都の歴史ミステリーを訪ねて　（加来耕三, 志治美世子, 黒田敏穂著）　広済堂出版 1998.11 375p
◇人間って素晴らしい！人に話したくなるいい話―あなたの胸をうつ感動のエピソード集　（夢プロジェクト編）　河出書房新社 1999.3 221p　（KAWADE夢文庫）
◇海江田信義の幕末維新　（東郷尚武著）　文芸春秋 1999.12 246p　（文春新書）
◇歴史に学ぶ大江戸株式会社の危機管理術　（童門冬二著）　東京書籍 2000.9 316p
◇平成新国体論―日本を救う日本の国がら　（井上俊輔著）　国書刊行会 2001.4 292p
◇水戸烈公と藤田東湖『弘道館記』の碑文　（但野正弘著）　水戸史学会 2002.8 117p　（水戸の碑文シリーズ）
◇幕末入門書―志士たちの生涯と死生観　（花谷幸比古著）　展転社 2002.12 221p
◇水戸学と明治維新　（吉田俊純著）　吉川弘文館 2003.3 226p　（歴史文化ライブラリー）
◇教科書が教えない歴史有名人の死の瞬間　（新人物往来編）　新人物往来社 2003.4 337p
◇歴史に消された「18人のミステリー」（中津文彦著）　PHP研究所 2003.6 215p　（PHP文庫）
◇幹になる男、幹を支える男―この「絆」が歴史を動かした　（童門冬二著）　青春出版社 2003.11 253p　（青春文庫）
◇尊王攘夷の旗―徳川斉昭と藤田東湖　（童門冬二著）　光人社 2004.7 213p
◇義塾の原点　上　（童門冬二著, 関戸勇写真）　リブロアルテ 2008.7 251p
◇水戸藩と領民　（仲田昭一著）　錦正社 2008.7 249p　（水戸史学選書）
◇日本史有名人「おやじの背中」（新人物往来社編）　新人物往来社 2009.7 382p　（新人物文庫）
【雑　誌】
◇藤田東湖と田口秀実　（塙実）「水戸史学」 16 1982.4
◇藤田東湖の思想―「弘道館記述義」を中心として　（鈴木暎一）「日本歴史」 413 1982.10
◇詩人・藤田東湖　（小森元康）「中京短期大学論叢」 13（1） 1982.12
◇横議する処士の美学―藤田東湖―特集・攘夷か開国か―国防意識のめばえ　（童門冬二）「歴史と人物」 13（13） 1983.11
◇史料紹介 藤田東湖先生の号「東湖」改名をめぐる問題について　（小泉芳敏）「水戸史学」 26 1987.5
◇藤田東湖『弘道館記述義』における「国体」思想について　（赤沢美香）「香川大学国文研究」 15 1990.9
◇藤田東湖の幕府批判―天保五年十一月十四日の封事について　（名越時正）「水戸史学」 34 1991.5
◇文天祥と藤田東湖―両「正気歌」を読みて　（近藤啓吾）「水戸史学」 34 1991.5
◇藤田東湖「正気歌」について　（倉持好夫）「岩井市郷土史研究会会報」 7 1994.3
◇天下の英豪・藤田東湖の至願―大義を明らかにし、人心を正す（特集 現代に生きる先人の訓論）（但野正弘）「日本及日本人」 日本及日本人 1632 1998.10 p58～67
◇歴史の中の総務部長（171）水野の江戸の機能分散策 藤田東湖（15）（童門冬二）「月刊総務」 総合経営管理協会 37（7） 1999.7 p54～57
◇歴史の中の総務部長（172）斉昭を手本にした水野の改革 藤田東湖（16）（童門冬二）「月刊総務」 総合経営管理協会 37（8） 1999.8 p50～53
◇歴史の中の総務部長（173）北方領土への関心―藤田東湖（17）（童門冬二）「月刊総務」 総合経営管理協会 37（9） 1999.9 p60～63
◇歴史の中の総務部長（174）斉昭の新総務陣営構想 藤田東湖（18）（童門冬二）「月刊総務」 総合経営管理協会 37（10） 1999.10 p52～55
◇歴史の中の総務部長（175）松は春、春を呼べ―藤田東湖（19）（童門冬二）「月刊総務」 総合経営管理協会 37（11） 1999.11 p50～53
◇歴史の中の総務部長―176―徳川斉昭のグローカリズム藤田東湖（20）（童門冬二）「月刊総務」 総合経営管理協会 37（12） 1999.12 p54～57
◇歴史の中の総務部長（177）回帰と創造 藤田東湖（21）（童門冬二）「月刊総務」 総合経営管理協会 38（1） 2000.1 p62～65
◇歴史の中の総務部長（178）主君斉昭との間に亀裂（童門冬二）「月刊総務」 総合経営管理協会 38（2） 2000.2 p54～57
◇歴史の中の総務部長（179）藩主より補佐役の罪を重くみた幕府―藤田東湖（23）（童門冬二）「月刊総務」 総合経営管理協会 38（3） 2000.3 p60～63
◇歴史の中の総務部長（180）藤田東湖（24）おまえの敵はおまえだ（童門冬二）「月刊総務」 総合経営管理協会 38（4） 2000.4 p60～63
◇歴史の中の総務部長 25 総務部長の参謀性（童門冬二）「月刊総務」 総合経営管理協会 38（5） 2000.5 p62～65
◇歴史の中の総務部長（182）藤田東湖（26）リニューアルと人事の関係（童門冬二）「月刊総務」 総合経営管理協会 38（6） 2000.6 p52～55

◇歴史の中の総務部長(183)藤田東湖(27)トップと補佐役の判断差　（童門冬二）「月刊総務」　総合経営管理協会 38(7) 2000.7 p50～53
◇歴史の中の総務部長(184)計画と予算の関係　藤田東湖(28)（童門冬二）「月刊総務」　総合経営管理協会 38(9) 2000.8 p46～49
◇歴史の中の総務部長(185)総務部長から戦略室長への道　藤田東湖(29)（童門冬二）「月刊総務」　ナナ・コーポレート・コミュニケーション 38(10) 2000.9 p46～49
◇歴史の中の総務部長(185)藤田東湖(30)総務部長リニューアルのための充電（童門冬二）「月刊総務」　ナナ・コーポレート・コミュニケーション 38(11) 2000.10 p46～49
◇歴史の中の総務部長(187)藤田東湖(31)地方分権のこと（童門冬二）「月刊総務」　ナナ・コーポレート・コミュニケーション 38(12) 2000.11 p52～55
◇歴史の中の総務部長(188)藤田東湖(32)地方からの江戸包囲（童門冬二）「月刊総務」　ナナ・コーポレート・コミュニケーション 38(13) 2000.12 p52～55
◇歴史の中の総務部長(189)偉人の死に時—藤田東湖(33・最終回)（童門冬二）「月刊総務」　ナナ・コーポレート・コミュニケーション 39(1) 2001.1 p48～51
◇水戸乱について—藤田東湖の『和文天祥正気歌』「弘道館記」（孫艶）「徳島大学国語国文学」　徳島大学国語国文学会 21 2008.3 p15～25
◇歴史の指標・藤田東湖(第1回)水戸学の大成者「明日への選択」日本政策研究センター 272 2008.9 p38～41
◇歴史の指標・藤田東湖(2)比類なき日本国体と祭祀の道「明日への選択」日本政策研究センター 273 2008.10 p38～41
◇歴史の指標・藤田東湖(3)逆境の中に生まれた不朽の文章「明日への選択」日本政策研究センター 274 2008.11 p38～41
◇歴史の指標・藤田東湖(4)志士達を奮い起こせた『正気歌』「明日への選択」日本政策研究センター 275 2008.12 p38～41
◇歴史の指標・藤田東湖(5)尊皇愛国の魂を練磨した敷島の道「明日への選択」日本政策研究センター 276 2009.1 p38～41
◇歴史の指標・藤田東湖(6・完)維新の志士達に与えた絶大な感化「明日への選択」日本政策研究センター 277 2009.2 p38～41

藤本鉄石　ふじもとてっせき　1816～1863
幕末の尊攘派志士。
【雑　誌】
◇近世煎茶交遊録(19)血に濡れた売茶翁—藤本鉄石（小川後楽）「日本美術工芸」526 1982.7
◇藤本鉄石筆山水画帖（吉沢忠）「国華」1078 1984.12
◇碑に見る天誅組の遺跡(32)藤本鉄石—戦死の地の碑（イ）人物について「吉野路」37 1988.4
◇碑に見る天誅組の遺跡(33)藤本鉄石戦死の地の碑（ロ）東吉野での行動「吉野路」38 1988.7
◇碑に見る天誅組の遺跡(36)藤本鉄石戦死の地の碑—ホ— 湯の谷墓地の墓碑「吉野路」42 1989.7

プチャーチン, E.　Putyatin, Evfimii Vasilievich　1803～1883
ロシアの海軍軍人。1854年日露和親条約を締結。
【図　書】
◇天皇と明治維新（阪本健一）晩書房 1983.1
◇静岡県の歴史 近世編　静岡新聞社 1983.10
◇陸軍創設史—フランス軍事顧問団の影（篠原宏著）リブロポート 1983.12
◇幕末北方関係史考（大熊良一著）近藤出版社 1990.4
◇日ソ外交事始—交流の原点はここにあった（藤野順з著）山手書房新社 1990.8
◇ロシアから来た黒船（大南勝彦著）（静岡）静岡新聞社 1991.3
◇開国—日露国境交渉（和田春樹著）日本放送出版協会 1991.4（NHKブックス）
◇棟梁朽敗せば改むべし—わたしの明治維新（玉木存著）R出版 1994.3
◇ライバル日本史 1（NHK取材班編）角川書店 1996.9 304p（角川文庫）
◇新版 江戸から東京へ 5（矢田挿雲著）中央公論社 1999.1 418p（中公文庫）
◇長崎開役日記—幕末の情報戦争（山本博文著）筑摩書房 1999.2 221p（ちくま新書）
◇学習カレンダー 365日今日はどんな日？1月（PHP研究所編）PHP研究所 1999.9 49p
◇伊豆と世界史—豆州国際化事始め（桜井祥行著）批評社 2002.4 213p
◇幕末維新異聞—「西郷さんの首」他（童門冬二ほか著）中央公論新社 2002.12 281p（中公文庫）
◇プチャーチン提督—150年の航跡（上野芳江著）東洋書店 2005.6 63p（ユーラシア・ブックレット）
◇プチャーチン使節団の日本来航—ロシアからみた安政の日露通好条約への道（玉木功一著）岐阜マルチメディア研究所 2006.6 123p
◇近代日本の万能人・榎本武揚 1836-1908（榎本隆充,高成田享編）藤原書店 2008.4 338p
◇外交儀礼から見た幕末日露文化交流史—描かれた相互イメージ・表象（生田美智子著）ミネルヴァ書房 2008.9 378,8p（MINERVA日本史ライブラリー）
【雑　誌】
◇幕末ロシア軍艦沈没始末記（松本剛）「日本及日本人」1563 1981.7
◇ペテルブルグから来た黒船(特集黒船・国難の時代)（大南勝彦）「歴史と人物」14(4) 1984.4
◇プチャーチン・川路の国境判判(特集ロシアの黒船鎮国日本を揺るがす)（高野明）「歴史と人物」14(7) 1984.7
◇いわゆる"プチャーチン"愛用の双眼鏡（北野耕平）「海事資料館年報(神戸商船大学)」13 1986.3
◇異文明との遭遇—川路聖謨とプチャーチン（土谷直人）「東海大学紀要 文学部」55 1991
◇プチャーチン考（加藤九祚）「創価大学人文論集」3 1991.3
◇日ソ関係の振り出し地点—漂民・大黒屋光太夫と幕臣・川路聖謨（田口英爾）「Will」10(6) 1991.6
◇異文明と遭遇—川路聖謨とプチャーチン（土谷直人）「東海大学紀要 文学部」55 1992.9
◇日本にあった幕末の遣日使節プチャーチンの手紙（保田孝一）「窓」91 1994.12
◇鎖法撤回、日本開国—ロシア使節プチャーチン来航(特集・黒船の世紀 日本開国秘史—押し寄せる跫音！かくて近代の扉は開かれた)（大南勝彦）「歴史と旅」23(16) 1996.11 p120～127
◇ロシア使節団の長崎来航と食糧・生活必需品の供給（西沢美穂子）「論集きんせい」東京大学近世史研究会 第22号 2000.6 p1～19
◇散策のペテルブルグ(29)プチャーチンをめぐる人々—プチャーチンと市川文吉（笠間啓治）「窓」ナウカ 121 2002.7 p40～43
◇散策のペテルブルグ(30)プチャーチンをめぐる人々(2)コンスタンチン・ポシエート（笠間啓治）「窓」ナウカ 122 2002.10 p28～31
◇散策のペテルブルグ(31)プチャーチンをめぐる人々(3)ステパン・レソーフスキー（笠間啓治）「窓」ナウカ 123 2002.12 p36～39
◇散策のペテルブルグ(32)プチャーチンをめぐる人々(4)イワン・ウンコーフスキー（笠間啓治）「窓」ナウカ 124 2003.4 p32～35
◇散策のペテルブルグ(33)プチャーチンをめぐる人々(5)ヴォイン・リムスキー＝コールサコフ（笠間啓治）「窓」ナウカ 125 2003.7 p40～43
◇明治期日本ロシア関係におけるプチャーチンに関するノート（白石仁章）「外交史料館報」外務省外交史料館 19 2005.9 p133～143
◇日魯通好条約について—日露交渉とE.B.プチャーチンへの訓令を中心に（日露関係史料をめぐる国際研究集会二〇〇六）（籠慎一）「東京大学史料編纂所研究紀要」東京大学史料編纂所 17 2007.3 p163～175
◇露清天津条約におけるプチャーチンの「仲介外交」（山添博史）「ロシア史研究」ロシア史研究会 83 2008 p3～16

ブラント, M.　Brandt, Max August Scipio von　1835～1920
ドイツの外交官。1860年来日、日普修好通商条約締結。
【図　書】
◇ドイツ公使の見た明治維新（M.V.ブラント著,原潔,永岡敦訳）新人物往来社 1987.1
◇幕末維新期の社会変革と群像（田中正弘著）吉川弘文館 2008.7 350,9p

ブリンクリ, F.　Brinkley, Francis　1841～1912
イギリスの海軍士官。海軍砲術学校他で指導。
【雑　誌】
◇なつかしき日本（加来耕三）「新潮45」9(6) 1990.6
◇Francis Brinkleyの「語学独案内」（長谷川潔）「関東学院大学文学部紀要」関東学院大学人文学会 77 1996.8 p47～85

古荘嘉門　ふるしょうかもん　1840～1915
明治期の政治家。衆議院議員。
【図　書】
◇旧制高校史の研究——高自治の成立と展開（宮坂広作著）信山社 2001.10 387p（SBC学術文庫）
【雑　誌】
◇台湾総督府内務部長古荘嘉門について（野口真広）「社学研論集」早稲田大学大学院社会科学研究科 4 2004 p93～108

ペリー, M.　Perry, Matthew Calbraith　1794～1858
アメリカ海軍軍人。1853年来航し日本の開国を要求。
【図　書】
◇ペリー提督—日本遠征とその生涯　（宮永孝）　有隣堂　1981.6　（有隣新書）
◇歴史への招待15　日本放送出版協会　1981.8
◇富岳歴覧—外国人の見た富士山　（伏見功）　現代旅行研究所　1982.4
◇天皇と明治維新　（阪本健一）　晩聲房　1983.1
◇静岡県の歴史　近世編　静岡新聞社　1983.10
◇人物探訪　日本の歴史—17—異郷の人々　暁教育図書　1984.3
◇黒船前後の世界　（加藤祐三）　岩波書店　1985
◇大西部の時代（人物アメリカ史2）　（猿谷要他編）　集英社　1985.1
◇開国へのあゆみ—阿部正弘とペリー　（福山市立福山城博物館編）　福山市立福山城博物館　1985.4
◇日本史探訪 19　開国か攘夷か　角川書店　1985.5
◇日本遠征日記〔新異国叢書　第2輯 1〕（ペリー著, 金井円訳）　雄松堂出版　1985.10
◇ペリー日本遠征日記〔新異国叢書第II輯1〕（金井円訳）　雄松堂書店　1985.10
◇石田幹之助著作集〈4〉東洋文庫の生れるまで　（石田幹之助著）　六興出版　1986.6
◇日本開国—ペリーとハリスの交渉　（タマリン, アルフレッド著, 浜屋雅軌訳）　高文堂出版社　1986.5
◇アメリカと日本—ペリーからマッカーサーまで　（ウィリアム・L.ニューマン著, 本間長世, 有賀夏紀, 杉森長子, 有賀貞訳）　研究社出版 1986.8
◇薩摩島津古写真集　（鹿島晃久, 福田敏之編著）　新人物往来社　1986.12
◇黒船と幕府—ペリー来航の背景と幕府の対応　（浜屋雅軌著）　高文堂出版社　1987.3
◇ペリーは、なぜ日本に来たか　（曽村保信著）　新潮社　1987.4　（新潮選書）
◇黒船異変—ペリーの挑戦　（加藤祐三著）　岩波書店　1988.2　（岩波新書）
◇日本歴史を散歩する　（海音寺潮五郎著）　PHP研究所　1988.6（PHP文庫）
◇ペリー来航前後—幕末開国史　（山口宗之著）　ぺりかん社　1988.11
◇世界経済三国志—覇権の150年〈上〉　（朝日ジャーナル編）　朝日新聞社　1989.2
◇大系　日本の歴史〈12〉開国と維新　（石井寛治著）　小学館　1989.3
◇NHK歴史への招待〔第20巻〕黒船襲来　（NHK編）　日本放送出版協会　1989.5　（新コンパクト・シリーズ）
◇都市ヨコハマ物語　田村明著　時事通信社　1989.6
◇江戸文人のスクラップブック　（工藤宜著）　新潮社　1989.8
◇明治維新紀行　（邦光史郎著）　徳間書店　1989.11　（徳間文庫）
◇幕末・維新おもしろ群像—風雲の世の主役たちを裸にする　（河野亮著）　広済堂出版　1990.1　（広済堂ブックス）
◇交渉力研究〈2〉　（藤田忠著）　プレジデント社　1990.3
◇鎌倉市史〈近世通史編〉　（鎌倉市市史編さん委員会編）　吉川弘文館　1990.3
◇だから歴史はおもしろい　（今野信雄編）　彩流社　1990.4
◇ペリー艦隊 黒船に乗っていた日本人—「栄力丸」17名の漂流人生　（足立和著）　徳間書店　1990.4
◇開国—日露国境交渉　（和田春樹著）　日本放送出版協会　1991.4　（NHKブックス）
◇緑の文化史—自然と人間のかかわりを考える　（俵浩三著）　（札幌）北海道大学図書刊行会　1991.7
◇日米関係の原点—ペリー来航に関する研究　（浜屋雅軌著）　高文堂出版社　1992.2
◇これならわかる日本の歴史Q&A〈3〉幕末・現代　（加藤文三, 市川真一, 石井郎男著）　大月書店　1992.4
◇つい喋りたくなる歴史のマル秘謎話—あの浦島太郎は実在した?!　（歴史の謎を探る会編）　青春出版社　1992.8　（青春BEST文庫）
◇環太平洋国際関係のイメージ　（日本国際政治学会編）　日本国際政治学会　1993.2
◇物語　日本の歴史〈第25巻〉黒船の威容にゆれる人びと　（笠原一男編）　木耳社　1993.3
◇NHK 歴史発見〈4〉（NHK歴史発見取材班編）　角川書店　1993.5
◇アメリカと日本　（上智大学アメリカ・カナダ研究所編）　彩流社　1993.6
◇黒船異変—ペリーの挑戦〔特装版〕　（加藤祐三著）　岩波書店　1993.7　（岩波新書の江戸時代）
◇開国期日本外交の断面　（浜屋雅軌著）　高文堂出版社　1993.10
◇蝦夷地の外国人ナチュラリストたち　（村元直人著）　函館 幻洋社　1994.1
◇ペリーの対日交渉記　（藤田忠著）　日本能率協会マネジメントセンター　1994.3

◇ペリー艦隊大航海記　（大江志乃夫著）　立風書房　1994.4
◇日本の近世〈18〉近代国家への志向　（田中彰編）　中央公論社　1994.5
◇ペリー来航関係資料図録　（横浜開港資料普及協会〔編〕）　横浜開港資料館　1994.10
◇白旗伝説　（松本健一著）　新潮社　1995.5　232p
◇ライバル日本史 1　（NHK取材班編）　角川書店　1996.9　304p　（角川文庫）
◇シーボルトとペリーのアメリカ日本遠征艦隊—ブランデンシュタイン家文書を中心に　（宮坂正英）『シーボルトと日本の開国近代化』（箭内健次, 宮崎道生編）　続群書類従完成会　1997.2　p203
◇M・C・ペリーの来日と宗教問題　（芹川博通）『東西における知の探究』（峰島旭雄教授古稀記念論集刊行会編）　北樹出版　1998.1　p459
◇幕末の官僚—どのように政治危機を乗り切ろうとしたか　（檜山良昭著）　光文社　1998.2　246p
◇白旗伝説　（松本健一著）　講談社　1998.5　284p　（講談社学術文庫）
◇黒船が見た幕末日本—徳川慶喜とペリーの時代　（ピーター・ブース・ワイリー著, 興梠一郎訳）　ティビーエス・ブリタニカ　1998.7　415p
◇堂々日本史 17　（NHK取材班編）　KTC中央出版　1998.9　247p
◇幕末—その常識のうそ　（北岡敬史）　鷹書房弓プレス　1998.11　253p
◇日本史年表の楽しい読み方—歴史のホントが見えてくる　（歴史の謎を探る会編）　河出書房新社　1999.1　222p　（KAWADE夢文庫）
◇新版 江戸から東京へ 5　（矢田挿雲著）　中央公論社　1999.1　418p （中公文庫）
◇学習に役立つものしり事典365日 6月 新版　（谷川健一, 根本順吉監修）　小峰書店　1999.2　63p
◇隠されたペリーの「白旗」—日米関係のイメージ論的・精神史的研究　（三輪公忠著）　上智大学　1999.3　391,16p
◇ペリーがやってきた—19世紀にやってきた異国人たち　（沖縄県文化振興会公文書館管理部史料編集室編）　沖縄県教育委員会　1999.3　57p　（沖縄県史ビジュアル版）
◇教科書が教えない歴史—日本と外国、勇気と友情の物語　（藤岡信勝, 自由主義史観研究会著）　産経新聞ニュースサービス　1999.4　357p （扶桑社文庫）
◇世界と出会う日本の歴史—幕末-明治 4　（歴史教育者協議会編）　ほるぷ出版　1999.4　47p
◇実学史研究 11　（実学資料研究会編）　思文閣出版　1999.5　316p
◇異国と琉球 新装版　（山口栄鉄著）　榕樹書林　1999.6　256p
◇私の日本音楽史—異文化との出会い　（団伊玖磨著）　日本放送出版協会　1999.7　374p　（NHKライブラリー）
◇堂々日本史 第24巻　NHK取材班編　KTC中央出版　1999.7　247p
◇100問100答 日本の歴史 5　（歴史教育者協議会編）　河出書房新社　1999.7　271p
◇海を渡った生き人形—ペリー以前以後の日米交流　（小林淳一著）　朝日新聞社　1999.9　222p　（朝日選書）
◇1冊でわかる日本現代史　（毛利和夫著）　ダブリュネット　1999.9　423p
◇猪口孝が読み解く『ペリー提督日本遠征記』（〔フランシス・L.ホークス〕編, 猪口孝監修, 三方洋子訳）　NTT出版　1999.10　286p
◇人物日米関係史—万次郎からマッカーサーまで　（斎藤元一著）　成文堂　1999.11　209p
◇世界に開かれた昭和の戦争記念館　第3巻　（名越二荒之助編）　展転社　1999.11　199p　（歴史パノラマ写真集）
◇最後の幕臣 勝海舟　（童門冬二著）　成美堂出版　1999.12　262p　（成美文庫）
◇幕末日本の情報活動—「開国」の情報史　（岩下哲典著）　雄山閣出版　2000.1　377p
◇琉球—異邦典籍と史料　（山口栄鉄著）　榕樹書林　2000.2　178p
◇ビジュアルワイド 図説日本史 改訂4版　（東京書籍編集部編著）　東京書籍　2000.2　272p
◇日本の西洋医学の生い立ち—南蛮人渡来から明治維新まで　（吉良枝郎著）　築地書館　2000.3　221p
◇伝記 ペリー提督の日本開国　（サミュエル・エリオット・モリソン著, 座本勝之訳）　双葉社　2000.4　471p
◇楽しく調べる人物図解日本の歴史—江戸時代末期・明治時代 6　（佐藤和彦監修）　あかね書房　2000.4　47p
◇調べ学習日本の歴史 7　（三谷博監修）　ポプラ社　2000.4　47p
◇青い目が見た「大琉球」 改版　（ラブ・オーシュリ, 上原正稔編著, 照屋善彦監修）　ニライ社　2000.5　240p
◇ペリー艦隊大航海記　（大江志乃夫著）　朝日新聞社　2000.7　372p　（朝日文庫）
◇人物で読む近現代史 上　（歴史教育者協議会編）　青木書店　2001.1　299p
◇彼理日本紀行—ペリーと浦賀　（横須賀開国史研究会編）　横須賀市　2001.3　149p　（横須賀開国史シリーズ）
◇彼理日本紀行—ペリーと浦賀　（横須賀開国史研究会編）　横須賀市

2001.3 149p （横須賀開国史シリーズ）
◇絵とき横浜ものがたり （宮野力哉著） 東京堂出版 2001.9 240p
◇日本の没落―改革の試練 （大原一三著） 角川書店 2001.10 428p （文芸シリーズ）
◇なぜ太平洋戦争になったのか―西洋のエゴイズムに翻弄された日本の悲劇 （北原惇著） ティビーエス・ブリタニカ 2001.12 233p
◇現代ロシアを読み解く―社会主義から「中世社会」へ （袴田茂樹著） 筑摩書房 2002.2 222p （ちくま新書）
◇人物日本の歴史・日本を変えた53人 6 （高野尚好監修） 学習研究社 2002.2 64p
◇横浜ベイサイドヒストリー47景 （山田一広著） 街と暮らし社 2002.3 229p
◇南浦書信―ペリー来航と浦賀奉行戸田伊豆守氏栄の書簡集 （浦賀近世史研究会監修） 未来社 2002.3 198p
◇龍馬の謎―徹底検証 （加来耕三著） 講談社 2002.7 517p （講談社文庫）
◇中学校新歴史のファックス教材集 （渋沢文隆、山口正編） 明治図書出版 2002.8 93p
◇横浜・歴史の街かど （横浜開港資料館編） 神奈川新聞社 2002.10 118p
◇「小さな幸福」一日ひとつの生き方 （堀田そう著） ソニー・マガジンズ 2003.2 230p
◇続々 日本史こぼれ話 近世・近代 （笠原一男、児玉幸多編） 山川出版社 2003.2 211p
◇マンガで読み解く日本の歴史 江戸時代編 （田代脩監修） 学習研究社 2003.5 254p
◇新・シーボルト研究 1 （石山禎一、沓沢宣賢、宮坂正英、向井晃編） 八坂書房 2003.5 438,91p
◇その時歴史が動いた 19 （NHK取材班編） KTC中央出版 2003.6 253p
◇アメリカはどこへ行く―覇権主義の源流 （槐一男著） 郁朋社 2003.7 222p
◇幕末維新・あの人の「その後」―新選組から明治の指導者まで （日本博学倶楽部著） PHP研究所 2003.9 275p （PHP文庫）
◇社会科の先生が教える日本の歴史ウソ・ホント （社会科大好き教師の勉強会編） 幻冬舎 2003.9 228p （幻冬舎文庫）
◇ペリー来航 新装版 （三谷博著,日本歴史学会編） 吉川弘文館 2003.10 292p （日本歴史叢書）
◇ペリー来航 歴史を動かした男たち （山本博文著） 小学館 2003.11 203p
◇日米外交の人間史―黒船から経済摩擦まで （越智道雄著） 中央公論新社 2003.11 299p （中公新書ラクレ）
◇人物なるほど「一日一話」―今日は誰の日？ （今泉正顕著） PHP研究所 2003.12 400p （PHP文庫）
◇幕末外交と開国 （加藤祐三著） 筑摩書房 2004.1 249p （ちくま新書）
◇開国と幕末の動乱 （井上勲編） 吉川弘文館 2004.1 328,12p （日本の時代史）
◇日本外交のアイデンティティ （長谷川雄一編） 南窓社 2004.1 282p （国際関係学叢書）
◇京都新選組案内―物語と史跡 （武山峯久著） 創元社 2004.1 227p
◇坂本龍馬―幕末志士の旅 （河合敦著） 光人社 2004.2 302p
◇逆転日本史―仮説で読み解く歴史事件簿 （加来耕三著） 三修社 2004.3 246p
◇第三の開国と日米関係 （松本健一著） 第三文明社 2004.3 238p
◇影の日本史 （森博之著） 総和社 2004.3 201p
◇幕末の蒸気船物語 （元綱数道著） 成山堂書店 2004.4 210p
◇電気通信物語―通信ネットワークを変えてきたもの （城水元次郎著） オーム社 2004.5 326p
◇明治の精神史―勝海舟から内村鑑三まで （堀切直人著） J & Jコーポレーション 2004.6 196p
◇サムライ、ITに遭う―幕末通信事始 （中野明著） NTT出版 2004.9 266p
◇思想劇画 属国日本史 幕末編 （副島隆彦著,ロシナンテ青木劇画） 早月堂書房 2004.9 275p
◇らくらくわかる！英語対訳で読む日本史 （中西康裕監修,グレゴリー・パットン英文翻訳） 実業之日本社 2004.10 199p
◇幕末漂流―日米開国秘話 （青木健著） 河出書房新社 2004.10 230p
◇横浜大桟橋物語 （客船とみなと遺産の会編） JTBパブリッシング 2004.12 171p （JTBキャンブックス）
◇アメリカ外交の魂―帝国の理念と本能 （中西輝政著） 集英社 2005.1 302p
◇幕末・維新 （高野澄著） ナツメ社 2005.2 255p （図解雑学）
◇中社歴史のお宝クイズ＆エピソード （佐伯真人編） 明治図書出版 2005.2 191p
◇教科書が教えない歴史 普及版 （藤岡信勝,自由主義史観研究会著）

産経新聞ニュースサービス 2005.3 253p
◇幕末から廃藩置県までの西洋医学 （吉良枝郎著） 築地書館 2005.5 239p
◇絵はがきで見る日本近代 （富田昭次著） 青弓社 2005.6 265p
◇教科書が教えない歴史 2 普及版 （藤岡信勝,自由主義史観研究会著） 産経新聞ニュースサービス 2005.6 273p
◇イッキ読み！神田陽子の講談日本史 （神田陽子著） 広済堂出版 2005.7 125p
◇日本・アメリカ 対立と協調の150年―江戸から現代まで、アメリカの戦略を検証する （三輪公忠著） 清流出版 2005.8 255p
◇比較文学の世界 （秋山正幸,榎本義子編著） 南雲堂 2005.8 309p
◇タウンゼント・ハリスと堀田正睦―日米友好関係史の一局面 （河村望著） 人間の科学社 2005.10 295p
◇アメリカが変えた日本の歴史―ペリー後の150年を読む （池井優著） 太陽企画出版 2005.12 302p
◇ペリー提督海洋人の肖像 （小島敦夫著） 講談社 2005.12 222p （講談社現代新書）
◇日本の歴史 19 改版 （小西四郎著） 中央公論新社 2006.2 581p （中公文庫）
◇黒船とニッポン開国―異文化交錯の劇空間 （神徳昭甫著） 富山大学出版会 2006.4 195,7p （富山大学出版会学術図書シリーズ）
◇ペリーを訪ねて （中野昌彦著） 東京図書出版会 2006.4 281p
◇予告されていたペリー来航と幕末情報戦争 （岩下哲典著） 洋泉社 2006.5 206p （新書y）
◇逆転 日本史―仮説で読み解く歴史事件簿 新装版 （加来耕三著） 三修社 2006.5 246p
◇真説・会津白虎隊―会津藩に学ぶ品格 （早川広中著） 双葉社 2006.11 222p
◇日米相互誤解史 （長山靖生著） 中央公論新社 2006.11 325p （中公文庫）
◇持丸長者 幕末・維新篇―日本を動かした怪物たち （広瀬隆著） ダイヤモンド社 2007.2 373p
◇サムライ異文化交渉史 （御手洗昭治著） ゆまに書房 2007.4 270p
◇仏教とキリスト教 2 （芹川博通著） 北樹出版 2007.6 392p （芹川博通著作集）
◇渡部昇一のマンガ昭和史―日本人が知っておきたい太平洋戦争 （渡部昇一原作,水木繁漫画） 宝島社 2007.8 283p
◇敗者たちの幕末維新―徳川を支えた13人の戦い （武光誠著） PHP研究所 2007.9 235p （PHP文庫）
◇幕末の朝廷―若き孝明帝と鷹司関白 （家近良樹著） 中央公論新社 2007.10 328p （中公叢書）
◇ペリー提督の機密報告書―コンフィデンシャル・レポートと開国交渉の真実 （今津浩一著） ハイデンス 2007.10 221p
◇ジパング・日本見聞録―頼朝とマルコ・ポーロ （渋谷勝彦著） 文芸社 2007.11 500p
◇日本英学史叙説―英語の受容から教育へ （庭野吉弘著） 研究社 2008.3 512p
◇歴史のかげにグルメあり （黒岩比佐子著） 文芸春秋 2008.8 254p （文春新書）
◇日本賛辞の至言33撰―世界の偉人たちが贈る 新版 （波田野毅著） ごま書房 2008.11 289p
◇ペリー艦隊日本遠征記 下 （オフィス宮崎編訳） 万来舎 2009.4 518,15p
◇史料を読み解く 4 （鈴木淳,西川誠,松沢裕作編） 山川出版社 2009.6 143p
◇江戸時代の古文書を読む―ペリー来航 （徳川林政史研究所監修） 東京堂出版 2009.6 153p
◇ペリーとヘボンと横浜開港―情報学から見た幕末 （丸山健夫著） 臨川書店 2009.10 263p
◇井伊直弼と黒船物語―幕末・黎明の光芒を歩く （豊島昭彦著） サンライズ出版 2009.10 266p
◇誰が坂本龍馬をつくったか （河合敦著） 角川SSコミュニケーションズ 2009.11 186p （角川SSC新書）
◇黒船の行方―アメリカ文学と「日本」 （中川法城監修,高橋勇二,藤谷聖和,藤本雅樹編著） 英宝社 2009.11 229p （竜谷叢書）
◇日本開国―アメリカがペリー艦隊を派遣した本当の理由 （渡辺惣樹著） 草思社 2009.12 261p
◇幕末土佐の12人 （武光誠著） PHP研究所 2009.12 265p （PHP文庫）
【雑誌】
◇ペリー提督と漂民清太郎 （浜ْ淳）「歴史と旅」 9(10) 1982.8
◇黒船前後の世界(1)ペリー艦隊の来航 （加藤祐三）「思想」 709 1983.7
◇黒船前後の世界(2)ペリー派遣の背景 （加藤祐三）「思想」 710 1983.8
◇黒船前後の世界(3)ペリー周辺の人びと （加藤祐三）「思想」 711

1983.9
◇ペリーの故郷を訪ねて　(小島敦夫)　「歴史読本」　29(1)　1984.1
◇ペリーの故郷を訪ねて　(小島敦夫)　「歴史読本」　29(2)　1984.2
◇ペリーの故郷を訪ねて　(小島敦夫)　「歴史読本」　29(4)　1984.3
◇ペリーの故郷を訪ねて　(小島敦夫)　「歴史読本」　29(6)　1984.4
◇ペリーの故郷を訪ねて　(小島敦夫)　「歴史読本」　29(7)　1984.5
◇ペリー艦隊来航顚末記　(半藤一利)　「世界の艦船」　336　1984.6
◇ペリーの故郷を訪ねて　(小島敦夫)　「歴史読本」　29(11)　1984.7
◇幕末来日外人のみた天皇と将軍　(小西四郎)　「歴史公論」　10(10)　1984.10
◇ペリー来航予告をめぐる若干の考察　(山口宗之)　「九州大学九州文化史研究所紀要」　30　1985.3
◇ペリー提督上陸記念碑の刻字疑点　(塚原忠治)　「杉並郷土史会々報」　77　1986.5
◇ペリー提督の日本遠征について―目的とその背景　(熊谷光久)　「軍事史学」　23(2)　1987.10
◇琉球とペリーと石炭　(立松和平)　「三省堂ぶっくれっと」　71　1987.11
◇ペリー来航予告をめぐる幕府の対応について　(青木美智男)　「経済論集(日本福祉大学)」　創刊号　1990.1
◇ハリスがみたなまこ壁―静岡県下田市(付グラビア)(街並みと自然(39))　(西村修一)　「エコノミスト」　68(2)　1990.1.16
◇開国前夜の政局とペリー来航予告情報　(岩下哲典)　「日蘭学会会誌」　15(2)　1991.3
◇日本における発達の概念の導入について―Perry,M.C.,Harris,T.,Alcock,R.の場合　(田中昌人)　「京都大学教育学部紀要」　37　1991.3
◇これが日米の最初の出合いだった―歴史発掘、捕鯨船長キャプテン・クーパーの真実　(平尾信子)　「月刊Asahi」　3(4)　1991.4
◇ペリー沖縄に上陸　(坂本正行)　「港湾」　68(7)　1991.7
◇「日本行記」のもう一つの意味(6)彼里(ペリー)艦隊と沖縄　(佐藤林平)　「慶応義塾日吉紀要　言語・文化・コミュニケーション」　8　1991.8
◇堀達之助研究ノート(7)ビッドルおよびペリー応接　(堀孝彦,谷沢尚一)　「名古屋学院大学論集　社会科学篇」　28(2)　1991.10
◇2000字提言・いまアメリカとどうつきあうか―140年前から変わらぬ交渉法(特集・平成4年、アメリカ「発見」のすすめ)　(徳岡孝夫)　「中央公論」　107(3)　1992.3
◇ペリー来航予告情報と長崎　(岩下哲典)　「歴史手帖」　20(4)　1992.4
◇日米交流―美の周辺(1)ペリー来航　(清水真砂)　「日本美術工芸」　652　1993.1
◇ペリー「第4の書翰」(環太平洋国際関係史のイメージ)　(三輪公忠)　「季刊国際政治」　102　1993.2
◇司法と憲法上の政策形成―M.ペリー教授の所説を中心に(完)　(猪股弘貴)　「早稲田法学」　68(3・4)　1993.3
◇ペリー来航の意味をとらえていた志士たち(幕末史話―"第3の開国"のさ中に(1))　(松本健一)　「エコノミスト」　71(42)　1993.10.5
◇「白旗」で開国を迫ったペリー(幕末史話―"第3の開国"のさ中に(2))　(松本健一)　「エコノミスト」　71(43)　1993.10.12
◇ペリーの「白旗」―抹殺=隠匿から顕在化まで　(三輪公忠)　「上智大学外国語学部紀要」　29　1994
◇通商か戦争か―ペリーの「白旗」をめぐって　(松本健一)　「日本及日本人」　1615　1994.7
◇ペリーのピストル　(沢田平)　「歴史懇談」　8　1994.8
◇鉄砲伝来とペリー来航(太平洋世界の復活〔10〕)　(入江隆則)　「Voice」　215　1995.11　p242～253
◇ペリーの星条旗(随想)　(岡本良平)　「現代」　29(11)　1995.11　p366～367
◇嘉永7年の地震とペリー来航(1)　(浜屋雅軌)　「秋田論叢」　秋田経済法科大学法学部　12　1996　p206～171
◇異文化間外交コミュニケーション「ペリー長官のシャトル外交と沖縄基地返還」　(御手洗昭治)　「札幌大学外国語学部紀要　文化と言語」　札幌大学外国語学部　29(2)　1996.3　p71～91
◇ペリーの衝撃と波及(遙かな海へ　評伝「勝海舟の生涯とその後」〔4〕)　(松浦玲)　「Ronza」　2(7)　1996.7　p154～161
◇祖法撤回、日本開国―ペリー艦隊第一次来航　友好的な開国要求(特集・黒船の世紀　日本開国秘史―押し寄せる跫音！かくして近代の扉は開かれた)　(川崎勝)　「歴史と旅」　23(16)　1996.11　p102～109
◇祖法撤回、日本開国―ペリー艦隊第二次来航　日米和親条約の締結(特集・黒船の世紀　日本開国秘史―押し寄せる跫音！かくして近代の扉は開かれた)　(加藤祐三)　「歴史と旅」　23(16)　1996.11　p110～119
◇ペリー使節贈呈　エンボッシングモールス電信機―レジスタの構成・動作考察　(遠藤正)　「国際短期大学紀要」　国際短期大学　12　1997　p73～95
◇嘉永7年の地震とペリー来航(2)　(浜屋雅軌)　「秋田論叢」　秋田経済法科大学法学部　13　1997.3　p186～146
◇デリダとペリー―指示詞の考察における共通点　(高井雅弘)　「関西大学哲学」　関西大学哲学会　19　1999.2　p107～129
◇ペリー来航前後の日蘭交渉―オランダ商館長クルチウスの活動を中心に　(西沢美穂子)「専修史学」　専修大学歴史学会　30　1999.3　p24～55
◇日米関係における精神史の探究―『隠されたペリーの「白旗」』　(宮崎慶之)　「ソフィア」　上智大学　48(2)　1999.3　p186～198
◇米外交の中の日本(2)ペリー派遣の裏方はパーマー―応諾なければ江戸湾封鎖も　(田久保忠衛)　「自由」　自由社　41(8)　1999.8　p10～19
◇米外交の中の日本(3)ペリー来日の事前情報にも無策―鎖国日本の絶対絶命と外の世界　(田久保忠衛)　「自由」　自由社　41(9)　1999.9　p102～113
◇米国の対北朝鮮政策とペリー報告―「対話」と「抑止」の狭間で　(村田晃嗣)　「国際問題」　日本国際問題研究所　479　2000.2　p30～43
◇ペリー報告書の意味と問題点―クリントン政権における北朝鮮政策「見直し」　(島田洋一)　「姫路法学」　姫路独協大学法学部　第29・30合併号　2000.3　p151～171
◇かわら版におけるアメリカ人像の形体―ペリー来航の捉え方　(田中葉子)　「立教日本史論集」　立教大学日本史研究会　第8号　2001.1　p65～88
◇Commodore Perry's effective tactics found in Japanese and American sources　(吉岡みのり)　「阪南論集　人文・自然科学編」　阪南大学学会　36(4)　2001.3　p21～45
◇ペリー来航と国持大名の動員　(上松俊弘)　「日本歴史」　吉川弘文館　645　2002.2　p53～69
◇函館英学史(5)函館英学ルーツに起因するペリー提督の英学的足跡(完)　(井上能孝)　「函館大学論究」　函館大学商学部　33　2002.3　p1～
◇ペリーの白旗書簡は偽文書である　(宮地正人)　「明治大学教職課程年報(2001年度)」　明治大学教職課程　No.24　2002.3　p91～96
◇ペリーの白旗書簡について　(若井敏明)　「大阪成蹊女子短期大学研究紀要」　大阪成蹊女子短期大学　40　2003　p13～23
◇ペリーのいわゆる白旗「書簡」問題をめぐって―ペリー来航一五〇年にあたり　(堀孝彦)　「季報唯物論研究」　季報「唯物論研究」刊行会　85　2003.8　p132～136
◇明治精神史序説(1)ペリー・ショック　(堀切直人)　「日本及日本人」　J&Jコーポレーション　1650　2004.新春　p52～66
◇ペリー提督直筆の公文書第50号と開港場箱館の原点―ペリー箱館来航150周年の足跡甦る　(井上能孝)　「函館大学論究」　函館大学　35　2004.3　p41～56
◇ペリー来航の意味について　(蟹江清志,早川清一)　「仁愛大学研究紀要」　仁愛大学　4　2005　p15～23
◇RIGHT翻訳語「権」＆「理」の発祥を考証―ペリー箱館来航150周年に憶う　(井上能孝)　「函館英文学」　函館英語英文学会　第44号　2005.3　p11～22
◇異文化間コミュニケーション(3)東インド艦隊司令長官・Commodore Mathew Calbraith Perryの来航で生じた人間模様　(辻陽一)　「成城法学　教養論集」　成城大学法学会　19　2005.3　p51～104
◇ペリー来航絵巻について(2)　(嶋村元宏)　「神奈川県立博物館研究報告　人文科学」　神奈川県立歴史博物館　32　2006　p43～91
◇娯楽ものが作る「ペリー来航」―黒船かわら版の言葉遊びと見立てものの検討　(田中葉子)　「立教日本史論集」　立教大学日本史研究会　第10号　2006.1　p1～14
◇素顔のペリー提督　(小島敦夫)　「本」　講談社　31(1)　2006.1　p55～57
◇日本を守った名場面(5)ペリーを感動させた日本のナポレオン―佐久間象山　(童門冬二)　「日本の風」　防衛弘済会　5　2006.春　p46～49
◇憧憬と忠義と暴力と―ペリー来航と沖縄の創作　(仲程昌徳)　「日本東洋文化論集」　琉球大学法文学部　12　2006.3　p59～85
◇歴史のかげに"食"あり(第1回)マシュー・C・ペリーの口には合わなかった日本料理　(黒岩比佐子)　「文學界」　文藝春秋　60(8)　2006.8　p190～195
◇〔横須賀開国史研究会〕総会記念講演　幕末来日の外国人が見た庶民教育―ペリー、シュリーマンの見聞記から　(青木美智男)　「開国史研究」　横須賀市　8　2008.3　p6～38
◇シェイス著『オランダ日本開国論』付属資料3　「『ペリー提督日本遠征記』への反論」とその考察―幕末期のアジアにおける欧米列強の国際関係を背景として　(Van der Chijs J. A., 小暮実徳〔訳〕)　「一滴」　津山洋学資料館　17　2009　p19～38
◇平成20年度(〔津山洋学資料館〕創立30周年記念)特別展報告　ペリーが来ミた!　「一滴」　津山洋学資料館　17　2009　p1～18
◇ペリー一行の視察した横浜と下田(特定研究プロジェクト「絵図にみる幕末・明治」成果論文)　(石井正己)　「旅の文化研究所研究報告」　旅の文化研究所　17　2009.2　p87～93
◇開国と日本人との出会い―ペリー艦隊がみた日本人の異文化との接し方(特定研究プロジェクト「絵図にみる幕末・明治」成果論文)　(山本志乃)　「旅の文化研究所研究報告」　旅の文化研究所　17　2009.2　p95～105
◇ペリー来航と嘉永六年の対外意見(1)　(三浦顕一郎)　「白鷗法学」　白鷗大学法学部　16(1)　2009.5　p1～31

ベルクール, P.　Bellecourt, P.Dushesne de　1817～1881
幕末の駐日フランス外交官。1859年初代駐日総領事。
【雑　誌】
◇初代フランス特命全権公使ギュスターヴ・デュシェーヌ・ド・ベルクールについて（1）　（西堀昭）「横浜経営研究」13（4）1993.3
◇初代フランス特命全権公使ギュスターヴ・デュシェーヌ・ド・ベルクールについて（2完）（西堀昭）「横浜経営研究」14（4）1994.3

星恂太郎　ほしじゅんたろう　1840～1876
幕末，明治期の仙台藩士。
【図　書】
◇物語 五稜郭悲話　（新人物往来社編）　新人物往来社　1988.8
◇五稜郭秘史 紅蓮のごとく―仙台藩額兵隊・星恂太郎の生涯　（合田一道著）　教育書籍　1988.12

星亨　ほしとおる　1850～1901
明治期の政治家，自由民権運動家。通信大臣。
【図　書】
◇日本政治の実力者たち―リーダーの条件1 幕末・明治篇　（鵜沢義行ほか）　有斐閣　1980.7　（有斐閣新書）
◇類聚伝記大日本史11 政治家篇　（尾佐竹猛編集解説）雄山閣出版　1981.6
◇自由民権機密探偵史料集 国立公文書館蔵　（井出孫六ほか編）三一書房　1981.12
◇星亨　（有泉貞夫）　朝日新聞社　1983.3　（朝日評伝選 27）
◇日本のリーダー 2 政党政治の雄　ティビーエス・ブリタニカ　1983.4
◇政党政治の開拓者・星亨（Fuyo books）　（竹内良夫著）　芙蓉書房　1984.7
◇星亨とその時代 1（東洋文庫 437）（野沢鶏一編著，川崎勝，広瀬順晧校注）平凡社　1984.9
◇星亨とその時代 2（東洋文庫 438）（野沢鶏一編著，川崎勝，広瀬順晧校注）平凡社　1984.10
◇日本のテロリスト（潮文庫）　（室伏哲郎著）　潮出版社　1986.1
◇拡張主義国家の相克―日・米の摩擦 ハワイ・フィリピン併合問題　（辺野喜英昭著）　月刊沖縄社　1986.4
◇明治自由党の研究〈下巻〉（寺崎修著）慶応通信　1987.4
◇星亨　（中村菊男著）吉川弘文館　1988.1　（人物叢書〔新装版〕）
◇星亨　（鈴木武史）　中央公論社　1988.2
◇星亨―藩閥政治を揺がした男　（鈴木武史著）中央公論社　1988.2（中公新書）
◇「派閥」の研究　（山本七平著）　文芸春秋　1989.9　（文春文庫）
◇自由燈の研究―帝国議会開設前夜の民権派新聞　（松尾章一編）　日本経済評論社　1991.3
◇大物は殺される―歴史を変えた「暗殺」の世界史　（大沢正道著）日本文芸社　1994.4　（ラクダブックス）
◇時代思想の権化―星亨と社会　（正岡芸陽著）　大空社　1997.11 151,155,5p（伝記叢書）
◇政官攻防史　（金子仁洋著）文芸春秋　1999.2 238p（文春新書）
◇立憲国家の確立と伊藤博文―内政と外交 1889～1898　（伊藤之雄著）吉川弘文館　1999.7 338,5p
◇日本史の現場検証 2　（合田一道著）扶桑社　1999.11 261p
◇結婚百物語　（林えり子著）河出書房新社　2000.1 251p（河出文庫）
◇日本のテロル―変質するバイオレンス130年史（室伏哲郎著）世界書院　2000.6 309p（腐蝕立国・日本）
◇条約改正と国内政治　（小宮一夫著）吉川弘文館　2001.1 274,7p
◇明治人のお葬式　（此経啓助著）現代書館　2001.12 203p
◇小村寿太郎とその時代　（岡崎久彦著）PHP研究所　2003.5 416p（PHP文庫）
◇朝鮮王妃殺害と日本人―誰が仕組んで，誰が実行したのか（金文子著）高文研　2009.2 364p
◇為政者の器―現代の日本に求められる政治家像　（丹羽文生著）春日出版　2009.8 127p
【雑　誌】
◇伊庭想太郎〔下〕「星亨暗殺」の背景（経営者の精神史〔2〕）（山口昌男）「ダイヤモンド」90（31）2002.8.10・17 p142～143
◇星亨研究ノート　（有泉貞夫）「東京商船大学研究報告（人文科学）」31 1981.5
◇星亨草案 資料（2）　（新井勝紘）「自由民権百年」7 1981.11
◇明治17年・星亨官吏侮辱事件の一考察　（寺崎修）「政治学論集」16 1982.9
◇星亨の明治初期民権思想　（麻生三郎）「歴史評論」396 1983.4
◇星亨をどのように評価するか―有泉貞夫氏の新著『星亨』を中心に（歴史のひろば）―特集・地域のなかの自由民権　（稲田雅洋）「歴史評論」402 1983.10
◇暗殺された星亨と田中角栄（特集・田中角栄実刑判決〔6〕）（山本七平）「諸君！」15（12）1983.12
◇星亨と田中角栄（政治を見つめて〔33〕）（宇治敏彦）「行政とADP」19（12）1983.12
◇自由党と星亨　（麻生三郎）「歴史評論」413 1984.9
◇鉄の海流（1）時空を駆けぬけた3人の男たち　（長谷川義記）「日本及日本人」1583 1986.7
◇鷲鳥は群れず（評伝・陸奥宗光〔13〕）（岡崎久彦）「Voice」105 1986.9
◇1900年10月 都市と農村〔3〕星亨刺殺（世紀末の1年〔40〕）（松山巌）「朝日ジャーナル」28（42）1986.10.17
◇鉄の海流―時空を駆けぬけた3人の男たち（9）星亨（1）毀誉は我に関せず　（長谷川義記）「日本及日本人」1591 1988.7
◇鉄の海流―時空を駆けぬけた3人の男たち（10）星亨（2）真摯なる糾察の舌鋒　（長谷川義記）「日本及日本人」1592 1988.10
◇鉄の海流―時空を駆けぬけた3人の男たち（11）星亨（3）燎原の阿修羅の如く　（長谷川義記）「日本及日本人」1593 1989.1
◇鉄の海流―時空を駆けぬけた3人の男たち（12）星亨（4）凄烈な政治的妄執の構図　（長谷川義記）「日本及日本人」1594 1989.4
◇星亨の時代―「星亨伝記資料」編著者・野沢鶏一を中心として　（田崎公司）「歴史評論」468 1989.4
◇鉄の海流―時空を駆けぬけた3人の男たち（13完）冥闇を裂いた権謀の閃光　（長谷川義記）「日本及日本人」1595 1989.7
◇自由主義者の系譜（5）星亨―大丈夫の事，棺をおふて後知るべし（米田龍二）「月刊自由民主」446 1990.5
◇巨悪の成敗（随筆）　（古川薫）「中央公論」111（1）1996.1 p14～15
◇星亨のインフラストラクチュア構想　（北原聡）「三田学会雑誌」慶応義塾経済学会　89（3）1996.10 p447～468
◇随筆・政党政治の開拓者 星亨　（新井勉）「月刊自由民主」582 2001.9 p116～117
◇星亨 英学と近代主義　（石井重光）「近畿大学語学教育部紀要」近畿大学語学教育部　5（1）2005 p19～57

細谷十太夫　ほそやじゅうだゆう　1845～1907
幕末，明治期の仙台藩士。
【図　書】
◇明治叛臣伝　（徳永真一郎）毎日新聞社　1981.1
◇幕末維新の光と影　（童門冬二著）光人社　1998.12 229p
【雑　誌】
◇仙台藩烏組 細谷十太夫伝（9）（星亮一）「とうほく財界」東日本出版　34（1）2008.1・2 p76～79

堀田正倫　ほったまさとも　1851～1911
幕末，明治期の佐倉藩主，佐倉藩知事。農業振興にも尽力。
【雑　誌】
◇堀田正倫（幕末維新最後の藩主285人）（篠丸頼彦）「別冊歴史読本」20 1981.6

堀田正睦　ほったまさよし　1810～1864
幕末の大名，老中。下総佐倉藩主。
【図　書】
◇徳川名君名臣言行録　（岡谷繁実著 安藤英男校注）新人物往来社　1981.1
◇近世日本国民史堀田正睦 1～5　（徳富蘇峰著 平泉澄校訂）講談社　1981.2,3　（講談社学術文庫）
◇堀田正睦外交文書　（檀公健蔵解説 千葉県企画部県民課）千葉県　1981.3　（千葉県史料・近世編）
◇堕胎間引の研究　（高橋梵仙）復刻 第一書房　1981.4
◇明治を創った人々―乱世型リーダーのすすめ（講談社文庫）（利根川裕著）講談社　1986.11
◇幕末政治家　（福地源一郎著）平凡社　1989.5　（東洋文庫）
◇幕末閣僚伝　（徳永真一郎著）PHP研究所　1989.11（PHP文庫）
◇全国の伝承 江戸時代 人づくり風土記―ふるさとの人と知恵〔12〕千葉　（加藤秀俊，谷川健一，稲垣史生，石川松太郎，吉田豊編）農山漁村文化協会　1990.11
◇幕末の官僚―どのように政治危機を乗り切ろうとしたか　（檜山良昭著）光文社　1998.2 246p
◇成田ゆかりの人物伝　（小川国彦著）平原社　2002.10 766p
◇評伝 堀田正睦　（土居良三著）国書刊行会　2003.4 254p
◇まちづくり人国記―パイオニアたちは未来にどう挑んだのか　（「地域開発ニュース」編集部編）水曜社　2005.4 253p（文化とまちづくり叢書）
◇タウンゼント・ハリスと堀田正睦―日米友好関係史の一局面　（河村望）人間の科学新社　2005.10 295p
【雑　誌】
◇佐倉藩第九代堀田正睦の幼少年期―ご厄介様時代　（堀田正久）「千葉県の歴史」29 1985.2

◇ペリー来航と佐倉藩士西村平八郎―藩主堀田正睦のブレーンとしての道程　(道迫真吾)「日本歴史」吉川弘文館　624 2000.5 p68～86
◇まちづくり人国記　海外への窓口を佐倉に築いた開明派大名　堀田正睦　「地域開発ニュース」東京電力営業部　279 2003 p28～31

堀河紀子　ほりかわもとこ　1837～1910
幕末，明治期の女官。孝明天皇の後宮。
【雑　誌】
◇幕末維新の異色女人―和宮降下にうごめく両嬪　(左方郁子)「歴史と旅」7(1) 1980.1
◇動乱を見つめたおんなたち　堀河紀子―宮中の公武合体論者(特集・幕末維新おんなたちの体験―乱世を密やかにしたたかに生きた女性たち)　(萩原裕雄)「歴史と旅」24(12) 1997.8 p82～87

堀利熙　ほりとしひろ　1818～1860
幕末の幕臣。ペリー来航時の海防掛。
【図　書】
◇幕臣列伝　(綱淵謙錠)　中央公論社　1981.3
◇幕臣列伝(中公文庫)　(綱淵謙錠)　中央公論社　1984.5
◇検証　神戸事件　(根本克夫著)　創芸社　1990.6
◇幕末　五人の外国奉行―開国を実現させた武士　(土居良三著)　中央公論社　1997.7 358p
◇"悲運の人"箱館奉行堀織部正利熙　(近江幸雄著)『北海道の歴史と文化―その視点と展開　北海道史研究協議会創立四十周年記念論集』(北海道史研究協議会編)　北海道出版企画センター　2006.7 p221～232
【雑　誌】
◇幕臣列伝(2)堀織部正　(綱淵謙錠)「歴史と人物」10(2) 1980.2
◇対外摩擦における「ハラキリ」考　(綱淵謙錠)「諸君！」19(9) 1987.9

堀直虎　ほりなおとら　1836～1868
幕末，明治期の武士。須坂藩主，外国総奉行。
【図　書】
◇志の人たち　(童門冬二著)　読売新聞社　1991.10
◇郷土の華―堀直虎・原嘉道　(岡沢主計著)　信毎書籍出版センター　1998.8 568p
【雑　誌】
◇堀良山の『烝譜』(片山正行)「須高」26 1988.4
◇特集　堀直虎諌死の真相　「須高」31 1990.10
◇堀直虎公の墓所　東京赤坂種徳寺探訪記　(小林謙三)「須高」須高郷土史研究会　66 2008.4 p91～96
◇須坂藩堀直虎の文久元年(一八六一)　(駒津武茂)「須高」須高郷土史研究会　68 2009.4 p75～78

堀秀成　ほりひでなり　1819～1887
幕末，明治期の古河藩士。
【図　書】
◇飯盛女　(五十嵐富夫)　新人物往来社　1981.1
◇旅人の発見―堀秀成の「秋田日記」(錦仁)『説話論集』(説話文学の会編)　清文堂出版　2008.5 p507
【雑　誌】
◇堀秀成の土佐日記研究―土佐日記講録について　(野中春水)「武庫川国文」(武庫川女子大)　21 1983.3
◇幕末の神道講釈師堀秀成(舌耕文芸研究)(岡品哲)「国語と国文学」62(11) 1985.11
◇教導職の万葉選歌―堀秀成『名教百首』を中心に　(青山英正)「国語と国文　至文堂　83(9) 2006.9 p56～68
◇新資料の翻刻と考察　堀秀成『大教本論』(古河市立古河歴史博物館蔵)―伊勢神宮から金刀比羅宮への転地理由をめぐって　(錦仁)「人文科学研究」新潟大学人文学部　123 2008.10 pT61～99
◇堀秀成の函館布教―付・『函館日記』『函館中教院　神事の記』(学習院大学図書館蔵)　(錦仁)「人文科学研究」新潟大学人文学部　125 2009.9 pT55～100

本庄宗秀　ほんじょうむねひで　1809～1873
幕末，明治期の大名。
【雑　誌】
◇幕末譜代藩の在地政策―丹後宮津藩主本庄宗秀時代を中心に　(宮本裕次)「神戸大学史学年報」神戸大学史学研究会　第10号　1995.7 p19～43

本間精一郎　ほんませいいちろう　1834～1862
幕末の尊攘派志士。
【図　書】
◇北越草莽維新史　(田中惣五郎著　本間恂一郎解題)　柏書房　1980.10
◇人物探訪日本の歴史 15 幕末の英傑　暁教育図書　1982.12

◇幕末の影武者―本間精一郎の生涯　(有馬寛著)　恒文社　1986.5
◇維新暗殺秘録　(平尾道雄著)　河出書房新社　1990.8　(河出文庫)
◇龍馬と新選組の京都―史跡ガイド　(武山峯久著)　創元社　2001.11 207p
◇通説への疑問(2)　本間精一郎の来藩と吉村虎太郎―忘れられた史料―樋口真吉の日記より　(横田達雄)「土佐史談」165 1984.3

前田斉泰　まえだなりやす　1811～1884
幕末，明治期の大名。加賀藩主。
【図　書】
◇武将大名たちのリストラ戦略　(加来耕三著)　実業之日本社　1993.10
◇加賀藩主前田斉泰　(石川県立歴史博物館編)　石川県立歴史博物館　1995.10 98p

前田正名　まえだまさな　1850～1921
明治期の官吏，農政家。山梨県知事，男爵。
【図　書】
◇日本工業先覚者史話　(福本和夫)　論創社　1981.7
◇人物・日本資本主義2　殖産興業　(大島清ほか著)　東京大学出版会　1983.6
◇日本老農伝　改訂増補　(大西伍一)　農山漁村文化協会　1985.12
◇刻まれた歴史―碑文は語る農政史　(中村信夫著)　家の光協会　1986.5
◇講座・日本技術の社会史〈別巻2〉人物篇〈近代〉(永原慶二，山口啓二，加藤幸三郎，深谷克己編)　日本評論社　1986.12
◇前田正名　(祖田修著)　吉川弘文館　1987.4　(人物叢書〔新装版〕)
◇日本近代化の思想と展開　(逆井孝仁教授還暦記念会編)　文献出版　1988.1
◇地方産業の振興と地域形成―その思想と運動　(太田一郎著)　法政大学出版局　1991.1　(叢書・現代の社会科学)
◇孤高の叫び―柳田国男・南方熊楠・前田正名　(松本三喜夫著)　近代文芸社　1991.10
◇天皇制国家の統合と支配　(馬原鉄男，岩井忠熊編)　(京都)文理閣　1992.12
◇NHKスペシャル　明治　コミック版　2　(NHK取材班編)　ホーム社　2006.5 492p　(ホーム社漫画文庫)
◇福本和夫著作集　第7巻　(福本和夫著)　こぶし書房　2008.6 830, 15p
◇世界危機をチャンスに変えた幕末維新の知恵　(原口泉著)　PHP研究所　2009.7 267p　(PHP新書)
◇日本統計史群像　(島村史郎著)　日本統計協会　2009.12 214p
【雑　誌】
◇二つの経済政策―松方正義と前田正名　(祖田修)「経済セミナー」306 1980.7
◇前田正名の地域振興思想に学ぶ(特集・新しい農民哲学を求めて―先哲に学ぶ)　(祖田修)「農業と経済」47(2) 1981.2
◇わが国工業の近代化と特許制度の創設(4,5)(揺籃期の特許制度(11,12))　(佐々木信夫)「発明」78(7,8) 1981.7,8
◇前田正名翁と茶業の碑　(林昭男)「季刊南九州文化」10 1982.1
◇前田正名氏を悼む　(杉中浩一郎)「くちくま」58 1984.5
◇前田正名先生追悼号〔含　略歴・主要論著〕「駒沢史学」32 1984.10
◇碑文は語る農政史　福沢諭吉につぶされた「興業意見」の前田正名　(中村信夫)「協同組合経営研究月報」374 1984.11
◇地方産業振興問題の源流―前田正名と町村是運動　(太田一郎)「帝京経済学研究」18(1・2) 1984.12
◇記伝を歩く(36)祖田修著「前田正名」―地方産業振興に捧げた生涯　(石川猿興)「農政調査時報」385 1988.10
◇前田正名の静岡県下巡回　(海野福寿)「静岡県史研究」5 1989.3
◇明治期における地方産業運動の主体形成―前田正名と町村是運動の担い手たち　(太田一郎)「帝京経済学研究」23(1・2) 1989.12
◇前田正名と「農商工公報」(角山幸洋)「関西大学経済論集」42(5) 1993.1
◇日本の政策構想をめぐって(1)前田正名とその時代を中心に　(寺岡寛)「中京経営研究」中京大学経営学会　11(1) 2001.9 p279～295
◇日本の政策構想をめぐって(2)前田正名とその時代を中心に　(寺岡寛)「中京経営研究」中京大学経営学会　11(2) 2002.2 p373～385
◇日本の政策構想をめぐって(3)前田正名とその時代を中心に　(寺岡寛)「中京経営研究」中京大学経営学会　12(1) 2002.9 p303～314
◇前田正名の直輸商社保護育成論　(木山実)「商学論究」関西学院大学商学研究会　50(1・2) 2002.12 p105～120
◇日本の政策構想をめぐって(4)前田正名とその時代を中心に　(寺岡寛)「中京経営研究」中京大学経営学会　12(2) 2003.2 p231～246
◇日本の政策構想をめぐって(5)前田正名とその時代を中心に　(寺岡寛)「中京経営研究」中京大学経営学会　13(1) 2003.9 p151～172
◇日本の政策構想をめぐって(6)前田正名とその時代を中心に　(寺岡

寛）「中京経営研究」 中京大学経営学会 13(2) 2004.2 p175～195
◇統計史群像(4)前田正名と統計 （島村史郎）「統計」 日本統計協会 59(5) 2008.5 p53～60
◇「前田正名関係文書」の構造分析 （小林愛）「国文学研究資料館紀要 アーカイブズ研究篇」 人間文化研究機構国文学研究資料館 5 2009.2 p83～118

前田慶寧　まえだよしやす　1830～1874
幕末, 明治期の大名。尊王論者で禁闕の守衛に任じた。
【図　書】
◇前田慶寧と幕末維新―最後の加賀藩主の「正義」 （徳田寿秋著） 北国新聞社 2007.12 381p

前原一誠　まえばらいっせい　1830～1876
幕末, 明治期の萩藩士, 政治家。
【図　書】
◇男たちの明治維新―エピソード人物史 文芸春秋 1980.10 （文春文庫）
◇明治叛臣伝 （徳永真一郎） 毎日新聞社 1981.1
◇頼襄伝記大日本史11 政治家篇 （尾佐竹猛編集解説） 雄山閣出版 1981.6
◇幕末維新名士書簡集 李家文書 （李家正文編） 木耳社 1981.11
◇あ, 東方に道なきか―評伝前原一誠 （奈良本辰也編） 中央公論社 1984.8
◇前原一誠伝 （妻木忠太著） マツノ書店 1985.6
◇萩の乱―前原一誠とその一党― （松木二郎） マツノ書店 1985.10
◇政治家 その善と悪のキーワード （加藤尚文著） 日経通信社 1986.6
◇評伝 前原一誠―あ, 東方に道なきか （奈良本辰也著） 徳間書店 1989.10 （徳間文庫）
◇吉田松陰 （池田諭著） 大和書房 1990.2
◇第七回全国天領ゼミナール記録集 （全国天領ゼミナール事務局〔編〕） 全国天領ゼミナール事務局 1992.8
◇幕末維新随想―松陰周辺のアウトサイダー （河上徹太郎著） 河出書房新社 2002.6 224p
◇前原一誠年譜 （田村貞雄校注） マツノ書店 2003.4 508,24p
◇新篇 吉田松陰 （奈良本辰也著） たちばな出版 2004.6 341p
【雑　誌】
◇叛乱―その主役たち 前原一誠―萩の乱 「歴史と旅」 7(4) 1980.3
◇あ, 東方に道なきか―評伝・前原一誠(〔1〕～3) （奈良本辰也）「歴史と人物」 119～121 1981.6～8
◇あ, 東方に道なきか―評伝・前原一誠(7) （奈良本辰也）「歴史と人物」 12(1) 1982.1
◇あ, 東方に道なきか―評伝・前原一誠(8) （奈良本辰也）「歴史と人物」 12(2) 1982.2
◇あ, 東方に道なきか―評伝・前原一誠(9) （奈良本辰也）「歴史と人物」 12(3) 1982.3
◇あ, 東方に道なきか―評伝・前原一誠(10) （奈良本辰也）「歴史と人物」 12(4) 1982.4
◇あ, 東方に道なきか―評伝・前原一誠(11) （奈良本辰也）「歴史と人物」 12(5) 1982.5
◇あ, 東方に道なきか―評伝・前原一誠(12) （奈良本辰也）「歴史と人物」 12(6) 1982.6
◇あ, 東方に道なきか―評伝・前原一誠(13) （奈良本辰也）「歴史と人物」 12(7) 1982.7
◇あ, 東方に道なきか―評伝・前原一誠(14) （奈良本辰也）「歴史と人物」 12(8) 1982.8
◇あ, 東方に道なきか―評伝・前原一誠(15) （奈良本辰也）「歴史と人物」 12(9) 1982.9
◇あ, 東方に道なきか―評伝・前原一誠(16) （奈良本辰也）「歴史と人物」 12(11) 1982.10
◇あ, 東方に道なきか―評伝・前原一誠(17) （奈良本辰也）「歴史と人物」 12(12) 1982.11
◇あ, 東方に道なきか―評伝・前原一誠(18) （奈良本辰也）「歴史と人物」 12(13) 1982.12
◇あ, 東方に道なきか―評伝・前原一誠(19) （奈良本辰也）「歴史と人物」 13(1) 1983.1
◇あ, 東方に道なきか―評伝・前原一誠(20) （奈良本辰也）「歴史と人物」 13(3) 1983.2
◇あ, 東方に道なきか―評伝・前原一誠(21) （奈良本辰也）「歴史と人物」 13(4) 1983.3
◇あ, 東方に道なきか―評伝・前原一誠(22) （奈良本辰也）「歴史と人物」 13(5) 1983.4
◇あ, 東方に道なきか―評伝・前原一誠(23) （奈良本辰也）「歴史と人物」 13(6) 1983.5
◇あ, 東方に道なきか―評伝・前原一誠(24) （奈良本辰也）「歴史と人物」 13(7) 1983.6
◇あ, 東方に道なきか―評伝・前原一誠(25) （奈良本辰也）「歴史と人物」 13(8) 1983.7
◇あ, 東方に道なきか―評伝・前原一誠(26) （奈良本辰也）「歴史と人物」 13(9) 1983.8
◇あ, 東方に道なきか―評伝・前原一誠(27) （奈良本辰也）「歴史と人物」 13(11) 1983.9
◇あ, 東方に道なきか―評伝・前原一誠(28) （奈良本辰也）「歴史と人物」 13(12) 1983.10
◇あ, 東方に道なきか―評伝・前原一誠(29) （奈良本辰也）「歴史と人物」 13(13) 1983.11
◇あ, 東方に道なきか―評伝・前原一誠―完― （奈良本辰也）「歴史と人物」 13(15) 1983.12
◇前原一誠―もろともに峯の嵐のはげしくて木の葉とともに散るわが身かな(特集・幕末明治人物臨終の言葉―近代の夜明けを駆けぬけた44人の人生決別の辞 英傑死してことばを遺す) （一坂太郎, 稲川明雄, 今川徳三, 井門寛, 宇都宮泰長, 河合敦, 木村幸比古, 祖田浩一, 高野澄, 高橋和彦, 畑山博, 三谷茉沙夫, 百瀬明治, 山村竜也）「歴史と旅」 24(7) 1997.5 p84～85
◇前原一誠と佐賀の乱 （杉谷昭）「比較文化研究」 久留米大学比較文化研究所 32 2003.12 p247～268
◇〈叛徒〉像の変遷―清水門弥編『前原一誠伝』を中心に （高橋小百合）「国文論藻」 京都女子大学 7 2008 p73～103

真木和泉　まきいずみ　1813～1864
幕末の尊攘派志士。
【図　書】
◇幕末酒徒列伝 続 （村島健一） 講談社 1980.3
◇明治維新と神道 （阪本健一） 同朋舎出版 1981.7
◇幕末政治思想史研究 改訂増補 （山口宗之） ぺりかん社 1982.11
◇天皇と明治維新 （阪本健一） 晩聲房 1983.1
◇古典大系日本の指導理念 3 公道の根本 3 近代日本への模索の方法 （源了円ほか編纂） 第一法規出版 1983.7
◇佐幕派論議 （大久保利謙著） 吉川弘文館 1986.5
◇水戸史学の現代的意義 （荒川久寿男著） （水戸）水戸史学会 1987.2 （水戸史学選書）
◇人間学のすすめ （安岡正篤著） 福村出版 1987.4
◇真木和泉 （山口宗之著） 吉川弘文館 1989.3 （人物叢書(新装版)）
◇真木保臣 （山口宗之著, ふくおか人物誌編集委員会編） 西日本新聞社 1995.8 205p （ふくおか人物誌）
◇3分間で読む 生きる姿勢 （花園大学著） 同朋舎出版 1996.10 234p
◇先哲を仰ぐ 普及版 （平泉澄著） 錦正社 1998.9 567p
◇異端と反逆の思想史―近代日本における革命と維新 （岡崎正道著） ぺりかん社 1999.1 313p
◇幕末入門書―志士たちの生涯と死生観 （花谷幸比古家） 展転社 2002.12 221p
◇思想からみた明治維新―「明治維新」の哲学 （市井三郎著） 講談社 2004.2 248p （講談社学術文庫）
◇真木和泉守保臣先生百四十年祭記念誌 （小川常人著, 真木大樹編） 〔真木大樹〕 2004.7 43p
【雑　誌】
◇真木和泉守の書簡について―津和野藩関係史料の紹介 （恵良宏）「芸林(芸林会)」 30(3) 1981.9
◇建武の精神と眞木和泉守(建武中興650周年記念特輯号) （小川常人）「芸林」 33(3) 1984.9
◇真木和泉における尊王論の展開―外圧による討幕論への転化― （川松和人）「日本思想史への史論」 1984年 1985.6
◇真木和泉の王政維新の思想 （岡崎正道）「日本思想史学」 17 1985.9
◇孝明天皇の御即位礼と真木和泉守 （小川常人）「神道史研究」 36(4) 1988.10
◇水戸烈公と真木和泉守 （小川常人）「水戸史学」 30 1989.6
◇『真木和泉』の名乗りについて （山口宗之）「史料(皇學館大学史料編纂所報)」 114 1991.8
◇真木保臣関係未刊史料研究―「異聞漫録(1)」 （山口宗之）「皇学館史学」 6 1992.3
◇「異聞漫録」(2)真木保臣関係未刊史料研究 （山口宗之）「史料(皇学館大学)」 120 1992.8
◇「異聞漫録」(3)真木保臣関係未刊史料研究 （山口宗之）「皇学館大学史料編纂所報史料」 122 1992.12
◇「異聞漫録」(4)真木保臣関係未刊史料研究 （山口宗之）「皇学館大学史料編纂所報史料」 123 1992.12
◇真木和泉遺文（樋口家に残された書翰） （田中一郎）「久留米郷土研究会誌」 21 1993.6
◇「真木和泉守全集」編纂要綱の作成・覚書―既刊「真木和泉守遺文」未収史料について （小川常人）「芸林」 43(3) 1994.8
◇真木和泉守と「大日本史恐敷候」(元治甲子百三十年記念論文) （小川常人）「水戸史学」 41 1994.10

◇真木和泉―大山の峰の岩根に埋めにけりわが年月の大和魂（特集・幕末明治人物臨終の言葉―近代の夜明けを駆けぬけた44人の人生決別の辞 英傑死してことばを遺す）（一坂太郎，稲田明雄，今川徳三，井門寛，宇都宮泰長，河合敦，木村幸比古，祖田浩一，高野澄，高橋和彦，畑山博，三谷茉沙夫，百瀬明治，山村竜也）「歴史と旅」24（7）1997.5 p49～51
◇『真木和泉』補遺（1）（山口宗之）「史料」皇学館大学史料編纂所 172 2001.4.10 p1～6
◇真木保臣の名乗りについて―『真木和泉』補遺（2）（山口宗之）「史料」皇学館大学史料編纂所 180 2002.8.10 p1～6
◇『壬戌日記』と『薩摩日記』―『真木和泉』補遺（3）（山口宗之）「史料」皇学館大学史料編纂所 187 2003.10.10 p1～6

牧志朝忠　まきしちょうちゅう　1818～1862
幕末の琉球国末期の首里士族，異国通事。
【図　書】
◇琉球王国衰亡史―シリーズ物語の誕生（嶋津与志）岩波書店 1992.9
◇琉球の英傑たち（大城立裕著）プレジデント社 1992.10
◇琉球・沖縄史研究序説（山下重一著）御茶の水書房 1999.7 337p
◇琉球歴史の謎とロマン その2（亀島靖著）環境芸術研究所 2000.4 239p（琉球歴史入門シリーズ）
【雑　誌】
◇伊江文書―牧志・恩河事件の記録について（金城正篤）「歴史宝案研究」2 1991.3
◇琉球通事・牧志朝忠（山下重一）「国学院法学」国学院大学法学会 34（1）1996.9 p47～88

牧野権六郎　まきのごんろくろう　1819～1869
幕末の備前岡山藩士。
【図　書】
◇佐幕派論議（大久保利謙著）吉川弘文館 1986.5

牧野伸顕　まきののぶあき　1861～1949
明治～昭和期の政治家，外交官。伯爵。
【図　書】
◇牧野伸顕関係文書目録 1 書翰の部（憲政資料目録 第14）（国立国会図書館参考書誌部編）国立国会図書館 1983.3
◇回り道を選んだ男たち（小島直記著）新潮社 1987.2
◇象徴天皇制への道―米国大使グルーとその周辺（中村政則著）岩波書店 1989.10（岩波新書）
◇牧野伸顕日記（牧野伸顕著，伊藤隆，広瀬順皓編）中央公論社 1990.11
◇高橋是清 随想録（高橋是清口述，上塚司著）本の森 1999.6 409p
◇素顔の宰相―日本を動かした政治家83人（冨森叡児著）朝日ソノラマ 2000.12 294p
◇中谷宇吉郎集 第6巻（中谷宇吉郎著）岩波書店 2001.3 361p
◇いい加減にしろ！外務省―国益，国民益を損なってまで，なにを守ろうとしているのか（濤川栄太，21世紀日本の外交を考える会著）ネコ・パブリッシング 2002.5 19p
◇友と書物と（吉田健一書，清水徹編）みすず書房 2002.6 268p（大人の本棚）
◇安岡正篤 人間学（神渡良平著）講談社 2002.10 248p（講談社プラスアルファ文庫）
◇黒羽清隆 日本史料講読 日米開戦・破局への道―『木戸幸一日記』を読む（黒羽清隆著，池ヶ谷真仁編）明石書店 2002.10 398p
◇昭和天皇と戦争―皇室の伝統と戦時下の政治・軍事戦略（ピーター・ウエッツラー，森山尚美訳）原書房 2002.11 407p
◇木戸日記私註―昭和のはじまり再探検（岡田昭三著）思想の科学社 2002.11 430p
◇還暦以後（松浦玲著）筑摩書房 2002.11 319p
◇還暦以後（松浦玲著）筑摩書房 2006.6 339p（ちくま文庫）
◇風よ波よ―柳川が生んだ元勲・曽我祐準伝（田中省三著）海鳥社 2008.4 230p
◇人物で読む近代日本外交史―大久保利通から広田弘毅まで（佐道明広，小宮一夫，服部竜二編）吉川弘文館 2009.1 316p
【雑　誌】
◇牧野伸顕宛吉田茂書翰について（功力俊洋）「史苑」41（1）1981.4
◇二・二六事件秘話―牧野伯爵を救った女性の人生（河野司）「歴史と人物」12（2）1982.2
◇牧野伸顕関係文書―宮中グループを中心として（波田永実）「史苑」43（1）1983.5
◇吉田茂謹誌「伯爵牧野伸顕夫妻墓碑」について（栗原健）「日本歴史」455 1986.4
◇牧野伸顕と日露戦争（1）彼の反黄禍論活動を中心に（稲野強）「群馬県立女子大学紀要」8 1988.3
◇秋月左都夫の牧野伸顕宛書翰（馬場明）「紀要（国学院大学・大学院・文学部）」21 1990.3
◇牧野伸顕と日露戦争（2）オーストリアの新聞から見た戦争世論（稲野強）「群馬県立女子大学紀要」10（大学創立10周年記念号）1990.3
◇吉田茂と3代の「系譜」―大久保利通・牧野伸顕・吉田茂を結ぶ人脈（柴田紳一）「国学院大学日本文化研究所紀要」65 1990.3
◇未公開資料・牧野伸顕日記〈抄〉―張作霖爆殺事件と昭和天皇（牧野伸顕）「中央公論」105（8）1990.8
◇「牧野日記」の評価―もの言わぬ天皇はここから始まった（田井剛）「新潮45」9（9）1990.9
◇未公開資料・牧野伸顕日記〈抄〉―国際連盟脱退への道（牧野伸顕）「中央公論」105（9）1990.9
◇2つの「日記」が解いた張作霖爆殺事件の謎（佐藤元英）「中央公論」105（11）1990.11
◇牧野伸顕宛・吉田茂「避戦工作」書翰（吉田茂記念事業財団編）「中央公論」105（11）1990.11
◇相次ぐ「某重大事件」に憂慮と焦り―牧野伸顕日記（日本近代を読む〔日記大全〕）「月刊Asahi」5（1）1993.1・2
◇藤波言忠と牧野伸顕―「人物払底」下の天皇側近（柴田紳一）「国学院大学日本文化研究所紀要」国学院大学日本文化研究所 81 1998.3 p1～15
◇資料『牧野伸顕日記』（飯塚深）「北陸法学」北陸大学法学会 6（4）1999.3 p299～312
◇田中義一内閣期における天皇・宮中側近と元老の政治姿勢―西園寺公望と牧野伸顕を中心として（足立政喜）「竜谷大学大学院法学研究」竜谷大学大学院法学研究編集委員会 第3号 2001.8 p1～12
◇森有礼・明・有正三代の西欧文明受容の概観―大久保利通、牧野伸顕（吉田茂）、吉田健一四代の西欧文明受容との比較から考えた〈西欧文明受容の明るい照明（リュミエール）を当てて〉（不和民由）「愛知淑徳大学言語コミュニケーション学会言語文化」愛知淑徳大学言語コミュニケーション学会紀要編集委員会 13 2005 p61～70
◇高等中学校令成立過程の再検討―牧野・小原文相の学制改革構想を中心に（若月剛史）「日本歴史」吉川弘文館 694 2006.3 p71～87
◇昭和史の大河を往く（第116回）第9部 華族たちの昭和史（7）大久保利通、牧野伸顕、吉田茂の系譜（保阪正康）「サンデー毎日」毎日新聞社 87（28）2008.7.13 p52～55
◇昭和史の大河を往く（第123回）第9部 華族たちの昭和史（14）二・二六事件と牧野伸顕の決意（保阪正康）「サンデー毎日」毎日新聞社 87（36）2008.8.31 p52～55
◇昭和史の大河を往く（第124回）第9部 華族たちの昭和史（15）牧野伸顕と女婿・吉田茂の闘い（保阪正康）「サンデー毎日」毎日新聞社 87（37）2008.9.7 p52～55
◇忘れがたき政治家（93）牧野伸顕＝昭和天皇の輔弼に当たった「宮中リベラリスト」（小宮一夫）「月刊自由民主」自由民主党，千代田永田書房 675 2009.6 p94～100
◇昭和天皇（51）牧野伸顕への涙（福田和也）「文芸春秋」文芸春秋 87（11）2009.9 p440～452

槇村正直　まきむらまさなお　1834～1896
明治期の官僚，萩藩士。京都府知事，貴族院議員。
【図　書】
◇男たちの明治維新―エピソード人物史 文芸春秋 1980.10（文春文庫）
◇維新 京都を救った豪腕知事―槇村正直と町衆たち（明田鉄男著）小学館 2004.1 255p
【雑　誌】
◇上言 槇村正直「岩倉具視宛」（藤田新）「壱岐の文化財」11 1994.3
◇京都を復活させた敏腕知事―文明開化に尽力した槇村正直（光永俊郎）「近代日本の創造史」近代日本の創造史懇話会 7 2009.4 p3～13

マクドナルド，C.　Macdonald, Sir Claude Maxwell　1852～1915
イギリスの外交官。1900年来日，駐日公使，大使。
【図　書】
◇英国と日本―日英交流人物列伝（イアン・ニッシュ編，日英文化交流研究会訳）博文館新社 2002.9 424,16p
◇歴代の駐日英国大使1859-1972（ヒュー・コータッツィ編著，日英文化交流研究会訳）文真堂 2007.7 480p

間崎滄浪　まざきそうろう　1834～1863
幕末の土佐藩郷士。安積艮斎に入門，塾頭に抜擢。
【図　書】
◇坂本龍馬のすべてがわかる本―敵も味方も惚れぬいた"さわやかな男"（風巻紘一著）三笠書房 2004.4 298p（知的生きかた文庫）
【雑　誌】
◇間崎滄浪の大坂急行（通説への疑念）（5）（横田達雄）「土佐史談」168 1985.9

間瀬みつ　ませみつ　1833～1921
幕末～大正期の女性。会津戦争を克明に記した。
【雑　誌】
◇間瀬みつ「戊辰後雑記」（特集会津戦争と松平容保）（宮崎十三八解説・校訂）「歴史と人物」14(11) 1984.10
◇間瀬みつと「戊辰後雑記」（間瀬タケ）「歴史春秋」27 1988.4

町田久成　まちだひさなり　1838～1897
幕末、明治期の鹿児島藩士、官僚、僧侶。
【図　書】
◇日本書誌学大系 28 林若樹集　青裳堂書店 1983.4
◇博物館の誕生―町田久成と東京帝室博物館　（関秀夫著）岩波書店 2005.6 241p （岩波新書）
◇園城寺朝鮮鐘と崇福寺鐘銘―町田久成と黎庶昌（石田肇）「史迹と美術」58(7) 1988.8
◇町田久成の生涯と博物館(3)わが国博物館創設期の一側面（一新朋秀）「博物館学年報」（同志社大学）22 1990.12
◇町田久成の生涯と博物館（四）―わが国博物館創設期の一側面（一新朋秀）「博物館学年報」同志社大学博物館学芸員課程 第27号 1995.12 p22～44
◇探訪記（大津と町田久成、ビゲロー、そしてフェノロサ）「参考書誌研究」国立国会図書館 47 1997.3 p94～96
◇源流から辿る近代図書館(1)日本版大英博物館の創設者―町田久成（石山洋）「日本古書通信」日本古書通信社 66(1) 2001.1 p21

松井康直　まついやすなお　1830～1904
幕末、明治期の大名、老中。陸奥棚倉藩主、武蔵川越藩主。
【図　書】
◇瓦版 川越今昔ものがたり―その二十五からその三十六（竜神由美著）幹書房 2005.4 55,54p

松尾多勢子　まつおたせこ　1811～1894
幕末、明治期の勤王家。勤王派の同志間の連絡者。
【図　書】
◇図説人物日本の女性史9　小学館 1980.3
◇市村咸人全集 第5巻（市村咸人全集刊行会編）下伊那教育会 1980.8
◇江戸暗殺史（森川哲郎）三一書房 1981.8
◇人物を語る―激動期の群像（奈良本辰也）潮出版社 1981.11
◇素肌のおんなたち―日本を騒がせた三十六人の女意外史（藤本義一）都市と生活社 1982.1
◇幕末志士の生活（芳賀登）雄山閣出版 1982.6 （生活史叢書 8）
◇幕末維新の女性―日本女性の歴史　晩教育図書 1982.8 （日本発見人物シリーズ no.6）
◇歴史のヒロインたち（永井路子編）旺文社 1982.8 （旺文社文庫）
◇女たちの明治維新（小松浅乃著）文園社 1986.11
◇日本史 人物列伝（奈良本辰也編）徳間書店 1988.9 （徳間文庫）
◇松尾多勢子―伝記・松尾多勢子（市村咸人）大空社 1989.1 （伝記叢書〈59〉）
◇エイジレス・ライフ―ゆたかな高齢化社会の設計（高原須美子著）有斐閣 1989.12 （いま家族を問う）
◇歴史のヒロインたち（永井路子著）文芸春秋 1990.9 （文春文庫）
◇聞き語り にっぽん女性「愛」史（杉本苑子著）講談社 1992.4 （講談社文庫）
◇女たちの幕末京都（辻ミチ子著）中央公論新社 2003.4 250p （中公新書）
◇たをやめ（手弱女）と明治維新―松尾多勢子の反伝記的生涯（アン・ウォルソール著、菅原和子、田崎公司、高橋訳）ぺりかん社 2005.6 429p
◇近代の神社神道（阪本是丸著）弘文堂 2005.8 286p
◇師弟―ここに志あり（童門冬二著）潮出版社 2006.6 269p
◇信州あの人ゆかりの菩提寺・神社（北沢房文、安藤州平写真）信濃毎日新聞社 2007.7 251p
【雑　誌】
◇幕末維新の異色女人―五人の女流勤皇歌人（辻ミチ子）「歴史と旅」7(1) 1980.1
◇連載対談・幕末明治編（上）日本の女性史 幕末維新の女性たち（橋田寿賀子、吉見周子）「歴史と旅」7(7) 1980.6
◇余録―松尾多勢子と歌（坂戸正明）「歴史情報」9 1981.9
◇勤皇女傑松尾多勢子から角田忠行あて書状（特集・歴史のなかの女性〈女の足あとさまざま〉）（角田富雄）「長野」102 1982.3
◇松尾多勢子の研究―尊王攘夷運動参加の背景（片桐達司）「信州史学」10 1985.7
◇50代からの青春 長寿社会に生きるお手本―松尾多勢子（いまも昔もおんな史）（泉秀樹）「潮」339 1987.7

◇エイジレス時代への挑戦(10・最終回)幕末のエイジレス人間（高原須美子）「書斎の窓」386 1989.7・8
◇近世の女筆(5)松尾多勢子―女流勤王家（前田詇子）「日本美術工芸」651 1992.12
◇争乱と事件の中のおんなたち―松尾多勢子と尊攘運動(特集・幕末維新おんなたちの体験―乱世を密やかにしたたかに生きた女性たち)（吉見周子）「歴史と旅」24(12) 1997.8 p70～75
◇幕末明治の女性と公共性―松尾多勢子の場合（Anne Walthall、宮崎ふみ子）「思想」岩波書店 925 2001.6 p105～122

松方正義　まつかたまさよし　1835～1924
幕末、明治期の鹿児島藩士、政治家、財政家。
【図　書】
◇松方財政の研究―近代的財政と貨幣・金融制度の創設（坂入長太郎）立正大学経済研究所 1980.3 （立正大学経済研究所研究叢書10）
◇日本社会経済論（大東文化大学大学院経済学研究科編集委員会編）大東文化大学大学院経済学研究科 1980.4
◇松方正義関係文書 第2巻 侯爵松方正義卿実記 2（中村徳五郎編）大東文化大学東洋研究所 1981.3
◇類聚伝記大日本史11 政治家篇（尾佐竹猛編集解説）雄山閣出版 1981.6
◇日本内閣史録1（林茂、辻清明編）第一法規出版 1981.8
◇松方正義関係文書 第3巻 侯爵松方正義卿実記 3（中村徳五郎編）大東文化大学東洋研究所 1981.12
◇日本資本主義史上の指導者たち（土屋喬雄）岩波書店 1982.3 （岩波新書 特装版）
◇松方正義関係文書 第4巻 侯爵松方正義卿実記 4（松方峰雄ほか編集、中村徳五郎編修）大東文化大学東洋研究所 1982.12
◇人物・日本資本主義1 地租改正（大島清ほか）東京大学出版会 1983.6
◇人物・日本資本主義2 殖産興業（大島清ほか）東京大学出版会 1983.6
◇明治・大正の宰相 第3巻 松方正義と日清戦争の砲火（戸川猪佐武）講談社 1983.10
◇松方財政と殖産興業政策（梅村又次、中村隆英編）東大出版会 1983.11
◇松方正義関係文書 第5巻 侯爵松方正義卿実記 5（中村徳五郎編修）大東文化大学東洋研究所 1983.12
◇経済学と財政学に名を残した人々（高野邦彦）東明社 1984.12
◇松方正義関係文書 第6巻 書翰篇 1（松方峰雄ほか編）大東文化大学東洋研究所 1985.3
◇松方正義関係文書 第7巻 書翰篇 2（松方峰雄ほか編）大東文化大学東洋研究所 1986.3
◇元老（山本四郎著）静山社 1986.4
◇政治家 その善と悪のキーワード（加藤尚文著）日経通信社 1986.6
◇政商の誕生―もうひとつの明治維新（小林正彬著）東洋経済新報社 1987.1
◇日本金融史点描（戸田正志、丹羽重省共著）（市川）バリエ社 1987.1
◇松方正義関係文書 8 書翰編3（松方峰雄他編、大久保正達監修）大東文化大学東洋研究所 1987.3
◇絹と武士（ハル・松方・ライシャワー著、広中和歌子訳）文芸春秋 1987.11
◇松方正義関係文書 9. 書翰編4（松方峰雄他編、大久保正達監修）大東文化大学東洋研究所 1988.3
◇自由・歴史・メディア―マス・コミュニケーション研究の課題・内川芳美教授還暦記念論集（荒瀬豊、高木教典、春原昭彦編）日本評論社 1988.3
◇明治前期財政史―資本主義成立期における財政の政治過程（明治維新 明治23年）（坂入長太郎著）酒井書店 1988.6 （日本財政史研究）
◇自由民権と大隈・松方財政（大石嘉一郎著）東京大学出版会 1989.2
◇松方正義関係文書 10 伝記資料篇 1（松方峰雄ほか編、大久保達正監修）大東文化大学東洋研究所 1989.3
◇日本経済史〈3〉開港と維新（梅村又次、山本有造編）岩波書店 1989.3
◇大系 日本の歴史〈13〉近代日本の出発（坂野潤治著）小学館 1989.4
◇日本財政史研究（坂入長太郎著）酒井書店 1989.11
◇松方正義関係文書 11 伝記資料篇 2（松方峰雄ほか編）大東文化大学東洋研究所 1990.3
◇松方正義関係文書 第12巻 伝記資料篇 3（松方峰雄ほか編）大東文化大学東洋研究所 1991.2
◇松方正義関係文書 第13巻 伝記資料篇 4（松方峰雄ほか編）大東文化大学東洋研究所 1992.3
◇企業勃興―日本資本主義の形成（高村直助編著）（京都）ミネルヴァ書房 1992.3
◇日本の『創造力』―近代・現代を開花させた470人〈3〉流通と情報の革命（富田仁編）日本放送出版協会 1993.2

◇松方正義関係文書 第14巻 松方家万歳閣資料1 （松方峰雄ほか編） 大東文化大学東洋研究所 1993.3
◇松方正義関係文書 第15巻 松方家万歳閣資料2 （松方峰雄ほか編） 大東文化大学東洋研究所 1994.2
◇松方正義関係文書 第16巻 （松方峰雄ほか編） 大東文化大学東洋研究所 1995.2 13,589p
◇松方正義関係文書 第17巻 （松方峰雄ほか編） 大東文化大学東洋研究所 1995.12 9,43,495p
◇松方正義関係文書 第18巻 （松方峰雄ほか編） 大東文化大学東洋研究所 1996.12 10,32,548p
◇運命の児―日本宰相伝 2 （三好徹著） 徳間書店 1997.8 334p （徳間文庫）
◇茨城の明治維新 （佐々木寛司編著） 文真堂 1999.7 214p （五浦歴史叢書）
◇大久保利通と民業奨励 （安藤哲著） 御茶の水書房 1999.11 333p
◇明治期の庶民生活の諸相 （神立春樹著） 御茶の水書房 1999.11 301p
◇素顔の宰相―日本を動かした政治家83人 （冨森叡児著） 朝日ソノラマ 2000.12 294p
◇首相列伝―伊藤博文から小泉純一郎まで （宇治敏彦編） 東京書籍 2001.9 410p
◇松方正義関係文書 補巻 （大久保達正監修, 松方峰雄, 兵頭和編） 大東文化大学東洋研究所 2001.10 727p
◇時勢への証言 2 （長谷川慶太郎, 谷沢永一著） ビジネス社 2002.3 262p
◇英国と日本―日英交流人物列伝 （イアン・ニッシュ編, 日英文化交流研究会訳） 博文館新社 2002.9 424,16p
◇長崎商人伝 大浦お慶の生涯 （小川内清孝著） 商業界 2002.10 183p
◇大隈重信と政党政治―複数政党制の起源 明治十四年・大正三年 （五百旗頭薫著） 東京大学出版会 2003.3 319,7p
◇松方財政研究―不退転の政策行動と経済危機克服の実相 （室山義正著） ミネルヴァ書房 2004.7 312p （Minerva人文・社会科学叢書）
◇日本宰相列伝 上 （三好徹著） 学陽書房 2005.1 487p （人物文庫）
◇松方正義―我に奇策あるに非ず, 唯正直あるのみ （室山義正著） ミネルヴァ書房 2005.6 453,11p （ミネルヴァ日本評伝選）
◇歴代総理大臣伝記叢書 第4巻 （御厨貴監修） ゆまに書房 2005.7 p467-543,p326-380
◇帝国議会誕生―今の国会と何が違うか! （原田敬一著） 文英堂 2006.4 271p
◇世界恐慌は三度来る 上 （竹森俊平著） 講談社 2006.4 525p （講談社BIZ）
◇恋人ハル・ライシャワー―コミュニストと名指され破れた恋 （足立寿美著） 新風舎 2006.10 110p （新風舎文庫）
◇歴代総理大臣伝記叢書 別巻 （御厨貴監修） ゆまに書房 2007.1 284p
◇宰相たちのデッサン―幻の伝記で読む日本のリーダー （御厨貴編） ゆまに書房 2007.6 280p
◇松方財政下の税制構想 （牛米努） 『近代日本の形成と租税』 （近代租税史研究会編） 有志舎 2008.10 （近代租税史論集） p88
◇世界危機をチャンスに変えた幕末維新の知恵 （原口泉著） PHP研究所 2009.7 267p （PHP新書）

【雑　誌】
◇二つの経済政策―松方正義と前田正名 （祖田修） 「経済セミナー」 306 1980.7
◇松方デフレと松方財政 （寺西重郎） 「経済研究（一橋大）」 32（3） 1981.7
◇松方財政の再検討―松方財政の展開と軍備拡張（上） （室山義正） 「金融経済」 190 1981.10
◇松方デフレ下の殖産興業政策―農林水産省創立百周年を記念して （梅村又次） 「経済研究（一橋大）」 32（4） 1981.10
◇松方財政の紙幣整理論の再検討 （深谷徳次郎） 「宇都宮大学教育学部紀要（第1部）」 31 1981.12
◇松方財政の再検討―松方財政の展開と軍備拡張（下） （室山義正） 「金融経済」 191 1981.12
◇松方デフレのマクロ経済学的分析（特集・経済史への新しい接近） （寺西重郎） 「季刊現代経済」 47 1982.4
◇松方デフレ期の内務行政 （大島美津子） 「長岡短期大学研究紀要」 6 1982.12
◇第一次松方内閣期の新聞操縦問題 （佐々木隆） 「東京大学新聞研究所紀要」 31 1983
◇維新期に於ける育児施設日田養育館―松方正義・広瀬淡窓・諌山永作（萩村） （井上勲） 「就実女大・同短大社会科学論叢」 14 1984.12
◇松方正義の渡欧前における経過と分析―谷謹一郎 「明治11年滞欧日記」を中心として （兵頭徹） 「東洋研究」 73 1985.1
◇明治前期における外国為替資金の問題―松方と富田の論争 （大佐正

之） 「拓殖大学論集」 155 1985.5
◇松方財政の源流について―日田県政期における金札・藩札問題を中心として（日本経済の近代化（大東文化大学経済学会第5回日本経済シンポジウム）―1985年11月29日開催） （兵頭徹） 「経済論集（大東文化大学経済学会）」 42 1986.6
◇〔史料紹介〕松方正義の川崎正蔵への手紙 （中部よし子） 「神戸の歴史」 16 1986.12
◇松方正義伝記について （大久保達正） 「経済論集（大東文化大学経済学会）」 45 1988.3
◇第1次松方内閣の崩壊（1） （佐々木隆） 「聖心女子大学論叢」 71 1988.7
◇第1次松方内閣の崩壊（2～5） （佐々木隆） 「聖心女子大学論叢」 72～75 1988.12,89.7,12,90.7
◇松方財政期の軍備拡張問題 （高橋秀直） 「社会経済史学」 56（1） 1990.4
◇『高橋是清自伝』―人生は「だるま」の如く七転八起（特集・「自伝」に見る人間の研究―素晴しき人生の達人たちに学ぶ） （松浦行真） 「プレジデント」 29（1） 1991.1
◇松方財政「超緊縮政策の断行」で救った国家破産の危機―西南戦争後の経済混乱に「実務派官僚」松方正義の真価は発揮された（特集・明治天皇―こうして現代日本への道は開かれた） （上之郷利昭） 「プレジデント」 29（3） 1991.3
◇松方財政期の公債政策 （神山恒雄） 「佐賀大学経済論集」 24（1） 1991.5
◇「松方デフレ」下の民衆状況―警察記録からの接近 （大日方純夫） 「研究論叢（東京都立商科短期大学）」 43 1991.6
◇松方日田県政期の租税収納業務と税制改革建議 （兵頭徹） 「東洋研究」 107 1993.3
◇松方緊縮財政は伊豆にも及ぶ 「豆州歴史通信」 77 1994.2
◇松方デフレ以後の商人資本の全国的動向 （末永国紀） 「経済学論叢（同志社大学経済学会）」 46（1） 1994.12
◇安積開拓と松方正義 （菅沼均） 「日本大学工学部紀要 B」 日本大学工学部 36 1995.3 p33～47
◇日清戦後財政と松方正義（1） （兵頭徹） 「東洋研究」 大東文化大学東洋研究所 121 1996.11 p103～127
◇第2次松方内閣の瓦解（下） （佐々木隆） 「聖心女子大学論叢」 聖心女子大学 88 1997.1 p111～160
◇日清戦後財政と松方正義（2） （兵頭徹） 「東洋研究」 大東文化大学東洋研究所 130 1998.12 p29～52
◇松方デフレ期における地域経済の特質―埼玉県榛沢郡内ヶ島村連合の事例を中心に （高梨健司） 「社会科学年報」 公人社 33 1999 p155～207
◇日清戦後財政と松方正義（3） （兵頭徹） 「東洋研究」 大東文化大学東洋研究所 133 1999.11 p79～105
◇松方正義の政策行動―大蔵卿就任時を中心に （小暮佳弘） 「中央大学大学院研究年報」 中央大学大学院研究年報編集委員会 38法学研究科篇 2008 p303～314
◇日本近代史の真相 陸軍の裏側を見た吉薗周蔵の手記（17）金融ワンワールドの頂点に立った松方正義と各人士の相関関係 （落合莞爾） 「ニューリーダー」 はあと出版 21（5） 2008.5 p84～88
◇ロー・クラス 現行民法典を創った人びと（2）総裁・副総裁（2）松方正義・清浦奎吾・曾禰荒助 （七戸克彦） 「法学セミナー」 日本評論社 54（6） 2009.6 p78～80

松崎渋右衛門　まつざきしぶえもん　1827～1869
幕末, 明治期の讃岐高松藩士。
【図　書】
◇讃岐人物風景 9 幕末から維新へ （四国新聞社編） 大和学芸図書 1982.11

松沢求策　まつざわきゅうさく　1855～1887
明治期の自由民権家。民権思想をひろめる。
【図　書】
◇信州民権運動史 （信州民権百年実行委編） 銀河書房 1981.11
◇民衆的近代の軌跡―地域民衆史ノート2 （上條宏之） 銀河書房 1981.12
◇自由と民権のさきがけ 松沢求策ものがたり （松沢求策顕彰会著） 信濃毎日新聞社 2001.1 161p
【雑　誌】
◇女性学からみた民権家（自由民権運動百年記念特集号） （もろさわようこ） 「信州白樺」 44・45・46 1981.10
◇自由民権家松沢求策 （上条宏之） 「彷書月刊」 3（10） 1987.10
◇松沢求策と八丈島の近代化 （中島博昭） 「信濃」 43（5） 1991.3
◇国会開設請願運動にみる松沢求策の思想（2）―「哀訴体」の世界 （金井隆典） 「早稲田政治公法研究」 早稲田大学大学院政治学研究科 52 1996.8 p67～89

松平容保　まつだいらかたもり　1835～1893
幕末, 明治期の会津藩主。日光東照宮宮司。
【図　書】
◇会津の群像─獅子の時代を生きた─（小島一男）歴史春秋社　1981.2
◇明治維新と神道（阪本健一）同朋舎出版　1981.7
◇京都守護職と会津藩財政（庄司吉之助著）歴史春秋社　1981.11
◇男の系譜（池波正太郎）立風書房　1982.8
◇天皇と明治維新（阪本健一）暁書房　1983.1
◇日本史探訪 9 戦国の武将たち（角川書店編）角川書店　1983.7（角川文庫）
◇松平容保とその時代─京都守護職と会津藩─（星亮一著）歴史春秋社　1984.7
◇松平容保とその時代─京都守護職と会津藩（星亮一著）歴史春秋社　1984.7
◇松平容保のすべて（綱淵謙錠編）新人物往来社　1984.12
◇日本史探訪 21 菊と葵の盛衰　角川書店　1985.7
◇日本史探訪 21 菊と葵の盛衰（角川文庫）（角川書店編）角川書店　1985.11
◇目でみる日本史 維新の青春群像（文春文庫）（小西四郎編）文芸春秋　1986.4
◇会津藩燃ゆ─東北・越後立つ（星亮一著）教育書籍　1986.6
◇幕末酒徒列伝（村島健一著）旺文社　1987.1（旺文社文庫）
◇続 徳川家臣団─組織を支えたブレーンたち（綱淵謙錠著）講談社　1987.3（講談社文庫）
◇逆運殺─日本史に見る凶運・悲運の人たち（丹鬼堂著）曜曜社出版　1987.11
◇物語 会津戦争悲話（宮崎十三八ほか著）新人物往来社　1988.8
◇幕末維新の出向社員（童門冬二著）実業之日本社　1989.12
◇物語 馬のいる歴史風景（山岡明著）新人物往来社　1989.12
◇隠された幕末日本史─動乱の時代のヒーロー群像（早乙女貢著）広済堂出版　1992.2（広済堂文庫─ヒューマン・セレクト）
◇サイコロジー人物列伝─小田晋の精神歴史学〈下巻〉幕末・維新から現代（小田晋著）ベストセラーズ　1992.7
◇近藤勇のすべて（新人物往来社編）新人物往来社　1993.4
◇至誠の人 松平容保（星亮一著）新人物往来社　1993.7
◇会津藩主・松平容保は朝敵にあらず（中村彰彦著）新人物往来社　1994.8
◇近世日本国民史 維新への胎動（下）（徳富蘇峰著, 平泉澄校訂）講談社　1996.11 455p（講談社学術文庫）
◇松平容保（星亮一著）成美堂出版　1997.11 281p（成美文庫）
◇柴五郎ものがたり─人を信じ, 愛しつづけた（鈴木喜代春作, 阿部誠一絵）北水　1998.12 156p
◇稽徴録 京都守護職時代の会津藩史料（家近良樹編）思文閣出版　1999.3 265,6p（大阪経済大学日本経済史研究所史料叢書）
◇松平容保は朝敵にあらず（中村彰彦著）中央公論新社　2000.2 250p（中公文庫）
◇幕末の会津藩─運命を決めた上洛（星亮一著）中央公論新社　2001.12 237p（中公新書）
◇会津藩はなぜ「朝敵」か─幕末維新史最大の謎（星亮一著）ベストセラーズ　2002.9 205p（ベスト新書）
◇松平容保の生涯─写真集（小檜山六郎著）新人物往来社　2003.3 196p
◇新選組111の謎─Q & Aで知る幕末最強軍団の真実（楠木誠一郎著）成美堂出版　2003.10 271p（成美文庫）
◇土方歳三の遺言状（鵜飼清著）新人物往来社　2003.11 317p
◇敗者から見た明治維新─松平容保と新選組（早乙女貢著）日本放送出版協会　2003.11 251p
◇壬生狼FILE─新選組人物事典（加来耕三監修, 水谷俊樹著）朝日ソノラマ　2003.12 143p
◇会津落城─戊辰戦争最大の悲劇（星亮一著）中央公論新社　2003.12 202p（中公新書）
◇書の真贋を推理する（増田孝著）東京堂出版　2004.1 233p
◇新選組と会津藩─彼らは幕末・維新をどう戦い抜いたか（星亮一著）平凡社　2004.2 198p（平凡社新書）
◇松平容保─悲運の会津藩主（星亮一著）学陽書房　2004.6 303p（人物文庫）
◇勝ち組が消した開国の真実─新撰組の誠と会津武士道の光跡（鈴木荘一著）かんき出版　2004.6 389p
◇「善玉」「悪玉」大逆転の幕末史（新井喜美夫著）講談社　2005.1 201p（講談社プラスアルファ新書）
◇藩主なるほど人物事典─江戸260年をしたたかに生き抜いた全国各地の名君たち（武田鏡村著）PHP研究所　2005.6 95p
◇日本史「敗者」たちの言い分─負けた側にも正義あり（岳真也著）PHP研究所〔2005.9〕300p（PHP文庫）
◇ラストサムライの群像─幕末維新に生きた誇り高き男たち（星亮一,

遠藤由紀子著）光人社　2006.2 283p
◇幕末会津藩主・松平容保（帯金充利著）叢文社　2006.11 235p
◇敗者たちの幕末維新─徳川を支えた13人の戦い（武光誠著）PHP研究所　2007.9 235p（PHP文庫）
◇幕末藩主の通知表（八幡和郎監修）宝島社　2008.9 269p（宝島社文庫）
◇逆境をのりこえる人間学（山下康博著）中経出版　2008.12 223p（中経の文庫）
【雑　誌】
◇特集・惨!!会津落城 幕末維新シリーズ(3)評伝会津藩主松平容保（早乙女貢）「歴史と旅」7(3) 1980.7
◇松平容保(幕末維新最後の藩主285人)（松浦玲）「別冊歴史読本」20 1981.6
◇幕末の治安守る会津中将　「歴史と旅」8(8) 1981.7
◇会津藩はなぜ徹底抗戦したか(特集・維新の激流)（早乙女貢）「歴史と人物」122 1981.9
◇山川兵衛重英と容保公（行雲堂主人）「会津史談」55 1981.11
◇松平容保─戊辰戦争の悲劇の主役─大名総覧─江戸時代に存在した大名420余家を収録（永岡慶之助）「歴史と旅」10(2) 1983.1
◇不覚の感涙を流し候 容保江戸を去る（郡山市）（林栄太郎）「幕末史研究」23 1983.2
◇松平容保は名君だったか(特集会津戦争と松平容保)（北篤）「歴史と人物」14(11) 1984.10
◇松平容保, 「義」と「敬」に生きた最後の「武士」─攻防1ヵ月「会津鶴ヶ城」ついに落城す(特集・「明治維新」の男たち)（綱淵謙錠）「プレジデント」23(1) 1985.1
◇会津落城と「運命の子」松平容保─ひたすら誠実に, 朝廷と将軍家に仕えた男を待ち受けていたのは(特集「幕末維新」の人物学)（早乙女貢）「プレジデント」28(6) 1990.6
◇「最後の将軍」, 歴史の偶然と必然が分けた徳川慶喜の運命─山内容堂, 松平容保にも共通する名君の陥穽が(特集・司馬遼太郎「維新人物小説」を読む)（水木楊）「プレジデント」31(12) 1993.12
◇会津藩主松平容保・容大(幕末最後の藩主)（永岡慶之助）「歴史と旅」23(5) 1996.3.10 臨増(大名家の事件簿総覧) p288～295
◇余滴の日本史(19)松平容保の妻はなぜ嘆いたか（中村彰彦）「本の旅人」角川書店 3(5) 1997.5 p76～79
◇私論松平容保─会津はなぜ血まつりにあげられたのか(特集・戊辰戦争会津の悲劇─至誠を全うして一藩一丸炎と化した会津の士道)（童門冬二）「歴史と旅」24(9) 1997.6 p82～87
◇会津人が書けなかった会津戦争（牧野登）「歴史と旅」24(12) 1997.8 p236～247
◇松平容保〈陸奥国会津藩〉─藩祖の遺訓を守り抜いた至誠の藩主(特集 徳川将軍家と松平一族─特集評伝/松平一族の群像)（小檜山六郎）「歴史読本」新人物往来社 51(1) 2006.1 p92～97
◇松平容保 金戒光明寺・京都市左京区─散る桜に自らの引き際を重ねた悲劇の藩主(大特集・春爛漫, ぶらり「桜旅」─第1部 小松帯刀, 坂本龍馬, 西郷隆盛…維新の英傑縁の地を巡り, 古都に遊ぶ「京の桜」幕末・歴史探訪)「サライ」小学館 21(6)通号491 2009.3.19 p32～33

松平左近　まつだいらさこん　1809～1868
幕末, 明治期の武士。
【図　書】
◇讃岐人物風景 9 幕末から維新へ（四国新聞社編）大和学芸図書　1982.11
【雑　誌】
◇松平左近さんの鹿狩りと猟師の武市さん（松下義規）「郷土研究資料集」12 1982.5
◇郷土の書人(3)香川県松平左近（和田晃尚）「墨」57 1986.11
◇松平左近(特集 禁門の変)（川口素生）「歴史研究」384 1993.5

松平定敬　まつだいらさだあき　1847～1908
幕末, 明治期の大名。伊勢桑名藩主。
【図　書】
◇松平定敬のすべて（新人物往来社編）新人物往来社　1998.12 246p
◇敗者たちの幕末維新─徳川を支えた13人の戦い（武光誠著）PHP研究所　2007.9 235p（PHP文庫）
◇京都所司代松平定敬─幕末の桑名藩 没後百年記念桑名市博物館特別企画展（桑名市博物館編）桑名市博物館　2008.10 154p
◇黒船の行方─アメリカ文学と「日本」（中川法城監修, 高橋勇二, 藤谷聖和, 藤本雅樹編著）英宝社　2009.11 229p（竜谷叢書）
【雑　誌】
◇松平定敬(幕末維新最後の藩主285人)（西羽晃）「別冊歴史読本」20 1981.6
◇放浪 松平定敬─流浪する敗軍の将(異色大名列伝)（童門冬二）「歴史と旅」23(5) 1996.3.10 臨増(大名家の事件簿総覧) p212～221
◇松平定敬〈伊勢国桑名藩〉─倒幕派との抗争に奔走した京都所司代(特

松平太郎　まつだいらたろう　1839～1909
幕末，明治期の幕臣，官僚。
【図　書】
◇士魂の群像　(吉田武三)　冨山房　1980.7
【雑　誌】
◇松平太郎〈幕臣〉―零落した幕臣の「典型」といわれた男(特集 徳川将軍家と松平一族―特集評伝/松平一族の群像) (西澤朱実)「歴史読本」　新人物往来社 51(1)　2006.1 p104～111

松平照子　まつだいらてるこ　1832～1884
幕末，明治期の女性。飯野藩主保科正丕の娘。
【図　書】
◇会津藩の女たち―武家社会を生きた十人の女性像　(柴桂子著)　恒文社　1994.7

松平直克　まつだいらなおかつ　1840～1897
幕末，明治期の川越藩主。
【図　書】
◇志士のゆくえ―斎藤壬生雄の生涯　(丑木幸男著)　同成社　2001.9 251p　(同成社近現代史叢書)

松平斉民　まつだいらなりたみ　1814～1891
幕末，明治期の津山藩主。教育を奨励，人材育成に尽力。
【雑　誌】
◇津山藩主松平斉民と大槻磐渓各々の貼込帖に載る西洋の版画数枚の委細解明と二人の交流　(野村正雄)「一滴」津山洋学資料館 17 2009 p39～51

松平比佐子　まつだいらひさこ　1848～1893
幕末，明治期の女性。石見国浜田城主松平武の妻。
【雑　誌】
◇石州浜田退城のとき 藩公夫人の貞節　(神山典之)「亀山」13 1986.10

松平茂昭　まつだいらもちあき　1836～1890
幕末，明治期の福井藩主。侯爵。
【雑　誌】
◇松平茂昭(幕末維新最後の藩主285人) (伴五十嗣郎)「別冊歴史読本」20 1981.6

松平慶永　まつだいらよしなが　1828～1890
幕末，明治期の福井藩主。
【図　書】
◇幕末酒徒列伝 続　(村島健一)　講談社　1980.3
◇奉答紀事―春岳松平慶永実記　(中根雪江)　東京大学出版会　1980.10　(新編日本史籍協会叢書)
◇松平春岳公未刊書簡集 1(福井市立郷土歴史博物館史料叢書 2)　(福井市立郷土歴史博物館編)　福井市立郷土歴史博物館　1983.3
◇宰相の系譜―時代を刻んだ男たちの言行録(Kosaido books)　(村松剛編)　広済堂出版　1983.12
◇旧雨社小伝 巻3(幕末維新儒者文人小伝シリーズ 第10冊) (坂口筑母著)　坂口筑母　1984.2
◇松平春岳公未刊書簡集 2(福井市立郷土歴史博物館史料叢書 3)　(福井市立郷土歴史博物館編)　福井市立郷土歴史博物館　1985.3
◇本草学研究(本草学論攷1)　(白井光太郎)　科学書院　1985.6
◇松平春岳公未刊書簡集 2　(福井市立郷土歴史博物館　1986.3　(福井市立郷土歴史博物館史料叢書3)
◇幕末政治家　(福地源一郎著)　平凡社　1989.5　(東洋文庫)
◇松平春岳　(川端太平著)　吉川弘文館　1990.3　(人物叢書(新装版))
◇松平春岳―松平春岳公百年祭記念講演録　福井市立郷土歴史博物館　1991.3
◇松平春岳未公刊書簡集　(伴五十嗣郎編)　(京都)思文閣出版　1991.11
◇慶永公名臣献言録 1 福井市立郷土歴史博物館 1993.3　(福井市立郷土歴史博物館史料叢書 8)
◇維新への胎動〈中〉生麦事件　(徳富蘇峰著，平泉澄校訂)　講談社　1994.3　(講談社学術文庫―近世日本国民史)
◇幕末 英傑風雲録　(羽生道英著)　中央公論社　1998.5 365p　(中公文庫)
◇堂々日本史 20　(NHK取材班編)　KTC中央出版　1998.12　247p
◇横井小楠―その思想と行動　(三上一夫著)　吉川弘文館　1999.3　218p　(歴史文化ライブラリー)
◇松平春岳のすべて　(三上一夫, 舟沢茂樹編)　新人物往来社　1999.12 274p

◇風の俤―福井の客人たち　(足立尚計著)　能登印刷出版部　2001.8 213p
◇正伝・松平春岳　(白崎昭一郎著)　東京新聞出版局　2002.5 595p
◇松平春岳―「幕末四賢侯」と称された名君　(中島道子著)　PHP研究所　2003.10 378p　(PHP文庫)
◇幕末維新と松平春岳　(三上一夫著)　吉川弘文館　2004.5 238p
◇横井小楠と松平春岳　(高木不二著)　吉川弘文館　2005.2 217p　(幕末維新の個性)
◇その時歴史が動いた 31　(NHK取材班編)　KTC中央出版　2005.3 253p
◇教科書が教えない歴史有名人の晩年　(新人物往来社編)　新人物往来社　2005.5 286p
◇双六で東海道　(丸谷才一著)　文芸春秋　2006.11 291p
◇幕末藩主の通知表　(八幡和郎監修)　宝島社　2008.9 269p　(宝島社文庫)
◇松平春岳をめぐる人々―平成二〇年秋季特別陳列　(福井市立郷土歴史博物館編)　福井市立郷土歴史博物館　2008.9 44p
◇誰が坂本龍馬をつくったか　(河合敦著)　角川SSコミュニケーションズ　2009.11 186p　(角川SSC新書)
【雑　誌】
◇幕府の御意見番・四賢侯(特集徳川幕府滅亡の舞台裏)　(栗原隆一)「歴史読本」30(18) 1960.10
◇慶応元年における松平春嶽の上京計画とその中止について　(河北展生)「慶応大学史学」50(1～4) 1980.11
◇松平春嶽についての謎〈付・関屋敏子について〉　(浅本伊佐美)「若越郷土研究」26(1) 1981.1
◇松平慶永(幕末維新最後の藩主285人)　(伴五十嗣郎)「別冊歴史読本」20 1981.6
◇賢君松平春嶽の援助(特集・坂本龍馬の人脈と維新)　(杉森久英)「歴史と人物」12(2) 1982.2
◇幕末四賢侯―松平春嶽・山内容堂・伊達宗城・島津斉彬(特集・江戸大名100選)　(嶋岡晨)「歴史と旅」9(9) 1982.7
◇松平春嶽―天下の公論を論す(特集・坂本龍馬光芒の生涯)　(三上一夫)「歴史と旅」9(10) 1982.8
◇越葵文庫蔵「春嶽公御手翰」について　(舟沢茂樹)「福井県地域史研究」9 1982.12
◇漢字制限ということ　(山内育男)「国立国会図書館月報」271 1983.10
◇松平春岳・中根雪江と田中大秀門人の関係　(伴五十嗣郎)「皇学館大学神道研究所報」28 1984.12
◇京・大阪に於ける松平春嶽の生祀，並びに生祠創建の計画について　(伴五十嗣郎)「皇学館大・神道研紀要」1 1985.3
◇門外不出の裏ばなし(幕末風塵録〔9〕)　(綱淵謙錠)「諸君！」17(9) 1985.9
◇松平春嶽の思想形成の段階について―嘉永・安政年中を中心として　(伴五十嗣郎)「神道史研究」34(1) 1986.1
◇松平春岳京都守護職の任免　(河北展生)「史学」56(3) 1986.11
◇内憂外患の中の幕末四賢侯(日本史のニューリーダー〈特集〉)　(左方郁子)「歴史と旅」13(15) 1986.11
◇松平春岳と橋本左内 斉彬に与えられた「人間の絆」―彼らとの交際は「悲憤慷慨の士」からの脱却の契機となった(特集・西郷隆盛の人間関係学)「プレジデント」28(2) 1990.2
◇平成時代を拓くリーダーの条件―変革期のリーダーシップ　(山本七平)「Will」9(8) 1990.8
◇松平春岳受諡期の越前藩　(高木不二)「日本史研究」日本史研究会 413 1997.1 p1～23
◇徳川慶喜をめぐる人びと・「大名」松平春岳―四賢侯の一人(特集・徳川慶喜と幕府崩壊―混迷の時代を駆け抜けた「最後の将軍」波瀾の半生)　(百瀬明治)「歴史と旅」25(4) 1998.3 p70～75
◇和宮降嫁と文久の修陵―文久二年七月二十三日の勅使大原重徳と慶喜・春岳の会談　(外池昇)「人間文化研究」田園調布学園大学短期大学部 1 2002 p156～146
◇松平慶永〈越前国福井藩〉―動乱の幕末を主導した政治総裁職(特集 徳川将軍家と松平一族―特集評伝/松平一族の群像)　(角鹿尚計)「歴史読本」新人物往来社 51(1) 2006.1 p86～91
◇童門冬二の日本列島・諸国賢人列伝(84)松平春嶽の懇望 横井小楠(11)　(童門冬二)「ガバナンス」ぎょうせい 84 2008.4 p106～109

松平頼聡　まつだいらよりとし　1834～1903
幕末，明治期の讃岐高松藩主。伯爵。
【図　書】
◇讃岐人物風景 9 幕末から維新へ　(四国新聞社編)　大和学芸図書　1982.11

松田正久　まつだまさひさ　1845～1914
明治、大正期の政治家。衆議院議長。
【図　書】
◇原敬をめぐる人びと　続　(原奎一郎、山本四郎編)　日本放送出版協会　1982.8　(NHKブックス 419)

松田道之　まつだみちゆき　1839～1882
明治期の官僚。内務大書記官、東京府知事。
【図　書】
◇沖縄にきた明治の人物群像　(太田良博)　月刊沖縄社　1980.2
◇首都計画の政治—形成期明治国家の実像(近代日本研究双書)　(御厨貴)　山川出版社　1984.11
◇都市のプランナーたち—江戸・東京を造った人々　(東京人編集室編)　都市出版　1993.12
【雑　誌】
◇琉球処分官松田道之のひと陰(特集　明治の地方官)　(我部政男)　「彷書月刊」　2(11)　1986.10
◇なぜ東京を首都と定めたのか—ドキュメント東京大改造・明治の東京計画　(田原総一朗)　「潮」　382　1991.1

松本奎堂　まつもとけいどう　1831～1863
幕末の三河刈谷藩士、尊攘派志士。天誅組総裁。
【図　書】
◇徳川家康　(森銑三著)　(沼南町)個人社　1991.3　(森銑三紀念文庫)
【雑　誌】
◇郷土の詩(3)松本奎堂—金輪寺喝蟾に呈する詩　(小川常人)　「丹波史談」　110　1981.5
◇碑に見る(28)　天誅組の遺跡—松本謙三郎戦死の地の碑(東吉野村)　「吉野路」　33　1987.4
◇碑に見る(29)　天誅組の遺跡—松本謙三郎戦死の地の碑(東吉野村)　「吉野路」　34　1987.7
◇碑に見る(30)　天誅組の遺跡—松本謙三郎戦死の地の碑(東吉野村)　「吉野路」　35　1987.10
◇碑に見る天誅組の遺跡(31)　松本謙三郎戦死の地の碑(二)　笠松頂上(2)　「吉野路」　36　1988.1
◇碑に見る天誅組の遺跡(46)「他郷編」愛知県刈谷市に松本奎堂宍戸弥四郎の碑を訪ねて—イ—　「吉野路」　52　1992.2
◇碑に見る天誅組の遺跡(48)他郷編　愛知県刈谷市に松本奎堂宍戸弥四郎の碑を訪ねて—ハ—　「吉野路」　54　1992.8

万里小路博房　までのこうじひろふさ　1824～1884
幕末、明治期の公卿。
【図　書】
◇万里小路日記(日本史籍協会叢書 179)　(万里小路正房、万里小路博房著)　東京大学出版会　1974.6

間部詮勝　まなべあきかつ　1804～1884
幕末、明治期の鯖江藩主。
【図　書】
◇評伝　前原一誠—あゝ東方に道なきか　(奈良本辰也著)　徳間書店　1989.10　(徳間文庫)
【雑　誌】
◇老中間部詮勝暗殺計画　(高野澄)「歴史と人物」　117　1981.4

丸山作楽　まるやまさくら　1840～1899
明治の政治家、歌人。貴族院議員。
【図　書】
◇明治維新と神道　(阪本健一)　同朋舎出版　1981.7
◇斎藤茂吉選集11　(斎藤茂吉)　岩波書店　1981.11
◇国学者雑攷　(丸山季夫)　吉川弘文館　1982.9
◇皇典講究所草創期の人びと　国学院大学　1982.11
【雑　誌】
◇箱田六輔と丸山作楽—共愛会憲法草案をめぐる歴史のひとコマ　(石滝豊美)「県史だより(福岡県地域史研究所)」　3　1981.12

マレー, D.　Murray, David　1830～1905
アメリカの教育家。1873年来日、教育行政に貢献。
【図　書】
◇日本国学監デイビッド・マレー—その生涯と業績　(吉家定夫著)　玉川大学出版部　1998.1　434p
【雑　誌】
◇来日前のダビッド・モルレーについて　(羽田積男)「日本比較教育学会紀要」　12　1986.3
◇ダビッド・モルレーの教育論　(羽田積男)「教育学雑誌」　24　1990
◇David Murrayの研究—教育の近代化とキリスト教, 文化交流を中心として　(古賀徹)「研究紀要」日本大学文理学部人文科学研究所　54　1997　p107～123
◇D・マレー「学監考察　日本教育法」と「学制」改正—明治初期教育政策の形成と御雇外国人　(佐藤秀夫)「研究紀要」日本大学文理学部人文科学研究所　57　1999　p169～187
◇文部省顧問David Murrayに関する在米資料("The Papers of David Murray")の存在—東京大学との関わりに注目して　(古賀徹)「東京大学史紀要」　東京大学史史料室　19　2001.3　p17～33
◇デイビッド・マレーと田中不二麿—明治初期における教育制度と博物館　(内川隆志)「国学院大学博物館学紀要」　国学院大学博物館学研究室　28　2003　p3～28

三浦梧楼　みうらごろう　1846～1926
幕末, 明治期の陸軍軍人、政治家、萩藩士。中将、子爵。
【図　書】
◇明治反骨中将一代記　(三浦梧楼)　芙蓉書房　1981.11
◇近代政治の彗星　2　想い出の政治家　(松本幸輝久)　三信図書　1982.11
◇観樹将軍回顧録　(三浦梧楼著)　中央公論社　1988.5　(中公文庫)
◇朝鮮王妃殺害と日本人—誰が仕組んで、誰が実行したのか　(金文子著)　高文研　2009.2　364p
【雑　誌】
◇月曜会事件についての一考察—四将軍との関係を中心に　(土居秀夫)「軍事史学」　17(2)　1981.9
◇三浦梧楼、朝鮮公使就任についての覚書　(小林元裕)「立教日本史論集」　4　1989.1

三島通庸　みしまみちつね　1835～1888
幕末、明治期の鹿児島藩士、官僚。警視総監、子爵。
【図　書】
◇明治まんが遊覧船　(清水勲)　文芸春秋　1980.8
◇高橋由一と三島通庸—西那須野町開拓百年記念事業　(西那須野町, 尾崎尚編)　西那須野町　1981.3
◇国民文化の形成　(飛鳥井雅道編)　筑摩書房　1984
◇首都計画の政治—形成期明治国家の実像(近代日本研究双書)　(御厨貴)　山川出版社　1984.11
◇大久保利謙歴史著作集〈2〉明治国家の形成　(大久保利謙著)　吉川弘文館　1986.5
◇東北の道路今昔—三島通庸と高橋由一にみる　(建設省東北地方建設局監修)　社団法人東北建設協会　1989.3
◇前田愛著作集〈第4巻〉幻景の明治　(前田愛著)　筑摩書房　1989.12
◇日本海地域史研究 11　(日本海地域史研究会, 村上直編)　文献出版　1990.11
◇道のはなし(1)　(武部健一著)　技報堂出版　1992.4
◇野に生きる考古・歴史と教育　(川崎利夫先生還暦記念会〔編〕)　実行委員会　1993.2
◇ライバル日本史　4　(NHK取材班編)　角川書店　1995.4　216p
◇挑戦—ライバル日本史　5　(NHK取材班編)　角川書店　1996.11　294p　(角川文庫)
◇東北開発人物史—15人の先覚者たち　(岩本由輝著)　刀水書房　1998.3　334p
◇栗子峠にみる道づくりの歴史　(吉越治雄著)　東北建設協会　1999.3　249p
◇乱世に生きる—歴史の群像　(中村彰彦著)　中央公論新社　2001.3　349p　(中公文庫)
◇県令三島通庸と山形　(山形県生涯学習文化財団編)　山形県生涯学習文化財団　2002.2　81p　(報告「山形学」シンポジウム)
◇明治の記憶—三島県令道路改修記念画帖　山形大学附属博物館　2004.3　176p
◇幻景の明治　(前田愛著)　岩波書店　2006.11　296p　(岩波現代文庫)
◇三代の系譜　(阪谷芳直著)　洋泉社　2007.3　434p　(洋泉社MC新書)
【雑　誌】
◇三島県令と明治初期の山形県会　(渡部史夫)「国史談話会雑誌」　22　1981.6
◇三島通庸の基礎的研究—県令転出以前　(新井登志雄)「日本歴史」　401　1981.10
◇県議会と県令三島の競合—福島事件における政治過程　(鈴木吉重)「福大史学」　35　1983.3
◇山形県の殖産興業と宮島誠一郎—三島通庸関係文書の新史料について　(森芳三)「山形県地域史研究」　9　1983.12
◇山形に曾祖父通庸の事蹟を尋ねて　(三島義温)「那須野ケ原開拓史研究」　19　1985.12
◇三島式の可能性(特集　明治の地方官)　(井上章一)「彷書月刊」　2(11)　1986.10
◇県令三島通庸論—福島事件を中心として　(辻義人)「福島県歴史資料館研究紀要」　10　1988.3

◇印南丈作・三島通庸没後百年に思う （市原友吉）「那須野ヶ原開拓史研究」 24 1988.6
◇三島通庸の城下町改造とその後の都市骨格の形成—山形と宇都宮を事例に（1993年度〔日本都市計画学会〕学術研究論文集）（佐藤滋, 野中勝利）「都市計画論文集」 28 1993.11
◇明治前期における交通インフラストラクチュアの形成—山形県における三島通庸 （北原聡）「三田学会雑誌」 慶応義塾経済学会 90(1) 1997.4 p168～187
◇三島通庸と大久保利通の国土開発構想（特集 歴史に学ぶ国土政策） （藤森照信）「人と国土」 国土計画協会 23(1) 1997.5 p26～30
◇行政 権力者と建造物（歴史の眼〔10〕）（広瀬順晧）「月刊社会民主」 518 1998.7 p70～71
◇三島通庸の人物像 （渡部史夫）「国史談話会雑誌」東北大学文学部国史研究室国史談話会 第43号 2002.9 p218～232
◇三島通庸による明治初期の山形・官庁街建設における計画意図 （野中勝利）「日本建築学会計画系論文集」 日本建築学会 589 2005.3 p129～136
◇山形・官庁街における薄井龍之を介した札幌本府計画の影響の可能性—三島通庸による明治初期の山形・官庁街建設に関する研究 （野中勝利）「日本建築学会計画系論文集」 日本建築学会 597 2005.11 p101～108

水野忠央　みずのただなか　1814～1865
幕末の紀伊和歌山藩士、新宮城主、江戸家老。
【図　書】
◇和歌山地方史の研究（安藤精一先生退官記念論文集） 宇治書店 1987.6
◇紀州史研究 4 （安藤精一編） 国書刊行会 1989.6
◇おかしな大名たち （神坂次郎著） 中央公論社 1995.11 401p （中公文庫）
◇歴史人物・とっておきのウラ話—教科書が教えない「面白い話・珍しい話・ドジな話」 （泉秀樹著） PHP研究所 2004.7 338p （PHP文庫）
◇近世近代の歴史と社会 （安藤精一, 高嶋雅明, 天野雅敏編） 清文堂出版 2009.7 420p
【雑　誌】
◇近世の蔵書家たち(9)紀伊新宮城々主—水野忠央 （朝倉治彦）「日本古書通信」 46(9) 1981.9
◇吉田松陰の水野忠央観 （山口宗之）「熊野誌」 37 1991.12

水野忠徳　みずのただのり　1815～1868
幕末の幕府官僚。尊攘運動の抑制を計画。
【図　書】
◇江戸3 渉外編 （大久保利謙編） 立体社 1981.1
◇西洋が見えてきた頃（亀井俊介の仕事（3））（亀井俊介著） 南雲堂 1988.11
◇幕末政治家 （福地源一郎著） 平凡社 1989.5 （東洋文庫）
◇長崎海軍伝習所—十九世紀東西文化の接点 （藤井哲博著） 中央公論社 1991.5 （中公新書）
◇幕末 五人の外国奉行—開国を実現させた武士 （土居良三著） 中央公論社 1997.7 358p
【雑　誌】
◇幕末日記二つ 上—鳥居甲斐と水野忠徳 （松岡英夫）「学鐙」 81(3) 1984.3
◇歴史読み物 日本海軍の創設者達—創業垂統の時代の人々から学ぶ点、無しとせむや(9)鍋島直正と水野忠徳 （谷光太郎）「波濤」 兵術同好会 30(6) 2005.3 p124～149

ミットフォード，A.　Mitford, Algernon Bertram Freeman-M., 1st Baron Redesdale　1837～1916
イギリスの外交官。1866年来日、駐日公使館付書記官。
【図　書】
◇英国外交官の見た幕末維新 （A.B.ミットフォード著, 長岡祥三訳） 新人物往来社 1985.8
◇ある英国外交官の明治維新—ミットフォードの回想 （ヒュー・コータッツィ編, 中須賀哲朗訳） 中央公論社 1986.6
◇英国貴族の見た明治日本 （ミットフォード,A.B.著, 長岡祥三訳） 新人物往来社 1986.7
◇英国外交官の見た幕末維新 （A.B.ミットフォード著, 長岡祥三訳） 新人物往来社 1986.12
◇A・B・ミットフォード （大西俊男著） 近代文芸社 1993.11
◇A・B・ミットフォードと神戸事件 （松村昌家）『阪神文化論』（川本皓嗣, 松村昌家編） 思文閣出版 2008.4 （大手前大学比較文化研究叢書） p250
【雑　誌】
◇著述家としてのA.B.ミットフォード （大西俊男）「英学史研究」 17 1984
◇タイムズを中心とした新聞記事のA・B・ミットフォードの評価 （大西俊男）「英学史研究」 20 1987.10
◇幕末維新期の英国貴族外交官A・B・ミットフォードとその子孫 （大西俊男）「鳥羽商船高等専門学校紀要」 10 1988.1
◇Bibliotheca Japonica(53) A.B.ミットフォード著『ガーター勲章使節団日本訪問記』の成立とその周辺 （八木正自）「日本古書通信」 日本古書通信社 67(5) 2002.5 p27

嶺田楓江　みねたふうこう　1817～1883
幕末、明治期の丹後藩士。著書「海外新話」により在獄。
【図　書】
◇嶺田楓江の生涯とその著作 （川本勉）『近代日本の形成と展開』（安岡昭男編） 巌南堂書店 1998.11 p305
【雑　誌】
◇「海外新話」の著者嶺田楓江と英人閣斌士 （武内博）「日本古書通信」 50(2) 1985.2
◇嶺田楓江の生涯と詩集 （村山吉広）「新しい漢字漢文教育」 全国漢文教育学会 第34号 2002.6 p24～42
◇嶺田楓江『海外親話』の一部分の紹介 （奥田尚）「アジア観光学年報」 追手門学院大学文学部アジア文化学科 9 2008.4 p127～139

宮部鼎蔵　みやべていぞう　1820～1864
幕末の肥後熊本藩士、兵法師範職。
【図　書】
◇天皇と明治維新 （阪本健一） 暁書房 1983.1
◇近代への叛逆 （荒木精之著） （熊本）熊本出版文化会館 1993.8 （荒木精之著作集）
【雑　誌】
◇「維新土佐勤王史」のウソ・マコト(2)宮部鼎蔵増実の土佐来訪 千屋菊次郎, 松山深蔵潜行出国の契機とルート （横田達雄）「土佐史談」 196 1994.9

椋梨藤太　むくなしとうた　1805～1865
幕末の長州（萩）藩士、右筆明倫館付掛。
【雑　誌】
◇鳥居家所蔵の椋梨藤太関係文書をみて—椋梨藤太についての一考察 （土屋貞夫）「山口県地方史研究」 58 1987.10

陸奥宗光　むつむねみつ　1844～1897
明治期の外交官。衆議院議員、伯爵。
【図　書】
◇幕末酒徒列伝 続 （村島健一） 講談社 1980.3
◇類聚伝記大日本史11 政治家篇 （尾佐竹猛編集解説） 雄山閣出版 1981.6
◇仙台藩中の陸奥宗光—陸奥宗光と水野重教 （宇野量介） 宝文堂出版販売 1982.1
◇変革期型リーダーの条件—「維新」を見てきた男たち （佐々克明） PHP研究所 1982.6
◇参謀の器量学—日本史の策士たち10人 （奈良本辰也編著） 広済堂出版 1982.12 （Kosaido books）
◇人物・日本資本主義1 地租改正 （大島清ほか著） 東京大学出版会 1983.6
◇日本のリーダー 4 日本外交の旗手 ティビーエス・ブリタニカ 1983.6
◇日本のリーダー4 日本外交の旗手 （第二アートセンター編） ティビーエス・ブリタニカ 1983.6
◇人物探訪 日本の歴史—18—明治の逸材 暁教育図書 1984.2
◇日本の名著 35 陸奥宗光(中公バックス) （萩原延寿責任編集） 中央公論社 1984.7
◇政治家 その善と悪のキーワード （加藤尚文著） 日経通信社 1986.6
◇ニッポン靴物語 （山川暁著） 新潮社 1986.10
◇明治の海舟とアジア （松浦玲著） 岩波書店 1987.4
◇近代日本政治思想の座標—思想家・政治家たちの対外観 （宮本盛太郎編） 有斐閣 1987.11 （有斐閣選書）
◇陸奥宗光 上 （岡崎久彦） PHP研究所 1987.12
◇陸奥宗光 下 （岡崎久彦） PHP研究所 1988.1
◇坂本龍馬・海援隊士列伝 （山田一郎ほか著） 新人物往来社 1988.2
◇維新侠艶録 （井筒月翁著） 中央公論社 1988.3 （中公文庫）
◇信玄とヒトラー—歴史に学ぶ東西「生きざま」比較 （金森誠也著） 日本経済通信社 1988.9
◇風雲回顧録 （岡本柳之助著, 平井晩村編） 中央公論社 1990.3 （中公文庫）
◇蘇翁夢物語—わが交遊録 （徳富猪一郎著） 中央公論社 1990.4 （中公文庫）
◇父親は息子に何を伝えられるか。—偉人たちの手紙 （鈴木博雄著） PHP研究所 1990.5
◇日本外交の基軸と展開 （関static著） （京都）ミネルヴァ書房 1990.5
◇陸奥宗光〈上巻〉 （岡崎久彦著） PHP研究所 1990.11 （PHP文庫）

◇陸奥宗光〈下巻〉（岡崎久彦著）PHP研究所 1990.11（PHP文庫）
◇対談書評 歴史の読み方（粕谷一希編）筑摩書房 1992.1
◇「蹇蹇録(けんけんろく)」の世界（中塚明著）みすず書房 1992.3
◇坂本龍馬・男の生き方（新人物往来社編）新人物往来社 1992.9
◇閔妃(ミンビ)暗殺—朝鮮王朝末期の国母（角田房子著）新潮社 1993.7 （新潮文庫）
◇修羅に賭ける（神坂次郎著）プレジデント社 1993.11
◇陸奥宗光論（楠山修作）『創立三十周年記念論集』（追手門学院大学編）追手門学院大学 1997.3 p23
◇陸奥宗光（萩原延寿著）朝日新聞社 1997.8 2冊（セット）
◇日清戦争と陸奥宗光—その心理的・歴史的側面（ゴードン・バーガー〔著〕、高橋久志〔訳〕）『日清戦争と東アジア世界の変容』（東アジア近代史学会編）ゆまに書房 1997.9 p127
◇陸奥宗光—その光と影—歿後一〇〇周年記念（和歌山市立博物館編）和歌山市教育委員会 1997.10 93p
◇金沢文庫と明治の元勲たち—伊藤博文と陸奥宗光（神奈川県立金沢文庫編）神奈川県立金沢文庫 1998.6 63p（金沢文庫テーマ展図録）
◇陸奥宗光—歿後百周年記念講演集（陸奥陽之助編）インタナショナル映画 1998.7 141p
◇近代日本政治思想史入門—原典で学ぶ19の思想（大塚健洋編著）ミネルヴァ書房 1999.5 348p
◇近代日本外交思想史入門—原典で学ぶ17の思想（関静雄編著）ミネルヴァ書房 1999.5 310p
◇陸奥宗光とその時代（岡崎久彦著）PHP研究所 1999.10 483p
◇男と女の物語日本史（加来耕三編）講談社 1999.11 366p
◇楽しく調べる人物図解日本の歴史—明治・大正・昭和・平成時代 7（佐藤和彦監修）あかね書房 2000.4 47p
◇国のつくり方—明治維新人物学（渡部昇一, 岡崎久彦著）致知出版社 2000.9 221p
◇国際環境のなかの近代日本（黒沢文貴, 斎藤聖二, 桜井良樹編）芙蓉書房出版 2001.10 408p
◇明治天皇 下巻（ドナルド・キーン著, 角地幸男訳）新潮社 2001.10 582p
◇岡崎久彦の情報戦略のすべて（岡崎久彦著）PHP研究所 2002.2 350p
◇人物日本の歴史・日本を変えた53人 8（高野尚好監修）学習研究社 2002.2 64p
◇明治・破獄協奏曲—白銀屋文七とその時代（朝倉喬司著）毎日新聞社 2002.3 271p
◇NHKその時歴史が動いた コミック版 4（NHK「その時歴史が動いた」取材班編, 井上大助, 本山一城, 帯ひろ志作画）ホーム社 2002.7 249p
◇百年の遺産—日本の近代外交73話（岡崎久彦著）産経新聞ニュースサービス 2002.9 334p
◇日本外交史人物叢書 第12巻（吉村道男監修）ゆまに書房 2002.12 775p
◇陸奥宗光とその時代（岡崎久彦著）PHP研究所 2003.3 601,16p（PHP文庫）
◇小村寿太郎とその時代（岡崎久彦著）PHP研究所 2003.5 416p（PHP文庫）
◇NHKその時歴史が動いたコミック版 幕末編（NHK取材班編）ホーム社 2003.7 497p（ホーム社漫画文庫）
◇自由の精神（萩原延寿著）みすず書房 2003.9 387p
◇教科書が教えない歴史有名人の晩年（新人物往来社編）新人物往来社 2005.5 286p
◇教養のすすめ—明治の知の巨人に学ぶ（岡崎久彦著）青春出版社 2005.7 223p
◇明治の教訓 日本の気骨—明治維新人物学（渡部昇一, 岡崎久彦著）致知出版社 2005.8 216p（CHICHI SELECT）
◇戦争の時代 日清戦争から朝鮮戦争—第13場面から第16場面（TOSS社会編）明治図書出版 2005.12 142p（20場面で"日本の歴史"をこう組み立てる）
◇『蹇蹇録』の世界 新装版（中塚明著）みすず書房 2006.5 292,6p
◇意外な意外な「日本史」（「歴史ミステリー」倶楽部著）三笠書房 2006.8 200p（王様文庫）
◇幣原喜重郎と二十世紀の日本—外交と民主主義（服部竜二編）有斐閣 2006.12 336p
◇足尾銅山物語（小野崎敏著）新樹社 2007.7 263p
◇大いなる人生（高田宏著）芸術新聞社 2007.9 236p
◇萩原延寿集 2（萩原延寿著）朝日新聞社 2007.12 485p
◇坂の上に雲はあったか—明治国家創成のミスキャスト（宮崎光雄著）東洋出版 2007.12 310p
◇陸奥宗光 下巻（萩原延寿著）朝日新聞社 2008.1 533p（萩原延寿集）
◇条約改正交渉史—1887〜1894（大石一男著）思文閣出版 2008.10 338p

◇身体とアイデンティティ（礫川全次著）批評社 2008.12 222p（歴史民俗学資料叢書 解説編）
◇人物で読む近代日本外交史—大久保利通から広田弘毅まで（佐道明広, 小宮一夫, 服部竜二編）吉川弘文館 2009.1 316p
◇日本人の恋物語—男と女の日本史（時野佐一郎著）光人社 2009.2 229p
◇誰が坂本龍馬をつくったか（河合敦著）角川SSコミュニケーションズ 2009.11 186p（角川SSC新書）
◇「アラサー」が変えた幕末—時代を動かした若き志士たち（渡辺大門著）毎日コミュニケーションズ 2009.11 199p（マイコミ新書）
◇陸奥宗光とその時代 新装版（岡崎久彦著）PHP研究所 2009.12 569p

【雑誌】
◇われ情愛に溺れず(特集乱一族分裂の戦国史)（井沢元彦）「歴史読本」30(14) 1960.8
◇成田家所蔵の陸奥宗光書簡（松崎栄信）「鷹巣地方史研究」6 1980.4
◇加納宗七と陸奥宗光（加納竜一）「歴史と神戸」20(3) 1981.6
◇陸奥宗光著「蹇々余録草稿」(1)（資料）（檜山幸夫紹介）「中京法学」17(1) 1982
◇陸奥宗光と海援隊の誕生(特集・坂本龍馬の人脈と維新)（結束信二）「歴史と人物」12(2) 1982.2
◇龍馬の高弟たち(特集・坂本龍馬光芒の生涯)（佐々克明）「歴史と旅」9(10) 1982.8
◇陸奥宗光著「蹇々余録草稿」(2)（資料）（桧山幸夫紹介）「中京法学」17(2) 1983.1
◇新たに見つかった陸奥宗光の手紙（中塚明）「図書」407 1983.7
◇龍馬と陸奥宗光—特集・坂本龍馬と海援隊（飛鳥井雅道）「歴史読本」28(10) 1983.10
◇『陸奥宗光論』序説—太平洋戦争前夜の「陸奥宗光」（中塚明）「奈良女子大学文学部研究年報」28 1984
◇「皇紀2600年」の『陸奥宗光』（中塚明）「奈良県近代史研究会会報」36 1984.6
◇陸奥と原（山本四郎）「日本歴史」438 1984.11
◇陸奥宗光「蹇々餘録草稿」(3)（資料）（桧山幸夫紹介）「中京法学」20(1) 1985.9
◇鵬winged折る—薩長を凌ぐ独立王国も廃藩置県で解兵、再び中央に(評伝陸奥宗光〔5〕)（岡崎久彦）「Voice」97 1986.1
◇冬の鶯—薩長中心の藩閥人事は陸奥を出世の階段から外した(評伝・陸奥宗光〔6〕)（岡崎久彦）「Voice」98 1986.2
◇近現代史部会共同研究報告 日本近代史における「陸奥外交」の意味〔含 討議〕(1985年度日本史研究会大会特集号—再び「国家権力と地域社会」について—第3分科会)（中塚明）「日本史研究」283 1986.3
◇陸奥宗光著「蹇々余録草稿」(4)（資料）（桧山幸夫紹介）「中京法学」20(3) 1986.3
◇日本人—征韓論で分裂する政府。陸奥は思いを大論文に託す(評伝・陸奥宗光〔7〕)（岡崎久彦）「Voice」99 1986.3
◇土佐のいごっそう—陸奥最後の牙城・元老院も骨抜きにされていく…(評伝・陸奥宗光〔8〕)（岡崎久彦）「Voice」100 1986.4
◇運命の年—明治10年、陸奥は一世一代の錯誤を犯すことになる(評伝・陸奥宗光〔9〕)（岡崎久彦）「Voice」101 1986.5
◇夢破る—禁獄5年の判決。陸奥は失意のなか囚人の身となる(評伝・陸奥宗光〔10〕)（岡崎久彦）「Voice」102 1986.6
◇鉄の海流(1)時空を駆けぬけた3人の男たち（長谷川義記）「日本及日本人」1583 1986.7
◇囚窓なお乾坤大なり—読書と著作の日々。陸奥の胸中に去来するものは…(評伝・陸奥宗光〔11〕)（岡崎久彦）「Voice」103 1986.7
◇蛍雪の功再び—獄中の刻苦勉励。陸奥の政治思想が固まっていく…(評伝・陸奥宗光〔12〕)（岡崎久彦）「Voice」104 1986.8
◇鷲鳥は群れず(評伝・陸奥宗光〔13〕)（岡崎久彦）「Voice」105 1986.9
◇蛍雪の功、三たび(評伝・陸奥宗光〔14〕)（岡崎久彦）「Voice」106 1986.10
◇条約改正(評伝・陸奥宗光〔16〕)（岡崎久彦）「Voice」108 1986.12
◇伊達家存続の代償—弟小次郎刺殺(伊達政宗 天下への野望〈特集〉)（大和勇三）「歴史読本」32(1) 1987.1
◇鉄の海流—時空を駆けぬけた3人の男たち(6)陸奥宗光(1)新旧の閥ぎの中から（長谷川義記）「日本及日本人」1588 1987.10
◇鉄の海流—時空を駆けぬけた3人の男たち(7)陸奥宗光(2)幽囚の中の開眼（長谷川義記）「日本及日本人」1589 1988.1
◇陸奥宗光と留学生（大久保利謙）「日本歴史」476 1988.1
◇鉄の海流—時空を駆けぬけた3人の男たち(8)陸奥宗光(3)赫奕たる維新の残照（長谷川義記）「日本及日本人」1590 1988.4
◇第2次伊藤内閣前期の陸奥外交—外交の内政的側面についての一事例(1)（関静雄）「帝塚山大学論集」61 1988.6
◇歴史をどう読むか—『陸奥宗光』を素材に—（岡崎久彦）「文化会議」230 1988.8

◇陸奥宗光と明治日本―岡崎久彦著『陸奥宗光』を読んで―　(鳥海靖)　「文化会議」 231 1988.9
◇第2次伊藤内閣前期の陸奥外交―外交の内政的側面についての一事例(2)　(関静雄)　「帝塚山大学論集」 62 1989.9
◇韓地ノ電線断絶シ、却テ百忙中稍々一閑ヲ得ルガ如キ心地シタリ―日清戦争の開戦と陸奥宗光　(中塚明)　「立命館文学」 509 1988.12
◇鉄の海流―時空を駆けぬけた3人の男たち(13完)冥闇を裂いた権謀の閃光　(長谷川義記)　「日本及日本人」 1595 1989.7
◇日清戦争と陸奥外交―金玉均暗殺事件の処理をめぐって　(河村一夫)　「韓(韓国研究院)」 115 1989.8
◇韓地ノ電線断絶シ、却テ百忙中　稍一閑ヲ得ルガ如キ心地シタリ―日清戦争の開戦と陸奥宗光　(中塚明)　「みすず」 345 1989.12
◇自由民権期におけるイギリス功利主義思想の摂取―陸奥宗光とジェレミィ・ベンサム　(上野隆生)　「現代史研究」 35 1989.12
◇士民革命、あるいは近代日本における市民革命について(2)陸奥宗光と土地革命法案の成立　(蓮沼啓介)　「神戸法学雑誌」 39(4) 1990.3
◇湘南の旧別荘の保存問題―特に池田成彬と陸奥宗光邸について　(越沢明)　「日本歴史」 511 1990.12
◇日清開戦と陸奥宗光の外交指導―国家意思決定問題を中心に　(檜山幸夫)　「政治経済史学」 300 1991.6
◇陸奥宗光―「世界の海援隊」の理想を継がん(特集・坂本龍馬の人間関係学)　(神坂次郎)　「プレジデント」 30(7) 1992.7
◇「ベルギー公使夫人の明治日記」(ダヌタン夫人著・長岡祥三訳)を通じて見た陸奥宗光外相の対清韓外交　(河村一夫)　「政治経済史学」 319 1993.1
◇陸奥宗光にみる政治改革の立場(日本近代史の誰に学ぶか―人物オピニオン特集・リーダーなき「平成」を撃つ24人)　(岡崎久彦)　「諸君！」 25(2) 1993.2
◇日清戦争と陸奥外交　(河村一夫)　「軍事史学」 28(4) 1993.3
◇陸奥宗光講義ノート―シュタインとの出会い　(上野隆生)　「金沢文庫研究」 291 1993.9
◇陸奥宗光の「議会政治論」―イギリス政治制度の研究から　(高世信見)　「上智大学国際関係研究所」 39 1997.1 p55～77
◇史料解題　陸奥宗光の中田敬義宛書簡について　(富塚一彦)　「外交史料館報」外務省外交史料館 11 1997.6 p84～100
◇「陸奥宗光の茶塊」余滴　(大野左千夫)　「和歌山市立博物館研究紀要」　和歌山市教育委員会 12 1998.2 p18～21
◇陸奥宗光と『世界之日本』(特集　国際社会とメディア)　(佐々木隆)　「メディア史研究」　ゆまに書房 7 1998.3 p40～63
◇史料紹介　陸奥宗光の妻亮子宛書簡について　(岩橋里江)　「史窓」京都女子大学文学部史学会 56 1999 p89～115
◇「蹇蹇録」の執筆時期をめぐって―林董宛陸奥宗光書簡　(武内善信)　「和歌山市立博物館研究紀要」　和歌山市教育委員会 15 2001.3 p31～40
◇陸奥宗光の死と政党再編―日刊『世界之日本』をめぐって　(上野隆生)　「人間関係学部紀要」　和光大学人間関係学部 7分冊1 2002 p56～78
◇林董宛陸奥宗光書簡について(その2)　(武内善信)　「和歌山市立博物館研究紀要」　和歌山市教育委員会 16 2002.3 p13～21
◇「芸娼妓解放」と陸奥宗光　(松延真介)　「仏教大学総合研究所紀要」仏教大学総合研究所 9 2002.3 p39～48
◇奥沢書屋随想(69)陸奥宗光―陸奥宗光著『蹇蹇録』、萩原延寿著『陸奥宗光』　(高田宏)　「季刊銀花」　文化出版局 130 2002.6 p138～143
◇民族の独立と尊厳のための改革―明治維新の本質(近現代史百年、暮りなき歴史常識)　(岡崎久彦、鳥海靖、福地惇)　「諸君！」 35(2) 2003.2 p189～200
◇林董宛陸奥宗光書簡について(その3)　(武内善信)　「和歌山市立博物館研究紀要」　和歌山市教育委員会 17 2003.3 p70～78
◇陸奥宗光と対等条約改正交渉―日葡間領事裁判権廃棄問題を中心に　(山下大輔)　「日本歴史」　吉川弘文館 687 2005.8 p70～85
◇忘れがたき政治家(59)陸奥宗光―機略縦横、条約改正を成功させた「剃刀大臣」　(新井勉)　「月刊自由民主」　自由民主党 641 2006.8 p100～106
◇明治人に学ぶ本当のリアリズム外交　極東サバイバルの掟は、陸奥宗光に訊け(特集　激震2008　日・中・韓の活断層)　(渡辺利夫)　「諸君！」　文芸春秋 40(1) 2008.1 p142～154
◇大宰相・原敬(第30回)陸奥宗光　(福田和也)　「Voice」PHP研究所 378 2009.6 p238～246

村垣範正　むらがきのりまさ　1813～1880
幕末、明治期の幕臣。渡米。
【図　書】
◇阿部隆一遺稿集　第三巻　解題篇二　(慶応義塾大学附属研究所斯道文庫編)　汲古書院 1985
◇ブレーン　歴史にみる群像〈2〉情報　(戸部新十郎、南原幹雄、米原正義、津本陽、栗原隆一、出井孫六著)　旺文社 1986.2
◇ブレーン：歴史にみる群像 3　旺文社 1986.3

◇佐幕派論議　(大久保利謙著)　吉川弘文館 1986.5
◇続・百代の過客―日記にみる日本人〈上〉　(ドナルド・キーン著、金関寿夫訳)　朝日新聞社 1988.1 (朝日選書)
◇続　百代の過客―日記にみる日本人　(ドナルド・キーン著、金関寿夫訳)　朝日新聞社 1988.12
【雑　誌】
◇幕臣列伝(5)遣外使節と幕臣　(綱淵謙錠)　「歴史と人物」 10(5) 1980.5
◇明治国家をつくった人びと(10)村垣範正の『遣米使日記』―もうひとりの和製トクヴィル　(瀧井一博)　「本」　講談社 34(5) 2009.5 p50～53

村田新八　むらたしんぱち　1836～1877
幕末、明治期の鹿児島藩士、軍人。宮内大丞。
【図　書】
◇西郷隆盛―人望あるリーダーの条件　(山本七平、毛利敏彦、野中敬吾他文)　世界文化社 1987.3 (BIGMANビジネスブックス)
◇成せば、成る。―知られざる「成功者」たちの再起と逆転のドラマ　(加来耕三著)　一二三書房 2002.11 296p
◇遥かなる旅路―村田新八の生涯　(西岡良博著)　文芸書房 2006.2 243p
【雑　誌】
◇非命に斃れた村田新八の雄志(特集・西郷隆盛と西南の役)　(今村了介)　「歴史と人物」 12(8) 1982.8
◇村田新八と宇留満乃日記　(東郷実晴)　「近畿南九州史談」 2 1986.8
◇「西南の役」に散った薩摩の逸材たち―村田新八も桐野利秋も、西郷を慕い西郷に魅せられた、そして(特集・西郷隆盛の人間関係学)　(赤瀬川隼)　「プレジデント」 28(2) 1990.2
◇幻の宰相と呼ばれた男(歴史一月一日話(21))　(加来耕三)　「潮」 375 1990.7
◇子孫が語り継ぐ生きている歴史　薩将村田新八　(加来耕三)　「歴史研究」 357 1991.2
◇西郷に殉じた文武両道の男に惚れ込みました―赤瀬川隼さん『朝焼けの賦』(久和ひとみの著者訪問)(インタビュー)　(赤瀬川隼、久和ひとみ)　「現代」 26(9) 1992.9

村田経芳　むらたつねよし　1838～1921
幕末、明治期の鹿児島藩士、陸軍軍人。少将。
【図　書】
◇日本の『創造力』―近代・現代を開花させた470人〈3〉流通と情報の革命　(富田仁編)　日本放送出版協会 1993.2
◇日本陸軍の傑作兵器駄作兵器―究極の武器徹底研究　(佐山二郎著)　光人社 2003.9 296p　(光人社NF文庫)

村野常右衛門　むらのつねえもん　1859～1927
明治、大正期の政治家。衆議院議員。
【図　書】
◇流転の民権家―村野常右衛門伝　(色川大吉)　大和書房 1980.10
◇豪農民権家の生涯　(自由民権資料館)　町田市教育委員会 1991.3

ムラビヨフ, N.　Muraviyov, Nikolai Nikolaevich, Amurskii　1809～1881
ロシアの軍人。1859年日露修好通商条約のため来日。
【雑　誌】
◇ムラヴィヨフの対中対日外交：アムール川流域と樺太　(山添博史)　「社会システム研究」　京都大学大学院人間・環境学研究科〔ほか〕 6 2003.3 p195～204

村山たか　むらやまたか　1810～1876
幕末、明治期の女性。井伊直弼の侍女。
【図　書】
◇女人絵巻―歴史を彩った女の肖像　(沢田ふじ子著)　徳間書店 1993.10
【雑　誌】
◇井伊大老の秘密諜報員村山たか　(安西篤子)　「歴史と旅」 7(1) 1980.1
◇女であることで天下国家を動かした村山たか(いまも昔もおんな史)　(泉秀樹)　「潮」 338 1987.6
◇尽(つく)す女　村山たか―一人芝居「たか女啾啾」を書いて(江戸時代・芝居の主人公(特集))　(徳丸勝博)　「悲劇喜劇」 46(11) 1993.11
◇西国女人恋紀行(11)恋慕/村山たか(1)　(結喜しはや)　「歴史読本」新人物往来社 52(12) 2007.11 p297～303
◇西国女人恋紀行(12)恋慕/村山たか(2)　(結喜しはや)　「歴史読本」新人物往来社 52(14) 2007.12 p297～303

明治天皇　めいじてんのう　1852〜1912
明治期の第122代天皇。
【図書】
◇明治天皇と神奈川県　(石野瑛著)〔武相学園〕1961.7
◇わが仰ぎまつる明治天皇御製　(明治神宮, 明治神宮崇敬会編)　明治神宮　1980.3
◇明治まんが遊覧船　(清水勲)　文芸春秋　1980.8
◇日本馬術史　(日本乗馬協会編)　原書房　1980.10
◇歴史への招待8　日本放送出版協会　1980.4
◇消された英雄たち　(利光三津夫, 中村勝範)　プレジデント社　1981.7
◇明治維新と神道　(阪本健一)　同朋出版　1981.7
◇「明治」をつくった男たち—歴史が明かした指導者の条件　(鳥海靖)　PHP研究所　1982.2
◇明治天皇行幸年表（続日本史籍協会叢書）(矢吹活禅編輯)　東京大学出版会　1982.6
◇国学者雑攷　(丸山季夫)　吉川弘文館　1982.9
◇日本のリーダー 1 明治天皇と元勲　TBSブリタニカ　1982.10
◇三代反戦運動史—明治、大正、昭和　(松下芳男)　光人社　1982.12
◇天皇と明治維新　(阪本健一)　暁書房　1983.1
◇天皇と明治維新　(阪本健一)　暁書房　1983.1
◇維新前後に於ける国学の諸問題—創立百周年記念論文集　(国学院大学日本文化研究所創立百周年記念論文集編集委員会編)　国学院大学日本文化研究所　1983.3
◇続・愛書家の散歩　(斎藤夜居)　出版ニュース社　1984
◇宮城の研究　第6巻　近代篇　(渡辺信夫編)　清文堂出版　1984.7
◇天皇親政—明治の天皇観　(坂田吉雄)　思文閣出版　1984.12
◇京都の謎—日本史の旅（ノン・ポシェット）(奈良本辰也, 高野澄著)　祥伝社　1986.2
◇ある英国外交官の明治維新—ミットフォードの回想　(ヒュー・コータッツィ編, 中須賀哲朗訳)　中央公論社　1986.6
◇誤訳される日本—なぜ、世界で除け者にされるのか(カッパ・ビジネス)　(シロニー, ベン・アミー著, 山本七平監訳)　光文社　1986.8
◇差別と天皇制　(小林末夫著)　白石書店　1986.8
◇東京空間1868〜1930〈第2巻〉帝都東京　(小木新造, 芳賀徹, 前田愛編)　筑摩書房　1986.9
◇明治天皇　中央公論社　1986.11
◇日本歴史の特性（講談社学術文庫）(坂本太郎著)　講談社　1986.12
◇英国外交の見た幕末維新　(A.B.ミットフォード著, 長岡祥三訳)　新人物往来社　1986.12
◇激録・日本大戦争〈第23巻〉乃木大将と日露戦争　(原康史著)　東京スポーツ新聞社　1987.1
◇西郷隆盛—人望あるリーダーの条件　(山本七平, 毛利敏彦, 野中敬吾他文)　世界文化社　1987.3（BIGMANビジネスブックス）
◇日露の激戦—その戦略と戦術の研究　(秦郁彦, 豊田穣, 渡部昇一他文)　世界文化社　1987.3（BIGMANビジネスブックス）
◇軽井沢に想う—その歴史と展望　(楠本正康著)　ドメス出版　1987.3
◇伝統意識の美学　(村尾次郎著)　島津出版　1987.4
◇大久保利謙歴史著作集 8 明治維新の人物像　吉川弘文館　1987.7
◇大津事件の真相　(早崎慶三著)（京都）サンブライト出版　1987.11（近江文化叢書）
◇保田与重郎全集〈第26巻〉近畿御巡幸記, 百島記　(保田与重郎著)　講談社　1987.11
◇明治の精神　(荒川久寿男著)（伊勢）皇学館大学出版部　1987.12
◇模倣の時代〈上〉(板倉聖宣著)　仮説社　1988
◇日本を創った戦略集団〈5〉維新の知識と情熱　(堺屋太一編)　集英社　1988.3
◇異史 明治天皇伝　(飯沢匡著)　新潮社　1988.6
◇英親王李垠伝—李王朝最後の皇太子　(李王垠伝記刊行会編著)　共栄書房　1988.7
◇天皇の肖像　(多木浩二著)　岩波書店　1988.7（岩波新書）
◇短歌を味わうこころ　(佐藤佐太郎著)　角川書店　1988.8（角川選書）
◇指導者(リーダー)の研究　(土門周平著)　講談社　1988.12（講談社文庫）
◇明治大帝　(飛鳥井雅道著)　筑摩書房　1989.1（ちくまライブラリー）
◇天皇の話よもやま物語　(富沢繁著, 山内一生イラスト)　光人社　1989.2（イラスト・エッセイシリーズ）
◇埼玉県史蹟名勝天然記念物調査報告—自治資料 第2輯 明治天皇御遺蹟之部　(埼玉県編)　埼玉県立浦和図書館　1989.3（埼玉県立図書館復刻叢書 13）
◇「日本の世紀」の読み方　(渡部昇一著)　PHP研究所　1989.6
◇日本人と天皇　(村松剛著)　PHP研究所　1989.6
◇天皇の日本史〈下〉(山本峯章編著)　光風社出版　1989.9
◇パンの日本史—食文化の西洋化と日本人の知恵　(安達巌著)　ジャパンタイムズ　1989.12
◇史実で見る日本の正気—尋古一葉抄　(黒岩棠舟著)　錦正社　1989.12（国学研究叢書）
◇日本近代史の虚像と実像〈1〉開国〜日露戦争　(藤原彰, 今井清一, 宇野俊一, 粟屋憲太郎編)　大月書店　1990.1
◇追跡(ドキュメント)! 法隆寺の秘宝　(高田良信, 堀田謹吾著)　徳間書店　1990.4
◇日本侵略興亡史—明治天皇出生の謎　(鹿島昇著)　新国民社　1990.4
◇近代庶民生活誌〈11〉天皇・皇族　(南博, 村上重良, 師岡佑行編)　三一書房　1990.7
◇天皇制の侵略責任と戦後責任　(千本秀樹著)　青木書店　1990.10
◇近代日本と情報　(近代日本研究会編)　山川出版社　1990.11
◇柳田国男の皇室観　(山下紘一郎著)　梟社　1990.11
◇天皇崩御—岐路に立つ日本　(トーマス・クランプ著, 駐文館編集部訳)（岡山）駐文館　1991.9
◇明治天皇の生涯〈上〉(童門冬二著)　三笠書房　1991.11
◇明治天皇の生涯〈下〉(童門冬二著)　三笠書房　1991.11
◇伊藤博文と明治国家形成—「宮中」の制度化と立憲制の導入　(坂本一登著)　吉川弘文館　1991.12
◇ミカドの肖像〈下〉(猪瀬直樹著)　新潮社　1992.2（新潮文庫）
◇「甕甕録(けんけんろく)」の世界　(中塚明著)　みすず書房　1992.3
◇明治神宮—明治天皇80年祭　(吉成勇)　新人物往来社　1992.5
◇明治天皇—敬神崇祖の御宸念を畏みまつりて　(橋本甚一著)　橋本甚一　1992.11
◇明治日本の政治家群像　(福地惇, 佐々木隆編)　吉川弘文館　1993.4
◇天皇制に関する27の疑問　(小林末夫著)　白石書店　1993.5
◇「兄弟型」で解く江戸の怪物　(畑田国男, 武光誠著)　トクマオリオン　1993.9（トクマオーブックス）
◇薩摩琵琶の真髄—西幸吉先生の秘録とその解題　(島津正編著)　ぺりかん社　1993.11
◇明治大帝　(飛鳥井雅道著)　筑摩書房　1994.1（ちくま学芸文庫）
◇兵庫県の教育史　(鈴木正幸, 布川清司, 藤井譲治共著)（京都）思文閣出版　1994.2（都道府県教育史シリーズ）
◇ミカド—日本の内なる力　(W.E.グリフィス著, 亀井俊介訳)　岩波書店　1995.6　350p（岩波文庫）
◇明治天皇さま　改訂新版　(木村徳太郎著)　日本出版放送企画　1995.7　299p
◇心に生きる日本人—歴史を彩る人物列伝　(杉田幸三著)　展転社　1996.2　294p
◇裏切られた三人の天皇—明治維新の謎　(鹿島昇著)　新国民社　1997.1　394p
◇太政官期地方巡幸史料集成　第1巻〜第8巻　(我部政男ほか編)　柏書房　1997.4　8冊
◇明治天皇と御巡幸—栃木県立博物館第六〇回企画展図録　栃木県立博物館　1997.7　84p
◇明治天皇—「大帝」伝説　(岩井忠熊著)　三省堂　1997.11　176p（歴史と個性）
◇太政官期地方巡幸史料集成　第10巻　(我部政男ほか編)　柏書房　1998.3　564p
◇太政官期地方巡幸史料集成　第11巻　(我部政男ほか編)　柏書房　1998.3　477p
◇太政官期地方巡幸史料集成　第12巻　(我部政男ほか編)　柏書房　1998.3　522p
◇太政官期地方巡幸史料集成　第13巻　(我部政男ほか編)　柏書房　1998.3　600p
◇太政官期地方巡幸史料集成　第14巻　(我部政男ほか編)　柏書房　1998.3　493p
◇太政官期地方巡幸史料集成　第15巻　(我部政男ほか編)　柏書房　1998.3　622p
◇太政官期地方巡幸史料集成　第16巻　(我部政男ほか編)　柏書房　1998.3　620p
◇太政官期地方巡幸史料集成　第9巻　(我部政男ほか編)　柏書房　1998.3　514p
◇天皇の政治史—睦仁・嘉仁・裕仁の時代　(安田浩著)　青木書店　1998.5　286p（AOKI LIBRARY）
◇明治維新の生贄—誰が孝明天皇を殺したか 長州忍者外伝　(鹿島昇, 宮崎鉄雄, 松重正著)　新国民社　1998.7　457p
◇大津事件と明治天皇—封印された十七日間　(礫川全次著)　批評社　1998.8　271p
◇英国外交官の見た幕末維新—リーズデイル卿回想録　(A.B.フリーマン・ミットフォード著, 長岡祥三訳)　講談社　1998.10　291p（講談社学術文庫）
◇この日本人を見よ—在りし日の人たち　(馬野周二著)　フォレスト出版　1998.12　263p
◇水戸黄門「漫遊」考　(金海南著)　新人物往来社　1999.1　341p
◇歌くらべ 明治天皇と昭和天皇　(田所泉著)　創樹社　1999.1　302p

◇久米邦武文書 1 （久米美術館編） 吉川弘文館 1999.1 388p
◇裏切られた三人の天皇―明治維新の謎 増補版 （鹿島昇著） 新国民社 1999.2 441p
◇立憲国家の確立と伊藤博文―内政と外交 1889〜1898 （伊藤之雄著） 吉川弘文館 1999.7 338,5p
◇検定不合格 教科書になれなかった史実 （竹下義朗著） 雷韻出版 1999.7 272,30p
◇明治天皇の初代侍従武官長―事君十余年、脛骨為に曲がる （岡沢祐吉著） 新人物往来社 1999.10 207p
◇太政官期地方巡幸史料集成 第17巻 （我部政男, 広瀬順晧, 岩壁義光編） 柏書房 1999.10 502p
◇太政官期地方巡幸史料集成 第18巻 （我部政男, 広瀬順晧, 岩壁義光編） 柏書房 1999.10 352p
◇太政官期地方巡幸史料集成 第19巻 （我部政男, 広瀬順晧, 岩壁義光編） 柏書房 1999.10 346p
◇太政官期地方巡幸史料集成 第20巻 （我部政男, 広瀬順晧, 岩壁義光編） 柏書房 1999.10 491p
◇太政官期地方巡幸史料集成 第21巻 （我部政男, 広瀬順晧, 岩壁義光編） 柏書房 1999.10 602p
◇太政官期地方巡幸史料集成 第22巻 （我部政男, 広瀬順晧, 岩壁義光編） 柏書房 1999.10 315p
◇太政官期地方巡幸史料集成 第23巻 （我部政男, 広瀬順晧, 岩壁義光編） 柏書房 1999.10 381p
◇太政官期地方巡幸史料集成 第24巻 （我部政男, 広瀬順晧, 岩壁義光編） 柏書房 1999.10 285p
◇大阪借行社附属小学校物語―ステッセルと乃木将軍の「棗の木」は、なぜ残った （宮本直和著） 東洋出版 2000.1 318p
◇天皇と日本の明治維新 復刻版 （版本健一著） 皇学館大学出版部 2000.2 268p
◇国体に対する疑惑 新組版 （里見岸雄著） 日本国体学会 2000.4 270p
◇楽しく調べる人物図解日本の歴史―明治・大正・昭和・平成時代 7 （佐藤和彦監修） あかね書房 2000.4 47p
◇奥羽御巡幸と真壁太陽 （真壁道雄編） 中外日報社出版局 2000.5 474p
◇日本のテロル―変質するバイオレンス130年史 （室伏哲郎著） 世界書院 2000.6 309p （腐蝕立国・日本）
◇国のつくり方―明治維新人物学 （渡部昇, 岡崎久彦著） 致知出版社 2000.9 221p
◇明治神宮叢書 第20巻 （図録編） （明治神宮編） 明治神宮社務所 2000.11 415p
◇天皇と日本の近代 上 （八木公生著） 講談社 2001.1 257p （講談社現代新書）
◇ベルツ日本文化論集 （エルヴィン・ベルツ著, 若林操子編訳, 山口静一, 及川茂, 池上純一, 池上弘子訳） 東海大学出版会 2001.4 660p
◇明治神宮叢書 第4巻 （聖徳編 4） （明治神宮編） 明治神宮社務所 2001.4 2冊
◇神道と祭りの伝統 （茂木貞純著） 神社新報社 2001.5 185p （神社新報ブックス）
◇明治・大正・昭和天皇の生涯 新人物往来社 2001.6 263p （別冊歴史読本）
◇銀座木村屋あんパン物語 （大山真人著） 平凡社 2001.7 206p （平凡社新書）
◇英親王李垠伝―李王朝最後の皇太子 新装版 （李王垠伝記刊行会編） 共栄書房 2001.8 326p
◇太政官期地方巡幸研究便覧 （岩壁義光, 広瀬順晧編著） 柏書房 2001.9 298,137p
◇明治天皇 上巻 （ドナルド・キーン著, 角地幸男訳） 新潮社 2001.10 566p
◇明治天皇 下巻 （ドナルド・キーン著, 角地幸男訳） 新潮社 2001.10 582p
◇歴代天皇総覧―皇位はどう継承されたか （笠原英彦著） 中央公論新社 2001.11 334p （中公新書）
◇明治天皇とその時代展―描かれた明治、写された明治 （岡部昌幸監修, 産経新聞社編） 産経新聞社 2002 126p
◇天皇の肖像 （多木浩二著） 岩波書店 2002.1 232p （岩波現代文庫 学術）
◇人物日本の歴史・日本を変えた53人 7 （高野尚好監修） 学習研究社 2002.2 64p
◇明治神宮叢書 第2巻 （明治神宮編） 国書刊行会 2002.4 941p
◇真実のともし火を消してはならない―「闇の支配」から世界を救うために （中丸薫著） サンマーク出版 2002.5 276p
◇明治天皇行幸と地方政治 （鈴木しづ子著） 日本経済評論社 2002.5 284p
◇明治天皇―幕末明治激動の群像 新人物往来社 2002.5 219p （別冊歴史読本）

◇天皇破壊史 （太田竜著） 成甲書房 2002.6 347p
◇明治天皇と政治家群像―近代国家形成の推進者たち （沼田哲編） 吉川弘文館 2002.6 286p
◇洋学者と明治天皇―加藤弘之・西村茂樹の「立憲君主」像をめぐって （中野目徹）『明治天皇と政治家群像 近代国家形成の推進者たち』 （沼田哲編） 吉川弘文館 2002.6 p100〜
◇山岡鉄舟 幕末・維新の仕事人 （佐藤寛著） 光文社 2002.7 254p （光文社新書）
◇昭和天皇 上 （ハーバート・ビックス著, 吉田裕監修, 岡部牧夫, 川島高峰訳） 講談社 2002.7 355p
◇明治神宮叢書 第5巻 （聖徳編 5） （明治神宮編） 明治神宮社務所 2002.7 705p
◇日本のこころ 花の巻 （竹西寛子, 加藤周一, 脇田修, ドナルド・キーン, 小原信, 深田祐介, 林真理子, 門屋光昭, 藤田宜永, 西沢潤一ほか著） 講談社 2002.8 243p
◇日本近代精神史の研究 （飛鳥井雅道著） 京都大学学術出版会 2002.9 562p
◇政党政治と天皇 （伊藤之雄著） 講談社 2002.9 398p （日本の歴史）
◇明治天皇の生涯 上 （童門冬二著） 徳間書店 2002.9 286p （徳間文庫）
◇明治天皇の生涯 下 （童門冬二著） 徳間書店 2002.9 299p （徳間文庫）
◇四代の天皇と女性たち （小田部雄次著） 文芸春秋 2002.10 225p （文春新書）
◇明治大帝 （飛鳥井雅道著） 講談社 2002.11 316p （講談社学術文庫）
◇明治神宮叢書 第3巻 （聖徳編 3） （明治神宮編） 明治神宮社務所 2002.11 30,860p
◇明治天皇御巡幸記 北海道神宮 2002.11 123p
◇大正時代を訪ねてみた―平成日本の原景 （皿木喜久著） 産経新聞ニュースサービス 2002.12 227p
◇司馬遼太郎対話選集 2 （司馬遼太郎著, 関川夏央監修・解説） 文芸春秋 2002.12 557p
◇近代画説 11 （明治美術学会編） 明治美術学会 2002.12 163p
◇天皇制の侵略責任と戦後責任 新装版 （千本秀樹著） 青木書店 2003.1 226p
◇日本史人物55人のひみつ （小和田哲男監修, 甲斐謙二漫画） 学習研究社 2003.3 136p （学研まんが・新ひみつシリーズ）
◇明治天皇を語る （ドナルド・キーン著） 新潮社 2003.4 189p （新潮新書）
◇明治神宮叢書 第7巻 （御集編 1） （明治神宮編） 明治神宮社務所 2003.4 869p
◇消された皇統―幻の皇統系譜考 （早瀬晴夫著） 今日の話題社 2003.5 296p
◇マンガ・天皇制を知るための近現代史入門 （東京都歴史教育者協議会原作, シュガー佐藤漫画） いそっぷ社 2003.8 253p
◇明治天皇関係文献集 第1巻 （堀口修監修・編集, 渡辺幾治郎著） クレス出版 2003.8 438p
◇座談会 昭和文学史 第1巻 （井上ひさし, 小森陽一編著） 集英社 2003.9 557,19p
◇絵具屋の女房 （丸谷才一著） 文芸春秋 2003.10 268p
◇大日本帝国滅亡に隠された秘密目的―戦争と平和の神 2 （伯壬旭著） 出版文化社 2003.11 312p
◇無法と悪党の民俗学 （礫川全次編） 批評社 2004.4 325p （歴史民俗学資料叢書 第二期）
◇明治神宮叢書 第6巻 （聖徳編 6） （明治神宮編） 明治神宮社務所 2004.4 849p
◇教科書から消された偉人・隠された賢人―いま明かされる日本史の真実 （濤川栄太著） イーグルパブリシング 2004.5 249p
◇日本の歴史 近代 1-10 新訂増補 朝日新聞社 2004.5 p290-320 （週刊朝日百科）
◇その時歴史が動いた 26 NHK取材班編 KTC中央出版 2004.6 253p
◇直訴は必要だったか―足尾鉱毒事件の真実 （砂川幸雄編） 勉誠出版 2004.10 256p
◇明治・大正・昭和史話のたね100 （三代史研究会著） 文芸春秋 2004.12 186p （文春新書）
◇天皇文業総覧 下 （岡野弘彦, 中村正明編著） 若草書房 2005.2 259p
◇EMPEROR OF JAPAN：Meiji and His World, 1852 - 1912 Volume 2 （Donald Keene著） YUSHODO PRESS 〔2005.2〕 2冊（セット）
◇明治天皇と日露戦争―世界を感動せしめた日本武士道 （占部賢志, 名越二荒之助, 高山亨, 小堀桂一郎, 小柳陽太郎, 加瀬英明, 入江隆則著） 明成社 2005.3 240p
◇明治神宮叢書 第9巻 （詔勅編） （明治神宮編） 明治神宮社務所

◇コトタマ万華鏡　(三橋一夫著)　中央アート出版社　2005.5　219p
◇昭和天皇と立憲君主制の崩壊—睦仁・嘉仁から裕仁へ　(伊藤之雄著)　名古屋大学出版会　2005.5　685p
◇日露戦争と明治天皇　(伊藤之雄)　『日露戦争研究の新視点』(日露戦争研究会編)　成文社　2005.5　p14
◇元田永孚と明治国家—明治保守主義と儒教的理想主義　(沼田哲著)　吉川弘文館　2005.6　422,3p
◇益田孝　天人録—横浜で実学を修め三井物産の誕生へ　(松永秀夫著)　新人物往来社　2005.7　256p
◇明治の教訓　日本の気骨—明治維新人物学　(渡部昇一、岡崎久彦著)　致知出版社　2005.8　216p　(CHICHI SELECT)
◇明治大正見聞史　改版　(生方敏郎著)　中央公論新社　2005.8　372p　(中公文庫BIBLIO)
◇ラブレーの子供たち　(四方田犬彦著)　新潮社　2005.8　223p
◇史談蚤の市　改版　(村雨退二郎著)　中央公論新社　2005.11　249p　(中公文庫BIBLIO)
◇幕末の天皇・明治の天皇　(佐々木克著)　講談社　2005.11　289p　(講談社学術文庫)
◇明治・大正・昭和天皇の生涯　愛蔵版　新人物往来社　2005.12　263p
◇ユダヤ国家日本—ユダヤ封印の近現代史　(ラビ・マーヴィン・トケイヤー著、加瀬英明訳)　徳間書店　2006.1　298p
◇東大駒場連続講義—歴史をどう書くか　(甚野尚志編)　講談社　2006.4　249p　(講談社選書メチエ)
◇帝国議会誕生—今の国会と何が違うか！　(原田敬一著)　文英堂　2006.4　271p
◇近代化の相剋—司馬遼太郎対話選集　4　(司馬遼太郎著)　文芸春秋　2006.6　232p　(文春文庫)
◇明治天皇の一日—皇室システムの伝統と現在　(米窪明美著)　新潮社　2006.6　207p　(新潮新書)
◇明治天皇—苦悩する「理想的君主」　(笠原英彦著)　中央公論新社　2006.6　309p　(中公新書)
◇日本の戦争　封印された言葉　(田原総一朗著)　アスコム　2006.8　267p
◇明治天皇—むら雲を吹く秋風にはれそめて　(伊藤之雄著)　ミネルヴァ書房　2006.9　453,7p　(ミネルヴァ日本評伝選)
◇ミカドの外交儀礼—明治天皇の時代　(中山和芳著)　朝日新聞社　2007.1　291p　(朝日選書)
◇二人で一人の明治天皇　(松重楊江著)　たま出版　2007.1　302p
◇明治の聖皇太后　(外山勝志監修、山本和子文、村上正師画)　善本社　2007.2　1冊(ページ付なし)　(歴史絵本)
◇明治天皇　1　(ドナルド・キーン著、角地幸男訳)　新潮社　2007.3　471p　(新潮文庫)
◇明治天皇　2　(ドナルド・キーン著、角地幸男訳)　新潮社　2007.3　490p　(新潮文庫)
◇天皇　1　(児島襄著)　カゼット出版　2007.4　413p
◇夏目漱石とジャパノロジー伝説—「日本学の父」は門下のロシア人・エリセーエフ　(倉田保雄著)　近代文芸社　2007.4　194p
◇明治天皇　3　(ドナルド・キーン著、角地幸男訳)　新潮社　2007.4　504p　(新潮文庫)
◇RATIO　3　(上田哲之編)　講談社　2007.5　489p
◇明治天皇　4　(ドナルド・キーン著、角地幸男訳)　新潮社　2007.5　501p　(新潮文庫)
◇東アジアの形成と明治天皇　(伊藤之雄)　『20世紀日本と東アジアの形成—1867〜2006』(伊藤之雄、川田稔編著)　ミネルヴァ書房　2007.5　(Minerva人文・社会科学叢書)　p3
◇日本の美しい心を伝える明治天皇の至宝　(新井重熙編・文)　明治天皇御遺物保存会　2007.7　105p
◇道徳の教科書・実践編—「善く生きる」ことの大切さをどう教えるか　(渡辺毅著)　PHP研究所　2007.8　264p
◇ヒトが神になる条件　(井上宏生著)　リヨン社　2007.10　223p　(かに心書)
◇腑抜けになったか日本人—平成の若者よ、これでは日本はダメになる！日本大使が描く戦後体制脱却への道筋　(山口洋一著)　新風舎　2007.12　333p
◇左千夫歌集　(永塚功著、久保田淳監修)　明治書院　2008.2　540p　(和歌文学大系)
◇夏目漱石と個人主義—"自律"の個人主義から"他律"の個人主義へ　(亀山佳明著)　新曜社　2008.2　290p
◇歴史のかげにグルメあり　(黒岩比佐子著)　文芸春秋　2008.8　254p　(文春新書)
◇明治天皇と維新の群像—明治維新百四十年記念秋季特別展　(木村幸比古監修、明治神宮宝物殿編)　明治神宮　2008.10　71p
◇明治聖徳記念学会紀要　復刊第45号　(明治聖徳記念学会編)　明治聖徳記念学会　2008.11　512p
◇天皇の秘教　(藤巻一保著)　学習研究社　2009.2　632,15p

◇リーダー60人　とっておきの秘話　(清宮竜著)　テーミス　2009.7　276p
◇明治聖徳記念学会紀要　復刊第四十六号　(明治聖徳記念学会編)　明治聖徳記念学会　2009.11　482p
◇決めぜりふ—時代が見える人物像がわかる幕末維新名言集　(斎藤孝著)　世界文化社　2009.12　303p
【雑誌】
◇もう一人の「愛子さま」物語—昨年12月ご誕生の愛子さまと同じ名前を持つ女性が、150年前の皇室にいた　「DIAS」　2(2)　2002.1.17・24　p44〜45
◇地方巡幸と明治天皇の学校視察　(影山昇)　「愛媛大学教育学部紀要(教育科学)」　26　1980.2
◇近世の天皇(特集・歴史のなかの天皇像)　「歴史公論」　7(1)　1981.1
◇「天皇東幸」京洛の衰退(特集・京都の史話50選)　「歴史と旅」　8(8)　1981.7
◇122代明治天皇—近代国家日本の英帝(特集・歴代天皇紀)　(中村尚美)　「歴史と旅」　9(1)　1982.1
◇天皇巡幸をめぐる民衆の動向——八七八年、新潟県下の場合　(大日方純夫)　「地方史研究」　32(1)　1982.2
◇「御真影」考　(大浜徹也)　「本」　7(7)　1982.7
◇新憲法をめぐる闘争のドラマ(実録・天皇と事件史(1))　(長尾和郎)　「経済往来」　35(4)　1983.4
◇明治天皇御巡幸回顧録　(二階堂善三)　「鷹巣地方史研究」　12　1983.5
◇近衛兵クーデターと明治天皇(実録・天皇と事件史(2))　(長尾和郎)　「経済往来」　35(5)　1983.5
◇日本人はロシア人が嫌いだった！(実録・天皇と事件史(3))　(長尾和郎)　「経済往来」　35(6)　1983.6
◇東京湾に乗り込んだ清国艦隊(実録・天皇と事件史(4))　(長尾和郎)　「経済往来」　35(7)　1983.7
◇日清開戦は「朕の戦争に非ず」—特集・日清・日露戦役秘話　(洞富雄)　「歴史と人物」　13(8)　1983.7
◇ロシアに報復してやるんだ！(実録・天皇と事件史(5))　(長尾和郎)　「経済往来」　35(8)　1983.8
◇千住に於ける明治三陛下の聖蹟(1)　(尾佐竹猛)　「足立史談」　186　1983.8
◇千住に於ける明治三陛下の聖蹟(2)　(尾佐竹猛)　「足立史談」　187　1983.9
◇明治の栄光とロシア革命(実録・天皇と事件史(6))　(長尾和郎)　「経済往来」　35(9)　1983.9
◇明治天皇の陸軍騎兵実施学校への行幸　(豊島治郎)　「郷土目黒」　27　1983.10
◇社会主義政党を育成しろ！(実録・天皇と事件史(7))　(長尾和郎)　「経済往来」　35(10)　1983.10
◇千住に於ける明治三陛下の聖蹟(3)　(尾佐竹猛)　「足立史談」　188　1983.10
◇「ザ・テロリズム宣言」の波紋(実録・天皇と事件史(8))　(長尾和郎)　「経済往来」　35(11)　1983.11
◇千住に於ける明治三陛下の聖蹟(4)　(尾佐竹猛)　「足立史談」　189　1983.11
◇千住に於ける明治三陛下の聖蹟(5)　(尾佐竹猛)　「足立史談」　190　1983.12
◇大逆事件と明治の終焉(実録・天皇と事件史(9))　(長尾和郎)　「経済往来」　35(12)　1983.12
◇千住に於ける明治三陛下の聖蹟(6)　(尾佐竹猛)　「足立史談」　191　1984.1
◇明治天皇皇后の桂へのお成り(建築史料の周辺)　(西和夫)　「茶道の研究」　29(7)　1984.7
◇明治天皇が禁門の変のおり気絶したのはなぜ？(天皇家なぜなぜ百貨店)　(西原和海)　「歴史読本」　29(18)特別増刊　1984.11
◇明治天皇御巡幸の通路　(渡辺参男)　「五頭郷土文化」　13　1984.12
◇明治天皇の地方巡幸—東北地方巡幸を例にして　(酒井均)　「歴史科学と教育」　4　1985.5
◇天皇の肖像—図像の政治学への試み・明治期前半における(歴史における文化シャリヴァリ・象徴・儀礼)　(多木浩二)　「思想」　740　1986.2
◇明治天皇と日本の近代化について　(美和信夫)　「麗沢大学紀要」　41　1986.3
◇近代天皇制の伝統と革新—明治天皇の即位式(天皇制の現在)　(井上勝生)　「法学セミナー増刊　総合特集シリーズ」　33　1986.5
◇明治天皇—近代化を推進した大帝(天皇家の史話50選〈特集〉)　(高野澄)　「歴史と旅」　13(8)　1986.6
◇74年前の「天皇崩御」(ぼくの日記遊覧〔5〕)　(田村隆一)　「新潮45」　5(7)　1986.7
◇異史・明治天皇伝〔1〕　(飯沢匡)　「新潮45」　6(1)　1987.1
◇異史・明治天皇伝〔2〕　(飯沢匡)　「新潮45」　6(2)　1987.2
◇異史・明治天皇伝〔3〕　(飯沢匡)　「新潮45」　6(3)　1987.3
◇異史・明治天皇伝〔4〕　(飯沢匡)　「新潮45」　6(4)　1987.4

明治天皇

◇異史・明治天皇伝〔5〕　(飯沢匡)「新潮45」6(5) 1987.5
◇明治天皇の東北御巡幸と桑折町(伊達地方の伝説と昔ばなし〔特集号〕)「郷土の研究」13 1987.5
◇偉大なる明治の終焉(特集 明治・大正・昭和の皇室)(利根川裕)「歴史と旅」14(9) 1987.6
◇異史・明治天皇伝〔6〕　(飯沢匡)「新潮45」6(6) 1987.6
◇日清日露と明治天皇(特集 明治・大正・昭和の皇室)(土門周平)「歴史と旅」14(9) 1987.6
◇明治維新と幼帝(特集 明治・大正・昭和の皇室)(豊田穣)「歴史と旅」14(9) 1987.6
◇明治・昭和の二大地方巡幸(特集 明治・大正・昭和の皇室)(伊藤一男)「歴史と旅」14(9) 1987.6
◇異史・明治天皇伝〔7〕　(飯沢匡)「新潮45」6(7) 1987.7
◇異史・明治天皇伝〔8〕　(飯沢匡)「新潮45」6(8) 1987.8
◇異史・明治天皇伝〔9〕　(飯沢匡)「新潮45」6(9) 1987.9
◇異史・明治天皇伝〔10〕　(飯沢匡)「新潮45」6(10) 1987.10
◇天皇巡幸—菊花はめぐる(明治新政府—大いなる国家構想〔特集〕)(沢村和成)「歴史読本」32(21) 1987.11
◇浩宮の結婚にイチャモンつける奴　(大谷新生)「新潮45」7(4) 1988.4
◇遷都の費用は誰が出したか(ドキュメント「東京ができた日」)(岩川隆)「Will」7(7) 1988.7
◇明治天皇お局ご落胤伝　(加藤仁)「新潮45」7(9) 1988.9
◇明治天皇お局ご落胤伝　(承前)(加藤仁)「新潮45」7(10) 1988.10
◇最新医学から見た歴代天皇のカルテ　(篠田達明)「新潮45」7(11) 1988.11
◇明治憲法と「現人神」への道—藩閥政府の必要性で生まれた「立憲君主体制」だったが(特集「天皇制」の研究)(松浦玲)「プレジデント」27(3) 1989.3
◇天皇家の父と子(特集・「昭和」の終焉「平成」へ)(保阪正康)「潮」359 1989.3
◇明治天皇の見合い　「文芸春秋」67(4) 1989.3 臨増(大いなる昭和)
◇明治天皇の死、「侍医と町医者」「文芸春秋」67(4) 1989.3 臨増(大いなる昭和)
◇明治天皇ご巡幸・諏訪入り　(小口倫司)「オール諏訪」55 1989.4
◇「御大典はぜったい京都!」論　(八幡和郎)「正論」200 1989.4
◇三代の御大喪—明治・大正・昭和天皇の葬儀 民族性と国際性　(山本七平)「文芸春秋」67(5) 1989.4
◇郷土の歴史散歩(12)岡谷編　明治天皇の御巡幸　(高木真喜夫)「オール諏訪」59 1989.8
◇明治天皇　「朝敵」となっても不変だった厚き信頼—真に西郷が敬ったのは「天子」ではなく「天」であったが(特集・西郷隆盛の人間関係学)(勝部真長)「プレジデント」28(2) 1990.2
◇明治維新期における天皇と華族(フランス革命と世界の近代化)(佐々木克)「思想」789 1990.3
◇日清戦争と明治天皇(第24回歴史科学協議会大会準備号—現代歴史学と天皇制〔特集〕)(中塚明)「歴史評論」486 1990.10
◇近代日本における群衆と天皇のページェント—視覚的支配に関する若干の考察(特集・天皇制の深層)(T.フジタニ著,吉見俊哉訳)「思想」797 1990.11
◇特集・明治天皇—こうして現代日本への道は開かれた　(飯沢匡,半藤一利,秦郁彦〔ほか〕)「プレジデント」29(3) 1991.3
◇明治天皇と水戸　(名越時正)「水戸史学」36 1992.5
◇天皇巡幸と民衆の対応—明治13年の松本地域を中心に　(仁科利明)「松本市史研究」3 1993.3
◇明治天皇と近代天皇制(下)(犬丸義一)「文化評論」387 1993.3
◇明治天皇と日清開戦—「朕の戦争に非ず」をめぐって　(檜山幸夫)「日本歴史」539 1993.4
◇民権派新聞の天皇巡幸観について　(朴晋雨)「一橋論叢」110(2) 1993.8
◇元老制度再考—伊藤博文・明治天皇・桂太郎　(伊藤之雄)「史林」77(1) 1994.1
◇讃美と警戒—明治天皇(1852・1912)(20世紀の「失敗」・人物篇)(鶴見俊輔)「思想の科学」509 1994.2
◇幻の明治天皇暗殺未遂事件　(菅原彬州)「法学新報」100(5・6) 1994.6
◇明治天皇の聖蹟　(都筑勝三郎)「杉並郷土史々報」128 1994.11
◇孝明天皇(明治天皇〔2〕)(ドナルド・キーン著,角地幸男訳)「新潮45」14(2) 1995.2 p232~243
◇プチャーチン(明治天皇〔4〕)(ドナルド・キーン著,角地幸男訳)「新潮45」14(4) 1995.4 p160~170
◇タウンゼント・ハリス(明治天皇〔5〕)(ドナルド・キーン著,角地幸男訳)「新潮45」14(5) 1995.5 p154~165
◇不忠の輩(明治天皇〔6〕)(ドナルド・キーン著,角地幸男訳)「新潮45」14(6) 1995.6 p260~270
◇与仁、履仁、睦仁(明治天皇〔7〕)(ドナルド・キーン著,角地幸男訳)「新潮45」14(7) 1995.7 p260~272
◇三上参次の進講と昭和天皇—明治天皇の聖徳をめぐつて　(高橋勝浩)「明治聖徳記念学会紀要」明治聖徳記念学会 第15号 1995.8 p19~44
◇皇女和宮(明治天皇〔8〕)(ドナルド・キーン著,角地幸男訳)「新潮45」14(8) 1995.8 p222~233
◇征夷大将軍!(明治天皇〔9〕)(ドナルド・キーン著,角地幸男訳)「新潮45」14(9) 1995.9 p222~234
◇酒豪列伝—大伴旅人から明治天皇まで(特集・日本酒を究める)(門田恭子)「ノーサイド」5(10) 1995.10 p77~81
◇蛤御門(明治天皇〔10〕)(ドナルド・キーン著,角地幸男訳)「新潮45」14(10) 1995.10 p228~238
◇天皇呪詛(明治天皇〔11〕)(ドナルド・キーン著,角地幸男訳)「新潮45」14(11) 1995.11 p228~241
◇策士 岩倉具視(明治天皇〔12〕)(ドナルド・キーン著,角地幸男訳)「新潮45」14(12) 1995.12 p180~191
◇才媛 美子皇后(明治天皇〔13〕)(ドナルド・キーン著,角地幸男訳)「新潮45」15(1) 1996.1 p210~221
◇最後の将軍慶喜(明治天皇〔14〕)(ドナルド・キーン著,角地幸男訳)「新潮45」15(2) 1996.2 p242~254
◇逃走将軍(明治天皇〔15〕)(ドナルド・キーン著,角地幸男訳)「新潮45」15(3) 1996.3 p242~255
◇睦仁輩行(明治天皇〔16〕)(ドナルド・キーン著,角地幸男訳)「新潮45」15(4) 1996.4 p258~270
◇初めての凱旋(明治天皇〔17〕)(ドナルド・キーン著,角地幸男訳)「新潮45」15(5) 1996.5 p302~319
◇反乱の宮(明治天皇〔18〕)(ドナルド・キーン著,角地幸男訳)「新潮45」15(6) 1996.6 p170~183
◇東の都(明治天皇〔19〕)(ドナルド・キーン著,角地幸男訳)「新潮45」15(7) 1996.7 p242~256
◇酒と女と(明治天皇〔20〕)(ドナルド・キーン著,角地幸男訳)「新潮45」15(8) 1996.8 p226~239
◇エジンバラ公謁見(明治天皇〔21〕)(ドナルド・キーン著,角地幸男訳)「新潮45」15(9) 1996.9 p156~168
◇元田永孚伺候(明治天皇〔22〕)(ドナルド・キーン著,角地幸男訳)「新潮45」15(10) 1996.10 p210~223
◇藩ヲ廃シ県ト為ス(明治天皇〔23〕)(ドナルド・キーン著,角地幸男訳)「新潮45」15(11) 1996.11 p210~227
◇天皇使節団(明治天皇〔24〕)(ドナルド・キーン著,角地幸男訳)「新潮45」15(12) 1996.12 p148~165
◇史料紹介 明治天皇・昭憲皇太后の葬儀と旧山科御士　(後藤靖)「京都橘女子大学研究紀要」京都橘女子大学 24 1997 p186~199
◇アイヌと天皇—1876,81年の北海道巡幸を中心に(〈特集〉くずれゆく「日本」—沖縄・熊野 東北から)(桑原真人)「へるめす」岩波書店 64 1997.1 p50~55
◇日本の上将軍 副島種臣(明治天皇〔25〕)(ドナルド・キーン著,角地幸男訳)「新潮45」16(1) 1997.1 p156~174
◇江藤新平の首(明治天皇〔26〕)(ドナルド・キーン著,角地幸男訳)「新潮45」16(2) 1997.2 p146~164
◇第122代明治天皇　(中村尚美)「歴史と旅」24(5) 1997.3 増刊(125代の天皇と皇后)p499~503
◇西国不平士族(明治天皇〔28〕)(ドナルド・キーン著,角地幸男訳)「新潮45」16(4) 1997.4 p250~264
◇功臣賊臣西郷隆盛(明治天皇〔28〕)(ドナルド・キーン著,角地幸男訳)「新潮45」16(5) 1997.5 p250~264
◇明治天皇の践祚と御服調進　(西牟田崇生)「神道及び神道史」国学院大学神道史学会 54 1997.6 p1~34
◇大久保利通受難(明治天皇〔29〕)(ドナルド・キーン著,角地幸男訳)「新潮45」16(6) 1997.6 p234~248
◇琉球王退位(明治天皇〔30〕)(ドナルド・キーン著,角地幸男訳)「新潮45」16(7) 1997.7 p164~177
◇グラント将軍 日本の休日(明治天皇〔31〕)(ドナルド・キーン著,角地幸男訳)「新潮45」16(8) 1997.8 p162~178
◇「教育勅語」前夜(明治天皇〔32〕)(ドナルド・キーン著,角地幸男訳)「新潮45」16(9) 1997.9 p262~273
◇熾仁親王の憲法草案(明治天皇〔33〕)(ドナルド・キーン著,角地幸男訳)「新潮45」16(10) 1997.10 p258~274
◇カラカウア王御一行様(明治天皇〔34〕)(ドナルド・キーン著,角地幸男訳)「新潮45」16(11) 1997.11 p224~238
◇植木枝盛の自由民権(明治天皇〔35〕)(ドナルド・キーン著,角地幸男訳)「新潮45」16(12) 1997.12 p246~260
◇王妃閔妃(明治天皇〔36〕)(ドナルド・キーン著,角地幸男訳)「新潮45」17(1) 1998.1 p242~257
◇岩倉具視の国葬(明治天皇〔37〕)(ドナルド・キーン著,角地幸男訳)「新潮45」17(2) 1998.2 p250~266
◇明治天皇行幸聖蹟の形成—明治十八年山陽道巡幸地を中心に　(船越幹央)「大阪市立博物館研究紀要」大阪市立博物館 第30冊 1998.3

◇江戸の舞踏会（明治天皇〔38〕）（ドナルド・キーン著, 角地幸男訳）「新潮45」17(3) 1998.3 p238～254
◇皇太子嘉仁親王（明治天皇〔39〕）（ドナルド・キーン著, 角地幸男訳）「新潮45」17(4) 1998.4 p260～275
◇キヨッソーネの御真影（明治天皇〔40〕）（ドナルド・キーン著, 角地幸男訳）「新潮45」17(5) 1998.5 p240～256
◇教育勅語起草（明治天皇〔41〕）（ドナルド・キーン著, 角地幸男訳）「新潮45」17(6) 1998.6 p254～270
◇ロシア皇太子襲撃事件（明治天皇〔42〕）（ドナルド・キーン著, 角地幸男訳）「新潮45」17(7) 1998.7 p252～270
◇不平等条約改正への道（明治天皇〔43〕）（ドナルド・キーン著, 角地幸男訳）「新潮45」17(8) 1998.8 p318～330
◇日清戦争勃発（明治天皇〔44〕）（ドナルド・キーン著, 角地幸男訳）「新潮45」17(9) 1998.9 p240～257
◇明治天皇の父 孝明帝は暗殺されたか―倒幕派の陰謀か？幕末最大の謎の真相は……（大特集・動乱世紀末は「幕末」に学べ）（長尾剛）「現代」32(10) 1998.10 p116～125
◇旅順戦役（明治天皇〔45〕）（ドナルド・キーン著, 角地幸男訳）「新潮45」17(10) 1998.10 p254～271
◇戦捷の果実（明治天皇〔46〕）（ドナルド・キーン著, 角地幸男訳）「新潮45」17(11) 1998.11 p268～285
◇閔妃暗殺（明治天皇〔47〕）（ドナルド・キーン著, 角地幸男訳）「新潮45」17(12) 1998.12 p254～270
◇英照皇太后の死（明治天皇〔48〕）（ドナルド・キーン著, 角地幸男訳）「新潮45」18(1) 1999.1 p338～353
◇政党内閣の蹉跌（明治天皇〔49〕）（ドナルド・キーン著, 角地幸男訳）「新潮45」18(2) 1999.2 p254～273
◇明治天皇と乃木希典 （田所春夫）「在野史論」歴研 7 1999.2 p481～486
◇明治11年天皇の岐阜県御巡幸の概況―明治期岐阜県庁事務文書「岐阜県御巡幸関係文書」より（吉田義治）「岐阜県歴史資料館報」岐阜県歴史資料館 22 1999.3 p149～162
◇義和団の乱（明治天皇〔50〕）（ドナルド・キーン著, 角地幸男訳）「新潮45」18(3) 1999.3 p258～275
◇明治天皇崩御と御製（下）（打越孝明）「明治聖徳記念学会紀要」明治聖徳記念学会 第26号 1999.4 p69～128
◇皇孫裕仁誕生（明治天皇〔51〕）（ドナルド・キーン著, 角地幸男訳）「新潮45」18(4) 1999.4 p254～271
◇ロシアの野望（明治天皇〔52〕）（ドナルド・キーン著, 角地幸男訳）「新潮45」18(5) 1999.5 p276～292
◇日露戦争（明治天皇〔53〕）（ドナルド・キーン著, 角地幸男訳）「新潮45」18(6) 1999.6 p318～335
◇日露戦争〔前〕（明治天皇〔54〕）（ドナルド・キーン著, 角地幸男訳）「新潮45」18(7) 1999.7 p210～226
◇講和条約調印（明治天皇〔55〕）（ドナルド・キーン著, 角地幸男訳）「新潮45」18(8) 1999.8 p208～225
◇第二次日韓協約調印（明治天皇〔56〕）（ドナルド・キーン著, 角地幸男訳）「新潮45」18(9) 1999.9 p264～281
◇生母慶子の死（明治天皇〔57〕）（ドナルド・キーン著, 角地幸男訳）「新潮45」18(10) 1999.10 p206～220
◇伊藤博文暗殺（明治天皇〔58〕）（ドナルド・キーン著, 角地幸男訳）「新潮45」18(11) 1999.11 p254～271
◇韓国併合条約の締結（明治天皇〔59〕）（ドナルド・キーン著, 角地幸男訳）「新潮45」18(12) 1999.12 p248～262
◇全国初詣の人出ベスト10 第一位・明治神宮（東京都）―明治天皇を祀る都心の社（特集・神社寺院の伝承と祈願の不思議―どこへ行こうか、2000年の初詣とご利益の旅）（加藤蕙）「歴史と旅」27(1) 2000.1 p40～43
◇「大逆」の陰謀（明治天皇〔60〕）（ドナルド・キーン著, 角地幸男訳）「新潮45」19(1) 2000.1 p318～334
◇座談会・20世紀天皇家の試練―明治、大正、昭和、今上（徳岡孝夫, 半藤一利, 山崎正和）「文芸春秋」78(1) 2000.1 p358～370
◇天皇崩壊（明治天皇〔61〕）（ドナルド・キーン著, 角地幸男訳）「新潮45」19(2) 2000.2 p226～57
◇岐阜県の学務担当吏官井手今滋に関する研究―明治天皇行幸を頂点とする井手今滋の業績を中心にして（簑島一美）「岐阜県歴史資料館報」岐阜県歴史資料館 23 2000.3 p79～98
◇乃木希典の殉死（明治天皇〔62〕）（ドナルド・キーン著, 角地幸男訳）「新潮45」19(3) 2000.3 p255～269
◇明治天皇〔終〕（ドナルド・キーン著, 角地幸男訳）「新潮45」19(4) 2000.4 p222～232
◇明治天皇のイメージの変遷について―石版画に見いだせる天皇像（増野恵子）「美術史研究」早稲田大学美術史研究会 38 2000.12 p43～60
◇明治天皇の救済事業と軍事援護―『明治天皇紀』を中心に（小田部雄次）「静岡精華短期大学紀要」静岡精華短期大学 9 2001.1 p39～62

◇「明治天皇が聴いた二つの君が代」（明治御一新 唱歌探偵物語〔1〕）（安田寛）「歴史と旅」28(1) 2001.1 p154～159
◇二宮金次郎像に関する一考察―明治天皇御用品から谷岡記念館まで（田崎公司）「大阪商業大学商業史博物館紀要」大阪商業大学商業史博物館 1 2001.3 p49～60
◇明治天皇地方巡幸研究―1872年巡幸と1881年巡幸の比較検討を中心に（趙正圭）「言語・地域文化研究」東京外国語大学大学院 7 2001.3 p159～179
◇明治天皇に発明品を献上していた大親日家「エジソン」（浜田和幸）「新潮45」20(3) 2001.3 p229～236
◇「明治・大正」二代の天皇の御進講（河原敏明）「新潮45」20(8) 2001.8 p122～129
◇明治天皇と田中河内介―巌穴の士、埋滅して称せられず。悲しいかな。（「史記」「伯夷列伝」）（田中稔）「東洋文化」無窮会 87 2001.9 p66～81
◇「明治天皇」特集「波」新潮社 35(11) 2001.11 p6～15
◇明治天皇と同時代の皇帝たち（ドナルド・キーン）「新潮45」20(12) 2001.12 p118～122
◇明治天皇と日本文化（講演記録）（Donald Keene）「京都産業大学日本文化研究所紀要」京都産業大学日本文化研究所 7・8 2002年度 p1～42
◇10万首の短歌に心の安らぎを求めた希代の指導者の孤独―『明治天皇』ドナルド・キーン（書想インタビュー）（書想倶楽部）（ドナルド・キーン）「SAPIO」14(2) 2002.1.23 p50～51
◇明治天皇と大正天皇―日本の近代を作った対照的な父と子の素顔とは（ドナルド・キーン, 原武史）「文芸春秋」80(2) 2002.2 p144～151
◇昭憲皇太后は着せ替え人形か―若桑みどり「皇后の肖像」を批判する（片野真佐子）「論座」82 2002.3 p126～133
◇狂牛病に振り回される現代に似た文明開化の牛肉騒動（歴史合せ鏡〔99〕）（加来耕三）「フォーブス日本版」11(4) 2002.4 p184～189
◇近代天皇論―「天皇」は二人いた（鳥海靖, 秦郁彦, 半藤一利, 平川祐弘）「諸君！」34(6) 2002.5 臨時増刊（歴史諸君！）p90～107
◇近・現代―122代 明治天皇/123代 大正天皇/124代 昭和天皇/125代 今上天皇（特集・皇位継承の全記録―新天皇即位の経緯と問題点）（西原和海）「歴史読本」47(8) 2002.8 p177～181
◇私の書いた歴史教科書―明治・大正・昭和、三代の天皇（特集・歴史教育を問い直す―「自虐」「自賛」を超えて）（原武史）「中央公論」117(9) 2002.9 p64～68
◇明治天皇に援助を求めたハワイ国王（特集・ハワイ 伝統文化の復興）「ナショナルジオグラフィック日本版」8(12) 2002.12 p60
◇明治天皇とその時代（芳賀徹〔ほか〕）「正論」365 2002.12 臨時増刊 p32～359
◇日本的組織における意思決定について―征韓論と明治天皇の役割を事例として（徳増睡洪）「比較文化研究」久留米大学比較文化研究所 31 2003.3 p109～151
◇「明治天皇紀」編修と金子堅太郎（堀口修）「日本歴史」吉川弘文館 661 2003.6 p1～19
◇『二十六世紀』事件と明治天皇側近（川上寿代）「聖心女子大学大学院論集」聖心女子大学 25 2003.7 p39～53
◇鈴木しづ子『明治天皇行幸と地方政治』（大内雅人）「日本史研究」日本史研究会 491 2003.7 p85～90
◇MEDICAL ESSAYS 明治天皇と脚気病院（小長谷正明）「日本医事新報」日本医事新報社 4147 2003.10.18 p43～45
◇万機親裁体制の成立―明治天皇はいつから近代の天皇となったのか（永井和）「思想」岩波書店 957 2004.1 p4～28
◇近代国家と和歌―明治大皇、山県有朋、森鴎外（特集：森鴎外の問題系）（加藤孝男）「國文學 解釈と教材の研究」學燈社 50(2) 2005.2 p86～92
◇アメリカで考えた21世紀の日本（54）明治天皇とアジアの解放―先帝陛下はアジア解放の神であるーペルシヤ『ハブラル・マタン』誌（安藤真）「自由」自由社 47(2) 2005.2 p94～105
◇明治後期の政治と明治天皇（勝田政治）「国士舘史学」国士舘大学史学会 11 2005.3 p1～5
◇〔学習院大学〕図書館蔵の明治天皇巡幸等写真について（小特集 非文字資料の保存と研究にむけて）（岡田莊弘）「学習院大学史料館紀要」学習院大学史料館 13 2005.3 p1～82, 図巻頭2p
◇明治天皇の大喪と台湾―代替わり儀式と帝国の形成（中島三千男）「歴史と民俗」平凡社 21 2005.3 p7～52
◇明治初期の「海軍整備」問題―明治2(1869)年明治天皇の御下問を中心として（吉村正彦）「軍事史学」錦正社 40(4) 2005.3 p80～95
◇明治篇 明治天皇ほか皇族が「軍人」となったのは？（特集 今さら聞けない 天皇家の歴史―特別企画 もっと知りたい 天皇家の素朴な疑問と謎）（西原和海）「歴史読本」新人物往来社 50(5) 2005.5 p144～147

◇毫攝寺「御遺物」特別公開―明治天皇、昭憲皇太后を中心に 「日本書法」 書道芸術社 1(3) 2005.8.30 p4～12
◇天皇暗殺計画「大逆事件」と幸徳秋水(総力特集 明治・大正・昭和皇室10大事件簿) 「新潮45」 新潮社 24(10) 2005.10 p38～41
◇第122代明治天皇―誕生前から「名君主」を期待された人生(特集 歴代天皇全史―特集ワイド 歴代天皇完全総覧―系譜・事績・事件・逸話・謎を網羅) (高野澄) 「歴史読本」 新人物往来社 50(11) 2005.11 p270～273
◇昭和期の明治天皇論―渡辺幾治郎、木村毅を中心に(特集・戦後60年、被爆60年) (佐藤一伯) 「日本学研究」 日本学研究会 3 2005.11.15 p25～39
◇第122代明治天皇/皇后・一条美子―養蚕・女子教育等、近代文化の振興に尽力(特集 歴代皇后全伝―特集ワイド 歴代天皇配偶者総覧―系譜・事績・逸話・謎を網羅 明治・大正・昭和・平成) (高野澄) 「歴史読本」 新人物往来社 50(12) 2005.12 p264～266
◇昭和天皇(6)明治天皇崩御 (福田和也) 「文芸春秋」 文芸春秋 83(16) 2005.12 p388～400
◇糖尿病の人生「藤原道長と明治天皇」―歴史が教えるもの(特集 健康) (三木英司, 中川禮子, 仲井克己) 「帝京平成フォーラム」 帝京平成大学 3 2006 p45～57
◇天皇 天皇陵入門(17)明治天皇陵の謎 (外池昇) 「歴史読本」 新人物往来社 51(6) 2006.5 p298～305
◇9・11テロは「米国の自作自演」と言った「明治天皇の孫」(ワイド 壊れた女、壊した女) 「週刊新潮」 新潮社 51(17) 2006.5.4・11 p68～69
◇歴史のかげに "食" あり(第3回)明治天皇(1)天皇が初めてホストを務めた日 (黒岩比佐子) 「文學界」 文藝春秋 60(10) 2006.10 p234～239
◇見学記 企画展「佐倉連隊にみる戦争の時代」・同「習志野原―明治天皇から終戦まで」見学記 (上田浄) 「千葉史学」 千葉歴史学会 49 2006.11 p132～135
◇歴史のかげに "食" あり(第4回)明治天皇(2)ガーター勲章と宮中晩餐会 (黒岩比佐子) 「文學界」 文藝春秋 60(11) 2006.11 p238～243
◇特集講座 明治・大正 昭和・今上 天皇家の歴史(特集 天皇家と宮家) (橋本富太郎) 「歴史読本」 新人物往来社 51(14) 2006.11 p253～269
◇明治天皇の「駒場農學校」開校式臨御の意味 (安田隼也) 「日本獣医史学雑誌」 日本獣医史学会 42 2007.3 p46～53 (含 英語文要旨)
◇〔学習院大学〕図書館蔵の明治天皇巡幸等写真について(補遺)(小集 非文字資料の保存と公開) (岡田茂弘) 「学習院大学史料館紀要」 学習院大学史料館 14 2007.3 p155～172
◇特集 明治天皇とその時代 「歴史研究」 歴研 49(4) 2007.4 p18～39
◇竹越与三郎と『明治天皇紀』編修事業―橋本「明治天皇紀」の分析 (堀和孝) 「同志社法学」 同志社法学会 59(2) 2007.7 p1219～1248
◇明治天皇の皇子・皇女たち(特集 天皇家と皇子―特集ワイド 近現代の皇子・皇女総覧) 「歴史読本」 新人物往来社 52(11) 2007.10 p182～185
◇明治天皇行幸における華族邸宅の能楽御覧所について (奥冨幸夫) 「日本建築学会計画系論文集」 日本建築学会 620 2007.10 p193～197
◇元田永孚における『論語』の新たな位置づけ―『元田先生進講録』を中心に (Andy Bangkit Setiawan) 「広島大学大学院教育学研究科紀要 第二部 文化教育開発関連領域」 広島大学大学院教育学研究科 57 2008 p426～419
◇桂千穂の映画漂流記(第15回)タブーだった天皇をスクリーンに登場させた『明治天皇と日露大戦争』(桂千穂) 「シナリオ」 シナリオ作家協会 64(1) 2008.1 p65～67
◇即位と崩御―天皇の家族史(第13回)「明治天皇」体調不良の日々 (保阪正康) 「波」 新潮社 42(1) 2008.1 p68～77
◇明治天皇と広島大本営―腹の髄から(130) (阿川弘之) 「文芸春秋」 文芸春秋 86(2) 2008.2 p77～79
◇昭和天皇と明治天皇―太平洋戦争 真の敗因は何か (半藤一利) 「文芸春秋」 文芸春秋 86(2) 2008.2 p148～154
◇皇室と沖縄―沖縄に寄せられた、明治天皇、昭和天皇、今上天皇の御心 (惠隆之介) 「祖国と青年」 日本協議会 353 2008.2 p31～37
◇明治14年明治天皇庄内巡幸 (奥村淳) 「山形大学人文学部研究年報」 山形大学人文学部 5 2008.2 p79～154 (含 ドイツ語文要旨)
◇宮内省における「明治天皇実録」の編修について―「明治天皇紀」との関連に着目して (堀口修) 「中央史学」 中央史学会 第31号 2008.3 p38～57
◇明治天皇「御真影」と「フルベッキ写真」の関係性を探る(特集 古写真集成 幕末人の肖像) (倉持基) 「歴史読本」 新人物往来社 53(3) 2008.3 p220～229
◇「公刊明治天皇御紀」の編修について―特に編纂長三上参次の時期を中心として(上) (堀口修) 「大倉山論集」 大倉精神文化研究所 54 2008.3 p341～390

◇明治天皇の地方巡幸と政府 (大野真理子) 「史文」 天理大学文学部歴史文化学科歴史学専攻 10 2008.3 p25～50
◇明治天皇という人(新連載・1)明治天皇の声がきこえる (松本健一) 「本の時間」 毎日新聞社 3(5) 2008.5 p28～39
◇明治天皇巡幸時に行在所として用いられた住宅の部屋割りについて―秋田県を事例として (山口総香, 飯淵康一) 「民俗建築」 日本民俗建築学会 133 2008.5 p6～15
◇明治天皇という人(2)天皇と乃木希典の関係 (松本健一) 「本の時間」 毎日新聞社 3(6) 2008.6 p36～47
◇明治天皇という人(3)記憶の王か(上) (松本健一) 「本の時間」 毎日新聞社 3(7) 2008.7 p56～67
◇明治天皇という人(4)記憶の王か(下) (松本健一) 「本の時間」 毎日新聞社 3(8) 2008.8 p34～45
◇明治天皇という人(5)統治の王(上) (松本健一) 「本の時間」 毎日新聞社 3(9) 2008.9 p20～31
◇明治天皇という人(6)統治の王(中) (松本健一) 「本の時間」 毎日新聞社 3(10) 2008.10 p20～31
◇明治神宮造営と明治聖徳記念の展開 (佐藤一伯) 「神道宗教」 神道宗教学会 212 2008.10 p1～26
◇明治天皇の御巡幸 (打越孝明) 「祖国と青年」 日本協議会 362 2008.11 p34～39
◇明治天皇のインテリア (小沢朝江) 「本郷」 吉川弘文館 78 2008.11 p29～31
◇明治天皇の聖徳を仰ぐ(明治節奉祝特集号) 「国体文化」 日本国体学会 1015 2008.11・12 p巻頭4p
◇明治天皇という人(7)統治の王(下) (松本健一) 「本の時間」 毎日新聞社 3(11) 2008.11 p16～27
◇明治天皇「御製(ぎょせい)」のポリティクス (松澤俊二) 「日本近代文学」 日本近代文学会 79 2008.11 p59～74
◇明治天皇の御修学(特集 維新と伝統) (近藤啓吾) 「明治聖徳記念学会紀要」 明治聖徳記念学会 45 2008.11 p110～123
◇花くはし……明治天皇御製と義烈二公の遺勲 (照沼好文) 「明治聖徳記念学会紀要」 明治聖徳記念学会 45 2008.11 p373～381
◇維新からのよき伝統―明治天皇幸手行在所と埼玉県への地方巡幸今昔 (大熊晋一) 「明治聖徳記念学会紀要」 明治聖徳記念学会 45 2008.11 p382～391
◇明治天皇と東郷平八郎―日本海海戦前夜のエピソード (嶋田耕一) 「明治聖徳記念学会紀要」 明治聖徳記念学会 45 2008.11 p392～397
◇明治天皇という人(8)侍補制度と大久保の遭難 (松本健一) 「本の時間」 毎日新聞社 3(12) 2008.12 p18～29
◇明治天皇という人(9)明治国家のゆくえ(上) (松本健一) 「本の時間」 毎日新聞社 4(1) 2009.1 p30～41
◇明治天皇という人(10)明治国家のゆくえ(中) (松本健一) 「本の時間」 毎日新聞社 4(2) 2009.2 p34～45
◇明治天皇の御人格からみた絶対平和思想 (河本學嗣郎) 「国体文化」 日本国体学会 1017 2009.2 p2～5
◇明治天皇写真秘録(特集 古写真集成 明治人の肖像) (倉持基) 「歴史読本」 新人物往来社 54(3) 2009.3 p26～36
◇明治天皇と近代日本の誕生 第24回「日本の誇り」歴史体験セミナー 「祖国と青年」 日本協議会 366 2009.3 p14～16
◇明治天皇という人(11)明治国家のゆくえ(下) (松本健一) 「本の時間」 毎日新聞社 4(3) 2009.3 p32～43
◇「皇統」と「皇位」と「天業」―明治天皇の大御心に現れた天業恢弘の御精神 (河本學嗣郎) 「国体文化」 日本国体学会 1018 2009.3 p2～5
◇「公刊明治天皇御紀」の編修について―特に編纂長三上参次の時期を中心として(下) (堀口修) 「大倉山論集」 大倉精神文化研究所 55 2009.3 p263～309
◇明治天皇の奥羽巡幸と青森での天覧授業 (福士光俊) 「東奥文化」 青森県文化財保護協会 80 2009.3 p126～138
◇明治天皇という人(12)天皇機関説のたたかい(上) (松本健一) 「本の時間」 毎日新聞社 4(4) 2009.4 p38～49
◇明治天皇という人(13)天皇機関説のたたかい(中) (松本健一) 「本の時間」 毎日新聞社 4(5) 2009.5 p38～49
◇明治憲法の根本思想(1)明治天皇の御精励、御謹厳を仰ぎみる (河本學嗣郎) 「国体文化」 日本国体学会 1020 2009.5 p2～5
◇明治天皇という人(14)天皇機関説のたたかい(下) (松本健一) 「本の時間」 毎日新聞社 4(6) 2009.6 p38～49
◇明治天皇という人(15)『大日本帝国憲法』と天皇(上) (松本健一) 「本の時間」 毎日新聞社 4(7) 2009.7 p42～53
◇明治天皇という人(16)『大日本帝国憲法』と天皇(中) (松本健一) 「本の時間」 毎日新聞社 4(8) 2009.8 p52～63
◇明治天皇という人(17)『大日本帝国憲法』と天皇(下) (松本健一) 「本の時間」 毎日新聞社 4(9) 2009.9 p58～69
◇明治天皇という人(18)国家システムへの抵抗と受容 (松本健一) 「本の時間」 毎日新聞社 4(10) 2009.10 p44～55
◇明治天皇という人(19)人間的な好き嫌い(上) (松本健一) 「本の

時間」 毎日新聞社 4(11) 2009.11 p62～73
◇鶴牧版『史記評林』に想ふ―『明治天皇の御修学』補遺 （近藤啓吾）「明治聖徳記念学会紀要」 明治聖徳記念学会 46 2009.11 p430～434
◇明治天皇最後の十日間―突如病に倒れた明治天皇を手厚く看病した皇后美子かの十日間（特集 天皇家を支えた女性たち）（米窪明美）「歴史読本」 新人物往来社 54(12) 2009.12 p128～135
◇明治天皇という人(20)人間的な好き嫌い（下）（松本健一）「本の時間」 毎日新聞社 4(12) 2009.12 p52～63

目賀田種太郎　めがたたねたろう　1853～1926
明治, 大正期の官僚。貴族院議員, 大蔵省主税局長。
【図書】
◇わが国財政制度の近代化―財務官僚の研究 （森田右一著） 霞ケ関出版 1990.4
◇朝鮮産業経済の近代化と朝鮮殖産銀行 （藤田文吉著） 西田書店 1993.4
◇日本外交人物叢書 第4巻 （吉村道男監修） ゆまに書房 2002.1 823p
◇日本外交人物叢書 第5巻 （吉村道男監修） ゆまに書房 2002.1 229p
◇近代日本の形成と租税 （近代租税史研究会編） 有志舎 2008.10 260,11p （近代租税史論集）
【雑誌】
◇わが国における財政制度の近代化(4)目賀田種太郎の活躍 （森田右一）「関東学園大学大学院紀要」 6 1989.2
◇目賀田種太郎のアメリカ留学―明治初期における洋学の開花 （長沼秀明）「洋学史研究」 洋学史研究会 15 1998.4 p49～64

メッケル, K.　Meckel, Klemens Wilhelm Jakob　1842～1906
ドイツの軍人。1885年陸軍大学校教官として来日。
【図書】
◇リーダーとスタッフ―戦史・古典に学ぶ連携プレーの妙 （大橋武夫著） プレジデント社 1983.12
◇陸軍創設史―フランス軍事顧問団の影 （篠原宏著） リブロポート 1983.12
◇参謀教育―メッケルと日本陸軍 （林三郎著） 芙蓉書房 1984.1
◇これが経営参謀だ！ （大橋武夫著） 日本実業出版社 1986.6
◇知将児玉源太郎―ある名補佐役の生涯 （生出寿著） 光人社 1986.7
◇政治と軍事―明治・大正・昭和初期の日本 （角田順著） 光風社出版 1987.2
◇児玉源太郎―明治陸軍の巨星 （三戸岡道夫著） 学習研究社 2002.8 363p （学研M文庫）
◇参謀本部と陸軍大学校 （黒野耐著） 講談社 2004.3 262p （講談社現代新書）
【雑誌】
◇陸軍大学校 体で覚える「戦略・戦術」の粋―「ドイツ参謀本部」直伝の「ケーススタディ・メソッド」（特集・男を鍛える）（加登川幸太郎）「プレジデント」 24(1) 1986.1
◇メッケル招聘前史の研究―明治日本と帝政ドイツに於ける政治と軍事の一焦点 （沢枝洋一）「白山史学(東洋大学)」 23 1987.3
◇裏返しのサクセスストーリー―メッケルの『隠し絵』に見る戦後ドイツ （渡辺将尚）「山形大学紀要 人文科学」 山形大学 15(3) 2004.2 p172～161

毛利敬親　もうりたかちか　1819～1871
幕末, 明治期の萩藩主。
【図書】
◇萩市史 1 （萩市史編纂委員会編） 萩市史編纂委員会 1983.6
◇両公伝史料仮目録　山口県文書館 1984.3
◇組織を動かす一統率者の論理（知的生きかた文庫）（童門冬二著） 三笠書房 1986.8
◇武将たちのリストラ戦略 （加来耕三著） 実業之日本社 1993.10
◇生き残りの戦略―歴史の教訓〈第1巻〉組織活用力が勝敗を決める （井沢元彦, 百瀬明治, 小和田哲男, 新宮正春, 多岐川恭, 高野澄著） 学習研究社 1994.2
◇歴史に学ぶ組織活用 生き残りの戦略 （田原総一朗, 井沢元彦, 小和田哲男, 新宮正春, 高野澄, 多岐川恭, 百瀬明治著） 学習研究社 2000.9 317p （学研M文庫）
【雑誌】
◇長州藩主毛利敬親のもとで（特集・吉田松陰と若き志士たち）（河村乾二郎）「歴史と人物」 117 1981.4
◇毛利敬親（幕末維新最後の藩主285人）（三宅紹宣）「別冊歴史読本」 20 1981.6
◇長洲藩主毛利敬親・元徳（幕末最後の藩主）（清永唯夫）「歴史と旅」 23(5) 1996.3.10 臨増（大名家の事件簿総覧）p320～325

毛利勅子　もうりときこ　1819～1879
幕末, 明治期の女性。徳山藩主毛利広鎮の七女。
【雑誌】
◇毛利勅子先生肖像画 （岩本知輔）「くすのき文化」 24 1980.7

毛利元徳　もうりもとのり　1839～1896
幕末, 明治期の山口藩主。貴族院議員, 公爵。
【図書】
◇両公伝史料仮目録　山口県文書館 1984.3
【雑誌】
◇毛利元徳（幕末維新最後の藩主285人）（三宅紹宣）「別冊歴史読本」 20 1981.6
◇長洲藩主毛利敬親・元徳（幕末最後の藩主）（清永唯夫）「歴史と旅」 23(5) 1996.3.10 臨増（大名家の事件簿総覧）p320～325
◇山口藩知事毛利元徳の辞職「上表」（松尾正人）「中央大学文学部紀要」 中央大学文学部 168 1997.3 p19～48

元田永孚　もとだながざね　1818～1891
幕末, 明治期の熊本藩士, 儒学者。
【図書】
◇明治の精神 （古川哲史） ぺりかん社 1981.3
◇日本の思想家 近代篇 （菅孝行） 大和書房 1981.9
◇人物探訪 日本の歴史―18―明治の逸材　暁教育図書 1984.2
◇近代日本の知と政治 （山室信一） 木鐸社 1985.5
◇元田永孚関係文書（近代日本史料選書 14）（沼田哲, 元田竹彦編） 山川出版社 1985.7
◇明治の精神 （荒川久寿男著）（伊勢）皇学館大学出版部 1987.12
◇異史 明治天皇伝 （飯ròcm匡著） 新潮社 1988.6
◇前田愛著作集〈第4巻〉幻景の明治 （前田愛著） 筑摩書房 1989.12
◇史実で見る日本の正気―尋古一葉抄 （黒岩棠舟著） 錦正社 1989.12 （国学研究叢書）
◇教育勅語への道―教育の政治史 田中不二麿、元田永孚、森有礼、井上毅 （森川輝紀著） 三元社 1990.3
◇明治日本の政治家群像 （福地惇, 佐々木隆編） 吉川弘文館 1993.4
◇井上毅の教育思想 （野口伐名著） 風媒書房 1994.2
◇明治の「天皇づくり」と朝鮮儒学―元田永孚の日本改造運動を読み直す （小倉紀蔵）『若き日本と世界』（東海大学外国語教育センター編） 東海大学出版会 1998.3 p143
◇天皇と日本の近代 上 （八木公生著） 講談社 2001.1 257p （講談社現代新書）
◇明治天皇と政治家群像―近代国家形成の推進者たち （沼田哲編） 吉川弘文館 2002.6 286p
◇元田永孚と天皇―その「輔導」と天皇への影響を中心に （沼田哲）『明治天皇と政治家群像 近代国家形成の推進者たち』（沼田哲編） 吉川弘文館 2002.6 p2～
◇国民道徳論の道―「伝統」と「近代化」の相克 （森川輝紀著） 三元社 2003.5 239p
◇元田永孚と明治国家―明治保守主義と儒教的理想主義 （沼田哲著） 吉川弘文館 2005.6 421,3p
◇幻景の明治 （前田愛著） 岩波書店 2006.11 296p （岩波現代文庫）
【雑誌】
◇元田永孚の天皇観―「君徳輔導」論を中心に（特集・歴史のなかの天皇像）（沼田哲）「歴史公論」 7(1) 1981.1
◇明治国家と教育―元田永孚の数学思想と伊藤博文, 井上毅の思惟構造 （藤原保信）「国際学院埼玉短期大学研究紀要」 5 1984.3
◇元田永孚と明治22年条約改正反対運動 （沼田哲）「日本歴史」 444 1985.5
◇元田永孚と明治23年神祇院設置問題 （沼田哲）「弘前大学国史研究」 80 1986.3
◇横井小楠・元田永孚と菊池氏精神 （堤克彦）「熊本近代史研究会報」 194 1986.4
◇異史・明治天皇伝〔3〕（飯田匡）「新潮45」 6(1) 1987.3
◇元田永孚の人と学―実学の本義に触れて （山崎道夫）「東洋文化（無窮会）」 復刊59 1987.9
◇「元田永孚関係文書補遺」並びに「元田永孚文書目録」 （沼田哲）「青山史学」 10 1988.3
◇元田永孚の西郷隆盛観（日本史上の人物と史料－続－）（沼田哲）「日本歴史」 501 1990.2
◇「天道覚明論」の成立背景に関する歴史的考察(1)（堤克彦）「熊本史学」 66・67 1990.5
◇元田永孚(2)おいたち （湯木洋一）「神学研究」 40 1993.3
◇横井小楠・元田永孚―「公議政体」から「天皇親政」へ （内藤辰郎）「新しい歴史学のために」 213 1994.5
◇元田永孚―3―時習館 （湯木洋一）「神学研究」 関西学院大学神学研究会 42 1995.3 p141～156

◇明治期儒教の思想的展開─元田永孚と西村茂樹の比較にみたる （上田浩史）「教育科学セミナリー」関西大学教育学会 第27号 1995.12 p14〜28
◇元田永孚論ノート（一） （森川輝紀）「埼玉大学紀要〔教育学部〕教育科学」埼玉大学教育学部 45(1-2) 1996 p37〜48
◇元田永孚伺候（明治天皇〔22〕）（ドナルド・キーン著, 角地幸男訳）「新潮45」15(10) 1996.10 p210〜223
◇文久2年横井小楠「士道忘却云々」一件と元田永孚の小楠弁護意見書について（特集 歴史の虚像と実像）（沼田哲）「日本歴史」吉川弘文館 600 1998.5 p111〜116
◇元田永孚論ノート（2）教学と教育の間 （森川輝紀）「埼玉大学紀要〔教育学部〕教育科学」埼玉大学教育学部 47(2) 1998.9 p17〜24
◇元田永孚論ノート（3）─数学と国民教育の間 （森川輝紀）「埼玉大学紀要〔教育学部〕教育科学」埼玉大学教育学部 49(1-1) 2000 p55〜65
◇元田永孚論ノート（4） （森川輝紀）「埼玉大学紀要〔教育学部〕教育科学」埼玉大学教育学部 51(1-1) 2002 p41〜50
◇森有礼の教育改革と儒教主義─森有礼と元田永孚・西村茂樹との交渉を通して （矗昌順）「史苑」立教大学史学会 63(1) 2002.11 p115〜131
◇史料紹介 新出の元田永孚書翰について （三沢純）「文学部論叢」熊本大学文学部 82 2004.3 p147〜164
◇明治5年九州・西国巡幸と元田永孚─熊本に視点をおいて （長谷川栄子）「熊本大学社会文化研究」熊本大学大学院社会文化科学研究科 3 2005 p297〜311
◇元田永孚の教育思想 （橋本祥子）「年報日本思想史」日本思想史研究会 4 2005.3 p49〜51
◇『教育勅語』草案と起草者達─中村正直・元田永孚・井上毅 （岡本晴行）「人間環境科学」帝塚山大学人間環境科学研究所 15 2006 p101〜109
◇元田永孚の「自主自由」論 （池田勇太）「東京大学日本史学研究室紀要」東京大学大学院人文社会系研究科・文学部日本史学研究室 10 2006.3 p193〜214
◇公議輿論と万機親裁─明治初年の立憲政体導入問題と元田永孚 （池田勇太）「史学雑誌」山川出版社 115(6) 2006.6 p1041〜1078
◇元田永孚における『論語』の新たな位置づけ─『元田先生進講録』を中心に （Andy Bangkit Setiawan）「広島大学大学院教育学研究科紀要 第二部 文化教育開発関連領域」広島大学大学院教育学研究科 57 2008 p426〜419

桃井春蔵　もものいしゅんぞう　1825〜1885
幕末, 明治期の剣道家。鏡新明智流4代。
【図　書】
◇人物探訪 日本の歴史 9 剣客の生涯 晩教育図書 1983.2
◇日本剣豪列伝〔下〕（伊藤桂一ほか著） 旺文社 1987.6 （旺文社文庫）
◇幕末剣豪秘伝 （津本陽監修） ベストセラーズ 2008.8 255p （ワニ文庫）
◇幕末暗殺剣─血湧き肉踊る最強剣豪伝説 （マーヴェリック著） 双葉社 2009.12 249p
【雑　誌】
◇補遺（1）桃井道場　「郷土室だより（京橋図書館）」 31 1981.3

モラエス, W.　Moraes, Wenceslau de Sousa　1854〜1929
ポルトガルの海軍士官, 外交官。1898年日本に移住。
【図　書】
◇わがモラエス伝 （佃実夫） 河出書房新社 1983.2
◇おヨネとコハル （W.モラエス, 花野富蔵訳） 集英社 1983.3
◇シネマ人間紀行（新潮文庫）（高野悦子著） 新潮社 1986.4
◇茶の湯風土記 （村川康彦著） 平凡社 1986.9
◇近代文学における中国と日本─共同研究・日中文学交流史 （伊藤虎丸ほか編） 汲古書院 1986.10
◇ドキュメント 世界に生きる日本の心─21世紀へのメッセージ （名越二荒之助等） 展転社 1987.10
◇失われた楽園 （佐藤剛） 葦書房 1988.2
◇街道をゆく〈23〉南蛮のみち2 （司馬遼太郎著） 朝日新聞社 1988.11 （朝日文庫）
◇歴史と文化・阿波からの視点 （三好昭一郎先生還暦記念論集刊行委員会編） 第一出版 1989.8
◇鶴見俊輔集（11）外からのまなざし （鶴見俊輔著） 筑摩書房 1991.9
◇ポルトガル日本交流史 （マヌエラ・アルヴァレス, ジョゼ・アルヴァレス著, 金七紀男, 岡村多希子, 大野隆男訳） 彩流社 1992.5
◇郷愁（サウダーデ）ポルトガル─地果て海始まるところ 泰流社 1993.3 （泰流選書）
◇モラエス翁関係年代記 徳島県立図書館 1993.9
◇モラエスの絵葉書書簡─日本発, ポルトガルの妹へ （ヴェンセスラウ・デ・モラエス著, 岡村多希子訳） 彩流社 1994.3

◇風と海の回廊─日本を変えた知の冒険者たち （泉秀樹著） 広済堂出版 1994.9
◇モラエス案内 増補2版 徳島県立図書館 1995.3 168p
◇日本人モラエス─伝記・W・D・モラエス （花野富蔵著） 大空社 1995.10 306,5p （伝記叢書）
◇「美しい日本」に殉じたポルトガル人─評伝モラエス （林啓介著） 角川書店 1997.2 297p （角川選書）
◇モラエスの旅─ポルトガル文人外交官の生涯 （岡村多希子著） 彩流社 2000.2 380p
◇二列目の人生 隠れた異才たち （池内紀著） 晶文社 2003.4 230p
◇サウダーデの男モラエス （森本義輝著） 東京図書出版会 2004.5 198p
◇二列目の人生─隠れた異才たち （池内紀著） 集英社 2008.9 232p （集英社文庫）
【雑　誌】
◇モラエスの書簡（上, 下）手紙について （緑川高広）「学鐙」77(6, 7) 1980.6,7
◇モラエス─近代の芸文と茶の湯 （戸田勝久）「淡交」35(12) 1981.12
◇夢幻能のように描かれた「愛の生涯」と「時代」─外交官モラエスの変身・映画「恋の浮島」を見て （加藤周一）「朝日ジャーナル」25(11) 1983.3.18
◇重層する象徴の世界─「恋の浮島」とモラエス （加賀乙彦）「世界」449 1983.4
◇忘れえぬ人・人（25）青い目の西洋乞食 （瀬戸内晴美）「ちくま」145 1983.4
◇ポルトガルの文豪モラエスのみた大津事件（上） （日埜博司）「歴史と旅」14(15) 1987.10
◇ポルトガルの文豪モラエスの見た大津事件（下） （日埜博司）「歴史と旅」14(16) 1987.11
◇文豪モラエス晩年の謎を追う （住江淳司）「Cosmica 地域研究」18 1988
◇モラエスと新田次郎─「孤愁─サウダーデ」とその周辺 （秦敬一）「高大国語教育」39 1991
◇戦前におけるモラエス/顕彰 （岡村多希子）「東京外国語大学論集」42 1991
◇モラエスと小坊さん─鷲野宥恵氏の「聞き書き」から （山下博之）「ふるさと阿波」150 1992.3
◇京都, 末慶寺所蔵W. de Moraes書簡について （岡村多希子）「東京外国語大学論集」46 1993
◇モラエスの仏壇 （原田一美）「日本児童文学」39(11) 1993.11
◇三つの墓 （時実新子）「図書」534 1993.12
◇モラエスの生涯(1)マカオ以前 （岡村多希子）「東京外国語大学論集」48 1994
◇モラエス, ハーン, ロチの人間三角洲（デルタ）を巡る （田所清克）「Cosmica 地域研究」京都外国語大学総合研究所 25 1995 p155〜173
◇モラエス「日本精神」（続・外国人の見た日本・日本人〈特集〉─飛躍期の日本・日本人論）（加納孝代）「国文学解釈と鑑賞」至文堂 60(5) 1995.5 p75〜84
◇モラエスの生涯（2）訪日の10年（1889〜1899） （岡村多希子）「東京外国語大学論集」東京外国語大学論集編集委員会 52 1996 p125〜140
◇ポルトガルの文人モラエスの見た大津事件と烈女畠山勇子 （日埜博司〔訳〕）「流通経済大学論集」流通経済大学学術研究会 31(4) 1997.3 p84〜94
◇モラエスの生涯（4）─初恋の人マリア・イザベル （岡村多希子）「東京外国語大学論集」東京外国語大学論集編集委員会 56 1998.3 p39〜56
◇モラエスの晩年 （ずいひつ「波音」）（岡村多希子）「潮」507 2001.5 p74〜75
◇日本生活・風俗を世界に紹介した文豪モラエス（特集・日本を愛した外国人アーティスト）（林啓介）「歴史と旅」28(6) 2001.6 p92〜99
◇徳島県徳島市─異邦人モラエスがこよなく愛した町（歴史ロマン探訪〔10〕）（村上政彦）「潮」524 2002.10 p230〜235
◇異邦人モラエスと人の縁（ずいひつ「波音」）（石川良彦）「潮」525 2002.11 p68〜69
◇『日本精神』論─ローエルからモラエスへ （秦敬一）「語文と教育」鳴門教育大学国語教育学会 17 2003.8 p10〜19
◇Bibliotheca Japonica（75）恋多きポルトガル最後の冒険者モラエスの著書(2) （八木正自）「日本古書通信」日本古書通信社 69(3) 2004.3 p21
◇小泉八雲とモラエスの比較研究 （田中正志）「第一経大論集」第一経済大学経済研究会 35(4) 2006.3 p61〜86
◇特別講演 21世紀の異文化理解と国際交流─八雲とモラエスに学ぶ （池田雅之）「言語文化」四国大学附属言語文化研究所 4 2006.12 p1〜6

◇モラエス論―異文化理解と文学　（秦敬一）「語文と教育」鳴門教育大学国語教育学会　23　2009.8　p37～47

モラエス・ヨネ　モラエスヨネ　1875～1912
明治,大正期の女性。ポルトガル人外交官モラエスの妻。
【図　書】
◇女の一生　人物近代女性史3　（瀬戸内晴美編）講談社　1980.12
◇女の一生―人物近代女性史　3　黎明の国際結婚　（瀬戸内晴美他著）講談社　1984.4
◇国際結婚の黎明―人物近代女性史　（瀬戸内晴美編）講談社　1989.6（講談社文庫）

森有礼　もりありのり　1847～1889
明治期の政治家,教育家。駐英公使。
【図　書】
◇明治教育古典叢書　第1期12　森先生伝　（木村匡編）国書刊行会　1980.11
◇明治教育古典叢書第1期14　帝国六大教育家　（全国教育者大集会編）国書刊行会　1980.11（博文館　明治40年刊の覆刻）
◇類聚伝記大日本史11　政治家篇　（尾佐竹猛編集解説）雄山閣出版　1981.6
◇日本工業先覚者史話　（福本和夫）論創社　1981.7
◇日本の思想家　近代篇　（菅孝行）大和書房　1981.9
◇一本の樫の木―淀橋の家の人々　（関屋綾子）日本キリスト教団出版局　1981.12
◇幕末志士の生活　（芳賀登）雄山閣出版　1982.6（生活史叢書 8）
◇変革期型リーダーの条件―「維新」を見てきた男たち　（佐々克明）PHP研究所　1982.9
◇若き森有礼―東と西の狭間で　（犬塚孝明）KTS鹿児島テレビ　1983.10
◇福沢諭吉年鑑　10（1983）福沢諭吉協会　1983.12
◇人物探訪　日本の歴史―18―明治の逸材　暁教育図書　1984.2
◇日本の近代化と人間形成　（下程勇吉編）法律文化社　1984.6
◇林竹二著作集 6　明治的人間　筑摩書房　1984.7
◇婦人解放の道標―日本思想史にみるその系譜　（武田清子）ドメス出版　1985.7
◇日本のテロリスト（潮文庫）（室伏哲郎著）潮出版社　1986.1
◇NHK かごしま歴史散歩　（原口泉著,NHK鹿児島放送局編）日本放送出版協会　1986.5
◇森有礼　（犬塚孝明）吉川弘文館　1986.7（人物叢書 188）
◇異文化遍歴者森有礼〈異文化接触と日本の教育〈2〉〉　（木村力雄著）福村出版　1986.12
◇林竹二著作集（9）教育に対する国の責任ということ　（林竹二著）筑摩書房　1987.6
◇大久保利謙歴史著作集 8　明治維新の人物像　吉川弘文館　1987.7
◇軍学校・教育は死なず―エリートの養成はかく行なわれた　（熊谷直著）光人社　1988.4
◇人生案内―塩田庄兵衛対談集　（塩田庄兵衛著）昭和出版　1988.8
◇近代日本教員養成史研究―教育者精神主義の確立過程　（水原克敏著）風間書房　1990.1
◇人間を学ぶ―林竹二先生の人と思想　（小林洋文著）径書房　1990.4
◇教育勅語への道―教育の政治史　田中不二麿,元田永孚,森有礼,井上毅　（森川輝紀著）三元社　1990.5
◇明治草創―啓蒙と反乱　（植手通有編）社会評論社　1990.7（思想のなかに「解放と変革」）
◇日本近代教育史の研究　（鈴木博雄編）振学出版　1990.10
◇明六社の人びと　（戸沢行夫著）築地書館　1991.4
◇歴史をひらく愛と結婚　（福岡女性学研究会編）ドメス出版　1991.12
◇近代日本中学校制度の確立―法制・教育機能・支持基盤の形成　（米田俊彦著）東京大学出版会　1992.1
◇教育におけるタフ（かたさ）とテンダー（やさしさ）―埋み火を熾こす　（村井実著）国土社　1992.8
◇近代日本における知の配分と国民統合　（寺崎昌男〔他編〕）第一法規出版　1993.6
◇思想と表現―近代日本文学史の一側面　（山口博著）有朋堂　1994.4
◇大物は殺される―歴史を変えた「暗殺」の世界　（大沢正道著）日本文芸社　1994.4（ラクダブックス）
◇《発言》言語管理と森有礼―近代以前から近代前期への移行　（J.V.ネウストプニー）『江戸の思想』(「江戸の思想」編集委員会編）ぺりかん社　1995.10　p122
◇森有礼の代議政体論―普遍と特殊　（園田英弘）『東アジアにおける近代化の指導者たち』国際日本文化研究センター　1997.3　p79
◇伊勢の宮人　（中西正幸著）国書刊行会　1998.3　657p
◇明治・大正・昭和犯罪全集―暗殺篇　（平野晨編,前坂俊之監修）大空社　1999.1　556p（近代犯罪資料叢書）
◇クリスマス―どうやって日本に定着したか　（クラウス・クラハト,克美・タテノクラハト著）角川書店　1999.11　231p
◇日本史の現場検証　2　（合田一道著）扶桑社　1999.11　261p
◇国際化時代の日本語　（茅野友子著）大学教育出版　2000.1　166p
◇結婚百物語　（林えり子著）河出書房新社　2000.1　251p（河出文庫）
◇国家と教育―森有礼と新島襄の比較研究　（井上勝也著）晃洋書房　2000.3　195p
◇歴史人物意外なウラ話―笑える話・恥かしい話・驚きのエピソード　（高野澄著）PHP研究所　2000.4　267p（PHP文庫）
◇日本のテロル―変質するバイオレンス130年史　（室伏哲郎著）世界書院　2000.6　309p（腐蝕国国・日本）
◇明治のスウェーデンボルグ―奥遼・有礼・正造をつなぐもの　（瀬上正仁著）春風社　2001.4　270p
◇その時歴史が動いた　6　（NHK取材班編）KTC中央出版　2001.5　253p
◇日本語中・上級用読本　日本を知ろう―日本の近代化に関わった人々　（三浦昭,ワット・伊東泰子著）アルク　2001.12　231p
◇明治人のお葬式　（此経啓助著）現代書館　2001.12　203p
◇森有礼とホーレス・マンの比較研究試論―日米近代女子教育成立史研究の過程から　（秋枝蕭子著）梓書院　2004.11　340p
◇この結婚　明治大正昭和の著名人夫婦70態　（林えり子著）文芸春秋　2005.8　242p（文春文庫）
◇森有礼の外交思想　（犬塚孝明）『明治国家の政策と思想』（犬塚孝明編）吉川弘文館　2005.10　p2
◇日本人に一番合った英語学習法―明治の人は、なぜあれほどできたのか　斎藤兆史著）祥伝社　2006.3　187p（祥伝社黄金文庫）
◇明治の若き群像―森有礼旧蔵アルバム　（犬塚孝明,石黒敬章著）平凡社　2006.5　286p
◇国家の語り方―歴史学からの憲法解釈　（小路田泰直著）勁草書房　2006.6　285,3p
◇森有礼の「封建」・「郡県」論　（園田英弘）『「封建」・「郡県」再考―東アジア社会体制論の深層』（張翔,園田英弘共編）思文閣出版　2006.7　p326
◇明六社　（大久保利謙著）講談社　2007.10　332p（講談社学術文庫）
◇スウェーデンボルグを読み解く　（日本スウェーデンボルグ協会（JSA）編）春風社　2007.11　308p
◇森有礼における国民的主体の創出　（長谷川精一著）思文閣出版　2007.11　456,6p
【雑　誌】
◇森有礼の宗教観　（定平元四良）「関西学院大学社会学部紀要」　40　1980.3
◇森有礼の近代化理念―「航魯紀行」と「妻妾論」　（篠崎秀樹）「文芸と批評」　5（5）1980.12
◇森有礼の国家主義の構造とその「学政」　（松村憲一）「フィロソフィア」　69　1981
◇教育史における森有礼の評価　（菊池美智子）「教育学雑誌」　15　1981
◇明治前期における我が国先覚者の図書館事業観―森有礼と西周　（安達将孝）「図書館界」　33（4）1981.11
◇森文相の国民教育政策―その思想と制度を中心として　（窪田祥宏）「教育学雑誌」　16　1982
◇唱歌教育と森有礼　（田中準）「洗足論叢（洗足学園大）」　11　1982.12
◇森有礼とホーレス・マン―教育と経済とのかかわりについて　（秋枝蕭子）「文芸と思想」　47　1983
◇エルンスト・スタイガー宛森有礼書簡の発掘とその教育史的意義　（阿波根直誠,H.Warrien Button）「琉球大学教育学部紀要（第1部）」　26　1983
◇森有礼とトマス・レーク・ハリス―相互誤解の一例として（「日本思想の再評価」）　[比較思想学会］創立10周年記念講演）（Ivan◎Hall）「比較思想研究」　10　1983
◇森有礼とホーレスマン―教育と経済とのかかわりについて　（秋枝蕭子）「文芸と思想(福岡女子大）」　47　1983.1
◇森有礼のエレンスト・スタイガー宛書簡の発掘とその教育史的意義　（阿波根直誠）「琉球大学教育学部紀要」　1（26）1983.1
◇森有礼に於ける1886（明治19）年勅令第14号「小学校令」改定の論理―「和衷自理」の分析を中心に　（山谷幸司）「東北大学教育学部教育行政学・学校管理・教育内容研究室研究紀録」　14　1983.10
◇ローエルの能登旅行の一要因としての森文部大臣の暗殺　（宮崎正明）「金沢工業大学研究紀要 B」　7　1983.11
◇森有礼の思想形成―近代国民教育の構想　（辻本雅史）「光華女子大学研究紀要」　22　1984
◇在米ワシントン初代公使森有礼の活動について　（中川隆）「亜細亜大学教養部紀要」　30　1984
◇『日本宗教自由論』・『日本西教史』とその背景　（杉井六郎）「同志社大学文化学年報」　33　1984.3
◇文部大臣秘書官中川元―森有礼とのかかわりからみた　（中川浩一）

◇「茨城大学教育学部紀要」 33 1984.3
◇森文政期における修身科口授法の採用とその教育観的背景―実物・教具としての教科書観と「儀範」としての教師観 (麻生千明)「弘前学院大学・弘前学院短期大学紀要」 20 1984.3
◇教育における国家主義の問題―森有礼の教育思想をめぐって (村井実)「教育哲学研究」 50 1984.11
◇若き森有礼のロシア観をめぐって (外川継男)「スラヴ研究」 32 1985
◇森有礼の文政と図書館 (小倉親雄)「ノートルダム女子大学研究紀要」 15 1985
◇森有礼の活動についての一考察 (中川隆)「亜細亜大学教養部紀要」 32 1985
◇旅と棄郷と(29)3代の系譜 (近藤信行)「早稲田文学〔第8次〕」 108 1985.5
◇森有礼とそのアメリカ研究 (本橋正)「学習院大学法学部研究年報」 21 1986
◇知識人集団としての明六社―森有礼と福沢諭吉の視点から (戸沢行夫)「近代日本研究(慶大・福沢研)」 2 1986.3
◇森有礼の啓蒙と教育(上) (沖田行司)「人文学(同志社大学人文学会)」 143 1986.9
◇日本語廃止論―森有礼・志賀直哉の提案―(特集・日本語論) (小泉保)「言語」 15(10) 1986.10
◇森有礼の啓蒙と教育(下) (沖田行司)「人文学(同志社大学人文学会)」 144 1987.2
◇たとえひとりにおかれても―森有礼のこと・宮本百合子のこと・核廃絶のこと(対談) (関屋綾子,塩田庄兵衛)「文化評論」 313 1987.4
◇商法講習所の創設と森有礼 (中川隆)「亜細亜大学教養部紀要」 35 1987.6
◇帝大寄宿舎の火災と森有礼の横死 (上野景福)「英学史研究」 20 1987.10
◇森有礼と英語国語化問題 (工藤直太郎)「ビブリア」 10 1988.1
◇明治ハイカラ女性の契約結婚から不倫まで―広瀬常(いまも昔もおんな史) (泉秀樹)「潮」 349 1988.5
◇森有礼の教育思想における国家主義と個人主義 (柴田良稔)「竜谷大学論集」 432 1988.7
◇森有礼にみる新「知」の形成とその役割〈第2提案〉(教育史学会第31回大会記録) (木村力雄)「日本の教育史学」 31 1988.10
◇東京大学関係公文書類―福岡孝弟文政期から森有礼文部大臣の誕生まで (森川潤)「作陽音楽大学・作陽短期大学研究紀要」 21(2) 1989.1
◇「帝国大学令」の謎解きの試み(特集・消費される〈大学〉) (木村力雄)「現代思想」 17(8) 1989.7
◇森文相の死―啓蒙専制国家主義の終焉 (森川輝紀)「教育」 39(10) 1989.10
◇森文政期における小学簡易科教員検定の実態 (佐竹道盛)「人文論究(北海道教育大学函館人文学会)」 50 1990.3
◇森有礼旧蔵の洋書について(仮リスト) (中林隆明)「参考書誌研究」 38 1990.9
◇森有礼と馬場辰猪の日本語論―「国語」以前の日本語 (イヨンスク)「思想」 795 1990.9
◇森有礼のアルバム(「人物叢書」200冊刊行記念特集) (犬塚孝明)「日本歴史」 510 1990.11
◇森有礼の「学校」思想と彼が求めた「治」―日本近代公教育思想に対する一研究 (于展)「東京大学教育学部紀要」 31 1991
◇森有礼と中国の近代教育―"Education in Japan"の漢訳とその思想的背景をめぐる一考察 (肖朗)「名古屋大学教育学部紀要 教育科学」 39(1) 1992
◇森有礼と「生徒懲戒簿」 (千葉寿雄)「市史ひろさき」 1 1992.3
◇近代天皇制国家の成立と「啓蒙」思想―森有礼の政教観を中心として (中川洋子)「仏教史学研究」 35(1) 1992.7
◇森有礼の女子教育 (兼重宗和)「徳山大学論叢」 38 1992.12
◇森有礼と植木枝盛―その女性観と実際行動について (秋枝蕭子)「九州国際大学教養研究」 4(2・3) 1993.3
◇森有礼の女性観と女子教育思想 (長谷川精一)「相愛女子短期大学研究論集」 40 1993.3
◇森有礼の代議政体論について (長谷川精一)「日本の教育史学」 36 1993.10
◇森有礼の県内学事視察について (千葉寿雄)「年報市史ひろさき」 3 1994.3
◇森有礼の「日本語論」―言語の簡約化 (明路節子)「文化論輯(神戸女学院大学大学院)」 4 1994.7
◇薩摩藩の実学思想と森有礼 (上沼八郎)「地方教育史研究」 全国地方教育史学会 16 1995.5 p18～33
◇帝国憲法と森有礼 (岡田年正)「日本歴史」 吉川弘文館 575 1996.4 p18～35
◇明治前半期におけるイデオロギーとしての女性政策―森有礼の女子教育観を例として (羽田美也子)「大学院論集」 日本大学大学院国際関係研究科 第6号 1996.10 p73～84
◇教科書検定制度に関する一考察―森有礼文相期から井上毅文相期まで

を中心に (北沢富江)「法政史論」 法政大学大学院日本史学 第25号 1998.3 p50～65
◇国家と教育―森有礼と新島襄の比較研究 (井上勝也)「同志社哲学年報」 Societas Philosophiae Doshisha(同志社大学文学部哲学研究室内) 22 1999 p1～45
◇明治初年における島地黙雷の政教論の意義―中村敬宇・森有礼・福沢諭吉と比較して (堀口良一)「近畿大学教養部紀要」 近畿大学教養部 31(1) 1999 p115～130
◇森有礼の天皇観 (長谷川精一)「社会思想史研究」 北樹出版 学文社(発売) 23 1999 p172～183
◇近代以降日本道徳教育史の研究 第4報 森有礼の宗教自由論と道徳教育の問題 (千葉昌弘)「高知大学教育学部研究報告 第1部」 高知大学教育学部 58 1999.7 p101～108
◇有森有礼の「新生社」体験 (長谷川精一)「日本教育史研究」 日本教育史研究会 第18号 1999.8 p35～59
◇国家と教育―森有礼と新島襄の場合(2) (井上勝也)「国際教育」 日本国際教育学会 5 1999.9 p4～35
◇尋常小学読本にみられる森有礼の教育思想 (渡辺通子)「早稲田大学大学院教育学研究科紀要 別冊」 早稲田大学大学院教育学研究科 8-2 2000 p117～126
◇船橋洋一、志賀直哉そして森有礼―西洋の大言語と皇国言語の狭間で (中村敬)「成城文芸」 成城大学文芸学部研究室 170 2000.3 p1～32
◇第2章 沖縄言語論争―森有礼の「簡易英語採用論」との対比からの一考察(国民啓蒙のプロジェクトとその論理的構造―「日本のオリエント」沖縄をめぐって) (長谷川精一)「相愛女子短期大学研究論集」 相愛女子短期大学 47 2000.3 p94～120
◇森有礼の道徳教育論(大学の授業内容に関する基礎的研究(3)) (長谷川精一)「相愛女子短期大学研究論集」 相愛女子短期大学 47 2000.3 p121～130
◇小山内薫作『森有礼』に関する研究―演劇と社会の関係を中心に (馬政熙)「舞台芸術研究」 日本大学大学院芸術学研究科舞台芸術専攻 第6号 2001.3 p66～79
◇森有礼における国民的主体 (長谷川精一)「相愛女子短期大学研究論集」 相愛女子短期大学 48 2001.3 p71～81
◇尋常小学読本にみられる森有礼の教育思想 (渡辺通子)「早稲田大学大学院教育学研究科紀要別冊」 早稲田大学大学院教育学研究科 別冊第8号(二)(No.8-2 2000) 2001.3 p117～126
◇森有礼の「脱亜・入欧・超欧」言語思想の諸相(1) 森有礼の「日本語対英語」論再考 (小林敏宏)「成城文芸」 成城大学文芸学部研究室 176 2001.10 p94～2
◇日本語ペシミズムとその克服―森有礼の「簡易英語採用論」と森有正の『日本語教科書』(仏語)から考えた (不破民由)「言語コミュニケーション研究」 愛知淑徳大学言語コミュニケーション学会 2 2002 p32～46
◇身体訓練(兵式体操)による「国民」の形成―森有礼に注目して (安東由則)「武庫川女子大学紀要 人文・社会科学編」 武庫川女子大学 50 2002 p85～95
◇森有礼の教育思想における心と身体 (巌平)「京都大学大学院教育学研究科紀要」 京都大学大学院教育学研究科 48 2002 p330～341
◇森有礼の「脱亜・入欧・超欧」言語思想の諸相(2)「英語採用論」言説の「誤読」の系譜 (小林敏宏)「成城文芸」 成城大学文芸学部研究室 178 2002.3 p46～4
◇森有礼における「主体」形成―「新生社」体験と師範学校政策との相同性 (長谷川精一)「相愛女子短期大学研究論集」 相愛女子短期大学 49 2002.3 p79～87
◇森有礼のEducation in Japan"の中国語訳とその影響―異文化の伝播と受容の現実性と可能性を論ずる (趙建民)「国際教育」 日本国際教育学会 8 2002.10 p3～21
◇森有礼の教育改革と儒教主義―森有礼と元田永孚・西村茂樹との交渉を通して (聶長順)「史苑」 立教大学史学会 63(1) 2002.11 p115～131
◇森有礼・森明・森有正三代のキリスト教受容史―内村鑑三をめぐって (不破民由)「言語コミュニケーション研究」 愛知淑徳大学言語コミュニケーション学会 3 2003 p52～66
◇同時代人の森有礼評価に関する一考察―追悼評論分析の試み (奥野武志)「中央大学社会科学研究所年報」 中央大学出版部 8 2003年度 p187～201
◇森有礼・李鴻章会談をめぐる考察―外務省史料と中国側史料の比較を通じて (長谷川精一)「相愛女子短期大学研究論集」 相愛女子短期大学 50 2003.3 p1～21
◇国語外国語化論の再考(1) 森有礼の「国語英語化論」と志賀直哉の「国語フランス語化論」について (山井ংৰ)「名古屋女子大学紀要 人文・社会編」 名古屋女子大学 50 2004.3 p179～191
◇森有礼・明・有正三代の西欧文明受容の概観―大久保利通、牧野伸顕(吉田茂)、吉田健一四代の西欧文明受容との比較から考えた〈西欧文明受容の明るい照明(リュミエール)を当てて〉 (不破民由)「愛知淑徳大学言語コミュニケーション学会言語文化」 愛知淑徳大学言語コミュニケーション学会紀要編集委員会 13 2005 p61～70

◇森有禮の「簡易英語採用論」言説（1872—73）に与えた1860年代英国における「国語（英語）」論争の影響について（小林敏宏）「成城文芸」成城大学文芸学部 189 2005.1 p124～68
◇森有礼の師範学校政策（長谷川精一）「相愛女子短期大学研究論集」相愛女子短期大学 52 2005.3 p21～42
◇森有礼の道徳観—文相期の徳育政策面から（廣嶋龍太郎）「明星大学教育学研究紀要」明星大学教育学研究室 20 2005.3 p78～93
◇日本大学史論序説—森有礼と帝国大学（小路田泰直）「日本史の方法」奈良女子大学「日本史の方法」研究会〔1〕2005.3 p113～131
◇国語外国語化論の再考（2）森有礼の「国語英語化論」と志賀直哉の「国語フランス語化論」について（山井徳行）「名古屋女子大学紀要 人文・社会編」名古屋女子大学 51 2005.3 p199～206
◇森有礼とその周縁—「sympathy」という国民教育論（近藤裕樹）「日本思想史学」ぺりかん社, 日本思想史学会 38 2006 p135～154
◇森有礼における体育論—知育、徳育、体育の調和説との関連を焦点として（廣嶋龍太郎）「総合社会科学研究」総合社会科学会 2(8) 2006.3 p1～10
◇森有礼の知育に関する一考察（廣嶋龍太郎）「明星大学教育学研究紀要」明星大学教育学研究室 21 2006.3 p146～153
◇森有礼の教育観に関する一考察—教育対象に対する観点の変遷（廣嶋龍太郎, 森下恭光）「明星大学研究紀要 人文学部」明星大学 42 2006.3 p167～178
◇国語外国語化論の再考（3）森有礼の「国語英語化論」と志賀直哉の「国語フランス語化論」について（山井徳行）「名古屋女子大学紀要 人文・社会編」名古屋女子大学 52 2006.3 p221～229
◇森有礼の学校経済についての一考察—教育演説を中心に（木村弘子）「教育学論集」大阪市立大学大学院文学研究科教育学教室 第32号 2006.9 p35～44
◇国語外国語化論の再考（4）森有礼の「国語英語化論」と志賀直哉の「国語フランス語化論」について（山井徳行）「名古屋女子大学紀要 人文・社会編」名古屋女子大学 53 2007.3 p149～160
◇森有礼と近代日本の啓蒙主義（Alistair Swale）「同志社法学」同志社法学会 59(2) 2007.7 p963～1013
◇森有礼の意図した教育構想の一考察—文相期の演説を中心に（廣嶋龍太郎）「明星大学教育学研究紀要」明星大学教育学研究室 23 2008.3 p67～77

モンブラン，C. Montblanc, Comte des Cantons de 1832～1893
フランスの貴族。1862年来日, のちパリ駐在日本弁務使。
【図　書】
◇モンブランの日本見聞記—フランス人の幕末明治観（C.モンブラン他著, 森本英夫訳）新人物往来社 1987.10
◇妖人白山伯（鹿島茂著）講談社 2002.5 334p

保岡嶺南 やすおかれいなん 1803～1868
幕末の武蔵川越藩士, 儒学者。
【雑　誌】
◇前橋藩藩校博喩堂教授保岡嶺南の日記（阿久津聡）「群馬文化」239 1994.7

矢田堀鴻 やたぼりこう 1829～1887
幕末, 明治期の海軍軍人。海軍総裁。
【図　書】
◇英華学芸詞林の研究—本文影印・研究・索引（杉本つとむ, 呉美慧編著）早稲田大学出版部 1989.10
◇国語学と蘭語学（杉本つとむ著）武蔵野書院 1991.2
【雑　誌】
◇序文の舞台—辞書をめぐる人びと（3）幕府艦長の英和辞書（惣郷正明）「三省堂ぶっくれっと」56 1985.5

柳原前光 やなぎはらさきみつ 1850～1894
幕末, 明治期の公卿, 外交官。宮中顧問官, 伯爵。
【図　書】
◇明治日本の政治家群像（鳥地惇, 佐々木隆編）吉川弘文館 1993.4
◇近代日本の国家形成と皇室財産（川田敬一著）原書房 2001.2 412p（明治百年史叢書）
◇井上毅と宗教—明治国家形成と世俗主義（斉藤智朗著）弘文堂 2006.4 332,5p（久伊豆神社小教院叢書）
◇清末中国の対日政策と日本語認識—朝貢と条約のはざまで（閻立著）東方書店 2009.3 265,9p（大阪経済大学研究叢書）
【雑　誌】
◇日清修好条規結結交渉と柳原前光（長井純市）「日本歴史」475 1987.12
◇皇族経済制度の形成と柳原前光—明治典憲体制形成期における臨時帝室制度取調局立案「皇族令」の意義（川田敬一）「産大法学」京都産業大学法学会 32(1) 1998.4 p137～176
◇明治7年台湾出兵の出兵名義について—柳原前光全権公使の交渉を中心にして（野口真広）「ソシオサイエンス」早稲田大学大学院社会科学研究科 11 2005 p129～144
◇日清修好条規成立過程の再検討—明治5年柳原前光の清国派遣問題を中心に（李啓彰）「史学雑誌」山川出版社 115(7) 2006.7 p1281～1298

柳原愛子 やなぎはらなるこ 1859～1943
明治, 大正期の女官。大正天皇の生母。
【図　書】
◇天皇家が恋した嫁たち（渡辺みどり著）マガジンハウス 2002.11 253p
◇天皇家の姫君たち—明治から平成・女性皇族の素顔（渡辺みどり著）文芸春秋 2005.11 285p（文春文庫）
【雑　誌】
◇もう一人の「愛子さま」物語—昨年12月ご誕生の愛子さまと同じ名前を持つ女性が, 150年前の皇室にいた「DIAS」2(2) 2002.1.17・24 p44～45
◇明治天皇お局ご落胤伝（加藤仁）「新潮45」7(9) 1988.9
◇眼の辺りの柳原二位局（井伊explain子）「目黒区郷土研究」420 1990.1
◇「柳原二位局の出自」奇聞（志賀信）「郷土文化」45(1) 1990.8
◇噂の中の婦系図（林真理子）「新潮45」10(9) 1991.9

矢野龍渓 やのりゅうけい 1850～1931
明治期の政治家, 小説家。大隈重信のブレーン。
【図　書】
◇明治・大正・昭和教育思想学説人物史 2 明治後期篇（藤原喜代蔵）湘南堂書店 1980.9
◇日本工業先覚者史話（福本和夫）論創社 1981.7
◇鷗外全集〈第22巻〉評論・随筆〈1〉（森鷗外著）岩波書店 1988.9
◇社会主義事始—「明治」における直訳と自生（山泉進著）社会評論社 1990.5（思想の海へ「解放と変革」）
◇近代日本の思想像—啓蒙主義から超国家主義まで（井田輝敏著）（京都）法律文化社 1991.6
◇日本近代文学の出発（平岡敏夫著）塙書房 1992.9（塙新書）
◇比較文学プロムナード—近代作品再読（剣持武彦著）おうふう 1994.9
◇矢野竜渓—資料集 第1巻（矢野竜渓著, 大分県立先哲史料館編）大分県教育委員会 1996.3 9,469p（大分県先哲叢書）
◇矢野竜渓—資料集 第2巻（矢野竜渓著, 大分県立先哲史料館編）大分県教育委員会 1996.3 11,534p（大分県先哲叢書）
◇矢野竜渓—資料集 第3巻（矢野竜渓著, 大分県立先哲史料館編）大分県教育委員会 1996.3 10,603p（大分県先哲叢書）
◇矢野竜渓—資料集 第4巻（矢野竜渓著, 大分県立先哲史料館編）大分県教育委員会 1997.3 17,563p（大分県先哲叢書）
◇矢野竜渓—資料集 第5巻（矢野竜渓著, 大分県立先哲史料館編）大分県教育委員会 1997.3 15,607p（大分県先哲叢書）
◇矢野竜渓—資料集 第6巻（矢野竜渓著, 大分県立先哲史料館編）大分県教育委員会 1997.3 12,699p（大分県先哲叢書）
◇矢野文雄の文章と文章観—明治二〇年までの軌跡（進藤咲子）『国語論究』（佐藤喜代治編）明治書院 1997.7 p94
◇矢野竜渓—資料集 第7巻（〔矢野竜渓〕著, 大分県立先哲史料館編）大分県教育委員会 1998.3 7,554p（大分県先哲叢書）
◇矢野竜渓—資料集 第8巻（〔矢野竜渓〕著, 大分県立先哲史料館編）大分県教育委員会 1998.3 16,471p（大分県先哲叢書）
◇矢野竜渓（松尾尊兌監修, 野田秋生著）大分県教育委員会 1999.3 352p（大分県先哲叢書）
◇矢野竜渓—近代化につくしたマルチ人間 普及版（山田繁伸文, 江原勲絵, 大分県立先哲史料館編）大分県教育委員会 2001.3 198p（大分県先哲叢書）
◇矢野文雄の文章と文章観（承前）—明治二三年以降の軌跡（進藤咲子）『近代語研究』武蔵野書院 2002.12 p347～
◇日本の小説101（安藤宏編）新書館 2003.6 226p
◇『食道楽』の人 村井弦斎（黒岩比佐子著）岩波書店 2004.6 247,9p
◇図録・新資料でみる森田思軒とその交友—竜渓・蘇峰・鷗外・天心・涙香（森田思軒研究会編集, 川戸道昭, 榊原貴教, 谷口靖彦, 中林良雄編著）松柏社 2005.11 119p
◇奇想科学の冒険—近代日本を騒がせた夢想家たち（長山靖生著）平凡社 2007.6 226p（平凡社新書）
◇福本和夫著作集 第7巻（福本和夫著）こぶし書房 2008.6 830, 15p
◇留学生派遣から見た近代日中関係史（大里浩秋, 孫安石編著）御茶の水書房 2009.2 269,216p
◇近代日本メディア人物誌—創始者・経営者編（土屋礼子編著）ミネルヴァ書房 2009.6 277p
◇柳田泉の文学遺産 第2巻（柳田泉著）右文書院 2009.8 410p

【雑誌】
◇外交官としての矢野龍渓―清国留学生招聘策について （河村一夫）「政治経済史学」 167 1980.4
◇明治の佐伯三青年(1,2) 龍渓・鳴鶴・鶴谷 （御手洗一而）「佐伯史談」 122,123 1980.4
◇「経国美談」論 （藪禎子）「国語国文研究(北大)」 65 1981.2
◇明治の佐伯三青年(4,5) 龍渓・鳴鶴・鶴谷 （御手洗一而）「佐伯史談」 125,126 1981.2,5
◇近世ジャーナリスト列伝(8)「報知」の人々―鋤雲・龍渓・木堂 （三好徹）「中央公論」 96(3) 1981.3
◇明治の佐伯三青年(6,7) 龍渓・鳴鶴・鶴谷 （御手洗一而）「佐伯史談」 127,128 1981.8
◇城山山麓の碑石(1) 先人の跡をしのぶ （山本保）「佐伯史談」 128 1981.11
◇明治の佐伯三青年―龍渓・鳴鶴・鶴谷(8,9) （御手洗一而）「佐伯史談」 130,131 1982.6
◇早矢仕有的への来翰を巡って―[12]完―（遺稿）（曽我なつ子, 松島栄一）「学鐙」 79(12) 1982.12
◇明治の佐伯3青年(10) 龍渓・鳴鶴・鶴谷 （御手洗一而）「佐伯史談」 132 1983.2
◇明治の佐伯3青年(11) 龍渓・鳴鶴・鶴谷 （御手洗一而）「佐伯史談」 133 1983.6
◇明治の佐伯三青年(12) 龍渓・鳴鶴・鶴谷 （御手洗一而）「佐伯史談」 134 1983.10
◇明治の佐伯三青年(13) 龍渓・鳴鶴・鶴谷 （御手洗一而）「佐伯史談」 135 1984.2
◇明治の佐伯3青年(14)―龍渓・鳴鶴・鶴谷 （御手洗一而）「佐伯史談」 136 1984.6
◇明治の佐伯三青年(15)―龍渓・鳴鶴・鶴谷 （御手洗一而）「佐伯史談」 137 1984.10
◇明治の佐伯三青年(16)―龍渓・鳴鶴・鶴谷 （御手洗一而）「佐伯史談」 138 1985.3
◇明治佐伯三青年(17)―龍渓・鳴鶴・鶴谷 （御手洗一而）「佐伯史談」 139 1985.6
◇明治の佐伯三青年(18)―龍渓・鳴鶴・鶴谷 （御手洗一而）「佐伯史談」 140 1985.10
◇明治の佐伯三青年(19)―龍渓・鳴鶴・鶴谷 （御手洗一而）「佐伯史談」 141 1986.3
◇明治の佐伯三青年(20)―龍渓・鳴鶴・鶴谷 （御手洗一而）「佐伯史談」 142 1986.6
◇矢野龍渓の思想的世界―その政治小説を手がかりに （井田輝敏）「北九州大学法政論集」 14(2) 1986.10
◇明治の佐伯三青年(21)―龍渓・鳴鶴・鶴谷 （御手洗一而）「佐伯史談」 143 1986.11
◇原敬をめぐる人脈[10] 安田善次郎伝（日本の資本主義をつくった男たち）（小島直記）「日経ビジネス」 454 1986.12.22
◇明治の佐伯三青年(22) 龍渓・鳴鶴・鶴谷 （御手洗一而）「佐伯史談」 144 1987.3
◇明治の佐伯三青年(23) 龍渓・鳴鶴・鶴谷 （御手洗一而）「佐伯史談」 145 1987.6
◇明治の佐伯三青年(24) （御手洗一而）「佐伯史談」 146 1987.10
◇矢野龍渓「浮城物語」論 （剣持武彦）「上智大学国文学科紀要」 5 1988.1
◇明治の佐伯三青年(25) （御手洗一）「佐伯史談」 147 1988.2
◇明治の佐伯三青年(26)―龍渓・鳴鶴・鶴谷 （御手洗一而）「佐伯史談」 148 1988.6
◇明治の佐伯三青年(27) 政府の策略(2) （御手洗一而）「佐伯史談」 149 1988.10
◇明治の佐伯三青年(28) 龍渓・鳴鶴・鶴谷 （御手洗一而）「佐伯史談」 150 1989.2
◇明治の佐伯三青年(29) 龍渓・鳴鶴・鶴谷 （御手洗一而）「佐伯史談」 151 1989.7
◇明治の佐伯三青年(30) （御手洗一而）「佐伯史談」 152 1989.10
◇明治の佐伯三青年 龍渓・鳴鶴・鶴谷 （御手洗一而）「佐伯史談」 153 1990.2
◇明治の佐伯三青年 龍渓・鳴鶴・鶴谷 （御手洗一而）「佐伯史談」 154 1990.6
◇明治の佐伯三青年(34) 龍渓・鳴鶴・鶴谷 （御手洗一而）「佐伯史談」 156 1991.2
◇明治の佐伯三青年(35) 龍渓・鳴鶴・鶴谷 （御手洗一而）「佐伯史談」 157 1991.6
◇明治の佐伯三青年(36) 龍渓・鳴鶴・鶴谷 （御手洗一而）「佐伯史談」 158 1991.10
◇明治の佐伯三青年(37) 龍渓・鳴鶴・鶴谷 （御手洗一而）「佐伯史談」 159 1992.2
◇矢野龍渓「浮城物語」（明治長編小説事典〈特集〉）（松本宰）「国文学解釈と鑑賞」 57(2) 1992.4
◇明治期社会主義の一考察―矢野文雄と「新社会」 （蒿木能雄）「三田学会雑誌」 86(2) 1993.7
◇明治の気になる小説を読む―矢野龍渓「浮城物語」（明治の名作小説がいま新しい〈特集〉）（山田俊治）「國文學 解釈と教材の研究」 39(7) 1994.6
◇モノローグでつづるしごと再発見―「レジャー産業経営」矢野文雄（やの ふみお）「健康保険」 健康保険組合連合会 50(2) 1996.2 p74～77
◇『矢野竜渓資料集第一巻』序文（追悼・丸山真男）（丸山真男）「みすず」 みすず書房 38(10) 1996.10 p2～9
◇矢野竜渓の文学表現をめぐって （松木博）「大妻女子大学紀要 文系」 大妻女子大学 29 1997.3 p79～86
◇社会問題講究会と矢野文雄 （蒿木能雄）「三田学会雑誌」 慶応義塾経済学会 90(3) 1997.10 p581～604
◇明治20年代の「南進論」を越えて―矢野竜渓『浮城物語』の国際感覚 （表世晩）「国文論叢」 神戸大学文学部国語国文学会 30 2001.3 p50～62
◇矢野竜渓『経国美談』の空間特質―挿絵とその視線を通して （表世晩）「国際日本文学研究集会会議録」 国文学研究資料館 第24回 2001.3 p169～188
◇『新中国未来記』における「志士」と「佳人」―『経国美談』『佳人之奇遇』からの受容を中心に （寇振鋒）「多元文化」 名古屋大学国際言語文化研究科国際多元文化専攻 4 2004.3 p43～56
◇メディアとしての小説――八〇年の「報知異聞浮城物語」（[クワ]原丈和）「近畿大学日本語・日本文学」 近畿大学文芸学部 第7号 2005.3 p28～42
◇矢野文雄『周遊雑記』における自由主義思想―明治期啓蒙知識人の世界史像と「宗教」（山口亜紀）「研究所報」 南山宗教文化研究所 16 2006 p24～34
◇清末における日本への留学生派遣―駐清公使矢野文雄の提案とそのゆくえ （川崎真美）「中国研究月報」 中国研究所 60(2) 2006.2 p3～16
◇「像」形としての連載―矢野龍渓『西遊漫記』論 （大貫俊彦）「文藝と批評」 文藝と批評の会 10(9) 2009.5 p22～34
◇〈誘惑〉への抗い―矢野龍渓『浮城物語』と読者 （花輪浩史）「日本近代文学会北海道支部会報」 日本近代文学会北海道支部事務局 12 2009.5 p15～27

山内豊信　やまうちとよしげ　1827～1872
幕末, 明治期の大名。土佐藩主。
【図書】
◇天皇と明治維新 （阪本健一） 暁書房 1983.1
◇ある英国外交官の明治維新―ミットフォードの回想 （ヒュー・コータッツィ編, 中須賀哲朗訳） 中央公論社 1986.6
◇幕末酒徒列伝 （村島健一著） 旺文社 1987.1 （旺文社文庫）
◇山内容堂 （平尾道雄著） 吉川弘文館 1987.3 （人物叢書〔新装版〕）
◇大久保利謙歴史著作集 8 明治維新の人物像 吉川弘文館 1987.7
◇坂本龍馬―幕末風雲の夢 （宮地佐一郎著） 大和書房 1987.7
◇吉田東洋 （平尾道雄著） 吉川弘文館 1989.4 （人物叢書〔新装版〕）
◇全国の伝承 江戸時代 人づくり風土記―ふるさとの人と知恵〈39〉高知 （加藤秀俊, 谷川健一, 稲垣史生, 石川松太郎, 吉田豊編） 農山漁村文化協会 1990.3
◇世を拓く―一身にして二世を経る （左方郁子著） ダイヤモンド社 1990.12
◇鯨海酔侯 山内容堂 （吉村淑甫著） 新潮社 1991.4
◇坂本龍馬―幕末の自由精神 （飛鳥井雅道著） 福武書店 1992.3 （福武文庫）
◇山内容堂のすべて （山本大編） 新人物往来社 1994.8
◇幕末の土佐と容堂 （海内院元著） 共生出版 1996.3 155p
◇英国外交官の見た幕末維新―リーズデイル卿回顧録 （A.B.フリーマン・ミットフォード著, 長岡祥三訳） 講談社 1998.10 291p （講談社学術文庫）
◇鯨海酔侯 山内容堂 （吉村淑甫著） 中央公論新社 2000.10 521p （中公文庫）
◇明治人のお葬式 （此経啓助著） 現代書館 2001.12 203p
◇坂本龍馬 （飛鳥井雅道著） 講談社 2002.5 329p （講談社学術文庫）
◇幕末藩主の通知表 （八幡和郎監修） 宝島社 2008.9 269p （宝島社文庫）
◇幕末土佐の12人 （武光誠著） PHP研究所 2009.12 265p （PHP文庫）
【雑誌】
◇幕府の御意見番・四賢侯（特集徳川幕府滅亡の舞台裏）（栗原隆一）「歴史読本」 30(18) 1960.10
◇山内容堂（幕末維新最後の藩主285人）（山本大）「別冊歴史読本」 20 1981.6
◇土佐藩主山内容堂のおもわく（特集・坂本龍馬の人脈と維新）（小田武雄）「歴史と人物」 12(2) 1982.2

◇幕末四賢侯―松平春嶽・山内容堂・伊達宗城・島津斉彬（特集・江戸大名100選）（嶋岡晨）「歴史と旅」9（9）1982.7
◇現代語訳 山内容堂公御庭焼日記（1）（丸山和雄）「陶説」380 1984.11
◇現代語訳 山内容堂公御庭焼日記（2）（丸山和雄）「陶説」381 1984.12
◇現代語訳 山内容堂公御庭焼日記（3完）（丸山和雄）「陶説」382 1985.1
◇山内容堂の問題点（坂本龍馬生誕150年記念特集号）（山内豊秋）「土佐史談」170 1985.11
◇内憂外患の中の幕末四賢侯（日本史のニューリーダー〈特集〉）（左方郁子）「歴史と旅」13（15）1986.11
◇苦悩する詩人大名（吉村淑雨）「波」256 1991.4
◇山内容堂と北海道（安政四年）（土佐と北海道特集号）（山内豊秋）「土佐史談」191 1993.1
◇「最後の将軍」、歴史の偶然と必然が分けた徳川慶喜の運命―山内容堂、松平容保にも共通する名君の陥穽が（特集・司馬遼太郎「維新人物小説」を読む）（水木楊）「プレジデント」31（12）1993.12
◇土佐藩主山内容堂・豊範（幕末最後の藩主）（中村彰彦）「歴史と旅」23（5）1996.3.10 臨増（大名家の事件簿総覧）p326～331
◇岩倉具視VS山内容堂―小御所会議での失言で軍配は？（政治編）（木村幸比古）「歴史と旅」23（17）1996.11.10 臨増（日本史ライバル総覧）p188～191

山内豊範 やまうちとよのり 1846～1886
幕末、明治期の武士。16代土佐藩主。
【図 書】
◇幕末維新 第4編 第十六代豊範公紀 慶応元年一月～慶応元年十二月（山内家史料）（山内家史料刊行委員会編）山内神社宝物資料館 1983.8
◇幕末維新 第5編 第十六代豊範公紀 慶応二年一月～慶応三年三月（山内家史料）（山内家史料刊行委員会編）山内神社宝物資料館 1983.12
◇幕末維新 第6編 第十六代豊範公紀 慶応三年四月～慶応三年十月（山内家史料）（山内家史料刊行委員会編）山内神社宝物資料館 1984.4
◇幕末維新 第8編 第十六代豊範公紀 明治元年一月一日～元年三月十五日（山内家史料）（山内家史料刊行委員会編）山内神社宝物資料館 1986.3（山内家史料）
◇幕末維新 第9編 第十六代豊範公紀 明治元年三月～明治元年五月（山内家史料）（山内家史料刊行委員会編）山内神社宝物資料館 1986.7
◇幕末維新〈山内家史料〉9.第十六代豊範公紀（山内家史料刊行委員会編）山内神社宝物資料館 1986.7
◇幕末維新10―第十六代豊範公紀 明治元年六月一日～明治元年八月末日（山内家史料刊行委員会編）山内神社宝物資料館 1987.2（山内家史料）
【雑 誌】
◇山内豊範（幕末維新最後の藩主285人）（山本大）「別冊歴史読本」20 1981.6
◇山内豊範公100年祭に因んで（坂本龍馬生誕150年記念特集号）（山内豊秋）「土佐史談」170 1985.11
◇土佐藩主山内容堂・豊範（幕末最後の藩主）（中村彰彦）「歴史と旅」23（5）1996.3.10 臨増（大名家の事件簿総覧）p326～331

山岡鉄舟 やまおかてっしゅう 1836～1888
幕末、明治期の剣術家、政治家、書家。
【図 書】
◇幕末酒徒列伝 続（村島健一）講談社 1980.3
◇明治の剣術―鉄舟・警視庁・榊原（山下素山）新人物往来社 1980.4
◇さとりの構造―東西の禅的人間像（安藤正瑛）大蔵出版 1980.4
◇士魂の群像（吉田武三）冨山房 1980.7
◇古田紹欽著作集5（古田紹欽）春星社 1981.8
◇歴史にみる愛と行動（赤星彰）八重岳書房 1982.5
◇増谷文雄著作集 12 近代の宗教的生活者 角川書店 1982.8
◇敗者は復讐により復活する―幕末小藩秘話（高野澄）力富書房 1982.8（リキトミブックス3）
◇三舟及び南洲の書（寺山方常）厳南堂書店 1982.9
◇さらりまんで候―"非情"の世界―江戸の管理者（童門冬二）日本経済新聞社 1982.10
◇維新史の青春激像―動乱期に情熱を賭けた獅子たちの熱血譜（藤田公達）日本文芸社 1983.8
◇古典大系日本の指導理念 10 公務者の人生論 4 近代を築いた指導者像（源了円ほか編纂）第一法規出版 1983.10
◇山岡鉄舟 新装版（大森曹玄）春秋社 1983.11
◇山岡鉄舟（大森曹玄）春秋社 1983.11
◇日本史探訪22 幕末維新の英傑たち（角川文庫）角川書店 1985.8
◇禅僧列伝―その禅風と人間像―（武田鏡村）恒文社 1986

◇日本禅学紀行 歴史に鮮烈な生きざまを残した20人 自分の生きざまを探求する（赤根祥道）時潮社 1986.1
◇非情の人間管理学 江戸の高級官僚たち（旺文社文庫）（童門冬二）旺文社 1986.1
◇ブレーン：歴史にみる群像 2 旺文社 1986.2
◇首丘の人 大西郷（平泉澄）原書房 1986.2
◇ブレーン：歴史にみる群像〈3〉交渉（佐々克明ほか著）旺文社 1986.3
◇山岡鉄舟 幕末の花道 読売新聞社 1986.6
◇新選組の哲学（中公文庫）（福田定良著）中央公論社 1986.8
◇ドキュメント 明治の清水次郎長（江崎惇著）毎日新聞社 1986.10
◇勝つ極意 生きる極意―実際に強い男の条件（津本陽著）大和出版 1986.12
◇日本剣豪列伝〈下〉（伊藤桂一ほか著）旺文社 1987.6（旺文社文庫）
◇秘伝兵法二十七番（戸部新十郎著）読売新聞社 1988.3
◇おれの師匠―山岡鉄舟先生正伝（小倉鉄樹炉話、石津寛、牛山栄治手記）小倉鉄樹師顕彰会 1989.4
◇西郷隆盛と大物の人間学（童門冬二ほか著）三笠書房 1989.6
◇史伝 西郷隆盛と山岡鉄舟―日本人の武士道（原園光憲著）日本出版放送企画 1990.2（武士道叢書）
◇英傑 巨人を語る（勝海舟評論, 高橋泥舟校閲, 安部正人編）日本出版放送企画 1990.6（武士道叢書）
◇幕末三舟伝（頭山満著）島津書房 1990.8
◇歴史随筆 男の流儀（津本陽著）PHP研究所 1990.8
◇のるかそるか（津本陽著）文芸春秋 1991.4
◇勝つ極意 生きる極意（津本陽著）講談社 1991.6（講談社文庫）
◇サムライ・マインド―歴史をつくる精神の力とは（森本哲郎著）PHP研究所 1991.12
◇次郎長一代記（今川徳三著）毎日新聞社 1993.2（ミューブックス）
◇男の真剣勝負（津本陽著）日本経済新聞社 1993.4
◇大物になる男の人間学（広瀬仁紀著）三笠書房 1993.8（知的生きかた文庫）
◇さらりーまん事情（こころえ）―株式会社江戸幕府（童門冬二著）ベストセラーズ 1993.10（ベストセラーシリーズ・ワニの本）
◇サムライ・マインド―日本人の生き方を問う（森本哲郎著）PHP研究所 1993.12（PHP文庫）
◇こころの達人（鎌田茂雄著）日本放送出版協会 1993.12
◇歴史の零れもの（司馬遼太郎ほか著, 日本ペンクラブ編）光文社 1994.3（光文社文庫）
◇のるかそるか（津本陽著）文芸春秋 1994.4（文春文庫）
◇男の真剣勝負（津本陽著）角川書店 1996.4 363p（角川文庫）
◇幕末の三舟―海舟・鉄舟・泥舟の生きかた（松本健一）講談社 1996.10 222p（講談社選書メチエ）
◇山岡鉄舟に学ぶ人間の器―敵も味方も惚れ込む人望力（鈴村進著）大和出版 1996.12 245p
◇富士山岡鉄舟―伝記・山岡鉄舟（葛生能久編）大空社 1997.2 456,140,5p（伝記叢書）
◇明治粋侠伝（久坂聡三著）鳥影社 1997.4 364p
◇痩我慢というかたち―激動を乗り越えた日本の志（感性文化研究所編）黙出版 1997.8 111p（MOKU BOOKS）
◇武士道―文武両道の思想 新版（勝部真長著）大東出版社 1997.9 269p
◇鉄舟の禅（大森曹玄）『禅と武道』（鎌田茂雄編集・解説）ぺりかん社 1997.12（叢書禅と日本文化 第6巻 古田紹欽, 柳田聖山, 鎌田茂雄監修）p281
◇遺偈・遺誡―迷いを超えた名僧 最期のことば（大法輪閣編集部編）大法輪閣 1998.9 253p
◇こころの達人―生きる意味を問い、語りかける達人たちのメッセージ（鎌田茂雄著）日本放送出版協会 1998.9 288p（NHKライブラリー）
◇埼玉英傑伝（宝井馬琴著）さきたま出版会 1998.10 237p
◇剣豪―剣一筋に生きたアウトローたち（草野巧著）新紀元社 1999.3 216p（Truth In Fantasy）
◇三遊亭円朝の明治（矢野誠一著）文芸春秋 1999.7 197p（文春新書）
◇一刀正伝無刀流開祖山岡鉄太郎先生年譜（村上康正編）[村上康正] 1999.7 1冊
◇山岡鉄舟の武士道（勝部真長編）角川書店 1999.9 282p（角川ソフィア文庫）
◇日本剣豪列伝 新版（直木三十五著）大東出版社 1999.9 286p
◇「高級な日本人」の生き方（松本健一著）新潮社 1999.10 214p（新潮選書）
◇日本一周駆け足の旅 東海道篇（金沢良夫著）日本図書刊行会

1999.11　302
◇幕末三舟伝（頭山満著）島津書房　1999.11　368p
◇武の素描―気を中心にした体験的武道論（大保木輝雄著）日本武道館　2000.3　217p
◇春風を斬る―小説・山岡鉄舟（神渡良平著）PHP研究所　2000.9　475p
◇おれの師匠―山岡鉄舟先生正伝（小倉鉄樹著）島津書房　2001.3　487p
◇鉄舟随感録（安部正人編, 山岡鉄舟筆記, 勝海舟評論, 高橋泥舟校閲）国書刊行会　2001.4　292p
◇銀座木村屋あんパン物語（大山真人著）平凡社　2001.7　206p（平凡社新書）
◇人物日本剣豪伝　5（八尋舜右ほか著）学陽書房　2001.7　303p（人物文庫）
◇新・武士道―いま, 気概とモラルを取り戻す（岬竜一郎著）講談社　2001.11　237p（講談社プラスアルファ新書）
◇江戸ノ頃追憶―過ぎにし物語（鍋倉健悦著）彩図社　2001.11　191p（ぶんりき文庫）
◇明治人のお葬式（此経啓助著）現代書館　2001.12　203p
◇言葉の「気力」が人を動かす（藤平光一著）講談社　2001.12　273p（講談社プラスアルファ新書）
◇山岡鉄舟　幕末・維新の仕事人（佐藤寛著）光文社　2002.7　254p（光文社新書）
◇成せば, 成る。―知られざる「成功者」たちの再起と逆転のドラマ（加来耕三著）一二三書房　2002.11　296p
◇山岡鉄舟（小島英熙著）日本経済新聞社　2002.11　335p
◇剣豪伝　地の巻（歴史を旅する会著）講談社　2003.8　340p（講談社文庫）
◇剣と禅　新装版（大森曹玄著）春秋社　2003.9　260p
◇山岡鉄舟　新装版（大森曹玄著）春秋社　2003.9　285p
◇教科書から消された偉人・隠された賢人―いま明かされる日本史の真実（濤川栄太著）イーグルパブリシング　2004.5　249p
◇幕末武士道, 若きサムライ達（山川健一著）ダイヤモンド社　2004.8　280p
◇禅と武士道―柳生宗矩から山岡鉄舟まで（渡辺誠著）ベストセラーズ　2004.10　243p（ベスト新書）
◇サムライたちの幕末維新（近江七実著）スキージャーナル　2005.5　207p（剣道日本コレクション）
◇清水次郎長に学ぶクヨクヨしない生き方（高田明和著）広済堂出版　2005.8　220p
◇師弟―ここに志あり（童門冬二著）潮出版社　2006.6　269p
◇剣と禅のこころ（佐江衆一著）新潮社　2006.10　193p（新潮新書）
◇山岡鉄舟と禅について（島善高）『比較文化の可能性―日本近代化論への学際的アプローチ　照屋佳男先生古稀記念』（池田雅之, 古賀勝次郎編）成文堂　2007.1　p223
◇人生に〈定年〉はない―山岡鉄舟・清水次郎長に学ぶ（高田明和著）春秋社　2007.3　250p
◇敗者たちの幕末維新―徳川を支えた13人の戦い（武光誠著）PHP研究所　2007.9　235p（PHP文庫）
◇最後のサムライ山岡鉄舟（円山牧田, 平井正修編）教育評論社　2007.9　231p
◇幕末三舟伝（頭山満述）国書刊行会　2007.11　340p
◇剣と禅　新版（大森曹玄著）春秋社　2008.7　263p
◇山岡鉄舟　新版（大森曹玄著）春秋社　2008.7　279p
◇幕末剣豪秘伝（津本陽監修）ベストセラーズ　2008.8　255p（ワニ文庫）
◇江戸の備忘録（磯田道史著）朝日新聞出版　2008.10　223p
◇幕末期武士／士族の思想と行為―武人性と儒学の相生的素養とその転回（竹村英二著）御茶の水書房　2008.12　352,7p
◇新版　明治の禅匠（禅文化研究所編集部編）禅文化研究所　2009.7　359p
◇為政者の器―現代の日本に求められる政治家像（丹羽文生著）春日出版　2009.8　127p
◇幕末暗殺秘―血湧き肉踊る最強剣豪伝説（マーヴェリック著）双葉社　2009.12　249p
【雑誌】
◇「次郎長伝」の虚構と山岡鉄舟（江崎惇）「歴史と人物」10（10）1980.10
◇山岡鉄舟の千双屏風（高田長紀）「氷見春秋」3　1981.4
◇山岡鉄舟―西郷が惚れ込んだ剣禅一如（特集・堂堂たる人生）（戸部新十郎）「プレジデント」19（6）1981.6
◇武芸十八般異色の名人達人（特集・武芸十八般の名人達人）（神谷次郎）「歴史と旅」8（12）1981.10
◇もののふの道　文学にみる武士道の歴史（49）（高橋富雄）「武道」190　1982.9

◇山岡鉄舟の手紙―牧の原開拓関係を中心として（山本正, 織田好明）「葵」17　1983.2
◇山岡鉄舟―剣禅一如の刀法―特集・秘剣七つの太刀（山本邦夫）「歴史と旅」10（14）1983.11
◇山岡鉄舟と関口隆吉（相良石油関係資料）（久能文庫書簡を読む会）「葵」18　1984.2
◇鉄舟の屏風（小島威彰）「秋桜（富山女子短期大学）」創刊号　1984.3
◇鉄舟寺と山岡鉄舟（鎌田久雄）「松前文庫」37　1984.4
◇無刀流開祖・山岡鉄舟居士の剣道理念と真髄（上山智身）「駒沢大学保健体育学部研究紀要」7　1985.3
◇山岡鉄舟―剣禅一如で開眼した無刀流達人（日本剣豪総覧）（江崎惇）「歴史と旅」13（2）1986.1
◇岩佐一亭と鉄舟・大秀（加納宏幸）「岐阜県郷土資料研究協議会会報」45　1986.10
◇山岡鉄舟千双屏風（高田長紀）「氷見春秋」17　1988.4
◇血液型史談巷談（23）山岡鉄舟精進賦（打木城太郎）「歴史と旅」15（16）1988.11
◇常総の書―山岡鉄舟の書（発掘遺跡特集）（大塚一）「常総の歴史」3　1989.1
◇常総の書　山岡鉄舟の書（3）「常総の歴史」5　1990.1
◇常総の書　山岡鉄舟の書（4）（菊池義雄）「常総の歴史」6　1990.7
◇常総の書　山岡鉄舟の書（10）（山口裕）「常総の歴史」12　1993.7
◇伝記・「高級な日本人」の研究―新・幕末三舟伝（松本健一）「新潮45」15（1）1996.1　p196～207
◇山岡鉄舟―腹張って苦しきなかに明烏（特集・幕末明治人物臨終の言葉―近代の夜明けを駆けぬけた44人の人生決別の辞　英453;死してことばを遺す）一坂太郎, 稲川明雄, 今川徳三, 井門寛, 宇都宮泰長, 河合敦, 木村幸比古, 祖田浩一, 高野澄, 高橋和彦, 畑山博, 三谷茉沙夫, 百瀬明治, 山村竜也）「歴史と旅」24（7）1997.5　p96～97
◇幕末三舟（海舟・泥舟・鉄舟と慶喜）（特集・徳川慶喜と幕府崩壊―混迷の時代を駆け抜けた「最後の将軍」波瀾の半生）「歴史と旅」25（4）1998.3　p100～105
◇山岡鉄舟に魅せられて（読者レポート）（阿部一好）「歴史と旅」26（4）1999.3　p294～297
◇山岡鉄舟を求め続けた「現代の古武士」寺山旦中（日本の魂を見よ〔1〕）（生江有二）「SAPIO」12（18）2000.10.25　p32～35
◇資料　山岡鉄舟の剣禅修行道の極地に至る道程―生死得脱の円現へ（児玉正幸, 大坪寿）「学術研究紀要」鹿屋体育大学　25　2001.3　p31～37
◇特別読物　山岡鉄舟と石坂周造（今川徳三）「歴史研究」歴研　47（3）2005.3　p52～58
◇剣道におけるイメージ・呼吸法についての実践的試論（2）山岡鉄舟の剣と柳生新蔭流（長谷川弘一）「会津大学文化研究センター年報」会津大学　13　2006　p49～64
◇山岡鉄舟の随筆と講話記録について（Anshin Anatoliy）「千葉大学日本文化論叢」千葉大学文学部日本文化学会　7　2006.6　p104～92
◇研究余録　山岡鉄舟が書いた江戸無血開城の始末書（アンシンアナトーリー）「日本歴史」吉川弘文館　708　2007.5　p80～87
◇牛山栄治が編纂した山岡鉄舟の伝記について（Anshin Anatoliy）「千葉大学日本文化論叢」千葉大学文学部日本文化学会　8　2007.7　p1～11
◇山岡鉄舟と禅・書・剣（島善高）「禅」人間禅出版部　26　2008　p64～71
◇山岡鉄舟と禅・書・剣（2）（島善高）「禅」人間禅出版部　27　2008　p59～66
◇山岡鉄舟と禅・書・剣（3）（島行道）「禅」人間禅出版部　28　2008　p86～92
◇命も、名も、金も要らぬ　山岡鉄舟（32）貧乏生活（其の5）（山本紀久雄）「Verdad」ベストブック　14（1）2008.1　p64～66
◇命も、名も、金も要らぬ　山岡鉄舟（33）尊王攘夷（其の1）（山本紀久雄）「Verdad」ベストブック　14（2）2008.2　p64～66
◇命も、名も、金も要らぬ　山岡鉄舟（34）尊王攘夷（其の2）（山本紀久雄）「Verdad」ベストブック　14（3）2008.3　p64～66
◇命も、名も、金も要らぬ　山岡鉄舟（35）尊王攘夷―清河八郎（其の1）（山本紀久雄）「Verdad」ベストブック　14（4）2008.4　p64～66
◇命も、名も、金も要らぬ　山岡鉄舟（36）尊王攘夷―清河八郎（其の2）（山本紀久雄）「Verdad」ベストブック　14（5）2008.5　p68～70
◇命も、名も、金も要らぬ　山岡鉄舟（37）尊王攘夷―清河八郎（其の3）（山本紀久雄）「Verdad」ベストブック　14（6）2008.6　p68～70
◇山岡鉄舟と名刀「武蔵正宗」（アンシンアナトーリー）「日本歴史」吉川弘文館　722　2008.7　p90～98
◇命も、名も、金も要らぬ　山岡鉄舟（38）尊王攘夷―清河八郎（其の4）（山本紀久雄）「Verdad」ベストブック　14（7）2008.7　p68～70
◇命も、名も、金も要らぬ　山岡鉄舟（39）尊王攘夷―清河八郎（其の五）（山本紀久雄）「Verdad」ベストブック　14（8）2008.8　p68～70
◇命も、名も、金も要らぬ　山岡鉄舟（40）尊王攘夷―清河八郎（其の六）（山本紀久雄）「Verdad」ベストブック　14（9）2008.9　p64～66

◇命も、名も、金も要らぬ 山岡鉄舟(41)新撰組誕生(其の1) (山本紀久雄) 「Verdad」 ベストブック 14(10) 2008.10 p64～66
◇山岡鉄舟に学ぶ「激動期のブレない生き方」—明治維新につながる江戸無血開城はいかに実現したか(清話会セミナー講演録) (山本紀久雄) 「先見経済」 清話会 54(10別冊) 2008.10.1 p6～9
◇命も、名も、金も要らぬ 山岡鉄舟(42)新撰組誕生(其の2) (山本紀久雄) 「Verdad」 ベストブック 14(11) 2008.11 p64～66
◇命も、名も、金も要らぬ 山岡鉄舟(43)新撰組誕生(其の3) (山本紀久雄) 「Verdad」 ベストブック 14(12) 2008.12 p68～71
◇命も、名も、金も要らぬ 山岡鉄舟(44)「新将軍」誕生 (山本紀久雄) 「Verdad」 ベストブック 15(1) 2009.1 p28～30
◇命も、名も、金も要らぬ 山岡鉄舟(45)清河暗殺(その1) (山本紀久雄) 「Verdad」 ベストブック 15(2) 2009.2 p64～66
◇命も、名も、金も要らぬ 山岡鉄舟(46)清河暗殺(その2) (山本紀久雄) 「Verdad」 ベストブック 15(3) 2009.3 p64～66
◇命も、名も、金も要らぬ 山岡鉄舟(47)清河暗殺(其の3) (山本紀久雄) 「Verdad」 ベストブック 15(4) 2009.4 p64～66
◇命も、名も、金も要らぬ 山岡鉄舟(48)清河暗殺(其の4) (山本紀久雄) 「Verdad」 ベストブック 15(5) 2009.5 p68～71
◇命も、名も、金も要らぬ 山岡鉄舟(49)謹慎蟄居の日々 (山本紀久雄) 「Verdad」 ベストブック 15(6) 2009.6 p68～70
◇命も、名も、金も要らぬ 山岡鉄舟(50)謹慎解ける (山本紀久雄) 「Verdad」 ベストブック 15(7) 2009.7 p68～71
◇命も、名も、金も要らぬ 山岡鉄舟(51)聳え立つ大きな壁 (山本紀久雄) 「Verdad」 ベストブック 15(8) 2009.8 p68～70
◇命も、名も、金も要らぬ 山岡鉄舟(52)修禅への道 (山本紀久雄) 「Verdad」 ベストブック 15(9) 2009.9 p64～67
◇命も、名も、金も要らぬ 山岡鉄舟(53)大悟への道 (山本紀久雄) 「Verdad」 ベストブック 15(10) 2009.10 p64～67
◇命も、名も、金も要らぬ 山岡鉄舟(54)大悟へのきっかけ (山本紀久雄) 「Verdad」 ベストブック 15(11) 2009.11 p64～66
◇命も名も金も要らぬ 山岡鉄舟(55) 大悟する (山本紀久雄) 「Verdad」 ベストブック 15(12) 2009.12 p68～70

山尾庸三　やまおようぞう　1837～1917
幕末、明治期の萩藩士、政治家。子爵。
【図　書】
◇明治のエンジニア教育—日本とイギリスのちがい (三好信浩) 中央公論社 1983.6 (中公新書)
◇人物探訪 日本の歴史—18—明治の逸材 暁教育図書 1984.2
◇国際日本を拓いた人々—日本とスコットランドの絆 (北政巳編) 同文館出版 1984.5
◇山尾庸三伝—明治の工業立国の父 (兼清正徳著) 山尾庸三顕彰会 2003.1 271p
◇「鉄都」釜石の物語 (小野崎敏著) 新樹社 2007.11 287p
【雑　誌】
□工部の精神と山尾庸三 (葉賀七三男) 「自然」 35(10) 1980.10
□日蘇比較経済史の一考察—アンダーソン・コレッジの同級生、ダイアーと山尾庸三 (北政巳) 「創価経済論集」 10(2) 1981.3
◇技術政策史話(1) 人ヲ作レバ其人工業ヲ見出スベシ—工部省の創設者・山尾庸三 (葉賀七三男) 「工業技術」 27(1) 1986.1
◇技術政策史話(2) 工業士官の養成—工学・工業の父山尾庸三 (葉賀七三男) 「工業技術」 27(2) 1986.2
◇国際日本を拓いた先駆者(3) 山尾庸三 (三好信浩) 「明治学院論叢 国際学研究」 3 1988.12
◇山尾庸三とユニバーシティ・カレッジ (藤井泰) 「英学史研究」 22 1989
◇歴史の中の技術者—サムライエンジニア山尾庸三の軌跡(技術史と技術哲学(特集)) (三好信浩) 「日本機械学会誌」 95(881) 1992.4
◇甦る歴史のいのち (84) 山尾庸三小伝(上) 密航留学の先駆者 (占部賢志) 「祖国と青年」 日本協議会 368 2009.5 p72～77
◇甦る歴史のいのち (85) 山尾庸三小伝(下) 人ヲ作レバ其人工業ヲ見出スベシ (占部賢志) 「祖国と青年」 日本協議会 369 2009.6 p72～77

山県有朋　やまがたありとも　1838～1922
幕末～大正期の陸軍軍人、政治家。元帥、首相、公爵。
【図　書】
◇傳記 三古会創立50周年記念 第四輯 汲古書院 1980.7
◇大正初期山県有朋談話筆記・政変思出草 (伊藤隆編) 山川出版社 1981.1 (近代日本史料選書2)
◇軍事大国への幻想—真に国を守るには (猪木正道) 東洋経済新報社 1981.2
◇日本内閣総録1 第一法規出版 1981.8
◇七人の宰相 (読売新聞山口支局編著) 条例出版 1981.9
◇幕末維新名士書簡集—李家文書 (李家正文編) 木耳社 1981.11
◇一億人の昭和史—日本人 7 三代の宰相たち 上 初代伊藤博文から33代林銑十郎まで 毎日新聞社 1982.2
◇「明治」をつくった男たち—歴史が明かした指導者の条件 (鳥海靖) PHP研究所 1982.2
◇幕末志士の生活 (芳賀登) 雄山閣出版 1982.6 (生活史叢書 8)
◇政治に干与した軍人たち 有斐閣 1982.7 (有斐閣新書)
◇小田原近代百年史 (中野敬次郎) 八小堂書店 1982.10
◇日本のリーダー 3 帝国陸海軍の総帥 ティビーエス・ブリタニカ 1983.7
◇明治・大正の宰相 第2巻 山県有朋と富国強兵のリーダー (戸川猪佐武) 講談社 1983.9
◇明治リーダーの戦略戦術 (佐々克明) ダイヤモンド社 1983.12
◇陸軍創設史—フランス軍事顧問団の影 (篠原宏著) リブロポート 1983.12
◇宰相の系譜—時代を刻んだ男たちの言行録(Kosaido books) (村松剛編) 広済堂出版 1983.12
◇狭間の早春 (武田逸英) 日本経済評論社 1984.2
◇人物探訪 日本の歴史の逸材 暁教育図書 1984.2
◇天皇元勲重臣 (長文連著) 図書出版社 1984.10
◇日本外交の危機認識(年報・近代日本研究 7(1985)) (近代日本研究会編) 山川出版社 1985.10
◇日本宰相列伝 2 山県有朋 (御手洗辰雄著) 時事通信社 1985.10
◇元老 (山本四郎著) 静山社 1986.4
◇美術話題史—近代の数寄者たち (松田延夫著) 読売新聞社 1986.5
◇武士道の歴史〈3〉 (高橋富雄著) 新人物往来社 1986.5
◇政治家 その善と悪のキーワード (加藤尚文著) 日販通信社 1986.6
◇激録・日本大戦争〈第22巻〉日清戦争と黄海海戦 (原康史著) 東京スポーツ新聞社 1986.8
◇山県有朋 [新装版](人物叢書) (藤村道生著) 吉川弘文館 1986.11
◇海軍経営者 山本権兵衛 (千早正隆著) プレジデント社 1986.12
◇ザ・ライバル—軍人に見る組織管理の手腕 (熊谷直著) 光人社 1986.12
◇大久保利通と官僚機構 (加来耕三著) 講談社 1987.2
◇日露の激戦史—その戦略と戦術の研究 (秦郁彦、豊田穣、渡部昇一他文) 世界文化社 1987.3 (BIGMANビジネスブックス)
◇大久保利謙歴史著作集 8 明治維新の人物像 吉川弘文館 1987.7
◇雑学 明治珍聞録 (西沢爽著) 文芸春秋 1987.11 (文春文庫)
◇明治リーダーの戦略戦術 (佐々克明著) 講談社 1987.11 (講談社文庫)
◇あきらめの哲学—森鷗外 (吉野俊彦著) PHP研究所 1988.1 (PHP文庫)
◇実録 日本汚職史 (室伏哲郎著) 筑摩書房 1988.2 (ちくま文庫)
◇維新侠艶録 (井筒月翁著) 中央公論社 1988.3 (中公文庫)
◇近代日本内閣史論 (藤井貞文著) 吉川弘文館 1988.6
◇明治民衆史 (井出孫六著) 徳間書店 1988.9 (徳間文庫)
◇歴史に学ぶライバルの研究 (会田雄次, 谷沢永一著) PHP研究所 1988.12
◇大森鐘一と山県有朋—自由民権対策と地方自治観の研究 (小林孝雄) 出版文化社 1989
◇幕末維新の志士読本 (奈良本辰也著) 天山出版 1989.9 (天山文庫)
◇幕末・維新大百科—激動の時代が何でもわかる本 (歴史トレンド研究会編) ロングセラーズ 1989.11 (ムックセレクト)
◇目でみる日本史 「翔ぶが如く」と西郷隆盛 (文芸春秋編) 文芸春秋 1989.11 (文春文庫ビジュアル版)
◇物語 奇兵隊悲話 (古川薫ほか著) 新人物往来社 1989.12
◇明治文芸院始末記 (和田利夫著) 筑摩書房 1989.12
◇日本海軍 失敗の研究 (鳥巣建之助著) 文芸春秋 1990.2
◇蘇翁夢物語—わが交遊録 (徳富猪一郎著) 中央公論社 1990.4 (中公文庫)
◇捕虜の文明史 (吹浦忠正著) 新潮社 1990.9 (新潮選書)
◇幕末・長州に吹いた風 (古川薫著) PHP研究所 1990.12 (PHP文庫)
◇森鷗外と漢詩 (藤川正数著) 有精堂出版 1991.9
◇壁の世紀 (大江志乃夫著) 講談社 1992.4
◇岡義武著作集〈第5巻〉山県有朋・近衛文麿 (岡義武著) 岩波書店 1993.2
◇宮中某重大事件 (大野芳著) 講談社 1993.6
◇史疑 幻の家康論 [復刻版] (礫川全次編著) 批評社 1994.5
◇山県有朋 (半藤一利著) PHP研究所 1996.8 253p (PHP文庫)
◇とっておきのもの とっておきの話 第1巻 (YANASE LIFE編集室編) 芸神出版社 1997.5 213p (芸神集団Amuse)
◇歴史に学ぶライバルの研究 (会田雄次, 谷沢永一著) PHP研究所 1997.8 261p (PHP文庫)
◇原敬と山県有朋—国家構想をめぐる外交と内政 (川田稔著) 中央公論社 1998.10 235p (中公新書)

◇妖婦 下田歌子―「平民新聞」より （山本博雄解説） 風媒社 1999.2 246p
◇政官攻防史 （金子仁洋著） 文芸春秋 1999.2 238p （文春新書）
◇裏切られた三人の天皇―明治維新の謎 増補版 （鹿島昇著） 新国民社 1999.2 441p
◇近代日本外交思想史入門―原典で学ぶ17の思想 （関静雄編著） ミネルヴァ書房 1999.5 310p
◇立憲国家の確立と伊藤博文―内政と外交 1889～1898 （伊藤之雄著） 吉川弘文館 1999.7 338,5p
◇学習カレンダー 365今日はどんな日？2月 （PHP研究所編） PHP研究所 1999.9 49p
◇史疑 幻の家康論 新装増補改訂版 （礫川全次著） 批評社 2000.2 173p
◇明治の怪 山県有朋 （原田務著） 叢文社 2000.4 249p
◇素顔の宰相―日本を動かした政治家83人 （冨森叡児著） 朝日ソノラマ 2000.12 294p
◇人物で読む近現代史 上 （歴史教育者協議会編） 青木書店 2001.1 299p
◇乃木「神話」と日清・日露 （嶋名政雄著） 論創社 2001.3 255p
◇首相列伝―伊藤博文から小泉純一郎まで （宇治敏彦編） 東京書籍 2001.9 410p
◇維新人物学―激動に生きた百七人 （林青梧著） 全日出版 2001.11 286p
◇岡義武著作集 第5巻 （岡義武著） 岩波書店 2001.11 355p
◇政商―大倉財閥を創った男 （若山三郎著） 学習研究社 2002.5 470p （学研M文庫）
◇還暦以後 （松浦玲著） 筑摩書房 2002.11 319p
◇軍人宰相列伝―山県有朋から鈴木貫太郎まで三代総理実記 （小林久三著） 光人社 2003.2 262p
◇明治・大正・昭和30の「真実」 （三代史研究会著） 文芸春秋 2003.8 176p （文春新書）
◇河井継之助と明治維新 （太田修著） 新潟日報事業社 2003.10 235p
◇参謀本部と陸軍大学校 （黒野耐著） 講談社 2004.3 262p （講談社現代新書）
◇国連の正体と日本再建の指針 （矢崎好夫著） 国際倫理調査会 2004.4 153,67p
◇伊藤博文と韓国併合 （海野福寿著） 青木書店 2004.6 244,12p
◇日本宰相列伝 上 （三好徹著） 学陽書房 2005.1 487p （人物文庫）
◇山県有朋関係文書 1 （尚友倶楽部山県有朋関係文書編纂委員会編） 山川出版社 2005.1 408p
◇36人の日本人 韓国・朝鮮へのまなざし （舘野晳編著） 明石書店 2005.2 231p
◇歴代総理大臣伝記叢書 第3巻 （御厨貴監修） ゆまに書房 2005.7 510p
◇日本史・ライバルたちの「意外な結末」―宿敵・政敵・好敵手たちの知られざる「その後」 （日本博学倶楽部著） PHP研究所 2005.9 275p （PHP文庫）
◇統帥権と帝国陸海軍の時代 （秦郁彦著） 平凡社 2006.2 244p （平凡社新書）
◇桂太郎 新装版 （宇野俊一著） 吉川弘文館 2006.3 300p （人物叢書）
◇山県有朋関係文書 2 （尚友倶楽部山県有朋関係文書編纂委員会編） 山川出版社 2006.3 479p
◇帝国議会誕生―今の国会と何が違うか！ （原田敬一著） 文英堂 2006.4 271p
◇還暦以後 （松浦玲著） 筑摩書房 2006.6 339p （ちくま文庫）
◇唯が戦争始始め候。明治十年のスクープ合戦 （黄民基著） 洋泉社 2006.9 222p （新書y）
◇政・財 腐蝕の100年 大正編 （三好徹著） 講談社 2006.12 319p
◇歴代総理大臣伝記叢書 別巻 （御厨貴監修） ゆまに書房 2007.1 284p
◇図解 あの軍人の「意外な結末」 （日本博学倶楽部著） PHP研究所 2007.2 95p
◇近代日本とドイツ―比較と関係の歴史学 （望田幸男編著） ミネルヴァ書房 2007.4 302p （MINERVA人文・社会科学叢書）
◇世に応ふべき範を見す――地方小都市の旧制中学校出身者群像 （原田勝著） 東京図書出版会 2007.5 293p
◇マキャヴェッリの子どもたち―日伊の政治指導者は何を成し遂げ、何を残したか （リチャード・J.サミュエルズ著、鶴谷知佳子、村田久美子訳） 東洋経済新報社 2007.5 374,113p
◇日本史偉人「健康長寿法」 （森村宗冬著） 講談社 2007.5 201p （講談社プラスアルファ新書）
◇吉田松陰の予言―なぜ、山口県ばかりから総理大臣が生まれるのか？ （浜崎惟、本誌編集部著） Book&Books 2007.5 275p
◇宰相たちのデッサン―幻の伝記で読む日本のリーダー （御厨貴編） ゆまに書房 2007.6 280p
◇司馬遼太郎 歴史のなかの邂逅―ある明治の庶民 4 （司馬遼太郎著） 中央公論新社 2007.7 394p
◇史疑―幻の家康論 新装増補改訂版 （礫川全次著） 批評社 2007.8 187p
◇勝者と敗者の近現代史 （河上民雄著） かまくら春秋社 2007.10 189p
◇元老西園寺公望―古希からの挑戦 （伊藤之雄著） 文芸春秋 2007.12 358p （文春新書）
◇山県有朋関係文書 3 （尚友倶楽部山県有朋関係文書編纂委員会編） 山川出版社 2008.2 469p
◇山県有朋と近代日本 （伊藤隆編） 吉川弘文館 2008.3 335p
◇痛恨の江戸東京史 （青山佾著） 祥伝社 2008.9 401p （祥伝社黄金文庫）
◇人物で読む近代日本外交史―大久保利通から広田弘毅まで （佐道明広, 小宮一夫, 服部龍二編） 吉川弘文館 2009.1 316p
◇歴代陸軍大将全覧 明治篇 （半藤一利, 横山恵一, 秦郁彦, 原剛著） 中央公論新社 2009.1 273,25p （中公新書ラクレ）
◇東京おぼえ帳 （平山蘆江著） ウェッジ 2009.2 364p （ウェッジ文庫）
◇山県有朋―愚直な権力者の生涯 （伊藤之雄著） 文芸春秋 2009.2 485p （文春新書）
◇山県公のおもかげ （入江貫一著） マツノ書店 2009.4 460,6p 図版〔19〕枚
◇史観宰相論 （松本清張著） 筑摩書房 2009.5 311p （ちくま文庫）
◇日本史「宿敵」26番勝負 （関裕二, 後藤寿一, 一坂太郎著） 宝島社 2009.10 221p （宝島SUGOI文庫）
◇山県有朋 （半藤一利著） 筑摩書房 2009.12 291p （ちくま文庫）

【雑　誌】

◇連載対談・"明治の獅子たち"5山県有朋―至誠「悪」に通ず （村浦玲, 内村剛介）「歴史読本」 25(7) 1980.6
◇伊藤博文と山県有朋―国家の柱石・文武の対立（特集・明治ライバル物語） （糸屋寿雄）「歴史と人物」 120 1981.7
◇山県有朋にみるNo2の条件 （松本俊史）「月刊ペン」 14(9) 1981.9
◇国家と軍隊軍令の制定―軍部の確立 （大江志乃夫）「法学セミナー」 33(2) 1981.12
◇もののふの道 文学にみる武士道の歴史(44) （高橋富雄）「武道」 185 1982.4
◇山県有朋と鷗外（鷗外をめぐる人物群像） （篠原義彦）「国文学解釈と鑑賞」 49(2) 1984.1
◇山田顕義と山県有朋―岩倉使節をめぐる確執 （大久保利謙）「日本歴史」 428 1984.1
◇山縣第一次内閣の成立 （藤井貞文）「国学院雑誌」 85(4) 1984.4
◇山県有朋と稲田周之助の政治著作 （金原左門）「法学新報」 91(1・2) 1984.6
◇山県閥貴族院支配の展開と崩壊 （高橋秀直）「日本史研究」 269 1985.1
◇山県閥貴族院支配の構造 （高橋秀直）「史学雑誌」 94(2) 1985.2
◇山県内相の欧州視察と府県制・郡制草案の編纂問題 （安藤陽子）「中央史学（中央大学）」 8 1985.3
◇「21カ条要求」と山県有朋―北岡伸一、細谷千博等諸氏に対する批判 （島田洋一）「法学論叢（京都大学法学会）」 117(6) 1985.9
◇山県有朋と「人種競争」論 （ジョージ・アキタ, 伊藤隆）「年報近代日本研究」 7 1985.10
◇山県有朋―常に一歩身を引くウラとホンネをつかんで位人臣を極めた智謀の人（人物大特集「鉄人」と呼びたい男） （志弦田景樹）「NEXT」 3(8) 1986.8
◇元帥・陸軍大将・山県有朋―日本陸軍の創設者（日本陸海軍のリーダー総覧） （奈良本辰也）「歴史と旅」 13(13) 1986.9
◇原敬をめぐる人脈［4］政党総裁の台所（日本の資本主義をつくった男たち） （小島直記）「日経ビジネス」 448 1986.10.20
◇大正期の森鷗外―宮内省御用掛を山県有朋 （伊狩章）「新潟大学国文学会誌」 30（伊狩章先生退官記念特集号） 1987.3
◇森鷗外と山県有朋―大正期思想界の一局面（上） （小堀桂一郎）「日本及日本人」 1588 1987.10
◇森鷗外と山県有朋―大正期思想界の一局面―中― （小堀桂一郎）「日本及日本人」 1589 1988.1
◇第2次山県内閣「宗教法案」をめぐる諸相 （小林和幸）「青山学院大学紀要」 29 1988.1
◇森鷗外と山県有朋―大正期思想界の一局面（下） （小堀桂一郎）「日本及日本人」 1590 1988.4
◇山県有朋の庭園観についての一考察 （矢ケ崎善太郎）「京都工芸繊維大学工芸学部研究報告 人文」 39 1990
◇「山県―ロバノフ」議定書についての一考察 （広野好彦）「大阪学院大学法学研究」 16(1・2) 1990.3
◇国立国会図書館所蔵本 蔵書印(187)山県有朋 （村山久江）「国立国会図書館月報」 356 1990.11

◇「兵隊王」の丘から（名札のない荷物（3））（松本清張）「新潮45」10(1) 1991.1
◇大逆事件、こうして「閉塞の時代」の幕は上がった―人間天皇を敬愛しつつも、制度は排した幸徳秋水を待ち受けていた運命（特集・明治天皇―こうして現代日本への道は開かれた）（中薗英助）「プレジデント」29(3) 1991.3
◇日英同盟締結、外交上の大勝利「世界1の海軍国との連携」―高まるロシアの脅威。元老山県有朋の現実感覚は最上の策を選択する（特集・明治天皇―こうして現代日本への道は開かれた）（竹村健一）「プレジデント」29(3) 1991.3
◇山県有朋（田所栄吉）「秦史談」45 1991.9
◇山県有朋と琉球処分―壬申8月建議をめぐって（近現代軍事史の諸問題（3））（安岡昭男）「政治経済史学」312 1992.6
◇昭和天皇ご成婚に秘められた暗闘―近代史最大のタブー「宮中某重大事件」の封印を解く（大野芳、大江志乃夫）「現代」26(8) 1992.8
◇山県有朋―政治を国民から切り離す（特集・私の嫌いな日本人）（田中宏じ）「正論」244 1992.12
◇山県有朋と地方自治制度確立事業―地方債構想を中心に（長井純市）「日本歴史」535 1992.12
◇維新前夜と晋作型人材―動けば雷電の如く、発すれば風雨の如し（特集・「変革の旗手」高杉晋作の魅力）（三好徹）「プレジデント」31(2) 1993.2
◇悪役なき現代の逼塞―山県有朋の再評価を（日本近代史の誰に学ぶか―人物オピニオン特集・リーダーなき「平成」を撃つ24人）（松本健一）「諸君！」25(2) 1993.2
◇山県有朋と地方自治制度確立事業―参事院議長就任を中心として（長井純市）「法政史学」45 1993.3
◇琉球処分直後の沖縄教育一山県有朋「復命書」(1886年)を中心に（近藤健一郎）「日本の教育史学」36 1993.10
◇第1次山県有朋内閣と枢密院（望月雅士）「早稲田大学大学院文学研究科紀要 第4分冊」早稲田大学大学院文学研究科 41 1995 p35〜44
◇山県有朋（特集・読書名人伝―名人奇人の読書家たちがズラリ。いったい誰が読書「名人位」を獲得するか。）「ノーサイド」5(5) 1995.5 p75
◇資料 未刊山県有朋意見書3種（広瀬順晧）「駿河台法学」駿河台大学 9(2) 1996 p31〜46
◇未刊山県有朋意見書三種（広瀬順晧）「駿河台法学」駿河台大学 第9巻第2号 1996.3 p31〜46
◇第一次大戦期の山県有朋（上）その外交構想の展開と崩壊（川田稔）「未来」未来社 363 1996.12 p21〜29
◇第一次大戦期日本の国家構想と国際認識―原敬と山県有朋（社会思想史学会）第21回大会記録（川田稔）「社会思想史研究」北樹出版（発売）21 1997 p99〜103
◇第一次大戦期の山県有朋（下）その外交構想の展開と崩壊（川田稔）「未来」未来社 364 1997.1 p27〜33
◇大正天皇と山県有朋（研究余録）（内藤一成）「日本歴史」吉川弘文館 586 1997.3 p110〜115
◇鷗外と乃木希典・山県有朋（特集：森鷗外を読むための研究事典）（須田喜代次）「國文學 解釈と教材の研究」学灯社 43(1) 1998.1 p54〜55
◇富国強兵―山県の「強兵」が大久保の「富国」を駆逐して、日本は日清戦争に突入した（日本を動かした言葉〔4〕）（田原総一朗）「SAPIO」10(16) 1998.9.23 p56
◇山県有朋 政治システムを再構築（「新春特別企画」この人に学ぶ―新春アンケート 今の日本にこの人がいれば、私が選んだ歴史上の人物）（K.V.ウォルフレン）「潮」480 1999.2 p84〜85
◇山県有朋 不人気に耐え抜く勇気（「新春特別企画」この人に学ぶ―新春アンケート 今の日本にこの人がいれば、私が選んだ歴史上の人物）（水木楊）「潮」480 1999.2 p99〜100
◇宮中某重大事件〔1〕（皇太后久邇宮良子の20世紀（6））（工藤美代子）「婦人公論」84(8) 1999.4.7 p202〜205
◇山県有朋・石井菊次郎・後藤新平―対ロシア政策の模索（三宅正樹）「政経論叢」明治大学政治経済研究所 68(2・3) 1999.12 p111〜139
◇森鷗外と山県有朋（宮本盛太郎）「日本文化環境論講座紀要」京都大学大学院人間・環境学研究科日本文化環境論講座 2 2000.3 p29〜38
◇元老・山県有朋の学者亡国論（私の東大論〔25〕）（立花隆）「文芸春秋」78(14) 2000.11 p362〜377
◇「20世紀日本」を創った10人、駄目にした10人―激論5時間！半藤一利vs保阪正康vs松本健一 賢者は歴史に学ぶ（特集・歴史に学ぶ「成功と失敗」―我々は「目先」に囚われすぎていないか）（半藤一利、保阪正康、松本健一）「プレジデント」39(2) 2001.1.15 p44〜53
◇高杉晋作と功山寺挙兵―「一人の狂挙」が歴史の扉を開くとき（特集1・幕末維新の男たちに学ぶ「変革と決断」の方程式）（八尋舜右）「プレジデント」39(6) 2001.3.19 p74〜81
◇軍拡批判した軍閥の権化・山県有朋の「直観」（日本）「AERA」15(2) 2002.1.14 p26〜30
◇山県有朋と立憲政治（内藤一成）「史友」青山学院大学史学会 第34号 2002.3 p71〜97
◇岡田良平と宗教法案（2）山県有朋らの神社改革（三井須美子）「都留文科大学研究紀要」都留文科大学 59 2003 p1〜22
◇正確無比の人間鑑識眼（サン＝シモン主義者 渋沢栄一〔45〕）（鹿島茂）「諸君！」35(4) 2003.4 p226〜233
◇桂太郎・山県有朋間の政治的コミュニケーション（特集 人と人をつなぐメディア 面談・書簡・電信・電話）（佐々木隆）「メディア史研究」ゆまに書房 17 2004.11 p19〜33
◇近代国家と和歌―明治天皇、山県有朋、森鷗外（特集：森鷗外の問題系）（加藤孝男）「國文學 解釈と教材の研究」學燈社 50(2) 2005.2 p86〜92
◇山県有朋 椿山荘・東京都文京区―豊かな水と土地の起伏に、山県流の自然主義を感じる（特集・岩崎家、古河家…当主の美意識が開花した数寄者の名庭）「サライ」小学館 17(9) 2005.5.5 p126〜127
◇山県有朋が皇太子結婚に横槍「宮中某重大事件」（総力特集 明治・大正・昭和 皇室10大事件簿）「新潮45」新潮社 24(10) 2005.10 p46〜48
◇早稲田大学図書館蔵「桂太郎旧蔵諸家書翰」について―特に，山県有朋宛伊藤博文書翰をめぐって（星原大輔）「社学研論集」早稲田大学大学院社会科学研究科 8 2006 p257〜272
◇山県有朋の「利益線」概念―その源泉と必然性（村中朋之）「軍事史学」錦正社 42(1) 2006.6 p76〜93
◇桂太郎と山県有朋―早稲田大学図書館蔵「桂太郎旧蔵諸家書翰」を手がかりとして（星原大輔）「社学研論集」早稲田大学大学院社会科学研究科 9 2007 p230〜245
◇官僚の日本近代史（14）山県有朋の勅令案（広瀬順晧）「本」講談社 32(2) 2007.2 p42〜45
◇山縣有朋の国防構想の変遷―日清戦争以前（福地惇）「大正大学学院研究論集」大正大学 31 2007.3 p1〜25
◇忘れがたき政治家（66）山県有朋＝「一介の武弁」から明治大正政界の大御所へ（新井勉）「月刊自由民主」自由民主党 648 2007.3 p110〜116
◇官僚の日本近代史（20）山県有朋から去った官僚（広瀬順晧）「本」講談社 32(8) 2007.8 p42〜45
◇侍従武官府人事の研究（濱田英毅）「学習院大学人文科学論集」学習院大学大学院人文科学研究科 17 2008 p69〜117〔含 英語文要旨〕
◇山県有朋の私擬憲法案（蓮沼啓介）「神戸法学雑誌」神戸法学会 58(1) 2008.6 p213〜247
◇明治憲法下の地方財政制度（6）山縣有朋の町村制（松元崇）「ファイナンス」大蔵財務協会 44(7) 2008.10 p60〜71
◇明治憲法下の地方財政制度（7）山縣有朋の自治制の光と影（松元崇）「ファイナンス」大蔵財務協会 44(8) 2008.11 p65〜79
◇明治憲法下の地方財政制度（8）山縣有朋の府県制・郡制（松元崇）「ファイナンス」大蔵財務協会 44(9) 2008.12 p61〜74
◇林市蔵宛山県有朋書簡について（小笠原慶彰）「京都光華女子大学研究紀要」京都光華女子大学 46 2008.12 p61〜77
◇史談つれづれ（85）萩と山県有朋（新妻久郎）「放射線と産業」放射線利用振興協会 122 2009 p53〜55
◇山縣有朋宛（資料翻刻 山田顕義の書簡）（村井益男）「日本大学史紀要」日本大学総務部 11 2009.3 p55〜68
◇山県有朋の文学的素養―岡義武『山県有朋』（識者34人の知恵袋 枕頭の歴史書「人物との対話」）（葛西敬之）「文芸春秋」文芸春秋 87(7) 2009.6 p264〜265
◇抗争 伊藤博文vs山縣有朋 道を違えた二人の元勲―なぜ伊藤は議会政治を、山縣は超然内閣を志向したのか（特集 日本国 内閣総理大臣全史―特集ワイド 首相の座をめぐる八大抗争史）「歴史読本」新人物往来社 54(11) 2009.11 p62〜65
◇明治の英傑たち（6）山県有朋（木寺只一）「国体文化」日本国体学会 1026 2009.11 p16〜21

山川浩 やまかわひろし 1845〜1898
幕末，明治期の会津藩士，陸軍軍人。少将、貴族院議員。
【図 書】
◇会津将軍 山川浩（星亮一著）新人物往来社 1994.5
◇会津藩主・松平容保は朝敵にあらず（中村彰彦著）新人物往来社 1994.8
◇逆風に生きる―山川家の兄弟（中村彰彦著）角川書店 2000.1 318p
◇松平容保は朝敵にあらず（中村彰彦著）中央公論新社 2000.2 250p（中公文庫）
◇起死回生の日本史―逆境に負けなかった男たち（歴史人物発掘会編）竹書房 2004.3 237p（竹書房文庫）
◇山川家の兄弟―浩と健次郎（中村彰彦著）学陽書房 2005.11 402p（人物文庫）
◇会津藩 斗南へ―誇り高き魂の軌跡（星亮一著）三修社 2006.4 309p
◇逆境をのりこえる人間学（山下康博著）中経出版 2008.12 223p

（中経の文庫）
◇会津藩 斗南へ―誇り高き魂の軌跡 新装版 （星亮一著） 三修社 2009.9 309p
【雑誌】
◇山川家の兄弟―逆風に耐え明治を生きた会津の遺臣・浩と健次郎〔1〕 （中村彰彦） 「歴史と旅」 24(9) 1997.6 p188～201
◇山川家の兄弟〔2〕 （中村彰彦） 「歴史と旅」 24(10) 1997.7 p188～201
◇山川家の兄弟〔3〕 （中村彰彦） 「歴史と旅」 24(12) 1997.8 p188～201
◇山川家の兄弟〔4〕 （中村彰彦） 「歴史と旅」 24(13) 1997.9 p188～201
◇戊辰籠城（山川家の兄弟〔5〕） （中村彰彦） 「歴史と旅」 24(15) 1997.10 p188～201
◇戊辰籠城〔承前〕（山川家の兄弟〔6〕） （中村彰彦） 「歴史と旅」 24(16) 1997.11 p188～201
◇戊辰籠城〔承前〕（山川家の兄弟〔7〕） （中村彰彦） 「歴史と旅」 24(18) 1997.12 p188～201
◇戊辰開城（山川家の兄弟〔8〕） （中村彰彦） 「歴史と旅」 25(1) 1998.1 p188～201
◇山川家の兄弟〔9〕 （中村彰彦） 「歴史と旅」 25(3) 1998.2 p188～201
◇山川家の兄弟〔10〕 （中村彰彦） 「歴史と旅」 25(4) 1998.3 p188～201
◇山川家の兄弟〔11〕 （中村彰彦） 「歴史と旅」 25(6) 1998.4 p186～199
◇山川家の兄弟〔12〕 （中村彰彦） 「歴史と旅」 25(7) 1998.5 p186～199
◇山川家の兄弟〔13〕 （中村彰彦） 「歴史と旅」 25(9) 1998.6 p186～199
◇山川家の兄弟〔14〕 （中村彰彦） 「歴史と旅」 25(10) 1998.7 p186～199
◇山川家の兄弟〔15〕 （中村彰彦） 「歴史と旅」 25(12) 1998.8 p188～201
◇山川家の兄弟〔16〕 （中村彰彦） 「歴史と旅」 25(13) 1998.9 p186～199
◇山川家の兄弟〔17〕 （中村彰彦） 「歴史と旅」 25(15) 1998.10 p186～199
◇山川家の兄弟〔18〕 （中村彰彦） 「歴史と旅」 25(16) 1998.11 p186～199
◇山川家の兄弟〔19〕 （中村彰彦） 「歴史と旅」 25(18) 1998.12 p186～199
◇山川家の兄弟〔最終回〕 （中村彰彦） 「歴史と旅」 26(1) 1999.1 p186～199
◇『京都守護職始末』にみる元治・慶応 （杉谷昭） 「純心人文研究」 長崎純心大学 13 2007 p181～193

山田顕義　やまだあきよし　1844～1892
幕末、明治期の萩藩士、陸軍軍人、政治家。中将、伯爵。
【図書】
◇シリーズ 学祖・山田顕義 （日本大学広報部編） 日本大学 1982.3
◇皇典講究所草創期の人びと 国学院大学 1982.11
◇大津事件と司法大臣山田顕義―日本大学学祖山田顕義研究論文 （柏村哲博著） 日本大学大学史編纂室 1983.8
◇陸軍創設史―フランス軍事顧問団の影 （篠原宏著） リブロポート 1983.12
◇山田顕義小引 （高梨公之著）〔高梨公之〕 1984
◇山田顕義関係資料 第1集 （日本大学精神文化研究所,日本大学教育制度研究所編） 日本大学精神文化研究所 1985.2
◇山田顕義関係資料 第2集 （日本大学精神文化研究所,日本大学教育制度研究所編） 日本大学精神文化研究所 1986.2
◇シリーズ学祖・山田顕義研究 第2集 （日本大学広報部編） 日本大学 1986.3
◇山田顕義関係資料3. （日本大学精神文化研究所編） 日本大学精神文化研究所 1987.1
◇大久保利謙歴史著作集 8 明治維新の人物像 吉川弘文館 1987.7
◇シリーズ学祖・山田顕義研究 第3集 （日本大学広報部編） 日本大学 1988.5
◇新世紀に向けて―五輪と日本大学に生きる （柴田勝治著） 東京新聞出版局 1988.5
◇日本大学学祖・山田顕義伯爵の墓所整備に伴う学術調査報告書 （日本大学学祖・山田顕義伯爵の墓所整備に伴う学術調査団編） 日本大学 1989.10
◇昭平去来 （高梨公之） 日本大学 1990.8
◇シリーズ学祖・山田顕義研究 第4集 （日本大学広報部編） 日本大学 1990.9
◇山田顕義―人と思想 （日本大学総合科学研究所編） 日本大学総合科学研究所 1992.3
◇シリーズ学祖・山田顕義研究 第5集 （日本大学広報部編） 日本大学 1992.9
◇山田伯爵家文書 （日本大学大学史編纂室編） 日本大学 19〔92.10〕
◇学祖山田顕義漢詩百選 （日本大学広報部編） 日本大学 1993.3
◇日本の『創造力』―近代・現代を開花させた470人〈4〉進む交流と機能 （富田仁編） 日本放送出版協会 1993.3
◇剣と法典 文芸春秋 1994.11
◇シリーズ学祖・山田顕義研究 第6集 （日本大学広報部編） 日本大学 1995.3 256p
◇エイジレスの法理 （沼正也著） Sanwa 1996.7 418p （沼正也著作集）
◇剣と法典―小ナポレオン山田顕義 （古川薫著） 文芸春秋 1997.12 381p （文春文庫）
◇シリーズ学祖・山田顕義研究 第7集（追補） （日本大学広報部編） 日本大学 2001.3 308p
◇学祖・山田顕義の書簡二通についての考察 （長江弘晃著） 『佐野短期大学創立15周年記念論文集』 佐野短期大学 2006.1 p91～98
◇図解 あの軍人の「意外な結末」 （日本博学倶楽部著） PHP研究所 2007.2 95p
【雑誌】
◇私擬憲法―山田顕義伯の憲法草案を中心として （布施弥平治） 「日本法学」 46(1) 1980.8
◇山田中将日記―西南の役 （福地重孝） 「史叢」 29 1982.5
◇〔山田顕義関係〕資料紹介 「日本大学精神文化研究所・教育制度研究所紀要」 14 1983.2
◇山田顕義と軍制に関する「建白書」(1)「建白書」の意義と山田の天皇観 （菅沢均） 「日本大学精神文化研究所・教育制度研究所紀要」 14 1983.2
◇山田顕義と山県有朋―岩倉使節をめぐる確執 （大久保利謙） 「日本歴史」 428 1984.1
◇明治維新期における山田顕義と木戸孝允(1) （山本哲生） 「日本大学精神文化研究所教育制度研究所紀要」 15 1984.3
◇対清国戦争問題（明治7年）と山田顕義 （菅沢均） 「日本大学精神文化研究所教育制度研究所紀要」 15 1984.3
◇山田顕義と祭神論争 （佐々木聖使） 「日本大学精神文化研究所教育制度研究所紀要」 15 1984.3
◇明治14年から16年にいたる山田顕義―「明治14年の政変」と「ドイツ学振興」をとおして― （藤原政行） 「日本大学精神文化研究所教育制度研究所紀要」 15 1984.3
◇「顕義と旧民法」の思想史的評価 （小野健知） 「日本大学精神文化研究所教育制度研究所紀要」 15 1984.3
◇法制家に転じた用兵の奇才山田顕義(特集幕末明治遊学の青春) （古川薫） 「歴史と人物」 14(3) 1984.3
◇明治14年から16年にいたる山田顕義―「内務省の機構改革」と「内務行政の展開」をとおして （藤原政行） 「日本大学精神文化研究所・教育制度研究所紀要」 16 1985.3
◇明治維新期における山田顕義と木戸孝允(2) （山本哲生） 「日本大学精神文化研究所・教育制度研究所紀要」 16 1985.3
◇山田顕義「建白書」（版本）並解題（資料） （三宅守常） 「日本大学精神文化研究所・教育制度研究所紀要」 16 1985.3
◇理事官山田顕義報告（資料） （長江弘晃） 「日本大学精神文化研究所・教育制度研究所紀要」 16 1985.3
◇明治の民法と家族(1)山田顕義研究に関連して （渋山久子） 「日本大学精神文化研究所・教育制度研究所紀要」 16 1985.3
◇山田顕義兵部省大阪兵学寮における御雇外国人教師関係資料(7点)並解題（資料） （三宅守常） 「日本大学精神文化研究所・教育制度研究所紀要」 16 1985.3
◇伯爵山田顕義の系譜と山田農場(1) （川島武夫） 「那須野ケ原開拓史研究」 18 1985.6
◇白爵山田顕義の系譜と山田農場(2) （川島武夫） 「那須野ケ原開拓史研究」 19 1985.12
◇明治の民法と家族(2)山田顕義研究に関連して （渋山久子） 「日本大学精神文化研究所・教育制度研究所紀要」 17 1986.3
◇天野御民「山田伯書翰写」・「書山田伯手簡後」並解題（資料） （山本哲生） 「日本大学精神文化研究所・教育制度研究所紀要」 17 1986.3
◇毛利家文庫から山田顕義の兵制に関する文書2篇（資料） （高橋昊） 「日本大学精神文化研究所・教育制度研究所紀要」 17 1986.3
◇陸軍少将山田顕義の軍事思想(1)G.J.シャルンホルストの影響 （菅沢均） 「日本大学精神文化研究所・教育制度研究所紀要」 17 1986.3
◇風折烏帽子碑考―山田伯遺墨碑― （高梨公之） 「法学紀要（日本大学）」 28 1987.2
◇山田顕義に関する清国派遣関係資料(2点)並解説 （三宅守常） 「日本大学精神文化研究所・教育制度研究所紀要」 18 1987.3
◇山田顕義漢詩1首・書翰5通をめぐって （長江弘晃） 「日本大学精神文化研究所・教育制度研究所紀要」 18 1987.3
◇山田顕義と教育―大阪兵学寮フランス留学生を通して （三宅守常） 「日本大学精神文化研究所・教育制度研究所紀要」 18 1987.3

◇戊辰戦争に係わる山田顕義関係書簡5通 （山本哲生）「日本大学精神文化研究所・教育制度研究所紀要」18 1987.3
◇明治23年神祇官設置運動と山田顕義 （佐々木聖使）「日本大学精神文化研究所・教育制度研究所紀要」18 1987.3
◇山田顕義とその兵学 （安井久善）「日本大学精神文化研究所紀要」19 1988.3
◇山田顕義私信に関する一考察―兵部省出仕時代 （長江弘晃）「日本大学精神文化研究所紀要」19 1988.3
◇理事官山田顕義の欧州随員考 （三宅守常）「日本大学精神文化研究所紀要」19 1988.3
◇明治初年の陸軍と山田顕義 （三宅守常）「軍事史学」24(3) 1988.12
◇山田顕義と越後・函館戦争 （安井久善）「日本大学精神文化研究所紀要」20 1989.3
◇山田顕義と教育―続―在フランス山田顕義の1通の手紙をめぐって （三宅守常）「日本大学精神文化研究所紀要」20 1989.3
◇山田顕義の初期憲法構想(1) （高瀬暢彦）「日本大学精神文化研究所紀要」20 1989.3
◇山田顕義の生誕年月日再考 （長江弘晃）「日本大学精神文化研究所紀要」20 1989.3
◇山田顕義「軍制建白書」の書誌学的研究 （三宅守常）「日本大学精神文化研究所紀要」21 1990.3
◇山田顕義と西南戦争 （安井久善）「日本大学精神文化研究所紀要」21 1990.3
◇岩倉公旧蹟保存会所蔵山田顕義書翰をめぐって―山田顕義の海軍意見 （長江弘晃）「日本大学精神文化研究所紀要」21 1990.3
◇国学院の設立と山田顕義 （佐々木聖使）「神道学」156 1993.2
◇空斎詩稿 （山田顕義〔著〕，村田峰次郎〔編〕，高瀬暢彦〔解題〕）「日本大学精神文化研究所紀要」25 1994.3
◇山田顕義の書簡 井上馨宛 （村井益男）「日本大学精神文化研究所紀要」日本大学精神文化研究所 27 1996.3 p1～52
◇大津事件と山田顕義の率いる司法部 （新井勉）「日本大学精神文化研究所紀要」28 1997.3 p1～28
◇最終講義 信念と貫行―大津事件に学ぶ（松本保三先生退職記念号） （松本保三）「創価法学」創価大学法学会 26(2・3) 1997.8 p3～7
◇「山田顕義が林馬蔵に贈った詩幅」拾遺 （村井益男）「日本大学精神文化研究所紀要」29 1998.3 p1～43
◇老朽裁判官淘汰問題と山田顕義 （末沢国彦）「日本大学精神文化研究所紀要」30 1999.3 p1～19
◇山田顕義の司法大臣辞職とその後 （新井勉）「日本大学精神文化研究所紀要」31 2000.3 p43～76
◇理事官山田顕義の欧州兵制視察考 （三宅守常）「日本大学史紀要」日本大学総務部 8 2002.3 p1～47
◇資料翻刻 山田顕義の書簡 「日本大学史紀要」日本大学総務部 11 2009.3 p51～94

山田武甫　やまだたけとし　1831～1893
幕末，明治期の熊本藩士，政治家。衆議院議員。
【雑　誌】
◇〔史料紹介〕山田武甫の歌集「落穂集」 （花立三郎）「熊本近代史研究会会報」179 1984.12
◇山田武甫の読み方について （花立三郎）「新熊本市史編纂委員会市史編さんだより」6 1993.9

山田亦介　やまだまたすけ　1808～1864
幕末の長州（萩）藩士。長沼流兵学を吉田松陰に教授。
【雑　誌】
◇山田亦介「海防臆測」摺り立て事件 （西島勘治）「山口県地方史研究」57 1987.6

山内容堂　やまのうちようどう
→山内豊信（やまうちとよしげ）を見よ

山本覚馬　やまもとかくま　1828～1892
幕末，明治期の会津藩士，政治家。
【図　書】
◇学びの場と人―歴史に残る各地の私塾探訪 （高瀬善夫） 毎日新聞社 1982.1
◇心眼の人 山本覚馬 恒文社 1986.12
◇会津のキリスト教―明治期の先覚者列伝 （内海健寿著） キリスト新聞社 1989.5 （地方の宣教叢書）
◇会津藩士 山本覚馬・丹羽五郎 （福本武久，高橋哲夫） 歴史春秋社 1991
◇日本の『創造力』―近代・現代を開花させた470人(2)殖産興業への挑戦 （富田仁編） 日本放送出版協会 1993.1
◇会津人の書く戊辰戦争 （宮崎十三八著） 恒文社 1993.11
◇幕末畸人伝 （松本健一著） 文芸春秋 1996.2 257p

◇山本覚馬―伝記・山本覚馬 （青山霞村著） 大空社 1996.10 298,6p （伝記叢書）
◇闇はわれを阻まず―山本覚馬伝 （鈴木由紀子著） 小学館 1998.1 249p
◇近代日独交渉史研究序説―最初のドイツ大学日本人学生風島済治とカール・レーマン （荒木康彦著） 雄松堂出版 2003.3 236p
◇新島襄の交遊―維新の元勲・先覚者たち （本井康博著） 思文閣出版 2005.3 325,13p
◇「敗者」の精神史 上 （山口昌男著） 岩波書店 2005.6 459p （岩波現代文庫）
【雑　誌】
◇「学びの場と人」風土記(12)同志社英学校の同志 （高瀬善夫）「月刊教育の森」6(9) 1981.9
◇会津の先覚者・山本覚馬―近代資本主義精神の一源流― （内海健寿）「福島県立会津短期大学学報」41 1984.3
◇山本覚馬の英文「京都案内」―新島襄を京都に導いた小冊子 （吉田曠二）「京古本や往来」60 1993.4
◇会津から羽ばたいた人びと 山本覚馬・八重子―同志社創立への尽力（特集・戊辰戦争会津の悲劇―至誠を全うして一藩一丸炎と化した会津の士道） （高野澄）「歴史と旅」24(9) 1997.6 p134～141
◇山本覚馬覚え書 （竹内力雄）「同志社談叢」同志社大学人文科学研究所同志社社史資料室 21 2001.3 p54～104
◇「山本覚馬」覚え書(2) （竹内力雄）「同志社談叢」同志社大学人文科学研究所同志社社史資料室 22 2002.3 p16～73
◇「山本覚馬」覚え書(3) （竹内力雄）「同志社談叢」同志社大学人文科学研究所同志社社史資料室 23 2003.3 p25～81
◇「山本覚馬」覚え書(4)治療所時代の覚馬と旧薩摩藩（二本松）邸地 （竹内力雄）「同志社談叢」同志社大学人文科学研究所同志社社史資料室 24 2004.3 p77～113, 図別1枚
◇山本覚馬「京都日誌」〈会津藩士〉―激動の幕末期における，ある会津藩士の思想・行動の軌跡を辿る（特集 幕末京都 志士日誌―特集ドキュメント 幕末京都 志士の足跡） （伊藤哲也）「歴史読本」新人物往来社 51(7) 2006.5 p108～115
◇番組小学校の創設と「万国公法」―京都文化の国際性にみる山本覚馬の役割についての考察 （狭間直樹）「京都産業大学日本文化研究所紀要」京都産業大学日本文化研究所 12・13 2008年度 p601～575

山本権兵衛　やまもとごんべえ　1852～1933
明治，大正期の海軍軍人，政治家。
【図　書】
◇歴史のなかの日本海軍 （野村実） 原書房 1980.7
◇日本内閣史録2 第一法規出版 1981.8
◇山本内閣の基礎的研究 （山本四郎） 京都女子大学 1982.3 （京都女子大学研究叢刊 7）
◇海は甦える 第3部 山本権兵衛と政治 （江藤淳） 文芸春秋 1982.7
◇政治に干与した軍人たち 有斐閣 1982.7 （有斐閣新書）
◇日本のリーダー 3 帝国陸海軍の総帥 ティビーエス・ブリタニカ 1983.7
◇海は甦える 第4部 （江藤淳） 文芸春秋 1983.11
◇海は甦える 第5部 （江藤淳） 文芸春秋 1983.12
◇日本宰相列伝 6 山本権兵衛 （山本英輔著） 時事通信社 1985.11
◇薔薇のつぼみ―宰相・山本権兵衛の孫娘（集英社文庫） （村松友視著） 集英社 1986.5
◇日本海軍の名将と名参謀 （吉田俊雄，千早正隆ほか著） 新人物往来社 1986.8
◇海は甦える〈第1部〉（文庫文庫） （江藤淳著） 文芸春秋 1986.9
◇海は甦える〈第2部〉（文庫文庫） （江藤淳著） 文芸春秋 1986.9
◇海は甦える〈第3部〉（文庫文庫） （江藤淳著） 文芸春秋 1986.10
◇海は甦える〈第4部〉（文庫文庫） （江藤淳著） 文芸春秋 1986.11
◇海軍経営者 山本権兵衛 （千早正隆著） プレジデント社 1986.12
◇海は甦える〈第五部〉（文春文庫） （江藤淳著） 文芸春秋 1986.12
◇ザ・ライバル―軍人に見る組織管理の手腕 （熊谷直著） 光人社 1986.12
◇日露の激戦―その戦略と戦術の研究 （秦郁彦，豊田穣，渡部昇一他文） BIGMANビジネスブックス 1987.3
◇日本を創った戦略集団(5)維新の知識と情熱 （堺屋太一編） 集英社 1988.3
◇海軍の父 山本権兵衛―日本を救った炯眼なる男の生涯 （生出寿著） 光人社 1989.8
◇海軍名語録 （吉田俊雄著） 文芸春秋 1989.8 （文春文庫）
◇危機管理洞察力がつく―最悪を予測し好機に変える法 （佐々淳行ほか著） 経済界 1990.3 （RYU BUSINESS）
◇日本史ものしり英雄伝―とっておきの戦略・戦術 （加来耕三著） 広済堂出版 1993.3 （広済堂文庫―ヒューマン・セレクト）
◇危機の参謀学 （岡本好古著） 徳間書店 1994.4 （徳間文庫）
◇海軍の父 山本権兵衛―日本を救った炯眼なる男の生涯 （生出寿著） 光人社 1994.7 （光人社NF文庫）

◇日米百年戦争―開幕 黒船来航～満州事変 （佐治芳彦著） ベストセラーズ 1996.8 264p （ベストセラーシリーズ・ワニの本）
◇運命の児―日本宰相伝 2 （三好徹著） 徳間書店 1997.8 334p （徳間文庫）
◇山本権兵衛（準）元老擁立運動と薩派 （小宮一夫）『宮中・皇室と政治』 山川出版社 1998.11 （年報・近代日本研究 20 近代日本研究会編） p36
◇高橋は清 随想録 （高橋は清口述,上塚司著） 本の森 1999.6 409p
◇NIPPONの気概―使命に生きた先人たち （上原卓著） モラロジー研究所 2001.3 327p
◇首相列伝―伊藤博文から小泉純一郎まで （宇治敏彦編） 東京書籍 2001.9 410p
◇日本の海軍 上 （池田清著） 学習研究社 2002.3 374p （学研M文庫）
◇帝国海軍将官総覧 （太平洋戦争研究会著） ベストセラーズ 2002.8 300p （ベストセラーシリーズ・ワニの本）
◇軍人宰相列伝―山県有朋から鈴木貫太郎まで三代総理実記 （小林久三著） 光人社 2003.2 262p
◇歴代首相物語 （御厨貴編） 新書館 2003.3 302p
◇日露戦争と「菊と刀」―歴史を見る新しい視点 （森貞彦著） 東京図書出版会 2004.2 258p
◇至上の決断力―歴代総理大臣が教える「生き残るリーダー」 （小林吉弥著） 講談社 2004.12 398p
◇日本宰相列伝 上 （三好徹著） 学陽書房 2005.1 487p （人物文庫）
◇歴代総理大臣伝記叢書 第8巻 （御厨貴監修） ゆまに書房 2005.7 302p
◇大正時代―現代を読みとく大正の事件簿 （永沢道雄著） 光人社 2005.11 271p
◇総理の品格 （滝沢中著） ぶんか社 2006.9 245p （ぶんか社文庫）
◇歴代総理大臣伝記叢書 別巻 （御厨貴監修） ゆまに書房 2007.1 284p
◇図解 あの軍人の「意外な結末」 （日本博学倶楽部著） PHP研究所 2007.2 95p
◇宰相たちのデッサン―幻の伝記で読む日本のリーダー （御厨貴編） ゆまに書房 2007.6 280p
◇司馬遼太郎 歴史のなかの邂逅―ある明治の庶民 4 （司馬遼太郎著） 中央公論新社 2007.7 394p
◇左千夫歌集 （永塚功著,久保田淳監修） 明治書院 2008.2 540p （和歌文学大系）
◇日本海軍の興亡―戦いに生きた男たちのドラマ （半藤一利著） PHP研究所 2008.12 199p
◇『坂の上の雲』まるわかり人物烈伝 （明治「時代と人物」研究会編著） 徳間書店 2009.11 455p （徳間文庫）
◇海軍経営者山本権兵衛 新装版 （千早正隆著） プレジデント社 2009.11 269p

【雑　誌】

◇海は甦える―第4部―山本権兵衛と政治 （江藤淳） 「文芸春秋」 59（1～13） 1981.1～12
◇権兵衛と児玉―「日露戦争」二人と名マネジャー（特集・果敢なる挑戦―プロジェクトリーダーの研究） （田村龍二） 「プレジデント」 19（4） 1981.4
◇第三十一議会と山本内閣の崩壊（1） （多胡圭一） 「阪大法学」 118・119 1981.11
◇海は甦える〈第4部〉―山本権兵衛と政治（50） （江藤淳） 「文芸春秋」 60（1） 1982.1
◇海は甦える〈第4部〉―山本権兵衛と政治（51） （江藤淳） 「文芸春秋」 60（2） 1982.2
◇海は甦える〈第四部〉―山本権兵衛と政治（52） （江藤淳） 「文芸春秋」 60（3） 1982.3
◇海は甦える〈第四部〉―山本権兵衛と政治（53） （江藤淳） 「文芸春秋」 60（4） 1982.4
◇海は甦える〈第四部〉―山本権兵衛と政治（54） （江藤淳） 「文芸春秋」 60（5） 1982.5
◇海は甦える〈第四部〉―山本権兵衛と政治（55） （江藤淳） 「文芸春秋」 60（7） 1982.6
◇海は甦える〈第四部〉―山本権兵衛と政治（56） （江藤淳） 「文芸春秋」 60（8） 1982.7
◇海は甦える〈第四部〉―山本権兵衛と政治（57） （江藤淳） 「文芸春秋」 60（9） 1982.8
◇海は甦える〈第4部〉―山本権兵衛と政治（58） （江藤淳） 「文芸春秋」 60（10） 1982.9
◇海は甦える〈第四部〉―山本権兵衛と政治（59） （江藤淳） 「文芸春秋」 60（12） 1982.10
◇海は甦える〈第4部〉―山本権兵衛と政治（60） （江藤淳） 「文芸春秋」 60（13） 1982.11
◇海は甦える〈第4部〉―山本権兵衛と政治（61） （江藤淳） 「文芸春秋」 60（14） 1982.12
◇海は甦える〈第4部〉―山本権兵衛と政治（62） （江藤淳） 「文芸春秋」 61（1） 1983.1
◇海は甦える〈第4部〉―山本権兵衛と政治（63） （江藤淳） 「文芸春秋」 61（2） 1983.2
◇海は甦える〈第4部〉―山本権兵衛と政治（64） （江藤淳） 「文芸春秋」 61（3） 1983.3
◇海は甦える〈第4部〉―山本権兵衛と政治（65） （江藤淳） 「文芸春秋」 61（4） 1983.4
◇物語林政史（19）（大正2～3年）山本権兵衛の剛腕のもとで―三大林区署と山林局特別経営課の廃止,植樹奨励補助金の打切り （手束平三郎） 「林業技術」 493 1983.4
◇海は甦える〈第4部〉―山本権兵衛と政治（66） （江藤淳） 「文芸春秋」 61（5） 1983.5
◇海は甦える〈第4部〉―山本権兵衛と政治（67） （江藤淳） 「文芸春秋」 61（6） 1983.6
◇海は甦える〈第4部〉―山本権兵衛と政治（68） （江藤淳） 「文芸春秋」 61（7） 1983.7
◇海は甦える〈第4部〉―山本権兵衛と政治（69） （江藤淳） 「文芸春秋」 61（8） 1983.8
◇海は甦える〈第4部〉―山本権兵衛と政治（70） （江藤淳） 「文芸春秋」 61（10） 1983.9
◇海は甦える〈第4部〉―山本権兵衛と政治（71） （江藤淳） 「文芸春秋」 61（11） 1983.10
◇海は甦える〈第4部〉―山本権兵衛と政治（72） （江藤淳） 「文芸春秋」 61（12） 1983.11
◇山本地震内閣の普選構想 （松尾尊兊） 「日本史研究」 255 1983.11
◇海は甦える〈第4部〉―山本権兵衛と政治（73・最終回） （江藤淳） 「文芸春秋」 61（13） 1983.12
◇海軍大将・山本権兵衛――大疑獄シーメンス事件（日本陸海軍のリーダー総覧） （夏堀正元） 「歴史と旅」 13（13） 1986.9
◇山本権兵衛―山県有朋など元老を説き伏せて帝国海軍を近代化させた「中興の祖」（人物大特集―成熟期のリーダー 一歩間違えば衰退に向かう転機をどう繁栄安定させるか） （佐藤和正） 「NEXT」 3（11） 1986.11
◇中国第2革命と日本の反応―山本内閣の外交指導について （波多野勝） 「季刊国際政治」 87 1988.3
◇山本内閣と陸軍官制改正問題―山本首相のイニシアチブと陸軍 （波多野勝） 「軍事史学」 錦正社 30（4） 1995.3 p4～21
◇山本権兵衛（この国のかたち〔120〕） （司馬遼太郎） 「文芸春秋」 74（4） 1996.3 p77～79
◇各論・日露戦争を勝利へと導いた切れ者群像―近代海軍の父山本権兵衛 精強な連合艦隊の整備と絶妙な海軍首脳人事の断行（巻頭特集・『坂の上の雲』の男たち―ビジネスマンに最も愛される司馬作品を味わう） （池田清） 「プレジデント」 34（12） 1996.12 p116～125
◇型破り痛快日本人伝 （谷沢永一） 「新潮45」 21（9） 2002.9 p200～209
◇本好き人好き（215）山本権兵衛伯の初恋―覆面子『屑屋の籠』 三宅花圃『その日その日』 （谷沢永一） 「國文學 解釈と教材の研究」 學燈社 52（9） 2007.8 p156～159
◇一大佐が成し遂げた改革―山本権兵衛（賢者は歴史から学ぶ―古代～明治篇―私が学んだ日本史上の人物） （江畑謙介） 「文藝春秋special」 文藝春秋 3（4） 2009.秋 p58～60
◇山本権兵衛第16・22代内閣総理大臣―藩閥、リベラルのイメージのはざまで戦った明治の軍人政治家（特集 日本国 内閣総理大臣全史―特集評論 再発見！ 信念を貫いた三人の首相たち） （久野潤） 「歴史読本」 新人物往来社 54（11） 2009.11 p126～131

由利公正 ゆりきみまさ 1829～1909
幕末,明治期の福井藩士,政治家。子爵,貴族院議員。

【図　書】

◇類聚伝記大日本史11 政治家篇 （尾佐竹猛編集解説） 雄山閣出版 1981.6
◇人物・日本資本主義2 殖産興業 （大島清ほか著） 東京大学出版会 1983.6
◇古典大系日本の指導理念 6 創業の初心 3 近代社会の事始め （源了円ほか編纂） 第一法規出版 1983.10
◇明治前期財政史―資本主義成立期における財政の政治過程（明治維新・明治23年） （坂入長太郎著） 酒井書店 1988.6 （日本財政史研究）
◇全国の伝承 江戸時代 人づくり風土記―ふるさとの人と知恵〈18〉福井 （加藤秀俊, 谷川健一, 稲垣史生, 石川松太郎, 吉田豊編） 農山漁村文化協会 1990.6
◇江戸時代の先覚者たち―近代への遺産・産業知識人の系譜 （山本七平著） PHP研究所 1990.10
◇日本の『創造力』―近代・現代を開花させた470人〈2〉殖産興業への挑戦 （富田仁編） 日本放送出版協会 1993.1
◇財政官僚の足跡 （森田右一著） 近代文芸社 1995.4 313p
◇経綸のとき―小説三岡八郎 （尾崎護著） 東洋経済新報社 1995.12 499p

◇経綸のとき―近代日本の財政を築いた逸材 （尾崎護著） 文芸春秋 1998.8 478p （文春文庫）
◇横井小楠と由利公正の新民富論―明治国家のグランドデザインを描いた二人の英傑 （童門冬二著） 経済界 2000.9 285p
◇由利公正のすべて （三上一夫, 舟沢茂樹編） 新人物往来社 2001.5 244p
◇幕末維新なるほど人物事典―100人のエピソードで激動の時代がよくわかる （泉秀樹著） PHP研究所 2003.8 452p （PHP文庫）
◇完全保存版 幕末維新なるほど人物事典―100人のエピソードで読む幕末維新 （泉秀樹著） PHP研究所 2004.4 110p
◇日本の経済思想世界―「十九世紀」の企業者・政策者・知識人 （川口浩編著） 日本経済評論社 2004.12 530p
◇横井小楠と松平春岳 （高木不二著） 吉川弘文館 2005.2 217p （幕末維新の個性）
◇教科書が教えない歴史有名人の晩年と死 （新人物往来社編） 新人物往来社 2007.2 293p
◇痛恨の江戸東京史 （青山佾著） 祥伝社 2008.9 401p （祥伝社黄金文庫）
◇日本人の経営魂 （中野明著） 学研パブリッシング 2009.12 271p
【雑 誌】
◇由利公正の財務政策 （清水雅寛） 「文化史学」 36 1980.11
◇由利財政とその崩壊―明治前期財政史研究(1) （坂入長太郎） 「経済学季報（大正大）」 30(1・2) 1981.3
◇由利財政の研究(1) （辻岡正己） 「広島経済大学経済研究論集」 4(2) 1981.7
◇由利公正と太政官札 (特集・日本の人物と貨幣物語) （杉田幸三） 「歴史と人物」 12(1) 1982.1
◇龍馬に託した三岡八郎の志 (特集・坂本龍馬の人脈と維新) （高野澄） 「歴史と人物」 12(2) 1982.2
◇由利財政の研究(2) （辻岡正己） 「広島経済大学経済研究論集」 5(1) 1982.3
◇由利財政の研究 明治維新と由利財政 （辻岡正己） 「広島経済大学研究双書」 2 1984.12
◇明治新政府の財政政策―いわゆる由利財政について （清水雅寛） 「桃山歴史・地理」 22 1985.4
◇福井県の産業・経済近代化を進めた人―激動期の財政家・由利公正 （三上一夫） 「調査月報（福井経営研究所）」 19 1985.9
◇なぜ東京を首都と定めたのか―ドキュメント東京大改造・明治の東京計画 （田原総一朗） 「潮」 382 1991.1
◇三岡八郎―緊縮策を一転させ、消費拡大で財政を再建 (時代を変えた先達に学ぶ) （尾崎護） 「エコノミスト」 76(56) 1998.12.28 臨増 （世紀末・経済・文明日本から探る日本再生） p50～53
◇貧乏侍だった越前藩士 (由利公正の商売道―常に王道たれ〔1〕) （童門冬二） 「経済界」 34(13) 1999.7.6 p54～57
◇三巨人が足羽河畔で開いた酒宴の夜 (由利公正の商売道―常に王道たれ〔2〕) （童門冬二） 「経済界」 34(14) 1999.7.19 p52～55
◇日本は有道の国と説いた横井小楠 (由利公正の商売道―常に王道たれ〔3〕) （童門冬二） 「経済界」 34(15) 1999.8.3 p120～123
◇由利公正を目覚めさせた横井小楠の教え (由利公正の商売道―常に王道たれ〔5〕) （童門冬二） 「経済界」 34(17) 1999.9.14 p64～67
◇横井小楠が勧めた藩札発行という妙手 (由利公正の商売道―常に王道たれ〔6〕) （童門冬二） 「経済界」 34(18) 1999.9.28 p52～55
◇改革は人材育成からと考えた江戸の名君たち (由利公正の商売道―常に王道たれ〔7〕) （童門冬二） 「経済界」 34(19) 1999.10.12 p62～65
◇横井小楠から王道政治を叩き込まれる (由利公正の商売道―常に王道たれ〔8〕) （童門冬二） 「経済界」 34(20) 1999.10.26 p52～55
◇由利公正、物産総会所の設立に動き出す (由利公正の商売道―常に王道たれ〔9〕) （童門冬二） 「経済界」 34(21) 1999.11.9 p80～83
◇揺れ始めた幕藩体制 (由利公正の商売道―常に王道たれ〔10〕) （童門冬二） 「経済界」 34(22) 1999.11.22 p56～59
◇松下村塾生が商人として活躍する長州藩 (由利公正の商売道―常に王道たれ〔11〕) （童門冬二） 「経済界」 34(23) 1999.12.7 p58～61
◇名君細川重賢を批判した横井小楠の真意 (由利公正の商売道―常に王道たれ〔12〕) （童門冬二） 「経済界」 34(24) 1999.12.21 p52～55
◇五箇条の誓文の原案を起草した由利公正 (由利公正の商売道―常に王道たれ〔13〕) （童門冬二） 「経済界」 35(1) 2000.1.18 p84～87
◇安政の大獄、越前藩主松平慶永は隠居謹慎へ (由利公正の商売道―常に王道たれ〔14〕) （童門冬二） 「経済界」 35(2) 2000.2.1 p70～73
◇過激な政治青年が経済活動に目覚めるまで (由利公正の商売道―常に王道たれ〔15〕) （童門冬二） 「経済界」 35(3) 2000.2.15 p58～61
◇王道取引を訴え、オランダとの交易に成功 (由利公正の商売道―常に王道たれ〔16〕) （童門冬二） 「経済界」 35(4) 2000.2.29 p68～71
◇為替相場も知らなかった時代に起きたこと (由利公正の商売道―常に王道たれ〔17〕) （童門冬二） 「経済界」 35(5) 2000.3.14 p68～71
◇藩札発行の準備金集めに越前藩内を奔走する (由利公正の商売道―常に王道たれ〔18〕) （童門冬二） 「経済界」 35(6) 2000.3.28 p136～139
◇千両箱を積んだ四百頭の馬が長崎から越前へ (由利公正の商売道―常に王道たれ〔19〕) （童門冬二） 「経済界」 35(7) 2000.4.11 p116～119
◇経済政策の成功で政治の舞台に立った公正 (由利公正の商売道―常に王道たれ〔20〕) （童門冬二） 「経済界」 35(8) 2000.4.25 p108～111
◇将軍への野望を持つ島津久光の幕政干渉 (由利公正の商売道―常に王道たれ〔21〕) （童門冬二） 「経済界」 35(9) 2000.5.16 p124～127
◇早期に大政返上を唱えた松平春岳の思惑 (由利公正の商売道―常に王道たれ〔22〕) （童門冬二） 「経済界」 35(10) 2000.5.30 p116～119
◇大名から主権を奪い取った下級武士の思想 (由利公正の商売道―常に王道たれ〔23〕) （童門冬二） 「経済界」 35(11) 2000.6.13 p112～115
◇経済を通じて明治政府に王道政治を実現 (由利公正の商売道―常に王道たれ〔最終回〕) （童門冬二） 「経済界」 35(12) 2000.6.27 p110～113
◇書斎の海から〔40〕文化の中心「銀座」 (ずいひつ「波音」) （板坂元） 「潮」 501 2000.11 p62～63
◇由利公正と横井小楠の政治思想と実践―由利公正の福井藩時代の実践を中心として （中払仁） 「国士舘大学政経論叢」 国士舘大学政経学会 2003(3) 2003.9 p31～49
◇Bibliotheca Japonica(92)「五箇条の御誓文」由利公正草案、研究ノート （八木正自） 「日本古書通信」 日本古書通信社 70(8) 2005.8 p34
◇由利財政と第一次大隈財政 （落合功） 「修道商学」 広島修道大学商経学会 46(2) 2006.2 p1～55
◇由利財政と江藤新平―いわゆる「由利江藤金札論争」を中心に （星原大輔） 「ソシオサイエンス」 早稲田大学大学院社会科学研究科 13 2007 p217～232

横井小楠　よこいしょうなん　1809～1869
幕末, 明治期の熊本藩士, 論策家。
【図 書】
◇初代日本の青年群像―熊本バンド物語 （三井久著 竹中正夫編） 日本YMCA同盟出版部 1980.1
◇横井小楠の社会経済思想 （山崎益吉） 多賀出版 1981.2
◇幕末キリスト教経済思想史 （小田信士） 教文館 1982.3
◇日本の近代化と維新 （今中寛司編） ぺりかん社 1982.9
◇幕末政治思想史研究 改訂増補 （山口宗之） ぺりかん社 1982.11
◇人物探訪日本の歴史 15 幕末の英傑 暁教育図書 1982.12
◇天皇と明治維新 （阪本健一） 晩聲房 1983.1
◇維新前後に於ける国学の諸問題―創立百周年記念論文集 （国学院大学日本文化研究所創立百周年記念論文集編集委員会編） 国学院大学日本文化研究所 1983.3
◇古典大系日本の指導理念 3 公道の根本 3 近代日本への模索の方法 （源了円ほか編纂） 第一法規出版 1983.7
◇幕末維新の思想家たち （山田洸） 青木書店 1983.12
◇林竹二著作集 5 開国をめぐって 筑摩書房 1984.2
◇林竹二著作集 5 開国をめぐって 筑摩書房 1984.2
◇国際関係論の総合的研究 1983年度 大阪外国語大学 1984.3
◇日本の名著 30 佐久間象山・横井小楠 (中公バックス) （松浦玲責任編集） 中央公論社 1984.6
◇国際関係論の総合的研究 1984年度 大阪外国語大学 1985.3
◇民衆生活と信仰・思想―民衆史研究会25周年記念論集1 （民衆史研究会編） 雄山閣 1985.11
◇実学思想の系譜 (講談社学術文庫) （源了円） 講談社 1986.6
◇釣りの文化誌 （丸山信著） 恒文社 1986.8
◇国是三論 (講談社学術文庫) （横井小楠著, 花立三郎全訳注） 講談社 1986.10
◇参謀と演出―組織を活かす補佐役の智恵 (歴史に学ぶ生きかた学) （佐々克明ほか著） 三笠書房 1986.10
◇西洋が見えてきた頃 (亀井俊介の仕事〈3〉) （亀井俊介著） 南雲堂 1988.11
◇横井小楠 （圭室諦成著） 吉川弘文館 1988.12 （人物叢書〔新装版〕）
◇幕末維新の出向社員 （童門冬二著） 実業之日本社 1989.12
◇江戸期の開明思想―世界へ開く・近代を耕す （杉浦明平, 別所興一編著） 社会評論社 1990.6 （思想の海へ「解放と変革」）
◇維新暗殺秘録 （平尾道雄著） 河出書房新社 1990.8 （河出文庫）
◇幕末 名君と参謀―維新パワー西南四藩の秘密を解く （西東玄著） PHP研究所 1990.10 （PHP文庫）

◇江戸時代の先覚者たち―近代への遺産・産業知識人の系譜　（山本七平著）　PHP研究所　1990.10
◇明治・大正教師論文献集成（29）学校教師論　ゆまに書房　1991.1
◇日中実学史研究　（源了円,末中哲夫共編）　（京都）思文閣出版　1991.3
◇近代における熊本・日本・アジア　（熊本近代史研〔編〕　熊本近代史研　1991.10
◇儒教ルネッサンスを考える　（溝口雄三,中嶋嶺雄編著）　大修館書店　1991.10
◇横井小楠　（李雲）　富士ゼロックス小林記念基金　1992.7
◇江戸人物伝　（白石一郎著）　文芸春秋　1993.1
◇なるほど！横井小楠　（徳永洋）　1994.2
◇横井小楠に関する一考察　（李雲）『東洋学論集』（中村璋八博士古稀記念論集編集委員会編）　汲古書院　1996.1　p919
◇江戸人物伝　（白石一郎著）　文芸春秋　1996.3　248p（文春文庫）
◇横井小楠の新政治社会像―幕末維新変革の軌跡　（三上一夫著）　思文閣出版　1996.4　190p
◇近世日本国民史　維新への胎動　下　（徳富蘇峰著,平泉澄校訂）　講談社　1996.11　455p（講談社学術文庫）
◇明治維新における「公議」と「指導」―横井小南と大久保利通　（三谷博）『東アジアにおける近代化の指導者たち』　国際日本文化研究センター　1997.3　p107
◇坂本龍馬と横井小楠―その出会いと訣別　（堤克彦）『共同研究・坂本龍馬』（新人物往来社編）　新人物往来社　1997.9　p46
◇横井小楠のすべて　（源了円,花立三郎,三上一夫,水野公寿編）　新人物往来社　1998.3　256p
◇幕末政治思想の展開―横井小楠と佐久間象山　（沖田行司）『近代日本政治思想史』（西田毅編）　ナカニシヤ出版　1998.3　200p
◇横井小楠の学と実践　（中丸仁）『日本の経済発展と近代化』（国士舘大学政経学部付属経済研究所編）　成文堂　1998.3（研究論文叢書第1巻）p233
◇大義を世界に―横井小楠の生涯　（石津達也著）　東洋出版　1998.8　272p
◇もう一つの近代―側面からみた幕末明治　（マリオン・ウィリアム・スティール著）　ぺりかん社　1998.10　357,4p
◇異端と反逆の思想史―近代日本における革命と維新　（岡崎正道著）　ぺりかん社　1999.1　313p
◇横井小楠―その思想と行動　（三上一夫著）　吉川弘文館　1999.3　218p（歴史文化ライブラリー）
◇横井小楠　（堤克彦著,西日本人物誌編集委員会編,岡田武彦監修）　西日本新聞社　1999.3　221p（西日本人物誌）
◇松平春岳のすべて　（三上一夫,舟沢茂樹編）　新人物往来社　1999.12　274p
◇横井小楠―儒学的正義とは何か　増補版　（松浦玲著）　朝日新聞社　2000.2　401p（朝日選書）
◇横井小楠シンポジウム報告書―熊本が生んだ幕末・維新の思想家　生誕190年・没後130年　横井小楠フェスティバル実行委員会　2000.2　52p
◇発見！感動!!横井小楠―郷土の偉人に魅せられて　（徳永洋著）〔徳永洋〕　2000.6　179p
◇近代の黎明と展開―熊本を中心に　熊本近代史研究会　2000.8　199p
◇横井小楠と由利公正の新民富論―明治国家のグランドデザインを描いた二人の英傑　（童門冬二著）　経済界　2000.9　285p
◇近代日本のアポリア―近代化と自我・ナショナリズムの諸相　（西田毅編）　晃洋書房　2001.2　9,293,20p（シリーズ・近代日本の知）
◇由利公正のすべて　（三上一夫,舟沢茂樹編）　新人物往来社　2001.5　244p
◇舌剣奔る―小説横井小楠　（福本武久著）　竹内書店新社　2001.7　316p
◇風の俤―福井の客人たち　（足立尚計著）　能登印刷出版部　2001.8　213p
◇日本暗殺総覧―この国を動かしたテロルの系譜　（泉秀樹著）　ベストセラーズ　2002.5　302p（ベスト新書）
◇公共哲学　10　（佐々木毅,金泰昌編）　東京大学出版会　2002.7　434p
◇君臣の義を廃して―続々日本人にとって天皇とは何であったか　（松浦玲著）　辺境社　2002.8　279p
◇横井小楠の道徳哲学―総合大観の行方　（山崎益吉著）　高文堂出版社　2003.1　274p
◇水戸学と明治維新　（吉田俊純著）　吉川弘文館　2003.3　226p（歴史文化ライブラリー）
◇士―日本のダンディズム　（東京都歴史文化財団東京都写真美術館企画・監修）　二玄社　2003.10　173,19p
◇民友社とその時代―思想・文学・ジャーナリズム集団の軌跡　（西田毅,和田守,山田博光,北野昭彦編）　ミネルヴァ書房　2003.12　533,9p
◇白墓の声―横井小楠暗殺事件の深層　（栗谷川虹著）　新人物往来社　2004.1　205p
◇激動期の柔らかな思考―横井小楠の思想的軌跡と近世の儒教文化　（北野雄士）『文化環境学のスペクトル』（河井徳治,木村英二,中川晶,藤永壮編）　三修社　2004.3　p113
◇朝鮮朱子学と日本・熊本―李退渓と横井小楠を中心に　（鄭鳳輝著）　熊本学園大学付属海外事情研究所　2004.12　187p（熊本学園大学付属海外事情研究所研究叢書）
◇横井小楠―維新の青写真を描いた男　（徳永洋著）　新潮社　2005.1　205p（新潮新書）
◇横井小楠と松平春岳　（高木不二著）　吉川弘文館　2005.2　217p（幕末維新の個性）
◇生きられた空間―文学と社会における「近代」（「プロジェクト共同研究組織」文学的モデルネ研究プロジェクト著）　大阪産業大学産業研究所　2005.3　256p（産研叢書）
◇火の国と不知火海　（松本寿三郎,吉村豊雄編）　吉川弘文館　2005.6　250,23p（街道の日本史）
◇元田永孚と明治国家―明治保守主義と儒教的理想主義　（沼田哲著）　吉川弘文館　2005.6　422,3p
◇あなたが変われば日本が変わる―明治維新の真の演出家横井子小楠に学ぶ平成維新への道筋　（片岡友博著）　新風舎　2005.9　238p
◇横井小楠伝　復刻　（山崎正董著）　マツノ書店　2006.1　1冊
◇幕末維新期　横井小楠と福沢諭吉　（平石直昭）『知識人から考える公共性』（平石直昭,金泰昌編）　東京大学出版会　2006.3（公共哲学）p1
◇日本史「補佐役」たちの言い分―ナンバー2こそ本当の主役　（岳真也著）　PHP研究所　2006.4　316p（PHP文庫）
◇近世儒者の思想挑戦　（本山幸彦著）　思文閣出版　2006.5　302,10p
◇歴史と政治の間　（山内昌之）　岩波書店　2006.7　382p（岩波現代文庫）
◇実心実学の発見―いまくる江戸期の思想　（小川晴久編著）　論創社　2006.10　209p
◇双六で東海道　（丸谷才一著）　文芸春秋　2006.11　291p
◇横井小楠の「天地公共の実理」をめぐって―幕末儒学と国際化　（沖田行司）　同志社　2007.2　27p（新島講座）
◇肥後の歴史と文化　（早稲田大学日本地域文化研究所編）　行人社　2008.1　310p（日本地域文化ライブラリー）
◇人間盛りは百から百から―転ばぬ先の「超人」語録　（秋庭道博著）　麗沢大学出版会　2008.5　243p
◇歴史ポケット人物新聞　回天ふたたび　坂本龍馬　（及川拓哉著）　大空出版　2008.8　227p（大空ポケット新書）
◇童門冬二の歴史に学ぶ知恵　（童門冬二著）　茨城新聞社　2009.3　239p
◇「公」の思想家横井小楠　（堤克彦著）　熊本出版文化会館　2009.9　268p
◇誰が坂本龍馬をつくったか　（河合敦著）　角川SSコミュニケーションズ　2009.11　186p（角川SSC新書）
◇横井小楠―1809-1869「公共」の先駆者　（源了円編）　藤原書店　2009.11　247p（別冊『環』）
◇日本人の経営魂　（中野明著）　学研パブリッシング　2009.12　271p

【雑　誌】
◇横井小楠百十年忌年祭　（山崎益吉）「高崎経済大学論集」22(3)　1980.2
◇横井小楠における政権構想の展開―公武合体論から公議政体論へ　（高木不二）「史学」49(4)　1980.3
◇横井小楠の社会経済思想―「国是三論―富国論」の学問的基礎　（山崎益吉）「高崎経済大学論集」23(2)　1980.12
◇横井小楠の「経綸の実学」と西洋理解　（辻本雅史）「光華女子大学研究紀要」19　1981
◇横井小楠の政治主体の形成過程―思想の形成と実学党結成前夜を中心に　（楢原孝俊）「九州史学」72　1981.10
◇横井小楠の政治意識　（板垣哲夫）「山形大学史学論集」2　1982.2
◇平和主義者横井小楠の教え（特集・坂本龍馬の人脈と維新）（八尋陽一郎）「歴史と人物」12(2)　1982.2
◇経済と道徳―横井小楠とA.スミス　（山崎益吉）「高崎経済大学論集」24(4)　1982.3
◇幕末期越前藩藩政改革路線に関する一考察―横井小楠「国是三論」をめぐって　（高木不二）「三田学会雑誌」75(3)　1982.6
◇横井小楠記念館成る!!（歴史トピックス(50)）（花立三郎）「歴史と旅」9(12)　1982.10
◇「学校問答書」における「人才」と「政事」―横井小楠の政治思想(1)　（内藤俊彦）「法学理論（新潟大）」15(1)　1982.10
◇熊本市・小楠先生頌徳の碑文　（徳永洋）「石人」280　1983.1
◇維新変革における政治的近代化を切り拓く政治主体性とそのエートスの成立―ペリー来航前夜左の横井小楠の思想と行動を中心に　（楢原孝俊）「政治研究」30　1983.3
◇自ら政策化した開国論―横井小楠―特集・攘夷か開国か―国防意識のめざめ　（白石一郎）「歴史と人物」13(13)　1983.11
◇小楠研究の現状と課題(1)　（花立三郎）「熊本近代史研究会会報」167　1983.11
◇6 横井小楠の開国論について―幕末期における思想変容の一形態とし

◇て(III伝統的思想の変革) (東川恭子)「日本思想史への試論」1979 1983.12
◇横井小楠における政治思想の原点構造 (楢原孝俊)「政治研究」31 1984.3
◇横井小楠―朱子学継受を契機とする政治思想の転換―「勢」から「徳礼」へ (楢原孝俊)「政治研究」32 1985.3
◇山崎正薫編『横井小楠伝記編』『横井小楠遺稿編』について (水野公寿)「熊本近代史研究会会報」191 1986.1
◇横井小楠・元田永孚と菊池氏精神 (堤克彦)「熊本近代史研究会会報」194 1986.4
◇福井県の産業・経済近代化を進めた人―偉大な論策家・横井小楠 (三上一夫)「調査月報(福井経済経営研究所)」27 1986.5
◇横井小楠の思想周辺に関する一考察―桜園・小楠の接点と訣別 (堤克彦)「熊本近代史研究会会報」200 1986.11
◇横井小楠の学問についての一考察 (楢原孝俊)「熊本近代史研究会会報」200 1986.11
◇横井小楠暗殺と石見銀山をめぐる人々 (石村禎久)「郷土石見」19 1987.8
◇横井小楠と耶蘇教―有道論としてのキリスト教理解 (岡村遼司)「社会科学討究(早稲田大学大隈記念社会科学研究所)」33(1) 1987.9
◇徳川経済思想史論叙説(1) 横井小楠と『大学』 (山崎益吉)「高崎経済大学論集」30(1・2)(創立30周年記念号) 1987.9
◇(資料)横井小楠研究文献目録稿 (水野公寿)「熊本近代史研究会会報」210 1987.10
◇横井小楠の学問方法と政治論 (楢原孝俊)「熊本近代史研究会会報」210 1987.10
◇横井小楠―近代政治思想形成史における巨視的位相 (楢原孝俊)「政治研究」35 1988.3
◇人とことば―横井小楠と開国の理想 (円谷真護)「歴史研究」323 1988.3
◇徳川経済思想史論叙説(2) 横井小楠と『大学』 (山崎益吉)「高崎経済大学論集」30(3・4)(真保潤一郎教授退職記念号) 1988.3
◇日本における儒教活用の一局面―横井小楠と勝海舟の場合 (松浦玲)「所報(桃山学園大・総合研)」14(1) 1988.7
◇徳川経済思想史論叙説(3) 横井小楠と「大学」 (山崎益吉)「高崎経済大学論集」31(2) 1988.9
◇徳川経済思想史論叙説(4) 横井小楠と「中庸」 (山崎益吉)「高崎経済大学論集」31(4) 1989.3
◇横井小楠の政治思想―為政者観・政治家論の一研究 (中払仁)「国士館大学政経論叢」67 1989.3
◇徳川経済思想史論叙説(5) 横井小楠と実学 (山崎益吉)「高崎経済大学論集」32(1) 1989.6
◇横井小楠研究の文献について (水野公寿)「研究紀要(熊本県高等学校社会科研)」20 1990.3
◇平成時代を拓くリーダーの条件―変革期のリーダーシップ (山本七平)「Will」9(8) 1990.8
◇横井小楠における学問方法の歴史的位相 (楢原孝俊)「政治研究」38 1991.3
◇横井小楠の経済思想 (荒牧一利)「九州経済学会年報」1991年 1991.10
◇横井小楠と幕末の福井藩―その「開国」と「公議」を中心に (李雲)「駒沢大学外国語部論集」35 1992.3
◇小楠翁実歴 (堤克彦)「市史研究くまもと」3 1992.3
◇佐久間象山と横井小楠の「富国思想」(1)日本における「重商主義」思想の展開 (矢嶋道文)「短大論叢(関東学院女子短期大学)」88 1992.7
◇横井小楠の経済思想―小楠「実学」の生成とその意義に関する一考察 (植田知子)「同志社大学商業論集」27 1992.9
◇『天道覚明論』の成立背景に関する歴史的考察(2)横井小楠の天皇観の変遷 (堤克彦)「熊本史学」68・69 1992.11
◇史的考察(2)横井小楠の天皇観の変遷 (堤克彦)「熊本史学(熊本史学会)」68・69 1992.11
◇「小楠堂詩草」註釈(2)(1)横井小楠の「格致」について(1) (内藤俊彦)「法政理論」25(2) 1992.11
◇佐久間象山と横井小楠の「富国思想」(2)日本における「重商主義」思想の展開 (矢嶋道文)「関東学院女子短期大学短大論叢」89 1993.1
◇横井小楠・佐久間象山の海防論―両論の異同性を中心に (三上一夫)「福井工業大学研究紀要第2部」23 1993.3
◇横井小楠における自然法的天理の成立 (楢原孝俊)「近代熊本」24 1993.9
◇横井小楠の政治改革構想 (森藤一史)「近代熊本」24 1993.9
◇横井小楠研究について (水野公寿)「近代熊本」24 1993.9
◇越前藩の横井小楠招聘とその背景について (堤克彦)「近代熊本」24 1993.9
◇文久期幕政改革にみる横井小楠の論策 (三上一夫)「近代熊本」24 1993.9
◇柳川藩の動向と横井小楠―幕末維新期の事情 (新藤東洋男)「近代熊本」24 1993.9

◇江戸期における重商主義論の展開―佐藤信淵と横井小楠 (折原裕)「敬愛大学研究論集」44 1993.9
◇越前藩の横井小楠招聘をめぐる思想史的考察(幕末改革の思想〈特集〉) (高木不二)「季刊日本思想史」43 1994
◇横井小楠のラディカルな思想(幕末史話―"第三の開国"のさ中に(15)) (松本健一)「エコノミスト」72(4) 1994.1.25
◇横井小楠における「天」観念の原理的転生 (楢原孝俊)「政治研究」41 1994.3
◇横井小楠の「血統論」について (内藤俊彦)「法政理論(新潟大学法学会編)」26(4) 1994.3
◇横井小楠・元田永孚―「公議政体」から「天皇親政」へ (内藤辰郎)「新しい歴史学のために」213 1994.5
◇現代社会の危機と横井小楠の実学 (山崎益吉)「高崎経済大学論集」高崎経済大学 37(4) 1995.3 p1～22
◇「4海を鑿にする」―横井小楠の「交易」論と「公」観念の検討 (内藤俊彦)「法政理論」新潟大学人文学部 27(3・4) 1995.3 p214～238
◇横井小楠の交友関係―小楠と龍馬を中心として (堤克彦)「熊本史学」熊本史学会 70・71 1995.5 p1～32
◇横井小楠の中国観についての一考察 (陳衛平)「哲学・思想論叢」筑波大学哲学・思想学会 第14号 1996.1 p53～60
◇横井小楠の「誠意」について (内藤俊彦)「法学」東北大学法学会 59(6) 1996.1 p958～980
◇地方史研究によせて―思想史と地方史のはざまで―横井小楠研究を通してみた熊本の地方史研究の課題 (堤克彦)「地方史研究」地方史研究協議会 46(1) 1996.2 p99～101
◇江戸期における「公」観念の推移―荻生徂徠と横井小楠 (中払仁)「国士館大学政経論叢」国士館大学政経学会 99 1997.3 p1～24
◇横井小楠から周六社へ(2) (一)横井小楠―朱子学の近代的開眼―(2) (上原三至)「芸術」大阪芸術大学 20 1997.11 p46～53
◇横井小楠の「実学」思想の形成過程 (堤克彦)「熊本史学」熊本史学会 74・75 1998.3 p1～29
◇文久2年横井小楠「士道忘却云々」一件と元田永孚の小楠弁護意見書について(特集 歴史の虚像と実像) (沼田哲)「日本歴史」吉川弘文館 600 1998.5 p111～116
◇明治維新における「王政」と「公議」―横井小楠と大久保利通を手がかりに (三谷博)「季刊アステイオン」ティビーエス・ブリタニカ 50 1998.10 p176～195
◇横井小楠の経済思想『富国論』の現代的意義 (山崎益吉)「高崎経済大学論集」高崎経済大学学会 41(2) 1998.11 p1～16
◇中国における横井小楠思想の紹介について (陳衛平)「倫理学」筑波大学倫理学原論研究会 第15号 1998.12 p87～92
◇横井小楠の政治思想―幕政改革と共和政治論 (岡崎正道)「Artes liberales」岩手大学人文社会科学部 64 1999.6 p1～16
◇特集 横井小楠の謎 「歴史研究」人物往来社歴史研究会 458 1999.7 p14～33
◇横井小楠の経済思想―『時務策』の現代的意義 (山崎益吉)「高崎経済大学論集」高崎経済大学学会 42(2) 1999.9 p1～16
◇横井小楠と福沢諭吉における文明観と政策論 (北野雄士)「大阪産業大学論集 人文科学編」大阪産業大学学会 99 1999.10 p1～14
◇開国と殖産興業の哲学―横井小楠の場合(国際シンポジウム 東アジアの伝統文化と国際交流―21世紀に生きる知的遺産) (内藤俊彦)「法政理論」新潟大学人文学部 32(2) 1999.11 p166～171
◇お雇い外国人フルベッキ先生と鯨飲横井小楠師弟が呼んだ明治の曙光(人物で語り継ぐ東西交流史〔5・最終回〕)「毎日グラフ・アミューズ」52(21) 1999.11.10 p74～76
◇横井小楠と水戸学―「修己」、政治、日本文明観を巡って (北野雄士)「大阪産業大学論集 社会科学編」大阪産業大学学会 114 2000.3 p31～41
◇横井小楠における攘夷論から開国論への転回 (源了円)「アジア文化研究」国際基督教大学 26 2000.3 p224～197
◇横井小楠の実心実学と東アジア (山崎益吉)「高崎経済大学論集」高崎経済大学学会 43(3) 2001.3 p1～15
◇初期横井小楠の政策思想と『時務策』 (西岡幹雄)「経済学論叢」同志社大学経済学会 52(3) 2001.3 p754～793
◇横井小楠『富国論』の形成と開放的産業政策思想 (西岡幹雄)「経済学論叢」同志社大学経済学会 53(2) 2001.9 p209～247
◇横井小楠の社会経済思想と経済合理主義 (山崎益吉)「産業研究」高崎経済大学附属産業研究所 37(1) 2001.9.30 p1～15
◇東アジア三国における『海国図志』と横井小楠(特集 近代日本と東アジア) (源了円)「季刊日本思想史」ぺりかん社 60 2002 p3～34
◇大塚退野、平賀深淵、横井小楠―近世熊本における「実学」の一系譜 (北野雄士)「大阪産業大学論集 人文科学編」大阪産業大学学会 107 2002 p23～38
◇日本と中国における改革思想と伝統的権威―横井小楠と康有為を中心に(特集 近代日本と東アジア) (石津達也)「季刊日本思想史」ぺりかん社 60 2002 p35～67
◇横井小楠における天の観念とキリスト教 (源了円)「アジア文化研

究別冊）」国際基督教大学アジア文化研究所 11 2002 p97～138
◇横井小楠と道徳哲学―A. スミスとの比較において（山崎益吉）「高崎経済大学論集」高崎経済大学経済学会 45（2）2002.9 p1～17
◇横井小楠における天の概念とキリスト教（源了円）「アジア文化研究別冊」国際基督教大学アジア文化研究所 11 2002.9 p97～138
◇実学と東アジア資本主義―横井小楠の民富論（山崎益吉）「産業研究」高崎経済大学附属産業研究所 38（2）2003.3.25 p1～16
◇由利公正と横井小楠の政治思想と実践―由利公正の福井藩時代の実践を中心として（国士舘大学政経論叢）」国士舘大学政経学会 2003（3）2003.9 p31～49
◇横井小楠と荻生徂徠―思想の基底にある儒教文化と理想の社会像を巡って（北野雄士）「大阪産業大学論集 人文科学編」大阪産業大学学会 112 2004 p17～32
◇横井小楠と坂本龍馬―その共通性と異質性（北野雄士）「大阪産業大学人間環境論集」大阪産業大学学会 3 2004 p45～59
◇横井小楠の学問観の変遷に対する一考察（張竜竜）「名古屋大学中国哲学論集」名古屋大学中国哲学研究会 3 2004 p76～87
◇Bibliotheca Japonica（79）幕末日本人の海外知識 『海国図志』と横井小楠を中心に（1）（八木正自）「日本古書通信」日本古書通信社 69（7）2004.7 p26
◇Bibliotheca Japonica（81）幕末日本人の海外知識 『海国図志』と横井小楠を中心に（2）（八木正自）「日本古書通信」日本古書通信社 69（9）2004.9 p27
◇吉田松陰と横井小楠の実業教育について（大川時夫、堤一郎）「職業能力開発研究」職業能力開発総合大学校能力開発研究センター 23 2005 p51～62
◇文久2～3年の政治危機と横井小楠―献策に込められた究極目的は何か（北野雄士）「大阪産業大学論集 人文科学編」大阪産業大学学会 116 2005 p101～116
◇横井小楠の暗殺をめぐる事件と「天道覚明論」をめぐる問題（源了圓）「アジア文化研究 別冊」国際基督教大学アジア文化研究所 14 2005 p105～155
◇幕末期における言説編制と西洋啓蒙思想の受容―横井小楠と加藤弘之を中心に（納谷節夫）「大阪大学言語文化学」大阪大学言語文化学会 14 2005 p117～130
◇横井小楠の「感懐」詩について（野口宗親）「熊本大学教育学部紀要 人文科学」熊本大学教育学部 55 2006 p203～216
◇政治家暗殺（平成19年迎春総力特集・明治・大正・昭和・平成19の「日本初」怪事件簿）（村山望）「新潮45」新潮社 26（1）2007.1 p34～35
◇横井小楠の署名考（山口宗之）「史料」皇學館大學史料編纂所 211 2007.10.10 p6～9
◇地球規模化する世界での普遍のつくりかた―吉田松陰と横井小楠（特集 日本思想史の核心）（桐原健真）「大航海」新書館 67 2008 p150～157
◇水戸学と幕末武士層―横井小楠による受容と批判をめぐって（北野雄士）「大阪産業大学人間環境論集」大阪産業大学学会 7 2008 p43～65
◇福井時代の横井小楠―漢詩を通して（野口宗親）「熊本大学教育学部紀要 人文科学」熊本大学教育学部 57 2008 p284～267
◇幕末期「公議」運動の歴史的意義について―横井小楠の「公共」観念を例に（榎本浩章）「中央大学大学院研究年報」中央大学大学院研究年報編集委員会 38法学研究科篇 2008 p387～408
◇童門冬二の日本列島・諸国賢人列伝（81）藩校の成否は藩主の心がまえひとつにある 横井小楠（8）（童門冬二）「ガバナンス」ぎょうせい 81 2008.1 p96～99
◇童門冬二の日本列島・諸国賢人列伝（82）充電の時 横井小楠（9）（童門冬二）「ガバナンス」ぎょうせい 82 2008.2 p98～101
◇人道の大義を説いた横井小楠とグローバリゼーション（村上巌）「自由」自由社 50（3）2008.3 p68～79
◇童門冬二の日本列島・諸国賢人列伝（83）定食コースを歩む小楠 横井小楠（10）（童門冬二）「ガバナンス」ぎょうせい 83 2008.3 p98～101
◇講演抄録 横井小楠と現代社会―現代社会の論理を超えて（武井昭教授、馬場宣行教授、木暮至教授、三浦達司教授、石井満教授・石井伸男教授 退職記念号）（山崎益吉）「高崎経済大学論集」高崎経済大学経済学会 50（3・4）2008.3 p249～251
◇童門冬二の日本列島・諸国賢人列伝（84）松平春嶽の懇望 横井小楠（11）（童門冬二）「ガバナンス」ぎょうせい 84 2008.4 p106～109
◇童門冬二の日本列島・諸国賢人列伝（85）地獄から釣り上げられる 横井小楠（12）（童門冬二）「ガバナンス」ぎょうせい 85 2008.5 p118～121
◇童門冬二の日本列島・諸国賢人列伝（86）横井小楠（13）「養子藩主」と「少数派」で苦悩する越前藩（童門冬二）「ガバナンス」ぎょうせい 86 2008.6 p108～111
◇童門冬二の日本列島・諸国賢人列伝（87）横井小楠（14）能力の証明は藩富の実現で（童門冬二）「ガバナンス」ぎょうせい 87 2008.7 p108～111

◇童門冬二の日本列島・諸国賢人列伝（88）横井小楠（15）名馬、名伯楽に出会う（童門冬二）「ガバナンス」ぎょうせい 88 2008.8 p108～111
◇童門冬二の日本列島・諸国賢人列伝（89）横井小楠（16）大獄処罰者のまきかえし（童門冬二）「ガバナンス」ぎょうせい 89 2008.9 p106～109
◇童門冬二の日本列島・諸国賢人列伝（90）幕政改革に思いきった意見 横井小楠（17）（童門冬二）「ガバナンス」ぎょうせい 90 2008.10 p108～111
◇童門冬二の日本列島・諸国賢人列伝（91）幕府エリートを説得 横井小楠（18）（童門冬二）「ガバナンス」ぎょうせい 91 2008.11 p108～111
◇童門冬二の日本列島・諸国賢人列伝（92）小楠の国是七条、幕府が実行する 横井小楠（19）（童門冬二）「ガバナンス」ぎょうせい 92 2008.12 p108～111
◇横井小楠の長岡監物宛の一書簡について（吉田公平）「東洋学研究」東洋大学東洋学研究所 46 2009 p424～416
◇童門冬二の日本列島・諸国賢人列伝（93）幕府のトップと論争 横井小楠（20）（童門冬二）「ガバナンス」ぎょうせい 93 2009.1 p108～111
◇横井小楠の本庄一郎宛て書簡について（吉田公平）「白山中国学」東洋大学中国学会 15 2009.1 p47～63
◇童門冬二の日本列島・諸国賢人列伝（94）突然ひっぱりダコになる 横井小楠（21）（童門冬二）「ガバナンス」ぎょうせい 94 2009.2 p108～111
◇童門冬二の日本列島・諸国賢人列伝（95）幕府顧問は藩の猛反対で消える 横井小楠（22）（童門冬二）「ガバナンス」ぎょうせい 95 2009.3 p108～111
◇横井小楠生誕二百周年記念講演 実学の系譜―中江藤樹・熊沢蕃山・横井小楠（源了圓）「環」藤原書店 37 2009.Spr. p9～15
◇童門冬二の日本列島・諸国賢人列伝（96）世界には有道と無道の国がある 横井小楠（23）（童門冬二）「ガバナンス」ぎょうせい 96 2009.4 p108～111
◇童門冬二の日本列島・諸国賢人列伝（97）苦肉の攘夷開国論 横井小楠（24）（童門冬二）「ガバナンス」ぎょうせい 97 2009.5 p108～111
◇童門冬二の日本列島・諸国賢人列伝（98）いま日本の進路に生かすべき小楠の主張 横井小楠（25）（童門冬二）「ガバナンス」ぎょうせい 98 2009.6 p106～109
◇西郷隆盛と横井小楠（徳永洋）「霊山歴史館紀要」霊山顕彰会 19 2009.7 p3～17

吉井友実 よしいともざね 1827～1891
幕末、明治期の鹿児島藩士、政治家。
【図 書】
◇新選組と出会った人びと（伊東成郎著）河出書房新社 2004.2 254p

芳川顕正 よしかわあきまさ 1841～1920
明治、大正期の官僚、政治家。伯爵、枢密顧問官。
【図 書】
◇首都計画の政治―形成期明治国家の実像（近代日本研究双書）（御厨貴）山川出版社 1984.11
【雑 誌】
◇憲政資料室の新収資料―芳川顕正文書・財部彪文書・海野昔吉文書「国立国会図書館月報」241 1981.4
◇教育勅語の渙発と芳川顕正（影山昇）「愛媛大学教育学部紀要 第1部 教育科学」30 1984
◇なぜ東京を首都と定めたのか―ドキュメント東京大改造・明治の東京計画（田原総一朗）「潮」382 1991.1
◇華族の事件簿・芳川伯爵家若夫人―鎌子の心中未遂事件（特集・まぼろしの名家 華族80年の栄枯盛衰―華族とは何か、その存在意義と波瀾万丈のドラマ）（秋元龍）「歴史と旅」27（6）2000.4 p80～83

吉田清成 よしだきよなり 1845～1891
明治期の外交官。子爵、農商務次官。
【図 書】
◇近代日本の政党と官僚（山本四郎編）東京創元社 1991.11
◇吉田清成関係文書 2（京都大学文学部日本史研究室編）思文閣出版 1997.2 367p（京都大学史料叢書）
◇吉田清成関係文書 3（京都大学文学部日本史研究室編）思文閣出版 2000.8 381p（京都大学史料叢書）
◇吉田清成関係文書 4（京都大学文学部日本史研究室編）思文閣出版 2008.8 458p（京都大学史料叢書）
【雑 誌】
◇明治6年7分利付外債の募集過程―吉田清成らとロンドン金融市場（千田稔）「経済集志」54（1）1984.4
◇戦前外債小史序―吉田清成のことども（宇野健吾）「筑波大学経済

学論集」 17 1986.3
◇吉田・エバーツ協定の一考察―吉田清成関係文書による （山本四郎）「史林」 76(6) 1993.11

吉田松陰　よしだしょういん　1830～1859
幕末の長州（萩）藩士。
【図書】
◇草莽の維新史 （寺尾五郎） 徳間書店 1980.2
◇近世革新思想の系譜 （市井三郎） 日本放送出版協会 1980.5 （新NHK市民大学叢書3）
◇吉田松陰をめぐる女性たち （木俣秋水） 大和書房 1980.5
◇列伝・青春の死―白鳳から大正まで （よこみつる編著） 栄光出版社 1980.11
◇日本の思想 下 （荒木繁ほか） 新日本出版社 1980.12
◇吉田松陰 （奈良本辰也） 改版 岩波書店 1981.2 （岩波新書）
◇「狂」を生きる （奈良本辰也） PHP研究所 1981.7
◇吉田松陰の周辺―受業生の書簡 （山下秀範） 人物往来社 1981.9
◇日本的心情論の構造 （春日佑芳） ぺりかん社 1981.9
◇河上徹太郎著作集6 吉田松陰他 （河上徹太郎） 新潮社 1981.10
◇人物を語る―激動期の群像 （奈良本辰也） 潮出版社 1981.11
◇徳山大学創立10周年記念論文集 徳山大学経済学会 1981.11
◇吉田松陰 （徳富蘇峰） 岩波書店 1981.11 （岩波文庫）
◇覇者の系譜―乱世の人物にみる行動力と知謀(対論) （会田雄次, 奈良本辰也） 広済堂出版 1981.12
◇複眼の視座―日本近世史の虚と実 （松園修） 角川書店 1981.12
◇宇都宮黙霖・吉田松陰往復書翰 （川上喜蔵編著） 錦正社 1982.2 （国学研究叢書 第5編）
◇吉田松陰 （三浦実文, 貝原浩イラスト） 現代書館 1982.2 （For beginnersシリーズ）
◇私塾―近代日本を拓いたプライベート・アカデミー （リチャード・ルビンジャー, 石附実訳, 海原徹訳） サイマル出版 1982.2
◇精神史的考察―いくつかの断面に即して （藤田省三） 平凡社 1982.4 （平凡社選書 72）
◇幕末群像―大義に賭ける男の生き方 （奈良本辰也） ダイヤモンド社 1982.4 （シリーズ・歴史の発想 2）
◇歴史を変えた愛と行動 （赤星彰） 八重岳書房 1982.5
◇歴史の精神―大衆のエトスを基軸として （松本健一） 柏書房 1982.7
◇吉田松陰 （玖村敏雄） マツノ書店 1982.8
◇吉田松陰 （冨成博） 長周新聞社 1982.9
◇日本の近代化と維新 （今中寛司編） ぺりかん社 1982.9
◇人物探訪日本の歴史 15 幕末の英傑 暁教育図書 1982.12
◇歴史への招待 25 日本放送出版協会 1983.2
◇吉田松陰の詩藻―詩と短歌と俳句の年代別研究 （山中鉄三） 徳山大学総合経済論集 1983.4 （徳山大学研究叢書 4）
◇近世私塾の研究 （海原徹） 思文閣出版 1983.6
◇古典大系日本の指導理念 3 公道の根本 3 近代日本への模索の方法 （源了円ほか編） 第一法規出版 1983.7
◇素顔の吉田松陰 （前野喜代治） 成文堂 1983.8
◇維新史の青春激床―動乱期に情熱を賭けた獅子たちの熱血譜 （藤田公道） 日本文芸社 1983.10
◇古典大系日本の指導理念 9 公務者の人生論 3 士道の再建をめざして （源了円ほか編） 第一法規出版 1983.10
◇幕末維新の思想家たち （山田洸） 青木書店 1983.12
◇吉田松陰の遊歴 復刻 （妻木忠太） 村田書店 1984
◇医学史話 杉田玄白から福沢諭吉 （藤野恒三郎著） 菜根出版 1984.1
◇吉田松陰のすべて （奈良本辰也編） 人物往来社 1984.3
◇吉田松陰(岩波クラシックス 59) （徳富蘇峰著） 岩波書店 1984.3
◇松陰の教学と杉家(松陰教学シリーズ 1) （松風会編） 松風会 1984.3
◇山岡荘八全集 42 吉田松陰 講談社 1984.4
◇シンポジウム 幕末維新と山陽道 上 山陽新聞社 1984.5
◇日本の名著 31 吉田松陰(中公バックス) （松本三之介責任編集） 中央公論社 1984.6
◇松下村塾―教育の原点をさぐる(現代教養文庫 1110) （池田諭著） 社会思想社 1984.7
◇歴史の群像 8 信念 （沢田ふじ子ほか著） 集英社 1984.9
◇日本の名著 40 徳富蘇峰・山路愛山(中公バックス) （隅谷三喜男責任編集） 中央公論社 1984.10
◇吉田松陰を語る(大和選書) （司馬遼太郎他著） 大和書房 1985.1
◇吉田松陰の教育像 （吉村忠幸） 吉村忠幸 1985.3
◇日本史探訪 19 開国か攘夷か 角川書店 1985.5
◇幕末風塵録 （綱淵謙錠著） 文芸春秋 1986.4
◇武士道の歴史〈3〉 （高橋富雄著） 新人物往来社 1986.5
◇日本思想史入門 第2版 （相良亨編） ぺりかん社 1986.5

◇佐幕派論議 （大久保利謙著） 吉川弘文館 1986.5
◇実学思想の系譜(講談社学術文庫) （源了円著） 講談社 1986.6
◇吉田松陰の恋(文春文庫) （古川薫著） 文芸春秋 1986.7
◇女たちの明治維新 （小松浅乃著） 文園社 1986.11
◇男の人望―何が人をひきつけるか （童門冬二ほか著） 三笠書房 1987.1
◇逃げない男たち―志に生きる歴史群像〈下〉 （林左馬衛, 中薗英助, 今川徳三, 古川薫, 杉浦明平, 栗原隆一, 邦光史郎著） 旺文社 1987.3
◇人間学のすすめ （安岡正篤著） 福村出版 1987.4
◇吉田松陰の甦る道 上 （松風会編） 松風会 1987.7 （松陰教学シリーズ 2）
◇五条市史 新修・史料 （五条市史編集委員会編） 五条市 1987.10
◇人間の旗 小説吉田松陰 （大林しげる） 潮出版社 1987.10
◇吉田松陰ザ・語録 （森友幸照） 中経出版 1988.1
◇吉田松陰ザ語録―「男の生き方」コンセプト （森友幸照著） 中経出版 1988.1
◇維新の長州 （古川薫著） （大阪）創元社 1988.2
◇吉田松陰明治維新の精神的起源 南窓社 1988.3
◇吉田松陰―明治維新の精神的起源 （ハインリッヒ・デュモリン著, 東中野修道訳） 南窓社 1988.3
◇私の人間学〈下〉 （池田大作著） 読売新聞社 1988.8
◇日本史 人物列伝 （奈良本辰也著） 徳間書店 1988.9 （徳間文庫）
◇吉田松陰とその門下 （古川薫著） PHP研究所 1988.9 （PHP文庫）
◇明治維新とフランス革命 （小林良彰著） 三一書房 1988.12
◇吉田松陰の研究 （広瀬豊） マツノ書店 1989
◇ビジュアルワイド 新日本風土記〈35〉山口県 ぎょうせい 1989.4
◇幕末風塵録 （綱淵謙錠著） 文芸春秋 1989.4 （文春文庫）
◇日本刑事政策史上の人々 （日本刑事政策研究会編） 日本加除出版 1989.4
◇摩擦に立つ文明―ナウマンの牙の射程 （五十嵐一著） 中央公論社 1989.4 （中公新書）
◇吉田松陰の研究 （広瀬豊著） マツノ書店 1989.6
◇吉田松陰 （古川薫） 光文社 1989.6 （光文社文庫）
◇保田与重郎全集〈別巻4〉対談・講演 （保田与重郎著） 講談社 1989.7
◇幕末維新の志士読本 （奈良本辰也著） 天山出版 1989.9 （天山文庫）
◇評伝 前原一誠―あ、東方に道なきか （奈良本辰也著） 徳間書店 1989.10 （徳間文庫）
◇幕末・維新大百科―激動の時代が何でもわかる本 （歴史トレンド研究会編） ロングセラーズ 1989.11 （ムックセレクト）
◇松陰先生と吉田稔磨 復刻版 （栗栖守衛） マツノ書店 1990
◇松陰先生交友録 復刻版 マツノ書店 1990
◇「物語」としての異界 （百川敬仁著） 砂子屋書房 1990.1 （ディヴィニタス叢書）
◇幕末・維新おもしろ群像―風雲の世の主役たちを裸にする （河野亮著） 広済堂出版 1990.1 （広済堂ブックス）
◇NHK 歴史への招待〈第22巻〉海援隊と奇兵隊 （日本放送協会編） 日本放送出版協会 1990.1 （新コンパクト・シリーズ）
◇吉田松陰 新装版 （池田諭） 大和書房 1990.2
◇吉田松陰を語る 新装版 （司馬遼太郎, 奈良本辰也他著） 大和書房 1990.2
◇教育人物読本―先人に学ぶ教育経営 （曽根信吾著） 学事出版 1990.4 （学校管理職の教養・実務選書）
◇吉田松陰 （池田諭） PHP研究所 1990.5 （歴史人物シリーズ―幕末・維新の群像）
◇倒幕の思想・草莽の維新 （寺尾五郎編著） 社会評論社 1990.8 （思想の海へ「解放と変革」）
◇旅と地理思想 （大嶽幸彦著） 大明堂 1990.10
◇民の理―世直しへの伏流 （石渡博明編著） 社会評論社 1990.10 （思想の海へ「解放と変革」）
◇日本人は何を失(なく)したのか―西郷隆盛が遺したこと （加来耕三著） 講談社 1990.10
◇留魂録 （吉田松陰著, 古川薫訳） 徳間書店 1990.10
◇吉田松陰と松下村塾 （海原徹著） （京都）ミネルヴァ書房 1990.12
◇幕末・長州に吹いた風 （古川薫著） PHP研究所 1990.12 （PHP文庫）
◇松陰先生交友録 （福本義亮） マツノ書店 1991
◇日本教師論―松陰・藤樹・淡窓に学ぶ （小野禎一著） 近代文芸社 1991.2
◇江戸の兵学思想 （野口武彦著） 中央公論社 1991.2
◇松陰と女囚と明治維新 （田中彰著） 日本放送出版協会 1991.3 （NHKブックス）
◇維新を駆ける―吉田松陰と高杉晋作 （清水唯夫） 中国新聞社 1992
◇吉田松陰の甦る道 下 （松風会編） 松風会 1992.5 （松陰教学シ

リーズ 4)
◇われに万古の心あり—幕末藩士 小林虎三郎 (松本健一著) 新潮社 1992.5
◇ものぐさ精神分析 (岸田秀著) 青土社 1992.6 (岸田秀コレクション)
◇人生の熱き指導者たち 日本テレビ放送網 1992.6 (知ってるつもり?!)
◇志ありせば 吉田松陰 (奈良本辰也著) 広済堂出版 1992.7
◇吉田松陰の東北紀行 (滝北洋之) (会津若松)歴史春秋社 1992.12
◇吉田松藤の東北紀行 (滝沢洋之) 歴史春秋社 1993
◇近世私塾の研究 (海原徹著) (京都)思文閣出版 1993.2
◇吉田松陰 〔特装版〕 (奈良本辰也著) 岩波書店 1993.7 (岩波新書の江戸時代)
◇高杉晋作と久坂玄瑞 〔新装版〕 (池田諭著) 大和書房 1993.9
◇「兄弟型」で解く江戸の怪物 (畑田国男, 武光誠著) トクマオリオン 1993.9 (トクマオーブックス)
◇吉田松陰 男の自己変革 (森友幸照) 三笠書房 1993.10 (知的生きかた文庫)
◇松下村塾の人びと—近世私塾の人間形成 (海原徹著) (京都)ミネルヴァ書房 1993.10
◇吉田松陰—独り, 志に生きる (古川薫著) PHP研究所 1993.12 (PHP文庫)
◇捨て勝つ—この時を超えた男の魅力を見よ (河野守宏著) 大和出版 1994.2
◇江戸幕末大不況の謎—なぜ薩長が生き残ったのか (邦光史郎著) 光文社 1994.5 (カッパ・ブックス)
◇幕末の青春譜 長州暴山—疾風怒濤の時代を生きた若き志士たち (古川薫著) ベストセラーズ 1994.6 (WANI-SELECTION)
◇松下村塾 (古川薫著) 新潮社 1995.8 205p (新潮選書)
◇吉田松陰 30年の生涯—わたしの人間発見 (鈴木喜代春作, 阿部合一絵) あすなろ書房 1995.11 182p
◇激変の時代を生き抜く発想と行動—幕末・明治の大物にみる (黒川志津雄著) 日新報道 1995.12 228p
◇吉田松陰撰集—人間松陰の生と死 脚注解説 (松風会編纂) 松風会 1996.2 766p
◇松下村塾と吉田松陰—維新史を走った若者たち (古川薫著) 新日本教育図書 1996.3 206p
◇詩歌と歴史と生死 第4巻 (福田昭昌著) 教育開発研究所 1996.6 249p
◇風になった男, 吉田松陰—二十一世紀の扉を開くために (渡部かつみ著) 山上書房 1996.7 206p
◇私塾が人をつくる—人材を磨く手づくり教育のすすめ (大西啓義著) ダイヤモンド社 1996.7 215p
◇吉田松陰—松下村塾の指導者 (福川祐司著) 講談社 1996.10 189p (講談社 火の鳥伝記文庫)
◇吉田松陰 (渡辺美好編) 日外アソシエーツ 1996.11 338p (人物書誌大系)
◇3分間で読む 生きる喜び (花岡大学著) 同朋舎出版 1997.2 237p
◇古代ユダヤの刻印—現代に蘇生する秦氏の血脈 (宇野正美著) 日本文芸社 1997.5 292p
◇われに万古の心あり—幕末藩士小林虎三郎 (松本健一著) 筑摩書房 1997.7 365p (ちくま学芸文庫)
◇吉田松陰 誇りを持って生きる!—信念と志をまっとうした男の行動 (森友幸照著) すばる舎 1997.10 252p
◇幕末維新 奔流の時代 新装版 (青山忠正著) 文英堂 1998.1 239p
◇吉田松陰 (高橋文博著) 清水書院 1998.4 252p (Century Books)
◇松下村塾をめぐりて 復刻版 (福本義亮著) マツノ書店 1998.6 216p
◇幕末維新・群像の死に際 (合田一道著) 小学館 1998.10 303p (小学館ライブラリー)
◇はじめに志ありき—明治に先駆けた男 吉田松陰 (阿部博人著) 致知出版社 1998.11 295p
◇この日本人を見よ—在りし日の人たち (馬野周二著) フォレスト出版 1998.12 263p
◇異端と反逆の思想史—近代日本における革命と維新 (岡崎正道著) ぺりかん社 1999.1 313p
◇新版 江戸から東京へ (矢田挿雲著) 中央公論社 1999.1 418p (中公文庫)
◇歴史に観る日本の行く末—予言されていた現実! (小室直樹著) 青春出版社 1999.2 294p
◇五人の先哲者に学べ—日本再生への道 (吉田寅二郎著) 日新報道 1999.2 209p
◇近代日本政治思想史入門—原典で学ぶ19の思想 (大塚健洋編著) ミネルヴァ書房 1999.5 348p
◇激論 日本経済の「謎」を徹底解剖する (田原総一朗, K.V.ウォルフ

レン, 船井幸雄, 浜矩子, 太田晴雄著) ビジネス社 1999.5 167p (One Plus Book)
◇江戸の兵学思想 (野口武彦著) 中央公論新社 1999.5 395p (中公文庫)
◇国木田独歩論—独歩における文学者の誕生 (鈴木秀子著) 春秋社 1999.6 319p
◇堂々日本史 第24巻 (NHK取材班編) KTC中央出版 1999.7 247p
◇日本政治の過去・現在・未来—慶応義塾大学法学部政治学科開設百年記念講座 (小林良彰編, 利光三津夫, 中村勝範, 堀江湛, 住田良能, 橋本五郎, 塩田潮, 江口克彦, 小泉純一郎著) 慶應義塾大学出版会 1999.8 282p
◇生存からの離脱—吉田松陰 (二神俊二著) 文芸社 1999.11 151p
◇漢文名作選 第2集 5 (鎌田正監修, 国金海二, 若林力著) 大修館書店 1999.12 258,10p
◇吉田松陰津軽の旅 (柳沢良知著) 〔柳沢良知〕 〔2000〕 67p
◇手紙と人生 (安岡正篤編著) 郷学研修所・安岡正篤記念館 2000.1 197p
◇幕末日本の情報活動—「開国」の情報史 (岩下哲典著) 雄山閣出版 2000.1 377p
◇人物探訪 地図から消えた東京遺産 (田中聡著) 祥伝社 2000.2 297p (祥伝社黄金文庫)
◇中日文化交流史話 (王暁秋著, 木田知生訳) 日本エディタースクール出版部 2000.2 197p (中国文化史ライブラリー)
◇琉球—異邦典籍と史料 (山口栄鉄著) 榕樹書林 2000.2 178p
◇松陰先生の教育力 (広瀬豊著) マツノ書店 2000.3 414,12p
◇日本のエロティシズム (百川敬仁著) 筑摩書房 2000.4 235p (ちくま新書)
◇楽しく調べる人物図解日本の歴史—江戸時代末期・明治時代 6 (佐藤和彦監修) あかね書房 2000.4 47p
◇『国木田独歩』研究 復刻版 (小野彩夫監修・解説) 牧野出版 2000.5 6冊(セット) (近代文学研究文献叢書)
◇日本より先に書かれた謎の吉田松陰伝 烈々たる日本人—イギリスの文豪スティーヴンスンがなぜ (よしだみどり著) 祥伝社 2000.10 218p (ノン・ブック)
◇吉田松陰号 マツノ書店 2000.10 194,3p
◇歴史上の人物に学ぶリーダーの条件—おごるなトップ (吉田進著) 文芸社 2000.12 135p
◇幕末明治の佐渡日記 (磯部欣三著) 恒文社 2000.12 19,390p
◇NIPPONの気概—使命に生きた先人たち (上原卓著) モラロジー研究所 2001.3 327p
◇嘉永五年東北—吉田松陰『東北遊日記』抄 (織田久著) 無明舎出版 2001.3 232p
◇吉田松陰—世界哲学家叢書 (山口宗之著) 〔山口宗之〕 2001.3 85p
◇人生の師—混迷する時代に「勇気」と「誇り」と「優しさ」をあたえてくれる先哲人の教え (岬竜一郎著) 勁文社 2001.7 238p
◇福沢諭吉研究—福沢諭吉と幕末維新の群像 (飯田鼎著) 御茶の水書房 2001.7 439,20p (飯田鼎著作集)
◇武蔵野魂記—吉田松陰を紀行する (永эй明郎著) 宇部時報社 2001.7 282p
◇吉田松陰の人間観 (森田惣七著) 文芸社 2001.8 115p
◇対談集 世界に誇る日本人—21世紀に伝えたい日本の心 (広池幹堂著, モラロジー研究所出版部編) モラロジー研究所 2001.9 269p
◇小林虎三郎—「米百俵」の思想 (松本健一著) 学習研究社 2001.10 397p (学研M文庫)
◇吉田松陰 (徳富蘇峰著) 岩波書店 2001.11 282p (ワイド版岩波文庫)
◇日本語中・上級用読本 日本を知ろう—日本の近代化に関わった人々 (三浦昭, ワット・伊東泰子著) アルク 2001.12 231p
◇吉田松陰—変転する人物像 (田中彰著) 中央公論新社 2001.12 195p (中公新書)
◇日本の思想 下 新装版 (荒木繁, 松島栄一, 加藤文三, 河野公平, 北村実, 佐木秋夫, 藤谷俊雄, 池田敬正, 佐々木潤之介著) 新日本出版社 2001.12 302p
◇教科書が教えない歴史人物—高杉晋作, 坂本龍馬 (藤岡信勝, 小宮宏之著) 扶桑社 2002.2 305p (扶桑社ムック)
◇高杉晋作 (一坂太郎著) 文芸春秋 2002.3 236p (文春新書)
◇反「暴君」の思想史 (将基面貴巳著) 平凡社 2002.3 240p (平凡社新書)
◇吉田松陰—吟遊詩人のグラフィティ (古川薫著, 岡田嘉夫画) 小峰書店 2002.3 189p (時代を動かした人々)
◇松陰語録—いま吉田松陰から学ぶこと (童門冬二著) 致知出版社 2002.3 283p
◇日本人の心を育てた陽明学—現代人は陽明学から何を学ぶべきか (吉田和男著) 恒星出版 2002.4 277p (カルチャーフロンティア

シリーズ）
◇歴史の「いのち」―時空を超えて甦る日本人の物語　（占部賢志著）　モラロジー研究所　2002.6　343p
◇幕末維新随想―松陰周辺のアウトサイダー　（河上徹太郎著）　河出書房新社　2002.6　224p
◇人の魂は皮膚にあるのか―皮膚科医から見た、文学・人生・歴史　（小野友道著）　主婦の友社　2002.7　287p
◇高杉晋作　新装版　（梅渓昇著）　吉川弘文館　2002.7　342p　（人物叢書）
◇正論自由　第15巻（中村勝範著）　慶応義塾大学出版会　2002.7　305p
◇人をつくる教育　国をつくる教育　（小室直樹, 大越俊夫著）　日新報道　2002.7　319p
◇その時歴史が動いた　15　（NHK取材班編）　KTC中央出版　2002.8　253p
◇吉田松陰・留魂録　（古川薫訳注）　講談社　2002.9　217p　（講談社学術文庫）
◇国を興すは教育にあり―小林虎三郎と「米百俵」　（松本健一著）　麗沢大学出版会　2002.10　245p
◇歴史に学ぶ人間学　（童門冬二著）　潮出版社　2002.10　284p
◇元気の出る日本語　（馳浩監修, 花田義塾日本語研究会著）　扶桑社　2002.10　241p
◇長州奇兵隊―勝者のなかの敗者たち　（一坂太郎著）　中央公論新社　2002.10　255p　（中公新書）
◇幕末入門書―志士たちの生涯と死生観　（花谷幸比古著）　展転社　2002.12　221p
◇明治維新と征韓論―吉田松陰から西郷隆盛へ　（牧野誠著）　明石書店　2002.12　256p
◇幕末維新異聞―「西郷さんの首」他　（童門冬二ほか著）　中央公論新社　2002.12　281p　（中公文庫）
◇江戸の旅人　吉田松陰―遊歴の道を辿る　（海原徹著）　ミネルヴァ書房　2003.2　378p
◇水戸学と明治維新　（吉田俊純著）　吉川弘文館　2003.3　226p　（歴史文化ライブラリー）
◇何のために学ぶか　（飯田陸三著）　しいがる書房　2003.3　240p
◇愛で世を照らした人々―偉人たちの"あの日あの時"　鈴木洋子著, 山岡勝司絵）　日本教文社　2003.5　150p
◇教師の哲学―人を導く者の魂とは　（岬竜一郎著）　PHP研究所　2003.5　217p
◇戦略型読書指南―先人の書に学んで、思考回路を鍛える　（三上武久著）　碧天舎　2003.5　367p
◇あの世とこの世　（永六輔著）　朝日新聞社　2003.5　286p　（朝日文庫）
◇日本人の神髄―8人の先賢に学ぶ「大和魂」　（小田全宏著）　サンマーク出版　2003.6　331p
◇道徳の教科書―善く生きるための八十の話　（渡辺毅著）　PHP研究所　2003.6　301p
◇図説　歴史の意外な結末―教科書には載ってない！あの人物・事件の「その後」　（日本博学倶楽部）　PHP研究所　2003.8　95p
◇吉田松陰―身はたとひ武蔵の野辺に　（海原徹著）　ミネルヴァ書房　2003.9　266p　（ミネルヴァ日本評伝選）
◇関手描き立体イラストマップ　（GA企画編）　GA企画　2003.10　51p
◇河井継之助と明治維新　（太田修著）　新潟日報事業社　2003.10　235p
◇留魂録―英完訳書　（吉田松陰著, 紺野大介訳）　錦正社　2003.10　233p
◇土方歳三の遺言状　（鵜飼清著）　新人物往来社　2003.11　317p
◇司馬遼太郎全講演　3　（司馬遼太郎著）　朝日新聞社　2003.11　418p　（朝日文庫）
◇幕末新詳解事典　（脇坂昌宏著）　学習研究社　2004.1　325p　（知れば知るほど面白い・人物歴史丸ごとガイド）
◇山県太華・吉田松陰考　（河村一郎著）〔河村一郎〕　2004.1　237p
◇思想からみた明治維新―「明治維新」の哲学　（市井三郎著）　講談社学術文庫　2004.2　245p　（講談社学術文庫）
◇起死回生の日本史―逆境に負けなかった男たち　（歴史人物発掘会編）　竹書房　2004.3　237p　（竹書房文庫）
◇逆転日本史―仮説で読み解く歴史事件簿　（加来耕三著）　三修社　2004.3　246p
◇第三の開国と日米関係　（松本健一著）　第三文明社　2004.3　238p
◇武士道　サムライ精神の言葉　（笠谷和比古監修）　青春出版社　2004.4　184p　（ブレイブックス・インテリジェンス）
◇藩校を歩く―温故知新の旅ガイド　（河合敦著）　アーク出版　2004.5　259p
◇教科書から消された偉人・隠された賢人―いま明かされる日本史の真実　（濤川栄太著）　イーグルパブリシング　2004.5　249p
◇サムライ・テキスト松陰獄中講話　（南宗和著）　叢文社　2004.6　262p
◇人には越えられない山がある一言を　（石野弘著）　土屋書店　2004.6　320p
◇一冊で人生論の名著を読む―人の生き方がわかる珠玉の28編　（本田有明著）　中経出版　2004.6　175p
◇新篇　吉田松陰　（奈良本辰也著）　たちばな出版　2004.6　341p
◇幕末史―激闘！薩摩・長州・会津　（星亮一著）　三修社　2004.7　285p
◇乃木希典　（福田和也著）　文芸春秋　2004.8　163p
◇思想劇画　属国日本史　幕末編　（副島隆彦著, ロシナンテ青木劇画）　早月堂書房　2004.9　275p
◇松陰余話　復刻版　（福本椿水著）　マツノ書店　2004.11　162,3p
◇日本精神の研究―人格を高めて生きる　（安岡正篤著）　致知出版社　2005.1　505p
◇松陰と晋作の志―捨て身の変革者　（一坂太郎著）　ベストセラーズ　2005.1　254p　（ベスト新書）
◇幕末・維新　（高野澄著）　ナツメ社　2005.2　255p　（図解雑学）
◇36人の日本人　韓国・朝鮮へのまなざし　（舘野晢雄著）　明石書店　2005.2　231p
◇教科書が教えない歴史　普及版　（藤岡信勝, 自由主義史観研究会著）　産経新聞ニュースサービス　2005.3　253p
◇近代国家を構想した思想家たち　（鹿野政直著）　岩波書店　2005.6　181p　（岩波ジュニア新書）
◇人はなぜ勉強するのか―千秋の人吉田松陰　（岩橋文吉著）　モラロジー研究所　2005.6　166p
◇吉田松陰の実学―世界を見据えた大和魂　（木村幸比古著）　PHP研究所　2005.6　284p　（PHP新書）
◇吉田松陰・宮部鼎蔵津軽の旅　（柳沢良知著）　柳沢祥子　2005.6　174p
◇吉田松陰・宮部鼎蔵津軽の旅　（柳沢良知著）　柳沢祥子　2005.6　176p
◇偉人にみる人の育て方　（河合敦著）　学陽書房　2005.7　254p
◇知っておきたい日本の名言・格言事典　（大隅和雄, 神田千里, 季武嘉也, 山本博文, 義江彰夫著）　吉川弘文館　2005.8　251,5p
◇吉田松陰先生名辞―素読用　（川口雅昭編）　登竜館　2005.8　53p
◇明治維新と文化　（明治維新史学会編）　吉川弘文館　2005.8　238p　（明治維新史研究）
◇月性―人間到る処青山有り　（海原徹著）　ミネルヴァ書房　2005.9　336,10p　（ミネルヴァ日本評伝選）
◇日本史・ライバルたちの「意外な結末」―宿敵・政敵・好敵手たちの知られざる「その後」　（日本博学倶楽部著）　PHP研究所　2005.9　275p　（PHP文庫）
◇吉田松陰と現代　（加藤周一著）　かもがわ出版　2005.9　62p　（かもがわブックレット）
◇地球時代の志士たちへ―スピリチュアルメッセージ　1　（レムリア・ルネッサンス編）　たま出版　2005.10　288p
◇幕末維新人物列伝　（奈良本辰也著）　たちばな出版　2005.12　293p
◇吉田松陰名語録―人間を磨く百三十の名言　（川口雅昭著）　致知出版社　2005.12　291p
◇図説　歴史の「決定的瞬間」　愛蔵版　（日本博学倶楽部）　PHP研究所　2006.1　274p
◇大江戸曲者列伝―幕末の巻　（野口武彦著）　新潮社　2006.2　220,9P　（新潮新書）
◇エピソードでつづる吉田松陰　（海原徹, 海原幸子著）　ミネルヴァ書房　2006.3　266p
◇吉田松陰関係資料目録―山口県文書館蔵　（山口県文書館編）　山口県　2006.3　137p
◇黒船とニッポン開国―異文化交錯の劇空間　（神徳昭甫著）　富山大学出版会　2006.4　195,7p　（富山大学出版会学術図書シリーズ）
◇志は死なず　過去世物語日本編―教科書には出てこない「もう一つの歴史」　（ザ・リバティ編集部編）　幸福の科学出版　2006.4　210p
◇歴史を動かす力―司馬遼太郎対話選集　3　（司馬遼太郎著）　文芸春秋　2006.5　380p　（文春文庫）
◇予告されていたペリー来航と幕末情報戦争　（岩下哲典著）　洋泉社　2006.5　206p　（新書y）
◇逆転　日本史―仮説で読み解く歴史事件簿　新装版　（加来耕三著）　三修社　2006.5　246p
◇吉田松陰　（徳富蘇峰著）　岩波書店　2006.5　282p　（岩波文庫）
◇吉田松陰　特装普及版　（玖村敏雄編述）　マツノ書店　2006.5　397,23p
◇師弟―ここに志あり　（童門冬二著）　潮出版社　2006.6　269p
◇意外な意外な「日本史」　（「歴史ミステリー」倶楽部著）　三笠書房　2006.8　200p　（王様文庫）
◇J.F.ケネディvs.二つの操り人形―小泉純一郎と中曽根康弘　（渡辺良明著）　熊本出版文化会館　2006.8　358p
◇日本怨霊紀行　（宗優子著）　英知出版　2006.9　251p　（英知文庫）

◇小・中学校社会科教育の実践と理論―社会科教育法　(小泉博明、楢原毅、宮崎猛、魚山秀介編)　「社会科教育法マニュアル」刊行会　2006.9　181p
◇人間この神秘なるもの―遺伝子は無限の可能性を秘めている　(村上和雄、涛川栄太著)　致知出版社　2006.10　189p
◇吉田松陰の思想と生涯―玖村敏雄先生講演録　改訂版　(玖村敏雄述)　山口銀行経営管理部　2006.10　256p
◇日本陽明学奇蹟の系譜　改訂版、二版　(大橋健二著)　叢文社　2006.12　445p
◇吉田松陰一日一言―魂を鼓舞する感奮語録　(吉田松陰著、川口雅昭編)　致知出版社　2006.12　251p
◇「頼山陽」と「吉田松陰」の真髄―生存なら太平洋戦争開戦などは阻止していた!　(岩国玉太風編)　竹原滋和会　2007.1　107p
◇吉田松陰東北遊歴と其亡命考察　(諸根権一著)　マツウ書店　2007.1　1冊
◇大鵬の群像―旧制弘前高等学校　(北溟会編)　歴史春秋出版　2007.2　347p
◇「脱」あるいは「生贄」としての松陰　(清真人)　『「脱」の世界―正常という虚構』(近畿大学日本文化研究所編)　風媒社　2007.2　(近畿大学日本文化研究所叢書)　p79
◇幕末・男たちの名言―時代を超えて甦る「大和魂」　(童門冬二著)　PHP研究所　2007.3　283p
◇児童生徒に聞かせたい日本の偉人伝3分話　(中嶋郁雄著)　学陽書房　2007.3　135p
◇日本政治思想　(米原謙著)　ミネルヴァ書房　2007.3　308,4p　(MINERVA政治学叢書)
◇明治・大正・昭和　日本のリーダー名語録―優れた指導者に学ぶ決断力　(武田鏡村著)　PHP研究所　2007.4　270p
◇吉田松陰の予言―なぜ、山口県ばかりから総理大臣が生まれるのか?　(浜崎惟、本誌編集部著)　Book & Books　2007.5　275p
◇天界の経綸　(レムリア・ルネッサンス著)　まんだらけ　2007.6　270p　(レムリア・ルネッサンス　スピリチュアルメッセージシリーズ)
◇道徳の教科書・実践編―「善く生きる」ことの大切さをどう教えるか　(渡辺毅著)　PHP研究所　2007.8
◇乃木希典　(福田和也著)　文芸春秋　2007.8　169p　(文春文庫)
◇先人に学ぶ生き方―伝えていきたい日本の30人　(田中浩郎著)　麗沢大学出版会　2007.8　223p
◇ひとすじの蛍火―吉田松陰人とことば　(関厚夫著)　文芸春秋　2007.8　470p　(文春新書)
◇吉田松陰日録　(松風会編纂)　松風会　2007.9　344,16p
◇日本を教育した人々　(斎藤孝著)　筑摩書房　2007.11　205p　(ちくま新書)
◇人の上に立つ者の哲学―武士道的精神に学ぶ10の要諦　(岬竜一郎著)　PHP研究所　2007.12　223p
◇近代日本の社会と文化―明治維新とは何だったのか　(河村望著)　人間の科学新社　2007.12　249p
◇日本歴史を点検する　新装版　(海音寺潮五郎、司馬遼太郎著)　講談社　2007.12　249p　(講談社文庫)
◇腑抜けになったか日本人―平成の若者よ、これでは日本はダメになる!日本大使が描く戦後体制脱却への道筋　(山口洋一著)　新風舎　2007.12　333p
◇明治維新史という冒険　(青山忠正著)　仏教大学通信教育部　2008.3　324p　(仏教大学鷹陵文化叢書)
◇吉田松陰と靖献遺言　(近藤啓吾著)　錦正社　2008.4　163p
◇ひょうご幕末維新列伝　(一坂太郎著)　神戸新聞総合出版センター　2008.7　408p
◇松陰の教え―通勤大学図解・速習　(ハイブロー武蔵著)　総合法令出版　2008.7　167p
◇痛恨の江戸東京史　(青山俯著)　祥伝社　2008.9　401p　(祥伝社黄金文庫)
◇幕末"志士"列伝　(別冊宝島編集部編)　宝島社　2008.11　223p　(宝島SUGOI文庫)
◇吉田松陰の女子教育　(菅野則子)　『明治期日本の光と影』(阿部猛、田村貞雄編)　同成社　2008.11　p
◇吉田松陰の世界認識　(中村勝範)　『慶応の政治学―慶応義塾創立一五〇年記念法学部論文集』(慶応義塾大学法学部)　慶応義塾大学法学部、慶応義塾大学出版会(発売)　2008.12　p239
◇吉田松陰　魂をゆさぶる言葉　(関厚夫著)　PHP研究所　2009.1　255p
◇吉田松陰―武と儒による人間像　(河上徹太郎著)　講談社　2009.1　333p　(講談社文芸文庫)
◇武蔵野留魂記―吉田松陰を紀行する　改訂版　(永冨明郎著)　東洋図書出版　2009.1　465p
◇明日に続く道―吉田松陰から安倍晋三へ　(岡島茂雄著)　高木書房　2009.3　223p
◇維新のリーダー―人を動かし、育てる力　(河合敦著)　光文社　2009.3　303p　(光文社知恵の森文庫)
◇童門冬二の歴史に学ぶ知恵　(童門冬二著)　茨城新聞社　2009.3　239p
◇時代を拓いた師弟―吉田松陰の志　(一坂太郎著)　第三文明社　2009.3　270p
◇本物に学ぶ生き方　(小野晋也著)　致知出版社　2009.5　270p
◇日中の近代化における知識人の役割に関する研究―儒教に対する吉田松陰と譚嗣同の思想をもとに　(魯霞著)　日本博士論文登録機構　2009.5　244p
◇歴史人物に学ぶリーダーの条件　(童門冬二著)　大和書房　2009.6　251p　(だいわ文庫)
◇吉田松陰の思想と行動―幕末日本における自他認識の転回　(桐原健真著)　東北大学出版会　2009.6　271,16p
◇これでおしまい―歴史に名を残す人物たちの辞世、最期の言葉　(加来耕三著)　グラフ社　2009.7　253p
◇吉田松陰の教育の方法　(湯浅勲著)　海鳥社　2009.8　262p
◇知られざる「吉田松陰伝」―『宝島』のスティーヴンスンがなぜ?　(よしだみどり著)　祥伝社　2009.9　219p　(祥伝社新書)
◇幕末維新「英傑」たちの言い分―坂本龍馬から相楽総三まで　(岳真也著)　PHP研究所　2009.10　391p　(PHP文庫)
◇知将秋山真之―ある先任参謀の生涯　(生出寿著)　光人社　2009.11　341p　(光人社NF文庫)
◇わが子のやる気を引き出す育て方―天才・偉人の親たちに学ぶ　(松枝史明著)　主婦の友社　2009.12　191p　(Como子育てBOOKS)
◇幕末維新人物新論―時代をよみとく16のまなざし　(笹部昌利編)　昭和堂　2009.12　321p
◇決めぜりふ―時代が見える人物像がわかる幕末維新名言集　(斎藤孝著)　世界文化社　2009.12　303p
◇地理思想と地理教育論　(山口幸男著)　学文社　2009.12　168p
◇坂本龍馬と幕末維新人物100選　(清水昇著)　リイド社　2009.12　253p　(リイド文庫)

【雑　誌】
◇日本教師論(2)教育者松陰とその師道論　(小野禎一)　「東北福祉大学紀要」　4(2)　1980.
◇吉田松陰の教育実践と思想(4)　(村田甚吾)　「帝塚山短期大学紀要(人文・社会科学編)」　17　1980.3
◇吉田松陰の革命思想　(岡崎正道)　「日本思想史研究」　12　1980.3
◇吉田松陰(江戸時代の教育家たち)　(市井三郎)　「教育と医学」　29(1)　1981.1
◇吉田松陰の教育実践と思想(5)　(村出甚吾)　「帝塚山短期大学紀要(人文・社会科学編)」　18　1981.1
◇吉田松陰の金毘羅参詣記　(吉岡和喜治)　「ことひろ」　36　1981.1
◇吉田松陰研究(1)吉田松陰における李卓吾　(栗田尚弥)　「明治大学大学院紀要(政治経済学篇)」　18　1981.2
◇下田渡海における佐久間象山と吉田松陰　(加藤章次)　「駒沢大学史学論集」　11　1981.3
◇吉田松陰の日蓮観―草莽崛起策形成について　(石川教張)　「東京立正女子短期大学紀要」　9　1981.3
◇特集・吉田松陰と若き志士たち　「歴史と人物」　117　1981.4
◇松下村塾の精神(特集・高杉晋作と奇兵隊)　(松本健一)　「歴史読本」　26(5)　1981.4
◇吉田松陰の獄中教育とその一考察―吉田松陰の教育像(1)　(吉村忠幸)　「札幌大学教養部札幌大学女子短期大学部紀要」　19　1981.9
◇吉田松陰における「狂」の思想の展開　(合田晃治)　「早稲田政治公法研究」　10　1981.12
◇吉田松陰の思想にみる生と死への取り組み　(東中野修)　「亜細亜大学教養紀要」　25　1982
◇孟子の禅譲放伐思想と吉田松陰の「同と独」の思想　(東中野修)　「アジア研究所紀要」　9　1982
◇吉田松陰の教育実践と思想(6)　(村田甚吾)　「帝塚山短期大学紀要(人文・社会科学編)」　19　1982.1
◇われ聖賢におもねらず―吉田松陰の「講孟余話」(上)　(野口武彦)　「文学」　50(2)　1982.2
◇吉田松陰研究(2)「転向」以前の民衆観について　(栗田尚弥)　「明治大学大学院紀要(3　政治経済学篇)」　19　1982.2
◇われ聖賢におもねらず―吉田松陰の「講孟余話」(下)　(野口武彦)　「文学」　50(3)　1982.3
◇松下村塾における人材育成(能力開発の着眼点(2))　「月刊総務」　20(5)　1982.5
◇幽室及び松下塾における教育とその一考察―吉田松陰の教育像(2)　(吉村忠幸)　「札幌大学教養部札幌大学女子短期大学部紀要」　20　1982.5
◇吉田松陰と田辺鎮子　(和田繁二郎)　「同朋」　53　1982.11
◇志士の思想形成(上)萩時代の吉田松陰　(露口卓也)　「文化史学」　38　1982.11
◇吉田松陰の尊王思想　(岡崎正道)　「文芸研究」　102　1983.1
◇吉田松陰研究(3)「転向」後の民衆観について　(栗田尚弥)　「明治大

◇学大学院紀要〔政治経済学篇〕」20 1983.2
◇吉田松陰の教育実践と思想(7) (村田甚吾)「帝塚山短期大学紀要(人文・社会科学編)」20 1983.3
◇吉田松陰の士道論と民本思想 (岡崎正道)「日本思想史研究(東北大)」15 1983.3
◇吉田松陰の詩藻—詩と短歌と俳句の年代別研究— (山中鉄三)「徳山大学研究叢書」1 1983.4
◇幕末前後における2人の先覚者の地理思想—吉田松陰と福沢諭吉の旅行記を中心に (大岳孝彦)「歴史地理学」122 1983.9
◇昔の旅路 (中田嘉種)「武道」204 1983.11
◇志士の思想形成—萩時代の吉田松陰—中— (露口卓也)「文化史学」39 1983.11
◇昔の旅路 (中田嘉種)「武道」205 1983.12
◇吉田松陰における「天命」と「人力」 (合田晃治)「早稲田政治公法研究」12 1983.12
◇松下村塾の教育の特性 (辻信吉)「聖徳学園短期大学研究紀要」16 1983.12
◇平田篤胤・頼山陽・吉田松陰の金毘羅山上山下に与えた影響について (山下榮)「ことひら」39 1984
◇吉田松陰の対アジア観—松陰は果して「侵略」論者か (栗田尚弥)「政治経済史学」210 1984.1
◇吉田松陰に関する研究文献 (吉村忠幸)「札幌大女子短期大学部紀要」3 1984.2
◇吉田松陰の教育実践と思想(その8) (村田甚吾)「帝塚山短期大学紀要 人文・社会科学編」21 1984.3
◇近代日本の先駆者,自由の体現者としての吉田松陰(その1) (栄隆男)「聖徳学園短期大学研究紀要」17 1984.12
◇孟子の教育観について—特に松陰の講孟余話との関連— (木下宗一)「山口芸術短期大学研究紀要」17 1985.1
◇吉田松陰、「行動する思索家」異国への密航を企てる—日本の運命と若き学究の人生を変えた「黒船来航」(特集・「明治維新」の男たち) (古川薫)「プレジデント」23(1) 1985.1
◇「吉田松陰の教育」の今日的意義 (吉村忠幸)「女子短期大学部紀要(札幌大学)」5 1985.2
◇吉田松陰の教育実践と思想(その9) (村田甚吾)「帝塚山短期大学紀要 人文・社会科学編」22 1985.3
◇吉田松陰関係文献の調査 (渡辺美好)「書誌索引展望」9(4) 1985.11
◇吉田松陰の教育と思想—松下村塾における教育を中心として (犬飼喜博)「教育学雑誌」20 1985.12
◇吉田松陰—明治維新の精神的起源を理解するための一考察 (Heinrich Dumoulin著,東中野修訳)「アジア研究所紀要」13 1986
◇吉田松陰の「国体」論—アイデンティティの模索 (栗田尚弥)「政治経済史学」237 1986.1
◇吉田松陰の教育実践と思想(その10) (村田甚吾)「帝塚山短期大学紀要 人文・社会科学編」23 1986.3
◇吉田松陰における行動の理念 (立川章次)「駒沢史学」35 1986.5
◇吉田松陰と松下村塾(日本を創った私塾と学舎〈特集〉) (村松剛)「歴史と旅」13(9) 1986.7
◇幕末長州藩における楠公崇拝の思想—吉田松陰と楠公 (上田孝治)「芸林」35(3) 1986.9
◇松陰とお吉秘話の下田温泉(歴史のある名湯秘湯50選〈特集〉)「歴史と旅」13(14) 1986.10
◇吉田松陰—「尊皇開国」=明治政府の方針をいち早く建てて維新前夜を走った行動の人(人物大特集・過激なリーダー) (童門冬二)「NEXT」3(12) 1986.12
◇ハインリッヒ・デュモラン「吉田松陰」—明治維新の精神的起源を理解するための一考察— (東中野修訳)「アジア研究所紀要(亜細亜大学)」13 1986.12
◇スティーヴンスンと吉田松陰—「ヨシダ・トラジロー」再考— (太田昭子)「東京大学教養学科紀要」19 1987.3
◇吉田松陰ノート その和歌を主として (今西政司)「岩国短期大学紀要」15 1987.3
◇吉田松陰と桂小五郎 (三好啓治)「徳山大学総合経済研究所紀要」9 1987.3
◇吉田松陰の教育実践と思想(11) (村田甚吾)「紀要(人文・社会科学)(帝塚山短大)」24 1987.3
◇吉田松陰と松下村塾(江戸時代の「私塾」に学ぶ—近代日本を創った私塾) (邦光史郎)「ザ・イーグル」283 1987.3
◇松陰伝について (栗林又吉)「板橋史談」120 1987.5
◇「吉田松陰と仏教」覚書 (石川教張)「同朋」110 1987.6
◇吉田松陰の教育(1) (橋田義雄)「第一経大論集」17(1) 1987.6
◇松下村塾の塾生たちが語る吉田松陰の講義風景(目撃者が語る日本史の決定的瞬間)「歴史読本」32(17) 1987.8
◇吉田松陰の教育(2) (橋田義雄)「第一経大論集」17(2) 1987.9
◇吉田松陰と朝鮮 (吉野誠)「朝鮮学報」128 1988.7
◇鷗外「於母影」と松陰「野山獄読書記」 (岡崎三郎)「郷土石見」21 1988.8

◇吉田松陰の最期—変化する解釈とその思想史的意味 (東中野修)「亜細亜大学教養部紀要」40 1989
◇詳細松下村塾〔吉田松陰〕関係事件年表 (樹下明紀)「別冊歴史読本」14(2) 1989.3
◇吉田松陰ノート—評定所の訊問について(人物誌) (露口卓也)「キリスト教社会問題研究」37 1989.3
◇幕末・明治哀歓挿話(1) 鯨のために死んだ吉田松陰 (佐渡谷重信)「名著サプリメント」2(5) 1989.4
◇松陰教育の現在的意義 (川口雅昭)「山口県地方史研究」61 1989.6
◇吉田松陰と征韓論(対談) (高野澄,松本健一)「知識」90 1989.6
◇続・幽囚目録について—吉田松陰との関係 (森ノブ)「いわて文化財」113 1989.9
◇水戸と吉田松陰 (上田孝治)「水戸史学」31 1989.11
◇象山と松陰を繋ぐもの(われに万古の心あり—小林虎三郎と近代日本(4)) (松本健一)「正論」23 1990.2
◇吉田松陰の2通の投夷書—ペリー艦隊乗組員W・スペイドン2世日記抄(新史料発掘) (三好啓治)「中央公論」105(3) 1990.3
◇「異端の思想家」吉田松陰と萩の青年たち—佐久間象山門下の彼は「開国攘夷」「倒幕」を唱え,塾生を教導した(特集・「幕末維新」の人物学) (榛葉英治)「プレジデント」28(6) 1990.6
◇伊東梅軒と吉田松陰ら志士達の周辺(特集 憂国の士、津軽藩伊東梅軒特集) (吉野敏)「古文幻想」8 1990.6
◇吉田松陰の教育観の形成について—小楠との邂逅を中心にして (川口雅昭)「山口県地方史研究」63 1990.6
◇松陰先生誕生地の変遷—前—女流俳人菊舎尼の吟遊 (松本二郎)「山口県地方史研究」63 1990.6
◇「死すべき所如何」—松陰と晋作の関係(師弟 この鮮烈なる出会い—師はいかにして教えたか。弟子は何を学んだか。) (古山薫)「潮」378 1990.9
◇吉田松陰『東北遊日記』と群馬 (中村武)「群馬風土記」18 1990.10
◇吉田松陰の象山塾入門を媒介とした思想と行動の変容過程I—幕末期における「東洋道徳・西洋芸術」思想の教育的展開 (坂本保富)「創価大学教育学部 教育学部論集」30 1991.3
◇R.L.Stevenson『吉田寅次郎』—英国作家の描いた"偉人"(特集・日本の古典を、いま読む—明治から敗戦まで) (一海真紀)「思想の科学」476 1991.4
◇「東北遊日記」に見たる吉田松陰の意識と行動 (鐘ケ江一宏)「政治経済史学」300 1991.5
◇旧永井家屋敷跡に建てられた吉田松陰留学記念の詩碑 (名越時正)「水戸史学」35 1991.10
◇吉田松陰の水野忠央観 (山口宗之)「熊野誌」37 1991.12
◇日本主義儒学の奉公倫理道徳と論理—吉田松陰の尊皇討幕論と忠諫思想 (李秀石)「日本歴史」523 1991.12
◇吉田松陰・萩最後の11日間—吉田松陰「東行前日記」考 (末富義明)「学術研究所報告(山口短期大学)」13 1992.3
◇松下村塾外伝 幻の「老中暗殺計画」次第—松陰と16人の血盟者 (栗原俸一)「日本及日本人」1606 1992.4
◇吉田松陰における教育実践の変遷—「吾が党」の自覚との関連において (川口雅昭)「山口県地方史研究」67 1992.6
◇吉田松陰における教育実践の性格—「吾が党」の自覚との関連において (川口雅昭)「日本の教育史学」35 1992.10
◇吉田松陰の意識に見る「教育実践」の性格—教育観の基底としての情的人間把握 (川口雅昭)「山口県地方史研究」68 1992.11
◇吉田松陰の「西遊」—志士への出発 (村山佐)「日本私学教育研究所紀要」28(2) 1993.1
◇「ひとつの志」が時代を動かす—男たちが「命懸けのゲーム」を楽しめ(対談)(特集・「変革の旗手」高杉晋作の魅力) (奈良本辰也,会田雄次)「プレジデント」31(2) 1993.2
◇松陰に学んだ「男はいかに死ぬべきか」—19歳で松下村塾に入り、大志を得る(特集・「変革の旗手」高杉晋作の魅力) (童門冬二)「プレジデント」31(2) 1993.2
◇近世の日記の謎—「松蔭日記」の正親町町子は政治の裏面に何を見たか(日記の謎—古代から中世・近世まで〈特集〉) (長島弘明)「國文學 解釈と教材の研究」38(2) 1993.2
◇吉田松陰の民政観 (三宅紹宣)「史学研究」200 1993.3
◇吉田松陰の観たる肥前藩地 (川副博)「大肥前」63(3) 1993.3
◇吉田松陰の観たる肥前藩地(2) (川副博)「大肥前」63(4) 1993.4
◇吉田松陰の観た肥前藩地 (川副博)「大肥前」63(5) 1993.5
◇いま、「国体」の時代に—水戸学の問題を中心にして (松本健一)「正論」252 1993.8
◇吉田松陰の尊王攘夷思想について (西田知己)「上智史学」38 1993.11
◇革命家・吉田松陰の「草莽」(幕末史話「第三の開国」のさ中に(8)) (松本健一)「エコノミスト」71 1993.11.23
◇「世の棲む日日」、「狂」を通し描く松陰、晋作の精神世界—幕末革命に先駆けた2人の長州人。その影響は(特集・司馬遼太郎「維新人物小説」を読む) (牛島秀彦)「プレジデント」31(12) 1993.12

吉田松陰

◇吉田松陰の人間論—「至誠」と「性善」を中心に　(暢素梅)「季刊日本思想史」44 1994
◇歴史を読む(5)吉田松陰『留魂録』(山内昌之)「UP」259 1994.5
◇ある回天сいう説—わが吉田松陰論(上) 炎に尽きた重量感あふれる生涯を辿る (長谷川義記)「日本及日本人」1615 1994.7
◇ある回天сいう説—わが吉田松陰論(下) 時勢を超えて今もなお燦然たる大和魂内発の志操に思う (長谷川義記)「日本及日本人」1616 1994.10
◇志士の思想形成(下)遊歴時代の吉田松陰 (露口卓也)「文化史学」50 1994.11
◇吉田松陰における兵学と儒学 (前田勉)「愛知教育大学研究報告 人文科学」愛知教育大学 44 1995.2 p234～223
◇吉田松陰の思想と教育—1—「講孟箚記」にみたる経世済民思想の本質 (山県明人)「政治経済史学」日本政治経済史学研究所 344 1995.2 p490～509
◇教育の原風景—吉田松陰と松下村塾 (海原徹)「教育文化」同志社大学文学部教育学研究室 第4号 1995.3 p1～13
◇吉田松陰特集　「陽明学」二松学舎大学陽明学研究所 7 1995.3 p67～180
◇アヘン戦争と吉田松陰—世界情勢への開眼と新たな兵学観・民政観の形成 (郭連友)「文芸研究」日本文芸研究会 140 1995.9 p34～48
◇人間の魅力 この国の将来像の構築のために—龍馬、松陰、晋作、村田蔵六…幕末維新の人物を通して人の在り方を語り尽す(文芸春秋復刊50周年記念)(司馬遼太郎)「文芸春秋」73(14) 1995.10 p94～108
◇思想から見る吉田松陰 (長田裕司)「愛媛国文研究」愛媛国語国文学会 第45号 1995.12 p32～46
◇教育者・吉田松陰の自己形成過程 (田中和栄)「人間研究」日本女子大学教育学会 32 1996.3 p77～86
◇「追想の吉田松陰」（遙かな海へ 大河評伝・勝海舟〔5〕）(松浦玲)「Ronza」2(8) 1996.8 p152～159
◇国境のない惑星〔3〕ボーダーレス時代の行動哲学 (INTERCULTURE)「ワールドプラザ」48 1996.10・11 p24～25
◇吉田松陰と高杉晋作(特集・師弟の肖像—このшиにしてこの弟子あり) (一坂太郎)「歴史と旅」24(1) 1997.1 p236～241
◇吉田松陰—吾々国のために死す……(特集・幕末明治人物臨終の言葉—近代の夜明けを駆けぬけた44人の人生決別の辞 英傑死してことばを遺す)(一坂太郎、稲川明雄、今川徳三、井門寛、宇都宮泰長、河合敦、村村幸比古、祖田浩一、高橋和彦、畑山博、三谷茉沙夫、百瀬明治、山村竜也)「歴史と旅」24(7) 1997.5 p44～45
◇緒方洪庵と吉田松陰—若者を導いた人々(第11回夏季公開講座—総合テーマ「まことの心」)(茂住実男)「大倉山講演集」大倉精神文化研究所 7 1998 p36～57
◇吉田松陰の革命思想批判 (堀井純二)「日本学研究」金沢工業大学日本学研究所 1 1998.6 p237～263
◇吉田松陰の女子教育論に関する考察 (浅沼アサ子)「東京家政学院大学紀要 人文・社会科学系」東京家政学院大学〔ほか〕39 1999 p1～16
◇近代中国における吉田松陰認識—革命派と民国期の松陰論をめぐって (郭連友)「文化」東北大学文学会 62(3・4) 1999.3 p177～193
◇吉田松陰の死に関する定説について (川口雅昭)「人間と環境」岡崎学園国際短期大学人間環境研究所 3 1999.6 p15～22
◇吉田松陰の思想(1) (岡崎正道)「Artes liberales」岩手大学人文社会科学部 65 1999.12 p49～59
◇吉田松陰の思想と教育(2)獄中書簡にみたる攘夷と尊皇の思想 (山県明人)「政治経済史学」日本政治経済史学研究所 400 1999.12 p132～148
◇吉田松陰と仏教 (石川教張)「立正史学」立正大学史学会 87 2000.3 p19～32
◇吉田松陰の思想(2) (岡崎正道)「Artes liberales」岩手大学人文社会科学部 66 2000.6 p77～88
◇幕末知識人の西欧認識と対外政策—吉田松陰と福沢諭吉の間 (飯田鼎)「三田学会雑誌」慶応義塾経済学会 93(2) 2000.7 p289～313
◇吉田松陰における「忠誠」の転回—幕末維新期における「家国」秩序の超克 (桐原健真)「日本思想史学」東北大学大学院文学研究科日本思想史学研究室 33 2001 p83～101
◇吉田松陰の「人間観」の形成と孟子の「性善説」(郭連友)「日本思想史学」東北大学大学院文学研究科日本思想史学研究室 33 2001 p102～114
◇吉田松陰の理想的生死観とその死について (川口雅昭)「人間と環境」岡崎学園国際短期大学人間環境研究所 4 2001.1 p41～56
◇R.L.スティーヴンスンと吉田松陰 (森永和利)「大分工業高等専門学校紀要」大分工業高等専門学校 37 2001.2 p35～40
◇吉田松陰の思想(3) (岡崎正道)「Artes liberales」岩手大学人文社会科学部 68 2001.6 p43～56
◇吉田松陰における対外観—「万国公法」以前の国際秩序認識 (桐原健真)「文芸研究」日本文芸研究会 152 2001.9 p25～37

◇吉田松陰の思想(4) (岡崎正道)「Artes liberales」岩手大学人文社会科学部 69 2001.12 p43～55
◇教育者・吉田松陰と儒教精神 (荒川紘)「人文論集」静岡大学人文学部 53(2) 2002 p1～27
◇吉田松陰の国家観—山県太華との論争を通して (洪偉民)「人間文化学研究集録」大阪府立大学大学院人間文化学研究科・総合科学研究科 12 2002 p63～75
◇梁啓超と吉田松陰(特集 近代日本と東アジア)(郭連友)「季刊日本思想史」60 2002 p68～88
◇吉田松陰における「転回」—水戸学から国学へ (桐原健真)「歴史」東北史学会 98 2002.4 p50～71
◇吉田松陰『野山獄読書記』の基礎的考察 (桐原健真)「文化」東北大学文学会 67(1・2) 2003.春・夏 p1～11
◇吉田松蔭における「死」と「狂」—松蔭像描出の一試論(衣笠安喜先生 追悼特別号) (池田利彦)「日本思想史研究会会報」日本思想史研究会 20 2003.1 p1～14
◇吉田松陰の思想と教育(3)『孟子』講義直前までの野山獄中書簡にみたる自己教育(1) (山県明人)「政治経済史学」日本政治経済史学研究所 438・439 2003.2・3 p84～107
◇「論争の書」としての『講孟余話』—吉田松陰と山県太華、論争の一年有半 (桐原健真)「歴史評論」校倉書房 645 2004.1 p64～80, 63
◇吉田松陰の対外戦略論—近代日本外交論の一原型(1) (森田吉彦)「社会システム研究」京都大学大学院人間・環境学研究科〔ほか〕7 2004.2 p177～189
◇吉田松陰の人間像について—その教育者、或いは革命家という評価を中心に (洪偉民)「人文学論集」大阪府立大学総合科学部西洋文化講座 第22集 2004.3 p35～49
◇"先人たちの生涯学習"を学ぶ—吉田松陰、近藤富蔵を例に (大串兎紀夫)「天理大学生涯教育研究」天理大学人間学部人間関係学科生涯教育専攻 8 2004.3 p1～14
◇吉田松陰における「忠誠」 (唐利国)「現代社会文化研究」新潟大学大学院現代社会文化研究科 30 2004.7 p167～177
◇吉田松陰の署名考 (山口宗之)「史料」皇学館大学史料編纂所 193 2004.10.10 p1～5
◇吉田松陰と横井小楠の実業教育について (大川時夫、堤一郎)「職業能力開発研究」職業能力開発総合大学校能力開発研究センター 23 2005 p51～62
◇吉田松陰の対外戦略論—近代日本外交論の一原型(2・完) (森田吉彦)「社会システム研究」京都大学大学院人間・環境学研究科〔ほか〕8 2005.2 p165～178
◇吉田松陰、内村鑑三、シュプランガーの郷土教育論 (山口幸男)「群馬大学社会科教育論集」群馬大学教育学部社会科教育研究室 第14号 2005.3 p1～6
◇幕末における普遍と固有—吉田松陰と山県太華 (桐原健真)「年報日本思想史」日本思想史研究会 4 2005.3 p1～10
◇吉田松陰の武士道(実践論理「武士道の神髄」—とりもどそう大和心) (廣瀬豊)「國士舘大學武德紀要」國士舘大學武道教育研究所 21 2005.3 p12～23
◇Bibliotheca Japonica(90)歴史の実物を手にして吉田松陰自筆「野山獄文稿」(八木正自)「日本古書通信」日本古書通信社 70(6) 2005.6 p34
◇凡人にすぎない一学徒が 吉田松陰『留魂録』(人生の危機に読む本—愛する人の死、突然の大病、仕事の挫折……困難の時を癒してくれた31冊の書)(山内昌之)「文芸春秋」文芸春秋 83(7) 2005.7 p305～307
◇吉田松陰における歴史認識と尊王—佐久間象山との関わりを含めて (〔ケイ〕永鳳)「山口県地方史研究」山口地方史学会 94 2005.11 p19～36
◇現代日本における吉田松陰像 (唐利国)「現代社会文化研究」新潟大学大学院現代社会文化研究科 34 2005.12 p299～314
◇吉田松陰における『邊備摘案』の位置—松陰を踏海へと駆り立てたもの (山縣乙水)「山口芸術短期大学研究紀要」山口芸術短期大学 38 2006 p1～5
◇日本を守った名場面(6)ペリーを反省させた日本人—吉田松陰 (童門冬二)「日本の風」防衛弘済会 6 2006.夏 p46～49
◇吉田松陰の草莽崛起の思想—「信」から「行」へ (張惟綜)「倫理学」筑波大学倫理学研究会 22 2006 p79～93
◇吉田松陰の実践的思想 (張惟綜)「哲学・思想論叢」筑波大学哲学・思想学会 24 2006.1 p67～81
◇吉田松陰の思想と教育(4)安政元年十一月十八日から十二月八日付け書簡までの分析にみたる獄中演習 (山縣明人)「政治経済史学」日本政治経済史学研究所 476 2006.4 p19～35
◇至誠と覚悟 吉田松陰『留魂録』に学ぶ(特集 いま求められる「徳の涵養」) (古川薫)「月刊自由民主」自由民主党 638 2006.5 p46～51
◇吉田松陰の福堂計画「刑事施設及び受刑者の処遇等に関する法律」の施行に当たって (童門冬二)「刑政」矯正協会 117(5) 2006.5 p54～61

◇吉田松陰の家学修業と変革意識の端緒的形成―明倫館師範の時期を中心として （唐利国）「現代社会文化研究」 新潟大学大学院現代社会文化研究科紀要編集委員会 36 2006.7 p19～36
◇吉田松陰の生死の哲学 （張惟綜）「倫理学」 筑波大学倫理学研究会 23 2007 p13～19
◇日中における「忠孝観」の比較―吉田松陰の『講孟餘話』を中心に （洪偉民）「人文学論集」 大阪府立大学総合科学部西洋文化講座 第25集 2007.3 p11～33
◇吉田松陰と『靖献遺言』 （近藤啓吾）「藝林」 藝林会 56(1) 2007.4 p65～77
◇歴史と現代 昭和三十四年吉田松陰殉難百年記念事業 （山田稔）「山口県地方史研究」 山口県地方史学会 97 2007.6 p51～62
◇吉田松陰の死生観―李卓吾の死生観との比較 （張阿金）「中国哲学」 北海道中国哲学会 35 2007.8 p351～374
◇吉田松陰と松下村塾（特集 日本の学び文化の伝承） （海原徹）「日本教育」 日本教育会 361 2007.10 p6～9
◇地球規模化する世界での普遍のつくりかた―吉田松陰と横井小楠（特集 日本思想史の核心） （桐原健真）「大航海」 新書館 67 2008 p150～157
◇死而不朽―吉田松陰における死と生（特集 霊魂観の変遷） （桐原健真）「季刊日本思想史」 ぺりかん社 73 2008 p55～74
◇外夷の法―吉田松陰と白旗 （桐原健真）「日本思想史研究」 東北大学大学院文学研究科日本思想史学研究室 40 2008 p82～98
◇吉田松陰の尊王攘夷思想について （張阿金）「北海道大学大学院文学研究科研究論集」 北海道大学大学院文学研究科 8分冊2 2008 p35～52
◇水戸学と吉田松陰 （張惟綜）「哲学・思想論叢」 筑波大学哲学・思想学会 26 2008.1 p45～59
◇柴田理恵のワハハ対談！(25)ゲスト 津本陽 維新は師吉田松陰の理想を弟子たちが実現したもの。 （柴田理恵,津本陽）「潮」 潮出版社 588 2008.2 p179～187
◇吉田松陰 （泉賢司）「國士舘大學武徳紀要」 國士舘大学武道徳育研究所 24 2008.3 p82～62
◇松陰と晋作の志―教育とは何か！ 松下村塾に学ぶ（清話会セミナー講演録） （一坂太郎）「先見経済」 清話会 54(3別冊) 2008.3.1 p14～17
◇吉田松陰の思想と教育(5)『講孟箚記』執筆への前段としての最終演習 （山縣明人）「政治経済史学」 日本政治経済史学研究所 500 2008.4-6 p163～179
◇吉田松陰自賛肖像（中谷本）について （山田稔）「山口県地方史研究」 山口県地方史学会 99 2008.6 p57～62
◇甦る歴史のいのち(75)吉田松陰に見る国際認識―発動の機は周遊の益なり （占部賢志）「祖国と青年」 日本協議会 359 2008.8 p68～73
◇吉田松陰の忠孝一致観について （張阿金）「中国哲学」 北海道中国哲学会 36 2008.8 p163～192
◇甦る歴史のいのち(76)兵学師範吉田松陰の国史開眼―何を以てか天地に立たん （占部賢志）「祖国と青年」 日本協議会 360 2008.9 p74～79
◇甦る歴史のいのち(77)吉田松陰の御製体験―野人悲泣して行くこと能はず （占部賢志）「祖国と青年」 日本協議会 361 2008.10 p72～77
◇岩国市錦町に遺された杉民治書簡と吉田松陰画像について （惠本洋嗣）「山口県地方史研究」 山口県地方史学会 100 2008.11 p50～55
◇吉田松陰と久坂玄瑞―思想の伝承とその展開 （張惟綜）「倫理学」 筑波大学倫理学研究会 25 2009 p57～74
◇Interview 信念を貫き通した生涯―日蓮に共感していた吉田松陰 （一坂太郎）「第三文明」 第三文明社 592 2009.4 p82～85
◇吉田松陰の天皇観 （川口雅昭）「藝林」 藝林会 58(1) 2009.4 p18～38
◇歴史に学ぶ いま吉田松陰を問う(1) （中村勝範）「月刊カレント」 潮流社 46(5) 2009.5 p24～29
◇歴史に学ぶ いま吉田松陰を問う(2) （中村勝範）「月刊カレント」 潮流社 46(6) 2009.6 p10～15
◇歴史に学ぶ いま吉田松陰を問う(3) （中村勝範）「月刊カレント」 潮流社 46(7) 2009.7 p20～25
◇吉田松陰―外圧に克つ国際戦略（総力特集 国家主義の時代―グローバル化から脱する社会） （山内昌之）「Voice」 PHP研究所 380 2009.8 p100～107
◇三島由紀夫と司馬遼太郎(第11回)陽明学―松陰と乃木希典（上） （松本健一）「波」 新潮社 43(8) 2009.8 p28～33
◇歴史に学ぶ いま吉田松陰を問う(4) （中村勝範）「月刊カレント」 潮流社 46(8) 2009.8 p16～21
◇吉田松陰と徂徠学の教育論―長州藩における学問的風土の影響 （牛見真博）「日本歴史」 吉川弘文館 736 2009.9 p55～68
◇三島由紀夫と司馬遼太郎(第12回)陽明学―松陰と乃木希典（中） （松本健一）「波」 新潮社 43(9) 2009.9 p58～63
◇歴史に学ぶ いま吉田松陰を問う(5) （中村勝範）「月刊カレント」 潮流社 46(9) 2009.9 p16～21

◇教育 吉田松陰の功罪（〔反戦情報創刊300号〕記念特集号 総選挙―自公惨敗・民主圧勝、でも安心は禁物）（布引敏雄）「反戦情報」 反戦情報編集部 300 2009.9.15 p16～18
◇歴史に学ぶ いま吉田松陰を問う(6) （中村勝範）「月刊カレント」 潮流社 46(10) 2009.10 p16～21
◇三島由紀夫と司馬遼太郎(第13回)陽明学―松陰と乃木希典（下） （松本健一）「波」 新潮社 43(10) 2009.10 p98～103
◇吉田松陰 "国体観"の再評価―川口雅昭氏の「天皇観」に対する批判を媒介として （田中卓）「藝林」 藝林会 58(2) 2009.10 p82～115
◇吉田松陰の魅力 （上林敬宗）「New finance」 地域金融研究所 39(10) 2009.10 p46～50
◇歴史に学ぶ いま吉田松陰を問う(7) （中村勝範）「月刊カレント」 潮流社 46(11) 2009.11 p16～21
◇人物考察 幕末の国難を救った尊攘思想―吉田松陰殉節百五十年に当たり （中村勝範）「月刊自由民主」 自由民主党,千代田永田書房 681 2009.12 p76～82
◇歴史に学ぶ いま吉田松陰を問う(8) （中村勝範）「月刊カレント」 潮流社 46(12) 2009.12 p16～21

吉田東洋　よしだとうよう　1816～1862
幕末の土佐藩士、学塾少林塾長。
【図　書】
◇吉田東洋遺稿（日本史籍協会叢書 186） 東京大学出版会 1974.11
◇青年の風雪 （平尾道雄） 高知新聞社 1981.1 （高新ふるさと文庫2）
◇吉田東洋 （平尾道雄著） 吉川弘文館 1989.4 （人物叢書〈新装版〉）
◇全国の伝承 江戸時代 人づくり風土記―ふるさとの人と知恵〈39〉高知 （加藤秀俊,谷川健一,稲垣史生,石川松太郎,吉田豊編） 農山漁村文化協会 1990.3
◇維新暗殺秘録 （平尾道雄著） 河出書房新社 1990.8 （河出文庫）
◇幕末 名君と参謀―維新パワー西南四藩の秘密を解く （西東玄著） PHP研究所 1990.10 （PHP文庫）
◇後藤象二郎と近代日本 （大橋昭夫著） 三一書房 1993.6
◇幕末暗殺史 （森川哲郎著） 毎日新聞社 1993.7 （ミューブックス）
◇龍馬を創った男 河田小龍 （桑原恭子著） 新人物往来社 1993.12
◇山内容堂のすべて （山本大編） 新人物往来社 1994.8
◇勝海舟と坂本龍馬 （加来耕三著） 学習研究社 2001.1 531p （学研M文庫）
◇幕末暗殺史 （森川哲郎著） 筑摩書房 2002.8 393p （ちくま文庫）
◇史伝 坂本龍馬 （山村竜也著） 学習研究社 2003.1 270p （学研M文庫）
◇幕末維新なるほど人物事典―100人のエピソードで激動の時代がよくわかる （泉秀樹著） PHP研究所 2003.8 452p （PHP文庫）
◇完全保存版 幕末維新なるほど人物事典―100人のエピソードで読む幕末維新 （泉秀樹著） PHP研究所 2004.4 110p
◇早わかり 江戸の決断―武士たちは、どう諸藩を立て直したのか （河合敦著） 講談社 2006.10 270p
◇幕末土佐の12人 （武光誠著） PHP研究所 2009.12 265p （PHP文庫）
【雑　誌】
◇武市半平太―桂浜の青春そして「覚悟の別れ」（特集・坂本龍馬の人間関係学） （八尋舜右）「プレジデント」 30(7) 1992.7

吉田稔麿　よしだとしまろ　1841～1864
幕末の長州（萩）藩士。
【図　書】
◇狂雲われを過ぐ （古川薫著） 新人物往来社 1988.11
◇物語 奇兵隊悲話 （古川薫ほか著） 新人物往来社 1989.12
◇松陰先生と吉田稔麿 復刻版 （栗栖守衛） マツノ書店 1990
◇吉田稔麿論 （中村武生）『周縁世界の豊穣と再生―沖縄の経験から、日常の意識化へ向けて』（花園大学人権教育研究センター編） 批評社 2005.3 （花園大学人権論集） p136
【雑　誌】
◇吉田稔麿の銃（読者招待席） （伊東成郎）「歴史読本」 28(10) 1983.10
◇吉田稔麿の政治思想 （三宅紹宣）「史学研究」 広島史学研究会 247 2005.3 p44～63

能久親王　よしひさしんのう　1847～1895
幕末、明治期の皇族、陸軍軍人。中将。
【図　書】
◇近代日本史の新研究1 北樹出版 1981.10
◇鷗外百話 （吉野俊彦著） 徳間書店 1986.11
◇明治三十一年から始まる『鷗外史伝』 （目野由希著） 溪水社 2003.2 250p
◇歴代陸軍大将全覧 明治篇 （半藤一利,横山恵一,秦郁彦,原剛著） 中

央公論新社 2009.1 273,25p （中公新書ラクレ）
【雑　誌】
◇戊辰戦争と輪王寺宮北白川能久親王（1～3）（金子吉衛）「埼玉史談」28（1～3）1981.4,7,10
◇にっぽん裏返史（5）輪王寺宮の悲運（尾崎秀樹）「歴史と旅」13（8）1986.6
◇有栖川宮・輪王寺宮―官軍の親王と賊軍の親王（天皇家の史話50選（特集））「歴史と旅」13（8）1986.6
◇「台湾の総鎮守」御祭神としての能久親王と開拓三神―官幣大社台湾神社についての基礎的研究（菅浩二）「明治聖徳記念学会紀要」明治聖徳記念学会 第36号 2002.12 p95～119
◇吉村昭『彰義隊』を読む―北白川宮能久親王の悲劇（池谷敏忠）「愛知淑徳大学論集 文学部・文学研究科篇」愛知淑徳大学文学部 32 2007 p25～35
◇輪王寺宮公現法親王の奥州動座（杉谷昭）「佐賀県立佐賀城本丸歴史館研究紀要」佐賀県立佐賀城本丸歴史館 第2号 2007.3 p29～40

吉村寅太郎　よしむらとらたろう　1837～1863
幕末の土佐藩士、天誅組幹部。土佐勤王党結成に参画。
【図　書】
◇坂本龍馬―幕末風雲の夢（宮地佐一郎著）大和書房 1987.7
◇天誅組烈士吉村虎太郎（平尾道雄著）土佐史談会 1988.12
◇維新風雲回顧録（田中光顕著）河出書房新社 1990.9（河出文庫）
◇大和の鎮魂歌―悲劇の主人公たち（桐村英一郎文、塚原紘写真）青娥書房 2007.8 191p
◇幕末土佐の12人（武光誠著）PHP研究所 2009.12 265p（PHP文庫）
【雑　誌】
◇天誅組の大和義挙に付て（山口辰次郎）「土佐史談」155（復刊76）1980.1
◇吉村虎太郎の生家訪問（冨田運夫）「長浜史談」7 1983.1
◇吉村虎太郎脱藩の契機―「維新土佐勤王史」記述の再検討（横田達雄）「土佐史談」163 1983.8
◇通説への疑問（2）本間精一郎の来藩と吉村虎太郎―忘れられた史料―樋口真吉の日記より（横田達雄）「土佐史談」165 1984.3
◇通説への疑問（3）吉村虎太郎脱藩前後の経緯―「憤余管見録」等を手掛りとして（横田達雄）「土佐史談」166 1984.8
◇通説への疑問（4）吉村虎太郎脱藩時の同行者と行程（横田達雄）「土佐史談」167 1985.2
◇碑に見る天誅組の遺跡（21）「吉野路」25 1985.4
◇碑に見る天誅組の遺跡（22）「吉野路」26 1985.7
◇碑に見る天誅組の遺跡（23）「吉野路」27 1985.10
◇吉村虎太郎銅像建立裏話（坂本龍馬生誕150年記念特集号）（上田茂敏）「土佐史談」170 1985.11
◇吉村寅太郎、高取変襲顛末（北村周一）「歴史研究」365 1991.10
◇吉村虎太郎―残念（特集・幕末明治人物臨終の言葉―近代の夜明けを駆けぬけた44人の人生決別の辞 英傑死してことばを遺す）（一坂太郎、稲川明雄、今川徳三、井門寛、宇都宮泰長、河合敦、木村幸比古、祖田浩一、高野澄、高橋和彦、畑山博、三谷茉沙夫、百瀬明治、山村竜也）「歴史と旅」24（7）1997.5 p48～49
◇大岡昇平における吉村虎太郎―『天誅組』を中心に（花崎育代）「昭和文学研究」昭和文学会、笠間書院（発行）第45集 2002.9 p93～104

ロッシュ，L.　Roches, Léon　1809～1901
フランスの駐日公使。1864年駐日全権公使として来日。
【図　書】
◇徳川昭武幕末欧日記（宮地正人監修、松戸市教育委員会編）山川出版社 1999.5 230,45p
【雑　誌】
◇幕末維新を演出した外国人―パークスとロッシュ（特集・黒船の世紀日本開国秘史―押し寄せる跫音！かくて近代の扉は開かれた）（泉秀樹）「歴史と旅」23（16）1996.11 p136～141
◇パークスVSロッシュ―新政府、幕府支援の英仏代理戦争（政治編）（木village幸比古）「歴史と旅」23（17）1996.11.10 臨増（日本史ライバル総覧）p184～187
◇第2代日本駐箚フランス公使ミッシェル・ジュール・マリー・レオン・ロッシュ（Michel Jules Marie Leon Roches,1809―1990）について（西堀昭）「横浜経営研究」横浜国立大学経営学会 19（1）1998.6 p146～157
◇駐日公使ロッシュの思惑（サン＝シモン主義者 渋沢栄一〔5〕）（鹿島茂）「諸君！」31（12）1999.12 p260～266
◇Bibliotheca Japonica（34）歴史の実物を手にして「徳川慶喜宛駐日フランス公使ロッシュ書簡」（八木正自）「日本古書通信」日本古書通信社 65（10）2000.10 p23
◇1860―70年代フランスのインドシナ植民地化における個人のイニシアチブ―レオン・ロッシュ対日政策の背景（2）（中山裕史）「桐朋学園

大学短期大学部紀要」桐朋学園大学短期大学部 19 2001 p23～90

渡辺国武　わたなべくにたけ　1846～1919
明治期の官僚、政治家。子爵。
【図　書】
◇わが国財政制度の近代化―財務官僚の研究（森田右一著）霞ケ関出版 1990.4
【雑　誌】
◇忘れがたき政治家（69）渡辺国武―己の道を信じて止まず、明治国家の「財政」担う（片野満）「月刊自由民主」自由民主党 651 2007.6 p94～100

渡辺洪基　わたなべこうき　1847～1901
明治期の官僚。帝国大学総長、貴族院議員。
【図　書】
◇渡辺洪基史料目録 東京大学史史料室〔2005〕52p
◇渡辺洪基伝―明治国家のプランナー（文殊谷康之著）ルネッサンスブックス 2006.10 254p
◇渡辺洪基と国家学会（滝井一博著）『現代社会における国家と法―阿部照哉先生喜寿記念論文集』（佐藤幸治、平松毅、初宿正典、服部高宏編）成文堂 2007.5 p659～680
◇工手学校―旧幕臣たちの技術者教育（茅原健著）中央公論新社 2007.6 345p（中公新書ラクレ）
◇日本統計史群像（島村史郎著）日本統計協会 2009.12 214p
【雑　誌】
◇明治18年7月渡辺府知事管内巡回記（野村正太郎）「板橋史談」90 1982.5
◇原敬をめぐる人脈〔9〕お飾り頭取（日本の資本主義をつくった男たち）（小島直記）「日経ビジネス」453 1986.12.8
◇渡辺洪基の万年会設立（明治十一年）―非藩閥政府高官の殖産興業政策（黒木彬文）「熊本近代史研究会会報」203 1987.2
◇自由民権運動と万年会の成立―非藩閥政府高官・渡辺洪基の殖産興業活動（黒木彬文）「政治研究（九州大学）」34 1987.3
◇万年会と創立者渡辺洪基の「夢」（須々田黎吉）「学鐙」90（5）1993.5
◇泰西農学と自家農園「勤農に注意し、地味を進め」（科学の眼で読む「米欧回覧実記」（9））（高田誠二）「科学朝日」53（9）1993.9
◇初期国家学会の考察―伊藤博文と渡辺洪基（滝井一博）「人文論集」神戸商科大学学術研究会 37（1）2001.8 p1～18
◇渡辺洪基―日本のアルトホーフ（瀧井一博）「人文論集」兵庫県立大学神戸学園都市キャンパス学術研究会 41（2）2006.3 p159～181

渡辺千秋　わたなべちあき　1843～1921
幕末、明治期の信濃高島藩士、官僚。伯爵、貴族院議員。
【図　書】
◇渡辺千秋関係文書（尚友倶楽部、長井純市編）山川出版社 1994.12
◇昭和天皇最後の御学友―ある華族の一世紀（久野明子著）中央公論新社 2000.2 237p
【雑　誌】
◇国立国会図書館所蔵本 蔵書印―その146―渡辺千秋（馬場万夫）「国立国会図書館月報」314 1987.5
◇大正デモクラシーと貴族院―田中光顕・渡辺千秋復活問題と貴族院の地殻変動（内藤一成）「青山史学」青山学院大学文学部史学研究室 第23号 2005.3 p63～76

渡辺昇　わたなべのぼる　1838～1913
幕末、明治期の肥前大村藩士、官僚。会計検査院院長。
【図　書】
◇坂本龍馬と「勝先生」―渡辺昇あて新発見書簡のこと（宮地佐一郎）『共同研究・坂本龍馬』（新人物往来社編）新人物往来社 1997.9 p180
◇サムライたちの幕末維新（近江七実著）スキージャーナル 2005.5 207p（剣道日本コレクション）
【雑　誌】
◇練兵館の門下生・渡辺昇―桂小五郎時代の練兵館塾頭（特集・幕末青春譜剣道三国志―江戸の道場は維新のスペシャリスト養成所だ）（中井一水）「歴史と旅」24（16）1997.11 p82～85

経　済

吾妻謙　あがつまけん　1844～1889
　明治期の北海道拓殖功労者。当別村初代戸長。
【図　書】
◇北海道酪農百年史　（木村勝太郎）　樹村房　1985.10

秋良貞臣　あきらさだおみ　1841～1905
　明治期の塩業家。
【図　書】
◇防府史料 38　秋良貞臣日誌 9　（防府市教育委員会編）　防府市立防府図書館　1989.3

浅野総一郎〔初代〕　あさのそういちろう　1848～1930
　明治,大正期の実業家。浅野財閥創業者。
【図　書】
◇類聚伝記大日本史12　（辻善之助ほか監修）　雄山閣出版　1981.6
◇夕陽を知らぬ男たち―彼らはいかに生きたか　（小島直記）　旺文社　1983.2　（旺文社文庫）
◇日本のリーダー6　資本主義の先駆者　（第二アートセンター編）　ティビーエス・ブリタニカ　1983.2
◇破天荒企業人列伝　（内橋克人）　新潮社　1983.4　（新潮文庫）
◇人物・日本資本主義3　明治初期の企業家　（大島清ほか著）　東京大学出版会　1983.6
◇豪商たちの智略商魂　（風巻絋一著）　実業之日本社　1984.2
◇経営者名言集―仕事の活力源（名言シリーズ）　（小島直記著）　実業之日本社　1986.7
◇政商の誕生―もうひとつの明治維新　（小林正彬著）　東洋経済新報社　1987.1
◇父の映像　（犬養健ほか著）　筑摩書房　1988.3　（筑摩叢書）
◇売りモノを創った男たち　（藤田忠司著）　リバティ書房　1988.10
◇日本史の社会集団〈6〉ブルジョワジーの群像　（安藤良雄著）　小学館　1990.3
◇企業立国・日本の創業者たち―大転換期のリーダーシップ　（加来耕三著）　日本実業出版社　1992.5
◇マイナス転じて福となす経営―名商人に学ぶ始末と才覚の研究　（童門冬二著）　PHP研究所　1993.2
◇日本資本主義の群像　（内橋克人著）　社会思想社　1993.2　（現代教養文庫―内橋克人クロニクル・ノンフィクション）
◇都市のプランナーたち―江戸・東京を造った人々　（東京人編集室編）　都市出版　1993.12
◇死んでたまるか！―ここを乗り切れ、道は開ける！　（河野守宏著）　ロングセラーズ　1995.4　214p　（ムックセレクト）
◇人物に学ぶ明治の企業事始め　（森友幸照著）　つくばね舎　1995.8　210p
◇きょう土につくした人びと　ふるさと歴史新聞 5　（笠原秀文）　ポプラ社　1996.4　47p
◇稼ぐに追いつく貧乏なし―浅野総一郎と浅野財閥　（斎藤憲著）　東洋経済新報社　1998.11　270p
◇日本経済の礎を創った男たちの言葉―21世紀に活かす企業の理念・戦略・戦術　（森友幸照著）　すばる舎　1999.11　229p
◇日本創業者列伝―企業立国を築いた男たち　（加来耕三著）　学陽書房　2000.8　362p　（人物文庫）
◇その男、はかりしれず―日本の近代をつくった男浅野総一郎伝　（新田純子著）　サンマーク出版　2000.11　295p
◇20世紀　日本の経済人　（日本経済新聞社編）　日本経済新聞社　2000.11　449p　（日経ビジネス人文庫）
◇われ、官を恃まず―日本の「民間事業」を創った男たちの挑戦　（吉田伊佐夫著）　産経新聞ニュースサービス　2002.8　334p
◇無から始めた男たち―20世紀日本の経済人セレクション　（日本経済新聞社編）　日本経済新聞社　2003.5　413p
◇元勲・近代諸家書簡集成―宮津市立前尾記念文庫所蔵　（仏教大学近代書籍研究会編）　宮津市　2004.2　599.3p
◇相場ヒーロー伝説―ケインズから怪人伊東ハンニまで　（鍋島高明著）　五台山書房　2005.12　340p
◇越中人譚　1　チューリップテレビ　2007.3　223p
◇九転十起の男―日本の近代をつくった浅野総一郎　（新田純子著）　毎日ワンズ　2007.4　295p
◇日本史偉人「健康長寿法」　（森村宗冬著）　講談社　2007.5　201p　（講談社プラスアルファ新書）
◇智将の知恵、闘将の決断―発想のヒントが満載！　（二見道夫著）　ファーストプレス　2007.12　179p
◇ほくりく20世紀列伝　上巻　（北国新聞社論説委員会・編集局編）　時鐘舎　2007.12　281p　（時鐘舎新書）
◇浅野総一郎の度胸人生―フリーターから東洋一の実業家になった男　（新田純子著）　毎日ワンズ　2008.8　268p
◇日本のコンクリート技術を支えた100人　（笠井芳夫,長滝重義企画・監修）　セメント新聞社　2009.3　1冊
【雑　誌】
◇「草の根」からはい上がった富豪―安田と浅野（特集・「雑草」の魅力―のし上がった男たちのドラマ）　（森川英正）　「プレジデント」　18（4）　1980.3
◇産業革命家の軌跡(12)アイディア経営者―浅野総一郎　（西東玄）　「社員教育」　320　1981.3.5
◇セメント王・浅野総一郎（日本財閥創始者伝）　（松平弘明）　「経営評論」　24（8）　1981.10
◇浅野総一郎―廃物利用で活路をひらいたセメント王（勝負に賭けた男たちの系譜）　（風巻絃一）　「実業の日本」　88（5）　1985.3.15
◇捨てられているモノを拾って"金"にした男（売りモノを創った男たち〔1〕）　（藤田忠司）　「セールスマネジャー」　23（1）　1987.1
◇日露戦後の海外原油輸入問題―浅野総一郎の海外原油輸入精製事業をめぐって（第1次世界大戦前後の時代思潮）　（伊藤武夫）　「立命館大学人文科学研究所紀要」　43　1987.3
◇銅像シリーズ(6)浅野総一郎(2)　（橋本直人）　「氷見春秋」　28　1993.11
◇青梅鉄道の設立と浅野総一郎　（渡辺恵一）　「立教経済学研究」　立教大学経済学研究会　48（3）　1995.1　p187～212
◇浅野総一郎と明治期における浅野セメントの考察　（小早川洋一）　「経営論集」　明治大学経営学研究所　45（2～4）　1998.3　p23～44
◇「黎明期」(1901～1925年)「論語とソロバンの一致」を旨とした明治の財界人―渋沢栄一（第一国立銀行）、益田孝（三井財閥）、岩崎小弥太（三菱財閥）、浅野総一郎（浅野財閥）、安田善次郎（安田財閥）、鮎川義介（日産コンツェルン）、古河虎之助（古河財閥）、藤原銀次郎（王子製紙）、武藤山治（鐘紡）、森矗昶（昭和電工）、諸井恒平（秩父セメント）、日比翁助（三越）、森永太一郎（森永製菓）、馬越恭平（大日本麦酒）、鈴木三郎助（味の素）、大原孫三郎（倉敷紡績）、福原有信（資生堂）、野村徳七（野村証券）、鈴木馬左也（住友財閥）、弘世助三郎（日本生命）（日本経済100年100人）　（童門冬二）　「フォーブス日本版」　9（1）　2000.1　p63～69
◇鶴見近郊における浅野總一郎および浅野財閥による都市の発展に関する研究―都市の発展に関与した福祉事業発展の可能性に着目して　（佐々木隆夫）　「聖カタリナ大学・聖カタリナ大学短期大学部研究紀要」　聖カタリナ大学　18　2006　p41～51
◇勝利者学―成功の要因を知る（第15回）浅野財閥・創始者　浅野総一郎　自らつくりだしてこそ、〈運〉は確実につかみとることができる　（相川信彦）　「先見経済」　清話会　51（23）　2006.12.15　p24～26
◇浅野総一郎の登場（特集『佐久間権蔵日記』の世界）　（伊東富昭）　「京浜歴科研年報」　京浜歴史科学研究会　21　2009.2　p55～57
◇明治時代から大正時代における社会資本の構築に伴う公衆衛生の向上―浅野總一郎の取り組みを焦点にして　（佐々木隆夫）　「医療福祉研究」　日本医療福祉学会　3　2009.6　p44～55

浅野梅堂　あさのばいどう　1816～1880
　幕末,明治期の書画家,京都町奉行。
【図　書】
◇浅野梅堂―幕末の文化人　小伝　（坂口筑母）〔坂口筑母〕　1982.1
◇近世漢字一書誌と書評　（水田紀久著）　桜楓社　1988.9
【雑　誌】
◇近世の蔵書家たち(11)蔵書五万巻　旗本の蔵書家　浅野梅堂　（朝倉治彦）「日本古書通信」　46（11）　1981.11
◇梅堂浅野長祚自筆稿本「墨華塾書画銘心録　墨華塾本朝書画銘心録」公刊　（田村悦子）「美術研究」　330　1984.12
◇浅野梅堂自筆稿本「墨華塾書画銘心録・同本朝書画銘心録」の研究　（田村悦子）「美術研究」　331　1985.3
◇東洋の學藝　浅野梅堂「寒檠〔サ〕綴」の成立過程　（竹之内茂）「東洋文化」　無窮会　102　2009.4　p45～58

朝吹英二　あさぶきえいじ　1849～1918
明治期の実業家。三井系諸会社の重職を歴任。
【図　書】
◇類聚伝記大日本史12　（辻善之助ほか監修）　雄山閣出版　1981.6
◇夕陽を知らぬ男たち―彼らはいかに生きたか　（小島直記著）　旺文社　1983.2　（旺文社文庫）
◇福沢山脈の経営者たち　（加藤寛編）　ダイヤモンド社　1984.10
◇美術話題史―近代の数寄者たち　（松田延夫著）　読売新聞社　1986.5
◇当世畸人伝　（白崎秀雄著）　新潮社　1987.1
◇朝吹英二君伝　（大西理平著）　図書出版社　1990.9　（経済人叢書）
◇朝吹英二君伝―伝記・朝吹英二　（大西理平編）　大空社　2000.9　1冊　（伝記叢書）
◇益田鈍翁をめぐる9人の数寄者たち　（松田延夫著）　里文出版　2002.11　235p
【雑　誌】
◇福沢諭吉暗殺の裏話　（朝吹登水子）「学鐙」　81（1）1984.1
◇（人間・福沢諭吉に学ぶ）己を生かし人を生かす(18)刺客・朝吹英二と増田宗太郎　（川村真二）「企業と人材」　産労総合研究所　32（726）1999.6.5　p80～86
◇慶應義塾史跡めぐり（第35回）邪馬渓―福澤先生と環境保全・朝吹英二生家跡　（大澤輝嘉）「三田評論」　慶応義塾　1123　2009.5　p64～67

麻生太吉　あそうたきち　1857～1933
明治～昭和期の実業家、政治家。
【図　書】
◇黄金伝説―「近代成金たちの夢の跡」探訪記　（荒俣宏著, 高橋昇写真）　集英社　1990.4
◇黄金伝説　（荒俣宏著）　集英社　1994.4　（集英社文庫―荒俣宏コレクション）
◇麻生太吉翁伝―伝記・麻生太吉　（麻生太吉翁伝刊行会編）　大空社　2000.9　1冊　（伝記叢書）
◇八幡製鉄所史の研究　（長野暹編著）　日本経済評論社　2003.10　314p
【雑　誌】
◇麻生石炭事業の展開と金融(明治期)　（杉山和雄）「成蹊大学経済学部論集」　11（1）1980.9

阿部泰蔵　あべたいぞう　1849～1924
明治,大正期の実業家。明治生命社長、明治火災保険社長。
【雑　誌】
◇早矢仕有的への来翰を巡って―〔12〕完―(遺稿)　（曽我なつ子, 松島栄一）「学鐙」　79（12）1982.12
◇経営理念と保険思想―阿部泰蔵と矢野恒太　（小林惟司）「文研論集」　生命保険文化研究所　120　1997.9　p33～76
◇福沢諭吉, F.ウェーランド、阿部泰蔵　（西川俊作）「千葉商大論叢」　千葉商科大学国府台学会　40（4）2003.3　p29～48

雨宮敬次郎　あめのみやけいじろう　1846～1911
明治期の実業家。
【図　書】
◇日本のリーダー6 資本主義の先駆者　（第二アートセンター編）　ティビーエス・ブリタニカ　1983.2
◇破天荒企業人列伝　（内橋克人）　新潮社　1983.4　（新潮文庫）
◇幻の人車鉄道―豆相人車の跡を行く　（伊佐九三四郎）　森林書房　1986.12
◇黄金伝説―「近代成金たちの夢の跡」探訪記　（荒俣宏著, 高橋昇写真）　集英社　1990.4
◇大人学・小人学（だいじんがく・しょうじんがく）―「大気力」で生きた男の器量と値打ち　（邑井操著）　大和出版　1990.6
◇マイナス転じて福となす経営―名商人に学ぶ始末と才覚の研究　（童門冬二著）　PHP研究所　1993.2
◇日本資本主義の群像　（内橋克人著）　社会思想社　1993.2　（現代教養文庫―内橋克人クロニクル・ノンフィクション）
◇本物の魅力―自分を生かし切った男だけが「人生の醍醐味」を味わうことができる！　（邑井操著）　大和出版　1993.7
◇黄金伝説　（荒俣宏著）　集英社　1994.4　（集英社文庫―荒俣宏コレクション）
◇幻の人車鉄道―豆相人車の跡を行く　（伊佐九三四郎著）　河出書房新社　2000.5　214p
◇相場師異聞―一攫千金に賭けた猛者たち　（鍋島高明著）　河出書房新社　2002.12　316p
◇中央線誕生―甲武鉄道の開業に賭けた挑戦者たち　（中村建治著）　本の風景社　2003.8　221p
◇近代を耕した明治の起業家・雨宮敬次郎　〔雨宮敬次郎〕著、三輪正弘編　信毎書籍出版センター　2003.8　213p
◇マンガ 日本相場師列伝―是川銀蔵・田中平八・佐藤和三郎・雨宮敬次郎　（鍋島高明監修,岩田廉太郎作画）　パンローリング　2004.10　254p　（ウィザードコミックス）
◇カネが邪魔でしょうがない―明治大正・成金列伝　（紀田順一郎著）　新潮社　2005.7　205p　（新潮選書）
◇マンガ 日本相場師列伝―是川銀蔵・田中平八・佐藤和三郎・雨宮敬次郎　（鍋島高明監修,岩田廉太郎作画）　パンローリング　2007.11　252p　（PanRolling Library）
◇株マフィアの闇―「巨悪」欲望の暗闘史 3巻　（有森隆、グループK著）　大和書房　2008.4　349p　（だいわ文庫）
【雑　誌】
◇これぞ甲州商人雨宮敬次郎(特集・商才のドラマ―商人の原像に学ぶ」　（鈴木松夫）「プレジデント」　18（6）1980.5
◇財閥・官僚人物あれこれ　（中村青志, 沢井和成）「歴史公論」　8（3）1982.3
◇1900年5月 東京〔2〕蚯蚓と蛙と鼠と(世紀末の1年〔18〕)　（松本巌）「朝日ジャーナル」　28（20）1986.5.9
◇特別読物・幻の豆相人車・熱海軽便鉄道を往く　（伊佐九三四郎）「歴史と旅」　28（1）2001.1　p107～114
◇この巨人の「人間力」を探る(4)雨宮敬次郎　（皆木和義）「企業と人材」産労総合研究所　40（908）2007.8.5・20　p40～44
◇開港・開化傑物伝(18)大老暗殺で知った時世の動き 明治を駆け抜けた豪商一代―相場師・起業家〈雨宮敬次郎〉　（紀田順一郎）「Best partner」浜銀総合研究所　21（6）2009.6　p36～41
◇中国思想と明治・大正の偉人たち(3)雨宮敬次郎と矢野恒太　（守屋淳）「青淵」　渋沢栄一記念財団　729　2009.12　p24～27

有島武　ありしまたけし　1842～1916
明治期の官吏、実業家。関税局長、十五銀行取締役。
【図　書】
◇日本人乃原父―有島武郎と西郷隆盛　（三木利英著）　明治書院　1986.5
【雑　誌】
◇新攷 有島武(上)　（鈴木鎮平）「語文(日本大学国文学会)」　61　1985.2
◇新攷 有島武(下)　（鈴木鎮平）「語文(日本大学国文学会)」　62　1985.6
◇有島武談「北郷久信君国事報効事歴談, 附十三節」他資料3篇―その翻刻と解説―　（鈴木鎮平）「語文(日本大学)」　68（薬師寺章明博士記念号）1987.6
◇「有島三兄弟」の父武のこと　（内田満）「神戸山手大学紀要」　神戸山手大学　2　2000　p17～34
◇有島武(特集=長編小説 時の座標)　（石丸晶子）「国文学解釈と鑑賞」　至文堂　73（2）2008.2　p50～58

飯田歌子　いいだうたこ　1831～1907
幕末,明治期の実業家。
【雑　誌】
◇歴史を駆け抜けた女性経営者パート2 11 最終回 高島屋百貨店の礎を築いた「飯田歌子」亡夫の跡を継いだ呉服店を屈指の大百貨店に育てあげた"女丈夫"　（秋桜天）「先見経済」セイワコミュニケーションズ　50（1）2005.1　p64～67

飯田新七〔2代〕　いいだしんしち　1827～1878
幕末,明治期の商人、実業家。
【図　書】
◇豪商物語　（邦光史郎著）　博文館新社　1986.12
◇江戸のビジネス感覚　（童門冬二著）　朝日新聞社　1988.10
◇全国の伝承 江戸時代 人づくり風土記―ふるさとの人と知恵〈26〉京都　（加藤秀俊, 谷川健一, 稲垣史生, 石川松太郎, 吉田豊編）　農山漁村文化協会　1988.11
◇江戸に学ぶヒット商品の発想法　（邦光史郎著）　勁文社　1989.2　（ケイブンシャブックス）
◇江戸商人の経営哲学―豪商にみる成熟期の経営　（茂木正雄著）　にっかん書房　1994.4
◇江戸のビジネス感覚　（童門冬二著）　朝日新聞社　1996.10　277p　（朝日文芸文庫）
◇関西ゆかりの偉人たち　（国語研究会編）　むさし書房　2007.5　192p
◇江戸商人・成功の法則八十手　（羽生道英著）　PHP研究所　2007.12　300p　（PHP文庫）

池田謙三　いけだけんぞう　1854～1923
明治,大正期の実業家、銀行家。第百国立銀行頭取。
【図　書】
◇私の履歴書 経済人15　（日本経済新聞社）　編刊　1981.1
【雑　誌】
◇流れる(7)(笑わぬでもなし(191))　（山本夏彦）「諸君！」　21（2）1989.2
◇三菱信託中興の祖―池田謙蔵(特集 名経営者列伝「その理想と信念」

Part2)「経営コンサルタント」経営政策研究所 585 1997.7 p135〜137
◇三菱信託中興の祖 池田謙蔵(特集 先人たちは激動する時代と如何に戦ったか。経営革新に燃えた人々)「経営コンサルタント」経営政策研究所 596 1998.6 p31〜33

石河正竜　いしかわせいりゅう　1825〜1895
幕末,明治期の紡績技術者。奉任4等技師。
【図　書】
◇本邦綿糸紡績史〈第1巻〉（絹川太一著）原書房 1990.11（明治百年史叢書）
◇本邦綿糸紡績史〈第7巻〉（絹川太一著）原書房 1991.2（明治百年史叢書）
◇日本の技術者―江戸・明治時代（中山秀太郎著,技術史教育学会編）雇用問題研究会 2004.8 206p
【雑　誌】
◇薩州商社取建構想の先行段階としての薩州産物会所取建に基づく大和交易構想について(1)―薩摩藩交易方掛石河確太郎の経営思想を中心にして（長谷川洋史）「東亜大学経営学部紀要」東亜大学経営学部 第5号 1996.8 p#1〜33#
◇薩州商社取建構想の先行段階としての薩州産物会所取建に基づく大和交易構想について(2)―薩摩藩交易方掛石河確太郎の経営思想を中心にして（長谷川洋史）「東亜大学経営学部紀要」東亜大学経営学部 第6号 1997.2 p#1〜25#
◇薩州商社取建構想の先行段階としての薩州産物会所取建に基づく大和交易構想について(3)―薩摩藩交易方掛石河確太郎の経営思想を中心にして（長谷川洋史）「東亜大学経営学部紀要」東亜大学経営学部 第7号 1997.9 p#1〜33#
◇薩州商社取建構想の先行段階としての薩州産物会所取建に基づく大和交易構想について(4)―薩摩藩交易方掛石河確太郎の経営思想を中心にして（長谷川洋史）「東亜大学経営学部紀要」東亜大学経営学部 第8号 1998.2 p#63〜96#
◇石河確太郎年譜(1)―薩州商社研究の観点から（長谷川洋史）「東亜大学研究論叢」東亜大学学術研究所 26(1) 2001.12 p111〜145
◇富岡製糸場の機械掛石川正龍について―その人物像と活動を中心に（須長泰一）「ぐんま史料研究」群馬県立文書館 23 2005.10 p45〜56
◇薩州産物会所交易構想と近江商人商法の関係について(2)石河確太郎と近江商人（長谷川洋史）「福岡経大論集」福岡経済大学経済研究会 38(1) 2008.12.1 p59〜127

石川理紀之助　いしかわりきのすけ　1845〜1915
明治期の農業指導者,勧農家。
【図　書】
◇歴史を変えた愛と行動（赤星彰）八重岳書房 1982.5
◇人物・日本資本主義 4 明治のイデオローグ（大島清ほか著）東京大学出版会 1983.6
◇日本老農伝 改訂増補（大西伍一）農山漁村文化協会 1985.12
◇刻まれた歴史―碑文は語る農政史（中村信夫著）家の光協会 1986.5
◇みちのく伝統文化〈5〉人物編（高橋富雄編）小学館 1986.6
◇講座・日本技術の社会史〈別巻2〉人物篇〈近代〉（永原慶二,山口啓二,加藤幸三郎,深谷克己編）日本評論社 1986.12
◇ファミリー・ファームの比較史的研究（椎名重明編）御茶の水書房 1987.2
◇日本人の勤勉・貯蓄観―あすの経済を支えるもの（外山茂著）東洋経済新報社 1987.4
◇石川理紀之助（伊藤永之介）無明舎出版 1987.10
◇日本の『創造力』―近代・現代を開花させた470人〈4〉進む交流と機能（富田仁編）日本放送出版協会 1993.3
◇農聖 石川理紀之助の生涯（田中紀子著）批評社 1999.4 173p
◇大久保利通と民業奨励（安藤哲著）御茶の水書房 1999.11 333p
◇それぞれの明治維新―変革期の生き方（佐々木克編）吉川弘文館 2000.8 302p
◇天下之老農石川理紀之助―伝記・石川理紀之助（石川老農事蹟調査会編）大空社 2000.12 605,5p（伝記叢書）
【雑　誌】
◇碑文は語る農政史(10)種苗交換会と石川理紀之助（中村信夫）「協同組合経営研究月報」382 1985.7
◇研究ノート―歌人・石川理紀之助,国後の慟哭(上)（野口養吉）「秋田短期大学論叢」4(1) 1988.1
◇研究ノート：歌人・石川理紀之助,国後の慟哭(中)（野口養吉）「秋田短期大学論叢」52 1993.11
◇研究ノート：歌人・石川理紀之助,国後の慟哭(下)（野口養吉）「秋田短期大学論叢」53(学園創立40周年記念号) 1994.3
◇石川理紀之助覚書（村井英夫）「北方風土」28 1994.5
◇石川理紀之助翁が去ったあとの九升田のこぼれ話（深浦四郎）「北方風土」29 1994.11

◇歴史人物評伝(1)農聖 石川理紀之助の生涯(上)（田中紀子）「歴史民俗学」批評社 9 1998.2 p17〜19
◇歴史人物評伝(2)農聖 石川理紀之助の生涯(下)（田中紀子）「歴史民俗学」批評社 11 1998.7 p132〜134
◇歴史人物評伝(3)農聖 石川理紀之助の生涯(余録)（田中紀子）「歴史民俗学」批評社 12 1998.10 p224〜235
◇石川理紀之助と山田経済会―明治のムラ起こしに学ぶこと（安藤哲）「那須大学都市経済研究年報」那須大学都市経済研究センター 2 2002 p108〜126
◇石川理紀之助にみる公益―日本一の「老農」の活動と公益〔東北公益文科大学〕卒業論文集）（佐々木正太郎）「東北公益文科大学総合研究論集」東北公益文科大学 別冊 2005 p9〜46

石野雲嶺　いしのうんれい　1790〜1870
幕末,明治期の旅篭主人。
【雑　誌】
◇蓮華寺池と西湖―石野雲嶺の風景（金原理）「文献探究」文献探究の会 42 2004.3 p1〜10

和泉要助　いずみようすけ　1829〜1900
明治期の車夫。人力車の発明者の一人。
【図　書】
◇日本書誌学大系 28 林若樹集 青裳堂書店 1983.4
◇日本の『創造力』―近代・現代を開花させた470人〈2〉殖産興業への挑戦（富田仁編）日本放送出版協会 1993.1
◇絵はがきで見る日本近代（富田昭次著）青弓社 2005.6 265p
◇横浜開港時代の人々（紀田順一郎著）神奈川新聞社 2009.4 270p
◇開港・開化傑物伝(8)開化の巷に花開く庶民の発明 世情変転し、槿花一朝の夢―人力車＜和泉要助＞（紀田順一郎）「Best partner」浜銀総合研究所 20(8) 2008.8 p36〜41

泉麟太郎　いずみりんたろう　1842〜1929
幕末,明治期の開拓者。
【図　書】
◇水土を拓いた人びと―北海道から沖縄までわがふるさとの先達（「水土を拓いた人びと」編集委員会,農業土木学会編）農山漁村文化協会 1999.8 448p
【雑　誌】
◇農業土木を支えてきた人々―泉麟太郎―角田村開拓の祖（坂田資宏）「農業土木学会誌」50(6) 1982.6

磯永彦輔　いそながひこすけ　1854〜1934
幕末,明治期の農園経営者。
【図　書】
◇カリフォルニアの士魂―薩摩留学生長沢鼎小伝（門田明,テリー・ジョーンズ）本邦書籍 1983.4
【雑　誌】
◇薩摩英学史料：鷲津尺魔「長沢鼎翁伝」（門田明編）「人文（鹿児島県立短期大学）」14(開学40周年記念号) 1990.8

磯野小右衛門　いそのこえもん　1825〜1903
明治期の実業家。大阪商業会議所会頭。
【図　書】
◇天才相場師の戦場（鍋島高明著）五台山書房 2008.6 334p

磯村音介　いそむらおとすけ　1867〜1934
明治,大正期の実業家。保土ヶ谷曹達社長。
【図　書】
◇逆境を愛する男たち（小島直記）新潮社 1984.3

伊藤一隆　いとうかずたか　1859〜1929
明治期の水産功労者。北水協会初代会頭。
【図　書】
◇本豪落第横丁（品川力）青英社〔発売：星雲社〕1984.2
【雑　誌】
◇訳語「能率」の創始者伊藤一隆と英学（手塚竜磨）「英学史研究」17 1984
◇松本恵子の思い出―その父伊藤一隆にふれて(上)（品川力）「彷書月刊」4(1) 1988.1
◇松本恵子の思い出―その父伊藤一隆にふれて(下)（品川力）「彷書月刊」4(3) 1988.3
◇鮭の赤ちょうちん 連載1（松本恵子）「彷書月刊」4(5) 1988.5
◇クラーク博士の聖書 連載2（松本恵子）「彷書月刊」4(6) 1988.6
◇父、伊藤一隆の死‐連載16―（松本恵子）「彷書月刊」5(10) 1989.10

伊藤小左衛門〔5代〕　　いとうこざえもん　1818〜1879
幕末, 明治期の商人。
【図　書】
◇乱世梟商記　（原田種夫著）　叢文社　1986.2
◇万里の糸―伊藤小左衛門の生涯　（田中増治郎著）〔田中増治郎〕1997.1　291p
【雑　誌】
◇海賊商人小左衛門の埋宝（特集・日本の海賊と海戦―海賊の埋宝）（岩井護）「歴史と旅」8（11）1981.9
◇歴史随想 伊藤小左衛門と毛剃九右衛門　（白水康三）「福岡地方史研究会会報」25　1986.4
◇伊藤小左衛門真筆の書翰について（追悼特輯 井上精三さんを偲んで）（白水康三）「福岡地方史研究会会報」28　1989.3
◇伊藤小左衛門真筆の書翰（2）（白水康三）「福岡地方史研究」30　1992.5
◇伊藤小左衛門の抜船の罪の疑惑　（白水康三）「福岡地方史研究」31　1993.5

伊藤忠兵衛〔初代〕　　いとうちゅうべえ　1842〜1903
明治期の実業家。近江銀行頭取。
【図　書】
◇近江商人　（渡辺守順）　教育社　1980.8　（教育社歴史新書 日本史 106）
◇大阪経済人と文化　（宮本又次）　実教出版　1983.6
◇豪商たちの智略商魂　（風巻紘一著）　実業之日本社　1984.2
◇日本の商人　第7巻 国際商戦の先駆　（原田伴彦概説）　ティビーエス・ブリタニカ　1984.2
◇豪商物語　（邦光史郎著）　博文館新社　1986.12
◇大阪商人道を生きて―越後正一、人生と経営哲学　（越後正一講話, 大阪府なにわ塾編）（大阪）ブレーンセンター　1988.1　（対話講座 なにわ塾叢書）
◇代表的日本人―自己実現に成功した43人　（竹内均著）　同文書院　1990.1
◇会社のルーツおもしろ物語―あの企業の創業期はこうだった！　（邦光史郎著）　PHP研究所　1992.8　（PHPビジネスライブラリー）
◇日本の『創造力』―近代・現代を開花させた470人〈4〉進む交流と機能　（富田仁編）　日本放送出版協会　1993.3
◇日本を造った男たち―財界創始者列伝　（竹内均著）　同文書院　1993.11
◇実業家の文章―日本経済の基盤を築いた、十二人の偉大な実業家。（鈴木治雄著）　ごま書房　1998.7　262p
◇日本をつくった企業家　（宮本又郎編）　新書館　2002.5　252p
◇関西ゆかりの偉人たち　（国語研究会編）　むさし書房　2007.5　192p
◇近代近代の歴史と社会　（安藤精一, 高嶋雅明, 天野雅敏編）　清文堂出版　2009.7　420p
【雑　誌】
◇わが社の創業者〔伊藤忠商事〕初代伊藤忠兵衛　（戸崎誠喜）「経営者」39（12）1985.12
◇近代商社の礎を築いた近江商人―伊藤忠兵衛（巨人伝説〈3〉）（木村勝美）「フォーブス日本版」4（3）1995.3　p182〜185
◇初代伊藤忠兵衛の創業期における商業活動の一齣　（宇佐美英機）「同志社商学」同志社大学商学会 56（5・6）2005.3　p570〜587
◇初代伊藤忠兵衛と「伊藤外海組」小史　（宇佐美英機）「滋賀大学経済学部附属史料館研究紀要」滋賀大学経済学部附属史料館 39　2006.3　p31〜50
◇近江商人・初代伊藤忠兵衛のリスク管理と信仰の相克　（小川功, 深見泰孝）「滋賀大学経済学部附属史料館研究紀要」滋賀大学経済学部附属史料館 39　2006.3　p51〜71

伊藤伝右衛門　　いとうでんえもん　1860〜1947
明治, 大正期の実業家, 政治家。
【図　書】
◇伊藤伝右衛門翁伝　（中野紫葉著）　伊藤八郎　1982.5
◇黄金伝説―「近代成金たちの夢の跡」探訪記　（荒俣宏著, 高橋昇写真）　集英社　1990.4
◇筑豊一代炭坑王伊藤伝右衛門　（宮田昭著）　書肆侃侃房　2008.2　367p
【雑　誌】
◇歴史遺産を観光資源に活したまちづくり―旧伊藤伝右衛門邸の整備と活用　（齊藤守生）「公営企業」地方財務協会 39（12）2008.3　p83〜85

伊藤伝七〔10代〕　　いとうでんしち　1828〜1883
明治, 大正期の実業家。東洋紡績社長。
【図　書】
◇伊藤伝七翁―伝記・伊藤伝七　（絹川太一編）　大空社　2000.9　376, 10,5p　（伝記叢書）

稲畑勝太郎　　いなばたかつたろう　1862〜1949
明治期の実業家。貴族院議員, 大阪商工会議所会頭。
【図　書】
◇日仏の交流―友好380年　（高橋邦太郎）　三修社　1982.5
◇日本の『創造力』―近代・現代を開花させた470人〈7〉驀進から熟成へ　（富田仁編）　日本放送出版協会　1992.11
◇リヨンで見た虹―映画をひっさげてきた男 稲畑勝太郎・評伝　（岡田清治）　日刊工業新聞社　1997.5　266p　（B&Tブックス）
◇近代日本とトルコ世界　（池井優, 坂本勉編）　勁草書房　1999.2　267p
◇秘録・日本の活動写真　（田中純一郎著, 本地陽彦監修）　ワイズ出版　2004.12　319p
◇パリの日本人　（鹿島茂著）　新潮社　2009.10　286p　（新潮選書）
【雑　誌】
◇都市と実業教育―日仏交流史の視点, 山口半六と稲畑勝太郎の場合　（堀内達夫）「人文研究」大阪市立大学大学院文学研究科 54（3分冊）2002　p165〜179
◇パリの日本人（第4回）稲畑勝太郎（1）（鹿島茂）「波」新潮社 42（6）2008.6　p116〜121
◇パリの日本人（第5回）稲畑勝太郎（2）（鹿島茂）「波」新潮社 42（7）2008.7　p58〜63
◇パリの日本人（第6回）稲畑勝太郎（3）（鹿島茂）「波」新潮社 42（8）2008.8　p92〜97
◇稲畑勝太郎―近代的染色技術の先覚者が見たトルコ　（長場紘）「Anatolia news」日本・トルコ協会 124　2009.5　p20〜25

乾新兵衛　　いぬいしんべえ　1862〜1934
明治〜昭和期の実業家。神戸信託社長。
【図　書】
◇破天荒企業人列伝　（内橋克人）　新潮社　1983.4　（新潮文庫）
◇日本資本主義の群像　（内橋克人著）　社会思想社　1993.2　（現代教養文庫―内橋克人クロニクル・ノンフィクション）

井上伝　　いのうえでん　1789〜1869
幕末の女性。久留米絣の創始者。
【図　書】
◇図説人物日本の女性史7 江戸期女性の美と芸　小学館　1980.4
◇江戸と上方の女―日本女性の歴史　晩教育図書　1982.3　（日本発見人物シリーズ no.1）
◇講座・日本技術の社会史〈別巻 1〉人物篇〈近世〉　（永原慶二, 山口啓二, 加藤幸三郎, 深谷克己編）　日本評論社　1986.11
◇夢をもとめた人びと〈1〉発明・発見　（金平正, 北島春信, 簑田正治編）（町田）玉川大学出版部　1987.3
◇史伝 健康長寿の知恵〈3〉近世を支えた合理と不屈の精神　（宮本義己, 吉田豊編）　第一法規出版　1988.11

井上八郎　　いのうえはちろう　1816〜1897
幕末, 明治期の地方功労者。
【図　書】
◇概説・武芸者　（小佐野淳著）　新紀元社　2006.2　282p

井上勝　　いのうえまさる　1843〜1910
明治期の鉄道創設者。鉄道庁長官, 汽車製造合資社長。
【図　書】
◇明治期鉄道史資料 第2集7　（野田正穂〔ほか〕編）　日本経済評論社　1981.2
◇ある土木者像―いま・この人を見よ　（飯吉精一）　技報堂出版　1983.9
◇古典大系日本の指導理念 6 創業の初心 3 近代社会の事始め　（源了円ほか編纂）　第一法規出版　1983.10
◇建設業を興した人びと―いま創業の時代に学ぶ　（菊岡倶也著）　彰国社　1993.1
◇日本の『創造力』―近代・現代を開花させた470人〈4〉進む交流と機能　（富田仁編）　日本放送出版協会　1993.3
◇都市のプランナーたち―江戸・東京を造った人々　（東京人編集室編）　都市出版　1993.12
◇近代交通成立史の研究　（山本弘文〔編〕）　法政大学出版局　1994.6
◇鉄道敷設法の成立と井上勝　（松下孝昭）『日本国家の史的特質』（朝尾直弘教授退官記念会編）　思文閣出版　1995.4　p359
◇乗る旅・読む旅　（宮脇俊三著）　JTB　2001.1　221p
◇日本鉄道史の研究―政策・経営/金融・地域社会　（野田正穂, 老川慶喜編）　八朔社　2003.4　313p
◇近代日本の鉄道構想　（老川慶喜著）　日本経済評論社　2008.6　284p　（近代日本の社会と交通）
◇東海道線誕生―鉄道の父・井上勝の生涯　（中村建治著）　イカロス出版　2009.4　255p

【雑　誌】
◇鉄道に賭けた技術者魂井上勝（造鑑テクノクラートの草分け赤松則良）（田中時彦）「歴史と人物」14（3）1984.3
◇敗戦の因子は、今（随想）（井上勝）「造船界」158 1987.1
◇日本の測量・歴史人物伝―5―日本の鉄道技術を世界へと導いた井上勝「測量」日本測量協会 45 1995.4 p51～56
◇井上勝の鉄道構想（老川慶喜）「明大商学論叢」明治大学商学研究所 80（1・2）1998.2 p21～39
◇小岩井農場 岩手県雫石町（特集・近代化に賭けた先人たちの"夢の形"「産業遺産」に会いに行く）「サライ」15（2）2003.1.23 p116～117
◇史談往来/北から南から「鉄道は国家なり」井上勝のこと（小沢和也）「歴史研究」歴研 46（8）2004.8 p16～18
◇学問の歩きオロジー 日本の鉄道事始め（4）鉄道の父, 井上勝（水谷仁）「Newton」ニュートンプレス 28（12）2008.12 p94～99

井上保次郎　いのうえやすじろう　1863～1910
明治期の実業家。
【雑　誌】
◇明治期の私設鉄道金融と鉄道資本家―参宮鉄道における渋沢・今村・井上・片岡の役割をめぐって（小川功）「追手門経済論集」27（1）1992.4

井口在屋　いのくちありや　1856～1923
明治、大正期の機械工学者。東京帝国大学教授。
【図　書】
◇日本の技術者―江戸・明治時代（中山秀太郎著, 技術史教育学会編）雇用問題研究会 2004.8 206p
【雑　誌】
◇日本の機械工学の開拓者・井口在屋（I）―機械工学教育の形成過程を通して―（出水力）「技術と文明」1 1985.3

伊庭貞剛　いばていごう　1847～1926
明治期の実業家、政治家。衆議院議員、大阪商業学校校長。
【図　書】
◇夕陽を知らぬ男たち―彼らはいかに生きたか（小島直記）旺文社 1983.2（旺文社文庫）
◇伊庭貞剛（いばていごう）物語―住友近代化の柱（木本正次著）朝日ソノラマ 1986.5
◇財界人の人間修養学（竹井博友編著）竹井出版 1986.7
◇経営者名言集―仕事の活力源（名言シリーズ）（小島直記著）実業之日本社 1986.7
◇住友軍団パワーの秘密（邦光史郎, グループHLC著）東急エージェンシー出版事業部 1987.4
◇住友財閥成立史の研究（畠山秀樹著）同文舘出版 1988.1
◇日本の権力人脈（パワー・ライン）（佐高信著）潮出版社 1988.12
◇幽翁（西川正治郎著）図書出版 1990.6（経済人叢書）
◇明敏にして毒気あり―明治の怪物経営者たち（小堺昭三著）日本経済新聞社 1993.10
◇激変の時代を生き抜く発想と行動―幕末・明治の大物にみる（黒川志津雄著）日新報道 1995.12 228p
◇哲学を始める年齢（小島直記著）実業之日本社 1995.12 215p
◇死中に活路を拓く―宏量大気魄の経営人「幽翁」伊庭貞剛の雄渾なる生涯 感動四季報（感性文化研究所編）黙出版 1998.2 126p
◇近代住友の経営理念―企業者史的アプローチ（瀬岡誠著）有斐閣 1998.10 276p
◇新・代表的日本人（佐高信編著）小学館 1999.6 314p（小学館文庫）
◇伊庭貞剛物語―別子銅山中興の祖（木本正次著）愛媛新聞社 1999.10 335p（愛媛新聞ブックス）
◇20世紀 日本の経済人（日本経済新聞社編）日本経済新聞社 2000.11 449p（日経ビジネス人文庫）
◇日本の権力人脈（佐高信著）社会思想社 2001.12 302p（現代教養文庫）
◇住友の大番頭 伊庭貞剛（渡辺一雄著）広済堂出版 2002.5 263p
◇われ、官を恃まず―日本の「民間事業」を創った男たちの挑戦（吉田伊佐夫著）産経新聞ニュースサービス 2002.8 334p
◇無から始めた男たち―20世紀日本の経済人セレクション（日本経済新聞社編）日本経済新聞社 2003.5 413p
◇明治の怪物経営者たち―明敏にして毒気あり（小堺昭三著）学陽書房 2003.6 315p（人物文庫）
◇日本の権力人脈（佐高信著）講談社 2003.12 307p（講談社文庫）
◇経営に大義あり―日本を創った企業家たち（日本経済新聞社編）日本経済新聞社 2006.5 247p
◇男の晩節（小島英記著）日本経済新聞社 2006.7 332p
◇リーダーの心得ハンドブック―部下のやる気に火をつける！（佐藤悌二郎著）PHP研究所 2008.2 229p
◇日本の発心―朝河貫一と歴史学（矢吹晋著）花伝社 2008.12 265p
◇本物に学ぶ生き方（小野晋也著）致知出版社 2009.5 270p
◇日本の経営者（日本経済新聞社編）日本経済新聞出版社 2009.8 214p（日経文庫）
◇男の晩節（小島英記著）日本経済新聞出版社 2009.9 365p（日経ビジネス人文庫）
【雑　誌】
◇伊庭貞剛―陽明学と天保大一揆がつくった？高士（産業革命家の軌跡（5））（西東玄）「社員教育」303 1980.6.5
◇男の生きざま〔伊庭貞剛、松永安左衛門〕（講演録）（小島直記）「経営レポート（三銀経営センター）」20 1983.11
◇大経営者の宗教心―1人の人間として求めた心の安らぎ（特集・社長の『心的バックボーン』"不安"の時代トップは何を支えに生きるのか）（佐高信）「経営者会報」344 1985.7
◇伊庭貞剛の研究（瀬岡誠）「京都学園大学論集」14（2）1985.11
◇伊庭貞剛―経営も人材育成も「自社のためより世のため」で、住友を築いた大番頭（人物大特集―成熟期のリーダー 一歩間違えば衰退に向かう転機をどう繁栄安定させるか）（木本正次）「NEXT」3（11）1986.11
◇住友精神「伊庭貞剛」を否定した"磯田会長"―老人の跋扈が企業を危うくする（ファイナンス・サーベイ）（佐高信）「エコノミスト」68（45）1990.10.30
◇日本資本主義史上最も見事に一線を退いた男（テーマエッセイ館 男の引き際）（小島直記）「プレジデント」29（7）1991.7
◇経営者の質と哲学（りれー随想）（高原須美子）「エコノミスト」69（44）1991.10.15
◇伊庭貞剛の企業者史的研究―関係者と関係集団の分析（瀬岡誠）「社会科学」同志社大学人文科学研究所 55 1995.7 p1～30
◇伊庭貞剛（いばていごう）監査役のこと―明治期における一監査役の卓見〔含 略年表〕（上原利夫）「月刊監査役」日本監査役協会 392 1997.12 p2113～2117
◇一九世紀末、別子鉱山の環境対策に挑んだ伊庭貞剛―四阪島への製錬所移転をめぐって（末岡照啓）「住友史料館報」住友史料館 31 2000.7 p69～105
◇明治の人、伊庭貞剛（80人の心に残る鮮やかな日本人）（中野孝次）「文芸春秋」80（2）2002.2 p368～369
◇建築は施主の人格なり―伊庭貞剛と活機園（末岡照啓）「月刊文化財」第一法規出版 465 2002.6 p8～11
◇伊庭貞剛の企業者史的研究―所有者と経営者の関係に焦点をあてて（瀬岡誠）「大阪大学経済学」大阪大学大学院経済学研究科資料室 54（3）2004.12 p39～59
◇伊庭貞剛の建築観と住友営繕―企業者史的アプローチ（瀬岡誠）「経済史研究」大阪大学日本経済史研究所 10 2006 p93～112
◇住友営繕と伊庭貞剛―辰野金吾との思想的共鳴盤を中心にして（瀬岡誠, 瀬岡和子）「追手門経済論集」追手門学院大学経済学会 41（1）2006.11 p27～51
◇広瀬宰平・伊庭貞剛と新島襄―大学設立募金運動を中心に（太田雅夫）「同志社談叢」同志社大学同志社史資料センター 29 2009.3 p1～23, 図巻頭1～2
◇戦前に学ぶ経営とリーダーシップ（9）広瀬宰平・伊庭貞剛 中興の祖によるリーダーシップ（1）（小野善生）「京の発言」京の発言出版 12 2009.7 p72～75
◇戦前に学ぶ経営とリーダーシップ（10）広瀬宰平・伊庭貞剛 中興の祖によるリーダーシップ（2）（小野善生）「京の発言」京の発言出版 13 2009.9 p74～77
◇先賢再訪 現代（いま）に生かす"業徳の事業家"ものがたり―伊庭貞剛（その1）人に「人徳」ありまた事業にも「業徳」あり（長岡孝明）「労働基準広報」労働調査会 1654 2009.9.1 p40～42
◇先賢再訪 現代（いま）に生かす"業徳の事業家"ものがたり―伊庭貞剛（その2）住友家事業の国家貢献度知り帰郷の意を翻す（長岡孝明）「労働基準広報」労働調査会 1655 2009.9.11 p37～39
◇先賢再訪 現代（いま）に生かす"業徳の事業家"ものがたり―伊庭貞剛（その3）度重なる住友家の不幸さらに銅山で煙害問題も（長岡孝明）「労働基準広報」労働調査会 1656 2009.9.21 p40～42
◇先賢再訪 現代（いま）に生かす"業徳の事業家"ものがたり―伊庭貞剛（その4）内紛と煙害まさに「内憂外患」の趣（長岡孝明）「労働基準広報」労働調査会 1658 2009.10.11 p33～35
◇先賢再訪 現代（いま）に生かす"業徳の事業家"ものがたり―伊庭貞剛（その5）衆知を集める「合議制」施行 住友近代化の改革を断行（長岡孝明）「労働基準広報」労働調査会 1659 2009.10.21 p38～

今泉嘉一郎　いまいずみかいちろう　1867～1941
明治～昭和期の鉄鋼技術者、実業家。衆議院議員。
【図　書】
◇人物・鉄鋼技術史（飯田賢一著）日刊工業新聞社 1987.1

◇日本の『創造力』―近代・現代を開花させた470人〈9〉不況と震災の時代 （富田仁編） 日本放送出版協会 1993.5
【雑誌】
◇今泉嘉一郎の業績 （丸山知良）「群馬風土記」19 1990.12

今井藤七　いまいとうしち　1849〜1925
明治，大正期の実業家。
【図書】
◇蝦名賢造北海道著作集〈第6巻〉新版 北方のパイオニア （蝦名賢造著） 西田書店 1993.2
【雑誌】
◇企業の社会性に関する一考察―3―今井藤七による企業の3重機能の達成をめぐって （岩清水洋）「新潟大学経済論集」新潟大学経済学会 59 1995.10 p29〜51

今西林三郎　いまにしりんざぶろう　1852〜1924
明治，大正期の実業家，政治家。
【図書】
◇奪われた栄冠―阪急VS阪神・野球大会略奪命令 （坂西哲著） 新風舎 2007.7 126p

伊予田与八郎　いよだよはちろう　1822〜1895
幕末，明治期の明治用水開削者。碧海郡副郡長。
【図書】
◇ひとすじの流れ―評伝岡本兵松・伊予田与八郎 （狐牛会編） 安城文化協会 1983.8

岩井勝次郎　いわいかつじろう　1863〜1935
明治，大正期の実業家。
【図書】
◇日本の『創造力』―近代・現代を開花させた470人〈8〉消費時代の開幕 （富田仁編） 日本放送出版協会 1992.11
◇創業者岩井勝次郎 （関西ペイント株式会社著） 関西ペイント 1995.5 316p

岩崎久弥　いわさきひさや　1865〜1955
明治〜昭和期の実業家。三菱合資社長。
【図書】
◇三菱の経営多角化―三井・住友と比較 （小林正彬著） 白桃書房 2006.4 483p
【雑誌】
◇小岩井農場と岩崎久弥―小岩井農場創業から会社設立まで（企業レポート）「岩手経済研究」7 1983.7
◇サムライ経営者「岩崎久弥」小伝 （村上兵衛）「新潮45」12(6) 1993.6
◇三菱財閥，岩崎弥太郎―弥之助―久弥の多角化理念 （小林正彬）「経済系」関東学院大学経済学会 212 2002.7 p56〜74

岩崎弥太郎　いわさきやたろう　1834〜1885
明治期の実業家。三菱商会社長。
【図書】
◇岩崎弥太郎伝 （岩崎家伝記刊行会編） 東京大学出版会 1980.5〜7 （岩崎家伝記1,2）
◇日本資本主義の群像―人物財界史 （梅井義雄） 教育社 1980.7 （教育社歴史新書 日本史143）
◇岩崎弥太郎―物語と史蹟をたずねて （川村晃） 成美堂出版 1980.9
◇青年の風雪 （平尾道雄） 高知新聞社 1981.1 （高新ふるさと文庫 2）
◇類聚伝記大日本史12 実業家篇 （土屋喬雄編集解説） 雄山閣出版 1981.6
◇日本工業先覚者史話 （福本和夫） 論倒社 1981.7
◇変革期型リーダーの条件―「維新」を見てきた男たち （佐々克明） PHP研究所 1982.9
◇日本のリーダー 6 資本主義の先駆者 ティビーエス・ブリタニカ 1983.2
◇夕陽を知らぬ男たち―彼らはいかに生きたか （小島直記） 旺文社 1983.2 （旺文社文庫）
◇日本のリーダー6 資本主義の先駆者 （第二アートセンター編） ティビーエス・ブリタニカ 1983.2
◇人物・日本資本主義3 明治初期の企業家 （大島清ほか著） 東京大学出版会 1983.6
◇維新史の青春激像―動乱期に情熱を賭けた獅子たちの熱血譜 （藤田公遠） 日本文芸社 1983.10
◇豪商たちの智略商魂 （風巻絃一著） 実業之日本社 1984.2
◇人物探訪 日本の歴史―18―明治の逸材 暁教育図書 1984.2
◇歴史への招待 29 日本放送出版協会 1984.3
◇幕末維新の経済人―先見力・決断力・指導力（中公新書） 坂本良

著） 中央公論社 1984.4
◇国際日本を拓いた人々―日本とスコットランドの絆 （北政巳著） 同文館出版 1984.5
◇ビジネス・ヒーローの帝王学―江戸時代の「再建マン」に学ぶマネジメント （佐々克明著） 東洋経済新報社 1984.8
◇実業の詩人・岩崎弥太郎―三菱をつくった男 （嶋岡晨著） 名著刊行会 1985.1
◇岩崎弥太郎の独創経営―三菱を起こしたカリスマ （坂本藤良著） 講談社 1986.10
◇豪商物語 （邦光史郎著） 博文館新社 1986.12
◇決定版 運命を開く―世界の「ビジネス天才」に学ぶ （片方善治著） 三笠書房 1986.12
◇政商の誕生―もうひとつの明治維新 （小林正彬著） 東洋経済新報社 1987.1
◇維新侠艶録 （井筒月翁著） 中央公論社 1988.3 （中公文庫）
◇日本を創った戦略集団〈6〉建業の勇気と商略 （堺屋太一編） 集英社 1988.4
◇東京海上火災 （柏田道夫作，ひおあきら画） 世界文化社 1988.6 （企業コミック）
◇明治・青春の夢―革新的行動者たちの日記 （嶋岡晨著） 朝日新聞社 1988.7 （朝日選書）
◇坂本龍馬と海援隊―日本を変えた男のビジネス魂 （坂本藤良著） 講談社 1988.11 （講談社文庫）
◇地球物理学者 竹内均の人物山脈〈1〉 （竹内均著） 同文書院 1988.11 （コスモス・ライブラリー―HUMAN SCIENCE）
◇歴史に学ぶライバルの研究 （会田雄次，谷沢永一著） PHP研究所 1988.12
◇目でみる日本史「翔ぶが如く」と西郷隆盛 （文芸春秋編） 文芸春秋 1989.11 （文春文庫―ビジュアル版）
◇指導力と組織力がつく―知的精鋭集団のつくり方，育て方 （山本七平ほか著） 経済界 1990.1 （リュウブックス）
◇代表的日本人―自己実現に成功した43人 （竹内均著） 同文書院 1990.1
◇日本史の社会集団〈6〉ブルジョワジーの群像 （安藤良雄著） 小学館 1990.3
◇財界人物我観 （福沢桃介著） 図書出版社 1990.3 （経済人叢書）
◇岩崎弥太郎 （榛葉英治著） PHP研究所 1990.4 （歴史人物シリーズ―幕末・維新の群像）
◇日本史夜話―事件・人物・エピソード （邦光史郎著） 広済堂出版 1991.10 （広済堂文庫―ヒューマン・セレクト）
◇死んでもともと―この男の魅力を見よ！ 最後の最後まで諦めなかった男たち （河野守宏著） 三笠書房 1992.4
◇企業立国・日本の創業者たち―大転換期のリーダーシップ （加来耕三著） 日本実業出版社 1992.5
◇英雄たちの伝説―歴史の見どころ （南原幹雄著） 悠思社 1992.6
◇会社のルーツおもしろ物語―あの企業の創業期はこうだった！ （邦光史郎著） PHP研究所 1992.8 （PHPビジネスライブラリー）
◇日本の『創造力』―近代・現代を開花させた470人〈2〉殖産興業への挑戦 （富田仁編） 日本放送出版協会 1993.1
◇大物になる男の人間学 （広瀬仁紀著） 三笠書房 1993.8 （知的生きかた文庫）
◇明敏にして毒気あり―明治の怪物経営者たち （小堺昭三著） 日本経済新聞社 1993.10
◇日本を造った男たち―財界創始者列伝 （竹内均著） 同文書院 1993.11
◇剛腕の経営学 （邦光史郎著） 徳間書店 1993.11 （徳間文庫）
◇ライバル日本史〈2〉 （NHK取材班編） 角川書店 1994.12
◇死んでたまるか！―ここを乗り切れ，道は開ける！ （河野守宏著） ロングセラーズ 1995.4 214p （ムックセレクト）
◇人物に学ぶ明治の企業事始め （森友幸照著） つくばね舎 1995.8 210p
◇政商伝 （三好徹著） 講談社 1996.3 287p （講談社文庫）
◇日本人の生き方 （童門冬二著） 学陽書房 1996.6 295p （陽セレクション）
◇激突―ライバル日本史 7 （NHK取材班編） 角川書店 1996.12 294p （角川文庫）
◇歴史に学ぶライバルの研究 （会田雄次, 谷沢永一著） PHP研究所 1997.8 261p （PHP文庫）
◇幕末 英傑風雲録 （羽生道英著） 中央公論社 1998.5 365p （中公文庫）
◇岩崎弥太郎―伝記・岩崎弥太郎 （山路愛山著） 大空社 1998.11 262,12p （近代日本企業家伝叢書）
◇ケースブック 日本の企業家活動 （宇田川勝編） 有斐閣 1999.3 318p
◇日本経済の礎を創った男たちの言葉―21世紀に活かす企業の理念・戦略・戦術 （森友幸照著） すばる舎 1999.11 229p
◇日本の"地霊" （鈴木博之著） 講談社 1999.12 231p （講談社現代新書）

◇明治の怪 山県有朋 （原田務著） 叢文社 2000.4 249p
◇日本創業者列伝―企業立国を築いた男たち （加来耕三著） 学陽書房 2000.8 362p （人物文庫）
◇男冥利 （谷沢永一著） PHP研究所 2001.1 221p
◇歴史人物アルバム 日本をつくった人たち大集合 4 （PHP研究所編） PHP研究所 2001.2 47p
◇日本の企業家群像 （佐々木聰編） 丸善 2001.3 292p
◇光に向かって100の花束ベストセレクション20 （高森顕徹著） 1万年堂出版 2001.9 84p
◇明治人のお葬式 （此経啓助著） 現代書館 2001.12 203p
◇日本をつくった企業家 （宮本又郎編） 新書館 2002.5 252p
◇こんな人生を送ってみたい―私が惚れた十五人 （谷沢永一著） PHP研究所 2003.1 247p （PHP文庫）
◇日本の復興者たち （童門冬二著） 光人社 2003.2 211p
◇明治の怪物経営者たち―明敏にして毒気あり （小堺昭三著） 学陽書房 2003.6 315p （人物文庫）
◇最新 金運がつく九星方位術―引っ越し、旅行、ビジネスから賭け事まで、あなたの金運方位を大公開！ （高嶋泉妙著） 日本文芸社 2003.7 295p
◇岩崎東山先生伝記 （三菱経済研究所編） 三菱経済研究所 2004.3 447p
◇日本産業経営史 （村田修造著） 大学教育出版 2004.4 224p
◇ニッポンの創業者―大変革期に求められるリーダーの生き方 （童門冬二著） ダイヤモンド社 2004.10 319p
◇偉人にみる人の育て方 （河合敦著） 学陽書房 2005.7 254p
◇日本史・ライバルたちの「意外な結末」―宿敵・政敵・好敵手たちの知られざる「その後」 （日本博学倶楽部著） PHP研究所 2005.9 275p （PHP文庫）
◇美福院手記纂要 （〔岩崎美和〕著、〔奥宮正治〕編纂、三菱経済研究所編） 三菱経済研究所 2005.11 862p
◇日本の復興者たち （童門冬二著） 講談社 2006.1 355p （講談社文庫）
◇三菱の経営多角化―三井・住友と比較 （小林正彬著） 白桃書房 2006.4 483p
◇経営に大義あり―日本を創った企業家たち （日本経済新聞社編） 日本経済新聞社 2006.5 247p
◇企業の正義 （中条高徳著） ワニブックス 2006.7 263p
◇智将の知恵、闘将の決断―発想のヒントが満載！ （二見道夫著） ファーストプレス 2007.12 179p
◇日本「創業者」列伝 （別冊宝島編集部編） 宝島社 2008.8 188p （宝島SUGOI文庫）
◇維新のリーダー―人を動かし、育てる力 （河合敦著） 光文社 2009.3 303p （光文社知恵の森文庫）
◇財閥の形成 2 法政大学イノベーション・マネジメント研究センター 2009.3 28p （Working paper series）
◇世界危機をチャンスに変えた幕末維新の知恵 （原口泉著） PHP研究所 2009.7 267p （PHP新書）
◇日本の経営者 （日本経済新聞社編） 日本経済新聞出版社 2009.8 214p （日経文庫）
◇幕末維新「英傑」たちの言い分―坂本龍馬から桂楽総三まで （岳真也著） PHP研究所 2009.10 391p （PHP文庫）
◇誰が坂本龍馬をつくったか （河合敦著） 角川SSコミュニケーションズ 2009.11 186p （角川SSC新書）
◇岩崎弥太郎―国家の有事に際して、私利を顧みず （立石優著） PHP研究所 2009.11 305p （PHP文庫）
◇龍馬と弥太郎 （童門冬二著） 日本放送出版協会 2009.11 253p
◇龍馬と弥太郎―海に賭けた男たち （新井恵美子著） 北辰堂出版 2009.12 155p （こはるブックス）
◇幕末土佐の12人 （武光誠著） PHP研究所 2009.12 265p （PHP文庫）
◇日本人の経営魂 （中野明著） 学研パブリッシング 2009.12 271p
◇龍馬を継いだ男 岩崎弥太郎 （安藤優一郎著） アスキー・メディアワークス 2009.12 205p （アスキー新書）
◇坂本龍馬と幕末維新人物100選 （清水昇著） リイド社 2009.12 253p （リイド文庫）
◇岩崎弥太郎不屈の生き方―「三菱」の創業者 （武田鏡村著） PHP研究所 2009.12 245p
【雑誌】
◇三菱の金を握った男（三井VS三菱）（特集・ライバル明治の獅子たち）（小島直記）「歴史読本」 25(2) 1980.2
◇岩崎弥太郎―三菱財閥の創始者（産業革命家の軌跡(4)）（西来玄）「社員教育」 301 1980.5.5
◇渋沢栄一と岩崎弥太郎 （坂本藤良）「歴史と人物」 120 1981.7
◇財閥・官僚人物あれこれ （中村青志, 沢村和成）「歴史公論」 8(3) 1982.3
◇龍馬の高弟たち（特集・坂本龍馬光芒の生涯） （佐々克明）「歴史と旅」 9(10) 1982.8
◇早矢仕有的への来翰を巡って(11)（遺稿）（曽我なつ子, 松島栄一）「学鐙」 79(11) 1982.11
◇明治実業界三傑の精神（特集 社是・社訓の研究）（邑井操）「経営者」 37(3) 1983.3
◇海国日本の組織者・岩崎弥太郎―特集・転換期をのりきった企業家の決断11 （三島康雄）「歴史と人物」 13(12) 1983.10
◇岩崎、安田、渋沢にみる経営スピリット（特集・明治実業人の経営哲学）（佐々克明）「経営者」 38(446) 1984.3
◇国際商戦の先駆者たち（特集・進む国際化と企業経営）（佐々克明）「経営者」 38(12) 1984.12
◇岩崎弥太郎―変革の嵐を手玉にとった三菱・創始者の商魂（勝負に賭けた男たちの系譜）（吉永聖児）「実業の日本」 88(4) 1985.3.1
◇未知への挑戦者たち―近代日本の礎を築いた明治実業人（特集・先駆の発想）（佐々克明）「経営者」 40(2) 1986.2
◇「三菱」始祖が残していた青春日記 （嶋岡晨）「新潮45」 6(1) 1987.1
◇大三菱の「創世記」―岩崎弥太郎日記 （嶋岡晨）「新潮45」 6(2) 1987.2
◇岩崎弥太郎―軍需で太る政商（明治新政府―大いなる国家構想〈特集〉）（広瀬仁紀）「歴史読本」 32(21) 1987.11
◇岩崎弥太郎の母美和の里方とされる小野家について （和田松子）「土佐史談」 177 1988.3
◇岩崎弥太郎の母と豊川良平の周辺 （和田松子）「土佐史談」 196 1994.9
◇〈資本主義形成期の経済思想〉プロジェクト「岩崎弥太郎の経済思想」 （上杉允彦）「総合研究」 高千穂商科大学総合研究所 No.9 1996.8 pB1〜B18
◇トップは語る 思わず唸る！創業社長たちが残した珠玉の名言（巻頭大特集・社長の情熱、社長の覚悟、「将たる者」の心得とは）（山589光夫）「プレジデント」 34(8) 1996.8 p176〜185
◇岩崎弥太郎―今一度盛り返したし（特集・幕末明治人物臨終の言葉―近代の夜明けを駆けぬけた44人の人生決別の辞 英傑死してことばを遺す）―坂太郎、稲川周雄、今川徳三、井門寛、宇都宮泰長、河合敦、木村幸比古、祖田浩一、高橋和彦、畑山博、三谷栄沙夫、百瀬明治、山村竜也）「歴史と旅」 24(7) 1997.5 p94〜95
◇"商船日本丸"の船出（エコノミー歴史館）（中村元洋）「フォーブス日本版」 6(6) 1997.6 p147
◇歴史再発見―商船からスタートした"遺伝子"がその後の三菱を規定した（三菱グループの堅忍不抜―日本最強の企業集団は復活できるか!?）（佐野真一）「フォーブス日本版」 8(6) 1999.6 p52〜53
◇「第二の岩崎弥太郎」を生み出すために（田中秀征の「風雲展望台」―激動の世紀末を見誤るなかれ〔8〕）（田中秀征）「現代」 33(8) 1999.8 p90〜93
◇華族の問題―実業家と華族 富と名誉が一体化したとき（特集・まぼろしの名家 華族80年の栄枯盛衰―華族とは何か、その存在意義と波瀾万丈のドラマ）（麻田弓彦）「歴史と旅」 27(6) 2000.4 p106〜111
◇向島の資本主義大論争（サン＝シモン主義者 渋沢栄一〔26〕）（鹿島茂）「諸君！」 33(9) 2001.9 p232〜238
◇孫権は望まぬぞ（創刊80周年特別企画 遺書 80人の魂の記録）（岩崎弥太郎）「文芸春秋」 80(1) 2002.1 p296〜297
◇土佐商人（商人の遺伝子〔23〕）（加来耕三）「日経ベンチャー」 209 2002.2 p90〜93
◇三菱財閥、岩崎弥太郎―弥之助―久弥の多角化理念 （小林正彬）「経済系」 関東学院大学経済学会 212 2002.7 p52〜74
◇岩崎弥太郎 清澄庭園・東京都江東区―全国の名石が配された、勇壮豪快な回遊式日本庭園（特集・岩崎家、古河家…当主の美意識が開花した数寄者の名庭）「サライ」 小学館 17(9) 2005.5.5 p125
◇岩崎彌太郎再考―三菱創業者没後120年 （小林正彬）「経済系」 関東学院大学経済学会 225 2005.10 p77〜94
◇「三菱」の創業に見る日本近代企業文化の形成と展開―創始者岩崎弥太郎のモラルとそのバックボーンを手掛かりに （王紅梅）「言葉と文化」 名古屋大学大学院国際言語文化研究科日本言語文化専攻 8 2007.3 p121〜137
◇岩崎弥太郎と時流に乗る力―台湾出兵、西南の役ですかさずチャンスを掴む（司馬遼太郎と「幕末・明治」の人物学―答えは「堂々たる日本人」の中にある）（武田晴人）「プレジデント」 プレジデント社 47(28) 2009.12.14 p76〜78

岩崎弥之助　いわさきやのすけ　1851〜1908
明治期の実業家。男爵、三菱商会社長。
【図書】
◇岩崎弥之助伝（岩崎家伝記刊行会編） 東京大学出版会 1980.5 （岩崎家伝記3,4）
◇企業者活動の史的研究―中川敬一郎先生還暦記念 （土屋守章, 森川英正編） 日本経済新聞社 1981.11
◇日本の商人 第7巻 国際商戦の先駆 （原田伴彦解説） ティビーエス・ブリタニカ 1984.2

◇日本の古典籍 その面白さその尊さ （反町茂雄）　八木書店　1984.4
◇日本経済の礎を創った男たちの言葉─21世紀に活かす企業の理念・戦略・戦術　（森发幸照著）　すばる舎　1999.11　229p
◇人物探訪 地図から消えた東京遺産　（田中聡著）　祥伝社　2000.2　297p　（祥伝社黄金文庫）
◇日本の企業家群像　（佐々木聡編）　丸善　2001.3　292p
◇日本再建者列伝─こうすれば組織は甦る　（加来耕三著）　学陽書房　2003.4　453p　（人物文庫）
◇まちづくり人国記─パイオニアたちは未来にどう挑んだのか　（「地域開発ニュース」編集部編）　水曜社　2005.4　253p　（文化とまちづくり叢書）
◇三菱の経営多角化─三井・住友と比較　（小林正彬著）　白桃書房　2006.4　483p
◇岩崎弥之助書翰集　（岩崎弥之助著, 静嘉堂文庫編）　静嘉堂文庫　2007.3　249p
◇財閥の形成　2　法政大学イノベーション・マネジメント研究センター　2009.3　28p　(Working paper series)
【雑　誌】
◇第4代・岩崎弥之助─戦争経済の膨張への手腕（金融資本の司祭・日銀総裁百年史）「現代の眼」24（2）1983.2
◇静嘉堂文庫（近代の数寄者と茶の美術館）「淡交」39（増刊）1985
◇美術館を創った人々 岩崎弥之助─静嘉堂文庫　（玉虫敏子）「茶道の研究」33（3）1988.3
◇岩崎弥之助・小弥太父子の美術コレクション　（長谷川祥子）「陶説」日本陶磁協会　543　1998.6　p11～17
◇三菱財閥, 岩崎弥太郎─弥之助─久弥の多角化理念　（小林正彬）「経済系」関東学院大学経済学会　212　2002.7　p56～74

岩下清周　いわしたせいしゅう　1857～1928
明治, 大正期の実業家, 政治家。
【図　書】
◇維新史の青春群像─動乱期に情熱を賭けた獅子たちの熱血譜　（藤田公道）　日本文芸社　1983.10
◇男の切れ味─先見力・着眼力・行動力の研究　（小堺昭三）　PHP研究所　1983.12
◇日本策士伝─資本主義をつくった男たち　（小島直記著）　中央公論社　1994.5　（中公文庫）
◇世評正しからず─銀行家・岩下清周の闘い　（海原卓著）　東洋経済新報社　1997.7　216p
◇岩下清周伝─伝記・岩下清周　（故岩下清周君伝記編纂会編）　大空社　2000.9　1冊　（伝記叢書）
◇われ, 官を恃まず─日本の「民間事業」を創った男たちの挑戦　（吉田伊佐夫著）　産経新聞ニュースサービス　2002.8　334p
◇経営者の精神史─近代日本を築いた破天荒な実業家たち　（山口昌男著）　ダイヤモンド社　2004.3　318p
【雑　誌】
◇岩下清周の経営理念をめぐって─三井銀行時代までを中心として　（西藤二郎）「京都学園大学論集」10（1）1981.9
◇岩下清周と北浜銀行─彼の経営理念をめぐって　（西藤二郎）「京都学園大学論集」10（2）1982.2
◇岩下清周の巻─豪放不羈（幕末・維新の商人たち⑲））（井門寛）「月刊総務」20（9）1982.9
◇原敬をめぐる人脈〔5〕直情径行型（日本の資本主義をつくった男たち）（小島直記）「日経ビジネス」449　1986.10.27
◇原敬をめぐる人脈〔6〕（日本の資本主義をつくった男たち）（小島直記）「日経ビジネス」450　1986.11.10
◇岩下清周・波瀾万丈（銀行史にみる経営者群像（4））（後藤新一）「地銀協月報」382　1992.4
◇いまなお輝く「創業時代」の精神─近代の荒海を乗り切った起業家たち（対談）（近代日本の異能・偉才実業家100人「おじいさんたちは偉かった！」─20世紀総発掘 第4弾）（山口昌男, 佐高信）「月刊 Asahi」5（7）1993.9
◇『企業家』と『虚業家』の境界─岩下清周のリスク選好度を例として　（滋賀大学大学院経済学研究科博士後期課程経済経営リスク専攻発足記念 リスク特集号）（小川功）「彦根論叢」滋賀大学経済学会　342　2003.6　p133～142

岩松助左衛門　いわまつすけざえもん　1804～1872
幕末, 明治期の漁民, 庄屋。
【図　書】
◇ふくおか人物誌2─石原宗祐 僧清虚 岩松助左衛門　（田郷利雄）　西日本新聞社　1994.8
◇石原宗祐 僧清虚 岩松助左衛門　（田郷利雄著）　西日本新聞社　1994.8　（ふくおか人物誌）

岩谷松平　いわやまつへい　1849～1920
明治, 大正期の実業家。日本家畜市場社長, 衆議院議員。
【図　書】
◇歴史への招待12　日本放送出版協会　1981.2
◇破天荒企業人列伝　（内橋克人）　新潮社　1983.4　（新潮文庫）
◇豪商たちの智略商魂　（風巻紘一著）　実業之日本社　1984.2
◇日本の広告─人・時代・表現　（山本武利, 津金沢聰広著）　日本経済新聞社　1986.10
◇黄金伝説─「近代成金たちの夢の跡」探訪記　（荒俣宏著, 高橋昇写真）　集英社　1990.4
◇日本資本主義の群像　（内橋克人著）　社会思想社　1993.2　（現代教養文庫─内橋克人クロニクル・ノンフィクション）
◇黄金伝説　（荒俣宏著）　集英社　1994.4　（集英社文庫─荒俣宏コレクション）
◇ライバル日本史　3　（NHK取材班編）　角川書店　1995.2　216p
◇ライバル日本史　1　（NHK取材班編）　角川書店　1996.9　304p　（角川文庫）
◇楓内侍─明治の歌人税所敦子　（平井秋子著）　創英社　2001.4　364p
◇破天荒に生きる　（鹿島茂著）　PHP研究所　2002.6　261p
◇世紀転換期の起業家たち─百年企業への挑戦　（武田晴人著）　講談社　2004.4　252p
◇カネが邪魔でしょうがない─明治大正・成金列伝　（紀田順一郎著）　新潮社　2005.7　205p　（新潮選書）
◇広告の親玉赤天狗参上─明治のたばこ王岩谷松平 特別展　（たばこと塩の博物館編）　たばこと塩の博物館　2006.1　122p
◇広告の親玉赤天狗参上！─明治のたばこ王岩谷松平　（たばこと塩の博物館編）　岩田書院　2008.8　124p　（岩田書院ブックレット）
◇横浜開港時代の人々　（紀田順一郎著）　神奈川新聞社　2009.4　270p
【雑　誌】
◇岩谷松平と村井吉兵衛─東西たばこ大合戦絵巻（特集・明治ライバル物語）（駒敏郎）「歴史と人物」120　1981.7
◇早矢仕有的への来翰を巡って（11）（遺稿）（曽我なつ子, 松島栄一）「学鐙」79（11）1982.11
◇日本食文化史講（2）天狗煙草の岩谷松平と養豚事業　（伊津野忠男）「農林統計調査」35（2）1985.2
◇開港・開化傑物伝（13）文明の香りを運ぶシガレット 開化の巷に踊った商魂の果て─煙草の製造と販売＜草山貞胤／岩谷松平＞　（紀田順一郎）「Best partner」浜銀総合研究所　21（1）2009.1　p36～41

印南丈作　いんなみじょうさく　1831～1888
幕末, 明治期の開拓功労者。那須開墾社初代社長。
【図　書】
◇きょう土につくした人びと ふるさと歴史新聞　1　（笠原秀文）　ポプラ社　1996.4　47p
【雑　誌】
◇農業土木を支えてきた人々─「印南丈作（いんなみじょうさく）」・「矢板武（やいたたけし）」翁─那須疏水の開削に尽力　（手塚克）「農業土木学会誌」48（3）1980.3
◇印南丈作・三島通庸没後百年に思う　（市原友吉）「那須野ヶ原開拓史研究」24　1988.6
◇印南丈作の疑問をさぐる　（萩原恵一）「那須文化研究」3　1989.12

牛場卓蔵　うしばたくぞう　1850～1922
明治, 大正期の実業家。衆議院議員。
【図　書】
◇福沢諭吉選集〈第7巻〉　（福沢諭吉著, 富田正文編）　岩波書店　1989.11
◇慶応義塾出身牛場卓蔵の第二回総選挙・三重県第一区における選挙戦　（上野利三）『慶応の政治学─慶応義塾創立一五〇年記念法学部論文集』（慶応義塾大学法学部編）　慶応義塾大学法学部, 慶応義塾大学出版会（発売）　2008.12　p25
【雑　誌】
◇山陽鉄道における牛場卓蔵の役割　（西藤二郎）「生駒経済論叢」近畿大学経済学会　7（1）2009.7　p163～188

内田瀞　うちだきよし　1858～1933
明治～昭和期の北海道開拓, 北海道農業基礎確立の功労者。
【図　書】
◇クラークの手紙─札幌農学校生徒との往復書簡　（佐藤昌彦, 大西直樹, 関秀志編・訳）　北海道出版企画センター　1986.6
◇札幌農学校の忘れられたさきがけ─リベラル・アーツと実業教育　（松沢真子著）　北海道出版企画センター　2005.11　246p
【雑　誌】
◇『事業日誌』と内田瀞のフィールドノート─1890年の殖民地区測設の記録　（山田伸一）「北海道開拓記念館調査報告」北海道開拓記念館　第39号　2000.3　p101～114

宇都宮仙太郎　うつのみやせんたろう　1866～1940
明治～昭和期の酪農家。北海道酪農の父。
【図　書】
◇北海道酪農百年史　（木村勝太郎）　樹村房　1985.10
◇札幌とキリスト教　（札幌市教育委員会文化資料室編）　（札幌）北海道新聞社　1987.6　（さっぽろ文庫）

枝権兵衛　えだごんべえ　1809～1880
幕末，明治期の殖産家。
【図　書】
◇全国の民承　江戸時代　人づくり風土記―ふるさとの人と知恵〈17〉石川　（加藤秀俊，谷川健一，稲垣史生，石川松太郎，吉田豊編）　農山漁村文化協会　1991.6
【雑　誌】
◇農業土木を支えてきた人々―富樫用水開削の功労者　枝権兵衛　（中島均，杉浦敬孝）「農業土木学会誌」50（11）1982.11

遠藤波津子〔初代〕　えんどうはつこ　1862～1933
明治，大正期の美容師，東京婦人美容協会会長。
【図　書】
◇喝采―いま輝く明治・大正の女たち　（並木きょう子著）　オリジン社　1988.10

大浦慶　おおうらけい　1828～1884
幕末，明治期の貿易商。製茶輸出のパイオニア。
【図　書】
◇江戸に学ぶヒット商品の発想法　（邦光史郎著）　勁文社　1989.2　（ケイブンシャブックス）
◇大浦お慶―ながさき幕末ものがたり　（増永驍）　長崎文献社　1990
◇歴史にみるビジネス・人・発想　（童門冬二著）　日本経済通信社　1990.2
◇博多商人とその時代　（武野要子著）　葦書房　1990.7
◇日本の『創造力』―近代・現代を開花させた470人〈1〉御一新の光と影　（富田仁編）　日本放送出版協会　1992.12
◇江戸人物伝　（白石一郎著）　文芸春秋　1993.4
◇マイナス転じて福となす経営―名商人に学ぶ始末と才覚の研究　（童門冬二著）　PHP研究所　1993.2
◇日本式経営の知略〈上〉　（童門冬二著）　毎日新聞社　1993.11
◇江戸人物伝　（白石一郎著）　文芸春秋　1996.3　248p　（文春文庫）
◇長崎商人伝　大浦お慶の生涯　（小川内清孝著）　商業界　2002.10　183p
◇賭けた儲けた生きた―紅花大尽からアラビア太郎まで　（鍋島高明著）　五台山書房　2005.4　340p
【雑　誌】
◇特集明治維新の青春群像―女丈夫大浦お慶の商才　（白石一郎）「歴史と人物」10（2）1980.2
◇開国に賭けた女傑　大浦慶―特集・近世大商人の情報戦略　（武田八洲満）「歴史と人物」13（7）1983.6
◇実業界の三女傑　大浦慶・相馬黒光・野村ミチ（特集花ひらく明治の女性たち）（山本藤枝）「歴史と旅」12（2）1985.2
◇明治実業界の女傑・大浦慶（いまも昔もおんな史）（泉秀樹）「潮」334 1987.2
◇幕末おんな商人伝　日本茶輸出の先駆者　大浦お慶の『商法の道』（ワイド特集　生活者として，商業者として　商いはおんなが動かす）（小川内清孝）「商業界」商業界 56（1）2003.1　p64～66

大川平三郎　おおかわへいざぶろう　1860～1936
明治～昭和期の実業家。
【図　書】
◇夕陽を知らぬ男たち―彼らはいかに生きたか　（小島直記）　旺文社　1983.2　（旺文社文庫）
◇大川平三郎と私　（池田新一著）　大平奨学会　1983.8
◇逆境を愛する男たち　（小島直記）　新潮社　1984.3
◇巨星渋沢栄一―その高弟大川平三郎　（竹内良夫）　教育企画出版　1988.3　（郷土歴史選書 1）
◇温泉芸者一代記―湯河原の芸妓おかめさんの話しより　（井田真木子著）　かのう書房　1989.9　（女性の世界シリーズ）
◇大川平三郎君伝　（竹越三叉著）　図書出版社　1990.8　（経済人叢書）
◇日本の『創造力』―近代・現代を開花させた470人〈7〉驀進から熟成へ　（富田仁編）　日本放送出版協会　1992.11
◇日本の企業家群像 2　（佐々木聡編）　丸善　2003.3　296p
◇志を貫いた先人たち　（モラロジー研究所出版部編）　モラロジー研究所　2009.5　255p　「歴史に学ぼう，先人に学ぼう」）
【雑　誌】
◇貧困が生んだ製紙業の鬼―大川平三郎（産業革命家の軌跡〈8〉）（西東玄）「社員教育」311 1980.10.5

◇わが国・紙・パルプ産業　現実の草創者・大川平三郎の遺訓　（大石敬事）「百万塔」52 1981.9
◇上州人事業家列伝〔17〕大川平三郎　（萩原進）「調査月報（群馬経済研究所）」17 1984.11
◇大川平三郎翁遺品展開かる　（学芸ел）「百万塔」66 1986.12
◇大川平三郎翁遺品展余談　（秋松宗久）「百万塔」66 1986.12
◇わが国晒クラフト法の源流―大川平三郎の意志決定　（星野定司）「東京工業大学人文論叢」13 1987
◇降格、左遷、落第をバネにした男たち（三鬼陽之助の経営は人なり〔1〕）（三鬼陽之助）「財界」49（19）2001.9.11 p100～104
◇大川平三郎頌徳碑の想い出　（西村巌）「青淵」渋沢栄一記念財団　709 2008.4　p38～41

大倉喜八郎　おおくらきはちろう　1837～1928
明治，大正期の実業家。大倉商会。
【図　書】
◇類聚伝記大日本史12　実業家篇　（土屋喬雄編集解説）　雄山閣出版　1981.6
◇一億人の昭和史　日本人4　三代の男たち　上　明治・大正編　毎日新聞社　1981.8
◇日本のリーダー6　資本主義の先駆者　（第二アートセンター編）　ティビーエス・ブリタニカ　1983.2
◇大倉喜八郎演説集　予備版（東京経済大学沿革史料 1）（東京経済大学編纂）　東京経済大学　1983.3
◇破天荒企業人列伝　（内橋克人）　新潮社　1983.4　（新潮文庫）
◇人物・日本資本主義3　明治初期の企業家　（大島清ほか著）　東京大学出版会　1983.6
◇豪商たちの智略商魂　（風巻紘一著）　実業之日本社　1984.2
◇逆光家族―父・大倉喜八郎と私　（大倉雄二著）　文芸春秋　1985.4
◇大倉喜八郎・石黒忠悳関係雑集　予備版（東京経済大学沿革史料 5）（東京経済大学編纂）　東京経済大学　1986.3
◇経営者名言集―仕事の活力源（名言シリーズ）（小島直記）　実業之日本社　1986.7
◇近代社会の成立と展開　（野村隆夫編）　日本経済評論社　1986.10
◇政商の誕生―もうひとつの明治維新　（小林正彬著）　東洋経済新報社　1987.1
◇地球物理学者　竹内均の人物山脈〈1〉（竹内均著）　同文書院　1988.11　（コスモス・ライブラリー―HUMAN SCIENCE）
◇目でみる日本史『翔ぶが如く』と西郷隆盛　（文芸春秋編）　文芸春秋　1989.11　（文春文庫―ビジュアル版）
◇代表的日本人―自己実現に成功した43人　（竹内均著）　同文書院　1990.1
◇日本史の社会集団〈6〉ブルジョワジーの群像　（安藤良雄著）　小学館　1990.3
◇危機管理洞察力がつく―最悪を予測し好機に変える法　（佐々淳行ほか著）　経済界　1990.3　（RYU BUSINESS）
◇鯰―元祖『成り金』大倉喜八郎の混沌たる一生　（大倉雄二）　文芸春秋　1990.7
◇企業立国・日本の創業者たち―大転換期のリーダーシップ　（加来耕三著）　日本実業出版社　1992.5
◇致富の鍵　（大倉喜八郎著）　大和出版　1992.6　（創業者を読む）
◇建設業を興した人びと―いま創業の時代に学ぶ　（菊岡倶也著）　彰国社　1993.1
◇日本資本主義の群像　（内橋克人著）　社会思想社　1993.2　（現代教養文庫―内橋克人クロニクル・ノンフィクション）
◇日本の『創造力』―近代・現代を開花させた470人〈3〉流通と情報の革命　（富田仁編）　日本放送出版協会　1993.2
◇明敏にして毒気あり―明治の怪物経営者たち　（小堺昭三著）　日本経済新聞社　1993.10
◇日本を造った男たち―財界創始者列伝　（竹内均著）　同文書院　1993.11
◇鯰　大倉喜八郎―元祖『成り金』の混沌たる一生　（大倉雄二著）　文芸春秋　1995.3　333p　（文春文庫）
◇モノ・財・空間を創出した人々　朝日新聞社　1995.3　438p　（二十世紀の千人）
◇人物に学ぶ明治の企業事始め　（森友幸照著）　つくばね舎　1995.8　210p
◇哲学を始める年齢　（小島直記著）　実業之日本社　1995.12　215p
◇政商伝　（三好徹著）　講談社　1996.3　287p　（講談社文庫）
◇大倉喜八郎の豪快なる生涯　（砂川幸雄著）　草思社　1996.6　286p
◇大倉鶴彦翁一伝記・大倉喜八郎　（鶴友会編）　大空社　1998.11　1冊　（近代日本企業家伝叢書）
◇日本経済の礎を創った男たちの言葉―21世紀に活かす企業の理念・戦略・戦術　（森友幸照著）　すばる舎　1999.11　229p
◇日本創業者列伝―企業立国を築いた男たち　（加来耕三著）　学陽書房　2000.8　362p　（人物文庫）
◇20世紀　日本の経済人　（日本経済新聞社編）　日本経済新聞社

2000.11 449p （日経ビジネス人文庫）
◇タイミングのいい人 悪い人─要所でチャンスを逃さないコツ （山形琢也著） 日本実業出版社 2001.8 233p
◇政商─大倉財閥を創った男 （若山三郎著） 学習研究社 2002.5 470p （学研M文庫）
◇われ、官を侍まず─日本の「民間事業」を創った男たちの挑戦 （吉田伊佐夫著） 産経新聞ニュースサービス 2002.8 334p
◇明治の怪物経営者たち─明敏にして毒気あり （小堺昭三著） 学陽書房 2003.6 315p （人物文庫）
◇近代の朝鮮と兵庫 （兵庫朝鮮関係研究会編） 明石書店 2003.11 236p
◇カネが邪魔でしょうがない─明治大正・成金列伝 （紀田順一郎著） 新潮社 2005.7 205p （新潮選書）
◇益田孝と大倉喜八郎 （望月迪洋著） 『逸格の系譜─愚の行方』 （北川フラム編） 現代企画室 2007.7 p166〜168
◇日本「創業者」列伝 （別冊宝島編集部編） 宝島社 2008.8 188p （宝島SUGOI文庫）
◇歴史のかげにグルメあり （黒岩比佐子著） 文芸春秋 2008.8 254p （文春新書）
【雑 誌】
◇日本財閥創始者伝─大倉財閥の祖・大倉喜八郎・大倉商事 （松平弘明） 「経営評論」 24（6） 1981.7
◇特集・日本経済を築いた数寄者たち 数寄に生きた実業家 「太陽」 231 1982.2
◇美術館を創った人々 大倉喜八郎 （大倉基伍） 「茶道の研究」 34（11） 1989.11
◇大倉集古館と喜八郎 （大倉雄二） 「経営と歴史」 12 1991.10
◇豪商スリーシスターズ（東京のミュージアムめぐり（4）） （アレックス・カー） 「新潮45」 13（8） 1994.8
◇子孫が語り継ぐ《生きている歴史》（93）一代で大倉財閥を築いた大倉喜八郎 （加来耕三） 「歴史研究」 人物往来社歴史研究会 445 1998.6 p54〜55
◇悪い噂の一人歩き─大倉喜八郎男爵のこと （松坂迪夫） 「自由と正義」 日本弁護士連合会 50（3） 1999.3 p5〜7
◇華族の問題─実業家と華族 富と名誉が一体化したとき（特集・まほろしの名家 華族80年の栄枯盛衰─華族とは何か、その存在意義と波瀾万丈のドラマ） （麻田弓彦） 「歴史と旅」 27（6） 2000.4 p106〜111
◇越後商人（冒険派）（商人の遺伝子［16］） （加来耕三） 「日経ベンチャー」 202 2001.7 p110〜113
◇茶の湯百人一首（35）大田垣蓮月・益田鈍翁・大倉喜八郎・高橋箒庵・団琢磨 （筒井紘一） 「淡交」 淡交社 57（11） 2003.11 p56〜61
◇歴史のかげに"食"あり（第6回）大倉喜八郎 怪物的な政商と帝国ホテルの料理 （黒岩比佐子） 「文學界」 文藝春秋 61（7） 2007.1 p234〜239
◇大倉喜八郎と鶴友会関係雑記記事一覧（書誌と書誌論） （坂本寛） 「文献探索」 金沢文圃閣,文献探索研究会 2008〔2008〕 p226〜242

大里忠一郎 おおさとただいちろう 1835〜1898
明治期の実業家。松代藩士、六工社社長。
【図 書】
◇日本の『創造力』─近代・現代を開花させた470人〈3〉流通と情報の革命 （富田仁編） 日本放送出版協会 1993.2

大沢善助 おおさわぜんすけ 1854〜1934
明治,大正期の実業家。京都電灯社長。
【図 書】
◇回顧七十五年─伝記・大沢善助 （大沢善助述） 大空社 2000.9 1冊 （伝記叢書）
【雑 誌】
◇近代日本人の精神構造分析（2）実業人の場合 （山本恒夫） 「筑波大学教育学系論集」 5 1981.3

大島道太郎 おおしまみちたろう 1860〜1921
明治期の採鉱冶金技師。東京帝国大学教授。
【図 書】
◇日本鉱業史料集 明治篇2 生野鉱山鉱業改良意見書 （日本鉱業史料刊行委員会編） 白亜書房 1981.11
【雑 誌】
◇技監・大島道太郎と長官・和田維四郎［工学博士野呂景義につらなる人びと（26）］ （飯田賢一） 「IE」 23（5） 1981.5

大谷嘉兵衛 おおたにかひょうえ 1844〜1933
明治,大正期の実業家。製茶業組合を組織。
【図 書】
◇横浜商人とその時代 （横浜開港資料館編） （横浜）有隣堂 1994.7 （有隣新書）

【雑 誌】
◇開港・開化傑物伝（17）志を立てて山村から開港地へ 世界に普及した日本茶の香り─製茶貿易〈大谷嘉兵衛〉 （紀田順一郎） 「Best partner」 浜銀総合研究所 21（5） 2009.5 p36〜41

大友亀太郎 おおともかめたろう 1834〜1897
幕末,明治期の北海道開拓者,政治家。
【図 書】
◇続々 ほっかいどう百年物語─北海道の歴史を刻んだ人々 （STVラジオ編） 中西出版 2003.7 387p
【雑 誌】
◇大友亀太郎の研究とその教材化 （安井敏彦） 「史流」 22 1981.3
◇大友亀太郎について （原田一典） 「札幌の歴史」 13 1987.8
◇大友亀太郎文書補遺 （中村英重解説） 「札幌の歴史」 13 1987.8
◇北海道開拓の先駆者大友亀太郎 （陶生） 「小田原史談」 130 1987.9
◇日の目を見た大友亀太郎文書 （内田哲夫） 「おだわら」 2 1988.7
◇大友亀太郎遺墨 （高田喜久三） 「小田原史談」 137 1989.6

大野規周 おおののりちか 1820〜1886
幕末,明治期の精密機械技師。時計製作のパイオニア。
【図 書】
◇幕府オランダ留学生 （宮永孝） 東京書籍 1982.3 （東書選書 73）
【雑 誌】
◇幕府オランダ留学生─職方・大野弥三郎 （宮永孝） 「社会労働研究」 31（3・4） 1985.3

大橋佐平 おおはしさへい 1835〜1901
明治期の実業家。出版業者。
【図 書】
◇弥吉光長著作集 4 明治時代の出版と人 日外アソシエーツ 1982.2
◇竜の如く─出版王大橋佐平の生涯 （稲川明雄著） 博文館新社 2005.3 406,5p
◇「敗者」の精神史 上 （山口昌男著） 岩波書店 2005.6 459p （岩波現代文庫）
◇火の盃─図書館建設をめぐる青春群像 （熊崎華著） 新風舎 2005.10 134p
◇大橋佐平と新潟出身の出版人たち （鈴木聖二著） 『逸格の系譜─愚の行方』 （北川フラム編） 現代企画室 2007.7 p176〜177
【雑 誌】
◇近代日本人の精神構造分析（2）実業人の場合 （山本恒夫） 「筑波大学教育学系論集」 5 1981.3
◇メディアとしての日記─博文館日記起原（日本近代を読む〔日記大全〕） 「月刊Asahi」 5（1） 1993.1・2
◇長岡商人 大橋佐平の上京 （村川明雄） 「長岡郷土史」 31 1994.5
◇大橋佐平と大橋図書館（特集 実業家が創設した公共図書館の設立理念の研究） （是枝英子） 「大倉山論集」 大倉精神文化研究所 55 2009.3 p23〜63

大橋新太郎 おおはししんたろう 1863〜1944
明治〜昭和期の実業家,出版人。博文館社長。
【図 書】
◇弥吉光長著作集 4 明治時代の出版と人 日外アソシエーツ 1982.2
◇大橋新太郎伝 （坪谷善四郎著） 博文館新社 1985.8
◇大橋新太郎伝 （坪谷善四郎著） 博文館新社 1985.8
◇20世紀日本の経済人 2 （日本経済新聞社編） 日本経済新聞社 2001.2 380p （日経ビジネス人文庫）
◇「敗者」の精神史 上 （山口昌男著） 岩波書店 2005.6 459p （岩波現代文庫）
◇火の盃─図書館建設をめぐる青春群像 （熊崎華著） 新風舎 2005.10 134p
◇近代日本メディア人物誌─創始者・経営者編 （土屋礼子編著） ミネルヴァ書房 2009.6 277p
【雑 誌】
◇金沢文庫 （納富常天） 「同朋」 81 1985.3

大林芳五郎 おおばやしよしごろう 1864〜1916
明治,大正期の実業家。土木建築業大林組の創立者。
【図 書】
◇日本の『創造力』─近代・現代を開花させた470人〈8〉消費時代の開幕 （富田仁編） 日本放送出版協会 1992.11
◇建設業を興した人びと─いま創業の時代に学ぶ （菊岡倶也著） 彰国社 1993.1
◇近代大阪の行政・社会・経済 （広川禎秀編） 青木書店 1998.2 354p

大三輪長兵衛　おおみわちょうべえ　1835〜1908
幕末, 明治期の実業家。北海道商社社長心得。
【図書】
◇大三輪長兵衛の生涯—維新の精神に夢かけて　（大三輪長兵衛百年祭実行委員会編, 葦津泰国著）　葦津事務所　2008.8　239p

岡野喜太郎　おかのきたろう　1864〜1965
明治〜昭和期の銀行家。貯蓄組合共同社創立。
【図書】
◇私の履歴書 経済人2　（日本経済新聞社編）　日本経済新聞社　1980.6
◇経営者名言集—仕事の活力源（名言シリーズ）　（小島直記著）　実業之日本社　1986.7
【雑誌】
◇岡野喜太郎と一千万円貯蓄　（岡田和喜）「経済集志」54（3）1984.10
◇戦後地域金融を支えた人々（15）駿河（スルガ）銀行 岡野喜太郎 勤倹貯蓄に燃え続けた80年　（佐藤政則）「月刊金融ジャーナル」金融ジャーナル社　47（3）2006.3　p89〜92
◇実業家の経歴形成過程に関する自伝を活用した事例研究—岡野喜太郎（駿河銀行頭取）　（新井眞人）「秋田大学教育文化学部研究紀要 教育科学」秋田大学教育文化学部　62　2007.3　p13〜23
◇先賢再訪 現代（いま）に生かす "常に非常時を考えた銀行創業者" ものがたり岡野喜太郎（その1）現在のスルガ銀行の端緒 日本最小の銀行が誕生　（長岡孝明）「労働基準広報」労働調査会　1660　2009.11.1　p41〜43
◇先賢再訪 現代（いま）に生かす "常に非常時を考えた銀行創業者" ものがたり岡野喜太郎（その2）業績は順調に伸びたが国内では破綻会社が相次ぐ　（長岡孝明）「労働基準広報」労働調査会　1661　2009.11.11　p33〜35
◇先賢再訪 現代（いま）に生かす "常に非常時を考えた銀行創業者" ものがたり岡野喜太郎（その3）大火の中, 社屋は残る 鉄道会社の再建に奔走　（長岡孝明）「労働基準広報」労働調査会　1662　2009.11.21　p35〜37
◇先賢再訪 現代（いま）に生かす "常に非常時を考えた銀行創業者" ものがたり岡野喜太郎（その4）公私ともに大震災の被害を被るゆずらない「営業するのが使命」（長岡孝明）「労働基準広報」労働調査会　1664　2009.12.11　p29〜31
◇先賢再訪 現代（いま）に生かす "常に非常時を考えた銀行創業者" ものがたり岡野喜太郎（その5）安心立命は勤倹貯蓄国家隆盛に導く早道の志　（長岡孝明）「労働基準広報」労働調査会　1665　2009.12.21　p39〜41

岡本監輔　おかもとかんすけ　1839〜1904
明治期の樺太探検家。開拓使判官。
【図書】
◇近世史の研究 3　文化論, 生活論, 学問論, 史学論　（伊藤多三郎）吉川弘文館　1983.6
◇樺太・千島に夢をかける—岡本韋庵の生涯　（林啓介著）新人物往来社　2001.6　209p
◇アジアへのまなざし岡本韋庵—阿波学会五十周年記念　（阿波学会・岡本韋庵調査研究委員会編）　阿波学会・岡本韋庵調査研究委員会　2004.12　328p
◇北辺警備と明治維新—岡本監輔の慟哭　（小野寺満著）北方新社　2009.5　140p

小川とく子　おがわとくこ　1839〜1913
明治期の機織技術者。久留米縞の創始者。
【図書】
◇埼玉の女たち—歴史の中の24人　（韮塚一三郎）さきたま出版会　1980.11
【雑誌】
◇小川トクの自伝と国武喜次郎の履歴書　（編集部）「久留米郷土研究会誌」12　1983.6

沖牙太郎　おきばたろう　1848〜1906
明治期の実業家。電機材料の国産化をはかる。
【雑誌】
◇わが社の創業者〔沖電気工業〕沖牙太郎　（橋本南海男）「経営者」39（6）1985.6
◇通信機ビジネスの勃興と沖牙太郎の企業家活動—1874年〜1906年　（長谷川信）「青山経営論集」青山学院大学経営学会　42（2）2007.9　p1〜22
◇通信機ビジネスの勃興と沖牙太郎の企業家活動（続）—1874年〜1906年　（長谷川信）「青山経営論集」青山学院大学経営学会　42（4）2008.3　p1〜31

奥田正香　おくだまさか　1847〜1921
明治, 大正期の実業家。名古屋商業会議所会頭。
【図書】
◇企業家ネットワークの形成と展開—データベースからみた近代日本の地域経済　（鈴木恒夫, 小早川洋一, 和田一夫著）名古屋大学出版会　2009.3　440p
【雑誌】
◇奥田正香の巻—新風作興（幕末・維新の商人たち（23））　（井門寛）「月刊総務」21（1）1983.1

尾高惇忠　おだかあつただ　1830〜1901
明治期の養蚕製糸業者。近代製糸業の先駆者。
【図書】
◇人物・近世産業文化史　雄山閣出版　1984.1
◇尾高惇忠　（荻野勝正著）さきたま出版会　1984.10
◇近代の創造—渋沢栄一の思想と行動　（山本七平著）PHP研究所　1987.3
◇日本型リーダーの条件　（山本七平）講談社　1987.4　（講談社ビジネス）
◇幕末武州の青年群像　（岩上進著）（浦和）さきたま出版会　1991.3
◇日本の『創造力』—近代・現代を開花させた470人〈2〉殖産興業への挑戦　（富田仁編）日本放送出版協会　1993.1
◇マイナス転じて福となす経営—名商人に学ぶ始末と才覚の研究　（童門冬二著）PHP研究所　1993.2
◇郷土の先人尾高惇忠　（荻野勝正著）博字堂　1995.12　84p　（深谷ふるさと文庫）
◇語り継ぎたい日本人　（モラロジー研究所出版部編）モラロジー研究所　2004.9　223p　（「歴史に学ぼう, 先人に学ぼう」）
◇絹先人考　（上毛新聞社編）上毛新聞社　2009.2　313p　（シルクカントリー双書）
【雑誌】
◇官営富岡製紙場・初代工場長尾高惇忠　（荻野勝正）「立正大学地域研究センター年報」立正大学地域研究センター　第19号　1996.3　p1〜3
◇尾高惇忠—富岡製糸場創立者の一族（経営者の精神史〔9〕）　（山口昌男）「ダイヤモンド」90（45）2002.11.23　p150〜151
◇大川平兵衛の碑文と尾高惇忠　（荻野勝正）「青淵」渋沢栄一記念財団　713　2008.8　p32〜34
◇「秋蚕の碑」と尾高惇忠　（荻野勝正）「青淵」渋沢栄一記念財団　720　2009.3　p38〜40

尾高ゆう　おだかゆう　1864〜1923
幕末, 明治期の女性。製糸伝習工女第一号。
【図書】
◇埼玉の女たち—歴史の中の24人　（韮塚一三郎）さきたま出版会　1980.11

小野光景　おのみつかげ　1845〜1919
明治期の実業家。横浜正金銀行頭取。
【図書】
◇日本の『創造力』—近代・現代を開花させた470人〈4〉進む交流と機能　（富田仁編）日本放送出版協会　1993.3
◇横浜商人とその時代　（横浜開港資料館編）（横浜）有隣堂　1994.7　（有隣新書）
【雑誌】
◇明治20年代における生糸売込商の分裂と生糸貿易論—小野光景と橋本重兵衛を中心に　（井川克彦）「紀要（横浜開港資料館）」7　1989.3
◇文化施設めぐり（18）小野光賢・光景記念館　（赤羽義洋）「伊那路」38（9）1994.9

貝島太助　かいじまたすけ　1845〜1916
明治, 大正期の実業家, 炭鉱実業家。貝島礦業合名社長。
【図書】
◇破天荒企業人列伝　（内橋克人）新潮社　1983.4　（新潮文庫）
◇日本資本主義の群像　（内橋克人著）社会思想社　1993.2　（現代教養文庫—内橋克人クロニクル・ノンフィクション）

臥雲辰致　がうんたつち　1842〜1900
明治期の発明家。ガラ紡績機の発明者。
【図書】
◇東海の技術先駆者　名古屋技術倶楽部　1982.12
◇人物・近世産業文化史　雄山閣出版　1984.1
◇講座・日本技術の社会史（別巻2）人物篇（近代）　（永原慶二, 山口啓二, 加藤幸三郎, 深谷克己編）日本評論社　1986.12
◇臥雲辰致　（村瀬正章著）吉川弘文館　1989.12　（人物叢書（新装版））
◇日本の『創造力』—近代・現代を開花させた470人〈4〉進む交流と機

能 (富田仁編) 日本放送出版協会 1993.3
◇臥雲辰致―ガラ紡機100年の足跡をたずねて (宮下一男著) (松本) 郷土出版社 1993.6
発明の文化遺産 臥雲辰致とガラ紡機―和紡糸・和布の謎を探る (北野進著) アグネ技術センター 1994.7 (産業考古学シリーズ)
◇日本の技術者―江戸・明治時代 (中山秀太郎著, 技術史教育学会編) 雇用問題研究会 2004.8 206p

笠井順八　かさいじゅんぱち　1835～1919
明治期の実業家。セメント工業のパイオニア。
【図　書】
◇防長文化人山脈 (掛橋真) 東洋図書 1981.4
◇日本の『創造力』―近代・現代を開花させた470人〈3〉流通と情報の革命 (富田仁編) 日本放送出版協会 1993.2
【雑　誌】
◇近代日本のセラミックス産業と科学・技術の発展に尽力した偉人, 怪人, 異能, 努力の人々(35)日本で始めて「セメント製造会社」(小野田セメント製造会社)を創立した笠井順八, 中興の祖といわれている安藤豊録 元社長の栄光と苦難の道(1) (宗宮重行)「マテリアルインテグレーション」ティー・アイ・シィー 22(8) 2009.8 p51～63
◇近代日本のセラミックス産業と科学・技術の発展に尽力した偉人, 怪人, 異能, 努力の人々(35)日本で始めて「セメント製造会社」(小野田セメント製造会社)を創立した笠井順八, 中興の祖といわれている安藤豊録 元社長の栄光と苦難の道(2) (宗宮重行)「マテリアルインテグレーション」ティー・アイ・シィー 22(9・10) 2009.9・10 p89～99

鹿島万平　かしままんぺい　1822～1891
明治期の実業家。東京商社頭取代理。
【雑　誌】
◇鹿島万平「函館紀行」 (菅原繁昭)「地域史研究はこだて」創刊号 1984.12
◇十九世紀後半における日本の紡績業―鹿島万平の鹿島紡績所について (張用和)「風土と文化」日本歴史文化学会 第2号 2001.3 p35～47

片岡直輝　かたおかなおてる　1856～1927
明治～昭和期の実業家。大阪瓦斯社長。
【図　書】
◇日銀を飛び出した男たち (東忠尚) 日本経済新聞社 1982.10
◇財界人物我観 (福沢桃介著) 図書出版社 1990.3 (経済人叢書)
◇失言恐慌―ドキュメント東京渡辺銀行の崩壊 (佐高信著) 駸々堂出版 1991.7
【雑　誌】
◇明治期の私設鉄道金融と鉄道資本家―参宮鉄道における渋沢・今村・井上・片岡の役割をめぐって (小川功)「追手門経済論集」27(1) 1992.4

片岡直温　かたおかなおはる　1859～1934
明治～昭和期の実業家, 政治家。
【図　書】
◇失言恐慌―ドキュメント・東京渡辺銀行の崩壊 (佐高信著) 駸々堂出版 1987.6 (TOMOGRAPHY BOOKS)
◇失言恐慌―ドキュメント東京渡辺銀行の崩壊 (佐高信著) 駸々堂出版 1991.7
◇恐慌連鎖―「政・官・財」腐食の歴史は繰り返された (檜山良昭著) 光文社 1999.3 300p
◇失言恐慌―ドキュメント銀行崩壊 (佐高信著) 角川書店 2004.12 255p (角川文庫)
【雑　誌】
◇両大戦間日本鉄鋼業史論(特集・戦間期日本資本主義の再検討(2)) (奈倉文二)「歴史学研究」489 1981.2
◇関西鉄道の国有化反対運動の再評価―片岡直温の所論紹介('82片岡賞候補交通論文) (小川功)「運輸と経済」42(10) 1982.10
◇銀行破綻―昭和新政の冒頭, 政党間の抗争が若槻内閣を揺るがす(昭和の宰相たち〈16〉) (江藤淳)「Voice」100 1986.4
◇片岡直温と国民派 (小松功児)「土佐史談」182 1989.12
◇金融恐慌を惹起した失言大臣―片岡直温(平成日本の源流30人) (吉田茂人)「文芸春秋」72(5) 1994.4

片倉兼太郎〔初代〕　かたくらかねたろう　1849～1917
明治, 大正期の実業家。製糸業片倉組の創立者。
【図　書】
◇初代片倉兼太郎 (嶋崎昭典著) 初代片倉兼太郎翁銅像を復元する会 2003.7 189p
◇片倉館 長野県諏訪市(特集・近代化に賭けた先人たちの"夢の形"「産業遺産」に会いに行く)「サライ」15(2) 2003.1.23 p106～107

片寄平蔵　かたよせへいぞう　1813～1860
幕末の常磐炭鉱開発者。黒船を見て石炭開発を志す。
【図　書】
◇きょう土につくした人びと ふるさと歴史新聞 5 (笠原秀文) ポプラ社 1996.4 47p

香月恕経　かつきゆきつね　1842～1894
幕末, 明治期の地方名士。
【図　書】
◇香月恕経翁小伝 (田中正志編) 香月恕経翁顕彰会 1981.11

加藤正義　かとうまさよし　1854～1923
明治, 大正期の官史, 実業家。湖南汽船社長。
【図　書】
◇美術話題史―近代の数寄者たち (松田延夫著) 読売新聞社 1986.5

金子直吉　かねこなおきち　1866～1944
明治～昭和期の実業家。鈴木商店番頭。
【図　書】
◇史上最大の仕事師―鈴木商店の大番頭・金子直吉のすべて (沢野恵之) PHP研究所 1983.10 (PHP business library 歴史に学ぶ人と経営シリーズ)
◇日本の商人 第6巻 新興実業家の挑戦 (邦光史郎概説) ティビーエス・ブリタニカ 1984.3
◇人物探訪 日本の歴史―19―大正・昭和の主役 晩教育図書 1984.4
◇一流人の人間修養学 (竹井博友編著) 竹井出版 1986.7
◇私の財界昭和史 (三鬼陽之助著) 東洋経済新報社 1987.2 (私の昭和史シリーズ)
◇失言恐慌―ドキュメント・東京渡辺銀行の崩壊 (佐高信著) 駸々堂出版 1987.6 (TOMOGRAPHY BOOKS)
◇金解禁―昭和恐慌と人物群像 (有吉新吾著) 西田書店 1987.10
◇地球物理学者 竹内均の人物山脈〈1〉 (竹内均著) 同文書院 1988.11 (コスモス・ライブラリー―HUMAN SCIENCE)
◇幻の総合商社 鈴木商店―創造的経営者の栄光と挫折 (桂芳男著) 社会思想社 1989.6 (現代教養文庫)
◇代表的日本人―自己実現に成功した43人 (竹内均著) 同文書院 1990.1
◇財界人物我観 (福沢桃介著) 図書出版社 1990.3 (経済人叢書)
◇企業立国・日本の創業者たち―大転換期のリーダーシップ (加来耕三著) 日本実業出版社 1992.5
◇日本の『創造力』―近代・現代を開花させた470人〈8〉消費時代の開幕 (富田仁編) 日本放送出版協会 1992.11
◇男の真剣勝負 (津本陽著) 日本経済新聞社 1993.4
◇男の真剣勝負 (津本陽著) 角川書店 1996.4 363p (角川文庫)
◇実業家の文章―日本経済の基盤を築いた, 十二人の偉大な実業家。(鈴木治雄著) ごま書房 1998.7 262p
◇金子直吉伝 (〔白石友治〕編) ゆまに書房 1998.12 468p (人物で読む日本経済史)
◇ケースブック 日本の企業家活動 (宇田川勝編) 有斐閣 1999.3 318p
◇日本創業者列伝―企業立国を築いた男たち (加来耕三著) 学陽書房 2000.8 362p (人物文庫)
◇相場師奇聞―兜町の魔術師天一坊からウォール街の帝王モルガンまで (鍋島高明著) 五台山書房 2003.12 322p
◇経営に大義あり―日本を創った企業家たち (日本経済新聞社編) 日本経済新聞社 2006.5 247p
◇日本「創業者」列伝 (別冊宝島編集部編) 宝島社 2008.8 188p (宝島SUGOI文庫)
◇日本の経営者 (日本経済新聞社編) 日本経済新聞出版社 2009.8 214p (日経文庫)
【雑　誌】
◇歴史に残る大商人の大取引き―金子直吉の事例から学ぶもの(営業部課長の「商談締結力」―大きな取引きをまとめあげるものは何か) (三神良三)「オールセールス」163 1980.2
◇人物 昭和資本主義 金子直吉 (榊原史郎)「現代の眼」21(8) 1980.8
◇異能の「名伯楽」金子直吉(特集・指導力) (福島克之)「プレジデント」19(1) 1981.1
◇鈴木商店と金子直吉 (有井基)「歴史手帖」9(2) 1981.2
◇総合商社の発明者・金子直吉―特集・転換期をのりきった企業家の決断11 (桂芳男)「歴史と人物」13(12) 1983.10
◇鈴木商店と金子直吉の人間像(株式会社神戸製鋼所創立79周年記念講演) (桂芳男)「別冊神鋼タイムス」2 1984.9
◇国際商戦の先駆者たち(特集・進む国際化と企業経営) (佐々克明)「経営者」38(12) 1984.12
◇白鼠・金子直吉のこと (広谷喜十郎)「土佐史談」169 1985.10

◇未知への挑戦者たち―近代日本の礎を築いた明治実業人（特集・先駆の発想）（佐々克明）「経営者」40(2) 1986.2
◇記伝を歩く(44)城山三郎著『鼠―鈴木商店焼打ち事件』―時代の犠牲「鈴木商店」（石川猶興）「農政調査時報」400 1990.1
◇神戸と金子直吉翁（武智透）「秦史談」55 1993.5
◇『鼠』総合商社の原型を創った金子直吉の「成功と蹉跌」―鈴木商店焼き打ち事件の真相に迫りつつ、起業家の何たるかを描く（特集・「城山三郎」の魅力）（速水優）「プレジデント」32(11) 1994.11
◇鈴木商店の失敗―ワンマン的な組織体制、大戦後の市場崩壊に対応できず（失敗の研究）（森川英正）「エコノミスト」76(56) 1998.12.28 臨増(世紀末 経済・文明史から探る日本再生) p114～119
◇二人の関西系貿易人―金子直吉と安宅弥吉（中川清）「白鷗法学」白鷗大学法学部 12 1999.3 p109～148

兼松房治郎　かねまつふさじろう　1845～1913
明治期の実業家。大阪商戦の創立に画策。
【雑　誌】
◇明治20年代初めの兼松房治郎の濠洲視察に関する一考察（天野雅敏）「国民経済雑誌」神戸大学経済経営学会 195(2) 2007.2 p33～42

嘉納治郎作　かのうじろさく　1813～1885
幕末、明治期の廻船業者。
【雑　誌】
◇横須賀造船所艦材課長、嘉納次郎作（鈴木淳）「海軍史研究」1 1990.10

樺山愛輔　かばやまあいすけ　1865～1953
明治～昭和期の実業家、政治家。
【図　書】
◇象徴天皇制への道―米国大使グルーとその周辺（中村政則著）岩波書店 1989.10（岩波新書）
【雑　誌】
◇鶴川の田舎家から「世界」を見据える（カルチャー特集・次郎と正子白洲夫妻物語）「婦人公論」86(23) 2001.12.7 p90～93

加部琴堂　かべきんどう　1829～1894
江戸後期～明治期の豪商、俳人。
【図　書】
◇江戸時代の信濃紀行集（矢羽勝幸編）信濃毎日新聞社 1984.12

神谷与平治　かみやよへいじ　1831～1905
明治期の勧農家。下石田報徳社を設立する。
【図　書】
◇日本老農伝　改訂増補（大西伍一）農山漁村文化協会 1985.12

川崎正蔵　かわさきしょうぞう　1837～1912
明治期の実業家、造船業者。郵便蒸気船頭取。
【図　書】
◇類聚伝記大日本史12 実業家篇（土屋喬雄編集解説）雄山閣出版 1981.6
◇日本のリーダー6 資本主義の先駆者（第二アートセンター編）ティビーエス・ブリタニカ 1983.2
◇人物・日本資本主義3 明治初期の企業家（大島清ほか著）東京大学出版会 1983.6
◇政商の誕生―もうひとつの明治維新（小林正彬著）東洋経済新報社 1987.1
◇夢を抱き歩んだ男たち―川崎重工業の変貌と挑戦（福島武夫著）丸ノ内出版 1987.3
◇日本の『創造力』―近代・現代を開花させた470人〈3〉流通と情報の革命（富田仁編）日本放送出版協会 1993.2
◇造船王川崎正蔵の生涯　同文館出版 1993.7
◇川崎正蔵（〔山本実彦〕著）ゆまに書房 1998.12 347p（人物で読む日本経済史）
◇神戸を翔ける―川崎正蔵と松方幸次郎（辻本嘉明著）神戸新聞総合出版センター 2001.1 198p
◇成せば、成る。―知られざる「成功者」たちの再起と逆転のドラマ（加来耕三著）二三書房 2002.11 296p
◇「創造と変化」に挑んだ6人の創業者（志村和次郎著）日刊工業新聞社 2005.2 179p
【雑　誌】
◇〔史料紹介〕松方正義の川崎正蔵への手紙（中部よし子）「神戸の歴史」16 1986.12
◇川崎正蔵と薩摩人脈（三島康隆）「研究季報（奈良県立商科大学）」3(4) 1993.3

川島甚兵衛〔2代〕　かわしまじんべえ　1853～1910
明治期の織物業者。帝室技芸員。
【図　書】
◇豪華客船インテリア画集（三菱重工業船舶技術部編）アテネ書房 1986.4
◇西洋家具ものがたり（小泉和子文）河出書房新社 2005.2 143p（らんぷの本）
【雑　誌】
◇二代目川島甚兵衛「KAWASHIMA」12 1983.9
◇企業者史における市場―二代川島甚兵衛を中心にして（瀬岡誠）「市場史研究」市場史研究会, そしえて（発売）第23号 2003.12 p1～36

河瀬秀治　かわせひではる　1839～1928
明治期の官吏、実業家。武蔵知事、横浜同神社長。
【雑　誌】
◇小菅県知事河瀬秀治について（棚網保司）「足立史談」302 1993.4

川田小一郎　かわだこいちろう　1836～1896
明治期の実業家。日銀総裁。
【図　書】
◇財界人物我観（福沢桃介著）図書出版社 1990.3（経済人叢書）
◇ニッポンの創業者―大変革期に求められるリーダーの生き方（童門冬二著）ダイヤモンド社 2004.10 319p
【雑　誌】
◇第3代・川田小一郎―三菱財閥の番頭（金融資本の司祭・日銀総裁百年史）「現代の眼」24(2) 1983.2

川田竜吉　かわだりょうきち　1856～1951
明治～昭和期の実業家。北海道で農場を経営。
【図　書】
◇男爵薯の父川田竜吉（館和夫著）男爵資料館 1986.2
◇男爵薯の父　川田龍吉伝（館和夫著）（札幌）北海道新聞社 1991.12（道新選書）
◇きょう土につくした人びと ふるさと歴史新聞 4（和順高雄文）ポプラ社 1996.4 47p
◇続 北へ……異色人物伝（北海道新聞社編）北海道新聞社 2001.9 315p
◇人間登場―北の歴史を彩る　第1巻（合田一道、番組取材班著）北海道出版企画センター 2003.3 253p（NHKほっからんど）
◇サムライに恋した英国娘―男爵いも、川田竜吉への恋文（伊丹政太郎, A.コビング著）藤原書店 2005.9 293p
◇男爵薯の父川田竜吉伝　新版（館和夫著）北海道新聞社 2008.9 281p（道新選書）
【雑　誌】
◇男爵薯の父　川田龍吉について(土佐と北海道特集号)（館和夫）「土佐史談」191 1993.1

川村迂叟　かわむらうそう　？～1885
幕末、明治期の商人。宇都宮藩財政を立て直す。
【図　書】
◇人物・近世産業文化史　雄山閣出版 1984.1

神田兵右衛門　かんだひょうえもん　1841～1921
明治期の実業家、社会事業家。
【図　書】
◇日本の『創力力』―近代・現代を開花させた470人〈4〉進む交流と機能（富田仁編）日本放送出版協会 1993.3
【雑　誌】
◇神田兵右衛門胤保翁を偲んで（神田三郎）「神戸史談」251 1982.10
◇初代神戸市長鳴滝幸恭氏から初代市会議長神田兵右衛門氏へのマル秘の手紙（神田三郎）「神戸史談」258 1986.1

気賀林　きがりん　1810～1883
幕末、明治期の豪商。特産の琉球表を販売。
【図　書】
◇気賀三富翁伝（川島幸雄著）〔川島幸雄〕1996.10 128,22p

菊池恭三　きくちきょうぞう　1859～1942
明治～昭和期の実業家。大日本紡績社長。
【図　書】
◇英国と日本―架橋の人びと（ヒュー・コータッツィ, ゴードン・ダニエルズ編著, 横山俊夫解説, 大山瑞代訳）思文閣出版 1998.11 503, 68p
◇菊池恭三翁伝（〔新田直蔵〕編著）ゆまに書房 1998.12 678p（人物で読む日本経済史）

◇菊池恭三伝―近代紡績業の先駆者　（藤本鉄雄著）　愛媛新聞社　2001.10　264p　（愛媛新聞ブックス）

菊池教中　きくちきょうちゅう　1828～1862
幕末の豪商，志士。
【図　書】
◇北関東下野における封建権力と民衆　（秋本典夫）　山川出版社　1981.6
◇全国の伝承 江戸時代 人づくり風土記―ふるさとの人と知恵〈9〉栃木　（加藤秀俊，谷川健一，稲垣史生，石川松太郎，吉田豊編）　農山漁村文化協会　1989.11
【雑　誌】
◇菊池教中　（市原多加子）「古文幻想」3　1981.3
◇古文書の読解・教中菊池儋如書翰（幕末）「下野歴史」51　1985.8
◇豪商家訓成立の基礎的研究―幕末期菊池教中の場合　（秋本典夫）「宇都宮大学教養部研究報告第1部」18　1985.12
◇大橋訥庵と菊池教中の末路―坂下門事件の黒幕　（秋本典夫）「宇都宮大学教養部研究報告 第1部」20　1987.12

菊池楯衛　きくちたてえ　1846～1918
明治期の試植者。西洋りんご栽培の草分け。
【図　書】
◇きょう土につくした人びと ふるさと歴史新聞 4　（和順高雄文）　ポプラ社　1996.4　47p

菊池徳子　きくちとくこ　1816～1889
幕末，明治期の女性。経営の才をもち家産を増殖。
【図　書】
◇国定忠治を男にした女侠―菊池徳の一生　（高橋敏著）　朝日新聞社　2007.10　233p　（朝日選書）

北風正造　きたかぜしょうぞう　1834～1895
幕末，明治期の商人。
【図　書】
◇幕末志士の生活　（芳賀登）　雄山閣出版　1982.6　（生活史叢書 8）
◇風果てぬ―北風正造外伝　（須田京介著）　神戸新聞総合出版センター　2008.3　267p

木村九蔵　きむらくぞう　1845～1898
明治期の養蚕改良家。
【図　書】
◇歴史と人と―埼玉万華鏡　（柳田敏司著）（埼玉）さきたま出版会　1994.9

木村清四郎　きむらせいしろう　1861～1934
明治～昭和期の実業家。日本銀行副総裁。
【図　書】
◇昭和前期通貨史断章　（田中生夫著）　有斐閣　1989.1
【雑　誌】
◇晩年の木村清四郎　（田中生夫）「岡山大学経済学会雑誌」14（2）1982.10

木村長七　きむらちょうしち　1852～1922
明治期の実業家。
【雑　誌】
◇木村長七文書　（小林延人，池田勇太，満薗勇〔他〕）「東京大学日本史学研究室紀要」東京大学大学院人文社会系研究科・文学部日本史学研究室　12　2008.3　p367～407

木村安兵衛　きむらやすべえ　1817～1889
明治期の実業家，パン製造業者。
【図　書】
◇日本魁物語　（駒敏郎著）　徳間書店　1988.2　（徳間文庫）
◇日本の『創造力』―近代・現代を開花させた470人〈1〉御一新の光と影　（富田仁編）　日本放送出版協会　1992.12
◇その時歴史が動いた 26　（NHK取材班編）　KTC中央出版　2004.6　253p
◇創業者列伝 熱き魂の軌跡―日本を代表する9人の企業家たち　（若山三郎）　グラフ社　2009.10　223p
【雑　誌】
◇熱き創業者魂の軌跡 木村安兵衛（1）あんパンを創った男　（若山三郎）「政経人」政経社　55（1）2008.1　p46～51
◇熱き創業者魂の軌跡 木村安兵衛（2）あんパンを創った男　（若山三郎）「政経人」政経社　55（2）2008.2　p50～55
◇熱き創業者魂の軌跡 木村安兵衛（3）あんパンを創った男　（若山三郎）「政経人」政経社　55（3）2008.3　p56～61

木村利右衛門　きむらりえもん　1834～1919
明治，大正期の実業家。貴族院議員。
【雑　誌】
◇幕末維新期における引取商の出自と背景―木村利右衛門の場合　（内海孝）「横浜開港資料館紀要」1　1983.3

金原明善　きんぱらめいぜん　1832～1923
明治，大正期の実業家。天竜川の治水，治山に貢献。
【図　書】
◇国づくりの文化史―日本の風土形成をたずねる旅　（菊岡倶也）　清文社　1983.1
◇日本老農伝 改訂増補　（大西伍一）　農山漁村文化協会　1985.12
◇夢をもとめた人びと〈5〉郷土開発　（金平正，北島春信，蓑田正治編）（町田）玉川大学出版部　1987.3
◇日本刑事政策史上の人々　（日本刑事政策研究会編）　日本加除出版　1989.4
◇日本の『創造力』―近代・現代を開花させた470人〈2〉殖産興業への挑戦　（富田仁編）　日本放送出版協会　1993.1
◇あばれ天竜を恵みの流れに―治山治水に生涯をささげた金原明善　（赤座憲久作，岩渕慶造絵）　PHP研究所　1993.6　（PHP愛と希望のノンフィクション）
◇近代静岡の先駆者―時代を拓き夢に生きた19人の群像　（静岡県近代史研究会編）　静岡新聞社　1999.10　390p
◇日本経営理念史 新装復刻版　（土屋喬雄著）　麗沢大学出版会　2002.2　650p
◇国土を培うもの―金原明善一代記 3版　（小野田竜彦著）　金原明善を顕彰する会　2006.4　341,4p
◇金原明善の一生　（三戸岡道夫著）　栄光出版社　2007.9　384p
【雑　誌】
◇秩父事件の「静岡県平民」と金原明善をめぐって　（藤林伸治）「静岡県近代史研究会会報」33　1981.6
◇早矢仕有的への来翰を巡って（5）（遺稿）（曽我なつ子，松島栄一）「学鐙」79（5）1982.5
◇早矢仕有的への来翰を巡って（6）（遺稿）（曽我なつ子，松島栄一）「学鐙」79（6）1982.6
◇農業土木を支えてきた人々―金原明善と天竜川利水　（落合久，岩崎強，小和田光夫）「農業土木学会誌」51（8）1983.8
◇碑文は語る農政と運動（8）天竜の治山治水に生涯をかけた金原明善　（中村信夫）「協同組合経営研究月報」408　1987.9
◇金原明善の北海道殖民農場について　（永野弥三雄）「常葉学園浜松大学研究論集」4　1992.3
◇防災活動に捧げた金原明善の生涯―特に濃尾地震（1891）後の現地調査写真の紹介　（今村隆正，井上公夫）「歴史地震」歴史地震研究会　19　2003　p72～79
◇金原明善による天竜植林の防災的意義　（鈴木賢哉，田中隆文）「水利科学」水利科学研究所　51（3）2007　p69～96
◇人物考察 地球温暖化防止に尽くした二人の先駆者―植林王金原明善とダルガス（特集 洞爺湖環境サミット）（三戸岡道夫）「月刊自由民主」自由民主党　664　2008.7　p66～71

串田万蔵　くしだまんぞう　1867～1939
明治～昭和期の銀行家。三菱銀行会長。
【図　書】
◇十六人の銀行家―音たかく流れる　（青野豊作）　現代史出版会　1982.7

国沢新兵衛　くにざわしんべえ　1864～1953
明治～昭和期の実業家，政治家。
【雑　誌】
◇「振興期」（1926～1945年）国産の夢を追った誇り高きサムライたち―小林一三（阪急鉄道），堤康次郎（西武鉄道），中島知久平（中島飛行機），小平浪平（日立製作所），御木本幸吉（ミキモト），三나隆介（八幡製版），石橋正二郎（ブリヂストン），豊田喜一郎（トヨタ自動車），中部幾次郎（マルハ），正田貞一郎（日清製粉），相馬愛蔵（中村屋），小坂順造（信越化学工業），塩野義三郎（塩野義製薬），川村喜十郎（大日本インキ化学工業），橋本圭三郎（日本石油），島津源蔵（島津製作所），五島慶太（東急コンツェルン），利光鶴松（小田急電鉄），国沢新兵衛（日本通運）（日本経済100年100人）（加来耕三）「フォーブス日本版」9（1）2000.1　p70～76

熊谷直孝　くまがいなおたか　1817～1875
幕末，明治期の商人。倒幕運動の資金援助者。
【図　書】
◇ビジュアルワイド 新日本風土記〈26〉京都府　ぎょうせい　1989.2

グラバー, T.　Glover, Thomas Blake　1838〜1911
イギリスの商人。1859年来日しグラバー商会を設立。
【図　書】
◇グラバー園物語（かむらくにお）長崎文献社 1988.6
◇歴史の仕掛人―日本黒幕列伝（童門冬二著）読売新聞社 1990.9
◇長崎 歴史の旅（外山幹夫著）朝日新聞社 1990.10（朝日選書）
◇グラバー家の最期―日英のはざまで（多田茂治著）（福岡）葦書房 1991.12
◇明治維新とイギリス商人―トマス・グラバーの生涯（杉山伸也著）岩波書店 1993.7（岩波新書）
◇風と海の回廊―日本を変えた知の冒険者たち（泉秀樹著）広済堂出版 1994.9
◇龍馬暗殺―捜査報告書（小林久三著）光風社出版 1996.9 265p
◇トーマス・グラバー伝（アレキサンダー・マッケイ著, 平岡緑訳）中央公論社 1997.1 277p
◇もうひとりの蝶々夫人―長崎グラバー邸の女主人ツル（楠戸義昭著）毎日新聞社 1997.7 257p
◇明治建国の洋商 トーマス・B.グラバー始末（内藤初穂著）アテネ書房 2001.2 594p
◇ピンカートンの息子たち―昭和不良伝（斎藤憐著）岩波書店 2001.2 7,294p
◇日本を助けた外国人クイズ113（石田泰照著）黎明書房 2002.8 125p
◇花と霜―グラバー家の人々（ブライアン・バークガフニ著, 平幸雪訳）長崎文献社 2003.12 163p
◇坂本龍馬とフリーメーソン―明治維新の礎を築いた英雄は秘密結社のエージェントだった!!（鬼塚五十一著）学習研究社 2007.1 256p（ムー・スーパーミステリー・ブックス）
◇ヒコの幕末―漂流民ジョセフ・ヒコの生涯（山下昌也著）水曜社 2007.12 334p
◇日本を愛した外国人たち（内藤誠, 内藤研共著）講談社インターナショナル 2009.6 255p（講談社バイリンガル・ブックス）
【雑　誌】
◇幕末の長崎港状勢（松竹英雄）「海外海事研究」113 1991.11
◇グラバー―国際商人が認めたビジネスマインド（特集・坂本龍馬の人間関係学）（岩井護）「プレジデント」30(7) 1992.7

栗原イネ　くりはらいね　1852〜1922
明治, 大正期の実業家。
【図　書】
◇栗原母子伝―伝記・栗原イネ（渡利亭一編）大空社 1995.12 316, 14,5p（伝記叢書）

黒沢鷹次郎　くろさわたかじろう　1849〜1919
明治, 大正期の銀行家。第十九国立銀行頭取。
【図　書】
◇近代佐久を開いた人たち（中村勝実著）（佐久）櫟 1994.2

小泉信吉　こいずみのぶきち　1853〜1894
明治期の銀行家。慶応義塾塾長。
【図　書】
◇きれいに寂び 人・仕事・作品（集英社文庫）（井上靖著）集英社 1984.9
◇小泉信三伝（今村武雄著）文芸春秋 1987.12（文春文庫）
【雑　誌】
◇早矢仕有的への来翰を巡って―〔12〕完―（遺稿）（曽我なつ子, 松島栄一）「学鐙」79(12) 1982.12
◇海軍主計大尉・小泉信吉と「あの時代」―息子の若すぎた死を悼んだ名著, 初の映像化（座談会）（三辺謙, 秋山加代, 小泉妙, 山田太一）「文芸春秋」70(13) 1992.12

郷誠之助　ごうせいのすけ　1865〜1942
明治〜昭和期の実業家。
【図　書】
◇リーダーの魅力（プレジデント編）プレジデント社 1981.2
◇日本のリーダー8 財界革新の指導者（第二アートセンター編）ティビーエス・ブリタニカ 1983.3
◇男爵郷誠久助君伝 伝記・郷誠之助（郷男爵記念会編）大空社 1988.10（伝記叢書〈48〉）
◇大人学・小人学（だいじんがく・しょうじんがく）―「大気力」で生きた男の器量と値打ち（邑井操著）大和出版 1990.6
◇日本の『創造力』―近代・現代を開花させた470人〈8〉消費時代の開幕（富田仁編）日本放送出版協会 1992.11
◇本物の魅力―自分を生かしきった男だけが「人生の醍醐味」を味わうことができる!（邑井操著）大和出版 1993.7
◇財界の政治経済史―井上準之助・郷誠之助・池田成彬の時代（松浦正孝著）東京大学出版会 2002.10 248,13p
◇東京おぼえ帳（平山蘆江著）ウェッジ 2009.2 364p（ウェッジ文庫）
【雑　誌】
◇動向 先人顕彰事業 郷誠之助・牧野英一展を開催して（山本明道, 所久男）「岐阜県歴史資料館報」岐阜県歴史資料館 25 2002.3 p281〜285

古賀辰四郎　こがたつしろう　1856〜1918
明治, 大正期の寄留商人。古賀商店を開設。
【雑　誌】
◇古賀辰四郎と大阪古賀商店〔含 古賀辰四郎年譜〕（望月雅彦）「南島史学」35 1990.6
◇明治期における尖閣諸島への日本人の進出と古賀辰四郎（平岡昭利）「人文地理」人文地理学会, 古今書院 57(5) 2005 p503〜518

五代友厚　ごだいともあつ　1835〜1885
明治期の実業家。
【図　書】
◇牧健二博士米寿記念日本法制史論集 思文閣出版 1980.11
◇日本法制史論集―牧健二博士米寿記念（牧健二博士米寿記念日本法制史論集刊行会編）思文閣出版 1980.11
◇五代友厚伝（宮本又次）有斐閣 1981.1
◇類聚伝記大日本史12 実業家篇（土屋喬雄編集解説）雄山閣出版 1981.6
◇日本工業先覚者史話（福本和夫）論創社 1981.7
◇大阪経済史研究 続（菅野和太郎）清文堂出版 1982.2
◇日本資本主義史上の指導者たち（土屋喬雄）岩波書店 1982.3（岩波新書 特装版）
◇幕末志士の生活（芳賀登）雄山閣出版 1982.6（生活史叢書 8）
◇日本のリーダー 6 資本主義の先駆者 ティビーエス・ブリタニカ 1983.2
◇日本のリーダー6 資本主義の先駆者（第二アートセンター編）ティビーエス・ブリタニカ 1983.2
◇人物・日本資本主義3 明治初期の企業家（大島清ほか著）東京大学出版会 1983.6
◇ブレーン：歴史にみる群像〈5〉転機（豊田穣, 杉本苑子, 吉村貞司, 徳永真一郎, 榛葉英治, 網淵謙錠著）旺文社 1986.5
◇大久保利謙歴史著作集〈5〉幕末維新の洋学（大久保利謙著）吉川弘文館 1986.8
◇五代友厚（真木洋三著）文芸春秋 1986.8
◇含羞都市（がんしゅうとし）へ（木津川計著）神戸新聞出版センター 1986.11
◇豪商物語（邦光史郎著）博文館新社 1986.12
◇政商の誕生―もうひとつの明治維新（小林正彬著）東洋経済新報社 1987.1
◇動物園の歴史―日本における動物園の成立（佐々木時雄著）講談社 1987.2（講談社学術文庫）
◇明治維新対外関係史研究（犬塚孝明著）吉川弘文館 1987.7
◇日本を創った戦略集団〈6〉建業の勇気と商略（堺屋太一編）集英社 1988.4
◇地球物理学者 竹内均の人物山脈〈1〉（竹内均著）同文書院 1988.11（コスモス・ライブラリー―HUMAN SCIENCE）
◇起業家 五代友厚（小寺正三著）社会思想社 1988.12（現代教養文庫）
◇代表的日本人―自己実現に成功した43人（竹内均著）同文書院 1990.1
◇歴史にみるビジネス・人・発想（童門冬二著）日本経済通信社 1990.2
◇日本史の社会集団〈6〉ブルジョワジーの群像（安藤良雄著）小学館 1990.3
◇功名を欲せず―起業家・五代友厚の生涯（渡辺修）毎日コミュニケーションズ 1991.4
◇日本の『創造力』―近代・現代を開花させた470人〈3〉流通と情報の革命（富田仁編）日本放送出版協会 1993.2
◇人物に学ぶ明治の企業事始め（森友幸照著）つくばね舎 1995.8 210p
◇政商伝（三好徹著）講談社 1996.3 287p（講談社文庫）
◇屹立―ライバル日本史 6（NHK取材班編）角川書店 1996.11 300p（角川文庫）
◇歌之介のさつまのポッケモン（KTS鹿児島テレビ編著, 原口泉監修）高城書房 1998.7 176p
◇五代友厚伝―伝記・五代友厚（五代竜作編）大空社 1998.11 13, 605p 図版12枚（近代日本企業家伝叢書）
◇日本経済の礎を創った男たちの言葉―21世紀に活かす企業の理念・戦略・戦術（森友幸照著）すばる舎 1999.11 229p
◇大阪でごわす―明治商都物語（島実蔵著）時事通信社 2001.3

278p
◇破天荒に生きる（鹿島茂著）PHP研究所 2002.6 261p
◇われ、官を恃まず―日本の「民間事業」を創った男たちの挑戦（吉田伊佐夫著）産経新聞ニュースサービス 2002.8 334p
◇商魂（佐江衆一著）PHP研究所 2003.11 238p
◇ニッポンの創業者―大変革期に求められるリーダーの生き方（童門冬二著）ダイヤモンド社 2004.10 319p
◇教科書が教えない歴史有名人の晩年と死（新人物往来社編）新人物往来社 2007.2 293p
◇世界危機をチャンスに変えた幕末維新の知恵（原口泉著）PHP研究所 2009.7 267p（PHP新書）
【雑誌】
◇五代友厚の財政経済策論（宮本又次）「大阪大学経済学」29(2) 1980.1
◇士魂商才の英傑・五代友厚（宮本又次）「週刊東洋経済」4258 1980.11.21臨増
◇幕末・維新の商人たち(6)五代友厚の巻（井門寛）「月刊総務」19(8) 1981.8
◇財閥・官僚人物あれこれ（中村青志,沢村和成）「歴史公論」8(3) 1982.3
◇明治前期財政整理における一挿話―五代友厚の地租米納論について（特集・経済史への新しい接近）（猪木武徳）「季刊現代経済」47 1982.4
◇パリのめぐり会い―西周と五代友厚はパリで何を語り合ったのか（蓮沼啓介）「神戸法学雑誌」32(2) 1982.9
◇五代友厚・関一記念特集号「大阪の歴史」18 1986.3
◇兵庫沖海戦と五代友厚（特集 神戸開港120年）（山中園子）「神戸史談」261 1987.8
◇企業家精神の東西比較（作道洋太郎）「工業」491 1988.12
◇五代友厚 異才は「藩際貿易」で倒幕に貢献した―卓絶した商才は維新後、彼をして大阪財界の大立者に（特集・西郷隆盛の人間関係学）（佐藤雅美）「プレジデント」28(2) 1990.2
◇五代友厚―大阪復興の恩人（小寺正三）「大阪春秋」65 1991.10
◇五代友厚の「亡命」（幕末史話―"第三の開国"のさ中に(10)）（松本健一）「エコノミスト」71(52) 1993.12.7
◇大阪経済界の生みの親―五代友厚（巨人伝説〔2〕）（木村勝美）「フォーブス日本版」4(2) 1995.2 p186～189
◇五代友厚と児島惟謙（市川訓敏）「ノモス」関西大学法学研究所 8 1997.12 p301～306
◇神戸桟橋会社の成立過程と外国桟橋―五代友厚の事業を中心にして（安彦正一）「国際関係研究 総合編」日本大学国際関係学部国際関係研究所 20(2) 1999.12 p157～186
◇土居通夫と五代友厚（市川訓敏）「関西大学年史紀要」関西大学事務局出版部 12 2000.3 p18～54
◇2つの維新（リフトオフ！国産ロケットをつくった男(17)）（中野不二男）「SCIaS」5(6) 2000.6 p116～121
◇五代友厚と半田銀山―明治前期大阪経済再建策とその挫折（田崎公司）「地域と社会」大阪商業大学比較地域研究所 3 2000.8 p59～84
◇五代友厚像再考―五代は政商か（村田八朗）「大阪商業大学論集」大阪商業大学経商学会 119 2001.1 p1～23
◇五代友厚と東京馬車鉄道会社成立の一考察（安彦正一）「国際関係研究」日本大学国際関係学部国際関係研究所 26(4) 2006.3 p53～77

小林吟右衛門〔2代〕 こばやしぎんえもん 1800～1873
幕末,明治期の商略家,実業家。
【図書】
◇近江商人（渡辺守順）教育社 1980.8（教育社歴史新書日本史106）
◇江戸に学ぶヒット商品の発想法（邦光史郎著）勁文社 1989.2（ケイブンシャブックス）
◇歴史に学ぶ危機突破の経営術―危機突破の日本式こころの経営（童門冬二著）広済堂出版 2001.12 300p（広済堂文庫）
【雑誌】
◇幕末期商業資本の蓄積過程―近江商人丁吟の場合（末国紀）「京都産業大学経済経営叢」15(1) 1980.6
◇近江商人小林吟右衛門家の経営書簡集(抄)（末永国紀翻刻・解説）「経済経営論叢（京都産業大学経済経営学会）」19(1) 1984.6
◇近江商人小林吟右衛門家の経営書簡集(抄)(2)嘉永七(安政元)年本店宛江戸店・京店書簡（末永国紀翻刻）「経済経営論叢（京都産業大学経済経営学会）」21(1) 1984.9
◇近江商人列伝(3) 小林吟右衛門―太っ腹な商才・直弼の恩情に裏方で報いる（特集 日本の中の近江―第37輯）（羽生道英）「湖国と文化」39 1987.2
◇史料 近江商人小林吟右衛門家の経営書簡集(抄)(9)文久元年九月～十一月大阪店宛京店書簡（末永国紀）「経済学論叢」同志社大学経済学会 53(2) 2001.6 p144～98

小林富次郎〔初代〕 こばやしとみじろう 1852～1910
明治期の実業家。
【図書】
◇日本人の終末観―日本キリスト教人物史研究（野村耕三）新教出版社 1981.5
◇日本の広告―人・時代・表現（山本武利,津金沢聰広著）日本経済新聞社 1986.10
◇日本の『創造力』―近代・現代を開花させた470人〈10〉大都市と農村の明暗（富田仁編）日本放送出版協会 1993.6
◇日本の企業家群像 2（佐々木聰編）丸善 2003.3 296p
◇暮らしを変えた美容と衛生（佐々木聰著）芙蓉書房出版 2009.4 217p（シリーズ情熱の日本経営史）

小室三吉 こむろさんきち 1863～1921
明治,大正期の実業家。
【雑誌】
◇明治期三井物産の経営者(中)飯田義一、小室三吉、岩原謙三について（由井常彦）「三井文庫論叢」三井文庫 42 2008 p43～109,巻頭1p

子安峻 こやすたかし 1836～1898
明治期の実業家。
【図書】
◇日本ジャーナリズム史研究（西田長寿著）みすず書房 1989.11
◇読売新聞の創始者子安峻―建学の精神の原点を求めて（竹内繁著）日本生産性本部 1992.4
【雑誌】
◇増補訂正―英和字彙の訳語―特に増補された訳語の典拠を中心に（湯浅茂雄）「国文学論集（上智大）」14 1981.1

小山健三 こやまけんぞう 1858～1923
明治,大正期の官僚,実業家。
【図書】
◇財界人物我観（福沢桃介著）図書出版社 1990.3（経済人叢書）
【雑誌】
◇大阪工業学校創立時の佐々木政父宛小山健三書簡2通（大西愛）「大阪大学史紀要」3 1983.11
◇小山健三・銀行デパート論の先駆(銀行史にみる経営者群像(1)）（後藤新一）「地銀協月報」379 1992.1

コワニエ,F. Coignet, François 1837～1902
フランスの鉱山技師。1868年最初のお雇い外国人。
【図書】
◇秋田地方史論集 みしま書房 1981.2
◇近代日本史の新研究〈9〉（手塚豊編著）北樹出版 1991.12
【雑誌】
◇お雇い外国人地質学者の来日経緯(2)仏人鉱山地質学者コワニエ（金光男）「地学教育と科学運動」地学団体研究会 60 2009.3 p42～56

近藤長次郎 こんどうちょうじろう 1838～1866
幕末の商人大黒屋伝次の子,勝海舟の門弟。
【図書】
◇高知の研究 3 近世篇（山本大編）清文堂出版 1983.3
◇坂本龍馬・海援隊士列伝（山田一郎ほか著）新人物往来社 1988.2
◇坂本龍馬・男の生き方（新人物往来社編）新人物往来社 1992.9
◇近藤長次郎―龍馬の影を生きた男（吉村淑甫著）毎日新聞社 1992.10
【雑誌】
◇長崎と近藤長次郎（維新殉難志士特集号）（下瀬隆治）「土佐史談」155（復76）1980.11
◇近藤長次郎切腹事件―特集・坂本龍馬と海援隊（榎本滋民）「歴史読本」28(10) 1983.10

近藤廉平 こんどうれんぺい 1848～1921
明治,大正期の実業家。日本郵船社長,貴族院議員。
【図書】
◇類聚伝記大日本史12（土屋喬雄編）雄山閣出版 1981.6
◇日本のリーダー6 資本主義の先駆者（第二アートセンター編）ティビーエス・ブリタニカ 1983.2
◇近世名茶会物語（高原富保）毎日新聞社 1985
◇岩崎弥太郎の独創経営―三菱を起こしたカリスマ（坂本藤良著）講談社 1986.10
◇男爵近藤廉平伝（末広一雄）著）ゆまに書房 1998.12 350,245p（人物で読む日本経済史）

坂本金弥　さかもときんや　1865～1923
明治, 大正期の実業家, 政治家。衆議院議員。
【雑　誌】
◇ヒューマンドキュメント　瀬戸内の経済人(13)帯江鉱山オーナー坂本金弥「銅山と新聞と政治」3足のわらじ　（赤井克己）「岡山経済」岡山経済研究所　29(341)　2006.6　p52～55

佐久間貞一　さくまていいち　1848～1898
明治期の実業家。東京市議会議員。
【図　書】
◇日本工業先覚者史話　（福本和夫）　論創社　1981.7
◇活版印刷史　（川田久長）　印刷学会出版部　1981.10
◇日本労働運動の先駆者たち　（労働史研究同人会編）　慶応通信　1985.3
◇活字＝表現・記録・伝達する　（矢作勝美著）　出版ニュース社　1986.12
◇明治維新畸人伝－かつて, 愛すべき「変な日本人」がいた　（鈴木明著）　勁文社　1993.10　（勁文社文庫21）
◇工場法は, まだか－佐久間貞一の生涯　（近江哲史著）　ダイヤモンド社『エグゼクティブ』編集部（製作）1994.9
◇日本社会政策の源流－社会問題のパイオニアたち　（保谷六郎著）　聖学院大学出版会　1995.4　274p
◇佐久間貞一全集　全　（矢作勝美編著）　大日本図書　1998.12　408p
◇日本畸人伝－明治・七人の侍　（鈴木明著）　光人社　2000.10　301p
【雑　誌】
◇労働福祉・社員教育の先覚者－佐久間貞一（産業革命家の軌跡(9)）　（西東玄）「社員教育」313　1980.11.5
◇明治の精神と「西国立志編」(9)佐久間貞一と「西国立志編」　（室伏武）「東と西」10　1992.6
◇文明開化の陰の主役たち（近代日本の異能・偉才実業家100人「おじいさんたちは偉かった！」－20世紀総発掘　第4弾）　（高橋康雄）「月刊Asahi」5(7)　1993.9
◇探照灯(169)佐久間貞一小伝　（谷沢永一）「国文学解釈と鑑賞」至文堂　66(6)　2001.6　p222～225

佐倉常七　さくらつねしち　1835～1899
明治期の西陣織職人。京都府職工場教授。
【図　書】
◇日本の『創造力』－近代・現代を開花させた470人〈2〉殖産興業への挑戦　（富田仁編）　日本放送出版協会　1993.1

佐々木長淳　ささきちょうじゅん　1830～1916
幕末～大正期の養蚕技術者, 官吏。養蚕御用係。
【雑　誌】
◇明治の蚕業指導者佐々木長淳と「蚕事学校」構想　（友田清彦）「農村研究」東京農業大学農業経済学会　101　2005.9　p100～107
◇佐々木権六（長淳）に関する履歴・伝記史料の紹介　（長野栄俊）「若越郷土研究」福井県郷土誌懇談会　52(2)　2008.3　p30～57

佐藤志か　さとうしか　1834～1917
明治, 大正期の実業家。
【図　書】
◇大阪の女たち　（西岡まさ子）　松籟社　1982.7

佐藤政養　さとうまさやす　1821～1877
幕末, 明治期の鉄道助。
【雑　誌】
◇福田理軒・治軒と鉄道助佐藤政養（数学史の研究－RIMS研究集会報告集）　（小林龍彦）「数理解析研究所講究録」京都大学数理解析研究所　1546　2007.4　p204～216

沢野糸子　さわのいとこ　1864～？
明治期の洋裁店経営者。日本初の婦人服デザイナー。
【図　書】
◇女たちの群像－時代を生きた個性　（島京子編）（神戸）神戸新聞総合出版センター　1989.10

シェパード, C.　Shepherd, Charles　？～1875
イギリスの技師。1870年来日, 鉄道敷設を指導。
【図　書】
◇近世外交史料と国際関係　（木崎弘美著）　吉川弘文館　2005.1　255, 7p

篠原忠右衛門　しのはらちゅうえもん　1810～1891
幕末, 明治期の貿易商。外国人への生糸売り込み第一号。
【図　書】
◇日本商人道－日本的経営の精神　（島武史）　産業能率大学出版部　1981.4
◇日本の『創造力』－近代・現代を開花させた470人〈1〉御一新の光と影　（富田仁編）　日本放送出版協会　1992.12
【雑　誌】
◇異色日本商人興亡伝(12)甲州屋忠右衛門の巻, 蚕種投機に賭けた幻の生糸商人　（島武史）「経営者会報」310　1982.9

渋沢栄一　しぶさわえいいち　1840～1931
明治, 大正期の実業家。陸軍奉行支配調役, 子爵。
【図　書】
◇日本資本主義の群像－人物財界史　（梅井義雄）　教育社　1980.7　（教育社歴史新書　日本史143）
◇読書有朋　（渡部昇一, 谷沢永一）　大修館書店　1981.2
◇リーダーの魅力　（プレジデント編）　プレジデント社　1981.2
◇日本人の自伝1　（亀井俊介解説）　平凡社　1981.4
◇類聚伝記大日本史12 実業家篇　（土屋喬雄編集解説）　雄山閣出版　1981.6
◇日本工業先覚者史話　（福本和夫）　論創社　1981.7
◇一億人の昭和史　日本人 4　三代の男たち　上　明治・大正編　毎日新聞社　1981.8
◇フランスとの出会い－中江兆民とその時代　（富田仁）　三修社　1981.12
◇日本資本主義史上の指導者たち　（土屋喬雄）　岩波書店　1982.3　（岩波新書　特装版）
◇経済研究 4　（大東文化大学大学院経済学研究科編集委員会編）　大東文化大学大学院経済学研究科　1982.3
◇日本のリーダー 6　資本主義の先駆者　ティビーエス・ブリタニカ　1983.2
◇夕陽を知らぬ男たち－彼らはいかに生きたか　（小島直記）　旺文社　1983.2　（旺文社文庫）
◇人物・日本資本主義3　明治初期の企業家　（大島清ほか著）　東京大学出版会　1983.6
◇巨いなる企業家・渋沢栄一の全研究－日本株式会社をつくった男　（井上宏生）　PHP研究所　1983.7　（PHP business library　歴史に学ぶ人と経営シリーズ）
◇維新史の青春激像－動乱期に情熱を賭けた獅子たちの熱血譜　（藤田公道）　日本文芸社　1983.10
◇歴史にみる実力者の条件－対談・人とその時代　（城山三郎）　講談社　1983.11　（講談社文庫）
◇埼玉の先人　渋沢栄一　（韮塚一三郎, 金子吉衛）　さきたま出版会　1983.12
◇埼玉の先人渋沢栄一　（韮塚一三郎, 金子吉衛等）　さきたま出版会　1983.12
◇埼玉の先人－渋沢栄一　（韮塚一三郎, 金子吉衛）　さきたま出版会　1984
◇逆境を愛する男たち　（小島直記）　新潮社　1984.3
◇幕末維新の経済人－先見力・決断力・指導力（中公新書）（坂本良著）　中央公論社　1984.4
◇ビジネス・ヒーローの帝王学－江戸時代の「再建マン」に学ぶマネジメント　（佐々克明著）　東洋経済新報社　1984.8
◇青淵渋沢栄一の書　（深谷郷土遺墨刊行会編）　巌南堂書店　1984.9
◇雨夜譚　（岩波文庫）　（渋沢栄一述, 長幸男校注）　岩波書店　1984.11
◇渋沢栄一事業別年譜　（渋沢青淵記念財団竜門社編）　国書刊行会　1985.9
◇一流人の人間修養学　（竹井博友編著）　竹井出版　1986.7
◇岩崎弥太郎の独創経営－三菱を起こしたカリスマ　（坂本藤良著）　講談社　1986.10
◇豪商物語　（邦光史郎著）　博文館新社　1986.12
◇決定版　運命を開く－世界の「ビジネス天才」に学ぶ　（片方善治著）　三笠書房　1986.12
◇政商の誕生－もうひとつの明治維新　（小林正彬著）　東洋経済新報社　1987.1
◇近代の創造－渋沢栄一の思想と行動　（山本七平）　PHP研究所　1987.3
◇日本型リーダーの条件　（山本七平著）　講談社　1987.4　（講談社ビジネス）
◇続・百代の過客－日記にみる日本人〈上〉（ドナルド・キーン著, 金関寿夫訳）　朝日新聞社　1988.1　（朝日選書）
◇実録　日本汚職史　（室伏哲郎著）　筑摩書房　1988.2　（ちくま文庫）
◇明治の化学者－その抗争と苦渋　（広田鋼蔵著）　東京化学同人　1988.2　（科学のとびら）
◇巨星渋沢栄一－その高弟大川平三郎　（竹内良夫）　教育企画出版　1988.3　（郷土歴史選書 1）
◇渋沢栄一のこころざし　（山岸達児作）　教育出版センター新社

◇1988.3 （ジュニア・ノンフィクション）
◇父の映像 （犬養健ほか著） 筑摩書房 1988.3 （筑摩叢書）
◇保田与重郎全集〈第30巻〉現代畸人伝 （保田与重郎著） 講談社 1988.4
◇日本を創った戦略集団〈6〉建業の勇気と商略 （堺屋太一編） 集英社 1988.4
◇東京海上火災 （柏田道夫作、ひおあきら画） 世界文化社 1988.6 （企業コミック）
◇続兎眠庵雑記 （浅野誠一著） 近代文芸社 1988.8
◇人生を選び直した男たち―歴史に学ぶ転機の哲学 （童門冬二著） PHP研究所 1988.9
◇青春 社会部記者 （朝日新聞東京社会部OB会編） 社会保険出版社 1988.9
◇渋沢栄一碑文集 （山口律雄、清水惣之助共編） 博字堂 1988.11
◇西洋が見えてきた頃 （亀井俊介著） 南雲堂 1988.11 （亀井俊介の仕事）
◇地球物理学者 竹内均の人物山脈〈1〉 （竹内均著） 同文書院 1988.11 （コスモス・ライブラリー―HUMAN SCIENCE）
◇続 百代の過客―日記にみる日本人 （ドナルド・キーン著、金関寿夫訳） 朝日新聞社 1988.12
◇江戸の賤民 （石井良助著） 明石書店 1988.12
◇東西思想よもやま話―無暦庵閑話 （茂手木元蔵編著） 北樹出版 1988.12 （フマニタス選書）
◇歴史に学ぶライバルの研究 （会田雄次、谷沢永一著） PHP研究所 1988.12
◇日本的成熟社会論―20世紀末の日本と日本人の生活 （佐原洋著） 東海大学出版会 1989.4
◇西郷隆盛と維新の英傑たち （佐々克明著） 三笠書房 1989.5 （知的生きかた文庫）
◇渋沢栄一 （土屋喬雄著） 吉川弘文館 1989.5 （人物叢書（新装版））
◇指導力組織力がつく―知的精鋭集団のつくり方、育て方 （山本七平ほか著） 経済界 1990.1 （リュウブックス）
◇代表的日本人―自己実現に成功した43人 （竹内均著） 同文書院 1990.1
◇歴史にみるビジネス・人・発想 （童門冬二著） 日本経済通信社 1990.2
◇日本史の社会集団〈6〉ブルジョワジーの群像 （安藤良雄著） 小学館 1990.3
◇日本型リーダーの条件 （山本七平著） 講談社 1991.1 （講談社文庫）
◇幕末武州の青年群像 （岩上進著） （浦和）さきたま出版会 1991.3
◇渋沢栄一―民間経済外交の創始者 （木村昌人著） 中央公論社 1991.4 （中公新書）
◇のるかそるか （津本陽著） 文芸春秋 1991.4
◇たおやかな農婦―渋沢栄一の妻 （船戸鏡聖著） 東京経済 1991.5
◇日本の近代化と経営理念 （浅野俊光著） 日本経済評論社 1991.11
◇文学演技 （杉本秀太郎著） 筑摩書房 1991.11 （筑摩叢書）
◇渋沢栄一―人間の礎（いしずえ） （童門冬二著） 経済界 1991.12 （リュウセレクション）
◇評伝・渋沢栄一 （藤井賢三郎著） 水曜社 1992.6
◇渋沢栄一翁、経済人を叱る （村山孚編） 日本文芸社 1992.11
◇建設業を興した人びと―いま創業の時代に学ぶ （菊岡倶也著） 彰国社 1993.1
◇挑戦―55歳からの出発・杉本行雄物語 （笹本一夫, 小笠原カオル共著） 実業之日本社 1993.3
◇日本の『創造力』―近代・現代を開花させた470人〈4〉進む交流と機能 （富田仁編） 日本放送出版協会 1993.3
◇男の真剣勝負 （津本陽著） 日本経済新聞社 1993.4
◇明敏にして毒気あり―明治の怪物経営者たち （小堺昭三著） 日本経済新聞 1993.10
◇日本を造った男たち―財界創始者列伝 （竹内均著） 同文書院 1993.11
◇都市のプランナーたち―江戸・東京を造った人々 （東京人編集室編） 都市出版 1993.12
◇森鴎外と下水道―下水道夜話 （斎藤健次郎著） 環境新聞社 1994.3
◇のるかそるか （津本陽著） 文芸春秋 1994.4 （文春文庫）
◇ライバル日本史〈2〉 （NHK取材班編） 角川書店 1994.12
◇モノ・財・空間を創出した人々 朝日新聞社 1995.3 438p （二十世紀の千人）
◇渋沢栄一、パリ万博へ （渋沢華子著） 国書刊行会 1995.5 244p
◇渋沢栄一の「論語算盤説」と日本的な資本主義精神 （王家驊述、国際日本文化研究センター編） 国際日本文化研究センター 1995.5 38p
◇渋沢栄一 男の選択―人生には本筋というものがある （童門冬二著） 経済界 1995.7 278p （RYUBOOKS）
◇人物に学ぶ明治の企業事始め （森友幸照著） つくばね舎 1995.8 210p
◇激変の時代を生き抜く発想と行動―幕末・明治の大物にみる （黒川志津雄著） 日新報道 1995.12 228p
◇心に残る人々 （白洲正子著） 講談社 1996.4 233p （講談社文芸文庫）
◇男の真剣勝負 （津本陽著） 角川書店 1996.4 363p （角川文庫）
◇渋沢論語をよむ （深沢賢治著） 明徳出版社 1996.5 236p
◇「仁愛」の増殖過程―渋沢栄一と養育院再建より （平井雄一郎）『経済史・経営史研究の現状』（大塚勝夫編） 三嶺書房 1996.9 p127
◇激突―ライバル日本史 7 （NHK取材班編） 角川書店 1996.12 294p （角川文庫）
◇渋沢栄一と人倫思想 （小野健知著） 大明堂 1997.4 486p
◇情報と経営革新―近代日本の軌跡 （佐々木聡, 藤井信幸編著） 同文舘出版 1997.7 244p
◇歴史に学ぶライバルの研究 （会田雄次, 谷沢永一著） PHP研究所 1997.8 261p （PHP文庫）
◇痩我慢というかたち―激動を乗り越えた日本の志 （感性文化研究所編） 黙出版 1997.8 111p （MOKU BOOKS）
◇渋沢栄一のフィランソロピー思想と儒学の影響について ［95/7］ （福永郁雄） 『公益法人論文選』 公益法人協会 1997.10 p415
◇渋沢栄一―近代産業社会の礎を築いた実業家 （小笠原幹夫著、自由主義史観研究会編） 明治図書出版 1997.12 112p （教科書が教えない歴史人物の生き方）
◇徳川慶喜最後の寵臣 渋沢栄一―そしてその一族の人びと （渋沢華子著） 国書刊行会 1997.12 317p
◇日本文化史上の渋沢栄一―『徳川慶喜公伝』をめぐって （河原宏）『日本思想の地平と水脈』（河原宏教授古稀記念論文集刊行会編） ぺりかん社 1998.3 p609
◇渋沢栄一の「市場と国家」論 （植松忠博） 『再構築する近代』（平井俊彦監修、京大社会思想研究会編） 全国日本学士会 1998.4 p275
◇実業家の文章―日本経済の基盤を築いた、十二人の偉大な実業家。 （鈴木治雄著） ごま書房 1998.7 262p
◇雨夜譚余聞 （渋沢栄一述） 小学館 1998.8 281p （地球人ライブラリー）
◇埼玉英傑伝 （宝井馬琴著） さきたま出版会 1998.10 237p
◇渋沢家三代 （佐野真一著） 文芸春秋 1998.11 294p （文春新書）
◇渋沢栄一自叙伝―伝記・渋沢栄一 （渋沢栄一述） 大空社 1998.11 1019,59p （近代日本企業家伝叢書）
◇渋沢栄一 （大谷まこと著） 大空社 1998.11 180p （シリーズ福祉に生きる）
◇渋沢栄一 人間、足るを知れ―「時代の先覚者」はなぜかくも「無私」たりえたのか （永川幸樹著） ベストセラーズ 1999.1 249p
◇次郎長の経済学―幕末恐慌を駆け抜けた男 （竹内宏, 田口英爾著） 東洋経済新報社 1999.2 195p
◇公益の追求者・渋沢栄一―新時代の創造 （渋沢研究会編） 山川出版社 1999.3 398,9p
◇文学近代化の諸相 4 （小笠原幹夫著） 高文堂出版社 1999.3 176p
◇日本経済の礎を創った男たちの言葉―21世紀に活かす企業の理念・戦略・戦術 （森友幸照著） すばる舎 1999.11 229p
◇日本の"地霊" （鈴木博之著） 講談社 1999.12 231p （講談社現代新書）
◇楽しく調べる人物図解日本の歴史―明治・大正・昭和・平成時代 7 （佐藤和彦監修） あかね書房 2000.4 47p
◇人生を選び直した男たち―歴史に学ぶ転機の活かし方 （童門冬二著） PHP研究所 2000.5 242p （PHP文庫）
◇日本汚職全史―ミレニアム構造汚職130年史 （室伏哲郎著） 世界書院 2000.6 313p （腐蝕立国・日本）
◇鈴木正三・石田梅岩・渋沢栄一に学ぶ不易の人生法則 （赤根祥道著） PHP研究所 2000.7 275p （PHP文庫）
◇20世紀 日本の経済人 （日本経済新聞社編） 日本経済新聞社 2000.11 449p （日経ビジネス人文庫）
◇社外取締役―企業経営から企業統治へ （大橋敬三著） 中央公論新社 2000.11 192p （中公新書）
◇常設展示図録渋沢史料館 （渋沢史料館編） 渋沢史料館 2000.11 151p
◇男冥利 （谷沢永一著） PHP研究所 2001.1 221p
◇人物で読む近現代史 上 （歴史教育者協議会編） 青木書店 2001.1 299p
◇歴史人物アルバム 日本をつくった人たち大集合 4 （PHP研究所編） PHP研究所 2001.2 47p
◇日本の企業家群像 （佐々木聡編） 丸善 2001.3 292p
◇人生の師―混迷する時代に「勇気」と「誇り」と「優しさ」をあたえてくれる先哲先人の教え （岬竜一郎著） 勁文社 2001.7 238p
◇日本のこころ―「私の好きな人」 風の巻 （長部日出雄, 谷沢永一, 杉本苑子, 赤坂憲雄, 桶谷秀昭ほか著） 講談社 2001.9 253p
◇渋沢栄一と日本商業教育発達史―産業教育人物史研究 3 （三好信浩著） 風間書房 2001.10 369p
◇渋沢栄一とヘッジファンドにリスクマネジメントを学ぶ―キーワード

はオルタナティブ（渋沢健著）日経BP社　2001.11　304p
◇日本経営理念史　新装復刻版（土屋喬雄著）麗沢大学出版会　2002.2　650p
◇渋沢栄一翁の滞仏日記と博物館（熊野正也）『フィールドの学　考古地域史と博物館』（後藤和民教授頌寿記念論文集編集委員会編）白鳥舎　2002.3　p383～
◇渋沢栄一の経世済民思想（坂本慎一著）日本経済評論社　2002.9　334p
孔子と論語がわかる事典——読む・知る・愉しむ（井上宏生著）日本実業出版社　2002.10　239p
こんな人生を送ってみたい——私が惚れた十五人（谷沢永一著）PHP研究所　2003.1　247p（PHP文庫）
勇気凛々生きな人生（谷沢永一著）講談社　2003.5　278p
その時歴史が動いた　19（NHK取材班編）KTC中央出版　2003.6　253p
◇明治の怪物経営者たち——明敏にして毒気あり（小堺昭三著）学陽書房　2003.6　315p（人物文庫）
福祉実践にかけた先駆者たち——留岡幸助と大原孫三郎（兼田麗子著）藤原書店　2003.10　358p
◇対訳・日本を創った12人（堺屋太一著, ジャイルズ・マリー訳）講談社インターナショナル　2003.11　287p
論語とリストラ（白川零次著）竜門出版社　2004.2　254p
近代日本と仏蘭西——10人のフランス体験（三浦信孝編）大修館書店　2004.3　403p
世界の起業家50人——チャレンジとイノベーション（大東文化大学起業家研究会編）学文社　2004.4　311p
◇渋沢栄一　人生意気に感ず——"士魂商才"を貫いた明治経済界の巨人（童門冬二著）PHP研究所　2004.6　355p（PHP文庫）
小説　渋沢栄一　上（津本陽著）日本放送出版協会　2004.6　377p
小説　渋沢栄一　下（津本陽著）日本放送出版協会　2004.6　369, 12p
『食道楽』の人　村井弦斎（黒岩比佐子著）岩波書店　2004.6　247, 9p
ニッポンの創業者——大変革期に求められるリーダーの生き方（童門冬二著）ダイヤモンド社　2004.10　319p
日本の経済思想世界——「十九世紀」の企業者・政策者・知識人（川口浩編）日本経済評論社　2004.12　530p
精神としての武士道——高次元的伝統回帰への道（内田順三著）シーエイチシー　2005.1　279p
日本立憲政治の形成と変質（鳥海靖, 三谷博, 西川誠, 矢野信幸編）吉川弘文館　2005.2　390p
本好き人好き話好き（谷沢永一著）五月書房　2005.3　227p
小売業の繁栄は平和の象徴——私の履歴書（岡田卓也著）日本経済新聞社　2005.3　202p
明治　1（NHK「明治」プロジェクト編）日本放送出版協会　2005.5　229p（NHKスペシャル）
◇シヴィル・ソサエティ論——新しい国づくりを目指して（渋沢雅英, 山本正, 小林良彰編）慶応義塾大学出版会　2005.6　284p（慶応義塾大学法学部渋沢栄一記念財団寄附講座）
日本史・ライバルたちの「意外な結末」——宿敵・政敵・好敵手たちの知られざる「その後」（日本博学倶楽部著）PHP研究所　2005.9　275p（PHP文庫）
◇渋沢栄一の慈善事業（山名敦子）『福祉文化の創造——福祉学の思想と現代的課題』（立正大学社会福祉学部編）ミネルヴァ書房　2005.10　p116
日本を創った12人（堺屋太一著）PHP研究所　2006.2　413p（PHP文庫）
成功者への道——渋沢栄一の「論語」に学ぶ夢の実現・願望達成のための手順書（高橋憲一著）朱鳥社　2006.4　131p
経営に大義あり——日本を創った企業家たち（日本経済新聞社編）日本経済新聞社　2006.5　247p
◇企業の正義（中条高徳著）ワニブックス　2006.7　263p
埼玉の三偉人に学ぶ（堺正一著）埼玉新聞社　2006.9　205p
岩波講座「帝国」日本の学知　第2巻（杉山伸也編）岩波書店　2006.9　339,45p
◇渋沢栄一を歩く——公益を実践した実業界の巨人（田沢拓也著）小学館　2006.9　303p
指導者の精神構造——時代を動かすリーダーたちの内面をさぐる（小田晋著）生産性出版　2006.10　226p
◇渋沢栄一の企業者活動の研究——戦前期企業システムの創出と出資者経営者の役割（島田昌和著）日本経済評論社　2007.1　412p
三代の系譜（阪谷芳直著）洋泉社　2007.3　434p（洋泉社MC新書）
日中両国近代実業家の儒学観——渋沢栄一と張謇の例を中心に（于臣著）『相互理解としての日本研究——日中比較による新展開』（法政大学国際日本学研究所編）法政大学国際日本学研究センター　2007.3　（21世紀COE国際日本学研究叢書）p117

巨人・渋沢栄一の「富を築く100の教え」（渋沢健著）講談社　2007.4　254p（講談社biz）
◇マキアヴェッリの子どもたち——日伊の政治指導者は何を成し遂げ、何を残したか（リチャード・J.サミュエルズ著, 鶴田知佳子, 村田久美子訳）東洋経済新報社　2007.5　374,113p
日本史偉人「健康長寿法」（森町宗冬著）講談社　2007.5　201p（講談社プラスアルファ新書）
渋沢栄一男の器量を磨く生き方（渡部昇一著）致知出版社　2007.5　227p
◇工手学校——旧幕臣たちの技術者教育（茅原健著）中央公論新社　2007.6　345p（中公新書ラクレ）
足尾銅山物語（小野崎敏著）新樹社　2007.7　263p
先人に学ぶ生き方——伝えていきたい日本の30人（田中治郎著）麗沢大学出版会　2007.8　223p
◇「あの人」の言葉——人生の指針を残した偉人たち（武光誠著）リイド社　2007.10　254p（リイド文庫）
◇会社の品格は渋沢栄一から学んだ——関誠三郎の生き方（早川和宏著）出版文化社　2007.10　247p
日中文化の交差点——国際日本学とは何か？（王敏編）三和書籍　2008.3　337p
◇王子・滝野川と渋沢栄一——住まい、公の場、地域　企画展図録（渋沢栄一記念財団渋沢史料館編）渋沢栄一記念財団渋沢史料館　2008.3　56p
◇渋沢栄一と〈義利〉思想——近代東アジアの実業と教育（于臣著）ぺりかん社　2008.3　306p
◇山田方谷から三島中洲へ（松川健二著）明徳出版社　2008.4　360p
福本和夫著作集　第7巻（福本和夫著）こぶし書房　2008.6　830, 15p
ガバナンスの法理論——行政・財政をめぐる古典と現代の接合（木村琢麿著）勁草書房　2008.7　363,5p
先賢諸聖のことば——直筆の格言・名言コレクション75（田中大著）PHP研究所　2008.8　190p
日本「創業者」列伝（別冊宝島編集部編）宝島社　2008.8　188p（宝島SUGOI文庫）
貧民の帝都（塩見鮮一郎著）文芸春秋　2008.9　251p（文春新書）
経営哲学の実践（経営哲学学会編）文真堂　2008.9　385p
著名人のお墓を歩く——谷中、染井、雑司ヶ谷編（あきやまみみこ撮影）風塵社　2008.10　1冊
◇日本人を南米に発展せしむ——日本人のブラジル移住と渋沢栄一　企画展図録（渋沢栄一記念財団渋沢史料館編）渋沢栄一記念財団渋沢史料館　2008.10　65p
役立たずの哲学（菱沼孝幸著）文芸社ビジュアルアート　2008.11　106p
時代を創ったリーダーの訓え——戦国時代から現代まで、偉人たちの魅力とは（島田一男著）ごま書房　2008.11　138p
◇渋沢栄一日本を創った日本人（東京商工会議所編）講談社　2008.11　316p（講談社+α文庫）
◇渋沢栄一——「道徳」と経済のあいだ（見城悌治著）日本経済評論社　2008.11　234p（評伝日本の経済思想）
進化の経営史——人と組織のフレキシビリティ（橘川武郎, 島田昌和編）有斐閣　2008.12　305p
◇渋沢栄一と朝鮮（片桐庸夫）『慶応の政治学—慶応義塾創立一五〇年記念法学部論集』（慶応義塾大学法学部編）慶応義塾大学出版会（発売）2008.12　p95
絹先人考（上毛新聞社編）上毛新聞社　2009.2　313p（シルクカントリー双書）
童門冬二の歴史に学ぶ知恵（童門冬二著）茨城新聞社　2009.3　239p
東アジアにおける公益思想の変容——近世から近代へ（陶徳民, 姜克実, 見城悌治, 桐原健真編）日本経済評論社　2009.3　296p（渋沢栄一記念財団叢書）
近代東アジアの経済倫理とその実践——渋沢栄一と張謇を中心に（陶徳民, 姜克実, 見城悌治, 桐原健真編）日本経済評論社　2009.3　278p（渋沢栄一記念財団叢書）
◇渋沢栄一『論語と算盤』が教える人生繁栄の道（渡部昇一著）致知出版社　2009.3　254p
◇プロジェクト鹿鳴館！——社交ダンスが日本を救う（鹿島茂著）角川書店　2009.5　197p（角川oneテーマ21）
リーダーシップと国際性——国際文化会館新渡戸国際塾講義録　1　アイハウス・プレス　2009.6　294p
◇凡人が一流になるルール（斎藤孝著）PHP研究所　2009.7　230p（PHP新書）
世界危機をチャンスに変えた幕末維新の知恵（原口泉著）PHP研究所　2009.7　267p（PHP新書）
渋沢栄一　近代の創造（山本七平著）祥伝社　2009.7　658p
◇地球的課題と個人の役割——シヴィル・ソサエティ論総括編（渋沢雅

英, 山本正, 国分良成, 細谷雄一, 西野純也編）　慶応義塾大学出版会　2009.7　314,9p　（慶応義塾大学法学部渋沢栄一記念財団寄付講座）
◇日本の経営者　（日本経済新聞社編）　日本経済新聞出版社　2009.8　214p　（日経文庫）
◇渋沢栄一、アメリカへ―100年前の民間経済外交　渡米実業団100周年記念　テーマ展シリーズ"平和を考える"　（渋沢栄一記念財団渋沢史料館編）　渋沢栄一記念財団渋沢史料館　2009.8　76p
◇渋沢栄一　人生百訓―真の成功にいたる道　（渡部昇一著）　致知出版社　2009.10　268p
◇偉人伝―徳育教育副読本　（西垣義明著）　全国経営者団体連合会　2009.12　133p
◇日本人の経営魂　（中野明著）　学研パブリッシング　2009.12　271p

【雑　誌】
◇渋沢栄一における調和思想の展開―特に労働と資本をめぐって　（小野健知）「日本大学紀要」（11）1980.1
◇渋沢栄一の思想形成―特に初期の国家意識の形成について　（小野健和）「日本大学理工学部一般教育教室彙報」27 1980.3
◇渋沢栄一の思想・行動とモラロジー　（多田顕）「モラロジー研究」9 1980.3
◇明治初期の起業意識発達経緯―特に渋沢栄一の周辺　（小野健知）「日本大学理工学部一般教育教室彙報」28 1980.9
◇明治期の商人「意識」の転換について―特に渋沢栄一「教化」活動をめぐって（小野健知）「日本大学精神文化研究所日本大学教育制度研究所紀要」12 1981.1
◇渋沢栄一の思想研究―労働問題との関連において　（多田顕）「経済論集（大東文化大）」31 1981.3
◇渋沢栄一と岩崎弥太郎―合本組織か独占主義か（特集・明治ライバル物語）（坂本藤良）「歴史と人物」120 1981.7
◇歴史に残るトップ・バンカーの条件　（青野豊作）「財界」29(14) 1981.7
◇建築パトロン論―渋沢栄一の場合（日本の建築家）（藤森照信）「新建築」56(14) 1981.12臨増
◇もののふの道　文学にみる武士道の歴史(41)徳川慶喜公伝士論　（高橋富雄）「武道」182 1982.1
◇経済の指導理念としての「論語」―渋沢栄一翁の「道徳経済合一説」（上田碩夫）「月刊金融ジャーナル」23(2) 1982.2
◇渋沢栄一の思想研究―労働問題との関連において―続―　（多田顕）「経済論集（大東文化大）」33 1982.2
◇財閥・官僚人物あれこれ　（中村青志, 沢村和成）「歴史公論」8(3) 1982.3
◇近代日本を築いた人たち（特集・部課長の人間的魅力研究）（邑井操）「経営者」36(4) 1982.4
◇渋沢栄一にみる企業家精神―その現代的意義　（土屋喬雄）「DKMマネジメントレポート」176 1982.11
◇修養団と財閥経営者(1)渋沢栄一と小倉正恒を中心として　（瀬岡誠）「商学園大学論集」11(2) 1983.1
◇明治実業界三傑の精神（特集　社是・社訓の研究）（邑井操）「経営者」37(3) 1983.3
◇養育院と渋沢栄一翁銅像　（大原鷹邇）「板橋史談」95 1983.3
◇義に適う利は賤しからず（実践・経営幹部学）（井原隆一）「経営者」37(4) 1983.4
◇殖産興業の推進者・渋沢栄一―特集・転換期をのりきった企業家の決断11　（浅野俊光）「歴史と人物」13(12) 1983.10
◇朗廬と渋沢栄一の出合い―興譲館特集　（落合保之）「史談いばら」12 1983.12
◇渋沢栄一の社会事業(1)　（山名敬子）「立正大学論叢」19 1984.3
◇岩崎、安田、渋沢にみる経営スピリット（特集・明治実業人の経営哲学）（佐々克明）「経営者」38(446) 1984.3
◇古文書の読解・渋沢栄一書簡（明治20年）「下野歴史」50 1984.8
◇渋沢栄一の社会事業思想―東京市養育院をめぐって　（小野健知）「日本大学理工学部一般教育教室彙報」36 1984.9
◇渋沢栄一先生を蕨に迎えての講演会―大正11年11月19日のこと　（金子吉衛）「ふるさとわらび」14 1984.11
◇商業教育の指導者渋沢栄一研究（上）（石井正司）「教育学雑誌」19 1985
◇渋沢栄一の人と思想　（吉原伝三郎）「貯蓄と経済」144 1985.6
◇商業教育の指導者渋沢栄一研究（下）（石井正司）「教育学雑誌」20 1986
◇「内的充実」か「外面的体裁」か―外面的開化を急ぐ政府にあって栄一は下野を決意した（近代日本資本主義の創始者・渋沢栄一〔24〕）（山本七平）「Voice」97 1986.1
◇商いの真髄！渋沢栄一「論語ソロバン説」の教訓（立体構成・人生の指針とは何か―魅力「孔・孟・老・荘」の人間を見る目）（鈴木治雄）「NEXT」3(1) 1986.1
◇未知への挑戦者たち―近代日本の礎を築いた明治実業人（特集・先駆の発想）（佐々克明）「経営者」40(2) 1986.2
◇近代財政の無血革命―官職を辞す栄一がやってのけた未曾有の大改革とは（近代日本資本主義の創始者・渋沢栄一〔25〕）（山本七平）「Voice」98 1986.2
◇日本最初のサラリーマン社長―明治維新の激動は遂に企業家渋沢栄一を誕生させた（近代日本資本主義の創始者・渋沢栄一〔最終回〕）（山本七平）「Voice」99 1986.3
◇渋沢栄一と女子教育「事業」（小野健知）「精神科学」25 1986.7
◇渋沢栄一と報徳　（村松敬司）「浜松短期大学研究論集」32 1986.7
◇日本近代の父・渋沢栄一―"稀代の幕末人"の魅力（対談）（山本七平, 城山三郎）「Voice」103 1986.7
◇渋沢栄一における協調精神の受容と展開　（小野健知）「日本大学人文科学研究所研究紀要」34 1987
◇大実業人の心の支え―渋沢、中上川、森永の逞しさ（特集・混迷を生きる）（邑井操）「経営者」41(8) 1987.8
◇渋沢栄一と我が国の電話事業について―付 蕨の郵便局と電話の思い出など　（金子吉衛）「ふるさとわらび」17 1987.12
◇張謇と渋沢栄一―日中近代企業者比較論―　（中井英基）「一橋論叢」98(6) 1987.12
◇企業家精神の東西比較　（作道洋太郎）「工業」491 1988.12
◇真ări「陽明学」と渋沢「論語」（特集・教養主義の逆襲）（山本七平）「新潮45」8(4) 1989.4
◇渋沢栄一の東京改造論（江戸・東京を造った人々(13)）（藤森照信）「東京人」4(8) 1989.10
◇渋沢栄一と国民外交―米国に於ける日本人移民排斥問題への対応を中心として　（片桐庸夫）「渋沢研究」1 1990.3
◇渋沢栄一の労使観と協調　（島田昌和）「渋沢研究」1 1990.3
◇民間経済外交指導者としての渋沢栄一（1・2）（木村昌人）「渋沢研究」1・2 1990.3,10
◇近現代にみるリーダーの条件、ボスとの違い（対談）（鈴木永二, 城山三郎）「月刊Asahi」2(7) 1990.7
◇成瀬仁蔵と渋沢栄一―その交流と教育思想における接点　（影山礼子）「渋沢研究」2 1990.10
◇理化学研究所の設立と渋沢栄一　（打越孝明）「早稲田大学教育学部学術研究　教育・社会教育・教育心理・体育編」40 1991
◇渋沢栄一『雨夜譚』―「近代産業の父」を支えた「商業は道義」の信念（特集・「自伝」に見る人間の研究―素晴しい人生の達人たちに学ぶ）（田原総一朗）「プレジデント」29(1) 1991.1
◇渋沢栄一と学術・文化事業　（島田昌和）「経営と歴史」12 1991.10
◇『福翁百話』と『青淵百話』―とくに「市民的徳性」をめぐって（梅津順一）「青山学院女子短期大学紀要」45 1991.12
◇ビジネス偉人大解剖（ワイド特集・能力鍛え直す）（鈴木旭）「ダイヤモンド・エグゼクティブ」29(2) 1992.2
◇明治期の私設鉄道金融と鉄道資本家―参宮鉄道における渋沢・今村・井上・片岡の役割をめぐって　（小川功）「追手門経済論集」27(1) 1992.4
◇渋沢栄一と社外重役（特集・監査役と危機管理）「経営コンサルタント」527 1992.9
◇渋沢栄一の実業思想―「青淵百話」にみる　（小松章）「一橋論叢」108(5) 1992.11
◇奥村多喜衛と渋沢栄一―日米関係からみたハワイにおける排日予防啓発運動　（島田法子）「日本女子大学紀要 文学部」43 1993
◇日米通商摩擦と苦闘した渋沢栄一（日本近代史の誰に学ぶか―人物オピニオン特集・リーダーなき「平成」を撃つ24人）（鈴木幸夫）「諸君！」25(2) 1993.2
◇渋沢栄一における商業の啓蒙と教育―明治期を中心にして　（三好信浩）「広島大学教育学部研究紀要 第1部 教育学」42 1993.3
◇草奔の生と死―相楽総三, 渋沢栄一, 田中正造　（西野辰吉）「日本及日本人」1610 1993.4
◇「企業者」の今昔（近代日本の異能・偉才実業家100人「おじいさんたちは偉かった！」―20世紀総発掘 第4弾）（中村隆英）「月刊Asahi」5(7) 1993.9
◇いまなお輝く「創業時代」の精神―近代の荒海を乗り切った起業者たち（対談）（近代日本の異能・偉才実業家100人「おじいさんたちは偉かった！」―20世紀総発掘 第4弾）（山口昌男, 佐高信）「月刊Asahi」5(7) 1993.9
◇渋沢栄一・国民外交の行方―日本における「世界児童親善会」への認識とその後の展開　（是沢博昭）「渋沢研究」6 1993.10
◇渋沢栄一と近代的企業家の出現　（植松忠博）「国民経済雑誌」168(6) 1993.12
◇渋沢栄一の経営理念にみる現代的意義―関係企業の企業行動を通して（本多哲夫）「上武大学商学部紀要」5(1) 1994.3
◇青年期の問題意識（時代の児・渋沢栄一〔2〕）（石井浩）「石垣」168 1994.5
◇西欧世界への"開眼"（時代の児・渋沢栄一〔3〕）（石井浩）「石垣」169 1994.6
◇近代産業社会の基礎づくり（時代の児・渋沢栄一〔4〕）（石井浩）「石垣」170 1994.7
◇渋沢栄一における武士道と実業道―「実験論語」の人物評価を通して（梅津順一）「青山学院女子短期大学紀要」48 1994.12
◇日本資本主義の最高指導者渋沢栄一（巨人伝説〔1〕）（木村勝美）「フォーブス日本版」4(1) 1995.1　p182～185

◇古河財閥の形成と渋沢栄一 (谷崎敏昭) 「上武大学経営情報学部紀要」 上武大学経営情報学部 第12号 1995.3 p31～47
◇渋沢栄一に還れ—「論語・算盤」説の今日的意味 (安原和雄) 「仏教経済研究」 駒沢大学仏教経済研究所 24 1995.5 p95～116
◇"実業の神様"に仕えて(怪臣伝—渋沢家・最後の執事、杉本行雄の"論語と算盤"〔1〕) (佐野真一) 「日経ビジネス」 826 1996.2.5 p108～111
◇渋沢栄一の銀行企業活動—埼玉県における場合 (加藤隆) 「政経論叢」 明治大学政治経済研究所 64(3・4) 1996.3 p1～21
◇渋沢栄一のフィランソロピー思想と儒学の影響について (福永郁雄) 「立正大学地域研究センター年報」 立正大学地域研究センター 第19号 1996.3 p43～54
◇ベンチャー企業を育てる"エンジェル"第1号は渋沢栄一だった(歴史合せ鏡〔37〕) (上之郷利昭) 「フォーブス日本版」 5(10) 1996.10 p168～174
◇渋沢栄一と渡辺海旭—近代日本思想史の中で、倫理と宗教 (峰島旭雄) 「産業経営」 早稲田大学産業経営研究所 23 1997 p79～99
◇渋沢栄一が説いた「協調」と「談合」の違い(いま想い起こすべき「明治の覇気」—いつから我々は、あの「努力」と「誇り」を失ったのか?) (木村昌人) 「SAPIO」 9(13) 1997.7.23 p28～29
◇渋沢栄一の銀行企業活動に寄せて—出身地埼玉・大里地方における場合 (加藤隆) 「地方金融史研究」 全国地方銀行協会 29 1998.3 p38～62
◇渋沢栄一の企業者活動とその周辺経営者—複数会社への関与経営者を中心に (島田昌和) 「経営論集」 明治大学経営学研究所 45(2～4) 1998.3 p63～78
◇徳川慶喜をめぐる人びと・「家臣」渋沢栄一—最後の寵臣(特集・徳川慶喜と幕府崩壊—混迷の時代を駆け抜けた「最後の将軍」波瀾の半生) (渋沢華子) 「歴史と旅」 25(4) 1998.3 p82～87
◇近代日本の福祉思想—渋沢栄一と養育院 (小野健知) 「大倉山文化会議研究年報」 大倉山文化会議 第9号 1998.3 p191～209
◇渋沢栄一のパリ (小笠原幹夫) 「仏蘭西学研究」 日本仏学史学会 第28号 1998.7 p12～18
◇渋沢栄一(新養生訓〔35〕) (大宮司朗) 「歴史と旅」 25(16) 1998.11 p235
◇渋沢栄一—株式会社を創った男(第12回夏季公開講座) (打越孝明) 「大倉山講演集」 大倉精神文化研究所 8 1999 p73～98
◇フランスでまなんだ合本法(経済の史点〔14〕) (童門冬二) 「フォーブス日本版」 8(2) 1999.2 p170～171
◇巨星と虚星 渋沢栄一と中内功 (佐野真一) 「新潮45」 18(3) 1999.3 p90～101
◇京仁鉄道会社設立—渋沢栄一らが朝鮮半島初の鉄道を建設しこれが大韓帝国併合につながった(100年前の今月〔5〕) (種村直樹) 「中央公論」 114(5) 1999.5 p128～135
◇歴史再発見—船舶からスタートした"遺伝子"がその後の三菱を規定した(三菱グループの堅忍不抜—日本最強の企業集団は復活できるか!?) (佐野真一) 「フォーブス日本版」 8(6) 1999.6 p52～53
◇渋沢栄一だけが知っていた「資本主義」—日本の近代を一人で創った男は、ロマン派商人にして「稀代のディーラー」だった (鹿島茂、佐野真一) 「諸君!」 31(7) 1999.7 p210～218
◇城山三郎氏・作家—名経営者に見る人間味と行動力、今こそ火中の栗拾う勇気を持て(編集長インタビュー)(特集・翔け日本人—起業家精神が時代を動かす) (城山三郎、小林収) 「日経ビジネス」 1001 1999.7.26 p50～53
◇サン=シモン主義者 渋沢栄一—かつて異人館焼き打ちを企んだ男は、スエズ運河を前に「世界全人類の実利」を想った… (鹿島茂) 「諸君!」 31(8) 1999.8 p192～199
◇ナポレオン三世の演説(サン=シモン主義者 渋沢栄一〔2〕) (鹿島茂) 「諸君!」 31(9) 1999.9 p214～221
◇フリュリ・エラールとの出会い(サン・シモン主義者 渋沢栄一〔3〕) (鹿島茂) 「諸君!」 31(10) 1999.10 p284～291
◇フリュリ・エラールの足跡を求めて(サン=シモン主義者 渋沢栄一〔4〕) (鹿島茂) 「諸君!」 31(11) 1999.11 p216～222
◇第一(国立)銀行の朝鮮進出と渋沢栄一 (島田昌和) 「経営論集」 文京女子大学 9(1) 1999.12 p55～69
◇駐日公使ロッシュの思惑(サン=シモン主義者 渋沢栄一〔5〕) (鹿島茂) 「諸君!」 31(12) 1999.12 p260～266
◇日本企業史にみる渋沢栄一の企業者活動(2)択善会を中心にして (安home正一) 「研究年報」 日本大学短期大学部(三島) 12 2000 p17～35
◇「黎明期」(1901～1925年)「論語とソロバンの一致」を旨とした明治の財界人—渋沢栄一(第一国立銀行)、益田孝(三井財閥)、岩崎小弥太(三菱財閥)、浅野総一郎(浅野財閥)、安田善次郎(安田財閥)、鮎川義介(日産コンツェルン)、古河虎之助(古河財閥)、藤原銀次郎(王子製紙)、森矗昶(昭電工)、諸井恒平(秩父セメント)、日比翁助(三越)、森永太一郎(森永製菓)、馬越恭平(大日本麦酒)、鈴木三郎助(味の素)、大原孫三郎(倉敷紡績)、福原有信(資生堂)、野村徳七(野村証券)、鈴木馬左也(住友財閥)、弘世助三郎(日本生命)(日本経済100年100人) (童門冬二) 「フォーブス日本版」 9(1) 2000.1 p63～69
◇革命前夜(サン=シモン主義者 渋沢栄一〔6〕) (鹿島茂) 「諸君!」 32(1) 2000.1 p216～223
◇渋沢栄一—その民間外交と女子教育(わが家の百年—戦争あり、天災あり……幾多の風雪に耐えたこの人この家族、喜びと悲しみの百年) (渋沢雅英) 「文芸春秋」 78(3) 2000.2 臨増(私たちが生きた20世紀 全篇書き下ろし362人の物語・永久保存版) p68～69
◇巨人たちの決闘(サン=シモン主義者 渋沢栄一〔8〕) (鹿島茂) 「諸君!」 32(3) 2000.3 p222～229
◇華族の問題—実業家と華族 富と名誉が一体化したとき(特集・まぼろしの名家 華族80年の栄枯盛衰—華族とは何か、その存在意義と波瀾万丈のドラマ) (麻田弓彦) 「歴史と旅」 27(6) 2000.4 p106～111
◇渋沢研究会編『新時代の創造・公益の追求者—渋沢栄一』 (池井優) 「日本歴史」 吉川弘文館 623 2000.4 p126～128
◇パリの渋沢(サン=シモン主義者 渋沢栄一〔9〕) (鹿島茂) 「諸君!」 32(4) 2000.4 p254～261
◇怪人モンブラン伯爵(サン=シモン主義者 渋沢栄一〔10〕) (鹿島茂) 「諸君!」 32(5) 2000.5 p262～270
◇パリに「人体」を見た(サン=シモン主義者 渋沢栄一〔11〕) (鹿島茂) 「諸君!」 32(6) 2000.6 p222～227
◇「官」と「民」(サン=シモン主義者 渋沢栄一〔12〕) (鹿島茂) 「諸君!」 32(7) 2000.7 p278～285
◇季節の彩風に出会う—古牧温泉 奥入瀬の旅(日本列島まるごと歴史散歩〔8〕青森県の巻) 「歴史と旅」 27(10) 2000.8 p195～201
◇パリを去る日(サン=シモン主義者 渋沢栄一〔13〕) (鹿島茂) 「諸君!」 32(8) 2000.8 p296～301
◇慶喜との再会(サン=シモン主義者 渋沢栄一〔14〕) (鹿島茂) 「諸君!」 32(9) 2000.9 p262～268
◇商法会所(サン=シモン主義者 渋沢栄一〔15〕) (鹿島茂) 「諸君!」 32(10) 2000.10 p220～225
◇株式会社の機関と相談役・顧問制度—渋沢栄一にみる相談役・顧問の役割 (岡崎幸司) 「静岡大学経済研究」 静岡大学法経学会 5(3) 2000.11 p25～112
◇大隈重信との邂逅(サン=シモン主義者 渋沢栄一〔16〕) (鹿島茂) 「諸君!」 32(11) 2000.11 p252～257
◇明治後半期における経営者層の啓蒙と組織化—渋沢栄一と竜門社 (島田昌和) 「経営論集」 文京女子大学 10(1) 2000.12 p9～23
◇金融制度の確立(サン=シモン主義者 渋沢栄一〔17〕) (鹿島茂) 「諸君!」 32(12) 2000.12 p256～263
◇廃藩置県(サン=シモン主義者 渋沢栄一〔18〕) (鹿島茂) 「諸君!」 33(1) 2001.1 p266～273
◇元勲たちの素顔(サン=シモン主義者 渋沢栄一〔19〕) (鹿島茂) 「諸君!」 33(2) 2001.2 p294～301
◇青淵渋沢栄一 (黒川和政) 「南大阪大学紀要」 南大阪大学 3(2) 2001.3 p1～18
◇大蔵省を去る(サン=シモン主義者 渋沢栄一〔20〕) (鹿島茂) 「諸君!」 33(3) 2001.3 p250～256
◇「私」を結集せよ(サン=シモン主義者 渋沢栄一〔21〕) (鹿島茂) 「諸君!」 33(4) 2001.4 p252～259
◇三井入りを断る(サン=シモン主義者 渋沢栄一〔22〕) (鹿島茂) 「諸君!」 33(5) 2001.5 p264～271
◇国立銀行の危機(サン=シモン主義者 渋沢栄一〔23〕) (鹿島茂) 「諸君!」 33(6) 2001.6 p264～271
◇公利公益こそ王道(サン=シモン主義者 渋沢栄一〔24〕) (鹿島茂) 「諸君!」 33(7) 2001.7 p264～271
◇特集 渋沢栄一に学ぶ 「歴史研究」 歴研 43(8) 2001.8 p18～41
◇経営者として奮闘(サン=シモン主義者 渋沢栄一〔25〕) (鹿島茂) 「諸君!」 33(8) 2001.8 p264～271
◇向島の資本主義大論争(サン=シモン主義者 渋沢栄一〔26〕) (鹿島茂) 「諸君!」 33(9) 2001.9 p232～238
◇女工哀史(サン=シモン主義者 渋沢栄一〔27〕) (鹿島茂) 「諸君!」 33(10) 2001.10 p230～237
◇公正無私な市場せり人(サン=シモン主義者 渋沢栄一〔28〕) (鹿島茂) 「諸君!」 33(11) 2001.11 p228～234
◇渋沢栄一の経済政策提言と経済観の変化—日清・日露戦争期を中心として (島田昌和) 「経営論集」 文京学院大学総合研究所 11(1) 2001.12 p29～47
◇東京高商の設立(サン=シモン主義者 渋沢栄一〔29〕) (鹿島茂) 「諸君!」 33(12) 2001.12 p228～234
◇「渋沢栄一」の経営倫理について (小野健知) 「道都大学紀要 経営学部」 道都大学札幌キャンパス経営学部 1 2002 p77～85
◇竜門雑誌の刊行と渋沢栄一の関係について (安彦正一) 「国際関係学部研究年報」 日本大学国際関係学部 23 2002 p251～269
◇利殖は二の次(サン=シモン主義者 渋沢栄一〔30〕) (鹿島茂) 「諸君!」 34(1) 2002.1 p226～233
◇「ヘッジファンドやってて、ご先祖さまに悪いかなと…」—「論語と

◇ソロバン」=渋沢栄一に学ぶ経世済民の心得 （鹿島茂,渋沢健）「諸君!」 34(2) 2002.2 p126～139
◇愛他でなく自愛(サン=シモン主義者 渋沢栄一〔31〕) （鹿島茂）「諸君!」 34(2) 2002.2 p290～297
◇福沢諭吉・渋沢栄一にみる普遍的ビジョンと儒学 （谷口典子）「東日本国際大学研究紀要」 東日本国際大学経済学部 7(2) 2002.3 p1～25
◇銀行からリボンまで(サン=シモン主義者 渋沢栄一〔32〕) （鹿島茂）「諸君!」 34(3) 2002.3 p250～257
◇明治の「プロジェクトX」(サン=シモン主義者 渋沢栄一〔33〕) （鹿島茂）「諸君!」 34(4) 2002.4 p230～237
◇公平無私な千里眼(サン=シモン主義者 渋沢栄一〔34〕) （鹿島茂）「諸君!」 34(5) 2002.5 p226～232
◇アメリカで原点に返る(サン=シモン主義者 渋沢栄一〔35〕) （鹿島茂）「諸君!」 34(7) 2002.6 p252～259
◇民間外交は膠のごとく(サン=シモン主義者 渋沢栄一〔36〕) （鹿島茂）「諸君!」 34(8) 2002.7 p318～325
◇「黄禍論」との戦い(サン=シモン主義者 渋沢栄一〔37〕) （鹿島茂）「諸君!」 34(9) 2002.8 p254～260
◇改めてリーダーの責任とは——業種二強時代に…/渋沢栄一の思想で/焼肉屋さかいのガッツ/日本ハム球団の札幌移転（私の雑記帳） （村田博人）「財界」 50(20) 2002.8.20 p152～153
◇消費者金融最大手 武富士の原風景(特集・武富士"狂気の経営"一辺境から変わるニッポンの金融) 「日経ビジネス」 1155 2002.8.26 p28～29
◇型破り痛快日本人伝 （谷沢永一）「新潮45」 21(9) 2002.9 p200～209
◇盛り返す排日気運(サン=シモン主義者 渋沢栄一〔38〕) （鹿島茂）「諸君!」 34(10) 2002.9 p284～291
◇対中外交と軍縮会議(サン=シモン主義者 渋沢栄一〔39〕) （鹿島茂）「諸君!」 34(11) 2002.10 p254～261
◇渋沢栄一と資本主義の根付け(小特集・異文化からのまなざし—ヨーロッパと日本) （鹿島茂）「環」 11 2002.10 p359～366
◇孫文に経済建設を進める(サン=シモン主義者 渋沢栄一〔40〕) （鹿島茂）「諸君!」 34(12) 2002.11 p250～257
◇渋沢栄一の出資動向の長期分析：1981～1931年 （島田昌和）「経営論集」 文京学院大学総合研究所 12(1) 2002.12 p37～59
◇特別談話 心に残る人びと 魅力ある日本人—渋沢栄一、安田善次郎、松本重太郎、浜口雄幸、石田礼助、土光敏夫、井深大、盛田昭夫 （城山三郎）「文芸春秋」 80(16) 2002.12 臨時増刊〔日本人の肖像 このすがすがしい生き抜いた生きかた〕 p108～115
◇外交の国民総動員を要す(サン=シモン主義者 渋沢栄一〔41〕) （鹿島茂）「諸君!」 34(13) 2002.12 p256～263
◇渋沢栄一の少,青年期についての一考察 （于臣）「東京大学大学院教育学研究科紀要」 東京大学大学院教育学研究科 42 2003 p35～43
◇草創期の経営者・渋沢栄一：出資と企業育成(特集 組織と戦略のダイナミック・インタラクション：考える経営者) （島田昌和）「組織科学」 白桃書房 36(4) 2003 p46～55
◇渋沢栄一と大原孫三郎 （兼田麗子）「ソシオサイエンス」 早稲田大学大学院社会科学研究科 9 2003 p71～87
◇福祉思想と経営思想—渋沢栄一と養育院をめぐって （小野健知）「道都大学紀要 経営学部」 道都大学札幌キャンパス経営学部 2 2003 p111～123
◇相互保険会社の成立過程と矢野恒太の儒教倫理(2)渋沢栄一との関連を中心に （安彦正一）「国際関係学部研究年報」 日本大学国際関係学部 24 2003 p333～350
◇田園都市の理想(サン=シモン主義者 渋沢栄一〔42〕) （鹿島茂）「諸君!」 35(1) 2003.1 p264～271
◇日本煉瓦製造 埼玉県深谷市(特集・近代化に賭けた先人たちの"夢の形"「産業遺産」に会いに行く) 「サライ」 15(2) 2003.1.23 p110～111
◇「渋沢資本主義」の原点に戻れ （渋沢健）「フォーサイト」 14(2) 2003.2 p48～50
◇女子教育への期待(サン=シモン主義者 渋沢栄一〔43〕) （鹿島茂）「諸君!」 35(2) 2003.2 p326～333
◇「労資協調の父」として(サン=シモン主義者 渋沢栄一〔44〕) （鹿島茂）「諸君!」 35(3) 2003.3 p226～233
◇正確無比の人間鑑識眼(サン=シモン主義者 渋沢栄一〔45〕) （鹿島茂）「諸君!」 35(4) 2003.4 p226～233
◇渋沢栄一による資金と信用の供与：1891～1931年の長期分析 （島田昌和）「経営論集」 文京学院大学総合研究所 13(1) 2003.12 p1～15
◇さわやか公益紀行 渋沢栄一編 私益と公益の一致を目指す(4) （川野祐二）「月刊公益法人」 全国公益法人協会 36(1) 2005.1 p42～45
◇さわやか公益紀行 渋沢栄一編 私益と公益の一致を目指す(5) （川野祐二）「月刊公益法人」 全国公益法人協会 36(2) 2005.2 p40～43
◇さわやか公益紀行 渋沢栄一編 私益と公益の一致を目指す(6) （川野祐二）「月刊公益法人」 全国公益法人協会 36(3) 2005.3 p38～41

◇日本史のひろば 渋沢史料館—渋沢栄一の生涯を経糸に,日本社会の近代化を緯糸に(日本史の研究(208)) （石井浩）「歴史と地理」 山川出版社 582 2005.3 p63～66
◇さわやか公益紀行 渋沢栄一編 私益と公益の一致を目指す(巻7、終巻) （川野祐二）「月刊公益法人」 全国公益法人協会 36(4) 2005.4 p32～36
◇討論のひろば 南通で開催の張謇・渋沢比較国際学会について （中井英基）「近きに在りて」 野沢豊、汲古書院 47 2005.8 p111～113、119
◇渋沢栄一を中心とした出資者経営者の会社設立・運営メカニズムの一考察 （島田昌和）「経営論集」 文京学院大学総合研究所 15(1) 2005.12 p5～28
◇渋沢一族による栃木県柳林農社経営 （宮崎俊弥）「共愛学園前橋国際大学論集」 共愛学園前橋国際大学 6 2006 p1～35
◇CSR入門講座(3)近江商人の家訓と渋沢栄一の思想 （水沼一郎）「金融財政事情」 金融財政事情研究会 57(4) 2006.1.30 p60～61
◇ウィルソン大統領と渋沢栄一—国際連盟構想の実現を目指して （草間秀三郎）「愛知学院大学情報社会政策研究」 愛知学院大学情報社会政策学会 8(2) 2006.3 p1～11
◇渋沢栄一の文化事業への想い(塙保己一検校生誕第二六〇年記念誌) （井上潤）「温故叢誌」 温故学会 60 2006.11 p8～18
◇渋沢栄一の慈善思想の特徴—治国平天下の儒学倫理 （姜克實）「岡山大学文学部紀要」 岡山大学文学部 46 2006.12 p144～129
◇渋沢栄一の『論語』解釈における二つの切り口(特集 東アジアの四書学) （黄俊傑、田世民〔訳〕）「季刊日本思想史」 ぺりかん社 70 2007 p96～108
◇私的な公共 幻の澀澤青淵翁記念実業博物館 （アソウノリコ）「歴史と民俗」 平凡社 23 2007.2 p35～51
◇この巨人の「人間力」を探る(2)渋沢栄一 （皆木和義）「企業と人材」 産労総合研究所 40(905) 2007.6.20 p38～42
◇渋沢栄一に見る「人間力」の本質その本質は論語にあり。論語が栄一の人生の原理原則を培った(特集 「人間力」を育む) （宮本惇夫）「人材教育」 JMAM人材教育 19(10) 2007.10 p28～31
◇渋沢栄一の職分思想—日本資本主義創成期のエートス （中島哲也）「法政大学大学院紀要」 法政大学大学院 60 2008 p121～139
◇渋沢栄一の「義利合一」に学ぶ続・21世紀型リーダーシップと武士道(「戦略経営研究」Vol.33、No.1&2（合併号）FORUM33～35特集号 特集 21世紀型リーダーとリーダーシップの構築〈続篇〉「この国のかたち」をつくり直すための提言—戦略経営の視点から〈続編〉—FORUM篇) （山田徹）「戦略経営研究」 戦略経営協会 33(1・2) 2008 p15～18
◇格差解消に尽力した人—渋沢栄一と協調精神(「日本道徳教育」学会創設50周年記念号) （小野健知）「道徳と教育」 日本道徳教育学会事務局 52 2008 p1～20
◇日本煉瓦製造社において 創業者渋沢栄一を支えた人々(続) （金子祐正）「青淵」 渋沢栄一記念財団 706 2008.1 p39～41
◇蒋介石と渋沢栄一 （深堀達義）「青淵」 渋沢栄一記念財団 707 2008.2 p6～8
◇若き日の渋沢栄一郎 （鹿島高光）「青淵」 渋沢栄一記念財団 707 2008.2 p20～23
◇日本的経済の再考—二宮尊徳と渋沢栄一の教えから （木村壮次）「東洋学園大学紀要」 東洋学園大学 16 2008.3 p97～115
◇渋沢栄一と労働組合運動 （小林敏男）「青淵」 渋沢栄一記念財団 711 2008.6 p29～31
◇渋沢栄一郎から篤太夫へ—乱世を生きる （鹿島高光）「青淵」 渋沢栄一記念財団 711 2008.6 p34～39
◇渋沢栄一の職分意識 （中島哲也）「青淵」 渋沢栄一記念財団 713 2008.8 p36～40
◇ウォーキングと渋沢栄一(1) （塩原哲司）「青淵」 渋沢栄一記念財団 716 2008.11 p12～14
◇渋沢・クローデル賞 渋沢栄一とアソシアシオンの法技術 （高村学人）「青淵」 渋沢栄一記念財団 716 2008.11 p15～18
◇経営者を読む(第7回)渋沢栄一（近代日本資本主義の父） （木伏源太）「企業診断」 同友館 55(11) 2008.11 p139～142
◇私の耳ある記 渋沢史料館—明治の実業家 渋沢栄一の邸跡 （大石さちこ）「共済新報」 共済組合連盟 49(11) 2008.11 p40～42
◇新渡戸稲造と渋沢栄一—没後七五年記念 新渡戸稲造博士命日前夜祭記念講演 （渋沢雅英）「新渡戸稲造の世界」 新渡戸基金 18 2009 p1～25
◇あの人を訪ねたい 渋沢栄一 東京商工会議所初代会頭 （渋沢雅英,清水高）「石垣」 日本商工会議所 28(10) 2009.1 p10～12
◇ウォーキングと渋沢栄一(2) （塩原哲司）「青淵」 渋沢栄一記念財団 719 2009.2 p38～40
◇ウォーキングと渋沢栄一(3) （塩原哲司）「青淵」 渋沢栄一記念財団 720 2009.3 p34～36
◇渋沢栄一の研究—渋沢と教育、早稲田大学との関わりを中心に(二〇〇八年度早稲田大学史学会大会報告—日本史部会) （谷田雄一）「史観」 早稲田大学史学会 160 2009.3 p107～109

◇ウォーキングと渋沢栄一―(4)群馬の富岡製糸場へ （塩原哲司）「青淵」 渋沢栄一記念財団 722 2009.5 p38～40
◇「百年に一度の危機」と渋沢栄一 （渋澤健）「文芸春秋」 文芸春秋 87(7) 2009.6 p84～85
◇"日本資本主義の父"渋沢栄一に学ぶ 経済再生の教え―長期繁栄できる企業のあり方(2) （渋澤健）「Business data」 エヌ・ジェイ出版販売, 日本実業出版社 24 2009.6 p40～42
◇ウォーキングと渋沢栄一―(5)深谷の日本煉瓦製造株式会社 （塩原哲司）「青淵」 渋沢栄一記念財団 723 2009.6 p34～36
◇渋沢栄一と早稲田大学 （小林敏男）「青淵」 渋沢栄一記念財団 723 2009.6 p37～41
◇明治の英傑たち(4)渋沢栄一 （吉田健一）「国体文化」 日本国民文化学会 1021 2009.6 p18～23
◇インタビュー 渋沢雅英（財団法人渋沢栄一記念財団理事長）「公益」は誰のものか―新公益法人制度をめぐって （渋沢雅英）「国際文化会館会報」 国際文化会館 20(1) 2009.6 p45～53
◇"日本資本主義の父"渋沢栄一に学ぶ 経済再生の教え―長期繁栄できる企業のあり方(3) （渋澤健）「Business data」 エヌ・ジェイ出版販売, 日本実業出版社 24 2009.6 p40～42
◇渋沢栄一と前島密 （荻原勝正）「青淵」 渋沢栄一記念財団 724 2009.7 p29～31
◇渋沢栄一の一九一四年中国行 （金東）「青淵」 渋沢栄一記念財団 724 2009.7 p39～41
◇戦経インタビュー 渋沢雅英・財団法人渋沢栄一記念財団理事長 いまこそ、渋沢栄一翁に学べ （渋沢雅英）「戦略経営者」 TKC 24(7) 2009.7 p72～75
◇渋沢栄一 次代の価値観は「共感資本主義」（特集 道徳で立ち直れ―経世済民の道へ） （渋澤健）「道経塾」 モラロジー研究所 11(1) 2009.7 p8～13
◇「財政改革に関する奏議」を読む―明治六年、青年官僚渋沢栄一の政治理念の先見性 （小林敏男）「青淵」 渋沢栄一記念財団 725 2009.8 p30～32
◇資本主義と倫理について―世界経済危機を契機に（第3話）資本主義と儒学―渋沢栄一『論語と算盤』 （田中修）「ファイナンス」 大蔵財務協会 45(6) 2009.9 p55～61
◇道徳と経済の両立 抄録 渋沢栄一の『論語と算盤』(Feature Articles「論語」の経営学) （渋沢栄一、由井常彦）「Harvard business review」 ダイヤモンド社 34(10) 2009.10 p50～65
◇渋沢栄一翁と我が母校への貢献 （金子祐正）「青淵」 渋沢栄一記念財団 727 2009.10 p31～33
◇明治の渋沢栄一、大正の後藤新平が描いた東京の都市計画（大解剖！東京の実力―過密都市東京が抱える課題）「週刊東洋経済」 東洋経済新報社 6225 2009.10.3 p90～91
◇ウォーキングと渋沢栄一（最終回）渋沢翁のお墓参り （塩原哲司）「青淵」 渋沢栄一記念財団 728 2009.11 p35～37
◇考証 渋沢栄一と円朝 （窪田孝司）「青淵」 渋沢栄一記念財団 729 2009.12 p38～40

渋沢喜作　しぶさわきさく　1838～1912
幕末, 明治期の実業家。彰義隊を脱退。
【図　書】
◇相場ヒーロー伝説―ケインズから怪人伊東ハンニまで （鍋島高明著） 五台山書房 2005.12 340p
◇渋沢喜作書簡集―福田尚家文書 （渋沢喜作著） 深谷市郷土文化会 2008.3 159p
【雑　誌】
◇蝦夷地で誕生した「小彰義隊」顛末記―渋沢成一郎の足あと （山本博司）「北海道史研究」 36 1985.1
◇もうひとりの渋沢（サン＝シモン主義者 渋沢栄一〔51〕） （鹿島茂）「諸君！」 35(10) 2003.10 p254～261
◇明治実業家の光と影（サン＝シモン主義者 渋沢栄一〔52〕） （鹿島茂）「諸君！」 35(11) 2003.11 p258～264

渋沢宗助　しぶさわそうすけ　1794～1870
幕末, 明治期の養蚕改良家。名主。
【図　書】
◇近代の創造―渋沢栄一の思想と行動 （山本七平著） PHP研究所 1987.3
【雑　誌】
◇渋沢宗助について（石原特集号） （井上善治郎）「熊谷市郷土文化会誌」 41 1986.11

島崎正樹　しまざきまさき　1831～1886
幕末, 明治期の中山道馬篭宿本陣。
【図　書】
◇全国の伝承 江戸時代 人づくり風土記―ふるさとの人と知恵〈20〉長野 （加藤秀俊, 谷川健一, 稲垣史生, 石川松太郎, 吉田豊編） 農山漁村文化協会 1988.4

◇『夜明け前』論―史料と翻刻 （鈴木昭一著） おうふう 1994.2
◇論集 島崎藤村 （島崎藤村学会編） おうふう 1999.10 329p
◇近代日本文芸試論 2 （大田正紀著） おうふう 2004.3 345p
【雑　誌】
◇島崎正樹未公開書簡四通―『夜明け前』の資料 （毛利正守）「図書」 397 1982.9
◇〔資料紹介〕島崎正樹自筆歌稿「松枝」（翻刻） （鈴木昭一）「青須我波良（帝塚山短期大学）」 44 1992.12
◇島崎重寛(正樹)自筆歌稿「許々呂婆世, 長歌諺辞」 （鈴木昭一）「帝塚山短期大学紀要 人文・社会・自然科学編」 30 1993.3
◇資料紹介：島崎正樹自筆歌稿「松乃下枝」（翻刻1） （鈴木昭一）「帝塚山短期大学紀要」 31 1994.3
◇島崎藤村と二人の〈父〉―島崎正樹と木村熊二 （大田正紀）「梅花短大国語国文」 梅花短期大学国語国文学会 12 1999 p14～25
◇歌人島崎正樹―志す道の千里の五百重山 （堀進）「島崎藤村研究」 双文社出版 34 2006.9 p50～70
◇『夜明け前』の"三蔵"と宮川寛斎―島崎正樹(重寛)の自筆遺稿にみる （鈴木昭一）「島崎藤村研究」 双文社出版 37 2009.9 p27～43

清水卯三郎　しみずうさぶろう　1829～1910
明治期の出版・輸入業者。パリ万国博覧会に多数出品。
【図　書】
◇活版印刷史 （川田久長） 印刷学会出版部 1981.10
◇焔の人・しみづうさぶらうの生涯―自伝"わがよのき上"解題 （長井五郎著） さきたま出版会 1984.4
◇幕末武州の青年群像 （岩上進著） （浦和）さきたま出版会 1991.3
◇日本の『創造力』―近代・現代を開花させた470人〈2〉殖産興業への挑戦 （富田仁編） 日本放送出版協会 1993.1
◇風と海の回廊―日本を変えた知の冒険者たち （泉秀樹著） 広済堂出版 1994.9
◇北武蔵人物散歩 （大井荘次著） まつやま書房 2008.9 287p
◇注解ものわりのはしご―またのなせいみのてびき 平仮名と大和言葉による化学入門書 （多田愈著） 多田愈 2008.10 221p
【雑　誌】
◇清水卯三郎―1867年パリ万国博をめぐって （沢護）「千葉敬愛経済大学研究論集」 19 1981.1
◇江戸町人―瑞穂屋卯三郎 （高橋邦太郎）「明治村通信」 12(9) 1981.9
◇瑞穂屋卯三郎 （馬場慎）「日本大学生産工学部研究報告 B 文系」 日本大学生産工学部 28 1995.6 p105～115
◇箕作秋坪と清水卯三郎 （高橋勇市）「一滴」 津山洋学資料館 10 2002 p27～41
◇庶民による庶民のための啓蒙―くさむらのたみ しみづうさぶらうの思想 （白山映子）「思想史研究」 日本思想史・思想論研究会 7 2007.3 p85～103

清水誠　しみずまこと　1845～1899
明治期の実業家。
【図　書】
◇新編・おらんだ正月 （森銑三著, 小出昌洋編） 岩波書店 2003.2 404p （岩波文庫）
◇幕末・明治 匠たちの挑戦―現代に甦るプロジェクトリーダーの本質 （長尾剛著） 実業之日本社 2004.4 243p
【雑　誌】
◇清水誠と尼崎 （小野寺逸也）「地域史研究」 17(3) 1988.3

志村源太郎　しむらげんたろう　1867～1930
明治, 大正期の銀行家。貴族院議員。
【図　書】
◇協同組合運動に燃焼した群像 （日本農業新聞編） 富民協会 1989.11
◇志村源太郎―その人と業績 伝記・志村源太郎 （志村源太郎刊行会編） 大空社 2000.12 456,6p （伝記叢書）
【雑　誌】
◇碑文は語る農政と運動(12)産業組合を社会的存在にした志村源太郎 （中村信夫）「協同組合経営研究月報」 412 1988.1
◇志村源太郎の農政構想と政党政治―1920年代農政指導の検討 （森辺成一）「名古屋大学法政論集」 154 1994.3
◇歴史コラム 原点回帰への取り組み―昭和恐慌時の産業組合リーダー・志村源太郎（協同組合の新たな地平を求めて〈特集〉） （小口芳昭）「月刊JA」 全国農業協同組合中央会 41(9) 1995.9 p33～35

下城弥一郎　しもじょうやいちろう　1853～1905
明治期の実業家, 政治家。県会議長。
【雑　誌】
◇上州人事業家列伝〔39〕下城弥一郎 （萩原進）「調査月報（群馬経済研究所）」 39 1986.9

下瀬雅允　しもせまさちか　1859～1911
明治期の化学技術者。海軍下瀬火薬製造所所長。
【図　書】
◇日本の『創造力』―近代・現代を開花させた470人〈7〉驀進から熟成へ　（富田仁編）　日本放送出版協会　1992.11

下村正太郎　しもむらしょうたろう　1802～1862
明治期の実業家。
【図　書】
◇中村多聞論説集'84～'90―百貨店が21世紀に生き残るために　（中村多聞著）　デパートニュースス社　1991.6
◇トップの肖像（2）　（神戸新聞経済部編）　（神戸）神戸新聞総合出版センター　1994.7
【雑　誌】
◇"三越事件"に似る電撃的な井狩大丸社長の退陣―経営再建に"大政奉還"と"目付け役"三菱銀行元常務の登場（インサイド・レポート）「実業界」　665　1984.7
◇『大丸の再建は社員一人ひとりの奮起にかかっています』（佐藤正忠の極意対談(36)）　（下村正太郎佐藤正忠）「経済界」　19(13)　1984.7.10
◇新社長登場―大丸社長・下村正太郎　「週刊ダイヤモンド」　72(33)　1984.9.1
◇下村正太郎氏（大丸）―「何とかしなければと…」（新社長登場）（青木孝雄）「日経ビジネス」　389　1984.10.29
◇大丸社長・下村正太郎は「欲望の向かうところに」が百貨店の変わらざる真理だ（巻頭インタビュー）「ストアーズレポート」　186　1985.1
◇大丸再建の鍵を握る、下村正太郎の新・律義主義（財界レポート）（川上聖二）「財界」　34(12)　1986.5.20
◇マスタープランの姿形を整えつつ新律義主義でソフトを作りまっせ（巻頭対談）「下村正太郎, 中村多聞）「ストアーズレポート」　219　1987.8
◇文庫創設者を語る　「下村文庫」下村正太郎について（[早稲田大学]図書館100年の歩み＜特集＞）（下村正太郎）「早稲田大学図書館紀要」　30　1989.3

下村善太郎　しもむらぜんたろう　1827～1893
幕末、明治期の実業家、政治家。初代前橋市長。
【雑　誌】
◇下村善太郎　（加藤鶴男）「群馬歴史散歩」　103　1990.11

荘田平五郎　しょうだへいごろう　1847～1922
明治期の実業家。東京海上会長, 明治生命会長。
【図　書】
◇類聚伝記大日本史12 実業家篇　（土屋喬雄編集解説）　雄山閣出版　1981.6
◇夕陽を知らぬ男たち―彼らはいかに生きたか　（小島直記）　旺文社　1983.2　（旺文社文庫）
◇財界人物我観　（福沢桃介著）　図書出版社　1990.3　（経済人叢書）
◇荘田平五郎（[宿利重一]著）　ゆまに書房　1998.9　614p　（人物で読む日本経済史）
◇日本経済の礎を創った男たちの言葉―21世紀に活かす企業の理念・戦略・戦術　（森友幸照著）　すばる舎　1999.11　229p
◇20世紀 日本の経済人　（日本経済新聞社編）　日本経済新聞社　2000.11　449p　（日経ビジネス人文庫）
◇われ、官を怖やす―日本の「民間事業」を創った男たちの挑戦　（吉田伊佐夫著）　産経新聞ニュースサービス　2002.8　334p
◇日本近代国家の成立とジェンダー　（氏家幹人, 桜井由幾, 谷本雅之, 長野ひろ子編）　柏書房　2003.10　328p　（KASHIWA学術ライブラリー）
◇幕末期武士／士族の思想と行為―武人性と儒学の相生的素養とその転回　（竹村英二著）　御茶の水書房　2008.12　352,7p
【雑　誌】
◇すぐれた幹部を育てた経営者たち（特集・"できる管理者"を育てる）（三神良三）「セントラルマネジメント」　44　1983.5
◇荘田平五郎の言論活動とそこに現れた事業観―日清戦争後の経済雑誌上での所感をめぐって　（柴孝夫）「経済学論究」　関西学院大学経済学研究会　52ママ（特別号）1999.9　p71～92
◇書簡に見る福沢人物誌(5)荘田平五郎―義塾教員から三菱商会へ　（西川俊作）「三田評論」　慶応義塾　1071　2004.8・9　p66～71

白石正一郎　しらいししょういちろう　1812～1880
幕末, 明治期の豪商, 志士。
【図　書】
◇幕末志士の生活　（芳賀登）　雄山閣出版　1982.6　（生活史叢書 8）
◇人物探訪日本の歴史 15 幕末の英傑　暁教育図書　1982.12
◇日本の商人　第4巻 飛翔する地方商人　（綱淵謙錠概説）　ティビーエス・ブリタニカ　1983.11

◇維新の長州　（古川薫著）　（大阪）創元社　1988.2
◇物語 奇兵隊悲話　（古川薫ほか著）　新人物往来社　1989.12
◇豪商おもしろ日本史―乱世の救世主から死の商人まで　（河野亮著）　広済堂出版　1991.5　（広済堂ブックス）
◇日本式経営の知略〈上〉　（童門冬二著）　毎日新聞社　1993.11
◇東天紅の海―綿屋弥兵衛の御一新　（内藤史朗著）　郁朋社　2002.5　207p
◇幕末維新異聞―「西郷さんの首」他　（童門冬二ほか著）　中央公論新社　2002.12　281p　（中公文庫）
◇幕末維新・あの人の「その後」―新選組から明治の指導者まで　（日本博学倶楽部著）　PHP研究所　2003.9　275p　（PHP文庫）
◇幕末・男たちの名言―時代を超えて甦る「大和魂」　（童門冬二著）　PHP研究所　2007.3　283p
【雑　誌】
◇晋作の後援者―白石正一郎（特集・高杉晋作と奇兵隊）（中原雅夫）「歴史読本」　26(5)　1981.4
◇白石正一郎―維新後の沈黙―特集・近世大商人の情報戦略　（古川薫）「歴史と人物」　13(7)　1983.6
◇奇兵隊入隊第一号 白石正一郎（特集・高杉晋作の謎）（木植隆）「歴史研究」　339　1989.7
◇桂小五郎―「近代精神への共鳴」薩長連合成る（特集・坂本龍馬の人間関係学）（半藤一利）「プレジデント」　30(7)　1992.7

白仁武　しらにたけし　1863～1941
明治～昭和期の官僚, 実業家。日本郵船社長。
【図　書】
◇日本の『創造力』―近代・現代を開花させた470人〈8〉消費時代の開幕　（富田仁編）　日本放送出版協会　1992.11

鈴木梅四郎　すずきうめしろう　1862～1940
明治, 大正期の実業家, 政治家。
【図　書】
◇王子製紙開業秘話―鈴木梅四郎小伝　（小林静夫）　苫小牧郷土文化研究会まめほん編集部　1982.8　（苫郷文研まめほん）
◇近代日本の生活研究―庶民生活を刻みとめた人々　（生活研究同人会編著）　光生館　1982.11
◇医療の社会化を実践した人物・鈴木梅四郎　（田中省三著）　医史研究会　1995.12　236p
【雑　誌】
◇鈴木梅四郎と『政戦録』について　（内山秀夫）「近代日本研究（慶大・福沢研）」　3　1987.3
◇書簡に見る福沢人物誌(2)奥田竹松・鈴木梅四郎―福沢諭吉の名を今日に伝えた人々　（松崎欣一）「三田評論」　慶応義塾　1068　2004.5　p42～47

鈴木清　すずききよし　1848～?
明治, 大正期の実業家, 政治家。
【雑　誌】
◇明治缶詰人列伝(1)人間味ゆたか牛缶の鈴木清　（真杉高之）「缶詰時報」　64(10)　1985.10

鈴木三郎助〔2代〕　すずきさぶろうすけ　1867～1931
明治～昭和期の実業家。昭和肥料社長, 味の素創始者。
【図　書】
◇地球物理学者 竹内均の人物山脈〈1〉　（竹内均著）　同文書院　1988.11　（コスモス・ライブラリー―HUMAN SCIENCE）
◇代表的日本人―自己実現に成功した43人　（竹内均著）　同文書院　1990.1
◇大人学・小人学（だいじんがく・しょうじんがく）―「大気力」で生きた男の器量と値打ち　（邑井操著）　大和出版　1990.6
◇日本の『創造力』―近代・現代を開花させた470人〈9〉不況と震災の時代　（富田仁編）　日本放送出版協会　1993.5
◇本物の魅力―自分を生かしきった男だけが「人生の醍醐味」を味わうことができる！　（邑井操著）　大和出版　1993.7
◇創業者列伝 熱き魂の軌跡―日本を代表する9人の企業家たち　（若山三郎著）　グラフ社　2009.10　223p
【雑　誌】
◇「味の素」の発明について　（広田鋼蔵, 山口達明）「化学史研究」　14　1980.10
◇日本の一族(11)味の素創業者と子弟たち　（有馬真喜子）「中央公論経営問題」　20(1)　1981.3
◇証言・原点探究 巨人たちも冒険家だった―川崎製鉄・西山彌太郎, 日産コンツェルン・鮎川義介, 日窒コンツェルン・野口遵, 味の素・鈴木三郎助, 理研財団・大河内正敏（特集「起業」―楽天家だけが船出する）「日経ビジネス」　387　1984.10.1
◇わが社の創業者〔味の素〕鈴木三郎助　（歌田勝弘）「経営者」　39(455)　1985.1

◇「黎明期」（1901～1925年）「論語とソロバンの一致」を旨とした明治の財界人—渋沢栄一（第一国立銀行）、益田孝（三井財閥）、岩崎小弥太（三菱財閥）、浅野総一郎（浅野財閥）、安田善次郎（安田財閥）、鮎川義介（日産コンツェルン）、古河虎之助（古河財閥）、藤原銀次郎（王子製紙）、武藤山治（鐘紡）、森矗昶（昭和電工）、諸井恒平（秩父セメント）、日比翁助（三越）、森永太一郎（森永製菓）、馬越恭平（大日本麦酒）、鈴木三郎助（味の素）、大原孫三郎（倉敷紡績）、福原有信（資生堂）、野村徳七（野村証券）、鈴木馬左也（住友財閥）、弘世助三郎（日本生命）（日本経済100年100人）（童門冬二）「フォーブス日本版」 9(1) 2000.1 p63～69
◇世紀の発明編—味の素（「THE21」で好評連載中の「商品に歴史あり」ベストセレクション 「次代に通用する銘品」誕生物語—誰でも知っている商品に込められた熱き思い） （藤田竜二）「THE21」 特別増刊 2000.1.1 p40～41

鈴木三蔵 すずきさんぞう 1832～1915
明治期の篤農家。美濃苗木藩の勧農掛。
【図 書】
◇日本老農伝 改訂増補 （大西伍一） 農山漁村文化協会 1985.12

鈴木藤三郎 すずきとうざぶろう 1855～1913
明治期の実業家。日本精糖社長、日本醬油醸造社長。
【雑 誌】
◇鈴木藤三郎の巻—先駆報徳（幕末・維新の商人たち(22)） （井門寛）「月刊総務」 20(12) 1982.12

鈴木徳次郎 すずきとくじろう 1827～1881
明治期の人力車業家。人力車発明者の一人。
【図 書】
◇日本書誌学大系 28 林若樹集 青裳堂書店 1983.4

鈴木よね すずきよね 1852～1938
明治～昭和期の実業家。
【図 書】
◇近代日本の女性史6 事業への理想と情熱 （創美社編集） 集英社 1981.3
◇黎明の女たち （島京子編） 神戸新聞出版センター 1986.1
◇幻の総合商社 鈴木商店—創造的経営者の栄光と挫折 （桂芳男著） 社会思想社 1989.6 （現代教養文庫）
【雑 誌】
◇記伝を歩く(44)城山三郎『鼠—鈴木商店焼打ち事件』—時代の犠牲「鈴木商店」 （石川猶興）「農政調査時報」 400 1990.1

スネル，E. Schnell, Edward 生没年不詳
オランダの武器商人。H.スネルの弟。1868年来日。
【図 書】
◇幕末怪商伝 （高橋義夫著） 大陸書房 1990.6 （大陸文庫）
◇武器商人スネル兄弟と戊辰戦争 （田中正弘）『鉄砲伝来の日本史—火縄銃からライフル銃まで 歴博フォーラム』（宇田川武久編） 吉川弘文館 2007.10 p177

スネル，H. Schnell, Henry 生没年不詳
オランダの貿易商。E.スネルの兄。会津藩軍事顧問。
【図 書】
◇幕末怪商伝 （高橋義夫著） 大陸書房 1990.6 （大陸文庫）
◇武器商人スネル兄弟と戊辰戦争 （田中正弘）『鉄砲伝来の日本史—火縄銃からライフル銃まで 歴博フォーラム』（宇田川武久編） 吉川弘文館 2007.10 p177
◇スネル兄弟と梶原平馬に関する管見 （長谷川勉）「日独文化交流史研究」 日本独学史学会論集編集委員会 1995年号 1995.12 p109～117
◇スネルと会津若松コロニー（特集・ドラマの後の主役たち—歴史を彩った人びとのその後の奮闘と変貌！） （星亮一）「歴史と旅」 24(18) 1997.12 p118～123

住友友純 すみともともいと 1864～1926
明治、大正期の実業家。男爵。
【図 書】
◇日本資本主義の群像—人物財界史 （栂井義雄） 教育社 1980.7 （教育社歴史新書日本史 143）
◇船場物語（現創新書3） （伊勢田庄郎著） 現代創造社 1982.3
◇大阪経済人と文化 （宮本又次） 実教出版 1983.6
◇ひと関西を創る—下—経済界編 （日本経済新聞社編） 日本経済新聞社 1984.6
◇近世名茶会物語 （高原富保） 毎日新聞社 1985
◇住友財閥成立史の研究 （畠山秀樹著） 同文館出版 1988.1
◇住友銀行 七人の頭取 （近藤弘著） 日本実業出版社 1988.9

◇日本の『創造力』—近代・現代を開花させた470人〈8〉消費時代の開幕 （富田仁編） 日本放送出版協会 1992.11
◇江戸商人の経営哲学—豪商にみる成熟期の経営 （茂木正雄著） にっかん書房 1994.4
◇明治日本美術紀行—ドイツ人女性美術史家の日記 （フリーダ・フィッシャー著，安藤勉訳） 講談社 2002.7 233p （講談社学術文庫）
【雑 誌】
◇特集・日本経済を築いた数寄者たち 数寄に生きた実業家 「太陽」 231 1982.2
◇史料紹介 葛谷竹造宛住友友純書状 「住友史料館報」 住友史料館 37 2006.7 p281～287
◇第十五代住友友純の大阪府立図書館寄附について（特集 実業家が創設した公共図書館の設立理念の研究） （森田俊雄）「大倉山論集」 大倉精神文化研究所 55 2009.3 p65～102

関雪江 せきせっこう 1827～1877
幕末，明治期の商人，詩人。
【図 書】
◇旧雨社小伝 巻1（幕末維新儒者文人小伝シリーズ第8冊） （坂口筑母著）〔坂口筑母〕 1982.11

関根矢作 せきねやさく 1803～1896
幕末，明治期の篤農家。
【図 書】
◇日本老農伝 改訂増補 （大西伍一） 農山漁村文化協会 1985.12
【雑 誌】
◇関根矢作と二宮尊徳—嘉永6年の出合いとその後 （河内八郎）「（栃木）県史だより」 47 1980.6
◇関根矢作と「平生農家用心集」（史料紹介） （河内八郎）「栃木県史研究」 21 1981.3
◇関根矢作資料—今市・大室村の老農 （河内八郎）「栃木史心会会報」 21 1989.11

園田孝吉 そのだこうきち 1848～1923
明治期の実業家。横浜正金銀行頭取。
【図 書】
◇日本工業先覚者史話 （福本和夫） 論創社 1981.7

高井鴻山 たかいこうざん 1806～1883
幕末，明治期の豪商, 文人。
【図 書】
◇高井鴻山 （高井鴻山著，高井鴻山遺墨集刊行会編） 鴻山館 1983.1
◇北信濃の美術—十六人集 （武田雲蛭ほか画，飯沼正治ほか解説） 郷土出版社 1983.12
◇高井鴻山伝 （高井鴻山伝編纂委員会編纂） 小布施町 1988.12
◇北斎の隠し絵—晩年の肉筆画への執念を解く （荒井勉著） AA出版 1989.12
◇高井鴻山物語 （山崎実著） 高井鴻山記念館 1995.8 212p
◇高井鴻山物語 続 （山崎実著） 高井鴻山記念館 1999.6 206p
◇高井鴻山夢物語 （山崎実著） 高井鴻山記念館 2004.7 202p
【雑 誌】
◇高井鴻山を偲ぶ （山崎実）「高井」 82 1988.1
◇鴻山と暁斎 （山崎実）「高井」 88 1989.8
◇貫名海屋と高井鴻山 （山崎実）「高井」 90 1990.2
◇高井鴻山の一絃琴 （山崎実）「高井」 94 1991.1
◇北斎と鴻山 （田中誠三郎）「高井」 101 1992.11

高島嘉右衛門 たかしまかえもん 1832～1914
明治期の実業家。北海道炭鉱鉄道社長。
【図 書】
◇類聚伝記大日本史12 実業家篇 （土屋喬雄編集解説） 雄山閣出版 1981.6
◇一億人の昭和史 日本人4 三代の男たち 上 明治・大正編 毎日新聞社 1981.8
◇がす資料館年報 no.9 ガスストーブの今昔物借ほか 東京ガス 1982.3
◇複眼の神道家たち （菅田正昭著） 八幡書店 1987.6
◇教祖誕生 （上之郷利昭著） 新潮社 1987.8
◇建設業を興した人びと—いま創業の時代に学ぶ （菊岡倶也著） 彰国社 1993.1
◇日本の『創造力』—近代・現代を開花させた470人〈2〉殖産興業への挑戦 （富田仁編） 日本放送出版協会 1993.1
◇世界史・恐るべき予言者たち—世界を震撼させた驚異の秘術 （鏡リュウジ著） 日本文芸社 1994.6 （にちぶん文庫）
◇易断に見る明治諸事件—西南の役から伊藤博文の暗殺まで （片岡紀明著） 中央公論社 1995.12 315p （中公文庫）

◇呑象高嶋嘉右衛門翁伝―伝記・高嶋嘉右衛門　(植村澄三郎著)　大空社　1998.11　258,7p　(近代日本企業家伝叢書)
◇破天荒に生きる　(鹿島茂著)　PHP研究所　2002.6　261p
◇高島易断を創った男　(持田鋼一郎著)　新潮社　2003.8　190p　(新潮新書)
◇賭けた儲けた生きた―紅花大尽からアラビア太郎まで　(鍋島高明著)　五台山書房　2005.4　340p
◇乾坤一代男―易聖・高島嘉右衛門　人と思想　(紀藤元之介著)　東洋書院　2006.12　299p
◇「横浜」をつくった男―易聖・高島嘉右衛門の生涯　(高木彬光著)　光文社　2009.9　410p　(光文社文庫)
【雑　誌】
◇高島嘉右衛門―諸国大道易者の元締(特集・占いと予言の日本史)　(祖田浩一)　「歴史と旅」　9(14)　1982.12
◇日本資本主義精神の源流に関する一考察―高島嘉右衛門の生涯と事業を中心に(1832－1914)　(新田貞章)　「明治大学農学部研究報告」　98　1994.1
◇高島嘉右衛門の学校経営に関する一考察　(米山光儀)　「慶応義塾大学吉紀要 社会科学」　慶応義塾大学吉紀要刊行委員会　7　1996.7　p23～42
◇易で長寿―高島嘉右衛門〈新養生訓(36)〉　(大宮司朗)　「歴史と旅」　25(18)　1998.12　p235
◇開港・開化傑物伝(19)巨利を博した変動の予感 運勢を転じ開港地へ進出―起業家〈高島嘉右衛門〉　(紀田順一郎)　「Best partner」　浜銀総合研究所　21(7)　2009.7　p36～41
◇杉浦重剛における伝統と近代科学―高島嘉右衛門の易に対する理解をめぐって　(下村育世)　「一橋社会科学」　一橋大学大学院社会学研究科　7　2009.8　p157～186　[含 英語文要旨]

高田慎蔵　たかだしんぞう　1852～1921
明治、大正期の実業家。
【図　書】
◇品川弥二郎 関係文書　5　(尚友倶楽部品川弥二郎関係文書編纂委員会編)　山川出版社　1999.7　373p
◇曽祖父高田慎蔵　(武藤一子著)　[武藤一子]　〔2004〕　293p
◇経営者の精神史―近代日本を築いた破天荒な実業家たち　(山口昌男著)　ダイヤモンド社　2004.3　318p

高田善右衛門　たかだぜんえもん　1793～1868
幕末の商人。
【図　書】
◇近江商人　(渡辺守順)　教育社　1980.8　(教育社歴史新書日本史106)
◇江戸商人・成功の法則八十手　(羽生道英著)　PHP研究所　2007.12　300p　(PHP文庫)

高田宜和　たかたのぶかず　1821～1886
幕末、明治期の勧業家。
【図　書】
◇近代静岡の先駆者―時代を拓き夢に生きた19人の群像　(静岡県近代史研究会編)　静岡新聞社　1999.10　390p
◇近代報徳思想と日本社会　(見城悌治著)　ぺりかん社　2009.8　446p

高橋杏村　たかはしきょうそん　1804～1868
幕末の豪農、画家。
【図　書】
◇東海の先賢群像　(岩田隆著)　桜楓社　1986.4

高橋正作　たかはししょうさく　1803～1894
幕末、明治期の篤農家。
【図　書】
◇日本老農伝 改訂増補　(大西伍一)　農山漁村文化協会　1985.12

高橋箒庵　たかはしそうあん　1861～1937
明治～昭和期の実業家、数奇者。
【図　書】
◇茶道文化論集 下　(永島福太郎)　淡交社　1982.12
◇万象録―高橋箒庵日記4,大正五年　(高橋義雄著,大浜徹也他校訂)　思文閣出版　1988.3
◇益田鈍翁をめぐる9人の数奇者たち　(松田延夫著)　里文出版　2002.11　235p
◇近代数奇者の名茶会三十選　(熊倉功夫編)　淡交社　2004.12　295,16p
◇文明開化の日本改造―明治・大正時代　(中村修也監修)　淡交社　2007.6　111p　(よくわかる伝統文化の歴史)
◇東京おぼえ帳　(平山蘆江著)　ウェッジ　2009.2　364p　(ウェッジ文庫)
【雑　誌】
◇高橋箒庵の茶の湯における人的構成(続)　(原田茂弘)　「日本史学集録」　筑波大学日本史談話会 第18号　1995.5　p32～42
◇茶の湯百人一首(35)大田垣蓮月・益田鈍翁・大倉喜八郎・高橋箒庵・団琢磨　(筒井紘一)　「淡交」　淡交社　57(11)　2003.11　p56～61
◇広告的「知」の考古学(5)明治大正期 三越周辺の広告的知ネットワーク―高橋箒庵を中心に　(岡本慶一)　「日経広告手帖」　日本経済新聞社　48(3)　2004.3　p47～50
◇近代茶会の床飾り―高橋箒庵の茶会記から　(石川武治)　「茨城県立歴史館報」　茨城県立歴史館　31　2004.3　p62～91
◇論考 明治大正期における茶の湯と茶人―高橋箒庵と茶室の蒐集　(小山玲子)　「比較文化論叢」　札幌大学文化学部　16　2005.9　p89～117
◇近代数寄者と茶道具 高橋箒庵―文をもって著し伝えた茶の智恵(茶人と茶道具―名器をめぐる茶人群像―茶人と茶道具 茶道具にたずねる茶匠の数奇と風流)　(鈴木皓詞)　「淡交」　淡交社　59(増刊)　2005.9　p110～115
◇近代の茶杓 高橋箒庵　(池田瓢阿)　「淡交」　淡交社　60(1)　2006.1　p46～49
◇巻頭随筆 丘の上 高橋箒庵のことなど　(戸田勝久)　「三田評論」　慶応義塾　1093　2006.8・9　p6～8

高林謙三　たかばやしけんぞう　1832～1901
明治期の発明家。製茶機を発明し、日本の産業に貢献した。
【図　書】
◇みどりのしずくを求めて―製茶機械の父、高林謙三伝　(青木雅子著,黒田祥子絵)　(三鷹)けやき書房　1994.6　(ふれ愛ブックス)

高山長五郎　たかやまちょうごろう　1830～1886
幕末、明治期の養蚕功労者。
【図　書】
◇きょう土につくした人びと ふるさと歴史新聞　5　(笠原秀文)　ポプラ社　1996.4　47p
◇絹先人考　(上毛新聞社編)　上毛新聞社　2009.2　313p　(シルクカントリー双書)

竹川竹斎　たけがわちくさい　1809～1882
幕末、明治期の商人。
【図　書】
◇読書清興　(岩倉規夫)　汲古書院　1982.11
◇ニッポン商人の黄金時代―あきんどの再発見　2　(邦光史郎)　有斐閣　1983.5　(有斐閣新書)
◇東海の先賢群像　(岩田隆著)　桜楓社　1986.4
◇歴史の仕掛人―日本黒幕列伝　(童門冬二著)　読売新聞社　1990.9
◇教育近代化の諸相　(篠原弘, 鈴木正幸編)　(名古屋)名古屋大学出版会　1992.5
◇全国の伝承 江戸時代 人づくり風土記―ふるさとの人と知恵〈24〉三重　(加藤秀俊, 谷川健一, 稲垣史生, 石川松太郎, 吉田豊編)　農山漁村文化協会　1992.5
◇マイナス転じて福となす経営―名商人に学ぶ始末と才覚の研究　(童門冬二著)　PHP研究所　1993.2
◇幕末維新期伊勢商人の文化史的研究　(上野利三著)　多賀出版　2001.2　323p
◇江戸300年 大商人の知恵　(童門冬二著)　講談社　2004.7　237p　(講談社プラスアルファ新書)
◇茶人竹川竹斎とその周辺　(永井謙吾著)　永井英子　2009.10　406p
【雑　誌】
◇近世の蔵書家たち6 図書館の一先駆射和文庫　(朝倉治彦)　「日本古書通信」　46(6)　1981.6
◇古書巡礼(3)射和文庫訪問記　(岩倉規夫)　「統計」　32(6)　1981.6
◇竹川竹斎と射和文庫―文庫の創設時期に関する問題を中心として　(高倉一紀)　「三重の古文化」　46　1981.9
◇古書巡礼(9)神足歩行術　(岩倉規夫)　「統計」　32(12)　1981.12
◇茶の湯百人一首(19)竹川竹斎・江口令徳　(筒井紘一)　「淡交」　淡交社　56(7)　2002.7　p76～79
◇竹川竹斎『川船の記 巻五』―解題と目次(伝統文化の継承―生活文化と社会)　(岩ול澄子)　「武蔵野学院大学日本総合研究所研究紀要」　武蔵野学院大学日本総合研究所　6　2008　p142～147

田島直之　たじまなおゆき　1820～1888
幕末、明治期の林業家。
【図　書】
◇日本老農伝 改訂増補　(大西伍一)　農山漁村文化協会　1985.12

田島弥平　たじまやへい　1822〜1898
幕末、明治期の養蚕家。養蚕技術の改良に貢献。
【図　書】
◇人物・近世産業文化史　雄山閣出版　1984.1
◇島村蚕種業者の洋行日記―境町史資料集4　(丑木幸男編)　境町(郡馬県)　1988.9
【雑　誌】
◇明治初期地方蚕業開発と養蚕教師―群馬県佐渡郡島村田島弥平の事績を中心に―(特集　近代地方産業の形成と地域構造)(鈴木芳行)「地方史研究」　38(2)　1988.4
◇近代養蚕法確立過程における「清涼育」の意義について―田島弥平の『養蚕新論』と島村勧業会社を中心に　(田中修)「群馬県史研究」30 1989.10
◇明治三年、田島弥平「蚕事方御下問謹復」について　(阪本英一)「群馬文化」　233 1993.1

辰馬きよ　たつうまきよ　1809〜1901
幕末、明治期の酒造業者。女手一つで辰馬家を支える。
【図　書】
◇黎明の女たち　(島京子編)　神戸新聞出版センター　1986.1

伊達弥助　だてやすけ　1839〜1892
明治期の織匠。西陣機業界の近代化に貢献。
【雑　誌】
◇西陣の近代化と帝室技芸員伊達弥助　(秋元せき)「京都市歴史資料館紀要」　京都市歴史資料館　第17号　2000.3　p43〜69

田中長兵衛〔初代〕　たなかちょうべえ　1834〜1901
幕末、明治期の実業家。釜石鉱山田中製鉄所創業者。
【図　書】
◇人物・鉄鋼技術史　(飯田賢一著)　日刊工業新聞社　1987.1

田中久重〔初代〕　たなかひさしげ　1799〜1881
幕末、明治期の技術者。
【図　書】
◇一億人の昭和史　日本人4　三代の男たち　上　明治・大正編　毎日新聞社　1981.8
◇明治のエンジニア教育―日本とイギリスのちがい　(三好信浩)　中央公論社　1983.6　(中公新書)
◇九州と日本社会の形成―縄文から現代まで　(横山浩一, 藤野保編)　吉川弘文館　1987.1
◇新版・遊びの百科全書〈1〉からくり　(立川昭二, 高柳篤著)　河出書房新社　1987.7　(河出文庫)
◇日本一のからくり師―発明くふうを生涯つづけた田中久重　(風巻絃一作, 高田勲絵)　PHP研究所　1989.3　(PHP愛と希望のノンフィクション)
◇からくり儀右衛門―東芝創立者田中久重とその時代　(今津健治著)　ダイヤモンド社　1992.11
◇日本の『創造力』―近代・現代を開花させた470人〈1〉御一新の光と影　(富田仁編)　日本放送出版協会　1992.12
◇田中近江大掾　復刻　(神戸)田中浩　1993.8
◇人物に学ぶ明治の企業事始め　(森友幸照著)　つくばね舎　1995.8　210p
◇オリジナリティを訪ねて―輝いた日本人たち　1　(富士通編)　富士通経営研修所　1999.3　236p
◇希望を胸に羽ばたいた人々―偉人たちの"あの日あの時"　矢部美智代著, 中釜浩一郎絵)　日本教文社　2003.8　148p
◇日本の技術者―江戸、明治時代　(中山秀太郎著, 技術史教育学会編)　雇用問題研究会　2004.8　206p
◇『創造と変化』に挑んだ6人の創業者　(志村和次郎著)　日刊工業新聞社　2005.2　179p
◇探究のあしあと―霧の中の先駆者たち　日本人科学者　東京書籍　2005.4　94p　(教育と文化シリーズ)
◇江戸の備忘録　(磯田道史著)　朝日新聞出版　2008.10　223p
【雑　誌】
◇田中久重と石橋正二郎　(小島直記)「太陽」　18(5)　1980.5
◇日立5代の剛毅の系譜(経営者に見る男らしさの研究)　(池田政次郎)「潮」　288 1983.4
◇からくり儀右衛門とカラクリ　(奥田雅頌)「たばこ史研究」　27 1989.2
◇からくり儀右衛門作「弓射(り)童子」の名称について　(古賀幸雄)「郷土久留米」　72 1994.7
◇英雄評伝　科学史の風雲児たち(29)田中久重―からくり師の世界　(金子務)「歴史読本」　新人物往来社　50(5) 2005.5 p242〜245
◇特別寄稿　田中久作「万年時計 機械体」調査報告　(土屋榮夫)「技術史教育学会誌」　日本技術史教育学会　8(1) 2006.9　p3〜14
◇勝利者学―成功の要因を知る(第13回)東芝　田中久重　知恵は失敗より学ぶ。事を成就するには、志があり、忍耐があり、勇気があり、失敗があり、その後に成就がある―「東芝」の礎をつくったエンジニアの先駆者　(相川信彦)「先見経済」　清話会 51(19) 2006.10.15 p26〜28
◇電気の先駆者(5)からくり儀右衛門　田中久重　東芝の創業者　(鈴木光勇)「新電気」　オーム社　63(11) 2009.11　p47〜49

田中平八　たなかへいはち　1834〜1884
幕末、明治期の実業家。
【図　書】
◇類聚伝記大日本史12 実業家篇　(土屋喬雄編)　雄山閣出版　1981.6
◇豪商たちの智略商魂　(風巻絃一著)　実業之日本社　1984.2
◇天下の糸平生誕五十年記念田中平八の生涯　(宮下慶生)　駒ヶ根市立図書館　1985.7
◇日本の『創造力』―近代・現代を開花させた470人〈2〉殖産興業への挑戦　(富田編)　日本放送出版協会　1993.1
◇相場師異聞―一攫千金に賭けた猛者たち　(鍋島高明著)　河出書房新社　2002.12　316p
◇相場師奇聞―兜町の魔術師天一坊からウォール街の帝王モルガンまで　(鍋島高明著)　五台山書房　2003.12　322p
◇マンガ　日本相場師列伝―是川銀蔵・田中平八・佐藤和三郎・雨宮敬次郎　(鍋島高明監修, 岩田廉太郎作画)　パンローリング　2004.10　254p　(ウィザードコミックス)
◇マンガ　日本相場師列伝―是川銀蔵・田中平八・佐藤和三郎・雨宮敬次郎　(鍋島高明監修, 岩田廉太郎作画)　パンローリング　2007.11　252p　(PanRolling Library)
◇株マフィアの闇―「巨悪」欲望の暗闘史　3巻　(有森隆, グループK著)　大和書房　2008.4　349p　(だいわ文庫)
◇横浜開港時代の人々　(紀田順一郎著)　神奈川新聞社　2009.4　270p
【雑　誌】
◇天下の糸平(釜吉)が伊那へ移った年は？また、なぜ飯田へ行ったのか　(宮下慶正)「伊那路」　29(7) 1985.7
◇明治前期田中平八の生糸関連経営―売込商としての糸平と田中組　(木村晴寿)「松商短大論叢」　松商学園短期大学　48 2000.3 p59〜84
◇明治初年横浜における洋銀先物経営―田中平八の洋銀定期売買　(木村晴寿)「松商短大論叢」　松商学園短期大学　49 2000.9 p27〜51
◇開港・開化傑物伝(1)開港ヨコハマを駆け抜けた風雲児―天下の糸平(田中平八)　(紀田順一郎)「Best partner」　浜銀総合研究所　20(1) 2008.1 p36〜41

田村又吉　たむらまたきち　1853〜1921
明治、大正期の篤農家。稲取村村長。
【図　書】
◇東海道四〇〇年祭　中学生ふるさと人物研究　(静岡県東海道四〇〇年祭実行委員会編)　静岡新聞社　2002.3　143p

団琢磨　だんたくま　1858〜1932
明治〜昭和期の実業家。三井合名理事長。
【図　書】
◇日本資本主義の群像―人物財界史　(栂井義雄)　教育社　1980.7　(教育社歴史新書日本史143)
◇日本のリーダー　6　資本主義の先駆者　ティビーエス・ブリタニカ　1983.2
◇日本のリーダー6　資本主義の先駆者　(第二アートセンター編)　ティビーエス・ブリタニカ　1983.2
◇破天荒企業人列伝　(内橋克人)　新潮社　1983.4　(新潮文庫)
◇人物探訪　日本の歴史―19―大正・昭和の主役　暁教育図書　1984.4
◇近世名茶会物語　(高原富保)　毎日新聞社　1985
◇日本のテロリスト　(潮文庫)　(室伏哲郎著)　潮出版社　1986.1
◇美術話題史―近代の数寄者たち　(松田延夫著)　読売新聞社　1986.5
◇経営者名言集―仕事の活力源(名言シリーズ)　(小島直記著)　実業之日本社　1986.7
◇講座・日本技術の社会史〈別巻2〉人物篇〈近代〉　(永原慶二, 山口啓二, 加藤幸三郎, 深谷克己編)　日本評論社　1986.11
◇風流紳士録　(池田瓢阿著)　(京都)淡交社　1987.7
◇三井本館と建築生産の近代化　(石田繁之介著)　鹿島出版会　1988.5
◇財界人物我観　(福沢桃介著)　図書出版社　1990.3　(経済人叢書)
◇日本の『創造力』―近代・現代を開花させた470人〈7〉驀進から熟成へ　(富田仁編)　日本放送出版協会　1992.11
◇日本資本主義の群像　(内橋克人著)　社会思想社　1993.2　(現代教養文庫―内橋克人クロニクル・ノンフィクション)
◇人物で読む日本経済史　第1巻　ゆまに書房　1998.9　624　図版12枚
◇男爵団琢磨伝　下巻　〔故団男爵伝記編纂委員会〕編纂　ゆまに書房　1998.9　440,24,206p　(人物で読む日本経済史)
◇鈍翁・益田孝　下　(白崎秀雄著)　中央公論社　1998.10　424p　(中公文庫)

津田弘道　つだひろみち　1834～1887
幕末、明治期の官吏、実業家。
【図　書】
◇日本鉱業史料集 第4期 明治篇 上 津田弘道日記.阿部知清記事録等 （日本鉱業史料集刊行委員会編）　白亜書房　1983.9
◇津田弘道の生涯―維新期・岡山藩の開明志士 （石田寛著）　吉備人出版　2007.10　440p

（上段冒頭、継続）
◇20世紀日本の経済人 2 （日本経済新聞社編）　日本経済新聞社　2001.2　380p （日経ビジネス人文庫）
【雑　誌】
◇特集・日本経済を築いた数寄者たち 数寄に生きた実業家　「太陽」 231 1982.2
◇大正期の企業家たち（3）団琢磨と藤原銀次郎 （坂本良良）「季刊マネジメントジャーナル」 32 1982.4
◇三池鉱山の基礎を築いた〈団琢磨〉初心のつらぬき方（老舗・創業者の創意工夫物語（6）） （青井隆章）「セールス」 27（7）1982.6
◇団琢磨―祖父の合理主義で高くなった「炭坑節」の煙突（真の人物には感動がある！「輝ける昭和人」血族の証言55）（団伊玖磨）「文芸春秋」 67（10）1989.9
◇技術畑出身のニュー・リーダー―団琢磨（巨人伝説〔5〕）（木村勝美）「フォーブス日本版」 4（5）1995.5　p178～181

続豊治　つづきとよじ　1798～1880
幕末、明治期の船匠。
【図　書】
◇明治維新の人物像 （宮地正人編）　吉川弘文館　2000.11　363p （幕末維新論集）

堤磯右衛門　つつみいそえもん　1833～1891
明治期の実業家。国産洗濯用石鹸第一号製造。
【図　書】
◇堤磯右衛門の生涯―「懐中覚」から見た幕末・明治の横浜近郊農民 （佐藤隆一）『日記が語る19世紀の横浜』（横浜開港資料館、横浜近世史研究会編）　山川出版社　1998.3　p217
◇横浜開港時代の人々 （紀田順一郎著）　神奈川新聞社　2009.4　270p
【雑　誌】
◇武蔵国久良岐郡磯子村堤磯右衛門・幕末維新「懐中覚」 （阿部征宣、井川克彦、佐藤孝、西川武臣）「紀要」（横浜開港資料館）5 1987.3
◇開港・開化傑物伝（4）外つ国の香り豊かな文化の雫シャボンを国産化した事業家魂―堤磯右衛門 （紀田順一郎）「Best partner」 浜銀総合研究所 20（4）2008.4　p36～41

寺田屋登勢　てらだやとせ　1830～1877
幕末、明治期の女将。
【図　書】
◇歴史の仕掛人―日本黒幕列伝 （童門冬二著）　読売新聞社　1990.9
◇物語 龍馬を愛した七人の女 （新人物往来社編）　新人物往来社　1991.6
◇女たちの幕末京都 （辻ミチ子著）　中央公論新社　2003.4　250p （中公新書）
◇龍馬と八人の女性 （阿井景子著）　筑摩書房　2009.9　212p （ちくま文庫）
【雑　誌】
◇近世の女警（3）寺田屋お登勢―維新の女 （前田訣子）「日本美術工芸」 649 1992.10
◇女と男の幕末維新―志士をバックアップした5人の女性パトロン（特集・勤皇佐幕 幕末維新 志士をめぐる女たち）（田井友季子）「歴史読本」 47（6）2002.6　p142～147

デ＝レーケ, J.　De Rijke, Johannes　1842～1913
オランダの土木技師。日本初の近代下水道を整備。
【図　書】
◇変革期型リーダーの条件―「維新」を見てきた男たち （佐々克明）　PHP研究所　1982.9
◇琵琶湖疏水―明治の大プロジェクト （織田直文著）（京都）サンブライト出版　1987.5　（近江文化叢書）
◇デ・レーケとその業績 （建設省中部地方建設局木曽川下流工事事務所編）　建設省中部地方建設局木曽川下流工事事務所　1987.10
◇歴史ウォッチング〈Part2〉（名古屋テレビ編）（舞阪町）ひくまの出版　1987.11
◇日本洋学史の研究〈9〉（有坂隆道編）（大阪）創元社　1989.4　（創元学術叢書）
◇日本の川を甦らせた技師デ・レイケ （上林好之著）　草思社　1999.12　350p
◇オランダ水工技師団の来日と河川改修 （改発邦彦述）『日本の文化遺産・岡山の国際交流―2005年公開講座講演集』（山陽学園大学・山陽学園短期大学社会サービスセンター編）　吉備人出版　2006.2　p175～193
【雑　誌】
◇デレーケと日本の国土 （島崎武雄）「日蘭学会会誌」 9（2）1985.3
◇デレーケの砂防堰堤 （伊藤安男）「郷土研究・岐阜」 48 1987.10
◇木曽川改修百年と蘭人デレーケ （伊藤安男）「郷土研究・岐阜」 48 1987.10
◇明治の淀川改修計画―ゲレーテから沖野忠雄へ （松浦茂樹）「土木学会論文集」 425 1991.1
◇明治初期に来日したオランダ土木技師達の文通―Johannis de Rijkeが先に帰国したGeorge Arnold Escherへ送った手紙51通 （上林好之）「土木史研究」 12 1992.6
◇オランダ人技師者とイギリス人技術者の確執―デ・レーケ（Johannis de Rijke）とパーマー（Henry Spencer Palmer）を中心に （松浦茂樹, 上林好之）「水利科学」 213 1993.10
◇いわゆるお雇い工師デレーケなどのこと （井口昌平）「適塾」 26 1993.12
◇明治前期の常願寺川改修とデ・レーケ （松浦茂樹）「水利科学」 水利科学研究所 42（2）1998.6　p42～74
◇御雇オランダ人工師 デ・レーケの「柴工水刎」の現代文訳 （松並仁茂, Johannes de Rijke）「福井工業大学研究紀要」 福井工業大学 33第2部 2003　p49～58
◇デ・レーケの「柴工水刎」およびエッセルの「阪井港修築建議」にみられる技術的外国語に関する研究 （松並仁茂）「福井工業大学研究紀要」 福井工業大学 35第2部 2005　p47～56
◇フォト・エッセイ 続・土木エンジニアたちの群像 ヨハネス・デ・レーケ、三十年の選択 （中井祐）「CE建設業界」 日本土木工業協会 56（9）2007.9　p4～7
◇実務面から見た明治期の常願寺川改修工事 （貴堂巌）「土木史研究講演集」 土木学会 29 2009　p27～32

土居通夫　どいみちお　1837～1917
明治、大正期の実業家。大阪電灯及び京阪電鉄社長など。
【図　書】
◇日本の『創造力』―近代・現代を開花させた470人〈3〉流通と情報の革命 （富田仁編）　日本放送出版協会　1993.2
◇土居通夫君伝―伝記・土居通夫 （半井桃水編）　大空社　1998.11　897,4p 図版10枚 （近代日本企業家伝叢書）
◇通天閣―第七代大阪商業会議所会頭・土居通夫の生涯 （木下博民著）　創風社出版　2001.5　525p
◇電力人物誌―電力産業を育てた十三人 （満田孝著）　都市出版　2002.12　267p
【雑　誌】
◇土居通夫と五代友厚 （市川訓敏）「関西大学年史紀要」 関西大学事務局出版部 12 2000.3　p18～54

土倉庄三郎　どぐらしょうざぶろう　1840～1917
明治期の山林大地主。板垣退助の洋行に3000円提供。
【図　書】
◇吉野―悠久の風景 （上田正昭編著）　講談社　1990.3
◇新島襄の交遊―維新の元勲・先覚者たち （本井康博著）　思文閣出版　2005.3　325,13p
【雑　誌】
◇民権家・山林王としての土倉庄三郎 （坂本一敏）「グループ秩父事件会報」 19 1988.4
◇吉野の偉人 土倉庄三郎翁（1）（上田龍司）「奈良民俗通信」 17 1992.1

利光鶴松　としみつつるまつ　1863～1945
明治～昭和期の実業家。衆議院議員、小田急電鉄社長。
【図　書】
◇利光鶴松翁手記―伝記・利光鶴松 （利光鶴松著, 小田急電鉄株式会社編）　大空社　1997.11　645,12,11p （伝記叢書）
◇明治の気骨利光鶴松伝 （渡辺行男著）　葦書房　2000.8　249p
◇東急・五島慶太の経営戦略―鉄道経営・土地経営 （坂西哲著）　文芸社　2001.1　68p
【雑　誌】
◇さがみの歴史・文学・民俗を掘る（48）林間都市と利光鶴松 （鈴木登）「かながわ風土記」 140 1989.3
◇祖父を語れば、勇気がわいてくる―明治人の気骨と志を今に生かす （ビッグ対談）（北里一郎, 利光国夫）「経済界」 34（23）1999.12.7　p62～67
◇「振興期」（1926～1945年）国産の夢を追った誇り高きサムライたち―小林一三（阪急電鉄）、堤康次郎（西武鉄道）、中島知久平（中島飛行機）、小平浪平（日立製作所）、御木本幸吉（ミキモト）、三鬼隆（八幡製鉄）、石橋正二郎（ブリヂストン）、豊田喜一郎（トヨタ自動車）、中部幾次郎（マルハ）、正田貞一郎（日清製粉）、相馬愛蔵（中村屋）、小坂順造（信越化学工業）、塩野義三郎（塩野義製薬）、川村喜十郎

（大日本インキ化学工業）、橋本圭三郎（日本石油）、島津源蔵（島津製作所）、五島慶太（東急コンツェルン）、利光鶴松（小田急電鉄）、国沢新兵衛（日本通運）（日本経済100年100人）（加来耕三）「フォーブス日本版」9(1) 2000.1 p70～76

冨田甚平　とみたじんぺい　1848～1927
明治～昭和期の農事改良家。
【雑誌】
◇冨田甚平による近代的排水技術の確立過程(1)暗渠排水と耕地整理との関連を中心に（須々田黎吉）「農村研究」60 1985.3
◇農業土木を支えてきた人々―近代土地改良の源流―冨田甚平の業績（工藤洋男）「農業土木学会誌」53(5) 1985.5

豊川良平　とよかわりょうへい　1852～1920
明治期の実業家。
【図書】
◇類聚伝記大日本史12（土屋喬雄編）雄山閣出版 1981.6
◇岩崎弥太郎の独創経営―三菱を起こしたカリスマ（坂本藤良著）講談社 1986.10
【雑誌】
◇大正期の事業家たち(4)馬越恭平と豊川良平（坂本藤良）「季刊マネジメントジャーナル」33 1982.7
◇岩崎弥太郎の母と豊川良平の周辺（和田松子）「土佐史談」196 1994.9
◇再考岩崎彌太郎・豊川良平―三菱創業者といとこの関係（小林正彬）「経済系」関東学院大学経済学会 231 2007.4 p33～51

豊田佐吉　とよださきち　1867～1930
明治、大正期の織機発明家。豊田商会、豊田紡績設立。
【図書】
◇トヨタ外史　佐吉・利三郎・喜一郎・石田退三・神谷正太郎（池田政次郎）さんちょう 1980.11（チャレンジブックスvol.2）
◇トヨタを築いた人たち（坂田稔）日刊工業新聞社 1981.1
◇童話感覚―漫画論と偉人伝（佐野美津男）北斗出版 1981.4
◇東海の技術先駆者　名古屋技術倶楽部 1981.9
◇日本のリーダー 7 実業界の巨頭　ティビーエス・ブリタニカ 1983.8
◇トヨタ3代の決断（橋本紀彰、吉原勇著）ビジネス社 1986.5
◇経営者を支えた信仰―世紀を超える経営者魂（スピリット）の源泉（池田政次郎）日本文芸社 1986.10
◇徳川家康とトヨタ商法―組織を最大に活かす驚くべき経営哲学（宮崎正弘）第一企画出版 1986.12
◇夢をもとめた人びと〈1〉発明・発見（金平正、北島春信、蓑田正治編）（町田）玉川大学出版部 1987.3
◇豊田佐吉（楫西光速著）吉川弘文館 1987.8（人物叢書［新装版］）
◇社長の哲学―13人の経営と信仰（小島五十人著）鈴木出版 1988.2
◇地球物理学者　竹内均の人物山脈(1)（竹内均著）同文書院 1988.11（コスモス・ライブラリー＝HUMAN SCIENCE）
◇代表的日本人―自己実現に成功した43人（竹内均著）同文書院 1990.1
◇財界人我観（福沢桃介著）図書出版社 1990.3（経済人叢書）
◇続　豪商物語（邦光史郎著）博文館新社 1991.2
◇新・財界人列伝―光と影（厚田昌範著）読売新聞社 1992.1
◇会社のルーツおもしろ物語―あの企業の創業期はこうだった！（邦光史郎著）PHP研究所 1992.8（PHPビジネスライブラリー）
◇技術の文化史（黒岩俊郎編）アグネ 1993.1（産業考古学シリーズ）
◇日本の『創造力』―近代・現代を開花させた470人〈9〉不況と震災の時代（富田仁編）日本放送出版協会 1993.5
◇日本を造った男たち―財界創始者列伝（竹内均著）同文書院 1993.11
◇起業家列伝（邦光史郎著）徳間書店 1995.4 282p（徳間文庫）
◇3分間で読む成功の秘訣（花岡次雄著）同朋舎出版 1996.11 238p
◇特許はベンチャー・ビジネスを支援する（荒井寿光著）発明協会 1998.5 116p
◇企業家の群像と時代の息吹き（伊丹敬之、加護野忠男、宮本又郎、米倉誠一郎編）有斐閣 1998.7 383p（ケースブック　日本企業の経営行動）
◇教科書が教えない歴史―明治・昭和初期、日本の偉業（藤岡信勝、自由主義史観研究会編）産経新聞ニュースサービス 1999.7 387p（扶桑社文庫）
◇トヨタ成長のカギ―創業期の人間関係（細川幹夫著）近代文芸社 2002.1 203p（近代文芸社新書）
◇豊田トヨタ町一番地（読売新聞特別取材班著）新潮社 2003.4 279p
◇世紀転換期の起業家たち―百年企業への挑戦（武田晴人著）講談社 2004.4 252p
◇二宮金次郎と13人の世界人（三戸新道夫編）栄光出版社 2004.5 268p
◇「発明力」の時代―夢を現実に変えるダイナミズム（志村幸雄著）麗沢大学出版会 2004.10 277p
◇知的財産の歴史と現代―経済・技術・特許の交差する領域へ歴史からのアプローチ（石井正著）発明協会 2005.5 418p
◇文明随想　継承と移転―日本の底力を読む（小林達也著）思文閣出版 2005.9 203p
◇大野耐一　工人たちの武士道―トヨタ・システムを築いた精神（若山滋著）日本経済新聞社 2005.10 285p
◇豊田佐吉とトヨタ源流の男たち（小栗照夫著）新葉館出版 2006.8 249p
◇一流の決断―彼らはこうして成功者になった。（『ザ・リバティ』編集部編）幸福の科学出版 2006.9 183p
◇指導者の精神構造―時代を動かすリーダーたちの内面をさぐる（小田晋著）生産性出版 2006.10 226p
◇豊田家と松下家―トヨタ、松下 世界二大メーカー創業家の命運（水島愛一朗著）グラフ社 2007.3 204p
◇トヨタの遺伝子―佐吉と喜一郎のイノベーション（石井正著）三五館 2008.3 221p
◇ザ・ハウス・オブ・トヨタ　上（佐藤正明著）文芸春秋 2009.4 359p（文春文庫）
◇ザ・ハウス・オブ・トヨタ　下（佐藤正明著）文芸春秋 2009.4 351p（文春文庫）
◇凡人が一流になるルール（斎藤孝著）PHP研究所 2009.7 230p（PHP新書）
◇創成期の豊田と上海―その知られざる歴史（東和男著）時事通信出版局 2009.7 201p
【雑誌】
◇昭和の大番頭・石田退三の生涯(2)恩師の死と織機王との出会い（池田政次郎）「潮」295 1983.11
◇豊田佐吉と報徳（村松敬司）「浜松短期大学研究論集」30 1984.12
◇豊田佐吉―特許権を守り育てたトヨタ王国の始祖（勝負に賭けた男たちの系譜）（風巻紘一）「実業の日本」88(16) 1985.9.1
◇技術史/産業史―豊田佐吉と産業遺産（天野武弘）「金属」59(7) 1989.7
◇静岡―湖西市の文化財になった発明王豊田佐吉の邸宅（東西南北）（本間修一）「エコノミスト」67(29) 1989.7.11
◇豊田佐吉翁記念室（鈴木福一）「繊維機械学会誌」44(6) 1991.6
◇『セルフ・ヘルプ』産業化の国民的教科書（平川祐弘）「中央公論」106(6) 1991.6
◇トップは語る　思わず唸る！創業社長たちが残した珠玉の名言（巻頭大特集・社長の情熱、社長の覚悟、「将たる者」の心得とは）（山崎光夫）「プレジデント」34(8) 1996.8 p176～185
◇リーダーの決断・豊田喜一郎と自動車第1号―一族が無一文になろうとも「国産」に懸ける（賢者は歴史に学ぶ［5］）（上之郷利昭）「プレジデント」38(8) 2000.5.15 p202～207
◇佐吉の生き方、喜一郎の夢（ザ・ハウス・オブ・トヨタ―自動車王　豊田一族の150年〔1〕）（佐藤正明）「文芸春秋」80(7) 2002.6 p376～391
◇発明家と事業家の血脈―喜一郎はリスクの高い自動車事業に乗り出した（ザ・ハウス・オブ・トヨタ―自動車王　トヨタ一族の150年〔2〕）（佐藤正明）「文芸春秋」80(8) 2002.7 p410～420
◇中興の祖（ザ・ハウス・オブ・トヨタ〔8〕）（佐藤正明）「文芸春秋」81(1) 2003.1 p428～438
◇知多綿織物業の力織機化と豊田佐吉（笠井雅直）「名古屋学院大学論集　社会科学篇」名古屋学院大学総合研究所 41(2) 2004 p1～19
◇ザ・ハウス・オブ・トヨタ〔51〕佐吉の遺言（佐藤正明）「文芸春秋」83(2) 2005.2 p406～416
◇勝利者学―成功の要因を知る（第14回）トヨタグループ　豊田佐吉　ただひたすらに発明を自分の天職として、本業に全力で打ち込む（相川信彦）「先見経済」清話会 51(21) 2006.11.15 p26～28
◇人物科学史　自動織機を発明し、84の特許をとったトヨタグループの創始者―豊田佐吉（もりいずみ）「Newton」ニュートンプレス 27(9) 2007.9 p124～129

内藤久寛　ないとうひさひろ　1859～1945
明治、大正期の実業家。
【図書】
◇燃える男の肖像（木本正次）講談社 1981.10
◇日本の『創造力』―近代・現代を開花させた470人〈7〉驀進から熟成へ（富田仁編）日本放送出版協会 1992.11
◇東北開発人物史―15人の先覚者たち（岩本由輝著）刀水書房 1998.3 334p
【雑誌】
◇日本石油創立者内藤久寛の生涯とその背景（新編・春風秋雨録(29～32)）（奥田英雄）「石油文化」28(8～11) 1980.8～11
◇新編・春風秋雨録(33～39)日本石油創立者内藤久寛の生涯とその背

景　(奥田英雄)「石油文化」29(5〜11) 1981.6〜11

中井太一郎　なかいたいちろう　1830〜1913
明治期の農事改良家。水田の株間を除草する機具を開発。
【雑　誌】
◇老農中井太一郎と地租改正反対運動―鳥取県久米八橋郡改租不服運動を事例として　(大島佐知子)「鳥取地域史研究」鳥取地域史研究会 9 2007 p41〜63
◇中井太一郎の技術普及(1)太一車と正条植　(大島佐知子)「鳥取地域史研究」鳥取地域史研究会 10 2008 p31〜57
◇稲作における〔鳥取〕県農政と中井太一郎の普及活動―〔久米河村〕郡立農学校の創立と林達里招聘を中心に　(大島佐知子)「鳥取県立公文書館研究紀要」鳥取県立公文書館 4 2008 p27〜56, 図巻頭1枚

中居屋重兵衛　なかいやじゅうべえ　1820〜1861
幕末の生糸輸出商人。幸右衛門の子。
【図　書】
◇幕末酒徒列伝　統　(村島健一)　講談社 1980.3
◇維新史の青春激像―動乱期に情熱を賭けた獅子たちの熱血譜　(藤田公道)　日本文芸社 1983.10
◇黄金伝説―「近代成金たちの夢の跡」探訪記　(荒俣宏著, 高橋昇写真)　集英社 1990.4
◇対決―大老VS.開国商人　(長尾三郎著)　講談社 1992.4
◇真贋―中居屋重兵衛のまぼろし　(松本健一著)　新潮社 1993.5
◇新版 炎の生糸商中居屋重兵衛　(萩原進著)　〔横浜〕有隣堂 1994.6 (有隣新書)
◇生糸商 原善三郎と富三郎―その生涯と事績　(勝浦吉雄著)　文化書房博文社 1996.2 223p
◇真贋―中居屋重兵衛のまぼろし　(松本健一著)　幻冬舎 1998.12 198p (幻冬舎アウトロー文庫)
◇昌益研究かけある記　(石渡博明著)　社会評論社 2003.10 366p
◇賭けた儲けた生きた―紅花大尽からアラビア太郎まで　(鍋島高明著)　五台山書房 2005.4 340p
【雑　誌】
◇「中居屋重兵衛」について　(南原幹雄)「青春と読書」82 1983.3
◇中居屋重兵衛とらい　(村松武司)「蟻塔」31(5) 1985.9
◇中居屋重兵衛と横浜開港　(西川武臣)「群馬歴史民俗」10 1988.3
◇中居屋重兵衛　(萩原進)「群馬歴史散歩」103 1990.11
◇中居屋重兵衛と和蘭語　(黒岩九蔵)「群馬歴史散歩」103 1990.11
◇幕末のヒーローには憧れる―北大路欣也インタビュー　(北大路欣也)「知識」108 1990.11
◇中居屋重兵衛と和蘭語(2)　(黒岩九蔵)「群馬歴史散歩」106 1991.5
◇真贋―中居屋重兵衛のまぼろし　(松本健一)「群像」47(3) 1992.3
◇中居屋重兵衛と火薬　(黒岩九蔵)「群馬歴史散歩」111 1992.3
◇中居屋重兵衛と藩貿易(嬬恋村〈特集〉)　(安斎洋信)「群馬歴史散歩」115 1992.11
◇中居屋重兵衛の死　(安斎洋信)「群馬歴史散歩」118 1993.5
◇開港・開化傑物伝(最終回)開港地に進出した気骨の商人 志半ばにして歴史の闇に没す―生糸商〈中居屋重兵衛〉　(紀田順一郎)「Best partner」浜銀総合研究所 21(12) 2009.12 p36〜41

中川嘉兵衛　なかがわかへえ　?〜1897
幕末, 明治期の実業家。
【図　書】
◇中川嘉兵衛伝―その資料と研究　(香取国臣編)〔香取国臣〕 1982.9
◇明治人物拾遺物語―キリスト教の一系譜　(森井真)　新教出版社 1982.10
◇横浜開港時代の人々　(紀田順一郎著)　神奈川新聞社 2009.4 270p
【雑　誌】
◇開港・開化傑物伝(3)開化の巷を彩った牛鍋と氷 日本人の生活を変えた起業家―中川嘉兵衛　(紀田順一郎)「Best partner」浜銀総合研究所 20(3) 2008.3 p36〜41

中川虎之助　なかがわとらのすけ　1859〜1926
明治, 大正期の実業家, 政治家。衆議院議員。
【図　書】
◇徳島自由民権運動史論　(三好昭一郎)　教育出版センター 1981.12 (わたしの地域史2)
◇大鳴門橋と中川虎之助　(児島光一)　教育出版センター 1985
【雑　誌】
◇中川虎之助と糖業政策論　(佐藤正志)「史窓」12 1982.1

長瀬富郎　ながせとみろう　1863〜1911
明治期の実業家。洋物店・長瀬商店を開。
【図　書】
◇日本の『創造力』―近代・現代を開花させた470人〈7〉驀進から熟成へ　(富田仁編) 日本放送出版協会 1992.11
◇日本の企業家群像　(佐々木聡編)　丸善 2001.3 292p
◇暮らしを変えた美意と衛生　(佐々木聡著)　芙蓉書房出版 2009.4 217p (シリーズ情熱の日本経営史)
【雑　誌】
◇花王石鹸(『THE21』で好評連載中の「商品に歴史あり」ベストセレクション 生活雑貨はつねに進化する―身の周りの商品に隠された意外な秘密の数々)　(藤井竜二)「THE21」特別増刊 2000.1.1 p76〜77
◇花王石鹸創業者初代長瀬富郎に関する一研究―明治の新企業家の誕生とその経営の原点をめぐって　(吉沢正広)「中京学院大学研究紀要」中京学院大学 9(1) 2001.12 p29〜42

中曽根慎吾　なかそねしんご　1824〜1906
幕末, 明治期の大地主, 和算家。
【雑　誌】
◇群馬の和算家と暦学(5)斎藤宜義と中曽根慎吾　(飯塚正明)「上武大学論集」15 1984

中野梧一　なかのごいち　1842〜1883
明治期の官僚, 実業家。
【図　書】
◇政商の誕生―もうひとつの明治維新　(小林正彬著)　東洋経済新報社 1987.1
◇初代山口県令中野梧一日記　(中野梧一著, 田村貞雄校注)　マツノ書店 1995.8 589p
◇地方としての中野梧一　(田村貞雄)『明治維新の人物と思想』(明治維新史学会編)　吉川弘文館 1995.8 (明治維新史叢書 3) p123
◇政商伝　(三好徹著)　講談社 1996.3 287p (講談社文庫)
【雑　誌】
◇初代山口県令中野梧一の自殺と前歴　(田村貞雄)「山口県地方史研究」48 1982.11
◇第六帝国議会における「長州征伐」―初代山口県令中野梧一日記の信憑性について　(田村貞雄)「山口県地方史研究」52 1984.11
◇初代山口県令中野梧一(斎藤辰三)の幕臣時代の経歴　(田村貞雄)「静岡大学教養部研究報告 人文・社会科学篇」20(2) 1985
◇初代山口県令中野梧一の日記(1)　(田村貞雄)「静岡大学教養部研究報告 人文・社会科学篇」22(1) 1986
◇初代山口県令中野梧一の日記(2)　(田村貞雄)「静岡大学教養部研究報告 人文・社会科学篇」22(2) 1987.3
◇初代山口県令中野梧一の日記(3)　(田村貞雄)「静岡大学教養部研究報告 人文・社会科学篇」23(1) 1987.9
◇初代山口県令中野梧一の日記(4)　(田村貞雄)「静岡大学教養部研究報告 人文・社会科学篇」23(2) 1988.3
◇初代山口県令中野梧一の日記(5)　(田村貞雄)「静岡大学教養部研究報告 人文・社会科学篇」24 1988.9
◇初代山口県令中野梧一の日記(6〜9)　(田村貞雄)「静岡大学教養部研究報告 人文・社会科学篇」28(2), 29(1, 2), 30(1) 1992〜94

中野半左衛門　なかのはんざえもん　1804〜1874
幕末, 明治期の実業家。
【図　書】
◇明治維新の人物像　(宮地正人編)　吉川弘文館 2000.11 363p (幕末維新論集)

中野武営　なかのぶえい　1848〜1918
明治, 大正期の実業家, 政治家。
【図　書】
◇中野武営と商業会議所―もうひとつの近代日本政治経済史　(石井裕晶著)　ミュージアム図書 2004.5 1108p
◇相場ヒーロー伝説―ケインズから怪人伊東ハンニまで　(鍋島高明著)　五台山書房 2005.12 340p
【雑　誌】
◇中野武営年譜稿(1)　(佐賀香織)「大東法政論集」大東文化大学大学院法学研究科 7 1999.3 p93〜111
◇中野武営年譜稿(2)　(佐賀香織)「大東法政論集」大東文化大学大学院法学研究科 8 2000.3 p173〜208
◇日露戦後経営と中野武営(政治学篇)　(佐賀香織)「大東法政論集」大東文化大学大学院法学研究科 9 2001.3 p181〜203
◇中野武営における実業立国論―1890年代を中心に　(佐賀香織)「大東法政論集」大東文化大学大学院法学研究科 10 2002.3 p119〜149
◇中野武営と実業立国論の形成　(佐賀香織)「大東法政論集」大東文化大学大学院法学研究科 11 2003.3 p111〜135

中部幾次郎　なかべいくじろう　1866～1946
明治～昭和期の実業家, 政治家。
【図　書】
- ◇人物紀行　時代のパイオニアたち　(ビジュアルブックス編集委員会編)　神戸新聞総合出版センター　2003.7　141p　(ビジュアル・ブックス)
- ◇36人の日本人　韓国・朝鮮へのまなざし　(舘野晳編著)　明石書店　2005.2　231p

【雑　誌】
- ◇中部幾次郎氏の銅像　(黒田義隆)「歴史と神戸」19(4) 1980.8
- ◇「振興期」(1926～1945年)国産の夢を追った誇り高きサムライたち―小林一三(阪急電鉄), 堤康次郎(西武鉄道), 中島知久平(中島飛行機), 小平浪平(日立製作所), 御木本幸吉(ミキモト), 三鬼隆(八幡製鉄), 石橋正二郎(ブリヂストン), 豊田喜一郎(トヨタ自動車), 中部幾次郎(マルハ), 正田貞一郎(日清製粉), 相馬愛蔵(中村屋), 小坂順造(信越化学工業), 塩野義三郎(塩野義製薬), 川村喜十郎(大日本インキ化学工業), 橋本圭三郎(日本石油), 島津源蔵(島津製作所), 五島慶太(東急コンツェルン), 利光鶴松(小田急電鉄), 国沢新兵衛(日本通運)(日本経済100年100人)(加来耕三)「フォーブス日本版」9(1) 2000.1　p70～76

中上川彦次郎　なかみがわひこじろう　1854～1901
明治期の実業家。外務省公信局長, 三井銀行理事。
【図　書】
- ◇日本資本主義の群像―人物財界史　(梅井義雄)　教育社　1980.7　(教育社歴史新書日本史143)
- ◇歴史に学ぶ経営者像　(岡庭博)　サンケイ出版　1980.11
- ◇明治期鉄道史資料2 第7巻　地方鉄道史　鉄道家伝3　(野田正穂〔ほか〕編)　日本経済評論社　1981.2
- ◇中国式人物鑑別法　(三神良三)　PHP研究所　1981.3
- ◇類聚伝記大日本史12　実業家篇　(土屋喬雄編)　雄山閣出版　1981.6
- ◇日本工業先覚者史話　(福本邦夫)　論創社　1981.7
- ◇十六人の銀行家―音たかく流れる　(青野豊作)　現代史出版会　1982.7
- ◇夕陽を知らぬ男たち―彼らはいかに生きたか　(小島直記)　旺文社　1983.2　(旺文社文庫)
- ◇日本のリーダー6　資本主義の先駆者　(第二アートセンター編)　ティビーエス・ブリタニカ　1983.2
- ◇人物・日本資本主義3　明治初期の企業家　(大島清ほか著)　東京大学出版会　1983.6
- ◇企業革命家・中上川彦次郎―近代三井をつくった男　(松尾博志著)　PHP研究所　1984.6
- ◇福沢山脈の経営者たち　(加藤寛編)　ダイヤモンド社　1984.10
- ◇藤沢銀次郎―巨人伝説から(銀河グラフティ―信州人物風土記・近代を拓く2)　(宮坂勝彦編)　銀河書房　1986.3
- ◇続　豪商物語　(邦光史郎著)　博文館新社　1991.2
- ◇明敏にして毒気あり―明治の怪物経営者たち　(小堺昭三著)　日本経済新聞社　1993.10
- ◇剛腕の経営学　(邦光史郎著)　徳間書店　1993.11　(徳間文庫)
- ◇明治三井と慶応義塾卒業生―中上川彦次郎と益田孝を中心に　(武内成著)　文真堂　1995.1　299p
- ◇起業家列伝　(邦光史郎著)　徳間書店　1995.4　282p　(徳間文庫)
- ◇中上川彦次郎の華麗なる生涯　(砂山幸雄著)　草思社　1997.3　278p
- ◇恐慌を生き抜いた男―評伝・武藤山治　(沢野広史著)　新潮社　1998.12　303p
- ◇ケースブック　日本の企業家活動　(宇田川勝編)　有斐閣　1999.3　318p
- ◇中上川彦次郎君―伝記・中上川彦次郎　(菊池武徳著)　大空社　2000.9　120,5p　(伝記叢書)
- ◇われ, 官を恃まず―日本の「民間事業」を創った男たちの挑戦　(吉田伊佐夫著)　産経新聞ニュースサービス　2002.8　334p
- ◇明治の怪物経営者たち―明敏にして毒気あり　(小堺昭三著)　学陽書房　2003.6　315p　(人物文庫)
- ◇世界の起業家50人―チャレンジとイノベーション　(大東文化大学起業家研究会編)　学文社　2004.4　311p
- ◇福沢諭吉の真実　(平山洋著)　文芸春秋　2004.8　244p　(文春新書)
- ◇日本経営者列伝―成功への歴史法則　(加来耕三著)　学陽書房　2005.8　452p　(人物文庫)
- ◇財閥の形成 1　法政大学イノベーション・マネジメント研究センター　2009.3　25p　(Working paper series)

【雑　誌】
- ◇日清戦争直後の日本紡績業の直接投資計画―中上川彦次郎と上海紡績会社　(桑原哲也)「経済経営論叢(京都産業大)」15(1) 1980.6
- ◇男たちの軌跡―益田孝と草創期のサムライ群像(人物・物産外史)　(池田ússein)「正論」93 1981.7
- ◇歴史に残るトップ・バンカーの条件　(青野豊作)「財界」29(14) 1981.7
- ◇財閥・官僚人物あれこれ　(中村青志, 沢村和成)「歴史公論」8(3) 1982.3
- ◇中上川彦次郎と銀行近代化―その経営組織革新への軌跡(特集・現代の戦略組織―この経営機動力の発揮)　(大谷明史)「銀行の管理者」19(8) 1982.6
- ◇中上川彦次郎の使用人待遇の理念　(千本暁子)「同志社商学」35(2) 1983.9
- ◇三井近代化の旗手・中上川彦次郎―特集・転換期をのりきった企業家の決断11　(杉山和雄)「歴史と人物」13(12) 1983.10
- ◇未知への挑戦者たち―近代日本の礎を築いた明治実業人(特集・先駆の発想)　(佐々克明)「経営者」40(2) 1986.2
- ◇大実業人の心の支え―渋沢, 中上川, 森永の逞しさ(特集・混迷を生きる)　(邑井操)「経営者」41(8) 1987.8
- ◇山陽鉄道開通(一〇〇年前の日本〈特集〉)　(長船友則)「彷書月刊」7(1) 1991.1
- ◇経世済民は人にあり―豪商・三井を近代合理化した中上川彦次郎の人柄と燦然たる事跡　(森達生)「日本及日本人」1604 1991.10
- ◇「企業者」の今昔(近代日本の異能・偉才実業家100人「おじいさんたちは偉かった！」―20世紀総発掘　第4弾)　(中村隆英)「月刊Asahi」5(7) 1993.9
- ◇三井銀行の中上川彦次郎, かくて不良債権を回収せり―明治の経済恐慌下, 命をかけて金融のタブーと闘った男(金融パニック今昔物語　危機を乗り切る才覚とは)　(松尾博志)「プレジデント」34(5) 1996.5　p211～217
- ◇山陽鉄道会社における中上川彦次郎の経営姿勢と社内改革　(井田泰人)「交通史研究」交通史研究会　第39号 1997.5　p56～69
- ◇山陽鉄道会社における中上川彦次郎の経営姿勢と社内改革　(井田泰人)「交通心理学研究」日本交通心理学会　第39号 1997.5　p56～68
- ◇書簡に見る福澤人物誌(第18回)中上川彦次郎―経営者彦次郎と株主諭吉　(牛島利明)「三田評論」慶応義塾 1084 2005.11　p32～37
- ◇日本経済「慶応閥」史　(有森隆)「新潮45」新潮社 24(11) 2005.11　p140～147

中村栄助　なかむらえいすけ　1849～1938
幕末～大正期の豪商。衆議院議員。
【図　書】
- ◇中村栄助と明治の京都　(河野仁昭著)　京都新聞社　1999.2　237p

中村善右衛門　なかむらぜんえもん　1810～1880
幕末, 明治期の養蚕技術改良家。
【図　書】
- ◇日本農書全集35　農山漁村文化協会　1981.2
- ◇全国の伝承　江戸時代　人づくり風土記―ふるさとの人と知恵〈7〉福島　(加藤秀俊, 谷具健一, 稲垣史生, 石川松太郎, 吉田豊編)　農山漁村文化協会　1990.9
- ◇日本の『創造力』―近代・現代を開花させた470人〈1〉御一新の光と影　(富田仁編)　日本放送出版協会　1992.12

中村直三　なかむらなおぞう　1819～1882
幕末, 明治期の農業改良家。稲種交換農事改良法を実施。
【図　書】
- ◇日本農業教育成立史の研究―日本農業の近代化と教育　(三好信浩)　風間書房　1982.3
- ◇人物・日本資本主義 4　明治のイデオローグ　(大島清ほか著)　東京大学出版会　1983.6
- ◇日本老農伝　改訂増補　(大西伍一)　農山漁村文化協会　1985.12
- ◇講座・日本技術の社会史〈別巻2〉人物篇〈近代〉　(永原慶二, 山口啓二, 加藤幸三郎, 深谷克己編)　日本評論社　1986.12
- ◇老農の富国論―林遠里の思想と実践　(内田和義著)　農山漁村文化協会　1991.10
- ◇式田家の写本「老農中村直三伝」について　(高木正喬著)〔大阪国際滝井高等学校〕〔2000〕13p　(研究ノート)
- ◇増補老農中村直三―伝記・中村直三　(荒川羽山著)　大空社　2000.12　190,7p　(伝記叢書)
- ◇老農中村直三とその活動を支えた人々　(谷山正道著)『山辺の歴史と文化―天理大学創立八十周年記念』(天理大学文学部編)　奈良新聞社　2006.11 p176～194

【雑　誌】
- ◇中村直三の著作をめぐって(史料紹介)　(徳永光俊)「奈良県近代史研究会会報」13 1982.4
- ◇大和における一老農の生涯―「賤夫善(せんぷぜん)五郎男直(だんなほ)三」について　(今西一)「奈良県近代史研究会会報」20 1982.10
- ◇大和における一老農の生涯―「賤夫善(せんぷぜん)五郎男直(らうだんなほ)三」について　(今西一)「部落問題研究」74 1982.12
- ◇中村直三の著作をめぐって(3)　(徳永光俊)「奈良県近代史研究会会報」37 1984.7

中山久蔵　なかやまきゅうぞう　1828〜1919
明治、大正期の農業技術者。
【図　書】
◇きょう土につくした人びと　ふるさと歴史新聞　4　（和順高雄文）　ポプラ社　1996.4　47p
◇北国に光を掲げた人々　19　（北海道科学文化協会編）　北海道科学文化協会　2002.1　102p　（北海道青少年叢書）
◇人間登場―北の歴史を彩る　第1巻　（合田一道、番組取材班著）　北海道出版企画センター　2003.3　253p　（NHKほっかいらんど）

奈良専二　ならせんじ　1822〜1892
明治期の篤農家。農具の改良など各地で農事指導にあたる。
【図　書】
◇日本老農伝　改訂増補　（大西伍一）　農山漁村文化協会　1985.12
◇講座・日本技術の社会史〈別巻2〉人物篇〈近代〉　（永原慶二、山口啓二、加藤幸三郎、深谷克己編）　日本評論社　1986.12
◇一意勧農―老農奈良専二　（奈良光男著）　奈良光男　1993.10

西川藤吉　にしかわとうきち　1874〜1909
明治期の実業家。養殖真珠の創始者。
【図　書】
◇真珠の発明者は誰か？―西川藤吉と東大プロジェクト　（久留太郎著）　勁草書房　1987.10

西川吉輔　にしかわよしすけ　1816〜1880
幕末、明治期の商人、社会運動家。家塾を開く。
【雑　誌】
◇近江の志士たち（2）西川吉輔―近江商人出の尊攘学者　（徳永真一郎）　「湖国と文化」　24　1983.7
◇明治初年の長崎における大教宣布運動について―西川吉輔日記の分析から（衣笠安喜先生　追悼特別号）　（武知正晃）　「日本思想史研究会会報」　日本思想史研究会　20　2003.1　p236〜249
◇滋賀県立大学附属図書館所蔵　西川吉輔直筆書状の翻刻と紹介（第4回）長崎時代の西川吉輔（その2）　（武知正晃）　「立命館文學」　立命館大学人文学会　606　2008.3　p1011〜1031
◇滋賀県立大学附属図書館所蔵　西川吉輔直筆書状の翻刻と紹介（第5回）ふたたび、明治初年の西川吉輔　（武知正晃）　「立命館文學」　立命館大学人文学会　612　2009.6　p84〜105

西村勝三　にしむらかつぞう　1836〜1907
明治期の実業家。
【図　書】
◇ニッポン靴物語　（山川暁著）　新潮社　1986.10
◇西村勝三翁伝　（西村翁伝記編纂会編）　藤下昌信　19〈93〉
◇西村勝三と明治の品川白煉瓦　（礒部和孝）　礒部和孝　1993.1
◇日本の『創造力』―近代・現代を開花させた470人〈3〉流通と情報の革命　（富田仁編）　日本放送出版協会　1993.2
◇西村勝三翁伝―伝記・西村勝三　（西村翁伝記編纂会編）　大空社　1998.11　255,2p　（近代日本企業家伝叢書）
◇経営者の精神史―近代日本を築いた破天荒な実業家たち　（山口昌男著）　ダイヤモンド社　2004.3　318p
◇幕末・明治　匠たちの挑戦―現代に甦るプロジェクトリーダーの本質　（長尾剛著）　実業之日本社　2004.4　243p

西村絹　にしむらきぬ　1825〜1886
幕末、明治期の旅館経営者。西村旅館。
【雑　誌】
◇西村旅館　（陸井敏子）　「歴史と神戸」　20（3）　1981.6

新田長次郎　にったちょうじろう　1857〜1936
明治〜昭和期の実業家・私学教育功労者。
【図　書】
◇至誠―評伝・新田長次郎　（西尾典祐著）　中日出版社　1996.3　252p
◇戦後教育の原点を守れるのは誰か―大人になれない大人がつくった「学習指導要領」の破産と虚妄　（重見法樹著）　東京図書出版会　2004.10　219p
◇戦後教育の原点を守れるのは誰か―大人になれない大人がつくった「学習指導要領」の破産と虚妄　新装版　（重見法樹著）　東京図書出版会　2007.1　240p
◇明治の空―至誠の人新田長次郎　（青山淳平著）　燃焼社　2009.7　372p

新渡戸伝　にとべつとう　1793〜1871
幕末、明治期の篤農家、岡山藩士。
【図　書】
◇国づくりの文化史―日本の風土形成をたずねる旅　（菊岡倶也）　清文社　1983.1
◇全国の伝承　江戸時代　人づくり風土記―ふるさとの人と知恵〈3〉岩手　（加藤秀俊、谷川健一、稲垣史生、石川松太郎、吉田豊編）　農山漁村文化協会　1988.6
◇三本木原開拓誌考　（新渡戸憲之著）〔新渡戸憲之〕　1988.8
◇きょう土につくした人びと　ふるさと歴史新聞　1　（笠原秀文）　ポプラ社　1996.4　47p
◇水土を拓いた人びと―北海道から沖縄までわがふるさとの先達　（「水土を拓いた人びと」編集委員会、農業土木学会編）　農山漁村文化協会　1999.8　448p
【雑　誌】
◇不毛の三本木原台地を美田美畑に変えた先人たちの偉業―人工河川「稲生川」の歴史（小特集　東北における水利開発・土地改良の進展の歴史）　（高野春男）　「水土の知」　農業農村工学会　76（6）　2008.6　p505〜508

二宮忠八　にのみやちゅうはち　1866〜1936
明治期の発明家。大阪製薬社長。
【図　書】
◇日本の『創造力』―近代・現代を開花させた470人〈8〉消費時代の開幕　（富田仁編）　日本放送出版協会　1992.11
◇雲の上から見た明治―ニッポン飛行機秘録　（横田順彌著）　学陽書房　1999.3　269p
◇オリジナリティを訪ねて―輝いた日本人たち　1　（富士通編）　富士通経営研究所　1999.3　236p
◇明治時代は謎だらけ　（横田順彌著）　平凡社　2002.2　335p
◇その時歴史が動いた　12　（NHK取材班編）　KTC中央出版　2002.3　253p
◇二宮忠八・伝―世界の飛行機発明の先駆者　（生駒忠一郎著）　KTC中央出版　2002.11　254p
◇歴史の影絵　（吉村昭著）　文芸春秋　2003.8　198p　（文春文庫）
◇船場道修町―薬・商い・学の町　（三島佑一著）　和泉書院　2006.1　251p　（上方文庫）
◇愛媛の航空　（高田英夫著）　愛媛新聞社　2007.2　362p
◇ニッポン天才伝―知られざる発明・発見の父たち　（上山明博著）　朝日新聞社　2007.9　279p　（朝日選書）
【雑　誌】
◇二宮忠八と飛行器　（吉村昭）　「歴史と人物」　10（6）　1980.6
◇二宮忠八翁と丸亀　（竹内甭夫）　「ことひら」　40　1985.1
◇二宮忠八と伊予の凧　（村上節太郎）　「温古」　10　1988.3

根津嘉一郎〔初代〕　ねづかいちろう　1860〜1940
明治〜昭和期の実業家、政治家。東武鉄道社長。
【図　書】
◇変革期型リーダーの条件―「維新」を見てきた男たち　（佐々克明）　PHP研究所　1982.9
◇日本のリーダー　7　実業界の巨頭　ティビーエス・ブリタニカ　1983.8
◇決断力にこれを賭けよ　（邦光史郎ほか著）　経済界　1987.11　（昭和の名語録）
◇地球物理学者　竹内均の人物山脈〈1〉　（竹内均著）　同文書院　1988.11　（コスモス・ライブラリー―HUMAN SCIENCE）
◇代表的日本人―自己実現に成功した43人　（竹内均著）　同文書院　1990.1
◇黄金伝説―「近代成金たちの夢の跡」探訪記　（荒俣宏著、高橋昇写真）　集英社　1990.4
◇日本の『創造力』―近代・現代を開花させた470人〈7〉驀進から熟成へ　（富田仁編）　日本放送出版協会　1992.11
◇日本を造った男たち―財界創始者列伝　（竹内均著）　同文書院　1993.11
◇黄金伝説　（荒俣宏著）　集英社　1994.4　（集英社文庫―荒俣宏コレクション）
◇根津嘉一郎　（〔宇野木忠〕著）　ゆまに書房　1998.12　279p　（人物で読む日本経済史）
◇20世紀日本の経済人　2　（日本経済新聞社編）　日本経済新聞社　2001.2　380p　（日経ビジネス人文庫）
◇日本をつくった企業家　（宮本又郎編）　新書館　2002.5　252p
◇明治日本美術紀行―ドイツ人女性美術家の日記　（フリーダ・フィッシャー著、安藤勉訳）　講談社　2002.7　233p　（講談社学術文庫）
◇電力人物誌―電力産業を育てた十三人　（満田孝著）　都市出版　2002.12　267p
◇相場師断異聞――攫千金に賭けた猛者たち　（鍋島高明著）　河出書房新社　2002.12　316p
◇ニッポンの創業者―大変革期に求められるリーダーの生き方　（童門冬二著）　ダイヤモンド社　2004.10　319p
◇資料・根津嘉一郎の育英事業―七年制武蔵高等学校の開設　（武蔵学園記念室編）　武蔵学園記念室　2005.3　179,12,40p

【雑　誌】
◇特集・日本経済を築いた数寄者たち　数寄に生きた実業家　「太陽」231 1982.2
◇根津美術館（近代の数寄者と茶の美術館）「淡交」39（増刊）1985
◇美術館を創った人々　根津嘉一郎—根津美術館　（西田宏子）「茶道の研究」33(8) 1988.8
◇全従業員を主役として扱う＝根津嘉一郎（先人に学ぶ"人使いの妙"哲理）（根津嘉一郎、三神良三）「セールスマネジャー」25(2) 1989.2
◇青山翁の茶業　（小田栄一）「陶説」451 1990.10
◇豪商スリーシスターズ（東京のミュージアムめぐり(4)）（アレックス・カー）「新潮45」13(8) 1994.8
◇「内に消極、外に積極」企業再生の達人と呼ばれた「ボロ買いちろう」の経営手腕—根津財閥創始者・根津嘉一郎（特集2 その熱き人生から学べ「変革期の創業者列伝」）（岩崎博充）「先見経済」セイワコミュニケーションズ 50(1) 2005.1 p33～35
◇評伝・根津嘉一郎(1)（野澤旭）「甲斐ケ嶺」甲斐ケ嶺出版 78 2008.3 p44～52
◇評伝・根津嘉一郎(2)（野澤旭）「甲斐ケ嶺」甲斐ケ嶺出版 79 2008.6 p44～49
◇評伝・根津嘉一郎(抄)(3)（野澤旭）「甲斐ケ嶺」甲斐ケ嶺出版 80 2008.9 p57～65
◇評伝・根津嘉一郎(抄)(4)（野澤旭）「甲斐ケ嶺」甲斐ケ嶺出版 81 2008.12 p47～56
◇根津美術館　新創記念特別展　根津青山の茶の湯—初代根津嘉一郎の人と茶と道具　（西田宏子）「茶道雑誌」河原書店 73(11) 2009.11 p36～44,13～17
◇根津美術館　新創記念特別展第二部　「根津青山の茶の湯—初代根津嘉一郎の人と茶と道具」より　「陶説」日本陶磁協会 681 2009.12 p27～34,7～10

野村宗十郎　のむらそうじゅうろう　1857～1925
明治、大正期の印刷業者。
【図　書】
◇本木昌造伝　（島屋政一著）朗文堂 2001.8 480p
【雑　誌】
◇野村宗十郎碑余聞　（遠藤知周）「目黒区郷土研究」425 1990.6
◇饅頭本の世界（特集　饅頭本・売られなかった本）（木本至）「彷書月刊」6(6) 1990.6

萩原鐐太郎　はぎわらりょうたろう　1843～1916
明治、大正期の実業家。碓氷社社長、衆議院議員。
【図　書】
◇日本近代化の精神世界—明治期豪農層の軌跡（宮沢邦一郎著）雄山閣出版 1988.1
◇近代群馬の思想群像（高崎経済大学附属産業研究所編）貝出版企画 1988.3
◇日本の『創造力』—近代・現代を開花させた470人〈4〉進む交流と機能（富田仁編）日本放送出版協会 1993.3
◇絹先人考（上毛新聞社編）上毛新聞社 2009.2 313p（シルクカントリー双書）
【雑　誌】
◇上州人事業家列伝〔8〕萩原鐐太郎（萩原進）「調査月報（群馬経済研究所）」8 1984.2
◇萩原鐐太郎における自立的発展の思想—田口卯吉の自由貿易思想との対比で（木嶋久実）「経済論究」九州大学大学院経済学会 97 1997.3 p31～43

長谷川芳之助　はせがわよしのすけ　1855～1912
明治期の実業家、政治家。工学博士、衆議院議員。
◇九州の石炭と鉄道と長谷川芳之助(技術史断章・工学博士野呂景義につらなる人びと（18））（飯田賢一）「1E」22(9) 1980.9

畠山太助　はたけやまたすけ　1816～1873
幕末、明治期の百姓。陸奥国盛岡藩百姓一揆の頭取人筆頭。
【図　書】
◇平野家のあらましと畠山太助のこと（平野正太郎著）平野正太郎 1987.8

畠山勇子　はたけやまゆうこ　1865～1891
明治期の針子。大津事件の報に京都府庁門前にて自刃。
【図　書】
◇安房先賢偉人伝（安房先賢偉人顕彰会編）国書刊行会 1981.4
◇女が見る眼・女を見る眼（大和文庫）（草柳大蔵著）ダイワアート 1984.5
◇大津事件の烈女畠山勇子—伝記・畠山勇子（沼波武夫著）大空社 1995.3 186,6p（伝記叢書）

【雑　誌】
◇畠山勇子—大津事件に憤死した烈女(特集花ひらく明治の女性たち)（秋月しのぶ）「歴史と旅」12(2) 1985.2
◇畠山勇子百年忌に（横井利子）「房総路」25 1991.7
◇ポルトガルの文人モラエスの見た大津事件と烈女畠山勇子（日埜博司（訳））「流通経済大学論集」流通経済大学学術研究会 31(4) 1997.3 p84～94

波多野承五郎　はたのしょうごろう　1858～1929
明治～昭和期の官僚、実業家。衆議院議員。
【図　書】
◇福沢諭吉の真実（平山洋著）文芸春秋 2004.8 244p（文春新書）

波多野鶴吉　はたのつるきち　1858～1918
明治期の実業家。郡是製糸社長。
【図　書】
◇宥座の器—グンゼ創業者　波多野鶴吉の生涯（四方洋著）あやべ市民新聞社 1997.12 243p
◇波多野鶴吉翁伝—伝記・波多野鶴吉（村島渚著）大空社 2000.9 288,4p（伝記叢書）
◇日本経営理念史　新装復刻版（土屋喬雄著）麗沢大学出版会 2002.2 650p
【雑　誌】
◇信仰者の生活史研究(1)企業家3人の場合,波多野鶴吉・大原孫三雄・鈴木清一（安藤学）「上戸学園女子短期大学紀要」10 1993.9
◇波多野鶴吉翁伝のこと（山口正世司）「史談ふくう山」498 1993.9
◇日本の近代化とキリスト教的企業経営(1)森村市左衛門と波多野鶴吉の事例を通して（共同研究報告(3)—プロジェクト研究「経営者の宗教意識と仏教的経営」）（武井昭）「仏教経済研究」駒沢大学仏教経済研究所 25 1996.5 p305～317
◇波多野鶴吉の企業理念—京都策とキリスト教をめぐって（並松信久）「京都産業大学日本文化研究所紀要」京都産業大学日本文化研究所 12・13 2008年度 p502～444

服部金太郎　はっとりきんたろう　1860～1934
明治、大正期の実業家。服部時計店社長。
【図　書】
◇日本の『創造力』—近代・現代を開花させた470人〈7〉驀進から熟成へ（富田仁編）日本放送出版協会 1992.11
◇人物探訪　地図から消えた東京遺産（田中聡）祥伝社 2000.2 297p（祥伝社黄金文庫）
◇20世紀日本の経済人　2（日本経済新聞社編）日本経済新聞社 2001.2 380p（日経ビジネス人文庫）
◇時計王—セイコー王国を築いた男（若山三郎著）学習研究社 2002.5 294p（学研M文庫）
◇破天荒に生きる（鹿島茂著）PHP研究所 2002.6 261p
◇われ、官を恃まず—真の「民間事業」を創った男たちの挑戦（吉田伊生夫著）産経新聞ニュースサービス 2002.8 334p
◇日本経営者列伝—成功への歴史法則（加来耕三著）学陽書房 2005.8 452p（人物文庫）
◇落ちこぼれ万歳—自分を生きたアントレプレナー列伝（水野博之著）明拓出版 2007.11 226p
◇リーダーの心得ハンドブック—部下のやる気に火をつける！（佐藤悌二郎著）PHP研究所 2008.2 229p
【雑　誌】
◇近代日本人の精神構造分析(12)実業人の場合（山本恒夫）「筑波大学教育学系論集」5 1981.3
◇時計王・服部金太郎の人間学(先人に学ぶ"人使いの妙"哲理)（三神良三）「セールスマネジャー」17(1) 1981.11
◇服部金太郎氏逝去「図書館雑誌」79(3) 1985.3
◇わが社の創業者〔服部セイコー〕服部金太郎（服部謙太郎）「経営者」39(4) 1985.4
◇故服部〔金太郎〕氏が叙勲「図書館雑誌」79(5) 1989.5
◇勝利者学—成功の要因を知る(第9回)セイコー　服部金太郎　商人は世間より常に1歩先を歩くことが大事。ただし、進み過ぎると、うまくいかない（相川信彦）「先見経済」セイワコミュニケーションズ 51(11) 2006.6.15 p40～42

馬場道久　ばばみちひさ　1846～1916
明治、大正期の実業家。越中商船社長。
【図　書】
◇馬場道久〔道正弘〕1981

パーマー, H.　Parmer, Henry Spencer　1838～1893
イギリスの土木技師。1885年日本初の洋式水道を竣工。
【図書】
◇きょう土につくした人びと　ふるさと歴史新聞 3　(二木紘三文)　ポプラ社　1996.4　47p
◇祖父パーマー―横浜・近代水道の創設者　(樋口次郎著)　有隣堂　1998.10　225p　(有隣新書)
【雑誌】
◇オランダ人技術者とイギリス人技術者の確執―デ・レーケ(Johannis de Rijke)とパーマー(Henry Spencer Palmer)を中心に　(松浦茂樹,上林好之)「水利科学」213　1993.10
◇ロンドン学派のイントネーション研究―ハロルド E.パーマーの音調研究　(長瀬慶来)「山梨医科大学紀要」山梨医科大学 18　2001　p119～127

浜崎太平次〔8代〕　はまさきたへいじ　1814～1863
幕末の商人、貿易商。
【図書】
◇幕末志士の生活　(芳賀登)　雄山閣出版　1982.6　(生活史叢書 8)
◇語り継ぎたい日本人　(モラロジー研究所出版部編)　モラロジー研究所　2004.9　223p　(「歴史に学ぼう、先人に学ぼう」)
【雑誌】
◇専売王国薩摩　海商浜崎太平次の活躍―特集・近世大商人の情報戦略　(原口泉)「歴史と人物」13(7)　1983.6

早川千吉郎　はやかわせんきちろう　1863～1922
明治期の銀行家。満州鉄道社長。
【雑誌】
◇三井の早川千吉郎と報徳　(村松敬司)「浜松短期大学研究論集」28　1983.11

林遠里　はやしえんり　1831～1906
明治期の勧農家。
【図書】
◇人物・日本資本主義 4　明治のイデオローグ　(大島清ほか著)　東京大学出版会　1983.6
◇日本老農伝　改訂増補　(大西伍一)　農山漁村文化協会　1985.12
◇老農の富国論―林遠里の思想と実践　(内田和義著)　農山漁村文化協会　1991.10
◇福岡県史　近代史料編〔21〕林遠里・勧農社　(西日本文化協会編纂)　福岡県　1992.3
◇飯沼二郎著作集〈第3巻〉農学研究　(飯沼二郎著)　未来社　1994.5
◇「老農時代」の技術と思想―近代日本農事改良史研究　(西村卓著)　ミネルヴァ書房　1997.3　329,9p　(Minerva日本史ライブラリー)
【雑誌】
◇老農林遠里の思想―富国論を中心に　(内田和義)「農林業問題研究」26(1)　1990.3
◇愛知県における林遠里と「勧農社」派遣教師―明治20年代における地方勧農政策のはらむ問題点　(伴野泰弘)「経済学」39(2)　1991.10
◇明治20年代長野県における林遠里稲作改良法の導入―実業教師の活動と改良法導入の意図　(西村卓)「経済学論叢」同志社大学経済学会 46(3)　1995.3　p714～786
◇老農・林遠里と勧農社(1831～1906)　(新田貞章)「政経論叢」明治大学政治経済研究所 67(5・6)　1999.2　p227～250
◇老農林遠里の「履歴書」正本について　(西村卓)「経済学論叢」同志社大学経済学会 54(2)　2003.3　p490～471
◇稲作王国〈鳥取〉県農政と中井太一郎の普及活動―〔久米河村〕郡立農学校の創立と林遠里招聘を中心に　(大島佐知子)「鳥取県立公文書館研究紀要」鳥取県立公文書館 4　2008　p27～56,図巻頭1枚

早矢仕有的　はやしゆうてき　1837～1901
明治期の実業家。丸屋書店社長。
【図書】
◇かながわの医療史探訪　(大滝紀雄)　秋山書房　1983.12
◇物語　明治文壇外史　(巖谷大四著)　新人物往来社　1990.10
◇マイナス転じて福となす経営―名商人に学ぶ始末と才覚の研究　(童門冬二著)　PHP研究所　1993.2
◇日本の『創造力』―近代・現代を開花させた470人〈3〉流通と情報の革命　(富田仁編)　日本放送出版協会　1993.2
◇横浜のくすり文化―洋薬ことはじめ　(杉原正泰,天野宏著)　(横浜)有隣堂　1994.1　(有隣新書)
◇横浜商人とその時代　(横浜開港資料館編)　(横浜)有隣堂　1994.7　(有隣新書)
◇人物に学ぶ明治の企業事始め　(森友幸照著)　つくばね舎　1995.8　210p
◇日本経済の礎を創った男たちの言葉―21世紀に活かす企業の理念・戦略・戦術　(森友幸照著)　すばる舎　1999.11　229p
◇ヒト・モノ・コトバ―明治からの文化誌　(橋詰静子著)　三弥井書店　2007.12　207,11p
◇横浜開港時代の人々　(紀田順一郎著)　神奈川新聞社　2009.4　270p
【雑誌】
◇早矢仕有的への来翰を巡って(1)(遺稿)　(曽我なつ子,松島栄一)「学鐙」79(1)　1982.1
◇早矢仕有的への来翰を巡って(2)(遺稿)　(曽我なつ子,松島栄一)「学鐙」79(2)　1982.2
◇早矢仕有的への来翰を巡って(3)(遺稿)　(曽我なつ子,松島栄一)「学鐙」79(3)　1982.3
◇早矢仕有的への来翰を巡って(4)(遺稿)　(曽我なつ子,松島栄一)「学鐙」79(4)　1982.4
◇早矢仕有的への来翰を巡って(5)(遺稿)　(曽我なつ子,松島栄一)「学鐙」79(5)　1982.5
◇早矢仕有的への来翰を巡って(6)(遺稿)　(曽我なつ子,松島栄一)「学鐙」79(6)　1982.6
◇笹№ 行　(植村清二)「日本古書通信」47(7)　1982.7
◇早矢仕有的への来翰を巡って(7)(遺稿)　(曽我なつ子,松島栄一)「学鐙」79.7　1982.7
◇早矢仕有的への来翰を巡って(8)(遺稿)　(曽我なつ子,松島栄一)「学鐙」79(8)　1982.8
◇早矢仕有的への来翰を巡って(9)(遺稿)　(曽我なつ子,松島栄一)「学鐙」79(9)　1982.9
◇早矢仕有的への来翰を巡って(10)(遺稿)　(曽我なつ子,松島栄一)「学鐙」79(10)　1982.10
◇早矢仕有的への来翰を巡って(11)(遺稿)　(曽我なつ子,松島栄一)「学鐙」79(11)　1982.11
◇早矢仕有的への来翰を巡って―〔12〕完―(遺稿)　(曽我なつ子,松島栄一)「学鐙」79(12)　1982.12
◇わが社の創業者〔丸善〕早矢仕有的　(飯泉新吾)「経営者」39(5)　1985.5
◇丸善創業前後「丸屋商社之記」(<特集>丸善を読む　丸善創業一二〇周年記念)　(杉山忠平)「学鐙」86(1)　1989.1
◇丸屋商社と福沢諭吉・早矢仕有的・中村道太(特集　丸善創業130周年記念)　(坂井達朗)「学鐙」丸善 96(1)　1999.1　p10～13
◇黎明期の実業家・早矢仕有的(特集　丸善創業130周年記念)　(佐藤孝)「学鐙」丸善 96(1)　1999.1　p14～17
◇特集　福沢諭吉・早矢仕有的　没後百年記念　「学鐙」丸善 98(1)　2001.1　p4～25
◇時代の羅針を読む(丸善は大人の知的空間)　(渡辺慶司文)「東京人」17(8)　2002.8　p141
◇丸善社史資料(11)早矢仕有的年譜(3)早矢仕民治編　「学鐙」丸善 100(3)　2003.3　p34～37
◇丸善社史資料(16)早矢仕有的年譜(早矢仕民治編)(8)　「学鐙」丸善 100(8)　2003.8　p34～37
◇書簡に見る福澤人物誌(第20回)早矢仕有的・中村道太―パイオニア型の企業家の肖像　(坂井達朗)「三田評論」慶応義塾 1086　2006.1　p24～30
◇開港・開化傑物伝(10)新旧二つの時代の岐路に立ち西洋文物の粋を導入した異才―貿易商社<早矢仕有的>　(紀田順一郎)「Best partner」浜銀総合研究所 20(10)　2008.10　p36～41

速水堅曹　はやみけんぞう　1839～1913
明治期の製糸指導者。
【図書】
◇絹先人考　(上毛新聞社編)　上毛新聞社　2009.2　313p　(シルクカントリー双書)

原善三郎　はらぜんざぶろう　1827～1899
明治期の実業家、政治家。
【図書】
◇黄金伝説―「近代成金たちの夢の跡」探訪記　(荒俣宏著,高橋昇写真)　集英社　1990.4
◇横浜商人とその時代　(横浜開港資料館編)　(横浜)有隣堂　1994.7　(有隣新書)
◇生糸商　原善三郎と富太郎―その生涯と事績　(勝浦吉雄著)　文化書房博文社　1996.2　223p
◇「創造と変化」に挑んだ6人の創業者　(志村和次郎著)　日刊工業新聞社　2005.2　179p
◇横浜開港時代の人々　(紀田順一郎著)　神奈川新聞社　2009.4　270p
【雑誌】
◇原善三郎と富太郎と三渓園　(勝浦吉雄)「立正大学地域研究センター年報」立正大学地域研究センター　第19号 1996.3　p101～102
◇原善三郎と原富太郎と三渓園　(勝浦吉雄)「立正大学地域研究センター年報」立正大学地域研究センター　第20号 1997.3　p4～17
◇『狐掌鳴りがたし』生糸貿易商・原善三郎と三人の野沢屋　(須藤忠

夫）「立正大学地域研究センター年報」 立正大学地域研究センター 第20号 1997.3 p77～88
◇開港・開化傑物伝(15)幕末商人が開いた絹の市場 後継者を得て文化の華開く―生糸貿易＜原善三郎/原三渓＞ （紀田順一郎）「Best partner」 浜銀総合研究所 21(3) 2009.3 p36～41

原田二郎　はらだじろう　1849～1930
明治、大正期の実業家。
【図　書】
◇日本の企業家と社会文化事業―大正期のフィランソロピー （川添登、山岡義典編著） 東洋経済新報社 1987.6
◇資料 女性史論争 （古庄ゆき子編） ドメス出版 1987.10 （論争シリーズ）
◇財界人物我観 （福沢桃介著） 図書出版社 1990.3 （経済人叢書）
◇原田二郎と倭城研究 （黒田慶一）『新視点中世城郭研究論集』（村田修三編） 新人物往来社 2002.8 p423～

原忠順　はらただゆき　1834～1894
幕末、明治期の官吏、殖産家。佐賀鹿島藩士。
【雑　誌】
◇鹿島藩最後の名家老と謳われた応侯原忠順先生 「大肥前」 54(6) 1984.6

原亮三郎　はらりょうざぶろう　1848～1919
明治期の出版業者。東京書籍出版営業組合初代頭取。
【雑　誌】
◇「原亮三郎」伝の神話と正像―文献批判のためのノート （稲岡勝）「出版研究」 18 1988.3

原六郎　はらろくろう　1842～1933
明治、大正期の実業家。
【図　書】
◇日本の『創造力』―近代・現代を開花させた470人〈4〉進む交流と機能 （富田仁編） 日本放送出版協会 1993.3
◇原六郎コレクションと観海庵 （アルカンシェール美術財団原美術館編） アルカンシェール美術財団原美術館 2008.7 137,11p
【雑　誌】
◇御殿山 原コレクション（話題展） （河合正朝）「月刊美術」 23(3) 1997.3 p203～204
◇沖守固と原六郎 「横浜開港資料館紀要」 横浜開港資料館 26 2008.3 p1～20

日比翁助　ひびおうすけ　1860～1931
明治、大正期の実業家。三越呉服店会長。
【図　書】
◇犬だって散歩する （丸谷才一著） 講談社 1986.9
◇三越の革新―拡百貨店への戦略 （吉田貞雄著） ダイヤモンド社 1986.10
◇日本の広告―人・時代・表現 （山本武利、津金沢聰広著） 日本経済新聞社 1986.10
◇日本の『創造力』―近代・現代を開花させた470人〈7〉驀進から熟成へ （富田仁編） 日本放送出版協会 1992.11
◇20世紀日本の経済人 2 （日本経済新聞社編） 日本経済新聞社 2001.2 380p （日経ビジネス人文庫）
◇日本をつくった企業家 （宮本又郎編） 新書館 2002.5 252p
◇経営者の精神史―近代日本を築いた破天荒な実業家たち （山口昌男著） ダイヤモンド社 2004.3 318p
◇「敗者」の精神史 上 （山口昌男著） 岩波書店 2005.6 459p （岩波現代文庫）
◇智将の知恵、闘将の決断―発想のヒントが満載！ （二見道夫著） ファーストプレス 2007.12 179p
【雑　誌】
◇「三越」の基礎を築いた"日比翁助"の職業観（老舗・創業者の創意工夫物語(12)） （青井隆章）「セールス」 27(15) 1982.12
◇「黎明期」（1901～1925年）「論語とソロバンの一致」を旨とした明治の財界人―渋沢栄一（第一国立銀行）、益田孝（三井財閥）、岩崎小弥太（三菱財閥）、浅野総一郎（浅野財閥）、安田善次郎（安田財閥）、鮎川義介（日産コンツェルン）、古河虎之助（古河財閥）、藤原銀次郎（王子製紙）、武藤山治（鐘紡）、森矗昶（昭和電工）、諸井恒平（秩父セメント）、日比翁助（三越）、森永太一郎（森永製菓）、馬越恭平（大日本麦酒）、鈴木三郎助（味の素）、大原孫三郎（倉敷紡績）、福原有信（資生堂）、野村徳七（野村証券）、鈴木馬左也（住友財閥）、弘世助三郎（日本生命）（日本経済100年100人） （童門冬二）「フォーブス日本版」 9(1) 2000.1 p63～69
◇書簡に見る福翁人物誌（第19回）高橋義雄・日比翁助―日本最初のデパートの創始者 （平野隆）「三田評論」 慶応義塾 1085 2005.12 p32～38
◇明治後期における百貨店創業期の営業展開―三越の日比翁助の経営活動をめぐって （末田智樹）「市場史研究」 市場史研究会,そしえて（発売） 第26号 2006.12 p108～132

日比谷平左衛門　ひびやへいざえもん　1848～1921
明治、大正期の実業家。日清紡績会長。
【雑　誌】
◇紡績界の重鎮―日比谷平左衛門（巨人伝説〔7〕） （木村勝美）「フォーブス日本版」 4(7) 1995.7 p178～181

平岡浩太郎　ひらおかこうたろう　1851～1906
明治期の実業家、政治家。衆議院議員、玄洋社社長。
【図　書】
◇玄洋社発掘―もうひとつの自由民権 （石滝豊美） 西日本新聞社 1981.6

平岡煕　ひらおかひろし　1856～1934
明治～昭和期の鉄道技師、実業家。初の野球チームを結成。
【図　書】
◇日本で初めてカーブを投げた男―道楽大尽 平岡煕の伝記物語 （鈴木康允、酒井堅次著） 小学館 2000.12 254p
【雑　誌】
◇ある忘れられた明治の実業家（近代日本の異能・偉才実業家100人「おじいさんたちは偉かった！」―20世紀総発掘 第4弾） （坪内祐三）「月刊Asahi」 5(7) 1993.7
◇大名行列 （渡辺保）「文芸春秋」 74(13) 1996.11 p89～90
◇平岡煕〔上〕野球を輸入した鉄道技術者（経営者の精神史〔7〕） （山口昌男）「ダイヤモンド」 90(41) 2002.10.26 p166～167
◇平岡煕〔下〕トリックスターとしての経営者（経営者の精神史〔8〕） （山口昌男）「ダイヤモンド」 90(43) 2002.11.9 p136～137

平生釟三郎　ひらおはちさぶろう　1866～1945
明治～昭和期の実業家、政治家。
【図　書】
◇平生釟三郎の日記に関する基礎的研究 （日野賢隆編） 甲南大学総合研究所 1986.9 （甲南大学総合研究所叢書）
◇夢を抱き歩んだ男たち―川崎重工業の変貌と挑戦 （福島武夫著） 丸ノ内出版 1987.3
◇東京海上火災 （柏田道夫作、ひおあきら画） 世界文化社 1988.6 （企業コミック）
◇平生釟三郎日記抄―大正期損害保険経営者の足跡〈上巻〉 （平生釟三郎著，三島康雄編） （京都）思文閣出版 1990.5
◇日本の経済思想家たち （杉原四郎著） 日本経済評論社 1990.6
◇四迷・啄木・藤村の周縁―近代文学管見 （高阪薫著） （大阪）和泉書院 1994.6 （近代文学研究叢刊）
◇平生釟三郎自伝 （安西敏三校訂） 名古屋大学出版会 1996.3 482,11p
◇平生釟三郎―暗雲に蒼空を見る （小川守正、上村多恵子著） PHP研究所 1999.4 228p
◇世界に通用する紳士たれ 平生釟三郎・伝 （小川守正、上村多恵子著） 燃焼社 1999.12 258p
◇社外取締役―企業経営から企業統治へ （大橋敬二著） 中央公論新社 2000.11 192p （中公新書）
◇大地に夢求めて―ブラジル移民と平生釟三郎の奇跡 （小川守正、上村多恵子著） 神戸新聞総合出版センター 2001.6 205p
◇昭和前史に見る武士道―続平生釟三郎・伝 （小川守正著） 燃焼社 2005.6 164p
◇平生釟三郎日記に見る関西のモダニズム （松井朔子）『関西モダニズム再考』（竹村民郎、鈴木貞美編） 思文閣出版 2008.1 p98
【雑　誌】
◇平生釟三郎―理想家肌が陥った国家主義への道（特集・人物・昭和資本主義） （米倉健一郎）「現代の眼」 21(8) 1980.8
◇平生釟三郎の経済思想 （杉原四郎）「関西大学経済論集」 35(6) 1986.3
◇川崎造船所和議事件と平生釟三郎―整理委員としての活動をめぐって （柴孝夫）「経済経営論叢（京都産業大学経済経営学会）」 20(4) 1986.3
◇平生釟三郎、その教育理念に関する一考察 （安西敏三）「甲南法学」 26(4) 1986.3
◇平生釟三郎と大正海上火災の設立―日記を通してみた経営者心理（現代経営管理の研究） （三島康雄）「甲南経営研究」 26(1・2) 1986.3
◇平生釟三郎と二葉亭四迷―青春の分岐点 （高阪薫）「甲南大学紀要 文学編」 68 1987
◇平生釟三郎と漢字廃止論 （有村兼彬）「甲南大学紀要 文学編」 68 1987
◇平生釟三郎「自叙伝」(1) （安西敏三校・注解）「甲南法学」 27(3・4) 1987.3
◇平生釟三郎「自叙伝」(2) （安西敏三校・注解）「甲南法学」 28(2)

1987.10
◇平生釟三郎と二葉亭四迷(2)矢野二郎をめぐって　(高阪薫)「甲南大学紀要　文学編」72　1988
◇平生釟三郎「自叙伝」(3)　(安西敏三校・注解)「甲南法学」28(3)　1988.1
◇川崎造船所と平生釟三郎―再建活動の理念をめぐって(1)　(榮孝夫)「経済経営論叢(京都産業大学)」22(4)　1988.3
◇平生釟三郎「自叙伝」(4)　(安西敏三校・注解)「甲南法学」28(4)　1988.3
◇平生釟三郎「自叙伝」(5)　(安西敏三校・注解)「甲南法学」29(1)　1988.6
◇川崎造船所と平生釟三郎―再建活動の理念をめぐって(2)　(榮孝夫)「経済経営論叢(京都産業大学経済経営学会)」23(2)　1988.9
◇政治家としての平生釟三郎(2完)　(安西敏三)「甲南法学」29(2)　1989.1
◇平生釟三郎「自叙伝」(6,7完)　(安西敏三校・注解)「甲南法学」29(3・4),30(1)　1989.3,9
◇大正期における専門経営者の人脈形成―平生釟三郎の日記を通して　(三島康雄)「彦根論叢(滋賀大学)」262・263　1989.12
◇平生釟三郎の財閥批判　(三島康雄)「甲南経営研究」30(1・2)　1990.2
◇平生釟三郎と生の目的―「自叙伝」解説　(安西敏三)「甲南法学」31(3・4)　1991.3
◇平生釟三郎の各財閥論　(三島康雄)「甲南経営研究」32(3・4)　1992.3
◇平生釟三郎の保険思想　(小林惟司)「千葉商大論叢」30(2)　1992.9
◇平生釟三郎論説論考集―「拾芳」第1号～第10号より　(安西敏三)「甲南法学」甲南大学法学会　37(4)　1997.4　p523～564
◇平生釟三郎と「新体制」(1)　(滝口剛)「阪大法学」大阪大学法学部　192　1998.2　p1175～1212
◇平生釟三郎と「新体制」(2完)　(滝口剛)「阪大法学」大阪大学法学部　193　1998.4　p107～135
◇平生釟三郎(特集・この経済人に学べ)　(高島俊男)「文芸春秋」76(11)　1998.11　p343～347
◇資料　続・平生釟三郎論説論考集―『拾芳』第11号～第23号より　(安西敏三)「甲南法学」甲南大学法学会　39(3・4)　1999.3　p301～377
◇平生釟三郎の松方幸次郎観の形成過程―第一次世界大戦終結前後を中心にして　(柴孝夫)「奈良県立商科大学研究季報」奈良県立商科大学　11(2)　2000.10.10　p1～9
◇床次竹二郎と平生釟三郎(1)1920年代の政党政治をめぐって　(滝口剛)「阪大法学」大阪大学大学院法学研究科　52(2)　2002.8　p209～233
◇床次竹二郎と平生釟三郎(2・完)1920年代の政党政治をめぐって　(滝口剛)「阪大法学」大阪大学大学院法学研究科　52(6)　2003.3　p1～36
◇実業同志会と大阪財界―武藤山治と平生釟三郎の関係を中心に　(滝口剛)「阪大法学」大阪大学大学院法学研究科　55(3・4)　2005.11　p775～805

平沼専蔵　ひらぬませんぞう　1836～1913
明治期の実業家。貴族院・衆議院議員。
【図　書】
◇相場師異聞―一攫千金に賭けた猛者たち　(鍋島高明著)　河出書房新社　2002.12　316p

平野富二　ひらのとみじ　1846～1892
幕末,明治期の実業家,技術者。神田に活版製造所創立。
【図　書】
◇活版印刷史　(川田久長)　印刷学会出版部　1981.10
◇日本の『創造力』―近代・現代を開花させた470人〈4〉進む交流と機能　(富田仁編)　日本放送出版協会　1993.3
◇本木昌造・平野富二詳伝―伝記・本木昌造/平野富二　(三谷幸吉編著)　大空社　1998.11　17,261p　図版16枚　(近代日本企業家伝叢書)
◇活字をつくる―本木昌造の活字づくりと欧州の例にまなぶ　(片塩二朗,河野三男著)　朗文堂　2002.6　230p　(ヴィネット)
◇富二　奔る―近代日本を創ったひと・平野富二　(片塩二朗著)　朗文堂　2002.12　169p　(ヴィネット)
◇日本語活字ものがたり―草創期の人と書体　(小宮山博史著)　誠文堂新光社　2009.1　268p　(文字と組版ライブラリ)

広岡浅子　ひろおかあさこ　1849～1919
明治,大正期の実業家。
【図　書】
◇実業家　広岡浅子―日本女子大学校の援助者　(高橋阿津美)『大正期の女性雑誌』(近代女性文化史研究会著)　大空社　1996.8　p257

広沢安任　ひろさわやすとう　1830～1891
明治期の牧畜家。
【図　書】
◇会津の群像―獅子の時代を生きた　(小島一男)　歴史春秋社　1981.2
◇物語　悲劇の会津人　(新人物往来社編)　新人物往来社　1990.5
◇日本の『創造力』―近代・現代を開花させた470人〈2〉殖産興業への挑戦　(富田仁編)　日本放送出版協会　1993.1
◇犢を逐いて青山に入る―会津藩士・広沢安任　(松本健一著)　ベネッセコーポレーション　1997.2　290p
◇会津藩　斗南へ―誇り高き魂の軌跡　(星亮一著)　三修社　2006.4　309p
◇逆境をのりこえる人間学　(山下康博著)　中経出版　2008.12　223p　(中経の文庫)
◇会津藩　斗南へ―誇り高き魂の軌跡　新装版　(星亮一著)　三修社　2009.9　309p
【雑　誌】
◇会津人広沢安任の生涯(6)　(葛西富夫)「うそり」17　1980.1
◇会津人広沢安任の生涯(7)北に燃ゆ(1)　(葛西富夫)「うそり」18　1981.2
◇会津人広沢安任の生涯(7)　(葛西富夫)「うそり」19　1982.1
◇会津人広沢安任の生涯(9)　(葛西富夫)「うそり」20　1983.5
◇会津人広沢安任の生涯(10)　(葛西富夫)「うそり」22　1985.7
◇会津人広沢安任の生涯(11)　(葛西富夫)「うそり」23　1986.6
◇会津人広沢安任の生涯(12)　(葛西富夫)「うそり」24　1987.6
◇犢(こうし)を逐(お)いて青山に入る―会津藩士・広沢安任―10―　(松本健一)「海燕」ベネッセコーポレーション　15(8)　1996.8　p228～239
◇会津から羽ばたいた人びと　広沢安任―斗南ヶ原に日本初の洋式牧場　(特集・戊辰戦争会津の悲劇―至誠を全うして一藩一丸炎と化した会津の士道)　(工藤睦男)「歴史と旅」24(9)　1997.6　p154～159
◇会津藩士広沢安任の南部産馬事績　(武市銀次郎)「防衛学研究」防衛大学校防衛学研究会　22　1999.11　p82～106
◇旧会津藩士広沢安任の南部産馬事績　(武市銀次郎)「防衛学研究」防衛大学校防衛学研究会　第22号　1999.11　p82～106

広瀬久兵衛　ひろせきゅうべえ　1790～1871
幕末,明治期の実業家。
【図　書】
◇錐と鎚―広瀬淡窓と久兵衛　(福本英城)　鵬和出版　1984.4
◇豪商の舞台をゆく　(島武史著)　商業界　1989.3　(まあきゅりいぶっくす)
◇マイナス転じて福となす経営―名商人に学ぶ始末と才覚の研究　(童門冬二著)　PHP研究所　1993.2
◇和魂和才―世界を超えた江戸の偉人たち　(童門冬二著)　PHP研究所　2003.2　238p
◇近世讃岐の藩財政と国産統制　(木原溥幸著)　渓水社　2009.3　294p
【雑　誌】
◇宇佐市海岸部の新田開発―広瀬久兵衛文書　(椛田美純)「宇佐文化」45(1・2)　1981.10

広瀬宰平　ひろせさいへい　1828～1914
幕末,明治期の実業家。大阪製銅社長,大阪商船社長。
【図　書】
◇半世物語　(広瀬宰平,住友修史室編纂)　住友修史室　1982.5
◇夕陽を知らぬ男たち―彼らはいかに生きたか　(小島直記)　旺文社　1983.2　(旺文社文庫)
◇人物・日本資本主義3　明治初期の企業家　(大島清ほか著)　東京大学出版会　1983.6
◇経営者名言集―仕事の活力源(名言シリーズ)　(小島直記著)　実業之日本社　1986.7
◇豪商物語　(邦光史郎著)　博文館新社　1986.12
◇政商の誕生―もうひとつの明治維新　(小林正彬著)　東洋経済新報社　1987.1
◇住友軍団パワーの秘密　(邦光史郎,グループHLC著)　東急エージェンシー出版事業部　1987.4
◇幕末住友役員会―生き残りに賭けた二人の企業戦略　(佐藤雅美著)　講談社　1987.8
◇トップを活かす―参謀型人材の要諦　(渡部昇一ほか著)　三笠書房　1988.1　(知的生きかた文庫)
◇住友財閥成立史の研究　(畠山秀樹著)　同文舘出版　1988.1
◇地球物理学者　竹内均の人物山脈〈1〉　(竹内均著)　同文書院　1988.11　(コスモス・ライブラリー―HUMAN SCIENCE)
◇代表的日本人―自己実現に成功した43人　(竹内均著)　同文書院　1990.1
◇黄金伝説―「近代成金たちの夢の跡」探訪記　(荒俣宏著,高橋昇写真)　集英社　1990.4

◇会社のルーツおもしろ物語―あの企業の創業期はこうだった！（邦光史郎著） PHP研究所 1992.8 （PHPビジネスライブラリー）
◇日本の『創造力』―近代・現代を開花させた470人〈1〉御一新の光と影 （富田仁編） 日本放送出版協会 1992.12
◇明敏にして毒気あり―明治の怪物経営者たち （小堺昭三著） 日本経済新聞社 1993.10
◇日本を造った男たち―財界創始者列伝 （竹内均著） 同文書院 1993.11
◇黄金伝説 （荒俣宏著） 集英社 1994.4 （集英社文庫―荒俣宏コレクション）
◇開国の時代を生き抜く知恵 （童門冬二著） プレイグラフ社 1996.4 301p
◇近代住友の経営理念―企業者史的アプローチ （瀬岡誠著） 有斐閣 1998.10 276p
◇宰平遺績―伝記・広瀬宰平 （広瀬満正著） 大空社 2000.9 1冊 （伝記叢書）
◇日本をつくった企業家 （宮本又郎編） 新書館 2002.5 252p
◇明治の怪物経営者たち―明敏にして毒気あり （小堺昭三著） 学陽書房 2003.6 315p （人物文庫）
◇幕末「住友」参謀 広瀬宰平 （佐藤雅美著） 学陽書房 2003.11 335p （人物文庫）
◇商売繁盛・老舗のしきたり （泉秀樹著） PHP研究所 2008.5 194p （PHP新書）

【雑誌】
◇浪速の大店を繁盛させた辣腕番頭たち―山片蟠桃は主家を再建、広瀬宰平は維新期に住友の危機を救う（特集・「名補佐役」は組織を活かす） （作道洋太郎） 「プレジデント」 28（10） 1990.10
◇明治20年中止上における広瀬宰平演説と住友の事業精神―早すぎた産業資本家の栄光と挫折 （末岡照啓） 「住友史料館報」 22 1991.7
◇広瀬宰平の企業者史的研究―広瀬宰平と住友の創業者精神 （瀬岡誠） 「社会科学」 同志社大学人文科学研究所 57 1996.7 p1～36
◇幕末・維新期、新居浜上原の新田開発と広瀬宰平―広瀬公園（愛媛県指定名勝地）の由来 （末岡照啓） 「住友史料館報」 住友史料館 27 1996.7 p69～102, 巻頭図1p
◇革新者広瀬宰平の研究―逸脱性とマージナリティ （瀬岡誠） 「社会科学」 同志社大学人文科学研究所 58 1997.2 p37～72
◇住友家家訓「営業の要旨」（特集・不祥事が続く今だからこそ―声に出して読みたい社訓） 「ダイヤモンド」 90（36） 2002.9.21 p50
◇近代住友家法の成立・伝播と広瀬宰平 （末岡照啓） 「住友史料館報」 住友史料館 37 2006.7 p49～111
◇広瀬宰平・伊庭貞剛と新島襄―大学設立募金運動を中心に （太田雅夫） 「同志社談叢」 同志社大学同志社社史資料センター 29 2009.3 p1～23, 図巻頭1～2
◇戦前に学ぶ経営とリーダーシップ（9）広瀬宰平・伊庭貞剛 中興の祖によるリーダーシップ（1） （小野善生） 「京の発言」 京の発言出版 12 2009.7 p72～75
◇明治二十三年恐慌と住友の経営動向―広瀬宰平の「国益論」をめぐって （末岡照啓） 「住友史料館報」 住友史料館 40 2009.7 p151～210
◇戦前に学ぶ経営とリーダーシップ（10）広瀬宰平・伊庭貞剛 中興の祖によるリーダーシップ（2） （小野善生） 「京の発言」 京の発言出版 13 2009.9 p74～77

弘世助三郎 ひろせすけさぶろう 1844～1913
明治期の実業家。彦根中学、第百三十三銀行の設立に尽力。
【図書】
◇日本の『創造力』―近代・現代を開花させた470人〈4〉進む交流と機能 （富田仁編） 日本放送出版協会 1993.3
◇名士の系譜―日本養子伝 （新井えり著） 集英社 2009.9 238p （集英社新書）

【雑誌】
◇「黎明期」（1901～1925年）「論語とソロバンの一致」を旨とした明治の財界人―渋沢栄一（第一国立銀行）、益田孝（三井財閥）、岩崎小弥太（三菱財閥）、浅野総一郎（浅野財閥）、安田善次郎（安田財閥）、鮎川義介（日産コンツェルン）、古河虎之助（古河財閥）、藤原銀次郎（王子製紙）、武藤山治（鐘紡）、森矗昶（昭和電工）、諸井恒平（秩父セメント）、日比翁助（三越）、森永太一郎（森永製菓）、馬越恭平（大日本麦酒）、鈴木三郎助（味の素）、大原孫三郎（倉敷紡績）、福原有信（資生堂）、野村徳七（野村証券）、鈴木馬左也（住友財閥）、弘世助三郎（日本生命）（日本経済100年100人） （童門冬二） 「フォーブス日本版」 9（1） 2000.1 p63～69

広田亀次 ひろたかめじ 1840～1896
幕末、明治期の農業技術改良家。
【図書】
◇日本老農伝 改訂増補 （大西伍一） 農山漁村文化協会 1985.12

ファン＝ドールン, C. Van Doorn, Cornelis Johannes 1837～1906
オランダの土木技師。1872年来日、河川改修を指導。
【図書】
◇国づくりの文化史―日本の風土形成をたずねる旅 （菊岡倶也） 清文社 1983.1
◇誰にでもわかる安積開拓の話―安積疏水百年のあゆみ （助川英樹著） 歴史春秋社 1984.7
◇物語日本の土木史 大地を築いた男たち （長尾義三） 鹿島出版会 1985.1
◇日本の『創造力』―近代・現代を開花させた470人〈15〉貢献した外国人たち （富田仁編） 日本放送出版協会 1994.2

【雑誌】
◇安積疏水（あさかそすい）の設計者（特別講演）（特集・第18回土質工学研究発表会） （高橋哲夫） 「土と基礎」 31（10） 1983.10
◇ファン・ドールンとその業績 （高橋裕） 「日蘭学会会誌」 9（2） 1985.3
◇ファン・ドールンと野蒜築港 （松浦茂樹） 「水利科学」 196 1990.12

深沢利重 ふかさわとししげ 1856～1934
明治期の蚕糸業家。
【図書】
◇悲壮は則ち君の生涯なりき―深沢利重と木下尚江 （稲田雅洋著） 現代企画室 1987.9 （PQ Books）

【雑誌】
◇第7回衆議院選挙（1902年）における木下尚江の選挙運動―深沢利重の活動を中心に （稲田雅洋） 「愛知教育大学研究報告（社会科学）」 30 1981.3
◇深沢利重の前半生―出生から「日本蚕業論」まで （稲田雅洋） 「愛知教育大学研究報告（社会科学）」 31 1982.2
◇日露非戦論―内村鑑三と深沢利重を中心にして （稲田雅洋） 「愛知教育大学研究報告 社会科学」 35 1986.2
◇掘出本 運命の一冊『紀念深沢利重』 （稲田雅洋） 「彷書月刊」 4（2） 1988.2

深沢雄象 ふかさわゆうぞう 1833～1907
幕末、明治期の実業家。蚕糸業。
【図書】
◇絹先人考 （上毛新聞社編） 上毛新聞社 2009.2 313p （シルクカントリー双書）

【雑誌】
◇深沢雄象小論―近代製糸業とギリシア正教 （稲田雅洋） 「愛知教育大学研究報告（社会科学）」 29 1980.3
◇深沢雄象のキリスト教入信について （木村久） 「群馬文化」 215 1988.7

深見篤慶 ふかみあつよし 1830～1881
幕末、明治期の商人。天誅組に多額の資金援助。
【雑誌】
◇深見篤慶の『文久日記』解説と翻刻 （簗瀬一雄） 「愛知淑徳大学国語国文」 11 1988.1

福住正兄 ふくずみまさえ 1824～1892
幕末、明治期の農政家、旅館経営者。
【図書】
◇小田原近代百年史 （中野敬次郎） 八小堂書店 1982.10
◇日本老農伝 改訂増補 （大西伍一） 農山漁村文化協会 1985.12
◇近代天皇制国家の社会統合 （馬原鉄男, 掛谷宰平〔編〕） 文理閣 1991.5
◇日本の『創造力』―近代・現代を開花させた470人〈1〉御一新の光と影 （富田仁編） 日本放送出版協会 1992.12
◇文武不岐 （黒岩棠舟著） 錦正社 1994.1 （伝統文化叢書）
◇福沢諭吉と福住正兄―世界と地域の視座 （金原左門著） 吉川弘文館 1997.10 219p （歴史文化ライブラリー）
◇二宮尊徳とその弟子たち （宇津木三郎著, 小田原ライブラリー編集委員会企画・編） 夢工房 2002.2 133p （小田原ライブラリー）
◇破天荒力―箱根に命を吹き込んだ「奇妙人」たち （松沢成文著） 講談社 2007.6 270p

【雑誌】
◇福住正兄と福沢諭吉 （金原左門） 「おだわら」 4 1990.7
◇箱根湯本と福住正兄―箱根に"新しい風"を。新道建設は繁栄の原点（全81ページ大型特集・「値千金の湯」を求めて、全国行脚 畢竟の温泉宿 2005年版―第2部 名湯復活に尽力した、明治の快男児 ニッポン「温泉偉人」列伝） 「サライ」 小学館 17（22） 2005.11.3 p54

福田理兵衛　ふくだりへえ　1814〜1872
幕末, 明治期の木材商, 郷士。
【図　書】
◇新編福田理兵衛（南部彰造著）福田慎分　2005.6　307p 図版19枚

福原有信　ふくはらありのぶ　1848〜1924
明治, 大正期の実業家。日本薬剤師連合会委員長。
【図　書】
◇日本創業者列伝―企業立国を築いた男たち（加来耕三著）学陽書房　2000.8　362p（人物文庫）
◇福原有信伝　復刻版（〔永井保, 高居昌一郎〕編著）資生堂　2000.12　335p
◇20世紀日本の経済人　2（日本経済新聞社編）日本経済新聞社　2001.2　380p（日経ビジネス人文庫）
◇日本をつくった企業家（宮本又郎編）新書館　2002.5　252p
◇日本の企業家群像　2（佐々木聡編）丸善　2003.3　296p
◇世界の起業家50人―チャレンジとイノベーション（大東文化大学起業家研究会）学文社　2004.4　311p
◇彼に学ぶ（月刊『ABC』編集部編）冨山房インターナショナル　2005.10　279p
◇暮らしを変えた美容と衛生（佐々木聡著）芙蓉書房出版　2009.4　217p（シリーズ情熱の日本経営史）
【雑　誌】
◇近代日本人の精神構造分析（2）実業人の場合（山本恒夫）「筑波大学教育学系論集」5 1981.3
◇資生堂創立者・福原有信の生涯（木原日出男）「姓氏と家紋」45 1986.4
◇「黎明期」（1901〜1925年）「論語とソロバンの一致」を旨とした明治の財界人―渋沢栄一（第一国立銀行）、益田孝（三井財閥）、岩崎小弥太（三菱財閥）、浅野総一郎（浅野財閥）、安田善次郎（安田財閥）、鮎川義介（日産コンツェルン）、古河虎之助（古河財閥）、藤原銀次郎（王子製紙）、武藤山治（鐘紡）、森矗昶（昭和電工）、諸井恒平（秩父セメント）、日比翁助（三越）、森永太一郎（森永製菓）、馬越恭平（大日本麦酒）、鈴木三郎助（味の素）、大原孫三郎（倉敷紡績）、福原有信（資生堂）、野村徳七（野村証券）、鈴木馬左也（住友財閥）、弘世助三郎（日本生命）（日本経済100年100人）（童門冬二）「フォーブス日本版」9(1) 2000.1 p63〜69
◇「東京銀座資生堂」の誕生―福原信三と銀座イメージの構築（戸矢理衣奈）「日本研究」人間文化研究機構国際日本文化研究センター　38 2008.9 p53〜79

藤井能三　ふじいのうぞう　1846〜1913
明治, 大正期の港湾改良家。
【図　書】
◇ほくりく20世紀列伝　上巻（北国新聞社論説委員会・編集局編）時鐘舎　2007.12　281p（時鐘舎新書）
【雑　誌】
◇中学校社会科歴史分野での明治維新における政府や人々の努力に気付かせる単元教材の開発―「岩倉使節団」と郷土の人物「藤井能三」の教材化をめざして（堀内和直, 田尻信一）「教育実践研究」富山大学人間発達科学部附属人間発達科学研究実践総合センター 1 2006.12 p53〜63

藤田伝三郎　ふじたでんざぶろう　1841〜1912
幕末, 明治期の実業家。男爵。
【図　書】
◇類聚伝記大日本史12 実業家篇（土屋喬雄編集解説）雄山閣出版　1981.6
◇人物・日本資本主義3 明治初期の企業家（大島清ほか著）東京大学出版会　1983.6
◇美術話題史―近代の数寄者たち（松田延夫著）読売新聞社　1986.5
◇儲ける奴はここが違う（潮文庫）（冨子勝久著）潮出版社　1986.10
◇豪商物語（邦光史郎著）博文館新社　1986.12
◇政商の誕生―もうひとつの明治維新（小林正彬著）東洋経済新報社　1987.1
◇落花の人―日本史の人物たち（多岐川恭著）光風社出版　1991.11
◇建設業を興した人びと―いま創業の時代に学ぶ（菊岡倶也著）彰国社　1993.1
◇日本の『創造力』―近代・現代を開花させた470人〈4〉進む交流と機能（富田仁編）日本放送出版協会　1993.3
◇きょう土につくした人びと　ふるさと歴史新聞　2（笠原秀文）ポプラ社　1996.4　47p
◇藤田伝三郎の雄渾なる生涯（砂川幸雄著）草思社　1999.5　270p
◇地域史における自治と分権（坂本忠次編著）大学教育出版　1999.12　264p
◇昭和史の怪物たち（畠山武著）文芸春秋　2003.8　185p（文春新書）

◇速記曼荼羅鉛筆供養　上（竹島茂著）STEP 2004.7 303p
【雑　誌】
◇空騒ぎの記―熊坂長庵vs藤田伝三郎（特集・ライバル明治の獅子たち）（多岐川恭）「歴史読本」25(2) 1980.2
◇異色の財傑・藤田伝三郎（日本財閥創始者伝）（松平弘明）「経営評論」24(10) 1981.12
◇香雪美術館（近代の数寄者と茶の美術館）「淡交」39（増刊）1985
◇藤田美術館（近代の数寄者と茶の美術館）「淡交」39（増刊）1985
◇農業土木を支えてきた人々―児島湾干拓―藤田伝三郎の業績（蓬郷巌）「農業土木学会誌」53(4) 1985.4
◇藤田組事件の一考察（笠原英彦）「日本歴史」448 1985.9
◇美術館を創った人々　藤田伝三郎―藤田美術館（望月信成）「茶道の研究」33(5) 1985.8
◇ビジネス・リーダーとしての藤田伝三郎（佐藤英達）「所報」愛知県産業大学経営研究所 2 1999 p73〜87
◇レビュー　藤田伝三郎・久原房之助・鮎川義介の企業家活動（特集 経済揺籃期の企業人）（宇田川勝）「総研レビュー」徳山大学総合経済研究所　16 2000.3 p16〜25
◇資料　藤田伝三郎、久原房之助、鮎川義介の年譜（特集 経済揺籃期の企業人）「総研レビュー」徳山大学総合経済研究所　16 2000.3 p46〜49
◇ヒューマンドキュメント　瀬戸内の経済人（5）児島湾干拓の功労者　藤田伝三郎の毀誉褒貶（赤井克己）「岡山経済」岡山経済研究所　28(333) 2005.10 p30〜33
◇特別研究　藤田伝三郎の真実（藤田衣風）「歴史研究」歴研 48(8) 2006.8 p40〜47

藤本荘太郎　ふじもとそうたろう　1849〜1902
幕末, 明治期の実業家。堺市長, 堺商法集会所会頭。
【図　書】
◇近代日本における企業家の諸系譜（竹内常善, 阿部武司, 沢井実編, 谷本雅之, 松村敏, 柳沢遊執筆）大阪大学出版会　1996.7 284p
◇ヒト・モノ・コトバ―明治からの文化誌（橋詰静子著）三弥井書店　2007.12 207,11p
【雑　誌】
◇堺紡績と藤本荘太郎（角山幸洋）「関西大学経済論集」関西大学経済学会　47(3・4) 1997.10 p399〜429

藤山雷太　ふじやまらいた　1863〜1938
明治〜昭和期の実業家。大日本製糖社長、貴族院議員。
【図　書】
◇夕陽を知らぬ男たち―彼らはいかに生きたか（小島直記）旺文社　1983.2（旺文社文庫）
◇福沢山脈の経営者たち（加藤寛編）ダイヤモンド社　1984.10
◇私の財界昭和史（三鬼陽之助著）東洋経済新報社　1987.2（私の昭和史シリーズ）
【雑　誌】
◇経営道に生きる（15）温情に再建で応えた財界人―藤山雷太・大日本製糖（志村嘉門）「事務と経営」415 1982.1
◇藤山コンツェルンの創始・藤山雷太（日本財閥創始者伝）（松平弘明）「経営評論」25(4) 1982.5
◇業績よりも「人」を見る（サン=シモン主義者 渋沢栄一〔49〕）（鹿島茂）「諸君！」35(8) 2003.8 p286〜293
◇大日本製糖の再生と飛躍―再生請負人藤山雷太の創造的適応（久保文克）「商学論纂」中央大学商学研究会 48(1・2) 2007.2 p19〜111

伏島近蔵　ふせじまきんぞう　1837〜1901
江戸後期〜明治期の実業家。
【雑　誌】
◇伏島近蔵（石原征明）「群馬歴史散歩」103 1990.11

船津伝次平　ふなづでんじへい　1832〜1898
明治期の農業指導者。駒場農学校農場監督など歴任。
【図　書】
◇人物・日本資本主義 4 明治のイデオローグ（大島清ほか著）東京大学出版会　1983.6
◇日本老農伝 改訂増補（大西伍一）農山漁村文化協会　1985.12
◇刻まれた歴史―碑文は語る農政史（中村信夫著）家の光協会　1986.5
◇講座・日本技術の社会史〈別巻2〉人物篇〈近代〉（永原慶二, 山口啓二, 加藤幸三郎, 深谷克己編）日本評論社　1986.12
◇森林を蘇らせた日本人（牧野和春著）日本放送出版協会　1988.6（NHKブックス）
◇老農 船津伝次平―その生涯と業績をつづる45話（柳井久雄）上毛新聞社　1989
◇船津伝次平翁伝―伝記・船津伝次平（石井泰吉著）大空社　2000.12 182,7p（伝記叢書）

◇農業王―精農・船津伝次平の光芒　(大屋研一著)　三五館　2004.7　313p
◇老農船津伝次平―その生涯と業績をつづる45話　改訂版　(柳井久雄著)　上毛新聞社　2007.8　270p
【雑　誌】
◇碑文は語る農政史(15完)老農船津伝次平と内務卿大久保利通　(中村信夫)「協同組合経営研究月報」387 1985.12
◇老農の足跡(特集 上州人の足跡)　(丸山知良)「群馬風土記」3(4) 1989.8
◇船津伝次平の「率性」論　(内田和義)「農業史研究」日本農業史学会事務局　41 2007.3 p72～79
◇老農船津伝次平の講義について　(内田和義, 中間由紀子)「農林業問題研究」昭和堂, 地域農林経済学会　44(1) 2008.6 p294～298
◇老農船津伝次平と西洋農学　(内田和義, 中間由紀子)「農林業問題研究」昭和堂, 地域農林経済学会　45(1) 2009.6 p161～166

ブラントン, R.　Brunton, Richard Henry　1841～1901
イギリスの技師。1868年来日, 灯台28基を建設。
【図　書】
◇お雇い外人の見た近代日本(講談社学術文庫)　(リチャード・ヘンリー・ブラントン著, 徳力真太郎訳)　講談社　1986.8
◇横浜・都市の鹿鳴館―モダン・シティ・クリエーション　(鈴木智恵子著)　住まいの図書館出版局　1991.8 (住まい学大系)
◇R.H.ブラントン日本の灯台と横浜のまちづくりの父　(横浜開港資料館編)　横浜開港資料普及協会　1991.10
◇日本の『創造力』―近代・現代を開花させた470人〈15〉貢献した外国人たち　(富田仁編)　日本放送出版協会　1994.2
◇R・H・ブラントン―日本の灯台と横浜のまちづくりの父　(横浜開港資料館〔編〕)　横浜開港資料館　1994.10
◇日本の近代化とスコットランド　(オリーヴ・チェックランド著, 加藤詔士, 宮田学訳)　玉川大学出版部　2004.4　222p
【雑　誌】
◇ブラントンによる明治初年の横浜改良計画 横浜の下水・道路整備計画　(早稲田稔)「横浜開港資料館紀要」2 1984.3
◇R.H.ブラントン関係資料「ブラントン滞在一年間の業務報告」と「伊豆神子元島灯台築造日誌」(堀勇良)「横浜開港資料館紀要」8 1990.3
◇R.H.ブラントンを語る(鼎談)　(Hugh Cortazzi, 高秀秀信, 岩佐義朗)「土木学会誌」77(4) 1992.3
◇ブラントン『お雇い外人の見た日本』―英人技師の見た近代日本の苦闘(続・外国人の見た日本と日本人(特集)―近代黎明期の日本・日本人論」(徳力真太郎)「国文学解釈と鑑賞」至文堂　60(5) 1995.5 p39～49
◇明治初年の灯台写真―R.H.ブラントンの業績記録　(池田厚史)「Museum」東京国立博物館　547 1997.4 p29～45
◇日本最初の洋式灯台師 R.H.ブラントン　(Olieve Checkland, 加藤詔士〔訳〕)「教育史研究室年報」名古屋大学教育学部教育史研究室　7 2001.11 p63～85

ブリューナ, P.　Brunat, Paul　1840～?
フランスの技師。1869年来日, 富岡製糸場建設を指導。
【図　書】
◇講座・日本技術の社会史〈別巻2〉人物篇〈近代〉　(永原慶二, 山口啓二, 加藤幸三郎, 深谷克己編)　日本評論社　1986.12
◇横浜ふらんす物語　(富田仁著)　白水社　1991.11
◇日本の『創造力』―近代・現代を開花させた470人〈15〉貢献した外国人たち　(富田仁編)　日本放送出版協会　1994.2
◇我が祖父 川島忠之助の生涯　(川島瑞枝著)　皓星社　2007.7　182p
◇大学教育のイノベーター―法政大学創立者・薩埵正邦と明治日本の産業化　(法政大学イノベーション・マネジメント研究センター, 洞口治夫編)　書籍工房早山　2008.4　357p
【雑　誌】
◇富岡製糸場のお雇いフランス人　(沢護)「千葉敬愛経済大学研究論集」20 1981.12

古河市兵衛　ふるかわいちべえ　1832～1903
明治期の実業家。古河鉱業(足尾銅山)社長。
【図　書】
◇類聚伝記大日本史12 実業家篇　(土屋喬雄編集解説)　雄山閣出版　1981.6
◇足尾鉱毒事件 上　(森長英三郎著)　日本評論社　1983.2
◇日本のリーダー6 資本主義の先駆者　(第二アートセンター編)　ティビーエス・ブリタニカ　1983.2
◇豪商たちの智略商魂　(風巻紘一著)　実業之日本社　1984.2
◇人物探訪 日本の歴史―18―明治の逸材　暁教育図書　1984.2
◇儲ける奴はここが違う(潮文庫)　(冨子勝久著)　潮出版社　1986.10
◇政商の誕生―もうひとつの明治維新　(小林正彬著)　東洋経済新報社 1987.1
◇日本史の社会集団〈6〉ブルジョワジーの群像　(安藤良雄著)　小学館　1990.3
◇日本の『創造力』―近代・現代を開花させた470人〈2〉殖産興業への挑戦　(富田仁編)　日本放送出版協会　1993.1
◇政商伝　(三好徹著)　講談社　1996.3　287p (講談社文庫)
◇古河市兵衛翁伝　(〔五日会〕著)　ゆまに書房　1998.9 1冊 (人物で読む日本経済史)
◇古河市兵衛翁伝―伝記・古河市兵衛　(五日会編)　大空社　1998.11 1冊 (近代日本企業家伝叢書)
◇運鈍根の男―古河市兵衛の生涯　(砂川幸雄著)　晶文社　2001.3　269p
◇小説 古河市兵衛―古河グループを興した明治の一大工業家　(永野芳宣著)　中央公論新社　2003.4　261p
◇天才相場師の戦場　(鍋島高明著)　五台山書房　2008.6　334p
【雑　誌】
◇日本財閥創始者伝―古河財閥の始祖・古河市兵衛　(松平弘明)「経営評論」24(5) 1981.6
◇財閥・官僚人物あれこれ　(中村青志, 沢村和成)「歴史公論」8(3) 1982.3
◇「運・鈍・根」の実践者・古河市兵衛のねばり(老舗・創業者の創意工夫物語(8))　(青井隆章)「セールス」27(10) 1982.8
◇古河市兵衛の「東北」進出―小野組破綻と製糸業・産銅業を中心として　(田崎公司)「大阪商業大学論集」大阪商業大学商経学会　2(2) 2006.9 p142～126
◇社会事業家(石井十次, 留岡幸助, 山室軍平)の思想とその事業(政策・理論フォーラム 福祉政策・理論の源流と展望―福祉政策・理論の源流を求めて)　(室田保夫)「社会福祉学」日本社会福祉学会　48(4) 2008.2 p161～165

古橋暉皃　ふるはしてるのり　1813～1892
幕末, 明治期の篤農家。
【図　書】
◇幕末志士の生活　(芳賀登)　雄山閣出版　1982.6 (生活史叢書 8)
◇『夜明け前』の実像と虚像(史学叢書 4)　(芳賀登著)　教育出版センター　1984.3
◇豪農古橋暉皃の生涯―維新の精神　(芳賀登著)　雄山閣出版　1993.2
◇竹尾正胤艨艟遺―古橋暉皃との若干の関係について(史料紹介)　(山崎哲郎)「三河地域史研究」4 1986.11
◇豪農と明治初年の政情―古橋暉皃の新政出仕をめぐって　(高木俊輔)「信濃」41(12) 1989.12
◇天保7年三州加茂一揆と古橋暉皃　(長谷川伸三)「人文学科論集(茨城大学人文学部)」26 1993.3
◇天保7年三州加茂一揆と古橋暉皃　(長谷川伸三)「茨城大学・人文学部人文学科論集」26 1993.3

ベルニ, F.　Verny, François Léone　1837～1908
フランスの造船技術者。幕府に招かれ横須賀造船所を建設。
【図　書】
◇開化異国(おつくに)助っ人奮戦記　(荒俣宏著, 安井仁撮影)　小学館　1991.2
◇新しい日本のかたち―明治開明の諸相　(秋山勇造著)　御茶の水書房　2005.10　281p
【雑　誌】
◇ヴェルニーと横須賀造船所　(宮永孝)「社会労働研究」法政大学社会学部学会　45(2) 1998.12 p57～111

星野長太郎　ほしのちょうたろう　1845～1908
明治期の実業家。
【図　書】
◇日米生糸貿易史料〈第1巻〉史料編〈1〉　(加藤隆, 阪田安雄, 秋谷紀男編)　近藤出版社　1987.7
◇宗教史・地方史論纂―西垣晴次先生退官記念　(西垣晴次先生退官記念宗教史・地方史論纂編集委員会編)　刀水書房　1994.3
◇生糸直輸出奨励法の研究―星野長太郎と同法制定運動の展開　(富沢一弘著)　日本経済評論社　2002.10　596p
【雑　誌】
◇星野長太郎の地域共販運動　(祖田修)「経済経営論集(龍谷大学)」20(1) 1980.5
◇星野長太郎と新井領一郎(1,2)　(秋谷紀男)「姓氏と家紋」56,57 1989.6,11
◇星野長太郎と前期直輸立法制定運動史　(富沢一弘)「群馬歴史民俗」11 1989.11
◇上州・民間器械製糸の先駆者星野長太郎の伊仏蚕糸業視察(1)―明治初期海外進出の企業者活動　(加藤隆)「政経論叢」明治大学政治経済研究所　65(3・4) 1997.2 p845～871

◇星野家文書と星野長太郎—研究史の検討を中心にして （富沢一弘）「高崎経済大学論集」 高崎経済大学学会 44（3）2001.12 p101～125
◇横浜同伸会社救済運動と星野長太郎—明治20～22年を中心に （富沢一弘）「高崎経済大学論集」 高崎経済大学経済学会 45（2）2002.9 p37～50
◇第1議会期に於ける生糸直輸出業者の動向（上）水沼製糸所・星野長太郎を中心に （富沢一弘）「高崎経済大学論集」 高崎経済大学経済学会 45（3）2002.12 p39～59
◇第1議会期に於ける生糸直輸出業者の動向（下）水沼製糸所・星野長太郎を中心に （富沢一弘）「高崎経済大学論集」 高崎経済大学経済学会 45（4）2003.3 p113～126
◇『生糸直輸出奨励法の研究—星野長太郎と同法制定運動の展開』補論（上）（富澤一弘）「高崎経済大学論集」 高崎経済大学経済学会 49（2）2006.9 p45～62
◇『生糸直輸出奨励法の研究—星野長太郎と同法制定運動の展開』補論（下）（富澤一弘）「高崎経済大学論集」 高崎経済大学経済学会 49（3・4）2007.3 p43～56

堀啓次郎　ほりけいじろう　1867～1944
明治～昭和期の実業家。
【図書】
◇日本の『創造力』—近代・現代を開花させた470人〈9〉不況と震災の時代 （富田仁編）日本放送出版協会 1993.5

堀越角次郎〔初代〕　ほりこしかくじろう　1806～1885
幕末、明治期の実業家。
【図書】
◇明治の東京商人群像—若き創業者の知恵と挑戦 （白石孝著）文真堂 2001.12 202,6p

堀基　ほりもとい　1844～1912
幕末、明治期の官吏、実業家。
【図書】
◇星霜 3 （北海道新聞社編）北海道新聞社 2002.7 306p

マイエット，P.　Mayet, Paul　1846～1920
ドイツの統計学者。1876年来日、保険制度設立に貢献した。
【図書】
◇日本工業先覚者史話 （福本和夫）論叢社 1981.7
◇人物・日本資本主義 4 明治のイデオローグ （大島清ほか著）東京大学出版会 1983.6
【雑誌】
◇生保史論（17）P.マイエットの『農業保険論』にみる「相互組織」と「相互保険」について （宮脇泰）「生命保険協会会報」70（1）1989.12
◇パウル・マイエット—「亜細亜ノ学魯西国」＝日本の改革（日本思想とドイツ学受容の研究—近代日本の形成とドイツ） （羽賀祥二）「立命館大学人文科学研究所紀要」59 1993.10
◇「独逸同学会」の形成—語学教師マイエットの処遇をとおして （森川潤）「広島修大論集 人文編」 広島修道大学人文学会 36（1）1995.9 p1～43
◇明治の強制公営保険案—マイエットの保険思想（保険の来航2—2）（田村祐一郎）「千葉商大論叢」千葉商科大学国府台学会 39（4）2002.3 p1～19

前島密　まえじまひそか　1835～1919
明治期の官吏、実業家。東京専門学校校長、男爵。
【図書】
◇日本人の自伝1 福沢諭吉, 渋谷栄一, 前島密 （亀井俊介解説）平凡社 1981.4
◇近代日本の自伝 （佐伯彰一）講談社 1981.5
◇行き路のしるし 日本郵趣出版 1986.1
◇前島密 （小田岳夫著, 郵政大臣官房人事部要員訓練課編）通信事業教育振興会 1986.1 （教養の書）
◇前島密にあてた大久保利通書簡集（郵政省通信博物館資料図録 別冊1）郵政省通信博物館 1986.2
◇前島密遺墨集—日本郵便の父（郵政省通信博物館資料図録）（北海道編）郵政省通信博物館 1986.8
◇西洋が見えてきた頃（亀井俊介の仕事〈3〉）（亀井俊介著）南雲堂 1988.11
◇前島密 （山口修著）吉川弘文館 1990.5 （人物叢書（新装版））
◇近代日本の自伝 （佐伯彰一著）中央公論社 1990.9 （中公文庫）
◇日本の『創造力』—近代・現代を開花させた470人〈3〉流通と情報の革命 （富田仁編）日本放送出版協会 1993.2
◇とっておきのもの とっておきの話 第1巻 （YANASE LIFE編集室編）芸神出版社 1997.5 213p （芸神集団Amuse）
◇前島密—前島密自叙伝 （前島密著）日本図書センター 1997.6 268p （人間の記録）
◇明治に名参謀ありて—近代国家「日本」を建国した6人 （三好徹著）小学館 1999.1 350p （小学館文庫）
◇時代の先駆者前島密—没後80年に当たって （橋本輝夫著）ていしんPRセンター 1999.6 143p
◇日本郵便発達史—付 東海道石部駅の郵便創業資料 （藪内吉彦著）明石書店 2000.6 536p
◇明治を生きる群像—近代日本語の成立 （飯田晴巳著）おうふう 2002.2 231p
◇みんなの郵便文化史—近代日本を育てた情報伝達システム （小林正義著）にじゅうに 2002.3 301p
◇英国と日本—日英交流人物列伝 （イアン・ニッシュ編, 日英文化交流研究会訳）博文館新社 2002.9 424,16p
◇便信録—「前島密郵便創業談」に見る郵便事業発祥の物語 （アチーブメント出版制作, 日本郵政公社郵便事業本部監修）アチーブメント出版 2003.4 224p
◇幕末維新・あの人の「その後」—新選組から明治の指導者まで （日本博学倶楽部著）PHP研究所 2003.9 275p （PHP文庫）
◇小説 前島密—天馬陸・海・空を行く （童門冬二著）郵研社 2004.4 283p
◇郵政の父 前島密と坂本龍馬 （加来耕三著）二見書房 2004.12 326p
◇横浜開港時代の人々 （紀田順一郎著）神奈川新聞社 2009.4 270p
◇知られざる前島密—日本文明の一大恩人 （小林正義著）郵研社 2009.4 295p
【雑誌】
◇近代日本の自伝（8）実の人の漂遊 （佐伯彰一）「群像」 35（8）1980.8
◇前島密の功績 （藪内吉彦）「向古」 84 1986.2
◇前島密から郵便へ、功績と意義をふまえて （辻尾栄市）「向古」 85 1986.2
◇国字・国語改良問題における近藤真琴と前島密 （渡辺洋）「学苑」572 1987.8
◇なぜ江戸が最適地とされたか（遷都ドキュメント・東京ができた日〔1〕）（岩川隆）「Will」 7（6）1988.6
◇前島密旧交談 （橋本輝夫）「郵政考古紀要」 13 1988.6
◇日本の近代化と前島密 （小林正義）「郵政考古紀要」 13 1988.6
◇のちに郵便事業の創設者となった"医学少年"の辛苦の日々（明治に名参謀ありて 第5部・前島密〔1〕）（三好徹）「SAPIO」 10（11）1998.6.24 p88～91
◇勝海舟が煙たがった「遅れてきた若者」の才覚（明治に名参謀ありて 第5部・前島密〔2〕）（三好徹）「SAPIO」 10（12）1998.7.8 p88～91
◇たった1晩で書き上げた鉄道開設の「収支予測書」（明治に名参謀ありて 第5部・前島密〔3〕）（三好徹）「SAPIO」 10（13）1998.7.22 p56～59
◇命がけの郵便事業国際化が不平等条約改正につながった（明治に名参謀ありて 第5部・前島密〔4〕）（三好徹）「SAPIO」 10（14）1998.8.5 p88～91
◇江戸の郵政民営化〔上〕（経済の史点〈59〉）（童門冬二）「フォーブス日本版」 11（11）2002.11 p182～183
◇江戸の郵政民営化〔下〕（経済の史点〈60〉）（童門冬二）「フォーブス日本版」 11（12）2002.12 p182～183
◇人物考察 郵政事業の父 前島密の生涯（特集・立党50年企画 郵政民営化関連法成立）（井上卓朗）「月刊自由民主」 自由民主党 632 2005.11 p48～55
◇東洋の學藝 無窮会所蔵・前島密『廃漢字献言』の解題と翻刻 （町泉寿郎）「東洋文化」 無窮会 99 2007.9 p1～14
◇楽善会訓盲院の盲唖生徒が製造した駅逓用封筒の発見—前島密と楽善会訓盲院 （大沢秀雄）「筑波技術大学テクノレポート」 筑波技術大学学術・社会貢献推進委員会 15 2008 p75～81
◇新資料による前島密の漢字廃止建白書の再検討 （町泉寿郎）「文学・語学」 全国大学国語国文学会 190 2008.3 p10～19
◇知られざる前島密伝（[通信協会] 創立100周年記念号）（小林正義）「通信協会雑誌」 通信協会 1164 2008.5 p106～111
◇開港・開化傑物伝（7）幕末書生、風雲諸国の旅枕 夢結んだ開化飛脚網—郵便事業＜前島密＞（紀田順一郎）「Best partner」 浜銀総合研究所 20（7）2008.7 p36～41
◇渋沢栄一と前島密 （荻野勝正）「青淵」 渋沢栄一記念財団 724 2009.7 p29～31

前田駒次　まえだこまじ　1858～1945
明治～昭和期の北光社農場支配人。
【雑誌】
◇土佐民権家二人のその後について—北海道立文書館所蔵資料にみる坂本直寛と前田駒次（土佐と北海道特集号）（靍原美穂子）「土佐史談」 191 1993.1

馬越恭平　まごしきょうへい　1844〜1933
明治〜昭和期の実業家。日本工業倶楽部会長。
【図　書】
◇類聚伝記大日本史12 実業家篇　(土და喬雄編集解説)　雄山閣出版 1981.6
◇日本のリーダー6 資本主義の先駆者　(第二アートセンター編)　ティビーエス・ブリタニカ 1983.2
◇破天荒企業人列伝　(内橋克人)　新潮社 1983.4　(新潮文庫)
◇近世名茶会物語　(高原富保)　毎日新聞社 1985
◇大人学・小人学(だいじんがく・しょうじんがく)―「大気力」で生きた男の器量と値打ち　(邑井操著)　大和出版 1990.6
◇日本資本主義の群像　(内橋克人著)　社会思想社 1993.2　(現代教養文庫―内橋克人ノンフィクション)
◇日本の『創造力』―近代・現代を開花させた470人〈4〉進む交流と機能　(富田仁編)　日本放送出版協会 1993.3
◇本物の魅力―自分を生かしきれた男だけが「人生の醍醐味」を味わうことができる！　(邑井操著)　大和出版 1993.7
◇馬越恭平翁伝―伝記・馬越恭平　(大塚栄三著)　大空社 2000.9　512,14,5p 図版14枚　(伝記叢書)
◇破天荒に生きる　(鹿島茂著)　PHP研究所 2002.6　261p
◇益田鈍翁をめぐる9人の数寄者たち　(松田延夫著)　里文出版 2002.11　235p
◇経営者の精神史―近代日本を築いた破天荒な実業家たち　(山口昌男著)　ダイヤモンド社 2004.3　318p
◇近代数寄者の名茶会三十選　(熊倉功夫編)　淡交社 2004.12　295,16p
【雑　誌】
◇大日本麦酒・馬越恭平―"千人斬り"の要領でビールを売った粋人社長　(型破り事業家列伝(6))　(桂芳男)「経営者会報」282 1980.5
◇ビール王馬越恭平　(大塚益郎)「高梁川」37 1980.9
◇実業人の場合(近代日本人の精神構造分析(2))　(山本恒夫)「筑波大学教育学系論集」5 1981.3
◇特集・日本経済を築いた数寄者たち 数寄に生きた実業家　「太陽」231 1982.2
◇大正期の事業家たち(4)馬越恭平と豊川良平　(坂本藤良)「季刊マネジメントジャーナル」33 1982.7
◇「黎明期」(1901〜1925年)「論語とソロバンの一致」を旨とした明治の財界人―渋沢栄一(第一国立銀行)、益田孝(三井財閥)、岩崎小弥太(三菱財閥)、浅野総一郎(浅野財閥)、安田善次郎(安田財閥)、鮎川義介(日産コンツェルン)、古河虎之助(古河財閥)、藤原銀次郎(王子製紙)、武藤山治(鐘紡)、森矗昶(昭和電工)、諸井恒平(秩父セメント)、日比翁助(三越)、森永太一郎(森永製菓)、馬越恭平(大日本麦酒)、鈴木三郎助(味の素)、大原孫三郎(倉敷紡績)、福原有信(資生堂)、野村徳七(野村証券)、鈴木馬左也(住友財閥)、弘世助三郎(日本生命)(日本経済100年100人)　(童門冬二)「フォーブス日本版」9(1) 2000.1　p63〜69
◇ヒューマンドキュメント　瀬戸内の経済人(2)ビール王 馬越恭平の痛快な人生　(赤井克己)「岡山経済」岡山経済研究所 28(330) 2005.7　p42〜45

益田孝　ますだたかし　1848〜1938
明治、大正期の実業家。三井物産社長、三井合名理事長。
【図　書】
◇一億人の昭和史 日本人4 三代の男たち 上 明治・大正編　毎日新聞社 1981.8
◇鈍翁・益田孝　(白崎秀雄)　新潮社 1981.8
◇三井物産初代社長　(小島直記)　中央公論社 1981.10
◇原敬をめぐる人びと 続　(原奎一郎、山本四郎編)　日本放送出版協会 1982.8　(NHKブックス 419)
◇夕陽を知らぬ男たち―彼らはいかに生きたか　(小島直記)　旺文社 1983.2　(旺文社文庫)
◇人物・日本資本主義3 明治初期の企業家　(大島清ほか著)　東京大学出版会 1983.6
◇近世名茶会物語　(高原富保)　毎日新聞社 1985
◇美術話題史―近代の数寄者たち　(松田延夫著)　読売新聞社 1986.7
◇財界人の人間修養学　(竹井博友編著)　竹井出版 1986.7
◇平田禿木選集〈第4巻・第5巻〉英文学エッセイ2,明治文学評論・随筆　(平田禿木著、島田謹二、小川和夫編)　南雲堂 1986.10
◇九十にして惑う―谷川徹三対談集(致知選書)　(谷川徹三著)　竹井出版 1986.12
◇豪商物語　(邦光史郎著)　博文館新社 1986.12
◇決定版 運命を創る―世界の「ビジネス天才」に学ぶ　(片方善治著)　三笠書房 1986.12
◇風流神士録　(池田瓢阿著)　(京都)淡交社 1987.7
◇歴史ウォッチング〈Part2〉　(名古屋テレビ編)　(舞阪町)ひくまの出版 1987.11
◇雑学 明治珍聞録　(西沢爽著)　文芸春秋 1987.11　(文春文庫)
◇無茶も茶―簀半農軒、茶の湯覚え書　(簀進著)　(京都)淡交社 1987.12
◇三井本館と建築生産の近代化　(石田繁之介著)　鹿島出版会 1988.5
◇財界人物我観　(福沢桃介著)　図書出版社 1990.3　(経済人叢書)
◇死んでももともと―この男の魅力を見よ！ 最後の最後まで諦めなかった男たち　(河野守宏著)　三笠書房 1992.4
◇第七回全国天領ゼミナール記録集　(全国天領ゼミナール事務局〔編〕)　全国天領ゼミナール事務局 1992.8
◇会社のルーツおもしろ物語―あの企業の創業期はこうだった！　(邦光史郎著)　PHP研究所 1992.8　(PHPビジネスライブラリー)
◇益田鈍翁 風流記事　(筒井紘一、柴田桂作、鈴木晧詞著)　(京都)淡交社 1992.11
◇明敏にして毒気あり―明治の怪物経営者たち　(小堺昭三著)　日本経済新聞社 1993.10
◇明治期三井と慶応義塾卒業生―中上川彦次郎と益田孝を中心に　(武内成著)　文真堂 1995.1　299p
◇死んでたまるか！―ここを乗り切れ、道は開ける！　(河野守宏著)　ロングセラーズ 1995.4　214p　(ムックセレクト)
◇益田孝と造幣寮の日進学舎―明治初期における洋学知識人と官庁内洋学教育の一例　(鈴木栄樹)『日本社会の史的構造』(朝尾直弘教授退官記念会編)　思文閣出版 1995.4　p315
◇鈍翁・益田孝 上巻　(白崎秀雄著)　中央公論社 1998.9　402p　(中公文庫)
◇鈍翁・益田孝 下　(白崎秀雄著)　中央公論社 1998.10　424p　(中公文庫)
◇明治に名参謀ありて―近代国家「日本」を建国した6人　(三好徹著)　小学館 1999.1　350p　(小学館文庫)
◇三井家の女たち―殊法と鈍翁　(永畑道子著)　藤原書店 1999.2　217p
◇結婚百物語　(林えり子著)　河出書房新社 2000.1　251p　(河出文庫)
◇20世紀 日本の経済人　(日本経済新聞社編)　日本経済新聞社 2000.11　449p　(日経ビジネス人文庫)
◇平心庵日記―失われた日本人の心と矜恃　(近藤道生著)　角川書店 2001.11　270p　(文芸シリーズ)
◇山口昌男山脈 No.1　(山口昌男ほか著)　めいけい出版 2002.7　191p
◇益田鈍翁をめぐる9人の数寄者たち　(松田延夫著)　里文出版 2002.11　235p
◇土の器―み旨のままに　(藤浪みや子著)　エディット・パルク 2002.12　671p
◇明治の怪物経営者たち―明敏にして毒気あり　(小堺昭三著)　学陽書房 2003.6　315p　(人物文庫)
◇益田孝天人録―横浜で実学を修め三井物産の誕生へ　(松永秀夫著)　新人物往来社 2005.7　256,10p
◇この結婚―明治大正昭和の著名人夫婦70態　(林えり子)　文芸春秋 2005.8　242p　(文春文庫)
◇日本経営者列伝―成功への歴史法則　(加来耕三著)　学陽書房 2005.8　452p　(人物文庫)
◇経営に大義あり―日本を創った企業家たち　(日本経済新聞社編)　日本経済新聞社 2006.5　247p
◇益田孝と大倉喜八郎　(望月迪洋編)『逸格の系譜―愚の行方』(北川フラム編)　現代企画室 2007.7　p166〜168
◇豪快茶人伝　(火坂雅志著)　角川学芸出版 2008.1　313p　(角川文庫)
◇益田鈍翁の想影―生誕160年　(牧野紘一編)　鈍翁in西海子 2008.2　182p
◇益田鈍翁の記憶―特別展生誕一六〇年 小田原掃雲台の光陰　(小田原市郷土文化館編)　小田原市郷土文化館 2008.10　40p
◇近代日本と三井物産―総合商社の起源　(木山実著)　ミネルヴァ書房 2009.3　272,8p　(関西学院大学研究叢書)
◇日本の経営者　(日本経済新聞社編)　日本経済新聞出版社 2009.8　214p　(日経文庫)
【雑　誌】
◇益田鈍翁　(白崎秀雄)「淡交」34(396〜408) 1980.1〜12
◇三菱と鎬を削った三井の大番頭益田孝(特集・商才のドラマ―商人の原像に学ぶ)　(松尾博志)「プレジデント」18(6) 1980.5
◇男たちの軌跡(人物・物産外史)　(池田政次郎)「正論」1981.6〜8
◇鈍翁・益田孝とその時代(対談)　(丸山真男、白崎秀雄)「波」15(9) 1981.9
◇益田孝と総合商社の源流(座談会)　(小島直記、水上達三、森川英正)「季刊中央公論経営問題」20(7) 1981.12
◇特集・日本経済を築いた数寄者たち 数寄に生きた実業家　「太陽」231 1982.2
◇早矢仕有的への来翰を巡って(10)(遺稿)　(曽我なつ子、松島栄一)「学鐙」79(10) 1982.10
◇三井物産・八尋俊邦のあけっぴろげ人生(経営者に見る男らしさの研

究）（池田政次郎）「潮」284 1982.12
◇井上馨宛益田孝書簡 「三井文庫論叢」16 1982.12
◇財界の大茶人益田鈍翁のコレクション（特集・「異才」二つの眼）「芸術新潮」34（5）1983.5
◇半生漫筆（11）宝紅庵と鈍翁（中村昌生）「日本美術工芸」542 1983.11
◇白崎秀雄「鈍翁・益田孝」を読む―組織論の読み（日置弘一郎）「経済学研究（九州大学経済学会）」49（4～6）1984.3
◇益田孝とタウンゼンド・ハリス―益田のスピーチ'Memories of Seventy Years Ago'を中心として―（今井一良）「英学史研究」20 1987.10
◇やせている富（コラム92）（鷲津美栄子）「正論」234 1992.2
◇為楽と鈍翁・銅鑼とのたたかい（牧孝治）「茶道の研究」37（2）1992.2
◇実年の知的生活の工夫（板坂元）「潮」421 1994.4
◇やがて「三井の参謀長」になる若者に訪れた「運命の出会い」（明治に名参謀ありて 第2部・益田孝〔1〕）（三好徹）「SAPIO」9（20）1997.11.26 p60～63
◇「モノ」ではなく「商機」を売る日本型「商社」の誕生（明治に名参謀ありて 第2部・益田孝〔2〕）（三好徹）「SAPIO」9（21）1997.12.10 p58～61
◇「越後屋」を「大三井」に変貌させた三池炭鉱払下げ事業（明治に名参謀ありて 第2部・益田孝〔3〕）（三好徹）「SAPIO」9（22）1997.12.24 p60～63
◇好敵手「三菱」に挑んだ"財界軍師"の事業精神（明治に名参謀ありて 第2部・益田孝〔4〕）（三好徹）「SAPIO」10（1）1998.1.14 p60～63
◇益田鈍翁誕生150年に想う（明日への視点）（近藤道生）「経済界」33（12）1998.6.9 p52～53
◇巨人・益田鈍翁に見る男の器量・男の品格（ビッグ対談）（八尋俊邦，近藤道生）「経済界」34（4）1999.2.23 p138～143
◇「黎明期」（1901～1925年）「論語とソロバンの一致」を旨とした明治の財界人―渋沢栄一（第一国立銀行）、益田孝（三井財閥）、岩崎小弥太（三菱財閥）、浅野総一郎（浅野財閥）、安田善次郎（安田財閥）、鮎川義介（日産コンツェルン）、古河虎之助（古河財閥）、藤原銀次郎（王子製紙）、武藤山治（鐘紡）、森矗昶（昭和電工）、諸井恒平（秩父セメント）、日比翁助（三越）、森永太一郎（森永製菓）、馬越恭平（大日本麦酒）、鈴木三郎助（味の素）、大原孫三郎（倉敷紡績）、福原有信（資生堂）、野村徳七（野村証券）、鈴木馬左也（住友財閥）、弘世助三郎（日本生命）「日本経済100年100人」（童門冬二）「フォーブス日本版」9（1）2000.1 p63～69
◇華族の問題―実業家と華族 富と名誉が一体化したとき（特集・まぼろしの名家 華族80年の栄枯盛衰―華族とは何か、その存在意義と波瀾万丈のドラマ）（麻田弓彦）「歴史と旅」27（6）2000.4 p106～111
◇清富でセーフ（日本の心〔5〕）（近藤道生）「財界」49（18）2001.8.21 p95
◇「千年の目で見通す…」/『平生庵日記』の刊行/益田鈍翁の心意気/アスクプランニングの戦略/未経験者優遇の時代（私の雑記帳）（村田博文）「財界」50（1）2002.1.1 p176～177
◇横浜グループ創業者横河民輔と、師と仰ぐ三井物産初代社長益田孝翁（杉田昌поу）「日本工業倶楽部会報」日本工業倶楽部 225 2008.7 p46～54
◇特集 益田鈍翁 「茶道雑誌」河原書店 72（11）2008.11 p21～46
◇第二十五回鈍翁茶会拝見記（森孝一）「陶説」日本陶磁協会 679 2009.10 p76～88

町村金弥　まちむらきんや　1859～1944
明治～昭和期の農業、畜産の指導者。
【図　書】
◇北海道酪農百年史（木村勝太郎）樹村房 1985.10

松方幸次郎　まつかたこうじろう　1865～1950
明治～昭和期の実業家、美術蒐集家。
【図　書】
◇忘れ得ぬ人びと―矢代幸雄美術論集1（矢代幸雄著）岩波書店 1984.2
◇夢を抱き歩んだ男たち―川崎重工業の変貌と挑戦（福島武夫著）丸ノ内出版 1987.3
◇絹と武士（ハル・松方・ライシャワー著，広中和歌子訳）文芸春秋 1987.11
◇松方コレクション展 松方コレクション展実行委員会 1989.10
◇火輪の海〈上〉松方幸次郎とその時代（神戸新聞社編）（神戸）神戸新聞総合出版センター 1989.10
◇日本の『創造力』―近代・現代を開花させた470人〈8〉消費時代の開幕（富田仁編）日本放送出版協会 1992.11
◇幻の美術館―甦る松方コレクション（石田修大著）丸善 1995.12 170p（丸善ライブラリー）
◇ケースブック 日本の企業家活動（宇田川勝編）有斐閣 1999.3

318p
◇神戸を翔ける―川崎正蔵と松方幸次郎（辻本嘉明著）神戸新聞総合出版センター 2001.1 198p
【雑　誌】
◇松方幸次郎とその美術館構想について（上）（湊典子）「Museum」395 1984.2
◇松方幸次郎とその美術館構想について（下）（湊典子）「Museum」396 1984.8
◇川崎造船所と松方幸次郎―破綻の経営構造的背景（柴孝夫）「神戸の歴史」17 1987.3
◇帰ってきた松方コレクション（もう一つの昭和史への証言）（松本重治）「エコノミスト」65（25）1987.6.16
◇日本石油産業外史〔5〕松方幸次郎とソ連ガソリン（河合秀次）「石油政策」27（25）1988.10.5
◇平生釟三郎の松方幸次郎観の形成過程―第一次世界大戦終結前後を中心にして（柴孝夫）「奈良県立商科大学研究季報」奈良県立商科大学 11（2）2000..1..10 p1～9
◇松方幸次郎のソビエト石油輸入―日ソ〔日露〕経済交流史の一断面（土屋昌也）「石巻専修大学経営学研究」石巻専修大学 16（2）2005.3 p131～147
◇松方コレクションを知っていますか？（特集 開館50周年 なるか、世界遺産 国立西洋美術館のすべて）（前橋重二）「芸術新潮」新潮社 60（2）2009.2 p21～34

松川弁之助　まつかわべんのすけ　1802～1876
幕末、明治期の北海道開拓家。
【図　書】
◇国づくりの文化史―日本の風土形成をたずねる旅（菊岡倶也）清文社 1983.1
【雑　誌】
◇松川弁之助の事績について（中村正勝）「南北海道史」158 1993.10

松下軍治　まつしたぐんじ　1867～1915
明治、大正期の実業家，政治家。衆議院議員。
【図　書】
◇兜町盛衰記〈第2巻〉明治・大正の相場群像（長谷川光太郎著）図書出版社 1990.12

松本重太郎　まつもとじゅうたろう　1844～1913
明治,大正期の実業家。明治銀行頭取。
【図　書】
◇明治鉄道史資料第2集7 地方鉄道 鉄道家伝3（野田正穂ほか編）日本経済評論社 1981.2
◇日本の『創造力』―近代・現代を開花させた470人〈4〉進む交流と機能（富田仁編）日本放送出版協会 1993.3
◇近代日本金融史序説（石井寛治著）東京大学出版会 1999.6 589p
◇経営に大義あり―日本を創った企業家たち（日本経済新聞社編）日本経済新聞社 2006.5 247p
◇日本の経営者（日本経済新聞社編）日本経済新聞出版社 2009.8 214p（日経文庫）
【雑　誌】
◇明治の背骨で大正、昭和を生きる（昭和史への証言「世界の中の日本」〔34〕）（松本重治，国弘正雄）「エコノミスト」63（52）1985.12.3
◇百三十銀行と松本重太郎（石井寛治）「経済学集集」東京大学経済学会 63（4）1998.1 p2～36
◇一代で興亡を体験した実業家・松本重太郎―立志伝中の稀有な大実業家。だが晩年は経営破綻を来して無一文となった（祖田浩一）「歴史と旅」26（15）1999.10 p286～291
◇特別談話 心に残る人びと 魅力ある日本人―渋沢栄一、安田善次郎、松本重太郎、浜口雄幸、石田礼助、土光敏夫、井深大、盛田昭夫 そのすがすがしい生きかた（城山三郎）「文芸春秋」80（16）2002.12 臨時増刊（日本人の肖像 このすがすがしい生きかた）p108～115
◇城山三郎が語る「この命、何をあくせく……」―かつて日本には筋を通し、命をかけて生きた人がいた（特集・「あっぱれな」ビジネス人生―我々は「目先の利益」に囚われすぎていないか）（城山三郎）「プレジデント」41（1）2003.1.13 p36～43

松本十郎　まつもとじゅうろう　1839～1916
幕末～大正期の北海道開拓使大判官。
【図　書】
◇百姓の系譜（真壁仁著）東北出版企画 1983.10
◇松本十郎大判官書簡（松浦義信編）みやま書房 1984
◇根室も志保草―松本十郎大判官書簡（松本十郎稿, 松浦義信編集）みやま書房 1984.3
◇ユーカラの祭り―アイヌ文化の保護につくす（塩沢実信著, 北島新平絵）理論社 1987.6（ものがたり北海道）
◇異形の人―厚司判官松本十郎伝（井黒弥太郎著）（札幌）北海道新

◇続々 ほっかいどう百年物語─北海道の歴史を刻んだ人々 （STVラジオ編） 中西出版 2003.7 387p
【雑　誌】
◇大蔵官僚変じて建設部会長―松本十郎（衆院議員・自民）（官僚出身政治家愚参）「月刊官界」 9(10) 1983.10
◇明治初期の音更川流域と内陸―ライマンと松本十郎の踏査記から （菅原慶喜）「トカプチ」 3 1990.4

真名井純一　まないじゅんいち　1829〜1902
幕末，明治期の蚕糸改良家。伝習所を開設し，女工を養成。
【雑　誌】
◇真名井純一と座繰器械改良 （角山幸洋）「民具マンスリー（神奈川大学）」 20(6) 1987.9

丸尾文六　まるおぶんろく　1832〜1896
明治期の茶業家，政治家。
【雑　誌】
◇丸尾文六―明治初期の経済活動を中心として （高木敬雄）「静岡県近代史研究会報」 106 1987.7
◇川越人足開墾と丸尾文六 （高木敬雄）「静岡県近代史研究」 13 1987.10

御木本幸吉　みきもとこうきち　1858〜1954
明治〜昭和期の実業家，真珠養殖者。
【図　書】
◇日本のリーダー 15 世界を駆ける企業家　ティビーエスブリタニカ 1982.11
◇御木本幸吉語録　御木本真珠島 1984.7
◇幸吉八方ころがし―真珠王・御木本幸吉の生涯（文春文庫） （永井龍男著） 文芸春秋 1986.9
◇夢をもとめた人びと〈1〉発明・発見 （金平亮，北島敬信，蕢田正治編）（町田）玉川大学出版部 1987.3
◇真珠の発明者は誰か？―西川藤吉と東大プロジェクト （久留太郎著） 勁草書房 1987.10
◇御木本幸吉　新装版（大林日出雄） 吉川弘文館 1988.4
◇御木本幸吉 （大林日出雄著） 吉川弘文館 1988.4 （人物叢書〔新装版〕）
◇地球物理学者 竹内均の人物山脈〈1〉（竹内均著） 同文書院 1988.11 （コスモス・ライブラリー─HUMAN SCIENCE）
◇ビジュアルワイド 新日本風土記〈24〉三重県 ぎょうせい 1989.4
◇代表的な日本人―自己実現に成功した43人 （竹内均著） 同文書院 1990.1
◇ぜいたく列伝 （戸板康二著） 文芸春秋 1992.9
◇父、御木本幸吉を語る （乙竹あい著） 御木本グループ 1993.1
◇MIKIMOTO―ミキモト 真珠王とその宝石店100年 （KILA編集部著） エディコム 1993.10 （KILA LIBRARY）
◇御木本幸吉記念館 （御木本真珠島編） 御木本真珠島 1994.4
◇きょう土につくした人びと ふるさと歴史新聞 4 （和順高雄文） ポプラ社 1996.4 47p
◇3分間で読む人生の知恵 （花園大学編） 同朋舎出版 1996.10 234p
◇ケースブック 日本の企業家活動 （宇田川勝編） 有斐閣 1999.3 318p
◇日本創業者列伝―企業立国を築いた男たち （加来耕三著） 学陽書房 2000.8 362p （人物文庫）
◇日本をつくった企業家 （宮本又郎編） 新書館 2002.5 252p
◇破天荒に生きる （鹿島茂著） PHP研究所 2002.6 261p
◇ぜいたく列伝 （戸板康二著） 学陽書房 2004.4 324p （人物文庫）
◇男の晩節 （小島英記著） 日本経済新聞社 2006.7 332p
◇「あの人」の言葉―人生の指針を残した偉人たち （武光誠著） リイド社 2007.10 254p （リイド文庫）
◇智将の知恵、闘将の決断―発想のヒントが満載！ （二見道夫著） ファーストプレス 2007.12 179p
◇世界に飛躍したブランド戦略 （藤井信幸著） 芙蓉書房出版 2009.2 219p （シリーズ情熱の日本経営史）
◇男の晩節 （小島英記著） 日本経済新聞出版社 2009.9 365p （日経ビジネス人文庫）
【雑　誌】
◇型破り事業家列伝―御木本真珠・御木本幸吉の巻 （桂芳男）「経営者会報」 295 1981.6
◇真珠王・御木本幸吉―小さなヒントから苦節15年，養殖真珠で世界のミキモトをつくり上げた男（日本財閥創始者伝）「経営評論」 25(7) 1982.8・9
◇自己管理―御木本幸吉（今月の養生訓）（駒敏郎）「歴史と人物」 12(9) 1982.9
◇わが社の創業者〔ミキモト〕御木本幸吉 （乙竹宏）「経営者」 39 (458) 1985.3
◇特許紛争でも大物・御木本幸吉（明治と歩み始めた名古屋）―専売特許条例と名古屋(4)（亀田忠男）「名古屋商工会議所月報」 521 1991.9
◇石橋正二郎と津田信吾―海外市場を目指した新たな販売戦略（昭和恐慌から飛翔した企業人〔最終回〕）（保阪正康）「日経ビジネス」 975 1999.1.25 p108〜112
◇「振興期」(1926〜1945年)国産の夢を追った誇り高きサムライたち―小林一三（阪急電鉄）、堤康次郎（西武鉄道）、中島知久平（中島飛行機）、小平浪平（日立製作所）、御木本幸吉（ミキモト）、三鬼隆（八幡製鉄）、石橋正二郎（ブリヂストン）、豊田喜一郎（トヨタ自動車）、中部幾次郎（マルハ）、正田貞一郎（日清製粉）、相馬愛蔵（中村屋）、小坂順造（信越化学工業）、塩野義三郎（塩野義製薬）、川村喜十郎（大日本インキ化学工業）、橋本圭三郎（日本石油）、島津源蔵（島津製作所）、五島慶太（東急コンツェルン）、利光鶴松（小田急電鉄）、国沢新兵衛（日本通運）（日本経済100年100人）（加来耕三）「フォーブス日本版」 9(1) 2000.1 p70〜76
◇七転び八起き編・ミキモトパール、（『THE21』で好評連載中の「商品に歴史あり」ベストセレクション「次代に通用する銘品」誕生物語―誰でも知っている商品に込められた熱き思い） （藤井竜二）「THE21」 特別増刊 2000.1.1 p22〜23
◇ミキモト―華麗なる世界制覇 真珠のミキモト（新・ブランド物語 26）「マリ・クレール」 3(7) 2001.7 p137〜141
◇特別招待席 真珠王・御木本幸吉翁逝去50年―幕末・近代を駆けた快男児の生涯〔含 略年譜〕（横山高治）「歴史研究」 歴研 46(6) 2004.6 p50〜54
◇勝利者学―成功の要因を知る（第11回）ミキモト 御木本幸吉 考えるだけではなく、実行しなければ利益にならない。しかも、それは理にかなう必要がある （相川信彦）「先見経済」 清話会 51(17) 2006.9.15 p42〜44

三島弥太郎　みしまやたろう　1867〜1919
明治，大正期の実業家。子爵，日本銀行第8代総裁。
【図　書】
◇三島弥太郎の手紙―アメリカへ渡った明治初期の留学生 （三島義温編） 学生社 1994.11
◇三島弥太郎関係文書 （尚友倶楽部，季武嘉也編） 芙蓉書房出版 2002.2 555p
◇三代の系譜 （阪谷芳直著） 洋泉社 2007.3 434p （洋泉社MC新書）
【雑　誌】
◇第8代・三島彌太郎―異色の「昆虫学」博士（金融資本の司祭・日銀総裁百年史）「現代の眼」 24(2) 1983.2
◇三島弥太郎の留学時代 （三島義温）「那須野ヶ原開拓史研究」 22 1987.6
◇三島弥太郎の手紙（歴史手帖） （三島義温）「日本歴史」 吉川弘文館 568 1995.9 p69〜72

三井高棟　みついたかみね　1857〜1948
明治〜昭和期の実業家。三井総本家十代当主。
【図　書】
◇三井八郎右衛門高棟伝 （三井八郎右衛門高棟伝編纂委員会編） 三井文庫 1988.3
◇江戸・上方の大店と町家女性 （林玲子著） 吉川弘文館 2001.11 352p
【雑　誌】
◇近代日本を築いた人たち（特集・部課長の人間的魅力研究） （邑井操）「経営者」 36(4) 1982.4

三井高保　みついたかやす　1850〜1922
幕末〜大正期の実業家。三井銀行社長。
【図　書】
◇近世名茶会物語 （高原富保） 毎日新聞社 1985

三井高喜　みついたかよし　1823〜1894
幕末，明治期の実業家。三井銀行総長。
【雑　誌】
◇三井高喜筆「大元締日記草稿」―明治9,10年三井銀行事情（史料紹介）「三井文庫論叢」 20 1986.12

三井高福　みついたかよし　1808〜1885
幕末，明治期の豪商。三井惣領家の8代。
【図　書】
◇財界人物我観 （福沢桃介著） 図書出版社 1990.3 （経済人叢書）
【雑　誌】
◇近代日本を築いた人たち（特集・部課長の人間的魅力研究） （邑井操）「経営者」 36(4) 1982.4

三井八郎次郎　みついはちろうじろう　1849～1919
明治、大正期の実業家。三井物産社長。
【図　書】
◇近世名茶会物語　(高原富保)　毎日新聞社　1985

光永星郎　みつながほしお　1866～1945
明治、大正期の実業家。貴族院議員、日本電報通信社社長。
【図　書】
◇日本の広告―人・時代・表現　(山本武利, 津金沢聰広著)　日本経済新聞社　1986.10
◇日本の『創造力』―近代・現代を開花させた470人〈8〉消費時代の開幕　(富田仁編)　日本放送出版協会　1992.11
◇広告人物語　(根本昭二郎著)　丸善　1994.2　(丸善ライブラリー)
◇ニュース・エージェンシー―同盟通信社の興亡　(里見脩著)　中央公論新社　2000.10　298p　(中公新書)
◇近代日本メディア人物誌―創始者・経営者編　(土屋礼子編著)　ミネルヴァ書房　2009.6　277p
【雑　誌】
◇広告的「知」の考古学(2)広告業創業者における「いかがわしさ」の系譜―日向輝武・きむ子と光永星郎　(岡部慶一)「日経広告手帖」日本経済新聞社　47(14)　2003.11　p40～43
◇電通創業者、光永星郎の企業家活動に関する研究ノート　(河津康人, 幸田亮一)「熊本学園商学論集」熊本学園大学商学会　14(2・3)　2008.4　p163～193

光村弥兵衛　みつむらやへえ　1827～1891
幕末、明治期の百姓、貿易商、海運業。
【図　書】
◇天才相場師の戦場　(鍋島高明著)　五台山書房　2008.6　334p

南尚　みなみひさし　1836～1919
幕末、明治期の篤農家。
【図　書】
◇南一郎平の世界―疏水の父100年の夢　豊の国宇佐市塾　1994.3　(宇佐細見読本 7)

三野村利左衛門　みのむらりざえもん　1821～1877
明治期の実業家。三井銀行頭取。
【図　書】
◇リーダーの魅力　(プレジデント編)　プレジデント社　1981.2
◇類聚伝記大日本史12 実業家篇　(土屋喬雄編集解説)　雄山閣出版　1981.6
◇乱世の知恵者　(広瀬仁紀)　講談社　1981.7
◇夕陽を知らぬ男たち―彼らはいかに生きたか　(小島直記)　旺文社　1983.2　(旺文社文庫)
◇日本のリーダー6 資本主義の先駆者　(第二アートセンター編)　ティビーエス・ブリタニカ　1983.2
◇男の切れ味―先見力・着眼力・行動力の研究　(小堺昭三)　PHP研究所　1983.12
◇幕末維新の経済人―先見力・決断力・指導力(中公新書)　(坂本藤良著)　中央公論社　1984.4
◇豪商物語　(邦光史郎著)　博文館新社　1986.12
◇逃げない男たち―志に生きる歴史群像〈下〉　(林左衛、中薗英助、今川徳三、古川薫、杉浦明平、栗原隆一、邦光史郎著)　旺文社　1987.3
◇小栗上野介の生涯―「兵庫商社」を創った最後の幕臣　(坂本藤良著)　講談社　1987.9
◇三越物語―劇的百貨店、その危機と再生　(梅本浩志著)　ティビーエス・ブリタニカ　1988.7
◇転換期の戦略〈5〉維新前夜・動乱と変革の時代　(尾崎秀樹、徳永真一郎、光瀬龍、高野澄、藤田公道、左方郁子、小堺昭三著)　経済界　1988.9
◇地球物理学者 竹内均の人物山脈〈1〉　(竹内均著)　同文書院　1988.11　(コスモス・ライブラリー―HUMAN SCIENCE)
◇NHK 歴史への招待〈第23巻〉江戸城総攻め　(日本放送協会編)　日本放送出版協会　1989.8　(新コンパクト・シリーズ)
◇代表的日本人―自己実現に成功した43人　(竹内均著)　同文書院　1990.1
◇大人学・小人学　(だいじんがく・しょうじんがく)―「大気力」で生きた男の器量と値打ち　(邑井操著)　大和出版　1990.6
◇会社のルーツおもしろ物語―あの企業の創業期はこうだった！　(邦光史郎著)　PHP研究所　1992.8　(PHPビジネスライブラリー)
◇日本の『創造力』―近代・現代を開花させた470人〈5〉御一新の光と影　(富田仁編)　日本放送出版協会　1992.12
◇本物の魅力―自分を生かしきった男だけが「人生の醍醐味」を味わうことができる！　(邑井操著)　大和出版　1993.2
◇日本を造った男たち―財界創始者列伝　(竹内均著)　同文書院　1993.11
◇政商伝　(三好徹著)　講談社　1996.3　287p　(講談社文庫)

◇金融危機に生かす10の鉄則―ビジネスマンへの新・発想　(山田智彦著)　青春出版社　1998.10　221p
◇日本をつくった企業家　(宮本又郎編)　新書館　2002.5　252p
◇歴史に消された「18人のミステリー」　(中津文彦著)　PHP研究所　2003.6　215p　(PHP文庫)
◇江戸期大商家の新時代への対応―三野村利左衛門(三井)　(生島淳述)　法政大学イノベーション・マネジメント研究センター　2008.11　38p　(Working paper series)
【雑　誌】
◇紀伊国屋時代の利左衛門―美野川利八説の検討　(三野村暢禧)「拓殖大学論集」　137　1982.3
◇企業は人なり―三野村利左衛門という男　(栗原隆一)「日本及日本人」　1571　1983.7
◇三野村利左衛門―三井を飛躍させた「無学者」の嗅覚(特集・「大転換期」を乗り切る才覚)　(小堺昭三)「プレジデント」　21(11)　1983.11
◇国際商戦の先駆者たち(特集・進む国際化と企業経営)　(佐々克明)「経営者」　38(12)　1984.12
◇杉並の名墓(28)三野村利左衛門　(原田弘)「杉並郷土史会々報」　104　1990.11
◇三井入りを断る(サン＝シモン主義者 渋沢栄一〈22〉)　(鹿島茂)「諸君！」　33(5)　2001.5　p264～271

武藤山治　むとうさんじ　1867～1934
明治～昭和期の実業家,政治家。
【図　書】
◇武藤山治の温情主義思想と鐘紡の労務管理制度(鈴木滋)『両大戦下における企業経営の総合的研究―大阪経済大学経営研究所創立15周年記念論文集』　大阪経済大学経営研究所　1980.3
◇夕陽を知らぬ男たち―彼らはいかに生きたか　(小島直記)　旺文社　1983.2　(旺文社文庫)
◇日本のリーダー8 財界革新の指導者　(第二アートセンター編)　ティビーエス・ブリタニカ　1983.3
◇逆境を乗り切る経営魂―実業界王者にその道を学ぶ　(三神良三)　日本経営者団体連盟弘報部　1983.4
◇福沢山脈の経営者たち　(加藤寛編)　ダイヤモンド社　1984.10
◇日本における庶民の自立論の形成と展開　(藤原暹著)　ぺりかん社　1986.2
◇近代社会の成立と展開　(野村隆夫編)　日本経済評論社　1986.10
◇日本の広告―人・時代・表現　(山本武利, 津金沢聰広著)　日本経済新聞社　1986.10
◇武藤山治　(入交好脩著)　吉川弘文館　1987.2　(人物叢書〔新装版〕)
◇失言恐慌―ドキュメント・東京渡辺銀行の崩壊　(佐高信著)　駸々堂出版　1987.6　(TOMOGRAPHY BOOKS)
◇私の身の上話　(武藤山治著)　国民会館(大阪府)　1988.9
◇武藤山治・全人像　(筑道行寛著)　行研　1989.2
◇日本の『創造力』―近代・現代を開花させた470人〈9〉不況と震災の時代　(富田仁編)　日本放送出版協会　1993.5
◇実業家の文章―日本経済の基盤を築いた、十二人の偉大な実業家。　(鈴木治雄著)　ごま書房　1998.7　262p
◇私の身の上話―武藤山治　(武藤山治著)　ゆまに書房　1998.9　347p　(人物で読む日本経済史)
◇恐慌を生き抜いた男―評伝・武藤山治　(沢野広史著)　新潮社　1998.12　303p
◇破天荒に生きる　(鹿島茂著)　PHP研究所　2002.6　261p
◇政に頼らず官に依らず―恐慌を生き抜いた男・武藤山治の生涯　(沢野広史著)　新潮社　2002.9　390p　(新潮OH!文庫)
◇日本の企業家群像 2　(佐々木聡編)　丸善　2003.3　296p
◇福祉実践にかけた先駆者たち―留岡幸助と大原孫三郎　(兼田麗子著)　藤原書店　2003.10　358p
◇武藤山治と時事新報　(松田尚士著)　国民会館　2004.3　216p　(国民会館叢書)
◇武藤山治と時事新報　(松田尚士著)　国民会館　2004.12　203p
◇日本の経済思想世界―「十九世紀」の企業者・政策者・知識人　(川口浩編著)　日本経済評論社　2004.12　530p
◇ライブドア騒動の問題提起―武藤山治の企業防衛　(松田尚士著)　国民会館　2005.6　63p　(国民会館叢書)
◇三田の政官界人列伝　(野村英一著)　慶応義塾大学出版会　2006.4　327,18p
◇武藤山治と行財政改革―普選の選挙ポスターを手掛かりに　(玉井清著)　国民会館　2006.7　39p　(国民会館叢書)
◇武藤山治と芸術　(武藤治太著)　国民会館　2006.7　25p　(国民会館叢書)
◇こんな日本に誰がした―日本の危機と希望　(堺屋太一、渡部昇一、岡崎久彦、松田尚士著)　扶桑社　2006.12　239p
◇至誠に生きた日本人　(モラロジー研究所出版部編)　モラロジー研究所　2007.5　223p　(「歴史に学ぼう、先人に学ぼう」)

◇マキァヴェッリの子どもたち―日伊の政治指導者は何を成し遂げ、何を残したか（リチャード・J.サミュエルズ著, 鶴田知佳子, 村田久美子訳） 東洋経済新報社 2007.5 374,113p
◇武藤山治の足跡（武藤治太著） 国民会館 2007.6 21p（国民会館叢書）
◇役立たずの哲学（菱沼孝幸著） 文芸社ビジュアルアート 2008.11 106p
◇武藤山治の先見性（武藤治太著） 国民会館 2008.11 64p（国民会館叢書）
◇政治を改革する男―鐘紡の武藤山治（松田尚士著） 国民会館 2009.3 339p（国民会館叢書）
【雑　誌】
◇武藤山治と帝人事件 「現代の眼」 21(8) 1980.8
◇日本的経営の起点―鐘紡・武藤山治の経営家族主義(1)（中辻健）「横浜市立大学論叢(社会科学系列)」 32(1) 1981.1
◇産業革命家の軌跡(11)仁義道の日本的経営先駆者―武藤山治（西東玄）「社員教育」 318 1981.2.5
◇日本的・経営家族主義の実践者―武藤山治・鐘紡（経営道に生きる(6)）（志村嘉門）「事務と経営」 405 1981.4
◇日本的経営の起点―鐘紡・武藤山治の経営家族主義(2)（中辻健）「横浜市立大学論叢(社会科学系列)」 32(2・3) 1981.4
◇大正期の企業家たち(2)武藤山治と山本条太郎（季刊ストーリー）（坂本藤良）「季刊マネジメントジャーナル」 31 1982.1
◇文章家だった経営者―小林一三・武藤山治・河合良成（特別読物）（特集・実践ビジネス文章力）（志村嘉門）「季刊マネジメントジャーナル」 31 1982.1 冬季号
◇財閥・官僚人物あれこれ（中村青志, 沢村和成）「歴史公論」 8(3) 1982.3
◇大正期日本紡績業構造と金解禁問題―武藤山治の金解禁論を中心として（上）（岩堀洋士）「経済と経営」 12(4) 1982.3
◇家族主義, 温情主義を信条にした―武藤山治（老舗・創業者の創意工夫物語(10)）（青井隆章）「セールス」 27(12) 1982.10
◇豊原恵太と武藤山治―「北東の風」の歴史的意義（近代伝記劇＜特集＞）（菅井幸雄）「悲劇喜劇」 37(5) 1984.5
◇武藤山治の思想（小野修三）「慶応義塾大学商学部日吉論文集」 34 1984.7
◇スキな人 キライな奴（小島直記）「経済往来」 40(3) 1988.3
◇武藤山治と英米文学(1)ある大実業家の英米文学受容・紹介について（岡崎一）「東京都立商科短期大学研究論集」 21 1993.3
◇いまなお続く「創業時代」の精神―近代の荒海を乗り切った起業家たち（対談）（近代日本の異能・偉才実業家100人「おじいさんたちは偉かった！」―20世紀総発掘 第4弾）（山口昌男, 佐高信）「月刊Asahi」 5(7) 1993.9
◇武藤山治の経済的「自由主義」と震災手形問題（山本長次）「国学院大学紀要」 32 1994.3
◇武藤山治と英米文学(2)ある大実業家の英米文学受容・紹介について（岡崎一）「東京都立商科短期大学研究論集」 22 1994.3
◇武藤山治の政界活動と救護法（山本長次）「佐賀大学経済論集」 佐賀大学経済学会 27(6) 1995.3 p25～73
◇先人顕彰企画展 高木貞治・武藤山治展を開催して（奥田修司）「岐阜県歴史資料館報」 岐阜県歴史資料館 20 1997.3 p220～224
◇企業内教育に見る「日本的経営」の特質―武藤山治の「経営家族主義」を中心に（趙永東）「立教大学教育学科研究年報」 立教大学文学部教育学研究室 41 1998.1 p99～107
◇〔黎明期〕(1901～1925年)「論語とソロバンの一致」を旨とした明治の財界人―渋沢栄一（第一国立銀行）、益田孝（三井財閥）、岩崎小弥太（三菱財閥）、浅野総一郎（浅野財閥）、安田善次郎（安田財閥）、鮎川義介（日産コンツェルン）、古河虎之助（古河財閥）、藤原銀次郎（王子製紙）、武藤山治（鐘紡）、森矗昶（昭和電工）、諸井恒平（秩父セメント）、日比翁助（三越）、森永太一郎（森永製菓）、馬越恭平（大日本麦酒）、鈴木三郎助（味の素）、大原孫三郎（倉敷紡績）、福原有信（資生堂）、野村徳七（野村証券）、鈴木馬左也（住友財閥）、弘世助三郎（日本生命）（日本経済100年100人）（童門冬二）「フォーブス日本版」 9(1) 2000.1 p63～69
◇大原孫三郎と武藤山治（兼田麗子）「社学研論集」 早稲田大学大学院社会科学研究科 1 2003 p17～32
◇武藤山治と『公民講座』―武藤研究の基礎史料として（川井充）「大阪大学経済学」 大阪大学大学院経済学研究科資料室 54(3) 2004.12 p450～464
◇日本経済「慶応閥」史（有森隆）「新潮45」 新潮社 24(11) 2005.11 p140～147
◇実業同志会と大阪財界―武藤山治と平生釟三郎の関係を中心に（滝口剛）「阪大法学」 大阪大学大学院法学研究科 55(3・4) 2005.11 p775～805
◇忘れがたき政治家(62)武藤山治＝政財界の革新に尽力 凶弾に斃れた正義漢（中村勝範）「月刊自由民主」 自由民主党 644 2006.11 p110～116
◇講演「武藤山治の経営と生涯」〔含 武藤山治略年譜〕（武藤治太）「佐賀大学経済論集」 佐賀大学経済学会 40(5) 2008.1 p81～107

村井吉兵衛　むらいきちべえ　1864～1926
明治, 大正期の実業家。
【図　書】
◇日本の広告―人・時代・表現（山本武利, 津金沢聰広著） 日本経済新聞社 1986.10
◇日本魁物語（駒敏郎） 徳間書店 1988.2（徳間文庫）
◇NHK 歴史への招待〈第23巻〉江戸城総攻め（日本放送協会編） 日本放送出版協会 1989.8（新コンパクト・シリーズ）
◇黄金伝説―「近代成金たちの夢の跡」探訪記（荒俣宏著, 高橋昇写真） 集英社 1990.4
◇日本の『創造力』―近代・現代を開花させた470人〈8〉消費時代の開幕（富田仁編） 日本放送出版協会 1992.11
◇黄金伝説（荒俣宏著） 集英社 1994.4（集英社文庫―荒俣宏コレクション）
◇ライバル日本史 3（NHK取材班編） 角川書店 1995.2 216p
◇ライバル日本史 1（NHK取材班編） 角川書店 1996.9 304p（角川文庫）
◇世紀転換期の起業家たち―百年企業への挑戦（武田晴人著） 講談社 2004.4 252p
◇西洋家具ものがたり（小泉和子文） 河出書房新社 2005.2 143p（らんぷの本）
【雑　誌】
◇岩谷松平と村井吉兵衛―東西たばこ大合戦絵巻（特集・明治ライバル物語）（駒敏郎）「歴史と人物」 120 1981.7

村瀬太乙　むらせたいおつ　1803～1881
幕末, 明治期の豪農。
【図　書】
◇村瀬太乙（向井桑人） 愛知県郷土資料刊行会 1981.10
◇東海の先賢群像（岩田隆著） 桜楓社 1986.4

茂木惣兵衛〔初代〕　もぎそうべえ　1827～1894
幕末, 明治期の実業家。
【図　書】
◇横浜商人とその時代（横浜開港資料館編）（横浜）有隣堂 1994.7（有隣新書）
◇相場師異聞―一攫千金に賭けた猛者たち（鍋島高明著） 河出書房新社 2002.12 316p
◇横浜開港時代の人々（紀田順一郎著） 神奈川新聞社 2009.4 270p
【雑　誌】
◇上州人事業家列伝〔13〕茂木惣兵衛（萩原進）「調査月報（群馬経済研究所）」 13 1984.7
◇開港・開化物伝(16)開港地の問屋から近代商社へ 理想を掲げた巨富四代の波瀾―生糸商社〈茂木惣兵衛（初代～三代）〉（紀田順一郎）「Best partner」 浜銀総合研究所 21(4) 2009.4 p36～41

森岡昌純　もりおかまさずみ　1833～1898
明治期の官僚, 実業家。日本郵船初代社長, 貴族院議員。
【雑　誌】
◇森岡昌純と日本郵船（小風秀雄）「日本の歴史」 500 1990.1
◇人物を追跡する 森岡昌純と日本郵船（日本史上の人物と史料＜特集＞）（小風秀雄）「日本歴史」 500 1990.1

森村市左衛門〔6代〕　もりむらいちざえもん　1839～1919
明治, 大正期の実業家。森村組の創業者。
【図　書】
◇経営者名言集―仕事の活力源（名言シリーズ）（小島直記著） 実業之日本社 1986.7
◇日本の企業家と社会文化事業―大正期のフィランソロピー（川添登, 山岡義典編著） 東洋経済新報社 1987.6
◇日本の『創造力』―近代・現代を開花させた470人〈3〉流通と情報の革命（富田仁編） 日本放送出版協会 1993.2
◇人物に学ぶ明治の企業事始め（森友幸照著） つくばね舎 1995.8 210p
◇哲学を始める年齢（小島直記著） 実業之日本社 1995.12 215p
◇森村市左衛門の無欲の生涯（砂川幸雄著） 草思社 1998.4 278p
◇儲けんと思わば天に貸せ―森村市左衛門の経営哲学（森村市左衛門著, 森村義明会編集・解説） 社会思想社 1999.6 254p
◇日本経済の礎を創った男たちの言葉―21世紀に活かす企業の理念・戦略・戦術（森友幸照著） すばる舎 1999.11 229p
◇日本経営理念史 新装復刻版（土屋喬雄著） 麗澤大学出版会 2002.2 650p
◇リーダーの心得ハンドブック―部下のやる気に火をつける！（佐藤悌二郎著） PHP研究所 2008.2 229p
◇森村市左衛門―通商立国日本の担い手（大森一宏著） 日本経済評論社 2008.12 206p（評伝・日本の経済思想）

◇世に飛躍したブランド戦略 （藤井信幸著） 芙蓉書房出版 2009.2 219p （シリーズ情熱の日本経営史）
【雑　誌】
◇明治後期日本の対米陶磁器輸出と森村市左衛門の経営理念 （大森一宏） 「渋沢研究」 6 1993.10
◇森村市左衛門の企業者活動と経営理念 （上田実） 「名古屋文理短期大学紀要」 19 1994.4
◇外国貿易の先駆者―森村市左衛門（巨人伝説〔6〕） （木村勝美） 「フォーブス日本版」 4（6） 1995.6 p178～181
◇日本の近代化とキリスト教的企業経営（1）森村市左衛門と波多野鶴吉の事例を通して（共同研究報告（3））―プロジェクト研究「経営者の宗教意識と仏教的経営」 （武井昭） 「仏教経済研究」 駒沢大学仏教経済研究所 25 1996.5 p305～317
◇〈資本主義形成期の経済思想〉プロジェクト「森村市左衛門の経済思想」 （上杉允彦） 「総合研究」 高千穂商科大学総合研究所 No.10 1997.9 pB1～B36
◇日本陶器会社における女子従業員教育―創設者森村市左衛門の教育活動を中心に （田中卓也） 「広島大学教育学部紀要 第一部 教育学」 広島大学教育学部 47 1998 p199～208
◇創業者・森村市左衛門の起業家精神を受け継いで―森村商事社長・森村俊介（トップは挑戦する） 「財界」 47(15) 1999.7.13 p170～171
◇先賢再訪 現代（いま）に生かす "商いは求道" ものがたり―森村市左衛門（その1）日本近代化の黎明期に実業活動の先頭を走る （長岡孝明） 「労働基準広報」 労働調査会 1649 2009.7.11 p40～42
◇先賢再訪 現代（いま）に生かす "商いは求道" ものがたり―森村市左衛門（その2）横浜開港で始まる外国との取引 福沢諭吉との知己を得る （長岡孝明） 「労働基準広報」 労働調査会 1650 2009.7.21 p42～44
◇先賢再訪 現代（いま）に生かす "商いは求道" ものがたり―森村市左衛門（その3）新政府の御用を断ち切りニューヨークで兄弟店を開店 （長岡孝明） 「労働基準広報」 労働調査会 1651 2009.8.1 p33～35
◇先賢再訪 現代（いま）に生かす "商いは求道" ものがたり―森村市左衛門（その4）世界的なブランド名「ノリタケ」支えた人材との出合の妙 （長岡孝明） 「労働基準広報」 労働調査会 1652 2009.8.11 p35～37
◇先賢再訪 現代（いま）に生かす "商いは求道" ものがたり―森村市左衛門（その5）経済人への支援活動と愛国心説く全国行脚 （長岡孝明） 「労働基準広報」 労働調査会 1653 2009.8.21 p42～44

森山芳平　もりやまよしへい　1854～1915
明治期の機業家。
【図　書】
◇桐生織物と森山芳平 （亀田光三著） みやま文庫 2001.10 187p （みやま文庫）

モレル，E.　Morel, Edmund　1841～1871
イギリスの鉄道技師。1870年来日、鉄道敷設事業を指導。
【図　書】
◇横浜開港時代の人々 （紀田順一郎著） 神奈川新聞社 2009.4 270p
【雑　誌】
◇鉄道技師、モレルの経歴と貢献 （林田治男） 「大阪産業大学経済論集」 大阪産業大学学会 7(3) 2006.6 p381～420
◇開港・開化傑物伝（6）十九世紀ロンドンの下町から極東の国へつないだ鉄道人生―エドモンド・モレル （紀田順一郎） 「Best partner」 浜銀総合研究所 20(6) 2008.6 p36～41

矢板武　やいたたけし　1849～1922
明治、大正期の実業家。那須開墾社社長、下野新聞社長。
【図　書】
◇きょう土につくした人びと ふるさと歴史新聞 1 （笠原秀文） ポプラ社 1996.4 47p
【雑　誌】
◇農業土木を支えてきた人々―「印南丈作（いんなみじょうさく）」・「矢板武（やいたたけし）」翁―那須疏水の開削に尽力 （手塚克） 「農業土木学会誌」 48(3) 1980.3
◇矢板武関係書簡について(2)安生順四郎と矢板との関係 （藤田倉雄） 「那須野ケ原開拓史研究」 15 1983.12
◇矢板武関係書簡について(3) （藤田倉雄） 「那須野ヶ原開拓史研究」 16 1984.6
◇矢板武関係書簡について(4) （藤田倉雄） 「那須野ヶ原開拓史研究」 17 1984.12
◇矢板武関係書簡について(5)―伊藤貞七郎よりの書簡 （藤田倉雄） 「那須野ケ原開拓史研究」 18 1985.6
◇矢板武関係書簡について(6)―藤田一郎よりの書簡 （藤田倉雄） 「那須野ケ原開拓史研究」 20 1986.6
◇矢板武関係書簡について(7)―藤田一郎よりの書簡 （藤田倉雄） 「那須野ケ原開拓史研究」 21 1986.12

安川敬一郎　やすかわけいいちろう　1849～1934
明治、大正期の実業家。安川財閥の創業者。
【図　書】
◇近代日本の企業家と政治―安川敬一郎とその時代 （有馬学編） 吉川弘文館 2009.2 303p
【雑　誌】
◇安川敬一郎の経営理念―労資協調思想の一端 （佐藤正志） 「九共経済論集」 17 1993.1
◇士魂の経営者・安川敬一郎（三〇〇号記念特集 九州人先駆とロマンのエネルギー） （四島司） 「西日本文化」 300 1994.4
◇『安川敬一郎日記』と地域経済の興業化について（1） （清水憲一） 「社会文化研究所紀要」 九州国際大学社会文化研究所 38 1996.7 p88～52

安田善次郎〔初代〕　やすだぜんじろう　1838～1921
幕末～大正期の実業家。安田財閥創立者。
【図　書】
◇富士銀行の百年 （富士銀行調査部百年史編さん室編） 富士銀行編さん室 1980.11
◇安田生命百年史 （安田生命保険） 安田生命保険 1980.12
◇類聚伝記大日本史12 実業家篇 （土屋喬雄編集解説） 雄山閣出版 1981.6
◇日本工業先覚者史話 （福本和夫） 論創社 1981.7
◇十六人の銀行家―音たかく流れる （青野豊作） 現代史出版会 1982.5
◇安田善次郎物語―富山が生んだ偉人 （安田生命保険相互会社編） 安田生命保険相互会社 1982.11
◇日本のリーダー 6 資本主義の先駆者 ティビーエス・ブリタニカ 1983.2
◇日本のリーダー6 資本主義の先駆者 （第二アートセンター編） ティビーエス・ブリタニカ 1983.2
◇人物・日本資本主義3 明治初期の企業家 （大島清ほか著） 東京大学出版会 1983.6
◇金のすべてを知りつくした男―安田善次郎の成功哲学 （青野豊作） PHP研究所 1983.9 （PHP business library 歴史に学ぶ人と経営シリーズ）
◇豪商たちの智略商魂 （風巻絃一著） 実業之日本社 1984.2
◇逆境を愛する男たち （小島直記） 新潮文庫 1984.3
◇日本の古典籍 その面白さその尊さ （反町茂雄） 八木書店 1984.4
◇ビジネス・ヒーローの帝王学―江戸時代の「再建マン」に学ぶマネジメント （佐々克明著） 東洋経済新報社 1984.8
◇近世名茶器物語 （高原富保） 毎日新聞社 1985
◇智略の行程―炎の男たち・安田 （旺文社編） 旺文社 1985.4
◇日本のテロリスト（潮文庫） （室伏哲郎著） 潮出版社 1986.1
◇財界人の人間修養学 （竹井博友編） 竹井出版 1986.7
◇安田財閥（日本財閥経営史） （由井常彦編） 日本経済新聞社 1986.8
◇儲ける奴はここが違う （冨子勝久著） 潮出版社 1986.10
◇豪商物語 （邦光史郎著） 博文館新社 1986.12
◇政商の誕生―もうひとつの明治維新 （小林正彬著） 東洋経済新報社 1987.1
◇日本の企業家と社会文化事業―大正期のフィランソロピー （川添登、山岡義典編著） 東洋経済新報社 1987.6
◇地球物理学者 竹内均の人物山脈〈1〉 （竹内均著） 同文書院 1988.11 （コスモス・ライブラリー―HUMAN SCIENCE）
◇巨富を築いた36人の男たち （鳥羽欽一郎著） 実業之日本社 1989.11
◇代表的日本人―自己実現に成功した43人 （竹内均著） 同文書院 1990.1
◇日本史の社会集団〈6〉ブルジョワジーの群像 （安藤良雄著） 小学館 1990.3
◇財界人物我観 （福沢桃介著） 図書出版社 1990.3 （経済人叢書）
◇日本の近代化と経営理念 （浅野俊光著） 日本経済評論社 1991.11
◇新・財界人列伝―光と影 （厚田昌範著） 読売新聞社 1992.1
◇富の活動 （安田善次郎著） 大和出版 1992.5 （創業者を読む）
◇企業立国・日本の創業者たち―大転換期のリーダーシップ （加来耕三著） 日本実業出版社 1992.5
◇会社のルーツもおもしろ物語―あの企業の創業期はこうだった！ （邦光史郎著） PHP研究所 1992.8 （PHPビジネスライブラリー）
◇日本の『創造力』―近代・現代を開花させた470人〈3〉流通と情報の革命 （富田仁編） 日本放送出版協会 1993.2
◇日本を造った男たち―財界創始者列伝 （竹内均著） 同文書院 1993.11
◇剛腕の経営学 （邦光史郎著） 徳間書店 1993.11 （徳間文庫）
◇人物に学ぶ明治の企業事始め （森友幸照著） つくばね舎 1995.8 210p
◇安田善次郎伝 （〔矢野文雄〕著） ゆまに書房 1998.12 574,28p （人物で読む日本経済史）
◇ケースブック 日本の企業家活動 （宇田川勝編） 有斐閣 1999.3

318p
◇人間の運命（小島直記著）致知出版社　1999.6　271p
◇日本経済の礎を創った男たちの言業—21世紀に活かす企業の理念・戦略・戦術（森友幸照著）すばる舎　1999.11　229p
結婚百物語（林えり子著）河出書房新社　2000.1　251p（河出文庫）
◇安田一金融財閥最後の総長—私を捨て公に生きた生涯（山本祐輔著）出版文化社　2000.4　262p
日本創業者列伝—企業立国を築いた男たち（加来耕三著）学陽書房　2000.8　362p（人物文庫）
◇20世紀 日本の経済人（日本経済新聞社編）日本経済新聞社　2000.11　449p（日経ビジネス人文庫）
人生の師—混迷する時代に「勇気」と「誇り」と「優しさ」をあたえてくれる先哲先人の教え（岬竜一郎著）勁文社　2001.7　238p
◇われ、官を恃まず—日本の「民間事業」を創った男たちの挑戦（吉田伊佐夫著）産経新聞ニュースサービス　2002.8　334p
時代の先覚者・後藤新平1857‐1929（御厨貴編）藤原書店　2004.10　301p
◇この結婚—明治大正昭和の著名人夫婦70態（林えり子著）文芸春秋　2005.8　242p（文春文庫）
相場ヒーロー伝説—ケインズから怪人伊東ハンニまで（鍋島高明著）五台山書房　2005.12　340p
◇春城師友録（市島春城著、山口昌男監修）国書刊行会　2006.4　434p（知の自由人叢書）
経営に大義あり—日本を創った企業家たち（日本経済新聞社編）日本経済新聞社　2006.5　247p
◇富豪の時代—実業エリートと近代日本（永谷健著）新曜社　2007.10　294p
ほくりく20世紀列伝 上巻（北国新聞社論説委員会・編集局編）時鐘舎　2007.12　281p（時鐘舎新書）
◇金儲けが日本一上手かった男—安田善次郎の生き方（砂川幸雄著）ブックマン社　2008.4　302p
◇商売繁盛・老舗のしきたり（泉秀樹著）PHP研究所　2008.5　194p（PHP新書）
◇日本の経営者（日本経済新聞社編）日本経済新聞出版社　2009.8　214p（日経文庫）
◇偉人伝—徳育教育副読本（西垣義明著）全国経営者団体連合会　2009.12　133p

【雑　誌】

◇「草の根」からはい上がった富豪—安田と浅野（特集・「雑草」の魅力—のし上がった男たちのドラマ）（森川英正）「プレジデント」18(4) 1980.3
◇善次郎翁と国際社会への貢献（富士銀行のあゆみ(3)）「富士タイムズ」30(3) 1980.3
◇安田家の家訓（老舗と家訓(8)）（土屋опе雄）「経営者」34(8) 1980.8
◇歴史に残るトップ・バンカーの条件（青野豊作）「財界」29(14) 1981.7
◇安田財閥の祖・安田善次郎（富士銀行）（日本財閥創始者伝）（松平弘明）「経営評論」24(7) 1981.9
◇「安田財閥」をつくり上げた岩次郎の挑戦（老舗・創業者の創意工夫物語(1)）（青井隆章）「セールス」27(1) 1982.1
特集・日本経済を築いた数寄者たち 数寄に生きた実業家 「太陽」231 1982.2
◇早矢仕有的への来翰を巡って(10)（遺稿）（曽我なつ子、松島栄一）「学鐙」79(10) 1982.10
◇明治実業界三傑の精神（特集 社是・社訓の研究）（邑井操）「経営者」37(3) 1983.3
岩崎、安田、渋沢にみる経営スピリット（特集・明治実業人の経営哲学）（佐々克明）「経営者」38(446) 1984.3
安田善次郎死後の安田財閥の再編成—結城・森改革の過程と意義について（小早川洋一）「中部大・経営情報論集」1(1) 1985.1
◇安田善次郎死後の安田財閥の再編成—結城・森改革の過程と意義について（小早川洋一）「中部大学経営情報学部論集」1(1) 1985.1
◇安田商店の経営と資本蓄積（由井常彦）「経営史学」20(1) 1985.4
◇未知への挑戦者たち—近代日本の礎を築いた明治実業人（特集・先駆の発想）（佐々克明）「経営者」40(2) 1986.2
◇原敬をめぐる人脈〔10〕安田善次郎—日本の資本主義をつくった男たち（小島直記）「日経ビジネス」454 1986.12.22
◇記伝を歩く(20) 矢野竜渓著「安田善次郎伝」一代で築いた安田財閥（石川猶興）「農政調査時報」365 1987.2
◇安田善次郎—富者の仏教的・社会的義務（経営者の宗教意識と仏教的経営〈共同研究報告(1)〉）（青野豊作）「仏教経済研究」23 1994.5
◇財閥形成史の行為論的一考察—安田善次郎の経済合理化過程から（川島知子）「年報筑波社会学」筑波社会学会事務局　第8号 1996.9 p71～87
◇「黎明期」（1901～1925年）「論語とソロバンの一致」を旨とした明治の財界人—渋沢栄一（第一国立銀行）、益田孝（三井財閥）、岩崎小弥太（三菱財閥）、浅野総一郎（浅野財閥）、安田善次郎（安田財閥）、鮎川義介（日産コンツェルン）、古河虎之助（古河財閥）、藤原銀次郎（王子製紙）、武藤山治（鐘紡）、森矗昶（昭和電工）、諸井恒平（秩父セメント）、日比翁助（三越）、森永太一郎（森永製菓）、馬越恭平（大日本麦酒）、鈴木三郎助（味の素）、大原孫三郎（倉敷紡績）、福原有信（資生堂）、野村徳七（野村証券）、鈴木馬左也（住友財閥）、弘世助三郎（日本生命）（日本経済100年100人）（童門冬二）「フォーブス日本版」9(1) 2000.1 p63～69
◇華族の問題—実業家と華族 富と名誉が一体化したとき（特集・まぼろしの名家 華族80年の栄枯盛衰—華族とは何か、その存在意義と波瀾万丈のドラマ）（麻田弓彦）「歴史と旅」27(6) 2000.4 p106～111
◇安田善次郎の経済合理主義（ずいひつ）（安田弘）「財界」48(17) 2000.8.22 p144～145
◇近代日本における実業家文化の変貌—安田善次郎を中心に（永谷健）「名古屋工業大学紀要」名古屋工業大学 54 2002年度 p137～145
◇特別談話 心に残る人びと 魅力ある日本人—渋沢栄一、安田善次郎、松本重太郎、浜口雄幸、石田礼助、土光敏夫、井深大、盛田昭夫（城山三郎）「文芸春秋」80(16) 2002.12 臨時増刊（日本人の肖像 このすがすがしい生きかた）p108～115
◇日本銀行と安田善次郎(2)「安田家文書」による創業期の研究（由井常彦）「三井文庫論叢」三井文庫 39 2005 p45～143
◇日本銀行の設立と安田善次郎(3) 安田家文書による設立期の研究（由井常彦）「三井文庫論叢」三井文庫 40 2006 p113～172
◇この巨人の「人間力」を探る（1・新連載）安田善次郎（皆木和義）「企業と人材」産労総合研究所 40(903) 2007.5.20 p39～43
◇銀行王 安田善次郎（新連載）千両分限者になる夢（北康利）「新潮45」新潮社 28(1) 2009.1 p110～121
◇成り上がり—安田善次郎伝（新連載・1）神童誕生（江上剛）「文蔵」PHP研究所 40 2009.1 p40～66
◇銀行王 安田善次郎（第2回）意志の力（北康利）「新潮45」新潮社 28(2) 2009.2 p180～189
◇成り上がり—安田善次郎伝（2）寺子屋商人（江上剛）「文蔵」PHP研究所 41 2009.2 p46～74
◇銀行王 安田善次郎（第3回）飛躍の時（北康利）「新潮45」新潮社 28(3) 2009.3 p180～189
◇成り上がり—安田善次郎(3)最初の出奔（江上剛）「文蔵」PHP研究所 42 2009.3 p66～92
◇銀行王 安田善次郎（第4回）両替商から銀行家へ（北康利）「新潮45」新潮社 28(4) 2009.4 p184～193
◇成り上がり—安田善次郎伝(4)親不幸（江上剛）「文蔵」PHP研究所 43 2009.4 p154～180
◇銀行王 安田善次郎（第5回）安田銀行設立（北康利）「新潮45」新潮社 28(5) 2009.5 p226～235
◇成り上がり—安田善次郎伝(5)江戸へ（江上剛）「文蔵」PHP研究所 44 2009.5 p142～172
◇銀行王 安田善次郎（第6回）銀行のことは安田に聞け（北康利）「新潮45」新潮社 28(6) 2009.6 p174～183
◇成り上がり—安田善次郎伝(6)まもなく江戸（江上剛）「文蔵」PHP研究所 45 2009.6 p142～173
◇銀行王 安田善次郎（第7回）父・善悦の死（北康利）「新潮45」新潮社 28(7) 2009.7 p172～181
◇成り上がり—安田善次郎伝(7)江戸で働く（江上剛）「文蔵」PHP研究所 46 2009.7 p212～243
◇銀行王 安田善次郎（第8回）企業グループ形成へ（北康利）「新潮45」新潮社 28(8) 2009.8 p142～151
◇成り上がり—安田善次郎伝(8)太閤に学べ（江上剛）「文蔵」PHP研究所 47 2009.8 p232～263
◇銀行王 安田善次郎（第9回）後継者育成と多角経営（北康利）「新潮45」新潮社 28(9) 2009.9 p138～147
◇成り上がり—安田善次郎伝(9)行商人暮らし（江上剛）「文蔵」PHP研究所 48 2009.9 p214～245
◇古本屋散策(90)露伴と安田善次郎（小田光雄）「日本古書通信」日本古書通信社 74(9) 2009.9 p44
◇銀行王 安田善次郎（第10回）一にも人物、二にも人物（北康利）「新潮45」新潮社 28(10) 2009.10 p144～153
◇成り上がり—安田善次郎伝(10)転職と天職（江上剛）「文蔵」PHP研究所 49 2009.10 p290～316
◇銀行王 安田善次郎（第11回）百三十銀行救済（北康利）「新潮45」新潮社 28(11) 2009.11 p190～199
◇銀行王 安田善次郎（第12回）授爵を逃す（北康利）「新潮45」新潮社 28(12) 2009.12 p198～207
◇成り上がり—安田善次郎伝(12)母の死（江上剛）「文蔵」PHP研究所 51 2009.12 p275～300

矢野勘三郎　やのかんざぶろう　1821～1894
　幕末, 明治期の商人。幕末動乱期の浪人問屋。
【雑　誌】
◇釣隠と朽木, その略伝　(後藤均平)「国学院雑誌」87(3) 1986.3

山口玄洞　やまぐちげんどう　1863～1937
　明治～昭和期の実業家。山口商店代表社員。
【図　書】
◇大阪経済人と文化　(宮本又次)　実教出版　1983.6
【雑　誌】
◇山口玄洞のことどもと公共奉仕　(宮本又次)「大阪大学史紀要」2 1982.5
◇山口玄洞とその一族先人の業績　(江川義雄)「医譚」59 1990.11
◇山口玄洞とその一族先人の業績−続−山口左仲・山口寿　(江川義雄)「医譚」60 1991.5
◇寄附王　山口玄洞　(伊藤悟)「美文会報」299 1993.8

山口仙之助　やまぐちせんのすけ　1851～1915
　明治, 大正期の実業家。
【図　書】
◇箱根富士屋ホテル物語　新装版　(山口由美著)　トラベルジャーナル　2002.4　229p
◇破天荒力−箱根に命を吹き込んだ「奇妙人」たち　(松沢成文著)　講談社　2007.6　270p
【雑　誌】
◇山口仙之助について—富士屋ホテル設立とその背景—　(富田仁)「桜文論叢(日本大学)」23 1987.12
◇箱根宮ノ下と山口仙之助—チェア, 人力車, 馬車。道と共に変遷した交通手段(全81ページ大型特集・「値千金の湯」を求めて, 全国行脚畢竟の温泉宿 2005年版—第2部 名湯復活に尽力した, 明治の快男児ニッポン「温泉偉人」列伝)「サライ」小学館　17(22) 2005.11.3 p55

山下亀三郎　やましたかめさぶろう　1867～1944
　明治～昭和期の実業家。山下新日本汽船の創業者。
【図　書】
◇破天荒企業人列伝　(内橋克人)　新潮社　1983.4　(新潮文庫)
◇日本の商人　第6巻　新興実業家の挑戦　(邦光史郎概説)　ティビーエス・ブリタニカ　1984.3
◇財界人物我観　(福沢桃介著)　図書出版社　1990.3　(経済人叢書)
◇日本資本主義の群像　(内橋克人著)　社会思想社　1993.2　(現代教養文庫—内橋克人クロニクル・ノンフィクション)
◇日本の『創造力』—近代・現代を開花させた470人〈9〉不況と震災の時代　(富田仁編)　日本放送出版協会　1993.5
◇山下亀三郎—「沈みつ浮きつ」の生涯　(鎌倉啓三著)　近代文芸社　1996.3　122p
◇株マフィアの闇—「巨悪」欲望の暗闘史　3巻　(有森隆, グループK著)　大和書房　2008.4　349p　(だいわ文庫)
◇成金炎上—昭和恐慌は警告する　(山岡淳一郎著)　日経BP社　2009.3　343p
【雑　誌】
◇山下亀三郎と山下汽船　(岡庭博)「ラメール」37 1982.11
◇石原家ルーツの謎—船成り金・山下亀三郎に私淑す(本人も知らなかったエピソードで綴る大河ノンフィクション 誰も書けなかった石原慎太郎のすべて〔1〕)　(佐野真一)「現代」36(9) 2002.9 p28～73

山城屋和助　やましろやわすけ　1836～1872
　明治期の商人。陸軍汚職事始の張本人。
【図　書】
◇明治民衆史を歩く　(井出孫六)　新人物往来社　1980.6
◇防長文化人山脈　(掛橋真)　東洋図書　1981.4
◇明治民衆史　(井出孫六著)　徳間書店　1988.9　(徳間文庫)
◇NHK 歴史発見〈13〉〔カラー版〕(NHK歴史発見取材班編)　角川書店　1994.5
◇御用心!!—いま明治の亡霊がうろついている　(日下藤吾著)　近代文芸社　1996.5　149p
◇相場ヒーロー伝説—ケインズから怪人伊東ハンニまで　(鍋島高明著)　五台山書房　2005.12　340p
◇矩を踰えて—明治法制史断章　(霞信彦著)　慶応義塾大学出版会　2007.11　237p
【雑　誌】
◇杉並の名墓(4)野村三千三の墓　(森崎次郎)「杉並郷土史会々報」77 1986.5
◇山城屋和助—ほまれある越路の雪と消ゆる身をながらえてこそ恥しきかな(特集・幕末明治人物臨終の言葉—近代の夜明けを駆けぬけた44人の人生決別の辞 英傑死してことばを遺す)　(一坂太郎, 稲village明雄,

今川徳三, 井門寛, 宇都宮泰長, 河合敦, 木村幸比古, 祖田浩一, 高野澄, 高橋義彦, 畑山博, 三谷茉沙夫, 百瀬明治, 山村竜也)「歴史と旅」24(7) 1997.5 p80～81

山田猪三郎　やまだいさぶろう　1863～1913
　明治期の飛行船発明家。
【図　書】
◇日本の『創造力』—近代・現代を開花させた470人〈8〉消費時代の開幕　(富田仁編)　日本放送出版協会　1992.11

山田いち　やまだいち　1863～1938
　明治～昭和期の女性。甘薯「紅赤(金時)」発見者。
【図　書】
◇農業技術を創った人たち　2　(西尾敏彦著)　家の光協会　2003.1　379p

山田文右衛門　やまだぶんえもん　1820～1883
　幕末, 明治期の漁業功労者。
【図　書】
◇我が祖山田文右衛門履歴　(亀畑義彦)　北海道教育大学旭川分校　1980.5

山中新十郎　やまなかしんじゅうろう　1818～1877
　幕末, 明治期の商人。久保田藩城下で呉服仲買業を開業。
【図　書】
◇全国の伝承 江戸時代 人づくり風土記—ふるさとの人と知恵〈5〉秋田　(加藤秀俊, 谷川健一, 稲垣史生, 石川松太郎, 吉田豊編)　農山漁村文化協会　1989.7

山辺丈夫　やまのべたけお　1851～1920
　明治, 大正期の実業家。東洋紡績社長。
【図　書】
◇講座・日本技術の社会史〈別巻2〉人物篇〈近代〉(永原慶二, 山口啓二, 加藤幸三郎, 深谷克己編)　日本評論社　1986.12
◇人物に学ぶ明治の企業事始め　(森友幸照著)　つくばね舎　1995.8　210p
◇孤山の片影—山辺丈夫　(〔石川安次郎〕著)　ゆまに書房　1998.12　1冊　(人物で読む日本経済史)
◇われ, 官を恃まず—日本の「民間事業」を創った男たちの挑戦　(吉田伊佐夫著)　産経新聞ニュースサービス　2002.8　334p
◇明治　1　(NHK「明治」プロジェクト編著)　日本放送出版協会　2005.5　229p　(NHKスペシャル)
【雑　誌】
◇サムライ道の行者! 山辺丈夫(産業革命家の軌跡(7))　(西東玄)「社員教育」309 1980.9.5
◇日本紡績業における最初の技術導入—山辺丈夫企業者活動　(大津寄勝典)「中国短期大学紀要」24 1993.6

山葉寅楠　やまはとらくす　1851～1916
　明治, 大正期の実業家。国産オルガンの先駆者。
【図　書】
◇洋琴—ピアノものがたり　(檜山陸郎著)　芸術現代社　1986.8
◇日本魁物語　(駒敏郎著)　徳間書店　1988.2　(徳間文庫)
◇ヤマハの企業文化とCSR—感動と創造の経営 山葉寅楠・川上嘉市のDNAは受け継がれた　(志村和次郎著)　産経新聞出版　2006.3　194p

山本条太郎　やまもとじょうたろう　1867～1936
　明治～昭和期の実業家, 政治家。
【図　書】
◇山本条太郎 1 論策 1　(山本条太郎著, 山本条太郎翁伝記編纂会編)　原書房　1982.6　(明治百年史叢書)
◇山本条太郎 2 論策 2　(山本条太郎著, 山本条太郎翁伝記編纂会編)　原書房　1982.7　(明治百年史叢書)
◇山本条太郎 3 伝記　(山本条太郎翁伝記編纂会編)　原書房　1982.8　(明治百年史叢書)
◇夕陽を知らぬ男たち—彼らはいかに生きたか　(小島直記)　旺文社　1983.2　(旺文社文庫)
◇日本の商人　第7巻 国際商戦の先駆　(原田伴彦概説)　ティビーエス・ブリタニカ　1984.2
◇山本条太郎　(山本条太郎著)　図書出版社　1990.7　(経済人叢書)
◇清末小説論集　(樽本照雄著)　(京都)法律文化社　1992.2　(大阪経済大学研究叢書)
【雑　誌】
◇大正期の企業家たち(2)武藤山治と山本条太郎(季刊ストーリー)　(坂本藤良)「季刊マネジメントジャーナル」31 1982.1
◇商務印書館と山本条太郎　(樽本照雄)「大阪経大論集」147 1982.5
◇三井物産の企業者史的研究—山本条太郎の社会化の過程　(瀬岡誠)

「彦根論叢」255・256 1989.1
◇山本条太郎の言葉が… 「喧嘩のしかた」の再読を 敵に塩を送るの挙ほか(私の雑記帳) (三鬼陽之助)「財界」48(13) 2000.6.27 p176～177
◇部会ニュース〔日本史研究会〕近現代史部会 明治後期における三井物産と大陸政策―山本条太郎を中心として〔含 討論〕(久保田裕次)「日本史研究」日本史研究会 560 2009.4 p62～63,65～66

湯本義憲 ゆもとよしのり 1849～1918
明治期の治水家, 政治家。衆議院議員。
【雑 誌】
◇初期議会期の治水問題―治水会の創設と湯本義憲 (山崎有恒)「立命館史学」立命館史学会 16 1995.11 p1～25

横河民輔 よこがわたみすけ 1864～1945
明治～昭和期の建築家, 実業家。
【図 書】
◇日本の建築―明治大正昭和7 ブルジョワジーの装飾 (石田潤一郎著 増田彰久写真) 三省堂 1980.1
◇中国古陶磁―東京国立博物館・横河コレクション (長谷部楽爾編) 横河電機製作所 1982.9
◇日本の『創造力』―近代・現代を開花させた470人〈8〉消費時代の開幕 (富田仁編) 日本放送出版協会 1992.11
◇建設業を興した人びと―いま創業の時代に学ぶ (菊岡倶也著) 彰国社 1993.1
◇20世紀日本の経済人 2 (日本経済新聞社編) 日本経済新聞社 2001.2 380p (日経ビジネス人文庫)
◇日本建築家山脈 復刻版 (村松貞次郎著) 鹿島出版会 2005.9 315p
【雑 誌】
◇近代日本の異色建築家(5)和魂洋才を実践した―横河民輔 (石田潤一郎)「科学朝日」42(5) 1982.5
◇横河グループ創業者横河民輔と, 師と仰ぐ三井物産初代社長益田孝翁 (杉田昌賀)「日本工業倶楽部会報」日本工業倶楽部 225 2008.7 p46～54

吉原重俊 よしはらしげとし 1845～1887
明治期の銀行家, 大蔵官僚。日本銀行総裁, 旧鹿児島藩士。
◇初代・吉原重俊―松方正義の忠実な手足(金融資本の司祭・日銀総裁百年史)「現代の眼」24(2) 1983.2

依田勉三 よだべんぞう 1853～1925
明治, 大正期の北海道開拓者。
【図 書】
◇晩成社牧場―畜産十勝の夜明け (渡部哲雄) 晩成社研究会 1981.11
◇国づくりの文化史―日本の風土形成をたずねる旅 (菊岡倶也) 清文社 1983.1
◇歴史随想―冬の蝶 (藤野順) 雪華社 1984.12
◇北海道酪農百年史 (木村勝太郎) 樹村房 1985.10
◇蝦名賢造北海道著作集〈第6巻〉新版 北方のパイオニア (蝦名賢造著) 西田書店 1993.2
◇きょう土につくした人びと ふるさと歴史新聞 1 (笠原秀文) ポプラ社 1996.4 47p
◇依田勉三の生涯 再版 (松山善三著)「依田勉三の生涯」を復刻する会 2002.11 458p
◇北海道開拓秘話―酷寒の荒野に挑み理想郷建設を目指した人達 (津田芳太郎) 230クラブ出版社 2004.2 207p
◇帯広開拓秘話 ひとつ鍋 (波村雪穂著) 彩図社 2004.3 376p (ぶんりき文庫)
【雑 誌】
◇依田勉三の関係伝記書 (高木崇世芝)「トカプチ」5 1991.6

万屋兵四郎 よろずやへいしろう 1817～1894
幕末, 明治期の書肆。
【雑 誌】
◇「万国本」雑見 (宮田豊)「産大法学」14(3) 1980.12
◇開成所版『万国公法』の刊行―万屋兵四郎と勝海舟をめぐって (高原泉)「中央大学大学院研究年報」中央大学大学院研究年報編集委員会 29(法学) 1999 p299～309
◇文人 万屋兵四郎, あるいは福田鳴鷲―葛生 吉澤家との関わりから (高原泉)「法学新報」中央大学出版部, 中央大学法学会 115(9・10) 2009.3 p497～520

レーマン, R. Lehmann, Rudolf 1842～1914
ドイツの技術者。京都の欧学舎で日本初の独和辞典を編纂。
【雑 誌】
◇ルドルフ・レーマンと京都の薬学事始(日本薬学会第107年会(京都)薬史学部会―日本近代化期における京都とくすり〈シンポジウム〉) (三好邦三郎)「薬史学雑誌」22(1) 1987

和井内貞行 わいないさだゆき 1858～1922
明治, 大正期の養魚事業家。
【図 書】
◇夢をもとめた人びと〈5〉郷土開発 (金平正, 北島春信, 蓑田正治編) (町田) 玉川大学出版部 1987.3
◇日本の『創造力』―近代・現代を開花させた470人〈7〉驀進から熟成へ (富田仁編) 日本放送出版協会 1992.1
◇きょう土につくした人びと ふるさと歴史新聞 4 (和順高雄文) ポプラ社 1996.4 47p

若尾逸平 わかおいっぺい 1820～1913
幕末, 明治期の実業家。貴族院議員。
【図 書】
◇日本商人道―日本的経営の精神 (島武史) 産業能率大学出版部 1981.4
◇類聚伝記大日本史12 実業家篇 (土屋喬雄編集解説) 雄山閣出版 1981.6
◇近代日本史の新研究〈8〉(手塚豊編著) 北樹出版 1990.2
◇日本の『創造力』―近代・現代を開花させた470人〈1〉御一新の光と影 (富田仁編) 日本放送出版協会 1992.12
◇若尾逸平―伝記・若尾逸平 (内藤文治良著) 大空社 2000.9 480, 136,5p (伝記叢書)
◇成せば, 成る。―知られざる「成功者」たちの再起と逆転のドラマ (加来耕三著) 一二三書房 2002.11 296p
◇賭けた儲けた生きた―紅花大尽からアラビア太郎まで (鍋島高明著) 五合山書房 2005.4 340p
【雑 誌】
◇甲州財閥の元祖・若尾逸平(日本財閥創始者伝) (松平弘明)「経営評論」25(3) 1982.4
◇異色日本商人興亡伝(8)若尾逸平の巻―横浜開港で一代を築いた甲州商人 (島武史)「経営者会報」306 1982.5
◇若尾逸平の巻―常在商戦(幕末・維新の商人たち(21)) (井門寛)「月刊総務」20(11) 1982.11
◇一介の行商人から大富豪になった男 若尾逸平―天秤棒一本の行商人から身を起こし, 甲州財閥のトップの座に君臨した男 (祖田浩一)「歴史と旅」26(9) 1999.6 p246～255
◇開港・開化傑物伝(23)すべての道はヨコハマへ 天嶮十里を翔んだ商傑一代―生糸職人〈若尾逸平〉(紀伊順一郎)「Best partner」浜銀総合研究所 21(11) 2009.11 p36～41

和田英 わだえい 1856～1929
明治～昭和期の製糸工女。官営富岡製糸場の伝習工女。
【図 書】
◇女の一生―人物近代女性史7 明治女性の知的情熱 講談社 1981.3
◇日本人と集団主義―土地と血 (川本彰) 玉川大学出版部 1982.3
◇文明開化と女性―日本女性の歴史 晩教育図書 1982.10 (日本発見人物シリーズno.8)
◇女の一生―人物近代女性史 7 明治女性の知的情熱 (瀬戸内晴美他著) 講談社 1984.3
◇近代群馬の思想群像 (高崎経済大学附属産業研究所編) 貝出版企画 1988.3
◇言挙げする女たち―近代女性の思想と文学 (円谷真澄著) 社会評論社 1989.3
◇明治女性の知的情熱―人物近代女性史 (瀬戸内晴美) 講談社 1989.8 (講談社文庫)
◇明治を彩った妻たち (阿井景子著) 新人物往来社 1990.8
◇「戦争と平和」市民の記録(9)警報の鳴る町 私の戦中日記 (和田英子著) 日本図書センター 1992.5
◇20世紀のすてきな女性たち―マリー・キュリー, 保井コノ, レイチェル・カーソン, 柳沢桂子 3 (佐藤一美, 山脇あさ子, 上遠恵子, 藤原一枝著) 岩崎書店 2000.4 163p
◇製糸工女のエートス―日本近代化を担った女性たち (山崎益吉著) 日本経済評論社 2003.2 288p
◇足尾銅山物語 (小野崎敏著) 新樹社 2007.7 263p
【雑 誌】
◇和田英―伝習女工となった武士の娘(特集花ひらく明治の女性たち) (阿井景子)「歴史と旅」12(2) 1985.2
◇碑文は語る農政と運動(7)官営富岡製糸場と和田英の日記 (中村信夫)「協同組合経営研究月報」407 1987.8
◇東アジアの近代化と日本―和田英と『富岡日記』(山崎益吉)「高

崎経済大学論集」 高崎経済大学経済学会 45(4) 2003.3 p35～49
◇伝習工女・和田英の使命―横田家の名誉挽回 (久田俊夫)「人文科学論集」 名古屋経済大学人文科学研究会 第74号 2004.7 p35～51
◇和田英の武士道とソレルの騎士道―英雄倫理 (久田俊夫)「人文科学論集」 名古屋経済大学人文科学研究会 第75号 2005.3 p39～54
◇サムライ革命家・和田英―武士道による日本初の女工スト (久田俊夫)「経済経営論集」 名古屋経済大学経済・経営研究会 12(1・2) 2005.3 p91～107
◇和田英の人物像―周囲の証言から絞り込む (久田俊夫)「経済経営論集」 名古屋経済大学経済・経営研究会 12(1・2) 2005.3 p109～123
◇ハリエット・ロビンソンと和田英―ローウェル工場と官営富岡製糸場の比較 (久田俊夫)「人文科学論集」 名古屋経済大学人文科学研究会 第76号 2005.6 p63～75
◇富岡製糸場と工女のエートス―和田英(富岡日記)の場合 (山崎益吉)「日本絹の里紀要」 群馬県立日本絹の里 11 2008 p79～88

和田豊治 わだとよじ 1861～1924
明治,大正期の実業家。富士瓦斯紡績社長。
【図　書】
◇人物・大分の経済史 戦前編(おおいた文庫 12) アドバンス大分 1983.4
◇日本の『創造力』―近代・現代を開花させた470人〈7〉驀進から熟成へ (富田仁編) 日本放送出版協会 1992.11
◇実業の系譜 和田豊治日記―大正期の財界世話役 (小風秀雅, 阿部武司, 大豆生田稔, 松村敏編) 日本経済評論社 1993.8
◇和田豊治伝 (〔喜田貞吉〕編) ゆまに書房 1998.9 7,851p (人物で読む日本経済史)
◇中山別荘(旧和田別荘)物語―中山別荘(旧和田別荘)の建築史的考察 (内田青蔵著, 別府市教育委員会生涯学習課編) 別府市教育委員会 2007.11 50p
【雑　誌】
◇和田豊治と村上田長 (川嶌真人)「日本医事新報」 週刊日本医事新報社 3934 1999.9.18 p60～63
◇豊門会館の建設と和田豊治向島自邸からの移築の経緯 (山田由香里, 大川井寛子, 西和夫)「日本建築学会計画系論文集」 日本建築学会 613 2007.3 p211～217

渡辺カネ わたなべかね 1859～1945
幕末～昭和期の北海道開拓者。帯広の開墾地。
【図　書】
◇凛として生きる―渡辺カネ・高田姉妹の生涯 (加藤重著) 加藤重 1996.10 215p
◇北海道開拓秘話―酷寒の荒野に挑み理想郷建設を目指した人達 (津田芳夫著) 230クラブ出版社 2004.2 207p

渡辺祐策 わたなべゆうさく 1864～1934
明治,大正期の実業家。宇部鉄工所社長,宇部銀行取締役。
【図　書】
◇日本をつくった企業家 (宮本又郎編) 新書館 2002.5 252p

社　会

会津小鉄　あいづのこてつ　1845〜1885
幕末、明治期の侠客。会津小鉄組の基礎を築いた。
【図　書】
◇京都の謎〈幕末維新編〉（高野澄著）祥伝社　1992.4　（ノン・ポシェット―日本史の旅）
◇江戸やくざ列伝　（田村栄太郎著）　雄山閣　2003.11　219p　（江戸時代選書）
◇会津小鉄と新選組　（原田弘著）　歴史春秋出版　2004.4　261p
【雑　誌】
◇四代目会津小鉄に係る指定取消請求訴訟について　（藤本隆史）「警察学論集」立花書房　51(4)　1998.4　p50〜70

赤木忠春　あかぎただはる　1816〜1865
幕末の黒住教の高弟、布教者。
【雑　誌】
◇黒住教と日比野派の周辺　（荻原稔）「神道宗教」　139　1990.6

赤羽一　あかばはじめ　1873〜1912
明治期の社会主義者、ジャーナリスト。
【図　書】
◇初期社会主義研究―社会主義と基督教　第19号　（堀切利高, 山泉進, 志村正昭, 梅森直之編）　初期社会主義研究会　2006.12　225p
【雑　誌】
◇反文明・反近代主義者としての赤羽巌穴―1902年の渡米以前（特集・民権と文学）　（荻野富士夫）「社会文学」　創刊号　1987.6
◇赤羽一の書簡四通―(付)逸見斧吉書簡　（松尾貞子）「初期社会主義研究」弘隆社　9　1996　p141〜148
◇赤羽巌穴―「生活権」を視座とする無政府主義者（特集　平民社百年）（松尾貞子）「初期社会主義研究」　初期社会主義研究会, 不二出版　16　2003　p65〜87
◇史料　岩崎革也宛書簡(1)幸徳秋水（その1）北一輝・大石誠之助・森近運平・石川三四郎・西川光次郎・西川文子・赤羽一・座間止水・一木幸之助・前田英吉・丹後平民倶楽部　（田中真人, 山泉進, 志村正昭）「キリスト教社会問題研究」　同志社大学人文科学研究所　54　2005.12　p123〜156
◇『新紀元』は赤羽巌穴の原点（特集『新紀元』―社会主義と基督教）（松尾貞子）「初期社会主義研究」　初期社会主義研究会, 不二出版　19　2006　p92〜97

赤星研造　あかぼしけんぞう　1846〜1904
幕末, 明治期の医師、侍医。
【図　書】
◇近代日独交渉史研究序説―最初のドイツ大学日本人学生馬島済治とカール・レーマン　（荒木康彦著）　雄松堂出版　2003.3　236p
◇東大医学部初代綜理池田謙斎―池田文書の研究　下　（池田文書研究会編）　思文閣出版　2007.2　684,20p
【雑　誌】
◇MEDICAL ESSAYS 明治初期の医人―赤星研造の謎とその背景　（村主巖）「日本医事新報」日本医事新報社　4195　2004.9.18　p79〜82

赤松連城　あかまつれんじょう　1841〜1919
明治, 大正期の浄土真宗西本願寺派僧侶。
【図　書】
◇近代日本の宗教家101　（井上順孝編）　新書館　2007.4　238p
【雑　誌】
◇赤松連城の慈善観　（高石史人）「龍谷大学論集」　430　1987.4

浅田宗伯　あさだそうはく　1815〜1894
幕末、明治期の漢方医。
【図　書】
◇近世漢方医学書集成 95 浅田宗伯 1　（大塚敬節, 矢数道明責任編集）名著出版　1982.11
◇近世漢方医学書集成 96 浅田宗伯 2　（大塚敬節, 矢数道明責任編集）名著出版　1982.11
◇近世漢方医学書集成 97 浅田宗伯 3　（大塚敬節, 矢数道明責任編集）名著出版　1982.12
◇近世漢方医学書集成 98 浅田宗伯 4　（大塚敬節, 矢数道明責任編集）名著出版　1982.12
◇近世漢方医学書集成 99 浅田宗伯 5　（大塚敬節, 矢数道明責任編集）名著出版　1983.1
◇近世漢方医学書集成 100 浅田宗伯 6　（大塚敬節, 矢数道明責任編集）　名著出版　1983.1
◇本草学研究（本草学論攷1）　（白井光太郎）　科学書院　1985.6
◇浅田宗伯書簡集　（五十嵐金三郎編著）　汲古書院　1986.8
◇日本の『創造力』―近代・現代を開花させた470人〈1〉御一新の光と影　（富田仁編）　日本放送出版協会　1992.12
◇せきこえのどに六輔　（永六輔著）　飛鳥新社　1996.12　214p
◇浅田宗伯小伝　（桑原三二著）　桑原三二　1998.9　151p
◇漢方で治る―アトピー性疾患を中心に　（金匱会診療所編）　たにぐち書店　2007.10　318p
【雑　誌】
◇浅田宗伯と服部甫庵（明治裏面史抄(2)）　（五十嵐金三郎）「日本古書通信」　54(4)　1989.4
◇「明治天皇紀」と侍医（明治裏面史抄(4)）　（五十嵐金三郎）「日本古書通信」　54(6)　1989.6
◇MEDICAL ESSAYS 浅田宗伯より里見玄荘宛の書簡　（青木富士弥, 里見裕）「日本医事新報」　日本医事新報社　4059　2002.2.9　p65〜67
◇漢方医道の継承―浅田宗伯の知識観と師弟関係　（川口陽徳）「東京大学大学院教育学研究科紀要」　東京大学大学院教育学研究科　45　2005　p11〜20

浅原才市　あさはらさいち　1850〜1932
明治〜昭和期の浄土真宗の篤信者。
【図　書】
◇古田紹鉄著作集12　（古田紹欽）　講談社　1981.10
◇妙好人隋聞（ミョウコウニンズイモン）　（楠恭著）　光雲社　1987.2
◇人間愛慕　（大山澄太著）　彌生書房　1987.10
◇大乗仏典 中国・日本篇 28妙好人　（長尾雅人等監）　中央公論社　1987.11
◇定本　妙好人才市の歌　（楠恭編）（京都）法蔵館　1988.4
◇科学を包む仏教　（水原舜爾著）　大蔵出版　1991.2
◇妙好人の世界　（楠恭, 金光寿郎著）（京都）法蔵館　1991.11
◇宗教詩人　才市　（藤秀〔スイ〕著）　法蔵館　1997.2　171p
◇妙好人浅原才市と蓮如――一つの試論　（源了円）『蓮如上人研究』（浄土真宗教学研究所編）　永田文昌堂　1998.2　p217
◇日本人の思想と信仰　（新保哲著）　北樹出版　1999.4　198p
◇妙好人　浅原才市集　新装版　（鈴木大拙編著）　春秋社　1999.11　465p
◇妙好人を語る　（楠恭著）　日本放送出版協会　2000.1　310p　（NHKライブラリー）
◇日本福祉のこころ　（新保哲編著）　北樹出版　2002.4　182p
◇日本的霊性　（鈴木大拙著）　岩波書店　2002.4　279p　（岩波文庫）
◇内観紀行　（村松基之亮著）　富士書店　2003.4　279p
◇仏音と日本人―名僧・求道者が遺した名言・法句　（高瀬広居著）　PHP研究所　2003.9　270p
◇石見銀山の港町　温泉津紀行　（伊藤ユキ子著）　ワン・ライン　2007.2　271p
◇日本的霊性　新版　（鈴木大拙著）　大東出版社　2008.2　322p
【雑　誌】
◇妙好人・浅原才市の歌（特集・歌で説く仏の教え）　（楠恭）「大法輪」　48(3)　1981.3
◇石見の妙好人　（梅田謙道）「大法輪」　48(10)　1981.10
◇妙好人浅原才市の入信に関する一考察―特にその親との関係をめぐって　（佐藤平）「親鸞教学」　39　1981.12
◇鈴木大拙師に見出された才市の歌　（幸ömic勇猛）「真宗研究」　26　1982.2
◇妙好人浅原才市翁と新発見「ノート」について　（有田義七郎）「郷土石見」　12　1983.6
◇才市の詩について（佐々木倫生）「仏教文化研究所研究紀要」　14　1984.3
◇浅原才市の手紙　（佐藤平）「春秋」　261　1984.8

◇妙好人浅原才市の父親西教について（大正大学における第35回〔日本印度学仏教学会〕学術大会紀要(2)）（佐藤平）「印度学仏教学研究」33(2) 1985.3
◇凡にして凡ならざる妙好人―温泉津の浅原才市 「奥出雲」122 1985.6
◇才市にひかれて （水上勉）「淡交」39(9) 1985.9
◇浅原才市年譜 （佐藤平）「大谷女子大学紀要」20(2) 1986.1
◇妙好人浅原才市の詩と思想―その歴史的背景と評釈 （小林俊二）「郷土石見」16 1986.3
◇禅、禅の世界、そしてわが人生―病む心臓を抱え、1日5000歩の「行脚」を続ける作家の目に映るのは（特集・仏教伝来）（水上勉）「プレジデント」28(11) 1990.11
◇妙好人に関する心理学的一考察―浅原才市について （寺本一美）「同朋大学論叢」67 1992.12
◇新出浅原才市同行「ノート」考 （朝枝善照）「竜谷大学論集」竜谷学会 445 1995.2 p159〜181
◇鈴木大拙における受動性の問題―浅原才市を中心として （永橋治郎）「人間文化学研究集録」大阪府立大学大学院人間文化学研究科・総合科学研究科 9 1999 p110〜119
◇〈記念講演〉蓮如上人・梅田謙敬・浅原才市 （源了円）「真宗研究」百華苑 43 1999.1 p157〜194
◇浅原才市の生命観と念仏思想形成 （新保哲）「大倉山文化会議研究年報」大倉山文化会議 第10号 1999.3 p141〜178
◇なむあみだぶにこころとられて―妙好人浅原才市の詩（うた）（岡村康夫）「山口大学哲学研究」山口大学教育学部 9 2000 p45〜78
◇真浄寺蔵・浅原才市未発表ノート （藤能成）「九州竜谷短期大学紀要」九州竜谷短期大学 48 2002.3.11 p1〜43
◇浅原才市の二冊のノートについて （藤能成）「仏教文化」九州竜谷短期大学仏教文化研究所 13 2004.3 p105〜123

朝比奈知泉　あさひなちせん　1862〜1939
明治〜昭和期の新聞記者。「東京日日新聞」主筆。
【雑誌】
◇朝比奈知泉の大学論と森鷗外 （清田文武）「新潟大学教育学部紀要 人文・社会科学編」28(2) 1987.3

畔上楳仙　あぜがみばいせん　1825〜1901
幕末、明治期の曹洞宗僧侶。大本山総持寺独住二世貫首。
【図書】
◇畔上楳仙禅師遺稿 （飯田利行編）国書刊行会 1984.9
◇明治前期曹洞宗の研究 （川口高風著）法蔵館 2002.11 785,41p
【雑誌】
◇佐野にある畔上楳仙関係の記録の中から(2) （中山清文）「高井」60 1982.7
◇佐野にある畔上楳仙関係記録の中から(3) （中山清文）「高井」61 1982.10
◇名僧・畔上楳仙の生涯―曹洞宗本山住職と管長の偉業 （山本秀麿）「上田女子短期大学紀要」17（西尾光一学長退職記念号）1994.3
◇明治前期・教導職最下級から最高位へ、僧侶畔上楳仙―多様な教導諸活動から、職の等級考 （田川幸生）「信濃〔第3次〕」信濃史学会 61(2) 2009.2 p107〜121

安達憲忠　あだちけんちゅう　1857〜1930
明治、大正期の社会事業家。東京市養育院幹事。
【図書】
◇安達憲忠関係史料集―自由民権運動から初期社会福祉事業 （内藤二郎編）彩流社 1981.2
◇自由民権より社会福祉―安達憲忠伝 （内藤二郎著）文献出版 1985.2
◇社会福祉の先駆者　安達憲忠 （内藤二郎著）彩流社 1993.2
◇安達憲忠 （佐々木恭子著）大空社 1999.11 104,2p （シリーズ福祉に生きる）
【雑誌】
◇安達憲忠伝 （内藤二郎）「駒大経営研究」11(2・3,4) 1980.2,3
◇安達憲忠関係資料(3) （内藤二郎）「駒沢大学経営学部研究紀要」10 1980.3
◇安達憲忠関係資料(4) （内藤二郎）「駒大経営研究」12(1) 1980.10
◇安達憲忠関係資料(5) （内藤二郎）「駒大経営研究」12(4) 1981.3
◇安達憲忠伝―憲忠と窮児(2) （内藤二郎）「駒大経営研究」13(1・2) 1981.11
◇安達憲忠伝―岡山県下自由民権運動の源流 （内藤二郎）「駒大経営研究」14(2) 1983.3
◇安達憲忠伝―癩病離脱の運動 （内藤二郎）「駒大経営研究」15(2) 1983.12
◇安達憲忠伝（岡山県下の自由民権運動(4)）（内藤二郎）「駒沢大学経営学部研究紀要」14 1984.3
◇安達憲忠―養育院の保健問題 （内藤二郎）「駒大経営研究」16(1) 1984.7
◇貧窮論―安達憲忠伝 （内藤二郎）「駒大経営研究」16(4) 1985.3

アダムズ, A.　Adams, Alice Pettee　1866〜1937
アメリカの女性宣教師。日本初のセツルメントを設立。
【雑誌】
◇トルーマン・カポーティとアリス・アダムズにみられる南部ホスピタリティー （浅井明美）「活水論文集　英米文学・英語学編（活水女子大学・活水女子短期大学）」33 1990.3

吾妻健三郎　あづまけんざぶろう　1856〜1912
明治期のジャーナリスト。
【図書】
◇足尾銅山物語 （小野崎敏著）新樹社 2007.7 263p

安部磯雄　あべいそお　1865〜1949
明治〜昭和期の社会運動家，キリスト教社会主義者。
【図書】
◇近代政治の彗星―思い出の政治家 （松本幸輔久）三信図書 1981.6
◇日本の思想家　近代篇 （菅孝行）大和書房 1981.9
◇近代日本と早稲田の思想群像1 （早稲田大学社会科学研究所日本近代思想会編）早稲田大学出版部 1981.11
◇大正デモクラシーの群像 （鈴木正節）雄山閣 1983.2
◇早稲田百年と社会学―早稲田大学文学部社会学研究室 （「早稲田百年と社会学」編集委員会編）早稲田大学出版部 1983.7
◇宗教的人間の政治思想―安部磯雄と鹿子木貝信の場合（軌跡編）（宮本盛太郎著）木鐸社 1984
◇明治期キリスト教の研究 （杉井六郎著）同朋舎出版 1984.6
◇近代日本政治思想の座標―思想家・政治家たちの対外観 （宮本盛太郎編）有斐閣 1987.11 （有斐閣選書）
◇都市政治の可能性 （土岐寛著）東京市政調査会 1989.10 （都市問題研究叢書）
◇社会主義事始―「明治」における直myself と自生 （山泉進著）社会評論社 1990.5 （思想の海へ「解放と変革」）
◇安部磯雄の研究　早稲田大学社会科学研究所 1990.9 （研究シリーズ 26）
◇安部磯雄伝 （片山哲著）大空社 1991.11 （伝記叢書）
◇再考　丸山ワクチン （井口民樹著）連合出版 1992.6
◇明治キリスト教の流域―静岡バンドと幕臣たち （太田愛人著）中央公論社 1992.12 （中公文庫）
◇再考　丸山ワクチン　増補改訂版 （井口民樹著）連合出版 1994.2
◇現代アメリカ政治学―形成期の群像 （内田満著）三嶺書房 1997.5 262p
◇朝日新聞の記事にみるスポーツ人物誌　明治・大正・昭和 （朝日新聞社編）朝日新聞社 1999.6 457,21p （朝日文庫）
◇政治に美学を、政治学に志を （内田満著）三嶺書房 1999.9 243p
◇簡素に生きる―シンプルライフの思想 （太田愛人著）信濃毎日新聞社 1999.10 237
◇安部磯雄著作目録　改訂版 （松田義男編）松田義男 2002.8 67p
◇安部磯雄 （平民社資料センター監修、山泉進編・解題）論創社 2003.2 410p （平民社百年コレクション）
◇イギリス・メソジズムにおける倫理と経済 （内海健寿著）キリスト新聞社 2003.6 98p
◇球聖飛田穂洲伝 （神門兼之著）柘植書房新社 2004.4 272p
◇安部磯雄・新渡戸稲造 （中村光男述）『日本の教育・岡山の女子教育―2006年公開講座講演集』（山陽学園大学・山陽学園短期大学社会サービスセンター編）吉備人出版 2006.10 p199〜217
◇初期社会主義研究―社会主義と基督教　第19号 （堀切利高、山泉進、志村正昭、梅森直之編）初期社会主義研究会 2006.12 225p
◇安部磯雄著作集　第6巻 （安部磯雄者）学術出版会 2008.2 255,17p （学術著作集ライブラリー）
【雑誌】
◇安部磯雄の都市政策思想（都市論の再検討）（土岐寛）「都市問題」71(11) 1980.11
◇経済学者の追悼文集について(4) （杉原四郎）「甲南経済学論集」22(1) 1981.7
◇白球の中に人生あり―日比野寛・安部磯雄・飛田穂洲物語 （神田順治）「世界」430 1981.9
◇大正期家庭教育論における子どもの権利―羽仁もと子と安部磯雄の家庭教育論を中心に （小林輝行）「信州大学教育学部紀要」46 1982.3
◇大正デモクラシーの群像(8)安部磯雄 （鈴木正節）「歴史公論」8(7) 1982.7
◇安部磯雄の社会問題論 （児玉幹夫）「関東学院大学文学部紀要」38 1983
◇日中両国におけるヘンリー・ジョージの思想の受容―主として孫文・宮崎民蔵・安部磯雄らの土地論をめぐって （伊原沢周）「史林」

67(5) 1984.9
◇安部磯雄著作目録(1)1887(明治20)年～1918(大正7)年 （松田義男編）「早稲田大学史記要」 17 1985.1
◇安部磯雄著作目録(2)1916(大正8)年～1949(昭和24)年 （松田義男編）「早稲田大学史記要」 18 1986.3
◇安部磯雄研究の本格化 （佐藤能丸）「初期社会主義研究」 2 1988.4
◇安部磯雄と十五年戦争――その反戦・平和運動をめぐって（世界のなかのアジア） （中村尚美）「社会科学討究(早稲田大学大隈記念社会科学研究所)」 34(3) 1989.3
◇安部磯雄文庫目録 （佐藤能丸）「早稲田大学史紀要」 23 1991.3
◇社会民衆党党首安部磯雄の活動 （大日方純夫）「早稲田大学史記要」 24 1992.3
◇普選期の安部磯雄――選挙組織と資金 （大西比呂志）「早稲田大学史記要」 24 1992.3
◇安部磯雄と移民・人口問題 （間宮国夫）「社会科学討究(早稲田大学大隈記念社会科学研究所)」 39(1) 1993.8
◇日露戦争余談(明治万華鏡(18)) （横田順弥）「世界」 596 1994.6
◇安部磯雄のハートフォード神学校時代 （山泉進）「初期社会主義研究」 弘隆社 9 1996 p57～83
◇ハワイにおける安部磯雄の講演――社会主義運動離脱の要因 （太田雅夫）「初期社会主義研究」 弘隆社 10 1997 p190～195
◇私の出会った人びと――安部磯雄(研究資料 日本社会思想史上におけるキリスト教) （山崎宗太郎）「大阪女学院短期大学紀要」 大阪女学院短期大学英語研究会 30 2000 p299～306
◇第一次大戦期における安部磯雄の平和思想 （出原政雄）「志学館法学」 志学館大学法学部 1 2000.3 p109～128
◇日本的スポーツ観の形成に関わる一考察――安部磯雄のスポーツ観について （秦真人）「愛知学泉大学研究論集」 愛知学泉大学〔ほか〕 36 2001 p183～191
◇安部磯雄の英文書簡――トルストイへの熱き想い （太田健一）「上代淑研究」 山陽学園大学 6 2001.3 p3～12
◇日本的スポーツ観の形成に関わる一考察(Ⅰ)――安部磯雄のスポーツ観について （秦真人）「愛知学泉大学研究論集」 愛知学泉大学〔ほか〕 第36号 2001.12 p183～191
◇安部磯雄――平和論と国家論の脆弱性 （岡本宏）「久留米大学法学」 久留米大学法学会 45 2002.12 p25～52
◇本好き人好き(171)社会問題概論―安部磯雄『社会問題概論』 上村独笑「禁酒亡国論」（谷沢永一）「國文學 解釈と教材の研究」 学灯社 48(14) 2003.12 p158～161
◇展会会記載 「早慶戦100年記念 安部磯雄とその時代」展 「早稲田大学史記要」 早稲田大学大学史資料センター 36 2004.12 p443～447
◇展示会記載 「安部磯雄の生涯」 「早稲田大学史記要」 早稲田大学大学史資料センター 37 2005.12 p175～178
◇安部磯雄の『新紀元』時代(特集『新紀元』――社会主義と基督教) （山泉進）「初期社会主義研究」 初期社会主義研究会, 不二出版 19 2006 p21～42
◇平和思想の暗転――十五年戦争期の安部磯雄 （出原政雄）「同志社法学」 同志社法学会 59(2) 2007.7 p851～881
◇安部磯雄会による廃娼運動の特質――1920年代における買売春をめぐる日本人の「男性性」(特集 平和と文化交流) （久保田英助）「アジア文化研究」 国際アジア文化学会 15 2008.6 p27～39
◇安部磯雄における「平和」論と断種論――男性性の問題との関わりを基軸に （林葉子）「ジェンダー史学」 ジェンダー史学会 5 2009 p35～49
◇安部磯雄の台湾論――大正期と昭和期の台湾訪問を手がかりに （紀旭峰）「アジア太平洋研究科論集」 早稲田大学アジア太平洋研究センター・大学院アジア太平洋研究科出版・編集委員会 17 2009.4 p1～16

阿部宇之八　あべうのはち　1861～1924
明治, 大正期のジャーナリスト。北海タイムス理事。
【図　書】
◇蝦名賢造北海道著作集〈第6巻〉新版 北方のパイオニア （蝦名賢造著） 西田書店 1993.2

新井奥邃　あらいおうすい　1846～1922
明治, 大正期の宗教家。キリスト教徒。
【図　書】
◇怒涛と深淵――田中正造・新井奥邃頌 （長野精一） 法律文化社 1981.6
◇新井奥邃の思想(新井奥邃の人と思想 1) （工藤直太郎著, 工藤正三編集） 福田与 1984.2
◇内祷祈禱録(新井奥邃の人と思想 2) （新井奥邃著, 工藤直太郎訳） 福田与 1984.2
◇林竹二著作集 6 明治的人間 筑摩書房 1984.7
◇宗教再考 （笠原芳光著） 教文館 1986.12
◇コミューンを生きる若者たち （今防人著） 新曜社 1987.5
◇人間を学ぶ―林竹二先生の人と思想 （小林洋文著） 径書房 1990.4

◇奥邃広録 全5巻〔復刻〕 （永島忠重〔編〕） 大空社 1991.6
◇新井奥邃先生 〔永島忠重著〕 大空社 1991.6 （伝記叢書）
◇奥邃先生資料集 第1巻 読者読 （新井奥邃述, 小関太平治編） 大空社 1993.7
◇奥邃先生資料集 第2巻 奥邃先生直筆原稿 1 （新井奥邃著, 工藤正三編） 大空社 1993.7
◇奥邃先生資料集 第3巻 奥邃先生直筆原稿 2 （新井奥邃著, 工藤正三編） 大空社 1993.7
◇奥邃先生資料集 第4巻 奥邃先生の面影と談話及遺訓 （永島忠重著） 大空社 1993.7
◇奥邃先生資料集 第5巻 奥邃先生講話集 （新井奥邃述, 永島忠重編） 大空社 1993.7
◇奥邃先生資料集 第6巻 随感録・野草・門前語, 門前晩語・解題・新井奥邃文献目録・新井奥邃の英文書翰 大空社 1993.7
◇新井奥邃の人と思想―人間形成論 （播本秀史著） 大明堂 1996.1 215p
◇新井奥邃文献目録補遺 （コール・ダニエル編） 新井奥邃先生記念会 1997.6 34p
◇簡素に生きる―シンプルライフの思想 （太田愛人著） 信濃毎日新聞社 1999.10 237
◇知られざるいのちの思想家―新井奥邃を読みとく （新井奥邃先生記念会監修） 春風社 2000.1 295p
◇明治のスウェーデンボルグ―奥邃・有礼・正造をつなぐもの （瀬上正仁著） 春風社 2001.4 270p
◇公共哲学 16 （稲垣久和, 金泰昌編） 東京大学出版会 2006.2 464p
◇新井奥邃著作集 別巻 （新井奥邃著, 新井奥邃著作集編纂会編） 春風社 2006.6 228,23p
◇本多新と新井奥邃 （福尾隆三著）『北海道の歴史と文化―その視点と展開 北海道史研究協議会創立四十周年記念論集』(北海道史研究協議会編) 北海道出版企画センター 2006.7 p297～308
◇救現 No.10 田中正造大学出版部 2007.3 112p （田中正造大学ブックレット）
◇スウェーデンボルグを読み解く （日本スウェーデンボルグ協会(JSA)編） 春風社 2007.11 308p
【雑　誌】
◇新井奥邃と父母神思想 （笠原芳光）「木野評論京都精華大」 13 1982.3
◇日本人のイエス観(6)男女としてのイエス―新井奥邃『奥邃広録』 （笠原芳光）「春秋」 234 1982.5
◇新井奥邃と女子教育 （宇津恭子）「人間学紀要」 12 1982.12
◇新井奥邃の信仰思想 （小野寺功）「清泉女子大学紀要」 30 1982.12
◇新井奥邃文献目録(1) （品川力）「日本古書通信」 679 1986.2
◇新井奥邃文献目録(2) （品川力）「日本古書通信」 680 1986.3
◇新井奥邃文献目録(3) （品川力）「日本古書通信」 681 1986.4
◇新井奥邃文献目録(4) （品川力）「日本古書通信」 682 1986.5
◇新井奥邃文献目録(5) （品川力）「日本古書通信」 683 1986.6
◇新井奥邃文献目録(6) （品川力）「日本古書通信」 684 1986.7
◇新井奥邃文献目録(7) （品川力）「日本古書通信」 685 1986.8
◇新井奥邃文献目録(8) （品川力）「日本古書通信」 686 1986.9
◇新井奥邃文献目録(9) （品川力）「日本古書通信」 687 1986.10
◇新井奥邃文献目録(10) （品川力）「日本古書通信」 688 1986.11
◇新井奥邃文献目録―完― （品川力）「日本古書通信」 689 1986.12
◇新井奥邃覚え書き(1～9) （工藤正三）「ビブリア」 11～19 1988.8～92.7
◇新井奥邃覚え書き(4,5) （工藤正三）「Biblia」 14,15 1990.1,7
◇新井奥邃と"失敗の成功" （土屋博政）「慶応義塾大学日吉紀要 英語英米文学」 21 1993
◇新井奥邃覚え書き(10～13) （工藤正三）「ビブリア」 20～23 1993.1～94.7
◇『新井奥邃著作集』第1～7巻の聖書の引照箇所索引 （Daniel E. Corl)「福岡女学院大学紀要 人文学部編」 福岡女学院大学人文学部 14 2004.2 p119～151
◇江渡狄嶺と新井奥邃―労働と美の連環 （高橋菊弥）「郷土作家研究」 青森県郷土作家研究会 29 2004.7 p1～14
◇新井奥邃における「謙和」の理念および実践に関する一考察 （阿部仲麻呂）「カトリック研究」 上智大学神学会 76 2007 p45～90
◇新井奥邃と朱子学のことなど―その「洗心の説」について （吉田公平）「白山中国学」 東洋大学中国学会 14 2008.1 p39～48
◇新井奥邃における「謙」の思想の現代的意義に関して （阿部仲麻呂）「清泉女子大学キリスト教文化研究所年報」 清泉女子大学 17 2009 p51～72
◇日本という地域におけるパウロの神学の意義に関する一考察―新井奥邃のパウロ理解を手がかりにして(特集 パウロの戸惑いと慰め) （阿部仲麻呂）「カトリック研究」 上智大学神学会 78 2009 p1～27

新居日薩 あらいにっさつ 1830～1888
幕末, 明治期の日蓮宗僧侶。一致派管長。
【雑 誌】
◇近代高僧素描─新居日薩 （北村行遠）「日本仏教史学」 19 1984.12
◇近代日蓮宗の動向─新居日薩の教育活動について（仏教大学における第42回［日本印度学仏教学会］学術大会紀要（1））（安中尚史）「印度学仏教学研究」 40(1) 1991.12

有馬四郎助 ありましろすけ 1864～1934
明治～昭和期の社会事業家。
【図 書】
◇日本人の終末観─日本キリスト教人物史研究 （野村耕三） 新教出版社 1981.5
◇行刑改革者たちの履歴書 （小川太郎, 中尾文策著） 矯正協会 1983.7
◇キリスト者社会福祉事業家の足跡 （三吉明著） 金子書房 1984.4
◇日本刑事政策史上の人々 （日本刑事政策研究会編） 日本加除出版 1989.4
◇有馬四郎助 （三吉明著） 吉川弘文館 1990.2 （人物叢書(新装版)）
【雑 誌】
◇有馬四郎助と感化事業 （市川隆一郎）「川並弘昭先生還暦記念論集（聖徳大学）」 1994.4

安東菊子 あんどうきくこ 1827～1914
幕末～大正期の女性。柳田国男の養父柳田直平の母。
【雑 誌】
◇柳田史跡散歩(4)長久寺 安東菊子の墓 （宮下正人）「伊那民俗」 4 1991.2
◇閏秀歌人安東菊子（1～9） （兼清正徳）「伊那」 783～794 1993.8～94.7

安藤文沢 あんどうぶんたく 1807～1872
幕末, 明治期の医師, 政治家。外務省通商局長。
【図 書】
◇安藤文沢─種痘の創始者 郷土が生んだ蘭方医 （毛呂山町文化財保護審議委員会編） 毛呂山町教育委員会 1992.3 （毛呂山町史料集 第2集）
【雑 誌】
◇鳥羽藩医安藤文沢が武蔵国比企郡都幾川村の小室家にもたらした医療および対外情報 （土井康弘）「一滴」 津山洋学資料館 14 2006 p65～79

安藤和風 あんどうわふう 1866～1936
明治～昭和期のジャーナリスト, 俳人。秋田魁新報社長。
【雑 誌】
◇石井露月と安藤和風 （千葉三郎）「俳句文学館紀要」 4 1986.7

飯野吉三郎 いいのきちさぶろう 1867～1944
明治, 大正期の宗教家, 神道行者。
【雑 誌】
◇穏田の行者・飯野吉三郎の実像 （笠原三津子）「歴史読本」 30(10) 1960.6
◇読者招待席─下田歌子と穏田の行者 （松下松平）「歴史読本」 25(15) 1980.12
◇穏田の行者飯野吉三郎（特集日本史ミステリーゾーン） （志茂田景樹）「歴史読本」 29(12) 1984.8
◇スキャンダルの報酬 （林真理子）「新潮45」 10(2) 1991.2
◇和製ラスプーチン 飯野吉三郎と下田歌子（総力特集 明治・大正・昭和 皇室10大事件簿）「新潮45」 新潮社 24(10) 2005.10 p34～37

生沢クノ いくざわくの 1864～1945
明治～昭和期の医師。我が国の女医第2号。
【図 書】
◇埼玉の女たち─歴史の中の24人 （韮塚一三郎） さきたま出版会 1980.11
◇至誠に生きた日本人 （モラロジー研究所出版部編） モラロジー研究所 2007.5 223p （「歴史に学ぼう、先人に学ぼう」）

生田安宅 いくたあたか 1840～1902
幕末, 明治期の医師。岡山医学館二等教授。
【雑 誌】
◇岡山県病院初代院長生田安宅伝 （中山沃）「洋学資料による日本文化史の研究」 6 1993.3

井口貞法尼 いぐちていほうに 1851～1921
明治, 大正期の尼僧。柳原庵3代。
【図 書】
◇泣きなされ笑いなされ舞いなされ─四十六歳からの尼僧修行 （中村明晃著） 俊成出版社 1999.6 142p

池上雪枝 いけがみゆきえ 1826～1891
明治期の社会事業家。
【図 書】
◇社会事業に生きた女性たち─その生涯としごと 続 ドメス出版 1980.6
◇池上雪枝素描─感化院実践の先達者を追って （松竹京子著） 新生会印刷所 1986.3
◇池上雪枝 （今波はじめ著） 大空社 1999.11 75,2p （シリーズ福祉に生きる）

伊古田純道 いこたじゅんどう 1802～1886
幕末, 明治期の産科医。西洋医学を学び, 開業。
【図 書】
◇医学史雑稿 （松木明知） 津軽書房 1981.12
◇草の根の維新 （桜沢一昭） 埼玉新聞社 1982.8
◇いのちの風土記─武蔵野 （岡田一穂著） 近代文芸社 1988.7
◇横切った流星─先駆的医師たちの軌跡 （松木明知著） メディサイエンス社 1990.10
◇明治維新の人物像 （宮地正人編） 吉川弘文館 2000.11 363p （幕末維新論集）
【雑 誌】
◇日本の帝王切開術─伊古田純道没後百年─ （蔵方宏昌）「科学医学資料研究」 146 1986.7
◇君は「練馬大根碑」を見たか─帝王切開から風船爆弾まで自転車風来坊の石碑探訪記 （武内孝夫）「現代」 28(1) 1994.1

石井十次 いしいじゅうじ 1865～1914
明治期のキリスト教社会事業家。
【図 書】
◇倉敷の文化とキリスト教 （竹中正夫） 日本基督教団出版局 1980.11
◇石井十次日誌23 明治42年 石井記念友愛社 1981.2
◇石井十次日誌資料1 岡山孤児院年報・明治43年度 石井記念友愛社 1981.7
◇石井十次日誌 ［第24］ 明治43年 石井記念友愛社 1981.10
◇日向文庫 日向文庫刊行会 1982.8
◇石井十次日誌 ［第25］ 明治44年 石井記念友愛社 1982.10
◇石井十次資料 2 Deeds and needs of Okayama Orphanage 大正元年 （ペテー編輯） 石井記念友愛社 1983
◇石井十次日誌 ［第26］ 明治45年 石井記念友愛社 1983.3
◇石井十次日誌 ［第27］ 大正2年 石井記念友愛社 1983.9
◇キリスト者社会福祉事業家の足跡 （三吉明著） 金子書房 1984.4
◇山室軍平 ［新装版］(人物叢書) （三吉明著, 日本歴史学会編） 吉川弘文館 1986.8
◇ビジュアルワイド 新日本風土記〈45〉宮崎県 ぎょうせい 1989.2
◇日本児童史の開拓 （上笙一郎著） 小峰書店 1989.5
◇大原美術館ロマン紀行 （今村新三著） （岡山)日本文教出版 1993.11
◇石井十次と岡山孤児院 第2版 （更井良夫著） 石井十次先生銅像再建委員会 1995.2 101p
◇きょう土につくした人びと ふるさと歴史新聞 6 （和順高雄文） ポプラ社 1996.4 47p
◇宮崎の偉人 上 （佐藤一一著） 鉱脈社 1997.1 186p
◇志は高く─高鍋の魂の系譜 （和田雅実著） 鉱脈社 1998.1 243p
◇社会福祉と聖書─福祉の心を生きる （石居正己, 熊沢義宣監修, 江藤直純, 市川一宏編） リトン 1998.2 269p
◇石井十次の研究 （同志社大学人文科学研究所編, 室田保夫, 田中真人編著） 同朋舎 1999.3 404,172,12p （同志社大学人文科学研究所叢書）
◇『石井十次の研究』刊行記念講演会─第43回公開講演会 （室田保夫, 田中真人述, 同志社大学人文科学研究所編） 同志社大学人文科学研究所 1999.12 44p （人文研ブックレット）
◇近代日本の福祉実践と国民統合─留岡幸助と石井十次の思想と行動 （田中和男著） 法律文化社 2000.4 242p
◇実史『石井十次』青春の苦悩─信仰・医学・孤児救済 （恒益俊雄著） 近代文芸社 2001.10 574p
◇岡山孤児院物語─石井十次の足跡 （横田賢一著） 山陽新聞社 2002.8 238p
◇石井十次にめぐりあった人 （岸本憲二著） 吉備人出版 2004.1 388p
◇石井のおとうさんありがとう─石井十次の生涯 （和田登著, 和田春奈

画）総和社 2004.7 229p
◇石井十次と岡山孤児院 （横田賢一）『倉敷2005「芸術と福祉」国際会議論集』 倉敷2005「芸術と福祉」国際会議実行委員会 2005.7 p234
◇第2回セツルメント運動史国際会議 関連行事映画上映会「石井のおとうさんありがとう 岡山孤児院―石井十次の生涯」『倉敷2005「芸術と福祉」国際会議論集』 倉敷2005「芸術と福祉」国際会議実行委員会 2005.7 p237
◇人物でよむ近代日本社会福祉のあゆみ （室田保夫編著） ミネルヴァ書房 2006.5 260p
◇石井十次 （畑園隆述）『関東学院大学人文学研究所報』『日本の教育・岡山の女子教育―2006年公開講座講演集』（山陽学園大学・山陽学園短期大学社会サービスセンター編） 吉備人出版 2006.10 p181～198
◇大原孫三郎の社会文化貢献 （兼田麗子著） 成文堂 2009.1 241,4p
◇石井十次と岡山孤児院―近代日本と慈善事業 （細井勇著） ミネルヴァ書房 2009.7 531,6p （Minerva社会福祉叢書）
【雑　誌】
◇「石井十次の施設養護観の背景」（1）（特集・近代日本における社会理論の形成）（吉沢英子）『関東学院大学人文科学研究所報』 3 1980.
◇石井十次における施設管理思想 （村井龍治）『美作女子大学・美作女子大学短期大学部紀要』 27 1982
◇石井十次の手紙 （石川正雄）「史友会会報」 18 1982.3
◇バーナードホームズ（下）石井十次とバーナード （半田香代）「月刊福祉」 68（2）1985.2
◇岡山医学校時代の石井十次―使命の探求 （葛井義憲） 「名古屋学院大学論集 人文・自然科学篇」 22（2）1986.1
◇岡山医学校時代の石井十次―神の愛の実践に向けて―（上）（葛井義憲）「名古屋学院大学論集 人文・自然科学篇」 24（2）1988.1
◇岡山医学校時代の石井十次―神の愛の実践に向けて（下）（葛井義憲）「名古屋学院大学論集 人文・自然科学篇」 25（1）1988.7
◇霊性の人, 石井十次 （人物誌）（葛井義憲）「キリスト教社会問題研究」 37 1989.3
◇石井十次と「岡山孤児院新報」 （室田保夫）「密教文化」 178 1992.3
◇郷土に生きる教育家群像（40）宮崎県―社会福祉事業の先駆者―孤児の父 石井十次（じゅうじ）（岩永高徳）「文部時報」 1387 1992.7
◇民間助成活動と社会福祉―その展開と課題（特集・社会福祉と民間助成活動）（山岡義典）「月刊福祉」 75（13）1992.11
◇住友の企業者史的研究―石井十次を中心にして （瀬岡誠）「大阪大学経済学」 42（3・4）1993.3
◇石井十次にみるジョージ・ミュラー観の変遷過程 （木原活信）「キリスト教社会問題研究」 同志社大学人文科学研究所 45 1996.12 p1～27
◇石井十次を支えた人々―石田祐安と東洋伝道会 （田中和男）「キリスト教社会問題研究」 同志社大学人文科学研究所 45 1996.12 p28～63
◇石井十次の皇室観・国家観 （田中真人）「キリスト教社会問題研究」 同志社大学人文科学研究所 46 1998.1 p74～94
◇石井十次と東洋救世軍 （室田保夫）「キリスト教社会問題研究」 同志社大学人文科学研究所 46 1998.1 p95～131
◇明治期における少年非行への対応―石井十次と留岡幸助の「実践」の意義 （田中和男）「キリスト教社会問題研究」 同志社大学人文科学研究所 46 1998.1 p132～178
◇社会生活を重んじる開かれた児童自立支援施設づくり（子ども・家庭・地域）（難波美智子）「月刊福祉」 83（11）2000.9 p96～99
◇石井十次と石井記念愛染園の研究 （宍戸健夫）「人間教育の探求」 日本ペスタロッチー・フレーベル学会 第13号 2001.4 p29～47
◇石井十次の石井（児島）友子宛書簡をめぐって （室田保夫）「関西学院大学 人権研究室 第7号 2003.3 p11～20
◇石井十次の思想新論―その社会性をめぐって （姜克實）「岡山大学文学部紀要」 岡山大学文学部 43 2005.7 p144～115
◇石井十次及び岡山孤児院に関する先行研究のレビュー （細井勇）「福岡県立大学人間社会学部紀要」 福岡県立大学人間社会学部 14（2）2006.3 p75～94
◇石井十次における天職観の成立 （山本浩史）「岡山大学大学院社会文化科学研究科紀要」 岡山大学大学院社会文化科学研究科 23 2007.3 p70～59
◇石井十次における孤児教育観の成立 （山本浩史）「社会福祉学」 日本社会福祉学会 48（4）2008.2 p30～42
◇社会事業家（石井十次, 留岡幸助, 山室軍平）の思想とその事業（政策・理論フォーラム 福祉政策・理論の源流と展望―福祉政策・理論の源流を求めて）（室田保夫）「社会福祉学」日本社会福祉学会 48（4）2008.2 p161～195
◇岡山孤児院東京地方委員としての原胤昭の活動―原胤昭と石井十次の出会いから1899年までを中心として（特集 国際比較研究）（片岡優子）「関西学院大学社会学部紀要」 関西学院大学社会学部研究会 105 2008.7 p157～171
◇石井十次の内面における『廃民』『殖民』観念の成立 （山本浩史）

◇「社会福祉学」 日本社会福祉学会 49（2）2008.8 p44～57
◇石井十次にもっと光りを（特集 第四八回全国保育問題研究集会・報告）（横田賢一）「季刊保育問題研究」 新読書社 239 2009.10 p142～164

石井亮一　いしいりょういち　1867～1937
明治～昭和期の社会事業家。東京府児童研究所所長。
【図　書】
◇石井亮一全集 第4巻 石井亮一と滝乃川学園 大空社 1992.5
◇天使のピアノ―石井筆子の生涯 （真杉章文, 藤崎康夫写真） ネット武蔵野 2000.12 39p
◇滝乃川学園―石井亮一・筆子夫妻の軌跡 平成19年度秋季企画展 （くにたち文化・スポーツ振興財団, くにたち郷土文化館編）くにたち文化・スポーツ振興財団 2007.10 95p
◇石井亮一 （津曲裕次著）大空社 2008.11 254p （シリーズ福祉に生きる）
【雑　誌】
◇日本における心身障害者体育に関する史的研究（7）石井亮一の精神薄弱児体育論 （北野与一）「北陸大学紀要」 5 1981.12
◇いまこそ, 教育の地方分権を―連合政権下での教職員組合運動のあり方―石井亮一兵庫県教職員組合委員長に聞く（インタビュー）（石井亮一, 季刊教育法編集部）「季刊教育法」 95 1993.12
◇滝乃川学園小史・戦前篇（1）―「孤女学院」の創設から石井亮一園長の死去まで （清水寛, 宗沢忠雄）「埼玉大学紀要〔教育学部〕教育科学」 埼玉大学教育学部 45（1-1）1996 p49～64
◇知的障害児の保護と教育、その社会史的考察―石井亮一の弧女学院, 滝乃川学園設立をめぐって （小川英彦）「研究紀要」 岡崎女子短期大学 35 2001 p97～106
◇石井筆子の1898（明治31）年訪米の研究―シカゴからニューヨークへ （津曲裕次）「高知女子大学紀要 社会福祉学部編」 高知女子大学 50 2001.3 p47～54
◇研究資料 石井亮一の体育観に関する一考察 （中川一彦）「筑波大学体育科学系紀要」 筑波大学体育科学系 24 2001.3 p131～138
◇巌本善治と石井亮一―窮乏と愛 （葛井義憲）「名古屋学院大学論集 人文・自然科学篇」名古屋学院大学総合研究所 40（2）2004 p76～62
◇日本の知的障害教育・福祉先覚者のアメリカ経験―石井亮一と滝乃川学園を中心に（特集 障害者福祉史における国際比較―日本とアメリカ合衆国）（蒲生俊宏）「社会事業史研究」 社会事業史学会, 不二出版 35 2008.3 p1～14
◇1880年代―1910年代アメリカ合衆国における精神薄弱者施設と精神薄弱者の生活の状況―内村鑑三・石井亮一・川田貞治郎の訪問期を中心に（特集 障害者福祉史における国際比較―日本とアメリカ合衆国）（中村満紀男）「社会事業史研究」 社会事業史学会, 不二出版 35 2008.3 p15～35
◇セミナー 知的障害福祉を築いてきた人物伝（第11回）石井亮一 （津曲裕次）「さぽーと」 日本知的障害者福祉協会 56（4）2009.4 p46～51

石川舜台　いしかわしゅんたい　1842～1931
明治期の僧侶。真宗大谷派寺務総長。
【雑　誌】
◇石川舜台〈1842～1931 天保13～昭和6〉―その存在証明の時 （高畑崇導）「北陸宗教文化」 北陸宗教文化研究会 12 2000.3 p23～37
◇明治期の日本仏教における「喇嘛教」情報受容に関する一考察 （高本康子）「印度學佛教學研究」日本印度学仏教学会 57（1）2008.12 p558～555

石川素堂　いしかわそどう　1842～1920
幕末～大正期の曹洞宗僧侶。曹洞宗管長。
【図　書】
◇中村天風「幸せを呼び込む」思考 （神渡良平著）講談社 2009.4 222p （講談社プラスアルファ新書）

石川台嶺　いしかわたいれい　1843～1872
幕末, 明治期の真宗僧侶。三河護法会幹事。
【雑　誌】
◇思想史からみた明治4年の鷲塚騒動―石川台嶺の護法思想について （石川勇吉）「歴史評論」 449 1987.9

石崎ナカ　いしざきなか　1819～1884
幕末, 明治期の女性。伊予国の木綿問屋三津屋の長女。
【図　書】
◇郷土に生きた人びと 愛媛県 （近代史文庫編）静山社 1983.11
【雑　誌】
◇明治維新期における愛媛の女子教育（2）丹美園・石崎ナカ・三輪田真佐子、松山女学校の創立を中心として （渡部富美子）「愛媛近代史研究」 41 1982.4

◇明治維新期における愛媛の女子教育(3)丹美園・石崎ナカ・三輪田真佐子、松山女学校の創立を中心として （渡部富美子）「愛媛近代史研究」 42 1982.6
◇明治維新期における愛媛の女子教育(5)丹美園・石崎ナカ・三輪田真佐子、私立松山女学校の創立を中心として （渡部富美子）「愛媛近代史研究」 44・45 1982.8

泉智等　いずみちとう　1849〜1928
明治〜昭和期の古義真言宗僧侶。金剛峰寺座主。
【雑　誌】
◇泉智等大僧正の人と書 （田村実）「四国大学紀要 Ser.A, 人文・社会科学編」 1 1993.3

磯部四郎　いそべしろう　1851〜1923
明治、大正期の弁護士、政治家。
【図　書】
◇磯部四郎と東京専門学校 （谷口貴都）『法史学をめぐる諸問題』（佐藤篤士先生古希記念論文集刊行委員会編） 敬文堂 2004.3 p197
◇日本近代法学の揺籃と明治法律学校 （村上一博編著） 日本経済評論社 2007.3 278p （明治大学社会科学研究所叢書）
◇磯部四郎研究―日本近代法学の巨擘 （平井一雄、村上一博編） 信山社出版 2007.3 411,10p
【雑　誌】
◇磯部四郎とその法律学(1)近代法学黎明期を歩んだ人々 （谷口貴都）「高岡法科大学紀要」 高岡法科大学 14 2003.3 p93〜146
◇磯部四郎とその法律学(2)近代法学黎明期を歩んだ人々 （谷口貴都）「高岡法科大学紀要」 高岡法科大学 15 2004.3 p49〜84
◇磯部四郎とその法律学(3)近代法学黎明期を歩んだ人々 （谷口貴都）「高岡法科大学紀要」 高岡法科大学 16 2005.3 p63〜90
◇シンポジウム 富山が生んだ法曹界の巨人 磯部四郎 「高岡法学」 高岡法科大学法学会 17(1・2) 2006.3 p141〜215
◇磯部四郎とその法律学(4)近代法学黎明期を歩んだ人々 （谷口貴都）「高岡法科大学紀要」 高岡法科大学 19 2008.3 p145〜164

伊東方成　いとうほうせい　1832〜1898
幕末、明治期の医師。宮中顧問官。
【図　書】
◇相模原農村とその人びと （座間美都治） 著刊 1980.11
◇幕府オランダ留学生 （宮永孝） 東京書籍 1982.3 （東書選書 73）

伊藤六郎兵衛　いとうろくろべえ　1829〜1894
幕末、明治期の宗教家。
【図　書】
◇国家神道と民衆宗教 （村上重良） 吉川弘文館 1982.10
◇民衆宗教の源流―丸山教・富士講の歴史と教義 （佐々木千代松著） 白石書店 1983.12
◇風俗史学―日本風俗史学会誌 22号 （日本風俗史学会編） 日本風俗史学会 2003.1 96p
◇地の神一心行者の歩み―丸山教祖・伊藤六郎兵衛尊師の生涯 丸山教本庁 2004.3 232p
◇芳賀登著作選集 別巻 （芳賀登著） 雄山閣 2004.7 271p

井上達也　いのうえたつや　1848〜1895
明治期の医師。眼科。
【雑　誌】
◇日本眼科学の先覚―井上達也(1848〜1895)伝補遺 （福島義一）「日本医史学雑誌」 27(4) 1981.10

イービ, C.　Eby, Charles Samuel　1845〜1925
カナダの宣教師。1876年来日、甲府英学校で英語を教授。
【図　書】
◇甲府盆地―その歴史と地域性 （地方史研究協議会編） 雄山閣出版 1984.10
【雑　誌】
◇遙かなるプラトウ・漂泊の宣教師―C.S.イビーの自伝を中心として （保坂忠信）「山梨学院大学一般教育論集」 3 1980.12
◇C.S.イビー苦悩の宣教師「ザ・ジャパン・ミッション」問題の真相 （保坂忠信）「山梨学院大学一般教育論集」 4 1981.12
◇カナダ・メソジスト教会の日本宣教方針の形成―C.S.イビーの活動を手がかりとして （高嶋祐一郎）「キリスト教社会問題研究」 40 1992.3
◇C.S.イビーの教派連合キリスト教主義大学構想―カナダ・メソジスト教会の19世紀宣教の文脈の中で （高嶋祐一郎）「キリスト教史学」 46 1992.7
◇モームの「大佐の奥方」をめぐる私の作品解釈―イービーの詩集が巻き起こした波紋を中心として （岡田春馬）「帝京大学文学部紀要 米英言語文化」 帝京大学文学部米英言語文化学科 35 2003年度 p37〜60

飯降伊蔵　いぶりいぞう　1833〜1907
幕末、明治期の宗教家。天理教本席。
【図　書】
◇天啓者の宗教ほんみち 増補改訂版 （梅原正紀著） 南斗書房 1986.2
◇新版 飯降伊蔵伝 （植田英蔵著） 善本社 1995.11 177p
◇天の定規―本席・飯降伊蔵の生涯 （天理教道友社編） 天理教道友社 1997.7 176p
◇道のさきがけ―教祖伝にみる人物評伝 （天理教道友社編） 天理教道友社 1999.10 230p
【雑　誌】
◇飯降伊蔵と「おさしづ」の場―「親神」共同体の危機と再構築 （永岡崇）「宗教研究」 日本宗教学会 82(1) 2008.6 p143〜166

今北洪川　いまきたこうせん　1816〜1892
幕末、明治期の臨済宗僧侶。
【図　書】
◇古田紹欽著作集5 （古田紹欽） 講談社 1981.8
◇禅海一瀾 （今北洪川著,盛永宗興訳） 柏樹社 1987.2
◇新版 鈴木大拙禅選集〈10〉今北洪川 激動期明治の高僧 （鈴木大拙著） 春秋社 1992.3
◇東沢瀉 （野口善敬著） 明徳出版社 1994.5 （シリーズ陽明学）
◇鈴木大拙禅選集 10 新装版 （鈴木大拙著） 春秋社 2001.6 319p
【雑　誌】
◇明治期の東沢瀉と今北洪川(東沢瀉特集) （野口善敬）「陽明学」 二松学舎大学陽明学研究所 13 2001 p112〜134
◇翻訳 幕末における宗教的対立―禅師今北洪川と儒者東澤瀉 （澤田ジャニーン, 桐原健真［訳］, オリオンクラウタウ［訳］）「日本思想史研究」 東北大学大学院文学研究科日本思想史研究室 41 2009 p138〜158

今村恵猛　いまむらえみょう　1867〜1932
明治、大正期の宗教家。真宗本願寺派の僧。
【図　書】
◇アメリカ仏教の誕生―二〇世紀初頭における日系宗教の文化変容 （守屋友江著） 現代史料出版 2001.12 286,6p （阪南大学叢書）
◇社会をつくる仏教―エンゲイジド・ブッディズム （阿満利麿著） 人文書院 2003.6 243p
【雑　誌】
◇ハワイにおける異文化共存と宗教の役割―今村恵猛の教育事業 （守屋友江）「平和と宗教」 庭野平和財団 17 1998 p117〜122
◇ハワイにおける異文化共存と宗教の役割―今村恵猛の教育事業 （守屋友江）「平和と宗教」 庭野平和財団 No.17 1998.12 p117〜122
◇初期ハワイ本願寺教団と今村恵猛 （嵩満也）「龍谷大学国際社会文化研究所紀要」 龍谷大学国際社会文化研究所 11 2009.6 p303〜316

今村力三郎　いまむらりきさぶろう　1866〜1954
明治〜昭和期の弁護士。専修大学総長。
【図　書】
◇今村力三郎「法廷五十年」 （今村力三郎著, 専修大学今村法律研究室編） 専修大学出版局 1993.3
◇大逆事件 1 （専修大学今村法律研究室編） 専修大学出版局 2001.3 201p （今村力三郎訴訟記録）
◇大逆事件 2 （専修大学今村法律研究室編） 専修大学出版局 2002.3 425p （今村力三郎訴訟記録）
◇大逆事件 3 （専修大学今村法律研究室編） 専修大学出版局 2003.3 333p （今村力三郎訴訟記録）
◇虎の門事件 1 （専修大学今村法律研究室編） 専修大学出版局 2004.3 386p （今村力三郎訴訟記録）
◇今村懲戒事件 1 （専修大学今村法律研究室編） 専修大学出版局 2007.3 358p （今村力三郎訴訟記録）
◇今村懲戒事件 2 （専修大学今村法律研究室編） 専修大学出版局 2008.3 510p （今村力三郎訴訟記録）
◇今村懲戒事件 3 （専修大学今村法律研究室編） 専修大学出版局 2009.3 517p （今村力三郎訴訟記録）

岩永マキ　いわながまき　1849〜1920
明治、大正期のキリスト教信者、社会事業家。
【図　書】
◇社会事業に生きた女性たち―その生涯としごと 続 ドメス出版 1980.6
◇岩永マキ （米田綾子著, 一番ケ瀬康子, 津曲裕次著） 大空社 1998.12 155,3p （シリーズ 福祉に生きる）
◇人物でよむ近代日本社会福祉のあゆみ （室田保夫編著） ミネルヴァ書房 2006.5 260p

イング, J. Ing, John 1840〜1920
アメリカの宣教師。1874年来日，弘前教会を設立。
【図 書】
◇開化異国(おつくに)助っ人奮戦記 （荒俣宏著，安井仁撮影） 小学館 1991.2
【雑 誌】
◇津軽の英学(5)ジョン・イングと弘前バンド （山本博）「文化紀要 (弘前大学教養部)」 26 1987

インブリー, W. Imbrie, William 1845〜1928
アメリカの宣教師。1875年来日，神学を教授。
【図 書】
◇明治人物拾遺物語—キリスト教の一系譜 （森井真） 新教出版社 1982.10
◇築地居留地—近代文化の原点 Vol.2 （築地居留地研究会編） 築地居留研究会 2002.8 138p
【雑 誌】
◇インブリー事件(明治万華鏡(5)) （横田順彌）「世界」 582 1993.5
◇W.インブリーと米国長老教会の日本伝道—W.Imbrie and Historical Sketch of the Mission of the Presbyterian Church in the U.S.A. in Japan （中島耕二）「明治学院大学キリスト教研究所紀要」 明治学院大学キリスト教研究所 32 2000.3 p65〜141
◇日露戦争時の宗教問題と宣教師—桂首相と宣教師W.インブリーの関係を中心にして （中島耕二）「歴史」 東北史学会 106 2006.4 p122〜143

ウィリアムズ, C. Williams, Channing Moore 1829〜1910
アメリカの宣教師。1859年来日。
【図 書】
◇日本聖公会の創設者—C.M.ウィリアムズ主教小伝 （B.D.タッカー著，赤井勝哉訳） 聖公会出版 1999.8 118p
◇琉球—異邦典籍と史料 （山口栄鉄著） 榕樹書林 2000.2 178p
◇宣教師ウイリアムズの伝道と生涯—幕末・明治米国聖公会の軌跡 （大江満著） 刀水書房 2000.5 860p
◇近代日本のキリスト者たち （高橋章編著） バビルスあい 2006.3 335p

ウィリアムズ, S. Williams, Samuel Wells 1812〜1884
アメリカの宣教師。1853年ペリーの通訳として来日。
【雑 誌】
◇伝道印刷者S.W.ウィリアムズのマカオ生活—月刊雑誌Chinese Repository(1832〜51)の運営を中心とする一考察 （宮澤眞一）「埼玉女子短期大学研究紀要」 埼玉女子短期大学 17 2006.3 p35〜56

ウィリス, W. Willis, William 1837〜1894
イギリスの外科医。1862年公使館医官として来日。
【図 書】
◇横浜のくすり文化—洋薬ことはじめ （杉原正泰，天野宏著） （横浜）有隣堂 1994.1 （有隣新書）
◇幕末維新を駆け抜けた英国人医師—甦るウィリアム・ウィリス文書 鹿児島県歴史資料センター黎明館所蔵 （ウィリアム・ウィリス著，大山瑞代訳） 創泉堂出版 2003.11 880p
【雑 誌】
◇日本医師会小史(94)明治期の開業医と医学教育(3)W.ウイリスと鹿児島医学校—医師会前史(40)「日本医師会雑誌」 106(13) 1991.12
◇高木兼寛とウィリス （平ır洋和）「季刊南九州文化」 50 1992.1
◇J.コンラッドの自伝的小説 The Shadow-Lineとイギリス人医師W.ウィリス—バンコク，1888年 （設楽靖子）「東洋文庫書報」 東洋文庫 29 1997 p1〜21
◇医者も知りたい「医者のはなし」(第28回)英国外科医ウィリアム・ウィリス(William Willis 1837〜1894) 明治維新時の医学・医療の恩人 （木村専太郎）「臨床整形外科」 医学院 43(3) 2008.3 p274〜277

ウィン, T. Winn, Thomas Clay 1851〜1931
アメリカの宣教師。1877年来日，金沢教会などを創立。
【雑 誌】
◇トマス・ウィン書簡（その1） （鈴木進訳）「北陸学院短期大学紀要」 18 1986.12
◇トマス・ウィン書簡（その2） （鈴木進訳）「北陸学院短期大学紀要」 19 1987.12
◇トマス・ウィン書簡（3） （鈴木進訳）「北陸学院短期大学紀要」 20 1988.12
◇Thomas Clay Winn：From Missionary to Educationist (Colon Sloss)「金沢星稜大学論集」 金沢星稜大学経済学会 40(2) 2006.12 p23〜27

植村正久 うえむらまさひさ 1857〜1925
明治，大正期の牧師。
【図 書】
◇日本プロテスタント・キリスト教史 （土肥昭夫） 新教出版社 1980.7
◇日本の思想家 近代篇 （菅野行） 大和書房 1981.9
◇植村正久の福音理解—日本基督教会神学校植村正久記念講座 （藤田治芽） 日本基督教会神学校植村正久記念講座刊行 新教出版社 1981.10
◇近代日本の思想と仏教 （峰島旭雄編） 東京書籍 1982.6
◇明治人物拾遺物語—キリスト教の一系譜 （森井真） 新教出版社 1982.10
◇近代の法然論 （峰島旭雄編著，芹川博通編著） みくに書房 1982.12
◇日本倫理思想史研究 （佐藤正英，野崎守英編） ぺりかん社 1983.7
◇日本文学—伝統と近代 和田繁二郎博士古稀記念 （和田繁二郎博士古稀記念論集刊行会編） 和泉書院 1983.12
◇文士の筆跡〈1〉作家編〈1〉〔新装版〕 （伊藤整編） 二玄社 1986.4
◇隠れた信仰次元—日本キリスト者の底流 （戸田義雄編） 大明堂 1986.5
◇武道思想の探究 （松前重義編） 東海大学出版会 1987.7
◇日本精神史 （石田一良編） ぺりかん社 1988.3
◇忘却と想起〈第4〉 （中沢洽樹著） 山本書店 1988.8
◇進歩がまだ希望であった頃—フランクリンと福沢諭吉 （平川祐弘著） 講談社 1990.1 （講談社学術文庫）
◇植村正久文集 （斎藤勇編） 岩波書店 1995.3 236p （岩波文庫）
◇教祖・意識変革者の群れ—宗教・性・女性解放 朝日新聞社 1995.6 438p （二十世紀の千人）
◇植村正久 （五十嵐喜和）『近代天皇制とキリスト教』(同志社大学人文科学研究所編，土肥昭夫，田中真人編著） 人文書院 1996.3 （同志社大学人文科学研究所研究叢書 25） p276
◇私の敬愛する人びと—考え方と生き方 （武田清子著） 近代文芸社 1997.10 190p
◇埋もれた翻訳—近代文学の開拓者たち （秋山勇造著） 新読書社 1998.10 312,11p
◇植村正久 新教出版社 1999.4 160p （植村正久とその弟子たち）
◇国木田独歩論—独歩における文学者の誕生 （鈴木秀子著） 春秋社 1999.6 319p
◇近代日本キリスト者の信仰と倫理 （鵜沼裕子著） 聖学院大学出版会 2000.3 182,3p
◇明治翻訳異聞 （秋山勇造著） 新読書社 2000.5 230p
◇デモクラシーの神学思想—自由と伝統とプロテスタンティズム （近藤勝彦著） 教文館 2000.9 554p
◇植村正久と其の時代 復刻三版 （佐波亘編） 教文館 2000.10 8冊 （セット）
◇植村正久と其の時代 補遺・索引 復刻3版 （佐波亘編著） 教文館 2000.10 142,68p
◇植村正久と其の時代 新補遺 復刻再版 （佐波亘, 小沢三郎編著） 教文館 2000.10 397p
◇植村正久と其の時代 第1巻 復刻3版 （佐波亘編著） 教文館 2000.10 807p
◇植村正久と其の時代 第2巻 復刻3版 （佐波亘編著） 教文館 2000.10 839p
◇植村正久と其の時代 第3巻 復刻3版 （佐波亘編著） 教文館 2000.10 774p
◇植村正久と其の時代 第4巻 復刻3版 （佐波亘編著） 教文館 2000.10 824p
◇植村正久と其の時代 第5巻 復刻3版 （佐波亘編著） 教文館 2000.10 1121p
◇植村正久と其の時代 〔第7巻〕 復刻再版 （佐波亘編著） 教文館 2000.10 119p
◇植村正久—その思想史的考察 （武田清子著） 教文館 2001.1 241p
◇植村正久—生涯と思想 （大内三郎著） 日本キリスト教団出版局 2002.9 226p
◇賛美歌・唱歌ものがたり 2 （大塚野百合著） 創元社 2003.12 281p
◇近代日本のキリスト者たち （高橋章編著） バビルスあい 2006.3 335p
◇歴史と神学—大木英夫教授喜寿記念献呈論文集 下巻 （古屋安雄，倉松功，近藤勝彦，阿久戸光晴編） 聖学院大学出版会 2006.8 666,35p
◇植村正久における文学と信仰 （鵜沼裕子著）『歴史と神学—大木英夫教授喜寿記念献呈論文集』(古屋安雄，倉松功，近藤勝彦，阿久戸光晴編） 聖学院大学出版会 2006.8 p575〜593
◇近代日本の宗教家101 （井上順孝編） 新書館 2007.4 238p
◇若き植村正久 （雨宮栄一著） 新教出版社 2007.9 364p
◇植村正久—その人と思想 復刊 （京極純一著） 新教出版社 2007.12 172p （新教新書）

◇戦う植村正久　（雨宮栄一著）　新教出版社　2008.9　398p
◇植村正久論考　（大内三郎著）　新教出版社　2008.12　293p
◇幸田露伴の世界　（井波律子, 井上章一共編）　思文閣出版　2009.1　313p
◇牧師植村正久　（雨宮栄一著）　新教出版社　2009.6　404p
【雑　誌】
◇植村正久における罪観　（関岡一成）「関西外国語大学研究論集」　32　1980.9
◇明治キリスト教の歴史思想―植村・海老名「キリスト論争」を中心に　（特集・日本人の歴史思想）（田代和久）「季刊日本思想史」16　1981.5
◇植村正久と柏'木園　植村正久年表から　（大内三郎）「山梨英和短期大学紀要」　15　1982.1
◇基督教論争―海老名・植村における　（大井人）「六浦論叢」　19　1983
◇日清・日露両戦役をめぐる植村正久―その戦争理解を中心として　（渡辺茂）「六浦論叢」　20　1983
◇明治期のキリスト教と文学―内村鑑三・植村正久の文学観　（石田昭義）「六浦論叢」　20　1983
◇横浜バンド・ブラウン塾（上）植村正久の信仰思想の源泉―植村正久年表から（2）（大内三郎）「山梨英和短期大学紀要」　16　1983.1
◇植村正久の朝鮮観―特集・近代日本の思想と朝鮮　（沢正彦）「季刊三千里」　34　1983.5
◇横浜バンド・ブラウン塾（下）植村正久年表から（その3）（大内三郎）「山梨英和短期大学紀要」　17　1984.3
◇植村正久の女性観―季野夫人をめぐって　（小田桐弘子）「国学院大学日本文化研究所紀要」　54　1984.9
◇名古屋発植村正久の井深梶之助宛2書簡の年代について　（真山光弥）「金城学院大学論集」　113　1986.3
◇祖父のこと　（中村妙子）「みすず」　318　1987.6
◇日本キリスト教神学思想史へのエッセイ―熊野義孝, 高倉徳太郎, 植村正久をめぐって　（渡辺茂）「六浦論叢」　28　1991
◇植村正久「真理一斑」の機構　（槇林滉二）「広島女子大学文学部紀要」　27　1992.2
◇植村正久の世界―伝統と信仰をめぐって　（鵜沼裕子）「日本思想史学」　25　1993.9
◇伝道者植村正久の誕生　（北野裕通）「相愛大学研究論集」　相愛大学　11　1995.3　p282～265
◇植村正久における国家と宗教　（主題：キリスト教の弁証）（近藤勝彦）「神学」　東京神学大学神学会　58　1996　p24～56
◇植村正久の神学理解―「即啓示性」の観点から　（木下裕也）「改革派神学」　神戸改革派神学校　25　1997　p130～156
◇近代天皇制と植村正久　（木下裕也）「改革派神学」　神戸改革派神学校　26　1999　p33～60
◇初期植村正久における弁証的神学思想　（崔炳一）「哲学論文集」　九州大学哲学会　40　2004.9　p89～109
◇植村正久のキリスト論　（崔炳一）「比較社会文化研究」　九州大学大学院比較社会文化学府　18　2005　p15～29
◇植村正久の贖罪理解とその今日的意義　（近藤勝彦）「神学」　東京神学大学神学会　68　2006　p3～27
◇植村正久の神道理解　（岩瀬誠）「日本佐渡学」　日本佐渡学会　第8号　2006.10　p28～31
◇植村正久と羽仁もと子―近代日本におけるキリスト教の「生活改革」への影響の一例として　（李垠庚）「思想史研究」　日本思想史・思想論研究会　7　2007.3　p123～136
◇露伴と正久　（平松隆円）「日本仏教教育学研究」　日本仏教教育学会　16　2008.3　p173～176
◇日本におけるキリスト教土着化の問題―『福音週報』にみる植村正久の福音理解とキリスト教弁証　（小室尚子）「東京女子大学紀要論集」　東京女子大学　59（2）　2009.3　p41～61

養鸕徹定　うがいてつじょう　1814～1891
幕末, 明治期の浄土宗僧侶。
【図　書】
◇徹定上人　（寺本哲栄編）　総本山知恩院　1990.3
◇異文化の摩擦と理解―養鸕徹定のキリスト教論　（芹川博通著）　北樹出版　1994.2
◇仏教とキリスト教―比較思想論　1　（芹川博通著）　北樹出版　2007.1　364p　（芹川博通著作集）
◇仏教とキリスト教―比較思想論　2　（芹川博通著）　北樹出版　2007.6　392p　（芹川博通著作集）
【雑　誌】
◇養鸕徹定上人の巡回説教―とくに静岡中教院の設立について　（永井隆正）「浄土宗学研究」　18　1991
◇養鸕徹定上人特集　「仏教文化研究」　36　1991.9
◇養鸕徹定上人「御入山日記」翻刻　（藤堂恭俊）「浄土宗学研究」　19　1992

潮田千勢子　うしおだちせこ　1844～1903
明治期の婦人運動家。矯風会会頭。
【図　書】
◇社会事業に生きた女性たち―その生涯としごと　続　（五味百合子編著）　ドメス出版　1980.6
◇近代日本の女性史8　（創美社編集）　集英社　1981.5
◇日本キリスト教婦人矯風会百年史　（日本キリスト教婦人矯風会編）　ドメス出版　1986.12
【雑　誌】
◇足尾鉱毒事件における潮田千勢子―キリスト教の問題を中心として　（工藤英一）「三田学会雑誌」　75（3）　1982.6
◇足尾鉱毒問題と婦人キリスト者―潮田千勢子の行動と思想（上）（倉橋克人）「基督教研究」　46（1）　1984.10
◇足尾鉱毒問題と婦人キリスト者―潮田千勢子の行動と思想（下）（倉橋克人）「基督教研究」　47（1）　1986.1

牛島謹爾　うしじまきんじ　1864～1926
明治, 大正期のアメリカ移民。在米日本人会初代会長。
【図　書】
◇志を貫いた先人たち　（モラロジー研究所出版部編）　モラロジー研究所　2009.5　255p　（「歴史に学ぼう、先人に学ぼう」）
【雑　誌】
◇スタクトン・ローダイ・桑港・サンマテオ・ピエドモントを巡る―ポテト王を追って　（吉村駿夫文, 吉村真夫写真）「久留米郷土研究会誌」　13　1984.7

宇田川興斎　うだかわこうさい　1821～1887
幕末, 明治期の医師。津山藩藩医。
【雑　誌】
◇宇田川興斎の「ポトカラヒイ」について　（宮川俊夫他）「日本写真学会誌」　52（3）　1989.6
◇飯沼慾斎門下, 写真術の系譜（1）宇田川興斎の「ポトカラヒイ」との関連性ならびに, 小島柳蛙と江崎礼二のコラージュ写真を中心に　（宮川俊夫他）「日本写真学会誌」　53（3）　1990.6
◇宇田川興斎の『日間鎖事録』（弘化2年）（遠藤正治）「一滴」　津山洋学資料館　8　2000　p24～64
◇宇田川興斎の履歴（1）「勤書」「江戸日記」などから　（幸田正孝）「豊田工業高等専門学校研究紀要」　豊田工業高等専門学校　33　2000　p171～200
◇宇田川興斎の履歴（2）「江戸日記」「勤書」などから　（幸田正孝）「豊田工業高等専門学校研究紀要」　豊田工業高等専門学校　34　2001　p225～244
◇宇田川興斎の『勤書』（早稲田大学所蔵）（幸田正孝）「豊田工業高等専門学校研究紀要」　豊田工業高等専門学校　36　2003　p181～186
◇『草木図説』の出版―宇田川興斎の「勤書」（早稲田大学蔵）などにみる　（幸田正孝）「一滴」　津山洋学資料館　13　2005　p1～94

内村鑑三　うちむらかんぞう　1861～1930
明治, 大正期のキリスト教伝道者, 思想家。
【図　書】
◇日本の国家思想　上　（小松茂夫, 田中浩編）　青木書店　1980.5
◇研究資料現代日本文学3　評論・論説・随想1　（浅井清ほか編）　明治書院　1980.5
◇歎異抄の研究　（大谷大学真宗学会編）　文栄堂　1980.5
◇明治民衆史を歩く　（井出孫六）　新人物往来社　1980.6
◇日本プロテスタント・キリスト教史　（土肥昭夫）　新教出版社　1980.7
◇内村鑑三不敬事件　（小沢三郎）　新教出版社　1980.8　（日本キリスト教史双書）
◇内村鑑三全集　2,8　岩波書店/10,12/2冊　解題　1980.10,12
◇千曲川　（小山敬吾）　創史社　1980.10
◇内村鑑三五十周年記念講演集　（石原兵永）　新地書房　1980.11
◇内村鑑三全集6　1898～1899　（道家弘一郎編集）　岩波書店　1980.11
◇創立10周年記念論文集　（創立10周年記念論文集編集委員会編）　創価大学出版会　1980.11
◇内村鑑三をめぐる作家たち　（鈴木範久）　玉川大学出版部　1980.12　（玉川選書135）
◇内村鑑三全集1～18　（内村鑑三）　岩波書店　1981.1～12
◇内村鑑三と矢内原忠雄　（中村勝己）　リブロポート　1981.1
◇内村鑑三とひとりの弟子―斎藤宗次郎あての書簡による　（山本泰次郎）　教文館　1981.4
◇近代日本の中国認識―アジアへの航跡　（野村浩一）　研文出版　1981.4
◇日本人の自伝3　内村鑑三・新島襄・木下尚江　平凡社　1981.5
◇日本社会主義の倫理思想―理想主義と社会主義　（山田洸）　青木書店　1981.7

◇聖書とアメリカ・ルネサンスの作家たち （中沢生子） 山本書店 1981.8
◇日本の思想家 近代篇 （菅孝行） 大和書房 1981.9
◇クラークと内村鑑三の教育 （山枡雅信） 日新出版 1981.10
◇宗教改革の精神 （宮田光雄） 創文社 1981.11
◇内村鑑三全集 17 1909〜1910 （渋谷浩編集） 岩波書店 1982.2
◇内村鑑三全集 19 1912〜1913 （鈴木俊郎編） 岩波書店 1982.3
◇近代日本思想と軌跡—西洋との出会い （野田又夫ほか編著） 北樹出版 1982.4
◇内村鑑三全集 20 1913〜1914 （道家弘一郎編集、鈴木範久編集） 岩波書店 1982.4
◇内村鑑三全集 21 1914〜1915 （鈴木範久編集） 岩波書店 1982.5
◇近代日本の思想と仏教 （峰島旭雄編） 東京書籍 1982.6
◇内村鑑三全集 22 1915〜1916 （松沢弘陽編集） 岩波書店 1982.6
◇人間と宗教—近代日本人の宗教観 （比較思想史研究会編） 東洋文化出版 1982.6
◇内村鑑三全集 23 1916〜1917 （亀井俊介編集） 岩波書店 1982.7
◇北国の理想—クラーク精神の純化と展開 （深瀬忠一, 大友浩編著） 新教出版社 1982.7
◇内村鑑三全集 24 1918〜1919 （鈴木範久編） 岩波書店 1982.8
◇内村鑑三全集 25 1919〜1920 （渋谷浩編集） 岩波書店 1982.9
◇古寺巡礼 （品川力） 青英社 1982.10
◇内村鑑三・青春の原像 （武田友寿） 日本YMCA同盟出版部 1982.10
◇内村鑑三全集 26 1921 （田村光三編集） 岩波書店 1982.10
◇磁場の政治学—政治を動かすもの （神島二郎） 岩波書店 1982.11
◇川崎庸之歴史著作選集 3 平安の文化と歴史 （川崎庸之） 東京大学出版会 1982.11
◇内村鑑三全集 30 1926〜1927 （道家弘一郎編集） 岩波書店 1982.11
◇近代の法然論 （峰島旭雄編著, 芹川博通編著） みくに書房 1982.12
◇内村鑑三全集 3 1894〜1896 （鈴木俊郎ほか編集） 岩波書店 1982.12
◇内村鑑三全集 27 1922〜1923 （田村光三編集） 岩波書店 1983.1
◇内村鑑三全集 28 1923〜1924 （松沢弘陽編集） 岩波書店 1983.2
◇内村鑑三全集 29 1925〜1926 （渋谷浩編集） 岩波書店 1983.3
◇内村鑑三全集 31 1928 （鈴木範久編集） 岩波書店 1983.4
◇内村鑑三研究—その新約聖書注解に関する疑問 （岩谷元輝） 塩尻公明社 1983.5
◇内村鑑三全集 33 日記 1 （鈴木俊郎ほか編集） 岩波書店 1983.5
◇内村鑑三全集 32 1929〜1930 （鈴木範久編集） 岩波書店 1983.6
◇思想の群像—風外慧薫・関孝和・内村鑑三 （高崎哲学堂設立の会編） あさを社 1983.7
◇内村鑑三全集 34 日記 2 （鈴木俊郎ほか編集） 岩波書店 1983.7
◇内村鑑三全集 36 書簡 1 （渋谷浩編集） 岩波書店 1983.8
◇近代日本の政治文化と言語象徴 （石田雄） 東京大学出版会 1983.9 （東京大学社会科学研究所研究叢書 第58冊）
◇内村鑑三全集 35 日記 3 （鈴木範久編集） 岩波書店 1983.9
◇内村鑑三全集 37 書簡 2 （鈴木範久編集） 岩波書店 1983.11
◇近代文学とキリスト教 明治・大正篇 （米倉充） 創元社 1983.11 （現代キリスト教叢書7）
◇内村鑑三全集 38 書簡 3 （田村光三編集） 岩波書店 1983.11
◇日本のリーダー 9 信仰と精神の開拓者 ティビーエス・ブリタニカ 1983.11
◇日本のリーダー9 信仰と精神の開拓者 （第二アートセンター編） ティビーエス・ブリタニカ 1983.11
◇内村鑑三全集 39 書簡 4 （田村光三, 鈴木範久編） 岩波書店 1983.12
◇狭間の早春 （武田逸英） 日本経済評論社 1984.2
◇本豪落第横丁 （品川力） 青英舎〔発売：星雲社〕 1984.2
◇人物探訪 日本の歴史—18—明治の逸材 暁教育図書 1984.2
◇内村鑑三全集 40 雑纂・年譜・題名索引 （松沢弘陽ほか編集） 岩波書店 1984.2
◇内村鑑三—その教育哲学的考察 （木戸三子著） 新人物往来社 1984.3
◇内村鑑三とその精神—郷土のしおり （清水要次著） 郷土誌刊行会 1984.6
◇日本の名著 38 内村鑑三 （中公バックス） （松沢弘陽責任編集） 中央公論社 1984.8
◇内村鑑三英文論説翻訳篇 上 （亀井俊介訳） 岩波書店 1984.12
◇内村鑑三談話 （鈴木範久著） 岩波書店 1984.12
◇内村鑑三（岩波新書） （鈴木範久著） 岩波書店 1984.12
◇天心・鑑三・荷風（小沢コレクション 3 ） （楢村秀昭著） 小沢書店 1984.12
◇内村鑑三英文論説翻訳篇 下 （道家弘一郎訳） 岩波書店 1985.1
◇晩年の父内村鑑三 （内村美代子著） 教文館 1985.1

◇哲学の世界 （武内義範ほか編） 創文社 1985.7
◇近代群馬の行政と思想その2 （一倉喜好）〔一倉喜好〕 1985.12
◇内村鑑三伝—米国留学まで （鈴木俊郎著） 岩波書店 1986.1
◇武士道の歴史〈2〉 （高橋富雄著） 新人物往来社 1986.4
◇恩師言—内村鑑三言行録・ひとりの弟子による （斎藤宗次郎著） 教文館 1986.4
◇武士道の歴史〈3〉 （高橋富雄著） 新人物往来社 1986.5
◇言論は日本を動かす〈第5巻〉社会を教育する （三谷太一郎編） 講談社 1986.5
◇義和団戦争と明治国家 （小林一美） 汲古書院 1986.9
◇内村鑑三とラアトブルフ—比較文化論へ向かって （野田良之著） みすず書房 1986.12
◇科学と現実（早稲田大学社会科学部創設20周年記念論文集） 早稲田大学社会科学部学会 1987.2
◇夢をもとめた人びと〈4〉愛と宗教 （金平正, 北島春信, 蓑田正治編） （町田）玉川大学出版部 1987.3
◇日本人の勤勉・貯蓄観—あすの経済を支えるもの （外山茂著） 東洋経済新報社 1987.4
◇科学者とキリスト教—ガリレイから現代まで （渡辺正雄著） 講談社 1987.4 （ブルーバックス）
◇ルターと内村鑑三 （高橋三郎, 日永康共著） 教文館 1987.5
◇日本プロテスタント・キリスト教史論 （土肥昭夫著） 教文館 1987.6
◇大久保利謙歴史著作選集 8 明治維新の人物像 吉川弘文館 1987.7
◇内村鑑三霊示集—新しき時代への警鐘 （大川隆法著） 土屋書店 1987.7 （心霊ブックス）
◇武道思想の探究 （松前重義編） 東海大学出版会 1987.7
◇福沢諭吉と内村鑑三 （清水威） 清水威 1987.10
◇鎌倉仏教への新しい視点—道元・親鸞・日蓮と現代 （津田剛著） 真世界社 1987.10
◇激動七十年の歴史を生きて （家永三郎著） 新地書房 1987.10
◇日本文学講座〈8〉評論 （亀井秀雄ほか著） 大修館書店 1987.11
◇近代群馬の思想群像 （高崎経済大学附属産業研究所編） 貝出版企画 1988.3
◇経済的合理性を超えて （中村勝己著） みすず書房 1988.4
◇近代思想史における内村鑑三—政治・民族・無教会論 （渋谷浩） 新地書房 1988.7
◇内村鑑三—偉大なる罪人の生涯 （富岡幸一郎） リブロポート 1988.7 （シリーズ・民間日本学者15）
◇新版 ナショナリズムの文学—明治精神の探求 （亀井俊介著） 講談社 1988.7 （講談社学術文庫）
◇忘却と想起〈第4〉 （中沢洽樹著） 山本書店 1988.8
◇明治民衆史 （井出孫六著） 徳間書店 1988.9 （徳間文庫）
◇無教会の論理 （量義治著） 北樹出版 1988.10
◇西洋が見えてきた頃（亀井俊介の仕事〈3〉） （亀井俊介著） 南雲堂 1988.11
◇ニーチェとの対話 （氷上英広著） 岩波書店 1988.12
◇ビジュアルワイド 新日本風土記〈10〉群馬県 ぎょうせい 1989.1
◇日本的成熟社会論—20世紀末の日本と日本人の生活 （佐原洋著） 東海大学出版会 1989.4
◇物語・万朝報—黒岩涙香と明治のメディア人たち （高橋康雄著） 日本経済新聞社 1989.5
◇日本思想を解く—神話的思惟の展開 （大嶋仁著） 北樹出版 1989.7 （フマニタス選書）
◇近代日本文学とキリスト者作家 （久保田暁一著） （大阪）和泉書院 1989.8 （和泉選書）
◇聖書に学ぶ—旧新約聖書の一致をめざして 〔泉治典著〕 新地書房 1989.11
◇安芸基雄感話集〈2〉いてふに寄す （安芸基雄著） みすず書房 1989.12
◇日本近代思想大系〈6〉教育の体系 （山住正己校注） 岩波書店 1990.1
◇内村鑑三選集 4 （内村鑑三） 岩波書店 1990.4
◇内村鑑三と寺田寅彦—海に生きたふたり （影山昇著） くもん出版 1990.4 （くもん選書）
◇内村鑑三 （新保祐司著） 構想社 1990.5
◇内村鑑三選集〈1〉天職と一生 （内村鑑三著） 岩波書店 1990.5
◇「妄言」の原形—日本人の朝鮮観 （高崎宗司著） 木犀社 1990.6
◇信仰と「甘え」 （土居健郎著） 春秋社 1990.6
◇島木健作—義に飢ゑ渇く者 （新保祐司著） リブロポート 1990.7 （シリーズ 民間日本学者）
◇いかにして「信」を得るか—内村鑑三と清沢満之 （加藤智見著） （京都）法蔵館 1990.9 （法蔵選書）
◇本豪落第横丁—古書邂逅（めぐりあい） （品川力著） 青英舎 1990.10
◇内村鑑三選集〈別巻〉内村鑑三を語る （鈴木範久編） 岩波書店 1990.12

◇正統と異端のあいだ―内村鑑三の劇的なる生涯 （武田友寿著） 教文館 1991.1
◇内村鑑三と不敬事件史 （大河原礼三） 大河原礼三 1991.2
◇内村鑑三に学ぶ （石川富士夫） 日本基督教団出版局 1991.6
◇現代に生きる内村鑑三 （内田芳明著） 岩波書店 1991.6
◇天皇制とキリスト者 （飯沼二郎著） 日本基督教団出版局 1991.6
◇希望のありか―内村鑑三と現代 （佐藤全弘著） 教文館 1991.7
◇蝦名賢造北海道著作集〈4〉札幌農学校 日本近代精神の源流 （蝦名賢造著） 新評論 1991.7
◇日本人の自伝 （佐伯彰一著） 講談社 1991.8 （講談社学術文庫）
◇島田三郎と近代日本―孤高の自由主義者 （井上徹英著） 明石書店 1991.10
◇人物・税の歴史―江戸時代から現代まで （武田昌輔著, 日本税理士会連合会編） 東林出版社 1992.1
◇内村鑑三の生涯―近代日本とキリスト教の光源を見つめて （小原信著） PHP研究所 1992.2
◇黒岩涙香―探偵実話 （いいだもも著） リブロポート 1992.3 （シリーズ 民間日本学者）
◇イギリス思想と近代日本 （武田清子, 峰島旭雄, 小泉仰, 山下重一著） 北樹出版 1992.3 （フマニタス選書）
◇韓国へのさまざまな旅 （滝沢秀樹著） 影書房 1992.5
◇忠誠と反逆―転形期日本の精神史的位相 （丸山真男著） 筑摩書房 1992.6
◇信仰と「甘え」 （土居健郎著） 春秋社 1992.7
◇比較宗教哲学への道程 （小山宙丸著） 早稲田大学出版部 1992.7
◇批評の測鉛 （新保祐司著） 構想社 1992.9
◇内村鑑三論 （道家弘一郎著） 沖積舎 1992.11
◇日本の『創造力』―近代・現代を開花させた470人〈7〉驀進から熟成へ （富田仁編） 日本放送出版協会 1992.11
◇政治思想史における平和の問題 （日本政治学会編） 岩波書店 1992.12
◇一高不敬事件〈上〉 （鈴木範久著） 教文館 1993.1 （内村鑑三録）
◇一高不敬事件〈下〉 （鈴木範久著） 教文館 1993.1 （内村鑑三録）
◇内村鑑三全集感想 （山口周三編著） 〔山口周三〕 1993.2
◇情況のなかの思想 （鈴木正, 斎藤達次郎, 田中収, 山田英彦著） 北樹出版 1993.2 （叢書パイデイア）
◇蝦名賢造北海道著作集〈第6巻〉新版 北方のパイオニア （蝦名賢造著） 西田書店 1993.2
◇大正時代の先行者たち （松尾尊兊著） 岩波書店 1993.4 （同時代ライブラリー）
◇法廷に立つ歴史学―家永教科書論争と歴史学の現在 （安在邦夫, 加藤友康, 三宅明正, 安田浩編） 大月書店 1993.5
◇日本の覚醒―内村鑑三によって （新保祐司, 富岡幸一郎著） リブロポート 1993.7
◇内村鑑三日録 1892～1896―後世へ残すもの （鈴木範久著） 教文館 1993.9
◇近代日本のカトリシズム―思想史的考察 （半沢孝麿著） みすず書房 1993.11
◇漱石と鑑三―「自然」と「天然」 （赤木善光著） 教文館 1993.11
◇黄塵雑記―高橋元吉散文集 （高橋元吉著） （前橋）煥乎堂 1994.1
◇保守政治の論理 （渋谷浩著） 北樹出版 1994.2
◇内村鑑三・我が生涯と文学 （正宗白鳥著） 講談社 1994.2 （講談社文芸文庫―現代日本のエッセイ）
◇日本思想史骨 （新保祐司著） 構想社 1994.3
◇太宰治と「聖書知識」 （田中良彦著） 朝文社 1994.4
◇明治日本とイギリス革命 （今井宏著） 筑摩書房 1994.4 （ちくま学芸文庫）
◇日本思想の可能性―いま 近代の遺産を読みなおす （鈴木正, 山領健二編） 五月書房 1994.4
◇藤林益三著作集〈9〉裁判官の良心 法の常識・心の糧 （藤林益三著） 東京布井出版 1994.4
◇評伝 技師・青山士の生涯―われ川と共に生き、川と共に死す （高崎哲郎著） 講談社 1994.5
◇ジャーナリスト時代 （鈴木範久著） 教文館 1994.5 （内村鑑三日録）
◇内村鑑三日録1900～1902 天職に生きる （鈴木範久著） 教文館 1994.9
◇日本の伝統思想とキリスト教―その接点における人間形成論 （岡田典夫著） 教文館 1995.3 294p
◇内村鑑三日録 7 （鈴木範久著） 教文館 1995.4 453p
◇多様化する「知」の探究者 朝日新聞社 1995.5 438p （21世紀の千人）
◇一〇〇年前にアメリカへ渡った青年達―朝河貫一、片山潜、内村鑑三 （増井由紀美） 『朝河貫一』 （井出孫六ほか著） 北樹出版 1995.6 （叢書パイデイア 6） p23
◇木を植えよ （鈴木範久著） 教文館 1995.7 392p （内村鑑三日録）
◇内村鑑三とその継承者 （田中収著） 愛知書房 1995.8 341p

◇峻烈なる洞察と寛容―内村鑑三をめぐって （武田清子著） 教文館 1995.9 161p
◇内村鑑三と現代―一座標軸をもつ思想〔81.1〕 （隅谷三喜男） 『『世界』主要論文選』『『世界』主要論文選編集委員会編』 岩波書店 1995.10 p865
◇内村鑑三と留岡幸助 （恒益俊雄著） 近代文芸社 1995.12 133p
◇人物による水産教育の歩み―内村鑑三・寺田寅彦・田内森三郎・山本祥吉・天野慶之 （影山昇著） 成山堂書店 1996.3 267p
◇「内村鑑三」と出会って （堀孝彦, 梶原寿編） 勁草書房 1996.3 244p
◇内村鑑三―『聖書之研究』の誌面分析を中心として （岡本知之）『近代天皇制とキリスト教』（同志社大学人文科学研究所編, 土肥昭夫, 田中真人編著） 人文書院 1996.3 （同志社大学人文科学研究所叢書 25） p256
◇「妄言」の原形―日本人の朝鮮観 増補新版 （高崎宗司著） 木犀社 1996.5 329p
◇現世と来世 （鈴木範久著） 教文館 1996.5 398p （内村鑑三日録）
◇日本人の生き方 （童門冬二著） 学陽書房 1996.6 295p （陽セレクション）
◇明治期基督者の精神と現代―キリスト教学校が創立 （加藤正夫著） 近代文芸社 1996.11 204p
◇内村鑑三日録 10 (1918～1919) （鈴木範久著） 教文館 1997.1 370p
◇晩年の内村鑑三 （安芸基雄著） 岩波書店 1997.3 250p
◇内村鑑三記念文庫目録 第3版 （国際基督教大学図書館編） 国際基督教大学図書館 1997.3 139p
◇内村鑑三の生涯―日本的キリスト教の創造 （小原信著） PHP研究所 1997.6 683p （PHP文庫）
◇うめく宇宙―内村鑑三日録11 (1920～1924) （鈴木範久著） 教文館 1997.6 462p
◇内村鑑三とキェルケゴール （大類雅敏著） 栄光出版社 1997.9 192p
◇正統の垂直線―透谷・鑑三・近代 （新保祐司著） 構想社 1997.11 234p
◇内村鑑三日録 1 (1861-1888) （内村鑑三原著, 鈴木範久著） 教文館 1998.2 265p
◇大志の系譜――高と札幌農学校 （馬場宏明著） 北泉社 1998.3 359p
◇文明開化と英学 （川澄哲夫編, 鈴木孝夫監修） 大修館書店 1998.6 1366p （資料日本英学史）
◇群馬の作家たち （土屋文明記念文学館編） 塙書房 1998.6 268p （塙新書）
◇志賀直哉交友録 （志賀直哉著, 阿川弘之編） 講談社 1998.8 329p （講談社文芸文庫）
◇アメリカが見つかりましたか―戦前篇 （阿川尚之著） 都市出版 1998.11 253p
◇山路愛山―史論家と政論家のあいだ （岡利郎著） 研文出版 1998.11 306p （研文選書）
◇救国「武士道」案内 （大橋健二著） 小学館 1998.12 378p （小学館文庫）
◇内村鑑三日録 12 （鈴木範久著） 教文館 1999.2 452p
◇近代日本外交思想史入門―原典で学ぶ17の思想 （関静雄編著） ミネルヴァ書房 1999.5 310p
◇簡素に生きる―シンプルライフの思想 （太田愛人著） 信濃毎日新聞社 1999.10 237
◇北海道の青春―北大80年の歩みとBBAの40年 増補版 （北大BBA会, 能勢之彦編） はる書房 2000.1 275p
◇早わかり20世紀年表 （年鑑事典編集部編） 朝日新聞社 2000.3 232p
◇近代日本キリスト者の信仰と倫理 （鵜沼裕子著） 聖学院大学出版会 2000.3 182,3p
◇内村鑑三流域―キリスト教精神の探究 1 （高木謙次編） 真菜書房 2000.3 182p
◇海をこえて 近代知識人の冒険 （高沢秀次著） 秀明出版会 2000.6 329p
◇土居健郎選集 7 （土居健郎著） 岩波書店 2000.8 352p
◇高橋三郎著作集 3 （高橋三郎著） 教文館 2000.9 747p
◇デモクラシーの神学思想―自由と伝統とプロテスタンティズム （近藤勝彦著） 教文館 2000.9 554p
◇ヴェーバー 歴史の意味をめぐる闘争 （内田芳明著） 岩波書店 2000.10 293p
◇「根拠」への探究―近代日本の宗教思想の山並み （細谷昌志編） 晃洋書房 2000.12 275,8p （シリーズ・近代日本の知）
◇この思想家のどこを読むのか―福沢諭吉から丸山真男まで （加地伸行, 小浜逸郎, 佐伯啓思, 西部邁ほか著） 洋泉社 2001.2 243p （新書y）

◇批評の時　(新保祐司著)　構想社　2001.3　196p
◇「文明日本」と「市民的主体」―福沢諭吉・徳富蘇峰・内村鑑三　(梅津順一著)　聖学院大学出版会　2001.3　288p　(聖学院大学研究叢書)
◇内村鑑三　(富岡幸一郎著)　五月書房　2001.3　303,4p　(シリーズ宗教と人間)
◇風景の発見　(内田芳明著)　朝日新聞社　2001.5　269,13p　(朝日選書)
◇人生の師―混迷する時代に「勇気」と「誇り」と「優しさ」をあたえてくれる先哲先人の教え　(岬竜一郎著)　勁文社　2001.7　238p
◇改革者―私の「代表的日本人」　(大原一三著)　フォレスト出版　〔2001.7〕　377p
◇福沢諭吉研究―福沢諭吉と幕末維新の群像　(飯田鼎著)　御茶の水書房　2001.7　439,20p　(飯田鼎著作集)
◇日本と西洋における内村鑑三―その宗教思想の普遍性　(アグネシカ・コズィラ著)　教文館　2001.7　181p
◇木下順二集　16　(木下順二著)　岩波書店　2001.7　1冊
◇旧制高校史の研究―一高自治の成立と展開　(宮坂広作著)　信山社　2001.10　387p　(SBC学術文庫)
◇三谷隆正の研究―信仰・国家・歴史　(村松晋著)　刀水書房　2001.10　275p
◇内村鑑三の『代表的日本人』を読む　(岬竜一郎著)　致知出版社　2001.11　221p
◇新・武士道―いま、気概とモラルを取り戻す　(岬竜一郎著)　講談社　2001.11　237p　(講談社プラスアルファ新書)
◇日本における近代倫理の屈折　(堀孝彦著)　未来社　2002.1　319,5p
◇八王子デモクラシーの精神史―橋本義夫の半生　(小倉英敬著)　日本経済評論社　2002.3　279p
◇「妄言」の原形―日本人の朝鮮観　増補三版　(高崎宗司著)　木犀社　2002.4　352p
◇韓国・朝鮮と向き合った36人の日本人―西郷隆盛、福沢諭吉から現代まで　(舘野晳編著)　明石書店　2002.4　231p
◇清沢満之―その人と思想　(藤田正勝、安冨信哉編)　法藏館　2002.5　294p
◇爆笑問題の日本史原論グレート　(爆笑問題著)　幻冬舎　2002.8　246p
◇改革者―私の「代表的日本人」　(大原一三著)　角川書店　2002.8　373p　(角川文庫)
◇日本のこころ　花の巻　(竹西寛子、加藤周一、脇田修、ドナルド・キーン、小原信、深田祐介、林真理子、門屋光昭、藤田宜永、西沢潤一ほか著)　講談社　2002.8　243p
◇内村鑑三先生と原第半次郎　(山口哲典編著)　〔山口哲典〕　2002.8　397p
◇内村鑑三と田中正造　(大竹庸悦著)　流通経済大学出版会　2002.9　221p
◇時代と精神―評論雑感集　上　(桶谷秀昭著)　北冬舎　2002.10　313p
◇一般倫理の研究―国際化への道　(大槻徳松著)　東京図書出版会　2002.11　100p
◇歴史を深く吸い込み、未来を想う―一九〇〇年の旅　アメリカの世紀、アジアの自尊　(寺島実郎著)　新潮社　2002.11　278p
◇八木重吉とキリスト教―詩心と「神学」のあいだ　(今高義也著)　教文館　2003.1　233p
◇内村鑑三のキリスト教思想―贖罪論と終末論を中心として　(李慶愛著)　九州大学出版会　2003.1　233,5p
◇教えること、裏切られること―師弟関係の本質　(山折哲雄著)　講談社　2003.5　213p　(講談社現代新書)
◇近代日本における地理学の一潮流　(源昌久著)　学文社　2003.5　4,283p　(淑徳大学社会学部研究叢書)
◇内村鑑三著作・研究目録　(鈴木範久監修、藤田豊編)　教文館　2003.6　269p
◇デンマルク国の話－ほか　(内村鑑三著)　教育出版　2003.7　210p　(読んでおきたい日本の名作)
◇内村鑑三の研究　(田中収著)　愛知書房　2003.8　182p
◇社会福祉と日本の宗教思想―仏教・儒教・キリスト教の福祉思想　(吉田久一著)　勁草書房　2003.9　353,6p
◇志賀直哉とドストエフスキー　(清水正著)　鳥影社　2003.9　254p
◇内村鑑三研究　(丸谷嘉徳著)　日本文学館　2004.1　246p
◇二千年の祈り―イエスの心を生きた八人　(高橋佳子著)　三宝出版　2004.3　254p
◇日本の農業・アジアの農業　(石塚喜明著)　北海道大学図書刊行会　2004.3　181,6p
◇明治の精神史―勝海舟から内村鑑三まで　(堀切直人著)　J&Jコーポレーション　2004.6　196p
◇日本宣教の光と影―アイヌ伝道等をめぐって　(宮島利光、岩崎孝志、山口陽一、辻浦信生著、信州夏期宣教講座編)　いのちのことば社　2004.9　105p　(21世紀ブックレット)

◇非戦論　(富岡幸一郎著)　NTT出版　2004.9　285p
◇ポプラ物語　(秋庭俊著)　文芸社　2004.10　113p
◇さまよえる日本宗教　(山折哲雄著)　中央公論新社　2004.11　235p　(中公叢書)
◇「日本人の名著」を読む　(岬竜一郎著)　致知出版社　2004.12　282p
◇内村鑑三とその周辺　(高木謙次著)　キリスト教図書出版社　2005.1　473p　(高木謙次選集)
◇男の背中―転形期の思想と行動　(井出孫六著)　平原社　2005.5　265p
◇我々は後世に何を遺してゆけるのか―内村鑑三『後世への最大遺物』の話　(〔内村鑑三〕口演、鈴木範久著)　学術出版会　2005.5　219p　(学術叢書)
◇近代国家を構想した思想家たち　(鹿野政直著)　岩波書店　2005.6　181p　(岩波ジュニア新書)
◇二荊自叙伝　大正10年－15年　下　(斎藤次郎著、栗原敦、山折哲雄編)　岩波書店　2005.6　374p
◇内村鑑三と今井館聖書講堂―その歴史と存在意義　今井館資料館開館記念　(資料館竣工感謝記念会記録編)　今井館友会　2005.6　88p
◇矢内原忠雄とその周辺　(高木謙次著)　キリスト教図書出版社　2005.9　404p　(高木謙次選集)
◇先人の勇気と誇り―「歴史に学ぼう、先人に学ぼう」　第2集　(モラロジー研究所出版部編)　モラロジー研究所　2006.1　249p
◇内村鑑三・神学思想選　(野上寛次編)　けやき出版　2006.1　236p
◇近代日本のキリスト者たち　(高橋章編著)　パピルスあい　2006.3　335p
◇平和主義者レフ・トルストイと内村鑑三の信仰　(津久井定雄著)『言語と文化の饗宴―中埜芳之教授退職記念論文集』(仙葉豊、高岡幸一、細谷行輝共編)　中埜芳之教授退職記念論文集刊行会、英宝社(発売)　2006.3　p189～200
◇志は死なず　過去世物語日本編―教科書には出てこない「もう一つの歴史」　(ザ・リバティ編集部編)　幸福の科学出版　2006.4　210p
◇「仕事」論―自分だけの「人生成功の方程式」をつくる　(岬竜一郎編)　PHP研究所　2006.6　186p
◇日本の作家とキリスト教―二十人の作家の軌跡　(久保田暁一著)　朝文社　2006.6　255p
◇スペインと日本人　(福岡スペイン友好協会監修、川成洋、坂東省次編)　丸善　2006.7　197p　(丸善ブックス)
◇講座　日本のキリスト教芸術　3　(富岡幸一郎責任編集)　日本キリスト教団出版局　2006.8　288p
◇世界はどのようにしてできたか―自然科学と信仰　(小林融弘著)　教文館　2006.9　176p
◇日本人の朝鮮観―その光と影　(琴秉洞著)　明石書店　2006.10　303p
◇韓国と日本の交流の記憶―日韓の未来を共に築くために　(李修京編著)　白帝社　2006.11　187p
◇内村鑑三とその系譜　(江端公典著)　日本経済評論社　2006.11　271,4p
◇多元的世界における寛容と公共性―東アジアの視点から　(芦名定道編著)　晃洋書房　2007.3　232p
◇二十世紀から何を学ぶか　下　(寺島実郎著)　新潮社　2007.5　284,6p　(新潮選書)
◇内村鑑三―南原繁の内村観　(豊川慎述)『宗教は不必要か―南原繁の信仰と思想』(南原繁研究会編)　to be出版　2007.5　p57～70
◇スピリチュアルの冒険　(富岡幸一郎著)　講談社　2007.7　238p　(講談社現代新書)
◇日本とユダヤ　その友好の歴史　(ベン・アミー・シロニー、河合一充共著)　ミルトス　2007.7　189p
◇内村鑑三の『代表的日本人』―品格ある5人の日本人が教えてくれたこと　(童門冬二著)　PHP研究所　2007.10　252p
◇内村・新渡戸精神の銀河系小宇宙―南原繁・矢内原忠雄の精神を経由した松田智雄と隅谷三喜男の精神史　(大庭治夫著)　国際学術技術研究所　2007.11　159p
◇近代新潟におけるキリスト教教育―新潟女学校と北越学館　(本井康博著)　思文閣出版　2007.11　297,7p
◇日本英学史叙説―英語の受容から教育へ　(庭野吉弘著)　研究社　2008.3　512p
◇明治精神史　下　(色川大吉著)　岩波書店　2008.10　368p　(岩波現代文庫)
◇日本的基督教の探究―新島襄・内村鑑三・手島郁郎らの軌跡　(池永孝著)　竹林館　2008.10　124p　(春秋新書)
◇愛と人生―ある韓国人の波乱の生涯　(全斗烈編)　東洋書院　2008.10　285p
◇内村鑑三の転機と千葉　東京基督教大学国際宣教センター　2008.10　168p　(FCCブックレット)
◇平和の政治思想史　(千葉真編著)　おうふう　2009.8　379p　(おうふう政治ライブラリー)
◇太宰治と「聖書知識」　新版　(田中良彦著)　朝文社　2009.9　274p

◇地理思想と地理教育論 (山口幸男著) 学文社 2009.12 168p
【雑　誌】
◇遅れた人の教育法─中江藤樹と内村鑑三 (門永庄一郎) 「大垣女子短期大学研究紀要」 11 1980.2
◇内村鑑三の世界観とShakespeareの人間観(中)(10) (前田利雄) 「札幌大学外国語学部紀要 文化と言語」 13(2) 1980.3
◇内村鑑三における「書く」意味─いわゆる不敬事件との関連で (亀井秀雄) 「文学」 48(6) 1980.6
◇内村鑑三の科学─Practical Scienceとしての水産学・農学 (徳山昭子) 「科学史研究」 134 1980.7
◇エレミヤと内村鑑三 (小泉仰) 「社会科学討究」 26(1) 1980.9
◇英文学者─内村鑑三(上,下) (亀井俊介) 「英語青年」 126(6,7) 1980.9,10
◇内村鑑三の世界観とShakespeareの人間観─中─(11) (前田利雄) 「札幌大学外国語学部紀要 文化と言語」 14(1) 1980.9
◇内村鑑三と社会批判 (山田洸) 「文学会志(山口大)」 31 1980.11
◇内村鑑三の社会評論─「万朝報」「客員」時代を中心に (小原信) 「青山学院大学論集」 21 1980.11
◇内村鑑三の場合(特集・親切) (沢村光博) 「世紀」 366 1980.11
◇「内村鑑三における非戦論」 (石川冨士夫) 「梅花短大研究紀要」 29 1980.12
◇「内村鑑三の不敬事件について」 (石川冨士夫) 「梅花短大研究紀要」 29 1980.12
◇内村鑑三の科学と宗教(特集・明治期における西洋思想の受容と反応) (小山589丸) 「比較思想研究」 70 1980.12
◇内村鑑三と近代日本 (小原信) 「青山学院大学一般教育部会論集」 22 1981
◇内村鑑三における時間と歴史 (小原信) 「青山学院大学文学部紀要」 23 1981
◇内村鑑三と現代─座標軸をもつ思想 (隅谷三喜男) 「世界」 442 1981.1
◇内村鑑三の文明評論─「聖書之研究」を中心にして (小原信) 「青山学院大学文学部紀要」 22 1981.1
◇実学の論理と文学のことば─農学校における内村鑑三・志賀重昂の場合(特集・言葉と出会い─明治二,三十年代」 (亀井秀雄) 「日本文学」 30(1) 1981.1
◇内村鑑三の世界観とShakespeareの人間観─中─(12) (前田利雄) 「札幌大学外国語学部紀要 文化と言語」 14(2) 1981.3
◇内村家の人びと (内村美代子) 「みすず」 23(3) 1981.3
◇漱石の友人(「不敬事件」と「漱石」)─日本にさよならを告げた人 (鈴木敏幸) 「正// 大学国語国文」 17 1981.3
◇「須磨浦聖書講堂」をめぐる動き─一ノ谷「ペテル山荘」に揺れた内村鑑三・神田繁太郎・明石煩三 (西松五郎) 「歴史と神戸」 20(3) 1981.6
◇内村鑑三の自己形成と教育観の構造 (木戸三子) 「教育学研究」 48(3) 1981.9
◇内村鑑三と中田信蔵(2) (高木謙次) 「内村鑑三研究」 17 1981.10
◇内村鑑三の臨終記録─斎藤宗次郎筆記「内村鑑三先生の足跡」より(資料) 「内村鑑三研究」 17 1981.10
◇「ガリラヤの道」「十字架の道」─内村鑑三の福音書研究 (泉治典) 「内村鑑三研究」 17 1981.10
◇「国家と家庭と個人」─内村の社会改革思想について (渋谷浩) 「内村鑑三研究」 17 1981.10
◇内村鑑三とその兄弟 (小原信) 「青山学院大学文学部紀要」 24 1982
◇内村鑑三とその両親 (小原信) 「青山学院大学一般教育部会論集」 23 1982
◇内村鑑三訳詩集「愛吟」について (亀井俊介) 「文学」 50(1) 1982.1
◇内村鑑三と日本の精神的伝統 (石川冨士夫) 「梅花短期大学研究紀要」 30 1982.2
◇鑑三の餅(史壇散策) (小原信) 「歴史と人物」 12(4) 1982.4
◇内村鑑三における人間形成とキリスト教(天才の精神病理) (土居健郎) 「現代のエスプリ」 177 1982.4
◇もののふの道 文学にみる武士道の歴史(47) (高橋富雄) 「武道」 188 1982.7
◇一隅に立つ─道元・武士・内村(特集・日本人の心の歴史) (相良亨) 「現代思想」 10(12) 1982.9
◇もののふの道 文学にみる武士道の歴史(50) (高橋富雄) 「武道」 191 1982.10
◇内村鑑三と「身体の救い」 (原島正) 「基督教学研究」 5 1982.12
◇内村鑑三の「聖書」解釈 (小原信) 「青山学院大学一般教育部会論集」 24 1983
◇明治期のキリスト教と文学─内村鑑三・植村正久の文学観 (石田昭義) 「六浦論叢」 20 1983
◇信仰と福祉─清沢満之と内村鑑三 (吉田久一) 「社会福祉」 24 1983
◇内村鑑三の「無教会」論についての私見 (石川冨士夫) 「梅花短期大学研究紀要」 31 1983.2

◇主として日記・書簡を通してみた内村鑑三の信仰についての覚え書 (武藤光麿) 「熊本音学短期大学紀要」 7 1983.3
◇怒りの神・慈愛の神─鑑三・白鳥・周作 (武田友寿) 「清泉女子大学人文科学研究所紀要」 5 1983.3
◇日本人のイエス観(10)楕円幻想─内村鑑三「二つのJ」 (笠原芳光) 「春秋」 244 1983.5
◇内村鑑三と朝鮮のキリスト者─特集・近代日本の思想と朝鮮 (森山浩二) 「季刊三千里」 34 1983.5
◇内村鑑三研究について (原島正) 「松前文庫」 34 1983.7
◇内村鑑三における「武士道」の一考察 (藤田豊) 「武蔵大学人文学会雑誌」 15(1) 1983.10
◇内村鑑三研究(旧約篇(3)) (岩谷元輝) 「相模女子大学紀要」 48 1984
◇旅と棄郷と(17)内村鑑三のアメリカ (近藤信行) 「早稲田文学」 93 1984.2
◇内村鑑三文庫 (塩谷饒) 「同朋」 68 1984.2
◇内村鑑三研究(旧約篇その2) (岩谷元輝) 「相模女子大学紀要」 47 1984.2
◇旅と棄郷と(18)父への手紙 (近藤信行) 「早稲田文学」 94 1984.3
◇内村鑑三文庫 (塩谷饒) 「同朋」 69 1984.3
◇若き内村の罪意識─その書簡を中心に (渋谷浩) 「内村鑑三研究」 21 1984.4
◇教会ならざる教会への道─内村鑑三と札幌独立キリスト教会─ (大友浩) 「内村鑑三研究」 21 1984.4
◇「信仰と樹木とをもって国を救いし話」─内村鑑三と宮沢賢治─ (安藤弘) 「内村鑑三研究」 21 1984.4
◇キリスト教と民族意識─S・R・B・アトー・アフマと内村鑑三に関する事例研究─ (E・O・アドゥ,森本栄二訳) 「内村鑑三研究」 21 1984.4
◇日本のキリスト教受容をめぐって─内村鑑三の場合(外来思想の日本的展開) (小川圭治) 「季刊日本思想史」 22 1984.4
◇内村鑑三(D.C.ベル宛)(日本人100人の手紙) (亀井秀雄) 「国文学」 29(2) 1984.9
◇明治におけるナショナリズムの一潮流─内村鑑三を中心に 衛藤一生) 「日本思想史研究会会報」 3 1984.10
◇宮沢賢治とキリスト教─内村鑑三・斎藤宗次郎にふれつつ(特集=宮沢賢治─童話の世界) (佐藤泰正) 「国文学解釈と鑑賞」 49(13) 1984.11
◇内村鑑三のフィンランド語訳者─カーロル・スオマライネンのこと (稲垣美晴) 「図書」 424 1984.12
◇ジャーナリスト内村鑑三の対韓観─日清・日露両戦争を中心に (武市英雄) 「コミュニケーション研究」 15 1985
◇内村鑑三と朝鮮 (滝沢秀樹) 「甲南経済学論集」 25(4) 1985.3
◇内村鑑三研究(旧約篇(5)) (岩谷元輝) 「駒沢大学外国語部論集」 21 1985.3
◇正宗白鳥の「内村鑑三」覚書 (永藤武) 「国学院大学日本文化研究紀要」 55 1985.3
◇思想史における近代化の問題─内村鑑三をめぐって─ (渋谷浩) 「明治学院大学紀要」 18 1985.3
◇内村鑑三と正宗白鳥「父と子」問題,あるいは父殺しの構造─ (松本鶴雄) 「群馬県立女子大学紀要」 5 1985.3
◇思想史における近代化の問題─内村鑑三をめぐって (渋谷浩) 「明治学院大学キリスト教研究所紀要」 18 1985.3
◇内村鑑三の大憤慨録─明治の英文ジャーナリストは何をなしたか (亀井俊介) 「世界」 474 1985.5
◇杜甫と内村鑑三 (黒田洋一) 「同朋」 84 1985.6
◇近代日本における政治・宗教・教育─「内村鑑三不敬事件」と「教育と宗教の衝突」論争を中心に (福島清紀) 「法政大学教養部紀要」 58 1986.1
◇日露非戦論─内村鑑三と深沢利重を中心にして (稲田雅洋) 「愛知教育大学研究報告 社会科学」 35 1986.2
◇内村鑑三研究(旧約篇(7)) (岩谷元輝) 「駒沢大学外国語部論集」 23 1986.3
◇内村鑑三研究(旧約篇(4)) (岩谷元輝) 「相模女子大学紀要」 49 1986.3
◇平和への力強き歩みを─クエーカーと『平和の信条』 (岩田澄江) 「未来」 234 1986.3
◇自然と天然(上)漱石と鑑三との場合(キリスト教と日本〈特集〉) (赤木善光) 「神学」 49 1987
◇内村鑑三研究(1)「地理学考」における思想史的背景 (内海隆一郎) 「関東短期大学紀要」 30 1987
◇内村鑑三研究─旧約篇(その6) (岩谷元輝) 「相模女子大学紀要」 50 1987.3
◇内村鑑三とその思想 (内田芳明) 「エコノミア(横浜国立大学)」 93 1987.6
◇福沢諭吉と内村鑑三(上)日本における「内側的個人主義」の2つの源流 (飯岡秀夫) 「高崎経済大学論集」 30(1・2)(創立30周年記念号) 1987.9
◇我は福音を恥とせず(内村鑑三論序説) (新保祐司) 「三田文学」

◇内村鑑三の文学観をめぐって（久保田暁一）「キリスト教文芸」5 1987.11
◇内村鑑三の自己実現と水産学研究（影山昇）「東京水産大学論集」23 1987.12
◇キルケゴールと内村鑑三（日本のキリスト教とキェルケゴール（研究フォーラム））（小原信）「日本の神学」27 1988
◇内村鑑三の教育観（後藤博一）「松蔭女子学院大学・松蔭女子学院短期大学学術研究会研究紀要 人文科学・自然科学篇」30 1988
◇文学者・内村鑑三―小林秀雄の視角（武田友寿）「知識」73 1988.1
◇カーライル・エマソン・内村鑑三―「代表的日本人」に於ける伝統と変容（鵜木奎似郎）「比較思想研究」14 1988.2
◇内村鑑三研究（2）《Amherst,Mass.June 16,1886》考（内海隆一郎）「関東短期大学紀要」32 1988.3
◇福沢諭吉と内村鑑三（中）日本における「内面的個人主義」の2つの源流（飯岡秀夫）「高崎経済大学論集」30（3・4）（真保潤一郎教授退職記念号）1988.3
◇大いなる流竄―物語・内村鑑三〔1〕（武田友寿）「知識」76 1988.4
◇日本天文史の周辺（14）内村鑑三の星空賛美（佐藤利男）「天界」69（755）1988.4
◇人間のエンタシス（内村鑑三論（二））（新保祐司）「三田文学」67（13）1988.5
◇大いなる流竄―物語・内村鑑三〔2〕（武田友寿）「知識」77 1988.5
◇大いなる流竄―物語・内村鑑三〔3〕（武田友寿）「知識」78 1988.6
◇福沢諭吉と内村鑑三―日本における「内面的個人主義」の2つの源流（下）（飯岡秀夫）「高崎経済大学論集」31（1）1988.6
◇大いなる流竄―物語・内村鑑三〔4〕（武田友寿）「知識」79 1988.7
◇内村鑑三とタゴール（安芸基雄）「みすず」330 1988.7
◇鹿鳴館の薫り（大いなる流竄―物語・内村鑑三〔5〕）（武田友寿）「知識」80 1988.8
◇神の愚かさ・神の弱さ（内村鑑三論（三））（新保祐司）「三田文学」67（14）1988.8
◇大いなる流竄―物語・内村鑑三〔6〕（武田友寿）「知識」81 1988.9
◇神の言葉の儀鐘（内村鑑三論（四））（新保祐司）「三田文学」67（15）1988.11
◇大いなる流竄―物語・内村鑑三〔8〕（武田友寿）「知識」83 1988.11
◇内村鑑三の運命観（運命観（1）<特集>）（原島正）「季刊日本思想史」32 1989
◇「ポスト・モダン」への疑惑（富岡幸一郎）「諸君！」21（1）1989.1
◇新たなる精神の形成―内村鑑三と清沢満之による真摯なる人間の所為（加藤智見）「日本及日本人」1593 1989.1
◇昭和の終わりをめぐって（時の流れを見すえて（9））（隅谷三喜男）「世界」524 1989.2
◇大いなる流竄―物語・内村鑑三（11～24）（武田友寿）「知識」86～99 1989.2～90.3
◇内村鑑三と寺田寅彦（影山昇）「書斎の窓」384 1989.5
◇『地人論』（内村鑑三）再読と現代世界（柴三九男）「短大論叢（関東学院女子短期大学）」82 1989.7
◇予定説と万人救済説―宗教改革者、内村鑑三、カール・バルト（宮田光雄）「思想」782 1989.8
◇水産学徒・内村鑑三を育てた札幌農学校（影山昇）「歴史研究」342 1989.10
◇2つの世紀末―内村鑑三・清沢満之に学ぶ（講演）（吉田久一）「大谷学報」69（3）1989.12
◇内村鑑三における心の「空虚」―若き内村鑑三の思想形成（飯岡秀夫）「慶応義塾大学日吉紀要 社会科学 思想史篇」1 1990.3
◇福沢諭吉と武士道―勝海舟、内村鑑三および新渡戸稲造との関連において（飯沼鼎）「三田学会雑誌」83（1）1990.4
◇内村不敬事件と島貫兵太夫（相沢源七）「東北学院大学東北文化研究所紀要」22 1990.8
◇最近の内村鑑三論著について（鈴木範久）「本のひろば」386 1990.8
◇出会い・本・人―ルター『ローマ書講義』と内村『ダニエル書講義』（泉治典）「本のひろば」386 1990.8
◇出会い・本・人―内村鑑三との出会い（飯沼二郎）「本のひろば」389 1990.11・12
◇内村鑑三と無教会運動（2）（明congestion股）「西日本宗教学雑誌」13 1991
◇内村鑑三『余はいかにしてキリスト信徒となりしか』―「精神の文明開化」を試みた基督者の苦悩（特集・「自伝」に見る人間の研究―素晴しき人生の達人たちに学ぶ）（桶谷秀昭）「プレジデント」29（1）1991.1
◇内村鑑三不敬事件（一〇〇年前の日本〈特集〉）（岡利郎）「彷書月刊」7（1）1991.1
◇「神」の不在と「国家」の不在（座談会）（松本健一, 新保祐司, 富岡幸一郎）「諸君！」23（5）1991.5
◇正宗白鳥の思考基盤―内村鑑三の受容をめぐって（大崎富雄）「皇学館論叢」24（4）1991.8
◇内村鑑三における「内と外」の論理（原島正）「基督教学研究」13 1992
◇内村鑑三―非戦の論理とその特質（政治思想史における平和の問題）（千葉真）「日本政治学会年報政治学」1992 1992
◇日本の植民地支配と天皇制―内村鑑三を中心に（伊東昭雄）「横浜市立大学論叢 人文科学系列」43（1）1992.3
◇内村鑑三の死生観（道家弘一郎）「宗教と文化」14 1992.3
◇日清戦後における徳富蘇峰と内村鑑三：近代日本の道徳的基礎をめぐって（梅津順一）「青山学院女子短期大学紀要」46 1992.12
◇内村鑑三の終末思想―「再臨論」批判を中心に（末法思想と終末論〈特集〉）（原島正）「季刊日本思想史」40 1993
◇西洋文明の衝撃新たな日本精神の確立―ラフカディオ・ハーンの「ある保守主義者」と内村鑑三の「余は如何にして基督信徒となりし乎」を巡って（田宮正晴）「明治大学教養論集」252 1993
◇「国民道徳論」と内村鑑三―日本における近代倫理学の屈折（1）（堀孝彦）「名古屋学院大学論集 社会科学篇」29（3）1993.1
◇内村鑑三が予言した「宗教なき近代」の末路（日本近代史の誰に学ぶか―人物オピニオン特集・リーダーなき「平成」を撃つ24人）（新保祐二）「諸君！」25（2）1993.2
◇内村鑑三における東洋と西洋（〔比較思想学会〕研究例会発表要旨）（田中収）「比較思想研究」19 1993.6
◇内村鑑三：プロテスタンティズムとの格闘―近代市民倫理学の屈折（2）（堀孝彦）「名古屋学院大学論集 社会科学篇」30（1）1993.7
◇内村鑑三―聖職者の偽善への怒り「潮」415 1993.10
◇内村鑑三における「神義論」の転回 序説（岡田典夫）「茨城キリスト教大学紀要」28 1994
◇道徳教育の基礎―内村鑑三の道徳論と西村茂樹の道徳論の対比から（町田健一）「教育研究 国際基督教大学学報1-A」36 1994.3
◇内村鑑三と儒教（田中収）「名古屋大学法政論集」154 1994.3
◇良心論ノート―井上・大西・和辻・内村―近代日本における市民倫理学の屈折（3）（堀孝彦）「名古屋学院大学論集 社会科学篇」30（4）1994.4
◇内村鑑三と近代市民倫理学の屈折（堀孝彦）「名古屋学院大学論集 社会科学篇」31（1）1994.7
◇内村鑑三の万朝報英文欄と長崎外人居留地の英字新聞の議論―万朝報英文欄時代における内村鑑三のキリスト教理解の視点（中村博武）「宗教研究」68（2）1994.9
◇内村鑑三, その政治観の変遷をめぐって―特に田中正造との関連において（大竹庸悦）「流通経済大学論集」29（2）1994.11
◇内村鑑三の問いかけるもの（大島純男）「金城学院大学論集」金城学院大学 163 1995 p1～19
◇内村鑑三研究―天国, 家庭, 女性たち（葛井義憲）「名古屋学院大学論集 人文・自然科学篇」名古屋学院大学産業科学研究所 31（2）1995.1 p258～232
◇Uchimura Kanzo,el Samurai que mira a Occidente（Jose Lecumberri）「サピエンチア 英知大学論叢」英知大学 29 1995.2 p359～374
◇内村鑑三の韓国観に関する解釈問題（徐正敏〔著〕, 蔵田雅彦〔訳〕）「桃山学院大学キリスト教論集」桃山学院大学人文科学研究所キリスト教研究室 31 1995.3 p123～148
◇内村鑑三, 松村介石, そしてアメリカン・ボード―ふたつの「北越学館事件」（本井康博）「キリスト教社会問題研究」同志社大学人文科学研究所 44 1995.12 p1～25
◇内村鑑三の日蓮論について（宮田幸一）「東洋哲学研究所紀要」東洋哲学研究所 第11号 1995.12 p17～33
◇内村鑑三における足尾鉱毒問題（新藤泰男）「桜美林エコノミックス」桜美林大学経済学部 34 1995.12 p21～32
◇カーライル生誕200年によせて―カーライルと内村鑑三―異文化との出会い（向井清）「英語青年」研究社出版 141（9）1995.12 p519～521,526
◇内村鑑三と国家神道（伊東正悟）「竜谷史壇」竜谷大学史学会 106 1996.3 p45～65
◇内村鑑三と牧口常三郎。（山下肇）「潮」445 1996.3 p148～157
◇日本の水産学は内村鑑三から始まった（MY OPINION）（影山昇）「Ronza」2（8）1996.8 p6
◇小林秀雄の内村鑑三観（新保祐司）「国文学論考」都留文科大学国文学会 33 1997.3 p10～19
◇「臍（へそ）を見るな」―ゲーテ, カーライル, 内村鑑三（道家弘一郎）「宗教と文化」聖心女子大学キリスト教文化研究所 18 1997.3 p105～118

◇内村鑑三—無教会派の始祖(特集・Boys be ambitious) (大山綱夫)「歴史と旅」 24(4) 1997.3 p244～249
◇内村鑑三と南原繁—「天国と此世との接触面」 (下畠知志)「日本史学集録」 筑波大学日本史談話会 第20号 1997.5 p40～44
◇「明治20年代」における「地理学」の位相研究序説—内村鑑三『地人論』を梃子に (佐藤由美子)「お茶の水地理」 お茶の水地理学会 第38号 1997.6 p10～23
◇平和的キリスト教愛国論—内村鑑三とトヴィアンスキ・アンジェイ (アグネシカ・コズィラ)「歴史科学」 大阪歴史科学協議会 149 1997.6 p11～20
◇内村鑑三の「グロースター回心」とその解釈 (徳田幸雄)「文化」 東北大学文学会 61(1・2) 1997.9 p140～120
◇内村と日本的キリスト教 (井上正之)「研究紀要」 姫路日ノ本短期大学 25 1997.12 p17～37
◇鉄斎・鑑三・天心 (新保祐司)「新潮」 新潮社 94(12) 1997.12 p278～287
◇内村鑑三『外国語之研究』の分析と意義 (高野進)「経済系」 関東学院大学経済学会 194 1998.1 p49～56
◇内村鑑三の「二つのJ」(シリーズ 日本の思想家＝論〔2〕) (山折哲雄)「正論」 308 1998.4 p90～104
◇日本思想史上における内村鑑三の今日的意義 (北沢勝親)「信州大学教育学部教育実践研究指導センター紀要」 信州大学教育学部附属教育実践研究指導センター 第6号 1998.9 p213～220
◇内村鑑三と日本の改革 (多井一雄)「人文社会紀要」 武蔵工業大学人文社会系教室 18(1) 1999 p1～9
◇テーマとしての『国家と示教』—内村・南原・大塚 (柳父圀近)「聖学院大学総合研究所紀要」 聖学院大学総合研究所 16 1999 p77～101
◇内村鑑三の無教会主義 (虎谷瞳)「文献探索」 文献探索研究会 1998 1999.2.23 p267～271
◇「不敬事件」内村鑑三を脅した一高生—明治中期、天皇の神格化は急速に進んでいった(私の東大論〔12〕) (立花隆)「文芸春秋」 77(4) 1999.4 p370～382
◇正宗白鳥『内村鑑三』論—「如何に生くべきか」の射程 (佐藤ゆかり)「キリスト教文学研究」 日本キリスト教文学会 第16号 1999.5 p112～119
◇内村鑑三と新渡戸稲造 (小原信)「青山国際政経論集」 青山学院大学国際政治経済学会 46 1999.5 p149～183
◇北一輝と内村鑑三 (兵頭高夫)「日本佐渡学」 日本佐渡学会 第1号 1999.9 p13～14
◇預言者エレミヤと内村鑑三—召命から非戦論までの軌跡 (小泉仰)「社会学ジャーナル」 国際基督教大学社会科学研究所 42 1999.9 p15～38
◇内村鑑三の無教会に至る直接的原因とその原点—聖パウロ的信仰より導く内村の「二つのJ」とパウロの教会観について (平松暁子)「英知大学大学院論叢」 英知大学大学院人文科学研究科 1(1) 1999.9 p19～41
◇内村鑑三における「自然の神」と「歴史の神」 (梅津順一)「聖学院大学総合研究所紀要」 聖学院大学総合研究所 2000 p75～106
◇内村鑑三の教育思想について (加藤隆)「光塩学園女子短期大学紀要」 光塩学園女子短期大学 6 2000 p91～105
◇平和と教育—内村鑑三の「非戦論」について (伊藤隆二)「東洋大学大学院紀要」 東洋大学大学院 37(文学(哲学・仏教)) 2000 p437～460
◇内村鑑三の平和思想—信仰と倫理 (堀孝彦)「名古屋学院大学論集 社会科学篇」 名古屋学院大学産業科学研究所 36(3) 2000.1 p105～119
◇内村鑑三の無教会主義(2) (虎谷瞳)「文献探索」 文献探索研究会 1999 2000.2.23 p342～344
◇内村鑑三「日本(国)の天職」について (道家弘一郎)「宗教と文化」 聖心女子大学キリスト教文化研究所 20 2000.3 p29～61
◇内村鑑三の基督教信仰の過程と解釈〜福音信仰の把握とその特徴 (城百祐)「哲学倫理学研究」 北海道教育大学哲学倫理学会 第4号 2000.3 p49～61
◇アメリカ文芸思潮と内村鑑三—アメリカ・ロマン主義と日本近代文学をめぐって (田中浩司)「防衛大学校紀要 人文科学分冊」 防衛大学校 81 2000.9 p123～182
◇キリストに生きた武士内村鑑三の高尚なる生涯(1900年への旅—アメリカ・太平洋篇〔11〕) (寺島実郎)「Foresight」 11(11) 2000.11 p40～43
◇内村鑑三とコロンブス (堀江義隆)「文学・芸術・文化」 近畿大学文芸学部 12(1) 2000.12 p134～122
◇第97回 内村鑑三とロバアト・オウエン(研究集会報告〔ロバアト・オウエン協会,2001年〕) (江端公典)「ロバアト・オウエン協会年報」 ロバアト・オウエン協会 26 2001 p11～22
◇内村鑑三と大正期の再臨運動(日本宗教史特集号) (Sonntag Mira)「キリスト教学」 立教大学キリスト教学会 43 2001 p37～52
◇内村鑑三と共同体の論理—明治20年代を中心に (中野宏美)「人間文化研究科年報」 奈良女子大学大学院人間文化研究科 17 2001 p524～512
◇「20世紀日本」を創った10人、駄目にした10人—激論5時間！半藤一利vs保阪正康vs松本健一 賢者は歴史に学ぶ(特集・歴史に学ぶ「成功と失敗」—我々は「目先」に囚われすぎていないか) (半藤一利,保阪正康,松本健一)「プレジデント」 39(2) 2001.1.15 p44～53
◇内村鑑三と志賀直哉(悲しみの精神史〔14〕) (山折哲雄)「Voice」 278 2001.2 p238～243
◇特別企画・私が選んだ日本を代表する九人の改革者〔下〕 (大原一三)「月刊自由民主」 585 2001.12 p57～67
◇京都時代における国木田独歩と内村鑑三 (山本民雄)「人間文化研究所紀要」 聖カタリナ女子大学 7 2002 p43～56
◇内村鑑三のコロンブスとの関わりを廻って—時代的背景などを顧慮しながら (堀江義隆)「近畿大学語学教育部紀要」 近畿大学語学教育部 2(1) 2002 p129～141
◇内村鑑三の信仰(80人の心に残る鮮やかな日本人) (土居健郎)「文芸春秋」 80(2) 2002.2 p346～347
◇雨ニモ負ケズ斎藤宗次郎(80人の心に残る鮮やかな日本人) (山折哲雄)「文芸春秋」 80(2) 2002.2 p349～351
◇第97回 内村鑑三とロバアト・オウエン (江端公典)「ロバアト・オウエン協会年報」 ロバアト・オウエン協会 26 2002.3 p11～22
◇講演記録 内村鑑三と新渡戸稲造 (太田原高昭)「高等教育ジャーナル」 北海道大学高等教育機能開発総合センター 10 2002.3 p133～141
◇インターレリジアス・エクスピアリアンス—内村、アメリカ、ガンディー (浜田陽)「日本文化環境論講座紀要」 京都大学大学院人間・環境学研究科日本文化環境論講座 4 2002.3 p135～148
◇内村鑑三と共同体の論理—明治二〇年代を中心に (中野宏美)「人間文化研究科年報」 奈良女子大学大学院人間文化研究科 第17号 2002.3 p524(27)～512(39)
◇師と弟子(2)弟子を持つの不幸—内村鑑三と斎藤宗次郎 (山折哲雄)「本」 講談社 27(5) 2002.5 p5～11
◇内村鑑三における「神・人・自然」 (原島正)「基督教学研究」 京都大学基督教学会 一麦出版社 22 2002.12 p39～53
◇Advent of a Meiji Prophet and Carlylean Man of Letters: Uchimura Kanzo, 1885—1896 (ウィルコック裕子)「アジア文化研究」 国際基督教大学 29 2003 p27～39
◇森有礼・森明・森有正三代のキリスト教受容史—内村鑑三をめぐって (不破民由)「言語コミュニケーション研究」 愛知淑徳大学言語コミュニケーション学会 3 2003 p52～66
◇内村鑑三における宇宙神論の展開 (李慶愛)「比較社会文化」 九州大学大学院比較社会文化学府 9 2003 p147～155
◇内村鑑三に関する英学史的考察—英文家、教育者、異文化交流の先駆者としての内村 (田中浩司)「防衛大学校紀要 人文科学分冊」 防衛大学校 86 2003.3 p1～58
◇読者の交通—内村鑑三(紙上の教会)論と1900年代の〈社会〉 (赤江達也)「社会学ジャーナル」 筑波大学社会学研究室 28 2003.3 p81～92
◇温故知新—「違式の国」からの脱却へ (松岡正剛)「エコノミスト」 81(11) 2003.3.4 p40～42
◇内村鑑三と有島武郎—キリスト教信仰と文学の狭間(特集 いまなぜ有島武郎か—創造的/イマジネール) (富岡幸一郎)「國文學 解釈と教材の研究」 学灯社 48(7) 2003.6 p18～24
◇新渡戸・内村門下の社会派官僚について (松井慎一郎)「日本史研究」 日本史研究会 495 2003.11 p29～55
◇内村鑑三の平和への祈念より(特集 非戦) (葛井義憲)「初期社会主義研究」 初期社会主義研究会,不二出版 17 2004 p22～25
◇内村鑑三の後期思想：聖霊論を中心として (李慶愛)「折尾愛真短期大学論集」 折尾愛真短期大学 39 2004 p87～104
◇内村鑑三と矢内原忠雄 (竹内真澄)「桃山学院大学社会学論集」 桃山学院大学総合研究所 37(2) 2004.2 p103～120
◇内村鑑三の地理学観と長野県教育 (谷田部喜博)「群馬大学社会科教育論集」 群馬大学教育学部社会科教育研究室 第13号 2004.3 p43～52
◇日本人のキリスト教理解における「実験」概念の研究—本多庸一と内村鑑三の「実験」概念の差異 (佐々木竜太)「教育研究」 青山学院大学教育学会 48 2004.3 p1～11
◇内村鑑三と金教臣—無教会主義を中心として (呉敬姫)「言葉と文化」 名古屋大学大学院国際言語文化研究科日本言語文化専攻 5 2004.3 p17～33
◇咸錫憲における「シアル思想」の萌芽—内村鑑三の影響関係を中心に (朴賢淑)「神学研究」 関西学院大学神学研究会 51 2004.3 p181～197
◇近代日本における福祉思想の実践とその限界について—内村鑑三と長谷川保の試み (長谷川博一)「比較思想研究」 比較思想学会 32別冊 2005 p32～36
◇内村鑑三の地理学観の長野県教育への影響 (谷田部喜博,山口幸男)「群馬大学教育学部紀要 人文・社会科学編」 群馬大学教育学部 54 2005 p47～66

◇ロマン派詩人としての内村鑑三 （田中浩司）「キリスト教文学研究」 日本キリスト教文学会 22 2005 p76〜93
◇日本人基督者の死生観研究(1)内村鑑三の死生観 （原島正）「死生学年報」 リトン 2005 2005 p83〜103
◇内村鑑三 福島県初伝道の旅―福島訪問の記録 本宮の二人の弟子 （山口哲典）「福島春秋」 歴史春秋出版 3 2005 p104〜114
◇内村鑑三の「十字架教」 （道家弘一郎）「聖心女子大学論叢」 聖心女子大学 104 2005.2 p5〜23
◇吉田松陰、内村鑑三、シュプランガーの郷土教育論 （山口幸男）「群馬大学社会科教育論集」 群馬大学教育学部社会科教育研究室 第14号 2005.3 p1〜6
◇内村鑑三の関東地方把握に関する社会科教育論的考察 （谷田部喜博）「群馬大学社会科教育論集」 群馬大学教育学部社会科教育研究室 第14号 2005.3 p53〜62
◇内村鑑三の地理学観の長野県教育への影響について―卒業論文報告（要旨） （谷田部喜博）「群馬大学社会科教育論集」 群馬大学教育学部社会科教育研究室 第14号 2005.3 p88〜90
◇吉田松陰、内村鑑三、シュプランガーの郷土教育論 （山口幸男）「群馬大学社会科教育論集」 群馬大学教育学部社会科教育研究室 第14号 2005.3 p1〜6
◇内村鑑三と理想的宣教師 Estella Finch―異文化におけるキリスト教宣教の一つのあり方 （中池治司）「防衛大学校紀要 人文科学分冊」〔防衛大学校〕 90 2005.3 p23〜48
◇内村鑑三と水戸学の詩歌―「不敬事件」を中心に （今高義也）「人文科学研究」 国際基督教大学キリスト教と文化研究所 36 2005.3 p23〜75
◇内村鑑三の関東地方把握に関する社会科教育論的考察 （谷田部喜博）「群馬大学社会科教育論集」 群馬大学教育学部社会科教育研究室 第14号 2005.3 p53〜62
◇内村鑑三の地理学観の長野県教育への影響について （谷田部喜博）「群馬大学社会科教育論集」 群馬大学教育学部社会科教育研究室 第14号 2005.3 p88〜90
◇内村鑑三と朝鮮 （李清松）「岩手大学大学院人文社会科学研究科研究紀要」 岩手大学大学院人文社会科学研究科 14 2005.5 p99〜118
◇『後世への最大遺物』(1897)内村鑑三(1861―1930)―明治日本の公共精神（総特集 ブックガイド 日本の思想） （千葉眞）「現代思想」 青土社 33(7臨増) 2005.6 p88〜91
◇田中耕太郎の改宗―内村との訣別と「他者」 （森川多聞）「日本思想史研究」 東北大学大学院文学研究科日本思想史学研究室 38 2006 p17〜38
◇反戦の声―内村鑑三と与謝野晶子 （Doron B. Cohen）「一神教学際研究」 同志社大学一神教学際研究センター 2 2006 p78〜92
◇内村鑑三に「楽園の回復」（パラダイス・リゲインド） （今高義也）「キリスト教文化研究所研究年報」 宮城学院女子大学キリスト教文化研究所 40 2006 p89〜116
◇中学校社会科教科書における内村鑑三の扱い （谷田部喜博）「群馬大学社会科教育論集」 群馬大学教育学部社会科教育研究室 第15号 2006.3 p15〜27
◇内村鑑三とユダヤ人(1)再臨運動とユダヤ人問題 （黒川知文）「愛知教育大学研究報告 人文・社会科学」 愛知教育大学 55 2006.3 p25〜30
◇一高不敬事件以前の内村鑑三 （道家弘一郎）「宗教と文化」 聖心女子大学キリスト教文化研究所 24 2006.3 p37〜65
◇MEDICAL ESSAYS 内村鑑三はアダルトADHDだった （富永国比古）「日本医事新報」 日本医事新報社 4272 2006.3.11 p57〜61
◇ニーチェと内村鑑三―日本におけるニーチェの受容と相対化をめぐる試論 （曽田長人）「思想史研究」 日本思想史・思想論研究会 6 2006.5 p109〜128
◇内村鑑三における信仰と愛との関連―個人の信仰、隣人愛から社会性へ （岩野祐介）「基督教学研究」 一麦出版社, 京都大学基督教学会 26 2006.12 p157〜169
◇内村鑑三―正しい位置に心を置いた人（特集 日本近代〈知〉の巨人たち―時代に屹立する精神） （新保祐司）「神奈川大学評論」 神奈川大学広報委員会 56 2007 p50〜57
◇英語論説に見る内村鑑三の戦争観 （大本達也）「日本語・日本文化研究」 京都外国語大学留学生別科 13 2007 p56〜69
◇内村鑑三と星の観望 （涌井隆）「言語文化論集」 名古屋大学大学院国際言語文化研究科 28(2) 2007 p195〜208
◇内村鑑三の地理思想の東北地方への影響に関する社会科地理教育論的考察 （谷田部喜博）「群馬大学社会科教育論集」 群馬大学教育学部社会科教育研究室 第16号 2007.1 p46〜55
◇内村鑑三と高等批評 （道家弘一郎）「聖心女子大学論叢」 聖心女子大学 108 2007.1 p5〜39
◇内村鑑三の思想における異文化交流 （澁谷浩）「明治学院大学法学研究」 明治学院大学法学会 81 2007.1 p221〜243
◇内村鑑三とユダヤ人(2)再臨運動とユダヤ人問題 （黒川知文）「愛知教育大学研究報告 人文・社会科学」 愛知教育大学 56 2007.3 p57〜60

◇内村鑑三と自然科学 （田賀俊平）「科学技術史」 日本科学技術史学会 10 2007.10 p41〜75
◇宗教言説の形成と近代的個人の主体性―内村鑑三と清沢満之の宗教論と普遍的超越性（特集 近代日本と宗教学―学知をめぐるナラトロジー） （島薗進）「季刊日本思想史」 ぺりかん社 72 2008 p32〜52
◇近代神道における一神教 （Aasulv Rande）「一神教学際研究」 同志社大学一神教学際研究センター 4 2008 p1〜11
◇天野貞祐と内村鑑三―歴史・国家・宗教をめぐって （貝塚茂樹）「武蔵野大学文学部紀要」 武蔵野大学文学部紀要編集委員会 9 2008 p67〜81
◇田村直臣のアメリカ体験―内村鑑三と比較して （梅本順子）「国際文化表現研究」 国際文化表現学会 4 2008 p133〜145
◇三谷隆正と三人の師―内村鑑三・新渡戸稲造・岩元禎 （鶴田一郎）「ホリスティック教育研究」 日本ホリスティック教育協会 11 2008 p43〜51
◇内村鑑三にみる近代日本の宗教思想（特集 日本思想史の核心） （長野美香）「大航海」 新書館 67 2008 p132〜139
◇内村鑑三―その預言者的側面についての一考察 （本多峰子）「二松学舎大学東アジア学術総合研究所集刊」 二松学舎大学東アジア学術総合研究所 38 2008 p1〜18
◇人間内村鑑三―福音的人間のヒューマニティー （武藤陽一）「無教会研究」 無教会研修所 11 2008 p69〜91
◇内村鑑三と高等批評(3) （道家弘一郎）「聖心女子大学論叢」 聖心女子大学 110 2008.2 p5〜62
◇内村鑑三とユダヤ人(3)再臨運動とユダヤ人問題 （黒川知文）「愛知教育大学研究報告 人文・社会科学」 愛知教育大学 57 2008.3 p75〜82
◇1880年代―1910年代アメリカ合衆国における精神薄弱者施設と精神薄弱者の生活の状況―内村鑑三・石井亮一・川田貞治郎の訪問期を中心に（特集 障害者福祉史における国際比較―日本とアメリカ合衆国） （中村満紀男）「社会事業史研究」 社会事業史学会, 不二出版 35 2008.3 p15〜35
◇内村鑑三の地理思想と国内諸地域論に関する地理教育論的考察 （谷田部喜博）「地理教育研究」 全国地理教育学会学会事務局 1 2008.3 p50〜57
◇内村鑑三『ロマ書の研究』における罪と肉―その特殊から普遍への契機に着目して （柴田真希都）「思想史研究」 日本思想史・思想論研究会 8 2008.6 p44〜60
◇名著講義(2)内村鑑三『余は如何にして基督信徒となりし乎』 （藤原正彦）「文芸春秋」 文藝春秋 86(13) 2008.11 p298〜311
◇内村鑑三の文学観―近代日本文士たちの憧憬と絶望 （田中浩司）「明治学院大学キリスト教研究所紀要」 明治学院大学キリスト教研究所 41 2008.12 p185〜222
◇講演 キリスト教思想の特色の一考察―仏教との対比 （原島正）「東洋英和女学院大学大学院」 東洋英和女学院大学大学院 5 2009 p49〜58
◇内村鑑三の平和主義 （高橋康浩）「無教会研究」 無教会研修所 12 2009 p49〜65
◇Lymanより島田純一に贈られた一冊の本（特集 「地質の日」元年(2)） （金光男, 浜崎健児）「地質ニュース」 実業公報社 654 2009.2 p66〜75
◇宮沢賢治『マリヴロンと少女』論―少女像とアフリカをめぐる内村鑑三の影響 （深見美希）「国文目白」 日本女子大学国語国文学会 48 2009.2 p60〜75
◇内村鑑三における万人救済論 （岩野祐介）「神学研究」 関西学院大学神学研究会 56 2009.3 p105〜119
◇水産傳習所における講述「水産動物學」の翻刻について （藤田清）「東京海洋大学研究報告」 東京海洋大学 5 2009.3 p1〜39
◇明治期被差別部落における知的世界の境域―中村諦梁と内村鑑三とその周辺 （奥本武裕）「研究紀要」 奈良県教育委員会 15 2009.3 p34〜62
◇血が騒ぐ西郷の言葉〔内村鑑三『代表的日本人』〕（識者34人の知恵袋 枕頭の歴史書「人物との対話」） （橋本大二郎）「文芸春秋」 文藝春秋 87(7) 2009.6 p306〜308
◇梟vs雄鶏 作品としての思想史―丸山真男の「内村鑑三と「非戦」の論理」をめぐって （鈴木正）「季報唯物論研究」 季報「唯物論研究」刊行会 109 2009.8 p1〜6

内山愚童
うちやまぐどう 1874〜1911
明治期の曹洞宗僧侶, 無政府主義者。箱根林泉寺住職。
【図　書】
◇アナーキズムと天皇制 （白井新平） 三一書房 1980.12
◇近代日本の思想と仏教 （峰島旭雄編） 東京書籍 1982.6
◇内山愚童 （森長英三郎著） 論創社 1984.1
◇大逆事件と『熊本評論』 （上田穣一, 岡本宏編著） 三一書房 1986.10
◇反天皇制―「非国民」「大逆」「不逞」の思想 （加納実紀代, 天野恵一編） 社会評論社 1990.6 （思想の海へ「解放と変革」）

◇近代仏教の変革者 改訂版 (稲垣真美著) 大蔵出版 1993.11
◇禅僧の社会意識について—近代仏教史における武田範之・内山愚童の位置づけをめぐって (石川力山)『仏教における和平』(日本仏教学会編) 平楽寺書店 1996.9 p173
◇「暗殺主義」と大逆事件 (志田行男著) 元就出版社 2000.9 414p
◇禅と戦争—禅仏教は戦争に協力したか (ブライアン・アンドルー・ヴィクトリア著、エィミー・ルィーズ・ツジモト訳) 光人社 2001.5 317p
◇明治思想家論—近代日本の思想・再考 1 (末木文美士著) トランスビュー 2004.6 330p
◇国家・教育と仏教—現代を生きるための指針 (芹川博通著) 北樹出版 2005.12 240p
◇牧口常三郎と内山愚童 (北川省一著)『逸格の系譜—愚の行方』(北川フラム編) 現代企画室 2007.7 p161～162
◇内山愚童と武田範之 (中尾良信)『個の自立と他者への眼差し—時代の風を読み込もう』(花園大学人権教育研究センター編) 批評社 2008.3 (花園大学人権論集) p96
◇国家・教育・環境と仏教—叡智と指針 (芹川博通著) 北樹出版 2009.1 285p (芹川博通著作集)
◇大逆事件と知識人—無罪の構図 (中村文雄著) 論創社 2009.4 411p
【雑 誌】
◇民友社の小使時代と内山愚童—松崎天民『ペン尖と足跡』(紅野敏郎)「国文学」29(2) 1984.2
◇内山愚童のこと (水上勉)「有隣」200 1984.7
◇一人の科学者と三人の僧たち (岩下庄之助)「長岡郷土史」23 1985.6
◇近代高僧素描—内山愚童 (石川力山)「日本仏教史学」20 1985.12
◇内山愚童と近代禅思想—戦争・差別・人権に対する仏者の視座をめぐって (石川力山)「宗学研究(駒沢大学曹洞宗宗学研究所)」34 1992.3
◇近代仏教史における内山愚童の位置 (石川力山)「宗学研究(駒沢大学曹洞宗宗学研究所)」35 1993.3
◇内山愚童と武田範之—近代仏教者の思想と行動・対戦争観・朝鮮開教問題等をめぐって (石川力山)「宗学研究(駒沢大学曹洞宗宗学研究所)」36 1994.3
◇内山愚童師の名誉回復における経過と今後 (中野重哉)「宗学研究(駒沢大学曹洞宗宗学研究所)」36 1994.3
◇内山愚童と曹洞宗—宗内擯斥と宗門総懺悔、そして名誉回復に寄せる (研究発表要旨) (池田千尋)「国際啄木学会会報」国際啄木学会 第16号 2003.3 p3～4
◇内山愚童の目指した世界とは？—週刊『平民新聞』より彼の投稿記事からの考察 (室屋博之)「駒沢大学大学院仏教学研究会年報」駒沢大学大学院仏教学研究会 37 2004.5 p103～115

浦敬一　うらけいいち　1860～？
明治期のジャーナリスト。
【図 書】
◇復興アジアの志士群像—東亜先覚者列伝 大東塾出版部 1984.5
◇浦敬一—伝記・浦敬一 (堀薫蔵) 大空社 1997.2 222,12,5p (伝記叢書)

浦田長民　うらたながたみ　1840～1893
幕末、明治期の神道家。伊勢神宮少宮司。
【図 書】
◇明治維新神道百年史 神道文化会 1984.10
【雑 誌】
◇明治初年の神祇官改革と宮中神殿創祀—小中村清矩・浦田長民の建白をめぐって (武田秀章)「国学院雑誌」90(8) 1989.8

瓜生岩　うりゅういわ　1829～1897
幕末、明治期の社会事業家。
【図 書】
◇唐沢富太郎著作集〈第5巻〉教師の歴史 教師の生活と倫理、典型的教師群像 (唐沢富太郎著) ぎょうせい 1989.7
◇明治を彩った妻たち (阿井景子著) 新人物往来社 1990.8
◇日本の『創造力』—近代・現代を開花させた470人〈2〉殖産興業への挑戦 (富田仁編) 日本放送出版協会 1993.1
◇瓜生イワ (菊池義昭著) 大空社 2001.11 143p (シリーズ福祉に生きる)
◇ふくしまに生きた女性たち (小林澪子著) 歴史春秋出版 2002.7 196p (歴春ふくしま文庫)
【雑 誌】
◇特集・惨!!会津落城 幕末維新シリーズ(3)戦う会津女性—会津のナイチンゲール瓜生岩子 (秋月しのぶ)「歴史と旅」7(3) 1980.2
◇女性叙勲者第一号 瓜生岩子(特集花ひらく明治の女性たち)「歴史と旅」12(2) 1985.2

◇福島県—会津と瓜生岩子刀自の偉業(福祉風土記〔29〕) (古宮成郎)「月刊福祉」78(6) 1995.6 p110～111

江木衷　えぎちゅう　1858～1925
明治、大正期の法律家。東京弁護士会会長。
【図 書】
◇刑法理論史の総合的研究 (吉川経夫、内藤謙、中山研一、小田中聡樹、三井誠編著) 日本評論社 1994.3
◇法思想の世界 (矢崎光圀著) 弘文堂 1996.9 193p (塙新書)
◇誰も唱えなかった公益信託—もし江木衷博士がいなかったら〔93/1〕 (太田達男)『公益法人論文選』公益法人協会 1997.10 p264
◇日本未遂論の展開—明治後期、江木衷のばあい (中野正剛)『日本刑事法の理論と展望 佐藤司先生古稀祝賀』(森下忠ほか編) 信山社 2002.8 p273～
【雑 誌】
◇江木衷の刑法理論 (小林好信)「大阪学院大学法学研究」8(2) 1983.3
◇江木衷の行政法研究の一面 (本間四郎)「企業法研究」2 1990.4
◇江木衷の行政法研究の一面(2) (本間四郎)「企業法研究」3 1991.6
◇公益信託法制化の恩人江木衷—我愚をほしいままに生きた大法曹 (太田達男)「信託」171 1992.8
◇知られざる罪と罰〔19〕大逆事件〔中〕(ロー・クラス) (村井敏邦)「法学セミナー」45(4) 2000.4 p99～104
◇知られざる罪と罰〔20〕大逆事件〔下〕(ロー・クラス) (村井敏邦)「法学セミナー」45(5) 2000.5 p94～98

江藤正澄　えとうまさずみ　1836～1911
明治期の神職、考古学者。太宰府神社宮司。
【雑 誌】
◇江藤正澄と鎮西博物館 (菅波正人)「福岡市博物館研究紀要」福岡市博物館 第16号 2006.3 p27～34

海老名弾正　えびなだんじょう　1856～1937
明治、大正期の牧師、キリスト教指導者。同志社総長。
【図 書】
◇近代日本の青年群像—熊本バンド物語 (三井久著 竹中正夫編) 日本YMCA同盟出版部 1980.1
◇日本プロテスタント・キリスト教史 (土肥昭夫) 新教出版社 1980.7
◇海老名弾正の政治思想 (吉馴明子) 東京大学出版会 1982.5
◇日本プロテスタント史の諸問題 (日本プロテスタント史研究会編) 雄山閣 1983.4
◇海老名弾正と天皇制 (関岡一成)『キリスト教と歴史』(土肥昭夫教授退職記念論文集編集委員会編) 新教出版社 1997.3 p99
◇近代日本キリスト教と朝鮮—海老名弾正の思想と行動 (金文吉著) 明石書店 1998.6 206p
◇『新人』『新女界』の研究—20世紀初頭キリスト教ジャーナリズム (同志社大学人文科学研究所編) 人文書院 1999.3 460p (同志社大学人文科学研究所研究叢書)
◇韓国・朝鮮と向き合った36人の日本人—西郷隆盛、福沢諭吉から現代まで (舘野晳編著) 明石書店 2002.4 231p
◇宗教意識と帝国意識—世紀転換期の海老名弾正を中心に (宇野田尚哉)『宗教から東アジアの近代を問う 日韓の対話を通して』(柳炳徳ほか編) ぺりかん社 2002.4 p275～
◇近代日本キリスト教名著選集 第3期(キリスト教受容史篇) 22 (鈴木範久監修) 日本図書センター 2003.11 236,91p
◇海老名弾正資料目録 (同志社大学人文科学研究所編) 同志社大学人文科学研究所 2004.2 220,14p
◇牧師植村正久 (雨宮栄一著) 新教出版社 2009.6 404p
【雑 誌】
◇海老名弾正の思想と朝鮮伝道論 (池明観)「東京女子大学附属比較文化研究所紀要」42 1981.1
◇明治キリスト教の歴史思想—植村・海老名「キリスト論争」を中心に (田代和久)「季刊日本思想史」16 1981.5
◇基督教論争—海老名・植村における (大井入)「六浦論叢」19 1983
◇海老名弾正におけるキリスト教受容—神観を中心として (関岡一成)「神戸外大論叢」34(5) 1983.12
◇海老名弾正研究の諸問題 (関岡一成)「神戸外大論叢」43(6) 1992.11
◇海老名弾正の第1回欧米旅行について (関岡一成)「神戸外大論叢」神戸市外国語大学研究所 46(5) 1995.10 p13～40
◇海老名弾正における世界主義と日本主義 (関岡一成)「キリスト教社会問題研究」同志社大学人文科学研究所 44 1995.12 p26～48
◇海老名弾正の朝鮮伝道と日本化問題について (金文吉)「キリスト教社会問題研究」同志社大学人文科学研究所 46 1998.1 p230～266

◇熊本県人のキリスト教韓国伝道―海老名弾正と渡瀬常吉を中心に （鄭鳳輝）「海外事情研究」 熊本商科大学海外事情研究所 27(1) 1999.9 p45～80
◇海老名弾正の歴史的位置―基督論論争の展開 （中野宏美）「人間文化研究科年報」 奈良女子大学大学院人間文化研究科 16 2000 p316 ～306
◇海老名弾正の歴史的位置―基督論論争の展開 （中野宏美）「人間文化研究科年報」 奈良女子大学大学院人間文化研究科 第16号 2001.3 p316(35)～306(45)
◇海老名弾正と「日本的キリスト教」 （関岡一成）「神戸外大論叢」 神戸市外国語大学研究会 52(6) 2001.11 p1～23
◇海老名弾正「自伝的略年譜1」について （関岡一成）「神戸外大論叢」 神戸市外国語大学研究会 53(7) 2002.12 p1～22
◇第三十二回Neesima Room企画展 大正デモクラシー期の同志社―原田助総長と海老名弾正総長の時代―資料編 （同志社社史資料センター）「同志社談叢」 同志社大学同志社社史資料センター 28 2008.3 p32～68

江馬元益　えまげんえき　1806～1891
幕末、明治期の医師。大垣藩藩医。
【図　書】
◇藤渠漫筆総目次 （江馬庄次郎, 遠藤正治編） 江馬文書研究会 1983.1
【雑　誌】
◇司馬江漢と江馬春齢 （片桐一男）「洋学史研究」 6 1989.4
◇江馬活堂が見た近代学校の旅立ち―『藤渠漫筆』『近聞雑録』から （野村浩太郎）「岐阜県歴史資料館報」 岐阜県歴史資料館 19 1996.3 p106～115
◇黒田斉清（楽善堂）と江馬春齢（第4代）・山本亡羊の交流―『駿遠信濃卉菓鑑』「忘〔ヒ〕〔セツ〕記」を手掛かりに （平野満）「明治大学人文科学研究所紀要」 明治大学人文科学研究所 45 1999.3 p177～190

おうの　おうの　1843～1909
明治期の尼。高杉晋作の側室。
【図　書】
◇高杉晋作の愛した女おうの （松本幸子） 新人物往来社 1981.10
◇幕末志士の生活 （芳賀登） 雄山閣 1982.6 （生活叢書 8）
◇人物探訪日本の歴史 15 幕末の英傑 暁教育図書 1982.12
◇物語 奇兵隊悲話 （古川薫ほか編） 新人物往来社 1989.12
◇天保期、少年少女の教養形成過程の研究 （高井浩著） 河出書房新社 1991.8
◇女人絵巻―歴史を彩った女の肖像 （沢田ふじ子著） 徳間書店 1993.10
◇幕末の志士を支えた「五人」の女―坂本龍馬の「おりょう」から近藤勇の「おつね」まで （由良弥生著） 講談社 2009.11 268p （講談社プラスアルファ文庫）
【雑　誌】
◇静の人高杉晋作の妾おうの （沢田ふじ子）「歴史と旅」 7(1) 1980.1
◇おうの（いまも昔もおんな史） （泉秀樹）「潮」 337 1987.5
◇酒と女と都々逸と―大胆な金遣い、粋な遊び。希代の革命家「もう1つの顔」（特集・「変革の旗手」高杉晋作の魅力） （諸井薫）「プレジデント」 31(2) 1993.2

大石誠之助　おおいしせいのすけ　1869～1911
明治期の医師、社会主義者。
【図　書】
◇大石誠之助全集 1,2 （大石誠之助, 森長英三郎編, 仲原清編） 弘隆社 1982.8
◇大逆事件と『熊本評論』 （上田穣一, 岡本宏編著） 三一書房 1986.10
◇紀州史研究 4 （安藤精一編） 国書刊行会 1989.6
◇昭和史のなかの社会政策―河合栄治郎と二・二六事件 （佐野稔著） 平原社 1993.2
◇紀州 木の国・根の国物語―中上健次選集 3 （中上健次著） 小学館 1999.1 349p （小学館文庫）
◇海をこえて 近代知識人の冒険 （高沢秀次著） 秀明出版会 2000.6 329p
◇大石誠之助物語―新宮の医師 大逆事件の犠牲者 （北村晋吾著） 北村小児科医院 2001.3 61p
◇月の輪書林それから （高橋徹著） 晶文社 2005.10 315p
◇囚われて短歌を遺した人びと （小木宏著） 本の泉社 2006.5 271p
◇大逆事件と知識人―無罪の構図 （中村文雄著） 論創社 2009.4 411p
【雑　誌】
◇権威と権力に抗した明治自由人の相貌―森長英三郎・仲原清編「大石誠之助全集」(本からのメッセージ) （岡本宏）「朝日ジャーナル」 25(3) 1983.1.21

◇禄亭と寒村―廃娼論義をめぐっての絆 （辻本雄一）「南紀芸術」 1 1983.3
◇大石誠之助の『车裏新報』投稿文その他 （武内善信）「初期社会主義研究」 2 1988.4
◇大石誠之助の言論にみる〈半島的視座〉と現代―「大逆事件前夜」の紀州新宮（地方史研究協議会1995年度）大会特集―半島の地方史―交流と文化をめぐって―問題提起） （辻本雄一）「地方史研究」 地方史研究協議会 45(4) 1995.8 p109～114
◇資料紹介 大石誠之助と『渡米雑誌』 （岡林伸夫）「初期社会主義研究」 弘隆社 12 1999 p329～336
◇「毒取る」大石誠之助と被差別部落のひとびと（特集 大逆事件と被差別部落） （辻本雄一）「部落解放」 大阪部落解放研究所 478 2000.12 p22～33
◇大石誠之助・栄、沖野岩三郎とイエス―西村伊作試論 （葛井義憲）「名古屋学院大学論集 人文・自然科学篇」 名古屋学院大学総合研究所 38(1) 2001 p74～62
◇史料 岩崎革也宛書簡(1) 幸徳秋水（その1）北一輝・大石誠之助、森近運平・石川三四郎・西川光次郎・西川文子・赤羽一・座間止水・一木幸之助・前田英吉・丹後平民倶楽部 （田中真人, 山泉進, 志村正昭）「キリスト教社会問題研究」 同志社大学人文科学研究所 54 2005.12 p123～156
◇明治四十年前後の新宮―大石誠之助の啓蒙活動を中心に （山中千春）「藝文攷」 日本大学大学院芸術学研究科文芸学専攻 12 2007 p47～79
◇近代悼詞抄（新連載・1）大石誠之助は死にました （正津勉）「表現者」 ジョルダン 23 2009.3 p124～127
◇悲劇のルネサンス人―大石誠之助（賢者は歴史から学ぶ―古代～明治篇―私が学んだ日本史上の人物） （亀山郁夫）「文藝春秋special」 文藝春秋 3(4) 2009.秋 p22～24
◇大逆事件(2) 大逆事件犠牲者・大石誠之助らの復権運動と歴史の授業 （中瀬古友夫）「歴史地理教育」 歴史教育者協議会 753 2009.12 p58～63

大内青巒　おおうちせいらん　1845～1918
明治期の曹洞宗僧侶。東洋大学学長。
【図　書】
◇人間と宗教―近代日本人の宗教観 （比較思想史研究会編） 東洋文化出版 1982.6
◇明治仏教教会・結社史の研究 （池田英俊著） 刀水書房 1994.2
【雑　誌】
◇大内青巒居士の軌跡―序論 （田中敬信）「印度学仏教学研究」 31(1) 1981.12
◇大内青巒居士の軌跡(2)居士と外教 （田中敬信）「印度学仏教学研究」 31(1) 1982.12
◇大内青巒の教化思想と教会結社をめぐる問題(布教・教化〈特集〉) （池田英俊）「宗教研究」 60(1) 1986.6
◇大内青巒居士の研究(2)年譜についての覚書 （五十嵐貞文）「曹洞宗研究員研究生研究紀要」 18 1986.11

大河内存真　おおこうちそんしん　1796～1883
幕末、明治期の漢方医、本草学者。
【図　書】
◇医学・洋学・本草学者の研究―吉川芳秋著作集 （吉川芳秋著, 木村陽二郎, 遠藤正治編） 八坂書房 1993.10
◇新・シーボルト研究 1 （石山禎一, 杏沢宣賢, 宮坂正英, 向井晃編） 八坂書房 2003.5 438,91p
◇牧野標本館所蔵のシーボルトコレクション （加藤僙重著） 思文閣出版 2003.11 288p
【雑　誌】
◇大河内存真関係文書研究（第1報） （大森実, 上原栄子）「シーボルト研究」 5 1988.3
◇水谷豊文と伊藤圭介―尾張嘗百社をめぐる人びと（殿様生物学の系譜(8)） （小西正泰）「科学朝日」 49(8) 1989.8
◇オランダ国立植物標本館所蔵『華彙』に添付されたその他の大河内存真筆シーボルト宛書簡について （飯島一彦）「マテシス・ウニウェルサリス」 独協大学外国語学部言語文化学科 4(1) 2002.12 p41～61
◇史料紹介「大河内存真一代勤書」 （岸野俊彦）「名古屋芸術大学研究紀要」 名古屋芸術大学 24(分冊1) 2003 p156～144
◇牧野標本館所蔵のシーボルトコレクション中にある伊藤圭介作成標本から大河内存真作成標本を分別する （加藤僙重）「マテシス・ウニウェルサリス」 独協大学外国語学部言語文化学科 4(2) 2003.3 p17～36

太田稲主　おおたいなぬし　1840～1924
幕末～大正期の神官。
【雑　誌】
◇太田稲主(特集 郷土史研究の先覚者(2)) （新井清武）「群馬歴史散歩」 67 1984.11

大田朝敷　おおたちょうふ　1865～1938
明治～昭和期の新聞記者，政治家。
【図　書】
◇マイノリティからの展望　（慶応義塾大学経済学部編）　弘文堂　2000.4　239p　（市民的共生の経済学）
◇沖縄の言論人 大田朝敷―その愛郷主義とナショナリズム　（石田正治著）　彩流社　2001.12　256p
◇琉球文化圏とは何か　藤原書店　2003.6　391p　（別冊『環』）
【雑　誌】
◇大田朝敷における愛郷主義とナショナリズム（1）　（石田正治）　「法政研究」　九州大学法政学会　66(3)　1999.12　p885～932
◇大田朝敷における愛郷主義とナショナリズム（2）　（石田正治）　「法政研究」　九州大学法政学会　66(4)　2000.3　p1443～1498
◇大田朝敷における愛郷主義とナショナリズム（2完）　（石田正治）　「法政研究」　九州大学法政学会　67(1)　2000.8　p93～143
◇太田朝敷の地域発展論―沖縄の「独立自尊」をめぐって　（並松信久）　「京都産業大学論集 人文科学系列」　京都産業大学　40　2009.3　p135～174
◇沖縄教育における「文明化」と「大和化」―太田朝敷の「新沖縄」構想を手がかりとして　（照屋信治）　「教育学研究」　日本教育学会　76(1)　2009.3　p1～12

大谷光瑩　おおたにこうえい　1852～1923
明治期の僧侶。真宗大谷派東本願寺法主，二十二代。
【図　書】
◇現如上人　（小松勲三編・著）〔小松勲三〕　1991.7

大谷光尊　おおたにこうそん　1850～1903
明治期の真宗大谷派僧侶。本願寺21代法主。
【図　書】
◇まぼろしの柱ありけり―九条武子の生涯　（末永文子著）　昭和出版　1986.7
◇西本願寺第二十一代門主 明如上人抄―幕末明治期の仏教を救った男・大谷光尊　（丹波応三著）　PHP研究所　2004.8　285p

大谷光沢　おおたにこうたく　1798～1871
幕末，明治期の真宗大谷派僧侶。本願寺20代法主。
【雑　誌】
◇文庫めぐり―写字台文庫　（吉野和夫）　「同朋」　104　1986.12

太田用成　おおたようせい　1844～1912
幕末，明治期の医師。
【雑　誌】
◇明治初年浜松で出版された医学書―七科約説　（漆畑弥一）　「日本古書通信」　45(6)　1980.6

鴻雪爪　おおとりせっそう　1814～1904
幕末，明治期の宗教家，神道家。教部省御用掛。
【図　書】
◇明治仏教史会・結社史の研究　（池田英俊著）　刀水書房　1994.2
【雑　誌】
◇鴻雪爪―明治政府の宗教行政を指導した禅僧　（杉山剛）　「禅」　人間禅出版　27　2008　p48～58

大前田英五郎　おおまえだえいごろう　1793～1874
幕末，明治期の博徒。
【図　書】
◇上州遊侠大前田栄五郎の生涯　（浅田晃彦）　新人物往来社　1983.4
◇人物探訪 日本の歴史 10 仁侠の群像　暁教育図書　1983.12
◇侠客　（戸部新十郎著）　広済堂出版　1998.10　236p　（広済堂文庫）
◇江戸やくざ列伝　（田村栄太郎著）　雄山閣　2003.11　219p　（江戸時代選書）
【雑　誌】
◇流人島より栄五郎親分へ　（浅田晃彦）　「群馬歴史散歩」　50　1982.1
◇栄五郎関係の古文書　（浅田晃彦）　「群馬歴史散歩」　51　1982.3
◇栄五郎の幻の跡目幸松の事　（飯島浩之）　「群馬歴史散歩」　66　1984.9
◇大前田栄五郎遺聞　（飯島浩之）　「群馬歴史散歩」　74　1986.1

大山捨松　おおやますてまつ　1860～1919
明治，大正期の社会奉仕家。最初の女子留学生。
【図　書】
◇鹿鳴館貴婦人考　（近藤富枝）　講談社　1980.10
◇鹿鳴館貴婦人考　（近藤富枝）　講談社　1983.11　（講談社文庫）
◇歴史への招待 29　日本放送出版協会　1984.3
◇ふくしまの女たち　福島県立図書館　1985.9
◇鹿鳴館の貴婦人大山捨松　（久野明子）　中央公論社　1988.11
◇鹿鳴館の貴婦人 大山捨松―日本初の女子留学生　（久野明子著）　中央公論社　1988.11
◇会津のキリスト教―明治期の先覚者列伝　（内海健寿著）　キリスト新聞社　1989.5　（地方の宣教叢書）
◇明治を彩った妻たち　（阿井景子著）　新人物往来社　1990.8
◇鹿鳴館の貴婦人 大山捨松―日本初の女子留学生　（久野明子著）　中央公論社　1993.5　（中公文庫）
◇会津人の書く戊辰戦争　（宮崎十三八著）　恒文社　1993.11
◇華族女学校教師の見た 明治日本の内側　（アリス・ベーコン著，久野明子訳）　中央公論社　1994.9
◇ライバル日本史 4　（NHK取材班編）　角川書店　1995.4　216p
◇夢のかたち―「自分」を生きた13人の女たち　（鈴木由紀子著）　ベネッセコーポレーション　1996.2　268p
◇屹立―ライバル日本史 6　（NHK取材班編）　角川書店　1996.11　300p　（角川文庫）
◇津田梅子を支えた人びと　（飯野正子, 亀田帛子, 高橋裕子編）　有斐閣　2000.9　294p
◇津田梅子の社会史　（高橋裕子著）　玉川大学出版部　2002.12　258p
◇日本人の手紙　（村尾清一著）　岩波書店　2004.2　206p
◇幕末・会津藩士銘々伝 上　（小檜山六郎, 間島勲編）　新人物往来社　2004.7　331p
◇この言葉に歴史が動いた―古今東西の英傑言行録　（是本信義著）　中経出版　2007.9　223p　（中経の文庫）
◇明治の女子留学生―最初に海を渡った五人の少女　（寺沢竜著）　平凡社　2009.1　283p　（平凡社新書）
【雑　誌】
◇山川捨松の失われた青春（特集・明治維新の青春群像）　（千谷道雄）　「歴史と人物」　10(2)　1980.2
◇アメリカの資料に見る山川捨松　（久野久子）　「会津史談」　54　1981.5
◇明治初期女子留学生の生涯―山川捨松の場合　（秋山ひさ）　「神戸女学院大学論集」　31(3)　1985.3
◇大山捨松の人と生涯―明治初期アメリカ留学生の研究所―　（柏木則子）　「日本大学国際関係研究」　6（別冊）　1985.11
◇大山夫人（捨松）の生涯と那須野が原　（大貫シヅエ）　「那須野ケ原開拓史研究」　19　1985.12
◇米大卒第1号、曽祖母・山川捨松の手紙　（久野明子）　「婦人公論」　73(14)　1988.12
◇日本初の女子留学生、鹿鳴館でバザー―山川捨松（いまも昔もおんな史）　（泉秀樹）　「潮」　361　1989.5

緒方惟準　おがたこれよし　1843～1909
明治期の医師。陸軍軍医。
【図　書】
◇医学史話 杉田玄白から福沢諭吉　（藤野恒三郎著）　菜根出版　1984.1
◇医の系譜―緒方家五代 洪庵・惟準・銈次郎・準一・惟之　（緒方惟之著）　燃焼社　2007.8　270p
【雑　誌】
◇緒方惟準と海水浴説　（宗田一）　「医譚」　81（復刊64）　1993.5
◇Von Dem Grau Bis Zum Bunt（153）ベリベリ物語（2）惟準とボードウィンとハラタマ　（上野賢一）　「皮膚科の臨床」　金原出版　48(9)　2006.9　p1151～1153
◇緒方惟準の「海水浴ノ説」について　（上田卓爾）　「医譚」　日本医史学会関西支部　90　2009.11　p5876～5881

岡上菊栄　おかのうえきくえ　1867～1947
明治～昭和期の社会事業家。小学校教育に尽力。
【図　書】
◇おばあちゃんの一生 岡上菊栄伝―三十余年の懐古　（宮地仁, 岡上菊栄著）　大空社　1989.7　（伝記叢書）
◇明治を彩った妻たち　（阿井景子著）　新人物往来社　1990.8
◇岡上菊栄　（前川浩一著，一番ケ瀬康子, 津曲裕次編）　大空社　1998.12　131,3p　（シリーズ 福祉に生きる）
◇龍馬の姪 岡上菊栄の生涯　（武井優著）　鳥影社　2003.3　352p
◇おばあちゃんはここぞね―岡上菊栄の軌跡　（武井優著）　鳥影社　2003.11　234p
【雑　誌】
◇高知慈善協会と博愛園―岡上菊栄のこと　（五味百合子）　「共栄社会福祉研究（共栄学園短期大学）」　3　1987.5

岡吉胤　おかよしたね　1831～1907
幕末，明治期の神官，国学者。九州総督で皇道祭典教授方。
【図　書】
◇「まつらのいえづと」と岡吉胤　（岡吉胤原著, 岡玲子著）　岡玲子

2009.3 154p

小河滋次郎　おがわしげじろう　1863～1925
明治,大正期の監獄学者、社会事業家。
【図　書】
◇社会福祉古典叢書 2 （土井洋一,遠藤興一編・解説） 鳳書院 1980.6
◇近代日本の生活研究―庶民生活を刻みとめた人々 （生活研究同人会編著） 光生館 1982.11
◇日本刑事政策史上の人々 （日本刑事政策研究会編） 日本加除出版 1989.4
◇防貧の創造―近代社会政策論研究 （玉井金五著） （京都）啓文社 1992.2
◇小河滋次郎の活動と社会事業論 （清水教恵）『社会福祉の思想と制度・方法 桑原洋子教授古稀記念論集』（桑原洋子教授古稀記念論集編集委員編） 永田文昌堂 2002.3 p99～
◇近代日本の未成年者処遇制度―感化法が目指したもの （田中亜紀子著） 大阪大学出版会 2005.11 233p
◇人物でよむ近代日本社会福祉のあゆみ （室田保夫編著） ミネルヴァ書房 2006.5 260p
◇小河滋次郎とその時代 （小野修三）『現場としての政治学』（市川太一,梅585理郎,柴田平三郎,中道寿一編著） 日本経済評論社 2007.3 p237
【雑　誌】
◇開明官僚と社会事業(1,2)小河滋次郎の生涯と思想 （遠藤興一） 「明治学院論叢」 316,321 1981.4,9
◇開明官僚と社会事業(3)小河滋次郎の生涯と思想 （遠藤興一） 「明治学院論叢」 324 1982.1
◇開明官僚と社会事業(4)小河滋次郎の生涯と思想 （遠藤興一） 「明治学院論叢」 331 1982.3
◇開明官僚と社会事業(1)小河滋次郎の生涯と思想 （遠藤興一） 「明治学院論叢」 331（社会学・社会福祉学研究60） 1982.3
◇小河滋次郎の社会事業 （門田耕作） 「歴史と神戸」 21(2) 1982.4
◇小河滋次郎の感化教育論 （伊東光朋） 「三田学会雑誌」 75(3) 1982.6
◇ある監獄学者の青春―若き日の小河滋次郎について （杉山晴康） 「早稲田法学」 58(1) 1983
◇開明官僚と社会事業(5)小河滋次郎の生涯と思想 （遠藤興一） 「明治学院論叢」 338・339 1983.2
◇小河滋次郎と志賀志那人―大阪近代化の思想像― （玉井金五） 「経済学雑誌（大阪市立大学）」 88(別冊1) 1987.4
◇日本行刑史の人々―小原重哉,小河滋次郎,留岡幸助,正木亮,小川久郎,中尾文策（監獄の現在＜特集＞）（刑事立法研究会） 「法学セミナー増刊 総合特集シリーズ」 41 1988.11
◇小河滋次郎について （池田敬正） 「立命館文学」 509 1988.12
◇死刑と日本社会 日本行刑史の中の死刑廃止の思想と闘い―小河滋次郎と正木亮（死刑の現在＜特集＞）（藤岡一郎） 「法学セミナー増刊 総合特集シリーズ」 46 1990.12
◇明治末期社会改良論の特質―堺利彦と小河滋次郎の「家庭改良論」 （篠崎恭久） 「史境」 25 1992.10
◇小河滋次郎の行刑思想―刑法改正案をめぐって （小野修三） 「法学研究（慶応義塾大学法学研究会）」 67(12) 1994.12
◇小河滋次郎の刑事短編小説「根なし岬」 （小野修三） 「慶応義塾大学日吉紀要 社会科学」 慶応義塾大学日吉紀要刊行委員会 8 1997 p84～34
◇上田郷友曽月報に見る小河滋次郎 （小野修三） 「慶応義塾大学日吉紀要 社会科学」 慶応義塾大学日吉紀要刊行委員会 9 1998 p20～118
◇小河滋次郎覚書―監獄行政官僚の誕生 （小野修三） 「三田商学研究」 慶応義塾大学商学会 41(4) 1998.10 p173～193
◇若き日の小河滋次郎 （小野修三） 「慶応義塾大学日吉紀要 社会科学」 慶応義塾大学日吉紀要刊行委員会 10 1999 p78～55
◇小河滋次郎小伝 （遠藤興一） 「明治学院論叢」 明治学院大学 639 1999.12 p75～138
◇小河滋次郎の救貧要論 （小野修三） 「慶応義塾大学日吉紀要 社会科学」 慶応義塾大学日吉紀要刊行委員会 11 2000 p122～33
◇小河滋次郎の感化教育論―その形成・発展過程に注目して （松浦崇） 「日本社会教育学会紀要」 日本社会教育学会 No.37 2001.9 p131～139
◇小河滋次郎と留岡幸助の感化教育論比較研究 （松浦崇） 「名古屋大学大学院教育発達科学研究科紀要 教育科学」 名古屋大学大学院教育発達科学研究科 49(1) 2002 p75～84
◇言論の人 小河滋次郎 （小野修三） 「教養論叢」 慶応義塾大学法学研究会 118 2002 p120～94
◇小河滋次郎と留岡幸助の感化教育論比較研究 （松浦崇） 「名古屋大学大学院教育発達科学研究科紀要 教育科学」 名古屋大学大学院教育発達科学研究科 第49巻第1号 2002.9 p75～84
◇内務省入省以前の小河滋次郎（個人研究） （松浦崇） 「社会教育研究年報」 名古屋大学大学院教育発達科学研究科社会・生涯教育学研究室 第17号 2003.3 p139～148
◇小河滋次郎と「上田郷友会月報」――地方機関誌にみる足跡 （倉持史朗） 「評論・社会科学」 同志社大学人文学会 71 2003.8 p183～231
◇小河滋次郎の犯罪豫防論綱 （小野修三） 「慶応義塾大学日吉紀要 社会科学」 慶応義塾大学日吉紀要刊行委員会 16 2005 p98～30
◇小河滋次郎の社会事業論における生存権思想 （松浦崇） 「社会教育研究年報」 名古屋大学大学院教育発達科学研究科社会・生涯教育学研究室 第19号 2005.3 p37～45
◇小河滋次郎の現代的意義について （小野修三） 「慶応義塾大学日吉紀要 社会科学」 慶応義塾大学日吉紀要刊行委員会 19 2008 p72～42
◇監獄関係者たちの感化教育論―『監獄雑誌』上の議論を焦点として （倉持史朗） 「社会福祉学」 日本社会福祉学会 48(4) 2008.2 p43～55
◇未成年者に対する教育的処遇についての一考察―小河滋次郎の感化教育論をてがかりに （板橋政裕） 「明星大学教育学研究紀要」 明星大学教育学研究室 23 2008.3 p89～96

小木曽猪兵衛　おぎそいへえ　1815～1889
幕末,明治期の義民、神官。
【図　書】
◇全国の伝承 江戸時代 人づくり風土記―ふるさとの人と知恵〈20〉長野 （加藤秀俊,谷川健一,稲垣史生,石川松太郎,吉田豊編） 農山漁村文化協会 1988.4

荻野吟子　おぎのぎんこ　1851～1913
明治期の医師。初の女性医師。
【図　書】
◇埼玉の女たち―歴史の中の24人 （韮塚一三郎） さきたま出版会 1980.11
◇一億人の昭和史―日本人1 三代の女たち 上 明治大正編 毎日新聞社 1981.2
◇女の一生―人物近代女性史7 明治女性の知的情熱 講談社 1981.3
◇文明開化と女性―日本女性の歴史 暁教育図書 1982.10 （日本発見人物シリーズno.8）
◇大正期の職業婦人 （村上信彦） ドメス出版 1983.11
◇荻野吟子―実録・日本の女医第一号 （奈良原春作著） 国書刊行会 1984.2
◇女の一生―人物近代女性史 7 明治女性の知的情熱 （瀬戸内晴美他著） 講談社 1984.3
◇キリスト者社会福祉事業家の足跡 （三吉明著） 金子書房 1984.4
◇われ女修羅となりて （永松三恵子著） 北宋社 1984.4
◇女が見る眼・女を見る眼（大和文庫） （草柳大蔵著） ダイワアート 1984.5
◇明治女性の知的情熱―人物近代女性史 （瀬戸内晴美編） 講談社 1989.8 （講談社文庫）
◇女たちの20世紀・100人―姉妹たちよ （ジョジョ企画編） 集英社 1999.8 158p
◇20世紀のすてきな女性たち―マリー・キュリー、保井コノ、レイチェル・カーソン、柳沢桂子 3 （佐藤一美,山脇あさ子,上遠恵子,藤原一枝著） 岩崎書店 2000.4 163p
◇明治快女伝―わたしはわたしよ （森まゆみ著） 文芸春秋 2000.8 387p （文春文庫）
◇「わたし」を生きる女たち―伝記で読むその生涯 （楠瀬佳子,三木草子編） 世界思想社 2004.9 270p （SEKAISHISO SEMINAR）
◇北の命を抱きしめて―北海道女性医師のあゆみ （北海道女性医師史編纂刊行委員会編） ドメス出版 2006.5 208p
◇埼玉の三偉人に学ぶ （堺正一著） 埼玉新聞社 2006.9 205p
◇理系の扉を開いた日本の女性たち―ゆかりの地を訪ねて （西条敏美著） 新泉社 2009.6 235,3p
【雑　誌】
◇荻野吟子女子伝 （奈良原春作） 「埼玉史談」 27(1) 1980.4
◇荻野吟子研究―明治女性の自己形成 （広瀬玲子） 「歴史評論」 401 1983.9
◇医学界の三女医 楠本イネ・荻野吟子・吉岡弥生（特集花ひらく明治の女性たち） （酒井シヅ） 「歴史と旅」 12(2) 1985.2
◇夫から淋病をうつされ発心,日本初の女医―荻野吟子（いまも昔もおんな史） （泉秀樹） 「潮」 354 1988.10
◇近代日本の女医第1号・荻野吟子ほか明治の女傑群像（いま想い起こすべき「明治の覇気」―いつから我々は、あの「努力」と「誇り」を失ったのか？） （森まゆみ） 「SAPIO」 9(13) 1997.7.23 p34～35
◇日本史を動かした15人の女傑―卑弥呼/推古天皇/持統天皇/孝謙・徳天皇/藤原薬子/紫式部/北条政子/阿野廉子/日野富子/淀殿/春日局/桂昌院/皇女和宮/荻野吟子/土井たか子（重大事件でつづる日本通史） （楠戸義昭） 「歴史読本」 47(1) 2002.1 p49,57,65,73,81,89,97,105,113,121,129,137,145,153,161
◇MEDICAL ESSAYS 日本発の公許女医・荻野吟子をめぐる人々 （石田純郎） 「日本医事新報」 日本医事新報社 4092 2002.9.28 p41～45

◇荻野吟子―宿願を果たした日本初の公認女医（特集 明治女傑伝―特集ワイド 明治大正昭和12人の快女・傑女・優女）（弦巻淳）「歴史読本」 新人物往来社 53（4） 2008.4 p68～74
◇ドラマティックな公衆衛生 先達たちの物語（9）大きな夢,制度への挑戦―荻野吟子 （神馬征峰）「公衆衛生」 医学書院 73（9） 2009.9 p690～693

荻野独園　おぎのどくおん　1819～1895
明治期の臨済宗僧侶。相国寺住職。
【図　書】
◇禅宗史の散策 （荻須純道） 思文閣出版 1981.5
◇遺偈・遺誡―迷いを超えた名僧 最期のことば （大法輪閣編集部編） 大法輪閣 1998.9 253p

奥野昌綱　おくのまさつな　1823～1910
明治期の牧師,基督教。
【図　書】
◇日本人の終末観―日本キリスト教人物史研究 （野村耕三） 新教出版社 1981.5
◇明治人物拾遺物語―キリスト教の一系譜 （森井真） 新教出版社 1982.10
◇ドクトル・ヘボン―伝記・ドクトル・ヘボン （高谷道男著） 大空社 1989.7 （伝記叢書）
◇日本の『創造力』―近代・現代を開花させた470人〈1〉御一新の光と影 （富田仁編） 日本放送出版協会 1992.12
◇奥野昌綱先生略伝並歌集―伝記・奥野昌綱 （黒田惟信著） 大空社 1996.7 460,6p （伝記叢書）
◇賛美歌と大作曲家たち―こころを癒す調べの秘密 （大塚野百合著） 創元社 1998.11 292p
◇宣教と受容―明治期キリスト教の基礎的研究 （中村博武著） 思文閣出版 2000.2 433,153p

奥宮健之　おくのみやけんし　1857～1911
明治期の社会運動家。自由民権運動の闘士。
【図　書】
◇自由民権の先駆者―奥宮健之の数奇な生涯 （糸屋寿雄） 大月書店 1981.10
◇奥宮健之全集 下 （阿部恒久編） 弘隆社 1988.5
【雑　誌】
◇日本近代スパイ史・幸徳事件に躍ったスパイ （しまねきよし）「歴史読本」 27（3） 1982.3
◇特集 奥宮健之 「彷書月刊」 2（2） 1986.1
◇歴史的経験としての「近代」―奥宮健之『獄裏之我』を中心に （梅森直之）「初期社会主義研究」 弘隆社 第8号 1995.7 p102～117
◇民権闘士の数奇な人生（ずいひつ「波音」）（板坂元）「潮」 478 1998.12 p62～64

奥村五百子　おくむらいおこ　1845～1907
明治期の社会運動家。尊王攘夷運動に奔走した。
【図　書】
◇社会事業に生きた女性たち―その生涯としごと 続 ドメス出版 1980.6
◇近代日本の女性史11 苦難と栄光の先駆者 （創美社編） 集英社 1981.8
◇増谷文雄著作集 12 近代の宗教的生活者 角川書店 1982.8
◇女たちの「銃後」 （加納実紀代著） 筑摩書房 1987.1
◇朝鮮女性運動と日本―橋沢裕子遺稿集 （橋沢裕子著） 新幹社 1989.3
◇奥村五百子―明治の女と「お国のため」 （守田佳子著） 太陽書房 2002.4 173p
【雑　誌】
◇奥村五百子女史の思ひ出 （手島益雄）「大肥前」 62（3） 1992.3

小栗栖香頂　おぐるすこうちょう　1831～1905
明治期の僧侶。真宗大谷派,本山教授。
【図　書】
◇楊仁山と小栗栖香頂 （中村薫）『真宗の教化と実践―池田勇諦先生退任記念論集』（同朋大学仏教学会編） 法蔵館 2002.10 p101
◇日中浄土教論争―小栗栖香頂『念仏円通』と楊仁山 （中村薫著） 法蔵館 2009.9 285,6p
【雑　誌】
◇1873年における日本僧の北京日記―小栗栖香頂の『北京説話』（1）（21世紀教育の構想）（陳継東）「国際教育研究」 東京学芸大学海外子女教育センター国際教育研究室 20 2000.3 p14～33
◇楊仁山と小栗栖香頂―特に真宗七高僧に関する論争について （中村薫）「同朋仏教」 同朋大学仏教学会 第38号 2002.7 p101～124
◇楊仁山と小栗栖香頂（2）特に『念仏円通』を通して （中村薫）「同朋大学論叢」 同朋学会 87 2003.6 p21～40
◇近代日本仏教におけるアジア布教の一考察―小栗栖香頂を通して （江島尚俊）「仏教文化学会紀要」 仏教文化学会 14 2005.11 p356～374
◇楊仁山と小栗栖香頂（6）特に『念仏円通』を通して （中村薫）「同朋大学論叢」 同朋学会 92 2008.3 p1～21
◇近代日中浄土教論駁―特に『念仏円通』における楊仁山と小栗栖香頂の論争を通して （中村薫）「東海仏教」 東海印度学仏教学会 53 2008.3 p1～15
◇楊仁山と小栗栖香頂（7）特に『念仏円通』を通して （中村薫）「同朋仏教」 同朋大学仏教学会同朋仏教編集部,文光堂書店 44 2008.7 p1～47
◇明治期の日本仏教における「喇嘛教」情報受容に関する一考察 （高本康子）「印度學佛教學研究」 日本印度学仏教学会 57（1） 2008.12 p558～555

押川方義　おしかわまさよし　1851～1928
明治期のキリスト教伝道者,政治家。
【図　書】
◇明治人物拾遺物語―キリスト教の一系譜 （森井真） 新教出版社 1982.10
◇安楽の門 （大川周明著）（酒田）大川周明顕彰会 1988.8
◇武士のなったキリスト者 押川方義 管見 明治編 （川合道雄著） 近代文芸社 1991.2
◇聖雄押川方義―伝記・押川方義 （大塚栄三著） 大空社 1996.7 234,14p （伝記叢書）
◇押川方義管見―武士のなったキリスト者 大正・昭和編 （川合道雄著） りん書房 2002.4 240p
【雑　誌】
◇押川方義管見―山月資料を中心に （川合道雄）「国士館大学国文学論輯」 2 1980.12
◇押川方義管見（2）山月資料・明治23年～29年 （川合道雄）「国士館大学国文学論輯」 3 1981.12
◇愛媛県児童文学史覚え書き（1）「押川春浪」と父「方義」 （秦敬）「桃山学院短期大学紀要」 10 1982.11
◇押川方義管見（3） （川合道雄）「国士館大学国文学論輯」 4 1982.12
◇押川方義管見（4） （川合道雄）「国文学論輯（国士館大学）」 5 1983.12
◇押川方義管見（5） （川合道雄）「国士館大学国文学論輯」 6 1984.12
◇大型ノンフィクション反逆したキリスト―幕末の基督教徒から大川周明まで （鈴木明）「中央公論」 100（4） 1985.4
◇押川方義管見（6） （川合道雄）「国文学論輯（国士館大学）」 7 1986.3
◇押川方義管見（7） （川合道雄）「国文学論輯（国士館大学）」 8 1987.3
◇押川/方義管見（8） （川合道雄）「国文学論輯（国士館大学）」 9 1987.12
◇反骨の開拓 基督の伝道者 押川方義評小伝 （泉隆）「茂呂瀾」 23 1989.3
◇押川方義管見（大正編）（2） （川合道雄）「国文学論輯」 国士館大学国文学会 第16号 1995.3 p75～99
◇押川方義管見（大正編）（3） （川合道雄）「国文学論輯」 国士館大学国文学会 第18号 1997.3 p65～78
◇押川方義管見（大正編）（4） （川合道雄）「国文学論輯」 国士館大学国文学会 第19号 1998.3 p38～53
◇押川方義管見（大正編）（5） （川合道雄）「国文学論輯」 国士館大学国文学会 第20号 1999.3 p61～79
◇押川方義管見（大正編）（6） （川合道雄）「国文学論輯」 国士館大学国文学会 21 2000.3 p63～81
◇押川方義について （川合道雄）「キリスト教文学研究」 日本キリスト教文学会 23 2006 p49～54

オズーフ, P.　Osouf, Pierre Marie　1829～1906
フランスの宣教師。1877年北緯聖会初代司教として来日。
【雑　誌】
◇わが国初のハンセン病病院,神山復生病院と2人のフランス人神父（2）（川嶋保良）「学苑（昭和女子大学）」 566 1987.2

尾台榕堂　おだいようどう　1799～1870
幕末,明治期の漢方医。
【図　書】
◇近世漢方医学書集成 57 尾台榕堂 1 （大塚敬節,矢数道明責任編集） 名著出版 1980.11
◇近世漢方医学書集成 59 尾台榕堂 3 （大塚敬節,矢数道明責任編集） 名著出版 1980.11
◇近世漢方医学書集成58 尾台榕堂2 （大塚敬節,矢数道明責任編集） 名著出版 1980.12

【雑　誌】
◇偉明なる尾台榕堂の精神　（村上武）「つまり」 35 1984.4
◇対談・江戸の医案を読む（第4回）尾台榕堂『方伎雑誌』より（その2）（秋葉哲生, 平馬直樹）「伝統医学」 臨床情報センター 11（1） 2008.春 p46～53
◇特別座談会「完訳 方伎雑誌」刊行記念鼎談 『方伎雑誌』と尾台榕堂　（秋葉哲生, 寺澤捷年, 小曽戸洋）「漢方療法」 たにぐち書店 12（1） 2008.4 p6～19
◇江戸の医案を読む（特別編）尾台榕堂『方伎雑誌』『井観医言』より　（王慶田, 秋葉哲生, 平馬直樹）「伝統医学」 臨床情報センター 12（1） 2009.春 p48～54

音吉　おときち　1821～？
幕末の漂流民。1832年宝順丸が漂流しアメリカに渡る。
【図　書】
◇音吉少年漂流記　（春名徹著） 旺文社 1989.4 （必読名作シリーズ）
◇最初にアメリカを見た日本人　（キャサリン・プラマー著, 酒井正子訳） 日本放送出版協会 1989.10

お富　おとみ　？～1867
江戸後期～幕末の女性。「与話情浮名横櫛」のモデル。
【雑　誌】
◇切られた与三郎とお富 虚像と実像を探る―戯曲的に書き下ろした歌舞伎の当り狂言―国芳描く役者絵草双紙が売れた　（川城昭一）「房総」 51 1992.11
◇新説 お富・与三郎　（野口勇）「飛騨春秋」 399 1994.4
◇続 新説お富・与三郎　（野口勇）「飛騨春秋」 403 1994.8

小野太三郎　おのたさぶろう　1840～1912
幕末, 明治期の慈善事業家。
【図　書】
◇小野太三郎伝　（小坂与繁）（金沢）北国新聞社 1991.5
◇ほくりく20世紀列伝 上巻　（北国新聞社論説委員会・編集局編） 時鐘舎 2007.12 281p （時鐘舎新書）
【雑　誌】
◇救済と慈善のすすめ―小野太三郎考　（池田敬正）「部落」 42（2） 1990.2
◇小野太三郎と横山源之助（上）明治中期における慈善事業近代化への相克　（山田明）「共栄学園短期大学研究紀要」 10 1994.3

小幡英之助　おばたえいのすけ　1850～1909
明治期の医師。西洋歯科医のさきがけ。
【図　書】
◇歯科祭記念誌―小幡英之助先生｜没後100年｜顕彰　大分県歯科医師会 2009.5 119p
【雑　誌】
◇諭吉の里から－最終回－日本最初の歯科医　（松下竜一）「自然と文化」 28 1990.3

小山鼎吉　おやまていきち　1827～1891
幕末, 明治期の医師。
【雑　誌】
◇古文書の読解・小山春山書翰（元治元年）「下野歴史」 56 1990.8

笠原白翁　かさはらはくおう　1809～1880
幕末, 明治期の医者。福井藩医。
【図　書】
◇愛の種痘医―日本天然痘物語　（浦上五六） 恒和出版 1980.12 （恒和選書）
◇医学史話 杉田玄白から福沢諭吉　（藤野恒三郎著） 菜根出版 1984.1
◇全国の伝承 江戸時代 人づくり風土記―ふるさとの人と知恵〈18〉福井　（加藤秀俊, 谷川健一, 稲垣史生, 石川松太郎, 吉田豊編） 農山漁村文化協会 1990.6
【雑　誌】
◇越前藩医笠原白翁　（白崎昭一郎）「北陸医史」 2（1） 1980.10
◇公衆衛生人国記 福井県―福井県における公衆衛生の先駆者, 笠原白翁　（大井田隆）「公衆衛生」 52（7） 1988.7
◇笠原白翁筆『狛仲君脈症簿』　（足立尚計）「ぐんしょ」 11 1991.1

鹿島則文　かしまのりぶみ　1839～1901
幕末, 明治期の神職, 勤王家。伊勢神宮大宮司。
【図　書】
◇神宮々司拝命記　（鹿島則良, 加藤幸子, 深沢秋男編著） 深沢秋男 1998.7 140p

片山潜　かたやません　1859～1933
明治～昭和期の社会主義者, 社会運動家。
【図　書】
◇日本の国家思想 上　（小松茂夫, 田中浩編） 青木書店 1980.5
◇未来に生きた人びと　（塩田庄兵衛） 新日本出版社 1980.10 （新日本新書）
◇近代日本の自伝　（佐伯彰一） 講談社 1981.5
◇日本社会主義の倫理思想―理想主義と社会主義　（山田洸） 青木書店 1981.7
◇日本人の自伝8 片山潜・大杉栄・古田大次郎　平凡社 1981.9
◇日本の思想家 近代篇　（菅孝行） 大和書房 1981.9
◇歴史科学大系25 労働運動史　校倉書房 1981.11
◇三代反戦運動史―明治, 大正, 昭和　（松下芳男） 光人社 1982.12
◇歴史と風土 福武書店 1983.2
◇社会政策の現代的課題―小林巧教授還暦記念論集　（飯田鼎ほか編） 御茶の水書房 1983.7
◇日本社会思想の座標軸（UP選書）　（隅谷三喜男著） 東京大学出版会 1983.12
◇日本労働運動の先駆者たち　（労働史研究同人会編） 慶応通信 1985.3
◇ミル・マルクスとその時代（経済学部創立20周年記念号）　和光大学 1986.3
◇資料集 コミンテルンと日本〈第1巻〉/1919～1928　（村田陽一編訳） 大月書店 1986.5
◇大阪社会運動の源流―風霜の彼方に　（荒木伝著）（大阪）東方出版 1989.7
◇都市政治の可能性　（土岐寛著） 東京市政調査会 1989.10 （都市問題研究叢書）
◇嵐の中の青春―山宣・河上・野呂・片山潜の思想と生き方　（林直道著） 学習の友社 1990.4
◇社会主義事始―「明治」における直訳と自生　（山泉進著） 社会評論社 1990.5 （思想の海へ「解放と変革」）
◇近代日本の自伝　（佐伯彰一著） 中央公論社 1990.9 （中公文庫）
◇平野義太郎選集〈第5巻〉社会主義・民主主義　（平野義太郎著, 守屋典郎編） 白石書店 1991.3
◇都市の思想―空間論の再構成にむけて　（吉原直樹編著） 青木書店 1993.4
◇モスクワで粛清された日本人―30年代共産党と国崎定洞・山本懸蔵の悲劇　（加藤哲郎著） 青木書店 1994.6
◇一〇〇年前にアメリカへ渡った青年達―朝河貫一, 片山潜, 内村鑑三　（増井由紀美）『朝河貫一』（井出孫六ほか著） 北樹出版 1995.6 （叢書パイデイア 6） p23
◇片山潜の思想と大逆事件　（大原慧著） 論創社 1995.11 275p
◇〈労働世界〉と片山潜―日本初の労働運動機関紙・実物大「復刻版」抄1897～1901　日本機関紙出版センター 1997.7 53p
◇アメリカが見つかりましたか―戦前篇　（阿川尚之著） 都市出版 1998.11 253p
◇片山潜―歩いてきた道　（片山潜著） 日本図書センター 2000.12 198p （人間の記録）
◇社会福祉と日本の宗教思想―仏教・儒教・キリスト教の福祉思想　（吉田久一著） 勁草書房 2003.9 353,6p
◇ポプラ物語　（秋庭功著） 文芸社 2004.10 113p
◇幕末・明治の士魂一啓蒙と抵抗の思想的系譜　（飯田鼎著） 御茶の水書房 2005.8 412,11p （飯田鼎著作集）
◇明治社会学史資料　（下出隼吉著） いなほ書房 2005.8 179p （社会学選書）
◇片山潜, 在米日本人社会主義団と初期コミンテルン　（山内昭人）『初期コミンテルンと東アジア』（「初期コミンテルンと東アジア」研究会編著） 不二出版 2007.2 p85
◇片山潜, 在露日本人共産主義者と初期コミンテルン　（山内昭人）『初期コミンテルンと東アジア』（「初期コミンテルンと東アジア」研究会編著） 不二出版 2007.2 p135
◇「東洋経済」における片山潜　（堀田泉）『「脱」の世界―正常という虚構』（近畿大学日本文化研究所編） 風媒社 2007.2 （近畿大学日本文化研究所叢書） p165
◇片山潜 新装版　（隅谷三喜男著） 東京大学出版会 2007.9 266p （近代日本の思想家）
◇初期コミンテルンと在外日本人社会主義者―越境するネットワーク　（山内昭人著） ミネルヴァ書房 2009.11 334p （MINERVA西洋史ライブラリー）
◇わたしの歩んだ道―父片山潜の思い出とともに　（片山やす他著, エリザヴェータ・ジワニードワ編, 小山内道子編訳） 成文社 2009.11 126p
【雑　誌】
◇美作の峠にて　（野田宇太郎）「学鐙」 77（1） 1980.2
◇若き片山潜―渡良瀬川の畔の一年―森鷗村との出会いから渡米まで　（田村紀雄）「現代の眼」 21（9） 1980.9

◇片山潜の盟友リュトヘルスとインターナショナル(1) (山内昭人)「宮崎大学教育学部紀要（社会科学）」 49 1981.3
◇片山潜 (立川健治)「史林」 66(2) 1983.3
◇片山潜の盟友リュトヘルスとインタナショナル(2) (山内昭人)「宮崎大学教育学部紀要（社会科学）」 53 1983.3
◇片山潜と明治社会学(片山潜没後50周年記念) (河村望)「季刊科学と思想」 51 1984.1
◇片山潜没後50周年記念 「季刊科学と思想」 51 1984.1
◇片山潜没後50周年記念講演会 「前衛」 502 1984.1
◇片山潜同志の思い出 (野坂参三)「前衛」 502 1984.1
◇片山潜の青春 (塩田庄兵衛)「前衛」 502 1984.1
◇旅と棄郷と(19)片山潜のアフリカ (近藤信行)「早稲田文学」 95 1984.4
◇旅と棄郷と(20)社会主義とキリスト教 (近藤信行)「早稲田文学」 96 1984.5
◇片山潜の盟友リュトヘルスとインタナショナル(4) (山内昭人)「宮崎大学教育学部紀要 社会科学」 68 1990.9
◇那賀労働倶楽部と片山潜 (武内善信)「和歌山地方史研究」 19 1990.9
◇ニッポン近代の亡命者たち(亡命と難民) (川口和正文責)「思想の科学」 486 1992.2
◇片山潜の盟友リュトヘルスとインタナショナル(5) (山内昭人)「宮崎大学教育学部紀要 社会科学」 70・71 1992.3
◇片山潜の盟友リュトヘルスとインタナショナル(6) (山内昭人)「宮崎大学教育学部紀要 社会科学」 72 1992.9
◇初期社会主義者の辛亥革命観―片山潜と堺利彦を中心に (上村希美雄)「海外事情研究」 20(2) 1993.2
◇片山潜の盟友リュトヘルスとインタナショナル(7)第6篇のための補論 (山内昭人)「宮崎大学教育学部紀要 社会科学」 75 1993.11
◇密告と粛清―モスクワの日本共産党(対談) (加藤哲郎, 小林峻一)「諸君！」 26(8) 1994.8
◇片山潜の盟友リュトヘルスとインタナショナル―8― (山内昭人)「宮崎大学教育学部紀要 社会科学」 宮崎大学教育学部 79 1995.7 p1～33
◇片山潜との訣別―山根吾一の活動・その後 (岡林伸夫)「同志社法学」 同志社法学会 48(1) 1996.5 p156～211
◇片山潜とテキサス米作 (菊山貞巳)「経済経営論叢」 京都産業大学経済経営学会 32(3) 1997.12 p35～57
◇在露英語を話す共産主義者グループと機関紙『コール』―片山潜の盟友リュトヘルスとインタナショナル(9) (山内昭人)「宮崎大学教育文化学部紀要 社会科学」 宮崎大学教育文化学部 2 2000.3 p1～37
◇片山潜はいかに社会改良を二種類に区別したか(1) (渡部恒夫)「鹿児島経済論集」 鹿児島国際大学経済学部学会 41(2) 2000.11 p195～214
◇片山潜は社会改良をいかに二種類に区別したか(2) (渡部恒夫)「鹿児島経済論集」 鹿児島国際大学経済学部学会 41(3) 2000.12 p273～289
◇史料紹介 在墨片山潜の書簡と草稿類,1921年 (山内昭人)「大原社会問題研究所雑誌」 法政大学大原社会問題研究所 506 2001.1 p31～69
◇初期ソヴェト・ロシアにおける英語出版―片山潜の盟友リュトヘルスとインタナショナル(10) (山内昭人)「宮崎大学教育文化学部紀要 社会科学」 宮崎大学教育文化学部 5・6 2002.3 p1～19
◇片山潜、在米日本人社会主義者と初期コミンテルン (山内昭人)「大原社会問題研究所雑誌」 法政大学大原社会問題研究所, 法政大学出版局 544 2004.3 p38～68
◇在米日本人社会主義者の研究(1)片山潜の渡米と幸徳秋水の思想の変化 (黒川貢三郎)「政経研究」 日本大学法学会 41(2) 2004.11 p1003～1027
◇片山潜の棄教と自伝―四つの自伝におけるキリスト教記述の変遷についての一私見 (井上史)「キリスト教社会問題研究」 同志社大学人文科学研究所 53 2004.12 p53～84
◇在米日本人社会主義者の研究(2)片山潜の渡米と幸徳秋水の思想の変化 (黒川貢三郎)「政経研究」 日本大学法学会 41(3) 2004.12 p1143～1164
◇二つの社会主義論―片山潜と幸徳秋水の初期社会主義論を中心に (黒川貢三郎)「政経研究」 日本大学法学会 41(4) 2005.3 p1155～1182
◇在米日本人社会主義者の研究(3・完)二十世紀初頭の片山潜と幸徳秋水の渡米を中心に (黒川貢三郎)「政経研究」 日本大学法学会 42(2) 2005.10 p283～308
◇コミンテルンと天皇制―片山,野坂は32テーゼの天皇制絶対化に懐疑的だった (藤井一行)「労働運動研究」 労働運動研究所 397 2006.4 p50～56
◇樋口一葉を哀悼した中国革命家陳少白―伊東夏子・副島八十六・片山潜・孫文を結ぶもの (久保田文次)「史艸」 日本女子大学史学研究会 47 2006.11 p75～93
◇在片山潜が発行した『平民』について―総目次と発見された第13号 (田村貞雄)「大原社会問題研究所雑誌」 法政大学出版局, 法政大学

大原社会問題研究所 596 2008.7 p15～35

桂川甫周〔7代〕 かつらがわほしゅう 1826～1881
幕末,明治期の医者。西洋医学書教授。
【図　書】
◇幕末酒徒列伝 続 (村島健一) 講談社 1980.3
◇蘭学の時代 (赤木昭夫) 中央公論社 1980.12 (中公新書)
◇江戸時代蘭語学の成立とその展開4 蘭語研究における人的要素に関する研究 (杉本つとむ) 早稲田大学出版部 1981.2
◇江戸時代蘭語学の成立とその展開4 蘭語研究における人的要素に関する研究 早稲田大学出版部 1981.2
◇鷹津義彦教授追悼論文集 立命館大学人文学会 1981.10
◇北槎聞略 (桂川甫周) 雄松堂出版 1988.11
◇北槎聞略―影印・解題・索引 (杉本つとむ編著) 早稲田大学出版部 1993.1
【雑　誌】
◇"蘭学系文学"のあるアスペクト―「北槎聞略」そして「環海異聞」 (岡田袈裟男)「日本文学」 30(1) 1981.1
◇「北槎聞略」の風景―光太夫甫周の出会いに (小林慧子)「立命館文学」 435・436 1981.10
◇桂川甫周『魯西亜封域図』について (吉田厚子)「洋学史研究」 8 1991.4
◇桂川甫周製作の地球儀について (吉田厚子)「総合教育センター紀要」 東海大学総合教育センター 26 2006 p1～23

加藤時次郎 かとうときじろう 1859～1930
明治,大正期の医師,社会運動家。社会改良主義者。
【図　書】
◇加藤時次郎選集 (加藤時次郎著 成田龍一編) 弘隆社 1981.11
◇田川の文学とその人びと (瓜生敏一) 瓜生敏一先生著作集刊行会 1982.8
◇加藤時次郎 (成田龍一) 不二出版 1983.9
◇社会主義事始―「明治」における直訳と自生 (山泉進著) 社会評論社 1990.5 (思想の海へ「解放と変革」)
【雑　誌】
◇加藤時次郎の都市事業 (成田龍一)「日本史研究216」 1980.8
◇加藤時次郎の仏教思想覚え書 (向井啓二)「国史学研究(龍谷大)」 9 1983.3
◇新たに発見された後藤新平宛書簡(下)加藤時次郎の手紙三通 (広瀬順晧,窪寺久子)「日本古書通信」 日本古書通信社 68(9) 2003.9 p12～13

加藤政之助 かとうまさのすけ 1854～1941
明治～昭和期の新聞人,政治家。衆議院議員。
【図　書】
◇鴻巣市史(資料編〈5〉近・現代〈1〉) (鴻巣市史編さん調査会〔編〕) 鴻巣市役所市史編さん室 1992.4
【雑　誌】
◇加藤政之助と北海道――民権派の「開発」と「保護」の論理 (浪川健治)「地域史研究はこだて」 18 1993.10

金森通倫 かなもりみちとも 1857～1945
明治～昭和期の牧師,社会教育家。
【図　書】
◇明治期キリスト教の研究 (杉井六郎著) 同朋舎出版 1984.6
◇首長の時代 富山新聞社 2005.9 231p
◇回顧録―金森通倫自伝 改訂版/浜潔/改訂 (金森通倫著,金森太郎編) アイディア出版部 2006.2 283p
【雑　誌】
◇金森通倫―人とその思想変遷 (大井人)「六浦論叢」 25 1988

金子喜一 かねこきいち ？～1909
明治期の社会運動家,編集者。米国社会民主党。
【図　書】
◇社会主義事始―「明治」における直訳と自生 (山泉進著) 社会評論社 1990.5 (思想の海へ「解放と変革」)
◇金子喜一とその時代 (北村巌著) 柏艪舎 2007.12 313p (柏艪舎エルクシリーズ)
【雑　誌】
◇金子喜一―その渡米まで 附著作及び関係記事目録 (熊木哲)「論究(中央大) 文学研究科篇」 12(1) 1980.3
◇金子喜一―その米国時代 (熊木哲)「中央大学国文」 23 1980.3
◇金子喜一とジョセフィン・コンガーをアメリカに追って(特集・世界の女性史) (松尾章一)「歴史評論」 395 1983.3
◇宮崎民蔵と2人の在米社会主義者―野上啓之助と金子喜一について (上村希美雄)「会報(熊本近代史研)」 200 1987.1

◇金子喜一とジョセフィン・コンガー―アメリカ「社会主義フェミニズム」の萌芽　(大橋秀子)「初期社会主義研究」弘隆社 13 2000 p153～164
◇金子喜一の生涯―アメリカで社会主義者として生きた明治の日本人　(大橋秀子)「歴史研究」愛知教育大学歴史学会 45・46 2000.2 p60～79
◇シカゴにおける金子喜一―人種偏見と闘った『シカゴ・デイリー・ソーシアリスト』時代　(大橋秀子)「初期社会主義研究」弘隆社 14 2001 p75～92
◇金子喜一に届いた二通の書簡―『ニューヨーク・タイムズ』に掲載された「IMEI」関東からの日本情報　(大橋秀子)「初期社会主義研究」初期社会主義研究会, 不二出版 16 2003 p224～238
◇金子喜一とジェンダー―アメリカ国勢調査(1900年)を通して　(大橋秀子)「初期社会主義研究」初期社会主義研究会, 不二出版 17 2004 p161～174
◇金子喜一における社会主義フェミニズムへのアプローチ―若松賤子そして樋口一葉との交流をとおして　(大橋秀子)「初期社会主義研究」初期社会主義研究会, 不二出版 19 2006 p140～158
◇アメリカに渡った金子喜一と社会主義思想―自由競争批判とヒューマニズムの主張(特集 初期社会主義研究の新展開)　(大橋秀子)「初期社会主義研究」初期社会主義研究会, 不二出版 21 2008 p45～60

カロザース, C.　Carrothers, Christopher　1840～?
アメリカの宣教師。1869年来日、築地大学校を創立。
【図　書】
◇開化の築地・民権の銀座―築地バンドの人びと　(太田愛人著)　築地書館 1989.7
【雑　誌】
◇秋田におけるカロザス　(高橋俊昭)「英学史研究」18 1985.11
◇カロザース夫人の見た築地居留地(1～6・完)　(川崎晴朗)「都市問題」82(11,12),83(1,2,4,5) 1991.11・12,92.1・2,4・5
◇クリストファー・カロザースの来日前と来日後(新資料の紹介)　(小桧山ルイ)「関東学院大学 自然・人間・社会」13 1992.6
◇宣教師辞任後のクリストファー・カロザース　(中島耕二)「明治学院大学キリスト教研究所紀要」明治学院大学キリスト教研究所 34 2001.12 p121～160

川合清丸　かわいきよまる　1848～1917
明治期の社会教育家。太一垣神社社掌。
【図　書】
◇明治の精神　(荒川久寿男著)　(伊勢)皇学館大学出版部 1987.12

川面凡児　かわづらぼんじ　1862～1929
明治～昭和期の神道家。「自由党党報」を主宰。
【図　書】
◇複眼の神道家たち　(菅田正昭著)　八幡書店 1987.6
◇記号と言霊　(鎌田東二著)　青弓社 1990.3
◇鎮魂行法論―近代神道世界の霊魂論と身体論　(津城寛文著)　春秋社 1990.4
◇鎮魂行法論―近代神道世界の霊魂論と身体論 新装版　(津城寛文著)　春秋社 2000.9 480,4p
◇大預言2030年、人類未曽有の危機が来る　(林陽著)　中央アート出版社 2007.2 286p
◇天皇の秘教　(藤巻一保著)　学習研究社 2009.2 632,15p
【雑　誌】
◇川面凡児の鎮魂行法説―脱魂型シャマニズムの身体論(上)　(津城寛文)「神道学」131 1986.11
◇川面凡児の鎮魂行法説―脱魂型シャマニズムの身体論(下)　(津城寛文)「神道学」132 1987.2
◇憑霊と脱魂の踊り場(特集・ハイパー都市―遊戯空間の身体論)　(津城寛文)「現代思想」19(4) 1991.4

川手文治郎　かわてぶんじろう　1814～1883
幕末, 明治期の宗教家。金光教教祖。
【図　書】
◇金光教祖の生涯　(瀬戸美喜雄著)　金光教教学研究所 1980.9 (「紀要」別冊)
◇人物探訪日本の歴史 11 済世の名僧　暁教育図書 1983.4
◇神と人と―金光大神の歩み　(窪田英樹)　三交社 1983.5
◇シンポジウム 幕末維新と山陽道 下　山陽新聞社 1984.6
◇金光教―金光大神の生涯と信仰(新宗教創始者伝)　(瀬戸美喜雄著)　講談社 1985.3
◇岡山県の百年(県民百年史〈33〉)　(柴田一, 太田健一著)　山川出版社 1986.6
◇近代天皇制国家の社会統合　(原鉄男, 掛谷宰平〔編〕)　文理閣 1991.5
◇光のかけ橋―金光大神の生涯まんが 下　(谷口靖彦)　(岡山・金光)金光教徒社 1992.3
◇神示が明かす超古代文明の秘密―「封印された真実の神」の言葉から神国日本の本源を探る！　(中矢伸一著)　日本文芸社 1994.3 (ラクダブックス)
◇「病気」と「直し」の言説―赤沢文治・近代への路程　(桂島宣弘)『江戸の思想』(「江戸の思想」編集委員会編)　ぺりかん社 1995.6 p101
◇平人なりとも―金光教祖の生と死　(畑愃著)　扶桑社 1996.3 267p
◇神々の目覚め―近代日本の宗教革命　(小滝透著)　春秋社 1997.7 278p
◇思想史の十九世紀―「他者」としての徳川日本　(桂島宣弘著)　ぺりかん社 1999.5 304p
◇日本神人伝―日本を動かした霊的巨人たちの肖像　(不二竜彦著)　学習研究社 2001.5 245p (エソテリカ・セレクション)
◇金光大神　(金光教本部教庁)　金光教本部教庁 2003.10 566p
◇生身の人間が生きた神に進化していくとき―金光教祖赤沢文治が歩んだ波瀾の生涯　(末永邦昭著)　金光出版 2009.8 224p
◇教祖さまを訪ねて―講座『金光大神覚』　(金光真整述, 金光教若葉刊行会編, 金光和道監修)　金光教若葉刊行会 2009.10 391p
◇講座金光大神覚　(金光真整述, 金光和道監修)　金光教若葉刊行会 2009.10 656p
【雑　誌】
◇民俗宗教の構造的変動と新宗教―赤沢文治と石鎚講　(島薗進)「筑波大学哲学・思想学系論集」6 1980
◇金神・厄年・精霊―赤沢文治の宗教的孤独の生成　(島薗進)「筑波大学哲学・思想学系論集」5 1980.3
◇周縁と新しい人間―金光教祖の場合(主題・現代哲学入門)　(荒木美智雄)「思想の科学」332 1980.11
◇大谷村と赤沢文治　(金光和道)「金光教学」金光教学研究所 第37号 1997.9 p1～46
◇近世農民の世界観と金光大神の信仰　(竹部弘)「金光教学」金光教学研究所 第38号 1998.9 p50～82
◇金光大神の社会へのまなざしと「理解」―明治十一年五月一日のお知らせをめぐって　(加藤実)「金光教学」金光教学研究所 第40号 2000.9 p1～32
◇金光大神の晩年における天地書附の意義と取次の姿勢　(水野照雄)「金光教学」金光教学研究所 第40号 2000.9 p80～110
◇「生神金光大神」の自覚とその意味について　(小坂真弓)「金光教学」金光教学研究所 第41号 2001.9 p35～69
◇金光大神広前への参拝の諸相　(加藤実)「金光教学」金光教学研究所 第45号 2005.9 p43～80
◇金光大神の死と「教祖」の発見　(高橋昌之)「金光教学」金光教学研究所 第45号 2005.9 p81～125
◇金光大神における超越の視座　(竹部弘)「金光教学」金光教学研究所 第46号 2006.9 p1～41
◇新暦・旧暦・末暦があらわすもの―三つの日付を付け分ける金光大神の世界感覚　(岩崎繁之)「金光教学」金光教学研究所 第47号 2007.9 p68～109
◇金光大神の最晩年―「広前せがれに任せ」への注目　(加藤実)「金光教学」金光教学研究所 第48号 2008.9 p47～84

岩亀楼喜遊　がんきろうきゆう　1846～1862/63
幕末の女性。横浜岩亀楼の遊女。
【図　書】
◇長谷川伸―メリケン波止場の沓掛時次郎　(平岡正明著)　リブロポート 1987.4 (シリーズ 民間日本学者)
◇幕末裏面史―勤皇烈女伝　(小川煙村著)　新人物往来社 1998.1 292p (日本伝記叢書)
【雑　誌】
◇らしゃめん秘史考証探検(特集・幕末維新の横浜を探検する)　(樹夕子)「歴史と旅」23(15) 1996.10 p244～249

菅周庵　かんしゅうあん　1809～1893
幕末, 明治期の医師。
【雑　誌】
◇今治藩医菅周庵と種痘史　(菅勝男)「伊予史談」239 1980.10

管野すが　かんのすが　1881～1911
明治期の社会主義革命家、記者。大阪矯風会に入会。
【図　書】
◇管野須賀子の手紙　(清水卯之助編・校注)　みちのく芸術社 1980.1 (みちのく芸術双書1)
◇図説人物日本の女性史10 新時代の知性と行動　小学館 1980.8
◇一億人の昭和史 日本人1 三代の女たち 上 明治大正編　毎日新聞社 1981.2
◇女の一生―人物近代女性史6 反逆の女のロマン　(瀬戸内晴美ほか)　講談社 1981.2

◇炎の女―大正女性生活史　（永畑道子）　新評論　1981.10
◇わたしの回想 上　父、堺利彦と同時代の人びと　（近藤真柄）　ドメス出版　1981.11
◇大阪の女たち　（西岡まさ子）　松籟社　1982.7
◇炎の女―大正女性生活史　（永畑道子）　新評論　1982.7
◇文明開化と女性―日本女性の歴史　暁教育図書　1982.10　（日本発見人物シリーズno.8）
◇菅野須賀子全集 3　弘隆社　1984
◇菅野須賀子全集 1　弘隆社　1984
◇菅野須賀子全集 2　弘隆社　1984
◇女の一生―人物近代女性史 6 反逆の女のロマン　（瀬戸内晴美他著）　講談社　1984.2
◇愛の近代女性史　（田中澄江著）　ミリオン書房　1984.2
◇日本史を揺るがした女―毒女・烈婦の日本史　（舵輪ブックス）　（村松駿吉著）　日本文芸社　1984.2
◇人物探訪 日本の歴史―18―明治の逸材　暁教育図書　1984.2
◇菅野駿吉集　（清水卯之助編）　弘隆社　1984.11
◇女たちの世紀―近代日本のヒロイン群像（朝日カルチャーブックス）　（服部正著）　大阪書籍　1986.4
◇大逆事件と『熊本評論』　（上田穣一、岡本宏編著）　三一書房　1986.10
◇女性解放の思想家たち　（山田洸著）　青木書店　1987.9
◇華の乱　（永畑道子著）　新評論　1988.7
◇歴史を生きた女たち　（吉見周子著）　同成社　1988.10
◇言挙げする女たち―近代女性の思想と文学　（円谷真護著）　社会評論社　1989.3
◇菅野スガと石上露子　（大谷渡著）　（大阪）東方出版　1989.5　（おおさか人物評伝）
◇反逆の女のロマン―人物近代女性史　瀬戸内晴美編　講談社　1989.8　（講談社文庫）
◇石川啄木―愛とロマンと革命と　（清水卯之助著）　（大阪）和泉書院　1990.4　（和泉叢書）
◇反天皇制―「非国民」「大逆」「不逞」の思想　（加納実紀代、天野恵一編著）　社会評論社　1990.6　（思想の海へ「解放と変革」）
◇美と知に目覚めた女性たち　（円地文子ほか著）　天山出版　1990.9　（天山文庫）
◇歴史をひらく愛と結婚　（福岡女性学研究会編）　ドメス出版　1991.12
◇日本史・激情に燃えた炎の女たち―奔放に生き抜いた女たちの色と欲　（村松駿吉著）　日本文芸社　1993.9　（にちぶん文庫）
◇短歌に出会った女たち　（内野光子著）　三一書房　1996.10　208p
◇愛ひびきあう―近代日本を奔った女たち　（永畑道子著）　筑摩書房　1996.11　219p
◇この人たちの結婚―明治大正名流婚　（林えり子著）　講談社　1997.1　301p
◇女のくせに―草分けの女性新聞記者たち　（江刺昭子著）　インパクト出版会　1997.1　327p
◇20世紀のすてきな女性たち―アウン・サン・スーチー、金活蘭、シシリー・ソンダース、市川房枝　7　（加藤純子、李相琴、若林一美、鳥海哲子著）　岩崎書店　2000.4　159p
◇狭間に立つ近代文学者たち　（菅原孝雄著）　沖積舎　2000.10　235p
◇「帝国」の文学―戦争と「大逆」の間　（絓秀実著）　以文社　2001.7　360p　（以文叢書）
◇菅野須賀子の生涯―記者・クリスチャン・革命家　（清水卯之助著）　和泉書院　2002.6　316p　（和泉選書）
◇妖婦の伝説　（三好徹著）　集英社　2003.3　285p　（集英社文庫）
◇事件「大逆」の思想と文学　（吉田悦志著）　明治書院　2009.2　241p
◇大逆事件と知識人―無罪の構図　（中村文雄著）　論創社　2009.4　411p
【雑誌】
◇大阪時代の管野すがと天理教〈含「噓この子」（「みちのとも」一六号、一九〇四年二月）他三篇〉　（大谷渡）　「ヒストリア」　86　1980.3
◇恋が試練であった時代　（沢地久枝）　「歴史と人物」　10（4）　1980.4
◇大阪時代の管野スガ―宇田川文海の思想的影響について　（大谷渡）　「日本史研究」　222　1981.2
◇菅野須賀子の来日前後　（清水卯之助）　「くちくまの」　57　1983.12
◇思想界の三烈女 岸田俊子・福田英子・管すが（特集花ひらく明治の女性たち）　（吉見周子）　「歴史と旅」　12（2）　1985.2
◇菅野須賀子論　（吉田悦志）　「明治大学教養論集」　203（日本文学）　1987.3
◇菅野須賀子遺稿「死出の道艸」考　（吉田悦志）　「明治大学教養論集」　213　1988.3
◇田辺時代の寒村と須賀子（特集 紀州田辺）　（清水卯之助）　「彷書月刊」　5（5）　1989.2
◇大逆事件、こうして「閉塞の時代」の幕は上がった―人間天皇を敬愛しつつも、制度は排した幸徳秋水を待ちわびていた運命（特集・明治天皇―こうして現代日本への道は開かれた）　（中薗英助）　「プレジデント」　29（3）　1991.3
◇大阪朝報時代の管野須賀子―その女権拡張の思想　（中里良二）　「共立女子短期大学紀要 文科」　37　1994.2
◇知られざる罪と罰〔18〕大逆事件〔上〕（ロー・クラス）　（村井敏邦）　「法学セミナー」　45（3）　2000.3　p100〜104
◇清水卯之助著『管野須賀子の生涯―記者・クリスチャン・革命家』　（荒木伝）　「初期社会主義研究」　初期社会主義研究会、不二出版　15　2002　p288〜290
◇香らせる肌の虚構―広告メディアの女性表象と管野須賀子（特集〈香り〉のすがた）　（内藤千珠子）　「文学」　岩波書店　5（5）　2004.9・10　p125〜135

菅野八郎　かんのはちろう　1810〜1888
幕末、明治期の一揆指導者。
【図書】
◇全国の伝承 江戸時代 人づくり風土記―ふるさとの人と知恵〈7〉福島　（加藤秀俊、谷川健一、稲垣史生、石川松太郎、吉田豊編）　農山漁村文化協会　1990.9
◇近世日本民衆思想史料集　（布川清司編）　明石書店　2000.4　433p
◇明治維新の人物像　（宮地正人編）　吉川弘文館　2000.11　363p　（幕末維新論集）
◇烏伝神道の基礎的研究　（末永恵子著）　岩田書院　2001.2　229p
【雑誌】
◇幕末の民衆思想―菅野八郎を事例に　（鯨井千佐登）　「歴史（東北史学会）」　65　1985.12
◇幕末の民衆思想―菅野八郎を事例に　（鯨井千佐登）　「歴史」　65　1985.12
◇菅野八郎関係史料（1）　（佐藤福司）　「福島県歴史資料館研究紀要」　10　1988.3
◇菅野八郎関係史料（2）　（佐藤福司）　「研究紀要（福島県歴史資料館）」　11　1989.3

義観　ぎかん　1823〜1869
幕末の天台宗の僧。
【図書】
◇士魂の群像　（吉田武三）　冨山房　1980.7
◇英傑 巨人を語る　（勝海舟評説、高橋泥舟校閲、安部正人編）　日本出版放送企画　1990.6　（武士道叢書）
◇覚王院義観の生涯―幕末の闇と謎　（長島進著）　さきたま出版会　2005.2　328p

菊池貫平　きくちかんぺい　1847〜1914
明治期の社会運動家。困民党指導者。
【図書】
◇秩父コミューン伝説―山影に消えた困民党　（松本健一著）　河出書房新社　1986.9
◇秩父困民党群像（現代教養文庫）　（井出孫六著）　社会思想社　1986.9
◇若月俊一著作集〈第7巻〉社会評論・文化活動　（若月俊一著）　労働旬報社　1986.11
【雑誌】
◇菊池貫平を欺き謀った男　（飯島積）　「グループ秩父事件会報」　44　1992.8

儀山善来　ぎさんぜんらい　1802〜1878
幕末、明治期の臨済宗僧侶。妙心寺523世。
【図書】
◇古田紹欽著作集5　（古田紹欽）　講談社　1981.8
◇禅僧の遺偈　（古田紹欽著）　春秋社　1987.12

岸田吟香　きしだぎんこう　1833〜1905
明治期のジャーナリスト、実業家。東京日日新聞従軍記者。
【図書】
◇士魂の群像　（吉田武三）　冨山房　1980.7
◇奔流の人　（夏堀正元）　潮出版社　1981.3
◇岸田吟香日記―明治二十四年一・二月　湖北社　1982　（近代日本学芸資料叢書　第7輯）
◇明治人物拾遺物語―キリスト教の一系譜　（森井真）　新教出版社　1982.10
◇復興アジアの志士群像―東亜先覚者列伝　大東塾出版部　1984.5
◇ジョセフ＝ヒコ〔新装版〕（人物叢書）　（近盛晴嘉著）　吉川弘文館　1986.5
◇近代ジャーナリスト列伝―天馬の如く〈上〉（中公文庫）　（三好徹著）　中央公論社　1986.11
◇日本反骨者列伝　（夏堀正元著）　徳間書店　1987.11　（徳間文庫）
◇ドクトル・ヘボン―伝記・ドクトル・ヘボン　（高谷道男著）　大空社　1989.7　（伝記叢書）
◇新聞記者の誕生―日本のメディアをつくった人びと　（山本武利著）

新曜社 1990.12
◇日本の『創造力』―近代・現代を開花させた470人〈2〉殖産興業への挑戦 (富田仁編) 日本放送出版協会 1993.1
◇横浜のくすり文化―洋薬ことはじめ (杉原正泰, 天野宏著) (横浜) 有隣堂 1994.1 (有隣新書)
◇広告人物語 (根本昭二郎著) 丸善 1994.2 (丸善ライブラリー)
◇岸田吟香―資料から見たその一生 (杉浦正著) 汲古書院 1996.7 412,22p (汲古選書)
◇白岩竜平日記―アジア主義実業家の生涯 (中村義著) 研文出版 1999.9 697,30p
◇東亜同文書院 中国大調査旅行の研究 (藤田佳久著) 大明堂 2000.3 349p (愛知大学文学会叢書)
◇浮世はままよ―岸田吟香ものがたり (小林弘忠著) 東洋経済新報社 2000.9 280p
◇日本崎人伝―明治・七人の侍 (鈴木明著) 光人社 2000.10 301p
◇お言葉ですが… 2 (高島俊男著) 文芸春秋 2001.1 322,6p (文春文庫)
◇明治のジャーナリズム精神―幕末・明治の新聞事情 (秋山勇造著) 五月書房 2002.5 259,7p
◇衛藤瀋吉著作集 第7巻 (衛藤瀋吉著, 衛藤瀋吉著作集編集委員会編) 東方書店 2003.11 266p
◇東京文壇事始 (巌谷大四著) 講談社 2004.1 353p (講談社学術文庫)
◇岡山人じゃが 3 (岡山ペンクラブ編) 吉備人出版 2007.2 216p
◇横浜開港時代の人々 (紀田順一郎著) 神奈川新聞社 2009.4 270p
◇近代日本メディア人物誌―創始者・経営者編 (土屋礼子編著) ミネルヴァ書房 2009.6 277p
【雑 誌】
◇美しの峡にて (野田宇太郎)「学鐙」77(1) 1980.1
◇近世ジャーナリスト列伝(1)最初の社会部記者・岸田吟香 (三好徹)「中央公論」95(10) 1980.4
◇早矢仕有的への来翰を巡って(11)(遺稿) (曽我なつ子, 松島栄一)「学鐙」79(11) 1982.11
◇高橋由一・岸田吟香・田崎格太郎 (青木茂)「ちくま」200 1987.11
◇高橋由一・岸田吟香・田崎格太郎(承前) (青木茂)「ちくま」202 1988.1
◇明治初期の薬業界に貢献した岸田吟香 (天野宏, 斎藤明美, 杉原正泰)「薬史学雑誌」24(1) 1989
◇岸田吟香と新聞の薬広告 (天野宏〔他〕)「薬史学雑誌」27(2) 1992
◇ニュースの発見(2)「東京日日新聞」と岸田吟香のジャーナリズム (山口功二)「評論・社会科学」49 1994.3
◇岸田吟香論―庶民派ジャーナリストの軌跡 (黒川貢三郎)「政経研究」日本大学法学会 32(1) 1995.7 p31～56
◇ニュースの発見1―岸田吟香と「御巡幸の記」 (山口功二)「評論・社会科学」52 1995.9 p27～61
◇岸田吟香と台湾―我が国初の従軍記者として (下部三智雄)「台湾史研究」台湾史研究会 第13号 1997.3 p91～103
◇岸田吟香の国産第一号水上薬「精錡水」ガラスびん覚書 (庄司太一)「武蔵大学人文学会雑誌」武蔵大学人文学会 30(4) 1999.5 p109～125
◇明治初期における日本人の「台湾」理解―台湾出兵に同行した従軍記者、岸田吟香の関連記事分析を通して (草野美智子, 山口守人)「熊本大学総合科目研究報告」熊本大学大学教育研究センター 4 2001 p15～28
◇文明開化期新聞の先覚者―柳河春三と岸田吟香(特集 メディアを呼吸する) (秋山勇造)「國文學 解釈と教材の研究」学灯社 46(6) 2001.5 p105～115
◇岸田吟香、台湾従軍の錦絵(ようこそニュースパークへ〔4〕) (春原昭彦)「新聞研究」606 2002.1 p77
◇医薬・医療と「日中連帯」―岸田吟香の諸活動を中心に (丁蕾)「日本研究」国際日本文化研究センター, 角川書店 31 2005.10 p209～233
◇ヒューマンドキュメント 瀬戸内の経済人(19)明治のベンチャー 岸田吟香 目薬と新聞発行をめぐる3人のアメリカ人 (赤井克己)「岡山経済」岡山経済研究所 29(347) 2006.12 p42～45
◇活字メディア時代の聖徳―随行記者・岸田吟香、その文体上の使命 (岡田敦)「言語情報科学」東京大学大学院総合文化研究科言語情報科学専攻 5 2007 p51～64
◇平成19年度特別展報告 美作に残る岸田吟香の足跡 「一滴」津山洋学資料館 16 2008 p17～32
◇開港・開化傑物伝(9)右手にペン、左手に帳簿 開港地で知った文明の恩恵―新聞記者・起業家〈岸田吟香〉 (紀田順一郎)「Best partner」浜銀総合研究所 20(9) 2008.9 p36～41

岸田俊子 きしだとしこ 1863～1901
明治期の婦人運動家, 教師。女権拡張運動者。
【図 書】
◇歴史をひらく愛と結婚 (福岡女性学研究会編) ドメス出版 1991.12
◇女たちの20世紀・100人―姉妹たちよ (ジョジョ企画版) 集英社 1999.8 158p
◇明治翻訳異聞 (秋山勇造著) 新読書社 2000.5 230p
◇性と文化 (山本真鳥編) 法政大学出版局 2004.3 231p
◇岸田俊子 家族をつなぐ手紙 (大木基子)『女の手紙』(荒井とみよ, 永渕朋枝編著) 双文社出版 2004.7 p25
◇「わたし」を生きる女たち―伝記で読むその生涯 (楠瀬佳子, 三木草子編) 世界思想社 2004.9 270p (SEKAISHISO SEMINAR)
◇自由民権家中島信行と岸田俊子―自由への闘い (横沢清子著) 明石書店 2006.11 474p
◇書く女たち―江戸から明治のメディア・文学・ジェンダーを読む (北田幸恵著) 学芸書林 2007.6 398,5p
【雑 誌】
◇連鎖する母と娘―岸田俊子「函入娘」のレトリック (大河晴美)「文芸研究」明治大学文芸研究会 74 1995.9 p241～257
◇岸田俊子の〈愛憐〉論・序章―その理念と実践の奇跡 (林正子)「岐阜大学教養部研究報告」岐阜大学教養部 33 1996 p246～231
◇『湘煙日記』―〈我―君〉の小天地(特集：日記―そのディスクール―日記を読む) (菅聡子)「國文學 解釈と教材の研究」学灯社 41(2) 1996.2 p48～53
◇中島湘煙「山間の名花」論 (石田仁志)「文学論藻」東洋大学文学部国文学研究室 73 1999 p21～40
◇岸田俊子小論―時代のなかで (横沢清子)「専修史学」専修大学歴史学会 30 1999.3 p56～82
◇「女権」の位相―中島湘煙「善悪の岐」をもとに (山本幹子)「年報日本史叢」筑波大学歴史・人類学系 2000 2000 p79～102
◇閨秀作家中島湘烟と正岡子規 (復本一郎)「神奈川大学国際経営論集」神奈川大学経営学部 37 2009.3 p11～15

キダー, M. Kidder, Mary Eddy 1834～1910
アメリカの女性宣教師。1875年来日, 救癩事業に尽力。
【図 書】
◇若松賎子―黎明期を駆け抜けた女性 (尾崎るみ著) 港の人 2007.6 438p (港の人児童文化研究叢書)
◇キダー公式書簡集―ゆるぎない信仰を女子教育に (キダー著, 榎本義子訳, フェリス女学院資料室編) フェリス女学院 2007.6 192p
◇若松賎子の受けた教育の環境と周辺―特にミス・キダーについて (本多隼男)「福島女子短期大学研究紀要」10 1981.12
◇資料にみる横浜の女子教育の歩み―ミッションスクールと女子教育 (神田明美)「かながわ風土記」88 1984.11
◇開港・開化傑物伝(20)開港の地を導いた宣教の光 山手の丘に据えた百年の礎―女子教育〈メアリー・E・キダー〉 (紀田順一郎)「Best partner」浜銀総合研究所 21(8) 2009.8 p36～41

北野元峰 きたのげんぽう 1842～1933
幕末～昭和期の曹洞宗僧侶。永平寺67世, 曹洞宗管長。
◇永平元峰禅師伝歴 (細川道契) 永平寺祖山傘松会 1982.4
◇「永平元峰」禅師伝歴 (細川道契著) 永平寺祖山傘松会 1982.4

北畠道龍 きたばたけどうりゅう 1820～1907
明治期の僧侶。仏教大学創立を志そうとした。
【図 書】
◇薩南示現流・幕末巨魁伝・雑賀六字の城 (津本陽著) 角川書店 1999.4 461p (津本陽歴史長篇全集)
【雑 誌】
◇日本僧,100年前のインド巡礼 (平光善久)「大法輪」53(12) 1986.12
◇菩提樹の下ついに成道なる―瞑想すること七日七夜、その瞬間天地は鳴動した(特集・仏陀のこころ―不安の時代を生き抜く知恵) (神坂次郎)「プレジデント」30(9) 1992.9
◇北島道竜におけるL.v.シュタインとの思想交流―おもに宗教と政治, 宗教と教育の問題に関わって (上原貞雄)「岐阜聖徳学園大学紀要 教育学部・外国語学部」岐阜聖徳学園大学 37 1999 p133～156
◇明治期における海外渡航僧の諸相―北畠道龍、小泉了諦、織田得能、井上秀天、A・ダルマパーラ (石井公成)「近代仏教」日本近代仏教史研究会 15 2008.8 p1～24

木津無庵 きづむあん 1866〜1943
明治〜昭和期の仏教家。真宗大谷派僧侶。
【図 書】
◇日本語で読むお経をつくった僧侶の物語―木津無庵とその時代 （戸次公正著） 明石書店 2009.9 219p
【雑 誌】
◇木津無庵の仏教観―維摩経による回帰 （橋本芳契）「仁愛女子短期大学研究紀要」 18 1987.3

清沢満之 きよざわまんし 1863〜1903
明治期の僧侶。真宗大学監。
【図 書】
◇歎異抄の研究 文栄堂 1980.5
◇我、他力の救済を念ずるとき―清沢満之に学ぶ （大河内了悟, 寺川俊昭講述） 東本願寺出版部 1980.9 （同朋選書）
◇ひとつの親鸞 （折原脩三） 研文出版 1981.8
◇評伝清沢満之 （脇本平也） 法藏館 1982.4 （法藏選書 12）
◇近代日本の思想と仏教 （峰島旭雄編） 東京書籍 1982.6
◇人間と宗教―近代日本人の宗教観 （比較思想史研究会編） 東洋文化出版 1982.6
◇増谷文雄著作集 12 近代の宗教的生活者 角川書店 1982.8
◇仏教思想 （小林利裕） 法律文化社 1982.10
◇日本宗教社会史論叢―水野恭一郎先生頌寿記念 （水野恭一郎先生頌寿記念会編） 国書刊行会 1982.11
◇光華会宗教研究論集 （光華会） 永田文昌堂 1983.4
◇禅と念仏―その現代的意義 （藤吉慈海編） 大蔵出版 1983.6
◇日本仏教史 5 浄土思想 （田村円澄） 法藏館 1983.10
◇日本のリーダー 9 信仰と精神の開拓者 ティビーエス・ブリタニカ 1983.11
◇日本のリーダー9 信仰と精神の開拓者 （第二アートセンター編） ティビーエス・ブリタニカ 1983.11
◇日本の名著 43 清沢満之・鈴木大拙（中公バックス） （橋本峰雄責任編集） 中央公論社 1984.10
◇言論は日本を動かす〈第2巻〉人間を探求する （山崎正和編） 講談社 1986.3
◇宗教が甦るとき （阿満利麿著） 毎日新聞社 1986.3
◇清沢満之 〔新装版〕（人物叢書） （吉田久一著） 吉川弘文館 1986.4
◇日本人の超意識 （園田孝雄編者） 地湧社 1987.4
◇生死巌頭を照らす光 （花田正夫著） （国立）樹心社 1987.11
◇宗教に生きる―精神科医がみた求道者の人格 （小西輝夫著） （京都）同朋舎出版 1988.1
◇自己超越の思想―近代日本のニヒリズム （竹内整一著） ぺりかん社 1988.6
◇寂静の生 （寺川俊昭著） 弥生書房 1989.7
◇西谷啓治著作集〈第18巻〉 （西谷啓治著） 創文社 1990.9
◇いかにして「信」を得るか―内村鑑三と清沢満之 （加藤智見著） （京都）法藏館 1990.9 （法藏選書）
◇資料清沢満之 資料篇 （福嶋寛隆, 赤松徹真〔編〕） （京都）同朋舎 1991.3
◇親鸞の鉱脈―清沢満之 （本多弘之） （四街道）草光舎 1992.7
◇清沢満之・山崎弁栄 講談社 1992.11
◇浄土仏教の思想〈第14巻〉清沢満之・山崎弁栄 （脇本平也, 河波昌著） 講談社 1992.11
◇超越の思想―日本倫理思想史研究 （相良亨編） 東京大学出版会 1993.2
◇宿業論と精神主義 （小森龍邦著） （大阪）解放出版社 1993.5
◇現代人の死生観 （田代俊孝） （京都）同朋舎出版 1994.1 （市民のためのビハーラ）
◇検証清沢満之批判 （久木幸男著） 法藏館 1995.6 221p
◇仏教における近代と反近代―清沢満之の場合 （東儀道子）『近代と反近代』（早稲田大学社会科学研究所比較近代文化部会編） 早稲田大学社会科学研究所 1996.1 （研究シリーズ 34） p19
◇他力信仰の本質―親鸞・蓮如・満之 （加藤智見著） 国書刊行会 1997.8 236p
◇柳田国男讃歌への疑念―日本の近代知を問う （綱沢満昭著） 風媒社 1998.4 279p
◇清沢満之と個の思想 （安冨信哉著） 法藏館 1999.9 309p
◇満之研究 1 （角谷道仁著） 原生社 1999.9 229p
◇清沢満之の生と死 （神戸和麿著） 法藏館 2000.7 206p
◇他力救済の大道―清沢満之文集 （本多弘之編） 草光舎 2000.10 187p
◇現代語訳 清沢満之語録 （今村仁司編訳） 岩波書店 2001.1 490p （岩波現代文庫）
◇「他力」を生きる―清沢満之の求道と福沢諭吉の実学精神 （延塚知道著） 筑摩書房 2001.6 244p
◇父と娘の清沢満之 （亀井鉱著） 大法輪閣 2001.6 309p
◇自己超越の思想―近代日本のニヒリズム 新装版 （竹内整一著） ぺりかん社 2001.7 286p
◇日本近代思想の相貌―近代的「知」を問いただす （綱沢満昭著） 晃洋書房 2001.9 260p
◇清沢満之―その人と思想 （藤田正勝, 安冨信哉編） 法藏館 2002.5 294p
◇松本・安曇野 21世紀への伝言 （市民タイムス編） ほおずき書籍 2002.7 236p
◇清沢満之に学ぶ―現代を真宗に生きる （児玉暁洋著） 樹心社 2002.7 308p
◇上田閑照集 第11巻 （上田閑照著） 岩波書店 2002.10 397p
◇近代日本思想を読み直す―実存思想論集 17 （実存思想協会編） 理想社 2002.10 244,8p
◇清沢満之の墨蹟について （青木馨）『真宗の教化と実践―池田勇諦先生退任記念論集』（同朋大学仏教学会編） 法藏館 2002.10 p291
◇信仰における〈主体〉の問題―親鸞と清沢満之の思想 （角田玲子）『近代日本思想を読み直す』（実存思想協会編） 理想社 2002.10 （実存思想論集 17） p193〜
◇清沢満之に学ぶ生と死 （田代俊孝著） 法藏館 2002.11 31p （伝道シリーズ）
◇他者を負わされた自我知―近代日本における倫理意識の軌跡 （加藤尚武編） 晃洋書房 2003.1 253,13p （シリーズ・近代日本の知）
◇「精神主義」の求道者たち―清沢満之と暁烏敏 （福島栄寿著, 京都光華女子大学真宗文化研究所編） 京都光華女子大学真宗文化研究所 2003.3 249p （光華叢書）
◇清沢満之の思想 （今村仁司著） 人文書院 2003.5 242p
◇社会をつくる仏教―エンゲイジド・ブッディズム （阿満利麿著） 人文書院 2003.6 243p
◇思想史としての「精神主義」 （福島栄寿著） 法藏館 2003.8 234p （日本仏教史研究叢書）
◇志に生きる！―昭和傑物伝 （保阪正康監修, 江口敏著） 清流出版 2003.11 383p
◇信の念仏者 親鸞 （草野顕之編） 吉川弘文館 2004.2 207p （日本の名僧）
◇「おのずから」と「みずから」―日本思想の基層 （竹内整一著） 春秋社 2004.2 262p
◇清沢満之と哲学 （今村仁司著） 岩波書店 2004.3 522,5p
◇清沢満之―生涯と思想 （教学研究所編） 真宗大谷派宗務所出版部 2004.3 162p
◇明治思想家論―近代日本の思想・再考 1 （末木文美士著） トランスビュー 2004.6 330p
◇清沢洌―外交評論の運命 増補版 （北岡伸一著） 中央公論新社 2004.7 260p （中公新書）
◇非戦と仏教―「批判原理としての浄土」からの問い （菱木政晴著） 白沢社 2005.1 261p
◇清沢満之その思想の軌跡 （神戸和麿著） 法藏館 2005.3 279p
◇清沢満之と歎異抄 （延塚知道著） 文栄堂書店 2005.12 84p
◇歴史と小説 （司馬遼太郎著） 集英社 2006.12 368p （集英社文庫）
◇哲学コレクション 1 （上田閑照著） 岩波書店 2007.10 431p （岩波現代文庫）
◇親鸞をよむ （山折哲雄著） 岩波書店 2007.10 215p （岩波新書）
◇臘扇記―注釈 （清沢満之著, 大谷大学真宗総合研究所編集・校注） 法藏館 2008.6 15,254,6p
◇自己を明らかにする （出雲路暢良著） 樹心社 2008.12 326p （出雲路暢良選集）
◇現代をどう生きるか （出雲路暢良著） 樹心社 2009.6 301p （出雲路暢良選集）
【雑 誌】
◇清沢満之についての覚書―教団革新論と運動の挫折をめぐって （赤松徹真）「龍谷史壇」 78 1980.3
◇真宗教学者のソクラテス観について （北畠知量）「同朋大学仏教文化研究所紀要」 2 1980.3
◇成徳忌に恩師を慕う―巨海師と満之師とのかかわりを中心として （寺倉襄）「同朋仏教」 14 1980.7
◇清沢満之「宗教哲学骸骨」の世界 （川鍋征行）「長谷川仏教文化研究所研究年報」 8 1981.3
◇信仰と福祉―清沢満之と内村鑑三 （吉田久一）「社会福祉」 24 1983
◇清沢満之における求道の意味―特にその教育活動について （高橋功）「富士大学紀要」 16(1) 1983.7
◇真宗における安心問題―清沢・住田両先生を機縁として （寺倉襄）「真宗研究」 29 1984.12
◇成徳忌に恩師を慕う(2)再び清沢満之の師とのかかわりについて （寺倉襄）「同朋大学論叢」 51 1984.12
◇清沢満之における「自己」（講演） （脇本平也）「親鸞教学」 45 1985.1

◇死もまた我等なり―清沢満之(名僧の死が語るもの) (延塚知道)「大法輪」 52(8) 1985.8
◇清沢満之における悪(花園大学における第36回(日本印度学仏教学会)学術大会紀要(2)) (渡辺芳遠)「印度学仏教学研究」 34(2) 1986.3
◇ある結核人間模様―満之と子規と節 (小西輝夫)「同朋」 107 1987.3
◇清沢満之の宗教哲学 (岡村康夫)「舞鶴工業高等専門学校紀要」 23 1988.3
◇清沢満之精神主義の意義と由来について(大谷大学における第38回(日本印度学仏教学会)学術大会紀要(2)) (橋本芳契)「印度学仏教学研究」 36(2) 1988.3
◇清沢満之における老荘思想(北海道大学における第39回〔日本印度学仏教学会〕学術大会紀要(1)) (渡辺芳遠)「印度学仏教学研究」 37(1) 1988.3
◇新たなる精神の形成―内村鑑三と清沢満之による真摯なる人間の所為 (加藤智見)「日本及日本人」 1593 1989.1
◇東本願寺(下)日本のヨブ清沢満之 (安西二郎)「同朋」 130 1989.2
◇清沢満之の宗教哲学(2) (岡村康夫)「舞鶴工業高等専門学校紀要」 24 1989.3
◇明治時代における仏教と進化論―井上円了と清沢満之 (鵜浦裕)「北里大学教養部紀要」 23(教養部20周年記念特集号) 1989.3
◇2つの世紀末―内村鑑三・清沢満之に学ぶ(講演) (吉田久一)「大谷学報」 69(3) 1989.12
◇井上円了と清沢満之 (北川前次)「杉並郷土史会々報」 102 1990.7
◇清沢満之の万物一体論 (安富信哉)「親鸞教学」 58 1991
◇哲学史家としての清沢満之先生 (深ജ助雄)「親鸞教学」 58 1991
◇清沢満之の「信念」について (樋口章信)「親鸞教学」 59 1992
◇清沢満之の回心に関する一考察 (北野裕通)「相愛大学研究論集」 8 1992.3
◇真宗大学の特質―清沢満之畢生の願い (延塚知道)「親鸞教学」 60 1992.10
◇清沢満之に於ける宗教的実践とその意義について (藤原正寿)「親鸞教学」 60 1992.10
◇清沢満之の研究―信仰・思想・実践 「真宗総合研究所研究紀要」 11 1993
◇無一物の教育者―清沢満之の教育論 (久木幸男)「親鸞教学」 61 1993.1
◇清沢満之における宗教的実践(愛知学院大学における第43回〔日本印度学仏教学会〕学術大会紀要(2)) (藤原正寿)「印度学仏教学研究」 41(2) 1993.3
◇明治中期の真俗二諦論と清沢満之 (安富信哉)「親鸞教学」 62 1993.9
◇願生の人・清沢満之―乗託妙用の自覚から避世就善の意欲へ (寺川俊昭)「親鸞教学」 63 1994.1
◇わが清沢満之(2) (堀浩良)「大阪成蹊女子短期大学研究紀要」 31 1994.3
◇清沢満之の社会観―「無限平等」の弁証法 (東儀道子)「社会科学討究(早稲田大学大隈記念社会科学研究)」 40(1) 1994.7
◇清沢満之『精神界』所載論文校訂集 (安富信哉)「真宗総合研究所研究紀要」 大谷大学真宗総合研究所 13 1995 p93～129
◇「精神主義」の波紋についての一考察―清沢満之の思想についてのある言説をめぐって (福島栄寿)「真宗研究」 百華苑 39 1995.1 p29～45
◇清沢満之の文化・文明観 (樋口章信)「親鸞教学」 大谷大学真宗学会 65 1995.1 p33～49
◇笑いと教育―清沢満之・浩々洞の「議論と大笑」の教育学的考察 (大竹鑑)「大谷学報」 大谷学会 74(4) 1995.3 p1～18
◇アメリカに渡った清沢満之の精神―野口善四郎参加の1893Chicago World Parliament of Religionsをめぐって (樋口章信)「大谷学報」 大谷学会 75(2) 1995.9 p13～27
◇清沢満之試論 (綱沢満昭)「近畿大学教養部研究紀要」 近畿大学教養部 28(2) 1996 p84～96
◇清沢満之 信仰と社会―信仰形成100年を記念して (吉田久一)「親鸞教学」 大谷大学真宗学会 67 1996.1 p65～81
◇清沢満之の倫理思想 (林信康)「研究紀要」 京都女子大学宗教・文化研究所 9 1996.3 p125～140
◇宗教的「個」の論理―清沢満之と精神主義 (安富信哉)「大谷大学研究年報」 大谷学会 49 1997 p69～122
◇清沢満之における『四阿含』―『教界時言』との関係を中心に (守屋友江)「親鸞教学」 大谷大学真宗学会 69 1997.1 p55～65
◇未来を開く人・清沢満之―福沢諭吉の啓蒙思想を参照しつつ (児玉暁洋)「親鸞教学」 大谷大学真宗学会 69 1997.1 p66～93
◇R.H.Lotzeと清沢満之―Metaphysikと「純正哲学」を比較して (樋口章信)「大谷大学研究年報」 大谷学会 50 1998 p55～101
◇清沢満之『宗教哲学骸骨』関連資料 「真宗総合研究所研究紀要」 大谷大学真宗総合研究所 17 1998 p53～111
◇宗教哲学講義(清沢満之『宗教哲学骸骨』関連資料) (徳永満之)「真宗総合研究所研究紀要」 大谷大学真宗総合研究所 17 1998 p57～90
◇宗教哲学骸骨ヲ読ム。(清沢満之『宗教哲学骸骨』関連資料) (立花銑三郎)「真宗総合研究所研究紀要」 大谷大学真宗総合研究所 17 1998 p91～96
◇解説(清沢満之『宗教哲学骸骨』関連資料)「真宗総合研究所研究紀要」 大谷大学真宗総合研究所 17 1998 p97～111
◇清沢満之と精神主義―その「個」の位相 (安富信哉)「親鸞教学」 大谷大学真宗学会 72 1998.9 p1～15
◇R・H・ロッツェと清沢満之(平成9年度大谷学会研究発表会 発表要旨) (樋口章信)「大谷学報」 大谷学会 77(4) 1998.11 p38～41
◇変象する心性の観察―清沢満之における『応用心理学』開講の意味 (樋口章信)「親鸞教学」 大谷大学真宗学会 73 1999.3 p17～30
◇清沢満之の宗教的信念―万物一体 (橋田尊光)「大谷大学大学院研究紀要」 大谷大学大学院 17 2000 p45～67
◇「真の自力」としての信念―西谷啓治の清沢満之観 (田村晃徳)「親鸞教学」 大谷大学真宗学会 76 2000.12 p36～49
◇近代日本の《光》と《影》―夏目漱石と清沢満之(20世紀の文学) (藤井淳)「文学」 岩波書店 2(2) 2001.3 p169～181
◇清沢満之の信仰表現について―「自力」の語をてがかりに(〔大谷学会〕平成12年度 特別研修員 研究発表要旨) (田村晃徳)「大谷学報」 大谷学会 80(4) 2001.9 p39～41
◇制欲自成の生活―清沢満之・依るべき根拠を求めて (渋谷行成)「大谷大学大学院研究紀要」 大谷大学大学院 19 2002 p29～51
◇精神の〈かたち〉―清沢満之の「精神主義」を中心に (川口順也)「文研論集」 専修大学大学院学友会 39 2002.3 p73～102
◇清沢満之の墨蹟について(真宗の教化と実践) (青木馨)「同朋仏教」 同朋大学仏教学会 38 2002.7 p291～314
◇清沢満之における「自力」の表現について (田村晃徳)「大谷学報」 大谷学会 81(3) 2002.9 p16～27
◇清沢満之と宗教哲学への道(仏教/近代/アジア) (今村仁司)「思想」 岩波書店 943 2002.11 p2～45
◇わが清沢満之(6) (堀浩良)「大阪成蹊女子短期大学研究紀要」 大阪成蹊女子短期大学 40 2003 p1～12
◇清沢満之の「現在安住」 (西本祐摂)「大谷大学大学院研究紀要」 大谷大学大学院 20 2003 p63～96
◇清沢満之の「宗教的回心」―宗教学的回心研究の一試論 (徳田幸雄)「東北大学文学研究科研究年報」 東北大学大学院文学研究科 53 2003年度 p97～136
◇清沢満之の名号論―如実修行相応(清沢満之没後100年特集1) (神戸和麿)「親鸞教学」 大谷大学真宗学会 80・81 2003.3 p1～30
◇歓喜と慶喜(清沢満之没後100年特集1) (中川晄三郎)「親鸞教学」 大谷大学真宗学会 80・81 2003.3 p31～45
◇清沢満之と真宗大谷派教団―白川党宗門改革運動をめぐって(清沢満之没後100年特集1) (橋田尊光)「親鸞教学」 大谷大学真宗学会 80・81 2003.3 p62～75
◇清沢満之の「自己とは何ぞや」に伏在する問題について―真宗同朋会運動の「個の自覚」の意味と課題から (高柳正裕)「教化研究」 教学研究所 第128号 2003.6 p64～92
◇清沢満之批判の諸相(その一) (加来知之)「教化研究」 教学研究所 第128号 2003.6 p111～144
◇「縁起」の教説から見た清沢満之の思想について (竹橋太)「教化研究」 教学研究所 第128号 2003.6 p145～168
◇清沢満之における「信念」の獲得―阿含読誦と釈尊との出遇い (名畑直日児)「教化研究」 教学研究所 第128号 2003.6 p172～198
◇清沢満之という生き方 (山折哲雄)「図書」 岩波書店 651 2003.7 p2～5
◇小野刑法学における自由概念の比較検討(1)清沢満之の自由概念との比較 (宿谷晃弘)「早稲田大学大学院法研論集」 早稲田大学大学院法学研究科 112 2004 p1～29
◇清沢満之の『宗教哲学骸骨』第三章霊魂論について (日野圭悟)「大谷大学大学院研究紀要」 大谷大学大学院 21 2004 p29～54
◇わが清沢満之(7) (堀浩良)「大阪成蹊短期大学研究紀要」 大阪成蹊短期大学 1 2004 p35～45
◇仏教的存在論としてのロッツェの形而上学―清沢満之の『純正哲学』について (渡部清)「哲学科紀要」 上智大学哲学科 30 2004 p89～111
◇《仏教》の凄みにふれて―山頭火・放哉・満之(シンポジウム:上田閑照先生の思想 京都宗教哲学会第四一回定例研究発表会) (寺尾寿芳)「宗教哲学研究」 北樹出版 21 2004 p93～101
◇清沢満之の「信念」―その源泉と内実(清沢満之没後100年特集2) (小野蓮明)「親鸞教学」 大谷大学真宗学会,文栄堂書店 82・83 2004.3 p1～17
◇個立と協同―石水期・清沢満之を手懸かりとして(清沢満之没後100年特集2) (安冨信哉)「親鸞教学」 大谷大学真宗学会,文栄堂書店 82・83 2004.3 p77～113
◇日本における西洋哲学の受容と清沢満之(清沢満之没後100年特集2) (藤田正勝)「親鸞教学」 大谷大学真宗学会,文栄堂書店 82・83 2004.3 p114～130

◇清沢満之の宗教哲学―『宗教哲学骸骨』を中心に（1） （岸根敏幸） 「福岡大学人文論叢」 福岡大学研究推進部 36（2） 2004.9 p589～605
◇前期清沢満之における宗教と道徳 （保呂篤彦） 「岐阜聖徳学園大学仏教文化研究所紀要」 〔岐阜聖徳学園大学仏教文化研究所〕 5 2005 p63～98
◇清沢満之「真宗大学開校の辞」翻訳と解説について （田村晃徳） 「真宗総合研究所研究紀要」 大谷大学真宗総合研究所 24 2005年度 p83～95
◇「開校の辞」について（清沢満之「真宗大学開校の辞」翻訳と解説について） （田村晃徳） 「真宗総合研究所研究紀要」 大谷大学真宗総合研究所 24 2005年度 p86～89
◇Introduction to Kiyozawa Manshi's "Address for the opening of Shinshu University"（清沢満之「真宗大学開校の辞」翻訳と解説について） （Tamura Akinori,Michael Conway〔訳〕） 「真宗総合研究所研究紀要」 大谷大学真宗総合研究所 24 2005年度 p90～95
◇清沢満之の『純正哲学』における「現実」理解と関係論―ロッツェ『形而上学』の仏教哲学的解釈 （角田佑一） 「哲学論集」 上智大学哲学会 34 2005 p93～110
◇清沢満之の少年時代に関する一考察―名古屋の居住地とその時代 （青木忠夫） 「同朋大学仏教文化研究所紀要」 同朋大学仏教文化研究所 25 2005 p111～123
◇清沢満之における「霊魂」 （田村晃徳） 「日本仏教学会年報」 日本仏教学会西部事務所 71 2005年度 p255～269
◇根本的問題としての自己―清沢満之に学ぶ（清沢満之没後100年特集3） （藤嶽明信） 「親鸞教学」 大谷大学真宗学会,文栄堂書店 84 2005.3 p1～26
◇清沢満之没後100年特集3 「親鸞教学」 大谷大学真宗学会,文栄堂書店 84 2005.3 p1～87
◇清沢満之と多田鼎の宗教言説観 （加来雄之） 「親鸞教学」 大谷大学真宗学会,文栄堂書店 85 2005.3 p16～39
◇「道理心」と「宗教心」（清沢満之没後100年特集3） （田村晃徳） 「親鸞教学」 大谷大学真宗学会,文栄堂書店 84 2005.3 p26～44
◇レヴィナスと清沢満之―宗教哲学における「倫理」の位置（清沢満之没後100年特集3） （Mark L. Blum） 「親鸞教学」 大谷大学真宗学会,文栄堂書店 84 2005.3 p45～61
◇清沢満之の信仰とその歴史的立場 （近藤俊太郎） 「仏教史研究」 永田文昌堂 41 2005.3 p56～87
◇乗托妙用の自己―「予の三部経」（清沢満之没後100年特集3） （神子和麿） 「親鸞教学」 大谷大学真宗学会,文栄堂書店 84 2005.3 p62～87
◇清沢満之における「修養」思想について （渡邊雄一） 「日本仏教教育学研究」 日本仏教教育学会 13 2005.3 p100～104
◇清沢満之の「僧伽」観（上） （水島見一） 「大谷学報」 大谷学会 83（3・4） 2005.6 p1～28
◇清沢満之の「僧伽」観（下） （水島見一） 「大谷学報」 大谷学会 84（1） 2005.9 p1～25
◇後期清沢満之における宗教と道徳 （保呂篤彦） 「岐阜聖徳学園大学仏教文化研究所紀要」 〔岐阜聖徳学園大学仏教文化研究所〕 6 2006 p126～77
◇清沢満之にとっての真宗大谷派 （高山秀嗣） 「仏教文化」 九州竜谷短期大学仏教文化研究所 15 2006.3 p31～49
◇現在の信念における無限大悲の実現―清沢満之における「現在安住」の時間的側面に関する考察 （西本祐攝） 「親鸞教学」 大谷大学真宗学会,文栄堂書店 87 2006.3 p37～55
◇浄土真宗の救いについて―清沢満之を通して（研究ノート） （名畑直日児） 「教化研究」 教学研究所 第135号 2006.5 p171～177
◇浄土真宗の救いについて―清沢満之を通して （名畑直日児） 「教化研究」 教学研究所 第135号 2006.5 p171～177
◇教団改革運動期の清沢満之 （近藤俊太郎） 「国史学研究」 龍谷大学国史学研究会 30 2007.3 p52～77
◇宗教言説の形成と近代的個人の主体性―内村鑑三と清沢満之の宗教言説と普遍的超越性（特集 近代日本と宗教学―学知をめぐるナラトロジー） （島薗進） 「季刊日本思想史」 ぺりかん社 72 2008 p32～52
◇清沢満之における宗教と社会についての試論 （鈴村裕輔） 「法政大学大学院紀要」 法政大学大学院 60 2008 p366～356
◇今村仁司氏の清沢満之研究 （末木文美士） 「東京経済大学会誌 経済学」 東京経済大学経済学会 259 2008 p288～278
◇第6部会 無限、存在、他者―清沢満之と集合論（第六十六回〔日本宗教学会〕学術大会紀要特集） （落合仁司） 「宗教研究」 日本宗教学会 81（4） 2008.1 p1099～1101
◇石水期・清沢満之における「現生正定聚論」の究明（上）清沢満之における「現在安住」の思想的背景 （西本祐攝） 「親鸞教学」 大谷大学真宗学会,文栄堂書店 91 2008.3 p7～71
◇他力門仏教の再構築―清沢満之「他力門哲学骸骨試稿」の思想的意義 （伊東恵深） 「現代と親鸞」 親鸞仏教センター（真宗大谷派） 14 2008.3 p2～25
◇清沢満之研究会 清沢満之における宗教と倫理〔含 質疑〕 （末木文美士）「現代と親鸞」 親鸞仏教センター（真宗大谷派） 14 2008.3 p103～158
◇学問的真理と宗教的真理の関係や如何―清沢満之の「宗教哲学」を中心に （山本伸裕） 「現代と親鸞」 親鸞仏教センター（真宗大谷派） 15 2008.6 p2～22
◇日清戦争前後の真宗大谷派教団と「革新運動」―清沢満之「精神主義」の起源 （繁田真爾） 「近代仏教」 日本近代仏教史研究会 15 2008.8 p70～98
◇清沢満之の手紙（特集 高僧・名僧の手紙―手紙から生き方を学ぶ―仏教者の手紙） （加来雄之） 「大法輪」 大法輪閣 75（10） 2008.10 p118～122
◇学と信の関係―清沢満之における「宗教と学問」 （田村晃徳） 「現代と親鸞」 親鸞仏教センター（真宗大谷派） 16 2008.12 p2～25
◇清沢満之の「信」（日本倫理学会第五九回大会 主題別討議報告―親鸞における「信」） （山本伸裕） 「倫理学年報」 日本倫理学会,毎日学術フォーラム 58 2009 p61～64
◇清沢満之の現生不退論―獲信の風光 （後藤智道） 「大谷大学大学院研究紀要」 大谷大学大学院 26 2009 p25～51
◇清沢満之における「他者」理解 （山本伸裕） 「現代と親鸞」 親鸞仏教センター（真宗大谷派） 17 2009.3 p2～22
◇「自己とは何ぞや」という問いをめぐって―清沢満之の「無限の因果」から見た二種回向の理解 （長谷正當） 「現代と親鸞」 親鸞仏教センター（真宗大谷派） 17 2009.3 p136～179
◇清沢満之における生命観と倫理観 （山本伸裕） 「死生学研究」 東京大学大学院人文社会系研究科 11 2009.3 p273～299
◇清沢満之の有限無限論―二つの「骸骨」を中心として（真宗における仏事） （伊東恵深） 「真宗教学研究」 真宗教学学会 30 2009.6 p64～75
◇清沢満之における至誠の心 （脇崇晴） 「哲学論文集」 九州大学哲学会 45 2009.9 p39～57
◇二〇〇九年度 春季公開講演会 講演録 真宗と教育―清沢満之の「独尊子」について （水島見一） 「大谷学報」 大谷学会 89（1） 2009.11 p46～77
◇清沢満之研究会 日本宗教思想史における清沢満之の位置〔含 質疑〕 （加藤智見,木曽修,本多弘之〔他〕） 「現代と親鸞」 親鸞仏教センター（真宗大谷派） 19 2009.12 p83～127

陸羯南 くがかつなん 1857～1907
明治期のジャーナリスト。日本新聞社主筆兼社長。
【図 書】
◇日本の国家思想 上 （小松茂夫,田中浩編） 青木書店 1980.5
◇明治文学全集37 筑摩書房 1980.5
◇陸羯南詩通訳 （高松亨明） 津軽書房 1981.3
◇哲学と自由 （小松茂夫） 御茶の水書房 1981.9
◇日本の思想家 近代篇 （菅孝行） 和光書房 1981.9
◇明治人物閑話 （森銑三） 中央公論社 1982.9
◇伝統と解放 （綱沢昭昭） 雁思社 1983.6
◇復興アジアの志士群像―東亜先覚者列伝 大東塾出版部 1984.5
◇日本の名著 37 陸羯南・三宅雪嶺（中公バックス） （鹿野政直責任編集） 中央公論社 1984.8
◇陸羯南全集 第10巻 （西田長寿ほか編） みすず書房 1985.4
◇青森県近代の群像 （稲葉克夫） 北の街社 1985.9
◇言論は日本を動かす〈第4巻〉日本を発見する （内田健三編著） 講談社 1986.6
◇滅びのとき味爽のとき （桶谷秀昭著） 小沢書店 1986.11
◇新世代の国家像―明治における欧化と国粋 （ケネス・B.パイル著,松本三之介監訳,五十嵐暁郎訳） 社会思想社 1986.12
◇近代日本思想大系4 陸痾南集 （植手通有編） 筑摩書房 1987.3
◇近代知識人の天皇像 （石田圭介編著） 日本教文社 1987.3
◇大久保利謙歴史著作集 8 明治維新の人物像 吉川弘文館 1987.7
◇拓川と羯南―たくせんとかつなん （松山市立子規記念博物館編） 松山市立子規記念博物館 1987.10
◇近代日本政治思想の座標―思想家・政治家たちの対外観 （宮本盛太郎編） 有斐閣 1987.11 （有斐閣選書）
◇大久保利謙歴史著作集 6 明治の思想と文化 吉川弘文館 1988.2
◇陸羯南 日本〈明治28年・29年〉 ゆまに書房 1989.3
◇陸羯南 日本〈第34巻〉 ゆまに書房 1989.10
◇陸羯南 日本〈第35巻〉 ゆまに書房 1989.10
◇陸羯南 日本〈第36巻〉 ゆまに書房 1989.10
◇長谷川如是閑集〈第1巻〉 （長谷川如是閑著） 岩波書店 1989.10
◇陸羯南 日本〈第31巻〉明治32年1月～4月 ゆまに書房 1989.10
◇陸羯南 日本〈第32巻〉明治32年5月～8月 ゆまに書房 1989.10
◇陸羯南 日本〈第33巻〉明治32年9月～12月 ゆまに書房 1989.10
◇文士と文士 （小山文雄著） 河合出版 1989.11
◇陸羯南 日本〈第37巻〉 ゆまに書房 1990.2
◇陸羯南 日本〈第38巻〉 ゆまに書房 1990.2

◇陸羯南 日本〈第39巻〉 ゆまに書房 1990.2
◇陸羯南「国民」の創出 （小山文雄） みすず書房 1990.4
◇陸羯南 日本〈第40巻（明治35年1月～4月）〉 ゆまに書房 1990.6
◇陸羯南 日本〈第41巻（明治35年5月～8月）〉 ゆまに書房 1990.6
◇陸羯南 日本〈第42巻（明治35年9月～12月）〉 ゆまに書房 1990.6
◇陸羯南研究 （丸谷嘉徳） 勁草出版サービスセンター 1990.9
◇陸羯南 日本〈第51巻（明治38年1月～3月）〉 ゆまに書房 1991.6
◇陸羯南 日本〈第52巻（明治38年4月～6月）〉 ゆまに書房 1991.6
◇陸羯南 日本〈第53巻（明治38年7月～9月）〉 ゆまに書房 1991.6
◇陸羯南 日本〈第54巻（明治38年10月～12月）〉 ゆまに書房 1991.6
◇遠山茂樹著作集〈第4巻〉日本近代史論 （遠山茂樹著） 岩波書店 1992.7
◇近代日本と自由主義（リベラリズム） （田中浩著） 岩波書店 1993.8
◇保守政治の論理 （渋谷浩著） 北樹出版 1994.2
◇アジアから考える〈5〉近代化像 （溝口雄三, 浜下武志, 平石直昭, 宮嶋博史編） 東京大学出版会 1994.6
◇明治粋俠伝 （久坂聡三著） 鳥影社 1997.4 364p
◇文人追懐—一学芸記者の取材ノート （浜山博著） 蝸牛社 1998.9 270p
◇明治政党論史 （山田央子著） 創文社 1999.1 265,10p
◇近代日本政治思想史入門—原典で学ぶ19の思想 （大塚健洋編著） ミネルヴァ書房 1999.5 348p
◇世紀末の一年—1900年ジャパン （松山巌著） 朝日新聞社 1999.10 449p （朝日選書）
◇その時歴史が動いた 13 （NHK取材班編） KTC中央出版 2002.5 253p
◇いい加減にしろ！外務省—国益、国民益を損なってまで、なにを守ろうとしているのか？ （濤川栄太,21世紀日本の外交を考える会著） ネコ・パブリッシング 2002.5 198p
◇反骨のジャーナリスト （鎌田慧著） 岩波書店 2002.10 227p （岩波新書）
◇「第三の開国」は可能か （田中浩著） 日本放送出版協会 2003.8 253p （NHKライブラリー）
◇国粋主義者の国際認識と国家構想—福本日南を中心として （広瀬玲子著） 芙蓉書房出版 2004.1 514p
◇行蔵は我にあり—出頭の102人 （出久根達郎著） 文芸春秋 2004.10 221p （文春新書）
◇左千夫歌集 （永塚功著, 久保田淳監修） 明治書院 2008.2 540p （和歌文学大系）
◇鹿野政直思想史論集 第6巻 （鹿野政直著） 岩波書店 2008.4 434p
◇陸羯南—政治認識と対外論 （朴羊信著） 岩波書店 2008.7 270,3p
◇反骨—反骨のジャーナリスト陸羯南・宮武外骨・黒岩涙香・子規'08 松山市立子規記念博物館第54回特別企画展 （松山市子規記念博物館編） 松山市子規記念博物館 2008.7 52p
◇陸羯南—自由に公論を代表す （松田宏一郎著） ミネルヴァ書房 2008.11 325,7p （ミネルヴァ日本評伝選）
◇概説 日本政治思想史 （西田毅編著） ミネルヴァ書房 2009.1 392,7p
◇羯南陸実先生 第4版 鳴海研究所清明会 2009.2 52p
◇余は、交際を好む者なり—正岡子規と十人の俳士 （復本一郎著） 岩波書店 2009.3 301p
◇近代日本メディア人物誌—創始者・経営者編 （土屋礼子編著） ミネルヴァ書房 2009.6 277p

【雑誌】
◇近代日本のナショナリズム—陸羯南の場合 （小股憲明） 「大阪女子大学社会福祉評論」 47 1980.3
◇陸羯南の外政論—明治31～33年（1） （山口一之） 「駒沢史学」 27 1980.3
◇陸羯南の外政論—明治三一～三三年（2） （山口一之） 「駒沢史学」 28 1981.3
◇史的課題俳人論（3,4） （松井利彦） 「俳句」 30(3,4) 1981.3,4
◇陸羯南について（付略年譜） （綱沢満昭） 「近代風土」 11 1981.4
◇陸羯南と自由主義 （綱沢満昭） 「近代風土」 12 1981.7
◇陸羯南の地方観 （綱沢満昭） 「近代風土」 11 1981.11
◇陸羯南の初期政論 （山本隆基） 「広島法学」 6(3) 1983.1
◇憲法論議—三山とその時代（6） （池辺三山） 「みすず」 287 1984.9
◇陸羯南の外政論—義和団事変と善後策 （山口一之） 「駒沢史学」 35 1986.5
◇陸羯南のナショナリズム論—政治思想史的考察（近代化のリーダーシップ〈特集〉） （渋谷浩） 「明治学院論叢」 396 1986.8
◇正岡子規と陸羯南—ナショナリズムにふれて（正岡子規—日本的近代の水路〈特集〉） （桶谷秀昭） 「国文学」 31(12) 1986.10
◇日本におけるリベラリズムの一潮流—田口卯吉から長谷川如是閑へ— （田中浩） 「一橋論叢」 97(2) 1987.2
◇陸羯南の政治思想（1） 日清戦前の時期を中心として （本田逸夫）「法学（東北大学）」 51(1) 1987.4

◇翻訳の言葉と論説の言葉—ジョゼフ・ド・メストルの陸羯南への影響の序論的な検討— （田所光男） 「福岡大学人文論叢」 19(1) 1987.6
◇陸羯南の政治思想（2） 日清戦前の時期を中心として （本田逸夫）「法学（東北大学）」 51(2) 1987.6
◇「国民天賦の任務」への欣求—陸羯南（くがかつなん）とヨーロッパの反革命思想 （田所光男） 「日本及日本人」 1587 1987.7
◇「政論記者」陸羯南の成立 （松田宏一郎） 「東京都立大学法学会雑誌」 28(1) 1987.7
◇拓川・羯南と近代明治 （島津豊幸） 「子規博だより」 7(2) 1987.10
◇日本の使命を説く思想を支え合う在来の言葉と外来の言葉—ジョゼフ・ド・メストルの陸羯南への影響— （田所光男） 「福岡大学人文論叢」 19(3) 1987.12
◇陸羯南の思惟方法 （山本隆基） 「広島法学（広島大学）」 11(3・4) （北西允先生退官記念号） 1988.3
◇陸羯南の外政論—明治34年1月～4月 （山口一之） 「駒沢史学」 38 1988.3
◇"天山の雪"は消えず—陸羯南と福本日南にみる勁烈な木鐸の真骨頂 （草地貞吾） 「日本及日本人」 1590 1988.4
◇陸羯南の政治思想—日清戦前の時期を中心として（3） （本田逸夫）「法学（東北大学法学会）」 52(2) 1988.6
◇子規と陸羯南資料『拓川集』より （松井利彦） 「東海学園国語国文（東海学園女子短期大学）」 40 1991.11
◇「近時政論考」考—陸羯南における〈政論〉の方法（1,2完） （松田宏一郎） 「東京都立大学法学会雑誌」 33(1,2) 1992.7,12
◇陸羯南の立憲文論の展開—日清戦後の時期を中心に （本田逸夫）「九州工業大学研究報告 人文・社会科学」 41 1993.3
◇陸羯南の「人道」観に関する覚え書き （本田逸夫） 「九州大学政治研究」 40 1993.3
◇陸羯南の「人道」観に関する覚え書き （本田逸夫） 「政治研究」 40 1993.3
◇日清戦後における陸羯南の対外政策論 （頴原善徳） 「日本歴史」 541 1993.6
◇陸羯南宛犬養毅・井上毅・近衛篤麿・内藤鳴雪の書簡—「羯南全集」への補遺（研究余録） （梅渓昇） 「日本歴史」 545 1993.10
◇明治中期の「国際政治学」—陸羯南「国際論」とNovicow J.,La politique internationaleをめぐって （本田逸夫） 「法学」 東北大学法学会 59(6) 1996.1 p905～932
◇陸羯南への思い（司馬遼太郎の跫音（あしおと）） （青木彰） 「中央公論」 111(11) 1996.9 臨増 p160～166
◇巻頭写真, 略歴及び主要業績一覧（安川寿之輔教授停年退官記念号） 「情報文化研究」 名古屋大学情報文化学部［ほか］ 7 1998.3 p巻頭1～7
◇陸羯南の「国民的特性」論—その「自由主義」論との関連を中心に （本田逸夫） 「政治研究」 九州大学法学部政治研究室 45 1998.3 p1～28
◇陸羯南の政治認識と対外論（2）公益と経済的膨張 （朴羊信） 「北大法学論集」 北海道大学法学部 49(2) 1998.7 p293～347
◇陸羯南の政治認識と対外論（3）公益と経済的膨張 （朴羊信） 「北大法学論集」 北海道大学法学部 49(5) 1999.1 p1015～1075
◇陸羯南の政治認識と対外論（4・完）公益と経済的膨張 （朴羊信）「北大法学論集」 北海道大学法学部 50(1) 1999.5 p49～117
◇子規と陸羯南・その葛藤（正岡子規没後一〇〇年記念特集・正岡子規の革新性） （復本一郎） 「神奈川大学評論」 神奈川大学広報委員会 40 2001 p139～143
◇陸羯南と地方自治 （坂井雄吉） 「大東法学」 大東文化大学法政学会 10(特別) 2001.3 p1～71
◇子規を慕う門人たち 子規山脈の人びと—松山出身者を中心に（第2特集・正岡子規百回忌記念） （栗田靖） 「歴史と旅」 28(11) 2001.11 p102～109
◇陸羯南と南アフリカ戦争—反「帝国主義」からの転換の契機として （平塚健太郎） 「現代史研究」 現代史研究会 48 2002 p1～19
◇志賀重昂の保守主義—丸山真男の陸羯南論との関連で （荻原隆）「研究年報」 名古屋大学大学院大学総合研究科 15 2002 p130～109
◇中田実教授経歴および主要業績目録（中田実教授・田上光大教授 退職記念号） 「愛知学泉大学コミュニティ政策学部紀要」 愛知学泉大学コミュニティ政策学部 5 2002.12 p131～138
◇陸羯南の交際論と政治像（上） （山辺春彦） 「東京都立大学法学会雑誌」 東京都立大学法学部 43(2) 2003.1 p375～422
◇陸羯南の交際論と政治像（下） （山辺春彦） 「東京都立大学法学会雑誌」 東京都立大学法学部 44(1) 2003.7 p297～355
◇陸羯南の対គ認識—日清提携論から支那保全論へ— （李向英） 「史学研究」 広島史学研究会 243 2004.1 p21～41
◇陸羯南における国民主義の制度構想（1） （山本隆基） 「福岡大学法学論叢」 福岡大学研究推進部 48(3・4) 2004.3 p393～422
◇陸羯南における国民主義の制度構想（2） （山本隆基） 「福岡大学法学論叢」 福岡大学研究推進部 49(2) 2004.6 p47～80
◇明治立憲政と徳義—合川正道と陸羯南の立憲政治構想 （山辺春彦）「東京都立大学法学会雑誌」 東京都立大学法学部 45(1) 2004.7 p371～435

◇陸羯南における国民主義の制度構想(3) (山本隆基)「福岡大学法学論叢」 福岡大学研究推進部 49(2) 2004.9 p187〜226
◇最上家所蔵「陸羯南関係史料」の概要 (中野目徹)「近代史料研究」 日本近代史研究会 8 2008 p62〜76
◇陸羯南の教育勅語観(1) (野口伐名)「弘前学院大学社会福祉学部研究紀要」 弘前学院大学社会福祉学部 8 2008.3 p40〜59
◇地方史研究発表会 特別講演 名山 陸羯南 (舘田勝弘)「東奥文化」 青森県文化財保護協会 79 2008.3 p9〜16, 図巻頭1p
◇陸羯南における国民主義の制度構想(8) (山本隆基)「福岡大學法學論叢」 福岡大学研究推進部 53(4) 2009.3 p413〜462
◇陸羯南の教育勅語観(2) (野口伐名)「弘前学院大学社会福祉学部研究紀要」 弘前学院大学社会福祉学部 9 2009.3 p28〜51
◇陸羯南の「国民主義」再考 (山辺春彦)「政治思想研究」 風行社 9 2009.5 p326〜364

草鹿砥宣隆 くさかどのぶたか 1818〜1869
幕末の神官。
【雑 誌】
◇草鹿砥宣隆『杉之金門長歌集』の翻刻と研究(1) (鈴木太吉)「愛知大学綜合郷土研究所紀要」 39 1994
◇草鹿砥宣隆『杉之金門長歌集』の翻刻と研究—2— (鈴木太吉)「愛知大学綜合郷土研究所紀要」 愛知大学綜合郷土研究所 40 1995 p29〜44
◇草鹿砥宣隆『杉之金門長歌集』の翻刻と研究(3) (鈴木太吉)「愛知大学綜合郷土研究所紀要」 愛知大学綜合郷土研究所 41 1996 p115〜127

草山貞胤 くさやまさだたね 1823〜1905
幕末, 明治期の神主。
【図 書】
◇横浜開港時代の人々 (紀田順一郎著) 神奈川新聞社 2009.4 270p
【雑 誌】
◇日本のたばこ史を回顧し秦野たばこの先覚者・草山貞胤翁を偲ぶ (加藤頼章)「たばこ史研究」 14 1985.11
◇開港・開化傑物伝(13)文明の香りを運ぶシガレット 開化の巷に踊った商魂の果て—煙草の製造と販売<草山貞胤/岩谷松平> (紀田順一郎)「Best partner」 浜銀総合研究所 21(1) 2009.1 p36〜41

楠本イネ くすもといね 1827〜1903
幕末, 明治期の医師。産婦人科, 宮内庁御用掛。
【図 書】
◇図説人物日本の女性史 9 小学館 1980.3
◇幕末酒徒列伝 続 (村島健一) 講談社 1980.3
◇女の一生3 人物近代女性史 (瀬戸内晴美編集) 講談社 1980.12
◇近代を彩った女たち (若城希伊子) TBSブリタニカ 1981.8
◇幕末維新の女性—日本女性の歴史 暁教育図書 1982.8 (日本発見人物シリーズ no.6)
◇杉靖三郎著作集 4 日本科学の伝統 (杉靖三郎) 春秋社 1982.9
◇医学史話 杉田玄白から福沢諭吉 (藤野恒三郎著) 菜根出版 1984.1
◇愛と反逆—近代女性史を創った女たち (岩槻邦枝著) 講談社 1984.4
◇女の一生—人物近代女性史 3 黎明の国際結婚 (瀬戸内晴美他著) 講談社 1984.4
◇ふおん・しいほるとの娘 下 新潮社 1993.3
◇シーボルトお稲—マンガ 大江戸パワフル人物伝 (まさきまき画) 草土文化 1995.1 137p
◇蘭方女医者事始—シーボルト・イネ (片桐純恵著) 創栄出版 1996.11 303p
◇拓く—日本の女性科学者の軌跡 (都河明子, 嘉ノ海暁子著) ドメス出版 1996.11 220p
◇出島生まれのおイネさん—出島物語異聞 (中西啓監修, 岩田祐作著) 長崎文献社 2000.2 32p
◇努力は必ず報われる—勇気を与えてくれる歴史上の人物12人の絵物語 (下川高士絵・文) 新人物往来社 2003.6 77p (シリーズ:こどもとおとなたちに贈る人物日本の歴史)
◇歴史の影絵 (吉村昭著) 文芸春秋 2003.8 198p (文春文庫)
◇師弟—ここに志あり (童門冬二著) 潮出版社 2006.9 269p
◇国際社会で活躍した日本人—明治〜昭和13人のコスモポリタン (植木武編) 弘文堂 2009.4 260p
◇理系の扉を開いた日本の女性たち—ゆかりの地を訪ねて (西条敏美著) 新泉社 2009.6 235,3p
【雑 誌】
◇イネと娘高子 (歴史を歩く(2)) (吉村昭)「歴史と人物」 10(2) 1980.2
◇医学界の三女医 楠本イネ・荻野吟子・吉岡弥生(特集花ひらく明治の女性たち) (酒井シヅ)「歴史と旅」 12(2) 1985.2
◇学者シーボルトの娘として誇りをバネに不幸を消し去る—いね(いまも昔もおんな史) (泉秀樹)「潮」 344 1987.12
◇ブランデンシュタイン=ツェッペリン家資料にみる『日本』出版の過程と其扇・いね宛シーボルト書簡 (福井英俊)「鳴滝紀要」 2 1992.3

楠本たき くすもとたき 1807〜1869
幕末, 明治期の遊女。シーボルトの愛人。
【雑 誌】
◇ブランデンシュタイン=ツェッペリン家資料にみる『日本』出版の過程と其扇・いね宛シーボルト書簡 (福井英俊)「鳴滝紀要」 2 1992.3

久津見蕨村 くつみけっそん 1860〜1925
明治, 大正期のジャーナリスト。
【雑 誌】
◇ボアソナードの仕込杖・勝海舟の悪態—久津見蕨村が見た人物 (斎藤英子)「日本古書通信」 48(7) 1983.7
◇本好き人好き(7)ハイカラという造語の由来—石川半山『鳥飛兎走録』久津見蕨村『現代八面鋒』 (谷沢永一)「国文学」 35(4) 1990.4
◇本好き人好き(15)らいてう及び博士たち—久津見蕨村『自由思想』乾坤一擲斎主人編『当世名士 化の皮』 (谷沢永一)「国文学」 35(14) 1990.12
◇久津見蕨村執筆目録(1889—1926) (高松敏男)「文献探索」 金沢文圃閣, 文献探索研究会 2006 p96〜111

窪田次郎 くぼたじろう 1835〜1902
幕末, 明治期の医師。福山藩藩校誠之館医学所教授。
【図 書】
◇明治期地方啓蒙思想家の研究—窪田次郎の思想と行動 (有元正雄ほか) 渓水社 1981.3
◇医師・窪田次郎の自由民権運動 (広島県立歴史博物館編) 広島県立歴史博物館 1997.4 200p
◇広島・福山と山陽道 (頼祺一編) 吉川弘文館 2006.8 244,16p (街道の日本史)
◇地方知識人窪田次郎の活動と地域の社会・文化についての一考察 (天野彩)『近代移行期の名望家と地域・国家』(渡辺尚志編著) 名著出版 2006.11 p581

窪田静太郎 くぼたせいたろう 1865〜1946
明治〜昭和期の官僚, 社会事業家。
【図 書】
◇窪田静太郎論集 日本社会事業大学 1980.3
【雑 誌】
◇窪田静太郎にみる救済制度観の変遷 (野口友紀子)「東洋大学大学院紀要」 東洋大学大学院 37(社会学研究科) 2000 p251〜263

栗原順庵 くりはらじゅんあん 1809〜1882
幕末, 明治期の医師。
【雑 誌】
◇栗原順庵「伊勢金比羅参宮日記」 (三谷敏雄)「ことひら」 36 1981.1
◇栗原順庵—奥様御迎急出府日記 (橋田友治)「群馬歴史散歩」 55 1982.11
◇江戸時代における社寺参詣日記の研究—栗原順庵の「伊勢金比羅日記」を事例として (五十嵐富夫)「群女国文(群馬女子短期大学)」 13 1985.10

栗本鋤雲 くりもとじょうん 1822〜1897
幕末, 明治期の幕臣, 新聞人。
【図 書】
◇士魂の群像 (吉田武三) 冨山房 1980.7
◇男たちの明治維新 (奈良本辰也ほか) 文芸春秋社 1980.10 (文春文庫)
◇幕臣列伝 (綱淵謙錠) 中央公論社 1981.3
◇陸軍創設史—フランス軍事顧問団の影 (篠原宏著) リブロポート 1983.12
◇人物探訪 日本の歴史—18—明治の逸材 暁教育図書 1984.2
◇幕臣列伝(中公文庫) (綱淵謙錠) 中央公論社 1984.5
◇ブレーン: 歴史にみる群像<5>転機 (豊田穣, 杉本苑子, 吉村貞司, 徳永真一郎, 榛葉英治, 綱淵謙錠著) 旺文社 1986.5
◇随筆集 砧 (きぬた) (森銑三著) 六興出版 1986.10
◇『夜明け前』研究 (鈴木昭一著) 桜楓社 1987.10
◇人物列伝幕末維新史—明治戊辰への道 (綱淵謙錠著) 講談社 1988.2
◇人物列伝幕末維新史 (綱淵謙錠著) 講談社 1992.11 (講談社文庫)
◇風と海の回廊—日本を変えた知の冒険者たち (泉秀樹著) 広済堂出

◇日本の開国と三人の幕臣　（桑原三二著）　桑原三二　1996.12　217p
◇幕末維新列伝　（綱淵謙錠著）　学陽書房　1998.8　316p　（人物文庫）
◇明治のジャーナリズム精神—幕末・明治の新聞事情　（秋山勇造著）　五月書房　2002.5　259,7p
◇持丸長者　幕末・維新篇—日本を動かした怪物たち　（広瀬隆著）　ダイヤモンド社　2007.2　373p
◇栗本鋤雲遺稿　（栗本瀬兵衛編）　慧文社　2007.6　188p
◇幕末維新パリ見聞記—成島柳北「航西日乗」・栗本鋤雲「暁窓追録」（井田進也校注）　岩波書店　2009.10　284,2p　（岩波文庫）
◇島崎藤村『破戒』を歩く　下　（成沢栄寿著）　部落問題研究所　2009.10　440p
【雑　誌】
◇幕臣列伝（7）栗本鋤雲　（綱淵謙錠）「歴史と人物」　10(8)　1980.7
◇近世ジャーナリスト列伝(8)報知の人々—鋤雲・竜渓・木堂　（三好徹）「中央公論」　96(3)　1981.3
◇「夜明け前」と栗本鋤雲　（高阪薫）「甲南大学紀要 文学編」　56　1984
◇『栗本鋤雲翁自伝』について　（西田長寿）「みすず」　289　1984.11
◇栗本鋤雲「暁窓追録」（近代文学者の海外体験〈欧米篇〉）（白水暁子）「雑志」　3　1985.3
◇旅と棄郷と(36)アルプスの日本人(上)　（近藤信行）「早稲田文学〔第8次〕」　118　1986.3
◇〈新資料〉栗本鋤雲の森槐園宛書簡をめぐり　（小川康子）「国文学 言語と文芸」　101　1987.6
◇本所に縁りのある栗本鋤雲と勝海舟　（北原昭太郎）「江東史談」　234　1990.6
◇パリを見た日本人／日本人の見たパリ—成島柳北と栗本鋤雲　（島村輝）「女子美術大学紀要」　女子美術大学　27　1997.3　p107～117
◇中野重治と栗本鋤雲　（竹内栄美子）「千葉工業大学研究報告 人文編」　千葉工業大学　35　1998　p2-1～15
◇パリ万国博のもたらしたもの—栗本鋤雲を中心に　（小笠原幹夫）「くらしき作陽大学・作陽短期大学研究紀要」　くらしき作陽大学〔ほか〕　34(2)　2001　p82～75
◇近代法思想へのまなざし—栗本鋤雲『暁窓追録』を中心に　（石澤理如）「東北大学文学会　69(1・2)　2005.春・夏」　p1～18
◇栗本鋤雲の漢学と洋学の修業　（小野寺龍太）「斯文」　斯文会　116　2008.3　p1～19
◇明治国家をつくった人びと(13)栗本鋤雲の見た西洋の裁判　（瀧井一博）「本」　講談社　34(8)　2009.8　p52～55

来島恒喜　くるしまつねき　1859～1889
明治期の国粋主義者。
【図　書】
◇来島恒喜　重遠社出版部　1980.4　（重遠社叢書　日本国家主義運動の原像シリーズ 1）
◇明治東京犯罪暦　明治元年～明治23年　（山下恒夫著）　東京法経学院出版　1988.4　（犯罪ドキュメントシリーズ）
◇幕末三舟伝　（頭山満著）　島津書房　1990.8
◇凛—近代日本の女魁・高場乱　（永畑道子著）　藤原書店　1997.3　244p
◇幕末三舟伝　（頭山満著）　島津書房　1999.11　368p
◇テロルの系譜—日本暗殺史　（かわぐちかいじ）　筑摩書房　2002.7　331p　（ちくま文庫）
◇幕末三舟伝　（頭山満述）　国書刊行会　2007.11　340p
【雑　誌】
◇幻影の政府・曾根崎1888年(10)アジアの解放へ　（松本健一）「歴史読本」　28(15)　1983.10
◇日本文明の先駆者(10)来島恒喜　（坪内隆彦）「月刊日本」　K&Kプレス　12(9)　2008.9　p82～89

黒駒勝蔵　くろこまのかつぞう　1832～1871
幕末, 明治期の侠客。清水次郎長と対立。
【図　書】
◇東海遊侠伝—次郎長一代記　（今川徳三）　教育社　1982.9
◇人物探訪　日本の歴史 10　仁侠の群像　暁教育図書　1983.12
◇清水次郎長—物語と史蹟をたずねて　（竹内勇太郎著）　成美堂出版　1988.1
◇次郎長一代記　（今川徳三著）　毎日新聞社　1993.2　（ミューブックス）
◇悪役のふるさと　（村松友視著）　講談社　1993.6
◇悪役のふるさと　（村松友視著）　学陽書房　1999.11　331p　（人物文庫）
◇博徒の幕末維新　（高橋敏著）　筑摩書房　2004.2　249p　（ちくま新書）
◇講演「竹居安五郎・黒駒勝蔵と戊辰戦争」　（高橋敏）『山梨の人と文化—明治維新のうねりの中で』（山梨県生涯学習推進センター編）　山梨ふるさと文庫　2005.7　（山梨学講座）　p10
◇黒駒勝蔵　（加川英一著）　新人物往来社　2007.9　336p
【雑　誌】
◇黒駒勝蔵の生涯（やまなし学シリーズ(4)「やまなし学研究2006—山梨の将来／甲斐の国人物伝」の記録）　（岩崎正吾）「山梨学院生涯学習センター研究報告」　山梨学院生涯学習センター　21　2009.3　p26～32

けい　けい　1852～1871
明治期の女性移民第1号。初期移民哀史のシンボル的存在。
【図　書】
◇近代日本の女性史7　国際舞台の女性たち　（創美社編集）　集英社　1981.4
◇第二次おけい墓参団の記録　おけい墓参団　1982.12
◇物語 悲劇の会津人　（新人物往来社編）　新人物往来社　1990.5
◇日本人の足跡　1　（産経新聞「日本人の足跡」取材班著）　産経新聞ニュースサービス　2001.11　592p
【雑　誌】
◇『おけい』の頃（特集 早乙女貢）　（重金敦之）「大衆文学研究」　大衆文学研究会　2002年(1)　2002.7　p25～27

幸徳秋水　こうとくしゅうすい　1871～1911
明治期の社会主義者。
【図　書】
◇幸徳秋水—日本の急進主義者の肖像　（F.G.ノートヘルファー著　竹山護夫訳）　福村出版　1980.2
◇日本の国家思想　上　（小松茂夫, 田中浩編）　青木書店　1980.5
◇明治まんが遊覧船　（清水勲）　文芸春秋　1980.8
◇男たちの明治維新—エピソード人物史　（奈良本辰也ほか）　文芸春秋　1980.10　（文春文庫）
◇未来に生きた人びと　（塩田庄兵衛）　新日本出版社　1980.10　（新日本新書）
◇近代日本の女性史10　名作を彩るモデルたち　（創美社編集）　集英社　1981.7
◇日本社会主義の倫理思想—理想主義と社会主義　（山田洸）　青木書店　1981.7
◇日本の思想家　近代篇　（菅孝行）　大和書房　1981.9
◇わたしの回想　上　父, 堺利彦と同時代の人びと　（近藤真柄）　ドメス出版　1981.11
◇獅子たちの瞬間—歴史にみる人間の真実　（江上照彦）　山手書房　1981.11
◇近代日本思想と軌跡—西洋との出会い　（野田又夫ほか編著）　北樹出版　1982.4
◇幸徳秋水全集　第1巻　（幸徳秋水全集編集委員会編）　明治文献資料刊行会　1982.4
◇幸徳秋水全集　第2巻　（幸徳秋水全集編集委員会編）　明治文献資料刊行会　1982.4
◇幸徳秋水全集　第3巻　（幸徳秋水全集編集委員会編）　明治文献資料刊行会　1982.4
◇幸徳秋水全集　第4巻　（幸徳秋水全集編集委員会編）　明治文献資料刊行会　1982.4
◇幸徳秋水全集　第5巻　（幸徳秋水全集編集委員会編）　明治文献資料刊行会　1982.4
◇幸徳秋水全集　第6巻　（幸徳秋水全集編集委員会編）　明治文献資料刊行会　1982.4
◇幸徳秋水全集　第7巻　（幸徳秋水全集編集委員会編）　明治文献資料刊行会　1982.4
◇幸徳秋水全集　第8巻　（幸徳秋水全集編集委員会編）　明治文献資料刊行会　1982.4
◇幸徳秋水全集　第9巻　（幸徳秋水全集編集委員会編）　明治文献資料刊行会　1982.4
◇幸徳秋水全集　別巻 2　（幸徳秋水全集編集委員会編）　明治文献資料刊行会　1982.4
◇幸徳秋水全集　〔補巻〕　大逆事件アルバム　幸徳秋水とその周辺　（幸徳秋水全集編集委員会編）　明治文献資料刊行会　1982.4
◇幸徳秋水全集　別巻 1　（幸徳秋水全集編集委員会編）　明治文献資料刊行会　1982.4
◇幸徳秋水　（大野みち代編）　日外アソシエーツ　1982.6　（人物書誌大系 3）
◇冬の時代の文学—秋水から「種蒔く人」へ　（林尚男）　有精堂出版　1982.6
◇高知の研究 5　近代篇　清文堂出版　1982.7
◇歴史の精神—大衆のエトスを基軸として　（松本健一）　柏書房　1982.7
◇三代反戦運動史—明治, 大正, 昭和　（松下芳男）　光人社　1982.12
◇労働組合運動の現代的課題—大友福夫先生還暦記念論文集 1　（黒川俊雄ほか編）　未来社　1983.3

◇日本のリーダー 11 風雲の異端児　ティビーエス・ブリタニカ　1983.10
◇狭間の早春　(武田逸英)　日本経済評論社　1984.2
◇人物探訪 日本の歴史―18―明治の逸材　暁教育図書　1984.2
◇文学史の園―1910年代　(紅野敏郎編)　青英舎　1984.9
◇幸徳秋水　中央公論社　1984.10
◇幸徳秋水・明治社会主義の一等星(清水新書)　(坂本武人著)　清水書院　1984.10
◇歴史随想―冬の蝶　(藤野順)　雪華社　1984.12
◇言論は日本を動かす〈第6巻〉体制に反逆する　(粕谷一希編)　講談社　1986.2
◇いま天皇制を考える〈TOMOカルチャーブックス〉　(土方和雄著)　学習の友社　1986.4
◇漁書のすさび―古本随筆　(小林高四郎著)　西田書店　1986.8
◇義和団戦争と明治国家　(小林一美)　汲古書院　1986.9
◇東京空間1868～1930〈第2巻〉帝都東京　(小木新造, 芳賀徹, 前田愛編)　筑摩書房　1986.9
◇アナキズム(FOR BEGINNERSシリーズ)　(玉川信明文, ウノ・カマキリイラスト)　現代書館　1986.9
◇伊藤証信とその周辺　(柏木隆法)　不二出版　1986.10
◇日本仏教史論纂―二葉憲香博士古稀記念　(二葉憲香博士古稀記念論集刊行会編)　永田文昌堂　1986.10
◇近代日本の反権力思想―龍馬の『藩論』を中心に　(関家新助著)　法律文化社　1986.10
◇大逆事件と『熊本評論』　(上田穣一, 岡本宏編著)　三一書房　1986.10
◇近代ジャーナリスト列伝―天馬の如く〈下〉(中公文庫)　(三好徹著)　中央公論社　1986.11
◇激録・日本大戦争〈第23巻〉乃木大将と日露戦争　(原康史著)　東京スポーツ新聞社　1987.1
◇本とつきあう法　(中野重治著)　筑摩書房　1987.2　(ちくま文庫)
◇幸徳秋水　(西尾陽太郎著)　吉川弘文館　1987.5　(人物叢書〔新装版〕)
◇幸徳秋水研究 増訂版　(絲屋寿雄著, 森山重雄解説)　日本図書センター　1987.10
◇文明開化と日本的想像　(桶谷秀昭著)　福武書店　1987.11
◇近代日本政治思想の座標―思想家・政治家たちの対外観　(宮本盛太郎編)　有斐閣　1987.11　(有斐閣選書)
◇教育勅語の時代　(加藤地三著)　三修社　1987.12
◇続 百代の過客―日記にみる日本人〈下〉　(ドナルド・キーン著, 金関寿夫訳)　朝日新聞社　1988.2　(朝日選書)
◇明治・青春の夢―革新的行動者たちの日記　(嶋岡晨著)　朝日新聞社　1988.7　(朝日選書)
◇続 百代の過客―日記にみる日本人　(ドナルド・キーン著, 金関寿夫訳)　朝日新聞社　1988.12
◇起業家 五代友厚　(小寺正三著)　社会思想社　1988.12　(現代教養文庫)
◇秋水の華は散ってゆく―大逆事件　(斎藤成雄著)　近代文芸社　1989.4
◇物語・万朝報―黒岩涙香と明治のメディア人たち　(高橋康雄著)　日本経済新聞社　1989.5
◇幸徳秋水の日記と書簡 増補決定　(塩田庄兵衛編)　未来社　1990.4
◇石母田正著作集〈第15巻〉歴史・文学・人間　(石母田正著)　岩波書店　1990.4
◇社会主義事始―「明治」における直訳と自生　(山泉進著)　社会評論社　1990.5　(思想の海へ「解放と変革」)
◇反天皇制―「非国民」「大逆」「不逞」の思想　(加納実紀代, 天野恵一編著)　社会評論社　1990.6　(思想の海へ「解放と変革」)
◇平民社の人びと―秋水・枯川・尚江・栄　(林尚男著)　朝日新聞社　1990.9
◇世を拓く―一身にして二世を経る　(左方郁子著)　ダイヤモンド社　1990.12
◇初期社会主義史の研究―明治30年代の人と組織と運動　(太田雅夫著)　新泉社　1991.3
◇平野義太郎選集〈第5巻〉社会主義・民主主義　(平野義太郎著, 守屋典郎編)　白石書店　1991.3
◇市場・道徳・秩序　(坂本多加雄著)　創文社　1991.6
◇民権の獅子―兆民をめぐる男たちの生と死　(日下藤吾著)　義文社　1991.12　(現代を拓く歴史名作シリーズ)
◇語りつぐ田中正造―先駆のエコロジスト　(田村紀雄, 志村章子共編)　社会評論社　1991.12
◇黒岩涙香―探偵実話　(いいだもも著)　リブロポート　1992.3　(シリーズ 民間日本学者)
◇中国人の見た中国・日本関係史―唐代から現代まで　(中国東北地区中日関係史研究会編, 鈴木静夫, 高田祥平編訳)　(大阪)東方出版　1992.12
◇幸徳秋水等の大逆事件　(武安将光著)　勁草書房　1993.3
◇幸徳秋水　(塩田庄兵衛著)　新日本出版社　1993.6　(新日本新書)

◇近代日本の社会主義と朝鮮　(石坂浩一著)　社会評論社　1993.10
◇石川啄木と明治の日本　(近藤典彦著)　吉川弘文館　1994.6
◇幸徳秋水の「帝国主義」認識―『廿世紀之怪物帝国主義』以前　(井口和起)『日本国家の史的特質』(朝尾直弘教授退官記念会編)　思文閣出版　1995.4　p429
◇石川啄木と幸徳秋水事件　(岩城之徳著, 近藤典彦編)　吉川弘文館　1996.10　281,7p
◇運命には逆らい方がある―英傑の軌跡　(中薗英助著)　青春出版社　1996.11　239p
◇この人たちの結婚―明治大正名流婚　(林えり子著)　講談社　1997.1　301p
◇夢二の見たアメリカ　(鶴谷寿著)　新人物往来社　1997.7　240p
◇食通風雲録―日本篇　(草森紳一著)　青土社　1997.11　456p
◇語りつぐ田中正造―先駆のエコロジスト　(田村紀雄, 志村章子共編)　社会評論社　1998.9　261p
◇近代日本文学への射程―その視角と基盤と　(祖父江昭二著)　未来社　1998.9　325p
◇謀叛論―他六篇・日記　(徳冨健次郎著, 中野好夫編)　岩波書店　1998.10　130p　(岩波文庫)
◇初期社会主義研究 第11号 初期社会主義研究会　1998.12　281p
◇近代日本政治思想史入門―原典で学ぶ19の思想　(大塚健洋編著)　ミネルヴァ書房　1999.5　348p
◇新・代表的日本人　(佐高信編著)　小学館　1999.6　314p　(小学館文庫)
◇日本帝国主義の形成と東アジア　(井口和起著)　名著刊行会　2000.4　311p
◇大逆事件 1　(専修大学今村法律研究室 編)　専修大学出版局　2001.3　201p　(今村力三郎訴訟記録)
◇「帝国」の文学―戦争と「大逆」の間　(絓秀実著)　以文社　2001.7　360p　(以文叢書)
◇田中正造と天皇直訴事件　(布川了著)　随想舎　2001.8　174p
◇二〇〇一年の中江兆民―憲法から義太夫節まで　(井田進也著)　光芒社　2001.12　353p
◇大逆事件 2　(専修大学今村法律研究室 編)　専修大学出版局　2002.3　425p　(今村力三郎訴訟記録)
◇文人暴食　(嵐山光三郎著)　マガジンハウス　2002.9　431p
◇平民社の時代―非戦の源流　(山泉進著)　論創社　2003.11　406p
◇東洋の平和思想　(村瀬裕也著)　青木書店　2003.11　278p
◇『一握の砂』の研究　(近藤典彦著)　おうふう　2004.2　303p
◇東京10000歩ウォーキング文学と歴史を巡る　No.11　(籠谷典子編著)　真珠書院　2004.10　101p
◇反逆者たちの挽歌―日本の夜明けはいつ来るのか　(松風爽著)　鳥影社　2005.1　334p
◇帝国を撃て―平民社100年国際シンポジウム　(梅森直之編著)　論創社　2005.3　200p
◇近代国家を構想した思想家たち　(鹿野政直著)　岩波書店　2005.6　181p　(岩波ジュニア新書)
◇幕末・明治の士魂―啓蒙と抵抗の思想的系譜　(飯田鼎著)　御茶の水書房　2005.8　412,11p　(飯田鼎著作集)
◇文人暴食　(嵐山光三郎著)　新潮社　2006.1　577p　(新潮文庫)
◇日本の反逆思想　(秋山清著, 秋山清著作集編集委員会編)　ぱる出版　2006.4　400p　(秋山清著作集)
◇市場・道徳・秩序　(坂本多加雄著)　筑摩書房　2007.7　454p　(ちくま学芸文庫)
◇幸徳秋水と小泉三申―叛骨の友情譜　(鍋島高明著)　高知新聞社　2007.9　285p
◇日本の右翼と左翼　(別冊宝島編集部編)　宝島社　2008.6　217p　(宝島SUGOI文庫)
◇歴史のかげにグルメあり　(黒岩比佐子著)　文芸春秋　2008.8　254p　(文春新書)
◇テロルとクーデターの予感―ラスプーチンかく語りき 2　(佐藤優, 魚住昭著)　朝日新聞出版　2009.1　230p
◇事件「大逆」の思想と文学　(吉田悦志著)　明治書院　2009.2　241p
◇大逆事件と知識人―無罪の構図　(中村文雄著)　論創社　2009.4　411p

【雑　誌】
◇高橋五郎, 土井晩翠そして幸徳秋水　(小林高四郎)「日本古書通信」45(6) 1980.6
◇幸徳秋水の手紙とノート　(石田善人)「史林」63(4) 1980.7
◇「幸徳秋水等大逆事件を体験して」(和田良平講演)　(中埜喜雄)「産大法学」14(2) 1980.9
◇近代天皇制への一照射―「天皇制」論と「国体」論(特集・歴史のなかの天皇像)　(山泉進)「歴史公論」7(1) 1981.1
◇「春夜, 幸徳先生ヲ想フ」森下(小野)藤一郎の詩歌草稿について　(田村貞雄)「静岡県近代史研究会会報」28 1981.1

◇戦争とジャーナリズム(6)秋水とマムシの周六 (茶本繁正)「現代の眼」 22(3) 1981.3
◇日刊「平民新聞」における「中等階級」論―幸徳秋水と山口孤剣を中心として (吉田悦志)「明治大学文芸研究」 45 1981.3
◇戦後における幸徳秋水研究の歴史(特集・民衆史掘りおこし運動) (糸屋寿雄)「歴史評論」 375 1981.7
◇近世ジャーナリスト列伝(15)「平民新聞」の人びと (三好徹)「中央公論」 96(18) 1981.10
◇ロバートソンと幸徳秋水の帝国主義論 (宮本盛太郎)「社会科学論集(愛知教育大)」 22 1982
◇ある絶筆 (新野利)「罪と罰」 20(4) 1983.7
◇「ザ・テロリズム宣言」の波紋(実録・天皇と事件史(8)) (長尾和郎)「経済往来」 35(11) 1983.11
◇大逆事件と明治の終焉(実録・天皇と事件史(9)) (長尾和郎)「経済往来」 35(12) 1983.12
◇青年像の転換―「壮士」の終焉と知識人の任務、中江兆民、徳富蘇峰そして若き幸徳秋水 (飛鳥井雅道)「世界」 459 1984.2
◇幸徳秋水(平井修宛)〈日本人100人の手帳〉 (秋田徹)「国文学」 29(12) 1984.9
◇幸徳秋水の帝国主義認識とイギリス「ニューラディカリズム」 (山田朗)「日本史研究」 265 1984.9
◇日本における「近代思想」受容の一典型―幸徳秋水 (大原慧)「国学院経済学」 32(2・4) 1984.11
◇平出修と幸徳秋水―明治44年1月10日付修宛書翰をめぐって (吉田悦志)「明治大学教養論集」 184 1985
◇故大原慧教授追悼号「東京経大学会誌」 144 1986.1
◇奥宮健之と幸徳秋水(特集 奥宮健之) (山泉進)「彷書月刊」 2(2) 1986.1
◇戦前版『幸徳秋水全集』考―「幻の全集」の成り立ちと全体像 (小松隆二)「三田学会雑誌」 79(2) 1986.4
◇差別問題における兆民から介山まで―兆民・秋水・三遊・藤村・介山 (明治30年代の文学〈特集〉) (松本健一)「文学」 54(8) 1986.8
◇「土佐中村訪問」後の幸徳秋水と森近運平 (別役佳代)「史談いばらら」 15 1986.12
◇人間の顔をともなった変革―龍馬・兆民・秋水―(特集・龍馬と現代) (飛鳥井雅道)「彷書月刊」 3(2) 1987.2
◇幸徳事件前後(現代史としての文学史(2))―熊谷孝著『現代文学にみる日本人の自画像』の再検討―」(芝崎文仁)「文学と教育」 140 1987.5
◇朝鮮認識における幸徳秋水 (石坂浩一)「史苑(立教大学)」 46(1・2) (日本史特集号) 1987.5
◇幸徳秋水と文学(特集・民権と文学) (飛鳥井雅道)「社会文学」創刊号 1987.6
◇田岡嶺雲と幸徳秋水(特集・民権と文学) (西田勝)「社会文学」創刊号 1987.6
◇森鷗外と平出修と幸徳秋水 (篠原義彦)「高知大学学術研究報告 人文科学」 37 1988
◇田中正造の直訴と半山・秋水・尚江 (後神俊文)「初期社会主義研究」 2 1988.4
◇幸徳秋水における伝統と革命 (坂本多加雄)「学習院大学法学部研究年報」 25 1990
◇幸徳秋水の思想―『平民新聞』に於ける非戦論の検討を中心に (竹口知加世)「国史学研究」 16 1990.3
◇「呼子と口笛」の口絵について―啄木と幸徳秋水をめぐって―(付)「呼子と口笛」の読み方 (近藤典彦)「国際啄木学会会報」創刊号 1990.7
◇「呼子と口笛」の口絵と「基督抹殺論」―秋水の遺著に重ねた啄木の天皇制批判 (近藤典彦)「成城文芸」 133 1990.12
◇大逆事件、こうして「閉塞の時代」の幕は上がった―人間天皇を敬愛しつつも、制度は排した幸徳秋水を待ち受けていた運命(特集・明治天皇―こうして現代日本への道は開かれた) (中薗英助)「プレジデント」 29(3) 1991.3
◇人間が貧しくならないために(ドーア博士のもうひとつの日本との対話・Part2―不服の諸相(4)) (住井すゑ、ロナルド・ドーア)「世界」 558 1991.9
◇幸徳秋水八歳の漢詩について(上) (橋田庫欣)「土佐史談」 189 1992.3
◇石川啄木と幸徳秋水―大逆事件を中心として (伊藤和則)「啄木文庫」 20 1992.4
◇幸徳秋水八歳時の漢詩について(下) (橋田庫欣)「土佐史談」 190 1992.9
◇暗黒の明治人物月旦―民権論者・兆民と秋水―異形な思想の師弟の関係と、その始末を照射する (長谷川義記)「日本及日本人」 1610 1993.4
◇華山と秋水 (茅原健)「日本古書通信」 58(8) 1993.8
◇発見された幸徳秋水書簡(本に出会う・書物の森の物語) (山泉進)「彷書月刊」 9(10) 1993.10
◇なぜジェイムズ・コノリーは蜂起したのか―幸徳秋水、大杉栄と対比して (鈴木良平)「法政大学教養部紀要」 91 1994.2

◇いま秋水『社会主義神髄』を読む (小田切秀雄)「初期社会主義研究」 弘隆社 9 1996 p93~97
◇幸徳秋水「日本の労働運動」(仏文) (後藤彰信)「初期社会主義研究」 弘隆社 9 1996 p131~136
◇幸徳秋水の日記―立志、立身そして「大逆」へ(特集:日記―そのディスクール―日記を読む) (近藤典彦)「國文學 解釈と教材の研究」 学灯社 41(2) 1996.2 p60~65
◇指導者失格の幸徳秋水 (辻野功)「同志社法学」 同志社法学会 48(3) 1996.9 p758~783
◇幸徳秋水の非戦論は無駄だったのか(実践記録・中学校歴史)(特集 子どもたちが学んだ戦争と平和) (白鳥晃司)「歴史地理教育」 歴史教育者協議会 557 1996.12 p54~61
◇「阿部家資料」の傍らに／飯塚林朔・幸徳秋水手帳の近衛兵／工藤六太郎・資金調達依頼の調書 (伊藤信吉)「風文学紀要」 群馬県立土屋文明記念文学館 1 1997 p1~8
◇幸徳秋水の思想的転機素描 (近藤典彦)「初期社会主義研究」 弘隆社 10 1997 p199~205
◇幸徳秋水とIWW―滞米中にIWWの影響を受けたか? (久田俊夫)「社会科学論集」 名古屋経済大学〔ほか〕 第60・61号合併号 1997.3 p1~23
◇幸徳秋水―モウ浮世には心残りは微塵もない(特集・幕末明治人物臨終の言葉―近代の夜明けを駆けぬけた44人の人生決別の辞 英傑死してことばを遺す) (一坂太郎,稲川川雄,今川寛,井門寛,宇都宮泰長,河合敦,木村幸比古,祖田浩一,高野澄,高橋和彦,畑山博,三谷茉沙夫,百瀬明治,山村竜也)「歴史と旅」 24(7) 1997.5 p124~125
◇幸徳秋水「渡米日記」―サンフランシスコ大震災と「無政府共産主義」(特集=続・日本人の見た異国・異国人―明治・大正期―明治時代の異国・異国人論) (山泉進)「国文学解釈と鑑賞」 至文堂 62(12) 1997.12 p75~84
◇中江篤介の「秋水」と幸徳伝次郎の「秋水」 (飛鳥井雅道)「初期社会主義研究」 弘隆社 11 1998 p5~16
◇幸徳秋水の帝国主義論をめぐって―研究史の整理とこれからの課題(特集 初期社会主義研究の回顧と展望) (平塚健太郎)「初期社会主義研究」 弘隆社 11 1998 p30~47
◇幸徳秋水「渡米せしむべき人」〈資料紹介〉 (岡林伸夫)「初期社会主義研究」 弘隆社 11 1998 p258~264
◇明治の大逆事件(ずいひつ「波音」) (板坂元)「潮」 467 1998.1 p62~63
◇住井すえと犬田卯を結びつけた幸徳秋水の"人間平等"(昭和 平成にっぽんの女縁100人―エピソードで綴る家族の証言) (増田れい子)「文芸春秋」 76(2) 1998.2 p343~345
◇幸徳秋水と石川啄木―大逆事件(20世紀の歴史のなかの人物) (白鳥晃司)「歴史地理教育」 歴史教育者協議会 576 1998.3 p28~29
◇特集 幸徳秋水 「初期社会主義研究」 弘隆社 12 1999 p6~234
◇特別研究 幸徳秋水は本当に南朝びいきであったか (山地悠一郎)「歴史研究」 人物往来社歴史研究会 463 1999.12 p36~41
◇社会民主党結成百年後の幸徳秋水(特集 社会民主党百年) (Benjamin D.Middleton)「初期社会主義研究」 弘隆社 13 2000 p46~50
◇資料2「幸徳秋水と僕―反逆児の悩みを語る」抄出(特集 社会民主党百年―資料紹介) (木下尚江)「初期社会主義研究」 弘隆社 13 2000 p64~67
◇明治30年代に見られるイエス像―木下尚江と幸徳秋水の場合 (尹一)「Comparatio」 九州大学大学院比較社会文化研究科比較文化研究会 Vol.4 2000.3 pxii~xxix
◇書斎の海から〔32〕太平洋戦争の米軍のビラ(ずいひつ「波音」) (板坂元)「潮」 493 2000.3 p62~64
◇知られざる罪と罰〔18〕大逆事件〔上〕(ロー・クラス) (村井敏邦)「法学セミナー」 45(3) 2000.3 p100~104
◇特集 兆民と秋水―没後100年と『帝国主義』 「初期社会主義研究」 弘隆社 14 2001 p5~71
◇兆民・秋水・尚江と河上肇―『社会主義評論』における論争〔上〕(河上肇とその論争者たち〔2〕) (鈴木篤)「環」 4 2001.1 p324~343
◇幸徳秋水刑死九〇年にあたって―高知県中村市の動き (岡林登志郎)「歴史地理教育」 歴史教育者協議会 631 2001.11 p76~80
◇幸徳秋水、名は伝次郎(佐高信の筆刀両断日記〔10〕) (佐高信)「月刊社会民主」 559 2001.12 p60~62
◇幸徳秋水と堺枯川―平民社を支えたもの(特集 平民社百年) (山泉進)「初期社会主義研究」 初期社会主義研究会, 不二出版 16 2003 p14~31
◇幸徳秋水の非戦論―『万朝報』を中心に(特集 平民社百年) (長谷百合子)「初期社会主義研究」 初期社会主義研究会, 不二出版 16 2003 p107~125
◇何震と幸徳秋水 (吉川栄一)「文学部論叢」 熊本大学文学会 79 2003.3 p9~27
◇非戦/反戦論の遠近法―幸徳秋水『廿世紀之怪物 帝国主義』と「平和主義」の表象(特集 被占領下の言語空間) (高榮蘭)「文学」 岩波書店 4(5) 2003.9・10 p139~158

◇内藤湖南と幸徳秋水の『万朝報』時代―その交友と五言律詩の贈答 （佐伯有清）「成城文芸」 成城大学文芸学部 186 2004.3 p24～47
◇アナーキズムの可能性 幸徳秋水のなかのアナーキズム―自由思想と大逆と（特集＝アナーキズム）（山泉進）「現代思想」 青土社 32(6) 2004.5 p102～111
◇日露戦争における非戦論―幸徳秋水と万朝報を中心に （長谷百合子）「社会理論研究」 千書房 5 2004.7 p43～56
◇在米日本人社会主義者の研究(1)片山潜の渡米と幸徳秋水の思想の変化 （黒川貢三郎）「政経研究」 日本大学法学会 41(2) 2004.11 p1003～1027
◇緑雨と秋水―それぞれの「非戦論」（塚本章子）「国文学攷」 広島大学国語国文学会 184 2004.12 p1～14
◇在米日本人社会主義者の研究(2)片山潜の渡米と幸徳秋水の思想の変化 （黒川貢三郎）「政経研究」 日本大学法学会 41(3) 2004.12 p1143～1164
◇二つの社会主義論―片山潜と幸徳秋水の初期社会主義論を中心に （黒川貢三郎）「政経研究」 日本大学法学会 41(4) 2005.3 p1155～1182
◇『帝国主義』(1901)幸徳秋水（1871～1911）―グローバル化する社会の新しい倫理をめざして（総特集 ブックガイド 日本の思想）（梅森直之）「現代思想」 青土社 33（7臨増）2005.6 p92～95
◇天皇暗殺計画「大逆事件」と幸徳秋水（総力特集 明治・大正・昭和皇室10大事件簿）「新潮45」 新潮社 2005.10 p38～41
◇在米日本人社会主義者の研究(3・完)二十世紀初頭の片山潜と幸徳秋水の渡米を中心に （黒川貢三郎）「政経研究」 日本大学法学会 42(2) 2005.10 p283～308
◇史料 岩崎革也宛書簡(1)幸徳秋水（その1）北一輝・大石誠之助・森近運平・石川三四郎・西川光次郎・西川文子・赤羽一・座間止水・一木幸之助・前田英吉・丹後平民倶楽部 （田中真人，山泉進，志村正昭）「キリスト教社会問題研究」 同志社大学人文科学研究所 54 2005.12 p123～156
◇緑雨・女性憎悪のアフォリズム―兆民訳「情海」・秋水訳「情海一瀾」・鷗外訳「毒舌」に見る、西洋アフォリズムとの交差 （塚本章子）「国文学攷」 広島大学国語国文学会 189 2006.3 p11～23
◇史料 岩崎革也宛書簡(2)幸徳秋水(2) 幸徳千代子 高畠素之 遠藤友四郎 北原龍雄 岡野辰之介 （田中真人，山泉進）「キリスト教社会問題研究」 同志社大学人文科学研究所 54 2006.12 p179～209
◇秀磨・秋水・ハルナック―『かのやうに』論補完のために （大塚美保）「鷗外」 森鷗外記念会 80 2007.1 p143～159
◇歴史のかげに "食" あり（最終回）幸徳秋水 アナーキストの「菜食論」（黒岩比佐子）「文學界」 文藝春秋 61(7) 2007.7 p210～219
◇初期社会主義の眼 幸徳秋水『帝国主義』のフランス語訳によせて （Christine Levy）「初期社会主義研究」 初期社会主義研究会，不二出版 21 2008.4 p4～5, 口絵頭1
◇近代日本における平和主義と愛国心―幸徳秋水と福沢諭吉 （藤原修）「現代法学」 東京経済大学現代法学会 15 2008.2 p3～25
◇日中両国における『共産党宣言』受容史研究の到達点と課題 （大村泉）「日本の科学者」 日本科学者会議，本の泉社 43(12) 2008.12 p654～659
◇特集 大原社会問題研究所所蔵 幸徳秋水・堺利彦訳『共産党宣言』の意義「大原社会問題研究所雑誌」 法政大学出版局，法政大学大原社会問題研究所 603 2009.1 p1～26
◇我が鍾愛の奇人伝（新連載・1）幸徳秋水 （福田和也）「新潮45」 新潮社 28(6) 2009.6 p52～58
◇幸徳秋水は本当に大逆事件の首謀であったか （山地悠一郎）「歴史研究」 歴研 51(9) 2009.9 p42～47

小勝 こかつ 生没年不詳
明治期の芸妓。陸軍少将種田政明に落籍。
【図書】
◇薩摩問わず語り 上・下 （五代夏夫）葦書房 1986.1
◇「断腸亭」の経済学―荷風文学の収支決算 （吉野俊彦著） 日本放送出版協会 1999.7 533p

小金井小次郎 こがねいこじろう 1818～1881
幕末，明治期の俠客。
【図書】
◇人物探訪 日本の歴史 10 仁俠の群像 暁教育図書 1983.12
◇三宅島流人 小金井小次郎 （下村昇著） 勉誠出版 2000.5 254p

小崎千代 こざきちよ 1863～1939
明治～昭和期の婦人運動家。
【図書】
◇日本キリスト教婦人矯風会百年史 （日本キリスト教婦人矯風会編）ドメス出版 1986.12

小崎弘道 こざきひろみち 1856～1938
明治～昭和期のキリスト教伝道者，牧師。
【図書】
◇近代日本の青年群像―熊本バンド物語 （三井久著 竹中正夫編） 日本YMCA同盟出版部 1980.1
◇日本人の終末観―日本キリスト教人物史研究 （野村耕三） 新教出版社 1981.5
◇時代区分の思想―日本歴史思想序説― （石田一良編） ぺりかん社 1985
◇時代区分の思想―日本歴史思想序説 （石田一良編） ぺりかん社 1986.2
◇小崎弘道 （土肥昭夫）『近代天皇制とキリスト教』(同志社大学人文科学研究所編，土肥昭夫，田中真人編著） 人文書院 1996.3 （同志社大学人文科学研究所研究叢書 25） p238
【雑誌】
◇小崎弘道の「政教新論」について （今中寛司）「キリスト教社会問題研究」 30 1982.2
◇小崎弘道の徳育論 （原島正）「武蔵大学人文学会雑誌」 24(2・3) 1993.2
◇資料 初期の小崎弘道日記(1) （土肥昭夫）「キリスト教社会問題研究」 同志社大学人文科学研究所 47 1998.12 p163～198
◇小崎弘道自筆集・自筆稿目録 （土肥昭夫）「基督教研究」 基督教研究会 60(2) 1999.3 p165～190
◇資料 初期の小崎弘道日記(2) （土肥昭夫）「キリスト教社会問題研究」 同志社大学人文科学研究所 48 1999.12 p186～217
◇小崎弘道のキリスト教史関連著作 （塩野和夫）「キリスト教社会問題研究」 同志社大学人文科学研究所 49 2000.12 p77～99
◇資料 初期の小崎弘道日記(3)『小崎弘道自筆集』(12)続き （土肥昭夫）「キリスト教社会問題研究」 同志社大学人文科学研究所 49 2000.12 p206～242
◇小崎弘道「政教新論」について （後藤愛司）「岐阜聖徳学園大学短期大学部紀要」 岐阜聖徳学園大学短期大学部 36 2004 p67～84
◇同志社大学神学部所蔵「小崎弘道自筆集」の検討―近代日本プロテスタント史研究上の一史料 （坂井悠佳）「近代史料研究」 日本近代史研究会 6 2006 p19～41〔含 同志社大学神学部所蔵「小崎弘道自筆集」目録〕

古島一雄 こじまかずお 1865～1952
明治～昭和期の新聞人，政治家。衆議院議員，貴族院議員。
【図書】
◇一億人の昭和史―日本人 8 三代の宰相たち 下 34代近衛文麿から70代鈴木善幸まで 毎日新聞社 1982.4
◇近代政治の彗星 2 想い出の政治家 （松本幸輝久） 三信図書 1982.11
◇夕陽を知らぬ男たち―彼らはいかに生きたか （小島直記） 旺文社 1983.2 （旺文社文庫）
◇犬養毅―その魅力と実像 （時任英人著） 山陽新聞社 2002.5 239p
◇男の晩節 （小島英記著） 日本経済新聞社 2006.7 332p
◇男の晩節 （小島英記著） 日本経済新聞出版社 2009.9 365p （日経ビジネス人文庫）
【雑誌】
◇古島一雄と犬養毅 （時任英人）「政治経済史学」 220 1984.11
◇議会列伝(10)古島一雄―黒衣の人 （米田龍二）「月刊自由民主」 463 1991.10
◇古島一雄と中国―アジア主義言論人にして立憲政党人(中国近現代史特集) （中村義）「史潮」 弘文堂 57 2005.5 p32～53
◇忘れがたき政治家(54)古島一雄＝政界の裏方、指南番に徹した在野の一政客 （時任英人）「月刊自由民主」 自由民主党 636 2006.3 p100～107

小島文治郎 こじまぶんじろう 1825～1870
明治期の農民運動指導者。上野群馬郡上小塙村の農民。
【雑誌】
◇小島文次郎のこと （落合延孝）「武尊通信」 40 1989.12

小西増太郎 こにしますたろう 1862～1940
明治～昭和期の神学者，翻訳家。
【図書】
◇明治期キリスト教の研究 （杉井六郎著） 同朋舎出版 1984.6
◇小西増太郎・トルストイ・野崎武吉郎―交情の軌跡 （太田健一著）吉備人出版 2007.4 263p
【雑誌】
◇小西増太郎覚書(1) （杉井六郎）「社会科学(同志社大)」 27 1981.2
◇小西増太郎覚書 （太田健一）「倉敷の歴史」 2 1992.3
◇続小西増太郎覚書―「紫苑」を通して （杉井六郎）「研究紀要」 京都女子大学宗教・文化研究所 8 1995.3 p55～108

◇トルストイに「老子」を教えた日本人―小西増太郎のこと　(村上恭一)「図書」岩波書店 700 2007.7 p18～23

古曳盤谷　こびきばんこく　1807～1885
幕末、明治期の医師、書家、画家。
【図　書】
◇松本の美術―十三人集　(「松本の美術」刊行委員会編集)　郷土出版社 1982.4

ゴーブル, J.　Goble, Jonathan　1827～1898
アメリカの宣教師。日本語訳聖書を初めて日本で刊行。
【図　書】
◇ジョナサン・ゴーブル研究　(川島第二郎)　新教出版社 1988.7
◇ドクトル・ヘボン―伝記・ドクトル・ヘボン　(高谷道男著)　大空社 1989.7（伝記叢書）
◇ジョナサン・ゴーブル訳『摩太福音書』の研究　(復刻版)　(川島第二郎)　明石書店 1993.9
【雑　誌】
◇ゴーブル『摩太福音書』の訳出原本及び訳出過程について　(川島第二郎)「キリスト教史学」34 1980.12
◇日本への最初のバプテスト宣教師ジョナサン・ゴーブル　(F.Calvin Parker)「西南学院大学神学論集」38(2) 1981.3
◇ジョナサン・ゴーブルとウェイン村バプテスト教会　(F.Calvin Parker)「西南学院大学神学論集」40(2) 1983.3
◇自由伝道協会とその機関紙―ゴーブルとの関連　(F.C.◎Parker)「西南学院大学神学論集」41(2) 1984.3
◇ゴーブルの獄中体験とその影響　(F.Calvin Parker)「西南学院大学神学論集」42(1) 1984.9
◇資料あれこれ(76) ゴーブル対バラの米国領事裁判　(川島第二郎)「郷土よこはま」103 1985.12
◇ゴーブル―その宣教師としての任命と日本への旅―　(F.C.パーカー)「西南学院大学神学論集」44(1) 1986.9

小松原英太郎　こまつばらえいたろう　1852～1919
明治、大正期の新聞人、政治家。文部大臣、枢密顧問官。
【図　書】
◇行刑改革者たちの履歴書　(小川太郎、中尾文策著)　矯正協会 1983.9
◇小松原英太郎君事略 伝記・小松原英太郎　(小松原英太郎君伝記編纂実行委員会編)　大空社 1988.10（伝記叢書<55>）
◇新聞記者の誕生―日本のメディアをつくった人びと　(山本武利著)　新曜社 1990.12
◇昭和文芸回瀾末記　(和田利夫著)　筑摩書房 1994.3
◇列伝・日本近代史―伊達宗城から岸信介まで　(楠精一郎著)　朝日新聞社 2000.5 307,17p（朝日選書）
【雑　誌】
◇大正期女子教育政策の形成過程―小松原英太郎を中心にして　(畑中理恵)「教育学論集」甲南女子大学大学院文学研究科（教育学専攻）第16号 1998.1 p1～16
◇高等中学校令成立過程の再検討―牧野・小松原文相の学制改革構想を中心に　(若月剛史)「日本歴史」吉川弘文館 694 2006.3 p71～87

コール, J.　Corre, Jean Marie　1850～1911
フランスの宣教師。1875年来日、救癩活動に尽力。
【雑　誌】
◇明治末期カトリック教会の神道への対応―熊本発コール神父の書簡を中心に　(小川早百合)「キリスト教史学」キリスト教史学会 63 2009.7 p37～60

近藤実左衛門　こんどうじつざえもん　1825～1903
幕末、明治期の侠客。念流の剣客で博徒北熊一家の親分。
【雑　誌】
◇尾張の博徒軍団―集義隊(特集・幕末維新の群狼　(正木敬二)「歴史読本」25(1) 1980.1

斎藤寿雄　さいとうひさお　1847～1938
江戸後期～明治期の医師、政治家。
【図　書】
◇郷土の偉人斎藤寿雄　(市川みどり著)　あさを社 1996.7 178p

斎藤壬生雄　さいとうみぶお　1852～1923
幕末～大正期の民権運動家、のちクリスチャン。
【図　書】
◇志士のゆくえ―斎藤壬生雄の生涯　(丑木幸男著)　同成社 2001.9 251p（同成社近現代史叢書）
◇ラストサムライの群像―幕末維新に生きた誇り高き男たち　(星亮一、遠藤由紀子著)　光人社 2006.2 283p

【雑　誌】
◇士族民権家斎藤壬生雄・山崎重五郎兄弟の軌跡―自由党急進派・キリスト教・大阪事件(自由民権運動百年記念特集号)　(稲田雅洋)「信州白樺」44・45・46 1981.10
◇ある民権家の回想―斎藤壬生雄と「自由党史」(史料紹介)　(大日方純夫)「歴史評論」387 1982.7

佐伯定胤　さえきじょういん　1867～1952
明治～昭和期の僧侶。法隆寺住職。
【図　書】
◇真実の自己　(藤吉慈海)　春秋社 1981.4
◇仏教の思想―三枝充悳対談集　(原実, 高崎直道, 矢島羊吉, 中村元, 水野弘元, 結城令聞, 古田紹欽, 三枝充悳著)　春秋社 1986.4
◇「法隆寺日記」をひらく―廃仏毀釈から100年(NHKブックス〈510〉)　(高田良信著)　日本放送出版協会 1986.9
◇工藤利三郎―国宝を撮した男・明治の写真師　(中田善明著)　向陽書房 2006.9 310p
【雑　誌】
◇法相宗から聖徳宗へ―法隆寺佐伯定胤長老の決断　(間中定潤)「岐阜聖徳学園大学仏教文化研究所紀要」〔岐阜聖徳学園大学仏教文化研究所〕5 2005 p7～36

相模屋政五郎　さがみやまさごろう　1807～1886
幕末、明治期の侠客。
【図　書】
◇人物探訪 日本の歴史 10 仁侠の群像　晩教育図書 1983.12

相良知安　さがらちあん　1836～1906
明治期の医師。鍋島直正の侍医として上京。
【図　書】
◇かわず町泰平記　(松浦沢治著)　青磁社 1987.10
◇横切った流星―先駆の医師たちの軌跡　(松木明知著)　メディサイエンス社 1990.10
◇虹の懸橋　(長谷川つとむ著)　冨山房 2004.7 318p
◇相良知安とドイツ医学　(相良隆弘述)『Proceedings of the 4th Tawara-Aschoff symposium on cardiac conduction system』(Kozo Sumaほか編)　The Organizing Committee of the 4th Tawara-Aschoff Symposium c2006 p24～28
【雑　誌】
◇我が国近代医学の礎を築いた相良知安先生記念碑について　(古沢一次郎)「大脈前」53(8) 1983.8
◇「相良知安先生記念碑」と「ボードワン博士像」東京医学校と上野恩賜公園　(堀江幸司)「医学図書館」35(3) 1988.9
◇医者も知りたい「医者のはなし」(第31回) ドイツ医学導入の立役者相良知安(1836～1906)　(木村専太郎)「臨床整形外科」医学書院 43(10) 2008.10 p1028～1032
◇特別講演 佐賀藩医 相良知安とドイツ医学(第110回 日本医史学会総会抄録号)　(相良隆弘)「日本医史学雑誌」日本医史学会 55(2) 2009.6 p135～138

佐々城豊寿　ささきとよじゅ　1853～1901
明治期の婦人運動家。婦人矯風会副会長。
【図　書】
◇蘇峰とその時代―よせられた書簡から　(高野静子著)　中央公論社 1988.8
【雑　誌】
◇佐々城豊寿と国木田独歩　(岡村登志夫)「桜美林論集(一般教育篇)」10 1983
◇与えられた課題　(阿部光子)「学鐙」81(4) 1984.4
◇佐々城豊寿の北海道移住・再考　(宇津恭子)「清泉女子大学人文科学研究所紀要」6 1984.6
◇佐々城豊寿と「欺かざるの記」―豊寿の蘇峰宛書簡から　(高野静子)「国語と国文学」62(8) 1985.8
◇国木田独歩『空知川の岸辺』の背景―佐々城豊寿の"実業的女学校"構想と北海道開拓の関係(特集 北方研究の新展開)　(木村真佐幸)「芸術至上主義文芸」芸術至上主義文芸学会事務局 34 2008.11 p28～43

佐田介石　さだかいせき　1818～1882
幕末、明治期の真宗本願寺派僧侶、国粋主義者。
【図　書】
◇文明開化と民衆―近代日本精神史断章　(奥武則著)　新評論 1993.10
◇怪物科学者の時代　(田中聡著)　昌文社 1998.3 279p
◇明治維新と文化　(明治維新史学会編)　吉川弘文館 2005.8 238p（明治維新史研究）
◇仏教とキリスト教 2　(芹川博通著)　北樹出版 2007.6 392p（芹川博通著作集）

◇奇想科学の冒険—近代日本を騒がせた夢想家たち　（長山靖生著）　平凡社　2007.6　226p　（平凡社新書）
◇鏌の舌　（内田魯庵著）　ウェッジ　2009.8　249p　（ウェッジ文庫）
【雑　誌】
◇佐田介石の「星学疑問」と金星の太陽面通過（資料紹介）（日本人の精神生活（4））　（佐伯真光）　「大倉山論集」　15　1981.12
◇佐田介石の仏教経済論—近代における封建仏教の倒錯　（柏原祐泉）　「仏教史学」　27(1)　1984.10
◇奇僧　佐田介石　（金子以策）　「頸城文化」　46　1990.5
◇開化の肖像—佐田介石素描　（松本常彦）　「叙説」　4　1991.8
◇覚書「佐田介石論」—「開化」と「迷蒙」のはざまで　（奥武則）　「社会科学討究（早稲田大学大隈記念社会科学研究所）」　38(2)　1992.12
◇奇説・ランプ亡国論（明治万華鏡（9））　（横田順弥）　「世界」　586　1993.9
◇〈奇人〉佐田介石の近代　（谷川穣）　「人文学報」　京都大学人文科学研究所　87　2002　p57～102
◇近代熊本の一学僧　佐田介石をたずねて　（梅林誠爾）　「文彩」　熊本県立大学文学部　2　2006.3　p38～46
◇Casting shadows on Japan's enlightenment：Sada Kaiseki's attack on lamps（パロディと日本文化）　（M. William Steele）　「アジア文化研究　別冊」　国際基督教大学アジア文化研究所　16　2007　p57～73
◇佐田介石仏教天文地理説の葛藤　（梅林誠爾）　「熊本県立大学文学部紀要」　熊本県立大学文学部　13　2007.3　p31～56
◇近代熊本の学僧　佐田介石をたずねて（続）　（梅林誠爾）　「文彩」　熊本県立大学文学部　3　2007.3　p92～86
◇明治初年、佐田介石の言論と社会経済論　（梅林誠爾）　「立命館文學」　立命館大学人文学会　603　2008.2　p280～288
◇仏教近代化状況下の須弥山説理解—佐田介石を手がかりとして　（日野慶う）　「竜谷教学」　竜谷教学会議　43　2008.3　p14～30
◇近代熊本の学僧、佐田介石をたずねて（結び）佐田介石略年譜　（梅林誠爾）　「文彩」　熊本県立大学文学部　5　2009.3　p1～11

颯田本真　さったほんしん　1845～1928
幕末～大正期の尼僧。慈教庵住職。
【図　書】
◇颯田本真尼の生涯　（藤吉慈海著）　春秋社　1991.12
◇仏教と福祉—共済主義と共生主義　（芹川博通著）　北樹出版　2008.9　377p　（芹川博通著作集）
【雑　誌】
◇颯田本真尼のこと—お布施について　（藤吉慈海）　「在家仏教」　330　1981.9

佐藤元萇　さとうげんちょう　1818～1897
幕末、明治期の医師。医学館教授。
【図　書】
◇森鷗外と漢詩　（藤川正数著）　有精堂出版　1991.9
【雑　誌】
◇佐藤元萇先生と森林太郎　（渡辺春園）　「足立史談」　217　1986.3

佐藤尚中　さとうしょうちゅう　1827～1882
幕末、明治期の医師。
【図　書】
◇日本の『創造力』—近代・現代を開花させた470人〈1〉御一新の光と影　（富田仁編）　日本放送出版協会　1992.12
◇名士の系譜—日本養子伝　（新井えり著）　集英社　2009.9　238p　（集英社新書）
【雑　誌】
◇「学びの場と人」風土記（10）佐倉順天堂の群像（上）　（高瀬善一）　「月刊教育の森」　6(7)　1981.7
◇佐藤尚中歿後100年特集号　「日本医史学雑誌」　29(3)　1983.7

佐野経彦　さのつねひこ　1834～1906
明治期の宗教家。九州北部、中国地方を歴遊。
【図　書】
◇教派神道の形成　（井上順孝著）　弘文堂　1991.3
◇神理烈烈　（向谷匡史著）　双葉社　1995.7　261p
【雑　誌】
◇佐野経彦の巡教体験（上）　（井上順孝）　「神道学」　130　1986.8
◇佐野経彦の巡教体験（下）　（井上順孝）　「神道学」　131　1986.11
◇佐野経彦・ニコライ問答について　（井上順孝）　「国学院大学日本文化研究所紀要」　61　1988.3
◇佐野経彦と神理　（井上順孝）　「国学院大学日本文化研究所紀要」　62　1988.9
◇Sano Tsunehiko and "Divine Principle（Shinri）"　（井上順孝）　「国学院大学日本文化研究所紀要」　国学院大学日本文化研究所　75　1995.3　p326～280

沢辺琢磨　さわべたくま　1834～1913
明治期の日本正教会司祭。神明社宮司沢辺家の婿養子。
【図　書】
◇軍神広瀬武夫の生涯　（高橋安美著）　新人物往来社　2009.9　303p　（新人物文庫）

沢山保羅　さわやまぽうろ　1852～1887
明治期の牧師、教育家。日本の教会自給論を発表。
【図　書】
◇沢山保羅研究　7　（梅花学園沢山保羅研究会編）　梅花学園　1984.1
◇沢山保羅伝—伝記・沢山保羅　（武本喜代蔵、古木虎三郎共著）　大空社　1996.7　217,5p　（伝記叢書）
◇沢山保羅全集　（茂義樹編）　教文館　2001.5　1055,19p
【雑　誌】
◇建学の原点(19)梅花女学校（現　梅花女子大学）　（前川和彦）　「月刊新自由クラブ」　7(78)　1984.3

ジェーンズ, L.　Janes, Leroy Lansing　1838～1909
アメリカの宣教師。1871年来日、熊本バンド結成を指導。
【図　書】
◇近代日本の青年群像—熊本バンド物語　（竹中正夫編　三井久著）　日本YMCA同盟出版部　1980.1
◇語学開国—英語教員再教育事業の20年　（福田昇八著）　大修館書店　1991.2
◇開化異国（おつくに）助っ人奮戦記　（荒俣宏著, 安井仁撮影）　小学館　1991.2
◇アメリカのサムライ—L.L.ジェーンズ大尉と日本　（フレッド・G.ノートヘルファー著, 飛鳥井雅道訳）　法政大学出版局　1991.3　（叢書・ウニベルシタス）
◇ジェーンズとハーン記念祭—報告書　ジェーンズとハーン記念祭実行委員会　1992.7
【雑　誌】
◇京都時代のL.L.ジェーンズ—広島英学史特集　（田中啓介）　「英学史研究」　13　1980
◇L.L.ジェーンズの浮田和民への書簡　（田中啓介）　「熊本女子大学学術紀要」　34　1982.3
◇大阪のL.L.ジェーンズ—熊本洋学校辞任から帰国まで　（本井康博）　「英学史研究」　21　1988
◇ジェーンズと熊本洋学校　（山下重一）　「日本古書通信」　58(11)　1993.11
◇Capt.L.L.Janesと熊本洋学校(1)　（古田栄作）　「大手前女子大学論集」　27　1993.12

仕立屋銀次　したてやぎんじ　1866～1935？
明治期の仕立屋、スリの大親分。
【図　書】
◇明治・大正犯罪史　（加太こうじ）　現代史出版会　1980.2
◇明治民衆史を歩く　（井出孫六）　新人物往来社　1980.6
◇歴史への招待18　日本放送出版協会　1981.11
◇薩摩問わず語り　上・下　（五代夏夫）　葦書房　1986.1
◇たのしき悪党たち—犯罪アラカルト　（加太こうじ著）　東京法経学院出版　1988.4　（犯罪ドキュメントシリーズ）
◇明治民衆史　（井出孫六著）　徳間書店　1988.9　（徳間文庫）
◇仕立屋銀次　（本田一郎著）　中央公論社　1994.3　（中公文庫）

七里恒順　しちりごうじゅん　1835～1900
明治期の真宗本願寺派の僧。
【図　書】
◇増谷文雄著作集　12　近代の宗教的生活者　角川書店　1982.8
◇日本人の思想と信仰　（新保哲著）　北樹出版　1999.4　198p

渋沢千代　しぶさわちよ　1842～1882
幕末、明治期の女性。渋沢栄一の妻。
【図　書】
◇埼玉の女たち—歴史の中の24人　（韮塚一三郎）　さきたま出版会　1980.11
◇たおやかな農婦—渋沢栄一の妻　（船戸鏡聖著）　東京経済　1991.5

島地黙雷　しまじもくらい　1838～1911
明治期の僧侶。
【図　書】
◇日本の『創造力』—近代・現代を開花させた470人〈3〉流通と情報の革命　（富田仁編）　日本放送出版協会　1993.2
◇近代トルコ見聞録　（長場紘著）　慶応義塾大学出版会　2000.1　223p

（Keio UP選書）
◇明治思想家論—近代日本の思想・再考 1 （末木文美士著） トランスビュー 2004.6 330p
◇大教院の研究—明治初期宗教行政の展開と挫折 （小川原正道著） 慶応義塾大学出版会 2004.8 240,8p
◇島地黙雷の教育思想研究—明治維新と異文化理解 （川村覚昭著） 法蔵館 2004.12 239p
◇明治八年大教院の解散と島地黙雷 （戸浪裕之）『国家神道再考—祭政一致国家の形成と展開』（阪本是丸編） 弘文堂 2006.10 （久伊豆神社小教叢書） p179
【雑 誌】
◇島地黙雷における「教」と「学」の位置づけについて （大林正昭）「岡山女短期大学紀要」 4 1981.6
◇島地黙雷の普通教育観 （大林正昭）「広島大学教育学部紀要（第1部）」 31 1982
◇島地黙雷における宗教と国家—外遊とキリスト教観 （上原英正）「長谷川仏教文化研究所研究年報」 9 1982.3
◇島地黙雷における文明と宗教 （大林正昭）「広島大学教育学部紀要 第1部」 32 1983
◇島地黙雷と明治仏教—特集・明治仏教の世界 （二葉憲香）「歴史公論」 9(11) 1983.11
◇教導職制改革運動における国民啓蒙の論理—島地黙雷の教育思想を中心にして （大林正昭）「日本の教育史学」 29 1986.10
◇明治初期における真宗の神道観—島地黙雷と南条神興の場合— （藤井健志）「東京学芸大学紀要 人文科学」 39 1988.2
◇島地黙雷の神道観（武蔵野女子大学における第45回〔日本印度学仏教学会〕学術大会紀要(1)）（野世英水）「印度学仏教学研究」 43(1) 1994.12
◇レオン・ド・ロニーの日本仏教に対する関心—2—島地黙雷との出会いを中心にして（国際関係史にみる戦時条規と思想交流）（堀口良一）「政治経済史学」 日本政治経済史学研究所 343 1995.1 p16～26
◇明治初期に於ける仏教者の異文化理解と国際理解教育—島地黙雷の場合 （川村覚昭）「京都産業大学論集 人文科学系列」 京都産業大学 22 1995.3 p50～92
◇近代天皇制国家成立期にみた宗教と政治—国家神道の成立と島地黙雷 （岡崎正興）「国史学研究」 竜谷大学国史学合同研究室 第21号 1996.3 p24～44
◇近代真宗教学における行信理解—島地黙雷をめぐって （野世英水）「真宗研究」 百華苑 41 1997.1 p42～54
◇島地黙雷の「建言 三教合同ニツキ」と「三条教則批判建白書」の関連について （堀口良一）「社会システム研究」 京都大学大学院人間・環境学研究科［ほか］ 1 1998.1 p131～142
◇明治初年における島地黙雷の政教論の意義—中村敬宇・森有礼・福沢諭吉と比較して （堀口良一）「近畿大学教養部紀要」 近畿大学教養部 31(1) 1999 p115～130
◇島地黙雷の基礎的研究（共同研究）（福嶋寛隆, 中川洋子, 藤原正信［他］）「竜谷大学仏教文化研究所紀要」 竜谷大学仏教文化研究所 39 2000 p47～77
◇島地黙雷研究の課題 （岡崎正興）「竜谷史壇」 竜谷大学史学会 115 2001.3 p53～62
◇島地黙雷の基礎的研究 （福嶋寛隆, 平田厚志, 藤原正信［他］）「竜谷大学仏教文化研究所紀要」 竜谷大学仏教文化研究所 41 2002 p55～139
◇島地黙雷論序説—その自己形成をめぐって （戸浪裕之）「神道研究集録」 國學院大學大学院神道学専攻学生会 19 2005.3 p97～109
◇島地黙雷著『観無量寿経講義』（川村覚昭）「日本仏教教育学研究」 日本仏教教育学会 16 2008.3 p44～83
◇島地黙雷の神道論形成—「神=祖先」論の形成過程を中心に （戸浪裕之）「國學院大學研究開発推進センター研究紀要」 國學院大學研究開発推進機構研究開発推進センター 2 2008.3 p97～123
◇島地黙雷の神道観形成（第61回〔神道宗教学会〕学術大会紀要号—第三部会）（戸浪裕之）「神道宗教」 神道宗教学会 210 2008.4 p121～124
◇西本願寺の教状視察とイタリア訪問の足跡—島地黙雷の『航西日策』を中心に（特集 国際シンポジウム イタリア観の一世紀—旅と知と美—イタリアとの知的遭遇）（Silvio Vita）「立命館言語文化研究」 立命館大学国際言語文化研究所 20(2) 2008.11 p129～136

島田三郎　しまださぶろう　1852～1923
明治, 大正期のジャーナリスト, 政治家。
【図 書】
◇類聚伝記大日本史11 政治家篇 （尾佐竹猛編集解説） 雄山閣出版 1981.6
◇島田三郎伝 （高橋昌郎） まほろば書房 1988.3
◇もう一つの天皇制構想—小田為綱文書「憲法草稿評林」の世界 （小西豊治著） 御茶の水書房 1989.3
◇新聞記者の誕生—日本のメディアをつくった人びと （山本武利著） 新曜社 1990.12

◇島田三郎と近代日本—孤高の自由主義者 （井上徹英著） 明石書店 1991.10
◇日本社会政策の源流—社会問題のパイオニアたち （保谷六郎著） 聖学院大学出版会 1995.4 274p
◇日露戦後における島田三郎の政治軌跡 （桜井良樹）『横浜の近代』（横浜近代史研究会, 横浜開港資料館編） 日本経済評論社 1997.3 p209
◇木下尚江全集 第18巻 （木下尚江著, 清水靖久編） 教文館 1999.3 582p
◇民衆ジャーナリズムの歴史—自由民権から占領下沖縄まで （門奈直樹著） 講談社 2001.11 389p （講談社学術文庫）
【雑 誌】
◇神奈川県の民党・壮士運動（下）明治20年神奈川県会騒動をめぐって （渡辺奨）「かながわ風土記」 42 1981.1
◇近世ジャーナリスト列伝(9,10)鬼の笑顔—島田三郎 （三好徹）「中央公論」 96(4,5) 1981.4,5
◇平野友輔関係書簡—島田三郎からの手紙を中心に （西川武臣）「藤沢市史研究」 15 1982.3
◇音楽教育成立過程に関する一考察—島田三郎の音楽教育論 （島袋勉）「実践女子大学文学部紀要」 25 1983.3
◇嚶鳴社員官吏と「改正教育令」—島田三郎を中心にして— （福井淳）「歴史学研究」 535 1984.11
◇木下尚江の島田三郎論 （岡野幸江）「初期社会主義研究」 2 1988.4
◇島田三郎と社会政策 （保谷六郎）「松阪大学松阪政経研究」 7(1)（高梨正夫教授退職記念号） 1989.3
◇議会政治家としての島田三郎 （倉敷伸子）「郷土よこはま」 112 1990.3
◇島田三郎の「普通教育」論—改正教育令制定前後の文部省普通教育政策に関する一考察 （武田晃二）「岩手大学教育学部研究年報」 51(1) 1991.10
◇足尾鉱毒事件における島田三郎の役割についての一考察 （新藤泰男）「桜美林エコノミックス」 桜美林大学経済学部 39 1998.3 p85～97
◇島田三郎『開国始末—井伊掃部頭直弼伝』歴史・伝・小説（前） （吉岡亮）「国語国文研究」 北海道大学国語国文学会 122 2002.11 p43～51
◇島田三郎『開国始末—井伊掃部頭直弼伝』—歴史・伝・小説（後） （吉岡亮）「国語国文研究」 北海道大学国語国文学会 123 2003.1 p28～41

島津お政　しまづおまさ　生没年不詳
明治期の強盗犯。
【図 書】
◇世界の悪女たち （駒田信二） 文芸春秋 1981.8
◇世界の悪女たち（文春文庫）（駒田信二） 文藝春秋 1985.10

島村光津　しまむらみつ　1831～1904
幕末, 明治期の祈祷師。蓮門教女性教祖。
【図 書】
◇蓮門教衰亡史—近代日本民衆宗教の行く末 （奥武則著） 現代企画室 1988.3 （PQブックス）
【雑 誌】
◇「隠し」と「あばき」（新宗教の解読(3)）（井上順孝）「正論」 233 1992.1

清水次郎長　しみずのじろちょう　1820～1893
幕末, 明治期の俠客。
【図 書】
◇歴史への招待3 日本放送出版協会 1980.1
◇日本剣豪こぼれ話 （渡辺誠） 日本文芸社 1981.10
◇東海遊俠伝—次郎長一代記 （今川徳三） 教育社 1982.9
◇人物探訪 日本の歴史 10 仁俠の群像 暁教育図書 1983.12
◇関東俠客列伝 （加太こうじ著） さきたま出版会 1984.2
◇人物日本史英雄その後それから—意外！案外！名将軍から大泥棒まで （Kosaido books）（萩原裕雄著） 広済堂出版 1984.10
◇ドキュメント 明治の清水次郎長 （江崎惇著） 毎日新聞社 1986.10
◇幕末酒徒列伝 （村島健一著） 旺文社 1987.1 （旺文社文庫）
◇梅蔭寺 清水次郎長伝 （田口英爾著） みずうみ書房 1987.4
◇神のことば—限りなき警世の書 （荷田鶴麿, 荷田亀代治著） 鷹書房 1987.10
◇清水次郎長—物語と史蹟をたずねて （竹内勇太郎著） 成美堂出版 1988.1
◇明治大正おもしろ資料—大井憲太郎・清水次郎長選挙権獲得運動 （青池沈魚） 樹芸書房 1988.6
◇史伝 健康長寿の知恵(3)近世を支えた合理と不屈の精神 （宮本義己, 吉田豊編） 第一法規出版 1988.11
◇岬の家 （相磯和嘉） 近代文芸社 1989.3
◇清水次郎長の明治維新—激動期に立ち向かう「男の志」とは （平岡

正明著）光文社　1989.7　（カッパ・サイエンス）
◇私は見た―決定的体験　（文芸春秋編）文芸春秋　1990.9　（文春文庫）
◇のるかそるか　（津本陽著）文芸春秋　1991.4
◇死んでもともと―この男の魅力を見よ！ 最後の最後まで諦めなかった男たち　（河野守宏著）三笠書房　1992.4
◇話のタネ本 日本史―英雄・烈女の意外な色と欲　（村松駿吉著）日本文芸社　1992.9　（にちぶん文庫）
◇伝説に生きるヒーローたち　日本テレビ放送網　1992.12　（知ってるつもり?!）
◇次郎長一代記　（今川徳三著）毎日新聞社　1993.2　（ミューブックス）
◇男の真剣勝負　（津本陽著）日本経済新聞社　1993.4
◇のるかそるか　（津本陽著）文芸春秋　1994.4　（文春文庫）
◇時代劇博物館〈2〉（島野功緒著）社会思想社　1994.7　（現代教養文庫）
◇3分間で読む 生きる姿勢　（花園大学編）同朋舎出版　1996.10　234p
◇歴史上の本人　（南伸坊著）日本交通公社出版事業局　1996.12　222p
◇大豪清水次郎長―伝記・清水次郎長　（小笠原長生編）大空社　1997.4　416,5p　（伝記叢書）
◇明治粋侠伝　（久坂聡三著）鳥影社　1997.4　364p
◇痩我慢というかたち―激動を乗り越えた日本の志　（感性文化研究所編）黙出版　1997.8　111p　（MOKU BOOKS）
◇埼玉英傑伝　（宝井馬琴著）さきたま出版会　1998.10　237p
◇「歴史」の意外な結末―事件・人物の隠された「その後」（日本博学倶楽部著）PHP研究所　1998.11　253p　（PHP文庫）
◇次郎長の経済学―幕末恐慌を駆け抜けた男　（竹内宏、田口英爾著）東洋経済新報社　1999.2　195p
◇清水次郎長―物語と史蹟をたずねて　（竹内勇太郎著）成美堂出版　1999.12　319p　（成美文庫）
◇下仞列伝　（鈴木真哉著）集英社　2000.6　254p　（集英社文庫）
◇銀座木村屋あんパン物語　（大山真人著）平凡社　2001.7　206p　（平凡社新書）
◇東海道四〇〇年祭 中学生ふるさと人物研究　（静岡県東海道四〇〇年祭実行委員会編）静岡新聞社　2003　143p
◇次郎長の風景　（深沢渉著）深沢渉　2002.3　331p
◇山岡鉄舟 幕末・維新の仕事人　（佐藤寛著）光文社　2002.7　254p　（光文社新書）
◇和紙と土佐っぽと中国の話　（富士秋平著）木耳社　2003.2　262p
◇歴史人物 あの人のその後　（インターナショナル・ワークス編）幻冬舎　2003.7　277p　（幻冬舎文庫）
◇清水次郎長と明治維新　（田口英爾著）新人物往来社　2003.7　272p
◇江戸やくざ研究　（田村栄太郎著）雄山閣　2003.8　218p　（江戸時代選書）
◇清水次郎長と幕末維新―『東海遊侠伝』の世界　（高橋敏著）岩波書店　2003.10　229,21p
◇ろうあ者の遺言　（月岡花林著）新風舎　2003.11　111p
◇江戸やくざ列伝　（田村栄太郎著）雄山閣　2003.11　219p　（江戸時代選書）
◇清水次郎長（山本長五郎）の『次郎長開墾』の歩み　（田中淳一著）田中淳一　2004.9　70p
◇次郎長と久六―乙川の決闘　（西まさる編）新葉館出版　2004.10　181p
◇日本史 意外すぎる、この結末！（歴史の謎を探る会編）河出書房新社　2004.11　220p　（KAWADE夢文庫）
◇清水次郎長に学ぶクヨクヨしない生き方　（高田明和著）広済堂出版　2005.8　220p
◇日本史人物「第二の人生」発見読本　（楠木誠一郎著）彩流社　2007.3　222p
◇人生に〈定年〉はない―山岡鉄舟・清水次郎長に学ぶ　（高田明和著）春秋社　2007.3　250p
◇慶応戊辰小田原戦役の真相―小田原藩と薩邸浪士隊および遊撃隊　（石井啓文著）夢工房　2008.11　227p　（小田原の郷土史再発見）
◇日本人の死にぎわ　（中嶋繁雄著）幻冬舎　2009.3　220p
◇文芸春秋にみる「坂の上の雲」とその時代　（文芸春秋編）文芸春秋　2009.11　421p
【雑　誌】
◇特集・幕末維新の群狼 殺人やくざ始末―清水次郎長　（武智鉄二）「歴史読本」25（1）1980.1
◇戦争とジャーナリズム（5）次郎長と忠君愛国　（茶本繁正）「現代の眼」22（2）1981.2
◇清水の次郎長と国勢調査　（三潴信邦）「杉並郷土史会会報」63　1984.1
◇軍国主義に利用された清水次郎長　（新井まさし）「練馬郷土史研究会会報」231　1994.5

◇「男の中の男」次郎長異聞（特集・一口男性論）（竹内宏）「新潮45」13（7）1994.7
◇新発掘日本史・次郎長親分の明治維新　（田口英爾）「新潮45」13（12）1994.12
◇清水次郎長―偉い人間になるには、金を欲しがっちゃだめだぞ（特集・幕末明治人物臨終の言葉―近代の夜明けを駆けぬけた44人の人生決別の辞 英傑死してことばを遺す）（一坂太郎、稲川明雄、今川徳三、井門寛、宇都宮泰長、河合敦、木村幸比古、祖田浩一、高野澄、高橋和彦、畑山博、三谷茉沙夫、百瀬明治、山村竜也）「歴史と旅」24（7）1997.5　p102～103
◇清水次郎長に寄せる想い―衆に優れた人物だった　（齋藤襄治）「自由」自由社　48（12）2006.12　p104～107
◇知られざる清水次郎長の素顔　（高田明和）「新潮45」新潮社　27（8）2008.8　p129～135

シモンズ, D.　Simmons, Duane B.　1834～1889
アメリカの医療宣教師。1859年来日、伝道、医療に従事。
【図　書】
◇長老・改革教会来日宣教師事典　（中島耕二、辻直人、大西晴樹共著）新教出版社　2003.3　324p　（日本キリスト教史双書）
◇ドクトル・シモンズ―横浜医学の源流を求めて　（荒井保男著）有隣堂　2004.6　253p
【雑　誌】
◇米医D.B.シモンズ（2）福沢諭吉の書簡よりみたるアメリカにおけるドクトル・シモンズ　（荒井保男）「日本医史学雑誌」37（3）1991.7
◇明治6年制定「家作建方条目」（神奈川県布達）の成立事件に関する研究―大江卓権令とD.B.シモンズ医師による都市衛生の推進　（田中祥夫）「日本建築学会計画系論文報告集」450　1993.8

釈雲照　しゃくうんしょう　1827～1909
幕末、明治期の僧侶、仏教家。著書に「仏教大意」など。
【図　書】
◇近代日本の倫理思想　（山田孝雄編）大明堂　1981.2
◇日本の社会と宗教―千葉乗隆博士還暦記念論集　同朋舎出版　1981.12
◇増谷文雄著作集 12 近代の宗教的生活者　角川書店　1982.8
◇増谷文雄著作集 12 近代の宗教的生活者　角川書店　1982.8
◇高僧 その人と教え　（木内堯央ほか）大正大学出版部　1983.3　（大正大学選書 6）
◇禅者牧師吉田清太郎―禅とキリスト教の接点に生きる　（秋月龍珉編著）平河出版社　1983.3
◇日本仏教史論集 第4巻 弘法大師と真言宗　（和多秀乗、高木紳元編）吉川弘文館　1984.12
◇観樹将軍回顧録　（三浦梧楼著）中央公論社　1988.5　（中公文庫）
◇儲けんと思わば天に貸せ―森村市左衛門の経営哲学　（森村市左衛門著）社会思想社　1999.6　254p
◇近代皇室と仏教―国家と宗教と歴史　（石川泰志著）原書房　2008.11　507p　（明治百年史叢書）

釈宗演　しゃくそうえん　1859～1919
明治、大正期の臨済宗僧侶。
【図　書】
◇古田紹欽著作集5　（古田紹欽）講談社　1981.8
◇増谷文雄著作集 12 近代の宗教的生活者　角川書店　1982.8
◇増谷文雄著作集 12 近代の宗教的生活者　角川書店　1982.8
◇(宗派別)日本の仏教・人と教え〈6〉臨済宗　（西村恵信編）小学館　1986.4
◇釈宗演伝―禅とZenを伝えた明治の高僧　（井上禅定編著）禅文化研究所　2000.1　341p
◇鈴木大拙禅選集 10 新装版　（鈴木大拙）春秋社　2001.6　319p
◇釈宗演『西遊日記』―新訳　（釈宗演著、井上禅定監修、正木晃現代語訳）大法輪閣　2001.12　322p
【雑　誌】
◇戦争という手段に訴える前に（シカゴ万国宗教会議（1893年）―釈宗演の講演）（釈宗演、安永祖堂〔訳〕）「禅文化」禅文化研究所　168　1998.4　p7～12
◇シカゴ万国宗教会議（1893年）―釈宗演の講演　「禅文化」禅文化研究所　168　1998.4　p7～19
◇過去の空白は埋められるか？―釈宗演の演説原稿について考える（シカゴ万国宗教会議（1893年）―釈宗演の講演）（ジュデス・スノードグラス、安永祖堂〔訳〕）「禅文化」禅文化研究所　168　1998.4　p13～19
◇釈宗演の世界　（森啓吾）「学藝」金沢学院短期大学　43　2001　p60～70
◇釈宗演と鈴木大拙〔1〕眼光鋭きZENの布教者（徳富蘇峰宛書簡〔5〕）（高野静子）「環」5　2001.4　p380～395
◇釈宗演と鈴木大拙〔2・完〕ひじ、外に曲がらず（徳富蘇峰宛書簡〔6〕）（高野静子）「環」6　2001.7　p326～339

◇宗演老師のことども―高浜「釈宗演展」講演より　（井上禅定）「禅文化」　禅文化研究所　194　2004　p16～27
◇人間禅の書(3)釈宗演禅師の書(日本文化と禅)　（藤井紹滴）「禅」　人間禅出版部　30　2009　p92～94

充真院　じゅうしんいん　1800～1880
幕末, 明治期の大名夫人, 尼僧。彦根藩主井伊直中の娘。
【雑　誌】
◇日向国延岡藩内藤充真院の好奇心―『色々見聞したる事を笑ひに書』を素材として(1)　（神崎直美）「城西経済学会誌」　城西大学経済学会　34　2008.6　p88～70
◇日向国延岡藩内藤充真院の鎌倉旅行―光明寺廟所参拝と名所めぐり　（神崎直美）「城西人文研究」　城西大学経済学会　30　2009　p98～63
◇日向国延岡藩内藤充真院の好奇心―『色々見聞したる事を笑ひに書』を素材として(2・完)　（神崎直美）「城西大学経済経営紀要」　城西大学　27(1)　2009.3　p82～55

ショイベ, H.　Scheube, Heinrich Batho　1853～1923
ドイツの医師。1877年来日, 教育・医療に従事。
【雑　誌】
◇医学近代化と外人たち(17)京都府療病院の外人教師たち―ヨンケル, ショイベ　（藤田俊夫）「臨床科学」　22(10)　1986.10

城常太郎　じょうつねたろう　1863～1905
明治期の労働運動家, 実業家。
【図　書】
◇城常太郎と「労働義友会」―労働運動の扉を開いた靴職人たち　改訂　（牧民雄著）〔牧民雄〕　2004.12　32p
◇ミスター労働運動城常太郎の生涯　（牧民雄著）　彩流社　2006.4　254p
【雑　誌】
◇神戸と城常太郎　（佐和慶太郎）「歴史と神戸(神戸史学会)」　23(1)　1984.2
◇城常太郎と労働運動―在米期の足跡　（永原丞）「近畿大学第二(九州)工学部教養論集」　5(3)　1991.3
◇城常太郎と労働運動―帰国後の足跡　（永原丞）「近畿大学九州工学部教養論集」　近畿大学九州工学部教養課程　6(3)　1996.3　p103～78

白神新一郎〔初代〕　しらがしんいちろう　1818～1882
幕末, 明治期の布教者。
【図　書】
◇初代白神新一郎　（佐藤昇編）　金光教徒社　1982.4　（直信・先覚著作選 第5集）

ジラール, P.　Girard, Prudence Séraphin Barthélemy　1821～1867
フランスの宣教師。開国後最初の天主堂を横浜に設立。
【図　書】
◇永遠のジャポン―異郷に眠るフランス人たち　（富田仁）　早稲田大学出版部　1981.5

慈隆　じりゅう　1815～1872
幕末, 明治期の天台宗僧侶。
【雑　誌】
◇慈隆と相馬　（岩崎敏夫）「相馬郷土」　創刊号　1982.4

新門辰五郎　しんもんたつごろう　1800～1875
幕末, 明治期の侠客。江戸町火消しの元締。
【図　書】
◇人物探訪 日本の歴史 10 仁侠の群像　暁教育図書　1983.12
◇関東侠客列伝　（加太こうじ著）　さきたま出版会　1984.2
◇新版 江戸から東京へ　3　（矢田挿雲著）　中央公論社　1998.11　366p　（中公文庫）
◇江戸やくざ列伝　（田村栄太郎著）　雄山閣　2003.11　219p　（江戸時代選書）
【雑　誌】
◇将軍の用心棒・新門辰五郎(特集徳川幕府滅亡の舞台裏)　（長谷圭剛）「歴史読本」　30(18)　1960.10
◇火事といなせは江戸の華―新門辰五郎特集・幕末維新の群狼　（中田耕治）「歴史読本」　25(1)　1980.1
◇新門辰五郎 庶民の中の武士(6)「奥出雲」　116　1984.12

末広鉄腸　すえひろてっちょう　1849～1896
明治期のジャーナリスト, 小説家。衆議院議員。
【図　書】
◇東南アジア歴史散歩　（永積昭著）　東京大学出版会　1986.6

◇近代ジャーナリスト列伝―天馬の如く〈上〉（中公文庫）　（三好徹著）　中央公論社　1986.11
◇日本リベラリズムの稜線　（武田清子著）　岩波書店　1987.12
◇新聞記者の誕生―日本のメディアをつくった人びと　（山本武利著）　新曜社　1990.12
◇近代日本の思想像―啓蒙主義から超国家主義まで　（井田輝敏著）（京都）法律文化社　1991.6
◇日本文学と人間の発見　（上田博, 国末泰平, 富岡薫, 安森敏隆〔編〕）　世界思想社　1992.5
◇文化のクリエーターたち―江戸・東京を造った人々　（東京人編集室編）　都市出版　1993.12
◇末広鉄腸研究　（真辺美佐著）　梓出版社　2006.2　385,77p
◇日韓近代小説の比較研究―鉄腸・紅葉・蘆花と翻案小説　（慎根縡著）　明治書院　2006.5　325p
◇自由民権の再発見　（安在邦夫, 田崎公司編著）日本経済評論社　2006.5　284p
◇唯々戦争始め候。明治十年のスクープ合戦　（黄民基著）洋泉社　2006.9　222p　（新書y）
◇日本陽明学奇蹟の系譜　改訂版, 二版　（大橋健二著）叢文社　2006.12　445p
◇新聞人群像―操觚者たちの闘い　（嶺隆著）　中央公論新社　2007.3　410p
【雑　誌】
◇末広鉄腸「雪中梅」のお春(名作の中のおんな101人)　（平岡敏夫）「國文學 解釈と教材の研究」　25(4)　1980.3.臨増
◇近代小説としての「雪中梅」―「小説神髄」との連関　（福岡秀雄）「武蔵大学日本文化研究」　準備号　1980.6
◇近世ジャーナリスト列伝(5)末広鉄腸　（三好徹）「中央公論」　95(15)　1980.12
◇末広鉄腸における日本とアジア―明治期"歴史意識"の一類型(異質文化の交流)　（武田清子）「アジア文化研究 国際基督教大学学報(3―A)」　13　1981.11
◇自由民権期の国家像―末広鉄腸の政治思想―近代日本の国家像　（比屋根照夫）「日本政治学会年報政治学」　1982　1982
◇政治小説「雪中梅」を論ず―末広鉄腸の見はてぬ夢　（林原純生）「日本文学」　40(7)　1991.7
◇「二十三年未来記」再び　（甘露純規）「名古屋近代文学研究」　名古屋近代文学研究会　14　1996.12　p19～25
◇末広鉄腸『時事/小説 落葉のはきよせ』書き留め　（橋本威）「梅花女子大学文学部紀要 日本語・日本文学編」　梅花女子大学文学部　36　2002　p21～40
◇イベルテクスト性とテクスト生成―末広政憲と末広鉄腸の政治小説　（西田谷洋）「近代文学研究」　日本文学協会近代部会　19　2002.5　p110～122
◇明治20年前後の〈歴史〉と〈小説〉―尾崎行雄『経世偉勲』と末広鉄腸『雪中梅』を中心に　（吉闘亮）「日本文学」　日本文学協会　52(9)　2003.9　p29～40
◇ナショナル・アイデンティティの形成とその行方―末広鉄腸の世界旅行と『明治40年之日本』　（大西仁）「立命館文学」　立命館大学人文学会　581　2003.9　p143～154
◇坪内逍遙の小説論と明治20年代の政治小説―末広鉄腸作品の評価を中心として　（真辺美佐）「早稲田大学史記要」　早稲田大学大学史資料センター　35　2003.10　p117～149
◇未来を想像する意味について―末広鉄腸『雪中梅』と東洋学館をめぐって　（大西仁）「論究日本文学」　立命館大学日本文学会　80　2004.5　p33～46
◇読む 原作と芝居の齟齬―末広鉄腸『雪中梅』をめぐって　（甘露純規）「日本文学」　日本文学協会　54(1)　2005.1　p104～108
◇明治前期における末広鉄腸のアジア論　（真辺美佐）「日本歴史」　吉川弘文館　684　2005.5　p51～68
◇同一の夢、同一の物語―末広鉄腸『南洋の大波瀾』と明治期のフィリピン進出論をめぐって　（大西仁）「日本文学」　日本文学協会　54(9)　2005.9　p21～31

須貝快天　すがいかいてん　1861～1929
明治, 大正期の農民運動家。
【雑　誌】
◇須貝快天翁―近代農民運動の大先達　（高橋亀司郎）「おくやましょう」　12　1987.4

杉本ゆり　すぎもとゆり　1813～1893
幕末, 明治期の女性。キリスト信者最初の発言者。
【図　書】
◇ヒロインの日本史―時代を彩った女性100人　（梓沢要著）　ベストセラーズ　2006.3　221p　（ベスト新書）

杉山茂丸 すぎやましげまる 1864～1935
　明治～昭和期の浪人。
【図　書】
◇夢野久作の場所　（山本巌著）　葦書房　1986.12
◇百魔（上）（杉山茂丸著）　講談社　1988.1　（講談社学術文庫）
◇百魔（下）（杉山茂丸著）　講談社　1988.2　（講談社学術文庫）
◇日本策士伝―資本主義をつくった男たち　（小島直記著）　中央公論社　1989.11
◇夢野久作の世界　（西原和海編）　沖積舎　1991.11
◇ちくま日本文学全集〈022〉夢野久作　（夢野久作著）　筑摩書房　1991.12
◇夢野久作全集〈11〉（夢野久作著）　筑摩書房　1992.12　（ちくま文庫）
◇夢野一族―杉山家三代の軌跡　（多田茂治著）　三一書房　1997.5　447,7p
◇快絶壮遊　天狗倶楽部―明治バンカラ交遊録　（横田順弥著）　教育出版　1999.6　192p　（江戸東京ライブラリー）
◇大正美人伝―林きむ子の生涯　（森まゆみ著）　文芸春秋　2000.6　304p
◇グリーン・ファーザー―インドの砂漠を緑にかえた日本人・杉山竜丸の軌跡　（杉山満丸著）　ひくまの出版　2001.12　167p
◇夢野久作―方法としての異界　（百川敬仁著）　岩波書店　2004.12　238p　（岩波セミナーブックス）
◇杉山茂丸―アジア連邦の夢　（堀雅昭著）　弦書房　2006.2　230p
◇アジア主義者たちの声　上　（頭山満, 犬養毅, 杉山茂丸, 内田良平著）　書肆心水　2008.3　315p　（入門セレクション）
◇日本国怪物列伝　（福田和也著）　角川春樹事務所　2009.5　292p
【雑　誌】
◇杉山茂丸論ノート（2）政治的黒幕の研究（80年代・技術協力の新展開―適正技術より（1））　（室井広一）「海外事情」　29（3・4）1981.4
◇杉山茂丸論ノート（3）政治的黒幕の研究　（室井広一）「東筑紫短期大学研究紀要」　12　1982.6
◇杉山茂丸論ノート（4）政治的黒幕の研究　（室井広一）「東筑紫短期大学研究紀要」　13　1983.2
◇杉山茂丸論ノート（5）政治的黒幕の研究―玄洋社の時代　（室井広一）「東筑紫短期大学研究紀要」　14　1983.12
◇杉山茂丸論ノート（6）政治的黒幕の研究―住居と事務所―　（室井広一）「東筑紫短期大学研究紀要」　15　1984.12
◇夢野久作の父の探偵小説　（特集　探偵小説）（西原和海）「彷書月刊」2　1985.11
◇杉山茂丸論ノート（7）政治的黒幕の研究―玄洋社の時代（2）―　（室井廣一）「東筑紫短期大学研究紀要」　16　1985.12
◇杉山茂丸論ノート（8）政治的黒幕の研究　（室井広一）「東筑紫短期大学研究紀要」　17　1986.11
◇杉山茂丸論ノート（9）（室井広一）「東筑紫短期大学研究紀要」　18　1987.12
◇特集・杉山茂丸　「ふるほんや」　12　1988.12
◇杉山茂丸論ノート（10）（室井広一）「東筑紫短期大学研究紀要」　19（創立者生誕100年記念号）1989.3
◇杉山茂丸論ノート（11）（室井広一）「東筑紫短期大学研究紀要」　20　1990.3
◇杉山茂丸論ノート（12）政治的黒幕の研究―杉山茂丸の政治的弁論と義太夫, 浄瑠璃論　（室井広一）「東筑紫短期大学研究紀要」　21　1990.12
◇杉山茂丸論ノート（13）（室井広一）「研究紀要（東筑紫短期大学）」　（学園創立55周年記念号）1991.12
◇杉山茂丸論ノート（14）政治的黒幕の研究　（室井広一）「研究紀要（東筑紫短期大学）」　23　1992.12
◇杉山茂丸論ノート（15）（室井広一）「東筑紫短期大学研究紀要」　24　1993.12
◇杉山茂丸論ノート（16）日本興業銀行設立運動　（室井広一）「東筑紫短期大学研究紀要」　25　1994.12
◇杉山茂丸の人物伝―明治ナショナリストの著述の精神　（藤田知浩）「日本文学論叢」　法政大学大学院日本文学専攻委員会　第25号　1996.3　p42～61
◇破天荒な策士・杉山茂丸の黒子人生―明治政府の国家的プロジェクトの陰で元老や巨頭を自在に操った怪物の生涯　（前坂俊之）「歴史と旅」　25（6）1998.4　p160～171
◇杉山茂丸論ノート（21）「其日庵過去帳」（2）（室井広一）「東筑紫短期大学研究紀要」　30　1999　p1～31
◇杉山茂丸の本　（西原和海）「日本古書通信」　日本古書通信社　66（5）2001.5　p7～8
◇杉山茂丸・夢野久作　憂国と文学をつなぐもの（完全保存版　日本の親子100人―この素晴らしき絆）（杉山満丸）「文芸春秋」　文芸春秋　85（3）2007.2　p322～324
◇日本近代史の真相　陸軍の裏側を見た吉薗周蔵の手記（15）薩摩ワンワールド総長・高島鞆之助の代理人こそ杉山茂丸　（落合莞爾）「ニューリーダー」　はあと出版　21（3）2008.3　p122～126
◇日本近代史の真相　陸軍の裏側を見た吉薗周蔵の手記（16）なぜフィクサー足り得たかこそが重要　杉山茂丸の実態に迫る　（落合莞爾）「ニューリーダー」　はあと出版　21（4）2008.4　p84～88
◇日本文明の先駆者（12）杉山茂丸　（坪内隆彦）「月刊日本」　K&Kプレス　12（11）2008.11　p80～87
◇日本近代史の真相　陸軍の裏側を見た吉薗周蔵の手記（24）超一流の「浪人政治家」杉山茂丸と在英ワンワールド　（落合莞爾）「ニューリーダー」　はあと出版　21（12）2008.12　p90～94
◇日本近代史の真相　陸軍の裏側を見た吉薗周蔵の手記（30）ワンワールド代理人・杉山茂丸, 風雲急の満州で暗躍　（落合莞爾）「ニューリーダー」　はあと出版　22（6）2009.6　p90～94

スクーンメーカー, D.　Schoonmaker, Dora E.　1851～1934
　アメリカの宣教師。1874年来日, 救世学校を創立。
【図　書】
◇しなやかに夢を生きる―青山学院の歴史を拓いた人ドーラ・E.スクーンメーカーの生涯　（棚村恵子著）　青山学院　2004.11　337p

鈴木春山　すずきしゅんざん　1820～1896
　幕末, 明治期の医師, 漢詩人。
【図　書】
◇化政・天保の人と書物　（鈴木瑞枝）　玉壺草堂　1984.11

スタウト, H.　Stout, Henry　1838～1912
　アメリカの宣教師。1869年来日, 長崎で英語を教授。
【図　書】
◇明治人物拾遺物語―キリスト教の一系譜　（森井真）　新教出版社　1982.10
◇ヘンリー・スタウトの生涯―西日本伝道の隠れた源流　（G.D.レーマン著, 峠口research訳）　新教出版社　1986.4
【雑　誌】
◇ヘンリー・スタウト―西日本の教会開拓者（講演）（Gordon D.Laman）「神学」　44　1982
◇長崎における幕末・明治初期のアメリカ人宣教師―ヴォーベックとスタウト　（田中啓介）「英学史研究」　15　1982

スミス, S.　Smith, Sarah Clara　1851～1947
　アメリカの宣教師。1880年来日, 女子教育に尽力。
【図　書】
◇札幌とキリスト教　（札幌市教育委員会文化資料室編）　（札幌）北海道新聞社　1987.6　（さっぽろ文庫）
【雑　誌】
◇宣教師サラ・クララ・スミスと北星学園（1）（キリスト教主義女子高等教育機関の理念と実際）（伊藤勝啓）「青山学院女子短期大学総合文化研究所年報」　青山学院女子短期大学総合文化研究所　8　2000.12　p105～114
◇Sarah Smith's final years　（James E. Allison）「北星学園大学社会福祉学部北星論集」　北星学園大学　44　2007.3　p93～107

炭谷小梅　すみやこうめ　1850～1920
　明治, 大正期の社会事業家。
【図　書】
◇近代岡山の女たち　（岡山女性史研究会編）　三省堂　1987.8
◇中川横太郎・炭谷小梅　（太田健一述）『日本の教育・岡山の女子教育―2006年公開講座講演集』（山陽学園大学・山陽学園短期大学社会サービスセンター編）　吉備人出版　2006.10　p271～299
◇石井十次と岡山孤児院―近代日本と慈善事業　（細井勇著）　ミネルヴァ書房　2009.7　531,6p　（MINERVA社会福祉叢書）
【雑　誌】
◇炭谷小梅の二通の書簡について　（吉崎志保子）「岡山地方史研究会々報」　41　1984.6
◇炭谷小梅の書簡（2）（吉崎志保子）「岡山地方史研究会々報」　42　1984.8

千家尊福　せんげたかとみ　1845～1918
　明治期の神道家, 政治家。東京府知事, 西園寺内閣司法相。
【図　書】
◇明治維新神道百年史　神道文化会　1984.10
◇神の塔―出雲大社の暗部をえぐる　（祖田浩一著）　時事通信社　1986.12
◇"出雲"という思想―近代日本の抹殺された神々　（原武史著）　講談社　2001.10　279p　（講談社学術文庫）
◇人物なるほど「一日一話」―今日は誰の日？　（今泉正顕著）　PHP研究所　2003.12　400p　（PHP文庫）
【雑　誌】
◇明治18年の千家尊福建言書　「神道学」　130　1986.8
◇復古神道における〈出雲〉―思想史の1つの試みとして〔下〕（原武

史）「思想」810 1991.12
◇歴代県知事―人と業績(15)第七代 千家尊福 （小山博也）「埼玉県史研究」27 1992.3
◇二人の現津神―出雲から見た天皇制 （岡本雅享）「アジア太平洋レビュー」大阪経済法科大学アジア太平洋研究センター 6 2009 p81～99

薗田宗恵　そのだしゅうえ　1862～1922
明治,大正期の真宗本願寺派の僧,仏教学者。
【雑　誌】
◇〔史料紹介〕明治22年、文科大学々生・薗田宗恵「熊野漫遊記」―南方熊楠をめぐる人々の思想について （後藤正人）「くちくまの」68 1987.2

大道長安　だいどうちょうあん　1843～1908
明治期の仏教運動家。救世教を創始。
【図　書】
◇大道長安の研究 （大道晃仙著）大道晃仙 1983.10
【雑　誌】
◇明治期長野県北部における大道長安主唱救世教の展開と終末 （矢野恒雄）「信濃」35(12) 1983.12
◇大道長安の観音信仰と救世教 （西野光一）「仏教文化学会紀要」仏教文化学会 18 2009.11 p47～72

大場久八　だいばのきゅうはち　1814～1892
幕末,明治期の侠客。
【雑　誌】
◇伊豆の侠客伝(1) 大場の久八 「豆州歴史通信」21 1991.6

高木兼寛　たかぎかねひろ　1849～1920
明治,大正期の海軍軍医。
【図　書】
◇模倣の時代〈上〉（板倉聖宣著）仮説社 1988.3
◇芦屋大学創立25周年記念論文集 芦屋大学 1988.11
◇高木兼寛伝―脚気をなくした男 （松田誠）講談社 1990.4
◇心の風土記―南九州 （鶴田利業著）日本図書刊行会 2010.9
◇抗争―ライバル日本史 4 （NHK取材班編）角川書店 1996.10 304p（角川文庫）
◇宮崎の偉人　中 （佐藤一一著）旭進学園 1998.1 222p
◇高木兼寛伝―伝記・高木兼寛 （高木喜寛著）大空社 1998.12 329, 209,5p（伝記叢書）
◇病気を診ずして病人を診よ―麦飯男爵 高木兼寛の生涯 （倉迫一朝著）鉱脈社 1999.8 541p
◇近代の神社神道 （阪本是丸著）弘文堂 2005.8 286p
◇志を貫いた先人たち （モラロジー研究所出版部編）モラロジー研究所 2009.5 255p（「歴史に学ぼう、先人に学ぼう」）
【雑　誌】
◇脚気とビタミン炉辺ばなし―中― （山下政三）「UP」125 1983.3
◇イギリス派医学の祖高木兼寛（造艦テクノクラートの草分け赤松則良）（童門冬二）「歴史と人物」14(3) 1984.3
◇高木兼寛とウィリス （平原洋和）「季刊南九州文化」50 1992.1
◇日本医師会小史(99)明治期の開業医と医学教育(8)高木兼寛と医師会講習会―医師会前史(45)「日本医師会雑誌」107(10) 1992.5
◇人物科学史 麦飯で脚気を防止し、ビタミン発見への道を開いた―高木兼寛 （もりいずみ）「Newton」教育社 20(4) 2000.4 p132～137
◇脚気の絶滅に成功した日本人医師―高木兼寛（1849～1920）（松村紘一）「国際経済研究」国際経済研究センター 285 2006.4 p19～22
◇高木兼寛の脚気栄養説についての一, 二の問題 （松田誠）「東京慈恵会医科大学雑誌」東京慈恵会医科大学成会 121(6) 2006.11.15 p315～321
◇高木兼寛の脚気栄養説についての一, 二の問題（続）森田正馬の精神療法と高木の脚気栄養説の思想背景の類似性について （松田誠）「東京慈恵会医科大学雑誌」東京慈恵会医科大学成会 123(2) 2008.3.15 p113～120
◇高木兼寛の脚気栄養説についての一, 二の問題（続々）かつて要素還元的方向にすすまなかった日本の研究 （松田誠）「東京慈恵会医科大学雑誌」東京慈恵会医科大学成会 123(4) 2008.7.15 p217～223
◇高木兼寛の女子教育論 （松田誠）「東京慈恵会医科大学雑誌」東京慈恵会医科大学成会 124(1) 2009.1.15 p21～34

高木仙右衛門　たかぎせんえもん　1824～1899
幕末,明治期の社会福祉家。潜伏キリシタンの中心人物。
【雑　誌】
◇ドミニコ高木仙右衛門覚書の研究(1) （高木慶子翻刻・解説）「神戸海星女子学院大学・短期大学研究紀要」27 1988

◇ドミニコ高木仙右衛門覚書の研究(2) （高木慶子）「神戸海星女子学院大学・短期大学研究紀要」28 1989
◇ドミニコ高木仙右衛門覚書の研究(3) （高木慶子）「神戸海星女子学院大学・短期大学研究紀要」29 1990

高木壬太郎　たかぎみずたろう　1864～1921
明治,大正期の神学者,牧師。青山学院院長。
【雑　誌】
◇高木壬太郎と『呉山一峰』（川崎司）「静岡県近代史研究」15 1989.10
◇高木(たかぎ)壬太郎(みずたろう)の足跡をたどって―1889年～1898年 （川崎司）「聖学院大学論叢」聖学院大学 15(1) 2002 p37～54
◇高木壬太郎の事績を尋ねて―1898年～1904年 （川崎司）「聖学院大学論叢」聖学院大学 21(2) 2009 p203～220
◇高木壬太郎の足跡をたどって―1904年～1906年 （川崎司）「聖学院大学論叢」聖学院大学 22(1) 2009 p137～153

高瀬羽皐　たかせうこう　1855～1924
明治,大正期のジャーナリスト,社会事業家。
【雑　誌】
◇高瀬真卿による東京感化院の設立と運営について―明治前期における感化院設立をめぐって （庄司拓也）「大乗淑徳学園長谷川仏教文化研究所年報」長谷川仏教文化研究所 第30号 2006.3 p1～34

高田畊安　たかだこうあん　1861～1945
明治～昭和期の医師。南湖院院長。
【図　書】
◇南湖院―高田畊安と湘南のサナトリウム （大島英夫著）茅ヶ崎市 2003.3 48p（茅ヶ崎市史ブックレット）

高野房太郎　たかのふさたろう　1869～1904
明治期の労働運動家。労働組合期成会を組織。
【図　書】
◇日本社会政策の源流―社会問題のパイオニアたち （保谷六郎著）聖学院大学出版会 1995.4 274p
◇労働は神聖なり、結合は勢力なり―高野房太郎とその時代 （二村一夫著）岩波書店 2008.9 298,7p
【雑　誌】
◇労働組合期成会の工場法案修正運動と高野房太郎 （大島清）「法政大学社会労働問題研究センター・大原社会問題研究所研究資料月報」273,274 1981.2,3
◇高野房太郎―在米体験を中心として （立川健治）「史林」65(3) 1982.5
◇職工義友会（一〇〇年前の日本〈特集〉）（山泉進）「彷書月刊」7(1) 1991.1

高橋お伝　たかはしおでん　？～1879
明治期の犯罪者,娼婦。古着屋殺しの罪で斬首刑。
【図　書】
◇明治・大正犯罪史 （加太こうじ）現代史出版会刊 1980.2
◇幕末酒徒列伝　続 （村島健一）講談社 1980.3
◇世界の悪女たち （駒田信二）文芸春秋 1981.8
◇近代日本の女性史12 愛憎の罪に泣く （創美社編）集英社 1981.9
◇素肌のおんなたち―日本を騒がせた三十六人の女意外史 （藤本義一）都市と生活社 1982.1
◇日本史を揺るがした女―激女・烈婦の日本史（舵輪ブックス）（村松駿吉著）日本文芸社 1984.2
◇明治を駆けぬけた女たち （中村彰彦編著）KKダイナミックセラーズ 1984.12
◇世界の悪女たち（文春文庫）（駒田信二）文藝春秋 1985.10
◇雑学 艶歌の女たち （西沢爽著）文芸春秋 1987.1（文春文庫）
◇日本刀物語 （福永酔剣著）雄山閣出版 1988.3
◇明治東京犯罪暦 明治元年～明治23年 （山下恒夫著）東京法経学院出版 1988.4（犯罪ドキュメントシリーズ）
◇前田愛著作集〔第4巻〕幻景の明治 （前田愛著）筑摩書房 1989.12
◇涙のスプリングボード （小島康誉著）（名古屋）プラス 1991.4
◇日本史・激情に燃えた炎の女たち―奔放に生き抜いた女たちの色と欲 （村松駿吉著）日本文芸社 1993.9（にちぶん文庫）
◇男をむさぼる悪女の日本史―妖しく咲き誇る女たちの毒と華 （片岡鬼堂著）日本文芸社 1993.11（にちぶん文庫）
◇時代劇博物館(2)（島野功緒著）社会思想社 1994.7（現代教養文庫）
◇明治を駆けぬけた女たち （中村彰彦編著）ダイナミックセラーズ出版 1994.11
◇文明開化期のジェンダー―「高橋お伝」物語をめぐって （ひろたまさき）『江戸の思想』（「江戸の思想」編集委員会編）ぺりかん社

1997.5 p79
◇毒婦伝　（朝倉喬司著）　平凡社　1999.4　381p
◇こんな女性たちがいた！　（にんげん史研究会著）　講談社　2000.6　246p
◇毒婦の誕生―悪い女と性欲の由来　（朝倉喬司著）　洋泉社　2002.2　220p　（新書y）
◇幻想の性　衰弱する身体―性医学の呪縛を超えるには　（斎藤光著）　洋泉社　2005.2　215p
◇日本猟奇・残酷事件簿　（合田一道，犯罪史研究会著）　扶桑社　2006.9　300p　（扶桑社文庫）
◇幻景の明治　（前田愛著）　岩波書店　2006.11　296p　（岩波現代文庫）
◇悪人列伝　近代篇　新装版　（海音寺潮五郎著）　文芸春秋　2007.2　301p　（文春文庫）
◇日本の女殺人犯101―江戸・明治・大正・昭和・平成　（日高恒太朗著）　笠倉出版社　2008.6　295p
◇悪女たちの日本史99の謎―時代を揺るがした毒婦の真実　（「歴史の真相」研究会著）　宝島社　2009.6　221p（宝島SUGOI文庫）
【雑　誌】
◇首斬り浅右衛門の回想―雲井竜雄・夜嵐おきぬ・島田一郎・長連豪・高橋お伝―総特集・死刑　「伝統と現代」　78　1983
◇近世日中文学における毒婦像の比較研究―高橋阿伝と潘金蓮を中心に　（張小鋼）　「東方学」　79　1990.1
◇上毛老談記　高橋お伝逸話　（俳山亭主人）「群馬風土記」　4（3）　1990.6
◇毒婦・高橋お伝の物語（ジャーナリズムげん論）（玉木明）「新聞研究」　587　2000.6　p26
◇本物の悪女たち―高橋お伝対リジー・ボーデン（女性像と社会）（満谷マーガレット）「共立女子大学総合文化研究所紀要」共立女子大学総合文化研究所運営委員会　11　2005　p25～28
◇「本物の」悪女たち―高橋お伝対リジー・ボーデン　（満谷マーガレット）「共立女子大学文芸学部紀要」　共立女子大学　52　2006.1　p1～31

高橋景作　たかはしけいさく　1799～1875
幕末，明治期の医師。高野長英の大観堂塾頭を務める。
【雑　誌】
◇高橋景作の行実　（大島善三郎）「群馬歴史散歩」　64　1984.5
◇幕末期における一地方蘭医の軌跡について―吾妻郡横尾村の高橋景作の場合　（田畑勉）「地方史研究」　34（5）　1984.10
◇高橋景作の日記　（金井幸佐久）「群馬歴史散歩」　74　1986.1
◇幕末の蘭方医高橋景作にみる教育と学問の軌跡　（関巴）「八洲学園大学紀要」　八洲学園大学生涯学習学部　3　2007.3　p27～38
◇『高橋景作日記』にみられる幕末の医療活動　（関巴）「八洲学園大学紀要」　八洲学園大学生涯学習学部　4　2008.3　p47～59

高橋富枝　たかはしとみえ　1839～1921
幕末～大正期の宗教家。金光教。
【図　書】
◇近代岡山の女たち　（岡山女性史研究会編）　三省堂　1987.8
【雑　誌】
◇高橋富枝　（山県二雄）「高梁川」　39　1982.10

高橋瑞子　たかはしみずこ　1852～1927
明治，大正期の医師。産婦人科。
【図　書】
◇近代日本の女性史9　学問・教育の道ひらく　（創美社編集）　集英社　1981.6
◇文明開化と女性―日本女性の歴史　暁教育図書　1982.10　（日本発見人物シリーズno.8）
◇大正期の職業婦人　（村上信彦）　ドメス出版　1983.11
◇愛の近代女医達　（中澤江著）　ミリオン書房　1984.2
◇歴史に咲く花々（集英社文庫）　（杉本苑子）　集英社　1984.10
◇明治文明開化の花々―日本留学生列伝　3　（松邨賀太著）　文芸社　2004.3　184p
◇理系の扉を開いた日本の女性たち―ゆかりの地を訪ねて　（西条敏美著）　新泉社　2009.6　235,3p
【雑　誌】
◇高橋瑞と荻野久作（第89回日本医史学会総会抄録）（安井広）「日本医史学雑誌」　34（1）　1988.1
◇男装の女医さん後進の道開く―高橋瑞子（いまも昔もおんな史）　「潮」　374　1990.6

高松凌雲　たかまつりょううん　1836～1916
明治，大正期の医師。パリで医学を学ぶ。
【図　書】
◇医の時代―高松凌雲の生涯　（木本至）　マルジュ社　1980.1
◇高松凌雲と適塾―医療の原点　（伴忠康）　春秋社　1980.7
◇男たちの明治維新―エピソード人物史　（奈良本辰也ほか）　文芸春秋　1980.10　（文春文庫）
◇日仏の交流―友好380年　（高橋邦太郎）　三修社　1982.5
◇医学史話　杉田玄白から福沢諭吉　（藤野恒三郎著）　菜根出版　1984.1
◇歴史随想―冬の蝶　（藤野順）　雪華社　1984.12
◇「適塾」の研究　なぜ逸材が輩出したのか　（百瀬明治）　PHP研究所　1986.1
◇物語　五稜郭悲話　（新人物往来社編）　新人物往来社　1988.8
◇「適塾」の研究―なぜ逸材が輩出したのか　（百瀬明治著）　PHP研究所　1989.11　（PHP文庫）
◇日本の『創造力』―近代・現代を開花させた470人〈3〉流通と情報の革命　（富田仁編）　日本放送出版協会　1993.2
◇会津残照譜　（星亮一著）　集英社　1998.12　254p
◇知のサムライたち―いまこそ日本をささえる10人の思想　（長尾剛著）　光文社　2002.5　272p
◇夜明けの雷鳴―医師・高松凌雲　（吉村昭著）　文芸春秋　2003.1　359p　（文春文庫）
◇箱館戦争銘々伝　下　（好川之範，近江幸雄編）　新人物往来社　2007.8　351p
【雑　誌】
◇赤十字活動の先駆者・高松凌雲　（唐牛誠）「歴史研究」　332　1988.12
◇医王　高松凌雲　（橋爪善七）「西日本文化」　262　1990.6
◇徳川慶喜と高松凌雲（特集／徳川慶喜の謎）（川田浩子）「歴史研究」人物往来社歴史研究会　433　1997.6　p26
◇函館と医師高松凌雲のことなど―ツァー不参加の弁　（安川里香子）「鷗外」　森鷗外記念会　69　2001.7　p53～57
◇行倒れ，そして仇討　（吉村昭）「文芸春秋」　79（7）　2001.7　p92～93

田上宇平太　たがみうへいた　1817～1869
幕末，明治期の医師。兵学寮教授。
【雑　誌】
◇長州藩蘭学者田上宇平太と翻訳砲術書　（沼倉研史，沼倉満帆）「英学史研究」　20　1987.10

高山盈子　たかやまみつこ　1842～1903
幕末，明治期の女性。日本赤十字社看護婦取締。
【図　書】
◇続・山陽路の女たち　（広島女性史研究会編著）　ドメス出版　1989.7

滝善三郎　たきぜんざぶろう　1837～1868
幕末の神戸事件の犠牲者。備前岡山藩士滝六郎の次男。
【図　書】
◇神戸事件―明治外交の出発点　（内山正熊）　中央公論社　1983.2　（中公新書）
◇検証　神戸事件　（根本克夫著）　創芸出版　1990.6
◇近代文学と能楽　（松田存著）　朝文社　1991.5
【雑　誌】
◇「神戸事件滝善三郎」に関する諸資料　（滝善成）「日本古書通信」　45（3）　1980.3
◇神戸事件滝善三郎の墓　（鷲津孝道）「花園史学」　5　1984.11
◇神戸事件、滝善三郎の自刃（特集　武士道残酷物語）（志茂田景樹）「歴史と旅」　15（6）　1988.4
◇滝善三郎―神戸の浦に名をやあげなむ（特集・幕末明治人物臨終の言葉―近代の夜明けを駆けぬけた44人の人生決別の辞　英傑死してことばを遺す）（一坂太郎，稲川明雄，今川徳三，井門寛，宇都宮泰良，河合敦，木村幸比古，祖田浩一，高野澄，高橋和彦，畑山博，三谷茉沙夫，百瀬明治，山村竜也）「歴史と旅」　24（7）　1997.5　p60～61

武田範之　たけだはんし　1863～1911
明治期の僧。越後顕聖寺住職，韓国十三道仏寺総顧問。
【図　書】
◇近代日本右派社会思想研究　（滝沢誠）　論創社　1980.8
◇復興アジアの志士群像―東亜先覚者列伝　大東塾出版部　1984.5
◇武田範之とその時代　三嶺書房　1986.10
◇武田範之伝―興亜前提史　（川上善兵衛著，市井三郎，滝沢誠編）　日本経済評論社　1987.5
◇日本の朝鮮支配と宗教政策　（韓晳曦著）　未来社　1988.11　（朝鮮近代史研究双書）
◇川上善兵衛伝　（木島章著）　サントリー　1991.12　（サントリー博物館文庫）

◇天皇帝国論批判―アジア主義とファシズム （松沢哲成著） れんが書房新社 1992.7
◇禅僧の社会意識について―近代仏教史における武田範之・内山愚童の位置づけをめぐって （石川力山） 『仏教における和平』（日本仏教学会編） 平楽寺書店 1996.9 p173
◇内山愚童と武田範之 （中尾良信）『個の自立と他者への眼差し―時代の風を読み込もう』（花園大学人権教育研究センター編） 批評社 2008.3 （花園大学人権論集） p96
【雑 誌】
◇文学碑探訪 （秋山実）「文藝筑後」 14 1981.2
◇武田範之の葬儀―その精算書をめぐって （滝沢誠）「日本歴史」 418 1983.3
◇内山愚童と武田範之―近代仏教者の思想と行動・対戦争観・朝鮮開教問題等をめぐって （石川力山）「宗学研究（駒沢大学曹洞宗宗学研究所）」 36 1994.3
◇鴎外文庫蔵武田範之関係資料（特集 森鴎外を読み直す） （出口智之）「文学」 岩波書店 8（2） 2007.3・4 p140〜147

竹内啓　たけのうちひらく　1828〜1868
幕末の医師。
【雑 誌】
◇竹内啓（東京大学先端科学技術研究センター教授）（知的創造社会へのメッセージ （竹内啓）「発明」 89（11） 1992.11
◇竹内啓・東京大学教授（エコノミストの肖像）「エコノミスト」 71（39） 1993.9.14

竹本長十郎　たけもとちょうじゅうろう　?〜1872
明治期の一揆首謀者。徴兵反対の血税り一揆の首領。
【雑 誌】
◇《侠客》・竹本長十郎の伝承 （橘弘文）「大阪明浄女子短期大学紀要」 8 1994.3
◇高峯廼夜嵐―膏取り一揆と竹本長十郎 （橘弘文）「比較日本文化研究」 比較日本文化研究会, 風響社 12 2008.12 p92〜107

田代栄助　たしろえいすけ　1834〜1885
明治期の農民。秩父事件の困民党総理。
【図 書】
◇秩父困民軍会計長井上伝蔵 （新井佐次郎） 新人物往来社 1981.8
◇秩父事件―子孫からの報告 （高野寿夫） 木馬書館 1981.11
◇困民党蜂起―秩父農民戦争と田代栄助論 （千嶋寿） 田畑書房 1983.2
◇関東侠客列伝 （加太こうじ著） さきたま出版会 1984.2
◇鎮魂秩父事件―祖父田代栄助の霊に捧ぐ （小泉忠孝著） まつやま書房 1984.5
◇鎮魂秩父事件―祖父田代栄助の霊に捧ぐ （小泉忠孝著） まつやま書房 1984.5
◇女たちの秩父事件 （五十嵐睦子他著） 新人物往来社 1984.9
◇秩父事件の妻たち（東書選書 95） （新井佐次郎著） 東京書籍 1984.9
◇秩父困民党群像（現代教養文庫） （井出孫六著） 社会思想社 1986.9
◇律義なれど, 仁侠者―秩父困民党総理田代栄助 （高橋哲郎著） 現代企画室 1998.2 374p
◇反逆者たち―時代を変えた10人の日本人 （保阪正康著） ティビーエス・ブリタニカ 2000.11 269p
◇時代に挑んだ反逆者たち―近代日本をつくった「変革」のエネルギー （保阪正康著） PHP研究所 2003.9 285p （PHP文庫）
【雑 誌】
◇浦和・熊谷監獄合葬簿より 田代栄助訪問調査（2）「秩父事件」 2 1981.5
◇特集《3》田代栄助 「秩父事件」 3 1981.11
◇秩父事件―ある一つの側面（フランス革命二百周年（18）） （井出孫六）「学鐙」 86（6） 1989.6

田添鉄二　たぞえてつじ　1875〜1908
明治期の社会主義者。日本社会党評議員。
【図 書】
◇日本の思想家 近代篇 （菅孝行） 大和書房 1981.9
◇無残な敗北―戦前の社会主義運動を探る （吉田隆喜著） 三章文庫 2001.10 342p
◇日本の反逆思想 （秋山清著, 秋山清著作集編集委員会編） ぱる出版 2006.4 400p （秋山清著作集）

橘義天　たちばなぎてん　1815〜1875
幕末, 明治期の公益家, 僧侶。
【図 書】
◇堕胎間引の研究 （高橋梵仙） 第一書房 1981.4

田中稲城　たなかいなぎ　1856〜1925
明治, 大正期の図書館学者。帝国図書館初代館長。
【図 書】
◇図書館を育てた人々―日本編 1 （石井敦編） 日本図書館協会 1983.6
【雑 誌】
◇先人を語る（6）田中稲城,1856―1925 （西村正守）「図書館雑誌」 74（2） 1980.2
◇田中稲城自殺説について―「図書館を育てた人々・日本編1」補遺― （石井敦）「図書館雑誌」 78（4） 1984.4
◇源流から辿る図書館史（12）帝国図書館と田中稲城 （石山洋）「日本古書通信」 日本古書通信社 66（12） 2001.12 p14
◇公開なった田中稲城文書（同志社大学所蔵）―日本近代図書館成立期の「証言者」たる資料群 （井上真琴, 大野愛耶, 熊野絢子）「図書館雑誌」 日本図書館協会 99（3） 2005.3 p170〜171
◇アーカイブ資料整理へのひとつの試み―同志社大学所蔵田中稲城文書・竹林熊彦文書の場合（小特集 図書館におけるアーカイブズ） （井上真琴, 小川千代子）「大学図書館研究」 学術文献普及会 77 2006.8 p1〜11

田中千弥　たなかせんや　1826〜1898
明治期の神官。椋神社社司。
【図 書】
◇秩父困民軍会計長井上伝蔵 （新井佐次郎） 新人物往来社 1981.8
◇草の根の維新 （桜井一昭） 埼玉新聞社 1982.8
【雑 誌】
◇田中千弥の経済的状況 （下田和敏）「東国民衆史」 8 1983.1
◇田中千弥日記及び秩父暴動雑録を読んで （西村定雄）「グループ秩父事件会報」 34 1990.10
◇近代初頭における「教導職」の動向と村落社会―『田中千弥日記』を通して （佐藤宏之）「歴史」 東北史学会 100 2003.4 p49〜74

田村直臣　たむらなおおみ　1858〜1934
明治〜昭和期のプロテスタント牧師。
【図 書】
◇明治人物拾遺物語―キリスト教の一系譜 （森井真） 新教出版社 1982.10
◇開化の築地・民権の銀座―築地バンドの人びと （太田愛人著） 築地書館 1989.7
◇近代日本社会思想史研究 （工藤英一著） 教文館 1989.7
◇田村直臣 日本の花嫁・米国の婦人資料集 （藤沢全, 梅本順子編） 大空社 2003.2 381p
◇近代日本キリスト教名著選集 第3期（キリスト教受容史篇）23 （鈴木範久監修） 日本図書センター 2003.11 348p
【雑 誌】
◇小沢三郎編日本プロテスタント史史料（9完）田村直臣の「日本の花嫁」事件（4） （杉田六郎校注）「キリスト教社会問題研究」 29 1981.3
◇国辱の責め―田村直臣「THE JAPANESE BRIDE」を中心に〈文学における異邦との接点7〉 （藤沢全）「あるご」 2（11） 1984.1
◇小波に先行する「童話」の試み―田村直臣の「童蒙」訳業― （勝尾金弥）「児童教育学科論集（愛知県立大学）」 21（鈴木淑子教授退官記念号） 1988.3
◇「子供の時が大切です」―田村直臣『幼年教育百話』考 （勝尾金弥）「梅花児童文学（梅花女子大学）」 創刊号 1993.7
◇田村直臣のアメリカ体験―内村鑑三と比較して （梅本順子）「国際文化表現研究」 国際文化表現学会 4 2008 p133〜145
◇田村直臣と花嫁事件―米人宣教師の報告を中心にして （梅本順子）「国際関係研究」 日本大学国際関係学部国際関係研究所 29（2） 2008.9 p79〜103
◇田村直臣と児童文学―児童書の発行を中心にして （梅本順子）「国際関係研究」 日本大学国際関係学部国際関係研究所 29（3） 2008.12 p197〜213
◇田村直臣と足尾鉱毒問題 （梅本順子）「国際関係研究」 日本大学国際関係学部国際関係研究所 29（4） 2009.2 p87〜102

千葉卓三郎　ちばたくさぶろう　1852〜1883
明治期の社会活動家。自由民権家, 勧能学校教員。
【図 書】
◇民衆憲法の創造者千葉卓三郎の生涯 （相沢源七） 宝文堂 1990.10
◇色川大吉著作集 第5巻 （色川大吉著） 筑摩書房 1996.4 506p
◇自由民権に輝いた青春―卓三郎・自由を求めてのたたかい （江井秀雄著） 草の根出版会 2002.3 237p
◇ラストサムライの群像―幕末維新に生きた誇り高き男たち （星亮一, 遠藤由紀子著） 光人社 2006.2 283p
【雑 誌】
◇千葉卓三郎に関する新史料〈特集・仙台藩の武芸〉 （逸見英夫）「仙台郷土研究」 6（1） 1981.9

◇「五日市憲法」を起草した青年民権家―千葉卓三郎評伝 （土橋美歩）「帝京大学文学部紀要」 帝京大学文学部 第23号 1998.1 p141～170
◇千葉卓三郎にみる「外来青年」についての研究 （川原健太郎）「早稲田大学大学院教育学研究科紀要 別冊」 早稲田大学大学院教育学研究科 11-1 2003 p11～21

長南年恵 ちょうなんとしえ 1868～1907
明治期の宗教家。
【図 書】
◇霊人の証明 （丹波哲郎著） 角川書店 1991.3 （角川文庫）
◇ソロン―不思議と神秘の使者 （ソロンアサミ著） （松戸）自由宗教一神会出版部 1992.2
◇近代庶民生活誌〈19〉迷信・占い・心霊現象 （南博編） 三一書房 1992.12
◇日本神人伝―日本を動かした霊的巨人たちの肖像 （不二竜彦著） 学習研究社 2001.5 245p （エソテリカ・セレクション）
◇原田実の日本霊能史講座―と学会レポート （原田実講師, 杉並春男聞き手） 楽工社 2006.10 526p

長梅外 ちょうばいがい 1810～1885
幕末, 明治期の医者, 儒学者。長州藩学教授。
【図 書】
◇田川の文学とその人びと （瓜生敏一） 瓜生敏一先生著作集刊行委員会 1982.8
【雑 誌】
◇『香崖詩鈔』をめぐって―阪谷朗盧, 長梅外, 乃木希典 （諸井耕二）「宇部国文研究」 宇部短期大学国語国文学研究室 第29号 1998.3 p73～102

貞心尼 ていしんに 1798～1872
幕末, 明治期の尼僧, 歌人。柏崎釈迦堂庵主。
【図 書】
◇良寛―逸話でつづる生涯 （安藤英男著） 鈴木出版 1986.8
◇良寛―その出家の実相 （田中圭一著） 三一書房 1986.11
◇神秘主義のエクリチュール （五十嵐一著） （京都）法蔵館 1989.9
◇良寛の歌と貞心尼―『はちすの露』新釈 （伊藤宏見著） 新人物往来社 1990.6
◇歴史ロマン 火宅往来―日本史のなかの女たち （沢田ふじ子著） 広済堂出版 1990.8
◇唐沢富太郎著作集〈第4巻〉貢進生 幕末維新期のエリートたち, 人生・運命・宗教 （唐沢富太郎著） ぎょうせい 1990.10
◇復刻良寛と貞心 （相馬御風） 考古堂書店 1991
◇無位の真人 良寛 （唐沢富太郎著） 教育出版センター 1991.10 （研究選書）
◇貞心尼とその周辺―第23回特別展図録 （柏崎市立博物館編） 柏崎市立博物館 1992.10
◇手まりをにし―良寛と貞心尼 『はちすの露』新釈 （伊藤宏見著） 文化書房博文社 1993.4
◇良寛禅師 （村上博男著） 日本図書刊行会 1993.12
◇良寛・貞心尼の仮名を読む （加藤僖一監修, 梅津昇編著） 考古堂書店 2000.12 244p
◇近世越後の学芸研究 第1巻 （帆刈喜久男著） 高志書院 2002.6 309p
◇人間良寛 （渡辺三省著） 風濤社 2002.8 479p
◇良寛の精神世界と文学―大愚良寛の研究 （橋本幹子著） 考古堂書店 2002.12 448p
◇良寛入門 （加藤僖一著） 新潟日報事業社 2004.1 190p （とき選書）
◇良寛と貞心尼―版画 新装版 （よいたふせ作） 考古堂書店 2004.6 56p （えちご草子）
◇良寛―その任運の生涯 （大橋毅著） 新読書社 2004.8 369p
◇貞心尼―良寛と生きた誓いの日々 （ののはらゆみ著） 考古堂書店 2004.9 301p
◇歌人貞心尼―越後の雪椿 （荻場善次著） 〔荻場善次〕 2006.9 141p
◇良寛の恋―炎の女貞心尼 （工藤美代子著） 講談社 2007.10 350p
◇良寛の四季 （荒井魏著） 岩波書店 2008.5 207,2p （岩波現代文庫）
【雑 誌】
◇澄みゆく貞心尼 （小林安治）「長岡郷土史」 20 1982.3
◇貞信と良寛―関長温との離別 （宮栄二）「新潟大学国文学会誌」 30 （伊狩章先生退官記念特集号） 1987.3
◇貞心・良寛尼―いまなぜ良寛か （松本市寿）「未来」 254 1987.11
◇貞心尼―良寛に師事した頃 （泉田代）「板橋史談」 135 1989.11
◇鮮明な貞心尼像 （岡松和夫）「波」 255 1991.3
◇74歳「手まり上人」 眠るがごとく逝く―晩年の貞心尼との激しき恋もまた「天上大風」の心境であった(特集・良寛―「心の時代」を生きる) （佐江衆一）「プレジデント」 29(5) 1991.5
◇良寛の生涯―貞心尼との美しき交流(時空を超えて懐しき人良寛〈特集〉) （萱沼紀子）「国文学解釈と鑑賞」 58(10) 1993.10
◇貞心尼・〔ヨウ〕歌の宴―島崎・長岡・柏崎(良寛の歩いた道〔17〕) （武田鏡村）「歴史と旅」 23(7) 1996.5 p208～213
◇貞心尼のうたの変遷(特集：良寛―仏教と歌と詩と―良寛とは誰か) （内山知也）「國文學 解釈と教材の研究」 学燈社 43(7) 1998.6 p60～63
◇良寛「戒語」(5)貞心尼と「蓮の露」 （市川隆一郎）「研究紀要 短期大学部」 聖徳大学 33 2000 p13～19
◇良寛をめぐる人びと―夕景の虹 貞心尼との交流(総力特集・良寛―僧にあらず俗にあらず) （利根川裕）「歴史と旅」 27(15) 2000.12 p66～71
◇良寛と貞心尼―それぞれの思い （源川彦峰）「二松学舎大学人文論叢」 二松学舎大学人文学会 75 2005.10 p18～53
◇良寛と貞心尼の愛―貞心尼筆『蓮の露』訳考 （和田浩）「高松大学紀要」 高松大学〔ほか〕 47 2007.2 p75～92
◇良寛と貞心尼の愛―歌の交わりにみる(良寛―聖にあらず, 俗にもあらず) （北原保雄）「別冊太陽」 平凡社 153 2008.6 p58～61

出口なお でぐちなお 1836～1918
明治, 大正期の宗教家。大本教開祖。
【図 書】
◇女の一生―人物近代女性史8 人類愛に捧げた生涯 講談社 1981.5
◇近代日本の女性史8 自由と解放と信仰と （創美社編集） 集英社 1981.5
◇文明開化と女性―日本女性の歴史 暁教育図書 1982.10 （日本発見人物シリーズno.8）
◇女の一生―人物近代女性史 8 人類愛に捧げた生涯 （瀬戸内晴美他著） 講談社 1984.3
◇大本―出口なお・出口王仁三郎の生涯(新宗教創始者伝) （伊藤栄蔵著） 講談社 1984.4
◇昭和史探訪2 日中戦争 （三國一朗, 井田鱗太郎編） 角川書店 1985.10
◇出口王仁三郎〈4 蛟龍の池篇〉 （十和田龍著） 新評論 1986.7
◇出口なお （安丸良夫著） 朝日新聞社 1987.5 （朝日選書）
◇オニサブロー―ウービーの生涯 1871～1948〈明治篇〉 （十和田龍著） 新評論 1987.6
◇神界のフィールドワーク―霊学と民俗学の生成 （鎌田東二著） 青弓社 1987.12
◇日本のシャーマン （小島信一著） 八幡書店 1989.4
◇出口王仁三郎の神の活哲学―血肉となって魂を活かし人生に光 （十和田龍著） 御茶の水書房 1989.5
◇人類愛に捧げる生涯―人物近代女性史 （瀬戸内晴美編） 講談社 1989.9 （講談社文庫）
◇幻視する近代空間―迷信・病気・座敷牢, あるいは歴史の記憶 （川村邦光著） 青弓社 1990.3
◇出口王仁三郎―"軍国日本"を震撼させた土俗の超能力者 （長谷邦夫, フジオプロ著） ダイヤモンド社 1992.11 （コミック世紀の巨人）
◇神示が明かす超古代文明の秘密―「封印された真実の神」の言葉から神国日本の本源を探る！ （中矢伸一著） 日本文芸社 1994.3 （ラクダブックス）
◇出口なお王仁三郎の予言・確言 復刻 （出口和明著） みいづ舎 2005.3 383p
◇近代国家を構想した思想家たち （鹿野政直著） 岩波書店 2005.6 181p （岩波ジュニア新書）
◇女という経験 （津島佑子著） 平凡社 2006.1 214p （問いの再生）
◇出口なお・出口王仁三郎の生涯―大本教祖伝 文庫版 （大本本部監修, 伊藤栄蔵著） 天声社 2007.8 304p
◇出口なお―女性教祖と救済思想 （安丸良夫著） 洋泉社 2009.5 318p （洋泉社MC新書）
【雑 誌】
◇新興宗教の教祖たち(特集・シャマニズム) （佐木秋夫）「現代のエスプリ」 165 1981.4
◇「大本」の筆先にみる特異な発想 （出口和明）「伝統と現代」 75 1982.5
◇スティグマとカリスマの弁証法―教祖誕生をめぐる一試論 （川村邦光）「宗教研究」 56(2) 1982.9
◇出口なお―大本教の教祖としての生涯(特集花ひらく明治の女性たち) （左方郁子）「歴史と旅」 12(2) 1985.2
◇中山みき・出口なお―神がかりする女性（"女の一生"を読む〈特集〉） （松本晧一）「彷書月刊」 8(2) 1992.2
◇大本における信仰と組織の展開―1916-45年の茨城県南部を事例として （真次美穂）「史論」 46 1993
◇「大本」教団の成立と活動(2) （川崎喜久子）「社会学論叢」 117 1993.6
◇対話と方法 安丸良夫と「民衆」の原像―『出口なお』について （永岡崇）「大阪大学日本学報」 大阪大学大学院文学研究科日本学研究

室 25 2006.3 p107〜125

鉄竜海　てつりゅうかい　？〜1881
明治期の修験者。
【雑　誌】
◇平鹿の行人寺遺跡と仙北出身の即身仏　ミイラ（2）即身仏となった鉄竜海上人　（照井多吉）「出羽路」　68・69　1980.4

デニング, W.　Dening, Walter　1846〜1913
イギリスの宣教師、ジャーナリスト。1873年来日。
【図　書】
◇お雇い外国人　（札幌市教育委員会編）　北海道新聞社　1981.12（さっぽろ文庫）
【雑　誌】
◇ウォルター・デニング—明治初期における宣教師の活動　（Helen Ballhatchet）「アジア文化研究　国際基督教大学学報 3—A」16　1987.11
◇クラーク博士の聖書　連載2　（松本恵子）「彷書月刊」4（6）1988.6

デービス, J.　Davis, Jerome Dean　1838〜1910
アメリカの宣教師。1871年来日、同志社創立の功労者。
【図　書】
◇資料紹介J・D・デイヴィス夫人の死に関する資料　（森永長壱郎）『アメリカン・ボード宣教師—神戸・大阪・京都ステーションを中心に、1869〜1890年』（同志社大学人文科学研究所編）　教文館　2004.10　（同志社大学人文科学研究所研究叢書）　p327

デフォレスト, J.　De Forest, John Kinn Hoyde　1844〜1911
アメリカの宣教師。1874年来日、東華学校を創立。
【雑　誌】
◇新島襄とJ.H.デフォレスト—ラットランドから仙台へ　（本井康博）「キリスト教社会問題研究」42　1993.7

デントン, M.　Denton, Mary Florence　1859〜1946
アメリカの宣教師。1888年来日、看護教育に尽力。
【図　書】
◇日米の懸け橋—日本の女子教育に捧げたデントンの生涯　（小野恵美子著）（大阪）大阪書籍　1988.4
◇シャロンの花—7人が歩いた苦難の道　（高見沢潤子著）　教文館　1988.5
【雑　誌】
◇M.F.デントンの婦道と伝道について（アメリカの宣教師の活動とその背景(2)）（森章博）「同志社アメリカ研究」別冊6　1982
◇ミス・デントン来日の前後(1)　（日比恵子）「同志社談叢」同志社大学同志社史資料センター　25　2005.3　p97〜117
◇ミス・デントン来日の前後(2)　（日比恵子）「同志社談叢」同志社大学同志社史資料センター　26　2006.3　p99〜119
◇ミス・デントン来日の前後(3)ミス・デントン着任直後の行動　（日比恵子）「同志社談叢」同志社大学同志社史資料センター　27　2007.3　p95〜114
◇M・F・デントンに関する新資料—遺言・死後叙勲・生年について　（坂本清音）「同志社談叢」同志社大学同志社史資料センター　29　2009.3　p105〜132
◇ミス・デントン来日の前後(4)J.N.ハリス宛の1通の手紙を巡って　（日比恵子）「同志社談叢」同志社大学同志社史資料センター　29　2009.3　p133〜150

土居光華　どいこうか　1847〜1918
明治期の漢学者、自由民権家、ジャーナリスト。
【雑　誌】
◇土居光華に関する一考察—「偶評欧米大家所見集」について　（山下重一）「国学院法学」22（4）1985.3

頭山満　とうやまみつる　1855〜1944
明治〜昭和期の国家主義者。
【図　書】
◇玄洋社発掘—もうひとつの自由民権　（石瀧豊美）　西日本新聞社　1981.6
◇頭山満翁正伝（未定稿）（頭山満翁正伝刊行委員会編　西尾陽太郎解説）　葦書房　1981.10
◇「昭和維新」と右翼テロ　（大津達三）　新日本出版社　1981.12
◇日本の国士—日本人にとってアジアとは何か　（渡辺京二ほか）　有斐閣　1982.10　（有斐閣新書）
◇日本のリーダー 11 風雲の異端児　ティビーエス・ブリタニカ　1983.10
◇浪人の王者頭山満（河出文庫）（杉森久英著）　河出書房新社　1984.4
◇復興アジアの志士群像—東亜先覚者列伝　大東塾出版部　1984.5

◇大アジア主義と頭山満　増補版　（葦津珍彦著）　日本教文社　1984.5
◇獅子の道　中野正剛　（日下藤吾著）　叢文社　1986.11
◇夢野久作の場所　（山本巌著）　葦書房　1986.12
◇ビジュアル版・人間昭和史〈6〉行動する思想家　講談社　1987.4
◇頭山満と玄洋社物語〔正・続〕（平井駒次郎）葦書房　1987.11
◇安楽の門　（大川周明著）（酒田）大川周明顕彰会　1988.8
◇頭山満翁写真伝　（藤本尚則編著）　葦書房　1988.9
◇行動右翼入門　（衛藤豊久、野村秋介、猪野健治著）　二十一世紀書院　1989.11
◇日本近代史の虚像と実像〈2〉韓国併合〜昭和の恐慌　（藤原彰、今井清一、宇野俊一、粟屋憲太郎編）　大月書店　1990.2
◇民権の獅子—兆民をめぐる男たちの生と死　（日下藤吾著）　叢文社　1991.12　（現代を拓く歴史名作シリーズ）
◇頭山精神〔復刻版〕（藤本尚則編）（福岡）葦書房　1993.1
◇人間・出会いの研究　（小島直記著）　新潮社　1994.9
◇戦後の肖像—その栄光と挫折　（保阪正康著）　ティビーエス・ブリタニカ　1995.7　292p
◇雲に立つ—頭山満の「場所」（松本健一著）　文芸春秋　1996.10　236p
◇哲人　中村天風先生　抄　（橋田雅人著）　広済堂出版　1997.3　282p
◇日本精神史への旅　（松本健一著）　河出書房新社　1997.3　231p
◇凛—近代日本の女魁・高場乱　（永畑道子著）　藤原書店　1997.3　244p
◇人間・出会いの研究　（小島直記著）　新潮社　1997.9　231p　（新潮文庫）
◇快絶壮遊　天狗倶楽部—明治バンカラ交遊録　（横田順弥著）　教育出版　1999.6　192p　（江戸東京ライブラリー）
◇大正美人伝—林きむ子の生涯　（森まゆみ著）　文芸春秋　2000.6　304p
◇大アジア燃ゆるまなざし　頭山満と玄洋社　（読売新聞西部本社編）　海鳥社　2001.10　115p
◇人ありて—頭山満と玄洋社　（井川聡、小林寛著）　海鳥社　2003.6　293p
◇日本の右翼　（猪野健治著）　筑摩書房　2005.4　377p　（ちくま文庫）
◇戦後の肖像—その栄光と挫折　（保阪正康著）　中央公論新社　2005.7　354p　（中公文庫）
◇大アジア主義と頭山満　（葦津珍彦著）　葦津事務所　2005.9　255p　（「昭和を読もう」葦津珍彦の主張シリーズ）
◇アジアと日本の魂—頭山満生誕百五十年祭記念冊子　（木下朗伸編集責任）　アジアと日本の魂頭山満翁生誕百五十年祭事務局　2005.12　63p
◇頭山満言志録　（頭山満著）　書肆心水　2006.1　316p
◇福岡地方史研究　第44号 2006年　（福岡地方史研究会編）　福岡地方史研究会　2006.7　164p
◇頭山満直話集　（頭山満談、薄田斬雲編著）　書肆心水　2007.1　284p
◇ドーダの近代史　（鹿島茂著）　朝日新聞社　2007.6　396p
◇頭山満と近代日本　（大川周明著、中島岳志編）　春風社　2007.12　211p
◇アジア主義者たちの声　上　（頭山満、犬養毅、杉山茂丸、内田良平著）　書肆心水　2008.3　315p　（入門セレクション）
◇日本の右翼と左翼　（別冊宝島編集部編）　宝島社　2008.6　217p　（宝島SUGOI文庫）
◇東京おぼえ帳　（平山蘆江著）　ウェッジ　2009.2　364p　（ウェッジ文庫）
◇どぐら綺譚　魔人伝説—高山彦九郎から夢野久作に繋ぐ幻　増補・新版　（松本健一著）　辺境社　2009.9　244p　（松本健一伝説シリーズ）
【雑　誌】
◇「頭山満翁正伝」（未定稿）（4）（資料）〔英文〕（西尾陽太郎解説、福本保信訳、岩本弓子訳）「西南学院大学文理論集」24（2）1984.2
◇頭山満の興亜思想と辛亥革命　（趙軍）「陵南史学」11　1986.7
◇雄弁と寡黙—杉山茂丸と頭山満（特集・杉山茂丸）（室井広一）「ふるほんや」12　1988.12
◇山口組初代組長は右翼の巨頭!?ヤクザ雑誌『アサ芸』の大ボカ（オンレコ・オフレコ）「月刊TIMES」13（11）1989.12
◇孫文に敬愛されたアジアの巨人　頭山満—民権を固守すべく権力と戦いつづけたひとりの国家主義者の実像をさぐる　（田中健之）「歴史と旅」26（6）1999.4　p236〜247
◇孫文に敬愛されたアジアの巨人　頭山満—頭山は軍閥や政治家の独善的な姿勢に対して憤り、日華平和の道を邁進する〔前〕（田中健之）「歴史と旅」26（7）1999.5　p236〜247
◇玄洋社と頭山満　（泉賢司）「国士舘大学武徳紀要」国士舘大学武道徳育研究所　21　2005.3　p58〜37
◇特集　大アジア主義と頭山満　「月刊日本」K&Kプレス　10（5）2006.5　p26〜42
◇一人でいて淋しくない男になれ(特集　大アジア主義と頭山満）（松本健一）「月刊日本」K&Kプレス　10（5）2006.5　p28〜35

◇頭山・葦津の精神継承と現下の危機（特集 大アジア主義と頭山満）（田尾憲男）「月刊日本」 K&Kプレス 10(5) 2006.5 p36〜42
◇野間健が読む(4)『立雲頭山満先生講評 大西郷遺訓』（野間健）「月刊日本」 K&Kプレス 10(8) 2006.8 p94〜97
◇本好き人好き(210)桐生悠々の見るところ 桐生悠々『べらんめえ』平井晩村『頭山満と玄洋社物語』（谷沢永一）「國文學 解釋と教材の研究」 學燈社 52(3) 2007.3 p150〜153
◇「頭山満と近代日本」大川周明著—明治政党政治史の簡便・好個の概括（読書の時間）（兵島二十八）「正論」 産経新聞社 431 2008.2 p364〜365
◇本好き人好き(226)三宅雪嶺の『世の中』〔山路愛山『三宅雪嶺氏の世乃中』、平井晩村『頭山満と玄洋社物語 続編』〕（谷沢永一）「國文學 解釋と教材の研究」 學燈社 53(10) 2008.7 p190〜193
◇特集グラビア 頭山満 亜細亜的英雄の原像（特集 論点検証 大東亜戦争）「歴史読本」 新人物往来社 53(9) 2008.9 p7〜20

東陽円月 とうようえんげつ 1817〜1902
幕末, 明治期の浄土真宗本願寺派学僧。
【図　書】
◇中厳円月東海一〔オウ〕詩集（増田知子著） 白帝社 2002.6 348p
【雑　誌】
◇明治仏教と教育勅語(2)真宗僧東陽円月の場合（三宅守常）「大倉山論集」 22 1987.12
◇「三条の教則」から「教育勅語」へ—東陽円月の著述を通してその思想的連続性をさぐる（三宅守常）「日本大学教育制度研究所紀要」 21 1990.3

所郁太郎 ところいくたろう 1838〜1865
幕末の医師。
【図　書】
◇医学史研究余録（服部敏良著） 吉川弘文館 1987.11
◇所郁太郎伝（青山松任著） 新人物往来社 1991.4 （日本伝記叢書）
◇贈従四位所郁太郎先生小伝（霊山顕彰会岐阜県支部編） 霊山顕彰会岐阜県支部 1992.9

鳥居素川 とりいそせん 1867〜1928
明治, 大正期のジャーナリスト。
【図　書】
◇考証「鳥居素川」 上（冨田啓一郎著） 共同体社 1998.6 209p
◇近代の黎明と展開—熊本を中心に 熊本近代史研究会 2000.8 199p
【雑　誌】
◇鳥井素川のたたかい（戦争とジャーナリズム(11)）（茶本繁正）「現代の眼」 22(8) 1981.8
◇如是閑と素川（後藤孝夫）「みすず」 27(11) 1985.12

ド＝ロ, M. De Rotz, Marc Marie 1840〜1914
フランスの宣教師。1868年来日, 社会事業に貢献。
【図　書】
◇辺境に生きる（講談社現代新書）（太田愛人） 講談社 1985.11
◇ド・ロ神父黒革の日直録（矢野道子著） 長崎文献社 2006.8 180p
【雑　誌】
◇ド・ロさまそうめんの復活＝長崎県西彼杵郡外海町（沢渡歩）「季刊銀花」 57 1984.3
◇マルコ・ド・ロ神父についての考察（岡本都代）「聖母被昇天学院女子短期大学紀要」 16 1989.3
◇ド・ロ様と出津文化村（江口源一）「長崎談叢」 77 1991.1
◇現場レポート 長崎 重要文化財旧出津救助院（授産場他一棟）県指定史跡ド・ロ神父遺跡 救助院の概要と工事の経過（瀬尾雅之）「文建協通信」 文化財建造物保存技術協会 93 2008.7 p78〜83
◇ド・ロ神父の外海での活動の研究意義（佐藤快信, 入江詩子, 菅原典子〔他〕）「長崎ウエスレヤン大学地域総合研究所研究紀要」 長崎ウエスレヤン大学 7(1) 2009.3 p73〜77

頓成 とんじょう 1795〜1887
幕末, 明治期の真宗大谷派学僧。
【雑　誌】
◇頓成述『二種深信正因義』について（山本攝叡）「行信学報」 行信仏教文化研究所 21 2008.5 p33〜46

長岡謙吉 ながおかけんきち 1834〜1872
幕末, 明治期の医師, 官吏。海援隊隊長, 三河県知事。
【図　書】
◇坂本龍馬・海援隊士列伝（山田一郎ほか著） 新人物往来社 1988.2
◇海援隊遺文—坂本龍馬と長岡謙吉（山田一郎著） 新潮社 1991.3
◇丸亀と龍馬・謙吉（谷是）『共同研究・坂本龍馬』(新人物往来社編) 新人物往来社 1997.9 p88

◇抑制された思い入れ（安岡章太郎）「波」 255 1991.3

永岡鶴蔵 ながおかつるぞう 1863〜1914
明治期の労働運動家。鉱員となる。
【図　書】
◇近代史の舞台（坂本六良） 環文庫 1981.6
◇林小太郎—日本の労働運動の先駆け「足尾暴動」の指導者（大森良治著） 随想舎 2002.12 211p
【雑　誌】
◇永岡鶴蔵の活動とその背景(1)（中富兵衛）「奈良県近代史研究会会報」 17 1982.7
◇永岡鶴蔵の活動とその背景(2)（中富兵衛）「奈良県近代史研究会会報」 19 1982.9

仲尾次政隆 なかおしせいりゅう 1810〜1871
幕末, 明治期の宗教家。浄土真宗を琉球に布教した。
【図　書】
◇日本仏教史論叢—二葉憲香博士古稀記念（二葉憲香博士古稀記念論集刊行会編） 永田文昌堂 1986.10
◇沖縄宗教史の研究（知名定寛） 榕樹社 1994.11
【雑　誌】
◇仲尾次政隆の厨子甕（上江洲均）「地域と文化」 24 1984.4
◇史料にみる「シマクサラシ儀礼」—仲尾次政隆関係史料, 『琉球国由来記』から（宮平盛晃）「沖縄民俗研究」 沖縄民俗学会 26 2008.3 p33〜53

中川横太郎 なかがわよこたろう 1836〜1903
幕末, 明治期の社会事業家。
【図　書】
◇中川横太郎・炭谷小梅（太田健一述）『日本の教育・岡山の女子教育—2006年公開講座講演集』(山陽学園大学・山陽学園短期大学社会サービスセンター編) 吉備人出版 2006.10 p271〜299

長沢別天 ながさわべつてん 1868〜1899
明治期のジャーナリスト, 評論家。「山陽新報」主筆。
【図　書】
◇明治文学全集37 政教社文学集（松本三之介編） 筑摩書房 1980.5
◇国粋主義者の国際認識と国家構想—福本日南を中心として（広瀬玲子著） 芙蓉書房出版 2004.1 514p

中島湘烟 なかじましょうえん
→岸田俊子（きしだとしこ）を見よ

中浜東一郎 なかはまとういちろう 1857〜1937
明治〜昭和期の医師。医学博士。
【図　書】
◇中浜東一郎日記 第1巻（中浜東一郎著, 中浜明編） 冨山房 1992.3
◇中浜東一郎日記 第2巻（中浜明編） 冨山房 1992.12
◇中浜東一郎日記 第3巻（中浜明編） 富山房 1993.6
◇中浜東一郎日記 第4巻（中浜明編） 冨山房 1994.4
◇中浜東一郎日記 第5巻（中浜明編） 富山房 1995.3 649p
【雑　誌】
◇中浜東一郎と鷗外（鷗外をめぐる人物群像）（丸山博）「国文学解釈と鑑賞」 49(2) 1984.1
◇中浜東一郎と鎌倉—『中浜東一郎日記』を中心に（浪川幹夫）「郷土神奈川」 神奈川県立図書館 37 1999 p12〜24

長松日扇 ながまつにっせん 1817〜1890
幕末, 明治期の宗教家。
【図　書】
◇宗教・その日常性と非日常性（宗教社会学研究会編集委員会編） 雄山閣出版 1982.12
◇本門仏立宗（現代のこころ）（佐々木宏幹編） 旺文社 1987.5
◇ほんものの教えを求める人へ—仏立の教え（丸山乗真編）（京都）本門仏立宗企画室 1988.4 （仏立新書シリーズ）
◇主婦を魅する新宗教（いのうえせつこ著） 谷沢書房 1988.9
◇近代日本の仏教改革者・日扇（野崎日丞編著） 展転社 1997.4 127p （仏立新書シリーズ）
【雑　誌】
◇突然変異細胞の出現（新宗教の解読(5)）（井上順孝）「正論」 235 1992.3
◇長松清風の読誦観（愛知学院大学における第43回〔日本印度学仏教学会〕学術大会紀要(2)）（小川恵司）「印度学仏教学研究」 41(2) 1993.3
◇長松日扇伝の一考察—華洛本門佛立講の成立をめぐって（武田悟一）

「日蓮教学研究所紀要」 立正大学日蓮教学研究所 33 2005年度 p55〜65

中山みき なかやまみき 1798〜1887
幕末, 明治期の宗教家。天理教の開祖。
【図　書】
◇図説人物日本の女性史8 封建女性の哀歌　小学館　1980.5
◇私の教祖　(中山慶一)　天理教道友社　1981.4
◇日本人の宗教の歩み　大学教育出版　1981.7
◇おふでさき通訳　(芹沢茂)　天理教道友社　1981.10
◇素肌のおんなたち—日本を騒がせた三十六人の女意外史　(藤本義一)　都市と生活社　1982.1
◇幕末維新の女性—日本女性の歴史　暁教育図書　1982.8　(日本発見人物シリーズ no.6)
◇人物探訪日本の歴史 11 済世の名僧　暁教育図書　1983.4
◇稿本天理教教祖伝入門十講　(矢持辰三著)　天理教道友社　1984.6
◇おやさま—天理教教祖と初代信仰者たち　(西川孟写真, 天理教道友社, 主婦の友社編)　主婦の友社　1985.1
◇天理教—存命の教祖中山みき(新宗教創始者伝)　(浜田泰三著)　講談社　1985.11
◇天理教祖こそ救世主　(野村秋人著)　善本社　1985.12
◇大地にさす光—天理教教祖中山みき　(藪景三著)　学習研究社　1986.3
◇天理教よ蘇れ！—新生天理教のために教祖・中山みきの教えに戻れ　(小山貞市, 吉村泉三著)　日新報道　1986.3
◇日本近代化の思想(講談社学術文庫)　(鹿野政直著)　講談社　1986.7
◇中山みき研究ノート　(八島英雄著)　立風書房　1987.1
◇天理教・その堕落と悲劇　(早川和広著)　あっぷる出版社　1988.2
◇歴史を生きた女たち　(吉見周子者)　同成社　1988.4
◇史伝 健康長寿の知恵〈3〉近世を支えた合理と不屈の精神　(宮本義己, 吉田豊編)　第一法規出版　1988.11
◇日本のシャーマン　(小島信一著)　八幡書店　1989.4
◇現代の差別と人権—ともに生きる社会をめざして　(山田光二, 内山一雄編)　明石書店　1993.3
◇ひながた紀行—天理教教祖伝細見　(天理教道友社編)　(天理)天理教道友社　1993.5
◇神示が明かす超古代文明の秘密—「封印された真実の神」の言葉から神国日本の本源を探る！　(中矢伸一著)　日本文芸社　1994.3　(ラクダブックス)
◇いのち永遠に—教祖中山みき　(小滝透著)　講談社　1995.4 240p
◇天理教祖中山みき　(藪景三著)　鷹書房弓プレス　1995.7 261p
◇中山みきと被差別民衆—天理教祖の歩んだ道　(池田士郎著)　明石書店　1996.2 183p
◇芹沢光治良文学館 5　(芹沢光治良著)　新潮社　1996.6 568p
◇神々の目覚め—近代日本の宗教革命　(小滝透著)　春秋社　1997.7 278p
◇たすけ一条の道—「稿本天理教教祖伝」を繙く　(中山もと著)　天理教道友社　1998.2 461p
◇中山みき・その生涯と思想—救いと解放の歩み1798-1998　(池田士郎ほか著)　明石書店　1998.4 252p
◇おやさま—天理教教祖中山みき伝　(小滝透著)　奈良新聞社　2000.4 272p
◇御存命の頃　(高野友治著)　天理教道友社　2001.1 453p
◇私の教祖　第2版　(中山慶一著)　天理教道友社　2006.4 509p
◇教伝参考手帳　(天理教道友社編)　天理教道友社　2006.5 151p
◇中山みきの足跡と群像—被差別民衆と天理教　(池田士郎著)　明石書店　2007.1 269p
◇オピニオンリーダーの女性霊　(レムリア・ルネッサンス著)　まんだらけ　2007.2 249p　(レムリア・ルネッサンス スピリチュアルメッセージシリーズ)
◇中山みきの「元の理」を読み解く—今に生きる天理教教祖の人間世界創造・救済説話　(井上昭夫著)　日本地域社会研究所　2007.4 629p
◇鹿野政直思想史論集 第2巻　(鹿野政直著)　岩波書店　2007.12 402p
【雑　誌】
◇〔天理図書〕館蔵天理教原典解説目録(1)おふでさきの部(開館五十周年記念特集号)　(中川晃次郎, 早田一郎編)　「ビブリア(天理図書館報)」 75 1980.10
◇スティグマとカリスマの弁証法—教祖誕生をめぐる一試論　(川村邦光)　「宗教研究」 56(2) 1982.9
◇天理教祖中山みき女—特集・奈良・飛鳥の史話50選　「歴史と旅」 10(15) 1983.12
◇忽如, 神が天降る—天理教開祖・中山みきの自信と反逆の生涯　(加納宗治郎)　「日本及日本人」 1582 1986.4
◇陰暦から陽暦へ—「おふでさき」第3号110注をめぐって　(沢井勇一)　「ビブリア」 92 1989.5

◇原典成立とその時代—明治7.8年の「おふでさき」執筆の背景をめぐって　(池田士郎)　「ビブリア」 93 1989.10
◇現世利益での攻防戦(新宗教の解読(4))　(井上順孝)　「正論」 234 1992.2
◇中山みき・出口なお—神がかりする女性("女の一生"を読む〈特集〉)　(松本健一)　「彷書月刊」 8(2) 1992.2
◇維新運動に女性が登場しないのはなぜ？(幕末史話—"第三の開国"のさ中に(20))　(松本健一)　「エコノミスト」 72(10) 1994.3.1
◇本居宣長と中山みき—比較思想的考察の試み　(松本滋)　「聖心女子大学論叢」 聖心女子大学 88 1997.1 p59〜89
◇中山みきとその時代　(池田士郎)　「総合教育研究センター紀要」 天理大学人間学部総合教育研究センター 4 2005 p16〜24
◇教祖の〈死〉の近代—中山みきの表象＝祭祀をめぐって(特集 近代日本における死の諸相)　(永岡崇)　「大阪大学日本学報」 大阪大学大学院文学研究科日本学研究室 26 2007.3 p87〜104
◇芹沢光治良の作品に現れた中山みき像を通して彼の宗教観をみる—ニューエイジ運動との接点　(黄耀儀)　「多元文化」 名古屋大学国際言語文化研究科国際多元文化専攻 9 2009.3 p215〜229

半井梧庵 なからいごあん 1813〜1889
幕末, 明治期の医師。
【雑　誌】
◇「歌格類選」の俚言　(後藤剛)　「中央大学国文」 24 1981.3
◇半井梧庵著「西行日記」についての一考察　(今村賢司)　「研究紀要」 愛媛県歴史文化博物館 第3号 1998.3 p29〜44
◇半井梧菴の写真術に関する一考察　(井上淳)　「研究紀要」 愛媛県歴史文化博物館 第12号 2007.3 p149〜157

生江孝之 なまえたかゆき 1867〜1957
明治〜昭和期のキリスト教社会事業家。日本女子大学教授。
【図　書】
◇生江孝之集　(一番ケ瀬康子編)　鳳書院　1983.10　(社会福祉古典叢書 4)
◇社会福祉古典叢書 4 生江孝之集　(一番ケ瀬康子編・解説)　鳳書院　1983.10
◇生江孝之　(小笠原宏樹著)　大空社　1999.11 141,4p　(シリーズ福祉に生きる)
◇人物でよむ近代日本社会福祉のあゆみ　(室田保夫編著)　ミネルヴァ書房　2006.5 260p
【雑　誌】
◇キリスト教と社会事業—生江孝之の社会事業論(特集・近代日本における社会理論の形成)　(市瀬幸平)　「関東学院大学人文科学研究所報」 4 1981
◇社会事業家と融和運動—生江孝之の融和運動論　(杉山博昭)　「部落問題研究」 部落問題研究所 134 1995.10 p84〜100
◇生江孝之の女性観　(杉山博昭)　「宇部短期大学学術報告」 宇部短期大学 34 1997 p15〜23
◇生江孝之《隣保事業》論に関する一考察　(須藤康忠)　「東北福祉大学大学院研究論文集総合福祉学研究」 東北福祉大学大学院総合福祉学研究科 5 2007.8 p1〜13

楢崎猪太郎 ならざきいたろう 1865〜1932
明治〜昭和期の労働運動家, 船員。日本海員組合長。
【雑　誌】
◇楢崎猪太郎と日本海員組合初期の運動　(芦田重信)　「歴史と神戸」 23(6) 1984.6

成石平四郎 なるいしへいしろう 1882〜1911
明治期の社会運動家, 社会主義者。
【雑　誌】
◇蛙聖・成石平四郎と一子・意知子のことなど　(岡功)　「初期社会主義研究」 弘隆社 9 1996 p124〜130

南条神興 なんじょうじんこう 1814〜1887
幕末, 明治期の真宗大谷派学僧。
【雑　誌】
◇明治初期における真宗の神道観—島地黙雷と南条神興の場合—　(藤井健志)　「東京学芸大学紀要 人文科学」 39 1988.2

南天棒 なんてんぼう 1839〜1925
幕末〜大正期の僧。
【図　書】
◇真実の自己　(藤吉慈海)　春秋社　1981.4

難波抱節　なんばほうせつ　1791～1859
幕末の医師。緒形洪庵から牛痘苗を譲り受け接種。
【図書】
◇難波抱節―備前の名医　(中山沃著)　御津町　2000.1　251p
【雑誌】
◇難波抱節(立愿)旧蔵書「温知堂文庫」目録(15～19完)(労働科学研究所蔵)「労働科学」56(1～5) 1980.1～5
◇難波抱節(立愿)旧蔵書「温知堂文庫」著者名索引(1～6)(労働科学研究所蔵)「労働科学」56(6～11) 1980.6～11
◇難波抱節と「温知堂文庫」(三浦豊彦)「科学医学資料研究」192 1990.5

新島襄　にいじまじょう　1843～1890
明治期のキリスト教主義教育家, 宗教家。
【図書】
◇士魂の群像　(吉田武三)　冨山房　1980.7
◇福沢諭吉年鑑7(1980)　福沢諭吉協会　1980.10
◇明治教育古典叢書第1期14 帝国六大教育家　(全国教育者大集会編)　国書刊行会　1980.11　(博文館 明治40年刊の覆製)
◇日本人の自伝3　(武田清子解説)　平凡社　1981.5
◇新島襄全集1 教育編　(新島襄全集編集委員会編)　同朋舎出版　1983.2
◇新島襄全集2 宗教編　(新島襄全集編集委員会編)　同朋舎出版　1983.7
◇近代文学とキリスト教 明治・大正篇　(米倉充)　創元社　1983.11　(現代キリスト教選書7)
◇日本のリーダー9 信仰と精神の開拓者　ティビーエス・ブリタニカ 1983.11
◇日本のリーダー9 信仰と精神の開拓者　(第二アートセンター編)　ティビーエス・ブリタニカ　1983.11
◇新島襄に関する文献ノートI～III 同志社に関する文献目録(河野仁昭)　河野仁昭　1984
◇人物探訪 日本の歴史―18―明治の逸材　暁教育図書　1984.2
◇日本の近代化と人間形成　(下程勇吉編)　法律文化社　1984.6
◇新島襄全集5 日記・紀行　(新島襄全集編集委員会編)　同朋舎出版 1984.6
◇新島襄全集10 新島襄の生涯と手紙　(新島襄全集編集委員会編)　同朋舎出版　1985.5
◇新島襄全集6 英文書簡編　(新島襄全集編集委員会編)　同朋舎出版 1985.10
◇デモクラシーの思想と現実―岡本清一先生傘寿記念　法律文化社 1985.11
◇百年の日本人〈その3〉　(川口松太郎, 杉本苑子, 鈴木史楼ほか著)　読売新聞社　1986.6
◇坂本龍馬の後裔たち　(中野文枝著)　新人物往来社　1986.11
◇心眼の人山本覚馬　(吉村康著)　恒文社　1986.12
◇新島襄全集3 書簡編1　(新島襄全集編集委員会編)　同朋舎出版 1987.10
◇続・百代の過客―日記にみる日本人〈上〉(ドナルド・キーン著, 金関寿夫訳)　朝日新聞社　1988.1　(朝日選書)
◇蘇峰とその時代―よせられた書簡から　(高野静子著)　中央公論社 1988.8
◇続 百代の過客―日記にみる日本人　(ドナルド・キーン著, 金関寿夫訳)　朝日新聞社　1988.12
◇新島襄―自由への戦略　(吉田曠二著)　新教出版社　1988.12
◇ビジュアルワイド 新日本風土記〈10〉群馬県　ぎょうせい　1989.1
◇近代群馬の思想群像〈2〉(高崎経済大学附属産業研究所編)　日本経済評論社　1989.3
◇新島襄―人と思想　(井上勝也)　晃洋書房　1990.2
◇教育人物読本―先人に学ぶ教育経営　(曽根信吾著)　学事出版 1990.4　(学校管理職の教養・実務選書)
◇蘇翁夢物語―わが交遊録　(徳富猪一郎著)　中央公論社　1990.4 (中公文庫)
◇幕末・明治初期数学者群像〈上 幕末編〉(小松醇郎著)　(京都)吉岡書店　1990.9
◇新島襄の世界―永眠百年の時点から　(北垣宗治編)　(京都)晃洋書房　1990.11
◇わが生涯の新島襄―森中章光先生日記　(吉田曠二著)　不二出版 1991.5
◇新島先生逸事―同志社創立者　(山内英司編)　山内英司　1992.6
◇新島襄全集8 年譜編　(新島襄全集編集委員会〔編〕)　(京都)同朋舎出版　1992.7
◇函館港長に何があったか―お雇い英国人の悲運　(西島照男著)　(札幌)北海道新聞社　1992.10
◇新島襄への旅　(河野仁昭)　京都新聞社　1993
◇新島襄―近代日本の先覚者―新島襄生誕150年記念論集　(同志社〔編〕)　(京都)晃洋書房　1993.2

◇新島襄―その時代と生涯 新島襄生誕一五〇年記念写真集　(同志社編)　同志社　1993.2
◇日本の『創造力』―近代・現代を開花させた470人〈4〉進む交流と機能　(富田仁編)　日本放送出版協会　1993.3
◇新島襄とアーモスト大学　(北垣宗治)　(京都)山口書店　1993.12
◇新島襄全集(9)来簡編　同朋舎出版　1994.10
◇新島研究の新局面　(本井康博〔パネリスト〕)『自由の風土・在野の精神』(同志社大学人文科学研究所編)　同志社大学人文科学研究所 1995.2　(人文研ブックレット no.2)　p43
◇新島襄　(本井康弘)『近代天皇制とキリスト教』(同志社大学人文科学研究所編, 土肥昭夫, 田中真人編著)　人文書院　1996.3　(同志社大学人文科学研究所研究叢書25)　p215
◇明治期基督者の精神と現代―キリスト教学校が創立　(加藤正夫著)　近代文芸社　1996.11　204p
◇新島襄全集7　(新島襄全集編集委員会編)　同朋舎出版　1996.11 428p
◇新島襄の教派意識―一致教会との協調と軋轢　(本井康博)『日本プロテスタント諸教派史の研究』(同志社大学人文科学研究所編)　教文館　1997.4　(同志社大学人文科学研究所研究叢書26)　p361
◇群馬の作家たち　(土屋文明記念文学館編)　塙書房　1998.6　268p (塙新書)
◇新島襄の青春　(河野仁昭著)　同朋舎　1998.6　285p
◇アメリカが見つかりましたか―戦前篇　(阿川尚之著)　都市出版 1998.11　253p
◇のびやかにかたる新島襄と明治の書生　(伊藤弥彦著)　晃洋書房 1999.3　170p
◇勝海舟と新島襄　(竹中正夫著)　同志社　1999.4　51p　(新島講座)
◇国家と教育―森有礼と新島襄の比較研究　(井上勝也著)　晃洋書房 2000.3　195p
◇新島襄の短歌―和歌の発想と短歌の発想　(安森敏隆著)　同志社 2000.3　38p　(新島講座)
◇司馬遼太郎全講演 第3巻　(司馬遼太郎著)　朝日新聞社　2000.9 496,24p
◇現代語で読む新島襄　(現代語で読む新島襄編集委員会編)　丸善 2000.11　12,312p
◇歴史人物アルバム 日本をつくった人たち大集合 4　(PHP研究所編)　PHP研究所　2001.2　47p
◇知ってためになるキリスト教ものしり人物伝　(高田文彦著)　健友館 2001.4　135p
◇新島襄とアメリカ　(新島襄英文, 阿部正敏編著)　大学教育出版 2001.5　177p
◇東京ウォーキング―文学と歴史を巡る10000歩 3　(籠谷典子編著) 牧野出版　2001.10　101p
◇日本語中・上級用読本 日本を知ろう―日本の近代化に関わった人々 (三浦昭, ワット・伊東泰子著)　アルク　2001.12　231p
◇明治人のお葬式　(此経啓助著)　現代書館　2001.12　203p
◇新島襄全集を読む　(伊藤弥彦編)　晃洋書房　2002.3　268,7p　(同志社大学人文科学研究所研究叢書)
◇新島襄と徳富蘇峰―熊本バンド, 福沢諭吉, 中江兆民をめぐって (本井康博著)　晃洋書房　2002.3　268,7p
◇教材新島襄 第2版　(教材「新島襄」編集委員会著)　新教出版社 2002.3　75p
◇闕字にみる新島襄の精神と儀礼　(明楽誠著)　大学教育出版　2002.9 218p
◇『新島襄の生涯』展示図録―第2回企画展　(安中市ふるさと学習館編)　安中市ふるさと学習館　2002.10　22p
◇この人に会うと元気になれる!　(大竹しのぶ著)　集英社　2003.8 219p　(集英社be文庫)
◇新島襄と徳富蘇峰・蘆花兄弟　(河野仁昭)『近代日本と徳富兄弟―徳富蘇峰生誕百四十年記念論集』蘇峰会　2003.10　p95
◇新島襄―わが人生　(新島襄著)　日本図書センター　2004.8　307p (人間の記録)
◇西洋家具ものがたり　(小泉和子文)　河出書房新社　2005.2　143p (らんぷの本)
◇新島襄の交遊―維新の元勲・先覚者たち　(本井康博著)　思文閣出版 2005.3　325,13p
◇新島襄―良心之全身ニ充満シタル丈夫　(太田雄三著)　ミネルヴァ書房　2005.4　384,10p　(ミネルヴァ日本評伝選)
◇新島襄と建学精神―「同志社科目」テキスト　(本井康博著)　同志社大学出版部　2005.4　148,13,7p
◇千里の志　(本井康博著)　思文閣出版　2005.6　217,8p　(新島襄を語る)
◇教育における比較と旅　(石附実著)　東信堂　2005.7　226p
◇幕末・明治の士魂―啓蒙と抵抗の思想的系譜　(飯田鼎著)　御茶の水書房　2005.8　412,11p　(飯田鼎著作集)
◇新島襄の手紙　(新島襄著, 同志社編)　岩波書店　2005.10　343,11p (岩波文庫)

◇ひとりは大切　（本井康博著）　思文閣出版　2006.1　223,10p　（新島襄を語る）
◇近代日本のキリスト者たち　（高橋章編著）　パピルスあい　2006.3　335p
◇ホイットマンとマハンから読むアメリカの民主主義と覇権主義　（四重六郎著）　新風舎　2006.3　173p
◇福西志計子と順正女学校―山田方谷・留岡幸助・伊吹岩五郎との交友　（倉田和四生著）　吉備人出版　2006.12　319p
◇錨をあげて　（本井康博著）　思文閣出版　2007.2　225,9p　（新島襄を語る）
◇新島襄とその周辺　（太田雅夫著）　青山社　2007.3　328p
◇異貌国の新島襄―五つの回心　（明楽誠英）　大学教育出版　2007.5　260p
◇敢えて風雪を侵して　（本井康博著）　思文閣出版　2007.10　236,10p　（新島襄を語る）
◇近代新潟におけるキリスト教教育―新潟女学校と北越学館　（本井康博著）　思文閣出版　2007.11　297,7p
◇元祖リベラリスト―新島襄を語る　5　（本井康博著）　思文閣出版　2008.7　247,9p
◇「育つ・学ぶ」の社会史―「自叙伝」から　（小山静子, 太田素子編）　藤原書店　2008.9　299p
◇日本的基督教の探究―新島襄・内村鑑三・手島郁郎らの軌跡　（池永孝著）　竹林館　2008.10　124p　（春秋新書）
◇[テキ]儻不羈のる事業家新島襄と下村孝太郎―時代を生き抜いたベンチャー魂　（志村和次郎著）　大学教育出版　2008.10　225p
◇新島襄検定100問―同志社大学の軌跡　（同志社大学企画部広報室広報課企画・編集, 本井康博監修）　コトコト　2008.12　127p　（らくたび文庫ポケット　京都ひとつ）
◇新島襄のアメリカ滞在録　（阿部正敏編著）　大学教育出版　2009.4　157p
◇魂の指定席　（本井康博著）　思文閣出版　2009.5　240,9p　（新島襄を語る）
◇The Manga Story of Jo Niijima―A Quest for Freedom　（Yasuhiro Motoi監修, Shigeru Noda絵, Takao Wajun作, Nobuyoshi Saito, David Chandler訳）　Doshisha University　2009.12　237p

【雑　誌】
◇新島襄と数学　（黒田孝郎）　「専修自然科学紀要（専修大）」　12　1980.3
◇新島先生遺品資料収蔵庫目録　下　（同志社大学史資料編集所刊）　1980.11
◇安中と新島襄　（別所光一）　「練馬区郷土史研究会会報」　150　1980.11
◇「学びの場と人」風土記（12）同志社英学校の同志　（高瀬善夫）　「月刊教育の森」　6（9）　1981.9
◇大島正健・正満父子と新島襄（アメリカの宣教師の活動とその背景（2））　（北垣宗治）　「同志社アメリカ研究」　別冊6　1982
◇湯浅八郎と新島襄との比較　（和田洋一）　「キリスト教社会問題研究」　30　1982.6
◇デイヴィスとハーディー―新島伝の二人の先駆者　（北垣宗治）　「同朋」　54　1982.12
◇新島襄と仏教徒　（河野仁昭）　「同朋」　63　1983.9
◇密航が生んだ基督者新島襄（造艦テクノクラートの草分け赤松則良）　（福本武久）　「歴史と人物」　14（3）　1984.3
◇新島襄と通信あれこれ　（オーテス・ケーリ）　「同朋」　73　1984.7
◇新島襄の木曽路紀行　（手塚竜麿）　「日本古書通信」　49（10）　1984.10
◇新島襄と科学　（島尾永康）　「科学史研究 II期」　158　1986
◇新島襄と同志社大学（日本を創った私塾と学舎〈特集〉）　（杉井六郎）　「歴史と旅」　13（9）　1986.7
◇新島襄の「私学」思想　（沖田行司）　「同志社談叢」　7　1987.2
◇福士成豊と新島襄―福士の新島宛書簡を中心として　（関秀志）　「同志社談叢」　7　1987.2
◇新島襄のMiss Mary E. Hidden宛書簡　（井上勝也）　「同志社アメリカ研究」　23　1987.3
◇新島襄の脱輾（だつれき）　（伊藤弥彦）　「同志社法学」　39（3・4）　1987.11
◇教育者 新島襄　（井上勝也）　「文化学年報（同志社大学文化学会）」　37　1988.3
◇初期同志社における新島襄と徳富猪一郎　（日永朝子）　「政治経済史学」　264　1988.4
◇新島襄とその門下生　（半田喜作）　「群馬風土記」　2（4）　1988.7
◇新島襄とその門下生　後編　（半田喜作）　「群馬風土記」　2（5）　1988.9
◇新島襄と徳富蘆花（同志社・新島襄）　（河野仁昭）　「キリスト教社会問題研究」　37　1989.3
◇ジョージ・ミューラーと新島襄　（杉井六郎）　「キリスト教社会問題研究」　37　1989.3
◇同志社・新島襄　「キリスト教社会問題研究」　37　1989.3
◇新島襄の洗濯　（伊藤弥彦）　「みすず」　338　1989.4

◇新島襄、初布教の地―群馬県安中市（付グラビア）（街並みと自然（4））　（高谷尚志）　「エコノミスト」　67（18）　1989.4.25
◇新島襄と京都博物館用掛―その任命と解任の日付について　（加茂正典）　「文化史学」　45　1989.11
◇『聯邦志略』の旅　（杉井六郎）　「京古本や往来」　47　1990.1
◇襄とヨセフと「摂理」信仰（1）新島襄と英文書簡　（阿部正敏）　「岡山大学教養部紀要」　29　1991.7
◇新島襄の生活と英文書簡―アマースト大学入学の頃　（阿部正敏）　「岡山大学教養部紀要」　32　1993.3
◇山本覚馬の英文「京都案内」―新島襄を京都に導いた小冊子　（吉田曠二）　「京古本や往来」　60　1993.4
◇新島襄とJ.H.デフォレスト―ラットランドから仙台へ　（本井康博）　「キリスト教社会問題研究」　42　1993.7
◇新島襄の教会政治論　（土肥昭夫）　「キリスト教社会問題研究」　42　1993.7
◇新島襄と「創造する精神」―同志社に学んだノーベル物理学賞受賞者が語る「未来に開かれた教育」　（江崎玲於奈）　「プレジデント」　31（8）　1993.8
◇日本人が「国際人」になるための処方箋―新島襄は同志社を設立するにあたりその「根本」を明示する　（岩山太次郎）　「プレジデント」　31（8）　1993.8
◇新島襄の英文書簡（1）1864年より1866年まで　（阿部正敏）　「岡山大学教養部紀要」　33　1993.9
◇新島襄の英文「手記」　（阿部正敏）　「岡山大学教育学部研究集録」岡山大学教育学部　98　1995.3　p1～12
◇新島襄と「明治」外交―1870年代末の外国人教師雇い入れ問題　（武邦保）　「総合文化研究所紀要」　同志社女子大学総合文化研究所　第12巻　1995.3　p2～9
◇新島襄の英文「自伝」―上―　（阿部正敏）　「岡山大学教育学部研究集録」　岡山大学教育学部　100　1995.11　p1～10
◇新島襄の異文化体験（1）　（井上勝也）　「文化学年報」　同志社大学文化学会　45　1996.3　p1～16
◇新島襄―願はくは主が、わが愛する祖国のために数多くの真のキリスト者と……（特集・幕末明治人物臨終の言葉―近代の夜明けを駆けぬけた44人の人生決別の辞 英épée死してことばを遺す）　（一坂太郎、稲川明雄、今川徳三、井門寛、宇都宮泰長、河合敦、木村幸比古、祖田浩一、高野澄、高橋和彦、畑山博、三谷茉沙夫、百瀬明治、山村竜也）　「歴史と旅」　24（7）　1997.5　p98～99
◇探照灯（121）新島襄言行録　（谷沢永一）　「国文学解釈と鑑賞」　至文堂　62（6）　1997.6　p190～193
◇世界が敬愛した明治の偉人たち―東郷平八郎、北里柴三郎、新島襄、井沢修司、新渡戸稲造、後藤新平（いま想い起こすべき「明治の覇気」、いつから我々は、あの「努力」と「誇り」を失ったのか？）　「SAPIO」　9（13）　1997.7.23　p36～40
◇明治初期宗派立学校における高等教育機関の成立―同志社 新島襄の大学設立運動を事例に　（大迫章史）　「東北大学教育学部教育行政学・学校管理・教育内容研究室研究集録」　東北大学教育学部教育行政学・学校管理・教育内容研究室　第28号　1997.8　p65～80
◇新島襄と教会合同運動―新島書簡に基づいて　（本井康博）　「キリスト教社会問題研究」　同志社大学人文科学研究所　47　1998.12　p136～162
◇国家と教育―森有礼と新島襄の比較研究　（井上勝也）　「同志社哲学年報」　Societas Philosophiae Doshisha（同志社大学文学部哲学研究室内）　22　1999　p1～45
◇国家と教育―森有礼と新島襄の場合（2）　（井上勝也）　「国際教育」日本国際教育学会　5　1999.9　p4～35
◇新島襄の絵とその背景　（小野功夫）　「同志社談叢」　同志社大学史資料編所　20　2000　p71～86
◇新島襄と川田剛　（河野仁昭）　「同志社談叢」　同志社大学史資料編集所　20　2000　p87～101, 図巻頭3
◇新島襄のアメリカでの英語説教（上）　（阿部正敏）　「岡山大学教育学部研究集録」　岡山大学教育学部　115　2000　p115～122
◇新島襄と山田三川・享次―新出の新島襄書簡をめぐって　（本井康博）　「同志社談叢」　同志社大学史資料編集所　20　2000　p119～146
◇新島襄に関する文献ノート（18）著者・筆者別　（同志社大学史資料室）　「同志社談叢」　同志社大学史資料編集所　20　2000　p168～174
◇二人の渡米留学生―容〔コウ〕と新島襄　（張宗文）　「教育学・心理学論叢」　京都女子大学　〔1〕　2001　p109～123
◇新島襄の「いしかねも」歌稚考　（吉海直人）　「総合文化研究所紀要」　同志社女子大学総合文化研究所　18　2001　p170～167
◇新島襄関連の文献ノート・その19　（同志社大学史資料室）　「同志社談叢」　同志社大学人文科学研究所同志社大学史資料室　21　2001.3　p95～100
◇『現代語で読む新島襄』を刊行して―編集委員による座談会　（井上勝也, 伊藤弥彦, 本井康博[他]）　「同志社談叢」　同志社大学人文科学研究所同志社大学史資料室　21　2001.3　p105～126
◇岩手県宮古市鍬ヶ崎―新島襄の寄港地　（本井康博）　「同志社談叢」　同志社大学人文科学研究所同志社大学史資料室　21　2001.3　p127～146, 図巻頭4p

◇新島襄の「いしかねも」歌雑考　（吉海直人）「総合文化研究所紀要」　同志社女子大学総合文化研究所　第18巻　2001.3　p170(1)～167(4)
◇新島襄の文明国家観　（明楽誠）「岡山大学法学会雑誌」　岡山大学法学会　50(3・4)　2001.3　p675～721
◇新島襄と津田仙　（本井康博）「キリスト教社会問題研究」　同志社大学人文科学研究所　50　2001.12　p95～115
◇新島襄に関する文献ノート(20)著者・筆者別　（同志社社史資料室）「同志社談叢」　同志社大学人文科学研究所同志社社史資料室　22　2002.3　p44～49
◇資料紹介　新島襄の新出書簡―1887年三月十六日付新井毫宛書簡　（高久嶺之介）「同志社談叢」　同志社大学人文科学研究所同志社社史資料室　22　2002.3　p74～83
◇新島襄の「自由教育、自治教会、両者併行、国家万歳」の研究　（井上勝也）「教育文化」　同志社大学文学部教育学研究室　11　2002.3　p100～79
◇新島襄と備中高梁―日本脱出のドラマと教会設立をめぐって　（倉田和四生）「吉備国際大学社会学部研究紀要」　高梁学園吉備国際大学　13　2003　p53～66
◇アーモスト大学の新島襄肖像画　（本井康博）「同志社談叢」　同志社大学人文科学研究所同志社社史資料室　23　2003.3　p1～24, 図巻頭14～16
◇新島襄関連の文献ノート(21)著者・筆者別　（同志社社史資料室）「同志社談叢」　同志社大学人文科学研究所同志社社史資料室　23　2003.3　p98～103
◇資料紹介　新島襄・八重の新出書簡(葉書)―岸和田・山岡家所蔵史料の紹介　（同志社社史資料室）「同志社談叢」　同志社大学人文科学研究所同志社社史資料室　23　2003.3　p118～134, 図巻頭18～28
◇新島襄とW・S・クラーク―アメリカン・ボードと「札幌バンド」をめぐって　（本井康博）「キリスト教社会問題研究」　同志社大学人文科学研究所　52　2003.12　p1～30
◇新島襄と自由民権運動　（坂井誠）「同志社談叢」　同志社大学人文科学研究所同志社社史資料室　24　2004.3　p42～76
◇特別招待席　同志社建学の師父新島襄と松山高吉の理念と友情　（前田季男）「歴史研究」　歴史研究会　46(3)　2004.3　p48～50
◇新島襄関連の文献ノート(22)著者・筆者別　（同志社社史資料室）「同志社談叢」　同志社大学人文科学研究所同志社社史資料室　24　2004.3　p79～83
◇岩波文庫版『新島襄書簡集』と新島襄全集編集委員会編『新島襄全集』の異同について　（伊藤弥彦）「同志社談叢」　同志社大学人文科学研究所同志社社史資料室　24　2004.3　p114～154
◇新島襄書簡（三通）　（本井康博）「同志社談叢」　同志社大学人文科学研究所同志社社史資料室　24　2004.3　p221～233, 図巻頭19～20
◇日米文化摩擦の一局面―明治5年の岩倉使節団と新島襄　（阿部正敏）「岡山大学教育学部研究集録」　岡山大学教育学部　128　2005　p177～184
◇二宮邦次郎の故郷・備中松山の精神的環境―新島襄書簡から読み解く備中松山の幕末維新　（高木総平, 八木橋康広）「松山東雲女子大学人文学部紀要」　松山東雲女子大学人文学部紀要委員会　13　2005.3　p71～92
◇新島襄関連の文献ノート(23)著者・筆者別　（同志社社史資料センター）「同志社談叢」　同志社大学同志社社史資料センター　25　2005.3　p135～138
◇アメリカン・ボードの伝道方針と新島襄トルコ・ミッションと日本ミッションとを対比して　（本井康博）「キリスト教社会問題研究」　同志社大学人文科学研究所　54　2005.12　p99～122
◇新島襄とシアーズ家の人びと　（本井康博）「同志社談叢」　同志社大学同志社社史資料センター　26　2006.3　p1～3
◇新島襄関連の文献ノート(24)著者・筆者別　（同志社社史資料センター）「同志社談叢」　同志社大学同志社社史資料センター　26　2006.3　p120～123
◇海外だより　クラークと新島襄ゆかりの街, Amherstでの研究生活―葉緑体タンパク質輸送の一端を解き明かす　（稲葉丈人）「化学と生物」　学会出版センター, 日本農芸化学会　44(7)　2006.7　p491～495
◇「武士道的キリスト者」新島襄―高平小五郎のアマースト演説　（西田毅）「キリスト教社会問題研究」　同志社大学人文科学研究所　55　2006.12　p29～57
◇新島襄と増野悦興　（滝澤民夫）「同志社談叢」　同志社大学同志社社史資料センター　27　2007.3　p28～51, 図巻頭7
◇新出・新島襄書簡六通の紹介　（本井康博）「同志社談叢」　同志社大学同志社社史資料センター　27　2007.3　p52～88, 図巻頭1～6
◇新島襄関連の文献目録(25)著者・筆者別　（同志社社史資料センター）「同志社談叢」　同志社大学同志社社史資料センター　27　2007.3　p115～120
◇新島襄と大村達斎―新出書簡をめぐって　（本井康博）「同志社談叢」　同志社大学同志社社史資料センター　28　2008.3　p1～22, 図巻頭1～12
◇新島襄関連の文献ノート(26)著者・筆者別　（同志社社史資料センター）「同志社談叢」　同志社大学同志社社史資料センター　28　2008.3　p179～185
◇学長・校長インタビュー　新島学園短期大学　新島襄の建学の精神を引き継ぎ真理・正義・平和を教育のモットーに　（大平良治）「文部科学教育通信」　ジアース教育新社　203　2008.9.8　p4～9
◇新島襄と同志社が目指すもの―福澤諭吉・慶應義塾と対比して(特集　塾の歩みを記録する)　（本井康博）「三田評論」　慶応義塾　1117　2008.11　p34～39
◇新島襄の二つの祖国(特集　国家論への寄与)　（八木橋康広）「理想」　理想社　682　2009　p119～130
◇広瀬宰平・伊庭貞剛と新島襄―大学設立募金運動を中心に　（太田雅夫）「同志社談叢」　同志社大学同志社社史資料センター　29　2009.3　p1～23, 図巻頭1～2
◇新島襄に関する新資料の紹介　（本井康博）「同志社談叢」　同志社大学同志社社史資料センター　29　2009.3　p93～123, 図巻頭3～7
◇新島襄関連の文献目録(27)著者・筆者別　（同志社社史資料センター）「同志社談叢」　同志社大学同志社社史資料センター　29　2009.3　p151～157

新美卯一郎　にいみういちろう　1879～1911
明治期の新聞記者, 編集者。熊本毎日新聞入社。
【図書】
◇大逆事件と『熊本評論』　（上田穣一, 岡本宏編著）　三一書房　1986.10
◇社会主義事始―「明治」における直訴と自生　（山泉進著）　社会評論社　1990.5　（思想の海へ「解放と変革」）
【雑誌】
◇資料紹介　大逆事件の新美卯一郎予審訊問調書　（岡本宏）「熊本近代史研究会会報」　195　1986.5

新村忠雄　にいむらただお　1887～1911
明治期の社会運動家。「東北評論」に関与。
【雑誌】
◇新発見の新村忠雄書簡四通　（杉山金夫, 田村貞雄）「静岡県近代史研究会会報」　20　1980.5
◇書架より　新村忠雄の旧蔵書のこと　（小松隆二）「彷書月刊」　3(8)　1987.8
◇大逆事件の飛沫(1)阿部米太郎旧蔵資料「新村忠雄　阿部米太郎宛書簡　翻刻」〔含　新村忠雄行動年表〕　（石山幸弘）「風文学紀要」　群馬県立土屋文明記念文学館　6　2002　p71～147

ニコライ　Nikolai　1836～1912
ロシアの宣教師。日本ハリストス正教会を創立。
【図書】
◇われら生涯の決意―大主教ニコライと山下りん　（川又一英著）　新潮社　1981.3
◇明治日本とニコライ大主教(もんじゅ選書〈25〉)　（ドミートリー・マトヴェーヴィチ・ポズニェーエフ著, 中村健之介編訳）　講談社　1986.11
◇ドキュメント　世界に生きる日本の心―21世紀へのメッセージ　（名越二荒之助著）　展転社　1987.10
◇ソヴィエト政治と宗教―呪縛された社会主義　（広岡正久著）　未来社　1988.4
◇ニコライ堂の人びと―日本近代史のなかのロシア正教会　（長縄光男著）　現代企画室　1989.8　（PQブックス）
◇おろしや盆踊唄考―日露文化交渉史拾遺　（中村喜和著）　現代企画室　1990.5　（PQ Books）
◇ニコライの塔―大主教ニコライと聖像画家山下りん　（川又一英著）　中央公論社　1992.2　（中公文庫）
◇共同研究ロシアと日本3　（一橋大学社会学部中村喜和研究室〔編〕）　一橋大学　1992.3
◇大津事件―露国ニコライ皇太子の来日　（野村義文）　葦書房　1993
◇明治の日本ハリストス正教会―ニコライの報告書　（ニコライ著, 中村健之介訳）　教文館　1993.1
◇日露200年―隣国ロシアとの交流史　（ロシア史研究会編）　彩流社　1993.6
◇宣教師ニコライと明治日本　（中村健之介著）　岩波書店　1996.8　249p　（岩波新書）
◇聖ニコライ大主教―日本正教会の礎　（高橋保行著）　日本基督教団出版局　2000.3　205p
◇宣教師ニコライの日記抄　（中村健之介ほか編訳, ニコライ著）　北海道大学図書刊行会　2000.6　568,15p
◇ロシアの風―日露交流二百年を旅する　（中村喜和著）　風行社　2001.10　327,9p
◇街道をゆく　15　新装版　（司馬遼太郎著）　朝日新聞出版　2008.11　306,8p　（朝日文庫）
【雑誌】
◇日ソ経営文化構造の史的考察続論―ロシア人のみた明治日本　（大島国雄）「青山経営論集」　17(2)　1982.10
◇宣教師ニコライの日記　第1回　（中村健之介訳）「窓」　58　1986.9
◇宣教師ニコライの日記第2回　（長縄光男訳）「窓」　59　1986.12

◇宣教師ニコライの日記(3) （長縄光男訳）「窓」 60 1987.3
◇宣教師ニコライの日記(4) （中村喜和訳）「窓」 61 1987.6
◇宣教師ニコライの日記(5) （中村喜和訳）「窓」 62 1987.9
◇宣教師ニコライの日記(6) （長縄光男訳）「窓」 63 1987.12
◇佐野経彦・ニコライ問答について （井上順孝）「国学院大学日本文化研究所紀要」 61 1988.3
◇宣教師ニコライの日記(7) （中村健之介訳）「窓」 64 1988.3
◇宣教師ニコライの日記(8) （安井亮平訳）「窓」 65 1988.6
◇宣教師ニコライの日記(9) （安井亮平訳）「窓」 66 1988.7
◇宣教師ニコライの日記－終章－ （中村健之介）「窓」 67 1988.8
◇ニコライ日記 （中村健之介）「学術月報」 43(3) 1990.3
◇宣教師ニコライの社会事業と明治の群像 （丹野喜久子）「窓」 73 1990.6
◇レッシングとメンデルスゾーン，ニコライとの悲劇に関する往復書簡について―レッシングの悲劇論の発展を跡付けるために(1) （太田伸広）「ドイツ文学研究」 23 1991
◇宣教師ニコライの日記―日露戦争時の日記(1～7) （中村健之介訳）「窓」 77～83 1991.6～92.12
◇ニコライの明治11年の「報告書」 （中村健之介訳）「学術月報」 44(12) 1991.12
◇レッシングとメンデルスゾーン，ニコライとの悲劇に関する往復書簡について―レッシングの悲劇論の発展を跡付けるために(2) （太田伸広）「ドイツ文学研究」 24 1992
◇レッシングとメンデルスゾーン，ニコライとの悲劇に関する往復書簡について―レッシングの悲劇論の発展を跡付けるために(3) （太田伸広）「ドイツ文学研究」 25 1993
◇宣教師ニコライの日記―日露戦争時の日記(8～10) （中村健之介訳）「窓」 84～86 1993.4,6,9
◇ニコライ述「基督教分派論」について（共同研究） （渡辺久美子〔他〕）「キリスト教史学」 47 1993.7
◇《ニコライ堂遺聞》ニコライと九八一手紙に見るニコライ大主教（上） （長縄光男）「窓」 91 1994.12
◇ニコライの日本語教師―木村謙斎 （持田行雄）「秋田大学教育文化学部研究紀要 人文科学・社会科学」 秋田大学教育文化学部 57 2002.3 p15～30
◇中世イコンの発見と現代―大主教ニコライの客間の絵画からロシア・アヴァンギャルドまで （鐸木道剛）「キリスト教文化研究所年報」 ノートルダム清心女子大学キリスト教文化研究所 27 2005.3 p310～336
◇ニコライの日記が語る新しい事実 （中村健之介）「社会科学研究」 中京大学社会科学研究会 26(1) 2006 p1～38
◇ニコライの「演劇」試論―「同情」の概念を中心に （渡部重美）「藝文研究」 慶應義塾大學藝文學會 91分冊2 2006 p122～137
◇ロシア正教会宣教師ニコライの日本伝道方針についての考察 （小川早百合）「宗教と文化」 聖心女子大学キリスト教文化研究所 25 2007.3 p1～24
◇宣教師ニコライの来日 （山田彩加）「国学院大学近世文学会会報」 国学院大学近世文学会 13 2007.3 p88～90

西有穆山　にしありぼくさん　1821～1910
幕末，明治期の僧。総持寺独住三世貫首。
【図　書】
◇青森県近代の群像 （稲葉克夫） 北の街社 1985.9
◇西有穆山禅師―没後百年を迎えて （西有穆山禅師顕彰会編） 西有穆山禅師顕彰会 2009.11 242p
【雑　誌】
◇『明治5年太政官布告第133号』考（その2）西有中教正の告論 （田中敬信）「宗学研究」 26 1984.3
◇西有穆山禅師の信徒の安心論 （吉田隆悦）「宗学研究（駒沢大学曹洞宗宗学研究所）」 30 1988.3

西道仙　にしどうせん　1836～1913
明治期の社会教育家，医師。長崎自由新聞社長。
【図　書】
◇西道仙―明治維新後の長崎を駆け抜けた快男子 （長島俊一著） 長崎文献社 2004.2 193p

西村敬蔵　にしむらけいぞう　1813～1891
幕末，明治期の医師。京都の蘭方開業医。
【雑　誌】
◇勤皇医師―西村敬蔵 （小山勤二）「歴史懇談」 創刊号 1987.8

日薩　にっさつ　1830～1888
江戸後期～明治期の日蓮宗の僧。
【図　書】
◇池上本門寺百年史 （新倉善之） 日蓮大聖人第七百遠忌報恩奉行会 大本山池上本門寺 1981.11

新田邦光　にったくにてる　1829～1902
幕末，明治期の宗教家。神道修成派の創唱者。
【図　書】
◇教派神道の形成 （井上順孝著） 弘文堂 1991.3
【雑　誌】
◇新田邦光とキリスト教 （井上順孝）「神道宗教」 130 1988.3

沼間守一　ぬまもりかず　1843～1890
幕末，明治期のジャーナリスト，政治家。
【図　書】
◇立憲改進党の活動と思想 （安在邦夫著） 校倉書房 1992.6 （歴史科学叢書）
◇日本の『創造力』―近代・現代を開花させた470人〈4〉進む交流と機能 （富田仁編） 日本放送出版協会 1993.3
【雑　誌】
◇近世ジャーナリスト列伝(4)沼間守一―鉄の如く （三好徹）「中央公論」 95(14) 1980.11

能美洞庵　のうみとうあん　1794～1872
幕末，明治期の医師。毛利藩藩医。
【図　書】
◇能美洞庵略伝 （田中助一著） 渓水社 1993.7

野口シカ　のぐちしか　1853～1918
幕末～大正期の女性。野口英世の母。
【図　書】
◇野口博士とその母 （野口英世記念会編） 野口英世記念会 1981.6
◇親と子の日本史 （産経新聞取材班著） 産経新聞ニュースサービス 2001.3 381p
◇女の書 （飯島太千雄著） 日本放送出版協会 2002.12 222p
◇親と子の日本史　上 （産経新聞取材班著） 産経新聞ニュースサービス 2004.6 318p （扶桑社文庫）
◇書で見る日本人物史事典 （坪内稔典監修） 柏書房 2006.6 271p
【雑　誌】
◇野口シカ（一通の手紙から） （松田修）「淡交」 422 1982.1
◇野口英世の母の「家」観念―勉強立身の背景 （尾崎光弘）「歴史民俗学」 批評社 1 1995.4 p120～136
◇特集カラー 野口シカの生涯―野口英世との"親子の絆"（特集 日本の良妻賢母）「歴史読本」 新人物往来社 51(11) 2006.8 p7～17

ノックス，G.　Knox, George William　1853～1912
アメリカの宣教師。1877年来日，明治学院理事長。
【図　書】
◇G・W・ノックス書簡集 （G.W.ノックス著，横浜指路教会教会史編纂委員会編） キリスト新聞社 2006.1 136p

野村文夫　のむらふみお　1836～1891
幕末，明治期のジャーナリスト。
【図　書】
◇「団団珍聞」（まるまるちんぶん）「驥尾団子」（きびだんご）がゆく （木本至著） 白水社 1989.6

ハウス，E.　House, Edward Howard　1836～1901
アメリカのジャーナリスト。トーキョー・タイムズを創刊。
【図　書】
◇近代日本と情報 （近代日本研究会編） 山川出版社 1990.11
◇回想十年 1 （吉野茂著） 中央公論社 1998.9 340p （中公文庫）
◇新しい日本のかたち―明治開明の諸相 （秋山勇造著） 御茶の水書房 2005.10 281p
【雑　誌】
◇エドワード・ハワード・ハウス詮考―「旅順虐殺事件の一考察」補遺（1） （大谷正）「専修法学論集」 48 1988.9
◇日清戦争期の対外宣伝活動―E.H.ハウスの活動にふれつつ （大谷正）「近代日本研究年報」 12 1990.11

萩原三圭　はぎわらさんけい　1840～1894
幕末，明治期の医師。東京医学校教授。
【図　書】
◇萩原三圭の留学 （富村太郎） 郷学舎（発売） 1981.10

畑銀雞　はたぎんけい　1790～1870
幕末，明治期の医師。
【図　書】
◇国学者雑攷 （丸山季夫） 吉川弘文館 1982.9

羽田野敬雄　はたのけいゆう　1798～1882
幕末、明治期の神道家。
【図書】
◇東海の先賢群像　（岩田隆著）　桜楓社　1986.4
◇ええじゃないか始まる　（田村貞雄著）　青木書店　1987.1
◇幕末三河国神主記録―『万歳書留控』　（羽田野敬雄研究会〔編〕）　（大阪）清文堂出版　1994.4　（清文堂史料叢書）
◇羽田野敬雄と羽田八幡宮文庫　（村松裕一著, 羽田野敬雄研究会編）　豊川堂（発売）　2004.8　184p
【雑誌】
◇羽田野栄木翁の眷属　（村松裕一）「三河地域史研究」　6 1988.11
◇羽田野敬雄から酒井敬造（利亮）宛書簡　（田崎哲郎）「愛大史学（日本史・東洋史・地理学）」2 1993.3
◇幕末期国学の地域における展開(1)三河地方における羽田野敬雄の活動を中心に　（山中芳和）「岡山大学教育学部研究集録」　岡山大学教育学部　104 1997.3　p123～132
◇幕末期国学の地域における展開(2)三河地方における羽田野敬雄の活動を中心に　（山中芳和）「岡山大学教育学部研究集録」　岡山大学教育学部　105 1997.7　p195～202
◇平田銕胤から羽田野敬雄への書簡をめぐって　（田崎哲郎）「愛知大学綜合郷土研究所紀要」　愛知大学綜合郷土研究所　52 2007　p113～123
◇ウチの図書館お宝紹介！（第66回）豊橋市図書館　羽田野敬雄と羽田八幡宮文庫　（彦坂茂雄）「図書館雑誌」　日本図書館協会　101(10) 2007.10　p692～693
◇「全国文庫サミット」に参加して（特集 実業家が創設した公共図書館の設立理念の研究）　（小林輝久彦）「大倉山論集」　大倉精神文化研究所　55 2009.3　p205～220

バチェラー, J.　Batchelor, John　1854～1944
イギリスの宣教師、アイヌ研究家。1877年来日。
【図書】
◇開化異国（おつくに）助っ人奮戦記　（荒俣宏著, 安井仁撮影）　小学館　1991.2
◇異境の使徒―英人ジョン・バチラー伝　（仁多見巌著）　（札幌）北海道新聞社　1991.8　（道新選書）
◇わが人生の軌跡―ジョン・バチラー遺稿　（仁多見巌, 飯田洋右〔共訳〕）　北海道出版企画センター　1993.11
◇日本の『創造力』―近代・現代を開花させた470人〈15〉貢献した外国人たち　（富田仁編）　日本放送出版協会　1994.2
◇我が記憶をたどりて―ジョン・バチラー自叙伝伝記・J・バチラー　（ジョン・バチラー著）　大空社　1995.10　351,6p　（伝記叢書）
◇私の敬愛する人びと―考え方と生き方　（武田清子著）　近代文芸社　1997.10　190p
◇ジョン・バチラー　（仁多見巌著）　大空社　1998.12　166,5p　（シリーズ福祉に生きる）
【雑誌】
◇ジョン・バチェラー著『SEA-GIRT YEZO（海に囲まれたエゾ）』(2)　（辻喜久子）「地域史研究はこだて」　3 1986.3
◇ジョン・バチェラーの日本語著作―単行本の書誌について　（石原誠）「アイヌ文化」　14 1989.6
◇付録 ジョン・バチュラーのAn Ainu English Japanese Dictionary　（中川裕）「アイヌ文化」　14 1989.6
◇北海道旧土人保護法とドーズ法―ジョン・バチェラー、白仁武、パラビタ、サンロッテー　（富田虎男）「札幌学院大学人文学会紀要」　48 1990.12
◇ジョン・バチラーと札幌　（仁多見巌）「札幌の歴史」　21 1991.8
◇ジョン・バチラー二つの自叙伝　（村崎恭子）「文学」　岩波書店　8(2) 1997.4　p85～86

早川勇　はやかわいさむ　1832～1899
幕末、明治期の医師。
【図書】
◇雷鳴福岡藩―草莽早川勇伝　（栗田藤平著）　弦書房　2004.7　283p

林歌子　はやしうたこ　1864～1946
明治～昭和期の社会事業家。
【図書】
◇日本人の終末観―日本キリスト教人物史研究　（野村耕三）　新教出版社　1981.5
◇廃娼運動―廓の女性はどう解放されたか　（竹村民郎）　中央公論社　1982.9　（中央新書）
◇日本キリスト教婦人矯風会百年史　（日本キリスト教婦人矯風会編）　ドメス出版　1986.12
◇貴女は誰れ？ 伝記・林歌子　（久布白落実）　大空社　1989.1　（伝記叢書〈64〉）
◇七十七年の思ひ出―伝記・ガントレット恒子　（ガントレット恒著）　大空社　1989.7　（伝記叢書）
◇林歌子　（佐々木恭子著）　大空社　1999.11　131,3p　（シリーズ福祉に生きる）
【雑誌】
◇林歌子と廃娼運動―矯風会大阪支部を中心として　（石月静恵）「歴史と神戸」　135 1986.4
◇学術講演会 林歌子の渡米（1905年～06年）をめぐって　（室田保夫）「関西学院大学社会学部紀要」　関西学院大学社会学部　94 2003　p61～74
◇林歌子の『博愛月報』掲載論文をめぐって　（室田保夫）「関西学院大学社会学部紀要」　関西学院大学社会学部研究会　101 2006.10　p69～82

バラー, J.　Ballagh, James Hamilton　1832～1920
アメリカの宣教師。1861年来日、日本基督公会を設立。
【雑誌】
◇人物でたどる礼拝の歴史(22)日本におけるプロテスタント宣教初期 J.H.バラとD.タムソン　（五十嵐喜和）「礼拝と音楽」　日本キリスト教団出版局　138 2008.Sum.　p54～58

原田助　はらだたすく　1863～1940
明治、大正期の牧師、教育者。
【雑誌】
◇「六合雑誌」にあらわれた原田助―その近代化倫理に触れて　（武邦保）「キリスト教社会問題研究」　30 1982.2
◇原田助とハワイ大学　（太田雅夫）「キリスト教社会問題研究」　同志社大学人文科学研究所　46 1998.1　p179～229
◇第三十二回Neesima Room企画展 大正デモクラシー期の同志社―原田助総長と海老名弾正総長の時代―資料編　（同志社大学社史資料センター）「同志社談叢」　同志社大学同志社社史資料センター　28 2008.3　p32～68

原胤昭　はらたねあき　1853～1942
明治期のキリスト教社会事業家。
【図書】
◇行刑改革者たちの履歴書　（小川太郎, 中尾文策著）　矯正協会　1983.9
◇キリスト者社会福祉事業家の足跡　（三吉明著）　金子書房　1984.4
◇勲章幻影　（夏堀正元著）　中央公論社　1988.1
◇明治東京犯罪暦 明治元年～明治23年　（山下恒夫著）　東京法経学院出版　1988.4　（犯罪ドキュメントシリーズ）
◇日本刑事政策史上の人々　（日本刑事政策研究会編）　日本加除出版　1989.4
◇開化の築地・民権の銀座―築地バンドの人びと　（太田愛人著）　築地書館　1989.7
◇明治の北海道　（夏堀正元著）　岩波書店　1992.3　（岩波ブックレットーシリーズ「日本近代史」）
◇更生保護の父原胤昭―伝記・原胤昭　（若木雅夫著）　大空社　1996.10　179,5,5p　（伝記叢書）
◇『原胤昭』の標茶日記とその足跡―釧路集治監教誨師　（三栖達夫著）　釧路集治監を語る会　1998.3　574p　（釧路集治監の記録シリーズ）
◇真理への途上―苦渋に満ちた生涯 田中正造・原胤昭・新渡戸稲造　（雨具行磨著）　近代文芸社　1999.3　358p
◇開国の時代を生きた女からのメッセージ　（中西拓子著）　碧天舎　2002.10　131p
◇築地居留地―近代文化の原点 Vol.3　築地居留地研究会　2004.11　175p
◇人物でよむ近代日本社会福祉のあゆみ　（室田保夫編著）　ミネルヴァ書房　2006.5　260p
◇江戸町与力の世界―原胤昭が語る幕末 平成19年度特別展　（千代田区立四番町歴史民俗資料館編）　千代田区立四番町歴史民俗資料館　2007.10　45p
【雑誌】
◇保護史とわずがたり(2)原胤昭とその時代―キリスト者胤昭と明治初期の獄政などについて　（山崎喬）「犯罪と非行」　43 1980.2
◇原胤昭「全国慈善事業視察報告書」　（秋定嘉和）「池坊短期大学紀要」　23（短大創立40周年記念特別号）1993.3
◇資料紹介：原胤昭「全国慈善事業視察報告書」(2)　（秋定嘉和）「池坊短期大学紀要」　24 1994.3
◇〈流域に生きる人々〉原胤昭―日本キリスト教教誨師　（中村勝）「利根川文化研究会」　利根川文化研究会9号 1995.6　p56～62
◇原胤昭と耶蘇教書肆十字屋―日本最初のキリスト教出版社　（村上文昭）「関東学院教養論集」　関東学院大学法学部　11 2001.3　p1～15
◇わが国における児童虐待防止運動の歴史―とくに明治時代における原胤昭の業績を中心として　（池田由子, 矢花芙美子）「東洋大学発達臨床研究紀要」　東洋大学発達臨床研究所　2 2002.3　p46～59
◇原胤昭の生涯とその事業―兵庫仮留監教誨師時代を中心として　（片岡優子）「関西学院大学社会学部紀要」　関西学院大学社会学部　100

2006　p167〜180
◇釧路集治監教誨師時代の原胤昭　(片岡優子)「関西学院大学社会学部紀要」　関西学院大学社会学部研究会　101　2006.10　p99〜113
◇原胤昭の生涯とその事業―東京出獄人保護所の創設と原の援助方法を中心として　(片岡優子)「関西学院大学社会学部紀要」　関西学院大学社会学部研究会　102　2007.3　p115〜129
◇原胤昭の生涯とその事業―中央慈善協会における活動を中心として　(片岡優子)「関西学院大学社会学部紀要」　関西学院大学社会学部研究会　103　2007.10　p85〜100
◇原胤昭の生涯とその事業―東京出獄人保護所の財政状況と大正期の保護成績を中心として　(片岡優子)「関西学院大学社会学部紀要」　関西学院大学社会学部研究会　104　2008.3　p165〜181
◇岡山孤児院東京地方委員としての原胤昭の活動―原胤昭と石井十次の出会いから1899年までを中心として(特集 国際比較研究)　(片岡優子)「関西学院大学社会学部紀要」　関西学院大学社会学部研究会　105　2008.3　p157〜171
◇樺戸集治監教誨師時代の原胤昭　(片岡優子)「社会事業史研究」　社会事業史学会, 不二出版　35　2008.3　p85〜100

原坦山　はらたんざん　1819〜1892
　明治期の曹洞宗僧侶。蘭医学や仙術を研究。
【図　書】
◇古田紹欽著作集5　(古田紹欽)　講談社　1981.8
◇増谷文雄著作集 12 近代の宗教的生活者　角川書店　1982.8
◇遺偈・遺誡―迷いを超えた名僧 最期のことば　(大法輪閣編集部編)　大法輪閣　1998.9　253p
◇東アジア仏教 その成立と展開―木村清孝博士還暦記念論集　(木村清孝博士還暦記念会編)　春秋社　2002.11　790p
◇詳論・原坦山と「印度哲学」の誕生―近代日本仏教史の一断面　(木村清孝)『東アジア仏教 その成立と展開 木村清孝博士還暦記念論集』(木村清孝博士還暦記念会編)　春秋社　2002.11　p5〜
【雑　誌】
◇原坦山と実験仏教学　(古田紹欽)「日本大学紀要」　11　1980.1

原信好　はらまよみ　1822〜1884
　幕末、明治期の神官。筑摩県皇学教授。
【図　書】
◇夜明け前の人原信好　(波良著)　原市蔵　1984.12

原嘉道　はらよしみち　1867〜1944
　明治〜昭和期の弁護士, 政治家。
【図　書】
◇弁護士生活の回顧―伝記・原嘉道　(黒沢松次郎編)　大空社　1997.5　1冊　(伝記叢書)
◇郷土の華―堀直虎・原嘉道　(岡沢主計者)　信毎書籍出版センター　1998.8　568p

日置黙仙　ひおきもくせん　1847〜1920
　明治, 大正期の曹洞宗僧侶。永平寺貫主, 曹洞宗管長。
【図　書】
◇可睡斎護国輪と日置黙仙　(桜井良樹)『日露戦争と東アジア世界』(東アジア近代史学会編)　ゆまに書房　2008.1　p421

樋口竜温　ひぐちりゅうおん　1800〜1885
　幕末、明治期の浄土真宗の僧。
【雑　誌】
◇邪教をみる眼―幕末仏教界における破邪論の形成と「闢邪護法策」(日本思想史の諸問題)　(山本幸規)「季刊日本思想史」　15　1980.12

平瀬露香　ひらせろこう　1839〜1908
　幕末、明治期の神道家。大阪博物場長, 中教正。
【図　書】
◇なにわ町人学者伝　(谷沢永一編)　潮出版社　1983.5
【雑　誌】
◇平瀬露香(特集 おおさか町人学者点描―故宮本又次博士をしのんで)　(水田紀久)「大阪春秋」　70　1993.3
◇近代の茶釣 平瀬露香　(池田瓢阿)「淡交」　淡交社　61(7)　2007.7　p20〜25

ビリヨン, A.　Villion, Amatus　1843〜1932
　フランスの宣教師。1868年パリ外国宣教会員として来日。
【図　書】
◇ビリヨン神父の生涯―伝記・A・ビリヨン　(狩谷平司者)　大空社　1996.10　329,20,5p　(伝記叢書)
◇今、ビリヨン神父を追う―幕末から昭和まで　(ホセ・パラシオス著)　アガリ総合研究所　2003.6　107p　(Siesta books)

ファン=デン=ブルーク, J.　Van Den Broek, Jan Karel　1814〜1865
　オランダの医師。1853年来日, 長崎出島商館医。
【図　書】
◇論集 日本の洋学〈1〉　(有坂隆道, 浅井允晶編)　(大阪)清文堂出版　1993.12
◇日本の化学の開拓者たち　(芝哲夫著)　裳華房　2006.10　147p　(ポピュラー・サイエンス)
◇蘭学のフロンティア―志筑忠雄の世界　(志筑忠雄没後200年記念国際シンポジウム実行委員会編)　長崎文献社　2007.11　151p
【雑　誌】
◇医学近代化と外人たち(2)モーニッケとファン・デン・ブルック　(石田純郎)「臨床科学」　21(5)　1985.5

深瀬洋春　ふかせようしゅん　1833〜1905
　幕末, 明治期の医師。函館病院長。
【雑　誌】
◇深瀬洋春と六代三上庸達の交流　(三上敏)「うそり」　26　1989.6

福田義導　ふくだぎどう　1805〜1881
　幕末、明治期の真宗大谷派学僧。嗣講。
【雑　誌】
◇真宗大谷派学僧 釈義導について―その経歴と転換期の思想の一考察　(田子了祐)「飛燕」　7　1989.3

福田行誠　ふくだぎょうかい　1809〜1888
　幕末、明治期の浄土宗僧侶。知恩院門主, 浄土宗管長。
【図　書】
◇増谷文雄著作集 12 近代の宗教的生活者　角川書店　1982.8
◇浄土教思想の研究　(藤吉慈海)　平楽寺書店　1983.2
◇日本書誌学大系 28 林若樹集　青裳堂書店　1983.4
◇名僧臨終の言葉　(松原哲明)　鈴木出版　1990.11
◇異文化の摩擦と理解―養鸕徹定のキリスト教論　(芹川博通著)　北樹出版　1994.2
【雑　誌】
◇福田行誠の社会福祉について(大正大学における第35回〔日本印度学仏教学会〕学術大会紀要(1))　(小此木輝之)「印度学仏教学研究」　33(1)　1984.12
◇福田行誠研究ノート　(小此木輝之)「日本仏教史学」　19　1984.12
◇福田行誠と横浜　(大橋俊雄)「横浜学」　2　1988.11
◇明治浄土高僧の名号について―徹定と行誡(仏教大学における第42回〔日本印度学仏教学会〕学術大会紀要(2))　(八木宣諦)「印度学仏教学研究」　40(2)　1992.3
◇福田行誡の詩想　(望月真)「淑徳短期大学研究紀要」　臨時号　1994.3

福田英子　ふくだひでこ　1865〜1927
　明治, 大正期の社会運動家。婦人の政治・社会参加を主張。
【図　書】
◇人物史でまなぶ日本の歴史　(黒羽清隆)　地歴社　1980.7
◇日本人の自伝6 福田英子・金子ふみ子・相馬黒光　平凡社　1980.12
◇一億人の昭和史 日本人1 三代の女たち 上　明治大正編　毎日新聞社　1981.2
◇反逆の女のロマン　(瀬戸内晴美ほか)　講談社　1981.2　(人物近代女性史の一生6)
◇おんなろん序説　(もろさわようこ)　未来社　1981.3
◇近代日本の自伝　(佐伯彰一)　講談社　1981.5
◇日本の思想家 近代篇　(菅孝行)　大和書房　1981.9
◇岡山と朝鮮―その2000年のきずな　(西山宏)　日本文教出版　1982.4
◇大阪事件の研究　(大阪事件研究会編著)　柏書房　1982.5
◇古書巡礼　(品川力)　青英社　1982.10
◇文明開化と女性―日本女性の歴史　暁教育図書　1982.10　(日本発見人物シリーズno.8)
◇この百年の女たち―ジャーナリズムの女性史　(岡満男)　新潮社　1983.5　(新潮選書)
◇岡山の歴史と文化　林武書店　1983.10
◇妾の半生涯 改版　(福田英子)　岩波書店　1983.10　(岩波文庫)
◇人物探訪 日本の歴史―18―明治の逸材　暁教育図書　1984.2
◇女の一生―人物近代女性史 6 反逆の女のロマン　(瀬戸内晴美他著)　講談社　1984.2
◇日本史を揺るがした女―激女・烈婦の日本史(舵輪ブックス)　(村松駿吉著)　日本文芸社　1984.2
◇明治女学校の世界―明治女学校と「女学雑誌」をめぐる人間群像とその思想　(藤田美実著)　青英舎　1984.10
◇女性解放の先駆者中島俊子と福田英子　(絲屋寿雄)　清水書院　1984.10
◇女性解放の先駆者・中島俊子と福田英子(清水新書)　(糸屋寿雄著)

◇岡山県の百年（県民百年史〈33〉）（柴田一, 太田健一著）山川出版社 1986.6
◇近代岡山の女たち（岡山女性史研究会編）三省堂 1987.8
◇風の花嫁たち―古今女性群像（大岡信著）社会思想社 1987.8（教養文庫）
◇女性解放の思想家たち（山田洸著）青木書店 1987.9
◇華の乱（永畑道子著）新評論 1988.7
◇歴史を生きた女たち（吉見周子著）同成社 1988.10
◇言挙げする女たち―近代女性の思想と文学（円谷真護著）社会評論社 1989.3
◇反逆の女のロマン―人物近代女性史（瀬戸内晴美編）講談社 1989.8（講談社文庫）
◇近代日本の自伝（佐伯彰一著）中央公論社 1990.9（中公文庫）
◇歴史をひらく愛と結婚（福岡女性学研究会編）ドメス出版 1991.12
◇日本史・激情に燃えた炎の女たち―奔放に生き抜いた女たちの色と欲（村松駿吉著）日本文芸社 1993.9（にちぶん文庫）
◇日本女性史入門講座〈2〉自立する女たち（吉見周子著）同成社 1994.3
◇わらはの思出（福田英子著）大空社 1995.6 220p（叢書女性論）
◇福田英子―婦人解放運動の先駆者（村田静子著）岩波書店 1996.7 236p（岩波新書）
◇暁の鐘（前田愛子著）新日本出版社 1996.8 283p
◇短歌に出会った女たち（内野光子著）三一書房 1996.10 208p
◇明治女性運動史の一齣―福田英子と『世界婦人』（村田静子）『日本女性史論集』（総合女性史研究会編）吉川弘文館 1997.11 p199
◇福田英子集（福田英子著, 村田静子, 大木基子編）不二出版 1998.2 678p
◇学習に役立つものしり事典365日 5月 新版（谷口健一, 根本順吉監修）小峰書店 1999.2 65p
◇文学近代化の諸相 4（小笠原幹夫著）高文堂出版社 1999.3 176p
◇女たちの20世紀・100人―姉妹たちよ（ジョジョ企画編）集英社 1999.8 158p
◇あなたみたいな明治の女（群ようこ著）朝日新聞社 2002.5 190p（朝日文庫）
◇相州自由民権運動の展開（大畑哲著）有隣堂 2002.9 391p
◇自由民権運動と女性（大木基子著）ドメス出版 2003.3 277p
◇雀百まで悪女に候―女性解放運動の先駆者・福田英子の生涯（内лист聖子著）健友館 2003.9 210p
◇「わたし」を生きる女たち―伝記で読むその生涯（楠瀬佳子, 三木草子編）世界思想社 2004.9 270p（SEKAISHISO SEMINAR）
◇人妻魂（嵐山光三郎著）マガジンハウス 2007.8 228p

【雑 誌】
◇恋が試練であった時代（沢地久枝）「歴史と人物」10(4) 1980.4
◇幕末明治編（下）明治を生きた女性たち（対談・日本の女性史）（橋本寿賀子, 吉見周子）「歴史と旅」7(8) 1980.7
◇近代日本の自伝(9)女語りの二重性（佐伯彰一）「群像」35(9) 1980.9
◇近代日本の自伝(10)懺悔という意味（佐伯彰一）「群像」35(10) 1980.10
◇女流民権家景山英子と神奈川自由党(2)大阪事件における愛甲郡の自由党（沼謙吉）「かながわ風土記」43 1981.2
◇愛甲郡の自由民権運動（神奈川自由民権の旅(4)相模野燃ゆ）（森暁）「かながわ風土記」48 1981.7
◇日本の女性学の先駆的なもの―自叙伝を通して（左方郁子）「思想の科学(第7次)」5 1981.7
◇景山英子の新史料（ひろたまさき）「岡山地方史研究会会報」30 1982.3
◇福田英子の思想と行動（長谷川澄博）「高梁川」39 1982.10
◇景山英子と岡山女子懇親会（光田京子）「岡山地方史研究会々報」34 1982.11
◇景山英子と富井於菟（青木充子）「岡山地方史研究会々報」34 1982.11
◇景山英子の獄中書簡2点（竹末勤）「奈良県近代史研究会会報」31 1983.11
◇福田英子に関する基礎的研究（光田京子）「岡山地方史研究会会報」42 1984.8
◇福田英子「妾の半生涯」の語り（関礼子）「日本近代文学」31 1984.10
◇思想界の三烈女 岸田俊子・福田英子・管野すが（特集花ひらく明治の女性たち）（吉見周子）「歴史と旅」12(2) 1985.2
◇「福田英子」研究をめぐって（インタビュー）（女性史一家族と女性〈特集〉）（村田静子, 岩井サチコ, 早川紀代）「歴史評論」419 1985.3
◇『福田英子集』出版にむけて（村田静子）「初期社会主義研究」弘隆社 第8号 1995.7 p175〜177
◇さまざまな愛のかたち―三角関係 大井憲太郎と清水紫琴と福田英子（特集・恋に果てる生き方―至上の愛を貫いた女と男の波瀾の物語）

（吉田知子）「歴史と旅」24(13) 1997.9 p82〜89
◇『フライハイトFreiheit』紙に紹介された景山英（福田英子）と在米日系新聞『自由Liberty』（田中ひかる）「初期社会主義研究」初期社会主義研究会, 不二出版 16 2003 p206〜223

福本日南　ふくもとにちなん　1857～1921
明治, 大正期のジャーナリスト, 史論家。
【図　書】
◇明治文学全集37 政教社文学集（松本三之介編）筑摩書房 1980.5
◇元禄快挙録 上 改版（福本日南）岩波書店 1982.10（岩波文庫）
◇元禄快挙録 中 改版（福本日南）岩波書店 1982.11（岩波文庫）
◇元禄快挙録 下 改版（福本日南）岩波書店 1982.12（岩波文庫）
◇明治粋侠伝（久坂聡三著）烏影社 1997.4 364p
◇呪詛の時空―宇都宮怨霊伝説と筑前黒田家（則松弘明著）海鳥社 1999.5 276p
◇国粋主義者の国際認識と国家構想―福本日南を中心として（広瀬玲子著）芙蓉書房出版 2004.1 514p
【雑　誌】
◇福本日南の思想形成―明治一〇年代ナショナリズムの一側面（広瀬玲子）「日本史研究」214 1980.6
◇日南と子規―その万葉継承をめぐって（榎本隆司）「早稲田大学教育学部学術研究（国語・国文学編）」31 1982
◇『元禄快挙録』を読む（特集 忠臣蔵）（岡保生）「彷書月刊」3(12) 1987.12
◇"天山の雪"は消えず―陸奥南と福本日南にみる勁烈な木鐸の真骨頂（草地貞吾）「日本及日本人」1590 1988.4
◇福本日南論―「遭厄紀事」を中心として（民友社と政教社〈特集〉）（三宅桃子）「季刊日本思想史」30 1988.8
◇福本日南と天田愚庵（特集 歌人子規一生誕130年―同時代の人々）（中野菊夫）「短歌現代」短歌新聞社 21(6) 1997.6 p65〜67
◇『元禄快挙録』を読む（特集 忠臣蔵）（岡保生）「大衆文学研究」大衆文学研究会 1998年(3) 1998.10 p33〜34
◇福本日南の『筑前志』（川添昭二）「日本歴史」吉川弘文館 620 2000.1 p87〜89
◇日本文明の先駆者(9)福本日南（坪内隆彦）「月刊日本」K&Kプレス 12(8) 2008.8 p76〜83

福山滝助　ふくやまたきすけ　1817～1893
幕末, 明治期の報徳実践家。
【図　書】
◇小田原近代百年史（中野敬次郎）八小堂書店 1982.10
◇二宮尊徳とその弟子たち（宇津木三郎著, 小田原ライブラリー編集委員会企画・編）夢工房 2002.2 133p（小田原ライブラリー）

藤井宣正　ふじいせんしょう　1859～1903
明治期の僧, 仏教学者。西本願寺文学寮教授。
【雑　誌】
◇明治仏教学・仏教史学胎動期の一こま―南条文雄が藤井宣正に宛てた5通の書簡（白須浄真）「広島安芸女子大学研究紀要」広島安芸女子大学 1 2000 p137〜150
◇明治仏教学・仏教史学胎動期の一こま―南条文雄が藤井宣正に宛てた5通の書簡（白須浄真）「広島安芸女子大学研究紀要」広島安芸女子大学 創刊号 2000.7 p137〜150
◇清国成都の東文学堂から―1900年5月, 中島裁之が藤井宣正に宛てた書簡（白須浄真）「広島安芸女子大学研究紀要」広島安芸女子大学 2 2001 p79〜88
◇清国成都の東文学堂から―1900年5月, 中島裁之が藤井宣正に宛てた書簡（白須浄真）「広島安芸女子大学研究紀要」広島安芸女子大学 第2号 2001.7 p79〜88

富士重本　ふじしげもと　1826～1897
幕末, 明治期の宮司。陸軍監獄長。
【雑　誌】
◇富士重本と赤心隊（小川栄治）「歴史と旅」11(13) 1984.10
◇駿州赤心隊富士赤八郎の「口書」（小泉雅弘）「駒沢史学」駒沢史学会 69 2007.9 p68〜75

プティジャン, B.　Petitjean, Bernard Thadée　1829～1884
フランスの宣教師。1863年来日, 長崎で布教に従事。
【図　書】
◇永遠のジャポン―異郷に眠るフランス人たち（富田仁）早稲田大学出版部 1981.5

ブラウン, N. Brown, Nathan 1807～1886
アメリカの宣教師。日本初の全訳新約聖書を完成。
【雑　誌】
◇アルバート・A・ベンネットによるネイサン・ブラウン評伝　(高野進訳注)「経済系(関東学院大学)」152　1987.7

ブラウン, S. Brown, Samuel Robbins 1810～1880
アメリカの宣教師。1859年来日、横浜修文館校長。
【図　書】
◇西洋人の日本語発見―外国人の日本語研究史1549‐1868　(杉本つとむ著)　創拓社　1989.3
◇ドクトル・ヘボン―伝記・ドクトル・ヘボン　(高谷道男著)　大空社　1989.7　(伝記叢書)
◇長老・改革教会来日宣教師事典　(中島耕二, 辻直人, 大西晴樹共著)　新教出版社　2003.3　324p　(日本キリスト教史双書)
◇新しい日本のかたち―明治開明の諸相　(秋山勇造著)　御茶の水書房　2005.10　281p
【雑　誌】
◇明治期における日本語教本の研究(1)S.R.ブラウン著 "Colloquial Japanese" と日本語教育における意義　(中川かず子)「北海学園大学人文論集」北海学園大学人文学会　15　2000.3　p147～176
◇ブラウン『会話日本語』の待遇表現　(倉島節尚)「国文学踏査」大正大学国文学会　19　2007.3　p186～177
◇S.R.ブラウンがColloquial Japaneseに描いた居留地貿易　(松本隆)「アメリカ・カナダ大学連合日本研究センター紀要」アメリカ・カナダ大学連合日本研究センター　31　2008　p44～65

ブラック, J. Black, John Reddie 1827～1880
イギリスのジャーナリスト。1861年来日、新聞を創刊。
【図　書】
◇ヘボン博士のカクテル・パーティー　(内藤誠著)　講談社　1993.11
◇決定版 快楽亭ブラック伝　(小島貞二著)　恒文社　1997.8　285p
◇明治のジャーナリズム精神―幕末・明治の新聞事情　(秋山勇造著)　五月書房　2002.5　259,7p
◇近代日本メディア人物誌―創始者・経営者編　(土屋礼子編著)　ミネルヴァ書房　2009.6　277p
【雑　誌】
◇明治初期新聞政策史の一考察―左院とJ.R.ブラックとの関係を中心に　(佐藤孝)「横浜開港資料館紀要」7　1989.3
◇「日新真事誌」の創刊者ジョン・レデイ・ブラック　(浅岡邦雄)「参考書誌研究」37　1990.3
◇快楽亭ブラックと「婦系図」　(村松定孝)「日本古書通信」55(8)　1990.8
◇ジョン・R.ブラックと『日新真事誌』(青い目のニッポン人・ブラック親子)　(浅岡邦雄)「彷書月刊」9(6)　1993.5
◇ブラック親子の横浜をたずねて(青い目のニッポン人・ブラック親子)　(花崎真也)「彷書月刊」9(6)　1993.5
◇『ヤング・ジャパン』の時代(青い目のニッポン人・ブラック親子)　(関井光男)「彷書月刊」9(6)　1993.5
◇謎にみちたJ.R.ブラックの生涯(青い目のニッポン人・ブラック親子)　(内藤誠)「彷書月刊」9(6)　1993.5
◇研究の周辺　幕末・明治初期に外国人が発行した邦字新聞(3)ブラックの『日新真事誌』　(秋山勇造)「神奈川大学評論」神奈川大学広報委員会　39　2001　p146～151
◇Bibliotheca Japonica(60)J.R.ブラック著『若き日本―横浜と江戸』の成立とその周辺　(八木正自)「日本古書通信」日本古書通信社　67(12)　2002.12　p22
◇Bibliotheca Japonica(65)J.R.ブラック編(2)『ザ・ファー・イースト』等について　(八木正自)「日本古書通信」日本古書通信社　68(5)　2003.5　p29

古河力作 ふるかわりきさく 1884～1911
明治期の無政府主義者。「自由思想」発行に関与。
【雑　誌】
◇古河力作のことなど　(水上勉)「文学界」35(5)　1981.5
◇木下利玄旧蔵本「西洋草化」―古河力作の縁(本のさんぽ(109))　(紅野敏郎)「國文學 解釈と教材の研究」26(11)　1981.8
◇「古河力作の生涯」(特集=水上勉の世界)　(祖田浩一)「国文学解釈と鑑賞」至文堂　61(2)　1996.2　p110～113

ヘボン, J. Hepburn, James Curtis 1815～1911
アメリカの医療宣教師。1859年来日。
【図　書】
◇ヘボンの手紙 増補版　(ヘボン, 高谷道男編訳)　有隣堂　1982.9　(有隣新書)
◇明治人物拾遺物語―キリスト教の一系譜　(森井真著)　新教出版社　1982.10

◇かながわの医療史探訪　(大滝紀雄)　秋山書房　1983.12
◇洋学の系譜 江戸から明治へ　(惣郷正明著)　研究社出版　1984.4
◇人物でつづる近代日本語の歴史(雄山閣Books18)　(杉本つとむ)　雄山閣出版　1985.11
◇ヘボン[新装版](人物叢書)　(高谷道男著)　吉川弘文館　1986.9
◇ヘボンの生涯と日本語　(望月洋子)　新潮社　1987.4　(新潮選書)
◇西洋人の日本語発見―外国人の日本語研究史1549‐1868　(杉本つとむ著)　創拓社　1989.3
◇ドクトル・ヘボン―伝記・ドクトル・ヘボン　(高谷道男著)　大空社　1989.7　(伝記叢書)
◇ヘボン―同時代人の見た　(ウイリアム・エリオット・グリフィス著, 佐々木晃訳)　教文館　1991.10
◇日本の近代化になった外国人―シーボルト・ヘボン　(片桐一男, 望月洋子著, 国立教育会館編)　ぎょうせい　1991.12　(教養講座シリーズ)
◇ヘボン博士のカクテル・パーティー　(内藤誠著)　講談社　1993.11
◇横浜のくすり文化―洋薬ことはじめ　(杉原正泰, 天野宏著)　(横浜)有隣堂　1994.1　(有隣新書)
◇日本の『創造力』―近代・現代を開花させた470人〈15〉貢献した外国人たち　(富田仁編)　日本放送出版協会　1994.2
◇J.C.ヘボン『和英語林集成』初版・再版・三版における形容詞対照語彙表―(資料 近代における形容詞)　(安部清哉, 森温子[付記])『フェリス女学院大学国文学論叢』(フェリス女学院大学文学部日本文学科編)　フェリス女学院大学国文学会　1995.6　左37～左88
◇ヘボン『和英語林集成』の背景　(大島智夫著, 明治学院大学キリスト教研究所編)　明治学院大学キリスト教研究所　1996.3　30p　(ICSオケイジョナル・ペーパー)
◇『和英語林集成』第3版「英和の部」と後続英和対訳辞書　(菊地悟)『国語彙史の研究』(国語語彙史研究会編)　和泉書院　1996.5　p272～255(左開1)
◇『和英語林集成』初版同義語索引(1)あ‐せ　(菊地悟)『国語論究』(佐藤喜代治編)　明治書院　1997.7　p500
◇横浜のヘボン先生　(杉田幸子文・絵)　いのちのことば社　1999.2　127p
◇ドクトル・ヘボン関連年表―ヘボンの誕生からヘボンの葬儀、追悼会の日まで　(石川潔著)　石川潔　1999.10　165p
◇外国人が残した日本への功績　(プランニングコーツ編)　世界経済情報サービス　2000.3　206p
◇明治を生きる群像―近代日本語の成立　(飯島晴巳著)　おうふう　2002.2　231p
◇横浜随想 算学者・伊藤佐一親子とドクトル・ヘボンの交遊譚　(伊藤信夫著)　新読書社　2002.3　220p
◇横浜ベイサイドヒストリー47景　(山田一広著)　街と暮らし社　2002.3　229p
◇銅像めぐり旅―蘊畜紀行　(清水義範著)　祥伝社　2002.4　283p
◇長老・改革教会来日宣教師事典　(中島耕二, 辻直人, 大西晴樹共著)　新教出版社　2003.3　324p　(日本キリスト教史双書)
◇ヘボン物語―明治文化の中のヘボン像　(村上文昭著)　教文館　2003.10　295p
◇ドクトル・シモンズ―横浜医学の源流を求めて　(荒井保男著)　有隣堂　2004.6　253p
◇新しい日本のかたち―明治開明の諸相　(秋山勇造著)　御茶の水書房　2005.10　281p
◇G.W.ノックス書簡集　(横浜指路教会教会史編纂委員会編)　キリスト新聞社　2006.1　136p
◇ヘボンさんの幕末維新―日本プロテスタントの誕生　(志村純著)　キリスト新聞社　2006.1　165p
◇明治学院歴史資料館資料集 第3集　明治学院歴史資料館　2006.3　230p
◇ヘボン博士の愛した日本　(杉田幸子著)　いのちのことば社フォレストブックス　2006.3　159p
◇銅像めぐり旅―ニッポン蘊蓄紀行　(清水義範著)　祥伝社　2006.9　306p　(祥伝社文庫)
◇ヒコの幕末―漂流民ジョセフ・ヒコの生涯　(山下昌也著)　水曜社　2007.12　334p
◇ヘボンの漢字表記　(木村一)『国語語彙史の研究』(国語語彙史研究会編)　和泉書院　2008.3　p73
◇横浜開港時代の人々　(紀田順一郎著)　神奈川新聞社　2009.4　270p
◇日本を愛した外国人たち　(内藤誠, 内藤研共著)　講談社インターナショナル　2009.6　255p　(講談社バイリンガル・ブックス)
◇ペリーとヘボンと横浜開港―情報学から見た幕末　(丸山健夫著)　臨川書店　2009.10　263p
◇福音主義自由教会の道―"日本伝道一五〇年"講演集　(近藤勝彦著)　教文館　2009.12　206p
【雑　誌】
◇和英語林集成―英和の部の訳語　(塩沢和子)「国文学論集(上智大)」14　1981.1

◇激動時代に生きた女性―牧野よし一家とヘボン博士夫妻 （石井賢次郎）「都民文化」3 1983.3
◇辞書のはなし(39)ヘボンの『和英語林集成』（春名徹）「三省堂ぶっくれっと」43 1983.3
◇ヘボン書について （村松じゅん）「埼玉史談」30(3) 1983.10
◇建学の原点(18)横浜ヘボン塾(現明治学院大学) （前川和彦）「月刊新自由クラブ」7(77) 1984.2
◇医学近代化と外人たち(11)ヘボン，シモンズ，エルドリッジ （大滝紀雄）「臨床科学」22(3) 1986.3
◇矢野隆山と4人の宣教師―幕末における日本語学習の一断面(日本語教育史〈特集〉) （今井幹夫）「日本語教育」60 1986.11
◇すぐれた人格の輸出―明治文化の恩人ヘボンの伝記 （紀田順一郎）「波」208 1987.4
◇日本における国際学研究の先駆者(2)James Curtis Hepburn （望月洋子）「明治学院論叢」426 1988.3
◇ヘボン「十字架のものがたり」 （秋山憲兄）「本のひろば」403 1992.3
◇W.E.グリフィス著『ヘボン―同時代人の見た』 （高野進）「関東学院大学 自然・人間・社会」13 1992.4
◇竹口信義『横浜の記』ドクトル・ヘボン(1815〜1911)との交遊記（上，中） （上野利三）「松阪政経研究」11(1・2),12(1) 1993.3,9
◇ヘボンが見た日本の薬 （天野宏[他]）「薬史学雑誌」29(1) 1994
◇ヘボンの中国伝道 （佐々木克）「明治学院大学キリスト教研究所紀要」明治学院大学キリスト教研究所 30 1998.2 p103〜131
◇ヘボンとサトウの英和辞書の訳語比較 （丹治弘昌，伊藤益基）「駒沢大学外国語部論集」駒沢大学外国語部 54 2001.3 p71〜152
◇ヘボンの伝道方針―その宗教思想史的考察 （守屋友江）「明治学院大学キリスト教研究所紀要」明治学院大学キリスト教研究所 35 2002.12 p313〜346
◇ヘボン博士の記念碑をめぐって―ヘボン塾創設140周年記念 （丸山義王）「明治学院大学キリスト教研究所紀要」明治学院大学キリスト教研究所 36 2004.1 p257〜281
◇ドクトル・ヘボン神奈川宿での1169日 （石川潔）「明治学院大学キリスト教研究所紀要」明治学院大学キリスト教研究所 38 2006.2 p301〜350
◇Bibliotheca Japonica(108)ヘボン編『和英語林集成』の成立とその周辺 （八木正自）「日本古書通信」日本古書通信社 71(12) 2006.12 p25
◇二人のイエズス会神父とヘボン博士(特集 旅と文学) （工藤進）「言語文化」明治学院大学言語文化研究所 24 2007.3 p22〜35
◇〈溶融〉する言葉と文化(7)ヘボンと『和英語林集成』 （久米晶文，中村司）「歴史読本」新人物往来社 52(8) 2007.7 p23〜28,300〜303
◇学問の歩きオロジー 幕末・明治の宣教医師ヘボンの足跡(1)医師としてのヘボンの活躍 （水谷仁）「Newton」ニュートンプレス 28(5) 2008.5 p98〜103
◇学問の歩きオロジー 幕末・明治の宣教医師ヘボンの足跡(2)和英・英和辞書を編纂する （水谷仁）「Newton」ニュートンプレス 28(6) 2008.6 p98〜103
◇学問の歩きオロジー 幕末・明治の宣教医師ヘボンの足跡(3)日本語の聖書をつくる （水谷仁）「Newton」ニュートンプレス 28(7) 2008.7 p106〜111
◇開港・開化傑物伝(11)外つ国への布教こそわが使命 開化の礎として滞日三十三年―施療ületés・和英辞典〈ヘボン〉 （紀田順一郎）「Best partner」浜銀総合研究所 20(11) 2008.11 p36〜41
◇覚書 "Bluff"(山手居留地)のヘボン先生 （石川潔）「明治学院大学キリスト教研究所紀要」明治学院大学キリスト教研究所 41 2008.12 p339〜370

ベリ，J. Berry, John Cutting 1847〜1936
アメリカの医師，宣教師。1872年来日，西日本で活躍。
【図　書】
◇J・C・ベリーと伝道診療所 （田中智子）『アメリカン・ボード宣教師―神戸・大阪・京都ステーションを中心に，1869〜1890年』（同志社大学人文科学研究所編） 教文館 2004.10 （同志社大学人文科学研究所研究叢書） p67
◇医療宣教師ベリーの使命と京都看病婦学校 （小野尚香）『アメリカン・ボード宣教師―神戸・大阪・京都ステーションを中心に，1869〜1890年』（同志社大学人文科学研究所編） 教文館 2004.10 （同志社大学人文科学研究所研究叢書） p272
【雑　誌】
◇J.C.ベリー博士伝―明治初期・監獄改良の先駆的恩人 （重松一義）「中央学院大学人間・自然論叢」中央学院大学商学部・法学部 11 2000.2 p252〜240

穂積歌子 ほづみうたこ 1863〜1932
幕末〜昭和期の女性。渋沢栄一の長女良妻賢母の見本。
【図　書】
◇穂積歌子日記 1890‐1906―明治一法学者の周辺 （穂積歌子著，穂積重行編） みすず書房 1989.12
◇穂積歌子―伝記・穂積歌子 （蘆谷重常著） 大空社 1995.3 346,4,6p （伝記叢書）
◇近代と和歌―穂積歌子昭和三年『歌日記』 （岩佐美代子）『和歌を歴史から読む 和歌文学会編集』（兼築信行，田淵句美子責任編集） 笠間書院 2002.10 p275〜
【雑　誌】
◇穂積歌子の「伊豆の旅」について―五四年前の伊豆紀行 （鈴木保）「伊豆の郷土研究」7 1982.7
◇近接して生き，微妙な観察のズレ―穂積歌子日記，森鷗外母の日記，ベルギー公使夫人の明治日記(日本近代を読む〔日記大全〕)「月刊Asahi」5(1) 1993.1・2
◇銃後の日露戦争―『穂積歌子日記』を読む(研究プロジェクト 近代日本の戦争と軍隊) （塩崎文雄）「東西南北」和光大学総合文化研究所 2007 p134〜143

ボードイン，A. Bauduin, Anthonius Franciscus 1820〜1885
オランダの軍医。1862年長崎養生所教師として来日。
【図　書】
◇医学史話 杉田玄白から福沢諭吉 （藤野恒三郎著） 菜根出版 1984.1
◇幕末教育史の研究2―諸術伝習政策 （倉沢剛著） 吉川弘文館 1984.2
◇ワーグマンとその周辺―横浜を愛したポンチ絵の元祖 （重富昭夫著） ほるぷ出版 1987.10 （ほるぷ現代ブックス）
◇江戸西洋事情―鎖国うちそと （金井円著） 新人物往来社 1988.2
◇江戸のオランダ医 （石田純郎著） 三省堂 1988.4 （三省堂選書）
◇開化異国(おつくに)助っ人奮戦記 （荒俣宏著，安井仁撮影） 小学館 1991.2
◇長崎のオランダ医たち 〔特装版〕 （中西啓著） 岩波書店 1993.7 （岩波新書の江戸時代）
【雑　誌】
◇A・F・ボードインの生年月日についての考察 （石田純郎）「日本医史学雑誌」28(3) 1982.7
◇お雇いオランダ人医師―総論―ボードイン人脈 （石田純郎）「日本医史学雑誌」28(3) 1982.7
◇ボードインと幕末維新のオランダ医たち （石田純郎）「日蘭学会会誌」9(2) 1985.3
◇医学近代化と外人たち(4)ボードインの数奇な運命 （石田純郎）「臨床科学」21(7) 1985.7
◇ボードインの来日とその意義(第89回日本医史学会総会抄録) （石田純郎）「日本医史学雑誌」34(1) 1988.1
◇「相良知安先生記念碑」と「ボードワン博士像」東京医学校と上野恩賜公園 （堀江幸司）「医学図書館」35(3) 1988.9
◇江戸のオランダ医学校構想―ボードインの去就をめぐって （森川潤）「広島修道大論集 人文編」34(1) 1993.9
◇Von Dem Grau Bis Zum Bunt(153)ベリベリ物語(2)惟準とボードウィンとハラタマ （上野賢一）「皮膚科の臨床」金原出版 48(9) 2006.9 p1151〜1153

堀貞一 ほりていいち 1863〜1943
明治〜昭和期の宗教家，教育者。
【図　書】
◇堀貞一先生―伝記・堀貞一 （管井吉郎著） 大空社 1996.10 272,6p （伝記叢書）

本多日生 ほんだにっしょう 1867〜1931
明治〜昭和期の法華宗僧侶。顕本法華宗管長。
【図　書】
◇近代日本の日蓮主義運動 （大谷栄一著） 法蔵館 2001.2 426p
◇日什と弟子達―什門殉教史 増補版 （窪田哲城著） 山喜房仏書林 2002.4 451p
【雑　誌】
◇近代日蓮教団の立教開宗記念活動―田中智学・本多日生・加藤文雅を中心に （安中尚史）「日蓮教学研究所紀要」20 1993.3
◇妹尾義郎に関する一考察―本多日生の影響 （木村憲明）「日蓮教学研究所紀要」立正大学日蓮教学研究所 27 2000.3 p67〜73

ポンペ，J. Pompe van Meerdervoort, Johannes Lydius Catherinus 1829〜1908
オランダの医師。1857年来日，西洋医学教育を創始。
【図　書】
◇幕末教育史の研究2―諸術伝習政策 （倉沢剛著） 吉川弘文館 1984.2
◇ポンペ―日本近代医学の父 （宮永孝著） 筑摩書房 1985.4

◇ポンペ/顕彰記念会記念誌　ポンペ顕彰記念会（順天堂大学医学部医史学研究室内）　1991.11
◇長崎のオランダ医たち　〔特装版〕　（中西啓著）　岩波書店　1993.7（岩波新書の江戸時代）
◇日本の『創造力』―近代・現代を開花させた470人〈15〉貢献した外国人たち　（富田仁編）　日本放送出版協会　1994.2
◇日本の西洋医学の生い立ち―南蛮人渡来から明治維新まで　（吉良枝郎著）　築地書館　2000.3　221p
◇外国人が残した日本への功績　（プランニングコーツ編）　世界経済情報サービス　2000.3　206p
◇日本を助けた外国人クイズ113　（石田泰照著）　黎明書房　2002.8　125p
【雑　誌】
◇蘭医ポンペの罪囚解剖　（宮永孝）　「歴史と人物」　14(11)　1984.10
◇オランダ医官・ポンペが我が国にもたらした頭蓋骨の由来に関する調査　（神谷敏郎, 金沢英作）「日本医史学雑誌」　30(4)　1984.10
◇ポンペが日本で採集した動物標本について　（金沢英作, 神谷敏郎）「日本医史学雑誌」　30(4)　1984.10
◇ポンペの動物標本に関する書簡について　（石田純郎, Harm Beukers）「日本医史学雑誌」　30(4)　1984.10
◇外人の書いた日本(2)蘭医ポンペの『日本における五年間』　（宮永孝）「日本古書通信」　50(2)　1985.2
◇さまよえるオランダ人　（宮永孝）「ちくま」　170　1985.5
◇外国人の書いた日本(6)『出島の医師』ポンペ著『日本における五年間』英訳本　（宮永孝）「日本古書通信」　50(6)　1985.6
◇医学近代化と外人たち(3)ポンペと近代医学教育のあけぼの　（ハルム・ボイケルス著, 石田純郎訳）「臨床科学」　21(6)　1985.6
◇帰国後のポンペ　（宮永孝）「長崎談叢」　75　1989.6
◇ポンペ・ファン・メールデルフォールト(1)　（大滝紀雄）「科学医学資料研究」　199　1990.12
◇ポンペ・ファン・メールデルフォールト(2)　（大滝紀雄）「科学医学資料研究」　200　1991.1
◇ポンペのキニーネ療法にかんする世界史的考察　（見市雅俊）「中央大学文学部紀要」　中央大学文学部　163　1996.3　p1～20
◇投稿・正近代医学史を振り返る（下）ポンペの来日から"英雄"野口英世の事績まで　（泉義雄）「望星」　東海教育研究所　30(11)　1999.11　p79～84
◇会長講演　江戸時代、鉱物に関する諸問題―田村藍水、平賀源内、シーボルト、ビューガー、関連書物を中心に（代109回　日本医史学会総会および学術大会）　（大沢眞澄）「日本医史学雑誌」　日本医史学会　54(2)　2008.6　p97～101

本間棗軒　ほんまそうけん　1804～1872
幕末, 明治期の医師。弘道館医学教授。
【図　書】
◇近世漢方医学書集成　114　本間棗軒 4　（大塚敬節, 矢数道明責任編集）　名著出版　1983.12
◇近世漢方医学書集成　115　本間棗軒 5　（大塚敬節, 矢数道明責任編集）　名著出版　1983.12
◇医学史話　杉田玄白から福沢諭吉　（藤野恒三郎著）　菜根出版　1984.1
◇近世漢方医学書集成　116　本間棗軒 6　（大塚敬節, 矢数道明責任編集）　名著出版　1984.2
【雑　誌】
◇"野兎病前史"と棗軒・本間玄調　（津野亮資）「福島史学研究」　44　1984.8
◇水戸藩医―本間玄調　（薄井己亥）「水戸史学」　29　1988.10
◇本間棗軒原著木村長久校註『内科秘録』について　（山ノ内愼一）「漢方療法」　たにぐち書店　12(7)　2008.10　p612～616

前田杏斎　まえだあんさい　1821～1901
幕末, 明治期の医師。警視病院院長。
【雑　誌】
◇前田杏斎と都城種痘（嘉永三年）　（佐々木綱洋）「季刊南九州文化」　57　1993.10

マクネア, T.　MacNair, Theodore Monroe　1858～1915
アメリカの宣教師。1884年来日, 明治学院他で教授。
【図　書】
◇明治人物拾遺物語―キリスト教の一系譜　（森井真）　新教出版社

増田平四郎　ますだへいしろう　1807～1892
幕末, 明治期の農民運動家。
【雑　誌】
◇農業土木を支えてきた人々―浮島沼開発に挑んだ増田平四郎たちの偉業　（渡辺豊博）「農業土木学会誌」　56(11)　1988.11

増山守正　ますやまもりまさ　1827～1901
幕末, 明治期の医師。著書に『東京名勝詩集』などがある。
【雑　誌】
◇特集・増山守正　「季刊郷土と美術」　90　1987.9

松岡小鶴　まつおかこつる　1806～1873
幕末, 明治期の医師。
【図　書】
◇文化史論叢　下　（横田健一先生古稀記念会編）　創元社　1987.3
【雑　誌】
◇江戸時代の女性医師―稲井静庵・松岡小鶴・高場乱（おさむ）　（太田妙子）「医譚」　日本医史学会関西支部　87　2008.3　p5388～5395

松下元芳　まつしたげんぽう　1831～1870
幕末, 明治期の医師。久留米藩医。
【雑　誌】
◇適塾の塾長松下元芳の系況について―福沢諭吉の一代前の塾頭で親友の久留米藩医　（中山茂春）「日本医史学雑誌」　日本医史学会　53(2)　2007.6　p317～321

松下千代　まつしたちよ　1799～1872
幕末, 明治期の不二道指導者。
【雑　誌】
◇松下千代vsいさ桜子（俳壇好敵手）「俳句」　36(2)　1987.2

松本英子　まつもとえいこ　1866～1928
明治～昭和期のジャーナリスト。
【図　書】
◇松本英子の生涯　（府馬清）　昭和図書出版　1981.3
◇言挙げする女たち―近代女性の思想と文学　（円谷真護著）　社会評論社　1989.3
◇女のくせに―草分けの女性新聞記者たち　（江刺昭子著）　インパクト出版会　1997.1　327p
◇足尾万華鏡―銅山町を彩った暮らしと文化　（三浦佐久子著）　随想舎　2004.9　279p
【雑　誌】
◇英子の反鉱毒の詩　（府馬清）「さざなみ」　19　1980.1
◇松本英子年譜, 関連資料　（竹見, 志村）「田中正造の世界（谷中村出版社）」　19　1986.5
◇明治の賛美歌翻訳事情―松本あい子と『基督教聖歌集』　（杉野徹）「総合文化研究所紀要」　同志社女子大学総合文化研究所　24　2007　p20～35

松本良順　まつもとりょうじゅん　1832～1907
幕末, 明治期の医師。初代陸軍軍医総監。
【図　書】
◇松本順自伝・長与専斎自伝　（小川鼎三, 酒井シヅ校注）　平凡社　1980.9　（東洋文庫386）
◇日本書誌学大系　28　林若樹集　青裳堂書店　1983.4
◇日本の『創造力』―近代・現代を開花させた470人〈2〉殖産興業への挑戦　（富田仁編）　日本放送出版協会　1993.1
◇江戸の未来人列伝―47都道府県　郷土の偉人たち　（泉秀樹著）　祥伝社　2008.9　452p　（祥伝社黄金文庫）
【雑　誌】
◇新選組大特集・新選組隊士異聞―松本良順と新選組　（永岡慶之助）「歴史と旅」　7(2)　1980.1
◇弾左衛門の身分引き上げと松本良順―司馬遼太郎『胡蝶の夢』　（牧英正）「部落解放」　150　1980.5
◇「学びの場と人」風土記(10)佐倉順天堂の群像（上）　（高瀬善夫）「月刊教育の森」　6(7)　1981.7
◇板橋駅前「近藤勇の墓碑」建立者　（細田隆善）「江東史談」　226　1988.6
◇松本良順と会津藩医南部精一郎について　（松枝和夫）「歴史春秋」　29　1989.5
◇林研海のオランダ留学生活―元治元年の林洞海・松本順宛書簡から　（高橋慎司）「早稲田大学大学院教育学研究科紀要　別冊」　早稲田大学大学院教育学研究科　9-1　2001　p21～28
◇松本順二題　（林榮太郎）「幕末史研究」　小島資料館（発売）　No.39　2003.9　p133～145
◇フォーラム　新選組の医学顧問, 松本良順　（三浦義彰）「医学のあゆみ」　医歯薬出版　210(11)　2004.9.11　p914～916
◇『暁の旅人(松本良順伝)』と創作ノート（順天堂学祖　佐藤泰然生誕200周年記念―泰然の現代性と先進性―医, そして「仁」）　（吉村昭）「順天堂医学」　順天堂医学会　51(2)　2005　p276～282
◇幕末のブラック・ジャック―松本良順（賢者は歴史から学ぶ―古代～明治篇―私が学んだ日本史上の人物）　（篠田達明）「文藝春秋special」　文藝春秋　3(4)　2009.秋　p48～50

松山高吉　まつやまたかよし　1847～1935
明治～昭和期の牧師、聖書翻訳家。
【図　書】
◇松山高吉―伝記・松山高吉　（溝口靖夫著）　大空社　1996.10　340,5p（伝記叢書）
【雑　誌】
◇特別招待席　同志社建学の師父新島襄と松山高吉の理念と友情　（前田季男）　「歴史研究」　歴研　46(3)　2004.3　p48～50

マンスフェルト，C.　Mansvelt, Constant George van　1832～1912
オランダの軍医。1866年来日，長崎精得館教師。
【図　書】
◇医学史話　杉田玄白から福沢諭吉　（藤野恒三郎著）　菜根出版　1984.1
◇幕末教育史の研究2―諸藩伝習政策　（倉沢剛著）　吉川弘文館　1984.2
【雑　誌】
◇医学近代化と外人たち(6)横浜オランダ海軍病院医師（メーエル，ヨング）とボードインの後任医師（マンスフェルト，エルメレンス）　（石田純郎）「臨床科学」　21(10)　1985.10

マンロー，N.　Munroe, Neil Gordon　1863～1942
イギリスの医師。1892年来日,1905年日本に帰化。
【図　書】
◇ニール・ゴードン・マンロー博士書誌―帰化英国人医師・人類学研究者　（出村文理編）　出村文理　2006.6　303p
【雑　誌】
◇医学近代化と外人たち(25)ニール・ゴードン・マンロー（Niel Gordon Munro）　桑原千代子）「臨床科学」　23(6)　1987.6
◇ニール・ゴードン・マンロー博士書誌（抄）　（出村文理）「文献探索」　金沢文圃閣，文献探索研究会　2005　p206～214
◇N. G. Munro and "Prehistoric Japan"(1908) : the prehistoric cultures of the Japanese archipelago from the point of view of a Scottish physician　（Rafael Abad）「北大史学」　北大史学会　46　2006.11.30　p22～24

美泉定山　みいずみじょうざん　1815～1877
江戸後期～明治期の修験者。
【図　書】
◇ほっかいどう百年物語―北海道の歴史を刻んだ人々　（STVラジオ編）　中西出版　2002.2　343p
◇人間登場―北の歴史を彩る　第3巻　（合田一道，番組取材班著）　北海道出版企画センター　2004.6　253p（NHKほっかられんど212）

御巫清直　みかなぎきよなお　1812～1894
幕末，明治期の神官，国学者。
【図　書】
◇維新前後に於ける国学の諸問題―創立百周年記念論文集　（国学院大学日本文化研究所創立百周年記念論文集編集委員会編）　国学院大学日本文化研究所　1983.3
【雑　誌】
◇資料　御巫清直考証　中村左洲画『斎内親王参宮図』について（〔皇学館大学神道研究所〕創設25周年記念号）　吉川竜実）「皇学館大学神道研究所紀要」　皇学館大学神道研究所　15　1998.3　p343～380

美幾　みき　1836～1869
幕末，明治期の女性。日本初の検体者。
【雑　誌】
◇解剖申し出た美幾―特集・大江戸の女性秘話50選　（島津隆子）「歴史と旅」　10(10)　1983.8

三島通良　みしまみちよし　1866～1925
明治，大正期の医師。学校保健制度の創設者。
【雑　誌】
◇季節展示室―郷土人物展第28回展示　「埼玉県立博物館だより」　34　1981.2
◇学校の運動施設に及ぼした学校衛生論の影響―三島通良の小学校屋外運動場に関する提言とその法令基準への影響の可能性　（谷釜了正）「日本体育大学紀要」　10　1981.3
◇三島通良(1865―1925年)（人と業績(21)）　（西川滇八）「公衆衛生」　46(3)　1982.3
◇三島通良『ははのつとめ』(明治22年)に関する一考察―家庭育児観の検討　（近藤幹生）「白梅学園大学・短期大学紀要」　白梅学園大学　44　2008　p1～14

水越兵助　みずこしひょうすけ　1797～1867
幕末の甲州の郡内騒動の指導者の一人。
【図　書】
◇真説　甲州一揆―犬目の兵助逃亡記　（佐藤健一著）　時事通信社　1993.4

宮川経輝　みやがわつねてる　1857～1936
明治～昭和期の牧師。花岡山の奉教結盟の中心人物。
【図　書】
◇日本人の終末観―日本キリスト教人物史研究　（野村耕三）　新教出版社　1981.5
◇宮川経輝―伝記・宮川経輝　（高橋慶著）　大空社　1996.7　1冊（伝記叢書）
【雑　誌】
◇宮川経輝日記の「原形」　（杉井六郎）「キリスト教社会問題研究」　同志社大学人文科学研究所　45　1996.12　p176～191

宮崎車之助　みやざきくるまのすけ　1839～1876
明治期の反乱指導者。
【雑　誌】
◇叛乱―その主役たち　宮崎車之助―秋月の乱　（岩井護）「歴史と旅」　7(4)　1980.3

宮崎民蔵　みやざきたみぞう　1865～1928
明治，大正期の社会運動家。
【図　書】
◇宮崎兄弟伝　日本篇　上　（上村希美雄著）　葦書房　1984.2
◇宮崎兄弟伝　日本篇(下)　（上村希美雄）　葦書房　1984.6
◇大逆事件と『熊本評論』　（上田穣一，岡本宏編著）　三一書房　1986.10
◇宮崎兄弟伝〈アジア篇　上〉　（上村希美雄著）　葦書房　1987.6
◇保田与重郎全集〈第25巻〉絶対平和論,明治維新とアジアの革命　（保田与重郎著）　講談社　1987.11
◇夢翔ける―宮崎兄弟の世界へ　荒尾市宮崎兄弟資料館　1995.3　99p
◇宮崎兄弟伝　アジア篇　中　（上村希美雄著）　葦書房　1996.3　545p　図版11枚
◇宮崎兄弟伝　アジア篇　下　（上村希美雄著）　葦書房　1999.3　599p
◇宮崎兄弟伝　完結篇　（上村希美雄著）『宮崎兄弟伝完結篇』刊行会　2004.12　447,48p
【雑　誌】
◇宮崎民蔵らの土地復権運動遊説―三多摩・甲信地方　（上村希美雄）「熊本近代史研究会会報」　171　1984.3
◇日中両国におけるヘンリー・ジョージの思想の受容―主として孫文・宮崎民蔵・安部磯雄らの土地論をめぐって　（伊原沢周）「史　林」　67(5)　1984.9
◇今,次代を担う　野村耕介　「淡交」　39(9)　1985.9
◇宮崎民蔵らの土地復権運動遊説―その2・北陸地方　（上村希美雄）「熊本近代史研究会会報」　199　1986.10
◇宮崎民蔵と二人の在米社会主義者―野上啓之助と金子喜一について　（上村希美雄）「熊本近代史研究会会報」　200　1986.11
◇宮崎民蔵の土地復権運動遊説―三多摩・甲信地方(上)　（上村希美雄）「熊本短大論集」　39(3)　1989.3
◇宮崎民蔵の土地復権運動遊説―三多摩・甲信地方(中)　（上村希美雄）「熊本短大論集」　39(3)　1989.3
◇宮崎民蔵の土地復権運動遊説―三多摩・甲信地方(下ノ1)　（上村希美雄）「熊本短大論集」　40(2)　1989.11
◇宮崎民蔵の土地復権運動遊説―三多摩・甲信地方(下ノ2)　（上村希美雄）「熊本短大論集」　41(1)　1990.7

宮下太吉　みやしたたきち　1875～1911
明治期の無政府主義者,機械工。
【図　書】
◇松本平からみた大逆事件　（小松芳郎著）　信毎書籍出版センター　2001.11　169p
【雑　誌】
◇日本近代スパイ史・幸徳事件に躍ったスパイ　（しまねきよし）「歴史読本」　27(2)　1982.2
◇日本近代スパイ史・幸徳事件に躍ったスパイ　（しまねきよし）「歴史読本」　27(3)　1982.3
◇宮下太吉と関甲太郎―亀崎鉄工場と明科製材所と　（伊藤英一）「初期社会主義研究」　弘documents社　13　2000　p165～183

宮原良碩　みやはらりょうせき　1806～1886
幕末，明治期の医師。蘭学、西洋医学を学ぶ。
【雑　誌】
◇シーボルト治療方と蘭医宮原良碩―史料紹介と北信地方医界覚書

（青木歳幸）「信濃」37(11) 1985.11

三輪田米山　みわだべいざん　1821～1908
幕末, 明治期の神官, 書家。
【図　書】
◇三輪田米山游遊―いしぶみガイド　（横田無縫, 棚田看山, 入山忍共著）　木耳社　1994.7
◇三輪田米山の書―近代という憂いのかたち　（成田山書道美術館監修）　里文出版　2004.9　150p
◇三輪田米山の人と芸術　（源川彦峰）『二松学舎創立百三十周年記念論文集』（今西幹一編集委員代表）　二松学舎　2008.3　p247
◇文人逸脱の書―池大雅・江馬細香・三輪田米山　（鄭麗芸著）　あるむ　2008.5　304p
◇三輪田米山の芸術―鳥舞魚躍　（三輪田米山作, 小池邦夫監修）　清流出版　2008.11　111p
◇米山の魅惑　（米山顕彰会監修）　清流出版　2008.12　119p
【雑　誌】
◇三輪田米山日記にみる地震記録―「総合的な学習」教材の開発をめざして　（髙橋治郎, 菊川国夫）「愛媛大学教育実践総合センター紀要」愛媛大学教育学部附属教育実践総合センター　18　2000　p9～16
◇三輪田米山日記にみる地震記録―「総合的な学習」教材の開発をめざして　（髙橋治郎, 菊川国夫）「愛媛大学教育実践総合センター紀要」愛媛大学教育学部附属教育実践総合センター　第18号　2000.7　p9～16
◇米山の書風　（鄭麗芸）「椙山女学園大学研究論集　人文科学篇」椙山女学園大学　37　2006　p89～99
◇江戸時代における中国書道の受容―「逸脱派」大雅・細香・米山をめぐって　（鄭麗芸）「椙山女学園大学研究論集　人文科学篇」椙山女学園大学　38　2007　p1～11
◇世はこともなし？（第37回）三輪田米山の書（石井英夫）「正論」産経新聞社, 扶桑社　436　2008.7　p154～156
◇故郷・松山に, 書の巨人, 三輪田米山を訪ねて（特集　心を歌え, 手紙に歌え―"絵手紙"を作った男, 小池邦夫と百人の交情）「季刊銀花」文化出版局　157　2009.春　p40～51
◇米山の書/振り返れば, 私は牛（特集　心を歌え, 手紙に歌え―"絵手紙"を作った男, 小池邦夫と百人の交情―故郷・松山に, 書の巨人, 三輪田米山を訪ねて）（小池邦夫）「季刊銀花」文化出版局　157　2009.春　p42～51

村井知至　むらいともよし　1861～1944
明治期の社会主義者, 英語教育者。
【図　書】
◇社会主義事始―「明治」における直訳と自生　（山泉進著）　社会評論社　1990.5　（思想の海へ「解放と変革」）
【雑　誌】
◇「六合雑誌」における村井知至　（辻野均）「同志社法学」33(1)　1981.5
◇村井知至におけるモリス受容　（山田真実）「初期社会主義研究」2　1988.4
◇村井知至―『社会主義』以後　（田中真人）「キリスト教社会問題研究」同志社大学人文科学研究所　45　1996.12　p166～175

村雲日栄　むらくもにちえい　1855～1920
明治, 大正期の尼僧。
【図　書】
◇近代皇室と仏教―国家と宗教と歴史　（石川泰志著）　原書房　2008.11　507p　（明治百年史叢書）

物外不遷　もつがいふせん　1794～1867
幕末の曹洞宗の僧, 武術家。
【図　書】
◇こころの解放　（田中忠雄）　日本教文社　1981.5
◇考証武芸者列伝　（綿谷雪）　三樹書房　1982.7
【雑　誌】
◇日本武芸者列伝(38～41)拳骨和尚武田物外（綿谷雪）「歴史と旅」7(1,3～5)　1980.1～4
◇武田物外―拳骨和尚の異名を轟かせた怪力僧(日本剣豪総覧)　（加来耕三）「歴史と旅」13(2)　1986.1

元田作之進　もとださくのしん　1862～1928
明治～昭和期の牧師, 教育者。
【雑　誌】
◇自歴二種―戸田乾吉と元田作之進　（吉村駿夫）「久留米郷土研究会誌」15　1986.5

森お常　もりおつね　1855～1900
明治期の女性。森有礼前夫人。
【図　書】
◇鹿鳴館貴婦人考　（近藤富枝）　講談社　1980.10
◇鹿鳴館貴婦人考　（近藤富枝）　講談社　1983.11　（講談社文庫）

森田悟由　もりたごゆう　1834～1915
明治期の禅僧。曹洞宗。
【図　書】
◇増谷文雄著作集12　近代の宗教的生活者　角川書店　1982.8
◇大休悟由禅師広録―永平重興　（大休悟由禅師広録刊行会編）　永平寺　1985.10

森近運平　もりちかうんぺい　1880～1911
明治期の社会主義者。
【図　書】
◇幸徳秋水全集　別巻1　（幸徳秋水全集編集委員会編）　明治文献資料刊行会　1982.4
◇森近運平研究基本文献　（森近運平, 木村寿ほか編）　同朋舎出版　1983.2
◇無実は無罪に―再審事件のすべて　（朝日新聞社編）　すずさわ書店　1984.7
◇岡山県の百年（県民百年史〈33〉）　（柴田一, 太田健一著）　山川出版社　1986.6
◇大逆事件と『熊本評論』　（上田穣一, 岡本宏編著）　三一書房　1986.10
◇柳田国男と古代史　（佐伯有清著）　吉川弘文館　1988.8
◇社会主義事始―「明治」における直訳と自生　（山泉進著）　社会評論社　1990.5　（思想の海へ「解放と変革」）
◇孤高の叫び―柳田国男・南方熊楠・前田正名　（松本三喜夫著）　近代文芸社　1991.10
【雑　誌】
◇森近運平と雑誌「活殺」―生誕一〇〇年および「大逆事件」七〇周年によせて（資料）　（森山誠一）「金沢経済大学論集」13(3)　1980.3
◇森近運平の産業組合論　（森山誠一）「金沢経済大学論集」14(2)　1980.12
◇森近運平の自伝（未完遺稿）―「大逆事件」刑死七〇周年によせて　（森山誠一）「金沢経済大学論集」14(3)　1981.3
◇初期社会主義運動の中の森近運平(1)第1次大阪時代と第1次東京時代（森山誠一）「金沢経済大学論集」15(1)　1981.7
◇森近運平が関わった高知県人―田岡嶺雲　（別役加代）「史談いばら」13　1984.12
◇「土佐中村訪問」後の幸徳秋水と森近運平　（別役佳代）「史談いばら」15　1986.12
◇森近運平伝に就いて　（岸加四郎）「井原史談会会報」30　1987.3
◇森近運平墓前祭について　（大塚宰平）「井原史談会会報」53　1993.3
◇森近運平のいた時代―明治の暗い影　（久保武）「井原史談会会報」58　1994.6
◇史料　岩崎革也宛書簡(1)　幸徳秋水（その1）北一輝・大石誠之助・森近運平・石川三四郎・西川光次郎・西川文子・赤羽一・座間止水・一木幸之助・前田英吉・丹後平民倶楽部　（田中真人, 山泉進, 志村正昭）「キリスト教社会問題研究」同志社大学人文科学研究所　54　2005.12　p123～156

森の石松　もりのいしまつ　？～1860
幕末の侠客。
【図　書】
◇人物探訪　日本の歴史10　仁侠の群像　暁教育図書　1983.12
◇清水次郎長―物語と史蹟をたずねて　（竹内勇太郎著）　成美堂出版　1988.1
◇「森の石松」の世界　（橋本勝三郎）　新潮社　1989.9
◇時代劇博物館(2)　（島野功緒著）　社会思想社　1994.7　（現代教養文庫）
◇森の石松に会う　（矢野誠一著）　青蛙房　2007.6　236p
【雑　誌】
◇森の石松, 隻眼小状況主義のづくし(特集　尽くし)　（平岡正明）「日本の美学」ぺりかん社　32　2001　p94～110

森松次郎　もりまつじろう　1835～1902
幕末, 明治期の伝道師。五島キリシタンの復活を主導。
【図　書】
◇小さな島の明治維新　（若城希伊子）　新潮社　1983.9

森立之　もりりっし　1807〜1885
幕末, 明治期の医師。「医心方」を校正。
【図　書】
◇近世漢方医学書集成53 森立之　（大塚敬節, 矢数道明責任編集）　名著出版　1981.4
【雑　誌】
◇漢方百話―奇行の粋人森立之　（石原明）「歴史と人物」 10(9) 1980.9
◇森立之「八素説」をめぐって―「素問」の巻数についての疑問　（丸山敏秋）「日本医史学雑誌」 28(1) 1982.1
◇国立国会図書館所蔵本 蔵書印(102)森枳園　「国立国会図書館月報」 268 1983.7
◇森枳園の伝記的研究(上)　（小川康子）「湘南文学(東海大学)」 20 1986.3
◇『渋江抽斎』の副主人公・森枳園の実像をめぐり　（小川康子）「国文学 言語と文芸」 100 1986.12
◇森枳園の伝記的研究(中)　（小川康子）「湘南文学(東海大学)」 21 1987.3
◇《新資料》栗本鋤雲の森枳園宛書簡をめぐって　（小川康子）「国文学 言語と文芸」 101 1987.6
◇森枳園の伝記的研究(下)　（小川康子）「湘南文学(東海大学)」 22 （此島正年先生退職記念号） 1988.3
◇楊守敬と森立之(楊守敬〈特集〉)　（石田肇）「書論」 26 1990.9
◇フランク・ホーレーの古辞書研究―森立之編著「夜合不開録」に見る『箋注倭名類聚抄』の刊行　（横山學）「生活文化研究所年報」 ノートルダム清心女子大学生活文化研究所 18 2005.3 p71〜113

柳原初子　やなぎはらはつこ　1854〜？
明治期の女性。柳原前光の妻。
【図　書】
◇鹿鳴館貴婦人考　（近藤富枝）　講談社　1983.11　（講談社文庫）

山崎弁栄　やまざきべんねい　1859〜1920
明治, 大正期の僧。光明主義運動の提唱者。
【図　書】
◇弁栄上人と弁誡師　（山崎弁栄, 山崎弁誡著, 山崎弁戒編）　善光寺　1982.3
◇近代日本の思想と仏教　（峰島旭雄著）　東京書籍　1982.6
◇石田充之博士古稀記念論集　（石田充之博士古稀記念論集刊行会）　永田文昌堂　1982.9
◇近代の法然論　（峰島旭雄編著, 芹川博通編著）　みくに書房　1982.12
◇弁栄上人の思い出　（善光寺編）　善光寺　1983.6
◇念波　（関泉男著）　加速学園出版部　1990.9
◇清沢満之・山崎弁栄　講談社　1992.11
◇浄土仏教の思想〈第14巻〉清沢満之・山崎弁栄　（脇本平也, 河波昌著）　講談社　1992.11
◇日本の光―弁栄上人伝　第5版改訂　（田中木叉著）　光明修養会　1997.2　553p
◇法然浄土教の思想と伝歴―阿川文正教授古稀記念論集　（大正大学浄土学研究会編）　山喜房仏書林　2001.2　1冊
◇山崎弁栄の仏身観　（八木季生）『浄土学仏教学論叢―高橋弘次先生古稀記念論集』（高橋弘次先生古稀記念会事務局編）　山喜房仏書林　2004.11 p651
◇山崎弁栄の十二光仏　（八木季生）『浄土教の思想と歴史―丸山博正教授古稀記念論集』（大正大学浄土学研究会編）　山喜房仏書林　2005.6　p293
【雑　誌】
◇浄土門における智慧論の展開(1)山崎弁栄教学における―考察　（河波昌）「浄土宗学研究」 14 1981
◇山崎弁栄の思想　（藤吉慈海）「印度学仏教学研究」 30(2) 1982.3
◇近代高僧素描―山崎弁栄　（長島尚道）「日本仏教史学」 21 1986.12
◇山崎弁栄と「光明主義」運動―その生涯史と先行研究の検討　（鵜沢潔）「倫理学」 筑波大学倫理学原論研究会 第14号 1997.12 p107〜118

山本玄峰　やまもとげんぽう　1865〜1961
明治〜昭和期の臨済宗僧侶。妙心寺派管長。
【図　書】
◇回想―山本玄峰　（玉置弁吉）　増補版　春秋社　1980.10
◇回想 山本玄峰〔新装版〕　（玉置弁吉編著）　春秋社　1986.10
◇自己をならう旅(かわかない心〈3〉)　（松原哲明著）　佼成出版社　1988.2
◇美は一度限り―落日の美学 闘いの美学　（野村秋介著）　二十一世紀書院　1989.11
◇禅の名僧列伝　（藤原東演著）　佼成出版社　1990.1　（仏教文化選書）
◇名僧臨終の言葉　（松原哲明著）　鈴木出版　1990.11
◇田中清玄自伝　（田中清玄著）　文芸春秋　1993.9

◇再来―山本玄峰伝　（帯金充利著）　大法輪閣　2002.7　356p
◇仏音と日本人―名僧・求道者が遺した名言・法句　（高瀬広居著）　PHP研究所　2003.9　270p
◇玄峰老師　（高木蒼梧編著）　大法輪閣　2009.7　297p
【雑　誌】
◇柳原白蓮の人と歌(12)―山本玄峰老師と―　（池田幸枝）「あるご」 5(3) 1987.3
◇我が「転向」の深層―「共産主義」から「天皇」へ(インタビュー)　（田中清玄, 大須賀瑞夫）「諸君！」 25(3) 1993.3

湯浅治郎　ゆあさじろう　1850〜1932
明治, 大正期のキリスト教社会事業家。衆議院議員。
【図　書】
◇近代群馬の思想群像〈2〉　（高崎経済大学附属産業研究所編）　日本経済評論社　1989.3
◇上州安中有田屋―湯浅治郎とその時代　（太田愛人著）　小沢書店　1998.11　265p
◇新島襄とその高弟たち―時代に挑んだ六人の実像　（志村和次郎著）　上毛新聞社　2004.1　175p
【雑　誌】
◇民権家列伝―新井毫・宮口二郎・野村藤太・湯浅治郎（特集・自由民権百年）「上毛民衆史」 創刊号 1981.10
◇湯浅治郎の思想　（半田喜作）「群馬風土記」 3(3) 1989.6
◇湯浅治郎の偉大な業績　（丸山知良）「群馬風土記」 3(5) 1989.10

湯地津尾子　ゆじつおこ　1796〜1877
幕末, 明治期の女性。賢婦貞女として敬慕された。
【雑　誌】
◇湯地津尾子のこと　（山田信子）「石人」 251 1980.8

由利適水　ゆりてきすい　1822〜1899
幕末, 明治期の臨済宗の僧。天竜寺派管長。
【図　書】
◇新版 明治の禅匠　（禅文化研究所編集部編）　禅文化研究所　2009.7　359p

横井時雄　よこいときお　1857〜1927
明治, 大正期の牧師, 政治家, 教育家。
【図　書】
◇蘆花の青春―その京都時代　（河野仁昭著）　恒文社　1989.5
【雑　誌】
◇横井時雄の立憲政治論―Contemporary Review(1898)掲載論文を中心に（藤馬竜太郎名誉教授古稀記念論集）　（西田毅）「同志社法学」　同志社法学会 52(2) 2000.7 p368〜415

横山源之助　よこやまげんのすけ　1871〜1915
明治期の新聞記者。都市の下層社会を調査。
【図　書】
◇明治下層記録文学　（立花雄一）　創樹社　1981.4
◇歴史科学大系25 労働運動史　校倉書房　1981.11
◇日本労働運動の先駆者たち　（労働史研究同人会編）　慶応通信　1985.3
◇郷土雑纂 第2集　（太田久夫）〔太田/久夫〕 1986.12
◇近代日本社会調査史〈1〉　（川合隆男編）　慶応通信　1989.11
◇日本ジャーナリズム史研究　（西田長寿著）　みすず書房　1989.11
◇日本社会調査の水脈―そのパイオニアたちを求めて　（江口英一編）（京都）法律文化社　1990.4
◇平野義太郎選集〈第5巻〉社会主義・民主主義　（平野義太郎著, 守屋典郎編）　白石書店　1991.3
◇社会調査―歴史と視点　（石川淳志, 橋本和孝, 浜谷正晴編著）　（京都）ミネルヴァ書房　1994.4
◇樋口一葉来簡集　（野口碩編）　筑摩書房　1998.10　581p
◇明治下層記録文学 増補改訂版　（立花雄一著）　筑摩書房　2002.5　330p　（ちくま学芸文庫）
◇反骨のジャーナリスト　（鎌田慧著）　岩波書店　2002.10　227p　（岩波新書）
◇近代日本における社会調査の軌跡　（川合隆男著）　恒星社厚生閣　2004.3　451,10p
◇近代社会と格闘した思想家たち　（鹿野政直著）　岩波書店　2005.9　192p　（岩波ジュニア新書）
◇人物でよむ近代日本社会福祉のあゆみ　（室田保夫編著）　ミネルヴァ書房　2006.5　260p
【雑　誌】
◇立花雄一著「評伝横山源之助―底辺社会・文学・労働運動」　（大原慧）「社会政策学会年報」 24 1980.
◇横山源之助とその時代(1,2)　（遠藤興一）「明治学院大学社会学・社

会福祉学研究（明治学院論叢）」 51,54 1980.1,3
◇操觚者と社会改良―横山源之助論序説 （遠藤興一）「明治学院論叢」 285・286 1980.2
◇横山源之助とその時代(3) （遠藤興一）「明治学院論叢」 307 1980.10
◇経済学者の追悼文集について(4) （杉原四郎）「甲南経済学論集」 22(1) 1981.7
◇横山源之助考 （神崎和雄）「関東学園大学紀要（経済学部編）」 8 1982.6
◇社会的文学から社会政策へ―横山源之助の回転― （本間道雄）「千葉敬愛短期大学紀要」 9 1987.3
◇小野太三郎と横山源之助（上）明治中期における慈善事業近代化への相克 （山田明）「共栄学園短期大学研究紀要」 10 1994.3
◇横山源之助「日本の下層社会」（いまルポ・ドキュメント・ノンフィクションは…〈特集〉―ルポ・記録の名作を読む） （西正和）「民主文学」 344 1994.7
◇ルポ・記録の名作を読む―横山源之助「日本の下層社会」（いまルポ・ドキュメント・ノンフィクションは…〈特集〉） （西正和）「民主文学」 344 1994.7
◇内田魯庵の不思議―〈失われた日本〉発掘―12― （山口昌男）「群像」 講談社 50(12) 1995.12 p304～314
◇内田魯庵の不思議―〈失われた日本〉発掘―13― （山口昌男）「群像」 講談社 51(1) 1996.1 p398～411
◇横山源之助と米騒動 （立花雄一）「大原社会問題研究所雑誌」 法政大学大原社会問題研究所 487 1999.6 p41～49
◇再考横山源之助と米騒動 （立花雄一）「大原社会問題研究所雑誌」 法政大学大原社会問題研究所 499 2000.6 p37～47
◇特別寄稿 中央大学と横山源之助（上） （立花雄一）「大原社会問題研究所雑誌」 法政大学大原社会問題研究所, 法政大学出版局 558 2005.5 p14～24
◇特別寄稿 中央大学と横山源之助（下） （立花雄一）「大原社会問題研究所雑誌」 法政大学大原社会問題研究所, 法政大学出版局 559 2005.6 p36～43
◇黎明期労働運動と近代文学―横山源之助と岸上克己 （立花雄一）「大原社会問題研究所雑誌」 法政大学出版局, 法政大学大原社会問題研究所 579 2007.2 p1～15
◇内田魯庵研究―横山源之助との関係を中心に （三浦大輔）「国文学踏査」 大正大学国文学会 19 2007.3 p119～131
◇労働運動の夜明に―労働者状態論争と横山源之助 （立花雄一）「大原社会問題研究所雑誌」 法政大学出版局, 法政大学大原社会問題研究所 596 2008.7 p1～14
◇社会文学者横山源之助と富山 （黒崎真美）「社会文学」 日本社会文学会, 不二出版 29 2009 p139～142

与謝野礼厳 よさのれいごん 1823～1898
幕末, 明治期の僧侶, 歌人。勤王僧として活躍。
【雑　誌】
◇与謝野礼厳伝記考 （中晧）「同志社女子大学学術研究年報」 34(3) 1983.12
◇与謝野礼厳伝記考―その社会公益事業をめぐって （中晧）「同志社女子大学学術研究年報」 35(3) 1984.11
◇「礼厳法師歌集」考 （中晧）「国語と国文学」 62(7) 1985.7
◇与謝野礼厳のうた （小柳陽太郎）「九州造形短期大学紀要」 12 1990.3
◇「礼厳法師追悼碑」建立前後 （杉本利一）「鉄幹と晶子」 和泉書院 第1号 1996.3 p107～112
◇補遺与謝野礼厳伝記考 （中晧）「同志社女子大学日本語日本文学」 同志社女子大学日本語日本文学会 13 2001.6 p30～48

芳村正秉 よしむらまさもち 1839～1915
明治, 大正期の宗教家。神習教教祖。
【図　書】
◇教派神道の形成 （井上順孝）弘文堂 1991.3
◇天皇の秘教 （藤巻一保著）学習研究社 2009.2 632,15p
【雑　誌】
◇芳村正秉と神習教の形成 （井上順孝）「国学院大学日本文化研究所紀要」 66 1990.9

ライト，W. Wright, William Ball 1843～1912
イギリスの宣教師。1873年来日, 東京, 神奈川で伝道。
【図　書】
◇イギリス・ルネサンスの諸相―演劇・文化・思想の展開 （中央大学人文科学研究所編）（八王子）中央大学出版部 1989.4 （研究叢書）
【雑　誌】
◇ウイリアム・ライトの相州伝道(2) （名取多嘉雄）「立教女学院短期大学紀要」 20 1989.2
◇ウイリアム・ライトの相州伝道(3) （名取多嘉雄）「立教女学院短期大学紀要」 22 1991.2
◇ウイリアム・ライトの相州伝道(4) （名取多嘉雄）「立教女学院短期大学紀要」 23 1991.12
◇ウイリアム・ライトの相州伝道（補遺） （名取多嘉雄）「立教女学院短期大学紀要」 25 1993.12

ラゲ，É. Raguet, Émile 1854～1929
フランスの宣教師。1879年来日, 仏和会話辞典編纂。
【図　書】
◇鹿児島における聖書翻訳―ラゲ神父と第七高等学校造士館教授たち （河野純徳）キリシタン文化研究会 1981.4 （キリシタン文化研究シリーズ21）
【雑　誌】
◇鹿児島における聖書翻訳(2)ラゲ神父とその協力者たち （河野純徳）「鹿児島純心女子短期大学研究紀要」 10 1980.1
◇鹿児島における聖書翻訳(3)ラゲ神父とその協力者たち （河野純徳）「鹿児島純心女子短期大学研究紀要」 11 1981.1

ランバス，W. Lambuth, Walter Russel 1854～1921
アメリカの医療宣教師。1886年来日, 関西で伝道。
◇ウォルター・ラッセル・ランバス資料 4 関西学院キリスト教主義教育研究室 1989.2 （関西学院キリスト教教育史資料 8）
◇ウォルター・ラッセル・ランバス資料 5 関西学院大学キリスト教主義教育研究室 1990.5 （関西学院キリスト教教育史資料 9）
◇ウォルター・ラッセル・ランバス―prophet and pioneer （ウィリアム・W.ピンソン著, 半田一吉訳）関西学院 2004.11 325p

リギンズ，J. Liggins, John 1829～1912
アメリカの宣教師。1859年禁教下の長崎に来日。
【図　書】
◇日本英学史資料 日本近世英学史 増補版 （重久篤太郎）名著普及会 1982.11
【雑　誌】
◇J・リギンズ『英和日用句集』の成立過程―『南山俗語考』との関連を中心に （常盤智子）「国語と国文学」 至文堂 81(10) 2004.10 p55～69

リデル，H. Riddell, Hannah 1855～1932
イギリスの女性宣教師。1890年来日, 回春病院を創立。
【図　書】
◇近代熊本の女たち 上 （家族史研究会編）熊本日日新聞社 1981.10
◇ミス ハンナリデル （飛松甚吾著）リデル・ライト両女史顕彰会 1993.4
◇愛と奉仕の日々―リデル・ライトの足跡 リデル・ライト両女史顕彰会 1995.1 69p
◇日本の土に―ハンセン病者のため日本に骨を埋めた リデル、ライト両女史の生涯 （沢正雄著）キリスト新聞社 1995.9 180p
◇ハンナ・リデル―ハンセン病救済に捧げた一生 （ジュリア・ボイド著, 吉川明希訳）日本経済新聞社 1995.11 231p
◇あらかわ川―ハンセン病百年のドラマ （三谷村とよじ著）北日本新聞開発センター 2002.12 356p
◇中学校編 とっておきの道徳授業―オリジナル実践35選 生き方・正義・行事・進路・社会に真っ向勝負 （桃崎剛寿編著）日本標準 2003.3 157p （21世紀の学校づくり）
◇「性の隔離」と隔離政策―ハンナ・リデルと日本の選択 （猪飼隆明著）熊本出版文化会館 2005.11 277p
◇ハンナ・リデルと回春病院 （猪飼隆明著）熊本出版文化会館 2005.11 269p
【雑　誌】
◇ハンナ・リデルと救癩政策 （杉山博昭）「宇部短期大学学術報告」 宇部短期大学 32 1995 p27～36

ルーミス，H. Loomis, Henry 1839～1920
アメリカの宣教師。ヘボンと横浜第一長老公会を設立。
【図　書】
◇宣教師ルーミスと明治日本―横浜からの手紙 （ルーミス著, 岡部一興編, 有地美子訳）有隣堂 2000.7 226p （有隣新書）

ワイコフ，M. Wyckoff, Martin Nevius 1850～1911
アメリカの宣教師, 教育家。1872年来日。
【図　書】
◇明治人物拾遺物語―キリスト教の一系譜 （森井真）新教出版社 1982.10

ワーグマン，C. Wirgman, Charles 1832～1891
イギリスの新聞記者。「ジャパン・パンチ」を創刊。

【図　書】
◇西洋人の歌舞伎発見　（中村哲郎）　劇書房　1982.4
◇清親・楽天と10人の諷刺画家展―近代漫画をつくりあげた　浮世絵太田記念美術館　1984
◇ワーグマンと横浜―風刺漫画のルーツ、英人ジャーナリスト　（重富昭夫著）　晩印書館　1985.6
◇ワーグマン日本素描集　（清水勲編）　岩波書店　1987.7　（岩波文庫）
◇ワーグマンとその周辺―横浜を愛したポンチ絵の元祖　（重富昭夫著）　ほるぷ出版　1987.10　（ほるぷ現代ブックス）
◇江戸西洋事情―鎖国うちそと　（金井円著）　新人物往来社　1988.2
◇漫画空間散策　（清水勲著）　教育社　1989.4　（B6シリーズ）
◇遠い太鼓―日本近代美術私考　（酒井忠康著）　小沢書店　1990.2
◇漫画の歴史　（清水勲著）　岩波書店　1991.5　（岩波新書）
◇日本の近代美術と西洋　（匠秀夫著）　沖積舎　1991.9
◇新版 海の鎮　（酒井忠康著）　小沢書店　1992.1　（小沢コレクション）
◇実力画家たちの忘れられていた日本洋画　（住友慎一著）　里文出版　2003.10　210p
◇異国人の見た幕末・明治JAPAN 愛蔵版　（新人物往来社編）　新人物往来社　2005.6　189p
◇漫画の歴史　（清水勲著）　岩波書店　2009.8　201,39p　（岩波新書）

【雑　誌】
◇横浜居留地ノート(3,4,7,8)　（杉本三木雄）「かながわ風土記」　1981.7,8,11,12
◇奈良・京都におけるワーグマン　（西岡淑雄）「英学史研究」　17　1984
◇ワーグマンが愛した横浜・本牧風景―栃木県立美術館新収蔵作品について　（岡部昌幸）「ヨコハマメモリー」　9　1984.3
◇中国におけるチャールズ・ワーグマン　（横田洋一）「神奈川県立博物館研究報告 人文科学」　12　1985.3
◇オールコックの見た大坂の芝居その他―ワーグマン研究拾遺　（西岡淑雄）「英学史研究」　22　1989
◇没後100年記念チャールズ・ワーグマン展―日本をこよなく愛したイギリス人画家（今月の展覧会）　（横田洋一）「三彩」　517　1990.10
◇ポンチ絵の始祖ワーグマンはスパイか？(越境する文学―マイノリティが見る世界〈特集〉)　（重富昭夫）「新日本文学」　49(1)　1994.1
◇市ちゃんのワーグマン(福富太郎の「美女酔夢譚」〔8〕)　（福富太郎）「月刊美術」　29(3)　2003.3　p138～139
◇Bibliotheca Japonica(69)C.ワーグマン編刊『ジャパン・パンチ』の成立とその周辺　（八木正自）「日本古書通信」　日本古書通信社　68(9)　2003.9　p18

学 術

青山胤通 あおやまたねみち 1859～1917
明治、大正期の医学者。
【図 書】
◇斎藤茂吉選集11 随筆4 （斎藤茂吉著 柴生田稔解説） 岩波書店 1981.11
◇スキャンダルの科学史 （科学朝日） 朝日新聞社 1989.10
◇青山胤通―伝記・青山胤通 （鵜崎熊吉著） 大空社 1998.12 337,3p （伝記叢書）
◇ベスト残影 （滝上正著） 神奈川新聞社 2002.12 224p
【雑 誌】
◇森鷗外と青山胤通(鷗外をめぐる人物群像) （安芸雄） 「国文学解釈と鑑賞」 49(2) 1984.1
◇先人顕彰事業 南篠文雄・青山胤通展を開催して （山本明道） 「岐阜県歴史資料館報」 岐阜県歴史資料館 24 2001.3 p233～237

青山鉄槍 あおやまてっそう 1820～1906
幕末、明治期の儒学者。弘道館助教授。
【図 書】
◇旧雨社小伝 巻4（幕末維新儒者文人小伝シリーズ第12冊） （坂口筑母） 坂口筑母 1985.8
【雑 誌】
◇青山延寿研究―履歴と著作目録を中心に （木戸之都子） 「人文コミュニケーション学科論集」 茨城大学人文学部 3 2007.9 p182～165

明石博高 あかしひろあきら 1839～1910
幕末、明治期の化学者、殖産事業家、歌人。
【図 書】
◇怪物科学者の時代 （田中聡著） 昌文社 1998.3 279p
◇日本の化学の開拓者たち （芝哲夫著） 裳華房 2006.10 147p （ポピュラー・サイエンス）
【雑 誌】
◇「撮影啓蒙」の作者と「石版製法、洋紅製法、写真鏡製法」の考証 （小泉定弘） 「日本大学芸術学部紀要」 12 1983
◇明治初期京都の勧業政策とその理念：明石博高の事業を通して （並松信久） 「京都産業大学論集 人文科学系列」 京都産業大学 30 2003.3 p85～119

赤松小三郎 あかまつこさぶろう 1831～1867
幕末の洋学者、兵法家、信濃上田藩士。
【図 書】
◇明治民衆史を歩く （井出孫六） 新人物往来社 1980.6
◇原田伴彦著作集 6 人物史夜話 （原田伴彦） 思文閣出版 1982.1
◇明治民衆史 （井出孫六著） 1988.9 （徳間文庫）
◇松平忠固・赤松小三郎―上田にみる近代の夜明け （上田市立博物館編） 上田市立博物館 1994.10
【雑 誌】
◇慶応3年9月赤松小三郎横死 （尾崎行也）「千曲」 56 1988.1・2
◇明治初期の信号喇叭について―赤松小三郎訳『英国歩兵練法』をめぐって （江崎公子） 「音楽研究」 国立音楽大学大学院 15 2003.3 p83～109

赤松則良 あかまつのりよし 1841～1920
幕末、明治期の造船技術者、海軍軍人。中将、男爵。
【図 書】
◇幕末和蘭留学関係史料集成 （日蘭学会編、大久保利謙編著） 雄松堂書店 1982.2 （日蘭学会学術叢書 第3）
◇幕府オランダ留学生 （宮永孝） 東京書籍 1982.3 （東書選書 73）
◇幕末和蘭留学関係史料集成―続 （大久保利謙、日蘭学会監修） 1984.3
◇赤松則良関係文書（概略説明書） 赤松家 1985
◇幕末・明治初期数学者群像（上 幕末編） （小松醇郎著） （京都）吉岡書店 1990.5
◇万延元年「咸臨」航米 （星亮一著） 教育書籍 1991.4
【雑 誌】
◇赤松則良文書 「国立国会図書館月報」 272 1983.11

◇造艦テクノクラートの草分け赤松則良 （内藤初穂） 「歴史と人物」 14(3) 1984.3
◇デンマーク通信(3)榎本武陽・赤松大三郎とブラムセン （坂本勇） 「松前文庫」 43 1985.10
◇赤松大三郎の「和蘭留学日記」に見るオランダ海軍機関将校 H.Hardesについて （楠本寿一） 「日蘭学会会誌」 15(2) 1991.3
◇旧幕臣洋学系知識人の茶園開拓―赤松則良・林洞海文書から（[国立歴史民俗博物館]開館二〇周年記念論文集） （樋口雄彦） 「国立歴史民俗博物館研究報告」 国立歴史民俗博物館 108 2003.10 p203～225
◇歴史読み物 日本海軍の創設者達―創業垂統の時代の人々から学ぶ点、無しとせむや(10) 西周と赤松則良 （谷光太郎） 「波濤」 兵術同好会 31(1) 2005.5 p113～141

秋月橘門 あきづききつもん 1809～1880
幕末、明治期の儒学者、医師。
【雑 誌】
◇秋月橘門の跡を訪ねて （石川正雄） 「佐伯史談」 163 1993.6
◇日向薬（くすり）事始め（その1）秋月橘門（あきづききつもん）とその業績 （山本郁男、岩井勝正、井本真澄〔他〕） 「九州保健福祉大学研究紀要」 九州保健福祉大学 6 2005.3 p277～285

秋元正一郎 あきもとしょういちろう 1823～1862
幕末の国学者、洋学家。姫路藩で洋式帆船を建造。
【図 書】
◇ペリー艦隊 黒船に乗っていた日本人―「栄力丸」17名の漂流人生 （足立和著） 徳間書店 1990.4

安積艮斎 あさかごんさい 1790～1860
幕末の儒学者。ペリー来航時に国書の和訳にあたる。
【図 書】
◇全国の伝承 江戸時代 人づくり風土記―ふるさとの人と知恵〈7〉福島 （加藤秀俊、谷川健一、稲垣史生、石川松太郎、吉田豊編） 農山漁村文化協会 1990.9
◇安積艮斎先生誕生二百年遺著・遺墨展図録 （郡山）安積艮斎先生誕生二百年遺著・遺墨展図録顕彰会 1992.1
◇国家と宗教 （源了円,玉懸博之〔編〕） 思文閣出版 1992.3
◇安積艮斎と門人たち （福島県立博物館編） 福島県立博物館 2001.1 111p （福島県立博物館企画展図録）
◇佐藤一斎・安積艮斎 （中村安宏,村山吉広著） 明徳出版社 2008.3 239p （叢書・日本の思想家）
【雑 誌】
◇幕末御儒者のキリスト教観―安積艮斎「洋外紀略」にみる （山本幸規）「キリスト教社会問題研究」 30 1982.2
◇安積艮斎門人帳第1回 （田中正能） 「郡山地方史研究」 15・16 1986.3
◇安積艮斎門人帳(2) （田中正能） 「郡山地方史研究」 17 1987.3
◇安積艮斎門人帳(4) （田中正能） 「郡山地方史研究」 19 1989.3
◇安積艮斎門人帳(5) （田中正能） 「郡山地方史研究」 20 1990.3
◇〔翻刻〕安積艮斎の海防論『新論』欄外評・『籌海披沙』草稿(1) （荻生茂博） 「米沢史学」 7 1991.6
◇安積艮斎研究文献一覧 （菅野俊之）「文献探索」 文献探索研究会 2000 2000 p190～198
◇調査研究報告 安積艮斎「祖山東方君墓銘」解題並びに訳注(付・石碑発見の喜びと祈念) （村山吉広,上木みつ） 「斯文」 斯文会 108 2000.3 p141～152
◇調査研究報告 安積艮斎「三口橋記」解題並びに訳注 （村山吉広） 「斯文」 斯文会 108 2000.3 p153～158
◇講演 平成12年度 先儒祭 記念講演 安積艮斎の生涯と学績 （村山吉広） 「斯文」 斯文会 109 2001.3 p122～141
◇安積艮斎の漢詩文の世界とその引用典籍 （菊田紀郎） 「Artes liberales」 岩手大学人文社会科学部 68 2001.6 p29～41
◇安積艮斎「今泉先生伝」解題並びに訳注 （村山吉広） 「斯文」 斯文会 110 2002.3 p112～119
◇訳註 安積艮齋撰文「大堅士由墓碑」、「小鹿野碑」解題並びに訳註〔含 採択記〕 （村山吉廣,上木みつ） 「斯文」 斯文会 113 2005.3 p97～110
◇東北の漢詩(9)安積艮斎の「鏡沼」詩について （渡部英喜） 「東北

文学の世界」 盛岡大学文学部日本文学科 17 2009 p12〜16

足立文太郎　あだちぶんたろう　1865〜1945
明治〜昭和期の解剖学者, 人類学者。
【図書】
◇風のとおる道 （井上ふみ著） 潮出版社 1990.11
【雑誌】
◇足立文太郎の人類学 （寺田和夫）「科学」 51（7） 1981.7
◇父のこと （井上ふみ）「潮」 325 1986.5
◇蔵書紹介 足立文太郎博士と著作 （酒井シヅ）「科学医学資料研究」 163 1987.12
◇19世紀人類学と近代日本—足立文太郎を中心として （小宮彰）「東京大学教養学部人文科学科比較文化研究所紀要」 53 1992
◇創立30周年記念松山講演会 「四経連会報」 375 1994.1

跡見花蹊　あとみかけい　1840〜1926
明治, 大正期の女子教育家。
【図書】
◇女性と茶の湯 （茶道文化選書） （籠谷真知子） 淡交社 1985
◇跡見花蹊女史伝 伝記・跡見花蹊 （高橋勝介） 大空社 1989.1 （伝記叢書<58>）
◇唐沢富太郎著作集〈第5巻〉教師の歴史 教師の生活と倫理, 典型的教師群像 （唐沢富太郎著） ぎょうせい 1989.7
◇花の露 跡見校友会短大卒業生の会 1989.11
◇日本の『創造力』—近代・現代を開花させた470人〈4〉進む交流と機能 （富田仁編） 日本放送出版協会 1993.3
◇跡見花蹊教育詞藻 （中野一夫編著） 跡見学園 1995.11 203p 図版10枚
◇跡見花蹊日記 第1巻（自文久元年至明治19年） （跡見花蹊著, 花蹊日記編集委員会編） 跡見学園 2005.12 915p
◇跡見花蹊日記 第2巻（自明治20年至明治35年） （跡見花蹊著, 花蹊日記編集委員会編） 跡見学園 2005.12 831p
◇跡見花蹊日記 第3巻（自明治36年至大正2年） （跡見花蹊著, 花蹊日記編集委員会編） 跡見学園 2005.12 874p
◇跡見花蹊日記 第4巻（自大正3年至大正14年） （跡見花蹊著, 花蹊日記編集委員会編） 跡見学園 2005.12 815p
◇跡見花蹊日記 別巻（参考資料・補遺編） （跡見花蹊著, 花蹊日記編集委員会編） 跡見学園 2007.3 831p
【雑誌】
◇跡見花蹊（女性と茶の湯） （籠谷真智子）「淡交」 434 1982.12
◇跡見花蹊と和歌 （中野一夫）「跡見学園国語科紀要」 35 1987.4
◇百人一首展によせて—跡見花蹊とその教育伝統 （田尻嘉信）「学鐙」 87（9） 1990.9
◇メディアの捉えた跡見花蹊 （山崎一穎）「にいくら」 跡見学園女子大学花蹊記念資料館・学芸員課程 No.1〈創刊号〉 1996.3 p5〜20
◇跡見花蹊と茶道 （渡辺美和子）「にいくら」 跡見学園女子大学花蹊記念資料館・学芸員課程 No.7 2002.3 p7〜9
◇中国文化の中に於ける桃李と, 跡見花蹊 （嶋田英誠）「跡見学園女子大学文学部紀要」 跡見学園女子大学 36 2003.3 p17〜38
◇最晩年の跡見花蹊先生—とくに先生の宗教体験の世界をめぐって（巻頭論文） （河波昌）「にいくら」 跡見学園女子大学花蹊記念資料館・学芸員課程 No.9 2004.3 p5〜10
◇カセとレレン—『跡見花蹊日記』の登場人物 （岩田秀行）「にいくら」 跡見学園女子大学花蹊記念資料館・学芸員課程 No.12 2007.3 p3〜8
◇花蹊と江南詩 （中野一夫）「跡見学園国語科紀要」 跡見学園国語科研究会 48 2007.5 p1〜14
◇花蹊と富士山 （中野一夫）「跡見学園国語科紀要」 跡見学園国語科研究会 48 2007.5 p15〜26
◇柳町校地から大塚校地への移転について—『跡見花蹊日記』,『汲泉』に見る天災の記録 （渡辺泉）「にいくら」 跡見学園女子大学花蹊記念資料館・学芸員課程 No.13 2008.3 p1〜4
◇『跡見花蹊日記』からみるカリキュラム—落合直文との関わりにふれて （植田恭代）「跡見学園女子大学文学部紀要」 跡見学園女子大学 41 2008.3 p1〜17
◇『跡見花蹊日記』からみる白子 （植田恭代）「跡見学園女子大学文学部紀要」 跡見学園女子大学 42 2009.3 p55〜65
◇跡見花蹊と跡見玉枝 （植田恭代）「跡見学園女子大学文学部紀要」 跡見学園女子大学 43 2009.9 p53〜70

阿部真造　あべしんぞう　1831〜1888
幕末, 明治期の唐通事筆者, キリスト教布教導職。
【図書】
◇切支丹探偵・阿部真造—ある転びの軌跡 （小畑進著） 新地書房 1985.10
◇宣教と受容—明治期キリスト教の基礎的研究 （中村博武著） 思文閣出版 2000.2 433,153p
【雑誌】
◇帰正痴士に関する覚書—著述と活動 （葛井義憲）「名古屋学院大学論集 人文・自然科学篇」 29（2） 1993.1
◇資料紹介 阿部真造稿「弁正洋教」 （太田淑子）「研究キリシタン学」 キリシタン学研究会 2 1999.12 p35〜53

天野為之　あまのためゆき　1860〜1938
明治, 大正期の経済学者, 政治家。
【図書】
◇近代日本と早稲田の思想群像 2 （早稲田大学社会科学研究所日本近代思想部会編） 早稲田大学出版部 1983.5
◇人物・日本資本主義4 明治のイデオローグ （大島清ほか著） 東京大学出版会 1983.6
◇日本の経済思想家たち （杉原四郎著） 日本経済評論社 1990.6
◇早稲田派エコノミスト列伝 （原輝史編） 早稲田大学出版部 1998.5 202p （ワセダ・オープンカレッジ双書）
◇イギリス正統派の財政経済思想と受容過程 （大淵三洋著） 学文社 2008.1 295p
【雑誌】
◇天野為之とJ.S.ミル（1） （早坂忠）「外国語科研究紀要（東大）」 29（3） 1981
◇天野為之とJ.S.ミル（2） （早坂忠）「外国語科研究紀要（東大）」 30（3） 1982
◇天野為之とJ.S.ミル（4） （早坂忠）「外国語科研究紀要（東京大学教養学部外国語科編）」 32（3） 1984
◇天野為之の貨幣経済論 （藤原洋二）「早稲田大学史記要」 19 1987.3
◇天野為之の明治後期の経済教育論 （市川孝正）「早稲田大学史記要」 23 1991.3
◇天野為之と『財政学』について （大淵利男）「政経研究」 28（2） 1991.10
◇天野為之の『応用経済講義』と公債論 （大淵利男）「政経研究（日本大学法学会）」 30（2） 1993.12
◇天野為之の取引所論 （鈴木芳徳）「商経論叢」 神奈川大学経済学会 30（3） 1995.1 p1〜23
◇天野為之の取引所論とその特質 （鈴木芳徳）「商経論叢」 神奈川大学経済学会 30（4） 1995.3 p13〜59
◇天野為之の銀行時論—『東洋経済新報』社説を素材として （杉山和雄）「成蹊大学経済学部論集」 成蹊大学経済学部学会 27（1） 1996.10 p111〜138
◇天野為之の経済学に関する若干の考察—『経済原論』を中心にして （大淵三洋）「国際関係研究」 日本大学国際関係学部国際関係研究所 28（1） 2007.7 p1〜18
◇天野為之の財政学に関する若干の考察—『商政標準』と『経済学綱要』を中心にして （大淵三洋）「国際関係学部研究年報」 日本大学国際関係学部 29 2008 p169〜181

荒井郁之助　あらいいくのすけ　1835〜1909
幕末, 明治期の幕臣, 中央気象台台長。
【図書】
◇江戸5 人物編 （大久保利謙編輯） 立体社 1980.8
◇荒井氏の歴史 （荒井照治著） 新人物往来社 1990.9
◇幕末・明治初期数学者群像〈上 幕末編〉 （小松醇郎著） （京都）吉岡書店 1990.9
◇日本の『創造力』—近代・現代を開花させた470人〈3〉流通と情報の革命 （富田仁編） 日本放送出版協会 1993.2
◇荒井郁之助 〔新装版〕 （原田朗著） 吉川弘文館 1994.7 （人物叢書）
◇箱館戦争銘々伝 下 （好川之範, 近江幸雄編） 新人物往来社 2007.8 351p
【雑誌】
◇序文の舞台—辞書をめぐる人びと（3）幕府艦長の英和辞書 （惣郷正明）「三省堂ぶっくれっと」 56 1985.5

新居守村　あらいもりむら　1808〜1893
幕末, 明治期の国学者。皇典学に通じ学士職授与。
【図書】
◇群馬の国学者—新居守村考 （神道登） 群馬出版センター 1991.5
【雑誌】
◇群馬の国学者新居守村（5）（特集 群馬の戦国史） （神道登）「群馬風土記」 5（5） 1991.10
◇群馬の国学者新居守村（6）（特集 群馬の逸材） （神道登）「群馬風土記」 5（6） 1991.12
◇群馬の国学者新居守村（最終回） （神道登）「群馬風土記」 6（1） 1992.2

荒木寅三郎　あらきとらさぶろう　1866～1942
明治～昭和期の生化学者。京都帝国大学総長, 学習院院長。
【図　書】
◇自叙伝〈下〉（河上肇著）岩波書店 1989.3
◇細川護貞座談―文と美と政治と（細川護貞著, 光岡明, 内田健三聞き手）中央公論社 1990.2 （中公文庫）
◇先賢諸聖のことば―直筆の格言・名言コレクション75　（田中大著）PHP研究所 2008.8 190p

有賀長雄　ありがながお　1860～1921
明治, 大正期の国際法学者, 社会学者。陸軍大学校教授。
【図　書】
◇日露戦争　1（軍事史学会編）錦正社 2004.12 347p
◇近代交流史と相互認識　2（宮嶋博史, 金容徳編）慶応義塾大学出版会 2005.3 372p（日韓共同研究叢書）
◇日本進化思想史　1（横山利明著）新水社 2005.4 258p
【雑　誌】
◇有賀長雄の『文学論』について（秋山ひさ）「神戸女学院大学論集」34(2) 1987.12
◇明治期における「行政」の概念―有賀長雄の場合（嘉戸一将）「社会システム研究」京都大学大学院人間・環境学研究科［ほか］4 2001.2 p177～190
◇清末民国初期の日本人法律顧問―有賀長雄と副島義一の憲法構想と政治行動を中心として（松下佐知子）「史学雑誌」山川出版社 110(9) 2001.9 p1699～1723
◇近代日本における社会進化思想（三）―有賀長雄の社会進化論（松本三之介）「駿河台法学」駿河台大学 第16巻第1号（通巻第29号）2002.10 p87～124
◇国際法学者の朝鮮・満洲統治構想―有賀長雄の場合（松下佐知子）「近きに在りて」野沢豊 汲古書院（発売）42 2002.12 p20～38,69
◇中国における「国家」の形成―有賀長雄の構想（松下佐知子）「日本歴史」吉川弘文館 665 2003.10 p68～84
◇部会ニュース　近現代史部会　日露戦争期における植民地統治策―国際法学者有賀長雄の場合〔含　討論〕（松下佐知子）「日本史研究」日本史研究会 495 2003.11 p94～97
◇中華民国憲法の起草と外国人顧問―有賀長雄を中心に（曽田三郎）「近きに在りて」汲古書院, 野沢豊 49 2006.5 p3～16
◇部会報告　近代　日露戦後における満洲統治構想―有賀長雄『満洲委任統治論』の受容をめぐって(2007年度［大阪歴史学会］大会特集号)（松下佐知子）「ヒストリア」大阪歴史学会 208 2008.1 p139～156
◇部会報告　近代　近現代日本における国際法学者の帝国拡張論―有賀長雄と松下丘寿の比較から(2007年度［大阪歴史学会］大会特集号)（戸塚順子）「ヒストリア」大阪歴史学会 208 2008.1 p157～167
◇対華21箇条要求の交渉における有賀長雄について(特集　国際関係と日本の諸問題)（熊達雲）「研究年報社会科学研究」山梨学院大学大学院社会科学研究科 29 2009.2.15 p17～69
◇中華民国初期の政治過程と日本人顧問有賀長雄―袁世凱政権期の立憲事業に関連して（東アジア文化交流―人物往来）（福П忠之）「アジア文化交流研究」関西大学アジア文化交流研究センター 4 2009.3 p119～134
◇〔軍事史学会〕関西支部第八十回例会報告　明治期における対外戦争経験と国際法解釈―有賀長雄を中心に（松下佐知子）「軍事史学」錦正社 45(1) 2009.6 p123～125
◇一九〇〇年前後における法学者有賀長雄の国家構想―研究史の現状と課題（松下佐知子）「新しい歴史学のために」京都民科歴史部会 274 2009.6 p19～33

アールブルク, H.　Ahlburg, Hermann　1850～1878
ドイツの博物学者。1876年来日, 東京医学校で教授。
【雑　誌】
◇ヘルマン・アールブルクとその周辺―麹菌の発見者（村上英也）「日本醸造協会誌」89(11) 1994.11

アンチセル, T.　Antisell, Thomas　1821/23～？
アメリカの化学者。1871年ケプロンと共に来日。
【図　書】
◇お雇い外国人（札幌市教育委員会編）北海道新聞社 1981.72（さっぽろ文庫19）
【雑　誌】
◇お雇い外国人地質学者の来日経緯(3)米人博物学者アンチセル(前編)（特集　地質学と社会）（金光男）「地学教育と科学運動」地学団体研究会 61 2009.7 p43～50
◇お雇い外国人地質学者の来日経緯(4)米人博物学者アンチセル(後編)（金光男）「地学教育と科学運動」地学団体研究会 62 2009.12 p48～62

安藤野雁　あんどうのかり　1815～1867
幕末の国学者, 歌人。
【図　書】
◇古典拾葉（吉田澄夫著）武蔵野書院 1986.7
◇埋もれていた野雁歌集―続安藤野雁探究（不炸菴雑稿　第10集）（前田克巳執筆）前田克巳 1987.4
◇志の人たち（童門冬二著）読売新聞社 1991.10
◇安藤野雁考・補（その二）―その著『万葉集新考』研究の基礎としての伝記（遠藤宏）『論集上代文学』（万葉七曜会編）笠間書院 1998.3 p57
◇論集上代文学　第24冊（万葉七曜会編）笠間書院 2001.6 260p
◇ただごと歌の系譜―近世和歌逍遥（奥村晃作著）本阿弥書店 2006.12 290p
【雑　誌】
◇野雁と英休（山下一夫）「熊谷市郷土文化会誌」37 1982.11
◇東美濃における安藤野雁の足跡について（前田克巳）「芸林」34(1) 1985.3
◇濃信地区における安藤野雁の足跡（前田克巳）「芸林」36(3) 1987.9
◇安藤野雁（花の象（かたち）(1)）（中西進）「短歌」37(2) 1990.2
◇安藤野雁の世界（松坂弘）「江戸時代和歌」11 1990.6
◇安藤野雁ノート（奥村晃作）「江戸時代和歌」11 1990.6
◇放浪の歌人安藤野雁（黒崎善四郎）「江戸時代和歌」11 1990.6
◇安藤野雁ノート(2)（奥村晃作）「江戸時代和歌」12 1990.11
◇ただごと歌の系譜―蘆庵から子規まで(12)安藤野雁(1)（奥村晃作）「歌壇」本阿弥書店 16(8) 2002.8 p72～75
◇ただごと歌の系譜―蘆庵から子規まで(13)安藤野雁(2)（奥村晃作）「歌壇」本阿弥書店 16(9) 2002.9 p68～71
◇ただごと歌の系譜―蘆庵から子規まで(14)安藤野雁(3)（奥村晃作）「歌壇」本阿弥書店 16(10) 2002.10 p70～73
◇ただごと歌の系譜―蘆庵から子規まで(15)安藤野雁(4)（奥村晃作）「歌壇」本阿弥書店 16(11) 2002.11 p94～98
◇ただごと歌の系譜―蘆庵から子規まで(16)安藤野雁(5)（奥村晃作）「歌壇」本阿弥書店 16(12) 2002.12 p82～85
◇ただごと歌の系譜―蘆庵から子規まで(17)安藤野雁(6)（奥村晃作）「歌壇」本阿弥書店 17(1) 2003.1 p66～69
◇ただごと歌の系譜―蘆庵から子規まで(17)安藤野雁(7)（奥村晃作）「歌壇」本阿弥書店 17(2) 2003.2 p98～101
◇安藤野雁考・補(4)その著『万葉集新考』の基礎としての伝記（遠藤宏）「成蹊国文」成蹊大学文学部日本文学科 37 2004.3 p67～76
◇安藤野雁考・補（その5）その著『万葉集新考』研究の基礎としての伝記（遠藤宏）「成蹊国文」成蹊大学文学部日本文学科 42 2009.3 p1～11

飯島魁　いいじまいさお　1861～1921
明治, 大正期の動物学者。東京帝国大学教授。
【図　書】
◇三崎臨海実験所を去来した人たち―日本における動物学の誕生（磯野直秀著）学会出版センター 1988.8
◇古代遺跡の考古学者（斎藤忠著）学生社 2000.8 257p
◇水族館（鈴木克美著）法政大学出版局 2003.7 280p（ものと人間の文化史）

飯田武郷　いいだたけさと　1827～1900
幕末, 明治期の国学者, 信濃高島藩士。尊皇運動に奔走。
【図　書】
◇皇典講究所草創期の人びと　国学院大学 1982.11
【雑　誌】
◇飯田武郷とその周辺（古川清彦）「国文学研究資料館紀要」7 1981.3
◇郷土ゆかりの文化人　諏訪人物誌(26)飯田武郷「オール諏訪」79 1991.4

飯田忠彦　いいだただひこ　1799～1861
幕末の有栖川宮家士, 史家。安政の大獄で連座。
【雑　誌】
◇ああ！飯田忠彦先生―歴史愛好家の最高峰自刃（林一男）「歴史懇談」8 1994.8

飯田守年　いいだもりとし　1815～1896
明治期の国学者。三島神社主典。
【雑　誌】
◇飯田守年の「俳諧起原論」（飯田裕彦）「伊豆の郷土研究」7 1982.7
◇『師の歩の露』と飯田守年（飯田俊郎）「神奈川県央史談」28 1989.1

池内大学　いけうちだいがく　1814～1863
幕末の儒者,尊攘派志士。
【図　書】
◇維新暗殺秘録　(平尾道雄著)　河出書房新社　1990.8　(河出文庫)
【雑　誌】
◇池内陶所の江馬信成あて書簡より―一貫名菘翁のことども　(米田弥太郎)　「書論」　22　1983.11

池田菊苗　いけだきくなえ　1864～1936
明治～昭和期の物理化学者。東京帝国大学教授。
【図　書】
◇講座夏目漱石1　漱石の人と周辺　有斐閣　1981.7
◇旨味の発見とその背景―漱石の知友・池田菊苗伝　(広田鋼蔵著)　広田鋼蔵　1984.3
◇あるのかないのか? 日本人の創造性―草創期科学者たちの業績から探る　(飯沼和正著)　講談社　1987.12　(ブルーバックス)
◇スキャンダルの科学史　(科学朝日)　朝日新聞社　1989.10
◇夏目漱石と倫敦留学　(稲垣瑞穂著)　吾妻書房　1990.11
◇化学者池田菊苗―漱石・旨味・ドイツ　(広田鋼蔵著)　東京化学同人　1994.5　(科学のとびら)
◇スキャンダルの科学史　(『科学朝日』編)　朝日新聞社　1997.1　293,8p　(朝日選書)
◇漱石イギリスの恋人　(佐藤高明著)　勉誠出版　1999.9　297p　(遊学叢書)
◇「産業技術」につくした日本人　(畠山哲明監修)　くもん出版　2002.4　47p　(めざせ! 21世紀の国際人)
【雑　誌】
◇池田菊苗先生の講義　(林太郎)　「化学史研究」　13　1980.7
◇「味の素」の発明について　(広田鋼蔵,山口達明)　「化学史研究」　14　1980.10
◇池田菊苗博士の"新調味料"の発明を巡って　(広田鋼蔵)　「科学史研究」　137　1981.4
◇化学からみたエネルギー―課外授業(2完)化学史とエネルギー(2)ソディと池田菊苗の場合(講座)　(立花太郎)　「化学」　37(2) 1982.2
◇池田菊苗博士の後半生の活動と思想　(広田鋼蔵)　「化学史研究」　19　1982.5
◇池田菊苗のRoyal Institution滞在　(広田鋼蔵)　「化学史研究」　25　1983.12
◇ロンドンの漱石と二人の化学者　(小山慶太)　「早稲田人文自然科学研究」　27　1985.3
◇日本人の科学・技術の創造性〔8〕池田菊苗―その仕事と人生〔下〕見よ、作りだし、且つ又言えよ、三猿主義は固く禁物　(飯沼和正)　「技術と経済」　237　1986.11
◇池田菊苗―味の素をめぐる特許紛争(科学者をめぐる事件ノート〔8〕)　(広田鋼蔵)　「科学朝日」　47(8) 1987.8
◇広田〔鋼蔵〕氏著「化学者池田菊苗」を読む　(小川鉄雄)　「化学工業」　45(11) 1994.11
◇20世紀解体新書(1)いまも変わらず食を支える「うまみ調味料」を開発した、池田菊苗　「Trigger」　日刊工業新聞社　19(1) 2000.1　p69～71
◇世紀の発明編・味の素(『THE21』で好評連載中の「商品に歴史あり」ベストセレクション　「次代に通用する銘品」誕生物語―誰でも知っている商品に込められた熱き思い)　(藤井竜二)　「THE21」特別増刊　2000.1.1　p40～41
◇研究者における食文化的文化構造とその展開―池田菊苗の事例研究　(佐藤奨平,中島正道)　「食品経済研究」　日本大学生物資源科学部食品経済学科　36　2008.3　p5～27
◇「うま味」を解明した池田菊苗―理論化学と応用化学を自在に往来　(福江紀彦)　「近代日本の創造史」　近代日本の創造史懇話会　5　2008.4　p3～13
◇池田菊苗の想い(特集 うま味発見100周年記念公開シンポジウム)　(之芝夫)　「日本味と匂学会誌」　「日本味と匂学会」事務局　15(2) 2008.8　p139～144

池田謙斎　いけだけんさい　1841～1918
明治～昭和期の医学者。陸軍軍医総監,宮内省侍医局長官。
【図　書】
◇プロイセン国ベルリン―1870-1873　(池田謙斎著)　彩雲堂　1984.12
◇随筆春夏秋冬　(弥生叢書)　(小村定吉著)　国鉄厚生事業協会　1986.8
◇東京帝大医学部総理―池田謙斎伝　(長谷川つとむ著)　新人物往来社　1989.12
◇東大医学部初代綜理池田謙斎　(池田文書研究会編)　思文閣出版　2006.2　320p　(池田文書の研究)
◇東大医学部初代綜理池田謙斎　(池田文書研究会編)　思文閣出版　2007.2　p323-684,20p　(池田文書の研究)
【雑　誌】
◇池田謙斎(1)初代東京大学医学部総理　(堀江健也)　「日本医史学雑誌」　29(4) 1983.10
◇あるドイツへの懸橋(その1)池田謙斎研究　(長谷川勉)　「桜文論叢(日本大学)」　18　1985.3
◇池田謙斎伝補遺　(長門谷洋治)　「日本医史学雑誌」　32(1) 1986.1
◇あるドイツへの懸橋(その3)池田謙斎研究　(長谷川勉)　「桜文論叢(日本大学)」　20　1986.3
◇池田謙斎宛のドイツ留学生からの手紙(杏雨書屋　第十九回　研究会講演録　江戸時代の医家―肖像と著書)　(酒井シヅ)　「杏雨」　武田科学振興財団　11　2008　p299～319

池田草庵　いけだそうあん　1813～1878
幕末,明治期の儒学者,漢学者。
【図　書】
◇池田草庵全集1　池田草庵先生著作集　(池田草庵著　青谿書院保存会編)　池田草庵全集編集委員会　1981.9
◇池田草庵先生著作集　(池田草庵著,岡田武彦編)　池田草庵全集編集委員会　明徳出版社発売　1981.9
◇江戸期の儒学―朱王学の日本的展開　(岡田武彦)　木耳社　1982.11
◇但馬聖人　(豊田小八郎著,池田粂次郎補)　青谿書院保存会　1983.9
◇池田草庵研究　(木南卓一著)〔木南卓一〕　1987.9
◇春日潜庵・池田草庵　(大西晴隆,疋田啓佑)　明徳出版社　1987.12　(叢書・日本の思想家44)
◇近藤篤山・林良斎　(近藤則之,岡田武彦著)　明徳出版社　1988.4　(叢書・日本の思想家)
◇阿部隆一遺稿集4 人物編　(慶応義塾大学斯道文庫編)　汲古書院　1988.7
◇幕末生野義挙の研究―但馬草莽の社会経済的背景　(前嶋雅光著)　明石書店　1992.6
◇青谿書院ルネサンス―池田草庵研究フォーラム　(八鹿町教育委員会編)　八鹿町　1995.3　99p　(八鹿町ふるさとシリーズ)
◇池田草庵先生に学ぶこと　(木南卓一)　『青谿書院ルネサンス』(八鹿町教育委員会編)　八鹿町　1995.3　(八鹿町ふるさとシリーズ 第7集)　p7
◇草庵の学問と門弟　(宿南保)　『青谿書院ルネサンス』(八鹿町教育委員会編)　八鹿町　1995.3　(八鹿町ふるさとシリーズ 第7集)　p36
◇草庵先生の大きな志　(梅谷卓司,白川武,宿南保,和田隆男)　『青谿書院ルネサンス』(八鹿町教育委員会編)　八鹿町　1995.3　(八鹿町ふるさとシリーズ 第7集)　p41
◇池田草庵と養父郡の門弟たち　(山本稔)　『青谿書院ルネサンス』(八鹿町教育委員会編)　八鹿町　1995.3　(八鹿町ふるさとシリーズ 第7集)　p47
◇林良斎と池田草庵の交わり『中州遊覧日記』　(塩田道雄)　『青谿書院ルネサンス』(八鹿町教育委員会編)　八鹿町　1995.3　(八鹿町ふるさとシリーズ 第7集)　p77
◇林良斎　(松崎賜著)　明徳出版社　1999.10　249p　(シリーズ陽明学)
◇池田草庵　(望月高明著)　明徳出版社　2001.6　223p　(シリーズ陽明学)
◇ひょうご幕末維新列伝　(一坂太郎著)　神戸新聞総合出版センター　2008.7　408p
【雑　誌】
◇池田草庵先生と日記山窓功課　(西村英一)　「歴史と神戸」　23(5) 1984.10
◇春日潜庵・池田草庵―筆蹟・人物・思想　(木南卓一)　「帝塚山大学紀要」　23　1986
◇池田草庵の教育について　(上田平雄)　「The Himeji Gakuin Review」　11　1988.6
◇池田草庵と森梅園　(長部和雄)　「兵庫県の歴史」　25　1989.2
◇明治維新と封建教学―池田草庵を中心に　(前嶋雅光)　「親和女子大学研究論叢」　26　1993.2
◇池田草菴の写真　(山口正世司)　「史誌ふくち山」　497　1993.8
◇池田草庵特集　「陽明学」　二松学舎大学陽明学研究所　11　1999　p61～160
◇池田草庵―康斎の流亜(下)　(望月高明)　「陽明学」　二松学舎大学陽明学研究所　12　2000　p21～47
◇林良斎と池田草庵(林良斎特集)　(吉田公平)　「陽明学」　二松学舎大学陽明学研究所,明徳出版社　15　2003　p126～160
◇池田草庵―出山とその反復(2)　(望月高明)　「都城工業高等専門学校研究報告」　都城工業高等専門学校　37　2003.1　p28～18
◇池田草庵―出山とその反復(3)　(望月高明)　「香椎潟」　福岡女子大学国文学会　49　2003.6　p137～165
◇池田草庵と楠本端山(1)幕末新朱王学の葛藤　(望月高明)　「都城工業高等専門学校研究報告」　国立都城工業高等専門学校　39　2005.1　p34～23

伊沢修二　いざわしゅうじ　1851～1917
明治、大正期の音楽教育家、近代的教育の指導者。
【図　書】
◇楽石自伝—教界周遊前記　（伊沢修二君還暦祝賀会編）　国書刊行会　1980.11　（明治教育古典叢書1）
◇日本体育史研究　（川島虎雄）　黎明書房　1982.10
◇日本の近代化と人間形成　（下程勇吉編）　法律文化社　1984.6
◇そびゆる樹々の譜　信州の音楽人　（竹内邦光）　銀河書房　1985.2
◇伊沢修二—その生涯と業績　（高遠町図書館編著）　高遠町　1987.10
◇異史・明治天皇伝　（飯沢匡著）　新潮社　1988.6
◇伊沢修二　（上沼八郎）　吉川弘文館　1988.8　（人物叢書〔新装版〕）
◇伊沢修二—見果てぬ夢を　（宮坂勝彦編）　銀河書房　1989　（信州人物風土記近代を拓く 15）
◇信州人物風土記 近代を拓く 15　（宮坂勝彦）　銀河書房　1989.5
◇教育人物読本—先人に学ぶ教育経営　（曽根信吾著）　学事出版　1990.4　（学校管理職の教養・実務叢書）
◇伊沢修二の中国語研究—日中文化交流の先覚者　（埋橋徳良）　銀河書房　1991
◇日中言語文化交流の先駆者—太宰春台、阪本天山、伊沢修二の華音研究　（埋橋徳良著）　白帝社　1999.11　161p
◇「同化」の同床異夢—日本統治下台湾の国語教育史再考　（陳培豊著）　三元社　2001.2　384p
◇植民地台湾における伊沢修二の音声教育　（藤井彰二）　『国際文化交流と日本語教育 きのう・きょう・あす 椎名和男教授古希記念論文集』（椎名和男教授古希記念論文集刊行委員会編著）　凡人社（発売）　2002.3　p98〜
◇信州ふるさとの歌の風景 増補改訂版　（吉本隆行監修, 長野県商工会女性部連合会編）　ほおずき書籍　2002.9　153p
◇日本進化思想史 1　（横山利明著）　新水社　2005.4　258p
◇日本統治時代の台湾美術教育—一八九五〜一九二七　（楊孟哲著）　同時代社　2006.2　228p
◇近代日本の音楽文化とタカラヅカ　（津金沢聡広, 近藤久美編著）　世界思想社　2006.5　240p
◇国家を築いたしなやかな日本知　（中西進著）　ウェッジ　2006.12　245p
◇唱歌と国語—明治近代化の装置　（山東功著）　講談社　2008.2　220p　（講談社選書メチエ）
◇国家と音楽—伊沢修二がめざした日本近代　（奥中康人著）　春秋社　2008.3　239,24p
◇伊沢修二—明治文化の至宝　（森下正夫著, 伊那市立高遠町図書館編）　伊那市教育委員会　2009.9　103p
【雑　誌】
◇王照と伊沢修二—清末文字改革家の日本との交渉　（長尾景義）「東北大学東洋学」43　1980.5
◇伯父・伊沢修二と音楽（特集・家族の肖像）　（飯沢匡）「非劇喜劇」33（12）1980.12
◇ブリッヂウォータ師範学校と伊沢修二（伊沢史料の発見）　（中川隆）「亜細亜大学教養部紀要」26　1982
◇音楽教育の創始者伊沢修二　（古沢ユキエ）「西南学院大学児童教育学論集」8（1・2）1982.3
◇明治前期国民形成論の展開—伊沢修二の教育思想にみるその一研究　（尹健次）「教育学研究」49（2）1982.6
◇伊沢修二・高嶺秀夫のアメリカ留学　（小野次男）「教育学雑誌」17　1983
◇伊沢修二の音楽教科書　（田中準）「洗足論叢（洗足学園大学）」12　1983.12
◇伊沢修二の理論における4・7抜き長音階の成立　（泉健）「和歌山大学教育学部紀要 人文科学」33　1984
◇伊沢修二書翰5通—附福島安正書翰　（多賀宗隼）「日本歴史」457　1986.6
◇伊沢修二と日本語教育〔含資料〕（日本語教育史〈特集〉）　（岩本祐生子）「日本語教育」60　1986.11
◇異史・明治天皇伝〔9〕　（飯沢匡）「新潮45」6（9）1987.9
◇特集 伊沢修二先生　「伊那路」31（10）1987.10
◇高遠の逸材—坂本天山と伊沢修二　（宮崎道衛）「多摩歴研紀要」3　1987.12
◇音楽教育の変遷—学校音楽と伊沢修二　（奥崎進）「中京女子大学紀要」22　1988
◇日本における西洋教育学説の受容—渡米前を中心にして　（山下美保）「日本の教育史学」31　1988.10
◇伊沢修二の日本語教科書編纂：現存資料の紹介と『東語初階』の内容分析　（大橋敦夫）「学海（上田女子短期大学）」8　1992.3
◇『小学唱歌』についての一考察　（河西保郎）「洗足学園大学・同短期大学・魚津短期大学 洗足論叢」21　1992.12
◇伊沢修二の日本語教科書編纂：現存資料の紹介と『東語初階』の内容分析　（大橋敦夫）「学海（上田女子短期大学）」9　1993.3
◇伊沢修二の唱歌教育とその周辺—唱歌教育実施とキリスト教　（岡田千歳）「桃山学院大学教育研究所研究紀要」桃山学院大学教育研究所 第5号　1996.3　p79〜96
◇伊沢修二と叔父・須田経哲　（岡田千歳）「桃山学院大学教育研究所研究紀要」桃山学院大学教育研究所 第6号　1997.3　p103〜118
◇伊沢修二の音楽教材観に関する一考察—『小学唱歌集』から『小学唱歌』への変遷を通して　（杉田政夫）「広島大学教育学部紀要 第2部」広島大学教育学部 47　1998　p309〜318
◇書簡にみる伊沢修二と神津仙三郎（1）　（岡田千歳）「桃山学院大学教育研究所研究紀要」桃山学院大学教育研究所 第7号　1998.3　p55〜92
◇伊沢修二の近代被服論の展開—教育書『教育学』（明治15年出版）を中心にして　（井上真理）「神戸大学発達科学部研究紀要」神戸大学発達科学部 7（1）　1999　p595〜603
◇唱歌による身体の国民化—伊沢修二の教育思想の一側面　（奥中康人）「懐徳」懐徳堂記念会 68　2000.3　p27〜43
◇「蝶々」その誕生に秘められた日米文化摩擦（明治御一新 唱歌探偵物語〔7〕）　（安田寛）「歴史と旅」28（7）2001.7　p150〜155
◇音声の進化論—伊沢修二の言語観とその実践　（石川巧）「国文学論考」都留文科大学国文学会 38　2002.3　p12〜25
◇貴族院議員としての伊沢修二　（尾崎ムゲン）「教育科学セミナリー」関西大学教育学会 第33号　2002.3　p23〜36
◇伊沢修二宛書簡にみる地方諸学校の唱歌教育導入　（岡田千歳）「桃山学院大学教育研究所研究紀要」桃山学院大学教育研究所 11　2002.3　p41〜65
◇明治の唱歌をつくった人たち　（長野安恒）「正論」365　2002.12 臨時増刊（明治天皇とその時代）　p260〜268
◇伊沢修二と近衛篤麿　（三原芳一）「花園大学文学部研究紀要」花園大学文学部 35　2003　p1〜22
◇温故知新—「違式の国」からの脱却へ　（松岡正剛）「エコノミスト」81（1）2003.3.4　p40〜42
◇伊沢修二と視話法—楽石社の吃音矯正事業を中心に　（呉宏明）「京都精華大学紀要」京都精華大学 26　2004　p145〜161
◇日本の音楽教育に関する一考察—伊沢修二の音楽教育活動を中心として　（高御堂愛子）「一宮女子短期大学紀要」一宮女子短期大学 43　2004.12　p67〜77
◇日本台湾統治時代初期における教育政策—台湾人の日本教育に対する受容態度から見る伊澤修二の位置　（彭煥勝）「政治経済史学」日本政治経済史学研究所 469　2005.9　p1〜35
◇「日本音楽会」の設立とその運営—伊沢修二との関わりについて　（藤本寛子）「お茶の水女子大学人文科学研究」お茶の水女子大学 2　2006.3　p97〜108
◇伊沢修二と草創期の台湾女子教育　（何桃慎）「国際教育」日本国際教育学会 12　2006.11　p21〜44
◇日本統治下台湾における「国語」という教科の成立と伊沢修二　（陳虹〔ブン〕）「教育思想」東北教育哲学教育史学会 34　2007　p39〜57
◇明治日本の教育近代化と欧米教育思想の受容　（Jenine L. Heaton）「アジア文化交流研究」関西大学アジア文化交流研究センター 4　2009.3　p623〜641
◇日本時代台湾美術教育の研究—日本人美術教育の始まり　（楊孟哲）「地域研究」沖縄大学地域研究所 5　2009.3　p33〜48

石井研堂　いしいけんどう　1865～1943
明治、大正期の明治文化研究家、ジャーナリスト。
【図　書】
◇知の職人たち　（紀田順一郎著）　新潮社刊　1984.11
◇釣りの文化誌　（丸山信著）　恒文社　1986.8
◇石井研堂—庶民派エンサイクロペディストの小伝（シリーズ 民間日本学者〈2〉）　（山下恒夫著）　リブロポート　1986.11
◇江戸時代からの釣り　（永田一脩著）　新日本出版社　1987.2
◇名著の伝言　（紀田順一郎著）　東京堂出版　1988.5
◇石井研堂これくしょん江戸漂流記総集 第1〜6巻　（山下恒夫〔編〕）　日本評論社　1992.4,5,7,12,93.7
◇江戸漂流記総集〈第1巻〉　（石井研堂著, 山下恒夫編）　日本評論社　1992.4　（石井研堂コレクション）
◇明治はじめて物語—石井研堂と『明治事物起原』 図録　（福島県立博物館編）　福島県立博物館　1993.3
◇新耽奇全図録　（小出昌洋監修, 加賀翠渓編）　吉川弘文館　1998.10　760p
【雑　誌】
◇石井研堂・木村毅・田村栄太郎（主題・在野・民間の思想）　（加太こうじ）「思想の科学 第6次」118　1980.5
◇いぶし銀の明治人—石井研堂伝　（山下恒夫）「思想の科学（第7次）」39　1983.11
◇いぶし銀の明治人—石井研堂伝（2）　（山下恒夫）「思想の科学（第7次）」41　1983.12
◇いぶし銀の明治人—石井研堂伝（3）　（山下恒夫）「思想の科学 第7次」42　1984.1

◇いぶし銀の明治人—石井研堂伝(4完) (山下恒夫)「思想の科学」 43 1984.2
◇『知の職人たち』(新著余瀝) (紀田順一郎)「三田評論」 859 1985.5
◇石井研堂と『小国民』 (山下恒夫)「本」 12(2) 1987.2
◇ブック・ストリート 古書—『明治事物起原』の忘れられた一冊 (木本至)「出版ニュース」 1434 1987.8
◇杉並の名墓(32)石井研堂の墓 (森崎次郎)「杉並郷土史会々報」 108 1991.7
◇『学鐙』を読む(61)柳田国男・市島春城・山宮允・成沢玲川・石井研堂 (紅野敏郎)「学鐙」 91(2) 1994.2
◇『学鐙』を読む(63)原平三・河竹繁俊・石井研堂・内田誠 (紅野敏郎)「学鐙」 91(4) 1994.4
◇石井研堂(特集・読書名人伝—名人奇人の読書家たちがズラリ。いったい誰が読書「名人位」を獲得するか。)「ノーサイド」 5(5) 1995.5 p85
◇石井研堂著『郡山市如宝寺の切支丹遺碑』について (佐藤洋一)「福島県立博物館紀要」 福島県立博物館 第12号 1998.3 p91〜124
◇石井研堂編集雑誌『実業少年』の刊行過程について (佐藤洋一)「福島県立博物館紀要」 福島県立博物館 第15号 2000.10 p163〜170
◇石井研堂著『理科十二ケ月』全12冊の書誌と細目について (佐藤洋一)「福大史学」 福島大学史学会 74・75 2003.3 p133〜158
◇石井研堂著『少年工藝文庫』全二十四冊の細目と特質について(その2) (佐藤洋一)「福島県立博物館紀要」 福島県立博物館 22 2008 p31〜54
◇明治期の科学の本—石井研堂(特集 児童書の保存と貴重資料) (杉山きく子)「こどもの図書館」 児童図書館研究会 55(9) 2008.9 p2

石井宗謙　いしいそうけん　1796〜1861
幕末の蘭方医。シーボルトの娘の楠本イネに産科を教授。
【図　書】
◇郷土の蘭医石井宗謙の足跡をたどる (築沢慧) (岡山県)落合町教育委員会 1992.8
【雑　誌】
◇石井宗謙・信義親子と津下精斎・鼎甫(島村)兄弟 (津下健哉)「一滴」 津山洋学資料館 6 1998 p1〜8

石川千代松　いしかわちよまつ　1860〜1935
明治〜昭和期の動物学者,生物学者。
【図　書】
◇動物園の歴史—日本における動物園の成立 (佐々木時雄著) 講談社 1987.2 (講談社学術文庫)
◇父の書斎 (有島行光ほか著) 筑摩書房 1989.6 (筑摩叢書)

石川和助　いしかわわすけ　1807〜1876
幕末,明治期の儒者。備後福山藩家老。
【図　書】
◇茅原の瓜—小説 関藤藤陰伝・青年時代 (栗谷川虹著) 作品社 2004.4 205p
【雑　誌】
◇北方領土と関藤藤陰 (志水主計)「高梁川」 37 1980.9
◇関藤藤陰と井原・芳井 (篠原国夫)「史談いばら」 9 1980.12

石黒忠悳　いしぐろただのり　1845〜1941
明治〜昭和期の医学者。日本赤十字社社長,貴族院議員。
【図　書】
◇懐旧九十年 (石黒忠悳) 岩波書店 1983.4 (岩波文庫)
◇石黒忠悳演説集 予備版(東京経済大学沿革史料 2) (東京経済大学編纂) 東京経済大学 1984.11
◇近世名茶会物語 (高原富保) 毎日新聞社 1985
◇大倉喜八郎・石黒忠悳関係雑集 予備版(東京経済大学沿革史料 5) (東京経済大学編纂) 東京経済大学 1986.3
◇美術話題史—近代の数寄者たち (松田延夫著) 読売新聞社 1986.5
◇模倣の時代(上) (板倉聖宣著) 仮説社 1988.3
◇「甘え」さまざま (土居健郎著) 弘文堂 1989.12
◇益田鈍翁をめぐる9人の数寄者たち (松田延夫著) 里文出版 2002.11 235p
◇元勲・近代諸家書簡集成—宮津市立前尾記念文庫所蔵 (仏教大学近代書簡研究会編) 宮津市 2004.2 599,3p
◇時代の先覚者・後藤新平1857・1929 (御厨貴編) 藤原書店 2004.10 301p
◇近代数寄者の名茶会三十選 (熊倉功夫編) 淡交社 2004.12 295,16p
◇郷土の碩学 (小田大蔵,片岡直樹,加美山茂利,蒲原宏,後藤秋男ほか著) 新潟日報事業社 2004.12 333p

【雑　誌】
◇「化学訓蒙」について (力丸光雄)「化学史研究」 14 1980.10
◇日本における皮下注射の歴史(1) (酒井シヅ)「科学医学資料研究」 88 1981.8
◇石黒忠悳(1845〜1941年) (人と業績(24)) (西川滇八)「公衆衛生」 46(7) 1982.7
◇鷗外・森林太郎と況斎・石黒忠悳 (坂本秀次)「山梨学院大学一般教育論集」 6 1983.12
◇石黒忠悳と鷗外(鷗外をめぐる人物群像) (坂本秀次)「国文学解釈と鑑賞」 49(2) 1984.1
◇石黒忠悳から見た帰国前後の森林太郎(「舞姫」背景の発掘と照明) (坂本秀次)「国文学解釈と鑑賞」 49(2) 1984.1
◇明治の陸軍軍医学校—校長石黒忠悳,教官森林太郎 (坂本秀次)「医学史研究」 61 1988.5
◇石黒忠悳に叱られた話 (大久保利謙)「日本歴史」 536 1993.1
◇森林太郎の小倉左遷の背景—台湾軍への麦飯給与をめぐる土岐頼徳と石黒忠悳との大喧嘩 (山下政三)「鷗外」 森鷗外記念会 70 2002.1 p112〜162
◇石黒忠悳潘欧書簡抄 (中井義幸)「帝京大学文学部紀要 日本文化学」 帝京大学文学部日本文化学科 37 2005.1.31 p183〜233
◇石黒忠悳と森鷗外のベルリンの想い出—「緑の眼と白い薔薇」についての若干の異論 (高橋陽一)「皇学館論叢」 皇學館大学人文学会 38(2) 2005.4 p82〜97
◇石黒忠悳、森鷗外のアヴァ号艦上漢詩の応酬—離郷三載帰郷ヲ恐ル (高橋陽一)「鷗外」 森鷗外記念会 78 2006.2 p39〜58
◇石黒忠悳欧州行時の漢詩 (高橋陽一)「鷗外」 森鷗外記念会 84 2009.1 p56〜74

イーストレイク, F.　Eastlake, Frank Warrington　1858〜1905
アメリカの言語学者,英語教育家。1884年来日。
【図　書】
◇築地居留地—近代文化の原点 Vol.3 築地居留地研究会 2004.11 175p
【雑　誌】
◇貝類研究採集者列伝(57) イーストレーキ(東湖) (波部忠重)「ちりぼたん」 15(2・3) 1984.11

市川兼恭　いちかわかねのり　1818〜1899
幕末,明治期の洋学者。東京学士会院会員。
【図　書】
◇高橋磌一著作集 第3巻 開国への政治情勢 あゆみ出版 1985.1
◇幕末・明治初期数学者群像(上 幕末編) (小松醇郎著) (京都)吉岡書店 1990.9
【雑　誌】
◇幕末のドイツ認識と日独関係の起源—洋学者市川斎宮における「獨乙学」の考察から(ヨーロッパとアジアの間) (福岡万里子)「ヨーロッパ研究」 東京大学大学院総合文化研究科・教養学部ドイツ・ヨーロッパ研究室 特別号 2005 p36〜55

市村瓚次郎　いちむらさんじろう　1864〜1947
明治〜昭和期の東洋史学者。文学博士,東京帝国大学教授。
【図　書】
◇東洋学の系譜 (江上波夫編) 大修館書店 1992.11
◇東方学回想 1 (東方学会編) 刀水書房 2000.1 239p

伊藤圭介　いとうけいすけ　1803〜1901
幕末,明治期の本草学者,植物学者。
【図　書】
◇江戸時代蘭語学の成立とその展開4 蘭語研究における人的要素に関する研究 (杉本つとむ) 早稲田大学出版部 1981.2
◇江戸期のナチュラリスト (木村陽二郎著) 朝日新聞社 1988.10 (朝日選書)
◇伊藤圭介 (杉本勲著) 吉川弘文館 1988.12 (人物叢書〔新装版〕)
◇伊藤圭介記念室蔵書・蔵品目録 (名古屋市東山植物園) 名古屋市東山植物園 1992.6
◇日本の『創造力』—近代・現代を開花させた470人〈1〉御一新の光と影 (冨田仁編) 日本放送出版協会 1992.12
◇医学・洋学・本草学者の研究—吉川芳秋著作集 (吉川芳秋著,木村陽二郎,遠藤正治編) 八坂書房 1993.10
◇伊藤圭介日記 第1集 (圭介文書研究会編) 名古屋市東山植物園 1995.2 159p
◇伊藤圭介関係資料指定目録—621件1017点 名古屋市指定有形文化財(歴史資料) 名古屋市教育委員会 1995.10 33p
◇伊藤圭介日記 第2集 (圭介文書研究会編) 名古屋市東山植物園 1996.3 142p
◇伊藤圭介日記 第3集 (伊藤圭介著,圭介文書研究会編) 名古屋市東山植物園 1997.3 226p

◇知られざるシーボルト―日本植物標本をめぐって （大森実著） 光風社出版 1997.11 256p （光風社選書）
◇伊藤圭介日記 第4集 （伊藤圭介著, 圭介文書研究会編） 名古屋市東山植物園 1998.3 187p
◇伊藤圭介日記 第5集 （伊藤圭介著, 圭介文書研究会編） 名古屋市東山植物園 1999.3 179p
◇伊藤圭介日記 第6集 （伊藤圭介著, 圭介文書研究会編） 名古屋市東山植物園 2000.3 171p
◇伊藤圭介日記 第7集 （伊藤圭介著, 圭介文書研究会編） 名古屋市東山植物園 2001.3 235p
◇伊藤圭介と尾張本草学―名古屋で生まれた近代植物学の父 （名古屋市博物館編） 名古屋市博物館 2001.9 91p
◇伊藤圭介日記 第8集 （伊藤圭介著, 圭介文書研究会編） 名古屋市東山植物園 2001.9 236p
◇本草学と洋学―小野蘭山学統の研究 （遠藤正治著） 思文閣出版 2003.4 409,33p
◇錦窠図譜の世界―幕末・明治の博物誌 伊藤圭介生誕200年記念展示会・講演会 （名古屋大学附属図書館・附属図書館研究開発室編） 名古屋大学附属図書館研究開発室 2003.10 52p
◇伊藤圭介の生涯とその業績―名古屋市東山植物園伊藤圭介記念室の蔵書・蔵品 生誕二百年記念 名古屋市東山植物園 2003.10 131p
◇牧野標本館所蔵のシーボルトコレクション （加藤僖重著） 思文閣出版 2003.11 288p
◇東国科学散歩 （西条敏美著） 裳華房 2004.3 174p
◇伊藤圭介日記 第10集 （伊藤圭介著, 圭介文書研究会編） 名古屋市東山植物園 2004.11 227p
◇伊藤圭介の研究―日本初の理学博士 （土井康弘著） 皓星社 2005.11 472p
◇錦窠翁日記 明治9年1月―7月 （錦窠翁著, 圭介文書研究会編） 名古屋市東山植物園 2005.11 225p （伊藤圭介日記）
◇錦窠翁日記 明治9年8月―12月 （錦窠翁著, 圭介文書研究会編） 名古屋市東山植物園 2006.11 243p （伊藤圭介日記）
◇伊藤圭介日記 第14集 （伊藤圭介著, 圭介文書研究会編） 名古屋市東山植物園 2008.11 259p
【雑　誌】
◇国立国会図書館所蔵本蔵書印(74)伊藤圭介 「国立国会図書館月報」 240 1981.3
◇会員短信・伊藤圭介筆墨竹画の石碑 （宗田一） 「科学医学資料研究」 180 1989.5
◇水谷豊文と伊藤圭介―尾張骨百社をめぐる人びと （殿様生物学の系譜（8）） （小西正泰） 「科学朝日」 49(8) 1989.8
◇伊藤圭介とその書画 （斎藤忠） 「地誌と歴史」 46 1992.5
◇伊藤圭介とオランダ人A.J.C.ヘールツの交遊 （大森実）「日本歴史」吉川弘文館 573 1996.2 p79～89
◇伊藤圭介著『日本産物誌』の構成と内容について （佐藤達策）「一般教育紀要」 日本大学松戸歯学部 26 2000 p52～58
◇講演会記録 愛知の史料を欧州に求めて―シーボルト門人平井海蔵・伊藤圭介に関連して （田崎哲郎）「愛知大学綜合郷土研究所紀要」 愛知大学綜合郷土研究所 46 2001 p151～160
◇牧野標本館のシーボルトコレクション中にある伊藤圭介作成標本から大河内存真作成標本を分別する （加藤僖重）「マティス・ウニウェルサリス」 独協大学外国語学部言語文化学科 4(2) 2003.3 p17～36
◇伊藤圭介編著『植物図説雑纂』について （磯野直秀）「参考書誌研究」 国立国会図書館 59 2003.10 p1～45
◇W.S.クラーク博士と伊藤圭介―日米文化交流史の一断面 （財部香枝）「貿易風」 中部大学国際関係学部 1 2006.3 p206～220
◇杏雨書屋 第二十回 研究会講演録 「伊藤圭介来簡集」の知友・門人たち 「杏雨」 武田科学振興財団 11 2008 p321～394
◇日本初の理学博士 伊藤圭介(杏雨書屋 第二十回 研究会講演録 「伊藤圭介来簡集」の知友・門人たち） （土井康弘）「杏雨」 武田科学振興財団 11 2008 p323～362
◇伊藤圭介宛て書簡にみる交流と諸情報(杏雨書屋 第二十回 研究会講演録 「伊藤圭介来簡集」の知友・門人たち） （平野満）「杏雨」 武田科学振興財団 11 2008 p363～394
◇重山文庫所蔵伊藤圭介宛シーボルト書翰について （吉野政治）「総合文化研究所紀要」 同志社女子大学総合文化研究所 26 2009 p109～116
◇医史資料 名古屋大学医学部の歴史 （高橋昭）「現代医学」 愛知県医師会 56(3) 2009.3 p577～584

伊東玄朴　いとうげんぼく　1800～1871
幕末, 明治期の蘭方医, 肥前佐賀藩士。
【図　書】
◇蘭学の時代 （赤木昭夫） 中央公論社 1980.12 （中公新書）
◇九州の科学者・思想家―現代日本文化の先駆者たち （吉岡修一郎） 人間の科学社 1982.4

◇医学史話 杉田玄白から福沢諭吉 （藤野恒三郎著） 菜根出版 1984.1
◇在村の蘭学 （柴田一） 名著出版 1985.2
◇新版 江戸から東京へ 5 （矢田挿雲著） 中央公論社 1999.1 418p （中公文庫）
【雑　誌】
◇カルフォルニア大学所蔵の書翰(人と書簡(27)) （酒井シヅ）「学鐙」 79(9) 1982.9

伊藤慎蔵　いとうしんぞう　1825～1880
幕末, 明治期の洋学者。大野藩洋学館長。
【図　書】
◇医学史話 杉田玄白から福沢諭吉 （藤野恒三郎著） 菜根出版 1984.1
【雑　誌】
◇蘭学者伊藤慎蔵事績考(中) （高橋勇市）「銅鑼」 43 1985.10
◇書簡にみる大野での伊藤慎蔵 （長屋務）「適塾」 25 1992.12

伊東忠太　いとうちゅうた　1867～1954
明治～昭和期の建築史学者, 建築家。東京帝国大学教授。
【図　書】
◇インド―近景と遠景 （春日井真也） 同朋舎 1981.6
◇伊東忠太著作集 1 日本建築の研究 上 原書房 1982.5
◇伊東忠太著作集 2 日本建築の研究 下 原書房 1982.6
◇伊東忠太著作集 3 東洋建築の研究 上 原書房 1982.7
◇伊東忠太著作集 4 東洋建築の研究 下 原書房 1982.8
◇日本の建築〔明治大正昭和〕8 様式美の挽歌 （伊藤三千雄, 前野嶤, 増田彰久写真） 三省堂 1982.8
◇伊東忠太著作集 5 見学・紀行 原書房 1982.9
◇伊東忠太著作集 6 論叢・随筆・漫筆 原書房 1982.10
◇ある「大正」の精神―建築史家天沼俊一の思想と生活 （天沼香） 吉川弘文館 1982.12
◇伊東忠太著作集 7 支那建築装飾 第2巻 原書房 1982.12
◇伊東忠太著作集 8 支那建築装飾 第3巻 原書房 1983.1
◇伊東忠太著作集 7 〔1〕 支那建築装飾 第1巻 原書房 1983.4
◇建築史の先達たち （太田博太郎） 彰国社 1983.5
◇つくられた桂離宮神話 （井上章一著） 弘文堂 1986.4
◇建築巨人伊東忠太 読売新聞社 1993.7
◇伊東忠太動物園 （藤森照信編・文, 増田彰久写真） 筑摩書房 1995.3 174p
◇日本の建築と思想―伊東忠太小論 （丸山茂著） 同文書院 1996.4 147p
◇10+1 No.20 （メディア・デザイン研究所編） INAX出版 2000.6 223p
◇沖縄の歴史と旅 （陳舜臣著） PHP研究所 2002.4 237p （PHPエル新書）
◇彫刻家・新海竹太郎論 （田中修二著） 東北出版企画 2002.6 499p
◇森と建築の空間史―南方熊楠と近代日本 （千田智子著） 東信堂 2002.12 278p
◇伊東忠太を知っていますか （鈴木博之編著） 王国社 2003.4 242p
◇美術画報 第39号 朝日アートコミュニケーション 2003.6 255p
◇戦争と建築 （五十嵐太郎著） 晶文社 2003.9 253p
◇随筆 明治文学―文学篇・人物篇 2 （柳田泉著, 谷川恵一ほか校訂） 平凡社 2005.9 425p （東洋文庫）
◇伊東忠太その資料の保存と公開―伊東忠太資料整備小委員会報告書 （日本建築学会伊東忠太資料整備小委員会著） 日本建築学会 2006.3 192p
◇ディスポジション：配置としての世界―哲学、倫理、生態心理学からアート、建築まで、領域横断的に世界を捉える方法の創出に向けて （柳沢田実編） 現代企画室 2008.6 263p
◇明治聖徳記念学会紀要 復刊第45号 （明治聖徳記念学会編） 明治聖徳記念学会 2008.11 512p
◇日本のコンクリート技術を支えた100人 （笠井芳夫, 長滝重義企画・監修） セメント新聞社 2009 1冊
◇築地 （本願寺出版社東京支社編） 本願寺出版社 2009.4 187p
【雑　誌】
◇磯崎新論―主題をめぐる3人―堀口捨己・三島由紀夫・伊東忠太―磯崎（けんぞう）という新しい形式(磯崎新の解体新書〈特集〉) （石山修武）「建築文化」 540 1991.10
◇明治期の建築界における「日本趣味」の概念(3)明治期の伊東忠太の建築様式論における趣味概念の導入 （川道麟太郎, 橋寺知子）「日本建築学会計画系論文報告集」 450 1993.8
◇忠太の大冒険(23)―伊東忠太とアジア大陸探検 （村松伸）「東方」 東方書店 180 1996.3 p10～13
◇忠太の大冒険(24)〈最終回〉伊東忠太とアジア大陸探険 （村松伸）「東方」 東方書店 181 1996.4 p20～23
◇変遷概念の形成―伊東忠太・関野貞の様式論(特集 建築史・考古学・

関野貞）（内田好昭）「考古学史研究」 京都木曜クラブ 7 1997.12 p27～44
◇伊東忠太と古社寺保存―明治中期の建築界と伝統保存(特集 文化財指定制度(古社寺保存法制定)100周年―古社寺保存法に尽力した人たち) （稲葉信子）「月刊文化財」 第一法規出版 411 1997.12 p34～40
◇伊東忠太・関野貞の朝鮮鐘研究―紀年銘「太平」をめぐる様式論(特集 関野貞と『韓国建築調査報告』)（内田好昭）「考古学史研究」京都木曜クラブ 8 1998.5 p22～34
◇木漏れ日の読書みち(19)伊東忠太と岸田日出刀 （高橋英夫）「日本古書通信」 日本古書通信社 66(7) 2001.7 p1
◇明治期の伊東忠太の建築史観の形成に関する考察―『稿本日本帝国美術略史』での記述を中心として（吉áue一敬, 三島雅博）「豊田工業高等専門学校研究紀要」 豊田工業高等専門学校 36 2003 p99～106
◇資料紹介 日本建築学会所蔵の伊東忠太資料について （橋爪知子）「関西大学東西学術研究所紀要」 関西大学東西学術研究所 36 2003.3 p91～98
◇「建築進化論」と設計活動との関係について―伊東忠太「建築進化論」の特質に関する研究(その2) （倉方俊輔）「日本建築学会計画系論文集」 日本建築学会 589 2005.3 p193～199
◇様式と国民の興亡―伊東忠太による「日本建築史」(受容としての「日本思想」)（天内大樹）「表象文化論研究」 東京大学大学院総合文化研究科超域文化科学専攻表象文化論 6 2008.3 p2～16
◇伊東忠太と「日本建築」保存(特集 維新と伝統)（清水重敦）「明治聖徳記念学会紀要」 明治聖徳記念学会 45 2008.11 p145～164

井上円了 いのうええんりょう 1858～1919
明治期の仏教哲学者。

【図書】
◇哲学堂公園 （前島康彦） 郷学舎 1980.6 （東京公園文庫21）
◇井上円了研究 資料集1. （犬塚孝明） 東洋大学井上円了研究会第三部会 1981.3
◇日本仏教史研究 4 続国家と仏教 近世・近代編 （二葉憲香編） 永田文昌堂 1981.9
◇井上円了研究 資料集2. （犬塚孝明） 東洋大学井上円了研究会第三部会 1982.3
◇井上円了研究 資料集3. （犬塚孝明） 東洋大学井上円了研究会第三部会 1982.3
◇井上円了研究 1. （犬塚孝明） 東洋大学井上円了研究会第三部会 1982.3
◇近代日本の思想と仏教 （峰島旭雄編） 東京書籍 1982.6
◇人間と宗教―近代日本人の宗教観 （比較思想史研究会編） 東洋文化出版 1982.6
◇増谷文雄著作集 12 近代の宗教的生活者 角川書店 1982.8
◇新校仏教心理学 （井上円了, 太田治校注） 群書 1982.9
◇安野光雅対談―ロジックの詩人たち （安野光雅） 平凡社 1982.10
◇井上円了研究 第2号 東洋大学井上円了研究会第三部会 1984.3
◇井上円了研究 3. （犬塚孝明） 東洋大学井上円了研究会第三部会 1985.3
◇井上円了研究 4. （犬塚孝明） 東洋大学井上円了研究会第三部会 1986.3
◇近代思想・文学の伝統と変革 （伊東一夫編） 明治書院 1986.3
◇井上円了の思想 校倉書房 1986.12
◇井上円了関係文献年表 （東洋大学井上円了研究会第三部会編） 東洋大学井上円了研究会第三部会 1987.2
◇東洋大学大学創立100周年記念論文集 6 井上円了の思想と行動 東洋大学 1987.10
◇かわりだねの科学者たち （板倉聖宣著） 仮説社 1987.10
◇論集日本仏教史〈8〉明治時代 （池田英俊編） 雄山閣出版 1987.12
◇井上円了と西洋思想 （斎藤繁雄編著） 東洋大学井上円了記念学術振興基金 1988.8
◇現代心理学の理論的展開 川島書店 1988.8
◇井上円了の学旅思想 （清水乞編著） 東洋大学井上円了記念学術振興基金 1989.3
◇現代学生と『井上円了の教育理念』（井上円了選集編集委員会編） 東洋大学 1989.4
◇排邪論の研究 （同志社大学人文科学研究所研究叢書）
◇井上円了の教育理念―歴史はそのつど現在が作る 改訂第2版 （井上円了選集編集委員会） 東洋大学 1990.3
◇山形ふしぎ紀行―井上円了の足跡を辿る （烏兎沼宏之著） 法政大学出版局 1991.4
◇いのちと日本人―現代日本の仏教と医療 （仏教と医療を考える全国連絡協議会編）（京都）白馬社 1993.8
◇日本思想の可能性―いま 近代の遺産を読みなおす （鈴木正, 山領健二編） 五月書房 1994.4
◇教祖・意識変革者の群れ―宗教・性・女性解放 朝日新聞社 1995.6 438p （二十世紀の千人）

◇イマヌエル・カント―「福鎌思想によるヨーロッパ学」への誘い （馬場喜敬編著） 北樹出版 1995.10 182p
◇妖怪観の一考察―L. ハーンと井上円了の交友をめぐって （小泉凡）『民俗的世界の探求』(鎌田久子先生古稀記念論集編纂委員会編） 慶友社 1996.3 p112
◇井上円了研究 第7号 （東洋大学井上円了記念学術センター編） 東洋大学井上円了記念学術センター 1997.2 208p
◇新編全国巡講日誌 沖縄県編 （井上円了著, 東洋大学井上円了記念学術センター編） 東洋大学井上円了記念学術センター 1997.3 36p
◇井上円了『星界想遊記』と康有為 （坂出祥伸）『アジアの歴史と文化』(追手門学院大学東洋文化学会編） 汲古書院 1997.4 p19
◇新編全国巡講日誌 香川県・愛媛県編 （井上円了著, 東洋大学井上円了記念学術センター編） 新田幸治 1998.2 96p
◇怪物科学者の時代 （田中聡著） 昌文社 1998.3 279p
◇妖怪学入門 （東洋大学井上円了記念学術センター編, なだいなだ, 島田茂樹, 岡崎柾男, 北原照久, 板倉聖宣著） すずさわ書店 2000.2 187p （えっせんていあ選書）
◇哲学を生きる （東洋大学哲学科編） 知泉書館 2002.4 211p （東洋大学哲学講座）
◇妖怪の民俗学 （宮田登著） 筑摩書房 2002.6 269p （ちくま学芸文庫）
◇井上円了の妖怪学と宗教論―「慎怪」と「哲学的宗教」 （上杉義麿）『仏教土着 論集』(大桑斉編） 法蔵館 2003.3 p361～
◇明治思想家論―近代日本の思想・再考 1 （末木文美士著） トランスビュー 2004.6 330p
◇郷土の碩学 （小田大蔵, 片岡直樹, 加美山茂共, 蒲原宏, 後藤秋男ほか著） 新潟日報事業社 2004.12 333p
◇井上円了の世界―初代所長論集 （高木宏夫著） 東洋大学井上円了記念学術センター 2005.8 189p
◇仏教とキリスト教 2 （芹川博通著） 北樹出版 2007.6 392p （芹川博通著作集）
◇井上円了 （吉井清一著）『逸格の系譜―愚の行方』(北川フラム編） 現代企画室 2007.7 p172～174
◇空の実践―ブッディスト・セオロジー 4 （立川武蔵著） 講談社 2007.8 220p （講談社選書メチエ）
◇甫水井上円了漢詩集『襲常詩稿』『詩冊』『蝴蝶詩集』訳注 （井上円了著, 新田幸治, 長谷川潤治, 中村聡編訳） 三文舎 2008.1 368p

【雑誌】
◇井上円了の妖怪学と仏教の業思想 （河村孝照）「東洋学研究」 18 1983
◇明治期における仏教と進化論―井上円了その「仏教改良」について （日本近代社会成立期における政治と宗教（共同研究）） （中川洋子）「竜谷大学仏教文化研究所紀要」 22 1983.9
◇井上円了―人とその教育思想 [含 著作総目録] 「国士舘大学人文学会紀要」 16 1984.1
◇狐狗狸さま・井上円了・東栄町 （原田嘉美）「山懐」 2 1984.6
◇狐狗狸さま・井上円了・東栄町(続) （原田嘉美）「山懐」 3 1984.11
◇井上円了における国家と仏教 （赤松徹真）「竜谷大学論集」 426 1985.5
◇仏教とキリスト教の対話―井上円了の排耶論 （芹川博通）「比較思想研究」 12 1986.2
◇井上円了英文稿録解―前(1) （喜多川豊宇）「東洋大学社会学部紀要」 23(3) 1986.3
◇井上円了の支那古伝説の研究 （山内四郎）「東洋大学史紀要」 4 1986.3
◇井上円了英文稿録解―前篇(2)並びに後篇― （喜多川豊宇）「東洋大学社会学部紀要」 24(1) 1986.12
◇井上円了と真宗大谷派教団 （森章司）「東洋学研究」 22 1987
◇井上円了と西洋思想―井上円了における西洋哲学 （福鎌忠恕）「東洋大学社会学部紀要」 24(2) 1987.3
◇近代日本と東洋思想―井上円了の思想遍歴の意義― （今井淳）「日本文化(拓殖大学)」 3 1987.10
◇井上円了の足跡 （針生清人）「研究年報(東洋大・アジアアフリカ文化研)」 23 1989.3
◇明治時代における仏教と進化論―井上円了と清沢満之 （鵜浦裕）「北里大学教養部紀要」 23(教養部20周年記念特集号) 1989.3
◇井上円了と清沢満之 （北川政次）「杉並郷土史会々報」 102 1990.7
◇井上円了の現代的意義 （高木宏夫）「学鐙」 87(8) 1990.8
◇「妖怪学」の誕生（一〇〇年前の日本〈特集〉）（三浦節夫）「彷書月刊」 7(1) 1991.1
◇フェノロサと井上円了(講演)（山口静一）「井上円了センター年報(東洋大学)」 1 1992.3
◇井上円了における宗教哲学体系の大成―相合論とその成立の背景 （河波昌）「井上円了センター年報(東洋大学)」 1 1992.3
◇井上円了のナショナリズムに関する見方 （三浦節夫）「井上円了センター年報(東洋大学)」 1 1992.3
◇井上円了の日本人論(1)伝記資料に関する試論 （高木宏夫）「井上

◇円了センター年報〔東洋大学〕」1 1992.3
◇井上円了の心理学の業績 (恩田彰)「アジア・アフリカ文化研究所研究年報」28 1993
◇近代日本における宗教的時間論の展開―井上円了とそれ以後 (河波昌)「井上円了センター年報〔東洋大学〕」2 1993.7
◇講演・近代日本における進化論の受容と井上円了 (鵜浦裕)「井上円了センター年報〔東洋大学〕」2 1993.7
◇井上円了とインド哲学 (菅沼晃)「印度哲学仏教学」8 1993.10
◇明治期における倫理の葛藤―「所謂「哲学館事件」をめぐって (針生清人)「アジア・アフリカ文化研究所研究年報」アジア・アフリカ文化研究所 31 1996 p1～13
◇井上円了の思想―「妖怪学」と仏教論の接点 (上杉義麿)「真宗研究」百華苑 40 1996.1 p1～13
◇井上円了の漢詩集について (新田幸治)「東洋大学中国哲学文学科紀要」東洋大学文学部 7 1999.3 p1～18
◇井上円了の「台湾紀行」(野間信幸)「東洋大学中国哲学文学科紀要」東洋大学文学部 7 1999.3 p19～41
◇井上円了の進化論 (針生清人)「アジア・アフリカ文化研究所研究年報」アジア・アフリカ文化研究所 35 2000 p1～15
◇井上円了の唯物論批判 (針生清人)「アジア・アフリカ文化研究所研究年報」アジア・アフリカ文化研究所 36 2001 p31～37
◇親鸞と井上円了 (樋口章信)「Satya」東洋大学井上円了記念学術センター 42 2001.4 p34～36
◇井上円了の真宗哲学 (樋口章信)「親鸞教学」大谷大学真宗学会 78 2001.12 p36～57
◇井上円了の唯物論批判(2) (針生清人)「アジア・アフリカ文化研究所研究年報」アジア・アフリカ文化研究所 37 2002 p1～15
◇井上円了の唯物論批判(3) (針生清人)「アジア文化研究所研究年報」アジア文化研究所 38 2003年度 p1～14
◇井上円了の哲学館附属東洋図書館構想について (渡辺雄一)「仏教大学教育学部学会紀要」仏教大学教育学部学会 2 2003 p257～277
◇井上円了と詔勅 (吉田公平)「Satya」東洋大学井上円了記念学術センター 49 2003.1 p34～36
◇少年詩人・井上円了―新資料・稿本『詩冊』を読む (長谷川潤治)「斯文」斯文会 111 2003.3 p15～32
◇井上円了の原風景を読む―稿本『詩冊』を中心に (長谷川潤治)「東洋大学中国哲学文学科紀要」東洋大学文学部 12 2004 p85～111
◇開示される迷信―井上円了の〈妖怪〉論をめぐって (甲田烈)「相模女子大学紀要」相模女子大学 69A 2006 p45～58
◇井上円了の民具コレクション (宇野田綾子)「民具マンスリー」神奈川大学 39(5) 2006.8 p9259～9267
◇東洋大学 東洋学研究所活動報告 華厳思想と日本的全体性について―学祖井上円了など、近代日本の思想家を手掛かりに (渡邉郁子)「東洋学研究」東洋大学東洋学研究所 45 2008 p153～154
◇井上円了と東洋大学(その2) (茅野良男)「井上円了センター年報」東洋大学井上円了記念学術センター 17 2008 p3～30
◇井上円了世界旅行記のサイバートラヴェル化と教育効果 (藤田晴啓)「現代社会研究」東洋大学現代社会総合研究所 6 2008年度 p85～92
◇導入・運営実態 哲学堂公園 東洋大学創始者井上円了博士デザインの都市公園としてはユニークな思想家公園―日本体育施設グループ「指定管理者制度」ビルネット 28 2008.6 p32～40
◇新・『般若心経』入門(第26回・最終回)『般若心経』の泉を汲み取る―「絵心経」と円了「大正般若心経」(渡辺章悟)「大法輪」大法輪閣 75(9) 2008.9 p176～183
◇井上円了の「哲学」観 (柴田隆行)「井上円了センター年報」〔東洋大学井上円了記念学術センター〕 18 2009 p3～20
◇理学と仏教を結ぶ井上円了 (森川滝太郎)「井上円了センター年報」〔東洋大学井上円了記念学術センター〕 18 2009 p21～39
◇井上圓了の長岡時代―長岡洋学校時代に視点をおいて (土田隆夫)「井上円了センター年報」〔東洋大学井上円了記念学術センター〕 18 2009 p41～75
◇井上円了の『真理金針』について(その1) (三浦節夫)「井上円了センター年報」〔東洋大学井上円了記念学術センター〕 18 2009 p77～99
◇欧米諸言語文献に見る井上円了研究 (rainer schlzer)「井上円了センター年報」〔東洋大学井上円了記念学術センター〕 18 2009 p232～215
◇『哲学一夕話』第一編にみられる井上円了の中道哲学 (小椋章浩)「関西大学東西学術研究所紀要」関西大学東西学術研究所 42 2009.4 p69～80

井上哲次郎　いのうえてつじろう　1855～1944
明治～昭和期の哲学者。
【図　書】
◇天皇制下のキリスト教―日本聖教会の戦いと苦難 (塚田理) 新教出版社 1981.8 (日本キリスト教史双書)
◇近代日本の思想と仏教 (峰島旭雄編) 東京書籍 1982.6
◇人間と宗教―近代日本人の宗教観 (比較思想史研究会編) 東洋文化出版 1982.6
◇近代文学研究叢書 54 (昭和女子大学近代文学研究室) 昭和女子大学近代文化研究所 1983.4
◇近代文学研究叢書 55 (昭和女子大学近代文学研究室) 昭和女子大学近代文化研究所 1983.12
◇近代知識人の天皇論 (石田圭介編著) 日本教文社 1987.3
◇近代日本における国家と倫理(日本倫理学会論集〈22〉) (日本倫理学会編) 慶応通信 1987.12
◇国史学論集 (今井林太郎先生喜寿記念論文集刊行会編) 河北印刷 1988.1
◇井上博士と基督教徒――「教育と宗教の衝突」顛末及評論 (関皐作編) みすず書房 1988.11 (みすずリプリント)
◇井上博士と基督教徒〈収結編〉(関皐作編) みすず書房 1988.12 (みすず リプリント)
◇前田愛著作集〈第4巻〉幻景の明治 (前田愛著) 筑摩書房 1989.12
◇『新体詩抄』前後―明治の詩歌 (赤塚行雄著) 学芸書林 1991.8
◇近代日本における知の配分と国民統合 (寺崎昌男 [他編]) 第一法規出版 1993.6
◇近代日本における教育と国家の思想 (籠谷次郎著) (京都)阿吽社 1994.7
◇井上哲次郎ノート―漢学三部作を中心にして (町田三郎)『東洋学論集』(中村璋八博士古稀記念論集編集委員会編) 汲古書院 1996.1 p949
◇日本の観念論者 (舩山信一著) こぶし書房 1998.9 482,10p (舩山信一著作集)
◇日本における近代倫理の屈折 (堀孝彦著) 未来社 2002.1 319,5p
◇明治を生きる群像―近代日本語の成立 (飯島晴巳著) おうふう 2002.2 231p
◇近代日本の宗教言説とその系譜―宗教・国家・神道 (磯前順一著) 岩波書店 2003.2 333p
◇国民道徳論の道―「伝統」と「近代化」の相克 (森川輝紀著) 三元社 2003.5 239p
◇西田哲学の論理と方法―徹底的批評主義とは何か (板橋勇仁著) 法政大学出版局 2004.2 218,21p
◇明治思想家論―近代日本の思想・再考 1 (末木文美士著) トランスビュー 2004.6 330p
◇国際シンポジウム 東アジア世界と儒教 (吾妻重二主編, 黄俊傑副主編) 東方書店 2005.3 405p
◇幻景の明治 (前田愛著) 岩波書店 2006.11 296p (岩波現代文庫)
◇国民道徳とジェンダー―福沢諭吉・井上哲次郎・和辻哲郎 (関口すみ子) 東京大学出版会 2007.4 302,8p
◇日本の哲学 第8号 (日本哲学史フォーラム編) 昭和堂 2007.12 143p
◇井上哲次郎の欧州留学と日記中の西洋人氏名・欧文書名について (真田治子)『漢字文化圏諸言語の近代語彙の形成―創出と共有』(沈国威編著) 関西大学東西学術研究所 2008.9 (関西大学東西学術研究所国際共同研究シリーズ) p353
◇日本近代語研究 5 (近代語研究会編) ひつじ書房 2009.10 169, 292p
【雑　誌】
◇「新体詩抄」(英米文学の翻訳) (小玉晃一)「英語青年」127(9) 1981.12
◇「六合雑誌」における井上哲次郎 (沖田行司)「キリスト教社会問題研究」30 1982.2
◇西欧思想の擁護と排斥―大逆事件後の森鷗外と井上哲次郎 (外来文化と日本文化) (渡辺善雄)「文芸研究 (日本文芸研究会)」100 1982.5
◇井上哲次郎の現象即実在論 (小坂国継)「日本大学研究紀要 一般教育・外国語・保健体育」4 1986.10
◇大正期国民教育論に関する一考察―井上哲次郎の国体論を中心に (森川輝紀)「日本歴史」463 1986.12
◇大いなる流竄―物語・内村鑑三(14) (武田友寿)「知識」89 1989.5
◇わが国最初の「印度哲学史」講義―井上哲次郎の未公刊草稿(1) (今西順吉翻刻)「北海道大学文学部紀要」39(1) 1990.11
◇精神主義の覚醒と〈日本への回帰〉―山路愛山と井上哲次郎 (伊藤雄志)「日本思想史学」25 1993.9
◇詩の話(随想) (飯島耕一)「現代」27(10) 1993.10
◇「学鐙」を読む(59)井上哲次郎・太田正雄・大熊信行・内田清之助 (紅野敏郎)「学鐙」90(11) 1993.11
◇わが国最初の「インド哲学史講義」―井上哲次郎の未公刊草稿(3) (今西順吉)「北海道大学文学部紀要」42(1) 1993.11
◇井上哲次郎の「性善悪論」の立場―「東洋哲学研究」の端緒 (大島晃)「ソフィア」42(4) 1994.1
◇井上哲学に見る「私」の問題と「私」の「交換可能性」について (茂木和行)「川並総合研究所論叢 (聖徳大学)」2 1994.3

◇良心論ノート―井上・大西・和辻・内村―近代日本における市民倫理学の屈折(3) (堀孝彦) 「名古屋学院大学論集 社会科学篇」 30(4) 1994.4
◇膨張する国家と天皇―井上哲次郎の世界論 (沖田行司) 「日本思想史学」 日本思想史学会 第27号 1995.9 p45～56
◇「『新体詩抄初編』の視線/言説―「言文一致」論との関係をめぐって (榊祐一) 「国語国文研究」 北海道大学国語国文学会 101 1995.11 p1～15
◇井上哲次郎の「東洋哲学史」研究 (大島晃) 「ソフィア」 上智大学 45(3) 1996.9 p328～344
◇井上哲次郎の東西文化融合論―教育の「世界化」論 (沖田行司) 「教育文化」 同志社大学文学部教育学研究室 第6号 1997.3 p1～22
◇井上哲次郎の「東洋哲学史」研究と「日本陽明学派之哲学」 (大島晃) 「陽明学」 二松学舎大学陽明学研究所 9 1997.6 p28～43
◇言語(として)の地形図―『新体詩抄初編』の位置測定作業の一環として (榊祐一) 「国語国文研究」 北海道大学国語国文学会 108 1998.3 p23～48
◇井上哲次郎の『訂増英華字典』に於ける訳語の修訂についての考察(1)符号に関わる訳語の修訂 (金敬雄) 「行政社会論集」 福島大学行政社会学会 12(2) 1999.7 p34～79
◇西洋哲学の受容―井上哲次郎の「現象即実在論」 (朴亨鎮) 「東洋大学大学院紀要」 東洋大学大学院 37(文学(哲学・仏教)) 2000 p72～56
◇井上哲次郎の『訂増英華字典』に於ける訳語の修訂についての考察(2)字順の変更に関わる訳語の修訂 (金敬雄) 「行政社会論集」 福島大学行政社会学会 13(1) 2000.4 p1～14
◇句(ウベルス)と節(スタンザー)の発生―『新体詩抄』という書物 (樋口恵) 「国文学研究」 早稲田大学国文学会 132 2000.10 p20～30
◇井上哲次郎の『訂増英華字典』に於ける訳語の修訂についての考察(IV)―訳語の修訂ミス (金敬雄) 「国際文化研究」 東北大学国際文化学会 第7号 2000.12 p239～254
◇井上哲次郎の『訂増英華字典』に於ける訳語の修訂についての考察(5)訳語の訂正 (金敬雄) 「行政社会論集」 福島大学行政社会学会 13(4) 2001 p1～33
◇井上哲次郎における東沢潟(東沢潟特集) (大島晃) 「陽明学」 二松学舎大学陽明学研究所 13 2001 p135～142
◇森鷗外・井上哲次郎・乃木希典―三者の関係 (宮本盛太郎) 「社会システム研究」 京都大学大学院人間・環境学研究科〔ほか〕 4 2001.2 p19～30
◇特別講演 思想における東洋と西洋の間に―井上哲次郎を中心として (ト崇道) 「中部哲学会年報」 中部哲学会 35 2002年度 p81～93
◇井上哲次郎の「比較宗教及東洋哲学」講義―明治20年代の宗教と哲学 (磯前順一) 「思想」 岩波書店 942 2002.10 p67～87
◇井上哲次郎の『訂増英華字典』に於ける訳語の増設についての考察―底本の英語に新設した訳語 (金敬雄) 「行政社会論集」 福島大学行政社会学会 17(2) 2004 p1～21
◇日本における哲学の方法―井上哲次郎から西田幾多郎へ (板橋勇仁) 「立正大学文学部論叢」 立正大学文学部 119 2004.3 p89～113
◇『新体詩抄』の「思想」 (宇治光洋) 「近畿大学日本語・日本文学」 近畿大学文芸学部 第8号 2006.3 p21～33
◇「国民道徳論」の形成に及ぼした儒学の影響に関する研究―井上哲次郎の儒学観と教育思想をめぐって(平成18年度〔慶應義塾大学〕大学院高度推進研究費助成金報告) (江島顕一) 「慶應義塾大学大学院社会学研究科紀要」 慶應義塾大学大学院社会学研究科 64 2007 p154～157
◇井上哲次郎による『国民道徳概論』改訂作業とその意味 (見城悌治) 「千葉大学人文研究」 千葉大学文学部 37 2008 p151～186
◇一九〇〇年前後日本における国民道徳論のイデオロギー構造(下)井上哲次郎と二つの「教育と宗教」論争にみる (繁田真爾) 「早稲田大学大学院文学研究科紀要 第3分冊」 早稲田大学大学院文学研究科 54 2008年度 p173～184
◇山路愛山と井上哲次郎の『記紀』・神道研究―天照大神信仰をめぐって (伊藤永志) 「年報日本思想史」 日本思想史研究会 7 2008.3 p1～7
◇言文一致と井上哲次郎 (山東功) 「言語文化学研究」 大阪府立大学人間社会学部言語文化学科 3日本語日本文学編 2008.3 p13～22
◇明治末期における国民道徳論の課題―井上哲次郎の立論を中心に (瓜谷直樹) 「教育文化」 同志社大学社会学部教育文化学研究室 17 2008.9 p113～87
◇明治期における井上哲次郎の「国民道徳論」の形成過程に関する一考察―『勅語衍義』を中心として (江島顕一) 「慶應義塾大学大学院社会学研究科紀要」 慶應義塾大学大学院社会学研究科 67 2009 p15～29
◇井上哲次郎の江戸儒学三部作について (井ノ口哲也) 「東京学芸大学紀要 2 人文社会科学系」 東京学芸大学 60 2009.1 p227～239
◇井上哲次郎と大東文化学院紛擾―漢学者養成機関における「皇学」論をめぐって (浅沼薫奈) 「東京大学史紀要」 東京大学史史料室 27 2009.3 p31～49

井上文雄　いのうえふみお　1800～1871
幕末, 明治期の国学者, 歌人。岸本由豆流に国学を学ぶ。
【図書】
◇渡辺刀水集2〈日本書誌学大系47(2)〉 (渡辺金造) 青裳堂書店 1986.10
【雑誌】
◇井上文雄研究特集　「江戸時代和歌」 12 1990.11
◇井上文雄の田園詠 (鈴木亮) 「成蹊国文」 成蹊大学文学部日本文学科 37 2004.3 p93～105
◇井上文雄研究史 (鈴木亮) 「成蹊人文研究」 成蹊大学大学院文学研究科 13 2005.3 p17～32
◇井上文雄著『道のさきはひ』―翻刻と解題 (鈴木亮) 「成蹊国文」 成蹊大学文学部日本文学科 38 2005.3 p109～113
◇井上文雄年譜稿 (鈴木亮) 「成蹊国文」 成蹊大学文学部日本文学科 39 2006.3 p98～110
◇井上文雄『老のくりごと』―翻刻と解題 (鈴木亮) 「東洋文化」 無窮会 97 2006.9 p40～47
◇井上淑蔭と江戸の歌人國學者―井上文雄との交流を通して (中澤伸弘) 「皇学館論叢」 皇学館大学人文学会 40(5) 2007.10 p1～24
◇井上文雄研究史(補遺) (鈴木亮) 「成蹊国文」 成蹊大学文学部日本文学科 41 2008.3 p89～97

井上淑蔭　いのうえよしかげ　1804～1886
幕末, 明治期の国学者。新政府に登用され大学中教授。
【雑誌】
◇井上淑蔭著「暴鴻異病考」の紹介 (林茂美) 「坂戸史談」 創刊号 1988.3
◇『石剣考』と井上淑蔭の考古学 (塩野博) 「国学院大学考古学資料館紀要」 国学院大学考古学資料館 19 2003.3 p127～140
◇井上淑蔭『歌合判詞評論』について―林信海との交流から (水野恵子) 「言語と交流」 言語と交流研究会 8 2005 p1～13
◇井上淑蔭と江戸の歌人國學者―井上文雄との交流を通して (中澤伸弘) 「皇学館論叢」 皇学館大学人文学会 40(5) 2007.10 p1～24
◇井上淑蔭『奉慕柿本大人歌』について (水野恵子) 「言語と交流」 言語と交流研究会 11 2008 p1～12

井上頼圀　いのうえよりくに　1839～1914
幕末, 明治期の国学者, 歌人。学習院教授。
【図書】
◇皇典講究所草創期の人びと　国学院大学 1982.11
◇傳 三古会創立50周年記念 第六輯　汲古書院 1982.11
◇墳保己一論纂(上巻) (温故学會編) 錦正社 1986.3

伊能穎則　いのうひでのり　1805～1877
幕末, 明治期の国学者。
【図書】
◇全国の伝承 江戸時代 人づくり風土記―ふるさとの人と知恵〈12〉千葉 (加藤秀俊, 谷川健一, 稲垣史生, 石川松太郎, 吉田豊編) 農山漁村文化協会 1990.11
◇俳林随筆 市井風流 (加藤郁乎著) 岩波書店 2004.12 276p

井深梶之助　いぶかかじのすけ　1854～1940
明治～昭和期のプロテスタント教育家。明治学院総理。
【図書】
◇日本人の終末観―日本キリスト教人物史研究 (野村耕三) 新教出版社 1981.5
◇明治人物拾遺物語―キリスト教の一系譜 (森井真) 新教出版社 1982.10
◇会津のキリスト教―明治期の先覚者列伝 (内海健寿著) キリスト新聞社 1989.5 (地方の宣教叢書)
◇近代日本社会思想史研究 (工藤英一著) 教文館 1989.7
◇井深梶之助書簡集―明治学院創立120周年記念 1877-1997 (秋山繁雄編) 明治学院 1997.8 396,18p
◇明治学院歴史資料館資料集 第1集　明治学院歴史資料館 2004.11 172p
【雑誌】
◇名古屋発植村正久の井深梶之助宛2書簡の年代について (真山光弥) 「金城学院大学論集」 113 1986.3

入江文郎　いりえふみお　1834～1878
幕末, 明治期のフランス語学者。
【図書】
◇日仏の交流―友好380年 (高橋邦太郎) 三修社 1982.5
【雑誌】
◇国際東洋会議と入江文郎 (桃裕行) 「日本歴史」 428 1984.1
◇明治初年日本人フランス留学生総代(松江出身)―博士 入江文郎―事

続と資料(1)（田中隆二）「山陰地域研究」島根大学山陰地域研究総合センター 12 1996.3 p64～56
◇明治初年日本人フランス留学生総代(松江出身)―博士 入江文郎―事績と資料(2)（田中隆二）「山陰地域研究」島根大学山陰地域研究総合センター 13 1996.8 p106～93

入沢達吉　いりさわたつきち　1865～1938
明治，大正期の医学者。東京帝国大学教授，宮内省侍医頭。
【図　書】
◇随筆春夏秋冬（弥生叢書）（小村定吉著）国鉄厚生事業協会 1986.8
◇父の書斎（有島行光ほか著）筑摩書房 1989.6（筑摩叢書）
◇読書閑適（富士川英郎著）小沢書店 1991.12
◇老年医学の先駆者たち―老年医学を学び，研修する人々のために（小沢利男著）ライフ・サイエンス 2006.5 178p

巖本善治　いわもとよしはる　1863～1942
明治～昭和期の女子教育家。
【図　書】
◇近代文学研究叢書52（昭和女子大学近代文学研究室）昭和女子大学近代文化研究所 1981.5
◇女性解放思想の源流―巖本善治と『女学雑誌』（野辺地清江著）校倉書房 1984.10
◇明治女学校の世界―明治女学校と「女学雑誌」をめぐる人間群像とその思想（藤田美実著）青英舎 1984.10
◇ふくろう通信―火山の山麓での生活（三田博雄著）草思社 1986.6
◇日本児童史の開拓（上笙一郎著）小峰書店 1989.5
◇仮構の感動―人間学の探求（作田啓一著）筑摩書房 1990.6
◇日本の『創造力』―近代・現代を開花させた470人〈8〉消費時代の開幕（竹内均著）日本放送出版協会 1992.11
◇日本近代女子高等教育史考―いま女子教育を問う（山田昇著）大空社 1999.3 296p
◇文学者の日記 4（星野天知著，日本近代文学館編）博文館新社 1999.7 402p（日本近代文学館資料叢書）
◇巖本善治と韓国の「女学」思想（金真regarding須）『日本・東アジアの国家・地域・人間 歴史学と文化人類学の方法から』（入間田宣夫編）入間田宣夫先生還暦記念論集編集委員会 2002.3 p254～
◇東京文壇事始（巌谷大四著）講談社 2004.1 353p（講談社学術文庫）
◇巖本善治―正義と愛に生きて（葛井義憲著）朝日出版社 2005.9 204p
◇若松賎子―黎明期を駆け抜けた女性（尾崎るみ著）港の人 2007.6 438p（港の人児童文化研究叢書）
【雑　誌】
◇「女学雑誌」の一考察―明治初期の女流文学者とその庇護者巖本善治（早野喜久江）「相模女子大学紀要」43 1980.2
◇女学雑誌にみる廃娼論とその影響―巖本善治を中心に（西村みはる）「日本女子大学紀要（文学部）」31 1981
◇「森」の舞台・庚申塚の明治女学校―巖本善治，後半生の再評価（磯崎嘉治）「日本古書通信」46(4) 1981.4
◇天皇制国家形成下のキリスト者の一断面―巖本善治の人間観をめぐって（片貝真佐子）「日本史研究」230 1981.10
◇巖本善治の女学思想と文学論（藤田美実）「立正大学人文科学研究所年報」21 1983
◇巖本善治の最晩年と「小公子」の森さん（磯崎嘉治）「日本古書通信」48(6) 1983.6
◇「人生相渉論争」の波紋（上）（佐藤善也）「立教大学研究報告 人文科学」43 1984
◇明治女学校と巖本善治（磯崎嘉治）「学鐙」83(5) 1986.5
◇天真をのばす教育―巖本善治の女子教育思想（松井祐子）「京都大学教育学部紀要」33 1987.3
◇巖本善治と『女学雑誌』―「女学思想」とその展開―（葛井義憲）「名古屋学院大学論集 人文・自然科学篇」24(1) 1987.6
◇巖本善治の近代家族論（三井須美子）「都留文科大学研究紀要」29 1988
◇「明治女学校」をめぐる作品群の形成（上）巖本善治連環探訪の一齣（磯崎嘉治）「明治村通信」212 1988.2
◇「明治女学校」をめぐる作品群の形成（中）巖本善治連環探訪の一齣（磯崎嘉治）「明治村通信」213 1988.3
◇巖本善治の人権・女権論の展開―女子教育論の前提として（中嶋みさき）「東京大学教育学部紀要」31 1991
◇巖本善治の女学論・廃娼論の考察（山田昇）「奈良女子大学文学部研究年報」35 1991
◇「少年世界」の少女欄―巖本善治・若松賎子のかかわり（飯干陽）「白百合児童文化」3 1992.3
◇巖本善治の小説―その男女観・恋愛観・結婚観の変遷に考えること（石井妙子）「白百合児童文化」5 1994.7
◇ミッションスクールに女たちの求めたもの（特集・女は宗教になにを求めるか）（奥田暁子）「思想の科学」516 1994.9
◇巖本善治と研成義塾―井口喜源治覚書（葛井義憲）「名古屋学院大学論集 社会科学篇」名古屋学院大学産業科学研究所 31(4) 1995.4 p1～25
◇女学生作家の登場―『藪の鶯』『婦女の鑑』，巖本善治の小説を中心にして（中山清美）「名古屋近代文学研究」名古屋近代文学研究会 16 1998.12 p21～37
◇巖本善治における女子教育とキリスト教（共生社会における人間文化の研究―変革期における女子教育）（帆苅猛）「生活文化研究」関東学院女子短期大学生活文化研究所 8 2001.3 p79～90
◇本・人・出版社(46)若松賎子『忘れがたみ』―桜井鷗村・島崎藤村・戸川残花・巖本善治（紅野敏郎）「国文学解釈と鑑賞」至文堂 67(10) 2002.10 p204～207
◇「小さき者」とともに―巖本善治の言行（葛井義憲）「名古屋学院大学論集 社会科学篇」名古屋学院大学総合研究所 40(1) 2003 p114～104
◇同化と侵略―巖本善治の言行（葛井義憲）「名古屋学院大学論集 人文・自然科学篇」名古屋学院大学総合研究所 41(1) 2004 p60～49
◇巖本善治と石井亮一―窮乏と愛（葛井義憲）「名古屋学院大学論集 人文・自然科学篇」名古屋学院大学総合研究所 40(2) 2004 p76～62
◇婦女とともに―巖本善治の言行（葛井義憲）「名古屋学院大学論集 人文・自然科学篇」名古屋学院大学総合研究所 42(1) 2005 p72～61
◇巖本善治と渡良瀬川の悲劇（葛井義憲）「名古屋学院大学論集 社会科学篇」名古屋学院大学総合研究所 41(3) 2005 p258～245
◇「恋愛」をめぐって―明治20年代のセクシュアリティ（山根宏）「立命館言語文化研究」立命館大学国際言語文化研究所 19(4) 2008.3 p315～332
◇内田不知庵研究―美術論に窺える巖本善治との差異を中心に（三浦大輔）「国文学踏査」大正大学国文学会 20 2008.3 p107～120

ウィグモア, J.　Wigmore, John Henry　1863～1943
アメリカの法学者。1889年来日，英米法を教授。
【図　書】
◇手塚豊著作集〈第9巻〉明治法学教育史の研究（手塚豊著）慶応通信 1988.3
◇福沢諭吉の法思想―視座・実践・影響（安西敏三, 岩谷十郎, 森征一編著）慶応義塾大学出版会 2002.8 349,13p
【雑　誌】
◇ウィグモアと旧司法省編纂近世法制史料（山田好司）「法の支配」56 1983.10
◇『徳川法制資料集』の英訳とJ・H・ウィグモア（鈴木一郎）「UP」175 1987.5
◇ジョン・ヘンリー・ウィグモアの残した二つの契約書―「日本関連文書」の構造とその研究（岩谷十郎）「近代日本研究」慶応義塾福沢研究センター 第13巻 1997.3 p25～63
◇日本におけるジョン・ヘンリー・ウイグモアの業績と教訓（千種秀夫）「法の支配」日本法律家協会 112 1999.1 p2～5
◇書簡に見る福澤人物誌(13)シモンズ・ウィグモア・福澤―旧時代の法制度を見る視点（岩谷十郎）「三田評論」慶応義塾 1079 2005.5 p38～43

ウィルソン, H.　Wilson, Horace E.　1843～1927
アメリカの教育家。1871年来日，大学南校などで教授。
【図　書】
◇明治五年のプレーボール―初めて日本に野球を伝えた男―ウィルソン（佐山和夫著）日本放送出版協会 2002.8 221p
【雑　誌】
◇日本野球の父，ホーレス・ウィルソン（スポーツ・ブレイク〔8〕）（佐山和夫）「潮」488 1999.10 p264～265

ウェスト, C.　West, Charles Dickinson　1848～1908
イギリスの機械工学者。1882年来日，造船学を教授。
【図　書】
◇御雇外国人教師ウェスト資料集（滝沢正順編）滝沢正順 1998.3 251p
【雑　誌】
◇ウェスト先生と明治の工学教育―機械と学生とヨットを愛して25年（武智ゆり）「近代日本の創造史」近代日本の創造史懇話会 3 2007.3 p22～30

上田万年　うえだかずとし　1867～1937
明治～昭和期の言語学者。帝国大学教授，神宮皇学館館長。
【図　書】
◇国語学史（シリーズ名講義ノート）（上田万年講述，新村出筆録，古田東朔校訂）教育出版 1984.2
◇夢うつつの記（円地文子著）文芸春秋 1987.3

◇父の書斎 （有島行光ほか著） 筑摩書房 1989.6 （筑摩叢書）
◇忘れ得ぬ人々 （辰野隆著） 講談社 1991.2 （講談社文芸文庫―現代日本のエッセイ）
◇海を越えた俳句 （佐藤和夫著） 丸善 1991.5 （丸善ライブラリー）
◇金田一京助 （藤本英夫著） 新潮社 1991.8 （新潮選書）
◇金田一京助全集〈第2巻〉国語学（1） （金田一京助著, 金田一京助全集編集委員会編） 三省堂 1992.7
◇上田万年をめぐる二、三のことども―専門学務局長就任から国語調査委主事辞任まで （清水康行） 『国語学論集』（山口明穂教授還暦記念会編） 明治書院 1996.6 p518
◇言語学の日本的受容―ガーベレンツ、ソシュール、上田万年 （田中克彦） 『言語・国家、そして権力』（田中克彦, 山脇直司, 糟谷啓介編） 新世社 1997.10 （ライブラリ相関社会科学 4） p3
◇新版 忘れぬ国文学者たち―并、憶い出の明治大正 （伊藤正雄著） 右文書院 2001.6 401p
◇日本近代思想の相貌―近代的「知」を問いただす （網沢満昭著） 晃洋書房 2001.9 260p
◇上田万年の万葉コレクション―日本大学文理学部図書館所蔵「上田文庫」 （梶川信行, 野口恵子編） 日本大学文理学部 2002.3 48p
◇日本語一〇〇年の鼓動―日本人なら知っておきたい国語辞典誕生のいきさつ （倉島長正著） 小学館 2003.3 318p
◇日本語学は科学か―佐久間鼎とその時代 （安田敏朗著） 三元社 2004.9 344p

【雑　誌】
◇上田萬年の作文教授論 （生野金三） 「教育方法学研究（日本教育方法学会）」 10 1984
◇明治期における古典学者―上田万年（続・古典学者の群像―明治から昭和戦前まで〈特集〉） （鈴木日出男） 「国文学解釈と鑑賞」 57(8) 1992.8
◇上田万年とW.D.ホイットニー―近代日本「国語」政策の基底 （鈴木広光） 「国語学」 176 1994.3
◇近代日本の国体イデオロギーと台湾の植民地統治―上田万年の国語観を中心に （陳培豊） 「中国研究月報」 中国研究所 571 1995.9 p16～37
◇上田万年覚書 （富家素子） 「新潮」 新潮社 95(5) 1998.5 p212～228
◇上田万年試論 （網沢満昭） 「近畿大学教養部紀要」 近畿大学教養部 31(1) 1999 p164～151
◇日本の近代国語教育思想の形成と上田万年 （宝力朝魯） 「教育思想」 東北教育哲学教育史学会 27 2000 p133～145
◇日本の近代国語教育思想の形成と上田万年 （宝力朝魯） 「教育思想」 東北教育哲学教育史学会 第27号 2000.2 p133～145
◇上田万年・芳賀矢一・橋本進吉―日本近代の国語国文学研究者（その1） （竹長吉正） 「埼玉大学紀要〔教育学部〕人文・社会科学」 埼玉大学教育学部 50（2分冊1） 2001 p1～18
◇上田万年・芳賀矢一・橋本進吉―日本近代の国語国文学研究者（その2） （竹長吉正） 「埼玉大学紀要〔教育学部〕人文・社会科学」 埼玉大学教育学部 51（1分冊1） 2002 p1～23
◇上田万年の方言観 （宝力朝魯） 「教育思想」 東北教育哲学教育史学会 29 2002 p19～27
◇上田万年における作文教育論と言語観の展開―『作文教授法』の分析を中心に （多和田真理子） 「教育方法学研究」 日本教育方法学会 28 2002 p83～94
◇上田万年の方言論について （宝力朝魯） 「教育思想」 東北教育哲学教育史学会 第29号 2002.3 p19～27
◇「辺境」の語りと言語空間の均質化―上田万年・保科孝一・山田孝雄の言語認識におけるナショナリティのゆらぎと構築 （福間良明） 「社会システム研究」 京都大学大学院人間・環境学研究科〔ほか〕 5 2002.3 p139～163
◇近代における『万葉集』研究史の一断章―上田万年をめぐって （野口恵子） 「美夫君志」 美夫君志会 65 2002.10 p41～53
◇明治後期以降の作文教育における上田万年の位置 （宝力朝魯） 「東北大学大学院教育学研究科研究年報」 東北大学大学院教育学研究科 53(1) 2004.10 p43～63
◇上田万年とその周辺―明治・大正の言語学（その2） （佐藤喜之） 「学苑」 昭和女子大学 769 2004.11 p57～65
◇「帝国の語り」の射程―上田万年から金田一京助へ（特集 春季企画/連続シンポジウム 先住民という言葉に内実を与えるために―シンポジウム3 国語学とアイヌ語学の分岐点―金田一京助と知里幸恵） （安田敏朗） 「立命館言語文化研究」 立命館大学国際言語文化研究所 16(3) 2005.2 p101～111
◇明治後期以降における国語教育への上田万年の影響 （宝力朝魯） 「東北大学大学院教育学研究科研究年報」 東北大学大学院教育学研究科 53(2) 2005.3 p31～49
◇上田万年「P音考」の学史上の評価について （内田智子） 「名古屋大学国語国文学」 名古屋大学国語国文学会 97 2005.12 p98～84
◇遁辞としての権力―上田万年と『口語法』『口語法別記』（特集 フォーミュラ―声と知を繋ぐもの） （中山昭彦） 「文学」 岩波書店 7(2)

2006.3・4 p127～141
◇明治期における綴り方の指導法について―上田万年と保科孝一の指導理念をめぐって（特集 国語学・国語教育） （清水登） 「解釈」 解釈学会, 電算出版企画 52(5・6) 2006.5・6 p15～19
◇「国語」と「古文」の境界線をめぐる対立―『尋常中学校教科細目調査報告』(1898(明治31)年)における上田万年と小中村義象（研究論文） （八木雄一郎） 「国語科教育」 全国大学国語教育学会 第61集 2007.3 p27～34
◇上田万年『国語のため』（日本語学の読書案内―名著を読む―第2部 分野別名著案内） （金子亨） 「日本語学」 明治書院 26(5臨増) 2007.4 p32～34
◇上田萬年との翻訳論争(1895年)に見るカール・フローレンツの西洋中心主義 （辻朋季） 「論叢」 筑波大学人文社会科学研究科現代語・現代文化専攻 3 2009.10 p65～90

上田及淵　うえだしきぶち　1819～1879
幕末, 明治期の国学者。
【図　書】
◇上田及淵伝 （安原秀魁著）〔安原秀魁〕 1991.10

上田寅吉　うえだとらきち　1823～1890
幕末, 明治期の造船技術者。横須賀造船所大工長。
【図　書】
◇幕府オランダ留学生 （宮永孝） 東京書籍 1982.3 （東書選書 73）
◇日本の『創造力』―近代・現代を開花させた470人〈1〉御一新の光と影 （富田仁編） 日本放送出版協会 1992.12
◇幕末・明治 匠たちの挑戦―現代に甦るプロジェクトリーダーの本質 （長尾剛著） 実業之日本社 2004.4 243p

上原六四郎　うえはらろくしろう　1848～1913
明治期の音楽理論家。
【図　書】
◇音楽理論を考える （東川清一著） 音楽之友社 1987.11
◇下谷長者町ありし頃 （菅山修二著） 文芸社 2001.10 95p
【雑　誌】
◇明治の才人 上原六四郎―芸術資料館所蔵の素描とその作者 （薩摩雅登） 「東京芸術大学美術学部紀要」 東京芸術大学美術学部 31 1996.3 p1～35

植松茂岳　うえまつしげおか　1794～1876
幕末, 明治期の国学者。
【図　書】
◇植松茂岳 第1部 （植松茂） 愛知県郷土資料刊行会 1982.8
◇植松茂岳 第2部 （植松茂著） 愛知県郷土資料刊行会 1985.7
◇植松茂岳 第3部 （植松茂著） 植松茂 1988.12
【雑　誌】
◇植松茂岳覚書 （植松茂） 「国語と国文学」 57(6) 1980.6
◇植松茂岳（しげおか）に関する悪評について （植松茂） 「郷土研究」 31 1982.3
◇植松茂岳伝記資料解説(1) （植松茂） 「中部工業大学紀要 B」 19 1983.10
◇植松茂岳伝記資料解説(2) （植松茂） 「中部大学国際関係学部紀要」 1 1985.3

浮田和民　うきたかずたみ　1859～1946
明治～昭和期の政治学者。早稲田大学教授。
【図　書】
◇新島襄全集を読む （伊藤弥彦編） 晃洋書房 〔2002.2〕 268,7p （同志社大学人文科学研究所研究叢書）
◇大正デモクラシー期の政治思想 （栄沢幸二） 研文出版 1981.9
◇政治科学の先駆者たち―早稲田政治学派の源流 （吉村正） サイマル出版会 1982.5
◇大正デモクラシーの群像 （鈴木正節） 雄山閣 1983.2
◇近代日本と早稲田の思想群像 2 （早稲田大学社会科学研究所日本近代思想部会編） 早稲田大学出版部 1983.5
◇早稲田百年と社会学―早稲田大学文学部社会学研究室 （「早稲田百年と社会学」編集委員会編） 早稲田大学出版部 1983.7
◇日本リベラリズムの稜線 （武田清子著） 岩波書店 1987.12
◇日本資本主義の教育像 （尾崎ムゲン著） （京都）世界思想社 1991.11
◇アメリカ政治学への視座―早稲田政治学の形成過程 （内田満著） 三嶺書房 1992.3
◇「東西文明調和論」をめぐる大隈重信と浮田和民 （間宮国夫〔パネリスト〕）『自由の風土・在野の精神』（同志社大学人文科学研究所編） 同志社大学人文科学研究所 1995.2 （人文研ブックレット no.2） p33
◇浮田和民先生追懐録―伝記・浮田和民 大空社 1996.7 414,5p （伝

記叢書）
◇政治に美学を、政治学に志を（内田満著）三嶺書房 1999.9 243p
◇内田満政治学論集 1（内田満著）早稲田大学出版部 2000.3 293,5p
◇日本畸人伝―明治・七人の侍（鈴木明著）光人社 2000.10 301p
◇シュタイナー入門（河西善治編,ヨハネス・ヘルレーベン著,川合増太郎,定方昭夫訳）ぱる出版 2001.7 268p
◇雑誌『太陽』と国民文化の形成（鈴木貞美編）思文閣出版 2001.7 616p
◇民友社とその時代―思想・文学・ジャーナリズム集団の軌跡（西田毅,和田守,山田博光,北野昭彦編）ミネルヴァ書房 2003.12 533,9p
◇浮田和民の思想史的研究―倫理的帝国主義の形成（姜克実著）不二出版 2003.12 548,12p
◇藤原保信著作集 6（藤原保信著,荻原隆,梅森直之編）新評論 2005.8 393,11p
◇早稲田政治学史研究―もう一つの日本政策学史（内田満著）東信堂 2007.10 303p
【雑誌】
◇立憲改進党系思想家の憲法観・国家観―小野梓と浮田和民（特集・大日本帝国憲法）（栄沢幸二）「歴史公論」7(3) 1981.3
◇大正デモクラシーの群像(3)浮田和民（鈴木正節）「歴史公論」8(1) 1982.1
◇『六合雑誌』と浮田和民（尾崎ムゲン）「キリスト教社会問題研究」30 1982.2
◇L.L.ジェーンズの浮田和民への書簡（田中啓介）「熊本女子大学学術紀要」34 1982.3
◇浮田・煙山・野々村・定金四先生と私（中西敬二郎）「早稲田大学史記要」15 1982.3
◇浮田和民における倫理的帝国主義の形成(1)（宮本盛太郎）「法学論叢（京大）」112(3) 1982.12
◇浮田和民における倫理的帝国主義の形成(2)（宮本盛太郎）「法学論叢（京大）」114(1) 1983.1
◇浮田和民著作目録（松田義男編）「早稲田大学史記要」16 1983.3
◇浮田,煙山両先生の大正はじめの処遇（増田富寿）「早稲田大学史記要」16 1983.10
◇浮田和民と倫理的帝国主義（松田義男）「早稲田政治公法研究」12 1983.12
◇浮田和民著作目録補遺(1)（松田義男編）「早稲田大学史記要」17 1985.1
◇浮田和民における理想主義国家論の展開―『政治原論』早稲田大学政治経済科明治44年度講義録第1編「国家論」を中心に―（松田義男）「早稲田政治公法研究」16 1985.3
◇浮田和民の大アジア主義（中村尚美）「社会科学討究（早稲田大学大隈記念社会科学研究所）」32(2) 1986.12
◇浮田和民の政治思想(1)「太陽」主幹期を中心に（松田義男）「早稲田大学史記要」21 1989.3
◇浮田和民研究「愛神愛人の宗教」―在熊時代における受容とその展開（榎本久人）「民衆史研究」38 1989.11
◇浮田和民のアジア観（中村尚美）「社会科学討究（早稲田大学大隈記念社会科学研究所）」35(2) 1989.12
◇大正デモクラットと人種問題―浮田和民を中心に（間宮国夫）「人文社会科学研究（早稲田大学理工学部一般教育人文社会科学研究会）」30 1990.3
◇浮田和民の政治思想―「太陽」主幹期を中心に(2)（松田義男）「早稲田大学史記要」22 1990.3
◇浮田和民の政治思想―「太陽」主幹期を中心に(3)（松田義男）「早稲田大学史記要」24 1992.3
◇早稲田政治学における政党研究の源流―山田一郎と浮田和民の政党論（内田満）「早稲田政治経済学雑誌」309・310 1992.4
◇「太陽」主幹浮田和民誕生余話―書翰1通（広瀬順晧）「日本古書通信」60(3) 1995.3 p16～17
◇本好き人好き(87)上司小剣の見るところ―上司小剣『小ひさき窓より』,浮田和民『理想と現実』（谷沢永一）「國文學 解釈と教材の研究」灯社 41(14) 1996.12 p164～167
◇浮田和民における文明論と辛亥革命という事件（神谷昌史）「大東法政論集」大東文化大学大学院法学研究科 第6号 1998.3 p75～100
◇浮田和民の宗教思想（姜克実）「岡山大学文学部紀要」岡山大学文学部 30 1998.12 p280～262
◇1901年の「新日本」―浮田和民における「倫理的帝国主義」の成立（神谷昌史）「大東法政論集」大東文化大学大学院法学研究科 7 1999.3 p73～91
◇浮田和民の宗教思想(2)（姜克実）「岡山大学文学部紀要」岡山大学文学部 31 1999.7 p204～183
◇浮田和民の宗教思想(3)（姜克実）「岡山大学文学部紀要」岡山大学文学部 32 1999.12 p252～223
◇浮田和民の宗教思想(4)文明と進化の理論―ジャーナリストとして（1883年～86年）（姜克実）「岡山大学文学部紀要」岡山大学文学部 33 2000.7 p152～119

◇浮田和民の宗教思想(5)（姜克実）「岡山大学文学部紀要」岡山大学文学部 34 2000.12 p298～277
◇「東西文明調和論」の三つの型―大隈重信・徳富蘇峰・浮田和民（政治篇）（神谷昌史）「大東法政論集」大東文化大学大学院法学研究科 9 2001.3 p159～180
◇浮田和民の宗教思想(6)（姜克実）「岡山大学文学部紀要」岡山大学文学部 35 2001.7 p206～176
◇独立と紛争の時代―浮田和民の宗教思想(7)（姜克実）「岡山大学文学部紀要」岡山大学文学部 36 2001.12 p154～131
◇倫理的帝国主義の形成―浮田和民の日露開戦反対論（姜克実）「岡山大学文学部紀要」岡山大学文学部 37 2002 p284～258
◇大正デモクラシーの先駆者―日露戦後の浮田和民（姜克実）「岡山大学文学部紀要」岡山大学文学部 38 2002.12 p278～260
◇民衆・群衆・公衆―浮田和民の民衆観とデモクラシー（特集〔大東文化大学 国際比較政治研究所〕国際シンポジウム2008 公共サービス・市場・市民社会―公共サービスの民間開放の功罪と意味）（神谷昌史）「国際比較政治研究」大東文化大学国際比較政治研究所 18 2009.3 p76～92

内田五観　うちだいつみ　1805～1882
幕末,明治期の天文・暦学家。
【図書】
◇幕末におけるヨーロッパ学術の受容の一断面―内田五観・高野長英・佐久間象山（川尻信夫）東海大学出版会 1982.3
◇数学の文明開化（佐藤健一著）時事通信社 1989.9
◇和算の歴史―その本質と発展（平山諦著）筑摩書房 2007.7 281p（ちくま学芸文庫）
◇文明開化の数学と物理（蟹江幸博,並木雅俊著）岩波書店 2008.11 120p（岩波科学ライブラリー）
【雑誌】
◇和算家ノート（古川氏清,小野栄重,内田五観,大村一秀,萩原信芳,柳原吉次）（平山諦）「数学史研究（日本数学史学会）」105 1985.6
◇内田五観「彗星真言」―校注と解説（数学史の研究）（島野達雄,湯谷博）「数理解析研究所講究録」京都大学数理解析研究所 1130 2000.2 p29～40

内村鱸香　うちむらろこう　1821～1901
幕末,明治期の儒学者,松江藩士。
【雑誌】
◇内村鱸香伝記考証序説（上）（佐野正巳）「人文研究（神奈川大学人文学会）」87 1983
◇内村鱸香伝記考証序説―中―（佐野正巳）「人文研究（神奈川大学人文学会）」93 1985

宇都宮三郎　うつのみやさぶろう　1834～1902
明治期の蘭学者,化学技術者。
【図書】
◇西郷隆盛よ,江戸を焼くな（高野澄著）読売新聞社 1986.12
◇日本の『創造力』―近代・現代を開花させた470人〈2〉殖産興業への挑戦（富田仁編）日本放送出版協会 1993.1
◇医学・洋学・本草学者の研究―吉川芳秋著作集（吉川芳秋著,木村陽二郎,遠藤正治編）八坂書房 1993.10
◇舎密から化学技術へ―近代技術を拓いた男・宇都宮三郎 豊田市郷土資料館特別展（豊田市郷土資料館編）豊田市教育委員会 2001.11 131p
◇東国科学散歩（西条敏美著）裳華房 2004.3 174p
◇日本の技術者―江戸・明治時代（中山秀太郎著,技術史教育学会編）雇用問題研究会 2004.8 206p
◇日本の化学の開拓者たち（芝哲夫著）裳華房 2006.10 147p（ポピュラー・サイエンス）
【雑誌】
◇冶金・窯業・化学工業の超人―宇都宮三郎（産業革命家の軌跡(10)）（西東玄）「社員教育」315 1980.12
◇耐火煉瓦の先覚者―宇都宮三郎（竹内清和）「耐火物」33(276) 1981.1
◇わが国セメントの先駆者・宇都宮三郎（竹内清和）「セメント・コンクリート」420 1982.2
◇日本の窯業と宇都宮三郎（神谷健一）「三田評論」824 1982.4
◇宇都宮三郎年譜（竹内清和）「郷土文化」45(2) 1990.12
◇近代日本のセラミックス産業と科学・技術の発展に尽力した偉人,怪人,異能,努力の人々(33)明治初期の化学工業,特に明治維新後のセメント,耐火レンガなどの製造発展に尽力した最後の蘭学者,そして日本最初の近代化学技術者 宇都宮三郎氏（宗宮重行）「マテリアルインテグレーション」ティー・アイ・シィー 22(3) 2009.3 p52～60

梅謙次郎
うめけんじろう　1860～1910
明治期の法学者。法学博士、帝国法科大学教授。

【図　書】
◇梅謙次郎著書及び論文目録―その書誌学的研究 覚書　(岡孝, 江戸恵子編著)　岡孝　1985
◇日本の『創造力』―近代・現代を開花させた470人〈7〉驀進から熟成へ　(富田仁編)　日本放送出版協会　1992.11
◇消滅時効法の原理と歴史的課題　(内池慶四郎著)　成文堂　1993.10 (消滅時効法研究)
◇博士梅謙次郎―伝記・梅謙次郎　(東川徳治著)　大空社　1997.11　32,286,6p　(伝記叢書)
◇韓国司法制度と梅謙次郎　(李英美著)　法政大学出版局　2005.11　267,18p
◇日本近代法学の揺籃と明治法律学校　(村上一博編著)　日本経済評論社　2007.3　278p　(明治大学社会科学研究所叢書)

【雑　誌】
◇明治期贈与論考―穂積陳重と梅謙次郎の所得を中心に―　(村上一博)「六甲台論集 (神戸大学)」31(1) 1984.4
◇植民地における「旧慣」と法　(春山明哲)「季刊三千里」41 1985.2
◇梅謙次郎著書及び論文目録―その書誌学的研究 (覚書)　(岡孝, 江戸恵子編)「法学志林」82(3・4) 1985.3
◇時効の制度倫理と援用の問題―梅謙次郎とボアソナードを結ぶもの(1)　(内池慶四郎)「法学研究 (慶応義塾大学法学研究会)」61(3) 1988.3
◇松江藩お雇いフランス人教師研究余録(2)『山陰新聞』報道の二仏人の教え子達の活躍 山口半七・梅謙次郎・落合豊三郎・竹内平太郎篇　(田中隆二)「山陰地域研究」7 1991.3
◇明治民法と梅謙次郎―帰国100年を機にその業績を振り返る〔含 年譜〕　(岡孝)「法学志林」88(4) 1991.3
◇韓国における梅謙次郎の立法事業　(内藤正中)「島大法学」35(3) 1991.11
◇大津事件に関する梅謙次郎意見書　(安岡昭男)「法学志林」法政大学法学志林協会　94(3) 1997.3 p141～147
◇外国人の私権と梅謙次郎(1)　(大河純夫)「立命館法学」立命館大学法学会　253 1997.10 p474～486
◇特集 民法100年と梅謙次郎　「法律時報」日本評論社　70(7) 1998.6 p6～61
◇二人の自然法学者 ボワソナードと梅謙次郎―ナポレオン法典と日本の近代化/ボワソナードを中心として(2)　(吉田克己)「法律時報」日本評論社　71(3) 1999.3 p74～82
◇日本近代法の父・梅謙次郎博士が語った「法学研究の心得」　(高田晴仁)「三色旗」慶応通信　628 2000.7 p2～12
◇法政大学を創った人々―薩埵正邦・ボアソナードから梅謙次郎へ　(岡孝)「学鐙」丸善　97(9) 2000.9 p8～11
◇朝鮮統監府における法務補佐官制度と慣習調査事業(1)梅謙次郎と小田幹治郎を中心に　(李英美)「法学志林」法政大学法学志林協会　98(1) 2001.1 p193～249
◇朝鮮統監府における法務補佐官制度と慣習調査事業(2)梅謙次郎と小田幹治郎を中心に　(李英美)「法学志林」法政大学法学志林協会　98(4) 2001.3 p127～190
◇朝鮮統監府における法務補佐官制度と慣習調査事業(3)梅謙次郎と小田幹治郎を中心に　(李英美)「法学志林」法政大学法学志林協会　99(2) 2001.12 p197～242
◇梅謙次郎の足跡を訪ねて―松江・リヨン・ベルリン　(岡孝)「書斎の窓」有斐閣　511 2002.1 p16～19
◇朝鮮統監府における法務補佐官制度と慣習調査事業(4)梅謙次郎と小田幹治郎を中心に　(李英美)「法学志林」法政大学法学志林協会　99(3) 2002.1 p183～223
◇朝鮮統監府における法務補佐官制度と慣習調査事業(5)(完)梅謙次郎と小田幹治郎を中心に　(李英美)「法学志林」法政大学法学志林協会　99(4) 2002.3 p131～190
◇梅謙次郎と朝鮮高等法院―日韓司法交流の始まり　(金祥洙)「法の支配」日本法律家協会　137 2005.4 p62～74
◇梅謙次郎『最近判例批評』の商法学的意義―現代商法学のために　(高田晴仁)「法学研究」慶応義塾大学法学研究会　81(5) 2008.1 p1～39
◇比較史的側面からみた梅謙次郎の法思想と朝鮮における民法典構想の意義　(金成龍, 李正勲〔訳〕)「東洋文化研究」学習院大学東洋文化研究所　10 2008.3 p99～136
◇契約法の中の強行規定(上)梅謙次郎の「持論」の今日的意義　(浅場達也)「NBL」商事法務　891 2008.10.15 p23～32
◇契約法の中の強行規定(中)梅謙次郎の「持論」の今日的意義　(浅場達也)「NBL」商事法務　892 2008.11.1 p40～48
◇契約法の中の強行規定(下)梅謙次郎の「持論」の今日的意義　(浅場達也)「NBL」商事法務　893 2008.11.15 p47～55
◇ロー・クラス 現行民法典を創った人びと(3)起草委員―穂積陳重・富井政章・梅謙次郎　(七戸克彦)「法学セミナー」日本評論社　54(7) 2009.7 p64～66

エアトン, W.　Ayrton, William Edward　1847～1908
イギリスの電気工学者。1878年日本初のアーク灯を点灯。

【雑　誌】
◇わが国電灯初点灯を指導したエアトン教授―その生涯と家族(資料)　(深津正)「照明学会誌」68(5) 1984.5
◇学問の歩きオロジー 電気工学の祖ウィリアム・エアトン(1)研究と教育に明け暮れた5年　(水谷仁)「Newton」ニュートンプレス　29(3) 2009.3 p104～111
◇学問の歩きオロジー 電気工学の祖ウィリアム・エアトン(2)エアトンとともに生きた人々　(水谷仁)「Newton」ニュートンプレス　29(4) 2009.4 p96～103

江木鰐水　えぎがくすい　1810～1881
幕末, 明治期の儒学者。

【図　書】
◇全国の伝承 江戸時代 人づくり風土記―ふるさとの人と知恵〈34〉広島　(加藤秀俊, 谷川健一, 稲垣史生, 石川松太郎, 吉田豊編)　農山漁村文化協会　1991.3

【雑　誌】
◇江木鰐水碑　(三島中洲)「碑文」5 1992.3

エッケルト, F.　Eckert, Franz von　1852～1916
ドイツの音楽家。1879年海軍軍楽隊教師として来日。

【図　書】
◇日本の洋楽―ペリー来航から130年の歴史ドキュメント〈1〉　(大森盛太郎著)　新門出版社　1986.12
◇開化異国(おつくに)助っ人奮戦記　(荒尾宏著, 安井仁撮影)　小学館　1991.2
◇洋楽導入者の軌跡―日本近代洋楽史序説　(中村理平著)　刀水書房　1993.2
◇三つの君が代―日本人の音と心の深層　(内藤孝敏著)　中央公論新社　1999.8 248p　(中公文庫)

【雑　誌】
◇お雇い外国人 フランツ・エッケルト―音楽教育への貢献　(大月玄之)「三重大学教育学部研究紀要 教育科学」40 1989

エッゲルト, U.　Eggert, Udo　1848～1893
ドイツの経済学者。1887年来日, 帝国大学講師。

【図　書】
◇日本工業先覚者史話　(福本和夫)　論創社　1981.7
◇人物・日本資本主義 4 明治のイデオローグ　(大島清ほか著)　東京大学出版会　1983.6

海老名リン　えびなりん　1849～1909
明治期の教育者。幼児および女子教育に尽力。

【図　書】
◇物語 妻たちの会津戦争　(宮崎十三八編)　新人物往来社　1991.3
◇海老名季昌・リンの日記　(玉川芳男編著)　歴史春秋出版　2000.2 212p

【雑　誌】
◇海老名リンの生涯と精神　(玉川芳男)「会津史談」55 1981.11

エルメレンス, C.　Ermerins, Christian Jacob　1841～1880
オランダの医学者。1870年来日, 大阪医学校で教授。

【図　書】
◇医学近代化と外人たち(6)横浜オランダ海軍病院医師(メーエル, ヨング)とボードインの後任医師(マンスフェルト, エルメレンス)　(石田純郎)「臨床科学」21(10) 1985.10

大国隆正　おおくにたかまさ　1792～1871
幕末, 明治期の国学者。内国事務局権刑事。

【図　書】
◇近代日本の宗教思想運動　(脇本平也編)　脇本平也　1980.3　(平田篤胤・大国隆正・教派神道)
◇日本の社会と宗教―千葉乗隆博士還暦記念論集　同朋舎出版　1981.12
◇神々の相克―文化接触と土着主義　(中牧弘允編)　新泉社　1982.12
◇日本文学史の新研究　(臼田甚五郎先生の古稀を祝ふ会, 記念論文集編集委員会編)　三弥井書店　1984.1
◇複眼の神道家たち　(菅田正昭著)　八幡書店　1987.6
◇田中義昭先生退官記念論集　田中義昭先生退官記念論集刊行委員会　1989.3
◇幕末民衆思想の研究―幕末国学と民衆宗教　(桂島宣弘著)　京都文理閣　1992.4
◇大国隆正伝の一資料―転写本『隆正書簡文集』所載の隆正書簡をめぐって　(南啓治)『日本社会における王権と封建』(阿部猛編)　東京堂出版　1997.7 p272

◇大国隆正の研究　（松浦光修著）　大明堂　2001.9　255p
◇近世神道と国学　（前田勉著）　ぺりかん社　2002.2　497p
◇芳賀登著作選集　第6巻　（芳賀登著）　雄山閣　2003.8　373p
◇兼好法師の虚像―偽伝の近世史　（川平敏文著）　平凡社　2006.9　316p　（平凡社選書）
◇日本近世思想史研究　（玉懸博之著）　ぺりかん社　2008.3　471,7p
【雑　誌】
◇幕末における「宗教」と「歴史」―大国隆正における宗教論と歴史論との関連をめぐって　（玉懸博之）「東北大学文学部研究年報」31　1981
◇大国隆正・小野拾遺―住吉神社の絵馬　（坂田三郎）「小野史談」3　1984.7
◇一柳末徳侯書状（本要寺蔵「門川文書」）（松村義臣釈文）「播磨小野史談」4　1985.1
◇大国隆正の平田篤胤入門に関する一考察　（松浦光修）「皇学館論叢」19(4)　1986.9
◇大国隆正の人間形成観に関する考察―「四魂」と「三道三欲」説を中心に　（内山宥昭）「工学院大学研究論叢」25　1987.12
◇ペリー来航と大国隆正　（武田秀章）「神道学（出雲版刊）」140　1989.2
◇大国隆正の倫理思想　（小寺正敏）「田中義昭先生退官記念論集」1989.3
◇大国隆正「球上一覧」―翻刻と注釈(1)　（森瑞枝）「国学院大学日本文化研究所紀要」64　1989.9
◇文久・慶応期の大国隆正　（武田秀章）「国学院大学日本文化研究所紀要」64　1989.9
◇大国隆正「球上一覧」―翻刻と注釈(2)　（森瑞枝）「国学院大学日本文化研究所紀要」65　1990.3
◇大国隆正・正武と神戸　（岡田清）「神戸史談」267　1990.8
◇大国隆正の歌論　（浅野三平）「日本女子大学紀要　文学部」41　1991
◇復古神道における〈出雲〉―出雲思想史の1つの試みとして〔下〕（原武史）「思想」810　1991.12
◇大国隆正『古事記聞書』(1)未刊史料の紹介と翻刻　（松浦光修）「史料（皇学館大学）」119　1992.6
◇大国隆正『古事記聞書』(2)未刊史料の紹介と翻刻　（松浦光修）「史料（皇学館大学）」120　1992.8
◇大国隆正の『古事記聞書』(3)未刊史料の紹介と翻刻　（松浦光修）「皇学館大学史料編纂所報史料」122　1992.12
◇大国隆正の天皇総帝論　（松浦光修）「皇学館史学」7・8　1993.5
◇大国隆正の新出歌集―『わかくさ』と『野之口翁詠歌聞見集』（浅野三平）「日本女子大学紀要　文学部」日本女子大学 45　1995　p1～11
◇国学者大国隆正の天主教観―外来宗教受容の一形態　（John Breen）「日本歴史」吉川弘文館 568　1995.9　p73～88
◇大国隆正の歌　（浅野三平）「日本女子大学紀要　文学部」日本女子大学 46　1996　p15～26
◇大国隆正の言語認識（その1）―『古伝通解』の注釈について　（井上厚史）「地域研究調査報告書」島根県立国際短期大学　第3集　1996.3　p88(1)～77(12)
◇幕末における日本語文法研究の一潮流―大国隆正・海野幸典の用言研究並びに資料　（中山緑朗）「作新学院大学紀要」作新学院大学経営学部　第8号 1998.3　p1～18
◇大国隆正の言語認識（その2）（井上厚史）「地域研究調査報告書」島根県立国際短期大学　第5集　1998.3　p76(1)～67(10)
◇平田篤胤の注釈学（その2）本居宣長・平田篤胤・大国隆正をつなぐもの　（井上厚史）「地域研究調査報告書」島根県立国際短期大学　7　2000　p118～105
◇大国隆正における維新前後の政治思想　（松浦光修）「皇学館大学文学部紀要」皇学館大学文学部 39　2000.12　p58～86
◇大国隆正の「やまとごころ」論　（前田勉）「愛知教育大学研究報告　人文・社会科学」愛知教育大学 50　2001.3　p216～208
◇大国隆正の「家職産業」論〈神－天皇－人との関係性〉（中村聡）「神道研究集録」國學院大學大学院神道学専攻学生会 19　2005.3　p81～96
◇大国隆正の兼好伝研究―思想と趣向　（川平敏文）「国語国文」中央図書出版社 74(4)　2005.4　p1～20

大島貞益　おおしまさだます　1845～1914
明治期の経済学者。
【図　書】
◇日本工業先覚者史話　（福本和夫）　論創社　1981.7
◇人物・日本資本主義4　明治のイデオローグ　（大島清ほか著）　東京大学出版会　1983.6
【雑　誌】
◇明治前期の保護主義経済論とケアリー―大島貞益を中心に　（高橋和男）「立教経済学研究」48(1)　1994.7

大島高任　おおしまたかとう　1826～1901
幕末，明治期の鋳造家，冶金学者。工部省出仕。
【図　書】
◇江戸の化学　（奥野久輝）　玉川大学出版部　1980.5　（玉川選書）
◇岩手をつくる人々　古代―近世篇　下巻　（森嘉兵衛）　法政大学出版局　1983.11
◇人物・鉄鋼技術史　（飯田賢一著）　日刊工業新聞社　1987.1
◇全国の伝承　江戸時代　人づくり風土記―ふるさとの人と知恵〈3〉岩手　（加藤秀俊，谷川健一，稲垣史生，石川松太郎，吉田豊編）　農山漁村文化協会　1988.6
◇実学史研究　7　（実学資料研究会〔編〕）　思文閣出版　1991.3
◇日本の『創造力』―近代・現代を開花させた470人〈1〉御一新の光と影　（富田仁編）　日本放送出版協会　1992.12
◇日本の技術者―江戸・明治時代　（中山秀太郎著，技術史教育学会編）雇用問題研究会　2004.8　206p
◇まちづくり人国記―パイオニアたちは未来にどう挑んだのか　（「地域開発ニュース」編集部編）　水曜社　2005.4　253p　（文化とまちづくり叢書）
◇「鉄都」釜石の物語　（小野崎敏著）　新樹社　2007.11　287p
◇幕末・明治の英傑たち　（加来耕三著）　土屋書店　2009.12　287p
【雑　誌】
◇藤田東湖の選んだ蘭学者―大島高任略伝　（鈴木常光）「水戸史学」17　1982.10
◇技術者から見た日本近代化の歩み(1,2) 大島高任（その1,2）（大淀昇一）「はぐるま」430,431　1992.4,5
◇鉄よ！幕末維新期の"製鉄偉人"大島高任伝―4―　（橋本克彦）「望星」東海教育研究所東海大学出版会　29(1)　1998.1　p88～95
◇鉄よ！幕末維新期の"製鉄偉人"大島高任伝―5―　（橋本克彦）「望星」東海教育研究所東海大学出版会　29(2)　1998.2　p84～90
◇鉄よ！幕末維新期の"製鉄偉人"大島高任伝―7―　（橋本克彦）「望星」東海教育研究所東海大学出版会　29(4)　1998.4　p91～97
◇鉄よ！幕末維新期の"製鉄偉人"大島高任伝―8―　（橋本克彦）「望星」東海教育研究所東海大学出版会　29(5)　1998.5　p98～105
◇鉄よ！幕末維新期の"製鉄偉人"大島高任伝(9)　（橋本克彦）「望星」東海教育研究所　29(6)　1998.6　p98～105
◇鉄よ！　幕末維新期の"製鉄偉人"大島高任伝(10)江戸へ　二　（橋本克彦）「望星」東海教育研究所　29(7)　1998.7　p88～95
◇鉄よ！　幕末維新期の"製鉄偉人"大島高任伝(11)　（橋本克彦）「望星」東海教育研究所　29(8)　1998.8　p98～105
◇鉄よ！　幕末維新期の"製鉄偉人"大島高任伝 12　（橋本克彦）「望星」東海教育研究所　29(9)　1998.9　p98～105
◇鉄よ！　幕末維新期の"製鉄偉人"大島高任伝　（橋本克彦）「望星」東海教育研究所　29(10)　1998.10　p98～105
◇鉄よ！　幕末維新期の"製鉄偉人"大島高任伝(15)　（橋本克彦）「望星」東海教育研究所　29(12)　1998.12　p90～97
◇鉄よ！―幕末維新期の"製鉄偉人"大島高任伝(16)　（橋本克彦）「望星」東海教育研究所　30(1)　1999.1　p88～95
◇鉄よ！―幕末維新期の"製鉄偉人"大島高任伝(17)　（橋本克彦）「望星」東海教育研究所　30(2)　1999.2　p90～97
◇鉄よ！―幕末維新期の"製鉄偉人"大島高任伝(18)　（橋本克彦）「望星」東海教育研究所　30(3)　1999.3　p94～101
◇鉄よ！　幕末維新期の"製鉄偉人"大島高任伝(19)帰藩　（橋本克彦）「望星」東海教育研究所　30(4)　1999.4　p102～109
◇鉄よ！―幕末維新期の"製鉄偉人"大島高任伝(20)　（橋本克彦）「望星」東海教育研究所　30(5)　1999.5　p102～109
◇鉄よ！　幕末維新期の"製鉄偉人"大島高任伝(21)長崎(2)　（橋本克彦）「望星」東海教育研究所　30(6)　1999.6　p102～109
◇鉄よ！―幕末維新期の"製鉄偉人"大島高任伝(22)長崎(3)　（橋本克彦）「望星」東海教育研究所　30(7)　1999.7　p102～109
◇鉄よ！―幕末維新期の"製鉄偉人"大島高任伝(23)長崎(4)　（橋本克彦）「望星」東海教育研究所　30(8)　1999.8　p102～109
◇鉄よ！―幕末維新期の"製鉄偉人"大島高任伝(24)長崎(5)　（橋本克彦）「望星」東海教育研究所　30(9)　1999.9　p102～109
◇鉄よ！　幕末維新期の"製鉄偉人"大島高任伝(25)　（橋本克彦）「望星」東海教育研究所　30(10)　1999.10　p102～109
◇鉄よ！―幕末維新期の"製鉄偉人"大島高任伝(26)大砲(1)　（橋本克彦）「望星」東海教育研究所　30(11)　1999.11　p102～109
◇鉄よ！―幕末維新期の"製鉄偉人"大島高任伝(27)大砲(2)　（橋本克彦）「望星」東海教育研究所　30(12)　1999.12　p102～109
◇鉄よ！―幕末維新期の"製鉄偉人"大島高任伝(28)大砲(3)　（橋本克彦）「望星」東海教育研究所　31(1)　2000.1　p102～109
◇鉄よ！―幕末維新期の"製鉄偉人"大島高任伝(29)大砲(4)　（橋本克彦）「望星」東海教育研究所　31(2)　2000.2　p102～109
◇鉄よ！―幕末維新期の"製鉄偉人"大島高任伝(30)大砲(5)　（橋本克彦）「望星」東海教育研究所　31(3)　2000.3　p102～109
◇鉄よ！　幕末維新期の"製鉄偉人"大島高任伝(31)大砲(6)　（橋本克

彦）「望星」東海教育研究所 31(4) 2000.4 p102～109
◇鉄よ！―幕末維新期の"製鉄偉人"大島高任伝(32)諸国(1) （橋本克彦）「望星」東海教育研究所 31(5) 2000.5 p102～109
◇鉄よ！幕末維新期の"製鉄偉人"大島高任伝(33)諸国(2) （橋本克彦）「望星」東海教育研究所 31(6) 2000.6 p102～109
◇鉄よ！幕末維新期の"製鉄偉人"大島高任(34)腐敗 （橋本克彦）「望星」東海教育研究所 31(7) 2000.7 p102～109
◇鉄よ！幕末維新期の"製鉄偉人"大島高任伝(35)憤怒 （橋本克彦）「望星」東海教育研究所 31(8) 2000.8 p102～109
◇鉄よ―幕末維新期の"製鉄偉人"大島高任伝(36)憤怒(2) （橋本克彦）「望星」東海教育研究所 31(9) 2000.9 p102～109
◇鉄よ！幕末維新期の"製鉄偉人"大島高任伝(37)予兆 （橋本克彦）「望星」東海教育研究所 31(10) 2000.10 p102～109
◇鉄よ！幕末維新期の"製鉄偉人"大島高任伝(38)黒船 （橋本克彦）「望星」東海教育研究所 31(11) 2000.11 p102～109
◇鉄よ！幕末維新期の"製鉄偉人"大島高任伝(39)反射炉(1) （橋本克彦）「望星」東海教育研究所 31(12) 2000.12 p102～109
◇鉄よ！幕末維新期の"製鉄偉人"大島高任伝(40)反射炉(2) （橋本克彦）「望星」東海教育研究所 32(1) 2001.1 p100～107
◇鉄よ！幕末維新期の"製鉄偉人"大島高任伝(41)反射炉(3) （橋本克彦）「望星」東海教育研究所 32(2) 2001.2 p102～109
◇鉄よ！幕末維新期の"製鉄偉人"大島高任伝(42)反射炉(4) （橋本克彦）「望星」東海教育研究所 32(3) 2001.3 p96～103
◇鉄よ！幕末維新期の"製鉄偉人"大島高任伝(43)反射炉(5) （橋本克彦）「望星」東海教育研究所 32(4) 2001.4 p102～109
◇鉄よ！―幕末維新期の"製鉄偉人"大島高任伝(44) （橋本克彦）「望星」東海教育研究所 32(5) 2001.5 p102～109
◇鉄よ！幕末維新期の"製鉄偉人"大島高任伝(45)溶鉱炉(2) （橋本克彦）「望星」東海教育研究所 32(6) 2001.6 p102～109
◇鉄よ！幕末維新期の"製鉄偉人"大島高任伝(46)溶鉱炉(3) （橋本克彦）「望星」東海教育研究所 32(7) 2001.7 p102～109
◇鉄よ！幕末維新期の"製鉄偉人"大島高任伝(47)出銑(1) （橋本克彦）「望星」東海教育研究所 32(8) 2001.8 p102～109
◇鉄よ！―幕末維新期の"製鉄偉人"大島高任伝(最終回)残照 （橋本克彦）「望星」東海教育研究所 32(9) 2001.9 p104～111
◇鉄よ！―日本近代製鉄の父・大島高任伝(1)鉄の煮える日（鉄よ！） （橋本克彦）「別冊東北学」 東北芸術工科大学東北文化研究センター 4 2002.7 p322～340
◇鉄よ！―日本近代製鉄の父・大島高任伝(2)大舞台 （橋本克彦）「別冊東北学」東北芸術工科大学東北文化研究センター 5 2003.2 p401～415
◇鉄よ！―日本近代製鉄の父・大島高任伝(3)大砲を以て米となす （橋本克彦）「別冊東北学」東北芸術工科大学東北文化研究センター, 作品社 6 2003.7 p337～359
◇鉄よ！―日本近代製鉄の父・大島高任伝(4)寝ほどり （橋本克彦）「別冊東北学」東北芸術工科大学東北文化研究センター, 作品社 7 2004.1 p375～392
◇鉄よ！―日本近代製鉄の父・大島高任伝(5)二度わらし （橋本克彦）「別冊東北学」東北芸術工科大学東北文化研究センター, 作品社 8 2004.8 p329～342

大島正健　おおしままさたけ　1859～1936
明治～昭和期の教育者、牧師。文学博士、同志社大学教授。
【図　書】
◇クラーク先生とその弟子たち （大島正健著, 大島正満, 大島智夫補訂） 新地書房 1991.2
◇クラーク先生とその弟子たち （大島正健著, 大島正満, 大島智夫補訂） 教文館 1993.5
◇大島正健―生涯の軌跡 「青年よ、大志を抱け」の主唱者 （海老名市編） 海老名市 1996.3 261p （海老名市史叢書）
【雑　誌】
◇大島正健・正満父子と新島襄(アメリカの宣教師の活動とその背景(2)) （北垣宗治）「同志社アメリカ研究」別冊6 1982
◇海老名と札幌―大島正健と大島正健の往復書簡 （大島智夫）「えびなの歴史」4 1992.12
◇佐藤昌介と大島正健―クラーク博士に学んだ札幌農学校一期生 （大山綱夫）「学士会会報」学士会 2009(2) 2009.3 p56～61

大須賀筠軒　おおすがいんけん　1841～1912
明治期の地方史研究家。第二高等学校教授。
【雑　誌】
◇福島の蔵書印(9)大須賀筠軒の蔵書印 「福島県郷土資料情報」9 1989.2
◇大須賀筠軒の「巡村雑記」について （岩崎敏夫）「磐城民俗」28 1993.12

大関和　おおぜきちか　1858～1932
明治～昭和期の看護教育者。
【図　書】
◇近代史のおんな （村上信彦） 大和書房 1980.12
◇大正期の職業婦人 （村上信彦） ドメス出版 1983.11
◇大風のように生きて―日本最初の看護婦大関和物語 （亀山美知子著） ドメス出版 1992.8
◇近代看護への道―大関和の生涯 （尾辻紀子著） 新人物往来社 1996.7 227p
◇理系の扉を開いた日本の女性たち―ゆかりの地を訪ねて （西条敏美著） 新泉社 2009.6 235,3p
【雑　誌】
◇「実地看護法」と大関和（おおぜき　ちか） （藤原宰江）「岡山県立短期大学研究紀要」33(2) 1990
◇大関和（ちか）の看護倫理観〔含 大関著文献（史料・資料）〕(特集 医学関連人物史・人物群像史・団体史(1)) （上坂良子）「医学史研究」 医学史研究会 83 2003 p191～203
◇参考資料 大関和（ちか）年譜(特集 医学関連人物史・人物群像史・団体史(2)) （上坂良子）「医学史研究」 医学史研究会 84 2003 p256～262

大槻俊斎　おおつきしゅんさい　1806～1862
幕末の蘭方医。西洋医学所頭取。
【図　書】
◇日本英学史資料 日本近世英学史 増補版 （重久篤太郎） 名著普及会 1982.11
◇大槻俊斎―伝記・大槻俊斎 （青木大輔著） 大空社 1998.12 144,5 図版11枚 （伝記叢書）
【雑　誌】
◇大槻俊斎の書状について （鵜飼幸子）「仙台市博物館調査研究報告」 仙台市博物館 第3号 1983.3 p27～39

大槻如電　おおつきじょでん　1845～1931
明治, 大正期の蘭学者。文部省字書取調掛。
【図　書】
◇日本書誌学大系 28 林若樹集 青裳堂書店 1983.4
◇江戸服飾史談―大槻如電講義録 （吉田豊編著） 芙蓉書房出版 2001.4 185p
◇「敗者」の精神史 上 （山口昌男著） 岩波書店 2005.6 459p （岩波現代文庫）
【雑　誌】
◇大槻如電『駅路通』とその交通史学的意義 （武部健一）「交通史研究」交通史研究会 65 2008.4 p23～44

大槻磐渓　おおつきばんけい　1801～1878
幕末, 明治期の儒者, 砲術家。開国論を主張した。
【図　書】
◇愛の種痘医―日本天然痘物語 （浦上五六） 恒和出版 1980.12 （恒和選書）
◇幕末の儒学者たち―美濃の文人たち （横山寛吾） 大衆書房 1982.3
◇岩手をつくる人々 古代―近世篇 下巻 （森嘉兵衛） 法政大学出版局 1983.11
◇江戸文人のスクラップブック （工藤宜享） 新潮社 1989.8
◇大槻盤渓―東北を動かした右文左武の人 第9回企画展 （一関市博物館） 一関市博物館 〔2004〕 48p
◇大槻磐渓の世界―昨夢詩情のこころ （大島英介著） 宝文堂 2004.3 354p
◇大槻三賢人 （阿曽沼要著） 高橋印刷 2005.6 110p
◇遂ずばやまじ―日本の近代化に尽くした大槻三賢人 （大島英介著） 岩手日報社 2008.10 354p
【雑　誌】
◇大槻磐渓書翰集について （鵜飼幸子）「仙台市博物館調査研究報告」 仙台市博物館 第1号 1981.3 p30～36
◇江川坦庵と大槻磐渓―下田開港説と親露説を中心として （仲田正之）「韮山」 8 1984.3
◇朱子学者大槻磐渓の西洋観 （梅沢秀夫）「清泉女子大学紀要」34 1986.12
◇大槻磐渓の伝記 （庄司荘一）「高野山大学論叢」22 1987.2
◇大槻磐渓のこと―その略伝と業績について― （庄司荘一）「甲南国文」（甲南女子大学）34 1987.3
◇江戸文人の贈り物 （立川昭二）「波」23(8) 1989.8
◇幕末期、ある知識人の教育論―大槻磐渓について （大島英介）「いわて文化財」113 1989.9
◇埋もれた幕末の国際知識人―発見された江戸文人のスクラップブック （工藤宜）「新潮45」8(9) 1989.9
◇大槻磐渓についての一考察―海外情報と交友を視点として （長尾正

憲)「日蘭学会会誌」16(2) 1992.3
◇大槻家の宗族意識について―大槻磐渓の「日記」を通して （大島英介）「麻生東北短期大学紀要」17 1992.12
◇大槻磐渓の大和(1～7) （上田憲子）「あけぼの」26(1)～27(2) 1993～94.4
◇新出大槻磐渓書牘紹介―河口祐卿・杏斎宛 （徳田武）「明治大学教養論集」明治大学教養論集刊行会 326 2000.1 p71～136
◇「磐渓文稿」の想念について―大槻磐渓と頼山陽との出会い （大島英介）「修紅短期大学紀要」修紅短期大学 24 2002 p56～67
◇大槻磐渓宅に掲げられた中井履軒の扁額 （飯塚修三）「懐徳」懐徳堂記念会 75 2007.1 p81～85
◇明治「史談」、その読者（共同研究報告 出版と学芸ジャンルの編成と再編成）（目野由希）「日本研究」人間文化研究機構国際日本文化研究センター 37 2008.3 p315～327
◇津山藩主松平斉民と大槻磐渓各々の貼込帖に載る西洋の版画数枚の委細解明と二人の交流 （野村正雄）「一滴」津山洋学資料館 17 2009 p39～51

大槻文彦　おおつきふみひこ　1847～1928
明治, 大正期の国語学者, 洋学史。
【図　書】
◇関西大学東西学術研究所創立三十周年記念論文集 （関西大学東西学術研究所編）関西大学出版部 1981.12
◇日本書誌学大系 28 林若樹集 青裳堂書店 1983.4
◇言葉の海へ（新潮文庫）（高田宏著）新潮社 1984.2
◇国語研論集 松村明教授古稀記念 （松村明教授古稀記念編）明治書院 1986.10
◇大学生のための日本文法 （小池清治著）有精堂出版 1987.1
◇大槻文彦展「言海」刊行100年記念 （宮城県図書館編）宮城県図書館 1989.7
◇椙山女学園大学短期大学部20周年記念論集 椙山女学園大学短期大学部 1989.12
◇風雨雨後 （中野好夫著）講談社 1990.5 （講談社文芸文庫―現代日本のエッセイ）
◇文法研究史と文法教育 （永野賢著）明治書院 1991.12
◇言葉の海へ （高田宏著）新潮社 1992.8
◇日本語大博物館―悪魔の文字と闘った人々 （紀田順一郎著）（徳島）ジャストシステム 1994.1
◇多様化する「知」の探究者 朝日新聞社 1995.5 438p （21世紀の千人）
◇文彦 啄木 藤村 （佐々木邦著）北上書房 1996.1 242p
◇紀田順一郎著作集 第6巻 （紀田順一郎著）三一書房 1997.5 408p
◇日本語学者列伝 明治書院企画編集部編 明治書院 1997.12 221p （日本語学叢書）
◇言葉の海へ （高田宏著）岩波書店 1998.4 299p （同時代ライブラリー）
◇日本語大博物館―悪魔の文字と闘った人々 （紀田順一郎著）筑摩書房 2001.9 335p （ちくま学芸文庫）
◇明治前期日本文典の研究 （山東功著）和泉書院 2002.1 345p （研究叢書）
◇明治を生きる群像―近代日本語の成立 （飯田晴巳著）おうふう 2002.2 231p
◇大槻三賢人 （阿曽沼要著）高橋印刷 2005.6 110p
◇言葉の海へ （高田宏著）洋泉社 2007.10 317p （MC新書）
◇日本語の奇跡―「アイウエオ」と「いろは」の発明 （山口謠司著）新潮社 2007.12 185p （新潮新書）
◇遂げずばやまじ―日本の近代化に尽くした大槻三賢人 （大島英介著）岩手日報社 2008.10 354p
◇ジョンソンとボズウェル―事実の周辺 （諏訪部仁著）中央大学出版部 2009.8 193,60p （中央大学学術図書）
◇ビヨンド・エジソン―12人の博士が見つめる未来 （最相葉月著）ポプラ社 2009.9 285p
【雑　誌】
◇大槻文彦・訳「言語篇」の訳語―明治初期の翻訳漢語 （高野繁男）「神奈川大学〔人文学研究所報〕」14 1980.6
◇大槻文彦の文法（特集・日本文法のすすめ(1)）（古井東朔）「言語」10(1) 1981.1
◇辞書と国語教育―大槻文彦の隠れたる業績 （犬飼守薫）「解釈」27(5) 1981.5
◇望洋の嘆―「言海」の「おくがき」について （田島光平）「国語教室」8 1981.9
◇大槻文彦と足立 （吉田勇）「足立史談」184 1983.6
◇『大言海』（冨山房）―「多く, 廉く, 広く」（出版広告史(134)）（尾崎秀樹）「出版ニュース」1297 1983.9
◇辞書のはなし45―ノア・ウェブスターと大槻文彦 （高田宏）「三省堂ぶっくれっと」49 1984.3

◇旅と棄郷と(29)3代の系譜 （近藤信行）「早稲田文学〔第8次〕」108 1985.5
◇『日本辞書言海』から『大言海』へ(1) （犬飼守薫）「椙山女学園大学研究論集 第2部」18 1987.2
◇『日本辞書言海』から『大言海』へ(3) （犬飼守薫）「研究論集（椙山女学園大学）」1(20) 1989.2
◇『日本辞書言海』から『大言海』へ(4) （犬飼守薫）「椙山女学園大学研究論集」21(2) 1990
◇『日本辞書言海』大形本における諸版の比較 （境田稔信）「出版研究21」1990年度 1991.3
◇「言海」における異名(1) （矢島正浩）「愛知教育大学研究報告 人文科学」41 1992.2
◇大槻文彦と英学―その時代の文化的背景 （佐々木邦）「岩手県南史談会研究紀要」21 1992.7
◇大槻文彦の英和大字典と「言海」への影響 （早川勇）「国語国文」63(12) 1994.12
◇大槻文彦の『言海』と地誌四著作―国家の輪郭形成をめぐって （田中恵）「年報日本史叢」筑波大学歴史・人類学系 1999年 1999 p53～72
◇明治二〇年代における文法教授の定着―大槻文彦『語法指南』の再評価 （森田真至）「国語科教育」全国大学国語教育学会 第47集 2000.3 p61～68
◇『支那文典』注釈部分に見られる大槻文彦の文法意識 （田鍋桂子）「日本語論叢」日本語論叢の会 第2号 2001.3 p24～35
◇大槻文彦にとっての表記と国民 （田中恵）「日本史学集録」筑波大学日本史談話会 第24号 2001.5 p21～38
◇大槻文彦と国字改良運動(2)国語調査会での論識 （犬飼守薫）「椙山女学園大学文化情報学部紀要」椙山女学園大学文化情報学部 3 2002 p175～183
◇「辞書の鬼」がつくった国語辞典第一号（特集・日本語を点検する―日本語の底力）（紀田順一郎）「文芸春秋」文芸春秋 83(4) 2005.3 臨時増刊号（言葉の力 生かそう日本語の底力）p110～111
◇大槻文彦著『東京須覧具』と『日本辞書言海』（特集・日本語）（田鍋桂子）「早稲田日本語研究」早稲田大学日本語学会 14 2005.9 p49～60
◇東北の漢詩(8)大槻文彦「留別諸君」詩について （渡部英喜）「東北文学の世界」盛岡大学文学部日本文学科 15 2007 p19～24
◇『日本辞書言海』の語釈―大槻文彦・榊原芳野述『色圖釋』の場合 （田鍋桂子）「日本語論叢」日本語論叢の会 特別号 2007.3 p72～83
◇松浦武四郎・大槻文彦の北方史研究―明治期北方史学史の文献的研究 （新藤透）「日欧比較文化研究」日欧比較文化研究会 9 2008.4 p44～58
◇甦る歴史のいのち(86)国漢辞書編纂のパイオニア(上)大槻文彦と『言海』（占部賢志）「祖国と青年」日本協議会 373 2009.10 p74～79

大西絹　おおにしきぬ　1857～1933
明治期の教育者。YMCA舎監。
【図　書】
◇近代岡山の女たち （岡山女性史研究会編）三省堂 1987.8
◇大西絹 （中井真理子述）『日本の教育・岡山の女子教育―2006年公開講座講演集』(山陽学園大学・山陽学園短期大学社会サービスセンター編）吉備人出版 2006.10 p219～247

大西祝　おおにしはじめ　1864～1900
明治期の哲学者, 教員。文学博士, 高等師範学校講師。
【図　書】
◇明治・大正・昭和教育思想学説人物史 2 明治後期篇 （藤原喜代蔵）湘南堂書店 1980.9
◇日本社会主義の倫理思想―理想主義と社会主義 （山田洸）青木書店 1981.7
◇近代日本と早稲田の思想群像Ⅰ （早稲田大学社会科学研究所日本近代思想会編）早稲田大学出版部 1981.11
◇大西祝全集 日本図書センター 1982.12
◇蘆花の青春―その京都時代 （河野仁昭著）恒文社 1989.5
◇日本近代美学序説 （金田民夫著）（京都）法律文化社 1990.3
◇燕雀雑稿 （久保田正文著）永田書房 1991.3
◇大西祝資料目録―早稲田大学図書館蔵 （早稲田大学図書館編）早稲田大学図書館 1991.12
◇大西祝・幾子書簡集 （石関敬三, 紅野敏郎編）教文館 1993.3
◇キリスト教徒と「自由の精神」―大西祝を中心に （笠原芳光「パネリスト」）『自由の風土・在野の精神』(同志社大学人文科学研究所編）同志社大学人文科学研究所 1995.2 （人文研ブックレット no.2）p24
◇透谷, 操山とマシュー・アーノルド （佐藤善也著）近代文芸社 1997.7 258p
◇日本における近代倫理の屈折 （堀孝彦著）未来社 2002.1 319,5p

◇文化的近代を問う（稲生勝, 津田雅夫, 林正子, 洞沢伸у著）文理閣　2004.11　182p
◇近代日本思想史における人格観念の成立（佐古純一郎著）朝文社　2009.6　358p
◇大西祝「良心起原論」を読む―忘れられた倫理学者の復権（堀孝彦編）学術出版会　2009.6　389p（学術叢書）

【雑　誌】
◇早稲田文学人物誌・大西祝（小野寺凡）「早稲田文学」46　1980.3
◇大西祝の文芸思想（金田民夫）「美学」31（3）1980.9
◇大西祝論（山田芳則）「文化史学」36　1980.11
◇文人としての大西祝(特集・早稲田大学創立100周年記念号―早稲田の文学者)（磯野友彦）「比較文学年誌」19　1983
◇大西祝と良心論（小坂国継）「経済集志」53（別号2）1983.10
◇大西祝（はじめ）とキリスト教―明治キリスト者の思想的一軌跡（小野裕）「キリスト教学」27　1985.12
◇操山大西祝研究序説―大西と明治の哲学（石関敬三）「社会科学討究（早稲田大学大隈記念社会科学研究所）」31（3）1986.4
◇対談書評 大西祝・幾子書簡集（笠原芳光, 鈴木範久）「本のひろば」419　1993.8
◇詩の話(随想)（飯島耕一）「現代」27(10)　1993.10
◇良心論ノート―井上・大西・和辻・内村―近代日本における市民倫理学の屈折（3）（堀孝彦）「名古屋学院大学論集 社会科学篇」30（4）1994.4
◇大西祝研究序説（杉田正樹）「関東学院大学人文科学研究所報」関東学院大学人文科学研究所 19　1995　p114～103
◇大西祝にみる身体の新しい地図作成―審美論からの考察(特集 思想史研究の新たな展開にむけて―思想史研究における「現場」の諸相)（清水瑞人）「社会思想史研究」藤原書店 27　2003　p48～64
◇「草枕」の美学＝倫理学―朱子学、ショーペンハウアー、大西祝（藤尾健剛）「大東文化大学紀要 人文科学」大東文化大学 42　2004　p29～43
◇大西祝「良心起原論」を読む(1)忘れられた倫理学者の復権（堀孝彦）「名古屋学院大学論集 社会科学篇」名古屋学院大学総合研究所 43（1）2006　p244～231
◇大西祝「良心起原論」を読む(2)忘れられた倫理学者の復権（堀孝彦）「名古屋学院大学論集 社会科学篇」名古屋学院大学総合研究所 43（2）2006　p154～140
◇大西祝「良心起原論」を読む―忘れられた倫理学者の復権(5)（堀孝彦）「名古屋学院大学論集 社会科学篇」名古屋学院大学総合研究所 44（2）2007　p328～314
◇大西祝「良心起原論」を読む(4)忘れられた倫理学者の復権（堀孝彦）「名古屋学院大学論集 社会科学篇」名古屋学院大学総合研究所 44（1）2007　p106～92
◇大西祝「良心起原論」を読む(3)忘れられた倫理学者の復権（堀孝彦）「名古屋学院大学論集 社会科学篇」名古屋学院大学総合研究所 43（3）2007　p278～263
◇大西祝「良心起原論」を読む(6)忘れられた倫理学者の復権（堀孝彦）「名古屋学院大学論集 社会科学篇」名古屋学院大学総合研究所 44（3）2008　p196～176

大庭雪斎　おおばせっさい　1805～1873
幕末, 明治期の蘭学者。佐賀藩士。

【図　書】
◇江戸時代蘭語学の成立とその展開4 蘭語研究における人的要素に関する研究（杉本つとむ）早稲田大学出版部　1981.2
◇江戸時代蘭語学の成立とその展開 4 蘭語研究における人的要素に関する研究（杉本つとむ）早稲田大学出版部　1981.2
◇近代西洋文明との出会い―黎明期の西南雄藩（杉本勲編）（京都）思文閣出版　1989.10
◇九州の蘭学―越境と交流（鳥井裕美子, 川嶌真人, ヴォルフガング・ミヒェル編）思文閣出版　2009.7　359,11p

【雑　誌】
◇現代語訳 大庭雪斎『民間格致問答』について（安田雄平）「適塾」25　1992.12
◇大庭雪斎『算字算法基原或問』とそのオランダ語原本について（大森実）「法政大学教養部紀要」法政大学教養部 105・106 1998.2　p177～200

大村益次郎　おおむらますじろう　1825～1869
幕末, 明治期の兵学者, 萩藩士。軍制改革のリーダー。

【図　書】
◇幕末酒徒列伝 続（村島健一）講談社　1980.3
◇人物探訪日本の歴史 15 幕末の英傑　暁教育図書　1982.12
◇陸軍創設史―フランス軍事顧問団の影（篠原宏著）リブロポート　1983.12
◇医学史話 杉田玄白から福沢諭吉（藤野恒三郎著）菜根出版　1984.1
◇日本史探訪22 幕末維新の英傑たち（角川文庫）角川書店　1985.8

◇「適塾」の研究 なぜ逸材が輩出したのか（百瀬明治）PHP研究所　1986.1
◇日本のテロリスト（潮文庫）（室伏哲郎著）潮出版社　1986.1
◇うわじま物語―大君の疑わしい友（谷有二著）未來社　1986.3
◇勝者は歴史を読む〈2〉泰平を治める（南条範夫著）六興出版　1986.5
◇ニッポン靴物語（山川暁著）新潮社　1986.10
◇緒方洪庵の妻（西岡まさ子著）河出書房新社　1988.2
◇幕末維新の志士読本（奈良本辰也著）天山出版　1989.9（天山文庫）
◇靖国神社―創立120年記念特集 新人物往来社　1989.10（別冊「歴史読本」神社シリーズ）
◇目でみる日本史 「翔ぶが如く」と西郷隆盛（文芸春秋編）文芸春秋　1989.11（文春文庫―ビジュアル版）
◇「適塾」の研究―なぜ逸材が輩出したのか（百瀬明治著）PHP研究所　1989.11（PHP文庫）
◇幕末維新の出向社員（童門冬二著）実業之日本社　1989.12
◇大村益次郎の知的統率力―語学の力で徳川を倒した男（村石利夫著）徳間書店　1990.6（トクマブックス）
◇維新暗殺秘録（平尾道雄著）河出書房新社　1990.8（河出文庫）
◇幕末・明治初期数学者群像〈上 幕末編〉（小松醇郎著）（京都）吉岡書店　1990.9
◇図説 歴史の街道・幕末維新（榊原和夫写真・文）河出書房新社　1990.11
◇落花の人―日本史の人物たち（多岐川恭著）光風社出版　1991.11
◇日本史おもしろウラ話―伝説・評伝・逸話で描く（土橋治重著）大陸書房　1991.12（大陸文庫）
◇実学史研究IX（実学資料研究会〔編〕）思文閣出版　1993.5
◇大物は殺される―歴史を変えた「暗殺」の世界史（大沢正道著）日本文芸社　1994.4（ラクダブックス）
◇日本を創った10人の名参謀―歴史を動かした頭脳と人間力（邦光史郎著）広済堂出版　1996.10　308p（広済堂ブックス）
◇歴史上の本人（南伸坊著）日本交通公社出版事業局　1996.12　222p
◇痩我慢というかたち―激動を乗り越えた日本の志（感性文化研究所編）黙出版　1997.8　111p（MOKU BOOKS）
◇完全制覇 幕末維新―この一冊で歴史に強くなる！（外川淳著）立風書房　1997.12　254p
◇幕末期長州藩洋学史の研究（小川亜弥子著）思文閣出版　1998.2　256,22p
◇靖国（坪内祐三著）新潮社　1999.1　294p
◇司馬遼太郎の日本史探訪（司馬遼太郎著）角川書店　1999.6　318p（角川文庫）
◇大村益次郎（丹潔編）マツノ書店　1999.8　985,97p 図版17枚
◇明治天皇の初代侍従武官長―君十余年、脛骨為に曲がる（岡沢祐吉著）新人物往来社　1999.10　207p
◇法窓秘聞（尾佐竹猛著, 礫川全次解題）批評社　1999.12　407,7p
◇大村益次郎史料（内田伸編）マツノ書店　2000.3　442p
◇大村益次郎文書 復刻版（内田伸編）マツノ書店　2000.3　226p
◇明治の怪 山県有朋（原田務著）叢文社　2000.4　249p
◇歴史上の本人（南伸坊文, 南文子写真）朝日新聞社　2000.11　254p（朝日文庫）
◇靖国（坪内祐三著）新潮社　2001.8　349p（新潮文庫）
◇翻訳とは何か―職業としての翻訳（山岡洋一著）日外アソシエーツ　2001.8　281p
◇国際環境のなかの近代日本（黒沢文貴, 斎藤聖二, 桜井良樹編）芙蓉書房出版　2001.10　408p
◇大村益次郎先生事蹟 復刻版（村田峰次郎著）マツノ書店　2001.11　305p
◇日本暗殺総覧―この国を動かしたテロルの系譜（泉秀樹著）ベストセラーズ　2002.5　302p（ベスト新書）
◇その時歴史が動いた 18（NHK取材班編）KTC中央出版　2003.2　253p
◇教科書が教えない歴史有名人の死の瞬間（新人物往来社編）新人物往来社　2003.4　337p
◇教科書から消された偉人・隠された賢人―いま明かされる日本史の真実（濤川栄太著）イーグルパブリシング　2004.5　249p
◇異能の勝者―歴史に見る「非常の才」（中村彰彦著）集英社　2006.4　286p
◇維新の回天と長州藩―倒幕へ向けての激動の軌跡（相沢邦衛著）新人物往来社　2006.4　246p
◇師弟―ここに志あり（童門冬二著）潮出版社　2006.6　269p
◇図解 軍師と参謀 知略戦のすべて―歴史に学ぶ「勝つ」ための戦略（ビジネス兵法研究会著）PHP研究所　2007.12　95p
◇左千夫歌集（永塚功著, 久保田淳監修）明治書院　2008.2　540p（和歌文学大系）
◇暗殺の世界史―シーザー、坂本龍馬からケネディ、朴正熙まで（大

沢正道著）PHP研究所 2008.6 315p （PHP文庫）
◇歴代陸軍大将全覧 明治篇 （半藤一利、横山恵一、秦郁彦、原剛)中央公論新社 2009.1 273,25p （中公新書ラクレ）
◇司馬遼太郎 リーダーの条件 （半藤一利、磯田道史、鴨下信一ほか著）文春春秋 2009.11 251p （文春新書）
◇幕末維新人物新論―時代をよみとく16のまなざし （笹部昌利編） 昭和堂 2009.12 321p
【雑誌】
◇大村益次郎と正木退蔵 （沼倉満帆）「山口県地方史研究」 61 1989.6
◇「兵隊王」の丘から（名札のない荷物（3））（松本清張）「新潮45」 10（1）1991.1
◇幕末期長州藩の洋学と大村益次郎 （小川亜弥子）「実学史研究」9 1993.5
◇「花神」、「異才」村田蔵六が魅せる「男と仕事」の物語―新時代を開かせた、クールな「花咲爺」（特集・司馬遼太郎「維新人物小説」を読む）（土門周平）「プレジデント」 31（12）1993.12
◇宇和島藩滞留中の村田蔵六（上）（三好昌文）「松山大学論集」 6 （2）1994.6
◇宇和島藩滞留中の村田蔵六（下）（三好昌文）「松山大学論集」 6 （3）1994.8
◇人間の魅力 この国の将来像の構築のために―龍馬、松陰、晋作、村田蔵六…幕末維新の人物を通して人の在り方を語り尽す（文芸春秋創刊50周年記念）（司馬遼太郎）「文芸春秋」 73（14）1995.10 p94～108
◇大村益次郎―安価で軽便な四斤砲をたくさん造ってくれ（特集・幕末明治人物臨終の言葉―近代の夜明けを駆けぬけた44人の人生決別の辞 英傑死してことばを遺す）（一坂太郎、稲川明雄、今川徳三、井門寛、宇都宮泰良、河合敦、村村幸比古、祖田浩一、高野澄、高橋和彦、畑山博、三谷葉沙夫、百瀬明治、山村竜也）「歴史と旅」 24（7）1997.5 p76～77
◇古文書を読む―村田蔵六の書翰 （一坂太郎）「歴史研究」 人物往来社歴史研究会 453 1999.2 p60～65
◇明治初期の兵制構想―大村益次郎構想を中心に （鈴木拓磨）「駒沢大学史学論集」 駒沢大学大学院史学会 第32号 2002.4 p95～108
◇大村益次郎における様式兵法論の形成―クノップ原書『活版兵家須知戦闘術門』と大村立案『防禦線防禦点之大略』との関連考（特集 幕末維新軍事史）（竹本知行）「軍事史学」 錦正社 38（2）2002.9 p20～34
◇大村益次郎の建軍構想―「一新之名義」と仏式兵制との関連を中心に （特集 幕末維新軍制史）（竹本知行）「軍事史学」 錦正社 42（1）2006.6 p22～40
◇大村益次郎の遺緒の展開―大阪兵学寮の創業 （竹本知行）「同志社法学」 同志社法学会 59（2）2007.7 p1113～1146
◇医者も知りたい「医者のはなし」（26）大村益次郎（1824―1869）（木村康太郎）「臨床整形外科」 医学書院 42（10）2007.10 p1026～1030
◇反天才主義を貫け―大村益次郎、河井継之助（彼らは「この国」の危機をいかに救ったか？ 司馬遼太郎 日本のリーダーの条件―渾身の大特集）「文芸春秋」 文芸春秋 86（8）2008.7 p140～145
◇〔軍事史学会〕関西支部第七十七回例会報告 大村益次郎の遺緒の展開―大阪兵学寮の創業 （竹本知行）「軍事史学」 錦正社 44（2）2008.9 p168～170
◇大村益次郎の手紙 （岡本みよ）「山口県地方史研究」 山口県地方史学会 102 2009.11 p68～71

大矢透 おおやとおる 1850～1928
明治、大正期の国語学者、国文学者。文学博士。
【図書】
◇太田晶二郎著作集 第二冊 （太田晶二郎） 吉川弘文館 1991.7

岡千仞 おかせんじん 1833～1914
幕末、明治期の儒学者。
【図書】
◇随筆百花苑2,3 伝記日記篇2,3 在臆話記 上―下 （岡鹿門） 1980.7,9
【雑誌】
◇岡鹿門（千仞）の門人たち（特集・仙台藩の武芸）（宇野量介）「仙台郷土研究」 復刊6（1）1981.9
◇岡千仞の清人との交友―張裕釗を中心として （須崎英彦）「兵庫女子短期大学研究集録」 26 1993.3
◇盛宣懐と岡千仞の筆談について（修士論文・卒業論文特集号―卒業論文）（野元竜太）「人間文化」 神戸学院大学人文学会 14 2000 p111～122
◇岡千仞と来日した中国知識人との交流について―『蓮池筆譚』『清議筆話』などの筆談録を通して （陳捷）「日本女子大学紀要 人間社会学部」 日本女子大学人間社会学会 12 2001 p137～159
◇岡千仞の上海体験 （福井智子）「大阪大学言語文化学」 大阪大学言語文化学会 15 2006 p17～28

◇岡千仞と清仏戦争 （福井智子）「大阪大学言語文化学」 大阪大学言語文化学会 16 2007 p15～26
◇楊守敬の帰国―岡千仞撰『観光紀游』を基にして （杉村邦彦）「書道文化」 四国大学書道文化学会 3 2007.3 p15～37
◇岡千仞 "燕京" への旅―『燕京日記』を中心に （福井智子）「大阪大学言語文化学」 大阪大学言語文化学会 17 2008 p17～30
◇『観光紀游』に見る "病" と "治療" （福井智子）「大阪大学言語文化学」 大阪大学言語文化学会 18 2009 p17～28

緒方郁蔵 おがたいくぞう 1814～1871
幕末、明治期の蘭方医。独笑軒塾を開設。
【図書】
◇医学史話 杉田玄白から福沢諭吉 （藤野恒三郎著） 菜根出版 1984.1
◇関西黎明期の群像 第2 （馬場憲二、菅宗次編） 和泉書院 2002.4 190p （上方文庫）

緒方洪庵 おがたこうあん 1810～1863
幕末の医師、蘭学者。蘭学塾適々斎塾を開設。
【図書】
◇西南地域史研究 文献出版 1980.9
◇緒方洪庵のてがみ 1,2 （緒形富雄編） 菜根出版 1980.10,12
◇蘭学の時代 （赤木昭史） 中央公論社 1980.12 （中央新書）
◇江戸時代蘭語学の成立とその展開 蘭語研究における人的要素に関する研究 （杉本つとむ） 早稲田大学出版部 1981.2
◇人物近代教育小史 （上沼八郎編著） 協同出版 1981.5
◇私塾―近代日本を拓いたプライベート・アカデミー （リチャード・ルビンジャー、石附実訳、海原徹訳） サイマル出版 1982.2
◇船場物語（現創新書3）（伊勢田良郎著） 現代創造社 1982.3
◇町人社会の人間群像 （宮本又次） ぺりかん社 1982.5
◇大阪の除疫館 洪庵記念会 1983.4
◇医学史話 杉田玄白から福沢諭吉 （藤野恒三郎著） 菜根出版 1984.1
◇緒方洪庵と適塾生―「日間瑣事備忘」にみえる （梅溪昇著） 思文閣出版 1984.4
◇シンポジウム 幕末維新と山陽道 下 山陽新聞社 1984.6
◇適塾の研究 なぜ逸材が輩出したか （百瀬明治） PHP研究所 1986.1
◇近世の大坂の町と人 （脇田修著） 人文書院 1986.10
◇奈良閑話 （喜多野徳俊著） 近代文芸社 1988.1
◇緒方洪庵の妻 （西岡まさ子著） 河出書房新社 1988.2
◇日本を創った戦略集団〈5〉維新の知識と情熱 （堺屋太一編） 集英社 1988.3
◇杉田玄白と『解体新書』、緒方洪庵 （片桐一男講義、国立教育会編） ぎょうせい 1989.11 （教養講座シリーズ）
◇「適塾」の研究―なぜ逸材が輩出したのか （百瀬明治著） PHP研究所 1989.11 （PHP文庫）
◇蘭学の巨星杉田玄白・緒方供腋展 蘭学資料研究会 19〔90〕
◇丸山博著作集〈3〉食生活の基本を問う （丸山博著） 農山漁村文化協会 1990.1
◇教育人物読本―先人に学ぶ教育経営 （曽根信吾著） 学事出版 1990.4 （学校管理職の教養・実務選書）
◇所郁太郎伝 （青山松任著） 新人物往来社 1991.4 （日本伝記叢書）
◇素人学者の古書探求 （橋本万平著） 東京堂出版 1992.1
◇緒方洪庵の息子たち （西岡まさ子著） 河出書房新社 1992.3
◇考証 福沢諭吉〈上〉（富田正文著） 岩波書店 1992.6
◇緒方洪庵の蘭学 （石田純郎〔編著〕）（京都）思文閣出版 1992.12
◇街道をゆく〈37〉本郷界隈 （司馬遼太郎著） 朝日新聞社 1992.12
◇江戸蘭方医からのメッセージ （杉本つとむ著） ぺりかん社 1992.12
◇ゆかりの地を訪ねて〈上〉（山陽新聞社編）（岡山）山陽新聞社 1993.2
◇洪庵・適塾の研究 （梅溪昇） 思文閣出版 1993.3
◇福沢諭吉伝〈第1巻〉（石河幹明著） 岩波書店 1994.2
◇緒方洪庵のてがみ〈その3〉（緒方富雄、梅溪昇編） 菜根出版 1994.6
◇緒方洪庵夫人・八重の生涯と大坂の除疫館―とくに八重の終焉の地をめぐって （古西廣） 『論集日本の洋学』（有坂隆道、浅井允昌編） 清文堂出版 1995.12 p301
◇私塾が人をつくる―人材を磨く手づくり教育のすすめ （大西啓義著） ダイヤモンド社 1996.7 215p
◇緒方洪庵と適塾 （梅溪昇著） 大阪大学出版会 1996.10 160p
◇十六の話 （司馬遼太郎著） 中央公論社 1997.1 448p （中公文庫）
◇医の倫理 （足立浩著） 日本図書刊行会 1997.12 170p
◇司馬遼太郎の日本史探訪 （司馬遼太郎著） 角川書店 1999.6 318p （角川文庫）
◇オリジナリティを訪ねて 3 （富士通編） 富士通経営研修所 1999.8 238p （富士通ブックス）
◇国際交流フォーラム 近世の大坂 （脇田修, ジェームズ・L.マクレイ

ン編）　大阪大学出版会　2000.5　312p
◇大坂町人学者たちからの伝言　（柳田昭著）　澪標　2000.8　250p
◇洪庵のくすり箱　（米田該典著）　大阪大学出版会　2001.1　140p
◇人生の師―混迷する時代に「勇気」と「誇り」と「優しさ」をあたえてくれる先人たちの教え　（岬竜一郎著）　勁文社　2001.7　238p
◇維新人物学―激動に生きた百七人　（林青梧著）　全日出版　2001.11　286p
◇淀川の文化と文学　（大阪成蹊女子短期大学国文学科研究室編）　和泉書院　2001.12　270p　（上方文庫）
◇原老柳の生涯―幕末大坂の名医　（松本順司著）　創元社　2002.1　218p
◇カルテ拝見　文人の死因　（杉浦守邦著）　東山書房　2002.5　320p
◇日本深層文化を歩く旅―日本ナショナリズムは江戸時代に始まる　（海原峻著）　梨の木舎　2002.6　211p
◇写真集　適塾アーカイブ―貴重資料52選　（適塾記念会編）　大阪大学出版会　2002.11　42p
◇緒方洪庵と大坂の除痘館　（古西義麿著）　東方出版　2002.12　222p
◇徹底大研究　日本の歴史人物シリーズ　7　（桑原三郎監修）　ポプラ社　2003.4　79p
◇教師の哲学―人を導く者の魂とは　（岬竜一郎著）　PHP研究所　2003.5　219p
◇福沢諭吉と明治維新　（新冬二文）　フレーベル館　2004.3　48p　（あるいて知ろう！歴史にんげん物語）
◇山片蟠桃と大坂の洋学　（有坂隆道著）　創元社　2005.4　238p
◇信州と福沢諭吉　（丸山信著）　東京図書出版会　2005.4　149p
◇適塾の謎　（芝哲夫著）　大阪大学出版会　2005.6　156p
◇日本史・ライバルたちの「意外な結末」―宿敵・政敵・好敵手たちの知られざる「その後」　（日本博学倶楽部著）　PHP研究所　2005.9　275p　（PHP文庫）
◇水滴は岩をも穿つ　（川嶌真人著）　梓書院　2006.5　362p
◇緒方洪庵伝史料　第1輯　（梅渓昇影印解読・著作）　梅渓昇　2006.5　74丁
◇師弟―ここに志あり　（童門冬二著）　潮出版社　2006.6　269p
◇緒方洪庵伝史料　第2輯　（梅渓昇影印解読・著作）　梅渓昇　2006.7　51丁
◇緒方洪庵伝史料　第3輯　（梅渓昇影印解読・著作）　梅渓昇　2006.8　54丁
◇関西ゆかりの偉人たち　（国語研究会編）　むさし書房　2007.5　192p
◇医の系譜―緒方家五代　洪庵・惟準・銈次郎・準一・惟之　（緒方惟之著）　燃焼社　2007.8　210p
◇洪庵・適塾の研究　（梅渓昇著）　思文閣出版　2008.2　716p
◇Doing思想史　（テツオ・ナジタ著, 平野克弥編訳, 三橋修, 笠井昭文, 沢田博訳）　みすず書房　2008.6　233,3p
◇緒方洪庵―幕末の医と教え　（中田雅博著）　思文閣出版　2009.9　380p
【雑　誌】
◇明治を創った教育塾(特集・明治維新の青春群像)　（毛利敏彦）「歴史と人物」　10（2）1980.2
◇緒方洪庵と適塾―適塾の修復と史跡公園のすすめ　（藤野恒三郎）「科学医学資料研究」　75　1980.7
◇九州の文人と大阪―南冥・旭荘・言continua と緒方洪庵　（宮本又次）「西南地域史研究」　4　1980.9
◇適塾の建物と大坂町人　（作道洋太郎）「大阪大学経済学」　30（2・3）1980.12
◇緒方洪庵と適塾　（芝哲夫）「通信医学」　35（9）1983.9
◇江馬榴園訳「穆民薬論」と緒方洪庵　（宗田一）「科学医学資料研究」　117　1984.2
◇緒方洪庵と蘭学　（多田房子）「和洋女子大学英文学会誌」　18　1984.3
◇緒方洪庵と山鳴大年一（種痘の先駆け）　（三宅公信）「史談いばら」　13　1984.12
◇ふたつの学び舎―浪華の適塾と京の究理堂家塾　（藤野明）「大阪の歴史」　15　1985.3
◇福沢諭吉を生んだ「適塾」の秘密―なぜ多くの歴史的人物を輩出したか　（久保義三）「児童心理」　39（9）1985.7
◇緒方洪庵の適塾と除痘館と讃岐の門人たち　（田中義人）「ことひら」　41　1986.1
◇緒方洪庵と適塾（日本を創った私塾と学舎（特集））　（杉浦明平）「歴史と旅」　13（9）1986.7
◇適塾の教育精神―緒方洪庵のヒューマニズム　（越後哲治）「IBU四天王寺国際仏教大学紀要　文学部・短期大学部」　20　1987
◇「家訓」はデフレ時代の経営教科書である―不況の享保期に入り、豪商たちは家業永続の手段を講じた（特集・「商人の知恵」に学ぶ―商売はすべて「アイデアが勝負」でっせ）　（作道洋太郎）「プレジデント」　25（1）1987.1
◇緒方洪庵と適塾（江戸時代の「私塾」に学ぶ―近代日本を創った私塾）　（邦光史郎）「ザ・イーグル」　283　1987.3

◇緒方洪庵とその弟子　（井上明大）「大阪女子学園短期大学紀要」　32　1988.12
◇緒方洪庵「扶氏経験遺訓」翻訳過程の検討　（中村昭）「日本医史学雑誌」　35（3）1989.7
◇蘭学の巨星―「杉田玄白・緒方洪庵展」　（酒井シヅ）「学鐙」　87（5）1990.5
◇緒方洪庵の西洋医学知識のヨーロッパにおける学統について　（石田純郎）「洋学資料による日本文化の研究」　4　1991.3
◇緒方洪庵の書簡に見られるカタカナ語　（大友信一）「洋学資料による日本文化史の研究」　5　1992.3
◇近代医学の源流（10）近代医学教育の雄・緒方洪庵　（杉本つとむ）「日本医師会雑誌」　109（1）1993.1
◇教育, 人と人との出会い―緒方洪庵先生と福沢諭吉　（桑原三郎）「白百合女子大学研究紀要」　29　1993.12
◇適塾の教育―教育方法と教授組織を中心に(伝統を生かした学校教育)　（茂住実男）「学校教育研究所年報」　38　1994
◇緒方洪庵と福沢諭吉（特集・師弟の肖像―この師にしてこの弟子あり）　（飯田樹）「歴史と旅」　24（1）1997.1　p242～247
◇緒方洪庵と吉田松陰―若者を導いた人々(第11回夏季公開講座―総合テーマ「まことの心」)　（茂住実男）「大倉山講演集」　大倉精神文化研究所　7　1998　p36～57
◇〈人間・福沢諭吉に学ぶ〉己を生かし人を生かす―4―師・緒方洪庵から生きる意味を学ぶ　（川村真二）「企業と人材」　産労総合研究所　31（700）1998.4.5　p92～97
◇〈人間・福沢諭吉に学ぶ〉己を生かし人を生かす（11）恩師・緒方洪庵の逝去　（川村真二）「企業と人材」　産労総合研究所　31（713）1998.11.5　p74～79
◇緒方洪庵『扶氏経験遺訓』(巻一～巻五)の漢字　（浅野敏彦）「大阪成蹊短期大学研究紀要　1　2004　p241～260
◇杉田玄白「蘭学事始」(平成翻訳版)―玄白、緒方洪庵、そして緒方富雄　（巽典之）「医学と生物学」　緒方医学化学研究所医学生物学速報会　149（6）2005.6.10　p211～224
◇緒方洪庵と添田玄春―西洋医学所頭取役宅の新築をめぐって　（深瀬泰旦）「日本医史学雑誌」　日本医史学会　51（3）2005.9　p337～354
◇慶應義塾史跡めぐり(第29回)適塾と緒方洪庵　（加藤三明）「三田評論」　慶応義塾　1117　2008.11　p60～63
◇医者も知りたい【医者のはなし】(第33回)蘭学の華を咲かせた医師（その2)緒方洪庵(1810―1863)　（木村専太郎）「臨床整形外科」　医学書院　44（3）2009.3　p284～287
◇日向薬事始め(その5)日向出身の緒方洪庵・適塾と広瀬淡窓・咸宜園に学んだ人々　（山本郁男, 井本真澄, 宇佐見貞行（他））「九州保健福祉大学研究紀要」　九州保健福祉大学　10　2009.3　p209～216
◇洪庵の時代にみる学問と大坂　（築山桂）「学士会会報」　学士会　2009（7）2009.11　p97～100

緒方正規　おがたまさのり　1853～1919
明治, 大正期の医師, 細菌学者。東京大学教授。
【図　書】
◇模倣の時代〈上〉　（板倉聖宣著）　仮説社　1988.3
◇鷗外全集〈第30巻〉医事　軍事〈3〉　（森鷗外著）　岩波書店　1989.5
◇スキャンダルの科学史　（科学朝日）　朝日新聞社　1989.10
◇スキャンダルの科学史　『科学朝日』編）　朝日新聞社　1997.1　293,8p　（朝日選書）
◇北里柴三郎と緒方正規―日本近代医学の黎明期　（野村茂著）　熊本日日新聞社　2003.3　221p
【雑　誌】
◇緒方正規のドイツ留学とペッテンコーファー宛書簡　（上村直己）「文学部論叢」　熊本大学文学部　85　2005.3　p69～122

緒方八重　おがたやえ　1822～1886
幕末, 明治期の女性。緒方洪庵の妻。
【図　書】
◇大阪の女たち　（西岡まさ子）　松籟社　1982.7
◇緒方洪庵の妻　（西岡まさ子著）　河出書房新社　1988.2
◇緒方洪庵の息子たち　（西岡まさ子著）　河出書房新社　1992.3
◇緒方洪庵夫人・八重の生涯と大坂の除痘館―とくに八重の終焉の地をめぐって　（古西義麿）「論集日本の洋学」（有坂隆道, 浅井允晶編）　清文堂出版　1995.12　p301
◇緒方洪庵と大坂の除痘館　（古西義麿著）　東方出版　2002.12　222p
◇理系の扉を開いた日本の女性たち―ゆかりの地を訪ねて　（西条敏美著）　新泉社　2009.6　235,3p
【雑　誌】
◇(問わずがたり)緒方八重―幕末維新の激動期を生きた一女性　（梅渓昇）「女性史学」〔女性史総合研究会〕　6　1996　p109～112
◇ふるさとを訪ねて　健康問題に取り組んだ女性たち(第15回)緒方八重　（西條敏美）「心とからだの健康」　健学社　12（6）2008.6　p83～85

岡田良平　おかだりょうへい　1864～1934
明治～昭和期の文部官僚、政治家。京都帝国大学総長。
【図　書】
◇一瞬の自分史　（シニア文学編集委員会編）　鶴書院　2001.2　143p
【雑　誌】
◇岡田良平・一木喜徳郎兄弟の試験の成績　（花井信）「静岡県近代史研究会会報」　28　1981.1
◇岡田良平と宗教法案(1)第1次宗教法案の顛末　（三井須美子）「都留文科大学研究紀要」　都留文科大学　58　2003　p1～26
◇岡田良平と宗教法案(2)山県有朋らの神社改革　（三井須美子）「都留文科大学研究紀要」　都留文科大学　59　2003　p1～22
◇岡田良平と宗教法案(3)明治初期における教化政策の実状　（三井須美子）「都留文科大学研究紀要」　都留文科大学　60　2004　p1～23
◇岡田良平と宗教法案(4)国家神道の形成過程(1)　（三井須美子）「都留文科大学研究紀要」　都留文科大学　61　2005　p1～21
◇岡田良平と宗教法案(5)国家神道の形成過程(2)　（三井須美子）「都留文科大学研究紀要」　都留文科大学　62　2005　p1～20
◇岡田良平と宗教法案(6)国家神道の形成過程(3)　（三井須美子）「都留文科大学研究紀要」　都留文科大学　63　2006　p1～22
◇岡田良平と宗教法案(7)文部省宗教局の出現　「都留文科大学研究紀要」　都留文科大学　64　2006　p1～21
◇岡田良平と宗教法案(8)第2次宗教法案への道　（三井須美子）「都留文科大学研究紀要」　都留文科大学　65　2007　p1～21
◇岡田良平と宗教法案(9)第2次宗教法案の結末　（三井須美子）「都留文科大学研究紀要」　都留文科大学　66　2007　p1～23

岡松甕谷　おかまつおうこく　1820～1895
幕末，明治期の儒学者。大学少博士、東京帝国大学教授。
【図　書】
◇肥後の歴史と文化　（早稲田大学日本地域文化研究所編）　行人社　2008.1　310p　（日本地域文化ライブラリー）
◇岡松参太郎文書目録—早稲田大学図書館所蔵　（早稲田大学図書館、早稲田大学東アジア法研究所編）　雄松堂アーカイブズ　2008.9　47, 770p
【雑　誌】
◇岡松甕谷のこと　（町田三郎）「中国哲学論集」　13　1987.10
◇「叙事」から「叙議夾雑」へ—岡松甕谷・中江兆民における言語と社会　（金子元）「相関社会科学」　東京大学大学院総合文化研究科国際社会科学専攻　15　2005　p2～17

岡村司　おかむらつかさ　1866～1922
明治，大正期の民法学者。
【図　書】
◇近代日本の法学と法意識　（熊谷開作著）　（京都）法律文化社　1991.2
◇手塚豊著作集〈第8巻〉明治民法史の研究〈下〉　（手塚豊著）　慶応通信　1991.7
◇現代に甦る知識人たち　（鈴木良, 上田博, 広川禎秀編）　世界思想社　2005.10　222p　（SEKAISHISO SEMINAR）
【雑　誌】
◇わが国労働法学の先駆者・岡村司—その人と業績（上, 下）　（後藤清）「季刊労働法」　116,117　1980.8,9
◇我が人生観（自然と人生編—人生に楽屋はない（大正7年秋季増刊再録）〈復刊満20年記念特別企画〉）　（岡村司）「日本及日本人」　1584　1986.10
◇自由法学の誕生—岡村司の民法研究について（近代京都における自由主義思潮の研究）　（鈴木良）「立命館大学人文科学研究所紀要」　立命館大学人文科学研究所　65　1996.2　p25～63
◇岡村司年譜・著作目録（続・近代京都における自由主義思潮の研究）　（福井純子）「立命館大学人文科学研究所紀要」　立命館大学人文科学研究所　70　1998.2　p153～173
◇資料　立命館大学法学部所蔵岡村司文書目録および解説「岡村司文書について」　（鈴木良）「立命館法学」　立命館大学法学会　1999年(3)　1999.10　p747～784
◇山川健次郎と超能力者・千里眼事件（私の東大論〔19〕）　（立花隆）「文芸春秋」　77(12)　1999.12　p356～369

岡本保孝　おかもとやすたか　1797～1878
幕末，明治期の国学者。大学中博士。
【図　書】
◇浜松中納言物語論考　（中西健治著）　和泉書院　2006.4　253,12p　（研究叢書）
【雑　誌】
◇渋江抽斎・吉田篁墩・岡本況斎に関する雑記　（梅谷文夫）「言語文化」　29　1992

岡鹿門　おかろくもん　1833～1914
幕末、明治期の漢学者。東京府学教授。
【図　書】
◇近代日中関係史断章　（小島晋治著）　岩波書店　2008.11　244p　（岩波現代文庫）

小川泰堂　おがわたいどう　1814～1878
幕末，明治期の医師，日蓮遺文校訂者。
【雑　誌】
◇小川泰堂と智英日明について（第37回日蓮宗教学研究発表大会特集号）　（石川教張）「大崎学報」　139　1985.6
◇小川泰堂の学問のすすめ論—「学問スヽメノ論」について（第39回日蓮宗教学研究発表大会特集号）　（石川教張）「大崎学報」　143　1987.6
◇小川泰堂の自行折伏の建言—「信仏報国論」の一考察（第40回日蓮宗教学研究発表大会特集号）　（石川教張）「大崎学報」　145　1988.10
◇小川泰堂の念仏批判—「曲林一斧」について　（石川教張）「日蓮教学研究所紀要」　20　1993.3

小川直子　おがわなおこ　1840～1919
明治期の教育者。青森女子師範教頭。
【図　書】
◇女の一生—人物近代女性史 8　人類愛に捧げた生涯　（瀬戸内晴美他著）　講談社　1984.3

奥宮慥斎　おくのみやぞうさい　1811～1877
幕末，明治期の儒学者。土佐に初めて陽明学を伝えた。
【雑　誌】
◇愛国公党結成に関する史料—奥宮慥斎の日記から　（大久保利謙）「日本歴史」　488　1989.1
◇奥宮慥斎と「人民平均の理」　（杉山剛）「社学研論集」　早稲田大学大学院社会科学研究科　10　2007　p270～284
◇高知における大教宣布—奥宮慥斎の活動を通して　（杉山剛）「社学研論集」　早稲田大学大学院社会科学研究科　14　2009　p326～333
◇史料翻刻　奥宮慥斎日記—明治時代の部(1)　（島善高）「早稲田社会科学総合研究」　早稲田大学社会科学学会　9(3)　2009.3　p1～32
◇史料翻刻　奥宮慥斎日記—明治時代の部(2)　（島善高）「早稲田社会科学総合研究」　早稲田大学社会科学学会　10(1)　2009.7　p25～51

織田得能　おだとくのう　1860～1911
明治期の仏教学者。真宗大谷派。
【雑　誌】
◇明治期における海外渡航僧の諸相—北畠道龍、小泉了諦、織田得能、井上秀天、A・ダルマパーラ　（石井公成）「近代仏教」　日本近代仏教史研究会　15　2008.8　p1～24
◇研究発表例会　近代日本における『原人論』の再発見と論争—高橋五郎の批判と織田得能の救釈（東洋大学　東洋学研究所活動報告）　（佐藤厚）「東洋学研究」　東洋大学東洋学研究所　46　2009　p188～190
◇近代日本における『原人論』の再発見と論争—高橋五郎と織田得能の論争　（佐藤厚）「東洋学研究」　東洋大学東洋学研究所　46　2009　p304～291

落合直澄　おちあいなおずみ　1840～1891
幕末，明治期の国学者。皇典講究所講師。
【雑　誌】
◇落合直文とその周辺(2)　（落合秀男）「短歌」　27(11)　1980.11
◇落合直澄旧蔵の「仁徳陵古墳石棺図」について　（小川貴司）「考古学雑誌」　69(2)　1983.12

小野寺丹元　おのでらたんげん　1800～1876
幕末，明治期の蘭方医。仙台藩医。
【図　書】
◇小野寺丹元略伝—近代予防医学の先駆者　（小野寺昭二, 小野寺永幸著）　小野寺昭二　1997.3　70p

小野友五郎　おのとも ごろう　1817～1898
幕末，明治期の数学者，実業家。軍艦操練所教方。
【図　書】
◇咸臨丸航海長小野友五郎の生涯—幕末明治のテクノクラート（中公新書）　（藤井哲博著）　中央公論社　1985.10
◇小野友五郎関係の史・資料の所在と解説—後に続く研究者のために　（藤井哲博著）〔藤井哲博〕　19〔89〕　1989.9
◇数学の文明開化　（佐藤健一著）　時事通信社　1989.9
◇幕末・明治初期数学者群像〈上　幕末編〉　（小松醇郎著）　（京都）吉岡書店　1990.9
◇日本の『創造力』—近代・現代を開花させた470人〈1〉御一新の光と影　（富田仁編）　日本放送出版協会　1992.12

◇福沢諭吉の教育観　（桑原三郎著）　慶応義塾大学出版会　2000.11　326p
・怒涛逆巻くも　上　（鳴海風著）　新人物往来社　2003.6　355p
・怒涛逆巻くも　下　（鳴海風著）　新人物往来社　2003.6　383p
・数学文化　002　（日本数学協会編）　日本評論社　2004.4　152p
【雑　誌】
◇小野友五郎と天文　（佐藤明達）「天界」73(804)　1992.5
◇文久期の江戸湾防備―小野友五郎・望月大象連名復命書を中心として（冨川武史）「文化財学雑誌」鶴見大学文化財学会 1 2005.3　p70〜58

小幡篤次郎　おばたとくじろう　1842〜1905
明治期の教育者。慶応義塾長。
【図　書】
◇三田の政官界人列伝　（野村英一著）　慶応義塾大学出版会　2006.4　327,18p
【雑　誌】
◇小幡篤次郎・甚三郎「英文熟語集」とウェブストル氏字典（竹中龍範）「英学史研究」16 1983
◇序文の舞台―辞書をめぐる人びと（1）福沢諭吉と小幡兄弟（惣郷正明）「三省堂ぶっくれっと」54 1985.1
◇明治実学主義教育思想の再検討―小幡篤次郎「一芸一能」教育論の特質（中川隆）「亜細亜大学教養部紀要」41 1990
◇『学問ノス、メ』の共著者小幡篤次郎　（神道登）「群馬風土記」18 1990.10
◇チェンバーズ著『科学入門』と小幡篤次郎訳『博物新編補遺』（松永俊男）「桃山学院大学人間科学」桃山学院大学総合研究所　24　2003.1　p149〜168
◇講演録　明六社・日本学士院と共存同衆・交詢社―福沢諭吉・小幡篤次郎・馬場辰猪　（近代日本研究）　慶應義塾福澤研究センター　22　2005　p229〜265
◇小幡篤次郎を偲ぶ（講演録　小幡篤次郎没後一〇〇年―福澤諭吉を支えた第一人者）（服部禮次郎）「三田評論」慶応義塾　1081　2005.7　p32〜43
◇小幡篤次郎と「モラルサイヤンス」（講演録　小幡篤次郎没後一〇〇年―福澤諭吉を支えた第一人者）（西澤直子）「三田評論」慶応義塾　1081　2005.7　p43〜47

海保漁村　かいほぎょそん　1798〜1866
幕末の儒学者，幕府医学館直舎儒学教授。
【雑　誌】
◇鷗外史伝小説における考証派の人々―特に若い日の海保漁村をめぐって（小川康子）「言語と文芸」おうふう　125　2009.3　p75〜101

ガウランド，W.　Gowland, William　1842〜1922
イギリスの冶金技師，考古学者。1872年来日。
【図　書】
◇ガウランド日本考古学の父　（ヴィクター・ハリス，後藤和雄責任編集）　朝日新聞社　2003.8　199p
【雑　誌】
◇日本アルプス探検の先駆者・ウェストンをめぐる人々（1）W・ガウランド　（三井嘉雄）「岳人」458 1985.8
◇回想のウイリアム・ガウランド　（上田宏範）「大阪の歴史」36　1992.8

嘉悦孝　かえつたか　1867〜1949
明治〜昭和期の教育家。私立女子商業学校創立。
【図　書】
◇近代熊本の女たち　上　（家族史研究会編）　熊本日日新聞社　1981.10
◇唐沢富太郎著作集〈第5巻〉教師の歴史　教師の生活と倫理，典型的教師群像　（唐沢富太郎著）　ぎょうせい　1989.7
◇ひとすじに実学教育―子孫繁栄を願って　（嘉悦康人著）　善本社　2001.4　183p　（心の経営シリーズ）
【雑　誌】
◇本山校時代の徳富健次郎と嘉悦孝子　（大塚正文）「新女性史研究」共同本社　第5号　2001.3　p9〜10
◇創立者　嘉悦孝の教育　（白尾公一）「嘉悦大学研究論集」嘉悦大学研究論集編集委員会　46(2)　2004.3　p123〜143, 表1枚

賀来飛霞　かくひか　1816〜1894
幕末，明治期の本草学者，医師。島原藩藩医。
【図　書】
◇郷土大分の先覚者　中巻　（大分県教育委員会編）　大分県教育委員会　1981.12
◇賀来飛霞関係史料調査報告書　2　（安心院町教育委員会編）　安心院町教育委員会　1996.3　90p
◇知られざるシーボルト―日本植物標本をめぐって　（大森実著）　光風社出版　1997.11　256p　（光風社選書）
◇文学に描かれた宮崎―県北を中心に　1　（夕刊デイリー新聞社企画・編，佐藤隆一著）　鉱脈社　2001.2　296p　（みやざき文庫）
【雑　誌】
◇賀来飛霞著「上毛黒滝紀行во」(明治19年)　（山下愛子）「女子聖学院短期大学紀要」21 1989.3
◇賀来飛霞の「由布岳採薬図譜」考　（荒金正憲）「別府大学紀要」別府大学　36 1995.1　p69〜96
◇賀来飛霞の採集した鉱物・岩石・化石　（青山尚友）「宮崎県総合博物館研究紀要」宮崎県総合博物館　第23輯　2001.3　p47〜57
◇賀来飛霞植物標本コレクションに含まれていた絶滅菌類「日向斑竹」について　（黒木秀一）「宮崎県総合博物館研究紀要」宮崎県総合博物館　29 2008年度　p51〜55

笠原研寿　かさはらけんじゅ　1852〜1883
明治期の仏教学者，僧侶。真宗大谷派。
【図　書】
◇僧墨抄　恵林寺　1983.6
【雑　誌】
◇南条文雄・笠原研寿の留学目的とF・マックス・ミュラーの期待　（林寺正俊）「印度哲学仏教学」北海道印度哲学仏教学会　18　2003.10　p273〜290

柏原学而　かしわばらがくじ　1835〜1910
幕末，明治期の蘭方医。徳川慶喜の待医。
【図　書】
◇讃岐人物風景　9　幕末から維新へ　（四国新聞社編）　大和学芸図書　1982.11

春日潜庵　かすがせんあん　1811〜1878
幕末，明治期の儒学者。奈良県知事。
【図　書】
◇江戸期の儒学―朱王学の日本的展開　（岡田武彦）　木耳社　1982.11
◇東洋の心―安岡正篤，若き日のエッセイ・評論　（安岡正篤著）　（名古屋）黎明書房　1987.3
◇春日潜菴・池田草菴　（大西晴隆，疋田啓佑著）　明徳出版社　1987.12　（叢書・日本の思想家）
◇林良斎　（松崎賜著）　明徳出版社　1999.10　249p　（シリーズ陽明学）
◇東洋の心―安岡正篤，若き日のエッセイ・評論　普及版　（安岡正篤著）　黎明書房　2000.10　351p
【雑　誌】
◇春日潜庵・池田草庵―筆蹟・人物・思想―　（木南卓一）「帝塚山大学紀要」23 1986.12
◇上甲振洋と春日潜庵　（佐藤仁）「内海文化研究紀要」18・19 1990
◇春日潜庵先生叢書のことなど　（吉田公平）「東洋学研究」東洋大学東洋学研究所　42 2005　p330〜335
◇春日潜庵と歴史観（春日潜庵特集）　（疋田啓佑）「陽明学」二松学舎大学東アジア学術総合研究所陽明学研究部　18 2006　p139〜149
◇春日潜庵の誠意説前史（春日潜庵特集）　（吉田公平）「陽明学」二松学舎大学東アジア学術総合研究所陽明学研究部　18 2006　p150〜176
◇春日潜庵による『〔シュウ〕山人譜』『王心斎全集』の出版をめぐって（春日潜庵特集）　（福田殖）「陽明学」二松学舎大学東アジア学術総合研究所陽明学研究部　18 2006　p177〜197

片山国嘉　かたやまくにか　1855〜1931
明治，大正期の医学者。医学博士，東京帝国大学助教授。
【雑　誌】
◇片山国嘉，戸塚巻蔵，三宅秀による裁判医学講義　（小関恒雄）「犯罪学雑誌」48(2) 1982.4
◇国家医学と法医学成立過程―片山國嘉「医学の系統図」分析　（影山任佐）「犯罪学雑誌」日本犯罪学会　74(1) 2008.2 p9〜30〔含　英語文要旨〕

桂誉重　かつらたかしげ　1817〜1871
幕末，明治期の国学者。
【図　書】
◇近世越後の学芸研究　第1巻　（帆刈喜久男著）　高志書院　2002.6　309p

桂田富士郎　かつらだふじろう　1867〜1946
明治〜昭和期の医師，寄生虫病理学者。医学博士。
【雑　誌】
◇倫敦の宿（松山乙女と歌人医博〔41〕）　（武田勝彦）「公評」40(1) 2003.1 p98〜103
◇MEDICAL ESSAYS　桂田富士郎(上)日本住血吸虫発見一〇〇年　（小田晧二）「日本医事新報」日本医事新報社　4176 2004.5.8 p39

〜41
◇MEDICAL ESSAYS 桂田富士郎（下）日本住血吸虫発見一〇〇年 （小田晧二）「日本医事新報」 日本医事新報社 4177 2004.5.15 p45〜47
◇特別依頼原稿 桂田富士郎と日本住血吸虫発見100年 （小田晧二）「岡山医学会雑誌」 岡山医学会 117（1） 2005年度 p1〜8

加藤桜老　かとうおうろう　1811〜1884
幕末、明治期の儒学者。藩校明倫館教授。
【図　書】
◇幕末志士の生活 （芳賀登） 雄山閣出版 1982.6 （生活史叢書 8）
◇加藤桜老―笠間の碩学 ふるさと文庫 （田中嘉彦） 筑波書林 1988.3

加藤弘之　かとうひろゆき　1836〜1916
明治期の思想家、啓蒙学者。東京帝国大学総理。
【図　書】
◇日本の国家思想 上 （小松茂夫・田中浩編） 青木書店 1980.5
◇近代日本の倫理思想 大明堂 1981.2
◇天皇制下のキリスト教―日本聖教会の戦いと苦難 （塚田理） 新教出版社 1981.8 （日本キリスト教史双書）
◇日本の思想家 近代篇 （菅孝行） 大和書房 1981.9
◇日本仏教史研究 4 続国家と仏教 近世・近代編 （二葉憲香編） 永田文昌堂 1981.9
◇安房白浜 近世前期編 （奥富敬之） 白浜町 1981.10
◇近代国家思想と軌跡―西洋との出会い （野田又夫ほか編著） 北樹出版 1982.4
◇人間と宗教―近代日本人の宗教観 （比較思想史研究会編） 東洋文化出版 1982.6
◇天皇機関説の周辺―三つの天皇機関説と昭和史の証言 増補版 （宮本盛太郎） 有斐閣 1983.2 （有斐閣選書）
◇古典大系日本の指導理念 10 公務者の人生論 4 近代を築いた指導者像 （源了円ほか編纂） 第一法規出版 1983.10
◇近代日本思想史序説―「自然」と「社会」の論理 （森一貫著） 晃洋書房 1984.2
◇人物探訪 日本の歴史―18―明治の逸材 暁教育図書 1984.2
◇日本の名著 34 西周・加藤弘之 （中公バックス） （植手通有責任編集） 中央公論社 1984.7
◇実学史研究 （実学資料研究会編） 思文閣出版 1985.11
◇加藤弘之 〔新装版〕（人物叢書）（田畑忍著） 吉川弘文館 1986.10
◇日本近代史と中江兆民 （米原謙著） 新評論 1986.10
◇近代知識人の天皇論 （石田圭介編著） 日本教文社 1987.3
◇林竹二著作集（9）教育に対する国の責任ということ （林竹二著） 筑摩書房 1987.6
◇大久保利謙歴史著作集 8 明治維新の人物像 吉川弘文館 1987.7
◇大久保利謙歴史著作集 6 明治の思想と文化 吉川弘文館 1988.2
◇日本近代史講義―明治立憲制の形成とその理念 （鳥海靖著） 東京大学出版会 1988.6
◇日本の組織 （渡瀬浩著） （京都）晃洋書房 1989.4
◇明治草創―啓蒙と反乱 （植手通有編著） 社会評論社 1990.7 （思想の海へ「解放と変革」）
◇明六社の人びと （戸沢行夫著） 築地書館 1991.4
◇加藤弘之自叙伝 （加藤弘之著） 大空社 1991.11 （伝記叢書）
◇近代日本と自由主義（リベラリズム） （田中浩著） 岩波書店 1993.8
◇加藤弘之と社会進化論 （村上淳一）『外から見た日本法』（石井紫郎、樋口範雄編） 東京大学出版会 1995.8 p415
◇怪物科学者の時代 （田中聡著） 昌文社 1998.3 279p
◇近代日本社会学者小伝―書誌的考察 （川合隆男,竹村英樹編） 勁草書房 1998.12 822p
◇近代日本における制度と思想―明治法思想史研究序説 新装版 （中村雄二郎著） 未来社 1999.5 357p
◇加藤弘之とその時代／明治の思想家 （武田良彦著） 斎藤隆夫顕彰会「静思塾」 1999.11 303p
◇日本近代思想史序説 明治期前篇 上 （岩崎允胤著） 新日本出版社 2002.5 421,9p
◇明治天皇と政治家群像―近代国家形成の推進者たち （沼田哲編） 吉川弘文館 2002.6 286p
◇日本近代思想史序説 明治期前篇 下 （岩崎允胤著） 新日本出版社 2002.6 358,9p
◇洋学者と明治天皇―加藤弘之・西村茂樹の「立憲君主」像をめぐって （中野目徹）『明治天皇と政治家群像 近代国家形成の推進者たち』（沼田哲編） 吉川弘文館 2002.6 p100〜
◇日本教育史論―堀松武一著作選集 （堀松武一著） 岩崎学術出版社 2003.2 357p
◇福沢諭吉と自由民権運動―自由民権運動と脱亜論 （飯田鼎著） 御茶の水書房 2003.10 315,12p （飯田鼎著作集）
◇立憲政体成立史の研究 （奥田晴樹著） 岩田書院 2004.3 453p
（近代史研究叢書）
◇日本進化思想史 1 （横山利明著） 新水社 2005.4 258p
◇近代中国の立憲構想―厳復・楊度・梁啓超と明治啓蒙思想 （李暁東著） 法政大学出版局 2005.5 301,15p
◇奇想科学の冒険―近代日本を騒がせた夢想家たち （長山靖生著） 平凡社 2007.6 226p （平凡社新書）
◇近代の再構築―日本政治イデオロギーにおける自然の概念 （ジュリア・アデニー・トーマス著,杉田米行訳） 法政大学出版局 2008.7 328p （叢書・ウニベルシタス）
【雑　誌】
◇明治啓蒙思想研究序説（2）加藤弘之の哲学と政治思想 （米原謙）「阪大法学」 114 1980.3
◇日本の「啓蒙」思想家と宗教―加藤弘之初期思想における宗教観 （金子洋子）「国史学研究（龍谷大）」 （6） 1980.11
◇最近の珍書発掘記―加藤弘之の「隣草」の初稿本（歴史手帖） （大久保利謙）「日本歴史」 404 1982.1
◇加藤弘之と李大釗―その思想的影響について― （後藤延子）「信大史学」 12（田中正俊教授退官記念特集号） 1987.11
◇福沢諭吉と加藤弘之―西洋思想の受容と国民国家構想の2類型 （田中浩）「一橋論叢」 100（2） 1988.8
◇加藤弘之の組織理論 （渡瀬浩）「大阪商業大学論集」 82・83 1988.10
◇近代日本哲学と人権―加藤弘之の人権思想 （浮田雄一）「平和と宗教」 7 1988.12
◇近代日本哲学とプラグマティズム（5）加藤弘之とイギリス哲学 （浮田雄一）「日本デューイ学会紀要」 30 1989.6
◇加藤弘之における進化論の受容と展開―「能力主義」教育思想の生成 （許艶）「東京大学教育学部紀要」 31 1991
◇加藤弘之の言語観―「博学字」輸入の背景 （鈴木広光）「名古屋大学 国語国文学」 68 1991.7
◇進化論の適応戦略―あるいは、なぜ日本人は進化論が好きなのか（特集・ドーキンス―利己的遺伝子の戦略） （田中聡）「現代思想」 20（5） 1992.5
◇加藤弘之『国体新論』の分析 （森一貫）「日本文化史研究」 18 1993.2
◇近代日本の形成とドイツ―加藤弘之とE.ヘッケル（日本思想とドイツ学受容の研究） （服部健二）「立命館人文科学研究所紀要」 59 1993.10
◇加藤弘之の法思想―『立憲政体略』を中心に （田中収）「名経法学」 名古屋経済大学・市邨学園短期大学法学会 第2号 1995.1 p53〜89
◇『権利のための闘争』と『強者の権利の競争』―加藤弘之のイェーリング解釈をめぐって （堅田剛）「独協法学」 独協大学法学会 42 1996.3 p185〜215
◇加藤弘之の国法学―ブルンチュリ『国法汎論』との関連で （堅田剛）「独協法学」 独協大学法学会 43 1996.12 p199〜229
◇梁啓超における「自由」と「国家」―加藤弘之との比較において （小松原伴子）「学習院大学文学部研究年報」 学習院大学文学部 44 1997 p79〜119
◇加藤弘之著『独逸学の由来』について （船岡満之）「独協大学ドイツ学研究」 独協大学学術研究会 37 1997.3 p143〜165
◇梁啓超と功利主義―加藤弘之「道徳法律進化の理」に関連して （佐藤豊）「中国」 東大中国学会 13 1998.6 p154〜170
◇初代学長・加藤弘之の変節（私の東大論〔7〕） （立花隆）「文芸春秋」 76（10） 1998.10 p338〜353
◇黒船来航（3）（佐久間象山〔23〕） （松本健一）「THIS IS 読売」 9（8） 1998.11 p318〜327
◇加藤弘之の立憲主義思想（1）天賦人権論から進化論的権利論へ （岩崎允胤）「大阪経済法科大学論集」 大阪経済法科大学経法学会 76 2000.3 p1〜34
◇加藤弘之の立憲主義思想（2）天賦人権論から進化論的権利論へ （岩崎允胤）「大阪経済法科大学論集」 大阪経済法科大学経法学会 77 2000.7 p1〜27
◇加藤弘之の国体思想―思想転向の深層心理を省みて（序説） （間宮庄平）「産大法学」 京都産業大学法学会 34（4） 2001.2 p810〜854
◇「立場×力関係」が交渉の基本―池田慎子・エスピージー社長／白川典明・ビッグペン社長／加藤弘之・カトー社長／小林幸一・マルイチセーリング社長／小西国義・キュービーネット社長（特集・「交渉下手」は必ず治る―達人に近づくための基本テクニック）「日経ベンチャー」 202 2001.7 p27〜30
◇幕末期における立憲政体導入についての一考察―加藤弘之を中心に （渡辺昌道）「文明の科学」 城西国際大学 1 2002.3 p47〜59
◇自由民権思想における福沢諭吉と加藤弘之 （飯田鼎）「三田学会雑誌」 慶応義塾経済学会 95（3） 2002.10 p457〜491
◇加藤弘之についての一考察―幕末期における立憲政体論・人間像を中心にして （渡辺昌道）「文明の科学」 城西国際大学 2 2003.3 p1〜10
◇明治10年代前半における政局とイデオロギー状況―加藤弘之『人権新説』発刊経緯を通して （渡辺昌道）「千葉史学」 千葉歴史学会 44

2004.5 p51～63
◇幕末期における言説編制と西洋啓蒙思想の受容―横井小楠と加藤弘之を中心に （納谷節夫）「大阪大学言語文化学」 大阪大学言語文化学会 14 2005 p117～130
◇赤門天狗合戦―外山正一と加藤弘之の「人権新設」論争における「弱者」の進化論 （宇治光洋）「近畿大学日本語・日本文学」 近畿大学文芸学部第7号 2005.3 p43～66
◇加藤弘之の「転向」（戸田文明）「四天王寺国際仏教大学紀要」 四天王寺国際仏教大学 6ママ・44・52 2006年度 p15～28
◇「立憲的族父統治」下の政党内閣―加藤弘之と斎藤隆夫の論争から （田頭慎一郎）「政治学論集」 学習院大学大学院政治学研究科 19 2006.3 p1～17
◇明治初期加藤弘之の国家学に関する覚書―「兵権」と政治の関係をめぐって （菅谷幸浩）「法史学研究会会報」 法史学研究会 13 2008 p87～93
◇加藤弘之の国際秩序構想と国家構想―「万国公法体制」の形成と明治国家 （佐藤太久磨）「日本史研究」 日本史研究会 557 2009.1 p26～46
◇日本における立憲政体の受容と中国―加藤弘之の『鄰草』をめぐって （特集 北東アジアにおける「読み換え」の可能性）（劉岳兵）「北東アジア研究」 島根県立大学北東アジア地域研究センター 17 2009.3 p87～103
◇明治国家をつくった人びと(15)加藤弘之―幕末立憲思想の伝承 （瀧井一博）「本」 講談社 34(10) 2009.10 p48～51

金井延　かないのぶる　1865～1933
明治, 大正期の社会政策学者。
【図　書】
◇河合栄治郎全集〈第8巻〉明治思想史の一断面 金井延を中心として （河合栄治郎著, 社会思想研究会編） 社会思想社 1991.2
◇日本の経済学を築いた五十人―ノン・マルクス経済学者の足跡 （上久保敏著） 日本評論社 2003.11 284p
【雑　誌】
◇金井延関係, 農商務省所管, 明治・大正期重要調査会資料(2) （小岩信竹）「文経論叢（弘前大学）」 22(1)（経済学篇40）1987.3
◇金井延関係, 農商務省所管, 明治・大正期重要調査会資料(4) （小岩信竹）「文経論叢（弘前大学人文学部）」 25(1・2) 1990

狩野亨吉　かのうこうきち　1865～1942
明治期の哲学者, 教育者。文学博士。
【図　書】
◇狩野亨吉の思想 （鈴木正） 第三文明社 1981.3 （レグルス文庫133）
◇埋もれた精神 思想の科学社 1981.7 （シリーズ人と思想1）
◇小峰勇文集 第4巻 筑摩書房 1983.1
◇偉大なる暗闇―師岩元禎と弟子たち （高橋英夫著） 新潮社 1984.4
◇思想史の横顔 （鈴木正著） 勁草書房 1987.9
◇狩野亨吉の生涯 （青江舜二郎著） 中央公論社 1987.9 （中公文庫）
◇かわりだねの科学者たち （板倉聖宣著） 仮説社 1987.10
◇遠いあし音・人はさびしき―人物回想 （小林勇編） 筑摩書房 1987.11 （筑摩叢書）
◇甦る！安藤昌益 （寺尾五郎, いいだもも, 石渡博明編著） 社会評論社 1988.3
◇近代日本の哲学者 （鈴木正, 下祟道編著） 北樹出版 1990.2
◇真贋往来 （杉山二郎著） 瑠璃書房 1990.7
◇思想者のシルエット （鈴木正著） 勁草書房 1991.5
◇偉大なる暗闇 （高橋英夫著） 講談社 1993.1 （講談社文芸文庫）
◇狩野亨吉の思想 増補 （鈴木正著） 平凡社 2002.5 267p （平凡社ライブラリー）
◇明治人の教養 （竹田篤司著） 文芸春秋 2002.12 198p （文春新書）
◇達人たちの悦楽 性に取り憑かれた文豪たち （達人倶楽部編著） ワンツーマガジン社 2003.4 293p
◇安藤昌益の世界―独創的思想はいかに生れたか （石渡博明著） 草思社 2007.7 271p
◇守農大臣 安藤昌益 （よど秀夫著） 幻冬舎ルネッサンス 2009.6 236p
【雑　誌】
◇第四高等中学校長中川元―金沢時代の狩野亨吉をめぐって （中川浩一）「茨城大学教育学部紀要（人文・社会科学・芸術）」 30 1981.3
◇夏目漱石小論―「野分」成立とその周辺 （戸田民子）「論究日本文学（立命館大）」 44 1981.5
◇「狩野文庫」の蔵書構成の研究(2) （原田隆吉）「図書館学研究報告（東北大学付属図書館）」 16 1983.12
◇狩野文庫とともに （矢島玄亮）「図書館学研究報告（東北大学付属図書館）」 16 1983.12
◇「狩野文庫」攷(1)狩野文庫へのアプローチ （石田義光）「図書館学研究報告（東北大学付属図書館）」 17 1984.12
◇ドキュメント・天皇の学校―東宮御学問所物語〔五〕（大竹秀一）「正論」 151 1985.6
◇「狩野文庫」の蔵書構成の研究(3) （原田隆吉）「図書館学研究報告（東北大学付属図書館）」 18 1985.12
◇狩野亨吉と塩谷青山―新資料「塩谷さんの家と私の家」 （和田耕作）「北方風土」 12 1986.4
◇「狩野文庫」攷(2)狩野亨吉の蒐書と狩野書誌学 （石田義光）「図書館学研究報告（東北大学付属図書館）」 19 1986.12
◇文庫めぐり 狩野文庫 （石田義光）「同朋」 106 1987.2
◇日本人は精神の電池を入れ直せ―独創的頭脳を論ず(対談) （司馬遼太郎, 西沢潤一）「文芸春秋」 68(6) 1990.5
◇教養の圏外の「性」の深淵 （小沢信男）「新潮45」 9(7) 1990.7
◇狩野亨吉博士をめぐって――一つの回想 岩波茂雄と岩波書店(2) （久野収）「図書」 530 1993.8
◇狩野亨吉と天文 （佐藤明達）「天界」 75(830) 1994.7
◇狩野亨吉 (特集・読書名人伝―名人奇人の読書家たちがズラリ。いったい誰が読書「名人位」を獲得するか。)「ノーサイド」 5(5) 1995.5 p60
◇金沢時代の「狩野亨吉」日記(続) （上田正行）「金沢大学文学部論集 言語・文学篇」 金沢大学文学部 19 1999.3 p1～35
◇夏目漱石の書簡を読む―漱石と狩野亨吉 （岩波道子）「宮城学院女子大学大学院人文学会誌」 宮城学院女子大学大学院 2 2001.3 p32～40
◇漱石、狩野亨吉の交遊と安藤昌益 （中村文雄）「国史談話会雑誌」 東北大学文学部国史研究室国史談話会 第43号 2002.9 p233～249
◇狩野亨吉の天文暦学書蒐集と天文学者平山信との親交 （中村士）「東洋研究」 大東文化大学東洋研究所 155 2005.1 p1～36
◇思想史家・狩野亨吉の眼―生誕一四〇周年記念によせて （村上恭一）「図書」 岩波書店 688 2006.8 p16～21
◇狩野亨吉の眼力/本多利明の場合―中村正弘先生の想い出に捧ぐ （鈴木武雄）「数学教育研究」 大阪教育大学数学教室 38 2008 p109～124

嘉納治五郎　かのうじごろう　1860～1938
明治～昭和期の教育家。講道館柔道の開祖。
【図　書】
◇嘉納治五郎の教育と思想 （長谷川純三編著） 明治書院 1981.1
◇嘉納治五郎の論説―主唱雑誌の巻頭言や講演・著書にみられる標題に関して （棚田真輔編） 神戸商科大学経済研究所 1981.2 （研究資料 no.31）
◇日本のリーダー 5 国際交流の演出者 ティビーエス・ブリタニカ 1983.9
◇日本のリーダー5 国際交流の演出者 （第二アートセンター編） ティビーエス・ブリタニカ 1983.9
◇嘉納治五郎著作集 第2巻 五月書房 1983.9
◇嘉納治五郎著作集 第1巻 五月書房 1983.10
◇古典大系日本の指導理念 10 公務者の人生論 4 近代を築いた指導者像 （源了円ほか編） 第一法規出版 1983.10
◇嘉納治五郎著作集 第3巻 五月書房 1983.12
◇百年の日本人〈その3〉（川口松太郎, 杉本苑子, 鈴木史楼ほか著） 読売新聞社 1986.6
◇オリンピックとアマチュアリズム （清川正二著） ベースボール・マガジン社 1986.8
◇柔道の歴史 第一巻―嘉納治五郎の生涯 生誕編 （橋本一郎著, 作麻正明絵） 本の友社 1987.12
◇柔道の歴史 第二巻―嘉納治五郎の生涯 熱闘編 （橋本一郎著, 作麻正明絵） 本の友社 1987.12
◇日本武道学研究―渡辺一郎教授退官記念論集 （渡辺一郎教授退官記念会編） 渡辺一郎教授退官記念会 1988.3
◇嘉納治五郎大系 14 本の友社 1988.5
◇唐沢富太郎著作集〈第5巻〉教師の歴史 教師の生活と倫理, 典型的な教師群像 （唐沢富太郎著） ぎょうせい 1989.7
◇教育人物読本―先人に学ぶ教育経営 （曽根信吾著） 学事出版 1990.4 （学校管理職の教養・実務講座）
◇柔道を創った男たち―嘉納治五郎と講道館の青春 （飯塚一陽著） 文芸春秋 1990.8
◇国際交流につくした日本人〈4〉ヨーロッパ〈1〉 くもん出版 1991.1
◇早慶戦の謎―空白の十九年 （横田順弥著） ベースボール・マガジン社 1991.7
◇小説嘉納治五郎 （戸川幸夫） 読売新聞社 1991.10
◇型と日本文化 （源了円編） 創文社 1992.6
◇嘉納治五郎著作集〈第3巻〉人生篇 （嘉納治五郎著） 五月書房 1992.10
◇日本の『創造力』―近代・現代を開花させた470人〈7〉驀進から熟成へ （富田仁編） 日本放送出版協会 1992.11
◇心やさしき勝利者たち 日本テレビ放送網 1993.4 （知ってるつも

◇命懸けの論理―新日本人論（堀辺正史, ターザン山本著）ベースボール・マガジン社 1993.11
◇日本武道のこころ―伝統と新しい時代精神（トレーバー・P.レゲット著, 板倉正明訳）サイマル出版会 1993.12
◇嘉納治五郎 新装版（きりぶち輝著）ぎょうせい 1995.2 281p（世界の伝記）
◇嘉納治五郎―近代日本五輪の父（高野正巳著）講談社 1996.6 285p（講談社 火の鳥伝記文庫）
◇嘉納治五郎―私の生涯と柔道（嘉納治五郎著）日本図書センター 1997.2 316p（人間の記録）
◇「東京、遂に勝てり」1936年ベルリン至急電（鈴木明著）小学館 1997.6 520p（小学館ライブラリー）
◇日本的 中国的―知ってるつもりの大誤解を説く（陳舜臣著）祥伝社 1998.7 320p（ノン・ポシェット）
◇日本体育基本文献集―大正・昭和戦前期 第36巻（成田十次郎監修, 大熊広明, 野村良和編）日本図書センター 1998.12 482,440,31p 図版22枚
◇朝日新聞の記事にみるスポーツ人物誌 明治・大正・昭和（朝日新聞社編）朝日新聞 1999.6 457,21p（朝日文庫）
◇柔道大事典（嘉納行光, 醍醐敏郎, 川村禎三, 竹内善徳, 中村良三, 佐藤宣践監修）アテネ書房 1999.11 669p
◇武の素描―気を中心にした体験的武道論（大保木輝雄著）日本武道館 2000.3 217p
◇20世紀スポーツ列伝―世界に挑んだ日本人（読売新聞社運動部著）中央公論新社 2000.9 245p
◇嘉納治五郎師範に学ぶ（村田直樹著）日本武道館 2001.3 287p
◇中国人日本留学史研究の現段階（大里浩秋, 孫安石編）御茶の水書房 2002.5 447,2p
◇清末留学生教育の先駆者嘉納治五郎―中国教育改革への参与を中心に（楊暁, 田正平）『中国人日本留学史研究の現段階』（神奈川大学人文学会編）御茶の水書房 2002.5 p3～
◇夢をかなえた世界の人々―偉人たちの"あの日"あの時（岡信子著, 山岡勝司絵）日本教文社 2003.3 147p
◇武道裏論（泉正樹著）文芸社 2003.4 189p
◇柔道王―最強の柔道家11人の軌跡（千葉尚之編）ネコ・パブリッシング 2003.11 235,4p
◇人間っておもしろい―シリーズ「人間の記録」ガイド（「人間の記録」編集室編）日本図書センター 2004.12 367p
◇講道館柔道対プロレス初決戦―大正十年・サンテル事件（丸島隆著）島津書房 2006.2 239p
◇嘉納柔道思想の継承と変容（永木耕介著）風間書房 2008.2 451p
◇日本英学史叙説―英語の受容から教育へ（庭野吉弘著）研究社 2008.3 512p
◇柔道と日本の発想―治五郎の柔軟共栄志向（生源寺希三郎著）文芸社 2008.3 311p
◇代表的日本人（斎藤孝著）筑摩書房 2008.7 219p（ちくま新書）
◇心身一如の身体づくり―武道、そして和する"合気"、その原理・歴史・教育（原尻英樹著）勉誠出版 2008.10 219p

【雑誌】
◇講道館柔道と警視庁柔術―主導権争いの技と宣伝(特集・明治ライバル物語)（加太こうじ）「歴史と人物」120 1981.7
◇大会武一と2人の師（山本義男）「神戸学院大学紀要」15 1983.10
◇1920年代に於ける嘉納治五郎―講道館柔道の発展について(1920年代へのアプローチ(2)）（藤堂良明）「仙台大学紀要」15 1983.10
◇嘉納師範の業（わざ）観（前岡純一）「創価大学教育学部論集」17 1984.10
◇嘉納治五郎師範の体操観について（関川佳人）「創価大学教育学部論集」18 1985.3
◇嘉納治五郎の言行にみる現代教育の課題（堀田登）「明和女子短期大学紀要」9 1985.6
◇森鴎外「雁」のモデル―石原と嘉納治五郎―（松井利彦）「東海学園女子短期大学紀要」31 1990.3
◇嘉納治五郎の柔道観(その1)柔道の目的と乱取・形の練習方法について（藤堂良明）「仙台大学紀要」18 1986.10
◇嘉納治五郎の道と体育・スポーツについて（本田俊教）「日本大学工学部紀要 B」31 1990.3
◇嘉納治五郎の教育意見について―初等教育を中心にして（打越孝明）「皇学館論叢」23（3）1990.6
◇嘉納治五郎における柔道と体育・スポーツの概念についての分析的研究（浜口義信）「同志社女子大学学術研究年報」42（3）1991.12
◇嘉納治五郎の武道観について―古武道の保存及び合気武道との関係（藤堂良明, 関鎮正）「筑波大学体育科学系紀要」15 1992.3
◇「武道」の発明―嘉納治五郎と講道館柔道を中心に（井上俊）「ソシオロジ（社会学研究会）」37（2）1992.10
◇双葉山、天下無双の横綱「われ未だ木鶏たりえず」―脅威の69連勝を支えた『荘子』のエピソード(特集・いま男は「老荘」を読む)（上之郷利昭）「プレジデント」30（11）1992.11
◇嘉納治五郎研究の動向と課題（東憲一）「東京外国語大学論集」45 1993
◇嘉納治五郎の一族と家系―治五郎は3男か4男か（生源寺希三郎）「静岡学園短期大学研究報告」6 1994.3
◇学校教育における嘉納治五郎（東憲一）「東京外国語大学論集」東京外国語大学論集編集委員会 50 1995 p1～12
◇熊本における嘉納治五郎とラフカディオ・ハーン（東憲一）「東京外国語大学論集」東京外国語大学論集編集委員会 51 1995 p187～202
◇嘉納治五郎と柔道, 教育, スポーツのかかわり（東憲一）「東京外国語大学論集」東京外国語大学論集編集委員会 52 1996 p199～209
◇体操する身体―誰がモデルとなる身体を作ったのか―永井道明と嘉納治五郎の身体の格闘（清水諭）「年報筑波社会学」筑波社会学会事務局 第8号 1996.9 p119～150
◇嘉納治五郎と臨時教育会議（東憲一）「東京外国語大学論集」東京外国語大学論集編集委員会 53 1996.11 p97～113
◇臨時教育会議にみる嘉納治五郎の体育思想（東憲一）「東京外国語大学論集」東京外国語大学論集編集委員会 54 1997.3 p23～35
◇若き格闘家たちを「国士」に変えた嘉納治五郎(明治の青春群像・誇り高き格闘民族〔2〕）（神山典士）「SAPIO」9（11）1997.6.25 p85～87
◇東京高等師範学校における嘉納治五郎の活動とその思想（今泉朝雄）「教育学雑誌」日本大学教育学会事務局 32 1998.3 p61～75
◇嘉納治五郎の柔道概念に関する考察（吉谷修）「久留米大学保健体育センター研究紀要」久留米大学保健体育センター 第6巻 1998.7 p29～36
◇インド 嘉納治五郎は生きている―畳のない柔道場で、ジャパニの先生奮戦中(アジア新世界へ〔9〕）（野村進）「文芸春秋」76（8）1998.8 p384～398
◇嘉納治五郎の柔道論と今後の課題（藤堂良明, 酒井利信）「身体運動文化研究」身体運動文化研究会 6（1）1999.3 p25～37
◇嘉納治五郎と"教育における身体訓練振興のための国際大会"委員との交流に関する研究の試論（吉谷修）「久留米大学保健体育センター研究紀要」久留米大学保健体育センター 7 1999.9 p33～39
◇臨時教育会議における嘉納治五郎（東憲一, 村田直樹）「講道館柔道科学研究会紀要」講道館 第八輯 1999.11 p11～22
◇Zum Erziehungsgedanken im judo des Kano Jigoro(1860―1938) am Beispiel seiner Rede "Uber judo im allgemeinen sowie sein Wert fur die Erziehung"（Niehaus von Andreas）「慶応義塾大学日吉紀要 言語・文化・コミュニケーション」慶応義塾大学 25 2000 p84～112
◇五輪伝説＝嘉納治五郎・1912年ストックホルム初参加「五輪の扉開いた小さな巨人"（HOMO in SPORTS）「AERA」13（3）2000.1.17 p71
◇フランス第三共和政下、嘉納治五郎と"教育における身体訓練振興のための国際大会"委員との交流に関する研究（吉谷修）「身体運動文化研究」身体運動文化研究会 7（1）2000.3 p13～23
◇貴族院における嘉納治五郎の業績（東憲一）「講道館柔道科学研究会紀要」講道館 第九輯 2002.3 p25～32
◇貴族院における嘉納治五郎（東憲一）「東京外国語大学論集」東京外国語大学 63 2002.3 p97～113
◇体育人と身体観(2)嘉納治五郎（真田久）「体育の科学」杏林書院 55（8）2005.8 p633～637
◇近代の茶杓 嘉納治五郎兵衛（池田瓢阿）「淡交」淡交社 60（7）2006.7 p42～45
◇嘉納治五郎による柔道教材化の試み―「体操ノ形」を中心として（池田拓人）「北海道大学大学院教育学研究科紀要」北海道大学大学院教育学研究科 101 2007 p69～84
◇明治20年代後半における大日本教育会研究組合の成立（白石崇人）「教育学研究」日本教育学会 75（3）2008.9 p263～275
◇柔道の教育への貢献（翻訳 嘉納治五郎による二編の柔道講演）（嘉納治五郎, 小野勝敏〔訳〕）「岐阜経済大学論集」岐阜経済大学会 42（1）2008.9 p128～135
◇柔道の原理とその人間活動のすべての面への応用（翻訳 嘉納治五郎による二編の柔道講演）（嘉納治五郎, 小野勝敏〔訳〕）「岐阜経済大学論集」岐阜経済大学会 42（1）2008.9 p136～139
◇柔道の国際化と日本柔道の今後の課題(第5報)近代オリンピックと柔道競技を中心に（野瀬清喜, 野瀬英豪, 鈴木若葉〔他〕）「埼玉大学紀要 教育学部」埼玉大学教育学部 58（1）2009 p65～80
◇嘉納治五郎とピエール・ド・クーベルタン―「精力善用・自他共栄」とオリンピズム（阿部生雄）「筑波大学体育科学系紀要」筑波大学体育科学系 32 2009.3 p1～7
◇嘉納治五郎の言説に関する史料目録(1)『嘉納治五郎大系』未収録史料(明治期)を中心に（田中洋平, 石川美久）「武道学研究」日本武道学会 42（2）2009.11 p33～46

河口慧海　かわぐちえかい　1866～1945
明治～昭和期の仏教学者, 探検家。東洋大学教授。
【図　書】
◇第二回チベット旅行記　(河口慧海)　講談社　1981.10　(講談社学術文庫)
◇日本のリーダー 9 信仰と精神の開拓者　ティビーエス・ブリタニカ　1983.11
◇日本のリーダー9 信仰と精神の開拓者　(第二アートセンター編)　ティビーエス・ブリタニカ　1983.11
◇夢をもとめた人びと〈4〉愛と宗教　(金平正, 北島春信, 蓑田正治編)　(町田)玉川大学出版部　1987.3
◇チベット〈上〉　(山口瑞鳳著)　東京大学出版会　1987.6　(東洋叢書)
◇チベットの山―カイラス山とインド大河の源流を探る　(アレン, チャールズ著, 宮持優訳)　未来社　1988.7
◇風の馬―西蔵求法伝　(村上護)　佼成出版社　1989.4
◇国際交流につくした日本人〈2〉アジア〈2〉　くもん出版　1990.11
◇東洋学の系譜　(江上波夫編)　大修館書店　1992.11
◇日本の『創造力』―近代・現代を開花させた470人〈8〉消費時代の開幕　(富田仁編)　日本放送出版協会　1992.11
◇西蔵漂泊―チベットに魅せられた十人の日本人〈上〉　(江本嘉伸著)　山と渓谷社　1993.3
◇河口慧海―仏教の原点を求めた人　秋季特別展　(堺市博物館編)　堺市博物館　1993.10
◇西蔵漂泊―チベットに魅せられた十人の日本人〈下〉　(江本嘉伸著)　山と渓谷社　1994.4
◇西蔵回廊―カイラス巡礼　(夢枕獏文, 佐藤秀明写真)　東京書籍　1994.9
◇遙かなるチベット―河口慧海の足跡を追って　(根深誠著)　山と渓谷社　1994.10
◇チベット冒険記　(ひろさちや原作, 森村たつお漫画)　鈴木出版　1995.6　153p　(仏教コミックス)
◇遙かなるチベット―河口慧海の足跡を追って　(根深誠著)　中央公論社　1999.1　374p　(中公文庫)
◇能海寛チベットに消えた旅人　(江本嘉伸著)　求竜堂　1999.6　297, 5p
◇明治東京畸人伝　(森まゆみ著)　新潮社　1999.7　320p　(新潮文庫)
◇河口慧海―人と旅と業績　(高山竜三著)　大明堂　1999.7　222p
◇冒険物語百年　(武田文男著)　朝日新聞社　1999.10　323p　(朝日文庫)
◇旅の図書館　(高田宏著)　白水社　1999.12　224p
◇河口慧海―日本最初のチベット入国者　新版　(河口正ès)　春秋社　2000.2　307p
◇日本人の足跡　1　(産経新聞「日本人の足跡」取材班著)　産経新聞ニュースサービス　2001.11　592p
◇ヘディン交遊録―探検家の生涯における17人　(金子民雄著)　中央公論新社　2002.4　410p　(中公文庫BIBLIO)
◇展望 河口慧海論　(高山竜三編著)　法蔵館　2002.12　348,10p
◇評伝河口慧海　(奥山直司著)　中央公論新社　2003.8　404p
◇河口慧海―人と旅と業績　(高山竜三著)　原書房　2004.2　222p
◇名僧たちの教え―日本仏教の世界　(山折哲雄, 末木文美士著)　朝日新聞社　2005.9　317,4p　(朝日選書)
◇努力論　(斎藤兆史著)　筑摩書房　2007.8　197p　(ちくま新書)
◇チベットからの遺言　(将口泰浩著)　産経新聞出版　2008.9　203p
◇夢枕獏の奇想家列伝　(夢枕獏著)　文芸春秋　2009.3　213p　(文春新書)
◇評伝 河口慧海　(奥山直司著)　中央公論新社　2009.11　533p　(中公文庫)
【雑　誌】
◇河口慧海のヒマラヤ紀行と植物　(小林義雄)　「植物研究雑誌」　55(12)　1980.12
◇ヒマラヤを越えた日本人(2)　(酒井敏明)　「帝塚山大学論集」　52　1986.3
◇凄絶なる求道行顛末―在家僧・河口慧海の西蔵覇族にみる小宇宙(コスモロジー)　(森達生)　「日本及日本人」　1606 1992.4
◇河口慧海(特集・近代日本 夢の旅人―見知らぬ地図を求めて自分さがしの旅に出た先人たちの行路)　「ノーサイド」　5(4)　1995.4　p26～27
◇報告 チベット行百年記念講演と討論の会―「河口慧海・熊海寛―二人の先駆者の生涯と今日的意義」　(飯塚勝重, 高山竜三, 隅田正三)　「アジア・アフリカ文化研究所研究年報」　アジア・アフリカ文化研究所　33 1998 p137～168
◇『チベット旅行記』河口慧海　講談社学術文庫(読書三酔〔30〕)　(水谷三公)　「論座」　42 1998.10　p274～277
◇河口慧海と哲学館　(高山竜三)　「アジア・アフリカ文化研究所年報」　アジア・アフリカ文化研究所　37 2002 p84～89
◇河口慧海『チベット旅行記』 100年前のヒマラヤ・チベット単独行

(特集 探検記の誘惑―民族学者の魂をふるわせた25冊)　(高山竜三)「季刊民族学」　千里文化財団　26(4)　2002.10 p45～51
◇アジアを渡る風(14)多田等観と河口慧海　(高田宏)「月刊しにか」　大修館書店　14(5)　2003.5　p6～9
◇高山竜三編著 展望 河口慧海論　(奥山直司)「学鐙」　丸善 100(9)　2003.9　p46～49
◇チベット探検 河口慧海の日記発見―鎖国チベット密入国ルートの真相に迫る(日本新発見)　(奥山直司)(高野山大学教授)文)「ナショナルジオグラフィック日本版」　日経ナショナルジオグラフィック社　11(4)　2005.4 p28～33
◇河口慧海『西蔵旅行記』の一景―女難、あるいは色欲の問題をめぐって　(一條孝夫)「帝塚山学院大学研究論集 文学部」　帝塚山学院大学研究論集編集委員会　41 2006 p1～14
◇河口慧海の道　「季刊民族学」　千里文化財団　31(1)　2007.新春 p3～49
◇追体験したくなる旅の本「松尾芭蕉『おくのほそ道』 河口慧海『チベット旅行記』 夏目漱石『草枕』 ほか」(特集 知的生活への誘い この夏読みたい文庫100冊)　(嵐山光三郎)「中央公論」　中央公論新社　123(9)　2008.9　p224～227
◇フィクションのなかの河口慧海　(高山龍三)「アジア遊学」　勉誠出版　117 2008.12 p180～186

川田甕江　かわだおうこう　1830～1896
幕末, 明治期の儒者, 漢学者。
【図　書】
◇皇典講究所草創期の人びと　国学院大学　1982.11
◇旧雨社小伝 巻4(幕末維新儒者文人小伝シリーズ第12冊)　(坂口筑母)〔坂口筑母〕　1985.8
◇大久保利謙歴史著作集 7 日本近代史学の成立　吉川弘文館　1988.10
◇ケインズに先駆けた日本人―山田方谷外伝　(矢吹邦彦著)　明徳出版社　1998.4　393p
◇川田甕江資料集　1　(川田甕江著)　川田甕江資料集を読む会　2008.3　193p
◇川田甕江資料集　2　(川田甕江著)　川田甕江資料を読む会　2009.11 187p
【雑　誌】
◇川田剛「楠氏考」の史学思想　(秋元信英)「日本歴史」　551 1994.4
◇新島襄と川田剛　(河野仁昭)「同志社談叢」　同志社社史資料編集所　同志社　19 1999 p87～101, 図巻頭3

川本幸民　かわもとこうみん　1810～1871
幕末, 明治期の物理・化学・蘭方医学者。
【図　書】
◇江戸の化学　(奥野久輝)　玉川大学出版部　1980.5　(玉川選書)
◇医学史話 杉田玄白から福沢諭吉　(藤野恒三郎著)　菜根出版　1984.1
◇日本の『創造力』―近代・現代を開花させた470人〈1〉御一新の光と影　(富田仁編)　日本放送出版協会　1992.12
◇蘭学者川本幸民の「化学新書」解読・実験の手引き　(阪上正信著)　三田市郷土先哲顕彰会　1998.3　96p
◇木村嘉平と川本幸民―電胎活字事始め　(田村省三)『日本の近代活字―本木昌造とその周辺』(『日本の近代活字本木昌造とその周辺』編纂委員会編著)　近代印刷活字文化保存会　2003.10 p232
◇蘭学者川本幸民―幕末の進取の息吹と共に　(司亮一著)　神戸新聞総合出版センター　2004.7　277p
◇日本の化学の開拓者たち　(芝哲夫著)　裳華房　2006.10　147p　(ポピュラー・サイエンス)
◇蘭学者川本幸民―近代の扉を開いた万能科学者の生涯　(北康利著)　PHP研究所　2008.7　312p
【雑　誌】
◇会員短信川本幸民訳『植芸月記』の原本　(矢部一郎)「科学医学資料研究」　149 1986.10
◇江戸末期から明治初期の理科教育―川本幸民と気海観瀾広義を中心に　(一階正晴)「湊川女子短期大学紀要」　25 1992.3

神田孝平　かんだたかひら　1830～1898
幕末, 明治期の啓蒙的官僚, 学者。兵庫県令。
【図　書】
◇近代日本経済思想史研究　(塚谷晃弘)　雄山閣　1980.3
◇人物・日本資本主義1 地租改正　(大島清ほか著)　東京大学出版会　1983.6
◇明治の探偵小説　(伊藤秀雄著)　晶文社　1986.10
◇西郷隆盛よ、江戸を焼くな　(高野澄著)　読売新聞社　1986.12
◇文化史論叢 下　(横田健一先生古稀記念会編)　創元社　1987.3
◇花幻想　(呉美代著)　未来社　1988.5
◇幕末・明治初期数学者群像〈上 幕末編〉　(小松醇郎著)　(京都)吉岡書店　1990.9
◇近世農民支配と家族・共同体　(大島真理夫著)　御茶の水書房

1991.2
◇明治の国際化を構築した人びと （小林通、佐藤三武朗、清家茂、高橋公雄、東和敏、吉田克己著） 多賀出版 1992.7
◇幕末維新オランダ異聞 （宮永孝著） 日本経済評論社 1992.7
◇近世農民支配と家族・共同体 増補版 （大島真理夫著） 御茶の水書房 1993.7
◇神田孝平の土地所有・租税論 （奥田晴樹）『明治維新の人物と思想』（明治維新史学会編） 吉川弘文館 1995.8 （明治維新史研究 3） p164
◇低き声にて語れ—元老院議官 神田孝平 （尾崎護著） 新潮社 1998.4 291p
◇明治の探偵小説 （伊藤秀雄著） 双葉社 2002.2 597,9p （双葉文庫）
◇イギリス正統派の財政経済思想と受容過程 （大淵三洋著） 学文社 2008.1 295p
【雑 誌】
◇神田孝平の「町村金穀公借等規則」建議と兵庫県地方民会 （大島真理夫）「経済学雑誌」 81（3・4） 1980.11
◇研究余録—神田孝平と鳥居竜蔵 （田崎哲郎）「日本歴史」 391 1980.12
◇曽祖父神田孝平の生地をたずねて （呉美代）「歴史読本」 27（14） 1982.10
◇蘭学者神田孝平の教育・啓蒙活動 （岩田高明）「広島大学教育学部紀要 第1部」 32 1983
◇神田孝平と幕末洋学者の欧文集 （太田三郎）「郷土研究岐阜」 35 1983.6
◇初代東京数学会社総代・神田孝平の数学と人間像（上）（小松醇郎）「数学セミナー」 25（8） 1986.8
◇初代東京数学会社総代・神田孝平の数学と人間像（下）（小松醇郎）「数学セミナー」 25（9） 1986.9
◇「田租改革建議」と神田県令 （木南弘）「兵庫県の歴史」 25 1989.2
◇神田孝平経済思想概観 （伍嫌濤）「経済科学」 40（1） 1992.8
◇神田孝平の逆説（研究余録） （田崎哲郎）「日本歴史」 吉川弘文館 568 1995.9 pp3〜96
◇先人顕彰事業 三好学・神田孝平展を開催して （奥田修司）「岐阜県歴史資料館報」 岐阜県歴史資料館 22 1999.3 p292〜297
◇神田孝平の財政思想—明治期の税制改革への影響 （南森茂大）「関西学院経済学研究」 関西学院大学大学院経済学研究科研究会 35 2004 p191〜216
◇神田孝平の経済学と財政学への貢献 （大淵三洋）「国際関係研究」 日本大学国際関係学部国際関係研究所 26（2） 2005.9 p1〜17
◇歴史的所有権論—近代的所有権の創省と神田孝平 （辻義教）「阪南論集 社会科学編」 阪南大学学会 41（1） 2005.11 p1〜16
◇神田孝平・長原孝太郎と銅鐸（研究ノート） （石橋茂登）「美濃の考古学」 美濃の考古学刊行会 第9号 2006.4 p44〜52
◇神田孝平の「国楽」論と「戯劇」—『国楽ヲ振興スベキカ説』をめぐって （伊藤真紀）「文芸研究」 明治大学文芸研究会 101 2007 p1〜24
◇神田孝平の自由貿易論解釈—津田真道との比較において （南森茂太）「日本経済思想史研究」 日本経済思想史研究会,日本経済評論社 8 2008.3 p25〜41
◇神田孝平『農商辨』における商の「利」—税制改革論を中心に （南森茂太）「経済学史研究」 経済学史学会 50（1） 2008.7 p62〜78

神田乃武　かんだないぶ　1857〜1923
明治、大正期の英学者。東京帝国大学教授。
【図　書】
◇MEMORIALS OF NAIBU KANDA—神田乃武先生追憶及遺稿 伝記・神田乃武 大空社 1996.7 516,4p （伝記叢書）
◇雑誌『太陽』と国民文化の形成 （鈴木貞美編） 思文閣出版 2001.7 616p
【雑　誌】
◇立花政樹と神田乃武（1） （上野景福）「英語青年」 126（9） 1980.12
◇立花政樹と神田乃武（2,3） （上野景福）「英語青年」 126（10,11） 1981.1,2
◇英学者神田乃武の教授理論と言語観（上田薫教授退職記念号） （岸上英幹）「立教大学教育学科研究年報」 27 1983
◇総合雑誌『太陽』とことば—明治の英語名人,神田乃武をめぐって （小田三千子）「東北学院大学論集 人間・言語・情報」 東北学院大学学術研究会 115 1996.12 p41〜59
◇『太陽』英文欄—英学者としての神田乃武を巡って（「総合雑誌『太陽』の総合的研究」中間報告—その3） （小田三千子）「日本研究」 国際日本文化研究センター 17 1998.2 p257〜271
◇神田乃武—その生涯と異文化の受容のことなど （小田三千子）「東北学院大学キリスト教文化研究所紀要」 東北学院大学キリスト教文化研究所 27 2009.5 p65〜93

菅政友　かんまさとも　1824〜1897
幕末、明治期の歴史学者。大和石上神社大宮司。
【図　書】
◇石上神宮の禁足地に関する一考察—菅政友による石上神宮の禁足地発掘に関する未公刊文書などから （藤井稔）『宗教と考古学』（金関恕先生の古稀をお祝いする会編） 勉誠社 1997.11 p571
◇石上神宮の七支刀と菅政友 （藤井稔著） 吉川弘文館 2005.5 277,11p

菊池三渓　きくちさんけい　1819〜1891
幕末、明治期の漢学者、随筆作者。和歌山藩名教館教授。
【雑　誌】
◇ある儒者の幕末—菊池三渓伝小牧 （福井辰彦）「論究日本文学」 立命館大学日本文学会 89 2008.12 p1〜13

菊池大麓　きくちだいろく　1855〜1917
明治、大正期の数学者、政治家。東京帝国大学教授。
【図　書】
◇道遙けく—一郷土史学徒のあゆみ （吉岡勲著） 大衆書房 1986.2
◇キャンパスの生態誌—大学とは何だろう（中公新書〈822〉） （潮木守一著） 中央公論社 1986.11
◇幕末・明治初期数学者群像（下 明治初期編） （小松醇郎著） （京都）吉岡書店 1991.7
◇破天荒明治留学生列伝—大英帝国に学んだ人々 （小山騰著） 講談社 1999.10 286p （講談社選書メチエ）
◇『坊っちゃん』とシュタイナー—隈本有尚とその時代 （河西善治著） ぱる出版 2000.10 222p
◇近代日本の数学教育 （佐藤英二著） 東京大学出版会 2006.2 286,4p
◇文明開化の数学と物理 （蟹江幸博、並木雅俊著） 岩波書店 2008.11 120p （岩波科学ライブラリー）
【雑　誌】
◇旧制中学校における数学教育について—明治34年の「中学校令施行規則」をめぐる菊池大麓・沢柳政太郎の論争を手がかりとして （清水静海）「愛知教育大学研究報告（教育科学）」 29 1980.3
◇スポーツマンシップ （渡辺融）「UP」 15（11） 1986.11
◇共存同衆と菊池大麓 （勝田政治）「早稲田大学史記要」 19 1987.3
◇菊池大麓の数学教育構想 （佐藤英二）「数学教育史研究」 日本数学教育史学会 4 2004.9 p30〜34

鬼島広蔭　きじまひろかげ　1793〜1873
幕末、明治期の国学者。三崎春日社社司。
【図　書】
◇国語学史論叢 （竹岡正夫編） 笠間書院 1982.9 （笠間叢書 172）
◇東海の先賢群像 （岩用隆著） 桜楓社 1986.4
【雑　誌】
◇富樫広蔭の文法学説—その主要点と春庭の学説の継承にふれて （尾崎知光）「愛知県立大学説林」 31 1983.2
◇関西大学図書館蔵『詞八衢』版本の書き入れについて—富樫広蔭の『詞八衢』継承の一過程 （鍵本有理）「国文学」 関西大学国文学会 75 1997.3 p167〜176

岸本能武太　きしもとのぶた　1865〜1928
明治、大正期の宗教学者。早稲田大学教授。
【図　書】
◇早稲田百年と社会学—早稲田大学文学部社会学研究室 （「早稲田百年と社会学」編集委員会編） 早稲田大学出版部 1983.7
【雑　誌】
◇1865—93年における岸本能武太のキリスト教とのかかわり—ユニテリアンへの歩み （古賀元章）「比較文化研究」 日本比較文化学会 83 2008.9.30 p163〜176

北浦定政　きたうらさだまさ　1817〜1871
幕末、明治期の歴史家。
【図　書】
◇鷗外百話 （吉野俊彦著） 徳間書店 1986.11
◇北浦定政関係資料 （奈良国立文化財研究所編） 奈良国立文化財研究所 1997.3 252p （奈良国立文化財研究所史料）
◇松の落ち葉—北浦定政関係資料 1 （文化財研究所奈良文化財研究所著） 文化財研究所奈良文化財研究所 2003.3 180p （奈良文化財研究所史料）
◇松の落ち葉—北浦定政関係資料 2 文化財研究所奈良文化財研究所 2004.3 254p （奈良文化財研究所史料）
【雑　誌】
◇平城京と唐の長安（1） （秋山日出雄）「近畿文化」 379 1981.6
◇北浦定政と地名研究（共同研究 万葉古代学研究所第1回委託共同研究

報告）（岩本次郎）「万葉古代学研究所年報」 奈良県万葉文化振興財団万葉古代学研究所 4 2006.3 p83～88

北尾次郎　きたおじろう　1853～1907
明治期の気象学者。東京帝国大学教授。
【図　書】
◇幕末・明治初期数学者群像〈下 明治初期編〉（小松醇郎著）（京都）吉岡書店 1991.7
◇オリジナリティを訪ねて 3（富士通編）富士通経営研修所 1999.8 238p（富士通ブックス）
【雑　誌】
◇知られざる北尾次郎—物理学者・小説家・画家（西脇宏他）「山陰地域研究」 5 1989.5
◇北尾次郎の伝記的諸事実について（平賀英一郎）「鷗外」 森鷗外記念会 61 1997.7 p51～93

北里柴三郎　きたざとしばさぶろう　1852～1931
明治～昭和期の細菌学者。慶応義塾大学医学部長。
【図　書】
◇ノーベル賞の光の陰（『科学朝日』編集部編）朝日新聞社 1981.9
◇福沢諭吉年鑑 8(1981) 福沢諭吉協会 1981.12
◇九州の科学者・思想家—現代日本文化の先駆者たち（吉岡修一郎）人間の科学社 1982.4
◇日本のリーダー 10 未知への挑戦者 ティビーエス・ブリタニカ 1983.5
◇日本のリーダー10 未知への挑戦者（第二アートセンター編）ティビーエス・ブリタニカ 1983.5
◇医学史話 杉田玄白から福沢諭吉（藤野恒三郎著）菜根出版 1984.1
◇北里柴三郎（長木大三著）慶応通信 1986.4
◇北里柴三郎記念館（北里学園編）北里学園 1987.7
◇雑学 明治珍聞録（西沢爽著）文芸春秋 1987.11（文春文庫）
◇あるのかないのか？日本人の創造性—草創期科学者たちの業績から探る（飯沼和正著）講談社 1987.12（ブルーバックス）
◇模倣の時代〈上〉（板倉聖宣著）仮説社 1988.3
◇鷗外全集〈第30巻〉医事 軍事（3）（森鷗外著）岩波書店 1989.5
◇北里柴三郎とその一門（長木大三著）慶応通信 1989.6
◇スキャンダルの科学史（科学朝日）朝日新聞社 1989.10
◇国際交流につくした日本人〈5〉ヨーロッパ2 ソ連 くもん出版 1991.3
◇北里柴三郎 高峰譲吉—国際舞台への登場（新津英夫漫画、藤本彰シナリオ）ほるぷ出版 1992.2（漫画人物科学の歴史 日本編）
◇人類をすくった"カミナリおやじ"—信念と努力の人生・北里柴三郎（若山三郎作、安井庸浩絵）PHP研究所 1992.6（PHP愛と希望のノンフィクション）
◇人生の熱き指導者たち 日本テレビ放送網 1992.6（知ってるつもり?!）
◇テクノ時代の創造者—科学・技術 朝日新聞社 1995.8 438p（二十世紀の千人）
◇スキャンダルの科学史（『科学朝日』編）朝日新聞社 1997.1 293,8p（朝日選書）
◇北里柴三郎破傷風菌論—生の場（北里柴三郎、中村桂子著）哲学書房 1999.12 286p（能動知性）
◇心にしみる天才の逸話20—天才科学者の人柄、生活、発想のエピソード（山田大隆著）講談社 2001.2 326,8p（ブルーバックス）
◇科学に魅せられた日本人—ニッポニウムからゲノム、光通信まで（吉原賢二著）岩波書店 2001.5 226p（岩波ジュニア新書）
◇医療福祉の祖 長与専斎（外山幹夫著）思文閣出版 2002.6 200p
◇ベスト残影（滝上正著）神奈川新聞社 2002.12 224p
◇北里柴三郎の生涯—第1回ノーベル賞候補（砂川幸雄著）NTT出版 2003.3 204p
◇北里柴三郎と緒方正規—日本近代医学の黎明期（野村茂著）熊本日日新聞社 2003.3 221p
◇ドンネルの男・北里柴三郎 上（山崎光夫著）東洋経済新報社 2003.11 273p
◇ドンネルの男・北里柴三郎 下（山崎光夫著）東洋経済新報社 2003.11 315p
◇実学の理念と起業のすすめ—福沢諭吉と科学技術（藤江邦男著）慶応義塾大学出版会 2004.6 220p
◇時代の先覚者・後藤新平1857 - 1929（御厨貴編）藤原書店 2004.10 301p
◇精神としての武士道—高次元的伝統回帰への道（内田順三著）シーエイチシー 2005.1 279p
◇教科書が教えない歴史 3 普及版（藤岡信勝、自由主義史観研究会著）産経新聞出版 2005.10 275p
◇健康の社会史—養生、衛生から健康増進へ（新村拓著）法政大学出版局 2006.10 247,8p

◇至誠に生きた日本人（モラロジー研究所出版部編）モラロジー研究所 2007.5 223p（「歴史に学ぼう、先人に学ぼう」）
◇世界を変えた天才科学者50人—常識として知っておきたい（夢プロジェクト編）河出書房新社 2007.8 221p（KAWADE夢文庫）
◇福沢諭吉伝説（佐高信著）角川学芸出版 2008.10 310p
◇北里柴三郎—熱と誠があれば（福田真人著）ミネルヴァ書房 2008.10 355,12p（ミネルヴァ日本評伝選）
◇ブレない生き方—自分に軸を通す（斎藤孝著）光文社 2008.11 221p
【雑　誌】
◇立志の道（小説 北里柴三郎 ドンネルの男〔1〕）（山崎光夫）「東洋経済」 5757 2002.4.27・5.4 p74～77
◇北里柴三郎先生と祖父及び父（長与健夫）「明治村通信」 11(10) 1980.10
◇北里柴三郎先生について（上田宏）「明治村通信」 11(10) 1980.10
◇北里柴三郎と東大衛生学（山本俊一）「明治村通信」 11(10) 1980.10
◇北里とコッホとベーリング（大塚恭男）「明治村通信」 11(10) 1980.10
◇田端重晟（しげあき）日記にみる北里先生と養生園（正田庄次郎）「北里大学教養部紀要」 16 1982
◇大日本医師会の成立と北里柴三郎（青柳精一）「医学史研究」 57 1983.9
◇北里柴三郎—伝染病研究所移管事件(科学者をめぐる事件ノート〔11〕)（常石敬一）「科学朝日」 47(11) 1987.11
◇日本医師会小史(52)暗い世相と北里会長の急逝「日本医師会雑誌」 99(11) 1988.6
◇日本医師会小史(53)「医界空前の盛典」であった北里会長の葬儀「日本医師会雑誌」 100(1) 1988.7
◇日本医師会小史(54)側近が語る日医会長・北里の横顔「日本医師会雑誌」 100(3) 1988.8
◇北里柴三郎先生(1)（長木大三）「石人」 354 1989.3
◇北里柴三郎先生(2)（長木大三）「石人」 355 1989.4
◇北里柴三郎—不屈の闘争心で切り拓いた医道（まるごとの人生が面白い）（三輪和雄）「潮」 384 1991.3
◇北里柴三郎略年譜（講演）（添川正夫）「日本獣医史学雑誌」 29 1993.1
◇世界が敬愛した明治の偉人たち—東郷平八郎、北里柴三郎、新島襄、井沢修司、新渡戸稲造、後藤新平（いま想い起こすべき「明治の覇気」—いつから我々は、あの「努力」と「誇り」を失ったのか？）「SAPIO」 9(13) 1997.7.23 p36～40
◇元落第生・北里柴三郎博士の抵抗—ヒモ付き予算から学問の自由は決して生まれない（私の東大論〔11〕）（立花隆）「文芸春秋」 77(3) 1999.3 p314～327
◇官立伝染病研究所誕生(100年前の今月〔4〕)（酒井シヅ）「中央公論」 114(4) 1999.4 p326～333
◇人間・福沢諭吉に学ぶ 己を生かし人を生かす(23)北里柴三郎への研究援助（川村真二）「企業と人材」 産労総合研究所 32(735) 1999.11.5 p82～89
◇祖父を語れば、勇気がわいてくる—明治人の気骨と志を今に生かす（ビッグ対談）（北里一郎、利光国夫）「経済界」 34(23) 1999.12.7 p62～67
◇祖父・北里柴三郎の質実剛健と医食同源の精神を生かしていきたい（主幹インタビュー）（北里一郎）「財界」 48(21) 2000.10.24 p56～59
◇企業活動は社会貢献そのものであるべき（視点）（北里一郎）「経済界」 37(8) 2002.4.23 p17
◇立志の道〔2〕(小説 北里柴三郎 ドンネルの男〔2〕)（山崎光夫）「東洋経済」 5759 2002.5.11 p70～73
◇第1章・立志の道(小説 北里柴三郎 ドンネルの男〔3〕)（山崎光夫）「東洋経済」 5760 2002.5.18 p66～69
◇第1章 立志の道(小説 北里柴三郎 ドンネルの男〔4〕)（山崎光夫）「東洋経済」 5761 2002.5.25 p66～69
◇第1章・立志の道(小説 北里柴三郎 ドンネルの男〔5〕)（山崎光夫）「東洋経済」 5763 2002.6.1 p72～75
◇第1章・立志の道(小説 北里柴三郎 ドンネルの男〔6〕)（山崎光夫）「東洋経済」 5764 2002.6.8 p78～81
◇第1章・立志の道(小説 北里柴三郎 ドンネルの男〔7〕)（山崎光夫）「東洋経済」 5766 2002.6.15 p66～69
◇第一章・立志の道(小説 北里柴三郎 ドンネルの男〔8〕)（山崎光夫）「東洋経済」 5767 2002.6.22 p62～65
◇第1章・立志の道(小説 北里柴三郎 ドンネルの男〔9〕)（山崎光夫）「東洋経済」 5768 2002.6.29 p74～77
◇第1章・立志の道(小説 北里柴三郎 ドンネルの男〔10〕)（山崎光夫）「東洋経済」 5770 2002.7.6 p66～69
◇第1章・立志の道(小説 北里柴三郎 ドンネルの男〔11〕)（山崎光夫）「東洋経済」 5771 2002.7.13 p90～93

◇第1章・立志の道(小説 北里柴三郎 ドンネルの男〔12〕)（山崎光夫）「東洋経済」 5772 2002.7.20 p56～59
◇第1章・立志の道(小説 北里柴三郎 ドンネルの男〔13〕)（山崎光夫）「東洋経済」 5773 2002.7.27 p94～97
◇第1章・立志の道(小説 北里柴三郎 ドンネルの男〔14〕)（山崎光夫）「東洋経済」 5775 2002.8.3 p66～69
◇第2章・ベルリンの光(小説 北里柴三郎 ドンネルの男〔15〕)（山崎光夫）「東洋経済」 5777 2002.8.24 p58～61
◇第2章・ベルリンの光(小説 北里柴三郎 ドンネルの男〔16〕)（山崎光夫）「東洋経済」 5778 2002.8.31 p62～65
◇第2章・ベルリンの光(小説 北里柴三郎 ドンネルの男〔17〕)（山崎光夫）「東洋経済」 5780 2002.9.7 p62～65
◇第2章・ベルリンの光(小説 北里柴三郎 ドンネルの男〔18〕)（山崎光夫）「東洋経済」 5781 2002.9.14 p66～69
◇第2章・ベルリンの光(小説 北里柴三郎 ドンネルの男〔19〕)（山崎光夫）「東洋経済」 5783 2002.9.21 p76～79
◇第2章・ベルリンの光(小説 北里柴三郎 ドンネルの男〔20〕)（山崎光夫）「東洋経済」 5784 2002.9.28 p78～81
◇第2章・ベルリンの光(小説 北里柴三郎 ドンネルの男〔21〕)（山崎光夫）「東洋経済」 5786 2002.10.5 p156～159
◇第2章・ベルリンの光(小説 北里柴三郎 ドンネルの男〔22〕)（山崎光夫）「東洋経済」 5788 2002.10.12 p70～73
◇第2章・ベルリンの光(小説 北里柴三郎 ドンネルの男〔23〕)（山崎光夫）「東洋経済」 5789 2002.10.19 p114～117
◇第2章・ベルリンの光(小説 北里柴三郎 ドンネルの男〔24〕)（山崎光夫）「東洋経済」 5790 2002.10.26 p82～85
◇第2章・ベルリンの光(小説 北里柴三郎 ドンネルの男〔25〕)（山崎光夫）「東洋経済」 5791 2002.11.2 p74～77
◇第2章・ベルリンの光(小説 北里柴三郎 ドンネルの男〔26〕)（山崎光夫）「東洋経済」 5792 2002.11.9 p66～69
◇第二章・ベルリンの光(小説 北里柴三郎 ドンネルの男〔27〕)（山崎光夫）「東洋経済」 5793 2002.11.16 p70～73
◇第2章・ベルリンの光(小説 北里柴三郎 ドンネルの男〔28〕)（山崎光夫）「東洋経済」 5794 2002.11.23 p96～99
◇第2章・ベルリンの光(小説 北里柴三郎 ドンネルの男〔29〕)（山崎光夫）「東洋経済」 5795 2002.11.30 p74～77
◇第2章・ベルリンの光(小説 北里柴三郎 ドンネルの男〔30〕)（山崎光夫）「東洋経済」 5796 2002.12.7 p70～73
◇第二章・ベルリンの光(小説 北里柴三郎 ドンネルの男〔31〕)（山崎光夫）「東洋経済」 5797 2002.12.14 p58～61
◇第2章・ベルリンの光(小説 北里柴三郎 ドンネルの男〔32〕)（山崎光夫）「東洋経済」 5798 2002.12.21 p70～73
◇第3章・疾風の機（とき）(小説 北里柴三郎 ドンネルの男〔33〕)（山崎光夫）「東洋経済」 5799 2003.1.4 p126～129
◇第3章・疾風の機（とき）(小説 北里柴三郎 ドンネルの男〔34〕)（山崎光夫）「東洋経済」 5800 2003.1.11 p120～123
◇第3章・疾風の機（とき）(小説 北里柴三郎 ドンネルの男〔35〕)（山崎光夫）「東洋経済」 5801 2003.1.18 p78～81
◇第三章・疾風の機（とき）(小説 北里柴三郎 ドンネルの男〔36〕)（山崎光夫）「東洋経済」 5802 2003.1.25 p112～115
◇第3章・疾風の機（とき）(小説 北里柴三郎 ドンネルの男〔37〕)（山崎光夫）「東洋経済」 5803 2003.2.1 p92～95
◇第3章・疾風の機（とき）(小説 北里柴三郎 ドンネルの男〔38〕)（山崎光夫）「東洋経済」 5805 2003.2.8 p72～75
◇第3章・疾風の機（とき）(小説 北里柴三郎 ドンネルの男〔39〕)（山崎光夫）「東洋経済」 5806 2003.2.15 p80～83
◇第3章・疾風の機（とき）(小説 北里柴三郎 ドンネルの男〔40〕)（山崎光夫）「東洋経済」 5808 2003.2.22 p86～89
◇第3章・疾風の機（とき）(小説 北里柴三郎 ドンネルの男〔41〕)（山崎光夫）「東洋経済」 5809 2003.3.1 p82～85
◇第3章・疾風の機（とき）(小説 北里柴三郎 ドンネルの男〔42〕)（山崎光夫）「東洋経済」 5810 2003.3.8 p90～93
◇第3章・疾風の機（とき）(小説 北里柴三郎 ドンネルの男〔43〕)（山崎光夫）「東洋経済」 5811 2003.3.15 p88～91
◇第3章・疾風の機（とき）(小説 北里柴三郎 ドンネルの男〔44〕)（山崎光夫）「東洋経済」 5813 2003.3.22 p160～163
◇MEDICAL ESSAYS 石神亨の生涯（上）北里柴三郎所長の助手第一号（田口文章）「日本医事新報」 日本医事新報社 4118 2003.3.29 p41～43
◇第3章・疾風の機（とき）(小説 北里柴三郎「ドンネルの男」〔45〕)（山崎光夫）「東洋経済」
◇MEDICAL ESSAYS 石神亨の生涯（下）北里柴三郎所長の助手第一号（田口文章）「日本医事新報」 日本医事新報社 4119 2003.4.5 p43～46
◇北里柴三郎—抗毒素の発見と血清療法（世界に誇る日本の医学研究者）（中瀬安清）「医学のあゆみ」 医歯薬出版 207(2) 2003.10.11 p98～102

◇オン・ザ・スポット 北里柴三郎記念室：北里柴三郎生誕150年に因んで（中瀬安清）「医学図書館」 日本医学図書館協会 50(4) 2003.12 p378～381
◇北里柴三郎試論・問題の所在と初期の教育（福田真人）「言語文化論集」 名古屋大学大学院国際言語文化研究科 26(1) 2004 p1～12
◇巻頭随筆 丘の上 学祖北里柴三郎生誕一五〇年に想う（柴忠義）「三田評論」 慶応義塾 1065 2004.2 p5～7
◇招待講演1 北里柴三郎と適塾（第一〇六回 日本医史学会 総会）（芝哲大）「日本医史学雑誌」 日本医史学会 51(2) 2005.6 p145～147
◇北里柴三郎試論：東京帝国大学医学部での教育（福田眞人）「言語文化論集」 名古屋大学大学院国際言語文化研究科 27(2) 2006 p1～19
◇書簡に見る福澤人物誌（第21回）長与専斎・北里柴三郎—福澤諭吉と「医友」（山内慶太）「三田評論」 慶応義塾 1087 2006.2 p62～67
◇北里柴三郎—内務省衛生局時代とドイツ留学への道（福田眞人）「言語文化論集」 名古屋大学大学院国際言語文化研究科 28(2) 2007 p1～29
◇北里柴三郎博士が看護に期待したこと—佐伯理一郎訳補『普通看病学』の前文より（岡崎寿美子,田中ます子,城戸滋里〔他〕）「北里看護学誌」 北里大学看護学部 9(1) 2007.3 p20～27
◇科学者の青少年時代—北里柴三郎（新井郁男）「教育展望」 教育調査研究所 54(2) 2008.3 p50～53
◇講演録 福澤先生と北里柴三郎（北里一郎）「三田評論」 慶応義塾 1121 2009.3 p38～47
◇平成19年度北里柴三郎記念学術奨励賞 受賞記念論文 HIV—1とHIV—2のゲノム組換え効率の解析（本村和嗣）「感染症学雑誌」 日本感染症学会 83(2) 2009.3 p81～93
◇北里柴三郎再考（上）（小高健）「日本医事新報」 日本医事新報社 4444 2009.6.27 p91～95
◇北里柴三郎再考（下）（小高健）「日本医事新報」 日本医事新報社 4445 2009.7.4 p95～99

北村美那 きたむらみな 1865～1942
明治～昭和期の英語教師。北村透谷の妻。
【図　書】
◇透谷の妻—石阪美那子の生涯（江刺昭子著） 日本エディタースクール出版部 1995.1 278p

木村熊二 きむらくまじ 1845～1927
明治期の教育家、宗教家。
【図　書】
◇明治女学校の世界—明治女学校と「女学雑誌」をめぐる人間群像とその思想（藤田美実著） 青英舎 1984.10
◇自由の雄叫び—自由民権運動と秩父事件（秩父事件百周年顕彰委員会編） ほおずき書籍 1985.1
◇小諸義塾の研究（高塚晩香） 三一書房 1989.1
◇明治キリスト教の流域—静岡バンドと幕臣たち（太田愛人著） 中央公論社 1992.12（中公文庫）
◇木村熊二・鐙子往復書簡（東京女子大学比較文化研究所編） 東京女子大学比較文化研究所 1993.3
◇近代佐久を開いた人たち（中村勝実著）（佐久）櫟 1994.2
◇小諸義塾と木村熊二先生—伝記・木村熊二（小山周次編） 大空社 1996.10 144,7p（伝記叢書）
◇明治東京畸人伝（森まゆみ著） 新潮社 1999.7 320p（新潮文庫）
◇簡素に生きる—シンプルライフの思想（太田愛人著） 信濃毎日新聞社 1999.10 237
◇近代日本文芸試論 2（大田正紀著） おうふう 2004.3 345p
◇木村熊二日記 校訂増補（東京女子大学比較文化研究所編） 東京女子大学比較文化研究所 2008.3 1冊
◇島崎藤村『破戒』を歩く 下（成沢栄寿著） 部落問題研究所 2009.10 440p
【雑　誌】
◇資料「木村熊二日記」索引「東京女子大学附属比較文化研究所紀要」 42（別冊）1981
◇木村熊二と桃—信州「森山の桃」の由来（菊池麟平）「長野」 107 1983.1
◇木村熊二と秩父事件『木村熊二・秩父事件旅日記』（菊池麟平）「長野」 118 1984.11
◇小説『破戒』構想化の経緯（3）—藤村入諸、木村熊二の「佐久活動」のこと—（鶴見亨）「研究と評論（法政大学第二高等学校）」 35 1985.11
◇ある明治私学人の研究（4）—木村熊二・教育と伝道の時代（2）（高塚晩）「NHK学園紀要」 10 1986.2
◇明治女学校と谷中、千駄木、巣鴨（磯崎嘉治）「日本古書通信」 705 1988.4
◇明治中期の基督教青年会活動—上田龍雄日記と木村熊二（北原明文）「国史談話会雑誌」 29 1988.8
◇資料発掘—木村熊二と卯吉の書簡（田口親）「名著サプリメント」

2(6) 1989.4 増
◇翻刻版 木村熊二英文日記 「東京女子大学比較文化研究所紀要」 53 1992
◇島崎藤村と二人の〈父〉—島崎正樹と木村熊二 （大田正紀）「梅花短大国語国文」 梅花短期大学国語国文学会 12 1999 p14～25
◇明治前期における女性の手紙文—木村熊二・鐙子往復書簡の検討 （鈴木直秋）「東北生活文化大学・東北生活文化大学短期大学部紀要」 東北生活文化大学 37 2006 p57～64

木村鐙子 きむらとうこ 1848～1886
明治期の教育者。明治女学校取締。
【図　書】
◇明治女学校の研究 （青山なを） 慶応通信 1982.4 （青山なを著作集 第2巻）
◇明治女学校の世界—明治女学校と「女学雑誌」をめぐる人間群像とその思想 （藤田美実著） 青英舎 1984.10
◇木村熊二・鐙子往復書簡 （東京女子大学比較文化研究所編） 東京女子大学比較文化研究所 1993.3
◇明治東京畸人伝 （森まゆみ著） 新潮社 1999.7 320p （新潮文庫）
◇島崎藤村『破戒』を歩く 下 （成沢栄寿著） 部落問題研究所 2009.10 440p
【雑　誌】
◇賢妻列伝—中村鉄子と木村鐙（主婦列伝＜特集＞）（市原正恵）「思想の科学」 47 1984.5
◇明治前期における女性の手紙文—木村熊二・鐙子往復書簡の検討 （鈴木直秋）「東北生活文化大学・東北生活文化大学短期大学部紀要」 東北生活文化大学 37 2006 p57～64

木村正辞 きむらまさこと 1827～1913
幕末, 明治期の国学者。帝国大学文科大学教授。
【雑　誌】
◇木村正辞について （高野貞亮）「資料の広場」 13 1981.3
◇岩崎文庫所蔵木村正辞旧蔵資料について—解説と目録（上） （大沼宜規）「東洋文庫書報」 東洋文庫 35 2003 p23～112
◇『万葉集』における「[トマ]」字考—木村正辞『万葉集文字弁証』を中心に （上野修）「日本文学論集」 大東文化大学大学院日本文学専攻院生会 27 2003.3 p1～8
◇木村正辞旧蔵本の考証と復元—大東急記念文庫蔵「櫟斎蔵書目録」をてがかりとして（上） （大沼宜規）「かがみ」 大東急記念文庫 37 2006.3 p1～52
◇旧蔵書の識語にみる木村正辞—書物をめぐる活動記録稿 （大沼宜規）「東洋文庫書報」 東洋文庫 40 2008 p15～47
◇木村正辞旧蔵本の考証と復元—大東急記念文庫蔵「櫟斎蔵書目録」をてがかりとして（下） （大沼宜規）「かがみ」 大東急記念文庫 38 2008.3 p54～116

清野勉 きよのつとむ 1853～1904
明治期の哲学者。哲学館教授。
【雑　誌】
◇明治の論理学(1)清野勉の論理思想 （針生清人）「白山哲学（東洋大）」 16 1982.3
◇明治の論理学(2)清野勉の論理思想 （針生清人）「白山哲学」 20 1986.2

九鬼隆一 くきりゅういち 1852～1931
明治期の美術行政家。帝国博物館総長。
【図　書】
◇現代への視覚—神津善三郎博士還暦記念 長野県短期大学人文社会研究会編刊 1980.12
◇福沢諭吉年鑑 9(1982) 福沢諭吉協会 1982.12
◇男爵九鬼隆一展図録—バロン成海鳴響の世界 草雲書道会 1983.8
◇福沢諭吉年鑑 10(1983) 福沢諭吉協会 1983.12
◇男爵九鬼隆一伝 （中谷一正著）〔中谷一正〕 1984.7
◇鷗外全集〈第22巻〉評論・随筆〈1〉 （森鷗外著） 岩波書店 1988.9
◇結ъ百物語 （林えり子著） 河出書房新社 2000.1 251p （河出文庫）
◇男爵九鬼隆一—明治のドン・ジュアンたち （司亮一著） 神戸新聞総合出版センター 2003.4 310p
◇新島襄の交遊—維新の元勲・先覚者たち （本井康博著） 思文閣出版 2005.3 325,13p
◇この結婚—明治大正昭和の著名人夫婦70態 （林えり子著） 文芸春秋 2005.8 242p （文春文庫）
◇九鬼隆一の研究—隆一・波津子・周造 （高橋真司著） 未来社 2008.8 352,11p
◇九鬼と天心—明治のドン・ジュアンたち （北康利著） PHPエディターズ・グループ 2008.10 340p
【雑　誌】
◇干渉選挙再考—第二回総選挙と九鬼隆一 （佐々木隆）「日本歴史」 395 1981.4

久坂玄機 くさかげんき 1820～1854
幕末の蘭学者。
【図　書】
◇幕末防長儒医の研究 （亀田一邦著） 知泉書館 2006.10 340,28p

楠本碩水 くすもとせきすい 1832～1916
幕末, 明治期の儒学者。平戸藩維新館教授。
【図　書】
◇楠本端山・碩水全集 （岡田武彦ほか編） 葦書房 1980.8
◇江戸期の儒学—朱王学の日本的展開 （岡田武彦） 木耳社 1982.11
【雑　誌】
◇楠本碩水—九州における最後の崎門学者 （福田殖）「中国哲学論集」 14 1988.10
◇李退渓と崎門学者楠本碩水（報告） （福田殖）「文学論輯」 34 1988.12
◇史料紹介 多久関係者の楠本碩水あて書簡（特集 佐賀藩多久領と周辺の諸問題（続））（荒木見悟）「西南地域史研究」 文献出版 13 2001.2 p311～346
◇幕末維新における新朱王学の展開(1)並木栗水及び楠本碩水・東沢潟の史的地位 （望月高明）「都城工業高等専門学校研究報告」 国立都城工業高等専門学校 41 2007.1 p60～49
◇幕末維新における新朱王学の展開(2)並木栗水及び楠本碩水・東沢潟の史的地位 （望月高明）「都城工業高等専門学校研究報告」 国立都城工業高等専門学校 42 2008.1 p30～19
◇幕末維新における新朱王学の展開(3)並木栗水及び楠本碩水・東沢潟の史的地位 （望月高明）「都城工業高等専門学校研究報告」 国立都城工業高等専門学校 42 2008.1 p42～31
◇幕末維新における新朱王学の展開(4)並木栗水及び楠本碩水・東沢潟の史的地位 （望月高明）「都城工業高等専門学校研究報告」 国立都城工業高等専門学校 43 2009.1 p34～23
◇幕末維新における新朱王学の展開(5)並木栗水及び楠本碩水・東沢潟の史的地位 （望月高明）「都城工業高等専門学校研究報告」 国立都城工業高等専門学校 43 2009.1 p46～35

楠本端山 くすもとたんざん 1828～1883
幕末, 明治期の儒学者, 肥前平戸藩士。
【図　書】
◇楠本端山・碩水全集 （岡田武彦ほか編集） 葦書房 1980.8
◇江戸期の儒学—朱王学の日本的展開 （岡田武彦） 木耳社 1982.11
◇現代の陽明学 （岡田武彦著） 明徳出版社 1992.12
【雑　誌】
◇楠本端山における葉山鎧軒 （本田三郎）「談林」 24 1980.3
◇楠本端山の生涯と学問 （岡田武彦）「活水論文集 日本文学科編（活水女子大学）」 27 1984.3
◇楠本端山遺書未収草稿その五 （秋田義昭）「活水日文」 15（活水学院日本文学会十周年記念） 1986.10
◇楠本端山遺書未収草稿（その6）（秋田義昭他著）「活水論文集 日本文学科編」 30 1987.3
◇楠本端山の世界—『端山先生遺書』詩 訳注（その1）（松崎賜〔訳〕, 吉田仁士〔訳〕, 林浩俊〔訳〕）「都城工業高等専門学校研究報告」 都城工業高等専門学校 36 2002.1 p40～29
◇楠本端山の世界—『端山先生遺書』詩 訳注（その2）（松崎賜, 吉田仁士, 林浩俊）「都城工業高等専門学校研究報告」 都城工業高等専門学校 37 2003.1 p40～29
◇楠本端山の世界—『端山先生遺書』詩 訳注（その3）（松崎賜, 吉田仁士, 林浩俊）「都城工業高等専門学校研究報告」 国立都城工業高等専門学校 38 2004.1 p62～52
◇池田草庵と楠本端山(1)幕末新朱王学の葛藤 （望月高明）「都城工業高等専門学校研究報告」 国立都城工業高等専門学校 39 2005.1 p34～23
◇楠本端山の世界—『端山先生遺書』詩 訳注（4）（松崎賜, 吉田仁士, 林浩俊）「都城工業高等専門学校研究報告」 国立都城工業高等専門学校 39 2005.1 p44～35
◇楠本端山の世界—『端山先生遺書』詩 訳注（その5）（松崎賜, 吉田仁士, 林浩俊）「都城工業高等専門学校研究報告」 国立都城工業高等専門学校 41 2007.1 p82～72
◇楠本端山の世界—『端山先生遺書』詩 訳注（その6）（松崎賜, 吉田仁士, 林浩俊）「都城工業高等専門学校研究報告」 国立都城工業高等専門学校 43 2009.1 p58～47

クニッピング, E. Knipping, Erwin 1844～1922
ドイツの気象学者。1871年来日, 天気予報を創始。
【図　書】
◇クニッピングの明治日本回想記 （エルヴィン・クニッピング〔著〕,

北村智明, 小関恒雄〔訳編〕 玄同社 1991.6
◇クニッピングの明治日本回想記 （小関恒雄, 北村智明〔訳編〕） 玄同社 1991.6

久原躬弦　くはらみつる　1855〜1919
明治, 大正期の有機化学者。東京大学教授。
【図　書】
◇人物化学史—パラケルススからポーリングまで （島尾永康著） 朝倉書店 2002.11 234p （科学史ライブラリー）
【雑　誌】
◇久原躬弦の経歴と業績(1,2) （後藤良造） 「化学史研究」 12,13 1980.3,7
◇久原躬弦における有機反応機構研究への転換—インジゴ染料合成との関連について （徳元琴代） 「東京工業大学人文論叢」 8 1982

久米邦武　くめくにたけ　1839〜1931
明治期の歴史学者。帝国大学教授, 早稲田大学教授。
【図　書】
◇明治民衆史を歩く （井出孫六） 新人物往来社 1980.6
◇特命全権大使米欧回覧実記 1 （久米邦武編, 田中彰校注） 岩波書店 1985.6
◇特命全権大使米欧回覧実記 2 （久米邦武編, 田中彰校注） 岩波書店 1985.7
◇特命全権大使米欧回覧実記 5 （久米邦武編, 田中彰校注） 岩波書店 1985.10
◇続・百代の過客—日記にみる日本人〈上〉 （ドナルド・キーン著, 金関寿夫訳） 朝日新聞社 1988.1 （朝日選書）
◇柳田国男と古代史 （佐伯有清著） 吉川弘文館 1988.8
◇明治民衆史 （井出孫六著） 徳間書店 1988.9 （徳間文庫）
◇続 百代の過客—日記にみる日本人 （ドナルド・キーン著, 金関寿夫訳） 朝日新聞社 1988.12
◇久米邦武の研究 （大久保利謙） 吉川弘文館 1991.11
◇久米邦武歴史著作集〈別巻〉久米邦武の研究 （大久保利謙編） 吉川弘文館 1991.11
◇科学史からみた久米邦武—平成三年十一月十六日「歴史家・久米邦武展」講演会より （高田誠二著） 「久米美術館」 19〔93〕 （久米美術館研究報告 5）
◇日本のフランス文化—日仏交流の斜断譜 （富田仁著） （京都）白地社 1993.2 （叢書L'ESPRIT NOUVEAU）
◇維新の科学精神—『米欧回覧実記』の見た産業技術 （高田誠二著） 朝日新聞社 1995.5 287,6p （朝日選書）
◇『米欧回覧実記』にみられる海外農業認識 （勝部真人）『近江歴史・考古論集』（畑中誠治教授退官記念編） 滋賀大学教育学部歴史学研究室 1996.3 p244
◇久米邦武文書 1 （久米美術館編） 吉川弘文館 1999.1 388p
◇近代日本外交思想史入門—原典で学ぶ17の思想 （関静雄編著） ミネルヴァ書房 1999.5 310p
◇武士の成立 武士像の創出 （高橋昌明著） 東京大学出版会 1999.11 334,12p
◇20世紀の歴史家たち 2 （今谷明, 大浜徹也, 尾形勇, 樺山紘一編） 刀水書房 1999.11 317p （刀水歴史全書）
◇久米邦武文書 2 （久米邦武著, 久米美術館編） 吉川弘文館 2000.1 340,24,8p
◇久米邦武文書 3 （久米美術館編） 吉川弘文館 2001.4 411p
◇岩倉使節団の歴史的研究 （田中彰著） 岩波書店 2002.6 365,7p
◇岩倉使節団『米欧回覧実記』 （田中彰著） 岩波書店 2002.12 262p （岩波現代文庫）
◇岩倉使節団の再発見 （欧米回覧の会編） 思文閣出版 2003.3 263,10p
◇天皇論を読む （近代日本思想研究会著） 講談社 2003.10 225p （講談社現代新書）
◇男の背中—転形期の思想と行動 （井出孫六著） 平原社 2005.5 265p
◇志立の明治人 下巻 （佐藤能丸著） 芙蓉書房出版 2005.10 142p
◇津田左右吉の大化改新論と久米邦武 （篠川賢）『日本古代史研究と史料』（佐伯有清編） 青史出版 2005.10 p31
◇邪馬台国論争 （佐伯有清著） 岩波書店 2006.1 217,3p （岩波新書）
◇岩倉使節団における宗教問題 （山崎渾子著） 思文閣出版 2006.10 267,5p
◇久米邦武における「40年の遅れ」の意味 （園田英弘著）『History and folklore studies in Japan』(David L.Howell,James C.Baxter編) 国際日本文化研究センター 2006.11 p91〜103
◇久米邦武—史学の眼鏡で浮世の景を （高田誠二著） ミネルヴァ書房 2007.11 354,10p （ミネルヴァ日本評伝選）
◇東京おぼえ帳 （平山蘆江著） ウェッジ 2009.2 364p （ウェッジ文庫）

【雑　誌】
◇旅の発見—異国のなかの日本人 日本人と異国体験—「米欧回覧実記」のアメリカ （芳賀徹） 「國文學 解釈と教材の研究」 25(7) 1980.6
◇旅と棄郷と(3)西洋との接点 （近藤信行） 「早稲田文学（第8次）」 62 1981.7
◇旅と棄郷と(4)久米邦武の回顧録 （近藤信行） 「早稲田文学（第8次）」 63 1981.8
◇ミュンヘン物語(2)明治六年のミュンヘン—邦武, 桜痴, ワーグナー （小松伸六） 「文学界」 35(8) 1981.8
◇日本人の見た西洋・西洋人の見た日本—久米邦武とオールコック （太田昭子） 「比較文学研究」 40 1981.11
◇『米欧回覧実記』の語彙 （佐藤亨） 「新潟大学国文学会誌」 28 1985.3
◇「久米邦武と『米欧回覧実記』」展 （田中彰） 「図書」 434 1985.10
◇「岩倉具視 世界一周」—『米欧回覧実記』久米邦武の学力 （青木利夫） 「新潮45」 5(12) 1986.12
◇維新期日本人の洋楽体験—久米邦武『特命全権大使米欧回覧実記』と成島柳北『航西日乗』を中心に （中村洪介） 「比較文化（筑波大学比較文化会）」 4 1987.7
◇久米邦武事件3題 （秋元信英） 「日本歴史」 475 1987.12
◇柳田国男と日本古代史〔含 付表 柳田国男と久米邦武など関係年表〕 （佐伯有清） 「民俗学研究所紀要」 12 1988.3
◇『「シヴィル」器械』から「土木」まで久米邦武『米欧回覧実記』再考 （宮村治雄） 「みすず」 329 1988.6
◇久米邦武と宗教問題（岩倉使節団と宗教問題(3)） （山崎渾子） 「聖心女子大学論叢」 71 1988.7
◇久米邦武の千里眼—日本古文書学の黎明 （荻野三七彦） 「日本歴史」 488 1989.1
◇久米邦武遺稿「葉隠巻首評註」について （池田史郎） 「日本歴史」 490 1989.3
◇『史海』と久米邦武(補追資料)(田口鼎軒と『史海』（訪問インタヴュー）） （佐伯有清） 「名著サプリメント」 2(6) 1989.4 増
◇久米邦武と田中不二麿の宗教視察(岩倉使節団と宗教問題(4)) （山崎渾子） 「聖心女子大学論叢」 73 1989.7
◇『史海』と久米邦武 （佐伯有清） 「名著サプリメント」 2(12) 1989.8
◇久米邦武編「米欧回覧実記」と「久米邦武歴史著作集」第2巻のこと （川副武胤） 「日本歴史」 506 1990.7
◇歴史家・久米邦武の「物理学」手稿—補遺 （高田誠二） 「科学史研究 第II期」 182 1992
◇久米邦武研究の課題—研究文献と展望 （今井修） 「早稲田大学史記要」 24 1992.3
◇イギリス銀行券・通貨制度の文献コレクション （藤塚知義） 「学鐙」 89(3) 1992.3
◇久米邦武の能楽研究—「久米邦武歴史著作集」の刊行に寄せて （天野文雄） 「芸能史研究」 118 1992.7
◇風光の美とスペクトルの効用（科学の眼で読む「北欧回覧実記」(1)） （高田誠二） 「科学朝日」 53(1) 1993.1
◇「省力の理」重学を論じ経綸を説く（科学の眼で読む「米欧回覧実記」(2)） （高田誠二） 「科学朝日」 53(2) 1993.2
◇「冷熱の掛引」蒸気の力で世界一周（科学の眼で読む「米欧回覧実記」(3)） （高田誠二） 「科学朝日」 53(3) 1993.3
◇造鏞の元素 抱化して化学の術致に迫る（科学の眼で読む「米欧回覧実記」(4)） （高田誠二） 「科学朝日」 53(4) 1993.4
◇工業化学の勧め 鉄の利たる真に無量（科学の眼で読む「米欧回覧実記」(5)） （高田誠二） 「科学朝日」 53(5) 1993.5
◇「瓷」と「柞」やきものと釉楽の世界（科学の眼で読む「米欧回覧実記」(6)） （高田誠二） 「科学朝日」 53(6) 1993.6
◇ニューメディア「電信」にふり回された使節団（科学の眼で読む「米欧回覧実記」(7)） （高田誠二） 「科学朝日」 53(7) 1993.7
◇使節団の病院巡り「空気は人身に最も緊要」（科学の眼で読む「米欧回覧実記」(8)） （高田誠二） 「科学朝日」 53(8) 1993.8
◇泰西農学と自家農園「勧農に注意し, 地味を進め」（科学の眼で読む「米欧回覧実記」(9)） （高田誠二） 「科学朝日」 53(9) 1993.9
◇久米邦武「東海東山巡幸日記」と神社の歴史地理 （秋元信英） 「国学院雑誌」 94(9) 1993.9
◇算術・理財・微積分, 理学家その精名を証すべし（科学の眼で読む「米欧回覧実記」(10)） （高田誠二） 「科学朝日」 53(10) 1993.10
◇度量衡・統計・暦法, 約数の見渡しは証書の要請（科学の眼で読む「米欧回覧実記」(11)） （高田誠二） 「科学朝日」 53(11) 1993.11
◇科学・技術・歴史, タオリックとプラチック（科学の眼で読む「米欧回覧実記」(12)） （高田誠二） 「科学朝日」 53(12) 1993.12
◇久米邦武による著作『米国回覧実記』と『久米博士九十年回顧録』に見られる西洋観の相違 （佐藤聡彦） 「大学院論集」 日本大学大学院国際関係研究科 第5号 1995.10 p53〜66
◇「鍋島直正公伝」にみる青年久米邦武の修養と史学思想の萌芽 （秋元信英） 「国学院短期大学紀要」 国学院短期大学 18 2000 p83〜181
◇新時代の異文化体験・岩倉使節団米欧宗訪おどろき見聞記 （伊藤史湖） 「歴史と旅」 28(3) 2001.3 p182〜189

◇久米邦武「西洋善悪の異を話す」他、翻刻―久米美術館所蔵・久米邦武文書 （山崎渾子）「聖心女子大学論叢」 聖心女子大学 97 2001.9 p125～152
◇研究余録 久米邦武と柳田国男の日記 （佐伯有清）「日本歴史」 吉川弘文館 654 2002.11 p72～78
◇渡航 久米邦武編『特命全権大使 米欧回覧実記』の魅力（特集：〈時代小説〉のアルケオロジー―反＝時代とは何か） （松井千恵）「國文學 解釈と教材の研究」 学灯社 47（13）2002.11 p104～112
◇近代「国史学」の古代史認識―久米邦武の神道論について （池田智文）「国史学研究」 竜谷大学国史学研究会 26 2003.3 p30～58
◇岩倉使節団と久米邦武―「ジョスチス（正義）」と「ソサエチ（社会）」の発見 （山崎渾子）「宗教と文化」 聖心女子大学キリスト教文化研究所 22 2003.3 p63～94
◇和魂漢才から和魂洋才へ―久米邦武の知的背景 （杉谷昭）「純心人文研究」 長崎純心大学 12 2006 p107～121
◇安吾作「道鏡」の成り立ち―久米邦武と松本幹雄の歴史書を視座として （磯佳和）「文学年誌」 文学批評の会,葦真文社（発売） 第13号 2006.12 p89～111
◇幕末明治初期の近代日本における「人種」論―久米邦武の「人種」論を中心に（特集 慶應義塾創立百五十年・慶應義塾福沢研究センター開設二十五年）（太田昭子）「近代日本研究」 慶応義塾福沢研究センター 25 2008 p125～149
◇久米邦武の見た西欧の磁器 （高辻知義）「九州産業大学柿右衛門様式陶芸研究センター論集」 九州産業大学柿右衛門様式陶芸研究センター編集委員会 4 2008.3 p77～92
◇続・元裁判官の書斎（1）エンサイクロペディストとしての久米邦武 （倉田卓次）「判例タイムズ」 判例タイムズ社 59（6）2008.3.1 p39～43
◇近代天皇家と「三種の神器」 久米邦武「神道は祭天の古俗」を解説する（特集 三種の神器―天皇家のシンボル） （外池昇）「歴史読本」 新人物往来社 53（6）2008.6 p190～195
◇続・元裁判官の書斎（2）エンサイクロペディストとしての久米邦武（続） （倉田卓次）「判例タイムズ」 判例タイムズ社 59（13）2008.6.1 p32～35
◇久米邦武『米欧回覧実記』（日本人は本が好き 人生の一書と出会う読書家市―特集・トップ・レビュアー・キャンベル）「文芸春秋SPECIAL」 文芸春秋 3（2）通号 9 2009.4 p157～158

クラーク, E. Clark, Edward Waren 1849～1907
アメリカの教育家。1871年来日、化学を教授。
【図　書】
◇中村敬宇 （高橋昌郎著） 吉川弘文館 1988.2 （人物叢書 新装版）

クラーク, W. Clark, William Smith 1826～1886
アメリカの教育家。1876年来日、札幌農学校で教授。
【図　書】
◇科学者とキリスト教―ガリレイから現代まで （渡辺正雄著） 講談社 1987.4 （ブルーバックス）
◇W.S.クラーク日本からの手紙 （川端喬,大西直樹,西出公之編注） みやま書房 1987.11
◇牛乳と日本人 （雪印乳業広報室編） 新宿書房 1988.4
◇建築探偵 東奔西走 （藤森照信文,増田彰久写真） 朝日新聞社 1988.5
◇平和の憲法と福音 （深瀬忠一著） 新教出版社 1990.2
◇クラーク先生とその弟子たち （大島正健著,大島正満,大島智夫補訂） 新地書房 1991.2
◇開化異国（おつくに）助っ人奮戦記 （荒俣宏著,安井仁撮影） 小学館 1991.2
◇蝦名賢造北海道著作集〈4〉札幌農学校 日本近代精神の源流 （蝦名賢造著） 新評論 1991.7
◇教養講座シリーズ60 日本の近代化をになった外国人 （国立教育会館編） ぎょうせい 1992.5
◇日本の近代化をになった外国人―フォンタネージ・クラークとケプロン・スコット （国立教育会館編） ぎょうせい 1992.5 （教養講座シリーズ）
◇クラーク先生とその弟子たち （大島正健著,大島正満,大島智夫補訂） 教文館 1993.5
◇北海道を開拓したアメリカ人 （藤田文子著） 新潮社 1993.7 （新潮選書）
◇日本の「創造力」―近代・現代を開花させた470人〈15〉貢献した外国人たち （富田仁編） 日本放送出版協会 1994.2
◇クラーク先生評伝―伝記・W.S.クラーク （逢坂信忠著） 大空社 1995.10 495,5p （伝記叢書）
◇新渡戸稲造と現代教育―その愛の教え （仲間一成著） 明窓出版 1998.12 175p
◇北海道の青春―北大80年の歩みとBBAの40年 増補版 （北大BBA会,能勢之彦編） はる書房 2000.1 275p
◇外国人が残した日本への功績 （プランニングコーツ編） 世界経済情報サービス 2000.3 206p
◇歴史人物アルバム 日本をつくった人たち大集合 4 （PHP研究所編） PHP研究所 2001.2 47p
◇知ってためになるキリスト教ものしり人物伝 （高田文彦著） 健友館 2001.4 135p
◇ほっかいどう百年物語―北海道の歴史を刻んだ人々 （STVラジオ編） 中西出版 2002.2 343p
◇歴史を深く吸い込み、未来を想う―一九〇〇年への旅 アメリカの世紀、アジアの自尊 （寺島実郎著） 新潮社 2002.11 278p
◇近代日本文芸試論 2 （大田正紀著） おうふう 2004.3 345p
◇新島襄と私立大学の創立者たち （志村和次郎著） キリスト新聞社 2004.8 213p
◇ポプラ物語 （秋庭功著） 文芸社 2004.10 113p
◇評伝・お雇いアメリカ人青年教師ウィリアム・ホィーラー （高崎哲郎著） 鹿島出版会 2004.10 228p
◇師弟―ここに志あり （童門冬二著） 潮出版社 2006.6 269p
◇二十世紀から何を学ぶか 下 （寺島実郎著） 新潮社 2007.5 284, 6p （新潮選書）
◇日本を愛した外国人たち （内藤誠,内藤研共著） 講談社インターナショナル 2009.6 255p （講談社バイリンガル・ブックス）
【雑　誌】
◇クラーク博士の聖書 連載2 （松本恵子）「彷徨月刊」 4（6）1988.6
◇化学風土記―わが街の化学史跡（3）クラーク博士にゆかりの札幌農学校旧蔵化学書 （高田誠二）「化学と教育」 38（5）1990.10
◇数奇な運命の書物とクラーク博士―佐藤昌介・山下欽一郎を巡る一一六年 （野村配雄）「北海道の文化財」 65 1992.12
◇札幌農学校の教育思想とその背景―W.S.クラーク博士を中心に （山本玉樹）「日本の科学者」 28（7）1993.7
◇クラークと札幌バンドの流域（特集・Boys be ambitious） （太田愛人）「歴史と旅」 24（4）1997.3 p236～243
◇明治の青年に夢を与えたクラーク博士の実像と足跡（1900年への旅―アメリカ・太平洋篇〈9〉） （寺島実郎）「Foresight」 11（9）2000.9 p40～43
◇新島襄とW・S・クラーク―アメリカン・ボードと「札幌バンド」をめぐって （本井康ез）「キリスト教社会問題研究」 同志社大学人文科学研究所 52 2003.12 p1～30
◇化学、隕石、北海道―榎本武揚とウイリアム・クラークを結ぶ糸（1） （山本明夫）「化学と工業」 日本化学会 58（7）2005.7 p824～827
◇化学、隕石、北海道―榎本武揚とウイリアム・クラークを結ぶ糸（その2） （山本明夫）「化学と工業」 日本化学会 58（8）2005.8 p927～929
◇W.S.クラーク博士関係主要文献目録（邦文篇）少年よ大志を抱け（Boys, be ambitious）・札幌農学校初代教頭・お雇い米国人教師 （出村文理）「文献探索」 金沢文圃閣,文献探索研究会 2006 p118～128
◇W.S.クラーク博士と伊藤圭介―日米文化交流史の一断面 （財部香枝）「貿易風」 中部大学国際関係学部 1 2006.3 p206～220
◇大志で身を滅ぼしたクラーク博士の悲惨な末路（総力特集 明治・大正・昭和 有名人13の「死にざま」）「新潮45」 新潮社 25（5）2006.5 p38～40
◇海外だより クラークと新島襄ゆかりの街,Amherstでの研究生活―葉緑素タンパク質輸送の一端を解き明かす （稲葉丈人）「化学と生物」 学会出版センター、日本農芸化学会 44（7）2006.7 p491～495
◇談話室 クラーク博士/ビフォアー・アンド・アフター・イン・ジャパン （熱田善男）「水曜会誌」 京都大学工学部水曜会 23（9）2006.10 p1022～1027
◇重要文化財同志社クラーク記念館保存修理工事の内、活用に係る設備及び施設整備工事 （鴨目和,野村光広）「建築研究協会誌」 建築研究協会 15 2008.6 p19～31
◇佐藤昌介と大島正健―クラーク博士に学んだ札幌農学校一期生 （大山綱夫）「学士会会報」 学士会 2009（2）2009.3 p56～61

栗田寛　くりたひろし 1835～1899
幕末,明治期の儒学者,歴史学者。帝国大学教授。
【図　書】
◇栗里先生雑著 1,3 （栗田寛） 現代思潮社 1980.4,5 （続日本古典全集）
◇日本史の研究 第2輯 下 （三浦周行） 岩波書店 1981.12
◇皇典講究所草創期の人びと 国学院大学 1982.11
◇水戸史学の現代的意義 （荒川久寿男著） （水戸）水戸史学会 1987.2 （水戸史学選書）
◇日本考古学研究〈3〉日本考古学史の展開 （斎藤忠著） 学生社 1990.1
◇水戸の学風―特に栗田寛博士を中心として （照沼好文著） 水戸史学会 1998.7 285p （水戸史学選書）
◇栗田寛博士と『継往開来』の碑文 （照沼好文著） 水戸史学会 2002.3 85p （水戸の碑文シリーズ）

【雑　誌】
◇日本学の志操―栗田寛先生と水戸史学　（照沼好文）「水戸史学」28　1988.5
◇栗田寛博士の葬礼説　（近藤啓吾）「神道学（出雲復刊）」143　1989.11
◇栗田先生枭雲抄（特集　大日本史の諸問題）（照沼好文）「水戸史学」40　1994.5

栗原信充　くりはらのぶみつ　1794～1870
幕末、明治期の故実家。
【雑　誌】
◇今月の一冊　国立国会図書館の蔵書から　故実家栗原信充の研究資料（武具・馬具）―『古今要覧稿』の材料を中心に　（大沼宜規）「国立国会図書館月報」国立国会図書館、日本図書館協会　572　2008.11 p2～3

グリフィス，W.　Griffis, William Elliot　1843～1928
アメリカの科学者。1870年来日、理化学を教授。
【図　書】
◇大隈重信とその時代―議会・文明を中心として　（早稲田大学大学史編集所編）早稲田大学出版部　1989.10
◇東西文化摩擦―欧米vs.日本の15類型　（小倉和夫著）中央公論社　1990.4
◇グリフィスと日本―明治の精神を問いつづけた米国人ジャパノロジスト　（山下英一著）近代文芸社　1995.4　442p
◇ハーン、モース、グリフィスの日本　（ロバート・A.ローゼンストーン著、杉田英明、吉village和久訳）平凡社　1999.10　477p
◇日本語中・上級用読本　日本を知ろう―日本の近代化に関わった人々（三浦昭、ワット・伊東泰子著）アルク　2001.12　231p
◇動きだした近代日本―外国人の開化見聞　（鳥海靖著）教育出版　2002.12　193p（江戸東京ライブラリー）
◇日本を愛した外国人たち　（内藤誠、内藤研共著）講談社インターナショナル　2009.6　255p（講談社バイリンガル・ブックス）
【雑　誌】
◇お雇い外国人教師W.E.グリフィスの教育活動―開成学校における授業を中心に　（蔵原三雪）「関東教育学会紀要」14　1987.9
◇大隈重信とW・E・グリフィス―知られざる"事件"を軸にして　（内海孝）「早稲田大学史記要」21　1989.3
◇グリフィス文庫の位相―W.E.グリフィスと明治日本　（浅井清）「お茶の水女子大学人文科学紀要」43　1990.3
◇「日本近世変革論」考―グリフィス論文The Recent Revolution in Japanの翻訳から　（山下英一）「英学史研究」25　1992
◇W.E.グリフィス著『ヘボン―同時代人の見た』　（高野進）「関東学院大学　自然・人間・社会」13　1992.4
◇お雇い外人教師の見た明治日本(1) W.E.グリフィス『明治日本体験記』(「欧米受容の100年―日本人と近代化」-Part I-〈特集〉)　（杉沼永一）「ビブリア」20　1993.1
◇W.E.グリフィス『明治日本体験記』(「皇国」第2部)―文明開化期の米人青年教師の記録（続・外国人の見た日本・日本人〈特集〉―近代黎明期の日本・日本人論）（太田雄三）「国文学解釈と鑑賞」至文堂　60(5) 1995.5 p14～21
◇ジャポニズムにおける日本像―『ミカド』を読む　（相宅敬久）「人文学科論集」茨城大学人文学部　29　1996.3　p67～98
◇天皇大好きの「お雇い外国人教師」―米国人グリフィスの『皇国』『ミカド』より（なつかしき日本）（亀井俊介）「新潮45」15(3) 1996.3 p68～77
◇翻訳・注釈　慎重居士グリフィス　(Rudyard Kipling, 桑野英正〔訳〕)「言語文化論叢」金沢大学外国語教育研究センター　6　2002.3 p1～8
◇W.E.グリフィス著『皇国』の成立とその周辺　（八木正自）「日本古書通信」日本古書通信社　67(9) 2002.9 p23
◇明治のお雇い外国人―グリフィスを中心にして（外国人の日本体験における異文化間コミュニケーション）（河原俊昭）「Telos」金沢星陵大学人間科学研究所　33　2003.3 p1～23
◇開成学校の最初の化学教授W.E.Griffisと彼に学んだ初期の化学会・会長群像　（小柳元彦）「化学と教育」日本化学会　53(4) 2005 p228～230

呉秀三　くれしゅうぞう　1865～1932
明治～昭和期の精神医師、医学史者。東京帝国大学教授。
【図　書】
◇呉秀三―その生涯と業績　（岡田靖雄）思文閣出版　1982.3
◇呉秀三著作集 1 医学史編　（呉秀三、岡田靖雄編・解説）思文閣出版　1982.10
◇呉秀三著作集 第2巻　精神病学篇（岡田靖雄編・解説）思文閣出版　1982.12
◇斎藤茂吉随筆集（岩波文庫）（斎藤茂吉著、阿川弘之、北杜夫編）岩波書店　1986.10

◇日本の『創造力』―近代・現代を開花させた470人〈8〉消費時代の開幕　（富田仁編）日本放送出版協会　1992.11
◇実践　精神医学講義　（秋元波留夫著）日本文化科学社　2002.2　1044p
◇"癒す知"の系譜―科学と宗教のはざま　（島薗進著）吉川弘文館　2003.3　266,19p（ニューヒストリー近代日本）
◇精神医学の創設期におけるジェンダーの越境へのまなざし　（冨安昭彦著）『戦争と表象』（長田謙一編）千葉大学大学院社会文化科学研究科　2006.3（社会文化科学研究科研究プロジェクト成果報告書　第127集）p39～59
【雑　誌】
◇偉大なる郷土の先達―呉秀三先生について（下）（野間祐輔）「科学医学資料研究」69　1980.1
◇呉秀三・富士川游両先生がはじめてであった頃―わが国医史学の濫觴をさぐる　（岡田靖雄）「日本医史学雑誌」27(4) 1981.10
◇その家にかたりつがれたもの―呉秀三先生の鍵体験　（岡田靖雄）「科学医学資料研究」90　1981.11
◇シーボルト研究史における呉先生　（箭内健次）「日本医史学雑誌」28(4) 1982.10
◇呉秀三の処遇観についての一考察―近代から現代社会事業成立過程の精神障害者処遇研究にむけて　（中野敏子）「社会福祉研究」31　1982.10
◇特集・呉秀三先生没後満50年記念　「日本医史学雑誌」28(4) 1982.10
◇呉秀三先生にまなぶもの―精神病者慈善救治会のこと、ほか（第87回日本医史学会総会抄録）（岡田靖雄）「日本医史学雑誌」32(2) 1986.4
◇精神病者慈善救治会のこと―呉秀三先生伝記補遺(1)（岡田靖雄）「日本医史学雑誌」32(4) 1986.10
◇呉秀三「シーボルト先生」（レモンの表紙）（安野光雅）「本」12(3) 1987.3
◇我が国における作業療法のはじまり―呉秀三と浜野規矩夫における西欧コロニー体験（特集　20世紀、医学・医療分野の）人物史・人物群像史）（加賀谷一）「医学史研究」医学史研究会　81　2002　p105～111
◇精神神経学雑誌百年　第七巻　呉秀三先生　ジュアン・ネティアンヌ・ドミニック・エスキロル氏傳（明治42年）「精神神経学雑誌」日本精神神経学会　110(11) 2008 p1130～1132
◇精神神経学雑誌百年―第七巻　呉秀三　ジュアン・ネティアンヌ・ドミニック・エスキロル氏傳（その2）（明治42年）「精神神経学雑誌」日本精神神経学会　110(12) 2008 p1243～1246
◇精神神経学雑誌百年―1909年　第七巻　549―553（明治42年）呉秀三　精神病の名義に就いて　「精神神経学雑誌」日本精神神経学会　111(1) 2009 p114～116
◇医学生斎藤茂吉と呉秀三―東京帝国大学医科大学時代　（小泉博明）「場所」西田哲学研究会　8　2009　p63～76
◇精神神経学雑誌百年―1909年　第八巻　1―6（明治42年）呉秀三　脚気と精神病との関係　「精神神経学雑誌」日本精神神経学会　111(4) 2009 p466～469
◇精神神経学雑誌百年―1909年　第八巻　252―255,315―319,342―350（明治42年）Henry Maudsley著　呉秀三抄訳　John Conolly伝　「精神神経学雑誌」日本精神神経学会　111(10) 2009 p1309～1312
◇斎藤茂吉と呉秀三―巣鴨病院の時代　（小泉博明）「日本大学大学院総合社会情報研究科紀要」日本大学大学院総合社会情報研究科　9　2009.2 p93～104

黒川真頼　くろかわまより　1829～1906
幕末、明治期の国学者。帝国大学教授。
【図　書】
◇黒川真頼伝　（黒川真道）奈良書店　1980.
【雑　誌】
◇国立国会図書館所蔵本　蔵書印(183)黒川真頼・真道　（戸沢幾子）「国立国会図書館月報」351　1990.6
◇学史　黒川真頼の『有識故実学』　（佐多芳彦）「古代文化」古代学協会　54(7) 2002.7 p400～406
◇黒川真頼頭注『新勅撰和歌集抄』(弄花軒祖能)(1)翻字　（平井啓子、大森生惠）「清心語文」ノートルダム清心女子大学日本語日本文学会　7　2005.7 p98～111

黒川良安　くろかわりょうあん　1817～1890
幕末、明治期の蘭学者、医師。金沢藩医。
【図　書】
◇郷土雑纂　第2集　（太田久夫）〔太田/久夫〕1986.12
◇日本の『創造力』―近代・現代を開花させた470人〈1〉御一新の光と影　（富田仁編）日本放送出版協会　1992.12
◇明治金沢の蘭方医たち　（山嶋哲盛著）慧文社　2005.7　226p
【雑　誌】
◇黒川良安の履歴について　（高瀬重雄）「富山史壇」96　1988.4

◇黒川良安の銅碑　(石原理年)　「医譚」　82 (復刊65)　1993.11
◇石川近代医学の先駆者　黒川良安　(伊丹俊彦)　「罪と罰」　日本刑事政策研究会　46 (1)　2008.12　p54～56

黒田麴廬　くろだきくろ　1827～1892
幕末, 明治期の洋学者。
【図　書】
◇黒田麴廬の業績と『漂荒紀事』　(平田守衛著)　平田守衛　1987.11
◇寸行漫筆－1－　(平田守衛)　平田守衛　1990.1
◇黒田麴廬の業績と『漂荒紀事』　(平田守衛編著)　京都大学学術出版会　1990.12　(黒田麴廬と『漂荒紀事』　第1巻)
◇黒田麴廬関係資料目録―京都大学附属図書館蔵　(京都大学附属図書館編)　京都大学附属図書館　1992.12
【雑　誌】
◇「西洋事情」と「奥地志略」　(三橋猛雄)　「日本古書通信」　46 (6)　1981.6
◇日本における「ロビンソン・クルーソウ」　(橋口稔)　「外国語科研究紀要 (東京大学教養学部外国語科編　東京大学出版会)」　31 (3)　1983
◇黒田麴廬の業績　(平田守衛)　「京都文化短期大学紀要」　5　1986.2
◇黒田麴廬・『ロビンソン漂流記』の本邦初訳者　(平田守衛)　「湖国と文化」　36　1986.7
◇ロビンソン漂流記本邦初訳者　黒田行元麴廬のこと(1)　(平田守衛)　「京古本や往来」　40　1988.4
◇その後の黒田麴廬(1)　(平田守衛)　「膳所市民ニュース」　18　1988.5
◇ロビンソン漂流記本邦初訳者　黒田行元麴廬のこと(2)　(平田守衛)　「京古本や往来」　41　1988.7
◇その後の黒田麴廬(2)　(平田守衛)　「膳所市民ニュース」　19　1988.8
◇ロビンソン漂流記本邦初訳者　黒田行元麴廬のこと(3)　(平田守衛)　「京古本や往来」　42　1988.12
◇ロビンソン漂流記本邦初訳者　黒田行元麴廬のこと(4)　(平田守衛)　「京古本や往来」　43　1989.1
◇『漂荒紀事』の原書　(松田清)　「京古本や往来」　47　1990.1
◇黒田(行元)麴廬のこと(2)　(平田守衛)　「京都文化短期大学紀要」　14　1990.12
◇『魯敏遜漂行紀略』翻訳考(4)　(松田清)　「京古本や往来」　56　1992.4
◇『魯敏遜漂行紀略』翻訳考(5完)　(松田清)　「京古本や往来」　59　1993.1
◇初めに変態ありき―黒田麴廬『漂荒紀事』(1850)を読む　(岩尾龍太郎)　「西南学院大学国際文化論集」　西南学院大学学術研究所　20 (2)　2006.2　p183～237

桑田立斎　くわたりゅうさい　1811～1868
幕末, 明治期の蘭方医。小児科。
【図　書】
◇愛の種痘医―日本天然痘物語　(浦上五六)　恒和出版　1980.12　(恒和選書)
◇或る蘭方医の生涯　(桑田忠親)　中央公論社　1982.2
◇蘭方医桑田立斎の生涯 (中公文庫)　(桑田忠親著)　中央公論社　1985.5
◇横切った流星―先駆的医師たちの軌跡　(松木明知著)　メディサイエンス社　1990.10
◇桑田立斎安政四年蝦夷地種痘　(二宮陸雄, 秋葉実著)　桑田立斎先生顕彰会　1998.10　96p
【雑　誌】
◇江戸の蘭方医, 桑田立斎 (特集・苗字のルーツを訪ねて)　(桑田忠親)　「歴史と旅」　9 (6)　1982.5
◇桑田立斎の上申書について　(正橋剛二, 篠原治道)　「医譚」　60　1991.5
◇幕末のジェンナー・深川の桑田立斎　(細田隆善)　「江東史談」　239　1991.9
◇桑田立斎が配布した種痘啓蒙版画の改訂版について　(正橋剛二)　「医譚」　62　1992.5

ケーベル, R.　Koeber, Raphael von　1848～1923
ロシアの哲学者。1893年来日, 東京帝大の教官。
【図　書】
◇講座夏目漱石1　漱石の人と周辺　有斐閣　1981.7
◇プーシキンのデスマスク　(木村浩)　小沢書店　1982.6
◇漱石文学全集 10　(夏目漱石著, 伊藤整, 荒正人編)　集英社　1983.7
◇近代文学とキリスト教　明治・大正篇　(米倉充)　創元社　1983.11　(現代キリスト教選書7)
◇偉大なる暗闇―師岩元禎と弟子たち　(高橋英夫著)　新潮社　1984.4
◇開国の作法　(平川祐弘著)　東京大学出版会　1987.2　(UP選書)
◇歴史と人生　(宮崎道生著)　刀水書房　1988.3
◇夏目漱石全集〈10〉　(夏目漱石著)　筑摩書房　1988.7　(ちくま文庫)
◇和辻哲郎全集〈第6巻〉ケーベル先生・ホメーロス批判・孔子・近代歴史哲学の先駆者　(和辻哲郎著)　岩波書店　1989.10
◇漱石文学作品集〈14〉思い出す事など・硝子戸の中　他七篇　(夏目漱石著)　岩波書店　1990.11
◇ケーベル先生とともに　(久保勉著)　岩波書店　1994.2
◇「ケーベル先生とその時代」資料集―奏楽堂復元開館10周年記念　奏楽堂秋の特別展　台東区芸術・歴史協会　1997.10　20p
◇ラファエル・ケーベルの日本における演奏活動について　(関根和江)　『音楽の宇宙』(皆川達夫先生古希記念論文集編集委員会編)　音楽之友社　1998.4　p295
◇簡素に生きる―シンプルライフの思想　(太田愛人著)　信濃毎日新聞社　1999.10　237
◇転換期の音楽―新世紀の音楽学フォーラム　(『転換期の音楽』編集委員会編)　音楽之友社　2002.10　484p
◇ケーベル先生のまなざし―滝廉太郎との幸福な出会いそして別れ　(関根和江)　『転換期の音楽　新世紀の音楽学フォーラム　角倉一朗先生古稀記念論文集』(『転換期の音楽』編集委員会編)　音楽之友社　2002.10　p371～
◇明治人の教養　(竹田篤司著)　文芸春秋　2002.12　198p　(文春新書)
◇ドイツ系ロシア人としてのケーベル先生　(外川継男)　『ロシアと日本　共同研究』(長与進編)　早稲田大学政治経済学部長与研究室　2003.3　p97～
◇近代日本のキリスト者たち　(高橋章編著)　パピルスあい　2006.3　335p
◇ガイドブック　新・日本のなかのロシア―ロシア文化と交流史跡を訪ねる　(長塚英雄,「ロシアとユーラシア」紙編集部編)　東洋書店　2007.2　63p　(ユーラシア・ブックレット)
◇思い出す事など　他七篇　(夏目漱石著)　岩波書店　2008.6　189p　(ワイド版岩波文庫)
◇役立たずの哲学　(菱沼孝幸著)　文芸社ビジュアルアート　2008.11　106p
【雑　誌】
◇ケーベル先生と漱石(3)哲学と詩　(大久保純一郎)　「心」　33 (2)　1980.2
◇ケーベル先生と漱石(4)哲学と芸術　(大久保純一郎)　「心」　34 (4)　1981.4
◇ケーベル先生と横浜 (上, 下)　(池田千代吉)　「かながわ風土記」　48, 49　1981.7, 8
◇ハーンとケーベルの奇妙な関係　(平川祐弘)　「諸君！」　19 (10)　1987.10
◇ケーベル先生の音楽的遺産とマリー・ハイネ嬢の手紙　(坂井栄八郎)　「外国語科研究紀要 (東京大学教養学部外国語科編)」　38 (1)　1990
◇日本におけるショーペンハウアー受容の問題―ケーベルを中心に　(兵頭高夫)　「武蔵大学人文学会雑誌」　21 (1・2)　1990.3
◇ケーベル歌曲集を聴いて　(高橋英夫)　「図書」　496　1990.10
◇ケーベル先生の遺言―ケーベルリート集について　(小松美沙子)　「世界」　569　1992.6
◇ケーベル先生, ヘクトーのことなど　(松平千秋)　「図書」　532　1993.10
◇ケーベル博士の「九つの歌曲」　(原田茂生)　「音楽芸術」　51 (10)　1993.10
◇講演「ケーベル先生とその時代」―1997年10月7日　奏楽堂　(角倉一朗)　「東京芸術大学音楽学部紀要」　東京芸術大学音楽学部　23　1997　p37～47
◇ケーベル先生年譜　(角倉一朗, 関根和江)　「東京芸術大学音楽学部紀要」　東京芸術大学音楽学部　23　1997　p49～56
◇ケーベル先生文献(その1)　(関根和江)　「東京芸術大学音楽学部紀要」　東京芸術大学音楽学部　24　1998　p1～27
◇ハーンと音楽―ケーベル, チェンバレンとの比較において (特集：横断する ラフカディオ・ハーン　小泉八雲―横断するハーン, 西洋キリスト教文明を超えて)　(中村洪介)　「國文學　解釈と教材の研究」　学燈社　43 (8)　1998.7　p32～38
◇ケーベル先生文献(その2)　(関根和江)　「東京芸術大学音楽学部紀要」　東京芸術大学音楽学部　25　1999　p81～96
◇ケーベル先生文献(3)　(関根和江)　「東京芸術大学音楽学部紀要」　東京芸術大学音楽学部　26　2000　p67～85
◇Raphael Koeber and Christianity : Christian Orthodox and Koeber's Understanding　(高橋章)　「国際関係研究」　日本大学国際関係学部国際関係研究所　22 (2)　2001.9　p75～91
◇深田康算をめぐって―ケーベル, 和辻哲郎, そして近代　(長濱一真)　「文芸研究」　近畿大学大学院文芸学研究科　5　2008　p1～53

ケルネル, O.　Kellner, Oskar Johann　1851～1911
ドイツの農学者。1881年来日, 東京帝大で教授。
【雑　誌】
◇リービヒ, ケルネルの播いた種子―わが国における植物栄養学の発展 (バイオサイエンスの源流を探る ([「化学と生物」250号記念号])　(熊沢喜久雄)　「化学と生物」　22 (9)　1984.9

◇キンチとケルネル―わが国における農芸化学の曙　(熊沢喜久雄)「肥料科学」9 1986
◇日本に土壌学を根づかせた ドイツ人教師ケルネルとフェスカ　(久馬一剛)「近代日本の創造史」近代日本の創造史懇話会 8 2009.10 p3～14

剣持章行　けんもちしょうこう　1790～1871
幕末, 明治期の和算家。
【図　書】
◇小野栄重・剣持章行・佐久間纉関係文献目録―和算文献等の開発・調査および和算における術の数学史的・数学的研究　(道脇義正他編)「道脇義正」1983.3
◇和算家の旅日記　(佐藤健一著)　時事通信社 1988.5
【雑　誌】
◇白石家残存剣持章行遺品その他について　(及川清)「群馬県和算研究会会報」15 1980.11
◇和算にあらわれた周転円(Epicycle)について　(小林龍彦, 田中薫)「科学史研究」145 1983.4
◇和算家・剣持章行とその業績　(飯塚正明)「上武大学論集」17 1985.11

河野常吉　こうのつねきち　1862～1930
明治, 大正期の歴史家。
【図　書】
◇評伝河野常吉　(石村義典著)　石村義典 1998.5 472,14p
【雑　誌】
◇河野常吉のなかの『函館区史』（石村義典)「地域史研究はこだて」11 1990.4
◇未紹介の野口雨情の河野常吉あて書簡　(石村義典)「北海道の文化財」63 1991.2
◇河野常吉伝 序章「常吉・かつ江の札幌, 北海道」(1)　(石村義典)「北海道の文化」64 1992.2
◇河野常吉伝 序章「常吉・かつ江の札幌・北海道」(2)　(石村義典)「北海道の文化財」65 1992.12
◇史料紹介「函館大経氏ノ談話」―河野常吉の聞き取りから　(三浦泰之)「北海道開拓記念館調査報告」北海道開拓記念館 第40号 2001.3 p107～114
◇河野常吉宛て岡田健蔵書簡のことなど(岡田健蔵へのオマージュ(pt.1))　(石村義典)「北の文庫」北の文庫の会 30 2001.6 p26～41
◇史料紹介 河野常吉資料『絵画集』　(三浦泰之)「北海道開拓記念館調査報告」北海道開拓記念館 第42号 2003.3 p49～82
◇河野常吉の未定稿「地震津波其他地変」に書かれた北海道の明治期の被害地震　(須藤佳子, 鏡味洋史)「北海道大学大学院工学研究科北海道地区自然災害科学資料センター報告」北海道大学大学院工学研究科北海道地区自然災害科学資料センター 19 2005.2 p33～44

河野禎造　こうのていぞう　1817～1871
幕末, 明治期の蘭学医, 農書著述家, 福岡藩士。
【雑　誌】
◇マネー情報 IR サイレックス・テクノロジー トップに聞く 河野剛士社長 小粒でもキラリ光る企業 世界のトップシェア狙う　(河野剛士)「イグザミナ」イグザミナ 195 2003.12 p41～43

小金井良精　こがねいよしきよ　1858～1944
明治～昭和期の解剖学者, 人類学者。
【図　書】
◇祖父・小金井良精の記 上　(星新一著)　河出書房新社 2004.6 417p (河出文庫)
◇祖父・小金井良精の記 下　(星新一著)　河出書房新社 2004.6 383p (河出文庫)
◇郷土の碩学　(小田大蔵, 片岡直樹, 加美山茂利, 蒲原宏, 後藤秋男ほか著)　新潟日報事業社 2004.12 333p
◇ペースメーカーの父・田原淳　(須磨幸蔵著)　梓書院 2005.5 184p
◇学問の暴力―アイヌ墓地はなぜあばかれたか　(植木哲也著)　春風社 2008.6 275p
【雑　誌】
◇後から来るものへ(2)(われに万古の心あり―小林虎三郎と近代日本(14))　(松本健一)「正論」220 1990.12
◇1888年の北海道調査旅行―坪井正五郎・小金井良精の人類学的調査　(高橋潔)「考古学史研究」京都木曜クラブ 7 1997.12 p65～80

古在由直　こざいよしなお　1864～1934
明治～昭和期の農芸化学者。東京帝国大学教授・総長。
【図　書】
◇田中正造をめぐる言論思想―足尾鉱毒問題の情報化プロセス　(田村紀雄著)　社会評論社 1998.9 202p

◇古在由直史料目録　東京大学史史料室 2007.3 54p
【雑　誌】
◇古在由直博士と足尾銅山鉱毒事件　(熊沢喜久雄)「肥料科学」3 1980.12
◇青春書簡(上)父・由直から母・紫琴へ　(古在由重)「図書」389 1982.1
◇青春書簡(下)古在由直から清水紫琴へ　「図書」390 1982.2
◇足尾銅山鉱毒事件と科学者古在由直博士　(堀口修)「UP」東京大学出版会 38(9) 2009.9 p48～55

児玉順蔵　こだまじゅんぞう　1805～1861
幕末の蘭方医。シーボルトの鳴滝塾で学ぶ。
【雑　誌】
◇備前蘭学の開祖児玉順蔵と漢蘭折衷医難波抱節(地域の歴史学(2)〈特集〉)　(中山沢)「日本医史学雑誌」38(1) 1992.1
◇医者も知りたい【医者のはなし】(第34回)蘭学の華を咲かせた医師(その3)備前蘭学の祖・児玉順蔵(1805―1861)　(木村專太郎)「臨床整形外科」医学書院 44(6) 2009.6 p582～585

後藤碩田　ごとうせきでん　1805～1882
幕末, 明治期の国学者。歴史・考古学を研究。
【図　書】
◇後藤碩田―豊後の博学 展示図録 第12回特別展　(大分市歴史資料館企画・編集)　大分市歴史資料館 1993.10

小藤文次郎　ことうぶんじろう　1856～1935
明治～昭和期の地質学者。帝国大学教授。
【雑　誌】
◇地学者列伝 小藤文次郎―日本の地質学・岩石学の父　(矢島道子)「地球科学」地学団体研究会 61(2) 2007.3 p155～159

小中村清矩　こなかむらきよのり　1821～1895
幕末, 明治期の国学者。東京大学教授。
【図　書】
◇皇典講究所草創期の人びと　国学院大学 1982.11
◇書庫縦横　(朝倉治彦著)　出版ニュース社 1987.3
【雑　誌】
◇小中村清矩旧蔵「名所写真」　(朝倉治彦)「国立国会図書館月報」268 1983.7
◇国立国会図書館所蔵本 蔵書印―その109―小中村清矩　「国立国会図書館月報」276 1984.3
◇明治初年の神祇官改革と宮中神殿創祀―小中村清矩・浦田長民の建白をめぐって　(武田秀章)「国学院雑誌」90(8) 1989.8
◇小中村清矩稿『女帝考』　(所功)「産大法学」京都産業大学法学会 31(3・4) 1998.2 p560～572
◇学史 小中村清矩の律令学　(長又高夫)「古代文化」古代学協会 55(9) 2003.9 p523～527

コープランド, W.　Copeland, William　1834～1902
アメリカの醸造技師。1864年来日, 横浜でビールを製造。
◇開港・開化傑物伝(2)北欧より訪れた開化の先駆け ビール醸造技師の波乱の人生―ウィリアム・コープランド　(紀田順一郎)「Best partner」浜銀総合研究所 20(2) 2008.2 p36～41

権田直助　ごんだなおすけ　1809～1887
幕末, 明治期の医師, 国学者。眼科と産科で名声を得た。
【図　書】
◇皇典講究所草創期の人びと　国学院大学 1982.11
◇江戸国学転生史の研究　(藤井貞文著)　吉川弘文館 1987.6
◇赤報隊と薩摩邸の浪士　(安藤良平著)　日本文学館 2004.7 237p
【雑　誌】
◇覚書・権田直助伝(1)　(桜沢一昭)「東国民衆史」4 1980.6
◇覚書・権田直助伝(2)　(桜沢一昭)「東国民衆史」5 1981.2
◇覚書・権田直助伝(3)　(桜沢一昭)「東国民衆史」6 1981.9
◇権田直助の著書　(安藤良平)「跡見学園女子大学紀要」15 1982.3
◇国事鞅掌者の映像(2)(含 権田直助, 藤川三渓著書目録)　(安藤良平)「跡見学園女子大学紀要」15 1982.3
◇覚書・権田直助伝(4)　(桜沢一昭)「東国民衆史」7 1982.4
◇権田直助と親交のあった斎藤実平(上)　(小川喜内)「埼玉史談」29(1) 1982.4
◇覚書・権田直助伝(5)　(桜沢一昭)「東国民衆史」8 1983.1
◇覚書・権田直助伝(6)　(桜沢一昭)「東国民衆史」9 1983.8
◇覚書・権田直助伝(7)　(桜沢一昭)「東国民衆史」10 1984.3
◇ある草莽の建白権田直助小伝　(桜沢一昭)「歴史手帖」12(3) 1984.3

◇権田直助編述『神教歌譜』―賛美歌と唱歌の狭間から起こった明治初期神道の歌（シンポジウム 明治が聴いた音―唱歌・賛美歌・西洋音楽）（Hermann Gottschewski）「日本比較文学会東京支部研究報告」 日本比較文学会東京支部 5 2008.9 p57～61

近藤真琴　こんどうまこと　1831～1886
幕末, 明治期の洋学者, 教育者。幕府の軍艦総連所翻訳方。
【図　書】
◇明治・大正・昭和教育思想学説人物史 1 明治前期篇 （藤原喜代蔵）湘南堂書店 1980.9
◇明治教育古典叢書 第1期14 帝国六大教育家 （全国教育者大集会編）国書刊行会 1980.11 （明治40年博文館版の覆製）
◇国づくりの文化史―日本の風土形成をたずねる旅 （菊岡倶也） 清文社 1983.1
◇近藤真琴伝 （近藤啓吾） 攻玉社学園 1986.9
◇近藤真琴資料集 （近藤真琴） 攻玉社学園 1986.9
◇教育人物読本―先人に学ぶ教育経営 （曽根信吾著） 学事出版 1990.4 （学校管理職の教養・実務選書）
◇幕末・明治初期数学者群像（上 幕末編） （小松醇郎著） （京都）吉岡書店 1990.9
◇日本の『創造力』―近代・現代を開花させた470人〈2〉殖産興業への挑戦 （富田仁編） 日本放送出版協会 1993.1
◇先覚の光芒―近藤真琴と攻玉社―攻玉社学園創立130周年 攻玉社学園 1996.3 59p
◇明治前期日本文典の研究 （山東功著） 和泉書院 2002.1 345p （研究叢書）
◇奇想科学の冒険―近代日本を騒がせた夢想家たち （長山靖生著） 平凡社 2007.6 226p （平凡社新書）
【雑　誌】
◇明治教育界の先達・近藤真琴 （豊田穣）「波」 165 1983.9
◇序文の舞台―辞書をめぐる人びと（2）近藤眞琴と斎藤恒太郎 （惣郷正明）「三省堂ぶっくれっと」 55 1985.3
◇国字・国語改良問題における近藤真琴と前島密 （渡辺洋）「学苑」 572 1987.8
◇近藤真琴と関沢明清 （和田顕太）「図書」 459 1987.10
◇明治前期に於ける幼児教育の普及と啓蒙―内国勧業博覧会に於ける近藤真琴と手島精一の足跡を中心として （是沢博昭）「保育学研究」 第33巻第2号 1995.12 p45～52
◇近藤真琴の『子育の巻』にみるMontessori-Methodの萌芽 （藤田博子）「浪速短期大学紀要」 浪速短期大学学術研究会 24 2000 p101～112
◇"ちしつがくうひまなび"近藤真琴著 明治19（1886）年刊"に学ぶ（1） （倉林三郎）「地学教育と科学運動」 地学団体研究会 57 2008.2 p51～56
◇"ちしつがくうひまなび"近藤真琴著 明治19（1886）年刊"に学ぶ（2） （倉林三郎）「地学教育と科学運動」 地学団体研究会 58・59 2008.7 p29～36
◇近藤真琴編『ことばのその』の資料性 （今野真二）「清泉女子大学紀要」 清泉女子大学 56 2008.12 p45～58

近藤芳樹　こんどうよしき　1801～1880
幕末, 明治期の国学者。
【図　書】
◇江戸の「邪馬台国」 （安本美典編著） 柏書房 1991.6
【雑　誌】
◇近藤芳樹の板下書き （多治比郁夫）「混沌」 9 1984.11
◇西村友信と近藤芳樹―付『緑浜集』［翻刻］ （松崎一子, 管宗次）「羽衣国文」 4 1990.10
◇国学者近藤芳樹の交友―国学者、儒者を中心に （影山純夫）「日本文化論年報」 神戸大学国際文化学部日本文化論大講座〔ほか〕 4 2001.3 p101～108
◇芸能史ノート 国学者近藤芳樹の茶 （影山純夫）「芸能史研究」 芸能史研究会 153 2001.4 p42～56
◇国学者近藤芳樹の交友―国学者・儒者を中心に（承前） （影山純夫）「日本文化論年報」 神戸大学国際文化学部日本文化論大講座 5 2002.3 p33～39
◇近藤芳樹の遊興 （影山純夫）「近代」 神戸大学近代発行会 90 2002.10 p29～49
◇国学者近藤芳樹の交友―国学者・儒者を中心に（承前） （影山純夫）「日本文化論年報」 神戸大学国際文化学部日本文化論大講座 6 2003.3 p12～18
◇翻刻 近藤芳樹著『寄居歌談』巻二（承前） （斎木泰孝）「安田女子大学大学院文学研究科紀要 合冊」 安田女子大学大学院文学研究科 11 2005年度 p1～14
◇『防長郡志』・『防長風土注進案』と近藤芳樹 （影山純夫）「山口県地方史研究」 山口県地方史学会 94 2005.11 p37～47
◇翻刻 近藤芳樹著『寄居歌談』巻三（承前） （斎木泰孝）「安田女子大学大学院文学研究科紀要 合冊」 安田女子大学大学院文学研究科 12 2006年度 p33～59
◇国学者近藤芳樹の交友―国学者・儒者を中心に（承前） （影山純夫）「日本文化論年報」 神戸大学国際文化学部日本文化論大講座 9 2006.3 p17～38
◇近藤芳樹収集「書画帖」について （田中敏雄）「研究紀要」 野村文華財団 17 2008 p80～88
◇山口県文書館蔵「近藤芳樹日記」翻刻（3） （久保田啓一, 蔵本朋依）「内海文化研究紀要」 広島大学大学院文学研究科附属内海文化研究施設 36 2008 p75～86
◇近藤芳樹の「防長国学」 （武田秀章）「國學院雑誌」 國學院大學綜合企画部 109（8） 2008.8 p1～14
◇翻刻 明治孝節録 巻三・巻四（近藤芳樹編） （宮本誉士）「明治聖徳記念学会紀要」 明治聖徳記念学会 45 2008.11 p459～502
◇山口県文書館蔵「近藤芳樹日記」翻刻（4） （久保田啓一, 蔵本朋依）「内海文化研究紀要」 広島大学大学院文学研究科附属内海文化研究施設 37 2009 p51～80
◇近藤芳樹の編集した類題和歌集について―『類題阿武の柚板』『類題風月集』『類題和歌月波集』 （小野美典）「語文」 日本大学国文学会 135 2009.12 p14～29

斎藤宜義　さいとうぎぎ　1816～1889
幕末, 明治期の和算家。
【図　書】
◇数学文化史―群馬を中心として （大竹茂雄著） 研成社 1987.8
◇痛快ぐんまの人物伝 （浅田晃彦著） あかぎ出版 2004.8 158p
【雑　誌】
◇斎藤宜義の円理称平術とその影響について （小林, 田中）「群馬県和算研究会会報」 15 1980.11
◇群馬の和算家と暦学（5）斎藤宜義と中曽根慎吾 （飯塚正明）「上武大学論集」 15 1984

斎藤秀三郎　さいとうひでさぶろう　1866～1929
明治, 大正期の英語学者。第一高等学校教授。
【図　書】
◇斎藤文庫目録―斎藤秀三郎先生旧蔵英語学関係資料目録 （鶴見大学図書館編） 鶴見大学図書館 1982.12
◇斎藤秀三郎講義録集 （斎藤秀三郎著, 出来成訓校訂・解題） 名著普及会 1984.7
◇知の職人たち （紀田順一郎著） 新潮社刊 1984.11
◇名著の伝説 （紀田順一郎著） 東京堂出版 1988.7
◇英語辞書物語―時代を創った辞書とその編者たち〈下〉 （小島義郎著） 英語教育協議会 1989.10 （エレック選書）
◇英語達人列伝―あっぱれ、日本人の英語 （斎藤兆史著） 中央公論新社 2000.5 255p （中公新書）
◇世界の十大伝記・プラス・ワン （谷沢永一著） 集英社インターナショナル 2000.7 278p
◇英語達人塾―極めるための独習法指南 （斎藤兆史著） 中央公論新社 2003.6 185p （中公新書）
◇代表的日本人 （斎藤孝著） 筑摩書房 2008.7 219p （ちくま新書）
【雑　誌】
◇斉藤秀三郎―Swinton―Nesfield （藤原博）「学習院大学言語共同研究所紀要」 7 1985.3
◇『知の職人たち』（新著余瀝） （紀田順一郎）「三田評論」 859 1985.5
◇『英和口語辞典』の日本語訳について―斎藤秀三郎の『熟語本位英和中辞典』との比較調査を中心として （神町節子）「日本英語教育史研究」 日本英語教育史学会事務局 第12号 1997.5 p101～122
◇斎藤秀三郎〔1〕（英語達人伝説〔5〕） （斎藤兆史）「中央公論」 113（13） 1998.12 p262～267
◇斎藤秀三郎〔2〕（英語達人伝説〔6〕） （斎藤兆史）「中央公論」 114（1） 1999.1 p240～245

榊原芳野　さかきばらよしの　1832～1881
幕末, 明治期の国学者。「古事類苑」の編修に参加。
【雑　誌】
◇国立国会図書館所蔵本 蔵書印―その130―榊原芳野 （馬場萬夫）「国立国会図書館月報」 296 1985.11

嵯峨寿安　さがじゅあん　？～1898
明治期のロシア語学者。内閣官報局。
【図　書】
◇共同研究ロシアと日本3 （一橋大学社会学部中村喜和研究室〔編〕） 一橋大学 1992.3
◇日本の『創造力』―近代・現代を開花させた470人〈3〉流通と情報の革命 （富田仁編） 日本放送出版協会 1993.2
【雑　誌】
◇日本人にして最初に西比利亜を横断し露都へ遊学した嵯峨寿安の生涯

（加藤豊明）「北陸医史」 2(1) 1981.10

阪谷朗廬　さかたにろうろ　1822〜1881
幕末, 明治期の儒学者。
【図　書】
◇旧雨社小伝　巻1（幕末維新儒者文人小伝シリーズ第8冊）（坂口筑母著）〔坂口筑母〕　1982.11
◇日本史学論集 坂本太郎博士頌寿記念　下　（国学院大学文学部史学科編）　吉川弘文館　1983.12
◇日本史学論集—坂本太郎博士頌寿記念　下　吉川弘文館　1983.12
◇朗廬詩話（阪谷朗廬原著, 北川勇著）　内外印刷出版部　1984.5
◇日本武道史研究—渡辺一郎教授退官記念論集（入江康平他編）渡辺一郎教授退官記念会　1988.3
◇近世日本の儒学と洋学（大月明著）（京都）思文閣出版　1988.9
◇阪谷朗廬関係文書目録（国立国会図書館専門資料部編）国立国会図書館　1990.4　（憲政資料目録　第16）
◇阪谷朗廬先生書翰集（山下五樹編著）〔山下五樹〕　1990.12
◇朗廬先生宛諸氏書簡集（山下五樹編）〔山下五樹〕　1993.12
◇朱子の白鹿洞書院掲示は今も日本に生きている（平坂謙二著）〔平坂謙二〕　1995.5　32,15p
◇阪谷朗廬の世界（山下五樹著）　日本文教出版　1995.11　171p（岡山文庫）
◇三代の系譜（阪谷芳直著）　洋泉社　2007.3　434p（洋泉社MC新書）
【雑　誌】
◇憲政資料室の新収資料—阪谷素〔朗廬〕文書 阪谷芳郎文書　「国立国会図書館月報」　231 1980.6
◇近代日本の保守精神—阪谷芳直「三代の系譜」私見（中村哲）「月刊エディター 本と批評」　71 1980.7
◇朗廬年譜稿—興譲館特集（北川勇）「史談いばら」　12 1983.12
◇朗廬と渋沢栄一の出合い—興譲館特集（落合保之）「史談いばら」　12 1983.12
◇朗廬詩話—興譲館特集（北川勇）「史談いばら」　12 1983.12
◇朗廬拝領刀の押形—興譲館特集（落合保之）「史談いばら」　12 1983.12
◇阪谷素にみる伝統と啓蒙—その接点の解明（明六社の思想〈特集〉）（小股憲明）「季刊日本思想史」　26 1986
◇地方文化発祥の地桜渓塾と阪谷朗廬（井上奈緒）「史談いばら」　15 1986.12
◇阪谷素論（山田芳則）「史学論集（就実女大）」　3 1988.12
◇阪谷素書簡—家族宛を中心として（山田芳則）「吉備地方文化研究」　2 1989.3
◇阪谷素書簡—柴原和宛を中心として（山田芳則）「史学論集（就実女子大学）」　4 1989.12
◇阪谷素宛江木繁太郎書簡—慶応元年から明治6年まで（山田芳則）「吉備地方文化研究（就実女子大学・吉備地方文化研）」　3 1990.10
◇阪谷素宛江木繁太郎書簡—嘉永6年から元治元年まで（山田芳則）「史学論集（就実女子大学）」　5 1990.12
◇朗廬から警軒への書状（井上奈緒）「井原史談会会報」　47 1991.9
◇『香崖詩鈔』をめぐって—阪谷朗廬, 長梅外、乃木希典（諸井耕二）「宇部国文研究」　宇部短期大学国語国文学研究室　第29号 1998.3　p73〜102
◇読む 阪谷朗廬「旧雨社記」—明治初期漢詩文壇についての一考察（合山林太郎）「日本文学」　日本文学協会 58(12) 2009.12　p68〜71

佐久間纉　さくまつづき　1819〜1896
幕末, 明治期の数学者, 数学教育家。
【雑　誌】
◇佐久間庸軒と県外算家との交友について（長沢一松）「数学史研究（日本数学史学会）」　105 1985.6

佐久間纉　さくまつづき　1819〜1896
幕末, 明治期の和算家。
【図　書】
◇新・福島の和算（福島県和算研究保存会編）福島県和算研究保存会　1982.12
◇小野栄重・剣持章行・佐久間纉関係文書目録—和算文献等の開発・調査および和算における術の数学史的・数学的研究（道脇義正他編）〔道脇義正〕　1983.3
◇和算家の旅日記（佐藤健一著）　時事通信社　1988.5
【雑　誌】
◇佐久間纉の和算教育並びに渡辺一の和算観について（千喜良英二, 勝見英一郎）「数学史研究（日本数学史学会）」　99 1983.12

桜井錠二　さくらいじょうじ　1858〜1939
明治〜昭和期の化学者。
【図　書】
◇明治の化学者—その抗争と苦渋（広田鋼蔵著）東京化学同人　1988.2　（科学のとびら）
◇桜井錠二—日本近代化学の父　金沢市立ふるさと偉人館　〔1997〕48p
◇人物化学史—パラケルススからポーリングまで（島尾永康著）朝倉書店　2002.11　234p　（科学史ライブラリー）
◇ニッポン天才伝—知られざる発明・発見の父たち（上山明博著）朝日新聞社　2007.9　279p　（朝日選書）
【雑　誌】
◇桜井錠二と英学（村田淳）「英学史研究」　16 1983
◇ロンドンの漱石と二人の化学者（小山慶太）「早稲田人文自然科学研究」　27 1985.3
◇明治の日本国民の化学観—桜井錠二を巡る東京化学会の諸事件（広田鋼蔵）「化学史研究」　37 1986.12
◇桜井錠二と長井長義の化学実験所を巡る意見対立（明治化学者の苦渋と栄達の道〔1〕）（広田鋼蔵）「現代化学」　193 1987.4
◇化学を舎密学への改称提案事件（明治化学者の苦渋と栄達の道〔2〕）（広田鋼蔵）「現代化学」　194 1987.5
◇長井長義への革命的会長移行（明治化学者の苦渋と栄達の道〔3〕）（広田鋼蔵）「現代化学」　195 1987.6
◇桜井錠二先生から聞いたことなど（田中泰夫）「化学史研究」　18(4) 1991.12

桜井ちか子　さくらいちかこ　1855〜1928
明治, 大正期の教育者。
【図　書】
◇真実の愛を求めて（髙見沢潤子著）　教文館　1990.9
◇日本の幼児教育につくした宣教師　上巻（小林恵子著）キリスト新聞社　2003.7　307p
【雑　誌】
◇大正時代のある家庭料理書の解析—桜井ちか子著の場合（吉田静代, 生川浩子）「金城学院大学論集 家政学編」金城学院大学 35 1995　p99〜110

佐々木元俊　ささきげんしゅん　1818〜1874
幕末, 明治期の医師, 蘭学者。弘前藩藩医、蘭学堂教授。
【雑　誌】
◇公衆衛生国記 青森県—青森県における公衆衛生学の先駆者佐々木元俊（松木明知）「公衆衛生」　53(2) 1989.2
◇佐々木元俊の翻訳書『蕃語象胥』について—書誌学的検討（石川光庸）「シーボルト記念館鳴滝紀要」長崎市教育委員会 第5号 1995.3　p13〜36

佐々木東洋　ささきとうよう　1839〜1918
幕末, 明治期の蘭方医。東京医会会長。
【雑　誌】
◇明治初期の解剖書—佐々木師興（東洋）の著した解剖書について（島田和幸）「形態科学」人類形態科学研究会編集部 8(2) 2005　p65〜69

佐々木春夫　ささきはるお　1818〜1888
幕末, 明治期の国学者。和歌山藩国学所総裁。
【図　書】
◇幕末・明治上方歌壇人物誌（管宗次著）（京都）臨川書店　1993.9
◇国学者 佐々木春夫—玉造の富商万屋小兵衛（特集 おおさか町人学者点描—故宮本又次博士をしのんで）（菅宗次）「大阪春秋」　70 1993.3

佐藤清臣　さとうきよおみ　1833〜1910
幕末, 明治期の国学者。三浦秀波と変名して志士活動。
【図　書】
◇幕末国学の研究（芳賀登）　教育出版センター　1980.3　（史学選書1）
◇偽官軍と明治維新政権（芳賀登著）　教育出版センター　1992.8　（史学叢書）

佐藤志津　さとうしづ　1851〜1919
明治, 大正期の教育家。女子美術学校校長。
【雑　誌】
◇ちば・ふたり物語 女子教育の先駆者を生んだ佐倉の開明の風—佐藤志津と津田梅子（杉五郎）「ちば経済季報」千葉経済センター 72 2008.春　p34〜39

佐藤誠実　さとうじょうじつ　1839～1908
明治期の国学者。文部省、元老院等に出仕。
【図　書】
◇明治前期日本文典の研究 （山東功著）和泉書院 2002.1 345p （研究叢書）
【雑　誌】
◇佐藤誠実『語学指南』について—明治前期文法教科書考証（3）（特集 国語学・国語教育）（山東功）「解釈」教育出版センター 45（5・6）1999.6 p4～8

佐藤昌介　さとうしょうすけ　1856～1939
明治～昭和期の農政経済学者。
【図　書】
◇クラークの手紙—札幌農学校生徒との往復書簡 （佐藤昌彦、大西直樹、関秀志編・訳）北海道出版企画センター 1986.6
◇札幌とキリスト教 （札幌市教育委員会文化資料室編）（札幌）北海道新聞社 1987.6 （さっぽろ文庫）
◇蝦名賢造北海道著作集〈第6巻〉新版 北方のパイオニア （蝦名賢造著）西田書店 1993.2
◇永遠の青年 新渡戸稲造 （内川永一朗著）新渡戸稲造基金 2002.3 344p
◇岩波講座「帝国」日本の学知 第1巻 （酒井哲哉編）岩波書店 2006.2 318,41p
◇北の大地に魅せられた男—北大の父佐藤昌介 （藤井茂著）岩手日日新聞社 2006.10 263p
◇北海道大学の父佐藤昌介伝—その勇ましく高尚なる生涯 （蝦名賢造著）佐藤昌介刊行会 2007.11 221p
【雑　誌】
◇札幌農学校初期における農業経済学の形成過程に関する研究（1）佐藤昌介・新渡戸稲造のアメリカ留学時代の履修記録 （和島庫四郎）「鳥取大学農学部研究報告」35 1983.1
◇碑文は語る農政と運動（10）クラーク精神を結実させた佐藤昌介 （中村信夫）「協同組合経営研究月報」410 1987.11
◇数奇な運命の聖書とクラーク博士—佐藤昌介・山下欽一郎を巡る一一六年 （野村武雄）「北海道の文化財」65 1992.12
◇佐藤昌介「植民論」講義ノート—札幌農学校と植民学（1）（井上勝生）「北海道大学文学部紀要」北海道大学文学部 46（3）1998.3 p1～39
◇佐藤昌介「植民論」初期講義ノート（上）札幌農学校と植民学（2）（井上勝生）「北海道大学文学研究科紀要」北海道大学 115 2005 p1～30
◇佐藤昌介「植民論」初期講義ノート（中）札幌農学校と植民学（3）（井上勝生）「北海道大学文学研究科紀要」北海道大学 116 2005 p1～33
◇佐藤昌介「植民論」初期講義ノート（下の1）札幌農学校と植民学（4）（井上勝生）「北海道大学文学研究科紀要」北海道大学 120 2006 p75～93
◇岩手に北海道を重ねた賢治寓話「黒ぶだう」の世界—菊池捍と佐藤昌介をめぐって （米地文夫、土井時久、木村清且）「総合政策」岩手県立大学総合政策学会 8（1）2006.12 p45～62
◇佐藤昌介「植民論」初期講義ノート（下の2）札幌農学校と植民学（5）（井上勝生）「北海道大学文学研究科紀要」北海道大学 123 2007 p1～19
◇札幌農学校の再編・昇格と佐藤昌介 （逸見勝亮）「北海道大学大学文書館年報」北海道大学大学文書館 2 2007.3 p29～48
◇佐藤昌介の女子高等教育論—北海道帝国大学における女性の入学をめぐって （山本美穂子）「北海道大学大学文書館年報」北海道大学大学文書館 3 2008.3 p18～42
◇佐藤昌介「米国通信」（『大東日報』）〔含 解題〕（逸見勝亮）「北海道大学大学文書館年報」北海道大学大学文書館 3 2008.3 p100～107
◇佐藤昌介と大島正健—クラーク博士に学んだ札幌農学校一期生 （大山綱夫）「学士会会報」学士会 2009（2）2009.3 p56～61

佐藤進　さとうすすむ　1845～1921
明治、大正期の外科医師。
【図　書】
◇氷雪のバイカル—革命下のシベリアを見た少年 （佐賀純一著）筑摩書房 1990.5
【雑　誌】
◇軍医監佐藤進の談話記事について （森田美比）「水戸史学」17 1982.10
◇医学プロムナード 美しき郷土茨城が生んだ外科医佐藤進先生の晩年について （横田廣夫）「順天堂医学」順天堂医学会 51（4）2005 p586～588

佐藤泰然　さとうたいぜん　1804～1872
幕末、明治期の外科医師。
【図　書】
◇学びの場と人—歴史に残る各地の私塾探訪 （高瀬善夫）毎日新聞社 1982.1
◇かながわの医療史探訪 （大滝紀雄）秋山書房 1983.12
◇全国の伝承 江戸時代 人づくり風土記—ふるさとの人と知恵〈12〉千葉 （加藤秀俊、谷川健一、稲垣史生、石川松太郎、吉田豊編）農山漁村文化協会 1990.11
◇評伝 堀田正睦 （土居良三著）国書刊行会 2003.4 254p
【雑　誌】
◇「学びの場と人」風土記（10）佐倉順天堂の群像（上） （高瀬義夫）「月刊教育の森」6（7）1981.7
◇佐藤泰通氏（三和銀行資金証券部長）—土地カン、経験十分（顔）「週刊金融財政事情」34（8）1983.2.28
◇佐藤泰然とその一族—順天堂を創始した佐藤泰然家は"医者の血"といわれる通り、一族の系譜から三十数名の名医を輩出（大河の血脈—ファミリー・ツリー）（酒井シヅ）「歴史と旅」27（1）2000.1 p242～255
◇佐藤泰然生誕200年を記念して—がん哲学（特集 医学研究のUP-TO-DATE）（樋野興夫）「順天堂医学」順天堂医学会 51（1）2005 p45～49
◇順天堂の系譜—今、再び「仁」—古き歴史と日新の医学を踏まえて（順天堂学祖 佐藤泰然生誕200周年記念—泰然の現代性と先進性—医、そして「仁」）（小川秀興）「順天堂医学」順天堂医学会 51（2）2005 p264～271
◇佐藤泰然伝（順天堂学祖 佐藤泰然生誕200周年記念—泰然の現代性と先進性—医、そして「仁」）（酒井シヅ）「順天堂医学」順天堂医学会 51（2）2005 p272～275

サマーズ, J.　Summers, James　1828～1891
イギリスの教育家。1873年英文学教師として来日。
【図　書】
◇日本英学史資料 日本近世英学史 増補版 （重久篤太郎）名著普及会 1982.11
◇明治のジャーナリズム精神—幕末・明治の新聞事情 （秋山勇造著）五月書房 2002.5 259,7p

沢柳政太郎　さわやなぎまさたろう　1865～1927
明治、大正期の教育家。東北帝国大学・京都帝国大学総長。
【図　書】
◇沢柳政太郎全集10 （成城学園沢柳政太郎全集刊行会編集）国土社 1980.3
◇日本教員社会史研究 （石戸谷哲夫、門脇厚司編）亜紀書房 1981.6
◇近代日本の思想と仏教 （峰島旭雄編）東京書籍 1982.6
◇沢柳政太郎教育論抄 新訂増補 （成城学園教育研究所編）成城学園 1987.5
◇教育方法学の位相と展開 （鯵坂二夫編著）福村出版 1987.7
◇父の書斎 （有島行光ほか著）筑摩書房 1989.6 （筑摩叢書）
◇教育人物読本—先人に学ぶ教育経営 （曽根田吾妻）学事出版 1990.4 （学校管理職の教養・実務選書）
◇大正デモクラシーと教育—1920年代の教育 （中野光著）新評論 1990.12
◇日本の『創造力』—近代・現代を開花させた470人〈8〉消費時代の開幕 （富田仁編）日本放送出版協会 1992.11
◇近代日本の教育学—谷本富と小西重直の教育思想 （稲葉宏雄著）世界思想社 2004.2 363p
◇教育学 補訂版 （中野光、平原春好著）有斐閣 2004.3 239p （有斐閣Sシリーズ）
◇滝川事件 （松尾尊兊著）岩波書店 2005.1 384,8p （岩波現代文庫 学術）
◇NHKスペシャル 明治 コミック版 2 （NHK取材班編）ホーム社 2006.5 492p （ホーム社漫画文庫）
◇沢柳政太郎—随時随所楽シマザルナシ （新田義之著）ミネルヴァ書房 2006.6 17,332,9p （ミネルヴァ日本評伝選）
◇近代日本の体操科授業改革—成城小学校における体操科の「改造」 （木原成一郎著）不昧堂出版 2007.2 222p
◇東北大学の学風を創った人々 （新田義之著）東北大学出版会 2008.6 266,12p
◇戦中の「マタイ受難曲」—成城学園・ヒューマニズムの光彩 （柴田巌著）みやび出版 2009.8 242p
【雑　誌】
◇旧制中学校における数学教育について—明治34年の「中学校令施行規則」をめぐる菊池大麓・沢柳政太郎の論争を手がかりとして （清水静海）「愛知教育大学研究報告（教育科学）」29 1980.3
◇教・学論争と、その問題点—沢柳政太郎の戒律主義を中心に （池田英俊）「日本仏教」50・51 1980.3

◇明治中期教員観に関する一考察―沢柳政太郎「教育者の精神」を主として（斉藤太郎）「筑波大学教育学系論集」4 1980.3
◇「開かれた大学と2人の指導者―実験大学における実験の意味（石原静子）「和光大学人文学部紀要」16 1981
◇建学の原点（20）成城小学校（現成城学園）（前川和彦）「月刊新自由クラブ」8(79) 1984.4
◇わが国におけるダルトン・プランによる教育の研究―ダルトン案の紹介と澤柳政太郎（吉良㑆）「熊本大学教育学部紀要 第2分冊 人文科学」33 1984.10
◇沢柳政太郎の「身体の発育」論についての一考察（木尾成一郎）「湊川女子短期大学紀要」23 1990.3
◇谷本富と沢柳政太郎―教育学の相克（稲葉宏雄）「京都大学教育学部紀要」38 1992.3
◇沢柳政太郎の道徳教育論におけるスペンサー思想の受容―沢柳著「中学修身書」を中心として（竹本英代）「広島大学教育学部研究紀要 第1部 教育学」43 1994
◇大谷派学制改革にみる沢柳政太郎の私学論（竹本英代）「広島大学教育学部研究紀要 第1部 教育学」広島大学教育学部 44 1995 p33～41
◇沢柳政太郎の教職観と職業倫理―「教育者の精神」「教師及校長論」を中心に（伊藤敬）「静岡大学教育学部研究報告 人文・社会科学篇」静岡大学教育学部 46 1995 p189～203
◇沢柳政太郎の社会教育制度論（竹本英代）「広島大学教育学部研究紀要 第1部 教育学」広島大学教育学部 45 1996 p101～110
◇戦前日本におけるペスタロッチの受容像―沢柳政太郎を事例として（竹本英代）「広島大学教育学部研究紀要 第1部 教育学」広島大学教育学部 46 1997 p83～90
◇沢柳政太郎の教職倫理理論の構造（伊藤敬）「静岡大学教育学部研究報告 人文・社会科学篇」静岡大学教育学部 48 1997 p155～170
◇沢柳政太郎の総合大学論（竹本英代）「広島大学教育学部紀要 第一部 教育学」広島大学教育学部 47 1998 p75～83
◇追悼雑誌・文集あれこれ(18)沢柳政太郎（大屋幸世）「日本古書通信」日本古書通信社 63(3) 1998 p22～24
◇沢柳・京大総長の七教授クビ切り事件（私の東大論〔20〕）（立花隆）「文芸春秋」78(1) 2000.1 p396～408
◇沢柳政太郎と帝国教育会――国の教育文化と国際平和への貢献（影山昇）「成城文芸」成城大学文芸学部研究室 169 2000.2 p72～24
◇初等教育教師養成序論―E.シュプランガーと沢柳政太郎の初等教育論を通して（岩間浩）「初等教育論集」国士舘大学初等教育学会 1 2000.3 p32～49
◇沢柳政太郎の国際教育論（石本ゆき）「日本女子大学大学院人間社会研究科紀要」日本女子大学大学院人間社会研究科 6 2000.3 p83～95
◇沢柳政太郎と女子高等教育―東北帝国大学への門戸開放（影山昇）「成城文芸」成城大学文芸学部研究室 170 2000.3 p116～69
◇沢柳政太郎と女子中等教育―高等女学校の発達と成城高等女学校の創設（影山昇）「成城文芸」成城大学文芸学部研究室 172 2000.10 p151～110
◇沢柳政太郎と大正大学―仏教連合大学の初代学長（影山昇）「成城文芸」成城大学文芸学部研究室 175 2001.6 p80～43
◇沢柳政太郎の女性教員観―大正期における「第1回全国女教員会議」を中心として（吉野真弓, 草野篤子）「信州大学教育学部紀要」信州大学教育学部 104 2001.12 p165～173
◇大正期子ども観の研究―沢柳政太郎, 野口援太郎, 羽仁もと子を中心にして（雲津英子）「児童教育研究」安田女子大学児童教育学会 12 2003 p21～29
◇沢柳政太郎(1865―1927)の伝記(1)仮説実験的な教育研究の先駆者（小野健司）「四国大学紀要 Ser.A 人文・社会科学編」四国大学 19 2003 p93～116
◇沢柳政太郎(1865―1927)の伝記(2)仮説実験的な教育研究の先駆者（小野健司）「四国大学紀要 Ser.A 人文・社会科学編」四国大学 20 2003 p111～132
◇沢柳政太郎の思想形成と仏教―仏教思想と道徳教育論の関連性を中心に（山本仁）「仏教大学教育学部学会紀要」仏教大学教育学部学会 2 2003 p351～373
◇沢柳政太郎における個性尊重の教育の理論と実践（森山賢一）「人間科学論究」常磐大学大学院人間科学研究科 11 2003.3 p55～66
◇明治末期における沢柳政太郎の教育学批判と教育界（山本仁）「仏教大学大学院紀要」仏教大学大学院 32 2004.3 p253～270
◇近代日本女子高等教育に関する一考察―澤柳政太郎の女子教育観（小特集 女子教育断章）（住友元美）「寧楽史苑」奈良女子大学史学会 50 2005 p3～16
◇大学史研究 大正期教育改革における女子教育の意義―澤柳政太郎の教育改革論（住友元美）「日本史の方法」奈良女子大学「日本史の方法」研究会 2 2005.10 p111～126
◇教育学と教育実践を統合する試み―澤柳政太郎の教育学論をめぐって（田嶋一）「國學院大學教育学研究室紀要」國學院大學文学部教職課程研究室 41 2006 p71～80
◇沢柳政太郎の「教育改造」構想（立川正世）「名古屋音楽大学研究紀要」名古屋音楽大学 25 2006.3 p1～17
◇沢柳政太郎における教育学批判とその妥当性に関する一考察（山本仁）「関西教育学会年報」関西教育学会 31 2007 p11～15
◇沢柳政太郎の教育学批判に関する論文目録及びその解題（山本仁）「佛教大学教育学部学会紀要」佛教大学教育学部学会 6 2007 p197～206
◇沢柳政太郎と図書館教育（山田泰嗣, 渡邊雄一）「教育学部論集」佛教大学教育学部 18 2007.3 p91～105
◇教育会と教員組合―教育ガバナンス論の視点から（森川輝紀）「埼玉大学紀要 教育学部」埼玉大学教育学部 57(2) 2008 p57～72
◇教師論・教師像の新たなる展開と新教育運動―沢柳政太郎の場合（下）（田嶋一）「國學院大學教育学研究室紀要」國學院大學文学部教職課程研究室 43 2008 p129～140
◇永野芳夫のデューイ研究と澤柳政太郎の成城小学校教育実践との関連性（下）「経験哲学」にもとづく「新しい教育の諸事実」の「基礎づけ」に焦点をあてて（米澤正雄）「アジア文化研究所研究年報」アジア文化研究所 43 2008 p132～121
◇沢柳政太郎の地方文化発展論―東北帝国大学における事例を手がかりに（石川賀一）「日本生涯教育学会論集」日本生涯教育学会 30 2009年度 p101～110

塩谷宕陰　しおのやとういん　1809～1867
幕末の儒学者。
【図 書】
◇幕末の儒学者たち―美濃の文人たち（横山寛吾）大衆書房 1982.3
【雑 誌】
◇塩谷宕陰の教育観に関する考察―人材育成論を中心（内山宗昭）「早稲田大学教育学部学術研究 教育・社会教育・教育心理・体育編」35 1986.12
◇塩谷宕陰の生涯と詩文（昭和62年10月24日 先儒祭 塩谷宕陰逝世120年記念講演）（塩谷桓）「斯文」95 1988.4
◇塩谷宕陰の漢詩を読む(1)（伊藤行生）「Biblia」23 1994.7
◇塩谷宕陰・木下犀譚批評安井息軒初稿「読書余適」―安井文庫研究之一（高橋智）「斯道文庫論集」慶応義塾大学附属研究所斯道文庫 33 1999.2 p1～122

志賀重昂　しがしげたか　1863～1927
明治～昭和期の地理学者。衆議院議員。
【図 書】
◇明治文学全集37 政教社文学集（松木三之介）編 筑摩書房 1980.5
◇東海の文学散歩（助川徳是）中日新聞社 1981.1
◇沖縄歴史への視点（高良倉吉）沖縄タイムス社 1981.8
◇日本の思想家 近代篇（菅孝行）大和書房 1981.9
◇中公バックス日本の名著 39 岡倉天心（色川大吉）中央公論社 1984.9
◇文士の筆跡〈1〉作家編〈1〉[新装版]（伊藤整編）二玄社 1986.4
◇百年の日本人〈その3〉（川口松太郎, 杉本苑子, 鈴木史楼ほか著）読売新聞社 1986.6
◇言論は日本を動かす〈第4巻〉日本を発見する（内田健三編）講談社 1986.6
◇歴史ウォッチング〈Part1〉（名古屋テレビ編）（舞阪町）ひくまの出版 1987.4
◇日本文学講座〈8〉評論（亀井秀雄ほか著）大修館書店 1987.11
◇新版 ナショナリズムの文学―明治精神の探求（亀井俊介著）講談社 1988.7（講談社学術文庫）
◇蘇峰とその時代―よせられた書簡から（高野静子著）中央公論社 1988.8
◇父の書斎（有島行光ほか著）筑摩書房 1989.6（筑摩叢書）
◇前田愛著作集〈第4巻〉幻景の明治（前田愛著）筑摩書房 1989.12
◇伝記のなかのエロス―奇人・変人・性的人間（佐伯彰一著）筑摩書房 1990.4
◇志賀重昂 人と足跡（宇井邦夫著）現代フォルム 1991.2
◇現代に生きる内村鑑三（内田芳明著）岩波書店 1991.6
◇風景の構図―地理的の素描（千田稔著）（京都）地人書房 1992.5
◇古地図の旅（矢守一彦著）朝日新聞社 1992.7
◇日本の『創造力』―近代・現代を開花させた470人〈7〉驀進から熟成へ（富田仁編）日本放送出版協会 1992.11
◇志賀重昂―回想と資料 生誕百三十年記念誌（戸田博子編）戸田博子 1994.7
◇伝記のなかのエロス―奇人・変人・性的人間（佐伯彰一著）中央公論社 1994.8（中公文庫）
◇風景の成立―志賀重昂『日本風景論』（山本教彦共著, 上田誉志美共著）海風社 1997.6 305p
◇朝天虹ヲ吐ク―志賀重昂『在札幌農学校第弐年期中日記』（亀井秀雄, 松木博編著）北海道大学図書刊行会 1998.6 461p
◇明治ナショナリズムの研究―政教社の成立とその周辺（佐藤能丸著）芙蓉書房 1998.11 350p

◇日本風景論（加藤典洋著）講談社 2000.11 389p（講談社文芸文庫）
◇近世と近代の通廊—十九世紀日本の文学（神戸大学文芸思想史研究会編）双文社出版 2001.2 301p
◇風景の発見（内田芳明著）朝日新聞社 2001.5 269,13p（朝日選書）
◇志賀重昂『日本風景論』精読（大室幹雄著）岩波書店 2003.1 334p（岩波現代文庫 学術）
◇近代日本における地理学の一潮流（源昌久著）学文社 2003.5 4,283p（淑徳大学社会学部研究叢書）
◇国粋主義者の国際認識と国家構想—福本日南を中心として（広瀬玲子著）芙蓉書房出版 2004.1 514p
◇「風景」という虚構—美術/建築/戦争から考える（暮沢剛巳著）ブリュッケ 2005.9 237p
◇明治国家の政策と思想（犬塚孝明編）吉川弘文館 2005.10 284p
◇日本文化の諸相—その継承と創造（近畿大学日本文化研究所編）風媒社 2006.3 327p
◇幻影の明治（前田愛著）岩波書店 2006.11 296p（岩波現代文庫）
◇主体の学としての美学—近代日本美学史研究（浜下昌宏著）晃洋書房 2007.5 216p
◇オマーン見聞録—知られざる日本との文化交流（遠藤晴男著）展望社 2009.4 260p
◇山の名著 明治・大正・昭和戦前編（近藤信行編）自由国民社 2009.11 267p（知の系譜）
【雑誌】
◇志賀重昂年譜（志賀冨士男）「跡見学園短期大学紀要」16別冊 1980.3
◇「鈴江日記」（志賀重昂）「跡見学園短期大学紀要」16別冊 1980.3
◇「鈴江日記」が書かれた頃の政治情勢（志賀冨士男）「跡見学園短期大学紀要」16別冊 1980.3
◇日記に書かれた人物像を逐って（志賀冨士男）「跡見学園短期大学紀要」16別冊 1980.3
◇実学の論理と文学のことば—農学校における内村鑑三・志賀重昂の場合・言葉との出会い—明治二、三十年代（亀井秀雄）「日本文学」30（1）1981.1
◇明治日本における国士型一地理学者の対濠関心—『志賀重昂先生：濠洲夢物語』の紹介を中心に（宇田正）「オーストラリア研究紀要」7 1981.12
◇志賀重昂におけるグレーとゴールドスミス（亀井秀雄）「日本文学」32（3）1983.3
◇徳富蘇峰と志賀重昂—重昂の蘇峰宛書簡から（高野静子）「史艸」25 1984.11
◇伝統主義における移民及び移民教育論—志賀重昂の場合（沖田行司）「キリスト教社会問題研究」33 1985.3
◇ナショナリスト志賀重昂（特集・明治の諸相）（松本三喜夫）「隣人」3 1986.5
◇太平洋人物誌：志賀重昂—「南洋」で知られた地理学者（松永秀夫）「太平洋学会誌」9（3）1987.1
◇小さな大学の大きなドキュメント—志賀重昂「在札幌農学校第弐年期中日記」について（亀井秀雄）「文学」55（5）1987.5
◇油断は国難なり！—志賀重昂のクウェート旅行（佐伯真光）「正論」220 1990.12
◇志賀重昂の中東旅行—「アラブ人は野蛮か」（佐伯真光）「正論」222 1991.2
◇「学鐙」を読む（30）志賀重昂（紅野敏郎）「学鐙」88（6）1991.6
◇明治中期の「南進論」と「環太平洋」構想の原型—志賀重昂「南洋時事」をめぐって（1）（清水元）「アジア経済」32（9）1991.9
◇明治中期の「南進論」と「環太平洋」構想の原型—志賀重昂「南洋時事」をめぐって（2）（清水元）「アジア経済」32（10）1991.10
◇杉並の名墓（34）志賀重昂の墓（森崎次郎）「杉並郷土史会々報」110 1991.10
◇「エコー」に見る志賀重昂の日本論〔含 資料〕（福井七子）「関西大学文学論集」41（3）1992.3
◇老書生の栄誉（ライクロフトのように）（中里富美雄）「新潮45」13（2）1994.2
◇「南洋時事」から「日本風景論」へ—初期志賀重昂における〈文学〉（〈文学〉を越境する）（林原純生）「日本文学」未来社 44（1）1995.1 p30～40
◇志賀重昂『日本風景論』のキマイラの性格とその景観認識（米地文夫）「岩手大学教育学部研究年報」岩手大学教育学部 56（1）1996 p15～34
◇志賀重昂『日本風景論』の成立条件—志賀重昂と三宅雪嶺（荻原隆）「研究年報」名古屋学院大学産業科学研究所 12 1999 p100～69
◇志賀重昂（しげたか）と『日本風景論』—国際的地理学者の国粋保存の視線（安芸由夫）「日本及日本人」日本及日本人社 1634 1999.4 p98～106
◇『日本風景論』の系譜—志賀重昂の繋ぐ中世と昭和（渡部武）「日本及日本人」日本及日本人社 1636 1999.10 p27～37
◇アメリカに生きる志賀重昂の志魂—志賀が取り持つアラモ砦と大東亜戦争の玉砕戦の縁（えにし）（名越二荒之助）「日本及日本人」日本及日本人社 1636 1999.10 p72～77
◇国粋主義の成立条件—志賀重昂と三宅雪嶺（荻原隆）「研究年報」名古屋学院大学産業科学研究所 12 1999.12 p100
◇志賀重昂の国粋主義（荻原隆）「研究年報」名古屋学院大学総合研究所 13 2000 p100～79
◇志賀重昂「南洋」巡航と『南洋時事』のあいだ—世紀転換期日本の「帝国意識」（水野守）「大阪大学日本学報」大阪大学文学部日本学研究室 20 2001.3 p89～112
◇志賀重昂『日本風景論』を読む（森谷宇一）「文芸学研究」文芸学研究会 6 2002 p1～63
◇志賀重昂の保守主義—丸山真男の陸羯南論との関連で（荻原隆）「研究年報」名古屋学院大学総合研究所 15 2002 p130～109
◇Shiga Shigetaka (1863～1927)：The Forgotten Enlightener (Masako Gavin)「愛知学院大学国際研究センター紀要」愛知学院大学国際研究センター 4 2002.3 p25～28
◇志賀重昂『日本風景論』を読む（森谷宇一）「文芸学研究」文芸学研究会 第6号 2002.7 p1～63
◇志賀重昂『日本風景論』と明治20年代の油画について（村上敬）「文芸学研究」文芸学研究会 7 2003 p70～87
◇志賀重昂の思想—国粋主義以降（荻原隆）「研究年報」名古屋学院大学総合研究所 16 2003 p110～94
◇三宅雪嶺の国粋主義—志賀重昂と対比して（荻原隆）「研究年報」名古屋学院大学総合研究所 17 2004 p172～154
◇アジア・ナショナリズムの勃興期における景観の役割—志賀重昂『日本風景論』と土屋達治『カルティニの風景』との視座の比較（米地文夫, 増子教孝）「総合政策」岩手県立大学総合政策学会 5（1）2004.1 p119～135
◇志賀重昂『日本風景論』と愛郷心・愛国心—中部日本の火山等に関する記載をめぐって（米地文夫）「総合政策」岩手県立大学総合政策学会 5（2）2004.2 p349～367
◇志賀重昂『日本風景論』における皇天・后土論—西南日本の火山記載と台湾補記をめぐって（米地文夫）「総合政策」岩手県立大学総合政策学会 5（3）2004.3 p371～389
◇志賀重昂『大役小志』から84年目のサハリン探検へ 仕掛けられた「時の迷路」を行く川の旅（特集・「越心」をかきたてる名作・名文—読めば旅に出たくなる「ことば」の力）（岡村隆）「望星」東海教育研究所, 東海大学出版会 35（4）2004.4 p44～51
◇近代風景観の成立とナショナリズム—志賀重昂『日本風景論』を中心として（帆苅猛）「関東学院大学人間環境研究所所報」関東学院大学人間環境研究所 4 2005年度 p20～30
◇〈東海〉の松をめぐる物語—白砂青松の〈郷土〉、志賀重昂と野口米次郎を中心に（権田浩美）「愛知大学綜合郷土研究所紀要」愛知大学綜合郷土研究所 51 2006 p1～16
◇日本における伝統型保守主義はいかにして可能か—志賀重昂との関連で（上）（荻原隆）「名古屋学院大学論集 社会科学篇」名古屋学院大学総合研究所 43（4）2007 p238～224
◇日本における伝統型保守主義はいかにして可能か—志賀重昂との関連で（下）（荻原隆）「名古屋学院大学論集 社会科学篇」名古屋学院大学総合研究所 44（1）2007 p90～79
◇志賀重昂・三宅雪嶺の日本論・中国論（藤田昌志）「三重大学国際交流センター紀要」三重大学国際交流センター 3 2008 p19～32
◇志賀重昂における国粋主義の観念—概念の両義性と論理の混乱（荻原隆）「名古屋学院大学論集 社会科学篇」名古屋学院大学総合研究所 45（2）2008 p23～37
◇まちなみ図譜・文献逍遙（其ノ8）『日本風景論』志賀重昂著（大月敏雄）「家とまちなみ」住宅生産振興財団 27（1）2008.3 p52～57
◇明治の沖縄観—菊池幽芳と志賀重昂を手がかりとして（菅野聡美）「政治思想研究」風行社 8 2008.5 p171～199
◇さあ、面白い歴史物語を読もう（11）『日本風景論』志賀重昂（杉原志啓）「表現者」ジョルダン 20 2008.9 p176～181
◇風景と所有権—志賀と独歩の文学、蘆花の文学（藤森清）「日本近代文学」日本近代文学会 79 2008.11 p1～14
◇志賀重昂の『日本風景論』—欧米的景観への憧憬（荻原隆）「名古屋学院大学論集 社会科学篇」名古屋学院大学総合研究所 46（2）2009 p1～10
◇江山海美是吾郷—志賀重昂と牧口常三郎における「メディアとしての郷土」（武田徹）「恵泉女学園大学紀要」恵泉女学園大学紀要委員会 21 2009.2 p3～24

敷田年治 しきだとしはる 1817～1902
幕末, 明治期の国学者。神宮皇学館学頭。
【図書】
◇神道及び神道史（西田長男博士追悼論文集）（国学院大学神道史研究会編）名著普及会 1987.6
◇敷田年治研究（笹宗次genc著）和泉書院 2002.1 358p（研究叢書）

【雑　誌】
◇敷田年治の神葬祭復興運動に就いて　（足立信治）「神道史研究」31（3）1983.7
◇敷田年治翁の桃色咄―尊王攘夷の国学者と北河内　（大野正義）「まんだ」21 1984.4
◇敷田年治と官故（西田長男博士追悼号（4））（落合偉洲）「神道及び神道史」42・43 1985.2
◇敷田年治翁について（1）（管宗次）「すみのえ」192 1989.4
◇敷田年治翁伝（13）（管宗次）「すみのえ」204 1992.4
◇資料　敷田年治『標注播磨風土記』について―風土記本文と頭注の翻刻　（荊木美行）「皇學館大学文学部紀要」皇學館大学文学部 39 2000.12 p101〜170
◇敷田年治著『風土記考』について―全文の翻刻と解題　（荊木美行）「史料」皇學館大学史料編纂所 182 2002.12.10 p6〜9
◇本好き人好き（175）人造人間―宇賀伊津緒訳『人造人間』高梨光司『敷田年治翁伝』（谷沢永一）「國文學　解釈と教材の研究」学灯社 49（5）2004.4 p160〜163
◇百園花園文庫の風土記関係史料について―敷田年治の風土記研究・追考　（荊木美行）「皇學館論叢」皇學館大学人文学会 42（3）2009.6 p32〜43

重野安繹　しげのやすつぐ　1827〜1910
幕末，明治期の漢学者，歴史学者。
【図　書】
◇岩屋天狗と千年王国〈下巻〉（窪田志一著，岩屋梓梁顕彰会編）（川口）岩屋梓梁顕彰会　1987.3
◇大久保利謙歴史著作集 7 日本近代史学の成立　吉川弘文館　1988.10
◇歴史学の最前線　（史学会編）東京大学出版会　2004.11 279p
◇明治の漢学者と中国―安繹・天囚・湖南の外交論策　（陶徳民著）関西大学出版部　2007.3 320p
◇日本史の裏事情に精通する本　（谷沢永一著）PHP研究所　2009.2 244p
【雑　誌】
◇「重野博士史学論文集」のことども（歴史手帖）（大久保利謙）「日本歴史」393 1981.2
◇田中義成日記と大日本史料六編創刊，重野安繹古稀　（山口隼正）「鹿児島中世史研究会報」40 1981.12
◇静嘉堂文庫（上）（米山寅太郎）「同朋」70 1984.4
◇静嘉堂文庫（下）（米山寅太郎）「同朋」71 1984.5
◇重野安繹博士の大日本史南朝正統論批判　（村田正志）「名著サプリメント」2（12）1989.8
◇修史館副総裁伊達宗城宛副長重野安繹書翰2通　（Margaret Mehl）「日本歴史」507 1990.8
◇重野安繹の中国観―明治22年の「支邦視察案」を中心に　（陶徳民）「立教法学」立教法学会 42 1995 p186〜213
◇日本近代史学と近代天皇制国家（2）重野安繹における「史学」と「道徳」（池田智文）「国史学研究」竜谷大学国史学合同研究室 24 2000.6 p30〜51
◇重野安繹の漢文碑　（浜口富士雄）「群馬県立女子大学国文学研究」群馬県立女子大学国語国文学会 22 2002.3 p90〜109
◇鄭孝胥氏と東京の漢学者たち　（深澤一幸）「言語文化研究」大阪大学大学院言語文化研究科 34 2008 p61〜81

信夫恕軒　しのぶじょけん　1835〜1910
幕末，明治期の漢学者。
【図　書】
◇旧雨社小伝　巻3〈幕末維新儒者文人小伝シリーズ　第10冊〉（坂口筑母著）坂口筑母　1984.2

司馬凌海　しばりょうかい　1839〜1879
幕末，明治期の蘭方医。
【図　書】
◇医学史話　杉田玄白から福沢諭吉　（藤野恒三郎著）菜根出版　1984.1
◇医学・洋学・本草学者の研究―吉川芳秋著作集　（吉川芳秋著，木村陽二郎，遠藤正治編）八坂書房　1993.10
◇新潟が生んだ100人―ふるさと人物小事典　（川崎久一編著）新潟日報事業社　2009.6 220p

シーボルト，P.　Siebold, Philipp Franz Jonkheer Balthasar von　1796〜1866
ドイツの医師。1823年長崎オランダ商館医師として来日。
【図　書】
◇幕末酒徒列伝　続　（村島健一）講談社　1980.3
◇蘭学の時代　（赤木昭夫）中央公論社　1980.12（中公新書）
◇西洋人の歌舞伎発見　（中村哲郎）劇書房　1982.4
◇富岳歴覧―外国人の見た富士山　（伏見功）現代旅行研究所　1982.4

◇阿波の蘭学者―西洋文化を伝えた人たち　（福島義一）徳島県出版文化協会　1982.7
◇杉靖三郎著作選 4 日本科学の伝統　（杉靖三郎）春秋社　1982.9
◇弥吉光長著作集 5 書誌と図書評論　日外アソシエーツ　1982.9
◇呉秀三著作集 1 医史学編　（呉秀三，岡田靖雄編・解説）思文閣出版　1982.10
◇近世私塾の研究　（海原徹）思文閣出版　1983.6
◇日本茶業発達史　（大石貞男）農山漁村文化協会　1983.6
◇シーボルトの著作リスト　（熊沢夕輝子編）学習院大学図書館　1983.7
◇参府旅行中の日記　（シーボルト，フリードリヒ・M.トラウツ編，斎藤信訳）思文閣出版　1983.10
◇医学史話　杉田玄白から福沢諭吉　（藤野恒三郎著）菜根出版　1984.1
◇連座―シーボルト事件と馬場為八郎　（吉田昭治著）無明舎出版　1984.1
◇人物探訪　日本の歴史―17―異郷の人々　暁教育図書　1984.3
◇シーボルト日本鳥類図譜　（山階芳麿監修・解説）文有　1984.7
◇シーボルト日本鳥類図譜　文有　1984.8
◇日本史探訪 16 国学と洋学　角川書店　1985.2
◇紅毛文化の受容　（田村仲義）外来文化研究会　1985.7
◇うわじま物語―大君の疑わしい友　（谷有二編）未来社　1986.3
◇人文地理学の視圏　（水津一朗先生退官記念事業会編）大明堂　1986.4
◇鎖国日本にきた「康熙図」の地理学史的研究〈叢書・歴史学研究〉（船越昭生著）法政大学出版局　1986.4
◇知日家の誕生　（新堀通也編著）東信堂　1986.4
◇佐幕派論議　（大久保利謙著）吉川弘文館　1986.5
◇大久保利謙歴史著作集〈5〉幕末維新の洋学　（大久保利謙著）吉川弘文館　1986.8
◇阿蘭陀（おらんだ）商館物語　（宮永孝著）筑摩書房　1986.12
◇夢をもとめた人びと〈6〉国際社会　（金平正，北島春信，蓑田正治編）（町田）玉川大学出版部　1987.3
◇生物学史論集　（木村陽二郎著）八坂書房　1987.4
◇新井白石断想　（宮崎道生著）近藤出版社　1987.10
◇鎖国日本と国際交流（下）（箭内健次編）吉川弘文館　1988.2
◇シーボルト（新装版）（板沢武雄）吉川弘文館　1988.4
◇蘭学の背景　（石田純郎編著）思文閣出版　1988.5
◇五人の椅子―JAMA日本語版100号記念　（五島雄一郎，佐野圭司，本間光夫，阿部令彦，小林登著，JAMA日本語版編集部編）毎日新聞社　1988.5
◇シーボルトの日本史　（布施昌一著）木耳社　1988.10（オリエントブックス）
◇シーボルトと鳴滝塾―悲劇の展開　（久米康生著）木耳社　1989.3（オリエントブックス）
◇西洋人の日本語発見―外国人の日本語研究史1549 - 1868　（杉本つとむ著）創拓社　1989.3
◇ビジュアルワイド新日本風土記〈42〉長崎県　ぎょうせい　1989.6
◇近代西洋文明との出会い　黎明期の西南雄藩　（杉本勲編）思文閣出版　1989.10
◇最上徳内　（島谷良吉著）吉川弘文館　1989.11（人物叢書（新装版））
◇北斎の隠し絵―晩年の肉筆画への執念を解く　（荒井勉著）AA出版　1989.12
◇シーボルト事件と富山　（水間直二）桂書房　1990
◇日本考古学研究〈3〉日本考古学史の展開　（斎藤忠著）学生社　1990.1
◇遠い太鼓―日本近代美術私考　（酒井忠康著）小沢書店　1990.2
◇ウィーンの日本―欧州に根づく異文化の軌跡　（ペーター・パンツァー，ユリア・クレイサ著，佐久間訳）サイマル出版会　1990.3
◇長崎通詞ものがたり―ことばと文化の翻訳者　（杉本つとむ著）創拓社　1990.6
◇長崎歴史の旅　（外山幹夫著）朝日新聞社　1990.10（朝日選書）
◇東西文化摩擦―欧米vs.日本の15類型　（小倉和夫著）中央公論社　1990.11
◇歴史のトポロジー　（樺山紘一著）青玄社　1991.3
◇国際交流につくした日本人〈8〉日本を愛した外国人　くもん出版　1991.3
◇日本の近代化をになった外国人―シーボルト・ヘボン　（片桐一男，望月涼子著，国立教育会館監）ぎょうせい　1991.12（教養講座シリーズ）
◇ケンペルのみたトクガワ・ジャパン　（ヨーゼフ・クライナー編）六興出版　1992.1
◇平井尚志先生古稀記念考古学論攷　全2巻　（大阪・郵政考古学会〔編〕）大阪・郵政考古学会　1992.3
◇法政大学第11回国際シンポジウムPH・FR・VONシーボルトと日本の近代化　（大森実〔編〕）法政大学　1992.3
◇文政十一年のスパイ合戦―検証・謎のシーボルト事件　（秦新二著）

文芸春秋 1992.4
◇日本文化の史的研究 （高瀬重雄） 桂書房 1992.8
◇日本植物誌―シーボルト「フローラ・ヤポニカ」 （木村陽二郎, 大場秀章解説） 八坂書房 1992.8 （博物図譜ライブラリー）
◇森銑三著作集〈続編 第2巻〉人物篇〈2〉 （森銑三著） 中央公論社 1992.2
◇シーボルト日本の博物館 甲殻類 （山口隆男［編］） 日本甲殻類学会 1993.3
◇評伝シーボルト―日出づる国に魅せられて （ヴォルフガング・ゲンショレク著, 真岩啓子訳） 講談社 1993.5
◇洋学〈1〉 （洋学史学会著） 八坂書房 1993.5
◇金田一京助全集〈第6巻〉アイヌ語〈2〉 （金田一京助著, 金田一京助全集編集委員会編） 三省堂 1993.6
◇河川水運の文化史―江戸文化と利根川文化圏 （川名登） 雄山閣出版 1993.7
◇長崎のオランダ医たち 〔特装版〕 （中西啓著） 岩波書店 1993.7 （岩波新書の江戸時代）
◇ミルンの日本人種論―アイヌとコロボックル （ミルン, ジョン著, 吉岡郁夫, 長谷部学共訳） 雄山閣出版 1993.8
◇日蘭交流の歴史を歩く （KLMオランダ航空ウインドミル編集部編） NTT出版 1994.7
◇シーボルトのみたニッポン （シーボルト記念館著） シーボルト記念館 1994.9
◇風と海の回廊―日本を変えた知の冒険者たち （泉秀樹著） 広済堂出版 1994.9
◇文久元年の対露外交とシーボルト （保田孝一編著, 高橋輝和ほか共訳） 吉備洋学資料研究会 1995.3 239p
◇シーボルト・日本を旅する――外国人の見た日本の原風景 中核市移行記念・シーボルト生誕200年記念特別展 シーボルト・カウンシル ［1996］ 110p
◇文政十一年のスパイ合戦―検証・謎のシーボルト事件 （秦新二著） 文芸春秋 1996.3 366p （文春文庫）
◇シーボルト家の二百年展―シーボルト生誕200年記念特別展 展示録 （シーボルト記念館） シーボルト記念館 1996.5 127p
◇北欧系来日外国人の初期日本語観察の性格―ツンベルグ・シーボルトを中心に （カイザー, シュテファン） 『国語学論集』（山口明穂教授還暦記念会編） 明治書院 1996.6 p616
◇シーボルトと日本の開国 近代化 （箭内健次, 宮崎道生編） 続群書類従完成会 1997.2 321p
◇シーボルトと鎖国・開国日本 （宮崎道生著） 思文閣出版 1997.3 361p
◇知られざるシーボルト―日本植物標本をめぐって （大森実著） 光風社出版 1997.11 256p （光風社選書）
◇シーボルトの日本研究 （石山禎一編著） 吉川弘文館 1997.11 198, 4p
◇シーボルト その人と生涯―医師・日本研究者・外交的活動家としての足跡をふりかえりながら （沓沢宣賢） 『若き日本と世界』（東海大学外国語教育センター編） 東海大学出版会 1998.3 p93
◇シーボルト関係文献譲渡をめぐる一考察―遺族と日本側及びトラウツとの交渉を中心に （沓沢宣賢） 『国際社会の形成と近世日本』（箭内健次編） 国書図書センター 1998.7 p193
◇堂々日本史 17 （NHK取材班編） KTC中央出版 1998.9 247p
◇黄昏のトクガワ・ジャパン―シーボルト父子の見た日本 （ヨーゼフ・クライナー編著） 日本放送出版協会 1998.10 284p （NHKブックス）
◇新版 江戸から東京へ 5 （矢田挿雲著） 中央公論社 1999.1 418p （中公文庫）
◇間宮林蔵 （筑波常治作, 田代三善絵） 国土社 1999.3 222p （堂々日本人史）
◇江戸時代の自然―外国人が見た日本の植物と風景 （青木宏一郎著） 都市文化社 1999.4 229p
◇薬と日本人 （山崎幹夫著） 吉川弘文館 1999.5 6, 231p （歴史文化ライブラリー）
◇司馬遼太郎の日本史探訪 （司馬遼太郎著） 角川書店 1999.6 318p （角川文庫）
◇海を渡った生き人形―ペリー以前以後の日米交流 （小林淳一著） 朝日新聞社 1999.9 222p （朝日選書）
◇江戸のナポレオン伝説―西洋英雄伝はどう読まれたか （岩下哲典著） 中央公論新社 1999.9 200p （中公新書）
◇書を読んで羊を失う （鶴ヶ谷真一著） 白水社 1999.10 187, 3p
◇琉球―異邦典籍と史料 （山口栄鉄著） 榕樹書林 2000.2 178p
◇日本の西洋医学の生い立ち―南蛮人渡来から明治維新まで （吉良枝郎著） 築地書館 2000.3 221p
◇江戸のオランダ人―カピタンの江戸参府 （片桐一男著） 中央公論新社 2000.3 310p （中公新書）
◇シーボルト―日本の植物に賭けた生涯 （石山禎一著） 里文出版 2000.4 281p

◇NHKニッポンときめき歴史館 6 （NHK「ニッポンときめき歴史館」プロジェクト編） 日本放送出版協会 2000.5 221p
◇出島のくすり （長崎大学薬学部著） 九州大学出版会 2000.9 203p
◇シーボルトの江戸参府展―日蘭交流400周年記念・第13回特別展 （シーボルト記念館編） シーボルト記念館 2000.9 88p
◇シーボルトと日本―その生涯と仕事 （アルレッテ・カウヴェンホーフェン, マティ・フォラー著, フォラーくに子, 佐藤悟訳） Hotei Publishing 2000.12 110p
◇幕末維新と外交 （横山伊徳編） 吉川弘文館 2001.8 9, 370p （幕末維新論集）
◇シーボルト関係文書マイクロフィルム目録―フォン・ブランデンシュタイン家所蔵 第1巻 （シーボルト記念館編） 長崎市教育委員会 2001.11 597p
◇シーボルト関係文書マイクロフィルム目録―フォン・ブランデンシュタイン家所蔵 第1巻 （シーボルト記念館編） 長崎市教育委員会 2001.11 597p
◇二宮敬作と彼をめぐるひとびと （野間祐輔執筆） 〔野間祐輔〕 2001.12 67p
◇日本語中・上級用読本 日本を知ろう―日本の近代化に関わった人々 （三浦昭, ワット・伊東泰子著） アルク 2001.12 231p
◇黒船 富士山に登る！―幕末外交異聞 （谷有二著） 同朋舎 2001.12 221p
◇花の男シーボルト （大場秀章著） 文芸春秋 2001.12 198, 8p （文春新書）
◇二宮敬作と彼をめぐるひとびと （野間祐輔執筆） 〔野間祐輔〕 2001.12 67p
◇シーボルトと宇田川榕菴―江戸蘭学交遊記 （高橋輝和著） 平凡社 2002.2 225p （平凡社新書）
◇キッスキッスキッス （渡辺淳一著） 小学館 2002.10 371p
◇作家たちの原風景―播磨文学紀行 2 （橘川真一著） 神戸新聞総合出版センター 2002.10 248p （姫路文庫）
◇オランダ―栄光の"17世紀"を行く （田辺雅文文, 藤塚晴夫写真, 「旅名人」編集部編） 日経BP社 2003.4 216p （旅名人ブックス）
◇日露領土紛争の根源 （長瀬隆著） 草思社 2003.5 334p
◇新・シーボルト研究 1（自然科学・医学篇） （石山禎一ほか編） 八坂書房 2003.5 431, 98, 4p
◇エミール・ガレ―その陶芸とジャポニスム （フィリップ・ティエボー, フランソワ・ル・タコン, 山根郁信著） 平凡社 2003.7 262p
◇新・シーボルト研究 2（社会・文化・芸術篇） （石山禎一ほか編） 八坂書房 2003.7 470, 25, 6p
◇佐賀・島原と長崎街道 （長野暹編） 吉川弘文館 2003.9 250, 22p （街道の日本史）
◇シーボルトの21世紀 （大場秀章編） 東京大学総合研究博物館 2003.11 231p （東京大学コレクション）
◇牧野標本館所蔵のシーボルトコレクション （加藤僖重著） 思文閣出版 2003.11 288p
◇江戸・東京の中のドイツ （ヨーゼフ・クライナー著, 安藤勉訳） 講談社 2003.12 236p （講談社学術文庫）
◇その時歴史が動いた 22 （NHK取材班編） KTC中央出版 2003.12 253p
◇アイヌ絵誌の研究 （佐々木利和著） 草風館 2004.2 365p
◇起死回生の日本史―逆境に負けなかった男たち （歴史人物発掘会編） 竹書房 2004.3 237p （竹書房文庫）
◇虹の懸橋 （長谷川つとむ著） 冨山房 2004.7 318p
◇日本の技術者―江戸・明治時代 （中山秀太郎著, 技術史教育学会編） 雇用問題研究会 2004.8 206p
◇考古学への案内 （佐原真著, 金関恕, 春成秀爾編） 岩波書店 2005.3 314, 6p （佐原真の仕事）
◇地理が面白い―公共交通機関による全国市町村役所・役場めぐりの旅 （児井正臣著） 近代文芸社 2005.3 261p
◇江戸時代の蘭画と蘭書―近世日蘭比較美術史 下巻 （磯崎康彦著） ゆまに書房 2005.3 584p
◇シーボルト日記―再来日時の幕末見聞記 （シーボルト著, 石山禎一, 牧幸一訳） 八坂書房 2005.11 398, 8p
◇歳月―シーボルトの生涯 （今村明生著） 新人物往来社 2006.2 847p
◇シーボルト, 波瀾の生涯 （ヴェルナー・シーボルト著, 酒井幸子訳） どうぶつ社 2006.8 317p
◇愛の旅人 （朝日新聞be編集グループ編） 朝日新聞社 2006.12 173p
◇常識江戸歴史ドリル―＋雑学豆知識 （鈴木亨編, 渡辺晃一, 片野純恵執筆） 毎日コミュニケーションズ 2007.5 111p
◇植物の学名を読み解く―リンネの「二名法」 （田中学著） 朝日新聞社 2007.6 236p
◇文政十一年のスパイ合戦―検証・謎のシーボルト事件 （秦新二著） 双葉社 2007.6 371p （双葉文庫）

◇植物学とオランダ （大場秀章著） 八坂書房 2007.7 252p
◇世界史が伝える日本人の評判記―その文化と品格 （中西輝政監修,「書かれた日本」文献研究会著） 中経出版 2007.9 255p （中経の文庫）
◇旅する長崎学―長崎は『知の都』だった 7 （長崎県企画, 長崎文献社制作） 長崎文献社 2007.12 64p
◇世界の偉人たちの驚き日本発見記 （波田野毅著） 明成社 2008.1 47p （日本の息吹ブックレット）
◇シーボルト日本植物図譜コレクション （T.A.チェルナーヤ著） 小学館 2008.7 445p
◇日本賛辞の至言33撰―世界の偉人たちが贈る 新版 （波田野毅著） ごま書房 2008.11 289p
◇シーボルトの日本報告 （栗原福也翻訳） 平凡社 2009.3 379p （東洋文庫）
◇日本を愛した外国人たち （内藤誠, 内藤研共著） 講談社インターナショナル 2009.6 255p （講談社バイリンガル・ブックス）
【雑 誌】
◇長崎のおたきさん花 （野яп字太郎） 『明治村通信』 11(6) 1980.6
◇ライデンに於けるシーボルト蒐集地図について （沓沢宜賢） 『東海大学紀要 文学部』 33 1980.7
◇史料紹介―シーボルト事件について （小泉芳敏） 『水戸史学』 13 1980.10
◇シーボルト事件と土生玄碩 （小都勇二） 『芸備地方史研究』 130 1981.5
◇蘭学始末記（特別研究） （土渕正一郎） 『歴史読本』 26(6) 1981.5
◇シーボルト・コレクション（文献）の現状―オランダ・イギリス・フランス （沓沢宜賢） 『参考書誌研究』 22 1981.6
◇ミュンヘン物語―慶応二年のミュンヘン―シーボルト, ドーデ, 鷗外 （小松伸六） 『文学界』 35(7) 1981.7
◇シーボルト父子と日本 （沓沢宜賢） 『歴史情報』 9 1981.9
◇シーボルトとゲーテ （木村直司） 『ソフィア』 32(2) 1982.6
◇シーボルトが持ち帰った瓦経片―『瓦経片の世界』その後 （難波田徹） 『同朋』 49 1982.7
◇ドイツ人シーボルトとオランダの学界 （永積洋子） 『思想』 697 1982.7
◇シーボルト研究史における呉先生 （箭内健次） 『日本医史学雑誌』 28(4) 1982.10
◇日本ピアノ文化史(2)シーボルト （堀成之） 『音楽の世界』 21(10) 1982.11
◇糸荷廻船とシーボルト （石井謙治） 『七洋』 245 1983.5
◇外人の見た鎖国時代の「海と日本人」―ケンペル, ツーフ, シーボルトらの印象記（海の記念日特集―港と人間のコミュニケーション） （金森誠也） 『港運』 8(85) 1983.7
◇シーボルト処方録〔含資料〕 （戸塚武比古） 『日本医史学雑誌』 29(3) 1983.7
◇シーボルトと日本医学―『矢以勃児杜験方録』をめぐっての一考察 （沓沢宜賢） 『日蘭学会会誌』 8(1) 1983.10
◇1823年シーボルトが欧州とバタフィアから舶載させ, 25年長崎で受取った書籍とその後の運命 （竹内精一） 『日蘭学会会誌』 8(1) 1983.10
◇シーボルトと茂吉―斎藤茂吉をめぐる人々(8) （藤岡武男） 『あるご』 8 1983.11
◇シーボルト第2次来日時の外交的活動について （沓沢宜賢） 『東海大学紀要 文学部』 41 1984
◇シーボルトと日本植物 上 （大森實） 『学鐙』 81(1) 1984.1
◇シーボルトと日本植物 下 （大森實） 『学鐙』 81(2) 1984.2
◇天変地異ナンバーワン（特集日本史ナンバーワン物語） （根本順吉） 『歴史と旅』 11(4) 1984.3
◇ヨーロッパにおけるシーボルト新資料 （鹿子木敏範） 『科学医学資料研究』 118 1984.3
◇国外追放にあったシーボルトはどうなった？ （武内博） 『歴史読本』 29(8)特別増刊 1984.5
◇シーボルト父子とモールス―日本考古学の出発 （佐原真） 『月刊文化財』 250 1984.7
◇シーボルトの蒐集した伐株山の楠木化石 （芥川龍男） 『玖珠郡史談』 12 1984.9
◇シーボルトと熊茶屋 関口日記に見る熊茶屋の顛末 （伊藤実） 『郷土つるみ』 11 1984.12
◇シーボルト第2次来日時の外交活動について （沓沢宜賢） 『東海大学紀要 文学部』 44(4) 1992.4
◇「1864年, ヴュルツブルグからの公開状」―オランダの内務大臣宛に書かれた日本植物収集に関する書翰（Ph.Fr.フォン・シーボルトの遺稿） （石山禎一訳・紹介） 『生物学史研究』 45 1985.4
◇医学近代化と外人たち(1)シーボルト （宗田一） 『臨床科学』 21(4) 1985.4
◇Ph.Fr.フォン・シーボルトの遺稿(1) （石山禎一） 『生物学史研究』 45 1985.7
◇シーボルト文久元年蘭文日記についての一考察―福沢諭吉の渡欧との

関連として （長尾政憲） 『日蘭学会会誌』 10(1) 1985.10
◇シーボルト治療方と蘭医宮原良碩―史料紹介と北信地方医界覚書 （青木歳幸） 『信濃』 37(11) 1985.11
◇Ph.Fr.フォン・シーボルトの遺稿(2)1864年, ヴュルツブルグからの公開状―オランダの内務大臣宛に書かれた日本植物収集に関する書翰 （石山禎一訳） 『生物学史研究』 46 1985.12
◇シーボルトの讃岐上陸 （竹内均夫） 『ことひら』 41 1986.1
◇出島350年に向けて―ツンベルク・ズーフ・シーボルト （松岡洸司） 『ソフィア』 35(2) 1986.6
◇シーボルトと鳴滝塾（日本を創った私塾と学舎〈特集〉） （大森実） 『歴史と旅』 13(9) 1986.7
◇会員短信「シーボルトシンポジウム参会記」 （石田純郎） 『科学医学資料研究』 151 1986.12
◇伝記と陰の部分 （吉村昭） 『図書』 451 1987.3
◇シーボルトの京都滞在と荷蘭館 （片桐一男） 『洋学史研究』 4 1987.6
◇シーボルトと和紙 （久米康生） 『百万塔』 68 1987.8
◇シーボルト・コレクションの探訪調査―ルール大学所蔵コレクションを中心として （宮崎道生） 『国学院大学紀要』 26 1988.3
◇英語圏に於けるシーボルト『日本』の影響―Manners and Customs of the Japanese, in the Nineteenth Centuryの書誌学的検討を中心に(1) （梶輝行） 『日蘭学会会誌』 12(2) 1988.3
◇シーボルトと日本（京都国立博物館特別展） （狩野博幸） 『月刊文化財』 295 1988.4
◇シーボルトと日本 （宮崎道生） 『国史学』 135 1988.5
◇会員短信―シーボルト像違い （宗田一） 『科学医学資料研究』 168 1988.6
◇シーボルト収集図書目録 （フランツ・シーボルト） 『科学書院』 1988.10
◇英語圏に於けるシーボルト『日本』の影響(2) （梶輝行） 『日蘭学会会誌』 13(1) 1988.10
◇シーボルトのつくった統計表を索めて―日本統計事始の一齣 （細谷新治） 『Library and information science』 27 1989
◇ルール大学蔵シーボルト・コレクション中の日本関係文献解説 （宮崎道生） 『紀要（国学院大学大学院文学部）』 20 1989.3
◇シーボルト『日本』の翻訳版 "Prospectus" による考察を中心に （梶輝行） 『洋学史研究』 6 1989.4
◇水谷豊文と伊藤圭介―尾張百虫社をめぐる人びと（殿様生物学の系譜(8)） （小西正泰） 『科学朝日』 49(8) 1989.7
◇島津重豪の博物園構想（殿様生物学の系譜(9)） （柏原精一） 『科学朝日』 49(9) 1989.9
◇シーボルトと和紙 （久米康生） 『シーボルト研究』 6・7 1990.3
◇シーボルトのつくった統計表を索めて―日本統計事始の一齣 （細谷新治） 『Library and Information Science』 27 1990.3
◇シーボルト『江戸参府紀行』（近世文学と旅＜特集＞―外国人の日本紀行） （武藤元昭） 『国文学 解釈と鑑賞』 55(3) 1990.3
◇外国人の日本紀行 シーボルト『江戸参府紀行』（近世文学と旅＜特集＞） （武藤元昭） 『国文学 解釈と鑑賞』 55(3) 1990.3
◇西ドイツ・ルール大学（ボッフム）に現存するシーボルト関係文書中の日本の地質学的調査・研究について （塚原東吾） 『日蘭学会会誌』 15(1) 1990.10
◇シーボルトの処方箋 （宮崎正夫） 『薬史学雑誌』 26(1) 1991
◇オランダ商館長とシーボルトの江戸参府 （片桐一男） 『鳴滝紀要』 1 1991.3
◇シーボルトの日誌「漁村小瀬戸への調査の旅（草稿）」について （宮坂正英） 『鳴滝紀要』 創刊号 1991.3
◇シーボルト事件 （川崎房五郎） 『杉並郷土史会々報』 109 1991.9
◇レニングラードにあった幻のシーボルト・コレクション （木村陽二郎） 『科学朝日』 51(11) 1991.11
◇Ph・Fr・フォン・シーボルト晩年の書翰(2) （石山禎一） 『鳴滝紀要』 2 1992.3
◇シーボルトと長崎の植物 （山田重人） 『鳴滝紀要』 2 1992.3
◇フィリップ・フランツ・フォン・ジーボルトの幼年時代及び青年時代一七九六年――一八一〇年 （ヴェルナー・デッテルバッハ〔著〕, 宮坂正英〔訳〕） 『鳴滝紀要』 2 1992.3
◇ブランデンシュタイン＝ツェッペリン家資料にみる『日本』出版の過程と其扇・いね宛シーボルト書簡 （福井英俊） 『鳴滝紀要』 2 1992.3
◇シーボルト収集の動物標本類を調査して （山口隆男） 『学術月報』 45(4) 1992.4
◇最上徳内とシーボルト （宮崎道生） 『国史学』 147 1992.5
◇パリ国立図書館における18～19世紀収集和古書目録稿―ティチング・シーボルト・ストゥルレル・コレクションを中心として （小杉恵子） 『日蘭学会会誌』 17(1) 1992.10
◇シーボルト著『日本』にあらわれたシーボルトの日本観 （中井晶夫） 『季刊悠久』 52 1993.1
◇義和団戦争期の日本外務省による対外宣伝活動―シーボルトを使用した「外国新聞操縦」を中心に （大谷正） 『社会科学年報（専修大学社

◇文政九年シーボルトの江戸長期滞在計画について （梶輝行）「鳴滝紀要」3 1993.3
◇Ph.Fr.フォン・シーボルトが依嘱された日本での課題と遣された文書からの答え―真実への愛と公正さ （エバハルト・フリーゼ、宮坂正英訳）「シーボルト記念館鳴滝紀要」長崎市教育委員会 第3号 1993.3 p13〜50
◇シーボルトの絵師川原慶賀―その国内現存作品について （兼重護）「シーボルト記念館鳴滝紀要」長崎市教育委員会 第3号 1993.3 p80〜117
◇文政九年シーボルトの江戸長期滞在計画について （梶輝行）「シーボルト記念館鳴滝紀要」長崎市教育委員会 第3号 1993.3 p118〜142
◇ブランデンシュタイン家資料に見られるシーボルト事件に関する日記について （宮坂正英）「シーボルト記念館鳴滝紀要」長崎市教育委員会 第3号 1993.3 p143〜186
◇シーボルトの故郷を訪ねて（付録） （五貫淳）「シーボルト記念館鳴滝紀要」長崎市教育委員会 第3号 1993.3 p247〜259
◇シーボルト関係の新資料についての一考察 （石山禎一）「洋学―洋学史学会研究年報」1 1993.5
◇シーボルト関係文献について（1992.7） （杏沢宜賢）「洋学史通信」4 1993.7
◇シーボルトの民族学博物館設立に関する計画草案―バイエルン国王ルートヴィヒI世に提案の書簡 （石山禎一）「科学医学資料研究」230 1993.8
◇シーボルトとペッテンコーフェルの墓 （泉彪之助）「日本医史学雑誌」39(3) 1993.9
◇シーボルトの散瞳点眼薬 （宮崎正夫）「薬史学雑誌」29(3) 1994
◇ハーグ国立公文書館所蔵のシーボルト関係史料について （杏沢宜賢）「文明（東海大学）」70 1994
◇書藪巡歴―蜷川式胤の奇妙な依頼 （林望）「波」28(2) 1994.2
◇シーボルトの故郷を訪ねる （村上恒夫）「温古」復刊16 1994.3
◇十九世紀日本人の風俗習慣―近年日本を訪れたオランダ人とドイツ人フィリップ・フランツ・フォン・シーボルト博士の見聞に基づく (1) （ウィリアム・バスク著、梶輝行、新井宏子共訳）「シーボルト記念館鳴滝紀要」長崎市教育委員会 第4号 1994.3 p15〜67
◇フィリップ・フランツ・フォン・シーボルト第二の日本コレクション （ウド・バイライス、宮坂正英訳）「シーボルト記念館鳴滝紀要」長崎市教育委員会 第4号 1994.3 p68〜100
◇シーボルトとロシアの対日開国政策(1)―ブランデンシュタイン家文書調査報告 （宮坂正英）「シーボルト記念館鳴滝紀要」長崎市教育委員会 第4号 1994.3 p114〜170
◇資料紹介 シーボルト記念館楠本文庫(2)所収 英文書簡について （徳永宏）「シーボルト記念館鳴滝紀要」長崎市教育委員会 第4号 1994.3 p171〜187
◇ドイツ・オランダにおけるシーボルト及び出島商館関係資料の調査にあたって（付録） （五貫淳）「シーボルト記念館鳴滝紀要」長崎市教育委員会 第4号 1994.3 p190〜201
◇The Publication of ph. Fr.von Siebold's NIPPON and his Letters to Sonogi and Ine as seen in the Brandenstein-Zeppelin Family Collection〔本文：英語〕「シーボルト記念館鳴滝紀要」長崎市教育委員会 第4号 1994.3 p202〜217
◇シーボルト事件の背景と間宮林蔵私論「林蔵は密告していない」 （大谷恒彦）「シーボルト記念館鳴滝紀要」長崎市教育委員会 第5号 1995.3 p37〜72
◇十九世紀日本人の風俗習慣―近年日本を訪れたオランダ人とドイツ人フィリップ・フランツ・フォン・シーボルト博士の見聞に基づく (2) （ウィリアム・バスク著、梶輝行、新井宏子共訳）「シーボルト記念館鳴滝紀要」長崎市教育委員会 第5号 1995.3 p73〜114
◇シーボルトとロシアの対日開国政策 （宮崎正英、石川光庸、ベルント・ノイマン）「シーボルト記念館鳴滝紀要」長崎市教育委員会 第5号 1995.3 p115〜167
◇シーボルト記念館五年間の歩み（付録）「シーボルト記念館鳴滝紀要」長崎市教育委員会 第5号 1995.3 p230〜240
◇シーボルト「江戸参府紀行」―日本文化史に残した大きな足跡（外国人の見た日本・日本人〈特集〉―江戸時代の日本論） （斎藤信）「国文学解釈と鑑賞」至文堂 60(3) 1995.3 p66〜72
◇幕末東西文化交流史上にみる北斎～シーボルト、ストゥルレル両コレクションの水彩画からの考察 （城戸ゆう子）「文化学研究」日本女子大学文化学会 第4号 1995.6 p112〜135
◇シーボルトの日本市場調査（エコノミー歴史館） （中村克洋）「フォーブス日本版」4(12) 1995.12
◇なつかしき日本「千年の美」に感動したシーボルトの日本紀行 （望月洋子）「新潮45」14(12) 1995.12 p154〜163
◇シーボルトがケンペル／ツュンベリー顕彰碑を建立した理由（わけ） (上) （石山洋）「日本古書通信」日本古書通信社 61(2) 1996.2 p2〜4
◇シーボルトがケンペル／ツュンベリー顕彰碑を建立した理由 (下) （石山洋）「日本古書通信」日本古書通信社 61(3) 1996.3 p8〜10
◇シーボルトと鎖国日本(上) （宮崎道生）「国学院雑誌」国学院大学出版部 97(6) 1996.6 p55〜73
◇シーボルトと鎖国日本(下) （宮崎道生）「国学院雑誌」国学院大学出版部 97(7) 1996.7 p1〜23
◇シーボルトの故郷にゆかりの人々を訪ねて （八重樫真理子）「婦人之友」90(8) 1996.8 p80〜86
◇ヘンドリック・ドゥーフと長崎通詞そしてシーボルト―辞典の翻訳と商館長の19世紀初頭を生きる気分（特集＝日本人の見た異国・異国人―古代から幕末まで―近世の異国・異国人論） （岡田袈裟男）「国文学解釈と鑑賞」至文堂 61(10) 1996.10 p134〜139
◇ニホンアシカの復元にむけて(17)シーボルトのニホンアシカに関する手稿とその意義 （井上貴央）「海洋と生物」生物研究社 18(5) 1996.10 p403〜407
◇ミニチュア民族誌の構想―シーボルトがくれたアイデア （近藤雅樹）「シーボルト記念館鳴滝紀要」長崎市教育委員会 第7号 1997.3 p9〜16
◇シーボルトと川原慶賀―『人物画帳』をめぐって （小林淳一）「シーボルト記念館鳴滝紀要」長崎市教育委員会 第7号 1997.3 p17〜30
◇シーボルトPh.F.von Sieboldの日本追放解除に関する一考察 （梶輝行）「シーボルト記念館鳴滝紀要」長崎市教育委員会 第7号 1997.3 p31〜49
◇シーボルトとロシアの対日開国政策(3)―ブランデンシュタイン家文書調査報告 （宮崎正英、石川光庸、ベルント・ノイマン）「シーボルト記念館鳴滝紀要」長崎市教育委員会 第7号 1997.3 p50〜70
◇シーボルトと統計学 （浜砂敬郎）「統計学」産業統計研究社 72 1997.3 p43〜49
◇ヴュルツブルクとシーボルト―第7回日本資料専門家欧州協会(EAJRS)年次総会参加記 （白石仁章）「外交史料館報」外務省外交史料館 11 1997.6 p119〜125
◇シーボルト・コレクションにみる麦わら細工 （松崎亜砂子）「シーボルト記念館鳴滝紀要」長崎市教育委員会 第8号 1998.3 p27〜36
◇ブランデンシュタイン家文書に見られるシーボルトの和歌研究について （宮坂正英、石川光庸、ベルント・ノイマン）「シーボルト記念館鳴滝紀要」長崎市教育委員会 第8号 1998.3 p37〜68
◇藤山治一のシーボルト論―新しい文化伝達の可能性を求めて (Hans-Joachim Knaup)「慶応義塾大学日吉紀要 ドイツ語学・文学」慶応義塾大学日吉紀要刊行委員会 26 1998.3 p36〜54
◇フォン・シーボルトとオランダ商館長デ・ステュルレル （栗原福也）「一滴」津山洋学資料館 7 1999 p1〜7
◇鎖国時代にみた真の国際文化交流―シーボルトの愛した日本とそのコレクションから（ドイツ文学科の学生レポートから 1999年度前期 ドイツ文化講義(1)鎖国時代の日独文化交流史） （宮尾香奈子）「Aspekt」立教大学ドイツ文学研究室 33 1999 p229〜235
◇シーボルト事件判決時の法的根拠 （中西啓）「シーボルト記念館鳴滝紀要」長崎市教育委員会 第9号 1999.3 p1〜9
◇オランダ国立自然博物館に収蔵されているシーボルト収集の鳥類及び哺乳類標本のリスト （武石銀慈、佐々木浩、山口隆男）「シーボルト記念館鳴滝紀要」長崎市教育委員会 第9号 1999.3 p28〜38
◇伊東昇迪筆『悉勃児郡処治開見記』とシーボルト著『江戸参府紀行』の治療に関する記事について （永松実）「シーボルト記念館鳴滝紀要」長崎市教育委員会 第9号 1999.3 p52〜60
◇投稿・近代日本医学史を振り返る(上) ザビエルの来日からシーボルトの帰国まで （泉義雄）「望星」東海教育研究所 30(10) 1999.10 p72〜77
◇特集 シーボルト「季刊日本思想史」ぺりかん社 55 1999.11 p1〜130
◇オランダ国立植物標本館所蔵のシーボルトコレクション中にあるシダ標本 1〔含 標本写真〕（加藤僖重、和田浩志、山本明）「マテシス・ウニウェルサリス」独協大学外国語学部言語文化学科 1(1) 1999.12 p72〜119
◇シーボルトが日本で集めた種子・果実について〔含 標本写真〕（和田浩志）「マテシス・ウニウェルサリス」独協大学外国語学部言語文化学科 1(1) 1999.12 p273〜293
◇シーボルトのカベレン海峡 （中本静暁）「地域文化研究」梅光女学院大学地域文化研究所 15 2000 p左17〜27
◇鎖国時代にみた真の国際文化交流―シーボルトの愛した日本とそのコレクションから （宮尾香奈子）「Aspekt」立教大学ドイツ文学研究室 33 2000.2 p229〜235
◇私信にみられるオランダ領東インド渡航前のシーボルトの動向について―ブランデンシュタイン家文書調査報告 （宮坂正英）「シーボルト記念館鳴滝紀要」長崎市教育委員会 第10号 2000.3 p15〜24
◇シーボルト再渡来時の『日本植物観とライデン気候馴化園』 （石山禎一、金箱裕美子共訳）「シーボルト記念館鳴滝紀要」長崎市教育委員会 第10号 2000.3 p25〜97
◇Bibliotheca Japonica(32)歴史の実物を手にして―「フィリップ・F.B.フォン・シーボルト書簡」 （八木正自）「日本古書通信」日本古書通信社 65(8) 2000.8 p12
◇オランダ国立植物標本館所蔵のシーボルトコレクション中にあるシダ標本 2〔含 標本写真〕（加藤僖重、和田浩志、山本明）「マテシス・ウニウェルサリス」独協大学外国語学部言語文化学科 2(1)

2000.12 p19〜40
◇シーボルトが日本で集めた種子・果実について (2) (和田浩志)「マテシス・ウニウェルサリス」 独協大学外国語学部言語文化学科 2 (1) 2000.12 p41〜50
◇ブランデンシュタイン家文書,調査報告 フォン・ブランデンシュタイン家所蔵 1822年シーボルト関係書簡の翻刻ならびに翻訳 (1) (宮坂正英, ベルント・ノイマン, 石川光庸)「シーボルト記念館鳴滝紀要」長崎市教育委員会 第11号 2001.3 p29〜リデン
◇シーボルトのアイヌ・コレクション―ライデン国立民族博物館所蔵品を中心に (山崎幸治)「シーボルト記念館鳴滝紀要」 長崎市教育委員会 第11号 2001.3 p71〜96
◇オランダ国立植物標本館所蔵のシーボルトコレクション中にあるシダ標本 (3) (加藤僖重, 和田浩志, 山本明)「マテシス・ウニウェルサリス」独協大学外国語学部言語文化学科 2 (2) 2001.3 p45〜71
◇シーボルトが日本で集めた種子・果実について (3) (和田浩志)「マテシス・ウニウェルサリス」 独協大学外国語学部言語文化学科 2 (2) 2001.3 p127〜135
◇シーボルト『日本植物誌』仏語解説の独語原稿―36.オオツワブキ (高橋輝和)「岡山大学文学部紀要」 岡山大学文学部 35 2001.7 p87〜96
◇オランダ国立植物標本館所蔵のシーボルトコレクション中にあるシダ標本 (4) (加藤僖重, 和田浩志, 山本明)「マテシス・ウニウェルサリス」 独協大学外国語学部言語文化学科 3 (1) 2001.12 p27〜57
◇シーボルトが日本で集めた種子・果実について (4) (和田浩志)「マテシス・ウニウェルサリス」 独協大学外国語学部言語文化学科 3 (1) 2001.12 p219〜232
◇藤山治一のドイツ語シーボルト論事情―ハンス・ヨアヒム・クナウプ氏の論考を基に (広田稔)「言語文化論究」 九州大学大学院言語文化研究院 16 2002 p53〜64
◇Philipp Franz von Siebold's Correspondence with Leading Russian Diplomats 1852 to 1853 in the Context of his Endeavors to Open Japan for Trade and Navigation (Edgar Franz, 井田忠)「東北アジア研究」 東北大学東北アジア研究センター 7 2002 p125〜145
◇シーボルト記念館所蔵の点眼筐の調査報告―伊東昇廸がシーボルトから贈られた点眼筐 (米田徳典)「シーボルト記念館鳴滝紀要」長崎市教育委員会 第12号 2002.3 p16〜29
◇フォン・ブランデンシュタイン家所蔵、1822年シーボルト関係書簡の翻刻並びに翻訳 (2) (宮坂正英, ベルント・ノイマン, 石川光庸)「シーボルト記念館鳴滝紀要」 長崎市教育委員会 第12号 2002.3 p30〜100
◇シーボルトと日本の楽器―シーボルト著『日本』所収「楽器図」を中心に (立田雅彦, 徳永宏)「シーボルト記念館鳴滝紀要」 長崎市教育委員会 第12号 2002.3 p101〜114
◇オランダ国立植物標本館所蔵のシーボルトコレクション中にあるシダ標本 (5) (加藤僖重, 和田浩志, 山本明)「マテシス・ウニウェルサリス」独協大学外国語学部言語文化学科 3 (2) 2002.3 p39〜65
◇シーボルトが日本で集めた種子・果実について (5) (和田浩志)「マテシス・ウニウェルサリス」 独協大学外国語学部言語文化学科 3 (2) 2002.3 p213〜229
◇オランダ国立植物標本館所蔵『華彙』に添付されたその他の大河内存真筆シーボルト宛書簡について (飯島一彦)「マテシス・ウニウェルサリス」 独協大学外国語学部言語文化学科 4 (1) 2002.11 p41〜61
◇シーボルトが日本で集めた種子・果実について (6) (和田浩志)「マテシス・ウニウェルサリス」 独協大学外国語学部言語文化学科 4 (1) 2002.11 p229〜240
◇シーボルト記念館所蔵泉屋家文書「オランダ船貿易品関係史料」について (石田千尋)「シーボルト記念館鳴滝紀要」 長崎市教育委員会 第13号 2003.3 p37〜67
◇フォン・ブランデンシュタイン家所蔵、1823年シーボルト関係書簡の翻刻並びに翻訳 (1) (宮坂正英, ベルント・ノイマン, 石川光庸)「シーボルト記念館鳴滝紀要」 長崎市教育委員会 第13号 2003.3 p69〜125
◇資料紹介 フォン・ブランデンシュタイン家所蔵シーボルト関係文書「長崎近郊の鳴滝にある私の住宅」(石山禎一, 徳永宏)「シーボルト記念館鳴滝紀要」 長崎市教育委員会 第13号 2003.3 p127〜136
◇シーボルトが日本で集めた種子・果実について (7) (和田浩志)「マテシス・ウニウェルサリス」 独協大学外国語学部言語文化学科 4 (2) 2003.3 p99〜108
◇MEDICAL ESSAYS シーボルトとレントゲンの郷、ヴュルツブルク―二人の医学者の個人博物館 (石田純郎)「日本医事新報」 日本医事新報社 4115 2003.3.8 p63〜65
◇フィーラム シーボルトの医学は余枝にすぎない―祖父が会った幕末のシーボルト (三浦義彰)「医学のあゆみ」 医歯薬出版 207 (3) 2003.10.18 p192〜194
◇シーボルトが日本で集めた種子・果実について (8) (和田浩志)「マテシス・ウニウェルサリス」 独協大学外国語学部言語文化学科 5 (1) 2003.11 p79〜92
◇宇田川榕菴がシーボルトに出した最初の手紙 (高橋輝和)「岡山大学文学部紀要」 岡山大学文学部 40 2003.12 p53〜58

◇シーボルトが作成したデータペーパー (標本整理紙) について (加藤僖重, 和田浩志)「シーボルト記念館鳴滝紀要」 長崎市教育委員会 第14号 2004.3 p1〜12
◇フォン・ブランデンシュタイン家所蔵、1823年シーボルト関係書簡の翻刻ならびに翻訳 (2) (宮坂正英, ベルント・ノイマン, 石川光庸)「シーボルト記念館鳴滝紀要」 長崎市教育委員会 第14号 2004.3 p13〜52
◇シーボルトを敬嘆させた尾張本草学―嘗百社の活動を中心に (特集 名古屋のカルチュラル・スタディズ) (財部香枝)「アリーナ」 人間社 2005 2005 p35〜50
◇西洋に対しての日本と朝鮮の対応の比較―シーボルトとハーメルを手がかりに (尹基老)「県立長崎シーボルト大学国際情報学部紀要」県立長崎シーボルト大学 6 2005 p293〜303
◇シーボルトに提供した日本人の報告資料―最上徳内の報告した『蜜蜂』資料の紹介によせて (片桐一男)「シーボルト記念館鳴滝紀要」長崎市教育委員会 第15号 2005.3 p1〜12
◇アレクサンダー・フォン・シーボルト略年譜と日本政府との雇傭関係史料について (杳沢宜賢)「シーボルト記念館鳴滝紀要」 長崎市教育委員会 第15号 2005.3 p13〜35
◇フォン・ブランデンシュタイン家所蔵、1823年シーボルト関係書簡の翻刻並びに翻訳 (3) (宮坂正英, ベルント・ノイマン, 石川光庸)「シーボルト記念館鳴滝紀要」 長崎市教育委員会 第15号 2005.3 p37〜74
◇〈資料紹介〉フォン・ブランデンシュタイン家所蔵文書 シーボルト自筆草稿『日本の自然と日本人の生きた姿』 (石山禎一)「シーボルト記念館鳴滝紀要」 長崎市教育委員会 第15号 2005.3 p75〜101
◇科学史入門 シーボルトと日本の植物 (石山禎一)「科学史研究 〔第2期〕」 日本科学史学会, 岩波書店 44 (233) 2005.春 p39〜42
◇オランダ国立植物標本館所蔵のシーボルト蒐集シダ植物の目録 (加藤僖重)「マテシス・ウニウェルサリス」 獨協大学外国語学部言語文化学科 6 (2) 2005.3 p101〜195
◇事件の発端となったシーボルトの手紙―阿蘭陀通詞中山作三郎が手控えたシーボルトの手紙と鷹見泉石の手紙控え (片桐一男)「洋学史研究」 洋学史研究会 22 2005.4 p41〜59
◇医者も知りたい「医者のはなし」(15) シーボルトに捧げた一生 宇和島の人・二宮敬作 (木村専太郎)「臨床整形外科」 医学書院 40 (8) 2005.8 p932〜935
◇シーボルトが蒐集した裸子植物標本目録 (加藤僖重)「マテシス・ウニウェルサリス」 獨協大学外国語学部言語文化学科 7 (1) 2005.10 p149〜206
◇箕作阮甫が写していたシーボルトの山岳測高―雲仙岳を4287フィートと算出するまで (野村正雄)「一滴」 津山洋学資料館年 14 2006 p23〜40
◇ズィーボルトの日本研究と近代諸科学―植民地主義の視点から (辻朋季)「Rhodus」 筑波ドイツ文学会 22 2006 p55〜70
◇シーボルトと鳴滝別荘の植物園―特に再渡来時に植えられた日本植物について (石山禎一)「総合教育センター紀要」 東海大学総合教育センター 26 2006 p57〜76
◇偽オランダ人たちの江戸―シーボルトの巻 (その1) (柴田陽弘)「芸文研究」 慶応義塾大学芸文学会 90 2006 p235〜218
◇シーボルト記念館所蔵の眼科手術器具について―伊東昇廸がシーボルトから贈られた眼科内障機器 (山之内邦一)「シーボルト記念館鳴滝紀要」 長崎市教育委員会 第16号 2006.3 p1〜7
◇フォン・ブランデンシュタイン家所蔵、1824、1825年シーボルト関係書簡の翻刻並びに翻訳 (1) (宮坂正英, ベルント・ノイマン, 石川光庸)「シーボルト記念館鳴滝紀要」 長崎市教育委員会 第16号 2006.3 p23〜64
◇研究ノート: 新たに発見されたシーボルト鳴滝別荘に関する記述について―古賀十二郎著「シーボルト叢考」を中心に (宮坂正英)「シーボルト記念館鳴滝紀要」 長崎市教育委員会 第16号 2006.3 p65〜71
◇シーボルトが日本で集めた種子・果実について (10) (和田浩志)「マテシス・ウニウェルサリス」 獨協大学外国語学部言語文化学科 7 (2) 2006.3 p109〜119
◇シーボルトと中津 (川嶌眞人)「シーボルト記念館鳴滝紀要」 長崎市教育委員会 第17号 2007.3 p1〜7
◇シーボルト記念館所蔵の「阿蘭陀草花鏡図」とその背景について (ミヒェル・ヴォルフガング)「シーボルト記念館鳴滝紀要」 長崎市教育委員会 第17号 2007.3 p9〜38
◇シーボルト、ビュルガー、川原慶賀と日本の魚類学 (山口隆男)「シーボルト記念館鳴滝紀要」 長崎市教育委員会 第17号 2007.3 p39〜51
◇フォン・ブランデンシュタイン家所蔵、1825—1827年シーボルト関係書簡の翻刻ならびに翻訳 (1) (宮坂正英, ベルント・ノイマン, 石川光庸)「シーボルト記念館鳴滝紀要」 長崎市教育委員会 第17号 2007.3 p73〜116
◇シーボルト記念館所蔵資料について (扇浦正義)「シーボルト記念館鳴滝紀要」 長崎市教育委員会 第17号 2007.3 p117〜126
◇研究余滴 国内外にあるシーボルト記念碑とシーボルト像について

（杏澤宣賢）「東海史学」東海大学史学会 41 2007.3 p1～4
◇International research symposium on foreign historical documents relating to Japan：Titsingh and Siebold：Isaac Titsingh's private correspondence（1783－1812）as the reflection of an enlightened 'voyageur philosophique'（Frank Lequin）「東京大学史料編纂所研究紀要」東京大学史料編纂所 17 2007.3 p1～22
◇シーボルトを育てた町長崎 （宮坂正英）「ながさき経済」長崎経済研究所 210 2007.4 p1～8 （研究叢書）
◇日本語学史におけるシーボルトの位置付け―関係資料からの追求（特集 資料研究の現在）（Stefan Kaiser）「日本語の研究」日本語学会, 武蔵野書院 4(1) 2008.1 p31～47
◇シーボルトコレクション中にあるピエロー作製の標本について （加藤僖重）「情報科学研究」独協大学情報センター 25 2008.2 p11～46
◇フォン・ブランデンシュタイン家所蔵, 1826年シーボルト関係書簡の翻刻並びに翻訳（宮坂正英, ベルント・ノイマン, 石川光廣）「シーボルト記念館鳴滝紀要」長崎市教育委員会 第18号 2008.3 p29～61
◇シーボルトの門人・交友者 （扇浦正義）「シーボルト記念館鳴滝紀要」長崎市教育委員会 第18号 2008.3 p63～74
◇法政大学史学会会報 大会講演・発表要旨 シーボルトが観察した幕末日本の自然と人々の生活―特に再来日時の自筆『日記』および『覚書』などを中心に （石山禎一）「法政史学」法政大学史学会 69 2008.3 p96～99
◇会長講演 江戸時代, 鉱物に関する諸問題―田村藍水, 平賀源内, シーボルト, ビューガー, ポンペの事績を中心に（代109回 日本医史学会総会および学術大会） （大沢眞澄）「日本医史学雑誌」日本医史学会 54(2) 2008.6 p97～101
◇シーボルトが描いた日本の捕鯨（特集 公開シンポジウム 捕鯨を通して見る世界(3)人類史としての捕鯨史の構築にむけて―画像資料に見る人と鯨） （宮崎克則）「立教大学日本学研究所年報」立教大学日本学研究所 7 2008.8 p114～116
◇重山文庫所蔵伊藤圭介宛シーボルト書翰について （吉野政治）「総合文化研究所紀要」同志社女子大学総合文化研究所 26 2009 p109～116
◇牧野標本館所蔵のシーボルトの植物標本コレクション中にあるデータペーパー（標本整理紙）について （加藤僖重）「情報科学研究」独協大学情報センター 26 2009.1 p1～38
◇ライデン国立博物館所蔵 シーボルト和紙コレクションの紙質調査 （稲葉政満, 加藤雅人）「東京藝術大学美術学部紀要」東京芸術大学美術学部 46 2009.1 p33～122
◇シーボルトが収集した国絵図・出版図と和紙見本帳について一覧集と公開の十九世紀 （杉本史子, 村岡ゆかり, 国木田明子〔他〕）「東京大学史料編纂所研究紀要」東京大学史料編纂所 19 2009.3 p45～79, 図巻頭2p
◇フォン・シーボルトが創設した出島オランダ印刷所 （石山禎一）「法政史学」法政大学史学会 71 2009.3 p68～85
◇シーボルトが収集した手書きの江戸幕府撰国絵図―ライデン大学所蔵シーボルトコレクションより（特集 オランダ） （小野寺淳）「地理」古今書院 54(4) 2009.4 p43～49,1
◇Bibliotheca Japonica（140）シーボルトの自費出版『薬品応手録』 （八木正自）「日本古書通信」日本古書通信社 74(7) 2009.7 p36

下田歌子　しもだうたこ　1854～1936
明治～昭和期の女子教育家。愛国婦人会会長。
【図書】
◇下田歌子関係資料総目録 （実践女子大学図書館編） 実践女子学園 1980.3
◇図説人物日本の女性史10 新時代の知性と行動 （井上靖, 児玉幸多監修） 小学館 1980.8
◇女の一生―人物近代女性史2 （瀬戸内晴美） 講談社 1980.9
◇文明開化と女性―日本女性の歴史 暁教育図書 1982.10 （日本発見人物シリーズno.8）
◇人物探訪 日本の歴史―18―明治の逸材 暁教育図書 1984.2
◇女の一生―人物近代女性史 2 明治に開花した才媛たち （瀬戸内晴美他） 講談社 1984.2
◇愛の近代女性史 （田中澄江著） ミリオン書房 1984.2
◇花の嵐―明治の女帝・下田歌子の愛と野望 （志茂田景樹著） PHP研究所 1984.5
◇明治を駆けぬけた女たち （中村彰彦編著） KKダイナミックセラーズ 1984.12
◇下田歌子先生伝 （故下田校長先生伝記編纂所編） 大空社 1989.1
◇新時代のパイオニアたち―人物近代女性史 （瀬戸内晴美編） 講談社 1989.5 （シリーズ）
◇前田愛著作集〈第3巻〉樋口一葉の世界 （前田愛） 筑摩書房 1989.9
◇明治を彩った妻たち （阿井景子著） 新人物往来社 1990.8
◇美と知に目覚めた女性たち （円地文子ほか著） 天山出版 1990.8 （天山文庫）
◇樋口一葉の世界 （前田愛） 平凡社 1993.6 （平凡社ライブラリー）
◇女人絵巻―歴史を彩った女の肖像 （沢田ふじ子著） 徳間書店 1993.10
◇明治を駆けぬけた女たち （中村彰彦編著） ダイナミックセラーズ出版 1994.11
◇妖婦 下田歌子―「平民新聞」より （山本博雄解説） 風媒社 1999.2 246p
◇明治前期日本文典の研究 （山東功著） 和泉書院 2002.1 345p
◇近代日本の「手芸」とジェンダー （山崎明子著） 世織書房 2005.10 377p
◇下田歌子 （家崎晴夫原作, ゆきもとみつえ, 木野奈々江, 山口奈津子, 渡辺恵美構成・作画, 篠田英男監修） 岐阜県 2005.12 135p （マンガで見る日本まん真ん中おもしろ人物史シリーズ）
◇東アジアの良妻賢母論―創られた伝統 （陳姃湲著） 勁草書房 2006.11 293p （双書ジェンダー分析）
【雑誌】
◇女子教育にかけた夢 津田梅子VS下田歌子（特集・ライバル明治の獅子たち） （吉屋周子）「歴史読本」25(2) 1980.2
◇下田歌子関係資料展総目録 （下田歌子関係資料展実行委員会）「実践女子大学文学部紀要」22 1980.3
◇対談・日本の女性史―幕末明治下―明治を生きた女性たち （橋本寿賀子VS吉見周子）「歴史と旅」7(8) 1980.7
◇下田歌子と穏田の行者（読者招待席） （松下慶平）「歴史読本」25(15) 1980.12
◇下田歌子と中国女子留学生―実践女学校「中国留学生部」を中心として （上沼八郎）「実践女子大学文学部紀要」25 1983.3
◇下田歌子編「国文小学読本」の研究―明治国語教育史の一断面 （山下雅子）「実践国文学」25 1984.3
◇下田歌子の光と影（特集花ひらく明治の女性たち） （田中澄江）「歴史と旅」12(2) 1985.2
◇下田歌子著「家庭文庫」に於ける『女子普通文典』について （山下雅子）「実践国文学」30 1986.10
◇下田歌子―「良妻賢母」の生みの親（明治新政府―大いなる国家構想（特集）） （高橋富子）「歴史読本」32(21) 1987.11
◇下田歌子の歌集「雪の下草」及び「竹の若葉」について （山下雅子）「実践国文学」36 1989.10
◇「明治の紫式部」とよばれた女の2つの顔のナゾ―下田歌子（いまも昔もおんな史）「潮」379 1990.10
◇スキャンダルの報酬 （林真理子）「新潮45」10(2) 1991.2
◇下田歌子著作題目一覧 （板垣弘子）「実践国文学」39 1991.3
◇下田歌子著作題目一覧(2)「婦人世界」 （板垣弘子）「実践国文学」41 1992.4
◇女性の自立と日本語教育―日本語教育史の中の下田歌子 （岩沢正子）「実践国文学」43 1993.3
◇下田歌子伝のために （福島邦道）「実践国文学」44 1993.10
◇明治の婦人雑誌―下田歌子と「日本婦人」（図書館資料を問う(1) 雑誌（特集）） （大井三代子）「現代の図書館」31(4) 1993.12
◇学祖・下田歌子「香雪叢書」他にみられる家庭教育と女性の社会進出についての一考察 （船崎恵美子）「実践女子短大評論」15 1994.1
◇「まよひなき道」―下田歌子英国女子教育視察の軌跡 （大関啓子）「実践女子大学文学部紀要」36 1994.3
◇「下田歌子伝」の困難―明治のセクシャル・ハラスメント （赤塚行雄）「日本及日本人」日本及日本人社 1617 1995.1 p70～79
◇下田歌子『源氏物語講義』覚え書き （山下雅子）「実践国文学」実践国文学会 50 1996.10 p26～30
◇表裏〔巻末御免（146）〕 （谷沢永一）「Voice」230 1997.2 p268
◇下田歌子の書物にみる明治・大正時代の「家庭の看護」 （小稗文子, 石井範子）「秋田大学医学部保健学科紀要」秋田大学医学部保健学科 12(2) 2004 p105～113
◇歴史教育における人物学習の新たな試み―下田歌子の教材化 （竹川里佐子）「岐阜史学」岐阜史学会 101 2005.3 p65～72
◇和製ラスプーチン 飯塚吉三郎と下田歌子（総力特集 明治・大正・昭和 皇室10大事件簿） 「新潮45」新潮社 24(10) 2005.10 p34～37
◇下田歌子と家政学 （飯塚幸子, 大井三代子）「実践女子短期大学紀要」実践女子短期大学 28 2007.3 p1～13
◇本好き人好き（214）田岡嶺雲追懐録―田中貢太郎『桂月先生従遊記』 下田歌子『家庭』 （谷沢永一）「國文學 解釈と教材の研究」學燈社 52(8) 2007.8 p156～159

白井光太郎　しらいみつたろう　1863～1932
明治～昭和期の植物学者。東京帝国大学教授。
【図書】
◇植物採集旅行・自然保護（本草学論攷4） （白井光太郎） 科学書院 1985
◇白井光太郎著作集 第1巻 本草学・本草学史研究 （木村陽二郎編） 科学書院 1985.5
◇白井光太郎著作集 第2巻 植物研究 （木村陽二郎編） 科学書院

1986.3
◇白井光太郎著作集〈第6巻〉本草百家伝・その他　（白井光太郎著, 木村陽二郎編）　科学書院　1990.3
◇医学・洋学・本草学者の研究―吉川芳秋著作集　（吉川芳秋著, 木村陽二郎, 遠藤正治編）　八坂書房　1993.10
◇日本の植物病理学の草創の時代と, 白井光太郎の生涯　（山田昌雄著）　日本植物防疫協会植物防疫資料館　2009.3　70p　（植物防疫資料館史料）
【雑　誌】
◇国立国会図書館所蔵本蔵書印(75)白井光太郎　「国立国会図書館月報」　241 1981.4
◇人と日記(10)白井光太郎の「独逸留学日記」　（朝倉治彦）「日本古書通信」　48(10)　1983.10
◇南方熊楠と博物学者白井光太郎　（郷間秀夫）「熊楠研究」　南方熊楠資料研究会　7　2005.3　p328～306
◇南方熊楠と博物学者白井光太郎（承前）　（郷間秀夫）「熊楠研究」　南方熊楠顕彰会　8　2006.3　p386～364
◇白井光太郎と福井県出身の植物病理学者達, その時代　（山田昌雄）「若越郷土研究」　福井県郷土誌懇談会　53(1)　2008.8　p37～55

白鳥庫吉　しらとりくらきち　1865～1942
明治～昭和期の東洋史学者。
【図　書】
◇独歩吟　（宮崎市定著）　岩波書店　1986.4
◇石田幹之助著作集〈4〉東洋文庫の生れるまで　（石田幹之助著）　六興出版　1986.4
◇津田左右吉全集〈第24巻〉自叙伝他　（津田左右吉著）　岩波書店　1988.8
◇昭和天皇の研究―その実像を探る　（山本七平著）　祥伝社　1989.2
◇父の書斎　（有島行光ほか著）　筑摩書房　1989.6　（筑摩叢書）
◇服部四郎論文集〈3〉アルタイ諸語の研究〈3〉　（服部四郎）　三省堂　1989.12
◇東洋学の系譜　（江上波夫編）　大修館書店　1992.11
◇20世紀の歴史家たち〈1〉日本編　1　（今谷明, 大浜徹也, 尾形勇, 樺山紘一編）　刀水書房　1997.7　270p　（刀水歴史全書）
◇東方学回想　1　（東方学会編）　刀水書房　2000.1　239p
◇中国古代国家の形成と史学史　（五井直弘著）　名著刊行会　2003.11　314p　（歴史学叢書）
◇邪馬台国論争　（佐伯有清著）　岩波書店　2006.1　217,3p　（岩波新書）
【雑　誌】
◇「白鳥庫吉記念館」の設立　（白鳥芳郎）「歴史と人物」　119　1981.6
◇中国文化圏における日本文化としての左右尊卑観―白鳥庫吉説・池田彌三郎説批判（上）　（三浦徹明）「拓殖大学論集」　151　1984.9
◇中国文化圏における日本文化としての左右尊卑観―白鳥庫吉説・池田彌三郎説批判（下）　（三浦徹明）「拓殖大学論集」　153　1984.12
◇ドキュメント・天皇の学校―東宮御学問所物語〔14〕　（大竹秀一）「正論」　162　1986.3
◇日本語系統論―アストン・白鳥庫吉の探究―（特集・日本語論）　（橋本万太郎）「言語」　15(10)　1986.10
◇発掘　昭和天皇が学んだ特製「国史」教科書―「皇紀」が使われなかった白鳥庫吉博士「国史」　（所功）「文芸春秋」　68(2)　1990.2
◇東洋学の系譜(3)白鳥庫吉　（松村廣）　1(3)　1990.6
◇「満鮮史」と朝鮮研究―白鳥庫吉の朝鮮語系統論をめぐる言語系統論と歴史観の問題について（東京歴史科学研究会第32回大会個別報告）　（三ッ井崇）「人民の歴史学」　東京歴史科学研究会　138　1999.1　p14～23
◇資料紹介：白鳥庫吉の川上俊彦にあてた書簡1通　（左近毅）「むうざ」　ロシア・ソヴェート文学研究会　第18号　1999.10　p134～138
◇白鳥庫吉の歴史認識形成における言語論の位相―朝鮮語系統論と朝鮮史認識をめぐる言説から　（三ッ井崇）「史潮」　弘文堂（発売）　48　2000.11　p68～88
◇白鳥庫吉博士と倭国の統一　（有田穎右）「千里山文学論集」　関西大学大学院文学研究科生協議会　第65号　2001.3　p(23)～(33)
◇白鳥庫吉博士と任那　（有田穎右）「千里山文学論集」　関西大学大学院文学研究科　75　2006.3　p318～304
◇白鳥庫吉と廣池千九郎―信仰と歴史研究における共通点　（山崎成子）「モラロジー研究」　モラロジー研究所　59　2007.2　p125～149
◇白鳥庫吉博士と津田左右吉博士　（有田穎右）「千里山文学論集」　関西大学大学院文学研究科　79　2008.3　p192～179

スウィフト, J.　Swift, John Trumbull　1861～1928
アメリカの教育家。1888年来日, 東京YMCAを創立。
【雑　誌】
◇Swiftの「キリスト教擁護論」　（常盤井礼十）「名古屋市立大学教養部紀要　人文社会研究」　36　1992.3

菅沼貞風　すがぬまていふう　1865～1889
明治期の歴史家。北松浦郡衙書記。
【図　書】
◇復興アジアの志士群像―東亜先覚者列伝　大東塾出版部　1984.5
◇明治の精神　（荒川久寿男著）　（伊勢）皇学館大学出版部　1987.12
◇明治期における「南進」論の一系譜―菅沼貞風『新日本の図南の夢』をめぐって　（有賀定彦）「長崎大学東南アジア研究所研究年報」　26　1984
◇菅沼貞風とフィリピン　（河嶋慎一）「アジア・アフリカ資料通報」　21(10)　1984.1
◇中天切り裂く閃光に似て―菅沼貞風　その短かく特異な生涯と「身後の功業」　（森達生）「日本及日本人」　1603　1991.7
◇新日本の図南の夢―菅沼貞風の南進経略策(critique)　（花田俊典）「Problématique」　同人Problematique IV　2003.7　p37～51

杉浦重剛　すぎうらじゅうごう　1855～1924
明治, 大正期の教育者。衆議院議員。
【図　書】
◇明治文学全集37　政教社文学集　（松本三之介編）　筑摩書房　1980.5
◇日本の思想家　近代篇　（菅孝行）　大和書房　1981.9
◇杉浦重剛全集　第5巻　語録・歌藻・書簡　（明治教育史研究会編）　杉浦重剛全集刊行会　1982.1
◇杉浦重剛全集　第4巻　倫理思想　（明治教育史研究会編）　杉浦重剛全集刊行会　1982.4
◇人間と宗教―近代日本人の宗教観　（比較思想史研究会編）　東洋文化出版　1982.6
◇杉浦重剛全集　第3巻　教育史・理化学　（明治教育史研究会編）　杉浦重剛全集刊行会　1982.7
◇杉浦重剛全集　第2巻　論説　2　（明治教育史研究会編）　杉浦重剛全集刊行会　1982.11
◇杉浦重剛全集　第6巻　日誌・回想　（明治教育史研究会編）　杉浦重剛全集刊行会　1983.2
◇杉浦重剛全集　第1巻　論説　1　（明治教育史研究会編）　杉浦重剛全集刊行会　1983.5
◇回想杉浦重剛　思文閣　1984.2
◇天皇の学校―昭和の帝王学と高輪御学問所　（大竹秀一著）　文芸春秋　1986.4
◇杉浦重剛先生　（大町桂月, 猪狩史山共著）　杉浦重剛先生顕彰会　1986.5
◇新修杉浦重剛の生涯　（石川哲三編著）　大津梅窓会　1987.8
◇明治の精神　（荒川久寿男著）　（伊勢）皇学館大学出版部　1987.12
◇明治の化学者―その抗争と苦渋　（広田鋼蔵著）　東京化学同人　1988.2　（科学のとびら）
◇昭和天皇の研究―その実像を探る　（山本七平著）　祥伝社　1989.2
◇排耶論の研究　（同志社大学人文科学研究所編）　教文館　1989.7　（同志社大学人文科学研究叢書）
◇人づくり・仕事づくり・まちづくり―大津市膳所（ぜぜ）・昭和会館の実践　（安達信男著）　（京都）部落問題研究所　1990.11
◇宮中某重大事件　（大野芳著）　講談社　1993.6
◇怪物科学者の時代　（田中聡著）　昌文社　1998.3　279p
◇明治の教育者杉浦重剛の生涯　（渡辺一雄著）　毎日新聞社　2003.1　238p
◇国粋主義者の国際認識と国家構想―福本日南を中心として　（広瀬玲子著）　芙蓉書房出版　2004.1　514p
◇故国を忘れず新天地を拓く―移民から見る近代日本　（天沼香著）　新潮社　2008.8　205p　（新潮選書）
◇志を貫いた先人たち　（モラロジー研究所出版部編）　モラロジー研究所　2009.5　255p　（「歴史に学ぼう, 先人に学ぼう」）
【雑　誌】
◇連載・出版広告史(92)杉浦重剛著『倫理御進講草案』　（尾崎秀樹）「出版ニュース」　1174　1980.3
◇杉浦重剛先生―明治・大正の教育者の巨塔（特集・私の好きな近江の人2）「湖国と文化」　17　1981.10
◇杉浦重剛の科学観(1)　（広政直彦）「東海大学文明研究所紀要」　2　1982.2
◇ドキュメント・天皇の学校―東宮御学問所物語(6)　（大竹秀一）「正論」　152　1985.7
◇ドキュメント・天皇の学校―東宮御学問所物語〔7〕　（大竹秀一）「正論」　154　1985.8
◇ドキュメント・天皇の学校―東宮御学問所物語〔8〕　（大竹秀一）「正論」　155　1985.9
◇杉浦・重剛―「松陰70年の生涯」　（下程勇吉）「湖国と文化」　33　1985.10
◇ドキュメント・天皇の学校―東宮御学問所物語〔10〕　（大竹秀一）「正論」　157　1985.11
◇ドキュメント・天皇の学校―東宮御学問所物語〔11〕　（大竹秀一）

「正論」 159 1985.12
◇杉浦重剛について （皇紀夫）「教育哲学研究」 54 1986
◇ドキュメント・天皇の学校―東宮御学問所物語〔12〕 （大竹秀一）「正論」 160 1986.1
◇ドキュメント・天皇の学校―東宮御学問所物語〔15完〕 （大竹秀一）「正論」 163 1986.4
◇杉浦重剛研究(2) 近代化のなかでの思想形成 （皇紀夫）「京都女子大学教育学科紀要」 27 1987.3
◇杉浦重剛研究(3) 理学宗と和魂洋才論 （皇紀夫）「京都女子大学教育学科紀要」 28 1988.3
◇杉浦重剛における「伝統」主義の構造―徳育問題と理学宗をめぐって （沖田行司）「文化学年報（同志社大学文化学会）」 37 1988.3
◇江州系企業者と準拠集団(1)住友財閥と杉浦重剛 （瀬岡誠）「研究紀要（滋賀大学・経済学部・附属史料館）」 21 1988.3
◇江州系企業者と準拠集団(2)杉浦重剛のマージナリティ （瀬岡誠）「滋賀大学経済学部附属史料館研究紀要」 22 1988.9
◇杉浦重剛と基督教 （寺川健治）「千里山文学論集」 38 1989.3
◇杉浦重剛著「倫理御進講草案」の分析的考察 （打越孝明）「皇学館論叢」 22(3) 1989.6
◇江州系企業者と準拠集団(3)企業者の供給 （瀬岡誠）「研究紀要（滋賀大学・経済学部・附属史料館）」 23 1989.9
◇昭和天皇ご成婚に秘められた暗闘―近代史最大のタブー「宮中某重大事件」の封印を解く （大野芳,大江志乃夫）「現代」 26(8) 1992.8
◇良子女王と杉浦重剛―御成婚前の現皇太后様に倫理を数年に亘り進講した老教師の真面目 （所功）「日本及日本人」 1615 1994.7
◇国士の隠し芸（随筆） （加藤郁平）「正論」 278 1995.10 p40～42
◇杉浦重剛と倫理―「尊王」と「至誠」で貫かれた生涯 （打越孝明）「明治聖徳記念学会紀要」 明治聖徳記念学会 第16号 1995.12 p18～51
◇勝沼精蔵先生の嘆息―杉浦重剛撰文「向阪兌之墓」 （塩沢全司, 高橋昭）「山梨医科大学紀要」 山梨医科大学 17 2000 p10～19
◇杉浦重剛の漢詩(4) （若林力）「東京成徳短期大学紀要」 東京成徳短期大学 33 2000.3 p37～52
◇香淳皇后さまを偲ぶ―久邇宮良子女王と杉浦重剛 （所功）「歴史と旅」 27(11) 2000.9 p242～249
◇杉浦重剛の漢詩(5) （若林力）「東京成徳短期大学紀要」 東京成徳短期大学 34 2001.3 p29～48
◇杉浦重剛と中国人留学生問題 （張芸文）「関西教育学会研究紀要」 関西教育学会 2 2002 p50～63
◇マンチェスターの明治日本人留学生―杉浦重剛(1855～1924)の場合 （Nicholas James Casson）「日本語・日本文化」 大阪外国語大学留学生日本語教育センター 29 2003.3 p17～45
◇杉浦重剛（東宮御学問所御用掛）御進講録『昭和天皇の学ばれた教育勅語』（勉誠新書）に寄せて （所功）「歴史研究」 歴研 49(4) 2007.4 p114～116
◇杉浦重剛における伝統と近代科学―高島嘉右衛門の易に対する理解をめぐって （下村育世）「一橋社会科学」 一橋大学大学院社会学研究科 7 2009.8 p157～186〔含 英語文要旨〕

杉亨二　すぎこうじ　1828～1917
幕末～大正期の統計学者。スタチスチック社社長。
【図　書】
◇江戸5 人物編 （大久保利謙編） 立体社 1980.8
◇読書清興 （岩倉規夫） 汲古書院 1982.11
◇明六社の人びと （戸沢行夫著） 築地書館 1991.4
◇日本の『創造力』―近代・現代を開花させた470人〈2〉殖産興業への挑戦 （富田仁編） 日本放送出版協会 1993.1
◇杉亨二自叙伝 完全復刻 （杉亨二著） 日本統計協会 2005.3 1冊
◇「洋算」摂取の時代を見つめる （岡部進著） ヨーコ・インターナショナル 2008.3 284p
◇日本統計史群像 （島村史郎著） 日本統計協会 2009.12 214p
【雑　誌】
◇明治十一年（一八七八年）刊行杉亨二閲呉文聡訳「万国国債表」について （大淵利男）「政経研究（日大）」 17(2) 1981.2
◇古書巡礼 （岩倉規夫）「統計」 1981.6,7,11
◇杉亨二の職業分類 （三潴信邦）「書斎の窓」 328 1983.10
◇統計事務所管機構についての明治13年杉亨二建議書原本 （石渡隆之）「統計局研究彙報」 40 1983.10
◇杉亨二と『沼津・原政表』 （海野福寿）「静岡県近代史研究会会報」 77 1985.2
◇杉亨二の5つの「建白書」 （三潴信邦）「統計学」 63 1992.9
◇杉亨二について(1) （鳴原邦充）「神戸文化短期大学研究紀要」 18 1994.3
◇統計史群像(10)杉亨二と政表会議 （島村史郎）「統計」 日本統計協会 59(12) 2008.12 p35～43
◇統計史群像(11)杉亨二と門下生 （島村史郎）「統計」 日本統計協会 60(1) 2009.1 p41～51

杉田玄端　すぎたげんたん　1818～1889
幕末, 明治期の蘭方医。
【図　書】
◇岬の家 （相磯和嘉著） 近代文芸社 1989.3
【雑　誌】
◇杉田玄瑞が邦訳した『健全学』の英蘭原著 （高田誠二）「科学医学資料研究」 212 1992.1
◇杉田玄端訳『地学正宗』の西洋教育情報 （岩田高明）「安田女子大学大学院文学研究科紀要 合冊」 安田女子大学大学院文学研究科 5 1999 p21～38

杉田成卿　すぎたせいけい　1817～1859
幕末の蘭学者。ペリーの開国要求書などを翻訳。
【図　書】
◇江戸科学古典叢書29 内服同功.済生備考 恒和出版 1980.6
◇江戸時代蘭語学の成立とその展開4 蘭語研究における人的要素に関する研究 （杉本つとむ） 早稲田大学出版部 1981.2
◇実学思想の系譜（講談社学術文庫）（源了円著） 講談社 1986.6
◇横切った流星―先駆的医師たちの軌跡 （松木明知著） メディサイエンス社 1990.10
◇江戸蘭方医からのメッセージ （杉本つとむ著） ぺりかん社 1992.12
【雑　誌】
◇杉田成卿について （石井孝）「史友」 14 1982.4
◇御目見得医師の医家倫理について―杉田成卿の場合 （石井孝）「大倉山論集」 28 1990.12

スクリーバ, J.　Scriba, Jurius　1848～1905
ドイツの外科医。1881年来日, 日本近代医学発展に貢献。
【図　書】
◇開化異国（おつくに）助っ人奮戦記 （荒俣宏著, 安井仁撮影） 小学館 1991.2
◇ペースメーカーの父・田原淳 （須磨幸蔵著） 梓書院 2005.5 184p
◇日本近代外科の父ユリウススクリバと日独医学交流 （ペーター・スクリバ述）『日独医学交流講演会・シンポジウム論集―（財）日本国際医学協会80周年記念』 日本国際医学協会 2006.9 p30～36
【雑　誌】
◇医学近代化と外人たち(20)お雇い外人教師―シュルツエ, スクリバ （酒井シズ）「臨床科学」 23(1) 1987.1

スコット, M.　Scott, Marion McCarrell　1843～1922
アメリカの教育家。1871年来日, 初等教育近代化に貢献。
【図　書】
◇日本の近代化をになった外国人―フォンタネージ・クラークとケプロン・スコット （国立教育会館編） ぎょうせい 1992.5 （教養講座シリーズ）
◇日本の『創造力』―近代・現代を開花させた470人〈15〉貢献した外国人たち （富田仁編） 日本放送出版協会 1994.2
◇エム・エム・スコットの研究 （平田宗史著） 風間書房 1995.3 400p
【雑　誌】
◇マリオン・M.スコットの研究―ハワイ時代を中心として （古賀徹）「教育学雑誌」 25 1991
◇マリオンM.スコットと日本の教育 （古賀徹）「比較教育学研究」 17 1991
◇スコットの「好古家」の特異性 （貝瀬英夫）「国士館大学教養論集」 33 1991.11
◇初期の大阪伝道―ワインドとスコットの活動 1888-1915 （大島良雄）「関東学院大学文学部紀要」 66 1992

鈴木雅之　すずきまさゆき　1837～1871
幕末, 明治期の国学者, 神道学者, 歌人。
【図　書】
◇草莽の国学 （伊東多三郎） 名著出版 1982.3 （名著選書 2）
◇近世史の研究 2 国学と洋学 （伊東弘文編） 吉川弘文館 1982.7
◇全国の伝承 江戸時代 人づくり風土記―ふるさとの人と知恵〈12〉千葉 （加藤秀俊, 谷川健一, 稲злы史生, 石川松太郎, 吉田豊編） 農山漁村文化協会 1990.11
◇幕末民衆思想の研究―幕末国学と民衆宗教 （桂島宣弘著） （京都）文理閣 1992.2
◇日本思想史研究 増訂版 （村岡典嗣著） 岩波書店 1994.2
【雑　誌】
◇国学者鈴木雅之の経世論 （森順子）「さざなみ」 25 1982.8
◇国学における教化論の性格(2)幕末維新期の二人の国学者の考察を通して （山中芳和）「岡山大学教育学部研究集録」 68 1985.1
◇幕末国学の転回と鈴木雅之の思想 （桂島宣弘）「立命館文学」 521 1991.6
◇維新期の国学における共通教化の析出―鈴木雅之の教育・教化論

（高橋陽一）「日本の教育史学」34 1991.10
◇復古神道における〈出雲〉―思想史の1つの試みとして〔下〕（原武史）「思想」810 1991.12

清宮秀堅　せいみやひでかた　1809～1879
幕末、明治期の国学者。経世財務、地理に詳しい。
【図　書】
◇近世の村と町　（川村優先生還暦記念会編）　吉川弘文館 1988.1
【雑　誌】
◇清宮秀堅―人と作品　（岩沢和夫）「資料の広場」13 1981.3
◇清宮秀堅の『下総国旧事考』編纂について　（中村光一）「紀要（土浦市立博物館）」2 1990.3
◇清宮秀堅『古亊小傳』成立に関する一考察　（中澤伸弘）「國學院雜誌」國學院大學綜合企画部 107（4）2006.4 p25～42

関寛斎　せきかんさい　1830～1912
幕末、明治期の蘭方医。徳島藩医、山梨県病院院長を歴任。
【図　書】
◇蘭医関寛斎　（戸石四郎）　崙書房 1980.1
◇関寛斎―蘭方医から開拓の父へ　（川崎巳三郎）新日本出版社 1980.9　（新日本新書）
◇学びの場と人―歴史に残る各地の私塾探訪　（高瀬善夫）毎日新聞社 1982.1
◇寛斎日記―奥羽出張病院日記を中心として　陸別町郷土資料　陸別町教育委員会 1982.3
◇阿波の蘭学者―西洋文化を伝えた人たち　（福島義一）徳島県出版文化協会 1982.7
◇関寛斎―最後の蘭医　（戸石四郎）　三省堂 1982.8　（三省堂選書 89）
◇関寛斎遺品目録―東金市郷土資料　（東金市立東金図書館編）東金市立東金図書館 1982.9
◇関寛斎　（陸別町（北海道））　陸別町公民館 1983.3
◇野のひと―関寛斎（北の肖像）　（米村晃多郎）春秋社 1984.6
◇十勝人　（北海道新聞社帯広報道部編）　（札幌）北海道新聞社 1988.3
◇原野を拓く―関寛翁の理想とその背景　（陸別町役場広報広聴町史編さん室）　陸別町 1991.3　（陸別町郷土叢書　第1集）
◇関寛斎　（陸別町教育委員会編）　陸別町教育委員会 1994.3
◇関寛斎―伝記・関寛斎　（鈴木要吾編）　大空社 1998.12　134,3p　（伝記叢書）
◇続 北へ……―異色人物伝　（北海道新聞社編）　北海道新聞社 2001.9　315p
◇街道をゆく 15 新装版　（司馬遼太郎著）　朝日新聞出版 2008.11　306,8p（朝日文庫）
◇志を貫いた先人たち　（モラロジー研究所出版部編）モラロジー研究所 2009.5　255p　（「歴史に学ぼう、先人に学ぼう」）
【雑　誌】
◇「学びの場と人」風土記（11）佐倉順天堂の群像（下）（高瀬善夫）「月刊教育の森」6（8）1981.8
◇関寛斎　（小野重信）「古文幻想」4 1982.4
◇「奥羽出張病院日記」の研究―戊辰戦中の一軍事病院の実態　（佐久間温巳）「医譚」53 1982.6
◇関寛斎と銚子　（戸石四郎）「房総路」10 1982.10
◇関寛斎とヒューマニズム―「伝記」―近代史の風景本居長世と私（戸石四郎）「三省堂ぶっくれっと」42 1983.1
◇関寛斎夫人・愛子（読者招待席）（吉井永）「歴史読本」28（2）1983.2
◇関寛斎（北の肖像（1））（米村晃多郎）「春秋」248 1983.7
◇関寛斎（北の肖像（2））（米村晃多郎）「春秋」249 1983.8
◇関寛斎（北の肖像（3））（米村晃多郎）「春秋」250 1983.9
◇関寛斎（北の肖像（4））（米村晃多郎）「春秋」251 1983.10
◇関寛斎（北の肖像（5））（米村晃多郎）「春秋」252 1983.11
◇「奥羽出張病院日記」の研究（承前）―戊辰戦中の一軍事病院の実態　（佐久間温巳）「医譚」54 1985.4
◇長崎遊学中の入沢恭平について―関寛斎「長崎在学日記」より　（長谷川一夫）「見附郷土誌」創刊号 1986.3
◇斗満原での関寛斉　（斉藤省三）「トカプチ」4 1990.10
◇食の匠列伝（18）缶詰―讃岐缶詰相談役 関寛（せきひろし）氏　（山本博士）「Aff」25（4）1994.4
◇週刊司馬遼太郎（116）歴史を変えた医学―「胡蝶の夢」の世界（第6回）寛斎の志　（村井重俊,守田直樹）「週刊朝日」朝日新聞出版 113（62）2008.12.12 p92～97

尺振八　せきしんぱち　1839～1886
幕末、明治期の英語学者、教育者。共立学舎を開く。
【図　書】
◇近代日本の政党と官僚　（山本四郎編）　東京創元社 1991.11

◇日本の『創造力』―近代・現代を開花させた470人〈3〉流通と情報の革命　（富田仁編）日本放送出版協会 1993.2
◇漱石の学生時代の英作文三点―幕末明治英学史論集　（森川隆司編）近代文芸社 1993.7
◇英学の先達尺振八―幕末・明治をさきがける　（尺次郎著）〔尺次郎〕1996.2　323p
【雑　誌】
◇「尺振八」拾遺―尺振八生誕150年記念　（尺次郎）「英学史研究」22 1989
◇尺振八の共立学舎創設と福沢諭吉　（鈴木栄樹）「史林」73（4）1990.7
◇明治前期の学術書の翻訳―尺振八訳『斯氏教育論』について　（鈴木直枝）「東北生活文化大学・東北生活文化大学短期大学部紀要」東北生活文化大学 39 2008　p77～82

関野貞　せきのただし　1867～1935
明治～昭和期の建築・美術史家。東京大学教授。
【図　書】
◇ある「大正」の精神―建築史家天沼俊一の思想と生活　（天沼香）吉川弘文館 1982.12
◇建築史の先達たち　（太田博太郎）　彰国社 1983.5
◇亀の碑と正統―領域国家の正統主張と複数の東アジア冊封体制観　（平勢隆郎著）　白帝社 2004.2　228p　（白帝社アジア史叢書）
◇関野貞アジア踏査　（藤井恵介、早乙女雅博、角田真弓、西秋良宏編）東京大学総合研究博物館 2005.7　416p　（東京大学コレクション）
◇関野貞日記　（関野貞著,関野貞研究会編）　中央公論美術出版 2009.2　803,25p
【雑　誌】
◇平城京と唐の長安（1）　（秋山日出雄）「近畿文化」379 1981.6
◇特集 建築史・考古学・関野貞　「考古学史研究」京都木曜クラブ 7 1997.12 p1～64
◇建築の歴史学者 関野貞（上）〔含 略年譜〕　（関野克）「古代文化」古代学協会 50（2）1998.2 p114～118
◇建築の歴史学者関野貞（下）〔含 関野貞博士業績目録〕　（関野克）「古代文化」古代学協会 50（4）1998.4 p229～237
◇特集 関野貞と『韓国建築調査報告』　「考古学史研究」京都木曜クラブ 8 1998.5 p2～34,巻頭図2枚
◇特集 関野貞と朝鮮古蹟調査　「考古学史研究」京都木曜クラブ 9 2001.5 p1～90
◇東洋建築史学の成立に見るアカデミーとナショナリズム―関野貞と中国建築史研究（特集）シンポジウム 近代東アジアの美術史学、建築史学、考古学の成立―文化財行政とその周辺　（徐蘇斌）「日本研究」国際日本文化研究センター,角川書店 26 2002.12 p53～141
◇文化財建築の散歩道（1）文化財建築の生みの親・関野貞（ただし）（藤井恵介）「学士会会報」学士会 2005（2）2005.3 p156～158
◇文化財建築の散歩道（3）関野貞と法隆寺論争（藤井恵介）「学士会会報」学士会 2005（4）2005.7 p133～135
◇「モノ」研究事始―建築史家、関野貞の開発した方法　（藤井恵介）「図書」岩波書店 676 2005.8 p18～21
◇関野貞による山東省仏教遺跡調査の意義　（村上哲文）「カトリック文化」東京純心女子大学キリスト教文化研究センター 5 2007.3 p61～80

関谷清景　せきやきよかげ　1855～1896
明治期の地震学者。帝国大学理科大学教授。
【図　書】
◇地震学事始―開拓者・関谷清景の生涯　（橋本万平）朝日新聞社 1983.9　（朝日選書 237）
◇素人学者の古書探求　（橋本万平著）東京堂出版 1992.1
◇東国科学散歩　（西条敏美著）　裳華房 2004.3 174p

千家尊澄　せんげたかずみ　1810～1878
幕末、明治期の国学者。出雲大社宮司。
【図　書】
◇徳川時代後期出雲歌壇と国学　（中沢伸弘著）　錦正社 2007.10　322p　（国学研究叢書）
【雑　誌】
◇千家尊澄大人とその著作解題　（木野主計）「神道学」120 1984.2

ダイアー, H.　Dyer, Henry　1848～1918
イギリスの工学者。1873年来日、工部大学校初代教頭。
【図　書】
◇明治のエンジニア教育―日本とイギリスのちがい　（三好信浩）中央公論社 1983.6　（中公新書）
◇国際日本を拓いた人々―日本とスコットランドの絆　（北政巳著）同文館出版 1984.5
◇ダイアーの日本　（三好信浩）福村出版 1989.2　（異文化接触と日

本の教育 3)
◇日本の近代化をになった外国人—リース・ダイアー・ボワソナード・キヨソーネ（金井円、石山洋、安岡昭男、山口康助講義、国立教育会館編）ぎょうせい 1992.3 （教養講座シリーズ）
◇日本の『創造力』—近代・現代を開花させた470人〈15〉貢献した外国人たち（富田仁編）日本放送出版協会 1994.2
◇蘇格蘭土と日本・世界—ボウモア・ウィスキーと薊の文化（北政巳著）近代文芸社 1999.11 204,3p
◇日本の近代化とスコットランド（オリーヴ・チェックランド著、加藤詔士、宮田学編訳）玉川大学出版部 2004.4 222p
◇蘇格蘭土と日本・世界—ボウモア・ウィスキーと薊の文化（北政巳著）近代文芸社 2004.10 219,3p （近代文芸社新書）
◇明治 2（NHK「明治」プロジェクト編著）日本放送出版協会 2005.6 245p （NHKスペシャル）
◇NHKスペシャル 明治 コミック版 1（NHK取材班編、小川おさむ、本山一城、殿塚実、狩那匠、三堂司著）ホーム社 2006.4 492p （ホーム社漫画文庫）
【雑 誌】
◇日касs比較経済史の一考察(2)スコットランド帰国後のヘンリー・ダイアー研究（北政巳）「創価経済論集」9(4) 1980.3
◇ヘンリー・ダイアーと日本—彼の日本観を中心として（北政巳）「創大アジア研究」1 1980.3
◇日英比較経済史の一考察—アンダーソン・コレッジの同級生、ダイアーと山尾庸三（北政巳）「創価経済論集」10(2) 1981.3
◇スコットランド機械工業史—H.ダイアーのグラスゴウ機械工業調査報告(1901年)を中心として（北政巳）「創価経済論集」11(2) 1981.9
◇近代技術の運搬者(2)工部大学校のH.ダイアー—19世紀末、英国交流のエンジニア（北政巳）「自然」38(10) 1983.10
◇George Dyerの詩論（岡地嶺）「英語英米文学」24 1984.3
◇「日本工業化の父」ヘンリー・ダイアー博士（豊原治郎）「商大論集（神戸商科大学経済研究所）」37(3) 1985.11
◇ヘンリー・ダイアーの日本研究（三好信浩）「広島大学教育学部紀要 第1部」36 1987
◇技術者から見た日本近代化の歩み(3)ヘンリー・ダイアー 日本技術教育の恩人（大淀昇一）「はぐるま」37(6) 1992.6
◇科学と技術のあいだ—工学部を重視したこと、それが日本の力の源ぞ（有馬朗人）「文芸春秋」71(3) 1993.3
◇ダイアー先生をご存じですか—日本の工学教育の創始者（須田信英）「ENGINEERS」534 1993.4
◇外国人のみた日本(11)ダイアー著『大日本』（石山洋）「日本古書通信」59(11) 1994.11
◇ヘンリー・ダイアーの日本教育観—『大日本』第5章の典拠資料にみる実証性の検討（皿田瑛司）「岡山理科大学紀要 B 人文・社会科学」岡山理科大学 38 2002 p27〜40
◇東京大学所蔵「ヘンリー・ダイアー関係図書」をめぐる考察（加藤詔士）「東京大学史紀要」東京大学史史料室 20 2002.3 p1〜24
◇日英交流の推進者ヘンリー・ダイアーの叙勲（加藤詔士）「日本古書通信」日本古書通信社 67(10) 2002.10 p20〜22
◇工部大学校お雇いスコットランド人教師ヘンリー・ダイアー—「努力立身」の生涯「名古屋大学大学文書資料室紀要」名古屋大学文書資料室 13 2005.3 p1〜31
◇工部大学校書房掛猪俣昌武とお雇い教師ヘンリー・ダイアー（加藤詔士）「東京大学史紀要」東京大学史史料室 23 2005.3 p25〜39
◇Bibliotheca Japonica(91)ダイアー著『大日本』の成立とその周辺（八木正自）「日本古書通信」日本古書通信社 70(7) 2005.7 p25
◇辞書・事典のなかの「ヘンリー・ダイアー」（加藤詔士）「教育史研究室年報」名古屋大学教育学部教育史研究室 11 2005.12 p1〜26
◇ヘンリー・ダイアー墓参（加藤詔士）「日本古書通信」日本古書通信社 71(8) 2006.8 p14〜16
◇お雇い教師ヘンリー・ダイアーの著作（加藤詔士）「教育史研究室年報」名古屋大学教育学部教育史研究室 12 2006.12 p1〜32
◇H.ダイアー『大日本・東洋の英国』(1904)をめぐる考察（加藤詔士）「関西教育学会年報」関西教育学会 31 2007 p36〜40
◇続・土木エンジニアたちの群像 田邊717郎、恩師ダイアー先生を訪ふ（中井祐）「CE建設業界」日本土木工業協会 56(3) 2007.3 p4〜7
◇工部大学校お雇いヘンリー・ダイアー関係資料展（加藤詔士）「東京大学史紀要」東京大学史史料室 25 2007.3 p19〜39 〔含 英語文要旨〕
◇H・ダイアー『大日本』の製本と装訂（加藤詔士）「日本古書通信」日本古書通信社 72(5) 2007.5 p8〜10
◇お雇い教師H・ダイアーの著者署名本（加藤詔士）「日本古書通信」日本古書通信社 73(9) 2008.9 p20〜21
◇学問の歩きオロジー ヘンリー・ダイアー(1)日本の近代科学技術教育の父（水谷仁）「Newton」ニュートンプレス 29(1) 2009.1 p104〜111
◇学問の歩きオロジー 日本の近代科学技術教育の父 ヘンリー・ダイアー(2)日本人への忠告（水谷仁）「Newton」ニュートンプレス

29(2) 2009.2 p94〜101

ダイバース, E.　Divers, Edward　1837〜1912
イギリスの化学者。1873年来日、無機化学を教授。
【雑 誌】
◇日本における近代化学の父E.ダイヴァーズの墓を訪ねて（藤井清久）「化学史研究」30 1985.3
◇ダイヴァース先生とその弟子たち—滞日26年、化学の教育・研究に奮闘「近代日本の創造史」近代日本の創造史懇話会 2 2006.9 p11〜20

高楠順次郎　たかくすじゅんじろう　1866〜1945
明治〜昭和期のインド学者、仏教学者。
【図 書】
◇高楠順次郎全集 第3巻 仏教の根本思想.新文化原理としての仏教 教育新潮社 1982.2
◇近代日本思想と軌跡—西洋との出会い（野田又夫ほか編著）北樹出版 1982.4
◇仏教と社会的実践の研究（石上智康著）世界聖典刊行協会 1988.2
◇東洋学の系譜（江上波夫編）大修館書店 1992.11
◇高楠順次郎先生伝複製 大空社 1993.9
【雑 誌】
◇高楠順次郎（近代の仏教者(1〜3)）（雲藤義道）「在家仏教」324,325,327 1981.3,4,6
◇高楠順次郎の比較文化論—応理性思想と現観性思想（芹川博通）「比較思想研究」9 1982.12
◇「雪頂・高楠順次郎の研究」補遺(1)（石上智康）「武蔵野女子大学紀要」18 1983
◇杉並の名墓(31)高楠順次郎の墓（森崎次郎）「杉並郷土史会会報」107 1991.5
◇高楠順次郎の教育論—仏教女子教育の背景（山崎竜明）「武蔵野女子大学紀要」武蔵野女子大学文化学会 30(1) 1995 p131〜142
◇岡本かの子と高楠順次郎—雑誌『アカツキ』の周辺（外村彰）「滋賀大国文」滋賀大国文会 36 1998.9 p1〜11
◇古本屋散策(47)高楠順次郎の出版事業（小田光雄）「日本古書通信」日本古書通信社 71(2) 2006.2 p15
◇高楠順次郎にとっての〈教育〉（高山秀嗣）「仏教経済研究」駒沢大学仏教経済研究所 38 2009.5 p185〜207

高田早苗　たかださなえ　1860〜1938
明治〜昭和期の教育家、政治家。
【図 書】
◇日本史攻究—熊谷幸次郎先生古稀記念論集 文献出版 1981.3
◇政治科学の先駆者たち—早稲田政治学派の源流（吉村正）サイマル出版会 1982.5
◇明治大学文学回想集成 日本図書センター 1983.4
◇近代日本の思想群像 2（早稲田大学社会科学研究所日本近代思想部会編）早稲田大学出版部 1983.5
◇近代日本文学誌（本・人・出版社）（紅野敏郎著）早稲田大学出版部 1988.10
◇近代日本と早稲田大学（佐藤能丸著）早稲田大学出版部 1991.12
◇アメリカ政治学への視座—早稲田政治学の形成過程（内田満著）三嶺書房 1992.3
◇高田早苗展 高田早苗記念研究図書館開館記念特別展示早稲田大学 1994.3
◇小泉八雲と早稲田大学（関田かをる著）恒文社 1999.5 280,9p
◇政治に美学を、政治学に志を（内田満著）三嶺書房 1999.9 243p
◇大学の社会経済史—日本におけるビジネス・エリートの養成（川口浩編）創文社 2000.2 295,14p
◇内田満政治学論集 1（内田満著）早稲田大学出版部 2000.3 293,5p
◇高田早苗の総合的研究（早稲田大学大学史資料センター編）早稲田大学大学史資料センター 2002.10 359,181p
◇高田早苗年譜『高田早苗の総合的研究』（早稲田大学大学史資料センター編）早稲田大学大学史資料センター 2002.10 p1〜
◇文芸批評家としての高田早苗—『当世書生気質の批評』を中心に（中島国彦）『高田早苗の総合的研究』（早稲田大学大学史資料センター編）早稲田大学大学史資料センター 2002.10 p17〜
◇明治一〇年代高田早苗の宗教と学問（川口浩）『高田早苗の総合的研究』（早稲田大学大学史資料センター編）早稲田大学大学史資料センター 2002.10 p33〜
◇政治学者としての高田早苗（内田満）『高田早苗の総合的研究』（早稲田大学大学史資料センター編）早稲田大学大学史資料センター 2002.10 p59〜
◇高田早苗著作目録『高田早苗の総合的研究』（早稲田大学大学史資料センター編）早稲田大学大学史資料センター 2002.10 p65〜
◇早稲田大学教旨とその周辺——つの高田早苗論（正田健一郎）『高

田早苗の総合的研究』(早稲田大学大学史資料センター編) 早稲田大学大学史資料センター 2002.10 p97〜
◇高田早苗における「模範国民」(真辺将之)『高田早苗の総合的研究』(早稲田大学大学史資料センター編) 早稲田大学大学史資料センター 2002.10 p121〜
◇「実用的人物」の育成へ―高田早苗の言説形成から (菊池紘一)『高田早苗の総合的研究』(早稲田大学大学史資料センター編) 早稲田大学大学史資料センター 2002.10 p159〜
◇高田早苗研究文献・関係資料目録 『高田早苗の総合的研究』(早稲田大学大学史資料センター編) 早稲田大学大学史資料センター 2002.10 p159〜
◇高田早苗の大学教育論 (松本康正)『高田早苗の総合的研究』(早稲田大学大学史資料センター編) 早稲田大学大学史資料センター 2002.10 p179〜
◇形状面からみた大学制度と私立大学 (大西健夫)『高田早苗の総合的研究』(早稲田大学大学史資料センター編) 早稲田大学大学史資料センター 2002.10 p205〜
◇高田早苗の代議士活動 (阿部恒久)『高田早苗の総合的研究』(早稲田大学大学史資料センター編) 早稲田大学大学史資料センター 2002.10 p231〜
◇高田早苗の「壮士認識」考―壮士の歴史的位相検討の手掛かりとして (安在邦夫)『高田早苗の総合的研究』(早稲田大学大学史資料センター編) 早稲田大学大学史資料センター 2002.10 p271〜
◇ジャーナリスト高田早苗 (佐藤能丸)『高田早苗の総合的研究』(早稲田大学大学史資料センター編) 早稲田大学大学史資料センター 2002.10 p299〜
◇高田早苗の起業活動 (金子宏二)『高田早苗の総合的研究』(早稲田大学大学史資料センター編) 早稲田大学大学史資料センター 2002.10 p335〜
◇大学文化史―理念・学生・街 (佐藤能丸著) 芙蓉書房出版 2003.4 256p
◇政治の品位―日本政治の新しい夜明けはいつ来るか (内田満著) 東信堂 2007.3 239p
◇早稲田政治学史研究―もう一つの日本政策学史 (内田満著) 東信堂 2007.10 303p
【雑 誌】
◇高田早苗・帝国憲法について (稲田正次)「富士論叢(富士短大)」27(1) 1982.5
◇明治期における英国のレトリックの受容(4)高田早苗「美辞学」におけるBain,A.の引用 (有沢俊太郎)「富山大学教育学部紀要(A 文科系)」31 1983.3
◇明治期における英国のレトリックの受容(5) 高田早苗『美辞学』におけるH.Spencerの引用 (有沢俊太郎)「上越教育大学研究紀要」3 1984.3
◇小野梓・高田早苗における「貨幣理論」の不在 (藤原洋二)「早稲田大学史記要」
◇高田早苗先生の人と学問(高田早苗記念研究図書館開館記念座談会) (二木達子〔他〕)「早稲田大学史記要」26 1994.7
◇ジャーナリズムとマス・コミュニケーション―高田早苗と早稲田の人々 (正田健一郎)「早稲田大学史記要」早稲田大学大学史資料室 28 1996.9 p5〜30
◇高田早苗論―早稲田大学「教旨」をめぐって (正田健一郎)「早稲田大学史記要」早稲田大学大学史資料室 30 1998 p97〜119
◇高田早苗著作目録私稿―1998・半峰没後60年記念書誌 (福田秀夫)「早稲田大学図書館紀要」早稲田大学図書館 46 1999.3 p153〜261
◇早稲田政治学の先達・高田早苗―国会開設期に果たした役割を中心に (内田満)「早稲田政治経済学雑誌」早稲田大学政治経済学会 340 1999.10 p1〜28
◇高田早苗の女性論―明治国家体制成立期における (阿部恒久)「早稲田大学史記要」早稲田大学大学史資料センター 32 2000.7 p7〜32
◇高田早苗研究部会(早稲田大学)大学史資料センター研究部会報告」「早稲田大学史記要」早稲田大学大学史資料センター 33 2001.7 p126〜129
◇資料収集整理報告 早稲田大学大学史資料センター蒐集 高田早苗著作目録 (早稲田大学大学史資料センター編)「早稲田大学史記要」早稲田大学大学史資料センター 33 2001.7 p310〜232
◇歴史随想 大学改革をめぐるシーソーゲーム―高田早苗と江木千之の大学改革論議 (鎮目良文)「千葉史学」千葉歴史学会 39 2001.11 p5〜7
◇展覧会記録 「『高田早苗の総合的研究』出版記念―高田早苗」展 「早稲田大学史記要」早稲田大学大学史資料センター 35 2003.10 p253〜257
◇高田早苗の中国教育観 (呂順長)「四天王寺国際仏教大学紀要」四天王寺国際仏教大学 6ママ・42・50 2006年度 p115〜127
◇高田早苗「半峯先生游支消息」解題 (荒船俊太郎)「早稲田大学史記要」早稲田大学大学史資料センター 38 2007.3 p89〜104
◇高田早苗「半峯先生游支消息」翻刻 (〔早稲田大学〕大学史資料センター)「早稲田大学史記要」早稲田大学大学史資料センター 38 2007.3 p105〜148

高場乱　たかばおさむ　1831〜1891

幕末,明治期の医師,教育家。眼科。
【図 書】
◇日本女性の歴史 15 日本女性史の謎　暁教育図書　1984.1
◇福岡歴史探検 2 (福岡地方史研究会編) 海鳥社 1995.5 255p
◇凛―近代日本の女魁・高場乱 (永畑道子著) 藤原書店 1997.3 244p
◇玄洋社発掘―もうひとつの自由民権 増補版 (石滝豊美著) 西日本新聞社 1997.8 421,34p
【雑 誌】
◇江戸時代の女性医師―稲井静庵・松岡小鶴・高場乱(おさむ) (太田妙子)「医譚」日本医史学会関西支部 87 2008.3 p5388〜5395

高橋白山　たかはしはくざん　1836〜1904

幕末,明治期の儒学者。
【図 書】
◇高橋白山・作衛―わが家の「坂の上の雲」 (徳武清助著)〔徳武清助〕2005.11 273p
◇明治の漢詩人中野逍遥とその周辺―『逍遥遺稿』札記 (二宮俊博著) 知泉書館 2009.5 327,16p
【雑 誌】
◇漢詩集『実践社業余』考 (千原勝美)「信州大学教育学部紀要」49 1983.11
◇文学碑拓本シリーズ(35)高橋白山漢詩碑 (竹入弘元)「伊那路」35(4) 1991.4
◇『逍遙遺稿』札記―高橋白山・月山父子のこと他 (二宮俊博)「椙山女学園大学研究論集 人文科学篇」椙山女学園大学 30 1999 p77〜90

高峰譲吉　たかみねじょうきち　1854〜1922

明治,大正期の応用化学者。アルコール醸造法を考案。
【図 書】
◇日本のリーダー10 未知への挑戦者 (第二アートセンター編) ティビーエス・ブリタニカ 1983.5
◇あるのかないのか? 日本人の創造性―草創期科学者たちの業績から探る (飯沼和夫著) 講談社 1987.12 (ブルーバックス)
◇明治の化学者―その抗争と苦渋 (広田鋼蔵著) 東京化学同人 1988.2 (科学のとびら)
◇ビジュアルワイド 新日本風土記〈16〉富山県 ぎょうせい 1989.1
◇北里柴三郎・高峰譲吉―国際舞台への登場 (新津英夫漫画,藤本彰シナリオ) ほるぷ出版 1992.2 (漫画人物科学の歴史 日本編)
◇高峰譲吉とその妻 (飯沼信子著) 新人物往来社 1993.11
◇津田家と高峰譲吉―為捧亡父・御先祖塩屋弥右衛門 (津田俊治編) 津田俊治 1995.3 113p
◇テクノ時代の創造者―科学・技術 朝日新聞社 1995.8 438p (二十世紀の千人)
◇高峰譲吉博士略年譜 改定版 (津田俊治編) 高峰譲吉博士ゆかりの会 1996.1 18p
◇高峰博士―伝記・高峰譲吉 (塩原又策編) 大空社 1998.12 244,6p (伝記叢書)
◇堂々たる夢―世界に日本人を認めさせた化学者・高峰譲吉の生涯 (真鍋繁樹著) 講談社 1999.2 369p
◇オリジナリティを訪ねて 2 (富士通編) 富士通経営研修所 1999.6 238p
◇20世紀 日本の経済人 (日本経済新聞社編) 日本経済新聞社 2000.11 449p (日経ビジネス人文庫)
◇高峰譲吉の生涯―アドレナリン発見の真実 (飯沼和正,菅野富夫著) 朝日新聞社 2000.12 9,338p (朝日選書)
◇科学に魅せられた日本人―ニッポニウムからゲノム,光通信まで (吉原賢二著) 岩波書店 2001.5 226p (岩波ジュニア新書)
◇日本科学の先駆者高峰譲吉―アドレナリン発見物語 (山嶋哲盛著) 岩波書店 2001.6 184p (岩波ジュニア新書)
◇世紀転換期の起業家たち―百年企業への挑戦 (武田晴人著) 講談社 2004.4 252p
◇越中人譚 1 チューリップテレビ 2007.3 223p
◇二十世紀から何を学ぶか 下 (寺島実郎著) 新潮社 2007.5 284,6p (新潮選書)
◇世界を変えた天才科学者50人―常識として知っておきたい (夢プロジェクト編) 河出書房新社 2007.8 221p (KAWADE夢文庫)
◇ニッポン天才伝―知られざる発明・発見の父たち (上山明博著) 朝日新聞出版 2007.9 279p (朝日選書)
◇野口英世とメリー・ダージス―明治・大正 偉人たちの国際結婚 (飯沼信子著) 水曜社 2007.11 261p
◇ストレスとはなんだろう―医学を革新した「ストレス学説」はいかにして誕生したか (杉晴夫著) 講談社 2008.6 196p (ブルーバックス)

【雑誌】
◇"徳は孤ならず"協力者に恵まれた―高峰譲吉博士（産業革命家の軌跡(6)）（西東玄）「社員教育」306 1980.7.5
◇雑記 高峰譲吉(1)～(18)（古郡哲郎）「はぐるま」370～387 1987.4～88.9
◇高峰譲吉と日米民間経済外交（日米外交史の研究―外交思想と政策決定）（木村昌人）「同志社アメリカ研究別冊」同志社大学アメリカ研究所 14 1995 p4～13
◇高峰譲吉、鈴木大拙など偉人を生んだ金沢の風土「財界」44(13) 1996.5.28 p70～73
◇高峰譲吉の栄光とその時代(1900年への旅―アメリカ・太平洋篇〔7〕)（寺島実郎）「Foresight」11(7) 2000.7 p106～109
◇解説 アドレナリン発見物語―100年を経て再評価される高峰譲吉の業績（飯沼和正）「化学」化学同人 56(10) 2001.10 p12～17
◇倫夏の宿（松山乙女と歌人医博〔41〕）（武田勝彦）「公評」40(1) 2003.1 p98～103
◇高峰譲吉―アドレナリン発見（世界に誇る日本の医学研究者）（菅野富夫）「医学のあゆみ」医歯薬出版 207(2) 2003.10.11 p121～125
◇高峰譲吉博士の醸造試験所設立の提言（秋山裕一）「日本醸造協会誌」日本醸造協会 99(2) 2004.2 p112～116
◇蛇管式火入器は高峰譲吉が発明（醸造研究100年）（秋山裕一）「日本醸造協会誌」日本醸造協会 99(12) 2004.12 p857～863
◇産業革命成熟期の心臓部へ―高峰譲吉のイギリス留学「近代日本の創造史」近代日本の創造史懇話会 1 2006.3 p3～9
◇「理研」に結実した高峰構想「近代日本の創造史」近代日本の創造史懇話会 1 2006.3 p10～18
◇最初の海外(英国)特許は「1887年,No.7277」―旧著『高峰譲吉の生涯』の修正「近代日本の創造史」近代日本の創造史懇話会 1 2006.3 p19～28
◇高峰譲吉博士と麹菌―技術輸出第1号と成果「近代日本の創造史」近代日本の創造史懇話会 1 2006.3 p29～34
◇人柄・人徳を偲ばせる遺書―財産処分に見る高峰譲吉の律儀「近代日本の創造史」近代日本の創造史懇話会 2 2006.9 p3～16
◇科学者の青少年時代 高峰譲吉―世界最初のホルモン発見者（新井郁男）「教育展望」教育調査研究所 53(7) 2007.7・8 p48～51
◇戯曲 サムライ 高峰譲吉（品川能正）「テアトロ」カモミール社 812 2008.11 p118～154
◇高峰譲吉、その周辺雑感と現在との交わり（奥田徹）「温古知新」秋田今野商店 46 2009 p10～18
◇バイオテクノロジーの夜明け―近代バイオテクノロジーの父,高峰譲吉と食品産業（特集 これからの産業を支えるバイオテクノロジー）（山本綽）「月刊フードケミカル」食品化学新聞社 25(1) 2009.1 p62～65
◇流出頭脳がアドレナリンを結晶化―高峰譲吉を支えた上中啓三の渡米（石田三雄）「近代日本の創造史」近代日本の創造史懇話会 7 2009.4 p25～37
◇アドレナリンの発見と高峰譲吉（特集 ホルモンと運動―Hormones discovered by Japanese）（山嶋哲盛）「体育の科学」杏林書院 59(8) 2009.8 p518～527
◇高峰譲吉手書きの成分分析表―花王石鹸創業時に品質を証明（秋山裕一）「近代日本の創造史」近代日本の創造史懇話会 8 2009.10 p15～17
◇明治の群像・断片(その1)ヘルン、高峰そして漱石（石田三雄）「近代日本の創造史」近代日本の創造史懇話会 8 2009.10 p19～25

高嶺秀夫 たかみねひでお 1854～1910
明治期の教育者。東京師範学校・女子高等師範学校校長。
【図　書】
◇明治教育古典叢書(第1期)第10巻 高嶺秀夫先生伝（高嶺秀夫先生記念事業会編）国書刊行会 1980.11
◇日本進化論思想史 1（横山利明著）新水社 2005.4 258p
【雑　誌】
◇高嶺秀夫と学事諮問会―改正教育令期の近代化（中川隆）「亜細亜大学教養部紀要」21 1980.6
◇高嶺秀夫とオスウィーゴー師範学校(資料報告)（中川隆）「亜細亜大学教養部紀要」27 1983
◇伊沢修二・高嶺秀夫のアメリカ留学（小野次男）「教育学雑誌」17 1983
◇高嶺秀夫と開発教授（長嶋優子）「人間研究」20 1984.3
◇高嶺秀夫の実物教授論の一背景に関する考察―オスウィーゴー師範学校留学中における彼の課外活動を中心に（阿波根直誠）「琉球大学教育学部紀要 第一部・第二部」琉球大学教育学部 52 1998.3 p65～74
◇高嶺秀夫の科学的側面に関連した実物教授論の一背景についての研究―バッファロー、イサカ、東京における彼の課外活動を中心に（阿波根直誠）「琉球大学教育学部紀要 第一部・第二部」琉球大学教育学部 第56集 2000.3 p1～19

◇高嶺秀夫とペスタロッチ（寺岡聖豪）「福岡教育大学紀要 第4分冊 教職科編」福岡教育大学 57 2008 p1～13

田口卯吉 たぐちうきち 1855～1905
明治期の歴史家，経済学者，実業家。衆議院議員。
【図　書】
◇近代日本経済思想史研究（塚谷晃弘）雄山閣 1980.3
◇日本工業先覚者史話（福本和夫）論創社 1981.7
◇日本開化小史（田口卯吉）講談社 1981.11（講談社学術文庫）
◇夕陽を知らぬ男たち―彼らはいかに生きたか（小島直記）旺文社 1983.2（旺文社文庫）
◇人物・日本資本主義4 明治のイデオローグ（大島清ほか著）東京大学出版会 1983.6
◇一九世紀日本の情報と社会変動(京都大学人文科学研究所研究報告)（吉田光邦編）京都大学人文科学研究所 1985.3
◇言論は日本を動かす 第1巻 近代を考える（三谷太一郎編）講談社 1986.1
◇津田左右吉全集〈第8巻〉文学に現はれたる国民思想の研究〈5〉（津田左右吉著）岩波書店 1987.4
◇日本文学講座〈8〉評論（亀井秀雄ほか著）大修館書店 1987.11
◇日本社会の変革と再生―共同体と民衆（桜井徳太郎編）弘文堂 1988.12
◇父の書斎（有島行光ほか著）筑摩書房 1989.6（筑摩叢書）
◇近代日本社会思想史研究（工藤英一著）教文館 1989.7
◇長谷川如是閑集〈第1巻〉（長谷川如是閑著）岩波書店 1989.10
◇鼎軒田口卯吉全集 8（田口卯吉）吉川弘文館 1990.1
◇マンチェスター派経済思想史研究（熊谷次郎著）日本経済評論社 1991.1
◇日本資本主義の教育像（尾崎ムゲン著）(京都)世界思想社 1991.11
◇明治の国際化を構築した人びと（小林功、佐藤三武朗、清家茂、高橋公雄、東和敏、吉田克己著）多賀出版 1992.7
◇近代日本と自由主義（リベラリズム）（田中浩著）岩波書店 1993.8
◇文化のクリエーターたち―江戸・東京を造った人々（東京人編集室編）都市出版 1993.12
◇飯沼二郎著作集〈第2巻〉日本史研究（飯沼二郎著）未来社 1994.3
◇田口卯吉と東京経済雑誌（杉原四郎、岡田和喜編）日本経済評論社 1995.2 608p
◇近代日本の経済論―田口卯吉（中村宗悦）『日本における近代社会の形成』（正田健一郎編）三嶺書房 1995.3 p41
◇日本社会政策の源流―社会問題のパイオニアたち（保谷六郎著）聖学院大学出版会 1995.4 274p
◇田口卯吉とイギリス（熊谷次郎）『近代日本とイギリス思想』（杉原四郎編）日本経済評論社 1995.12 p59
◇田口卯吉と経済学協会―啓蒙時代の経済学（松野尾裕著）日本経済評論社 1996.5 394p
◇司馬遼太郎が語る雑誌言論100年（司馬遼太郎ほか著）中央公論社 1998.11 492p
◇東北考古学・古代史学史（工藤雅樹著）吉川弘文館 1998.12 468,16p
◇田口卯吉 新装版（田口親著,日本歴史学会編）吉川弘文館 2000.11 336p（人物叢書）
◇地方銀行史論―為替取組と支店銀行制度の展開（岡田和喜著）日本経済評論社 2001.3 339p
◇内田義彦セレクション 第4巻（内田義彦著）藤原書店 2001.5 332p
◇近代日本の社会科学者たち（古賀勝次郎著）行人社 2001.6 379p
◇日本近代思想史序説 明治期前篇 上（岩崎允胤著）新日本出版社 2002.5 421,9p
◇渋沢栄一の経世済民思想（坂本慎一著）日本経済評論社 2002.9 334p
◇「第三の開国」は可能か（田中浩著）日本放送出版協会 2003.8 253p（NHKライブラリー）
◇明治の結婚小説（上田博編）おうふう 2004.9 223p
◇幕末・明治の士魂―啓蒙と抵抗の思想的系譜（飯田鼎著）御茶の水書房 2005.8 412,11p（飯田鼎著作集）
◇経済思想 9（大森郁夫責任編集）日本経済評論社 2006.7 299p
◇イギリス正統派の財政経済思想と受容過程（大淵三洋著）学文社 2008.1 295p
◇近代日本の鉄道構想（老川慶喜著）日本経済評論社 2008.6 284p（近代日本の社会と交通）
◇近代日本外交とアジア太平洋秩序（酒井一臣著）昭和堂 2009.3 237,18p
◇近代日本の社会科学と東アジア（武藤秀太郎著）藤原書店 2009.4 262p
◇昨日と明日の間―編集者のノートから（小尾俊人著）幻戯書房

2009.10 291p
【雑　誌】
◇近世ジャーナリスト列伝　（三好徹）「中央公論」1981.9,10
◇太平洋人物誌—田口卯吉（鼎軒）—南洋貿易の元祖　（松永秀夫）「太平洋学会会誌」29 1986.1
◇田口卯吉における市民社会像　（張翔）「史学研究」173 1986.9
◇日本におけるリベラリズムの一潮流—陸羯南・田口卯吉から長谷川如是閑へ　（田中浩）「一橋論叢」97(2) 1987.2
◇文明開化のコース—福沢諭吉と田口卯吉　（張翔）「史学研究」180 1988.7
◇田口卯吉の台湾統治政策批判　（森久男）「台湾近現代史研究」6 1988.10
◇資料発掘　鼎軒田口卯吉(2)卯吉の父と母のこと　（田口親）「名著サプリメント」2(2) 1989.1
◇田口鼎軒と『史海』（訪問インタヴュー）「名著サプリメント」2(6) 1989.4 増
◇資料発掘—木村熊二と卯吉の書簡　（田口親）「名著サプリメント」2(6) 1989.4 増
◇鼎軒田口卯吉の了言（補追資料）（田口鼎軒）と『史海』（訪問インタヴュー））（塚谷晃弘）「名著サプリメント」2(6) 1989.4 増
◇鼎軒田口卯吉と『史海』（特集　本能寺の変の謎）（滝川政次郎）「歴史研究」338 1989.6
◇資料発掘　卯吉と沼津兵学校(4)　（田口親）「名著サプリメント」2(12) 1989.8
◇自由主義財政論の展開—田口卯吉と租税論　（川又祐）「法学紀要（日本大学法学部法学研究所）」32 1990
◇近代日本における経済論のヴィジョン—田口卯吉の自由貿易論・本位制論を中心に　（中村宗悦）「杉野女子大学・杉野女子大学短期大学部紀要」29 1992
◇田口卯吉前序章—「東京経済雑誌」創刊に至るまで　（松野尾裕）「立教経済学研究」45(3) 1992.1
◇土地高度利用論の歴史的展開—概説及び田口卯吉の高度利用論と現代　（石田頼房）「総合都市研究」46 1992.9
◇恋愛論としての田口鼎軒『日本之意匠及情交—一名社会改良論』とその位相　（桑原聡）「樟蔭女子短期大学紀要文化研究」6 1992.11
◇田口卯吉の貿易理論と関税政策　（牛島利明）「三田商学研究」35(5) 1992.12
◇田口卯吉と両毛地方—明治20年代前半の地方啓蒙と実業　（松野尾裕）「愛媛経済論集」12(2) 1993.2
◇田口卯吉における西欧経済学の受容　（熊谷次郎）「国際学術セミナー（桃山学院大学）」3（日韓社会・経済の諸問題）1993.2
◇田口卯吉の株式会社論　（鈴木芳徳）「商経論叢（神奈川大学経済学会）」28(2) 1993.2
◇田口卯吉と経済構想チーム—経済学協会の調査・提言活動　（松野尾裕）「愛媛経済論集」13(1) 1993.12
◇萩原鐐太郎における自立的発展の思想—田口卯吉の自由貿易思想との対比で　（木嶋久実）「経済論叢」九州大学大学院経済学会 97 1997.3 p31～43
◇田口卯吉における自由主義思想の特質とその展開—日本的自由主義の形成　（木嶋久実）「経済論叢」九州大学大学院経済学会 99 1997.11 p1～9
◇田口卯吉と『日本開化小史』1　（岩崎允胤）「大阪経済法科大学論集」大阪経済法科大学経法学会 72 1998.11 p1～20
◇田口卯吉と『日本開化小史』(2)　（岩崎允胤）「大阪経済法科大学論集」大阪経済法科大学経法学会 73 1999.3 p1～24
◇田口卯吉における文明史論の転回と「中国の衝撃」—日本的オリエンタリズム再考　（武藤秀太郎）「社会思想史研究」藤原書店 28 2004 p133～150
◇田口卯吉の経済思想と財政思想—イギリス正統派経済学との関係を中心にして　（大淵三洋）「国際関係研究」日本大学国際関係学部国際関係研究所 28(2) 2007.9 p1～25
◇歴史書の剽窃—田口卯吉『支那開化小史』偽版訴訟事件の考察（出版と学芸ジャンルの編成と再編成）（甘露純規）「日本研究」人間文化研究機構国際日本文化研究センター 38 2008.9 p281～295
◇古本屋散策（92）田口卯吉と経済雑誌社　（小田光雄）「日本古書通信」日本古書通信社 74(11) 2009.11 p28

田口和美　たぐちかずよし　1839～1904
幕末, 明治期の医学者。
【図　書】
◇歴史と人と—埼玉万華鏡　（柳田敏司著）（埼玉）さきたま出版会 1994.9
◇田口和美博士—わが国解剖学の父　（北川辺町田口和美博士研究会編）北川辺町教育委員会 2005.3 111,6p
◇北武蔵人物散歩　（大井莊次著）まつやま書房 2008.9 287p

竹越与三郎　たけごしよさぶろう　1865～1950
明治～昭和期の歴史家, 政治家。
【図　書】
◇日本工業先覚者史話　（福本和夫）論創社 1981.7
◇一九世紀日本の情報と社会変動（京都大学人文科学研究所研究報告）（吉田光邦編）京都大学人文科学研究所 1985.3
◇民友社思想文学叢書　第4巻　竹越三叉集　（西田毅編）三一書房 1985.7
◇日本リベラリズムの稜線　（武田清子著）岩波書店 1987.12
◇明治日本とイギリス革命　（今井宏著）筑摩書房 1994.4（ちくま学芸文庫）
◇東北考古学・古代史学史　（工藤雅樹著）吉川弘文館 1998.12 468,16p
◇国際環境のなかの近代日本　（黒沢文貴, 斎藤聖二, 桜井良樹編）芙蓉書房出版 2001.10 408p
◇ある明治リベラリストの記録—孤高の戦闘者竹越与三郎伝　（高坂盛彦著）中央公論新社 2002.8 320p（中公叢書）
◇近代交流史と相互認識　2　（宮嶋博史, 金容徳編）慶応義塾大学出版会 2005.3 372p（日韓共同研究叢書）
【雑　誌】
◇「平民主義」から「自由帝国主義」へ—竹越三叉の政治思想—近代日本の国家像　（西田毅）「日本政治学会年報政治学」1982 1982
◇竹腰三叉と民友社　（中村青史）「熊本大学教育学部紀要（第2分冊　人文科学）」32 1983
◇竹越三叉の出発—明治20年代史論の一異相—　（林原純生）「青須我波良（帝塚山短期大学）」31 1986.6
◇いま日本は皇紀何年か—「昭和史」異聞・皇紀二千六百年残酷物語　（松本健一）「新潮45」8(3) 1989.3
◇西園寺陶庵（公望）と竹越三叉（与三郎）　（中村哲）「法学志林」87(3) 1990.3
◇近代日本における「士魂商才」論—竹越三叉『磯野計君伝』を中心に　（西田毅）「近代日本研究」8 1992.3
◇竹越与三郎における「自治」と「人民」　（大村章仁）「年報日本史叢」筑波大学歴史・人類学系 2000 2000 p103～122
◇独断専行の人事（本は私にすべてのことを教えてくれた—雑書放蕩記〈自立編〉[4]）（谷沢永一）「Voice」281 2001.5 p222～227
◇竹越與三郎『人民讀本』における「外交」記述と「戦争」観　（土屋直人）「社会科教育研究」日本社会科教育学会中学校教育研究連合会 No.89 2003.3 p4～15
◇『二千五百年史』(1896)竹越与三郎（1865～1950）—文明史と天皇　（総特集　ブックガイド　日本の思想）（花森重行）「現代思想」青土社 33(7臨増) 2005.6 p84～87
◇竹越与三郎と『明治天皇紀』編修事業—稿本「明治天皇紀」の分析　（堀和孝）「同志社法学」同志社法学会 59(2) 2007.7 p1219～1248

竹崎順子　たけざきじゅんこ　1825～1905
明治期の教育家。キリスト教に入信。
【図　書】
◇日本人の終末観—日本キリスト教人物史研究　（野村耕三）新教出版社 1981.5
◇近代熊本の女たち　上　（家族史研究会編）熊本日日新聞社 1981.10
◇唐沢富太郎著作集〈第5巻〉教師の歴史　教師の生活と倫理, 典型的教師群像　（唐沢富太郎著）ぎょうせい 1989.7

竹添進一郎　たけぞえしんいちろう　1842～1917
明治期の漢学者, 外交官。東京帝国大学教授。
【図　書】
◇歴史のなかの紀行〈北日本・海外〉（中田嘉種著）そしえて 1986.7
◇続・百代の過客—日記にみる日本人〈上〉（ドナルド・キーン著, 金関寿夫訳）朝日新聞社 1988.1（朝日選書）
◇続　百代の過客—日記にみる日本人　（ドナルド・キーン著, 金関寿夫訳）朝日新聞社 1988.12
【雑　誌】
◇昔の旅路(13,14)竹添井井『桟雲峡雨日記』（中田嘉種）「武道」182,183 1982.1
◇近代日中関係史と竹添進一郎　（上村希美雄）「熊本近代史研究会報」179 1984.12
◇国立国会図書館所蔵本　蔵書印—その135—竹添井々（井坂清信）「国立国会図書館月報」301 1986.4
◇大矢野町・竹添進一郎の書簡　（浦川藤男）「石人」373 1990.10
◇大矢野町・竹添進一郎生誕の地　（福田武男）「石人」394 1992.7
◇「桟雲峡雨日記」と「扶桑遊記」について—続—（伊原沢周）「追手門学院大学文学部紀要」28 1993
◇明治初期日本人の見た中国—維新後最初に四川を踏査した竹添進一郎の事跡について　（小林文男, 柴田厳）「「社会科」学研究」「社会科」学研究会 31 1996.6 p1～7

◇岳堂詩話(13)竹添井井と「桟雲峡雨日記」 （石川忠久）「学鐙」丸善 98(4) 2001.4 p26～31
◇大陸のイメージ―竹添井井から佐々木信綱へ （石崎等）「立教大学日本文学」 立教大学日本文学会 86 2001.7 p61～71
◇甲申政変120年―金玉均と竹添進一郎 （鄭鳳輝）「海外事情研究」 熊本学園大学付属海外事情研究所 32(2) 2005.2 p21～69
◇墓碑銘に見る明治期士大夫の友情―竹添井井と橋本綱常 （池澤一郎）「文学」 岩波書店 10(3) 2009.5・6 p135～154

武田錦子　たけだきんこ　1861～1913
明治, 大正期の英学者, 教育者。
【雑　誌】
◇武田(加藤)錦―明治期の国際交流と女子教育 （伊豆山敦子）「独協大学教養諸学研究」 23 1988.10
◇日本初の文部省派遣女性米国留学生「加藤(武田)錦」研究(1)幼児教育との接点を求めて （平野良明, 本間末五郎）「静修短期大学研究紀要」 20 1989.3

武田成章　たけだなりあき　1827～1880
幕末, 明治期の兵学者。士官学校教授。
【図　書】
◇医学史話 杉田玄白から福沢諭吉 （藤野恒三郎著） 菜根出版 1984.1
◇箱館英学事始め （井上能孝著） （札幌）北海道新聞社 1987.11 （道新選書）
◇物語 五稜郭悲話 （新人物往来社編） 新人物往来社 1988.8
◇箱館五稜郭(物語・日本の名城) （星亮一著） 成美堂出版 1988.11
◇日本の『創造力』―近代・現代を開花させた470人〈1〉御一新の光と影 （富田仁編） 日本放送出版協会 1992.12
【雑　誌】
◇五稜郭と武田成章 （影山昇）「歴史研究」 332 1988.12
◇歴史散歩 箱館五稜郭雑記―武田斐三郎を知ってますか （早川義郎）「公証」 日本公証人連合会 156 2009.5 p75～89

竹内貞基　たけのうちさだもと　1813～1863
幕末の航海技術者。日本人初の蒸気船運用にあたる。
【図　書】
◇知られざる前島密 （小林正義著） 郵研社 2009.4 295p

橘耕斎　たちばなこうさい　1820～1885
明治期の洋学者。ロシアに渡り, アジア局訳官を努める。
【図　書】
◇おろしや盆踊唄考―日露文化交渉史拾遺 （中村喜和著） 現代企画室 1990.5 （PQ Books）
◇おろしや留学生 （宮永孝著） 筑摩書房 1991.1 （ちくまライブラリー）
◇ロシアから来た黒船 （大南勝彦著） （静岡）静岡新聞社 1991.3
【雑　誌】
◇露艦遭難と密航者橘耕斎(特集黒船・国難の時代) （江崎惇）「歴史と人物」 14(4) 1984.4
◇ペテルブルグの侍 （大南勝彦）「本」 9(5) 1984.5
◇橘耕斉について （太田喜一郎）「立教女学院短期大学紀要」 25 1993.12

田中王堂　たなかおうどう　1867～1932
明治, 大正期の哲学者, 評論家。
【図　書】
◇近代日本思想と軌跡―西洋との出会い （野田又夫ほか編著） 北樹出版 1982.4
◇大正デモクラシーの群像 （鈴木正節） 雄山閣 1983.2
◇長谷川如是閑集〈第1巻〉 （長谷川如是閑著） 岩波書店 1989.10
◇石橋湛山の思想史的研究 （姜克実著） 早稲田大学出版部 1992.12
◇今井兼次建築創作論 （今井兼次著, 多摩美術大学今井兼次共同研究会編） 鹿島出版会 2009.5 337p
【雑　誌】
◇厳翼・王堂プラグマティズム論争考 （山田英世）「筑波大学哲学・思想学系論集」 5 1980.3
◇田中王堂とジョン・デューイ （磯野友彦）「日本デューイ学会紀要」 21 1980.6
◇田中王堂(大正デモクラシーの群像(2)) （鈴木正節）「歴史公論」 7(12) 1981.12
◇プラグマティズム―田中王堂(特集・大正・昭和期における西洋思想の受容と反応) （中里良男）「比較思想研究」 8 1981.12
◇田中王堂の二宮尊徳論〔比較思想学会〕研究例会発表要旨・昭和五六年度第3回〕（山田英世）「比較思想研究」 8 1981.12
◇田中王堂の哲学思想 （磯野友彦）「社会科学討究(早稲田大学大隈記念社会科学研究所)」 31(3) 1986.4

◇若き石橋湛山の文明史評―師田中王堂とのかかわり （姜克実）「史観」 118 1988.3
◇田中王堂「文芸の小化」から石橋湛山「自己観照の足らざる文芸」へ （上田博）「花袋研究学会々誌」 7 1989.7
◇石川啄木と田中王堂―啄木の王堂哲学の受容と批判 （田口道昭）「国際啄木学会会報」 3 1991.11
◇石川啄木における田中王堂の理論の受容―啄木の実生活および「食ふべき詩」の詩論 （姜克実）「長岡技術科学大学言語・人文科学論集」 長岡技術科学大学 第10号 1996.12 p113～135
◇本好き人好き(94)田中王堂の見るところ「改造の試み」「徹底個人主義」 （谷沢永一）「國文學 解釈と教材の研究」 学灯社 42(8) 1997.7 p152～155
◇本好き人好き(97)坪内博士と文芸協会―薄田泣菫『象牙の塔』田中王堂『吾が非哲学』 （谷沢永一）「國文學 解釈と教材の研究」 学灯社 42(12) 1997.10 p164～167
◇田中王堂研究・覚書 （堀真清）「早稲田政治経済学雑誌」 早稲田大学政治経済学会 349 2002.1 p15～49
◇石橋湛山の農業政策論と報徳思想の影響 （並松信久）「京都産業大学論集 社会科学系列」 京都産業大学 25 2008.3 p21～48

田中正平　たなかしょうへい　1862～1945
明治～昭和期の音楽理論家, 物理学者。
【図　書】
◇日本人の足跡 3 （産経新聞「日本人の足跡」取材班著） 産経新聞ニュースサービス 2002.5 661p
◇田中正平の〈日本和声〉の理論と〈日本的なもの〉の思想 （西原稔）『転換期の音楽 新世紀の音楽学フォーラム 角倉一朗先生古稀記念論文集』（『転換期の音楽』編集委員会編） 音楽之友社 2002.10 p399
【雑　誌】
◇明治30年代後半の音楽論にみる日本音楽観―田中正平の日本音楽観とその評価を通して （平田公子）「福島大学教育学部論集 人文科学部門」 福島大学教育学部 75 2003.12 p1～12
◇田中正平による義太夫節の五線譜化 （山田智恵子）「大阪音楽大学研究紀要」 大阪音楽大学 43 2004 p5～22

田中館愛橘　たなかだてあいきつ　1856～1952
明治～昭和期の物理学者。東京帝国大学教授, 貴族院議員。
【図　書】
◇日本のリーダー10 未知への挑戦者 （第二アートセンター編） ティビーエス・ブリタニカ 1983.5
◇人物でつづる近代日本語の歴史(雄山閣Books18) （杉本つとむ） 雄山閣出版 1985.11
◇田中館愛橘先生 （中村清二） 田中館愛橘会 1988.10
◇スキャンダルの科学史 （科学朝日） 朝日新聞社 1989.10
◇辞書等で見る田中館愛橘博士の足跡 （二戸市歴史民俗資料館編） 二戸市歴史民俗資料館 1993.1 （田中館資料 第1集）
◇日本語大博物館―悪魔の文字と闘った人々 （紀田順一郎著） （徳島）ジャストシステム 1994.1
◇ひらめきと執念で拓いた地球の科学―竹内均・知と感銘の世界 （竹内均著） ニュートンプレス 2002.9 253p
◇航空事始―不忍池捷空記 （村岡正明著） 光人社 2003.11 297p （光人社NF文庫）
【雑　誌】
◇田中館愛橘と海事関係者の留学―続・スコットランドへの日本人留学生(近代技術の運搬者(5)) （北政巳）「自然」 39(1) 1984.1

田中智学　たなかちがく　1861～1939
明治～昭和期の仏教者。蓮華会を興し日蓮主義を鼓舞。
【図　書】
◇宮沢賢治―愛と信仰と実践 （多田幸正著） 有精堂出版 1987.7
◇鎌倉仏教への新しい視点―道元・親鸞・日蓮と現代 （津田剛著） 真世界社 1987.10
◇天下は愚に亡ぶ―田中智学語録 （田中智学著, 田中香浦編） 真世界社 1988.9
◇田中智学先生の碑 （大橋冨士子著） 真世界社 1988.9
◇田中智学の少年時代 （大屋敬古作） 真世界社 1988.9
◇法華経を読む―如来と仏性の思想をもとめて （遠藤誠著） 三一書房 1988.9 （三一新書）
◇田中智学先生の思い出 （田中香浦編） 真世界社 1988.11
◇文化のクリエーターたち―江戸・東京を造った人々 （東京人編集室編） 都市出版 1993.12
◇田中智学の宗教活動―日蓮門下統一にむけて （安中尚史）『宗教と社会生活の諸相』(沼義昭博士古稀記念論文集編集委員会編） 隆文館 1998.3 p67
◇戦後の田中智学論を糾す （田中智学門下青年協議会編） 田中智学門下青年協議会 1998.10 340p

◇近代日本の日蓮主義運動　（大谷栄一著）　法藏館　2001.2　426p
◇近衞篤麿―その明治国家観とアジア観　（山本茂樹著）　ミネルヴァ書房　2001.4　310,7p　（MINERVA日本史ライブラリー）
◇明治思想家論―近代日本の思想・再考 1　（末木文美士著）　トランスビュー　2004.6　330p
◇「昭和」をつくった男―石原莞爾、北一輝、そして岸信介　（小林英夫著）　ビジネス社　2006.9　227p
◇石原莞爾の時代―時代精神の体現者たち　（田中秀雄著）　芙蓉書房出版　2008.6　257p
◇大アジア思想活劇―仏教が結んだ、もうひとつの近代史　（佐藤哲朗著）　サンガ　2008.9　595,6p
◇天皇の秘教　（藤巻一保著）　学習研究社　2009.2　632,15p
【雑　誌】
◇田中智学と日蓮宗の近代化―特集・明治仏教の世界　（田村芳朗）「歴史公論」9（11）1983.11
◇兵法とは妙法なり（化城の昭和史―2・26事件への道と日蓮主義者〔8〕）　（寺内大吉）「エコノミスト」64（52）1986.12.9
◇突然変異細胞の出現（新宗教の解読（5））　（井上順孝）「正論」235　1992.3
◇近代日蓮教団の立教開宗記念活動―田中智学・本多日生・加藤文雅を中心に　（安中尚史）「日蓮教学研究所紀要」20　1993.3
◇明治リアリズムの視野―田中智学（平成日本の源流30人）　（真木千里）「文芸春秋」72（5）1994.3
◇宮沢賢治の国家主義的想念―田中智学国柱会との関連を中心に　（周異夫）「人文論究」関西学院大学人文学会　49（2）1999.9　p15〜30
◇田中智学における超国家主義の思想形成史　（松岡幹夫）「相関社会科学」東京大学大学院総合文化研究科国際社会科学専攻　11　2001　p2〜17
◇田中智学における超国家主義の思想形成史　（松岡幹夫）「相関社会科学」東京大学大学院総合文化研究科国際社会科学専攻　第11号　2002.3　p2〜17
◇近代の日蓮宗におけるハンセン病救療事業の動向について―田中智学と綱脇竜妙を中心として　（桑名貫正）「東洋文化研究所所報」身延山大学東洋文化研究所 6　2002.4　p27〜62
◇日本の宗教とナショナリズム―田中智学の「日蓮主義」運動を中心として　（福井朗子）「国際教育」日本国際教育学会　10　2004.11　p71〜92
◇田中智学小伝（11）　（平野肇二）「国体文化」日本国体学会　1005　2008.1　p62〜65
◇田中智学小伝（12）　（平野肇二）「国体文化」日本国体学会　1007　2008.3　p72〜75
◇宗門と国家（2）田中智学と帝国日本　（野村佳正）「現代宗教研究」日蓮宗宗務院　42　2008.3　p118〜124
◇田中智学小伝（13）　（平野肇二）「国体文化」日本国体学会　1008　2008.4　p84〜87
◇田中智学小伝（14）　（平野肇二）「国体文化」日本国体学会　1009　2008.5　p76〜79
◇田中智学小伝（15）　（平野肇二）「国体文化」日本国体学会　1010　2008.6　p88〜91
◇田中智学小伝（16）　（平野肇二）「国体文化」日本国体学会　1011　2008.7　p80〜83
◇田中智学小伝（17）　（平野肇二）「国体文化」日本国体学会　1012　2008.8　p70〜73
◇田中智学小伝（18）　（平野肇二）「国体文化」日本国体学会　1013　2008.9　p66〜69
◇田中智学小伝（19）　（平野肇二）「国体文化」日本国体学会　1014　2008.10　p74〜77
◇田中智学小伝（20）　（平野肇二）「国体文化」日本国体学会　1017　2009.2　p54〜59
◇田中智学小伝（21）　（平野肇二）「国体文化」日本国体学会　1018　2009.3　p50〜55
◇田中智学小伝（22）　（平野肇二）「国体文化」日本国体学会　1019　2009.4　p50〜53
◇田中智学小伝（23）　（平野肇二）「国体文化」日本国体学会　1020　2009.5　p46〜49
◇田中智学小伝（24）　（平野肇二）「国体文化」日本国体学会　1021　2009.6　p50〜53
◇田中智学先生と立正安国論（立正安国論献諫七百五十年特集号）　（平野肇二）「国体文化」日本国体学会　1022　2009.7　p44〜49
◇田中智学小伝（25）　（平野肇二）「国体文化」日本国体学会　1023　2009.8　p42〜45
◇田中智学小伝（26）　（平野肇二）「国体文化」日本国体学会　1024　2009.9　p44〜47
◇田中智学小伝（27）　（平野肇二）「国体文化」日本国体学会　1025　2009.10　p42〜45
◇田中智学小伝（28）　（平野肇二）「国体文化」日本国体学会　1026　2009.11　p42〜45

◇田中智学小伝（29）　（平野肇二）「国体文化」日本国体学会　1027　2009.12　p44〜47

田中芳男　たなかよしお　1838〜1916
明治期の植物学者。博物知識の普及、殖産興業に尽力。
【図　書】
◇田中芳男伝―なんじゃあもんじゃあ　（みやじましげる編著）　田中芳男・義廉顕彰会　1983.6
◇日本老農伝　改訂増補　（大西伍一）　農山漁村文化協会　1985.12
◇動物園の歴史―日本における動物園の成立　（佐々木時雄著）　講談社　1987.2　（講談社学術文庫）
◇江戸期のナチュラリスト　（木村陽二郎著）　朝日新聞社　1988.10　（朝日選書）
◇殿様生物学の系譜　（科学朝日編）　朝日新聞社　1991.3　（朝日選書）
◇日本の『創造力』―近代・現代を開花させた470人〈3〉流通と情報の革命　（富田仁編）　日本放送出版協会　1993.2
◇日本の博物館の父田中芳男展　（飯田市美術博物館編）　飯田市美術博物館　1999.9　92p
◇日本の博物館の父田中芳男展　再版　（飯田市美術博物館編）　飯田市美術博物館　2000.3　92p
◇田中芳男十話§田中芳男経series（田中義信著§田中芳男述、田中義信校注）　田中芳男を知る会　2000.4　147p
◇田中芳男伝―伝記・田中芳男　（みやじましげる編）　大空社　2000.12　438,5p　（伝記叢書）
◇昭和農業技術史への証言　第5集　（西尾敏彦編）　農山漁村文化協会　2006.12　223p　（人間選書）
【雑　誌】
◇虫捕御用のパリ万博―博物学者田中芳男小伝　（奥本大三郎）「中央公論」100（12）1985.11
◇博物館事始め―（15）―田中芳男げきを飛ばす"休日でも出勤しよう"　（椎名仙卓）「博物館研究」22（7）1987.7
◇殿様生物学の系譜（12）「博覧会男爵」田中芳男　（小西正泰）「科学朝日」49（12）1989.12
◇田中芳男の貼り交ぜ帖と雑録集　（磯野直秀）「慶応義塾大学日吉紀要　自然科学」慶応義塾大学日吉紀要刊行委員会　18　1995　p27〜42
◇佐野常民と田中芳男―幕末明治期のある官僚の行動　（角山幸洋）「関西大学経済論集」関西大学経済学会　48（3）1998.12　p329〜362
◇開成所の訳語と田中芳男―テンジクネズミ（モルモット）の訳語を手がかりに　（桜井豪人）「国語国文」中央図書出版社　71（4）2002.4　p1〜16

棚橋絢子　たなはしあやこ　1839〜1939
明治〜昭和期の教育者。金声小学校創設。
【図　書】
◇歴史ウォッチング〈Part2〉　（名古屋テレビ編）　（舞阪町）ひくまの出版　1987.11
◇伝記棚橋絢子刀自　伝記・棚橋絢子　（中村武羅夫）　大空社　1989.1　（伝記叢書〈62〉）
◇唐沢富太郎著作集〈第5巻〉教師の歴史　教師の生活と倫理, 典型的教師群像　（唐沢富太郎著）　ぎょうせい　1989.7
◇日本史偉人「健康長寿法」　（森村宗冬著）　講談社　2007.5　201p　（講談社プラスアルファ新書）

田辺朔郎　たなべさくお　1861〜1944
明治〜昭和期の土木工学者。
【図　書】
◇明治の神話古代の神話―左手の書　（村瀬仁市）　村瀬仁市　1981.10
◇ある土木者像―いま・この人を見よ　（飯吉精一）　技報堂出版　1983.9
◇物語日本の土木史　大地を築いた男たち　（長尾義三）　鹿島出版会　1985.1
◇琵琶湖疏水―明治の大プロジェクト　（織田直文著）　（京都）サンブライト出版　1987.5　（近江文化叢書）
◇日本魁物語　（駒敏郎著）　徳間書店　1988.2　（徳間文庫）
◇日本の『創造力』―近代・現代を開花させた470人〈7〉驀進から熟成へ　（富田仁編）　日本放送出版協会　1992.11
◇きょう土につくした人びと　ふるさと歴史新聞 3　（二木紘三文）　ポプラ社　1996.4　47p
◇ジパング江戸科学史散歩　（金子務著）　河出書房新社　2002.2　310p
◇土木のこころ―夢追いびとたちの系譜　（田村喜子著）　山海堂　2002.5　272p
◇時代別・京都を歩く―歴史を彩った24人の群像　改訂第3版　（蔵田敏明文, 土村清治写真）　山と渓谷社　2003.2　175p　（歩く旅シリーズ　歴史・文学）
◇NHKスペシャル 明治 コミック版 1　（NHK取材班編, 小川おさむ, 本山一城, 殿塚実, 狩那匠, 三堂司著）　ホーム社　2006.4　492p　（ホーム社漫画文庫）

【雑誌】
◇田辺朔郎（明治の巨星—事業と人生—日本土木史シンポジウムをふまえて）（天野光三）「土木学会誌」67(11) 1982.11
◇明治を駆け抜けた男のロマン（高橋裕）「波」202 1986.10
◇田邊朔郎博士と琵琶湖疏水（寺尾宏二）「経営経営論叢（京都産業大学経済経営学会）」25(3) 1990.12
◇技術者から見た日本近代化の歩み（4）（大淀昇一）「はぐるま」433 1992.7
◇琵琶湖疎水 京都市、滋賀県大津市（特集・近代化に賭けた先人たちの"夢の形"「産業遺産」に会いに行く）「サライ」15(2) 2003.1.23 p108〜109
◇続・土木エンジニアたちの群像 田邊朔郎、恩師ダイアー先生を訪う（中井祐）「CE建設業界」日本土木工業協会 56(3) 2007.3 p4〜7
◇まちづくり人国記「京都復興」を叶えた琵琶湖疏水の設計者 田邊朔郎「Chikai」東京電力営業部 301 2009.Spr. p22〜24

谷口藍田　たにぐちらんでん　1822〜1902
幕末、明治期の儒学者。鹿児島藩弘文館などで教授。
【図書】
◇ペリー来航前後—幕末開国史（山口宗之著）ぺりかん社 1988.11
◇儒学者谷口藍田（浦川晟著）浦川晟 1993.10

谷三山　たにさんざん　1802〜1867
幕末の儒学者。
【図書】
◇近世日本の儒学と洋学（大月明著）（京都）思文閣出版 1988.9
◇校注 愛静館筆語（野木将典著）近代文芸社 1992.5
◇難聴 知られざる人間風景 下（津名道代著）文理閣 2005.7 260p
【雑誌】
◇谷三山の尊王攘夷思想について（大月明）「大阪市立大学人文研究」33(12) 1981.12
◇『愛静館筆語』に見る幕末二儒の頼山陽観（安藤英男）「法政史学」36 1984.3
◇谷三山と松隈元庵の「筆談」〔含 原文〕（安永実）「斯文」99 1990.11

谷本富　たにもととめり　1867〜1946
明治〜昭和期の教育学者。文学博士。
【図書】
◇中等教育の革新（谷本富, 山崎昭見解説）日本図書センター 1982.6（教育名著叢書 12）
◇近代日本の思想と仏教（峰島旭雄編）東京書籍 1982.6
◇社会教育論者の群像（全日本社会教育連合会編）全日本社会教育連合会 1983.5
◇讃岐人物風景〈14〉近代の異能者たち（四国新聞社編）丸山学芸図書 1986.4
◇国家概念の歴史的変遷〈3〉明治国家の形成（芳賀登著）雄山閣出版 1987.12
◇或る情痴作家の"遺書"—渡辺均の生涯（接木幹著）（大阪）幻想社 1988.3
◇日本教育史研究—堀松武一著作選集（堀松武一著）岩崎学術出版社 2003.2 357p
◇近代日本の教育学—谷本富と小西重直の教育思想（稲葉宏雄著）世界思想社 2004.2 363p
◇教育学 補訂版（中野光, 平原春好著）有斐閣 2004.3 239p（有斐閣Sシリーズ）
【雑誌】
◇続社会教育論者の群像(3)谷本富について（佐藤千代吉）「社会教育」35(4) 1980.4
◇谷本富の新教育と新仏教—仏教的教育学提唱の意図するもの（永井隆正）「印度学仏教学研究」29(2) 1981.3
◇谷本富の新教育論についての一考察（福西信幸）「梅花女子大学文学部紀要 人文・社会・自然科学」20 1985
◇谷本富の人間とその教育思想における宗教教育の位置（柴田良稔）「竜谷大学論集」434・435 1989.11
◇日清戦後における谷本富の教育思想（福西信幸）「梅花女子大学文学部紀要 人文・社会・自然科学」25 1990
◇谷本富と沢柳政太郎—教育学の相克（稲葉宏雄）「京都大学教育学部紀要」38 1992.3
◇谷本富修養論と社会教育論（福西信幸）「梅花女子大学文学部紀要 人文・社会・自然科学」28 1993
◇谷本富の宗教教育論（稲葉宏雄）「京都大学教育学部紀要」39 1993.3
◇大正期における谷本富の教育思想（福西信幸）「梅花女子大学文学部紀要 人文・社会・自然科学」梅花女子大学文学部 30 1996 p1〜17
◇谷本富の手工教育論に関する一考察（菅生均）「熊本大学教育学部紀要 人文科学」熊本大学教育学部 45 1996 p117〜133
◇谷本富とプラグマティズム（福西信幸）「梅花女子大学文学部紀要 人文・社会・自然科学編」梅花女子大学文学部 33 1999 p23〜37
◇浅田栄次の谷本富批判—「耶蘇教駁議」を中心に（野崎晃市）「哲学・思想論叢」筑波大学哲学・思想学会 23 2005.1 p55〜74
◇「大正生命主義」と新教育—谷本富「新教育論」における〈生命〉（山本仁）「日本仏教教育学研究」日本仏教教育学会 16 2008.3 p134〜140
◇谷本富「新教育論」における〈生命〉—生命としての宗教/生命としての雄弁（山本仁）「真宗文化」京都光華女子大学真宗文化研究所 17 2008.2 p110〜136

谷森善臣　たにもりよしおみ　1817〜1911
幕末、明治期の国学者。修史館修撰。
【図書】
◇維新前後に於ける国学の諸問題—創立百周年記念論文集（国学院大学日本文化研究所創立百周年記念論文集編集委員会編）国学院大学日本文化研究所 1983.3
◇考古学の先覚者たち（森浩一編）中央公論社 1988.4（中公文庫）
◇「天皇陵」総覧（愛蔵保存版）（水野正好ほか著）新人物往来社 1994.4
◇明治聖徳記念学会紀要 復刊第45号（明治聖徳記念学会編）明治聖徳記念学会 2008.11 512p
【雑誌】
◇谷森善臣の山陵研究（考古学先覚者列伝）（堀田啓一）「歴史と人物」13(15) 1983.12
◇山陵修補事業にみる維新と伝統—蒲生君平の谷森善臣に対する影響を含めて（特集 維新と伝統）（阿部邦男）「明治聖徳記念学会紀要」明治聖徳記念学会 45 2008.11 p83〜108

ダン, E.　Dun, Edwin　1848〜1931
アメリカの教師、外交官。1873年来日、酪農などを教授。
【図書】
◇お雇い外国人（札幌市教育委員会編）北海道新聞社 1981.12（さっぽろ文庫）
◇牛乳と日本人（雪印乳業広報室編）新宿書房 1988.4
◇開化異国（おつくに）助っ人奮戦記（荒俣宏著, 安井仁撮影）小学館 1991.2
◇北海道を開拓したアメリカ人（藤田文子著）新潮社 1993.7（新潮選書）
◇エドウィン・ダン研究ノート no.1 エドウィン・ダンの"My wife"について（田辺安一著）ダンと町村記念事業協会 1994.1
◇日本の『創造力』—近代・現代を開花させた470人〈15〉貢献した外国人たち（富田仁編）日本放送出版協会 1994.2
◇エドウィン・ダン関係公文書目録（北海道立文書館編）北海道立文書館 1995.3 22p
◇エドウィン・ダンの妻ツルとその時代（阿部三恵著）北海道新聞社 1995.9 285p（道新選書）
◇きょう土につくした人びと ふるさと歴史新聞 4（和順高雄文）ポプラ社 1996.4 47p
◇お雇い外国人エドウィン・ダン—北海道農業と畜産の夜明け（田辺安一編）ダンと町村記念事業協会 1999.3 371p
◇お雇い外国人エドウィン・ダン—北海道農業と畜産の夜明け（田辺安一編）北海道出版企画センター 1999.4 371p
◇御雇教師エドウィン・ダン—北海道の馬事の礎を築く（田辺安一編）日本馬事協会 2002.3 464p
◇真駒内物語（谷代久恵著）北海道新聞社 2002.10 215p
【雑誌】
◇エドウィン・ダンによる報文(1)1878年度の年次報告（西出公之）「帯広畜産大学学術研究報告 第2部・人文社会科学論集」7(2) 1987.3
◇エドウィン・ダンの手紙(1)1875年度分（西出公之, A.スウィンガー）「帯広畜産大学学術研究報告 第2部・人文社会科学論集」7(2) 1987.3
◇エドウィン・ダンの手紙(2)1876年度分（西出公之, Alice Swinger）「人文社会科学論集」7(4) 1989.3
◇エドウィン・ダン研究序説（西出公之）「英学史研究」26 1993

チェンバレン, B.　Chamberlain, Basil Hall　1850〜1935
イギリスの言語学者。日本古典文学を世界に紹介。
【図書】
◇複眼の比較文化—内と外から眺めたニッポン像（池田雅之著）成文堂 1989.10（学際レクチャーシリーズ）
◇B.H.チェンバレン—日欧間の往復運動に生きた世界人（太田雄三著）リブロポート 1990.3（シリーズ 民間日本学者）
◇小泉八雲の日本（池田雅之著）第三文明社 1990.8（レグルス文庫）
◇東西文化摩擦—欧米vs.日本の15類型（小倉和夫著）中央公論社

1990.11
◇B.H.Chamberlain文庫目録　（愛知教育大学附属図書館編）　愛知教育大学附属図書館　1990.12
◇海を越えた俳句　（佐藤和夫著）　丸善　1991.5　（丸善ライブラリー）
◇チェンバレン・杉浦文庫書簡目録 改訂版　（愛知教育大学附属図書館〔編〕）（刈谷）愛知教育大学附属図書館　1992.3
◇チェンバレン・杉浦文庫書簡目録　（愛知教育大学附属図書館編）　愛知教育大学附属図書館　1992.3
◇金田一京助全集〈第1巻〉言語学　（金田一京助著，金田一京助全集編集委員会編）　三省堂　1992.11
◇金田一京助全集〈第6巻〉アイヌ語〈2〉　（金田一京助著，金田一京助全集編集委員会編）　三省堂　1993.6
◇イギリス人ジャパノロジストの肖像―サトウ，アストン，チェンバレン　（楠家重敏著）　日本図書刊行会　1998.10　306p
◇英国と日本―架橋の人びと　（ヒュー・コータッツィ，ゴードン・ダニエルズ編著，横山俊夫解説，大山瑞代訳）　思文閣出版　1998.11　503，68p
◇西洋人の日本語研究　（杉本つとむ著）　八坂書房　1999.11　2冊（セット）（杉本つとむ著作選集）
◇琉球―異邦典籍と史料　（山口栄鉄著）　榕樹書林　2000.2　178p
◇琉球語の文法と辞典―日琉語比較の試み　（バジル・ホール・チェンバレン原著，山口栄鉄編訳・解説）　琉球新報社　2005.2　328p
◇日本の敬語論―ポライトネス理論からの再検討　（滝浦真人著）　大修館書店　2005.6　315p
◇世界の偉人たちの驚き日本発見記　（波田野毅著）　明成社　2008.1　47p　（日本の息吹ブックレット）
◇B.H.チェンバレンの試みた口語　（常盤智子）『近代語研究』（近代語学会編）　武蔵野書院　2008.10　p406
◇知将秋山真之―ある先任参謀の生涯　（生出寿著）　光人社　2009.11　341p　（光人社NF文庫）
【雑　誌】
◇青い眼をした蛙たち　（平宗星）「船団」 3 1987.9
◇B.H.Chamberlainと能（謡曲）　（川村ハツエ）「英学史研究」 22 1989
◇西洋人はなぜ「天皇」を理解しないのか　（遠田勝）「諸君！」 21（1） 1989.1
◇「万葉集」の翻訳―チェンバレンとウェレイーを中心に　（相原由美子）「学苑」 593 1989.4
◇ローズベリ（自由帝国主義）と自由貿易―チェンバレンの保護関税運動との比較的考察　（川上肇）「史学研究」 184 1989.7
◇ハーンとチェンバレン―文化論の背景　（牧野陽子）「成城大学経済研究」 111・112 1991.3
◇ウェーリーとチェンバレン―和歌はどう訳されたか（比較研究の先達たち〈特輯〉）　（衣笠正晃）「比較文學研究」 59 1991.6
◇チェンバレン・キャンペーンと「急進的保守主義」論　（関内隆）「岩手大学教育学部研究年報」 52（3） 1992
◇ハーン試論―チェンバレンとの比較を中心に　（太田雄三）「文学」 3（1） 1992.1
◇B.H.チェンバレン『日本語口語入門』第2版　（大久保恵子）「東京成徳短期大学紀要」 25 1992.3
◇前世紀転換期の日本学―チェンバレン対ハーンと岡倉由三郎　（原田純）「思想」 814 1992.4
◇チェンバレン帝大教師時代の資料　（堀川貴司）「汲古」 21 1992.6
◇お雇い外人教師の見た明治日本（2）B.H.チェンバレン『日本事物誌』（「欧米受容の100年―日本人と近代化」-Part I-〈特集〉）　（大場実）「ビブリア」 20 1993.1
◇B.H.チェンバレン『日本語口語入門』第2版（2）　（大久保恵子）「東京成徳短期大学紀要」 26 1993.3
◇日本語とアイヌ語の同系論（1）金田一博士のチェンバレン説検討と私の見解　（梶浦浩）「縄文文化とアイヌ文化を考える会会誌」 9 1993.10
◇ハーンとチェンバレンの「スペンサー論争」　（山下重一）「英学史研究」 27 1994
◇B.H.チェンバレンの手紙―最後の日本滞在1910.6.～1911.3.　（楠家重敏）「日本大学生産工学部研究報告 B 文系」 27（1） 1994.6
◇外国人のみた日本（7）チェンバレンの『日本事物誌』　（石山洋）「日本古書通信」 59（7） 1994.7
◇B.H.チェンバレン『日本事物誌』―複数の視点の存在を意識した日本論（外国人の見た日本・日本人〈特集〉―明治時代の日本論）（太田雄三）「国文学 解釈と鑑賞」 60（3） 1995.3　p124～131
◇チャンブレン著『日本口語文典』の談話語―応用篇に扱われた「読本」の一考察　（岩崎摂子）「盛岡大学紀要」 盛岡大学 第14号 1995.3　p151～171
◇B.H.Chamberlain's Thoughts and Reflections―2―　（Julian Leonard）「茨城大学教養部紀要」 茨城大学教養部 28 1995.3 p171～196
◇猫をめぐって―チェンバレンとハーン（ラフカディオ・ハーン〈特集〉）　（小川敏栄）「ユリイカ」 青土社 27（4） 1995.4 p228～235

◇B.H.チェンバレンの手紙―最後の日本滞在1910.6～1911.3―下―　（楠家重敏）「日本大学生産工学部研究報告 B 文系」 日本大学生産工学部 28 1995.6　p1～31
◇チャンバレン著『日本口語文典』の談話語―ローマ字訳『牡丹灯籠』にみる談話語 本文対照研究 その2　（岩崎摂子）「盛岡大学紀要」 盛岡大学 第15号 1996.3　p125～143
◇初期来日西洋学者と「日本」という言説―アストン・チェンバレン・モース・ハーンと南方熊楠・柳田国男の対比の試み　（松居竜五）「駿河台大学論叢」 駿河台大学 第12号 1996.6　p89～104
◇チェンバレンとハーンに見られる日本人観の揺らぎ―往復書簡から　（相原由美子）「学苑」 昭和女子大学近代文化研究所 697 1998.4　p115～123
◇ハーンと音楽―ケーベル，チェンバレンとの比較において（特集：横断する ラフカディオ・ハーン 小泉八雲―横断するハーン，西洋キリスト教文明を超えて）（中村徳介）「國文學 解釈と教材の研究」 学燈社 43（8） 1998.7　p32～38
◇『沖縄対話』・チェンバレンほかと沖縄方言　（新垣公弥子）「国文学 解釈と鑑賞」 至文堂 65（1） 2000.1　p114～120
◇B.H.Chamberlain離日あれこれ（5）杉浦藤四郎に宛てたチェンバレンの手紙より　（相原由美子）「学苑」 昭和女子大学近代文化研究所 719 2000.4　p63～73
◇B.H.Chamberlain離日あれこれ―杉浦藤四郎に宛てたチェンバレンの手紙より（6）　（相原由美子）「学苑」 昭和女子大学近代文化研究所 730 2001.4　p70～79
◇B.H.Chamberlain離日あれこれ（7）杉浦藤四郎に宛てたチェンバレンの手紙より　（相原由美子）「学苑」 昭和女子大学 752 2003.4　p146～155
◇どこか違和感を覚える文―チェンバレン，アストンの文法論から見て　（大久保恵子）「都留文科大学研究紀要」 都留文科大学 61 2005　p45～55
◇Le Rond-Point ハーン対チェンバレン―シンポジウム報告　（河島弘美）「比較文學研究」 すずさわ書店 85 2005.4 p167～170
◇B.H.Chamberlainの日本語習得と研究―第2言語習得論の観点より　（次重寛禧）「英学史論叢」 日本英学史学会中国・四国支部 第7号 2005.7　p27～34
◇チェンバレンが神戸居留地にみた夢―『日本事物誌』異本考　（遠田勝）「近代」 神戸大学近代発行会 97 2006.9　p21～40

塚本ハマ　つかもとはま　1866～1941
明治，大正期の教育者。大阪府師範学校教諭。
【図　書】
◇静岡おんな百年 上　（市原正恵）ドメス出版 1982.8
◇六枚の肖像画―近代を拓いた静岡の女たち　（美尾浩子）静岡新聞社 1982.12
【雑　誌】
◇家政学のあけぼの―塚本ハマ小伝　（市原正恵）「思想の科学」 329 1980.8
◇明治の女子教育と塚本ハマ　（市原正恵）「静岡県近代史研究会会報」 23 1980.8
◇塚本ハマ「女子教育ノ必要ヲ論ズ」　（市原正恵）「静岡県近代史研究」 4 1980.10

辻新次　つじしんじ　1842～1915
明治期の教育行政家。大日本教育会会長，男爵。
【図　書】
◇日本の『創造力』―近代・現代を開花させた470人〈4〉進む交流と機能　（富田仁編）日本放送出版協会 1993.3
【雑　誌】
◇明治初年の文部行政と辻新次　（関口直佑）「社学研論集」 早稲田大学大学院社会科学研究科 14 2009　p153～163

津田梅子　つだうめこ　1864～1929
明治，大正期の女子教育者。女子高等師範学校教授。
【図　書】
◇図説人物日本の女性史10 新時代の知性と行動 小学館 1980.8
◇女の一生 人物近代女性史2　（瀬戸内晴美編）講談社 1980.9
◇津田梅子文書　（津田塾大学編）津田塾大学 1980.10
◇一億人の昭和史 日本人1 三代の女たち 上 明治大正編　毎日新聞社 1981.2
◇日本人の終末観―日本キリスト教人物史研究　（野村耕三）新教出版社 1981.5
◇学びの場と人―歴史に残る各地の私塾探訪　（高瀬善夫）毎日新聞社 1982.1
◇素肌のおんなたち―日本を騒がせた三十六人の女意外史　（藤本義一）都市と生活社 1982.1
◇文明開化と女性―日本女性の歴史 曉教育図書 1982.10　（日本発見人物シリーズno.8）
◇女の一生―人物近代女性史 2 明治に開花した才媛たち　（瀬戸内晴美

津田梅子

他著）講談社　1984.2
◇愛の近代女性史　（田中澄江著）　ミリオン書房　1984.2
◇アメリカで学んだ少女―津田梅子ものがたり（愛と勇気のノンフィクション〈10〉）（浜田けい子作, 高田勲絵）岩崎書店　1986.4
◇女性の自立と科学教育―津田塾理科の歴史　（津田塾理科の歴史を記録する会編）　ドメス出版　1987.5
◇続 百代の過客―日記にみる日本人〈下〉（ドナルド・キーン著, 金関寿夫訳）　朝日新聞社　1988.2　（朝日選書）
◇津田梅子　（山崎孝子編）　吉川弘文館　1988.6　（人物叢書〔新装版〕）
◇続 百代の過客―日記にみる日本人　（ドナルド・キーン著, 金関寿夫訳）　朝日新聞社　1988.12
◇新時代のパイオニアたち―人物近代女性史　（瀬戸内晴美編）　講談社　1989.5　（講談社文庫）
◇教育人読本―先人に学ぶ教育経営　（曽根info吾著）　学事出版　1990.4　（学校管理職の教養・実務選書）
◇津田梅子　（大庭みな子著）　朝日新聞社　1990.6
◇津田梅子　（吉川利一著）　中央公論社　1990.8　（中公文庫）
◇美と知に目覚めた女性たち　（円地文子ほか著）　天山出版　1990.9　（天山文庫）
◇津田梅子と塾の90年　津田塾大学創立90周年記念事業出版委員会編）　津田塾大学　1990.10
◇国際交流につくした日本人〈6〉北アメリカ　くもん出版　1991.3
◇時代を読む　（河合隼雄, 鶴見俊輔著）　潮出版社　1991.12
◇日本の『創造力』―近代・現代を開花させた470人〈8〉消費時代の開幕　（富田仁編）　日本放送出版協会　1992.1
◇津田梅子　（古木宜志子著）　清水書院　1992.11　（Century Books―人と思想）
◇華族女学校教師の見た 明治日本の内側　（アリス・ベーコン著, 久野明子訳）　中央公論社　1994.9
◇ライバル日本史　4　（NHK取材班編）　角川書店　1995.4　216p
◇多様化する「知」の探究者　朝日新聞社　1995.5　438p　（21世紀の千人）
◇オクスフォードから　（白井厚, 白井堯子著）　日本経済評論社　1995.8　200p
◇屹立―ライバル日本史　6　（NHK取材班編）　角川書店　1996.11　300p　（角川文庫）
◇歴史を動かした女たち　（高橋千剣破著）　中央公論社　1997.2　391p　（中公文庫）
◇アメリカが見つかりましたか―戦前篇　（阿川尚之著）　都市出版　1998.11　253p
◇アメリカにわたった仏教美術―フィラデルフィア美術館を中心に　（今井雅晴著）　自照社出版　1999.8　251p
◇女たちの20世紀・100人―姉妹たちよ*　（ジョジョ企画編）　集英社　1999.8　168p
◇人物日米関係史―万次郎からマッカーサーまで　（斎藤元一著）　成文堂　1999.11　209p
◇楽しく調べる人物図解日本の歴史―明治・大正・昭和・平成時代　7　（佐藤和彦監修）　あかね書房　2000.4　47p
◇20世紀のすてきな女性たち―アウン・サン・スーチー、金活蘭、シシリー・ソンダース、市川房枝　7　（加藤純子, 李相琴, 若林一美, 鳥海哲子著）　岩崎書店　2000.4　159p
◇郷土と女性―歴史と文学の間のレクイエム　（山本昭夫著）　近代文芸社　2000.5　305p
◇海をこえて 近代知識人の冒険　（高沢秀次著）　秀明出版会　2000.6　329p
◇津田梅子を支えた人びと　（飯野正子, 亀田帛子, 高橋裕子編）　有斐閣　2000.9　294p
◇津田梅子の娘たち―ひと粒の種子から　（川本静子, 亀田帛子, 高桑美子著）　ドメス出版　2001.3　348p
◇その時歴史が動いた　5　（NHK取材班編）　KTC中央出版　2001.3　253p
◇対談集 世界に誇る日本人―21世紀に伝えたい日本の心　（広池幹堂著, モラロジー研究所出版部編）　モラロジー研究所　2001.9　269p
◇歴史家が読む「つくる会」教科書　（歴史学研究会編）　青木書店　2001.11　117,31p
◇日本語中・上級用読本 日本を知ろう―日本の近代化に関わった人々　（三浦昭, ワット・伊東泰子著）　アルク　2001.12　231p
◇津田梅子の社会史　（高橋裕子著）　玉川大学出版部　2002.12　258p
◇津田梅子―ひとりの名教師の軌跡　（亀田帛子著）　双文社出版　2005.3　263p
◇津田梅子とアナ・C.ハーツホン―二組の父娘の物語　（亀田帛子著）　双文社出版　2005.12　219p
◇NHKその時歴史が動いたコミック版 女たちの決断編　（三堂司, 高芝昌子, 宮崎めぐ美, 井沢まさみ, 殿塚寛, 安宅一人著, NHK取材班編）　ホーム社　2006.8　498p　（ホーム社漫画文庫）
◇日本人に生まるることを喜ぶべし　（井上琢郎著）　財界研究所

2007.1　367,8p
◇二十世紀から何を学ぶか 下　（寺島実郎著）　新潮社　2007.5　284,6p　（新潮選書）
◇女性と高等教育―機会拡張と社会的相克　（香川せつ子, 河村貞枝編）　昭和堂　2008.7　339,9p　（叢書・比較教育社会史）
◇「育つ・学ぶ」の社会史―「自叙伝」から　（小山静子, 太田素子編）　藤原書店　2008.9　299p
◇明治の女子留学生―最初に海を渡った五人の少女　（寺沢竜著）　平凡社　2009.1　283p　（平凡社新書）
◇つながりあう知―クララと明治の女性たち　（福田須美子著）　春風社　2009.3　247p
◇国際社会で活躍した日本人―明治～昭和13人のコスモポリタン　（植木武編）　弘文堂　2009.4　260p
◇ヒロインだって悩んでる。―恋愛・仕事・家庭・人生のハードルを越えた20の物語　（桑原恵美子著）　ゴマブックス　2009.5　223p

【雑　誌】
◇特集・ライバル明治の獅子たち 女子教育にかけた夢（津田梅子vs下田歌子）　（吉周子）「歴読本」25（2）1980.2
◇対談・日本の女性史 幕末明治編（下）明治を生きた女性たち　（橋本寿賀子, 吉見周子）「歴史と人物」7（8）1980.7
◇「開学の時代をふりかえる」―1900年と津田梅子（座談会）（井上幸治ほか）「国際関係学研究（津田女大）」7 1981.3
◇人名索引―津田梅子をめぐる人々　（小笠原あや子）「資料の広場」13 1981.3
◇建学の原点（3）女子英学塾（現津田塾大学）　（前川和彦）「月刊新自由クラブ」6（61）1982.8
◇津田梅子の女子教育について　（石川教張）「東京立正女子短期大学紀要」11 1983.2
◇アメリカ精神の教育開拓者津田梅子（造艦テクノクラートの草分け赤松則良）（角田房子）「歴史と人物」14（3）1984.3
◇教育界の三女史 津田梅子・矢島楫子・鳩山春子（特集花ひらく明治の女性たち）（安西篤子）「歴史と旅」12（2）1985.2
◇伊藤博文と津田梅子　（亀田帛子）「国際関係研究所報（津田塾大）」21 1987.11
◇動物学者 津田梅子　（中沢信午）「遺伝」48（8）1988.8
◇若き日の津田梅子―その書簡にみる　（亀田帛子）「津田塾大学紀要」21 1989
◇津田梅子（8）（大庭みな子）「月刊Asahi」2（1）1990.1
◇津田梅子（9）（大庭みな子）「月刊Asahi」2（2）1990.2
◇明治初期に海を渡った女性たち―津田梅子を中心として　（岡田洋子, 影山まち子）「Bulletin of Sakura no Seibo Junior College」14 1990.3
◇津田梅子〔10・最終回〕（大庭みな子）「月刊Asahi」2（3）1990.3
◇女子教育の先駆者たち（女性への12の手紙（4））（犬養道子）「婦人公論」75（6）1990.6
◇人生の習慣―若い娘たちへのhabit of beingという講義　（大江健三郎）「現代」25（5）1991.4 臨増（女たちへ）
◇津田梅子の生き方―ライフコース分析　（菅谷よし子）「宮城学院女子大学研究論文集」76 1992.12
◇梅子周辺―帰国から再留学まで　（亀田帛子）「津田塾大学紀要」25 1993
◇津田梅子と英国の女子教育―オックスフォード大学留学をめぐる新史料から　（白井堯子）「お茶の水女子大学女性文化研究センター年報」6 1993.3
◇津田梅子考　（真崎昌幸）「第一経大論集」23（1）1993.6
◇女性国際化第1号―津田梅子（平成日本の源流30人）（吉原敦子）「文芸春秋」72（5）1994.4
◇津田梅子（達人ルネサンス～Back To The Past〔34〕）「毎日グラフ・アミューズ」48（20）1995.10.25 p97～101
◇津田梅子のブリンマー留学に関係した人々（その3）（亀田帛子）「国際関係学研究」津田塾大学 23 1996 p15～24
◇Umeko Tsuda,Tsuda College and the Bryn Mawr Connection　（Kinuko Kameda）「国際関係学研究」津田塾大学 24 1997 p31～36
◇Umeko Tsuda,Pionera de la ensenanza de idiomas en Japon　（Felisa Rey）「アカデミア 文学・語学編」南山大学 64 1998.3 p47～71
◇Umeko Tsuda's Contribution to Women's Higher Education and English Language Teaching in Japan　（山城英美）「学校法人佐藤栄学園埼玉短期大学研究紀要」埼玉短期大学 7 1998.3 p81～90
◇津田梅子　（光石麻紗子）「文献探索」文献探索研究会 1999 2000.2.23 p429～431
◇石井筆子と1898（明治31）年万国婦人倶楽部大会　（津曲裕次）「高知女子大学紀要 社会福祉学部編」高知女子大学 49 2000.3 p1～8
◇6歳の津田梅子を留学させた明治という時代（1900年への旅―アメリカ・太平洋篇〔4〕）（寺島実郎）「Foresight」11（4）2000.4 p58～61

◇石井筆子の1898(明治31)年訪米の研究—シカゴからニューヨークへ (津曲裕次)「高知女子大学紀要 社会福祉学部編」 高知女子大学 50 2001.3 p47～54
◇明治女子留学生の入信に関する一考察—津田梅子の場合 (寺坂有美)「大正大学大学院研究論集」 大正大学出版部 25 2001.3 p278～265
◇「夢は時をこえて 津田梅子が紡いだ絆」(文化映画) (渡部実)「キネマ旬報」 1327 2001.3.1 p158～159
◇津田梅子のThe Attic Lettersに見る異文化受容 (清水孝子)「日本文理大学紀要」 日本文理大学 29(2) 2001.10 p95～106
◇梅子の帰国旅日記:"From Washington to Tokio" (古木宣志子)「津田塾大学紀要」 津田塾大学紀要委員会 34 2002.3 p1～15
◇異境への帰国—津田梅子書簡に見る日本 (芦沢由美, 戸ım徹子)「山梨県立女子短大地域研究」 山梨県立女子短期大学地域研究会 2 2002.3 p103～117
◇女性の地位向上に情熱を傾けた津田梅子—椙山女学園「人間論」の講義ノート (横田澄司)「社会と情報」 椙山女学園大学生活科学部生活社会科学科 7(2) 2003.3 p59～72
◇田中真人先生を偲びつつ—津田梅子、および、日本キリスト教婦人矯風会の研究(田中真人教授追悼記念号) (影山礼子)「キリスト教社会問題研究」 同志社大学人文科学研究所 56 2008.2 p312～315
◇ちば・ふたり物語 女子教育の先駆者を生んだ佐倉の開明の風—佐藤志津と津田梅子 (杉五郎)「ちば経済季報」 千葉経済センター 72 2008.春 p34～39

津田仙 つだせん 1837～1908
明治期の洋学者。日本初のホテル築地ホテル理事。
【図 書】
◇明治・大正・昭和教育思想学説人物史 1 明治前期篇 (藤原喜代蔵) 湘南堂書店 1980.9
◇日本工業先覚者史話 (福本和夫) 論創社 1981.7
◇日本老農伝 改訂増補 (大西伍一) 農山漁村文化協会 1985.12
◇内村鑑三と寺田寅彦—海に生きたふたり (影山昇著) くもん出版 1990.4 (くもん選書)
◇真実の愛を求めて (高見沢潤子著) 教文館 1990.9
◇日本の「創造力」—近代・現代を開花させた470人〈3〉流通と情報の革命 (富田仁編) 日本放送出版協会 1993.2
◇日本通信販売発達史—明治・大正期の英知に学ぶ (黒住武市著) 同友館 1993.3
◇田中正造をめぐる言論思想—足尾鉱毒問題の情報化プロセス (田村紀雄著) 社会評論社 1998.9 202p
◇津田仙—明治の基督者 伝記・津田仙 (都田豊三郎著) 大空社 2000.12 229,5p (伝記叢書)
◇人物日本の歴史・日本を変えた53人 7 (高野尚好監修) 学習研究社 2002.2 64p
◇盛田昭夫・竹下登・フルシチョフ—指導者達の素顔 (清宮竜著) 善本社 2002.3 275p
◇文学碑のなかの人生と愛 (青柳亨著) 西田書店 2002.3 564p
◇成功物語 (川田美智子, 岡文正共著) サクセス・マルチミディア・インク 2002.12 218p
◇津田梅子の社会史 (高橋裕子著) 玉川大学出版部 2002.12 258p
◇津田仙と朝鮮—朝鮮キリスト教受容と新農業政策 (金文吉著) 世界思想社 2003.2 244p
◇もっと知りたい!人物伝記事典 3 (漆原智良監修) フレーベル館 2003.4 103p
◇日本人に一番合った英語学習法—先人たちに学ぶ「四〇〇年の知恵」 (斎藤兆史著) 祥伝社 2003.6 186p
◇日本近代国家の成立とジェンダー (氏家幹人, 桜井由幾, 谷本雅之, 長野ひろ子編) 柏書房 2003.10 328p (KASHIWA学術ライブラリー)
◇明治文明開化の花々—日本留学生列伝 3 (松邨賀太著) 文芸社 2004.3 184p
◇装うこと生きること—女性たちの日本近代 (羽生清著) 勁草書房 2004.6 229,3p
◇新島襄と私立大学の創立者たち (志村和次郎著) キリスト新聞社 2004.8 213p
◇「わたし」を生きる女たち—伝記で読むその生涯 (楠瀬佳子, 三木草子編) 世界思想社 2004.9 270p (SEKAISHISO SEMINAR)
◇近代日本のキリスト者たち (高橋章編著) パピルスあい 2006.3 335p
◇津田仙評伝—もう一つの近代化をめざした人 (高崎宗司著) 草風館 2008.3 204p
◇福本和夫著作集 第7巻 (福本和夫著) こぶし書房 2008.6 830, 15p
【雑 誌】
◇早矢仕有的への来翰を巡って(11)(遺稿) (曽我なつ子, 松島栄一)「学鐙」 79(11) 1982.11
◇新島襄と津田仙 (本井康博)「キリスト教社会問題研究」 同志社大学人文科学研究所 50 2001.12 p95～115
◇千葉県郷土史:近現代史の一断面:幕末から開明期における佐倉藩士と洋学「西国の心学、心理学」との接点—西村茂樹・津田仙略伝 (西川泰夫)「放送大学研究年報」 放送大学 26 2008 p25～37
◇日本人 意志の力(20)津田仙 新時代に理想の実現を試みた仕事の数々 (中西進)「Wedge」 ウエッジ 20(8) 2008.8 p132～134

津田真道 つだまみち 1829～1903
明治期の官僚、啓蒙思想家。貴族院議員。
【図 書】
◇近代日本経済思想史研究 (塚谷晃弘) 雄山閣 1980.3
◇幕末和蘭留学関係史料集成 (日蘭学会編, 大久保利謙著) 雄松堂書店 1982.2 (日蘭学会学術叢書 第3)
◇幕府オランダ留学生 (宮永孝) 東京書籍 1982.3 (東書選書 73)
◇読書清興 (岩倉規夫) 汲古書院 1982.11
◇幕末和蘭留学関係史料集成―続 (大久保利謙編, 日蘭学会監修) 1984.3
◇大久保利謙歴史著作集〈5〉幕末維新の洋学 (大久保利謙著) 吉川弘文館 1986.8
◇明治啓蒙期の経済思想—福沢諭吉を中心に (杉山忠平著) 法政大学出版局 1986.9
◇近代日本の哲学者 (鈴木正, 下崇道編著) 北樹出版 1990.2
◇明治草創—啓蒙と反乱 (植手通有編著) 社会評論社 1990.7 (思想の海へ「解放と変革」)
◇明治初期刑事法の基礎的研究 (霞信彦著) 慶応義塾大学法学研究会 1990.10 (慶応義塾大学法学研究会叢書)
◇明六社の人びと (戸沢行夫著) 築地書館 1991.4
◇文学近代化の諸相—洋学・戯作・自由民権 (小笠原幹夫著) 高文堂出版社 1993.4
◇津田真道—研究と伝記 (大久保利謙編) みすず書房 1997.3 342p
◇波濤を越えて—幕末のオランダ留学生、津田真道と西周を顕彰して (津田真道・西周顕彰委員会編) 津田真道・西周顕彰委員会 1998.3 39p
◇明治哲学史研究 (舩山信一著) こぶし書房 1999.6 527p (舩山信一著作集)
◇津田真道の訳語研究 (鄭英淑)『日本語教育学の視点—国際基督教大学大学院教授飛田良文博士退任記念』(論集編集委員会編) 東京堂出版 2004.9 p475
◇西周と日本の近代 (島根県立大学西周研究会編) ぺりかん社 2005.5 490p
◇新編 明治前期の憲法構想 (家永三郎, 松永昌三, 江村栄一編) 福村出版 2005.10 558p
◇吉備の歴史と文化 (早稲田大学日本地域文化研究所編) 行人社 2006.12 338p (日本地域文化ライブラリー)
◇イギリス正統派の財政経済思想と受容過程 (大淵三洋著) 学文社 2008.1 295p
◇対外交流史研究 (渡辺与五郎, 山本忠士, 李春蘭, 丁雪冬, 秋月里保著) 文化書房博文社 2008.10 199p
◇日本統計史群像 (島村史郎著) 日本統計協会 2009.12 214p
【雑 誌】
◇ライデンにおける西周と津田真道—フィッセリングとの往復書翰を通して (沼田次郎)「東洋大学大学院紀要(文学研究科)」 19 1983.2
◇幕末における日蘭文化交流の一齣西周と津田真道のオランダ留学をめぐって (菅井鳳展)「立命館文学」 451～453 1983.3
◇津田真道における啓蒙と経済—明治啓蒙の一特質にふれて (杉山忠平)「思想」 706 1983.4
◇津田真道の啓蒙的政治思想について (松岡八郎)「法学新報」 91(1・2) 1984.6
◇津田真道の法理学について (松岡八郎)「東洋法学」 31(1・2) 1988.1
◇『泰西国法論』考(2) (宮田豊)「京古本や往来」 51 1991.1
◇西周・津田真道オランダ留学の意義 (小笠原幹夫)「姫路学院女子短期大学紀要」 20 1993.1
◇津山藩と洋学—津田真道・箕作麟祥を中心に (小笠原幹夫)「作陽音楽大学・作陽短期大学研究紀要」 作陽学園学術研究会 29(1) 1996 p98～83
◇明治史の一隅を訪ねて(5)法典近代化の先駆けとして—津田真道 (霞信彦)「書斎の窓」 有斐閣 468 1997.10 p40～41
◇シモン・フィッセリングと『経済学原理論』—津田真道と西周への「筆記口授」 (川崎勝)「南山経済研究」 南山大学経済学会 13(3) 1999.3 p227～249
◇津田真道と箕作麟祥のラテン語学書 (原田侑司)「一滴」 津山洋学資料館 9 2001 p15～76
◇津田真道—国学と洋学 (古賀勝次郎)「早稲田社会科学総合研究」 早稲田大学社会科学学会 1(2) 2001.1 p1～22
◇津田真道における『泰西国法論』と『表記提綱』の世界 (大久保健晴)「一滴」 津山洋学資料館 12 2004 p21～65

◇津田真道と国際政治 （森田吉彦）「社会システム研究」 京都大学大学院人間・環境学研究科社会システム研究刊行会 10 2007.2 p11〜24
◇津田真道の初期思想 （前田勉）「愛知教育大学研究報告 人文・社会科学」 愛知教育大学 56 2007.3 p49〜56
◇神田孝平の自由貿易論解釈—津田真道との比較において （南森茂太）「日本経済思想史研究」 日本経済思想史研究会,日本経済評論社 8 2008.3 p25〜41
◇統計史群像（3）津田眞道と統計 （島村史郎）「統計」 日本統計協会 59（4） 2008.4 p47〜52
◇津田真道の経済学に関する若干の考察 （大淵三洋）「国際関係研究」 日本大学国際関係学部国際関係研究所 29（1） 2008.7 p1〜25

綱島梁川　つなしまりょうせん　1873〜1907
明治期の宗教思想家、評論家。
【図　書】
◇明治・大正・昭和教育思想学説人物史 2 明治後期篇 （藤原喜代蔵） 湘南堂書店 1980.9
◇近代日本の倫理思想（山田孝雄編） 大明堂 1981.2
◇綱島梁川の生涯と思想 （虫明〔タダシ〕,行安茂編） 早稲田大学出版部 1981.4
◇私のパスカル体験 （由木康） 春秋社 1981.9
◇近代日本と早稲田の思想群像1 （早稲田大学社会科学研究所日本近代思想会編） 早稲田大学出版部 1981.11
◇自己超越の思想—近代日本のニヒリズム （竹内整一著） ぺりかん社 1988.6
◇デューイ倫理学の形成と展開 （行安茂著） 以文社 1988.9
◇比較宗教哲学への道程 （小山宙丸著） 早稲田大学出版部 1992.7
◇奇っ怪紳士録 （荒俣宏著） 平凡社 1993.11 （平凡社ライブラリー）
◇綱島梁川研究資料 2 （石川啄木ほか著） 大空社 1995.11 452p
◇綱島梁川—その人と思想 （行安茂著） 大空社 1997.2 251p
◇一灯園 西田天香の生涯 （三浦隆夫著） 春秋社 1999.4 316p
◇自己超越の思想—近代日本のニヒリズム 新装版 （竹内整一著） ぺりかん社 2001.7 286p
◇日本近代思想の相貌—近代的「知」を問いなおす （綱沢満昭著） 晃洋書房 2001.9 260p
◇他者を負わされた自我知—近代日本における倫理意識の軌跡 （加藤尚武編） 岩波書店 2003.1 253,13p （シリーズ・近代日本の知）
◇近代日本の象徴主義 （木股知史編） おうふう 2004.3 220p
◇明治思想家論—近代日本の思想・再考 1 （末木文美士著） トランスビュー 2004.6 330p
◇近代日本の思想家とイギリス理想主義 （行安茂著） 北樹出版 2007.12 398p
【雑　誌】
◇梁川における汎神思想—その美意識とのかかわりにふれて（特集・早稲田大学創立百周年記念（1）早稲田と近代文学（1））（川合道雄）「国文学研究（早大）」 78 1982.10
◇梁川と東京専門学校—卒業文集「おもかげ」のことなど （川合道雄）「国文学研究（早大）」 80 1983.6
◇梁川をめぐる人人—「回覧集」を中心に （川合道雄）「国士館大学人文学会紀要」 17 1985.1
◇梁川をめぐる人人—「回覧集」を中心に（2）（川合道雄）「国士館大学人文学会紀要」 18 1986.1
◇梁川をめぐる人人—「回覧集」を中心に（3）（川合道雄）「国士館大学人文学会紀要」 19 1987.1
◇綱島梁川におけるキリスト教と仏教 （行安茂）「岡山大学教育学部研究集録」 82 1989.11
◇綱島梁川とデューイ （行安茂）「岡山大学教育学部研究集録」 岡山大学教育学部 99 1995.7 p101〜110
◇綱島梁川における自己実現の理想 （行安茂）「岡山大学教育学部研究集録」 岡山大学教育学部 100 1995.11 p75〜85
◇綱島梁川における自力と他力—梁川の「二元的懐疑時代」の問題 （行安茂）「岡山大学教育学部研究集録」 岡山大学教育学部 101 1996.3 p15〜24
◇綱島梁川の見神—明治30年代の思想動向との関連において （行安茂）「岡山大学教育学部研究集録」 岡山大学教育学部 102 1996.7 p27〜38
◇近代日本と西洋思想の受容—綱島梁川 （行安茂）「岡山大学教育学部研究集録」 岡山大学教育学部 103 1996.11 p1〜11
◇綱島梁川のキリスト教受容（その1）（関岡一成）「神戸外大論叢」 神戸市外国語大学研究所 48（2） 1997.9 p1〜22
◇『新人』と綱島梁川 （関岡一成）「キリスト教社会問題研究」 同志社大学人文科学研究所 46 1998.1 p1〜24
◇綱島梁川について （綱沢満昭）「近畿大学教養部研究紀要」 近畿大学教養部 30（1-2） 1998.12 p146〜136
◇綱島梁川における「神の子」の自覚について （田畑真美）「富山大学人文学部紀要」 富山大学人文学部 33 2000 p1〜21
◇綱島梁川の信仰—「悲哀煩悶」と神 （長野美香）「お茶の水女子大学人文科学紀要」 お茶の水女子大学 53 2000.3 p15〜25
◇綱島梁川のキリスト教受容（2）（関岡一成）「神戸外大論叢」 神戸市外国語大学研究所 51（5） 2000.10 p1〜23
◇日本近代における神秘主義の一様態—綱島梁川の「見神の実験」をめぐって （頼住光子）「お茶の水女子大学人文科学研究」 お茶の水女子大学 1 2005.3 p15〜27
◇近代日本における宗教経験をめぐる言説—綱島梁川の経験報告とその意味 （深澤英隆）「宗教哲学研究」 北樹出版 23 2006 p1〜15
◇綱島梁川「見神」の意義 （永井太郎）「福岡大学日本語日本文学」 福岡大学日本語日本文学会 16 2006 p95〜105
◇綱島梁川の宗教観 （西悠哉）「仏教大学大学院紀要」 仏教大学大学院 35 2007.3 p19〜35

坪井九馬三　つぼいくめぞう　1858〜1936
明治、大正期の歴史学者。東京帝国大学教授。
【図　書】
◇医学史研究余録 （服部敏良著） 吉川弘文館 1987.11
◇真贋往来 （杉山二郎著） 瑠璃書房 1990.7

坪井玄道　つぼいげんどう　1852〜1922
明治、大正期の体育家。
【図　書】
◇明治期ダンスの史的研究—大正2年学校体操教要目成立に至るダンスの導入と展開 （村山茂代著） 不昧堂出版 2000.10 156p
【雑　誌】
◇坪井玄道の米国体育視察（1902年5月〜6月）—わが国近代体育の更なるアイデアを求める旅 （大慶敬史）「北海道大学大学院教育学研究科紀要」 北海道大学大学院教育学研究科 82 2000 p183〜197
◇体育人と身体観（1）坪井玄道 （大久保英哲）「体育の科学」 杏林書院 55（7） 2005.7 p541〜546

坪井正五郎　つぼいしょうごろう　1863〜1913
明治、大正期の人類学者。東京帝国大学教授。
【図　書】
◇考古学叢考〈上巻〉（斎藤忠先生頌寿記念論文集刊行会編） 吉川弘文館 1988.10
◇日本の歴史を掘る （王利勲著） 朝日新聞社 1989.10 （朝日文庫）
◇日本考古学研究〈3〉日本考古学史の展開 （斎藤忠著） 学生社 1990.1
◇考古学者—その人と学問 （明治大学考古学博物館編） 名著出版 1995.8 380p （市民の考古学）
◇東北考古学・古代史学史 （工藤雅樹著） 吉川弘文館 1998.12 468,16p
◇魔道に魅入られた男たち—揺籃期の考古学界 （杉山博久著） 雄山閣出版 1999.7 215p
◇考古学者はどう生きたか—考古学と社会 （春成秀爾著） 学生社 2003.11 383p
◇考古学への案内 （佐原真著,金関恕,春成秀爾編） 岩波書店 2005.3 314,6p （佐原真の仕事）
◇足利公園古墳と坪井正五郎—発掘120年 草雲美術館特別展 （足利市教育委員会文化課編） 足利市教育委員会 2006.11 46p
【雑　誌】
◇坪井正五郎と和田千吉 （浅田芳朗）「郷土文化」 23 1980.4
◇坪井正五郎と人類学教室との関係 （宮下健司）「長野」 130 1986.11
◇坪井正五郎の「人類学講義」と松本人類学会の創設 （宮下健司）「長野県考古学会誌」 53 1987.2
◇人物を追跡する 坪井正五郎の埋もれた古墳報告文と秘められたある事件（日本史上の人物と史料＜特集＞）（斎藤忠）「日本歴史」 500 1990.1
◇「学鐙」を読む（28）坪井正五郎 （紅野敏郎）「学鐙」 88（4） 1991.4
◇人類学雑誌100巻の回顧（1）創刊から坪井会長逝去まで （渡辺直経）「人類学雑誌」 100（2） 1992.4
◇坪井正五郎の人類学と考古学（特集 初期「日本人類学」と周辺地域）（中島皆夫）「考古学史研究」 京都木曜クラブ 6 1996.11 p3〜10
◇アイヌ・コロボックル論争に見る坪井人類學（特集 初期「日本人類学」と周辺地域）（本村充保）「考古学史研究」 京都木曜クラブ 6 1996.11 p11〜21
◇1888年の北海道調査旅行—坪井正五郎・小金井良精の人類学的調査 （高橋潔）「考古学史研究」 京都木曜クラブ 7 1997.12 p65〜80
◇好事家の政治学—坪井正五郎と明治期人類学の軌跡（アイデンティティの政治学—身体・他者・公共圏—眼差しの政治）（坂野徹）「思想」 岩波書店 907 2000.1 p162〜184
◇坪井正五郎と初期人類学会の歴史的位置（〔日本思想史研究会会報〕二

○号記念共同研究 近代史学史の再検討） （上田長生）「日本思想史研究会会報」 日本思想史研究会 20 2003.1 p372〜382
◇混合民族説におけるナショナリティの境界—坪井正五郎と鳥居龍蔵における日本民族論の差異 （福間良明）「日本文化環境論講座紀要」 京都大学大学院人間・環境学研究科日本文化環境論講座 5 2003.3 p13〜30
◇南方熊楠と世界の環境保護運動—坪井正五郎・大野雲外宛「神社合祀反対意見」を中心に （武内善信）「熊楠研究」 「南方熊楠資料研究会」 6 2004.3 p70〜94
◇坪井正五郎博士の博物館学思想 （青木豊）「國學院大學博物館學紀要」 國學院大學博物館学研究室 33 2008 p23〜30

坪井信良　つぼいしんりょう　1825〜1904
幕末, 明治期の蘭方医。東京府病院長。
【図　書】
◇郷土雑纂 第2集 （太田久夫）〔太田/久夫〕 1986.12
◇幕末維新期の文化と情報 （宮地正人著） 名著刊行会 1994.3 （歴史学叢書）
【雑　誌】
◇金沢市立図書館「蒼竜館文庫」と坪井信良 （今井一良）「石川郷土史学会会報」 15 1982.12

坪井為春　つぼいためはる　1824〜1886
明治期の蘭方医。西洋医学所教授, 埼玉県立医学校長。
【図　書】
◇蘭医家坪井の系譜と芳治 （斎藤祥男著） 東京布井出版 1988.9
【雑　誌】
◇坪井芳洲と薩摩藩（地域の医史学（1）） （泉彪之助）「日本医史学雑誌」 37（4） 1991.10
◇坪井芳洲筆島津斉彬容体書について （泉彪之助）「日本医史学雑誌」 39（2） 1993.6

手島精一　てじませいいち　1849〜1918
明治, 大正期の教育家。東京職工学校校長。
【図　書】
◇明治のエンジニア教育—日本とイギリスのちがい （三好信浩） 中央公論社 1983.6 （中公新書）
◇日本の近代化と人間形成 （下程勇吉編） 法律文化社 1984.6
◇手島精一と日本工業教育発達史 （三好信浩著） 風間書房 1999.2 411p （産業教育人物史研究）
【雑　誌】
◇明治前期に於ける幼児教育の普及と啓蒙—内国勧業博覧会に於ける近藤真琴と手島精一の足跡を中心として （是沢博昭）「保育学研究」 フレーベル館 第33巻第2号 1995.12 p45〜52
◇手島精一の工業補習学校論—日本における工業補習学校普及の可能性 （福田修）「研究論叢第3部 芸術・体育・教育・心理」 山口大学教育学部 46 1996.12 p91〜100
◇源流から辿る近代図書館（10）手島精一と東京図書館 （石山洋）「日本古書通信」 日本古書通信社 66（10） 2001.10 p13
◇手島精一の「社会教育」論の検討—実業教育と社会教育の関連に関して （倉知典弘）「京都大学生涯教育学・図書館情報学研究」 京都大学大学院教育学研究科生涯教育学講座 2 2003.3 p39〜58

手塚律蔵　てづかりつぞう　1822〜1878
幕末, 明治期の洋学者。
【雑　誌】
◇手塚律蔵著作物一覧 「資料の広場（千葉県立図書館）」 13 1981.3
◇幕末佐倉の洋学者手塚律蔵 （鈴木忠）「資料の広場」 13 1981.3
◇随想手塚律蔵と私 （鈴木忠）「光地方研究」 12 1986.3

デーニッツ, W.　Dönitz, Wilhelm　1838〜1912
ドイツの医学者。1873年来日, 解剖学を教授。
【図　書】
◇10年と20日間—デーニッツ回想録 （カール・デーニッツ著, 山中静三訳） 光和堂 1986.11
【雑　誌】
◇御雇教師ウイルヘルム・デーニッツ（2） （小関恒雄）「日本医史学雑誌」 26（4） 1980.10
◇佐賀医療の功績者デーニッツ （鍵山栄）「佐賀医談」 12（1） 1981.6
◇医学近代化と外人たち（16）東京大学医学部の少壮エリート教師たち—デーニッツ, ティーゲル, ディッセ （小関恒雄）「臨床科学」 22（8） 1986.8
◇デーニッツによる「裁判上ノ診断」一件資料 （小関恒雄）「犯罪学雑誌」 57（2） 1991.4

寺尾寿　てらおひさし　1855〜1923
明治, 大正期の天文学者。
【図　書】
◇算数教育の論争に学ぶ （手島勝朗著） 明治図書出版 1988.7 （授業への挑戦）
◇父の書斎 （有島行光ほか著） 筑摩書房 1989.6 （筑摩叢書）
【雑　誌】
◇寺尾寿と和算—岩田好算の定理の拡張 （木下宙）「数学史研究」 研成社, 日本数学史学会 199 2008.10-12 p1〜7

寺門静軒　てらかどせいけん　1796〜1868
幕末, 明治期の儒者, 詩人。
【図　書】
◇日本生活思想史序説 （藤原暹） ぺりかん社 1982.6
◇傳記 三古会創立50周年記念 第七輯 汲古書院 1984.9
◇傳記 三古会創立50周年記念 第八輯（三古会50周年記念特集号） 汲古書院 1986.2
◇文化のクリエーターたち—江戸・東京を造った人々 （東京人編集室編） 都市出版 1993.12
◇江戸繁昌記の世界—寺門静軒と爛熟期の江戸 特別展 （寺門静軒著, 水戸市立博物館編） 水戸市立博物館 1996 72p
◇新版 江戸から東京へ 7 （矢田挿雲著） 中央公論新社 1999.3 394p （中公文庫）
◇江戸の村医者—本田覚庵・定年父子の日記にみる （菅野則子著） 新日本出版社 2003.2 190p
【雑　誌】
◇寺門静軒と両宜塾（1,2） （奈良原春作）「埼玉史談」 27（2,3） 1980.7,10
◇寺門静軒と両宜塾（3〜6） （奈良原春作）「埼玉史談」 27（4）,28（1〜3） 1981.1,4,7,10
◇寺門静軒碑文集 （佐藤繁）「埼玉史談」 29（3） 1982.10
◇寺門静軒碑文集（2） （佐藤繁）「埼玉史談」 30（2） 1983.7
◇寺門静軒碑文集（3） （佐藤繁）「埼玉史談」 31（1） 1984.4
◇寺門静軒碑文集（4） （佐藤繁）「埼玉史談」 32（1） 1985.4
◇寺門静軒碑文集（5） （佐藤繁）「埼玉史談」 33（1） 1986.4
◇寺門静軒と伊豆 （木村博）「練馬郷土史研究会会報」 206 1990.3
◇＜上野＞寺門静軒「江戸繁昌記」（特集 ＜江戸＞を読む—トポグラフィーとして） （高橋圭一）「国文学」 35（9） 1990.8
◇江戸—ミクロに 上野 寺門静軒「江戸繁昌記」（＜江戸＞を読む—トポグラフィーとして＜特集＞） （高橋圭一）「國文學 解釈と教材の研究」 35（9） 1990.8
◇寺門静軒—無用の人の生涯 （佐藤繁）「埼玉史談」 37（3） 1990.10
◇『江頭百詠』の風流—『江戸繁昌記』後の寺門静軒 （堀尾純子）「愛知淑徳大学国語国文」 愛知淑徳大学国文学会 第18号 1995.3 p111〜123

東条琴台　とうじょうきんだい　1795〜1878
幕末, 明治期の儒学者, 考証学者。
【図　書】
◇長崎浩斎（健）・東条琴台（耕）の『千字文』『蒙求』目録—附・日比谷加賀文庫蔵『補訂浩斎所蔵千文蒙求二種書目』翻刻 （和田満）『説話と伝承と略縁起』（中野猛編） 新典社 1996.5 （新典社研究叢書 94） p222
◇「三字経」の撰者をめぐって （鈴木正弘著）『宗教社会史研究』（立正大学史学会創立八十周年記念事業実行委員会編） 立正大学史学会 2005.11 p275〜293
【雑　誌】
◇東条琴台伝記資料攷（上）岩村藩平尾家入夫の前後 （ロバート・キャンベル）「年報（実践女子大学文芸資料研究所）」 7 1989.3
◇中・日「女三字経」の比較文化史的考察（1）東条琴台著『小学必読—女三字経』の考察 （片野英一, 鈴木正弘）「比較文化史研究」 比較文化史研究会 4 2002.8 p36〜64

徳富一敬　とくとみかずたか　1822〜1914
幕末, 明治期の漢学者。徳富蘇峰の大江義塾で儒学を講義。
【図　書】
◇大江義塾—民権私塾の教育と思想 （花立三郎） ぺりかん社 1982.5

徳富久子　とくとみひさこ　1829〜1919
幕末, 明治期の徳富一敬の妻。蘇峰, 蘆花の母。
【図　書】
◇日本人の終末観—日本キリスト教人物史研究 （野村耕三） 新教出版社 1981.5
◇わが母—伝記・徳富久子 （徳富猪一郎著） 大空社 1995.12 228, 315,7p （伝記叢書）

戸塚静海　とつかせいかい　1799～1876
幕末, 明治期の蘭方医, 幕府奥医師。
【図　書】
◇江戸　第6巻　日記・紀行編　（大久保利謙編輯）　教文舎　1981.10
◇医学史話　杉田玄白から福沢諭吉　（藤野恒三郎著）　菜根出版　1984.1

土肥慶蔵　どひけいぞう　1866～1931
明治～昭和期の医学者。東京帝国大学医科大学教授。
【図　書】
読書游心　（富士川英郎著）　小沢書店　1989.6
読書聞適　（富士川英郎著）　小沢書店　1991.12
【雑　誌】
国立国会図書館所蔵本蔵書印（79）土肥鶚軒　「国立国会図書館月報」　245　1981.8
医史学者としての土肥慶蔵先生　（長門谷洋治）「北陸医史」　3（1）1981.11

富井於菟　とみいおと　1866～1885
幕末, 明治期の教育者, 女性解放運動家。
【図　書】
岡山の歴史と文化　福武書店　1983.10
黎明の女たち　（島京子編）　神戸新聞出版センター　1986.1

富井政章　とみいまさあき　1858～1935
明治～昭和期の法律学者。東京帝国大学教授, 枢密顧問官。
【図　書】
◇刑法理論史の総合的研究　（吉川経夫, 内藤謙, 中山研一, 小田中聡樹, 三井誠編著）　日本評論社　1994.3
◇法学事始―ボアソナードと門弟物語　（尾辻紀子著）　新人物往来社　2009.4　171p
【雑　誌】
◇富井政章と法典編纂論　（大河純夫）「立命館法学」　231・232　1994.3
◇旧刑法期における間接正犯概念の生成と展開―ドイツ刑法学が支配的になる前までの議論を中心として　（矢田陽一）「法学研究論集」明治大学大学院　30　2008年度　p67～80
◇ロー・クラス　現行民法典を創った人びと（3）起草委員―穂積陳重・富井政章・梅謙次郎　（七戸克彦）「法学セミナー」日本評論社 54（7）2009.7 p64～66

友国晴子　ともくにはるこ　1858～1925
明治, 大正期の教育者。神話女学校を再発足。
【図　書】
◇女人まんだら 続　（古屋照子著）　叢文社　1983.9
◇女たちの群像―時代を生きた個性　（島京子編）（神戸）神戸新聞総合出版センター　1989.10
【雑　誌】
親和学園校祖友国晴子伝記稿　（前嶋雅水）「神戸親和女子大学研究論叢」　神戸親和女子大学 29　1996.1 p143～188

外山正一　とやままさかず　1848～1900
明治期の教育者, 詩人。東京帝国大学総長, 貴族院議員。
【図　書】
◇図書館の時代　（石見尚）　論創社　1980.12
◇文学論集〈1〉文学の近代　（越智治雄著）　砂子屋書房　1986.3
◇日本におけるシェイクスピア　（森谷佐三郎著）　八潮出版社　1986.7
◇鷗外全集（第22巻）評論・随筆〈1〉　（森鷗外著）　岩波書店　1988.9
【雑　誌】
◇「新体詩抄」（英米文学の翻訳）　（小玉晃一）「英語青年」127（9）1981.12
◇外山正一とミシガン大学　（秋山ひさ）「神戸女学院大学論集」29（1）1982.7
◇外山正一と鷗外―画論論争をめぐって（鷗外をめぐる人物群像）　（関口安義）「日本文学解釈と鑑賞」41（2）1984.1
◇賢秀と外山―書簡と短歌考―　（池上雄三）「静岡英和女学院短期大学紀要」17　1985.2
◇森鷗外の美術論―原田直次郎・外山正一をめぐって　（伊藤敬一）「日本文学誌要」36　1987.3
◇ミシガン大学幕末・明治の留学生72人（特集・明治の洋行）　（田中康子）「知識」98　1990.2
◇外山正一「社会学の原理に題す」小考　（山本敏治）「明治詩探究」2　1994.2
◇東京大学の特殊文庫ものがたり（4）外山文庫　（柳生四郎）「日本古書通信」59（9）1994.9
◇「新体詩抄初編」の視線/言説―「言文一致」論との関係をめぐって　（榊祐一）「国語国文研究」北海道大学国語国文学会 101　1995.11 p1～15
◇〈思想画〉としての情景―外山正一「日本絵画の未来」について　（亀井志乃）「北海道大学文学部紀要」北海道大学文学部 46（3）1998.3 p1～84
◇言語（として）の地形図―『新体詩抄初編』の位置測定作業の一環として　（榊祐一）「国語国文研究」北海道大学国語国文学会 108　1998.3 p23～48
◇戸田家族社会学の源流―外山正一と建部遯吾　（老川寛）「明治学院大学大学院社会学研究科社会学専攻紀要」明治学院大学大学院社会学研究科社会学専攻 第21号 1998.3 p281～313
◇『新体詩歌集』が与えた波紋（中）―大いなるblow、山・外山正一の気概　（和田芳英）「新国語研究」大阪府高等学校国語研究会 第43号 1999.6 p29～36
◇『新体詩歌集』が与えた波紋（下）―大いなるblow、山・外山正一の気概　（和田芳英）「新国語研究」大阪府高等学校国語研究会 第44号 2000.6 p29～40
◇句（ウベルス）と節（スタンザー）の発生―『新体詩抄』という書物　（樋口恵）「国文学研究」早稲田大学国文学会 132 2000.10 p20～30
◇明治期の洋画発展に関する一考察―外山と鷗外の論争がもたらしたもの　（東純代）「橘史学」京都橘女子大学歴史学会 16 2001 p111～130
◇思い出すままに（163）言語学の先生への質問 外山高一の父外山正一　（佐藤良雄）「日本古書通信」日本古書通信社 66（8）2001.8 p26
◇絵画の未来、日本の現在―外山正一「日本絵画ノ未来」とその背景　（宇治光平）「近畿大学日本語・日本文学」近畿大学文芸学部 第6号 2004.3 p66～101
◇赤målし天狗合戦―外山正一と加藤弘之の「人権新説」論争における「弱者」の進化論　（宇治光平）「近畿大学日本語・日本文学」近畿大学文芸学部 第7号 2005.3 p43～66
◇『新体詩抄』の「思想」　（宇治光平）「近畿大学日本語・日本文学」近畿大学文芸学部 第8号 2006.3 p21～33
◇竹内隆信編「纂評 新體詩選」とキリスト教―外山正一「耶蘇辨惑一節」をめぐって　（宮崎真素美）「愛知県立大学説林」愛知県立大学国文学会 55 2007.3 p45～64

豊田芙雄　とよたふゆ　1845～1941
明治, 大正期の教育者。水戸初等女学校教諭。
【図　書】
◇日本の『創造力』―近代・現代を開花させた470人〈4〉進む交流と機能　（富田仁編）日本放送出版協会　1993.3
◇理系の扉を開いた日本の女性たち―ゆかりの地を訪ねて　（西条敏美著）新泉社　2009.6　235,3p
【雑　誌】
◇郷土に生きる教育家群像（14）茨城県―不屈の心でひたすらに生く―日本の保母第1号　豊田芙雄子（ふゆこ）　（仲田昭一）「文部時報」1360 1990.5
◇豊田芙雄と草創期の幼稚園教育に関する研究（1）豊田芙雄の「代紳録全」と氏原〔チョウ〕の「幼稚園方法」との関係　（前村晃）「佐賀大学文化教育学部研究論文集」佐賀大学文化教育学部 12（1）2007.8 p35～71
◇豊田芙雄と草創期の幼稚園教育に関する研究（2）鹿児島女子師範学校附属幼稚園の設立と園の概要　（前村晃）「佐賀大学文化教育学部研究論文集」佐賀大学文化教育学部 12（1）2007.8 p53～71
◇豊田芙雄の講義ノート「代紳録」にみる明治初期の保育内容　（清水陽子, 高橋清賀子）「西南女学院大学紀要」西南女学院大学 12 2008 p175～183
◇豊田芙雄と草創期の幼稚園教育に関する研究（3）豊田芙雄年譜の全容と作成の趣旨　（高橋清賀子, 前村晃）「佐賀大学文化教育学部研究論文集」佐賀大学文化教育学部 12（2）2008.1 p41～63
◇豊田芙雄と草創期の幼稚園教育に関する研究（4）芙雄の生い立ちと結婚と学問修業　（前村晃）「佐賀大学文化教育学部研究論文集」佐賀大学文化教育学部 13（1）2008.8 p15～34
◇豊田芙雄と草創期の幼稚園教育に関する研究（5）豊田芙雄と明治前半期の女子教育との関わり　（前村晃）「佐賀大学文化教育学部研究論文集」佐賀大学文化教育学部 13（1）2008.8 p35～74
◇豊田芙雄と草創期の幼稚園教育に関する研究（6）芙雄とフレーベル主義保育の定着期の実相　（前村晃）「佐賀大学文化教育学部研究論文集」佐賀大学文化教育学部 13（1）2008.8 p75～126
◇日本初の幼稚園保姆 豊田芙雄―女子教育機関で後進の育成も　（武智ゆり）「近代日本の創造史」近代日本の創造史懇話会 7 2009.4 p17～24

トルー, M.　True, Maria T.Pitcher　1840～1896
アメリカの教育家。看護婦養成機関創設に貢献。
【図　書】
◇女たちの約束―M・T・トルーと日本最初の看護婦学校　（亀山美知子著）（京都）人文書院　1990.10

【雑　誌】
◇桜井女学校幼稚保育科の創立者M.T.ツルー―日本で最初の保育者養成に関する一考察　（小林恵子）「国立音楽大学研究紀要」23 1988
◇失なわれた記憶―マリア・T・ツルーと日本最初の看護婦学校（看護史への誘（いざな）い〈特集〉）　（亀山美知子）「看護学雑誌」57（3）1993.3

内藤湖南　ないとうこなん　1866～1934
明治～昭和期の東洋史学者。京都大学教授。
【図　書】
◇明治文学全集37 政教社文学集　（松本三之介編）　筑摩書房　1980.5
◇竜の星座―内藤湖南のアジア的生涯　（青江舜二郎）　中央公論社　1980.9　（中公文庫）
◇成城大学経済学部創立30周年記念論文集　同大学経済学会　1980.12
◇昔の人今の状況　（桑原武夫）　岩波書店　1983.9
◇日本文化の原点の総合的探究 2思想 1　日本評論社　1983.12
◇国際関係論のフロンティア3―東南アジアの政治と文化　（土屋健治，白石隆編）　東京大学出版会　1984.3
◇日本の名著 41 内藤湖南（中公バックス）　（小川環樹責任編集）　中央公論社　1984.9
◇関西大学総合図書館開館記念特別展示内藤文庫展観目録内藤〔湖南〕文庫展観目録　（関西大学総合図書館）　関西大学総合図書館　1985.4
◇中国の銀と商人　（増井経夫）　研文出版　1986.3
◇独歩吟　（宮崎市定著）　岩波書店　1986.4
◇石田幹之助著作集〈4〉東洋文庫の生れるまで　（石田幹之助著）　六興出版　1986.4
◇言論は日本を動かす〈第3巻〉アジアを夢みる　（山崎正和編）　講談社　1986.4
◇中国に学ぶ（中公文庫）　（宮崎市定著）　中央公論社　1986.9
◇内藤湖南とその時代　（千葉三郎）　国書刊行会　1986.12
◇談往閑語　（小川環樹著）　筑摩書房　1987.1
◇内藤湖南ノート　（加賀栄治）　東方書店　1987.5
◇内藤湖南　ポリティックスとシノロジー　（ジョシュア・A.フォーゲル著，井上裕正訳）　平凡社　1989.6　（テオリア叢書）
◇父の書斎　（有島行光ほか著）　筑摩書房　1989.6　（筑摩叢書）
◇布目潮渢博士古稀記念論集　東アジアの法と社会　（布目潮渢博士古稀記念論集刊行会編）　汲古書院　1990.5
◇布目潮渢博士古稀記念論集―東アジアの法と社会　（布目潮渢博士古稀記念論集刊行委員会〔編〕）　汲古書院　1991
◇関西大学所蔵内藤文庫リスト 2　（関西大学所蔵内藤文庫調査特別委員会〔編〕）〔吹田〕関西大学図書館　1991.3
◇読書閑適　（富士川英郎著）　小沢書店　1991.12
◇古典の読み方―現代人のためのスタミナ読書　（谷沢永一著）　PHP研究所　1992.5　（PHP文庫）
◇東洋学の系譜　（江上波夫編）　大修館書店　1992.11
◇内藤湖南全集 第4巻　（内藤虎次郎著）　筑摩書房　1997.2　602p
◇内藤湖南蔵本文史校讐通義記略　（井上進）『東方学論集』　東方学会　1997.5　p45
◇紙つぶて　（谷沢永一著）　PHP研究所　1999.3　576p　（PHP文庫）
◇寝言も本のはなし　（高島俊男著）　大和書房　1999.6　238p
◇20世紀の歴史家たち 2　（今谷明，大濱徹也，尾形勇，樺山紘一編）　刀水書房　1999.11　317p　（刀水歴史全書）
◇東方学回想　I　東方学会編　刀水書房　2000.1　239p
◇百年の中国人　（藤井省三著）　朝日新聞社　2000.4　252p
◇内藤湖南先生の真蹟―高麗太祖顕陵詩について　（金知見述，国際日本文化研究センター編）　国際日本文化研究センター　2000.7　18p　（日文研フォーラム）
◇北秋田と羽州街道　（佐々木馨之介，佐藤守，板橋範芳編）　吉川弘文館　2000.12　256p　（街道の日本史）
◇内藤湖南の世界―アジア再生の思想　（内藤湖南研究会編著）　河合文化教育研究所　2001.3　396p
◇日本の近代史学史における中国と日本―津田左右吉と内藤湖南　（増淵龍夫著）《リキエスタ》の会　2001.4　91p
◇東風西雅 抄　（宮崎市定著，礪波護編）　岩波書店　2001.5　14,334p　（岩波現代文庫）
◇京大東洋学の百年　（礪波護，藤井讓治編）　京都大学学術出版会　2002.5　296p
◇鬼平とキケロと司馬遷と―歴史と文学の間　（山内昌之著）　岩波書店　2005.3　206,6p　（グーテンベルクの森）
◇邪馬台国論争　（佐伯有清著）　岩波書店　2006.1　217,3p　（岩波新書）
◇内藤湖南は日本政府のスパイだ　（深沢一幸）『中国学の十字路―加地伸行博士古稀記念論集』（加地伸行博士古稀記念論集刊行会編）　加地伸行博士古稀記念論集刊行会　2006.4　p748
◇内藤湖南と西村天因　（岸田知子著）『中国学の十字路―加地伸行博士古稀記念論集』（加地伸行博士古稀記念論集刊行会編）　加地伸行博士古稀記念論集刊行会　2006.4　p621～633
◇明治の漢学者と中国―安繹・天囚・湖南の外交論策　（陶徳民著）　関西大学出版部　2007.3　320p
◇座右の名文―ぼくの好きな十人の文章家　（高島俊男著）　文芸春秋　2007.5　223p　（文春新書）
◇内藤湖南撰書西村天囚墓表余話　（杉村邦彦著）『相шни鉄崖古稀記念書学論文集』（相шни鉄崖古稀記念書学論文集編集委員会編）　木耳社　2007.10　p199～210
◇内藤湖南と清人書画―関西大学図書館内藤文庫所蔵品集　（陶徳民編著）　関西大学東西学術研究所　2009.3　200,20p　（関西大学東西学術研究所資料集刊）
【雑　誌】
◇湖南学の仁説　（高畑常信）「東京学芸大学紀要〔第2部人文科学〕」31 1980.2
◇内藤湖南と三宅雪嶺　（ジョシュア・フォーゲル，スコギンズ・正木・千枝訳，辻久也校閲・監訳）「書論」18 1981.5
◇内藤湖南全集補遺（6）　（書論編集室編）「書論」18 1981.5
◇内藤湖南全集補遺（7）　（書論編集室編）「書論」19 1981.11
◇内藤湖南の「応仁の乱について」をめぐって（特集・応仁の乱の時代）（座談会）　（網野善彦，永原慶二，尾藤正英）「歴史公論」7（11）1981.11
◇内藤湖南全集補遺（8）　（書論編集室編）「書論」20 1982.11
◇内藤湖南の魅力及びその情・理・意・識―八十年代の日本に寄せて　（譚汝謙）「アジア研究所紀要」10 1983
◇内藤湖南五十回忌に寄せて　（譚汝謙）「書論」21 1983.5
◇内藤湖南書丹の龍源寺鐘銘について　（石田肇）「書論」21 1983.5
◇内藤湖南全集補遺（9）　（書論編集室編）「書論」21 1983.5
◇内藤湖南全集補遺（10）　（書論編集室編）「書論」22 1983.11
◇内藤湖南の学問形成に関する一考察　（加賀栄治）「文教大学教育学部紀要」19 1985.12
◇二葉亭四迷と内藤湖南―高橋健三を軸として　（亀田帛子）「津田塾大学紀要」18 1986.3
◇文庫めぐり　内藤文庫　（奥村郁三）「同朋」114 1987.10
◇文庫めぐり　内藤文庫　（奥村郁三）「同朋」115 1987.11
◇第1回研究例会（1.4.1）内藤湖南と富永仲基による大乗仏教非仏説について（〔比較思想学会〕研究例会発表要旨〔秋田支部〕）　（池端秀雄）「比較思想研究」16 1990.3
◇東洋学の系譜（1）内藤湖南　（溝上瑛）「しにか」創刊号 1990.4
◇五四運動の思想的前提とনাম湖南―虚偽の偶像を破壊せよ（陳独秀）　（清水稔）「鷹陵史学」16 1990.7
◇学者雑文名文篇（4）〔忘れられた名文たち（41）〕　（鴨下信一）「諸君！」23（5）1991.5
◇中国史上の古代と中世―内藤湖南への回帰　（谷川道雄）「古代文化」45（8）1993.8
◇清末明初における政治と社会の一側面―内藤湖南と服部宇之吉の場合　（李梁）「文経論叢」弘前大学人文学部 30（3）1995.2　p31～66
◇読書名人対比列伝・内藤湖南VS津田左右吉（特集・読書名人伝―名人奇人の読書家たちがズラリ。いったい誰が読書「名人位」を獲得するか。）「ノーサイド」5（5）1995.5　p42～43
◇内藤湖南と時代―内藤湖南先生生誕130周年によせて　（真鍋俊二）「関西大学法学論集」関西大学人文科学研究所 46（4～6）1997.2　p1145～1267
◇羅振玉撰・内藤湖南書〈蔣黼墓誌銘〉をめぐって―蔣黼を中心に三人の交友について　（石田肇）「群馬大学教育学部紀要 人文・社会科学編」群馬大学教育学部 48 1999　p33～48
◇内藤湖南の学問と方法についての試論―那須国造碑の書風を素材に　（奥村郁三）「関西大学東西学術研究所紀要」関西大学東西学術研究所 32 1999.3　p49～78
◇内藤湖南『玉石雑陣』について　（高木智見）「山口大学文学会誌」山口大学文学会 50 2000　p1～16
◇内藤湖南と「間島問題」に関する新聞論調　（名和悦子）「岡山大学大学院文化科学研究科紀要」岡山大学大学院文化科学研究科 9 2000.3　p216～198
◇内藤湖南と中国基層社会　（谷川道雄）「史林」史学研究会 83（2）2000.3　p303～322
◇内藤湖南と日満文化協会―外務省文化事業部宛内藤書簡を中心に　（岡村敬二）「人間文化研究」京都学園大学人間文化学会 3 2000.7　p1～22
◇拮抗する二つの〈東洋〉―明治後期、新聞・雑誌上における内藤湖南と中村不折の確執をめぐって　（松宮貴之）「大学院年報」立正大学大学院文学研究科 19 2001　p51～61
◇出会いの名著（7）自作「他流試合」の秀抜な史論―『日本文化史研究』内藤湖南著　（秋山虔）「日本の美学」ぺりかん社 32 2001　p146～154
◇内藤湖南と間島問題に関する若干の再検討　（谷川雄一郎）「中国研究月報」中国研究所 55（4）2001.4　p39～46
◇歴史のぐるり（26）内藤湖南と「春秋の義法」―『支那史学史』を読んで　（山内昌之）「本の旅人」角川書店 7（6）2001.6　p132～135

◇前例がない書誌をつくる(本は私にすべてのことを教えてくれた—雑書放蕩記〈自立編〉〔7〕) (谷澤永一) 「Voice」 285 2001.9 p194〜199

◇特別寄稿 内藤湖南の郷宅—秋田毛馬内紀行(1) (粕谷一希) 「別冊東北学」 東北芸術工科大学東北文化研究センター 3 2002.1 p41〜48

◇内藤湖南への旅(2)新聞記者時代—政治・言論・学問 (粕谷一希) 「別冊東北学」 東北芸術工科大学東北文化研究センター 4 2002.7 p341〜359

◇近代中国と日本と孔子教—孔教国教化問題と中国認識(東洋について〔7・最終回〕) (子安宣邦) 「環」 12 2003.1 p460〜477

◇内藤湖南への旅(3)支那論の位置 (粕谷一希) 「別冊東北学」 東北芸術工科大学東北文化研究センター 5 2003.2 p386〜400

◇終生の師雪嶺と内藤湖南—湖南書簡二二通にみる交流の軌跡 (蔵角利幸) 「金沢学院短期大学紀要」 金沢学院短期大学 1 2003.3 p106〜95

◇内藤湖南への旅(4)通史の独創性—全体(文明)の観察者たち (粕谷一希) 「別冊東北学」 東北芸術工科大学東北文化研究センター, 作品社 6 2003.7 p316〜336

◇内藤湖南への旅(5)文化史的方法に就いて (粕谷一希) 「別冊東北学」 東北芸術工科大学東北文化研究センター, 作品社 7 2004.1 p357〜374

◇張謇与内藤湖南及西村天囚—内藤文庫所収未刊書信考証(1) (陶徳民) 「関西大学中国文学会紀要」 関西大学中国文学会 25 2004.3 p1〜13

◇内藤湖南と幸徳秋水の「万朝報」時代—その交友と五言律詩の贈答 (佐伯有清) 「成城文芸」 成城大学文芸学部 186 2004.3 p24〜47

◇内藤湖南への旅(6)中公クラシックス版『東洋文化史』—その視点の新しさ (粕谷一希) 「別冊東北学」 東北芸術工科大学東北文化研究センター, 作品社 8 2004.8 p309〜328

◇内藤湖南「高橋健三君伝」(特集＝近代文学に見る日本海—秋田県) (粕谷一希) 「国文学解釈と鑑賞」 至文堂 70(2) 2005.2 p92〜97

◇明治日本人の中国イメージ—内藤湖南の《燕山楚水》を中心に (呉衛峰) 「聖徳大学言語文化研究所論叢」 聖徳大学 14 2006 p233〜259

◇徳富蘇峰をめぐる文人たち—内藤湖南との交流 (柿木原くみ) 「相模国文」 相模女子大学国文研究会 第34号 2007.3 p38〜53

◇内藤湖南の活動について—特に西村茂樹との交流を中心として (古垣光一) 「比較文化史研究」 比較文化史学会 8 2007.3 p1〜32

◇内藤湖南と日本・中国(1) (藤田昌志) 「日本語日本学研究」 日本語日本学研究会 6 2007.4.8 p5〜14

◇張廣達氏の論文「内藤湖南の唐宋変革論とその影響」を読んで (藤田純子) 「鷹陵史学」 鷹陵史学会 33 2007.9 p241〜249

◇内藤湖南の日本論・中国論 (藤田昌志) 「三重大学国際交流センター紀要」 三重大学国際交流センター 3 2008 p33〜43

◇内藤湖南の南画(文人画)論への一考察—明治・大正の時代背景との関連を中心に (呉衛峰) 「東北公益文科大学総合研究論集」 東北公益文科大学 14 2008 p1〜26

◇内藤湖南研究—学問・思想・人生 (内藤湖南研究会) 「研究論集」 河合文化教育研究所 5 2008.2 p3〜246

◇はしがき(内藤湖南研究—学問・思想・人生) (山田伸吾) 「研究論集」 河合文化教育研究所 5 2008.2 p3〜6

◇内藤湖南の歴史方法—「文化の様式」と「民族的自覚」(内藤湖南研究—学問・思想・人生) (谷川道雄) 「研究論集」 河合文化教育研究所 5 2008.2 p7〜29

◇内藤湖南の「文化」史について(内藤湖南研究—学問・思想・人生) (葭森健介) 「研究論集」 河合文化教育研究所 5 2008.2 p31〜45

◇『支那史学史』の特徴と意義—とくに第七章・第八章の分析を通して(内藤湖南研究—学問・思想・人生) (福原啓郎) 「研究論集」 河合文化教育研究所 5 2008.2 p47〜66

◇内藤湖南『支那近世史』の特色について—同時代の類書との比較を通して(内藤湖南研究—学問・思想・人生) (小林義廣) 「研究論集」 河合文化教育研究所 5 2008.2 p67〜76

◇『近世文学史論』の方法—内藤湖南の史学思想の基層(内藤湖南研究—学問・思想・人生) (山田伸吾) 「研究論集」 河合文化教育研究所 5 2008.2 p77〜92

◇中国史の枠組みと渤海(内藤湖南研究—学問・思想・人生) (河上洋) 「研究論集」 河合文化教育研究所 5 2008.2 p93〜102

◇論説「清国創業時代の財政(支那財政通考の断片)」の分析手法(内藤湖南研究—学問・思想・人生) (吉尾寛) 「研究論集」 河合文化教育研究所 5 2008.2 p103〜116

◇清末から民国初にかけての地方行政と地方自治—内藤湖南の見解に基づいて(内藤湖南研究—学問・思想・人生) (大谷敏夫) 「研究論集」 河合文化教育研究所 5 2008.2 p117〜134

◇内藤湖南と戊戌変法(内藤湖南研究—学問・思想・人生) (柴田幹夫) 「研究論集」 河合文化教育研究所 5 2008.2 p135〜155

◇言論人内藤湖南の中国観察—北清事変前後から、日露開戦の頃(内藤湖南研究—学問・思想・人生) (小野泰) 「研究論集」 河合文化教育研究所 5 2008.2 p157〜171

◇内藤湖南の中等東洋史教科書における東洋史像(内藤湖南研究—学問・思想・人生) (高木尚子) 「研究論集」 河合文化教育研究所 5 2008.2 p173〜193

◇湖南の末娘の父への思い出(内藤湖南研究—学問・思想・人生) (馬彪) 「研究論集」 河合文化教育研究所 5 2008.2 p195〜197

◇内藤湖南先生自筆稿紹介(内藤湖南研究—学問・思想・人生) (兎本恵宥) 「研究論集」 河合文化教育研究所 5 2008.2 p206〜200

◇内藤湖南宛書簡集(明治・大正)(内藤湖南研究—学問・思想・人生) (名和悦子) 「研究論集」 河合文化教育研究所 5 2008.2 p228〜207

◇『玉石雜陳』解題と翻刻(其の1)「玉石雜陳引」(内藤湖南研究—学問・思想・人生) (高木智見) 「研究論集」 河合文化教育研究所 5 2008.2 p246〜229

◇文化交渉学教育研究拠点(ICIS) 第2回研究集会 内藤湖南への新しいアプローチ—文化交渉学の視点から 「東アジア文化交渉研究 別冊」 関西大学文化交渉学教育研究拠点ICIS 3 2008.12 p1〜230, 巻頭1〜3, 図巻頭5p

◇虫ぼし抄 関西大学図書館蔵「内藤湖南旅券」—湖南の欧州旅行 (藤田高夫) 「関西大学図書館フォーラム」 関西大学図書館 14 2009 p55〜57

◇日本文明の先駆者(15)内藤湖南 (坪内隆彦) 「月刊日本」 K&Kプレス 13(2) 2009.2 p82〜89

◇内藤湖南の漢詩について (金程宇) 「文学」 岩波書店 10(3) 2009.5・6 p155〜168

内藤耻叟　ないとうちそう　1827〜1903
幕末, 明治期の歴史学者。弘道館教授, 東京帝国大学教授。
【図　書】
◇皇典講究所草創期の人びと　国学院大学　1982.11
◇維新前後における国学の諸問題—創立百周年記念論文集 (国学院大学日本文化研究所創立百周年記念論文集編集委員会) 国学院大学日本文化研究所　1983.3
【雑　誌】
◇明治期水戸学者のキリスト教観—内藤耻叟「破邪論集」にみる (岩瀬誠) 「神道宗教」 152 1993.9
◇内藤耻叟著述目録(稿) (石川浩) 「日本学研究」 金沢工業大学日本学研究所 4 2001.6 p307〜356

ナウマン, E.　Naumann, Edmund　1854〜1927
ドイツの地質学者。1875年来日, 日本の地質構造を解明。
【図　書】
◇日本の『創造力』—近代・現代を開花させた470人〈15〉貢献した外国人たち (富田仁編) 日本放送出版協会　1994.2
◇外国人が残した日本への功績 (プランニングコーツ編) 世界経済情報サービス　2000.3 206p
◇ひらめきと執念で拓いた地球の科学—竹内均・知と銘の世界 (竹内均著) ニュートンプレス　2002.9 253p
【雑　誌】
◇E.ナウマンの博士号取得について (山下昇, Küppers Andreas N.) 「地質学雑誌」 99(3) 1993.4
◇ナウマンの日本地質への貢献(7)ナウマンの地質構造研究(3)日本地質像の補整と擁護 (山下昇) 「地質学雑誌」 99(11) 1993.11
◇ナウマンの日本地質への貢献(8)ナウマンの地質構造研究(4)その歴史的背景と現代的意義 (山下昇) 「地質学雑誌」 99(12) 1993.12
◇外国人のみた日本(5)ナウマンの「日本地質図」 (金子民雄) 「日本古書通信」 59(5) 1994.5
◇葛藤を生きた森鷗外という存在(1900年への旅〈24〉) (寺島実郎) 「Foresight」 10(9) 1999.9 p58〜60
◇E.Naumannが記載したナウマンゾウ下顎化石標本の再発見 (赤塚正明, 小泉明裕) 「地学教育と科学運動」 地学団体研究会 第33号 2000.2 p39〜40
◇研究余滴 ナウマンとブラウンス (阪口豊) 「東京大学史紀要」 東京大学史史料室 19 2001.3 p35〜39
◇ナウマンの「予察東北部地質図」—予察地質図シリーズの紹介(その1) (山889直利) 「地質ニュース」 実業公報社 652 2008.12 p31〜40
◇ナウマンの予察地質図「東北部」と地域地質の普及(特集 「地質の日」元年!!) (大石雅之) 「地質ニュース」 実業公報社 653 2009.1 p26〜29

永井繁子　ながいしげこ　1862〜1928
明治期の教育者, 東京音楽学校教授。最初の女子留学生。
【図　書】
◇永井繁子のヴァッサー・カレッジ留学—明治における初の国費女子留学生 (生田澄江) 『近代日本の形成と展開』 (安岡昭男編) 巌南堂書店　1998.11 p375
◇津田梅子を支えた人びと (飯野正子, 亀田帛子, 高橋裕子編) 有斐閣　2000.9 294p
◇舞踏への勧誘—日本最初の女子留学生永井繁子の生涯 (生田澄江著)

文芸社 2003.3 279p
◇明治の女子留学生――最初に海を渡った五人の少女 （寺沢竜著） 平凡社 2009.1 283p （平凡社新書）
◇瓜生繁子―もう一人の女子留学生 （生田澄江著） 文芸春秋企画出版部 2009.3 302p
【雑誌】
◇瓜生（永井）繁子の英文「日記」と「回想記」 （今井一良）「英学史研究」 17 1984
◇瓜生繁子断章―東京音楽学校時代を中心に （亀田帛子）「津田塾大学紀要」 24 1992
◇ヴァッサー・カレッジにおける永井繁子―彼女の学んだ一九世紀後半の西洋音楽 （生田澄江）「法政史学」 法政大学史学会 50 1998.3 p180～198

長井長義　ながいながよし　1845～1929
明治、大正期の薬学者。
【図書】
◇日本の『創造力』―近代・現代を開花させた470人〈4〉進む交流と機能 （富田仁編） 日本放送出版協会 1993.3
◇長井長義とテレーゼ―日本薬学の開祖 （飯沼信子著） 日本薬学会 2003.3 151p
◇野口英世とメリー・ダージス―明治・大正 偉人たちの国際結婚 （飯沼信子著） 水曜社 2007.11 261p
◇この人長井長義―ロマンと情熱に生きた薬学の父 （の原博代著） ヒューマン・クリエイティブ 2008.12 205p （Creative book）
【雑誌】
◇長井長義をめぐって―帰国当初の研究業績と地位の変転 （安江政一）「化学史研究」 22 1983.3
◇柴田承桂と長井長義―先覚者たちの薬学振興論をめぐって （安江政一）「薬史学雑誌」 21（1） 1986.6
◇化学者長井長義の業績再吟味―伝説的人物評を批判する （安江政一）「化学史研究」 37 1986.12
◇桜井錠二と長井長義の化学実験所を巡る意見対立（明治化学者の苦渋と栄達の道〔1〕） （広田鋼蔵）「現代化学」 193 1987.4
◇長井長義への革命的会長移行（明治化学者の苦渋と栄達の道〔3〕） （広田鋼蔵）「現代化学」 195 1987.6

長岡半太郎　ながおかはんたろう　1865～1950
明治～昭和期の物理学者。
【図書】
◇日本のリーダー10 未知への挑戦者 （第二アートセンター編） ティビーエス・ブリタニカ 1993.5
◇10歳からの量子論―現代物理をつくった巨人たち （都筑卓司著〔つづきたくじ〕） 講談社 1987.9 （ブルーバックス）
◇かわりだねの科学者たち （板倉聖宣著） 仮説社 1987.10
◇あるのかないのか？日本人の創造性―草創期科学者たちの業績から探る （飯沼和正著） 講談社 1987.12 （ブルーバックス）
◇スキャンダルの科学史 （科学朝日） 朝日新聞社 1989.10
◇日本の『創造力』―近代・現代を開花させた470人〈8〉消費時代の開幕 （富田仁編） 日本放送出版協会 1993.3
◇長岡半太郎―原子力時代の曙 （長岡半太郎著） 日本図書センター 1999.2 218p （人間の記録）
◇「科学者の楽園」をつくった男―大河内正敏と理化学研究所 （宮田親平著） 日本経済新聞社 2001.5 376p （日経ビジネス人文庫）
◇現代物理学の扉を開いた人たち―竹内均・知と感銘の世界 （竹内均著） ニュートンプレス 2003.3 349p
◇ノーベル物理学劇場・仁科から小柴まで 中学生が演じた素粒子論の世界―第十回仁科芳雄博士生誕記念科学講演会より （吉田武著） 東海大学出版会 2003.9 174p
◇大阪大学歴代総長余芳 （大阪大学編） 大阪大学出版会 2004.3 262p
◇文明開化の数学と物理 （蟹江幸博、並木雅俊著） 岩波書店 2008.11 120p （岩波科学ライブラリー）
【雑誌】
◇長岡半太郎―水銀還金事件（科学者をめぐる事件ノート〔23〕） （広川després吉）「科学朝日」 48（1） 1988.11
◇理化学研究所創立25周年記念映画に見る長岡半太郎博士 （藤井光広）「長崎総合科学大学紀要」 31（1） 1990.6
◇躁の時代の旗手たち（昭和の挑戦（3）） （草柳大蔵）「中央公論」 106（3） 1991.2
◇長岡半太郎が憂えるハイテク現代日本の研究体制（日本近代史の誰に学ぶか―人物オピニオン特集・リーダーなき「平成」を撃つ24人） （西沢潤一）「諸君！」 25（2） 1993.2
◇「学鐙」を読む（60）谷川徹三・長岡半太郎・石田幹之助・金田一京助 （紅野敏郎）「学鐙」 91（1） 1994.1
◇長岡半太郎の新資料について （岡本拓司、大迫正弘、鈴木一義〔他〕）「Bulletin of the National Science Museum Ser. E Physical Sciences & Engineering」 National Science Museum 29 2006 p7～13
◇「名作」は今も輝く 長岡半太郎『大阪といふところ』 （長岡半太郎）「月刊自由民主」 自由民主党、千代田永田書房 673 2009.4 p86～90
◇温故知新／OHMと日本・世界の技術の変遷（38）1951（昭和26）年の出来事／長岡半太郎博士の追憶／我が国初の交流計算盤／超高圧設計の金井・西東京送電線完成 （山崎靖夫）「OHM」 オーム社 96（6） 2009.6 p12～15

那珂梧楼　なかごろう　1827～1879
幕末、明治期の思想家。
【図書】
◇旧雨社小伝 巻1（幕末維新儒者文人小伝シリーズ第8冊） （坂口筑母著）〔坂口筑母〕 1982.11
◇評伝那珂梧楼 （高野豊四郎著）〔高野豊四郎〕 2008.4 160p

長野主膳　ながのしゅぜん　1815～1862
幕末の国学者。井伊直弼の側近。
【図書】
◇名家老列伝―歴史に学ぶ「実力重役」の条件 （童門冬二著） PHP研究所 1988.3
◇日本史夜話―事件・人物・エピソード （邦光史郎著） 広済堂出版 1991.10 （広済堂文庫―ヒューマン・セレクト）
◇埋木舎―井伊直弼の青春 （大久保治男著） 高文堂出版社 1991.10
◇幕末維新・群像の死に際 （合田一道著） 小学館 1998.10 303p （小学館ライブラリー）
◇安政の大獄―井伊直弼と長野主膳 （松岡英夫著） 中央公論新社 2001.3 223p （中公新書）
◇名家老列伝―組織を動かした男たち （童門冬二著） PHP研究所 2003.2 249p （PHP文庫）
【雑誌】
◇江戸の黒幕とはなにか （童門冬二）「歴史と人物」 13（11） 1983.9
◇近江の志士たち（7）渋谷周平―長野主膳らを処刑して彦根藩の転向アピール （徳永真一郎）「湖国と文化」 29 1984.10
◇近江の志士たち（13）（完結）長野主膳―彦根藩生き残りに殉ず （徳永真一郎）「湖国と文化」 36 1986.7
◇長野義言と一家のことども―再び堀内家を訪れて （吉田常吉）「日本歴史」 530 1992.7
◇堀内家蔵「長野義言尺牘」（1） （五葉蔭文庫の会）「皇学館論叢」 皇学館大学人文学会 38（1） 2005.2 p29～76
◇長野義言『活語初の栞』における動詞の自他意識―『詞の通路』上下対置語との比較による考察 （深澤愛）「千葉大学日本文化論叢」 千葉大学文学部日本文化学会 7 2006.6 p54～66
◇安政の大獄と水戸藩 （但野正弘）「藝林」 藝林会 58（1） 2009.4 p39～66

那珂通世　なかみちよ　1851～1908
明治期の東洋歴史学者，文学者。東京高等師範学校教授。
【図書】
◇東洋史の系譜 （江上波夫編） 大修館書店 1992.11
◇東洋学事始―那珂通世とその時代 （窪寺紘一著） 平凡社 2009.2 370p
【雑誌】
◇那珂通世とその東洋史観―パックス・ブリタニカとパノクス・アメリカーナ―「アジアの中の日本」を知るために （大熊良一）「月刊自由民主」 299 1980.12
◇那珂通世の辛酉革命説について （佐藤均）「岩手史学研究」 68 1984.12
◇那珂通世氏の紀年論批判 （栗原薫）「古代文化」 37（1） 1985.1
◇小伝 那珂通世―草創期の東洋史学（三田史学の100年を語る） （村上正二）「史学」 60（2・3） 1991.6
◇那珂通世による「朱или成功」顕彰と大日本帝国の構想―「一視同仁」と差別の関係性に対する考察として （呉君君）「日本思想史研究会会報」 日本思想史研究会 21 2003.11 p18～32
◇那珂通世「東洋地理歴史」における「東洋歴史」構想 （奈須恵子）「教職研究」 立教大学学校・社会教育講座教職課程 16 2005年度 p41～56

中村正直　なかむらまさなお　1832～1891
明治期の啓蒙学者、教育者。東京大学教授、貴族院議員。
【図書】
◇江戸5 人物編 （大久保利謙編輯） 立体社 1980.8
◇明治教育古典叢書第1期14 帝国六大教育家 （全国教育者大集会編） 国書刊行会 1980.11
◇敬宇文鈔 （中村正直，平林太人訳） 中村勝彦 1982.6 （敬宇事蹟研究資料 1）
◇人間と宗教―近代日本人の宗教観 （比較思想史研究会編） 東洋文化

出版　1982.6
◇近代日本の政治文化と言語象徴　（石田雄）　東京大学出版会　1983.9
　（東京大学社会科学研究所研究叢書　第58冊）
◇近代文学とキリスト教　明治・大正篇　（米倉充）　創元社　1983.11
　（現代キリスト教選書7）
◇中村敬宇と明治啓蒙思想　（荻原隆著）　早稲田大学出版部　1984.3
◇幕末・明治海外体験詩集―海舟・敬宇より鷗外・漱石にいたる　（川口久雄編）　大東文化大学東洋研究所　1984.3
◇日本の近代化と人間形成　（下程勇吉編）　法律文化社　1984.6
◇実学史研究 1　（実学資料研究会編）　思文閣出版　1984.12
◇婦人解放の道標―日本思想史にみるその系譜　（武田清子）　ドメス出版　1985.7
◇日本における庶民的自立論の形成と展開　（藤原暹著）　ぺりかん社　1986.2
◇文学論集〈1〉文学の近代　（越智治雄著）　砂子屋書房　1986.3
◇大久保利謙歴史著作集〈5〉幕末維新の洋学　（大久保利謙著）　吉川弘文館　1986.8
◇随筆集　砧（きぬた）　（森銑三著）　六興出版　1986.10
◇異文化との出会い―日本人と欧米人の海外体験　（富田仁編）　三修社　1986.12
◇素読（そどく）のすすめ（講談社現代新書〈839〉）　（安達忠夫著）　講談社　1986.12
◇中村敬宇　（高橋昌郎）　吉川弘文館　1988.2　（人物叢書〔新装版〕）
◇西洋が見えてきた頃（亀井俊介の仕事〈3〉）　（亀井俊介著）　南雲堂　1988.11
◇中村敬宇研究―明治啓蒙思想と理想主義　（荻原隆著）　早稲田大学出版部　1990.4　（政治思想研究叢書）
◇明治草創―啓蒙と反乱　（植手通有編著）　社会評論社　1990.7　（思想の海へ「解放と変革Ⅱ」）
◇維新暗殺秘録　（平尾道雄著）　河出書房新社　1990.8　（河出文庫）
◇日本近代教育の研究　（鈴木博雄編）　振学出版　1990.10
◇明六社の人びと　（戸沢行夫著）　築地書館　1991.4
◇中村敬宇とキリスト教　（小泉仰）　北樹出版　1991.5　（フマニタス選書）
◇明治キリスト教の流域―静岡バンドと幕臣たち　（太田愛人著）　中央公論社　1992.12　（中公文庫）
◇文学近代化の諸相―洋学・戯作・自由民権　（小笠原幹夫著）　高文堂出版社　1993.4
◇講座　比較思想―転換期の人間と思想〈第2巻〉日本の思想を考える　（小泉仰, 浮田雄一編）　北樹出版　1993.10
◇井上毅の教育思想　（野口伐名著）　風間書房　1994.2
◇日本の伝統思想とキリスト教―その接点における人間形成論　（岡田典夫著）　教文館　1995.3　294p
◇試評中村正直的“敬天愛人”説―儒学思想与日本的現代化　（王家驊）『東アジアにおける近代化の指導者たち』　国際日本文化研究センター　1997.3　p69
◇中村敬宇の平和思想―サミュエル・スマイルズと『西国立志編』　（斎藤和明）『ことばとの邂逅』（橋浦兵一編）　開文社出版　1998.4　p49
◇明治社会教育思想史研究　（北田耕也著）　学文社　1999.3　263,4p　（明治大学人文科学研究所叢書）
◇漢学者はいかに生きたか―近代日本と漢学　（村山吉広著）　大修館書店　1999.12　233p　（あじあブックス）
◇中村正直小伝　（三浦鉄夫著）　續文堂出版　2001.3　86p
◇明治を生きる群像―近代日本語の成立　（飯田晴巳著）　おうふう　2002.2　231p
◇日本近代思想史序説　明治期前篇　上　（岩崎允胤著）　新日本出版社　2002.5　421,9p
◇近代日本文芸試論 2　（大田正紀著）　おうふう　2004.3　345p
◇洋学に転じた漢学者　中村正直　（平川祐弘）『国際日本学の可能性』　（お茶の水女子大学大学院人間文化研究科国際日本学専攻・比較社会文化学専攻編）　お茶の水女子大学大学院人間文化研究科国際日本学専攻・比較社会文化学専攻　2004.3　（国際日本学シンポジウム報告書）　p2-1
◇中村正直の教育思想　（小川澄江著）　小川澄江　2004.3　599p
◇東京10000歩ウォーキング　No.21　（籠谷典子編著）　真珠書院　2004.4　103p
◇開花期の若き啓蒙学者達―日本留学生列伝　4　（松邨賀太著）　文芸社　2005.2　177p
◇関信三と近代日本の黎明―日本幼稚園史序説　（国吉栄著）　新読書社　2005.4　390p
◇新しい日本のかたち―明治開明の諸相　（秋山勇造著）　御茶の水書房　2005.10　281p
◇春城師友録　（市島春城著, 山口昌男監修）　国書刊行会　2006.4　434p　（知の自由人叢書）
◇中村正直　（平川祐弘）『ヴィクトリア朝英国と東アジア』（川本皓嗣, 松村昌家編）　思文閣出版　2006.4　（大手前大学比較文化研究叢書）

p153
◇天ハ自ラ助クルモノヲ助ク―中村正直と『西国立志編』　（平川祐弘著）　名古屋大学出版会　2006.10　388,8p
◇東アジアの良妻賢母論―創られた伝統　（陳姃湲著）　勁草書房　2006.11　293p　（双書ジェンダー分析）
◇英学の時代―その点景　（高橋俊昭著）　学術出版会　2008.2　298p　（学術叢書）
【雑　誌】
◇「西国立志編」と「学問のすすめ」　（三橋猛雄）「日本古書通信」　46（4）　1981.4
◇初期中村敬宇の対外認識　（荻原隆）「早稲田政治公法研究」　10　1981.12
◇「西国立志編」（英米文学の翻訳）　（加納孝代）「英語青年」　127（9）　1981.12
◇中村正直の女子教育観　（小川澄江）「関東教育学会紀要」　9　1982.9
◇「敬宇文稿」の年代推定について　（荻原隆）「社会科学討究（早大）」　28（1）　1982.10
◇生麦事件碑書いた　敬宇　中村正直　（池田千代吉）「かながわ風土記」　66　1983.1
◇生麦事件碑書いた　敬宇　中村正直（下）　（池田千代吉）「かながわ風土記」　67　1983.2
◇〔史料紹介〕中村正直「桟雲峡雨日記序」について　（黒木彬文）「熊本近代史研究会会報」　174　1984.6
◇『自助論』受容にみる「感化」の思想　（藤原暹）「文芸研究」　107　1984.9
◇中村正直『西国立志編』訳述にみる「実学」思想　（藤原暹）「実学史研究（実学資料研究会編）」　1　1984.12
◇明治初期における洋学受容の態度(5)中村敬宇について　（小林利裕）「一般教育紀要（日本大学松戸歯学部）」　11　1985.2
◇中村正直の教育思想―中村正直と同人社の教育―　（小川澄江）「明和女子短期大学紀要」　9　1985.6
◇中村敬宇と英国近代精神―英国留学と『西国立志編』訳出との関係において―　（佐藤三武朗）「日本大学国際関係研究」　6（2）　1985.11
◇序文の舞台―辞書をめぐる人々(6)儒学と洋学で名をあげた中村正直　（惣郷正明）「三省堂ぶっくれっと」　59　1985.11
◇幕末・維新期における中村敬宇の儒教思想（明六社の思想〈特集〉）　（源了円）「季刊日本思想史」　26　1986
◇漢学から洋学へ―中村敬宇の場合―　（小笠原幹夫）「文芸と批評」　6（6）　1987.9
◇中村敬宇とJ.S.ミル―価値・自由・平等をめぐる両者の思想について　（荻原隆）「社会科学討究（早稲田大学大隈記念社会科学研究所）」　33（2）　1987.12
◇「恋愛」の登場―中村正直の場合　（小林雅宏）「専修国文」　42　1988.2
◇中村正直の道徳教育観　（小川澄江）「明和女子短期大学紀要」　10　1988.3
◇中村正直の教育思想　思想形成の基盤　（小川澄江）「明和女子短期大学紀要」　10　1988.3
◇中村敬宇著作目録（上, 下）　（荻原隆）「名古屋学院大学論集　社会科学篇」　25（4）,26（1）　1989.4,89.7
◇中村正直における西洋思想受容についての一考察―その導入と変容をめぐって　（岡本洋之）「比較教育学研究」　16　1990
◇中村敬宇と英語辞書　（高橋俊昭）「英学史研究」　24　1991
◇中村正直の教育思想：思想形成の基盤　（小川澄江）「国学院大学栃木短期大学紀要」　25　1991.3
◇『セルフ・ヘルプ』産業化の国民的教科書　（平川祐弘）「中央公論」　106（6）　1991.6
◇教育思想家としての中村敬宇　（小笠原幹夫）「文芸と批評」　7（4）　1991.10
◇中村正直にSelf-Helpを贈った人物―フリーランドとは誰か　（藤井泰）「英学史研究」　25　1992
◇中村正直の教育思想―思想形成の基盤(3の1)　（小川澄江）「国学院大学栃木短期大学紀要」　26　1992.3
◇中村正直の人民道徳観に関する一考察―『自主自立』の底辺にあるPublic的概念について　（岡本洋之）「大阪市立大学文学部教育学教室　教育学論集」　18　1992.7
◇近代日中文化・教育交流史に関する覚え書き―中村敬宇の場合を中心として　（肖朗）「名古屋大学教育学部紀要　教育学科」　40（2）　1993
◇同人社文学雑誌にみる中村敬宇　（小形利彦）「岩手史学研究（岩手史学会）」　76　1993.2
◇中村正直の教育思想―思想形成の基盤(3の2)　（小川澄江）「国学院大学栃木短期大学紀要」　27　1993.3
◇中村正直の国民道徳観に関する一考察―国民の自主的・社会的活動への期待と失望　（岡本洋, 鈴木正幸）「神戸大学教育学部研究集録」　90　1993.3
◇中村正直の教育思想に関する一考察―Publicおよびそれに類する概念の理解とその基盤　（岡本洋之）「大阪市立大学大学院文学研究科　人文論叢」　21　1993.3
◇文明開化の陰の主役たち（近代日本の異能・偉才実業家100人「おじい

◇さんたちは偉かった！」―20世紀総発掘 第4弾）（高橋康雄）「月刊 Asahi」 5(7) 1993.9
◇中村正直の文学観―「西国立志編」第11編24をめぐって （藤沢秀幸）「清泉女子大学紀要」 41 1993.12
◇中村正直の教育思想―思想形成の基盤(3の3)（小川澄江）「国学院大学栃木短期大学紀要」 28 1994.3
◇ランプシニトス王の宝蔵譚の構造と系譜への補遺〔付篇 神戸国際大学図書館所蔵の「天路歴程」和訳本と中村敬宇の題辞について〕（松村淳子、松村恒）「神戸国際大学紀要」 46 1994.6
◇明治期の自然神学―中村正直を中心に〔日本近代思想における自然・霊魂・神〈シンポジウム〉〕（渡部清）「哲学論集(上智大学哲学会)」 23 1994.6
◇中村敬宇における「敬天愛人」の思想（藤原遥、平野尚也）「Artes liberales」岩手大学人文社会科学部 58 1996.6 p13～24
◇中村敬宇におけるパーソニフィケーション―『西国立志編』の場合（杉井六郎）「史窓」京都女子大学文学部史学会 54 1997 p45～63
◇中村敬宇「西国立志編」(特集＝続・日本人の見た異国・異国人―明治・大正期―明治時代の異国・異国人論)（山田有策）「国文学解釈と鑑賞」至文堂 62(12) 1997.12 p34～39
◇明治エンライトンメントと中村敬宇(1)―『自由之理』と『西学一斑』の間（大久保健晴）「東京都立大学法学会雑誌」東京都立大学法学会 39(1) 1998.6 p649～673
◇東京女子師範学校附属幼稚園の創設と中村正直の幼児教育観―東京女子師範学校附属幼稚園創設以前の幼児教育を中心に（小川澄江）「国学院大学栃木短期大学紀要」国学院大学栃木短期大学 34 1999 p25～46
◇明治初年における島地黙雷の政教論の意義―中村敬宇・森有礼・福沢諭吉と比較して（堀口良一）「近畿大学教養部紀要」近畿大学教養部 31(1) 1999 p115～130
◇中村正直と『西国立志編』（包継紅）「人間文化研究科年報」奈良女子大学大学院人間文化研究科 15 1999 p129～137
◇明治エンライトンメントと中村敬宇(完)『自由之理』と『西学一斑』の間（大久保健晴）「東京都立大学法学会雑誌」東京都立大学法学会 39(2) 1999.1 p481～516
◇日本キリスト教文芸試論(1)中村正直・森鷗外（大田八紀）「梅花短大国語国文」梅花短期大学国語国文学会 13 2000 p1～14
◇東京女子師範学校附属幼稚園の創設と中村正直の幼児教育観(2)田中不二麿の東京女子師範学校附属幼稚園開設の建議から中村正直の東京女子師範学校附属幼稚園の創設へ（小川澄江）「国学院大学栃木短期大学紀要」国学院大学栃木短期大学 35 2000 p47～71
◇中村正直と『西国立志編』（包継紅）「人間文化研究科年報」奈良女子大学大学院人間文化研究科 第15号 2000.3 p129～137
◇中村敬宇と漢詩「内房八景」をめぐって（諸田竜美）「人文学論叢」愛媛大学人文学会 3 2001 p1～12
◇東京女子師範学校附属幼稚園の創設と中村正直の幼児教育観(3)―中村正直の幼児教育実践論を中心に（小川澄江）「国学院大学栃木短期大学紀要」国学院大学栃木短期大学 36 2001 p27～56
◇「記号」ということば―『西国立志編』をめぐって（木村秀次）「千葉大学教育学部研究紀要 2 人文・社会科学編」千葉大学教育学部 49 2001.2 p145～155
◇天ハ自ラ助クルモノヲ助ク(1)中村正直と『西国立志編』（平川祐弘）「学鐙」丸善 98(4) 2001.4 p20～25
◇天ハ自ラ助クルモノヲ助ク(2)中村正直と『西国立志編』（平川祐弘）「学鐙」丸善 98(5) 2001.5 p20～25
◇天ハ自ラ助クルモノヲ助ク―中村正直と『西国立志編』(3)（平川祐弘）「学鐙」丸善 98(6) 2001.6 p20～25
◇天ハ自ラ助クルモノヲ助ク(4)中村正直と『西国立志編』（平川祐弘）「学鐙」丸善 98(7) 2001.7 p20～25
◇明治日本におけるキリスト教と儒教の交渉―中村敬宇の西洋受容の論理と素地（陶徳民）「関西大学文学論集」関西大学人文科学研究所 51(1) 2001.7 p105～119
◇天ハ自ラ助クルモノヲ助ク―中村正直と『西国立志編』(5)（平川祐弘）「学鐙」丸善 98(8) 2001.8 p22～27
◇『西国立志編』解題・第一編本文及び語彙索引稿（鈴木丹士郎、松本守、施宛宣）「専修国文」専修大学国語国文学会 69 2001.9 p1～167
◇天ハ自ラ助クルモノヲ助ク―中村正直と『西国立志編』(6)（平川祐弘）「学鐙」丸善 98(9) 2001.9 p20～25
◇天ハ自ラ助クルモノヲ助ク(7)中村正直と『西国立志編』（平川祐弘）「学鐙」丸善 98(10) 2001.10 p24～29
◇天ハ自ラ助クルモノヲ助ク(8)中村正直と『西国立志編』（平川祐弘）「学鐙」丸善 98(11) 2001.11 p24～29
◇中村敬宇と漢詩「内房八景」をめぐって（諸田竜美）「人文学論叢」愛媛大学人文学会 第3号 2001.12 p1～12
◇天ハ自ラ助クルモノヲ助ク(9)中村正直と『西国立志編』（平川祐弘）「学鐙」丸善 98(12) 2001.12 p20～25
◇天ハ自ラ助クルモノヲ助ク(10)中村正直と『西国立志編』（平川祐弘）「学鐙」丸善 99(1) 2002.1 p24～29

◇天ハ自ラ助クルモノヲ助ク(11)中村正直と『西国立志編』（平川祐弘）「学鐙」丸善 99(2) 2002.2 p20～25
◇天ハ自ラ助クルモノヲ助ク(12)中村正直と『西国立志編』（平川祐弘）「学鐙」丸善 99(3) 2002.3 p24～29
◇天ハ自ラ助クルモノヲ助ク(13)中村正直と『西国立志編』（平川祐弘）「学鐙」丸善 99(4) 2002.4 p24～29
◇天ハ自ラ助クルモノヲ助ク―中村正直と『西国立志編』(14)（平川祐弘）「学鐙」丸善 99(5) 2002.5 p24～29
◇天ハ自ラ助クルモノヲ助ク―中村正直と『西国立志編』(15)（平川祐弘）「学鐙」丸善 99(6) 2002.6 p24～29
◇天ハ自ラ助クルモノヲ助ク―中村正直と『西国立志編』(16)（平川祐弘）「学鐙」丸善 99(7) 2002.7 p26～31
◇天ハ自ラ助クルモノヲ助ク―中村正直と『西国立志編』(17)（平川祐弘）「学鐙」丸善 99(8) 2002.8 p24～29
◇天ハ自ラ助クルモノヲ助ク―中村正直と『西国立志編』(18)（平川祐弘）「学鐙」丸善 99(9) 2002.9 p24～29
◇探照灯(184)中村正直伝（谷沢永一）「国文学解釈と鑑賞」至文堂 67(9) 2002.9 p200～203
◇天ハ自ラ助クルモノヲ助ク(19)中村正直と『西国立志編』（平川祐弘）「学鐙」丸善 99(10) 2002.10 p26～31
◇天ハ自ラ助クルモノヲ助ク―中村正直と『西国立志編』(20)（平川祐弘）「学鐙」丸善 99(11) 2002.11 p24～29
◇天ハ自ラ助クルモノヲ助ク―中村正直と『西国立志編』(21)（平川祐弘）「学鐙」丸善 99(12) 2002.12 p24～29
◇思想の先駆者・中村正直(特集・かかる日本人ありき)（尾崎護）「文芸春秋」 80(16) 2002.12 臨時増刊(日本人の肖像 このすがすがしい生きかた) p68～69
◇中村正直における啓蒙的教育思想の現代的意義（小川澄江）「国学院大学栃木短期大学紀要」国学院大学栃木短期大学 38 2003年度 p17～31
◇天ハ自ラ助クルモノヲ助ク(22)中村正直と『西国立志編』（平川祐弘）「学鐙」丸善 100(1) 2003.1 p28～33
◇天ハ自ラ助クルモノヲ助ク(23)中村正直と『西国立志編』（平川祐弘）「学鐙」丸善 100(2) 2003.2 p24～29
◇天ハ自ラ助クルモノヲ助ク(24)中村正直と『西国立志編』（平川祐弘）「学鐙」丸善 100(3) 2003.3 p22～27
◇天ハ自ラ助クルモノヲ助ク(25)中村正直と『西国立志編』（平川祐弘）「学鐙」丸善 100(4) 2003.4 p24～29
◇天ハ自ラ助クルモノヲ助ク(26)中村正直と『西国立志編』（平川祐弘）「学鐙」丸善 100(5) 2003.5 p24～29
◇天ハ自ラ助クルモノヲ助ク―中村正直と『西国立志編』(27)（平川祐弘）「学鐙」丸善 100(6) 2003.6 p24～29
◇天ハ自ラ助クルモノヲ助ク―中村正直と『西国立志編』(28)（平川祐弘）「学鐙」丸善 100(7) 2003.7 p24～29
◇天ハ自ラ助クルモノヲ助ク―中村正直と『西国立志編』(29)（平川祐弘）「学鐙」丸善 100(8) 2003.8 p22～27
◇天ハ自ラ助クルモノヲ助ク―中村正直と『西国立志編』(30)（平川祐弘）「学鐙」丸善 100(9) 2003.9 p24～29
◇天ハ自ラ助クルモノヲ助ク―中村正直と『西国立志編』(31)（平川祐弘）「学鐙」丸善 100(10) 2003.10 p24～29
◇天ハ自ラ助クルモノヲ助ク―中村正直と『西国立志編』(32)（平川祐弘）「学鐙」丸善 100(11) 2003.11 p24～29
◇天ハ自ラ助クルモノヲ助ク―中村正直と『西国立志編』(33)（平川祐弘）「学鐙」丸善 100(12) 2003.12 p24～29
◇中村敬宇の『同人社文学雑誌』（秋山勇造）「人文研究」神奈川大学人文学会 153 2004 p147～153
◇中村敬宇の官僚批判―醇儒の魅力(特集 モラルの輪郭―近代出版と倫理)（池沢一郎）「文学」岩波書店 5(1) 2004.1・2 p33～48
◇中村正直と西村茂樹―『明六雑誌』上に表れた理想主義・精神主義に基づく啓蒙的教育観の共通性と異質性（小川澄江）「国学院大学栃木短期大学紀要」国学院大学栃木短期大学 40 2005年度 p27～53
◇中村正直と宗教(1)中村正直の人間形成と宗教観を中心に（小川澄江）「国学院大学栃木短期大学紀要」国学院大学栃木短期大学 41 2006年度 p51～72
◇『教育勅語』草案と起草者達―中村正直・元田永孚・井上毅（岡本晴行）「人間環境科学」帝塚山大学人間環境科学研究所 15 2006 p101～109
◇訳註 中村敬宇撰文「箕作秋坪墓碑銘」解題並びに訳註（村山吉廣）「斯文」斯文会 114 2006.3 p171～180
◇『西国立志編』の訳語研究―出自と拠り所を中心に（黄美静）「国語と国文学」至文堂 84(6) 2007.6 p58～70
◇安井息軒と中村敬宇―安井息軒研究序説（古賀勝次郎）「早稲田社会科学総合研究」早稲田大学社会科学学会 8(1) 2007.7 p1～20
◇〈溶融〉する言葉と文化(8)中村敬宇と〈英華字典〉（久米晶文、中村司）「歴史読本」新人物往来社 52(9) 2007.8 p51～56,300～303
◇明治啓蒙思想における道徳と自由―中村敬宇を中心に（李栄）「近代日本研究」慶応義塾福沢研究センター 25 2008 p151～192

◇中村正直「請質所聞」訳注稿(1)（野村純代）「東洋大学大学院紀要」東洋大学大学院 45（文学（哲学)) 2008 p248〜232
◇中村正直における明治維新観と教育―御儒者から啓蒙的教育者へ―その思想的開明性の形成（小川澄江）「国学院大学栃木短期大学紀要」国学院大学栃木短期大学 43 2008年度 p83〜116
◇中村敬宇と清末中国の官僚文人（東アジア文化交流―人物往来)（薄培林)「アジア文化交流研究」関西大学アジア文化交流研究センター 4 2009.3 p151〜175

中村栗園　なかむらりつえん　1806〜1881
幕末、明治期の近江水口藩儒、漢学者。
【雑誌】
◇近江の志士たち(9)中村栗園―水口藩を勤王派へ導いた軍学者（徳永真一郎)「湖国と文化」31 1985.4

長与専斎　ながよせんさい　1838〜1902
明治期の医学者、医政家。
【図書】
◇松本順自伝・長与専斎自伝（小川鼎三,酒井シヅ校注）平凡社 1980.9（東洋文庫386)
◇蘭学の時代（赤木昭夫）中央公論社 1980.12（中公新書)
◇適塾と長与専斎―衛生と松香私志（伴忠康著）（大阪）創元社 1987.5
◇父の映像（犬養健ほか著）筑摩書房 1988.3（筑摩叢書)
◇日本の『創造力』―近代・現代を開花させた470人〈3〉流通と情報の革命（富田仁編）日本放送出版協会 1993.2
◇出島のくすり（長崎大学薬学部編）九州大学出版会 2000.9 203p
◇医療福祉の祖 長与専斎（外山幹夫著）思文閣出版 2002.6 200p
◇時代の先覚者・後藤新平1857-1929（御厨貴編）藤原書店 2004.10 301p
【雑誌】
◇カルフォルニア大学所蔵の書翰（人と書簡(27))（酒井シヅ）「学鐙」79(9) 1982.9
◇「長与衛生文庫」(1)（堀江幸司,松田明子,平川裕子）「医学図書館」33(2) 1986.6
◇「長与衛生文庫」(3)（堀江幸司他著)「医学図書館」35(1) 1988.3
◇健康―歴史のなかの"健康"（オムニバス特集・どこか嫌な感じの「いま」―平成＝新時代を読む）（酒井シヅ）「正論」201 1989.5
◇近代日本における衛生行政論の展開―長与専斎と後藤新平（笠原英彦）「法学研究」慶応義塾大学法学研究会 69(1) 1996.1 p87〜110
◇医学者 長与専斎とその一族―欧米の医療制度を視察した専斎は健康を守り、病気の予防をはかる"衛生"行政の確立に尽力した!!（大河の血脈―ファミリー・ツリー）「歴史と旅」27(6) 2000.4 p246〜257
◇長与専斎の医療改革とアメリカ衛生行政（笠原英彦）「法学研究」慶応義塾大学法学研究会 2001.10 p1〜26
◇書簡に見る福澤人物誌(第21回)長与専斎・北里柴三郎―福澤諭吉と「医友」（山内慶太）「三田評論」慶応義塾 1087 2006.2 p62〜67
◇コレラ予防の「心得書」と長與專齋（小島和貴）「法学研究」慶応義塾大学法学研究会 82(2) 2009.2 p279〜303

成瀬仁蔵　なるせじんぞう　1858〜1919
明治、大正期の教育家。日本女子大学校を創立。
【図書】
◇成瀬仁蔵先生語録（日本女子大学カウンセリング・センター編）日本女子大学カウンセリング・センター 1980.12
◇成瀬仁蔵著作集3（成瀬仁蔵著 成瀬仁蔵著作集委員会編）日本女子大学 1981.3
◇防長文化人山脈（掛橋真）東洋図書 1981.4
◇成瀬仁蔵先生の女子教育（菅支部）成瀬仁蔵先生の女子教育刊行会 1981.6
◇図説―日本女子大学の八十年 日本女子大学 1981.11
◇日本女子大学の運動会史―成瀬仁蔵の体育観の発展・具象化としての運動会（馬場哲雄,石川悦子）日本女子大学体育研究室 1982.7
◇成瀬仁蔵研究文献目録（日本女子大学女子教育研究所成瀬記念館編）1984.10
◇成瀬仁蔵研究文献目録（日本女子大学女子教育研究所成瀬記念館編）日本女子大学女子教育研究所成瀬記念館 1984.10
◇日本女子大桂寮（林えりか著）新潮社 1988.2
◇成瀬先生伝 伝記・成瀬仁蔵（仁科節編）大空社 1989.1（伝記叢書<56>)
◇宮沢賢治―童話の宇宙（栗原敦編）有精堂出版 1990.12（日本文学研究資料新集)
◇日本の『創造力』―近代・現代を開花させた470人〈7〉驀進から熟成へ（富田仁編）日本放送出版協会 1992.11

◇成瀬仁蔵の教育思想―成瀬的プラグマティズムと日本女子大学における教育（影山礼子著）風間書房 1994.2
◇日本女子大学の創設者成瀬仁蔵の教育思想（中嶌邦）『女子大学論』（日本女子大学女子教育研究所編）ドメス出版 1995.3（女子教育研究双書 10) p28
◇湘南雑記――英学徒の随想（新井明著）リーベル出版 2001.6 244p
◇いまを生きる 成瀬仁蔵―女子教育のパイオニア（青木生子著）講談社 2001.12 331p
◇成瀬仁蔵（中嶌邦著）吉川弘文館 2002.3 254p（人物叢書 新装版)
◇宮沢賢治を読む（佐藤泰正編）笠間書院 2002.5 197p（笠間ライブラリー)
◇「銀河鉄道の夜」―妹トシと成瀬仁蔵の宗教意識からの一考察（山根知子）『宮沢賢治を読む』笠間書院 2002.5（笠間ライブラリー梅光学院大学公開講座論集 第50集）p149〜
◇宗教多元論・是か否か（岩科信二著）キリスト新聞社 2002.8 148p
◇知られざる社会学者 成瀬仁蔵（河村望著）人間の科学社 2003.2 313p
◇宮沢賢治 妹トシの拓いた道―「銀河鉄道の夜」へむかって（山根知子著）朝文社 2003.9 389p
◇デューイとミードと成瀬仁蔵（河村望訳）人間の科学新社 2004.3 303p
◇明治教育家成瀬仁蔵のアジアへの影響―家族改革をめぐって（陳暉述）国際日本文化研究センター 2004.9 42p（日文研フォーラム)
◇成瀬先生研究会活動の記録 13(2003-2005年度)（成瀬先生研究会編）日本女子大学教育文化振興桜楓会 2006.3 97p
◇女性の平和運動への触発―成瀬仁蔵の平和思想と活動（中嶌邦）『20世紀における女性の平和運動―婦人国際平和自由連盟と日本の女性』（中嶌邦,杉森長子編）ドメス出版 2006.5（日本女子大学叢書) p13
◇婦人平和協会へ向けて―新渡戸稲造夫妻と成瀬仁蔵（小塩和人）『20世紀における女性の平和運動―婦人国際平和自由連盟と日本の女性』（中嶌邦,杉森長子編）ドメス出版 2006.5（日本女子大学叢書) p37
◇近代新潟におけるキリスト教教育―新潟女学校と北越学館（本井康博）思文閣出版 2007.11 297,7p
◇近代日本の社会と文化―明治維新とは何だったのか（河村望著）人間の科学新社 2007.12 249p
◇日本女子大学成瀬記念講堂―創立者の夢と明治の洋風建築（後藤久著）日本女子大学 2008.6 78p
◇あなたは天職を見つけたか―日本女子高等教育の父成瀬仁蔵 生誕150年（日本女子大学成瀬記念館編）日本女子大学 2008.6 140p
◇多元的宗教教育の成立過程―アメリカ教育と成瀬仁蔵の「帰一」の教育（大森秀子著）東信堂 2009.1 304p
【雑誌】
◇成瀬仁蔵の体育観（日本女子大学家政学部）創立80周年記念号―「家政学」80年代への歩みと展望）（石川悦子,馬場哲雄）「日本女子大学紀要（家政学部)」29 1982.3
◇明治3名の家政研究の留学生に関連して(3)日本の家政教育と家政学発達史の1側面（常見育男）「家庭科学」91 1982.12
◇建学の原点(19)梅花女学校（現 梅花女子大学）（前川和彦）「月刊新自由クラブ」7(78) 1984.3
◇青い眼の人形研究(1)ギュリック博士と成瀬仁蔵（増淵宗一）「日本女子大学紀要 文学部」35 1986.3
◇成瀬仁蔵研究文献目録 補遺(2)「成瀬記念館(日本女子大)」2 1986.11
◇成瀬仁蔵他『女子教育談』（上笙一郎）「彷書月刊」3(3) 1987.3
◇ジョン・デューイと成瀬仁蔵―宗教教育の視点から―（大森秀子）「和泉短期大学研究紀要」9 1988.3
◇デモクラシーの根底となる"人間中心アプローチ"の交流と実践―デューイ・キルパトリック・ロジャーズ・ベアリー・成瀬・柏樹を中心として（内田久美子）「日本デューイ学会紀要」29 1988.6
◇成瀬仁蔵の教育思想―その"方針論"と"方法論"（影山礼子）「教育哲学研究」59 1989
◇成瀬仁蔵の社会学的世界―受容と実践（山本鎮雄）「日本女子大学紀要 文学部」39 1989
◇成瀬仁蔵とW.ジェームズ(1)成瀬の教育思想におけるジェームズのインパクトとその展開（影山礼子）「日本デューイ学会紀要」30 1989.6
◇成瀬仁蔵と渋沢栄一―その交流と教育思想における接点（影山礼子）「渋沢研究」2 1990.10
◇新潟時代の成瀬仁蔵―成瀬宛書簡の紹介を通して（中嶌邦）「日本女子大学紀要 文学部」41 1991
◇成瀬仁蔵と宗教教育の多元的宗教教育のケースからの検討（影山礼子）「立教女学院短期大学紀要」24 1992.12
◇明治期におけるバスケットボールの受容過程―成瀬仁蔵の「球籠遊

戯」から日本女子大学校の「日本式バスケットボール」までの教育的意義　(名久井孝義)「仙台電波工業高等専門学校研究紀要」　仙台電波工業高等専門学校　26 1996.12 p118～108
◇成瀬仁蔵の教育的関係に関する一考察—豊明幼稚園の実践を手がかりに　(塩路晶子)「教育学論集」　大阪市立大学文学部教育学研究室　第25号 1999.7 p15～29
◇井上秀の講義ノート考—教育実践の視点から　(小林陽子,徳野裕子)「日本女子大学大学院紀要 家政学研究科・人間生活学研究科」　日本女子大学 6 2000 p11～19
◇〔日本女子大学〕創立者成瀬仁蔵の教育理念と家政学部　(赤塚朋子)「日本女子大学総合研究所ニュース」　日本女子大学総合研究所 9 2000.9 p10～14
◇成瀬仁蔵と社会学思想—「社会学」の受容と実践 (山本鎮雄)「日本女子大学大学院人間社会研究科紀要」 日本女子大学大学院人間社会研究科 7 2001.3 p1～11
◇成瀬仁蔵の女子教育—初期日本女子大学校卒業生のアメリカ留学と国際交流にみる—井上秀のアメリカ留学体験の意味〔含 質疑応答〕(第5回〔日本女子大学〕総合研究所研究発表会) (小林陽子)「日本女子大学総合研究所ニュース」日本女子大学総合研究所 10 2001.3 p24～31
◇成瀬仁蔵と日本女子大学校国文学部(〔日本女子大学〕日本文学科創設百年記念特集号) (中嶌邦)「国文目白」 日本女子大学国語国文学会 41 2002.2 p9～15
◇成瀬仁蔵と初期日本女子大学校卒業生のアメリカ留学と国際交流にみる (島田法子,蟻川芳子,杉森長子〔他〕)「日本女子大学総合研究所紀要」 日本女子大学総合研究所 5 2002.11 p151～194
◇平塚らいてうと成瀬仁蔵(小特集「青鞜」と日本女子大学校) (青木生子)「国文目白」 日本女子大学国語国文学会 42 2003.2 p90～98
◇成瀬仁蔵の宗教観 (磯前順一,高橋原,広池真一)「日本女子大学総合研究所紀要」 日本女子大学総合研究所 6 2003.9 p1～26
◇平塚らいてうと体育、スポーツ—成瀬仁蔵、日本女子大学校とのかかわりを中心として (馬場哲雄)「日本女子大学総合研究所紀要」 日本女子大学総合研究所 6 2003.9 p39～49
◇成瀬仁蔵の平和思想と女性平和運動〔含 質疑応答(要旨)〕(第7回〔日本女子大学〕総合研究所研究発表会) (中嶌邦,杉森長子)「日本女子大学総合研究所ニュース」日本女子大学総合研究所 15 2004.3 p10～13
◇本学〔日本女子大学〕における食教育を通してみた成瀬仁蔵の教育理念とその継承—創立から新制大学発足時までの調理を担当した人々を中心に (本間健〔他〕)「日本女子大学総合研究所紀要」 日本女子大学総合研究所 7 2004.11 p55～98
◇成瀬仁蔵の平和思想と女性の平和運動 「日本女子大学総合研究所紀要」 日本女子大学総合研究所 8 2005.11 p1～56
◇家政学という場—成瀬仁蔵、リベラル・アーツ、女子教育(日本と世界の「新しい女」たち—日本女子大学校と『青鞜』の時代—日本の「新しい女」) (鬼頭七美)「日本女子大学総合研究所紀要」 日本女子大学総合研究所 8 2005.11 p99～103
◇成瀬仁蔵の蔵書調査(第1報)旧成瀬仁蔵宅と関連人物を中心に (小林陽子)「地域学論集」 鳥取大学地域学部 2(2) 2005.11 p257～268
◇成瀬仁蔵の児童観と児童教育 (真楠美智子)「日本女子大学紀要 人間社会学部」 日本女子大学人間社会学部 17 2006 p161～173
◇成瀬仁蔵の理念と大学教育—Writing and Thinking 「日本女子大学総合研究所紀要」 日本女子大学総合研究所 9 2006.11 p71～85
◇成瀬仁蔵と近代日本の宗教〔含 質疑応答(要旨)〕(第10回〔日本女子大学〕総合研究所研究発表会) (高橋原,星野靖二)「日本女子大学総合研究所ニュース」 日本女子大学総合研究所 18 2007.3 p9～15
◇成瀬仁蔵の蔵書調査(第2報)カタログ・シラバスなど資料の概要 (小林陽子)「地域学論集」 鳥取大学地域学部 3(3) 2007.3 p297～313
◇平塚らいてうの神秘主義(上)成瀬仁蔵・ドイツ観念論・禅との関連で (水田珠枝)「思想」 岩波書店 996 2007.4 p4～33
◇平塚らいてうの神秘主義(下)成瀬仁蔵・ドイツ観念論・禅との関連で (水田珠枝)「思想」 岩波書店 997 2007.5 p128～146
◇成瀬仁蔵と近代日本の宗教 「日本女子大学総合研究所紀要」 日本女子大学総合研究所 11 2008.11 p1～63

名和靖　なわやすし　1857～1926
明治、大正期の昆虫学者。名和昆虫研究所を設立。
【図　書】
◇人物・近世産業文化史　雄山閣出版　1984.1
◇まいあがれ！春の女神—昆虫博士・名和靖ものがたり　(赤座憲久作,安井康浩絵)　PHP研究所　1994.2　(PHP愛と希望のノンフィクション)
◇探究のあしあと—霧の中の先駆者たち 日本人科学者　東京書籍　2005.4 94p　(教育と文化シリーズ)
【雑　誌】
◇昆虫翁名和靖と建築家武田五一—建設の経緯にみる名和昆虫標本室の重要性について　(亀嶋聖子)「岐阜近代史研究」 3 1992.7
◇実業世界の奇人たち (近代日本の異能・偉才実業家100人「おじいさんたちは偉かった！」—20世紀総発掘 第4弾) (関井光男)「月刊Asahi」 5(7) 1993.9
◇先人顕彰企画展 名和靖・坪内逍遙展を開催して (奥田修司)「岐阜県歴史資料館報」岐阜県歴史資料館 21 1998.3 p288～292

南条文雄　なんじょうぶんゆう　1849～1927
明治、大正期の梵語学者、僧侶。真宗大学学長。
【図　書】
◇増谷文雄著作集 12 近代の宗教的生活者　角川書店 1982.8
◇能海寛チベットに消えた旅人 (江本嘉伸著) 求竜堂 1999.6 297,5p
◇南条文雄著作選集 第8巻 (南条文雄著,佐々木教悟,長崎法潤,木村宣彰監修・編) うしお書店 2003.2 1冊
◇南条文雄著作選集 第10巻 (南条文雄著,佐々木教悟,長崎法潤,木村宣彰監修・編) うしお書店 2003.9 1冊
【雑　誌】
◇明治仏教学・仏教史学胎動期の一こま—南条文雄が藤井宣正に宛てた5通の書簡 (白須浄真)「広島安芸女子大学研究紀要」 広島安芸女子大学 1 2000 p137～150
◇南条文雄・笠原研寿の留学目的とF・マックス・ミュラーの期待 (林寺正俊)「印度哲学仏教学」 北海道印度哲学仏教学会 18 2003.10 p273～290
◇古本屋散策(46)マックス・ミューラーと南条文雄 (小田光雄)「日本古書通信」 日本古書通信社 71(1) 2006.1 p9
◇近代中日仏教徒の対話—楊文会と南条文雄の交流(特集 東洋文化と現代社会—儒教・仏教・道教による哲学対話—香港中文大学との共同シンポジウムより)(陳継東,菅野博史〔訳〕)「東洋学術研究」 東洋哲学研究所 46(1) 2007 p104～117

南摩綱紀　なんまつなのり　1823～1909
幕末、明治期の教育者。
【図　書】
◇幕末・会津藩士銘々伝 下 (小檜山六郎,間島勲編) 新人物往来社 2004.7 311p
【雑　誌】
◇幕末・維新期の南摩羽峯 (小林修)「実践国文学」 28 1985.10
◇南摩綱紀『追遠日録〈一名下野紀行〉』訳注(上) (道坂昭廣)「四天王寺大学紀要」 四天王寺大学 47 2008年度 p431～447
◇南摩綱紀『環碧樓遺稿』散文之部譯注(1)内閣史略序 (副島一郎)「言語文化」 同志社大学言語文化学会 10(3) 2008.1 p515～530
◇南摩綱紀『環碧樓遺稿』散文之部譯注(2)秋月子錫墓碑銘 (副島一郎)「言語文化」 同志社大学言語文化学会 11(3) 2009.1 p473～492

新島八重子　にいじまやえこ　1845～1932
明治〜昭和期の教育家。
【図　書】
◇夢のかたち—「自分」を生きた13人の女たち (鈴木由紀子著) ベネッセコーポレーション 1996.2 268p
◇新島八重子回想録—伝記・新島八重子 (永沢嘉巳男編) 大空社 1996.10 143,6p (伝記叢書)
【雑　誌】
◇新島八重の「懐古談」補遺 (吉海直人)「総合文化研究所紀要」 同志社女子大学総合文化研究所 24 2007 p214～210

西周　にしあまね　1829～1897
幕末、明治期の啓蒙思想家、哲学者。東京師範校長、男爵。
【図　書】
◇近代日本経済思想史研究 (塚谷晃弘) 雄山閣 1980.3
◇研究資料現代日本文学3 評論・論説・随想1 (浅井清ほか編) 明治書院 1980.5
◇幕臣列伝 (綱淵謙錠) 中央公論社 1981.3
◇防長文化人山脈 (掛橋真) 東洋図書 1981.4
◇日本の思想家 近代篇 (菅孝行) 大和書房 1981.9
◇西周全集4 (西周著 大久保利謙編・解説) 宗高書房 1981.10
◇幕末和蘭留学関係史料集成 (日蘭学会編,大久保利謙編著) 雄松堂書店 1982.2 (日蘭学会学術叢書 第3)
◇幕府オランダ留学生 (宮永孝) 東京書籍 1982.3 (東書選書 73)
◇人間と宗教—近代日本人の宗教観 (比較思想研究会編) 東洋文化出版 1982.6
◇幕末維新の思想家たち (山田洸) 青木書店 1983.12
◇幕末和蘭留学関係史料集成—続 (大久保利謙,日蘭学会監修) 1984.3
◇幕臣列伝(中公文庫) (綱淵謙錠) 中央公論社 1984.5
◇日本の名著 34 西周・加藤弘之(中公バックス) (植手通有責任編集) 中央公論社 1984.7
◇大久保利謙歴史著作集(5)幕末維新の洋学 (大久保利謙著) 吉川弘

文館　1986.8
◇明治啓蒙期の経済思想―福沢諭吉を中心に　（杉山忠平著）　法政大学出版局　1986.9
◇日本近代思想と中江兆民　（米原謙著）　新評論　1986.10
◇津田左右吉全集〈第8巻〉文学に現はれたる国民思想の研究〈5〉　（津田左右吉著）　岩波書店　1987.4
◇西周に於ける哲学の成立―近代日本における法哲学成立のためのエチュード　（蓮池啓介）　神戸大学研究双書刊行会　1987.7　（神戸法学双書）
◇大久保利謙歴史著作集 8　明治維新の人物像　吉川弘文館　1987.7
◇西周に於ける哲学の成立―近代日本における法哲学成立のためのエチュード　（蓮池啓介著）　有斐閣　1987.7
◇日本文学講座〈8〉評論　（亀井秀雄ほか著）　大修館書店　1987.11
◇西洋から西欧へ　（小林昇, 杉山忠平著）　日本経済評論社　1987.11
◇大久保利謙史著作集〈6〉明治の思想と文化　（大久保利謙著）　吉川弘文館　1988.2
◇ビジュアルワイド　新日本風土記〈32〉島根県　ぎょうせい　1989.1
◇西周と欧米思想との出会い　（小泉仰）　三嶺書房　1989.7
◇丸山博著作集〈3〉食生活の基本を問う　（丸山博著）　農山漁村文化協会　1990.1
◇近代日本の哲学者　（鈴木正, 下祟道編著）　北樹出版　1990.2
◇捕home文明史　（吹浦忠正著）　新潮社　1990.9　（新潮選書）
◇岡山雑記帳　（富岡敬之著）　近代文芸社　1990.12
◇日本洋学史の研究 5　（有坂隆道［編］）　創元社　1991.1
◇明六社の人びと　（戸沢行夫著）　築地書館　1991.4
◇近代語の成立〈語彙編〉　（森岡健二編著）　明治書院　1991.10
◇鷗外文芸の研究〈青年期篇〉　（清田文武著）　有精堂出版　1991.10
◇日本的なもの、ヨーロッパ的なもの　（大橋良介著）　新潮社　1992.2　（新潮選書）
◇文学近代化の諸相―洋学・戯作・自由民権　（小笠原幹夫著）　高文堂出版社　1993.4
◇思想と表現―近代日本文学史の一側面　（山口博著）　有朋堂　1994.4
◇西周の西洋哲学に関して(1)　西周における道徳と哲学の概念　（浅井茂紀）『人間の理念と政治哲学』（浅井茂紀, 関口和男著）　高文堂出版社　1995.4　p124
◇西周の西洋哲学に関して(2)―西周における希哲学と哲学の訳語　（浅井茂紀）『人間の理念と政治哲学』（浅井茂紀, 関口和男著）　高文堂出版社　1995.4　p125
◇西周における哲学思想出現の時代背景―佐藤一斎から利止哲郎までの人物を中心として　（浅井茂紀）『人間の理念と政治哲学』（浅井茂紀, 関口和男著）　高文堂出版社　1995.4　p127
◇西周の官組織と官の汎称　（木村秀海）『アジアの文化と社会』（関西学院大学東洋史学研究室編）　法律文化社　1995.6　p1
◇西周初期燕国の形成　（甲元真之）『東アジアの文化構造』（工藤敬一, 金原理, 森正人編）　九州大学出版会　1997.5　（熊本大学「地域」研究 2）　p35
◇波濤を越えて―幕末のオランダ留学生、津田真道と西周を顕彰して　（津田真道・西周顕彰委員会編）　津田真道・西周顕彰委員会　1998.3　39p
◇沼津兵学校と西周　（河原美都子）『日本思想の地平と水脈』（河原宏, 河原宏教授古稀記念論文集刊行会編著）　ぺりかん社　1998.3　p175
◇日本の観念論者　（舩山信一著）　こぶし書房　1998.9　482,10p　（舩山信一著作集）
◇近代日本社会学者小伝―書誌的考察　（川合隆男, 竹村英樹編）　勁草書房　1998.12　822p
◇明治哲学史研究　（舩山信一著）　こぶし書房　1999.6　527p　（舩山信一著作集）
◇旅の散歩・散歩の旅　（岡田政信著）　宝塚出版　2001.1　203p
◇鷗外歴史文学集　第1巻　（森鷗外著）　岩波書店　2001.1　523p
◇明治を生きる群像―近代日本語の成立　（飯田晴巳著）　おうふう　2002.2　231p
◇日本近代思想史序説　明治期前篇　上　（岩崎允胤著）　新日本出版社　2002.5　421,9p
◇幕末維新なるほど人物事典―100人のエピソードで激動の時代がよくわかる　（泉秀樹著）　PHP研究所　2003.8　452p　（PHP文庫）
◇完全保存版　幕末維新なるほど人物事典―100人のエピソードで読む幕末維新　（泉秀樹編）　PHP研究所　2004.4　110p
◇"近代"のかたち―中国と日本　（有田和夫著）　研文出版　2004.9　187p　（研文選書）
◇開花期の若き啓蒙学者達―日本留学生列伝 4　（松邨賀太著）　文芸社　2005.2　177p
◇西周と日本の近代　（島根県立大学西周研究会編）　ぺりかん社　2005.5　490p
◇随筆　明治文学 1　（柳田泉著, 谷川恵一ほか校訂）　平凡社　2005.8　431p　（東洋文庫）
◇新編　明治前期の憲法構想　（家永三郎, 松永昌三, 江村栄一編）　福村出版　2005.10　558p
◇技術と身体―日本「近代化」の思想　（木岡伸夫, 鈴木貞美編著）　ミネルヴァ書房　2006.3　389,11p
◇京の美学者たち　（神林恒道編著）　晃洋書房　2006.10　258p
◇主体の学としての美学―近代日本美学史研究　（浜下昌宏著）　晃洋書房　2007.5　216p
◇イギリス正統派の財政経済思想と受容過程　（大淵三洋著）　学文社　2008.1　295p
◇日本哲学の黎明期―西周の『百一新論』と明治の哲学界　（桑木厳翼著）　書肆心水　2008.7　252p
◇日本史人物の謎100　（鈴木旭, 島崎晋著）　学習研究社　2008.8　366p
◇近代日本の知識人と中国哲学―日本の近代化における中国哲学の影響　（徐水生著, 阿川修三, 佐藤一樹訳）　東方書店　2008.10　181p
◇対外交流史研究　（渡辺与五郎, 山本忠士, 李春蘭, 丁雪冬, 秋月里保著）　文化書房博文社　2008.10　199p
◇日本的なもの、ヨーロッパ的なもの　（大橋良介著）　講談社　2009.5　317p　（講談社学術文庫）
◇西周の政治思想―規律・功利・信　（菅原光著）　ぺりかん社　2009.12　270p

【雑　誌】
◇西周「経済学ノ大旨」　「書陵部紀要」　32　1980
◇西哲学の本質　（縄田二郎）　「広島工業大学研究紀要」　14　1980.3
◇幕臣列伝(8)西周　（網淵謙錠）　「歴史と人物」　10(9)　1980.9
◇西周と経済学　（杉山忠平）　「思想」　679　1981.1
◇西周詩集の成立事情　（蓮沼啓介）　「神戸法学雑誌」　30(4)　1981.3
◇百一新論の成立事情　（蓮沼啓介）　「神戸法学雑誌」　31(1)　1981.6
◇「社会」概念の生成―星周と社会科学　（中野泰雄）　「亜細亜大学経済学紀要」　7(1)　1981.9
◇西周と日本「語学」・粗描　（小玉斉夫）　「駒沢大学論集」　14　1981.9
◇明治2,3年の西周　（蓮沼啓介）　「神戸法学雑誌（神戸大）」　31(2)　1981.9
◇明治前期における我が国先覚者の図書館事業観―森有礼と西周　（安達将美）　「図書館界」　33(4)　1981.11
◇難月力集の成立事情―哲学者, 西周研究序説　（蓮沼啓介）　「神戸法学雑誌」　31(3)　1981.12
◇「奚般氏心理学」の研究(1)　（児玉斉二）　「日本大学人文科学研究所研究紀要」　26　1982
◇西周・森鷗外は板橋へ何しに来たか(相沢pin研究(5))　（小原武三郎）　「板橋史談」　90　1982.5
◇西周に於ける哲学の成立(3)　（蓮沼啓介）　「神戸法学雑誌」　32(1)　1982.6
◇パリのめぐり会い―西周と五代友厚はパリで何を語り合ったのか　（蓮沼啓介）　「神戸法学雑誌」　32(2)　1982.9
◇西周と日本「語学」・粗描(2)　（小玉斉夫）　「駒沢大学外国語部論集」　16　1982.9
◇西周に於ける哲学の成立(4)　（蓮沼啓介）　「神戸法学雑誌」　32(3)　1982.12
◇ライデンにおける西周と津田真道―フィッセリングとの往復書翰を通して　（沼田次郎）　「東洋大学大学院紀要（文学研究科）」　19　1983.2
◇西周に於ける哲学の成立(5完)　（蓮沼啓介）　「神戸法学雑誌」　32(4)　1983.3
◇幕末における日蘭文化交流の一齣西周と津田真道のオランダ留学をめぐって　（菅井展展）　「立命館文学」　451～453　1983.3
◇西周とカント哲学―「西周における儒教と洋学」（渡辺和靖「明治思想史」第二章）を駁す　（蓮沼啓介）　「神戸法学雑誌」　33(1)　1983.6
◇西周の「学術の体系」・粗描　（小玉斉夫）　「駒沢大学外国語部論集」　18　1983.9
◇西周の兵部省出仕　（蓮沼啓介）　「神戸法学雑誌」　33(2)　1983.9
◇西周と森鷗外―津和野・東京・伯林　（鷗外をめぐる人物群像）　（田中実）　「国文学解釈と鑑賞」　49(2)　1984.1
◇西周と「人生三宝説」　（小坂国継）　「経済集志」　54（別号1・2）　1984.10
◇西周の思想における心理学　（桜野安男）　「東洋大学文学部紀要 教育学科篇」　11　1985
◇「奚般氏心理学」の研究(2)　（児玉斉二）　「日本大学人文科学研究所研究紀要」　31　1985.3
◇西周と近代日本の哲学　（小坂国継）　「日本大学研究紀要」　創刊号　1985.4
◇明治初期の漢字片仮名交じり文の考察―西周の場合―　（日向敏彦）　「上智大学国文学論集」　19　1986.1
◇「百学連環」の英文原資料について　（小玉斉夫）　「駒沢大学外国語部研究紀要」　15　1986.3
◇「百学連環」の英文原資料について(2)　（小玉斉夫）　「駒沢大学外国語部論集」　24　1986.9
◇幕末期における西周の憲法理論(1)　（松岡八郎）　「東洋法学」　30(1・2)（法学部創設30周年記念）　1987.3
◇西周の「弘化戌申春3月」の文と津和野藩脱藩　（末冨義明）　「山口短

- 期大学研究紀要」 10 1988.11
- ◇幕末期における西周の憲法理論(2完) （松岡八郎）「東洋法学」 33(1) 1989.12
- ◇西周と中江兆民における東西思想の出会い—とくに「自由」の概念を中心として （片山寿昭, 徐水生）「人文学（同志社大学人文学会）」151 1991.10
- ◇鷗外にみる近代と現代の相克(インタビュー) （長谷川泉, 武田勝彦）「知識」 122 1992.1
- ◇西周・津田真道オランダ留学の意義 （小笠原幹夫）「姫路学院女子短期大学紀要」 20 1993.1
- ◇近代の形成とドイツ—西洋哲学受容の開始—西周の思想的課題（日本思想とドイツ受容の研究）（保井温）「立命館人文科学研究所紀要」 59 1993.10
- ◇西周「学士匇令氏権利争闘論」の公刊(資料) （山口廸彦〔紹介〕）「企業法研究」 6 1994.2
- ◇わが国への国際法学の導入と西周の貢献 （小隈清）「九州国際大学法学論集」 九州国際大学法学会 第1巻第2・3合併号 1995.3 p1～32
- ◇Ogyu Sorai, John Stuart Mill, and Nishi Amane （小泉仰）「アジア文化研究」 国際基督教大学 21 1995.3 p140～130
- ◇西周訳『権利争闘論』をめぐって （堅田剛）「独協法学」 独協大学法学会 41 1995.3 p201～233
- ◇西周の人間発達論とその法則的把握の試み （内島貞雄）「北海道教育大学紀要 第1部 C 教育科学編」 北海道教育大学 46(2) 1996.2 p11～18
- ◇西周「百学連環」の訳語と幕末期英和辞書 （手島邦夫）「国語学研究」東北大学文学部国語学研究刊行会 37 1998.3 p11～21
- ◇西周訳『心理学』の訳語の位置—『百学連環』『英和字彙』などとの比較を通して （手島邦夫）「文芸研究」 日本文芸研究会 146 1998.9 p53～63
- ◇西周の功利主義思想 （小野紳介）「紀尾井史学」 上智大学大学院史学専攻院生会 第18号 1998.12 p15～25
- ◇隠国(こもりく)の城下町 石州津和野—森鷗外、西周など明治開明期の知性を輩出した山峡の小京都をゆく(ふるさとの歴史〔278〕)「歴史と旅」 25(18) 1998.12 p163～169,174～183
- ◇西周伝への若干の考察—慶喜と周、周と鷗外 （村岡功）「鷗外」 森鷗外記念会 第64号 1999.1 p73～81
- ◇『致知啓蒙』の訳語—その形成過程と出自について （手島邦夫）「文芸研究」 日本文芸研究会 147 1999.3 p48～58
- ◇シモン・フィッセリングと『経済学原理序論』—津田真道と西周への「筆記口授」 （川崎勝）「南山経済研究」 南山大学経済学会 13(3) 1999.3 p227～249
- ◇西周の歴史哲学と戦争・平和思想 （岩崎允胤）「大阪経済法科大学論集」 大阪経済法科大学経済学会 74 1999.7 p1～24
- ◇キケローと西周 （大西英文）「図書」 岩波書店 603 1999.7 p35～37
- ◇『西周伝』と「西周日記」 （中井義幸）「図書」 岩波書店 607 1999.11 p13～16
- ◇西周『人世三宝説』について （後藤愛司）「岐阜聖徳学園大学短期大学部紀要」 岐阜聖徳学園大学短期大学部 32 2000 p1～17
- ◇「西周日記」明治20年1月～6月 （川崎勝）「南山経済研究」 南山大学経済学会 14(3) 2000.2 p547～580
- ◇『明六雑誌』の訳語 （手島邦夫）「国語学研究」 東北大学文学部国語学研究刊行会 39 2000.3 p12～21
- ◇西周と独逸学協会学校の創設 （河原美耶子）「教育学雑誌」 日本大学教育学会事務局 34 2000.3 p33～45
- ◇西周後期の編鐘の設計—戌畢庵読装記之三 （浅原達郎）「東方学報」 京都大学人文科学研究所 72 2000.3 p656～630
- ◇資料 西周日記—明治20年7月～12月 （川崎勝）「南山経済研究」 南山大学経済学会 15(2) 2000.10 p263～300
- ◇西周の「心理学」と顔永京の「心霊学」 （児玉斉二）「日本大学心理学研究」 日本大学心理学会 第22号 2001.3 p1～10
- ◇西周最期の政治と詩篇 （谷口義介）「学林」 中国芸文研究会 33 2001.3 p1～26
- ◇西周の日本語文法論 （中山緑朗）「学芸国語国文学」 東京学芸大学国語国文学会 33 2001.3 p56～64
- ◇資料 西周日記—明治21年1月～6月 （川崎勝）「南山経済研究」 南山大学経済学会 15(3) 2001.3 p421～455
- ◇「西周日記」明治21年7月～12月 （川崎勝）「南山経済研究」 南山大学経済学会 16(1) 2001.6 p67～106
- ◇資料 「西周日記」明治22年一月～六月 （川崎勝）「南山経済研究」 南山大学経済学会 16(2) 2001.10 p179～215
- ◇西周の新造語について—「百学連環」から「心理説ノ一斑」まで（手島邦夫）「国語学研究」 東北大学文学部国語学研究刊行会 41 2002 p1～13
- ◇『致知啓蒙』を読む(上) （鈴木修一）「人文研究」 神奈川大学人文学会 147 2002 p1～30
- ◇資料 西周日記—明治22年七月～十二月 （川崎勝）「南山経済研究」南山大学経済学会 16(3) 2002.3 p289～320
- ◇資料 西周日記—明治23年一月～六月 （川崎勝）「南山経済研究」南山大学経済学会 17(1) 2002.6 p71～111
- ◇西周の訳語の定着—『哲学字彙』から明治中期の英和辞書と中後期の国語辞書へ （手島邦夫）「文芸研究」 日本文芸研究会 154 2002.9 p25～38
- ◇西周『致知啓蒙』を読む(下) （鈴木修一）「人文研究」 神奈川大学人文学会 148 2003 p1～41
- ◇西周の初期体制構想—近代日本における立憲思想の形成とオランダ法学 （大久保健晴）「東京都立大学法学会雑誌」 東京都立大学法学部 44(1) 2003.7 p103～149
- ◇西周の転用語について （手島邦夫）「国語学研究」 「国語学研究」刊行会 43 2004 p36～46
- ◇西周紀年考 （吉本道雅）「立命館文学」 立命館大学人文学会 586 2004.10 p250～199
- ◇西周「人生三宝説」を読む(2) （鈴木修一）「人文研究」 神奈川大学人文学会 157 2005 p29～57
- ◇西周と日本語の表記—日本語文典の記述を中心に （服部隆）「上智大学国文学科紀要」 上智大学文学部国文学科 22 2005.3 p45～66
- ◇西周の"徳"と孔子の"仁"—中国伝統文化における汎血縁意識の特徴初探 （巴新生, 上田武〔訳〕）「東洋文化研究」 学習院大学東洋文化研究所 7 2005.3 p97～124
- ◇歴史読み物 日本海軍の創設者達—創業垂統の時代の人々から学ぶ点、無しとせむや(10) 西周と赤松則良 （谷光太郎）「波濤」 兵術同好会 31(1) 2005.5 p113～141
- ◇西周諸侯の始祖号について—地名を冠した称謂を中心として （佐藤信弥）「人文論究」 関西学院大学人文学会 55(2) 2005.9 p44～59
- ◇西周の思索における哲学的理と宋学の理 （湯川敬弘）「漢文学解釈与研究」 漢文学研究会 8 2005.12 p79～97
- ◇西周「人生三宝説」を読む(3) （鈴木修一）「人文研究」 神奈川大学人文学会 158 2006 p1～47
- ◇はじまりの《心理学》と西周—『心理学』をリセットする （寺崎弘昭）「山梨大学教育人間科学部紀要」 山梨大学教育人間科学部 8 2006 p278～287
- ◇西周『百学連環』における「技術」と司馬遷『史記』「貨殖列伝」における「技術」 （姫宮利融）「稚内北星学園大学紀要」 稚内北星学園大学 6 2006.3 p1～19
- ◇西周王権と王統譜 （武者章）「史学」 三田史学会 75(1) 2006.6 p35～72
- ◇社会福祉の原型概念—J.S.ミル、西周、パウロを比較して （小泉仰）「人文社会科学研究所年報」 敬和学園大学 5 2007 p1～14
- ◇西周における「理」について （大森周太郎）「言語コミュニケーション研究」 愛知淑徳大学言語コミュニケーション学会 7 2007 p1～15
- ◇Amane Nishi et Auguste Comte : le probleme de la classifications des sciences （安孫子信）「国際日本学」 法政大学国際日本学研究センター 4 2007.3 p39～56
- ◇西周『百学連環』講義における「相生之道」—維新期洋学者たちの《society》概念理解 （木村直恵）「学習院女子大学紀要」 学習院女子大学 10 2008 p61～88
- ◇「学術」という近代漢語の成立と意義—西周の『百学連環』を中心に（張厚泉）「言語と交流」 言語と交流研究会 11 2008 p72～86
- ◇東京師範学校と西周—校務嘱託としての位置 （奥野武志）「地方教育史研究」 全国地方教育史学会 29 2008 p1～21
- ◇儒学と西洋思想の受容—荻生徂徠と西周(特集 日本思想史の核心) （菅原光）「大航海」 新書館 67 2008 p80～87
- ◇西周代内外諸侯間関係考—西周王朝の多元的構造に関する一考察 （谷秀樹）「立命館文学」 立命館大学人文学会 606 2008.3 p964～995
- ◇特集 西周と東西思想の出会い 「北東アジア研究」 島根県立大学北東アジア地域研究センター 14・15 2008.3 p1～205
- ◇西周稿本目録考証 （蓮沼啓介）「神戸法学雑誌」 神戸法学会 57(4) 2008.3 p1～30
- ◇西周における「権利」観念の受容と変容—兪吉濬との比較考察 （金鳳珍）「社会システム研究」 北九州市立大学大学院社会システム研究科 8 2008.3 p1～15
- ◇二つの憲法草案と西周 （蓮沼啓介）「神戸法学雑誌」 神戸法学会 58(2) 2008.9 p1～29
- ◇西周における道徳と教育—「東京師範学校ニテ道徳学ノ一科ヲ置ク大意ヲ論ス」の史的位置 （奥野武志）「関東教育学会紀要」 関東教育学会 35 2008.10 p13～23
- ◇西周時代前期における天馬—曲村墓地の被葬者集団について—青銅礼器副葬配置の分析から(シンポジウム 漢代墓葬と漢代社会) （田畑潤）「中国考古学」 日本中国考古学会 8 2008.11 p125～148
- ◇西周代天子考 （谷秀樹）「立命館文学」 立命館大学人文学会 608 2008.12 p472～431
- ◇幕末明治初期日本におけるヨーロッパ国際法受容の政治思想史的意義—西周訳『畢洒林氏万国公法』の思想世界を中心に （大久保健晴）「政経論叢」 明治大学政治経済研究所 77(5・6) 2009.3 p953～1094〔含 抄録〕
- ◇北東アジアの啓蒙思想と「読み換え」—福沢諭吉と西周を例にして

（特集 北東アジアにおける「読み換え」の可能性）（李暁東）「北東アジア研究」 島根県立大学北東アジア地域研究センター 17 2009.3 p5〜17
◇翻訳の造語：厳復と西周の比較―哲学用語を中心に(特集 北東アジアにおける「読み換え」の可能性）（徐水生）「北東アジア研究」 島根県立大学北東アジア地域研究センター 17 2009.3 p19〜28
◇「経世済民」からみる儒学と「啓蒙」との関係―西周と張謇の例を通じて（特集 北東アジアにおける「読み換え」の可能性）（于臣）「北東アジア研究」 島根県立大学北東アジア地域研究センター 17 2009.3 p29〜42
◇西周「非学者職分論」のディスクール批評(特集 北東アジアにおける「読み換え」の可能性）（渡部望）「北東アジア研究」 島根県立大学北東アジア地域研究センター 17 2009.3 p43〜55
◇明治十四年の政変と西周―西周憲法草案の成立時点の考証 （蓮沼啓介）「神戸法学雑誌」 神戸法学会 58（4）2009.3 p1〜27
◇西周の国学批判 （蓮沼啓介）「神戸法学雑誌」 神戸法学会 59（1）2009.6 p1〜55

西毅一　にしきいち　1843〜1904
明治期の教育家，政治家。女子教訓所設立。
【図　書】
◇岡山の歴史と文化　福武書店 1983.10
◇白岩龍平日記―アジア主義実業家の生涯 （中村義著）研文出版 1999.9 697,30p
【雑　誌】
◇西薇山の思想 （隈沢哲也）「岡山地方史研究会々報」 34 1982.11
◇「花房義質関係文書」中の西毅一書簡(史料紹介)（隈沢哲也）「岡山地方史研究会々報」 38 1983.10
◇西毅一（薇山）と学校教育 （隈沢哲也）「岡山地方史研究会々報」 39 1984.1

西田千太郎　にしだせんたろう　1862〜1903
明治期の教育家。松江時代のハーンと親交を結ぶ。
【図　書】
◇浦島コンプレックス―ラフカディオ・ハーンの交友と文学 （梅本順子）南雲堂 2000.1 242p
◇小泉八雲（ラフカディオ・ハーン）と西田千太郎 (池橋達雄)『教育者ラフカディオ・ハーンの世界―小泉八雲の西田千太郎宛書簡を中心に』（島根大学附属図書館小泉八雲出版編集委員会，島根大学ラフカディオ・ハーン研究会共編）ワン・ライン 2006.11 p416
◇小泉八雲年譜・付西田千太郎年譜（横山純子）『教育者ラフカディオ・ハーンの世界―小泉八雲の西田千太郎宛書簡を中心に』（島根大学附属図書館小泉八雲出版編集委員会，島根大学ラフカディオ・ハーン研究会共編）ワン・ライン 2006.11 p472
【雑　誌】
◇小泉八雲と西田千太郎―「神々の国」での邂逅 （萩原順子）「国際関係研究(日本大学)」 10（1）1989.10

西村茂樹　にしむらしげき　1828〜1902
幕末，明治期の道徳思想家，官僚。
【図　書】
◇明治の精神 （古川哲史）ぺりかん社 1981.3
◇日本の思想家 近代篇 （菅孝行）大和書房 1981.9
◇人間と宗教―近代日本人の宗教観 （比較思想史研究会編）東洋文化出版 1982.6
◇アジアの教育と社会 多賀秋五郎博士古稀記念論文集 （磯辺武雄編著）不昧堂出版 1983.5
◇日本の近代化と人間形成 （下程勇吉編）法律文化社 1984.6
◇生きながらえて （石井千明著）春秋社 1986.10
◇書庫縦横 （朝倉治彦著）出版ニュース社 1987.3
◇西村茂樹 （高橋昌郎著）吉川弘文館 1987.11 （人物叢書〔新装版〕）
◇近世教育史料の研究 （多田建次著）（町田）玉川大学出版部 1990.5
◇明六社の人びと （戸沢行夫著）築地書館 1991.4
◇国家と宗教 （源了円，玉懸博之〔編〕）思文閣出版 1992.3
◇信と知 （日本倫理学会編）慶応通信 1993.10 （日本倫理学会論集）
◇西村茂樹の思想遍歴と儒学 （王家驊）『日本思想の地平と水脈』(河原宏，河原宏教授古稀記念論文集刊行会編著）ぺりかん社 1998.3 p57
◇明治社会教育思想史研究 （北田耕也著）学文社 1999.3 263,4p （明治大学人文科学研究所叢書）
◇悪―実存思想論集 14 （実存思想協会編）理想社 1999.8 249,7p
◇現代に生きる西村茂樹 （石渡敬輔著，堀田正久監修）佐倉市 2000.10 107p
◇明治天皇と政治家群像―近代国家形成の推進者たち （沼田哲編）吉川弘文館 2002.6 286p

◇洋学者と明治天皇―加藤弘之・西村茂樹の「立憲君主」像をめぐって（中野目徹）『明治天皇と政治家群像 近代国家形成の推進者たち』（沼田哲編）吉川弘文館 2002.6 p100〜
◇明六社 （大久保利謙著）講談社 2007.10 332p （講談社学術文庫）
【雑　誌】
◇西村茂樹の初期思想―欧化と伝統 （沖田行司）「日本思想史」 18 1982.3
◇国立国会図書館所蔵本 蔵書印(89)西村茂樹 「国立国会図書館月報」 255 1982.6
◇西村茂樹の道徳論 （定平元四良）「関西学院大学社会学部紀要」 46 1983.3
◇泊翁（西村茂樹）と「日清戦争」秘録 （古川哲史）「日本及日本人」 1600 1983.4
◇西村茂樹研究―「明六雑誌」の諸論攷 （定平元四良）「関西学院大学社会学部紀要」 49 1984.12
◇まぼろしの南摩綱紀撰「泊翁西村先生碑銘」を探る（資料紹介）（五十嵐金三郎）「参考書誌研究」 30 1985.9
◇まぼろしの南摩綱紀撰伯翁西村先生碑銘 （水沢利忠）「群馬県立女子大学国文学研究」 6 1986.3
◇西村茂樹訳『経済要旨』の漢語 （木村秀次）「東京成徳短期大学紀要」 21 1988.3
◇西村茂樹（「人物叢書」200冊刊行記念特集）（高橋昌郎）「日本歴史」 510 1990.11
◇教育勅語成立前における国体思想下の儒学・西洋思想の再編成―『小学修身書』と西村茂樹の道徳思想分析を中心に （夏雨）「東北大学教育学部研究集録」 22 1991.8
◇西村茂樹の道徳論 （三井須美子）「都留文科大学研究紀要」 40 1994
◇道徳教育の基礎―内村鑑三の道徳論と西村茂樹の道徳論の対比から（町田健一）「教育研究 国際基督教大学学報 1-A」 36 1994.3
◇明治期儒教の思想的展開―元田永孚と西村茂樹の比較にみたる （上田浩史）「教育科学セミナリー」 関西大学教育学会 第27号 1995.12 p14〜28
◇国民道徳の成立と儒教―西村茂樹を中心に （内藤辰郎）「立命館史学」 立命館史学会 17号 1996.11 p1〜16
◇明治啓蒙期の西村―「民権」と「仁政」 （真辺将之）「日本歴史」 吉川弘文館 617 1999.10 p56〜73
◇西村茂樹の初期思想形成とその特質―学問観と兵学思想を中心に（王暁葵）「国際開発研究フォーラム」 名古屋大学大学院国際開発研究科 15 2000.3 p141〜157
◇西村茂樹の「制度・法律」観に関する教育学的考察 （西井正造）「教育研究」 青山学院大学教育学会 45 2001.3 p15〜28
◇幕末期における西村茂樹の国家制度改革論―「建言稿」の分析を中心として （安藤優一郎）「日本歴史」 吉川弘文館 639 2001.8 p34〜52
◇西村茂樹における「文明国家」への道―戦略としての道徳、希望としての帝室 （筑後則）「法政史学」 法政大学史学会 56 2001.9 p25〜50
◇日本の近代化過程における「学び」の問題―西村茂樹の文明開化論（西井正造）「教育研究」 青山学院大学教育学会 46 2002.3 p15〜26
◇森有礼の教育改革と儒教主義―森有礼と元田永孚・西村茂樹との交渉を通して （聶長順）「史苑」 立教大学史学会 63（1）2002.11 p115〜131
◇西村茂樹の漢文教育観―儒教的中庸による思惟法から見て （石毛慎一）「早稲田大学大学院教育学研究科紀要 別冊」 早稲田大学大学院教育学研究科 11-1 2003 p23〜36
◇明治20年代における西村茂樹の「法律」論の根底に在るもの―社会調整機構としての「法律」と「道徳」 （西井正造）「青山学院大学文学部紀要」 青山学院大学文学部 45 2003 p81〜96
◇明治期における国民道徳運動の思想―西村茂樹『道徳教育講和』と『西村先生道徳問答』をめぐって （多田健次）「論叢」 玉川大学教育学部 [2] 2003 p238〜215
◇西村茂樹の文部省における事業構想―近代日本語の形成と歴史叙述（西井正造）「教育研究」 青山学院大学教育学会 47 2003.3 p27〜40
◇西村茂樹の「知経観得」論の研究―明治時代の「道徳学」に対する再評価 （西井正造）「教育研究」 青山学院大学教育学会 48 2004.3 p31〜43
◇中村正直と西村茂樹―『明六雑誌』上に表れた理想主義・精神主義に基づく啓蒙的教育観の共通性と異質性 （小川澄江）「国学院大学栃木短期大学紀要」 国学院大学栃木短期大学 40 2005年度 p27〜53
◇近代啓蒙主義的歴史観と歴史的個体性―西村茂樹の歴史認識（特集 近代の歴史思想）（真辺将之）「季刊日本思想史」 ぺりかん社 67 2005 p51〜72
◇西村茂樹「道徳会」構想とその展開 （篠大輔）「慶應義塾大学大学院社会学研究科紀要」 慶應義塾大学大学院社会学研究科 63 2006 p37〜48
◇西村茂樹の教育思想における儒教の位置づけについて（平成17年度

◇〔慶應義塾大学〕大学院高度化推進研究費助成金報告〕（篠大輔）
「慶應義塾大学大学院社会学研究科紀要」 慶應義塾大学大学院社会学研究科 62 2006 p192〜195
◇徳育における「儒教主義」の論理―西村茂樹の徳育観を手がかりにして（特集：教育研究の現在―教育の統合的理解を目指して）（篠大輔）「哲学」 三田哲学会 115 2006.2 p157〜179
◇西村茂樹『日本道徳論』の形成過程―「国民道徳論」の前期的形成（真辺将之）「歴史学研究」 青木書店 812 2006.3 p18〜35
◇内藤湖南の活動について―特に西村茂樹との交流を中心として（古垣光一）「比較文化史研究」 比較文化史学会 8 2007.3 p1〜32
◇西村茂樹における学術と世界認識の関係―その一見儒教的形而上学提示の意味について （渡部清）「哲学科紀要」 上智大学哲学科 34 2008 p63〜88
◇千葉県郷土史：近現代史の一断面：幕末から開明期における佐倉藩士と洋学「西国の心学、心理学」との接点―西村茂樹・津田仙略伝（西川泰夫）「放送大学研究年報」 放送大学 26 2008 p25〜37
◇華族女学校校長としての西村茂樹（真辺美佐）「弘道」 日本弘道会 116（1053）2008.3・4 p53〜76
◇西村茂樹における道徳教育と教科書（特集 道徳教育の充実方策）（高橋文博）「弘道」 日本弘道会 116（1055）2008.7・8 p19〜24
◇明治前期教育政策と西村茂樹の教育思想 （真辺将之）「日本史研究」日本史研究会 555 2008.11 p1〜29
◇西村茂樹の所得税論（高橋規典）「弘道」 日本弘道会 117（1058）2009.1・2 p59〜61
◇西村茂樹と文明開化 （本山幸彦）「弘道」 日本弘道会 117（1059）2009.3・4 p53〜56
◇西村茂樹における学問と実践 （高橋文博）「弘道」 日本弘道会 117（1059）2009.3・4 p57〜59
◇西村茂樹研究懸賞論文 西村茂樹の教育思想再考―儒学的側面からの考察 （篠大輔）「弘道」 日本弘道会 117（1060）2009.5・6 p49〜62
◇特集 西村茂樹の人物と業績 「弘道」 日本弘道会 117（1061）2009.7・8 p6〜56
◇講話会記録 平成21年5月30日総会における講話 西村茂樹博士の道徳的皇室論〔含 質問・意見〕（所功）「弘道」 日本弘道会 117（1062）2009.9・10 p42〜65

新渡戸稲造　にとべいなぞう　1862〜1933
明治〜昭和期の農学者、教育者。
【図　書】
◇新渡戸稲造―生涯と思想 （佐藤全弘） キリスト教図書出版社 1980.1
◇研究資料現代日本文学3 評論・論説・随目1 （浅井清ほか編） 明治書院 1980.5
◇日米のかけ橋―新渡戸稲造物語 （堀内正己） 彩流社 1981.2
◇新渡戸稲造 （松隅俊子） みすず書房 1981.8
◇遠友夜学校 （札幌市教育委員会編） 北海道新聞社 1981.9 （さっぽろ文庫3）
◇キリスト者の信仰 8 余の尊敬する人物 正・続 （矢内原忠雄） 岩波書店 1982.6
◇古書巡礼 （品川力） 青英社 1982.10
◇新渡戸稲造博士の思い出―新渡戸稲造博士の思い出を語る集いから 十和田市開拓百二十五年及び新渡戸稲造博士没後五十周年記念事業実行委員会 1983.8
◇日本のリーダー 5 国際交流の演出者 ティビーエス・ブリタニカ 1983.9
◇日本のリーダー5 国際交流の演出者 （第二アートセンター編） ティビーエス・ブリタニカ 1983.9
◇新渡戸稲造の生涯 （須知徳平） 熊谷印刷出版部 1983.10
◇維新史の青春激像―動乱期に情熱を賭けた獅子たちの熱血譜 （藤田公道） 日本文芸社 1983.10
◇新渡戸稲造の生涯 （須知徳平著） 熊谷印刷出版部 1983.10
◇古典大系日本の指導理念 10 公務者の人生論 4 近代を築いた指導者像 （源了円ほか編纂） 第一法規出版 1983.10
◇近代文学とキリスト教 明治・大正篇 （米倉充） 創元社 1983.11 （現代キリスト教選書7）
◇晩年の稲造―共存共栄を説く （内川永一朗著） 岩手日報社 1984.1
◇農政思想史の研究 （小林政一著） 楽游書房 1984.3
◇新渡戸稲造と武士道 （須知徳平著） 青磁社 1984.8
◇わが師・わが友・わが学問 （東畑精一） 柏書房 1984.8
◇新渡戸稲造―物語と史蹟をたずねて （井口朝生著） 成美堂出版 1984.11
◇山田盛太郎著作集 別巻 （小林賢斉ほか編） 岩波書店 1985.1
◇新渡戸稲造―心のふるさと十和田市 十和田市教育研修センター 1985.3
◇新渡戸稲造全集 第17巻 （新渡戸稲造全集編集委員会編） 教文館 1985.4
◇アメリカの新渡戸稲造―「太平洋の橋」取材記 （佐々木童著，岩手放送企画・編集） 熊谷印刷出版部 1985.5
◇新渡戸稲造全集 第18巻 （新渡戸稲造全集編集委員会編） 教文館 1985.6
◇新渡戸稲造（さっぽろ文庫34） （札幌市教育委員会編） 北海道新聞社 1985.9
◇新渡戸稲造全集 第19巻 （新渡戸稲造全集編集委員会編） 教文館 1985.9
◇新渡戸稲造の信仰と理想 （佐藤全弘著） 教文館 1985.9
◇新渡戸稲造（さっぽろ文庫 34） （札幌市教育委員会文化資料室編） 北海道新聞社 1985.9
◇新渡戸稲造全集 第20巻 （新渡戸稲造全集編集委員会編） 教文館 1985.11
◇逆光の先人―岩手の農と思想（岩手文庫 11） 岩手出版 1985.11
◇新渡戸稲造―余聞録 （内川永一朗） 岩手日報社 1986.2
◇太平洋の橋としての新渡戸稲造 （太田雄三著） みすず書房 1986.2
◇武士道の歴史〈2〉 （高橋富雄著） 新人物往来社 1986.4
◇刻まれた歴史―碑文は語る農政史 （中村信夫著） 家の光協会 1986.5
◇武士道の歴史〈3〉 （高橋富雄著） 新人物往来社 1986.5
◇昭和史への一証言 （松本重治著） 毎日新聞社 1986.6
◇みちのく伝統文化〈5〉人物編 （高橋富雄編） 小学館 1986.6
◇言論は日本を動かす〈第4巻〉日本を発見する （内田健三編著） 講談社 1986.6
◇新渡戸稲造年譜 （内川永一朗、小森一民編著） 岩手県文化振興事業団 1986.8
◇新渡戸稲造―日本の近代化と太平洋問題 （蝦名賢造著） 新評論 1986.10
◇海外視点・日本の歴史〈14〉富国強兵の光と影 （高村直助編） ぎょうせい 1986.10
◇日本・1945年の視点（UP選書〈251〉） （三輪公忠著） 東京大学出版会 1986.11
◇異文化との出会い―日本人と欧米人の海外体験 （富田仁編） 三修社 1986.12
◇夢をもとめた人びと〈6〉国際社会 （金平正、北島春信、蓑田正治編） （町田）玉川大学出版部 1987.3
◇国際人新渡戸稲造 （松下菊人） ニューカレントインターナショナル 1987.6
◇武道思想の探究 （松前重義編） 東海大学出版会 1987.7
◇いま自分のために何ができるか―新渡戸稲造の名著『修養』を読む （新渡戸稲造著） 三笠書房 1988.5
◇冬ごもり （大内力著） 大内力 1988.6
◇現代に生きる新渡戸稲造 （佐藤全弘編著） 教文館 1988.10
◇私の自己実現―新渡戸稲造の名著『人生読本』を読む （新渡戸稲造著，竹内均解説） 三笠書房 1988.10
◇地球物理学者 竹内均の人物山脈〈1〉 （竹内均著） 同文書院 1988.11 （コスモス・ライブラリー―HUMAN SCIENCE）
◇どうしたらもっと生きがいのある人生を生きられるか―新渡戸稲造の名著『自警』を読む （新渡戸稲造著，竹内均解説） 三笠書房 1989.3
◇宗教経験と深層心理―自我・こころ・魂のエコロジー （湯浅泰雄著） 名著刊行会 1989.6 （さみっと双書）
◇唐沢富太郎著作集〈第5巻〉教師の歴史 教師の生活と倫理、典型的教師群像 （唐沢富太郎著） ぎょうせい 1989.7
◇新渡戸稲造―世界平和につくした教育者 （三上修平シナリオ，宮田淳一漫画） 集英社 1989.9 （学習漫画 世界の伝記）
◇代表的日本人―自己実現に成功した43人 （竹内均著） 同文書院 1990.1
◇日本植民地研究史論 （浅田喬二著） 未来社 1990.2
◇教育人物読本―先人に学ぶ教育経営 （曽根信吾著） 学事出版 1990.4 （学校管理職の教養・実務選書）
◇柳田国男を読み直す （草本由輝著） （京都）世界思想社 1990.9 （SEKAISHISO SEMINAR）
◇柳田国男の青春 （岡谷公二著） 筑摩書房 1991.2 （筑摩叢書）
◇新渡戸稲造を語る―座談会抄録 （盛岡大学比較文化研究センター編） 盛岡大学比較文化研究センター 1991.4
◇旅人たちのバンクーバー―わが青春の田村俊子 （工藤美代子著） 集英社 1991.5 （集英社文庫）
◇蝦名賢造北海道著作集〈4〉札幌農学校 日本近代精神の源流 （蝦名賢造著） 新評論 1991.7
◇続 漱石の精神界 （松本健次郎著） 近代文芸社 1991.11
◇新渡戸稲造 （杉森久英） 読売新聞社 1991.12
◇熱血児 押川春浪―野球害毒論と新渡戸稲造 （横田順彌著） 三一書房 1991.12
◇サムライ・マインド―歴史をつくる精神の力とは （森本哲郎著） PHP研究所 1991.12
◇東京女子大学図書館所蔵新渡戸稲造記念文庫目録 （東京女子大学図書館〔編〕） 東京女子大学図書館 1992.3
◇新渡戸稲造―国際主義の開拓者 （オーシロ・ジョージ・M．） （八王子）中央大出版部 1992.4

◇地球時代の先駆者たち　日本テレビ放送網　1992.4　(知ってるつもり?!)
◇新渡戸稲造—太平洋の架け橋　(神渡良平)　ぱるす出版　1992.6
◇新・士道論　(俵木浩太郎著)　筑摩書房　1992.8　(ちくまライブラリー)
◇日本の『創造力』—近代・現代を開花させた470人〈7〉驀進から熟成へ　(富田仁編)　日本放送出版協会　1992.11
◇明治キリスト教の流域—静岡バンドと幕臣たち　(太田愛人著)　中央公論社　1992.12　(中公文庫)
◇蝦名賢造北海道著作集〈第6巻〉新版　北方のパイオニア　(蝦名賢造著)　西田書店　1993.2
◇岩波講座　近代日本と植民地〈4〉統合と支配の論理　(大江志乃夫、浅田喬二、三谷太一郎、後藤乾一、小林英夫、高崎宗司、若林正丈、川村湊編)　岩波書店　1993.3
◇牧口常三郎と新渡戸稲造　(石上玄一郎著)　第三文明社　1993.8　(レグルス文庫)
◇サムライ・マインド—日本人の生き方を問う　(森本哲郎著)　PHP研究所　1993.12　(PHP文庫)
◇飯沼二郎著作集〈第5巻〉人物随想　(飯沼二郎著)　未来社　1994.9
◇国際人新渡戸稲造—武士道とキリスト教　(花井等著)　(柏)広池学園出版部　1994.12
◇新渡戸稲造の世界　(赤石清悦著)　渓声出版　1995.4　431p
◇多様化する「知」の探究者　朝日新聞社　1995.5　438p　(21世紀の千人)
◇峻烈なる洞察と寛容—内村鑑三をめぐって　(武田清子著)　教文館　1995.9　161p
◇新渡戸稲造　美しき日本人　(岬竜一郎著)　ベストセラーズ　1995.12　221p　(ワニの選書)
◇稲のことは稲にきけ—近代農学の始祖　横井時敬　(金武夏樹、松田藤四郎編著)　家の光協会　1996.5　396p
◇新渡戸稲造—物語と史蹟をたずねて　(井口朝生著)　成美堂出版　1996.6　276p　(成美文庫)
◇新渡戸稲造の植民政策論　(西田毅)　『文学・社会へ地球へ』(西田勝退職記念論文集編集委員会編)　三一書房　1996.9　p105
◇近代日本の修養思想と文明観—新渡戸稲造の場合　(島薗進)『アジアの宗教と精神文化』(脇本平也、田丸徳善編)　新曜社　1997.4　p406
◇新渡戸稲造—幼き日の思い出/人生読本　(新渡戸稲造著)　日本図書センター　1997.6　226p　(人間の記録)
◇大志の系譜—一高と札幌農学校　(馬場宏明著)　北泉社　1998.3　359p
◇新渡戸稲造の世界—人と思想と働き　(佐藤全弘著)　教文館　1998.5　267p
◇文明開化と英学　(川澄哲夫編、鈴木孝夫監修)　大修館書店　1998.6　1366p　(資料日本英学史)
◇アメリカが見つかりましたか—戦前篇　(阿川尚之著)　都市出版　1998.11　253p
◇救国「武士道」案内　(大橋健二著)　小学館　1998.12　378p　(小学館文庫)
◇「名著」の解読学—興国の書・亡国の書　(谷沢永一、中川八洋著)　徳間書店　1998.12　269p
◇新渡戸稲造と現代教育—その愛の教え　(仲間一成著)　明窓出版　1998.12　175p
◇真用への途上—苦渋に満ちた生涯　田中正造・原胤昭・新渡戸稲造　(雨貝行磨著)　近代文芸社　1999.3　358p
◇隠されたペリーの「白旗」—日米関係のイメージ論的・精神史的研究　(三輪公忠著)　上智大学　1999.3　391,16p
◇物語・20世紀人物伝　1　(石垣純、白取春彦、浜野卓也、森一歩著)　ぎょうせい　1999.5　230p
◇未来へのかけ橋—今も生きている新渡戸稲造の精神　随想　(原田明夫他執筆)　新渡戸基金　1999.6　147p
◇いま『武士道』を読む—21世紀の日本人へ　(志村史夫著)　丸善　1999.8　166p　(丸善ライブラリー)
◇人物日米関係史—万次郎からマッカーサーまで　(斎藤元一著)　成文堂　1999.11　209p
◇北海道の青春—北大80年の歩みとBBAの40年　増補版　(北大BBA会、能勢之彦編)　はる書房　2000.1　275p
◇近代日本キリスト者の信仰と倫理　(鵜沼裕子著)　聖学院大学出版会　2000.3　182,3p
◇新渡戸稲造・その魂と言葉の世界—「ふるさと発見セミナー」松川成夫教授顕彰記念講演とイベントの記録　太素顕彰会　2000.3　60p
◇新渡戸稲造　新装版　(松隈俊子著)　みすず書房　2000.4　282p
◇アクティブ(活動的)な青年新渡戸稲造—僕は、稲造さんを追って世界に飛んだ　(佐藤みさ子著)　新渡戸基金　2000.4　107p
◇英語達人列伝—あっぱれ、日本人の英語　(斎藤兆史著)　中央公論新社　2000.5　255p　(中公新書)
◇海をこえて　近代知識人の冒険　(高沢秀次著)　秀明出版会　2000.6　329p

◇英学者・新渡戸稲造—21世紀国際人への指標　(松下菊人著)　松下菊人　2000.7　117p
◇〈太平洋の橋〉としての新渡戸稲造　POD版　(太田雄三著)　みすず書房　2000.8　158p
◇津田梅子を支えた人びと　(飯野正子、亀田帛子、高橋裕子編)　有斐閣　2000.9　294p
◇人生の師—混迷する時代に「勇気」と「誇り」と「優しさ」をあたえてくれる先哲先人の教え　(岬竜一郎著)　勁文社　2001.7　238p
◇福沢諭吉研究—福沢諭吉と幕末維新の群像　(飯田鼎著)　御茶の水書房　2001.7　439,20p　(飯田鼎著作集)
◇武士道、ここに甦り—骨抜きになった日本の精神をいますぐ叩き直せ　(片岡都美著)　日新報道　2001.8　155p
◇対談集　世界に誇る日本人—21世紀に伝えたい日本の心　(広池幹堂著、モラロジー研究所出版部編)　モラロジー研究所　2001.9　269p
◇旧制高校史の研究——高自治の成立と展開　(宮坂広作著)　信山社　2001.10　387p　(SBC学術文庫)
◇日本のこころと『武士道』　(佐藤全弘著)　教文館　2001.10　174p
◇英語襲来と日本人—えげれす事情始　(斎藤兆史著)　講談社　2001.11　194p　(講談選書メチエ)
◇新・武士道—いま、気概とモラルを取り戻す　(岬竜一郎著)　講談社　2001.11　237p　(講談社プラスアルファ新書)
◇日本人の足跡　2　(産経新聞「日本人の足跡」取材班著)　産経新聞ニュースサービス　2002.2　644p
◇永遠の青年　新渡戸稲造　(内川永一朗著)　新渡戸稲造基金　2002.3　344p
◇心—The soul of Japan　(塚越喜一郎著)　筑波書林　2002.4　82p
◇歴史を深く吸い込み、未来を想う——九〇〇年への旅　アメリカの世紀、アジアの自尊　(寺島実郎著)　新潮社　2002.11　278p
◇日本人らしく"凛"と生きる「武士道」の智恵　(梅谷忠洋著)　ゴマブックス　2003.1　215p
◇神谷美恵子　若きこころの旅　(太田愛人著)　河出書房新社　2003.2　235p
◇新渡戸稲造に学ぶ国際社会の「世渡りの道」—二十一世紀人間像の理想　(照井悦幸)『文学部の多様なる世界』(盛岡大学文学部編、加藤章監修)　盛岡大学　2003.3　p197～
◇昭和期・新渡戸稲造の思想と行動—「松山事件」を例にして　(加藤憲一)『文学部の多様なる世界』(盛岡大学文学部編、加藤章監修)　盛岡大学　2003.3　p217～
◇「武士道」解題—ノーブレス・オブリージュとは　(李登輝著)　小学館　2003.4　318p
◇教師の哲学—人を導く者の魂とは　(岬竜一郎著)　PHP研究所　2003.5　219p
◇日本人の神髄—8人の先賢に学ぶ「大和魂」　(小田全宏著)　サンマーク出版　2003.6　331p
◇日本知識人のアジア認識　(鈴木正編著、高田豊実、李彩華、田中收、山田英彦著)　北樹出版　2003.6　201p　(叢書パイデイア)
◇英語達人塾—極めるための独習法指南　(斎藤兆史著)　中央公論新社　2003.6　185p　(中公新書)
◇日本人に一番合った英語学習法—先人たちに学ぶ「四〇〇年の知恵」　(斎藤兆史著)　祥伝社　2003.6　186p
◇人間登場—北の歴史を彩る　第2巻　(合田一道、番組取材班著)　北海道出版企画センター　2003.6　268p　(NHKほっからんだ212)
◇運命を高めて生きる—新渡戸稲造の名著『修養』に学ぶ　(渡部昇一著)　致知出版社　2003.7　271p
◇いま新渡戸稲造「武士道」を読む　(志村史夫著)　三笠書房　2003.7　249p　(知的生きかた文庫)
◇マルクス経済学の活き方—批判と好奇心　(馬場宏二著)　御茶の水書房　2003.9　410p
◇世界の作家　宮沢賢治—エスペラントとイーハトーブ　(佐藤竜一著)　彩流社　2004.2　185p
◇二千年の祈り—イエスの心を生きた八人　(高橋佳子著)　三宝出版　2004.3　254p
◇日本の農業・アジアの農業　(石塚喜明著)　北海道大学図書刊行会　2004.3　181,6p
◇渋柿を見よ甘ぼしとなる—あなたが輝く新渡戸稲造のことば　(及川巌著)　G.B.　2004.5　286p
◇教科書から消された偉人・隠された賢人—いま明かされる日本史の真実　(濤川栄太著)　イーグルパブリシング　2004.5　249p
◇歴史学をみつめ直す—封建制概念の放棄　(保立道久著)　校倉書房　2004.6　443p
◇近代日本の世界体験—新渡戸稲造の志と拓殖の精神　(草原克豪著)　小学館スクウェア　2004.7　278p
◇新島襄と私立大学の創立者たち　(志村和次郎著)　キリスト新聞社　2004.8　213p
◇なおかつ、お厚いのがお好き?　フジテレビ出版　2004.10　311p
◇ポプラ物語　(秋庭功著)　文芸社　2004.10　113p

◇「日本人の名著」を読む （岬竜一郎著） 致知出版社 2004.12 282p
◇いま、なぜ「武士道」か―美しき日本人の精神 新装普及版 （岬竜一郎著） 致知出版社 2004.12 291p
◇ソフト・パワー、ハード・パワー―日露戦争前後のアメリカの対日イメージと日本人の自己イメージ、セオドア・ルーズヴェルト、マハン、朝河貫一、新渡戸稲造を中心に （三輪公忠）『日露戦争』（軍事史学会編） 錦正社 2004.12 p141
◇36人の日本人 韓国・朝鮮へのまなざし （舘野皙編著） 明石書店 2005.2 231p
◇お札になった偉人 （童門冬二著） 池田書店 2005.2 191p
◇新渡戸稲造の今日的意義 （草原克豪） 『現代に求められる教養を問う―新渡戸稲造、南原繁、矢内原忠雄、吉田富三に学ぶ』（鴨下重彦編） to be出版 2005.3 p11
◇幕末・明治の士魂―啓蒙と抵抗の思想的系譜 （飯田鼎著） 御茶の水書房 2005.8 412,11p （飯田鼎著作集）
◇残照 （前沢玄著） 元就出版社 2005.8 238p
◇キリスト者の時代精神、その虚と実―キリスタン・新渡戸稲造・矢内原忠雄・柏木義円 （渡辺信夫、岩崎孝志、山口陽一著、信州夏期宣教講座編） いのちのことば社 2005.8 143p （21世紀ブックレット）
◇義経の東アジア （小島毅著） 勉誠出版 2005.9 189p （智慧の海叢書）
◇環境再生の総合政策 （伊藤善市著） 有斐閣 2005.9 276,4p
◇バカでもわかる思想入門 （福田和也著） 新潮社 2006.2 228p
◇公共哲学 16 （稲垣久和,金泰昌編） 東京大学出版会 2006.2 464p
◇新訳武士道―通勤大学図解・速習 （新渡戸稲造著、ハイブロー武蔵訳・解説） 総合法令出版 2006.2 238p （通勤大学文庫）
◇近代日本のキリスト者たち （髙橋章編著） パピルスあい 2006.3 335p
◇日本人に一番合った英語学習法―明治の人は、なぜあれほどできたのか （斎藤兆史著） 祥伝社 2006.3 187p （祥伝社黄金文庫）
◇思い出の遠友夜学校 新装普及版 （札幌遠友夜学校創立百年記念事業会編） 北海道新聞社 2006.3 287p
◇「農」をどう捉えるか―市場原理主義と農業経済原論 （原洋之介著） 書籍工房早山 2006.4 270p （社会科学の冒険2）
◇Nitobe Inazo—From Bushido to the League of Nations （NagaoTeruhiko編） Hokkaido University Press〔2006.5〕 223p （Humanities Series）
◇『武士道』解題―ノーブレス・オブリージュとは （李登輝著） 小学館 2006.5 345p （小学館文庫）
◇婦人平和協会へ向けて―新渡戸稲造夫妻と成瀬仁蔵 （小塩和人） 『20世紀における女性の平和運動―婦人国際平和自由連盟と日本の女性』（中嶌邦, 杉森長子編） ドメス出版 2006.5 （日本女子大学叢書） p37
◇日本人の品格―新渡戸稲造の「武士道」に学ぶ （岬竜一郎著） PHP研究所 2006.6 253p （PHP文庫）
◇師弟―ここに志あり （童門冬二著） 潮出版社 2006.6 269p
◇男の晩節 （小島英記著） 日本経済新聞社 2006.7 332p
◇新渡戸稲造「武士道」と日本人の美しい心 国際人必読の名著「武士道」を読む 宝島社 2006.8 189p （シリーズ偉大な日本人）
◇安部磯雄・新渡戸稲造 （中村光男述）『日本の教育・岡山の女子教育―2006年公開講座講演集』（山陽学園大学・山陽学園短期大学社会サービスセンター編） 吉備人出版 2006.10 p199～217
◇昭和農業技術史への証言 第5集 （西尾敏彦編） 農山漁村文化協会 2006.12 223p （人間選書）
◇あの世はあった―文豪たちは見た！ふるえた！ （三浦正雄, 矢原秀人著） ホメオシス 2006.12 253p
◇『武士道』を読む―新渡戸稲造と「敗者」の精神史 （太田愛人著） 平凡社 2006.12 246p （平凡社新書）
◇幼き日の思い出―維新の激動の中で稲造少年が確信したもの （新渡戸稲造著, メリー・P.E.ニトベ補訂, 加藤武子訳） 新渡戸基金 2007.1 90,93p
◇新渡戸稲造の人間道―『自警録』『修養』に学ぶ日々の心得 （岬竜一郎著） PHP研究所 2007.2 229p
◇図解武士道がよくわかる本 （新渡戸稲造著, PHP研究所訳） PHP研究所 2007.3 95p
◇西洋文明論としての新渡戸稲造『武士道』 （桑山敬己） 『国際日本学―ことばとことばを越えるもの』（法政大学国際日本学研究所編） 法政大学国際日本学研究センター 2007.3 （21世紀COE国際日本学研究叢書） p161
◇二十世紀から何を学ぶか 下 （寺島実郎著） 新潮社 2007.5 284, 6p （新潮選書）
◇近代日本の国際秩序論 （酒井哲哉著） 岩波書店 2007.7 286,6p
◇「あの人」の言葉―人生の指針を残した偉人たち （武光誠著） リイド社 2007.9 （リイド文庫）
◇武士道―サムライたちへ （[新渡戸稲造]原著, 次呂久英樹, 高野耕一文, 藤森武写真） ピエ・ブックス 2007.10 331p
◇内村・新渡戸精神の銀河系小宇宙―南原繁・矢内原忠雄精神を経由した松田智雄と隅谷三喜男の精神史 （大庭治夫著） 国際学術技術研究所 2007.11 159p
◇新渡戸稲造と教育 （八木橋鉄弘著）〔八木橋鉄弘〕 2008.5 153p
◇明治のサムライ―「武士道」新渡戸稲造、軍部とたたかう （太田尚樹著） 文芸春秋 2008.6 251p （文春新書）
◇新渡戸稲造の精神―いま世界と日本を憂う （佐藤全弘著） 教文館 2008.6 246,5p
◇故国を忘れず新天地を拓く―移民から見る近代日本 （天沼香著） 新潮社 2008.8 205p （新潮選書）
◇明治聖徳記念学会紀要 復刊第45号 （明治聖徳記念学会編） 明治聖徳記念学会 2008.11 512p
◇悲哀に根ざした愛の教育観―新渡戸稲造とハリエット・B・ストウの比較研究 （三上節子著） 麗沢大学出版会 2008.12 223,75p
◇盛岡大学図書館所蔵新渡戸稲造文献目録 （加藤憲一, 照井悦幸, 近藤真弓編） 盛岡大学 2009.3 59p
◇国際社会で活躍した日本人―明治～昭和13人のコスモポリタン （植木武著） 弘文堂 2009.4 260p
◇日本人は偉大だ―いちばん心に響く！世界に誇る20人の生き方 （増子岳寿著） コスモトゥーワン 2009.4 246p
◇本物に学ぶ生き方 （小野晋也著） 致知出版社 2009.5 270p
◇リーダーシップと国際性―国際文化会館新渡戸国際塾講義録 1 アイハウス・プレス 2009.6 294p
◇為政者の器―現代の日本に求められる政治家像 （丹羽文生著） 春日出版 2009.8 127p
◇男の晩節 （小島英記著） 日本経済新聞出版社 2009.9 365p （日経ビジネス人文庫）
◇岩手三賢人の功績―嘉矩、稲造、新平と台湾近代化 （国久よしお著） 角川学芸出版角川出版企画センター 2009.10 197p
◇武士道のすすめ （坂東義明著） 幻冬舎ルネッサンス 2009.12 139p （幻冬舎ルネッサンス新書）
◇ゼロトレランスからノーイクスキュースへ―アメリカの最新教育事情に学ぶ日本教育再生のカギ （加藤十八編著） 学事出版 2009.12 131p

【雑　誌】
◇Bushido考―新渡戸稲造の場合 （西義之） 「比較文化研究」 20 1981
◇新渡戸稲造と時局―「編集余録」に学ぶ （佐藤全弘） 「近代風土」 12 1981.7
◇資料（未発表書簡）―新渡戸稲造から高岡熊雄宛 「札幌の歴史」 創刊号 1981.12
◇Bushido考―承前―新渡戸稲造とB.H.チェンバレンそのほか （西義之） 「比較文化研究」 21 1982
◇若き日の新渡戸稲造―その美学修業を中心に （松下菊人） 「英学史研究」 15 1982
◇ゲーテ文学と仏教思想（3） （星野慎一） 「学鐙」 79（3） 1982.3
◇武士道精神を考える―新渡戸と津田の歴史的考察を対比しながら （西義之） 「日本及日本人」 1566 1982.4
◇もののふの道 文学にみる武士道の歴史（50） （高橋富雄） 「武道」 191 1982.10
◇札幌農学校初期における農業経済学の形成過程に関する研究（1）佐藤昌介・新渡戸稲造のアメリカ留学時代の履修記録 （和泉庫四郎） 「鳥取大学農学部研究報告」 35 1983.1
◇新渡戸稲造と朝鮮―特集・近代日本の思想と朝鮮 （田中慎一） 「季刊三千里」 34 1983.5
◇新渡戸稲造と夏目漱石 （松本健次郎） 「日本医事新報」 3094 1983.8
◇新渡戸稲造とその母 （佐藤全弘） 「近代風土」 19 1983.11
◇新渡戸稲造（6）「ワーズワス」―宮沢賢治研究の一節 （井上ミサ） 「論集＝現代詩の世界」 7 1983.12
◇新渡戸先生とキリスト教 （松隈俊子） 「本のひろば」 307 1984.1
◇新渡戸稲造 （佐藤常治） 「歴史読本」 29（1） 1984.1
◇新渡戸稲造の平和思想と活動―主として太平洋問題調査国際会議― （加藤常吉） 「立教女学院短期大学紀要」 15 1984.3
◇第一高等学校校長時代における新渡戸稲造 （石川冨士夫） 「梅花短期大学研究紀要」 32 1984.3
◇福沢諭吉 新渡戸稲造 夏目漱石―新紙幣誕生の裏話（ザ・マネー＜特集＞） （笠野常雄） 「エコノミスト」 62（11） 1984.3.19
◇「太平洋の橋」としての新渡戸稲造 1 （太田雄三） 「みすず」 286 1984.8
◇「太平洋の橋」としての新渡戸稲造 2 （太田雄三） 「みすず」 287 1984.9
◇「太平洋の橋」としての新渡戸稲造 3 （太田雄三） 「みすず」 288 1984.10
◇新渡戸稲造の「復権」 （三輪公忠） 「ソフィア」 33（3） 1984.10
◇『未来の教育』新渡戸稲造 （松下菊人） 「英学史研究」 18 1985
◇新渡戸稲造の国際性に学べ（インタビュー）『『戦後体制』をいかに超えるか」 （松本重治, 田久保忠衛） 「諸君！」 17（1） 1985.1

◇新渡戸稲造研究序説 (野毛一起)「基督教論集」 28 1985.2
◇新渡戸稲造の橋 (佐藤全弘)「近代風土」 22 1985.2
◇日本の植民政策学の成立と展開 (金子文夫)「季刊三千里」 41 1985.2
◇福沢諭吉と新渡戸稲造─国際理解教育の視点から (宇田川洋子)「教育研究」 29 1985.3
◇「太平洋の橋」としての新渡戸稲造(4) (太田雄三)「みすず」 27(4) 1985.4
◇「太平洋の橋」としての新渡戸稲造(5) (太田雄三)「みすず」 27(5) 1985.5
◇新渡戸稲造のアメリカ留学と農政学研究 (和泉庫四郎)「鳥取大学農学部研究報告」 38 1985.11
◇「未来の教育者」新渡戸稲造 (松下菊人)「英学史研究」 18 1985.11
◇国際交流の輝ける先駆者たち(昭和史への証言「世界の中の日本」(32))(松本重治, 国弘正雄)「エコノミスト」 63(50) 1985.11.19
◇愛媛における新戸部稲造の足跡─晩年の「松山事件」を中心として (遊口親之)「ソーシアル・リサーチ」 12 1985.12
◇新渡戸稲造の植民思想 (平瀬徹也)「東京女子大学附属比較文化研究所紀要」 47 1986
◇日本の近代化と札幌農学校─新渡戸稲造と太平洋問題を主題として(2) (蝦名賢造)「独協大学経済学研究」 43 1986.1
◇対談書評 日本の新渡戸, 世界の新渡戸, クエーカーの新渡戸─「新渡戸稲造の信仰と理想」 (角達也, 鈴木範久)「本のひろば」 331 1986.1
◇日本の近代化と札幌農学校─新渡戸稲造と太平洋問題を主題として(3) (蝦名賢造)「独協大学経済学研究」 44 1986.3
◇福沢諭吉と新渡戸稲造─『武士道』を中心として (飯田鼎)「近代日本研究(慶大・福沢研)」 2 1986.3
◇平和への力強き歩みを─クエーカーと『平和の信条』 (岩田澄江)「未来」 234 1986.3
◇新渡戸記念館と新渡戸家3代 (新渡戸憲之)「国史研究(琉球大学)」 81 1986.10
◇新渡戸稲造における信仰と宗教 (石川冨士夫)「梅花短期大学研究紀要」 35 1987.1
◇日本における農商工鼎立併進論の系譜─横井時敬・新渡戸稲造・松崎蔵之助・柳田国男・河上肇─ (岩本由輝)「山形大学紀要 社会科学」 17(2) 1987.1
◇紹介その5 南予における新渡戸稲造の足跡を中心として (遊口親之)「ソーシアル・リサーチ」 13 1987.3
◇新渡戸稲造と知的協力委員会 (宇田川洋子)「教育研究」 31 1987.3
◇若き新渡戸稲造の英文書簡 (松下菊人)「英学史研究」 20 1987.10
◇新渡戸稲造 (神沢惣一郎)「早稲田商学」 326 1988.2
◇新渡戸稲造の植民論 (浅田喬二)「駒沢大学経済学部研究紀要」 46 1988.3
◇思い出すままに(7) (佐藤良雄)「日本古書通信」 709 1988.8
◇新渡戸稲造と矢内原忠雄(人物誌) (飯沼二郎)「キリスト教社会問題研究」 37 1989.3
◇「日米関係史」の歴史学的分析 (ジョージ・オーシロ)「国際学レヴュー(桜美林大学)」 1 1989.4
◇新渡戸稲造に学ぶもの (阿部政雄)「歴史研究」 340 1989.8
◇国際関係論上の新渡戸稲造 (高篠平太郎)「山村女子短期大学紀要」創刊号 1989.12
◇新渡戸稲造の「地方学」とその村落研究の思想 (関戸明子)「奈良女子大学文学部研究年報」 34 1990
◇ウイリアム・ジェイムス, ジョサイア・ロイス, 新渡戸稲造─その日本理解の確執と限界 (鶲木奎治郎)「比較思想研究」 16 1990.3
◇福沢諭吉と武士道─勝海舟, 内村鑑三および新渡戸稲造との関連において (飯田鼎)「三田学会雑誌」 83(1) 1990.4
◇自由主義者の系譜(9)新渡戸稲造─高根に澄める秋の夜の月 (米田龍二)「月刊自由民主」 450 1990.9
◇新渡戸稲造の生活誌と武士道(1) (藤原暹)「Artes liberales」 47 1990.12
◇新渡戸稲造の倫理思想 (粂輝明)「一宮女子短期大学紀要」 29 1990.12
◇日本近代史についての一試論─新渡戸稲造をめぐって (渡辺茂)「六浦論叢」 27 1990.12
◇わが国「国際化」推進の先駆者たち(1)新渡戸稲造のこと (松隈清)「社会文化研究所紀要」 29 1991.11
◇新渡戸稲造の「開運論」について (原島正)「東京女子大学比較文化研究所紀要」 53 1992
◇近代日本の教養主義と修養主義─その成立過程の考察(特集・歴史・表象・文化─歴史社会学と社会史) (筒井清忠)「思想」 812 1992.2
◇新渡戸稲造, キリスト教徒はなぜ『武士道』を著したか─それは世界に誇る「美しき理想」である(特集・男はいかに生くべきか─「武士道」に学ぶ) (杉森久英)「プレジデント」 30(10) 1992.10
◇新渡戸稲造の思想─近代日本の道徳としての武士道 (四戸恒一, 藤原暹)「岩手史学研究(岩手史学会)」 76 1993.2

◇「武士道」を掲げ真の国際化を問うた新渡戸稲造(日本近代史の誰に学ぶか─人物オピニオン特集・リーダーなき「平成」を繋ぐ24人) (田久保忠衛)「諸君!」 25(2) 1993.2
◇新渡戸稲造─われ太平洋の橋とならん 「潮」 412 1993.7
◇新渡戸稲造「武士道」随想(文化交流論大講座研究会報告(3)) (小松原千里)「近代(神戸大学近代発行会)」 75 1993.12
◇消えゆくサムライ日本(1)武士道の余香は何処へ─新渡戸稲造の『武士道』を媒体として「東京裁判」への道程を論断する (勝部真長)「日本及日本人」 1613 1994.1
◇「武士道」, 倫理の荒廃と社会の崩壊への一考察─明治の国際人・新渡戸稲造が欧米に紹介すべく筆をとった「サムライの精神」(特集・「日本人論」の傑作を読む) (グレゴリー・クラーク)「プレジデント」 32(3) 1994.3
◇大正期・新渡戸稲造のデモクラシー論 (加藤憲一)「日本歴史」 552 1994.5
◇牧口常三郎と柳田国男, 新渡戸稲造。 (石上玄一郎)「潮」 431 1995.2 p353～361
◇政治とは何か─マックス・ウェーバーと新渡戸稲造(シンポジウム『新世紀への期待と逡巡』) (間宮茂樹)「世界の窓」 京都産業大学 12 1996 p52～69
◇新渡戸稲造における「修養」 (角谷晋次)「盛岡大学紀要」 盛岡大学 第15号 1996.3 p27～35
◇新渡戸稲造─武士道精神に則った太平洋の懸橋への道(特集・Boys be ambitious) (三好京三)「歴史と旅」 24(4) 1997.3 p250～257
◇世界が敬愛した明治の偉人たち─東郷平八郎, 北里柴三郎, 新島襄, 井沢修司, 新渡戸稲造, 後藤新平(いま想い起こすべき「明治の覇気」─いつから我々は, あの「努力」と「誇り」を失ったのか?) 「SAPIO」 9(13) 1997.7.23 p36～40
◇新渡戸稲造─国際連盟と「国際的日本人」(20世紀の歴史のなかの人物) (安達喜彦)「歴史地理教育」 歴史教育者協議会 576 1998.3 p46～47
◇忘れられた肖像画(森川里美のちょっとアメリカン〔番外編〕) (森川裕二)「月刊福祉」 81(3) 1998.3 p88～89
◇私の雑記帳 (村田博文)「財界」 46(17) 1998.7.14 p208～209
◇清涼座談会・いまビジネスマンの間で静かなブームの新渡戸稲造『武士道』を語り合おう!─商社マン, 技術者, ベンチャー経営者が参加 「財界」 46(18) 1998.7.28 p112～117
◇英語達人伝説 新渡戸稲造〔1〕 (斎藤兆史)「中央公論」 113(9) 1998.8 p276～281
◇英語達人伝説 新渡戸稲造〔2〕 (斎藤兆史)「中央公論」 113(10) 1998.9 p232～237
◇新渡戸稲造「武士道」(人間通になる読書術〔83〕) (谷沢永一)「THE21」 15(11) 1998.11 p97
◇新渡戸稲造とアメリカ─新渡戸稲造のクエーカー派キリスト教精神と「アメリカ民主主義」についての覚え書き(2) (寺island宣昭)「国学院大学栃木短期大学紀要」 国学院大学栃木短期大学 34 1999 p47～63
◇新渡戸稲造論 (中野宏美)「寧楽史苑」 奈良女子大学史学会 第44号 1999.2 p20～41
◇高等教育の歴史的再検討(5)エリートの教育と大衆の啓蒙─新渡戸稲造の再評価 (宮坂広作)「山梨学院大学法学論集」 山梨学院大学法学研究会 42 1999.3 p1～96
◇新渡戸稲造の『資本論』 (馬場宏二)「経済論集」 大東文化大学経済学会 74 1999.5 p23～37
◇内村鑑三と新渡戸稲造 (小原信)「青山国際政経論集」 青山学院大学国際政治経済学会 46 1999.5 p149～183
◇Inazo Nitobe y las lenguas extranjeras en Japon(南山大学創立50周年記念論文集) (Felisa Rey)「アカデミア 文学・語学編」 南山大学 67 1999.9 p165～177
◇新渡戸稲造と日本の外国語教育 (香山美紀)「学習院女子大学紀要」 学習院女子短期大学〔ほか〕 2 2000 p83～94
◇新渡戸稲造の『武士道』に学ぶ, 美しき日本人の精神 (岬竜一郎)「日本及日本人」 日本及日本人社 1637 2000.1 p8～17
◇文化がこころに持つ意味─文化心理学の視点から(3)文化間の創造的関係を創るものは何か(1)新渡戸稲造をとおしての考察 (倉八順子)「明治大学教養論集」 明治大学教養論集刊行会 329 2000.1 p19～42
◇私の本棚 原田明夫(東京高検検事長)─「武士道」と「市民道」(中公読書室) (原田明夫)「中央公論」 115(4) 2000.3 p322～323
◇「太平洋の橋」になろうとした憂国の国際人, 新渡戸稲造(1900年への旅─アメリカ・太平洋篇〔10〕) (寺島実郎)「Foresight」 11(10) 2000.10 p92～95
◇新渡戸稲造とルソー─カーライルを仲立ちとして (竹長吉正)「埼玉大学紀要〔教育学部〕 人文・社会科学」 埼玉大学教育学部 50(1) 2001 p1～7
◇近代日本における地方の思想に関する一考察─新渡戸稲造と柳田国男の地方観を中心に (松村玄太)「政治学研究論集」 明治大学大学院 14 2001 p69～83
◇新渡戸稲造とベースボール(ずいひつ「波音」) (戸部良也)「潮」 513 2001.11 p69～71

◇思い出すままに(167)新渡戸稲造博士の事 東条英機連隊長の顔 (佐藤長雄)「日本古書通信」 日本古書通信社 66(12) 2001.12 p15
◇The Influence of Burke and Carlyle on the Work of Inazo Nitobe (長尾輝彦)「北海道大学文学研究科紀要」 北海道大学 106 2002 p49〜69
◇新渡戸稲造の修養論―女性の修養を中心として (森上優子)「人間文化研究年報」 お茶の水女子大学大学院人間文化研究科 26 2002 p119〜125
◇新渡戸稲造研究(1)札幌農学校への道 (近藤真弓)「盛岡大学短期大学部紀要」 盛岡大学短期大学部 12(25) 2002 p141〜153
◇クエーカーとしての新渡戸稲造 (葛井義憲)「名古屋学院大学論集 社会科学篇」 名古屋学院大学総合研究所 38(3) 2002 p150〜139
◇後藤新平と新渡戸稲造(小特集・後藤新平と日米関係) (ジョージ・オーシロ)「環」 8 2002.1 p344〜349
◇講演記録 内村鑑三と新渡戸稲造 (太田原高昭)「高等教育ジャーナル」 北海道大学高等教育機能開発総合センター 10 2002.3 p133〜141
◇新渡戸稲造の教育愛と慈悲の心―母の広い見識と子育てを中心として (坂井久司)「愛知工業大学研究報告 A」 愛知工業大学 37A 2002.3 p141〜150
◇新渡戸稲造『武士道』について―その多面性と自己相克 (加藤信朗)「宗教と文化」 聖心女子大学キリスト教文化研究所 21 2002.3 p177〜197
◇芥川竜之介「手巾」論―新渡戸稲造の影響(文学史の新視角(2)) (相川直之)「近代文学試論」 広島大学近代文学研究会 40 2002.12 p35〜48
◇西洋にさらされた日本人の自己主張―新渡戸稲造の『武士道』 (平川祐弘)「大手前大学人文科学部論集」 大手前大学 4 2003 p73〜101
◇新渡戸稲造と留岡幸助―「小さき者」の側で (葛井義憲)「名古屋学院大学論集 社会科学篇」 名古屋学院大学総合研究所 39(3) 2003 p116〜102
◇新渡戸稲造とH・B・ストウの比較研究 キリスト教徒と「悲哀の使命」観 (三上節子)「比較文明」 行人社 19 2003 p185〜209
◇新渡戸と軍国主義 (福原好喜)「駒沢大学経済学論集」 駒沢大学経済学会 34(3・4) 2003.3 p1〜33
◇明治期の武士道についての一考察―新渡戸稲造『武士道』を中心に (船津明生)「言葉と文化」 名古屋大学大学院国際言語文化研究科日本言語文化専攻 4 2003.3 p17〜32
◇後藤新平「学俗接近」論と軽井沢夏期大学の実践―新渡戸稲造のかかわりを中心にして (中島純)「暁星論叢」 新潟中央短期大学 52 2003.6 p35〜56
◇新渡戸・内村門下の社会派官僚について (松井慎一郎)「日本史研究」 日本史研究会 495 2003.11 p47〜65
◇新渡戸稲造のアメリカ観とクエーカー主義(特集論文 アメリカ研究) (鵜沼裕子)「聖学院大学論叢」 聖学院大学 16(2) 2004 p1〜10
◇Tocqueville's Democracy and Samurai: Inazo Nitobe's Attempt to Apply American Democracy to the Feudal Tradition of Japan (前嶋和弘)「敬和学園大学研究紀要」 敬和学園大学人文学部 13 2004.2 p87〜105
◇新渡戸稲造の信仰(1)札幌農学校時代 (雨貝行農)「東北学院大学論集 人間・言語・情報」 東北学院大学学術研究会 137 2004.3 p1〜41
◇文化運搬者としての新渡戸稲造―2つの『武士道』 (照井悦幸)「盛岡大学紀要」 盛岡大学 21 2004.3 p1〜16
◇新渡戸稲造の〈軍部〉認識に関する覚書 (加藤憲一)「児童教育学会研究集録」 盛岡大学文学部児童教育学科 15 2004.3 p31〜45
◇「欧化」と道徳―新渡戸稲造の道徳・礼儀論(1) (西村稔)「岡山大学法学会雑誌」 岡山大学法学会 53(3・4) 2004.3 p415〜451
◇抄訳 新渡戸稲造伝 (北沢佐雄, 沢内康二〔訳〕)「四条畷学園短期大学研究論集」 四条畷学園短期大学 37 2004.5 p108〜126
◇太平洋の橋とならん―国際人新渡戸稲造の生き方 (諏訪内敬司)「杏林大学外国語学部紀要」 杏林大学外国語学部 17 2005 p67〜87
◇新渡戸稲造における道徳観念―「人間に東西の区別はない」をてがかりとして(特集 生き方教育としての道徳教育) (森上優子)「道徳と教育」 日本道徳教育学会事務局 49(3・4) 2005 p228〜240
◇新渡戸稲造と女性の修養―婦人雑誌を中心として (森上優子)「人間文化論叢」 お茶の水女子大学大学院人間文化研究科 8 2005 p241〜248
◇文化運搬者としての新渡戸稲造(2)「孝」をめぐって (照井悦幸)「盛岡大学紀要」 盛岡大学 22 2005.3 p131〜138
◇太平洋の橋―新渡戸稲造の志 (草原克豪)「人文・自然・人間科学研究」 拓殖大学人文科学研究所 13 2005.3 p150〜160
◇新渡戸稲造の朝鮮(韓国)観 (田中愼一)「經濟學研究」 北海道大学大学院経済学研究科 54(4) 2005.3 p389〜398
◇「欧化」と道徳―新渡戸稲造の道徳・礼儀論(2) (西村稔)「岡山大学法学会雑誌」 岡山大学法学会 54(3) 2005.3 p437〜483
◇資料 抄訳「新渡戸稲造伝」 (北沢佐雄, 澤内康二〔訳〕)「四條畷学園短期大学研究論集」 四條畷学園短期大学 38 2005.5 p56〜67

◇野口米次郎のロンドン(18)福沢諭吉・新渡戸稲造との関わり (和田桂子)「大阪学院大学外国語論集」 大阪学院大学外国語学会 52 2005.9 p59〜79
◇平和と女性、新渡戸稲造と成瀬仁蔵(成瀬仁蔵の平和思想と女性の平和運動) (小塩和人)「日本女子大学大学院総合研究所紀要」 日本女子大学総合研究所 8 2005.11 p14〜24
◇新渡戸稲造と日本文化―和歌俳句(1) (諏訪内敬司)「杏林大学外国語学部紀要」 杏林大学外国語学部 18 2006 p1〜27
◇国際人新渡戸稲造と英米文学 (長尾輝彦)「北海道大学文学研究科紀要」 北海道大学 120 2006 p185〜204
◇新渡戸稲造のみる日本人と英語―「明るい身のこなし」と「会話力」 (照井悦幸)「盛岡大学紀要」 盛岡大学 23 2006.3 p25〜32
◇私と『武士道』 (池田守男)「文芸春秋」 文芸春秋 84(11) 2006.8 p84〜86
◇国際連盟知的協力国際委員会の創設と新渡戸稲造 (廣部泉)「北海道大学文学研究科紀要」 北海道大学 121 2007 p1〜20
◇新渡戸稲造の「武士道」とニーチェの強者の哲学 (杉田弘子)「武蔵大学人文学会雑誌」 武蔵大学人文学会 38(4) 2007 p9〜54
◇新渡戸稲造の米国留学時代における農学研究に関する実証的研究―ジョンズ・ホプキンズ大学所蔵文書の分析を中心に (大槻弘史)「北海道大学大学院教育学研究科紀要」 北海道大学大学院教育学研究科 101 2007 p55〜67
◇国際連盟時代の新渡戸稲造 (小川智瑞恵)「東京女子大学比較文化研究所紀要」 東京女子大学比較文化研究所 68 2007 p77〜88
◇軍事 新渡戸稲造に学ぶ「オーランド・モデル」―「三方損」から「三方得」へ (岩島久夫)「季刊軍縮地球市民」 西田書店, 明治大学軍縮平和研究所 8 2007.春 p198〜201
◇「欧化」と道徳―新渡戸稲造の道徳・礼儀論(3) (西村稔)「岡山大学法学会雑誌」 岡山大学法学会 56(3・4) 2007.3 p803〜847
◇武士道―新渡戸稲造『武士道』を読む (寺下英明)「仏教経済研究」 駒沢大学仏教経済研究所 36 2007.5 p59〜94
◇新渡戸稲造の台湾糖業政策と植民思想の展開 (劉書彦)「アジア文化研究」 国際アジア文化学会 14 2007.6 p63〜75
◇新渡戸稲造と修養 (綱澤満昭)「文学・芸術・文化」 近畿大学文芸学部 19(1) 2007.9 p1〜14
◇「礼」について―新渡戸稲造著『武士道』第六章を読む (藤澤郁夫)「上越教育大学研究紀要」 上越教育大学 27 2008 p205〜215
◇新渡戸稲造の『武士道』とクエーカー (河崎良二)「こだはら」 帝塚山学院大学 30 2008 p55〜74
◇新渡戸稲造の文献二編―「ESPERANTO」誌と「加州毎日新聞」からの発掘 (藤澤全)「国際文化表現研究」 国際文化表現学会 4 2008 p289〜294
◇三谷隆正と三人の師―内村鑑三・新渡戸稲造・岩元禎 (鶴田一郎)「ホリスティック教育研究」 日本ホリスティック教育協会 11 2008 p43〜51
◇特集 新渡戸稲造特別座談会 知事、学長、研究者ら熱く語る (達増拓也, 谷口誠, 内川永一朗〔他〕)「新渡戸稲造の世界」 新渡戸基金 17 2008 p1〜26
◇高木八尺と新渡戸稲造 (山口周三)「新渡戸稲造の世界」 新渡戸基金 17 2008 p27〜52
◇一高校長 新渡戸稲造―川西実三の日記を通して (川西薫)「新渡戸稲造の世界」 新渡戸基金 17 2008 p53〜71
◇良寛と新渡戸稲造 (佐藤全弘)「新渡戸稲造の世界」 新渡戸基金 17 2008 p73〜105
◇京都帝国大学法科大学教授・新渡戸稲造―その着任と転任の一齣 (清水будеcь仁)「新渡戸稲造の世界」 新渡戸基金 17 2008 p107〜112
◇新渡戸稲造と神経衰弱 (鈴木満)「新渡戸稲造の世界」 新渡戸基金 17 2008 p112〜115
◇野村胡堂と新渡戸稲造―胡堂は新渡戸の精神を受け継ぐ (外崎菊敏)「新渡戸稲造の世界」 新渡戸基金 17 2008 p122〜130
◇新渡戸稲造の故郷を訪ねて! (伊藤かおり)「新渡戸稲造の世界」 新渡戸基金 17 2008 p130〜135
◇新渡戸人脈と国際文化会館 (加藤幹雄)「新渡戸稲造の世界」 新渡戸基金 17 2008 p135〜139
◇新渡戸稲造とフィンランド (内川永一朗)「新渡戸稲造の世界」 新渡戸基金 17 2008 p139〜146
◇家庭平和會に於る新渡戸稲造博士講演集(上)「新渡戸稲造の世界」 新渡戸基金 17 2008 p173〜201
◇新渡戸稲造宛宮部金吾書簡(下) (宮部金吾, 佐藤全弘〔訳〕)「新渡戸稲造の世界」 新渡戸基金 17 2008 p203〜229
◇新渡戸稲造『武士道』の書誌事項をめぐる混乱について (中島正道, 佐藤奨平, 中島めぐみ)「三田図書館・情報学会研究大会発表論文集」 三田図書館・情報学会 2008年度〔2008〕p73〜76
◇新渡戸稲造の朝鮮亡国論 (権錫永)「北海道大学文学研究科紀要」 北海道大学 126 2008 p37〜60
◇新渡戸稲造『武士道』における道徳体系について (笠井哲)「研究紀要」 福島工業高等専門学校 49 2008 p39〜44

◇読書と教育―新渡戸稲造の一高における道徳教育活動　(森上優子)「道徳と教育」日本道徳教育学会事務局　52　2008　p132～141
◇新渡戸稲造と短歌(その1)　(近藤眞弓)「盛岡大学短期大学部紀要」盛岡大学短期大学部　18　2008　p84～69
◇「名作」は今も輝く 新渡戸稲造『教育の目的』　「月刊自由民主」自由民主党　659　2008.2　p70～89
◇キェルケゴールと新渡戸稲造―もうひとつの道(2005年度学術大会講演)　(早乙女禮子)「新キェルケゴール研究」キェルケゴール協会 第6号　2008.3　p41～62
◇「欧化」と道徳―新渡戸稲造の道徳・礼儀論(5・完)　(西村稔)「岡山大学法学会雑誌」岡山大学法学会　57(3)　2008.3　p533～571
◇新渡戸稲造の日本論と神道論(第61回〔神道宗教学会〕学術大会紀要号―第三部会)　(佐藤一伯)「神道宗教」神道宗教学会　210　2008.4　p133～135
◇講演 新渡戸稲造に見る日本の「武士道精神」(人間学に学ぶ)　(小野晋也)「月刊自由民主」自由民主党　662　2008.5　p34～48
◇名著講義〈新連載・1〉新渡戸稲造『武士道』　(藤原正彦)「文芸春秋」文芸春秋　86(11)　2008.10　p200～213
◇新渡戸稲造における維新と伝統―日本論・神道論を手がかりに(特集 維新と伝統)　(佐藤一伯)「明治聖徳記念学会紀要」明治聖徳記念学会　45　2008.11　p124～144
◇「新渡戸稲造の人格論・Personality」の今日的意義　(湊晶子)「東京女子大学比較文化研究所紀要」東京女子大学比較文化研究所　70　2009　p49～63
◇新渡戸稲造の「教養思想」の今日的意義に関する考察　(竹内久顕)「東京女子大学比較文化研究所紀要」東京女子大学比較文化研究所　70　2009　p65～79
◇新渡戸稲造と渋沢栄一―没後七五年記念 新渡戸稲造博士命日前夜祭記念講演　(渋沢雅英)「新渡戸稲造の世界」新渡戸基金　18　2009　p1～25
◇新渡戸稲造の残した伝教師的足跡　(大津光男)「新渡戸稲造の世界」新渡戸基金　18　2009　p27～57
◇新渡戸稲造のフィラデルフィアにおける生活について(諸国民間の善意の使徒)　(日野原重明)「新渡戸稲造の世界」新渡戸基金　18　2009　p77～81
◇農村の女性と新渡戸稲造(諸国民間の善意の使徒)　(佐藤みさ子)「新渡戸稲造の世界」新渡戸基金　18　2009　p90～93
◇新渡戸稲造の補佐役・菊池寿人(諸国民間の善意の使徒)　(藤井茂)「新渡戸稲造の世界」新渡戸基金　18　2009　p93～98
◇野村胡堂「人類館」の中の新渡戸稲造評　(野村胡堂)「新渡戸稲造の世界」新渡戸基金　18　2009　p139～149
◇浅野猶三郎主筆『祈の生活』掲載の十川嘉太郎「新渡戸稲造先生を偲ぶ」について　(鈴木忠信)「新渡戸稲造の世界」新渡戸基金　18　2009　p151～166
◇家庭平和會に於ける新渡戸稲造博士講演集(下)家族より家庭へ　「新渡戸稲造の世界」新渡戸基金　18　2009　p167～185
◇新渡戸稲造の葬儀(バンクーバー)における高木八尺の弔辞―(附)高木八尺「米国復興計画の概要」の要旨　(山口周三)「新渡戸稲造の世界」新渡戸基金　18　2009　p197～210
◇新渡戸稲造博士の講訓　(白梅百年史)「新渡戸稲造の世界」新渡戸基金　18　2009　p211～231
◇国際連盟知的協力国際委員会の委員選考過程と新渡戸稲造　(廣部泉)「明治大学教養論集」明治大学教養論集刊行会　441　2009.1　p39～53
◇新渡戸稲造再考―「帝国主義者」の輪郭　(小檜山ルイ)「思想」岩波書店　1018　2009.2　p121～149
◇新渡戸稲造博士命日前夜祭・メリー夫人生誕百五十年祭記念講演 メリー夫人と「幼き日の思い出」　(佐藤全弘)「社会学研究科紀要」四国学院大学大学院社会学研究科委員会　9　2009.5　p1～10
◇「新渡戸・南原賞」受賞式での挨拶　(佐藤全弘)「社会学研究科紀要」四国学院大学大学院社会学研究科委員会　9　2009.5　p11～14
◇Bushido(武士道)：Ritterliches Ethos in Japan　(山616和明)「社会学研究科紀要」四国学院大学大学院社会学研究科委員会　9　2009.5　p15～32

二宮敬作　にのみやけいさく　1804～1862
幕末の蘭方医。シーボルト門下、宇和島藩医。
【図　書】
◇杉靖三郎著作選 4 日本科学の伝統　(杉靖三郎)　春秋社　1982.9
◇二宮敬作と関係人物　(門多正志著)　宇和町教育委員会　2001.8　259p
◇二宮敬作と彼をめぐるひとびと　(野間祐輔執筆)〔野間祐輔〕2001.12　67p
◇街道をゆく 14 新装版　(司馬遼太郎著)　朝日新聞出版　2008.11　212,8p　(朝日文庫)
【雑　誌】
◇医者も知りたい「医者のはなし」(15)シーボルトに捧げた一生 宇和島の人・二宮敬作　(木村専太郎)「臨床整形外科」医学書院　40(8)　2005.8　p932～935

沼田頼輔　ぬまたらいすけ　1867～1934
明治～昭和期の歴史地理・紋章学者。文学博士。
【図　書】
◇日本考古学研究〈3〉日本考古学史の展開　(斎藤忠著)　学生社　1990.1
【雑　誌】
◇紋章研究と『武蔵野』―沼田頼輔(武蔵野ゆかりの人びと)　(中家健)「武蔵野」67(1・2)　1989.5
◇論考 沼田頼輔と私家版『宮瀬村の伝説と歴史』　(近野正幸)「立正史学」立正大学史学会　90　2001　p11～46
◇沼田頼輔博士の墓所(小特集 考古学者苔掃録(1))　(近野正幸)「考古学論叢」立正大学考古学会　9　2003.4　p101～103
◇沼田頼輔を歩く1―相武青雲篇　(坂本彰)「考古論叢神奈河」神奈川県考古学会　第14集　2006.3　p85～107

根岸武香　ねぎしたけか　1839～1902
幕末、明治期の国学者、考古学者。国事に奔走。
【図　書】
◇根岸友山・武香の軌跡―幕末維新から明治へ　(根岸友憲監修、根岸友山・武香顕彰会編)　さきたま出版会　2006.5　221p
【雑　誌】
◇国立国会図書館所蔵本蔵書印(73)根岸武香　「国立国会図書館月報」239　1981.2
◇根岸友山と根岸武香　(根岸友憲)「立正大学地域研究センター年報」立正大学地域研究センター　第22号　1999.1　p2～4

ネットー, C.　Netto, Curt Adolph　1847～1909
ドイツの鉱山学者。1873年来日、工部省で指導。
【図　書】
◇人物・鉄鋼技術史　(飯田賢一著)　日刊工業新聞社　1987.1
◇世界の偉人たちの驚き日本発見記　(波田野毅著)　明成社　2008.1　47p　(日本の息吹ブックレット)
【雑　誌】
◇C.ネットー著『日本の紙の蝶々』―111年後の書評　(Werner Schaumann)「大正大学大学院研究論集」大正大学出版部　24　2000.3　p306～291

根本通明　ねもとみちあき　1822～1906
幕末、明治期の儒学者。文科大学教授、文学博士。
【図　書】
◇漢学者はいかに生きたか―近代日本と漢学　(村山吉広著)　大修館書店　1999.12　233p　(あじあブックス)
【雑　誌】
◇国立国会図書館所蔵本 蔵書印―その120―根本通明　(朝倉治彦)「国立国会図書館月報」286　1985.1
◇根本通明先生蔵書紀略―根本文庫研究之一　(高橋智)「斯道文庫論集」慶応義塾大学附属研究所斯道文庫　38　2003　p165～202
◇根本通明先生蔵書紀略―根本文庫研究之二　(高橋智)「斯道文庫論集」慶応義塾大学附属研究所斯道文庫　39　2004　p91～195
◇武士学者・根本通明　(佐々木人美)「秋田県立博物館研究報告」秋田県立博物館　34　2009.3　p49～54

野口幽香　のぐちゆか　1866～1950
明治～昭和期の幼児教育家、社会事業家。
【図　書】
◇近代日本の女性史9 学問・教育の道ひらく　(創美社編)　集英社　1981.6
◇黎明の女たち　(島京子編)　神戸新聞出版センター　1986.1
◇光ほのかなれども―二葉保育園と徳永恕　(光文社文庫)　(上笙一郎、山崎朋子著)　光文社　1986.12
【雑　誌】
◇野口幽香について　(鹿内瑞子)「鶴見大学紀要(第3部 保育・保健歯科編)」19　1982.3

能勢栄　のせさかえ　1852～1895
明治期の教育学者、教育行政官。東京高等女学校校長。
【図　書】
◇そびゆる樹々の譜 信州の音楽人　(竹内邦光)　銀河書房　1985.2
◇手塚豊著作集〈第8巻〉明治民法史の研究〈下〉　(手塚豊著)　慶応通信　1991.7
【雑　誌】
◇地方における唱歌教育の黎明―能勢栄と明治10年代の長野県の唱歌教育について　(中山裕一郎)「信州大学教育学部紀要」信州大学教育学部　119　2007.3　p37～47

ハウ, A.　Howe, Annie Lion　1852〜1943
アメリカの教育家。1887年来日，保母伝習所を創立。
【図　書】
◇障害児教育学研究—荒川勇教授退官記念論文集　東京学芸大学特殊教育学科　1982.7
◇A.L.ハウの生涯—日本の幼児教育にフレーベル精神を導入した婦人宣教師アニー・L.ハウの働きと思想　（西垣光代著）　西垣光代　2007.5　189p
【雑　誌】
◇ハウ（Howe,S.G.）の「白痴」実態調査委員会の1847年および1848年報告　（清水貞夫）「宮城教育大学紀要」15 1980.
◇エ・エル・ハウ女史の平和保育の理念と実践　（高野勝夫，二星啓子）「頌栄短期大学研究紀要」13 1981.3
◇S.G.ハウの白痴教育における社会改革構想—1848年白痴論から　（中村満紀男）「教育学研究」48（1）1981.3
◇A.L.ハウの保育思想　（西垣光代）「頌栄短期大学研究紀要」15 1983.3
◇A.L.ハウの保育思想　（西垣光代）「頌栄短期大学研究紀要」16 1984.3
◇A.L.ハウの保育思想　（西垣光代）「頌栄短期大学研究紀要」18 1986.3
◇関西児童文化史稿（13）田島香雨とA＝L＝ハウ（上）（上笙一郎）「日本古書通信」日本古書通信社　66（7）2001.7　p14〜15
◇関西児童文化史稿（14）田島香雨とA＝L＝ハウ（下）（上笙一郎）「日本古書通信」日本古書通信社　66（8）2001.8　p20〜21
◇A・L・ハウの幼児教育思想とキリスト教主義　（橋川喜美代）「鳴門教育大学研究紀要」鳴門教育大学　20 2005　p81〜91

ハウスクネヒト, E.　Hausknecht, Emil　1853〜1927
ドイツの教育学者。1887年来日，教育学を教授。
【図　書】
◇御雇教師ハウスクネヒトの研究　（寺崎昌男，竹中暉雄，榑松かほる著）東京大学出版会　1991.3
◇エーミール・ハウスクネヒトのドイツ語教授法　（上村直己）『ロゴスとポエジー』（伊藤利男先生退官記念論集刊行会編）〔伊藤利男先生退官記念論集刊行会〕　1995.3　p106
【雑　誌】
◇明治20年代のヘルバルト主義教育思想—ハウスクネヒト・門下生の著作の検討を中心に　（今野三郎）「教育学雑誌」17 1983
◇エミール・ハウスクネヒト—日本滞在の以前と以後　（竹中暉雄）「桃山学院大学人文科学研究」24（3）1989.3

萩野由之　はぎのよしゆき　1860〜1924
明治，大正期の国史・国文学者。東京帝国大学教授。
【図　書】
◇皇典講究所草創期の人びと　国学院大学　1982.11
◇和歌史の構想　（島津忠夫編著）（大阪）和泉書院　1990.3（研究叢書）
◇郷土の碩学　（小田大蔵，片岡直樹，加美山茂利，蒲原宏，後藤秋男ほか著）新潟日報事業社　2004.12　333p
【雑　誌】
◇三上参次・萩野由之書翰の紹介（特集・国文学界の今昔）（加地宏江）「日本歴史」400 1981.9

橋本綱常　はしもとつなつね　1845〜1909
明治期の陸軍軍医。日本赤十字社病院初代院長，子爵。
【図　書】
◇医学講話 杉田玄白から福沢諭吉　（藤野恒三郎著）菜根出版　1984.1
◇橋本綱常博士の生涯—博愛社から日赤へ—建設期の赤十字人　（松平永芳著）福井市立郷土歴史博物館　1988.3
◇橋本左内と弟綱常—平成20年夏季特別陳列　（福井市立郷土歴史博物館編）福井市立郷土歴史博物館　2008.7　34p
【雑　誌】
◇池田文書の研究（7）橋本綱常の書簡について　（池田文書研究会）「日本医史学雑誌」38（3）1992.9
◇墓碑銘に見る明治期士大夫の友情—竹添井井と橋本綱常　（池澤一郎）「文学」岩波書店　10（3）2009.5・6　p135〜154

長谷川泰　はせがわたい　1842〜1912
明治期の医学者，政治家。
【図　書】
◇済生学舎と長谷川泰—野口英世や吉岡弥生の学んだ私立医学校　（唐沢信安著）日本医事新報社　1996.11　224p
◇お言葉ですが… 3　（高島俊男著）文芸春秋　2002.10　318,6p　（文春文庫）
【雑　誌】
◇長谷川泰（1842—1912年）（人と業績（23））（西川滇八）「公衆衛生」46（5）1982.5
◇日本医師小史（96,97）明治期の開業医と医学教育（5,6）長谷川泰と済生学舎（上，中）「日本医師会雑誌」107（4,6）1992.2,3
◇日本医師小史（98）明治期の開業医と医学教育（7）長谷川泰と済生学舎（下）「日本医師会前史（44）」「日本医師会雑誌」107（8）1992.4
◇長岡の生んだ医学者・政治家長谷川泰伝（3）（第30号記念）（唐沢信宏）「長岡郷土史」30 1993.5
◇長岡の生んだ医学者・政治家—長谷川泰伝（4）（唐沢信安）「長岡郷土史」31 1994.5
◇幸徳秋水のみた長谷川泰と済生学舎（特集 幸徳秋水）（林彰）「初期社会主義研究」弘隆社　12 1999　p23〜28
◇歴史探訪 長谷川泰と長岡市の下水道（1）旧下水道法成立の功労者 内務省衛生局長長谷川泰の足跡　（山本勝利，西片正栄，本木二郎〔他〕）「下水道協会誌」日本下水道協会　39（471）2002.1　p40〜57
◇歴史探訪 長谷川泰と長岡市の下水道（2）旧下水道法成立の功労者 内務省衛生局長長谷川泰の足跡　（山本勝利，西片正栄，稲州明雄〔他〕）「下水道協会誌」日本下水道協会　39（472）2002.2　p60〜71
◇歴史探訪 長谷川泰と長岡市の下水道（3）明治末〜大正〜昭和初期の第一期下水道事業　（山本勝利，西片正栄，本木二郎〔他〕）「下水道協会誌」日本下水道協会　39（473）2002.3　p68〜96

服部宇之吉　はっとりうのきち　1867〜1939
明治〜昭和期の漢学者，中国哲学者，文教行政家。
【図　書】
◇東洋学の系譜　（江上波夫編）大修館書店　1992.11
◇近代日本中国学におけるポリティ…　富士ゼロックス　1993.11
◇東方学回想 1　（東方学会編）刀水書房　2000.1　239p
◇東アジアの良妻賢母論—創られた伝統　（陳姃湲著）勁草書房　2006.11　293p（双書ジェンダー分析）
【雑　誌】
◇法制史家としての服部宇之吉博士　（曽我部静雄）「文化（東北大）」45（1・2）1981.9
◇中国の教育近代化と日本人教習 中国近代高等師範教育の萌芽と服部宇之吉〔含 服部宇之吉略年譜〕（お雇い日本人教習の研究—アジアの教育近代化と日本人）（大塚豊）「国立教育研究所紀要」115 1988.3
◇服部宇之吉と中国　（山根幸夫）「社会科学討究（早稲田大学大隈記念社会科学研究所）」34（2）1988.12
◇清末明初における政治と社会の一側面—内藤湖南と服部宇之吉の場合　（李梁）「文経論叢」弘前大学人文学部　30（3）1995.2　p31〜66
◇服部宇之吉の「孔子教」論—その「儒教非宗教」説・「易姓革命」説・及び「王道立国」説を中心に（特集 近代儒学の展開）（陳〔イ〕芬）「季刊日本思想史」ぺりかん社　59 2001　p49〜68
◇近代中国と日本と孔子教—孔教国教化問題と中国認識（東洋について〔7・最終回〕）（子安宣邦）「環」12 2003.1　p470〜477
◇服部宇之吉と中国—近代日本文学の中国観への影響として　（丹羽香）「中央学院大学人間・自然論叢」中央学院大学商学部・法学部　19 2004.3　p138〜125

鳩山春子　はとやまはるこ　1861〜1938
明治〜昭和期の女子教育者。共立女子職業学校校長。
【図　書】
◇一億人の昭和史 日本人1 三代の女たち 上 明治大正編　毎日新聞社　1981.2
◇日本人の自伝7 高群逸枝・鳩山春子　（村上信彦解説）平凡社　1981.3
◇原敬をめぐる人びと　（原奎一郎，山本四郎編）日本放送出版協会　1981.10（NHKブックス）
◇大正の女性群像—日本女性の歴史　暁教育図書　1982.12（日本発見人物シリーズ no.10）
◇鳩山一郎—英才の家系　（豊田穣著）講談社　1989.2
◇英才の家系—鳩山一郎と鳩山家の人々　（豊田穣著）講談社　1996.10　696p（講談社文庫）
◇鳩山春子—我が自叙伝　（鳩山春子著）日本図書センター　1997.2　266p（人間の記録）
◇人間っておもしろい—シリーズ「人間の記録」ガイド　（「人間の記録」編集室編）日本図書センター　2004.12　367p
◇「育つ・学ぶ」の社会史—「自叙伝」から　（小山静子，太田素子編）藤原書店　2008.9　299p
【雑　誌】
◇鳩山春子における女子教育思想の研究—その教育理念形成の基盤と良妻賢母教育のあり方を中心として　（内海崎貴子）「上智教育学研究」8 1980
◇日本の女性学の先駆的なもの—自叙伝を通して　（左方郁子）「思想の科学（第7次）」5 1981.7
◇鳩山春子における女子教育思想の研究—その思想形成過程を中心として　（内海崎貴子）「上智教育学研究」9 1983
◇教育界の三女史 津田梅子・矢島楫子・鳩山春子（特集花ひらく明治の

女性たち〉（安西篤子）「歴史と旅」12（2）1985.2
◇鳩山春子〈鳩山一郎の母〉―「夫に服従する妻」を否定し欧米的家族を追究（特集 日本の良妻賢母―特集ワイド 物語 日本の良妻賢母 明治・大正を生きた「良妻賢母」と芸術家の群像）「歴史読本」 新人物往来社 51（11） 2006.8 p138～141

浜尾新　はまおあらた　1849～1925
明治期の教育家。東京大学総長、枢密院議長、子爵。
【図　書】
◇明治のエンジニア教育―日本とイギリスのちがい（三好信浩）中央公論社 1983.6（中公新書）
◇三田の政官界人列伝（野村英一著）慶応義塾大学出版会 2006.4 327,18p
【雑　誌】
◇ドキュメント・天皇の学校―東宮御学問所物語〔8〕（大竹秀一）「正論」155 1985.9

林桜園　はやしおうえん　1797～1870
幕末、明治期の国学者。
【図　書】
◇桜園先生遺稿（全）（児玉亀太郎編）青潮社 1981.1
◇武を考へる（神谷俊司著）（福岡）葦書房 1990.8
◇近代への叛逆（荒木精之著）（熊本）熊本出版文化会館 1993.8（荒木精之著作集）
【雑　誌】
◇横井小楠の思想周辺に関する一考察―桜園・小楠の接点と訣別（堤克彦）「熊本近代史研究会会報」200 1986.11
◇「天道覚明論」の成立背景に関する歴史的考察（1）（堤克彦）「熊本史学」66・67 1990.5

林鶴梁　はやしかくりょう　1806～1878
幕末、明治期の儒学者。
【図　書】
☆士魂の群像（吉田武三）冨山房 1980.7
☆江戸5 人物編（大久保利謙編）立体社 1980.8
◇小伝林鶴梁3（坂口筑母）著刊 1980.8
◇大田垣蓮月（杉本秀太郎著）中央公論社 1988.5（中公文庫）
◇林鶴梁日記 第5巻（保田晴男編）日本評論社 2003.4 401p
◇ある文人代官の幕末日記―林鶴梁の日常（保田晴男著）吉川弘文館 2009.11 215p（歴史文化ライブラリー）
【雑　誌】
◇「奇男児」と「烈士喜剣碑」（徳田武）「明治大学教養論集」179 1985

林研海　はやしけんかい　1844～1882
幕末、明治期の幕府留学生、漢方医。陸軍軍医総監。
【図　書】
◇幕府オランダ留学生（宮永孝）東京書籍 1982.3（東書選書73）
◇日仏の交流―友好380年（高橋邦太郎）三修社 1982.5
◇林研海についての考察（高橋慎司）『日本史攷究と歴史教育の視座―村田安穂先生古稀記念論集』（日本史攷究会編）早稲田大学メディアミックス 2004.11 p228
【雑　誌】
◇二つの墓標―パリと東京（高橋邦太郎）「明治村通信」12（8）1981.8
◇新規購入図書紹介 ドンデルス『屈折と遠近調節の異常』（石田純郎）「科学医学資料研究」142 1986.3
◇林研海についての考察―駿府病院長時代（高橋慎司）「早稲田大学大学院教育学研究科紀要 別冊」早稲田大学大学院教育学研究科 8-1 2000 p27～37
◇林研海のオランダ留学生活―元治元年の林洞海・松本順宛書簡から（高橋慎司）「早稲田大学大学院教育学研究科紀要 別冊」早稲田大学大学院教育学研究科 9-1 2001 p21～28
◇明治初期の軍医制度と林研海（高橋慎司）「早稲田大学大学院教育学研究科紀要 別冊」早稲田大学大学院教育学研究科 9-2 2001 p23～30
◇林研海の長崎留学時代（高橋慎司）「早稲田大学大学院教育学研究科紀要 別冊」早稲田大学大学院教育学研究科 10-1 2002 p25～34
◇林研海の長崎留学時代（高橋慎司）「早稲田大学大学院教育学研究科紀要別冊」早稲田大学大学院教育学研究科 別冊第10号（一）（No.10 2002）2002.9 p二五～三四
◇林研海と関係人物たち（高橋慎司）「早稲田大学大学院教育学研究科紀要 別冊」早稲田大学大学院教育学研究科 10-2 2003 p297～305
◇林研海の生涯（高橋慎司）「早稲田大学大学院教育学研究科紀要 別冊」早稲田大学大学院教育学研究科 11-2 2004 p27～37

林洞海　はやしどうかい　1813～1895
幕末、明治期の蘭方医。大阪医学校校長。
【雑　誌】
◇『〔ワ〕篤児薬性論』に見える「海水浴」について（沼倉延幸）「洋学史研究」1 1984.3
◇林洞海のオランダ留学生活―元治元年の林洞海・松本順宛書簡から（高橋慎司）「早稲田大学大学院教育学研究科紀要別冊」早稲田大学大学院教育学研究科 別冊第9号（一）（No.9-1 2000）2001.9 p二一～二八
◇旧幕臣洋学系知識人の茶園開拓―赤松則良・林洞海文書から（〔国立歴史民俗博物館〕開館二〇周年記念論文集）（樋口雄彦）「国立歴史民俗博物館研究報告」国立歴史民俗博物館 108 2003.10 p203～225
◇林洞海筆「茶農漫録」の総目次と紹介（樋口雄彦）「沼津市博物館紀要」沼津市歴史民俗資料館（ほか）28号 2004.3 p1～74
◇静岡藩の医療と医学教育―林洞海「慶応戊辰駿行日記」の紹介を兼ねて（樋口雄彦）「国立歴史民俗博物館研究報告」国立歴史民俗博物館 153 2009.12 p445～489

原田一道　はらだいちどう　1830～1910
幕末、明治期の兵学者。少将、東京砲兵工廠長、男爵。
【図　書】
◇幕末教育史の研究2―諸術伝習政策（倉沢剛著）吉川弘文館 1984.2
◇おもいで 原田知津子 2002.3 320p

原田豊吉　はらだとよきち　1860～1894
明治期の地質学者。男爵、理学博士。
【雑　誌】
◇先人たちの思いを辿る源流の山やま〈10〉小渋川＝黒部銑次郎、独人ナウマン、原田豊吉がかかわった渓谷（斎藤一男）「岳人」452 1985.2
◇地学雑誌 第一集第一巻「日本地質構造論」原田豊吉―夭折した先駆者（小出仁）「地学雑誌」東京地学協会 116（2）2007 p294～296
◇原田豊吉編「予察東部地質図」―予察地質図シリーズの紹介（その2）（山田直利）「地質ニュース」実業公報社 660 2009.8 p32～47

ハラタマ，K.　Gratama, Koenraad Wouter　1831～1888
オランダの化学者。1866年来日、大阪舎密局教頭。
【図　書】
◇幕末教育史の研究2―諸術伝習政策（倉沢剛著）吉川弘文館 1984.2
◇オランダ人の見た幕末・明治の日本―化学者ハラタマ書簡集（芝哲夫）菜根出版 1993.7
◇日本の化学の開拓者たち（芝哲夫著）裳華房 2006.10 147p（ポピュラー・サイエンス）
【雑　誌】
◇ハラタマと日本の化学（芝哲夫）「化学史研究」18 1982.1
◇ハラタマの来日とその業績（芝哲夫）「日蘭学会会誌」9（2）1985.3
◇医学近代化と外人たち（5）ウトレヒト陸軍医学校の同窓生たち―ハラタマ、レーウェン、ブッケマ、ロイトル（石田純郎）「臨床科学」21（8）1985.8
◇化学物語（1）日本に初めて近代化学を伝えた男ハラタマ（椎原庸）「化学」43（9）1988.9
◇化学物語（2）日本に初めて近代化学を伝えた男ハラタマ（椎原庸）「化学」43（10）1988.10
◇日本に初めて近代化学を伝えた男ハラタマ（3完）（椎原庸）「化学」43〔11〕1988.11
◇ガラタマ先生口授「英蘭会話篇訳語」語彙索引（鶴橋俊宏）「国語研究」（国学院大学国語研究会）52 1989.3
◇ハラタマと大阪舎密局―ただ1人の蘭人理化学教師の来日（日本の化学の黎明―上方に芽生えた化学＜特集＞）（椎原庸）「化学と教育」37（5）1989.10

パンペリー，R.　Pumpelly, Raphael　1837～1923
アメリカの地質学者。1862年幕府の要請で来日。
【図　書】
◇新異国叢書 第2輯 6 雄松堂書店 1982.12
◇幕末教育史の研究2―諸術伝習政策（倉沢剛著）吉川弘文館 1984.2
【雑　誌】
◇R.Pumpellyの渡島地質図から本協会の東亜地質図まで（小林貞一）「地学雑誌」89（3）1980.6
◇幕末蝦夷地御雇外国人研究―William Phipps Blake Raphael Pumpelly（長谷川誠一）「酪農学園大学紀要（人文・社会科学編）」9（2）1982.10
◇外国人のみた日本（3）パンペリーの「回想録」（金子民雄）「日本古書通信」59（3）1994.3
◇お雇い外国人地質学者の来日経緯（1）米人地質学者ブレークとパンペリー（金光男）「地学教育と科学運動」地学団体研究会 58・59

2008.7 p37～42

東沢瀉　ひがしたくしゃ　1832～1891
幕末,明治期の儒学者。
【図　書】
◇叢書・日本の思想家 46 吉村秋陽・東沢瀉　(荒木龍太郎,荒木見悟)　明徳出版社 1982.6
◇叢書・日本の思想家 46 吉村秋陽　(荒木龍太郎)　明徳出版社 1982.6
◇江戸期の儒学―朱王学の日本的展開　(岡田武彦)　木耳社 1982.11
◇東沢瀉　(野口善敬著)　明徳出版社 1994.5　(シリーズ陽明学)
◇山田方谷から三島中洲へ　(松川健二著)　明徳出版社 2008.4 360p
【雑　誌】
◇東沢瀉特集　「陽明学」　二松学舎大学陽明学研究所 13 2001 p79～142
◇幕末維新における新朱王学の展開(1)並木栗水及び楠本碩水・東沢瀉の史的地位　(望月高明)　「都城工業高等専門学校研究報告」　国立都城工業高等専門学校 41 2007.1 p60～49
◇幕末維新における新朱王学の展開(2)並木栗水及び楠本碩水・東沢瀉の史的地位　(望月高明)　「都城工業高等専門学校研究報告」　国立都城工業高等専門学校 42 2008.1 p30～19
◇幕末維新における新朱王学の展開(3)並木栗水及び楠本碩水・東沢瀉の史的地位　(望月高明)　「都城工業高等専門学校研究報告」　国立都城工業高等専門学校 42 2008.1 p42～31
◇翻訳　幕末における宗教的対立―禅師今北洪川と儒者東澤瀉　(澤田ジャニーン,桐原健真〔訳〕,オリオンクラウタウ〔訳〕)　「日本思想史研究」　東北大学大学院文学研究科日本思想史学研究室 41 2009 p138～158
◇幕末維新における新朱王学の展開(4)並木栗水及び楠本碩水・東沢瀉の史的地位　(望月高明)　「都城工業高等専門学校研究報告」　国立都城工業高等専門学校 43 2009.1 p34～23
◇幕末維新における新朱王学の展開(5)並木栗水及び楠本碩水・東沢瀉の史的地位　(望月高明)　「都城工業高等専門学校研究報告」　国立都城工業高等専門学校 43 2009.1 p46～35

ピゴット,F.　Piggott, Sir Francis Taylor　1852～1925
イギリスの法学者。1888年来日,憲法起草に貢献した。
【図　書】
◇英国と日本―架橋の人びと　(ヒュー・コータッツィ,ゴードン・ダニエルズ編著,横山俊夫解説,大山瑞代訳)　思文閣出版 1998.11 503,68p

久松義典　ひさまつよしのり　1855～1905
明治期の教育者,政治家,小説家。栃木県師範学校校長。
【雑　誌】
◇資料紹介　久松義典『欧州教育小史』　(谷内鴻)　「国学院短期大学紀要」　国学院短期大学 19 2001 p3～35
◇差異の科学性への誘惑―久松義典のアイヌ論から出発して　(孫軍悦)　「言語情報科学」　東京大学大学院総合文化研究科言語情報科学専攻 2 2004 p149～162

日高凉台　ひだかりょうだい　1797～1868
幕末の蘭方医。シーボルトに師事。
【図　書】
◇大坂名医伝　(中野操)　思文閣出版 1983.4
【雑　誌】
◇日高凉台の蘭学　(吉田忠)　「日本文化研究所研究報告(東北大学)」 23 1987.1

肥田浜五郎　ひだはまごろう　1830～1889
幕末,明治期の造船技師,海軍軍人。
【雑　誌】
◇咸臨丸,渡米航海中に大暴風雨に遭う―機関長肥田浜五郎(伊豆国八幡野村出身)の活躍　「豆州歴史通信」 16 1991.1

平瀬作五郎　ひらせさくごろう　1856～1925
明治期の植物学者,図学者。
【図　書】
◇「イチョウ精子発見」の検証―平瀬作五郎の生涯　(本間健彦著)　新泉社 2004.11 292p
【雑　誌】
◇平瀬作五郎伝(1)　(小野勇)　「生物科学」 35(2) 1983.5
◇平瀬作五郎伝(2)　(小野勇)　「生物科学」 35(3) 1983.8
◇平瀬作五郎伝(3)(ホミニゼーション〈特集〉)　(小野勇)　「生物科学」 36(1) 1984.2
◇平瀬作五郎伝(4)　(小野勇)　「生物科学」 36(2) 1984.5
◇平瀬作五郎伝(5)　(小野勇)　「生物科学」 36(3) 1984.8
◇平瀬作五郎伝　(小野勇)　「生物科学」 36(4) 1984.11
◇平瀬作五郎伝(7)　(小野勇)　「生物科学」 37(2) 1985.5
◇平瀬作五郎伝(8)　(小野勇)　「生物科学」 37(4) 1985.11
◇平瀬作五郎伝(補遺)　(小野勇)　「生物科学」 39(2) 1987.5
◇南方熊楠・平瀬作五郎の松葉蘭の総合研究　(中瀬喜陽)　「熊楠研究」〔南方熊楠資料研究会〕1 1999.2 p63～79

平田鉄胤　ひらたかねたね　1799～1880
幕末,明治期の国学者,神道家。平田篤胤の女婿。
【図　書】
◇芳賀登著作選集　第5巻　(芳賀登著)　雄山閣 2002.12 364p
◇平田鉄胤の越後巡遊　(吉田麻子)　『近世文学研究の新展開―俳諧と小説』(堀切実編)　ぺりかん社 2004.2 p589
【雑　誌】
◇平田内蔵介の手紙―幕末筑前の国学の展開　(近藤典二)　「県史だより(福岡県地域史研究所)」 2 1981.10
◇平田篤胤・鉄胤・胤男三代に亘る琴平宮との関係について　(山下栄)　「ことひら」 40 1985.1
◇国学者と読書行為に関する一試論―相馬高玉家宛平田鉄胤書簡にみる書籍の出版・流通　(遠藤潤)　「東京大学宗教学年報」　東京大学宗教学研究室 19 2001 p127～136
◇平田国学の再検討―篤胤・鉄胤・延胤・盛胤文書の史料学的研究(新年特集号　共同研究の成果とゆくえ―共同研究の現在)　(宮地正人)　「日本歴史」　吉川弘文館 692 2006.1 p85～87
◇平田鉄胤から羽田野敬雄への書簡をめぐって　(田崎哲郎)　「愛知大学綜合郷土研究所紀要」　愛知大学綜合郷土研究所 52 2007 p113～123
◇プロジェクト報告　相馬地方における平田鉄胤書簡(5)　(松本久史)　「国学院大学日本文化研究所紀要」　国学院大学日本文化研究所 100 2008.3 p199～238

広井勇　ひろいいさむ　1862～1928
明治,大正期の土木工学者。
【図　書】
◇ある土木者像―いま・この人を見よ　(飯吉精一)　技報堂出版 1983.9
◇土木のこころ―夢追いびとたちの系譜　(田村喜子)　山海堂 2002.5 272p
◇山に向かいて目を挙ぐ―工学博士・広井勇の生涯　評伝　(高崎哲郎著)　鹿島出版会 2003.9 281p
◇近世から近代における土木技術者の系譜　(高崎哲郎著)　土木研究所 2006.3 45p
◇忙中ペンあり　(土木学会誌編集委員会編,高崎哲郎責任編集)　土木学会 2008.3 183p　(土木学会誌叢書)
【雑　誌】
◇広井勇(明治の巨星―事業と人生―日本土木史シンポジウムをふまえて)　(五十嵐日出夫)　「土木学会誌」 67(11) 1982.11
◇明治を駆け抜けた男のロマン　(高橋裕)　「波」 202 1986.10
◇広井勇と北海道(土佐と北海道特集号)　(土佐文談事務局)　「土佐史談」 191 1993.1
◇広井勇の見た野蒜築港―近代日本港湾技術の自立前夜　(寺中啓一郎,他)　「港湾経済研究」　日本港湾経済学会 No.33 1995.3 p89～105
◇表紙・カラー　フォト・エッセイ　土木エンジニアたちの群像　広井勇と教え子たち　(中井祐)　「建設業界」　日本土木工業協会〔ほか〕 50(12) 2001.12 p4～7
◇土木界の先駆者、廣井勇とその門下生たち―日本土木界に屹立する土木技術者のモラル・バックボーン(特集　土木偉人を伝える)　(高崎哲郎)　「国づくりと研修」　全国建設研修センター 123 2009.冬 p12～15

広川晴軒　ひろかわせいけん　1803～1884
幕末,明治期の洋学者。
【図　書】
◇広川晴軒伝　(井上慶隆)　恒文社 1981.5
【雑　誌】
◇一人の科学者と三人の僧たち　(岩下庄之助)　「長岡郷土史」 23 1985.6
◇18―19世紀の物理学と蘭学の間―広川晴軒の『三元素略説』の評価とその変遷　(中村邦光)　「物理学史ノート」　物理学史通信刊行会 5 1998.10 p9～15

広瀬旭荘　ひろせきょくそう　1807～1863
幕末の儒者,詩人。木戸孝允,吉田松陰らと交遊。
【図　書】
◇西南地域史研究　文献出版 1980.9
◇幕末の儒学者たち―美濃の文人たち　(横山寛吾)　大衆書房 1982.3
◇町人社会の人間群像　(宮本又次)　ぺりかん社 1982.5

◇広瀬旭荘全集 1 日記篇 1 （広瀬旭荘全集編集委員会編） 思文閣出版 1982.6
◇広瀬旭荘全集 2 日記篇 2 （広瀬旭荘全集編集委員会編） 思文閣出版 1982.9
◇広瀬旭荘全集 3 日記篇 3 （広瀬旭荘全集編集委員会編） 思文閣出版 1983.2
◇広瀬旭荘全集 4 日記篇 4 （広瀬旭荘全集編集委員会編） 思文閣出版 1983.8
◇広瀬旭荘全集 5 日記篇 5 （広瀬旭荘全集編集委員会編） 思文閣出版 1983.12
◇緒方洪庵と適塾生―「日間瑣事備忘」にみえる （梅渓昇著） 思文閣出版 1984.4
◇広瀬旭荘全集 6 日記篇 6 （広瀬旭荘全集編集委員会編） 思文閣出版 1984.9
◇化政・天保の人と書物 （鈴木瑞枝） 玉壺草堂 1984.11
◇広瀬旭荘全集 7 日記篇 7 （広瀬旭荘全集編集委員会編） 思文閣出版 1986.3
◇広瀬旭荘全集 11 随筆篇 （広瀬旭荘全集編集委員会編） 思文閣出版 1986.6
◇江戸詩人選集（第9巻）広瀬淡窓・広瀬旭荘 （岡村繁注） 岩波書店 1991.12
◇戦国織豊期の政治と文化 （米原正義先生古稀記念会〔編〕） 続群書類従完成会 1993.3
◇大阪の歴史と文化 （井上薫編） （大阪）和泉書院 1994.3
◇広瀬旭荘 （大野修作著） 研文出版 1999.3 232p （日本漢詩人選）
◇百四十五年前のわが町わが村―広瀬旭荘の山陰紀行 （広瀬旭荘著,卜部忠治,今岡堅一共訳） 出雲市教育委員会 1999.3 321p （出雲市民文庫）
◇原老柳の生涯―幕末大坂の名医 （松本順司著） 創元社 2002.1 218p
◇幕末防長儒医の研究 （亀田一邦著） 知泉書館 2006.10 340,28p
【雑 誌】
◇禁酒大食―広瀬旭荘(今月の養生訓) （駒敏郎）「歴史と人物」 12(12) 1982.11
◇江戸滞在中の廣瀬旭荘について （鈴木瑞枝）「安田学園研究紀要」 25 1985.3
◇広瀬旭荘の萩行 （桑原伸介）「日本歴史」 464 1987.1
◇広瀬旭荘『日間瑣事備忘録』考(1)―諸儒との交遊を中心として （三沢勝己）「大倉山論集」 22 1987.12
◇広瀬淡窓・旭荘の漢詩指導例―松永顕徳甫著「草稿」について （市場直次郎）「近世文芸」 49 1988.11
◇広瀬旭荘の来濃 （横山寛吾）「聖徳学園岐阜教育大学国語国文学」 9 1990.3
◇広瀬旭荘『日間瑣事備忘録』考(2)諸儒との交遊を中心として （三沢勝己）「大倉山論集」 27 1990.3
◇広瀬旭荘『日間瑣事備忘録』考(3)―諸儒との交遊を中心として （三沢勝己）「大倉山論集」 28 1990.12
◇詩人 広瀬旭荘伝(1)広瀬旭荘の耶馬渓行 （徳田武）「江戸文学」 2(6) 1991
◇詩人 広瀬旭荘伝(2)亀井昭陽塾再入門 （徳田武）「江戸文学」 7 1991
◇広瀬旭荘の亀井昭陽塾入門 （徳田武）「明治大学教養論集」 242 1991
◇詩人 広瀬旭荘伝(3)追補 広瀬旭荘と遠山荷塘また旭荘と原采蘋 （徳田武）「江戸文学」 8 1992
◇詩人 広瀬旭荘伝(4)「論詩」の成立 （徳田武）「江戸文学」 9 1992
◇詩人 広瀬旭荘伝(5)昭陽塾退塾 （徳田武）「江戸文学」 10 1993
◇詩人 広瀬旭荘伝(6)樺島石梁訪問 （徳田武）「江戸文学」 11 1993.10
◇広瀬旭荘の実学と経世思想 （横山寛吾）「聖徳学園岐阜教育大学国語国文学」 12 1994.3
◇未紹介広瀬旭荘詩文解読(1) （徳田武）「明治大学教養論集」 268 1994.3
◇詩人 広瀬旭荘伝(7)「旭荘」の命名 （徳田武）「江戸文学」 12 1994.7
◇詩人 広瀬旭荘伝(8)「廉塾」行 （徳田武）「江戸文学」 13 1994.11
◇詩人 広瀬旭荘伝―9―「廉塾」行―2― （徳田武）「江戸文学」 ぺりかん社 14 1995 p138～152
◇未紹介広瀬旭荘詩文解読―2― （徳田武）「明治大学教養論集」 明治大学教養論集刊行会 279 1995.3 p1～27
◇広瀬旭荘『日間瑣事備忘録』考―4―諸儒との交遊を中心として （三沢勝己）「大倉山論集」 大倉精神文化研究所 37 1995.3 p265～281
◇詩人広瀬旭荘伝―10―「廉塾」行(3) （徳田武）「江戸文学」 ぺりかん社 15 1996 p174～187
◇未紹介広瀬旭荘書牘・資料紹介―文久3年4,5月 (小特集 日本文学) （徳田武）「明治大学教養論集刊行会 286 1996.3 p1～18

◇詩人広瀬旭荘伝 11 「廉塾」行（四） （徳田武）「江戸文学」 ぺりかん社 17 1997.6 p144～160
◇広瀬旭荘研究(1)系譜と活動 （西江錦史郎）「東洋研究」 大東文化大学東洋研究所 126 1997.12 p23～49
◇先儒祭記念講演 広瀬旭荘の遺稿とその推敲過程〔含 略年譜〕 （岡村繁）「斯文」 斯文会 106 1998 p121～140
◇広瀬旭荘『日間瑣事備忘録』考(5)諸儒との交遊を中心として （三沢勝己）「大倉山論集」 大倉精神文化研究所 42 1998.3 p87～104
◇未紹介広瀬旭荘詩文解読(3)(小特集 日本文学) （徳田武）「明治大学教養論集」 明治大学教養論集刊行会 322 1999.3 p15～32
◇広瀬旭荘と咸宜園―離郷決意の萌芽をさぐる （大野雅之）「史料館研究紀要」 大分県立先哲史料館 第4号 1999.3 p(25)～(41)
◇『東瀛詩選』の成立と広瀬旭荘 （大野修作）「女子大国文」 京都女子大学国文学会 127 2000.6 p44～60
◇広瀬旭荘の「夜過〔二〕二州橋〔一〕書〔二〕嘱目」詩―成立事情とその推敲の態度をめぐって （月野文子）「文芸と思想」 福岡女子大学文学部 65 2001 p33～46
◇広瀬旭荘の題画詩「題春川釣魚図」の手法―楽府詩「枯魚過河泣」と『荘子』の寓喩 （月野文子）「文芸と思想」 福岡女子大学文学部 66 2002 p11～24
◇広瀬旭荘 生涯と作品―浪華大阪の地 （西村富美子）「愛知県立大学外国語学部紀要 言語・文学編」 愛知県立大学外国語学部 34 2002 p346～322
◇広瀬旭荘と山梨稲川―『東瀛詩選』中の詩人たち （大野修作）「女子大国文」 京都女子大学国文学会 131 2002.6 p34～56
◇広瀬旭荘の天保十五年正月詩の周辺―「粛舎」取得と江戸開塾 （月野文子）「文芸と思想」 福岡女子大学文学部 67 2003 p13～24
◇広瀬旭荘の普通寺参詣 （徳田武）「明治大学教養論集」 明治大学教養論集刊行会 362 2003.1 p13～32
◇広瀬旭荘晩年の赤間厄難について―『日間瑣事備忘録』に見る婚家当主清水麻之丞との紛擾顛末 （亀田一邦）「地域文化研究」 梅光学院大学地域文化研究所 20 2005 p25～36

広瀬元恭 ひろせげんきょう 1821～1870
幕末, 明治期の蘭学者, 医師。官軍病院院長。
【図 書】
◇知られざる蘭医の夢 （加藤雅彦） 近代文芸社 1993.9
【雑 誌】
◇Autour de HIROSE Genkyo （Jean-Gabriel Santoni）「広島大学フランス文学研究」 広島大学フランス文学研究会 24 2005 p265～278

広瀬林外 ひろせりんがい 1836～1874
幕末, 明治期の儒学者。咸宜園で学び三才子とうたわれる。
【図 書】
◇旧雨社小伝 巻2（幕末維新儒者文人小伝シリーズ第9冊） （坂口筑母著） 坂口筑母 1983.4

フェスカ, M. Fesca, Max 1846～1917
ドイツの農学者。1882年来日, 全国土性調査を指導。
【図 書】
◇日本の『創造力』―近代・現代を開花させた470人〈15〉貢献した外国人たち （富田仁編） 日本放送出版協会 1994.2
◇外国人が残した日本への功績 （プランニングコーツ編） 世界経済情報サービス 2000.3 206p
【雑 誌】
◇フェスカ来日前後の土性調査事業とその従事者たち （友田清彦）「農村研究(東京農業大)」 50 1980.3
◇フェスカとゲッチンゲン大学農業講座 （友田清彦）「農村研究(東京農業大)」 51 1980.9
◇グスタフ・ドレックスラーの生涯と業績―フェスカの前提として （友田清彦）「農村研究(東京農大)」 52 1981.3
◇グスタフ・ドレックスラーの農業重学―マックス・フェスカとの関連で （友田勝彦）「農村研究(東京農大)」 53 1981.9
◇M.フェスカの日本原野開墾論(1)来日初期における （友田清彦）「農村研究」 55 1982.9
◇M.フェスカの日本原野開墾論(2)来日初期における （友田清彦）「農村研究」 56 1983.3
◇M.フェスカの甲斐国農業論(1)成立の背景 （友田清彦）「農村研究」 62 1986.3
◇M.フェスカの「甲斐国農業論」(2)農事改良の新動向をめぐって （友田清彦）「農村研究」 63 1986.9
◇M.フェスカの「甲斐国農業論」(3) （友田清彦）「農村研究(東京農業大学)」 65 1987.9
◇ユリウス・キューンの生涯と業績―M.フェスカとの関連で〔東京農業大学農業経済〕学科創設50周年記念論文集―自由テーマ） （友田清彦）「農村研究」 69.70 1990.3

◇マックス・フェスカの「履歴書」―その翻訳・注記ならびに補足 （友田清彦）「農村研究」 71 1990.9
◇マックス・フェスカの足跡を訪ねて （友田清彦）「農村研究」 72 1991.3
◇マックス・フェスカ「日本地産論」(3)「終章」の翻訳 (資料) （友田清彦）「農村研究」 75 1992.9
◇日本に土壌学を根づかせた ドイツ人教師ケルネルとフェスカ （久馬一剛）「近代日本の創造史」 近代日本の創造史懇話会 8 2009.10 p3～14

フェノロサ, E. Fenollosa, Ernest Francisco 1853～1908
アメリカの美術研究家。日本美術の研究・紹介に努力。
【図 書】
◇アーネスト・フランシスコ・フェノロサ―東洋美術との出会い （久富貢） 中央公論美術出版 1980.10
◇日本南画史―祇園南海から鉄斎まで （山内長三） 瑠璃書房 1981.1
◇近代美術の開拓者たち4 明治大正の美術 （匠秀夫, 原田実, 酒井忠康） 有斐閣 1981.9 （有斐閣選書）
◇フェノロサ―日本文化の宣揚に捧げた一生 （山口静一） 三省堂 1982.4
◇フェノロサ資料（ハーヴァード大学ホートン・ライブラリー蔵）1美術教育と文化財行政 （村形明子編・訳） ミュージアム出版 1982.11
◇日本英学史資料 日本近世英学史 増補版 （重久篤太郎） 名著普及会 1982.11
◇アーネスト・F.フェノロサ資料―ハーヴァード大学ホートン・ライブラリー蔵 1 （村形明子・訳） ミュージアム出版 1982.11
◇本倉 （松尾尊兊） みすず書房 1983.1
◇茶人の系譜―利休から天心まで（朝日カルチャーブックス25） （村井康彦） 大阪書籍 1983.8
◇アーネスト・F.フェノロサ資料―ハーヴァード大学ホートン・ライブラリー蔵 第2巻 （村形明子編・訳） ミュージアム出版 1984.2
◇「法隆寺日記」をひらく―廃仏毀釈から100年（NHKブックス510） （岡田良信著） 日本放送出版協会 1986.9
◇エズラ・パウンド研究―エズラ・パウンド生誕百年記念論文集 （福田陸太郎, 安川昱編） 山口書店 1986.10
◇平田禿木選集〔第4巻・第5巻〕英文学エッセイ2, 明治文学評論・随筆 （平田禿木著, 島田謹二, 小川和夫編） 南雲堂 1986.10
◇アーネスト・F.フェノロサ資料―ハーヴァード大学ホートン・ライブラリー蔵-3- （村形明子編・訳） ミュージアム出版 1987.2
◇読書狂言綺語抄（どくしょきょうげんごしょう） （由良君美著） 沖積舎 1987.5
◇フェノロサ美術論集 （フェノロサ, アーネスト・F.著, 山口静一編） 中央公論美術出版 1988.9
◇日本近代美術論(1) 洋風画のコンセプトをめぐって （佐々木靜一著） 瑠璃書房 1988.11
◇フェノロサ―「日本美術の恩人」の影の部分 （保坂清） 河出書房新社 1989.1
◇日本近代美学序説 （金田民夫著） （京都）法律文化社 1990.3
◇仏教東漸―太平洋を渡った仏教 （多田稔著） （京都）禅文化研究所 1990.6
◇日本近代美術史論 （高階秀爾著） 講談社 1990.9 （講談社学術文庫）
◇国際交流につくした日本人〈8〉日本を愛した外国人 くもん出版 1991.3
◇明治日本画史料 （青木茂編） 中央公論美術出版 1991.5
◇日本近代美術と西洋―明治美術学会国際シンポジウム （明治美術学会編） 中央公論美術出版 1992.4
◇日本近代美術事件史 （滝悌三著） 東方出版 1993.1
◇日本近代の美意識 （高階秀爾著） 青土社 1993.9 （高階秀爾コレクション）
◇日本の『創造力』―近代・現代を開花させた470人〈15〉貢献した外国人たち （富田仁編） 日本放送出版協会 1994.2
◇フェノロサ遺稿とエズラ・パウンド （高田美一著） 近代文芸社 1995.3 307p
◇創造された古典―カノン形成・国民国家・日本文学 （ハルオ・シラネ, 鈴木登美編） 新曜社 1999.4 450p
◇フェノロサと魔女の町 （久我なつみ著） 河出書房新社 1999.4 218p
◇アメリカにわたった仏教美術―フィラデルフィア美術館を中心に （今井雅晴著） 自照社出版 1999.8 251p
◇アメリカが見た東アジア美術 （ウォレン・I.コーエン著, 川嶌一穂訳） スカイドア 1999.9 325p
◇異邦人の見た近代日本 （懐徳堂記念会編） 和泉書院 1999.10 199p （懐徳堂ライブラリー）
◇日本社会学史への誘い （小笠原真著） 世界思想社 2000.3 294p （SEKAISHISO SEMINAR）
◇アーネスト・F.フェノロサ文書集成―翻刻・翻訳と研究 上 （アーネスト・F.フェノロサ原著, 村形明子編著） 京都大学学術出版会 2000.6 341p
◇名品流転―ボストン美術館の「日本」 （堀田謹吾著） 日本放送出版協会 2001.2 338p
◇歴史人物アルバム 日本をつくった人たち大集合 4 （PHP研究所編） PHP研究所 2001.2 47p
◇アーネスト・F.フェノロサ文書集成―翻刻・翻訳と研究 下 （村形明子編著） 京都大学学術出版会 2001.5 470p
◇兆民をひらく―明治近代の「夢」を求めて （井田進也編） 光芒社 2001.12 502p （アンソロジー日本）
◇時代別・奈良を歩く―古代・飛鳥から息づくロマンの道 （植松則夫著, 藤井金治写真） 山と渓谷社 2002.2 159p （歩く旅シリーズ）
◇美学事始―芸術学の日本近代 （神林恒道著） 勁草書房 2002.9 251p
◇絵かきが語る近代美術―高橋由一からフジタまで （菊畑茂久馬著） 弦書房 2003.8 241,5p
◇定本 柄谷行人集 4 （柄谷行人著） 岩波書店 2004.5 267p
◇近代日本の成立―西洋経験と伝統 （西村清和, 高橋文博編） ナカニシヤ出版 2005.1 249p
◇ワタリウム美術館の岡倉天心・研究会 （ワタリウム美術館監修） 右文書院 2005.2 316,3p
◇東西を越えて―比較文学文化のために （伊藤宏見著） 文化書房博文社 2005.4 207p
◇日本進化思想史 1 （横山利明著） 新水社 2005.4 258p
◇明治社会学史資料 （下出隼吉著） いなほ書房 2005.8 179p （社会学選書）
◇近代日本「美学」の誕生 （神林恒道著） 講談社 2006.3 317p （講談社学術文庫）
◇東西を越えて―比較文学文化のために 改訂増補版 （伊藤宏見著） 文化書房博文社 2006.4 265p
◇日本近代美術史論 （高階秀爾著） 筑摩書房 2006.6 450,8p （ちくま学芸文庫）
◇京の美学者たち （神林恒道編著） 晃洋書房 2006.10 258p
◇聖徳太子の歴史学―記憶と創造の一四〇〇年 （新川登亀男著） 講談社 2007.2 238p （講談社選書メチエ）
◇フェノロサ・パウンド・小西甚一 （竹内晶子述）『能の翻訳―文化の翻訳はいかにして可能か』(野上記念法政大学能楽研究所編) 法政大学国際日本学研究センター 2007.5 p129～152
◇グレイト・ウェイヴ―日本とアメリカの求めたもの （クリストファー・ベンフィー著, 大橋悦子訳） 小学館 2007.11 381p
◇美術商・岡倉天心 （大井一男著） 文芸社 2008.11 279p
【雑 誌】
◇フェノロサの京都十一箇寺什宝調査メモ―ハーヴァード大学ホートン・ライブラリー蔵遺稿より （村形明子）「人文（京都大学教養部）」 26 1980.
◇フェノロサ浮世絵論の推移(2)「国華」掲載の「浮世絵史考」 （山口静一）「浮世絵芸術」 67 1980.
◇フェノロサの宝物調査と帝国博物館の構想―ハーヴァード大学ホートン・ライブラリー蔵遺稿を中心に(上,下) （村形明子）「Museum」 347,348 1980.2,3
◇E・フェノロサ遺稿に見るE・パウンド「中国詩」誕生の背景に関する考察―主として漢字に関する遺稿をめぐって―「E・パウンドの「中国詩」その3」 （高田美一）「跡見学園女子大学紀要」 13 1980.3
◇フェノロサと美術行政(1) 図画調査会・図画取調掛委員 （山口静一）「埼玉大学紀要（外国語学文学篇）」 15 1981.
◇ボストン美術館におけるフェノロサの日本美術紹介展について （山口静一）「Heron（埼玉大）」 15 1981.1
◇E.パウンド「中国詩」とE.フェノロサ「中国詩遺稿」―フェノロサ遺稿とパウンド「中国詩」の比較対照(E.パウンドの「中国詩」(4)) （高田美一）「跡見学園女子大学紀要」 14 1981.3
◇フェノロサと美術行政(下)（ハーヴァード大学ホートン・ライブラリー蔵フェノロサ資料） （村形明子）「Museum」 362 1981.5
◇フェノロサ浮世絵論の推移(3) ボストン美術館における「北斎とその流派」展 （山口静）「浮世絵芸術」 69 1981.8
◇イェイツ劇と能楽の影響(2) 序説フェノロサからパウンドへ （松山明生）「法政大学教養部紀要」 41 1982.1
◇フェノロサ・岡倉・ウォーナー(1) フェノロサ夫妻と岡倉覚三 （村形明子）「湖国と文化」 18 1982.1
◇フェノロサの伝記楽屋話 （山口静一）「英語青年」 127(11) 1982.2
◇ビゲロウ, フェノロサ, 岡倉―ボストン美術館日本部の形成と発展(1) 創設まで （村形明子）「Museum」 384 1983.3
◇フェノロサの「美術真説」解読―統一美術に関する英文遺稿を素材にして （高田美一）「跡見学園女子大学紀要」 16 1983.3
◇ボストン美術館東洋部を築いた人達―コレクションの歴史に関する諸ノートより （Jan Fontein著, 石橋智慧訳）「月刊文化財」 234 1983.3
◇「美術真説」とフェノロサ遺稿 （村形明子）「英文学評論」 49 1983.12

◇E.F.フェノロサの「理財学講義」とわが国財政学の発展 （大淵利男）「政経研究（日本大学法学会）」 21(1) 1984.5
◇御雇い外国人と黎明期の文化財行政—ワグネル, キョソーネ, フェノロサ （村島明子）「月刊文化財」 250 1984.7
◇「E.F.フェノロサの『理財学講義』とわが国財政学の発展」再論 （大淵利男）「政経研究（日本大学法学会）」 22(1) 1985.5
◇フェノロサ, パウンド, イェイツ—能の伝承と同化をめぐって （長谷川年光）「英文学評論」 51 1986.3
◇フェノロサとパウンドの奇縁—パウンドの「アダムス・キャントウズ」を介して （高田美一）「跡見学園女子大学紀要」 19 1986.3
◇フェノロサと湖国（特集 世界の中の湖国） （前川哲郎）「湖国と文化」 41 1987.10
◇パウンドとフェノロサによる能「杜若」の翻訳—杜若の花の解釈をめぐって （関口恵子）「愛媛大学教養部紀要」 21(3) 1988.12
◇フェノロサ—明治政府とのかゝわり(1)（明治の夜明け＜連載特集＞）（山口静一）「日本古書通信」 54(2) 1989.2
◇フェノロサ—明治政府とのかゝわり(下)（明治の夜明け＜連載特集＞）（山口静一）「日本古書通信」 54(3) 1989.3
◇墨の変容—フェノロサ・ビゲロー旧蔵2作を中心に （佐藤道信）「美術研究」 344 1989.3
◇フェノロサとスペンサー—「世態開進論」(1880)の検討 （山下重一）「英学史研究」 24 1991
◇美術史家としてのアーサー・ウェーリー—郭熙「林泉高致集」のフェノロサ訳及びウェーリー訳をめぐって（比較研究の先達たち〈特輯〉）（山中由里子）「比較文学研究」 59 1991.6
◇ボストンと日本の架け橋—アーネスト・F.フェノロサ—日本美術の発見者（ボストン美術館の日本〈特集〉）「芸術新潮」 43(1) 1992.1
◇フェノロサと井上円了（講演）（山口静一）「井上円了センター年報（東洋大学）」 1 1992.3
◇月になった小野小町—パウンドとフェノロサによる能の翻訳とパウンドの小町像 （ウェルズ恵子）「文学」 3(2) 1992.4
◇進化論の適応戦略—あるいは, なぜ日本人は進化論が好きなのか（特集・ドーキンス—利己的遺伝子の戦略）（田中聡）「現代思想」 20(5) 1992.5
◇宮岡恒次郎とパーシヴァル・ロウエル, エドワード・モース, アーネスト・フェノロサ—明治東西文化交流の一面 （高田美一）「立正大学文学部論叢」 97 1993.3
◇フェノロサの漢字論について—その波紋と背景 （川西瑛子）「比較文学研究」 64 1993.12
◇廃仏棄釈のあらしの中で （水野謹吾）「蟻塔 科学と随想」 40(3) 1994.5
◇メーソンとフェノロサの芸術教育観 （岡田千歳）「桃山学院大学教育研究所研究紀要」 桃山学院大学教育研究所 第4号 1995.3 p51～65
◇E.F.フェノロサ「東洋美術史綱」—日本は「東洋のギリシャ」と感嘆（続・外国人の見た日本・日本人〈特集〉—飛躍期の日本・日本人論）（村彫明子）「国文学解釈と鑑賞」 60(5) 1995.5 p59～66
◇妙想と湊合—フェノロサと日本〈美術〉 （亀山志乃）「国語国文研究」 北海道大学国語国文学会 101 1995.11 p17～37〔含 図3p〕
◇The Ernest F.Fenollosa Manuscripts on No at the Princeton University Library （Akiko Murakata）「英文学評論」 京都大学教養部英語教室 69 1997.3 p38～96
◇フェノロサ=天心関係に見られる東西文化の相互交流（外来文化の受容形態と日本文化の形成）（岡倉古志郎）「東洋研究」 大東文化大学東洋研究所 124 1997.7 p27～46
◇フェノロサ=天心関係に見られる東西文化の相互交流（承前）（岡倉古志郎）「東洋研究」 大東文化大学東洋研究所 125 1997.11 p25～37
◇フェノロサの古社寺調査と古美術保護（特集 文化財指定制度（古社寺保存法制定）100周年—古社寺保存法に尽力した人たち）（佐藤道信）「月刊文化財」 第一法規出版 411 1997.12 p24～28
◇E.F.Fenollosa and the Importation of Aesthetics into Japan （Tetsuhiro Kato）「美学論究」 関西学院大学文学部美学科研究室 14 1999.3 p13～22
◇フィラデルフィア万国博覧会とアーネスト・F・フェノロサ （坂本久子）「近畿大学九州短期大学研究紀要」 近畿大学九州短期大学 31 2001 p1～25
◇Bibliotheca Japonica(56)E.F.フェノロサ著『東亜美術史綱』の成立とその周辺 （八木正自）「日本古書通信」 日本古書通信社 67(8) 2002.8 p22
◇E.F.フェノロサと後継者の『財政学』 （大淵利男）「政経研究」 日本大学法学会 40(1) 2003.6 p81～148
◇幸野楳嶺の絵画理念「十格」とフェノロサ『美術真説』—その作画と教育 （岡崎麻美）「美術史」 美術史学会 54(1) 2004.10 p13～23
◇預言者・改革者としてのアーネスト・F・フェノロサ—ボストン美術館在任時の活動を中心に （伊藤豊）「山形大学人文学部研究年報」 山形大学人文学部 2 2005.2 p125～135
◇Art as a Reforming Force of Culture：Ernest F. Fenollosa and the Utopianization of East Asiatic Art （Yutaka Ito）「比較文化研究」 日本比較文化学会 67 2005.3.31 p51～57

◇イェイツの詩劇とフェノロサの遺稿 （日下隆平）「英米評論」 桃山学院大学総合研究所 20 2006.3 p101～128
◇フェノロサのガードナー夫人宛書簡—マリオン・クロフォードへの批判をいかに解釈すべきか （伊藤豊）「山形大学大学院社会文化システム研究科紀要」 山形大学人文学部 5 2008.8 p37～47
◇「日本美術史」という概念の成立と近代—フェノロサと岡倉天心を中心に （幸原未央）「文化学研究」 日本女子大学文化学会 18 2009 p115～129
◇特集 フェノロサ没後百周年記念 「Lotus」 日本フェノロサ学会 29 2009.3 p1～76, 図巻頭6p, 図版4p

福沢諭吉　ふくざわゆきち　1834〜1901
幕末, 明治期の啓蒙思想家, 教育家, ジャーナリスト。
【図　書】
◇近代日本経済思想史研究 （塚谷晃光） 雄山閣 1980.3
◇幕末酒徒列伝 続 （村島健一） 講談社 1980.3
◇日本の国家思想 上 （小松茂夫, 田中浩編） 青木書店 1980.5
◇日本文化史研究—芳賀幸四郎先生古稀記念 （芳賀幸四郎先生古稀記念論文集編集委員会編） 笠間書院 1980.5
◇研究資料現代日本文学3 評論・論説・随想1 （浅井清ほか編） 明治書院 1980.5
◇草稿福翁自伝 （福沢諭吉協会編纂） 1980.6 （別冊とも）
◇士魂の群像 （吉田武三） 冨山房 1980.7
◇男たちの明治維新—エピソード人物史 （奈良本辰也ほか） 文芸春秋 1980.10 （文春文庫）
◇福沢諭吉年鑑7(1980) 福沢諭吉協会 1980.10
◇福沢諭吉選集1 （富田正文, 土橋俊一編集） 岩波書店 1980.11
◇明治教育古典叢書第1期14 帝国六大教育家 （全国教育者大集会編） 国書刊行会 1980.11
◇福沢諭吉選集3 （富田正文, 土橋俊一編 山住正己解説） 岩波書店 1980.12
◇図書館の時代 （石見尚） 論創社 1980.12
◇福沢諭吉の西航巡歴 （山口一夫） 福沢諭吉協会 1980.12 （福沢諭吉協会叢書）
◇福沢諭吉 （福田清人） ぎょうせい 1981.1 （世界の伝記39）
◇福沢諭吉選集 2,4,5～14 （富田正文, 土橋俊一編） 岩波書店 1981.1～12
◇福沢諭吉教育論集 （福沢諭吉著 上沼八郎編） 明治図書出版 1981.2 （世界教育学選集 第99）
◇現代史への証言 （林房雄） 日本及日本人社 1981.3
◇童話感覚—漫画論と偉人伝 （佐野美津男） 北斗出版 1981.4
◇日本人の自伝1 福沢諭吉・渋沢栄一・前島密 （亀井俊介解説） 平凡社 1981.4
◇黒船前後・志士と経済 他十六編 （服部之総） 岩波書店 1981.7 （岩波文庫）
◇日本工業先覚者史話 （福本和夫） 論創社 1981.7
◇明治維新と神道 （阪本健一） 同朋舎出版 1981.7
◇日本の思想家 近代篇 （菅孝行） 大和書房 1981.9
◇福沢諭吉伝 （石河幹明） 岩波書店 1981.9
◇日本剣豪こぼれ話 （渡辺誠） 日本文芸社 1981.10
◇近世史の研究1 信仰と思想の統制 （伊東多三郎） 吉川弘文館 1981.11
◇草稿 福翁自伝 （福沢諭吉） 東出版 1981.12
◇郷土大分の先覚者 中巻 （大分県教育委員会編） 大分県教育委員会 1981.12
◇福沢諭吉年鑑8(1981) 福沢諭吉協会 1981.12
◇日本資本主義史上の指導者たち （土屋喬雄） 岩波書店 1982.3 （岩波新書 特装版）
◇船場物語 （現創新書3） （伊勢田史郎著） 現代創造社 1982.3
◇九州の科学者・思想家—現代日本文化の先駆者たち （吉岡修一郎） 人間の科学社 1982.4
◇近代日本の思想と仏教 （峰島旭雄編） 東京書籍 1982.6
◇人間と宗教—近代日本人の宗教観 （比較思想史研究会編） 東洋文化出版 1982.6
◇松永安左エ門著作集 1 （松永安左エ門） 五月書房 1982.12
◇人物探訪日本の歴史 15 幕末の英傑 暁教育図書 1982.12
◇福沢諭吉—物語と史蹟をたずねて （岩井護） 成美堂出版 1982.12
◇福沢諭吉年鑑9(1982) 福沢諭吉協会 1982.12
◇福翁自伝 新訂 （福沢諭吉, 富田正文校訂） 岩波書店 1983.1 （岩波クラシックス 21）
◇夕陽を知らぬ男たち—彼らはいかに生きたか （小島直記） 旺文社 1983.2 （旺文社文庫）
◇人物・日本資本主義4 明治のイデオローグ （大島清ほか著） 東京大学出版会 1983.6
◇近代日本の政治文化と言語象徴 （石田雄） 東京大学出版会 1983.9 （東京大学社会科学研究所研究叢書 第58冊）

◇維新史の青春激像—動乱期に情熱を賭けた獅子たちの熱血譜 （藤田公道） 日本文芸社 1983.10
◇古典大系日本の指導理念 10 公務者の人生論 4 近代を築いた指導者像 （源了円ほか編纂） 第一法規出版 1983.10
◇自伝文学の世界 （佐伯彰一編） 朝日出版社 1983.11
◇金田一春彦博士古稀記念論文集 1 国語学編 （金田一春彦博士古稀記念論文集編集委員会編） 三省堂 1983.12
◇日本のリーダー 12 気骨の思想家 ティビーエス・ブリタニカ 1983.12
◇福翁自伝 新装版 （福沢諭吉著） 白鳳社 1983.12
◇日本のリーダー 12 気骨の思想家 ティビーエス・ブリタニカ 1983.12
◇福沢諭吉年鑑 10(1983) 福沢諭吉協会 1983.12
◇医学史話 杉田玄白から福沢諭吉 （藤野恒三郎） 菜根出版 1984.1
◇痛快に生きた男たち—"気くばり"なんかブッ飛ばせ （志村武著） ダイヤモンドセールス編集企画 1984.1
◇人物探訪 日本の歴史—18—明治の逸材 暁教育図書 1984.2
◇近代日本の女子教育 （片山清一著） 建帛社 1984.3
◇国際関係論のフロンティア3—東南アジアの政治と文化 （土屋健治、白石隆編） 東京大学出版会 1984.3
◇福沢諭吉—国民国家論の創始者(中公新書) （飯田鼎著） 中央公論社 1984.3
◇日本の経済学者たち(エコノブックス2) （辻村江太郎著） 日本評論社 1984.4
◇日本の近代化と人間形成 （下程勇吉編） 法律文化社 1984.6
◇福沢諭吉と浄土真宗 （仏教文化シリーズ 12） （稲城選恵著） 教育新潮社 1984.7
◇進歩がまだ希望であった頃—フランクリンと福沢諭吉 （平川祐弘著） 新潮社 1984.9
◇福沢諭吉—「文明開化は銭にあり」—経営者・経済人としての諭吉の生涯（21世紀図書館 50） （丸山信著） PHP研究所 1984.9
◇福沢諭吉（河出人物読本） 河出書房新社 1984.9
◇福沢諭吉（清水新書） （高橋昌郎著） 清水書院 1984.9
◇いま、なぜ福沢諭吉 （福沢旧邸保存会） 東洋堂企画 1984.10
◇生誕150年記念福沢諭吉展—黒船来航から独立自尊まで （福沢諭吉展委員会編） 1984.10
◇歴史の群像—12—雄飛 英社 1984.10
◇福沢諭吉百通の手紙 （土橋俊一編集・解説） 中央公論美術出版 1984.10
◇明治の異才福地桜痴—忘れられた大記者(中公新書) （小山文雄著） 中央公論社 1984.10
◇人物列伝日本英雄その後それから—意外！案外！名将軍から大泥棒まで （Kosaido books） （萩原裕雄著） 広済堂出版 1984.10
◇福沢諭吉年鑑 11(1984) 福沢諭吉協会 1984.10
◇福沢諭吉の発想と戦略—日本ビジネスの原点(Kosaido books) （宮崎正弘著） 広済堂出版 1984.12
◇福沢諭吉の実学にみる現代日米ベンチャー精神 （佐藤隆三著） 講談社 1984.12
◇経済学に名を残した人々 （高野邦彦著） 東明社 1984.12
◇自由民権と現代 （遠山茂樹） 筑摩書房 1985
◇福沢諭吉の人生・処世・教育語録—独立自尊への道 （有城乃三朗編著） 日新報道 1985.1
◇福沢諭吉・家庭教育のすすめ(小学館創造選書 92) （渡辺徳三郎著） 小学館 1985.3
◇福沢諭吉（人物叢書） （会田倉吉著） 吉川弘文館 1985.6
◇福沢諭吉の複眼思考—先を読み、人を観る智恵 （土橋俊一著） プレジデント社 1985.6
◇婦人解放の道標—日本思想史にみるその系譜 （武田清子） ドメス出版 1985.7
◇一五〇年目の福沢諭吉—虚像から実像へ(有斐閣選書) （内山秀夫編） 有斐閣 1985.8
◇福沢諭吉年鑑 12(1985) 福沢諭吉協会 1985.10
◇人物でつづる近代日本語の歴史(雄山閣Books18) （杉本つとむ） 雄山閣出版 1985.11
◇裏読みヒーロー列伝 平凡社 1985.12
◇言論は日本を動かす 第1巻 近代を考える （三谷太一郎編） 講談社 1986.1
◇「文明論之概略」を読む 上 （丸山真男） 岩波書店 1986.1
◇「適塾」の研究 なぜ逸材が輩出したのか （百瀬明治） PHP研究所 1986.1
◇話は力だ—心からでた言葉で話せ(人間開発シリーズ) （江木武彦著） マネジメント社 1986.2
◇魯迅—民族の教師 （横松宗著） 河出書房新社 1986.3
◇「文明論之概略」を読む〈中〉(岩波新書) （丸山真男編） 岩波書店 1986.3
◇追跡 黒田清隆夫人の死 （井黒弥太郎著） 北海道新聞社 1986.4
◇北里柴三郎 （長木大三著） 慶応通信 1986.4

◇武士道の歴史〈3〉 （高橋富雄著） 新人物往来社 1986.5
◇日本思想史入門 第2版 （相良亨編） ぺりかん社 1986.5
◇佐幕派論議 （大久保利謙著） 吉川弘文館 1986.5
◇自立のすすめ—覇気と個性を創造するために （加瀬英明著） 講談社 1986.5
◇実学思想の系譜（講談社学術文庫） （源了円著） 講談社 1986.6
◇日本婦人史〈上〉女権論篇 （外崎光広著） ドメス出版 1986.7
◇日本近代化の思想（講談社学術文庫） （鹿野政直著） 講談社 1986.7
◇福沢諭吉の亜米利加体験（福沢協会叢書） （山口一夫著） 福沢諭吉協会 1986.9
◇明治啓蒙期の経済思想—福沢諭吉を中心に （杉山忠平著） 法政大学出版局 1986.9
◇日本仏教史論叢—二葉憲香博士古稀記念 （二葉憲香博士古稀記念論集刊行会編） 永田文昌堂 1986.10
◇日本近代思想と中江兆民 （米原謙著） 新評論 1986.10
◇生きながらえて （石井千明著） 春秋社 1986.10
◇南方熊楠外伝 （笠井清著） 吉川弘文館 1986.10
◇日韓文化交流史の研究 （芳賀登著） 雄山閣出版 1986.11
◇明治を創った人々—乱世型リーダーのすすめ（講談社文庫） （利根川裕著） 講談社 1986.11
◇海軍経営者 山本権兵衛 （千早正隆著） プレジデント社 1986.12
◇幕末・男の決断—異才の行動力 （会田雄次ほか著） 三笠書房 1986.12
◇西郷隆盛よ、江戸を焼くな （高野澄著） 読売新聞社 1986.12
◇決定版 運命を開く—世界の「ビジネス天才」に学ぶ （片方善治著） 三笠書房 1986.12
◇動物園の歴史—日本における動物園の成立 （佐々木時雄著） 講談社 1987.2 （講談社学術文庫）
◇サラリーマンの生きがい （吉野俊彦著） 徳間書店 1987.3 （徳間文庫）
◇最後のコラム—鮎川信夫遺稿集103篇(1979〜1986) （鮎川信夫著） 文芸春秋 1987.3
◇夢をもとめた人びと〈6〉国際社会 （金平正、北島春信、簑田正治編） （町田）玉川大学出版部 1987.3
◇近代知識人の天皇論 （石田圭介編著） 日本教文社 1987.3
◇福沢先生哀悼録—慶応義塾学報 臨時増刊39号 みすず書房 1987.3 （みすずリプリント）
◇日本人の勤勉・貯蓄観—あすの経済を支えるもの （外山茂著） 東洋経済新報社 1987.4
◇津田左右吉全集〈第8巻〉文学に現はれたる国民思想の研究〈5〉 （津田左右吉） 岩波書店 1987.4
◇民主主義と差別のダイナミズム—女性差別の社会思想史 （安川寿之輔、安川悦子著） 明石書店 1987.4
◇林竹二著作集〈9〉教育に対する国の責任ということ （林竹二著） 筑摩書房 1987.6
◇大久保利謙歴史著作集 8 明治維新の人物像 吉川弘文館 1987.7
◇明治維新対外関係史研究 （犬塚孝明著） 吉川弘文館 1987.7
◇正論自由〈第5巻〉日本人の誇り （中村勝範著） 慶応通信 1987.8
◇福沢諭吉 （田中王堂著） みすず書房 1987.9 （みすずリプリント）
◇福沢諭吉と内村鑑三 （清水威） 清水威 1987.10
◇資料 女性史論争 （古庄ゆき子編） ドメス出版 1987.10 （論争シリーズ）
◇西洋から西欧へ （小林昇、杉山忠平著） 日本経済評論社 1987.11
◇近代日本政治思想の座標—思想家・政治家たちの対外観 （宮本盛太郎編） 有斐閣 1987.11 （有斐閣選書）
◇福沢諭吉年鑑 14 福沢諭吉協会 1987.12
◇近代日本における国家と倫理 （日本倫理学会編） 慶応通信 1987.12 （日本倫理学会論集）
◇小泉信三伝 （今村武雄著） 文芸春秋 1987.12 （文春文庫）
◇明治の精神 （荒川久寿男著） （伊勢）皇学館大学出版部 1987.12
◇続・百代の過客—日記にみる日本人〈上〉 （ドナルド・キーン著、金関寿夫訳） 朝日新聞社 1988.1 （朝日選書）
◇大久保利謙歴史著作集〈6〉明治の思想と文化 （大久保利謙著） 吉川弘文館 1988.2
◇近代文章成立の諸相 （木坂基著） （大阪）和泉書院 1988.2 （研究叢書）
◇日本近代学校成立史の研究—廃藩置県前後における福沢諭吉をめぐる地方の教育動向 （多田建次著） （町田）玉川大学出版部 1988.2
◇人物列伝幕末維新史—明治戊辰への道 （綱淵謙錠著） 講談社 1988.2
◇緒方洪庵の妻 （西岡まさ子著） 河出書房新社 1988.2
◇歴史と人生 （宮崎道生著） 刀水書房 1988.3
◇明治東京犯罪暦 明治元年〜明治23年 （山下恒夫著） 東京法経学院出版 1988.4 （犯罪ドキュメントシリーズ）
◇現代世界と政治—猪木正道先生古稀祝賀論集 （猪木正道先生古稀祝賀論集刊行委員会編） （京都）世界思想社 1988.4

◇異史 明治天皇伝 （飯沢匡著） 新潮社 1988.6
◇自己超越の思想―近代日本のニヒリズム （竹内整一著） ぺりかん社 1988.6
◇福沢屋諭吉の研究 （長尾正憲） 思文閣出版 1988.7
◇ことばのある暮し （外山滋比古著） 中央公論社 1988.7 （中公文庫）
◇新版 ナショナリズムの文学―明治精神の探求 （亀井俊介著） 講談社 1988.7 （講談社学術文庫）
◇福沢諭吉年鑑 15 福沢諭吉協会 1988.10
◇西洋が見えてきた頃（亀井俊介の仕事〈3〉） （亀井俊介著） 南雲堂 1988.11
◇平生の心がけ （小泉信三著） 講談社 1988.11 （講談社学術文庫）
◇地球物理学者 竹内均の人物山脈〈1〉 （竹内均著） 同文書院 1988.11 （コスモス・ライブラリー―HUMAN SCIENCE）
◇三田文学の系譜―松谷昭彦教授還暦記念論文集 近代篇 （中村三代司, 松村友視編） 三弥井書店 1988.12
◇続 百代の過客―日記にみる日本人 （ドナルド・キーン著, 金関寿夫訳） 朝日新聞社 1988.12
◇福沢諭吉先生第154回誕生記念会展示資料目録 （慶応義塾福沢研究センター編） 慶応義塾福沢研究センター 1989.1
◇ジョオジ五世伝と帝室論 （小泉信三著） 文芸春秋 1989.3
◇読本 憲法の100年〈1〉憲法の誕生 （作品社編集部編） 作品社 1989.4
◇鮎川信夫全集〈6〉時評〈2〉 （鮎川信夫著） 思潮社 1989.5
◇天皇論 （鷲田小弥太著） 三一書房 1989.5
◇日本思想を解く―神話的思惟の展開 （大嶋仁著） 北樹出版 1989.7 （フマニタス選書）
◇福沢諭吉―留学した息子たちへの手紙 （桑原三二編著） はまの出版 1989.8
◇暮らしの中の日本語 （池田弥三郎著） 創拓社 1989.10
◇交通の未来展望―21世紀は始まっている （角本良平著） 日通総合研究所 1989.10 （日通総研選書）
◇池辺三山―ジャーナリストの誕生 （池辺一郎, 富永健一著） みすず書房 1989.11
◇福沢諭吉選集〈第10巻〉 （福沢諭吉著, 富田正文編） 岩波書店 1989.11
◇福沢諭吉選集〈第13巻〉 （福沢諭吉著, 富田正文編） 岩波書店 1989.11
◇福沢諭吉選集〈第14巻〉 （福沢諭吉著, 富田正文編） 岩波書店 1989.11
◇文士と文士 （小山文雄著） 河合出版 1989.11
◇「適塾」の研究―なぜ逸材が輩出したのか （百瀬明治著） PHP研究所 1989.11 （PHP文庫）
◇代表的日本人―自己実現に成功した43人 （竹内均著） 同文書院 1990.1
◇進歩がまだ希望であった頃―フランクリンと福沢諭吉 （平川祐弘著） 講談社 1990.1 （講談社学術文庫）
◇英雄に学ぶ自分づくりのススメ （宮原安春著） スコラ 1990.1 （スコラBOOKS）
◇福沢諭吉年鑑 16 （丸山信編） 福沢諭吉協会 1990.2
◇近代日本の哲学者 （鈴木正, 下祟道編著） 北樹出版 1990.2
◇この国のかたち〈1（1986～1987）〉 （司馬遼太郎著） 文芸春秋 1990.3
◇教育人物読本―先人に学ぶ教育経営 （曽根信吾著） 学事出版 1990.4 （学校管理職の教養・実務叢書）
◇伝記のなかのエロス―奇人・変人・性的人間 （佐伯彰一著） 筑摩書房 1990.4
◇父親は息子に何を伝えられるか。―偉人たちの手紙 （鈴木博雄著） PHP研究所 1990.5
◇日本文化の伝統と変容 （木村時夫著） 成文堂 1990.5 （学際レクチャーシリーズ）
◇「妄言」の原形―日本人の朝鮮観 （高崎宗司著） 木犀社 1990.6
◇明治草創―啓蒙と反乱 （植手通有編著） 社会評論社 1990.7 （思想の海へ「解放と変革」）
◇科学的管理形成史論 （橘博著） （大阪）清風堂書店出版部 1990.9
◇旅と地理思想 （大嶽幸彦著） 大明堂 1990.10
◇日本会計制度発展史 （黒沢清著） 財経詳報社 1990.10
◇日本人は何を失（なく）したのか―西郷隆盛が遺したこと （加来耕三著） 講談社 1990.10
◇三田の文人 （慶応義塾大学文学部開設百年記念三田の文人展実行委員会編） 丸善 1990.11
◇会計学こぼれ話 （中村忠著） 白桃書房 1990.11
◇企業経営の歴史的研究 （中川敬一郎編） 岩波書店 1990.11
◇福沢諭吉年鑑 17 福沢諭吉協会 1990.12
◇世を拓く―一身にして二世を経る （左方郁子著） ダイヤモンド社 1990.12
◇孔子と教育 （俵木浩太郎著） みすず書房 1990.12

◇咸臨丸の男たち―勝海舟・ジョン万次郎・福沢諭吉 （砂田弘著） 講談社 1990.12
◇近世北部九州諸藩史の研究 （檜垣元吉著） （福岡）九州大学出版会 1991.1
◇国際交流につくした日本人〈4〉ヨーロッパ〈1〉 くもん出版 1991.1
◇福沢諭吉の知的処世術―激動期に甦る男の手腕 （村石利夫） ベストセラーズ 1991.2
◇私の福沢諭吉 （小泉信三著） 講談社 1991.2 （講談社学術文庫）
◇激動の時代を生きる （横浜商科大学公開講座委員会編） 南窓社 1991.3 （横浜商科大学公開講座）
◇福沢諭吉の勉強法―チャレンジ精神が時代をつくった （斉藤規著） ポプラ社 1991.4 （ポプラ社教養文庫）
◇明六社の人びと （戸見行夫著） 築地書館 1991.4
◇万延元年「咸臨」航米 （星亮一著） 教育書籍 1991.4
◇福翁自伝 （福沢諭吉著, 富田正文校訂） 岩波書店 1991.6 （ワイド版 岩波文庫）
◇近代日本の思想像―啓蒙主義から超国家主義まで （井田輝敏著） （京都）法律文化社 1991.6
◇思想史の相貌―近代日本の思想家たち （西部邁著） 世界文化社 1991.6
◇続 大人のための偉人伝 （木原武一著） 新潮社 1991.6 （新潮選書）
◇市場・道徳・秩序 （坂本多加雄著） 創文社 1991.6
◇小説福沢諭吉 （大下英治） 経済界 1991.7
◇幕臣 福沢諭吉 （中島岑夫著） ティビーエス・ブリタニカ 1991.7
◇日本人の自伝 （佐伯彰一著） 講談社 1991.8 （講談社学術文庫）
◇福沢諭吉 中津からの出発 （横松宗著） 朝日新聞社 1991.8 （朝日選書）
◇アジア・太平洋新時代―日・米・アジアの新しい相互関係 （諏訪哲郎, 深津行徳編） 古今書院 1991.10
◇志の人たち （童門冬二著） 読売新聞社 1991.10
◇サムライ・マインド―歴史をつくる精神の力とは （森本哲郎著） PHP研究所 1991.12
◇国家と宗教 （源了円, 玉懸博之〔編〕） 思文閣出版 1992.3
◇イギリス思想と近代日本 （武田清子, 峰島旭雄, 小泉仰, 山下重一著） 北樹出版 1992.3 （フマニタス選書）
◇企業成長の理論 （山口光, 藤森三男編著） 千倉書房 1992.4
◇地球時代の先駆者たち 日本テレビ放送網 1992.4 （知ってるつもり?!）
◇比較文化論―近代日韓交流史研究を中心として （芳賀登著） 教育出版センター 1992.4 （史学叢書）
◇福沢諭吉―その重層的人間観と人間愛 （桑原三郎著） 丸善 1992.5 （丸善ライブラリー）
◇遠山茂樹著作集〈第5巻〉明治の思想とナショナリズム （遠山茂樹著） 岩波書店 1992.6
◇忠誠と反逆―転形期日本の精神史的位相 （丸山真男著） 筑摩書房 1992.6
◇考証 福沢諭吉〈上〉 （富田正文著） 岩波書店 1992.6
◇福沢諭吉と松下幸之助―「福沢思想」と「松下哲学」に共通する繁栄の思想とは （赤坂昭著） PHP研究所 1992.8
◇教育におけるタフ（かたさ）とテンダー（やさしさ）―埋み火を熾こす （村井実著） 国土社 1992.8
◇新・士道論 （俵木浩太郎著） 筑摩書房 1992.8 （ちくまライブラリー）
◇翻訳語の論理―言語にみる日本文化の構造 （柳父章著） 法政大学出版局 1992.9 （教養選書）
◇考証 福沢諭吉〈下〉 （富田正文著） 岩波書店 1992.9
◇だから歴史は面白い―谷沢永一対談集 （谷沢永一著） 潮出版社 1992.10
◇福沢諭吉の名文句―組織の崩壊をどう生き抜くか （田原総一朗著） 光文社 1992.10 （カッパ・ビジネス）
◇福沢諭吉の亜欧見聞 （山口一夫） 福沢諭吉協会 1992.11
◇人物列伝幕末維新史 （綱淵謙錠著） 講談社 1992.11 （講談社文庫）
◇咸臨丸海を渡る―曽祖父・長尾幸作の日記より （土居良三著） 未来社 1992.11
◇いま日本と韓国を考える―どうすれば真の「共生」ができるのか （金両基著） 大和出版 1992.11
◇日本の『創造力』―近代・現代を開花させた470人〈3〉流通と情報の革命 （富田仁編） 日本放送出版協会 1993.2
◇日本人の生活意識と哲学―東西比較哲学試論 （立野清隆著） 世界書院 1993.5
◇フランシス・ウェーランドの社会経済思想―近代日本、福沢諭吉とウェーランド （藤原昭夫著） 日本経済評論社 1993.5
◇グルマン福沢諭吉の食卓 （小菅桂子著） ドメス出版 1993.5
◇理想 （伊藤淳二著） PHP研究所 1993.6
◇近代日本と自由主義（リベラリズム） （田中浩著） 岩波書店 1993.8

◇抵抗の系譜―福沢諭吉・中江兆民・河上肇・石橋湛山 （正田庄次郎著） 近代文芸社 1993.9
◇この国のかたち〈1〉 （司馬遼太郎著） 文芸春秋 1993.9 （文春文庫）
◇「兄弟型」で解く江戸の怪談 （畑田国男,武光誠著） トクマオリオン 1993.9 （トクマオーブックス）
◇叢書 比較文学比較文化〈2〉 （平川祐弘編） 中央公論社 1993.10
◇育児のエスプリ―知恵の宝石箱 （毛利子来著） 新潮社 1993.10
◇近代日本の形成と西洋経験 （松沢弘陽著） 岩波書店 1993.10
◇福沢諭吉の社会思想―その現代的意義 （千種義人著） 関東学園大学 1993.11 （関東学園大学研究叢書 6）
◇福沢諭吉の社会思想―その現代的意義 （千種義人著） 同文舘出版 1993.11
◇サムライ・マインド―日本人の生き方を問う （森本哲郎著） PHP研究所 1993.12 （PHP文庫）
◇権力を笑う表現？―池田浩士虚構論集 （池田浩士著） 社会評論社 1993.12
◇横浜のくすり文化―洋薬ことはじめ （杉原正泰,天野宏著） （横浜）有隣堂 1994.1 （有隣新書）
◇日本は自らの来歴を語りうるか （坂本多加雄著） 筑摩書房 1994.2
◇諭吉のさと―城下町中津を歩く （横尾和彦著） （福岡）西日本新聞社 1994.2
◇兵庫県の教育史 （鈴木正幸,布川清司,藤井讓治共著） （京都）思文閣出版 1994.2 （都道府県教育史シリーズ）
◇福沢諭吉伝〈第1巻〉 （石河幹明著） 岩波書店 1994.2
◇福沢諭吉伝〈第2巻〉 （石河幹明著） 岩波書店 1994.2
◇福沢諭吉伝〈第3巻〉 （石河幹明著） 岩波書店 1994.2
◇福沢諭吉伝〈第4巻〉 （石河幹明著） 岩波書店 1994.2
◇福沢諭吉の経済思想―その現代的意義 （千種義人著） 関東学園大学 1994.3 （関東学園大学研究叢書 7）
◇手塚豊著作集〈第10巻〉明治史研究雑纂 （手塚豊著） 慶応通信 1994.3
◇福沢諭吉の経済思想―その現代的意義 （千種義人著） 同文舘出版 1994.3
◇森鷗外と下水道―下水道夜話 （斎藤健次郎著） 環境新聞社 1994.3
◇思想と表現―近代日本文学史の一側面 （山口博著） 有朋堂 1994.4
◇「援助」としての教育を考える （松丸修三,渡辺弘編著） 川島書店 1994.4
◇私立の立場から （内山秀夫著） 日本経済評論社 1994.5
◇新版 福翁自伝 （福沢諭吉著,富田正文校注） 慶応通信 1994.5
◇韓国がわかる11人の視点―嫌韓・反日を超えて （多田則明編） 世界日報社 1994.5
◇レトリックの相剋―合意の強制から不合意の共生へ （小畑清剛著） （京都）昭和堂 1994.6
◇歴史に学ぶ人間学―「逆風の時代」を生き抜く知恵とは （江坂彰著） PHP研究所 1994.7
◇伝記のなかのエロス―奇人・変人・性的人間 （佐伯彰一著） 中央公論社 1994.8 （中公文庫）
◇京都学校記 （福沢諭吉〔著〕,京都市教育委員会〔校訂〕） 京都市教育委員会 1994.9
◇風と海の回廊―日本を変えた知の冒険者たち （泉秀樹著） 広済堂出版 1994.9
◇日本の伝統思想とキリスト教―その接点における人間形成論 （岡田典夫著） 教文舘 1995.3 294p
◇福沢諭吉門下 （丸山信編） 日外アソシエーツ 1995.3 229p （人物書誌大系）
◇福沢諭吉と西欧思想―自然法・功利主義・進化論 （安西敏三著） 名古屋大学出版会 1995.3 434,9p
◇福祉の経済思想―厳しさと優しさの接点 （京極高宣著） ミネルヴァ書房 1995.5 286p
◇人物に学ぶ明治の企業事始め （森友幸照著） つくばね舎 1995.8 210p
◇文明のエトス （石坂巌説著） 河出書房新社 1995.9 331p
◇福沢諭吉の世界 （狭間久著） 大分合同新聞社 1995.11 283p
◇世界の伝記 39 新装版 （福田清人著） ぎょうせい 1995.12
◇福沢諭吉とJ・S・ミル・『婦人の隷従』 （安西敏三著）『近代日本とイギリス思想』（杉原四郎編） 日本経済評論社 1995.12 p31
◇福沢諭吉と桃太郎―明治の児童文化 （桑原三郎著） 慶応通信 1996.2 382,12p
◇盛田命祺東日記 （盛田命祺著,日朝秀宜,坂井達朗解説） 慶応義塾福沢研究センター 1996.3 93p （慶応義塾福沢研究センター近代日本研究資料）
◇「妄言」の原形―日本人の朝鮮観 増補新版 （高崎宗司著） 木犀社 1996.5 329p
◇福沢諭吉のコミュニケーション （平井一弘著） 青磁書房 1996.6 391p
◇近代日本精神史論 （坂本多加雄著） 講談社 1996.9 329p （講談

◇近代日本の先駆的啓蒙家たち―福沢諭吉・植木枝盛・徳富蘇峰・北村透谷・田岡嶺雲 （タグマーラ・パーブロブナ・ブガーエワ著,亀井博訳） 平和文化 1996.10 222p
◇医者のみた福沢諭吉一先生、ミイラとなって昭和に出現 （土屋雅春著） 中央公論社 1996.10 235p （中公新書）
◇福沢諭吉と写真屋の娘 （中崎昌雄著） 大阪大学出版会 1996.10 213p
◇3分間で読む成功の秘訣 （花岡大学著） 同朋舎出版 1996.11 238p
◇福沢諭吉と大坂 （森田康夫著） 和泉書院 1996.11 265,6p （日本史研究叢刊）
◇明治14年政変再考―井上毅と福沢諭吉 （渡辺駿一）『比較の中の近代日本思想』（近代日本研究会編） 山川出版社 1996.11 （年報・近代日本研究 18） p134
◇福沢諭吉と近代真宗 （藤原正信）『仏教その文化と歴史』（日野賢隆先生還暦記念会編） 永田文昌堂 1996.11 p737
◇福沢諭吉の着眼塾 小林一三の行動塾―いまビジネスの現場に一番必要な武器だ （永川幸樹著） 青春出版社 1996.12 220p （プレイブックス）
◇日本人の志―最後の幕臣たちの生と死 （片岡紀明著） 光人社 1996.12 257p
◇隈ちた「苦艾」の星―ドストエフスキイと福沢諭吉 （芦川進一著） 河合文化教育研究所 1997.3 249p （河合おんぱろす 特別号）
◇Economics24物語 （手島佑郎, 正慶孝子, グローバルビジネス編） フォレスト出版 1997.4 206p
◇批判精神の航跡―近代日本精神史の一稜線 （飯田泰三著） 筑摩書房 1997.4 343p
◇比較政治思想史講義―アダム・スミスと福沢諭吉 （岩間一雄著） 大学教育出版 1997.5 189p
◇とっておきのもの とっておきの話 第1巻 （YANASE LIFE編集室編） 芸神出版社 1997.5 213p （芸神集団Amuse）
◇福沢諭吉における拝外と排外 （平山洋）『日本思想史』（玉懸博之編） ぺりかん社 1997.7 p449
◇痩我慢というかたち―激動を乗り越えた日本の志 （感性文化研究所編） 黙出版 1997.8 111p （MOKU BOOKS）
◇福沢諭吉と朝鮮―時事新報社説を中心に （杵淵信雄著） 彩流社 1997.9 283p
◇福沢諭吉の母 （大嶋仁）『日本の母』（平川祐弘, 萩原孝雄編） 新曜社 1997.9 p16
◇福沢諭吉と福住正兄―世界と地域の視座 （金原左門著） 吉川弘文館 1997.10 219p （歴史文化ライブラリー）
◇福沢諭吉の思想と現代 （高橋弘通著） 海鳥社 1997.10 238p
◇新しい福沢諭吉 （坂本多加雄著） 講談社 1997.11 262p （講談社現代新書）
◇福沢諭吉―一身独立して一国独立する （長谷川公一著,自由主義史観研究会編） 明治図書出版 1997.12 120p （教科書が教えない歴史人物の生き方）
◇難病としての外国交際―「文明論之概略」考 （長谷川三千子）『Voice主要論文集』（谷沢永一監修,PHP研究所編） PHP研究所 1997.12 p340
◇福沢諭吉の日本経済論 （藤原昭夫著） 日本経済評論社 1998.1 326p
◇愛の一字―父親 福沢諭吉を読む （桑原三郎著） 築地書館 1998.2 170p
◇福沢諭吉の横顔 （西川俊作著） 慶応義塾大学出版会 1998.3 269p （Keio UP選書）
◇福沢諭吉―天は人の上に人をつくらず （藤田のぼる作,伊藤展安絵） 岩崎書店 1998.3 131p （フォア文庫）
◇学問のすゝめ・文明論之概略・福翁自伝総文節索引 （大駒誠一編） 慶応義塾大学福沢研究センター 1998.3 384p （慶応義塾福沢研究センター資料）
◇レトリックとしての「演説の法」と『学問のすゝめ』のレトリック （平井一弘）『大妻女子大学文学部三十周年記念論集』（大妻女子大学文学部三十周年記念論集編集委員会編） 大妻女子大学 1998.3 p307
◇福沢諭吉の中国観の変遷 （スシーラ・ナルシムハン）『日本思想の地平と水脈』（河原宏,河原宏教授古稀記念論文集刊行会編著） ぺりかん社 1998.3 p800(41)
◇近代化の中の文学者たち―その青春と実存 （山口博著） 愛育社 1998.4 279p
◇福沢山脈 上 （小島直記著） 致知出版社 1998.4 311p （Chi chi-select）
◇福沢山脈 下 （小島直記著） 致知出版社 1998.4 311p （Chi chi-select）
◇夢を育てた人々 （谷川澄雄編・著,小野忠男監修） にっけん教育出版社 1998.5 230p （にっけん愛の教育図書シリーズ）
◇幕末 英傑風雲録 （羽生道英著） 中央公論社 1998.5 365p （中公文庫）

◇福沢諭吉と現代（平成8年8月12日 三田 518番ホールにおける特別講演会）（鳥居泰彦）『学ぶ楽しみ生きる喜び』（慶応義塾大学通信教育部編） 慶応義塾大学出版会 1998.5（講演集 2）p79
◇文明開化と英学 （川澄哲夫編, 鈴木孝夫監修） 大修館書店 1998.6 1366p（資料日本英学史）
◇福沢精神と教育 （飯田鼎）『慶応義塾の教育論』（三田教育会編） 慶応義塾大学出版会 1998.6 p117
◇福沢諭吉の教育思想 （村井実）『慶応義塾の教育論』（三田教育会編） 慶応義塾大学出版会 1998.6 p151
◇福沢諭吉の「教育の仕組」論 （松本憲）『慶応義塾の教育論』（三田教育会編） 慶応義塾大学出版会 1998.6 p183
◇福沢諭吉と幼稚舎 （中川真弥）『慶応義塾の教育論』（三田教育会編） 慶応義塾大学出版会 1998.6 p219
◇幕末維新列伝 （綱淵謙錠著） 学陽書房 1998.8 316p （人物文庫）
◇ふだん着の福沢諭吉 （西川俊作, 西沢直子編） 慶応義塾大学出版会 1998.8 302p （Keio UP選書）
◇福沢諭吉と儒学を結ぶもの （張建国著） 日本僑報社 1998.8 247p
◇京都集書院―福沢諭吉と京都人脈 （多田建次著） 玉川大学出版部 1998.9 205p
◇福沢諭吉―物語と歴蹟をたずねて （岩井護著） 成美堂出版 1998.9 285p （成美文庫）
◇草稿 福翁自伝 （福沢諭吉協会編, 富田正文監修） 大空社 〔1998.9〕 4冊
◇福沢諭吉における科学啓蒙思想の展開 （周程著, 富士ゼロックス小林節太郎記念基金編） 富士ゼロックス小林節太郎記念基金 1998.9 37p
◇草稿福翁自伝 3 （福沢諭吉著, 福沢諭吉協会編纂）〔大空社〕 1998.9 1冊（頁付なし）
◇草稿福翁自伝 1 （福沢諭吉著, 福沢諭吉協会編纂）〔大空社〕 1998.9 1冊（頁付なし）
◇草稿福翁自伝 〔別冊 1〕 （福沢諭吉著, 福沢諭吉協会編纂）〔大空社〕 1998.9 549p
◇草稿福翁自伝 2 （福沢諭吉著, 福沢諭吉協会編纂）〔大空社〕 1998.9 1冊（頁付なし）
◇草稿福翁自伝 〔別冊 2〕 （福沢諭吉著, 福沢諭吉協会編纂）〔大空社〕 1998.9 38p
◇草稿福翁自伝 4 （福沢諭吉著, 福沢諭吉協会編纂）〔大空社〕 1998.9 1冊（頁付なし）
◇福沢諭吉研究資料集成 同時代編 （丸山信監修） 大空社 1998.10 4冊セット
◇福沢諭吉と福翁自伝 （鹿野政直編著） 朝日新聞社 1998.10 239p （朝日選書）
◇グルマン福沢諭吉の食卓 （小菅桂子著） 中央公論社 1998.10 276p （中公文庫）
◇福沢諭吉における国民（ネーション）の構想―ギゾー『ヨーロッパ文明史』福沢手稿本再読 （安西敏三）『近代国家の再検討』（鷲見誠一, 藪山宏編） 慶応義塾大学出版会 1998.10 p283
◇福沢諭吉研究資料集成 同時代編 第1巻 大空社 1998.10 428p
◇福沢諭吉研究資料集成 同時代編 第2巻 大空社 1998.10 396p
◇福沢諭吉研究資料集成 同時代編 第3巻 大空社 1998.10 414p
◇福沢諭吉研究資料集成 同時代編 第4巻 大空社 1998.10 439p
◇アメリカが見つかりましたか―戦前篇 （阿川尚之著） 都市出版 1998.11 253p
◇司馬遼太郎が語る雑誌言論100年 （司馬遼太郎ほか著） 中央公論社 1998.11 492p
◇福沢諭吉のすゝめ （大嶋仁著） 新潮社 1998.11 253p （新潮選書）
◇この日本人を見よ―在りし日の人たち （馬野周二著） フォレスト出版 1998.12 263p
◇咸臨丸 海を渡る （土居良三著） 中央公論社 1998.12 602p （中公文庫）
◇福沢諭吉 （浜野卓也文） ポプラ社 1998.12 158p （おもしろくてやくにたつ子どもの伝記）
◇恐慌を生き抜いた男―評伝・武藤山治 （沢野広史著） 新潮社 1998.12 303p
◇近代日本社会学者小伝―書誌的考察 （川合隆男, 竹村英樹編） 勁草書房 1998.12 822p
◇明治政党論史 （山田央子著） 創文社 1999.1 265,10p
◇児童文学の故郷 （桑原三郎著） 岩波書店 1999.1 255p （岩波セミナーブックス）
◇比較文学研究 73 （東大比較文学会編） 恒文社 1999.2 166,9p
◇明治社会教育思想史研究 （北田耕也著） 学文社 1999.3 263,4p （明治大学人文科学研究所叢書）
◇福沢諭吉 （筑波常治作, 田代三善絵） 国土社 1999.3 222p （堂々日本人物史）
◇福沢諭吉 （西川俊作監修, 三重野勝人著） 大分県教育委員会 1999.3 294p （大分県先哲叢書）
◇文学近代化の諸相 4 （小笠原幹夫著） 高文堂出版社 1999.3 176p
◇近代日本女性文献史料総覧 第5～9巻 （女性史研究会編） 大空社 1999.4 5冊（セット）
◇近代日本政治思想史入門―原典で学ぶ19の思想 （大塚健洋編著） ミネルヴァ書房 1999.5 348p
◇近代日本の社会経済学 （八木紀一郎著） 筑摩書房 1999.5 245,7p
◇呪詛の時空―宇都宮怨霊伝説と筑前黒田家 （則松弘明著） 海鳥社 1999.5 276p
◇福沢諭吉と宣教師たち―知られざる明治期の日英関係 （白井尭子著） 未来社 1999.6 323p
◇教科書が教えない歴史―明治・大正・昭和、大事件の真相 （藤岡信勝, 自由主義史研究会著） 産経新聞ニュースサービス 1999.6 386p （扶桑社文庫）
◇福沢諭吉論の百年 （西川俊作, 松崎欣一編） 慶応義塾大学出版会 1999.6 320p （Keio UP選書）
◇加藤周一セレクション 2 （鷲巣力編） 平凡社 1999.8 421p （平凡社ライブラリー）
◇学習カレンダー 365日今日はどんな日？5月 （PHP研究所編） PHP研究所 1999.9 49p
◇医の名言―生きる糧となる45の言葉 （荒井保男著） 中央公論新社 1999.9 278p （中公文庫）
◇福沢諭吉の農民観―春日井郡地租改正反対運動 （河地清著） 日本経済評論社 1999.10 223p
◇言論と日本人―歴史を創った話し手たち （芳賀綏著） 講談社 1999.10 332p （講談社学術文庫）
◇経済学の名言100 （佐和隆光著） ダイヤモンド社 1999.10 218p
◇バカは力なりアホも能力なり―目覚めよ！君の中の「バカ人格」 （中川昌彦著） 新講社 1999.10 230p
◇差別と戦争―人間形成史の陥穽 （松浦勉, 渡辺かよ子編） 明石書店 1999.11 398p
◇男と女の物語日本史 （加来耕三監修） 講談社 1999.11 366p
◇クリスマス―どうやって日本に定着したか （クラウス・クラハト, 克美・タテノクラハト著） 角川書店 1999.11 231p
◇明治文芸館 4 （上田博, 滝本和義編） 嵯峨野書院 1999.11 206,13p
◇福沢諭吉―その武士道と愛国心 （西部邁著） 文芸春秋 1999.12 229p
◇運動会と日本近代 （吉見俊哉, 白幡洋三郎, 平田宗史, 木村吉次, 入江克己, 紙透雅子著） 青弓社 1999.12 225p （青弓社ライブラリー）
◇近代日本の人物と史料 （伊藤隆著） 青史出版 2000.1 199,6p
◇明治の精神を考える （松本三之介著） 川崎市生涯学習振興事業団かわさき市民アカデミー出版部 2000.1 77p （かわさき市民アカデミー講座ブックレット）
◇近代史料学の射程―明治太政官文書研究序説 （中野目徹著） 弘文堂 2000.2 358p
◇福沢諭吉の議論「論」と議論 （平井一弘著） 青磁書房 2000.2 280p
◇日本の近代化と知識人―若き日本と世界 2 （東海大学外国語教育センター異文化交流研究会編） 東海大学出版会 2000.2 284p
◇日本経済学史研究―日本の近代化と西欧経済学 （飯田鼎著） 御茶の水書房 2000.3 455p （飯田鼎著作集）
◇『文明論之概略』草稿の考察―研究資料 （進藤咲子著） 福沢諭吉協会 2000.3 408p
◇楽しく調べる人物図解日本の歴史―明治・大正・昭和・平成時代 7 （佐藤和彦監修） あかね書房 2000.4 47p
◇歴史教育の現在 （石山久男, 渡辺賢二編） 東京堂出版 2000.5 394p （展望 日本歴史）
◇海をこえて 近代知識人の冒険 （高沢秀次著） 秀明出版会 2000.6 329p
◇鬼才福沢桃介の生涯 （浅利佳一郎著） 日本放送出版協会 2000.6 283p
◇世界の十大伝記・プラス・ワン （谷沢永一著） 集英社インターナショナル 2000.7 278p
◇日本のこころ―地の巻 「私の好きな人」 （田辺聖子, 高橋睦郎, 山折哲雄, 平山郁夫, 堺屋太一ほか著） 講談社 2000.7 387p
◇孤独と不安―二十世紀思想史の一断面 （山崎庸佑著） 北樹出版 2000.10 139p
◇福沢諭吉の教育観 （桑原三郎著） 慶応義塾大学出版会 2000.11 326p
◇福沢諭吉―快男子の生涯 （川村真二著） 日本経済新聞社 2000.11 487p （日経ビジネス人文庫）
◇福沢諭吉 文明と社会構想 （中村敏子著） 創文社 2000.11 189,11p （現代自由学芸叢書）
◇福沢諭吉のアジア認識―日本近代史像をとらえ返す （安川寿之輔著） 高文研 2000.12 321p

◇「健康」の日本史（北沢一利著）平凡社 2000.12 235p（平凡社新書）
◇「世紀をつらぬく福沢諭吉—没後100年記念—」展（鷲見洋一、前田富士男、柏木麻里責任編集）慶応義塾 2001 163p
◇文明の始造者から—カントとハイデガー（余語ルリ著）信山社出版 2001.1 306p
◇福沢諭吉と中江兆民（松永昌三著）中央公論新社 2001.1 241p（中公新書）
◇福翁自伝（富田正文校注、福沢諭吉著）慶応義塾大学出版会 2001.1 362,13p
◇人物で読む近現代史 上（歴史教育者協議会編）青木書店 2001.1 299p
◇福沢諭吉書簡集 第1巻（慶応義塾編）岩波書店 2001.1 451p
◇この思想家のどこを読むのか—福沢諭吉から丸山真男まで（加地伸行、小浜逸郎、佐伯啓思、西部邁ほか著）洋泉社 2001.2 243p（新書y）
◇慶応ものがたり—福沢諭吉をめぐって（服部礼次郎著）慶応義塾大学出版会 2001.2 463p
◇新世紀「経営の心」16人の先達—新世紀の日本型理念経営のすすめ（日本経営倫理学会・理念哲学研究部会編著）英治出版 2001.2 262p
◇文豪福沢諭吉—その意匠と述作 福沢学入門書（福田一直著）福田一直 2001.2 307p
◇蘭学の里・中津—川嶌真人エッセイ集（川嶌真人著）近代文芸社 2001.3 107p
◇「文明日本」と「市民的主体」—福沢諭吉・徳富蘇峰・内村鑑三（梅津順一著）聖学院大学出版会 2001.3 288p（聖学院大学研究叢書）
◇福沢諭吉書簡集 第2巻（福沢諭吉著、慶応義塾編、川崎勝、寺崎修編集責任）岩波書店 2001.3 424p
◇平成新国体論—日本を救う日本の国がら（井上俊輔著）国書刊行会 2001.4 292p
◇橘川文三著作集 7 増補版（橘川文三著）筑摩書房 2001.4 385p
◇明治文芸館 1（上田博、滝本和成編）嵯峨野書院 2001.5 201,12p
◇福沢諭吉書簡集 第3巻（慶応義塾編）岩波書店 2001.5 385p
◇「他力」を生きる—清沢満之の求道と福沢諭吉の実学精神（延塚知道著）筑摩書房 2001.6 244p
◇教科書が教えない歴史人物—福沢諭吉・大隈重信（藤岡信勝監修、長谷川公一、久保田庸四郎著）扶桑社 2001.6 335p（扶桑社文庫）
◇福沢諭吉の哲学—他六篇（丸山真男著、松沢弘陽編）岩波書店 2001.6 335p（岩波文庫）
◇日英交流史1600-2000 4（細谷千博、イアン・ニッシュ監修、杉山伸也、ジャネット・ハンター編）東京大学出版会 2001.6 332,8p
◇その時歴史が動いた 7（NHK取材班編）KTC中央出版 2001.6 253p
◇自己超越の思想—近代日本のニヒリズム 新装版（竹内整一著）ぺりかん社 2001.7 286p
◇福沢諭吉研究—福沢諭吉と幕末維新の群像（飯田鼎著）御茶の水書房 2001.7 439,20p（飯田鼎著作集）
◇近代日本を語る—福沢諭吉と民衆と差別（ひろたまさき著）吉川弘文館 2001.8 219p
◇福沢諭吉書簡集 第4巻（福沢諭吉著、慶応義塾編）岩波書店 2001.8 397p
◇株式市場への公的介入—市場原理対政策論理（神木良三著）千倉書房 2001.9 213p
◇福沢諭吉書簡集 第5巻（福沢諭吉著、慶応義塾編）岩波書店 2001.10 409p
◇維新人物学—激動に生きた百七人（林青梧著）全日出版 2001.11 286p
◇民主主義国日本への提言（大内謙一著）近代文芸社 2001.11 243p
◇英語襲来と日本人—えげれす語事始（斎藤兆史著）講談社 2001.11 194p（講談社選書メチエ）
◇文明と野蛮の衝突—文明論之概略（俵木浩太郎著）筑摩書房 2001.11 238p（ちくま新書）
◇新・武士道—いま、気概とモラルを取り戻す（岬竜一郎著）講談社 2001.11 237p（講談社プラスアルファ新書）
◇ドラッカーと福沢諭吉—二人の巨人が示した「日本経済・変革の時」（望月護著）祥伝社 2001.11 290p
◇明治の東京商人群像—若き創業者の知恵と挑戦（白石孝著）文真堂 2001.12 202,6p
◇日本語中・上級用読本 日本を知ろう—日本の近代化に関わった人々（三浦昭、ワット・伊東泰子著）アルク 2001.12 231p
◇二〇〇一年の中江兆民—憲法から義太夫節まで（井上進也著）光芒社 2001.12 353p
◇歴史とテクスト—西鶴から諭吉まで（井上進也著）光芒社 2001.12 370p

◇明治人のお葬式（此経啓助著）現代書館 2001.12 203p
◇国東・日田と豊前道（外園豊基編）吉川弘文館 2002.1 251,27p（街道の日本史）
◇欧化と国粋—日露の「文明開化」とドストエフスキー（高橋誠一郎著）刀水書房 2002.1 252p（比較文明学叢書）
◇福沢諭吉書簡集 第6巻（福沢諭吉著、慶応義塾編、小室正紀、坂井達朗編集責任）岩波書店 2002.1 441p
◇歴史を動かした意外な人間関係—親子・男女・師弟・ライバルたちの秘められた事実（日本博学倶楽部著）PHP研究所 2002.2 227p（PHP文庫）
◇明治を生きる群像—近代日本語の成立（飯田晴巳著）おうふう 2002.2 231p
◇人物日本の歴史・日本を変えた53人 7（高野尚好監修）学習研究社 2002.2 64p
◇「仕事の場で認められる人」はここが違う（中川昌彦著）新講社 2002.3 229p
◇新島襄と徳富蘇峰—熊本バンド、福沢諭吉、中江兆民をめぐって（本井康博著）晃洋書房 2002.3 268,7p
◇福沢諭吉書簡集 第7巻（福沢諭吉著、慶応義塾編、川崎勝、西川俊作編集責任）岩波書店 2002.3 417p
◇福沢諭吉—天は人の上に人を造らず 普及版（後藤弘子文、南聡絵）大分県教育委員会 2002.3 193p（大分県先哲叢書）
◇福沢諭吉研究（丸谷嘉徳著）創栄出版 2002.3 263p
◇何が「脱亜論」を有名にしたのか？（平山洋）『グローバルとローカル』〔静岡県立大学国際関係学部〕国際行動学コース編）静岡県立大学国際関係学部 2002.3（国際関係学叢書 19）p65～
◇「妄言」の原形—日本人の朝鮮観 増補三版（高崎宗司著）木犀社 2002.4 352p
◇韓国・朝鮮と向き合った36人の日本人—西郷隆盛、福沢諭吉から現代まで（舘野皙編著）明石書店 2002.4 231p
◇独立自尊—福沢諭吉の挑戦（北岡伸一著）講談社 2002.4 342p
◇起業家福沢諭吉の生涯—学で富み亨て学び（玉置紀夫著）有斐閣 2002.4 336p
◇脱近代への架橋（川喜田八潮著）葦書房 2002.5 270p
◇日本近代思想史序説 明治期前篇 上（岩崎允胤著）新日本出版社 2002.5 421,9p
◇明治のジャーナリズム精神—幕末・明治の新聞事情（秋山勇造著）五月書房 2002.5 259,7p
◇散歩をもっと楽しくする本（遠藤昭著）文芸社 2002.6 192p
◇えらい人はみな変わってはる（谷沢永一著）新潮社 2002.6 221p
◇日本近代思想史序説 明治期前篇 下（岩崎允胤著）新日本出版社 2002.6 358,9p
◇福沢諭吉書簡集 第8巻（福沢諭吉著、慶応義塾編、小室正紀、松崎欣一編集責任）岩波書店 2002.6 426p
◇清沢満之に学ぶ—現代を真宗に生きる（児玉暁洋著）樹心社 2002.7 308p
◇この国のあした—司馬遼太郎の戦争観（高橋誠一郎著）のべる出版企画 2002.8 209p
◇福沢諭吉の宗教観（小泉仰著）慶応義塾大学出版会 2002.8 278,15p
◇福沢諭吉の法思想—視座・実践・影響（安西敏三、岩谷十郎、森征一編著）慶応義塾大学出版会 2002.8 349,13p
◇西洋思想の日本的展開—福沢諭吉からジョン・ロールズまで（小泉仰監修、西洋思想受容研究会編）慶応義塾大学出版会 2002.9 245p
◇比較文学研究 第80号（東大比較文学会著）すずさわ書店 2002.9 174p
◇転換期の政治思想—20世紀からの問い（鷲見誠一編）創文社 2002.9 227p
◇欧化的世界観の受容と改造—福沢諭吉と厳復の初期の思想を中心に（高増杰）『西洋思想の日本的展開 福沢諭吉からジョン・ロールズまで』（小泉仰監修、西洋思想受容研究会編）慶応義塾大学出版会 2002.9 p11～
◇福沢諭吉の西洋理解と「脱亜論」（平山洋）『西洋思想の日本的展開 福沢諭吉からジョン・ロールズまで』（小泉仰監修、西洋思想受容研究会編）慶応義塾大学出版会 2002.9 p34～
◇ドイツ語圏の日本研究における福沢諭吉と丸山真男の位置（アネッテ・シャート＝ザイフェルト、小林敏明〔訳〕）『西洋思想の日本的展開 福沢諭吉からジョン・ロールズまで』（小泉仰監修、西洋思想受容研究会編）慶応義塾大学出版会 2002.9 p54～
◇元気の出る日本語（馳浩監修、花田義塾日本語研究会著）扶桑社 2002.10 241p
◇地中海世界を見た日本人—エリートたちの異文化体験（牟田口義郎著）白水社 2002.10 237p
◇成হゆかりの人物伝（小川国彦著）平原社 2002.10 766p
◇児童文学の心（桑原三郎著）慶応義塾大学出版会 2002.11 312p
◇よみがえる適塾—適塾記念会50年のあゆみ（梅渓昇、芝哲夫著）大

◇福沢諭吉 （甲斐謙二画, 東桂市作, 坂井達朗監修）　講談社　2002.11　143p　（講談社学習コミック　アトムポケット人物館）
◇教科書が教えない歴史人物の常識疑問　（新人物往来社編）　新人物往来社　2002.12　358p
◇自由とはなんだろう—グローバリゼーションと日本人の倫理観　（桂木隆夫著）　朝日新聞社　2002.12　189p
◇達人たちの悦楽　喰ふ　（達人倶楽部編・著）　ワンツーマガジン社　2002.12　281p
◇翻訳語の論理—言語にみる日本文化の構造　（柳父章著）　法政大学出版局　2003.1　341p
◇ザ早慶戦　（井手美来著）　新潮社　2003.1　190p　（ラッコブックス）
◇福沢諭吉書簡集　第9巻　（福沢諭吉著, 慶応義塾編, 小室正紀ほか編集責任）　岩波書店　2003.1　374,77p
◇丸山真男の思想史学　（板垣哲夫著）　吉川弘文館　2003.2　209p　（歴史文化ライブラリー）
◇何のために学ぶか　（飯田陸三著）　しいがる書房　2003.3　240p
◇岩倉使節団の再発見　（欧米回覧の会編）　思文閣出版　2003.3　263, 10p
◇福沢諭吉の「サイアンス」　（永田守男著）　慶応義塾大学出版会　2003.3　205p
◇徹底大研究　日本の歴史人物シリーズ　7　（桑原三郎監修）　ポプラ社　2003.4　79p
◇源流—福沢・大隈は「官」に挑んだ　（望月護著）　まどか出版　2003.4　254p
◇教師の哲学—人を導く者の魂とは　（岬竜一郎著）　PHP研究所　2003.5　219p
◇著作権を確立した人々—福沢諭吉先生, 水野錬太郎博士, プラーゲ博士…　（大家重夫著）　成文堂　2003.5　269p　（成文堂選書）
◇近代日本における地理学の一潮流　（源昌久著）　学文社　2003.5　4,283p　（淑徳大学社会学部研究叢書）
◇努力は必ず報われる—勇気を与えてくれる歴史上の人物12人の絵物語　（下川高士絵・文）　新人物往来社　2003.6　77p　（シリーズ：こどもとおとなたちに贈る人物日本の歴史）
◇海を渡ったサムライの娘　杉本鉞子　（多田建次著）　玉川大学出版部　2003.7　196p
◇喜劇の精粋抄　（新藤謙著）　勉誠出版　2003.7　284p
◇福沢諭吉と丸山真男—「丸山諭吉」神話を解体する　（安川寿之輔著）　高文研　2003.7　480p
◇歴史学と史料研究　（東京大学史料編纂所編）　山川出版　2003.7　278p
◇「第三の開国」は可能か　（田中浩著）　日本放送出版協会　2003.8　253p　（NHKライブラリー）
◇知のポリフォニー—テキストによる人文科学入門　（田中邦夫, 高津孝編著）　松柏社　2003.8　419p
◇明治・大正・昭和　30の「真実」　（三代史研究会著）　文芸春秋　2003.8　176p　（文春新書）
◇思想史としての「精神主義」　（福島栄寿著）　法蔵館　2003.8　234p　（日本仏教史研究叢書）
◇自由の精神　（萩原延寿著）　みすず書房　2003.9　387p
◇病いとかかわる思想—看護学・生活学から「もうひとつの臨床教育学」へ　（森本芳生主著）　明石書店　2003.9　325p
◇「演説姿の福沢諭吉肖像画」に関する覚書（柳井康弘）『日本美術の空間と形式—河合正朝教授還暦記念論文集』（河合正朝教授還暦記念論文集刊行会）　河合正朝教授還暦記念論文集刊行会　2003.9　p401
◇天皇を読む　（近代日本思想研究会著）　講談社　2003.10　225p　（講談社現代新書）
◇福沢諭吉と自由民権運動—自由民権運動と脱亜論　（飯田鼎著）　御茶の水書房　2003.10　315,12p　（飯田鼎著作集）
◇近代への責任思考のパトス—福沢・丸山・ヴェーバー・トクヴィル　（樋口辰雄著）　御茶の水書房　2003.10　345,6p
◇精神史的にみた徳富蘇峰と福沢諭吉　（西田毅）『近代日本と徳富兄弟—徳富蘇峰生誕百四十年記念論集』　蘇峰会　2003.10　p11
◇ペリー来航　歴史を動かした男たち　（山本博文著）　小学館　2003.11　203p
◇福沢諭吉著作集　第12巻　（福沢諭吉著, 松崎欣一編）　慶応義塾大学出版会　2003.11　549p
◇福沢諭吉—その発想のパラドックス　（横松宗著）　梓書院　2004.1　217p
◇福沢諭吉と明治維新　（新冬二文）　フレーベル館　2004.3　48p　（あるいて知ろう！歴史にんげん物語）
◇福沢諭吉—ペンでひらく新しい時代　（酒寄雅志監修, 小西聖一著）　理論社　2004.3　113p　（NHKにんげん日本史）
◇立憲政体成立の研究　（奥田晴樹著）　岩田書院　2004.3　453p　（近代史研究叢書）
◇帝国と国民　（山内昌之著）　岩波書店　2004.3　399p

◇著作権を確立した人々—福沢諭吉先生, 水野錬太郎博士、プラーゲ博士…　第2版　（大家重夫著）　成文堂　2004.3　241,7p　（成文堂選書）
◇漱石の時代—天皇制下の明治の精神　（林順治著）　彩流社　2004.4　668p
◇福沢諭吉の手紙　（慶応義塾編）　岩波書店　2004.4　329,7p　（岩波文庫）
◇日本史を動かした名言—その「名場面」を読み解く　（小和田哲男著）　青春出版社　2004.6　269p　（プレイブックス・インテリジェンス）
◇お厚いのがお好き？　フジテレビ出版　2004.6　303p
◇福沢諭吉の経済思想—その現代的意義　第2版　（千種義人著）　同文舘出版　2004.6　556p
◇実学の理念と起業のすすめ—福沢諭吉と科学技術　（藤江邦男著）　慶応義塾大学出版会　2004.6　205p
◇日本史が人物12人でわかる本　（爆笑問題著）　幻冬舎　2004.7　253p
◇新島襄と私立大学の創立者たち　（志村和次郎著）　キリスト新聞社　2004.8　213p
◇福沢諭吉の真実　（平山洋著）　文芸春秋　2004.8　244p　（文春新書）
◇井上毅と福沢諭吉　（渡辺俊一著）　日本図書センター　2004.9　335p　（学術叢書）
◇ユニテリアンと福沢諭吉　（土屋博政著）　慶応義塾大学出版会　2004.10　237,22p
◇行蔵は我にあり—出頭の102人　（出久根達郎著）　文芸春秋　2004.10　221p　（文春新書）
◇以都久之幾乃utf末川利古登—憲法と祭祀政治　（野沢政直著）　明徳出版社　2004.10　302p
◇東アジア「開明」知識人の思惟空間—鄭観応・福沢諭吉・兪吉濬の比較研究　（金鳳珍著）　九州大学出版会　2004.11　324,4p
◇座右の諭吉—才能より決断　（斎藤孝著）　光文社　2004.11　212p　（光文社新書）
◇愛・葛木の阿呆だら経—これだけ知れば大損なし　（愛・葛木著）　新風舎　2004.12　185p
◇「日本人の名著」を読む　（岬竜一郎著）　致知出版社　2004.12　282p
◇感動！日本の名著　近現代編—たった10分で味わえる　（毎日新聞社編）　ワック　2004.12　386p　（ワックBUNKO）
◇日本の経済思想世界—「十九世紀」の企業者・政策者・知識人　（川口浩編著）　日本経済評論社　2004.12　530p
◇福沢諭吉　2　（岳真也著）　作品社　2004.12　332p
◇近代日本の成立—西洋経験と伝統　（西村清和, 高橋文博編）　ナカニシヤ出版　2005.1　249p
◇精神としての武士道—高次元の伝統回帰への道　（内田順三著）　シーエイチシー　2005.1　279p
◇お札になった偉人　（童門冬二著）　池田書店　2005.2　191p
◇韓国・日本・「西洋」—その交錯と思想変容　（渡辺浩, 朴忠錫編）　慶応義塾大学出版会　2005.3　464p　（日韓共同研究叢書）
◇明治デモクラシー　（坂野潤治著）　岩波書店　2005.3　228p　（岩波新書）
◇法文化としての租税　（森征一編）　国際書院　2005.3　228p　（法文化叢書）
◇福沢諭吉の「科学のススメ」—日本で最初の科学入門書「訓蒙窮理図解」を読む　（桜井邦朋著）　祥伝社　2005.3　224p　（Non select）
◇福沢諭吉書簡総目録　慶応義塾福沢研究センター　2005.3　244p　（慶応義塾福沢研究センター資料）
◇日米戦略思想史—日米関係の新しい視点　（石津朋之, ウィリアムソン・マーレー編）　彩流社　2005.4　299,3p
◇信州と福沢諭吉　（丸山信著）　東京図書出版会　2005.4　149p
◇福沢諭吉のレガシー　（贈りもの）　（柴井利雄著）　丸善　2005.4　210,4p
◇福沢諭吉『文明論之概略』精読　（子安宣邦著）　岩波書店　2005.4　298p　（岩波現代文庫）
◇写説『坂の上の雲』を行く　（太平洋戦争研究会著）　ビジネス社　2005.5　175p
◇近代中国の立憲構想—厳復・楊度・梁啓超と明治啓蒙思想　（李暁東著）　法政大学出版局　2005.5　301,15p
◇近代国家を構想した思想家たち　（鹿野政直著）　岩波書店　2005.6　181p　（岩波ジュニア新書）
◇千里の志—新島襄を語る　1　（本井康博著）　思文閣出版　2005.6　217,8p
◇教養のすすめ—明治の知の巨人に学ぶ　（岡崎久彦著）　青春出版社　2005.7　223p
◇偉人にみる人の育て方　（河合敦著）　学陽書房　2005.7　254p
◇語り手としての福沢諭吉—ことばを武器として　（松崎欣一著）　慶応義塾大学出版会　2005.8　205p
◇幕末・明治の士魂—啓蒙と抵抗の思想的系譜　（飯田鼎著）　御茶の水書房　2005.8　412,11p　（飯田鼎著作集）
◇津波とたたかった人—浜口梧陵伝　（戸石四郎著）　新日本出版社　2005.8　188p

◇福沢諭吉の近代化構想と女性論　（西沢直子）『明治維新と文化』（明治維新史学会編）　吉川弘文館　2005.8　（明治維新史研究）p156
◇井上角五郎は諭吉の弟子にて候　（井上園子著）　文芸社　2005.9　513p
◇ものづくり魂—この原点を忘れた企業は滅びる　（井深大著, 柳下要司郎編）　サンマーク出版　2005.9　279p
◇巌本善治—正義と愛に生きて　（葛井義憲著）　朝日出版社　2005.9　204p
◇地球時代の志士たちへ—スピリチュアルメッセージ 1　（レムリア・ルネッサンス編）　たま出版　2005.10　288p
◇書簡にみる福沢諭吉の「家」意識と近代化構想　（西沢直子）『明治国家の政策と思想』（夫塚孝明編）　吉川弘文館　2005.10　p229
◇福沢諭吉理念の原点—自立はアリの門人なり　（石坂巌著）　労務行政研究所　2005.10　220p
◇志立の明治人　上巻　（佐藤能丸著）　芙蓉書房出版　2005.10　164p
◇晩年の福沢諭吉—福沢書簡に見る日清戦後の世情と「老余の煩悩」（小室正紀, 松崎欣一共著）　慶応義塾経済学会　2005.10　34p　（経済学会ブックレット）
◇ひとりは大切—新島襄を語る 2　（本井康博著）　思文閣出版　2006.1　223,10p
◇聞き書き・福沢諭吉の思い出—長女・里が語った、父の一面　（中村仙一郎著, 中村文夫編）　近代文芸社　2006.1　162p
◇異評 司馬遼太郎　（岩倉博著）　草の根出版会　2006.2　235p
◇世界一受けたい日本史の授業—あなたの習った教科書の常識が覆る　（河合敦著）　二見書房　2006.3　258p　（二見文庫）
◇病いとかかわる思想—看護学・生活学から「もうひとつの臨床教育学」へ　（森本芳生著）　明石書店　2006.3　414p
◇幕末維新期 横井小楠と福沢諭吉　（平石直昭）『知識人から考える公共性』（平石直昭, 金泰昌編）　東京大学出版会　2006.3　（公共哲学）p1
◇福沢諭吉における「文明」と「戦争」　（金錫根）『「文明」「開化」「平和」—日本と韓国』（朴忠錫, 渡辺浩編著）　慶応義塾大学出版会　2006.3　（日韓共同研究叢書）p355
◇三田の政官界人列伝　（野村英一著）　慶応義塾大学出版会　2006.4　327,18p
◇異端の民俗学—差別と境界をめぐって　（礫川全次著）　河出書房新社　2006.4　210p
◇志は死なず 過去世物語日本編—教科書には出てこない「もう一つの歴史」　（ザ・リバティ編集部編著）　幸福の科学出版　2006.4　210p
◇福沢諭吉におけるW・バジョット問題　（安西敏三）『ヴィクトリア朝英国と東アジア』（川本皓嗣, 松村昌家編）　思文閣出版　2006.4　（大手前大学比較文化研究叢書）p209
◇師弟—ここに志あり　（童門冬二著）　潮出版社　2006.6　269p
◇高嶋教科書裁判が問うたもの—その焦点と運動13年の総括　（高嶋教科書訴訟を支援する会編）　高文研　2006.6　301p
◇「福翁自伝」の研究 本文編　（佐志伝編著）　慶応義塾大学出版会　2006.6　25,305,17p
◇新・武士道論　（俵木浩太郎著）　筑摩書房　2006.7　302p　（ちくま文庫）
◇経済思想 9　（大森郁夫責任編集）　日本経済評論社　2006.7　299p
◇福沢諭吉の戦争論と天皇制論—新たな福沢美化論を批判する　（安川寿之輔著）　高文研　2006.7　386p
◇福沢諭吉の『女大学』批判　（西沢直子）『女大学資料集成』（石川松太郎監修, 小泉吉永編）　大空社　2006.7　p114〜129
◇政治思想のデッサン—思想と文化の間　（中道寿一著）　ミネルヴァ書房　2006.9　294,6p　（Minerva21世紀ライブラリー）
◇鉄路の美学—名作が描く鉄道のある風景　（原口隆行著）　国書刊行会　2006.9　358p
◇白い陰毛　（浜田良二郎著）　東京図書出版会　2006.9　176p
◇マーケティング思想史—メタ理論の系譜　（堀田一善著）　中央経済社　2006.10　223p
◇知られざる福沢諭吉—下級武士から成り上がった男　（礫川全次著）　平凡社　2006.11　246p　（平凡社新書）
◇日本の近現代史述講 歴史をつくるもの 上　（坂野潤治, 三谷太一郎著, 藤井裕久, 仙谷由人監修, 日本の近現代史調査会編）　中央公論新社　2006.12　252p
◇福沢諭吉国家理性と文明の道徳　（西村稔著）　名古屋大学出版会　2006.12　338,11p
◇図解 成功哲学ノート—実業家・理論家の巨星27人に学ぶ成功の秘訣　（池田光著）　PHP研究所　2007.1　95p
◇法における人間・人間における倫理　（小畑清剛著）　昭和堂　2007.1　310,7p
◇連続講義 東アジア日本が問われていること　（松村高夫, 高草木光一編）　岩波書店　2007.2　298p
◇日本ナショナリズムの解読　（子安宣邦著）　白沢社　2007.3　229p
◇日本政治思想　（米原謙著）　ミネルヴァ書房　2007.3　308,4p　（MINERVA政治学叢書）
◇福沢諭吉国を支えて国を頼らず　（北康利著）　講談社　2007.3　365p
◇福沢諭吉における比較政治学の位相　（安西敏三）『現場としての政治学』（市川太一, 梅垣理郎, 柴田平三郎, 中道寿一編著）　日本経済評論社　2007.3　p161
◇Yukichi Fukuzawa's ideas on family and the history of civilization　（中村敏子著）『変容する世界と法律・政治・文化—北海学園大学法学部40周年記念論文集』（北海学園大学法学部編）　北海学園大学法学部, ぎょうせい北海道支社（印刷）　2007.3　p370〜351
◇明治・大正・昭和 日本のリーダー名語録—優れた指導者に学ぶ決断力　（武田鏡村著）　PHP研究所　2007.4　270p
◇人は60歳で何をしたか　（藤原治著）　文芸春秋　2007.4　238p
◇近代、あるいは建築のゆくえ—京都・神宮庭と大阪・中之島をあるく　（呉谷充利著）　創元社　2007.4　274p
◇国民道徳とジェンダー—福沢諭吉、井上哲次郎、和辻哲郎　（関口すみ子著）　東京大学出版会　2007.4　302,8p
◇沙翁と福翁に学ぶ生きる知恵　（石川実著）　慶応義塾大学出版会　2007.5　189p
◇福沢諭吉と自由主義—個人・自治・国体　（安西敏三著）　慶応義塾大学出版会　2007.5　237,66p
◇破天荒力—箱根に命を吹き込んだ「奇妙人」たち　（松沢成文著）　講談社　2007.6　270p
◇天界の経綸　（レムリア・ルネッサンス著）　まんだらけ　2007.6　270p　（レムリア・ルネッサンス スピリチュアルメッセージシリーズ）
◇司馬遼太郎 歴史のなかの邂逅 3　（司馬遼太郎著）　中央公論新社　2007.6　428p
◇市場・道徳・秩序　（坂本多加雄著）　筑摩書房　2007.7　454p　（ちくま学芸文庫）
◇大いなる人生　（高田宏著）　芸術新聞社　2007.9　236p
◇福沢諭吉 新装版　（遠山茂樹著）　東京大学出版会　2007.9　278p　（近代日本の思想家）
◇明六社　（大久保利謙著）　講談社　2007.10　332p　（講談社学術文庫）
◇帝とかぐや姫—『竹取物語』の世界　（河村望著）　人間の科学新社　2007.10　257p
◇「あの人」の言葉—人生の指針を残した偉人たち　（武光誠著）　リイド社　2007.10　254p　（リイド文庫）
◇会社学入門—実学のすすめ　（村松宏著）　七つ森書館　2007.10　218p
◇勝者と敗者の近現代史　（河上民雄著）　かまくら春秋社　2007.10　189p
◇日本を教育した人々　（斎藤孝著）　筑摩書房　2007.11　205p　（ちくま新書）
◇萩原延寿集 2　（萩原延寿著）　朝日新聞社　2007.12　485p
◇近代日本の社会と文化—明治維新とは何だったのか　（河村望著）　人間の科学新社　2007.12　249p
◇新版 作家と薬—誰も知らなかった作家と薬の話　（後藤直良著）　薬事日報社　2007.12　299p
◇経済学 名著と現代　（日本経済新聞社編）　日本経済新聞出版社　2007.12　279p
◇あの哲学者にでも聞いてみるか—ニートや自殺は悪いことなのか　（鷲田小弥太著）　祥伝社　2007.12　233p　（祥伝社新書）
◇イギリス正統派の財政経済思想と受容過程　（大淵三洋著）　学文社　2008.1　295p
◇福沢諭吉の思想と近代化構想　（寺崎修編）　慶応義塾大学出版会　2008.1　272p　（叢書21COE-CCC多文化世界における市民意識の動態）
◇左千夫歌集　（永塚功著, 久保田淳監修）　明治書院　2008.2　540p　（和歌文学大系）
◇福沢諭吉の日本皇室論—現代語訳　（平沼赳夫監修, 無窮会編, 池田一貴訳）　島津書房　2008.2　256p
◇江戸の知識から明治の政治へ　（松田宏一郎著）　ぺりかん社　2008.2　288,4p
◇福沢諭吉人生の言葉　（藤原銀次郎著）　実業之日本社　2008.2　236p
◇連続と非連続の日本政治　（菅原彬州編）　中央大学出版部　2008.3　305p　（中央大学社会科学研究所研究叢書）
◇「洋算」摂取の時代を見つめる　（岡部進著）　ヨーコ・インターナショナル　2008.3　284p
◇ワザと身体の民俗学　（礫川全次編）　批評社　2008.4　241p　（歴史民俗学資料叢書）
◇人間福沢諭吉　（松永安左エ門著）　実業之日本社　2008.4　245p
◇「中立」新聞の形成　（有山輝雄著）　世界思想社　2008.5　246p
◇福沢諭吉—文明の政治には六つの要訣あり　（平山洋著）　ミネルヴァ書房　2008.5　401,30p　（ミネルヴァ日本評伝選）
◇福本和夫著作集 第7巻　（福本和夫著）　こぶし書房　2008.6　830, 15p

◇義塾の原点 上 （童門冬二著, 関戸勇写真） リブロアルテ 2008.7 251p
◇先賢諸聖のことば―直筆の格言・名言コレクション75 （田中大著） PHP研究所 2008.8 190p
◇ヨーロッパ人の見た幕末使節団 （鈴木健夫, ポール・スノードン, ギュンター・ツォーベル著） 講談社 2008.8 271p （講談社学術文庫）
◇故国を忘れず新天地を拓く―移民から見る近代日本 （天沼香著） 新潮社 2008.8 205p （新潮選書）
◇福翁自伝 新版 （福沢諭吉著, 昆野和七校訂） 角川学芸出版 2008.8 406p （角川文庫）
◇早稲田と慶応―名門私大の栄光と影 （橘木俊詔著） 講談社 2008.9 237p （講談社現代新書）
◇「育つ・学ぶ」の近代史―「自叙伝」から （小山静子, 太田素子編） 藤原書店 2008.9 299p
◇小説の中の先生 （上田博, 池田功, 前芝憲一編） おうふう 2008.9 223p
◇すき焼き通 （向笠千恵子著） 平凡社 2008.10 256p （平凡社新書）
◇明治国家の精神史的研究―「明治の精神」をめぐって （鈴木徳男, 嘉戸一将編） 以文社 2008.10 273p
◇福沢諭吉伝 （佐高信著） 角川学芸出版 2008.10 310p
◇世界の首脳・ジョークとユーモア集 （おおばともみつ著） 中央公論新社 2008.11 222p （中公新書ラクレ）
◇封建制の文明史観―近代化をもたらした歴史の遺産 （今谷明著） PHP研究所 2008.11 266p （PHP新書）
◇慶応義塾弁論部百三十年史 慶応義塾大学弁論部・慶応義塾大学弁論部エルゴー会 2008.11 527p
◇福沢諭吉が生きていたら―＜諭吉なら, 今の日本をどう導くか？＞17人の論 （諭吉インサイドプロジェクト出版委員会編） 扶桑社 2008.11 369p
◇瘠我慢の精神―福沢諭吉「丁丑公論」「瘠我慢の説」を読む （萩原延寿, 朝日新聞出版） 朝日新聞出版 2008.11 277p （朝日文庫）
◇原書における福沢諭吉の未翻訳部分について （広瀬大有） 『社会科学の理論と現代的課題―大淵利男先生追悼論文集』（「大淵利男先生追悼論文集」刊行委員会編） 八千代出版 2008.11 p221
◇身体とアイデンティティ （礫川全次編） 批評社 2008.12 222p （歴史民俗学資料叢書 解説編）
◇福沢諭吉背広のすすめ （出石尚三著） 文芸春秋 2008.12 219p （文春新書）
◇福沢諭吉と中江兆民―＜近代化＞と＜民主化＞の思想 （吉田傑俊著） 大月書店 2008.12 261p （近代日本思想論）
◇福沢諭吉の法典論 （高田晴仁） 『慶応の法律学―慶応義塾創立一五〇年記念法学部論文集』 慶応義塾大学法学部, 慶応義塾大学出版会 （発売） 2008.12 p195
◇福沢諭吉における武士論の位相 （安西敏三） 『慶応の政治学―慶応義塾創立一五〇年記念法学部論文集』 慶応義塾大学法学部, 慶応義塾大学出版会 （発売） 2008.12 p33
◇福沢諭吉の人間観における負の要素 （坪川達也） 『慶応の教養学―慶応義塾創立一五〇年記念法学部文集』（慶応義塾大学法学部編） 慶応義塾大学法学部, 慶応義塾大学出版会 （発売） 2008.12 p353
◇福沢諭吉展―未来をひらく （前田富士男, 米山光儀, 小室正紀監修, 慶応義塾, 東京国立博物館, 福岡市美術館, 大阪市立美術館, 産経新聞社編） 慶応義塾 2009.1 431p
◇日本人の恋物語―男と女の日本史 （時野佐一郎著） 光人社 2009.2 229p
◇故伊藤正雄教授文書の整理と研究 甲南大学総合研究所 2009.2 144p （甲南大学総合研究所叢書）
◇維新のリーダー―人を動かし, 育てる力 （河合敦著） 光文社 2009.3 303p （光文社知恵の森文庫）
◇日本人の死にぎわ （中嶋繁雄著） 幻冬舎 2009.3 220p
◇丸山真男読本集 4 （丸山真男著, 丸山真男手帖の会編） みすず書房 2009.3 451,27p
◇新聞人福沢諭吉に学ぶ―現代に生きる『時事新報』 （鈴木隆敏編著） 産経新聞出版 2009.3 261p （産経新聞社の本）
◇福沢諭吉と近代美術 （慶応義塾大学アート・センター編） 慶応義塾大学アート・センター 2009.3 190p （慶応義塾大学アート・センター/booklet）
◇近代日本の社会科学と東アジア （武藤秀太郎著） 藤原書店 2009.4 262p
◇教育と歴史, あるいはその認識と記述 （片桐芳雄著） 世織書房 2009.4 402,6p
◇魂の指定席―新島襄を語る 6 （本井康博著） 思文閣出版 2009.5 240,9p
◇福翁自伝 （福沢諭吉著） PHPエディターズ・グループ 2009.5 221p
◇諭吉の流儀―『福翁自伝』を読む （平山洋著） PHP研究所 2009.5 239p

◇福翁自伝§福沢全集緒言 （福沢諭吉著, 松崎欣一編§福沢諭吉著, 松崎欣一編） 慶応義塾大学出版会 2009.5 549,19p
◇日本を創った思想家たち （鷲田小弥太著） PHP研究所 2009.6 390,6p （PHP新書）
◇大声で歌え「君が代」を （ケヴィン・M.ドーク著, 工藤美代子訳） PHP研究所 2009.6 276p
◇近代日本メディア人物誌―創始者・経営者編 （土屋礼子編著） ミネルヴァ書房 2009.6 277p
◇教育思想史 （今井康雄編） 有斐閣 2009.6 336p （有斐閣アルマ）
◇史料を読み解く 4 （鈴木淳, 西川誠, 松沢裕作著） 山川出版社 2009.6 143p
◇地球的課題と個人の役割―シヴィル・ソサエティ論総括編 （渋沢雅英, 山本正, 国分良成, 細谷雄一, 西野純也編） 慶応義塾大学出版会 2009.7 314,9p （慶応義塾大学法学部渋沢栄一記念財団寄付講座）
◇明治人の観た福沢諭吉 （伊藤正雄著） 慶応義塾大学出版会 2009.7 232p
◇名言の正体―大人のやり直し偉人伝 （山口智司著） 学習研究社 2009.8 260p （学研新書）
◇近代日本の国家構想―1871‐1936 （坂野潤治著） 岩波書店 2009.8 289,14p （岩波現代文庫）
◇福沢諭吉なら, 今, こう言う―加藤寛インタビュー （加藤寛講話, 宮崎緑インタビュー） エイドリバー出版事業部 2009.8 151p （オーディオブックシリーズ）
◇艶の美学 （小沢克己著） 沖積舎 2009.10 365p
◇文明と啓蒙―初期福沢諭吉の思想 （アルバート・M.クレイグ著, 足立康, 梅津順一訳） 慶応義塾大学出版会 2009.10 239,7p
◇思想放談 （西部邁, 佐高信著） 朝日新聞出版 2009.10 357p
◇福沢諭吉と門下生たち （服部礼次郎著） 慶応義塾大学出版会 2009.11 477p
◇ウォール・ストリートと極東―政治における国際金融資本 （三谷太一郎著） 東京大学出版会 2009.12 280,8p

[雑誌]
◇史料―福沢諭吉「西航手張」の蘭文記事（福沢諭吉・長尾政憲解説） 「日蘭学会会誌」 4（2） 1980.1
◇書籍商「福沢屋諭吉」(2) （丸山信） 「本の周辺」 15 1980.2
◇新時代の幕臣と幕吏―勝海舟VS福沢諭吉（特集・ライバル明治の獅子たち） （杉浦明平） 「歴史読本」 2 1980.2
◇福沢諭吉における西欧政治思想の摂取とその展開とに関する一考察―普遍的人権の原理を中心に （安西敏三） 「法学研究（慶大）」 53（2） 1980.2
◇福沢諭吉に学ぶ―私憤を公憤へ （野阪滋男） 「茨城大学人文学部紀要（社会科学）」 13 1980.2
◇福沢諭吉の窮理認識 （服部利夫） 「教育」 30（2） 1980.2
◇漢詩文の位相 （村山吉広） 「国文学 解釈と鑑賞」 45（3） 1980.3
◇後進資本主義国の経済思想の分析視角―福沢諭吉の経済思想の特質把握の方法についての一試論 （藤原昭夫） 「早稲田大学人文社会科学研究」 19 1980.3
◇福沢諭吉における「文明」概念の一考察―日本における文明概念の先駆として （高島秀樹） 「明星大学社会学科研究報告」 12 1980.3
◇福沢諭吉の科学観について （川口俊郎） 「九州産業大学紀要」 16（1・2） 1980.3
◇福沢諭吉の学校設立・運営論―明治初期を中心に （須永進） 「早稲田大学文学研究科紀要（別冊）」 6 1980.3
◇「文明論之概略」ノート(3) （正田庄次郎） 「北里大学教養部紀要」 14 1980.3
◇明治二十, 三十年代における福沢諭吉の思想と行動―『時事新報』社説を通しての考察一中一 （小久保喜直） 「政治経済史学」 167 1980.4
◇ジャーナリスト・福沢諭吉（物言わぬは腹ふくるる） （村松喬） 「諸君！」 12（5） 1980.5
◇福沢諭吉訳「帳合之法」の未翻訳部分 （広瀬大有） 「秋田経済大学・秋田短期大学論叢」 26 1980.7
◇文章が近代化するということ―福沢諭吉と二葉亭四迷とを中心に （進藤咲子） 「東京女子大学論集」 31（1） 1980.9
◇明治維新に探る自由の原点(17)福沢諭吉と文明開化 （利根川裕） 「月刊新自由クラブ」 4（39） 1980.10
◇福沢諭吉における "individual" の翻訳 （柳父章） 「文学」 48（12） 1980.12
◇連載対談・明治の獅子たち―終―福沢諭吉―啓蒙の終焉 （綱淵謙錠, 内村剛介） 「歴史読本」 25（15） 1980.12
◇万延元年遣米使節一行の将来本について―付「福翁自伝」の英学史関係記述再考 （石原千里） 「英学史研究」 14 1981
◇福沢手沢本A.d.Tocqueville.Democracy in America,Transl.by Henry Reeves.再現（資料） （安西敏三） 「法学研究（慶大）」 54（1） 1981.1
◇福沢諭吉―自己変革する教師（江戸時代の教育家たち） （ひろたまさき） 「教育と医学」 29（1） 1981.1
◇出版事業の自営―考証・福沢諭吉(29) （富田正文） 「三田評論」 811 1981.2

◇文明論における「始造」と「独立」―「文明論之概略」とその前後 (1) (松沢弘陽) 「北大法学論集」 31(3・4)下巻 1981.3
◇近代啓蒙思想家福沢諭吉の仏教観 (疋田精俊) 「智山学報」 30 1981.4
◇「西国立志編」と「学問のすすめ」 (三橋猛雄) 「日本古書通信」 46(4) 1981.4
◇福沢諭吉の朝鮮論 (青木功一) 「横浜市立大学論叢(人文科学系列)」 32(1) 1981.5
◇「西洋事情」と「奥地志略」 (三橋猛雄) 「日本古書通信」 46(6) 1981.6
◇西南戦後インフレ期における慶応義塾と福沢諭吉 (西川俊作) 「三田商学研究」 24(4) 1981.10
◇愛知県春日井郡の地租改正反対運動―林金兵衛と福沢諭吉(自由民権運動百年記念特集号) (伊藤英一) 「信州白樺」 44・45・46 1981.10
◇「学問のすすめ」と自由・民権の思想(自由民権運動百年記念特集号) (弘谷多喜夫) 「信州白樺」 44・45・46 1981.10
◇福沢諭吉と神戸 (成田謙吉) 「神戸の歴史」 5 1981.11
◇東洋盟主論の隆路と「脱亜」論の理路―西欧列強と清朝中国のあいだの福沢諭吉 (細野浩二) 「社会科学討究(早大)」 27(1) 1981.12
◇福沢書簡の新資料 (丸山信) 「史学」 51(3) 1981.12
◇福沢諭吉と神戸 (成田謙吉) 「神戸の歴史」 5 1981.11
◇福沢諭吉の国家認識 (鈴木和明) 「早稲田政治公法研究」 10 1981.12
◇文明論における「始造」と「独立」―「文明論之概略」とその前後(2完) (松沢弘陽) 「北大法学論集」 33(1) 1982
◇教科書の問題(4)福沢諭吉の教科書観―第一期中教審の発足にあたって (山住正己) 「国民教育」 51 1982.1
◇いまなぜ福沢諭吉か (大嶋仁) 「正論」 101 1982.2
◇早矢仕有的への来翰を巡って(2)(遺稿) (曽我なつ子, 松島栄一) 「学鐙」 79(2) 1982.2
◇早矢仕有的への来翰を巡って(3)(遺稿) (曽我なつ子, 松島栄一) 「学鐙」 79(3) 1982.3
◇福沢諭吉とB.ラッセル(1) (野坂滋男) 「茨城大学人文学部紀要(社会科学)」 15 1982.3
◇福沢諭吉における私学の精神 (佐久間疆) 「商経論集(千葉経済短大)」 15 1982.3
◇近代日本を築いた人たち(特集・部課長の人間的魅力研究) (邑井操) 「経営者」 36(4) 1982.4
◇考証・福沢諭吉(30,31)著作権確立のための闘い(上,下) (富田正文) 「三田評論」 824,825 1982.4
◇早矢仕有的への来翰を巡って(4)(遺稿) (曽我なつ子, 松島栄一) 「学鐙」 79(4) 1982.4
◇福沢諭吉後の時事新報 (内川芳美) 「三田評論」 824 1982.4
◇福沢諭吉と中江兆民 (宮村治雄) 「創文」 221 1982.6
◇福沢諭吉における民権とナショナリズムの形成―「西洋事情」と「学問のすゝめ」を中心に (飯田鼎) 「三田学会雑誌」 75(3) 1982.6
◇福沢諭吉の学問観―ミル, バックル, スペンサーの諸著へのノートを中心に (安西敏三) 「三田学会雑誌」 75(3) 1982.6
◇考証・福沢諭吉(32,33)後期新銭座時代 (富田正文) 「三田評論」 827,828 1982.7
◇「福沢全集緒言」について (磯野友彦) 「社会科学討究(早大)」 27(2) 1982.7
◇建学の原点(4)慶応義塾(現慶応義塾大学) (前川和彦) 「月刊新自由クラブ」 6(62) 1982.9
◇考証・福沢諭吉(34)危うく一命を取りとめる (富田正文) 「三田評論」 829 1982.10
◇福沢諭吉における「智徳」論について(日本近代公教育における『文明論之概略』の教育史的意義(2)) (佐伯友弘) 「鳥取大学教育学部研究報告(教育科学)」 24 1982.10
◇福沢諭吉における「智徳」論について―日本近代公教育における『文明論之概略』の教育史的意義(2) (佐伯友弘) 「鳥取大学教育学部研究報告(人文・社会科学)」 33 1982.10
◇明治初期における福沢諭吉の大分県への影響―中津市学校の成立過程について (佐伯友好) 「鳥取大学教育学部研究報告(教育科学)」 24 1982.10
◇考証・福沢諭吉(35)新銭座から三田へ (富田正文) 「三田評論」 830 1982.11
◇明治前期の「抵抗権」思想―福沢諭吉と植木枝盛を中心として (井田輝敏) 「北九州大学法政論集」 10(1・2) 1982.11
◇福沢諭吉の宗教観・覚書(日本近代社会成立期における政治と宗教(共同研究)) (藤原正信) 「竜谷大学仏教文化研究所紀要」 21 1982.11
◇考証・福沢諭吉(36)人のいのち我がいのち(上) (富田正文) 「三田評論」 381 1982.12
◇福沢諭吉と話しことば教育―附〈明治前期話しことば教育文献目録〉明治6年(1873)～明治33年(1900) (野地潤家) 「国語国文学誌(広島女学院大)」 12 1982.12
◇福沢諭吉の「約束」の思想―辺境の思想―「石川啄木と北一輝」によせて (鈴木和明) 「早稲田政治公法研究」 11 1982.12

◇福沢諭吉の「社会開見の教育」観の形成とその展開―『貧富論』前後の言論を中心として (松村憲一) 「フィロソフィア」 71 1983
◇福沢諭吉とヴォルテールにおける相対主義〔比較思想学会〕研究例会発表要旨・昭和五八年度第4回 (大嶋仁) 「比較思想研究」 10 1983
◇本多利明小論―福沢諭吉の初期経済論との対比 (笹間愛史) 「法政大学教養部紀要」 47 1983.1
◇考証・福沢諭吉(37)人のいのち我がいのち(下) (富田正文) 「三田評論」 832 1983.1
◇福沢諭吉先祖の旧跡考 (矢崎孟伯) 「オール諏訪」 12 1983.2
◇考証・福沢諭吉(38)慶応義塾三田に移る (富田正文) 「三田評論」 833 1983.2
◇福沢諭吉における政治原理の構造と展開―「西欧近代」思想導入との関連(1) (安西敏三) 「甲南法学」 23(3・4) 1983.3
◇考証・福沢諭吉(39)教育近代化への出発 (富田正文) 「三田評論」 834 1983.3
◇明治14年政変前・後における政府新聞発刊について―福沢の「時事新報」創刊との関連として (長尾政憲) 「法政史学」 35 1983.3
◇考証・福沢諭吉(40)『学問のすすめ』(上) (富田正文) 「三田評論」 835 1983.4
◇私学慶応義塾と福沢諭吉翁 (高村象平) 「三田評論」 835 1983.4
◇福沢諭吉の国権論・アジア論―特集・近代日本の思想と朝鮮 (光岡玄) 「季刊三千里」 34 1983.5
◇考証・福沢諭吉(41)『学問のすすめ』(下) (富田正文) 「三田評論」 836 1983.5
◇考証・福沢諭吉(42)『文明論之概略』 (富田正文) 「三田評論」 837 1983.6
◇日本の経済学者たち(7)福沢諭吉―経済学事始め (辻村江太郎) 「経済セミナー」 341 1983.6
◇福沢手沢本J.S.Mill,Utilitarianism再現(1)(資料) (安西敏三) 「法学研究(慶大)」 56(6) 1983.6
◇明治の静岡県と福沢諭吉 (宇都宮保広) 「静岡県近代史研究会会報」 57 1983.6
◇考証・福沢諭吉(43)福沢諭吉の歴史観 (富田正文) 「三田評論」 838 1983.7
◇新一万円札の顔・福沢諭吉の金銭感覚(特集・お金の残し方使い方) (童門冬二) 「婦人公論」 68(8) 1983.7
◇福沢手沢本J.S.Mill,Utilita―rianism再現(2)(資料) (安西敏三) 「法学研究(慶大)」 56(7) 1983.7
◇福沢手沢本J.S.Mill,Utilita―rianism再現(3完)(資料) (安西敏三) 「法学研究(慶大)」 56(8) 1983.8
◇福沢諭吉における文明論の展開 (米原謙) 「下関市立大学論集」 27(2) 1983.9
◇続・日本の経済学者たち(1)福沢諭吉―経済学事始め再論 (西川俊作) 「経済セミナー」 344 1983.9
◇幕末前後における2人の先覚者の地理思想―吉田松陰と福沢諭吉の旅記記を中心に (大岳幸彦) 「歴史地理学」 122 1983.9
◇福沢諭吉の「文明論的教育観」 (松村憲一) 「社会科学討究(早大)」 29(1) 1983.10
◇福沢先生の芝居 (阿部優蔵) 「三田評論」 840 1983.10
◇福沢諭吉の儒教批判に関する一考察 (佐伯友弘) 「鳥取大学教育学部研究報告 教育科学」 25 1983.10
◇考証・福沢諭吉(44)長沼事件 (富田正文) 「三田評論」 841 1983.11
◇考証・福沢諭吉(45)維新政治家との交遊(上) (富田正文) 「三田評論」 842 1983.12
◇近世塾の近代化過程の研究―咸宜園と慶応義塾を例として―前一近世塾の諸問題 (多田建次) 「玉川大学文学部論叢」 25 1984
◇福沢諭吉暗殺の裏話 (朝吹登水子) 「学鐙」 81(1) 1984.1
◇福沢諭吉の著作について(1) (丸山信) 「三色旗(慶応通信)」 '84(1) 1984.1
◇維新政治家との交遊―中一考証・福沢諭吉―46 (富田正文) 「三田評論」 843 1984.1
◇福沢とミル (安西敏三) 「三田評論」 843 1984.1
◇維新政治家との交遊(下)考証・福沢諭吉(47) (富田正文) 「三田評論」 844 1984.2
◇福沢諭吉の「社会」形成論―「学問のすすめ」の問題点― (森一貫) 「帝塚山短期大学紀要 人文・社会科学編」 21 1984.3
◇明治10年西南の役考証・福沢諭吉(48) (富田正文) 「三田評論」 845 1984.3
◇福沢諭吉とB.ラッセル(2) (野阪滋男) 「茨城大学人文学部紀要 社会科学」 17 1984.3
◇福沢諭吉における政治原理の構造と展開―「西欧近代」思想導入との関連(2) (安西敏三) 「甲南法学」 24(2) 1984.3
◇福沢諭吉 新渡戸稲造 夏目漱石―新紙幣誕生の裏話(ザ・マネー<特集>) (笠野順郎) 「エコノミスト」 62(11) 1984.3.19
◇福沢先生現代に生きる (加藤寛) 「三田評論」 846 1984.4
◇福沢諭吉における徳育思想 (小泉仰) 「三田評論」 846 1984.4
◇慶應義塾維持の困難考証・福沢諭吉(49) (富田正文) 「三田評論」

◇福翁自伝（五島雄一郎）「松前文庫」37 1984.4
◇福沢諭吉、君子豹変のすすめ（特集・チャンスのつかみ方）（渡部昇一）「will」3(4) 1984.4
◇幕末知識人の西欧認識—佐久間象山と福沢諭吉を中心として(1)（飯田鼎）「三田学会雑誌」77(1) 1984.4
◇福沢諭吉 君子豹変のすすめ（チャンスのつかみ方<特集>）（渡部昇一）「Will」3(4) 1984.4
◇新しい潮をさしまねぐ（上）考証・福沢諭吉(50)（富田正文）「三田評論」847 1984.5
◇七つの福沢劇（近代伝記劇<特集>）（阿部優蔵）「悲劇喜劇」37(5) 1984.5
◇福沢諭吉と中津藩の儒学（今永清二）「三保の文化」35 1984.6
◇福沢人脈中津史跡（柿添均）「三保の文化」35 1984.6
◇新しい潮をさしまねぐ—中—考証・福沢諭吉—51（富田正文）「三田評論」848 1984.6
◇福沢諭吉先生と坂井量之助翁—新一万円札（柳沢和恵）「千曲」42 1984.7
◇明治政治史における福沢諭吉（坂野潤治）「三田評論」849 1984.7
◇新しい潮をさしまねぐ（下）考証・福沢諭吉(52)（富田正文）「三田評論」849 1984.7
◇日本近代経済における福沢諭吉（長幸男）「三田評論」850 1984.8
◇桃源から街頭へ考証・福沢諭吉—53（富田正文）「三田評論」850 1984.8
◇生誕150年記念 福沢諭吉展（石坂厳）「三田評論」850 1984.8
◇福沢諭吉（福沢一太郎・捨次郎宛）（日本人100人の手紙）（檜谷昭彦）「国文学」29(12) 1984.9
◇福沢諭吉の朝鮮論と開化派（高崎宗司）「季刊三千里」40 1984.10
◇開化派研究の今日的意味（宮嶋博史）「季刊三千里」40 1984.10
◇福沢諭吉のジャーナリズム論—「時事新報」創刊前後を中心に—（有山輝雄）「三田評論」851 1984.10
◇明治14年の政変（上）考証・福沢諭吉(54)（富田正文）「三田評論」851 1984.10
◇福沢諭吉における文明論（日本近代公教育における「文明論之概略」の教育史的意義(3)）（佐伯友弘）「鳥取大学教育学部研究報告 教育科学」26 1984.10
◇福沢諭吉先生と坂井量之助翁 新一万円札（柳沢和恵）「長野」118 1984.11
◇新札三人男・その"男っぽさ"—福沢諭吉の側面像（水野義一）「夜豆志呂」75 1984.11
◇福沢先生の潔癖（八十島信之助）「三田評論」852 1984.11
◇近代日本と福沢諭吉（丸山真男, 河北展生, 飯田鼎, 内山秀夫, 石坂巌）「三田評論」852 1984.11
◇日本の近代教育と福沢諭吉—啓蒙的教師の実像—（上沼八郎）「三田評論」852 1984.11
◇明治14年の政変（下）考証・福沢諭吉(55)（富田正文）「三田評論」852 1984.11
◇ヒーローの履歴書 福沢諭吉（安岡章太郎文）「太陽」84(11) 1984.11
◇福沢諭吉と中江兆民—明治の近代化と実学の精神—（松永昌三）「三田評論」853 1984.12
◇時事新報創刊と政変余波考証・福沢諭吉(56)（富田正文）「三田評論」853 1984.12
◇福沢諭吉展を観て（松島栄一）「三田評論」853 1984.12
◇勝海舟と福沢諭吉（政治を見つめて〔45〕）（宇治敏彦）「行政とADP」20(12) 1984.12
◇明治初期における福沢諭吉の日本経済論—福沢諭吉の「自由貿易帝国主義」像（藤原昭夫）「千葉商大論叢」22(3) 1984.12
◇〈経済〉問い直される福沢の思想（'84年後半—論壇の潮流）（西川俊作）「エコノミスト」62(54) 1984.12.25
◇「文明論の概略」ノート(4)（正田庄次郎）「北里大学教養部紀要」19 1985
◇福沢諭吉の学校地理—代表的著作を中心に(1)（樋口節夫）「地理学報」23 1985
◇序文の舞台—辞書をめぐる人びと(1)福沢諭吉と小幡兄弟（惣郷正明）「三省堂ぶっくれっと」54 1985.1
◇考証・福沢諭吉 五七—井上馨との交情（富田正文）「三田評論」854 1985.1
◇福沢諭吉、アメリカで知った「教育」の重さ—遣米使節随行艦「咸臨丸」サンフランシスコへ向かう（特集・「明治維新」の男たち）（岩井護）「プレジデント」23(1) 1985.1
◇明治期ジャーナリズムと朝鮮（上）（石川昌）「季刊三千里」41 1985.2
◇福沢諭吉と朝鮮問題—三山とその時代(8)（池辺一郎）「みすず」27(2) 1985.2
◇福沢諭吉の政治観（松本三之介）「三田評論」855 1985.2
◇考証・福沢諭吉 五八—伊藤博文との交情（富田正文）「三田評論」855 1985.2
◇九州中津、壱万円札のふる里大狂騒曲（古川薫）「婦人公論」70(2) 1985.2
◇福沢諭吉と新渡戸稲造—国際理解教育の視点から（宇治川洋子）「教育研究」29 1985.3
◇福沢諭吉研究ノート(6)「文明論之概略」の草稿の考察(2)（進藤咲子）「東京女子大学紀要論集」35(2) 1985.3
◇福沢諭吉と浦賀・横浜など（前坊洋）「郷土神奈川」16 1985.3
◇福沢諭吉と土佐を結ぶもの（広谷喜十郎）「大豊史談」12 1985.3
◇福沢諭吉と「ひゞのをしへ」（桑原三郎）「學鐙」82(3) 1985.3
◇私の場合としての福沢諭吉（内山秀夫）「三田評論」856 1985.3
◇福沢諭吉のナショナリズム（沈才彬）「社会科学討究（早稲田大学大隈記念社会科学研究所）」30(3) 1985.4
◇諭吉碑建立（加納芳明）「貨幣史の研究」244 1985.4
◇福沢諭吉の歴史意識と文明開化（アルバート・クレイグ）「三田評論」857 1985.4
◇考証・福沢諭吉 五九—大隈重信との交情（富田正文）「三田評論」857 1985.4
◇記伝を歩く(1)「福沢諭吉著「福翁自伝」—封建思想打破に賭けた生涯（石川猿興）「農政調査時報」344 1985.5
◇考証・福沢諭吉 六〇—『脱亜論』前後（上）（富田正文）「三田評論」859 1985.5
◇福沢研究文献紹介（昆野和七）「福沢手帖（福沢諭吉協会）」45 1985.6
◇商者マン旅日記(37)レニングラード(6)福翁とペテルブルグ（原進一）「化繊月報」38(6) 1985.6
◇考証・福沢諭吉 六一—『脱亜論』前後（中）（富田正文）「三田評論」860 1985.6
◇日本人の自伝(1)—福沢諭吉・渋沢栄一・前島密（山本七平 私の本棚から）（BOOK PLAZA）（山本七平）「諸君！」17(6) 1985.6
◇福沢諭吉を生んだ「適塾」の秘密—なぜ多くの歴史的人物を輩出したか（久保義三）「児童心理」39(9) 1985.7
◇考証・福沢諭吉 六二—『脱亜論』前後（下）（富田正文）「三田評論」861 1985.7
◇福沢先生の胸像建立（小松正夫）「三田評論」862 1985.8
◇福沢諭吉における政治原理の構造と展開—「西欧近代」思想導入との関連(3)（安西敏三）「甲南法学」26(1) 1985.8
◇特別read物歴史を作った邂逅勝海舟と西郷・福沢（福田常雄）「歴史と旅」12(12) 1985.9
◇福澤諭吉研究ノート(7)「文明論之概略」の草稿の考察(3)（進藤咲子）「東京女子大学紀要論集」36(1) 1985.9
◇ドクトル・ヤングハンス—福沢諭吉の息子たちの後見人—（加藤詔士）「三田評論」864 1985.11
◇（三人閑談）孫が語る福沢諭吉（湯浅ヤナ, 木内多代, 清岡暎一）「三田評論」865 1985.12
◇福沢諭吉の教育思想におけるナショナリズムの問題（日本近代公教育における「文明論之概略」の教育史的意義(4)）（佐伯友弘）「鳥取大学教育学部研究報告 教育科学」27(2) 1985.12
◇『脱亜論』以後福沢諭吉の清国および朝鮮観—福沢諭吉におけるアジア認識の変遷（飯田鼎）「三田学会雑誌」78(5) 1985.12
◇日本の近代と福沢諭吉の啓蒙資想〔含 質疑応答〕（第10回「社会思想史学会」大会記録）（安川寿之輔）「社会思想史研究」10 1986
◇考証・福沢諭吉(63)二子と養子の洋行留学（上）（富田正文）「三田評論」866 1986.1
◇中津と福沢諭吉（土橋俊一）「三田評論」866 1986.1
◇ヨーロッパに福沢史蹟を尋ねて（山口一夫）「三田評論」866 1986.1
◇福沢諭吉と慶応義塾—専ら勤むべきは、人間普通日用に近き実学なり（特集・男を鍛える）（三好京三）「プレジデント」24(1) 1986.1
◇福沢諭吉の世界観とその普及活動（地理のおもしろさ再発見〈特集〉）（中川浩一）「地理」31(1) 1986.1
◇福沢諭吉と国会開設運動（飯田鼎）「三田学会雑誌」78(6) 1986.2
◇山片蟠桃と福沢諭吉の国語・国字論（宮内徳雄）「大阪青山短大国文」2 1986.2
◇考証・福沢諭吉(64)二子と養子の洋行留学（下）（富田正文）「三田評論」867 1986.2
◇福沢諭吉研究ノート(8)「文明論之概略」の草稿の考察(4)（進藤咲子）「東京女子大学紀要論集」36(2) 1986.3
◇『脱亜論』と中国分割論に関する一考察—福沢思想の現代的意義をめぐって（今永清二）「近代日本研究（慶大・福沢研）」2 1986.3
◇大阪商業講習所の誕生と福沢諭吉—大阪市立大学事始め（毛利敏彦）「近代日本研究（慶大・福沢研）」2 1986.3
◇福沢諭吉と中江兆民—壬午事変をめぐって（松永昌三）「近代日本研究（慶大・福沢研）」2 1986.3
◇福沢諭吉と「工場法」—晩年の福沢の経済思想の一つの側面（藤原昭夫）「近代日本研究（慶大・福沢研）」2 1986.3
◇知識人集団としての明六社—森有礼と福沢諭吉の視点から（戸沢行夫）「近代日本研究（慶大・福沢研）」2 1986.3
◇「独立」と「情愛」—福沢諭吉と市場社会（坂本多加雄）「近代日本研究（慶大・福沢研）」2 1986.3

◇日本近代化の使徒—福沢諭吉 （井田輝敏）「近代日本研究(慶大・福沢研)」 2 1986.3
◇福沢諭吉と新渡戸稲造—『武士道』を中心として （飯田鼎）「近代日本研究(慶大・福沢研)」 2 1986.3
◇福沢諭吉とW.ブラックストン『イングランド法釈義』—『西洋事情』第2編における導入にまつわる若干の問題 （安西敏三）「近代日本研究(慶大・福沢研)」 2 1986.3
◇「時事新報」における福沢諭吉の言論活動 （有山輝雄）「近代日本研究(慶大・福沢研)」 2 1986.3
◇考証・福沢諭吉(65)内地旅行(上) （富田正文）「三田評論」 868 1986.3
◇特集『学問のすゝめ』 「彷書月刊」 2(5) 1986.4
◇マックス・ウェーバーと福沢諭吉 （石坂巌）「三田評論」 869 1986.4
◇考証・福沢諭吉(66)内地旅行(中) （富田正文）「三田評論」 869 1986.4
◇考証・福沢諭吉(67)内地旅行(下) （富田正文）「三田評論」 870 1986.5
◇朝鮮と福沢諭吉(最終講義)(石坂巌教授退任記念号) （石坂巌）「三田商学研究」 29(2) 1986.6
◇考証・福沢諭吉(68)学問研究への助成 （富田正文）「三田評論」 871 1986.6
◇明治初期における福沢諭吉の日本経済論(2の上)福沢諭吉の殖産興業政策論(上) （藤原昭夫）「千葉商大論叢」 24(1) 1986.6
◇福沢諭吉から現代を読む—第2の開国の時代に寄せて （石坂巌）「エコノミスト」 64(27) 1986.6.24
◇考証・福沢諭吉(69)日清戦争への前奏曲(上) （富田正文）「三田評論」 872 1986.7
◇福沢諭吉慶応塾大学(日本を創った私塾と学舎〈特集〉) （飯田鼎）「歴史と旅」 13(9) 1986.7
◇博物館事始め(4)福沢諭吉の啓蒙した博物館 （椎名仙卓）「博物館研究」 21(8) 1986.8
◇考証・福沢諭吉(70)日清戦争への前奏曲(下) （富田正文）「三田評論」 873 1986.8
◇啓蒙期福沢諭吉論(上)明六社との関係を中心に （露口卓也）「人文学(同志社大学人文学会)」 143 1986.9
◇福沢諭吉と条約改正運動(1)福沢諭吉と馬場辰猪 （飯田鼎）「三田学会雑誌」 79(4) 1986.10
◇家計簿にみる福沢と朝鮮人—李泳孝の場合 （石坂巌）「本」 11(11) 1986.11
◇考証・福沢諭吉(71)日清戦争(上) （富田正文）「三田評論」 875 1986.11
◇福沢諭吉の女性観と女子教育思想 （松本尚家）「十文字学園女子短期大学研究紀要」 18 1986.12
◇考証・福沢諭吉(72)日清戦争(中) （富田正文）「三田評論」 876 1986.12
◇福沢諭吉と八百屋おヒ （関容子）「三田評論」 876 1986.12
◇福沢諭吉と中江兆民の自由観 （種村完司）「鹿児島大学教育学部研究紀要 人文社会科学編」 39 1987
◇啓蒙期福沢諭吉論(中)明六社との関連で （露口卓也）「人文学(同志社大学人文学会)」 144 1987.2
◇福沢諭吉の笑い(ミニ伝記) （平川祐弘）「新潮45」 6(2) 1987.2
◇『文明論之概略』ノート(5) （正田庄次郎）「北里大学教養部紀要」 21 1987.3
◇日本語と英語の比較による福沢諭吉「天は人の上に人を造らず」考 （宮内徳雄）「大阪青山短期大学研究紀要」 13 1987.3
◇廃藩前後における福沢諭吉をめぐる地方の教育動向—『日本近代学校成立史の研究』序論— （多田建次）「玉川大学論叢」 27 1987.3
◇福沢諭吉研究ノート(9)『文明論之概略』の草稿の考察(5) （進藤咲子）「東京女子大学紀要論集」 37(2) 1987.3
◇福沢における相対主義・道徳・宗教 （渡辺一）「立命館法学」 188・189・190(池田誠教授退職記念論文集) 1987.3
◇幕臣福沢諭吉の政治思想発想—『西洋事情』成立の背景として （長尾政憲）「法政史学」 39 1987.3
◇明治日本とその国際環境—福沢諭吉のアジア観 （シン.ビン著, 内山秀夫訳）「近代日本研究(慶大・福沢研)」 3 1987.3
◇ト崇道・王守華著「福沢諭吉の文明史観」 （樽本照雄）「大阪経大論集」 176 1987.3
◇福沢諭吉の名がハワイ新聞に—その他咸臨丸のこと （清岡暎一）「福沢手帖」 52 1987.3
◇材木商川島屋平野理平のこと—新資料福沢書簡紹介 （富田正文）「福沢手帖」 52 1987.3
◇適塾の同窓生田中発太郎(信吾)宛福沢書簡—新資料紹介 （丸山信）「福沢手帖」 52 1987.3
◇福沢諭吉と条約改正運動(その2)福沢諭吉と同時代人 （飯田鼎）「三田学会雑誌(慶応義塾大学)」 80(1) 1987.4
◇福沢諭吉の英語 （松原ров一）「学鐙」 84(4) 1987.4
◇異史・明治天皇伝〔6〕 （飯田匡）「新潮45」 6(6) 1987.6
◇国指定重要文化財(史蹟・建築)福沢諭吉旧宅について （嶋通夫）

◇「三保の文化」 47 1987.6
◇信州と福沢諭吉 （富田正文）「芸能」 29(6) 1987.6
◇福沢諭吉と相州 （大畑哲）「西さがみ庶民史録」 15 1987.6
◇米医D・B・シモンズ—とくに十全医院(横浜)に於ける業績並びに福沢諭吉との関係について （荒井保男）「日本医史学雑誌」 33(2) 1987.7
◇福沢諭吉と内村鑑三—日本における「内面的個人主義」の2つの源流(上) （飯岡秀夫）「高崎経済大学論集」 30(1・2) 1987.9
◇福沢諭吉研究ノート(10)「文明論之概略」の草稿の考察(6) （進藤咲子）「東京女子大学紀要論集」 38(1) 1987.9
◇福沢諭吉における政治原理の構造と展開—西欧近代思想導入との関連(4) （安西敏三）「甲南法学」 28(2) 1987.10
◇幕末日本の合衆国憲法学事始—福沢諭吉にいたるまで （遠藤泰生）「思想」 761 1987.11
◇福沢諭吉と上方 （寺尾宏二）「経済経営論叢(京都産業大学経済経営学会)」 22(3) 1987.12
◇形成確立期福沢思想の原典草稿批判と即事性の考究—「文明論之概略」と「法の精神」〔含 質疑応答〕(第12回〈社会思想史学会〉大会記録—自由論題） （松村宏）「社会思想史研究」 12 1988
◇福沢諭吉と兪吉濬の開化教育思想に関する比較考察 （魯在化）「一橋研究」 12(4) 1988.1
◇福沢諭吉と内村鑑三(中)日本における「内面的個人主義」の2つの源流 （飯岡秀夫）「高崎経済大学論集」 30(3・4)(真保潤一郎教授退職記念号) 1988.3
◇福沢諭吉の近代家族道徳論 （三井須美子）「都留文科大学研究紀要」 28 1988.3
◇福沢諭吉研究ノート(11)「文明論之概略」の草稿の考察(7) （進藤咲子）「東京女子大学紀要論集」 38(2) 1988.3
◇福沢諭吉の「東洋政略論」 （横山宗）「日本及日本人」 1590 1988.4
◇福沢諭吉と内村鑑三(下)日本における「内面的個人主義」の2つの源流(下) （飯岡秀夫）「高崎経済大学論集」 31(1) 1988.6
◇明治初期における福沢諭吉の日本経済論(2)(下)福沢諭吉の殖産興業政策論(下) （藤原昭夫）「千葉商大論叢」 26(1) 1988.6
◇文明開化のコース—福沢諭吉と田口卯吉 （張翔）「史学研究」 180 1988.7
◇福沢諭吉と加藤弘之—西洋思想の受容と国民国家構想の2類型 （田中浩）「一橋論叢」 100(2) 1988.8
◇啓蒙期福沢諭吉論(下1)—明六社との関連で （露口卓也）「人文学(同志社大学人文学会)」 146 1988.9
◇福沢諭吉研究ノート(12)「文明論之概略」の草稿の考察(8) （進藤咲子）「東京女子大学紀要論集」 39(11) 1988.9
◇柏木忠俊と福沢諭吉 （金原左門）「郷土神奈川」 23 1988.11
◇官報創刊と福沢諭吉の官報新聞発行の挫折—井上毅の画策を中心として （木野主計）「出版研究」 20 1989
◇福沢諭吉の渡米奨励論—福沢の交通, アメリカの原光景を中心として （立川健治）「富山大学教養部紀要 人文・社会科学篇」 22(2) 1989
◇丸善創業前後「丸屋商社之記」(〈特集〉丸善を読む 丸善創業一二〇周年記念) （杉山忠平）「学鐙」 86(1) 1989.1
◇福沢諭吉旧跡と赤彦書由来 （五味和男）「オール諏訪」 54 1989.3
◇福沢諭吉の移民観—その女性観等と関連させながら （天沼香）「紀要(東海女子大学)」 8 1989.3
◇福沢諭吉の初期の著作権確立運動 （河北展生）「近代日本研究(慶応義塾大学・福沢研究センター)」 5 1989.3
◇徴兵・華族・私学—官庁文書にみる福沢諭吉, 慶応義塾 （中野目徹）「近代日本研究(慶応義塾大学・福沢研究センター)」 5 1989.3
◇福沢諭吉研究ノート(13)「文明論之概略」の草稿の考察(9) （進藤咲子）「東京女子大学紀要論集」 39(2) 1989.3
◇『文明論之概略』ノート(6) （正田庄次郎）「北里大学教養部紀要」 23(教養部20周年記念特集号) 1989.3
◇朝鮮開化運動と福沢諭吉 （鄭楽重）「歴史人類」 17 1989.3
◇福沢諭吉の一書簡(資料) （村井早苗）「史苑」 49(1) 1989.4
◇韓国の近代化と福沢諭吉(対談) （安宇植, 松本健一）「知識」 88 1989.4
◇大東亜戦争への道 （中村粲）「諸君！」 21(5) 1989.5
◇福沢諭吉「帳合之法」 （吉沢英一）「創価女子短期大学紀要」 6 1989.6
◇福沢諭吉の宗教利用論とその宗教性 （藤原正信）「仏教史学研究」 32(2) 1989.10
◇重版と類版—西洋事情の場合 （平田守衛）「京都文化短期大学紀要」 10 1989.11
◇福沢諭吉と「実業」の精神 （藤森三男）「三田商学研究」 32(5) 1989.12
◇自由主義者の系譜(1)福沢諭吉—立国の大本は抵抗精神にあり （米田龍二）「月刊自由民主」 442 1990.1
◇福沢諭吉における政治原理の構造と展開—西欧近代思想導入との関連(5) （安西敏三）「甲南法学」 30(2) 1990.1
◇福地桜痴と福沢諭吉—「懐往事談」と「福翁自伝」をめぐって （飯田鼎）「三田学会雑誌」 82(4) 1990.1

◇福沢諭吉の海外視察と征長建白 (遠山茂樹)「横浜開港資料館紀要」8 1990.3
◇福沢最古の訳稿「経始概略」等について―1988〜9年の寄贈資料紹介 (佐志伝)「近代日本研究(慶応義塾大学福沢研究センター)」6 1990.3
◇官報創刊と福沢諭吉の官権新聞発行の挫折―井上毅の画策を中心として (木野主計)「出版研究」20 1990.3
◇福沢諭吉の家庭教育論 (鈴木博雄)「筑波大学教育学系論集」14(2) 1990.3
◇福沢諭吉の対朝鮮文化政策 (具仙姫)「季刊コリアナ」3(2) 1990.6
◇福住正兄と福沢諭吉 (金原左門)「おだわら」4 1990.7
◇尺振八の共立学舎創設と福沢諭吉 (鈴木栄樹)「史林」73(4) 1990.7
◇小林一族の戊辰戦争(3)「われに万古の心あり―小林虎三郎と近代日本(11)」(松本健一)「正論」217 1990.9
◇福沢諭吉先生のルーツの考察 (田中一美)「長野」153 1990.9
◇福沢諭吉における文明と家族―序説 (中村敏子)「北大法学論集」40(5・6-下) 1990.9
◇社会契約から文明史へ―福沢諭吉の初期国民国家形成構想・試論 (松沢弘陽)「北大法学論集」40(5・6-下) 1990.9
◇福沢諭吉とJ.S.ミル「功利主義」 (安西敏三)「甲南法学」31(1) 1990.10
◇福沢諭吉と小田原 (金原左門)「小田原史談」142 1990.10
◇文明化と日本―福沢諭吉と徳富蘇峰 (梅津順一)「紀要(青山学院女子短期大学)」44 1990.11
◇福沢諭吉の学問論 (小泉仰)「哲学(三田哲学会)」91 1990.12
◇福沢諭吉『福翁自伝』―日本の近代化を牽引した「独立自尊」の精神(特集・「自伝」に見る人間の研究―素晴らしき人生の達人たちに学ぶ)(生田正輝)「プレジデント」29(1) 1991.1
◇近代語彙の一考察―「学問ノスヽメ」の語彙の性格 (進藤咲子)「東京女子大学比較文化研究所紀要」52 1991.1
◇現代中国における福沢理解 (区建英)「近代日本研究(慶応義塾福沢研究所)」7 1991.3
◇明治人の国家意識と戦後日本(特集・改めて「国家」を問う) (小堀桂一郎)「正論」223 1991.3
◇福沢諭吉―近代的知識人の生成 (川上勉)「立命館言語文化研究」2(5・6) 1991.3
◇「チェンバーズ経済書」と福沢諭吉―幕末における西欧経済学研究の一齣 (飯田鼎)「三田学会雑誌」84(1) 1991.4
◇郷里中津における福沢諭吉研究 (高橋弘通)「福沢手帖」69 1991.6
◇福沢諭吉と田中萃一郎の歴史観(三田史学の100年を語る) (神山四郎)「史学」60(2・3) 1991.6
◇米医D.B.シモンズ(2)福沢諭吉の書簡よりみたるアメリカにおけるドクトル・シモンズ (荒井retro)「日本医史学雑誌」37(3) 1991.7
◇「福沢諭吉」を読む 「ウィークリー出版情報」10(32) 1991.8
◇わが国近代化と思想の複眼的意義―福沢諭吉を中心として (清水威)「研究紀要(帝京短期大学)」4 1991.9
◇福沢諭吉 (谷沢永一)「国文学 解釈と鑑賞」56(9) 1991.9
◇福沢諭吉著作一覧・年譜 「歴史街道」10 増刊 1991.10
◇福沢諭吉誕生地初代記念碑 「大阪春秋」65 1991.10
◇公議輿論と討論のあいだ―福沢諭吉の初期議会政観 (松沢弘陽)「北大法学論集」41(5・6) 1991.11
◇『福翁百話』と『青淵百話』―とくに「市民的徳性」をめぐって (梅津順一)「青山学院女子短期大学紀要」45 1991.12
◇中国における福沢諭吉理解―清末期を中心に (区建英)「日本歴史」525 1992.2
◇福沢諭吉と厳復―漸新社会変革者の異同について (高増杰)「国際基督教大学学報(近代化と価値観―源了円教授古稀記念論文集)」3-A 1992.2
◇フランスのベトナム侵略と福沢諭―「脱亜論」再考 (渡辺俊一)「近代日本研究」8 1992.3
◇福沢諭吉における政治原理の構造と展開―西欧近代思想導入との関連(6) (安西敏三)「甲南法学」27(1・2) 1992.3
◇福沢諭吉の運動会(近代のスポーツと日本人の身体観―続―) (白幡洋三郎)「日本研究」6 1992.3
◇福沢諭吉と洋学 (長尾政憲)「洋学史研究」9 1992.4
◇創立50周年記念プロジェクト―「倫理問題研究委員会」報告―福沢諭吉における市場経済と倫理 (梅津順一)「世界経済」47(8) 1992.8
◇日本近代公教育における「時事新報」の教育史的意義(1)西南戦争(明治10年)と福沢諭吉 (佐伯友弘)「鳥取大学教育学部研究報告 教育科学」34(1) 1992.8
◇『福沢諭吉と日本の近代化』序 (丸山真男)「みすず」379 1992.10
◇福沢諭吉研究と丸山真男―中国語版「丸山真男論文集」の訳者前言 (区建英)「みすず」379 1992.10
◇福沢諭吉、「痩せ我慢」を説いた「近代」の啓蒙者―必敗必死を眼前に見てなお勇進するの一事(特集・男はいかに生くべきか―いま「武士道」に学ぶ) (岩崎県夫)「プレジデント」30(10) 1992.10
◇福沢諭吉の自治観―初期の著作にみる市民的自治論の萌芽 (石川一三夫)「中京法学」27(1) 1992.10
◇福沢諭吉の分権論―士族への期待 (石川一三夫)「阪大法学」164・165 1992.11
◇歴史の史料としての『福翁自伝』 (遠山茂樹)「図書」521 1992.11
◇福沢諭吉の廃県論―内安外競論の提唱 (石川一三夫)「中京法学」27(2) 1992.12
◇福沢諭吉における「法」および「権利」に関する一考察 (松岡浩)「法学研究(慶応義塾大学法学研究会)」65(12) 1992.12
◇近代日本の教育における「実力」主義思想の一系譜―福沢諭吉の平等観の考察をてがかりとして (岡田典夫)「茨城キリスト教大学紀要」27 1993
◇福沢諭吉・断章―文明・批判・相対性 (山根直樹)「哲学年誌(法政大学大学院人文科学研究科哲学専攻)」25 1993
◇福沢諭吉と中国の啓蒙思想―梁啓超との思想的関連を中心に (肖朗)「名古屋大学教育学部紀要 教育科学」40(1) 1993
◇福沢諭吉の「教育の経済論」 (千種義人)「関東学園大学紀要」20 1993.2
◇福沢諭吉とレオン・ド・ロニー「植てみよ花のそだたぬ里はなし」考 (谷口巌)「愛知教育大学 日本文化論叢」創刊号 1993.3
◇福沢諭吉と柏木忠俊―明治初年の「国政人(ステーツマン)」をめぐって (金原左門)「近代日本研究」9 1993.3
◇福沢諭吉の蘭学修業と奥平十学(壱岐)―中津藩山崎家「御用所日記」の関連記事を中心に (河北展生)「近代日本研究」9 1993.3
◇「時事新報」漫言の文法―福沢諭吉の言文一致 (平沢啓)「山手国文論攷(神戸山手女子短期大学)」14 1993.3
◇福沢諭吉の「議論」論―『文明論之概略』第1章における「本位」とアリストテレスの審議的弁論に特有なトポスとの比較 (平井一弘)「大妻女子大学紀要(文系)」25 1993.3
◇近代日本における用語「市民」―福沢諭吉の場合 (森一貫)「帝塚山短期大学紀要 人文・社会・自然科学編」30 1993.3
◇2つの近代化論―A.シフィエントホフスキと福沢諭吉 (川名隆史)「東京国際大学論叢 経済学部編」8 1993.3
◇福沢諭吉研究ノート(14〜16)「文明論之概略」の草稿の考察(10〜12) (進藤咲子)「東京女子大学紀要論集」43(2),44(1,2) 1993.3,9,94.3
◇福沢諭吉とレオン・ド・ロニー―「植てみよ花のそたたぬ里はなし…」考 (谷口巌)「日本文化論叢(愛知教育大学)」創刊号 1993.3
◇福沢諭吉の実業論 (小松章)「一橋論叢」109(5) 1993.5
◇福沢諭吉の「道徳論」 (千種義人)「関東学園大学経済・文化研究所紀要」11 1993.7
◇福沢諭吉の「徳育論」 (千種義人)「経済・文化研究所紀要(関東学園大学)」11 1993.7
◇福沢諭吉と不平等条約 (千種義人)「法学紀要(関東学園大学)」3(1) 1993.7
◇近代広告の先駆者と福沢諭吉(近代日本の異能・偉才実業家100人「おじいさんたちは偉かった！」―20世紀総発掘 第4弾) (山本武利)「月刊Asahi」5(7) 1993.9
◇福沢諭吉における文明と家族(1,2) (中村敏子)「北大法学論集」44(3,4) 1993.10,12
◇近代日本の教育における「実力」主義思想の一系譜―福沢諭吉の平等観の考察をてがかりとして (岡田典夫)「茨城キリスト教大学紀要」27 1993.12
◇福沢諭吉における士族の「資力の変形」について：伝統と近代のあいだ (梅津順一)「青山学院女子短期大学紀要」47 1993.12
◇時事英語の史的位置に関する一考察：福沢諭吉『学問のすすめ』から時事英語に至る日本人の英語観の変遷 (村井宗行)「大阪千代田短期大学紀要」22 1993.12
◇教育、人と人との出会い―緒方侑庵先生と福沢諭吉 (桑原三郎)「白百合女子大学研究紀要」29 1993.12
◇福沢諭吉と医薬分業 (天野宏、川淵美奈子、田中淑子、斉藤明美、杉原正泰)「薬史学雑誌」28(2) 1993.12
◇福沢諭吉「文明論之概略」における智徳論―命題, 譬えおよび史文 (平井一弘)「大妻女子大学紀要 文系」26 1994
◇人間平等―福沢の夢ウェイランドの夢―「道徳科学要論」と「学問のすすめ」比較言語文化研究 (山口隆夫)「東京工業大学人文論叢」20 1994
◇近代日本の躓きの石としての「啓蒙」―丸山真男の福沢論における自己背反を願みて(特集・丸山真男) (中野敏男)「現代思想」22(1) 1994.1
◇石河幹明『福沢諭吉伝』とその時代 (松沢弘陽)「図書」536 1994.2
◇福沢諭吉の経済思想：その現代的意義 (千種義人)「関東学園大学研究叢書」7 1994.3
◇福沢諭吉における鉄道政策論 (増井健一)「近代日本研究」10 1994.3
◇福沢諭吉の「西洋衣食住」再び (橋本万平)「日本古書通信」59(3) 1994.3

◇福沢諭吉における文明と家族(3完) (中村敏子)「北大法学論集」44(6) 1994.3
◇「文明」の徒としての福沢諭吉(幕末史話—"第三の開国"のさ中に(23)) (松本健一)「エコノミスト」72(13) 1994.3.22
◇福沢諭吉の名望家自治論—伝統的自治の再評価 (石川一三夫)「中京法学」28(3・4) 1994.4
◇日本の近代化と戦争責任=戦後責任論—福沢諭吉のとらえ直し(世界のなかの日本文化〈特集〉) (安川寿之輔)「日本の科学者」29(4) 1994.4
◇明治14年の政変と「人心」教導構想(下)福沢諭吉の時代から井上毅の時代へ (伊藤弥彦)「同志社法学」46(1) 1994.5
◇近代中国の福沢諭吉観—異文化理解の角度から(周縁から見た中国世界—他者への視線・他者からの視線〈シンポジウム〉) (区建英)「中国」9 1994.6
◇住友家法と福沢諭吉の塚本家家法案について (川崎英太郎)「住友史料館報」25 1994.7
◇福沢諭吉「独立の気力なき者は、人に依頼して悪事をなす」(特集 「現代の指針」をこの人物に読む) (佐野陽子)「プレジデント」32(8) 1994.8
◇「交際」と「公智」—試論—福沢諭吉の国民国家形成論 (萱野智篤)「北大法学論集」45(3) 1994.10
◇福沢諭吉とH.スペンサー「第一原理」—第2部第1・2・3章を読む (安西敏三)「法学研究(慶応義塾大学法学研究会)」67(12) 1994.12
◇フランシス・ウェイランドの「収税論」と福沢諭吉 (大淵利男)「政経研究」日本大学法学会 31(2) 1995.1 p371〜424
◇福沢諭吉の西洋受容—『西洋事情』外編の「人間交際論」 (村山紀昭)「北海道教育大学紀要 第1部 A 人文科学編」北海道教育大学 45(2) 1995.2 p1〜15
◇英国国教会宣教師の見た慶應義塾と福沢諭吉—アーサー・ロイドのSPG宛書簡を中心に (白井堯子)「近代日本研究」慶応義塾福沢研究センター 第11巻 1995.3 p1〜120
◇奥平家の資産運用と福沢諭吉—新資料・島津復生宛福沢諭吉書翰を中心として (西沢直子)「近代日本研究」慶応義塾福沢研究センター 第11巻 1995.3 p197〜220
◇「福翁自伝」に見る福沢諭吉の母 (大嶋仁)「福岡大学人文論叢」福岡大学総合研究所 27(2) 1995.9 p1021〜1063
◇福沢諭吉の朝鮮文明化論と「脱亜論」(日本史特集号) (赤野孝次)「史苑」立教大学史学会 55(2) 1995.10 p1〜27
◇開化期における韓国知識人の国語意識—兪吉濬の国文意識における福沢諭吉の影響を中心に (尹彩舜)「京都産業大学国際言語科学研究所所報」京都産業大学 17(1) 1995.12 p185〜200
◇福沢諭吉の「公」「私」「分」の再発見 (松田宏一郎)「立教法学」立教法学会 43 1996 p76〜140
◇福沢諭吉の思想的源流を探る—『西洋事情外編』に見られる翻訳の問題 (小鹿良太)「東京大学大学院教育学研究科紀要」東京大学大学院教育学研究科 36 1996 p351〜360
◇取引所の意義と役割—福沢諭吉に学ぶ(転換期の証券市場) (鈴木芳徳)「証券研究」日本証券経済研究所 114 1996.2 p19〜38
◇福沢諭吉の取引所論 (鈴木芳徳)「商経論叢」神奈川大学経済学会 31(2) 1996.2 p177〜194
◇福沢諭吉の女子教育論—理論背景とその特質をめぐって (張静敏)「教育学科研究年報」関西学院大学文学部教育学科 22 1996.3 p21〜38
◇福沢諭吉『文明論之概略』「第3章」に見るギゾーの原書の「斟酌」 (平井一弘)「大妻女子大学紀要 文系」大妻女子大学 28 1996.3 p246〜220
◇福沢諭吉と梁啓超—近代日本と中国の思想・文化交流史の一側面 (肖朗)「日本歴史」吉川弘文館 576 1996.5 p67〜82
◇福沢諭吉『時事新報』論説の真贋 (井田進也)「図書」岩波書店 564 1996.6 p20〜28
◇明治の志士を男にした女傑お慶—福沢諭吉をわが家の居侯にし、海援隊には船まで買ってやる大盤ぶるまい(特集・こんな男に出会いたい) (西舘好子)「婦人公論」81(7) 1996.6 p112〜117
◇福沢諭吉の社会構想と家族 (中村敏子)「学園論集」北海学園大学 89 1996.9 p1〜15
◇福沢諭吉と下級武士のエートス—ニッポン民俗学外史その三 (礫川全次)「歴史民俗学」批評社 5 1996.9 p68〜87
◇「近代」における東アジア知識人の国際政治観—鄭観応・福沢諭吉・兪吉濬の比較考察 (金鳳珍)「北九州大学外国語学部紀要」北九州大学外国語学部 87 1996.9 p89〜169
◇新聞研究所50周年記念 福沢諭吉と新聞 (内山秀夫)「三田評論」慶応義塾 985 1996.11 p20〜28
◇分財論と仕送り国税—福沢諭吉先生への答案 (山下茂)「自治研究」良書普及会 72(12) 1996.12 p39〜55
◇福沢諭吉の取引所論・追補 (鈴木芳徳)「商経論叢」神奈川大学経済学会 32(3) 1996.12 p115〜144
◇福沢諭吉と「スタチスチク」—校閲書『万国政表』(万延元年・1860年)を中心に (岡部進)「日本大学工学部紀要 B」日本大学工学部 38 1997 p1〜15

◇外国への憧憬と祖国への回帰—兪吉濬の『西遊見聞』、福沢諭吉の『西洋事情』との関連を中心に (金泰俊)「東京女子大学比較文化研究所紀要」東京女子大学比較文化研究所 58 1997 p51〜63
◇福沢諭吉の基本漢字観—『文字之教』『学問ノススメ』を資料として (石川真奈見)「早稲田大学大学院文学研究科紀要 第3分冊」早稲田大学大学院文学研究科 43 1997 p55〜63
◇未来を開く人・清沢満之—福沢諭吉の啓蒙思想を参照しつつ (児玉暁洋)「親鸞教学」大谷大学真宗学会 69 1997.1 p66〜93
◇新しく発見された福沢諭吉書簡について (伊藤隆)「日本歴史」吉川弘文館 584 1997.1 p99〜101
◇緒方洪庵と福沢諭吉(特集・師弟の肖像—この師にしてこの弟子あり) (飯田鼎)「歴史と旅」24(1) 1997.1 p242〜247
◇福沢諭吉の異色作『かたい娘』—ニッポン民俗学外史4 (礫川全次)「歴史民俗学」批評社 6 1997.2 p76〜90
◇福沢諭吉とF・P・G・ギゾー、そしてJ・S・ミル—「独一個人の気象」考 (安西敏三)「法学研究」慶応義塾大学法学研究会 70(2) 1997.2 p165〜186
◇日本人は福沢諭吉の明治15年『帝室論』を読み返すべし('97知の羅針盤「いま、日本が誇れるもの」) (江藤淳)「SAPIO」9(2) 1997.2.5 p18〜21
◇福沢諭吉の貧民論—その「愚民」観・宗教論との関連で (藤原正信)「竜谷史壇」竜谷大学史学会 108 1997.3 p23〜43
◇福沢諭吉の女性論 (小泉仰)「アジア文化研究別冊」国際基督教大学アジア文化研究所 1997.3 p25〜43
◇啓蒙期・福沢諭吉論(下ノ2)明六社との関連で (露口卓也)「人文学」同志社大学人文学会 161 1997.3 p61〜91
◇なぜ日本文明は後れているのか—『文明論之概略』第8章と第9章の対比に見る福沢諭吉の日欧比較文明論 (平井一弘)「大妻女子大学紀要 文系」大妻女子大学 29 1997.3 p338〜310
◇『痩我慢の説』と「氷川清話」—勝海舟と福沢諭吉の間(その1) (飯田鼎)「三田学会雑誌」慶応義塾経済学会 90(1) 1997.4 p1〜17
◇特集 福沢諭吉 「三田評論」慶応義塾 990 1997.4 p29,52〜72
◇官立学校廃止を唱え続けた偉人、今こそ福沢諭吉に学べ(特集・国立大学のビッグバン) (加藤寛)「Ronza」3(4) 1997.4 p24〜27
◇The Law of Nature,Utilitarianism and the Evolution Theory in Modern Japan—A Case Study of Yukichi Fukuzawa (安西敏三)「甲南法学」甲南大学法学会 37(3) 1997.4 p327〜349
◇福沢諭吉の土地課税論 (岸昌三)「追手門経済・経営研究」追手門学院大学 第4号 1997.6 p9〜17
◇幻の朝鮮維新—朝鮮独立を夢見た金玉均と福沢諭吉 (呉善花)「中央公論」112(7) 1997.6 p116〜127
◇福沢諭吉の「議論の本位」 (平井一弘)「Otsuma review」大妻女子大学英文学会 第30号 1997.7 p139〜150
◇交際としての〈社会〉—福沢諭吉における婦人論の展開 (遠藤恵子)「年報筑波社会学」筑波社会学会事務局 第9号 1997.10 p37〜65
◇歴史のクロスロード(第7回)福沢諭吉の脱亜と入亜 (山内昌之)「本の旅人」角川書店 3(10) 1997.10 p4〜7
◇福沢諭吉の自主独立の精神とその今日的意義 (菊地安則)「流通経済大学大学院社会学研究科論集」流通経済大学大学院 第4号 1997.10 p99〜117
◇福沢諭吉「西洋事情」—西洋文明の構造的把握(特集=続・日本人の見た異国・異国人—明治・大正期—明治時代の異国・異国人論) (進藤咲子)「国文学解釈と鑑賞」至文堂 62(12) 1997.12 p20〜27
◇近代以降日本道徳教育史の研究(第1報)「学制」による修身科の成立と啓蒙期福沢諭吉の知徳合一論 (千葉昌弘)「高知大学教育学部研究報告 第1部」高知大学教育学部 55 1998 p175〜183
◇小泉信三賞『学問のすすめ』を読んで—福沢諭吉の翻訳用語について(第22回全国高校生小論文コンテスト受賞作品)(山本久美子)「三田評論」慶応義塾 998 1998.1 p76〜81
◇『痩我慢の説』と「氷川清話」—勝海舟と福沢諭吉の間(その二) (飯田鼎)「三田学会雑誌」慶応義塾経済学会 90(4) 1998.1 p895〜917
◇人間・福沢諭吉に学ぶ—己を生かし人を生かす(1) (川村真二)「企業と人材」産労総合研究所 31(695) 1998.1.20 p55〜62
◇人間・福沢諭吉に学ぶ—己を生かし人を生かす(2)"機を得て動く""実力を得て動く" (川村真二)「企業と人材」産労総合研究所 31(696) 1998.2.5 p64〜68
◇福沢諭吉と兆民・辰猪—明治思想史研究序説 (飯田鼎)「近代日本研究」慶応義塾福沢研究センター 第14巻 1998.3 p79〜111
◇福沢諭吉の近代意識(シリーズ 日本の思想家=論〔1〕) (佐伯啓思)「正論」307 1998.3 p80〜93
◇福沢諭吉『文明論之概略』第十章における「自国の独立」の論じ方 (平井一弘)「大妻女子大学紀要 文系」大妻女子大学 30 1998.3 p214〜187
◇座談会 書簡から知る福沢諭吉 (西川俊作,山内慶太,大沢輝嘉他)「三田評論」慶応義塾 1001 1998.4 p8〜19
◇福沢諭吉と独立自尊 (小此木啓吾)「三田評論」慶応義塾 1001

1998.4　p20～30
◇〈人間・福沢諭吉に学ぶ〉己を生かし人を生かす—4—師・緒方洪庵から生きる意味を学ぶ　(川村真二)「企業と人材」産労総合研究所 31(700) 1998.4.5　p92～97
◇福沢諭吉門下本多和一郎と共修学舎—和歌山県打田町の「本多和一郎関係文書」に関する若干の考察　(曽野洋)「地方教育史研究」全国地方教育史学会　第19号　1998.5　p50～67
◇人間・福沢諭吉に学ぶ　己を生かし人を生かす(5)塾頭・諭吉、藩命により江戸へ　(川村真二)「企業と人材」産労総合研究所 31(702) 1998.5.5　p62～67
◇〈人間・福沢諭吉に学ぶ〉己を生かし人を生かす(6)蘭学から英学へ転身する　(川村真二)「企業と人材」産労総合研究所 31(704) 1998.6.5　p60～65
◇梁啓超の維新思想に見える福沢諭吉の「文明論」(劉恩慈)「研究紀要教育・社会・文化」京都大学教育学部教育社会学研究室〔ほか〕第5号 1998.7　p1～20
◇福沢諭吉の文体の近代性とそのコミュニケーション効果(序説) (平井一弘)「Otsuma review」大妻女子大学英文学会　第31号 1998.7　p101～114
◇〈人間・福沢諭吉に学ぶ〉己を生かし人を生かす(7)咸臨丸の出航　(川村真二)「企業と人材」産労総合研究所 31(706) 1998.7.5　p64～69
◇〈人間・福沢諭吉に学ぶ〉己を生かし人を生かす(8)　(川村真二)「企業と人材」産労総合研究所 31(708) 1998.8.20　p82～87
◇福沢諭吉とビール・別考　(増井健一)「三田評論」慶応義塾 1005 1998.9　p60～62
◇福沢諭吉『時事新報』論説の再認定—丸山真男の旧福沢選集第四巻「解題」批判　(井田進也)「思想」岩波書店 891 1998.9　p92～103
◇〈人間・福沢諭吉に学ぶ〉己を生かし人を生かす(9)サンフランシスコでの諭吉と木村　(川村真二)「企業と人材」産労総合研究所 31(709) 1998.9.5　p80～85
◇福沢諭吉の会社論—「会社と社員」補遺　(馬場宏二)「経済論集」大東文化大学経済学会 73 1998.10　p101～112
◇〈人間・福沢諭吉に学ぶ〉己を生かし人を生かす—10—欧州で富国強兵と人材育成の必要を痛感する　(川村真二)「企業と人材」産労総合研究所 31(711) 1998.10.5　p80～85
◇インタビュー　大嶋仁—いまなぜ諭吉なのか　(大嶋仁)「波」新潮社 32(11) 1998.11　p36～39
◇〈人間・福沢諭吉に学ぶ〉己を生かし人を生かす(11)恩師・緒方洪庵の逝去　(川村真二)「企業と人材」産労総合研究所 31(713) 1998.11.5　p74～79
◇第2部和魂洋才〔3〕福沢諭吉の「和魂」にとって、「忠君愛国」などまるで問題外だった(日本を動かした言葉)(田原総一朗)「SAPIO」10(19) 1998.11.11　p100～103
◇慶応は東大より偉かった—巷では騒乱が続く中、福沢諭吉は学問の独立を守った(私の東大論〔9〕) (立花隆)「文芸春秋」76(12) 1998.12　p264～277
◇人間・福沢諭吉に学ぶ—己を生かし人を生かす—12—欧州帰朝後、攘夷の嵐の中に志立つ　(川村真二)「企業と人材」産労総合研究所 31(715) 1998.12.5　p74～79
◇明治初年における島地黙雷の政教論の意義—中村敬宇・森有礼・福沢諭吉と比較して　(堀口良一)「近畿大学教養部紀要」近畿大学教養部 31(1) 1999　p25～43
◇福沢諭吉と日本における英学の発展に関する一考察　(藤牧新)「東海大学紀要　外国語教育センター」東海大学外国語教育センター 20 1999　p183～192
◇丸善商社と福沢諭吉・早矢仕有的・中村道太(特集　丸善創業130周年記念) (坂井達朗)「学鐙」丸善 96(1) 1999.1　p10～13
◇「福沢諭吉の精神」が試される時(さらば「渋沢資本主義」〔9〕) (喜文康隆)「Foresight」10(1) 1999.1　p54～55
◇原書における福沢諭吉の未翻訳部分について—SET3&SET4を中心として　(廣瀬久有)「研究年報経済学」東北大学経済学会 60(4) 1999.1　p505～518
◇〈人間・福沢諭吉に学ぶ〉己を生かし人を生かす(13)　(川村真二)「企業と人材」産労総合研究所 32(717) 1999.1.20　p122～127
◇男女論をめぐるキリスト教と福沢諭吉　(小泉仰)「社会科学ジャーナル」国際基督教大学社会科学研究所 40 1999.2　p1～22
◇福沢諭吉とラルフ・ウオルド・エマソン　(寺沢芳男)「文芸春秋」77(2) 1999.2　p79～81
◇福沢諭吉　在野のリーダー(「新春特別企画」この人に学ぶ—新春アンケート　今の日本にこの人がいれば、私が選んだ歴史上の人物) (福原義春)「潮」480 1999.2　p96～97
◇人間・福沢諭吉に学ぶ—己を生かし人を生かす(14)衝突した小野を新政府に推薦する　(川村真二)「企業と人材」産労総合研究所 32(718) 1999.2.5　p74～79
◇福沢諭吉における国体観念の転回　(安西敏三)「近代日本研究」慶応義塾福沢研究センター　第15巻 1999.3　p1～45
◇諭吉の流儀—自由民権主義者が「駄民」ならば平成の改革論者も「駄民」である(日本の溶解をいかに防ぐか〔63〕) (西部邁)「THE21」16(3) 1999.3　p76～77
◇福沢諭吉『増訂華英通語』の「音訳」と「義訳」(平井一弘)「大妻女子大学紀要　文系」大妻女子大学 31 1999.3　p290～250
◇福沢先生と医療　(土屋雅春)「三田評論」慶応義塾 1012 1999.4　p42～50
◇〈人間・福沢諭吉に学ぶ〉己を生かし人を生かす(16)榎本武揚の助命　(川村真二)「企業と人材」産労総合研究所 32(722) 1999.4.5　p80～85
◇名言名句—異端妄説の謗りを恐るべからず　福沢諭吉(経営者のための話の小箱)「日経ベンチャー」176 1999.5　p177
◇人間・福沢諭吉に学ぶ—己を生かし人を生かす(17)大重信太夫の助命　(川村真二)「企業と人材」産労総合研究所 32(724) 1999.5.5　p94～99
◇福沢諭吉・われらが同時代人　(安東伸介)「三田評論」慶応義塾 1014 1999.6　p28～33
◇福沢諭吉と近代の謎　(アラン・マクファーレン)「三田評論」慶応義塾 1014 1999.6　p34～41
◇福沢思想の源泉としての『西洋事情』(高橋弘通)「研究紀要」東九州女子短期大学 8 1999.6　p85～97
◇〈人間・福沢諭吉に学ぶ〉己を生かし人を生かす(18)刺客・朝吹英二と増田宗太郎　(川村真二)「企業と人材」産労総合研究所 32(726) 1999.6.5　p80～86
◇21世紀日本の国家ビジョンと教育課程(4)ナショナリズムと公共性の育成(4)坂本多加雄の福沢諭吉解釈の意義　(吉永潤)「現代教育科学」明治図書出版 42(7) 1999.7　p88～92
◇福沢諭吉『増訂華英通語』の俗語訳文　(平井一弘)「Otsuma review」大妻女子大学英文学会　第32号 1999.7　p139～159
◇人間・福沢諭吉に学ぶ—己を生かし人を生かす(19)母お順の死と『ひゞのをしへ』(川村真二)「企業と人材」産労総合研究所 32(728) 1999.7.5　p74～79
◇人間福沢諭吉に学ぶ—己を生かし人を生かす(20)長沼事件と諭吉の尽力　(川村真二)「企業と人材」産労総合研究所 32(730) 1999.8.5　p94～100
◇福沢諭吉の文明論とキリスト教　(梅津順一)「聖学院大学論叢」聖学院大学 12(1) 1999.9　p21～36
◇日本史が見落している一章—ジョン万次郎と福沢諭吉　(川澄哲夫)「三田評論」慶応義塾 1016 1999.9　p24～32
◇人間・福沢諭吉に学ぶ—己を生かし人を生かす(21)維新の三傑と心友・西郷隆盛　(川村真二)「企業と人材」産労総合研究所 32(731) 1999.9.5　p84～89
◇横井小楠と福沢諭吉における文明観と政策論　(北野雄士)「大阪産業大学論集　人文科学編」大阪産業大学学会 99 1999.10　p1～14
◇人間・福沢諭吉に学ぶ—己を生かし人を生かす(22)明治14年の政変と時事新報の発行　(川村真二)「企業と人材」産労総合研究所 32(733) 1999.10.5　p66～74
◇諭吉に学ぶ「文明の危険」、"真正"保守主義のすすめ　(西部邁)「財界」47(21) 1999.10.12　p22
◇食味風々録(20)福沢諭吉と鰹節　(阿川弘之)「波」新潮社 33(11) 1999.11　p22～26
◇福沢諭吉における平等像　(林国able)「ぷらくしす」広島大学文学部倫理学教室〔ほか〕1999.11 秋号　p61～73
◇世界騒擾—金融資本にたいする自由放任が世界を重症に陥らせる日は近い(日本の溶解をいかに防ぐか〔71〕) (西部邁)「THE21」16(11) 1999.11　p76～77
◇人間・福沢諭吉に学ぶ　己を生かし人を生かす(23)北里柴三郎への研究援助　(川村真二)「企業と人材」産労総合研究所 32(735) 1999.11.5　p82～89
◇福沢諭吉の戦略構想—『文明論之概略』期までを中心に(特集　歴史としての明治) (平石直昭)「社会科学研究」東京大学社会科学研究所 51(1) 1999.12　p63～102
◇人間・福沢諭吉に学ぶ　己を生かし人を生かす(24完)諭吉逝く、『瘦我慢の説』対『幕府始末』(川村真二)「企業と人材」産労総合研究所 32(737) 1999.12.5　p70～78
◇信州と福沢諭吉　(丸山信)「上田女子短期大学紀要」上田女子短期大学 23 2000　p1～5
◇勝海舟と福沢諭吉のアジア観の対比　(河上民雄)「聖学院大学総合研究所newsletter」聖学院大学総合研究所 10(3) 2000　p4～6
◇自伝に見る近代日本人の人間形成—福沢諭吉『福翁自伝』を軸にして　(滝内大三)「大阪経済大学教養部紀要」大阪経大学会 18 2000　p5～22
◇福沢諭吉における「成人教育観」の形成　(松村憲一)「フィロソフィア」早稲田大学哲学会 88 2000　p17～41
◇明治初期地方論研究序説—福沢諭吉の地方観を中心に　(村松玄太)「政治学研究論集」明治大学大学院 13 2000　p73～88
◇「西学受容と儒学批判」に見る日中近代思想の相違—福沢諭吉と康有為をめぐって　(汪婉)「共立女子大学総合文化研究所年報」共立女子大学総合文化研究所 6 2000　p201～212

424

◇福沢諭吉と商法典論争　(高田晴仁)　「三田評論」　慶応義塾　1020　2000.1　p26～43
◇タイムリーオピニオン　日本国民抵抗の精神―福沢諭吉の思想と人品　(庭田範秋)　「総合社会保障」　社会保険新報社　38(1)　2000.1　p42～45
◇福沢諭吉 "税金の碑"　(沢口勝ני)　「山形県教育史誌」　山形県教育史研究会　第13号　2000.旧正月　p54～55
◇近代への懐疑―諭吉と漱石（新世紀の思想―いまだからこそナショナリズム〔1〕）　(西部邁)　「Voice」　265　2000.1　p190～197
◇福沢諭吉が描いた「ザ・文明」の独創を思い起こせ(SIMULATION REPORT 日本の誇り)　(坂本多加雄)　「SAPIO」　12(1)　2000.1.12　p21～23
◇福沢諭吉―今までの百年、これからの百年(わが家の百年―戦争あり、天災あり……幾多の風雪に耐えたこの人家族、喜びと悲しみの百年)　(木内孝)　「文芸春秋」　78(2)　2000.2　増（私たちが生きた20世紀 全篇書き下ろし362人の物語・永久保存版）p74～75
◇福沢諭吉の先祖（随想）　(伴在賢時郎)　「新聞研究」　584　2000.3　p4～5
◇福沢諭吉の実学概念　(佐野之人)　「東亜大学経営学部紀要」　東亜大学経営学部　12　2000.3　p45～78
◇羽仁もと子の家庭教育思想の現代的意義―福沢諭吉との対比において　(鈴木博雄)　「日本教材文化研究財団研究紀要」　日本教材文化研究財団　第29号　2000.3　p68～71
◇福沢諭吉と日本における英学の発展に関する一考察　(藤牧新)　「東海大学紀要」　東海大学外国語教育センター　第20輯　2000.3　p183～192
◇福沢諭吉の「丸裸の競争」と「人種改良」の思想（特集 アジア諸国の教育―過去と現在）　(雨田英一)　「東洋文化研究」　学習院大学東洋文化研究所　2　2000.3　p385～418
◇明治政府の公債価格維持策について―福沢諭吉の批判論に関する実証分析　(神木良三)　「商経学叢」　近畿大学商経学会　46(3)　2000.3　p451～469
◇華族の問題―華族にみる旧主と旧家臣のいい関係(特集・まぼろしの名家 華族80年の栄枯盛衰―華族とは何か、その存在意義と波瀾万丈のドラマ)　(桐野作人)　「歴史と旅」　27(6)　2000.4　p94～99
◇華族にならなかった福沢諭吉(特集・まぼろしの名家 華族80年の栄枯盛衰―華族とは何か、その存在意義と波瀾万丈のドラマ)　(浅見雅男)　「歴史と旅」　27(6)　2000.4　p126～133
◇丸山真男の福沢諭吉論について　(國武民)　「国史学研究」　竜谷大学国史学合同研究室　24　2000.6　p52～90
◇ウェーランド経済書講述記念講演 福沢諭吉と長岡藩―小林雄七郎を中心として　(内山秀夫)　「三田評論」　慶応義塾　1026　2000.7　p40～51
◇幕末知識人の西欧認識と対外政策―吉田松陰と福沢諭吉の間　(飯田鼎)　「三田学会雑誌」　慶応義塾経済学会　93(2)　2000.7　p289～313
◇リーダーの決断・榎本武揚と五稜郭の戦い（賢者は歴史に学ぶ[10]）　(楠木誠一郎)　「プレジデント」　38(13)　2000.7.31　p150～155
◇福沢諭吉研究文献年表「外国語文献の部」　(丸山信)　「学海」　上田女子短期大学国語国文学会　16　2000.9　p1～10
◇文化がこころに持つ意味―文化心理学の視点から(3)文化間の創造的関係を創るものは何か(2)福沢諭吉をとおしての考察　(倉八順子)　「明治大学教養論集」　明治大学教養論集刊行会　336　2000.9　p45～70
◇福沢諭吉と交通の近代　(原宏之)　「言語情報科学研究」　東京大学言語情報科学研究会　第5号　2000.9　p191～217
◇福沢諭吉における自由観　(福元千鶴)　「唯物論研究年誌」　唯物論研究協会　5　2000.10　p364～385
◇開国なのか壊国なのか（"真正"保守主義のすすめ）　(西部邁)　「財界」　48(22)　2000.11.7　p19
◇福沢諭吉の批判精神―学問論に関する覚書　(佐藤誠)　「同朋大学論叢」　同朋学会　83　2000.12　p1～28
◇漱石の「開化」、諭吉の「文明」―福沢諭吉と夏目漱石(1)　(赤井恵子)　「熊本学園大学文学・言語学論集」　熊本学園大学文学・言語学論集編集会議　7(2)　2000.12　p350～331
◇兪吉濬の日本留学に関する一考察―朝鮮開化派と福沢諭吉の関係を中心として　(李根松)　「教育学研究集録」　筑波大学大学院教育学研究科　25　2001　p1～10
◇福沢諭吉の徳育論とその教育実践　(船曳修)　「福岡教育大学紀要 第4部 教職科編」　福岡教育大学　50　2001　p21～38
◇日本の近代化過程におけるアントルプルヌールシップ形成と福沢諭吉――地方名望家の企業活動を例として(1)　(熊田俊郎)　「駿河台法学」　駿河台大学　15(1)　2001　p189～205
◇特集 福沢諭吉・早矢仕有的 没後百年記念　「学鐙」　丸善　98(1)　2001.1　p4～5
◇明治初期地方論研究序説―福沢諭吉の地方観を中心に　(村松玄太)　「政治学研究論集」　明治大学大学院　第13号　2001.2　p73～88
◇特集 中村敏子『福沢諭吉 文明と社会構想』を読む　「創文」　創文社　429　2001.3　p2～17
◇福沢諭吉『福翁自伝』に見る明治の言葉(平成12年度〔昭和学院短期大学日本語日本文学科〕卒業研究特集)　(保坂尚子)　「昭和学院国語国文」　昭和学院短期大学国語国文学会　34　2001.3　p39～45
◇講演録 世界の中の福沢諭吉　(フランク・B.ギブニー)　「三田評論」　慶応義塾　1033　2001.3　p42～53
◇KEIO report 福沢諭吉没後百年展　(鷲見洋一)　「三田評論」　慶応義塾　1033　2001.3　p96～97,図巻頭3p
◇中津商人（商人の遺伝子[12]）　(加来耕三)　「日経ベンチャー」　198　2001.3　p96～99
◇講演録 高橋誠一郎と慶応リベラリズムの伝統―福沢諭吉没後百年記念「慶応義塾の経済学」展によせて　(飯田裕康)　「三田評論」　慶応義塾　1034　2001.4　p36～47
◇探照灯(167)平凡主義の福沢先生　(谷沢永一)　「国文学解釈と鑑賞」　至文堂　66(4)　2001.4　p216～219
◇福沢諭吉没後100年記念　「財界人」　レビュージャパン　14(6)　2001.6　p42～55
◇三宅雪嶺の福沢諭吉観―学問と政治の関連を中心に　(長妻三佐雄)　「同志社法学」　同志社法学会　53(2)　2001.7　p451～478
◇わが子にも読み聞かせたい「五通の手紙」―斎藤茂吉、福沢諭吉、芥川竜之介……昔の父には気骨があった(特集・「家族」の幸福学「父の難題」解決のヒント)　(半藤一利)　「プレジデント」　39(18)　2001.9.3　p48～51
◇日本の近代化過程におけるアントルプルヌールシップ形成と福沢諭吉――地方名望家の企業活動を例として(一)　(熊田俊郎)　「駿河台法学」　駿河台大学　第15巻第1号（通巻第27号）　2001.10　p189～205
◇Benjamin Franklinと福沢諭吉の『自伝』（研究ノート）　(泉琢磨)　「日本大学医学部一般教育研究紀要」　日本大学医学部　29　2001.12　p39～48
◇座談会 近代日本の自己と他者―本居宣長と福沢諭吉の現在(宣長問題)　(子安宣邦, 高橋哲哉, 米谷匡史)　「思想」　岩波書店　932　2001.12　p70～92
◇なぜ福沢諭吉はユニテリアンに関心を失ったのか―ナップの手紙が明らかにする新事実　(土屋博政)　「慶應義塾大学日吉紀要 英語英米文学」　慶應義塾大学日吉紀要刊行委員会　41　2002　p66～101
◇福沢諭吉の「個人」と厳復の「民」―その西洋文化受容の相違について(特集 近代日本と東アジア)　(高増傑)　「季刊日本思想史」　ぺりかん社　60　2002　p89～111
◇異邦人・境界人・仲介人―グスタフ・マーラーと福沢諭吉　(多田建次)　「論叢」　玉川大学教育学部　1　2002　p100～79
◇福沢諭吉と啓蒙主義の陥穽―国際学研究試論　(渡辺直樹)　「外国文学」　宇都宮大学外国文学会　51　2002　p149～164
◇福沢諭吉の『学問のすゝめ』と張之洞の『勧学篇』　(崔淑芬)　「筑紫女学園大学紀要」　筑紫女学園大学　14　2002　p149～168
◇福沢諭吉における西欧受容と文明の概念　(後潟雅生)　「甲南大学紀要 文学編」　甲南大学　129　2002年度　p168～180
◇福沢諭吉と武士の伝統―教養と作法を中心として(1)　(西村稔)　「岡山大学法学会雑誌」　岡山大学法学会　51(1)　2002.1　p1～82
◇保険の思想と「丸屋商社死亡請合規則」―福沢諭吉に倣って(特集 丸善草創期の諸事業)　(飯田裕康)　「学鐙」　丸善　99(1)　2002.1　p8～11
◇歴史読物 福沢諭吉と咸臨丸(1)　(橋本進)　「旅客船」　日本旅客船協会　219　2002.2　p20～26
◇講演録 福沢書簡に見る明治10年代後半の慶応義塾　(松崎欣一)　「三田評論」　慶応義塾　1043　2002.2　p68～81
◇福沢諭吉と武士の伝統―教養と作法を中心として(2)　(西村稔)　「岡山大学法学会雑誌」　岡山大学法学会　51(2)　2002.2　p329～354
◇福沢諭吉が取り持つ縁(緊急特集・明治生命、安田生命、合併の衝撃)　(南敦子)　「エコノミスト」　80(5)　2002.2.5　p19
◇「時事新報」にみる福沢諭吉の文明観について―ノルマントン号事件をめぐって(地域創造学部開設記念号)　(戸田清子)　「奈良県立大学研究季報」　奈良県立大学　12(3・4)　2002.2.8　p95～101
◇福沢諭吉・渋沢栄一にみる普遍的ビジョンと儒学　(谷口典子)　「東日本国際大学研究紀要」　東日本国際大学経済学部　7(2)　2002.3　p1～25
◇森鴎外と福沢諭吉の食生活論　(今井佐恵子)　「京都短期大学論集」　京都短期大学成美学会　30(1)　2002.3　p17～24
◇講演録 起業家福沢諭吉の生涯―鳥用氏（渡辺修次（二）郎）著『学商福沢諭吉』批判　(王置紀夫)　「三田評論」　慶応義塾　1044　2002.3　p38～50
◇近代日本の自由観に関するノート―福沢諭吉らをめぐって　(本田逸夫)　「九州工業大学研究報告 人文・社会科学」　九州工業大学　50　2002.3　p75～83
◇福沢諭吉像の研究史的変遷　(赤野孝次)　「史苑」　立教大学史学会　62(2)　2002.3　p77～99
◇福沢書簡に見るある地方名望家の軌跡―伊東要蔵と福沢諭吉　(松崎欣一)　「近代日本研究」　慶應義塾福沢研究センター　第18号　2002.3　p1～64
◇福沢諭吉『増訂華英通語』とハーバード版『華英通語』　(平井一弘)　「大妻比較文化」　大妻女子大学比較文化学部　3　2002.3　p106～115

◇福沢諭吉と武士の伝統―教養と作法を中心として(3) (西村稔)「岡山大学法学会雑誌」 岡山大学法学会 51(3) 2002.3 p487～535
◇福沢諭吉と武士の伝統―教養と作法を中心として(4) (西村稔)「岡山大学法学会雑誌」 岡山大学法学会 51(4) 2002.3 p685～760
◇幕末・維新の時期における知識人, その思想と行動―福沢諭吉の書簡集を通じてみる (飯田鼎)「三田学会雑誌」 慶応義塾経済学会 95(1) 2002.4 p1～26
◇歴史読物 福沢諭吉と咸臨丸(2) (橋本進)「旅客船」 日本旅客船協会 220 2002.5 p38～43
◇個人の独立と社会の統合―メイトランドと福沢諭吉 (中村敏子)「創文」 創文社 443 2002.6 p10～13
◇福沢諭吉の実像構築のために―一蔦有氏(渡辺修二郎)著『学商福沢諭吉』批判 (玉置紀夫)「書斎の窓」 有斐閣 515 2002.6 p16～20
◇著者インタビュー 『独立自尊』北岡伸一―『独立自尊』の精神に日本人は戻るべきです(潮ライブラリー) (北岡伸一)「潮」 521 2002.7 p290～291
◇福沢諭吉の教育思想 (藤田友治)「大阪経大論集」 大阪経済大学会 53(2) 2002.7 p419～437
◇時代の羅針を読む(丸善は大人の知的空間) (渡辺慶司文)「東京人」 17(8) 2002.8 p141
◇歴史読物 福沢諭吉と咸臨丸(最終回) (橋本進)「旅客船」 日本旅客船協会 221 2002.8 p24～31
◇海外だより ロンドンの福沢先生の足跡を辿って (山内慶太)「三田評論」 慶応義塾 1049 2002.8 p80～85
◇福沢諭吉の知略, 飛躍―『学問のすゝめ』をめぐって (徳盛誠)「比較文学研究」 すずさわ書店 80 2002.9 p93～108
◇江戸・幕末に学ぶ人間関係―歴史の断章としての海舟, 諭吉, 徠, 忠順 (徳増贐洪)「久留米大学商学研究」 久留米大学商学会 8(1) 2002.9 p133～162
◇型破り愉快日本人伝 (谷沢永一)「新潮45」 21(9) 2002.9 p200～209
◇自由民権思想における福沢諭吉と加藤弘之 (飯田鼎)「三田学会雑誌」 慶応義塾経済学会 95(3) 2002.10 p457～491
◇「君臣」関係の論理と明治初年の福沢諭吉(特集 近代日本成立期の地域性と論理) (赤野孝次)「歴史評論」 校倉書房 631 2002.11 p45～61
◇海外だより 東京(ドンキン)義塾と福沢諭吉 (荒川研)「三田評論」 慶応義塾 1051 2002.11 p82～86
◇福沢諭吉の教え(凛として日本) (岩田哲人)「実業界」 886 2002.12 p74～76
◇奥井書屋随想(72)福沢諭吉―福沢諭吉著『福翁自伝』 (高田宏)「季刊銀花」 花文化出版 132 2002.12 p114～119
◇研究集会報告 第107回 福沢諭吉は宗教の大敵か―英国資料をもとに考える (白井堯子)「ロバアト・オウエン協会年報」 ロバアト・オウエン協会 28 2003 p53～64
◇日本の近代化過程におけるアントルプルヌールシップ形成と福沢諭吉―地方名望家の企業活動を例として(2・完) (熊田俊郎)「駿河台法学」 駿河台大学法学会 17(1) 2003 p133～142
◇糞石のこと(自由時間 ひとり旅は楽し〔13〕) (池内紀)「中央公論」 118(1) 2003.1 p364～367
◇福沢の物理, 海舟の地理―近代日本における二つの合理精神 (宇治光正)「近畿大学日本語・日本文学」 近畿大学文芸学部 第5号 2003.3 p19～36
◇明治初期, 自由民権運動の展開と相剋―福沢諭吉における「民権と国権」のはざまで―自由民権研究序説 (飯田鼎)「千葉商大論叢」 千葉商科大学国府台学会 40(4) 2003.3 p1～28
◇福沢諭吉, F.ウェーランド, 阿部泰蔵 (西川俊作)「千葉商大論叢」 千葉商科大学国府台学会 40(4) 2003.3 p29～48
◇福沢諭吉のエッカルト『近代ロシア』大略―原点探察 (樋口辰雄)「明星大学社会学研究紀要」 明星大学人文学部社会学科 23 2003.3 p63～73
◇福沢諭吉の近代認識 (前田庸介)「東京都立短期大学経営システム学科研究論集」 東京都立短期大学経営システム学科 8 2003.3 p87～98
◇福沢諭吉と武士の伝統―教養と作法を中心として(5) (西村稔)「岡山大学法学会雑誌」 岡山大学法学会 52(2) 2003.3 p397～447
◇福沢諭吉と武士の伝統―教養と作法を中心として(6) (西村稔)「岡山大学法学会雑誌」 岡山大学法学会 52(3) 2003.3 p727～762
◇福沢諭吉と武士の伝統―教養と作法を中心として(7・完) (西村稔)「岡山大学法学会雑誌」 岡山大学法学会 52(4) 2003.3 p909～972
◇張之洞と福沢諭吉の政治法律思想についての比較研究―《勧学篇》と《学問のすすめ》の比較研究 (何雲鵬)「日本法学」 日本大学法学会 68(4) 2003.3 p1191～1219
◇リクエスト人物編 『福沢諭吉』の巻(爆笑問題の日本史原論) (田中裕二,太田光文・構成)「ダ・ヴィンチ」 10(4) 2003.4 p128～129
◇特集 書簡が語る福沢諭吉 「三田評論」 慶応義塾 1057 2003.5 p12～39

◇関連論文 福沢書簡を見る―「語頭」・「結語」と「日付」から(特集 書簡が語る福沢諭吉) (川崎勝)「三田評論」 慶応義塾 1057 2003.5 p26～30
◇関連論文 福沢諭吉の近代日本経営史(特集 書簡が語る福沢諭吉) (玉置紀夫)「三田評論」 慶応義塾 1057 2003.5 p32～39
◇研究余録 福沢諭吉と「大日本節酒会」―宮崎蘇庵宛福沢書簡について (大浜郁子)「日本歴史」 吉川弘文館 664 2003.9 p88～95
◇福沢諭吉と近代日本―ヨーロッパ啓蒙主義のコンテクストから (渡辺直樹)「宇都宮大学国際学部研究論集」 宇都宮大学国際学部 16 2003.10 p125～137
◇福沢諭吉と足尾鉱毒事件―足尾鉱毒事件研究の一環として(1) (三浦顕一郎)「白鷗法学」 白鷗大学法学部 22 2003.11 p37～67
◇『西洋事情』における「文明」と「進歩」―福沢諭吉の歴史哲学研究序説 (安西敏三)「法学研究」 慶応義塾大学法学研究会 76(12) 2003.12 p221～244
◇近代国家形成と福沢諭吉 (小野修三)「慶応義塾大学日吉紀要 社会科学」 慶応義塾大学日吉紀要刊行委員会 15 2004 p1～24
◇「脱亜論」の思想的地平―福沢諭吉の儒教観再考 (佐藤貢悦)「倫理学」 筑波大学倫理学研究会 20 2004 p51～60
◇特集 あらためて福沢諭吉を読む 「三田評論」 慶応義塾 1065 2004.2 p14～39
◇福沢諭吉の政治論(特集 あらためて福沢諭吉を読む) (寺崎修)「三田評論」 慶応義塾 1065 2004.2 p34～39
◇テクスト 幕末・維新思想史演習―福沢諭吉研究(特集＝藤田省三) (藤田省三)「現代思想」 青土社 32(2) 2004.2 p45～59
◇真宗僧侶寺田福寿と福沢諭吉―『教育勅語説教』の周辺 (藤原正信)「竜谷史壇」 竜谷大学史学会 121 2004.3 p1～31
◇愛息の徴兵に立ち向かう福沢諭吉 (山口輝臣)「史淵」 九州大学大学院人文科学研究院 141 2004.3 p25～51
◇福沢諭吉における「自由」と「個人主義」―西欧文明の導入と転位 (生越利昭)「人文論集」 神戸商科大学学術研究会 39(3・4) 2004.3 p87～115
◇福沢諭吉「朝鮮人民のために其国の滅亡を賀す」と文明政治の6条件 (平山洋)「国際関係・比較文化研究」 静岡県立大学国際関係学部 2(2) 2004.3 p439～449
◇書簡に見る福沢人物誌(2)奥田竹松・鈴木梅四郎―福沢諭吉の名を今日に伝えた人々(1) (松崎欣一)「三田評論」 慶応義塾 1068 2004.5 p42～47
◇書簡に見る福沢人物誌(4)小田部礼・中上川婉・服部鐘―福沢諭吉の三人の姉 (西沢直子)「三田評論」 慶応義塾 1070 2004.7 p64～69
◇比較思想のために―福沢諭吉と夏目漱石(その3) (赤井恵子)「熊本学園大学文学・言語学論集」 熊本学園大学文学・言語学論集編集会議 10・11(2・1) 2004.7 p526～507
◇戦時下の丸山真男における日本思想史像の形成―福沢諭吉研究との関連を中心に (平石直昭)「思想」 岩波書店 964 2004.8 p4～23
◇福沢諭吉『帳合之法』に関する一考察 (片岡泰彦)「経営論集」 大東文化大学経営学会 8 2004.9 p15～30
◇福沢諭吉の佩刀・甲冑と妻土岐阿錦の系譜考説 (吉田幸平)「日本佐渡学会」 日本佐渡学会 第6号 2004.10 p21～24
◇書簡に見る福沢人物誌(8)日原昌造―福沢が誰よりも信頼した後輩 (服部礼次郎)「三田評論」 慶応義塾 1074 2004.12 p52～58
◇ベンジャミン・フランクリンと福澤諭吉―二人の自伝を読み返して (Marion Saucier)「Comparatio」 九州大学大学院比較社会文化学府比較文化研究会 9 2005 p1～8
◇近代社会と福沢諭吉の公私論 (後瀉雅生)「甲南大学紀要 文学編」 甲南大学 144 2005年度 p1～10
◇講演録 明六社・日本学士院と共存同衆・交詢社―福沢諭吉・小幡篤次郎・馬場辰猪 「近代日本研究」 慶応義塾福沢研究センター 22 2005 p229～265
◇講演録 福沢におけるトクヴィル問題―西南戦争と『アメリカのデモクラシー』 「近代日本研究」 慶応義塾福沢研究センター 22 2005 p267～316
◇福沢諭吉関係新資料紹介 福沢諭吉書簡 「近代日本研究」 慶応義塾福沢研究センター 22 2005 p317～340
◇福沢諭吉関係新資料紹介 朝鮮王族義和宮留学と福沢諭吉 「近代日本研究」 慶応義塾福沢研究センター 22 2005 p341～354
◇福澤諭吉の「啓蒙期」女性論における近代化と〈東洋的なもの〉 (前原有美子)「東洋学研究」 東洋大学東洋学研究所 42 2005 p350～331
◇書簡に見る福澤人物誌(9)森村市太郎・森村豊・村井保固―海外貿易の開拓者 (小室正紀)「三田評論」 慶応義塾 1075 2005.1 p24～30
◇2003年度龍谷大学史学大会講演録 日本のアジア認識と福沢諭吉研究―戦争責任問題とかかわらせて (安川寿之輔)「竜谷史壇」 竜谷大学史学会 122 2005.2 p1～7
◇書簡に見る福澤人物誌(10)馬場辰猪―福澤門下の民権家 (川崎勝)「三田評論」 慶応義塾 1076 2005.2 p58～63
◇幕末における福沢諭吉の西洋受容―幕臣意識を中心に (盧奇香)「年報日本思想史」 日本思想史研究会 4 2005.3 p11～14

◇講演録 江戸の思想と福澤諭吉 （小室正紀）「三田評論」 慶応義塾 1077 2005.3 p30〜41
◇書簡に見る福澤人物誌(11)大隈重信―福澤諭吉との交流 （佐藤能丸）「三田評論」 慶応義塾 1077 2005.3 p66〜71
◇福沢の『閉口笑話』における教授法およびステレオタイプ表象 （ロンスチュワート）「多元文化」 名古屋大学国際言語文化研究科国際多元文化専攻 5 2005.3 p127〜142
◇福沢諭吉の道徳観について （姜明）「東アジア日本語教育・日本文化研究」 東アジア日本語教育・日本文化研究学会 8 2005.3 p157〜161
◇ひとつの史料論として―福沢諭吉『書簡』と『時事新報』(1) （川崎勝）「南山経済研究」 南山大学経済学会 19(3) 2005.3 p413〜421
◇書簡に見る福澤人物誌（第12回）レオン・ド・ロニー―実ニ欧羅巴中唯一人ノ良友 （西川俊作）「三田評論」 慶応義塾 1078 2005.4 p38〜43
◇三人閑談 福沢諭吉が見たロシア （高宮利行、横手慎二、アンドレイナコルチェフスキー）「三田評論」 慶応義塾 1078 2005.4 p44〜54
◇書簡に見る福澤人物誌(13)シモンズ・ウィグモア・福澤―旧時代の法制度を見る視点 （岩谷十郎）「三田評論」 慶応義塾 1079 2005.5 p38〜43
◇文久遣欧使節団ロシア訪問記(4)福沢諭吉が見たペテルブルク （アンドレイナコルチェフスキー）「三田評論」 慶応義塾 1079 2005.5 p76〜83
◇書簡に見る福澤人物誌(14)木村芥舟・長尾幸作―咸臨丸の人々 （佐志傳）「三田評論」 慶応義塾 1080 2005.6 p52〜58
◇福沢諭吉のアジア認識再論―『福沢諭吉の真実』批判 （安川寿之輔）「歴史地理教育」 歴史教育者協議会 685 2005.6 p58〜63
◇『文明論之概略』(1875)福沢諭吉(1835―1901)―「脱亜論」の道を用意した進化論（総特集 ブックガイド 日本の思想） （ひろたまさき）「現代思想」 青土社 33(7臨増) 2005.6 p269〜274
◇福沢諭吉と精神医療 （山内慶太）「こころの科学」 日本評論社 122 2005.7 p2〜5
◇小幡篤次郎を偲ぶ（講演録 小幡篤次郎没後一〇〇年―福澤諭吉を支えた第一人者） （服部禮次郎）「三田評論」 慶応義塾 1081 2005.7 p32〜43
◇講演録 小幡篤次郎没後一〇〇年―福澤諭吉を支えた第一人者 三田評論 慶応義塾 1081 2005.7 p32〜43
◇小幡篤次郎と「モラルサイヤンス」（講演録 小幡篤次郎没後一〇〇年―福澤諭吉を支えた第一人者） （西澤直子）「三田評論」 慶応義塾 1081 2005.7 p43〜47
◇書簡に見る福澤人物誌(15)須田辰次郎―福澤諭吉の師範学校人脈 （米山光儀）「三田評論」 慶応義塾 1081 2005.7 p60〜65
◇書簡に見る福澤人物誌(16)森山多吉郎、脇屋卯三郎―外国奉行翻訳掛当時の出来事 （小野修三）「三田評論」 慶応義塾 1082 2005.8・9 p56〜60
◇福沢諭吉における「個」の認識 （Nguyen thi Hanh Thuc）「日本比較文学会東京支部研究報告」 日本比較文学会東京支部 2 2005.9 p32〜39
◇野口米次郎のロンドン(18)福沢諭吉・新渡戸稲造との関わり （和田桂子）「大阪学院大学外国語論集」 大阪学院大学外国語学会 52 2005.9 p59〜79
◇書簡に見る福澤人物誌（第17回）井上角五郎―福澤の朝鮮「開化」政略の担当者 （飯田泰三）「三田評論」 慶応義塾 1083 2005.10 p40〜46
◇書簡に見る福澤人物誌（第18回）中上川彦次郎―経営者彦次郎と株主諭吉 （牛島利則）「三田評論」 慶応義塾 1084 2005.11 p32〜37
◇時事新報社主 福澤諭吉 （西川俊作）「三田商学研究」 慶応義塾大学商学会 48(5) 2005.12 p23〜39
◇書簡に見る福澤人物誌（第19回）高橋義雄・日比翁助―日本最初のデパートの創始者 （平野隆）「三田評論」 慶応義塾 1085 2005.12 p32〜38
◇福沢諭吉の「食のすすめ」をめぐって―親子料理教室―郷土の偉人の食より （松田順子）「研究紀要」 東九州短期大学 11 2006 p59〜70
◇福沢諭吉の伝統批判と改革思想―初期の厳復との比較 （陳毅立）「法政大学大学院紀要」 法政大学大学院 56 2006 p189〜200
◇福沢諭吉関係新資料紹介 （福沢研究センター）「近代日本研究」 慶応義塾福沢研究センター 23 2006 p245〜290
◇福沢における文明概念と日本の近代化―アイデンティティの危機とその思想的営為に関する一考察 （坂野有基）「比較文明」 行人社 22 2006 p249〜264
◇『福沢諭吉全集』（一九六三年刊）未収録 幕末外交文書訳稿十三篇 （小野修三）「近代日本研究」 慶応義塾福沢研究センター 23 2006 p291〜327
◇「山形県北村山郡山口村開田記念碑」碑文作成の経緯―福沢諭吉と伊藤宣七 （長南伸治）「近代日本研究」 慶応義塾福沢研究センター 23 2006 p339〜353
◇書簡に見る福澤人物誌（第20回）早矢仕有的・中村道太―パイオニア型の企業家の肖像 （坂井達朗）「三田評論」 慶応義塾 1086 2006.1 p24〜30
◇巻頭随筆 丘の上 そのかみの丘の上と諭吉先生 （久保田眞苗）「三田評論」 慶応義塾 1087 2006.2 p6〜8
◇書簡に見る福澤人物誌（第21回）長与専斎・北里柴三郎―福澤諭吉と「医友」 （山内慶太）「三田評論」 慶応義塾 1087 2006.2 p62〜67
◇講演録 福澤先生と日本橋織物問屋 （白石孝）「三田評論」 慶応義塾 1088 2006.3 p30〜37
◇福沢諭吉「覚」についての考察―諭吉と同時代に生きた肥後熊本藩隊長山川亀三郎 （稲垣房子）「大阪府立図書館紀要」 大阪府立中之島図書館 35 2006.3 p37〜46
◇海外だより 知られざる「日・カ」の礎（前編）ショー師と福澤先生 （コビソン珠子）「三田評論」 慶応義塾 1088 2006.3 p52〜56
◇書簡に見る福澤人物誌（第22回）九鬼隆義・白洲退蔵・沢茂吉―開明派旧藩主とその周辺 （小室正紀）「三田評論」 慶応義塾 1088 2006.3 p58〜65
◇近代化の過程に見る中国・日本の言論界―梁啓超と福沢諭吉を中心に （王閏梅）「言葉と文化」 名古屋大学大学院国際言語文化研究科日本言語文化専攻 7 2006.3 p229〜246
◇福沢諭吉演説一覧 （平山洋）「国際関係・比較文化研究」 静岡県立大学国際関係学部 4(2) 2006.3 p515〜526
◇慶応義塾史跡めぐり（第1回）福澤先生誕生地（大阪） （加藤三明）「三田評論」 慶応義塾 1089 2006.4 p52〜55
◇慶應義塾史跡めぐり（第3回）福澤先生旧居 中津（その1） （加藤三明）「三田評論」 慶応義塾 1091 2006.6 p32〜35
◇小泉博士と福澤研究（講演録 小泉信三博士歿後四〇年記念講演会） （服部禮次郎）「三田評論」 慶応義塾 1093 2006.8・9 p32〜38
◇退任記念講演 偶成 福澤諭吉の学問論―慶應義塾の知的伝統 （堀田一善教授退任記念号）「三田商学研究」 慶應義塾大学商学会 49(4) 2006.10 p1〜16
◇学問の歩きオロジー 福翁自伝を歩く(1)築地・明石町・鉄砲洲 （水谷仁）「Newton」 ニュートンプレス 26(11) 2006.11 p94〜99
◇福沢諭吉とA・d・トクヴィル『アメリカのデモクラシー』(1) （安西敏三）「甲南法学」 甲南大学法学会 47(2) 2006.11 p117〜148
◇福沢諭吉が記録した慶應義塾（講演録〔慶應義塾〕創立一五〇年を前に） （佐志傳）「三田評論」 慶応義塾 1096 2006.12 p43〜50
◇学問の歩きオロジー 福翁自伝を歩く(2)浜離宮・新銭座・三田 「Newton」 ニュートンプレス 26(12) 2006.12 p100〜105
◇『福沢諭吉』余話 （岳真也）「三田文学 〔第3期〕」 三田文学会, 慶應義塾大学出版会 85(84) 2006.冬季 p112〜114
◇山本七平における福沢諭吉 （赤井恵子）「熊本学園大学文学・言語学論集」 熊本学園大学文学・言語学論集編集会議 13(2) 2006.12 p530〜505
◇新旧教育基本法と宗教教育―新井白石・福沢諭吉・岸本英夫・中村元に触れて （小山一乘）「関東短期大学紀要」 関東短期大学 51 2007 p1〜77
◇文明・国民・儒学―福沢諭吉と梁啓超を中心に （陳毅立）「法政大学大学院紀要」 法政大学大学院 58 2007 p89〜107
◇整形外科と蘭学(19)福沢諭吉と蘭学 （川嶌眞人）「臨床整形外科」 医学書院 42(1) 2007.1 p56〜60
◇福澤における「謝恩」の一念 （浅野章）「日本大学大学院総合社会情報研究科紀要」 日本大学大学院総合社会情報研究科 7 2007.2 p411〜420
◇福沢諭吉とA・d・トクヴィル『アメリカのデモクラシー』(2・完) （安西敏三）「甲南法学」 甲南大学法学会 47(3) 2007.2 p431〜475
◇講演録 私にとっての福澤諭吉 （福澤武）「三田評論」 慶応義塾 1099 2007.3 p36〜41
◇小泉信三の象徴天皇論―『帝室論』と『ジョオジ五世伝』を中心として （瀬畑源）「一橋社会科学」 一橋大学大学院社会学研究科 2 2007.3 p43〜67
◇「農産平均の説」の世界―福沢諭吉とハクストハウゼン （樋口辰雄）「明星大学社会学研究紀要」 明星大学人文学部社会学科 27 2007.3 p61〜64
◇福沢諭吉の可能性 （北康利）「本」 講談社 32(4) 2007.4 p27〜29
◇西南戦争期における福沢諭吉の思想―「自治」と「抵抗」をめぐって （小川原正道）「日欧比較文化研究」 日欧比較文化研究会 7 2007.4 p31〜57
◇福沢諭吉の『雷銃操法』原本、熊本に存在―前装から後装へ （竹内力雄）「霊山歴史館紀要」 霊山顕彰会 18 2007.4 p62〜105
◇〈溶融〉する言葉と文化(5)福沢諭吉と『増訂華英通語』 （久米晶文、中村司）「歴史読本」 新人物往来社 52(5) 2007.5 p45〜51,346〜349
◇「政事と教育と分離すべし」という教育思想―福沢諭吉の論理の分析 （松丸修三）「高千穂論叢」 高千穂大学商学会 42(1) 2007.5 p49〜72
◇慶應義塾史跡めぐり（第14回）長崎―福澤先生遊学の地 （加藤三明）「三田評論」 慶応義塾 1102 2007.6 p68〜71

福沢諭吉

◇日中近代思想受容の異同における一考察─福沢諭吉と厳復との比較を中心に　（宋剛）「アジア文化研究」　国際アジア文化学会 14　2007.6　p77～90

◇適塾の塾頭松下元芳の系譜について─福沢諭吉の一代前の塾頭で親友の久留米藩医　（中山茂春）「日本医史学雑誌」　日本医史学会 53 (2)　2007.6　p317～321

◇福澤諭吉の理科絵本『窮理図解』の面白さ─科学的な考え方を身近に（特集 理科教育を考える）（谷口真也）「三田評論」　慶応義塾 1103　2007.7　p26～31

◇講演録 福澤先生ウェーランド経済書講述記念講演会 中国の政治をどうみるか　（国分良成）「三田評論」　慶応義塾 1103　2007.7　p38～56

◇表紙の人インタビュー 安西祐一郎（慶応義塾長）感動を原点に、今こそ福澤諭吉の志を現代に甦らせたい　（安西祐一郎、佐藤尊徳）「経済界」　経済界 42 (16)　2007.8.21　p17～19

◇福沢諭吉の顔の症状─軽微な右眼瞼下垂と右顔面神経麻痺　（後藤学史）「日本医事新報」　日本医事新報社 4348　2007.8.25　p85～87

◇早慶学長対談 福澤と大隈が日本をつくった　（安西祐一郎、白井克彦）「文藝春秋」　文藝春秋 85 (11)　2007.9　p174～182

◇滝沢馬琴と福澤諭吉─三浦雅士の馬琴理解について（特集〈近世〉江戸と明治のはざまに─継続と断絶）（高田衛）「日本文学」　日本文学協会 56 (10)　2007.10　p77～85

◇丘の上　『福澤諭吉 国を支えて国を頼らず』解題　（北康利）「三田評論」　慶応義塾 1106　2007.11　p5～7

◇慶應義塾史跡めぐり（第19回）横浜への道─福澤先生と「英学発心」（加藤三明）「三田評論」　慶応義塾 1107　2007.12　p58～61

◇江戸から明治へ─福澤諭吉が仕掛けた変化と連続の物語（特集 日本思想史の核心）（松田宏一郎）「大航海」　新書館 67　2008　p119～125

◇福澤諭吉とロシアの近代化─幕末から明治への知識人の苦闘（特集 日本思想史の核心）（先崎彰容）「大航海」　新書館 67　2008　p140～149

◇韓国における「福澤諭吉」──九九〇年代における福沢諭吉の研究状況を中心に　（林宗元）「近代日本研究」　慶応義塾福沢研究センター 25　2008　p259～282

◇よみがえる福澤諭吉─デジタルで読む福澤諭吉　（原田奈都子）「Medianet」　慶應義塾大学メディアセンター本部 15　2008　p36～37

◇デジタルで紡ぐ福澤諭吉の法のことば─権利・権理・通義　（岩谷十郎）「Medianet」　慶應義塾大学メディアセンター本部 15　2008　p38～40

◇福澤諭吉の観た博物館　（落合知子）「全博協研究紀要」　全国大学博物館学講座協議会 11　2008　p49～60

◇福澤諭吉と「脱亜論」─その実像は何か？─孤立する日本の対朝鮮・アジア政策　（白宗元）「統一評論」　統一評論新社 507　2008.1　p57～65

◇石橋湛山と福澤諭吉─ふたりの関わりと相違点　（浅川保）「甲斐」　山梨郷土研究会 115　2008.1　p18～26

◇福沢諭吉 慶応義塾の誕生と継承（特集 早稲田と慶應）（都倉武之）「國文學 解釈と教材の研究」　學燈社 53 (2)　2008.2　p34～41

◇大隈重信と福澤諭吉（特集 早稲田と慶應）（佐藤能丸）「國文學 解釈と教材の研究」　學燈社 53 (2)　2008.2　p42～49

◇福澤諭吉の経済思想と財政思想に関する若干の考察（2）（大淵三洋）「国際関係研究」　日本大学国際関係学部国際関係研究所 28 (5)　2008.2　p39～58

◇近代日本における平和主義と愛国心─幸徳秋水と福沢諭吉　（藤原修）「現代法学」　東京経済大学現代法学会 15　2008.2　p3～25

◇明治維新期における和歌山の洋学と福澤諭吉及び南方熊楠の関係によせて　（武内善信）「和歌山市立博物館研究紀要」　和歌山市教育委員会 22　2008.3　p13～28

◇講演録 言論人・福澤諭吉に学ぶもの　（清原武彦）「三田評論」　慶応義塾 1110　2008.3　p36～42

◇朝鮮近代化の分岐点─金玉均と福澤諭吉　（渡辺利夫）「経済学論纂」　中央大学経済学研究会 48 (3・4)　2008.3　p203～221

◇福澤諭吉の教育論と二つの近代─近代教育導入史のひとこま　（田原宏人）「札幌大学総合論叢」　札幌大学総合論叢編集委員会 25　2008.3　p183～188

◇『原法提綱』における西周の権利思想─福澤諭吉の天賦人権思想と比較して（特集 西周と東西思想の出会い）（小泉仰）「北東アジア研究」　島根県立大学北東アジア地域研究センター 14・15　2008.3　p87～102

◇福澤諭吉におけるナショナリズムの思想　（安西敏三）「甲南法学」　甲南大学法学会 48 (4)　2008.3　p583～630

◇朝鮮開化派の近代化と福沢諭吉　（任正赫）「統一評論」　統一評論新社 511　2008.5　p80～91

◇福沢諭吉とムハンマド・アブドゥの教育思想─教育と政治の分立論を巡って　（Hassan Harb）「日本語・日本文化」　大阪大学日本語日本文化教育センター 34　2008.5　p41～66〔含 英語文要旨〕

◇間テクスト的（インターテクスチュアル）福沢諭吉批判（クリティーク）─思想史の方法学（メソドロジー）の構築にむけて　（小野寺真人）

◇「Notre critique」　ノートル・クリティーク編集委員会 1　2008.5　p19～41

◇特集・福澤諭吉を学ぶ、教える　「三田評論」　慶応義塾 1113　2008.6　p10～37

◇座談会 いま立ち戻る古典としての福澤諭吉（特集・福澤諭吉を学ぶ、教える）（北岡伸一、北康利、宮内環〔他〕）「三田評論」　慶応義塾 1113　2008.6　p10～27

◇幼稚舎生と「ひゞのをしへ」、『童蒙をしへ草』を学ぶ、教える（特集・福澤諭吉を学ぶ、教える）（岩崎弘）「三田評論」　慶応義塾 1113　2008.6　p28～31

◇近代知識人の天皇観─福沢諭吉と植木枝盛　（李玉燕）「岩手大学大学院人文社会科学研究科紀要」　岩手大学大学院人文社会科学研究科 17　2008.7　p109～126

◇明治国家をつくった人びと（1・新連載）福沢諭吉とシュタイン─東西文明論の出会い　（瀧井一博）「本」　講談社 33 (8)　2008.8　p16～19

◇アルバート・クレイグ ハーバード大学名誉教授インタビュー 福沢諭吉の思想に学ぶ（1）「門閥制度」は親のかたきでござる　（アルバートクレイグ）「理念と経営」　コスモ教育出版 32　2008.8　p57～62

◇アルバート・クレイグ ハーバード大学名誉教授インタビュー 福沢諭吉の思想に学ぶ（2）多くの"目覚め"が諭吉を形成した　（アルバートクレイグ）「理念と経営」　コスモ教育出版 33　2008.9　p62～65

◇福澤諭吉の思想に学ぶ─「公」と「私」を中心に　（猪木武徳）「ファイナンス」　大蔵財務協会 44 (6)　2008.9　p72～75

◇福沢諭吉の『脱亜論』をめぐって　（田中敏彦）「神戸外大論叢」　神戸市外国語大学研究会 59 (3)　2008.9　p1～22

◇アルバート・クレイグ ハーバード大学名誉教授インタビュー 福沢諭吉の思想に学ぶ（3）現代の経営者に諭吉が何を伝えているか　（アルバートクレイグ）「理念と経営」　コスモ教育出版 34　2008.10　p64～67

◇平沼越夫監修『福澤諭吉の日本皇室論』現代語訳出版記念会報告　「東洋文化」　無窮会 101　2008.10　p61～63

◇新島襄と同志社が目指すもの─福澤諭吉・慶應義塾と対比して（特集 学塾の歩みを記録する）（本井康博）「三田評論」　慶応義塾 1117　2008.11　p34～39

◇講演 福澤諭吉における維新と伝統　（小川原正道）「明治聖徳記念学会紀要」　明治聖徳記念学会 45　2008.11　p325～344

◇『福澤諭吉伝説』佐高信─「外縁評伝作家」の誕生（書物の森）（石川好）「新潮45」　新潮社 27 (12)通号320　2008.12　p208～209

◇名著講義（3）福沢諭吉『学問のすゝめ』（藤原正彦）「文藝春秋」　文藝春秋 86 (15)　2008.12　p324～337

◇伝統主義者福澤諭吉　（高階秀爾）「アステイオン」　阪急コミュニケーションズ 70　2009　p166～169

◇福澤諭吉 朝鮮近代化への夢と挫折　（渡辺利夫）「Rim」　日本総合研究所調査部環太平洋戦略研究センター 34　2009　p1～6

◇ナショナリズムの知識人─福澤諭吉と構成する力　（新倉貴仁）「年報社会学論集」　関東社会学会 22　2009　p55～67

◇福澤諭吉展出品資料にみる図書館の貴重コレクション　（筒井利子）「Medianet」　慶應義塾大学メディアセンター本部 16　2009　p71～73

◇日本の近代化とアジア膨張─福沢諭吉の民権論と国権論の関連を中心に　（河路絹代）「早稲田政治公法研究」　早稲田大学大学院政治学研究科 91　2009　p45～59

◇福沢諭吉の皇室論を読み解く　（平沼昇夫）「正論」　産経新聞社, 扶桑社 442　2009.1　p222～230

◇福澤諭吉─民の力で国を立てよ 独立自尊の気概が日本の未来を切り拓く（特集 歴史が教える大変革期の決断）（竹中平蔵、北康利）「Voice」　PHP研究所 373　2009.1　p126～135

◇法典延期派・法律学派─大隈外交期　（高田晴仁）「法学研究」　慶応義塾大学法学研究会 82 (1)　2009.1　p293～313

◇『学問のすゝめ』と日本の伝統─明治人を動かした福澤諭吉の批判的精神　（李登輝）「Voice」　PHP研究所 374　2009.2　p168～175

◇講演録 平熟の思想家、福澤諭吉　（佐高信）「三田評論」　慶応義塾 1120　2009.2　p52～60, 図巻頭1p

◇「未来をひらく 福澤諭吉展」を観て　「三田評論」　慶応義塾 1120　2009.2　p91～93, 図巻頭1p

◇経営Q&A 福沢諭吉の精神 学問のすゝめ　（重里俊行）「山陰の経済」　山陰経済経営研究所 281　2009.2　p32～35

◇実学者・リアリスト福沢諭吉にみる儒学的精神の否定と肯定─父百助との関係をとおして　（谷口典子）「研究論集儒学文化」　東日本国際大学儒学文化研究所 9　2009.2　p3～19

◇福澤諭吉に思いを馳せて〔含 アラビア語文〕（Almoamen Abdalla）「季刊アラブ」　日本アラブ協会 128　2009.春　p17～19

◇福澤諭吉の「日英同盟論」再考　（片山慶隆）「年報日本思想史」　日本思想史研究会 8　2009.3　p1～15

◇教育思想における福澤諭吉と蔡元培との比較　（李環）「富士常葉大学研究紀要」　富士常葉大学 9　2009.3　p37～53

◇福澤研究センターにおける内山秀夫先生（内山秀夫先生追悼記事）「法学研究」　慶応義塾大学法学研究会 82 (3)　2009.3　p142～144

◇社会科学とことば―福沢・中江・丸山の場合 （山田博雄）「法学新報」 中央大学出版部,中央大学法学会 115（9・10）2009.3 p819～847
◇北東アジアの啓蒙思想と「読み換え」―福沢諭吉と西周を例にして （特集 北東アジアにおける「読み換え」の可能性）（李暁東）「北東アジア研究」 島根県立大学北東アジア地域研究センター 17 2009.3 p5～17
◇西周「非学者職分論」のディスクール批評（特集 北東アジアにおける「読み換え」の可能性）（渡部望）「北東アジア研究」 島根県立大学北東アジア地域研究センター 17 2009.3 p43～51
◇福沢諭吉、ムハンマド・アブドゥと西洋文明―科学主義・合理主義的思考法の受容をめぐって（Hassan Harb）「日本語・日本文化」 大阪大学日本語日本文化教育センター 35 2009.3 p49～66
◇余話歓談 福沢諭吉著「京都学校の記」の現代語訳 （福沢諭吉,三好正臣）「近代日本の創造史」 近代日本の創造史懇話会 7 2009.4 p14～16
◇歴史の偉人に学ぶ⑴齋藤孝が語る「諭吉の本質」（日本をぶち壊せ!―30 BIG IDEAS―農業・地方再生）（齋藤孝）「週刊東洋経済」 東洋経済新報社 6198 2009.4.25 p66～67
◇福澤諭吉の監査思考 （三橋清成）「月刊監査役」 日本監査役協会 555 2009.5 p143～147
◇新教育基本法と福澤諭吉の家庭教育論・幼児期の教育論 （小山一乘）「仏教経済研究」 駒沢大学仏教経済研究所 38 2009.5 p57～80
◇ドストエフスキイと十人の日本人⑴響き合う魂 ドストエフスキイと福沢諭吉―「一身独立」の行方 （芦山進一）「福音と世界」 新教出版社 64（6）2009.6 p8～11
◇人物考察 現実主義的愛国者・福沢諭吉―慶応義塾創立百五十年に想う （中村勝範）「月刊自由民主」 自由民主党,千代田永田書房 675 2009.6 p50～55
◇特集 福澤諭吉と家庭教育 「三田評論」 慶応義塾 1124 2009.6 p10～41
◇講演録 福澤諭吉の公共性の哲学 （猪木武徳）「三田評論」 慶応義塾 1124 2009.6 p42～56
◇福沢諭吉（もの・絵・写真を使ってこんな授業ができる）（富永信哉）「歴史地理教育」 歴史教育者協議会 747増刊 2009.7 p78～81,図巻頭4
◇福沢諭吉の評価をめぐって―吉田傑俊『福沢諭吉と中江兆民』から （宮地正人）「季論21」 「季論21」編集委員会,本の泉社 5 2009.7 p114～127
◇福沢諭吉と「帳合之法」 （渡辺和夫）「札幌学院大学経営論集」 札幌学院大学総合研究所 1 2009.8 p43～49
◇講演録 モダン・デザインへの眼差し―美術史学からみる福澤諭吉 （前田富紀男）「三田評論」 慶応義塾 1126 2009.8・9 p29～43
◇三人閑談 大阪の福澤諭吉 （芝哲夫,宮本又郎,都倉武之）「三田評論」 慶応義塾 1126 2009.8・9 p68～80
◇金剛寺坂の回想―諭吉・漱石・荷風・アリヴェー （武田勝彦）「日本比較文学会東京支部研究報告」 日本比較文学会東京支部 6 2009.9 p39～50
◇福沢諭吉をどうとらえるか―宮地正人氏への返書 （吉田傑俊）「季論21」 「季論21」編集委員会,本の泉社 6 2009.秋 p110～122
◇展示評 未来をひらく福澤諭吉展 （森田喜久男）「歴史学研究」 青木書店 860 2009.11 p70～73
◇講演録 福沢諭吉と近代世界の始まり （Alan Macfarlane）「三田評論」 慶応義塾 1128 2009.11 p42～53
◇福沢諭吉とやせ我慢―本物の独立自尊のスピリッツここにあり（司馬遼太郎と「幕末・明治」の人物学―答えは「堂々たる日本人」の中にある）（椎名武雄）「プレジデント」 プレジデント社 47（28）2009.12.14 p79～81

福田ヨシ　ふくだよし　1872～1912
明治,大正期の盲啞教育家。松江盲啞学校を創立。
【図　書】
◇花守りのひと―盲ろう児の未来を拓いた福田与志　まつえ女性史を学ぶ会 2003.12 77p
【雑　誌】
◇福田ヨシさん （牛島国枝）「西日本文化」 260 1990.4

福田理軒　ふくだりけん　1815～1889
幕末,明治期の数学者。
【雑　誌】
◇福田理軒・治軒と鉄道助佐藤政養（数学史の研究―RIMS研究集会報告集）（小林龍彦）「数理解析研究所講究録」 京都大学数理解析研究所 1546 2007.4 p204～216

福西志計子　ふくにししげこ　1847～1898
明治期のキリスト教教育者。
【図　書】
◇福西志計子と順正女学校―山田方谷・留岡幸助・伊吹岩五郎との交友（倉田和四生著）吉備人出版 2006.12 319p
◇山田方谷の陽明学と教育理念の展開 （倉田和四生著）明徳出版社 2009.8 510p
【雑　誌】
◇福西志計子の生涯 （野口喜久夫）「高梁川」 39 1982.10
◇順正女学校の教育理念と福西志計子の人間像―女子教育に生涯を捧げた「高梁女性」の生きざま （倉田和四生）「順正短期大学研究紀要」 順正短期大学 33 2004 p19～37
◇幕末の藩政改革と明治期における教育文化の展開―山田方谷・福西志計子・留岡幸助 （倉田和四生）「吉備国際大学大学院社会学研究科論叢」 吉備国際大学大学院 7 2005 p85～123
◇山田方谷の理念と福西志計子の順正女学校 （倉田和四生）「順正短期大学研究紀要」 順正短期大学 35 2006 p77～94

福羽逸人　ふくばはやと　1856～1921
明治,大正期の園芸学者。農学博士,子爵。
【図　書】
◇福羽逸人回顧録 （福羽逸人著）国民公園協会新宿御苑 2006.4 386p
◇東京おぼえ帳 （平山蘆江著）ウェッジ 2009.2 364p （ウェッジ文庫）
【雑　誌】
◇いちごと御苑―福羽逸人という人（日本文化のデザイナー）（鈴木博之）「短歌研究」 46（3）1989.3
◇福羽逸人―近代園芸学の祖 （石川幹子）「ランドスケープ研究」 58（1）1994.8
◇福羽逸人の軌跡―現代に受け継がれる知られざる新宿御苑の歴史 （本荘暁子）「日本植物園協会誌」 日本植物園協会 43 2008年度 p152～158
◇福羽逸人が園芸・造園界に与えた影響（平成20年度日本造園学会全国大会研究発表論文集（26））（若泉悠,鈴木誠）「ランドスケープ研究」 日本造園学会 71（5）2008.3 p469～474

福羽美静　ふくばびせい　1831～1907
幕末,明治期の国学者。子爵。
【図　書】
◇明治維新と神道 （阪本健一）同明舎出版 1981.7
◇神道史論叢―滝川政次郎先生米寿記念論文集 （滝川政次郎先生米寿記念論文集刊行会編）国書刊行会 1984.5
【雑　誌】
◇明治・即位礼と福羽美静 （加藤隆久）「神道史研究」 28（2）1980.4
◇津和野・水戸両学派を背景とした福羽美静と田口秀実の交友 （名越時正）「水戸史学」 32 1990.5
◇翻刻 硯海の一勺・扇のことば（福羽美静述）（中村聡）「明治聖徳記念学会紀要」 明治聖徳記念学会 46 2009.11 p457～475

藤井健次郎　ふじいけんじろう　1866～1952
明治～昭和期の植物学者。東京帝国大学教授。
【図　書】
◇市民感覚のアメリカ人（旺文社文庫）（板坂元著）旺文社 1986.8

藤岡市助　ふじおかいちすけ　1857～1918
明治期の電気工学者,実業家。工部大学校教授。
【図　書】
◇明治期鉄道史資料 第2集7 地方鉄道史―鉄道家伝3 （野田正穂ほか編集）日本経済評論社 1981.2
◇スキャンダルの科学史 （科学朝日）朝日新聞社 1989.10
◇日本のエジソン―藤岡市助に学ぶもの （佐山和郎著）エポ（印刷） 1996.10 379p
◇工学博士藤岡市助伝 （〔瀬川秀雄〕編）ゆまに書房 1998.12 1冊 （人物で読む日本経済史）
◇電力人物誌―電力産業を育てた十三人 （満田孝著）都市出版 2002.12 267p
【雑　誌】
◇藤岡市助―国会議事堂焼失事件（科学者をめぐる事件ノート〔18〕）（中島秀人）「科学朝日」 48（6）1988.6
◇藤岡市助と岩国 （松岡智訓）「電気協会報」 日本電気協会 1012 2009.3 p4～6
◇電気の先駆者⑴日本のエジソン―藤岡市助 東京電力,東芝の祖 （鈴木光男）「新電気」 オーム社 63（7）2009.7 p37～39

富士川游　ふじかわゆう　1865～1940
明治～昭和期の医史学者。
【図　書】
◇富士川游著作集 1～3,7,9 思文閣出版/1,3,7,9,12/第1～3,7,9巻 1980.1,3,7,9,12

◇富士川游著作集 4～6,8 （富士川游著 富士川英郎編集,解題） 思文閣出版 1981.3～12
◇富士川游著作集 第10巻 医史料・雑纂 思文閣出版 1982.2
◇読書游心 （富士川英郎著） 小沢書店 1989.6
◇富士川游 （富士川英郎） 小沢書店 1990.10
◇横切った流星—先駆的医師たちの軌跡 （松木明知著） メディサイエンス社 1990.10
◇読書閒適 （富士川英郎著） 小沢書店 1991.12
◇富士川游 （鹿嶋海馬著） 大空社 1999.11 108,2p （シリーズ福祉に生きる）

【雑　誌】
◇国立国会図書館所蔵本蔵書印(77)富士川游 「国立国会図書館月報」 243 1981.6
◇呉秀三・富士川游両先生がはじめてであった頃—わが国医史学の濫觴をさぐる （岡田靖雄）「日本医史学雑誌」 27(4) 1981.10
◇富士川游没後五十年の記念会を開催して （酒井シヅ）「科学医学資料研究」 203 1991.4
◇富士川游の社会事業—その学際的研究業績と実践活動から富士川游の社会事業の背景をさぐる （天野マキ）「東洋大学社会学部紀要」 30(1) 1993.3
◇学校保健理論に関する研究(3)富士川游の学校衛生観の検討 （野村良和）「筑波大学体育科学系紀要」 筑波大学体育科学系 20 1997.3 p137～143
◇『児童研究』における発達思想の形成 （前田晶子）「鹿児島大学教育学部研究紀要 教育科学編」 鹿児島大学教育学部 60 2008年度 p171～179
◇看護歴史探訪(その1)わが国における小児精神医療のパイオニア—富士川游の生涯とその思想 （佐々木秀美）「看護学統合研究」 呉大学看護学部 10(2) 2009.3 p44～58

藤沢南岳　ふじさわなんがく　1842～1920

幕末,明治期の儒学者。

【図　書】
◇藤沢南岳の国家主義教育思想 （陶徳民）『大阪大学文学部日本史研究室創立50周年記念論文集』 清文堂出版 1998.12 （大阪大学文学部日本史研究室編） p539

【雑　誌】
◇藤沢南岳の文学について—詩を中心に （中村久美）「香川大学国文研究」 5 1980.9
◇藤沢南岳—人と詩— （北村学）「人文自然論叢(大阪学院大学)」 11 1984.6
◇藤沢南岳の見識 （壷井義正）「泊園(関西大学)」 30(泊園塾と大坂の学問) 1991.9
◇「上西園寺公書」考—藤沢南岳の未刊書簡について （陶徳民）「関西大学文学論集」 関西大学人文科学研究所 47(3) 1998.2 p17～39
◇松岡康毅にみる儒学の影響についての一考察—藤沢南岳との関係から （末沢国彦）「日本大学精神文化研究所紀要」 日本大学精神文化研究所 31 2000.3 p77～96
◇1890年代東アジアにおける「国教」樹立運動の動き—康有為と藤沢南岳の国教論について （沈薇薇）「千里山文学論集」 関西大学大学院文学研究科 80 2008.9 p181～190

藤沢利喜太郎　ふじさわりきたろう　1861～1933

明治,大正期の数理学者。東京帝国大学教授,貴族院議員。

【図　書】
◇日本の『創造力』—近代・現代を開花させた470人〈7〉驀進から熟成へ （富田仁編） 日本放送出版協会 1992.11
◇近代日本の数学教育 （佐藤英二著） 東京大学出版会 2006.2 286,4p
◇「洋算」摂取の時代を見つめる （岡部進著） ヨーコ・インターナショナル 2008.3 284p
◇文明開化の数学と物理 （蟹江幸博,並木雅俊著） 岩波書店 2008.11 120p （岩波科学ライブラリー）
◇日本統計史群像 （島村史郎著） 日本統計協会 2009.12 214p

【雑　誌】
◇経世家藤沢利喜太郎(1) （清水達雄）「数学セミナー」 22(10) 1983.10
◇経世家 藤沢利喜太郎(2) （清水達雄）「数学セミナー」 22(11) 1983.11
◇経世家 藤沢利喜太郎(3) （清水達雄）「数学セミナー」 22(12) 1983.12
◇藤沢利喜太郎の保険思想 （小林惟司）「文研論集」 90 1990.3
◇藤沢利喜太郎 "数学ニ用キル辞ノ英和対訳字書"について—「数学用語訳語会」の用語との比較 （山口清）「九州産業大学国際文化学部紀要」 九州産業大学国際文化学会 11号 1998.3 p115～134
◇統計史群像(5)藤沢利喜太郎と統計 （島村史郎）「統計」 日本統計協会 59(6) 2008.6 p37～43
◇藤澤利喜太郎の数学教育思想(数学史の研究—RIMS研究集会報告集)（公田藏）「数理解析研究所講究録」 京都大学数理解析研究所 1625 2009.1 p254～268

藤村操　ふじむらみさお　1886～1903

明治期の哲学青年。一高生徒。

【図　書】
◇列伝・青春の死—白鳳から大正まで （よこみつる編著） 栄光堂出版社 1980.11
◇懐昔録 （島内龍起著） 日本評論社 1987.1
◇近代の感情革命—作家論集 （磯田光一著） 新潮社 1987.6
◇愛と美の墓標 （小松伸六著） 講談社 1988.6
◇生の尊厳・死の尊厳—サナトロジーへの招待 （高梨熈著） 潮文社 1992.2
◇藤村操の手紙—華厳の滝に眠る16歳のメッセージ （土門公記著） 下野新聞社 2002.7 215p
◇検証藤村操—華厳の滝投身自殺事件 （平岩昭三著） 不二出版 2003.5 281p
◇夭折の天才群像—神に召された少年少女たち （山下武著） 本の友社 2004.11 275p
◇自殺の思想 （朝倉喬司著） 太田出版 2005.8 421p
◇旧制一高の文学—上田敏・谷崎潤一郎・川端康成・池谷信三郎・堀辰雄・中島敦・立原道造らの系譜 （稲垣真美著） 国書刊行会 2006.3 264p
◇本を旅する （出久根達郎著） 河出書房新社 2006.3 248p
◇「近代日本文学」の誕生—百年前の文壇を読む （坪内祐三著） PHP研究所 2006.10 384p （PHP新書）
◇牧師植村正久 （雨宮栄一著） 新教出版社 2009.6 404p

【雑　誌】
◇時代の煩悶—藤村操「巌頭之感」の周辺(上) （高橋新太郎）「国語国文論集(学習院女子短大)」 12 1983.3
◇ホレーショーの哲学 （外山滋比古）「英語青年」 129(2) 1983.5
◇時代の煩悶—藤村操「巌頭之感」の周辺(下)— （高橋新太郎）「国語国文論集(学習院女子短期大学)」 13 1984.3
◇藤村操の命日に当りて （中西真郎）「板橋史談」 109 1985.7
◇"遊民"的知識人の水脈—屈折点としての藤村操(明治30年代の文学〈特集〉) （磯田光一）「文学」 54(8) 1986.8
◇「巌頭之感」の波紋(明治30年代の文学〈特集〉) （高橋新太郎）「文学」 54(8) 1986.8
◇「人生不可解」の不可解(ミニ伝記) （青山光二）「新潮45」 5(12) 1986.12
◇藤村操の自殺と明治の青春(上) （小林敏男）「鹿児島短期大学研究紀要」 40 1987.10
◇藤村操の自殺と明治の青春(中) （小林敏男）「鹿児島短期大学研究紀要」 41 1988.3
◇藤村操の華厳の滝投身自殺事件をめぐって （平岩昭三）「日本大学芸術学部紀要」 19 1989.3
◇藤村操投瀑事件に関する文献・資料目録 （平岩昭三）「日本大学芸術学部紀要」 22 1992
◇近代日本の教養主義と修養主義—その成立過程の考察(特集・歴史・表象・文化—歴史社会学と社会史) （筒井清忠）「思想」 812 1992.2
◇藤村操投瀑事件に関する文献・資料目録 （平岩昭三）「芸術学部紀要(日本大)」 22 1993.3
◇藤村操事件と「大愚良寛」(二十五周年記念号) （星野尚光）「燕郷土史考」 26 1993.3
◇藤村操の生存説をめぐって （平岩昭三）「日本大学芸術学部紀要」 日本大学芸術学部 25 1995 p27～35
◇〈個人〉をめぐる問題—黒岩涙香から藤村操へ （角山祥道）「文学研究論集」 明治大学大学院 第3号 1995.8 p79～97
◇藤村操—曰く「不可解」(特集・幕末明治人物臨終の言葉—近代の夜明けを駆けぬけた44人の人生決別の辞 英傑死してことばを遺す) （一坂太郎,稲川明雄,今川徳三,井門寛,宇都宮泰長,河合敦,木村幸比古,祖田浩一,高野澄,高橋和彦,畑山博,三谷茉沙夫,百瀬明治,山村竜也）「歴史と旅」 24(7) 1997.5 p112～113
◇『坑夫』論—藤村操というモティーフ （松井喜和）「日本文学誌要」 法政大学国文学会 62 2000.7 p60～68
◇「玉杯」補遺(お言葉ですが…〔366〕) （高島俊男）「週刊文春」 44(47) 2002.12.5 p108～109
◇「人生不可解」で自殺ブームを作った高校生・藤村操の投身(総力特集 明治・大正・昭和 有名人13の「死にざま」)「新潮45」 新潮社 25(5) 2006.5 p42～44
◇明治大正珍情話(第7回)藤村操と一円の人 （横田順彌）「日本古書通信」 日本古書通信社 73(7) 2008.7 p30～31
◇明治後期における青少年の自我主義—平塚らいてうと藤村操 （川口さつき）「ソシオサイエンス」 早稲田大学大学院社会科学研究科 15 2009 p62～76

淵沢能恵　ふちざわよしえ　1850～1936
明治～昭和期の教育者。朝鮮女子教育の開拓者。
【図　書】
◇近代の黎明と展開―熊本を中心に　熊本近代史研究会　2000.8　199p
◇淵沢能恵―韓国女子教育の礎を築いた人　淵沢能恵調査研究報告書（石鳥谷花の会編集委員会）　石鳥谷花の会　2002.7　26p
◇淵沢能恵の生涯―海を越えた明治の女性　（村上淑子著）　原書房　2005.12　173p
【雑　誌】
◇淵沢能恵（ふちざわのえ）と「内鮮融和」―日本の朝鮮統治下における女性クリスチャンの一断面　（石井智恵美）「基督教論集」35　1992.3

ブラキストン, T.　Blakiston, Thomas Wright　1832～1891
イギリスの動物学者。津軽海峡のブラキストン線を設定。
【図　書】
◇ブラキストンの生涯　（弥永芳子）　えぞまつ豆本の会　1981.5　（えぞまつ豆本　第14巻）
◇お雇外国人　（札幌市教育委員会編）　北海道新聞社　1981.12　（さっぽろ文庫19）
◇ブラキストンえぞ地の旅（北海道ライブラリー22）　（T.W.ブラキストン大尉, 西島照男訳）　北海道出版企画センター　1985.1
【雑　誌】
◇2つの英人蝦夷旅行記―Thomas W.BlakistonとIsabella L.Bird―（長谷川誠一）「酪農学園大学紀要　人文・社会科学編」10(2)　1984.10

古市公威　ふるいちこうい　1854～1934
明治, 大正期の土木工学者。
【図　書】
◇ある土木者像―いま・この人を見よ　（飯吉精一）　技報堂出版　1983.9
◇物語日本の土木史　大地を築いた男たち　（長尾義三）　鹿島出版会　1985.1
◇古市公威とその時代　（土木学会土木図書館委員会, 土木学会土木史研究委員会編）　土木学会　2004.11　525p
【雑　誌】
◇古市公威（明治の巨星―事業と人生―日本土木史シンポジウムをふまえて）　（金関義則）「土木学会誌」67(11)　1982.11
◇古市公威の偉さ(6)　（金関義則）「みすず」25(12)　1983.12
◇古市公威の偉さ 7　（金関義則）「みすず」290　1984.12
◇技術者から見た日本近代化の歩み(5)　（大淀昇一）「はぐるま」434　1992.8
◇古市公威の偉さ(8)　（金関義則）「みすず」381　1992.12
◇フォト・エッセイ 続・土木エンジニアたちの群像 古市公威と, この国のかたち　（中井祐, 河合隆嘗）「CE建設界」日本土木工業協会　56(12)　2007.12　p4～7, 表紙, 裏表紙

古川太四郎　ふるかわたしろう　1845～1907
明治期の盲唖教育者。大阪盲唖院院長。
【図　書】
◇日本の『創造力』―近代・現代を開花させた470人〈4〉進む交流と機能　（富田仁編）　日本放送出版協会　1993.3
◇近代盲聾教育の成立と発展―古河太四郎の生涯から　（岡本稲丸著）　日本放送出版協会　1997.7　718p
◇累代の人々―盲聾教育の祖古川太四郎亮泰の系譜　（古川統一著）　鳥影社　1999.5　442p
◇障害者教育・福祉の先駆者たち　（中野善達編著）　麗沢大学出版会　2006.9　210p
【雑　誌】
◇古川太四郎の体育観に関する一考察　（中川一彦）「筑波大学体育科学系紀要」筑波大学体育科学系　27　2004.3　p91～98
◇私立大阪盲唖院が松下幸之助に与えた影響―社会起業家・古河太四郎の教育観を中心に　（渡邊祐介）「論叢松下幸之助」PHP総合研究所経営理念研究本部　11　2009.4　p66～87

ブルックス, W.　Brooks, William Penn　1851～1938
アメリカの農学者。1877年来日, 札幌農学校で教授。
【図　書】
◇ブルックス札幌農学校講義　（高井宗宏編）　北海道大学図書刊行会　2004.11　406p
【雑　誌】
◇Willialm Penn Brooks and Eva Brooks in Sapporo, 1877―1889　（Robert E. Gettings）「北星学園大学短期大学部北星論集」北星学園大学　5　2007.3　p9～16

フルベッキ, G.　Verbeck, Guido Fridolin　1830～1898
オランダの宣教師。1859年来日, 英語などを教授。
【図　書】
◇明治人物拾遺物語―キリスト教の一系譜　（森川真）　新教出版社　1982.10
◇青い目の旅人たち（みやま文庫 92）　（萩原進編）　みやま文庫　1984.3
◇明治期キリスト教の研究　（杉井六郎著）　同朋舎出版　1984.6
◇医学史研究余録　（服部敏良著）　吉川弘文館　1987.11
◇明治維新とあるお雇い外国人　（大橋昭夫, 平野日出雄）　新人物往来社　1988.10
◇日本のフルベッキ―新訳考証　無国籍の宣教師フルベッキの生涯　（W.E.グリフィス著, 松浦玲監修, 村瀬寿代訳編）　洋学堂書店　2003.1　467p
◇お雇い外国人―明治日本の脇役たち　（梅渓昇著）　講談社　2007.2　259p　（講談社学術文庫）
【雑　誌】
◇長崎における幕末・明治初期のアメリカ人宣教師―ヴォーベックとスタウト　（田中啓介）「英学史研究」15　1982
◇フルベッキの運命　（砂田良和）「日蘭学会誌」9(2)　1985.3
◇G.ヴァーベック論(1)　（古田栄作）「大手前女子大学論集」20　1986.11
◇お雇い外国人としてのフルベッキ（現代世界に生きるキリスト教―〔明治学院大学キリスト教研究所〕創立20周年記念号―日本とキリスト教）　（工藤英一）「明治学院大学キリスト教研究所紀要」19・20　1987.6
◇G.F.ヴァーベック論(2)　（古田栄作）「大手前女子大学論集」21　1987.12
◇G.F.ヴァーベック論(3)〔含 資料〕　（古田栄作）「大手前女子大学論集」22　1988.12
◇G.F.ヴァーベック論(4)〔含 資料〕　（古田栄作）「大手前女子大学論集」23　1989
◇細川潤次郎とフルベッキ　（西岡淑雄）「英学史研究」24　1991
◇長崎のフルベッキ　（小林功芳）「科学人間（関東学院大学工学部）」20　1991.3
◇G.F.ヴァーベック論(5)〔含 資料〕　（古田栄作）「大手前女子大学論集」26　1992.12
◇近代東アジアの形成とキリスト教―マルティンとフルベッキの比較的考察　（吉田寅）「立正史学」立正大学史学会　80　1996.9　p5～23
◇お雇い外国人フルベッキ先生と鯨飲横井小楠師弟が呼んだ明治の曙光（人物で語り継ぐ東西交流史〔5・最終回〕）「毎日グラフ・アミューズ」52(21)　1999.11.10　p74～76
◇長崎におけるフルベッキの人脈　（村瀬寿代）「桃山学院大学キリスト教論集」桃山学院大学人文科学研究所キリスト教研究室　36　2000.3　p63～94
◇フルベッキの背景―オランダ, アメリカの調査を中心に　（村瀬寿代）「桃山学院大学キリスト教論集」桃山学院大学総合研究所　39　2003　p55～78
◇「お雇い教師」宣教師フルベッキ―1869～1878　（佐々木晃）「明治学院大学キリスト教研究所紀要」明治学院大学キリスト教研究所　36　2004.1　p283～331
◇大家族を抱えて―フルベッキの晩年 1879～1893　（佐々木晃）「明治学院大学キリスト教研究所紀要」明治学院大学キリスト教研究所　38　2006.2　p195～236
◇Verbeck, overseas students and early Meiji protestantism　（A. Hamish Ion）「明治学院大学キリスト教研究所紀要」明治学院大学キリスト教研究所　39　2006.12　p311～366
◇明治天皇「御真影」と「フルベッキ写真」の関係性を探る（特集 古写真集成 幕末人の肖像）　（倉持基）「歴史読本」新人物往来社　53(3)　2008.3　p220～229
◇余話飲談 異色の宣教師, フルベッキ　（大島一元）「近代日本の創造史」近代日本の創造史懇話会　5　2008.4　p40～42

ブレーク, W.　Blake, William Philipps　1826～1910
アメリカの地質学者。1862年来日。
【雑　誌】
◇お雇い外国人地質学者の来日経緯(1)米人地質学者ブレークとパンペリー　（金光男）「地学教育と科学運動」地学団体研究会　58・59　2008.7　p37～42

フローレンツ, K.　Florenz, Karl　1865～1939
ドイツの日本学者。1889年から独語独文学を教授。
【図　書】
◇日本古代の政治と文化　（青木和夫先生還暦記念会編）　吉川弘文館　1987.2
◇海を越えた俳句　（佐藤和夫著）　丸善　1991.5　（丸善ライブラリー）
◇カール・フローレンツの日本研究　（佐藤マサ子著）　春秋社　1995.3　374p

◇カール・フローレンツの関係から見たラフカディオ・ハーン　（佐藤マサ子）『知の新視界　脱領域的アプローチ』（秋山正幸編著）　南雲堂　2003.3　p337～

【雑　誌】
◇K.フローレンツの謡曲研究―小山弘志教授樹下に呈す　（小堀桂一郎）「比較文学研究」　39　1981.4
◇K.フローレンツの明治文学研究（付K.フローレンツ文献目録）（上村直己）「熊本大学教養部紀要〔外国語・外国文学編〕」　17　1982
◇独文学教師としてのK.フローレンツ　（上村直己）「熊本大学教養部紀要　外国語・外国文学編」　21　1986
◇カール・フローレンツの万葉集研究　（佐藤マサ子）「人間文化研究年報（お茶の水女子大学大学院人間文化研究科）」　10　1987.3
◇カール・フローレンツの日本神話研究――八八九年の素尊嵐神論争をめぐって　（佐藤マサ子）「大倉山文化会議研究年報」　大倉山文化会議　第6号　1995.3　p21～39
◇ハーンとカール・フローレンツ―日本の神々との対峙をめぐって（特集：横断するラフカディオ・ハーン　小泉八雲）（佐藤マサ子）「國文學　解釈と教材の研究」　学灯社　43(8)　1998.7　p114～118
◇カール・フローレンツ『古今和歌集辞典』小考　（佐藤マサ子）「桜文論叢」　日本大学法学部　60　2004.1　p87～101
◇上田萬年との翻訳論争（1895年）に見るカール・フローレンツの西洋中心主義　（辻朋季）「論叢」　筑波大学人文社会科学研究科現代語・現代文化専攻　3　2009.10　p65～90

ペリー, J.　Perry, John　1850～1920
イギリスの数学者。1875年来日、工部大学校で指導。
【雑　誌】
◇言表についての態度と自己についての態度（特集・〈愛〉と〈信〉の論理）　（デヴィッド・ルイス著, 野矢茂樹訳）「現代思想」　17(7)　1989.6
◇ジョン・ペリーの数学教育改革論　（木村良夫）「人文論集（神戸商科大学学術研究会）」　26(1・2)　1990.12

ベルツ, E.　Bälz, Erwin von　1849～1913
ドイツの医師。1876年来日、東京医学校教師。
【図　書】
◇ベルツと草津温泉　（市川善三郎）　草津ベルツ協会　1980.1
◇医学史雑稿　（松木明知）　津軽書房　1981.12
◇西洋人の歌舞伎発見　（中村哲郎）　劇書房　1982.4
◇かながわの医療史探訪　（大滝紀雄）　秋山書房　1983.12
◇青い目の旅人たち　（みやま文庫 92）　（萩原進編）　みやま文庫　1984.3
◇和魂洋才の系譜―内と外からの明治日本　（平川祐弘著）　河出書房新社　1987.2
◇明治の精神　（荒川久寿男著）　（伊勢）皇學館大学出版部　1987.12
◇歴史と人生　（宮崎道生著）　刀水書房　1988.3
◇ベルツ花子関係年譜　（豊川市医師会史編纂委員会編）　豊川市医師会　1990.2　（豊川市医師会史編纂資料 第4集）
◇役立たずの哲学　（菱沼孝幸著）　文芸社ビジュアルアート　2008.11　106p
◇鷗外は何故袴をはいて死んだのか―「非医」鷗外・森林太郎と脚気論争　（志田信男著）　公人の友社　2009.1　240p
◇続・世界の偉人たちの驚き日本発見記　（波田野毅著）　明成社　2009.9　47p　（日本の息吹ブックレット）

【雑　誌】
◇ベルツの夢・草津温泉考　（虫明亜呂無）「旅」　54(1)　1980.1
◇E.V.ベルツの来日最初の学術論文　（松木明知）「日本医史学雑誌」　26(4)　1980.10
◇日本における草創期の産科麻酔―産科麻酔の推奨者としてのエルウィン・フォン・ベルツ　（松木明知）「日本医史学雑誌」　27(1)　1981.1
◇E.ベルツと発疹チフス　（安井広）「日本医史学雑誌」　28(3)　1982.7
◇エルウィン・ベルツの遺書　（佐々木丞平）「哲学研究」　47(5)　1983.5
◇E・ベルツの「憑依とその類似状態について」（講演）（第85回日本医学会総会抄録）　（安井広）「日本医史学雑誌」　30(2)　1984.4
◇『ベルツの日記』の一検討―東京大学医学部開業式（1879）を例に―　（小関恒雄, 不破義信, 北村智明）「医学図書館」　31(3)　1984.9
◇「国際化」のなかの大学4　外国人教師の悲劇―ベルツとハーン　（喜多村和之）「UP」　13(11)　1984.11
◇ベルツ生誕135年記念講演会（第234回国際治療談話会）「診断と治療」　73(6)　1985.6
◇E・ベルツの病理学総論講義について（第87回日本医学会総会抄録）　（安井広）「日本医史学雑誌」　32(2)　1986.4
◇医学近代化と外人たち(15)エルウィン・フォン・ベルツ　（安井広）「臨床科学」　22(7)　1986.7
◇E.ベルツとツツガムシ病（故中野操先生追悼号）　（安井広）「日本医史学雑誌」　34(2)　1988.4

◇ベルツと不忍池　「谷中　根津　千駄木」　24　1990.7

ボアソナード, G.　Boissonade de Fontarabie, Gustave Emile
1825～1910
フランスの法学者。1873年来日、近代法整備に貢献。
【図　書】
◇日本近代国家の法構造　（日本近代法制史研究会編）　木鐸社　1983.2
◇慶応義塾創立125年記念論文集（法学部　法律学関係）　慶応義塾大学法学部　1983.10
◇秩父事件の妻たち（東書選書 95）　（新井佐次郎著）　東京書籍　1984.9
◇手塚豊著作集〈第6巻〉明治刑法史の研究〈下〉　（手塚豊著）　慶応通信　1986.6
◇日本の近代化をになった外国人―リース・ダイアー・ボワソナード・キヨソーネ　（金井円, 石山洋, 安岡昭男, 山口康助講義, 国立教育会館編）　ぎょうせい　1992.3　（教養講座シリーズ）
◇歴史と社会のなかの法　（比較法史学会編）　（大阪）比較法制研究所　1993.3　比較法史研究 Historia Juris―思想・制度・社会）
◇消滅時効法の原理と歴史的課題　（内池慶四郎著）　成文堂　1993.10　（消滅時効法研究）
◇福島正夫著作集〈第1巻〉日本近代法史　（福島正夫著）　勁草書房　1993.12
◇日本の『創造力』―近代・現代を開花させた470人〈15〉貢献した外国人たち　（富田仁編）　日本放送出版協会　1994.2
◇刑法理論史の総合的研究　（吉川経夫, 内藤謙, 中山研一, 小田中聡樹, 三井誠編著）　日本評論社　1994.3
◇ボワソナード抵当法の研究　（藤原明久著）　神戸大学研究双書刊行会　1995.9　257p　（神戸法学双書）
◇ボワソナードの契約に関する基礎理論―錯誤を中心に　（野村豊弘）『日本民法学の形成と課題』（中川良延ほか編）　有斐閣　1996.6　p257
◇失われた契約理論―プーフェンドルフ・ルソー・ヘーゲル・ボワソナード　（筏津安恕著）　昭和堂　1998.3　277,5p
◇ボワソナード民法典の編纂　（大久保泰甫, 高橋良彰著）　雄松堂出版　1999.2　409,3p
◇ボワソナード氏起稿　註釈民法草案　財産編　第1巻‐第4巻（1‐135）復刻版　（ボワソナード民法典研究会編）　雄松堂出版　1999.12　4冊（セット）　（ボワソナード民法典資料集成）
◇日本民法典と西欧法伝統―日本民法典百年記念国際シンポジウム　（西村重雄, 児玉寛編）　九州大学出版会　2000.2　554p
◇フランスのアストラント―第二次世界大戦後の展開　（大浜しのぶ著）　信山社出版　2004.8　553p
◇ボワソナードの所有権論　（小柳春一郎著）『都市と土地利用―稲本洋之助先生古稀記念論文集』（稲本洋之助先生古稀記念論文集刊行委員会編）　日本評論社　2006.4　p3～27
◇大学教育のイノベーター―法政大学創立者・薩埵正邦と明治日本の産業社会　（法政大学イノベーション・マネジメント研究センター, 洞口治夫編）　書籍工房早山　2008.4　357p
◇法学事始―ボアソナードと門弟物語　（尾辻紀子著）　新人物往来社　2009.4　171p

【雑　誌】
◇ボアソナード答問録についての試論　（阪上脩）「法政大学教養部紀要〔外国語学・外国文学編〕」　36　1980.2
◇ボワソナード日本民法草案における抵当権の性質・目的物・種類―旧民法における抵当権の前提　（藤原明久）「神戸法学雑誌」　30(3)　1980.12
◇ボワソナード日本民法草案における抵当権の登記―旧民法における抵当権の前提(1,2完)　（藤原明久）「神戸法学雑誌」　30(4),31(1)　1981.3,6
◇思いつくまま―ボワソナアドと謙抑主義―近親相姦性犯罪化のルーツ　（中谷瑾子）「時の法令」　1101　1981.3.3
◇「立法者」中江兆民―元老院国憲編纂過程における"豆喰ひ書記官"とボアソナードの角逐　（井田進也）「思想」　686　1981.8
◇ミネルヴァのふくろう―「民法草案ニ付テノボアソナード氏註釈書財産篇之部」に関連して　（有地亨）「時の法令」　1121　1981.9.23
◇ボワソナード日本民法草案における抵当権の効力・消滅(1)旧民法における抵当権の前提　（藤原明久）「神戸法学雑誌（神戸大）」　31(3)　1981.12
◇ボアソナード答問録についての試論(2)　（阪上脩）「法政大学教養部紀要」　41　1982.1
◇ボワソナード日本民法草案における抵当権の効力・消滅―旧民法における抵当権の前提(2)　（藤原明久）「神戸法学雑誌」　31(4)　1982.3
◇ボワソナード日本民法草案における抵当権の効力・消滅―旧民法における抵当権の前提(3完)　（藤原明久）「神戸法学雑誌」　32(1)　1982.6
◇ボアソナード「自然法講義（性法講義）」の再検討　（池田真朗）「法学研究（慶大）」　55(5)　1982.7
◇ボアソナード・ド・フォンタラビーの「経済学講義」と「理財論」について　（大淵利男）「政経研究（日大）」　19(2)　1982.12
◇ボアソナードの「古代経済沿革論」にあらわれた財政経済論　（大淵

利男）「法学紀要（日本大学法学部法学研究所）」 25 1983
◇ボアソナードの仕込杖・勝海舟の悪戯―久津見蕨村が見た人物 （斎藤英子）「日本古書通信」 48(7) 1983.7
◇「日本ニ於ケル慈善」について （古田重明）「秋田法学（秋田経済法科大学）」 3(2) 1983.10
◇「経済学者ラ・フォンテーヌ」とボアソナードの財政経済論 （大淵利男）「政経研究（日本大学法学会）」 20(2) 1983.12
◇ボアソナード民法草案における賃借権 （小柳春一郎）「山梨大学教育学部研究報告第1分冊 人文社会科学系」 35 1984
◇明治15年刑法第4編違警罪の編纂とボアソナード （内田誠）「早稲田大学法研論集」 33 1984.10
◇賃借権の対抗要件としての登記―ボアソナード草案財産編370条と民法605条― （小柳春一郎）「山梨大学教育学部研究報告 第1分冊 人文社会科学系」 36 1985
◇明治初年の日本におけるイスラム法との出会い―条約改正期のボアソナードとイスラム法をめぐって― （福島小夜子）「宗教法（宗教法学会）」 3 1985.3
◇ボアソナード民法草案における賃借権 （小柳春一郎）「山梨大学法経論文集」 32 1985.3
◇民法制定過程における瑕疵担保責任論―ボアソナード草案および法典調査会質疑応答を中心にして （円谷峻）「判例タイムズ」 36(20) 1985.8.25
◇ボアソナード「仏国訴訟法講義」について （岡徹）「関西大学法学論集」 35(3～5) 1985.12
◇賃借権の対抗要件としての登記―ボアソナード草案財産編370条と民法605条― （小柳春一郎）「山梨大学法経論文集」 33 1986.3
◇ボアソナードにおける「第三者」の概念―不動産物権変動と指名債権譲渡とを中心に （池田真朗）「法学研究（慶応義塾大学法学研究会）」 59(6) 1986.6
◇ボアソナード草案とフランスにおける賃借権物権論(1) （小柳春一郎）「山梨大学法経論文集」 34 1987.3
◇ボアソナード草案とフランスにおける賃借権物権論(3) （小柳春一郎）「山梨大学教育学部研究報告 第1分冊 人文社会科学系」 39 1988
◇ボアソナード草案とフランスにおける賃借権物権論(2) （小柳春一郎）「山梨大学教育学部研究報告 第1分冊 人文社会科学系」 38 1988.2
◇時効の制度倫理と援用の問題―梅謙次郎とボアソナードを結ぶもの(1) （内池慶四郎）「法学研究（慶応義塾大学法学研究会）」 61(3) 1988.3
◇ボアソナードの不動産公示制度―「証書の登記」の概念とその史的検討のために(1) （高橋良彰）「東京都立大学法学会雑誌」 29(1) 1988.7
◇ボアソナードの不動産公示制度―「証書の登記」の概念とその史的検討のために(2完) （高橋良彰）「東京都立大学法学会雑誌」 29(2) 1988.12
◇ボアソナード草案とフランスにおける賃借権物権論(4) （小柳春一郎）「山梨大学教育学部研究報告 第1分冊 人文社会科学系」 40 1989
◇旧民法ボアソナード草案における賃貸借規定について （小柳春一郎）「法制史研究」 39 1989
◇ボアソナードの二重譲渡論について―「倫理（moral）」・「自然法（droit）」・「実定法（loi）」をめぐる覚書 （高橋良彰）「東京都立大学法学会雑誌」 30(1) 1989.7
◇ボアソナードの条約改正観と希臘人煙草税則違犯事件 （村上一博）「同志社法学」 41(3) 1990.9
◇旧民法典公布100年を記念して―ボアソナード草案と旧民法典―日本民法形成の一道程(上, 下) （高橋良彰）「法律時報」 62(11,12) 1990.10,11
◇ボアソナードと民事訴訟法―史料紹介を兼ねて （成瀬高明）「椙山女学園大学研究論集」 22(2) 1991
◇ボアソナード刑法思想における「道徳的悪」と「社会的悪」の概念 （青木人志）「一橋論叢」 105(1) 1991.1
◇内閣文庫所蔵旧刑法手稿仏文草案―ボアソナードの編纂過程関与の実態 （岩谷十郎）「法学研究（慶応義塾大学法学研究会）」 64(9) 1991.9
◇ボアソナードの契約理論の構成原理 （筏津安恕）「名古屋大学法政論集」 142 1992.5
◇旧刑法の編纂におけるボアソナードの役割 （藤田正）「学園論集」 72 1992.6
◇ボアソナードの自然債務論 （大島俊之）「神戸学院法学」 22(3・4) 1992.11
◇ボアソナード氏刑法修正案意見書 （古井蒼生夫）「神奈川法学」 27(2・3) 1992.11
◇ボアソナードの憲法構想―小田切本「憲法備考」を手がかりにして （矢野祐子）「法制史研究」 44 1994
◇続日本刑事政策史上の人々(2)ボアソナード （大久保泰甫）「罪と罰」 31(2) 1994.1
◇ボアソナードと、その法思想―陪審制度をめぐる一考察 （矢野祐子）「早稲田法学会誌」 早稲田大学法学会 47 1997 p309～359

◇二人の自然法学者 ボワソナードと梅謙次郎―ナポレオン法典と日本の近代化/ボワソナードを中心として(2) （吉里克己）「法律時報」 日本評論社 71(3) 1999.3 p74～82
◇「ボワソナードと民法典の編纂」 （大久保泰甫）「山形大学法政論叢」 山形大学法学会 17 2000.2 p1～37
◇真実の推定と既判力―ポティエ、ボワソナード、そして…… （金山直樹）「法学志林」 法政大学法学志林協会 98(2) 2001.2 p3～31
◇ボワソナードの箱根（芦之湯）湯治 （村上一博）「法史学研究会会報」 法史学研究会 10 2005 p85～90
◇ボワソナード民法草案における所有権の「絶対性」―非制約性と対抗可能性 （小柳春一郎）「独協法学」 独協大学法学会 67 2005.11 p402～348
◇博士ボアソナード氏の書簡（第2巻6号、明治23年6月初兌）『日本之法律』にみる法典論争関係記事(1) 「法律論叢」 明治大学法律研究所 80(4・5) 2008.2 p332～335
◇博士ボアソナード氏の書簡（続）（第2巻7号、明治23年7月初兌）『日本之法律』にみる法典論争関係記事(1) 「法律論叢」 明治大学法律研究所 80(4・5) 2008.2 p342～345
◇任意代理権発生原因論の民法学史的検討序説―ボアソナード来朝前までを中心に （平山也寸志）「下関市立大学論集」 下関市立大学学会 52(1・2) 2008.9 p11～26
◇司法省法学校におけるボワソナード講義―井上操の仏文（刑法講義）ノートを中心に （村上一博）「明治大学社会科学研究所紀要」 明治大学社会科学研究所 47(1) 2008.10 p65～77
◇ボアソナード刑事訴訟法法典草案 （Gustave Emile Boissonade de Fontarabie, 中村義勝）「立命館法學」 立命館大学法学会 2009(2) 2009 p502～695

ホイットマン, C. Whitman, Charles Otis 1842～1910
アメリカの動物学者。モースの後任として1879年来日。
【図　書】
◇蝦夷地の外国人ナチュラリストたち （村元直人著）（函館）幻洋社 1994.1

細川潤次郎 ほそかわじゅんじろう 1834～1923
幕末～大正期の法学者, 官僚。
【図　書】
◇青年の風雪 （平尾道雄）高知新聞社 1981.1 （高新ふるさと文庫2）
【雑　誌】
◇細川潤次郎について （西岡淑雄）「英学史研究」 23 1990
◇細川潤次郎とフルベッキ （西岡淑雄）「英学史研究」 24 1991

穂積陳重 ほづみのぶしげ 1856～1926
明治, 大正期の法学者。
【図　書】
◇法窓夜話 （穂積陳重）岩波書店 1980.1 （岩波文庫）
◇明治一法学者の出発―穂積陳重をめぐって （穂積重行著）岩波書店 1988.10
◇父の書斎 （有島行光ほか著）筑摩書房 1989.6 （筑摩叢書）
◇日本立法資料全集〈別巻 1〉穂積陳重立法関係文書の研究 （福島正夫編）信山社出版 1989.12
◇忌み名の研究 （穂積陳重）講談社 1992.3
◇明治の国際化を構築した人びと （小林通, 佐藤三武朗, 清家茂, 高橋公雄, 東和敏, 吉田克己著）多賀出版 1992.7
◇宇和島藩士、大銃司令入江左吉と周辺の人々 （中島敬一著）中島敬一 1993.7
◇民法起草者 穂積陳重論 （白羽祐三著）中央大学出版部 1995.10 310p （日本比較法研究所研究叢書）
◇近代日本の社会科学者たち （古賀勝次郎著）行人社 2001.6 379p
◇穂積陳重と比較法学 （訳）配雅亮）「比較法学の課題と展望 木木雅夫先生古稀記念」（滝沢正編集代表）信山社出版 2002.4 p107～
◇日本近代思想史序説 明治期後篇 下 （岩崎允胤著）新日本出版社 2004.12 434,12p
◇日本の敬語論―ポライトネス理論からの再検討 （滝浦真人著）大修館書店 2005.6 315p
◇「経国済民」の学―日本のモラルサイエンス研究ノート （水野治太郎著）麗沢大学出版会 2008.3 253p
◇志を貫いた先人たち （モラロジー研究所出版部編）モラロジー研究所 2009.5 255p （「歴史に学ぼう、先人に学ぼう」）
◇日本老民著 第5話 （手塚英男著）同時代社 2009.12 109p
【雑　誌】
◇穂積陳重と旧民法―「民法原理」講義を中心に （小柳春一郎）「法制史研究」 31 1981
◇穂積陳重著『法窓夜話』（有斐閣本）の最終版について （三潴信邦）「書斎の窓」 313 1982.4
◇穂積陳重博士の相続制度論―相続進化論と明治民法における「家」

（村上一博）「同志社法学」 34(4) 1982.11
◇明治期贈与論考──穂積陳重と梅謙次郎の所得を中心に──（村上一博）「六甲台論集(神戸大学)」 31(1) 1984.4
◇比較社会思想史研究(3)穂積陳重と法律進化論（古賀勝次郎）「早稲田社会科学研究」 30 1985.3
◇比較法学と穂積陳重──その出発点をめぐって──〔含□資料〕（講演）（穂積重行）「比較法学(早稲田大学)」 21(1) 1987.5
◇小泉八雲とカミガミの世界〔2〕（平川祐弘）「諸君！」 19(6) 1987.6
◇新たに発見された穂積陳重の「履歴書」について〔含 資料〕（吉井蒼生夫）「法律時報」 62(8) 1990.7
◇明治法学教育成立期の三人──児嶋惟謙・加藤恒忠・穂積陳重（高須賀康生）「伊予史談」 281 1991.4
◇穂積陳重の歴史法学──進化論から文体論へ（堅田剛）「独協法学」 35 1992.9
◇イギリス法の精神と穂積陳重の法思想（白羽祐三）「法学新報」 100(5・6) 1994.6
◇続日本刑事政策史上の人々(10)穂積陳重（森田明）「罪と罰」 日本刑事政策研究会 33(2) 1996.2 p57〜65
◇穂積陳重の食人俗研究──ニッポン民俗学外史(8)（礫川全次）「歴史民俗学」 批評社 12 1998.10 p162〜169
◇法学界の大御所 穂積陳重とその一族（大河の血脈──ファミリー・ツリー）（祖田浩一）「歴史と旅」 27(11) 2000.9 p250〜261
◇大正期の或る青年法曹の足跡──佐喜真興英と穂積陳重の接点（稲福日出夫）「同志社法学」 同志社法学会 52(6) 2001.3 p2188〜2242
◇高齢者権萌芽期における穂積陳重の高齢者論──「優老」と「老人権」に着目して（久保田治助）「早稲田教育評論」 早稲田大学教育総合研究所 20(1) 2006 p151〜168
◇穂積陳重「法律進化論」と廣池千九郎「道徳進化論」──「モラル・サイエンス」ノート（その2）（水野治太郎）「麗澤大学紀要」 麗澤大学 82 2006.7 p93〜152
◇批評 法典論(法学博士穂積陳重君著本郷哲学書院発兌)(第2巻4号、明治23年4月発兌)(『日本之法律』にみる法典論争関係記事(1)）「法律論叢」 明治大学法律研究所 80(4・5) 2008.2 p313〜315
◇ロー・クラス 現行民法典を創った人びと(3)起草委員──穂積陳重・富井政章・梅謙次郎（七戸克彦）「法学セミナー」 日本評論社 54(7) 2009.7 p64〜66

穂積八束　ほづみやつか　1860〜1912
明治期の法学者。
【図　書】
◇市邨学園大学開学記念論集　市邨学園大学　1980.3
◇天皇機関説の周辺──三つの天皇機関説と昭和史の証言 増補版（宮本盛太郎）　有斐閣　1983.2　（有斐閣選書）
【雑　誌】
◇穂積八束遺著「憲政大意」にあらわれた憲法理論の検討（芳野勝）「高知短期大学社会科学論集」 39 1980.4
◇日本憲法学における国体論の展開──穂積八束と上杉慎吉の比較を中心に（富塚祥夫）「東京都立大学法学会雑誌」 26(1) 1985.7
◇明治憲法下における権力分立論の展開──穂積・美濃部の学説との対比における宮沢説の若干の特質（高見勝利）「北大法学論集」 40(5・6~上) 1990.8
◇穂積八束の政教関係論（新田均）「皇学館大学神道研究所所報」 43 1992.6
◇国定第1期教科書改定運動と穂積八束（三井須美子）「都留文科大学研究紀要」 39 1993
◇「日本国家神道思想の変容──穂積八束・上杉慎吉・筧克彦など」（菅井益郎）「国学院法政叢書」 国学院大学大学院 第18輯 1997.3 p9〜14
◇兪致衡と穂積八束──朝鮮開化期における憲法の教科書（国分典子）「法学研究」 慶応義塾大学法学研究会 72(7) 1999.7 p23〜55
◇穂積八束と消えた「家属」──「誤った」日本社会の自画像をめぐって（輿那覇潤）「比較日本文化研究」 比較日本文化研究会,風響社 10 2006.10 p89〜112

堀口藍園　ほりぐちらんえん　1818〜1891
幕末,明治期の漢学者。郷学教師。
【雑　誌】
◇堀口藍園と間庭文造（神保秀生）「群馬歴史散歩」 74 1986.1
◇藍園関係（神保秀生）「群馬歴史散歩」 77 1986.7

堀達之助　ほりたつのすけ　1823〜1894
幕末,明治期の英学者,通訳。
【図　書】
◇黒船（吉村昭）　中央公論社　1994.6　（中公文庫）
◇英学と堀達之助（堀孝彦著）　雄松堂出版　2001.1　531,6p 図版16p
◇堀達之助とその子孫──父・村田豊作（村田豊治著）　同時代社　2003.9　221p
◇講演「通詞・堀達之助と箱(函)館」（堀孝彦）『「函館文庫」創設とその後──講演会・特別展示幕末時代から今に残る洋書「函館文庫」記念論集』　函館文庫を語る会　2006.12 p5
◇堀達之助が愛した函館と『「函館文庫」』（遠藤智夫）『「函館文庫」創設とその後──講演会・特別展示幕末時代から今に残る洋書「函館文庫」記念論集』　函館文庫を語る会　2006.12 p32
◇堀達之助＆函館文庫関係の年表　『「函館文庫」創設とその後──講演会・特別展示幕末時代から今に残る洋書「函館文庫」記念論集』　函館文庫を語る会　2006.12 p50
◇『英和対訳袖珍辞書』と近代語の成立──中日語彙交流の視点から（遠藤智夫著）　港の人　2009.10 319p
【雑　誌】
◇堀達之助伝研究（長谷川誠一）「酪農学園大学紀要(人文・社会科学編)」 8(2) 1980.10
◇堀達之助研究ノート──箱館時代(慶応元年〜明治5年)(1)（堀孝彦,谷沢尚一）「名古屋学院大学論集 社会科学篇」 24(4) 1988.4
◇堀達之助研究ノート──箱館(函館)時代(2)（堀孝彦,谷沢尚一）「名古屋学院大学論集 社会科学篇」 25(1) 1988.7
◇堀達之助研究ノート──箱館(函館)時代(3)（堀孝彦,谷沢尚一）「名古屋学院大学論集 社会科学篇」 25(3) 1989.1
◇堀達之助研究ノート(4)長崎蘭通詞ならびに薩摩藩堀家の系譜（堀孝彦,谷沢尚一）「名古屋学院大学論集 社会科学篇」 26(3) 1990.1
◇堀達之助研究ノート(4〜8)（堀孝彦,谷沢尚一）「名古屋学院大学論集 社会科学篇」 26(3)〜28(3) 1990.1〜92.1
◇堀達之助研究ノート(9)英和対訳袖珍辞書・薩摩辞書（堀孝彦,谷沢尚一）「名古屋学院大学論集 社会科学篇」 29(4) 1993.4
◇堀達之助研究ノート(10)英和対譚袖珍辞書・薩摩辞書（堀孝彦,谷沢尚一）「名古屋学院大学論集 社会科学篇」 30(1) 1993.7
◇堀達之助研究ノート──11──I can speak Dutch（堀孝彦）「名古屋学院大学論集 社会科学篇」 名古屋学院大学産業科学研究所 32(1) 1995.7 p1〜32
◇堀達之助研究ノート(その12)──長男・政正と「町の学者」孝之（堀孝彦,谷沢尚一）「名古屋学院大学論集 社会科学篇」 名古屋学院大学産業科学研究所 33(1) 1996.7 p226〜173
◇堀達之助研究ノート(その13)三男・川原広太郎、四男・志筑竜三郎と、達之助遺（堀孝彦,谷沢尚一）「名古屋学院大学論集 社会科学篇」 名古屋学院大学産業科学研究所 33(4) 1997.4 p226〜180
◇堀達之助研究ノート(その14)──『英和対訳袖珍辞書』関連資料ほか（堀孝彦）「名古屋学院大学論集 社会科学篇」 名古屋学院大学産業科学研究所 34(1) 1997.7 p240〜207
◇堀達之助研究ノート(その15)補遺篇（堀孝彦）「名古屋学院大学論集 社会科学篇」 名古屋学院大学産業科学研究所 35(1) 1998.7 p92〜75
◇堀達之助研究ノート(その16)門十郎および堀家系譜補注（堀孝彦）「名古屋学院大学論集 社会科学篇」 名古屋学院大学産業科学研究所 35(2) 1998.10 p156〜135,図2p
◇「函館文庫」を創設した通詞・堀達之助──「貌利太泥諸芸韻類」第8版の印影とは何か？（井上能孝）「函館大学論」 函館大学 38 2007.3 p1〜13
◇〈溶融〉する言葉と文化(6)堀達之助と『英和対訳袖珍辞書』（久米晶文,中村司）「歴史読本」 新人物往来社 52(7) 2007.6 p51〜57, 398〜401
◇堀達之助と『英和対訳袖珍辞書』の成立──訳語比較を中心に（遠藤智夫）「英学史研究」 日本英学史学会 41 2008 p101〜115

本多静六　ほんだせいろく　1866〜1952
明治〜昭和期の林学者。東京帝国大学教授,林学博士。
【図　書】
◇日比谷公園（前島康彦）　郷学舎　1980.8　（東京公園文庫1）
◇東京の公園通誌 下（末松四郎）　郷学舎　1981.9　（東京公園文庫32）
◇財運はこうしてつかめ──明治の億万長者本多静六 開運と蓄財の秘術（渡部昇一著）　致知出版社　2000.3 253p
◇財運はこうしてつかめ──明治の億万長者本多静六 開運と蓄財の秘術 新装普及版（渡部昇一著）　致知出版社　2004.9 259p（CHICHI SELECT）
◇まちづくり人国記──パイオニアたちは未来にどう挑んだのか（「地域開発ニュース」編集部編）　水曜社　2005.4 253p（文化とまちづくり叢書）
◇本多静六自伝体験八十五年（本多静六著,本多健一監修）　実業之日本社　2006.2 269p
◇本多静六日本の森林を育てた人（遠山益著）　実業之日本社　2006.10 298p
◇志を貫いた先人たち（モラロジー研究所出版部編）　モラロジー研究所　2009.5 255p（「歴史に学ぼう、先人に学ぼう」）
◇偉人伝──徳育教育副読本（西垣義明著）　全国経営者団体連合会　2009.12 133p

【雑　誌】
◇蓄財がもとで辞職勧告―本多静六（主題・お金）（塩沢由典）「思想の科学（第7次）」26 1982.12
◇長続きする資産家への道を教えます（明日への視点〔84〕）（渡部昇一）「フォーブス日本版」9(9) 2000.9 p26～27
◇表現を磨き、議論せよ！道は拓かれる―サミュエル・スマイルズ『セルフ・ヘルプ』、本多静六『私の財産告白』から学んだこと（特集1・人を動かす「言葉力」―「感動」を忘れたビジネスマンへ）（渡部昇一）「プレジデント」38(15) 2000.9.4 p34～39

本多庸一　ほんだよういつ　1848～1912
明治期のキリスト教指導者。日本メソジスト教会初代監督。
【図　書】
◇日本人の終末観―日本キリスト教人物史研究（野村耕三）新教出版社　1981.5
◇本多庸一伝―伝記・本多庸一（岡田哲蔵著）大空社　1996.7 456,5p（伝記叢書）
◇社会貢献の先駆者 米山梅吉（戸崎肇著）芙蓉書房出版　2000.3 182p
◇一明治宗教家の書簡と履歴書から―本多庸一とその家族（本多繁著）明治プロテスタンティズム研究所　2001.12 89p
【雑　誌】
◇さとりの人生本多庸一（田村芳朗）「在家仏教」332 1981.11
◇「本多庸一答申書」（史料紹介）（沼田哲）「青山史学（青山学院大学）」8 1984.11
◇本多庸一のバラ宛ての英文書簡（山本博）「紀要」秋田桂城短期大学　11 2001.10 p71～78
◇本多庸一の「基督主義」教育観における「実験」概念（佐々木竜太）「教育研究」青山学院大学教育学会　47 2003.3 p13～25
◇日本人のキリスト教理解における「実験」概念の研究―本多庸一と内村鑑三の「実験」概念の差異（佐々木竜太）「教育研究」青山学院大学教育学会　48 2004.3 p1～11
◇本多庸一における"Man"概念の研究―青山学院の指導精神とメソディズムを中心として（佐々木竜太）「青山学院大学文学部紀要」青山学院大学文学部　48 2006 p15～27
◇本多庸一における日本の敬神思想・道徳思想とキリスト教（佐々木竜太）「教育研究」青山学院大学教育学会　53 2009.3 p69～82

前田慧雲　まえだえうん　1857～1930
明治、大正期の仏教学者。
【雑　誌】
◇前田慧雲にみる近代真宗学形成の前駆的性格―方法論の定位をめぐって（上）（龍渓章雄）「竜谷大学論集」434・435 1989.11
◇杉並の名墓(30)前田慧雲の墓（森崎次郎）「杉並郷土史会々報」106 1991.3
◇前田慧雲の学問・思想形成過程をめぐる一考察―幼少年時代を中心として（龍渓章雄）「真宗学」竜谷大学真宗学会　117 2008.3 p40～69
◇前田慧雲の漢学塾修学時代―学問・思想形成過程をめぐる一考察（龍渓章雄）「真宗学」竜谷大学真宗学会　119・120 2009.3 p209～230

牧野富太郎　まきのとみたろう　1862～1957
明治～昭和期の植物分類学者。東京帝国大学講師。
【図　書】
◇生涯を賭けた一冊（紀田順一郎）新潮社　1982.12
◇花のある風景（この人と植物 1）（佐竹義輔著）アボック社出版局　1984.1
◇牧野富太郎―私は草木の精である（渋谷章著）リブロポート　1987.1（シリーズ　民間日本学者）
◇生物学史論集（木村陽二郎著）八坂書房　1987.4
◇名著の伝記（紀田順一郎著）東京堂出版　1988.7
◇牧野富太郎文庫蔵書目録 論文・逐次刊行物等の部（高知県立牧野植物園編）高知県立牧野植物園　1988.11
◇ビジュアルワイド新日本風土記〈39〉高知県　ぎょうせい　1989.4
◇牧野富太郎博士からの手紙（武井近三郎）高知新聞社　1992.7
◇日本の「創造力」―近代・現代を開花させた470人〈7〉驀進から熟成へ（富田仁編）日本放送出版協会　1992.11
◇牧野富太郎と西相模の自然―秋季特別展（大磯町郷土資料館編）大磯町郷土資料館　〔1995〕40p
◇テクノ時代の創造者―科学・技術　朝日新聞社　1995.8 438p（二十世紀の千人）
◇牧野富太郎―牧野富太郎自叙伝（牧野富太郎著）日本図書センター　1997.2 237p（人間の記録）
◇世界的植物学者 松村任三の生涯（長久保片雲著）暁印書館　1997.7 237p
◇男たちの天地（今井美沙子,中野章子著）樹花舎　1997.8 324p
◇奇人は世界を制す エキセントリック―荒俣宏コレクション2（荒俣宏著）集英社　1998.5 367p（集英社文庫）
◇花と恋して―牧野富太郎伝（上村登著）高知新聞社　1999.6 373p
◇牧野植物図鑑の謎（俵浩三著）平凡社　1999.9 182p（平凡社新書）
◇牧野富太郎植物画集（高知県立牧野植物園編著）ミュゼ　1999.11 62p
◇牧野富太郎―私は草木の精である（渋谷章著）平凡社　2001.3 245p（平凡社ライブラリー）
◇齢七十、日々是好日（落合東朗著）論創社　2001.11 211p
◇牧野富太郎と鈴木長治の生誕100年を記念して（鈴木利根子著）〔鈴木利根子〕2002.2 70p
◇歴史をつくった人びとの健康法―生涯現役をつらぬく（宮本義己著）中央労働災害防止協会　2002.3 251p（中災防新書）
◇佐川における英学と牧野富太郎（村端五郎）『高知における国際化 ヒト・モノ・情報』（高知における国際化研究プロジェクト著, 高知大学人文学部国際社会コミュニケーション学科編）高知大学人文学部国際社会コミュニケーション学科　2003.3 p75～
◇努力は必ず報われる―勇気を与えてくれる歴史上の人物12人の絵物語（下川高士絵・文）新人物往来社　2003.6 77p（シリーズ：こどもとおとなたちに贈る人物日本の歴史）
◇うらやましい人―'03年版ベスト・エッセイ集（日本エッセイスト・クラブ編）文芸春秋　2003.7 313p
◇牧野富太郎自叙伝（牧野富太郎著）講談社　2004.4 260p（講談社学術文庫）
◇人間っておもしろい―シリーズ「人間の記録」ガイド（「人間の記録」編集室編著）日本図書センター　2004.12 367p
◇探究のあしあと―霧の中の先駆者たち 日本人科学者　東京書籍　2005.4 94p（教育と文化シリーズ）
◇世界一受けたい日本史の授業―あなたの習った教科書の常識が覆る（河合敦著）二見書房　2006.3 258p（二見文庫）
◇江戸川のムジナモと牧野富太郎（編集「江戸川―論集」「論集江戸川」編集委員会編）「論集江戸川」編集委員会, 崙書房出版（発売）2006.3 p343
◇日本史偉人「健康長寿法」（森村宗冬著）講談社　2007.5 201p（講談社プラスアルファ新書）
◇植物の学名を読み解く―リンネの「二名法」（田中学著）朝日新聞社　2007.6 236p
◇ミュージアムと生涯学習（神野善治監修, 杉浦幸子, 紫牟田伸子, 仲野泰生, 鈴木敏治著）武蔵野美術大学出版局　2008.4 198p
◇牧野富太郎と神戸（白岩卓巳著）神戸新聞総合出版センター　2008.11 206p（のじぎく文庫）
◇日本人の恋物語―男と女の日本史（時野佐一郎著）光人社　2009.2 229p
【雑　誌】
◇高知県立牧野植物園　「暮しの手帖 第3世紀」96 2002.2・3 p20～27
◇因尾谷の野梅と牧野富太郎先生（久々宮永）「佐伯史談」122 1980.4
◇一枚の牧野先生の葉書（鈴木普二男）「房総路」12 1984.4
◇牧野博士の南方翁関係書き書き込み（山本幸憲）「田辺文化財」29 1986.3
◇牧野博士と植物採集（岸本勢亀子）「郷土文化」36 1986.10
◇文庫めぐり―牧野文庫（松田富夫）「同朋」101 1986.10
◇民間学の巨樹　牧野富太郎（主題・民間学）（伊藤益臣）「思想の科学」433 1987.11 臨増
◇牧野富太郎先生（武蔵野ゆかりの人びと）（金井利彦）「武蔵野」67(1・2) 1989.5
◇牧野富太郎に関する本　「ウィークリー出版情報」10(35) 1991.9
◇遺品に見る牧野富太郎（相沢三千夫）「土佐史談」189 1992.3
◇今井貞吉と牧野富太郎（間宮尚子）「土佐史談」193 1993.9
◇牧野富太郎先生を偲ぶ（金子太郎）「薬学図書館」日本薬学図書館協議会事務所　42(2) 1997.4 p141～145
◇architectural design 牧野富太郎記念館―内藤広建築設計事務所「建築技術」建築技術　600 2000.2 p12～55
◇牧野富太郎記念館：内藤広建築設計事務所　「建築文化」彰国社　55(640) 2000.2 p97～103
◇牧野富太郎のボタニカルライフ 花と恋して九十年（特集 花を愉しむ）（俵浩三）「太陽」平凡社　38(9) 2000.9 p92～97
◇牧野富太郎（新養生訓〔終〕）（大宮司朗）「歴史と旅」27(11) 2000.9 p227
◇牧野富太郎と英和辞書（村端五郎）「高知大学学術研究報告 人文科学」高知大学　51 2002 p131～154
◇内藤広「素形」の建築の軌跡―牧野富太郎記念館から（指定研究報告 東播磨文化史）（上原正和）「Vera」兵庫大学短期大学部附属総合科学研究所　9 2002.3 p97～107
◇うらやましい人（特集・かかる日本人ありき）（橋本大二郎）「文芸春秋」80(16) 2002.12 臨時増刊（日本人の肖像 このすがすがしい

生きかた) p52～53
◇牧野富太郎と明治前期の佐川村における英学 (村端五郎)「紀要」四国英語教育学会 23 2003 p31～40
◇南方熊楠、牧野富太郎往復書簡にみる植物 (土永知子)「熊楠研究」〔南方熊楠資料研究会〕 6 2004.3 p379～353
◇牧野富太郎が英和辞書の訳語に与えた影響—'Plum'の訳語を事例として(四国英学史関係) (村端五郎)「紀要」四国英語教育学会 25 2005 p11～20
◇科学史入門 牧野富太郎 (渋谷章)「科学史研究「第2期]」日本科学史学会, 岩波書店 44(233) 2005.春 p43～45
◇Typification of Dr. Makino's Botanical Names (1) (田中伸幸)「植物研究雑誌」 津村研究所 80(1) 2005.2 p22～26
◇〈牧野富太郎〉金を貯めず切り詰めず、書籍を買い続ける 植物への愛情と信念と、借金と(特集 ビンボーだけど「豊か」に生きる!—「お金で買えないもの」を得た "貧乏達人" に学ぼう) (渋谷章)「望星」東海教育研究所, 東海大学出版会 37(10) 2006.10 p43～48
◇Typification of Dr. Tomitaro Makino's Botanical Names(3) (田中伸幸, 菅原敬)「植物研究雑誌」津村研究所 81(5) 2006.10 p275～277
◇Typification of Dr. Tomitaro Makino's botanical names (4) (田中伸幸, 菅原敬)「植物研究雑誌」ツムラ 82(4) 2007.8 p238～241
◇平賀源内の真実、南方熊楠と牧野富太郎の発見による—山口薫「山下清と南方熊楠「頭がいい、悪い」ってなんだろう?」を契機にした教育論 (小中陽太郎)「共生科学研究」星槎大学出版会 4 2008 p54～60
◇ハーブガーデンへ出かけよう(11)牧野富太郎博士の業績を顕彰する「高知県立牧野植物園」 (黒岩宣仁)「Aromatherapy environment」 日本アロマ環境協会 47 2008.3 p30～33
◇「植物研究雑誌」に掲載された牧野富太郎博士の報告文(1) (加藤僖重)「マテシス・ウニウェルサリス」 獨協大学国際教養学部言語文化学科 10(1) 2008.11 p85～143
◇日本植物分類学会第7回東京大会公開シンポジウム講演記録 牧野富太郎博士の植物研究とその継承 「分類」日本植物分類学会 9(1) 2009.2 p1～45
◇「植物研究雑誌」に掲載された牧野富太郎博士の報告文(2) (加藤僖重)「マテシス・ウニウェルサリス」 獨協大学国際教養学部言語文化学科 10(2) 2009.3 p19～55
◇「植物学雑誌」に掲載された牧野富太郎博士の報告文(1) (加藤僖重)「マテシス・ウニウェルサリス」 獨協大学国際教養学部言語文化学科 11(1) 2009.11 p77～152

マクシモービッチ, K. Maksimovich, Karl Ivanovich · 1827～1891
ロシアの植物学者。1860年来日、日本の植物を探査。
【図　書】
◇蝦夷地の外国人ナチュラリストたち (村元直人著) (函館)幻洋社 1994.1
◇牧野標本館所蔵のシーボルトコレクション (加藤僖重著) 思文閣出版 2003.11 288p
◇植物の学名を読み解く—リンネの「二名法」 (田中学著) 朝日新聞社 2007.6 236p
【雑　誌】
◇マクシモビィチとフランセー (北村四郎)「植物分類・地理」39(4～6) 1988.11

松岡調 まつおかみつぐ 1830～1904
幕末, 明治期の国学者, 禰宜。
【図　書】
◇調—Matsuoka Mitsuki 作品とその世界 未完のうちに潜むもの 工芸サロン梓 2009.9 120p

松野クララ まつのくらら 1853～1941
明治期の幼児教育家。女子師範附属幼稚園主席保母。
【図　書】
◇洋楽導入者の軌跡—日本近代洋楽史序説 (中村理平著) 刀水書房 1993.2
【雑　誌】
◇明治初期の唱歌遊戯教育に関する一考察—松野クララの役割を中心として (曽我芳枝)「東海保健体育科学」東海体育学会 VoL.17 1995.11 p19～28
◇松野潤とクララ夫人—曽孫ニコラウス氏の来日を機に (小林富士雄)「林業技術」日本林業技術協会 748 2004.7 p32～35

松村介石 まつむらかいせき 1859～1939
明治, 大正期のキリスト教指導者, 牧師。
【図　書】
◇明治人物拾遺物語—キリスト教の一系譜 (森井真) 新教出版社 1982.10
◇松村介石 (松村介石原著, 松村介石伝編集委員会編) 道会 1989.11
◇信仰五十年—伝記・松村介石 (松村介石著) 大空社 1996.7 279, 6p (伝記叢書)
◇宗教改革者・松村介石の思想—東西思想の融合を図る (加藤正夫著) 近代文芸社 1996.10 238p
◇明治期基督者の精神と現代—キリスト教宗学校が創立 (加藤正夫著) 近代文芸社 1996.11 204p
◇大川周明と国家改造運動 (刈田徹著) 人間の科学社 2001.11 382p (拓殖大学研究叢書・社会科学)
◇近代日本キリスト教名著選集 第3期(キリスト教受容史篇) 24 (鈴木範久監修) 日本図書センター 2003.11 279p
◇北村透谷研究—「内部生命」と近代日本キリスト教 (尾西康充著) 双文社出版 2006.7 289p
【雑　誌】
◇内村鑑三, 松村介石, そしてアメリカン・ボード—ふたつの「北越学館事件」 (本井康雄)「キリスト教社会問題研究」 同志社大学人文科学研究所 44 1995.12 p1～25
◇晩年の大倉孫兵衛—社会貢献の志とその継承(特集 大倉孫兵衛の事跡と思想の研究) (平井誠二)「大倉山論集」 大倉精神文化研究所 54 2008.3 p211～252
◇日本文明の先駆者(16)松村介石 (坪内隆彦)「月刊日本」K&Kプレス 13(3) 2009.3 p82～89

松村任三 まつむらじんぞう 1856～1928
明治期の植物学者。帝大理科大学教授。
【図　書】
◇生物学史論集 (木村陽二郎著) 八坂書房 1987.4
◇モースの発掘—日本に魅せられたナチュラリスト (椎名仙卓著) 恒和出版 1988.1 (恒和選書)
◇世界的植物学者 松村任三の生涯 (長久保片雲著) 暁印書館 1997.7 237p
◇ソメイヨシノやワサビの名づけ親松村任三—マンガと写真で一挙紹介 (高萩市生涯学習推進本部・協議会編) 高萩市生涯学習推進本部・協議会 1998.3 72p

松本荻江 まつもとおぎえ 1851～1899
明治期の女流教育家。東京女子師範学校教授。
【図　書】
◇埼玉の女たち—歴史の中の24人 (韮塚一三郎) さきたま出版会 1980.11

松本亦太郎 まつもとまたたろう 1865～1943
明治～昭和期の心理学者。
【図　書】
◇京の美学者たち (神林恒道編著) 晃洋書房 2006.10 258p
◇美学つれづれぐさ (神林恒道著) 新潟日報事業社 2009.4 187p
【雑　誌】
◇松本亦太郎と女子教育観—同志社女学校に関連して (宮沢正典)「同志社女子大学学術研究年報」 31(3) 1980.11
◇明治から昭和初期にいたる実験心理学の形成過程—元良勇次郎と松本亦太郎を中心として(〈特別寄稿シリーズ〉日本の心理学—源流と展開) (苧阪良二)「心理学評論」 心理学評論刊行会 41(3) 1998.12 p333～358
◇わが国における実験心理学の成立に対する元良・松本両教授の偉大な貢献—苧阪・肥田野両論文を読んで(〈特別寄稿シリーズ〉日本の心理学—源流と展開) (大山正)「心理学評論」 心理学評論刊行会 41(3) 1998.12 p359～364
◇YALE大学における松本亦太郎の受講科目 (松本洸)「日本大学心理学研究」 日本大学心理学会 第25号 2004.3 p3～10

松森胤保 まつもりたねやす 1825～1892
幕末, 明治期の理学者。松山藩家老。
【図　書】
◇松森胤保の世界—幕末明治の科学者 致道博物館 19〔87〕
◇幕末明治の科学者 松森胤保の世界 致道博物館 1987.7
◇考古学の先覚者たち (森浩一編) 中央公論社 1988.4 (中公文庫)
◇鳥獣虫魚譜—松森胤保『両羽博物図譜』の世界 八坂書房 1988.11 (博物図譜ライブラリー)
◇殿様生物学の系譜 (科学朝日編) 朝日新聞社 1991.3 (朝日選書)
◇幕末畸人伝 (松本健一著) 文芸春秋 1996.2 257p
◇幕末明治の佐渡日記 (磯部欣三著) 恒文社 2000.12 19,390p
【雑　誌】
◇松森胤保と『弄石余談』(考古学先覚者列伝) (杉山荘平)「歴史と人物」 12(2) 1982.2
◇松森胤保と進化論 (磯野直秀)「慶応義塾大学日吉紀要 自然科学」 3 1987

◇「両羽博物図譜」の研究(1,2) （磯野直秀）「慶応義塾大学日吉紀要 自然科学」 6 1989
◇松森胤保翁の生涯と博物学 （磯野直秀）「致道」 25 1989.2
◇殿様生物学の系譜(11)松森胤保の「両羽博物図譜」 （磯野直秀）「科学朝日」 49(11) 1989.11
◇「両羽博物図譜」の研究(3)「両羽獣類図譜」 （磯野直秀）「慶応義塾大学日吉紀要 自然科学」 8 1990
◇「両羽博物図譜」の研究(4)「銃猟誌」から「両羽禽類図譜」へ （磯野直秀, 内田康夫）「慶応義塾大学日吉紀要 自然科学」 8 1990

松山棟庵　まつやまとうあん　1839～1919
明治期の医師、教育者。慶応義塾医学所校長。
【雑　誌】
◇松山棟庵 （中森東洋）「福沢手帖」 72 1992.3
◇近代横浜医学への歩み―松山棟庵と松山不苦庵義定まで （中西淳朗）「郷土神奈川」 神奈川県立図書館 39 2001.3 p1～12

三浦謹之助　みうらきんのすけ　1864～1950
明治～昭和期の内科医学者。医学博士。
【雑　誌】
◇E.ベルツの剣術・柔術理解に関する一考察―榊原鍵吉および三浦謹之助との出会いを中心として （頼住一昭）「スポーツ史研究」 スポーツ史学会 第15号 2002.3 p1～10
◇50周年記念講演　日本神経学会―誕生と発展(第50回日本神経学会総会(2009年)) （高橋昭）「臨床神経学」 日本神経学会 49(11) 2009.11 p724～730

三上参次　みかみさんじ　1865～1939
明治～昭和期の歴史学者。東京帝国大学教授。
【図　書】
◇明治時代の歴史学界―三上参次懐旧談 （三上参次著） 吉川弘文館 1991.2
◇姫路文学散歩 （姫路文学研究会編）（神戸）神戸新聞総合出版センター 1991.11 （姫路文庫）
◇おまえの道を進めばいい―播磨の文人たちの物語 （安水稔和著）（神戸）神戸新聞総合出版センター 1991.11
【雑　誌】
◇国史学界の今昔(1)三上参次先生談旧会速記録(2)昭和11年9月30日「日本歴史」 390 1980.11
◇国史学界の今昔(2)大学予備門の頃―三上参次先生談旧会速記(2)「日本歴史」 391 1980.12
◇国史学界の今昔(3～9,14,16)三上参次先生談旧会速記録(4～12)（インタビュー）（三上参次, 中村孝也ほか）「日本歴史」 1981.1～5,7～11
◇三上参次・萩野由之書翰の紹介(歴史手帖) （加地宏江）「日本歴史」 400 1981.9
◇国史学界の今昔(18)教授昇任と明治32年―三上参次先生談旧会速記録(13)「日本歴史」 404 1982.1
◇国史学界の今昔(20)史料蒐集と大塚先儒墓所―三上参次先生談旧会速記録(14)「日本歴史」 406 1982.3
◇国史学界の今昔(21)史料編纂事業の継続―三上参次先生談旧会速記録(15)「日本歴史」 407 1982.4
◇国史学界の今昔(22)明治33年、史料・古文書の出版―三上参次先生談旧会速記録(16)「日本歴史」 408 1982.5
◇国史学界の今昔(23)岡山県下史料採訪―三上参次先生談旧会速記録(17)「日本歴史」 409 1982.6
◇国史学界の今昔(24)明治33年―南北朝・井伊大老問題―三上参次先生談旧会速記録(18)「日本歴史」 410 1982.7
◇国史学界の今昔(25)国宝保存のことなど―三上参次先生談旧会速記録(19完)「日本歴史」 411 1982.8
◇三上参次の進講と昭和天皇―明治天皇の聖徳をめぐつて （高橋勝浩）「明治聖徳記念学会紀要」 明治聖徳記念学会 第15号 1995.8 p19～44
◇三上参次博士逸事考 （柴田紳一）「国学院大学日本文化研究所紀要」 国学院大学日本文化研究所 76 1995.9 p63～74
◇史料紹介　三上参次「進講案」 （高橋勝浩）「国学院大学日本文化研究所紀要」 国学院大学日本文化研究所 83 1999.3 p347～367
◇明治末から大正期の史蹟保存論―黒板勝美と三上参次を中心に （齋藤智志）「法政史論」 法政大学大学院日本史学会 第31号 2004.3 p1～27
◇三上参次博士と三井文庫 （中田易直）「三井文庫論叢」 三井文庫 40 2006 p11～58, 巻頭2p
◇資料翻刻　宮内庁書陵部所蔵　三上参次『御進講案』追補―三上参次略年譜・主要著作目録・主要人名索引 （高橋勝浩）「国学院大学日本文化研究所紀要」 国学院大学日本文化研究所 97 2006.3 p325～362
◇「公刊明治天皇御紀」の編修について―特に編纂長三上参次の時期を中心として(上) （堀口修）「大倉山論集」 大倉精神文化研究所 54 2008.3 p341～390
◇「公刊明治天皇御紀」の編修について―特に編纂長三上参次の時期を中心として(下) （堀口修）「大倉山論集」 大倉精神文化研究所 55 2009.3 p263～309

三国大学　みくにだいがく　1810～1896
幕末、明治期の儒学者。
【図　書】
◇三国幽眠没後100年記念展―第14回特別展　三国町郷土資料館 1997.10 48p
【雑　誌】
◇「略解古訓古事記」と三国幽眠 （和田義一）「古事記年報」 30 1988.1

三島中洲　みしまちゅうしゅう　1830～1919
幕末、明治期の漢学者、法律家、教育者。
【図　書】
◇三島中洲 （中田勝著） 明徳出版社 1990.6 （シリーズ陽明学）
◇近代文学と能楽 （松田存著） 朝文社 1991.5
◇日本の『創造力』―近代・現代を開花させた470人〈2〉殖産興業への挑戦 （富田仁編） 日本放送出版協会 1993.1
◇福島正夫著作集〈第1巻〉日本近代法史 （福島正夫著） 勁草書房 1993.12
◇全訳霞浦游藻 （〔三島中洲〕原著, 大地武雄著） 筑摩書林 1997.10 138p
◇ケインズに先駆けた日本人―山田方谷外伝 （矢吹邦彦著） 明徳出版社 1998.4 393p
◇最後の儒者―三島中洲 （三島正明著） 明徳出版社 1998.9 263p
◇三島中洲の学芸とその生涯 （戸山芳郎編） 雄山閣出版 1999.9 660p
◇日本人の漢詩―風雅の過去へ （石川忠久著） 大修館書店 2003.2 332p
◇明治10年からの大学ノート―二松学舎130年のあゆみ （二松学舎小史編集委員会編） 三五館 2007.10 287p
◇三島中洲詩全釈 第1巻 （三島中洲著, 石川忠久編） 二松学舎 2007.10 715p
◇東海の風雅―日本漢詩の心 （石川忠久著） 研文出版 2007.11 394p （石川忠久著作選）
◇三島中洲研究―二松学舎大学21世紀COEプログラム「日本漢文学研究の世界的拠点の構築」 研究成果報告　v.3 （近世近代日本漢文班編） 二松学舎大学21世紀COEプログラム事務局 2008.3 197p
◇山田方谷から三島中洲へ （松川健二著） 明徳出版社 2008.4 360p
◇三島中洲研究―二松学舎大学21世紀COEプログラム「日本漢文学研究の世界的拠点の構築」 研究成果報告　vol.4 （近世近代日本漢文班編） 二松学舎大学21世紀COEプログラム事務局 2009.3 119p
◇山田方谷の陽明学と教育理念の展開 （倉田和四生著） 明徳出版社 2009.8 510p
【雑　誌】
◇中洲法律関係文書―「民法草案」 （三島中洲著, 大谷光男翻訳, 川久保広衛解説）「二松学舎大学東洋学研究所集刊」 16 1985
◇中洲法律関係文書―『中洲手控』 「二松学舎大学東洋学研究所集刊」 17 1987.3
◇中洲先生の陽明学観―公平折衷の陽明学を中心に （飯田理英）「二松学舎大学人文論叢」 39 1988.7
◇三島中洲（特集）「陽明学（二松学舎大学）」 4 1992.3
◇明治初期における一裁判官の法意識―三島中洲の「民事法律聞見随録」と質地論 （村上一博）「明治大学社会科学研究所紀要（明治大学社会科学研究所）」 32(2) 1994.1
◇吉田松陰と三島中洲(吉田松陰特集) （松田存）「陽明学」 二松学舎大学陽明学研究所 7 1995.3 p99～109
◇三島中洲の陽明学自得時期について （菊地誠一）「陽明学」 二松学舎大学陽明学研究所 8 1996.3 p38～58
◇資料　山田方谷と三島中洲 （井上明大）「大阪女子学園短期大学紀要」 大阪女子学園短期大学 43 1999 p59～63
◇三島中洲最初期の詩「問津稿」について （石川忠久）「漢文学解釈与研究」 漢文学研究会 2 1999.11 p1～20
◇講演　三島中洲の周辺―郷里、高梁、一族等を中心として （三島正明）「斯文」 斯文会 108 2000.3 p89～103
◇三島中洲と教育勅語(中洲研究会関係) （松川健二）「陽明学」 二松学舎大学陽明学研究所 13 2001 p152～159
◇三島中洲の中国詩碑とその周辺事情(中洲研究会関係) （菊地誠一）「陽明学」 二松学舎大学陽明学研究所 13 2001 p160～163
◇岳堂詩話(11)三島中洲の「霞浦遊藻」 （石川忠久）「学鐙」 丸善 98(2) 2001.2 p24～29
◇岳堂詩話(12)大正天皇と三島中洲 （石川忠久）「学鐙」 丸善 98(3) 2001.3 p28～33
◇明治前期の思想と三島中洲 （三島正明）「陽明学」 二松学舎大学陽明学研究所 14 2002 p35～54

◇講演 朱子学と陽明学―三島中洲の思想詩をめぐって（松川健二）「二松学舎大学東洋学研究所集刊」二松学舎大学東洋学研究所 32 2002 p139～160
◇中洲先生に心酔した大久保兄弟（松尾修司）「陽明学」二松学舎大学陽明学研究所, 明徳出版社 15 2003 p178～180
◇三島中洲の『論学三百絶』（高文漢）「東洋研究」大東文化大学東洋研究所 147 2003.1 p51～85
◇若き三島中洲の学問の到達点と晩年の死生観―中洲の詩を中心として（浜久雄）「陽明学」二松学舎大学陽明学研究所, 明徳出版社 16 2004 p126～143
◇貴州省の日本人教習と陽明祠の三島中洲詩碑―附：三島中洲と黎庶昌（石田肇）「駒沢史学」駒沢史学会 64 2005.2 p5～25
◇三島中洲の詩―「鎮西観風詩録」を中心に（特集＝古典文学の精髄としての漢詩文―中世・近世・近代―近代漢詩文―最後の光芒）（石川忠久）「国文学解釈と鑑賞」至文堂 73(10) 2008.10 p161～169
◇三島中洲の詩業―大正天皇の師傅（石川忠久）「文学」岩波書店 10(3) 2009.5・6 p127～134

三瀬周三 みせしゅうぞう 1839～1877
幕末, 明治期の蘭方医。宇和島藩に出仕。
【図書】
◇医学史話 杉田玄白から福沢諭吉（藤野恒三郎著）菜根出版 1984.1
◇日本刑事政策史上の人々（日本刑事政策研究会編）日本加除出版 1989.4
◇江戸洋学事情（杉本つとむ著）八坂書房 1990.12
◇愛媛歴史民俗100モノ語り（愛媛県歴史文化博物館監修）愛媛新聞社 2008.3 143p
【雑誌】
◇三瀬諸淵訳「皇里伊羅安検査書」について（第89回日本医史学会総会抄録）（会田恵, 寺畑喜明）「日本医史学雑誌」34(1) 1988.1
◇三瀬諸淵訳稿「国医論」(仮題)（中西啓）「シーボルト記念館鳴滝紀要」長崎市教育委員会 第4号 1994.3 p101～113
◇三瀬周三考（三好昌文）「シーボルト記念館鳴滝紀要」長崎市教育委員会 第8号 1998.3 p9～26
◇平成14年度特別展報告 シーボルト最後の門人 三瀬諸淵の生涯 「一滴」津山洋学資料館 11 2003 p55～71

箕作佳吉 みつくりかきち 1857～1909
明治期の動物学者。東京大学動物学教授。
【図書】
◇真珠の発明者は誰か？―西川藤吉と東大プロジェクト（久留太郎著）勁草書房 1987.10
◇三崎臨海実験所を去来した人たち―日本における動物学の誕生（磯野直秀著）学会出版センター 1988.8
◇動物学者箕作佳吉とその時代―明治人は何を考えたか（玉木存著）三一書房 1998.10 415p
◇ナポリ臨海実験所―去来した日本の科学者たち（中埜栄三, 溝口元, 横田幸雄編著）東海大学出版会 1999.7 251p
【雑誌】
◇箕作佳吉と本邦動物学（磯野直秀）「慶応義塾大学日吉紀要 自然科学」4 1988

箕作元八 みつくりげんぱち 1862～1919
明治, 大正期の西洋史学者。東京帝国大学教授。
【図書】
◇箕作元八・滞欧「箴梅日記」（井手文子, 柴田三千雄編・解説）東京大学出版会 1984.11
◇平資盛―輪廻転生（玉木存著）R出版 1987.2
【雑誌】
◇旅と棄郷と(29)3代の系譜（近藤信行）「早稲田文学〔第8次〕」108 1985.5
◇旅と棄郷と(30)箕作元八のドイツ, フランス（近藤信行）「早稲田文学〔第8次〕」109 1985.6
◇箕作元八先生のこと（村川堅太郎）「UP」14(6) 1985.6
◇歴史学に転じた動物学者―箕作元八覚書―（上野益三）「學鐙」82(7) 1985.7
◇旅と棄郷と(31)妻への手紙（近藤信行）「早稲田文学〔第8次〕」112 1985.9
◇フランス革命200年とは何か―日本の近代化との比較の視点で（対談）（柴田三千雄, 本池立）「エコノミスト」67(19) 1989.5.2・9

箕作阮甫 みつくりげんぽ 1799～1863
幕末の蘭学者。蕃書調所教授として西洋文明を紹介。
【図書】
◇蘭学の時代（赤木昭夫）中央公論社 1980.12（中公新書）
◇江戸時代蘭語学の成立とその展開4 蘭語研究における人的要素に関する研究（杉本つとむ）早稲田大学出版部 1981.2
◇開国―箕作阮甫と川路聖謨（玉木存）創林社 1983.9
◇実学思想の系譜（講談社学術文庫）（源了円著）講談社 1986.6
◇大久保利謙歴史著作集〈5〉幕末維新の洋学（大久保利謙著）吉川弘文館 1986.8
◇平資盛―輪廻転生（玉木存著）R出版 1987.2
◇西征紀行―幕末の日露外交（箕作阮甫著, 木村岩治編）津山洋学資料友の会 1991.12
◇棟梁朽敗せば改むべし―わたしの明治維新（玉木存著）R出版 1994.3
◇洋学〈2〉（洋学史学会編）八坂書房 1994.4
◇洋学者箕作阮甫とその一族（木村岩治著）（岡山）日本文教出版 1994.7（岡山文庫）
◇箕作阮甫訳述『八紘通誌』の西洋教育情報―近代日本教育制度の形成過程の基礎研究（岩田高明）『安田女子大学大学院博士課程開設記念論文集』（安田女子大学編）安田女子大学 1997.3 p27
◇「離民」は賤民ではない―箕作阮甫とフィルモーア米国大統領国書（張厚泉）『国際文化交流と日本語教育 きのう・きょう・あす 椎名和男教授古希記念論文集』（椎名和男教授古希記念論文集刊行委員会編）凡人社（発売）2002.3 p178～
【雑誌】
◇『玉石志林』の語彙(1)（佐藤亨）「新潟大学国文学会誌」26 1983.2
◇「箕作阮甫」の舟木宿（島本英弼）「くすのき文化」35 1985.12
◇蘭学者箕作阮甫の研究（小野淳子）「国際関係研究（日本大学）」7別冊 1986.12
◇トリミング（津山に箕作阮甫の史跡を訪ねて）（堀江幸司他著）「医学図書館」34(1) 1987.3
◇平成11年度津山洋学資料館特別展報告 箕作阮甫生誕200周年記念―箕作阮甫自筆資料展〔含 箕作家系譜, 展示資料目録〕「一滴」津山洋学資料館 8 2000 p98～114
◇東京大学医学図書館員文庫蔵, 箕作阮甫の秋坪宛書簡（土井康弘）「一滴」津山洋学資料館 8 2000 p155～115
◇お玉ケ池種痘所の開設と箕作阮甫（浅井允晶）「堺女子短期大学紀要」堺女子短期大学愛泉学会 35 2000.3 p1～10
◇箕作阮甫略伝（松尾博）「彦根論叢」滋賀大学経済学会 331 2001.6 p211～222
◇箕作阮甫が舶載蘭雑誌で知ったモリソン号渡来の真相（野村正雄）「一滴」津山洋学資料館 13 2005 p95～127
◇ナポレオン戦記を伝えた舶載蘭書―箕作阮甫『ヘットスコーンフルボンド 野戦之記』の原典及び小関三英訳読の「リンデンの書」（野村正雄）「一滴」津山洋学資料館 14 2006 p1～22
◇箕作阮甫が写していたシーボルトの山岳測高―雲仙岳を4287フィートと算出するまで（野村正雄）「一滴」津山洋学資料館 14 2006 p23～40
◇箕作阮甫の著訳に利用された蘭書の探索・調査（野村正雄）「一滴」津山洋学資料館 15 2008 p15～42
◇箕作阮甫の西洋史訳書を巡って―なぜ古代に次ぎナポレオン時代かなど（野村正雄）「一滴」津山洋学資料館 15 2008 p43～57

箕作秋坪 みつくりしゅうへい 1825～1886
幕末, 明治期の洋学者, 教育指導者。
【図書】
◇明六社の人びと（戸沢行夫著）築地書館 1991.4
◇洋学者箕作阮甫とその一族（木村岩治著）（岡山）日本文教出版 1994.7（岡山文庫）
◇ヨーロッパ人の見た幕末使節団（鈴木健夫, ポール・スノードン, ギュンター・ツォーベル著）講談社 2008.8 271p（講談社学術文庫）
【雑誌】
◇旅と棄郷と(29)三代の系譜（近藤信行）「早稲田文学」108 1985.5
◇箕作秋坪碑（中村敬宇）「碑文」5 1992.3
◇箕作秋坪と清水卯三郎（高橋勇市）「一滴」津山洋学資料館 10 2002 p82～57
◇訳註 中村敬宇撰文「箕作秋坪墓碑銘」解題並びに訳註（村山吉廣）「斯文」斯文会 114 2006.3 p171～180

箕作麟祥 みつくりりんしょう 1846～1897
明治期の洋学者, 法学者。貴族院議員, 和仏法律学校校長。
【図書】
◇フランスとの出会い―中江兆民とその時代（富田仁）三修社 1981.12
◇箕作麟祥君伝（大槻文彦）近世資料会 1983.4
◇日本の「創造力」―近代・現代を開花させた470人〈4〉進む交流と機能（富田仁編）日本放送出版協会 1993.3
◇文学近代化の諸相〈2〉江戸と明治のはざまで（小笠原幹夫著）高文堂出版社 1994.3
◇『明六雑誌』とその周辺―西洋文化の受容・思想と言語（神奈川大学

人文学研究所編）　御茶の水書房　2004.3　239,2p　（人文学研究叢書）
◇明治後期産業発達史資料　第732巻　竜渓書舎　2004.10　1冊　（経済・社会一斑篇）
【雑　誌】
◇「泰西勧善訓蒙」に関する一考察—特に原書との比較を中心として　（宮城千鶴子）「日本の教育史学」24　1981.10
◇仏蘭西法律書と国法汎論　（三橋猛雄）「日本古書通信」46（10）1981.10
◇箕作麟祥の仏学—「国政転変ノ論」を中心に　（小笠原幹夫）「作陽音楽大学・作陽短期大学研究紀要」26（2）1994
◇明治初期の西洋法律書の翻訳—箕作麟祥訳「仏蘭西法律書」の訳語について　（川口二三世）「国語国文」63（12）1994.12
◇津山藩と洋学—津田真道・箕作麟祥を中心に　（小笠原幹夫）「作陽音楽大学・作陽短期大学研究紀要」作陽学園学術研究会　29（1）1996　p98～83
◇箕作麟祥とフランス法学　（小笠原幹夫）「一滴」津山洋学資料館　7　1999　p113～121
◇箕作麟祥訳述『泰西勧善訓蒙』（明治4年）について　（尾形利雄）「比較文化史研究」比較文化史研究会　1　1999.6　p3～14
◇箕作麟祥とフランス法学　（小笠原幹夫）「明治聖徳記念学会紀要」明治聖徳記念学会　第28号　1999.12　p49～62
◇津田真道と箕作麟祥のラテン語学書　（原田裕司）「一滴」津山洋学資料館　9　2001　p15～76
◇百科全書「教導説」の検討—箕作麟祥による「Education」の翻訳　（村瀬勉、早川亜里、田中萬年）「職業能力開発総合大学校紀要　B　人文・教育編」職業能力開発総合大学校　35　2006.3　p1～22
◇明治国家をつくった人びと（14）箕作麟祥—翻訳者の面目　（瀧井一博）「本」講談社　34（9）2009.9　p44～47
◇ロー・クラス　現行民法典を創った人びと（5）主査委員（2）箕作麟祥・村田保　（七戸克彦）「法学セミナー」日本評論社　54（9）2009.9　p72～73

三宅艮斎　みやけごんさい　1817～1868
幕末、明治期の外科医。
【図　書】
◇医学者たちの150年—名門医家四代の記　（三浦義彰著）　平凡社　1996.7　235p

三宅友信　みやけとものぶ　1806～1886
幕末、明治期の蘭学者。渡辺崋山の門下。
【図　書】
◇三河田原城　（藤村明芳）　日本古城友の会　1993.4

三宅米吉　みやけよねきち　1860～1929
明治～昭和期の考古学者。東京文理科大学初代学長。
【図　書】
◇開関ノコトハ通常歴史ヨリ逐イダスベシ—若き日の三宅米吉　（森田俊男）　民衆社　1981.6
◇日本考古学研究〈3〉日本考古学史の展開　（斎藤忠著）　学生社　1990.1
◇日本神話と古代国家　（直木孝次郎著）　講談社　1990.6　（講談社学術文庫）
◇東北考古学・古代史学史　（工藤雅樹著）　吉川弘文館　1998.12　468,16p
◇古代遺跡の考古学者　（斎藤忠著）　学生社　2000.8　257p
◇三宅米吉と雑誌『文』（竹田進吾）『明治期日本の光と影』（阿部猛、田村貞雄編）　同成社　2008.11　p121
【雑　誌】
◇日本古代史の研究と学問の自由—森鷗外・三宅米吉・津田左右吉を中心に　（直木孝次郎）「歴史評論」363　1980.7
◇三宅米吉の歴史教育論と金港堂の歴史教科書〔含　論評〕　（竹田進吾、外池智）「日本教育史研究」日本教育史研究会　26　2007.8　p1～37

宮部金吾　みやべきんご　1860～1951
明治～昭和期の植物学者。北海道帝国大学教授。
【図　書】
◇札幌とキリスト教　（札幌市教育委員会文化資料室編）　（札幌）北海道新聞社　1987.6　（さっぽろ文庫）
◇宮部金吾—伝記・宮部金吾　（宮部金吾博士記念出版刊行会編）　大空社　1996.10　365,6p　（伝記叢書）
◇北海道の青春—北大80年の歩みとBBAの40年　増補版　（北大BBA会、能勢之彦編）　はる書房　2000.1　275p
◇日本の農業・アジアの農業　（石塚喜明著）　北海道大学図書刊行会　2004.3　181,6p
【雑　誌】
◇宮部金吾博士とMiyabe's Line　（上野雄靖）「滋賀文教短期大学紀要」滋賀文教短期大学　11　2001.2　p1～6

◇新渡戸稲造宛宮部金吾書簡（下）　（宮部金吾、佐藤全弘〔訳〕）「新渡戸稲造の世界」新渡戸基金　17　2008　p203～229
◇宮部金吾博士　北海道昆布調査旅行日記（2）　（宮部金吾、川嶋昭二）「海洋と生物」生物研究社　30（1）　2008.2　p97～103
◇宮部金吾博士—北海道昆布調査旅行日記（3）　（川嶋昭二）「海洋と生物」生物研究社　30（2）2008.4　p188～193
◇宮部金吾博士　北海道昆布調査旅行日記（4・最終回）　（川嶋昭二）「海洋と生物」生物研究社　30（3）2008.6　p387～393

ミルン，J.　Milne, John　1850～1913
イギリスの地震学者。1876年来日。日本地震学会を創立。
【図　書】
◇ミルンの日本人種論—アイヌとコロボックル　（ミルン，ジョン著，吉岡郁夫，長谷部伸共訳）　雄山閣出版　1993.8
◇蝦夷地の外国人ナチュラリストたち　（桑原直人著）　（函館）幻洋社　1994.1
◇日本の『創造力』—近代・現代を開花させた470人（15）貢献した外国人たち　（富田仁編）　日本放送出版協会　1994.2
◇外国人が残した日本への功績　（プランニングコーツ編）　世界経済情報サービス　2000.3　206p
◇ひらめきと執念で拓いた地球の科学—竹内均・知と感銘の世界　（竹内均著）　ニュートンプレス　2002.9　253p
◇大谷探検隊とその時代　（白須浄真著）　勉誠出版　2002.10　128p　（museo）
【雑　誌】
◇ジョン・ミルンの日本人種論　（吉岡郁夫）「科学史研究　第II期」180　1991

三輪田真佐子　みわたまさこ　1843～1927
明治、大正期の女子教育者。
【図　書】
◇唐沢富太郎著作集〈第5巻〉教師の歴史　教師の生活と倫理、典型的教師群像　（唐沢富太郎著）　ぎょうせい　1989.7
◇三輪田真佐子—教へ草/他　（三輪田真佐子著）　日本図書センター　2005.2　244p　（人間の記録）
【雑　誌】
◇明治維新期における愛媛の女子教育（2）丹美園・石崎ナカ・三輪田真佐子、松山女学校の創立を中心として　（渡部富美子）「愛媛近代史研究」41　1982.4
◇明治維新期における愛媛の女子教育（3）丹美園・石崎ナカ・三輪田真佐子、松山女学校の創立を中心として　（渡部富美子）「愛媛近代史研究」42　1982.6
◇明治維新期における愛媛の女子教育（5）丹美園・石崎ナカ・三輪田真佐子、私立松山女学校の創立を中心として　（渡部富美子）「愛媛近代史研究」44・45　1982.8
◇三輪田真佐子における女子教育思想の研究（1）「女訓の栞」に見られる女性観・家庭観を中心として　（内海崎貴子）「上智教育学研究」10　1985
◇三輪田真佐子における女子教育思想の研究（2）良妻賢母の育成を目的とした女子教育必要論　（内海崎貴子）「川村短期大学研究紀要」14　1994.3
◇女子教育者　三輪田眞佐子における「家庭」言説の受容—明治期の婦人雑誌『女鑑』を対象とした分析から　（磯部香）「日本家政学誌」日本家政学会　59（10）　2008　p793～803

三輪田元綱　みわだもとつな　1828～1879
幕末、明治期の国学研究家。
【図　書】
◇瓢壺の夢　（高市俊次著）　新人物往来社　1987.6
【雑　誌】
◇三輪田元綱の結婚　（石丸和雄）「伊予史談」259　1985.10

向山黄村　むこうやまこうそん　1826～1897
幕末、明治期の幕臣、漢詩人。
【図　書】
◇士魂の群像　（吉田武三）　冨山房　1980.7
◇稿本向山黄村伝　（坂口筑母著）　坂口筑母　〔1998〕493p
◇徳川昭武幕末滞欧日記　（宮地正人監修、松戸市教育委員会編）　山川出版社　1999.5　230,45p
【雑　誌】
◇国立国会図書館所蔵本　蔵書印—その122—向山黄村　（朝倉治彦）「国立国会図書館月報」288　1985.3

村上英俊　むらかみえいしゅん　1811～1890
幕末、明治期のフランス語学者。フランス学の始祖。
【図　書】
◇江戸の化学　（奥野久輝）　玉川大学出版部　1980.5　（玉川選書）

◇フランスとの出会い―中江兆民とその時代 （富田仁） 三修社 1981.12
◇フランス語事始―村上英俊とその時代 （富田仁） 日本放送出版協会 1983.7 （NHKブックス 441）
◇洋学の系譜 江戸から明治へ （惣郷正明著） 研究社出版 1984.4
◇日本の『創造力』―近代・現代を開花させた470人〈1〉御一新の光と影 （富田仁編） 日本放送出版協会 1992.12
◇福府義会と村上英俊の『英語箋 一名米語箋』 （上杉進）『英語教育学研究―金田道和先生退官記念論文集』（岡紘一郎ほか編） 金田道和先生退官記念事業会 2004.9 p126
【雑　誌】
◇仏学始祖村上英俊の門人たち（1）審書調所（開成所）のフランス学 （富田仁） 「桜文論叢（日大）」 12 1982.1
◇村上英俊の門人たち（その4）加太邦憲の歩いた道（修業時代） （富田仁） 「桜文論叢（日本大学）」 19 1985.12
◇村上英俊『三国会話』考 （田中貞夫） 「創価大学一般教育部論集」 10 1986.2
◇『三語便覧』の成立事情 （桜井豪人） 「名古屋大学国語国文学」 名古屋大学国語国文学会 85 1999.12 p56～43
◇村上英俊の『英語箋 一名米語箋』の再評価とその中に現れたハ行の子音hとfの関係について（研究論考） （上杉進） 「英学史論叢」 日本英学史学会中国・四国支部 第6号 2003.6 p11～17
◇幕末の翻訳科学・技術書の『原書』をめぐる若干の再考察―「村上英俊とその周辺」を中心として（第41回同志社大学理工学研究所研究発表会,2003年度同志社大学ハイテク・リサーチ,学術フロンティア合同シンポジウム講演予稿集） （松尾幸孝） 「同志社大学理工学研究報告」 同志社大学理工学研究所 44（4） 2004.1 p33～38
◇〈溶融〉する言葉と文化（最終回）村上英俊と『仏語明要』 （久米晶文,中村司） 「歴史読本」 新人物往来社 52（14） 2007.12 p47～53,330～335

村上専精　むらかみせんしょう　1851～1929
明治,大正期の仏教史学者。大谷大学長。
【図　書】
◇近代日本の思想と仏教 （峰島旭雄編） 東京書籍 1982.6
◇増谷文雄著作集 12 近代の宗教的生活者 角川書店 1982.8
◇仏教の思想―三枝充惠対談集 （原実,高崎直道,矢島羊吉,中村元,水野弘元,結城令聞,古田紹欽,三枝充惠著） 春秋社 1986.4
◇明治思想家論―近代日本の思想・再考 1 （末木文美士著） トランスビュー 2004.6 330p
◇近現代仏教思想の研究―伝統と創造 （芹川博通著） 北樹出版 2008.6 383p （芹川博通著作集）
【雑　誌】
◇明治中期の仏教的"近代"の相剋―村上専精を中心として （赤松徹真） 「竜谷史壇」 87 1986.3
◇明治の苦学生―村上専精のこと（特集・かかる日本人ありき） （田村晃祐） 「文芸春秋」 80（16） 2002.12 臨時増刊（日本人の肖像 このすがすがしい生きかた） p92～93

村上忠順　むらかみただまさ　1812～1884
幕末,明治期の国学者,歌人。
【雑　誌】
◇森鴬泰と村上忠順―幕末維新時の歌人の交流 （中澤伸弘） 「国学院大学日本文化研究所紀要」 国学院大学日本文化研究所 95 2005.3 p175～199
◇若き日の本居豊穎―村上忠順との交遊から （中澤伸弘） 「神道宗教」 神道宗教学会 212 2008.10 p83～92
◇村上忠順の本居内遠入門 （中澤伸弘） 「國學院雜誌」 國學院大學綜合企画部 110（1） 2009.1 p60～70
◇「全国文庫サミット」に参加して（特集 実業家が創設した公共図書館の設立理念の研究） （小林輝久彦） 「大倉山論集」 大倉精神文化研究所 55 2009.3 p205～220
◇村上忠順著『さとし草』について （中澤伸弘） 「神道史研究」 神道史学会 57（1） 2009.4 p109～134

村崎サイ　むらさきさい　1864～1945
明治～昭和期の教育者。
【図　書】
◇女も独り立ちが出来ねばならぬ―村崎サイ （村崎凡人著） 春秋社 1985.11

メーソン, L.　Mason, Luther Whiting　1828～1896
アメリカの音楽教師。『小学唱歌集』を編集。
【図　書】
◇ジョージ・オルチン師とL.W.メーソン―オルチン書簡をとおして （手代木俊一）『音楽の宇宙』（皆川達夫先生古希記念論文集編集委員会編） 音楽之友社 1998.4 p304

【雑　誌】
◇メーソンとフェノロサの芸術教育観 （岡田千歳）「桃山学院大学教育研究所研究紀要」 桃山学院大学教育研究所 第4号 1995.3 p51～65
◇L・W・メーソンの再来日計画考とアメリカン・ボード日本ミッション （安田寛）「キリスト教社会問題研究」 同志社大学人文科学研究所 44 1995.12 p105～127
◇ルーサー・ホワイティング・メーソンの音楽教育 I―National Music Courseの構造とカリキュラム （小川昌文）「上越教育大学研究紀要」 上越教育大学 第18巻 第2号 1999.3 p711～732
◇「蝶々」その誕生に秘められた日米文化摩擦（明治御一新 唱歌探偵物語〔7〕） （安田寛）「歴史と旅」 28（7） 2001.7 p150～155

メチニコフ, L.　Metchnikov, Lev Il'ich　1838～1888
ロシアの語学教師,日本歴史研究家。1874年来日。
【図　書】
◇亡命ロシア人の見た明治維新 （レフ・イリィッチ・メーチニコフ著,渡辺雅司訳） 講談社 1982.5 （講談社学術文庫）
◇ロシアの博物学者たち―ダーウィン進化論と相互扶助論 （ダニエル・P.トーデス著,垂水雄二訳） 工作舎 1992.10
◇日露200年―隣国ロシアとの交流史 （ロシア史研究会編） 彩流社 1993.6
【雑　誌】
◇ナロードニキと日本（2）メーチニコフの東洋文明観における日本の位置 （渡辺雅司）「ロシヤ語ロシヤ文学研究」 12 1980.10
◇エリ・イー・メチニコフへの諸評価―その「地理的決定論」をめぐって （小野菊雄）「歴史学・地理学年報（九大）」 5 1981.3
◇日ソ経営文化構造の史的考察続論―ロシア人のみた明治日本 （大島国雄）「青山経営論集」 17（2） 1982.10
◇メーチニコフの革命思想におけるナショナルな契機 （渡辺雅司）「スラヴ研究」 31 1984
◇専制とアナーキー―メーチニコフの遺著「文明と歴史的大河」をめぐって （渡辺雅司）「東京外国語大学論集」 40 1990
◇新春随筆 メチニコフと長寿への夢 （清澤功）「ニューフードインダストリー」 食品資材研究会 50（1） 2008.1 p2～10

モース, E.　Morse, Edward Sylvester　1838～1925
アメリカの動物学者。1877年来日,大森貝塚を発見。
【図　書】
◇動物園の歴史―日本における動物園の成立 （佐々木時雄著） 講談社 1987.2 （講談社学術文庫）
◇えび学の人びと （酒向昇著） いさな書房 1987.7
◇日本人種論争の幕あけ―モースと大森貝塚 （吉岡郁夫著） 共立出版 1987.7
◇モースその日その日―ある御雇教師と近代日本 （磯野直秀） 有隣堂 1987.10
◇モースの発掘―日本に魅せられたナチュラリスト （椎名仙卓著） 恒和出版 1988.1 （恒和選書）
◇E.S.モース―〈古き日本〉を伝えた親日科学者 （太田雄三） リブロポート 1988.2 （シリーズ民間日本学者 13）
◇牛乳と日本人 （雪印乳業広報室編） 新宿書房 1988.4
◇モースの見た日本―セイラム・ピーボディー博物館蔵モース・コレクション（日本民具編） （小西四郎,田辺悟編） 小学館 1988.5
◇モースと日本―共同研究 （守屋毅編） 小学館 1988.7
◇共同研究モースと日本 （守屋毅編） 小学館 1988.7
◇三崎臨海実験所を去来した人たち―日本における動物学の誕生 （磯野直秀著） 学会出版センター 1988.8
◇考古学叢考〈上巻〉 （斎藤忠先生頌寿記念論文集刊行会編） 吉川弘文館 1988.10
◇日本的自然観の変化過程 （斎藤正二著） 東京電機大学出版局 1989.7
◇日本の歴史を掘る （玉利勲著） 朝日新聞社 1989.10 （朝日文庫）
◇都市周辺の地方史 （地方史研究協議会編） 雄山閣出版 1990.7
◇モース・コレクション （国立民族学博物館編） 国立民族学博物館 1990.9
◇私たちのモース―日本を愛した大森貝塚の父 〔東京都〕大田区立郷土博物館編） 大田区立郷土博物館 1990.9
◇関東の考古学 （後藤和彦,関俊彦,舘野孝,橋口尚武,村井藏,森浩一,若松良一著） 学生社 1991.4
◇モースの見た北海道 （鵜沼わか） （札幌）北海道出版企画 1991.10
◇モース社会学の研究 （野口隆） 葦書房 1992
◇人物で学ぶ歴史の授業〈上〉 （市川真一編著） 日本書籍 1992.2
◇モースの贈り物―甦る100年前の日本 （ジョン・E.セイヤー,守屋毅ほか著） 小学館 1992.5
◇科学の歩み・科学との出会い―世界観と近代科学〈下〉 （渡辺正雄著） 培風館 1992.12
◇モース博士と大森貝塚―大森貝塚ガイドブック 〔東京都〕品川区立品川歴史館編） 品川区立品川歴史館 1993.3

◇日本水上交通史論集5（柚木学〔編〕）文献出版 1993.6
◇シーニュ〈1〉（M.メルロー=ポンティ著、粟津則雄、海老坂武、木田元、滝浦静雄共訳、竹内芳郎監訳）みすず書房 1993.7
◇ヘボン博士のカクテル・パーティー（内藤誠著）講談社 1993.11
◇蝦夷地の外国人ナチュラリストたち（村元直人著）（函館）幻洋社 1994.1
◇日本の『創造力』—近代・現代を開花させた470人〈15〉貢献した外国人たち（富田仁編）日本放送出版協会 1994.2
◇エドワード・モースの見た函館—セミナー報告書 図書裡会 1994.4
◇モースの贈り物—甦る100年前の日本（ジョン・セイヤー他著）小学館 1997.4 274p（小学館ライブラリー）
◇近代日本社会学者小伝—書誌的考察（川合隆男、竹村英樹編）勁草書房 1998.12 822p
◇科学の世紀を開いた人々 下（竹内均編）ニュートンプレス 1999.4 575p
◇日本人の生い立ち—自然人類学の視点から（山口敏著）みすず書房 1999.6 242p
◇海を渡った生き人形—ペリー以前以後の日米交流（小林淳一著）朝日新聞社 1999.9 222p（朝日選書）
◇ハーン、モース、グリフィスの見た日本（ロバート・A.ローゼンストーン著、杉田英明、吉277和久訳）平凡社 1999.10 477p
◇縄文語の発掘（鈴木健著）新読書社 2000.2 331p
◇外国人が残した日本への功績（プランニングコーツ編）世界経済情報サービス 2000.3 206p
◇贈与の謎（モーリス・ゴドリエ著、山内昶訳）法政大学出版局 2000.5 339p（叢書・ウニベルシタス）
◇永遠の友—ピーボディ・エセックス博物館と日本（関直彦著）リンガシスト 2000.10 156p
◇歴史人物アルバム 日本をつくった人たち大集合 4（PHP研究所編）PHP研究所 2001.2 47p
◇環境保護主義の時代—アメリカにおける環境思想の系譜（J.エドワード・ド・スタイガー著、新田功、蔵本忍、大森正之訳）多賀出版 2001.6 256p
◇モース博士と大森貝塚—大森貝塚ガイドブック 改訂版（品川区立品川歴史館編）品川区立品川歴史館 2001.9 40p
◇モース博士と大森貝塚—大森貝塚ガイドブック 改訂版（品川区立品川歴史館編）品川区立品川歴史館 2001.9 40p
◇日本語中・上級用読本 日本を知ろう—日本の近代化に関わった人々（三浦昭、ワット・伊東泰子著）2001.12 231p
◇もの・モノ・物の世界—新たな日本文化論（印南敏秀、神野善治、佐野賢治、中村ひろ子編）雄山閣 2002.4 509p
◇民具学の誕生とモース（田辺悟）『もの・モノ・物の世界 新たな日本文化論』（印南敏秀ほか編）雄山閣 2002.4 p12〜
◇モースのスケッチブック（中西道子著、エドワード・シルヴェスター・モース原画）雄松堂出版 2002.10 566,14p（新異国叢書 第3輯）
◇アルプス越え鉄道の今昔—昔モン・スニ、今L.T.F（福地合一著）交通新聞社 2003.6 295p
◇江戸・東京の中のドイツ（ヨーゼフ・クライナー著、安藤勉訳）講談社 2003.12 236p（講談社学術文庫）
◇漱石の時代—天皇制下の明治の精神（林順治著）彩流社 2004.4 668p
◇磯採集ガイドブック—死滅回遊魚を求めて（荒俣宏、さとう俊、荒俣幸男著）阪急コミュニケーションズ 2004.8 253p
◇百年前の日本—モース・コレクション/写真編 普及版（小西四郎、岡秀行構成）小学館 2005.2 217p
◇考古学への案内（佐原真著、金関恕、春成秀爾編）岩波書店 2005.3 314,6p（佐原真の仕事）
◇明治の音—西洋人が聴いた近代日本（内藤高著）中央公論新社 2005.3 245p（中公新書）
◇日本進化思想史 1（横山利明著）新水社 2005.4 258p
◇モースの見た日本—モース・コレクション 民具編 普及版（小西四郎、田辺悟構成）小学館 2005.5 215p
◇音 音楽 音風景と日常生活—社会学/感性行動学/サウンドスケープ研究（山岸美穂著）慶應義塾大学出版会 2006.4 470p
◇春城師友録（市島春城著、山口昌男監修）国書刊行会 2006.4 434p（知の自由人叢書）
◇古代史の謎はどこまで解けたのか—戦後発掘された遺跡が語る日本のルーツ（山岸良二著）PHP研究所 2006.10 225p（PHP新書）
◇日本考古学の原点・大森貝塚（加藤緑著）新泉社 2006.12 91p（シリーズ「遺跡を学ぶ」）
◇相模湾動物誌（国立科学博物館編）東海大学出版会 2007.3 212p（国立科学博物館叢書）
◇グレイト・ウェイヴ—日本とアメリカの求めたもの（クリストファー・ベンフィー著、大橋悦子訳）小学館 2007.11 381p
◇世界の偉人たちの驚き日本発見記（波田野毅著）明成社 2008.1 47p（日本の息吹ブックレット）
◇日本賛辞の至言33撰—世界の偉人たちが贈る 新版（波田野毅著）ごま書房 2008.11 289p
◇知将秋山真之—ある先任参謀の生涯（生出寿著）光人社 2009.11 341p（光人社NF文庫）

【雑誌】
◇エドワード・S.モースの契約書（磯野直秀）「慶応義塾大学日吉紀要 自然科学」1 1985
◇東大初代の動物学教授モースを巡る人々（1）（菅野徹）「独協大学教養諸学研究」21 1986.9
◇ピーボディー科学アカデミーの成立—モース研究の一環として（守屋毅）「国立民族学博物館研究報告」12（3）1987
◇東大初代の動物学教授モースを巡る人々（2）（菅野徹）「独協大学教養諸学研究」22 1987.9
◇博物館事始め（22）博物館のお雇い外国人ブライアーとモース（椎名仙卓）「博物館研究」23（2）1988.2
◇エドワード・エス・モースと津軽（福田友之）「青森県考古学」4 1988.6
◇モースと「大森介墟編」（吉岡郁夫）「蟻塔」34（5）1988.9
◇東大初代の動物学教授モースを巡る人々（3）（菅野徹）「独協大学教養諸学研究」23 1988.10
◇モースの建造したタイムマシン（赤瀬川原平）「本の窓」12（2）1989.2
◇モースのあつめた＜もの＞（守屋毅）「季刊民族学」14（3）1990
◇モースを旅する（守屋毅）「季刊民族学」14（4）1990
◇ハイガイとモールス—貝塚の貝から（富樫卯三郎）「熊本地名研究会」36 1990.3
◇耳の証人、エドワード・S.モース—明治、日本の〈音風景〉と〈生活世界〉をめぐって（山県美穂）「慶応義塾大学大学院社会学研究科紀要 社会学・心理学・教育学」33 1991
◇現代日本人へのメッセージ—E.S.モース博士（小木新造）「日本歴史」512 1991.1
◇モース展を見る（笑わぬでもなし（219））（山本夏彦）「諸君！」23（6）1991.6
◇ボストンと日本の架け橋—エドワード・S.モース—博士の日本陶磁標本箱（ボストン美術館の日本〈特集〉）「芸術新潮」43（1）1992.1
◇進化論の適応戦略—あるいは、なぜ日本人は進化論が好きなのか（特集・ドーキンス—利己的遺伝子の戦略）（田中聡）「現代思想」20（5）1992.5
◇モースの見た江戸・東京（祖父江孝男）「本の窓」15（8）1992.9·10
◇モースの日本人観（鈴木康子）「季刊悠久」52 1993.1
◇宮岡恒次郎とパーシヴァル・ロウェル、エドワード・モース、アーネスト・フェノロサ—明治東西文化交流の一面（高田美一）「立正大学文学部論叢」97 1993.3
◇騒音の文化—イザベラ・バードとエドワード・モースの聴く日本（1）（内藤高）「同志社外国文学研究」66 1993.7
◇外国人のみた日本（9）モースの「日本その日その日」（石山洋）「日本古書通信」59（9）1994.9
◇E.S.モース「日本その日その日」—未だ西洋文明の洗礼を受けぬ日本及び日本人に言及（続・外国人の見た日本・日本人〈特集〉—近代黎明期の日本と日本人観）（渋沢一）「国文学解釈と鑑賞」至文堂 60（5）1995.5 p50〜58
◇「絶滅した日本人」の記録（なつかしき日本）（太田雄三）「新潮」45 14（7）1995.7 p164〜173
◇初期来日西洋学者と「日本」という言説—アストン・チェンバレン・モース・ハーンと南方熊楠・柳田国男の対比の試み（松居竜五）「駿河台大学論叢」駿河台大学 第12号 1996.6 p89〜104
◇二つの貝塚の人びと—モース博士と東大予備門生達（岸井貫）「品川歴史館紀要」品川区立品川歴史館 第12号 1997.3 p57〜72
◇モース（Marcel Mauss）の政治社会学論について（小関藤一郎）「関西学院大学社会学部紀要」関西学院大学社会学部 84 2000.2 p39〜56
◇講演「童謡詩人・金子みすゞとモース博士」（廣崎芳次）「モース研究」モース研究会 第13号 2001.5 p2〜6
◇博物館人としてのE・S・モース（熊野正也）「明治大学博物館研究報告」明治大学博物館事務室 7 2002.3 p21〜29
◇シンポジウム（特集「タマちゃんとモース博士」）（田中保男、三谷親子、相澤亮治、金田貴久子、山田浩子、那須野恒男、廣崎芳次）「モース研究」モース研究会 第15号 2003.7 p2〜11
◇E.S.モースの日本滞在と朝鮮人との出会い（金鳳珍）「社会システム研究」北九州市立大学大学院社会システム研究科 2 2004.3 p23〜58
◇異文化へのまなざし—E.S.モースの見た日本（平成15年度早稲田大学史学会大会報告—平成15年度早稲田大学史学会 公開シンポジウム 交錯する日米の日本研究）「史観」早稲田大学史学会 150 2004.3 p142〜144
◇E.S.モースが描く維新期の男と女の位相—博物学者のまなざしとスケッチから（野間晴雄）「関西大学文学論集」関西大学文学会 54（2）2004.10 p35〜69

◇E.S.モースと遣米報聘使、俞吉濬の濡米・留学　（金鳳珍）「社会システム研究」　北九州市立大学大学院社会システム研究科 3　2005.3　p93～112
◇モースが聞いた日本の音　（島村花曜子）「文化学研究」　日本女子大学文化学会 15　2006　p138～155
◇モールスの『大森介墟古物編』と欧米先史考古学　（梶原洋）「東北福祉大学研究紀要」　東北福祉大学 30　2006　p171～196
◇柳宗悦の民芸論（23）E・S・モース　（八田善穂）「徳山大学論叢」　徳山大学経済学会 64　2007.3　p83～100
◇学問の歩きオロジー　大森貝塚とモース（1）品川・大森　（水谷仁）「Newton」　ニュートンプレス 27（6）2007.6　p96～101
◇学問の歩きオロジー　大森貝塚とモース（2）エドワード・モースが残したもの　（水谷仁）「Newton」　ニュートンプレス 27（7）2007.7　p110～115
◇国史跡めざし顕彰へ　E・Sモース調査―我が国古墳調査研究の原点再確認　大阪府・高安の千塚古墳群―博士の精密な石室観察に驚き（特集　広域遺跡の調査と保存活用―文化財を活かした町づくり）（田中一廣）「明日への文化財」　文化財保存全国協議会 59　2008.2　p67～72
◇モースの著書の意義―『大森貝塚』（一八七九年）と『日本人のすまい』（一八八六年）を中心に　（関俊彦）「品川歴史館紀要」　品川区教育委員会 第23号　2008.3　p37～48
◇モースの古墳研究　（池上悟）「品川歴史館紀要」　品川区教育委員会 第23号　2008.3　p49～56
◇E.S.モース著『Japan Day By Day』初版本―自筆メモからみるモース晩年の交友関係の一端　（大本朋弥）「同志社大学歴史資料館館報」　同志社大学歴史資料館 12　2009　p47～51
◇モースの眺めた東京の路上―『日本その日その日』のスケッチから（特定研究プロジェクト「絵図にみる幕末・明治」成果論文）（旅の文化研究所研究報告）　旅の文化研究所 17　2009.2　p121～128
◇モースと臨海実験所のこと　（星元紀）「Lotus」　日本フェノロサ学会 29　2009.3　p47～50

物集高見　もずめたかみ　1847～1928
明治、大正期の国学者。
【図　書】
◇人間と宗教―近代日本人の宗教観　（比較思想史研究会編）　東洋文化出版　1982.6
◇紀田順一郎著作集　第6巻　（紀田順一郎著）　三一書房　1997.5　408p
◇物集高見『日本文典』（香川大学神原文庫所蔵）について　（山東功）『国語語彙史の研究』（国語語彙史研究会編）　和泉書院 2008.3　p89
【雑　誌】
◇物集高見『言文一致』について　（木村義之）「国語学　研究と資料」 14　1990.12
◇物集高見の文法研究―『初学日本文典』について　（山東功）「待兼山論叢」　大阪大学文学部 31（日本学）1997　p33～48
◇物集高見著『日本文法問答』について（特集　国語学・近代）（山東功）「解釈」　教育出版センター 44（9・10）1998.10　p10～14
◇物集高見『日本文語』について　（山東功）「現代日本語研究」　大阪大学文学部日本学科現代日本語学講座 7　2000.3　p25～43
◇明治7年、物集高見『道の芳』の書誌とキリスト教認識　（秋元信英）「国学院大学日本文化研究所紀要」　国学院大学日本文化研究所 91 2003.3　p117～152

物集高世　もずめたかよ　1817～1883
幕末、明治期の国学者。宣教権少博士。
【図　書】
◇物集高世評伝　（奥田恵瑞, 奥田秀編著）　続群書類従完成会　2000.6　389p
【雑　誌】
◇幕末の偉人　物集高世　（磯貝幸彦）「国学院大学近世文学会会報」　国学院大学近世文学会 8　2002.3　p5～8
◇物集高世著『神道本論註解』について　（奥田恵瑞, 奥田秀）「国学院大学日本文化研究所紀要」　国学院大学日本文化研究所 91 2003.3　p153～178
◇物集高世関係資料拾遺―主に幻の歌集『葎廼露（ムグラノツユ）』を中心にして　（後藤重已）「国学院大学日本文化研究所紀要」　国学院大学日本文化研究所 94　2004.9　p195～248
◇明治5年、物集高世『妖教六日間考』のキリスト教認識と引用文献（秋元信英）「国学院大学日本文化研究所紀要」　国学院大学日本文化研究所 98　2006.9　p73～176
◇物集高世著『弓乎平波便覧』の一考察　（中澤伸弘）「国学院大学日本文化研究所紀要」　国学院大学日本文化研究所 100　2008.3　p57～88

モッセ，A.　Mosse, Albert　1846～1925
ドイツの公法学者。1886年来日、明治憲法制定に貢献。
【図　書】
◇日本の『創造力』―近代・現代を開花させた470人〈15〉貢献した外国人たち　（富田仁編）　日本放送出版協会　1994.2
【雑　誌】
◇明治22年の町村合併とモッセ　（坂井雄吉）「大東法学」 19　1992.1
◇鹿鳴館の挫折とともに―アルバート・モッセ夫妻の『在日書簡集1886～9年』　（長尾竜一）「法律時報」　日本評論社 68（8）1996.7　p40～45
◇モッセにみる「伝統の創出」―トゥルネンは如何に「伝統」を創出したか　（釜崎太, 波多腰克晃）「日本体育大学紀要」　日本体育大学 32（2）2003.3　p91～102

本居豊穎　もとおりとよかい　1834～1913
江戸後期―明治期の国学者。
【雑　誌】
◇紀州の本居家と出雲の富永芳久―本居内遠豊穎の芳久宛書簡の一考察（中澤伸弘）「国学院大学日本文化研究所紀要」　国学院大学日本文化研究所 99　2007.3　p49～99

本木昌造　もときしょうぞう　1824～1875
幕末, 明治期の蘭学者。活版印刷の先駆者。
【図　書】
◇江戸の化学　（奥野久輝）　玉川大学出版部　1980.5　（玉川選書）
◇活版印刷史　（川田久長）　印刷学会出版部　1981.10
◇メディア伝説　（大輪盛登）　時事通信社　1982.2
◇活字よ、一本木昌造の生涯　（桐生悠三）　印刷学会出版　1984.10
◇本木昌造先生銅像復元記念誌　（本木昌造先生銅像復元委員会編）　大阪府印刷工業組合　1985.10
◇グーテンベルクの鬚―活字とユートピア　（大輪盛登著）　筑摩書房　1988.9
◇日本の『創造力』―近代・現代を開花させた470人〈1〉御一新の光と影　（富田仁編）　日本放送出版協会　1992.12
◇医学・洋学・本草学者―吉川芳秋著作集　（吉川芳秋著, 木村陽二郎, 遠藤正治編）　八坂書房　1993.10
◇本木昌造・平野富二評伝―伝記・本木昌造/平野富二　（三谷幸吉編著）　大空社　1998.11　17,261p　図版16枚　（近代日本企業家伝叢書）
◇活版印刷紀行―キリシタン印刷街道・明治の印刷地図　（青山敦夫著）　印刷学会出版部　1999.7　219p
◇本木昌造伝　（島屋政一著）　朗文堂　2001.8　480p
◇活字をつくる―本木昌造の活字づくりと欧州の例にまなぶ　（片塩二朗, 河野三男著）　朗文堂　2002.6　230p　（ヴィネット）
◇活字 東へ―長崎の活字のゆくえ　（板倉雅宣著）　朗文堂　2002.12　115p　（ヴィネット）
◇「活字文明開化―本木昌造が築いた近代」図録―印刷博物館開館三周年記念企画展　凸版印刷印刷博物館　2003.10　239p
◇日本の近代活字―本木昌造とその周辺　（『日本の近代活字本木昌造とその周辺』編纂委員会編）　近代印刷活字文化保存会　2003.11　453p
◇日本の技術者―江戸・明治時代　（中山秀太郎著, 技術史教育学会編）　雇用問題研究会　2004.8　206p
◇本木昌造と日本の近代活字　（高橋律夫編）　大阪府印刷工業組合　2006.9　158p
◇旅する長崎学―長崎は「知の都」だった 7　（長崎県企画, 長崎文献社制作）　長崎文献社　2007.12　64p
◇日本語活字ものがたり―草創期の人と書体　（小宮山博史著）　誠文堂新光社　2009.1　268p　（文字と組版ライブラリ）
【雑　誌】
◇本木昌造とウイリアム・ガンブル―明確になった活版印刷の源流（矢作勝美）「印刷雑誌」 68（10）1985.10
◇活字今昔物語（12）本木昌造　（太輪盛登）「たて組ヨコ組」 15　1987.2
◇本木活字をたずねて　（桜井孝三）「印刷雑誌」 71（10）1988.10
◇幕末における本木昌造の書物の活字（1,2）（桜井孝三）「印刷雑誌」 72（1,2）1989.1,2
◇本木昌造と蒸気船の建造　（楠本寿一）「長崎談叢」 78　1992.1
◇タイプフェイス・デザイン―本木昌造追悼記事から考える（特集　文字―西夏文字からデジタルフォントまで）（小宮山博史）「ユリイカ」　青土社 30（6）1998.5　p238～246
◇Bibliotheca Japonica（48）歴史の実物を手にして　本木昌造自筆「日米和親条約付録　下田条約　和解草稿」　（八木正自）「日本古書通信」　日本古書通信社 66（12）2001.12　p19
◇英雄評伝　科学史の風雲児たち（27）本木昌造―西洋活版印刷術の元祖（金子務）「歴史読本」　新人物往来社 50（3）2005.3　p222～225
◇Bibliotheca Japonica（136）現代活字の源流―ガンブルと本木昌造（八木正自）「日本古書通信」　日本古書通信社 74（4）2009.4　p38

元良勇次郎　もとらゆうじろう　1858～1912
明治期の心理学者。帝大文科大学教授。
【図書】
◇社会学と社会心理学　（佐原六郎著）　慶応通信 1987.4
◇手塚豊著作集〈第8巻〉明治民法史の研究〈下〉（手塚豊著）慶応通信 1991.7
◇日本の観念論者　（舩山信一著）　こぶし書房 1998.9 482,10p （舩山信一著作集）
◇日本における心理学の受容と展開　（佐藤達哉著）　北大路書房 2002.9 683p
【雑誌】
◇元良勇次郎における自然と人間―明治における科学的精神の軌跡 （渡辺和典）「愛知教育大学研究報告」 30 1981.3
◇元良勇次郎による日本における心理学の確立―精神発達についての自然性と社会性の統合的把握の試み　（内島貞雄）「北海道教育大学紀要 第1部 C 教育科学編」 44(2) 1994.3
◇明治から昭和初期にいたる実験心理学の形成過程―元良勇次郎と松本亦太郎を中心として（〈特別寄稿シリーズ〉日本の心理学―源流と展開〉（苧阪良二）「心理学評論」心理学評論刊行会 41(3) 1998.12 p333～358
◇わが国における実験心理学の成立に対する元良・松本両教授の偉大なる貢献―苧阪・肥田野両論文を読んで（〈特別寄稿シリーズ〉日本の心理学―源流と展開）（大山正）「心理学評論」心理学評論刊行会 41(3) 1998.12 p359～364
◇神経伝達理論にみる元良勇次郎―バイオサイコロジー史(3) （高砂美樹）「山野研究紀要」 山野美容芸術短期大学 9 2001 p79～87
◇わが国における精神物理学の導入―元良勇次郎の『精神物理学』をめぐって　（大山正）「心理学評論」心理学評論刊行会 44(4) 2001 p422～432
◇海外留学以前の元良勇次郎　（佐藤達哉）「生涯学習教育研究センター年報」福島大学 6 2001.3 p25～32
◇日本で最初の心理学者・元良勇次郎の心理学説　（サトウタツヤ）「立命館文学」立命館大学人文学会 575 2002.7 p162～131

森田節斎　もりたせっさい　1811～1868
幕末, 明治期の儒学者。
【図書】
◇人間学のすすめ　（安岡正篤著）　福村出版 1987.4
◇五条市史 新修・史料　（五条市史編集委員会編）　五条市 1987.10
◇校注 愛静館筆語　（野木将典著）　近代文芸社 1992.5
◇人生と陽明学　（安岡正篤著）　PHP研究所 2002.6 253p （PHP文庫）
【雑誌】
◇森田節斎と齋藤拙堂―節斎の「興齋藤有終書」を中心にして　（宮村千素）「皇学館論叢」 15(6) 1982.12
◇『愛静館筆語』に見る幕末二儒の頼山陽観　（安藤英男）「法政史学」 36 1984.3
◇もうひとつの森田節斎碑―中尾靖軒による建碑をめぐって　（奥本武裕）「Regional」奈良県立同和問題関係史料センター 9 2008.1 p14～24

森田無絃　もりたむげん　1826～1896
幕末, 明治期の女性。海内第一の女学者と称された。
【図書】
◇大阪の女たち　（西岡まさ子）　松籟社 1982.7
【雑誌】
◇史談往来/北から南から 数奇な運命を経たマドンナ学者 森田無絃　（横山高治）「歴史研究」 歴研 49(10) 2007.10 p16～18

矢島楫子　やじまかじこ　1833～1925
明治, 大正期の女子教育者, 女性運動家。女子学院院長。
【図書】
◇女の一生―人物近代女性史5　（瀬戸内晴美編）　講談社 1980.11
◇日本人―1―三代の女たち 上 明治大正編 毎日新聞社 1981.2
◇日本人の終末観―日本キリスト教人物史研究　（野村耕三）　新教出版社 1981.5
◇文明開化と女性―日本女性の歴史　暁教育図書 1982.10 （日本発見人物シリーズno.8）
◇女の一生―人物近代女性史 5 自立した女の栄光　（瀬戸内晴美他著）　講談社 1984.4
◇日本キリスト教婦人矯風会百年史　（日本キリスト教婦人矯風会編）　ドメス出版 1986.12
◇歴史を生きた女たち　（吉見周子著）　同成社 1988.10
◇自立した女の栄光―人物近代女性史　（瀬戸内晴美編）　講談社 1989.8 （講談社文庫）
◇われ弱ければ―矢嶋楫子伝　（三浦綾子）　小学館 1989.12
◇資料 性と愛をめぐる論争　（折井美耶子編・解説）　ドメス出版 1991.10 （論争シリーズ）
◇日本の『創造力』―近代・現代を開花させた470人(2)殖産興業への挑戦　（富田仁編）　日本放送出版協会 1993.1
◇愛ひびきあう―近代日本を奔った女たち　（永畑道子著）　筑摩書房 1996.11 219p
◇白いリボン―矢嶋楫子と共に歩む人たち　（間野絢子著）　日本基督教団出版局 1998.1 223p
◇われ弱ければ―矢嶋楫子伝　（三浦綾子著）　小学館 1999.1 313p （小学館文庫）
◇女たちの20世紀・100人―姉妹たちよ　（ジョジョ企画編）　集英社 1999.8 158p
◇矢嶋楫子　（今波はじめ著）　大空社 1999.11 94,2p （シリーズ福祉に生きる）
◇「わたし」を生きる女たち―伝記で読むその生涯　（楠瀬佳子, 三木草子編）世界思想社 2004.9 270p （SEKAISHISO SEMINAR）
◇人物でよむ近代日本社会福祉のあゆみ　（室田保夫編著）　ミネルヴァ書房 2006.5 260p
【雑誌】
◇矯風運動に一生をささげた矢島楫子（熊本の人物伝）　（増田隆信）「石人」 298 1984.7
◇〈女40にして志を立つ6〉やり直した女たち（その2）矢嶋楫子さんのこと　（樋口恵子）「書斎の窓」 337 1984.9
◇教育界の三女史 津田梅子・矢島楫子（特集花ひらく明治の女性たち）（安西篤子）「歴史と旅」 12(2) 1985.2
◇近代日本における女性解放の思想と行動―矢島楫子と日本基督教婦人矯風会　（金子幸子）「アジア文化研究(国際基督教大学アジア文化研究)」 2(別冊) 1990.11
◇明治時代におけるミッション・スクールの女子教育に果たした役割―矢島楫子を中心として　（影山まち子）「桜の聖母短期大学紀要」 17 1993.3
◇足尾銅山鉱毒事件と熊本の女性―矢島楫子・宮崎槌子と田中正造のかかわりを中心に　（犬童美子）「新女性史研究」共同体社 第3号 1998.9 p1～16
◇我が鍾愛の奇人伝（第3回）矢嶋楫子　（福田和也）「新潮45」新潮社 28(8) 2009.8 p232～238

安井息軒　やすいそくけん　1799～1876
幕末, 明治期の儒学者。
【図書】
◇日向文庫　日向文庫刊行会 1982.8
◇安井息軒書簡集　（黒木盛幸編）　安井息軒顕彰会 1987.9
◇注解 北潜日抄　（長田泰彦）　さきたま出版会 1988.1
◇ビジュアルワイド 新日本風土記〈45〉宮崎県　ぎょうせい 1989.2
◇井上毅の教育思想　（野口伐名著）　風間書房 1994.2
◇安井息軒『論語集説』について　（町田三郎）『東方学論集』東方学会 1997.5 p1079
◇宮崎の文学―安井息軒　（阿満誠一）『筑紫古典文学の世界』（林田正男編）　おうふう 1997.10 p182
◇宮崎の偉人 中　（佐藤一一著）　旭進学園 1998.1 222p
◇江戸の漢学者たち　（町田三郎著）　研文出版 1998.6 242p
◇日向の歴史と文化　（早稲田大学日本地域文化研究所編）　行人社 2006.1 300p （日本地域文化ライブラリー）
◇瓦全―息軒小伝　（和田雅宏著）　鉱脈社 2006.1 179p （みやざき文庫）
◇比較文化の可能性―日本近代化論への学際的アプローチ 照屋佳男先生古稀記念　（池田雅之, 古賀勝次郎編著）　成文堂 2007.1 482p
◇安井息軒における道徳と法　（古賀勝次郎著）『比較文化の可能性―日本近代化論への学際的アプローチ 照屋佳男先生古稀記念』（池田雅之, 古賀勝次郎編著）　成文堂 2007.1 p207～222
◇肥後の歴史と文化　（早稲田大学日本地域文化研究所編）　行人社 2008.1 310p （日本地域文化ライブラリー）
【雑誌】
◇安井息軒の「弁妄」と明治初年のキリスト教界　（山本幸規）「キリスト教社会問題研究」 32 1984.3
◇安井息軒覚書　（町田三郎）「東方学」 72 1986.7
◇安井息軒の「弁妄」について（下）（清水直美）「桜美林大学中国文学論叢」 13（藤川正数教授退休記念号） 1987.3
◇「安井夫人」のこと　（浦部晶夫）「図書」岩波書店 597 1999.1 p24～27
◇塩谷宕陰・木下犀譚批評安井息軒初稿「読書余滴」―安井文庫研究之一　（高橋智）「斯道文庫論集」慶応義塾大学附属研究所斯道文庫 33 1999.2 p1～122
◇安井息軒の経典注釈法について―『論語集説』を中心に　（金培懿）「中国哲学論集」九州大学中国哲学研究会 25 1999.10 p87～106
◇『論語集説』に見られる安井息軒の経世論　（金培懿）「斯文」斯文会 108 2000.3 p36～50
◇安井息軒著『志濃武草』の注釈(2)　（田中司郎）「宮崎女子短期大

◇学紀要」宮崎女子短期大学 32 2005年度 p1〜11
◇安井息軒の漢籍享受―睡餘漫筆 （田中司郎）「東アジア日本語教育・日本文化研究」東アジア日本語教育・日本文化研究学会 8 2005.3 p341〜353
◇安井息軒の儒学 （古賀勝次郎）「早稲田社会科学総合研究」早稲田大学社会科学学会 6(3) 2006.3 p1〜17
◇安井息軒をめぐる人々―息軒学の形成・継承の一断面 （古賀勝次郎）「早稲田社会科学総合研究」早稲田大学社会科学学会 7(3) 2007.3 p1〜19
◇安井息軒の漢籍享受―『睡余漫筆』四・十五・三十五・四十一・五十一・七十六 （田中司郎）「東アジア日本語教育・日本文化研究学会」東アジア日本語教育・日本文化研究学会 10 2007.3 p113〜127
◇安井息軒と中村敬宇―安井息軒研究序説 （古賀勝次郎）「早稲田社会科学総合研究」早稲田大学社会科学学会 8(1) 2007.7 p1〜20
◇安井息軒の著作（上）安井息軒研究（3） （古賀勝次郎）「早稲田社会科学総合研究」早稲田大学社会科学学会 8(3) 2008.3 p1〜15
◇安井息軒の著作（中）安井息軒研究（4） （古賀勝次郎）「早稲田社会科学総合研究」早稲田大学社会科学学会 9(1) 2008.7 p1〜18
◇安井息軒の著作（下）安井息軒研究（5） （古賀勝次郎）「早稲田社会科学総合研究」早稲田大学社会科学学会 10(1) 2009.7 p1〜24

矢田部良吉　やたべりょうきち　1851〜1899
明治期の植物学者，詩人。東京大学教授。
【図　書】
◇生物学史論集 （木村陽二郎著）八坂書房 1987.4
◇モースの発掘―日本に魅せられたナチュラリスト （椎名仙卓著）恒和出版 1988.1 （恒和選書）
◇植物の学名を読み解く―リンネの「二名法」 （田中学著）朝日新聞社 2007.6 236p
【雑　誌】
◇矢田部良吉における植物生理学の受容―明治初期の生理学移植の事例 （田中誠枝，鈴木善次）「大阪教育大学紀要 III自然科学」37(1) 1988.8
◇『日本植物図解』（一〇〇年前の日本〈特集〉） （田村治芳）「彷書月刊」7(1) 1991.1
◇矢田部良吉「鎌倉の大仏に詣で、感あり」小考―典拠資料「鎌倉大仏殿再建折法日課表」に関連して （庄司達也）「明治詩探究」2 1994.2
◇「新体詩抄初編」の視線/言説―「言文一致」論との関係をめぐって （榊祐一）「国語国文研究」北海道大学国語国文学会 101 1995.11 p1〜15
◇矢田部良吉の英文手稿―A Survey of the Modern Progress in Knowledge （中川徹）「横浜商大論集」横浜商科大学学術研究会 30(1) 1996.5 p252〜262
◇言語（として）の地形図―『新体詩抄初編』の位置測定作業の一環として （榊祐一）「国語国文研究」北海道大学国語国文学会 108 1998.3 p23〜48
◇グレー氏墳上感懐の詩（特集 伝記はやっぱり面白い） （長田弘）「月刊百科」平凡社 437 1999.3 p6〜9
◇矢田部良吉の英文手稿―2 （中川徹）「横浜商大論集」横浜商科大学学術研究会 33(2) 2000.3 p222〜228
◇句（ウベルス）と節（スタンザー）の発生―『新体詩抄』という書物 （樋口慧）「国文学研究」早稲田大学国文学会 132 2000.10 p20〜30
◇『新体詩抄』の「思想」 （宇而光洋）「近畿大学日本語・日本文学」近畿大学文芸学部 第8号 2006.3 p21〜33

柳河春三　やながわしゅんさん　1832〜1870
幕末，明治期の洋学者。開成所で海外新聞翻訳に従事。
【図　書】
◇士魂の群像 （吉武正三）冨山房 1980.7
◇江戸時代蘭語学の成立とその展開4 蘭語研究における人的要素に関する研究 （杉本つとむ）早稲田大学出版部 1981.2
◇近代日本の文学空間―歴史・ことば・状況 （前田愛）新曜社 1983.6
◇柳河春三資料（近代日本文芸資料叢書第9輯） 中央公論社 1984.12
◇西郷隆盛よ，江戸を焼くな （高野澄著）読売新聞社 1986.12
◇幕末・明治初期数学者群像〈上 幕末編〉 （小松醇郎著） （京都）吉岡書店 1990.9
◇新聞記者の誕生―日本のメディアをつくった人びと （山本武利著）新曜社 1990.12
◇医学・洋学・本草学者の研究―吉川芳秋著作集 （吉川芳秋，木村陽二郎，遠藤正治編）八坂書房 1993.10
◇明治のジャーナリズム精神―幕末・明治の新聞事情 （秋山勇造著）五月書房 2002.5 259,7p
【雑　誌】
◇柳河春三"洋算用法"における蘭和数学用語・記号について （山口清）「九州産業大学国際文化学部紀要」九州産業大学国際文化学部 5号 1996.3 p137〜152

◇文明開化期新聞の先覚者―柳河春三と岸田吟香（特集 メディアを呼吸する） （秋山勇造）「國文學 解釈と教材の研究」学灯社 46(6) 2001.5 p105〜115

柳楢悦　やなぎならよし　1832〜1891
幕末，明治期の津藩士，数学者。東京数学会社社長。
【図　書】
◇幕末・明治初期数学者群像〈上 幕末編〉 （小松醇郎著） （京都）吉岡書店 1990.9

矢野玄道　やのはるみち　1823〜1887
幕末，明治期の国学者。
【図　書】
◇大洲の三偉人―近江聖人中江藤樹と名僧鬼珪禅師と明治の先覚者矢野玄道 （大塚道広）大洲陶器 1981.2
◇皇典講究所草創期の人びと 国学院大学 1982.11
◇新版 神道信仰の系譜―中世・近世の諸説の考察 （小笠原春夫著）ぺりかん社 1987.5
◇続大嘗祭の研究 （皇学館大学神道研究所編）皇学館大学出版会 1989.6
◇明治維新と国学者 （阪本是丸著）大明堂 1993.3
◇矢野玄道の古史研究―「神典翼」「皇典翼」管窺 （福井款彦）『神道学論文集』（谷省吾先生退職記念神道学論文集編集委員会編）国書刊行会 1995.7 p655
◇思想史と文化史の間―東アジア・日本・京都 （衣笠安喜著）ぺりかん社 2004.7 321p
◇大洲・内子を掘る―人と歴史と文学と （澄田恭一著）アトラス出版 2007.11 375p
【雑　誌】
◇文庫めぐり 矢野文庫（下） （兵頭義高）「同朋」43 1982.1
◇矢野玄道翁顕彰の回顧―伝記類と諸行事について （後藤利夫）「温古」4 1982.3
◇矢野玄道と橘家神道との関係―玄道の臨終をめぐって （福井款彦）「神道史研究」31(4) 1983.10
◇矢野玄道先生について （後藤利夫）「温古（大洲史談会）」復刊6 1984.3
◇矢野玄道先生―故武智徳重郎氏講演遺稿より （後藤利夫）「温古」7 1985.3
◇矢野玄道の青年期における女学との関係 （福井款彦）「神道史研究」33(4) 1985.10
◇矢野・角田先生往復書翰 （後藤利夫）「温古」8 1986.3
◇矢野玄道翁碑について （後藤利夫）「温古」9 1987.3
◇国学者矢野玄道と大嘗祭 （澄田恭一）「文庫通信」153 1990.5
◇復古神道における〈出雲〉―思想史の1つの試みとして〔下〕 （原武史）「思想」810 1991.12
◇維新前後の国学志向―「矢野玄道門人簿（稿）」の作成をめぐって （福井款彦）「神道史研究」40(1) 1992.1
◇大嘗祭と矢野玄道 （中野覚夫）「温古」1 復刊 1992.3
◇「矢野玄道門人誓詞」について（資料紹介） （安永純子）「研究紀要」愛媛県歴史文化博物館 第13号 2008.3 p151〜162

山川健次郎　やまかわけんじろう　1854〜1931
明治期の物理学者，教育家。
【図　書】
◇会津の群像―獅子の時代を生きた （小島一男）歴史春秋社 1981.2
◇百年の日本人〈その3〉 （川口松太郎，杉本苑子，鈴木史楼ほか著）読売新聞社 1986.6
◇スキャンダルの科学史 （科学朝日）朝日新聞社 1989.10
◇スキャンダルの科学史 『科学朝日』編 朝日新聞社 1997.1 293,8p （朝日選書）
◇逆風に生きる―山川家の兄弟 （中村彰彦著）角川書店 2000.1 318p
◇白虎隊と会津武士道 （星亮一著）平凡社 2002.5 226p （平凡社新書）
◇現代物理学の扉を開いた人たち―竹内均・知と感銘の世界 （竹内均著）ニュートンプレス 2003.4 349p
◇山川健次郎伝―白虎隊士から帝大総長へ （星亮一著）平凡社 2003.10 330p
◇起死回生の日本史―逆境に負けなかった男たち （歴史人物発掘会編）竹書房 2004.3 237p （竹書房文庫）
◇山川健次郎小伝 山川健次郎顕彰会 2004.7 80p
◇出羽重遠伝―日本海海戦の勇者 （星亮一著）光人社 2004.8 407p （光人社NF文庫）
◇開花期の若き啓蒙学者達―日本留学生列伝 4 （松邨賀太著）文芸社 2005.2 177p
◇山川家の兄弟―浩と健次郎 （中村彰彦著）学陽書房 2005.11 402p （人物文庫）

◇物理学校―近代史のなかの理科学生 （馬場錬成著） 中央公論新社 2006.3 314p（中公新書ラクレ）
◇会津武士道―「ならぬことはならぬ」の教え （星亮一著） 青春出版社 2006.8 204p（青春新書インテリジェンス）
◇明治を生きた会津人 山川健次郎の生涯―白虎隊士から帝大総長へ （星亮一著） 筑摩書房 2007.11 340p （ちくま文庫）
◇山川健次郎と乃木希典―「信」を第一とした会津と長州の武士道 （笠井尚著） 長崎出版 2008.8 415p
◇文明開化の数学と物理 （蟹江幸博、並木雅俊著） 岩波書店 2008.11 120p（岩波科学ライブラリー）
【雑誌】
◇「学びの場と人」風土記(13)幕末、明治の留学生 （高瀬善夫）「月刊教育の森」 6(10) 1981.10
◇ドキュメント・天皇の学校―東宮御学問所物語〔四〕 （大竹秀一）「正論」 150 1985.5
◇門司駅員の引責自殺と山川健次郎引責事件―2つの忠君愛国をめぐって （小股憲明）「人文学報（京都大学人文科学研究所）」 72 1993.3
◇山川家の兄弟―逆風に耐え明治を生きた会津の遺臣・浩と健次郎〔1〕 （中村彰彦）「歴史と旅」 24(9) 1997.6 p188～201
◇山川家の兄弟〔2〕 （中村彰彦）「歴史と旅」 24(10) 1997.7 p188～201
◇山川家の兄弟〔3〕 （中村彰彦）「歴史と旅」 24(12) 1997.8 p188～201
◇山川家の兄弟〔4〕 （中村彰彦）「歴史と旅」 24(13) 1997.9 p188～201
◇戊辰籠城（山川家の兄弟〔5〕）（中村彰彦）「歴史と旅」 24(15) 1997.10 p188～201
◇戊辰籠城〔承前〕(山川家の兄弟〔6〕)（中村彰彦）「歴史と旅」 24(16) 1997.11 p188～201
◇戊辰籠城〔承前〕(山川家の兄弟〔7〕)（中村彰彦）「歴史と旅」 24(18) 1997.12 p188～201
◇戊辰開城(山川家の兄弟〔8〕)（中村彰彦）「歴史と旅」 25(1) 1998.1 p188～201
◇山川家の兄弟〔9〕 （中村彰彦）「歴史と旅」 25(3) 1998.2 p188～201
◇山川家の兄弟〔10〕 （中村彰彦）「歴史と旅」 25(4) 1998.3 p188～201
◇山川家の兄弟〔11〕 （中村彰彦）「歴史と旅」 25(6) 1998.4 p186～199
◇山川家の兄弟〔12〕 （中村彰彦）「歴史と旅」 25(7) 1998.5 p186～199
◇山川家の兄弟〔13〕 （中村彰彦）「歴史と旅」 25(9) 1998.6 p186～199
◇山川家の兄弟〔14〕 （中村彰彦）「歴史と旅」 25(10) 1998.7 p186～199
◇山川家の兄弟〔15〕 （中村彰彦）「歴史と旅」 25(12) 1998.8 p188～201
◇山川家の兄弟〔16〕 （中村彰彦）「歴史と旅」 25(13) 1998.9 p186～199
◇山川家の兄弟〔17〕 （中村彰彦）「歴史と旅」 25(15) 1998.10 p186～199
◇山川家の兄弟〔18〕 （中村彰彦）「歴史と旅」 25(16) 1998.11 p186～199
◇山川家の兄弟〔19〕 （中村彰彦）「歴史と旅」 25(18) 1998.12 p186～199
◇山川家の兄弟〔最終回〕 （中村彰彦）「歴史と旅」 26(1) 1999.1 p186～199
◇「城下の盟」に涙した会津人の生きかた―国破れて人あり （中村彰彦）「諸君！」 31(9) 1999.9 p86～97
◇元白虎隊総長・山川健次郎の奔走（私の東大論〔18〕） （立花隆）「文芸春秋」 77(11) 1999.11 p398～411
◇山川健次郎と超能力者・千里眼事件（私の東大論〔19〕） （立花隆）「文芸春秋」 77(12) 1999.12 p356～369
◇稀書巡礼(40)山川健次郎と宮武外骨 （木本至）「出版ニュース」 出版ニュース社 2043 2005.7.上旬 p3

山川二葉　やまかわふたば　1844～1909
明治期の教育者。東京女子師範学校舎監。
【図書】
◇明治を彩った妻たち （阿井景子著） 新人物往来社 1990.8
【雑誌】
◇会津藩家老梶原平馬をめぐる女性―山川二葉と水野貞 （遠藤由紀子）「女性文化研究所紀要」 昭和女子大学女性文化研究所 35 2008.3 p25～41

山極勝三郎　やまぎわかつさぶろう　1863～1930
明治、大正期の病理学者。日本病理学会初代会長。
【図書】
◇日本の『創造力』―近代・現代を開花させた470人〈8〉消費時代の開幕 （富田仁編） 日本放送出版協会 1992.11
◇医の名言―生きる糧となる45の言葉 （荒井保男著） 中央公論新社 1999.9 278p（中公文庫）
◇がん哲学―がん細胞から人間社会の病理を見る （樋野興夫著） to be出版 2004.3 103p
◇世界初の人工発癌に成功した山極勝三郎 （小高健著） 学会出版センター 2006.2 226p（人と学問選書）
◇白い陰毛 （浜田良二郎著） 東京図書出版会 2006.9 176p
◇山極勝三郎博士の生涯と業績―癌出来つ意気昂然と二歩三歩　新生上田市発足記念特別展図録　上田市立博物館　2007.3　67p
【雑誌】
◇山極勝三郎の非受賞が教えたこと（特集 我が国の科学とノーベル賞） （岡本拓司）「学術月報」 日本学術振興会 55(3) 2002.3 p270～272
◇山極勝三郎―コールタールによる人工発癌(世界に誇る日本の医学研究者)　（菅野晴夫）「医学のあゆみ」　医歯薬出版　207(2)　2003.10.11　p103～106
◇世界で初めて人工発癌に成功―山極勝三郎教授と市川厚一研究員 （小高健）「近代日本の創造史」 近代日本の創造史懇話会 4 2007.9 p16～25

山路愛山　やまじあいざん　1864～1917
明治期の史論家。「国民之友」「信濃毎日新聞」に執筆。
【図書】
◇現代日本におけるジャーナリズムの政治的機能 （田中浩編集） 御茶の水書房 1982.7
◇近代天皇制の成立と展開 （藤井松一） 弘生書林 1982.9
◇日本の近代化と維新 （今中寛司編） ぺりかん社 1982.9
◇民友社思想文学叢書　第2巻 山路愛山集 1 （岡利郎編） 三一書房 1983.11
◇日本の名著 40 徳富蘇峰・山路愛山（中公バックス）（隅谷三喜男責任編集） 中央公論社 1984.9
◇民友社思想文学叢書　第3巻 山路愛山集 2 （岡利郎編） 三一書房 1985.2
◇人生・命耶罪耶 （山路愛山著, 石上良平, 石上熙子共編） 影書房 1985.3
◇民友社文学の研究 （平林一、山田博光編） 三一書房 1985.5
◇中国の銀と商人 （増井経夫） 研文出版 1986.3
◇佐幕派論議 （大久保利謙著） 吉川弘文館 1986.5
◇内藤湖南ノート （加賀栄治著） 東方書店 1987.5
◇山路愛山 （坂本多加雄著） 吉川弘文館 1988.9（人物叢書〔新装版〕）
◇社会主義事始―「明治」における直訳と自生 （山泉進著） 社会評論社 1990.5（思想の海へ「解放と変革」）
◇沼尻博士退休記念中国論集 （沼尻正隆先生古稀記念事業会編） 汲古書院 1990.11
◇石橋湛山―文芸・社会評論家時代 （上田博著） 三一書房 1991.11
◇沼尻博士退休記念―中国学論集 （沼尻正隆先生古稀記念事業会〔編〕） 汲古書院 1992
◇明治キリスト教の流говора―静岡バンドと幕臣たち （太田愛人著） 中央公論社 1992.12（中公文庫）
◇近代日本の政治精神 （吉田博司著） 芦書房 1993.1（RFP叢書）
◇記紀歌謡の世界―山路平四郎古典文学論集 （山路平四郎著） 笠間書院 1994.1（笠間叢書）
◇民友社の〈詩想〉―蘇峰・愛山・湖処子・独歩を中心に （猪狩友一）『詩う作家たち』（野山嘉正編） 至文堂 1997.4 p65
◇山路愛山―史論家と政論家のあいだ （岡利郎著） 研文出版 1998.11 306p（研文選書）
◇東北考古学・古代史学 （工藤雅樹著） 吉川弘文館 1998.12 468, 16p
◇20世紀の歴史家たち 2 （今谷明、大濱徹也、尾形勇、樺山紘一編） 刀水書房 1999.11 317p（刀水歴史全書）
◇日本を問いなおす―いくつもの日本 1 （赤坂憲雄、中村生雄、原田信男、三浦佑之編） 岩波書店 2002.10 283,9p
◇対外関係史研究のあゆみ （田中健夫著） 吉川弘文館 2003.6 271, 14p
◇ナショナリズムと歴史論争―山路愛山とその時代 （伊藤康志著） 風間書房 2005.10 309p
◇北村透谷研究―「内部生命」と近代日本キリスト教 （尾西康充著） 双文社出版 2006.7 289p
◇「ことば」という幻影―近代日本の言語イデオロギー （イヨンスク著） 明石書店 2009.2 301p
◇昨日と明日の間―編集者のノートから （小尾俊人著） 幻戯書房

2009.10 291p
【雑　誌】
◇山路愛山研究―第二の故郷 静岡 （川崎司）「静岡県近代研究」 4 1980.10
◇山路愛山と民友社 （中村青史）「熊本大学教育学部紀要（第2分冊 人文科学）」 30 1981
◇近代天皇制への一照射―「天皇制」論と「国体」論（特集・歴史のなかの天皇像） （山泉進）「歴史公論」 7(1) 1981.1
◇明治日本の「社会帝国主義」―山路愛山の国家像―近代日本の国家像 （岡利郎）「日本政治学会年報政治学」 1982 1982
◇山路愛山の中国研究 （加賀栄治）「文教大学国文」 11 1982.3
◇山路愛山の中国研究―統一 （加賀栄治）「文教大学国文」 12 1983.3
◇静岡事件と山路愛山 （岡利郎）「静岡県近代史研究会会報」 63 1983.12
◇「人生相渉論争」の波紋（上） （佐藤善也）「立教大学研究報告 人文科学」 43 1984
◇山路愛山の思想形成と『弁妄』―愛山旧蔵『弁妄』をめぐって― （山本幸規）「同志社大学文化学年報」 33 1984.3
◇山路愛山の思想形成と『弁妄』―愛山旧蔵『弁妄』をめぐって （山本幸規）「文化学年報（同志社大学文化学会）」 33 1984.3
◇山路愛山の思想―とくに前半期の活動を中心として （坂本多加雄）「学習院大学法学部研究年報」 20 1985
◇山路愛山と「護教」―愛山主筆時代の「護教」論説目録（資料） （岡利郎）「北大法学論集」 36(1・2) 1985
◇明治20年代における民友社文学の一断面―蘇峰と愛山と透谷との関連について （井上弘）「静岡女子大学研究紀要」 19 1985
◇山路愛山と日本メソジスト教会 （山本幸規）「キリスト教社会問題研究」 33 1985.3
◇山路愛山の中国研究(3・完) （加賀栄治）「文教大学国文」 14 1985.3
◇袋井と山路愛山・メモ （小池善之）「静岡県近代史研究会会報」 81 1985.6
◇山路愛山の政治思想 （坂本多加雄）「学習院大学法学部研究年報」 21 1986
◇山路愛山研究(2)―袋井の風来伝道師 （川崎司）「静岡県近代研究」 12 1986.9
◇（史料紹介）湊省太郎と山路愛山のクラスメート―明治7年小学校卒業生名簿 （春山俊夫）「静岡県近代史研究会会報」 105 1987.6
◇愛山史論における「文学」 （林原純生）「青須我波良（帝塚山短期大学）」 33 1987.6
◇古は猶は今の如く―史論家山路愛山（特集 さまざまな民衆像） （桜沢一昭）「隣人（草志会年報）」 6 1989.6
◇山路愛山の史論について―「支那論」を中心に （伊東昭雄）「横浜市立大学論叢 人文科学系列」 41(1・2・3) 1990.3
◇精神主義の覚醒と〈日本への回帰〉―山路愛山と井上哲次郎 （伊藤雄志）「日本思想史学」 25 1993.9
◇山路愛山と「異称日本伝」史料集からの無断引用は孫引きではないのか（研究余録） （田中ён夫）「日本歴史」 吉川弘文館 596 1998.1 p90～94
◇資料 山路愛山著『荻生徂徠』(拾遺文豪第三巻) （青谷信和）「近代文学論創」 論創近代文学研究会 2 1999.6 p129～146
◇近代日本における在野史学の研究―山路愛山の史学思想を中心に （池田智文）「竜谷大学大学院文学研究科紀要」 竜谷大学大学院文学研究科紀要編集委員会 23 2001.年度 p35～49
◇山路愛山「頼襄を論ず」(1) （芦谷信和）「近代文学論創」 論創近代文学研究会 4 2001.6 p1～18
◇「義仲論」(芥川竜之介)試論―高山樗牛、山路愛山との関連から （堀竹忠晃）「論究日本文学」 立命館大学日本文学会 76 2002.5 p14～26
◇山路愛山「頼襄を論ず」(2) （芦谷信和）「近代文学論創」 論創近代文学研究会 5 2002.6 p35～60
◇山路愛山の清末中国観 （藪田謙一郎）「曙光」 翰林書房 2(1) 2003 p113～121
◇山路愛山著作目録 （川崎司）「聖学院大学論叢」 聖学院大学 15(2) 2003 p137～321
◇山路愛山「頼襄を論ず」(3) （芦谷信和）「近代文学論創」 論創近代文学研究会 6 2003.10 p33～51
◇山路愛山の思想 （佐藤まどか）「年報日本思想史」 日本思想史研究会 4 2005.3 p43～45
◇山路愛山における「共同生活」概念について （柳田洋夫）「聖学院大学総合研究所紀要」 聖学院大学総合研究所 37 2006 p361～394
◇山路愛山の中国認識と人種論 （藪田謙一郎）「同志社法学」 同志社法学会 59(2) 2007.7 p1147～1177
◇山路愛山研究 共同体の思想家・山路愛山 （児玉友春）「北の発言」 西部邁事務所 29 2008.1・2 p74～76
◇山路愛山と井上哲次郎の『記紀』・神道研究―天照大神信仰をめぐって （伊藤雄志）「年報日本思想史」 日本思想史研究会 7 2008.3

p1～17
◇本好き人好き(226)三宅雪嶺の『世の中』〔山路愛山『三宅雪嶺氏の世乃中』, 平井晩村『頭山満と玄洋社物語 続編』〕（谷沢永一）「國文學 解釈と教材の研究」 學燈社 53(10) 2008.7 p190～193
◇山路愛山研究（その2）文明批判と近代人の本質 （児玉友春）「北の発言」 西部邁事務所 33 2008.9・10 p58～63

山田方谷　やまだほうこく　1805～1877
幕末, 明治期の儒学者。備中松山藩財政の立て直しを行う。
【図　書】
◇岡山と朝鮮―その2000年のきずな （西山宏） 日本文教出版 1982.4
◇山田方谷の詩―その全訳 （宮原信） 明徳出版社 1982.10
◇増訂 備中松山藩の研究 （朝森要著） 日本文教出版 1982.11
◇参謀の器量学―日本史の名仕士たち10人 （奈良本辰也編著） 広済堂出版 1982.12 （Kosaido books）
◇ナンバー2の経営学―諸藩名家老に学ぶ （鈴木亨） 日本文芸社 1983.5
◇日本政治社会史研究 下 （岸俊男教授退官記念編） 塙書房 1985.3
◇歴史の中の名総務部長―実務と人間経営の名人たち （童門冬二著） 三笠書房 1987.12
◇人物・学問 （安岡正篤著） 明徳出版社 1990.6
◇世を拓く―一身にして二世を経る （左方郁子著） ダイヤモンド社 1990.12
◇近代文学と能楽 （松田存著） 朝文社 1991.5
◇備中聖人 山田方谷 （朝森要著） 山陽新聞社 1995.4 283p
◇誠は天の道なり―幕末の名補佐役・山田方谷の生涯 （童門冬二著） 講談社 1995.8 243p
◇炎の陽明学―山田方谷伝 （矢吹邦彦著） 明徳出版社 1996.3 443p
◇山田方谷全集 全三冊 （山田準編） 明徳出版社 1996.5 3冊（セット）
◇財政の巨人―幕末の陽明学者・山田方谷 （林田明大著） 三五館 1996.12 286p
◇河井継之助のすべて 新装版 （安藤英男編） 新人物往来社 1997.11 247p
◇ケインズに先駆けた日本人―山田方谷外伝 （矢吹邦彦著） 明徳出版社 1998.4 393p
◇山田方谷―その藩政改革に学ぶ 山田方谷に学ぶ会 1998.7 106p
◇哲人山田方谷―その人と詩 （宮原信著） 明徳出版社 1998.12 184p
◇山田方谷の文―方谷遺文訳解 （浜久雄著） 明徳出版社 1999.10 622p
◇地域史における自治と分権 （坂本忠次編著） 大学教育出版 1999.12 264p
◇手紙と人生 （安岡正篤編著） 郷学研修所・安岡正篤記念館 2000.1 197p
◇山田方谷 （山田琢著） 明徳出版社 2001.10 163p （シリーズ陽明学）
◇山田方谷の世界 （朝森要著） 日本文教出版 2002.2 157p （岡山文庫）
◇山田方谷に学ぶ財政改革―上杉鷹山を上回る財政改革者 （野島透著） 明徳出版社 2002.4 133p
◇山田方谷・河井継之助が学んだ藩政改革の師 （童門冬二著） 学陽書房 2002.5 260p （人物文庫）
◇山田方谷「理財論」―財政破綻を救う （深沢賢治著, 石川梅次郎監修） 小学館 2002.7 188p （小学館文庫）
◇時代を摑む男たち （小石原昭編著） 財界研究所 2003.12 254p
◇大江戸「懐」事情―知れば知るほど （小林弘忠著） 実業之日本社 2003.12 278p
◇救国の漢詩人―ある「山田方谷」伝 （上村敦之著） 知道出版 2004.1 250p
◇幕末期の思想と習俗 （宮城公子著） ぺりかん社 2004.12 359,7p
◇山田方谷とその門人 （朝森要著） 日本文教出版 2005.11 218p
◇山田方谷のメッセージ （太田健一著） 吉備人出版 2006.2 182p （吉備人選書）
◇山田方谷の思想―幕末維新の巨人に学ぶ財政改革の8つの指針 （小野晋也著） 中経出版 2006.3 198p
◇高梁方谷会報 復刻 （高梁方谷会報編集委員会編） 高梁方谷会 2006.6 501p
◇財務の教科書―「財政の巨人」山田方谷の原動力 （林田明大著） 三五館 2006.10 365p
◇現代に生かす山田方谷の藩政改革―その経済政策を中心として （三宅康久著） 大学教育出版 2006.10 210p
◇吉備の歴史と文化 （早稲田大学日本地域文化研究所編） 行人社 2006.12 338p （日本地域文化ライブラリー）
◇福西志計子と順正女学校―山田方谷・留岡幸助・伊吹岩五郎との交友 （倉田和四生著） 吉備人出版 2006.12 319p
◇入門山田方谷―至誠の人 （山田方谷に学ぶ会著） 明徳出版社

◇山田方谷のことば—素読用 （山田方谷に学ぶ会編） 登竜館 2007.7 69p （サムライスピリット）
◇山田方谷の藩政改革とその現代的意義 （三宅康久述）『日本のイノベーション・岡山のパイオニア—2007年公開講座講演集』（山陽学園大学・山陽学園短期大学社会サービスセンター編） 吉備人出版 2007.11 p29～45
◇山田方谷から三島中洲へ （松川健二著） 明徳出版社 2008.4 360p
◇山田方谷の研究 2 （山田方谷研究会編） 山田方谷研究会 2008.11 65p
◇人物・学問 新版 （安岡正篤著） 明徳出版社 2009.3 260p
◇本物に学ぶ生き方 （小野晋也著） 致知出版社 2009.5 270p
◇山田方谷に学ぶ改革成功の鍵 （野島透著） 明徳出版社 2009.5 138p
◇山田方谷の陽明学と教育理念の展開 （倉田和四生著） 明徳出版社 2009.8 510p
◇お家再興のリーダーシップ—歴史に名を残す「理財の人」10人に学ぶ （楠戸義昭著） 新人物往来社 2009.11 223p
【雑　誌】
◇政治学上の観点よりする山田方谷陽明学の学風—とくに革命の学への転移 （近藤真男）「国士舘史学」42 1982.12
◇河井継之助と山田方谷(霊元上皇の御祈願文) （山田琢）「史料」94 1988.4
◇山田方谷の海外侵略構想をめぐって（研究余録） （朝森要）「日本歴史」吉川弘文館 586 1997.3 p106～109
◇「民間出身大臣」山田方谷の財政再建術—真実を語り覚悟を示す男が改革を成し遂げた（大特集・動乱世紀末は「幕末」に学べ）（河村譲）「現代」10 1998.10 p98～107
◇山田方谷—"帳簿ガラス張り"で藩財政を再建（時代を変えた先達に学ぶ） （林田明大）「エコノミスト」76(56) 1998.12.28 臨増（世紀末 経済・文明史から探る日本再生） p62～65
◇資料 山田方谷と三島中洲 （井上明大）「大阪女子学園短期大学紀要」大阪女子学園短期大学 43 1999 p59～63
◇岳豊詩話(17)山田方谷 （石川忠久）「学鐙」丸善 98(8) 2001.8 p28～33
◇山田方谷と征韓論 （滝川修吾）「日本大学大学院法学研究年報」日本大学大学院法学研究科 32 2002 p247～298
◇平成15年度特別展関連資料紹介 山田方谷の横山廉造宛書簡について 「一滴」津山洋学資料館 12 2004 p96～81
◇儒教の経済学—山田方谷を中心として （馬田哲次）「山口経済学雑誌」山口大学経済学会 52(4) 2004.3 p797～806
◇松山藩における山田方谷の藩政改革—組織論の革新の視点から （平池久義）「下関市立大学論集」下関市立大学学会 48(1) 2004.5 p1～9
◇二松学舎の陽明学—山田方谷・三島毅・三島復・山田準 （吉田公平）「陽明学」二松学舎大学東アジア学術総合研究所陽明学研究部 17 2005 p3～32
◇幕末の藩政改革と明治期における教育文化の展開—山田方谷・福西志計子・留岡幸助 （倉田和四生）「吉備国際大学大学院社会学研究科論叢」吉備国際大学大学院 7 2005 p85～123
◇山田方谷の理念と福西志計子の順正女学校 （倉田和四生）「順正短期大学研究紀要」順正短期大学 35 2006 p77～94
◇山田方谷の藩政改革とその思想的背景 （濱久雄）「東洋研究」大東文化大学東洋研究所 159 2006.1 p25～51
◇黄宗羲と山田方谷の養気観 （難波征男）「比較文化」福岡女学院大学大学院人文科学研究科 3 2006.3 p1～13
◇山田方谷の「気は理を生ずる」について（集刊東洋學百号 特別記念号） （吉田公平）「集刊東洋学」中国文史哲研究会 100 2008 p289～305
◇歴史に見る リーダーと、それを支えた人たち 藩主不在の経営責任者に—老中板倉勝静と山田方谷(2) （童門冬二）「市政」全国市長会館 57(1) 2008.1 p116～119
◇歴史に見る リーダーと、それを支えた人たち 古い藩札を焼却する—老中板倉勝静と山田方谷(3) （童門冬二）「市政」全国市長会館 57(2) 2008.2 p98～101
◇歴史に見る リーダーと、それを支えた人たち 守りから攻めの改革へ—老中板倉勝静と山田方谷(4) （童門冬二）「市政」全国市長会館 57(3) 2008.3 p96～99
◇歴史に見る リーダーと、それを支えた人たち 改革は北風でなく春風で—老中板倉勝静と山田方谷(5) （童門冬二）「市政」全国市長会館 57(4) 2008.4 p98～101
◇歴史に見る リーダーと、それを支えた人たち 悪習の是正は自覚から—老中板倉勝静と山田方谷(6) （童門冬二）「市政」全国市長会館 57(5) 2008.5 p100～103
◇歴史に見る リーダーと、それを支えた人たち 家計を公開—老中板倉勝静と山田方谷(7) （童門冬二）「市政」全国市長会館 57(6) 2008.6 p106～109
◇人物考察 山田方谷の思想と現代の財政再建—その理念を問う （小野晋也）「月刊自由民主」自由民主党 668 2008.11 p58～64
◇江戸後期における陽明学と武士道の連関—大塩中斎・山田方谷・河井継之助 （森田健司）「大阪学院大学経済論集」大阪学院大学経済学会 22(2) 2008.12 p73～105
◇地方公務員の意識向上に役立つ 新"古典逍遥"(4)事の外に立って、事の内に屈せず(山田方谷『理財論』)—課題解決は根本的に行うべし 「税」ぎょうせい 64(11) 2009.11 p226～228

湯浅初子　ゆあさはつこ　1860～1934
明治, 大正期の女流教育者, 社会運動家。
【図　書】
◇日本人の終末観—日本キリスト教人物史研究 （野村耕三） 新教出版社 1981.5
◇湯浅初子—伝記・湯浅初子 （久布白落実著） 大空社 1995.3 189, 41,6p （伝記叢書）

横井玉子　よこいたまこ　1855～1902
明治期の女子教育家。
【雑　誌】
◇女子高等美術教育の先駆者 横井玉子研究(1) （佐藤善一）「女子美術大学紀要」女子美術大学 29 1999.3 p91～108,図巻頭3p

横井時敬　よこいときよし　1860～1927
明治, 大正期の農学指導者。
【図　書】
◇農政思想史の研究 （小林政一著） 楽游書房 1984.3
◇わが師・わが友・わが学問 （東畑精一） 柏書房 1984.8
◇刻まれた歴史—碑文は語る農学史 （中村信夫著） 家の光協会 1986.5
◇ファミリー・ファームの比較史的研究 （椎名重明編） 御茶の水書房 1987.2
◇柳田国男を読み直す （岩本由輝著） （京都）世界思想社 1990.9 （SEKAISHISO SEMINAR）
◇飯沼二郎著作集〈第3巻〉農学研究 （飯沼二郎著） 未来社 1994.5
◇稲のことは稲にきけ—近代農学の始祖 横井時敬 （金沢夏樹, 松田藤四郎編著） 家の光協会 1996.5 396p
◇田中正造をめぐる言論思想—足尾鉱毒問題の情報化プロセス （田村紀雄著） 社会評論社 1998.9 202p
◇戦前期ベザンティズムの系譜—農本主義の再検討 （野本京子著） 日本経済評論社 1999.11 241p
◇横井時敬と日本農業教育発達史—産業教育人物史研究 2 （三好信浩著） 風間書房 2000.11 405p
◇昭和農業技術史への証言 第5集 （西尾敏彦編） 農山漁村文化協会 2006.12 223p （人間選書）
◇榎本武揚と横井時敬—東京農大二人の学祖 （東京農大榎本・横井研究会編） 東京農大出版会 2008.6 359p
◇横井時敬の足跡と熊本 （友田清彦講述） 東京農業大学出版会 2009.12 83p
【雑　誌】
◇日本近代教育における農村の潮流(1)横井時敬の農業教育論 （杉林隆）「神戸女子大学紀要(文学部篇)」9 1980.2
◇碑文は語る農学史(11)「農学栄えて, 農業衰う」の横井時敬 （中村信夫）「協同組合経営研究月報」383 1985.8
◇日本における農商工鼎立併進論の系譜—横井時敬・新渡戸稲造・松崎蔵之助・柳田国男・河上肇— （岩本由輝）「山形大学紀要 社会科学」17(2) 1987.1
◇横井時敬の農業の啓蒙と教育—明治期を中心にして （三好信浩）「広島大学教育学部研究紀要 第1部 教育学」41 1992
◇横井時敬の田園都市論—農村娯楽の問題を中心に （仙波千枝）「生活学」ドメス出版 1997〔第二十二冊〕 1997.9 p7～29
◇社会教育の農村的発想に関する一考察—横井時敬における農村教育の論理を通して （片岡了）「フィロソフィア」早稲田大学哲学会 87 1999 p67～82

横山安武　よこやまやすたけ　1843～1870
幕末, 明治期の儒学者。
【図　書】
◇宗教と道徳—思うままに （梅原猛著） 文芸春秋 2002.8 248p
◇西郷と横山安武—明治維新の光芒 （清水昭三著） 彩流社 2003.1 226p
◇戦争に傾斜する時代 （柴田治太著） 近代文芸社 2004.3 350p
【雑　誌】
◇非征韓論者横山正太郎の諫死(特集・西郷隆盛と西南の役) （矢野宏治）「歴史と人物」
◇横山安武の諫死 （真木洋三）「歴史読本」32(10) 1987.5
◇杉並の名墓(27)横山安武の墓 （原田弘）「杉並郷土史会々報」103 1990.9

◇杉並の名墓(42)横山安武の墓 （原田弘）「杉並郷土史会々報」 118 1993.3

横山由清　よこやまよしきよ　1826～1879
幕末, 明治期の国学者。
【図　書】
◇近代国学の研究 （藤田大誠著） 弘文堂 2007.12 500,13p （久伊豆神社小教院叢書）
【雑　誌】
◇日本における「ロビンソン・クルーソウ」 （橋口稔）「外国語科研究紀要（東京大学教養学部外国語科 東京大学出版会）」 31(3) 1983
◇横山由清と「官版語彙」 （犬飼守薫）「椙山女学園大学研究論集」 17(2) 1986
◇横山由清の大化改新観 （北村文治）「日本歴史」 477 1988.2
◇『魯敏遜漂行紀略』翻訳考(1) （松田清）「京古本や往来」 51 1991.1
◇『魯敏遜漂行紀略』翻訳考(2) （松田清）「京古本や往来」 52 1991.4
◇『魯敏遜漂行紀略』翻訳考(3) （松田清）「京古本や往来」 53 1991.7
◇『魯敏遜漂行紀略』翻訳考(4) （松田清）「京古本や往来」 56 1992.4
◇『魯敏遜漂行紀略』翻訳考(5完) （松田清）「京古本や往来」 59 1993.1
◇国語辞書『官版語彙』とその周縁(1)横山由清自筆本『衣部稿』について （犬飼守薫）「椙山女学園大学文化情報学部紀要」 椙山女学園大学文化情報学部 1 2001 p17～25
◇国語辞書『官版語彙』とその周縁(2)横山由清稿本『ヤマケフの部』について （犬飼守薫）「椙山女学園大学文化情報学部紀要」 椙山女学園大学文化情報学部 2 2002 p167～181
◇横山由清と明治国家形成―国学者と法制官僚の間 （藤田大誠）「神道研究集録」 国学院大学大学院神道学専攻学生会 17 2003.3 p83～100

吉田東伍　よしだとうご　1864～1918
明治期の歴史地理学者。早稲田大学教授。
【図　書】
◇知の職人たち （紀田順一郎著） 新潮社刊 1984.11
◇名者の伝記 （紀田順一郎著） 東京堂出版 1988.7
◇独学のすすめ―時代を超えた巨人たち （谷川健一著） 晶文社 1996.10 253,24p
◇紀田順一郎著作集 第6巻 （紀田順一郎著） 三一書房 1997.5 408p
◇郷と国家と―吉田東伍の地誌的関心 （千田稔）『農村空間の研究』 （石原潤編） 大明堂 2003.3 p123～
◇地名の巨人 吉田東伍―大日本地名辞書の誕生 （千田稔著） 角川書店 2003.11 240p （角川叢書）
◇吉田東伍前期論考・随筆選 （千田稔, 渡辺史生編） 国際日本文化研究センター 2003.12 432p （日文研叢書）
◇『琵琶湖周航の歌』誕生の謎―作曲者・吉田千秋の遺言 （小菅宏著） 日本放送出版協会 2004.9 270p
◇郷土の碩学 （小田大蔵, 片岡直樹, 加美山茂利, 蒲原宏, 後藤秋男ほか著） 新潟日報事業社 2004.12 333p
◇志立の明治人 下巻 （佐藤能丸著） 芙蓉書房出版 2005.10 142p
◇谷川健一全集 第19巻 （谷川健一著） 冨山房インターナショナル 2008.3 507,16p
◇世阿弥発見100年―吉田東伍と能楽研究の歩み 図録 演劇博物館企画展 （佐藤和道編） 早稲田大学坪内博士記念演劇博物館 2009.3 80p
【雑　誌】
◇吉田東伍（地名研究の先覚者たち） （桜井澄夫）「地理」 臨時増刊号 1982.7
◇『知の職人たち』（新著余瀝） （紀田順一郎）「三田評論」 859 1985.5
◇歴史地理学の先達―文学博士吉田東伍先生の生家と人脈 （石山昭而）「五頭郷土文化」 27 1991.12
◇特別企画展「吉田東伍とその周辺」展を終えて （旗野博）「五頭郷土文化」 31 1993.12
◇「琵琶湖周航の歌」の作曲者を見つけた （山村基毅）「潮」 417 1993.12
◇吉田東伍―天才学者の『大日本地名辞書』一本勝負(特集・気骨の学者人生) （井門富二夫）「歴史と旅」 23(9) 1996.6 p242～247
◇特集 風土を読む。吉田東伍 「自然と文化」 日本ナショナルトラスト 58 1998.8 p4～59
◇二十世紀初頭の熊襲・隼人研究(2)吉田東伍の古代史論 （中村明蔵）「社会学部論集」 鹿児島国際大学社会学部 18(4) 2000.2 p1～25
◇吉田東伍博士と『大日本地名辞書』(特集 古典文学と旅―「古典文学と旅・風土」研究の先駆者) （谷川彰英）「国文学解釈と鑑賞」 至文堂 67(2) 2002.2 p131～136
◇吉田東伍の歴史地理学とその後継者 （川合一郎）「歴史地理」 歴史地理学会, 古今書院 47(2) 2005.3 p24～41
◇河井庫太郎と未完の『大日本府県志』―吉田東伍になり損ねた男 （島津俊之）「空間・社会・地理思想」 大阪市立大学大学院文学研究科地理学専修 10 2006 p37～56
◇吉田東伍が描く古代三河の地域像 （藤田佳久）「愛知大学綜合郷土研究所紀要」 愛知大学綜合郷土研究所 54 2009 p17～35

芳野金陵　よしのきんりょう　1802～1878
幕末, 明治期の駿河田中藩儒。
【雑　誌】
◇芳野金陵の締交について（講演） （原田種成）「斯文」 102 1994.3
◇芳野金陵の家系と生涯 （芳野越夫）「斯文」 斯文会 107 1998.3 p120～135
◇講演 芳野金陵の書軸を調べて （村内典）「斯文」 斯文会 111 2003.3 p96～102

吉益亮子　よしますりょうこ　1857～1886
幕末, 明治期の英語教師。最初のアメリカ女子留学生。
【図　書】
◇明治の女子留学生―最初に海を渡った五人の少女 （寺沢竜著） 平凡社 2009.1 283p （平凡社新書）

ライマン, B.　Lyman, Benjamin Smith　1835～1920
アメリカの地質学者。1872年来日, 初の地質図を作成。
【図　書】
◇北海道を開拓したアメリカ人 （藤田文子著） 新潮社 1993.7 （新潮選書）
◇日本の『創造力』―近代・現代を開花させた470人〈15〉貢献した外国人たち （富田仁編） 日本放送出版協会 1994.2
◇ライマン・コレクション展―明治初期の北海道とマサチューセッツ州の交流 第41回特別展目録 （北海道開拓記念館編） 北海道開拓記念館 1995.8 43p
【雑　誌】
◇明治初期の音更川流域と内陸―ライマンと松本十郎の踏査記から （菅原慶喜）「トカプチ」 3 1990.4
◇ライマンの法則の例外について―一連濁形「－バシゴ(梯子)」を後部成素とする複合語を中心に （鈴木豊）「文京学院大学外国語学部文京学院短期大学紀要」 文京学院大学総合研究所 4 2005.2 p249～265
◇ライマンの日本語研究 （鈴木豊）「文京学院大学外国語学部文京学院短期大学紀要」 文京学院大学総合研究所 6 2007.2 p225～239
◇ライマン鹿角を行く―ライマンの野帳から読みとれる彼の開拓地質調査とヒューマニズム （金光男, 菅原明雅）「秋田県立博物館研究報告」 秋田県立博物館 32 2007.3 p1～18
◇「地質の日」元年―ことはじめ（特集 「地質の日」元年(1)） （中尾征三, 斎藤眞, 七山太〔他〕）「地質ニュース」 実業公報社 653 2009.1 p8～11
◇「地質の日」記念企画展示 ライマンと北海道の地質―北からの日本地質学の夜明け（特集 「地質の日」元年(1)） （在田一則）「地質ニュース」 実業公報社 653 2009.1 p20～23
◇Lymanより島田純一に贈られた一冊の本（特集 「地質の日」元年(2)） （金光男, 浜崎健児）「地質ニュース」 実業公報社 654 2009.2 p66～75

頼三樹三郎　らいみきさぶろう　1825～1859
幕末の儒学者, 志士。頼山陽の3男。
【図　書】
◇人物探訪日本の歴史 15 幕末の英傑 暁教育図書 1982.12
◇近世史の研究 3 文化論, 生活論, 学問論, 史学論 （伊藤多三郎） 吉川弘文館 1983.6
◇百印百詩を読む （「百印百詩を読む」編集委員会編） 江差町の歴史を紀行し友好を進める会 2000.10 117p
◇人間登場―北の歴史を彩る 第2巻 （合田一道, 番組取材班著） 北海道出版企画センター 2003.6 268p （NHKほっからんど212）
【雑　誌】
◇岳堂詩話(19)頼鴨崖と百印百詩 （石川忠久）「學鐙」 丸善 98(10) 2001.10 p30～35

ライン, J.　Rein, Johannes Justus　1843～1918
ドイツの地理学者。1873年来日, 日本地理誌を著す。
【雑　誌】
◇J・J・ラインの和紙論 （久米康生）「百万塔」 69 1988.1
◇J.J.ライン(1835～1918年)と日本の伝統産業に関する調査〔含 資料〕 （Michael Rauck）「経済と経済学」 73 1993.3
◇ライン博士(1)ライン博士の日本観と足跡 （楠根重和）「金沢法学」 金沢大学法学部 43(3) 2001.3 p165～197

ラーネッド，D. Learned, Dwight Whitney 1848～1943
アメリカの宣教師。1875年来日，同志社で教授。
【図　書】
◇外国人教師の目に映った百年前の同志社―第35回公開講演会　（同志社大学人文科学研究所編）　同志社大学人文科学研究所　1995.10　85p　（人文研ブックレット）
◇アメリカン・ボード宣教師，ラーネッドの場合　（本井康博）『外国人教師の目に映った百年前の同志社』（同志社大学人文科学研究所編）　同志社大学人文科学研究所　1995.10　（人文研ブックレット　no.3）　p42
【雑　誌】
◇ラーネッド書簡に見る1890年の日本組合基督教会　（塩野和夫）「西南学院大学国際文化論集」　西南学院大学学術研究所　11(2)　1997.2　p15～43
◇日本新約聖書学史とD・W・ラーネッド『新約聖書　共観福音書解読　上下』　（原口尚彰）「基督教研究」　基督教研究会　61(1)　1999.6　p43～54

リース，L. Riess, Ludwig 1861～1928
ドイツの歴史学者。1887年来日，史学会を創設。
【図　書】
◇ドイツ歴史学者の天皇国家観　（ルートヴィッヒ・リース著，原潔，永岡敦訳）　新人物往来社　1988.6
◇日本の近代化をになった外国人―リース・ダイアー・ボアソナード・キヨソーネ　（金井円，石山洋，安岡昭男，山口康助講義，国立教育会館編）　ぎょうせい　1992.3　（教養講座シリーズ）
◇歴史学と史料研究　（東京大学史料編纂所編）　山川出版社　2003.7　278p
【雑　誌】
◇L.リリースの「サムライ」観考　（山本博也）「学苑(昭和女子大学)」　592　1989.3
◇近代ドイツ大学史におけるルートヴィッヒ・リース　（早島瑛）「商学論究」　関西学院大学商学研究会　50(1・2)　2002.12　p565～592

リチャーズ，L. Richards, Linda A.J. 1841～1930
アメリカの教育家。1886年来日，京都看護婦学校主任。
【図　書】
◇医史学点描　（阿知波五郎）　思文閣出版　1986.8

劉石秋 りゅうせきしゅう 1796～1869
幕末，明治期の儒学者。
【雑　誌】
◇詩人・経学者・教育家―劉君鳳　（梅木幸吉）「玖珠郡史談」　20　1988.5

留守伊予子 るすいよこ 1804～1885
江戸後期～明治期の女子教育者。
【雑　誌】
◇読者の綴る郷土の話題―明治天皇と奥州人気質　（坂野超斎）「歴史読本」　10(2)　1980.2

ロエスレル，K. Roesler, Karl Friedrich Hermann 1834～1894
ドイツの法学者，経済学者。1878年法律顧問として来日。
【図　書】
◇小嶋和司憲法論集　1　（小嶋和司著）　木鐸社　2006.9　450p
【雑　誌】
◇ロエスレルの一呈議書案―商法編纂史のひと齣　（成瀬高明）「椙山女学園大学研究論集」　23(2)　1992

若江薫子 わかえにおこ 1835～1881
幕末，明治期の漢学者，歌人。
【図　書】
◇讃岐人物風景　8　百花繚乱の西讃　（四国新聞社編）　大和学芸図書　1982.9
◇異形の華―若江薫子の生涯　（秋山吾者著）「秋山吾者」　2000.8　69p
◇女たちの幕末京都　（辻ミチ子著）　中央公論新社　2003.4　250p　（中公新書）
◇女性が主人公―有名328家の新系図　（本多修著）　中央公論事業出版　2005.3　142p　（新家系図集成）
【雑　誌】
◇幕末維新の異色女人―五人の女流勤皇歌人　（辻ミチ子）「歴史と旅」　7(1)　1980.1

若山儀一 わかやまのりかず 1840～1891
明治期の経済学者。日本最初の生命保険事業創始者。
【図　書】
◇日本工業先覚者史話　（福本和夫）　論創社　1981.7
◇人物・日本資本主義1　地租改正　（大島清ほか著）　東京大学出版会　1983.6
【雑　誌】
◇若山儀一の保険思想　（小林惟司）「文京女子短期大学経営学科紀要」　7（大野信三博士米寿記念）1988.12

ワーグナー，G. Wagner, Gottfried 1831～1892
ドイツの化学者，工芸家。1868年来日，窯業を指導。
【図　書】
◇日本工業先覚者史話　（福本和男）　論創社　1981.7
◇日本資本主義史上の指導者たち　（土屋喬雄）　岩波書店　1982.3　（岩波新書　特装版）
◇開化異国（おつくに）助っ人奮戦記　（荒俣宏著，安井仁撮影）　小学館　1991.2
◇日本の『創造力』―近代・現代を開花させた470人〈15〉貢献した外国人たち　（富田仁編）　日本放送出版協会　1994.2
◇江戸・東京の中のドイツ　（ヨーゼフ・クライナー著，安藤勉訳）　講談社　2003.12　236p　（講談社学術文庫）
◇近代窯業の父ゴットフリート・ワグネルと万国博覧会　（愛知県陶磁資料館学芸課編）　愛知県陶磁資料館　2004.3　149p
【雑　誌】
◇ワグネル建議と製作学教場の設置　（寄田啓夫）「中部工業大学紀要(B)」　17　1981.10
◇ワグネル―日本の近代窯業育ての親(セラミックサロン)　（加藤誠軌，薗田義雄）「セラミックス」　12(1)　1983.1
◇明治期工業技術教育史上におけるG.ワグネルの活動と功績　（寄田啓夫）「教育学研究」　50(1)　1983.3
◇御雇い外国人と黎明期の文化財行政―ワグネル，キヨソーネ，フェノロサ　（村形明子）「月刊文化財」　250　1984.7
◇「ワグネル伝」考(1)生い立ちと来日前の経歴　（寄田啓夫）「香川大学教育学部研究報告　第1部」　77　1989.9
◇「ワグネル伝」考(2)来日後の経歴　（寄田啓夫）「香川大学教育学部研究報告　第1部」　78　1990.1
◇佐賀藩有田におけるワグネルの窯業技術指導とその意義　（寄田啓夫）「香川大学教育学部研究報告　第1部」　83　1991.9
◇ワグネルの産業教育観とその技術者養成教育　（寄田啓夫）「賀川大学教育学部研究報告　第1部」　87　1993.1
◇ワグネルの陶磁人脈(1,2)　（佐藤節夫）「陶説」　478,479　1993.1,2
◇ゴットフリート・ワグネルと万国博覧会，そして旭焼の創始について　（佐藤一信）「陶説」　日本陶磁協会　615　2004.6　p62～68
◇日本の美を工業化したワグネル―佐賀・京都・東京で広く活躍　（武智ゆり）「近代日本の創造史」　近代日本の創造史懇話会　6　2008.10　p18～25

和田垣謙三 わだがきけんぞう 1860～1919
明治，大正期の経済学者。東京帝国大学教授。
【図　書】
◇えらい人はみな変わってはる　（谷沢永一著）　新潮社　2002.6　221p
◇お言葉ですが…　3　（高島俊男著）　文芸春秋　2002.10　318,6p　（文春文庫）
【雑　誌】
◇和田垣謙三と「財政学」について　（大淵利男）「法学紀要(日本大学法学部法学研究所)」　29　1988
◇本好き人好き(147)―芸術の話　山内房吉『芸術の話』，大町桂月編『和田垣[謙]博士傑作集』（谷沢永一）「國文學　解釈と教材の研究」　学灯社　46(14)　2001.12　p160～163
◇和田垣謙三と明治・大正期の経済学界(1)和田垣の経歴と活動を中心に(1)　（三島憲之）「東北公益文科大学総合研究論集」　東北公益文科大学　4　2002　p27～50
◇和田垣謙三と明治・大正期の経済学会(1)―和田垣の経歴と活動を中心に(2)　（三島憲之）「東北公益文科大学総合研究論集」　東北公益文科大学　5　2003　p143～165
◇和田垣謙三と明治・大正期の経済学界(1)和田垣の経歴と活動を中心に(3)　（三島憲之）「東北公益文科大学総合研究論集」　東北公益文科大学　7　2004　p73～94

和田維四郎 わだつなしろう 1856～1920
明治，大正期の地質・鉱物学者。初代地質調査所所長。
【図　書】
◇和田維四郎―日本鉱山学の先駆者　小浜市立図書館　1980.3　（若狭人物叢書8）
◇八幡製鉄所史の研究　（長野暹編著）　日本経済評論社　2003.10　314p

【雑　誌】
◇技監・大島道太郎と長官・和田維四郎（工学博士野呂景義につらなる人びと（26））（飯田賢一）「IE」 23（5） 1981.5

渡辺重石丸　わたなべいかりまろ　1837～1915
幕末～大正期の国学者。
【図　書】
◇維新前後に於ける国学の諸問題―創立百周年記念論文集 （国学院大学日本文化研究所創立百周年記念論文集編集委員会編）　国学院大学日本文化研究所　1983.3

文　化

饗庭篁村　あえばこうそん　1855～1922
明治期の小説家、劇評家。
【図　書】
◇明治文学全集26 根岸派文学全集　(稲垣達郎編)　筑摩書房　1981.4
◇明治人物閑話　(森銑三)　中央公論社　1982.9
◇吾が家系―元三大師・饗庭篁村　(饗庭安彦編著)〔饗庭安彦〕1985.5
◇随筆集 大兎(みみづく)　(森銑三著)　六興出版　1986.11
◇唖玉集―明治諸家インタヴュー集　(伊原青々園, 後藤宙外編)　平凡社　1995.8　402p　(東洋文庫)
◇ペンネームの由来事典　(紀田順一郎著)　東京堂出版　2001.9　331p
◇近代歌舞伎劇評家論 増補版　(権藤芳一著)　演劇出版社　2006.8　378p
◇明治人物閑話　(森銑三著)　中央公論新社　2007.11　343p　(中公文庫)
【雑　誌】
◇饗庭篁村と八文字屋本―『当世商人気質』をめぐって　(倉員正江)「近世文芸研究と評論」23　1982.10
◇饗庭篁村の文章　(岡本勲)「中京大学文学部紀要」20(1)　1985
◇「己惚」と「妄想」の果て―起泉、篁村、二葉亭、白鳥(江戸から明治への文学〈特集〉)　(山本芳明)「文学」53(11)　1985.11
◇「改訂」から「原作」への『近松全集』―逍遙・鴎外・露伴・篁村の序文など―　(青木稔弥)「文林(松蔭女子学院大学)」21　1986.12
◇饗庭篁村『木曽道中記』　(高村久夫)「群馬風土記」18　1990.10
◇饗庭篁村(特集・読書名人伝―名人奇人の読書家たちがズラリ。いったい誰が読書「名人位」を獲得するか。)「ノーサイド」5(5)　1995.5　p84
◇饗庭篁村の小説　(岡保生)「学苑」昭和女子大学近代文化研究所　692　1997.11　p1～12
◇饗庭篁村と坪内逍遙―曲亭叢書を通して　(柴田光彦)「跡見学園女子大学紀要」跡見学園女子大学　31　1998.3　p15～35
◇饗庭篁村のこと(雑読系〔17〕)　(坪内祐三)「論座」65　2000.10　p322～325
◇饗庭篁村と内田魯庵―『むら竹』をめぐって　(甘露純規)「中京大学文学部紀要」中京大学文学部　38(3・4) 2004　p71～92
◇饗庭篁村『当世商人気質』とその背景　(山下淑)「国語国文」中央図書出版社　76(5)　2007.5　p41～55

青木繁　あおきしげる　1882～1911
明治期の洋画家。浪漫性の強い文学的作風に特色を示す。
【図　書】
◇青木繁未発表作品と資料―青木繁の息吹き　石橋美術館　1980.5
◇近代美術の開拓者たち1 (石ష恒夫ほか)　有斐閣　1980.11　(有斐閣新書)
◇列伝・青春の死―白鳳から大正まで　(よこみつる編著)　栄光出版社　1980.11
◇近代洋画の青春像　(原田実)　東京美術　1981.7
◇美の鏡の前で　(松永伍一)　アディン書房　1981.12
◇青木繁と坂本繁二郎―私論　(松本清張)　新潮社　1982.7
◇仮象の創造　(青木繁)　中央公論美術出版　1983.4
◇青木繁と石橋美術館　(朝日新聞社編)　朝日新聞社　1983.5　(朝日・美術館風土記シリーズ 10)
◇創造のカルテ―精神医学が診る天才たち　(朝日新聞社モダンメディシン編集部編)　グロビュー社　1983.7　(グロビューブックス)
◇天才の精神分析 続　福島章著　新曜社　1984.1
◇アート・ギャラリー・ジャパン 20世紀日本の美術〈12〉竹久夢二・青木繁　(小倉忠夫, 橋富博喜編)　集英社　1986.10
◇青木繁・坂本繁二郎とその友―芸術をめぐる悲愴なる三友の輪―　(竹藤寛)　福岡ユネスコ協会　1986.11
◇日本のアール・ヌーヴォー　(海野弘著)　青土社　1988.5
◇異端・放浪・夭逝の画家たち　(三田英彬著)　蒼洋社　1988.7
◇底鳴る潮青木繁の生涯　渡辺洋著　筑摩書房　1988.8
◇日本の水彩画〈16〉青木繁　(阿部信雄編著)　第一法規出版　1989.9
◇長谷川如是閑集〈第1巻〉　(長谷川如是閑著)　岩波書店　1989.10
◇日本近代美術史論　(高階秀爾著)　講談社　1990.9　(講談社学術文庫)

◇青木繁坂本繁二郎とその友　(竹藤寛)　平凡社　1991.5
◇青木繁　(河北倫明編)　日本経済新聞社　1991.12　(日経ポケット・ギャラリー)
◇抽象の表情―恩地孝四郎版画芸術論集　(恩地孝四郎著,恩地邦郎編)　阿部出版　1992.2
◇羔心游歴―河北倫明聞書　(山本康雄著)　(福岡)西日本新聞社　1992.2
◇美神の森にて　(梅野隆著)　西田書店　1992.12
◇自画像は語る　(粟津則雄著)　新潮社　1993.1
◇画家の妻たち　(沢地久枝著)　文芸春秋　1993.5
◇日本の近代美術〈3〉明治の洋画家たち　(三輪英夫編)　大月書店　1993.7
◇菊畑茂久馬著作集〈3〉絵画の幻郷　(菊畑茂久馬著)　(福岡)海鳥社　1994.3
◇ふくおか人物誌 4　(谷口治達著)　西日本新聞社　1995.2　265p
◇青木繁と坂本繁二郎―「能面」は語る　(竹藤寛著)　丸善　1995.3　239p　(丸善ブックス)
◇青木繁と画の中の女　(中島美千代著)　ティビーエス・ブリタニカ　1998.12　257p
◇文化のダイナミズム　(新田義之編)　大学教育出版　1999.5　260p
◇日本美術応援団　(赤瀬川原平, 山下裕二著)　日経BP社　2000.2　238p
◇「名画再読」美術館　(芥川喜好著)　小学館　2001.2　1冊
◇自画像の魅力と謎―自己を見つめた11人の画家たち　(粟津則雄著)　日本放送出版協会　2001.11　169p　(NHKライブラリー)
◇悲劇の洋画家 青木繁伝　(渡辺洋著)　小学館　2003.1　363p　(小学館文庫)
◇日本美術応援団　(赤瀬川原平, 山下裕二著)　筑摩書房　2004.3　248p　(ちくま文庫)
◇近代日本の象徴主義　(木股知史編)　おうふう　2004.3　220p
◇都鄙の振幅―青木繁の場合　(田中淳)『うごくモノ―「美術品」の価値形成とは何か』(東京文化財研究所編)　平凡社　2004.3　p271
◇シェリング年報 '04 第12号　(日本シェリング協会編)　日本シェリング協会　2004.8　115,7p
◇青木繁《海の幸》　(東京文化財研究所美術部, 石橋財団石橋美術館編)　中央公論美術出版　2005.4　108p　(美術研究作品資料)
◇画家がいる「場所」―近代日本美術の基層から　(田中淳著)　ブリュッケ　2005.6　377p
◇海を見つめる画家たち―近代日本洋画の青春を追って　(大久保守著)　鳥影社　2006.1　283p
◇先人の勇気と誇り―「歴史に学ぼう、先人に学ぼう」第2集　(モラロジー研究所出版部編)　モラロジー研究所　2006.1　249p
◇近代日本「美学」の誕生　(神林恒道著)　講談社　2006.3　317p　(講談社学術文庫)
◇日本近代美術史論　(高階秀爾著)　筑摩書房　2006.6　450,8p　(ちくま学芸文庫)
◇讃歌―美に殉じた人びとへ　(松永伍一著)　玲風書房　2006.9　271p
◇再考・青木繁「海の幸」　(長田謙一著)『戦争と表象／美術20世紀以後記録集―国際シンポジウム』(長田謙一編)　美学出版　2007.2　p17～37
◇美のふるさと―信州近代美術家たちの物語　(植草学著)　信濃毎日新聞社　2007.3　157p
◇駆け抜ける光芒―それぞれの明治　(野村篤著, 野村義照画)　文芸社　2007.4　216p
◇ライバル日本美術史　(室伏哲郎著)　創元社　2008.2　367p
【雑　誌】
◇庇護的空間の創造性―青木繁・岡本かの子・ビートルズ・原民喜における人間関係と創造性との関連について　(福島章)「上智大学心理学年報」4　1980.3
◇青木繁と坂本繁二郎(ライバルものがたり(1～9))　(松本清張)「芸術新潮」32(1～9)　1981.1～9
◇文学碑探訪　(秋山実)「文叢筑後」14　1981.2
◇未完と完成―坂本繁二郎と夭折の画家たち―青木繁・古賀春江・関根正二・佐伯祐三　「季刊みづゑ」924　1982.9
◇青木繁覚え書き―みんなひとつのこと―青木繁 明治浪漫主義とイギ

リス〈展覧会〉（菊畑茂久馬）「美術手帖」 510 1983.5
◇青木つる代・たよ子宛）（日本人100人の手紙）（千葉俊二）「国文学」 29（12） 1984.9
◇「運命の女」—青木繁におけるラファエル前派（ラファエル前派〈特集〉）（阿部信雄）「美術手帖」 539 1985.2
◇「蠱惑」の構造—藤村, 有明, 青木繁をめぐって（明治30年代の文学〈特集〉）（中島国彦）「文学」 54（8） 1986.8
◇「三四郎」ノート—青木繁「わだつみのいろこの宮」との関連をめぐって—（奥野政元）「活水日文」 15（活水学院日本文学会十周年記念） 1986.10
◇短歌にみる青木繁—その「渦」と「運命」—（野田一好）「九州大谷国文」 16 1987.7
◇青木繁・津田青楓（日本画人伝〔11〕）（加太こうじ）「思想の科学」 442 1988.7
◇日本画人伝（11）青木繁 （加太こうじ）「思想の科学 第7次」 105 1988.7
◇青木繁とロマン的自我（表紙について＝自画像は語る）（粟津則雄）「新潮45」 8（2） 1989.2
◇実感・美感・感興—近代文学に描かれた感受性（9）「概念」「観念」の時代—青木繁とその周辺（中島国彦）「早稲田文学〔第8次〕」 162 1989.11
◇青木繁における西洋図像の受容について （隠岐由紀子）「武蔵野美術大学研究紀要」 23 1992
◇青木繁の妻・福田たね—つかの間の蜜月（付グラビア）（画家の妻たち〈13〉）（澤地久枝）「文芸春秋」 70（7） 1992.7
◇想像力と表現法—青木繁〈海の幸〉の問題（植野健造）「美学」 43（2） 1992.9
◇東京都台東区・東京芸術大学芸術資料館ニ青木繁「自画像」（美を巡る旅）「プレジデント」 31（4） 1993.4
◇青木繁の「狂女」考—A.ベックリーンとの関連より見たひとつの試み（高阪一治）「鳥取大学教養部紀要」 27 1993.11
◇放蕩三代—青木繁と福田蘭童と石橋エータロー（林えり子）「新潮45」 41（7） 1994.7
◇近代日本美術家列伝—小杉放菴, 児島虎次郎, 青木繁, 坂本繁二郎（橋秀文, 堀元彰, 山梨俊夫〔他〕）「美術手帖」 美術出版社 726 1996.6 p174～181
◇青木繁「海の幸」のモデルは誰？（日野拉之祐のティータイムエッセイ〔1〕）（日野耕之祐）「月刊美術」 24（11） 1998.11 p66～67
◇福田たね・青木繁作〈遠く春〉について （志賀秀孝）「府中市美術館開設準備室研究紀要」 府中市生涯学習美術館開設準備室 第3号 1999.3 p24～31
◇坂本繁二郎生家襖絵について（橋富博喜）「近畿大学九州工学部研究報告」 近畿大学九州工学部 29 2001 p149～160
◇5人の圢折作家展（ギャラリーうちやま）（話題展）「月刊美術」 27（6） 2001.6 p190～191
◇本・人・出版社（41）「政教社」の青木繁画集（紅野敏郎）「国文学解釈と鑑賞」 至文堂 67（5） 2002.5 p244～247
◇特集1 青木繁と近代日本のロマンティシズム 「現代の眼」 国立美術館東京国立近代美術館 538 2003.2・3 p2～6
◇青木繁と岸田劉生 （田中淳）「美術研究」 文化財研究所東京文化財研究所 380 2004.3 p203～206, 図巻頭2葉
◇神話としての《海の幸》—青木繁と蒲原有明（中野久美子）「阪大比較文学」 大阪大学比較文学会 第4号 2006.12 p117～138
◇崇高と美の〈わだつみのいろこの宮〉—青木繁と夏目漱石（中野久美子）「阪大比較文学」 大阪大学比較文学会 Vol.5 2008.3 p61～77
◇青木繁（日本のこころ〈154〉近代日本の画家たち—日本画・洋画 美の競演—ロマンと情緒）「別冊太陽」 平凡社 154 2008.8 p50～52
◇十五番勝負 青木繁×繁二郎から野十郎×一村まで（特集 対決！巨匠・鬼才たちの日本近代美術）「月刊美術」 サン・アート, 実業之日本社 34（11） 2008.11 p25～44
◇対談 この裁判は一体なんだろう—青木繁＋中野清司＋黒沢亮平（青木繁, 中野清司, 黒沢亮平）「建築技術」 建築技術 709 2009.2 p50～55

浅井忠　あさいちゅう　1856〜1907
明治期の洋画家。
【図　書】
◇大野政治先生古稀記念房総史論集 大野政治先生古稀記念論集刊行会 1980.11
◇近代洋画の青春像 （原田実） 東京美術 1981.7
◇近代美術の開拓者たち—わたしの愛する画家・彫刻家3 有斐閣 1981.8（有斐閣新書）
◇日本水彩画名作全集 1 浅井忠 （原田平作編） 第一法規出版 1982.5
◇子規をめぐる画人たち （浅井忠, 中村不折画, 松山市立子規記念博物館編） 松山市立子規記念博物館 1984.10
◇浅井忠への旅—その原風景を追って （高橋在久著） 未来社 1984.11
◇近代京都美術の創造者たち（橋本喜三著） 京都書院 1986.11
◇従征画稿—明治廿七年 日清戦争従軍日記（浅井忠著） 千葉県立美術館 1987.3
◇日本 その心とかたち〈10〉/21世紀の挑戦（加藤周一, NHK取材班著） 平凡社 1988.3
◇浅井忠の美術史—原風景と留学日記 （高橋在久著） 第一法規出版 1988.5
◇東京風景史の人々 （海野弘著） 中央公論社 1988.6
◇ビジュアルワイド新日本風土記〈12〉千葉県 ぎょうせい 1989.4
◇パリの電球 （杉本秀太郎著） 岩波書店 1990.10
◇絵画の領分—近代日本比較文化史研究（芳賀徹著） 朝日新聞社 1990.10（朝日選書）
◇眼の論理—現代美術の地平から（乾由明著） 講談社 1991.3
◇日本近代美術と西洋—明治美術学会国際シンポジウム （明治美術学会編） 中央公論美術出版 1992.4
◇日本写真史を歩く（飯沢耕太郎著） 新潮社 1992.10
◇水仙の影—浅井忠と京都洋画壇（前川公秀） 京都新聞社 1993
◇日本の近代美術〈1〉油彩画の開拓者 （丹尾安典編） 大月書店 1993.3
◇変容する美意識—日本洋画の展開 （島田康寛著）（京都）京都新聞社 1994.4
◇京都近代美術の継承—浅井忠からいざよいの人々へ（前川公秀著） 京都新聞社 1996.6 375p
◇浅井忠 （前川公秀執筆, 日本アート・センター編） 新潮社 1997.10 93p（新潮日本美術文庫）
◇魯迅の日本 漱石のイギリス—「留学の世紀」を生きた人びと（柴崎信三著） 日本経済新聞社 1999.10 262p
◇「名画再読」美術館（芥川喜好著） 小学館 2001.2 1冊
◇写生の変容—フォンタネージから子規, そして直哉へ（松井貴子著） 明治書院 2002.2 448p
◇彫刻家・新海竹太郎論（田中修二著） 東北出版企画 2002.6 499p
◇関西モダンデザイン前史 （宮島久雄著） 中央公論美術出版 2003.1 542p
◇実力画家たちの忘れられていた日本洋画（住友慎一著） 里文出版 2003.10 210p
◇近代日本の成立—西洋経験と伝統（西村清和, 高橋文博編） ナカニシヤ出版 2005.1 249p
◇グレー＝シュル＝ロワンに架かる橋—黒田清輝・浅井忠とフランス芸術家村 （荒屋鋪透著） ポーラ文化研究所 2005.9 253p
◇日本の美術絵はがき1900‐1935—明治生まれのレトロモダン （生田誠著） 淡交社 2006.3 159p
◇浅井忠白書（馬淵礼子著） 短歌研究社 2006.7 286p（馬淵礼子評論集）
◇さまよえる工芸—柳宗悦と近代（土田真紀著） 草風館 2007.9 317,20p
◇東京風景史の人々 （海野弘著） 中央公論新社 2008.2 339p（中公文庫）
◇近代朝鮮の絵画—日・韓・欧米の画家による（姜健栄著） 朱鳥社 2009.4 214p
◇みんな俳句が好きだった—各界一〇〇人句のある人生（内藤好之著） 東京堂出版 2009.7 230p
【雑　誌】
◇浅井忠のフランス留学史—再発見の旅券からの連想（高橋在久）「月刊文化財」 198 1980.3
◇ずいひつ—浅井忠のパスポート （高橋在久）「歴史読本」 25（6） 1980.5
◇特集・浅井忠 「三彩」 405 1981.6
◇浅井忠の夏と冬 「芸術新潮」 32（8） 1981.8
◇特集・浅井忠 「みづゑ」 918 1981.9
◇浅井忠と京都洋画壇の人々展 （前川公秀）「美術手帖」 490 1981.12
◇千葉県立美術館が浅井忠の資料を集大成（文化ジャーナル・美術）「朝日ジャーナル」 24（3） 1982.1.22
◇京都美術の創造者たち（3）浅井忠 （橋本喜三）「日本美術工芸」 534 1983.3
◇巨匠の描いた大津絵「浅井忠」 「大津絵」 11 1983.5
◇正岡子規と浅井忠—一通の手紙の原風景—（高橋在久）「子規博だより」 4（2） 1984.10
◇浅井忠・中村不折—子規と二人の洋画家—（田城武志）「子規博だより」 4（2） 1984.10
◇絵 隠された意味3 イロニー 浅井忠「狐の嫁入り」（杉本秀太郎）「太陽」 281 1985.9
◇浅井忠あなたの絶望は何だったのか（芥川喜好）「is」 32 1986.6
◇浅井忠の描いた民家考（高橋在久）「江戸川女子短期大学紀要」 3 1988.2
◇浅井忠の描いた「春畝」と「藁屋根」の原風景（高橋在久）「月刊文化財」 295 1988.4
◇フットライト 日本の写真（5）画家が写真と出会う時（飯沢耕太郎）「芸術新潮」 41（6） 1990.6

◇街道の画家　(高橋在久)「五街道」13(7) 1990.11
◇浅井忠、グレーの秋〈近代の美術〈特輯〉〉(陰里鉄郎)「国華」1150 1991.9
◇浅井忠「収穫」と「写真の位置」(佐藤一郎)「東京芸術大学美術学部紀要」27 1992.3
◇浅井忠と写真―写真の位置　(根岸あかね)「三彩」543 1992.12
◇浅井忠と漆工芸―蒔絵師杉林古香との共同制作を中心に　(Marquet Christophe)「美術史」42(2) 1993.3
◇千葉県千葉市・千葉県立美術館蔵―浅井忠「藁屋根」(美を巡る旅)(前川公秀)「プレジデント」31(5) 1993.5
◇浅井忠への旅―グレー村の日本近代洋画史　(高橋在久)「月刊文化財」378 1995.3 p15〜25
◇浅井忠と京都洋画壇　(島田康克)「日本の美術」至文堂 353 1995.10 p1〜91
◇長谷川良雄―古都・京都を描き続けた画家の作品と生涯(展覧会&作家ズーム・アップ)(永山智子)「月刊美術」28(4) 2002.4 p155〜158
◇浅井忠　春畝　(古ель亮)「国華」国華社 108(4) 2002.11 p30〜33
◇子規と浅井忠(特集　正岡子規・やわらかな思想)(塩川京子)「國文學　解釈と教材の研究」学灯社 49(4) 2004.3 p88〜95
◇世紀転換期のヨーロッパ滞在―浅井忠と夏目金之助　(伊藤徹)「関西大学東西学術研究所紀要」関西大学東西学術研究所 41 2008.4 p19〜46

足立節子　あだちせつこ　1804〜1886
幕末、明治期の女性。歌人。
【図　書】
◇わたしの仕事〈12〉生きる基本を支える人　(今井美沙子著, 今井祝雄写真)　理論社　1994.4

アーノルド, E.　Arnold, Sir Edwin　1832〜1904
イギリスの詩人、ジャーナリスト。1886年来日。
【図　書】
◇ラフカディオ・ハーン著作集〈第5巻〉東西文学評論 その他　(ラフカディオ・ハーン著, 斎藤正二, 岩原康夫, 佐藤和夫, 田中一生, 林隆, 藤本周一, 山下宏一訳)　恒文社　1988.7
◇講座 小泉八雲　1　(平川祐弘, 牧野陽子編)　新曜社　2009.8　724p
【雑　誌】
◇エドウィン・アーノルド(Edwin Arnold,1832〜1904)の詩作品『アジアの光り』(The Light of Asia)について　(田中泰賢)「愛知学院大学教養部紀要」愛知学院大学一般教育研究会 48(1) 2000.7 p11〜30
◇Sir Edwin Arnold's Kesa or Adzuma and the Western Discourse on Musume (Kazuo Iwata)「愛知学院大学情報社会政策研究」愛知学院大学情報社会政策学会 3(1) 2000.12 p61〜69
◇エドウィン・アーノルドとハーン―二人のジャポニザンをめぐるエクリプス(特集：没後百年 ラフカディオ・ハーン〈小泉八雲〉)(岡部昌幸)「國文學 解釈と教材の研究」学灯社 49(11) 2004.10 p102〜109

天田愚庵　あまだぐあん　1854〜1904
明治期の歌人、漢詩人、僧。
【図　書】
◇愚庵(天田)文献散歩　(中柴光泰編著)　平読書クラブ　1980.
◇士魂の群像　(吉田武三)　冨山房　1980.7
◇斎藤茂吉選集15　(斎藤茂吉)　岩波書店　1981.7
◇古田紹欽著作集5　(古田紹欽)　講談社　1981.8
◇人物探訪日本の歴史 11 済世の名僧　暁教育図書　1983.4
◇天田愚庵和尚　(蓑笠亭主人著)〔立命館大学図書館〕1984
◇愚庵和尚　(蓑笠亭主人著)〔立命館大学図書館〕1984
◇歌人天田愚庵の生涯　(堀浩良著)　同朋舎出版　1984.1
◇天田愚庵　(高藤武馬)　古川書房　1984.11
◇天田愚庵―自伝と順礼日記(古川叢書)(天田愚庵原著, 高藤武馬)　古川書房　1984.11
◇柿熟す―愚庵に係わる和歌と俳句　(中柴光泰編)　平読書クラブ　1985.7
◇ドキュメント 明治の清水次郎長　(江崎惇著)　毎日新聞社　1986.10
◇先駆的詩歌論―詩歌は常に未来を予見する　(塚本邦雄著)　花曜社　1987.3
◇梅蔭寺 清水次郎長伝　(田口英爾著)　みずうみ書房　1987.4
◇神のことば―限りなき警世の書　(荷田鶴麿, 荷田亀代治著)　鷹書房　1987.10
◇明治の精神　(荒川久寿男著)(伊勢)皇学館大学出版部　1987.12
◇天田愚庵―その歌と周囲の人々　(中野菊夫)　至芸出版社　1990
◇遙かなる子規　(天岸太郎著)　近代文芸社　1990.5
◇〔天田〕愚庵文庫所蔵主要目録 改訂増補版　(遠藤守正, 白井欽一〔編〕)(いわき)愚庵文庫　1993.8
◇歌僧天田愚庵『巡礼日記』を読む―父母の面影を求めて西国霊場巡り　(松尾心空著)　鈴木出版　2004.10　263p
◇人はなぜ巡礼に旅立つのか　(松尾心空著)　春秋社　2008.7　283p
【雑　誌】
◇天田愚庵の人生巡錫(特集・明治維新の青春群像)(尾崎秀樹)「歴史と人物」10(2) 1980.2
◇愚庵の消息二通　(石川義雄)「日本古書通信」45(6) 1980.6
◇天田愚庵の改作歌　(石川義雄)「日本古書通信」48(6) 1983.6
◇子規と愚庵　(室岡和子)「聖徳学園岐阜教育大学国語学国文学」3 1984.1
◇天田愚庵和尚　(中川小十郎)「立命館文学」466〜468 1984.6
◇愚庵の漢詩『須磨四首』について　(柳内守一)「潮流」8 1986.2
◇悲母探慕行―天田五郎の青春と晩年　(塚本邦雄)「季刊銀花」66 1986.6
◇天田愚庵漢詩―「白雲」15篇　(杉下六良)「詩季」10・20 1989.7
◇福本日南と天田愚庵(特集 歌人子規―生誕130年―同時代の人々)(中野菊夫)「短歌現代」短歌新聞社 21(6) 1997.6 p65〜67
◇愚庵と子規と釣鐘の柿　(市村軍平)「古典と現代」古典と現代の会 70 2002.10 p56〜64

アメリカ彦蔵　あめりかひこぞう
→浜田彦蔵(はまだひこぞう)を見よ

荒木寛畝　あらきかんぽ　1831〜1915
明治、大正期の日本画家。
【雑　誌】
◇翻刻「荒木寛畝翁自伝」(1)(久保木彰一)「Museum」412 1985.7
◇翻刻「荒木寛畝翁自伝」(2)(久保木彰一)「Museum」414 1985.9
◇翻刻「荒木寛畝翁自伝」(3)(久保木彰一)「Museum」417 1985.12
◇翻刻「荒木寛畝翁自伝」(4)(久保木彰一)「Museum」419 1986.2
◇翻刻「荒木寛畝翁自伝」(5)(久保木彰一)「Museum」420 1986.3

池辺三山　いけべさんざん　1864〜1912
明治期の新聞人。
【図　書】
◇漱石文学全集 10　(夏目漱石著, 伊藤整, 荒正人編)　集英社　1983.7
◇言論は日本を動かす 第7巻 言論を演出する　(粕谷一希編)　講談社　1985.11
◇近代ジャーナリスト列伝―天馬の如く〈上〉(中公文庫)(三好徹著)　中央公論社　1986.11
◇ある運命について　(司馬遼太郎著)　中央公論社　1987.6　(中公文庫)
◇夏目漱石全集〈10〉(夏目漱石著)　筑摩書房　1988.7　(ちくま文庫)
◇池辺三山コレクション目録　(日本近代文学館)　日本近代文学館　1989.6　(日本近代文学館所蔵資料目録 19)
◇池辺三山　(富永健一, 池辺一郎)　みすず書房　1989.10
◇漱石文学作品集〈14〉思い出す事など・硝子戸の中 他七篇　(夏目漱石著)　岩波書店　1990.11
◇日本文芸思潮論　(片野達郎編)　桜楓社　1991.3
◇池辺三山―ジャーナリストの誕生　(池辺一郎, 富永健一著)　中央公論社　1994.4　(中公文庫)
◇歴史の瞬間とジャーナリストたち―朝日新聞にみる20世紀　(五十嵐智友著)　朝日新聞社　1999.2　473,38p
◇一日一話―人生の断章365　(河谷史夫著)　洋泉社　2000.4　205p (新書y)
◇ペンネームの由来事典　(紀田順一郎著)　東京堂出版　2001.9　331p
◇愛の手紙―文学者の様々な愛のかたち　(日本近代文学館編)　青土社　2002.4　209p
◇投機としての文学―活字・懸賞・メディア　(紅野謙介著)　新曜社　2003.3　417p
◇愛の手紙 友人・師弟篇　(日本近代文学館編)　青土社　2003.11　229p
◇日露戦争 勝利のあとの誤算　(黒岩比佐子著)　文芸春秋　2005.10　318p (文春新書)
【雑　誌】
◇池辺三山(近世ジャーナリスト列伝(12,13))(三好徹)「中央公論」96(8,10) 1981.7,8
◇漱石と池辺三山―その邂逅と惜別(特集・夏目漱石)(中島国彦)「国文学 解釈と鑑賞」47(12) 1982.11
◇武士とジャーナリスト―三山とその時代(1)(池辺一郎)「みすず」282 1984.3
◇佐々友房の「戦袍日記」―三山とその時代(2)(池辺一郎)「みすず」283 1984.4
◇「書生」時代―三山とその時代(3)(池辺一郎)「みすず」284 1984.5

池辺義象

◇東海散士，ヨーロッパに心酔す—三山とその時代(4) (池辺一郎)「みすず」285 1984.6
◇「経世評論」—三山とその時代(5) (池辺一郎)「みすず」286 1984.8
◇憲法論議—三山とその時代(6) (池辺一郎)「みすず」287 1984.9
◇新聞「日本」—三山とその時代(7) (池辺一郎，池辺三山，陸羯南)「みすず」289 1984.11
◇福沢諭吉と朝鮮問題—三山とその時代(8) (池辺一郎)「みすず」27(2) 1985.2
◇洋行—三山とその時代(9) (池辺一郎)「みすず」27(3) 1985.3
◇日清戦争始まる—三山とその時代(10) (池辺一郎)「みすず」27(6) 1985.6
◇「巴里通信」と黄色人種意識—三山とその時代(11) (池辺一郎)「みすず」27(9) 1985.10
◇帰国—三山とその時代(12) (池辺一郎)「みすず」303 1986.2
◇新聞記者たちの日清戦争—鈴木南洋と池辺三山の場合 (大谷正)「人文科学年報」専修大学人文科学研究所 第25号 1995.3 p1〜32
◇「史論」の言説—池辺三山と夏目漱石(特集 漱石と明治—漱石とメディア) (紅野謙介)「漱石研究」翰林書房 5 1995.5 p98〜110
◇『彼岸過迄』と池辺三山 (小田島本有)「釧路工業高等専門学校紀要」釧路工業高等専門学校 33 1999.12 p92〜84
◇池辺三山—国際派ナショナリスト新聞記者の誕生 (伊藤優子)「大正大学大学院研究論集」大正大学 26 2002.3 p107〜119
◇鷗外「沈黙の塔」の余波—池辺三山の朝日新聞退社と漱石の「文芸欄」廃止 (渡辺善雄)「鷗外」森鷗外記念会 80 2007.1 p127〜142

池辺義象　いけべよしかた　1861〜1923
明治，大正期の国文学者，歌人。
【雑　誌】
◇池辺義象の『仏国風俗問答』について——一つの比較生活文化史試論 (飯塚信雄)「明治大学教養論集」明治大学教養論集刊行会 281 1996.1 p47〜97
◇小中村義象の国語教育論—明治20年代における「国語観の時代的拡大」の中で (八木雄一郎)「人文科教育研究」人文科教育学会 33 2006.8 p83〜93
◇明治国学の継承をめぐって—池辺義象と明治国学史(国学特集) (齊藤智朗)「國學院雜誌」國學院大學綜合企画部 107(11) 2006.11 p173〜191
◇「国語」と「古文」の境界線をめぐる対立—『尋常中学校教科用細目調査報告』(1898(明治31)年)における上田万年と小中村義象(研究論文) (八木雄一郎)「国語科教育」全国大学国語教育学会 第61集 2007.3 p27〜34

石川啄木　いしかわたくぼく　1886〜1912
明治期の歌人，詩人。
【図　書】
◇石川啄木と北一輝—新たなる「地上王国」の予見 (小西豊治) 伝統と現代社 1980.2
◇啄木 小説の世界 (上田博) 双文社出版 1980.2
◇ロマネスクの詩人たち—萩原朔太郎から村上一郎まで (岡井隆) 国文社 1980.2
◇石川啄木全集4 評論・感想 筑摩書房 1980.3
◇大逆事件＝文学作家論 (森山重雄編著) 三一書房 1980.3
◇石川啄木 (岩城之徳) 桜楓社 1980.4 (短歌シリーズ・人と作品 10)
◇石川啄木 思潮社 1980.4 (現代史読本14)
◇回想教壇上の文学者 蒼丘書林 1980.4
◇石川啄木の生涯 (梁取三義) 彩光社 1980.5
◇石川啄木—「天才」の自己形成 (草壁焔太) 講談社 1980.6 (講談社現代新書)
◇石川啄木の世界生誕百年 (札幌市菊水図書館編) 札幌市菊水図書館 1980.10
◇新編石川啄木の世界 (小田切秀雄編) 第三文明社 1980.11 (レグルス文庫126)
◇啄木研究三十年 (岩城之徳) 学燈社 1980.11
◇啄木の歌その生と死—青春の光と影 (碓田のぼる) 洋々社 1980.11
◇研究資料現代日本文学7 詩 (浅井清ほか編) 明治書院 1980.11
◇列伝・青春の死—白鳳から大正まで (よこみつる編著) 栄光出版社 1980.11
◇大逆事件と知識人 (中村文雄) 三一書房 1981.1
◇弥吉光長著作集2 図書館史読書史 (弥吉光長) 日外アソシエーツ 1981.1
◇研究資料現代日本文学5 短歌 (浅井清ほか編) 明治書院 1981.3
◇啄木日記 (石川啄木著 小田切秀雄編) 第三文明社 1981.4 (レグルス文庫)
◇石川啄木 (米田利昭) 勁草書房 1981.5
◇現代の詩人たち 上 (大岡信) 青土社 1981.5
◇千葉・茨城自由民権 風雪の譜—利根川民権紀行 (石川猪興) 崙書房 1981.5
◇塵埃と埋火 (倉橋健一) 白地社 1981.5
◇ナルシズムと日本人—精神分析の視点から (佐々木時雄) 弘文堂 1981.5
◇啄木の妻節子 (堀合了輔) 洋々社 1981.6
◇日本教員社会史研究 亜紀書房 1981.6
◇啄木詩歌 (石川啄木著 小田切秀雄編) 第三文明社 1981.9 (レグルス文庫)
◇ぷやら新書—新装覆刻 第30巻 啄木と函館 (和田義雄編集，阿部たつを) 沖積舎 1981.10
◇鷹津義彦教授追悼論文集 立命館大学人文学会 1981.10
◇資料・岩手の近代文学 (浦ід敬三) 杜陵印刷出版部 1981.12
◇大逆事件と知識人 (中村文雄) 三一書房 1981.12
◇日本自然主義再考 (相馬庸郎) 八木書店 1981.12 (近代文学研究叢書)
◇大逆事件と知識人 (中村文雄) 三一書房 1981.12
◇石川啄木 (松本健一) 筑摩書房 1982.1 (近代日本詩人選7)
◇啄木覚書—未発表書簡をめぐって (川並秀雄) 洋々社 1982.1
◇石川啄木記念館—文学探訪 (佐藤正美ほか著) 蒼丘書林 1982.2
◇悲劇歌謡の誕生 (塚崎進) 桜楓社 1982.2
◇啄木と北海道の新聞 (菅原勲) 北海タイムス社 1982.2
◇正気と狂気の間 (福島章) ナツメ社 1982.3
◇石川啄木日記 (石川正雄編) 藤森書店 1982.3
◇岩手にかかわる義経・芭蕉・真澄・啄木・賢治を語る (金野静一編著) 熊谷印刷出版部 1982.4
◇啄木写真帖 (吉田孤羊編著) 藤森書店 1982.4
◇悲しみの文学—浪漫精神の探究 (千葉宣一) 高文堂出版社 1982.5
◇鑑賞日本現代文学 第6巻 石川啄木 (今井泰子，上田博編) 角川書店 1982.6
◇冬の時代の文学—秋水から「種蒔く人」へ (林尚男) 有精堂出版 1982.6
◇啄木ふるさと散歩 (松本政治) 盛岡啄木会 1982.6
◇きたぐにの詩人啄木・賢治 岩手日報社 1982.6
◇文学論叢—今井源衛教授退官記念 (今井源衛教授退官記念文学論叢刊行会編) 九州大学文学部国語国文学研究室 1982.6
◇凍野の残映—北海道人物誌 (北海道ノンフィクション集団) みやま書房 1982.7
◇啄木と渋民 改訂新版 (遊座昭吾) 八重岳書房 1982.7
◇病跡学夜話 (伊藤高麗夫) 金剛出版 1982.10
◇安野光雅対談—ロジックの詩人たち (安野光雅) 平凡社 1982.10
◇近代詩十章 (菅谷規矩雄) 大和書房 1982.10
◇石川啄木論 (石田省育) 近代文芸社 1982.12
◇啄木の思想と英文学—比較文学的考察 (森一) 洋々社 1982.12
◇啄木哀果とその時代 (藤沢全) 桜楓社 1982.12
◇文学にみられる生と死 (高木きよ子) 大明堂 1983.4
◇詩人と小説家の世界 (嶋岡晨) 名著刊行会 1983.6
◇啄木と折蘆—「時代閉塞の現状」をめぐって (助川徳是著) 洋々社 1983.6
◇石川啄木 思潮社 1983.7 (現代詩読本 新装版)
◇啄木評論 (石川啄木，小田切秀雄編) 第三文明社 1983.7 (レグルス文庫 151)
◇山本健吉全集 12 講談社 1983.8
◇新十和田湖物語—神秘の湖に憑かれた人びと (鳥谷部陽之助) 彩流社 1983.9
◇山本健吉全集 11 講談社 1983.10
◇みちのく文化私考 (山形敵一著) 万葉堂出版 1983.10
◇私論・石川啄木 続 (中島嵩著) 石川啄木記念館 1983.11
◇日本文学—伝統と近代 和田繁二郎博士古稀記念 (和田繁二郎博士古稀記念論集刊行会編) 和泉書院 1983.12
◇生活感覚の日本経済論 友寄英隆著 新日本出版社 1984
◇和歌文学とその周辺—池田富蔵博士古稀記念論文集 (池田富蔵博士古稀記念論文集刊行会編) 桜楓社 1984.1
◇啄木を繞る人々(近代作家研究叢書 20) (吉田孤羊著) 日本図書センター 1984.1
◇天才 創造のパトグラフィー(講談社現代新書) (福島章著) 講談社 1984.2
◇人物探訪 日本の歴史—18—明治の逸材 暁教育図書 1984.2
◇石川啄木(新潮日本文学アルバム 6) 新潮社 1984.2
◇石川啄木—文芸読本 河出書房新社 1984.2
◇愛一通の手紙—炎の作家15人の愛の書簡集 (近藤富枝著) 主婦の友社 1984.4
◇私伝石川啄木—歌集「悲しき玩具」論 終章 (石井勉次郎著) 和泉書院 1984.5
◇この人そして食—偉人の知られざる胃袋 (ながととしゆき) 文理書

◇院 1984.8
◇東北の作家たち（福武書店編）福武書店 1984.8
◇泣きどころ人物誌（戸板康二）文芸春秋 1984.9
◇近代作家の表現研究（岡田英雄著）双文社出版 1984.10
◇書くに値する毎日―日記名作選（集英社文庫）（日本ペンクラブ編，つかこうへい選）集英社 1984.10
◇石川啄木・一九〇九年（木股知史著）富岡書房 1984.12
◇石川啄木詩歌集―人生の歌と情熱の詩篇 金園社 1985.2
◇啄木歌集全歌評釈―岩城之徳啄木研究三部作ノ二（岩城之徳）筑摩書房 1985.3
◇石川啄木研究（近代作家研究叢書 11）（金田一京助ほか編）日本図書センター 1985.4
◇超時間文学論 鷗外から大江まで27人の作家たち（白川正芳）洋泉社 1985.5
◇石川啄木伝―岩城之徳啄木研究三部作ノ一（岩城之徳著）筑摩書房 1985.6
◇新編啄木写真帖（吉田孤羊著）画文堂 1985.6
◇石川啄木（人物叢書 新装版）（岩城之徳著）吉川弘文館 1985.7
◇啄木と釧路の芸妓たち（小林芳弘著）みやま書房 1985.7
◇悲しき玩具・我等の一団と彼（日本の文学 21）（石川啄木著）ほるぷ出版 1985.8
◇石川啄木 第3版（日本の詩）（石川啄木著，朝倉宏哉編）ほるぷ出版 1985.10
◇警世詩人石川啄木 新典社 1985.11
◇人物でつづる近代日本語の歴史（雄山閣Books18）（杉本つとむ）雄山閣出版 1985.11
◇石川啄木―警世詩人（日本の作家 48）（昆豊著）新典社 1985.11
◇かなしき啄木短歌（林和三郎著）洋々社 1985.11
◇切り絵石川啄木の世界（岩城之徳，後藤伸行著）ぎょうせい 1985.11
◇石川啄木・土岐善麿コレクション目録（日本近代文学館所蔵資料目録 16）日本近代文学館 1986
◇啄木の札幌放浪（好川之範著）小林エージェンシー 1986.1
◇ふるさと啄木―生誕百年を記念して 種市町立図書館 1986.2
◇啄木文学碑のすべて（白ゆり学習社出版部編）白ゆり学習社 1986.2
◇石川啄木 桜楓社 1986.2
◇石の落葉（黒井千次）筑摩書房 1986.2
◇石川啄木（短歌シリーズ・人と作品〈10〉）（岩城之徳著）桜楓社 1986.2
◇近代作家十人―文学に見る経済観（大里恭三郎，竹腰幸夫編著）教育出版センター 1986.3
◇石川啄木孤独の愛（河野仁昭）洋々社 1986.4
◇石川啄木論（加藤悌三著）新樹社 1986.4
◇石川啄木 孤独の愛（河野仁昭著）洋々社 1986.4
◇詩的ナショナリズム（仁平勝著）冨岡書房 1986.4
◇聞書 庶民烈伝―牧口常三郎とその時代〈3〉夏の巻 衆生病む（竹中労著）潮出版社 1986.5
◇いのちへの慈しみ―生と死をみつめる文学（以文選書）（大久保晴雄著）教育出版センター 1986.5
◇笛鳴りやまず―ある日の作家たち（中公文庫）（有本芳水著）中央公論社 1986.6
◇みちのく伝統文化〈5〉人物編（高橋富雄編）小学館 1986.6
◇ふくろう通信―火山の山麓での生活（三ជ 博雄著）草思社 1986.6
◇士の文学〈3〉詩人編〔新装版〕（木俣修編）二玄社 1986.6
◇石川啄木文庫目録―岩手県立図書館蔵 石川啄木生誕100年記念（岩手県立図書館編）岩手県立図書館 1986.7
◇文学探訪 石川啄木記念館 改訂版（佐藤正美ほか著，石川啄木記念館監修）蒼丘書林 1986.7
◇宗教人石川啄木（須藤宥仙）みやま書房 1986.8
◇若きいのちへの旅―北の文学原風景（青春ライブラリー〈11〉）（及川和男，小松健一著）労働旬報社 1986.8
◇浅草ラビリンス―お洒落なあなたの浅草事典（ポチ著）ペンギンカンパニー 1986.9
◇定本 野口雨情（第6巻）童話・随筆・エッセイ・小品（野口雨情著）未来社 1986.10
◇神戸の本棚（植村達男著）勁草出版サービスセンター 1986.10
◇滅びのとき味爽のとき（桶谷秀昭著）小沢書店 1986.11
◇人・旅・自然（荒垣秀雄著）社会保険出版社 1986.12
◇福田恆存全集〈第1巻〉（福田恆存著）文芸春秋 1987.1
◇啄木全作品解題（岩城之徳著）筑摩書房 1987.2
◇鳥のくる庭（原田康子著）講談社 1987.2（講談社文庫）
◇先駆的詩歌論―詩歌は常に未来を予見する（塚本邦雄著）花曜社 1987.3
◇晩年の石川啄木（七宮涬三著）第三文明社 1987.3（レグルス文庫）

◇石川啄木の世界（遊座昭吾著）八重岳書房 1987.3
◇西洋の音、日本の耳―近代日本文学と西洋音楽（中村洪介著）春秋社 1987.4
◇石川啄木と北一輝―新たなる「地上王国」の予見（小西豊治著）御茶の水書房 1987.4
◇啄木と渡米志向（相沢源七）宝文堂 1987.5
◇続 近代日本の日記―明治から大正へ（小田切進編）講談社 1987.7
◇ぶらり日本名作の旅〈2〉（日本テレビ編）日本テレビ放送網 1987.7
◇啄木・賢治 青春の北帰行（小松健一写真・文）PHP研究所 1987.7
◇啄木のうた―うた毎に参考のことばを添えて（岩手日報社編）八重岳書房 1987.7
◇函館の啄木と節子（金野正孝）臥牛舎 1987.8
◇梅光女学院大学公開講座論集〈第21集〉文学における家族（佐藤泰正編）笠間書院 1987.9（笠間選書）
◇日本文学講座〈8〉評論（亀井秀雄ほか著）大修館書店 1987.11
◇泣きどころ人物誌（戸板康二著）文芸春秋 1987.11（文春文庫）
◇風雪の墓標―先駆的な北の詩人たち（塩見実信著，北島新平絵）理論社 1987.12（ものがたり北海道）
◇折口信夫全集―ノート編〈追補 第3巻〉近代文学論（折口信夫著，折口博士記念古代研究所編）中央公論社 1987.12
◇イーハトーボの劇列車（井上ひさし著）新潮社 1988.1（新潮文庫）
◇近代日記文学選（山根賢吉，橋本威編）（大阪）和泉書院 1988.2（新注近代文学シリーズ）
◇続 百代の過客―日記にみる日本人（下）（ドナルド・キーン著，金関寿夫訳）朝日新聞社 1988.2（朝日選書）
◇啄木秀歌（遊座昭吾著）八重岳書房 1988.3
◇啄木短歌の心理学（大沢博）洋々社 1988.4
◇壷井繁治全集〈第3巻〉（壷井繁治著，壷井繁治全集編集委員会編）青磁社 1988.4
◇恋ごろも―「明星」の青春群像（尾崎左永子著）角川書店 1988.4（角川選書）
◇啄木と函館（阿部たつを著，桜井健治編）幻洋社 1988.6
◇雪月花の時（山本健吉著）角川書店 1988.6
◇野間宏作品集〈12〉日本近代への遡行（野間宏著）岩波書店 1988.7
◇ことばのある暮し（外山滋比古著）中央公論社 1988.7（中公文庫）
◇日本文学講座〈10〉詩歌〈2 近代編〉（野山嘉正ほか著）大修館書店 1988.8
◇石川啄木記念館岩城之徳啄木研究史展出品目録（石川啄木記念館編）石川啄木記念館 1988.9
◇現代短歌の危機―碓田のぼる歌論集（碓田のぼる著）青磁社 1988.9
◇句読点おもしろ事典（大類雅敏著）一光社 1988.9
◇歴史と想像力（菊地昌典著）筑摩書房 1988.10
◇続 百代の過客―日記にみる日本人（ドナルド・キーン著，金関寿夫訳）朝日新聞社 1988.12
◇柳田国男と折口信夫―学問と創作の間（高橋広満編）有精堂出版 1989.2（日本文学研究資料新集）
◇ビジュアルワイド 新日本風土記〈3〉岩手県 ぎょうせい 1989.2
◇啄木讃歌―明治の天才の軌跡（岩城之徳）桜楓社 1989.3
◇昭和文学全集〈4〉（柳田国男，折口信夫，萩原朔太郎，宮沢賢治，中村光太郎，斎藤茂吉，高浜虚子，久保田万太郎，幸田露伴著）小学館 1989.4
◇遅れたものが勝ちになる（井上ひさし著）中央公論社 1989.4（井上ひさし エッセイ集）
◇悪党と幽霊（井上ひさし著）中央公論社 1989.5（井上ひさしエッセイ集）
◇石川啄木（金田一京助著）角川書店 1989.6（角川文庫）
◇萩原朔太郎論〈上〉（久保忠夫著）塙書房 1989.6（日本の近代作
◇石川啄木（小川武敏著）（国分寺）武蔵野書房 1989.9
◇石川啄木（金田一京助）日本図書センター 1989.10
◇続 生き方の研究（森本哲郎著）新潮社 1989.10（新潮選書）
◇底よりきたへ―近代歌人論（佐佐木幸綱著）小沢書店 1989.10（小沢コレクション）
◇ドイツ人の見たる石川啄木の詩歌―伊東勉へのドイツ人の手紙による 石川啄木詩歌研究資料（宇次原光慨訳，伊東勉編）〔伊東勉〕 1989.11
◇石川啄木と北原白秋―思想と詩語（上田博，中島国彦編）有精堂出版 1989.11（日本文学研究資料新集）
◇啄木と小国露堂（盛合聡）熊谷印刷出版部 1990.1
◇井上剣花坊・鶴彬―川柳革新の旗手たち（坂本幸四郎著）リブロポート 1990.1（シリーズ 民間日本学者）
◇社会文学・社会主義文学研究（小田切秀雄著）勁草書房 1990.1
◇啄木の詩歌と其一生（中西悟堂著）日本図書センター 1990.3

（近代作家研究叢書）
◇石母田正著作集〈第15巻〉歴史・文学・人間　（石母田正著）　岩波書店　1990.4
◇前田愛著作集〈第6巻〉テクストのユートピア　（前田愛著）　筑摩書房　1990.4
◇石川啄木―愛とロマンと革命と　（清水卯之助著）　（大阪）和泉書院　1990.4　（和泉選書）
◇斎藤茂吉の研究―その生と表現　（本林勝夫著）　桜楓社　1990.5
◇思想の最前線で―文学は予兆する　（黒古一夫著）　社会評論社　1990.5　（思想の海へ「解放と変革」）
◇おろしや盆踊唄考―日露文化交渉史拾遺　（中村喜和著）　現代企画室　1990.5　（PQ Books）
◇旅からの手紙　（佐佐木幸綱編）　光文社　1990.5　（「光る話」の花束）
◇横書きの現代短歌　（佐藤通雅著）　五柳書院　1990.5　（五柳叢書）
◇反天皇制―「非国民」「大逆」「不逞」の思想　（加納実紀代、天野恵一編）　社会評論社　1990.6　（思想の海へ「解放と変革」）
◇ダンテ・ゲイブリエル・ロセッティと明治期の詩人たち　（鏡味国彦著）　文化書房博文社　1990.9
◇近代日本青年期教育叢書 第1期〈青年期教育論〉第5巻 青年教師啄木　（上田庄三郎著）　日本図書センター　1990.10
◇有玉閑語（ありたまかんご）　（百合山羽公著）　角川書店　1990.10
◇石川啄木と「大逆事件」　（碓田のぼる著）　新日本出版社　1990.10　（新日本新書）
◇石川啄木　河出書房新社　1991.1　（新文芸読本）
◇愛（かな）しき歌びとたち　（大星光史著）　明治書院　1991.3
◇いのちへの慈しみ―生と死とをみつめる文学　（大久保晴雄著）　教育出版センター　1991.4
◇塩飽（しわく）の船影―明治大正文学藻塩草　（平岡敏夫著）　有精堂出版　1991.5
◇啄木評論の世界　（上田博、田口道昭著）　（京都）世界思想社　1991.5　（SEKAISHISO SEMINAR）
◇四季歌ごよみ〈恋〉　（大岡信著）　学習研究社　1991.6　（ワインブックス）
◇石川啄木大全　（石川啄木著、岩城之徳編）　講談社　1991.6　（スーパー文庫）
◇石川啄木ノート―その文学と思想 作品と書簡から　（多田晋著）　近代文芸社　1991.8
◇それにうち克つために―福島輝雄著作集　（福島輝雄著）　福島和子　1991.9
◇晶子と寛の思い出　（与謝野光著）　（京都）思文閣出版　1991.9
◇石川啄木　（高井有一〔ほか著〕,大岡信〔ほか編〕）　小学館　1991.9　（群像 日本の作家）
◇かんたんな混沌　（辻征夫著）　思潮社　1991.10
◇今日も待ちぼうけ―作家たちの青春日記　（小田切秀雄編）　創隆社　1991.10　（創隆社ジュニア選書）
◇僕にとっての同時代文学　（猪野謙二著）　筑摩書房　1991.11
◇日本文学史〈近代・現代篇 6〉　（ドナルド・キーン著, 新井潤美訳）　中央公論社　1991.12
◇石川節子―愛の永遠を信じたく候　（沢地久枝著）　文芸春秋　1991.12　（文春文庫）
◇詩人たちの旅―青春 愛 故郷　（小松健一写真・文）　マガジンハウス　1991.12
◇夏目漱石とその周辺　（井上百合子著）　近代文芸社　1992.2
◇資料 石川啄木　（佐藤勝著）　（国分寺）武蔵野書房　1992.3
◇ちくま日本文学全集〈30〉石川啄木　（石川啄木）　筑摩書房　1992.3
◇石川啄木　（石川啄木）　潮出版社　1992.4
◇三十五のことばに関する七つの章　（久保忠夫著）　大修館書店　1992.4
◇遅れたものが勝ちになる　（井上ひさし著）　中央公論社　1992.6　（中公文庫―エッセイ集）
◇金田一京助物語　（堀沢儀藏著）　三省堂　1992.6
◇啄木からの手紙　（関西啄木懇話会）　（大阪）和泉書院　1992.8　（和泉選書）
◇ハイネ序説　（井上正藏著）　未来社　1992.8
◇詩人の変奏　（宇佐美斉著）　小沢書店　1992.9
◇草食獣への手紙―吉岡生夫評論集　（吉岡生夫著）　（大阪）和泉書院　1992.9
◇石川啄木入門　（近藤典彦著）　（京都）思文閣出版　1992.11
◇青春を読む―日本の近代詩二十七人　（高橋睦郎著）　小沢書店　1992.11
◇青年教師 石川啄木　（上田庄三郎著）　国土社　1992.11　（現代教育101選）
◇蝦名賢造北海道著作集〈第6巻〉新版 北方のパイオニア　（蝦名賢造著）　西田書店　1993.2
◇啄木浪漫節子との半生　（塩浦彰）　洋々社　1993.3
◇愛のうた―晶子・啄木・茂吉　（尾崎左永子著）　創樹社　1993.3
◇啄木と渋民の人々　（伊五沢富雄著）　近代文芸社　1993.3

◇寺山修司コレクション〈3〉鉛筆のドラキュラ 作家論集　（寺山修司著）　思潮社　1993.4
◇臨死のまなざし　（立川昭二著）　新潮社　1993.4
◇感情の歴史―近代日本文学試論　（大石修平著）　有精堂出版　1993.5
◇昭和維新試論　（橋川文三著）　朝日新聞社　1993.5　（朝日選書）
◇石川啄木研究　近代文芸社　1993.6
◇黄金時代　（寺山修司著）　河出書房新社　1993.6　（河出文庫―寺山修司コレクション）
◇古城栗原元吉の足跡―漱石・敏・啄木、及び英国を中心とした西洋の作家との関連において　（鏡味国彦著）　文化書房博文社　1993.6
◇金田一京助全集〈第13巻〉石川啄木　（金田一京助著, 金田一京助全集編集委員会編）　三省堂　1993.7
◇寺山修司全歌論集　〔新装版〕（寺山修司著）　沖積舎　1993.8
◇啄木「一握の砂」難解歌稿　（橋本威）　（大阪）和泉書院　1993.10
◇与謝野晶子―昭和期を中心に　（香内信子著）　ドメス出版　1993.10
◇わが晶子 わが啄木―近代短歌史上に輝く恒星と遊星　（川内通生著）　有朋堂　1993.11
◇日本文学における「私」　（中西進編）　河出書房新社　1993.12
◇和歌文学講座〈9〉近代の短歌　（武川忠一編）　勉誠社　1994.1
◇啄木の里よりの発信　（伊五沢富雄）　盛岡タイムス社　1994.3
◇鷗外・啄木・荷風 隠された闘い―いま明らかになる天才たちの輪舞　（吉野俊彦著）　ネスコ　1994.3
◇石川啄木 抒情と思想　（上田博著）　三一書房　1994.3
◇一握の砂―啄木短歌の世界　（村上悦也, 上田博, 太田登編）　（京都）世界思想社　1994.4　（SEKAISHISO SEMINAR）
◇悲しき玩具―啄木短歌の世界　（村上悦也, 上田博, 太田登編）　（京都）世界思想社　1994.4　（SEKAISHISO SEMINAR）
◇「援助」としての教育を考える　（松丸修三, 渡辺弘編著）　川島書店　1994.4
◇人生のうた　（佐高信著）　講談社　1994.4
◇岩野泡鳴研究　（鎌倉芳信著）　有精堂出版　1994.6
◇石川啄木と明治の日本　（近藤典彦著）　吉川弘文館　1994.6
◇草木虫魚録　（高田宏著）　福武書店　1994.6
◇四迷・啄木・藤村の周縁―近代文学管見　（高阪薫著）　（大阪）和泉書院　1994.6　（近代文学研究叢刊）
◇石川啄木余話　（藤田庄一郎）　武蔵野書房　1994.7
◇政治と文学の接点―漱石・蘆花・竜之介などの生き方　（三浦隆著）　教育出版センター　1995.1　222p　（以選書）
◇啄木の二つの歌　（渡辺三好著）　近代文芸社　1995.1　179p
◇啄木と古里―啄木再発見の文学ガイド　（及川和哉著）　八重岳書房　1995.2　159p
◇世界の伝記 4 新装版　（須知徳平著）　ぎょうせい　1995.2　315p
◇高校生のための…石川啄木読本　（南条範男著）　宝文堂　1995.3　153p
◇石川啄木とその時代　（岩城之徳著）　おうふう　1995.4　361p
◇啄木と共に五十年　（相沢慎吉著）　相沢慎吉　1995.4　329p
◇啄木慕情―犬の年の大水後　（鳥海健太郎著）　近代文芸社　1995.5　79p
◇啄木 六の予言―何が見えたのか、どう書き残したのか　（近藤典彦著）　ネスコ　1995.6　241p
◇晶子・鉄幹と石川啄木―『明星』ルネサンスとその時代 与謝野晶子ギャラリー開館1周年記念特別企画展パンフレット　（堺市文化振興財団, 与謝野晶子ギャラリーアルフォンスミュシャギャラリー堺編）　堺市文化振興財団　1995.9　28p
◇啄木の風景　（天野仁著）　洋々社　1995.9　280p
◇啄木と首宿ის同人達　（目良卓著）　武蔵野書房　1995.10　302p
◇反俗の文人たち　（浜川博著）　新典社　1995.12　334p　（新典社文庫）
◇文彦 啄木 藤村　（佐々木邦著）　北上書房　1996.1　242p
◇春秋の花　（大西巨人著）　光文社　1996.4　262p
◇石川啄木の文学の血脈　（佐々木京一）『古文学の流域』（水原一編）　新典社　1996.4　（新典社研究叢書 91）　p452
◇啄木について　（上田博著）　和泉書院　1996.5　177p　（和泉選書）
◇啄木断章　（井上信興著）　渓水社　1996.5　300p
◇石川啄木と朝日新聞―編集長 佐藤北江をめぐる人々　（太田愛人著）　恒文社　1996.7　221p
◇人間啄木 復刻版　（伊東圭一郎著, 松本政治編著）　岩手日報社　1996.7　330p
◇石川啄木 光を追う旅　（碓田のぼる文, 小松健一写真）　ルック　1996.8　127p
◇石川啄木と安重根「ココアのひと匙」の意味　（呉英珍）『文学・社会へ地球へ』（西田勝退任・退職記念文集編集委員会編）　三一書房　1996.9　p342
◇石川啄木と幸徳秋水事件　（岩城之徳著, 近藤典彦編）　吉川弘文館　1996.10　281,7p

◇啄木を恋ふ （松浦常雄著） 松浦ルリ 1996.10 120p
◇石川啄木の手紙 （平岡敏夫著） 大修館書店 1996.12 302p
◇石川啄木研究―言語と行為 （伊藤淑人著） 翰林書房 1996.12 241,10p
◇日本文壇史 13 （伊藤整著） 講談社 1996.12 288,21p （講談社文芸文庫）
漱石、賢治、啄木のひとり歩きの愉しみ （辻真先著） 青春出版社 1997.3 221p （プレイブックス）
◇啄木短歌の方法 （望月善次著） ジロー印刷企画 1997.3 218p
◇悲哀と鎮魂―啄木短歌の秘密 （大沢博著） おうふう 1997.4 182p
◇石川啄木―一握の砂（抄）／悲しき玩具（抄） （石川啄木著、上田博編） 日本図書センター 1997.4 282p （シリーズ・人間図書館）
◇とっておきのもの とっておきの話 第1巻 （YANASE LIFE編集室編） 芸神出版社 1997.5 213p （芸神集団Amuse）
◇石川啄木の詩稿ノート―"Ebb and flow"の研究 （飯田敏著） 光陽出版社 1997.6 175p
◇中野重治全集 16 （中野重治著） 筑摩書房 1997.7 525p
◇風呂で読む 啄木 （木股知史著） 世界思想社 1997.10 104p
◇論集 石川啄木 （国際啄木学会編） おうふう 1997.10 279p
◇日本文壇史 18 （伊藤整著） 講談社 1997.10 246,16p （講談社文芸文庫）
◇啄木・賢治北の旅 （小松健一著） 京都書院 1997.11 254p （京都書院アーツコレクション）
◇啄木歌集カラーアルバム―26年の生涯を鮮烈に描く （上田博監修） 芳賀書林 1998.1 159p （芸術…夢紀行シリーズ）
◇「故郷」という物語―都市空間の歴史学 （成田竜一著） 吉川弘文館 1998.7 259,13p （ニューヒストリー近代日本）
◇文学ランドワンダーランド―全国文学館・記念館ガイド160 （リテレール編集部編） メタローグ 1998.8 302p
◇精神医学からみた作家と作品 新装版 （春原千秋、梶谷哲男著） 牧野出版 1998.9 288p
◇石川啄木論 （平岡敏夫著） おうふう 1998.9 321p
◇東北 庭と花と文学の旅 下 （青木登著） のんぶる舎 1998.9 262p
◇子規と啄木 （中村稔著） 潮出版社 1998.11 263p （潮ライブラリー）
◇佐佐木幸綱の世界―底より歌え 6 （佐佐木幸綱著） 河出書房新社 1998.11 249p
◇石川啄木の系図 （北畠康次編） メグミ出版 1999.2 1冊（ページ付なし） （有名人の系図）
◇石川啄木―地方、そして日本の全体像への視点 （堀江信男著） おうふう 1999.3 242p
◇春秋の花 （大西巨人著） 光文社 1999.3 262p （光文社文庫）
◇20世紀日記抄 （「This is読売」編集部編） 博文館新社 1999.3 229p
◇啄木と教師堀田秀子―「東海の小島」は八戸・蕪嶋 （岩織政美著） 沖積舎 1999.5 141p
◇石川啄木『一握の砂』研究―もう一人の著者の存在 （住友洸著） 日本図書刊行会 1999.5 271p
◇面白すぎる日記たち―逆説的日本語読本 （鴨下信一著） 文芸春秋 1999.5 238p （文春新書）
◇石川啄木の系図 3 （北畠康次編） メグミ出版 1999.5 1冊（ページ付なし） （有名人の系図 3）
◇石川啄木の系図 2 （北畠康次編） メグミ出版 1999.5 1冊（ページ付なし） （有名人の系図）
◇君は反戦詩を知ってるか―反戦詩・反戦川柳ノート （井之川巨著） 晧星社 1999.6 429p
◇星の歌 （上野霄里著） 明窓出版 1999.6 420p
◇詩人を旅する （小松健一著） 草の根出版会 1999.6 135p （母と子でみる）
Tokyo Generation （小林紀晴著） 河出書房新社 1999.6 230p
◇拝啓 啄木さま （山本玲子著） 熊谷印刷出版部 1999.7 237p
◇クイズでなっとく「頭出し」文章教室 （月とうさぎ文学探偵団編） 小学館 1999.8 250p （小学館文庫）
◇受容と継承の軌跡―啄木文学・編年資料 （上田哲著） 岩手出版 1999.8 653p
◇林中幻想 啄木の木霊 （遊座昭冶著） 八重岳書房 1999.9 222p
◇石川啄木文献書誌集大成 （佐藤勝著） 武蔵野書房 1999.11 549p
◇啄木短歌に時代を読む （近藤典彦著） 吉川弘文館 2000.1 230p （歴史文化ライブラリー）
◇何をどう読ませるか―第5群 高等学校 六訂版 （全国学校図書館協議会必読図書委員会編） 全国学校図書館協議会 2000.3 190,14p
◇ハイカルチャー （青木保、川本三郎、筒井清忠、御厨貴、山折哲雄編） 岩波書店 2000.3 214p （近代日本文化論）
◇啄木短歌小感 （斉藤英子著） 新世代の会 2000.3 203p （新短歌叢書）

◇啄木を読む―思想への望郷・文学篇 （寺山修司著） 角川春樹事務所 2000.4 280p （ハルキ文庫）
◇今昔お金恋しぐれ―文学にみるカネと相場99話 （鍋島高明著） 市場経済研究所 2000.5 280p
◇名句歌ごよみ 恋 （大岡信著） 角川書店 2000.5 266p （角川文庫）
◇石川啄木―時代閉塞状況と「人間」 （上田博著） 三一書房 2000.5 203p （三一「知と発見」シリーズ）
◇石川啄木展―貧苦と挫折を超えて 姫路文学館 2000.8 26p
◇詩の近代を越えるもの―透谷・朔太郎・中也など （北川透著） 思潮社 2000.9 281p （詩論の現在）
◇石川啄木の新世界 （碓田のぼる著） 光陽出版社 2000.9 246p
◇恋に死ぬということ―危うき恋と至上の愛の間に命揺れる時 （矢島裕紀彦著） 青春出版社 2000.10 272p
◇あなたと読む恋の歌百首 （俵万智著） 朝日新聞社 2001.2 239p （朝日文庫）
◇啄木・道造の風かほる盛岡 （山崎益矢著） 文芸社 2001.4 283p
◇評論 賢治・幾多郎・大拙―大地の文学 （小野寺功著） 春風社 2001.6 313p
◇言葉の虫めがね （俵万智著） 角川書店 2001.6 199p （角川文庫）
◇「帝国」の文学―戦争と「大逆」の間 （絓秀実著） 以文社 2001.7 360p （以文叢書）
◇ペンネームの由来事典 （紀田順一郎著） 東京堂出版 2001.9 331p
◇石川啄木事典 （国際啄木学会編） おうふう 2001.9 647p
◇あくがれの歌人―若山牧水の青春 （中嶋祐司著） 文芸社 2001.10 514p
◇石川くん―啄木の短歌は、とんでもない！ （枡野浩一著、朝倉世界一画） 朝日出版社 2001.11 180p （ほぼ日ブックス）
◇喜怒哀楽のうた （佐高信著） 徳間書店 2001.11 411p （徳間文庫）
◇評伝 散華抄―妻でない妻 （永田竜太郎著） 永田書房 2001.11 301p
◇周作人と日本近代文学 （于耀明著） 翰林書房 2001.11 216,14p
◇石川啄木歌集全歌鑑賞 （上田博著） おうふう 2001.11 426p
◇明治人のお葬式 （此経啓助著） 現代書館 2001.12 203p
◇手紙の書き方 （佐高信著） 岩波書店 2002.1 200p （岩波アクティブ新書）
◇歌の基盤―短歌と人生と （大島史洋著） 北冬舎 2002.2 254p （北冬草書）
◇啄木とその系譜 （田中礼著） 洋々社 2002.2 296p
◇文学碑のなかの人生と愛 （青柳亨著） 西田書店 2002.3 564p
◇文学論集 逸脱と傾斜 （塚本康彦著） 未来社 2002.3 309p
◇石川啄木悲哀の源泉 （西脇巽著） 同時代社 2002.3 319p
◇啄木の肖像 （佐藤勝著） 武蔵野書房 2002.3 361p
◇啄木挽歌―思想と人生 （中島嵩著） ねんりん舎 2002.4 240p
◇尾上柴舟・石川啄木 （和田周三、上田博編） 晃洋書房 2002.5 261p （新しい短歌鑑賞）
◇南部と奥州道中 （細井計編） 吉川弘文館 2002.5 244,23p （街道の日本史）
◇夢よぶ啄木、野をゆく賢治 （山本玲子、牧野立雄著） 洋々社 2002.6 242p
◇西洋の音、日本の耳―近代日本文学と西洋音楽 （中村洪介著） 春秋社 2002.7 531,19p
◇詩人の愛―百年の恋、五〇人の詩 （正津勉著） 河出書房新社 2002.7 196p
◇歌のあれこれ 1 （米長保著） 鳥影社 2002.7 162p
◇日本のこころ 花の巻 （竹西寛子、加藤周一、脇明修、ドナルド・キーン、小原信、深田祐介、林真理子、門屋光昭、藤田宜永、西沢潤一ほか著） 講談社 2002.8 243p
◇されど汽笛よ高らかに―文人たちの汽車旅 （佐藤喜一著） 成山堂書店 2002.9 220p
◇サフラン 随想選―沈黙と思索の世界へ （上田博, チャールズ・フォックス, 滝本和成編） 嵯峨野書院 2002.10 245p
◇北国のこころ （高田宏著） 日本放送出版協会 2002.10 241p
◇啄木新論 （大西好弘著） 近代文芸社 2002.10 277,9p
◇石川啄木展―時代を駆け抜けた天才 第14回企画展 （群馬県立土屋文明記念文学館、中村稔、近藤典彦監修） 群馬県立土屋文明記念文学館 2002.10 55p
◇ちょっと知的な江戸・東京散歩＆ウォッチング （主婦と生活社編） 主婦と生活社 2002.11 111p
◇本郷界隈を歩く （街と暮らし社編） 街と暮らし社 2002.12 191p （江戸・東京文庫）
◇日本人の漢詩―風雅の過去へ （石川忠久著） 大修館書店 2003.2 332p
◇石川啄木矛盾の心世界 （西脇巽著） 同時代社 2003.2 317p

◇ポケットのなかの啄木　（白竜社編集部編）　白竜社　2003.3　157p
◇新編石川啄木　（金田一京助著）　講談社　2003.3　312p　（講談社文芸文庫）
◇ツルゲーネフと石川啄木―その比較研究　（藤沢全）　『知の新視界　脱領域的アプローチ』（秋山正幸編著）　南雲堂　2003.3　p117～
◇達人たちの悦楽　性に取り憑かれた文豪たち　（達人倶楽部編著）　ワンツーマガジン社　2003.4　293p
◇内観紀行　（村松基之亮著）　富士書店　2003.4　279p
◇愛蔵版　石川啄木歌集外短歌評釈　1　（望月善次著）　信山社　2003.5　350p　（信山社学術文庫）
◇新・小樽のかたみ―石川啄木と小樽啄木会五十五年　（小樽啄木会・小樽文学館編）　「新・小樽のかたみ」刊行委員会　2003.5　82p
◇文学の風景をゆく―カメラ紀行　（小松健一著）　PHP研究所　2003.6　238p　（PHPエル新書）
◇まぐれの日本近現代史研究　（江口圭一著）　校倉書房　2003.6　256p
◇賢治と啄木　（米田利昭著）　大修館書店　2003.6　250p
◇啄木・賢治・太宰　じょっぱり―おいてけぼり　2　（芝田啓治著）　東京図書出版会　2003.7　185p
◇漂白過海的啄木論述―国際啄木学会台湾高雄大会論文集　（台湾啄木学会編著）　台湾啄木学会　2003.7　199p
◇昴誌消息　（江南文三著）　日本文学館　2003.8　98p
◇詩をポケットに―愛する詩人たちへの旅　（吉増剛造著）　日本放送出版協会　2003.9　307p　（NHKライブラリー）
◇野村胡堂・あらえびすとその時代　（太田愛人著）　教文館　2003.9　586p
◇名作と歩く東京山の手・下町　第2集　（青木登文・写真）　けやき出版　2003.10　255p
◇近代日本の法社会史―平和・人権・友愛　（後藤正人著）　世界思想社　2003.10　262p　（SEKAISHISO SEMINAR）
◇愛と青春の追憶　（藤田稔著）　東京図書出版会　2004.1　155p
◇詩人の夢―啄木評伝　（理崎啓著）　日本文学館　2004.1　180p
◇石川啄木東海歌の謎　（西脇巽著）　同時代社　2004.1　154p
◇石川啄木骨肉の怨　（西脇巽著）　同時代社　2004.1　234p
◇啄木短歌小感　（斉藤英子著）　文芸社　2004.2　218p
◇『一握の砂』の研究　（近藤典彦著）　おうふう　2004.2　303p
◇啄木短歌の読み方―歌集外短歌評釈一千首とともに　愛蔵版　（望月善次著）　信山社　2004.3　326p　（信山社学術文庫）
◇漱石の時代―天皇制下の明治の精神　（林順治著）　彩流社　2004.4　668p
◇言語文化の諸相―近代文学　（藤沢全著）　大空社　2004.4　202p
◇一握の砂・黄昏に収穫　（木股知史, 藤沢全, 山田吉郎共著）　明治書院　2004.4　518p　（和歌文学体系）
◇論集石川啄木　2　（国際啄木学会編）　おうふう　2004.4　300p
◇金子みすゞと夭折の詩人たち　（詩と詩論研究会編）　勉誠出版　2004.5　291p
◇五行でわかる日本文学―英日狂演滑稽五行詩　（ロジャー・パルバース著, 柴田元幸訳, 喜多村紀範）　研究社　2004.5　74p
◇近代文学の風景―有島・漱石・啄木など　（西垣勤著）　續文堂出版　2004.5　377p
◇啄木と賢治　（遊座昭吾著）　おうふう　2004.5　270p
◇炎立つとは―むかし女ありけり　（福本邦雄著）　講談社　2004.6　323p
◇一冊で人生論の名著を読む―人の生き方がわかる珠玉の28編　（本田有明著）　中経出版　2004.6　175p
◇私の詩歌逍遙　（中村稔著）　青土社　2004.9　387p
◇石川啄木―その社会主義への道　（碓田のぼる著）　かもがわ出版　2004.9　255p
◇"夕暮れ"の文学史　（平岡敏夫著）　おうふう　2004.10　395p
◇大地の文学―増補　賢治・幾多郎・大拙　増補版　（小野寺功著）　春風社　2004.11　324p
◇日本近代思想史序説　明治期後篇　下　（岩崎允胤著）　新日本出版社　2004.12　434,12p
◇坂道のアルト　（碓田のぼる著）　光陽社　2005.2　311p
◇中村稔著作集　第3巻　（中村稔著）　青土社　2005.3　675p
◇石川啄木と郁雨―友情は不滅　（西脇巽著）　青森文学会　2005.3　303p
◇石川啄木と小樽　（倉田稔著）　成文社　2005.3　53p
◇薄命の歌人―石川啄木小論集　（井上信興著）　渓水社　2005.4　213p
◇奇跡の歌手・横山茂―わらび座を創った男の物語　（横山茂の本を作る会編）　あけび書房　2005.6　244p
◇浅草　大正篇　（堀切直人著）　右文書院　2005.7　341p
◇思想のケミストリー　（大沢真幸著）　紀伊国屋書店　2005.8　306p
◇お墓参りは楽しい　（新井満写真・文）　朝日新聞社　2005.8　127p
◇近代社会と格闘した思想家たち　（鹿野政直著）　岩波書店　2005.9　192p　（岩波ジュニア新書）

◇旅の情景―心の会話　（高橋正幸著）　近代文芸社　2005.11　277p
◇われ泣きぬれて―石川啄木の生涯　（永田竜太郎著）　永田書房　2005.11　282p
◇鉄道の文学紀行　（佐藤喜一著）　中央公論新社　2006.1　242p　（中公新書）
◇みちのく啄木抒情―歌と詩と原風景　（中島嵩著）　新風舎　2006.2　125p
◇詩歌の待ち伏せ　1　（北村薫著）　文芸春秋　2006.2　197p　（文春文庫）
◇石川啄木とロシア　（安元隆子著）　翰林書房　2006.2　386p
◇石川啄木の友人―京助、雨情、郁雨　（西脇巽著）　同時代社　2006.2　215p
◇日本近代短歌史の構築―晶子・啄木・八一・茂吉・佐美雄　（太田登著）　八木書店　2006.4　475,10p
◇石川啄木生誕一二〇年記念図録　函館市文学館　2006.4　52p
◇石川啄木と石上露子―その同時代性と位相　（碓田のぼる著）　光陽出版社　2006.4　238p
◇石川啄木―国際性への視座　（池田功著）　おうふう　2006.4　346p
◇NHKスペシャル　明治　コミック版　2　（NHK取材班編）　ホーム社　2006.5　492p　（ホーム社漫画文庫）
◇生のうた死のうた　（佐伯裕子著）　禅文化研究所　2006.6　237p
◇終章石川啄木　（井上信興著）　渓水社　2006.6　209p
◇寺山修司―過激なる疾走　（高取英著）　平凡社　2006.7　253p　（平凡社新書）
◇文学の中の駅―名作が語る"もうひとつの鉄道史"　（原口隆行著）　国書刊行会　2006.7　327p
◇「歌」の精神史　（山折哲雄著）　中央公論新社　2006.8　220p　（中公叢書）
◇Theザ・啄木展―啄木生誕120年記念4館共同企画　（もりおか啄木・賢治青春館, 石川啄木記念館, 盛岡市先人記念館, 盛岡てがみ館企画・構成・編集, 門屋光昭監修）　啄木・賢治生誕記念事業実行委員会　2006.8　48p
◇松城天民の半生涯と探訪記―友愛と正義の社会記者　（後藤正人著）　和泉書院　2006.9　197p　（和泉選書）
◇忘れな草―啄木の女性たち　（山下多恵子著）　未知谷　2006.9　253p
◇トンデモ偉人伝―作家編　（山口智司著）　彩図社　2006.11　191p
◇安藤重雄『啄木文庫』所収作品集――一九八二～一九九七年　（後藤正人編集・解説）　和歌山大学教育学部後藤正人研究室　2006.11　1冊
◇石川啄木東海歌二重歌格論　（西脇巽著）　同時代社　2007.1　269p
◇声で読む石川啄木　（岩城之徳著）　学燈社　2007.2　247p
◇石川くん　（枡野浩一著）　集英社　2007.4　239p　（集英社文庫）
◇昭和維新試論　（橋川文三著）　筑摩書房　2007.5　286p　（ちくま学芸文庫）
◇作家の値段　（出久根達郎著）　講談社　2007.5　352p
◇石川啄木望郷伝説　増補・新版　（松本健一著）　辺境社　2007.6　290p　（松本健一伝説シリーズ）
◇終章石川啄木　続　（井上信興著）　渓水社　2007.8　243p
◇コウリッジと賢治・啄木　（高山信雄著）　『伊藤広里教授傘寿記念論集』（伊藤広里教授傘寿記念論集編集委員会編）　伊藤広里教授傘寿記念論集刊行会　2007.8　p93～104
◇大逆事件の言説空間　新装版　（山泉進編著）　論創社　2007.9　517p　（明治大学人文科学研究所叢書）
◇長酣居雑録　（石田比呂志著）　砂子屋書房　2007.10　355p
◇歌集『ともしび』とその背景―後期斎藤茂吉の出発　（岡井隆著）　短歌新聞社　2007.10　218p
◇トスキナア　第6号　（トスキナアの会編）　トスキナアの会　2007.10　135p
◇「鉄都」釜石の物語　（小野崎敏著）　新樹社　2007.11　287p
◇啄木への目線―鷗外・道造・修司・周平　（門屋光昭著）　洋々社　2007.12　252p
◇有島武郎論―二〇世紀の途絶した夢とその群像の物語　（北村巌著）　柏艪舎　2007.12　227p　（柏艪舎エルクシリーズ）
◇私の啄木　（小堀文一著）　創開出版社　2008.1　156p
◇啄木と朝日歌壇の周辺　（平野英雄著）　平原社　2008.2　117p
◇石川啄木―その散文と思想　（池田功著）　世界思想社　2008.3　298p　（明治大学人文科学研究所叢書）
◇鹿野政直思想史論集　第6巻　（鹿野政直著）　岩波書店　2008.4　434p
◇啄木の母方の血脈―新資料「工藤家由緒系譜」に拠る　（森義真, 佐藤静子, 北田まゆみ編）　遊座昭吾　2008.5　85p
◇文豪が愛した百名山　（中川博樹, 泉久恵家）　東京新聞出版局　2008.7　221p
◇野口雨情そして啄木　（井上信興著）　渓水社　2008.7　221p
◇啄木と賢治―詩物語　（関厚夫著）　産経新聞出版　2008.9　430p
◇盛岡啄木手帳―閉天地・時代閉塞の現状・渋民日記など　盛岡啄木手帳刊行委員会　2008.10　380p

◇作家その死（神津拓夫著）近代文芸社　2008.10　311p
◇漱石の大出血はアスピリンが原因か―作家たちの消化器病（野村益世著）愛育社　2008.10　201p
◇盛岡啄木手帳―閑天地・時代閉塞の現状・渋民日記など（〔石川〕啄木著）盛岡啄木手帳刊行委員会　2008.10　380p
◇天才の世界（湯川秀樹, 市川亀久弥著）光文社　2008.12　366p（光文社知恵の森文庫）
◇日本近代文学の断面―1890‐1920（岩佐壮四郎著）彩流社　2009.1　293p
◇啄木文学の定説をめぐって（井上信興著）そうぶん社出版　2009.1　165p
◇兼常清佐著作集　第10巻（音・ことば・科学）（兼常清佐著, 蒲生美津子, 土田英三郎, 川上央編）大空社　2009.1　115,12,218p
◇谷静湖と石川啄木（北沢文武著）塩ブックス　2009.2　105p
◇大逆事件と知識人―無罪の構図（中村文雄著）論創社　2009.4　411p
◇寺山修司短歌論集（寺山修司著）国文社　2009.8　197p（現代歌人文庫）
◇「職業」の発見―転職の時代のために（池田功, 上田博編）世界思想社　2009.9　200,11p
◇啄木―ふるさとの空遠みかも（三枝昂之著）本阿弥書店　2009.9　383p
◇韓流百年の日本語文学（木村一信, 崔在哲編）人文書院　2009.10　334p
◇石川啄木という生き方―二十六歳と二ケ月の生涯（長浜功著）社会評論社　2009.10　305p
◇群衆―機械のなかの難民（松山巖著）中央公論新社　2009.11　515p（中公文庫）
［雑　誌］
◇啄木の短歌創造過程の心理学的研究(3)歌稿「暇ナ時」の逐次的分析（大沢博）「岩手大学教育学部研究年報」40(1) 1980.
◇近代歌人啄木の誕生(歌稿ノート「暇ナ時」覚書(1)）（昆豊）「福岡教育大学紀要（1 文科編）」30 1980
◇中野（小林）寅吉と石川啄木（福地順一）「原始林」35(1) 1980.1
◇文学こぼれ話―石川啄木洋行の夢「海」12(1) 1980.1
◇アメリカの詩集と石川啄木―新発見の詩稿ノート「EBB AND FLOW」を中心に（岩城之徳, 藤原全）「国際関係学部研究年報（日本大）」1 1980.2
◇内田魯庵と大逆事件―啄木・蘆花・修との関連において（吉田悦志）「明治大学文芸研究」43 1980.3
◇啄木小論二題（福地順一）「原始林」35(3) 1980.3
◇啄木歿年の手紙（杉村武）「明治村通信」11(3) 1980.3
◇日本における散文の問題(日本文学協会第34回大会報告―文学の部）「日本文学」29(3) 1980.3
◇本郷弓町時代の啄木―明治四十三年を中心に（岩城之徳）「明治村通信」11(3) 1980.3
◇私の啄木像（和田貴子）「国文学 解釈と鑑賞」45(3) 1980.3
◇石川啄木の四月（野田宇太郎）「明治村通信」11(4) 1980.4
◇啄木小論二題（福地順一）「原始林」35(4) 1980.4
◇演劇「無冠の帝王」と啄木(上, 下)（福地順一）「原始林」35(5, 6) 1980.5,6
◇「雲は天才である」論―小説作成における諸作家・とりわけゴールキーの影響について（目良卓）「文学研究稿（中央大）」2 1980.5
◇歌言葉との出会い―啄木, 明治四十一年六月(特集・現代ことば職人の世界)（米田利昭）「短歌研究」37(7) 1980.7
◇光太郎と石川啄木（堀江信男）「高村光太郎研究」8 1980.8
◇あなたなる過去・私の中の"近代詩人"像 啄木とわたし（阿部岩夫）「国文学 解釈と鑑賞」45(11) 1980.11
◇「初夜過ぎゆきし」歌をめぐって(特集・近代秀歌鑑賞 啄木短鑑賞)（岩城之徳）「短歌」27(11) 1980.11
◇特集・石川啄木「太陽」18(11) 1980.11
◇文学史の新視角 朔太郎と啄木―不安な国景（岡庭昇）「国文学 解釈と鑑賞」45(11) 1980.11
◇ローマ字の奇蹟（三浦哲郎）「太陽」18(11) 1980.11
◇啄木の評論「文学と政治」の周辺（上田博）「橘女子大学研究紀要」9 1981
◇善麿・啄木と松岡貞総―松岡貞総試論の一（小島喜一）「醍醐」41(12) 1981.2
◇啄木と鉄幹・晶子との出会い（梅木奈千子）「与謝野晶子研究」41 1981.2
◇「卓上一枝」研究―啄木に於ける自然主義受容の姿勢をめぐって（岩井英寂）「国語と教育（大阪教育大）」9 1981.3
◇啄木「血に染めし」歌の成立について（太田登）「山辺道」25 1981.3
◇北海道文学と啄木小説の位置（「漂泊」・菊池君」・「病院の窓」・「札幌」をとおして（桜井健治）「湘南文学（東海大）」15 1981.3
◇表記の意味するもの―石川啄木「ローマ字日記」について（木股知史）「日本文学」30(4) 1981.4
◇特集・都市・近代短歌以後―地図とともに「短歌研究」38(4) 1981.4
◇特集・石川啄木「ぽ」25 1981.5
◇石川啄木と釧路の花柳界（福地順一）「北方文芸」14(5) 1981.5
◇相馬空風における啄木と武郎（塩浦彰）「北方文学」29 1981.6
◇啄木没後七十年に寄せて―石川啄木展のことなど（岩城之徳）「國文學 解釈と教材の研究」26(9) 1981.7
◇「呼子と石笛」一篇―「書斎の午後」(特集・日露戦争文学(1)）（平岡敏夫）「稿本近代文学（筑波大）」4 1981.7
◇一九一〇年の啄木(1)（小川武敏）「論究」2 1981.8
◇啄木「漂泊」の風景（上田博）「立命館文学（立命館大）」433・434 1981.8
◇「ふがひなき我が日の本の女等」（日野きく）「渾」15 1981.8
◇文学の世界―啄木とトラークルの場合（星野慎一）「学鐙」78(8) 1981.8
◇石川啄木の短歌について（国府田ふみえ）「米沢国語国文」8 1981.9
◇石川啄木必携「別冊国文学」11 1981.9
◇国家・都市・郷土―啄木と荷風の交錯について（木股知史）「日本近代文学」28 1981.9
◇石川啄木研究（岡田浩恵）「たまゆら（比治山女短大）」13 1981.10
◇歌稿「暇ナ時」の逐次的分析(啄木の短歌創造過程の心理学的研究(4)）（大沢博）「教育学部研究年報（岩手大）」41(1) 1981.10
◇啄木の初期論文―「ワグネルの思想」について（伊藤淑人）「東海学園国語国文」20 1981.10
◇啄木「漂泊」の風景（上田博）「立命館文学」435・436 1981.10
◇石川啄木と現代(下)文学にみる日本の近代化(3)（高橋修）「ぽ」27 1981.11
◇歌集「悲しき玩具」の歌配列について（村上悦也）「PL学園女子短期大学紀要」8 1981.12
◇啄木よ よみがえれ(特集・短歌の未来)（宮岡昇）「短歌」29(1) 1982.1
◇石川啄木とキリスト教（河野仁昭）「キリスト教社会問題研究」30 1982.2
◇吉野白村論―文学活動及び啄木との交流（目良卓）「中央大学大学院研究年報（文学研究科篇）」11 1982.3
◇朔太郎と明星派の人々―晶子・啄木・白秋など(特集・萩原朔太郎のすべて)（野山嘉正）「国文学 解釈と鑑賞」47(5) 1982.5
◇近代短歌の発見(9)「短歌」29(7) 1982.7
◇啄木の短歌創造過程の心理学的研究(5)歌稿「暇ナ時」の逐次的分析（大沢博）「岩手大学教育学部研究年報」42(1) 1982.10
◇啄木「ダリヤ」の歌ノート（上田博）「啄木文庫」3 1982.11
◇啄木の故郷脱出志向―立志と詩のアメリカ（木股知史）「啄木文庫」3 1982.11
◇啄木短歌における「常民」性（安藤重雄）「啄木文庫」3 1982.11
◇漱石と啄木(特集・夏目漱石)（岩城之徳）「国文学 解釈と鑑賞」47(12) 1982.11
◇石川啄木研究資料稿―歌稿ノート『一握の砂以後（43年11月末より）』と投稿歌(上)（岡崎和夫）「青山学院女子短期大学紀要」36 1982.11
◇啄木歌(詩)論にみる＜生活＞の位相（上田博）「日本文芸学」19 1982.11
◇金貨幻想―石川啄木(主題・お金)（笠原芳光）「思想の科学（第7次）」26 1982.12
◇賢治と先行文学―啄木・白秋・暮鳥・朔太郎など(特集・宮沢賢治―詩の世界)（小野隆）「国文学 解釈と鑑賞」47(13) 1982.12
◇石川啄木＝杢太郎と啄木―「ローマ字日記」の思想(2)（木股知史）「枯野」2 1982.12
◇辺境の思想―「石川啄木と北一輝」によせて（西尾林太郎）「早稲田政治公法研究」41 1982.12
◇啄木初期思想考察への一視角―明治35年～36年の「透谷受容」をめぐって（吉田茂）「和光大学人文学部紀要」18 1983
◇石川啄木―再現される劇―現代短歌の作家, その歌と論と（松本健一）「國文學 解釈と教材の研究」28(3) 1983.2
◇言語と思考―啄木の二重思考について（倉橋克）「金沢大学教育学部紀要（人文・社会・教育科学編）」32（人文・社会）1983.2
◇啄木小説の世界の研究(1)「雲は天才である」の作品構造が示すものについて（池田功）「明治大学大学院紀要（文学篇）」20 1983.2
◇文学的土壌と作家の原点―小樽時代の啄木と多喜二―小林多喜二没後50年（碓田のぼる）「文化評論」263 1983.2
◇「一握の砂」―無常と存在（大石修平）「人文学報（都立大）」160 1983.3
◇「我等の一団と彼」に関する問題(1)大逆事件前夜の啄木（小川武敏）「文芸研究（明大）」49 1983.3
◇岩崎白鯨論―文学活動及び啄木との交流（目良卓）「中央大学国文」26 1983.3
◇啄木を形成した人々―樗牛, 晶子, 嘲風（伊藤淑人）「東海学園国語国文」23 1983.3

◇啄木短歌研究ノート(1)〈見る〉ことの意味(1) (太田登)「山辺道」 27 1983.3
◇石川啄木—近代作家年譜集成 (岩城之徳)「國文學 解釈と教材の研究」 28(6) 1983.4
◇石川啄木—「黒き鳥」から「飛行機」へ—病跡学の課題と寄与 (大沢博)「国文学 解釈と鑑賞」 48(7) 1983.4
◇石川啄木覚書 (ヴェ・マールコヴァ著,稲田定雄訳)「短歌」 30(4) 1983.4
◇教師啄木像への視座—ストライキの意味するもの (沖良機)「啄木文庫」 4 1983.4
◇戦後啄木研究の歴史 (岩城之徳)「あるご」創刊号 1983.4
◇啄木「閑古鳥」四首の世界—林中の鳥から巷間の鳥へ (太田登)「啄木文庫」 4 1983.4
◇啄木と「煙草」の香り (天野慈朗)「啄木文庫」 4 1983.4
◇啄木の酒と酒の歌 (妹尾源市)「啄木文庫」 4 1983.4
◇啄木短歌における「かなし」について—『一握の砂』『悲しき玩具』を通して (喜多美登里)「啄木文庫」 4 1983.4
◇緑の雨をついて都入りの啄木 (あまのひとし)「啄木文庫」 4 1983.4
◇石川啄木研究・新聞アラカルトほか (編集部)「啄木研究」 8 1983.5
◇石川啄木記念像に寄せて (川内通生)「言語と文学」 18 1983.6
◇石川啄木—日本現代文学研究必携 (岩城之徳)「別冊国文学」特大号 1983.7
◇性的な領域—「ローマ字日記」の思想(3)石川啄木 (木股知史)「枯野」 3 1983.7
◇同時代思想のなかの石川啄木——元二面観の成立と崩壊— (木股知史)「宇部短期大学学術報告」 20 1983.7
◇石川啄木と香山不抱小記 (桂孝二)「啄木文庫」 5 1983.8
◇詩集『あこがれ』の献辞 (上田博)「啄木文庫」 5 1983.8
◇新詩社退留1週間の啄木 (あまのひとし)「啄木文庫」 5 1983.8
◇地底の記録(13)時代の閉塞下の村—石川啄木の中の農村農民 (石川猶興)「農政調査時報」 323 1983.8
◇二十歳の啄木青春 (入江春行)「啄木文庫」 5 1983.8
◇啄木「東海歌」の原風景 (清水卯之助)「短歌周辺」 3(10) 1983.9
◇啄木と専吉(19) (斎藤英子)「短歌周辺」 3(10) 1983.9
◇啄木の文体模索—「ローマ字日記」をめぐって (関礼子)「文学」 51(9) 1983.9
◇啄木の口語自由詩について—詩評「心の姿の研究」を中心として (伊藤淑人)「東海学園女子短期大学紀要」 13 1983.10
◇啄木の短歌創造過程の心理学的研究(6)歌稿「暇ナ時」の逐次的分析 (大沢博)「岩手大学教育学部研究年報」 43(1) 1983.10
◇詩稿に見る啄木の文学意識—1909年秋の断片について (小川武敏)「文芸研究(明治大学文芸研究会)」 50 1983.10
◇石川啄木研究資料稿—歌稿ノート『一握の砂以後(43年11月末より)』と投稿歌(下) (岡崎和夫)「青山学院女子短期大学紀要」 37 1983.11
◇ふがひなき我が日の本の女等—啄木の女性観(3) (日野きく)「渾」 20 1983.11
◇啄木小説の世界の研究(その3)「鳥影」に於る吉野のモデル考,当時の啄木の執筆主体について (池田功)「日本文学(明治大学)」 11 1983.11
◇啄木の日記 (川並秀雄)「啄木文庫」 6 1983.12
◇啄木止宿の赤心館のあった本妙寺界隈 (あまのひとし)「啄木文庫」 6 1983.12
◇最近の啄木研究の動向に思うこと—不股・関の「ローマ字日記」論にふれつつ (太田登)「啄木文庫」 6 1983.12
◇煙管をみがく啄木像 (郡基良)「啄木文庫」 6 1983.12
◇小説「道」に関する問題—1910年の啄木2 (小川武敏)「論究」 6 1983.12
◇啄木の短歌創造過程の心理学的研究(7)歌稿「暇ナ時」の逐次的分析 (大沢博)「岩手大学教育学部研究年報」 44(1) 1984
◇啄木の歌稿ノート「暇ナ時」覚書(5)その評釈を中心に (昆豊)「福岡教育大学紀要 第1部 文科編」 34 1984
◇啄木と鷗外(鷗外をめぐる人物群像) (清水卯之助)「国文学解釈と鑑賞」 49(2) 1984.1
◇啄木生誕百年に寄せて (岩城之徳)「国文学」 29(1) 1984.1
◇石川啄木と故郷渋民—短歌にみる思郷性について (山本真規子)「聖徳学園岐阜教育大学国語国文学」 3 1984.1
◇もう一つの「悲しい玩具」—啄木の「ローマ字日記」について (長戸路信行)「千葉敬愛経済大学研究論集」 25 1984.1
◇啄木小説の世界の研究(その2)「我等の一団と彼」における高橋と松永の人物設定をめぐる一考察 (池田功)「明治大学大学院紀要 文学篇」 21 1984.2
◇歌稿ノート「暇ナ時」覚書(4)啄木のノンセンス歌の意義 (昆豊)「福岡教育大学紀要 第1部 文科編」 33 1984.2
◇啄木と花袋—小説「葉書」前後— (上田博)「花袋研究会々誌」 2 1984.3

◇啄木の「真面目」な側面(特集・時代と思潮=明治) (林尚男)「国語通信」 263 1984.3
◇小説草稿に見る啄木の文学意識—1910年春の問題 (小川武敏)「文芸研究(明治大学文芸研究会)」 51 1984.3
◇啄木短歌研究ノート(2)〈見る〉ことの意味 (太田登)「山辺道」 28 1984.3
◇〈一握の砂〉とはなにか—啄木短歌論序説— (木股知史)「宇部国文研究(宇部短期大学)」 15 1984.3
◇石川啄木(特集=近・現代詩の世界) (目良卓)「国文学解釈と鑑賞」 49(5) 1984.4
◇啄木の「ローマ字日記」—デカダンスへの自己批評(特集・作家と日記) (松本健一)「国文学」 29(5) 1984.4
◇啄木渋民移住の謎—日記の背後にあるもの(特集・作家と日記) (岩城之徳)「国文学」 29(5) 1984.4
◇啄木と光太郎 (桂孝二)「啄木文庫」 7 1984.4
◇啄木短歌とにおい (天野滋朗)「啄木文庫」 7 1984.4
◇啄木「葬列」論—詩から小説へ (上田博)「論究日本文学」 47 1984.5
◇石川啄木(近代伝記劇〈特集〉) (伊藤嘉朗)「悲劇喜劇」 37(5) 1984.5
◇特集・石川啄木—明治とは何であったか 「国文学」 29(7) 1984.6
◇日中対訳石川啄木秀歌鑑賞 (岩城之徳,林丕雄)「国際関係研究(日本大学)」 8 1984.7
◇啄木文庫 (波佐谷慶雄)「同朋」 74 1984.8
◇「蟹行の一詩綴」—啄木・外国・日本 (田中礼)「啄木文庫」 8 1984.8
◇啄木文庫 (波佐谷慶雄)「同朋」 75 1984.9
◇石川啄木(宮崎郁雨宛)(日本人100人の手紙) (岩城之徳)「国文学」 29(12) 1984.9
◇続・啄木への鎮魂歌—啄木生誕日再説 (昆豊)「日本近代文学」 31 1984.10
◇初期啄木の国家観の成立—「戦雲余録」を軸として (伊藤淑人)「東海学園国語国文」 26 1984.10
◇続・啄木への鎮魂歌—啄木生誕日再説 (昆豊)「日本近代文学」 31 1984.10
◇啄木の歌稿ノート『一握の砂以後(43年11月末より)』にみえる、マーク—筑摩書房版全集にも反映されなかったひとつの事実について— (岡崎和夫)「青山学院女子短期大学紀要」 38 1984.11
◇明星派歌人・松原海雨(萍花)について—啄木・鉄幹・晶子の未公表資料を中心に (塩浦彰)「国文学」 29(14) 1984.11
◇日中対訳石川啄木秀歌鑑賞(2) (岩城之徳他)「日本大学国際関係研究」 9 1984.12
◇啄木小説断片中に見る〈老人と青年〉の主題形成過程—草稿「代弁人」・「父の杖」・「杖の喜劇」・「不穏」等について (小川武敏)「論究」 7 1984.12
◇啄木管見—〈秋〉に関する二三の問題をめぐって (岡本正晴)「国文学論考」 21 1985
◇啄木短歌研究ノート(3)〈見る〉ことの意味(3) (太田登)「山辺道」 29 1985
◇啄木の原稿ノート「暇ナ時」覚書(6)本文考証とその評釈を中心に (昆豊)「福岡教育大学紀要 第1部 文科編」 35 1985
◇石川啄木・啄木詩歌論の源流と裾野—〈瞬間〉の詩学— (木股知史)「枯野」 4 1985.1
◇啄木とクロポトキン (堀内秀雄)「雪渓文学」 10 1985.1
◇朝日新聞と啄木(石川啄木〈特集〉—啄木・その周辺) (大屋幸世)「国文学 解釈と鑑賞」 50(2) 1985.2
◇石川啄木〈特集〉「国文学 解釈と鑑賞」 50(2) 1985.2
◇啄木と日露戦争—「戦雲余録」から「渋民村より」へ (上田博)「立命館文学」 475~477 1985.3
◇日中対訳石川啄木秀歌鑑賞(3) (岩城之徳他)「国際関係研究(日本大学)」 10 1985.3
◇啄木書誌(1) 「まちなみ」 2 1985.3
◇啄木短歌の水脈と『放浪記』との関連— (森英一)「イミタチオ」 2 1985.4
◇石川啄木の小説をめぐって (水野晶雄)「民主文学」 234 1985.5
◇啄木「きれぎれに心に浮んだ感じと回想」を読む (上田博)「立命館文学」 478~480 1985.6
◇さすらいの貴公子—貴種としての石川啄木— (坂野信彦)「詩法」 2 1985.6
◇啄木「ローマ字日記」—ローマ字に青春を(魅せられた日記文学—古典から近代まで〈特集〉) (目良卓)「国文学 解釈と鑑賞」 50(8) 1985.7
◇「断章」と石川啄木(北原白秋—生誕100年記念〈特集〉) (伊藤信吉)「短歌」 32(7) 1985.7
◇石川啄木の短歌の解釈に及ぼす否定発問の効果—「ゆさぶりはいずれにせよよい」仮説の検討 (落合幸子)「読書科学」 29(2) 1985.7
◇石川啄木—社会進化論の影響(1)— (池田功)「日本文学(明治大学)」 13 1985.7
◇一握の砂の詩空間(1)広告文について (木股知史)「宇部短期大学

学術報告」22 1985.7
◇石川啄木の短歌の解釈に及ぼす否定発問の効果　(落合幸子)「読書科学」29(2)　1985.7
◇石川啄木論考—その思想変遷の軌跡について—　(堀内朋子)「米沢国語国文(県立米沢女子短期大学)」12　1985.9
◇哀果と啄木の相互影響—1年3ケ月の密度(土岐善麿〈特集〉) (来嶋靖生)「短歌」32(10)　1985.10
◇啄木日記〈妻〉—啄木試論1—　(塩浦彰)「無名舎文学」創刊号 1985.10
◇啄木「我等の一団と彼」論—〈現代の主潮〉の意味—　森本泰充「イミタチオ」3　1985.10
◇高等学校国語科教科書に採録されたる石川啄木の作品分析　(荒木茂)「北海道自動車短期大学研究紀要」12　1985.12
◇啄木短歌研究ノート(4)〈見る〉ことの意味(4)　(太田登)「山辺道」30　1986
◇啄木の短歌にみる心のかげり　(三浦光広)「古都のかげり」2 1986.1
◇石川啄木文献入門　(岩城之徳)「日本古書通信」679　1986.2
◇続・近代日本の日記(5)石川啄木の日記　(小田切進)「群像」41(2)　1986.2
◇石川啄木生誕百年記念—啄木の駆け抜けた時代〈特集〉　「短歌研究」43(2) 1986.2
◇石川啄木—社会進化論の影響(2)—　(池田功)「明治大学大学院紀要　文学篇」23　1986.2
◇続・近代日本の日記(6)「ローマ字日記」前後の啄木　(小田切進)「群像」41(3)　1986.3
◇石川啄木—生誕100年記念〈特集〉　「短歌」33(3)　1986.3
◇石川啄木生誕100年記念小特集　「民主文学」244　1986.3
◇「我等の一団と彼」に関する問題(2)大逆事件前夜の啄木　(小川武敏)「文芸研究(明治大学文芸研究会)」55　1986.3
◇啄木「秋草一束」論　(上田博)「立命館文学」487〜489　1986.3
◇石川啄木とその時代—明治日本の一天才—　(岩城之徳)「西日本宗教学雑誌」8　1986.3
◇文学に見る図書館風景(2)石川啄木と図書館　(紫富田忠和)「みんなの図書館」106　1986.3
◇女性史のなかの啄木(上)　(塩浦彰)「無名舎文学」2　1986.3
◇石川啄木「呼子と口笛」の成立過程を解明するかぎ—北原白秋「思ひ出」の衝撃的なかかわり　(近藤典彦)「成城文芸」115　1986.5
◇啄木第二詩集の構想—「新弦」から「呼子と口笛」まで(近代詩歌の諸問題〈特集〉) (藤沢全)「国語と国文学」63(5)　1986.5
◇三喜居すずろ種(くさ)—日向・大淀河畔にて"牧水と啄木"の人間像を偲ぶ　(黒木晩石)「日本及日本人」1583　1986.7
◇石川啄木「呼子と口笛」成立過程の内面的考察　(近藤典彦)「成城文芸」116　1986.8
◇啄木試論—詩の源泉を求めて(上)　(吉田裕)「文学」54(9) 1986.9
◇エピローグ石川啄木と南北朝正閏問題　(岩城之徳)「国文学」31(11)臨増 1986.9
◇石川啄木—啄木の歴史感覚(夭折歌人と青春歌〈特集〉) (篠弘)「短歌」33(9)　1986.9
◇僕の中の啄木像(1)—生誕百年を迎えて・近代文学爽話7—　(猪野謙二)「国語通信」288　1986.9
◇啄木試論—詩の源泉を求めて(下)　(吉田裕)「文学」54(10) 1986.10
◇都市論の現在—啄木における都市の発見(短歌—その風土・都市・風俗) (前田愛)「短歌」33(10) 1986.10
◇ローマ字でしか書けなかった啄木の真実　(ドナルド・キーン)「新潮45」5(10) 1986.10
◇啄木—愛とその青春〈"石川啄木生誕百年記念の集い"での講演〉　(岩城之徳)「新日本歌人」476 1986.10
◇啄木に関する未発表・新資料について—絵葉書、証文、手紙—　(田村宗一、田中礼)「新日本歌人」476 1986.10
◇僕の中の啄木像(2)—"I am young"近代文学爽話8—　(猪野謙二)「国語通信」289 1986.10
◇日印尼対訳石川啄木秀歌鑑賞　(岩城之徳、舟田京子)「国際関係研究(日本大学)」7(2)(三島学園開設四〇周年記念) 1986.11
◇啄木と聖書教育—戸完七郎「綴方帳」をめぐって—　(上田哲)「キリスト教文学研究」4　1986.12
◇啄木文学の周辺—啄木を繞る人々・福島県の巻—　(三留昭男)「言文(福島大学)」33 1986.12
◇啄木像への提言　(伊藤淑人)「東海学園国語国文」30 1986.12
◇古書通信の50年—神奈川県にまつわる人々の思い出　(八木福次郎)「神奈川県図書館学会誌」59 1986.12
◇啄木文献入門—生誕百年に寄せて—　(岩城之徳)「日本文芸論集(山梨英知短期大学)」15・16(大学創立20周年記念号) 1986.12
◇啄木と聖書教育—戸完七郎「綴方帳」をめぐって—　(上田哲)「キリスト教文学研究」4 1986.12
◇僕の中の啄木像(3)—"石碑の建立に終わらしめるな"近代文学爽話9—　(猪野謙二)「国語通信」290 1986.12
◇石川啄木の病跡—日記・書簡・作品にみられる低血糖症状を中心に　(大沢博)「岩手大学教育学部研究年報」47(1) 1987
◇私の見た昭和の思想と文学の50年(46)北村透谷と石川啄木, それにしてもわたしは　(小田切秀雄)「すばる」9(2) 1987.2
◇「我等の一団と彼」と啄木—作者の位置を手がかりとして—　(若林敦)「国文論叢(神戸大学)」14 1987.3
◇啄木と英詩　(富田光明)「人文論究(北海道教育大学)」47 1987.3
◇啄木「閑天地」を読む　(上田博)「立命館大学」500(創刊500号記念論集) 1987.3
◇啄木と英詩　(富田光明)「人文論究(北海道教育大学函館人文学会)」47 1987.3
◇日印尼対訳石川啄木秀歌鑑賞(2)　(岩城之徳他著)「国際関係研究(日本大学国際関係学部国際関係研究所)」7(3) 1987.3
◇ヴェーラさんと啄木についての断想−短歌の翻訳−　(堀内秀雄)「雪渓文学」14 1987.4
◇石川啄木の「小樽日報」記事ノート　(荒木茂)「北海道自動車短期大学研究紀要」13 1987.5
◇石川啄木論(1)　(横田真人)「原型」26(6) 1987.6
◇*渋民に想う　(井口牧郎)「法苑」68 1987.7
◇1909年,10年の交における啄木の思想上の営為—クロポトキン『麺麭の略取』に出会うまで—　(近藤典彦)「成城文芸」120(学園創立70周年記念特集号(2)) 1987.7
◇石川啄木論(2)　(横田真人)「原型」7 1987.7
◇日印尼対訳石川啄木秀歌鑑賞(3) 歌集「悲しき玩具」を中心に　(岩城之徳, 舟田京子)「国際関係研究(日本大学国際関係学部国際関係研究所)」8(1) 1987.7
◇石川啄木論(3)　(横田真人)「原型」26(8) 1987.8
◇短歌形式という容器—初期の塚本邦雄と石川啄木　(村崎光二)「季刊　玲瓏」七 1987.8
◇ある老人の記憶—啄木と日景安太郎　(北畠立朴)「まちなみ」30 1987.9
◇石川啄木論(4)　(横田真人)「原型」26(9) 1987.9
◇石川啄木論(5)　(横田真人)「原型」26(10) 1987.10
◇釧路の啄木研究誌　(北畠立朴)「まちなみ」32 1987.11
◇石川啄木論(6)　(横田真人)「原型」26(11) 1987.11
◇石川啄木論(7)　(横田真人)「原型」26(12) 1987.12
◇啄木の歌稿ノート「暇ナ時」覚書(8)その評釈と本文考証とを中心に　(昆豊)「福岡教育大学紀要　第1部　文科編」37 1988
◇石川啄木論(8)　(横田真人)「原型」27(1) 1988.1
◇石川啄木論(9)　(横田真人)「原型」27(2) 1988.2
◇石川啄木参考文献　「余聞」1 1988.3
◇プラネタリウムと俊次郎と啄木　(佐々木祐子)「いわて文化財」104 1988.3
◇石川啄木論(10)　(横田真人)「原型」27(3) 1988.3
◇石川啄木と日韓併合—近代日本文学史の一側面—　(韓連玲)「国際関係研究(日本大学)」8巻別冊 1988.3
◇啄木と哀果　(高淑玲)「岡大国文論稿」16 1988.3
◇啄木が「飛行機」を書いた日　(岩城之徳)「ちくま」204 1988.3
◇石川啄木論(11)　(横田真人)「原型」27(4) 1988.4
◇大家の作歌推敲過程を探る(4)石川啄木—明治43年歌稿ノートから　'88短歌セミナー(4))(米田利昭)「短歌研究」45(4) 1988.4
◇近代 石川啄木—その口語歌—啄木は口語歌にあらず(新・短歌の系譜—石川啄木から俵万智まで〈特集〉)(米田利昭)「短歌」35(5) 1988.5
◇石川啄木論(12)　(横田真人)「原型」27(5) 1988.5
◇渋民のくらしと啄木　(佐々木祐子)「岩手の古文書」2 1988.6
◇石川啄木論(13)　(横田真人)「原型」27(6) 1988.6
◇大正から昭和の暮史(17) 結核と啄木ブーム　(森比呂志)「かながわ風土記」131 1988.6
◇石川啄木論(14)　(横田真人)「原型」27(7) 1988.7
◇『一握の砂』への階梯—「硝子窓」をめぐって—　(河野仁昭)「啄木文庫」15 1988.8
◇斎藤吉と啄木—その四 二重生活者—　(貴島幸彦)「啄木文庫」15 1988.8
◇小樽の啄木　(川内通生)「啄木文庫」15 1988.8
◇真壁仁の詩の世界(8)—石川啄木と真壁仁—　(杉沼永一)「Biblia」11 1988.8
◇石川啄木論(15)　(横田真人)「原型」27(8) 1988.8
◇啄木短冊をめぐって　(八木福次郎)「日本古書通信」709 1988.8
◇啄木と〈ふるさと〉—『一握の砂』(煙)の行方—　(上田博)「啄木文庫」15 1988.8
◇「小樽のかたみ」:『藻しほ草』の啄木変名歌について—実相寺一二三と庄内渓月の実在—　(荒木茂)「北海道自動車短期大学研究紀要」14 1988.8
◇*石川啄木論(16)　(横田真人)「原型」27(9) 1988.9
◇滅亡論始末(上)—子規・柴舟・啄木・迢空—　(村井紀)「藤女子大

学国文学雑誌」41 1988.9
◇『啄木日記』参考文献目録（坂敏弘）「解釈」34(10) 1988.10
◇近代の歌集を読む第一歌集と最終歌集 石川啄木『一握の砂』と『悲しき玩具』（特集：短歌―「歌集」のベクトル）（岩城之徳）「国文学」33(12) 1988.10
◇作家論 石川啄木論―詩人伝説〔含 論文の構成と主旨〕（続・作家論と作品論―論文・レポートの作例とその解説）（木股知史）「国文学 解釈と鑑賞」53(10) 1988.10
◇小特集・百二年目の石川啄木 「詩想」11 1988.10
◇石川啄木の病跡―日記・書簡・作品にみられる低血糖症状を中心に―続―（大沢博）「岩手大学教育学部研究年報」48(1) 1988.10
◇石川啄木論(17) （横田真人）「原型」27(10) 1988.10
◇石川啄木論(18) （横田真人）「原型」27(11) 1988.11
◇石川啄木論(19) （横田真人）「原型」27(12) 1988.12
◇啄木の小説草稿に関する補足的推論―『明治四十三年創作ノート』について（再説）―（小川武敏）「論究」9 1988.12
◇啄木の歌稿ノート「暇ナ時」覚書(9) （昆豊）「福岡教育大学紀要 第1部 文科編」38 1989
◇啄木の短歌と詩―創作の動機について（長戸路信行）「敬愛大学研究論集」35 1989.1
◇石川啄木論(20～22,24～40) （横田真人）「原型」28(1～3,5～12),29(1～9) 1989.1～3,5～90.9
◇啄木と伊藤博文暗殺事件（岩城之徳）「国文学」34(4) 臨増（近代文壇事件史）1989.3
◇「石破集」「七燭の蠟燭」について（谷ائ厚）「啄木文庫」16 1989.4
◇新聞記者としての啄木―北海道時代（松村洋）「啄木文庫」16 1989.4
◇続・小樽の啄木（川内通生）「啄木文庫」16 1989.4
◇啄木の都市イメージ（木股知史）「啄木文庫」16 1989.4
◇天才歌人・石川啄木を支えた妻の励まし―「石川節子」（いまも昔もおんな史）（泉秀樹）「潮」360 1989.4
◇総特集―丹葉節郎コレクション『石川啄木資料目録』「まちなみ」50 1989.5
◇丹葉節郎氏の啄木コレクション―その価値と利用法（北畠立朴）「まちなみ」50 1989.5
◇石川啄木―その北海道時代・札幌（川内通生）「新国語研究（大阪府高等学校国語研究会）」33 1989.5
◇中野重治の啄木論（田口道昭）「論究日本文学（立命館大学）」52 1989.5
◇新聞記者啄木の思い出（戸田藤吉語り手, 丹葉節郎聞き手）「まちなみ」51 1989.6
◇丹葉節郎コレクション展 啄木ゆかりの人と街「まちなみ」51 1989.6
◇啄木研究と私(1)敗戦の廃墟の中から（岩城之徳）「国文学」34(8) 1989.7
◇啄木研究と私(2)津軽の海を越えて（岩城之徳）「国文学」34(10) 1989.8
◇啄木研究と私(3)雪の降りくらす街に（岩城之徳）「国文学」34(11) 1989.9
◇啄木研究と私(4)空知の野辺は輝いて（岩城之徳）「国文学」34(12) 1989.10
◇啄木研究と私(5)エルムの森の辺りで（岩城之徳）「国文学」34(13) 1989.11
◇石川啄木参考文献目録稿＜昭和63年＞（坂敏弘）「啄木文庫」17 1989.12
◇啄木研究と私(6)リラの花咲く札幌は（岩城之徳）「国文学」34(14) 1989.12
◇石川啄木の深層―個人主義思想とアニミズム（中島嵩）「啄木文庫」17 1989.12
◇金田一家最後の訪問の時期について（貴島幸彦）「啄木文庫」17 1989.12
◇小樽より釧路へ―啄木の一つの軌跡（川内通生）「啄木文庫」17 1989.12
◇啄木とナロードニキ（石上玄一郎）「啄木文庫」17 1989.12
◇「一握の砂」難解歌考(1) （橋本威）「梅花女子大学文学部紀要 国語・国文学篇」25 1990
◇啄木の歌稿ノート「暇ナ時」覚書(10)その評釈と啄木日記と歌との関連について（昆豊）「福岡教育大学紀要 第1部 文科編」39 1990
◇啄木研究と私(7)さらばアカシヤの木蔭（岩城之徳）「国文学」35(1) 1990.1
◇啄木研究と私(8)富士の見える三島路に（岩城之徳）「国文学」35(2) 1990.2
◇啄木研究と私(9)啄木晩年の思想論争（岩城之徳）「国文学」35(3) 1990.3
◇いま、啄木を見なおす(鼎談)（佐佐木幸綱, 篠弘, 水野昌雄）「短歌」37(3) 1990.3
◇天才歌人啄木の輝きと孤独＜特集＞「短歌」37(3) 1990.3

◇ドイツにおける啄木受容―伊東、フランク女史の訳業を中心に（遊座昭吾）「日本文学会報（盛岡大学）」2 1990.3
◇石川啄木と岩野泡鳴―「100回通信」を読む（田口道昭）「立命館文学」515 1990.3
◇啄木研究と私(10)大学紛争激化の中で（岩城之徳）「国文学」35(4) 1990.4
◇啄木と万智（特集 現代短歌・歌人論）（宮野利雄）「桜狩」21 1990.4
◇啄木研究と私(11)学問の道は遠く（岩城之徳）「国文学」35(5) 1990.5
◇石川啄木―その北海道時代・小樽（川内通生）「新国語研究」34 1990.5
◇石川啄木参考文献目録（坂敏弘）「文学研究（日本文学研究会）」71 1990.6
◇ブームの底にポストモダンの心象風景―桑原武夫「俳句＝第二芸術論」を読み直す（大研究「俳句」いま、新感覚）（坪内稔典）「月刊Asahi」2(6) 1990.6
◇啄木研究と私(12)文学の鬼とは何か（岩城之徳）「国文学」35(7) 1990.6
◇寺山修司と石川啄木（永井紀代子）「PHOENIX」2 1990.7
◇「呼子と口笛」の口絵について―啄木と幸徳秋水をめぐって―(付)「呼子と口笛」の読み方（近藤典彦）「国際啄木学会会報」創刊号 1990.7
◇『一握の砂』への道―抒情の進化をめぐって（太田登）「国際啄木学会会報」創刊号 1990.7
◇石川啄木とロシア―トルストイの日露戦争論をめぐって（岩城之徳）「国際啄木学会会報」創刊号 1990.7
◇啄木の「詩六章」をめぐる断想―「心の姿の研究」から「呼子と口笛」への一道程（小川武敏）「国際啄木学会会報」創刊号 1990.7
◇啄木のワーグナー研究の原拠―C.A.リッジーの"Wagner"について（近藤典彦）「国際啄木学会会報」創刊号 1990.7
◇啄木の詩稿ノート「EBB AND FLOW」の原拠―海の詩集"SURF AND WAVE"について（藤沢全）「国際啄木学会会報」創刊号 1990.7
◇内外における翻訳・研究文献について―啄木受容の異言語的側面（藤沢全）「国際啄木学会会報」創刊号 1990.7
◇例えば「事ありげな春の夕暮」は―啄木と女性（今井泰子）「国際啄木学会会報」創刊号 1990.7
◇啄木研究と私(13)生誕百年を前に（岩城之徳）「国文学」35(8) 1990.7
◇啄木研究と私(14)エリカの微笑（岩城之徳）「国文学」35(9) 1990.8
◇啄木研究と私(15)国際啄木学会の誕生－最終回－（岩城之徳）「国文学」35(10) 1990.9
◇望郷の仕方(常識の発見(3)) （松山巌）「中央公論」105(9) 1990.9
◇石川啄木研究の現状(昭和61～63年)（坂敏弘）「解釈」36(11) 1990.11
◇石川啄木「やわらかに柳あをめる」の分析（増田良介）「行動と文化」17 1990.11
◇「ワグネルの思想」をめぐる断想（近藤典彦）「啄木文庫」18 1990.11
◇啄木という存在―「はたらけど」の歌をどう読むか（太田登）「啄木文庫」18 1990.11
◇啄木の散文詩について（坪内稔典）「啄木文庫」18 1990.11
◇啄木における地方と中央―郷土詩, 望郷歌の背景（堀江信男）「研究紀要（シオン短期大学）」30 1990.12
◇「呼子と口笛」の口絵と「基督抹殺論」―秋水の遺著に重ねた啄木の天皇制批判（近藤典彦）「成城文芸」133 1990.12
◇啄木の生涯と思想（鈴木靖男）「交通論叢（東京交通短期大学）」30 1990.12
◇「一握の砂」難解歌考(2) （橋本威）「梅花女子大学文学部紀要 国語・国文学篇」26 1991
◇国際化時代の啄木像―国際啄木学会台北大会に参加して（北畠立朴）「まちなみ」81 1991.1
◇啄木と錦木塚（山本玲子）「いわて文化財」122 1991.3
◇啄木の西方ロマンチシズム（大西好弘）「徳島文理大学研究紀要」41 1991.3
◇石川啄木―その北海道時代・小樽から釧路へ（川内通生）「新国語研究（大阪府高等学校国語研究会）」35 1991.6
◇啄木と宗教（伊藤淑人）「国文学踏査（大正大学）」16 1991.7
◇アララギ非主流寸描(19)大塚金之助―獄から見えた啄木やケインズ（田井安曇）「短歌研究」48(8) 1991.8
◇近代文学の周辺(8)「鬱勃とした革命精神」藤村 漱石 啄木（伊豆利彦）「民主文学」309 1991.8
◇小樽のかたみ：『藻しほ草』の啄木変名歌について(続)新人(生)の実在（荒木茂）「研究紀要（北海道自動車短期大学）」17 1991.9
◇啄木と同時代人「啄木文庫」19 1991.9
◇石川啄木参考文献目録―昭和57年～60年（坂敏弘）「解釈学（解釈

学事務局)」6 1991.11
◇ドナルド・キーンの啄木観 (田中礼)「国際啄木学会会報」3 1991.11
韓国人が見た石川啄木 (黄聖圭)「国際啄木学会会報」3 1991.11
◇石川啄木と田中王堂—啄木の王堂哲学の受容と批判 (田口道昭)「国際啄木学会会報」3 1991.11
◇石川啄木と日露戦争—アカロフ提督追悼詩をめぐって (岩城之徳)「国際啄木学会会報」3 1991.11
◇台湾における啄木と日本文学 (劉崇稜)「国際啄木学会会報」3 1991.11
◇啄木と中国—唐詩選をめぐって (林丕雄)「国際啄木学会会報」3 1991.11
◇啄木研究の現状 (小川武敏)「国際啄木学会会報」3 1991.11
◇啄木晩年の思想の変化について—韓・日関係を中心に (韓基連)「国際啄木学会会報」3 1991.11
◇啄木における地方と中央(2)北海道時代の啄木 (堀江信男)「研究紀要(シオン短期大学)」31 1991.12
◇「一握の砂」難解歌考(3) (橋本威)「梅花女子大学文学部紀要 国語・国文学篇」27 1992
◇啄木の歌稿ノート「暇ナ時」覚書(12)その評釈と小型歌稿ノート考証 (昆豊)「福岡教育大学紀要 第1部 文科編」41 1992
◇石川啄木における朝鮮 (池田功)「文芸研究(明治大学文芸研究会)」67 1992.2
◇ハインリヒ・ハイネと石川啄木(1) (栗原万修)「駒沢大学外国語部研究紀要」21 1992.3
◇近代北海道文学と女性の問題—石川啄木の場合を中心に (篠原昌彦)「駒沢大学苫小牧短期大学紀要」24 1992.3
◇近代日本における〈子ども〉の誕生(2)文学者による立身出世意識への批判、とりわけ花袋と啄木に焦点をあてて (川口祐二)「山梨県立女子短期大学紀要」25 1992.3
◇啄木とローマ字 (瀬尾幹夫)「拓殖大学論集」196 1992.3
◇生徒と教師のいる風景—啄木と賢治の教室 (井上寿彦)「東海学園国語国文(東海学園女子短期大学)」41 1992.3
◇石川啄木思郷歌のモデル (大西好弘)「徳島文理大学研究紀要」43 1992.3
◇石川啄木「卓上一枝」論—自然主義の受容をめぐって (田口道昭)「立命館文学」523 1992.3
◇「啄木バカ三十年」—啄木研究自分史 (北畠立朴)「まちなみ」84 1992.4
◇石川啄木と幸徳秋水—大逆事件を中心として (伊藤和則)「啄木文庫」20 1992.4
◇啄木の悲しみ—『悲しき玩具』の異景 (上田博)「啄木文庫」20 1992.4
◇釧路の啄木研究と顕彰について (北畠立朴)「まちなみ」85 1992.5
◇石川啄木—その北海道時代・釧路 (川内通生)「新国語研究(大阪府高等学校国語研究会)」36 1992.5
◇啄木・多喜二の精神と私の決意(文学にみる日本共産党) (碓田のぼる)「文化評論」376 1992.5
◇小道具としての西欧芸術—帰朝直後の荷風と啄木との接点(永井荷風—人および作品〈特集〉) (中島国彦)「文学」3(3) 1992.7
◇国際化時代の石川啄木—国境を越えた民族の遺産 (岩城之徳)「国際啄木学会会報」4 1992.11
◇新しき詩歌の時代の石川啄木—天才詩人十年の軌跡 (岩城之徳)「国際啄木学会会報」4 1992.11
◇少年貴族と経済観念—異聞・石川啄木の生涯 (五十嵐康夫)「経済往来」45(1) 1992.12
◇啄木における地方と中央(3)北海道時代の啄木(2)小樽時代(上) (堀江信男)「研究紀要(シオン短期大学)」32 1992.12
◇石川啄木の詩 (佐加美登志雄)「水戸評論」59 1992.12
◇啄木と小林茂雄と盛岡中学 (森義真)「啄木文庫」21 1992.12
◇啄木における自己分裂とその回復 (尾崎由子)「啄木文庫」21 1992.12
◇「一握の砂」を読む(3) (上田博)「論究日本文学」57 1992.12
◇「一握の砂」難解歌考(4完)拾遺 (橋本威)「梅花女子大学文学部紀要 国語・国文学篇」28 1993
◇啄木の歌稿ノート「暇ナ時」覚書(13)その評釈と小型歌稿ノート考証 (昆豊)「福岡教育大学紀要 第1部 文科編」42 1993
◇石川啄木におけるトルストイ (池田功)「明治大学教養論集」259 1993
◇対照的な生、たった4カ月の親交—木下杢太郎日記、石川啄木日記(日本近代を読む)「月刊Asahi」5(1) 1993.1・2
◇少年貴族と経済観念(2〜12)異聞・石川啄木の生涯 (五十嵐康夫)「経済往来」45(2〜12) 1993.2〜12
◇啄木選朝日歌壇と投稿歌—石川啄木関係資料稿 (平野英雄)「共立女子高等学校紀要」12 1993.3
◇石川啄木盛岡中学校中退の謎 (大西好弘)「徳島文理大学研究紀要」45 1993.3
◇啄木の美術観—碌山・萩原守衛への関心 (遊座昭吾)「日本文学会誌(盛岡大学)」5 1993.3
◇石川啄木参考文献目録 昭和61〜63年 (坂敏弘)「文学研究」75 1993.6
◇石川啄木と明治北海道—流泊一年の功罪 (岩城之徳)「国際啄木学会会報」5 1993.7
◇石川啄木と日韓問題 (大西好弘)「徳島文理大学研究紀要」46 1993.9
◇石川啄木「はてしなき議論の後」の隠されたモチーフ—「創作」巻頭詩をめぐって (近藤典彦)「国語と国文学」70(10) 1993.10
◇石川啄木伝補説—誕生日問題新考 (岩城之徳)「大学院論集(日本大学)」3 1993.10
◇石川啄木における人間観と「回心」について—教育の基本思想を求めて (川口祐二)「関東教育学会紀要」20 1993.11
◇啄木における地方と中央(4)北海道時代の啄木(3)小樽時代(下) (堀江信男)「シオン短期大学研究紀要」33 1993.12
◇囲繞した先進思想家たち—石川啄木の札幌・小樽時代 (荒木茂)「北海道自動車短期大学研究紀要」19 1993.12
◇石川啄木と中国古典文学 (池田功)「明治大学教養論集」263 1994.1
◇明治四十一年秋の紀念—「一握の砂」「秋風のこころよさに」と「虚白集」 (河野有時)「日本文芸論稿(東北大学)」21 1994.2
◇大正デモクラシーと北海道文学—石川啄木、有島武郎、小林多喜二 (篠原昌彦)「駒沢大学苫小牧短期大学紀要」26 1994.3
◇「我等の一団と彼」小考 (阿毛久芳)「国文学論考」30 1994.3
◇歌集「一握の砂」書名考—(付)「東海の小島…」新釈 (近藤典彦)「中央大学文学部紀要」152 1994.3
◇石川啄木「しこの荒鷲」から「ソニヤ」まで (大西好弘)「徳島文理大学研究紀要」47 1994.3
◇石川啄木の書簡—書簡体文学への意識 (池田功)「明治大学教養論集」268 1994.3
◇石川啄木, 海と恋(海の歌〈特集〉) (岩城之徳)「短歌」41(4) 1994.4
◇石川啄木—その北海道時代・終焉そして東京 (川内通生)「新国語研究(大阪府高等学校国語研究会)」38 1994.6
◇石川啄木「時代閉塞の現状」に関する私見 (五十部哲人)「群馬近代文学研究」16 1994.7
◇小説家啄木の可能性:構造と手法から (伊藤淑人)「東海学園女子短期大学紀要」29 1994.9
◇啄木の大乱願望 (大西好弘)「徳島文理大学研究紀要」48 1994.9
◇「曠野」の隣本—啄木の散文詩をめぐって (河野有時)「文芸研究(日本文芸研究会)」137 1994.9
◇石川啄木研究のために 「国文学 解釈と鑑賞」59(10) 1994.10
◇石川啄木—「女」の表現をめぐって (中山和子)「国際啄木学会会報」6 1994.10
◇啄木明治四十三年の転機—妻の家出事件と大逆事件 (岩城之徳)「国際啄木学会会報」6 1994.10
◇石川啄木研究のために〈特集〉「国文学解釈と鑑賞」59(10) 1994.10
◇啄木における地方と中央(5)北海道時代の啄木(4)釧路時代(上) (堀江信男)「シオン短期大学研究紀要」34 1994.12
◇石川啄木・「ローマ字日記」論—江戸時代艶本とのかかわりについて (池田功)「明治大学教養論集」271 1994.12
◇啄木の一首を読む—評釈のあり方をめぐって (木股知史)「甲南大学紀要 文学編」甲南大学 99 1995 p27〜34
◇石川啄木研究 (池田功)「明治大学人文科学研究所紀要」明治大学人文科学研究所 38 1995 p269〜280
◇石川啄木の中国認識—「哥老会」と「辛亥革命」をめぐって (池田功)「明治大学人文科学研究所紀要」明治大学人文科学研究所 37 1995 p345〜363
◇石川啄木と古典芸能 (池田功)「明治大学教養論集」明治大学教養論集刊行会 274 1995.1 p61〜83
◇啄木の戦争と平和 (池田功)「徳島文理大学研究紀要」徳島文理大学研究紀要編集委員会 49 1995.3 p1〜20
◇石川啄木研究 (池田功)「明治大学人文科学研究所年報」明治大学人文科学研究所 No.35 1995.3 p30
◇作家と図書館(続)—石川啄木と読書を通して (高橋和子)「相模国文」相模女子大学国文研究会 第22号 1995.3 p102〜115
◇〈共同研究〉啄木短歌の仏, 独語訳の一検証—『一握の砂』の思郷歌を中心に (遊座昭吾, 柳沢文昭, 日暮雅夫ほか)「比較文化研究年報」第7号 盛岡大学比較文化研究センター 1995.3 p131〜143
◇石川啄木—現代の抒情の源流を求めて〈特集〉「短歌」角川書店 42(4) 1995.4 p82〜158
◇石川啄木—その北海道時代・補遺(一) (川内通生)「新国語研究」大阪府高等学校国語研究会 第39号 平成6年度 1995.6 p17〜22
◇啄木と岩手日報(1)—「白羊会詠草」を中心に (尹在石)「明治大学日本文学」明治大学日本文学研究会 第23号 1995.6 p43〜53
◇故郷喪失の世紀—石川啄木の日記〈20世紀日記抄〔3〕〉 (松本健一)「THIS IS 読売」6(3) 1995.6 p264〜269

◇日韓交流時代の石川啄木と松本清張(一部)―小説「統監」と伊藤博文暗殺事件 (岩城之徳) 「国際啄木学会会報」 国際啄木学会 第7号 1995.8 p16〜23
◇石川啄木―権力的装置の認識をめぐって (尹在石) 「文学研究論集」 明治大学大学院 第3号 1995.8 p29〜38
◇『呼子と口笛』論 (西連寺成子) 「文学研究論集」 明治大学大学院 第3号 1995.8 p61〜78
◇啄木とナポレオン (大西好弘) 「徳島文理大学研究紀要」 徳島文理大学研究紀要編集委員会 50 1995.9 p1〜18
◇旧少年少女のための新伝記全集〔18〕 (野田秀樹) 「マリ・クレール」 14(9) 1995.9 p198〜199
◇大逆事件と石川啄木―1―大逆事件初期報道と啄木の作品活動中断の意味について (小川武敏) 「文芸研究」 明治大学文芸研究会 74 1995.9 p259〜279
◇白秋詩と啄木詩―〈象徴詩〉以降の流れを巡って (織茂英則) 「群馬近代文学研究」 群馬近代文学研究会 No.17 1995.12 p29〜39
◇ロシア・クロンシュタットのマカロフ提督像の国際的視点からの碑文考証―石川啄木詩ロシア語訳詩説をめぐって (戸塚隆子) 「国際関係研究」 日本大学国際関係学部国際関係研究所 第16巻第2号 1995.12 p69〜93
◇啄木と蕪村―晶子・子規との関係を通して (池田功) 「明治大学人文科学研究所紀要」 明治大学人文科学研究所 39 1996 p303〜320
◇啄木と「岩手日報」(2)―初期評論を中心に (尹在石) 「文学研究論集」 明治大学大学院 第4号 1996.2 p1〜17
◇1910(明治43)年夏の啄木短歌―大逆事件と石川啄木(2) (小川武敏) 「文芸研究」 明治大学文芸研究会 75 1996.2 p149〜165
◇石川啄木「林中書」考―田舎者のナショナリティー (千葉貢) 「高崎経済大学論集」 高崎経済大学 38(3) 1996.2 p240〜218
◇啄木思想の断想―郷愁論をめぐって (石川実) 「立正大学哲学・心理学会紀要」 立正大学哲学・心理学会 22 1996.3 p1〜10
◇啄木『鳥影(ちょうえい)』の志郎のモデル (大西好弘) 「徳島文理大学研究紀要」 徳島文理大学研究紀要編集委員会 51 1996.3 p1〜18
◇尹東柱(ユン・ドンジュ)と石川啄木(小特集 日本文学) (池田功) 「明治大学教養論集」 明治大学教養論集刊行会 286 1996.3 p19〜46
◇啄木文学の一特質―「秋〔ラク〕笛語」等にその原点をみる (野村尚子、横山範子) 「盛岡大学日本文学会研究会報告」 盛岡大学日本文学会 第4号 1996.3 p53〜61
◇明治43年の短歌史的意味―鉄幹から啄木へ (太田登) 「山辺道」 天理大学国文学研究室 40 1996.3 p82〜91
◇「詩人」犀星の誕生―石川啄木や児玉花外との関わり (笠森勇) 「室生犀星研究」 室生犀星学会 第13輯 1996.4 p76〜95
◇新短歌入門―13―人生と歌―1―悲しき密着・石川啄木 (安永蕗子) 「短歌」 角川書店 43(5) 1996.5 p148〜151
◇石川啄木―その北海道時代・補遺(二) (川内通生) 「新国語研究」 大阪府高等学校国語研究会 第40号 1996.6 p4〜9
◇啄木のうた―訳詩選(II) (カレン・ルパーダス, 平敷浩邦) 「沖縄国際大学文学部紀要 英文学科編」 沖縄国際大学文学部 第15巻 第1号 1996.7 p133〜173
◇少年貴族と経済観念―最終回―異聞・石川啄木の生涯 (五十嵐康夫) 「経済往来」 経済往来社 48(7) 1996.7 p1〜20
◇啄木夫人「節子晩節問題」 (大西好弘) 「徳島文理大学研究紀要」 徳島文理大学研究紀要編集委員会 52 1996.9 p1〜20
◇資料・大逆事件および日韓併合報道と石川啄木―1910(明治43)年初夏から秋9月まで (小川武敏) 「文芸研究」 明治大学文芸研究会 76 1996.9 p129〜184
◇石川啄木における田中王堂の理論の受容―啄木の実生活および「食ふべき詩」の詩論 (若ني敦) 「長岡技術科学大学言語・人文科学論集」 長岡技術科学大学 第10号 1996.12 p113〜135
◇石川啄木「はてしなき議論の後」の詩構造について (川那部保明) 「言語文化論集」 筑波大学現代語・現代文化学系 44 1997 p195〜209
◇石川啄木と短歌「滅亡」論 (池田功) 「明治大学人文科学研究所紀要」 明治大学人文科学研究所 41 1997 p383〜400
◇啄木詩歌における〈夕暮れ〉 (平岡敏夫) 「群馬県立女子大学紀要」 群馬県立女子大学 18 1997.2
◇牧水と啄木(特集=若山牧水の世界―牧水の世界) (近藤典彦) 「国文学解釈と鑑賞」 至文堂 62(2) 1997.2 p45〜49
◇啄木の思想・教育論考 (石川実) 「立正大学哲学・心理学会紀要」 立正大学哲学・心理学会 23 1997.3 p1〜
◇啄木とワーグナー (大西好弘) 「徳島文理大学研究紀要」 徳島文理大学研究紀要編集委員会 53 1997.3 p1〜20
◇ふるさと ドリームランド 帰郷―石川啄木 宮沢賢治 ニーチェ (高橋富雄) 「比較文化研究年報」 盛岡大学比較文化研究センター 第9号 1997.3 p3〜27
◇石川啄木と日本古典文学 (池田功) 「明治大学人文科学研究所年報」 明治大学人文科学研究所 No.37 1997.3 p49
◇啄木文学と風土―"ふるさと"と秋 (横山景子) 「比較文化研究年報」 盛岡大学比較文化研究センター 第9号 1997.3 p87〜96
◇文学者とその時代の系譜―ディズレーリ、鴎堂、啄木 (遊座昭吾) 「比較文化研究年報」 盛岡大学比較文化研究センター 第9号 1997.3 p97〜108
◇石川啄木の霊性について (照井悦幸) 「比較文化研究年報」 盛岡大学比較文化研究センター 第9号 1997.3 p109〜119
◇啄木とリイダア(英語読本) (中里義博) 「比較文化研究年報」 盛岡大学比較文化研究センター 第9号 1997.3 p121〜130
◇石川啄木にみる「移動」と「定住」 (須知徳平) 「比較文化研究年報」 盛岡大学比較文化研究センター 第9号 1997.3 p131〜143
◇Takuboku Ishikawa and the Confessional Impulse in Modern American Poetry (James F.Gurley) 「比較文化研究年報」 盛岡大学比較文化研究センター 第9号 1997.3 p145〜154
◇シンポジウム 『一握の砂』をめぐって (木股知史, 太田登, 昆豊〔他〕) 「国文学解釈と鑑賞」 至文堂 62(3) 1997.3 p162〜182
◇今月、この人、この日記〔4〕 (中野翠) 「毎日グラフ・アミューズ」 50(8) 1997.4.23 p54〜55
◇特集 漂泊の歌人―牧水と啄木 「短歌」 角川書店 44(5) 1997.5 p64〜140
◇石川啄木覚へ書―明治のライト・ヴァース(特集 自由への夢) (岡井隆) 「へるめす」 岩波書店 66 1997.5 p94〜97
◇石川啄木―死にたくない(特集・幕末明治人物臨終の言葉―近代の夜明けを駆けぬけた44人の人生決別の辞 英傑死してことばを遺す) (一坂太郎, 稲川明雄, 今川徳三, 井門寛, 宇都宮泰長, 河合敦, 木村幸比古, 祖田浩一, 高野澄, 高橋和彦, 畑山博, 三谷茉沙夫, 百瀬明治, 山村竜也) 「歴史と旅」 24(7) 1997.5 p126〜127
◇石川啄木―その北海道時代・補遺(三) (川内通生) 「新国語研究」 大阪府高等学校国語研究会 第41号 1997.6 p16〜22
◇資料・大逆事件および日韓併合報道と石川啄木(2)1910(明治43)年9月21日以後の海外報道を含めて (小川武敏) 「文芸研究」 明治大学文芸研究会 78 1997.9 p139〜195
◇啄木短歌の形成(1)―『一握の砂』の音数律について (大室精一) 「佐野国際情報短期大学研究紀要」 佐野国際情報短期大学 第8号 1997.9 p333〜372
◇石川啄木「ローマ字日記」における漢語の語形 (竹浪聡) 「富山大学国語教育」 富山大学国語教育学会 第22号 1997.11 p31〜39
◇天理図書館蔵石川啄木『所謂今度の事』原稿とその執筆時期について (瀬川清人) 「ビブリア 天理図書館報」 天理大学出版部 108 1997.11 p239〜249
◇啄木文学の原風景 (助川徳是) 「名古屋近代文学研究」 名古屋近代文学研究会 15 1997.12 p81〜88
◇啄木書簡の魅力―第12回啄木賞受賞記念講演 (平岡敏夫) 「稿本近代文学」 筑波大学文芸・言語学系平岡研究室 22 1997.12 p141〜144
◇石川啄木における朝鮮・中国 (池田功) 「明治大学人文科学研究所紀要」 明治大学人文科学研究所 42 1997.12 p297〜308
◇啄木『一握の砂』難解歌考(5)後拾遺 (橋本威) 「梅花女子大学文学部紀要 日本語・日本文学編」 梅花女子大学文学部 32 1998 p1〜45
◇啄木短歌の形成(2)『悲しき玩具』の音数律について (大室精一) 「佐野国際情報短期大学研究紀要」 佐野国際情報短期大学 9 1998 p360〜337
◇今月の楽譜 杉本憲一作曲・石川啄木の「短歌」による 「音楽の世界」 日本音楽舞踊会議 37(2) 1998.2 p38〜40
◇啄木短歌の音楽性 (大西好弘) 「徳島文理大学研究紀要」 徳島文理大学研究紀要編集委員会 55 1998.3 p1〜20
◇幸徳秋水と石川啄木―大逆事件(20世紀の歴史のなかの人物) (白鳥晃司) 「歴史地理教育」 歴史教育者協議会 576 1998.3 p28〜29
◇地方新聞と全国紙新聞に見る石川啄木関係文献と記事 (佐藤勝) 「文献探索」 文献探索研究会 1997 1998.3.23 p162〜165
◇石川啄木―その北海道時代・補遺(四) (川内通生) 「新国語研究」 大阪府高等学校国語研究会 第42号 1998.6 p17〜22
◇石川啄木―わが家三代の付き合い(特集 芝居になる人) (秋浜悟史) 「悲劇喜劇」 早川書房 51(7) 1998.7 p26〜28
◇日本近代における思想と文学―石川啄木を中心として (池田功) 「明治大学人文科学研究所年報」 明治大学人文科学研究所 No.39 1998.7 p57〜58
◇啄木と左千夫 (尾崎元昭) 「語文と教育」 鳴門教育大学国語教育学会 第12号 1998.8 p176〜181
◇啄木の作品とワーグナー (大西好弘) 「徳島文理大学研究紀要」 徳島文理大学研究紀要編集委員会 56 1998.9 p1〜20
◇啄木が歌に詠んだ"テロリスト"安重根 (呉英珍) 「論座」 41 1998.9 p150〜157
◇啄木短歌の形成(2)―『悲しき玩具』の音数律について (大室精一) 「佐野国際情報短期大学研究紀要」 佐野国際情報短期大学 第9号 1998.10 p337〜360
◇特集よみがえる石川啄木―ことば・うた・思想 「國文學 解釈と教材の研究」 学灯社 43(12) 1998.11 p6〜135

◇石川啄木―黙示録的世界への扉（短歌の謎―近代から現代まで―歌人の謎）（塚本邦雄）「國文學 解釈と教材の研究」 学灯社 43(13) 1998.11 p46～49
◇石川啄木とトルストイの日露戦争論 （平岡敏夫）「稿本近代文学」 筑波大学文芸・言語学系平岡研究室 23 1998.12 p46～51
◇啄木の短歌におけるオノマトペ―中国語訳と比較して （呉川）「国際関係研究 国際文化編」 日本大学国際関係学部国際関係研究所 19(2) 1998.12 p207～228
◇啄木『一握の砂』難解歌考(6)続後拾遺 （橋本威）「梅花女子大学文学部紀要 日本語・日本文学編」 梅花女子大学文学部 33 1999 p1～23
◇啄木短歌の形成―〈ひとり〉の表記について （大室精一）「佐野国際情報短期大学研究紀要」 佐野国際情報短期大学 10 1999 p266～254
◇石川啄木と旅―漂泊への衝動(小特集 日本文学) （池田功）「明治大学教養論集」 明治大学教養論集刊行会 317 1999.1 p1～34
◇地方新聞と全国紙新聞に見る石川啄木関係文献と記事―平成9年9月1日より平成10年8月31日まで発行の湘南啄木文庫収集目録 （佐藤勝）「文献探索」 文献探索研究会 1998 1999.2.23 p218～221
◇啄木『の』のリズム （大西好弘）「徳島文理大学研究紀要」 徳島文理大学研究紀要編集委員会 57 1999.3 p1～22
◇伊藤左千夫と観潮楼歌会―石川啄木との関係を中心に （貞光威）「岐阜聖徳学園大学国語国文学」 岐阜聖徳学園大学国語国文学会 18 1999.3 p13～36
◇「煙」の見える風景―石川啄木『一握の砂』と東京砲兵工（加藤邦彦）「国文学研究」 早稲田大学国文学会 127 1999.3 p104～113
◇21世紀への視点(3)今世紀の歌人が投げかけたもの 石川啄木のニヒリズム （河田育子）「歌壇」 本阿弥書店 13(3) 1999.3 p142～159
◇啄木短歌の形成―〈ひとり〉の表記について （大室精一）「佐野国際情報短期大学研究紀要」 佐野国際情報短期大学 第10号 1999.3 p266～254
◇石川啄木―その北海道時代・補遺（五）（川内通生）「新国語研究」 大阪府高等学校国語研究会 第43号 1999.6 p22～28
◇石川啄木〈転〉の作詩術(特集 日常詠の可能性―あらたなる截り口)（加藤孝男）「短歌」 角川書店 46(7) 1999.6 p106～109
◇小議会 特集・「啄木のうた」 （島田修三, 日野きく, 田中要〔訳〕）「短歌新聞」 短歌新聞社 23(8) 1999.6
◇啄木と煙 （大西好弘）「徳島文理大学研究紀要」 徳島文理大学研究紀要編集委員会 58 1999.9 p1～19
◇石川啄木『一握の砂』成立たちの一考察―小説からの変奏と"血"のイマージュの持つ意味 （渡辺章夫）「愛知論叢」 愛知大学大学院生協議会 第67号 1999.9 p252～268
◇啄木のふるさとへ(田勢康弘の序曲2000) （田勢康弘）「婦人公論」 84(18) 1999.9.7 p140～147
◇喩としての亡国―石川啄木・朝鮮国の墨塗りの歌をめぐって(特集 新世紀への課題集―未来へのストラテジー―メディア論) （池田功）「國文學 解釈と教材の研究」 学灯社 44(12) 1999.10 p110～116
◇啄木と白秋―その反撥と共鳴と （河村正敏）「短歌」 角川書店 46(11) 1999.10 p126～146
◇石川啄木詩歌のロシア語翻訳考―В.Н.Маркова&В.Н.Ерёминの翻訳比較を通して （戸塚隆了）「国際関係研究 総合編」 日本大学国際関係学部国際関係研究所 20(2) 1999.12 p149～179
◇石川啄木のローマ字詩「ATARASHIKI MIYAKO NO KISO」論 （戸塚隆了）「研究年報」 日本大学短期大学部（三島）12 2000 p1
◇啄木『一握の砂』難解歌考(7)最終拾遺 （橋本威）「梅花女子大学文学部紀要 日本語・日本文学編」 梅花女子大学文学部 34 2000 p29～68
◇寺山修司と石川啄木と―「便所より青空見えて啄木忌」覚書 （門屋光昭）「東北文学の世界」 盛岡大学文学部日本文学科 8 2000 p39～58
◇啄木の三行書き短歌の形式とリズム （高淑玲）「安田女子大学大学院文学研究科紀要 合冊」 安田女子大学大学院文学研究科 6 2000.年度 p49～64
◇石川啄木の筆跡考―「悲しき玩具歌稿ノート」の筆跡について （湯沢比呂子）「岩手大学教育学部研究年報」 岩手大学教育学部 60(2) 2000 p146～133
◇詩人大塚甲山研究(3)大塚甲山と石川啄木の詩作品比較論―日露戦争を巡りながら （きしだみつお）「初期社会主義研究」 弘隆社 13 2000 p196～222
◇石川啄木 （原夏絵）「文献探索」 文献探索研究会 1999 2000.2.23 p377～381
◇群大生の石川啄木研究(その2) （近藤典彦）「語学と文学」 群馬大学語文学会 36 2000.3 p1～7
◇啄木の思郷歌と「田園の思慕」 （船越栄）「山形女子短期大学紀要」 山形女子短期大学 32 2000.3 p1～13
◇啄木の天 （大西好弘）「徳島文理大学研究紀要」 徳島文理大学研究紀要編集委員会 59 2000.3 p19～1

◇石川啄木論―〈砂〉という語を中心に （今井克典）「湘南文学」 東海大学日本文学研究会 第34号 2000.3 p84～96
◇知られざる罪と罰〔19〕大逆事件〔中〕(ロー・クラス)（村井敏邦）「法学セミナー」 45(4) 2000.4 p99～104
◇石川啄木―その北海道時代・補遺（六）（川内通生）「新国語研究」 大阪府高等学校国語研究会 第44号 2000.6 p23～28
◇特別企画「明星」の系譜―創刊100年目のいまに生きる叙情―与謝野鉄幹, 窪田空穂, 与謝野晶子, 山川登美子, 北原白秋, 木下杢太郎, 石川啄木, 吉井勇 「歌壇」 本阿弥書店 14(7) 2000.7 p99～115
◇斗南藩と霊場恐山―本州最北端の地 下北半島をめぐる(日本列島まるごと歴史散歩〔8〕青森県の巻)（久保田栄男）「歴史と旅」 27(10) 2000.8 p216～219
◇Takuboku Ishikawa and Christianity （高橋章）「国際関係研究」 日本大学国際関係学部国際関係研究所 21(2) 2000.9 p167～184
◇石川啄木のモチーフ―歌語と人物を中心として （安森敏隆）「同志社女子大学日本語日本文学」 同志社女子大学日本語日本文学会 12 2000.10 p9～22
◇岩手の人物史 洗心の群像―石川啄木・金田一京助・宮沢賢治／気鋭の群像―原敬・斉藤実・米内光政(第52回中小企業団体全国大会)（金野静一）「中小企業と組合」 全国中小企業団体中央会 55(10) 2000.10 p20～23
◇岳堂詩話(7)啄木と漢詩 （石川忠久）「学鐙」 丸善 97(10) 2000.10 p24～29
◇岳堂詩話(8)啄木と漢詩（続）（石川忠久）「学鐙」 丸善 97(11) 2000.11 p20～25
◇日中近代文学とキリスト教研究―石川啄木に触れながら （馮羽）「岩手大学教育学部附属教育実践研究指導センター研究紀要」 岩手大学教育学部附属教育実践研究指導センター 11 2001 p1～7
◇立原道造「盛岡ノート」覚書―道造と深沢紅子・堀辰雄・石川啄木 （門屋光昭）「東北文学の世界」 盛岡大学文学部日本文学科 9 2001 p1～33
◇石川啄木家の心理学的にみた経済感覚 （川田淳一郎, 吉田千代子）「東京工芸大学芸術学部紀要」 東京工芸大学芸術学部 7 2001 p13～20
◇秋に降るあめ―〈つなぎ歌〉としての『一握の砂』294番歌 （大室精一）「佐野国際情報短期大学研究紀要」 佐野国際情報短期大学 12 2001 p138～128
◇石川啄木『一握の砂』の三行書きについて （伊藤勝基）「愛知論叢」 愛知大学大学院生協議会 71 2001 p246～228
◇石川啄木の慟哭(悲しみの精神史〔13〕)（山折哲雄）「Voice」 277 2001.1 p240～245
◇啄木の三行書き短歌の形式とリズム （高淑玲）「安田女子大学大学院文学研究科紀要 日本語学日本文学専攻」 安田女子大学大学院文学研究科 第6集第6号 2001.3 p49～64
◇石川啄木の「永遠の生命」（戸塚隆了）「日本研究」 国際日本文化研究センター 23 2001.3 p105～122
◇シンポジウム「明星」創刊100年と石川啄木 （永岡健右, 近藤典彦, チャールズ・フォックス〔他〕）「国文学解釈と鑑賞」 至文堂 66(3) 2001.3 p186～203
◇石川啄木―その北海道時代・補遺（七）（川内通生）「新国語研究」 大阪府高等学校国語研究会 第45号 2001.6 p4～10
◇石川啄木『一握の砂』の三行書きについて （伊藤勝基）「愛知論叢」 愛知大学大学院生協議会 第71号 2001.9 p246(23)～228(41)
◇随想 啄木を偲ぶ町 （畔上悦郎）「罪と罰」 日本刑事政策研究会 39(1) 2001.11 p70～72
◇うたのある生活〔12〕（竹西寛子）「婦人之友」 95(13) 2001.12 p190～191
◇啄木と白鳥―自然主義小説をめぐって （高淑玲）「国語国文集」 安田女子大学日本文学会 32 2002 p1669～1678
◇啄木と白鳥―自然主義小説をめぐって （高淑玲）「国語国文論集」 安田女子大学日本文学会 第32号 2002.1 p47～56
◇石川啄木と北海道 （池田功）「明治大学人文科学研究所紀要」 明治大学人文科学研究所 50 2002.3 p1～13
◇石川啄木と「砂」の詩想 （小林幸夫）「上智大学国文学科紀要」 上智大学国文学科 第19号 2002.3 p19～36
◇啄木と絵葉書―石川啄木記念館所蔵の絵葉書を中心として （門屋光昭）「日本文学会誌」 盛岡大学日本文学会 第14号 2002.3 p24～50
◇石川啄木とふるさと・故郷―書簡に見る「故山」、「故郷」、「故里」（佐々木民夫）「岩手郷土文学の研究」 岩手郷土文学研究会 第3号 2002.3 p1～33
◇「ふと」の啄木―『一握の砂』四九八番歌をめぐって （河野有時）「国際啄木学会会報」 国際啄木学会 第14号 2002.4 p10
◇石川啄木の故郷小説 （徐雪蓉）「国際啄木学会会報」 国際啄木学会 第14号 2002.4 p11
◇石川啄木―その北海道時代・補遺（八）（川内通生）「新国語研究」 大阪府高等学校国語研究会 第46号 2002.6 p11～18
◇萩原朔太郎と晶子・啄木(特集 萩原朔太郎の世界―朔太郎をめぐって)（今野寿美）「国文学解釈と鑑賞」 至文堂 67(8) 2002.8 p51

～56
◇モーツァルトと石川啄木―あらえびす『バッハからシューベルト』をめぐって　（箱石匡行）「岩手大学教育学部附属教育実践総合センター研究紀要」　岩手大学教育学部附属教育実践総合センター　2　2003　p1～5
◇「昴」と啄木―本歌取ノオト　（にしこうせい）「人文学論叢」　愛媛大学人文学会　5　2003　p1～8
◇石川啄木寄稿の群馬の雑誌―「野の花」「暁声」「野より」　（田口信孝）「風文学紀要」　群馬県立土屋文明記念文学館　7　2003　p1～13
◇平成14年度第1回晶子講座 晶子と啄木　（田中礼）「与謝野晶子倶楽部」　与謝野晶子倶楽部　11　2003　p12～18
◇石川啄木と漢詩（からうた）　（福井智子）「大阪大学言語文化学」　大阪大学言語文化学会　12　2003　p33～45
◇啄木の短歌「3行書き」論考　（川田淳一郎）「芸術世界」　東京工芸大学芸術学部　9　2003　p63～68
◇石川啄木の造形芸術に関しての美的能力と作品について（1）　（種倉紀昭）「岩手大学教育学部附属教育実践総合センター研究紀要」　岩手大学教育学部附属教育実践総合センター　2　2003　p95～108
◇啄木と渋民―村人としての啄木　（黒沢勉）「岩手医科大学教養部研究年報」　岩手医科大学教養部　38　2003　p156～150
◇啄木の聞いた盛岡の音の風景―『閑天地』と『葬列』を通して　（黒沢勉）「岩手医科大学教養部研究年報」　岩手医科大学教養部　38　2003　p162～157
◇日記に見る啄木と故郷―「故郷」等の記載に触れて　（佐々木民夫）「岩手郷土文学の研究」　岩手郷土文学研究会　第4号　2003.3　p39～79
◇鈴木彦次郎の啄木観（一）―「郷里」の容認に因る啄木受容の肯定　（須藤宏明）「岩手郷土文学の研究」　岩手郷土文学研究会　第4号　2003.3　p80～95
◇釧路時代の石川啄木〔含 講義資料〕　（石井由紀夫）「北海道生涯学習研究」　北海道教育大学生涯学習教育研究センター　3別冊　2003.3　p20～26,1～2
◇石川啄木―娘京子に受け継がれたもの　（鶴巻樹里）「文教大学国文」　文教大学国語研究室,文教大学国文学会　32　2003.3　p27～39
◇茂吉短歌における啄木短歌の位置―「折に触れ 明治三十八年作」をめぐって　（市川庸輔）「国学院大学大学院文学研究科論集」　国学院大学大学院文学研究科学生会　30　2003.3　p29～37
◇啄木の俳句考（研究発表要旨）　（木佐貫洋）「国際啄木学会会報」　国際啄木学会　第17号　2003.6　p3
◇「人生手帖」に見る戦後の啄木受容（研究発表要旨）　（小菅麻起子）「国際啄木学会会報」　国際啄木学会　第17号　2003.6　p4
◇石川啄木―その北海道時代・補遺（九）　（川内通生）「新国語研究」　大阪府高等学校国語研究会　第47号　2003.6　p7～24
◇空虚なる〈故郷〉―「戦友」・啄木・「故郷（ふるさと）」　（丸山隆司）「藤女子大学国文学雑誌」　藤女子大学国語国文学会　69　2003.7　p58～74
◇啄木と鷗外の観潮楼歌会　（門屋光昭）「東北文学の世界」　盛岡大学文学部日本文学科　12　2004　p11～35
◇啄木と近松秋江―「実行と芸術」批判の位相　（田口道昭）「神戸山手短期大学紀要」　神戸山手短期大学　47　2004　p23～35
◇啄木と『スバル』―短歌から小説へ　（山本玲子）「東北文学の世界」　盛岡大学文学部日本文学科　12　2004　p36～48
◇石川啄木の小説「葬列」一考察―内在する二つの自己　（西舘宇子）「東北文学の世界」　盛岡大学文学部日本文学科　12　2004　p49～61
◇啄木の死因は肺結核ではない（啄木の病歴）　（近藤典彦）「群馬大学教育学紀要 人文・社会科学編」　群馬大学教育学部　53　2004　p87～92
◇啄木の病歴　（近藤典彦,柳沢有一郎）「群馬大学教育学部紀要 人文・社会科学編」　群馬大学教育学部　53　2004　p87～134
◇『全集』に見る啄木の病歴（啄木の病歴）　（柳沢有一郎）「群馬大学教育学部紀要 人文・社会科学編」　群馬大学教育学部　53　2004　p93～134
◇啄木日記にみる文学者意識と自己客観化―「遊子」あるいは「石川啄木」「啄木」という表記（研究発表要旨）　（村松善）「国際啄木学会会報」　国際啄木学会　第18号　2004.2　p2
◇森莊已池と啄木―岩手における啄木受容の一例として（研究発表要旨）　（森義真）「国際啄木学会会報」　国際啄木学会　第18号　2004.2　p3～4
◇啄木研究の最前線をめぐって（問題提起 内容）　（近藤典彦）「国際啄木学会会報」　国際啄木学会　第18号　2004.2　p4
◇文学アルバム 石川啄木（特集 啄木の魅力）　（渡部芳紀）「国文学解釈と鑑賞」　至文堂　69（2）　2004.2　p5～8
◇啄木の魅力世界へ（特集 啄木の魅力）　（近藤典彦）「国文学解釈と鑑賞」　至文堂　69（2）　2004.2　p10～13
◇近現代短歌史における啄木（特集 啄木の魅力―石川啄木の短歌）　（三枝昂之）「国文学解釈と鑑賞」　至文堂　69（2）　2004.2　p41～52
◇啄木短歌この十首（特集 啄木の魅力―石川啄木の短歌）　（渡部芳紀）「国文学解釈と鑑賞」　至文堂　69（2）　2004.2　p53～59
◇啄木短歌この十首（特集 啄木の魅力―石川啄木の短歌）　（山田吉郎）

◇「国文学解釈と鑑賞」　至文堂　69（2）　2004.2　p60～67
◇啄木短歌この十首（特集 啄木の魅力―石川啄木の短歌）　（今野寿美）「国文学解釈と鑑賞」　至文堂　69（2）　2004.2　p68～76
◇『一握の砂』編集の巧緻（特集 啄木の魅力―石川啄木の短歌）　（近藤典彦）「国文学解釈と鑑賞」　至文堂　69（2）　2004.2　p77～84
◇『一握の砂』編集の最終過程（特集 啄木の魅力―石川啄木の短歌）　（大室精一）「国文学解釈と鑑賞」　至文堂　69（2）　2004.2　p85～88
◇歌集外短歌論（特集 啄木の魅力―石川啄木の短歌）　（望月善次）「国文学解釈と鑑賞」　至文堂　69（2）　2004.2　p89～93
◇啄木と五行歌（特集 啄木の魅力―石川啄木の短歌）　（草壁焔太）「国文学解釈と鑑賞」　至文堂　69（2）　2004.2　p94～99
◇忘れがたき独歩（特集 啄木の魅力―石川啄木の短歌）　（河野有時）「国文学解釈と鑑賞」　至文堂　69（2）　2004.2　p100～105
◇惑乱するイメージ―「事ありげな春の夕暮」をめぐって（特集 啄木の魅力―作品への招待）　（木股知史）「国文学解釈と鑑賞」　至文堂　69（2）　2004.2　p106～110
◇作品への招待（特集 啄木の魅力―作品への招待）「国文学解釈と鑑賞」　至文堂　69（2）　2004.2　p106～133
◇「スバル」創刊と啄木（特集 啄木の魅力―作品への招待）　（上田博）「国文学解釈と鑑賞」　至文堂　69（2）　2004.2　p111～116
◇評論の魅力―二重生活の意識と反措定について（特集 啄木の魅力―作品への招待）　（太田登）「国文学解釈と鑑賞」　至文堂　69（2）　2004.2　p117～122
◇日記の魅力（特集 啄木の魅力―作品への招待）　（堀江信男）「国文学解釈と鑑賞」　至文堂　69（2）　2004.2　p123～127
◇書簡の魅力（特集 啄木の魅力―作品への招待）　（平岡敏夫）「国文学解釈と鑑賞」　至文堂　69（2）　2004.2　p128～133
◇韓国における啄木受容（特集 啄木の魅力―外国における啄木受容）　（尹在石）「国文学解釈と鑑賞」　至文堂　69（2）　2004.2　p134～138
◇中国における石川啄木文学―周作人の啄木文学の紹介を中心に（特集 啄木の魅力―外国における啄木受容）　（于耀明）「国文学解釈と鑑賞」　至文堂　69（2）　2004.2　p139～142
◇インドネシアにおける啄木受容（特集 啄木の魅力―外国における啄木受容）　（舟田京子）「国文学解釈と鑑賞」　至文堂　69（2）　2004.2　p143～147
◇西欧における石川啄木の受容について―ドイツ語圏を中心にして（特集 啄木の魅力―外国における啄木受容）　（池田功）「国文学解釈と鑑賞」　至文堂　69（2）　2004.2　p148～155
◇戦後の啄木受容（特集 啄木の魅力）　（小菅麻起子）「国文学解釈と鑑賞」　至文堂　69（2）　2004.2　p156～159
◇教科書における啄木短歌（特集 啄木の魅力）　（飛鳥勝幸）「国文学解釈と鑑賞」　至文堂　69（2）　2004.2　p160～164
◇啄木研究回顧―研究者になるまで（特集 啄木の魅力）　（今井泰子）「国文学解釈と鑑賞」　至文堂　69（2）　2004.2　p165～170
◇啄木研究の現在（特集 啄木の魅力）　（小川武敏）「国文学解釈と鑑賞」　至文堂　69（2）　2004.2　p171～176
◇石川啄木をめぐる人々考　（貞光威）「岐阜聖徳学園大学国語国文学」　岐阜聖徳学園大学国語国文学会　23　2004.3　p1～99
◇講演 1903・啄木百年　（遊座昭吾）「日本文学誌要」　法政大学国文学会　69　2004.3　p2～8
◇高校の国語教科書は啄木の短歌をどのように扱っているのか。　（舘石浩信）「語学と文学」　群馬大学語文学会　40　2004.3　p18～27
◇文学者の価値を作るもの―改造社版『現代日本文学全集』と石川啄木　（高島健一郎）「名古屋近代文学研究」　名古屋近代文学研究会　21　2004.3　p57～74
◇石川啄木―その北海道時代・補遺（十）　（川内通生）「新国語研究」　大阪府高等学校国語研究会　第48号　2004.6　p18～24
◇尹東柱・石川啄木・Heinrich Heine（講演要旨）　（池田功）「国際啄木学会会報」　国際啄木学会　第19号　2004.7　p3
◇啄木の死因および『悲しき玩具』冒頭二首の解釈（研究発表要旨）　（柳沢有一郎）「国際啄木学会会報」　国際啄木学会　第19号　2004.7　p3～4
◇我ならぬ我―啄木の節子（研究発表要旨）　（山下多恵子）「国際啄木学会会報」　国際啄木学会　第19号　2004.7　p4
◇啄木短歌においての身体と表現の問題（研究発表要旨）　（朴智暎）「国際啄木学会会報」　国際啄木学会　第19号　2004.7　p4～5
◇啄木の思想の質に関する一考察―啄木における仏教思想の働きをめぐって（研究発表要旨）　（高淑玲）「国際啄木学会会報」　国際啄木学会　第19号　2004.7　p5
◇石川啄木と萩原朔太郎（研究発表要旨）　（梁東国）「国際啄木学会会報」　国際啄木学会　第19号　2004.7　p6
◇「啄木」とは何か。そうして「啄木」はどこに現れるか。（講演要旨）　（上田博）「国際啄木学会会報」　国際啄木学会　第19号　2004.7　p6
◇天才啄木―渋民村は永遠なり（特集 みちのく歴史の旅）　（加藤昇）「歴史研究」　歴研　46（8）　2004.8　p27～29
◇20世紀の短歌論（22）石川啄木　（篠弘）「短歌」　角川書店　51（11）　2004.10　p120～126

◇啄木を通した9・11以降―「時代閉塞」とは何か(特集：危機意識下の石川啄木)（大沢真幸）「國文學 解釈と教材の研究」 学灯社 49(13) 2004.12 p6～15
◇啄木の日記を読んで(特集：危機意識下の石川啄木)（常盤新平）「國文學 解釈と教材の研究」 学灯社 49(13) 2004.12 p16～20
◇こころの竹(特集：危機意識下の石川啄木)（出久根達郎）「國文學 解釈と教材の研究」 学灯社 49(13) 2004.12 p21～25
◇啄木の植民地イメージ(特集：危機意識下の石川啄木)（土屋忍）「國文學 解釈と教材の研究」 学灯社 49(13) 2004.12 p26～33
◇アナーキズム―久津見蕨村(特集：危機意識下の石川啄木)（関井光男）「國文學 解釈と教材の研究」 学灯社 49(13) 2004.12 p34～41
◇啄木と大逆事件―1911年、書簡・日記から(特集：危機意識下の石川啄木)（中村文雄）「國文學 解釈と教材の研究」 学灯社 49(13) 2004.12 p42～50
◇啄木ローマ字、雨雀エスペラントの交響―東北文学の精神から(特集：危機意識下の石川啄木)（工藤正広）「國文學 解釈と教材の研究」 学灯社 49(13) 2004.12 p51～57
◇啄木と周作人(特集：危機意識下の石川啄木)（顧偉良）「國文學 解釈と教材の研究」 学灯社 49(13) 2004.12 p58～64
◇啄木ローマ字日記の古畳―アイオワにて(特集：危機意識下の石川啄木)（吉増剛造）「國文學 解釈と教材の研究」 学灯社 49(13) 2004.12 p65～69
◇日本歌曲にみる作曲家たちの啄木受容(特集：危機意識下の石川啄木)（坂本麻実子）「國文學 解釈と教材の研究」 学灯社 49(13) 2004.12 p70～78
◇啄木と馬賊―「菊池君」と漢詩(からうた)のことなど(特集：危機意識下の石川啄木)（福井智子）「國文學 解釈と教材の研究」 学灯社 49(13) 2004.12 p79～85
◇啄木と短歌滅亡論―滅亡論の解体―地図の上 朝鮮国にくろぐろと 墨を塗りつつ 秋風を聴く(特集：危機意識下の石川啄木)（村井紀）「國文學 解釈と教材の研究」 学灯社 49(13) 2004.12 p86～92
◇啄木とぽぽぽぽぽぽ(特集：危機意識下の石川啄木)（永井祐）「國文學 解釈と教材の研究」 学灯社 49(13) 2004.12 p94～99
◇裏返し・石川啄木―内面のエッジへ(特集：危機意識下の石川啄木)（木股知史）「國文學 解釈と教材の研究」 学灯社 49(13) 2004.12 p100～106
◇修司と啄木のきのう、今日、明日(特集：危機意識下の石川啄木)（小嵐九八郎）「國文學 解釈と教材の研究」 学灯社 49(13) 2004.12 p108～114
◇啄木とハイネ―ドイツにて(特集：危機意識下の石川啄木)（池田功）「國文學 解釈と教材の研究」 学灯社 49(13) 2004.12 p115～121
◇啄木と俳句―啄木短歌が明治の俳人に与えた影響（山本玲子）「東北文学の世界」 盛岡大学文学部日本文学科 13 2005 p45～56
◇啄木と橘智恵子―「長き丈三年のうちに」考（門屋光昭）「東北文学の世界」 盛岡大学文学部日本文学科 13 2005 p57～71
◇外国文学としての石川啄木(『論集 石川啄木Ⅱ』を読む)（池田功）「国際啄木学会会報」 国際啄木学会 第20号 2005.2 p4
◇新しい啄木に出会う(『論集 石川啄木Ⅱ』を読む)（山下多恵子）「国際啄木学会会報」 国際啄木学会 第20号 2005.2 p4
◇現代と明治の「通路」開拓(『論集 石川啄木Ⅱ』を読む)（松村洋）「国際啄木学会会報」 国際啄木学会 第20号 2005.2 p4
◇源流と行方、表現とイメージ(『論集 石川啄木Ⅱ』を読む)（田口道昭）「国際啄木学会会報」 国際啄木学会 第20号 2005.2 p4
◇啄木の「国際的」な研究(『漂泊過海的啄木論述』を読む)（若ănb敦）「国際啄木学会会報」 国際啄木学会 第20号 2005.2 p4
◇啄木・喜善・賢治（石井正己）「東京学芸大学紀要 第2部門 人文科学」 東京学芸大学 56 2005.2 p157～182
◇1930年の短歌史的意味―啄木『一握の砂』から佐美雄『植物祭』へ（太田登）「山邊道」 天理大学国語国文学会 49 2005.3 p17～33
◇『一握の砂』(1910)石川啄木(1886―1912)―同一化への拒絶(総特集 ブックガイド 日本の思想)（小森陽一）「現代思想」 青土社 33(7)2005.6 p112～115
◇もりおか啄木・賢治 青春マップについて（森義真）「賢治研究」 宮沢賢治研究会 96 2005.7 p5218～5221
◇苦労人の歌―小枝子、啄木(特集 牧水の巡った町)（福島泰樹）「短歌」 角川書店 52(9) 2005.8 p64～66
◇ロシア人はなぜ啄木が好きなのか―マルコーヴァ訳の文学性について(研究発表)（入江成美）「国際啄木学会会報」 国際啄木学会 第21号 2005.10 p7～8
◇汽車・汽船 時刻表からみた啄木の行動(研究発表)（太田幸夫）「国際啄木学会会報」 国際啄木学会 第21号 2005.10 p9
◇牧水の啄木観(研究発表)（上田博）「国際啄木学会会報」 国際啄木学会 第21号 2005.10 p9
◇啄木研究の裾野―地方における啄木の継承(研究発表)（堀江信男）「国際啄木学会会報」 国際啄木学会 第21号 2005.10 p10
◇啄木と露堂・雨情―小樽日報入社をめぐって(研究発表)（小林芳弘）「国際啄木学会会報」 国際啄木学会 第21号 2005.10 p11～12

◇「所謂今度の事」を啄木原稿に拠って読む(研究発表)（瀬川清人）「国際啄木学会会報」 国際啄木学会 第21号 2005.10 p12～13
◇「樹氷と果実」をめぐる大島経男と啄木(研究発表)（亀谷中行）「国際啄木学会会報」 国際啄木学会 第21号 2005.10 p13
◇北海道―亡命者の視座を与えた地(パネル・ディスカッション テーマ〈北海道は啄木をどう変えたか〉)（田中綾）「国際啄木学会会報」 国際啄木学会 第21号 2005.10 p15
◇小説における母親像の変容「血を流す母」というモチーフ(パネル・ディスカッション テーマ〈北海道は啄木をどう変えたか〉)（古澤夕起子）「国際啄木学会会報」 国際啄木学会 第21号 2005.10 p16
◇啄木と植民地主義(パネル・ディスカッション テーマ〈北海道は啄木をどう変えたか〉)（西連寺成子）「国際啄木学会会報」 国際啄木学会 第21号 2005.10 p16～17
◇北海道時代の日記・書簡などを通しての考察(仮題)(パネル・ディスカッション テーマ〈北海道は啄木をどう変えたか〉)（立花峰夫）「国際啄木学会会報」 国際啄木学会 第21号 2005.10 p17
◇北海道―啄木が来た頃(記念講演)（近藤典彦）「国際啄木学会会報」 国際啄木学会 第21号 2005.10 p18
◇西行と啄木のざわめく魂『歌』の精神史〔7〕（山折哲雄）「中央公論」 中央公論新社 120(11) 2005.11 p288～295
◇石川啄木の病跡（二木文明）「日本病跡学雑誌」 金剛出版, 日本病跡学会 71 2006 p43～58
◇あたらしい啄木(1)上京（三枝昂之）「歌壇」 本阿弥書店 20(1) 2006.1 p92～97
◇坂西志保と英訳 A Handful of Sand 『一握の砂』（照井悦幸）「比較文化研究年報」 盛岡大学比較文化研究センター 16 2006.2 p11～25
◇啄木・哀果による生活派の今日性(特集 明治短歌の形成―その人物群像)（水野昌雄）「短歌現代」 短歌新聞社 30(2) 2006.2 p52～55
◇あたらしい啄木(2)八日間（三枝昂之）「歌壇」 本阿弥書店 20(2) 2006.2 p112～117
◇石川啄木の国家認識―アメリカとロシアを通して（池田功）「立命館文學」 立命館大学人文学会 592 2006.2 p318～325
◇『我等の一団と彼』の「私」―その人物造型について（若林敦）「立命館文學」 立命館大学人文学会 592 2006.2 p326～334
◇さばかりの事―『一握の砂』三十一番歌をめぐって（河野有時）「立命館文學」 立命館大学人文学会 592 2006.2 p335～342
◇啄木・樗牛・自然主義―啄木の樗牛受容と自然主義（田口道昭）「立命館文學」 立命館大学人文学会 592 2006.2 p
◇石川啄木『一握の砂』の一断片―自意識・ふるさと・共生（加茂奈保子）「立命館文學」 立命館大学人文学会 592 2006.2 p504～512
◇「詠白鷺её水飛鶴」考―萬葉集巻十六、三八三一番歌について（本澤郁枝）「大妻国文」 大妻女子大学国文学会 37 2006.3 p1～18
◇あたらしい啄木(3)小説（三枝昂之）「歌壇」 本阿弥書店 20(3) 2006.3 p154～159
◇啄木「鳥影」論―「職業婦人」のまなざし(研究発表)（太田翼）「国際啄木学会会報」 国際啄木学会 第22号 2006.4 p4～5
◇岡本かの子「浴身」にみる自責と自己愛―石川啄木を合わせ鏡として(研究発表)（外村彰）「国際啄木学会会報」 国際啄木学会 第22号 2006.4 p5
◇短歌史における啄木という存在(講演)（太田登）「国際啄木学会会報」 国際啄木学会 第22号 2006.4 p6～7
◇あたらしい啄木(4)散文詩（三枝昂之）「歌壇」 本阿弥書店 20(4) 2006.4 p84～89
◇石川啄木「ローマ字日記」のローマ字表記（菊地悟）「日本語の研究」 日本語学会, 武蔵野書院 2(2) 2006.4 p108～122
◇〈個人〉から〈労働者〉へ―石川啄木と社会主義(特集＝教育改革の現場―労働と教育)（八尋яров子）「現代思想」 青土社 34(5) 2006.4 p217～227
◇あたらしい啄木(5)暇ナ時(1)（三枝昂之）「歌壇」 本阿弥書店 20(5) 2006.5 p92～97
◇あたらしい啄木(6)暇ナ時(2)（三枝昂之）「歌壇」 本阿弥書店 20(6) 2006.6 p84～89
◇「ふるさと」の発見―啄木・修司、そして(特集 短歌に詠まれた故郷)（小高賢）「歌壇」 本阿弥書店 20(7) 2006.7 p36～41
◇あたらしい啄木(7)暇ナ時(3)（三枝昂之）「歌壇」 本阿弥書店 20(7) 2006.7 p88～93
◇世の中を舐め切れなかった石川啄木（日垣隆）「新潮45」 新潮社 25(7) 2006.7 p104～111
◇あたらしい啄木(8)「石破集」をめぐる問題（三枝昂之）「歌壇」 本阿弥書店 20(8) 2006.8 p80～85
◇「葬列」に見るまなざしの相剋（細谷朋代）「国際啄木学会会報」 国際啄木学会 第23号 2006.9 p8
◇塚本邦雄から見た啄木（文屋亮）「国際啄木学会会報」 国際啄木学会 第23号 2006.9 p9
◇『一握の砂』における〈秋〉（加茂奈保子）「国際啄木学会会報」 国際啄木学会 第23号 2006.9 p9～10

◇歌人啄木―台湾における啄木の伝承 （高淑玲）「国際啄木学会会報」 国際啄木学会 第23号 2006.9 p11～12
◇啄木の責任 （今野寿美）「国際啄木学会会報」 国際啄木学会 第23号 2006.9 p12
◇〈刹那〉をとらえる啄木短歌 （木股知史）「国際啄木学会会報」 国際啄木学会 第23号 2006.9 p13
◇「暇ナ時」を読み直す （三枝昂之）「国際啄木学会会報」 国際啄木学会 第23号 2006.9 p13～14
◇意識人・石川啄木 （草壁焔太）「国際啄木学会会報」 国際啄木学会 第23号 2006.9 p15
◇あたらしい啄木（9）秋風のこころよさに （三枝昂之）「歌壇」 本阿弥書店 20（9） 2006.9 p82～87
◇あたらしい啄木（10）「明星」の終刊 （三枝昂之）「歌壇」 本阿弥書店 20（10） 2006.10 p86～91
◇あたらしい啄木（11）ふたたび小説家啄木 （三枝昂之）「歌壇」 本阿弥書店 20（11） 2006.11 p90～95
◇故郷考―木を巡って（第5回）石川啄木―岩手県渋民村（盛岡市玉山区渋民） （沖ななも）「歌壇」 本阿弥書店 20（11） 2006.11 p96～99
◇あたらしい啄木（12）「スバル」創刊 （三枝昂之）「歌壇」 本阿弥書店 20（12） 2006.12 p90～95
◇あたらしい啄木（13）へなぶり歌（1） （三枝昂之）「歌壇」 本阿弥書店 21（1） 2007.1 p92～97
◇「アララギ」の内部論争と啄木 （太田登）「山邊道」 天理大学国語国文学会 50 2007.2 p19～29
◇あたらしい啄木（14）へなぶり歌（2） （三枝昂之）「歌壇」 本阿弥書店 21（2） 2007.2 p94～99
◇生活空間と共通感覚・言語の感覚―石川啄木小説"天鷲絨"より （照井悦幸）「盛岡大学紀要」 盛岡大学 24 2007.3 p1～9
◇石川啄木「硝子窓」論―二葉亭四迷への共感 （田口道昭）「山手日文論攷」 神戸山手短期大学日本語・日本文化学科 26 2007.3 p65～84
◇あたらしい啄木（15）瘋癲院の裏 （三枝昂之）「歌壇」 本阿弥書店 21（3） 2007.3 p148～153
◇結合比喩（中村明）から見た啄木・賢治短歌（研究発表） （望月善次）「国際啄木学会会報」 国際啄木学会 第24号 2007.4 p7
◇石川家の謎と啄木短歌の真実性（研究発表） （長江隆一）「国際啄木学会会報」 国際啄木学会 第24号 2007.4 p8～9
◇尾山篤二郎における啄木―啄木没年前後（研究発表） （今野哲）「国際啄木学会会報」 国際啄木学会 第24号 2007.4 p9～10
◇啄木と独歩 時代のなかでの夢と希望（研究発表） （西川敏之）「国際啄木学会会報」 国際啄木学会 第24号 2007.4 p11
◇野村胡堂宛書簡に見る啄木像―猪川浩の明治35・36年書簡を中心に（研究発表） （森義真）「国際啄木学会会報」 国際啄木学会 第24号 2007.4 p11
◇啄木と賢治の「北方の風土観」―岩手・北海道・ロシアをどうみたか（研究発表） （米地文夫）「国際啄木学会会報」 国際啄木学会 第24号 2007.4 p12～13
◇文語か口語か 啄木から（大特集 秀歌の条件11） （花山多佳子）「短歌」 角川グループパブリッシング,角川学芸出版 54（5） 2007.4 p54～59
◇あたらしい啄木（16）生活者啄木 （三枝昂之）「歌壇」 本阿弥書店 21（4） 2007.4 p82～87
◇あたらしい啄木（17）食ふべき詩 （三枝昂之）「歌壇」 本阿弥書店 21（5） 2007.5 p94～99
◇あたらしい啄木（18）短歌再発見 （三枝昂之）「歌壇」 本阿弥書店 21（6） 2007.6 p124～129
◇あたらしい啄木（19）仕事の後 （三枝昂之）「歌壇」 本阿弥書店 21（7） 2007.7 p96～101
◇あたらしい啄木（20）大逆事件と啄木短歌 （三枝昂之）「歌壇」 本阿弥書店 21（8） 2007.8 p82～87
◇短歌を考える（5）啄木の3行書き （小池光）「短歌研究」 短歌研究社 64（8） 2007.8 p98～101
◇レオニート・アンドレーエフ『血笑記』と啄木（研究発表） （安元隆子）「国際啄木学会会報」 国際啄木学会 第25号 2007.9 p11
◇あたらしい啄木（21）『一握の砂』へ（1） （三枝昂之）「歌壇」 本阿弥書店 21（9） 2007.9 p98～103
◇短歌を考える（6）啄木の3行書き（2） （小池光）「短歌研究」 短歌研究社 64（9） 2007.9 p120～124
◇あたらしい啄木（22）『一握の砂』へ（2） （三枝昂之）「歌壇」 本阿弥書店 21（10） 2007.10 p78～83
◇旅その他 石川啄木「我等の一団と彼」（読んでおくべき/おすすめの短篇小説50―外国と日本） （山口泉）「國文學 解釋と教材の研究」 學燈社 52（13臨増） 2007.10 p135～137
◇あたらしい啄木（23）「われ」を愛する歌―『一握の砂』の世界（1） （三枝昂之）「歌壇」 本阿弥書店 21（11） 2007.11 p96～101
◇あたらしい啄木（24）望郷―『一握の砂』の世界（2） （三枝昂之）「歌壇」 本阿弥書店 21（12） 2007.12 p94～99
◇眼閉づれど心にうかぶ何もなし―石川啄木の心理描写の歌 （佐伯裕子）「禅文化」 禅文化研究所 207 2008 p17～22
◇レオニートー・アンドレーエフ『血笑記』と啄木 （安元隆子）「国際啄木学会研究年報」 国際啄木学会 11 2008 p8～17
◇国際のなかの啄木のうた―坂西志保英訳「はたらけど…」 （照井悦幸）「国際啄木学会研究年報」 国際啄木学会 11 2008 p18～25
◇啄木における布施の観念―一禎の影の濃さ （近藤典彦）「国際啄木学会研究年報」 国際啄木学会 11 2008 p26～40
◇尾山篤二郎における啄木 （今野哲）「国際啄木学会研究年報」 国際啄木学会 11 2008 p41～53
◇資料紹介 石川啄木参考文献目録（平成一九年度）―二〇〇六（平一八）年一二月一日～二〇〇七（平一九）年一一月三〇日発行の文献 （佐藤勝）「国際啄木学会研究年報」 国際啄木学会 11 2008 p79～75
◇晶子と啄木―晶子そのままと晶子ばかし―与謝野晶子生誕一三〇年記念、特別企画『旅に立つ―ロシア ウラジオストクの晶子を訪ねて』与謝野晶子来訪記念セミナーより） （入江春行）「与謝野晶子倶楽部」 与謝野晶子倶楽部 22 2008 p19～22
◇啄木作品に見る20世紀初頭の道内生活 （水野信太郎）「北翔大学北方圏学術情報センター年報」 北翔大学北方圏学術情報センター 1 2008 p39～56
◇正宗白鳥と石川啄木―書くことへの自意識 （吉田竜也）「早稲田大学教育学部学術研究 国語・国文学編」 早稲田大学教育会 57 2008 p13～25
◇あたらしい啄木（25）北海道回想歌など―『一握の砂』の世界（3） （三枝昂之）「歌壇」 本阿弥書店 22（1） 2008.1 p90～95
◇あたらしい啄木（26）三行書き―『一握の砂』（4） （三枝昂之）「歌壇」 本阿弥書店 22（2） 2008.2 p100～105
◇私の見てある記 文京区本郷に残る 啄木ゆかりの地 （大石さちこ）「共済新報」 共済組合連盟 49（2） 2008.2 p46～48
◇あたらしい啄木（27）三行書き（2）『一握の砂』（5） （三枝昂之）「歌壇」 本阿弥書店 22（3） 2008.3 p146～151
◇第16回盛岡大学比較文化研究センター公開セミナー 啄木と賢治―世界の中で 「比較文化研究年報」 盛岡大学比較文化研究センター 18 2008.3 p103～124
◇木を植えた人の物語―宮沢賢治とジャン・ジオノ（第16回盛岡大学比較文化研究センター公開セミナー 啄木と賢治―世界の中で） （遊座昭吾）「比較文化研究年報」 盛岡大学比較文化研究センター 18 2008.3 p105～111
◇Heroes in children's literature： a look at Japanese and western literature for children, with a hint of Miyazawa Kenji （第16回盛岡大学比較文化研究センター公開セミナー 啄木と賢治―世界の中で） （Susan Unher）「比較文化研究年報」 盛岡大学比較文化研究センター 18 2008.3 p112～121
◇全米ラジオに流れた啄木のうた（第16回盛岡大学比較文化研究センター公開セミナー 啄木と賢治―世界の中で） （照井悦幸）「比較文化研究年報」 盛岡大学比較文化研究センター 18 2008.3 p122～124
◇啄木・賢治を駆り立てた… 北天の詩想 （遊座昭吾）「日本文学会誌」 盛岡大学日本文学会 20 2008.3 p29～38
◇あたらしい啄木（28）啄木の明治四十四年 （三枝昂之）「歌壇」 本阿弥書店 22（4） 2008.4 p84～89
◇あたらしい啄木（29）短歌史の中の啄木（1） （三枝昂之）「歌壇」 本阿弥書店 22（5） 2008.5 p90～95
◇あたらしい啄木（30）短歌史の中の啄木（2） （三枝昂之）「歌壇」 本阿弥書店 22（6） 2008.6 p78～83
◇啄木の秋風、秋瑾の秋風―石川啄木の回心と明治日本論 （内田弘）「専修大学社会科学研究所月報」 専修大学社会科学研究所 540 2008.6.20 p1～28
◇あたらしい啄木（31）短歌史の中の啄木（3） （三枝昂之）「歌壇」 本阿弥書店 22（7） 2008.7 p94～99
◇あたらしい啄木（32・最終回）眼閉づれど心にうかぶ何もなし （三枝昂之）「歌壇」 本阿弥書店 22（8） 2008.8 p76～81
◇文化の広場 石川啄木から受け継ぐもの（1） （山本卓）「反戦情報」 反戦情報編集部 290 2008.11.15 p15～18
◇古城805元吉と、夏目漱石、上田敏、石川啄木―ふたりの恩師と一人の友人・文学仲間 （鏡味國彦）「現代文学史研究」 現代文学史研究所 11 2008.12.1 p24～34
◇石川啄木とロシア（特集 環「日本海」文学の可能性―国際シンポジウム） （呉英珍）「社会文学」 日本社会文学会,不二出版 29 2009 p38～48
◇清随保二の「啄木歌集 第1集」 （川上晃）「群馬大学教育学部紀要 芸術・技術・体育・生活科学編」 群馬大学教育学部 44 2009 p11～23
◇『あこがれ』における色彩語の考察（［国際啄木学会］インド大会小特集） （池田功）「国際啄木学会研究年報」 国際啄木学会 12 2009 p1～11
◇石川啄木「公園」の叙情（［国際啄木学会］インド大会小特集） （安元隆子）「国際啄木学会研究年報」 国際啄木学会 12 2009 p12～21
◇明治第二世代の文学者による印度哲学受容―啄木・雨雀・勘助（［国際啄木学会］インド大会小特集） （木内英実）「国際啄木学会研究年

報」国際啄木学会 12 2009 p22～35
◇野村胡堂宛書簡に見る啄木像―猪川浩の一九〇二・〇三年書簡を中心に（森義真）「国際啄木学会研究年報」国際啄木学会 12 2009 p36～50
◇一九〇六年三月の啄木―渋民日記に新動向を探る（近藤典彦）「国際啄木学会研究年報」国際啄木学会 12 2009 p51～61
◇資料紹介・石川啄木参考文献目録（平成二〇年度）―二〇〇七年（平19）一二月一日～二〇〇八年（平20）一一月三〇日発行の文献（佐藤勝）「国際啄木学会研究年報」国際啄木学会 12 2009 p86～80
◇文化の広場 石川啄木から受け継ぐもの（2）（山本卓）「反戦情報」反戦情報編集部 292 2009.1.15 p20～22
◇石川啄木における職業意識――「天職」の言葉をめぐって（池田功）「明治大学人文科学研究所紀要」明治大学人文科学研究所 64 2009.3 p49～61
◇若山牧水と石川啄木「旅」と「流離」（特集 ザ・ライバル―もう一つの短歌鑑賞法）（坂井修一）「短歌」角川グループパブリッシング，角川学芸出版 56(5) 2009.4 p62～65
◇文化の広場 石川啄木から受け継ぐもの（4）（山本卓）「反戦情報」反戦情報編集部 296 2009.5.15 p15～19
◇子規と啄木の生と死（特集 続・「生と死」を考える―日本文学に見る「生と死」）（池田功）「国文学解釈と鑑賞」ぎょうせい 74(8) 2009.8 p72～79
◇文化の広場 石川啄木から受け継ぐもの（5）（山本卓）「反戦情報」反戦情報編集部 299 2009.8.15 p20～22
◇日本人の精神（3）石川啄木―生活の風景と言葉（碓田のぼる）「季論21」「季論21」編集委員会，本の泉社 6 2009.秋 p97～109
◇特集 歌人アンケート 今年〔二〇〇九年〕の世相をあらわす一首―啄木から注目のホームレス歌人のうたまで〔2010 短歌年鑑〕「短歌研究」短歌研究社 66(12) 2009.12 p79～90
◇石川啄木「愁調」論―四四六調による詩ণ্ডへの登場（柳澤有一郎）「稿本近代文学」筑波大学日本文学会近代部会 34 2009.12 p34～43
◇啄木・光太郎を変奏して―詩集『蒼空』（平岡敏夫）「稿本近代文学」筑波大学日本文学会近代部会 34 2009.12 p64～66

石橋思案　いしばししあん　1867～1927
明治期の小説家。
【図　書】
◇笛鳴りやまず―ある日の作家たち（中公文庫）（有本芳水著）中央公論社 1986.6

石橋忍月　いしばしにんげつ　1865～1926
明治，大正期の文芸評論家，小説家。
【図　書】
◇近代歌人の研究―歌風・風土・結社（藤田福夫）笠間書院 1983.3（笠間叢書）
◇民友社文学の研究（平林一，山田博光編）三一書房 1985.5
◇「ドラマ」・「他界」―明治二十年代の文学状況（十川信介著）筑摩書房 1987.11
◇石川近代文学全集 12（三宅雪嶺，藤岡東圃，桐生悠々，石橋忍月）石川近代文学館 1988.8
◇鴎外全集〔第22巻〕評論・随筆〈1〉（森鴎外著）岩波書店 1988.9
◇斎藤緑雨全集〔巻1〕批評〈1〉（斎藤緑雨著）筑摩書房 1990.6
◇傍流文学論（野村喬著）花伝社 1998.12 498p（野村喬著述集）
◇小説表現としての近代（宇佐美毅著）おうふう 2004.12 422p
◇石橋忍月研究―評伝と考証（千葉真郎著）八木書店 2006.2 666p
【雑　誌】
◇「蓮の露」と「良寛と貞心」（中村千栄子）「世紀」367 1980.12
◇内田魯庵文芸批評の研究(3)忍月との比較を通じてみた構成・視点・叙述上の特色（木村有美子）「樟蔭国文」19 1982.2
◇石橋忍月に関する基礎的覚書(補遺2)（嘉部嘉隆）「樟蔭国文学（大阪樟蔭女子大）」20 1983.2
◇石橋忍月と鴎外（鴎外をめぐる人物群像）（嘉部嘉隆）「国文学解釈と鑑賞」49(2) 1984.1
◇「明治22年批評家の詩眼」における鴎外と忍月（小倉斉）「淑徳国文」26 1984.12
◇忍月と鴎外（畑実）「駒沢国文」27 1990.2
◇2つの作品評―忍月と不知庵（畑実）「駒沢国文」28 1991.2
◇忍月「罪過論」の成立とその展開(1)久松定弘『独逸戯曲大意』の観点から（千葉真郎）「目白学園女子短期大学研究紀要」28 1991.12
◇石橋忍月著作年譜(1)（千葉真郎）「国語国文学（目白学園女子短期大学）」1 1992.3
◇「うたかたの記」「文づかひ」とT.シュトルムのAquis Submersus（佐々木充）「文学・語学」136 1992.3
◇内務省時代の忍月（千葉眞郎）「目白学園女子短期大学研究紀要」29 1992.12
◇石橋忍月著作年譜(2)（千葉真郎）「国語国文学（目白学園女子短期大学）」2 1993.3
◇金沢時代の忍月(1)（千葉真郎）「目白学園女子短期大学研究紀要」30 1993.12
◇忍月「戯曲論」について（千葉真郎）「国語国文学（目白学園女子短期大学）」3 1994.3
◇金沢時代の忍月(2)（千葉真郎）「目白学園女子短期大学研究紀要」31 1994.12
◇石橋忍月全集について（嘉部嘉隆）「日本古書通信」日本古書通信社 60(6) 1995.6 p6～8
◇近代小説と批評石橋忍月の初期（宇佐美毅）「中央大学文学部紀要」中央大学文学部 175 1999.3 p79～107
◇近代小説と批評―石橋忍月と『舞姫』論争（宇佐美毅）「中央大学文学部紀要」中央大学文学部 184 2001.3 p1～35
◇忍月の長崎時代―文筆活動を中心に（千葉真郎）「大正大学研究紀要 人間学部・文学部」大正大学出版会 87 2002 p207～235
◇忍月の就学時代（千葉真郎）「大正大学研究紀要 人間学部・文学部」大正大学 88 2003 p55～86
◇忍月の文学争点―明治22年を中心に（千葉真郎）「大正大学研究紀要 人間学部・文学部」大正大学 89 2004 p27～48
◇退官前後の忍月（千葉眞郎）「国文学踏査」大正大学国文学会 17 2005.3 p92～103

市川九女八〔初代〕　いちかわくめはち　1846～1913
明治期の歌舞伎役者。明治6年～大正2年頃に活躍。
【図　書】
◇物語近代日本女優史（戸板康二）中央公論社 1980.5
◇新派の芸（日本の芸シリーズ）（波木井晧三著）東京書籍 1984.1
◇泣きどころ人物誌（戸板康二）文芸春秋 1984.9
◇新編近代美人伝（下）（岩波文庫）（長谷川時雨著，杉本苑子編）岩波書店 1985.12
◇女優事始め―栗島すみ子 岡田嘉子 夏川静枝（林靖治編）平凡社 1986.12
◇泣きどころ人物誌（戸板康二著）文芸春秋 1987.11（文春文庫）
◇新編 近代美人伝（下）（長谷川時雨著，杉本苑子編）岩波書店 1993.8（岩波文庫）
【雑　誌】
◇市川久米八―「女団十郎」と呼ばれた歌舞伎女優(特集 明治女傑伝―特集ワイド 明治大正昭和12人の快人・傑女・優女)（榎その）「歴史読本」新人物往来社 53(4) 2008.4 p60～66

市川小団次〔4代〕　いちかわこだんじ　1812～1866
幕末の歌舞伎役者。文政3年～慶応2年頃に活躍。
【図　書】
◇若き小団次―幕末を彩った名優の修業時代（青木繁）第三書館 1980.6
◇成田不動霊験記―市川団十郎と名優たち（旭寿山）成田山新勝寺成田山仏教研究所 1981.10（成田山選書 5）
◇河竹黙阿弥（河竹繁俊著）吉川弘文館 1987.1（人物叢書〔新装版〕）
◇四代市川小団次（永井啓夫著）青蛙房 2000.12 307p
【雑　誌】
◇仇を恩で報いるはなし―市川小団次の伝説から（中込重明）「法政大学大学院紀要」法政大学大学院 46 2001 p130～123

市川左団次〔初代〕　いちかわさだんじ　1842～1904
幕末，明治期の歌舞伎役者。明治座座主。
【図　書】
◇河竹黙阿弥（河竹繁俊著）吉川弘文館 1987.1（人物叢書〔新装版〕）
◇芝居随想 作者部屋から（食満南北著）ウェッジ 2009.8 249p（ウェッジ文庫）

市川団十郎〔9代〕　いちかわだんじゅうろう　1838～1903
明治期の歌舞伎役者。天保14年～明治36年頃に活躍。
【図　書】
◇歌舞伎入門（河崎長十郎）高文堂出版社 1980.9
◇成田不動霊験記―市川団十郎と名優たち（旭寿山）成田山新勝寺成田山仏教研究所 1981.10（成田山選書 5）
◇歌舞伎十八番―市川団十郎の芸 日本女子大学歌舞伎研究会 1981.11
◇明治人物閑話（森銑三）中央公論社 1982.9
◇江戸芸能散歩（尾河直太郎著）文理閣 1984.6
◇鴎外百話（吉野俊彦著）徳間書店 1986.11
◇歌右衛門の疎開（山川静夫著）文芸春秋 1987.12（文春文庫）
◇郡司正勝劇集〔第5巻〕戯地の文（郡司正勝著）白水社 1991.9
◇女形の運命（渡辺保著）筑摩書房 1991.11（筑摩叢書）
◇団十郎と「勧進帳」（小坂井澄著）講談社 1993.3
◇森銑三著作集〈続編 第6巻〉人物篇〈6〉（森銑三著）中央公論社

1993.8
◇九代目団十郎と五代目菊五郎　(小坂井澄著)　徳間書店　1993.11
◇団洲百話　(松居真玄著)　クレス出版　1997.4　1冊　(近世文芸研究叢書)
◇近世文芸研究叢書　第2期芸能篇 12 (歌舞伎 12) (近世文芸研究叢書刊行会編)　クレス出版　1997.4　1冊
◇近世文芸研究叢書　第2期芸能篇 13 (歌舞伎 13) (近世文芸研究叢書刊行会編)　クレス出版　1997.4　1冊
◇幼少時代　(谷崎潤一郎著)　岩波書店　1998.4　342p　(岩波文庫)
◇人と芸談―先駆けた俳優たち　(馬場順著)　演劇出版社　1999.12　326p
◇浅草の昭和を彩った人たち　(鈴木としお著)　東京新聞出版局　2001.2　203p
◇明治人のお葬式　(此経啓助著)　現代書館　2001.12　203p
◇市川団十郎研究文献集成―付 歌舞伎十八番文献目録・「劇場」文献目録　(中山幹雄著)　高文堂出版社　2002.4　259p
◇成田ゆかりの人物伝　(小川国彦著)　平原社　2002.10　766p
◇歌右衛門の疎開　(山川静夫著)　岩波書店　2003.1　272p　(岩波現代文庫)
◇歌舞伎十八番　(戸板康二著)　隅田川文庫　2003.9　242p
◇歌舞伎―研究と批評 33　(歌舞伎学会編)　歌舞伎学会　2004.8　158p
◇団十郎の"腹芸"、雅邦の"心持"　(塩谷純)　『美術史家、大いに笑う―河野元昭先生のための日本美術史論集』(河野元昭先生退官記念論文集編集委員会編)　ブリュッケ、星雲社 (発売)　2006.4　p367
◇歌舞伎百年百話　(上村以和於著)　河出書房新社　2007.3　227p
◇明治人物閑話　(森銑三著)　中央公論新社　2007.11　343p　(中公文庫)
◇東京おぼえ帳　(平山蘆江著)　ウェッジ　2009.2　364p　(ウェッジ文庫)
◇芝居随想 作者部屋から　(食満南北著)　ウェッジ　2009.8　249p　(ウェッジ文庫)
【雑　誌】
◇九代目団十郎と川上音二郎―伝統の改革新派の確立　(戸板康二)「歴史と人物」　120　1981.7
◇豊原国周の人と作品―国展に見る団十郎との関係　(森俊彦)「浮世絵」　92　1983
◇忠臣蔵伝承の伴い手たち―徂徠、仲蔵、南丸, 9代目団十郎、雲右衛門、青果など(忠臣蔵―日本人の証明〈特集〉) (渡辺保)「国文学」　31 (15) 1986.12
◇脚本における「概念」と「性格」―9代目団十郎・学海・逍遙　(神山彰)「文芸研究(明治大学文芸研究会)」　56　1987.1
◇黄表紙の入紙から―安政2年の櫓替に関する河原崎権之助の資料断簡　(藤江峰夫)「玉藻(フェリス女学院大学)」　23　1987.12
◇9代目団十郎における絵画の影響―「復古大和絵派」と「江戸琳派」(神山彰)「文芸研究(明治大学文芸研究会)」　58　1988.1
◇明治20年代の9代目団十郎―活歴と南画の消長をめぐって　(神山彰)「日本演劇学会紀要」　29　1991
◇特集 九代目市川団十郎　「歌舞伎」　歌舞伎学会　22　1998.12　p3～134, 図巻頭8
◇九世団十郎事歴 上巻(特集 菊没後百年)　(寺田詩麻)「歌舞伎」歌舞伎学会, 雄山閣　32　2004.1　p24～57
◇九世団十郎事歴 中巻(前)　(寺田詩麻)「歌舞伎」歌舞伎学会, 雄山閣　33　2004.8　p62～80
◇同窓生投稿論文 名人・三代目杵屋正治郎と名優・九代目市川団十郎―正治郎の生涯における団十郎の存在　(小澤由佳)「恵泉アカデミア」恵泉女学園大学社会・人文学会　13　2008.12　p27～47
◇岡本敬之助と九代目市川団十郎の交友　(丹羽みさと)「日本近代文学」日本近代文学会　80　2009.5　p161～170

市川段四郎〔2代〕　いちかわだんしろう　1855～1922
明治、大正期の歌舞伎役者。
【雑　誌】
◇大正雑談―二代目段四郎　(利倉幸一)「演劇界」　39 (6) 1981.6

市川団蔵〔7代〕　いちかわだんぞう　1836～1911
幕末、明治期の歌舞伎役者。
【図　書】
◇成田不動霊験記―市川団十郎と名優たち　(旭寿山)　成田山新勝寺成田山仏教研究所　1981.10　(成田山選書 5)
◇明治人物閑話　(森銑三)　中央公論社　1982.9
◇歌舞伎百年百話　(上村以和於著)　河出書房新社　2007.3　227p
【雑　誌】
◇七代目市川団蔵研究　(永井潤)「舞台芸術研究」　日本大学大学院芸術学研究科舞台芸術専攻　第5号　2000.3　p258 (1)～171 (88)

市川中車〔7代〕　いちかわちゅうしゃ　1860～1936
明治～昭和期の歌舞伎役者。
【図　書】
◇日本人の自伝20 七世市川中車・初世中村鴈治郎・二世市川左団次　(上原輝男解説)　平凡社　1981.8
◇昭和の名人名優　(宇野信夫著)　講談社　1984.6
◇かまわぬ見ます―團十郎のはなし―(旺文社文庫)　(宇野信夫)　旺文社　1985.9
◇日本人の自伝　(佐伯彰一著)　講談社　1991.8　(講談社学術文庫)
◇人と芸談―先駆けた俳優たち　(馬場順著)　演劇出版社　1999.12　326p
【雑　誌】
◇みごとな幕切れ―七代目中車の和田兵衛　(戸板康二)「演劇界」　46 (5) 1988.5

市川渡　いちかわわたる　1824～?
幕末, 明治期の官吏, 辞書編纂者。
【図　書】
◇続・百代の過客―日記にみる日本人〈上〉 (ドナルド・キーン著, 金関寿夫訳)　朝日新聞社　1988.1　(朝日選書)
◇続 百代の過客―日記にみる日本人　(ドナルド・キーン著, 金関寿夫訳)　朝日新聞社　1988.12
◇幕末欧州見聞録―尾蠅欧行漫録　(市川清流著, 楠家重敏編訳)　新人物往来社　1992.8
【雑　誌】
◇市川清流の著作について(1, 2)　(後藤純郎)「図書館学会年報」　27 (2, 3) 1981.6, 9
◇「尾蠅欧行漫録」の英訳と「雅俗漢語訳解」―市川清流の著作についての補道　(後藤純郎)「図書館学会年報」　28 (2) 1982.6
◇源流から辿る近代図書館(2)市川清流が書籍院建設を建白　(石山洋)「日本古書通信」　日本古書通信社　66 (2) 2001.2　p22
◇Bibliotheca Japonica (52) 市川清流著『尾蠅欧行漫録』のアーネスト・サトウ英訳　(八木正自)「日本古書通信」　日本古書通信社　67 (4) 2002.4　p23

伊藤左千夫　いとうさちお　1864～1913
明治期の歌人, 小説家。
【図　書】
◇新編左千夫歌集　(伊藤左千夫著　土屋文明, 山本英吉選)　岩波書店　1980.1　(岩波文庫)
◇研究資料現代日本文学5 短歌　(浅井清ほか編)　明治書院　1980.3
◇斎藤茂吉研究　右文書院　1980.6　(近代日本文学作家研究叢書)
◇伊藤左千夫　(福田清人, 堀江信男編)　清水書院　1980.12　(Century books人と作品40)
◇伊藤左千夫　(永塚功)　桜楓社　1981.5　(短歌シリーズ・人と作品6)
◇近代短歌史論考　(薄井忠男)　桜楓社　1981.5
◇斎藤茂吉選集11 随筆4　(斎藤茂吉)　岩波書店　1981.11
◇稲垣達郎学芸集 2　(稲垣達郎)　筑摩書房　1982.4
◇野菊の如き君―左千夫とたみ子　(江畑耕作)　新地書房　1982.5
◇斎藤茂吉選集 20 歌論7　(斎藤茂吉)　岩波書店　1982.8
◇伊藤左千夫―生命の叫び　(藤岡武雄)　新典社　1983.5　(日本の作家 38)
◇日本文学―伝統と近代 和田繁二郎博士古稀記念　(和田繁二郎博士古稀記念論集刊行会編)　和泉書院　1983.12
◇国語国文学論集 後藤重郎教授停年退官記念　(名古屋大学国語国文学会後藤重郎教授停年退官記念論集刊行世話人会編)　名古屋大学出版会　1984.4
◇作品の中の女たち―明治・大正文学を読む　(尾形明子著)　ドメス出版　1984.10
◇正岡子規―人と文学 (愛媛文化双書〈41〉) (越智通敏著)　愛媛文化双書刊行会　1986.2
◇島木赤彦の研究(研究選集〈44〉) (山根巴著)　教育出版センター　1986.4
◇左千夫全集〈第6巻〉歌論・随想〈2〉 (伊藤左千夫著)　岩波書店　1987.4
◇美しい歌こころよい歌　(宇都宮静男著)　桜楓社　1987.5
◇短歌を味わう　(細川謙三著)　六法出版社　1988.2
◇自己をならう旅　(松原哲明著)　佼成出版社　1988.2　(かわかない心)
◇雪月花の時　(山本健吉著)　角川書店　1988.6
◇短歌を味わうこころ　(佐藤佐太郎著)　角川書店　1988.8　(角川選書)
◇万葉の伝統　(小田切秀雄著)　講談社　1988.12　(講談社学術文庫)
◇昭和文学全集〈4〉 (柳田国男, 折口信夫, 萩原朔太郎, 宮沢賢治, 高村光太郎, 斎藤茂吉, 高浜虚子, 久保田万太郎, 幸田露伴著)　小学館　1989.4

◇ビジュアルワイド新日本風土記〈12〉千葉県　ぎょうせい　1989.4
◇茂吉評伝　（茂岡武雄著）　桜楓社　1989.6
◇遙かなる子規　（天岸太郎著）　近代文芸社　1990.5
◇伊藤左千夫の研究　（永塚功著）　桜楓社　1991.10
◇日本文学史〈近代・現代篇6〉　（ドナルド・キーン著、新井潤美訳）　中央公論社　1991.12
◇傷痕よりの出発—河村盛明評論集　（河村盛明）　六法出版社　1992.5　（ほるす歌書）
◇山々の雨—歌人・岡麓　（秋山加代著）　文芸春秋　1992.10
◇文学と風土—房総を旅した作家たち　（坂本哲郎著）　丸善　1993.11　（丸善ライブラリー）
◇和歌文学講座〈9〉近代の短歌　（武川忠一編）　勉誠社　1994.1
◇小さな文学の旅—日本の名作案内　（漆原智良作）　金の星社　1995.4　257p
◇森山汀川あて書簡にみるアララギ巨匠たちの素顔　（宮坂丹保著）　銀河書房　1996.3　388p
◇扇畑忠雄著作集　第3巻　（扇畑忠雄著）　おうふう　1996.3　434p
◇伊藤左千夫と成東—思郷の文学　野菊の里　（永塚功著）　笠間書院　1996.4　253p
◇房総の文学、その風土と人間の関わりを考える—伊藤左千夫と古泉千樫を例にして　（北原由夫）　（江戸川大学・江戸川女子短期大学公開講座委員会編）　新典社　1996.10　（新典社文庫5）p162
◇伊藤左千夫文学アルバム　（永塚功著、伊藤左千夫記念館監修）　蒼洋社　1998.3　78p
◇歌人　古泉千樫　（北原由夫著）　短歌新聞社　1999.4　413p
◇アララギ歌人論　（小谷稔著）　短歌新聞社　1999.7　312p
◇伊藤左千夫—野菊の墓/牛飼の歌　（伊藤左千夫著、永塚功編）　日本図書センター　2000.11　280p　（シリーズ・人間図書館）
◇万葉集の発明—国民国家と文化装置としての古典　（品田悦一著）　新曜社　2001.2　356p
◇写生の文学—正岡子規、伊藤左千夫、長塚節　（梶木剛著）　短歌新聞社　2001.3　407p
◇歌の基盤—短歌と人生と　（大島史洋著）　北冬舎　2002.2　254p　（北冬草書）
◇近代短歌の鑑賞77　（小高賢編）　新書館　2002.6　240p
◇文人暴食　（嵐山光三郎著）　マガジンハウス　2002.9　431p
◇人生に生かすことばの贈り物　（菅原孝雄著）　風濤社　2002.9　159p
◇日本の小説101　（安藤宏編）　新書館　2003.6　226p
◇波の行く末—あなたへの旅路・小さな旅　（宮崎靖久著）　文芸社　2004.2　147p
◇要約　日本の宗教文学13篇—完全読破の気分になれる！　（立松和平監修）　佼成出版社　2004.7　218p
◇続・近現代歌人偶景—石本隆一評論集　6　（石本隆一著）　短歌新聞社　2004.8　235p
◇プライド・オブ・プレイス　（森まゆみ著）　みすず書房　2005.8　231p
◇伊藤左千夫と万葉集—その人麻呂論を巡って　（牧野博行著）　短歌新聞社　2005.11　186p
◇文人暴食　（嵐山光三郎著）　新潮社　2006.1　577p　（新潮文庫）
◇鉄路の美学—名作が描く鉄道のある風景　（原口隆行著）　国書刊行会　2006.9　358p
◇発掘　街道の文学　3　（志水雅明著）　伊勢新聞社　2006.11　325p
◇文学の花しおり　（森下春著）　毎日新聞社　2007.3　206p
◇足尾銅山物語　（小野崎敏著）　新樹社　2007.7　263p
◇左千夫歌集　（永塚功著、久保田淳監修）　明治書院　2008.2　540p　（和歌文学大系）
◇素描・二十世紀短歌　（玉城徹著）　短歌新聞社　2008.10　309p
◇みんな俳句が好きだった—各界一〇〇人句のある人生　（内藤好之著）　東京堂出版　2009.7　230p

【雑誌】

◇左千夫全集の逸句　（石川義雄）「日本古書通信」45（2）1980.2
◇伊藤左千夫の歌論—「万葉集」理解と歌壇批判　（堀江信男）「日本文学論叢（茨城キリスト教短大）」5 1980.3
◇伊藤左千夫「野菊の墓」の民子（名作の中のおんな101人）　菊地弘「國文學　解釈と教材の研究」25（4）1980.3.臨増
◇アララギの先進・人と歌—子規・左千夫・節の歌風　（北住敏夫）「群山」35（7）1980.7
◇「野菊の墓」の周辺（1）　（貞光威）「東海学園国語国文」18 1980.9
◇一頁時評　短い早い時間の中で　（小市巳世司）「短歌」27（10）1980.10
◇伊東千夫全集の逸文　（石川義雄）「日本古書通信」45 1980.11
◇アララギ短歌の形成—創成期の左千夫と節　（貞光威）「名古屋大学国語国文」47 1980.12
◇「野菊の墓」の周辺（2）　（貞光威）「東横学園国語国文」19 1981.2

◇伊藤左千夫—近代の芸文と茶の湯　（戸田勝久）「淡交」35（4）1981.4
◇前衛短歌の問題（35,36）（古代詩遠望（14,15））（岡井隆）「短歌研究」38（5,6）1981.5,6
◇根岸派と明星派の対立—人間左千夫の関与　（貞光威）「聖德学園岐阜教育大学紀要」8 1981.9
◇「野菊の墓」の周辺（3）　（貞光威）「東海学園国語国文」21 1981.11
◇写生説—特に伊藤佐千夫と長塚節　（田中順二）「奈良大学紀要」10 1981.12
◇左千夫短歌と信州—風土的関連について　（貞光威）「聖德学園岐阜教育大学紀要」9 1982.9
◇伊藤左千夫—原始的生粋の抒情歌人—現代短歌の作家、その歌と論と　（永塚功）「國文學　解釈と教材の研究」28（3）1983.2
◇伊藤左千夫—日本現代文学研究必携　（今西幹一）「別冊国文学」特大号 1983.7
◇「アカネ」と「アララギ」対立の行方—左千夫・赤彦書簡を通して見た　（貞光威）「聖德学園岐阜教育大学紀要」10 1983.9
◇伊藤左千夫及び長塚節—わが郷土に於ける足跡　（小林忠一）「高井」65 1983.11
◇左千夫短歌と仏教　（貞光威）「日本文芸学」20 1983.12
◇左千夫と節—出会いから『馬酔木』創刊まで　（小瀬千恵子）「岐阜女子大学紀要」13 1984
◇伊藤佐千夫の万葉集評釈　（貞光威）「聖德学園岐阜教育大学国語国文学」3 1984.1
◇伊藤左千夫「分家」　（小倉真理子）「稿本近代文学（筑波大学平岡研究室）」7 1984.7
◇日本食文化史講（1）伊藤左千夫と牛乳搾取業　（伊津野忠男）「農林統計調査」35（1）1985.1
◇伊藤左千夫人脈考（上）　（貞光威）「聖德学園岐阜教育大学国語国文学」4 1985.1
◇伊藤左千夫〈特集〉「短歌」32（5）1985.5
◇中村憲吉の周辺（9）—伊藤左千夫と憲吉—　（関口昌男）「あるご」3（5）1985.5
◇中村憲吉の周辺（10）—伊藤左千夫と憲吉—　（関口昌男）「あるご」3（6）1985.6
◇伊藤左千夫の方法—「おり立ちて」の意味するもの—　（内藤明）「音」4（9）1985.9
◇伊藤佐千夫の習作期の歌風　（貞光威）「東海学園国語国文」28 1985.9
◇文明と左千夫—理想的師弟（土屋文明〈特集〉）（山本健吉）「短歌」32（11）1985.11
◇茂吉と左千夫との黙契—あわせて赤彦・文明のこと（講演）　（山本健吉）「短歌」32（12）1985.12
◇『野菊の墓』考　（坂本哲郎）「聖德学園短期大学研究紀要」18 1985.12
◇伊藤左千夫人脈考（下）　（貞光威）「聖德学園岐阜教育大学国語国文学」5 1986.1
◇季節のうた（34）明治の家族　（佐佐木幸綱）「本の窓」9（2）1986.2
◇赤彦における左千夫　（山根巴）「相模女子大学紀要」49 1986.3
◇発見と創造（続）—左千夫「叫びの説」—　（後藤龍之）「樹木」36（6）1986.6
◇「野菊の墓」成立に関する比較文学試論—嵯峨の屋御室「初恋」を媒介としたロシア文学への志向—　（永塚功）「語文（日本大学）」68（薬師寺章明博士記念号）1987.6
◇ある師弟の姿—左千夫と文明と　（山本健吉）「短歌研究」45（1）1988.1
◇角館と田沢湖を訪れた歌人達（1）伊藤左千夫（明治四十二年）（高橋源良）「北城」27 1988.5
◇茂吉の見た左千夫—継承と反発と　（貞光威）「聖德学園岐阜教育大学国語国文学」8 1989.3
◇名作「野菊の墓」と伊藤左千夫の生涯　（間藤邦彦）「東葛流山研究」10 1989.8
◇左千夫の手紙（1）蕨真一郎宛伊藤左千夫書簡　（大戸三枝）「子規博だより」9（2）1989.10
◇〔新資料〕左千夫の手紙（2）篠原志都児・蕨橿堂宛伊藤左千夫書簡　（大戸三枝）「子規博だより」10（1）1990.6
◇伊藤左千夫と蓼科の歌（1）　（篠原円平）「オール諏訪」84 1991.9
◇伊藤左千夫と蓼科の歌（2）　（篠原円平）「オール諏訪」85 1991.10
◇伊藤左千夫と蓼科の歌（3）　（篠原円平）「オール諏訪」86 1991.11
◇伊藤左千夫と蓼科の歌（4）　（篠原円平）「オール諏訪」87 1991.12
◇伊藤左千夫とその周辺　（新井章）「房総の郷土史」20 1992.3
◇伊藤左千夫—山と人生観（近代歌人と山の歌〈特集〉）（永塚功）「短歌」39（8）1992.8
◇眼鏡とハイテク兵器—伊藤左千夫の言語の組織説について　（林安一）「ポトナム」69（12）1992.12
◇『野菊の墓』と『ロミオとジュリエット』—伊藤左千夫のShakespeare受容の可能性について—補注—　（宮沢信彦）「文研論

集（専修大学大学院）」 22 1993.9
◇"手"に宿る"愛"—『野菊の墓』論（特集・映像表現と文学）（中山昭彦）「国語通信」 335 1993.10
◇生活派歌人・伊藤左千夫—生誕130年〈特集〉「短歌」 40(10) 1993.10
◇伊藤左千夫の小説 （大戸三千枝）「解釈」 39(12) 1993.12
◇伊藤左千夫と九十九里浜—海—その故郷回帰〈海の歌〈特集〉）（永塚功）「短歌」 41(4) 1994.4
◇伊藤左千夫の芭蕉観—「叫び」の論にみる俳句（永塚功）「解釈」 40(10) 1994.10
◇伊藤左千夫と三井甲之 その一—その接近と対立（貞光威）「聖徳学園岐阜教育大学国語国文学」 聖徳学園岐阜教育大学国語国文学会 第14号 1995.3 p54～72
◇近代小説新考 明治の青春—49—伊藤左千夫「野菊の墓」—1—（野山嘉正）「國文學 解釈と教材の研究」 学燈社 40(5) 1995.4 p150～154
◇近代小説新考 明治の青春—50—伊藤左千夫「野菊の墓」—2—（野山嘉正）「國文學 解釈と教材の研究」 学燈社 40(6) 1995.5 p146～150
◇近代小説新考 明治の青春—51—伊藤左千夫「野菊の墓」—3—（野山嘉正）「國文學 解釈と教材の研究」 学燈社 40(7) 1995.6 p154～158
◇伊藤左千夫と三井甲之 その二—その接近と対立（貞光威）「聖徳学園岐阜教育大学国語国文学」 聖徳学園岐阜教育大学国語国文学会 第15号 1996.3 p50～71
◇歌人伊藤左千夫の茶道—短歌にみる茶人像（小特集 詩歌）（永塚功）「解釈」 教育出版センター 42(12) 1996.12 p5～16
◇伊藤左千夫「短歌連作論」の再検討（千葉聡）「国学院大学大学院文学研究科論集」 国学院大学大学院文学研究科 第24号 1997.3 p55～62
◇追憶の遠近法と女たちの声—「野菊の墓」（伊藤左千夫）（特集 小説を読む、家族を考える—明治から平成まで—家族/反家族の肖像」（藤井淑禎）「國文學 解釈と教材の研究」 42(12) 1997.10 p36～40
◇「叫びのこもり」へ—伊藤左千夫(特集 現代短歌のゆくえ—原点「写生」を見直す）（藤岡武雄）「短歌」 角川書店 45(3) 1998.3 p72～73
◇啄木と左千夫（尾崎元昭）「語文と教育」 鳴門教育大学国語教育学会 第12号 1998.8 p176～181
◇伊藤左千夫と観潮楼歌会—石川啄木との関係を中心に（貞光威）「岐阜聖徳学園大学国語国文学」 岐阜聖徳学園大学国語国文学会 18 1999.3 p13～36
◇二度の会いの印象—左千夫と迢空(特集 黒衣の旅びと釈迢空）（西村尚）「短歌」 角川書店 46(6) 1999.5 p124～127
◇『野菊の墓』における伊藤左千夫のシェイクスピア受容—傍証的事実の提示およびテクストの比較分析試論（宮沢信彦）「専修人文論集」 専修大学学会 66 2000.3 p99～117
◇左千夫のシェイクスピア受容（宮沢信彦）「専修人文論集」 専修大学学会 67 2000.10 p113～128
◇子規と左千夫—革新とは、虚妄ではなかったか(正岡子規没後一〇〇年記念特集・正岡子規の革新性）（岡井隆）「神奈川大学評論」 神奈川大学広報委員会 40 2001 p135～138
◇プラトニック—島崎藤村『若葉集』(小説)/伊藤左千夫『野菊の墓』（小説）〈境界を越えて—恋愛のキーワード集〉（坪井秀文）「國文學 解釈と教材の研究」 学燈社 46(3) 2001.2 p35～37
◇伊藤左千夫をめぐる女性とその文学—"真剣な恋は芸術である"のモデル（永塚功）「語文」 日本大学国文学会 110 2001.6 p58～70
◇森鷗外と農の心—伊藤左千夫『去年』等を中心に（遠藤誠治）「鷗外」 森鷗外記念会 74 2004.2 p30～38
◇純愛物語論—伊藤左千夫『野菊の墓』を中心に（高橋与四男）「海—自然と文化」 東海大学海洋学部 3(3) 2005 p77～85
◇故郷考—木を巡って(第4回)伊藤左千夫—千葉県成東市（沖ななも）「歌壇」 本阿弥書店 20(10) 2006.10 p92～95
◇お茶と文学者(15)伊藤左千夫(1)（角替茂二）「茶」 静岡県茶業会議所 61(3) 2008.3 p40～43
◇伊藤左千夫「野菊の墓」論—封印された性(特集＝近代文学に描かれた性—近代文学に描かれた性)（羽矢みずき）「国文学解釈と鑑賞」 至文堂 73(8) 2008.4 p19～24
◇文学碑探訪 左千夫と子規の出会い（中谷順子）「青淵」 渋沢栄一記念財団 709 2008.4 p15～17
◇お茶と文学者(16)伊藤左千夫(2)（角替茂二）「茶」 静岡県茶業会議所 61(4) 2008.4 p26～30
◇ちば・ふたり物語 故郷を愛した歌人の師弟—その出会いと別れ—伊藤左千夫と古泉千樫（杉五郎）「ちば経済季報」 千葉経済センター 74 2008.秋 p34～39
◇二十世紀の短歌論・第二部 残すべき歌論(23)伊藤左千夫（篠弘）「短歌」 角川グループパブリッシング, 角川学芸出版 55(13) 2008.12 p136～141

◇子規、最後の八年(23)伊藤左千夫の登場（関川夏央）「短歌研究」 短歌研究社 66(1) 2009.1 p106～111
◇伊藤左千夫(一八六四～一九一三)—近代短歌の確立をめざして(房総に生きた人びとと歴史—近現代)（加藤時男）「千葉史学」 千葉歴史学会 54 2009.5 p167～172

稲妻雷五郎 いなづまらいごろう 1798～1877
幕末、明治期の力士。
【図 書】
◇歴代横綱水墨画集 （横山藤彩筆, 三栖隆介文） 芸林書房 1996.10 138p
◇大相撲横綱大鑑 （日本相撲協会監修, ベースボールマガジン社編） ベースボール・マガジン社 2002.12 278p
【雑 誌】
◇阿武松と稲妻(横綱紙碑) （小島貞二）「歴史と人物」 116 1981.3

井上井月 いのうえせいげつ 1822～1887
幕末、明治期の俳人。江戸、信濃などを放浪。
【図 書】
◇漂鳥のうた—井上井月の生涯（瓜生卓造） 牧羊社 1982.7
◇近代俳人列伝〈第3巻〉（上田都史著） 永田書房 1987.7
◇井月の俳境（宮脇昌三） 踏青社 1987.8
◇漂泊の俳人 井月（井月会） 新潟日報事業社出版部 1988.7
◇漂泊の俳人 井月（井月会） 新潟日報事業社出版部 1988.7
◇どうしようもないわたし…の酒—愛山アル中講談ネタ下ろし（神田愛山著） 五月書房 1992.10
◇井上井月（春日愚良子編著） 蝸牛社 1992.11 （蝸牛俳句文庫）
◇伊那の井月—知られざる放浪詩人（井上井月作, 宮脇昌三著） 牧野出版 1995.1 250p
◇俳人・石牙井月の客死（清水昭三著） 新読書社 1996.4 241p
◇井月（大星光史著） 世界思想社 1996.9 104p （風呂で読む）
◇草庵生活と放浪の詩人（大星光史著） 木耳社 1997.4 311p
◇漂泊の俳人たち（金子兜太著） 日本放送出版協会 2000.11 236p （NHKライブラリー）
◇井上井月伝説（江宮隆之著） 河出書房新社 2001.8 305p （人間ドキュメント）
◇内観紀行（村松基之亮著） 富士書店 2003.4 279p
◇山頭火のこころ（新保哲著） 沖積舎 2003.10 207p
◇新編 井月俳句総覧—漂泊人の再現（矢島井声編） 日本文学館 2004.1 323p
◇京都大学井上教授事件—任期制法悪用からの正義の回復を目指して（阿部泰隆編著） 信山社出版 2004.6 192p
◇諸国畸人伝 改版（石川淳著） 中央公論新社 2005.9 232p （中公文庫）
◇井月さん—郷土読み物 改訂復刻版（上伊那教育会編） ほおずき書籍 2007.5 86p
◇井上井月記—漂泊の俳人（中井三好著） 彩流社 2007.7 174p
◇芭蕉—その愛と生（大星光史著） 木耳社 2008.7 375p
◇コラージュ風狂のうたびと—井月朗読劇場（春日愚良子編著） ほおずき書籍 2009.5 70p
◇天竜の山頭火—漂泊の俳人井月を訪ねて（大塚幹郎著） ほおずき書籍 2009.9 117p
【雑 誌】
◇井上井月（連載・漂鳥のうた(10)）（瓜生卓造）「俳句とエッセイ」 9(10) 1981.10
◇俳人発掘(25)井上井月のこと（上田都史）「俳句」 34(6) 1985.6
◇特集 井月百年祭(1) 「伊那路」 31(3) 1987.3
◇特集 井月百年祭(2) 「伊那路」 31(4) 1987.4
◇特集 井月百年祭(3) 「伊那路」 31(6) 1987.6
◇井月と修二—父との会話(特集 伊沢修二先生)（埋橋正秋）「伊那路」 31(10) 1987.10
◇井月さんの句碑を尋ねて（堀厳）「伊那路」 32(5) 1988.5
◇俳人井上井月の出自（稲川順雄）「伊那路」 32(5) 1988.5
◇特集・井月百年祭(4) 「伊那路」 32(11) 1988.11
◇井月撰揮毫『日枝社の俳額』（竹入弘元）「伊那路」 33(5) 1989.5
◇井月の新句・替り句（矢島太郎）「伊那路」 33(10) 1989.10
◇井月俳句地名考(信州編)（矢島太郎）「伊那路」 34(5) 1990.5
◇芭蕉と井月の隠者性について（黒河内太郎）「伊那路」 34(5) 1990.5
◇井月指揮毫の米寿祝額（矢島太郎）「伊那路」 24(6) 1990.6
◇特集 俳人井上井月と山頭火 「伊那路」 35(9) 1991.9
◇特集 井月・良寛を越後路に探る 「伊那路」 36(2) 1992.2
◇俳人井月の書の淵源（田中節山）「伊那路」 38(3) 1994.3
◇井上井月 信州伊那郡谷の鼻つまみ乞食俳人(第二特集・非常識人間登場)（石寒太）「歴史と旅」 23(1) 1996.1 p260～265

◇井上井月書誌 （藤津滋生）「文献探索」 文献探索研究会 1997 1998.3.23 p304～310
◇翌日いらぬ身の楽しみや 花に酒（風狂の人〔4〕） （永島慎二）「世界」 647 1998.4 p217
◇わが道の神とも拝め翁の日 井月（風狂の人〔7〕） （永島慎二）「世界」 650 1998.7 p217
◇しめやかに神楽の笛や月冴る 井月（風狂の人〔10〕） （永島慎二）「世界」 653 1998.10 p221
◇冬ざれや壁に挟みし柄なし鎌 井月（風狂の人〔13〕） （永島慎二）「世界」 657 1999.1 p185
◇出た雲のやくにも立たぬ暑さかな 井月（風狂の人〔19〕） （永島慎二）「世界」 663 1999.7 p176
◇秋立や声に力を入れる蟬 井月（風狂の人〔22〕） （永島慎二）「世界」 666 1999.10 p177
◇俳人・井上井月と伊那谷（上）漂泊の行方 （堀越哲朗）「望星」 東海教育研究所 32(2) 2001.2 p58～67
◇俳人・井上井月と伊那谷（下）漂泊の行方 （堀越哲朗）「望星」 東海教育研究所 32(3) 2001.3 p60～66

井上勤 いのうえつとむ 1850～1928
明治期の翻訳家。
【図　書】
◇阿波の洋業事始 （佐光昭治） 徳島市立図書館 1983.1
【雑　誌】
◇日本における「ロビンソン・クルーソウ」 （橋口稔）「外国語科研究紀要（東京大学教養学部外国語科編 東京大学出版会）」 31(3) 1983
◇井上勤訳『龍動鬼談』考―功利主義と合理主義への反措定―日本近現代怪談文学史(2) （三浦正雄）「近代文学研究」 日本文学協会近代部会 26 2009.4 p162～144

井上八千代〔3代〕 いのうえやちよ 1838～1938
明治～昭和期の日本舞踊家。京舞井上流3世家元。
【図　書】
◇近代日本の女性史5 芸道の花開くとき （創美社編） 集英社 1981.2
◇三世井上八千代―京舞井上流家元・祇園の女風土記 （遠藤保子著） リブロポート 1993.8 （シリーズ民間日本学者）
【雑　誌】
◇演劇・テアトロン賞(6)京舞の家元二代の情を細やかに （ほんちえいき）「芸能」 26(9) 1984.9
◇井上家(付グラビア) （篠山紀信・日本の一族(7)） （義江邦夫著, 篠山紀信写真）「潮」 375 1990.7

今泉みね いまいずみみね 1855～1937
幕末、明治期の女性。「名ごりの夢」を口述。
【図　書】
◇風の花嫁たち―古今女性群像 （大岡信著） 社会思想社 1987.8 （教養文庫）
◇将軍家御典医の娘が語る江戸の面影 （安藤優一郎著） 平凡社 2008.5 197p （平凡社新書）
【雑　誌】
◇話題の本―『ソーラー地球経済』ヘルマン・シェーア，今泉みね子訳（本） （舩橋晴俊）「エコノミスト」 80(14) 2002.4.2 p65

入江長八 いりえちょうはち 1815～1889
幕末、明治期の左官。漆喰鏝絵の創始者。
【図　書】
◇伊豆長八 （結城素明） 伊豆長八作品保存会 1980.4
◇開かずの間の冒険 （荒俣宏著, 須田一政写真） 平凡社 1991.10
◇日本の『創造力』―近代・現代を開花させた470人〈1〉御一新の光と影 （富田仁編） 日本放送出版協会 1992.12
◇土の絵師 伊豆長八の世界 （村山道宣編） 木蓮社 2002.11 253p
【雑　誌】
◇長八美術館(眼の散歩) （巖谷國士）「季刊みづゑ」 935 1985.6
◇眼福＝伊豆の「長八美術館」―染付け"桃太郎"「季刊銀花」 62 1985.6
◇旧岩科役場の壁画について―左官入江長八の建築装飾― （畔柳武司, 斎藤金次郎）「名城大学理工学研究報告」 26 1986.3
◇伊豆長八と目黒 （中島正伍）「目黒区郷土研究」 473 1994.6

岩井半四郎〔8代〕 いわいはんしろう 1829～1882
幕末、明治期の歌舞伎役者。
【雑　誌】
◇歌舞伎における女方の近代化について―八代目岩井半四郎を通して― （南島あゆみ）「舞台芸術研究」 日本大学大学院芸術学研究科舞台芸術専攻 第10号 2005.3 p212(1)～(138)75

巌谷一六 いわやいちろく 1834～1905
明治期の書家。楊守敬の来朝時教えを受け、一六流をなす。
【雑　誌】
◇巌谷一六研究―書法をめぐって （瀬古祥代）「美術科研究」 大阪教育大学美術学科 16 1998 p55～37
◇巌谷一六研究―書法をめぐって （瀬古祥代）「美術科研究」 大阪教育大学美術学科 第16号 1999.12 p37～55
◇巌谷一六とその周辺の人々の書 （富久和代）「書道文化」 四国大学書道文化学会 2 2006.3 p49～73

植木貞子 うえきさだこ 1797～1882
幕末、明治期の歌人。号桜庵。
【図　書】
◇忘れな草―啄木の女性たち （山下多恵子著） 未知谷 2006.9 253p

ウェストン, W. Weston, Walter 1861～1940
イギリスの登山家。1888年宣教師として来日。
【図　書】
◇日本アルプス山人伝 （安川茂雄） 二見書房 1981.4
◇富岳歴覧―外国人の見た富士山 （伏見功） 現代旅行研究所 1982.4
◇日本アルプスの登山と探検 （ウォルター・ウェストン, 黒岩健訳） 大江出版社 1982.6
◇極東の遊歩道 （ウォルター・ウェストン著, 岡村精一訳） 山と渓谷社 1984.5
◇一九世紀日本の情報と社会変動（京都大学人文科学研究所研究報告） （吉田光邦編） 京都大学人文科学研究所 1985.3
◇ウェストンの明治見聞記―知られざる日本を旅して （W.ウェストン著, 長岡祥三訳） 新人物往来社 1987.4
◇雲表のわが山々 （岡田日郎著） 東京新聞出版局 1987.6
◇山の古典と共に （大島堅造著） 図書出版社 1992.2 （ビブリオフィル叢書）
◇黒部奥山夜談 （湯口康雄） 桂書房 1992.11
◇日本の『創造力』―近代・現代を開花させた470人〈15〉貢献した外国人たち （富田仁編） 日本放送出版協会 1994.2
◇ウェストンの信濃路探訪―山々への賛歌 （田畑真一著） センチュリー 1995.1 239p
◇私のウェストン追跡記―細部からその実像に迫る （田畑真一著） 山と渓谷社 1996.10 273p
◇英国と日本―架橋の人びと （ヒュー・コータッツィ, ゴードン・ダニエルズ編著, 横山俊夫解説, 大山瑞代訳） 思文閣出版 1998.11 503, 68p
◇名作の舞台を旅する―芸術家たちの描いた24の風景 （マガジントップ編） 山海堂 1999.10 159p （私の創る旅）
◇知られざるW・ウェストン （田畑真一著） 信濃毎日新聞社 2001.9 291p
◇登山史の森へ （遠藤甲太著） 平凡社 2002.6 398p
◇回想の谷川岳 （安川茂雄著） 河出書房新社 2002.8 221p （KAWADE山の紀行）
◇神戸 スポーツはじめ物語 （高木応光著） 神戸新聞総合出版センター 2006.4 254p
◇はじめの日本アルプス―嘉門次とウェストンと館潔彦と （山村基毅著） バジリコ 2008.5 242p
◇山の名著 明治・大正・昭和戦前編 （近藤信行編） 自由国民社 2009.11 267p （知の系譜）
【雑　誌】
◇知られざるウェストン(上)伝道と登山と （神谷量平）「岳人」 424 1982.10
◇知られざるウェストン―中―信仰のありか （神谷量平）「岳人」 425 1982.11
◇知られざるウェストン(下)近代登山と宗教登山のはざまで （神谷量平）「岳人」 426 1982.12
◇ウェストンを導いた案内書 （伊藤敦）「伊那路」 28(2) 1984.2
◇花崗岩の絶頂・地蔵岳の登攀＝W・ウェストンの山 （上原昭則）「岳人」 454 1985.4
◇先人たちの思いを探る源流の山やま〈12〉太田切川―与田切川―小学生の集団遭難, ウェストン, 細井吉造の山と与太郎伝説 （斎藤一男）「岳人」 454 1985.4
◇先人たちの思いを探る源流の山やま〈13〉木曽川―覚明行者, 普寛行者の開拓, ウェストンの登頂 （斎藤一男）「岳人」 455 1985.5
◇先人たちの思いを探る源流の山やま〈14〉高原川―円空の信仰登山, 烏水・ウェストンの探検 （斎藤一男）「岳人」 456 1985.6
◇近代登山の父 W・ウェストンと神戸 (1) （川村宏）「神戸の歴史」 12 1985.7
◇日本アルプス探検の先駆者・ウェストンをめぐる人々〈1〉W・ガウランド （三井嘉雄）「岳人」 458 1985.8
◇日本アルプス探検の先駆者・ウェストンをめぐる人々〈2〉H・J・ハミルトン （三井嘉雄）「岳人」 459 1985.9

◇近代登山の父W・ウェストンと神戸(2)　(川村宏)「神戸の歴史」　13 1985.11
◇第1インターナショナルと土地問題―『賃金,価格および利潤』におけるウェストン批判　(荒川繁)「経済学(東北大学)」　49(4) 1988.1
◇W.ウェストン年譜(2)　(川村宏,三井,安江)「山岳」　83 1988.12
◇ウェストン著作目録　(安江安宣)「山岳」　83 1988.12
◇初の外国人来村・ウェストンか?　(今村真直)「郷土史巡礼(阿智史学会)」　209 1989.6
◇W.ウェストン年譜　(川村宏,三井,安江)「山岳」　84 1989.12
◇W.ウェストン年譜　(川村宏,三井,安江)「山岳」　85 1990.12
◇外国人のみた日本(6) ウェストンの「日本アルプス」　(金子民雄)「日本古書通信」　59(6) 1994.6
◇ウェストンの日本滞在(特集 素顔の日本,山,人を愛した外国人ウォルター・ウェストン)　(近藤信行)「地域文化」　29 1994.7
◇探訪岳都・大町でのウェストン(特集 素顔の日本,山,人を愛した外国人ウォルター・ウェストン)　(須加浩)「地域文化」　29 1994.7
◇金子民雄氏の「ウェストンの『日本アルプス』」について　(田畑真一)「日本古書通信」　59(8) 1994.8

上野彦馬　うえのひこま　1838～1904
幕末,明治期の写真家。
【図書】
◇写真術師 上野彦馬　(八幡政男著)　マルジュ社　1986.6
◇時代をつかめこの手のなかに―日本初のプロ・カメラマン上野彦馬　(藤崎康夫作,小島直絵)　PHP研究所 1988.11　(PHP愛と希望のノンフィクション)
◇ビジュアルワイド新日本風土記〈42〉長崎県　ぎょうせい　1989.6
◇写された幕末―石黒敬七コレクション　(石黒敬七著)　明石書店　1990.4
◇写真の時代　(富岡多恵子著)　筑摩書房 1991.8　(筑摩叢書)
◇日本の『創造力』―近代・現代を開花させた470人〈3〉流通と情報の革命　(富田仁編)　日本放送出版協会 1993.2
◇評伝 上野彦馬―日本最初のプロカメラマン　(八幡政男著)　(国分寺)武蔵野書房 1993.8
◇幕末・明治の写真　(小沢健志編)　筑摩書房 1997.7　358p　(ちくま学芸文庫)
◇出島のくすり　(長崎大学薬学部編)　九州大学出版会 2000.9　203p
◇日本の化学の開拓者たち　(芝哲夫著)　裳華房 2006.10　147p　(ポピュラー・サイエンス)
◇旅する長崎学―長崎は『知の都』だった 7　(長崎県企画,長崎文献社制作)　長崎文献社 2007.12　64p
◇日本の写真家101　(飯沢耕太郎編)　新書館 2008.5　222p
【雑誌】
◇特集・ライバル明治の獅子たち―写真師の誕生 下岡蓮杖VS上野彦馬　(小沢健志)「歴史読本」　25(2) 1980.2
◇日本最初の写真家上野彦馬の生涯　(伴野朗)「歴史と人物」　12(2) 1982.2
◇長崎文化と上野彦馬(特別講演)　(越中哲也)「写真測量とリモートセンシング」　31(2) 1992.4
◇富重写真所と上野彦馬　(阿蘇品保夫)「日本歴史」　吉川弘文館　601 1998.6　p56～58

上野理一　うえのりいち　1848～1919
明治,大正期の新聞経営者。朝日新聞社社長。
【図書】
◇長谷川如是閑集〈第1巻〉　(長谷川如是閑著)　岩波書店　1989.10

浮田一蕙　うきたいっけい　1795～1859
幕末の画家。攘夷を唱え安政の大獄に連座。
【図書】
◇幕末明治 京洛の画人たち　(原田平作)　京都新聞社 1985.2
【雑誌】
◇浮田一蕙と古典絵巻―復古大和絵派の方法　(重田誠)「美術史研究」　22 1985.3
◇浮田一蕙の奇妙な祭礼図―細見美術館蔵「今宮安楽祭図・太秦牛祭図屏風」(六曲一双)解題　(中島洋平) 「Bandaly」　明治学院大学院文学研究科芸術学専攻 6 2007.3　p133～159

歌川広重〔3代〕　うたがわひろしげ　1842～1894
幕末,明治期の浮世絵師。
【図書】
◇広重―初代～五代広重のガイドブック　(奥田敦子編集・執筆)　太田記念美術館 2007.11　71p
【雑誌】
◇三代広重と文明開化の錦絵(1) 附、三代広重下絵画稿集　(横田洋一)「神奈川県立博物館研究報告―人文科学」　13 1987.3
◇3代広重と文明開化の錦絵(1)附,3代広重下絵画稿集　(横田洋一)「神奈川県立博物館研究報告」　13 1987.3
◇錦絵「大日本物産図会」の養蚕機織図―三代広重の取材源をめぐって　(飯田孝)「民具マンスリー」　神奈川大学 38(1) 2005.4　p8875～8890

宇田川文海　うだがわぶんかい　1848～1930
明治期の小説家、新聞記者。
【図書】
◇明治の文学　有精堂出版 1981.12　(日本文学研究資料叢書)
◇教派神道と近代日本―天理教の史的考察　(大谷渡著)　(大阪)東方出版 1992.2
◇天理教の史的研究　(大谷渡著)　東方出版 1996.9　315p
◇もうひとつの文士録―阪神の風土と芸術　(河内厚郎著)　沖積舎 2000.11　337p
【雑誌】
◇宇田川文海と天理教　(大谷渡)「歴史と神戸」　19(2) 1980.4
◇大阪時代の管野スガ―宇田川文海の思想的影響について　(大谷渡)「日本史研究」　222 1981.2

歌沢能六斎　うたざわのろくさい　1826～1886
幕末,明治期の戯作者,ジャーナリスト。静岡新聞社社長。
【図書】
◇新研究資料 現代日本文学 第6巻　(浅井清,佐藤勝,篠弘,鳥居邦朗,松井利彦,武川忠一,吉田煕生編)　明治書院 2000.2　406p
【雑誌】
◇鈴亭谷峨作「自来也」に見える識語　(川崎市蔵)「日本古書通信」　47(2) 1982.2

内田九一　うちだくいち　1844～1875
幕末,明治期の写真家。
【図書】
◇日本の写真家101　(飯沢耕太郎編)　新書館 2008.5　222p

梅ケ谷藤太郎〔初代〕　うめがたにとうたろう　1845～1928
明治,大正期の力士。十五代横綱,年寄。
【図書】
◇第一五代横綱梅ケ谷藤太郎詳伝―史上最強の横綱―勝率九割五分一厘　(小野重喜著)　海鳥社 2009.10　420p

梅若実〔初代〕　うめわかみのる　1828～1909
明治期の能役者。明治三名人の一人。
【図書】
◇梅若実日記 第1巻　(梅若実著,梅若六郎,鳥越文蔵監修,梅若実日記刊行会編)　八木書店 2002.1　515p
◇梅若実日記 第2巻　(梅若実著,梅若六郎,鳥越文蔵監修,梅若実日記刊行会編)　八木書店 2002.4　407p
◇梅若実日記 第3巻　(梅若実著,梅若六郎,鳥越文蔵監修,梅若実日記刊行会編)　八木書店 2002.9　439p
◇梅若実日記 第4巻　(梅若実著,梅若六郎,鳥越文蔵監修,梅若実日記刊行会編)　八木書店 2002.10　413p
◇梅若実日記 第5巻　(梅若実著,梅若六郎,鳥越文蔵監修,梅若実日記刊行会編)　八木書店 2003.1　413p
◇梅若実日記 第6巻　(梅若実著,梅若六郎,鳥越文蔵監修,梅若実日記刊行会編)　八木書店 2003.5　444p
◇梅若実日記 第7巻　(梅若実著,梅若六郎,鳥越文蔵監修,梅若実日記刊行会編)　八木書店 2003.12　465,26p
【雑誌】
◇初世梅若実の日記　(小林責)「武蔵野女子大学能学資料センター紀要」　6 1983.3

海野勝珉　うんのしょうみん　1844～1915
明治期の彫金家。東京美術学校教授,帝室技芸員。
【雑誌】
◇明治期の彫金家海野勝珉の作品研究―「蘭陵王置物」「太平楽置物」について　(Peltonen Junko,鳥田稔弘,岡本隆志〔他〕)「Geibun」富山大学芸術文化学部 1 2006.12　p90～113
◇海野勝珉彫金作品の調査報告―「蘭陵王置物」「太平楽置物」に関する制作技法の調査記録　(Peltonen Junko,鳥田稔弘,三船温尚〔他〕) 「Geibun」　富山大学芸術文化学部 1 2006.12　p150～159

雲竜久吉　うんりゅうひさきち　1823～1891
幕末,明治期の力士。
【図書】
◇歴代横綱水墨画集　(横山藤彩筆,三栖隆介文)　芸林書房 1996.10　138p
◇大相撲横綱大鑑　(日本相撲協会監修,ベースボールマガジン社編)

ベースボール・マガジン社 2002.12 278p
【雑　誌】
◇雲龍と不知火(横綱紙碑)　(小島貞二)「歴史と人物」118 1981.5

永機　えいき　1823〜1904
幕末、明治期の俳人。
【雑　誌】
◇近世文学者書簡(7)南大曹旧蔵俳人書簡　(柴田光彦, 田中善信)「近世文芸研究と評論」19 1980.11
◇句碑めぐり(12) 穂積永機句碑(吉野山)「吉野路」24 1985.1
◇其角堂永機(特集 明治十年代の江戸)　(越後敬子)「江戸文学」ぺりかん社 21 1999.12 p136〜139
◇近代の「旧派」の俳法―其角堂永機と三森幹雄　(青木亮人)「俳文学研究」京都俳文学研究会 第46号 2006.10 p3〜4
◇明治のもう一つの蕪村受容―其角堂永機から秋声会へ　(青木亮人)「大阪俳文学研究会会報」大阪俳文学研究会 40 2006.10 p33〜38
◇其角堂永機の俳諧活動―幕末維新期編　(越後敬子)「実践国文学」実践国文学会 73 2008.3 p50〜64
◇幕末俳壇と明治俳壇の「断絶」と「連続」―其角堂永機を例にして (特集 変貌する近世文学研究―韻文(和歌・俳諧・漢詩))　(越後敬子)「国文学解釈と鑑賞」至文堂 74(3) 2009.3 p92〜99

永楽和全　えいらくわぜん　1823〜1896
幕末, 明治期の陶工。金襴手・祥端写・赤絵を得意とする。
【図　書】
◇すぐわかる作家別やきものの見かた　(中ノ堂一信編)　東京美術 2004.2 127p

絵金　えきん　1812〜1876
幕末、明治期の浮世絵師。
【図　書】
◇近世の呪縛―サディズムの精神史　(早野泰造著)　牧野出版 1986.5
◇絵金―鮮血の異端絵師　(講談社編)　講談社 1987.7
◇絵金伝　(山本駿次朗著)　三樹書房 1987.8
◇新編 悪場所の発想　(広末保著)　筑摩書房 1988.6　(筑摩叢書)
◇絵金―幕末土佐の芝居絵　(絵金画, 広末保, 藤村欣市朗編)　未来社 1995.8 189p
◇絵金の白描　(広末保, 藤村欣市朗編)　未来社 1995.8 131p
◇絵金と幕末土佐歴史散歩　(鍵岡正謹, 吉村淑甫著)　新潮社 1999.5 111p　(とんぼの本)
◇ライバル日本美術史　(室伏哲郎著)　創元社 2008.2 367p
◇絵金その謎の軌跡―土佐の芝居絵師・金蔵　(吉良川文張著)　高知新聞社 2008.2 189p
【雑　誌】
◇圖版 繪金796 浮世柄比翼稲妻 鈴ケ森(特輯 幕末維新期の繪画―狩野派を中心に)　(大久保純一)「國華」朝日新聞出版, 國華社 115(5) 2009.12 p30〜31,5

大熊氏広　おおくまうじひろ　1856〜1934
明治、大正期の彫刻家, 文展審査委員。
【図　書】
◇近代日本最初の彫刻家　(田中修二著)　吉川弘文館 1994.3
◇大熊氏広・人と作品―近代彫刻の先駆者 鳩ケ谷が生んだ巨匠 特別展 鳩ケ谷市立郷土資料館 1995.10 26p
◇美と真実―近代日本の美術とキリスト教　(竹中正夫著)　新教出版社 2006.7 339p

大隈言道　おおくまことみち　1798〜1868
幕末の歌人。
【図　書】
◇町人社会の人間群像　(宮本又次)　ぺりかん社 1982.5
◇和歌文学講座 第8巻 近代の歌人 1　(和歌文学会編)　桜楓社 1984.6
◇古典拾象　(吉田澄夫著)　武蔵野書院 1986.7
◇歌論の研究　(藤平春男著)　明治書院 1988.1
◇歌論の研究　(藤平春男著)　ぺりかん社 1989.6
◇大隈言道と博多　(桑原廉靖)　海鳥社 1990.6
◇大隈言道の桜　(桑原廉靖)　(福岡)海鳥社 1992.5
◇和歌史に関する考察　(宇佐美喜三八著)　(大阪)文進堂 1992.11
◇戸田茂睡論・茂睡考解説　(佐佐木信綱著)　クレス出版 1995.11 1冊　(近世文芸研究叢書)
◇近世文芸研究叢書 第1期文学篇 17(作家 3)　(近世文芸研究叢書刊行会編)　クレス出版 1995.11 1冊
◇大隈言道―『草径集』を通して　(穴山健)『筑紫古典文学の世界』(林田正男編)　おうふう 1997.10 p241

◇大隈言道　(岡田武彦監修, 桑原廉靖著)　西日本新聞社 1998.11 209p　(西日本人物誌)
◇大隈言道と私　(桑原廉靖著)　海鳥社 2001.4 298p
◇大隈言道 草径集　(穴山健校注, ささのや編)　海鳥社 2002.12 204,31p
◇ただごと歌の系譜―近世和歌逍遥　(奥村晃作著)　本阿弥書店 2006.12 290p
【雑　誌】
◇近世和歌作家研究 大隈言道―歌と歌論(近世和歌の世界―江戸時代の短歌を読みなおす〈特集〉)　(武川忠一)「短歌」35(8) 1988.8
◇大隈言道論―民主主義・平和主義の権化―　(奥村晃作)「江戸時代和歌」8 1988.11
◇大隈言道の作風　(松坂弘)「江戸時代和歌」8 1988.11
◇蝸牛の歌人大隈言道　(黒崎善四郎)「江戸時代和歌」8 1988.11
◇大隈言道における不在と現前「近代詩」をめぐって<特集>)　(桜井進)「日本文学」39(10) 1990.10
◇翻訳『天保八年言道自筆懐紙軸』・言道自筆『新泉日記』―佐伯家蔵大隈言道資料(1)　(穴山健)「福岡女子短大紀要」42 1991.12
◇翻刻：大隈言道自筆『乙巳集』　(穴山健)「福岡女子短大紀要」43 1992.6
◇大隈言道―「近代」に発見された歌人(特集=近世の歌人(うたびと)たち―近世後期の歌人たち)　(白石良夫)「国文学解釈と鑑賞」至文堂 61(3) 1996.3 p138〜142
◇大東急記念文庫蔵『月瀬紀行』についての一考察―大隈言道『今橋集』との関連において　(進藤康子)「語文研究」九州大学国語国文学会 93 2002.6 p1〜13
◇ただごと歌の系譜―蘆庵から子規まで(11)大隈言道　(奥村晃作)「歌壇」本阿弥書店 16(7) 2002.7 p74〜78
◇大隈言道の詩興と詩境―草径集を通して　(西山敦子)「筑紫国文」筑紫女学園短期大学国文科 25 2002.10 p65〜77
◇『草径集』校注覚え書き　(穴山健)「大宰府国文」福岡女子短期大学国語国文学会 22 2003.3 p1〜8
◇ただごと歌の系譜―蘆庵から子規まで(19)大隈言道(1)　(奥村晃作)「歌壇」本阿弥書店 17(3) 2003.3 p136〜139
◇ただごと歌の系譜―蘆庵から子規まで(20)大隈言道(2)　(奥村晃作)「歌壇」本阿弥書店 17(4) 2003.4 p102〜106
◇ただごと歌の系譜(21)大隈言道(3)　(奥村晃作)「歌壇」本阿弥書店 17(5) 2003.5 p118〜122
◇翻刻 大隈言道自筆資料『自詠集中抄』―小林重治家集　(進藤康子)「九州情報大学研究論集」九州情報大学 10(1) 2008.3 p80〜74
◇天理大学附属天理図書館蔵 大隈言道『続草径集』翻刻と解題(1)　(進藤康子)「文献探究」文献探究の会 46 2008.3 p36〜56
◇翻刻 大隈言道自筆資料『自詠集中抄』―言道門下小林重治歌集(2)　(進藤康子)「九州情報大学研究論集」九州情報大学 11 2009.3 p148〜143
◇天理大学附属天理図書館蔵 大隈言道『続草径集』翻刻と解題(2)　(進藤康子)「文献探究」文献探究の会 47 2009.3 p23〜38

大熊弁玉　おおくまべんぎょく　1818〜1880
幕末、明治期の歌人。旧派歌人として長歌にすぐれる。
【図　書】
◇大熊弁玉(横浜の文化 no.11)　(「大熊弁玉」編集委員会編)　横浜市教育委員会 1983.10
◇蟹が行くヨコハマ―文明開化の歌人和尚・大熊弁玉　(大熊弁玉著, [横浜文芸懇話会]訳)　横浜文芸懇話会 2005.8 117p
【雑　誌】
◇文明開化詩人大熊弁玉　(野田宇太郎)「横浜の文化」11 1983.10
◇「由良牟呂集」抄釈　(熊沢正一)「横浜の文化」11 1983.10
◇松永芳正と大熊弁玉　(杉本三木雄)「横浜の文化」11 1983.10
◇茂吉と弁玉　(熊谷正一)「横浜の文化」11 1983.10
◇弁玉雑感　(清水鉄у)「横浜の文化」11 1983.10
◇歌僧弁玉とその周辺―付略年譜(未定稿)・著作と文献抄　(石井光太郎)「横浜の文化」11 1983.10

大下藤次郎　おおしたとうじろう　1870〜1911
明治期の洋画家。絵画雑誌「みづゑ」を刊行。
【図　書】
◇水彩画家大下藤次郎　(土居次義)　美術出版社 1981.7
◇大下藤次郎紀行文集　(近藤信行編)　美術出版社 1986.1
◇大下藤次郎美術論集　(大下藤次郎著, 福田徳樹編)　美術出版社 1988.4
◇日本の水彩画〈1〉大下藤次郎　(原田光編著)　第一法規出版 1989.4
◇日本の近代美術〈3〉明治の洋画家たち　(三輪英夫編)　大月書店 1993.7
◇水絵の福音使者大下藤次郎―評伝　(高階秀爾著)　美術出版社 2005.12 181,35p

【雑　誌】
◇水彩画家・大下藤次郎（創刊900号記念特集）「みづゑ」900 1980.3
◇自然採集家の風景画観特集・大下藤次郎と日本水彩画の歩み　（原田光）「三彩」431 1983.8
◇透徹した風景のかなた―大下藤次郎展（展覧会）「美術手帖」514 1983.8
◇森鷗外『ながし』論―原資料『ぬれきぬ』（大下藤次郎）との関係について　（山崎国紀）「国文学論究（花園大）」11 1983.10
◇大下藤次郎と三宅克己　（土居次義）「日本美術工芸」554 1984.11
◇水彩画の時代―大下藤次郎とその周辺（創刊80周年記念特集―水彩―日本の水彩」（村田哲朗）「季刊みづゑ」936 1985.9
◇大下藤次郎展―「水彩画之栞」より（展覧会）「美術手帖」551 1985.10
◇先人たちの思いを溯る源流の山やま（24）只見川＝武田久吉，大下藤次郎，川崎隆章の情感（斎藤一男）「岳人」466 1986.4
◇青梅旧景―水彩画家・大下藤次郎の世界　（桜沢一昭）「多摩のあゆみ」77 1994.11
◇風景の変容―画家大下藤次郎と詩人三好達治をつなぐもの（中島国彦）「早稲田大学大学院文学研究科紀要 第3分冊」早稲田大学大学院文学研究科 41 1995 p3～17
◇美術出版社創業100周年特別記事 水彩画家・大下藤次郎―100年前のスケッチ・ツアー（伊藤匡，川西由里）「美術手帖」美術出版社 58（874）2006.1 p133～143
◇美を訪ねて（第40回）大下藤次郎《晩秋》（酒井哲朗）「福島の進路」福島経済研究所 283 2006.3 p28～32
◇口絵　大下藤次郎《秋の雲》島根県立石見美術館蔵　（川西由里）「紫明の会 24 2009.3 p巻頭3p

大田垣蓮月　おおたがきれんげつ　1791～1875
幕末，明治期の歌人。蓮月焼と称する陶器を作る。
【図　書】
◇図説人物日本の女性史7　小学館 1980.4
◇江戸後期の女性たち　（関民子）亜紀書房 1980.7
◇古田紹欽著作集11（古田紹欽）講談社 1981.5
◇黒船前後　（服部之総）岩波書店 1981.7　（岩波文庫）
◇大田垣蓮月　（大田垣蓮月作，徳田光円ほか著）講談社 1982.5
◇増谷文雄著作集 12 近代の宗教的生活者　角川書店 1982.8
◇大田垣蓮月　（杉本秀太郎）小沢書店 1982.8
◇幕末維新の女性―日本女性の歴史　暁教育図書 1982.8（日本発見人物シリーズ no.6）
◇幕末女流歌人の研究―松原三穂子と周辺の人々（吉崎志保子著）日本文教出版 1983.7
◇茶人の系譜―利休から天心まで（村井康彦）大阪書籍 1983.8（朝日カルチャーブックス25）
◇日本のリーダー9 信仰と精神の開拓者　（第二アートセンター編）ティビーエス・ブリタニカ 1983.11
◇和歌文学講座 第8巻 近代の歌人 1（和歌文学会編）桜楓社 1984.6
◇茶の湯風土記　（村井康彦著）平凡社 1986.9
◇茶人随想―利休とその道統　（浜本宗俊著）（京都）淡交社 1987.3
◇大田垣蓮月　（杉本秀太郎著）中央公論社 1988.5　（中公文庫）
◇歴史ロマン 火宅往来―日本史のなかの女たち　（沢田ふじ子著）広済堂出版 1990.8
◇杉本秀太郎文粋　4　（杉本秀太郎著）筑摩書房 1996.6 389p
◇富岡鉄斎 仙境の書（野中吟雪著）二玄社 2002.3 190p
◇江戸 生きかたの達人たち　（楠戸義昭，左方郁子，祖田浩一，高野澄，童門冬二ほか著）河出書房新社 2002.5 234p
◇蓮月尼全集　復刻版　（大田垣蓮月，村上素道編）国際禅道場鳳儀山聖護寺護持会 2004.2 1冊（村上素道老師集）
◇大田垣蓮月　（杉本秀太郎著）桐葉書房 2004.10 289p
◇蓮月（寺井美奈子著）社会評論社 2005.5 334p
◇師弟―ここに志あり（童門冬二著）潮出版社 2006.6 269p
◇ただごと歌の系譜―近世和歌逍遙（奥村晃作）本阿弥書店 2006.12 290p
◇京都スタァ名鑑 女性編　（「らくたび文庫」編集部編）コトコト 2007.9 87p（らくたび文庫）
◇江戸の備忘録　（磯田道史著）朝日新聞出版 2008.10 223p
【雑　誌】
◇幕末維新の異色女人―二人の勤皇尼さん（山本藤枝）「歴史と旅」7（1）1980.1
◇大田垣蓮月―人と作品―（奥村晃作）「江戸時代和歌」創刊号 1985.12
◇『海人の刈藻』改作試論（塩田公子）「名古屋平安文学研究会会報」13 1985.12
◇大田垣蓮月―人と作品（2）―第2章蓮月の歌『海人の刈藻』より―（奥村晃作）「江戸時代和歌」2 1986.4

◇近世上方やきもの誌（5）和歌とやきもの　大田垣蓮月（上）（三好一）「日本美術工芸」575 1986.8
◇近世上方やきもの誌（6）和歌とやきもの　大田垣蓮月（下）（三好一）「日本美術工芸」576 1986.9
◇太田垣蓮月生誕200年―蓮月とその周辺（下）（佐藤節夫）「陶説」460 1991.7
◇ただごと歌の系譜（22）大田垣蓮月尼物語（1）（奥村晃作）「歌壇」本阿弥書店 17（6）2003.6 p100～103
◇ただごと歌の系譜（23）大田垣蓮月尼物語（2）（奥村晃作）「歌壇」本阿弥書店 17（7）2003.7 p96～99
◇ただごと歌の系譜（24）大田垣蓮月尼物語（3）（奥村晃作）「歌壇」本阿弥書店 17（8）2003.8 p94～97
◇ただごと歌の系譜（25）大田垣蓮月尼物語（4）（奥村晃作）「歌壇」本阿弥書店 17（9）2003.9 p92～95
◇ただごと歌の系譜（26）大田垣蓮月尼物語（5）（奥村晃作）「歌壇」本阿弥書店 17（10）2003.10 p76～81
◇茶の湯百人一首（35）大田垣蓮月・益田鈍翁・大倉喜八郎・高橋箒庵・団琢磨（筒井紘一）「淡交」淡交社 57（11）2003.11 p56～61
◇ただごと歌の系譜（27）大田垣蓮月尼物語（6）（奥村晃作）「歌壇」本阿弥書店 17（11）2003.11 p76～79
◇西国女人恋紀行（5）夫恋／大田垣蓮月（1）（結喜しはや）「歴史読本」新人物往来社 52（5）2007.5 p297～303
◇西国女人恋紀行（6）夫恋／大田垣蓮月（2）（結喜しはや）「歴史読本」新人物往来社 52（7）2007.6 p351～357

大塚楠緒子　おおつかくすおこ　1875～1910
明治期の歌人，小説家。
【図　書】
◇現代鎌倉文士　（鹿児島達雄）かまくら春秋社 1984.10
◇新編近代美人伝（下）（岩波文庫）（長谷川時雨著，杉本苑子編）岩波書店 1985.12
◇愛することと歌うこと―女流歌人・俳人の肖像（辺見じゅん著）美術公論社 1986.3
◇夏目漱石試論―近代文学ノート（井上百合子著）河出書房新社 1990.4
◇悲恋の歌人たち―恋愛歌ものがたり（木俣修著）北辰堂 1990.12
◇文人短歌―うた心をいしずえに〈1〉（今西幹一編）朝文社 1992.1
◇新編 近代美人伝（下）（長谷川時雨著，杉本苑子編）岩波書店 1993.8（岩波文庫）
◇日本文壇史 8（伊藤整著）講談社 1996.2 250,22p（講談社文芸文庫）
◇夏目漱石―「則天去私」の系譜（岡部茂著）文芸書房 2006.11 513p
◇人妻魂（嵐山光三郎著）マガジンハウス 2007.8 228p
◇謎解き 若き漱石の秘恋（加藤湖山著）アーカイブス出版 2008.4 477p
◇漱石のマドンナ（河内一郎著）朝日新聞出版 2009.2 206p
【雑　誌】
◇漱石と楠緒子（武田庄三郎）「立正大学文学部叢」76 1983.7
◇漱石と楠緒子（武田庄三郎）「名古屋近代文学研究」1 1983.9
◇初期漱石文学と大塚楠緒子文学―「虞美人草」と「薤露行」の場合（小坂晋）「国語と国文学」61（6）1984.6
◇大塚楠緒子―未完の虹（明治・大正・昭和の女流歌人〈特集〉）（大西民子）「短歌」33（11）1986.11
◇大塚楠緒子と鎌倉―近代文学に現われた鎌倉（9）（鹿児島達雄）「鎌倉」56 1987.12
◇新考「夏目漱石と大塚楠緒」（藤嶋万寿子，小坂晋）「岡山大学教養部紀要」25 1989.2
◇明治後期の女性専用文末辞―大塚楠緒子作品の実態（日本語学）（油布麻子）「活水日文」活水学院現代日本文化学会 45 2004.1 p左23～左41
◇私小説と自制意識―大塚楠緒子「空薫」（特集 私小説・その境界―特集小論 境界と周辺）（風里谷桂）「私小説研究」法政大学大学院私小説研究会 第5号 2004.3 p72～73
◇銃後の守り―大塚楠緒子『進撃の歌』／『お百度詣』における「同情」の行方（小特集「日露戦争と近代の記憶」）（笹尾佳代）「同志社国文学」同志社大学国文学会 61 2004.11 p422～433

大沼枕山　おおぬまちんざん　1818～1891
幕末，明治期の漢詩人。独自の詩風を樹立。
【図　書】
◇漢詩人・大沼枕山―俳人友昇をめぐる人々 特別企画展（福生市郷土資料室編）福生市教育委員会 1985.2
◇近世の漢詩（中村幸彦編）汲古書院 1986.4
◇大沼枕山書簡集（福生市郷土資料室編）福生市郷土資料室 1988.2
◇大沼枕山来簡集（福生市郷土資料室編）福生市教育委員会 1988.2

◇思い出すことども　（森銑三著）　中央公論社　1990.11　（中公文庫）
◇成島柳北・大沼沈山　（成島柳北,大沼沈山,日野竜夫注）　岩波書店　1990.12　（江戸詩人選集 10）
◇江戸詩人選集〈第10巻〉成島柳北・大沼枕山　（日野龍夫注）　岩波書店　1990.12
◇漢詩人たちの手紙　大沼枕山と嵩古香　ゆまに書房　1994.5
【雑誌】
◇幕末期漢詩人の都市観─大沼枕山と江戸　（鷲原知良）「都市文化研究」　6 1989.11
◇明治期の大沼枕山　（安田吉人）「地方史研究」　41(6)　1991.12
◇大沼枕山の剣南体　（鷲原知良）「待兼山論叢（大阪大学文学部）」　27（文学）1993
◇漢詩人大沼枕山の生涯　（安田吉人）「調布日本文化」　調布学園女子短期大学　第5号 1995.3　p153〜174
◇大沼枕山の太平頌述─幕末文人の理想世界（特集 文人画と漢詩文 2）　（鷲原知良）「江戸文学」ぺりかん社 18 1997.12　p55〜69
◇大沼枕山の房州への旅と『房山集』─青春の苦悩と自己確立の旅路　（鷲野正明）「国士舘大学漢学紀要」　国士舘大学漢学会 9 2006年度　p19〜49
◇大沼枕山詩における「貧窮」について─梁白蜆巌詩受容の検証　（鷲原知良）「京都語文」　仏教大学国語国文学会 13 2006.11.25　p36〜47
◇大沼枕山の詩風とその詠史詩　（濱久雄）「東洋研究」　大東文化大学東洋研究 165 2007.11　p29〜57
◇『東瀛詩選』における兪（エツ）の修改─大窪詩仏・大沼枕山の所収詩について　（郭穎）「中國中世文學研究」中國中世文學會，白帝社 53 2008.3　p63〜80
◇明治期の大沼枕山について─『明治名家詩選』を中心に（特集＝古典文学の精髄としての漢詩文─中世・近世・近代─近世漢詩文百花繚乱の競演）（鷲原知良）「国文学解釈と鑑賞」至文堂 73(10)　2008.10　p153〜160

大橋乙羽　おおはしおとわ　1869〜1901
明治期の小説家。博文館の発展に尽力。
【図書】
◇雑誌『太陽』と国民文化の形成　（鈴木貞美編）思文閣出版　2001.7　616p
◇彫刻家・新海竹太郎論　（田中修二著）東北出版企画　2002.6　499p
◇時代を創った編集者101　（寺田博編）新書館　2003.8　246p
◇樋口一葉と十三人の男たち　（木谷喜美枝監修）青春出版社　2004.11　219p　（プレイブックス・インテリジェンス）
【雑誌】
◇大橋乙羽と画報雑誌・執筆文章　（槌田満文）「文大女子短大学部研究紀要」24 1980.12
◇編集者大橋乙羽　〈共同研究報告〉「総合雑誌『太陽』の総合的研究」中間報告─その1─）　（坪内祐三）「日本研究」国際日本文化研究センター　13 1996.3　p77〜87
◇樗牛の書簡と乙羽の紀行文ほか　（久保忠夫）「東北学院大学論集 人間・言語・情報」東北学院大学学術研究会 120 1998.7　p45〜74
◇本・人・出版社（42）大橋乙羽の遺稿集『欧米小観』　（紅野敏郎）「国文学解釈と鑑賞」　至文堂　67(4) 2002.6　p212〜215
◇大橋乙羽の考察─『露小袖』を中心として（日本文学会創立四十周年記念号）　（伊狩弘）「日本文学ノート」宮城学院女子大学日本文学会　40 2005.7　p40〜47
◇清末の漢訳政治小説『累卵東洋』について─明治政治小説『累卵の東洋』との比較を通して　（寇振鋒）「多元文化」名古屋大学国際言語文化研究科国際多元文化専攻 6 2006.3　p95〜107
◇大橋乙羽と吉野紀行─紀行文の転換点　（山根忠勝）「武庫川国文」武庫川女子大学国文学会 70 2007.11　p51〜59

大和田建樹　おおわだたけき　1857〜1910
明治期の詩人，国文学者。女高師教授。
【図書】
◇文法研究史と文法教育　（永野賢著）明治書院　1991.12
◇叢書 比較文学比較文化〈3〉近代日本の翻訳文化　（亀井俊介編）中央公論社　1994.1
◇行進曲「軍艦」百年の航跡─日本吹奏楽史に輝く「軍艦マーチ」の真実を求めて　（谷村政次郎著）大村書店　2000.4　411p
◇鉄道の文学紀行　（佐藤喜一著）中央公論新社　2006.1　242p　（中公新書）
◇唱歌と国語─明治近代化の装置　（山東功著）講談社　2008.2　220p　（講談社選書メチエ）
【雑誌】
◇国立国会図書館所蔵本 蔵書印その118─大和田建樹　「国立国会図書館月報」285 1984.12
◇大和田建樹と『欧米名家詩集』　（佐藤勇夫）「英学史研究」23　1990
◇大和田建樹『新調唱歌詩人の春』の試み　（宮崎真素美）「明治詩探究」創刊号　1990.7
◇大和田建樹の作文教授観　（岡利道）「広島文教教育」広島文教女子大学教育学会　第10巻 1996.3 p118(1)〜103(16)
◇大和田建樹の「名」と「明治唱歌」と「海軍軍歌」のこと　（川崎宏）「日本古書通信」日本古書通信社 65(1) 2000.1　p6〜8
◇百鬼夜行（言の葉のしずく〔79〕）（出久根達郎）「諸君！」34(3) 2002.3　p223
◇大和田建樹・奥好義同撰『明治唱歌』の特徴に関する一考察　（渋谷創平,寺田己保子）「音楽教育学研究論集」東京学芸大学大学院連合学校教育学研究科芸術系教育講座音楽教育学研究室 5 2003.3　p42〜49
◇唱歌教育と大和田建樹　（山東功）「女子大文学 国文篇」大阪女子大学人文社会学部人文学科日本語日本文学専攻 55 2004.3　p56〜69
◇大和田建樹作詞「旅泊」と唐張継「楓橋夜泊」─明治唱歌による和洋中文化の融合　（丹羽博之）「大手前大学人文科学部論集」大手前大学 6 2005　p17〜24
◇大和田建樹の新体詩運動─もう一つの欧米詩歌移植史（特集 詩─現代へ，未来へ）　（沢豊彦）「社会文学」日本社会文学会, 不二出版 24 2006　p47〜61
◇日本と韓国の『鉄道唱歌』─大和田建樹『満韓鉄道唱歌』（一九〇六）と崔南善『京釜鉄道歌』（一九〇八）（大竹聖美）「東京純心女子大学紀要」東京純心女子大学 12 2008.3　p1〜12

岡倉天心　おかくらてんしん　1862〜1913
明治期の美術評論家，思想家。東京美術学校校長。
【図書】
◇岡倉天心全集1,2,4,6　平凡社　1980.2,6,8,11
◇研究資料現代日本文学3 評論・論説・随想1　（浅井清ほか編）明治書院　1980.5
◇日本コミューン主義の系譜　（渡辺京二）葦書房　1980.5
◇茶の湯人物志　（村井康彦）角川書店　1980.6　（角川選書113）
◇天心岡倉覚三　（清見陸郎）中央公論美術出版　1980.7
◇インド・人間　（山折哲雄）平河出版　1980.9
◇岡倉天心全集7,8,別　（岡倉天心）平凡社　1981.1,4,7
◇タゴール著作集1 詩集1　第三文明社　1981.5
◇明治大正の美術　（匠秀夫ほか）有斐閣　1981.5　（有斐閣選書）
◇インド─近景と遠景　（春日井真也）同朋舎出版　1981.6
◇日本の思想家 近代篇　（菅孝行）大和書房　1981.9
◇日本美術の演出者─パトロンの系譜　（田中日佐夫）駸々堂　1981.12
◇岡倉天心考　（堀岡弥寿子）吉川弘文館　1982.2
◇道教と日本文化　（福永光司）人文書院　1982.3
◇相聞─文学者たちの愛の軌跡　（近藤富枝）中央公論社　1982.5
◇歴史を変えた愛と行動　（赤星彰）八重岳書房　1982.5
◇歴史の精神─大衆のエトスを基軸として　（松本健一）柏書房　1982.7
◇岡倉天心人と思想　（橋川文三編）平凡社　1982.10
◇宝石の声なる人に─プリヤンバダ・デーヴィーと岡倉覚三・愛の手紙　（岡倉覚三, プリヤンバダ・デーヴィー著, 大岡信訳）平凡社　1982.10
◇岡倉天心の生涯　（澤村龍馬）フェニックス出版　1982.11
◇岡倉天心の生涯　（沢村龍馬著）岡倉天心先生顕彰会　1982.11
◇表現における近代─文学・芸術論集　（大岡信）岩波書店　1983.6
◇忘れ得ぬ芸術家たち　（井上靖）新潮社　1983.8
◇茶人の系譜─利休から天心まで（朝日カルチャーブックス25）　（村井康彦）大阪書籍　1983.8
◇日本のリーダー 5 国際交流の演出者　ティビーエス・ブリタニカ　1983.9
◇日本のリーダー5 国際交流の演出者　（第二アートセンター編）ティビーエス・ブリタニカ　1983.9
◇岡倉天心その内なる敵　（松本清張著）新潮社　1984.1
◇人物探訪 日本の歴史 18─明治の逸材　暁教育図書　1984.2
◇復興アジアの志士群像─東亜先覚者列伝　大東塾出版部　1984.5
◇日本の名著 39 岡倉天心（中公バックス）（色川大吉責任編集）中央公論社　1984.9
◇天心・鑑三・荷風（小沢コレクション 3）（桶谷秀昭著）小沢書店　1984.12
◇岡倉天心（朝日選書 274）（大岡信著）朝日新聞社　1985.2
◇相聞─文学者たちの愛の軌跡（中公文庫）（近藤富枝）中央公論社　1985.5
◇橋川文三著作集〈7〉近代日本と中国　（橋川文三著）筑摩書房　1986.2
◇保田与重郎全集 第5巻　講談社　1986.3
◇芸術の森の中で　（山本正男著）玉川大学出版部　1986.3
◇ベンガルの憂愁─岡倉天心とインド女流詩人　（大原富枝著）福武書店　1986.4
◇言論は日本を動かす〈第3巻〉アジアを夢みる　（山崎正和編）講談社　1986.4

岡倉天心　　　　　　　　　　　　　　　　　　　　　　　文化　　　　　　　　　　　　　　　幕末明治　人物研究文献目録

◇岡倉天心　〔新装版〕（人物叢書）（斎藤隆三著）吉川弘文館　1986.6
◇百年の日本人〈その3〉（川口松太郎, 杉本苑子, 鈴木史楼ほか著）読売新聞社　1986.6
◇忘れ得ぬ芸術家たち（新潮文庫）（井上靖著）新潮社　1986.8
◇日本近代の美意識（高階秀爾著）青土社　1986.9
◇「法隆寺日記」をひらく―廃仏毀釈から100年（NHKブックス〈510〉）（高田良信著）日本放送出版協会　1986.9
◇滅びのとき爽やかのとき（桶谷秀昭著）小沢書店　1986.11
◇美術史散策（宮川寅雄著）恒文社　1987.1
◇江戸時代からの釣り（永田一脩著）新日本出版社　1987.2
◇夢をもとめた人びと〈6〉国際社会（金平亮, 北島春信, 蓑田正治編）（町田）玉川大学出版部　1987.3
◇揺れる言葉―喪われた明治をもとめて（木下長宏著）五柳書院　1987.3
◇保田与重郎全集〈第25巻〉絶対平和論, 明治維新とアジアの革命（保田与重郎著）講談社　1987.11
◇文明開化と日本的想像（桶谷秀昭著）福武書店　1987.11
◇近代日本政治思想の座標―思想家・政治家たちの対外観（宮本盛太郎編）有斐閣　1987.11（有斐閣選書）
◇岡倉天心―驚異的な光に満ちた空虚（大久保喬樹著）小沢書店　1987.12
◇明治の精神（荒川久寿男著）（伊勢）皇學館大学出版部　1987.12
◇日本語で生きる〈4〉五音と七音の詩学（大岡信編）福武書店　1988.3
◇昭和文学全集〈第27巻〉（福田恆存, 花田清輝, 江藤淳, 吉本隆明, 竹内好, 林達夫著）小学館　1989.3
◇詩の迷路―岡倉天心の方法（木下長宏著）学芸書林　1989.4
◇父の書斎（有島行光ほか著）筑摩書房　1989.6（筑摩叢書）
◇岡倉天心論攷（浅野晃著）永田書房　1989.6
◇恋文物語（池内紀著）新潮社　1990.3
◇永詠かくのごとくに候（大岡信著）弘文堂　1990.3（叢書 死の文化）
◇日本近代美術史論（高階秀爾著）講談社　1990.9（講談社学術文庫）
◇九鬼周造随筆集（九鬼周造, 菅野昭正編）岩波書店　1991.9（岩波文庫）
◇日本の美のかたち（神林恒道編）（京都）世界思想社　1991.12（SEKAISHISO SEMINAR）
◇天心の時代と大観・観山・春草展―よみがえる美のドラマ　愛媛新聞社　1992
◇忠誠と反逆―転形期日本の精神史的位相（丸山真男著）筑摩書房　1992.6
◇天皇帝国論批判―アジア主義とファシズム（松沢哲成著）れんが書房新社　1992.7
◇日本の『創造力』―近代・現代を開花させた470人〈7〉驀進から熟成へ（富田仁編）日本放送出版協会　1992.11
◇日本近代美術事件史（滝悌三著）東方出版　1993.1
◇アメリカ文化の原点と伝統（上智大学アメリカ・カナダ研究所編）彩流社　1993.7
◇「内なる近代」の超克―日本人として, 如何に自らを語るのか（福田和也著）PHP研究所　1993.7
◇今村紫紅―近代日本画の鬼才（中村渓男著）（横浜）有隣堂　1993.8（有隣新書）
◇日本近代の美意識（高階秀爾著）青土社　1993.9（高階秀爾コレクション）
◇幻談の地平―露伴・鏡花その他（川村二郎著）小沢書店　1994.11
◇白狐（大野芳著）講談社　1994.12
◇色川大吉著作集　第5巻（色川大吉著）筑摩書房　1996.4　506p
◇岡倉天心　1（多摩美術大学岡倉天心研究会編集）多摩美術大学岡倉天心研究会　1996.4　68p
◇会津八一―個人主義の軌跡（堀巌著）沖積舎　1996.10　160p
◇茶の本贅言（小田裕子, 川原澄子, 島地佐保子著）カメリアの会　1996.11　91p
◇岡倉天心「グローバルマインド」の先覚者（岡本幸治著）『奥田省吾学長追悼論文集』（奥田省吾学長追悼論文集刊行委員会編）大阪国際大学　1997.3　p519
◇茶の人生―岡倉天心『茶の本』に学ぶ（山崎武也著）PHP研究所　1997.9　204p
◇宝石の声なる人に―プリヤンバダ・デーヴィーと岡倉覚三・愛の手紙（プリヤンバダ・デーヴィー著, 岡倉覚三著）平凡社　1997.11　248p（平凡社ライブラリー）
◇日本美術史の古代憧憬―岡倉天心と荻原守衛（田中修二）『日本古代中世の政治と文化』（佐伯有清編）吉川弘文館　1997.12　p417
◇院展100年の名画―天心ワールド・日本美術院（平山郁夫監修, 草薙奈津子編）小学館　1998.4　127p（ショトル・ミュージアム）
◇岡倉天心と五浦（森田義之, 小泉晋弥編）中央公論美術出版　1998.5　349p（五浦美術叢書）

◇岡倉天心の思想探訪―迷走するアジア主義（坪内隆彦著）勁草書房　1998.5　241,7p
◇岡倉天心をめぐる人びと（岡倉一雄著）中央公論美術出版　1998.7　241p（五浦美術叢書）
◇茨城の思想（小林三衛, 武井邦夫編）茨城新聞社　1998.8　213p
◇岡倉天心「茶の本」鑑賞（立木智子著）淡交社　1998.10　190p
◇東京江戸謎とき散歩―首都の歴史ミステリーを訪ねて（加来耕三, 志治美世子, 黒田敏穂著）広済堂出版　1998.11　375p
◇創造された古典―カノン形成・国民国家・日本文学（ハルオ・シラネ, 鈴木登美編）新曜社　1999.4　450p
◇語る現在, 語られる過去―日本の美術史学100年（東京国立文化財研究所編）平凡社　1999.5　319p
◇日本近代の逆説―渡辺京二評論集成　1（渡辺京二著）葦書房　1999.8　484p
◇金鯱叢書―史学美術史論文集　第26輯　徳川黎明会　1999.8　222p
◇学習カレンダー 365日今日はどんな日？9月（PHP研究所編）PHP研究所　1999.9　49p
◇祖父　岡倉天心（岡倉古志郎著）中央公論美術出版　1999.9　246p（五浦美術叢書）
◇アメリカが見た東アジア美術（ウォレン・I.コーエン著, 川嶌一穂訳）スカイドア　1999.9　325p
◇美の復権―岡倉覚三伝（中原愿著）邑心文庫　1999.10　371p
◇結婚百物語（林えり子著）河出書房新社　2000.1　251p（河出文庫）
◇日本の芸術論―伝統と近代（神林恒道編）ミネルヴァ書房　2000.4　408p
◇英語達人列伝―あっぱれ, 日本人の英語（斎藤兆史著）中央公論新社　2000.5　255p（中公新書）
◇海をこえて　近代知識人の冒険（高沢秀次著）秀明出版会　2000.6　329p
◇それぞれの明治維新―変革期の生き方（佐々木克編）吉川弘文館　2000.8　330p
◇異国への憧憬と祖国への回帰（平川祐弘編）明治書院　2000.9　337p
◇岡倉天心『茶の本』を読む―日本人の心と知恵（山崎武也著）PHP研究所　2000.11　221p（PHP文庫）
◇岡倉天心アルバム（茨城大学五浦美術文化研究所監修, 中村愿編）中央公論美術出版　2000.11　219p（五浦美術叢書）
◇岡倉天心との出会い（堀岡弥寿子著）近代文芸社　2000.11　144p
◇橋川文三著作集　3　増補版（橋川文三著）筑摩書房　2000.12　392p
◇異界の海―芳翠・清輝・天心における西洋（高階絵里加著）美術の図書三好企画　2000.12　315p
◇男冥利（谷沢永一著）PHP研究所　2001.1　221p
◇名品流転―ボストン美術館の「日本」（堀田謹吾著）日本放送出版協会　2001.2　338p
◇批評の時（新保祐司著）構想社　2001.3　196p
◇日露戦争期の米国における広報活動―岡倉天心と金子堅太郎（山崎新〔コウ〕著）山崎書林　2001.4　72p
◇橋川文三著作集　7　増補版（橋川文三著）筑摩書房　2001.4　385p
◇アーネスト・F.フェノロサ文書集成―翻刻・翻訳と研究　下（村形明子編）京都大学学術出版会　2001.5　470p
◇日本語中・上級用副読本　日本を知ろう―日本の近代化に関わった人々（三浦昭, ワット・伊東泰子著）アルク　2001.12　231p
◇描かれた女の謎―アート・キャバレー蒐集奇談（稲富太郎著）新潮社　2002.1　245p
◇岡倉天心とインド―越境する近代国民意識と汎アジア・イデオロギーの帰趨（稲賀繁美）『越境する想像力』（モダニズム研究会編）人文書院　2002.2（モダニズムの越境　1）p76～
◇菊の国から蓮華の国へ　東洋の理想を求めて―岡倉天心とプリヤンバダ・デーヴィーの往復書簡（池田久代）『世界と日本とを結ぶ教養』（皇學館大学編）皇學館大学出版部　2002.3（皇學館大学社会福祉学部月例文化講座　4）p94～
◇千年の夢―文人たちの愛と死　下巻（斎藤なずな著）小学館　2002.4　393p（小学館文庫）
◇横山大観―巨匠という仮面（尾竹俊亮著）新風舎　2002.6　330p
◇日本近代思想史序説　明治期前篇　下（岩崎允胤著）新日本出版社　2002.6　358,9p
◇美学事始―芸術学の日本近代（神林恒道著）勁草書房　2002.9　251p
◇時代と精神―評論雑感集　上（桶谷秀昭著）北冬舎　2002.10　313p
◇歴史を深く吸い込み, 未来を想う―一九〇〇年への旅　アメリカの世紀, アジアの自尊（寺島実郎著）新潮社　2002.11　278p
◇金鯱叢書　第29輯　徳川黎明会　2002.11　217,12p
◇永遠の天心（茂木光春著）文芸社　2002.11　352p

◇岡倉天心の日本文化論―『茶の本』の対位法 （田中秀隆）『金鯱叢書 史学美術史論文集』（竹内誠,徳川義宣編） 徳川黎明会 2002.11 p157～
◇こんな人生を送ってみたい―私が惚れた十五人 （谷沢永一著） PHP研究所 2003.1 247p （PHP文庫）
◇今なぜ天心かバルビゾンか （平山郁夫ほか述,新潟日報事業社編） 新潟日報社 2003.1 163p
◇ことばへの旅 下 （森本哲郎著） PHP研究所 2003.4 553p （PHP文庫）
◇茶道名言集 （井口海仙著） 講談社 2003.5 224p （講談社学術文庫）
◇英語達人塾―極めるための独習法指南 （斎藤兆史著） 中央公論新社 2003.6 185p （中公新書）
◇インド独立の志士と日本人―アジア精神再興の潮流 （原嘉陽編著） 展転社 2003.7 247p
◇絵かきが語る近代美術―高橋由一からフジタまで （菊畑茂久馬著） 弦書房 2003.8 241,5p
◇北茨城・磐城と相馬街道 （誉田宏,吉村仁作編） 吉川弘文館 2003.11 234,17p （街道の日本史）
◇二〇世紀の思想家たち （伊藤直樹,大東俊一編著） 梓出版社 2004.1 199p
◇岡倉天心と道教（覚書） （坂出祥伸）『東洋―比較文化論集 宮沢正順博士古稀記念』（宮沢正順博士古稀記念論文集刊行会編） 青史出版 2004.1 p67
◇岡倉天心来五浦百年記念講演とオペラの夕べ （茨城大学五浦美術文化研究所） 茨城大学五浦美術文化研究所 2004.3 16p （五浦論叢別冊 茨城大学五浦美術文化研究所紀要）
◇東京10000歩ウォーキング No.21 （籠谷典子編著） 真珠書院 2004.4 103p
◇越境する想像力―モダニズムの越境 1 （モダニズム研究会編） 人文書院 2004.4 274,7p
◇定本 柄谷行人集 4 （柄谷行人著） 岩波書店 2004.5 267p
◇明治思想家論―近代日本の思想・再考 1 （末木文美士著） トランスビュー 2004.6 330p
◇近代日本画、産声のとき―岡倉天心と横山大観、菱田春草 （児島孝著） 思文閣出版 2004.8 289p
◇近代日本美術の伏流 （金原宏行著） 沖積舎 2004.11 213p
◇ワタリウム美術館の岡倉天心・研究会―Watari-um the Watari Museum of contemporary art （ワタリウム美術館監修） 右文書院 2005.2 316,3p
◇批評と理論 （磯崎新,鈴木博之,石山修武監修） INAX出版 2005.3 373p
◇岡倉天心―物ニ観ズレバ竟ニ吾无シ （木下長宏著） ミネルヴァ書房 2005.3 380,10p （ミネルヴァ日本評伝選）
◇モデルニテ・バロック―現代精神史序説 （坂部恵著） 哲学書房 2005.4 254p
◇近代国家を構想した思想家たち （鹿野政直著） 岩波書店 2005.6 181p （岩波ジュニア新書）
◇岡倉天心―日本文化と世界戦略 （ワタリウム美術館責任編著） 平凡社 2005.6 274p
◇天心岡倉覚三 （清見陸郎著） 中央公論美術出版 2005.6 339p
◇この結婚―明治大正昭和の著名人夫婦70態 （林えり子著） 文芸春秋 2005.8 242p （文春文庫）
◇シスター・ニヴェディタと岡倉天心における越境と混淆 『母なるカーリー』、『インド生活の経緯』と美術批評の周辺 （稲賀繁美）『表現における越境と混淆―国際日本文化研究センター共同研究報告』（井波律子,井上章一編） 国際日本文化研究センター 2005.9 （日文研叢書） p235
◇図録・新資料でみる森田思軒とその交友―竜渓・蘇峰・鴎外・天心・涙香 （森田思軒研究会編著,川戸道昭,榊原貴教,谷口靖彦,中林良雄編著） 松柏社 2005.11 119p
◇近代日本「美学」の誕生 （神林恒道著） 講談社 2006.3 317p （講談社学術文庫）
◇岡倉天心と奈良 （池田久代著）『知に遊ぶ教養』（皇学館大学社会福祉学部編） 皇学館大学出版部 2006.3 p127～153
◇日本近代美術史論 （高階秀爾著） 筑摩書房 2006.6 450,8p （ちくま学芸文庫）
◇日露戦争 もう一つの戦い―アメリカ世論を動かした五人の英語名人 （塩崎智著） 祥伝社 2006.7 211p （祥伝社新書）
◇『茶の本』を味わう （川原澄子著） 文芸社 2006.8 226p
◇岡倉『茶の本』の思想と文体―The book of teaの象徴技法 （東郷登志子著） 慧文社 2006.8 272p
◇工藤利三郎―国宝を撮った男・明治の写真師 （中田善明著） 向陽書房 2006.9 310p
◇日本人の朝鮮観―その光と影 （琴秉洞著） 明石書店 2006.10 303p
◇世界史の中の日本―岡倉天心とその時代 （岡倉登志著） 明石書店 2006.11 273p

◇古美術読本 4 （井上靖監修,大庭みな子編） 光文社 2006.11 218p （知恵の森文庫）
◇尾張藩下級武士家族の近代―松田鹿三とその時代 （中江和恵著） 新風舎 2006.12 231p （新風舎文庫）
◇日本文化の人間学 （新保哲編著） 北樹出版 2007.2 194p
◇聖徳太子の歴史学―記憶と創造の一四〇〇年 （新川登亀男著） 講談社 2007.2 238p （講談社選書メチエ）
◇アジア服復活 （ブリッジ・タンカ著）『戦争と表象/美術20世紀以後記録集』（長田謙一編） 美学出版 2007.2 p119～130
◇吾輩のご主人―天才は猫につくられる （原口緑郎著） 河出書房新社 2007.5 213p
◇主体の学としての美学―近代日本美学史研究 （浜下昌宏著） 晃洋書房 2007.5 216p
◇二十世紀から何を学ぶか 下 （寺島実郎著） 新潮社 2007.5 284,6p （新潮選書）
◇文明開化の日本改造―明治・大正時代 （中村修也監修） 淡交社 2007.6 111p （よくわかる伝統文化の歴史）
◇天心・岡倉覚三「アメリカへの道」 （池田久子）『英米文学・英米文化試論―太平洋横断アメリカン・スタディーズの視座から』（成田興史編） 晃学出版 2007.7 p9
◇宗教としての芸術―岡倉天心と明治近代化の光と影 （金子敏也著） つなん出版 2007.7 498p
◇「茶の本」の100年―岡倉天心・国際シンポジウム （三徳庵,ワタリウム美術館企画・監修） 小学館スクウェア 2007.8 231p
◇岡倉天心―芸術教育の歩み 東京芸術大学岡倉天心展実行委員会 2007.10 255p
◇グレイト・ウェイヴ―日本とアメリカの求めたもの （クリストファー・ベンフィー著,大橋悦子訳） 小学館 2007.11 381p
◇近代茶道の歴史社会学 （田中秀隆著） 思文閣出版 2007.11 433,11p
◇明日へ翔ぶ―人文社会学の新視点 1 （公益信託松尾金蔵記念奨学基金編） 風間書房 2008.3 407p
◇九鬼と天心―明治のドン・ジュアンたち （北康利著） PHPエディターズ・グループ 2008.10 340p
◇美術商・岡倉天心 （大井一男著） 文芸社 2008.11 281p
◇ベンガルの憂愁―岡倉天心とインド女流詩人 （大原富枝著） ウェッジ 2008.12 279p （ウェッジ文庫）
◇ひとの最後の言葉 （大岡信著） 筑摩書房 2009.3 251p （ちくま文庫）
◇連塾 方法日本 2 （松岡正剛著） 春秋社 2009.12 471p
【雑誌】
◇岡倉天心―近代の芸文と茶の湯 （戸田勝久）「淡交」 35(8) 1981.8
◇年譜に力点おいた「岡倉天心全集」が完結 （文化ジャーナル・美術） 「朝日ジャーナル」 23(36) 1981.9.11
◇茶の湯と仏教 （村井康彦）「京都女子大学研究紀要」 12 1981.12
◇岡倉天心の「菊の本」と当時のアメリカ文壇 （Thornton 不破直子）「比較文学」 25 1982
◇岡倉天心の面影―近代日本の国家像 （橋川文三）「日本政治学会年報政治学」 1982 1982
◇フェノロサ・岡倉・ウォーナー(1)フェノロサ夫妻と岡倉覚三 （村形明子）「湖国と文化」 18 1982.1
◇ライバルものがたり―岡倉天心とその「敵」(1) （松本清張）「芸術新潮」 33(1) 1982.1
◇ライバルものがたり―岡倉天心とその「敵」(2) （松本清張）「芸術新潮」 33(2) 1982.2
◇ライバルものがたり―岡倉天心とその「敵」(3) （松本清張）「芸術新潮」 33(3) 1982.3
◇岡倉天心英文ノートついて―付李華「弔古戦場文」英訳 （山口静一）「Heron（埼玉大）」 16 1982.3
◇ライバルものがたり―岡倉天心とその「敵」(4) （松本清張）「芸術新潮」 33(4) 1982.4
◇ライバルものがたり―岡倉天心とその「敵」(5) （松本清張）「芸術新潮」 33(5) 1982.5
◇特集・岡倉天心と日本美術院展 「三彩」 416 1982.5
◇ライバルものがたり―岡倉天心とその「敵」(6) （松本清張）「芸術新潮」 33(6) 1982.6
◇フェノロサ・岡倉・ウォーナー(2)岡倉とウォーナー （村形明子）「湖国と文化」 20 1982.7
◇ライバルものがたり―岡倉天心とその「敵」(7) （松本清張）「芸術新潮」 33(7) 1982.7
◇ライバルものがたり―岡倉天心とその「敵」(8) （松本清張）「芸術新潮」 33(8) 1982.8
◇ライバルものがたり―岡倉天心とその「敵」(9) （松本清張）「芸術新潮」 33(9) 1982.9
◇ライバルものがたり―岡倉天心とその「敵」(10) （松本清張）「芸術新潮」 33(10) 1982.10
◇ライバルものがたり―岡倉天心とその「敵」(11) （松本清張）「芸

術新潮」33(11) 1982.11
◇天心とインド美術 (後藤末吉)「茨城大学五浦美術文化研究所所報」9 1982.11
◇岡倉天心「日本の目覚め」の英米における受容 (ソーントン・不破直子)「比較文学」26 1983
◇ライバルものがたり—岡倉天心とその「敵」(12) (松本清張)「芸術新潮」34(1) 1983.1
◇ライバルものがたり—岡倉天心とその「敵」(13) (松本清張)「芸術新潮」34(2) 1983.2
◇ビゲロウ、フェノロサ、岡倉—ボストン美術館日本部の形成と発展(1)創設まで (村形明子)「Museum」384 1983.3
◇ボストン美術館東洋部を築いた人達—コレクションの歴史に関する諸ノートより (Jan Fontein著、石橋智慧訳)「月刊文化財」234 1983.3
◇ライバルものがたり—岡倉天心とその「敵」(14) (松本清張)「芸術新潮」34(3) 1983.3
◇ライバルものがたり—岡倉天心とその「敵」(16完) (松本清張)「芸術新潮」34(5) 1983.5
◇岡倉天心の聖なる女性達 (大久保美春)「比較文学」28 1985
◇五浦の5人展—五浦(いづら)時代の院展制作 (竹田道太郎)「三彩」462 1986.3
◇岡倉天心「茶の本」再考 (大久保美春)「比較文学研究」49 1986.4
◇アメリカへー『茶の本』(岡倉天心への道) (大久保喬樹)「三田文学」66(8) 1987.2
◇天心とベンガルの革命家たち—『東洋の覚醒』における天心のインド観をめぐって (岡倉古志郎)「東洋研究(大東文化大)」81 1987.2
◇驚異的な光に満ちた空虚(岡倉天心への道) (大久保喬樹)「三田文学」66(9) 1987.5
◇赤倉—再び自然について(岡倉天心への道) (大久保喬樹)「三田文学」66(10) 1987.8
◇岡倉天心—美術界のドン(明治新政府—大いなる国家構想〈特集〉) (中野中)「歴史読本」32(21) 1987.11
◇「国際化」への日本の原理 (松本健一)「諸君！」21(7) 1989.7
◇岡倉天心と小山正太郎—「和魂洋才」をめぐる西洋の問題 (神原正明)「佐賀大学教育学部研究論文集」37(1-I) 1989.8
◇天心とインド (森本達雄)「文学」57(9) 1989.9
◇若き岡倉天心を彩るもう1人の「恋人」(文化・トレンド 人間) (村形明子)「月刊Asahi」2(4) 1990.4
◇岡倉天心『茶の本』—相対する東洋と西洋(特集・日本の古典を、いま読む—明治から敗戦まで) (文弘樹)「思想の科学」476 1991.4
◇日本美に魅せられた建築家ライト (鍵岡正謹)「知識」113 1991.4
◇岡倉天心「白狐」について—「白狐」にみる天心の余影(1) (池田和子)「学苑」625 1991.11
◇花落ちぬ—新発見書簡に見る岡倉天心の実像 (中村愿)「中央公論」106(11) 1991.11
◇ボストンと日本の架け橋—岡倉天心—ボストン社交界の人気者(ボストン美術館の日本〈特集〉) (芸術新潮」43(11) 1992.1
◇岡倉天心の蒙古襲来観 (川添昭二)「日本歴史」524 1992.1
◇岡倉天心「白狐」について—「白狐」にみる天心の余影(2) (池田和子)「学苑」628 1992.2
◇国境問題に応用すべき岡倉天心の知恵(別役実のメディア時評) (別役実)「朝日ジャーナル」34(11) 1992.3.13
◇元気と病気—中国古代の生命の哲学 (福永光司)「思想」814 1992.4
◇現代語訳『「いき」の構造』 (松本健一)「新潮45」11(7) 1992.7
◇文化交流論大講座研究会報告(1)岡倉覚三「茶の本」について 「近代(神戸大学近代発行会)」73 1992.12
◇岡倉天心と明治国家 (伊藤豊)「同志社法学」45(4) 1993.11
◇板谷波山(4)東京美術学校時代(3)岡倉天心の教え (荒川正明)「陶説」489 1993.12
◇脱近代・脱欧脱亜・脱日本(1)アジア？アジアとは何か (上田信)「現代思想」21(2) 1994.1
◇廃仏毀釈のあらしの中で (水野謹吾)「蟻塔 科学と随想」40(3) 1994.5
◇黒田清輝の岡倉天心像—《智感情》の主題と成立をめぐって (高階絵里加)「美術史」便利堂 45(1) 1996.2 p31〜43
◇岡倉天心のインドを旅する(アジアはひとつの夢) (色川大吉、松本栄一)「太陽」平凡社 34(10) 1996.9 p159〜164
◇フェノロサ=天心関係に見られる東西文化の相互交流(外来文化の受容形態と日本文化の形成) (岡倉古志郎)「東洋研究 大東文化大学東洋研究所」124 1997.7 p27〜46
◇フェノロサ=天心関係に見られる東西文化の相互交流(承前) (岡倉古志郎)「東洋研究」大東文化大学東洋研究所 125 1997.11 p25〜37
◇〈書ハ美術ナラス〉か—小山正太郎対岡倉覚三・日本美術〈論争〉の起点 (亀井志乃)「国語国文研究」北海道大学国語国文学会 107 1997.11 p40〜63
◇五浦(いづら)の岡倉天心 「晴漁雨読」の日々 (鍵岡正謹)「太陽」平凡社 35(14) 1997.11 p161〜165
◇国宝指定と日本美術史—岡倉天心の時代(特集 文化財指定制度(古社寺保存法制定)100周年—古社寺保存法に尽力した人たち) (岡田健)「月刊文化財」第一法規出版 411 1997.12 p29〜33
◇鉄斎・鑑三・天心 (新保祐司)「新潮」新潮社 94(12) 1997.12 p278〜287
◇空想インタビュー 岡倉天心と"日本美術院"の出発を語る(日本美術院百年の"理想"と"現実") 「月刊美術」24(4) 1998.4 p118〜120
◇平山郁夫と"岡倉天心"を読む(日本美術院百年の"理想"と"現実") (平山郁夫)「月刊美術」24(4) 1998.4 p120〜123
◇岡倉天心〔2〕(英語達人伝説〔4〕) (斎藤兆史)「中央公論」113(12) 1998.11 p298〜303
◇有島武郎と岡倉天心・第1の序説—有島武郎に於ける「アジアの欠落」を考えるための仮説提示 (栗田広美)「研究年報」白梅学園短期大学教育・福祉研究センター 4 1999 p49〜58
◇明治期における〈美術〉の時代と文学—岡倉天心を軸として (猪狩友一)「国文白百合」白百合女子大学国語国文学会 30号 1999.3 p48〜63
◇岡倉天心—東洋と西洋のはざまで(特集 異文化とアイデンティティー) (成면卿)「無限大」日本アイ・ビー・エム 105 1999.5 p44〜49
◇天心をめぐるボストンの人々 (岡倉古志郎)「東洋研究」大東文化大学東洋研究所 132 1999.9 p1〜26
◇岡倉天心と新時代の美術思想—日本美術の発見と再生 (岩崎允胤)「大阪経済法科大学論集」大阪経済法科大学経法学会 75 1999.11 p1〜59
◇資料紹介 岡倉覚三の二条基弘宛未公表書簡について (森田義之)「五浦論叢」茨城大学五浦美術文化研究所 7 2000 p1〜4
◇資料紹介 座談会記録 岡倉天心先生を語る(第1回〜第4回) (早崎梗吉、横山大観、六角紫水〔他〕)「五浦論叢」茨城大学五浦美術文化研究所 7 2000 p5〜78
◇岡倉天心の古代彫刻論—その年代観・作品観の変遷について (熊田由美子)「五浦論叢」茨城大学五浦美術文化研究所 7 2000 p79〜112
◇東と西の出会い—イザベラ・ステュワート・ガードナーと岡倉覚三 (Victoria Weston, 小泉晋弥〔訳〕)「五浦論叢」茨城大学五浦美術文化研究所 7 2000 p133〜162
◇美術—岡倉覚三像の再構成(文化の話題) (山口泰二)「前衛」720 2000.1 p185
◇理念としてのアジア—岡倉天心と東洋美術史の構想、そしてその顛末(特集 絵画と文学のセッション) (稲賀繁美)「國文學 解釈と教材の研究」学灯社 45(8) 2000.7 p11〜19
◇理念としてのアジア—岡倉天心と東洋美術史の構想、そしてその顛末(承前) (稲賀繁美)「國文學 解釈と教材の研究」学灯社 45(10) 2000.8 p114〜124
◇資料紹介 岡倉天心像績顕彰会の成立(1)『風景』と黒田鵬心を中心として (小泉晋弥)「五浦論叢」茨城大学五浦美術文化研究所 8 2001 p41〜52
◇「後期印象派」なる邦訳語をめぐって—岡倉天心と上田敏を中心に (川田都樹子)「甲南大学紀要 文学編」甲南大学 122 2001 p67〜80
◇アジアの再興を図ろうとした岡倉天心の見た夢(1900年への旅—アメリカ・太平洋篇〔12〕) (寺島実郎)「Foresight」12(1) 2001.1 p54〜57
◇ナショナル・アイデンティティの「発見」(建築100年のかたち〔17〕) (鈴木博之)「中央公論」116(7) 2001.7 p332〜337
◇岡倉天心と現代—岡倉天心先生生誕一四〇周年を前にして (真鍋俊二)「関西大学法学論集」関西大学法学会 51(4) 2001.10 p633〜689
◇岡倉天心(選録 明治・大正の詩人たち)「日本及日本人」日本及日本人社 1642 2001.11 p88〜96
◇特集1 茶花—岡倉天心の『茶の本』に心寄せて 「季刊銀花」文化出版局 128 2001.12 p5〜36
◇岡倉天心と帝国博物館 (松宮秀治)「立命館経済学」立命館大学経済学会 50(5) 2001.12 p660〜679
◇岡倉天心の「茶の本」を読む(その1)出版の周辺 (前原祥子)「武蔵野女子大学短期大学部紀要」武蔵野女子大学短期大学部紀要編集委員会 3 2002 p11〜22
◇岡倉古志郎先生と『祖父岡倉天心』(追悼文) (森田義之)「五浦論叢」茨城大学五浦美術文化研究所 9 2002 p15〜19
◇岡倉天心と脱近代思考の可能性—その言語、時間、空間意識 (大久保喬樹)「五浦論叢」茨城大学五浦美術文化研究所 9 2002 p23〜43
◇岡倉天心の「茶の本」を読む その(1)出版の周辺 (前原祥子)「武蔵野女子大学短期大学部紀要」武蔵野女子大学短期大学部紀要編集委員会 第3号 2002.3 p11〜22
◇蔡国強の茶室—岡倉天心へのオマージュ—穏やかにして過激なる茶室リノベーション (五十嵐太郎)「美術手帖」美術出版社 54(824) 2002.8 p148〜151
◇岡倉天心の「茶の本」を読む(2)茶の心を読む (前原祥子)「武蔵

野子大学短期大学部紀要」 武蔵野女子大学短期大学部紀要編集委員会 4 2003 p1～12
◇岡倉天心の鎌倉彫刻論―仏像批評史の基礎的研究として （熊田由美子）「五浦論叢」 茨城大学五浦美術文化研究所 10 2003 p1～28
◇岡倉天心と久保田鼎―久保田家資料を中心に （吉良千鶴子）「五浦論叢」 茨城大学五浦美術文化研究所 10 2003 p121～133
◇随想 地歌「菜の葉」と岡倉天心―横山大観作《菜の葉》との関わりから （水木結）「五浦論叢」 茨城大学五浦美術文化研究所 10 2003 p135～143
◇討議 9・11以後の国家と社会（シンポジウム・9・11以後の国家と社会）「論座」 92 2003.1 p56～73
◇『日本の覚醒』をめぐる金子堅太郎と岡倉天心 （塩崎智）「日本大学精神文化研究所紀要」 日本大学精神文化研究所 34 2003.3 p1～22
◇岡倉天心における英語―文化論の視点から （小林亜紀子）「人文・自然・人間科学研究」 拓殖大学人文科学研究所 9 2003.3 p43～56
◇野口米次郎のロンドン(15) 岡倉天心との比較 （和田桂子）「大阪学院大学外国語論集」 大阪学院大学外国語学会 48 2003.9 p1～16
◇岡倉天心とボストン・ブラーミンズ(1) ジョン＝ラファージを中心に （岡倉登志）「東洋研究」 大東文化大学東洋研究所 150 2003.12 p1～25
◇岡倉天心の「茶の本」を読む(3) 茶の演劇性―見立てを背景に （前原祥子）「武蔵野女子大学短期大学部紀要」 武蔵野女子大学短期大学部紀要編集委員会 5 2004 p1～17
◇ポストモダン文明の予言者 岡倉天心（2004年度始業講演）（大久保喬樹）「東京女子大学紀要論集」 東京女子大学 55(1) 2004.9 p29～41
◇岡倉天心とボストン・ブラーミンズ(2) ラングドン＝ウォーナー （岡倉登志）「東洋研究」 大東文化大学東洋研究所 152 2004.9 p45～66
◇公開講演 模倣の網―岡倉天心を巡って （伊藤徹）「比較思想研究」 比較思想学会 32 2005 p1～10
◇日露戦争後の岡倉天心 （岡倉登志）「五浦論叢」 茨城大学五浦美術文化研究所 12 2005 p1～17
◇岡倉天心The Book of Teaの多重構造と交響的音楽構成 （東郷登志子）「五浦論叢」 茨城大学五浦美術文化研究所 12 2005 p19～40
◇日露戦争期英米ジャーナリズムに見る岡倉覚三一行―「日本美術院欧米展新聞記事切抜帖」について （岡本佳子）「アジア文化研究」 国際基督教大学 31 2005 p71～92
◇近代日本とボストン―天心岡倉覚三を中心に （川嶌一穂）「大阪芸術大学短期大学部紀要」 大阪芸術大学短期大学部 29 2005 p287～299
◇平成16年度〔電気設備学会〕全国大会特別講演 建築と美術・岡倉天心と日本の文化 （中谷伸生）「電気設備学会誌」 電気設備学会，オーム社 25(1) 2005.1 p54～60
◇〈文化財〉取材日記 西海道をゆく(4) 岡倉天心の夢 （宮代栄一）「本郷」 吉川弘文館 56 2005.3 p12～14
◇Translation as a Counter-Colonial Tool：Okakura Kakuzo's The Book of Tea （ソーントン不破直子）「日本女子大学英米文学研究」 日本女子大学英語英文学会 40 2005.3 p13～19
◇アメリカ人画家の描いた日本のイメージ―ボストン・コネクション：ジョン・ラファージと岡倉天心（第6回国際日本学シンポジウム「比較日本学の試み」報告―セッション1〈日本〉への眼差し） （清水恵美子）「お茶の水女子大学比較日本学研究センター研究年報」 お茶の水女子大学比較日本学研究センター 1 2005.3 p33～42
◇岡倉覚三（天心）と英文学 （岡倉登志）「大東文化大学英米文学論叢」 大東文化大学英文学会 36 2005.3 p97～105
◇『茶の本』The Book of Tea(1906) 岡倉天心(1862―1913)―美しき生の書（総特集 ブックガイド 日本の思想）（大久保喬樹）「現代思想」 青土社 33(7臨増) 2005.6 p100～103
◇岡倉覚三とボストン美術館 （久世夏奈子）「美術史」 美術史學會 55(1) 2005.10 p1～17
◇岡倉天心（覚三）とインド(1) ニヴェディータとの交流 （岡倉登志）「東洋研究」 大東文化大学東洋研究所 157 2005.11 p1～24
◇岡倉天心におけるIdealの位相―「妙想」から「理想」へ （依田徹）「五浦論叢」 茨城大学五浦美術文化研究所 13 2006 p1～15
◇岡倉覚三のオペラ台本 "The White Fox"―内在する歌舞伎とヴァーグナー （清水恵美子）「比較文学」 日本比較文学会 49 2006 p7～20
◇岡倉天心の「万国歴史」講義(上)（吉良千鶴子）「五浦論叢」 茨城大学五浦美術文化研究所 13 2006 p47～77
◇保田與重郎の岡倉天心論―三つの架橋の相 （李京僖）「比較文学」 日本比較文学会 49 2006 p131～150
◇岡倉天心『茶の本』における世界観―東西思想の融合 （笠井啓）「研究紀要」 福島工業高等専門学校 47 2006 p83～88
◇岡倉天心『茶の本』について （服部通子）「上智短期大学紀要」 上智短期大学 26 2006 p1～17
◇近代日本における資本主義の精神としての「個人主義」―岡倉天心をめぐって （前原将太）「Criticism」 近畿大学文芸学部日本文学専攻関井研究室 第3号 2006.3 p8～15
◇岡倉天心 国際シンポジウム 「茶の本」の100年 「茶道の研究」 三徳庵 51(11) 2006.11 p60～67
◇脱亜超欧(27) 岡倉天心の〈東洋の理想〉―儒教・道教・仏教のテーマとしての自然との合一 （呉善花）「新日本学」 拓殖大学日本文化研究所，展転社 6 2007.秋 p42～51
◇天心岡倉覚三の美術史「研究」―『古画備考』を中心に （川嶌一穂）「大阪芸術大学短期大学部紀要」 大阪芸術大学短期大学部 31 2007 p229～238
◇アジアへのまなざし―鷗外・天心の黄禍論批判（特集 森鷗外を読み直す）（野村幸一郎）「文学」 岩波書店 8(2) 2007.3・4 p103～118
◇寸心西田幾多郎と天心岡倉覚三―その芸術観をめぐって(1) （浅倉祐一朗）「場所」 西田哲学研究会 7 2008 p79～94
◇ガンディーとタゴールの思想 ラビンドラナート・タゴールと岡倉覚三（天心）―ナショナリズムをめぐって（日印文化交流の今日的意味―国際シンポジウム 日印文化交流の今日的意味―グローバル化の中の真の豊かさとは）（岡本佳子）「アジア文化研究 別冊」 国際基督教大学アジア文化研究所 17 2008 p49～75
◇岡倉天心の国際感覚―英文著作を貫く理念 （柴田馨）「五浦論叢」 茨城大学五浦美術文化研究所 15 2008 p1～20
◇岡倉天心による「泰西美術史」講義（明治二十九年）についての考察（その1）（廣瀬緑）「五浦論叢」 茨城大学五浦美術文化研究所 15 2008 p59～74
◇特集 近代美術の父と呼ばれた男 岡倉天心 「日本書法」 書道芸術社 4(1) 2008.3.25 p7～19
◇岡倉天心のTeaism （横山久美子）「日本史の方法」 日本史の方法研究会 7 2008.5 p135～115
◇夏目漱石と岡倉天心―スコットランド行き、ボーア戦争、文展など（特集：漱石―ロンドン、中国などで 何が起こったか）（岡倉登志）「國文學 解釈と教材の研究」 學燈社 53(9臨増) 2008.6 p80～92
◇東アジア共同体とわが国の政策―「岡倉天心アジア賞」の創設を（日本再生への課題）（山下英次）「月刊自由民主」 自由民主党 663 2008.6 p52～58
◇小特集 岡倉天心と21世紀のアジア 「環」 藤原書店 35 2008.Aut. p163～201
◇淺野晃の岡倉天心論―『日本浪曼派の周辺者』による批評 （李京僖）「比較文学研究」 すずさわ書店 92 2008.11 p82～103
◇岡倉天心序説 （土井通弘）「就実表現文化」 就実大学表現文化学会 3 2008.12 p21～45
◇天心岡倉覚三の「美術史」構想とその淵源 （川嶌一穂）「人文研究」 大阪市立大学大学院文学研究科 60 2009 p227～255
◇「日本美術史」という概念の成立と近代―フェノロサと岡倉天心を中心に （幸田未央）「文化学研究」 日本女子大学文化学会 18 2009 p115～129
◇岡倉天心による「泰西美術史」講義（明治二十九年）についての考察（その2）（廣瀬緑）「五浦論叢」 茨城大学五浦美術文化研究所 16 2009 p75～97
◇吉成文氏所蔵 岡倉覚三書簡・横山大観講演録 （清水恵美子）「五浦論叢」 茨城大学五浦美術文化研究所 16 2009 p99～107
◇岡倉天心 （松本高志）「名古屋学芸大学研究紀要 教養・学際編」 名古屋学芸大学教養教育委員会 5 2009.2 p1～13
◇岡倉天心アルバム―東洋美を極めた美術界の大指導者（特集 古写真集成 明治人の肖像―特別グラビア 明治偉人古写真帖）「歴史読本」 新人物往来社 54(3) 2009.3 p210～215
◇『茶の本』における岡倉天心の人間観 （赤羽利日）「聖心女子大学大学院論集」 聖心女子大学 31(1) 2009.7 p91～107
◇館史研究(3) 扇面法華経冊子模本―岡倉天心・小堀鞆音と帝国博物館の模写事業 （恵美千鶴子）「Museum」 東京国立博物館 621 2009.8 p29～62,4
◇歴史の指標 岡倉天心(1) 日本の「美の伝統」の擁護者 「明日への選択」 日本政策研究センター 286 2009.11 p44～47
◇歴史の指標 岡倉天心(2) 世界に冠絶する日本美術 「明日への選択」 日本政策研究センター 287 2009.12 p44～47

岡田為恭　おかだためちか　1823～1864
幕末の復古大和絵派の画家。
【図　書】
◇幕末明治 京洛の画人たち （原田平作） 京都新聞社 1985.2
◇維新侠艶録 （井筒月翁著） 中央公論社 1988.3（中公文庫）
◇金鯱叢書―史学美術史論文集〈第16輯〉 徳川黎明会 1989.10
◇維新暗殺秘録 （平尾道雄著） 河出書房新社 1990.8（河出文庫）
◇冷泉為恭と百人一首 （山本陽子）『批評と創作』(和田正美編集責任，明星大学日本文化学部編) 明星大学日本文化学部 2005.3 （明星大学青梅校日本文化学部共同研究論集）p322
【雑　誌】
◇冷泉為恭と大徳の屏風(1) （辻本鉱太郎）「左海民俗」 51 1981.6
◇冷泉為恭と大徳の屏風(2) （辻本鉱太郎）「左海民俗」 52 1981.10

◇冷泉為恭参考文献・年譜　「日本の美術」　261　1988.2
◇冷泉為恭と復古大和絵　「日本の美術」　261　1988.2
◇冷泉為恭筆「年中行事風俗図屏風」について（新資料紹介）（中村渓男）「古美術」　94　1990.4
◇『拾集古図』（宇津純）「国立国会図書館月報」　354　1990.9
◇冷泉為恭の『年中行事図巻』と『承安五節絵』の関連について（川島絹江）「研究と資料」　研究と資料の会　42　1999.12　p77～82
◇冷泉為恭筆　足柄山図（門脇むつみ）「国華」　国華社　107(2)　2001.9　p25～26, 図23
◇冷泉為恭の天皇表現について（山本陽子）「明星大学研究紀要　日本文化学部・造形芸術学科」　明星大学青梅校舎　10　2002　p17～25
◇冷泉為恭筆「年中行事図巻」に見られる尊皇思想〔恵泉女学園大学〕2002年度　優秀卒業論文」（三塚直子）「恵泉アカデミア」　恵泉女学園大学人文学会　8　2003.12　p69～86
◇冷泉為恭の採桑老像と版画によせて（村上泰昭）「史迹と美術」　史迹美術同攷会　75(8)　2005.9　p304～313,299～301
◇スペンサー本『百鬼夜行絵巻』と幕末の『平家物語』—冷泉為恭と遷都の物語（特集　古典知—想起する力）（小峯和明）「文学」　岩波書店　7(3)　2006.5・6　p109～123
◇江戸と京をつなぐ江戸狩野―周信、古信、洞玉、為恭（中谷伸生）「美術フォーラム21」　醍醐書房, 美術フォーラム21刊行会　18　2008　p6～9

岡野知十　おかのちじゅう　1860～1932
明治～昭和期の俳人。
【図　書】
◇読書好日（富士川英郎著）　小沢書店　1987.3
【雑　誌】
◇現代百俳人が記す…近代百俳人子規から草田男まで—代表句・愛誦句鑑賞とことば「俳句」　33(4)　1984.4
◇雑誌探訪「山比古」の検討(上)—窪田空穂・水野葉舟・島崎藤村・国木田独歩・柳田国男・太田水穂・中沢臨川・秋元洒汀・蒲原有明・平塚紫袖・岡野知十・小山内薫・川田順・河井酔茗・小島長水・吉江孤雁・矢々崎奇峰・三津木春影・田山花袋ら（紅野敏郎）「資料と研究」　山梨県立文学館　第9輯　2004.3　p68～105

岡村政子　おかむらまさこ　1858～1936
明治, 大正期の石版画家。石版印刷信陽堂を設立。
【図　書】
◇美のふるさと―信州近代美術家たちの物語（植草学著）　信濃毎日新聞社　2007.3　157p

小川一真　おがわかずまさ　1860～1929
明治～昭和期の写真家。写真館玉潤館を開設。
【図　書】
◇写真界の先覚　小川一真の生涯（小沢清著）　日本図書刊行会　1994.3
◇日本の写真家101（飯沢耕太郎編）　新書館　2008.5　222p
◇北武蔵人物散歩（大井荘次著）　まつやま書房　2008.9　287p
【雑　誌】
◇根尾谷断層と小川写真師（橋本万平）「日本古書通信」　46(6)　1981.6
◇再考　明治期の写真・小川一真への視線（特集　写真史研究の現在）（岡塚章子）「現代の眼」　国立近代美術館　528　2001.6　p5～7
◇小川一眞の近畿宝物調査写真—日本美術への視点をつくった写真（特集　写真と文化財）（岡塚章子）「月刊文化財」　第一法規　517　2006.10　p25～28
◇小川一眞撮影「凌雲閣百美人人工着色写真アルバム」についての考察（岡塚章子）「東京都江戸東京博物館研究報告」　東京都江戸東京博物館　15　2009.3　p95～104, 図巻頭2p

荻江露友〔4代〕　おぎえろゆう　1836～1884
明治期の荻江節の家元。
【雑　誌】
◇四代目荻江露友の墓碑及びその家族について（山崎泉）「語文」　日本大学国文学会　112　2002.3　p64～71
◇四代目荻江露友小考（山崎泉）「語文」　日本大学国文学会　117　2003.12　p86～96

荻原守衛　おぎわらもりえ　1879～1910
明治期の彫刻家。
【図　書】
◇碌山日記—つくまのなべ（荻原守衛著　杉井六郎編）　同朋出版　1980.7
◇明治大正の美術（匠秀夫ほか）　有斐閣　1981.5（有斐閣選書）
◇安曇野・碌山美術館（田中清光）　クリエイティブセンター　1981.8
◇荻原守衛—「生命の芸術」の殉教者(近代美術の開拓者たち—わたしの愛する画家・彫刻家—3—)（匠秀夫）　有斐閣　1981.8（有斐閣新書）
◇高村光太郎選集1 1897～1912 明治30～45年（吉本隆明, 北川太一編集・解題）　春秋社　1981.9
◇緑色の太陽—芸術論集（高村光太郎）　岩波書店　1982.6（岩波文庫）
◇荻原守衛と碌山美術館（朝日新聞社編）　朝日新聞社　1983.3（朝日・美術館風土記シリーズ　8）
◇巨匠たちの原風景(新潮選書)（田中日佐夫著）　新潮社　1984.4
◇つくまのなべ—荻原守衛の日記（所四出男編）　信濃教育会出版部　1984.10
◇碌山・32歳の生涯（仁科惇著）　三省堂　1987.6（三省堂選書）
◇昭和文学全集〈4〉（柳田国男, 折口信夫, 萩原朔太郎, 宮沢賢治, 高村光太郎, 斎藤茂吉, 高浜虚子, 久保田万太郎, 幸田露伴著）　小学館　1989.4
◇ぶらり日本名作の旅〈11〉　日本テレビ放送網　1989.5
◇異貌の美術史—日本近代の作家たち（瀬木慎一著）　青土社　1989.7
◇荻原守衛—忘れえぬ芸術家〈下〉（林文雄著）　新日本出版社　1990.9（新日本新書）
◇荻原守衛—忘れえぬ芸術家〈上〉（林文雄著）　新日本出版社　1990.9（新日本新書）
◇ふたりであること—評伝　カミーユ・クローデル（米倉守著）　講談社　1991.6
◇彫刻真髄（荻原守衛他著）　碌山美術館　1991.9
◇日本の近代美術〈11〉近代の彫刻（酒井忠康編）　大月書店　1994.4
◇求道者、荻原守衛—穂高・東京時代（葛井義憲）『キリスト教と歴史』（土肥昭夫教授退職記念論文集編集委員会編）　新教出版社　1997.3　p121
◇日本美術史の古代憧憬—岡倉天心と荻原守衛（田中修二）『日本古代中世の政治と文化』（佐伯有清編）　吉川弘文館　1997.12　p417
◇黙移　相馬黒光自伝（相馬黒光著）　平凡社　1999.5　330p（平凡社ライブラリー）
◇碌山と信州の美術（仁科惇著）　郷土出版社　1999.8　331p
◇松本・安曇野　21世紀への伝言（市民タイムス編）　ほおずき書籍　2002.7　236p
◇伊那・木曽谷と塩の道（高木俊輔編）　吉川弘文館　2003.6　240,24p（街道の日本史）
◇美術史の残照—碌山と安曇の周辺（北野進著）　出版・安曇野　2004.5　283p
◇石川啄木—その社会主義への道（碓田のぼる著）　かもがわ出版　2004.9　255p
◇巖本善治—正義と愛に生きて（葛井義憲著）　朝日出版社　2005.9　204p
◇美と真実—近代日本の美術とキリスト教（竹中正夫著）　新教出版社　2006.7　339p
◇美のふるさと—信州近代美術家たちの物語（植草学著）　信濃毎日新聞社　2007.3　157p
◇高岡の仏師本屋屋の人びと—本保義太郎の彫塑と蘇堂の木彫を中心として（浜久雄, 浜瑞枝著）　里文出版　2007.8　177p
◇碌山と安曇の周辺—美術史の残照（北野進著）　近代文芸社　2009.11　285p
【雑　誌】
◇碌山美術館—荻原守衛の彫刻の自律(日本美術の記念碑)（酒井忠康）「アトリエ」　673　1983.3
◇高村光太郎とバーナード・リーチ—荻原守衛の死をめぐって（柏木秀夫）「みすず」　288　1984.10
◇荻原守衛, 中村彝が恋い焦がれた相馬黒光(こっこう)とその娘（画家とモデル〈特集〉）（匠秀夫）「芸術新潮」　36(9)　1985.9
◇旅と棄郷と(43完)荻原碌山と高村光太郎（近藤信行）「早稲田文学〔第8次〕」　126　1986.11
◇故郷への回帰—パリの碌山（仁科惇）「彷書月刊」　3(10)　1987.10
◇荻原守衛　女（中村伝三郎）「国華」　1155　1992.2
◇碌山の生涯と作品（喜田敬）「女子聖学院短期大学紀要」　25　1993.3
◇啄木の美術観—碌山・荻原守衛への関心（遊座昭吾）「日本文学会誌(盛岡大学)」　5　1993.3
◇信州をひもとく(11)安曇野と碌山（井出孫六）「地域文化」　27　1994.1
◇ある本の歴史（北川太一）「彷書月刊」　10(2)　1994.2
◇荻原守衛と高村光太郎（千田敬一）「高村光太郎研究」　高村光太郎研究所　第17号　1996.9　p7～13
◇作品研究荻原守衛作女をめぐって（高橋幸次）「現代の眼」　国立近代美術館　516　1999.7　p13～14
◇画家の日記(5)荻原守衛（酒井忠康）「日本古書通信」　日本古書通信社　67(5)　2002.5　p1
◇碌山と小石川の教会（喜田敬）「聖学院大学論叢」　聖学院大学　18(3)　2006　p211～237
◇荻原守衛の彫刻における形態の現れ—ロダンのトルソとの対比を通じ

て（福江良純）「美術解剖学雑誌」美術解剖学会 13(1) 2009.8 p57～72

奥原晴湖　おくはらせいこ　1837～1913
明治期の女流画家。下谷文人グループ半閑社を結成。
【図　書】
◇埼玉の女たち―歴史の中の24人　(韮塚一三郎)　さきたま出版会 1980.11
◇日本南画史―祇園南海から鉄斎まで　(山内長三)　瑠璃書房 1981.1
◇奥原晴湖　古の女流南画家　(川島恂二)　筑波書林 1985.2
◇閨秀画家・奥原晴湖―俳人・友ژをめぐる人々　(福生市郷土資料室編)　福生市教育委員会 1985.11
◇奥原晴湖―伝記・奥原晴湖　(稲村量平編)　大空社 1995.3 186,20,5p（伝記叢書）
◇近代文人画批判の構造―奥原清湖と下谷文人を通して　(小林純子)『上原和博士古稀記念美術史論集』上原和博士古稀記念美術史論集刊行会 1995.3 p93
◇画家とふるさと　(小林忠著)　東信堂 2002.8 123p（世界美術双書）
【雑　誌】
◇近世の女筆(16)奥原晴湖―閨秀画家　(前田詢子)「日本美術工芸」662 1993.11
◇奥原晴湖旧蔵粉本の資料的価値―ふたたび王建章筆《桐城十景図》模本をめぐって　(平井良直)「相模女子大学紀要 A 人文系」相模女子大学 72 2008 p1～19

小倉香雨　おぐらこうう　1835～1904
江戸後期～明治期の女流画家。
【雑　誌】
◇墨竹画の名手 小倉香雨（埋もれた上野人）　(今井久恵)「群馬風土記」3(3) 1989.6

尾崎紅葉　おざきこうよう　1867～1903
明治期の小説家。
【図　書】
◇研究資料現代日本文学1 小説・戯曲1　(浅井清ほか編)　明治書院 1980.3
◇斎藤昌三著作集3 書物随筆1　(斎藤昌三著 後藤憲二編)　八潮書店 1981.3
◇明治文学石摺考　(塚越和夫)　葦真文社 1981.11
◇明治の文学　有精堂出版 1981.12（日本文学研究資料叢書）
◇明治の古典―カラーグラフィック 2 金色夜叉　(尾崎紅葉著, 森敦訳)　学習研究社 1981.12
◇弥吉光長著作集 4 明治時代の出版と人　日外アソシエーツ 1982.2
◇明治文学を語る　(木村毅)　恒文社 1982.3
◇近代文学遊歩―33人の作家と宗教　(伝統と現代)　みくに書房 1982.12
◇夕陽を知らぬ男たち―彼らはいかに生きたか　(小島直記)　旺文社 1983.2（旺文社文庫）
◇明治大学文学回想集成　日本図書センター 1983.4
◇明治の俳句と俳人たち　(村山古郷)　河出書房新社 1983.7
◇尾崎紅葉　日本図書センター 1983.12
◇尾崎紅葉―その基礎的研究（近代作家研究叢書 17）　(岡保生著)　日本図書センター 1983.12
◇女たちのロマネク―「にごりえ」から「武藏野夫人」まで―　(前田愛)　光村図書 1984
◇物語と小説―平安朝から近代まで　(笹淵友一編)　明治書院 1984.4
◇泣きどころ人物誌　(戸板康二)　文芸春秋 1984.9
◇作品の中の女たち―明治・大正文学を読む　(尾形明子著)　ドメス出版 1984.10
◇尾崎紅葉―明治文壇の雄（日本の作家 41）　(岡保生著)　新典社 1984.12
◇原景と写像―近代日本文学論攷　(重松泰雄編)　原景と写像刊行会 1986.1
◇文学論集〈1〉文学の近代　(越智治雄著)　砂子屋書房 1986.3
◇百年の日本人〈その3〉　(川口松太郎, 杉本苑子, 鈴木史楼ほか著)　読売新聞社 1986.6
◇笛鳴りやまず―ある日の作家たち(中公文庫)　(有本芳水著)　中央公論社 1986.6
◇日本の近代小説〈1〉作品論の現在　(三好行雄編)　東京大学出版会 1986.6
◇近代の短編小説〈明治篇〉　(現代文学研究会編)　九州大学出版会 1986.10
◇明治の探偵小説　(伊秀雄著)　晶文社 1986.10
◇随筆集 大苑（みみづく）　(森銑三著)　六興出版 1986.11
◇近代文学の女人像　(加藤富一著)　近代文芸社 1986.12
◇マリヴォー研究　(佐藤文樹著)　白水社 1987.7

◇尾崎紅葉　(福田清人)　日本図書センター 1987.10
◇論集 泉鏡花　(泉鏡花研究会編)　有精堂出版 1987.11
◇折口信夫全集―ノート編《追補 第3巻》近代文学論　(折口信夫著, 折口博士記念古代研究所編)　中央公論社 1987.12
◇人間 泉鏡花　(巌谷大四著)　福武書店 1988.3（福武文庫）
◇広津和郎全集〈第13巻〉随筆〈2〉　(広津和郎著)　中央公論社 1989.6
◇女の記号学　(江藤淳著)　角川書店 1989.10（角川文庫）
◇私の文学発見　(小林澪子著)　河出書房新社 1990.5
◇物語 明治文壇外史　(巌谷大四著)　新人物往来社 1990.10
◇佐古純一郎教授退任記念論文集　(佐古純一郎教授退任記念論文集編集委員会編)　朝文社 1990.11
◇紅葉作品の諸相　專修大学大学院文学研究科畑研究室 1992.3
◇たらちね　(井伏鱒二著)　筑摩書房 1992.5
◇二葉亭・透谷―考証と試論　(関良一著)　教育出版センター 1992.8（研究選書）
◇日本近代文学の出発　(平岡敏夫著)　塙書房 1992.9（塙新書）
◇日本近代の素描―文学者の目を通して　(吉田達志著)　高文堂出版社 1993.1
◇三好行雄著作集〈第4巻〉近現代の作家たち　(三好行雄著)　筑摩書房 1993.5
◇紅葉作品の諸相 続　專修大学大学院文学研究科畑研究室 1993.6
◇近代の文学―井上百合子先生記念論集　(井上百合子先生記念論集刊行会編)　河出書房新社 1993.8
◇新編 思い出す人々　(内田魯庵著, 紅野敏郎編)　岩波書店 1994.2（岩波文庫）
◇思想と表現―近代日本文学史の一側面　(山口博著)　有朋堂 1994.4
◇紅葉・露伴文学選　(木村有美子, 山根賢吉編)　(大阪)和泉書院 1994.4（新注近代文学シリーズ）
◇比較文学プロムナード―近代作品再読　(剣持武彦著)　おうふう 1994.9
◇鏡花幻想　(竹田真砂子著)　講談社 1994.9（講談社文庫）
◇尾崎紅葉の研究　(木谷喜美枝著)　双文社出版 1995.1 304p
◇唾玉集―明治諸家インタビュー集　(伊原青々園, 後藤宙外編)　平凡社 1995.8 402p（東洋文庫）
◇マライア・エッジワース"The Grateful Negro"―尾崎紅葉「俠黒児」の原作として　(上村真代)『比較文化』(比較文化研究所編)　文化書房博文社 1995.9 p237
◇3分間で読む人生の知恵　(花岡大学著)　同朋舎出版 1996.10 234p
◇和泉式部幻想　(川村二郎著)　河出書房新社 1996.10 235p
◇日本の大衆文学　(セシル・サカイ著, 朝比奈弘治訳)　平凡社 1997.2 341p（フランス・ジャポノロジー叢書）
◇「色」と「愛」の比較文化史　(佐伯順子著)　岩波書店 1998.1 389,7p
◇教育と文芸のひずみ　(村松定孝著)　高文堂出版社 1998.10 80p（現代ひずみ叢書）
◇風雅のひとびと―明治・大正文人俳句列伝　(高橋康雄著)　朝日新聞社 1999.4 379p
◇明治文学における時代性　(神立春樹著)　御茶の水書房 1999.11 253p（岡山大学経済学研究叢書）
◇追悼の達人　(嵐山光三郎著)　新潮社 1999.12 444p
◇新研究資料現代日本文学　第1巻　(浅井清, 佐藤勝, 篠弘, 鳥居邦朗, 松井利彦, 武川忠一ほか編)　明治書院 2000.3 463p
◇笑いと創造 第2集　(ハワード・ヒベット, 日本文学と笑い研究会編)　勉誠出版 2000.3 310p
◇尾崎紅葉―硯友社の沿革/煙霞療養(抄)　(尾崎紅葉著, 伊狩章編)　日本図書センター 2000.11 285p（シリーズ・人間図書館）
◇明治秀句 新版　(山口青邨著, 渡辺寛解説)　春秋社 2001.3 278p（新版 日本秀句）
◇内田魯庵研究―明治文学史の一側面　(木村有美子著)　和泉書院 2001.5 187p（和泉選書）
◇横浜・湘南の文学風景を歩く　(大島和雄著)　風濤社 2001.5 233,5p
◇近代日本語における用字法の変遷―尾崎紅葉を中心に　(近藤瑞子著)　翰林書房 2001.11 434p
◇明治人のお葬式　(此経啓助著)　現代書館 2001.12 203p
◇現代の位相研究　(佐藤喜代治編)　明治書院 2002.1 401p（国語論究）
◇明治期口語研究の新展開に向けて―標準語と保科孝一、尾崎紅葉、そして「トル・ヨル」(増井典夫)『国語論究』(佐藤喜代治編)　明治書院 2002.1 p185～
◇明治の探偵小説　(伊秀雄著)　双葉社 2002.2 597,9p（双葉文庫）
◇ジェンダーの生成―古今集から鏡花まで　(国文学研究資料館編)　臨川書店 2002.3 237p（古典講演シリーズ）
◇女物語―続き物、紅葉、鏡花　(須田千里)『ジェンダーの生成 古今集から鏡花まで』(国文学研究資料館編)　臨川書店 2002.3（古典講

◇歴史小説 真剣勝負（島内景二著） 新人物往来社 2002.4 291p
◇新編 作家論（正宗白鳥著, 高橋英夫編） 岩波書店 2002.6 458p（岩波文庫）
◇追悼の達人（嵐山光三郎著） 新潮社 2002.7 642p（新潮文庫）
◇文豪の古典力―漱石・鷗外は源氏を読んだか（島内景二著） 文芸春秋 2002.8 234p（文春新書）
◇サフラン 随想選―沈黙と思索の世界へ（上田博, チャールズ・フォックス, 滝本和成編） 嵯峨野書院 2002.10 245p
◇てだわわ言葉小考―尾崎紅葉の観察から（土屋信一）『近代語研究』（近代語学会編） 武蔵野書院 2002.12 p329〜
◇笑いと創造 第3集（ハワード・S.ヒベット, 文学と笑い研究会編） 勉誠出版 2003.2 411p
◇日本の小説101（安藤宏編） 新書館 2003.6 226p
◇近代文学の女たち―『にごりえ』から『武蔵野夫人』まで（前田愛著） 岩波書店 2003.7 247p（岩波現代文庫）
◇東京文壇事始（巌谷大四著） 講談社 2004.1 353p（講談社学術文庫）
◇文化のかけ橋―文学から見るアメリカと日本（仁木勝治著） 文化書房博文社 2004.4 176p
◇明治文学―ことばの位相（十川信介著） 岩波書店 2004.4 390p
◇桃太郎の運命（鳥越信著） ミネルヴァ書房 2004.5 243p
◇東京10000歩ウォーキング No.8（籠谷典子編著） 真珠書院 2004.6 101p
◇百年の誤読（岡野宏文, 豊崎由美著） ぴあ 2004.11 403p
◇感動！日本の名著 近現代編―たった10分で味わえる（毎日新聞社編） ワックBUNKO 2004.12 386p（ワックBUNKO）
◇小説表現としての近代（宇佐美毅著） おうふう 2004.12 422p
◇新しい日本のかたち―明治開明の諸相（秋山勇造著） 御茶の水書房 2005.10 281p
◇紅葉文学の水脈（土佐亨著） 和泉書院 2005.11 512p（近代文学研究叢刊）
◇鉄道の文学紀行（佐藤喜一著） 中央公論新社 2006.1 242p（中公新書）
◇文人が愛した温泉 全国編（地図・旅行書籍編集部編） ジエー・エー・エフ出版社 2006.4 222p
◇春城師友録（市島春城著, 山口昌男監修） 国書刊行会 2006.4 434p（知の自由人叢書）
◇日韓近代小説の比較研究―鉄腸・紅葉・蘆花と翻案小説（慎根縡著） 明治書院 2006.5 325p
◇恋する文豪（柴門ふみ著） 角川書店 2006.8 253p
◇「近代日本文学」の誕生―百年前の文壇を読む（坪内祐三著） PHP研究所 2006.10 384p（PHP新書）
◇講座源氏物語研究 第6巻（伊井春樹監修, 千葉俊二編） おうふう 2007.8 342p
◇東京の三十年（田山花袋作） 岩波書店 2007.8 334p（岩波文庫）
◇知っ得 近代文壇事件史（国文学編集部編） 学燈社 2007.10 198p
◇新聞小説の時代―メディア・読者・メロドラマ（関肇著） 新曜社 2007.12 364p
◇温泉文学論（川本三郎著） 新潮社 2007.12 207p（新潮新書）
◇流行と虚栄の生成―消費文化を映す日本近代文学（瀬崎圭二著） 世界思想社 2008.3 394p
◇金色夜叉のモデルたち（森羅夢太郎著） 文芸社 2008.4 69p
◇漱石の大出血はアスピリンが原因か―作家たちの消化器病（野村益世著） 青灯社 2008.10 201p
◇文士のきもの（近藤富枝著） 河出書房新社 2008.11 199p
◇東京の文人たち（大村彦次郎著） 筑摩書房 2009.1 343p（ちくま文庫）
◇恋する女――一葉・晶子・らいてうの時代と文学（高良留美子著） 学芸書林 2009.6 413p
◇子規と紅葉―ことばの冒険 市制施行百二十周年記念 松山市立子規記念博物館第55回特別企画展（松山市立子規記念博物館編） 松山市立子規記念博物館 2009.7 72p

【雑誌】

◇文学こぼれ話 尾崎紅葉と「一代女」 「海」 12(1) 1980.1
◇尾崎紅葉「金色夜叉」の宮（名作の中のおんな101人）（前田愛）「國文學 解釈と教材の研究」 25(4) 1980.3.臨時
◇「金色夜叉」試論―新資料「ホワイト・リリーズ」からの一考察―（P.コーニッキー）「日本文学29(9)」 1980.9
◇「金色夜叉」論（田辺明雄）「関西文学」 18(8) 1980.10
◇「二人比丘尼色懺悔」の場合（安田孝）「日本文学」 30(1) 1981.1
◇尾崎紅葉「金色夜叉」（近代文学と宗教—23）（桑島玄二）「東方界」 88 1981.2
◇尾崎紅葉と幸田露伴―文学史上に輝く二作家（巌谷大四）「歴史と人物」 120 1981.7

◇牛込界隈は文豪のまち―漱石, 紅葉 鏡花ゆかりの町ゆけば酒うまし（東京酩酊散歩）（山本容朗）「潮」 267 1981.8
◇"戯作"を貫くもの―黙阿弥と紅葉（川村湊）「早稲田文学」 65 1981.10
◇〈戯作〉貫くもの―黙阿弥と紅葉（2）（川村湊）「早稲田文学（第8次）」 68 1982.1
◇尾崎紅葉・坪内逍遙の新潟来遊と会津八一――主に明治三二年の「新潟新聞」を中心にして（若月忠信）「新潟大学国文学会誌」 25 1982.2
◇紅葉と俳句（有田静昭）「文芸論叢（大谷大）」 19 1982.9
◇戸隠山の鬼女―流離に泣く貴女紅葉（特集・英雄と女人の伝説）（辺見じゅん）「歴史と旅」 9(11) 1982.9
◇「金色夜叉」の中のお金―尾崎紅葉（主題・お金）（木村民六）「思想の科学（第7次）」 26 1982.12
◇「金色夜叉」補説（安田孝）「文学報（都立大）」 160 1983.3
◇尾崎紅葉―近代作家年譜集成（岡保生）「國文學 解釈と教材の研究」 28(6) 1983.4
◇尾崎紅葉―日本現代文学研究必携（平岡敏夫）「別冊国文学」 特大号 1983.7
◇交通・観光と文学(8)「金色夜叉」の熱海（中川浩一）「トランスポート」 34(2) 1984.2
◇「続続金色夜叉」壱―の二をめぐって（岡保生）「学苑（昭和女子大）」 533 1984.5
◇「義血侠血」の変容―紅葉改作をめぐって（村松友視）「日本近代文学」 31 1984.10
◇内田魯庵の尾崎紅葉評（片岡哲）「青山語文」 15 1985.3
◇加賀文庫所蔵『十千万堂日記』について（木谷喜美枝）「目白近代文学（日本女子大学）」 6 1985.10
◇尾崎紅葉の俳句―秋声会と子規（小瀬千恵子）「俳句文学館紀要」 4 1986.7
◇北村透谷の尾崎紅葉評価―近世文学受容の差異（佐藤毅）「国学院雑誌」 87(9) 1986.9
◇「金色夜叉」の比較文学的一考察―バーサ・クレーに関連して（中野記偉）「英文学と英語学」 24 1987
◇紅葉と蘆花―『金色夜叉』と『不如帰』―（佐藤嗣男）「文学と教育」 139 1987.2
◇「文藪」のこと若干（紅野敏郎）「新潟大学国文学会誌」 30（伊狩章先生退官記念特集）1987.3
◇尾崎紅葉・幸田露伴自筆書き入れ『西鶴置土産』（宇津純）「国立国会図書館月報」 314 1987.5
◇日本のベル・エポック(14)紅葉の「金色夜叉」（飯島耕一）「俳句」 37(2) 1988.2
◇日本のベル・エポック(15)折口信夫の紅葉・露伴（飯島耕一）「俳句」 37(3) 1988.3
◇尾崎紅葉「煙霞療養」について(1)（木谷喜美枝）「和洋国文研究」 23 1988.3
◇本のさんぽ187 逍遙・鷗外・露伴・紅葉・美妙らと「国民之友」『国民小説』（第一）（紅野敏郎）「文学」 33(3) 1988.3
◇Decameron第5日第9話の"Federigoの鷹物語"の構造と尾崎紅葉「鷹料理」における変換(1)（岡三郎）「青山学院大学文学部紀要」 31 1989
◇紅葉と鏡花（木谷喜美枝）「国文学」 34(4) 臨増（近代文壇事件史）1989.3
◇尾崎紅葉「金色夜叉」―その時代描写（神立春樹）「岡山大学経済学会雑誌」 21(1) 1989.5
◇「嵐が丘」と「金色夜叉」（上山泰）「英文学論集（関西大学英文学会）」 29 1989.12
◇明治35年夏の紅葉と鏡花（文学みをつくし）（岡保生）「学苑」 603,604 1990.2,3
◇逸話の紅露逍鷗時代（谷沢永一）「国文学 解釈と鑑賞」 55(3) 1990.3
◇「金色夜叉」を読む 「静岡近代文学」 5 1990.8
◇尾崎紅葉・土井晩翠著書目録 「日本古書通信」 55(10) 1990.10
◇『十千万堂日記』(3)（木谷喜美枝）「目白近代文学（日本女子大学院）」 10 1990.11
◇尾崎紅葉「金色夜叉」（明治長編小説事典〈特集〉）（池田一彦）「国文学解釈と鑑賞」 57(4) 1992.4
◇尾崎紅葉「三人妻」（明治長編小説事典〈特集〉）（木谷喜美枝）「国文学解釈と鑑賞」 57(4) 1992.4
◇作品の世界―尾崎紅葉「二人比丘尼 色懺悔」（古典文学と近代の作家〈特集〉）（尾形国治）「国文学解釈と鑑賞」 57(5) 1992.5
◇近代小説新考 明治の青春(19)尾崎紅葉「青葡萄」(1)（野山嘉正）「國文學 解釈と教材の研究」 37(12) 1992.10
◇近代小説新考 明治の青春(20,21)尾崎紅葉「青葡萄」(2,3)（野山嘉正）「國文學 解釈と教材の研究」 37(13,14) 1992.11,12
◇近代文学探訪(6)尾崎紅葉「二人比丘尼色懺悔」（佐藤静夫）「民主文学」 324 1992.11
◇新出紅葉書簡（5通）（資料）（岡保生〔編・解説〕）「文学」 4(1)

1993.1
◇近代小説新考 明治の青春(23)尾崎紅葉「青葡萄」(5) (野山嘉正)「國文學 解釈と教材の研究」 38(2) 1993.2
◇噴出する〈物語〉―紅葉初期作品を読む (菅聡子)「淵叢」 2 1993.3
◇尾崎紅葉『煙霞療養』について(2) (水谷喜美枝)「和洋国文研究(和洋女子大学)」 28(鈴木正彦先生古稀記念号) 1993.3
◇「金色夜叉」と樋口一葉の小説 (橋口晋作)「文学研究(日本文学研究会)」 77 1993.6
◇異質文化への憧れとつまずき (秋山正幸)「学鐙」 90(7) 1993.7
◇「金色夜叉」の尾崎紅葉からある名流夫人への手紙 (杉森久英)「中央公論」 108(9) 1993.8
◇尾崎紅葉・泉鏡花より和達瑾子への手紙 「中央公論」 108(9) 1993.8
◇「紅葉・美妙の再会」(文学みをつくし) (岡保生)「学苑」 645 1993.9
◇尾崎紅葉再見―「二人比丘尼色懺悔」と「戯作者精神」 (川口顕弘)「千葉商大紀要」 31(1・2) 1993.9
◇尾崎紅葉探尋―「煙霞療養」を訪うて (白須安彦)「かながわ高校国語の研究」 29 1993.10
◇〈未完〉をめぐる論集―尾崎紅葉「男ごゝろ」の系譜(未完の小説〈特集〉) (紅野謙介)「文学」 4(4) 1993.10
◇〈未完〉をめぐる論集―「男ごゝろ」と「金色夜叉」(未完の小説〈特集〉) (十川信介)「文学」 4(4) 1993.10
◇〈未完〉をめぐる論集―癒されない病―尾崎紅葉「青葡萄」(未完の小説〈特集〉) (宗像和重)「文学」 4(4) 1993.10
◇裸体が「美術」になる時―尾崎紅葉「むき玉子」をめぐって (南明日香)「比較文学年誌」 30 1994
◇尾崎紅葉『金色夜叉』―流行と文学性について―明治大正流行小説の研究(1) (真鍋正宏)「言語文化研究(徳島大学)」 1 1994.2
◇われ俳諧において鉄を嚙むー尾崎紅葉の俳句 (大岡信)「図書」 536 1994.2
◇「金色夜叉」の成立(窓外雨蕭々(38)) (関川夏央)「文学界」 48(2) 1994.2
◇尾崎紅葉「拈華微笑」―街路の恋 (木谷喜美枝)「和洋国文研究」 29 1994.3
◇処女作から―鏡花と紅葉 (平島美江)「鎌倉」 75 1994.5
◇明治の名作小説を読み直す―尾崎紅葉「多情多恨」―肖像画と写真(明治の名作小説がいま新しい〈特集〉) (宗像和重)「國文學 解釈と教材の研究」 39(7) 1994.6
◇尾崎紅葉にみる男の死に方(特集・一口男性論) (徳岡孝夫)「新潮45」 13(7) 1994.7
◇紅葉語彙抄(4) (宗像和重)「文学」 5(3) 1994.7
◇尾崎紅葉『金色夜叉』の世界 (木谷喜美枝)「目白近代文学」 11 1994.9
◇明治期の翻訳者(1)尾崎紅葉 (秋山勇造)「人文研究(神奈川大学人文学会編)」 121 1994.10
◇尾崎紅葉に見られるツルゲーネフ「散文詩」受容の特色 (籾内裕子)「ロシア文化研究」 早稲田大学ロシア文学会 2 1995 p104～115
◇一葉と紅葉―「たま襷」「五月雨」と「二人比丘尼色懺悔」 (木谷喜美枝)「和洋女子大学国文学会」 31 1996.3 p50～58
◇『金色夜叉』三題 (和田康一郎)「稿本近代文学」 筑波大学文芸・言語学系平岡研究室 21 1996.11 p15～23
◇尾崎紅葉「心の闇」小論 (木谷喜美枝)「和洋国文研究」 和洋女子大学国文学会 32 1997.3 p38～46
◇小説表現としての〈近代〉―美妙と紅葉をめぐって (宇佐美毅)「中央大学文学部紀要」 中央大学文学部 166 1997.3 p45～73
◇尾崎紅葉「不言不語」と原作者Bertha M.Clay (堀啓子)「文学」 岩波書店 8(2) 1997.4 p109～119
◇尾崎紅葉―どれもこれもまずい面だなあ(特集・幕末明治人物臨終の言葉―近代の夜明けを駆けぬけた44人の人生決別の辞 英傑死してことばを遺す) (一坂太郎、稲川明雄、今川徳三、井門寛、宇都宮泰長、河合敦、木村幸比古、祖田浩一、高野澄、高橋和彦、畑山博、三谷茉沙夫、百瀬明治、山村竜也)「歴史と旅」 24(7) 1997.6 p114～115
◇家族の「規範」―『二人比丘尼色懺悔』(尾崎紅葉)(特集 小説を読む、家族を考える―明治から平成まで―家族/反家族の肖像) (宇佐美毅)「國文學 解釈と教材の研究」 学灯社 42(12) 1997.10 p11～15
◇尾崎紅葉の手紙について(特集 出版文化としての近代文学) (岡保生)「文学」 岩波書店 9(1) 1998.1 p89～95
◇貫一お宮のモデル(ずいひつ「波音」) (板坂元)「潮」 471 1998.5 p62～64
◇紅葉文学・「数」の構造論―「二人比丘尼色懺悔」と「三人妻」を巡って (森上智広)「山口国文」 山口大学文理学部国語国文学会 22 1999 p10～15
◇近代という衣裳―紅葉と漱石の小説を中心に (羽生清)「瓜生」 京都芸術短期大学 22 1999 p126～114
◇インタヴューズ日本版―明治大正昭和三代の活字メディアから拾った時の人、実力者、ヒーローたち五十人の言葉の数々 (坪内祐三構成)「文芸春秋」 77(2) 1999.2 p358～407

◇尾崎紅葉『青葡萄』論―その描写法について (坂井美紀)「Comparatio」 九州大学大学院比較社会文化研究科比較文化研究会 Vol.3 1999.3 p1～28
◇貞婦の〈心理(こころ)〉―尾崎紅葉「夏痩」論 (馬場美佳)「稿本近代文学」 筑波大学文芸・言語学系平岡研究室 24 1999.12 p1～15
◇紅葉文学における現実(リアル)の変質―もう一つの〈風俗〉の効用(特集「文学」の誕生―近代の再定義へ) (菅聡子)「文学」 岩波書店 1(1) 2000.2 p109～118
◇紅葉文学の界面―活字的世界における作者と読者(近代文学における『作者』) (関肇)「国語と国文学」 至文堂 77(5) 2000.5 p13～25
◇尾崎紅葉「むき玉子」論―エミール・ゾラ「制作」との関連をめぐって (坂井美紀)「比較社会文化研究」 九州大学大学院比較社会文化研究科 10 2001 p1～8
◇妾―尾崎紅葉『三人妻』(小説)/岡本かの子『老妓抄』(小説)〈境界を越えた―恋愛のキーワード集〉 (菅聡子)「國文學 解釈と教材の研究」 学灯社 46(2) 2001.2 p29～31
◇尾崎紅葉「心の闇」についての考察 (坂井美紀)「Comparatio」 九州大学大学院比較社会文化研究科比較文化研究会 Vol.5 2001.3 p11～17
◇探照灯(168)尾崎紅葉 (谷沢永一)「国文学解釈と鑑賞」 至文堂 66(5) 2001.5 p220～223
◇〈著者〉のパフォーマンス―尾崎紅葉「伽羅枕」論 (馬場美佳)「日本語と日本文学」 筑波大学国語国文学会 33 2001.8 p34～44
◇「金色夜叉」にみる「高利貸」像の転倒 (小林稔和)「国際文化研究紀要」 横浜市立大学大学院国際文化研究科 7 2001.11 p159～178
◇〈裸体画〉小説の自立―尾崎紅葉「むき玉子」論 (馬場美佳)「稿本近代文学」 筑波大学文芸・言語学系平岡研究室 26 2001.12 p1～15
◇〈死を覚悟する女〉はいかに受け継がれたか―『金色夜叉』から『其面影』『それから』へ (石井和夫)「文芸と思想」 福岡女子大学文学部 66 2002 p39～52
◇敷村良子の佐渡文学散歩―尾崎紅葉、11日の恋 「東京人」 17(10) 2002.10 p142～145
◇紅葉忌(男のシルエット〔127〕) (山室恭子)「Yomiuri Weekly」 61(48) 2002.11.10 p55
◇尾崎紅葉「二人女房」論―二人の女房の物語から三人の女房の物語へ (高橋茂美)「清泉女子大学人文科学研究所紀要」 清泉女子大学人文科学研究所 24 2003 p87～103
◇ゾラ、紅葉、花袋―日本近代小説への道(リレー連載・ゾラとわたし〔2〕) (柏木隆雄)「環」 12 2003.1 p452～459
◇尾崎紅葉とデカメロン―「鷹料理」と「三箇条」 (坂井美紀)「九大日文」 九州大学日本語文学会「九大日文」編集委員会 2 2003.2.28 p30～39
◇山田寒山の交友―尾崎紅葉と小平雪人を軸に (柿木原くみ)「相模国文」 相模女子大学国文研究会 第30号 2003 p54～75
◇尾崎紅葉における形容語での「可」の用字について―『金色夜叉』『多情多恨』の場合 (増井典夫)「愛知淑徳大学国語国文」 愛知淑徳大学国文学会 26 2003.3 p27～40
◇尾崎紅葉にみるホーソーンの影一罪の意識をめぐって (仁木勝治)「立正大学文学部論叢」 立正大学文学部 117 2003.3 p45～55
◇尾崎紅葉「心の闇」私論(2) (木村有美子)「羽衣国文」 羽衣学園短期大学国文学会 14 2003.3 p48～63
◇読売新聞 狂詩壇と尾崎紅葉(近代における「文学」概念) (須田千里)「国語と国文学」 至文堂 80(11) 2003.11 p23～34
◇清玄の行方―尾崎紅葉「心の闇」論(特集：さまざまな「小説」観) (馬場美佳)「稿本近代文学」 筑波大学日本文学会近代部会 28 2003.12 p1～16
◇尾崎紅葉における形容語での「可」の用字―初期作品を中心に (増井典夫)「愛知淑徳大学国語国文」 愛知淑徳大学国文学会 27 2004.3 p53～66
◇尾崎紅葉『二人比丘尼色懺悔』の改稿をめぐって (八木惠子)「総合学術学会誌」 日本総合学術学会 第3号 2004.4 p29～36
◇日本レンアイ文学入門(9)尾崎紅葉『金色夜叉』 (柴門ふみ)「本の旅人」 角川書店 10(11) 2004.11 p66～70
◇尾崎紅葉「手引きの糸」論―『デカメロン』の翻案としての (酒井美紀)「香椎潟」 福岡女子大学国文学会 50 2004.12 p51～65
◇夏目漱石「幻影の盾」と幸田露伴、尾崎紅葉等の文壇出世作―「幻影の盾」の材源と漱石の創作方法 (橋口晋作)「近代文学論集」 日本近代文学会九州支部 31 2005 p1～10
◇尾崎紅葉『此ぬし』論 (高橋茂美)「清泉女子大学人文科学研究所紀要」 清泉女子大学人文科学研究所 26 2005 p47～68
◇尾崎紅葉の芝時代(上)就学履歴の補訂を中心として (米山昭二)「近代史料研究」 日本近代史研究会 5 2005 p66～83
◇拝金宗の〈世界〉―尾崎紅葉『三人妻』論 (馬場美佳)「稿本近代文学」 筑波大学日本文学会近代部会 30 2005.12 p1～16
◇尾崎紅葉『多情多恨』と「李夫人」「長恨歌」 (諸田龍美)「人文学論叢」 愛媛大学人文学会 8 2006 p1～10
◇尾崎紅葉の芝時代(下)父・尾崎惣蔵(谷斎)との関係をめぐって (米山昭二)「近代史料研究」 日本近代史研究会 6 2006 p71～84

◇『金色夜叉』と『長恨夢』に関する考察　(鄭京秋)「比較社会文化研究」九州大学大学院比較社会文化学府 19 2006 p95～106
◇尾崎紅葉『侠黒児』試論—The Grateful Negroとの比較考察を通して　(李敏永)「芸文研究」慶応義塾大学芸文学会 90 2006 p119～97
◇尾崎紅葉「恋の病」論—モリエール「いやいやながら医者にされ」の翻案としての　(酒井美紀)「九大日文」九州大学日本語文学会「九大日文」編集委員会 7 2006.4.30 p2～19
◇尾崎紅葉『紅懐紙』論—立身への〈志〉を記述する新聞小説　(高橋茂美)「清泉女子大学人文科学研究所紀要」清泉女子大学人文科学研究所 28 2007 p67～80
◇『金色夜叉』の結末について　(谷川原由有)「皇学館論叢」皇学館大学人文学会 40(1) 2007.2 p49～65
◇尾崎紅葉「風雅娘」論—「虫めづる姫君」翻案の戦略　(土屋萌子)「国文目白」日本女子大学国語国文学会 46 2007.2 p72～80
◇読む 尾崎紅葉『多情多恨』—「葡萄酒」の果たす役割について　(天野勝重)「日本文学」日本文学協会 56(2) 2007.2 p88～92
◇桃李園俳席の尾崎紅葉　(青木亮人)「俳文学研究」京都俳文学会 第47号 2007.3 p4～5
◇『金色夜叉』における新聞初出と初版本の本文異同について　(木川あづさ)「実践国文学」実践国文学会 71 2007.3 p61～86
◇師・尾崎紅葉に引き裂かれるも…「泉鏡花」運命の恋［総力特集 明治・大正・昭和 文壇「女と男」13の愛憎劇］「新潮45」新潮社 26(6) 2007.6 p42～44
◇〈滑稽小説〉から〈喜劇〉へ—尾崎紅葉「夏小袖」論　(植田理子)「日本語と日本文学」筑波大学国語国文学会 45 2007.8 p19～26
◇尾崎紅葉の「洗鯉」句　(青木亮人)「俳文学研究」京都俳文学会 第48号 2007.10 p2～3
◇日本小説技術史(第1回)「偸聞(たちきゝ)」小説の群れ—馬琴「稗史七則」と逍遙・紅葉　(渡部直己)「新潮」新潮社 104(12) 2007.12 p127～170
◇『金色夜叉』本文の国語学的研究—前編・中篇について　(北沢尚, 許哲)「東京学芸大学紀要 1 人文社会科学系」東京学芸大学 59 2008.1 p1～50
◇尾崎紅葉「金色夜叉」の〈とき〉〔特集＝長編小説 時の座標〕(木谷喜美枝)「国文学解釈と鑑賞」至文堂 73(2) 2008.2 p10～17
◇尾崎紅葉「三人妻」と『金瓶梅』(爪殺)「日本語日本文学」創価大学日本語日本文学会 18 2008.3 p37～52
◇『金色夜叉』本文の国語学的研究(2)後編・続編・続々編について　(北澤尚, 許哲)「東京学芸大学紀要 1 人文社会科学系」東京学芸大学 60 2009.1 p1～92
◇作家出発期の鏡花—紅葉の添削とその影響を中心に　(魯惠卿)「日本語と日本文学」筑波大学日本語日本文学会 48 2009.2 p12～33

小田宅子　おだいえこ　1789～1870
幕末, 明治期の歌人。
【図　書】
◇姥ざかり花の旅笠—小田宅子の「東路日記」(田辺聖子著)集英社 2001.6 381p
【雑　誌】
◇近世における筑前から日光への女旅—『二荒詣日記』と『東路日記』をてがかりに　(前田淑)「交通史研究」27 1991.11
◇姥ざかり花の旅笠—小田宅子の「東路日記」(6)(田辺聖子)「すばる」集英社 21(5) 1999.5 p186～196
◇姥ざかり 花の旅笠—小田宅子の「東路日記」(9)(田辺聖子)「すばる」集英社 21(8) 1999.8 p104～113
◇姥ざかり花の旅笠—小田宅子の「東路日記」(第18回)(田辺聖子)「すばる」集英社 22(5) 2000.5 p222～231
◇姥ざかり花の旅笠(第19回)小田宅子の「東路日記」(田辺聖子)「すばる」集英社 22(6) 2000.6 p253～261
◇姥ざかり花の旅笠(第20回)小田宅子の「東路日記」(田辺聖子)「すばる」集英社 22(7) 2000.7 p214～222
◇姥ざかり花の旅笠—小田宅子の「東路日記」(21)(田辺聖子)「すばる」集英社 22(8) 2000.8 p198～209
◇姥ざかり花の旅笠—小田宅子の「東路日記」(22)(田辺聖子)「すばる」集英社 22(9) 2000.9 p210～218
◇姥ざかり花の旅笠—小田宅子の「東路日記」(23)(田辺聖子)「すばる」集英社 22(10) 2000.10 p172～181
◇姥ざかり花の旅笠—小田宅子の「東路日記」(24)(田辺聖子)「すばる」集英社 22(11) 2000.11 p134～142
◇姥ざかり 花の旅笠—小田宅子(おだいえこ)の「東路日記(あずまじにつき)」(25)(最終回)(田辺聖子)「すばる」集英社 22(12) 2000.12 p134～140
◇吉野の花見と伊勢参り—小田宅子『東路日記』[特集＝続・人はなぜ旅に出るのか—近世文学に見る—女たちの旅](前田淑)「国文学解釈と鑑賞」至文堂 71(8) 2006.8 p132～140

織田純一郎　おだじゅんいちろう　1851～1919
明治期の翻訳家, 新聞記者。大阪朝日新聞主筆。
【図　書】
◇国語語彙史の研究 5 (国語語彙史研究会編)和泉書院 1984.5
【雑　誌】
◇「欧洲奇事花柳春話」(英米文学の翻訳)(松村昌家)「英語青年」127(9) 1981.12
◇『アーネスト・マルトラヴァーズ』・『アリス』論—『花柳春話』の原書の作品世界とは何か?　(山本芳明)「日本近代文学」31 1984.10
◇『花柳春話』の志向する世界　(高橋修)「日本近代文学」31 1984.10
◇明治初期の人情小説—「花柳春話」の流れ　(畑実)「駒沢国文」29 1992.2
◇丹羽純一郎「花柳春話」(明治長編小説事典〈特集〉)(山本芳明)「国文学解釈と鑑賞」57(4) 1992.4

落合直文　おちあいなおぶみ　1861～1903
明治期の歌人, 国文学者。東京帝国大学講師。
【図　書】
◇皇典講究所草創期の人びと　国学院大学 1982.11
◇落合直文を知るために(さんりく文庫 8)(西田耕三著)NSK地方出版 1983.12
◇萩の家主人追悼録(落合直文・文献)NSK地方出版 1984
◇和歌文学講座 第8巻 近代の歌人 1 (和歌文学会編)桜楓社 1984.6
◇落合直文八十年祭記念誌　落合直文八十年祭実行委員会 1985.4
◇落合直文—近代短歌の黎明　(前田透著)明治書院 1985.10
◇山と詩人　(田中清光)文京書房 1985.12
◇みちのく伝統文化(5)人物編　(高橋富雄編)小学館 1986.6
◇明治の精神　(荒川久寿男著)(伊勢)皇學館大学出版部 1987.12
◇鷗外全集〈第26巻〉評論 随筆〈5〉(森鷗外著)岩波書店 1989.1
◇日本文学史〈近代・現代篇 6〉(ドナルド・キーン著, 新井潤美訳)中央公論社 1991.12
◇和歌文学講座〈9〉近代の短歌　(武川忠一編)勉誠社 1994.1
◇日本文学の歴史 16 (ドナルド・キーン, 新井潤美訳)中央公論社 1996.11 330p
◇明治粋侠伝　(久坂聡三著)鳥影社 1997.4 364p
◇詩の継承—『新体詩抄』から朔太郎まで　(三浦仁著)おうふう 1998.11 636p
◇近代短歌の鑑賞77 (小高賢編)新書館 2002.6 240p
◇続・近現代歌人偶景—石本隆一評論集 6 (石本隆一著)短歌新聞社 2004.8 235p
◇島津忠夫著作集—付、歌枕・俳枕 第9巻 (島津忠夫著)和泉書院 2006.6 573p
【雑　誌】
◇落合直文(1～12)(前田透)「詩歌」51(1～12) 1980.1～12
◇落合直文とその周辺(1～3)(落合秀男)「短歌」27(10～12) 1980.10～12
◇落合直文(13～19)(前田透)「詩歌」52(2～9) 1981.2～9
◇「於母影」の英詩(英米文学の翻訳)(杉田弘子)「英語青年」127(9) 1981.12
◇落合直文(20)(前田透)「詩歌」53(1) 1982.1
◇落合直文(21)(前田透)「詩歌」53(2) 1982.2
◇落合直文(22)(前田透)「詩歌」53(3) 1982.3
◇落合直文(23)(前田透)「詩歌」53(5) 1982.5
◇落合直文(28)(前田透)「詩歌」54(4) 1983.4
◇落合直文(29)(前田透)「詩歌」54(6) 1983.6
◇落合直文(30)(前田透)「詩歌」54(10) 1983.10
◇落合直文(31)(前田透)「詩歌」54(12) 1983.12
◇落合直文と鷗外(鷗外をめぐる人物群像)(篠弘)「国文学解釈と鑑賞」49(2) 1984.1
◇落合直文(32)(前田透)「詩歌」55(1) 1984.1
◇落合直文(33)(前田透)「詩歌」55(2) 1984.2
◇与謝野晶子研究(10)—鉄幹と直文—(石川恭子)「白珠」40(9) 1985.9
◇一葉と萩の舎—明治26年の「萩の舎離反」をめぐって—(愛知峰子)「名古屋近代文学研究(名古屋近代文学研究会)」3 1985.11
◇新派和歌の発足—直文・信綱を中心に　(藤岡武雄)「明治記念綜合歌会明治短歌講座」3 1989.10
◇直文・透谷の周辺—詩語・詩想の継承(3)(三浦仁)「山梨県立女子短期大学紀要」24 1991.3
◇落合直文の近世文学観—いわゆる「四ツ目屋事件」をめぐって　(久保忠夫)「東北学院大学東北文化研究所紀要」23 1991.8
◇落合直文—その人と業績　(小沢芳雄)「古都のかぐり」15 1992.1
◇美しき明治10年代の惑い—東京大学古典講習科と落合直文の出現

（赤塚行雄）「日本及日本人」 1612 1993.10
◇落合直文と鉄幹 （和田繁二郎）「鉄幹と晶子」 和泉書院 第1号 1996.3 p13～34
◇落合直文と与謝野鉄幹（特集 歌人子規―生誕130年―同時代の人々） （大辻隆弘）「短歌現代」 短歌新聞社 21(6) 1997.6 p59～61
◇明治期中学校の文学教育(1)落合直文編集教科書に関する一考察 （浮田真弓）「桜花学園大学研究紀要」 桜花学園大学 1 1998 p137～148
◇鷗外その出発―64―日本文章会・学海の記述・落合直文の新国文提唱 （竹盛天雄）「国文学解釈と鑑賞」 至文堂 64(7) 1999.7 p168～172
◇恩師落合直文の死（松山乙女と歌人医博〔24〕）（武田勝彦）「公評」 38(6) 2001.7 p110～115
◇落合直文（選録 明治・大正の詩人たち）「日本及日本人」 日本及日本人社 1642 2001.11 p107～111
◇歴史唱歌の光と影―『桜井の訣別』をめぐって （中村格）「言語と文芸」 おうふう 123 2006.12 p21～45
◇故郷考一木を巡って（第16回）落合直文―宮城県気仙沼市 （沖ななも）「歌壇」 本阿弥書店 21(10) 2007.10 p84～87
◇『跡見花蹊日記』からみるカリキュラム―落合直文との関わりにふれて （植田恭代）「跡見学園女子大学文学部紀要」 跡見学園女子大学 41 2008.3 p1～17
◇落合直文の楠公唱歌について （中山エイ子）「日本学研究」 金沢工業大学日本学研究所 11 2008.12 p19～57
◇明治30年代における中学校国語教科書の編集方針―落合直文の国語教育観と編集教科書から （八木雄一郎, 辻尚宏）「人文科教育研究」 人文科教育学会 36 2009.8 p13～23

落合芳幾 おちあいよしいく 1833～1904
幕末, 明治期の画家, 浮世絵師。浮世絵・挿絵界を主導。
【図書】
◇すぐわかる画家別近代日本版画の見かた （岡本祐美, 西山純子, 滝沢恭司, 今井圭介著） 東京美術 2004.2 135p
【雑誌】
◇落合芳幾―その生涯と幕末明治における画業の意義 （鈴木いつか） 「文化学研究」 日本女子大学文化学会 11 2002 p71～86
◇落合芳幾 （鈴木いつか）「文化学研究」 日本女子大学文化学会 第11号 2002.6 p71～86
◇落合芳幾―その人と画業 （岡本祐美）「北海道教育大学紀要 人文科学・社会科学編」 北海道教育大学 53(2) 2003.2 p39～53

尾上菊五郎〔5代〕 おのえきくごろう 1844～1903
明治期の歌舞伎役者, 座本。
【図書】
◇明治人物閑話 （森銑三） 中央公論社 1982.9
◇傳記 三古会創立50周年記念 第六輯 汲古書院 1982.11
◇森銑三著作集〈続編 第6巻〉人物篇(6) （森銑三著） 中央公論社 1993.8
◇九代目団十郎と五代目菊五郎 （小坂井澄著） 徳間書店 1993.11
◇文化のクリエーターたち―江戸・東京を造った人々 （東京人編集室編） 都市出版 1993.12
◇舞台之団十郎 （伊原敏郎, 安部豊編） クレス出版 1997.4 1冊 （近世文芸研究叢書）
◇幼少時代 （谷崎潤一郎著） 岩波書店 1998.4 342p （岩波文庫）
◇人と芸談―先駆けた俳優たち （馬場順著） 演劇出版社 1999.12 326p
◇明治人のお葬式 （此経啓助著） 現代書館 2001.12 203p
◇歌舞伎百年百話 （上村以和於著） 河出書房新社 2007.3 227p
◇明治人物閑話 （森銑三著） 中央公論新社 2007.11 343p （中公文庫）
◇空飛ぶ五代目菊五郎―明治キワモノ歌舞伎 （矢内賢二著） 白水社 2009.4 253p
◇芝居随想 作者部屋から （食満南北著） ウェッジ 2009.8 249p （ウェッジ文庫）
◇歌舞伎―研究と批評 43 （歌舞伎学会編） 歌舞伎学会 2009.9 207p
【雑誌】
◇五代目菊五郎の不敬事件 （中根茂）「下野史談」 56 1985.7
◇円朝作品の劇化―五代目菊五郎以前 （佐藤かつら）「鶴見大学紀要 第1部 日本語・日本文学編」 鶴見大学 45 2008.3 p243～261
◇五代目尾上菊五郎と演劇写真―森山写真館との関係を中心に （村島彩加）「歌舞伎」 歌舞伎学会, 雄山閣 43 2009.9 p118～142
◇文化 歌舞伎がヤンチャだったころ（新・上）激動の明治に生きた「キワモノ歌舞伎」と五代目菊五郎 （矢内賢二）「月刊保団連」 全国保険医団体連合会 1016 2009.12 p56～59

尾上松助〔4代〕 おのえまつすけ 1843～1928
明治～昭和期の歌舞伎役者。嘉永1年～昭和3年頃に活躍。
【図書】
◇明治人物閑話 （森銑三） 中央公論社 1982.9
◇人と芸談―先駆けた俳優たち （馬場順著） 演劇出版社 1999.12 326p

小野鵞堂 おのがどう 1862～1922
明治, 大正期の書家。大蔵省書記, 東宮御用掛。
【図書】
◇書の終焉―近代書史論 （石川九楊著） （京都）同朋舎出版 1990.7

加古千賀 かこちか 1835～1893
明治期の浄瑠璃節作家。
【図書】
◇関西黎明期の群像 （馬場憲二, 菅宗次編） 和泉書院 2000.5 225p （上方文庫）

梶常吉 かじつねきち 1803～1883
幕末, 明治期の工芸家。七宝工芸。
【図書】
◇日本の『創造力』―近代・現代を開花させた470人〈1〉御一新の光と影 （富田仁編） 日本放送出版協会 1992.12

片岡仁左衛門〔8代〕 かたおかにざえもん 1810～1863
幕末の歌舞伎役者。天保2年～文久3年頃に活躍。
【雑誌】
◇片岡仁左衛門の七世と八世 （松平進）「歌舞伎」 創刊号 1988.8

片岡仁左衛門〔11代〕 かたおかにざえもん 1857～1934
幕末～昭和期の大阪の歌舞伎役者。
【図書】
◇昨日のぼく今日のぼく （横尾忠則） 講談社 1980.7
◇ぜいたく列伝 （戸板康二著） 文芸春秋 1996.3 315p （文春文庫）
◇芝居随想 作者部屋から （食満南北著） ウェッジ 2009.8 249p （ウェッジ文庫）

片山東熊 かたやまとうくま 1854～1917
明治, 大正期の建築家。工学博士。
【図書】
◇安野光雅対談―ロジックの詩人たち （安野光雅） 平凡社 1982.10
【雑誌】
◇片山東熊とその時代 （塩田昌弘）「大手前大学社会文化学部論集」 大手前大学 4 2003 p75～95

葛飾応為 かつしかおうい 生没年不詳
幕末の女性。浮世絵師。
【雑誌】
◇浮世絵師北斎の娘阿栄―特集・大江戸の女性秘話50選 （左方郁子） 「歴史と旅」 10(10) 1983.8

カッペレッティ, G. Cappelletti, Giovanni Vincenzo ?～1887
イタリアの建築家。1876年来日, 工部大学校で教授。
【雑誌】
◇ジョヴァンニ・ヴィンチェンツォ・カッペッレッティ研究―新出資料による来日以前の経歴（特集 明治期に来日したイタリア人）（河上真理）「日伊文化研究」 日伊協会 36 1998 p32～50

桂文治〔6代〕 かつらぶんじ 1846～1911
明治期の落語家。幼少より活躍。
【図書】
◇名人名演落語全集 2 明治篇 2 （斎藤忠市郎ほか編集） 立風書房 1982.7
◇落語名人伝 （関山和夫著） 白水社 1986.7
◇落語名人伝 （関山和夫著） 白水社 1992.2 （白水Uブックス）

加藤素毛 かとうそもう 1825～1879
幕末, 明治期の俳人。
【図書】
◇飛騨つれづれ草 （蒲幾美著） 月書房 2004.6 168p
【雑誌】
◇海外俳句の草分け―加藤素毛の俳句 （蒲幾美）「俳句」 29(7) 1980.6
◇『亜行航海日記』―一八六〇年の遣米使節団に賄方として参加した加藤素毛の記録 （中島清, 日下部格）「岐阜県歴史資料館報」 岐阜県

金井烏洲
教育文化財団歴史資料館 32 2009.3 p70〜135

金井烏洲　かないうしゅう　1796〜1857
幕末の画家、画論家、勤王家。
【雑　誌】
◇入山銀山と金井烏洲の絵（特集 上州人の足跡）（鈴木広義）「群馬風土記」 3(4) 1989.8

仮名垣魯文　かながきろぶん　1829〜1894
幕末、明治期の小説家、新聞記者。
【図　書】
◇仮名垣魯文の成田道中記─成田道中膝栗毛（仮名垣魯文著 鶴岡節雄校注） 千秋社 1980.8 （新版絵草紙シリーズ 3）
◇明治の文学 有精堂出版 1981.12 （日本文学研究資料叢書）
◇日本のリーダー5 国際交流の演出者（第二アートセンター編） ティビーエス・ブリタニカ 1983.9
◇仮名垣魯文の成田道中記（鶴岡節雄校） 多田屋 1984
◇河鍋暁斎戯画集（河鍋暁斎著、山口静一、及川茂編） 岩波書店 1988.8 （岩波文庫）
◇物語 明治文壇外史（巌谷大四著） 新人物往来社 1990.10
◇『成田道中膝栗毛』を読む（斎藤均編）（流山）嵩書房出版 1990.11 （ふるさと文庫）
◇枕旅木曽街道六十九次〈前編〉（福田和彦著） ベストセラーズ 1991.10 （浮世絵グラフィック）
◇仮名垣魯文─文明開化の戯作者（有隣新書《46》）（興津要） 有隣堂 1993
◇仮名垣魯文─文明開化の戯作者（興津要著）（横浜）有隣堂 1993.6 （有隣新書）
◇仮名垣魯文（平塚良宜著）〔平塚良宜〕 1995.8 162p
◇永井荷風とフランス文化─放浪の風土記（赤瀬雅子著） 荒竹出版 1998.11 182p
◇明治翻訳異聞（秋山勇造著） 新読書社 2000.5 230p
◇明治文学の世界─鏡像としての新世紀（斎藤慎爾編） 柏書房 2001.5 278p
◇続続 明治文学石摺考（塚越和夫著、白根孝美編） 葦真文社 2001.8 602p
◇おれんちでメシ食わないか─男のもてなし、その技と心（小町文雄著） 光文社 2002.11 231p
◇炭焼三太郎物語─中央線沿線・お江戸名物（炭焼三太郎、中央線沿線楽会編） 日本地域社会研究所 2003.11 247p
◇明治初期文学資料集─平成17年度国学院大学「特色ある教育研究」研究成果報告書（仮名垣魯文、国学院大学明治初期文学研究会編） 国学院大学文学部日本文学第八研究室 2006.3 248p
◇私の見た明治文壇 1 増補版（野崎左文著、青木稔弥、佐々木亨、山本和明校訂） 平凡社 2007.2 305p （東洋文庫）
◇増補 私の見た明治文壇 2（野崎左文著、青木稔弥、佐々木亨、山本和明校訂） 平凡社 2007.3 376p （東洋文庫）
◇近代日本メディア人物誌─創始者・経営者編（土屋礼子編著） ミネルヴァ書房 2009.6 277p
【雑　誌】
◇仮名垣魯文「高橋阿伝夜刃譚」のお伝（名作の中のおんな101人）（前田愛）「國文學 解釈と教材の研究」 25(4) 1980.3.臨増
◇明治開化期の待隅表現─「安愚楽鍋」にみえる敬語（森川知史）「国文学論叢」 27 1982.3
◇『安愚楽鍋』試論─作品に見るパーソナリティ（鎌田佳乃）「弘前学院大学国語国文学会学会誌」 9 1983.3
◇戯作室の中の明治─「西洋道中膝栗毛」と「安愚楽鍋」への一視点（工藤茂）「国学院雑誌」 84(11) 1983.11
◇仮名垣魯文─その開化主義（興津要）「文学」 51(12) 1983.12
◇仮名垣魯文(2)その時勢順応主義（興津要）「文学」 52(7) 1984.7
◇「牛店雑談安愚楽鍋」のなかの文明開化（林原純生）「青須我波良（帝塚山短期大学）」 29 1985.6
◇仮名垣魯文(3)新聞人として生きた後半生（興津要）「文学」 53(9) 1985.9
◇「安愚楽鍋」に見える「たべる」の意味（森川知史）「国文学論叢」 31 1986
◇『安愚楽鍋』における指定表現（山辺奈々子）「米沢国語国文（山形県立米沢女子短期大学）」 13 1987.9
◇河鍋暁斎とその挿絵(3)（山口静一）「日本古書通信」 706 1988.5
◇仮名垣魯文の政治と文学─一八七二〜七七（西田谷洋）「イミタチオ」 18 1991.12
◇日本近代文学にみる船旅─魯文、荷風、前田河、岸田（赤瀬雅子）「桃山学院大学人間科学」 6 1994.1
◇Charles Wirgman and Kanagaki Robun─manga and marubon（David W.Rycroft）「甲南大学紀要 文学編」 甲南大学 96 1995 p94〜108

◇Close Encounters of the First Kind：Jippensha Ikku,Kanagaki Robun,and the Literary Construction of National Identity（Symposium：Image as Information in 19th Century Japan）（John Mertz）「アジア文化研究」 国際基督教大学 22 1996.3 p43〜58
◇仮名垣魯文「万国航海 西洋道中膝栗毛」─文明開化への空想旅行（特集＝続・日本人の見た異国・異国人─明治・大正期─明治時代の異国・異国人論）（浅井清）「国文学解釈と鑑賞」 至文堂 62(12) 1997.12 p14〜19
◇翻刻 仮名垣魯文作「薄緑娘白浪」翻刻と注釈（その1）（Valerie L.Durham）「東京経済大学人文自然科学論集」 東京経済大学 107 1999.1 p186〜127
◇仮名垣魯文「盗作」事件考（特集 文学の経済学）（甘露純規）「日本文学」 未来社 48(11) 1999.11 p1〜9
◇「文明開化」の光源を求める旅─仮名垣魯文『西洋道中膝栗毛』論（斉藤愛）「都大論究」 東京都立大学国語国文学会 39 2002.6 p13〜25
◇〈毒婦〉の身体性─仮名垣魯文『高橋阿伝夜刃譚』の物語造型（北原泰邦）「国学院雑誌」 国学院大学綜合企画部 104(10) 2003.10 p1〜15
◇仮名垣魯文と林〔ジョ〕の比較文学史─近代初期の文人意識における伝統と近代の相克（李艶麗）「思想史研究」 日本思想史・思想論研究会 5 2005.10 p50〜71
◇仮名垣魯文『夢物語高野実伝（ゆめものがたりたかのじつでん）』（山本良）「埼玉大学国語教育論叢」 埼玉大学国語教育学会 9 2006 p25〜35
◇『高橋阿伝夜刃譚』初編に於ける諸問題─書誌とジャンルを中心に（特集 伝承・流布・メディア）（佐々木亨）「国文学研究」 早稲田大学国文学会 148 2006.3 p33〜44
◇Japanische Morphosyntax：kommentierte Übersetzung der Szene 'Seiyoo-zuki=no kiki-tori'Halbwissen eines Liebhabers des Westens' aus dem ersten Band der Kurzgeschichtensammlung 'Aguranabe' von Kanagaki Robun（Sponheim Olaf）「千葉商大紀要」 千葉商科大学国府台学会 43(4) 2006.3 p143〜178
◇お仲狂乱─魯文『恋相場花王夜嵐』考（山本和明）「国文学研究資料館紀要 文学研究篇」 人間文化研究機構国文学研究資料館 33 2007.2 p79〜104
◇仮名垣魯文参考文献目録（鈴木一正）「国文学研究資料館紀要 文学研究篇」 人間文化研究機構国文学研究資料館 33 2007.2 p105〜136
◇シンポジウム「江戸から明治へ─仮名垣魯文を中心として」と特別展「仮名垣魯文百覧会」（加藤禎行）「日本近代文学」 日本近代文学会 76 2007.5 p323〜326
◇仮名垣魯文と林正明（松原真）「国語と国文学」 至文堂 84(6) 2007.6 p31〜44
◇所謂「著作道書キ上ゲ」を巡って─魯文の転身（特集〈近世〉江戸と明治のはざまに─継続と断絶）（佐々木亨）「日本文学」 日本文学協会 56(10) 2007.10 p25〜35
◇仮名垣魯文『松飾徳若譚』ノート（山本和明）「相愛大学研究論集」 相愛大学研究論集編集委員会 24 2008 p296〜277
◇魯文の売文業（高木元）「国文学研究資料館紀要 文学研究篇」 人間文化研究機構国文学研究資料館 34 2008.2 p141〜176
◇反新聞紙悪徳論─仮名垣魯文達から見た西南戦争（松原真）「阪神近代文学研究」 阪神近代文学会 9 2008.6 p1〜13
◇魯文の艶女（高木元）「国文学研究資料館紀要 文学研究篇」 人間文化研究機構国文学研究資料館 35 2009.2 p115〜153
◇仮名垣魯文とハンセン病の啓蒙─「綴合於伝仮名書」の上演をめぐって（特集 娯楽とメディア）（山口順子）「メディア史研究」 ゆまに書房 26 2009.10 p23〜44

狩野雅信　かのうただのぶ　1823〜1880
幕末、明治期の画家、帝国博物館に出仕。
【雑　誌】
◇図版解説 狩野勝川院雅信《龍田図屏風》ジュネーヴ バウアー・コレクション（塩谷純）「美術研究」 文化財研究所東京文化財研究所 388 2006.2 p351〜356, 図巻頭1枚

加納夏雄　かのうなつお　1828〜1898
幕末、明治期の彫金家。東京美術学校教授。
【図　書】
◇夏雄大鑑（加納夏雄著） 中国パール販売 1990.12
【雑　誌】
◇彫金の天才加納夏雄の生涯（特集・日本の人物と貨幣物語）（長谷川栄）「歴史と人物」 12(1) 1982.1
◇加納夏雄作「千羽鶴花瓶」（長谷川栄）「Museum」 393 1983.12
◇最後の金属ほりもの師・加納夏雄（上）（樋田豊次郎）「工芸学会通信」 66 1987.11
◇加納夏雄作「桜丸彫鐔」の成立をめぐって（武部直子）「大阪市立博物館研究紀要」 大阪市立博物館 第29冊 1997.3 p31〜38

狩野芳崖　かのうほうがい　1828～1888
明治期の日本画家。図画取調掛雇い。
【図　書】
◇近代日本画の巨匠たち　(近藤啓太郎)　新潮社　1980.2
◇防長文化人山脈　(掛橋真)　東洋図書　1981.4
◇歴史を変えた愛と行動　(赤星彰)　八重岳書房　1982.5
◇日本の名著 39 岡倉天心(中公バックス)　(色川大吉責任編集)　中央公論社　1984.9
◇岡倉天心　〔新装版〕(人物叢書)　(斎藤隆三著)　吉川弘文館　1986.6
◇絵画　(辻邦生編)　(京都)　淡交社　1987.5　(古美術読本)
◇重要文化財悲母観音―特別展観　(狩野芳崖発、東京芸術大学美術資料館編)　芸術研究振興財団　1989
◇ビジュアルワイド 新日本風土記〈35〉山口県　ぎょうせい　1989.4
◇百年記念 国華論攷精選〈上巻〉(国華社編)　朝日新聞社　1989.8
◇日本近代美術史論　(高階秀爾著)　講談社　1990.9　(講談社学術文庫)
◇明治日本画史料　(青木茂編)　中央公論美術出版　1991.5
◇幕末・明治の画家たち―文明開化のはざまに　(辻惟雄編著)　ぺりかん社　1992.12
◇日本の近代美術〈2〉日本画の誕生　(佐藤道信編)　大月書店　1993.4
◇森銑三著作集〈続編 第6巻〉人物篇〈6〉(森銑三著)　中央公論社　1993.8
◇冬の偉人たち―逆境をのりこえた80話　(中西進監修、笠原秀、坂元孝雄、丹野顕編著)　四季社　2001.12　238p　(いのちとこころの例話シリーズ)
◇狩野芳崖・高橋由一―日本画も西洋画も帰する処は同一の処　(古田亮著)　ミネルヴァ書房　2006.2　321,4p　(ミネルヴァ日本評伝選)
◇日本近代美術史論　(高階秀爾著)　筑摩書房　2006.4　450,8p　(ちくま学芸文庫)
◇幕末・明治の画家たち―文明開化のはざまに　新装版　(辻惟雄編著)　ぺりかん社　2008.10　296p
【雑　誌】
◇芳崖の写生帳(下)(研究資料)　(関千代)「美術研究」 316 1981.3
◇狩野芳崖山水画攷　(佐藤道信)「美術史学」 4 1982
◇狩野芳崖筆 岩彩図(図版解説)　(佐藤道信)「美術研究」 325 1983.9
◇狩野芳崖晩期の山水画と西洋絵画　(佐藤道信)「美術研究」 329 1984.9
◇アート・リーディング―変革期の残像―是真・暁斎・芳崖の場合　(安村敏信)「美術手帖」 548 1985.8
◇文明開化の間(はざま)に―幕末・明治の画家たち(3)狩野芳崖―近代日本画の革命児　「三彩」 473 1987.2
◇狩野芳崖〈特集〉(細野正信)「三彩」 493 1988.10
◇秋月等観筆鍾馗図とその後―狩野芳崖の作(新資料紹介)　(中村渓男)「古美術」 90 1989.4
◇狩野芳崖筆悲母観音図　(佐藤道信)「国華」 1172 1993.7
◇狩野芳崖の山水画について　(舩矢直子)「Lotus」 日本フェノロサ学会 第15号 1995.3 p1～4
◇狩野芳崖筆伏竜羅漢図　(佐藤道信)「国華」 国華社 1221 1997.7 p27～31〔含 図1枚〕
◇近代滝図の系譜―芳崖から石踊(特集・現代の滝図―いま、ひとはそこに何を見るのか？)(草薙奈津子)「月刊美術」 27(6) 2001.6 p49～53
◇狩野芳崖遺品顔料の分析調査報告　(荒井経、二宮修治)「東京学芸大学紀要 第5部門 芸術、健康・スポーツ科学」 東京学芸大学 56 2004.10 p33～41
◇「悲母観音図」ノートあるいは私論　(井土誠)「下関市立美術館研究紀要」 下関市立美術館 第10号 2005.3 p1～19
◇狩野芳崖作不動明王図　(影山純夫)「日本文化論年報」 神戸大学国際文化学部日本文化論大講座 10 2007.3 p25～29
◇狩野芳崖(日本のこころ(154)近代日本の画家たち―日本画・洋画 美の競演―理想を求めて)「別冊太陽」 平凡社 154 2008.8 p28～30
◇展評 生誕一八〇年没後一二〇年の狩野芳崖展　(井土誠)「Lotus」 日本フェノロサ学会 29 2009.3 p57～59
◇明治の英傑たち(5)狩野芳崖　(宮田昌明)「国体文化」 日本国体学会 1024 2009.9 p16～23
◇圖版 狩野芳崖筆 仁王捉鬼(特輯 幕末維新期の繪畫―狩野派を中心に)(古田亮)「國華」 朝日新聞出版、國華社 115(5) 2009.12 p42～43,13

川合小梅　かわいこうめ　1804～1889
幕末、明治期の女性。主婦の目で膨大な日記を著す。
【図　書】
◇幕末酒徒列伝 続　(村島健一)　講談社　1980.3
◇図説人物日本の女性史8 封建女性の哀歓　(井上靖、児玉幸多監修 第二アートセンター制作)　小学館　1980.5
◇人物探訪 日本の歴史―16―歴史の女性　暁教育図書　1984.1
◇続 百代の過客―日記にみる日本人〈下〉(ドナルド・キーン著、金関寿夫訳)　朝日新聞社　1988.2　(朝日選書)
◇続 百代の過客―日記にみる日本人　(ドナルド・キーン著、金関寿夫訳)　朝日新聞社　1988.12
【雑　誌】
◇幕末維新の異色女人 幕末維新を紀州に生きる　(村田静子)「歴史と旅」 7(1) 1980.1
◇幕末の紀州藩について―『小梅日記』を通して―(研究ノート)　(井上久子)「堺女子短期大学紀要」 20 1985.10
◇近世の女筆(2)川合小梅「小梅日記」より　(前田詇子)「日本美術工芸」 648 1992.9
◇動乱を見つめたおんなたち 川合小梅―紀州市塵の観察者(特集・幕末維新おんなたちの体験―乱世を密やかにしたたかに生きた女性たち)(大路和子)「歴史と旅」 24(12) 1997.8 p100～105

川上音二郎　かわかみおとじろう　1864～1911
明治期の俳優、興行師。
【図　書】
◇近代劇のあけぼの―川上音二郎とその周辺　(倉田喜弘)　毎日新聞社　1981.5　(毎日選書4)
◇成田不動霊験記―市川団十郎と名優たち　(旭寿山)　成田山新勝寺成田山仏教研究所　1981.10　(成田山選書 5)
◇日仏の交流―友好380年　(高橋邦太郎)　三修社　1982.5
◇演劇創造の系譜―日本近代演劇史研究　(菅井幸雄)　青木書店　1983.10
◇新派の芸(日本の芸シリーズ)　(波木井皓三著)　東京書籍　1984.1
◇自伝音二郎・貞奴　(川上音二郎、貞奴著、藤井宗哲編)　三一書房　1984.11
◇実録・春の波濤　(童門冬二ほか著)　ばる出版　1985.1
◇川上音二郎の生涯　(井上精三著)　葦書房　1985.8
◇川上音二郎・貞奴―新聞にみる人物像　(白川宣力編著)　雄松堂出版　1985.11
◇シカゴ日系百年史　(伊藤一男著)　シカゴ日系人会　1986.4
◇政治家 その善と悪のキーワード　(加藤尚文著)　日経通信社　1986.6
◇ふくおかの人物〈1〉広田弘毅、川上音二郎　(北川晃二、江頭光著)(福岡)光文館　1987.12
◇川上音二郎―近代劇、破天荒な夜明け　(松永伍一)　朝日新聞社　1988.2　(朝日選書348)
◇病気物語―医学リポート　(君島善次郎著)　近代文芸社　1989.1
◇病気物語―医学リポート　(君島善次郎著)　泰流社　1989.3
◇日本の『創造力』―近代・現代を開花させた470人〈8〉消費時代の開幕　(富田仁編)　日本放送出版協会　1992.1
◇川上一座の新演劇　(大笹吉雄)「演劇の「近代」」(中央大学人文科学研究所編)　中央大学出版部　1996.4　(中央大学人文科学研究所研究叢書 14) p455
◇博多川上音二郎　(江頭光著)　西日本新聞社　1996.7　305p
◇ドイツ、オーストリア、スイスにおける川上音二郎と貞奴　(ペーター・パンツァー)『Kabuki』 Tokyo National Research Institute of Cultural Properties c1998 p37
◇文学近代化の諸相 4　(小笠原幹夫著)　高文堂出版社　1999.3　176p
◇近代演劇の扉をあける―ドラマトゥルギーの社会学　(井上理恵)　社会評論社　1999.12　303p
◇もうひとつの文士録―阪神の風土と芸術　(河内厚郎著)　沖積舎　2000.11　337p
◇明治人のお葬式　(此経啓助著)　現代書館　2001.12　203p
◇玄界灘を渡った川上音二郎　(李応寿)『訪日学術研究者論文集 歴史』(日韓文化交流基金)　2002　p505～
◇江戸・東京の中のドイツ　(ヨーゼフ・クライナー著、安藤勉訳)　講談社　2003.12　236p　(講談社学術文庫)
◇日清戦争―「国民」の誕生　(佐谷真木人著)　講談社　2009.3　245p　(講談社現代新書)
【雑　誌】
◇翻刻・川上音二郎一座使用上演台本「八十日間世界一周」　(白川宣力翻刻・解説)「人文社会科学研究(早大)」 21 1981.3
◇川上音二郎と市川左団次(特集・演劇の国際交流)　(河竹登志夫)「悲劇喜劇」 34(4) 1981.4
◇九代目団十郎と川上音二郎―伝統の改革新派の確立(特集・明治ライバル物語)　(戸板康二)「歴史と人物」 120 1981.7
◇川上音二郎一座使用上演台本「瞥使者」(白川宣力翻刻・解説)「演劇研究」 10 1983
◇川上音二郎の手紙と手記(1)(御荘金吾)「日本古書通信」 49(8) 1984.8
◇川上音二郎の手紙と手記(2)(御荘金吾)「日本古書通信」 49(9) 1984.9
◇年表による川上音二郎小伝　(井上精三)「西日本文化」 205 1984.10

◇川上音二郎の手紙と手記（3）（御荘金吾）「日本古書通信」49（10）1984.10
◇川上音二郎の手紙と手記（4）（御荘金吾）「日本古書通信」49（11）1984.11
◇川上音二郎の手紙と手記（5）（御荘金吾）「日本古書通信」49（12）1984.12
◇川上音二郎の手紙と手記（6）（御荘金吾）「日本古書通信」50（1）1985.1
◇川上音二郎の手紙と手記（7）（御荘金吾）「日本古書通信」50（2）1985.2
◇川上音二郎の手紙と手記（8）（御荘金吾）「日本古書通信」50（3）1985.3
◇川上音二郎の手紙と手記（9）（御荘金吾）「日本古書通信」50（5）1985.5
◇川上音二郎の手紙と手記（10）（御荘金吾）「日本古書通信」50（6）1985.6
◇川上音二郎の手紙と手記（11）（御荘金吾）「日本古書通信」50（7）1985.7
◇川上音二郎の手紙と手記（12）（御荘金吾）「日本古書通信」50（8）1985.8
◇川上音二郎・貞奴（上）（白川宣力）「學鐙」82（8）1985.8
◇川上音二郎・貞奴（中）（白川宣力）「學鐙」82（9）1985.9
◇川上音二郎・貞奴（下）（白川宣力）「學鐙」82（10）1985.10
◇博多っ子川上音二郎（井上精三）「福岡地方史研究会会報」25 1986.4
◇川上音二郎一座使用台本「ボンドマン」（白川宣力翻刻・解説）「演劇研究」12 1988.3
◇川上音二郎と万朝報（井上精三）「西日本文化」240 1988.4
◇西洋人の見た川上音二郎一座と壮士芝居（尾関英正）「アジア研究所紀要」16 1989
◇『予備兵』『義血侠血』から『滝の白糸』へ―川上音二郎の上演をめぐって（飯塚恵理人）「稿本近代文学」13 1989.11
◇川上一座の「日清戦争」について（比較演劇研究〈特集〉）（松本伸子）「演劇学」31 1990
◇川上一座初上京（一〇〇年前の日本〈特集〉）（松本克平）「彷書月刊」7（1）1991.1
◇新派劇の創立期―川上音二郎とシェイクスピア（山本澄子）「立正大学人文科学研究所年報」31 1993
◇世紀の怪人外伝（TVワンダーランドの怪人たち〔35〕）（武市憲二）「キネマ旬報」1242 1997.12.15 p199
◇川上音二郎・貞奴のロンドン公演―新資料を中心に（井上理恵）「吉備国際大学社会学部研究紀要」高梁学園吉備国際大学 8 1998.3 p340～335
◇1900年ロンドン〔3〕日本のイメージを作った川上音二郎（1900年への旅〔9〕）（寺島実郎）「Foresight」9（4）1998.4 p56～58
◇近代劇の夜明けを担った川上音二郎芸術祭大賞受賞作「夜明けの序曲」にかけかえるもの（タカラヅカワールド〔21〕）（名取千里）「毎日グラフ・アミューズ」52（8）1999.4.28 p74～75
◇玄界灘を渡った川上音二郎（李応寿）「日本研究」国際日本文化研究センター 22 2000.10 p49～67
◇明治・大正期における『ヴェニスの商人』翻訳上演研究―音二郎・逍遥・小山内を中心として（小杉山紗織）「Kyoritsu review」共立女子大学大学院文芸学研究科 No.31 2003.2 p11～24
◇裁判劇の系譜と川上音二郎『又意外』―「西洋種・探偵・裁判劇（若林雅哉）「関西大学哲学」関西大学哲学会 25 2005.10 p63～87
◇The impact of Kawakami Otojiro on Meiji theatre reform（英語学英米文学特集）（David W. Rycroft）「甲南大学紀要 文学編」甲南大学 145 2006年度 p75～131
◇パリ万国博覧会を契機とした日本文化受容―川上音二郎・貞奴を中心に（松本考徳，福永洋介，持田明子）「九州産業大学国際文化学部紀要」九州産業大学国際文化学会 37 2007.9 p145～155
◇新演劇の成立を探る―川上音二郎の「金色夜叉」の初演から再演へ（井上理恵）「吉備国際大学社会学部研究紀要」高梁学園吉備国際大学 18 2008 p132～117

川上貞奴　かわかみさだやっこ　1871～1946
明治期の女優。「マダム貞奴」として名声を得た。
【図書】
◇物語近代日本女優史（戸板康二）中央公論社 1980.5
◇図説人物日本の女性史11花開く女流芸術（井上靖、児玉幸多監修 第二アートセンター製作）小学館 1980.6
◇女の一生 人物近代女性史2（瀬戸内晴美編）講談社 1980.9
◇一億人の昭和史 日本人1 三代の女たち 上 明治大正編 毎日新聞社 1981.2
◇歴史への招待12 日本放送出版協会 1981.2
◇成田不動霊験記―市川団十郎と名優たち（旭寿山）成田山新勝寺成田山仏教研究所 1981.10（成田山選書 5）
◇日仏の交流―友好380年（高橋邦太郎）三修社 1982.5
◇炎と虹の風景―女優川上貞奴物語（宗谷真爾）崙書房 1982.8
◇女優貞奴（山口玲子）新潮社 1982.8
◇物語近代日本女優史（戸板康二）中央公論社 1983.10（中公文庫）
◇新派の芸（日本の芸シリーズ）（波木井皓三著）東京書籍 1984.1
◇女の一生―人物近代女性史 2 明治に開花した才媛たち（瀬戸内晴美他著）講談社 1984.2
◇愛と反逆―近代女性史を創った女たち（岩橋邦枝著）講談社 1984.4
◇女が見る眼・女を見る眼（大和文庫）（草柳大蔵著）ダイワアート 1984.5
◇川上貞奴―物語と史蹟をたずねて（童門冬二著）成美堂出版 1984.9
◇自伝音二郎・貞奴（川上音二郎，貞奴著，藤井宗哲編）三一書房 1984.11
◇明治を駆けぬけた女たち（中村彰彦編著）KKダイナミックセラーズ 1984.12
◇実録・春の波濤（童門冬二ほか著）ぱる出版 1985.1
◇実録川上貞奴―世界を翔けた炎の女（江崎惇著）新人物往来社 1985.3
◇川上音二郎・貞奴―新聞にみる人物像（白川宣力編著）雄松堂出版 1985.11
◇新編近代美人伝（上）（岩波文庫）（長谷川時雨著，杉本苑子編）岩波書店 1985.11
◇裏読みヒーロー列伝 平凡社 1985.12
◇シカゴ日系百年史（伊藤一男著）シカゴ日系人会 1986.4
◇恵那峡物語（西尾保）大衆書房 1986.6
◇ニューヨークのパフォーミング・アーツ（大平和登著）新書館 1989.1
◇新時代のパイオニアたち―人物近代女性史（瀬戸内晴美編）講談社 1989.5（講談社文庫）
◇シラノとサムライたち（塩谷敬著）白水社 1989.6
◇舞姫物語（市川雅著）白水社 1990.1
◇ウィーンの日本―欧州に根づく異文化の軌跡（ペーター・パンツァー，ユリア・クレイサ著，佐久間穆訳）サイマル出版会 1990.3
◇聞き語り にっぽん女性「愛」史（杉本苑子著）講談社 1992.4（講談社文庫）
◇名画と出会う美術館〈3〉魅惑の世紀末美術 小学館 1992.4
◇女優貞奴（山口玲子著）朝日新聞社 1993.6（朝日文庫）
◇新編 近代美人伝（上）（長谷川時雨著，杉本苑子編）岩波書店 1993.8（岩波文庫）
◇明治を駆けぬけた女たち（中村彰彦編著）ダイナミックセラーズ出版 1994.11
◇夢のかたち―「自分」を生きた13人の女たち（鈴木由紀子著）ベネッセコーポレーション 1996.2 268p
◇したたかなロシア演劇―タガンカ劇場と現代ロシア演劇（堀江新二著）世界思想社 1999.7 312p（SEKAISHISO SEMINAR）
◇近代演劇の扉をあける―ドラマトゥルギーの社会学（井上理恵著）社会評論社 1999.12 302p
◇万博とストリップ―知られざる二十世紀文化史（荒俣宏著）集英社 2000.1 238p（集英社新書）
◇こんな女性たちがいた！（にんげん史研究会著）講談社 2000.6 246p
◇その時歴史が動いた 30（NHK取材班編）KTC中央出版 2004.12 253p
◇登録有形文化財旧川上貞奴邸復元工事報告書（名古屋市住宅都市局都市景観室監修）名古屋市 2005 162p 図版65枚
◇NHKその時歴史が動いたコミック版 女たちの決断編（三堂ད，高芝昌三，宮前めぐる，井沢まさみ，殿塚実，安宅一人著,NHK取材班編）ホーム社 2006.8 498p（ホーム社漫画文庫）
◇人妻魂（嵐山光三郎著）マガジンハウス 2007.8 228p
◇マダム貞奴―世界に舞った芸者（レズリー・ダウナー著，木村英明訳）集英社 2007.10 382p
◇女優の誕生と終焉―パフォーマンスとジェンダー（池内靖子著）平凡社 2008.3 351p
◇貞奴物語―禁じられた演劇（森田雅子著）ナカニシヤ出版 2009.7 358p
【雑誌】
◇川上貞奴と新橋ぽんた（御荘金吾）「日本古書通信」45（3）1980.3
◇花のパリへ SADA・YACCO―川上音二郎奮闘記（上，下）（高橋邦太郎）「明治村通信」12（3,4）1981.3,4
◇ウィーンにおける川上一座（河竹登志夫）「比較文学年誌」18 1982.1
◇パリ物語（15）貞奴からニジンスキーへ（宝木範義）「日本美術工芸」527 1982.8
◇「女優貞奴」その後（山口玲子）「文芸春秋」61（1）1983.1
◇ヒーローの履歴書（12）川上貞奴（山口玲子）「太陽」252 1983.6

◇特別対談 川上貞奴と山川登美子の炎の生涯(特集花ひらく明治の女性たち) (杉本苑子、津村節子)「歴史と旅」 12(2) 1985.2
◇マダム貞奴にみる明治の女(新春対談) (杉本苑子,永井路子)「中央公論」 100(2) 1985.2
◇川上音二郎・貞奴(上) (白川宣力)「學鐙」 82(8) 1985.8
◇川上音二郎・貞奴(中) (白川宣力)「學鐙」 82(9) 1985.9
◇川上音二郎・貞奴(下) (白川宣力)「學鐙」 82(10) 1985.10
◇福沢桃介・貞奴の史跡めぐり (伊東善次)「まんだ」 27 1986.4
◇愛した男たちをバネに日本の女優第1号―川上貞奴(いまも昔もおんな史)「潮」 372 1990.4
◇貞奴,「とらない」の誓文と「反逆」(愛しの女優たちへ〈特集〉)(岡部耕大)「テアトロ」 594 1992.8
◇川上貞奴と「貞照寺寺宝展」入場者にみるテレビドラマの観光効果 (日比野雅俊〔他〕)「地域社会(地域社会研究会)」 28 1993.3
◇川上貞奴(特集・近代日本 夢の旅人―見知らぬ地図を求めて自分さがしの旅に出た先人たちの行路)「ノーサイド」 5(4) 1995.4 p20
◇貞照寺と川上貞奴(女人の寺)「歴史と旅」 25(15) 1998.11 p234
◇大正快女伝(40)川上貞奴―数奇な運命の美女 (森まゆみ)「本の話」 文芸春秋 10(12) 2004.12 p74～77
◇川上貞奴の菩提寺貞照寺と別荘萬松園―ひとりの女性先駆者の事績 (西和夫)「歴史と民俗」 平凡社 23 2007.2 p7～34
◇パリ万国博覧会を契機とした日本文化受容―川上音二郎・貞奴を中心に (松本有徳,福永洋介,持田明子)「九州産業大学国際文化学部紀要」 九州産業大学国際文化学会 37 2007.9 p145～155
◇貞奴のロンドン―絵画化された貞奴 (植月惠一郎,出জ尚)「日本大学芸術学部紀要」 日本大学芸術学部 47 2008 p81～100
◇芸能至上主義者貞奴の墓所としてみた貞照寺の特徴 (森田雅子)「民俗と風俗」 日本風俗史学会中部支部 19 2009.3 p97～112

川上冬崖　かわかみとうがい　1827～1881
幕末、明治期の洋画家。内国勧業博覧会美術部審査主任。
【図　書】
◇川上冬崖―たどれない地図 (宮坂勝彦編) 銀河書房 1987.3 (信州人物風土記近代を拓く11)
◇日本近代美術事件史 (滝悌三著) 東方出版 1993.1
◇描かれた女の謎―アート・キャバレー蒐集奇談 (福富太郎著) 新潮社 2002.1 245p
◇江戸時代の蘭画と蘭書―近世日蘭比較美術史 下巻 (磯崎康彦著) ゆまに書房 2005.3 584p
◇男の背中―転形期の思想と行動 (井出孫六著) 平原社 2005.5 265p
【雑　誌】
◇川上冬崖と図法幾何学 (原正敏)「図学研究」 56 1992.6
◇幕府直轄学校時代の川上冬崖 (磯崎康彦)「福島大学教育学部論集 人文科学部門」 福島大学教育学部 67 1999.12 p80～55
◇蕃書調所、開成所の画学局における画学教育と川上冬崖 (磯崎康彦)「福島大学教育学部論集 教育・心理部門」 福島大学教育学部 67 1999.12 p104～87
◇近代美術と地図～川上冬崖と岩橋教章 (塚原晃)「神戸市立博物館研究紀要」 神戸市健康教育公社 第17号 2001.3 p5～43

川上眉山　かわかみびざん　1869～1908
明治期の小説家。「墨染桜」で有名。
【図　書】
◇明治の文学 有精堂出版 1981.12 (日本文学研究資料叢書)
◇自殺者の近代文学(SEKAISHISO SEMINAR) (山崎国紀編) 世界思想社 1986.12
◇眉山作品の諸相 専修大学大学院文学研究科畑研究室 1988.3
◇愛と美の墓標 (小松伸六著) 講談社 1988.6
◇明治三十年代文学の研究 (森英一著) 桜楓社 1988.12
◇続 明治文学石摺考―緑雨・眉山・深川作家論 (塚越和夫著) 葦真文社 1989.6
◇物語 明治文壇外史 (巌谷大四著) 新人物往来社 1990.10
◇三好行雄著作集〈第4巻〉近現代の作家たち (三好行雄著) 筑摩書房 1993.5
◇花袋周辺作家の書簡集 1 (館林市教育委員会文化振興課編) 館林市 1994.3 (田山花袋記念館研究叢書 第3巻)
◇岩野泡鳴研究 (鎌倉芳信著) 有精堂出版 1994.6
◇風雅のひとびと―明治・大正文人俳句列伝 (高橋庸雄著) 朝日新聞社 1999.4 379p
◇明治初期文学の展開―後退戦の経緯 (槇林滉二著) 和泉書院 2001.2 488p (槇林滉二著作集)
◇樋口一葉と十三人の男たち (木谷喜美枝監修) 青春出版社 2004.11 219p (プレイブックス・インテリジェンス)
◇本を旅する (出久根達郎著) 河出書房新社 2006.3 248p
◇自殺作家文壇史 (植田康夫著) 北辰堂出版 2008.10 359p

◇明治文壇の人々 (馬場孤蝶著) ウェッジ 2009.10 456p (ウェッジ文庫)
【雑　誌】
◇川上眉山―躁うつ病と微小妄想―病跡学の課題と寄与 (塚越和夫)「国文学 解釈と鑑賞」 48(7) 1983.4
◇川上眉山の文章 (岡本勲)「中京大学文学部紀要」 20(2) 1985
◇川上眉山の位置(江戸から明治への文学〈特集〉) (野口武彦)「文学」 53(11) 1985.11
◇眉山文学における社会性の限界―明治30年代の動向を中心に― (永岡健右)「語文(日本大学)」 68(薬師寺章明博士記念号) 1987.6
◇眉山「観音岩」をめぐって (塚越和夫)「文学年誌」 9 1988.9
◇日清戦後文学への視点―川上眉山「大村少尉」と天皇制(日本文学と天皇制〈特集〉) (菅谷敏雄)「日本文学」 38(1) 1989.1
◇近代文学探訪(13)川上眉山「書記官」 (井上通泰)「民主文学」 339 1994.2
◇近代小説新考 明治の青春(104)川上眉山「観音岩」(その1) (野山嘉正)「國文學 解釈と教材の研究」 学灯社 45(1) 2000.1 p143～147
◇近代小説新考 明治の青春(105)川上眉山「観音岩」(2) (野山嘉正)「國文學 解釈と教材の研究」 学灯社 45(2) 2000.2 p151～155
◇近代小説新考 明治の青春(106)川上眉山「観音岩」(その3) (野山嘉正)「國文學 解釈と教材の研究」 学灯社 45(4) 2000.3 p139～143
◇近代小説新考 明治の青春(107)川上眉山「観音岩」(その4) (野山嘉正)「國文學 解釈と教材の研究」 学灯社 45(5) 2000.4 p150～155
◇近代小説新考 明治の青春(108)川上眉山「観音岩」(その5) (野山嘉正)「國文學 解釈と教材の研究」 学灯社 45(6) 2000.5 p140～145
◇近代小説新考 明治の青春(109)川上眉山「観音岩」(その6) (野山嘉正)「國文學 解釈と教材の研究」 学灯社 45(7) 2000.6 p154～159
◇近代小説新考 明治の青春(110)川上眉山「観音岩」(7) (野山嘉正)「國文學 解釈と教材の研究」 学灯社 45(8) 2000.7 p142～146
◇近代小説新考 明治の青春(111)川上眉山「観音岩」(その8) (野山嘉正)「國文學 解釈と教材の研究」 学灯社 45(10) 2000.8 p142～147
◇近代小説新考 明治の青春(112)川上眉山「観音岩」(9) (野山嘉正)「國文學 解釈と教材の研究」 学灯社 45(11) 2000.9 p154～159
◇近代小説新考(113)明治の青春 川上眉山「観音岩」(その十) (野山嘉正)「國文學 解釈と教材の研究」 学灯社 45(12) 2000.10 p154～159
◇近代小説新考 明治の青春(114)川上眉山「観音岩」(その11) (野山嘉正)「國文學 解釈と教材の研究」 学灯社 45(13) 2000.11 p152～156
◇近代小説新考 明治の青春(115)川上眉山「観音岩」(その12) (野山嘉正)「國文學 解釈と教材の研究」 学灯社 45(14) 2000.12 p142～147
◇近代小説新考 明治の青春(116)川上眉山「観音岩」(13) (野山嘉正)「國文學 解釈と教材の研究」 学灯社 46(1) 2001.1 p138～143
◇近代小説新考(117)明治の青春―川上眉山「観音岩」(その14) (野山嘉正)「國文學 解釈と教材の研究」 学灯社 46(2) 2001.2 p150～155
◇近代小説新考 明治の青春(11)川上眉山「観音岩」(その15) (野山嘉正)「國文學 解釈と教材の研究」 学灯社 46(4) 2001.3 p152～157
◇近代小説新考 明治の青春(119)川上眉山「観音岩」(16) (野山嘉正)「國文學 解釈と教材の研究」 学灯社 46(5) 2001.4 p145～149
◇川上眉山訳『三銃士』論―〈戦争文学〉への階梯 (菅野恵)「稿本近代文学」 筑波大学日本文学会近代部会 29 2004.12 p45～63
◇川上眉山「絃聲」⇔Theodor Korner"Die Harfe"―翻案文学論序説(3) (末永亮治)「九大日文」 九州大学日本語文学会「九大日文」編集委員会 6 2005.6.1 p2～13
◇川上眉山『野人』論―義和団事件という方法 (菅野恵)「稿本近代文学」 筑波大学日本文学会近代部会 30 2005.12 p41～57
◇川上眉山『書記官』論―心意の主題化 (菅野恵)「稿本近代文学」 筑波大学日本文学会近代部会 33 2008.12 p31～42
◇悲惨小説期の貧困表象―嶺雲・一葉・眉山・鏡花の射程(小特集〈貧困〉の文学・〈文学〉の貧困) (鈴木啓子)「日本近代文学」 日本近代文学会 81 2009.11 p224～238
◇川上眉山『大村少尉』論―〈社会〉による心的変容 (菅野恵)「稿本近代文学」 筑波大学日本文学会近代部会 34 2009.12 p1～14

河竹新七〔3代〕　かわたけしんしち　1842～1901
幕末、明治期の歌舞伎作者。
【雑　誌】
◇遊ぶ日本(22)『遊女記』『小町草紙』『籠釣瓶花街酔醒』 虚構の天上界 (高橋睦郎)「すばる」 集英社 28(10) 2006.10 p336～345

河竹黙阿弥

河竹黙阿弥 かわたけもくあみ　1816～1893
幕末, 明治期の歌舞伎作者。講談種の白波物を書く。

【図　書】
◇作者の家—黙阿弥以後の人びと　（河竹登志夫）　講談社　1980.8
◇江戸歌舞伎論　（服部幸雄）　法政大学出版局　1980.12
◇怪談牡丹燈籠　天衣紛上野初花　学研　1982.9
◇明治の古典—カラーグラフィック 1 怪談牡丹燈籠　（三遊亭円朝）　学習研究社　1982.9
◇人物探訪日本の歴史 12 文人と先覚者　暁教育図書　1983.11
◇日本橋魚河岸物語　（尾村幸三郎（青蛙選書 65））　青蛙房　1984.5
◇江戸芸能散歩　（尾河直太郎著）　文理閣　1984.6
◇作者の家—黙阿弥以後の人びと（講談社文庫）　（河竹登志夫著）　講談社　1984.10
◇近世戯曲史序説　（諏訪春雄著）　白水社　1986.2
◇文士の筆跡〈1〉作家編〈1〉〔新装版〕　（伊藤整編）　二玄社　1986.4
◇河竹黙阿弥　（河竹繁俊著）　吉川弘文館　1987.1　（人物叢書〔新装版〕
◇古書彷徨　（出久根達郎著）　新泉社　1987.9　（BOOKS ON BOOKS）
◇日本人の死にかた　（利根川裕著）　朝日新聞社　1988.8　（朝日文庫）
◇人間と創造—日本大学創立100周年記念論文集　日本大学　1989.10
◇歴史を動かした人びと　（石山洋, 頼惟勤, 諏訪春雄著, 国立教育会館編）　ぎょうせい　1990.12　（教養講座シリーズ）
◇郡司正勝刪定集〈第5巻〉戯世の文　（郡司正勝著）　白水社　1991.9
◇江戸文学問わず語り　（円地文子著）　筑摩書房　1992.8　（ちくま文庫）
◇日本文学史〈近代・現代篇 8〉　（ドナルド・キーン著, 角地幸男訳）　中央公論社　1992.12
◇日本の『創造力』—近代・現代を開花させた470人〈1〉御一新の光と影　（富田仁編）　日本放送出版協会　1992.12
◇黙阿弥　（河竹登志夫著）　文芸春秋　1993.2
◇河竹黙阿弥—人と作品 没後百年　（早稲田大学坪内博士記念演劇博物館編）　早稲田大学坪内博士記念演劇博物館　1993.4
◇江戸異端文学ノート　（松田修著）　青土社　1993.5
◇黙阿弥オペラ　（井上ひさし著）　新潮社　1995.5　234p
◇近世文芸研究叢書　第1期文学編 10（一般 3）　（近世文芸研究叢書刊行会編）　クレス出版　1995.5　251,496,10p
◇黙阿弥　（河竹登志夫著）　文芸春秋　1996.5　310p　（文春文庫）
◇隅田川の文学　（久保田淳著）　岩波書店　1996.9　228p　（岩波新書）
◇河竹黙阿弥　（河竹繁俊著）　クレス出版　1997.4　585p　（近世文芸研究叢書）
◇近世文芸研究叢書　第2期芸能篇 17（歌舞伎 17）　（近世文芸研究叢書刊行会編）　クレス出版　1997.4　585p
◇近松 南北 黙阿弥—歌舞伎ノート　（中山幹雄著）　高文堂出版社　1997.8　389p
◇黙阿弥の明治維新　（渡辺保著）　新潮社　1997.10　349p
◇黙阿弥オペラ　（井上ひさし著）　新潮社　1998.5　225p　（新潮文庫）
◇靖国　（坪内祐三著）　新潮社　1999.1　294p
◇悪への招待状—幕末・黙阿弥歌舞伎の愉しみ　（小林恭二著）　集英社　1999.12　205p　（集英社新書）
◇歌舞伎の歴史　（今尾哲也著）　岩波書店　2000.3　224p　（岩波新書）
◇明治文学遊学案内　（坪内祐三編）　筑摩書房　2000.8　311p
◇靖国　（坪内祐三著）　新潮社　2001.8　349p　（新潮文庫）
◇河竹黙阿弥集　（原道生, 神山彰, 渡辺喜之校注）　岩波書店　2001.11　546p　（新日本古典文学大系 明治編）
◇作者の家—黙阿弥以後の人びと　第1部　（河竹登志夫著）　岩波書店　2001.12　294p　（岩波現代文庫 文芸）
◇作者の家—黙阿弥以後の人びと　第2部　（河竹登志夫著）　岩波書店　2001.12　294p　（岩波現代文庫 文芸）
◇知らざあ言って聞かせやしょう—心に響く歌舞伎の名せりふ　（赤坂治績著）　新潮社　2003.7　205p　（新潮新書）
◇サバト祭異帖　（日夏耿之介著, 井村君江編）　筑摩書房　2003.9　512p　（ちくま学芸文庫）
◇3日でわかる歌舞伎　（三隅治雄監修, 野上圭主著）　ダイヤモンド社　2003.10　232p　（知性のBasicシリーズ）
◇演劇の現在—シェイクスピアと河竹黙阿弥　（清水義和著）　文化書房博文社　2004.3　230p
◇歌舞伎の魅力　（上総英郎著）　パピルスあい　2004.6　286p
◇江戸歌舞伎の残照　（吉田弥生著）　文芸社　2004.9　342p
◇近代日本の成立—西洋経験と伝統　（西村清和, 高橋文博編）　ナカニシヤ出版　2005.1　249p
◇河竹黙阿弥と明治歌舞伎の犯罪地理　（アラン・カミングス）　『都市のフィクションと現実—大阪市立大学大学院文学研究科COE国際シンポジウム報告書』　『都市のフィクションと現実』編集委員会編）　大阪市立大学大学院文学研究科都市文化研究センター　2005.2　p79

◇幸四郎と観る歌舞伎　（小野幸恵著）　音楽之友社　2005.6　239p　（ON BOOKS 21）
◇黙阿弥研究の現在　（吉田弥生著）　雄山閣　2006.3　309p
◇河竹黙阿弥と明治歌舞伎の犯罪地理　（アラン・カミングス）　『都市のフィクション』（芝原宏治, スティーヴン・ドッド編）　清文堂出版　2006.7　（知の対流）　p47
◇味の周辺—対談集 ぽっけもん交遊抄　（古川浩次, 和田竜幸聞き手）　かまくら春秋社　2008.6　251p
◇絵で読む歌舞伎の歴史　（服部幸雄著）　平凡社　2008.10　192p
◇江戸文学問わず語り　（円地文子著）　講談社　2009.1　272p　（講談社文芸文庫）
◇河竹黙阿弥—元のもくあみとならん　（今尾哲也著）　ミネルヴァ書房　2009.7　364,5p　（ミネルヴァ日本評伝選）
◇加藤周一自選集 3　（加藤周一著）　岩波書店　2009.11　429p

【雑　誌】
◇天保・嘉永期の狂言作者と河竹黙阿弥　（柳町道広）　「都留文科大学」　16　1980.2
◇黙阿弥世話物のドラマツルギー（1～3）　（大山功）　「芸能」　22（9～11）　1980.9～11
◇黙阿弥世話物のドラマツルギー（4）　（大山功）　「芸能」　22（12）　1980.12
◇河竹黙阿弥　（柳田かや乃）　「志能風草（国学院大）」　6　1981.3
◇『青砥稿花紅彩画』試論—その原拠をめぐって　（梅崎史子）　「近世文芸」　34　1981.5
◇"戯作"を貫くもの—黙阿弥と紅葉　（川村湊）　「早稲田文学（第8次）」　65　1981.10
◇（戯作）貫くもの—黙阿弥と紅葉（2）　（川村湊）　「早稲田文学（第8次）」　68　1982.1
◇円朝と黙阿弥（演劇さ・え・ら）　（渡辺保）　「学鐙」　80（10）　1983.10
◇黙阿弥・南北・芭蕉：江戸の夕映え—ことばの劇場　（郡司正勝）　「新潮」　30（11）　1983.11
◇黙阿弥引退の真意と晩年の心境（郡司正勝教授古稀記念号—文芸のはざま＜特集＞）　（河竹登志夫）　「演劇学」　25　1984
◇黙阿弥私論　（諏訪春雄）　「学習院大学文学部研究年報」　31　1984
◇黙阿弥と忠臣蔵—歌舞伎のパラダイム転換（劇（特集））　（今尾哲也）　「is」　27　1985.3
◇黙阿弥忌　（林誠）　「杉並郷土史会々報」　77　1986.5
◇河竹黙阿弥江戸演劇の大問屋　「演劇界」　44（5）　1986.5
◇「天衣紛上野初花」成立を巡って—「雲上野三衣策前」をめぐって　（梅崎史子）　「芸能」　29（8）　1987.8
◇黙阿弥と団十郎の「写実」の位相　（神山彰）　「日本の美学」　11　1987.11
◇歌舞伎—後期（爛熟期・頽廃期）白浪作者—河竹黙阿弥（近代演劇の魅力を問い直す＜特集＞）　（松田修）　「国文学 解釈と鑑賞」　54（5）　1989.5
◇当世流行黙阿弥世話物　（河竹登志夫等）　「演劇界」　47（7）　1989.6
◇江戸を沸かせた幽霊たち（特集・日本人のホラーゾーン）　（諏訪春雄）　「知識」　93　1989.9
◇19世紀の英国喜劇と翻案歌舞伎—リットンと黙阿弥の比較研究（比較演劇研究＜特集＞）　（平辰彦）　「演劇学」　31　1990
◇河竹黙阿弥劇の捨子と里子　（片岡徳雄）　「広島大学教育学部紀要 第1部」　39　1990
◇かぶきを観る—誌上舞台鑑賞—河竹黙阿弥作 青砥稿花紅彩画（あおとぞうしはなのにしきえ）白浪五人男）—雪ノ下浜松屋の場（かぶき総見）　（菊池明）　「國文學 解釈と教材の研究」　37（6）　1992.5
◇黙阿弥と合巻　（吉田弥生）　「近世文芸」　59　1994.1
◇河竹黙阿弥の版権登録　（和田修）　「演劇研究」　17　1994.3
◇河竹黙阿弥作品『天衣粉上野初花』における言語行動の分析—原因・理由を表す表現のスタイル切り替えを通して　（亀田裕見）　「文芸研究」　136　1994.5
◇Cross-dressing in Shakespeare and Mokuami　（山本道子）　「聖和大学論集 人文系」　聖和大学　23B　1995　p69～76
◇鷗外における黙阿弥　（清田文武）　「新大国語」　新潟大学教育学部国語国文学会　第21号　1995.3　p23～33
◇黙阿弥の明治維新—発端, 小団次の死の真相　（渡辺保）　「新潮」　新潮社　93（1）　1996.1　p426～441
◇黙阿弥の明治維新（2）〈第1番目序幕〉飛鳥山の街頭演劇—「朝茶の袋」　（渡辺保）　「新潮」　新潮社　93（2）　1996.2　p392～403
◇坪内逍遙と河竹黙阿弥　（青木稔弥）　「文芸論叢」　大谷大学文芸学会　第46号　1996.3　p10～19
◇黙阿弥の明治維新（3）—〈第1番目 2幕目〉7代目団十郎の「江戸」—「闇魔小兵衛」　（渡辺保）　「新潮」　新潮社　93（3）　1996.3　p326～339
◇黙阿弥の明治維新（4）小団次との出合—「忍ぶの惣太」と「天日坊」　（渡辺保）　「新潮」　新潮社　93（4）　1996.4　p257～367
◇黙阿弥の明治維新—5—〈第一番目 四幕目〉「西洋」小団次—「正直清兵衛」　（渡辺保）　「新潮」　新潮社　93（5）　1996.5　p293～305

◇黙阿弥の忠臣蔵物 （法月敏彦）「歌舞伎」 歌舞伎学会 17 1996.6 p122～130
◇黙阿弥の明治維新(6)〈第1番目5幕目〉女装の男たち―「忍ぶの惣太」「三人吉三」「弁天小僧」 （渡辺保）「新潮」 新潮社 93(6) 1996.6 p330～341
◇東西演劇にみる悪の美―河竹黙阿弥とモリエール （赤瀬雅子）「桃山学院大学人間科学」 桃山学院大学総合研究所 11 1996.7 p89～101
◇黙阿弥の明治維新(7)〈第1番目 大詰〉泥棒伯円、泥棒役者、泥棒作者―「鼠小僧」 （渡辺保）「新潮」 新潮社 93(7) 1996.7 p326～336
◇本好き人好き83 河竹黙阿弥―関星匠誠「演劇叢話」 （谷沢永一）「國文學 解釈と教材の研究」 学灯社 41(10) 1996.8 p156～159
◇黙阿弥の明治維新(8)〈中幕〉明治維新、黙阿弥53歳―田之助狂死（前篇） （渡辺保）「新潮」 新潮社 93(8) 1996.8 p345～356
◇黙阿弥の明治維新(9) （渡辺保）「新潮」 新潮社 93(10) 1996.10 p346～356
◇黙阿弥の明治維新(10) （渡辺保）「新潮」 新潮社 93(11) 1996.11 p379～391
◇黙阿弥作品における「切られ与三の世界」 （吉田弥生）「歌舞伎」 歌舞伎学会 18 1996.12 p117～129
◇黙阿弥の明治維新(11)〈第2番目2幕目〉「名誉毀損」事件―「西南雲晴朝東風（おきげのくもはらふあさごち）」 （渡辺保）「新潮」 新潮社 93(12) 1996.12 p325～336
◇黙阿弥の明治維新(12) （渡辺保）「新潮」 新潮社 94(2) 1997.2 p376～391
◇黙阿弥の明治維新(13)第2番目 4幕目―蕎麦屋の間取り―「天衣紛上野初花」 （渡辺保）「新潮」 新潮社 94(3) 1997.3 p350～359
◇黙阿弥の明治維新(14) （渡辺保）「新潮」 新潮社 94(4) 1997.4 p322～332
◇河竹黙阿弥―花の咲く春をば待ちしかひもなく片枝よりして枯れし老梅(特集・幕末明治人物臨終の言葉―近代の夜明けを駆けぬけた44人の人生決別の辞 英éké死してことばを遺す） （一坂太郎、稲川明雄、今川徳三、井門寛、宇都宮泰長、河合敦、木村幸比古、祖田浩一、高野澄、高橋和彦、畑山博、三谷茉沙夫、百瀬明治、山村竜也）「歴史と旅」 24(7) 1997.5 p100～136
◇黙阿弥の明治維新―15―〈第2番目 大詰〉「明治」を呪う女―「月梅薫朧夜」 （渡辺保）「新潮」 新潮社 94(5) 1997.5 p322～335
◇黙阿弥の明治維新（完結） （渡辺保）「新潮」 新潮社 94(6) 1997.6 p380～390
◇近代演劇の創始者黙阿弥 （山内昌之）「波」 新潮社 31(10) 1997.10 p25～27
◇「鯢沢」成立考―円朝と黙阿弥 （小島佐江子）「語文」 日本大学国文学会 99 1997.12 p138～148
◇黙阿弥白浪物の展開と「小袖曽我菊色縫」 （今岡謙太郎）「演劇学」 早稲田大学文学部演劇研究室 40 1999 p11～22
◇黙阿弥の徳川（特集 ジャンルを横断する近世文学の新局面―近世文学、以前・以後） （古井戸秀夫）「國文學 解釈と教材の研究」 学灯社 44(2) 1999.2 p95～101
◇明治十年代の黙阿弥―「四千両小判梅葉」を中心に(特集 明治十年代の江戸) （今岡謙太郎）「江戸文学」 ぺりかん社 21 1999.12 p100～107
◇Prelude to "Living History": A Case of a SAKAI NO TAIKO by Kawatake Mokuami （Paul Griffith）「埼玉大学紀要〔教育学部〕 人文・社会科学」 埼玉大学教育学部 49(1-2) 2000 p59～61
◇風流江戸ばなし（55完）続・歌舞伎犯科帳―黙阿弥流世話物の妙味と美意識 （津川類）「日本及日本人」 日本及日本人社 1637 2000.1 p140～145
◇明治文学の愉しみ(3)ふと口にしてしまう―黙阿弥の台詞 （北村薫）「ちくま」 筑摩書房 348 2000.3 p22～26
◇本好き人好き(127) 河竹黙阿弥と演劇改良―河竹繁俊『増訂改版 河竹黙阿弥』、倉田百三『愛と認識との出発』 （谷沢永一）「國文學 解釈と教材の研究」 学灯社 45(5) 2000.4 p160～163
◇江戸文芸における吉原遊里語―噺本と黙阿弥歌舞伎の場合 （小林夏那恵）「新潟大学国語国文学会誌」 新潟大学人文学部国語国文学会 42 2000.7 p25～36
◇歌舞伎とスタニスラフスキー・システム―河竹黙阿弥作『三人吉三巴白波』の音声とリズム （清水義和）「愛知学院大学教養部紀要」 愛知学院大学教養教育研究会 48(4) 2001 p49～87
◇「累」考―馬琴、円朝から黙阿弥へ （吉田弥生）「学習院大学国語国文学会誌」 学習院大学文学部国語国文学研究室 44 2001 p54～67
◇「累」考―馬琴、円朝から黙阿弥へ （吉田弥生）「学習院大学国語国文学会誌」 学習院大学国語国文学会 第44号 2001.3 p54～67
◇黙阿弥研究―「八幡祭小望月賑」と「名月八幡祭」の比較・解析 （小池入江）「日本文学」 東京女子大学日本文学研究会 第97号 2002.3 p119～136
◇黙阿弥と落語・講談(特集 歌舞伎と諸芸) （清水一朗）「歌舞伎」 歌舞伎学会 30 2002.12 p40～45
◇黙阿弥の意図したことば―「三人吉三」を例として （秋永一枝）「国文学研究」 早稲田大学国文学会 140 2003.6 p78～68

◇馬琴読本の方法と劇化―黙阿弥への影響 （吉田弥生）「歌舞伎」 歌舞伎学会, 雄山閣出版 31 2003.8 p119～132
◇ジョン・ゲイ作『乞食オペラ』と河竹黙阿弥作『天衣紛上野初花』におけるネオマクロ・フォネティックス （清水義和）「愛知学院大学教養部紀要」 愛知学院大学教養教育研究会 54(2) 2006 p17～40
◇河竹黙阿弥作「敵討噂古市」の典拠考 （埋忠美沙）「近世文芸」 日本近世文学会 83 2006.1 p41～55
◇河竹黙阿弥の散切物研究―「富士額男女繁山」を中心に(修士論文概要) （草野容子）「Kyoritsu review」 共立女子大学大学院文芸学研究科 No.34 2006.2 p59～61
◇河竹黙阿弥の白浪狂言における音楽演出 （土田牧子）「歌舞伎」 歌舞伎学会, 雄山閣出版 37 2006.7 p56～77
◇遊ぶ日本(21)『盟三五大切』『東海道四谷怪談』『青砥稿花紅彩画』 白鳥の歌 （高橋睦郎）「すばる」 集英社 28(9) 2006.9 p439～447
◇絵画資料にみる黙阿弥作品―『鼠小紋東君新形』を例に(特集 芸能と絵画資料―浮世絵研究の新次元) （埋忠美沙）「芸能史研究」 芸能史研究会 176 2007.1 p57～76
◇時代を活写し、歌舞伎を描いた名作者 鶴屋南北と河竹黙阿弥(大特集・初心者にも優しい。常連も納得 歌舞伎 サライは、こう観る)「サライ」 小学館 20(2) 2008.1.17 p25～26
◇河竹黙阿弥の作品研究―明治期の作品をめぐって(修士論文) （山中国之）「舞台芸術研究」 日本大学大学院芸術学研究科舞台芸術専攻 13 2008.3 p178～120

河田小龍　かわたしょうりょう　1824～1898
幕末、明治期の画家。
【図　書】
◇川田維鶴撰・巽漂紀略・付河田小龍とその時代 （宇高隨生解説） 高知市民図書館 1986.3
◇龍馬を創った男 河田小龍 （桑原恭子著） 新人物往来社 1993.12
◇歴史に消された「18人のミステリー」 （中津文彦著） PHP研究所 2003.6 215p （PHP文庫）
◇青雲の志 龍馬回想 （森田恭二著） 和泉書院 2004.9 93p （IZUMI BOOKS）
◇坂本龍馬事典 コンパクト版 （小西四郎, 山本大, 江藤文夫, 宮地佐一郎, 広谷喜十郎編） 新人物往来社 2007.3 402p
◇誰が坂本龍馬をつくったか （河合敦著） 角川SSコミュニケーションズ 2009.11 186p （角川SSC新書）
【雑　誌】
◇龍馬と小龍(特集・龍馬と現代) （宇高隨生）「彷書月刊」 3(2) 1987.2
◇画人河田小竜(上・下) （山本駿次朗）「三彩」 544～546 1993.1～3
◇秘めた才能を開花させた三人―大田南畝/佐々木三冬/河田小龍(特集 男の品格と心意気 江戸のダンディズム) （山本一力）「東京人」 都市出版 23(5) 2008.4 p54～57

河鍋暁斎　かわなべぎょうさい　1831～1889
幕末、明治期の浮世絵師。
【図　書】
◇士魂の群像 （吉田武三） 冨山房 1980.7
◇白桃文集 （落合和吉） 著刊 1980.11
◇狂斎百図 （河鍋暁斎, 河鍋楠美編） 暁斎記念館 1982.11 （暁斎資料 3)
◇暁斎画談 外篇 （河鍋暁斎, 河鍋楠美編） 暁斎記念館 1982.11 （暁斎資料 2)
◇暁斎画談 内篇 （河鍋暁斎, 河鍋楠美編） 暁斎記念館 1982.11 （暁斎資料 1)
◇清親・楽天と10人の諷刺画家展―近代漫画をつくりあげた 浮世絵太田記念美術館 1984
◇河鍋暁斎―近代日本画の鬼才(ふるさと文庫) （落合和吉編） 筑波書林 1984.7
◇河鍋暁斎翁伝（日本芸術名著選 3）（飯島虚心著） ぺりかん社 1984.12
◇暁斎絵日記―国立国会図書館所蔵 2(暁斎資料 6) （河鍋暁斎著, 河鍋楠美編） 暁斎記念館 1985.4
◇末期浮世絵 熟視の世界―浮世絵ハンドブック （里文出版編） 里文出版 1986.12
◇渋沢龍彦 夢の博物館 （渋沢龍彦著, 篠山紀信撮影） 美術出版社 1988.7
◇河鍋暁斎戯画集 （河鍋暁斎著, 山口静一, 及川茂編） 岩波書店 1988.8 （岩波文庫）
◇日本絵画紀行 （モーティマー・メンピス著, 渡辺義雄, 門脇輝夫訳） 朝日出版社 1989.11
◇妖怪マンガ恐怖読本 （文芸春秋編） 文芸春秋 1990.7 （文春文庫―ビジュアル版）
◇暁斎の戯画 （及川茂, 山口静一編著） 東京書籍 1992.6
◇幕末・明治の画家たち―文明開化のはざまに （辻惟雄編著） ぺりか

ん社 1992.12
◇日本の近代美術〈2〉日本画の誕生 （佐藤道信編） 大月書店 1993.6
◇河鍋暁斎 （日本アート・センター編, 木下直之執筆） 新潮社 1996.11 93p （新潮日本美術文庫）
◇暁斎妖怪百景 （京極夏彦文, 多田克己編） 国書刊行会 1998.7 147p
◇最後の浮世絵師――河鍋暁斎と反骨の美学 （及川茂著） 日本放送出版協会 1998.12 214p （NHKブックス）
◇図説 百鬼夜行絵巻をよむ （田中貴子, 花田清輝, 渋沢竜彦, 小松和彦著） 河出書房新社 1999.6 111p （ふくろうの本）
◇「名画再読」美術館 （芥川喜好著） 小学館 2001.2 1冊
◇日本の近代化とスコットランド （オリーヴ・チェックランド著, 加藤詔士, 宮田学編訳） 玉川大学出版部 2004.4 222p
◇さかさまの幽霊――"視"の江戸文化論 （服部幸雄著） 筑摩書房 2005.1 477p （ちくま学芸文庫）
◇暁斎と蛙 （河鍋暁斎記念美術館著） 河鍋暁斎記念美術館内かえる友の会 2005.7 66,7p （蛙ライブラリー）
◇河鍋暁斎 （ジョサイア・コンドル著, 山口静一訳） 岩波書店 2006.4 324p （岩波文庫）
◇酔うて候――河鍋暁斎と幕末明治の書画会 （成田山書道美術館, 河鍋暁斎記念美術館編） 思文閣出版 2008.1 157p
◇河鍋暁斎――奇想の天才絵師 （安村敏信監修） 平凡社 2008.5 171p （別冊太陽）
◇美の交流――イギリスのジャポニスム （小野文子著） 技報堂出版 2008.6 199p
◇幕末・明治の画家たち――文明開化のはざまに 新装版 （辻惟雄編著） ぺりかん社 2008.10 296p
◇東アジアの文人世界と野呂介石――中国・台湾・韓国・日本とポーランドからの考察 （中谷伸生編著） 関西大学出版部 2009.3 252p （関西大学東西学術研究所研究叢刊）
◇暁斎（きょうさい）百鬼画談 （河鍋暁斎画, 安村敏信監修・解説） 筑摩書房 2009.7 157p （ちくま学芸文庫）
◇偏愛ムラタ美術館 （村田喜代子著） 平凡社 2009.11 221p
【雑 誌】
◇コンデルと暁斎――コンデル著「河鍋暁斎――絵画と画稿」を主として （大野七三） 「浮世絵芸術」 67 1980
◇河鍋暁斎一逸話と生涯（1） （大野七三） 「浮世絵芸術」 70 1981.10
◇河鍋暁斎一逸話と生涯（2） （大野七三） 「浮世絵芸術」 74 1982
◇河鍋暁斎展一生誕百五十年記念（展覧会から） （永田生慈） 「三彩」 412 1982.1
◇暁英の絵（「ジョサイア・コンドル」） （藤森照信） 「KAWASHIMA」 8 1982.7
◇西洋と東洋の〈根〉（「ジョサイア・コンドル」） （瀬木慎一） 「KAWASHIMA」 8 1982.7
◇河鍋暁斎と小布施 （市村耕一） 「須高」 15 1982.8
◇暁斎のキネティシズム （長谷川栄） 「Museum」 378 1982.9
◇河鍋暁斎と美術展覧会 （山口静一） 「埼玉大学紀要（人文科学編）」 32 1983
◇河鍋暁斎一逸話と生涯（3） （大野七三） 「浮世絵芸術」 75 1983.1
◇河鍋暁斎一逸話と生涯（4） （大野七三） 「浮世絵芸術」 76 1983.3
◇古河における河鍋暁斎関係の1考察 （伊藤巌） 「古河郷土史研究会報」 21 1983.3
◇河鍋暁斎挿絵本の書目ならびに解題（上）挿絵とデザイン （及川茂） 「Museum」 395 1984.2
◇河鍋暁斎挿絵本の書目ならびに解題（下）暁斎の挿絵とデザイン （及川茂） 「Museum」 396 1984.3
◇河鍋暁斎一百鬼夜行図（イマジナリア） （渋沢龍彦） 「季刊みづゑ」 935 1985.6
◇アート・リーディング―変革期の残像―是真・暁斎・芳崖の場合 （安村敏信） 「美術手帖」 548 1985.8
◇河鍋暁斎とその挿絵（1）～（5） （山口静一） 「日本古書通信」 704 1988.3
◇河鍋暁斉の戯画と江戸大番屋考 （重松一義） 「法の支配」 75 1988.9
◇欧米に河鍋暁斎を求めて （及川茂） 「図書」 478 1989.4
◇力余ってはみ出した画家・河鍋暁斎を見直す （草森紳一） 「芸術新潮」 40（6） 1989.6
◇鴻山と暁斎 （山崎実） 「高井」 88 1989.8
◇画題あれこれ（6）鐘馗（しょうき） （山口静一） 「河鍋暁斎研究会だより」 18 1990.8
◇河鍋暁斎筆「地獄極楽めぐり図」研究の夜明け―河鍋楠美先生との邂逅・シンポジウムのことなど （林雅彦） 「歴史手帖」 18（8） 1990.8
◇福富太郎のアート・キャバレー（2）妻の死顔を描いた暁斎「幽霊図」 （福富太郎） 「芸術新潮」 43（7） 1992.7
◇「暁斎絵日記（1）」解説（1） （山口静一） 「埼玉大学紀要 人文学編」 42 1993
◇河鍋暁斎と菊池容斎 （佐藤道信） 「日本の美術」 325 1993.6
◇資料紹介 河鍋暁斎作「狂斎百図」 （藤本陽子） 「茨城県立歴史館だ

より」 60 1994.1
◇欧米がひれ伏した"画鬼"河鍋暁斎（常識よ, さらば！―日本近代美術の10章（特集）） （佐藤道信） 「芸術新潮」 45（3） 1994.3
◇企画展 河鍋暁斎と江戸東京―奇想の筆が切りとった, 動乱期 （岩城紀子）「江戸東京博物館NEWS」 5 1994.3
◇河鍋暁斎の人と絵画を通して日本を見た外国人たち―E.E.ギメ, レガメー, メンビスほか（続・外国人の見た日本・日本人〈特集〉―近代黎明期の日本・日本人論） （河鍋楠美） 「国文学解釈と鑑賞」 至文堂 60（5） 1995.5 p22～29
◇版画研究最前線（4）河鍋暁斎―時代を映した版画 （河鍋楠美） 「版画芸術」 阿部出版 94 1996.12 p162～163
◇河鍋暁斎「左甚五郎と京美人図」をめぐって〔含 図1枚〕 （伊藤紫織） 「国華」 国華社 1228 1998.2 p29～37
◇翻訳 O.チェックランド『絵師・河鍋暁斎（1831―89）と英国人』 （O.Checkland, 加藤詔士〔訳〕） 「教育史研究室年報」 名古屋大学教育学部教育学研究室 6 2000.7 p33～50
◇河鍋暁斎を取り巻く外国人 （沖ామ裕子） 「文化学研究」 日本女子大学文化学会 10 2001 p108～120
◇河鍋狂斎を取り巻く外国人 （沖澤裕子） 「文化学研究」 日本女子大学文化学会 第10号 2001.7 p108～120
◇漱石と子規と暁斎―自然は一幅の大活画なり （中江彬） 「人文学論集」 大阪府立大学総合科学部西洋文化講座 第21集 2003.2 p2～26
◇河鍋暁斎筆 大和美人図屏風 （高階秀爾） 「国華」 国華社 109（1） 2003.8 p31～34
◇Demon of Painting, painter of demous 画鬼暁斎 （Timothy Clark, 菊池亮〔訳〕） 「Bandaly」 明治学院大学大学院文学研究科芸術学専攻 4 2005.3 p113～144
◇河鍋暁斎 観音と妖怪―異界の聖と俗（特集 帝都の美術―都市の肖像） （佐藤道信） 「美術フォーラム21」 醍醐書房, 美術フォーラム21刊行会 18 2008 p60～64
◇巻頭特集 なんでも描けてなにが悪い!! 河鍋暁斎の写実力 「美術の窓」 生活の友社 27（7） 2008.4 p13～74
◇万亭應賀の著作に見る河鍋暁斎の戯画（特集 絵を読む 文字を見る―日本文学とその媒体） （及川茂） 「アジア遊学」 勉誠出版 109 2008.4 p153～163
◇『河鍋暁斎下絵帖』寄贈に寄せて （久根口美智子） 「暁斎」 河鍋暁斎記念美術館 97 2008.12 p294～297
◇大阪芸術大学図書館所蔵 河鍋暁斎筆「年中行事図巻」の模本について （田中敏雄） 「暁斎」 河鍋暁斎記念美術館 97 2008.12 p298～301
◇私の持っている暁斎（65）河鍋暁斎筆「日課観音図」 （藤田昇） 「暁斎」 河鍋暁斎記念美術館 97 2008.12 p306～311
◇成田山書道美術館展覧会記念シンポジウム 河鍋暁斎と幕末明治の書画会 （Robert Campbell, 佐藤道信, 河鍋楠美〔他〕） 「暁斎」 河鍋暁斎記念美術館 97 2008.12 p314～331
◇「河鍋暁斎と幕末明治の書画会」展並びに「天才絵師河鍋暁斎」展報告 「暁斎」 河鍋暁斎記念美術館 97 2008.12 p332～335
◇鬼を描いた「画鬼」暁斎（特集 古典キャラクターの展開―日中の古典） （及川茂） 「アジア遊学」 勉誠出版 118 2009.1 p68～79
◇河鍋暁斎筆 武四郎涅槃図 （安村敏信） 「國華」 朝日新聞出版, 國華社 114（7） 2009.2 p24～27
◇河鍋暁斎講演会 「暁斎」 河鍋暁斎記念美術館 98 2009.3 p341～367
◇「暁斎蒐集『西洋イラスト画集』と暁斎のデザイン展」報告 （河鍋暁斎講演会） （河鍋楠美） 「暁斎」 河鍋暁斎記念美術館 98 2009.3 p342～345
◇河鍋暁斎と『西洋イラスト画集』（河鍋暁斎講演会） （大柳久栄） 「暁斎」 河鍋暁斎記念美術館 98 2009.3 p348～353
◇暁斎に学ぶメンビス（メンペス）（河鍋暁斎講演会） （小野文子） 「暁斎」 河鍋暁斎記念美術館 98 2009.3 p354～363
◇カール・マドセン著『日本の絵画芸術』の中の暁斎（河鍋暁斎講演会） （定村来人） 「暁斎」 河鍋暁斎記念美術館 98 2009.3 p364～367
◇メキシコの浮世絵コレクター・タブラーダと暁斎 （長谷川ニナ） 「暁斎」 河鍋暁斎記念美術館 98 2009.3 p370～372
◇ボストン美術館所蔵 歌麿の浮世絵と『暁斎画談』 （及川茂） 「暁斎」 河鍋暁斎記念美術館 98 2009.3 p373～375
◇戸隠神社中社「天井絵」復元から暁斎筆「日本神楽之図」所在確認まで （横倉千早） 「暁斎」 河鍋暁斎記念美術館 98 2009.3 p376～378
◇資料紹介（105）六耀社『河鍋暁斎画集』一巻（平成六年刊） 変動期の画家暁斎 （芳賀徹） 「暁斎」 河鍋暁斎記念美術館 99 2009.7 p389～393
◇資料紹介（106）六耀社『河鍋暁斎画集』一巻・二巻（平成六年刊） 暁斎の本画・画稿ならびに画本と錦絵 （吉田漱） 「暁斎」 河鍋暁斎記念美術館 99 2009.7 p394～402
◇資料紹介（108）六耀社『河鍋暁斎画集』一巻（平成六年刊） 日本美術界のなかの暁斎 （Matthi Forrer, 山口静一〔訳〕） 「暁斎」 河鍋暁斎記念美術館 99 2009.7 p405～413
◇資料紹介（109）六耀社『河鍋暁斎画集』一巻（平成六年刊） 暁斎と黙

阿弥　（河竹登志夫）「暁斎」河鍋暁斎記念美術館 99 2009.7 p414〜422
◇資料紹介(110) 六耀社『河鍋暁斎画集』三巻（平成六年刊）狂斎と狂画（Timothy Clark, 山口静一〔訳〕）「暁斎」河鍋暁斎記念美術館 99 2009.7 p423〜427
◇資料紹介(111) 六耀社『河鍋暁斎画集』三巻（平成六年刊）暁斎芸術の連続性（Brenda G. Jordan, 山口静一〔訳〕）「暁斎」河鍋暁斎記念美術館 99 2009.7 p426〜429
◇資料紹介(113) 六耀社『河鍋暁斎画集』二巻（平成六年刊）狂斎そして暁斎（粟津潔）「暁斎」河鍋暁斎記念美術館 100 2009.8 p435〜442
◇資料紹介(114) 六耀社『河鍋暁斎画集』二巻（平成六年刊）暁斎の浮世絵版画（及川茂）「暁斎」河鍋暁斎記念美術館 100 2009.8 p443〜447
◇資料紹介(115) 六耀社『河鍋暁斎画集』二巻（平成六年刊）暁斎の版本・挿絵（山口静一）「暁斎」河鍋暁斎記念美術館 100 2009.8 p448〜450
◇資料紹介(116) 六耀社『河鍋暁斎画集』二巻（平成六年刊）イーソップから伊蘇普まで『通俗伊蘇普物語』の形成（Scott Johnson, 山口静一〔訳〕）「暁斎」河鍋暁斎記念美術館 100 2009.8 p451〜457
◇資料紹介(117) 六耀社『河鍋暁斎画集』三巻（平成六年刊）絵日記に見る暁斎の生活（及川茂）「暁斎」河鍋暁斎記念美術館 100 2009.8 p458〜463
◇資料紹介(118) 六耀社『河鍋暁斎画集』三巻（平成六年刊）暁斎と新聞挿絵（山口順子）「暁斎」河鍋暁斎記念美術館 100 2009.8 p464〜468
◇資料紹介(119) 六耀社『河鍋暁斎画集』三巻（平成六年刊）暁斎の「鏡」（中西進）「暁斎」河鍋暁斎記念美術館 100 2009.8 p469〜473
◇資料紹介(120) 六耀社『河鍋暁斎画集』三巻（平成六年刊）暁斎はなぜ死体を描いたのか（養老孟司, 布施英利）「暁斎」河鍋暁斎記念美術館 100 2009.8 p474〜476
◇資料紹介(121) 六耀社『河鍋暁斎画集』三巻（平成六年刊）曽祖父暁斎（河鍋楠美）「暁斎」河鍋暁斎記念美術館 100 2009.8 p476〜478
◇圖版 河鍋曉齋筆 地獄極楽めぐり圖（特輯 幕末維新期の繪畫―狩野派を中心に）（山下善也）「國華」朝日新聞出版, 國華社 115(5) 2009.12 p38〜41,11

川端玉章　かわばたぎょくしょう　1842〜1913
明治、大正期の画家。東京美術学校教官。
【雑　誌】
◇川端玉章の研究(1)（塩谷純）「美術研究」国立文化財機構東京文化財研究所 392 2007.9 p291〜314, PL.2〜3

川村清雄　かわむらきよお　1852〜1934
明治〜昭和期の洋画家。明治美術会、巴会を結成。
【図　書】
◇日本の近代美術〈1〉油彩画の開拓者（丹尾安典編）大月書店 1993.3
◇川村清雄研究（高階秀爾, 三輪英夫共編）中央公論美術出版 1994.11
◇福沢諭吉を描いた絵師―川村清雄伝（林えり子著）慶応義塾大学出版会 2000.7 269p（Keio UP選書）
◇西洋の眼 日本の眼（高階秀爾著）青土社 2001.3 290p
【雑　誌】
◇川村清雄研究寄与（丹尾安典）「美術史研究」24 1986
◇福富太郎のアート・キャバレー(12)洋画家になった"隠密の子"川村清雄（福富太郎）「芸術新潮」44(5) 1993.5
◇フランスへ渡った日本―川村清雄の《建国》について（高階絵里加）「人文学報」京都大学人文科学研究所 89 2003 p1〜43
◇川村清雄作「振天府」の制作過程について―資料からの一考察（竹中直）「武蔵野美術大学研究紀要」武蔵野美術大学 34 2003 p87〜95

木内喜八　きうちきはち　1827〜1902
幕末, 明治期の木工。指物象嵌を専業とする。
【図　書】
◇木内喜八・半古・省古 三代木工芸作品図録（木内武男編著）講談社出版サービスセンター 2006.7 186p

キオソーネ, E.　Chiossone, Edoardo　1832〜1898
イタリアの画家。1875年来日, 紙幣や切手の図案を制作。
【図　書】
◇秘蔵浮世絵大観〈10〉ジェノヴァ東洋美術館〈1〉（樽崎宗重編著）講談社 1987.9
◇秘蔵 浮世絵―ジェノヴァ市立東洋美術館所蔵 E.キヨソーネ・コレクション（福田和彦編著）ベストセラーズ 1988.3
◇秘蔵浮世絵大観〈11〉ジェノヴァ東洋美術館〈2〉（楢崎宗重編著）講談社 1988.12
◇キヨッソーネと近世日本画里帰り展―イタリア・ジェノヴァ市・キヨッソーネ東洋美術館所蔵 毎日新聞社 1990
◇開化異国（おつくに）助っ人奮戦記（荒俣宏著, 安井仁撮影）小学館 1991.2
◇日本の近代美術と西洋（匠秀夫著）沖積舎 1991.9
◇日本の近代化をになった外国人―リース・ダイアー・ボワソナード・キヨソーネ（金井円, 石山洋, 安岡昭男, 山口康助講義, 国立教育会館編）ぎょうせい 1992.3（教養講座シリーズ）
◇日本の『創造力』―近代・現代を開花させた470人〈15〉貢献した外国人たち（富田仁編）日本放送出版協会 1994.2
◇お雇い外国人 キヨッソーネ研究（明治美術学会, 印刷局朝陽会編）中央公論美術出版 1999.6 305,104p
◇肖像のなかの権力―近代日本のグラフィズムを読む（柏木博著）講談社 2000.1 289p（講談社学術文庫）
◇明治天皇 下巻（ドナルド・キーン著, 角地幸男訳）新潮社 2001.10 582p
◇キヨッソーネ再発見―日本紙幣の父（リア・ベレッタ著, 白沢定雄訳）印刷朝陽会 2003.1 116,124p
【雑　誌】
◇御雇い外国人と黎明期の文化財行政―ワグネル, キヨッソーネ, フェノロサ（村形明子）「月刊文化財」250 1984.7
◇お雇い外国人エドアルド・キヨッソーネについて（Luigi Nico Vozza）「日伊文化研究」24 1986
◇明治日本の肖像―キヨソネの西郷隆盛像（山口康助）「帝京史学」2 1986.9

菊池容斎　きくちようさい　1788〜1878
幕末, 明治期の日本画家。
【図　書】
◇激動期の美術―幕末・明治の画家たち 続（辻惟雄編）ぺりかん社 2008.10 251p
【雑　誌】
◇飯田家所蔵の菊池容斎書画類（相沢正彦）「神奈川県立博物館研究報告―人文科学」13 1987.3
◇河鍋暁斎と菊池容斎（佐藤道信）「日本の美術」325 1993.6
◇菊池容斎と歴史画〔含 年譜〕（塩谷純）「国華」1183 1994.6
◇資料紹介 菊池容斎画『北畠親房肖像』（仲田昭一）「茨城県立歴史館より」62 1994.9
◇図版解説 菊池容斎《観音経絵巻》（塩谷純）「美術研究」文化財研究所東京文化財研究所 390 2006.12 p117〜125, PL.1〜11
◇菊池容齋筆 呂后斬戚夫人圖（特輯 幕末維新期の繪畫―狩野派を中心に）（佐藤康宏）「國華」朝日新聞出版, 國華社 115(5) 2009.12 p32〜34,7

岸竹堂　きしちくどう　1826〜1897
明治期の日本画家。
【図　書】
◇岸竹堂―画集（岸竹堂著）ふたば書房 1984.7
◇幕末明治 京洛の画人たち（原田平作）京都新聞社 1985.2
【雑　誌】
◇岸竹堂の画蹟〔含年譜〕（大橋乗保）「京都工芸繊維大学工芸学部研究報告（人文）」29 1980
◇玉田寺における岸竹堂の障壁画（大橋乗保）「日本美術工芸」513 1981.6
◇障壁画の旅(18) 玉田寺（京都府岩滝町）の障壁画―岸竹堂の襖絵（菅村亨）「日本美術工芸」566 1985.11

岸本芳秀　きしもとよしひで　1821〜1890
幕末, 明治期の音楽家。
【図　書】
◇神のしらべ―吉備楽始祖岸本芳秀伝（窪田英樹編著）和賀心会 1984.9

北田薄氷　きただうすらい　1876〜1900
明治期の小説家。尾崎紅葉の門下。
【図　書】
◇北田薄氷研究（轟栄子）双文社出版 1984.3
◇冒険と涙―童話以前（高橋康雄著）北宋社 1999.5 326p
【雑　誌】
◇北田薄氷ノート(5) 初期女流文壇における位置（轟栄子）「目白学園女子短期大学研究紀要」17 1980.12
◇北田薄氷ノート(6) 薄氷と一葉（轟栄子）「目白学園女子短期大学研究紀要」18 1981.12
◇北田薄氷私論（轟栄子）「目白学園女子短期大学研究紀要」20 1983.12
◇北田薄氷と少女のための物語（尾崎るみ）「白百合児童文化」白百

合女子大学児童文化学会 VII 1996.9 p104〜124

北村透谷　きたむらとうこく　1868〜1894
明治期の文学者,自由民権家。
【図書】
◇研究資料現代日本文学3 評論・論説・随想1 （浅井清ほか編） 明治書院 1980.5
◇近代の文学と文学者 上 （中村光夫） 朝日新聞社 1980.9 （朝日選書 166）
◇列伝・青春の死白鳳から大正まで （よこみつる編著） 栄光出版社 1980.11
◇日本人の宗教意識 （湯浅泰雄） 名著刊行会 1981.6
◇螺旋形を想像せよ （吉増剛造） 小沢書店 1981.6
◇文壇一夕話 （巖谷大四） 牧羊社 1981.7
◇日本の思想家 近代篇 （菅孝行） 大和書房 1981.9
◇近代日本詩人選1 北村透谷 （桶谷秀昭） 筑摩書房 1981.11
◇信と不信の文学 （笠原芳光） 未来社 1981.11
◇茨城の風土と近代文学 （木戸清平） 新風土記社 1981.12
◇町側に影を落とした旅人たち （飯田俊郎） 町田ジャーナル社 1981.12
◇北村透谷研究 3 （平岡敏夫） 有精堂出版 1982.1
◇稲垣達郎学芸文集 2 （稲垣達郎） 筑摩書房 1982.4
◇北村透谷研究 （平岡敏夫） 有精堂出版 1982.5
◇北村透谷—原像と水脈 （小沢勝美） 勁草書房 1982.5
◇近代日本の思想と仏教 （峰島旭雄編） 東京書籍 1982.6
◇明治文学と近代自我—比較文学的考察 （小川和夫） 南雲堂 1982.6
◇人間と宗教—近代日本人の宗教観 （比較思想史研究会編） 東洋文化出版 1982.6
◇小説とはなにか （中村光夫） 福武書店 1982.9
◇日本の近代化と維新 （今中寛司編） ぺりかん社 1982.9
◇小田原近代百年史 （中野敬次郎） 八小堂書店 1982.10
◇戦争と文学者—現代文学の根底を問う （西田勝編） 三一書房 1983.4
◇日本プロテスタント史の諸問題 （日本プロテスタント史研究会編） 雄山閣 1983.4
◇近代作家論叢—自我確立の系譜 （片岡懋） 新典社 1983.6 （新典社研究叢書 9）
◇近代日本の文学空間—歴史・ことば・状況 （前田愛） 新曜社 1983.6
◇近代文学とキリスト教 明治・大正篇 （米倉充） 創元社 1983.11 （現代キリスト教叢書）
◇近代文学についての私的覚え書き—作家たちのさまざまな生き方をめぐって （三浦泰生著） 近代文芸社 1983.12
◇人物探訪 日本の歴史—18—明治の逸材 暁教育図書 1984.2
◇日本思想史叙説 第2集 （竹内整一ほか編） ぺりかん社 1984.3
◇物語と小説—平安朝から近代まで （笹淵友一編） 明治書院 1984.4
◇近代日本の日記 （小田切進編） 講談社 1984.6
◇北村透谷と徳富蘇峰（新鋭研究叢書 1） （槇林滉二著） 有精堂出版 1984.9
◇明治女学校の世界—明治女学校と「女学雑誌」をめぐる人間群像とその思想 （藤田美実著） 青英舎 1984.10
◇古典の変容と新生 （川口久雄編） 明治書院 1984.11
◇自由民権と現代 （遠山茂樹） 筑摩書房 1985
◇日本文化—その自覚のための試論 神奈川大学人文学研究所 1985.3 （人文学研究叢書2）
◇デモクラシーの思想と現実—岡本清一先生傘寿記念 法律文化社 1985.11
◇山と詩人 （田中清光） 文京書房 1985.12
◇西遊文学抄 （川俣晃自） 青山社 1985.12
◇保田與重郎全集〈第4巻〉 （保田與重郎著） 講談社 1986.2
◇近代思想・文学の伝統と変革 （伊東一夫編） 明治書院 1986.3
◇実学思想の系譜（講談社学術文庫） （源了圓著） 講談社 1986.6
◇平田禿木選集〈第4巻－第5巻〉英文学エッセイ2, 明治文学評論・随筆 （平田禿木著, 島田謹二, 小川和夫編） 南雲堂 1986.10
◇透谷詩考 （橋詰静子） 国文社 1986.10
◇自殺者の近代文学（SEKAISHISO SEMINAR） （山崎国紀編） 世界思想社 1986.12
◇藤村の世界—愛と告白の軌跡 （高坂薫著） （大阪）和泉書院 1987.3 （研究叢書）
◇透谷ノート （吉増剛造著） 小沢書店 1987.5 （小沢コレクション）
◇東西南北浮世絵草書—わたしの読書と生活 （野間宏著） 集英社 1987.10
◇文明開化と日本的想像 （桶谷秀昭著） 福武書店 1987.11
◇近代日本の恋愛小説 （野口武彦著） （大阪）大阪書籍 1987.11 （朝日カルチャーブックス）
◇北村透谷「蓬莱曲」考 （上野芳久） 白地社 1988.2
◇私の見た昭和の思想と文学の五十年〈上〉 （小田切秀雄著） 集英社 1988.3
◇吉本隆明全対談集〈4(1975)〉 （吉本隆明著） 青土社 1988.3
◇愛と美の墓標 （小松伸六著） 講談社 1988.6
◇新版 ナショナリズムの文学—明治精神の探求 （亀井俊介著） 講談社 1988.7 （講談社学術文庫）
◇文芸と病跡—心霊学は成立するか （伊東高麗夫著） 近代文芸社 1988.8
◇北村透谷—「蓬莱曲」考 （上野芳久） 白地社 1989
◇透谷と美那子 （町田市立自由民権資料館編） 町田市教育委員会 1989.3 （民権ブックス 2）
◇芭蕉の狂 （玉城徹著） 角川書店 1989.3 （角川選書）
◇藤村随筆集 （島崎藤村著, 十川信介編） 岩波書店 1989.3 （岩波文庫）
◇透谷の風景 （岡村繁雄） かたくら書店 1989.11
◇町田市文学散歩 （寺田和雄） 浪江虔 1989.12
◇前田愛著作集〈第4巻〉幻景の明治 （前田愛） 筑摩書房 1989.12
◇社会文学・社会主義文学研究 （小田切秀雄著） 勁草書房 1990.1
◇前田愛著作集〈第6巻〉テクストのユートピア （前田愛） 筑摩書房 1990.4
◇「舞姫」への遠い旅—ヨーロッパ・アメリカ・中国文学紀行 （平岡敏夫著） 大修館書店 1990.5
◇思想の最前線で—文学は予兆する （黒古一夫著） 社会評論社 1990.5 （思想の海へ「解放と変革」）
◇自由民権の地下水 （色川大吉著） 岩波書店 1990.5 （同時代ライブラリー）
◇ヤクザ （朝倉喬司文, 貝原浩イラスト） 現代書館 1990.6 （FOR BEGINNERSシリーズ）
◇仮構の感動—人間学の探求 （作田啓一著） 筑摩書房 1990.6
◇物語 明治文壇外史 （巖谷大四著） 新人物往来社 1990.10
◇言霊と世界 （川村湊著） 講談社 1990.12
◇北村透谷と国木田独歩—比較文学的研究 （山田博光著） 近代文芸社 1990.12
◇明治の精神 昭和の心—桶谷秀昭自選評論集 （桶谷秀昭著） 学芸書林 1990.12
◇文芸評論 （新保祐司著） 構想社 1991.3
◇塩飽（しわく）の船影—明治大正文学藻塩草 （平岡敏夫著） 有精堂出版 1991.5
◇近代文学と能楽 （松田存著） 朝文社 1991.5
◇透谷・藤村・一葉 （籔禎子著） 明治書院 1991.7 （新視点シリーズ日本近代文学）
◇鴎外、初期小説と土地意識 （明石利代著） 近代文芸社 1991.8
◇銀座と文士たち （武田勝彦, 田中康子著） 明治書院 1991.12
◇近代の自我をめぐって （菊田芳治著） 新読書社 1992.4
◇梅光女学院大学公開講座論集〈31〉文学における狂気 （佐藤泰正編） 笠間書院 1992.6
◇比較宗教哲学への道程 （小山宙丸著） 早稲田大学出版部 1992.7
◇異界の冒険者たち—近・現代詩異界読本 （平居謙著） 朝文社 1992.8
◇二葉亭・透谷—考証と試論 （関良一著） 教育出版センター 1992.8 （研究選書）
◇北村透谷の回復 三一書房 1992.11
◇日本の作家とキリスト教—二十人の作家の軌跡 （久保田暁一著） 朝文社 1992.11
◇青春を読む—日本の近代詩二十七人 （高橋睦郎著） 小沢書店 1992.11
◇銀座煉瓦街と首都民権 （野口孝一著） 悠思社 1992.12
◇北村透谷の回復 （岡部隆志著） 三一書房 1992.11
◇北村透谷研究〈第4〉 （平岡敏夫著） 有精堂出版 1993.4
◇三好行雄著作集〈第4巻〉近現代の作家たち （三好行雄著） 筑摩書房 1993.5
◇近代の文学—井上百合子先生記念論集 （井上百合子先生記念論集刊行会編） 河出書房新社 1993.8
◇ヘボン博士のカクテル・パーティー （内藤誠著） 講談社 1993.11
◇王権と恋愛—幸福の思想 （窪田高明著） ぺりかん社 1993.12
◇「信」の構造〈対話篇〉非知へ （吉本隆明ほか著） 春秋社 1993.12
◇聖なるものと想像力〈下〉 （山形和美編） 彩流社 1994.3
◇思想と表現—近代日本文学史の一側面 （山口博著） 有朋堂 1994.4
◇北村透谷 （色川大吉著） 東京大学出版会 1994.4
◇北村透谷—彼方への夢 （青木透著） 丸善 1994.7 （丸善ライブラリー）
◇北村透谷 （桶谷秀昭著） 筑摩書房 1994.10 （ちくま学芸文庫）
◇北村透谷論 （桑原敬治著） 学芸書林 1994.10
◇没後100年記念北村透谷展 早稲田大学図書館 1994.11
◇『北村透谷没後100年』展図録—土岐運来 （小田原市立図書館編） 小田原市立図書館 1994.11
◇北村透谷研究評伝 （平岡敏夫著） 有精堂出版 1995.1 576p

◇北村透谷と多摩の人びと　（町田市立自由民権資料館編）　町田市教育委員会　1995.3　105p　（民権ブックス）
◇象徴とメタファーによる自己実現―詩人・北村透谷の場合　（岡田隆彦）『記号学研究』（日本記号学会編）　東海大学出版会　1995.3　p87
◇北村透谷と小田原事情―一点の花なかれよ　（北村透谷没後百年祭実行委員会編）　夢工房　1995.5　212p
◇渇仰と復活の挿画―吉郎　武郎　透谷　（竹田日出夫著）　双文社出版　1996.2　329p
◇文学　近見と遠見と―社会主義と文学、その他　（小田切秀雄著）　集英社　1996.8　260p
◇近代日本の先駆的啓蒙家たち―福沢諭吉・植木枝盛・徳富蘇峰・北村透谷・田岡嶺雲　（タグマーラ・バーブロブナ・ブガーエワ著、亀井博訳）　平和文化　1996.10　222p
◇三秋の誘惑―近代日本精神史覚え書　（樋口覚著）　人文書院　1996.12　334p
◇透谷、操山とマシュー・アーノルド　（佐藤善也著）　近代文芸社　1997.7　258p
◇北村透谷とハムレット―世界の観念まで　（北川透）『異文化との遭遇』（佐藤泰正編）　笠間書院　1997.9　（梅光女学院大学公開講座論集第41集）　p133
◇正統の垂直線―透谷・鑑三・近代　（新保祐司）　構想社　1997.11　234p
◇北村透谷―その近代と反近代　（槇林滉二）『近世・近代文学の形成と展開』（山根巴、横山邦治編）　和泉書院　1997.11　（継承と展開 7）　p21
◇北村透谷論―近代ナショナリズムの潮流の中で　（尾西康充著）　明治書院　1998.3　288p
◇近代化の中の文学者たち―その青春と実存　（山口博著）　愛育社　1998.4　279p
◇北村透谷と人生相渉論争　（佐藤善也著）　近代文芸社　1998.4　260p
◇北村透谷の〈優美〉　（橋浦洋志）『ことばとの邂逅』（橋浦兵一編著）　開文社出版　1998.4　p85
◇透谷と現代―21世紀へのアプローチ　（桶谷秀昭、平岡敏夫、佐藤泰正編）　翰林書房　1998.5　372p
◇詩の継承―『新体詩抄』から朔太郎まで　（三浦仁著）　おうふう　1998.11　636p
◇北村透谷　（槇林滉二編）　国書刊行会　1998.12　395p　（日本文学研究大成）
◇北村透谷「蓬莱曲」論―柳田素雄の像と風流について　（片山晴夫）『近代文学論の現在』（分銅惇作編）　蒼丘書林　1998.12　p9
◇日本人の宗教意識―習俗と信仰の底を流れるもの　（湯浅泰雄著）　講談社　1999.7　381p　（講談社学術文庫）
◇文学者の日記　4　（星野天知著、日本近代文学館編）　博文館新社　1999.7　402p　（日本近代文学館資料叢書）
◇論集　島崎藤村　（島崎藤村学会編）　おうふう　1999.10　329p
◇日本人の感情　（高島元洋著）　ぺりかん社　2000.4　247p
◇今昔お金恋しぐれ―文学にみるカネと相場99話　（鍋島高明著）　市場経済研究所　2000.5　280p
◇北村透谷研究―絶対と相対との抵抗　（槇林滉二著）　和泉書院　2000.5　447p　槇林滉二著作集
◇詩の近代を越えるもの―透谷・朔太郎・中也など　（北川透著）　思潮社　2000.9　281p　（詩論の現在）
◇透谷・漱石・独立の精神　（小沢勝美著）　勉誠出版　2001.2　308,6p　（遊学叢書）
◇批評の時　（新保祐司著）　構想社　2001.3　196p
◇消費される恋愛論―大正知識人と性　（菅野聡美著）　青弓社　2001.8　236p　（青弓社ライブラリー）
◇小田切秀雄研究　（「囲む会」編）　菁柿堂　2001.10　302p
◇評伝　散華抄―妻でない妻　（永田竜太郎著）　永田書房　2001.11　301p
◇蚕娘の繊糸　1　（西村博子著）　翰林書房　2002.3　581p
◇愛の手紙―文学者の様々な愛のかたち　（日本近代文学館編）　青土社　2002.4　209p
◇詩人の愛―百年の恋、五〇人の詩　（正津勉著）　河出書房新社　2002.7　196p
◇底点の自由民権運動―新史料の発見とパラダイム　（佐久間耕治著）　岩田書院　2002.7　274,22p
◇北村透谷―「文学」・恋愛・キリスト教　（永渕朋枝著）　和泉書院　2002.8　335p　（和泉選書）
◇相州自由民権運動の展開　（大畑哲著）　有隣堂　2002.9　391p
◇論集　樋口一葉　3　（樋口一葉研究会編）　おうふう　2002.9　333p
◇佐藤泰正著作集　別巻　（佐藤泰正著）　翰林書房　2002.10　309p
◇"新しい作品論"へ、"新しい教材論"へ―評論編　1　（田中実、須貝千里編）　右文書院　2003.2　291p
◇小田原と北村透谷　（小沢勝美著）　夢工房　2003.2　163p　（小田原ライブラリー）

◇記憶と文学―「グラウンド・ゼロ」から未来へ　（小林孝吉著）　御茶の水書房　2003.9　244,4p
◇三好十郎論　第2版　（田中単之著）　菁柿堂　2003.12　345p　（Edition Trombone）
◇近代日本文芸試論　2　（大田正紀著）　おうふう　2004.3　345p
◇戸川秋骨　人物肖像集　（戸川秋骨著, 坪内祐三編）　みすず書房　2004.3　210p　（大人の本棚）
◇近代日本の象徴主義　（木股知史編）　おうふう　2004.3　220p
◇新版　近代の自我をめぐって　（菊田芳信著）　新読社　2004.4　308p
◇文化のかけ橋―文学から見るアメリカと日本　（仁木勝治著）　文化書房博文社　2004.4　176p
◇東京10000歩ウォーキング　No.8　（籠谷典子編著）　真珠書院　2004.6　101p
◇北村透谷とは何か　（北村透谷研究会編）　笠間書院　2004.6　276,4p
◇富士山トポグラフィー―透谷・正秋・康成らの旅　（橋詰静子著）　一芸社　2004.9　224p　（Ichigei Library）
◇"夕暮れ"の文学史　（平岡敏夫著）　おうふう　2004.10　395p
◇感動！日本の名著　近現代編―たった10分で味わえる　（毎日新聞社編）　ワック　2004.12　386p　（ワックBUNKO）
◇日本近代思想史序説　明治期後篇　下　（岩崎允胤著）　新日本出版社　2004.12　434,12p
◇現代世界の暴力と詩人　（竹田日出夫著）　武蔵野大学　2005.1　219p　（武蔵野大学シリーズ）
◇牧野信一と四人の作家―北村透谷・谷崎潤一郎・宮沢賢治・太宰治　（近田茂芳著）　夢工房　2005.3　134p
◇近代社会と格闘した思想家たち　（鹿野政直著）　岩波書店　2005.9　192p　（岩波ジュニア新書）
◇北村透谷《批評》の誕生　（新保祐司著）　至文堂　2006.3　307p　（「国文学解釈と鑑賞」別冊）
◇明治詩史論―透谷・羽衣・敏を視座として　（久里順子著）　和泉書院　2006.3　315p　（近代文学研究叢刊）
◇富士山トポグラフィー―透谷・正秋・康成らの旅　増補版　（橋詰静子著）　一芸社　2006.4　254p
◇日本の作家とキリスト教―二十人の作家の軌跡　（久保田暁一著）　朝文社　2006.6　255p
◇北村透谷研究―〈内部生命〉と近代日本キリスト教　（尾西康充著）　双文社出版　2006.7　289p
◇社会思想史研究―社会思想史学会年報　No.30(2006)　（社会思想史学会編）　藤原書店　2006.9　210p
◇魂の救済を求めて―文学と宗教との共振　（黒古一夫著）　佼成出版社　2006.11　309p
◇スピリチュアルの冒険　（富岡幸一郎著）　講談社　2007.7　238p　（講談社現代新書）
◇北村透谷　新装版　（色川大吉著）　東京大学出版会　2007.9　320p　（近代日本の思想家）
◇知っ得　近代文壇事件史　（国文学編集部編）　学灯社　2007.10　198p
◇トスキナア　第6号　（トスキナアの会編）　トスキナアの会　2007.10　135p
◇ヒト・モノ・コトバ―明治からの文化誌　（橋詰静子著）　三弥井書店　2007.12　207,11p
◇文学　海を渡る　（佐藤泰正編）　笠間書院　2008.7　189p　（梅光学院大学公開講座論集）
◇明治精神史　上　増補版　（色川大吉著）　岩波書店　2008.9　287p　（岩波現代文庫）
◇自叙作家文壇史　（植田康夫著）　北辰堂出版　2008.10　359p
◇詩的創造の水脈―北村透谷・金子筑水・園頼三・竹中郁　（福田知子著）　晃洋書房　2008.11　278p
◇日本人の恋物語―男と女の日本史　（時野佐一郎著）　光人社　2009.2　229p
◇北村透谷と国木田独歩　（平岡敏夫著）　おうふう　2009.4　223p
◇北村透谷―没後百年のメルクマール　（平岡敏夫著）　おうふう　2009.4　318p
◇明治文壇の人々　（馬場孤蝶著）　ウェッジ　2009.10　456p　（ウェッジ文庫）
◇「日本文学」の成立　（鈴木貞美著）　作品社　2009.10　508p
◇島崎藤村『破戒』を歩く　下　（成沢栄寿著）　部落問題研究所　2009.10　440p
【雑　誌】
◇勝本清一郎編岩波書店刊「透谷全集」語句事項・固有名詞索引（上）　（神戸大学文学部相馬研究室（国文学・近代）編）「神戸大学文学部紀要」　8　1980
◇西鶴と近松との間―北村透谷の視座をめぐって　（荒川有史）「国立音楽大学研究紀要」　15　1980
◇〈近代〉日本と北村透谷の死　（黒古一夫）「法政大学大学院　日本文学論叢」　8　1980.1
◇明治文学随想―透谷の内部と一葉の生　（桑原敬治）「主潮」　8

1980.2
◇有島武郎「クララの出家」への視角―透谷・有島・野間 （竹田日出夫）「武蔵野女子大学紀要」 15 1980.3
◇北村透谷（3～5） （光富健一）「遠方」 5,6,7 1980.3,8,12
◇恋が試練であった時代 （澤地久枝）「歴史と人物」 10(4) 1980.4
◇「純乎たる国民の声」は何処に―透谷の希望と絶望 （平岡敏夫）「東国民衆史」 4 1980.6
◇北村透谷論―根源の〈牢獄〉から （内山博之）「蒼生」 16 1980.7
◇北村透谷、その論理の展開（明治の文体―新しい言語空間を求めて） （佐藤善也）「國文學 解釈と教材の研究」 25(10) 1980.8
◇北村透谷とカーライル （古田芳江）「日本文学」 29(10) 1980.10
◇創作の転機―透谷と晶子（特集・現代歌人にみる作家の転機―新たな飛躍） （笠原伸夫）「短歌研究」 37(10) 1980.10
◇最近における透谷研究文献目録（7）昭和五十四年一月～十二月 （鈴木一正）「水脈」 2 1980.11
◇北村透谷とエマソン （古田芳江）「虹鱒」 6 1980.12
◇勝本清一郎編「透谷全集」語句事項・固有名詞索引（下） （神戸大学相馬研究室（国文学・近代）編）「神戸大学文学部紀要」 9 1981
◇神奈川県の民党・壮士運動（下）明治20年神奈川県会騒動をめぐって （渡辺奨）「かながわ風土記」 42 1981.1
◇透谷と自由の発見ことばー明治二十五年の転機を中心に（特集・言葉との出合い―明治二、三十年代） （小沢勝美）「日本文学」 30(1) 1981.1
◇透谷の内部と一葉の生(2) （桑原敬治）「主潮」 9 1981.1
◇透谷における詩と恋愛(1,2) （永松知雄）「日本文学誌要」 24,25 1981.2,12
◇岩波版「透谷全集」語句事項・固有名詞索引（上） （相馬研究室編）「神戸大学文学部紀要」 8 1981.3
◇北村透谷研究―「鬼心非鬼心」を中心に （鈴木明美）「東洋大学短期大学論集（日本大学編）」 16 1981.3
◇「楚囚之詩」考 （大泉政弘）「駒沢国文」 18 1981.3
◇「内部生命論」（その1）北村透谷（6） （光富健一）「遠方」 8 1981.4
◇透谷におけるドイツ文学評論の受容について―人生相渉論争への一視界 （出原隆俊）「国語国文」 50(5) 1981.5
◇最近における透谷研究文献目録(8)昭和五十五年一月～十二月 （鈴木一正）「水脈」 13 1981.7
◇透谷の「同攻会」入会について （鈴木一正）「水脈」 13 1981.7
◇特集・北村透谷研究 「キリスト教文学」 創刊号 1981.7
◇「内部生命論」の構造―北村透谷における虚と実(2) （横林滉二）「佐賀大学教育学部研究論文集」 29（一I）1981.7
◇緑雨と透谷―明治文学に関するノート(1) （川村湊）「水脈」 13 1981.7
◇「内部生命論」(2)北村透谷(7) （光富健一）「球体」 創刊号 1981.9
◇北村透谷と太宰治（特集・太宰治の肖像―比較作家論・死の意識をめぐって） （久保田芳太郎）「国文学 解釈と鑑賞」 46(10) 1981.10
◇北村美那の一生―透谷との出会いと苦闘 （小沢勝美）「日本文学」 30(11) 1981.11
◇「漫罵」に働いた透谷の意識と現実関係 （明石利代）「女子大文学（国文編）」 33 1982.3
◇「内部生命論」(3)北村透谷(8) （光富健一）「球体」 2 1982.4
◇「楚囚之詩」論―とこしなへに母に離るなり （藪禎子）「藤女子大学国文学雑誌」 29 1982.6
◇透谷ノート(4)〈冥交〉論理(2)その展開過程を遡って （五十嵐誠毅）「語学と文学（宇都宮大）」 21 1982.8
◇北村透谷論ノート―「大矢正夫自徐伝」について （小川原健太）「語文論叢」 10 1982.8
◇武相民権運動と北村透谷（特集・文学に何ができるか） （色川大吉）「文学的立場（第3次）」 7 1982.9
◇社会思想家としての北村透谷(1)主に社会主義との係りにおいて （岡崎一）「佐賀大国文」 10 1982.11
◇牢獄も詩人は之を辞せず(1)北村透谷(9) （光富健一）「球体」 3 1982.11
◇透谷の内部―透谷の内部と一葉の生(3) （桑原敬治）「主潮」 11 1982.12
◇北村透谷「内部生命論」 （竹田日出夫）「武蔵野女子大学紀要」 18 1983
◇透谷と魯迅 （大石智良）「法政大学教養部紀要」 45 1983.1
◇北村透谷『内部生命論』 （竹田日出夫）「武蔵野女子大学紀要」 18 1983.3
◇近代日本文学における実存思想―透谷・中島敦・泰淳をめぐって （西谷博之）「女人聖学院短期大学紀要」 15 1983.3
◇民権運動期の北村透谷 （塚田昌宏）「巨樟（栃木県立佐野高校）」 6 1983.3
◇北村透谷―近代作家年譜集成 （平岡敏夫）「國文學 解釈と教材の研究」 28(6) 1983.4
◇最近における透谷研究文献目録(10)昭和57年1月―12月 （鈴木一正）「水脈」 16 1983.4

◇北村透谷―〈病〉としての〈生〉―北村透谷―病跡学の課題と寄与 （小泉浩一郎）「国文学 解釈と鑑賞」 48(7) 1983.4
◇透谷における「ハムレット」受容の意味について―人生相渉論争の底流 （出原隆俊）「国語国文」 52(6) 1983.6
◇北村透谷―日本現代文学研究必携 （野山嘉正）「別冊国文学」 特大号 1983.7
◇北村透谷における牢獄―「楚囚之詩」と「我牢獄」を中心に （清水均）「上智近代文学研究」 2 1983.8
◇透谷と民友社・序説―「人生相渉論争」を軸として―特輯・民友社の文学 （佐藤泰正）「キリスト教文学」 3 1983.8
◇「インスピレーション」論遡行―回折の北村透谷 （槇林滉二）「日本文学」 32(9) 1983.9
◇透谷における〈詩〉の成立―〈戦後〉の位置(3) （上久保正敏）「走都」 12 1983.9
◇北村透谷研究 （河野ゆかり）「たまゆら（比治山女子短大）」 15 1983.10
◇近代日本の日記(10)「透谷子漫録摘集」 （小田切進）「群像」 38(10) 1983.10
◇透谷とビーコンスフィールド （関肇）「日本近代文学」 30 1983.10
◇透谷北村門太郎試論(4)透谷の文学史観 （福岡哲司）「文芸批評と研究」 4 1983.10
◇社会思想家としての北村透谷―主に社会主義との係りにおいて （岡崎一）「佐賀大国文」 11 1983.11
◇小特集・「蓬莱曲」を読む 「日本文学」 32(11) 1983.11
◇社会思想家としての北村透谷(2)主に社会主義との係りにおいて （岡崎一）「佐賀大国文（佐賀大学）」 11 1983.11
◇北村透谷の表現意識―「作品」への異和― （岡部隆志）「日本文学（明治大学）」 11 1983.11
◇馬琴から透谷へ―その理想実現の苦悩 （佐藤毅）「国学院雑誌」 84(11) 1983.11
◇北村透谷の言語感覚 （小田桐弘子）「国学院雑誌」 84(11) 1983.11
◇「蓬莱曲」の構造（上）登場人物の劇行動 （佐藤善也）「日本文学（立教大学）」 51 1983.12
◇北村透谷「内部の生命」についての一考察 （田原勇）「三育学院短期大学紀要」 12 1983.12
◇北村透谷『蓬莱曲』論 （石本太郎）「論究」 6 1983.12
◇「人生相渉論争」の波紋（上） （佐藤善也）「立教大学研究報告 人文科学」 43 1984
◇透谷の内部―透谷の内部と一葉の生(4) （桑原敬治）「主潮」 12 1984.2
◇北村透谷の「情熱」について （橋浦史一）「信州大学教養部紀要 第1部 人文科学」 18 1984.2
◇「詩の原理」一素描 （阿毛久芳）「国文学論考（都留文科大学）」 20 1984.3
◇「蓬莱曲」の構造（下）登場人物の劇行動 （佐藤善也）「日本文学（立教大学）」 52 1984.7
◇北村透谷の家系―大内氏から北村氏へ （平岡敏夫）「稀本近代文学（筑波大学平岡研究室）」 7 1984.7
◇北村透谷（北村ミナ宛）（日本人100人の手紙） （平岡敏夫）「国文学」 29(12) 1984.9
◇透谷における〈詩〉の展開―〈戦後〉の位置(4) （上久保正敏）「走都」 13 1984.9
◇透谷の「写実」と「表現」 （橋浦兵一）「文芸研究（日本文芸研究会）」 107 1984.9
◇北村透谷の表現意識―永遠の未完― （岡部隆志）「日本文学（明治大学）」 12 1984.10
◇北村透谷『楚囚之詩』―稀本あれこれ （朝倉治彦）「国立国会図書館月報」 283 1984.10
◇県央の歴史をたずねて―文学者北村透谷の誕生 （猪俣貞敏）「かながわ風土記」 88 1984.11
◇透谷「厭世詩家と女性」―仮偽の愛への悲歌― （大田正紀）「キリスト教文芸」 2 1984.11
◇透谷・漱石における自由と民権（自由・民権・文学＜特集＞） （小沢勝美）「日本文学」 33(11) 1984.11
◇透谷の遺音 （川崎司）「図書」 424 1984.12
◇『宿魂鏡』論―「想」の表出位置 （清水均）「上智近代文学研究」 3 1984.12
◇「近代文学史」教育の意義と方法(3)透谷にみる明治20年代の一側面 （牧売）「日本私学教育研究所紀要」 20(2) 1984.12
◇北村透谷『楚囚之詩』の「表現」に関する覚え書 （片山晴夫）「語学文学」 23 1985
◇明治20年代における民友社文学の一断面―蘇峰と愛山と透谷との関連について （井上弘）「静岡女子大学研究紀要」 19 1985
◇「事業」とDoing―透谷の弁明とエマーソンの「詩人論」 （佐藤善也）「国語と国文学」 62(3) 1985.3
◇青春の彷徨―天知・透谷・藤村について― （藤田美実）「立正大学国語国文」 21 1985.3

◇透谷の内部―現実社会への挑戦― （桑原敬治）「主潮」 13 1985.3
◇雑誌『三籟』について―その「東洋趣味」と透谷― （山田謙次）「愛知大学国文学」 24・25（久曽神昇教授・大礒義雄教授退職記念号） 1985.3
◇北村透谷小特集　「稿本近代文学（筑波大学平岡研究室）」 8 1985.9
◇〈妙変〉論理（5）―透谷自由論への路（五十嵐誠毅）「群馬近代文学研究」 11 1985.12
◇「文学者」北村透谷の立脚点―マシュー・アーノルドとの関連で―（清水均）「上智大学国文学論集」 19 1986.1
◇透谷に於ける信仰形態の諸相―その晩年の思い― （佐藤毅）「江戸川女子短期大学紀要」　創刊号 1986.2
◇「神性」と「人性」―北村透谷のキリスト教受容― （小田桐弘子）「福岡女学院短期大学紀要　人文科学」 22 1986.2
◇ある属吏の命運―北村快蔵の非蹟と透谷 （平岡敏夫）「文学」 54(3) 1986.3
◇明治十八年の透谷―『富士山遊びの記憶』― （桑原敬治）「主潮」 14 1986.3
◇透谷の相貌（堀江泰紹）「日本文学誌要」 34 1986.6
◇北村透谷の文体―手紙から散文へ― （岡部隆志）「明治大学日本文学」 14 1986.8
◇透谷・藤村―故郷と牢獄（明治30年代の文学〈特集〉）（中山和子）「文学」 54(8) 1986.8
◇ある眼差しの行く末(1)―北村透谷『富士山遊びの記憶』とその周辺（蓼沼正美）「異徒」 7 1986.8
◇青春と時代と―近代の夭折歌人―透谷などをめぐって（夭折歌人と青春歌〈特集〉）（武川忠一）「短歌」 33(9) 1986.9
◇北村透谷の尾崎紅葉評価―近世文学受容の差異（佐藤善也）「国学院雑誌」 87(9) 1986.9
◇森鷗外の詩「都鳥」の成立とその波紋－独歩、透谷、藤村との関連－（遠藤誠治）「個人誌作品研究」 創刊号 1986.10
◇抒情の端緒(1)―透谷詩の展開―「発話者」の視点から― （清水均）「上智近代文学研究」 5 1987.1
◇私の見た昭和の思想と文学の50年(46)北村透谷と石川啄木、それにしてもわたしは （小田切秀雄）「すばる」 9(2) 1987.2
◇北村透谷「蓬莱曲」―ファウスト伝説からの距離― （山田博光）「日本文学研究（帝塚山学院大学）」 18（開学20周年記念号） 1987.2
◇「力」としての自然と「美」としての自然―透谷・漱石・独歩と「自然」― （田中正行）「金沢大学国語国文」 12 1987.3
◇北村透谷における進学 （平岡敏夫）「新潟大学国文学会誌」 30（伊狩章先生退官記念特集号） 1987.3
◇北村透谷論―自由民権運動への参加　桑原敬治「主潮」 15 1987.3
◇透谷における虚構と現実―「富士山遊びの記憶」・「楚囚之詩」・「三日幻境」を中心に―（特集・民権と文学）（小沢勝美）「社会文学」 創刊号 1987.6
◇「進化論」の狭間にて―透谷と自律 （槇林滉二）「佐賀大学教育学部研究論文集」 35(1-I) 1987.7
◇透谷の能楽観と「蓬莱曲」抄考―近代文学と謡曲6―（松田存）「論究（二松学舎大学）」 20 1987.7
◇北村透谷の文体「入神」体験と動機　岡部隆志「明治大学日本文学」 15 1987.8
◇北村透谷の近世の民衆文化 （宮沢誠一）「八幡大学論集」 38(2) 1987.9
◇神なき風土への挑戦―キリスト教作家の系譜（特集・日本人とキリスト教）（佐藤義正）「知識」 67 1987.12
◇北村透谷私論―民権運動期を中心に―（塚田昌宏）「野州国文学（国学院大学栃木短期大学）」 40 1987.12
◇北村透谷―『内部生命論』― （竹田日出夫）「Soliloque」 3 1988.1
◇透谷と会津　敗北者からの遺産の継承（佐藤毅）「江戸川女子短期大学紀要」 4 1988.3
◇北村透谷、初期の「経歴」における自己仮構について（九里順子）「国語国文研究」 79 1988.3
◇日本におけるワーズワス(4)透谷・天知・秋骨を中心に（佐々木満子）「学苑」 580 1988.4
◇北村透谷における「仏国」―「自由」観念を中心に（麻生和子）「文芸研究（日本文芸研究会）」 118 1988.5
◇「楚囚之詩」論―「余」の再生過程（九里順子）「国語国文研究」 80 1988.7
◇近代の発生・北村透谷論―「人生相渉論争」を読む―（岡部隆志）「明治大学日本文学」 16 1988.8
◇北村透谷生誕百二十年を迎えて（高田喜久三）「小田原史談」 134 1988.10
◇北村透谷と交友のあった紅蓮洞坂本易徳(1)　その挫折の人生（岡部忠夫）「小田原史談」 134 1988.10
◇透谷・美那子について （新井勝紘）「日本古書通信」 712 1988.11
◇北村透谷「楚囚の詩」評釈抄―バイロン作「シオンの囚人」をめぐって（及川茂）「日本女子大学紀要　文学部」 39 1989
◇透谷―その主題と方法―批評家胎生の機微をめぐって（佐藤泰正）「日本文学研究（梅光女学院大学日本文学会）」 25 1989

◇風景の触手(4)「民衆」北村透谷号（承前）（上野芳久）「焔」 14 1989.2
◇透谷詩に見る「浮世」について―その現実認識の過程（佐藤毅）「江戸川女子短期大学紀要」 4 1989.3
◇北村透谷の〈自由と民権〉（中山和子）「国文学」 34(4) 臨増（近代文壇事件史） 1989.3
◇"日本平和会"への参加―キリスト者・透谷の生活（桑原敬治）「主潮」 17 1989.3
◇〈妙変〉論理から〈進歩〉論理へ（上）『明治文学管見』を中心に・透谷ノート(7)（五十嵐誠毅）「群馬近代文学研究」 13 1989.5
◇仮象との戦い―北村透谷と梅崎春生 （竹田日出夫）「Soliloque」 5 1989.7
◇近代文学の源流と「楚囚之詩」―韻律と話型の問題をめぐって（友田悦生）「立命館文学」 512 1989.8
◇近代における近松の受容―透谷・樗牛の近松論を中心に （小笠原幹夫）「文芸と批評」 6(10) 1989.9
◇北村透谷の家系について―祖父玄快は伊達玄斎 （平岡敏夫）「稿本近代文学」 13 1989.11
◇「宿魂鏡」論―芳三の"決断"をめぐって （九里順子）「国語国文研究」 84 1989.12
◇四元素の渦のなかで　北村透谷「蓬莱曲」―幻を迎え入れる装置としての言葉（幻想文学の劇場）（小森陽一）「國文學　解釈と教材の研究」 34(15) 臨増 1989.12
◇近代浪漫主義文学の一視点―透谷から鉄幹への軌跡 （佐藤毅）「江戸川女子短期大学紀要」 5 1990.3
◇〈ラヴ〉と〈エロティシズム〉の狭間で―北村透谷論―そのエロスの光芒 （堀部茂樹）「位置」 32 1990.4
◇「蓬莱曲」読解（桑原敬治）「主潮」 18 1990.5
◇『蓬莱曲』の思想構造（中）（西谷博之）「キリスト教文学研究」 7 1990.7
◇北村透谷と交友のあった紅蓮洞・坂本易徳(5)その挫折の人生 （岡部忠夫）「小田原史談」 142 1990.10
◇『三春落花獄裏ノ夢』と『楚囚之詩』 （平岡敏夫）「稿本近代文学」 14 1990.11
◇ゲーテとバイロンとの階梯―北村透谷詩研究序説 （槇林滉二）「佐賀大学国文学」 18（米倉利昭教授還暦記念） 1990.11
◇『蓬莱曲』の世界（一〇〇年前の日本〈特集〉）（小沢勝美）「彷書月刊」 7(1) 1991.1
◇直文・透谷の周辺―詩語・詩想の継承(3)（三浦仁）「山梨県立女子短期大学紀要」 24 1991.3
◇北村透谷の軌跡―「秘宮」と「心機妙変」（関肇）「文学」 2(3) 1991.7
◇『蓬莱曲』の構成力（九里順子）「異徒」 9 1991.10
◇北村透谷と古典 （槇林滉二）「芸術至上主義文芸」 17 1991.11
◇北村透谷の「崇高」概念（尾西康充）「広島大学教育学部紀要　第2部」 41 1992
◇〈ラヴ〉と〈エロティスム〉のあわいで(3)北村透谷―そのエロスの光範（堀部茂樹）「位置」 34 1992.2
◇島崎藤村『春』論―藤村における透谷像（大田正紀）「梅花短期大学研究紀要」 40 1992.3
◇透谷の叙情詩（桑原敬治）「主潮」 20 1992.4
◇「春」の叙述―〈透谷全集〉という鏡（中山弘明）「国文学研究（早稲田大学国文学会）」 107 1992.6
◇北村透谷の詩人論―文学における「快楽」・「実用」の問題　尾西康充「国文学攷」 134 1992.6
◇時代の終り・個の終り―北村透谷、原口統三（夭折のミトロジー〈特集〉）（原崎孝）「現代詩手帖」 35(8) 1992.8
◇最近における透谷研究文献目録(11)昭和五十八年〜平成三年（鈴木一正）「時空」 創刊号 1992.10
◇北村透谷「富士山遊びの記憶」の一齣―谷村・長安寺「血縁の人の墓」 （平岡敏夫）「稿本近代文学」 17 1992.11
◇作家と文章修行―北村透谷の場合（ことばの能力・ことばの感性〈特集〉）（橋詰静子）「児童心理」 46(14) 1992.11
◇透谷論理の道程―近代開示の一視角として（槇林滉二）「近代文学試論」 30 1992.12
◇透谷は「軟文学」を代弁したのか（永淵朋枝）「国語国文」 61(12) 1992.12
◇北村透谷の「詩人」論の論理構造―「青年文学」の批評に着目して（尾西康充）「広島大学教育学部紀要」 42 1993
◇北村透谷「厭世詩家と女性」―「内部生命論」への道筋と限界 （竹田日出夫）「武蔵野女子大学紀要」 28 1993
◇自己覚醒の系譜―北村透谷から民衆詩運動へ （福田美鈴）「おだわら」 6 1993.1
◇〈ラヴ〉と〈エロティスム〉のあわいで(4)北村透谷論―そのエロスの光芒（堀部茂樹）「位置」 35 1993.2
◇『若菜集』から『破戒』にいたる人権意識：藤村が透谷から継承したもの（篠原昌彦）「駒沢大学苫小牧短期大学紀要」 25 1993.3

◇北村透谷と石坂美那―透谷世界の幕開け　(佐藤毅)「江戸川女子短期大学紀要」8 1993.3
◇北村透谷「富士山遊びの記憶」考―志士的「狂」から「風狂」への転回　(山田謙次)「比治山女子短期大学紀要」28 1993.3
◇透谷と政治―透谷の新史料紹介に当って　(色川大吉)「文学」4(2) 1993.4
◇最近における「北村」透谷研究文献目録(12)　(鈴木一正)「時空」2 1993.5
◇徳富蘇峰、両義的な〈兄〉―透谷・独歩の関わりを中心に(近世と近代―危機の文学〈特集〉)　(猪狩友一)「国語と国文学」70(5) 1993.5
◇近代文学探訪(9)北村透谷「楚囚之詩」　浅尾忠男「民主文学」331 1993.6
◇余が迷入れる獄舎―「楚囚の詩」小論　(中野新治)「キリスト教文学」12 1993.7
◇「未完」をめぐる論集―主題としての〈未完〉―透谷「蓬莱曲」をめぐって(未完の小説〈特集〉)　(松村友視)「文学」4(4) 1993.10
◇北村透谷論―自然の観念について　(古田芳江)「広島女子商短大学紀要」4 1993.12
◇北村透谷の文学理念―「美妙なる自然」について　(尾西康充)「国文学攷(広島大学)」140 1993.12
◇校本『楚囚之詩』―『北村透谷詩歌集成』(1)　(橋詰静子)「目白学園女子短期大学研究紀要」30 1993.12
◇北村透谷の「空」の理論―旧約聖書「伝道の書」との関連から　(尾西康充)「広島大学教育学部紀要 第2部」43 1994
◇小田原市立図書館寄託「透谷関係資料」について　(森徳行)「おだわら」7 1994.3
◇「蓬莱曲」における女性像の分裂　(屋木瑞穂)「金城国文」70 1994.3
◇劇詩「蓬莱曲」の物語構造―自己のコードから「他者」のコードへ　(清水均)「女子聖学院短期大学紀要」26 1994.3
◇北村透谷君(特集 北村透谷)　(島崎藤村〔述〕)「小田原史談」156 1994.3
◇北村透谷没して百年 短くして傷ましいその生涯と輝かしい業績(特集 北村透谷)　(高田喜久三)「小田原史談」156 1994.3
◇〔北村〕透谷像の三十年　(北川透)「文学」5(2) 1994.4
◇史劇「悪夢」への道程　(佐藤善也)「国語と国文学」71(4) 1994.4
◇透谷の100年(特集)「文学」5(2) 1994.4
◇北村透谷著書目録「日本古書通信」59(5) 1994.5
◇没後百年―透谷よみがえる　(色川大吉)「UP」259 1994.5
◇新体詩における「自由」の表現―壮士から詩人へ、屈山・透谷・独歩　(九里順子)「宮城学院女子大学研究論文集」79 1994.6
◇北村透谷特集続編「小田原史談」157 1994.6
◇文芸批評家としての北村透谷―その登場から斉藤緑雨論まで　(小田切秀雄)「文学誌要」62 1994.7
◇透谷とバイロンの詩的交響―牢獄と月光(かげ)と　(安徳軍一)「北九州大学文学部紀要」49 1994.7
◇最近における透谷研究文献目録(13)平成五年一月～十二月　(鈴木一正)「時空」5 1994.10
◇〈透谷〉逍遙(随筆)　(青木豊)「中央公論」109(11) 1994.10
◇北村透谷の愛妻美那子のふるさとを歩いて　(谷寿枝)「日野の歴史と文化」40 1994.10
◇透谷と小田原事情　(井上和男)「UP」265 1994.11
◇コンコード行き―エマソン・透谷　(平岡敏夫)「橋本近代文学」19 1994.11
◇湘南の「島崎」藤村・透谷を読む　(「湘南文学」編集委員会)「湘南文学(神奈川歯科大・湘南短大)」7 1994.12
◇北村透谷における「悲劇」の可能性―「他界に対する観念」について　(尾西康充)「近代文学試論」32 1994.12
◇北村透谷論―自然の観念について(2)　(古田芳江)「広島女子商短期大学紀要」5 1994.12
◇北村透谷と近代日本文学の精神　(松沢信祐)「民主文学」349 1994.12
◇校本「透谷抒情詩歌集」(1)『北村透谷詩歌集成』(3)　(橋詰静子)「目白学園女子短期大学研究紀要」31 1994.12
◇宗教文化における悲劇の成立―北村透谷『他界に対する観念』論　(尾西康充)「広島大学教育学部紀要 第2部」広島大学教育学部 44 1995 p245～251
◇北村透谷とアメリカ革命　(平岡敏夫)「群馬県立女子大学紀要」群馬県立女子大学 第16号 1995.2 p1～8
◇透谷における「啓蒙」の問題　(尾西康充)「国文学攷」広島大学国語国文学会 145 1995.3 p35～45
◇北村透谷における背理―信と不信のはざま　(槇林滉二)「キリスト教文学」日本キリスト教文学会九州支部 第14号 1995.5 p1～17
◇日記「秋〔ラク〕笛語」論―透谷から啄木へ　(水野洋)「国際啄木学会会報」国際啄木学会 第7号 1995.8 p32～33
◇宇宙との合一―北村透谷『内部生命論』(明治世紀末―イメージの明治〈特集〉―ディスクールの世紀末)　(平岡敏夫)「國文學 解釈と教材の研究」学灯社 40(11) 1995.9 p22～28

◇進歩的文化人の系譜―佐藤信淵と北村透谷が創始したイデオロギー的病い　(谷沢永一)「Voice」213 1995.9 p152～161
◇ところは海の郷―没後101年、北村透谷の自己神話化　(岡田隆彦)「新潮」新潮社 92(10) 1995.10 p208～239
◇没後100年記念北村透谷展記念講演　「早稲田大学図書館紀要」早稲田大学図書館 42 1995.12 p56～116
◇校本『蓬莱曲』1(『北村透谷詩歌集成』2)　(橋詰静子)「目白学園女子短期大学研究紀要」目白学園女子短期大学 32 1995.12 p306～250
◇垂直と地平と―北村透谷「国民と思想」再論　(北川透)「日本文学研究」梅光女学院大学日本文学会 31 1996 p81～93
◇明治20年代のナショナリズムにおける文学と宗教の動向―北村透谷のトランセンデンタルな批判意識について　(尾西康充)「広島大学教育学部紀要 第2部」広島大学教育学部 45 1996 p283～292
◇透谷伝に関する二、三の問題　(佐藤善也)「立教大学日本文学」立教大学日本文学会 第75号 1996.1 p37～40
◇万華鏡 透谷「内部生命論」をめぐって―色川・平岡論争を中心に　(小沢勝美)「近代文学研究」日本文学協会近代部会 第13号 1996.2 p36～40
◇透谷伝の謎・谷村長安寺の墓　(平岡敏夫)「資料と研究」山梨県立文学館 第1輯 1996.3 p48～50
◇浪曼的滑走―保田与重郎と北村透谷　(桶谷秀昭)「新潮」新潮社 93(10) 1996.10 p282～317
◇校本『蓬莱曲』2(『北村透谷詩歌集成』2)　(橋詰静子)「目白学園女子短期大学研究紀要」目白学園女子短期大学 33 1996.12 p394～342
◇北村透谷と宮沢賢治　(高橋直美)「群馬近代文学研究」群馬近代文学研究会 18 1997 p20～30
◇透谷におけるキリスト教　(永淵朋枝)「国語国文」中央図書出版社 66(5) 1997.5 p30～51
◇北村透谷『蓬莱曲』における隠れたる神　(西谷博之)「キリスト教文学研究」日本キリスト教文学会 第14号 1997.5 p52～68
◇北村透谷―わが死せしかたわらに一点の花もまかれよ(特集・幕末明治人物臨終の言葉―近代の夜明けを駆けぬけた44人の人生決別の辞英傑死してことばを遺す)　一坂太郎、稲川明雄、今川徳三、井門寛、宇都宮泰長、河合敦、木村幸比古、祖田浩一、高野澄、高橋和彦、畑山博、三谷茉沙夫、百瀬明治、山村竜也)「歴史と旅」24(7) 1997.5 p104～105
◇『みゝずのうた』小考　(宮坂康一)「立教大学日本文学」立教大学日本文学会 第78号 1997.7 p35～41
◇透谷「山庵雑記」における『菜根譚』の受容　(蘭明)「国語と国文学」至文堂 74(9) 1997.9 p55～66
◇透谷と国境―「小児」性について(特集・文学の国境, あるいは国境なき文学)　(関谷博)「文学時標」未来社 46(11) 1997.11 p1～9
◇校本『蓬莱曲』(3)(『北村透谷詩歌集成』・2)　(橋詰静子)「目白学園女子短期大学研究紀要」目白学園女子短期大学 34 1997.12 p376～321
◇『罪と罰』と北村透谷　(竹田日出夫)「武蔵野女子大学紀要」武蔵野女子大学文化学会 33(1) 1998 p71～76
◇批判精神をはぐくむ―北村透谷の生き方を辿る(特集 反抗的な子―反抗から自己実現へ)　(橋詰静子)「児童心理」金子書房 52(1) 1998.1 p49～54
◇透谷と『徒然草』―明治20年12月14日付石坂ミナ宛書簡草稿の一面　(山田謙次)「日本語文化研究」比治山大学日本語文化学会 1 1998.2 p17～25
◇校本「透谷抒情詩歌集」(2)(『北村透谷詩歌集成』(3))　(橋詰静子)「目白学園女子短期大学研究紀要」目白学園女子短期大学 35 1998.12 p27～76
◇北村透谷「鬼心非鬼心(実聞)」論―題名に付記された「(実聞)」をめぐって　(大内清輝)「立教大学日本文学」立教大学日本文学会 81 1998.12 p45～56
◇北村透谷『漫罵』　(竹田日出夫)「武蔵野女子大学紀要」武蔵野女子大学文化学会 34(1) 1999 p87～91
◇北村透谷における「親の愛」　(李淙煥)「梅光女学院大学論集」梅光女学院大学 32 1999.3 p26～41
◇北村透谷・与謝野鉄幹における政治意識―「楚囚之詩」と「東西南北」をめぐって　(小笠原幹夫)「くらしき作陽大学・作陽短期大学研究紀要」くらしき作陽大学〔ほか〕32(1) 1999.7 p122～103
◇校本「透谷抒情詩歌集」(3)(『北村透谷詩歌集成』3)　(橋詰静子)「目白学園女子短期大学研究紀要」目白学園女子短期大学 36 1999.12 p47～67
◇藤村と一葉―透谷を視座として　(下山嬢子)「大東文化大学紀要 人文科学」大東文化大学 38 2000 p43～57
◇北村透谷の哲学的考察　(赤羽根竜夫)「フィロソフィア」早稲田大学哲学会 88 2000 p79～92
◇北村透谷『エマルソン』論―カーライリアン透谷の終着点として　(古田芳江)「広島安芸女子大学研究紀要」広島安芸女子大学 1

2000 p161～173
◇北村みな書簡―桜井成明宛・明治27年11月7日付 （川崎司）「聖学院大学論叢」 聖学院大学 12（2） 2000.2 p83～103
◇透谷と魯迅―「鬼」の場合 （蘭明）「立教大学ランゲージセンター紀要」 立教大学ランゲージセンター 2 2000.3 p3～16
◇「楚囚之詩」について （木村幸雄）「大妻女子大学紀要 文系」 大妻女子大学 32 2000.3 p99～109
◇北村透谷のエロス的情念とはなにか （堀部茂樹）「文学研究」 日本文学研究会 88 2000.4 p95～99
◇北村透谷と福井松湖―花巻書簡の背景と「心行」療法 （尾西康充）「三重大学日本語学文学」 三重大学日本語学文学研究室 11 2000.6 p47～64
◇「我牢獄」解読の諸方法（上） （佐藤善也）「立教大学日本文学」 立教大学日本文学会 第84号 2000.7 p60～75
◇〈詩的近代〉の一面―透谷と有明（特集 近代の指標） （佐藤伸宏）「文芸研究」 日本文芸研究会 150 2000.9 p1～12
◇明治中期における「恋愛」概念の探究―北村透谷の「宿魂鏡」を軸として （呉佩珍）「日本文化研究」 筑波大学大学院博士課程日本文化研究学際カリキュラム 12 2001 p107～122
◇私の書誌作成歴―北村透谷書誌を中心として（文献探索・書誌・書誌論）（鈴木一正）「文献探索」 文献探索研究会 2001 2001 p278～282
◇北村透谷書誌学の現在と事典の構想―付校本「三日幻境」下 （橋詰静子）「目白大学人間社会学部紀要」 目白大学人間社会学部 1 2001.2 p1～13
◇天上愛―北村透谷『蓬莱曲』（小説）（境界を越えて―恋愛のキーワード集） （出原隆俊）「國文學 解釈と教材の研究」 学燈社 46（3） 2001.2 p47～49
◇近代文学研究界の魑魅魍魎（本は私にすべてのことを教えてくれた―雑書放蕩記〈自立編〉〔8〕） （谷沢永一）「Voice」 286 2001.10 p194～199
◇北村透谷に於けるキリスト教の問題 （鎌田正之）「共愛学園前橋国際大学論集」 共愛学園前橋国際大学 2 2002 p1～9
◇調査報告 バイロンと透谷（1）―「楚囚之詩」について （古田芳江）「研究紀要」 立志舘大学 3 2002 p106～120
◇魂という牢獄―北村透谷、その叙事詩の可能性と蹉跌（特集 詩の争点ノート） （伊東貴之）「國文學 解釈と教材の研究」 学燈社 47（1） 2002.1 p38～45
◇同時代人としての透谷と漱石―〈ニセ近代〉批判と〈民権思想〉 （小沢勝美）「法政大学多摩論集」 法政大学経済学部 18 2002.3 p9～26
◇透谷から藤村へ、あるいは藤村から透谷へ（小特集 藤村と透谷） （佐藤泰正）「島崎藤村研究」 双文社出版 30 2002.9 p5～20
◇「春」の背景―『透谷全集』と風葉『青春』（小特集 藤村と透谷） （出原隆俊）「島崎藤村研究」 双文社出版 30 2002.9 p21～32
◇異端のキリスト者・福井松湖の生涯―北村透谷・星野天知との交友を通して（小特集 藤村と透谷） （尾西康充）「島崎藤村研究」 双文社出版 30 2002.9 p61～68
◇藤村と透谷（特集 島崎藤村―生誕百三十年―島崎藤村をめぐって） （藪禎子）「国文学解釈と鑑賞」 至文堂 67（10） 2002.10 p64～70
◇日本人の宗教的情操―北村透谷と山本七平（文芸展望〔96〕） （富岡幸一郎）「発言者」 104 2002.12 p120～123
◇もう一つの透谷―その可能性と限界 （横林滉二）「近代文学試論」 広島大学近代文学研究会 40 2002.12 p213～221
◇北村透谷における罪の意識への有為性と限界について （横林滉二）「佐賀大国文」 佐賀大学教育学部国語国文学会 31 2003 p79～88
◇透谷がGeorge Braithwaiteに雇われた経緯とWilliam Jonesの平和講演会のこと―George Braithwaite資料の翻刻と紹介（1）（黒木章訳）「聖学院大学論叢」 聖学院大学 16（1） 2003 p129～148
◇北村透谷と斎藤緑雨―同時代作家の位相 （佐藤毅）「江戸川短期大学紀要」 江戸川短期大学 18 2003.3 p9～16
◇北村透谷の誌的領域覚書き（上） （橋浦洋志）「茨城大学教育学部紀要 人文・社会科学・芸術」 茨城大学教育学部 52 2003.3 p11～20
◇透谷を嗣ぐ人びと―雑誌「詩精神」と梅川文男 （尾西康充）「国語学攷」 広島大学国語国文学会 176・177 2003.3 p53～65
◇透谷の「絶情」について （木村幸雄）「大妻女子大学紀要 文系」 大妻女子大学 35 2003.3 p103～113
◇透谷の読者―藤村『春』が出るまで （永淵朋枝）「国語国文」 中央図書出版社 72（3） 2003.3 p742～764
◇北村透谷と有島武郎―クエーカーにおける生命主義の考察 （尾西康充）「三重大学日本語学文学」 三重大学日本語日本文学研究室 14 2003.6 p75～83
◇明治20年代の言説空間における紅葉・露伴―北村透谷の発言を中心として （金助和）「国語国文研究」 北海道大学国語国文学会 125 2003.10 p1～17
◇北村透谷「二宮尊徳翁」研究―その文章構造を中心に （古田芳江）「日本研究」 日本研究研究会（広島大学総合科学部広域文化研究講座内） 第17号 2004.2 p19～36

◇北村透谷の誌的領域覚書き（中） （橋浦洋志）「茨城大学教育学部紀要 人文・社会科学・芸術」 茨城大学教育学部 53 2004.3 p11～24
◇北村透谷の朝鮮観 （李涼煥）「総合政策論叢」 島根県立大学総合政策学会 7 2004.3 p15～25
◇最終講義 透谷・漱石と私（小沢勝美教授 退職記念号） （小沢勝美）「法政大学多摩論集」 法政大学多摩論集編集委員会 20 2004.3 p15～27
◇透谷とエマスンの比較研究序説 （仁木勝治）「立正大学文学部論叢」 立正大学文学部 119 2004.3 p73～88
◇北村透谷「楚囚之詩」論 （内田寛）「語文と教育」 鳴門教育大学国語教育学会 18 2004.8 p42～50
◇北村透谷における平和思想の再評価―クエーカーと「慈善事業の進歩を望む」 （尾西康充）「国文学攷」 広島大学国語国文学会 183 2004.9 p1～14
◇北村透谷『蓬莱曲』論（1）「楚囚之詩」「当世文学の潮模様」から『蓬莱曲』へ （片山晴夫）「語学文学」 北海道教育大学語学文学会 43 2005 p25～32
◇発心するマンフレッド、悔改める文覚―北村透谷の「心機妙変」観 （菊池有希）「比較文学」 日本比較文学会 48 2005 p36～50
◇小島烏水の北村透谷受容―理想主義文学の一変形 （佐藤毅）「江戸川短期大学紀要」 江戸川短期大学 20 2005.3 p7～16
◇明治18年の透谷と漱石―日本近代文学史の屈折点に於ける二人の批評の象徴性 （小澤勝美）「近代文学研究」 日本文学協会近代部会 22 2005.3 p103～116
◇北村透谷『蓬莱曲』論 （内田寛）「語文と教育」 鳴門教育大学国語教育学会 19 2005.8 p26～34
◇芭蕉とバイロンをつなぐもの―北村透谷の「自然―詩人」観 （菊池有希）「比較文学研究」 すずさわ書店 86 2005.11 p78～99
◇藤村・「千曲川のスケッチ」（7）藤村の教育観と人生観―北村透谷と藤村の師弟関係 （土橋荘司）「自由」 自由社 47（11） 2005.11 p129～136
◇明治三五年版『透谷全集』―その「商品」性と流通ネットワーク （黒田俊太郎）「三田国文」 三田国文の会 第42号 2005.12 p18～31
◇透谷の〈無限〉、藤村の〈無常〉―島崎藤村「山家ものがたり」論 （五十里文映）「橋本近代文学」 筑波大学日本文学会近代部会 30 2005.12 p17～40
◇北村透谷「一夕観」におけるバイロン受容―『チャイルド・ハロルドの巡礼』の視点から （菊池有希）「超域文化科学紀要」 東京大学大学院総合文化研究科超域文化科学専攻 11 2006 p23～40
◇北村透谷「内部生命論の命脈」―内部自覚運動を参照点にして （尾西康充）「キリスト教文芸」 日本キリスト教文学会関西支部 第22輯 2006.3 p1～15
◇「楚囚之詩」論―北村透谷における〈自己処罰〉の衝動 （尾西康充）「国文学攷」 広島大学国語国文学会 189 2006.3 p1～15
◇北村透谷「内部生命論の命脈」―内部自覚運動を参照点にして （尾西康充）「キリスト教文芸」 日本キリスト教文学会関西支部 第22輯 2006.3 p1～15
◇北村透谷の詩的領域覚書き（下） 「茨城大学教育学部紀要 人文・社会科学・芸術 Humanities and social sciences」 茨城大学教育学部 55 2006.3 p11～23
◇北村透谷『楚囚之詩』における概念隠喩の構造 （西田谷洋）「国語国文学報」 愛知教育大学国語国文学研究室 64 2006.3 p55～67
◇明治25年の透谷と漱石―列強帝国主義への後追いを拒否する二人の思想 （小澤勝美）「近代文学研究」 日本文学協会近代部会 23 2006.3 p115～129
◇キリスト教文学としての「蓬莱曲」―「ハムレット」との比較を通して （尾西康充）「三重大学日本語学文学」 三重大学日本語日本文学研究室 17 2006.6 p17～31
◇北村透谷―近代日本における平和運動の黎明（特集 日本近代〈知〉の巨人たち―時代に屹立する精神） （尾西康充）「神奈川大学評論」 神奈川大学広報委員会 56 2007 p33～41
◇北村透谷「内部生命論」から有島武郎「本能的生活論」へ（特集＝有島武郎―作家と作品―思想・文化） （尾西康充）「国文学解釈と鑑賞」 至文堂 72（6） 2007.6 p45～53
◇北村透谷参考文献目録 補遺（2） （鈴木一正）「国文学研究資料館紀要 文学研究篇」 人間文化研究機構国文学研究資料館 34 2008.2 p201～216
◇透谷君たに、行きたくなった。―北村透谷（特集 詩のことば） （山嵜高裕）「ユリイカ」 青土社 40（5） 2008.4 p152～157
◇「想世界」に昇るこころ―北村透谷研究覚え書き （吉馴明子）「恵泉女学園大学紀要」 恵泉女学園大学紀要委員会 21 2009.2 p25～41
◇北村透谷―その短き宗教的生涯（特集 現代作家と宗教（キリスト教編）―近代文学の作家たち） （尾西康充）「国文学解釈と鑑賞」 至文堂 74（4） 2009.4 p157～164
◇伯仲の本（4）阪本越郎「北村透谷」 （鈴木地蔵）「日本古書通信」 日本古書通信社 74（5） 2009.5 p26～27
◇北村透谷の「楚囚之詩」論―夢と現実を中心に （梶田弥生）「清心語文」 ノートルダム清心女子大学日本語日本文学会 11 2009.7 p1

501

～12
◇透谷、有明、白秋―新体詩から朔太郎へ（討議近代詩（4））（樋口覚、野村喜和夫、城戸朱理）「現代詩手帖」 思潮社 52(9) 2009.9 p94～110
◇明治の子殺し―北村透谷「鬼心非鬼心」における〈社会〉と〈魔〉（永淵朋枝）「日本近代文学」 日本近代文学会 81 2009.11 p1～17

杵屋六左衛門〔10代〕　きねやろくざえもん　1800～1858
幕末の長唄三味線方。長唄中興の祖。
【雑　誌】
◇三味線作曲についての試論―四代目六三郎と十代目六左衛門（山岡知博）「芸能」 25(5) 1983.5
◇作曲者十代杵屋六左衛門のこと（秋の色種（名曲の総合研究（10））＜特集＞）（植田隆之助）「季刊邦楽」 40 1984.9

木村曙　きむらあけぼの　1872～1890
明治期の小説家。
【図　書】
◇島尾敏雄全集 13　晶文社 1982.5
◇近代作家論叢―自我確立の系譜（片岡懋）新典社 1983.6（新典社研究叢書 9）
◇言挙げする女たち―近代女性の思想と文学（円谷真護編）社会評論社 1989.3
◇日本の作家たち（島尾敏雄著）沖積舎 1989.7（ちゅうせき叢書）
【雑　誌】
◇木村曙『婦女の鑑』の秀子（名作の中のおんな101人）（岡保生）「國文學 解釈と教材の研究」 25(4) 1980.3.臨増
◇木村曙の文学（和田繁二郎）「大谷女子大学紀要」 18(1) 1983.9
◇読む 木村曙『婦女の鑑』を読む（渡辺澄子）「日本文学」 未来社 47(1) 1998.1 p72～75
◇女学生作家の登場―『籔の鶯』『婦女の鑑』、巌本善治の小説を中心にして（中山清美）「名古屋近代文学研究」 名古屋近代文学研究会 16 1998.12 p21～37
◇木村曙『婦女の鑑』国学院大学国語国文学会 62 2003.3 p73～83
◇木村曙『婦女の鑑』にみる歌舞伎の影響（白井ユカリ）「成蹊国文」 成蹊大学文学部日本文学科 38 2005.3 p114～128
◇木村曙と独幹敦史―雑誌「貴女之友」にみる通俗教育（特集 文学にとって〈通俗性〉とは何か）（白井ユカリ）「日本近代文学」 日本近代文学会 74 2006.5 p16～31
◇木村曙『婦女の鑑』―家父長制と女性を視座として（橋元志保）「教養・文化論集」 秋田経済法科大学総合研究センター教養・文化研究所 2(1) 2007.1 p45～56
◇高塚清花「双根竹」を読む―木村曙「婦女の鑑」を視座として（白井ユカリ）「成蹊国文」 成蹊大学文学部日本文学科 40 2007.3 p104～117

清元延寿太夫〔5代〕　きよもとえんじゅだゆう　1862～1943
明治～昭和期の清元節太夫。
【雑　誌】
◇5世延寿太夫師の素顔―名人の思い出(対談)（清元寿国太夫、清元富士太夫）「季刊邦楽」 56 1988.9

禽語楼小さん〔2代〕　きんごろうこさん　1850～1898
明治期の落語家。明治10年頃に活躍。
【図　書】
◇落語名人伝（関山和夫著）白水社 1986.7

日下部鳴鶴　くさかべめいかく　1838～1922
明治、大正期の書家。来朝し六朝書道を研究。
【図　書】
◇日下部鳴鶴伝（中西慶爾著）木耳社 1984.11
◇日下部鳴鶴伝（中西慶爾）木耳社 1984.11
◇百年の日本人〈その3〉（川口松太郎、杉本苑子、鈴木史楼ほか著）読売新聞社 1986.6
◇日下部鳴鶴―その人と書 小企画展（日下部鳴鶴書、彦根城博物館編）彦根城博物館 1988.7
◇書の終焉―近代書史論（石川九楊著）（京都）同朋舎出版 1990.7
◇日下部鳴鶴―彦根が生んだ明治の書聖（吉原太平著）日下部鳴鶴顕彰会 1991.8
【雑　誌】
◇日下部鳴鶴・天龍峡十勝磨崖に臨んでの詩（今村真直）「伊那」 654 1982.11
◇日下部鳴鶴と天龍峡「十勝」百周年（上）（今村真直）「伊那」 654 1982.11
◇日下部鳴鶴と天龍峡「十勝」百周年―中―（今村真直）「伊那」 655 1982.12

◇日下部鳴鶴と天龍峡「十勝」百周年（下）（今村真直）「伊那」 657 1983.2
◇本朝書人論―日下部鳴鶴（中）（鈴木史楼）「紅糸」 9 1986.3
◇日下部鳴鶴（再読コーナー：2・15夕刊読売から転載）（鈴木史楼）「書道芸術」 15 1986.5
◇本朝書人論―日下部鳴鶴（下）（鈴木史楼）「紅糸」 10 1986.7
◇小企画展―生誕一五〇年 日下部鳴鶴―その人と書「彦根城博物館だより」 2 1988.8
◇近世・大名文化の深層(8)書家日下部鳴鶴と彦根藩（難波田徹）「日本美術工芸」 635 1991.8
◇『論書三十首』に見る日下部鳴鶴の書学（大池茂樹）「名古屋大学国語国文学」 名古屋大学国語国文学会 83 1998.12 p53～72
◇楊守敬の碑学啓蒙再考―書の視覚媒体に関する日下部鳴鶴の認識（青山由起子）「表現文化研究」 神戸大学表現文化研究会 3(2) 2003年度 p85～101
◇日下部鳴鶴と鳴鶴揮毫による浜ц蔵六の幻の印譜『旅窓戯鐵』の題箋（源川彦峰）「二松学舎大学人文論叢」 二松学舎大学人文学会 77 2006.10 p53～70
◇日下部鳴鶴書「枋橋建学碑」の研究（香取潤哉）「書道学論集」 大東文化大学大学院文学研究科書道学専攻院生会 6 2008年度 p25～67
◇日下部鳴鶴の交友と思想（太田剛）「書道文化」 四国大学書道文化学会 4 2008.3 p43～102
◇日下部鳴鶴書簡（特集 尺牘学の試み―彩色復元王羲之『遊目帖』・『王鐸尺牘選』(1)）「書論」 書論研究会 36 2008.8 p74～79
◇日下部鳴鶴の書簡に現われた文人墨客としての実像(特集 尺牘学の試み―彩色復元王羲之『遊目帖』・『王鐸尺牘選』(1)）（岡村鉄琴）「書論」 書論研究会 36 2008.8 p155～183
◇日下部鳴鶴と贋作者（増田孝）「日本古書通信」 日本古書通信社 73(10) 2008.10 p7～9

葛原勾当　くずはらこうとう　1812～1882
幕末、明治期の箏曲家。
【図　書】
◇葛原勾当日記（小倉豊文校訂）緑地社 1980.8
◇かく逢った（永瀬清子）編集工房ノア 1981.12
◇人と業績―盲先覚者の偉業をたずねて（川野楠己著）日本盲人福祉研究会 1984.5
◇日記の虚実（紀田順一郎著）新潮社 1988.2（新潮選書）
◇斎藤一馬著作集〈2〉古記録の研究（下）（斎藤一馬著）吉川弘文館 1989.3
◇全国の伝承 江戸時代 人づくり風土記―ふるさとの人と知恵〈34〉広島（加藤秀俊、谷川健一、稲垣史生、石川松太郎、吉田豊編）農山漁村文化協会 1991.3
◇幻の琴師（麻井紅仁子著）梅里書房 1997.5 249p
◇紀田順一郎著作集 第7巻（紀田順一郎著）三一書房 1998.11 370p
【雑　誌】
◇新版「葛原勾当日記」―稀有の盲人活字日記（岸辺成雄）「季刊邦楽」 25 1980.12
◇葛原勾当と神辺（小倉豊文）「広島県文化財ニュース」 95 1982.11
◇江戸時代のワープロ日記（紀田順一郎）「新潮45」 5(3) 1986.3
◇箏曲名家・葛原勾当とその弟子たち―広島県・神辺町立歴史民俗資料館「季刊邦楽」 63 1990.6
◇葛原勾当の心象風景―『葛原勾当日記』とその和歌をめぐって（工藤進思郎）「岡大国文論稿」 22（赤羽学先生退官記念号） 1994.3
◇太宰治と井伏鱒二―「葛原勾当日記」をめぐる(特集 二十一世紀旗手 太宰治―太宰治の源流）（高橋広満）「国文学解釈と鑑賞」 至文堂 66(4) 2001.4 p45～52

国木田独歩　くにきだどっぽ　1871～1908
明治期の詩人、小説家。
【図　書】
◇研究資料現代日本文学 1 明治書院 1980.3
◇国木田独歩―「忘れえぬ人々」論他（北野昭彦）桜楓社 1981.1
◇武蔵野の独歩（芳沢鶴彦）未来工房 1981.2（多摩豆本11）
◇防長文化人山脈（掛橋真）東洋図書 1981.4
◇文檀一夕話（巌谷大四）牧羊社 1981.7
◇国木田独歩の文学碑（早稲田大学文学碑と拓本の会編）瑠璃書房 1981.11
◇明治の文学 有精堂出版 1981.12（日本文学研究資料叢書）
◇日本近代文学原典ゼミ報告集 7 1981年度 国木田独歩研究3（法政大学大学院日本文学専攻室編）日本近代文芸原典ゼミナール 1982.4
◇島尾敏雄全集 13 晶文社 1982.5
◇明治の古典―カラーグラフィック 7 武蔵野（国木田独歩著、篠田一士編）学習研究社 1982.5
◇国木田独歩―比較文学的研究（芦谷信和）和泉書院 1982.11
◇近代文学遊歩―33人の作家と宗教（伝統と現代社）みくに書房

1982.12
◇戦争と文学者―現代文学の根底を問う （西田勝編） 三一書房 1983.4
◇近代日本と早稲田の思想群像 2 （早稲田大学社会科学研究所日本近代思想部会編） 早稲田大学出版部 1983.5
◇国木田独歩―短篇作家 （平岡敏夫） 新典社 1983.5 （日本の作家 42）
◇近代作家論叢―自我確立の系譜 （片岡懋） 新典社 1983.6 （新典社研究叢書 9）
◇近代文学者の宗教意識 （寺園司） 桜楓社 1983.10
◇近代文学とキリスト教 明治・大正篇 （米倉充） 創元社 1983.11 （現代キリスト教選書7）
◇日本文学―伝統と近代 和田繁二郎博士古稀記念 （和田繁二郎博士古稀記念論集刊行会編） 和泉書院 1983.12
◇物語と小説―平安朝から近代まで （笹淵友一編） 明治書院 1984.4
◇民友社思想文学叢書 第5巻 民友社文学集 1 （山田博光編） 三一書房 1984.5
◇国木田独歩論―シンセリティーへの道 （芳沢鶴彦著） 林道舎 1984.5
◇近代日本の日記 （小田切進著） 講談社 1984.6
◇湯河原と文学（湯河原町立図書館叢書 1）．（石井茂, 高橋徳著, 湯河原町立図書館編） 湯河原町立図書館 1984.6
◇現代鎌倉文士 （鹿児島達雄） かまくら春秋社 1984.10
◇人及び芸術家としての国木田独歩（近代作家研究叢書 12）（江馬修著） 日本図書センター 1985.4
◇民友社文学の研究 （平林一, 山田博光編） 三一書房 1985.5
◇武蔵野・春の鳥（日本の文学 6）（国木田独歩著） ほるぷ出版 1985.8
◇山と詩人 （田中清光） 文京書房 1985.12
◇近代文学論攷 回顧と展望 （坂本浩） 明治書院 1986.1
◇日本における庶民的自立論の形成と展開 （藤原暹著） ぺりかん社 1986.2
◇国木田独歩論（日本の近代作家〈3〉）（滝藤満義著） 塙書房 1986.5
◇笛鳴りやまず―ある日の作家たち（中公文庫）（有本芳水著） 中央公論社 1986.6
◇老作家の印象―砂子屋書房記 （山崎剛平著） 砂子屋書房 1986.7
◇島崎藤村研究（研究選書〈46〉）（小林一郎著） 教育出版センター 1986.9
◇定本 野口雨情〈第6巻〉童話・随筆・エッセイ・小品 （野口雨情著） 未来社 1986.9
◇近代の短編小説〈明治篇〉（現代文学研究会編） 九州大学出版会 1986.10
◇福田恒存全集〈第1巻〉（福田恒存著） 文芸春秋 1987.1
◇国文学・研究と教育 （石井茂著） 風間書房 1987.4
◇近代日本の恋愛小説 （野口武彦著）（大阪）大阪書籍 1987.11 （朝日カルチャーブックス）
◇風雪の墓標―先駆的な北の詩人たち （塩沢実信著, 北島新平絵） 理論社 1987.12 （ものがたり北海道）
◇明治の精神 （荒川久寿男著）（伊勢）皇学館大学出版部 1987.12
◇近代日記文学選 （山根賢吉, 橋本威編）（大阪）和泉書院 1988.2 （新注近代文学シリーズ）
◇続 百代の過客―日記にみる日本人〈下〉（ドナルド・キーン著, 金関寿夫訳） 朝日新聞社 1988.2 （朝日選書）
◇独歩文庫・小松茂美文庫目録 柳井市立柳井図書館 1988.3 （柳井図書館叢書 第3集）
◇近代の形成 （富岡定市著） 文化書房博文社 1988.6
◇自己超越の思想―近代日本のニヒリズム （竹内整一著） ぺりかん社 1988.6
◇国木田独歩―初期作品の世界 （中島礼子著） 明治書院 1988.8 （新視点シリーズ日本近代文学）
◇明治三十年代文学の研究 （森英一著） 桜楓社 1988.12
◇続 百代の過客―日記にみる日本人 （ドナルド・キーン著, 金関寿夫訳） 朝日新聞社 1988.12
◇文学のよろこび （工藤好美著） 南雲堂 1989.3
◇日本の作家たち （島尾敏雄著） 沖積舎 1989.7 （ちゅうせき叢書）
◇近代日本文学とキリスト者作家 （久保田暁一著）（大阪）和泉書院 1989.8
◇明治文芸院始末記 （和田利夫著） 筑摩書房 1989.12
◇一つの水脈―独歩・白鳥・鱒二 （岩崎文人） 渓水社 1990
◇進歩がまだ希望であった頃―フランクリンと福沢諭吉 （平川祐弘著） 講談社 1990.1 （講談社学術文庫）
◇社会文学・社会主義文学研究 （小田切秀雄著） 勁草書房 1990.1
◇近代日本文学の諸相 （安川定男先生古稀記念論文集編集委員会編） 明治書院 1990.3
◇国木田独歩 （中根駒十郎編） 日本図書センター 1990.3 （近代作家研究叢書）
◇永詠かくのごとくに候 （大岡信著） 弘文堂 1990.3 （叢書 死の文化）
◇佐古純一郎教授退任記念論文集 （佐古純一郎教授退任記念論文集編集委員会編） 朝文社 1990.11
◇北村透谷と国木田独歩―比較文学的研究 （山田博光編） 近代文芸社 1990.12
◇文芸評論 （新保祐司著） 構想社 1991.3
◇国木田独歩 （芦谷信和） 有精堂 1991.4 （近代文学注釈叢書）
◇塩飽（しわく）の船影―明治大正文学藻塩草 （平岡敏夫著） 有精堂出版 1991.5
◇島崎藤村―小説の方法 （滝藤満義著） 明治書院 1991.10 （新視点シリーズ日本近代文学）
◇日本近代批評のアングル （野口武彦著） 青土社 1992.3
◇奥武蔵 日々の移ろい―独歩『武蔵野』を超えて （牧野和春著） 現代書館 1992.4
◇作家のアジア体験―近代日本文学の陰画 （芦谷信和, 上田博, 木村一信〔編〕） 世界思想社 1992.7
◇日本の作家とキリスト教―二十人の作家の軌跡 （久保田暁一著） 朝文社 1992.11
◇若き日の国木田独歩 複製 日本図書センター 1993.6
◇宮崎湖処子・国木田独歩の詩と小説 （北野昭彦著）（大阪）和泉書院 1993.6 （近代文学研究叢刊）
◇日本文学史を読む〈6〉近代〈2〉（有精堂編集部編） 有精堂出版 1993.11
◇文学と風土―房総を旅した作家たち （坂本哲郎著） 丸善 1993.11 （丸善ライブラリー）
◇花袋周辺作家の書簡集 1 （館林市教育委員会文化振興課編） 館林市 1994.3 （田山花袋記念館研究叢書 第3巻）
◇日本思想史骨 （新保祐司著） 構想社 1994.3
◇思想と表現―近代日本文学史の一側面 （山口博著） 有朋堂 1994.4
◇草本虫魚録 （高田宏著） 福武書店 1994.6
◇比較文学プロムナード―近代作品再読 （剣持武彦著） おうふう 1994.9
◇「この世は夢か」―国木田独歩の覚めざる夢 （竹内整一）『哲学論文集』（竹市明弘, 金田晋編） 以文社 1995.9 p433
◇田布施時代の国木田独歩 （林美夫著） 田布施町教育委員会 1995.11 74p （郷土館叢書）
◇国木田独歩―武蔵野/欺かざるの記（抄）（国木田独歩著, 北野昭彦編） 日本図書センター 1995.11 271p （シリーズ・人間図書館）
◇独歩と藤村―明治三十年代文学のコスモロジー （新保邦寛著） 有精堂出版 1996.2 344,16p
◇日本文壇史 8 （伊藤整著） 講談社 1996.2 250,22p （講談社文芸文庫）
◇日本文壇史 9 （伊藤整著） 講談社 1996.4 250,23p （講談社文芸文庫）
◇独歩「窮死」三つのポイント （芦谷信和）『文学・社会へ地球へ』（西田勝退任・退職記念文集編集委員会編） 三一書房 1996.9 p193
◇独楽の回転―甦る近代小説 （高橋昌男著） 小沢書店 1996.11 241p
◇民友社の〈詩想〉―蘇峰・愛山・湖処子・独歩を中心に （猪狩友一）『詩う作家たち』（野山嘉正編） 至文堂 1997.4 p65
◇国木田独歩にみた東京、もしくは故郷 （岩崎文人）『近代文学の形成と展開』（山根巴, 横山邦治編） 和泉書院 1998.2 （継承と展開 8） p1
◇近代化の中の文学者たち―その青春と実存 （山口博著） 愛育社 1998.4 279p
◇日本文学の百年 （小田切秀雄著） 東京新聞出版局 1998.10 318p
◇ことばへの旅 愛蔵版 （森本哲郎著） 新潮社 1998.12 508p
◇傍流文学論 （野村喬著） 花伝社 1998.12 498p （野村喬著述集）
◇傍流文学論 （野村喬著） 花伝社 1998.12 498p
◇「新しい作品論」へ、「新しい教材論」へ―文学研究と国語教育研究の交差 1 （田中実, 須貝千里編著） 右文書院 1999.2 282p
◇黙移 相馬黒光自伝 （相馬黒光著） 平凡社 1999.5 330p （平凡社ライブラリー）
◇国木田独歩論―独歩における文学者の誕生 （鈴木秀子著） 春秋社 1999.6 319p
◇伝記児童文学のあゆみ―1891から1945年 （勝尾金弥著） ミネルヴァ書房 1999.11 388,6p
◇江馬修論 （永平和雄著） おうふう 2000.2 397p
◇定本 国木田独歩全集 別巻2 （川岸みち子著, 国木田独歩全集編纂委員会編） 学習研究社 2000.4 317p
◇比較文学的読書のすすめ （渡辺洋著） 世界思想社 2000.5 231,11p （SEKAISHISO SEMINAR）
◇武蔵野ものがたり （三浦朱門著） 集英社 2000.5 221p （集英社新書）
◇『国木田独歩』研究 復刻版 （小野末夫監修・解説） 牧野出版 2000.5 6冊（セット）（近代文学研究文献叢書）
◇国木田独歩―短編小説の魅力 （中島礼子著） おうふう 2000.7

国木田独歩

302p
- ◇日本風景論　（加藤典洋著）　講談社　2000.11　389p　（講談社文芸文庫）
- ◇かまくらで文学を考える　（山口博著）　愛育社　2001.6　263p
- ◇国木田独歩—その求道の軌跡　（伊藤久男著）　近代文芸社　2001.6　458p
- ◇銚子と文学—甦る言葉の海流　（岡見晨明編）　東京文献センター　2001.6　254p
- ◇自己超越の思想—近代日本のニヒリズム　新装版　（竹内整一著）　ぺりかん社　2001.7　286p
- ◇定本　言語にとって美とはなにか　1　（吉本隆明著）　角川書店　2001.9　398p　（角川ソフィア文庫）
- ◇東京ウォーキング—文学と歴史を巡る10000歩　1　（籠谷典子編著）　牧野出版　2001.10　99p
- ◇国木田独歩「酒中日記」—大河今蔵と女性達との関わりをめぐって　（中島礼子）　『Pro et contra』（近代文学ゼミの会編）　近代文学ゼミの会　2002.8　p1〜
- ◇されど汽笛よ高らかに—文人たちの汽車旅　（佐藤喜一著）　成山堂書店　2002.9　220p
- ◇文人暴食　（嵐山光三郎著）　マガジンハウス　2002.9　431p
- ◇柳田国男を歩く—遠野物語にいたる道　（井出孫六著）　岩波書店　2002.11　268p
- ◇達人たちの悦楽　喰ふ　（達人倶楽部編・著）　ワンツーマガジン社　2002.12　281p
- ◇郊外の文学誌　（川本三郎著）　新潮社　2003.2　300p
- ◇文学の武蔵野　（成蹊大学文学部学会編）　風間書房　2003.3　162p　（成蹊大学人文叢書）
- ◇日本の小説101　（安藤宏編）　新書館　2003.6　226p
- ◇わが「文学史」講義—近代・人間・自然　（杉野要吉著）　武蔵野書院　2003.9　383p
- ◇国木田独歩論　（小野末夫著）　牧野出版　2003.9　258p
- ◇国木田独歩　空知川の岸辺で　（岩井洋著）　北海道新聞社　2003.11　281p　（道新選書）
- ◇「おのずから」と「みずから」—日本思想の基層　（竹内整一著）　春秋社　2004.2　262p
- ◇東京10000歩ウォーキング　No.1　（籠谷典子編著）　真珠書院　2004.4　101p
- ◇明治の結婚小説　（上田博編）　おうふう　2004.9　223p
- ◇東京10000歩ウォーキング文学と歴史を巡る　No.11　（籠谷典子編著）　真珠書院　2004.10　101p
- ◇一葉からはじめる東京町歩き　（坂崎重盛著）　実業之日本社　2004.10　270p
- ◇百年の誤読　（岡野宏文, 豊崎由美著）　ぴあ　2004.11　403p
- ◇感動！日本の名著　近現代編—たった10分で味わえる　（毎日新聞社編）　ワック　2004.12　386p　（ワックBUNKO）
- ◇国木田独歩—帰還不能の地　（スティーヴン・ドッド）　『都市のフィクションと現実—大阪市立大学大学院文学研究科COE国際シンポジウム報告書』（『都市のフィクションと現実』編集委員会編）　大阪市立大学大学院文学研究科都市文化研究センター　2005.2　p213
- ◇別れの精神哲学—青春小説論ノート　（高岡健著）　雲母書房　2005.4　212p
- ◇独歩と漱石—汎神論の地平　（佐々木雅発著）　翰林書房　2005.11　366p
- ◇文人暴食　（嵐山光三郎著）　新潮社　2006.1　577p　（新潮文庫）
- ◇鉄路の美学—名作が描く鉄道のある風景　（原口隆行著）　国書刊行会　2006.9　358p
- ◇文学の誕生—藤村から漱石へ　（大東和重著）　講談社　2006.12　248p　（講談社選書メチエ）
- ◇日本近代文学と『猟人日記』—二葉亭四迷と嵯峨の屋おむろにおける『猟人日記』翻訳の意義を通して　（籾内裕子著）　水声社　2006.12　409p
- ◇近代日本の戦争と文学　（西田勝著）　法政大学出版局　2007.5　290p
- ◇名作にみる愛の絆—そうだったのか！あの二人　（雑学倶楽部監修）　展望社　2007.6　219p
- ◇工手学校—旧幕臣たちの技術者教育　（茅原健著）　中央公論新社　2007.6　345p　（中公新書ラクレ）
- ◇国木田独歩の短篇と生涯　（右遠俊郎著）　右遠俊郎　2007.7　207p
- ◇東京の三十年　（山田花袋作）　岩波書店　2007.8　334p　（岩波文庫）
- ◇編集者　国木田独歩の時代　（黒岩比佐子著）　角川学芸出版　2007.12　346,4p　（角川選書）
- ◇朝鮮文壇と独歩　（丁貴連）　『テクストたちの旅程—移動と変容の中の文学』（荒木正純, 名波弘彰著者代表, 筑波大学文化批評研究会編）　花書院　2008.2　p168
- ◇番町麹町「幻の文人町」を歩く　（新井巌著）　彩流社　2008.6　207p
- ◇小説の中の先生　（上田博, 池田功, 前芝憲一編）　おうふう　2008.9　223p

- ◇国木田独歩の文学圏　（芦谷信和著）　双文社出版　2008.11　237p
- ◇日本近代文学の断面—1890-1920　（岩佐壯四郎著）　彩流社　2009.1　293p
- ◇ひとの最後の言葉　（大岡信著）　筑摩書房　2009.3　251p　（ちくま文庫）
- ◇北村透谷と国木田独歩　（平岡敏夫著）　おうふう　2009.4　223p
- ◇国木田独歩の研究　（中島礼子著）　おうふう　2009.7　679p
- ◇古本探究　2　（小田光雄著）　論創社　2009.8　259p
- ◇「日本文学」の成立　（鈴木貞美著）　作品社　2009.10　508p
- ◇『雪国』の汽車は蒸気機関車だったか？—鉄道・文学・戦前の東京　（酒井順司著）　東洋書店　2009.12　142p　（現代叢書）

【雑　誌】
- ◇国木田独歩「帰去来」考—附・全集未載資料紹介　（森英一）「金沢大学教育学部紀要」　28　1980.1
- ◇国木田独歩「驚異」思想の構造（2）　（秋山公男）「文芸研究」　93　1980.1
- ◇国木田独歩「帰去来」考—附.金集未載資料紹介　（森英一）「金沢大学教育学部紀要（人文・社会・教育科学編）」　28（人文・社会）　1980.1
- ◇芥川龍之介と国木田独歩（1〜3）　（平岡敏夫）「国語教室」　1〜3　1980.2,4,6
- ◇国木田独歩「驚異」思想の特質　（秋山公男）「日本文学」　29　1980.2
- ◇独歩「源叔父」（2）　（芦谷信和）「花園大学研究紀要」　11　1980.3
- ◇国木田独歩「鎌倉夫人」の愛子（名作の中のおんな101人）　（戸松泉）「國文學　解釈と教材の研究」　25（4）　1980.3.臨増
- ◇国木田独歩と佐伯の四青年（1,2）　（山内武麒）「佐伯史談」　122,123　1980.4,7
- ◇国木田独歩と柳田国男（上, 下）小説のモデルとしての柳田国男　（岩本由輝）「磐城民俗」　20,21　1980.5,11
- ◇早稲田時代の国木田独歩（2）　（川岸みち子）「早稲田大学史記要」　13　1980.5
- ◇佐伯を素材とした独歩の作品（上）　（山内武麒）「佐伯史談」　124　1980.10
- ◇独歩「源叔父」（3）　（芦谷信和）「花園大学国文学論究」　8　1980.10
- ◇「忘れえぬ人々」論　（滝藤満義）「日本近代文学」　27　1980.10
- ◇文学史の新視角　国木田独歩の文学空間—「河霧」をめぐって　（山田有策）「国文学　解釈と鑑賞」　45（11）　1980.11
- ◇様々な帰郷（1）「帰去来」「河霧」「酒中日記」　（滝藤満義）「名古屋大学国語国文学」　47　1980.12
- ◇ワーズワス特集と国木田独歩　（山田博光）「比較文学」　24　1981
- ◇佐伯を素材とした独歩の作品—中—　（山内武麒）「佐伯史談」　125　1981.2
- ◇「春の鳥」考　（山田博光）「帝塚山学院大学日本文学研究」　12　1981.2
- ◇国木田独歩研究　「法政大学大学院報告集」　6　1981.3
- ◇国木田独歩論—主情的文芸精神の展開と深化　（今野宏）「聖和（聖和学園短大）」　18　1981.3
- ◇「抒情詩」の「独歩吟」について　（中島礼子）「国文学研究（早大）」　72　1981.3
- ◇独歩「酒中日記」（1）　（芦戸信和）「花園大学研究紀要」　12　1981.3
- ◇独歩とキリスト教・試論（2）独歩のキリスト教観について　（高橋直哉）「山口国文」　4　1981.3
- ◇「春の鳥」論　（遠佐敬子）「日本文学論集（大東文化大）」　3　1981.3
- ◇東光庵の独歩文学碑　（染矢勘蔵）「佐伯史談」　126　1981.5
- ◇様々な帰郷「帰去来」「河霧」「酒中日記」（2,3）　（滝藤満義）「名古屋大学国語国文学」　48,49　1981.7,12
- ◇国木田独歩の小説「源おぢ」について　（山内武麒）「佐伯史談」　127　1981.8
- ◇短篇集「武蔵野」—"心のふるさと"の中の自然と人間　（北野昭彦）「日本近代文学」　28　1981.9
- ◇独歩「酒中日記」（2）　（芦谷信和）「花園大学国文学論究」　9　1981.10
- ◇国木田独歩「古人」成立考（小特集・近代の小説）　（小野末夫）「解釈」　27（11）　1981.11
- ◇佐伯時代の独歩の手紙（上）　（山内武麒）「佐伯史談」　128　1981.11
- ◇城山山麓の碑石（1）先人の跡をしのぶ　（山本保）「佐伯史談」　128　1981.11
- ◇逗子と明治の文人たち（特集・写真に偲ぶ逗子の昔）　（吉村公三郎）「逗子道の辺史話」　11　1981.11
- ◇「河霧」論—"杉の杜のひげ"の形象とその役割　（北野昭彦）「園田学園女子大論集」　16　1981.12
- ◇国木田独歩における新体詩—抒情詩へのみち　（中島礼子）「国士舘短期大学紀要」　7　1981.12
- ◇比較文学ノート—独歩の「河霧」について　（安田保雄）「成蹊国文」　15　1981.12
- ◇北海道の文学とキリスト教—風土と文学に関する一考察　（三枝禎三）「北星学園女子短期大学紀要」　21　1981.12
- ◇国木田独歩「源おぢ」の一面　（上田博）「橘女子大学研究紀要」　10

1982
◇独歩『酒中日記』論 （吉見谷真知子） 「大谷女子大国文」 12 1982.3
◇独歩『酒中日記』(3) （芦谷信和） 「花園大学研究紀要」 13 1982.3
◇反省—国木田独歩の場合(特集・反省) （吉田とよ子） 「世紀」 382 1982.3
◇大正文学—系譜とその源泉の象徴としての「竹の木戸」(特集・大正文学の諸問題) （鈴木秀子） 「国語と国文学」 59(5) 1982.5
◇佐伯時代の独歩の手紙—中— （山内武麒） 「佐伯史談」 130 1982.6
◇特集・独歩と花袋 「国文学 解釈と鑑賞」 47(8) 1982.7
◇佐伯時代の独歩の手紙(下) （山内武麒） 「佐伯史談」 131 1982.10
◇自助的人間像への哀別—「非凡なる凡人」 （滝藤満義） 「横浜国立大学人文紀要(第2類 語学文学)」 29 1982.10
◇独歩『窮死』論—その文学的原質について （津田洋行） 「芸文攷」 8 1982.12
◇「竹の木戸」論 （北野昭彦） 「園田学園女子大学論文集」 17 1982.12
◇佐々城豊寿と国木田独歩 （岡村登志夫） 「桜美林論集(一般教育篇)」 10 1983
◇国木田独歩の初期作品をめぐって(上)「たき火」について （小野末夫） 「解釈」 29(1) 1983.1
◇三代の短篇小説—独歩・龍之介・康成 （篠田一士） 「新潮」 80(1) 1983.1
◇国木田独歩の佐伯での生活(1) （山内武麒） 「佐伯史談」 132 1983.2
◇国木田独歩における新体詩と小説 （中島礼子） 「国士舘短期大学紀要」 8 1983.3
◇国木田独歩—近代作家年譜集成 （北野昭彦） 「國文學 解釈と教材の研究」 28(6) 1983.3
◇国木田独歩の文学精神における明暗—病跡学の課題と寄与 （清水茂） 「国文学 解釈と鑑賞」 48(7) 1983.4
◇国木田独歩の佐伯での生活(2) （山内武麒） 「佐伯史談」 133 1983.6
◇国木田独歩—日本現代文学研究必携 （滝藤満義） 「別冊国文学」 特大号 1983.7
◇独歩『春の鳥』考—春の鳥と「鳥」の関係 （加藤幸一） 「稲本近代文学(筑波大)」 6 1983.7
◇国木田独歩の佐伯での生活(3) （山内武麒） 「佐伯史談」 134 1983.10
◇「非凡なる凡人」論—独歩<精神革命>のゆくえ （岩崎文人） 「近代文学試論」 21 1983.12
◇近代日本の日記(13)国木田独歩「欺かざるの記」 （小田切進） 「群像」 39(1) 1984.1
◇近代日本の日記(14)独歩と佐々城信子—続「欺かざるの記」 （小田切進） 「群像」 39(2) 1984.2
◇「春の鳥」「魚服記」にみる小説の方法 （安藤幸輔） 「駒沢短大国文」 14 1984.3
◇独歩「欺かざるの記」—青春の表現, 青春の縮図(特集・作家と日記) （中島国彦） 「国文学」 29(5) 1984.4
◇国木田独歩の文章 （岡本勲） 「国語国文」 53(4) 1984.4
◇国木田独歩の佐伯での生活(5) （山内武麒） 「佐伯史談」 136 1984.6
◇国木田独歩(中桐確太郎宛)(日本人100人の手紙) （北野昭彦） 「国文学」 29(12) 1984.9
◇「画の悲み」の構造—語り手はなぜ<岡本>か （岩崎文人） 「文教国文学(広島文教女子大学)」 15 1984.9
◇独歩「源叔父」の虚実(文芸思潮の研究(11)) （秦行正） 「福岡大学総合研究所報」 75 1984.9
◇国木田独歩の佐伯での生活(6) （山内武麒） 「佐伯史談」 137 1984.10
◇国木田独歩の西行理解について （岡村登志夫） 「桜美林論集 一般教育篇」 12 1985
◇独歩文芸の世界—浪漫主義の視座より （芦谷信和） 「日本文芸学」 22 1985
◇国木田独歩の出発—その「方法」を中心に （亀井雅司） 「光華女子大学研究紀要」 23 1985
◇比較文学ノート(4)国木田独歩とWordsworthの"The Prelude" （安田保雄） 「成蹊国文」 18 1985.3
◇国木田独歩の佐伯での生活(7) （山内武麒） 「佐伯史談」 138 1985.3
◇「源おぢ」論 （中島礼子） 「国士舘短期大学紀要」 10 1985.3
◇国木田独歩「号外」私論 （中島新） 「日本文学論集(大東文化大学)」 9 1985.3
◇正岡子規とナショナリズム—抒情の系譜—子規・独歩・勇— （中野一夫） 「跡見学園国語科紀要」 31・32 1985.4
◇今井忠治(峰夏樹)と独歩—代作問題を中心に— （川岸みち子） 「国文学」 30(5) 1985.5
◇キリスト教と日本文学者(2)「信仰の相鍵」—国木田独歩の悲哀(1) （吉田とよ子） 「世紀」 421 1985.6
◇国木田独歩の佐伯での生活(8) （山内武麒） 「佐伯史談」 139 1985.6
◇キリスト教と日本文学者(2)「信仰の相鍵」—国木田独歩の悲哀(2) （吉田とよ子） 「世紀」 422 1985.7
◇独歩「欺かざるの記」—青春の思索・反省(魅せられた日記文学—古典から近代まで<特集>) （滝藤満義） 「国文学 解釈と鑑賞」 50(8) 1985.7
◇キリスト教と日本文学者(2)「信仰の相鍵」—国木田独歩の悲哀(3) （吉田とよ子） 「世紀」 423 1985.8
◇キリスト教と日本文学者(2)「信仰の相鍵」—国木田独歩の悲哀(4) （吉田とよ子） 「世紀」 424 1985.9
◇国木田独歩の佐伯での生活(9) （山内武麒） 「佐伯史談」 140 1985.10
◇キリスト教と日本文学者(2)「信仰の相鍵」—国木田独歩の悲哀(5) （吉田とよ子） 「世紀」 425 1985.10
◇キリスト教と日本文学者(2)「信仰の相鍵」—国木田独歩の悲哀(6) （吉田とよ子） 「世紀」 426 1985.11
◇キリスト教と日本文学者(2)「信仰の相鍵」—国木田独歩の非哀(7) （吉田とよ子） 「世紀」 427 1985.12
◇国木田独歩の出発—その「方法」を中心に— （亀井雅司） 「光華女子大学研究紀要」 23 1985.12
◇2つの恋のゆくえ—ワーズワスと独歩 （山田博光） 「帝塚山学院大学研究論集」 21 1986
◇キリスト教と日本文学者(2)「信仰の相鍵」—国木田独歩の悲哀(8) （吉田とよ子） 「世紀」 428 1986.1
◇キリスト教と日本文学者(2)「信仰の相鍵」—国木田独歩の悲哀(9) （吉田とよ子） 「世紀」 429 1986.2
◇キリスト教と日本文学者(2)「信仰の相鍵」—国木田独歩の悲哀(10)完 （吉田とよ子） 「世紀」 430 1986.3
◇独歩『窮死』論—<小民史>の帰結 （岩崎文人） 「国文学攷」 108・109 1986.3
◇国木田独歩の佐伯での生活(10) （山内武麒） 「佐伯史談」 141 1986.3
◇晩年の独歩—「竹の木戸」論— （戸松泉） 「日本文学(東京女子大学)」 65 1986.3
◇独走ノート(3)忘れえぬ人々について （藤井信乃） 「星美学園短期大学研究論叢」 18 1986.3
◇作品の構図に見る独歩文学の特徴—「春の鳥」を中心にして— （中島新） 「日本文学論集(大東文化大学大学院)」 10 1986.3
◇国木田独歩の佐伯での生活(11) （山内武麒） 「佐伯史談」 142 1986.6
◇森鷗外の詩「都鳥」の成立とその波紋—独歩, 透谷, 藤村との関連— （遠藤誠治） 「個人誌作品研究」 創刊号 1986.10
◇『源おぢ』論—独歩をめぐる風景論の端緒として— （森本隆子） 「叙説(奈良女子大学)」 13 1986.10
◇国木田独歩の佐伯での生活(12) （山内武麒） 「佐伯史談」 143 1986.11
◇1人の著者の本全部でいくら岩野泡鳴・国木田独歩 「日本古書通信」 689 1986.12
◇国木田独歩の出発(続)その「方法」を中心に （亀井雅司） 「光華女子大学研究紀要」 24 1986.12
◇独歩「春の鳥」考 （工藤茂） 「別府大学紀要」 28 1987.1
◇「力」としての自然と「美」としての自然—透谷・漱石・独歩と「自然」— （上田正行） 「金沢大学国語国文」 12 1987.3
◇「春の鳥」-「白痴教育」との接点 （橋川俊樹） 「東京成徳国文」 10 1987.3
◇国木田独歩の佐伯での生活(13) （山内武麒） 「佐伯史談」 144 1987.3
◇自然に対する観念とその描写—ホイットマンと国木田独歩 （小林祐二） 「大妻女子大学文学部紀要」 19 1987.3
◇独歩「河霧」論—<時間>と「変らな」いものへの視点— （中島新） 「日本文学論集(大東文化大学大学院)」 2(稲垣達郎先生追悼号) 1987.3
◇日清戦後の詩論と『抒情詩』の「独歩吟序」—詩の内容と形式に関する諸論をめぐって （芦谷信和） 「立命館大学」 500(創刊500号記念論集) 1987.3
◇連載6 近代文学閑談・国木田独歩の『牛肉と馬鈴薯』 （西田勝） 「彷書月刊」 3(4) 1987.4
◇国木田独歩の佐伯での生活(14) （山内武麒） 「佐伯史談」 145 1987.6
◇国木田独歩覚書—「愛弟通信」をめぐって （小野末夫） 「語文(日本大学国文学会)」 68 1987.6
◇国木田独歩と自由民権運動(特集・民権と文学) （山田博光） 「社会文学」 創刊号 1987.6
◇国木田独歩出生の問題 （桑原伸一） 「宇部短期大学学術報告」 24 1987.7
◇国木田独歩の「女性禽獣論」—母親の投影をめぐって— （小野末夫） 「解釈」 33(7) 1987.7
◇国木田独歩の佐伯での生活(15) （山内武麒） 「佐伯史談」 146 1987.10
◇国木田独歩について （三浦澄子） 「沼間郷土史研究会会報」 3

◇独歩と花袋—日本自然主義文学論考 (天野雅郎)「地域文化研究(広島大学総合科学部)」 14 1988
◇語り手の位相〈特集〉 (後藤康二)「日本文学」 37(1) 1988.1
◇日本近代リアリズムと国木田独歩の短篇小説 (劉光宇)「人文論究(関西学院大学人文学会)」 37(4) 1988.1
◇国木田独歩の佐伯での生活(16) (山内武麒)「佐伯史談」 147 1988.2
◇明治中期地方英学史の一断面—国木田独歩の赴任校佐伯「鶴谷学館」をめぐって— (秦行正)「福岡大学総合研究所報」 103(人文科学編 50) 1988.2
◇国木田独歩論—近松門左衛門とのかかわりについて— (岡村登志夫)「桜美林短期大学紀要」 24 1988.3
◇国木田独歩とチェーホフ—警句と写実 (芦谷信和)「立命館文学」 505 1988.3
◇独歩「少年の悲哀」—その作品世界をめぐって— (中島礼子)「国士舘短期大学紀要」 13 1988.3
◇独歩文学の本質—「河霧」から「窮死」を中心に (藤田修一)「論叢(駿台大学)」 創刊号 1988.3
◇独歩文学の展開—浪漫主義の視座より (芦谷信和)「立命館文学」 506 1988.5
◇国木田独歩の佐伯での生活(17) (山内武麒)「佐伯史談」 148 1988.6
◇国木田独歩の佐伯での生活(18) (山内武麒)「佐伯史談」 149 1988.10
◇懐疑と断念のあいだ—白鳥初期小説における独歩の位置をめぐって (一柳広孝)「名古屋近代文学研究」 6 1988.12
◇独歩の「山林に自由存す」と陶淵明 (仁枝忠)「作陽音楽大学・作陽短期大学研究紀要」 22(2) 1989
◇国木田独歩の佐伯での生活(19) (山内武麒)「佐伯史談」 150 1989.2
◇「忘れえぬ人々」をめぐって—比較文学的私論 (小田桐弘子)「福岡女学院短期大学紀要」 25 1989.2
◇『欺かざるの記』の虚実 (北野昭彦)「国文学」 34(4) 臨増(近代文壇事件史) 1989.3
◇国木田独歩の出生について (田淵俊介)「兵庫国漢」 35 1989.3
◇国木田独歩と〈武蔵野ゆかりの人びと〉 (田中潔)「武蔵野」 67(1・2) 1989.5
◇国木田独歩と「松陰」の出会い 桑原伸一「宇部短期大学学術報告」 26 1989.7
◇国木田独歩の佐伯での生活(20) (山内武麒)「佐伯史談」 151 1989.7
◇新資料・詞華集『花天月地』『花月集』について—独歩の詩の収録詩集 (小野末夫)「解釈」 35(9) 1989.9
◇国木田独歩の佐伯での生活(21) (山内武麒)「佐伯史談」 152 1989.10
◇「春の鳥」の執筆時期をめぐって—中期の独歩文学とその背景から (新保邦寛)「稿本近代文学」 13 1989.11
◇独歩「忘れえぬ人々」—〈自然〉と〈自我〉をめぐって (中島礼子)「北九州大学国語国文学」 3 1989.11
◇独歩の風景の成立—「小春」における〈ピクチャレスク〉の成熟 (森本隆子)「大阪大学教養部研究報告 人文・社会科学篇」 26(2) 1990
◇自然愛から人間愛へ—独歩におけるワーズワス的感性 (広田稔)「比較文学」 33 1990
◇独歩の「山林に自由存す」と陶淵明 (仁枝忠)「作陽音楽大学・作陽短期大学研究紀要」 22(2) 1990.1
◇国木田独歩文献目録・略年譜 (中島礼子,高野純子)「国文学解釈と鑑賞」 56(2) 1990.2
◇国木田独歩の佐伯での生活(22) (山内武麒)「佐伯史談」 153 1990.2
◇国木田独歩研究史覚書(1)同時代批評考 (後藤康二)「研究年報(福島県立会津短期大学)」 47 1990.3
◇独歩の「二少女」—明治期の女性の職業と商品化をとおして (中島礼子)「国士舘短期大学紀要」 15(望月信彦教授追悼) 1990.3
◇独歩「春の鳥」—虚構と主題(1) (芦谷信和)「立命館文学」 515 1990.3
◇国木田独歩の佐伯での生活(23) (山内武麒)「佐伯史談」 154 1990.6
◇「雲」をめぐるエッセイ—「武蔵野」を読むために (森本隆子)「静岡近代文学」 5 1990.8
◇「源叔父」の方法 (出原隆俊)「語文(大阪大学文学部国文学研究室編)」 55 1990.11
◇国木田独歩と『聊斎志異』 (小野末夫)「曙光」 1 1990.12
◇独歩「悪魔」の構造について—偽善者信仰と愛欲を中心に (山本民雄)「愛媛国文研究」 41 1991
◇国木田独歩と北海道—自然の表象をめぐって (関肇)「学習院大学文学部研究年報」 38 1991
◇国木田独歩の佐伯での生活(25) (山内武麒)「佐伯史談」 156 1991.2

◇国木田独歩研究史覚書(2)1910年から45年まで (後藤康二)「研究年報(福島県立会津短期大学)」 48 1991.3
◇独歩ノート(4)「武蔵野」について (藤井信乃)「研究論叢(星美学園短期大学)」 23 1991.3
◇国木田独歩の青春像—『欺かざるの記』を中心に (孫光輝)「湘南文学(東海大学)」 25 1991.3
◇独歩「武蔵野」成立の歴史性—新しい自然の発見と表現 (北野昭彦)「大谷女子大国文」 21 1991.3
◇国木田独歩のエマーソン受容—「星」における〔詩人と自由〕の問題 (小野末夫)「日本大学理工学部一般教育教室彙報」 49 1991.3
◇「ア、秋だ!」の命脈—国木田独歩「武蔵野」瑣言 (寺横武夫)「月刊国語教育」 11(5) 1991.8
◇国木田独歩の『牛肉と馬鈴薯』 (津守千賀子)「虹鱒」 終刊号 1991.8
◇国木田独歩の出生に関する疑問 (小野末夫)「日本大学理工学部一般教育教室彙報」 50 1991.9
◇国木田独歩の佐伯での生活(26) (山内武麒)「佐伯史談」 158 1991.10
◇従軍作家より見た戦争と平和—独歩と花袋の観戦記を中心にして (遠藤光正)「東洋研究」 100 1991.11
◇国木田独歩の東京 (北野昭彦)「国文学」 36(15) 臨増(近代文学東京地図) 1991.12
◇柳田国男の周辺—柳田国男と独歩(柳田国男の世界〈特集〉) (滝藤満義)「国文学解釈と鑑賞」 56(12) 1991.12
◇国木田独歩「運命論者」の世界—事実と運命の間 (関肇)「学習院大学文学部研究年報」 39 1992
◇国木田独歩の佐伯での生活(27) (山内武麒)「佐伯史談」 159 1992.2
◇民友社精神と独歩の「源おぢ」 (北野昭彦)「大谷女子大学紀要」 26(2) 1992.2
◇国木田独歩「源叔父」と「ヨブ記」 (鈴木秀子)「宗教と文化」 14 1992.3
◇近代文学者の死生観—子規・独歩・百三にみる (太田信隆)「関西女子美術短期大学紀要」 5 1992.6
◇近代文学探訪(2)国木田独歩「窮死」 (右遠俊郎)「民主文学」 319 1992.6
◇国木田独歩の佐伯での生活(28) (山内武麒)「佐伯史談」 161 1992.10
◇「源叔父」成立考—〈老翁〉の物語 (岩崎文人)「近代文学試論」 30 1992.12
◇国木田独歩「酒中日記」の構造 (山本民雄)「愛媛国文研究」 43 1993
◇独歩文学を貫くもの(2)2人の〈私〉・もう1つの〈小民史〉 (新保邦寛)「文芸言語研究 文学篇」 24 1993
◇近代小説考 明治の青春(24〜30)国木田独歩「武蔵野」(1〜7) (野山嘉正)「國文學 解釈と教材の研究」 38(3〜5,7〜10) 1993.3〜9
◇独歩ノート(5)「武蔵野」について (藤井信乃)「星美学園短期大学研究論叢」 25 1993.3
◇続・独歩「武蔵野」成立の歴史性 (北野昭彦)「大谷女子大国文」 23(乗岡憲正先生退職記念特輯) 1993.3
◇独歩が見ようとした風景(窓外雨蕭々(28)) (関川夏央)「文学界」 47(4) 1993.4
◇『忘れえぬ人々』の位置—日本文学の視座史のなかで (中小路駿逸)「旅の文化史(追手門学院大学)」 (生きられたアジアの風景) 1993.4
◇徳富蘇峰,両義的な〈兄〉—透谷・独歩との関わりを中心に(近世と近代—危機の文学〈特集〉) (猪狩友一)「国語と国文学」 70(5) 1993.5
◇「愛弟通信」と独歩の枠小説 (後藤康二)「日本近代文学」 48 1993.5
◇国木田独歩の佐伯での生活(29〜31) (山内武麒)「佐伯史談」 163〜165 1993.6,10,94.2
◇二人の〈私〉・もう一つの〈小民史〉—独歩文学を貫くもの(2) (新保邦寛)「文芸言語研究 文芸篇(筑波大学)」 24 1993.8
◇国木田独歩「武蔵野」論—都市と表現 (石田仁志)「論樹」 7 1993.9
◇国木田独歩と女性—その憎しみの奥に(沈黙と狂気—女性文学の深層を読む〈特集〉) (大串幸子)「新日本文学」 48(10) 1993.10
◇立志の変容—国木田独歩「非凡なる凡人」をめぐって (関肇)「日本近代文学」 49 1993.10
◇独歩「少年の悲哀」 (芦谷信和)「日本文芸学(日本文芸学会)」 30(学会創立30周年記念号) 1993.11
◇文学における日清戦争の意味—独歩・一葉・子規のナショナリズムを中心に (小笠原幹夫)「作陽音楽大学・作陽短期大学研究紀要」 27(2) 1994
◇独歩「河霧」考—2つの「画」 (中島礼子)「国語と国文学」 71(1) 1994.1
◇独歩における佐伯 (工藤茂)「別府大学紀要」 35 1994.1
◇「酒中日記」の周辺 (畑実)「駒沢国文」 31 1994.2
◇「小民」のかたどられ方—国木田独歩「忘れえぬ人々」を中心に(近

◇代文学と「語り」(2)〈特集〉）（後藤康二）「国文学解釈と鑑賞」59(4) 1994.4
◇新体詩における「自由」の表現―壮士から詩人へ、屈山・透谷・独歩（九里順子）「宮城学院女子大学研究論文集」79 1994.6
◇明治の名作小説を読み直す―国木田独歩「春の鳥」―天翔る少年の夢に託した深層の真実（明治の名作小説がいま新しい〈特集〉）（北野昭彦）「國文學 解釈と教材の研究」39(7) 1994.6
◇国木田独歩研究―東京専門学校時代を中心として （小野末夫）「日本大学理工学部一般教育教室彙報」56 1994.9
◇文学者独歩の出発―ワーズワスの受容から〈小民〉文学の創造へ（秦行正）「福岡大学人文論叢」26(2) 1994.9
◇えがかれた日清戦争―独歩・子規・鏡花の動向を中心に （小笠原幹夫）「文芸と批評」7(10) 1994.10
◇啄木と独歩（石川啄木―現代の抒情の源流を求めて〈特集〉）（木股知史）「短歌」角川書店 42(4) 1995.4 p96～99
◇独歩「田家文学とは何ぞ」の湖処子批判とワーズワース観 （芦谷信和）「立命館文学」立命館大学人文学会 540 1995.7 p13～29
◇国木田独歩研究―「軍艦の種類」の原本についての考察 （小野末夫）「日本大学理工学部一般教育教室彙報」日本大学理工学部 58 1995.9 p17～22
◇物語の声―国木田独歩「竹の木戸」論 （関肇）「光華女子大学研究紀要」光華女子大学 33 1995.12 p61～90
◇国木田独歩と自然主義（芦谷信和）「花袋研究学会々誌」花袋研究学会 14 1996 p36～44
◇高専一年生における「国語」の導入授業について―国木田独歩「画の悲しみ」（加田謙一郎）「高専教育」高等専門学校教育研究会 第19号 1996.3 p24～31
◇国木田独歩と自然主義（芦谷信和）「花袋研究学会々誌」花袋研究学会 第14号 1996 p36～44
◇風景の影―『武蔵野』・見ること・見ないこと （藤森清）「名古屋大学国語国文学」名古屋大学国語国文学会 78 1996.7 p35～48
◇近代における郊外と都市―『武蔵野』とその周辺 （長沼光彦）「論樹」東京都立大学大学院人文科学研究科 第10号 1996.9 p1～11
◇他者へのまなざし―国木田独歩「源叔父」論 （関肇）「光華女子大学研究紀要」光華女子大学 34 1996.12 p67～87
◇ミルトンと独歩―23歳の青年詩人の苦悩と決意 （光永武志）「熊本電波工業高等専門学校研究紀要」熊本電波工業高等専門学校 23 1996.12 p85～92
◇国木田独歩 竹の木戸〈明治41年1月号〉（自然主義の作家たち）「中央公論」111(15) 1996.12 臨増〈20世紀日本文学の誕生 文芸欄の100年〉p90～101
◇国木田独歩 民友社時代の独歩〈明治41年8月号〉（作家論）（徳富蘇峰）「中央公論」111(15) 1996.12 臨増〈20世紀日本文学の誕生 文芸欄の100年〉p562～564
◇ワーズワスをめぐる独歩の湖処子批判 第二弾（芦谷信和）「花園大学文学部研究紀要」花園大学文学部 29 1997.3 p5～17
◇国木田独歩―急に何だか悲しくなって……〈特集・幕末明治人物臨終の言葉―近代の夜明けを駆けぬけた44人の人生決別の辞 英傑死してことばを遺す〉（一坂太郎、稲川明雄、今川徳三、井門寛、宇都宮泰長、河合敦、木村幸比古、祖田浩一、高野澄、高橋和彦、畑山博、三谷茉沙夫、百瀬明治、山村竜也）「歴史と旅」24(7) 1997.5 p118～119
◇記憶を語る言葉―国木田独歩「忘れえぬ人々」論 （関肇）「光華女子大学研究紀要」光華女子大学 35 1997.12 p23～54
◇少年時代への憧憬―同名小説『少年の悲哀』をめぐって （丁貴連）「稿本近代文学」筑波大学文芸・言語学系平岡研究室 22 1997.12 p39～54
◇国木田独歩『河霧』論 （和田圭樹）「解釈」教育出版センター 44(1) 1998.1 p11～17
◇その詩集入手前後の独歩のワーズワース観 （芦谷信和）「近代文学論創」論創近代文学研究会 1 1998.5 p1～15
◇アイロニーの機制―国木田独歩「牛肉と馬鈴薯」論 （関肇）「光華女子大学研究紀要」光華女子大学 36 1998.12 p69～88
◇独歩の時間と「事実」 （後藤康二）「会津大学文化研究センター研究年報」会津大学 6 1999 p1～8
◇国木田独歩「号外」における事件ならびに作中人物に関する一考察 （中路基夫）「日本言語文化研究」日本言語文化研究会 創刊号 1999.3 p1～18
◇国木田独歩「春の鳥」再考―語り手「私」の認識の劇（ドラマ）を追って （戸松泉）「相模女子大学紀要」相模女子大学 63A 1999.3 p15～26
◇国木田独歩『武蔵野』考―「趣味」の語を中心にして （沢本亜希）「高知大国文」高知大学国語国文学会 第29号 1999.3 p34～47
◇国木田独歩―帰ることのできない故郷〈特集 異文化とアイデンティティー〉（スティーヴン・ドッド）「無限大」日本アイ・ビー・エム 105 1999.5 p52～57
◇「窮死」前後―最後の独歩（佐々木雅発）「国文学研究」早稲田大学国文学会 128 1999.6 p89～100
◇死を見つめる心―国木田独歩と正岡子規の場合 （岡村登志夫）「紀要」桜美林短期大学 36 2000 p1～14
◇国木田独歩文学における小説『源おじ』の位置について （国近石竜）「六浦論叢」関東学院六浦中学校・高等学校 33 2000 p15～25
◇〈忘却〉、そして〈想起〉への詩学―国木田独歩「忘れえぬ人々」論（合田里美）「山口国文」山口大学人文学部国語国文学会 23 2000 p35～46
◇こころの旅 柳井―白壁の商家が続く国木田独歩ゆかりの地（日本列島まるごと歴史散歩〔2〕山口県の巻）（村谷宏）「歴史と旅」27(3) 2000.2 p182～183
◇国木田独歩―「古人」執筆に及ぼした伴武雄・山口行一の死の影響について（小野末夫）「日本大学理工学部一般教育教室彙報」日本大学理工学部 68 2000.9 p1～8
◇国木田独歩『悪魔』論―手記を抜粋する武雄の視点 （弥頭直哉）「キリスト教文芸」日本キリスト教文学会関西支部 第17輯 2000.10 p1～13
◇反帰省小説としての『帰去来』―国木田独歩における「連続」と「驚き」（石森重行）「立命言語文化研究」立命館大学国際言語文化研究所 12(3) 2000.11 p129～142
◇『欺かざるの記』の一局面―国木田独歩における読書（関肇）「光華女子大学研究紀要」光華女子大学 38 2000.12 p53～70
◇ロマンティック・ラヴ―国木田独歩『恋を恋する人』(小説)（境界を越えて―恋愛のキーワード集）（鈴木章弘）「國文學 解釈と教材の研究」学灯社 46(3) 2001.2 p38～40
◇恋愛、手紙、そして書簡体という叙述様式（上）国木田独歩「おとづれ」と李光洙「幼き友へ」（丁貴連）「宇都宮大学国際学部研究論集」宇都宮大学国際学部 12 2001.10 p1～19
◇明治文学における北海道の表象―国木田独歩「牛肉と馬鈴薯」論（尾西康充）「キリスト教文芸」日本キリスト教文学会関西支部 第18輯 2001.12 p1～16
◇国木田独歩「牛肉と馬鈴薯」論 （弥頭直哉）「キリスト教文芸」日本キリスト教文学会関西支部 第18輯 2001.12 p17～29
◇京都時代における国木田独歩と内村鑑三 （山本民雄）「人間文化研究所紀要」聖カタリナ女子大学 7 2002 p43～56
◇恋愛、手紙、そして書簡体という叙述様式（下）国木田独歩「おとづれ」と李光洙「幼き友へ」（丁貴連）「宇都宮大学国際学部研究論集」宇都宮大学国際学部 13 2002.3 p1～19
◇国木田独歩「武蔵野」に描かれた（詩趣）について （小野末夫）「解釈」教育出版センター 48(3・4) 2002.3・4 p41～47
◇国木田独歩「春の鳥」論 （青木文美）「愛知淑徳大学国語国文」愛知淑徳大学国文学会 第25号 2002.3 p153～168
◇『武蔵野』を読む―六章をめぐって （佐々木雅発）「国文学研究」早稲田大学国文学会 137 2002.6 p55～64
◇国木田独歩『武蔵野』の詩眼―観光学と明治美学 （渡辺章夫）「愛知論叢」愛知大学大学院生協議会 第73号 2002.9 p166(27)～142(51)
◇未だ見ぬ真の滑稽（ユーモア）―国木田独歩「郊外」論 （鷺崎秀一）「稿本近代文学」筑波大学日本文学会近代部会 27 2002.12 p1～11
◇Kunikida Doppo : Kyushi Eine Ubersetzungskritik （Harald von Fragstein, Alexandra von Fragstein）「岐阜大学地域科学部研究報告」岐阜大学地域科学部 12 2003 p217～237
◇国木田独歩「竹の木戸」論―両家の対比の構図において （弥頭直哉）「人文論究」関西学院大学人文学会 52(4) 2003.2 p1～14
◇国木田独歩の「二少女」にみる電話交換手事情（特集 近代）（小野末夫）「解釈」教育出版センター 49(7・8) 2003.7・8 p9～14
◇評釈 国木田独歩の漢詩（芦谷信和）「近代文学論創」論創近代文学研究会 6 2003.10 p52～56
◇媒介者としての日本文学―国木田独歩「運命論者」を手がかりとして（研究発表）（丁貴連）「国際日本文学研究集会会議録」国文学研究資料館 第27回 2004.3 p81～113
◇雑誌探索「山比古」の検討（上）―窪田空穂・水野葉舟・島崎藤村・国木田独歩・柳田国男・太田水穂・中沢臨川・秋元洒汀・蒲原有明・平塚栄袖・岡野知十・小山内薫・川田順・河井酔名・小島烏水・吉江孤雁・矢々崎奇峰・三津木春影・田山花袋ら（紅野敏郎）「資料と研究」山梨県立文学館 第9輯 2004.3 p68～105
◇傍観者としての語り手―国木田独歩「竹の木戸」と田栄沢「ファスブン」（丁貴連）「宇都宮大学国際学部研究論集」宇都宮大学国際学部 17 2004.3 p1～15
◇国木田独歩「鎌倉夫人」―「ハイカラ毒婦」「君等の所謂る本能満足主義の勇者（チャンピヨン）」をめぐって （中島礼子）「国文学論輯」国士館大学国文学会 25 2004.3 p69～98
◇父親像の不在と独歩文学の特質（特集 近代文学に描かれた父親像―近代文学に描かれた父親像）（金東郷）「国文学解釈と鑑賞」至文堂 69(4) 2004.4 p24～30
◇逍遥・文学誌(155)博文館創業廿週年記念増刊「ふた昔」―幸堂得知・水蔭・独歩・藤村・秋声・花袋ら （紅野敏郎）「國文學 解釈と教材の研究」学灯社 49(6) 2004.5 p166～169
◇近代滑稽小説の系譜―国木田独歩「園遊会」 （鷺崎秀一）「稿本近代文学」筑波大学日本文学会近代部会 29 2004.12 p34～44

◇白痴教育と文学—「春の鳥」を中心に （河内重雄）「九大日文」 九州大学日本語文学会「九大日文」編集委員会 5 2004.12.1 p126～139
◇「自然」と「人」—初期国木田独歩文学を中心に （山中千春）「藝文攷」 日本大学大学院芸術学研究科文芸学専攻 10 2005 p33～53
◇星のある風景：永井荷風と国木田独歩 （涌井隆）「言語文化論集」 名古屋大学大学院国際言語文化研究科 26(2) 2005 p221～226
◇森鷗外・国木田独歩における博愛と愛国—トルストイ「戦争と平和」を出発点に （遠藤誠治）「鷗外」 森鷗外記念会 76 2005.1 p42～46
◇続署名本の世界(20)花袋・独歩宛「春鳥集」、藤村宛「有明集」 （川島幸希）「日本古書通信」 日本古書通信社 70(2) 2005.2 p8～9
◇雑誌探索—「山比古」の検討(下)—国木田独歩・窪田空穂・太田水穂・吉江孤雁・中沢臨川・水野葉舟・秋元洒汀・蒲原有明・平塚紫袖・三津木春影・田山花袋・国府犀東・坪谷水哉・江見水蔭・大島宝水・川崎杜外・神谷鶴伴・山本露滴・原抱一庵・幸田露伴・大塚甲山ら （紅野敏郎）「資料と研究」 山梨県立文学館 第10輯 2005.3 p111～150
◇「或る女」前史としての国木田独歩における女性表象—「おとづれ」「第三者」「鎌倉夫人」と「或る女のグリンプス」をめぐって （中島礼子）「有島武郎研究」 有島武郎研究会 8 2005.3 p1～13
◇一人称形式と「新しい人間」の発見 国木田独歩「春の鳥」と田榮澤「白痴か天才か」 （丁貴連）「宇都宮大学国際学部研究論集」 宇都宮大学国際学部 19 2005.3 p1～16
◇花袋と独歩—『近代の小説』を中心に （岸規子）「花袋研究学会々誌」 花袋研究学会 20 2005.4 p35～44
◇国木田独歩における女性表象と女性に関する言説 （中島礼子）「国士舘大学文学部人文学会紀要」 国士舘大学文学部人文学会 37 2005.3 p21～41
◇雑誌探索—「山比古」の検討(下)—国木田独歩・窪田空穂・太田水穂・吉江孤雁・中沢臨川・水野葉舟・秋元洒汀・蒲原有明・平塚紫袖・三津木春影・田山花袋・国府犀東・坪谷水哉・江見水蔭・大島宝水・川崎杜外・神谷鶴伴・山本露滴・原抱一庵・幸田露伴・大塚甲山ら （紅野敏郎）「資料と研究」 山梨県立文学館 第10輯 2005.3 p111～150
◇「韓国近代文学の起源」としての国木田独歩（提言 東アジアの日本文学・日本文化研究—その課題と可能性）（丁貴連）「日本近代文学」 日本近代文学会 73 2005.10 p255～258
◇国木田独歩における民友社的なるものをめぐって—〈家庭〉〈夫婦〉の視座から （中島礼子）「国士舘大学文学部人文学会紀要」 国士舘大学文学部人文学会 24 2005.3 p20～28
◇卒業論文 国木田独歩『空知川の岸辺』論—北海道移住計画と「自然」表現について （伊藤隆博）「滝川国文」 国学院短期大学国文学会 22 2006 p47～62
◇時代の「悲哀」としての「少年の悲哀」—国木田独歩「少年の悲哀」と李光洙「少年の悲哀」 （丁貴連）「宇都宮大学国際学部研究論集」 宇都宮大学国際学部 21 2006.3 p1～15
◇国木田独歩と「風景の発見」—柄谷行人氏の言説の検討の試み （仲島陽一）「国際地域学研究」 東洋大学国際地域学部 9 2006.3 p201～209
◇明治期における山口の英語教師(1)—国木田独歩 （保坂芳男）「英学史論叢」 日本英学史学会中国・四国支部 第9号 2006.5 p43～50
◇東アジアの近代と故郷—国木田独歩「帰去来」と廉想渉「万歳前」 （丁貴連）「宇都宮大学国際学部研究論集」 宇都宮大学国際学部 22 2006.10 p1～21
◇従軍と「写実」—国木田独歩の「朝鮮」記事を中心に（研究発表） （水野達朗）「国際日本文学研究集会会議録」 国文学研究資料館 第30回 2007.3 p193～206
◇国木田独歩「源叔父」—死を選んだ老人 （渡部哲平）「湘南文学」 東海大学日本文学会 第41号 2007.3 p149～171
◇啄木と独歩 時代のなかでの夢と希望（研究発表） （西川敏之）「国際啄木学会会報」 国際啄木学会 第24号 2007.4 p10
◇国木田独歩「湯ヶ原ゆき」（特集=旅と文学―神奈川） （滝藤満義）「国文学解釈と鑑賞」 至文堂 72(4) 2007.4 p84～86
◇国木田独歩「富岡先生」論 （山口実男）「論究日本文学」 立命館大学日本文学会 86 2007.5 p27～41
◇風景としての武蔵野—国木田独歩『武蔵野』を読む （内田順文）「国士舘大学地理学報告」 国士舘大学地理学会 16 2008 p57～63
◇『武蔵野』の伝統と背景 （田渕幸親）「長崎国際大学論叢」 長崎国際大学研究センター 8 2008 p35～44
◇国木田独歩論—その思想の軌跡 （栗林秀雄）「大東文化大学紀要 人文科学」 大東文化大学 46 2008 p223～232
◇民友社史論と国木田独歩—「経世家風の尺度」との葛藤 （木村洋）「日本文学」 日本文学協会 57(2) 2008.2 p32～42
◇国木田独歩「武蔵野」を書く—文学作品のイメージと書との融合 （廣瀬裕之）「武蔵野日本文学」 武蔵野大学国文学会 17 2008.3 p58～65
◇国木田独歩 見果てぬ夢—ワーズワース・「源おぢ」 （浅知井律子）「学芸国語国文学」 東京学芸大学国語国文学会 40 2008.3 p38～46
◇自我/アイデンティティをめぐる問い—国木田独歩『窮死』論 （大石將朝）「学芸国語国文学」 東京学芸大学国語国文学会 40 2008.3 p74～84
◇百年前のヴィジュアル・メディア 編集長・国木田独歩と明治のグラフ雑誌 （黒岩比佐子）「東京人」 都市出版 23(6) 2008.5 p102～109
◇国木田独歩百年忌に （平岡敏夫）「図書」 岩波書店 714 2008.9 p15～17
◇一人称表現の近代—"人称"の発見から独歩まで（特集 一人称という方法） （猪狩友一）「文学」 岩波書店 9(5) 2008.9・10 p46～59
◇国木田独歩・出生(1) （芦谷信和）「言語文化論叢」 京都橘大学文学部野村研究室 2 2008.9 p1～11
◇風景と所有権—志賀と独歩の文学、蘆花の文学 （藤森清）「日本近代文学」 日本近代文学会 79 2008.11 p1～14
◇平民主義の興隆と文学—国木田独歩『武蔵野』論 （木村洋）「日本近代文学」 日本近代文学会 79 2008.11 p15～29
◇国木田独歩「空知川の岸辺」の背景―佐々城豊寿の "実業的女学校" 構想と北海道開拓の関係（特集 北方研究の新展開）（木村真佐幸）「芸術至上主義文芸」 芸術至上主義文芸学会事務局 34 2008.11 p28～43
◇国木田独歩「武蔵野」を書く—漢字仮名交じりの書法研究（武蔵野特集—「武蔵野学」構築に向けて(1)—第十八回武蔵野大学国文学会）（廣瀬裕之）「武蔵野日本文学」 武蔵野大学国文学会 18 2009.3 p50～57
◇さあ、面白い戦記物語を読もう(3)国木田独歩『愛弟通信』 （杉原志啓）「表現者」 ジョルダン 24 2009.5 p150～155
◇日本小説技術史（第4回）「自然」を見る・嗅ぐ・触る作家たち—独歩・藤村・花袋・泡鳴 （渡部直己）「新潮」 新潮社 106(6) 2009.6 p236～273
◇国木田独歩・出生歴歩(2) （芦谷信和）「言語文化論叢」 京都橘大学文学部野村研究室 3 2009.8 p1～10

国沢新九郎　くにさわしんくろう　1847～1877
明治期の洋画家。
【図　書】
◇実力画家たちの忘れられていた日本洋画 （住友慎一著） 里文出版 2003.10 210p
【雑　誌】
◇国沢新九郎の画歴と作品 （三輪英夫）「美術研究」 321 1982.9
◇国沢新九郎筆《ランプと洋書》について （土屋裕子）「Museum」 東京国立博物館 599 2005.12 p71～84,6
◇百武兼行のロンドンにおける絵画制作について—百武兼行と國澤新九郎 （中村幸子）「美術教育」 日本美術教育学会学会誌編集委員会 291 2008 p38～45

久保田米僊　くぼたべいせん　1852～1906
明治期の日本画家。鈴木百年に師事。
【図　書】
◇幕末明治 京洛の画人たち （原田平作） 京都新聞社 1985.2
◇メディア都市・京都の誕生—近代ジャーナリズムと諷刺漫画 （今西一著） 雄山閣出版 1999.6 252p
【雑　誌】
◇祇園祭あとさき 二枚の絵 （杉本秀太郎）「新潮45」 20(8) 2001.8 p193～195
◇久保田米僊の画業に関する基礎的研究(1)『絵嶋之霞』の作品分析を中心に （福永知代）「お茶の水女子大学人文科学紀要」 お茶の水女子大学 55 2002.3 p37～50
◇久保田米僊の画業に関する基礎的研究(2)久保田米僊と日清戦争—『国民新聞』におけるルポルタージュを中心に （福永知代）「お茶の水女子大学人文科学紀要」 お茶の水女子大学 57 2004.3 p33～49

久米桂一郎　くめけいいちろう　1866～1934
明治，大正期の洋画家。留学期代表作「晩秋」。
【図　書】
◇芸術のエスプリ （藤島武二, 匠秀夫編） 中央公論美術出版 1982.2
◇大正の個性派—栄光と挫折の画家群像 （匠秀夫） 有斐閣 1983.1
◇方眼美術論 （久米桂一郎著） 中央公論美術出版 1984.6
◇久米桂一郎日記 （久米桂一郎著） 中央公論美術出版 1990.3
◇日本の近代美術(3)明治の洋画家たち （三輪英夫編） 大月書店 1993.7
【雑　誌】
◇パリの日本美術学生(下)明治・大正・昭和三代 （高橋邦太郎）「明治村通信」 12(6) 1981.6
◇Paul Richerの業績と美術解剖学 （島田和幸）「美術解剖学雑誌」 美術解剖学会 13(1) 2009.8 p47～56

黒岩涙香　くろいわるいこう　1862〜1920
明治,大正期の新聞人,翻訳家。

【図　書】

◇涙香全集51　(黒岩涙香)　宝出版　1980.6
◇ニーチェから日本近代文学へ　(高松敏男)　幻想社　1981.4
◇懐しの少年倶楽部時代―夢の王国　(高橋康雄)　講談社　1981.9
◇日本探偵小説全集 1 黒岩涙香・小酒井不木・甲賀三郎集　(創元推理文庫)　東京創元社　1984.12
◇言論は日本を動かす 第7巻 言論を演出する　(粕谷一希編)　講談社　1985.11
◇明治の探偵小説　(伊藤秀雄著)　晶文社　1986.10
◇雑学 明治珍聞録　(西沢爽著)　文芸春秋　1987.11　(文春文庫)
◇子不語随筆　(江戸川乱歩著)　講談社　1988.7　(江戸川乱歩推理文庫)
◇探偵小説談林　(長谷部史親著)　六興出版　1988.7
◇黒岩涙香 探偵小説の元祖　(伊藤秀雄)　三一書房　1988.12
◇物語・万朝報―黒岩涙香と明治のメディア人たち　(高橋雄雄著)　日本経済新聞社　1989.5
◇探偵小説四十年　(江戸川乱歩著)　沖積舎　1989.10
◇思想の最前線で―文学は予兆する　(黒古一夫)　社会評論社　1990.5　(思想の海へ「解放と変革」)
◇大正の探偵小説―涙香・春浪から乱歩・英治まで　(伊藤秀雄著)　三一書房　1991.4
◇鶴見俊輔集(6)限界芸術論　(鶴見俊輔著)　筑摩書房　1991.6
◇黒岩涙香探偵実話　(いいだもも)　リブロポート　1992.3　(シリーズ 民間日本学者)
◇黒岩涙香　(涙香会)　日本図書センター　1992.10
◇日本の『創造力』―近代・現代を開花させた470人〈7〉驀進から熟成へ　(富田仁編)　日本放送出版協会　1992.11
◇夢野久作全集〈11〉　(夢野久作著)　筑摩書房　1992.12　(ちくま文庫)
◇日本推理小説史(第1巻)　(中島河太郎著)　東京創元社　1993.4
◇日本ミステリー進化論―この傑作を見逃すな　(長谷部史親著)　日本経済新聞社　1993.8
◇文化のクリエーターたち―江戸・東京を造った人々　(東京人編集室編)　都市出版　1993.12
◇近代の探偵小説　(伊藤秀雄著)　三一書房　1994.4
◇ライバル日本史〈2〉　(NHK取材班編)　角川書店　1994.12
◇涙香外伝　(伊藤秀雄著)　三一書房　1995.6　249p
◇激突―ライバル日本史 7　(NHK取材班編)　角川書店　1996.12　294p　(角川文庫)
◇限界芸術論　(鶴見俊輔著)　筑摩書房　1999.11　462p　(ちくま学芸文庫)
◇ゴシップと醜聞―三面記事の研究　(玉木明著)　洋泉社　2001.3　205p　(新書y)
◇日本ミステリーの100年―おすすめ本ガイド・ブック　(山前譲著)　光文社　2001.3　370p　(知恵の森文庫)
◇黒岩涙香の研究と書誌―黒岩涙香著訳書総覧　(伊藤秀雄,榊原貴教編著)　ナダ出版センター　2001.6　244p　(翻訳研究・書誌シリーズ)
◇夢野久作著作集 6　(西原和海編)　葦書房　2001.7　451p
◇明治の探偵小説　(伊藤秀雄著)　双葉社　2002.2　597,9p　(双葉文庫)
◇時代を創った編集者101　(寺田博編)　新書館　2003.8　246p
◇探偵小説と日本近代　(吉田司雄編著)　青弓社　2004.3　284p
◇随筆 明治文学 1　(柳田泉著, 谷川恵一ほか校訂)　平凡社　2005.8　431p　(東洋文庫)
◇図録・新資料でみる森田思軒とその交友―竜渓・蘇峰・鷗外・天心・涙香　(森田思軒研究会編著, 川戸道昭, 榊原貴教, 谷口詩彦, 中林良雄編著)　松柏社　2005.11　119p
◇言葉の戦士―涙香と定軌 明治新聞人の気魄を知りたい　(井川充雄, 南部哲郎, 張宝芸企画構成, 日本新聞博物館編)　日本新聞博物館　2007.2　96,96p
◇新聞人群像―操觚者たちの闘い　(嶺隆著)　中央公論新社　2007.3　410p
◇反骨―反骨のジャーナリスト陸羯南・宮武外骨・黒岩涙香 子規'08　松山市立子規記念博物館第54回特別企画展　(松山市立子規記念博物館編)　松山市立子規記念博物館　2008.7　52p
◇英文学の地下水脈―古典ミステリ研究 黒岩涙香翻案原典からクイーンまで　(小森健太朗著)　東京創元社　2009.2　244p
◇近代日本メディア人物誌―創始者・経営者編　(土屋礼子編著)　ミネルヴァ書房　2009.6　277p

【雑　誌】

◇黒岩涙香と万朝報(特集・北海道の英学)　(佐藤林平)　「英学史研究」　12　1979
◇黒岩涙香の翻案小説「巌窟王」について―デュマ原作「モンテ・クリスト伯」の梗概　(吉武好孝)　「武蔵野女子大学紀要」　15　1980.3
◇翻訳と翻案のあいだ―黒岩涙香の業績を見る　(江藤文夫)　「文学」　48(12)　1980.12
◇戦争とジャーナリズム(6)秋水とマムシの周六　(茶本繁正)　「現代の眼」　22(3)　1981.3
◇涙香「幽霊塔」は露伴原作か?　(伊藤秀雄)　「日本古書通信」　46(6)　1981.6
◇涙香訳「新説破天荒」雑感　(伊藤秀雄)　「日本古書通信」　46(9)　1981.9
◇新聞扁平文字の系譜―創始者黒岩涙香の卓見　(大井信一)　「印刷雑誌」　65(4)　1982.4
◇五冊の本　(伊藤秀雄)　「日本古書通信」　47(6)　1982.6
◇「秘宝室」の発見と「我不知」の中絶について　(伊藤秀雄)　「日本古書通信」　47(12)　1982.12
◇滝廉太郎と涙香　(伊藤秀雄)　「日本古書通信」　48(6)　1983.6
◇涙香「学校奇談おやおや親」について　(伊藤秀雄)　「日本古書通信」　48(11)　1983.11
◇横溝正史と涙香　(伊藤秀雄)　「日本古書通信」　49(5)　1984.5
◇黒岩涙香(特集=大衆文学の世界)　(大高知兒)　「国文学解釈と鑑賞」　49(15)　1984.12
◇「奇譚黒い箱」は涙香訳ではない　(伊藤秀雄)　「日本古書通信」　49(12)　1984.12
◇江戸川乱歩と涙香　(伊藤秀雄)　「日本古書通信」　50(7)　1985.7
◇黒岩涙香の文章　(岡本勲)　「中京大学文学部紀要」　20(3・4)　1986
◇日本と西洋の推理小説の比較考察―黒岩涙香を中心に―　(福田啓子)　「国際関係研究(日本大学)」　7別冊　1986.12
◇ボアゴベの「鉄仮面」について　(伊藤秀雄)　「日本古書通信」　689　1986.12
◇その後の涙香「幽霊塔」の原作調べについて　(伊藤秀雄)　「日本古書通信」　709　1988.8
◇吉川英治と涙香(上)　(伊藤秀雄)　「日本古書通信」　54(9)　1989.9
◇吉川英治と涙香(下)　(伊藤秀雄)　「日本古書通信」　54(10)　1989.10
◇文明開化の陰の主役たち(近代日本の異能・偉才実業家100人「おじいさんたちは偉かった!」―20世紀総発掘 第4弾)　(高橋康雄)　「月刊Asahi」　5(7)　1993.9
◇野村胡堂と涙香　(伊藤秀雄)　「日本古書通信」　59(4)　1994.4
◇〈個人〉をめぐる問題―黒岩涙香から藤田操へ　(角山祥道)　「文学研究論集」　明治大学大学院　第3号　1995.8　p79〜97
◇探偵―黒岩涙香―ミステリ装置の成立(明治世紀末―イメージの明治(特集)―メタファーの世紀末)　(川崎賢子)　「國文學 解釈と教材の研究」　40(11)　1995.9　p82〜87
◇黒岩涙香の教養小説,家庭小説におけるバーサ・クレイの受容―『妾の罪』を中心に　(松井洋子)　「大学院論集」　日本大学大学院国際関係研究科　第6号　1996.10　p135〜145
◇森下雨村と涙香　(伊藤秀雄)　「日本古書通信」　日本古書通信社　62(12)　1997.12　p6〜8
◇黒岩涙香『死美人』―その「探偵談」について(特集=続・日本人の見た異国・異国人―明治・大正期―明治時代の異国・異国人)　(伊藤秀雄)　「国文学解釈と鑑賞」　至文堂　62(12)　1997.12　p28〜33
◇『空谷蘭』をめぐって―黒岩涙香『野の花』の変容　(飯塚容)　「中央大学文学部紀要」　中央大学文学部　170　1998.3　p93〜115
◇黒岩涙香「雪姫」における万国著作権条約への意識―バーサ・M・クレーの原作をめぐって　(堀啓子)　「国語と国文学」　至文堂　76(7)　1999.7　p28〜43
◇泉鏡花と黒岩涙香　(伊藤秀雄)　「日本古書通信」　日本古書通信社　64(11)　1999.11　p9〜10
◇柳田泉作成「黒岩涙香著訳小説目録」その後　(伊藤秀雄)　「日本古書通信」　日本古書通信社　65(12)　2000.12　p11〜13
◇黒岩涙香『絵姿』とその藍本作家バーサ・M・クレイ(上)　(堀啓子)　「英語青年」　研究社出版　146(11)　2001.2　p670〜674
◇黒岩涙香『絵姿』とその藍本作家バーサ・M・クレー(下)　(堀啓子)　「英語青年」　研究社出版　146(12)　2001.3　p770〜773
◇バーサ・クレー作品の日本大衆小説,家庭小説における受容について 黒岩涙香の『妾の罪』再考　(松井洋子)　「国際関係学部研究年報」　日本大学国際関係学部　23　2002　p233〜239
◇乱歩と涙香が変身した理由　(伊藤秀雄)　「日本古書通信」　日本古書通信社　67(7)　2002.7　p8〜9
◇李相協『海王星』論―黒岩涙香『史外史伝 巌窟王』との比較を通して(特集 アジアの中の「国文学」)　(全美星)　「国文論叢」　神戸大学文学部国語国文学会　32　2002.8　p14〜25
◇ウィリアムスン『ア・ウーマン・イン・グレー』と黒岩涙香『幽霊塔』をめぐって　(小森健太郎)　「文学・芸術・文化」　近畿大学文芸学部　15(1)　2003.12　p124〜110
◇逍遙・文学誌(158)婦人評論―俊子・弥生子・小口みち子・涙香・空穂・勇・八千代・時雨ら　(紅野敏郎)　「國文學 解釈と教材の研究」　学灯社　49(9)　2004.8　p166〜169
◇特別招待席 黒岩涙香と『萬朝報』　(津久井勤)　「歴史研究」　歴研　47(6)　2005.6　p90〜99

◇黒岩涙香の翻訳小説―Bertha M. Clay原作の「古王宮」をめぐって（堀啓子）「藝文研究」慶應義塾大學藝文學會 91分冊1 2006 p239～222
◇特別記事 黒岩涙香『嬢一代』とBertha M. Clay作Irene's Vow（堀啓子）「英語青年」研究社 151(12) 2006.3 p741～745
◇黒岩涙香―ジャーナリスト、小説家、そして「萬朝報」（東海大学文学部叢書プロジェクト シンポジウム「読み物」としての新聞の魅力を探る―ジャーナリスト、新聞小説、そして「萬朝報」）（堀啓子）「東海大学紀要 文学部」東海大学文学部 89 2008 p132～125
◇二つの『白髪鬼』―涙香と乱歩の翻案をめぐって（堀啓子）「東海大学紀要 文学部」東海大学文学部 90 2008 p140～128

黒沢登幾　くろさわとき　1806～1890
幕末、明治期の女性。歌人。
【図 書】
◇幕末裏面史―勤皇烈女伝（小川煙村著）新人物往来社 1998.1 292p（日本伝記叢書）
【雑 誌】
◇幕末維新の異色女人―五人の女流勤皇歌人（辻ミチ子）「歴史と旅」7(1) 1980.1

黒田清輝　くろだせいき　1866～1924
明治、大正期の洋画家。子爵、貴族院議員。
【図 書】
◇日本文化史研究―芳賀幸四郎先生古稀記念（芳賀幸四郎先生古稀記念論文集編集委員会編）笠間書院 1980.5
◇明治大正の美術（匠秀夫ほか）有斐閣 1981.5（有斐閣選書）
◇近代洋画の青春像（原田実）東京美術 1981.7
◇近代美術の開拓者たち―わたしの愛する画家・彫刻家3 有斐閣 1981.8（有斐閣新書）
◇山崎正和著作集5 海の桃山記（山崎正和）中央公論社 1981.10
◇芸術のエスプリ（藤島武二、匠秀夫編）中央公論美術出版 1982.2
◇大正の個性派―栄光と挫折の画家群像（匠秀夫）有斐閣 1983.1
◇絵画の将来（黒田清輝）中央公論美術出版 1983.6
◇忘れ得ぬ芸術家たち（井上靖）新潮社 1983.8
◇薩摩問わず語り 上・下（五代夏夫）草書房 1986.1
◇裸体画の黎明―黒田清輝と明治のヌード（勅使河原純著）日本経済新聞社 1986.3
◇隣りの夫婦―ちょっといい話（知的生きかた文庫）（斎藤茂太著）三笠書房 1986.7
◇林忠正とその時代―世紀末のパリと日本美術（ジャポニスム）（木々康子著）筑摩書房 1987.3
◇アート・ギャラリー・ジャパン 20世紀日本の美術〈11〉黒田清輝・藤島武二（三輪英夫、陰里鉄郎編）集英社 1987.5
◇日本西洋画事始め―パリで学んだ明治の画家たちの異文化接触事情（大沢寛三著）PHP研究所 1987.5（21世紀図書館）
◇雑学 明治珍聞録（西沢爽著）文芸春秋 1987.11（文春文庫）
◇日本 その心とかたち〈10〉21世紀の挑戦（加藤周一、NHK取材班著）平凡社 1988.3
◇異貌の美術史―日本近代の作家たち（瀬木慎一著）青土社 1989.7
◇日本近代美術史論（高階秀爾著）講談社 1990.9（講談社学術文庫）
◇絵画の領分―近代日本比較文化史研究（芳賀徹著）朝日新聞社 1990.10（朝日選書）
◇日本近代美術と西洋―明治美術学会国際シンポジウム（明治美術学会編）中央公論美術出版 1992.4
◇日本洋画の道標（小倉忠夫著）（京都）京都新聞社 1992.5
◇日本の近代美術〈3〉明治の洋画家たち（三輪英夫編）大月書店 1993.7
◇コンポジションから「構想画」へ―黒田清輝による農耕主題の作品を中心に（山梨絵美子）『美術史における日本と西洋』（CIHA日本国内委員会編）CIHA日本国内委員会 1995.9 p132
◇とっておきのもの とっておきの話 第1巻（YANASE LIFE編集室編）芸神出版社 1997.5 213p（芸神集団Amuse）
◇歌之介のさつまのポッケモン（KTS鹿児島テレビ編著、原口泉監修）高城書房 1998.7 176p
◇青木繁と画の中の女（中島美千代著）ティビーエス・ブリタニカ 1998.12 257p
◇魯迅の日本 漱石のイギリス―「留学の世紀」を生きた人びと（柴崎信三著）日本経済新聞社 1999.10 262p
◇人物探訪 地図から消えた東京遺産（田中聡著）祥伝社 2000.2 297p（祥伝社黄金文庫）
◇異界の海―芳翠・清輝・天心における西洋（高階絵里加著）美術の図書三好企画 2000.12 315p
◇「名画再読」美術館（芥川喜好著）小学館 2001.2 1冊
◇黒田清輝日記 第1巻（黒田清輝著）中央公論美術出版 2004.5 337p

◇黒田清輝日記 第2巻（黒田清輝著）中央公論美術出版 2004.5 p339-666
◇黒田清輝日記 第3巻（黒田清輝著）中央公論美術出版 2004.5 p667-1010
◇黒田清輝日記 第4巻（黒田清輝著）中央公論美術出版 2004.5 p1011-1445
◇黒田清輝と国民美術協会（山梨絵美子）『大正期美術展覧会の研究』（東京文化財研究所美術部編）中央公論美術出版 2005.5 p375
◇画家がいる「場所」―近代日本美術の基層から（田中淳著）ブリュッケ 2005.6 377p
◇グレー＝シュル＝ロワンに架かる橋―黒田清輝・浅井忠とフランス芸術家村（荒屋鋪透著）ポーラ文化研究所 2005.9 253p
◇日本近代美術史論（高階秀爾著）筑摩書房 2006.6 450,8p（ちくま学芸文庫）
◇芸大生の自画像―四八〇〇点の卒業制作（河邑厚徳著）日本放送出版協会 2007.8 238p
◇黒田清輝著述集（東京文化財研究所企画情報部編）中央公論美術出版 2007.9 680p
◇明日へ翔ぶ―人文社会学の新視点 1（公益信託松尾金蔵記念奨学基金編）風間書房 2008.3 407p
◇黒田清輝《湖畔》（国立文化財機構東京文化財研究所企画情報部編）中央公論美術出版 2008.3 92p（美術研究作品資料）
【雑 誌】
◇黒田清輝のモデル、マリア（平川祐弘）「文学界」35(5) 1981.5
◇パリの日本美術学生（下）明治・大正・昭和三代（高橋邦太郎）「明治村通信」12(6) 1981.6
◇黒田清輝筆「智・感・情」をめぐって（三輪英夫）「美術研究」328 1984.6
◇第2次大戦で焼失した名画黒田清輝「朝妝」に色を塗る「芸術新潮」35(8) 1984.8
◇黒田清輝と明治初期のデッサン（〔特集〕デッサンのみかた）（歌田真介）「アトリエ」698 1985.4
◇黒田清輝「智・感・情」（名作の解読）（三輪英夫）「季刊みづゑ」935 1985.6
◇黒田清輝が描いたパリの恋人、日本の愛人（画家とモデル〈特集〉）（陰里鉄郎）「芸術新潮」36(9) 1985.9
◇エミシオグラフィの黒田清輝画油絵調査への応用（絵画研究と科学〈特集〉）（三浦定俊）「古文化財の科学」30 1985.12
◇生誕120年記念「黒田清輝展」―黒田清輝と日本の風俗画の誕生（今月の展覧会）（荒屋鋪透）「三彩」465 1986.6
◇黒田清輝筆少女雪子11歳（図版解説）（三輪英夫）「美術研究」348 1990.8
◇黒田清輝と構想画―「昔話り」を中心に（三輪英夫）「美術研究」350 1991.3
◇黒田清輝の作品と西洋文学（山梨絵美子）「美術研究」349 1991.3
◇黒田清輝 湖畔（近代の美術〈特輯〉）（三輪英夫）「国華」1150 1991.9
◇芸術という名の権力（文明と裸体―日本人はだかのつきあい(1)）（井上章一）「月刊Asahi」4(1) 1992.1
◇スキャンダルの効用（文明と裸体―日本人はだかのつきあい(2)）（井上章一）「月刊Asahi」4(2) 1992.2
◇絵師から画家へ（文明と裸体―日本人はだかのつきあい(3)）（井上章一）「月刊Asahi」4(3) 1992.3
◇黒田清輝筆其日のはて下絵（図版解説）（山梨絵美子）「美術研究」353 1992.3
◇黒田清輝とその母―近代日本洋画移植期の一挿話（近藤不二）「学習院女子短期大学紀要」30 1992.12
◇福富太郎のアート・キャバレー(17)紫外線で名誉挽回―黒田清輝の侯爵像（福富太郎）「芸術新潮」44(10) 1993.10
◇明治の洋画黒田清輝と白馬会（田中淳著・編）「日本の美術」至文堂 351 1995.8 p1～91
◇日本洋画の世紀末―黒田清輝とスーラ、クリムト、ホドラーらとの同時性（明治世紀末―イメージの明治〈特集〉―夢イメージの世紀末）（隠岐由紀子）「國文学 解釈と教材の研究」学灯社 40(11) 1995.9 p116～179
◇黒田清輝の岡倉天心像―《智感情》の主題と成立をめぐって（高階絵里加）「美術史」便利堂 45(1) 1996.2 p31～43
◇黒田清輝をめぐる洋画黎明期の裸婦像（隠岐由紀子）「武蔵野美術大学研究紀要」武蔵野美術大学〔ほか〕28 1997 p5～14
◇グレー＝シュル＝ロワンの黒田清輝―未完の「大きな肖像」と芸術家ブルス夫妻（荒屋鋪透）「美術研究」東京国立文化財研究所 367 1997.3 p99～126, 図巻頭3枚
◇黒田清輝「昔語り」の語ること―文学と絵画の接点から（三輪正胤）「人文学論集」大阪府立大学総合科学部西洋文化講座 第16集 1998.1 p1～16
◇黒田清輝にみる裸体画の受容とその影響（児島薫）「美学美術史学」実践美学美術史学会 14 1999.10 p43～60
◇展示の倫理と、観客の成立―黒田清輝『智・感・情』にみる、「美術

◇の社会化 （高松麻里）「京都大学文学部美学美術史学研究室研究紀要」 京都大学文学部美学美術史学研究室 21 2000 p107～129
◇展示の倫理と、観衆の成立—黒田清輝『智・感・情』にみる、「美術」の社会化 （高松麻里）「京都大学文学部美学美術史学研究室研究紀要」 京都大学文学部美学美術史学研究室 第21号 2000.3 p107～129
◇黒田清輝の書簡の語彙と語法 （北沢尚）「東京学芸大学紀要 第2部門 人文科学」 東京学芸大学 53 2002.2 p23～38
◇KURODA Seiki（1866—1924）e la tradizione della pittura accademica d'Europa （Masashi Urakami）「福岡大学人文論叢」 福岡大学研究推進部 34（2） 2002.9 p903～929
◇KURODA Seiki（1866—1924）et la tradition de la peinture academique europeenne （Masashi Urakami）「福岡大学人文論叢」 福岡大学研究推進部 34（2） 2002.9 p930～935
◇黒田清輝のオランダ滞在 （大川智子）「女子美術大学研究紀要」 女子美術大学 33 2003 p21～30
◇日本美術における「近代洋画」の特質について—黒田清輝、岸田劉生を中心として （秦秀）「美術科研究」 大阪教育大学・美術教育講座・芸術講座 21 2003年度 p23～27
◇明治期東京美術学校油画作品にみるふたつの白—黒田清輝が持ち帰ったフランス外光派の一技法 （作間美智子, 歌田眞介, 木島隆康）「文化財保存修復学会誌」 文化財保存修復学会 49 2005 p13～24
◇研究資料 公刊『黒田清輝日記』（上） （臺信祐爾）「美術研究」 文化財研究所東京文化財研究所 387 2005.10 p292～318
◇研究資料 公刊『黒田清輝日記』（中）（含 仏文原文） （臺信祐爾）「美術研究」 文化財研究所東京文化財研究所 388 2006.2 p369～394
◇研究資料 解題 公刊「黒田手紙資料」及び『黒田清輝日記』 （田中淳）「美術研究」 文化財研究所東京文化財研究所 389 2006.6 p82～84
◇黒田清輝と西園寺公望—理想画の社会的意味 （中江彬）「人文学論集」 大阪府立大学総合科学部西洋文化講座 第25集 2007.3 p1～39
◇黒田清輝〈智・感・情〉の主題の背景—ハーバート・スペンサーの美学との関係から （植田彩芳子）「美術史」 美術史學會 57（1） 2007.10 p1～15
◇黒田清輝〈日本のこころ（154）近代日本の画家たち—日本画・洋画 美の競演—理想を求めて〉「別冊太陽」 平凡社 154 2008.8 p44～47
◇黒田清輝「昔語り」—その構想と構成をめぐって （金子一夫）「五浦論叢」 茨城大学五浦美術文化研究所 16 2009 p49～64

小泉八雲　こいずみやくも　1850～1904
明治期の随筆家, 小説家。

[図　書]
◇小泉八雲 北星堂書店 1980.1
◇小泉八雲—ラフカディオ・ヘルン （田部隆次） 第4版 北星堂書店 1980.1 （生涯、著作遺稿等）
◇文明史家ラフカディオ・ハーン—詩的想像力と日本文化論研究 （原田煕汝） 千城 1980.4
◇風狂の詩人小泉八雲 （浜田博） 恒文社 1980.6
◇ラフカディオ・ハーン著作集1,6 恒文社 1980.7,12
◇小泉八雲の文学 （森亮） 恒文社 1980.8
◇小泉八雲—西洋脱出の夢 （平川祐弘） 新潮社 1981.1
◇アメリカの作家たち・ハーンの世界 （田代三千稔） 英宝社 1981.7
◇小泉八雲と日本の心 （高木大幹） 古川書房 1981.7 （古川叢書）
◇ラフカディオ・ハーン著作集3 アメリカ論説集4・5他 （ラフカディオ・ハーン編 森亮ほか訳） 恒文社 1981.8
◇ラフカディオ・ハーン著作集 第11巻 英文学史 1 （野中涼, 野中恵子訳） 恒文社 1981.12
◇迷信論 （堀切直人） 村松書館 1981.12
◇富岳歴覧―外国人の見た富士山 （伏見功） 現代旅行研究所 1982.4
◇比較思想の先駆者たち―地球志向に生きた二十一人 （中村元） 広池学園出版部 1982.6
◇小説小泉八雲 （石一郎） 集英社 1982.7
◇わが心わが山陰―小泉八雲の見た神々の里 聚海書林 1982.9
◇ラフカディオ・ハーン著作集 第12巻 英文学史 2 （野中涼, 野中恵子訳） 恒文社 1982.12
◇荒魂の人びと―一学芸記者の手帖 （浜田博） 永田書房 1983.3
◇ラフカディオ・ハーン著作集 第8巻 詩の鑑賞 （篠田一士, 加藤光也訳） 恒文社 1983.6
◇ラフカディオ・ハーン著作集 第14巻 ゴンボ・ゼーブス, カルマその他, 書簡1・2 （斎藤正二ほか訳） 恒文社 1983.11
◇史跡小泉八雲旧居（主屋, 蔵, 廏, 供侍部屋、塀）修理工事報告書 （文化財建造物保存技術協会編） 史蹟小泉八雲旧居修理委員会 1983.12
◇ラフカディオ・ハーンの日本観—その正しい理解への試み 増補版 （築島謙三著） 勁草書房 1984.3
◇人間小泉八雲 （三省堂選書 102） （高木大幹著） 三省堂 1984.3
◇この人そして食—偉人の知られざる胃袋 （ながととしゆき） 文理書院 1984.8

◇評伝ラフカディオ・ハーン （E.スティーヴンスン著, 遠田勝訳） 恒文社 1984.8
◇芦屋女子短期大学開学25周年記念論文集 芦屋女子短期大学 1984.11
◇古典の変容と新生 （川口久雄編） 明治書院 1984.11
◇ラフカディオ・ハーン著作集 第7巻 文学の解釈 2 （池田雅之ほか訳） 恒文社 1985.2
◇文学における「向う側」（国文学研究資料館共同研究報告4） （国文学研究資料館編） 明治書院 1985.6
◇日本—一つの試論 （小泉八雲著, 平井呈一訳） 恒文社 1986.5
◇言論は日本を動かす〈第4巻〉日本を発見する （内田健三編） 講談社 1986.6
◇小泉八雲展 （焼津市歴史民俗資料館編） 焼津市教育委員会 1986.7
◇街で話した言葉—山田太一談話集 （山田太一） 筑摩書房 1986.9
◇26字詩 どどいつ入門—古典都々逸から現代どどいつまで （中道風迅洞著） 徳間書店 1986.10
◇小泉八雲—その日本学（シリーズ 民間日本学者〈1〉） （高木大幹著） リブロポート 1986.11
◇神の塔—出雲大社の暗部をえぐる （祖田浩一著） 時事通信社 1986.12
◇誤訳天国—ことばのPLAYとMISPLAY （ロビン・ギル著） 白水社 1987.7
◇破られた友情—ハーンとチェンバレンの日本理解 （平川祐弘著） 新潮社 1987.7
◇山田太一作品集 14 日本の面影 （山田太一） 大和書房 1987.8
◇ぶらり日本名作の旅〈3〉 （日本テレビ編） 日本テレビ放送網 1987.10
◇ラフカディオ・ハーンの面影を追って （山陰中央新報社編） 恒文社 1987.12
◇失われた楽園 （佐藤剛） 葦書房 1988.2
◇摩擦時代の開国論—英国から見た日本 （池田雅之著） 成文堂 1988.2
◇ことばのある暮し （外山滋比古著） 中央公論社 1988.7 （中公文庫）
◇ビジュアルワイド 新日本風土記〈32〉島根県 ぎょうせい 1989.1
◇日本冒険〈第3巻〉予言者の翼 （梅原猛著） 角川書店 1989.2
◇「知」の錬金術 （山口昌男著） 講談社 1989.6
◇日本的自然観の変化過程 （斎藤正二著） 東京電機大学出版局 1989.7
◇神の罠—浅野和三郎、近代知性の悲劇 （松本健一著） 新潮社 1989.10
◇複眼の比較文化—内と外から眺めたニッポン像 （池田雅之著） 成文堂 1989.10 （学際レクチャーシリーズ）
◇進歩がまだ希望であった頃—フランクリンと福沢諭吉 （平川祐弘著） 講談社 1990.1 （講談社学術文庫）
◇異神の国から—文学的アメリカ （金関寿夫著） 南雲堂 1990.6
◇仏教東漸—太平洋を渡った仏教 （多田稔著） （京都）禅文化研究所 1990.6
◇小泉八雲の日本 （池田雅之著） 第三文明社 1990.8 （レグルス文庫）
◇ヘルンと私 （小泉時著） 恒文社 1990.9
◇イメージ・ウオッチング （赤祖父哲二著） 沖積舎 1990.11
◇東西文化摩擦—欧米vs.日本の15類型 （小倉和夫著） 中央公論社 1990.11
◇言霊と他界 （川村湊著） 講談社 1990.12
◇ラフカディオ・ハーン—その人と作品 （ジョゼフ・ド・スメ著, 西村六朗訳） 恒文社 1990.12
◇エドワード・トーマス ラフカディオ・ハーン 翻訳と研究 （飯田操） 文化評論出版 1991
◇旅人たちのバンクーバー—わが青春の田村俊子 （工藤美代子著） 集英社 1991.5 （集英社文庫）
◇日本の雨傘—フランシス・キング作品集 （フランシス・キング著, 横島昇訳） 河合出版 1991.6
◇ブルジョワと革命—フランス近代・社会と文学 （浜田泉著） 成文堂 1991.8 （成文堂選書）
◇鶴見俊輔集（11）外からのまなざし （鶴見俊輔） 筑摩書房 1991.9
◇かんたんな混沌 （辻征夫著） 思潮社 1991.10
◇ちくま日本文学全集〈018〉萩原朔太郎 （萩原朔太郎著） 筑摩書房 1991.10
◇日本史のなかの湖国—地域史の再発見 （苗村和正著） （京都）文理閣 1991.11
◇ラフカディオ・ハーン—異文化体験の果てに （牧野陽子著） 中央公論社 1992.1 （中公新書）
◇神々の猿—ラフカディオ・ハーンの芸術と思想 （ベンチョン・ユー著, 村井楢夫, 坂本仁, 中里寿明, 中田賢次訳, 池田雅之監訳） 恒文社 1992.2
◇『怪談』をかいたイギリス人—小泉八雲 （木暮正夫文, 岩淵慶造絵） 岩崎書店 1992.4 （伝記 人間にまなぼう）
◇ジェーンズとハーン記念祭—報告書 ジェーンズとハーン記念祭実行

◇委員会　1992.7
◇小泉八雲　回想と研究　（平川祐弘編）　講談社　1992.8　（講談社学術文庫）
◇道徳性心理学―道徳教育のための心理学　（日本道徳性心理学研究会編）　（京都）北大路書房　1992.9
◇ラフカディオ・ハーンの耳　（西成彦著）　岩波書店　1993.2　（Image Collection精神史発掘）
◇へるん今昔　（八雲会編）　恒文社　1993.3
◇聖パトリック祭の夜―ケルト航海譚とジョイス変幻　（鶴岡真弓著）　岩波書店　1993.4　（Image Collection精神史発掘）
◇叢書　比較文学比較文化〈2〉　（平川祐弘編）　中央公論社　1993.10
◇ラフカディオ・ハーン再考―百年後の熊本から　（熊本大学小泉八雲研究会編）　恒文社　1993.10
◇ラフカディオ・ハーン研究―愛と女性と　（白神栄子著）　旺史社　1993.11
◇世界の中のラフカディオ・ハーン　（平川祐弘編）　河出書房新社　1994.2
◇世紀末の文化史―19世紀の暮れかた　（大江一道著）　山川出版社　1994.2
◇さまよう魂―ラフカディオ・ハーンの遍歴　（ジョナサン・コット著, 真崎義博訳）　文芸春秋　1994.3
◇ラフカディオ・ハーン―虚像と実像　（太田雄三著）　岩波書店　1994.5　（岩波新書）
◇小泉八雲　西洋脱出の夢　（平川裕弘著）　講談社　1994.9　（講談社学術文庫）
◇風と海の回廊―日本を変えた知の冒険者たち　（泉秀樹著）　広済堂出版　1994.9
◇ラフカディオ・ハーンの「物語」　（高柴慎治著）『課題としての日本』（静岡県立大学国際関係学部編）　静岡県立大学国際関係学部　1995.3　（国際関係学双書 12）　p69
◇小さな文学の旅―日本の名作案内　（漆原智良作）　金の星社　1995.4　257p
◇マルティニーク熱帯紀行―ラフカディオ・ハーン追想　（工藤美代子著）　恒文社　1995.10　226p
◇民俗学者・小泉八雲―日本時代の活動から　（小泉凡著）　恒文社　1995.11　271,39p
◇ラフカディオ・ハーン―漂泊の魂　（工藤美代子著）　日本放送出版協会　1995.11　219p　（NHKライブラリー）
◇妖怪観の一考察―L・ハーンと井上円了の交友をめぐって　（小泉凡）『民俗的世界の探求』（鎌田久子先生古稀記念論集編纂委員会編）　慶友社　1996.3　p112
◇人生の教師ラフカディオ・ハーン　（仙北谷晃一著）　恒文社　1996.4　373,9p
◇オリエンタルな夢―小泉八雲と霊の世界　（平川祐弘著）　筑摩書房　1996.10　329p
◇小泉八雲新考　（丸山学著, 木下順二監修）　講談社　1996.11　263p　（講談社学術文庫）
◇夢の途上―ラフカディオ・ハーンの生涯　アメリカ編　（工藤美代子著）　集英社　1997.2　397p
◇夏目漱石・小泉八雲の西海路探訪―天草・島原・長崎・三角・「草枕」の里を訪ねて　（鶴田文史著）　西海文化史研究所　1997.2　436p
◇ハーンの生涯と近代日本―文明/文化/比較文化を考える手がかりとして　（中村啓佑）『創立三十周年記念論集』（追手門学院大学編）　追手門学院大学　1997.3　p297
◇ラフカディオ・ハーンとヒンドゥー教　（前田専学）『東方学論集』東方学会　1997.5　p1276
◇海渡ものがたり―「民際人」16の肖像　（神山典士著）　淡交社　1997.6　237p
◇ラフカディオ・ハーンと夏目漱石　（平川祐弘）『世界と漱石国際シンポジウム報告書』（「'96くまもと漱石博」推進100人委員会編）　「'96くまもと漱石博」推進100人委員会　1997.9　p7
◇ラフカディオ・ハーンから小泉八雲へ―極西愛蘭（アイルランド）と極東日本の接点をめぐって　（佐藤成久）『異文化との遭遇』（梅光女学院大学公開講座論集 第41集）　笠間書院　1997.9　p85
◇詳述年表　ラフカディオ・ハーン伝　（板東浩司著）　英潮社　1998.3　757p
◇ラフカディオ・ハーンの耳　（西成彦著）　岩波書店　1998.4　232p　（同時代ライブラリー）
◇野口米次郎選集　3　（野口米次郎著）　クレス出版　1998.7　491p
◇文学館ワンダーランド―全国文学館・記念館ガイド160　（リテレール編集部編）　メタローグ　1998.8　302p
◇へるん先生生活記　改訂増補新版　（梶谷泰之著）　恒文社　1998.9　249p
◇文人追懐―一学芸記者の取材ノート　（浜川博著）　蝸牛社　1998.9　270p
◇芸術家　（トーマス・マンほか著）　国書刊行会　1998.10　251p　（書物の王国）

◇この日本人を見よ―在りし日の人たち　（馬野周二著）　フォレスト出版　1998.12　263p
◇小泉八雲―私の守護天使/赤裸の詩　（小泉八雲著, 池田雅之編）　日本図書センター　1999.4　310p　（シリーズ・人間図書館）
◇小泉八雲と早稲田大学　（関田かをる著）　恒文社　1999.5　280,9p
◇続　ラフカディオ・ハーン再考―熊本ゆかりの作品を中心に　（熊本大学小泉八雲研究会編）　恒文社　1999.6　218p
◇想像力の比較文学―フォークロアー・ジャポニズム・モダニズム　（池田雅之著）　成文堂　1999.6　549p　（学際レクチャーシリーズ）
◇お地蔵さん―背負いきれない悲しみを預けて　増補改訂版　（藤原東演著）　チクマ秀版社　1999.8　125p　（チクマの実学文庫）
◇カリブの女　（ラフカディオ・ハーン著, 平川祐弘訳）　河出書房新社　1999.8　288p
◇森鷗外の青春文学　（池野誠著）　山陰文芸協会　1999.8　274p　（山陰文芸シリーズ）
◇クレオール事始　（西成彦著）　紀伊国屋書店　1999.8　211p
◇ハーン, モース, グリフィスの日本　（ロバート・A.ローゼンストーン著, 杉田英明, 吉田和久訳）　平凡社　1999.10　477p
◇異邦人の見た近代日本　（懐徳堂記念会編）　和泉書院　1999.10　199p　（懐徳堂ライブラリー）
◇聖霊の島―ラフカディオ・ハーンの生涯ヨーロッパ編　（工藤美代子著）　集英社　1999.10　251p
◇ことばのエコロジー　（田中克彦著）　筑摩書房　1999.11　282p　（ちくま学芸文庫）
◇追悼の達人　（嵐山光三郎著）　新潮社　1999.12　444p
◇浦島コンプレックス―ラフカディオ・ハーンの交友と文学　（梅本順子著）　南雲堂　2000.1　242p
◇旅する帽子―小説ラフカディオ・ハーン　（ロジャー・パルバース著, 上杉隼人訳）　講談社　2000.3　338p
◇文学アルバム　小泉八雲　（小泉時, 小泉凡共編）　恒文社　2000.4　159p
◇こどもに贈る本　第2集　（久保覚, 生活クラブ生協連合会「本の花束」編）　みすず書房　2000.4　148,10p
◇ファンタスティック・ジャーニー―ラフカディオ・ハーンの生涯と作品　（ポール・マレイ著, 村井文夫訳）　恒文社　2000.6　566,70p
◇東京見おさめレクイエム　（横尾忠則著）　光文社　2000.6　242p　（知恵の森文庫）
◇ジャズ事始　（鎌田善浩著）　文芸社　2000.9　104p
◇異国への憧憬と祖国への回帰　（平川祐弘編）　明治書院　2000.9　337p
◇ケルトと日本　（鎌田東二, 鶴岡真弓編著）　角川書店　2000.11　289p　（角川選書）
◇もうひとつの文士録―阪神の風土と芸術　（河内厚郎著）　沖積舎　2000.11　337p
◇小泉八雲事典　（平川祐弘監修）　恒文社　2000.12　768,46p
◇教育原理要綱　（福田博子著）　近代文芸社　2001.3　202p
◇アメリカ文学とニューオーリンズ　（風呂本惇子編著）　鷹書房弓プレス　2001.10　254p
◇地霊論―感性のトポロジー　（萩原弘巳著）　青土社　2001.12　267p
◇日本語中・上級用読本　日本を知ろう―日本の近代化に関わった人々　（三浦昭, ワット・伊東泰子著）　アルク　2001.12　231p
◇日本のこころ―「私の好きな人」　月の巻　（五味文彦, 松岡正剛, 小和田哲男, 篠田正浩, 垣花秀武ほか著）　講談社　2001.12　251p
◇妹の力とその変容―女性学の試み　（浜下昌宏著）　近代文芸社　2002.3　238p
◇記録東京帝大一学生の聴講ノート　（金子三郎編）　リーブ企画　2002.3　478p
◇ハーンが聞いた言葉 "Bikki!"―Japanese Pidginとの関連を探る　（玉木雄三）『外国語研究 言語・文化・教育の諸相 織田稔教授古稀記念論文集』（宇佐見太市ほか編）　ユニウス　2002.3　p153～
◇宮沢賢治を読む　（佐藤泰正編）　笠間書院　2002.5　197p　（笠間ライブラリー）
◇富山ヘルン・フェスティバル開催記念誌　（ラフカディオ・ハーン生誕150周年記念事業富山実行委員会編）　富山ヘルン・フェスティバル実行委員会　2002.5　101,23p
◇「幽霊の複合体」をめぐって―小泉八雲・野尻抱影・保坂嘉内・（付・中村星湖）からの影響人脈をたどりながら　（原子朗）『宮沢賢治を読む』　笠間書院　2002.5　（笠間ライブラリー　梅光学院大学公開講座論集　第50集）　p133～
◇詩にかかわる　（入沢康夫著）　思潮社　2002.6　285p
◇追悼の達人　（嵐山光三郎著）　新潮社　2002.7　642p　（新潮文庫）
◇日本的自然観の研究　3　（斎藤正二著）　八坂書房　2002.7　514p　（斎藤正二著作選集）
◇道ばたで出会った日本―松江・ハーン・ヒロシマ　（ケネス・M.ローマー著, 市川博彬訳）　彩流社　2002.9　255p
◇文人暴食　（嵐山光三郎著）　マガジンハウス　2002.9　431p

◇八雲と鷗外 （浅野三平著） 翰林書房 2002.9 385p
◇永遠の伝奇小説BEST1000 ジャンル別・作家別 （学習研究社編集部編） 学習研究社 2002.10 502p （学研M文庫）
◇日本の面影―ラフカディオ・ハーンの世界 （山田太一著） 岩波書店 2002.10 391p （岩波現代文庫）
◇ハーンの轍の中で―ラフカディオ・ハーン/外国人教師/英文学教育 （ジョージ・ヒューズ著,平石貴樹,玉井暲訳） 研究社 2002.10 239p
◇未完のハーン伝―テューニソン関係書簡を中心に （梅本順子著） 大空社 2002.12 144p
◇来日前のラフカディオ・ハーンと仏教―ハーン著『最近の仏教文献』の邦訳と注記 （前田専学）『仏教から真宗へ 瓜生津隆真博士退職記念論集』（瓜生津隆真先生退職記念論集刊行会編） 瓜生津隆真先生退職記念論集刊行会 2003.3 p1〜
◇文化受容の証人、ラフカディオ・ハーン―中国の作品の語り直しを中心に （梅本順子）『知の新視界 脱領域的アプローチ』(秋山正幸編著） 南雲堂 2003.3 p315〜
◇カール・フローレンツの関係から見たラフカディオ・ハーン （佐藤マサ子）『知の新視界 脱領域的アプローチ』(秋山正幸編著） 南雲堂 2003.3 p337〜
◇マルチニック・モナムール―カリブ海クレオールの風にさそわれて （渡辺真紀子著） 三元社 2003.4 271p
◇神々の国 （工藤美代子著） 集英社 2003.4 347p （ラフカディオ・ハーンの生涯）
◇外国人が見た日本の一世紀 （佐伯修著） 洋泉社 2003.6 222p （新書y）
◇若き日のラフカディオ・ハーン （O.W.フロスト著, 西村六郎訳） みすず書房 2003.9 282,18p
◇近代文学と熊本―水脈の広がり （首藤基澄著） 和泉書院 2003.10 314p （和泉選書）
◇松江・出雲散歩24コース （勝部昭, 内田文恵, 岡部康幸, 川上稔, 西尾克己著） 山川出版社 2003.10 204p
◇思ひ出の記 （小泉節子著） ヒヨコ舎 2003.10 94p
◇八雲の五十四年―松江からみた人と文学 （銭庵健二, 小泉凡著） 松江今井書店 2003.10 220p
◇桜の文学史 （小川和佑著） 文芸春秋 2004.2 291p （文春新書）
◇ラフカディオ・ハーン―植民地化・キリスト教化・文明開化 （平川祐弘著） ミネルヴァ書房 2004.3 360,3p （Minerva歴史・文化ライブラリー）
◇言語文化の諸相―近代文学 （藤沢全著） 大空社 2004.4 202p
◇五行でわかる日本文学―英日狂演滑稽五行詩 （ロジャー・パルバース著, 柴田元幸訳, 喜多村紀画） 研究社 2004.5 74p
◇英文学と結婚―シェイクスピアからシリトーまで （英米文学会編） 彩流社 2004.5 346p
◇死を想い生を紡ぐ―「沖縄の死生観」論考とインタビュー （太田有紀著） ボーダーインク 2004.6 206p （ばさないBOOKS）
◇イエロー・ペリルの神話―帝国日本と「黄禍」の逆説 （飯倉章著） 彩流社 2004.7 261,31p
◇耳の悦楽―ラフカディオ・ハーンと女たち （西成彦著） 紀伊国屋書店 2004.8 230p
◇ラフカディオ・ハーンの青春―フランス・アメリカ研究余話 （舩岡末利著） 近代文芸社 2004.9 183p （近代文芸社新書）
◇ラフカディオ・ハーンの思想と文学 （大東俊一著） 彩流社 2004.9 202,7p
◇ラフカディオ・ハーンのアメリカ時代 （E.L.ティンカー著, 木村勝造訳） ミネルヴァ書房 2004.9 347,7p （Minerva歴史・文化ライブラリー）
◇小泉八雲と近代中国 （劉岸偉著） 岩波書店 2004.9 256,13p
◇小泉八雲と松江時代 （池野誠著） 沖積舎 2004.9 359p
◇東京10000歩ウォーキング文学と歴史を巡る No.11 （籠谷典子編著） 真珠書院 2004.10 101p
◇ハーンの面影 （高木大幹著） 東京図書出版会 2004.10 340p
◇誇り高き日本人でいたい （C・W.ニコル著, 松田銑, 鈴木扶佐子, 千葉隆章訳） アートデイズ 2004.11 346p
◇出雲人―出雲学へのいざない 改訂版 （藤岡大拙著） ハーベスト出版 2004.12 181p
◇明治の音―西洋人が聴いた近代日本 （内藤高著） 中央公論新社 2005.3 246p （中公新書）
◇小泉八雲とアメリカ （西野影四郎著） 西野影四郎 2005.3 324p
◇東西を越えて―比較文学文化のために （伊藤宏見著） 文化書房博文社 2005.4 207p
◇比較文学研究 第85号 （東大比較文学会編） すずさわ書店 〔2005.4〕 178,10p
◇ラフカディオ・ハーン没後100周年記念誌―とやまから未来に伝えるハーンの心 （ラフカディオ・ハーン没後100年記念誌編集委員会編） ラフカディオ・ハーン没後100年記念事業富山実行委員会 2005.6 111p

◇ラフカディオ・ハーン―近代化と異文化理解の諸相 （西川盛雄編） 九州大学出版会 2005.7 263p
◇妖精のアイルランド―「取り替え子」の文学史 （下楠昌哉著） 平凡社 2005.8 227p （平凡社新書）
◇津波とたたかった人―浜口梧陵伝 （戸石四郎著） 新日本出版社 2005.8 188p
◇ラブレーの子供たち （四方田犬彦著） 新潮社 2005.8 223p
◇比較文学の世界 （秋山正幸, 榎本義子編著） 南雲堂 2005.8 309p
◇世界に広がる俳句 （内田園生著） 角川学芸出版 2005.9 279p （角川学芸ブックス）
◇出雲と石見銀山街道 （道重哲男, 相良英輔編） 吉川弘文館 2005.10 260,22p （街道の日本史）
◇彼の人に学ぶ （月刊「ABC」編集部編） 冨山房インターナショナル 2005.10 279p
◇ラフカディオ・ハーンの色彩観 （戸塚博之）『言語表現と創造』（藤本昌司編著） 鳳書房 2005.11 p257
◇お雇い外国人としてのラフカディオ・ハーン （坂東浩司）『言語表現と創造』（藤本昌司編著） 鳳書房 2005.11 p283
◇来日前のラフカディオ・ハーンとヒンドゥー教 （前田専学）『仏教とジャイナ教―長崎法潤博士古稀記念論集』（長崎法潤博士古稀記念論集刊行会編） 平樂寺書店 2005.11
◇文人暴食 （嵐山光三郎著） 新潮社 2006.1 577p （新潮文庫）
◇西洋人の神道観―富士山に日本人の霊性を見たハーンとクローデル （平川祐弘述） 皇学館大学出版部 2006.3 92p （皇学館大学講演叢書）
◇霊的人間―魂のアルケオロジー （鎌田東二著） 作品社 2006.4 193p
◇東西を越えて―比較文学文化のために 改訂増補版 （伊藤宏見著） 文化書房博文社 2006.4 265p
◇ロマネスクの透明度―近・現代作家論集 （高橋英夫著） 鳥影社 2006.5 253p （季刊文科コレクション）
◇書で見る日本人物史事典 （坪内稔典監修） 柏書房 2006.6 271p
◇美しき日本の面影 （さだまさし著） 新潮社 2006.6 285p
◇小泉八雲論―恋とのかかわりを視野において （船木満洲夫著） 文芸社ビジュアルアート 2006.9 206p
◇アメリカ作家の理想と現実―アメリカン・ドリームの諸相 （里見繁美, 池田志郎編著） 開文社出版 2006.10 310p （開文社叢書）
◇「捨て子」たちの民俗学―小泉八雲と柳田国男 （大塚英志著） 角川学芸出版 2006.11 260p （角川選書）
◇ラフカディオ・ハーンの教育観 （銭庵健二）『教育者ラフカディオ・ハーンの世界―小泉八雲の西田千太郎宛書簡を中心に―』（島根大学附属図書館小泉八雲出版編集委員会, 島根大学ラフカディオ・ハーン研究会共編） ワン・ライン 2006.11 p109
◇教育者としての小泉八雲 （高瀬政典）『教育者ラフカディオ・ハーンの世界―小泉八雲の西田千太郎宛書簡を中心に―』（島根大学附属図書館小泉八雲出版編集委員会, 島根大学ラフカディオ・ハーン研究会共編） ワン・ライン 2006.11 p121
◇ラフカディオ・ハーンの講演録 （中村鉄太郎訳, 村松真吾現代語訳）『教育者ラフカディオ・ハーンの世界―小泉八雲の西田千太郎宛書簡を中心に―』（島根大学附属図書館小泉八雲出版編集委員会, 島根大学ラフカディオ・ハーン研究会共編） ワン・ライン 2006.11 p151
◇ラフカディオ・ハーンの講演録 解説 （村松真吾）『教育者ラフカディオ・ハーンの世界―小泉八雲の西田千太郎宛書簡を中心に―』（島根大学附属図書館小泉八雲出版編集委員会, 島根大学ラフカディオ・ハーン研究会共編） ワン・ライン 2006.11 p171
◇教育者ハーンの軌跡（論文集）『教育者ラフカディオ・ハーンの世界―小泉八雲の西田千太郎宛書簡を中心に―』（島根大学附属図書館小泉八雲出版編集委員会, 島根大学ラフカディオ・ハーン研究会共編） ワン・ライン 2006.11
◇小泉八雲と松江時代 （池野誠）『教育者ラフカディオ・ハーンの世界―小泉八雲の西田千太郎宛書簡を中心に―』（島根大学附属図書館小泉八雲出版編集委員会, 島根大学ラフカディオ・ハーン研究会共編） ワン・ライン 2006.11 p403
◇小泉八雲（ラフカディオ・ハーン）と西田千太郎 （池橋達雄）『教育者ラフカディオ・ハーンの世界―小泉八雲の西田千太郎宛書簡を中心に―』（島根大学附属図書館小泉八雲出版編集委員会, 島根大学ラフカディオ・ハーン研究会共編） ワン・ライン 2006.11 p416
◇ハーンの英作文教育 （西川盛雄）『教育者ラフカディオ・ハーンの世界―小泉八雲の西田千太郎宛書簡を中心に―』（島根大学附属図書館小泉八雲出版編集委員会, 島根大学ラフカディオ・ハーン研究会共編） ワン・ライン 2006.11 p433
◇ハーンのホームスクーリング （小泉凡）『教育者ラフカディオ・ハーンの世界―小泉八雲の西田千太郎宛書簡を中心に―』（島根大学附属図書館小泉八雲出版編集委員会, 島根大学ラフカディオ・ハーン研究会共編） ワン・ライン 2006.11 p455
◇小泉八雲年譜・付西田千太郎年譜 （横山純子）『教育者ラフカディオ・ハーンの世界―小泉八雲の西田千太郎宛書簡を中心に―』（島根大学附属図書館小泉八雲出版編集委員会, 島根大学ラフカディオ・ハーン

研究会共編）ワン・ライン 2006.11 p472
◇あの世はあった―文豪たちは見た！ふるえた！ （三浦正雄, 矢原秀人著）ホメオシス 2006.12 253p
◇民話―伝承の現実 （大島広志著）三弥井書店 2007.1 250p
◇比較文化の可能性―日本近代化論への学際的アプローチ 照屋佳男先生古稀記念 （池田雅之, 古賀勝次郎編）成文堂 2007.1 482p
◇北前船・旧制富山高校・ヘルン文庫 （浦康一著）浦康一 2007.1 94p
◇八雲文学が語りかけるもの （池田雅之著）『比較文化の可能性―日本近代化論への学際的アプローチ 照屋佳男先生古稀記念』（池田雅之, 古賀勝次郎編）成文堂 2007.1 p17～32
◇日本史人物「第二の人生」発見読本 （楠木誠一郎著）彩流社 2007.3 222p
◇現代に生きるラフカディオ・ハーン （田中雄次, 福沢清編）熊本出版文化会館 2007.3 223p
◇初期在北米日本人の記録 第二期 北米編 第94冊 復刻版 （奥泉栄三郎監修, 山崎一心編）文生書院 2007.5 460p
◇旅する理由 （山口由美著）千早書房 2007.6 190p
◇ハーンの太平洋横断と「雪女」（山田和夫）『英米文学・英米文化試論―太平洋横断アメリカン・スタディーズの視座から』（成田興史編）晃学出版 2007.7 p69
◇"移動"の風景―英米文学・文化のエスキス （御輿哲也編著）世界思想社 2007.8 223p
◇世界史が伝える日本人の評判記―その文化と品格 （中西輝政監修, 「書かれた日本」文献研究会者）中経出版 2007.9 255p （中経の文庫）
◇グレイト・ウェイヴ―日本とアメリカの求めたもの （クリストファー・ベンフィー著, 大橋悦子訳）小学館 2007.11 381p
◇神々の国―ラフカディオ・ハーンの生涯 （工藤美代子著）ランダムハウス講談社 2008.3 399p （ランダムハウス講談社文庫）
◇逝く人・送る人 葬送を考える （太田宏人著）三一書房 2008.3 232p （いのちを見つめる）
◇日本英学史叙説―英語の受容から教育へ （庭野吉弘著）研究社 2008.3 512p
◇新編 迷子論 新版 （堀切直人著）右文書院 2008.4 261p （堀切直人コレクション）
◇著名人のお墓を歩く―谷中、染井、雑司ヶ谷編 （あきやまみみこ撮影）風塵社 2008.10 1冊
◇日本賛辞の至言33撰―世界の偉人たちが贈る 新版 （波田野毅著）ごま書房 2008.11 289p
◇文学アルバム 小泉八雲 増補新版 （小泉時, 小泉凡編）恒文社 2008.11 167p
◇ハーンと八雲 （宇野邦一著）角川春樹事務所 2009.4 217p
◇日本を愛した外国人たち （内藤誠, 内藤啓共著）講談社インターナショナル 2009.6 255p （講談社バイリンガル・ブックス）
◇萩原朔太郎 （萩原朔太郎著）筑摩書房 2009.6 476p （ちくま日本文学）
◇講座 小泉八雲 1 （平川祐弘, 牧野陽子編）新曜社 2009.8 724p
◇講座 小泉八雲 2 （平川祐弘, 牧野陽子編）新曜社 2009.11 672p
【雑 誌】
◇百八年前、小泉八雲が語り残した「九州魂」（サンデー時評〔198〕）（岩見隆夫）「サンデー毎日」 81（1） 2002.1.6・13 p42～43
◇小泉八雲のことども―続― （根本重煕）「中日本自動車短期大学論叢」 10 1980.3
◇一九世紀中葉アイルランドにおける宗教の相剋とLafcadio Hearn （松尾太郎）「経済志林」 48（1） 1980.3
◇第五高等学校長中川元―熊本時代のハーンと漱石外伝 （中川浩一）「茨城大学教育学部紀要（人文・社会科学）」 29 1980.3
◇一異端児の眼の世界―来日以前と以後のラフカディオ・ハーン （平川祐弘）「新潮」 77（5） 1980.5
◇八雲旧居おなごあるじ―根岸蔦ături さんの小泉八雲 （伊藤益臣）「思想の科学 第六次」 125 1980.12
◇ラフカディオ・ハーンの「英文学史」 （野中恵子）「杉野女子大学紀要」 17 1980.12
◇ラフカディオ・ハーンの新しさ （阿部幸子）「京都工芸繊維大学工芸学部研究報告（人文）」 31 1981
◇日本におけるラフカディオ・ハーン資料年表―主として昭和五三年八月以降 （速川和男）「比較文学」 24 1981
◇都市のフラヌール―ベンヤミンとその時代 （海野弘）「現代思想」 9（2） 1981.2
◇小泉八雲のことども（続） （根本重煕）「中日本自動車短期大学論叢」 11 1981.3
◇小泉八雲の焼津（1）作品「焼津にて」 （中山常雄）「一般教養研究紀要（静岡薬科大）」 10 1981.3
◇Lafcadio Hearnの京都旅行と彼の魅力について―FROM A TRAVELING DIARYおよびNOTES OF A TRIP TO KYOTOを中心に （川谷恂郎）「徳島文理大学研究紀要」 23 1981.3

◇天理図書館蔵ハーン文庫目録（3） （村本正人編）「ビブリア 天理図書館報」 76 1981.4
◇古典と現代―八雲と現代（1）漂泊する魂の行方 （鈴木正博）「人」 9（6） 1981.6
◇小泉八雲（ハーン）の本 「月刊出版情報」 65 1981.7
◇小泉八雲「日本人の微笑」―比較文化論の道標 （多久和新爾）「西南学院大学文理論集」 22（1） 1981.8
◇小泉八雲と短歌的情感（古典文学をたづねる（22））（インタビュー）（平川祐弘, 今野寿美）「短歌研究」 38（9） 1981.9
◇八雲の作品に現れた"白い光"の譬喩について （遠田勝）「大谷女子大学紀要」 16（2） 1981.12
◇小泉八雲ノート―その日本観の基盤について （前田義通）「北九州大学文学部紀要」〔北九州大学〕開学35周年記念号 1981.12
◇猫3態―ハーンとポーとボードレールにおける内面的葛藤 （池田正年）「島根大学法文学部紀要（文学科編）」 4（2） 1981.12
◇ラフカディオ・ハーンの英語教授―スペンサーの「教育論」との関わりにおいて （庭野吉弘）「英学史研究」 15 1982
◇KWAIDANの文体（1） （西田義和）「東洋大学紀要（教養課程編）」 21 1982.3
◇ハーンの講演―「想像力の価値」について （井上恭英）「山陰文化研究紀要（人文・社会科学篇 島根大）」 22 1982.3
◇小泉八雲のことども（続き） （根本重煕）「中日本自動車短期大学論叢」 12 1982.3
◇Hearnの作品に現われた日本文化に関する語彙の研究（1）再話文学における訳出法 （坂東浩司）「東海大学紀要（外国語教育センター）」 2 1982.3
◇放浪文学の系譜―ハーンとシンク （内藤史朗）「英文学会会報（大谷大）」 9 1982.3
◇修業時代のラフカディオ・ハーン （ウィリアム・バンディ）「知識」 26 1982.4
◇荷風と八雲―断腸亭日乗にみる （大熊良一）「三田評論」 825 1982.5
◇小泉八雲をめぐる船ぶね （山田迪生）「旅客船」 140 1982.5
◇小泉八雲「心」―比較文化論の道標 （多久和新爾）「西南学院大学文理論集」 23（1） 1982.8
◇ラフカディオ・ハーンと牧歌 （引地正俊）「比較文学年誌」 19 1983
◇松江中学におけるHearnの英作教育について （先川暢郎）「語学研究（拓大）」 32 1983.1
◇八戸の小泉八雲 （広瀬朝光）「季刊文学・語学」 96 1983.1
◇小泉八雲と民俗学―日本の象徴を主として （高西直樹）「長崎女子短期大学紀要」 7 1983.3
◇小泉八雲のことども―続き― （根本重煕）「中日本自動車短期大学論叢」 13 1983.3
◇KWAIDANの文体（2） （西田義和）「東洋大学紀要（教養課程編）」 22 1983.3
◇ラフカディオ・ハーンの文明観 （高西直樹）「長崎女子短期大学紀要」 7 1983.3
◇永遠の女性―ハーンの再話文学世界 （池田雅之）「早稲田人文自然科学研究」 24 1983.7
◇小泉八雲のキリスト教と仏教 （多久和新爾）「西南学院大学文理論集」 24（1） 1983.8
◇小泉八雲のチェンバレン宛未発表書簡―翻刻および解説 （関田かおる）「早稲田大学図書館紀要」 22・23 1983.8
◇「雪女」論―小泉八雲『怪談』論（2） （中西芳絵）「文芸と批評」 5（9） 1983.10
◇ハーンと絵画 （高木大幹）「中部工業大学紀要B」 19 1983.10
◇ハーンと絵画 （高木大幹）「中部工業大学紀要 B」 19 1983.10
◇小泉八雲とバラッド―小泉八雲の再話文学に於けるバラッドの手法 （桝井幹生）「京都府立大学研究報告 人文」 36 1984
◇田部隆次とラフカディオ・ヘルン （佐護恭一）「英学史研究」 17 1984
◇ハーンの「むじな」―その技法と想像力 （村松真一）「人文論集（静岡大学人文学部）」 35 1984
◇小泉八雲とわらべうた（1）わらべうたの英訳 （滝沢典子）「学苑」 529 1984.1
◇フーゴ・シューハルトとラフカディオ・ハーン―ビジン・クレオル語研究の曙― （林正寛）「女子美術大学紀要」 14 1984.3
◇ハーンの2つの日本 （池田雅之）「本」 9（3） 1984.3
◇フーゴ・シューハルトとラフカディオ・ハーン―ビジン・クレオル語研究の曙 （林正寛）「女子美術大学紀要」 14 1984.3
◇小泉八雲のことども（続き） （根本重煕）「中日本自動車短期大学論叢」 14 1984.3
◇小泉八雲「青柳のはなし」―『怪談』論（その3）― （中西芳絵）「名古屋自由学院短期大学研究紀要」 16 1984.3
◇Hearnの作品に現われた日本文化に関する語彙の研究（2）項目別分類を中心として （坂東浩司）「東海大学紀要 外国語教育センター」 4 1984.3
◇Lafcadio Hearn論考―怪談: The Story of Mimi-Nashi-Hōïchiを中心として （中田賢次）「茨城工業高等専門学校研究彙報」 19

◇ハーンの二つの日本 （池田雅之）「早稲田人文自然科学研究」25 1984.3
◇二つの魂の出会い―交友初期のHearnとChamberlain （藤本周一）「大阪経大論集」159〜161 1984.6
◇『チタ』を読む その構成原理と主題 （山下宏一）「Research Activities（東京電機大学）」6 1984.7
◇妖精たちの棲むところ―ハーン『怪談』の世界 （池田雅之）「ユリイカ」16（8） 1984.8
◇魂の教師ラフカディオ・ハーン―教師における<想像力>とは何か （池田雅之）「潮」305 1984.9
◇激情家ハーン―小泉八雲再見 （池田雅之）「早稲田人文自然科学研究」26 1984.9
◇八雲とジプシーと （関田かおる）「学鐙」81（10） 1984.10
◇「国際化」のなかの大学4 外国人教師の悲劇―ベルツとハーン （喜多村和之）「UP」13（11） 1984.11
◇生誕と自己疎外―八雲「雪おんな」論 （鳥居明雄）「都留文科大学研究紀要」21 1984.11
◇「島根・九州だより」（小泉八雲）解題 （桝井幹生）「京都府立大学学術報告 人文」37 1985
◇小泉八雲の焼津（2）作品"乙吉のだるま"を中心に （中山常雄）「一般教養研究紀要（静岡薬科大学教養研究室）」14 1985
◇小泉八雲とわらべうた（2）わらべうたの収集整理 （滝沢典子）「学苑」541 1985.1
◇手と魂―「仏の畑の落穂」の副題について （遠田勝）「大谷女子大学紀要」19（2） 1985.1
◇小泉八雲の"内なる戦慄"―未発表草稿を手がかりに （関田かおる）「早稲田大学図書館紀要」25 1985.3
◇小泉八雲のことども（続き） （根本重煕）「中日本自動車短期大学論叢」15 1985.3
◇小泉八雲「耳なし芳一の話」―『怪談』論（その4）― （中西芳絵）「名古屋自由学院短期大学研究紀要」17 1985.3
◇小泉八雲の日本道徳観 （高西直樹）「長崎女子短期大学紀要」9 1985.3
◇Lafcadio Hearn（小泉八雲）と日本の自然 （高西直樹）「長崎女子短期大学紀要」9 1985.3
◇ピエール・ロチとラフカディオ・ハーン （船岡末利）「東海大学紀要 外国語教育センター」5 1985.3
◇死者の文学―ラフカディオ・ハーンと日本の墓碑銘― （銭谷健二）「山陰地域研究（島根大学）」1 1985.3
◇小泉八雲〔特集〕「比較文学研究」47 1985.4
◇小泉八雲研究―L・ハーン著『日本瞥見記』の松江を主眼に― （岡田真紀子）「たまゆら（比治山女子短期大学）」17 1985.10
◇小泉八雲の研究―畠山勇子自刃をめぐって― （萩原順子）「日本大学国際関係研究」6（別冊） 1985.11
◇L・ハーンのW・ブレイク解釈―"The Smile"を中心にして― （中村新一郎）「島根大学法文学部紀要 文学科編」8-II 1985.12
◇小泉八雲と拡張期の早稲田大学 （関田かおる）「比較文学」29 1986
◇小泉八雲とわらべうた（3）わらべうたの収集整理 （滝沢典子）「学苑」553 1986.1
◇小泉八雲における日本人観の形成芳賀矢一の「国民性十論」と比較して （萩原順子）「日本大学国際関係学部研究年報」7 1986.2
◇ヘルン文庫所蔵：ハーン著作一覧 （平田純）「富山大学人文学部紀要」11 1986.3
◇ラフカディオ・ハーンと聖者伝説 （銭谷健二）「山陰地域研究」2 1986.3
◇Chita論―Hearnと自然― （東田敏夫）「川村短期大学研究紀要」6 1986.3
◇ラフカディオ・ハーンと仏教 （多久和新爾）「筑紫女学園短期大学紀要」21 1986.3
◇小泉八雲（Lafcadio Hearn）の日本女性観 （高西直樹）「長崎女子短期大学紀要」10 1986.3
◇日本におけるLafcadio Hearn（小泉八雲）の不安 （高西直樹）「長崎女子短期大学紀要」10 1986.3
◇ラフカディオ・ハーンとお地蔵さま （小倉泰）「本」11（4） 1986.4
◇漱石とラフカディオ・ハーンの作家的立場（1）ラフカディオ・ハーンの見た日本（夏目漱石と英文学-Part II-〈特集〉） （佐藤茂樹）「ビブリア」7 1986.8
◇漱石とラフカディオ・ハーンの作家的立場（2）漱石の内なる日本（夏目漱石と英文学-Part II-〈特集〉） （伊藤行生）「ビブリア」7 1986.8
◇ラフカディオ・ハーンの女性観―小説「カルマ」の創作過程を中心に （萩原順子）「国際関係学部研究年報（日本大学）」8（三島学園開設40周年記念） 1986.11
◇『夢十夜』とラフカディオ・ハーン（夏目漱石と英文学-Part III―〈特集〉） （杉沼永一）「ビブリア」8 1987.1
◇世紀末と漱石の闇 （渡部昇一）「諸君！」19（2） 1987.2
◇Lafcadio Hearn（小泉八雲）の生活と金銭観 （高西直樹）「長崎女子短期大学紀要」11 1987.3

◇ラフカディオ・ハーンと神聖舞踏 （銭谷健二）「山陰地域研究（島根大学山陰地域研究総合センター）」3 1987.3
◇ラフカディオ・ヘルンと日本文化（1）文字のイメージを通して （豊田政子）「東洋大学紀要 教養課程編」26 1987.3
◇ラフカディオ・ハーンとフランス―ノルマンディ地方にその足跡を求めて （船岡末利）「東海大学紀要 外国語教育センター」7 1987.3
◇小泉八雲のことども（続き） （根本重煕）「中日本自動車短期大学論叢」17 1987.3
◇小泉八雲と教育 （中山常雄）「一般教養研究紀要（静岡薬科大学）」16 1987.3
◇日本におけるLafcadio Hearnと就職 （高西直樹）「長崎女子短期大学紀要」11 1987.3
◇小泉八雲とカミガミの世界 （平川祐弘）「諸君！」19（5） 1987.5
◇小泉八雲とカミガミの世界〔2〕 （平川祐弘）「諸君！」19（6） 1987.6
◇小泉八雲と母性への回帰 （平川祐弘）「諸君！」19（7） 1987.7
◇小泉八雲が出合った庚申さま （末広昌雄）「あしなか」202 1987.8
◇日本の女とアメリカの女 （平川祐弘）「諸君！」19（8） 1987.8
◇ハーンのロンドン体験 （平川祐弘）「諸君！」19（9） 1987.9
◇青い眼をした蛙たち （平宗星）「船団」3 1987.9
◇ハーンとケーベルの奇妙な関係 （平川祐弘）「諸君！」19（10） 1987.10
◇小泉八雲と民俗学―来日後の著書の分析を中心として （小泉凡）「山陰民俗」49 1987.10
◇日本大学三島図書館におけるラフカディオ・ハーン文献解題（1） （萩原順子）「国際関係研究（日本大学）」8（2） 1987.11
◇サトウとハーン （楠家重敏）「明治村通信」209 1987.11
◇小泉八雲「耳なし芳一」（レモンの表紙） （安野光雅）「本」12（11） 1987.11
◇文学と国際世論 （平川祐弘）「諸君！」19（11） 1987.11
◇ハーンの「祖国への回帰」 （平川祐弘）「諸君！」19（12） 1987.12
◇ハーンと日本の教育―儒教思想と日本近代化（「日本」） （先川暢郎）「法政大学教養部紀要」65 1988
◇ラフカディオ・ハーン「怪談」（Kwaidan）とその世界（2） （原田熙史）「法政大学教養部紀要」65 1988
◇ラフカディオ・ヘルンと日本文化（2）彼の自然観と日本庭園について （豊田政子）「東洋大学紀要 教養課程編」27 1988
◇小泉八雲と焼津（3）作品「漂流」（Drifting）を中心に （中山常雄）「一般教養研究紀要」17 1988
◇焼津におけるハーン関係資料 （村松真一）「人文論集（静岡大学人文学部）」39 1988
◇日本人の微笑とラフカディオ・ハーン（文化と教養への誘い〈久米収教授御退官記念フォーラム〉） （中山常雄）「一般教養研究紀要」17 1988
◇ケネス・レクスロス（Kenneth Rexroth）にみられるハーン（Lafcadio Hearn）の心 （田中泰賢）「禅研究所紀要」16 1988
◇ラフカディオ・ハーン―祖先崇拝と神道― （多久和新爾）「筑紫女学園短期大学紀要」23 1988.1
◇三原山噴火とラフカディオ・ハーン（情報透視図9） （山口昌男）「本」13（1） 1988.1
◇小泉八雲とわらべうた（4）―わらべうたの紹介― （滝沢典子）「学苑（昭和女子大学）」577 1988.1
◇「堪える女」は幸福だったか（特集・平川論文「小泉八雲とカミガミの世界」を読んで） （長尾龍一）「諸君！」20（2） 1988.2
◇「山の神」の実力（特集・平川論文「小泉八雲とカミガミの世界」を読んで） （宮田登）「諸君！」20（2） 1988.2
◇ハーンと和辻哲郎―両者の日本理解 （原田熙史）「比較思想研究」14 1988.2
◇小泉八雲とその妻セツ―その評価をめぐって― （萩原順子）「日本大学国際関係学部研究年報」9 1988.2
◇小泉八雲のことども（続き） （根本重煕）「中日本自動車短期大学論叢」18 1988.3
◇ハーンに憶うこと（特集（2）父のこと祖父のこと曾祖父のこと） （小泉凡）「紙魚」6 1988.5
◇「杵築」再考―ラフカディオ・ハーンの神道発見（1） （遠田勝）「近代（神戸大学近代発行会）」64 1988.6
◇西洋人はなぜ神道を理解できないのか （遠田勝）「諸君！」20（6） 1988.6
◇〈研究資料〉日本大学三島図書館におけるラフカディオ・ハーン文献解題（3） （萩原順子）「国際関係研究」9（1） 1988.7
◇ハーンの『怪談』（特集 怪談） （山良具美）「彷書月刊」4（8） 1988.8
◇小泉八雲「わらべ歌」分類考（特集・児童文学） （白木瑜弥）「解釈」34（11） 1988.11
◇ラフカディオ・ハーン「茶碗の中」について （牧野陽子）「成城大学経済研究」102・103 1988.12
◇失われた照応・見出された照応―小泉八雲書簡の削除部分（1） （銭

小泉八雲

本健二)「英語青年」134(9) 1988.12
◇神社の感覚(ラフカディオ・ハーンの神道発見(4))(遠田勝)「近代(神戸大学近代発行会)」65 1988.12
◇ラフカディオ・ハーンの詩論—特に民俗学的解釈をめぐって (桝井幹也)「京都府立大学学術報告 人文」41 1989
◇西洋人はなぜ「天皇」を理解しないのか (遠田勝)「諸君!」21(1) 1989.1
◇ラフカディオ・ハーン:「怪談」(Kwaidan)とその世界(3) (原田煕史)「法政大学教養部紀要」69 1989.2
◇「趣味の遺伝」論考—ラフカディオ・ハーンとの関連 (野村敏昭)「国文学踏査」15 1989.3
◇志賀直哉、里見弴とラフカディオ・ハーン (石原亨)「松江工業高等専門学校研究紀要 人文・社会編」24 1989.3
◇小泉八雲のことども—続き— (根本重煕)「中日本自動車短期大学論叢」19 1989.3
◇御神木が倒れた日 (平川祐宏)「文芸春秋」67(4) 1989.3 臨増(大いなる昭和)
◇ラフカディオ・ハーンと猫—ネオ・ロマン派から世紀末へ (銭本健二)「山陰地域研究」5 1989.5
◇明治7年の神道シンポジウム(ラフカディオ・ハーンの神道発見(2))(遠田勝)「近代(神戸大学近代発行会)」66 1989.6
◇ラフカディオ・ハーン「雪女」について (牧野陽子)「成城大学経済研究」105 1989.7
◇小泉八雲と西田千太郎—「神々の国」での邂逅 (萩原順子)「国際関係研究(日本大学)」10(1) 1989.10
◇民族学者としての小泉八雲 (森雅郎)「日本民俗学」180 1989.11
◇もう一人の現人神(ラフカディオ・ハーンの神道発見(3)) (遠田勝)「近代(神戸大学近代発行会)」67 1989.12
◇松江のハーン—「盆踊り」と「神々の国の首都」(1) (牧野陽子)「成城大学経済研究」107 1989.12
◇風土と人間形成—ラフカディオ・ハーンから学ぶもの (野里房代)「青山学院大学一般教育部会論集」31 1990
◇ラフカディオ・ハーンとレオナ・ケイロウセ (萩原順子)「比較文学」33 1990
◇小泉八雲と早稲田大学関係文書—小泉時氏所蔵資料を中心に (関田かおる)「早稲田大学史記要」22 1990.3
◇小泉八雲のことども—続き— (根本重煕)「中日本自動車短期大学論叢」20 1990.3
◇なつかしき日本 (加来耕三)「新潮45」9(6) 1990.6
◇小泉八雲来日百年記念—フェスティヴァルをふり返って (仙北谷晃一)「学鐙」87(12) 1990.12
◇ラフカディオ・ヘルンと日本文化(5)「京都紀行」から (豊田政子)「東洋大学紀要 教養課程篇」30 1991
◇坪内逍遙と小泉八雲—両者の交流とその意義 (佐藤勇夫)「英学史研究」24 1991
◇ラフカディオ・ヘルンと日本文化(5)「京都紀行」から (豊田政子)「東洋大学紀要 教養課程篇」30 1991
◇「耳なし芳一」の〈音〉の世界—覚え書き (佐藤茂樹)「ビブリア」16 1991.1
◇小泉八雲を読む—比較文学的考察に基づいて〈特集〉-Part I— 「ビブリオ」16 1991.1
◇魂の遊離と他界訪問—ハーン「安芸之介の夢」をめぐって (美濃部京子)「英文学会会報(大谷大学)」18 1991.3
◇祖先崇拝の信仰—小泉八雲を偲ぶ (近藤啓吾)「神道学」149 1991.5
◇ラフカディオ・ハーン—晩年の結実(1) (牧野陽子)「成城大学経済研究」113 1991.7
◇〈親日文学〉について—周作人と八雲 (岩佐壮四郎)「日本文学」40(7) 1991.7
◇ラフカディオ・ハーン—晩年の結実(2) (牧野陽子)「成城大学経済研究」114 1991.10
◇小泉八雲(ラフカディオ・ハーン)と日本〈特集〉「国文学解釈と鑑賞」56(11) 1991.11
◇ラフカディオ・ハーン〈特輯〉「比較文学研究」60 1991.11
◇小泉八雲来日100年記念フェスティヴァル印象記 (平川節子)「比較文学研究」60 1991.11
◇ラフカディオ・ハーンの無署名報告「島根通信」—「ジャパン・ウィークリー・メイル」1891年6月13日号〔含 原文及び訳文〕 (成沢栄寿)「部落問題研究」114 1991.11
◇秘められたハーンの書簡 (関田かおる)「学鐙」88(12) 1991.12
◇ラフカディオ・ハーンの日本文化論に関する小考察—史料紹介と所見 (成沢栄寿)「長野県短期大学紀要」46 1991.12
◇ラフカディオ・ハーンと京都—平安遷都千百年記念祭 (桝井幹生)「京都府立大学学術報告 人文」44 1991.12
◇ハーンとジェイムズ (里見繁美)「熊本大学教養部紀要 外国語・外国文学編」27 1992
◇ラフカディオ・ハーンの翻訳論とその実践—Maupassant: La Mère Sauvageの英訳の分析から (庭野吉弘)「英学史研究」25 1992

◇ハーンのシェイクスピア評—覚え書き (佐藤茂樹)「ビブリア」18 1992.1
◇ハーン試論—チェンバレンとの比較を中心に (太田雄三)「文学」3(1) 1992.1
◇ラフカディオ・ハーンの絵画芸術の資質—ハーンは浮世絵に何を見たか (高成玲子)「富山女子短期大学紀要」27 1992.1
◇前世紀転換期の日本学—チェンバレン対ハーンと岡倉由三郎 (原田純)「思想」814 1992.4
◇小泉八雲と日本(1)その誕生と幼児時代 (大石正人)「精華女子短期大学紀要」19 1992.4
◇ラフカディオ・ハーン その愛 (高橋恵美子)「ビブリア」19 1992.7
◇Lafcadio Hearn The Story of Aoyagi—永遠に女性的なるものの愛 (沢井亜紀子)「実践英文学」41 1992.7
◇ハーンとマゾッホ—1893年のハーン=チェンバレン往復書簡を中心に (東ヨーロッパ〈特輯〉) (西成彦)「比較文学研究」61 1992.7
◇〈浦島〉のありか—ハーンと〈日本回帰〉(坪井秀人)「名古屋近代文学研究(名古屋近代文学研究会)」10 1992.12
◇ラフカディオ・ハーン〈小泉八雲〉と「シドニー号」事件—「バレット文庫」収録の「神戸クロニクル」紙ハーン論説の時代背景を見る (真具義五郎)「松蔭女子学院大学・松蔭女子学院短期大学学術研究会研究紀要 人文科学・自然科学篇」34 1993
◇ラフカディオ・ハーンの仏教的自己観 (吉野貴好)「足利工業大学研究集録」19 1993
◇ハーンの日本人の微笑観 (豊田政子)「東洋大学紀要 教養課程篇」32 1993
◇ラフカディオ・ハーン—その旅の終わりに見出したもの (礒村桂子)「武蔵野音楽大学研究紀要」25 1993
◇西洋文明の衝撃新たな日本精神の確立—ラフカディオ・ハーンの「ある保守主義者」と内村鑑三の「余は如何にして基督信徒となりし乎」を巡って (田宮正晴)「明治大学教養論集」252 1993
◇神道と明治日本—L.ハーン『明治日本の面影』(「欧米受容の100年—日本人と近代化—」-Part I-〈特集〉) (岸昭夫)「ビブリア」20 1993.1
◇お雇い外国人教師ラフカディオ・ハーンの東大解雇をめぐって (梅本順子)「日本大学研究年報」14 1993.2
◇ラフカディオ・ハーンの人間観 (先川暢郎)「法政大学教養部紀要」86 1993.2
◇ラフカディオ・ハーン研究年表(9)「北海道東海大学紀要人文社会科学系」5 1993.3
◇ラフカディオ・ハーンの仏教的自己観 (吉野貴好)「足利工業大学研究集録」19 1993.3
◇ラフカディオ・ハーンによる英訳—モーパッサンのコント(短編小説)について (狐野美代子)「文化女子大学室蘭短期大学研究紀要」16 1993.3
◇目黒八雲の会が企画した小泉八雲を語る会 「目黒区郷土研究」460 1993.5
◇牧野陽子著「ラフカディオ・ハーン」出版記念会 (小宮彰)「比較文学研究」63 1993.6
◇ラフカディオ・ハーンの詞による歌曲について(資料) (牧野陽子)「成城大学経済研究」121 1993.7
◇ラフカディオ・ハーンを知っていますか?(鼎談) (山田太一、風間杜夫, 三田和代)「青春と読書」199 1993.7
◇ラフカディオ・ハーンの日本理解—明治期来日外国人の日本人観を比較して (小倉慶郎)「ふぉーちゅん(新生言語文化研究会)」5 1993.8
◇文字所有者の優位から文字の優位へ—カフカ・ハーン・アルトー(特集・文字と共同体) (西成彦)「現代思想」21(11) 1993.10
◇ラフカディオ・ハーンの詞による歌曲(補遺) (牧野陽子)「成城大学経済研究」122 1993.10
◇ハーンとチェンバレンの「スペンサー論争」 (山下重一)「英学史研究」27 1994
◇果たして日本はハーンに何も与えなかったか (高木大幹)「英学史研究」27 1994
◇ラフカディオ・ハーンの虫の文学 (豊田政子)「東洋大学紀要 教養課程篇」33 1994
◇Lafcadio Hearn: The Lion考 (前田式子)「二松学舎大学東洋学研究所集刊」25 1994
◇ハーンとクレオール—「へるん文庫」の形成をめぐって (村井文夫)「富山大学人文学部紀要」20 1994
◇神道(この国のかたち(94))(司馬遼太郎)「文芸春秋」72(1) 1994.1
◇核兵器と国際法—ハーンの論文を中心に (城戸正彦)「松山大学論集」5(6) 1994.2
◇ラフカディオ・ハーンのアメリカ時代—獣の如きシンシナティー (吉野貴好)「足利工業大学研究集録」20 1994.3
◇駆け足の洋行 (坂手二郎)「中央公論」109(4) 1994.4
◇ラフカディオ・ハーン—神々への旅 (工藤美代子)「青春と読書」211 1994.7
◇島田先生とハーンのことなど (仙北谷晃一)「比較文学研究」65

1994.7
◇没後90年―ラフカディオ・ハーンの成熟〈特集〉 「すばる」 16(8) 1994.8
◇夢の途上―ラフカディオ・ハーンの生涯(1～5) (工藤美代子) 「すばる」 16(8～12) 1994.8～12
◇外国人のみた日本(8)ハーン作『怪談』 (石山洋) 「日本古書通信」 59(8) 1994.8
◇ラフカディオ・ハーン, ヨーロッパに帰る―「神々の国の首都」海外ツアー記録(上) (坂手洋二) 「テアトロ」 620 1994.9
◇Lafcadio Hearnと輪廻, 無門関―「草ひばり」より「倩女離魂」へそして「お貞の話」 (大塚裕睹)「密教文化」 188 1994.10
◇ラフカディオ・ハーンとの旅は続く―「神々の国の首都」海外ツアー記録(下) (坂手洋二) 「テアトロ」 623 1994.12
◇ラフカディオ・ハーン―そのアイルランド的特色〔英文〕 (Jane O'halloran) 「ノートルダム清心女子大学紀要 外国語・外国文学編」 ノートルダム清心女子大学 19(1) 1995 p13～18
◇モラエス, ハーン, ロチの人間三角洲(デルタ)を巡る (田所清克) 「Cosmica 地域研究」 京都外国語大学総合研究所 25 1995 p155～173
◇熊本における嘉納治五郎とラフカディオ・ハーン (東憲一) 「東京外国語大学論集」 東京外国語大学論集編集委員会 51 1995 p187～202
◇ラフカディオ・ハーンと昆虫―蝉と俳句 (豊田政子) 「東洋大学紀要 教養課程篇」 東洋大学教養課程委員会 34 1995 p316～301
◇夢の途上―ラフカディオ・ハーンの生涯―6― (工藤美代子) 「すばる」 集英社 17(1) 1995.1 p324～335
◇小泉八雲の「十六ざくら」について (越智良二) 「愛媛大学教育学部紀要 第2部 人文・社会科学」 愛媛大学教育学部 27(2) 1995.2 p79～85
◇夢の途上―ラフカディオ・ハーンの生涯―7― (工藤美代子) 「すばる」 集英社 17(2) 1995.2 p288～295
◇ラフカディオ・ハーン試論―スペンサー『第一原理』からの影響について (森健太郎) 「スプラウト」 立正大学大学院英米文学研究会 24号 1995.3 p13～28
◇ラフカディオ・ハーン著「神国日本」を読む(外国人の見た日本・日本人〈特集〉―明治時代の日本論) (仙北谷晃一) 「国文学解釈と鑑賞」 至文堂 60(3) 1995.3 p132～144
◇夢の途上―ラフカディオ・ハーンの生涯―8― (工藤美代子) 「すばる」 集英社 17(3) 1995.3 p206～214
◇小泉八雲(特集・近代日本 夢の旅人―見知らぬ地図を求めて自分さがしの旅に出た先人たちの行路) 「ノーサイド」 5(4) 1995.4 p23
◇ラフカディオ・ハーン〈特集〉 「ユリイカ」 青土社 27(4) 1995.4 p73～302
◇夢の途上―ラフカディオ・ハーンの生涯―9― (工藤美代子) 「すばる」 集英社 17(4) 1995.4 p206～213
◇八雲星雲ハーンをとりまく日本文学小史(ラフカディオ・ハーン〈特集〉) (速川和男) 「ユリイカ」 青土社 27(4) 1995.4 p264～275
◇ハーン/八雲主要著作解題(ラフカディオ・ハーン〈特集〉) (牧野陽子) 「ユリイカ」 青土社 27(4) 1995.4 p290～299
◇ラフカディオ・ハーン/小泉八雲略年譜(ラフカディオ・ハーン〈特集〉) 「ユリイカ」 青土社 27(4) 1995.4 p300～301
◇ラフカディオ・ハーンのアメリカ時代―2―メンフィス, 2つの世界の間(はざま) (吉貫昇好) 「高崎経済大学論集」 高崎経済大学 38(1) 1995.6 p126～106
◇夢の途上―ラフカディオ・ハーンの生涯―10― (工藤美代子) 「すばる」 集英社 17(6) 1995.6 p356～365
◇夢の途上―ラフカディオ・ハーンの生涯―11― (工藤美代子) 「すばる」 集英社 17(7) 1995.7 p333～340
◇ラフカディオ・ハーンの翻訳と再話―「孟沂の話」と「伊藤則資の話」を比較して (梅本順子) 「国際関係研究」 日本大学国際関係学部国際関係研究所 第16巻第1号 1995.8 p41～56
◇夢の途上―ラフカディオ・ハーンの生涯―12― (工藤美代子) 「すばる」 集英社 17(8) 1995.8 p218～228
◇ラフカディオ・ハーンと音楽 (仙北谷晃一) 「武蔵大学人文学会雑誌」 武蔵大学人文学会 27(1) 1995.9 p1～13
◇G.Meredithの詩の解釈に見られるL.Hearnの女性観 (八木悦子) 「英語英文学論叢」 日本大学大学院英語英文学研究会 第17号 1995.9 p11～22
◇ラフカディオ・ハーンの世紀末―黄禍論を越える(明治世紀末―イメージの明治〈特集〉―交通の世紀末) (西成彦) 「國文學 解釈と教材の研究」 学灯社 40(11) 1995.9 p88～93
◇夢の途上―ラフカディオ・ハーンの生涯―13― (工藤美代子) 「すばる」 集英社 17(9) 1995.9 p212～219
◇小泉八雲の「草ひばり」をめぐって(越智良二教授追悼号〔含 略歴〕) (越智良二) 「愛媛国文と教育」 愛媛大学教育学部国語国文会 27 1995.10 p1～9
◇夢の途上―ラフカディオ・ハーンの生涯―14― (工藤美代子) 「すばる」 集英社 17(10) 1995.10 p206～213

◇K.マンスフィールドとL.ハーン(小泉八雲) "little"と "miniature"―「園遊会」と「あみだ寺の比丘尼」 (大塚裕睹) 「密教文化」 密教研究会 192 1995.11 p134～99
◇夢の途上―ラフカディオ・ハーンの生涯―15― (工藤美代子) 「すばる」 集英社 17(11) 1995.11 p276～284
◇夢の途上―ラフカディオ・ハーンの生涯―16― (工藤美代子) 「すばる」 集英社 17(12) 1995.12 p224～230
◇Lafcadio Hearnの小説に見られる "Aggressivity" (八木悦子) 「英文学論叢」 日本大学英文学会 44 1996 p81～93
◇ハーンの「異邦文学残葉」をめぐって (村井文夫) 「富山大学人文学部紀要」 富山大学人文学部 24 1996 p249～270
◇ラフカディオ・ハーンと昆虫―蝶と蛍 (豊田政子) 「東洋大学紀要 教養課程篇」 東洋大学教養課程委員会 35 1996 p334～321
◇夢の途上―ラフカディオ・ハーンの生涯―17― (工藤美代子) 「すばる」 集英社 18(1) 1996.1 p336～342
◇《ハーン研究の課題》(1) (原田熙史) 「法政大学教養部紀要」 法政大学教養部 95 1996.2 p1～13
◇夢の途上―ラフカディオ・ハーンの生涯―18― (工藤美代子) 「すばる」 集英社 18(2) 1996.2 p221～227
◇夢の途上―ラフカディオ・ハーンの生涯―19― (工藤美代子) 「すばる」 集英社 18(3) 1996.3 p210～216
◇夢の途上―ラフカディオ・ハーンの生涯―20― (工藤美代子) 「すばる」 集英社 18(4) 1996.4 p202～208
◇夢の途上―ラフカディオ・ハーンの生涯―21― (工藤美代子) 「すばる」 集英社 18(5) 1996.5 p211～217
◇初期来日西洋学者と「日本」という言説―アストン・チェンバレン・モース・ハーンと南方熊楠・柳田国男の対比の試み (松居竜五) 「駿河台大学論叢」 駿河台大学 第12号 1996.6 p89～104
◇夢の途上―ラフカディオ・ハーンの生涯―22― (工藤美代子) 「すばる」 集英社 18(6) 1996.6 p200～207
◇小泉八雲夫妻の異文化解理(日本の"民祭人"〔14〕) 「ワールドプラザ」 46 1996.7 p34～37
◇小泉八雲, あるいは美しい日本の私 (柳田寛) 「北海道医療大学基礎教育部論集」 北海道医療大学基礎教育部 第22号 1996.7 pA1～A13
◇夢の途上―ラフカディオ・ハーンの生涯―23―第一部完 (工藤美代子) 「すばる」 集英社 18(7) 1996.7 p262～272
◇小泉八雲「雪女」の考察―《奇譚》から《小説》へ (小沢次郎) 「北海道医療大学基礎教育部論集」 北海道医療大学基礎教育部 第22号 1996.7 pB11～B19
◇小泉八雲の悲慣を今再び(切り捨てられる国立大学の外国人教師たち) (T.ラズロ) 「Ronza」 2(10) 1996.10 p72～75
◇Miscellanea Bibliographica―Hearniana―神戸親和女子大学図書館所蔵小泉八雲関係図書目録 (松村恒) 「神戸親和女子大学研究論叢」 神戸親和女子大学 30 1996.10 p177～199
◇異文化の中の女神たち―ラフカディオ・ハーンの描いた女性像(1) (梅本順子) 「国際関係研究 国際文化編」 日本大学国際関係学部国際関係研究所 17(2) 1996.12 p1～16
◇「神神の微笑」の主題と方法―ハーン, フローベール作品とのかかわりから (井上洋子) 「語文研究」 九州大学国語国文学会 82 1996.12 p38～48
◇かくも青く静かに―小泉八雲と宮沢賢治の白く濁った目 (川田宇一郎) 「群像」 講談社 51(12) 1996.12 p240～258
◇ラフカディオ・ハーンとジョージ・オーウェル―ハーンとオーウェルの「絞首刑」をめぐって (向島正喜) 「経営情報学部論集」 浜松大学 第9巻第2号(通巻第15号) 1996.12 p365～373
◇漱石とハーンの神秘主義 (近藤哲) 「会津大学短期大学部研究年報」 会津大学短期大学部 54 1997 p11～27
◇ファン・ゴッホとゴーガン―ピエール・ロティとラフカディオ・ハーンをめぐって (二見史郎) 「日本大学芸術学部紀要」 日本大学芸術学部 27 1997 p39～60
◇草木成仏について(その2)殊に有快法印とラフカディオ・ヘルン(小泉八雲)の場合 (伊藤宏昌) 「東洋学研究」 東洋大学東洋学研究所 34 1997 p41～68
◇ラフカディオ・ハーンのケルト的要素 (豊田政子) 「東洋大学紀要 教養課程篇」 東洋大学教養課程委員会 36 1997 p298～273
◇ハーン再発見 (富士川義之) 「学鐙」 丸善 94(6) 1997.6 p16～19
◇国語教材化の視点(1)『稲むらの火』は消えず (山本稔) 「滋賀大国文」 滋賀大国文会 35 1997.6 p42～51
◇異文化の中の女神たち―ラフカディオ・ハーンの描いた女性像(2) (梅本順子) 「国際関係研究 国際文化編」 日本大学国際関係学部国際関係研究所 18(1) 1997.7 p11～27
◇公開講演 小泉八雲の仏教観 (前田専学) 「駒沢大学仏教学部論集」 駒沢大学仏教学部 28 1997.10 p19～32
◇座談会 島の影・キリスト教の影―ラフカディオ・ハーンのヨーロッパ (工藤美代子, 松本健一, 関口照生) 「すばる」 集英社 19(12) 1997.12 p240～254
◇ラフカディオ・ハーン研究―日本における生活と体験 (大島芳材)

「立正大学人文科学研究所年報」 立正大学人文科学研究所 36 1998 p49～56
◇ラフカディオ・ハーンと柳宗悦 (大東俊一)「英米文化」 英米文化学会 28 1998 p95～104
近代日本のマスター・ナラティヴ—HearnとKiplingの視点から (伊勢芳夫)「言語文化研究」 大阪大学言語文化部 24 1998 p177～195
◇聖霊の島—ラフカディオ・ハーンの生涯〔ヨーロッパ編〕 (工藤美代子)「すばる」 集英社 20(1) 1998.1 p158～169
◇ラフカディオ・ハーンにおける東西の結婚と倫理 (大東俊一)「法政大学教養部紀要」 法政大学教養部 103 1998.2 p53～72
◇ラフカディオ・ハーンの人間観(2)マンディヴィルの『蜂の寓話』をめぐって：東京帝国大学英文科講師時代の講義録から (先川暢郎)「法政大学教養部紀要」 法政大学教養部 103 1998.2 p75～87
◇Lafcadio Hearnの美学と「雪女」—その心性の在処 (北川八十四)「サピエンチア 英知大学論叢」 英知大学 32 1998.2 p153～166
◇聖霊の島—ラフカディオ・ハーンの生涯〔ヨーロッパ編〕(2) (工藤美代子)「すばる」 集英社 20(2) 1998.2 p222～233
◇文豪の家探訪 小泉八雲旧居／島根県松江市 (読者レポート)「歴史と旅」 25(4) 1998.3 p26～27
◇小泉八雲『怪談』の世界 (山栄理子)「中央大学国文」 中央大学国文学会 第41号 1998.3 p27～36
◇異文化の中の女神たち—ラフカディオ・ハーンの女性観(III) (梅本順子)「国際関係研究」 日本大学国際関係学部国際関係研究所 第18巻第3号 1998.3 p93～112
◇どうして「八雲」としたんでしょうね (伊沢東一)「人文・自然・人間科学研究」 拓殖大学人文科学研究所 1 1998.3 p258～229
◇聖霊の島—ラフカディオ・ハーンの生涯〔ヨーロッパ編〕(3) (工藤美代子)「すばる」 集英社 20(3) 1998.3 p328～339
◇チェンバレンとハーンに見られる日本人観の揺らぎ—往復書簡から (相原由美子)「学苑」 昭和女子大学近代文化研究所 697 1998.4 p115～123
◇中学校英語教科書New Prince Readersとハーンの"Mujina" (石井俊彦)「日本英語教育史研究」 日本英語教育史学会事務局 第13号 1998.5 p97～108
◇聖霊の島—ラフカディオ・ハーンの生涯〔ヨーロッパ編〕(5) (工藤美代子)「すばる」 集英社 20(6) 1998.6 p226～237
◇特集：横断する ラフカディオ・ハーン 小泉八雲 「國文學 解釈と教材の研究」 学灯社 43(8) 1998.7 p1～140
◇ラフカディオ・ハーンと複式夢幻能 (特集 芝居になる人) (坂手洋二)「悲劇喜劇」 早川書房 51(7) 1998.7 p35～37
◇小泉八雲年譜 ハーンの足跡図 (特集：横断する ラフカディオ・ハーン 小泉八雲)「國文學 解釈と教材の研究」 学灯社 43(8) 1998.7 p134～137
◇小泉八雲参考文献目録(1984～1997) (特集：横断する ラフカディオ・ハーン 小泉八雲) (小泉凡)「國文學 解釈と教材の研究」 学灯社 43(8) 1998.7 p138～140
◇聖霊の島—ラフカディオ・ハーンの生涯〔ヨーロッパ編〕—6— (工藤美代子)「すばる」 集英社 20(7) 1998.7 p232～245
◇聖霊の島—ラフカディオ・ハーンの生涯 ヨーロッパ編〔7〕 (工藤美代子)「すばる」 集英社 20(8) 1998.8 p228～241
◇国語教材化の視点(2)今に生きる「稲むらの火」のために (山本稔)「滋賀大国文」 滋賀大国文会 36 1998.9 p46～55
◇聖霊の島—ラフカディオ・ハーンの生涯〔ヨーロッパ編〕(8) (工藤美代子)「すばる」 集英社 20(9) 1998.9 p236～247
◇聖霊の島—ラフカディオ・ハーンの生涯〔ヨーロッパ編〕(9) (工藤美代子)「すばる」 集英社 20(10) 1998.10 p230～241
◇聖霊の島—ラフカディオ・ハーンの生涯〔ヨーロッパ編〕 (工藤美代子)「すばる」 集英社 20(12) 1998.12 p226～237
◇ラフカディオ・ハーンとアイルランド—浦島伝説を懸け橋として (光畑隆行)「Oliva」 関西学院大学英語英米文学会 6 1999 p1～18
◇『怪談』とラフカディオ・ハーンのコスモロジー(2) (豊田政子)「東洋大学紀要 教養課程篇」 東洋大学教養課程委員会 38 1999 p340～327
◇ラフカディオ・ハーンと仏教 (大東俊一)「法政大学教養部紀要」 法政大学教養部 108 1999.2 p23～44
◇リポート ラフカディオ・ハーンのアメリカをゆく—「神々の国の首都」米ツアー日記（上）(坂手洋二)「テアトロ」 テアトロ 678 1999.2 p60～63
◇ラフカディオ・ハーンの人間観(3)ジェイン・オースティンをめぐって：東京帝国大学英文科講師時代の講義録から (先川暢郎)「法政大学教養部紀要」 法政大学教養部 108 1999.2 p173～193
◇聖霊の島—ラフカディオ・ハーンの生涯〔ヨーロッパ編〕(12完) (工藤美代子)「すばる」 集英社 21(2) 1999.2 p205～215
◇ハーンの来日前の仏教観—ハーン著『仏教とは何か』の邦訳・解説・注記 (前田専学)「人間研究」 武蔵野女子大学人間学会 4 1999.3 p1～21
◇ラフカディオ・ハーンにみる「義務の遵守」 (伊野家伸一)

◇「Persica」 岡山英文学会 26 1999.3 p109～118
◇ラフカディオ・ハーンのアメリカをゆく—「神々の国の首都」米ツアー日記（下）(坂手洋二)「テアトロ」 テアトロ 680 1999.4 p46～51
◇第十回「アジア・オープン・フォーラム」報告、「漢奸」がいて「日奸」がいない理由—日・中の精神性はなぜ違うのか。ハーン、周作人が開いた異文化理解の道を閉ざすなかれ (平川祐弘)「諸君！」 31(4) 1999.4 p186～197
◇聖なる樹々(上)ラフカディオ・ハーン「青柳物語」と「十六桜」について (牧野陽子)「成城大学経済研究」 成城大学経済学会 145 1999.7 p188～173
◇"Old Samurai Days—Sword-Days": Lafcadio Hearn's Japan (Peter McIvor)「英語青年」 研究社出版 145(4) 1999.7 p210～212
◇小泉八雲の怪奇探求 (ミステリアス作家が描くこの世ならぬ物語世界) (小泉凡)「歴史と旅」 26(14) 1999.9.10 増刊〔日本史の恐怖残酷物語集〕p196～203
◇小泉八雲をめぐる感想—荷風と対比させて (塚本康彦)「古典と現代」 古典と現代の会 67 1999.10 p36～52
◇聖なる樹々(下)ラフカディオ・ハーン「青柳物語」と「十六桜」について (牧野陽子)「成城大学経済研究」 成城大学経済学会 146 1999.10 p144～159
◇ラフカディオ・ハーンと第4回内国勧業博覧会—その美術史的意義について (永田雄次郎)「人文論究」 関西学院大学人文学会 49(3) 1999.12 p1～15
◇ラフカディオ・ハーンの日本文学の語り直し作品に見る中国文化の受容 (梅本順子)「国際関係研究 国際文化編」 日本大学国際関係学部国際関係研究所 20(2) 1999.12 p1～16
◇萩原朔太郎とラフカディオ・ハーン (石原亨)「松江工業高等専門学校研究紀要 人文・社会編」 松江工業高等専門学校 35 2000 p12～1
◇ラフカディオ・ハーン研究（続）日本における生活と体験 (大島芳材)「立正大学人文科学研究所年報」 立正大学人文科学研究所 38 2000 p16～24
◇詩のアニミズム(3)ラフカディオ・ハーン（小泉八雲）の詩性について (緒方惇)「熊本大学総合科目研究報告」 熊本大学大学教育研究センター 3 2000 p97～110
◇ハーンの『草ひばり』と漱石の『文鳥』 (平川佑弘)「人文学研究」 福岡女学院大学人文学研究所紀要編集委員会 3 2000 p125～153
◇駆け出し新聞記者時代のラフカディオ・ハーン（小泉八雲）—"虚実皮膜"の間を楽しませたハーンの記事と作品 (真貝義五郎)「研究紀要 人文科学・自然科学篇」 神戸松蔭女子学院大学・神戸松蔭女子学院短期大学学術研究会 41 2000 p131～226
◇小泉八雲の日本語について—日本語教育の視座から(1) (金沢朱美)「目白大学人文学部紀要 言語文化篇」 目白大学人文学部 6 2000.1 p114～104
◇ラフカディオ・ハーンの人間観(4)アレグザンダー・ポープをめぐって—東京大学英文科講師時代の講義録から (先川暢郎)「法政大学教養部紀要」 法政大学教養部 111 2000.2 p107～128
◇ラフカディオ・ハーン 日本に来たる (今井章夫)「Shukugawa studies in linguistics and literature」 夙川学院短期大学英文学会 23 2000.3 p113～117
◇新宿区—小泉八雲が愛した富久町・大久保を歩く（江戸東京歴史ウォーク—大江戸八百八町の名残りと情緒の探訪）(有馬靖子)「歴史と旅」 27(5) 2000.3.10 増刊〔江戸東京歴史ウォーク〕p98～101
◇カメラアングル 小泉八雲「怪談」（むじな）(小山秀司)「建設月報」 建設省広報室 53(4) 2000.4 p83～85
◇小日向定次郎と恩師小泉八雲先生 (風呂肇)「英学史論叢」 日本英学史学会広島支部 第3号 2000.5 p19～26
◇Bibliotheca Japonica(29)ラフカディオ・ハーン著『神国日本』の成立とその周辺(2) (八木正自)「日本古書通信」 日本古書通信社 65(5) 2000.5 p29
◇思い出すままに(149)小泉八雲と出雲の国 会津八一は竹林の賢 (佐藤良雄)「日本古書通信」 日本古書通信社 65(6) 2000.6 p23
◇海外文化ニュース アドルノ文庫を訪ねて(2)ラフカディオ・ハーンあるいは帰郷のモチーフ (徳永恂)「みすず」 みすず書房 42(7) 2000.7 p74～78
◇ポストコロニアリズムの時代に 植民地化・キリスト教化・文明開化—ハーンが読んだラバ神父のマルティニーク紀行 (平川祐弘)「諸君！」 32(7) 2000.7 p118～135
◇萩原朔太郎の日本文化観—小泉八雲との関わり (小川由美)「清心語文」 ノートルダム清心女子大学日本語日本文学会 2 2000.8 p39～49
◇植民地化・キリスト教化・文明開化—ハーンが読んだラバ神父のマルティニーク紀行（ポストコロニアリズムの時代に〔2〕）(平川祐弘)「諸君！」 32(8) 2000.8 p122～136
◇ラフカディオ・ハーン研究—知られぬ日本の発見 (大島芳材)「立正大学文学部論叢」 立正大学文学部 112 2000.9 p83～98
◇植民地化・キリスト教化・文明開化—ハーンが読んだラバ神父のマルティニーク紀行（ポストコロニアリズムの時代に〔終〕）(平川祐弘)

◇「諸君！」 32(9) 2000.9 p198〜219
◇ラフカディオ・ハーン『ひまわり』を巡って─『怪談』小論 (斎藤裕)「流通経済大学社会学部論叢」 流通経済大学 11(1) 2000.10 p1〜14
◇文学と哲学を越えて─ラフカディオ・ハーンと西田幾多郎 (大東俊一)「人文・自然・人間科学研究」 拓殖大学人文科学研究所 4 2000.10 p141〜150
◇アイデンティティと異文化理解─ラフカディオ・ハーンの場合 (遠田勝[訳])「近代」 神戸大学近代発行会 86 2000.11 p51〜74
◇房総の浜、いま(第7回)よみがえったハーンの英訳大漁節 (平本紀久雄)「協同組合経営研究月報」 協同組合経営研究所 566 2000.11 p66〜68
◇「ラフカディオ・ハーン」の音世界に関する一考察─日本時代の作品を中心として (上成美咲)「音楽文化教育学研究紀要」 広島大学教育学部音楽文化教育学講座 13 2001 p1〜17
◇ハーンのテニスン受容について (近藤哲)「会津大学短期大学部研究年報」 会津大学短期大学部 58 2001 p51〜71
◇偏見から我々を脱却させてくれる小泉八雲 (Rodger Williamson)「静岡理工科大学紀要」 静岡理工科大学 9 2001 p261〜268
◇荷風とラフカディオ・ハーン(特集 永井荷風) (網野義紘)「湘南文学」 湘南短期大学 14 2001.1 p54〜59
◇神々の国─ラフカディオ・ハーンの生涯(日本編) (工藤美代子)「すばる」 集英社 23(1) 2001.1 p80〜91
◇小泉八雲の日本語について─日本語教育の視座から(2) (金沢朱美)「目白大学人文学部紀要 言語文化篇」 目白大学人文学部 7 2001.1 p88〜78
◇小泉八雲『骨董』と『新著聞集』 (浅野三平)「国文目白」 日本女子大学国語国文学会 40 2001.2 p141〜150
◇Lafcadio Hearn and the Long Way Home (Ciaran Murray)「英語英米文学」 中央大学英米文学会 41 2001.2 p147〜156
◇ラフカディオ・ハーンの伝記執筆を巡る問題に関する一考察(1)『生涯と書簡』対『鴉からの手紙』 (梅本順子)「国際関係研究」 日本大学国際関係学部国際関係研究所 21(4) 2001.2 p249〜265
◇神々の国─ラフカディオ・ハーンの生涯(日本編)(2) (工藤美代子)「すばる」 集英社 23(2) 2001.2 p262〜273
◇小泉八雲と海(1) (銭本健二)「英語教育と英語研究」 島根大学教育学部英語教育研究室 18 2001.3 p27〜40
◇L.Hearn "A Conservative" Kokoroにみる "Duty" (伊野家伸一)「Persica」 岡山英文学会 28 2001.3 p75〜87
◇ラフカディオ・ハーンと儒教 (大東俊一)「人間総合科学」 人間総合科学大学 1 2001.3 p223〜212
◇神々の国─ラフカディオ・ハーンの生涯(日本編)(3) (工藤美代子)「すばる」 集英社 23(3) 2001.3 p254〜265
◇ハーンの「死後の恋」と漱石の「第一夜」 (近藤哲)「比較文化研究」 日本比較文化学会〔ほか〕 51 2001.3.8 p41〜51
◇神々の国─ラフカディオ・ハーンの生涯(日本編)(4) (工藤美代子)「すばる」 集英社 23(4) 2001.4 p220〜231
◇神々の国─ラフカディオ・ハーンの生涯(日本編)(5) (工藤美代子)「すばる」 集英社 23(5) 2001.5 p260〜270
◇小泉八雲『怪談』の特質 (奥田久美子)「文学と教育」 文学と教育の会 41 2001.6 p21〜28
◇小泉八雲記念館(島根県松江市)─ハーンが愛した宍道湖の夕日(日本文学館紀行〔18〕) (川西政明)「潮」 508 2001.6 p230〜235
◇神々の国─ラフカディオ・ハーンの生涯(日本編)(6) (工藤美代子)「すばる」 集英社 23(6) 2001.6 p338〜348
◇ラフカディオハーンの『怪談─不思議なことの物語と研究』の文学性について (芝仁太郎)「主潮」 清水文学会 第25号 2001.7 p57〜60
◇先祖のおくりもの─小泉八雲の霊性と因縁 (小泉凡)「婦人之友」 95(8) 2001.7 p154〜159
◇ラフカディオ・ハーンの伝記執筆をめぐる問題に関する一考察(2)『ラフカディオ・ハーンについて』の出版を巡って (梅本順子)「国際関係研究」 日本大学国際関係学部国際関係研究所 22(1) 2001.7 p261〜297
◇神々の国─ラフカディオ・ハーンの生涯(日本編)(7) (工藤美代子)「すばる」 集英社 23(8) 2001.8 p280〜290
◇ハーン文学における色彩と光 (今西正人)「英知大学大学院論叢」 英知大学大学院人文科学研究科 3(1) 2001.9 p113〜137
◇神々の国─ラフカディオ・ハーンの生涯(日本編)(8) (工藤美代子)「すばる」 集英社 23(9) 2001.9 p290〜300
◇ラフカディオ・ハーンと神道 (大東俊一)「人間総合科学」 人間総合科学大学 2 2001.10 p218〜188
◇神々の国─ラフカディオ・ハーンの生涯(日本編)(9) (工藤美代子)「すばる」 集英社 23(10) 2001.10 p308〜318
◇小泉八雲の海(特集 増殖する異界) (小泉凡)「文学」 岩波書店 2(6) 2001.11 p185〜188
◇神々の国─ラフカディオ・ハーンの生涯(日本編)(10) (工藤美代子)「すばる」 集英社 23(11) 2001.11 p316〜327
◇神々の国─ラフカディオ・ハーンの生涯(日本編)(11) (工藤美代子)「すばる」 集英社 23(12) 2001.12 p294〜304
◇Lafcadio Hearn's Cincinnati Days (Rodget S. Williamson)「北九州市立大学文学部紀要」 北九州市立大学文学部 64 2002 p35〜40
◇Hearn and Spencer's Advice to Japan (Alan Rosen)「熊本大学教育学部紀要 人文科学」 熊本大学教育学部 51 2002 p85〜90
◇ハーンの「常識」に関する考察 (小泉和弘)「芝浦工業大学研究報告 人文系編 Social sciences and humanities Jinbunkei － hen」 芝浦工業大学 36(1) 2002 p103〜109
◇バイブル・サーヴィス 優しき反抗人小泉八雲 (野坂東作)「カトリック研究所論集」 仙台白百合女子大学カトリック研究所 7 2002 p117〜124
◇ラフカディオ・ハーン研究言説における「西洋」「日本」「辺境」の表象とナショナリティ (福間良明)「社会学評論」 日本社会学会 53(3) 2002 p329〜347
◇神々の国─ラフカディオ・ハーンの生涯(日本編)(12) (工藤美代子)「すばる」 集英社 24(1) 2002.1 p338〜347
◇エッセイ ラフカディオ・ハーン 家族をつれて故郷に帰る (松下砂稚子)「悲劇喜劇」 早川書房 55(2) 2002.2 p50〜52
◇小泉八雲 その作品と伝承 (清水孝子,田畑博子)「日本文理大学紀要」 日本文理大学 30(1) 2002.2 p74〜81
◇神々の国─ラフカディオ・ハーンの生涯(日本編)(13) (工藤美代子)「すばる」 集英社 24(2) 2002.2 p258〜268
◇Lafcadio Hearn's Criticism against Modern Civilization (Shinichi Inoke)「Persica」 岡山大学大学院英文学研究室 第29号 2002.2 p85〜97
◇小泉八雲と小川のお地蔵さん (深津洋)「法叢」 法叢会 617 2002.3 p56〜58
◇Lafcadio Hearn's Criticism against Modern Civilization (伊野家伸一)「Persica」 岡山英文学会 29 2002.3 p85〜97
◇『怪談』─ラフカディオ・ハーンのコスモロジー(4) (豊田政子)「文学論藻」 東洋大学文学部国語国文学研究室 76 2002.3 p116〜141
◇ハーンの「鮫人(さめびと)の感謝」の背景をめぐって (金原理)「文学部論叢」 熊本大学文学会 74 2002.3 p132〜114
◇民話を語る〈母〉─ラフカディオ・ハーン『ユーマ』について (牧野陽子)「成城大学経済研究」 成城大学経済学会 156 2002.3 p308〜279
◇ラフカディオ・ハーンと世界システム─かれのクレオール音楽との関係を中心に (黒田晴之)「Angelus novus」 早稲田大学大学院文学研究科独文専攻Angelus Novus会 第29号 2002.3 p127〜130
◇Lafcadio Hearn and His Views on Japan as Expressed Through His Book "Kokoro" (グレゴリー・オーダウド)「常葉学園大学研究紀要 教育学部」 常葉学園大学教育学部 第22号(2001年度) 2002.3 p387〜411
◇80冊世界一周旅行〔76〕「異人」として生きる日々(BOOK ADDICTS) (角取順乃)「Switch」 20(5) 2002.5 p145
◇Study on Hearn's "Ingwa-Banashi" (FujiwaraMami)「Comparatio」 九州大学大学院比較社会文化研究科比較文化研究会 Vol.6 2002.5 pv〜xi
◇神々の国─ラフカディオ・ハーンの生涯(日本編)(14) (工藤美代子)「すばる」 集英社 24(5) 2002.5 p242〜252
◇Image of "the Creole mother" and Lafcadio Hearn's Youma (牧野陽子)「成城大学経済研究」 成城大学経済学会 157 2002.6 p105〜115
◇神々の国─ラフカディオ・ハーンの生涯(日本編)(15) (工藤美代子)「すばる」 集英社 24(6) 2002.6 p362〜373
◇神々の国─ラフカディオ・ハーンの生涯(日本編)(16) (工藤美代子)「すばる」 集英社 24(7) 2002.7 p196〜206
◇東京帝大一学生の日記から─八雲、漱石、関根正直、その他の講義 (金子三郎)「日本古書通信」 日本古書通信社 67(8) 2002.8 p2〜4
◇ハーンのいた1902年 (河島弘美)「図書」 岩波書店 640 2002.8 p38〜41
◇小泉八雲の家庭生活(特集 萩原朔太郎の世界─作品の世界) (坂井明彦)「国文学解釈と鑑賞」 至文堂 67(8) 2002.8 p172〜177
◇神々の国─ラフカディオ・ハーンの生涯(日本編)(17) (工藤美代子)「すばる」 集英社 24(8) 2002.8 p248〜259
◇ワーズワスの花に関する詩とラフカディオ・ハーン─「水仙」,「小さなキンポウゲ」,「ヒナギクに寄せて」をめぐって (先川暢郎)「語学研究」 拓殖大学言語文化研究所 100 2002.9 p1〜27
◇神々の国─ラフカディオ・ハーンの生涯(日本編)(18) (工藤美代子)「すばる」 集英社 24(9) 2002.9 p162〜172
◇ラフカディオ・ハーンの宗教心とハーバート・スペンサーの思想 (大東俊一)「人間総合科学」 人間総合科学大学 4 2002.10 p190〜164
◇神々の国─ラフカディオ・ハーンの生涯 日本篇(最終回) (工藤美代子)「すばる」 集英社 24(10) 2002.10 p220〜235

◇小泉八雲論―近代中国知識人の視点より （劉岸偉）「世界文学」 世界文学会 第96号 2002.12 p44〜49
◇焼津から見たラフカディオ・ハーンと小泉八雲―基礎調査の試み（1）（大沢隆幸）「国際関係・比較文化研究」 静岡県立大学国際関係学部 1(1) 2002.12 p101〜123
◇ラフカディオ・ハーンと『新アタラ』―宣教師ルーケットとの交流を中心に （梅本順子）「国際関係研究」 日本大学国際関係学部国際関係研究所 23(3) 2002.12 p195〜209
◇八雲御抄試論 （浅田徹）「明月記研究 記録と文学」 明月記研究会 7号 2002.12 p92〜109
◇ラフカディオ・ハーンとモダニズム （渡辺忠夫）「文化科学研究」 中京大学文化科学研究所 15(1) 2003 p1〜7
◇本田増次郎と小泉八雲―「オリエンタル・レヴィユー」誌上での八雲への献辞 （丹羽栄一）「工学院大学共通課程研究論叢」 工学院大学 40-2 2003 p33〜44
◇Lafcadio Hearn and Walter Dening （Alan Rosen）「熊本大学教育学部紀要 人文科学」 熊本大学教育学部 52 2003 p41〜48
◇近代という名の島のクロニクル―文学の機械論または泉鏡花とラフカディオ・ハーン （永野宏志）「武蔵野女子大学文学部紀要」 武蔵野女子大学文学部紀要編集委員会 4 2003 p51〜60
◇Lafcadio Hearnのアメリカ時代―才筆開花の軌跡とその検証 （里見繁美）「熊本大学英語英文学」 熊本大学英文学会 46 2003 p83〜110
◇ある中学教師の『文学概論』（下）本間久雄・厨川白村・小泉八雲の文芸論の受容 （工藤貴正）「大阪教育大学紀要 (0xF9C1)人文科学」 大阪教育大学 51(2) 2003.2 p123〜143
◇ラフカディオ・ハーンの名前に関する文化人類学的考察（その2） （桑原一良, 桑原直子）「人文科学論叢」 新見公立短期大学備北人文科学学会 1 2003.3 p1〜18
◇『怪談』―ラフカディオ・ハーンのコスモロジー（5） （豊田政子）「文学論藻」 東洋大学文学部日本文学文化学科研究室 77 2003.3 p70〜89
◇小泉八雲の怪異―冥界と無窮の生命 （島村喜博）「十文字国文」 十文字学園女子短期大学国語国文学会 9 2003.3 p110〜123
◇〈共鳴〉の持つ意味―ラフカディオ・ハーンと日本の音 （内藤高）「阪大比較文学」 大阪大学比較文学会 創刊号 2003.5 p1〜14
◇焼津から見たラフカディオ・ハーンと小泉八雲―基礎調査の試み（3） （大沢隆幸）「国際関係・比較文化研究」 静岡県立大学国際関係学部 2(1) 2003.9 p157〜179
◇エドマンド・ブランデンとラフカディオ・ハーン―ブランデンのハーン観を中心にして （梅本順子）「国際関係研究」 日本大学国際関係学部国際関係研究所 24(2) 2003.10 p43〜59
◇ラフカディオ・ハーンの『チタ』における海の意味 （横山純子）「欧米文化研究」 広島大学大学院社会科学研究科国際社会論専攻 11 2004 p19〜31
◇L.ハーンの《心の眼差し》―"At a Railway Station"におけるキリスト教的のヴィジョン （安徳軍一）「北九州市立大学文学部紀要」 北九州市立大学文学部 67 2004 p31〜68
◇Lafcadio Hearn and the Forgotten of the Queen City of the South （Williamson Rodger Steele）「熊本大学社会文化研究」 熊本大学大学院社会文化科学研究科 2 2004 p135〜144
◇平成15年度研究プロジェクト報告 グローバル化の視点から見たラフカディオ・ハーン （田中雄次, 福沢清, 横山純子〔他〕）「熊本大学社会文化研究」 熊本大学大学院社会文化科学研究科 2 2004 p330〜332
◇ラフカディオ・ハーンの作品にみる異文化理解に関する一考察―「帰属」の視点を中心にして （梅本順子）「桜文論叢」 日本大学法学部 60 2004.1 p103〜124
◇『怪談』―ラフカディオ・ハーンのコスモロジー（6） （豊田政子）「文学論藻」 東洋大学文学部日本文学文化学科研究室 78 2004.2 p76〜97
◇越境する「語り」―ラフカディオ・ハーンの晩年の再話物語をめぐって （遠田勝）「国際文化学研究」 神戸大学国際文化学部 21 2004.3 p1〜61
◇ラフカディオ・ハーンの詩初―'Ode to a Nightingale'と'To a Skylark'をめぐって （先川暢郎）「拓殖大学語学研究」 拓殖大学言語文化研究所 105 2004.3 p61〜84
◇焼津から見たラフカディオ・ハーンと小泉八雲―基礎調査の試み（4）（大沢隆幸）「国際関係・比較文化研究」 静岡県立大学国際関係学部 2(2) 2004.3 p385〜410
◇現代社会からみたラフカディオ・ハーン―6つの観点から （故銭本健二先生追悼号） （小泉凡）「英語教育と英語研究」 島根大学教育学部・英語教育研究室 20 2004.5 p9〜21
◇エドマンド・ブランデンの日本観―ラフカディオ・ハーンと比較して （梅本順子）「国際関係研究」 日本大学国際関係学部国際関係研究所 25(1) 2004.7 p63〜76
◇怪談前夜（1）ラフカディオ・ハーンと「ジプシーの血」 （大塚英志）「本」 講談社 29(9) 2004.9 p24〜31
◇焼津から見たラフカディオ・ハーンと小泉八雲―基礎調査の試み（5）（大沢隆幸）「国際関係・比較文化研究」 静岡県立大学国際関係学部 3(1) 2004.9 p95〜116
◇『鳥取の布団の話』と『マッチ売りの少女』―世界の中のハーン（特集：没後百年 ラフカディオ・ハーン（小泉八雲）） （平川祐弘）「國文學 解釈と教材の研究」 学灯社 49(11) 2004.10 p6〜21
◇2004年夏、八雲のまち松江で（特集：没後百年 ラフカディオ・ハーン（小泉八雲）） （入沢康夫）「國文學 解釈と教材の研究」 学灯社 49(11) 2004.10 p22〜25
◇心の中の母―「阿弥陀寺の比丘尼」考（特集：没後百年 ラフカディオ・ハーン（小泉八雲）） （仙北谷晃一）「國文學 解釈と教材の研究」 学灯社 49(11) 2004.10 p26〜34
◇ラフカディオ・ハーンとオカルティズム（特集：没後百年 ラフカディオ・ハーン（小泉八雲）） （千葉洋子）「國文學 解釈と教材の研究」 学灯社 49(11) 2004.10 p35〜43
◇盲者と文芸―ハーンからアルトーへ（特集：没後百年 ラフカディオ・ハーン（小泉八雲）） （西成彦）「國文學 解釈と教材の研究」 学灯社 49(11) 2004.10 p44〜47
◇或る女の日記―「珍しい手稿」の意味するもの（特集：没後百年 ラフカディオ・ハーン（小泉八雲）） （関田かをる）「國文學 解釈と教材の研究」 学灯社 49(11) 2004.10 p48〜55
◇雷に打たれて―フランスの一日本学者の回想（特集：没後百年 ラフカディオ・ハーン（小泉八雲）） （ベルナールフランク, 平川祐弘〔訳〕）「國文學 解釈と教材の研究」 学灯社 49(11) 2004.10 p56〜61
◇ロバート・ニコルズとラフカディオ・ハーン―東京大学の外国人英文学教授と文化政策（特集：没後百年 ラフカディオ・ハーン（小泉八雲）） （ジョージヒューズ, 平川祐弘〔訳〕）「國文學 解釈と教材の研究」 学灯社 49(11) 2004.10 p62〜70
◇日本国家以前のラフカディオ・ハーン（特集：没後百年 ラフカディオ・ハーン（小泉八雲）） （田中克彦）「國文學 解釈と教材の研究」 学灯社 49(11) 2004.10 p72〜75
◇芥川竜之介とハーン―微笑する神々（特集：没後百年 ラフカディオ・ハーン（小泉八雲）） （井上洋子）「國文學 解釈と教材の研究」 学灯社 49(11) 2004.10 p76〜82
◇焼津のハーン（特集：没後百年 ラフカディオ・ハーン（小泉八雲）） （村松真一）「國文學 解釈と教材の研究」 学灯社 49(11) 2004.10 p83〜89
◇ハーンと"クレオル"（特集：没後百年 ラフカディオ・ハーン（小泉八雲）） （西江雅之）「國文學 解釈と教材の研究」 学灯社 49(11) 2004.10 p90〜101
◇エドウィン・アーノルドとハーン―二人のジャポニザンをめぐるエクリプス（特集：没後百年 ラフカディオ・ハーン（小泉八雲）） （岡部昌幸）「國文學 解釈と教材の研究」 学灯社 49(11) 2004.10 p102〜109
◇柳田国男とハーン（特集：没後百年 ラフカディオ・ハーン（小泉八雲）） （牧野陽子）「國文學 解釈と教材の研究」 学灯社 49(11) 2004.10 p110〜116
◇黒人の乳母（ダー）―ラフカディオ・ハーンとジーン・リース（特集：没後百年 ラフカディオ・ハーン（小泉八雲）） （中村和恵）「國文學 解釈と教材の研究」 学灯社 49(11) 2004.10 p117〜128
◇ラフカディオ・ハーンとハーバート・スペンサー―二回の論争を巡って （山下重一）「国学院法学」 国学院大学法学会 42(2) 2004.10 p125〜182
◇佐藤春夫の詩情とハーン―「田園の憂鬱」と〈詩人〉ハーンのアニミズム（特集：没後百年 ラフカディオ・ハーン（小泉八雲）） （河野竜也）「國文學 解釈と教材の研究」 学灯社 49(11) 2004.10 p129〜135
◇ラフカディオ・ハーンにおける「虫の文学」 （大東俊一）「人間総合科学」 人間総合科学大学 8 2004.10 p140〜120
◇ラフカディオ・ハーンと繋がりの意識―『怪談』における再話の方法について （門田守）「奈良教育大学紀要 人文・社会科学」 奈良教育大学 53(1) 2004.10 p257〜273
◇Lafcadio Hearn and Yanagita Kunio―Who initiated folklore studies in Japan？ （牧野陽子）「成城大学経済研究」 成城大学経済学会 166 2004.11 p133〜145
◇心に残る二つの日本軍艦見学記 水野広徳・小泉八雲の著作から （石渡幸二）「世界の艦船」 海人社 633 2004.11 p165〜167
◇まろうどの風景としてのドラキュラ―ジョナサン・ハーカーと極東第一日目におけるハーンのまなざしを通して （納冨末世）「英米文学研究」 梅光学院大学英米文学会 39 2005 p29〜37
◇ハーン文学における男女・夫婦の愛―亡霊〈顔のない女〉というモチーフを軸として （山縣仁美）「英米文学研究」 梅光学院大学英米文学会 39 2005 p39〜44
◇Lafcadio Hearn and the City（Part2）Japan （Alan Rosen）「熊本大学教育学部紀要 人文科学」 熊本大学教育学部 54 2005 p77〜87
◇手にまつわる怪談―ハーン、ルファニュ、モーパッサン （平川祐弘）「大手前大学人文科学部論集」 大手前大学 6 2005 p163〜183
◇Lafcadio Hearn: Extreme Motivations （Williamson Rodger Steele）「熊本大学社会文化研究」 熊本大学大学院社会文化科学研究科 3 2005 p203〜210

◇ラフカディオ・ハーンとハンセン病―母の手の温もり（第21回〔日本臨床皮膚科医会〕総会・学術大会）（小野友道）「日本臨床皮膚科医会雑誌」 日本臨床皮膚科医会 88 2005 p345～349
◇怪談前夜（最終回）ハーンはなぜ「君が代」を論じたか （大塚英志）「本」 講談社 30（3） 2005.3 p24～31
◇仏文学と国文学の橋渡しとしてのラフカディオ・ハーンの役割―ゴーティエ、芥川の流れを例として （松村恒）「大妻比較文化」 大妻女子大学比較文化学部 6 2005.Spr p65～75
◇焼津から見たラフカディオ・ハーンと小泉八雲―基礎調査の試み（6）（大澤隆幸）「国際関係・比較文化研究」 静岡県立大学国際関係学部 3（2）2005.3 p303～326
◇ハーンとクローデルが見た「神の国」（特輯 ラフカディオ・ハーン歿後100年）（平川祐弘）「比較文学研究」 すずさわ書店 85 2005.4 p4～37
◇特輯 ラフカディオ・ハーン歿後100年 「比較文學研究」 すずさわ書店 85 2005.4 p4～74
◇Le Rond-Point ハーン対チェンバレン―シンポジウム報告 （河島弘美）「比較文學研究」 すずさわ書店 85 2005.4 p167～170
◇小川未明「紅雲郷」にみる独自性の萌芽―ラフカディオ・ハーン "The Dream of a Summer Day" に再話された「浦島」との比較から （厚美尚子）「梅花児童文学」 梅花女子大学大学院児童文学会 13 2005.6 p1～18
◇怪談前夜（続）（3）第三章 ハーンの「心」、漱石の「心」 （大塚英志）「本の旅人」 角川書店 11（7）2005.7 p88～95
◇小特集 ヘルン文庫 「北の文庫」 北の文庫の会 42 2005.8 p8～42
◇ウィリアム・ブレイクとラフカディオ・ハーン―'A Poison Tree', 'The Fly', 'A Cradle Song', 'The Human Abstract' をめぐって （先川暢郎）「拓殖大学語学研究」 拓殖大学言語文化研究所 109 2005.9 p195～219
◇「和解」における再話の方法―ラフカディオ・ハーンが望んだ夫婦愛の姿 （門田守）「奈良教育大学紀要 人文・社会科学」 奈良教育大学 54（1） 2005.10 p201～210
◇Fragmental bodies, words and texts in Lafcadio Hearn's literary world （Fujiwara Mami）「Comparatio」 九州大学大学院比較社会文化学府比較文化研究会 10 2006 p16～32
◇Lafcadio Hearn's Unpublished Articles in the Kobe Chronicle （Williamson Rodger Steele）「熊本大学社会文化研究」 熊本大学大学院社会文化科学研究科 4 2006 p141～150
◇教育者としての小泉八雲 （高瀬彰典）「島根大学教育学部紀要 教育科学、人文・社会科学、自然科学」 島根大学教育学部 39 2006.2 p69～83
◇小泉八雲とモラエスの比較研究 （田中正志）「第一経大論集」 第一経済大学経済研究会 35（4）2006.3 p61～86
◇ハーンはなぜ"weird tales"を再話したのか―物語の言葉の力を手がかりにして （光畑隆行）「説話・伝承学」 説話・伝承学会 14 2006.3 p142～158
◇焼津から見たラフカディオ・ハーンと小泉八雲―基礎調査の試み（7）（大澤隆幸）「国際関係・比較文化研究」 静岡県立大学国際関係学部 4（2）2006.3 p439～465
◇ヨーロッパ・アフリカ ラフカディオ・ハーンに共感 ギリシャ（私が愛する日本―大特集 外国人52人が語る 私は日本のここが好き！）（Andreas Tsiamakis）「文芸春秋」 文芸春秋 84（10臨増）2006.8 p137～139
◇Lafcadio HearnとJohn Keats―'La Belle Dame sans Merci'と'To Autumn'をめぐって （先川暢郎）「拓殖大学語学研究」 拓殖大学言語文化研究所 112 2006.9 p1～23
◇出雲国造とラフカディオ・ハーン （大東俊一）「人間総合科学会誌」 人間総合科学会 2（2）2006.9 p125～127
◇焼津から見たラフカディオ・ハーンと小泉八雲―基礎調査の試み（8）（大澤隆幸）「国際関係・比較文化研究」 静岡県立大学国際関係学部 5（1）2006.9 p139～162
◇響き合うテキスト―豊子愷と漱石、ハーン （西槇偉）「日本研究」 人間文化研究機構国際日本文化研究センター 33 2006.10 p55～72
◇特別講演 21世紀の異文化理解と国際交流―八雲とモラエスに学ぶ （池田雅之）「言語文化」 四国大学附属言語文化研究所 4 2006.12 p1～6
◇人文社会科学 小泉八雲のアメリカ時代 （高瀬彰典）「島根大学教育学部紀要 教育科学、人文・社会科学、自然科学」 島根大学教育学部 40 2006.12 p41～57
◇ニューオリンズをめぐるウィリアム・フォークナーとラフカディオ・ハーンの創造空間 （小山敏夫）「外国語・外国文化研究」 関西学院大学法学部外国語研究室 14 2007 p242～215
◇焼津の小泉八雲関係資料（資料紹介）（村松眞一、中山常雄訳）「焼津市史研究」 焼津市 第8号 2007.3 p27～100
◇柳田國男と小泉八雲―「五感力」の継承をめざして （小原凡）「民俗学研究所紀要」 成城大学民俗学研究所 31 2007.3 p1～32
◇ハムレットとハーンにみる霊と他界 （伊家家伸一）「Persica」 岡山英文学会 34 2007.3 p33～45
◇ハーンの「語り」―ラフカディオ・ハーンから小泉八雲へ （山下宏明）「愛知淑徳大学国語国文」 愛知淑徳大学国文学会 30 2007.3 p148～133
◇焼津から見たラフカディオ・ハーンと小泉八雲―基礎調査の試み（9）（大澤隆幸）「国際関係・比較文化研究」 静岡県立大学国際関係学部 5（2）2007.3 p449～473
◇小泉八雲の『怪談』―「耳なし芳一の話」を中心に（特集 怪談―文学之巻）（志村有弘）「國文學 解釈と教材の研究」 學燈社 52（11）2007.9 p40～47
◇L.ハーン「むじな」から見た時代と感情の美学 （大澤隆幸）「国際関係・比較文化研究」 静岡県立大学国際関係学部 6（1）2007.9 p83～102
◇捨子は何に救われたか―ハーンと母なる海 （平川祐弘）「文學界」 文藝春秋 61（9）2007.9 p154～187
◇ポール・エルマー・モア「ラフカディオ・ハーン論」村松眞一 訳 （村松眞一）「融合文化研究」 国際融合文化学会事務局 第10号 2007.12 p22～37
◇ハーン家と18世紀アイルランドにおける「チャーター・スクール」運動 （小村志保）「早稲田大学大学院文学研究科紀要 第4分冊」 早稲田大学大学院文学研究科 54 2008年度 p89～108
◇ラフカディオ・ハーン（小泉八雲）著『涅槃』1～2―邦訳と註記 （Lafcadio Hearn、前田專學〔訳〕、佐々木一憲〔他訳〕）「東方」 東方研究会 24 2008 p145～160
◇『チータ』に見るハーンの自然観と文明観 （山田和夫）「比較思想研究」 比較思想学会 35別冊 2008 p36～39
◇ウチの図書館お宝紹介！（第69回）富山大学附属図書館 「ヘルン文庫」について （山田正方）「図書館雑誌」 日本図書館協会 102（1）2008.1 p46～47
◇焼津から見たラフカディオ・ハーンと小泉八雲―基礎調査の試み（10）（大澤隆幸）「国際関係・比較文化研究」 静岡県立大学国際関係学部 6（2）2008.3 p391～412
◇ラフカディオ・ハーンの仏教観―十九世紀科学思想との一致論を中心として （James Baskind）「日本研究」 人間文化研究機構国際日本文化研究センター 37 2008.3 p125～161
◇文化の翻訳者ラフカディオ・ハーン （中里寿明）「東アジア日本語教育・日本文化研究」 東アジア日本語教育・日本文化研究学会 11 2008.3 p253～265
◇ハーンとフランケンシュタインにおける接点とメッセージ （伊家家伸一）「Persica」 岡山英文学会 35 2008.4 p41～54
◇ハーンと漱石の密接な関係（特集：漱石―ロンドン、中国などで 何が起こったか）（平川祐弘）「國文學 解釈と教材の研究」 學燈社 53（9臨増）2008.6 p74～79
◇小泉八雲の神戸時代（特集 近代神戸・阪神間の埋もれた人と建物）（玉木雄三）「歴史と神戸」 神戸史学会 47（5） 2008.10 p2～12
◇小泉八雲のヘルン文庫―『狂歌百物語』への書き込みの考察（特集 環「日本海」文学の可能性）（今村郁夫）「社会文学」 日本社会文学会, 不二出版 29 2009 p68～76
◇文字の向こうに（第14回）小泉八雲の世界（1）霞の中で開かれた心眼 （三宮麻由子）「文學界」 文藝春秋 63（2）2009.2 p236～243
◇小泉八雲と永遠の女性 （平川祐弘）「モラロジー研究」 モラロジー研究所 63 2009.2 p1～5
◇文字の向こうに（第15回）小泉八雲の世界（2）東の国からの叫び （三宮麻由子）「文學界」 文藝春秋 63（3）2009.3 p240～247
◇焼津から見たラフカディオ・ハーンと小泉八雲―基礎調査の試み（11）（大澤隆幸）「国際関係・比較文化研究」 静岡県立大学国際関係学部 7（2）2009.3 p251～274
◇特集 ラフカディオ・ハーン再読 「文学」 岩波書店 10（4）2009.7・8 p2～127
◇焼津から見たラフカディオ・ハーンと小泉八雲―基礎調査の試み（12）（大澤隆幸）「国際関係・比較文化研究」 静岡県立大学国際関係学部 8（1）2009.9 p115～134
◇明治の群像・断片（その1）ヘルン、高峰そして漱石 （石田三雄）「近代日本の創造史」 近代日本の創造史懇話会 8 2009.10 p19～25
◇小泉八雲とことわざ（特集「ことわざ」の魅力―ことばの知恵―国文学とことわざ）（松村有美）「国文学解釈と鑑賞」 ぎょうせい 74（12）2009.12 p21～29

小出粲　こいでつばら　1833～1908
明治期の歌人。梔薇社を作り後進を指導。
【雑　誌】
◇茶の湯百人一首（22）六閑斎泰叟・小出粲 （筒井紘一）「淡交」 淡交社 56（10）2002.10 p80～83

河野鉄兜　こうのてっとう　1825～1867
幕末の漢詩人。号は鉄兜、秀野。
【図　書】
◇大阪の歴史と文化 （井上薫編）（大阪）和泉書院 1994.3
◇河野鉄兜漢詩研究 （増田喜義編著） 網干史談会出版部 1995.10 570p

幸野楳嶺

【雑　誌】
◇歌人河野鉄兜と神戸　（船津重次）「神戸史談」267　1990.8

幸野楳嶺　こうのばいれい　1844〜1895
明治期の日本画家。

【図　書】
◇幕末明治 京洛の画人たち　（原田平作）京都新聞社　1985.2
◇竹内栖鳳　（田中日佐夫著）岩波書店　1988.7
◇京都画壇散策―ある美術記者の交友録　（神崎憲一著、加藤類子編）（京都）京都新聞社　1994.6

【雑　誌】
◇幸野楳嶺の絵画理念「十格」とフェノロサ『美術真説』―その作画と教育　（岡崎麻美）「美術史」美術史学会　54（1）2004.10　p13〜23

国分青厓　こくぶせいがい　1857〜1944
明治〜昭和期の漢詩人。

【図　書】
◇近代文学としての明治漢詩　（入谷仙介著）研文出版　1989.2　（研文選書）
◇長谷川如是閑集〈第1巻〉（長谷川如是閑著）岩波書店　1989.10

【雑　誌】
◇漢詩における明治調―森槐南と国分青厓（特集 詩歌の近代）（合山林太郎）「文学」岩波書店　9（4）2008.7・8　p83〜94
◇明治期の時事批評漢詩―国分青厓「評林」と野口寧斎「韻語陽秋」（特集＝古典文学の精髄としての漢詩文―中世・近世・近代―近代漢詩文―最後の光芒）（合山林太郎）「国文学解釈と鑑賞」至文堂　73（10）2008.10　p178〜186

小杉榲邨　こすぎすぎむら　1834〜1910
明治期の歌人、国文学者、文学博士。

【図　書】
◇『長光展』　佐野美術館　1989.1
◇古代史論集〈下〉（直木孝次郎先生古稀記念会編）塙書房　1989.1
◇日本中世の政治権力と仏教　（湯之上隆著）思文閣出版　2001.3　348p　（思文閣史学叢書）
◇小杉榲邨の記録した古筆手鑑及び古筆資料　（伊井春樹）『古筆と和歌』（久保木哲夫編）笠間書院　2008.1　（笠間叢書）　p17
◇郷土の発見―小杉榲邨と郷土史研究の曙　（徳島県立博物館編）徳島県立博物館　2008.4　63p　（徳島県立博物館企画展図録）

【雑　誌】
◇国立国会図書館所蔵本　蔵書印（87）小杉榲邨　「国立国会図書館月報」253　1982.4

五姓田芳柳〔初代〕　ごせだほうりゅう　1827〜1892
幕末、明治期の洋画家。

【図　書】
◇士魂の群像　（吉田武三）冨山房　1980.7
◇油絵初学　（青木茂著）筑摩書房　1987.9
◇実力画家たちの忘れられていた日本洋画　（住友慎一著）里文出版　2003.10　210p
◇激動期の美術―幕末・明治の画家たち 続　（辻惟雄編）ぺりかん社　2008.10　251p

【雑　誌】
◇五姓田芳柳の肖像画（上）（山口正彦）「Museum」407　1985.2
◇五姓田芳柳の肖像画（下）（山口正彦）「Museun」408　1985.3
◇福富太郎のアート・キャバレー（6）五姓田芳柳・勇子父娘で描いた明治天皇像　（福富太郎）「芸術新潮」43（11）1992.11
◇幕末佐賀藩の英学のはじまりと進展―石丸虎五郎・本岡周蔵・峯源次郎を通して〔含 年譜〕（多久島澄子）「佐賀県立佐賀城本丸歴史館研究紀要」佐賀県立佐賀城本丸歴史館　4 2009　p1〜23
◇開港・開化傑物伝（21）幕末の町絵師から宮廷画家へ 父子で開いた近代絵画の扉―画家〈五姓田芳柳・義松〉（紀田順一郎）「Best partner」浜銀総合研究所　21（9）2009.9　p36〜41

五姓田義松　ごせだよしまつ　1855〜1915
明治、大正期の洋画家。

【図　書】
◇油絵初学　（青木茂著）筑摩書房　1987.9
◇ワーグマンとその周辺―横浜を愛したポンチ絵の元祖　（重富昭夫著）ほるぷ出版　1987.10　（ほるぷ現代ブックス）
◇異史 明治天皇伝　（飯沢匡）新潮社　1989.7
◇異貌の美術史―日本近代の作家たち　（瀬木慎一著）青土社　1989.7
◇日本の近代美術〈1〉油彩画の開拓者　（丹尾安典編）大月書店　1993.3
◇忘れえぬ人々―放送記者40年のノートから　（辻一郎著）清流出版　1998.11　256p

◇巴里・印象派・日本―"開拓者"たちの真実　（吉川節子著）日本経済新聞社　2005.4　225p
◇激動期の美術―幕末・明治の画家たち 続　（辻惟雄編）ぺりかん社　2008.10　251p

【雑　誌】
◇五姓田義松展―初めて開かれる五姓田義松の回顧展（展覧会から）（横田洋一）「三彩」470　1986.11
◇異史・明治天皇伝〔13〕（飯沢匡）「新潮45」7（1）1988.1
◇五姓田義松と奇妙な出合い　（沼尻政男）「横浜学」1　1988.6
◇福富太郎のアート・キャバレー（23）ある母子の肖像で読む五姓田義松と山本芳翠の関係　（福富太郎）「芸術新潮」45（4）1994.4
◇百武兼行のパリでの絵画研究に関する考察―百武兼行と五姓田義松　（中村幸子）「美術教育学」美術科教育学会　27 2006.3　p279〜291
◇開港・開化傑物伝（21）幕末の町絵師から宮廷画家へ 父子で開いた近代絵画の扉―画家〈五姓田芳柳・義松〉（紀田順一郎）「Best partner」浜銀総合研究所　21（9）2009.9　p36〜41

後藤宙外　ごとうちゅうがい　1866〜1938
明治、大正期の小説家、編集者、評論家。

【図　書】
◇明治文学全集99 明治文学回顧録集2　（臼井吉見編）筑摩書房　1980.8
◇後藤宙外―目で見るその生涯　（千葉三郎編）後藤宙外翁顕彰会　1980.10
◇稲垣達郎学芸文集 2　（稲垣達郎）筑摩書房　1982.4
◇明治三十年代文学の研究　（森英一著）桜楓社　1988.12
◇藤野古白と子規派・早稲田派　（一条孝夫著）和泉書院　2000.2　280p　（近代文学研究叢刊）

【雑　誌】
◇後藤宙外の「非自然主義」覚書　（渡辺綱雄）「愛知淑徳短期大学研究紀要」22 1983.3
◇後藤宙外「政治と文学」の意味　（森英一）「秋田近代文芸史研究」1 1983.8
◇宙外年譜補遺―秘められた遺児と回覧雑誌「百錬鍛」（伊多波英夫）「秋田近代文芸史研究」1 1983.8
◇後藤宙外の「ありのすさび」と『腐肉団』について　（北条常久）「日本語日本文学（輔仁大学外語学院東方語文学系）」10 1983.12
◇郵便（言葉と世界〔20〕）（荒川洋治）「諸君！」34（3）2002.3　p249
◇逍遙・文学誌（165）新文芸（下）爾保布・露葉・風骨・未明・烏水・藤村・宙外・臼川・暮鳥ら　（紅野敏郎）「國文學 解釈と教材の研究」學燈社　50（3）2005.3　p160〜163
◇逍遙・文学誌（196）「文藝倶楽部」の臨時増刊「青年小説」―鏡花・宙外・天外・花袋・風葉・玉茗・桐生悠々ら　（紅野敏郎）「國文學 解釈と教材の研究」學燈社　52（12）2007.10　p182〜185
◇本・人・出版社（121）後藤宙外の『明治文壇回顧録』（岡倉書房）（紅野敏郎）「国文学解釈と鑑賞」至文堂　74（3）2009.3　p198〜202

小林清親　こばやしきよちか　1847〜1915
明治期の版画家。

【図　書】
◇明治まんが遊覧船　（清水勲）文芸春秋　1980.8
◇原色浮世絵大百科事典9　（日本浮世絵協会原色浮世絵大百科事典編集委員会編）大修館書店　1981.8
◇小林清親展―光と影の浮世絵師　〔東京都〕板橋区立美術館編）板橋区立美術館　1982
◇小林清親/諷刺漫画　（清水勲編著）岩崎美術社　1982.9　（双書美術の泉 54）
◇清親・楽天と10人の諷刺画家展―近代漫画をつくりあげた 浮世絵太田記念美術館　1984
◇明治期と小林清親展　（群馬県立近代美術館編）群馬県立近代美術館　1986
◇時の橋―小林清親私考　（酒井忠康著）小沢書店　1987.7　（小沢コレクション）
◇ワーグマンとその周辺―横浜を愛したポンチ絵の元祖　（重富昭夫著）ほるぷ出版　1987.10　（ほるぷ現代ブックス）
◇東京風景史の人々　（海野弘著）中央公論社　1988.6
◇漫画空間散策　（清水勲著）教育社　1989.4　（B6シリーズ）
◇浮世絵ヨーロッパ・コレクション　（福田和彦編著）ベストセラーズ　1989.10
◇夜の紅茶　（江藤淳著）牧羊社　1989.12
◇日本の近代美術〈12〉近代の版画　（青木茂編）大月書店　1994.2
◇「名画再読」美術館　（芥川喜好著）小学館　2001.2　1冊
◇近代日本漫画百選　（清水勲編）岩波書店　2007.5　310p　（岩波文庫）
◇東京風景史の人々　（海野弘著）中央公論新社　2008.2　339p　（中公文庫）

◇開化の浮世絵師清親　（酒井忠康著）　平凡社　2008.6　300p　（平凡社ライブラリー）
◇激動期の美術—幕末・明治の画家たち　続　（辻惟雄編）　ぺりかん社　2008.10　251p
◇浮世絵版画の十九世紀—風景の時間、歴史の空間　（菅原真弓著）　ブリュッケ　2009.11　395p
【雑　誌】
◇小林清親の花ガス図　（中根君郎）　「陶説」　365　1983.8
◇最晩年の小林清親—松本滞在とその遺作を中心に　（岡本祐美）「浮世絵芸術」　83　1985
◇黎明期の試み—小林清親・水彩残照（創刊80周年記念特集—水彩・日本の水彩）　（丹尾安典）「季刊みづゑ」　936　1985.9
◇明治版画と小林清親展—清親版画の世界—小林清親論　（吉田漱）「三彩」　462　1986.3
◇人影久しからず（小林清親後譚）　（酒井忠康）「三田文学」　66(9)　1987.9
◇小林清親　猫と提灯—光線画提唱の著例として　（楢崎宗重）「国華」　1150　1991.9
◇清親版の浮世絵　「日本の美術」　至文堂　368　1997.1　p1～98〔含 図16p〕
◇小林清親の生涯—幕臣の家に生まれる／徳川幕府の崩壊／絵師として身を立てる／画風の転換／政治事件により投獄／清親の晩年（清親と明治の浮世絵）　「日本の美術」　至文堂　368　1997.1　p30～37
◇明治諷刺画史における小林清親（清親と明治の浮世絵）　（清水勲）「日本の美術」　至文堂　368　1997.1　p86～91
◇清親関係年表（清親と明治の浮世絵）「日本の美術」　至文堂　368　1997.1　p92～96
◇小林清親　武蔵百景之内　深かわ木場　同　水道橋茶の水　同　目くろいあんひう蔵（収蔵品解説）　（能勢亜希子）「府中市美術館研究紀要」　府中市美術館　第7号　2003.4　p18～21
◇小林清親の東京名所図—《海運橋》を中心に（特集　帝都の美術—都市の肖像）　（佐藤季宏）「美術フォーラム21」　醍醐書房，美術フォーラム21刊行会　18　2008　p55～59
◇清親の東京、巴水の東京（特集　帝都の美術—都市の肖像）（飯野正仁）「美術フォーラム21」　醍醐書房，美術フォーラム21刊行会　18　2008　p97～100

小堀鞆音　こぼりともと　1864～1931
明治、大正期の日本画家。東京美術学校教授。
【図　書】
◇小堀鞆音展—近代歴史画の父　（栃木県立美術館編）　栃木県立美術館　1982
◇小堀鞆音展—近代日本歴史画の巨匠　佐野市郷土博物館　1984.5
◇小堀鞆音展—人馬一体　第23回企画展　佐野市郷土博物館　1994.10
【雑　誌】
◇小堀鞆音展—近代歴史画の父（展覧会から）（上野憲示）「三彩」　413　1982.2
◇古画名作裏話「武士」—小堀鞆音筆　（中村渓男）「茶道の研究」　27(10)　1982.10
◇真贋（随筆）　（小堀桂一郎）「正論」　283　1996.3　p42～43
◇〔図版解説〕梶田半古　春宵怨／木村武山　熊野／小堀鞆音　恩賜の御衣／西郷孤月　春暖／下村観山　闇維／寺崎広業　秋園／橋本雅邦　山水／菱田春草　菊慈童／山田敬中　美音／横山大観　迷児（特輯　日本美術院百年）（富田章，高階絵里加，塩谷純〔他〕）「国華」国華社　104(1)　1998.8　p37～51
◇絵画でたどる歴史名場面　明治神宮外苑創建80年記念特別展　小堀鞆音と近代日本画の系譜—勤皇の画家と『歴史画』の継承者たち　「歴史読本」　新人物往来社　52(1)　2007.1　p42～48
◇芸苑ręsuje(第169回) 小堀鞆音と土佐派　（瀧悌三）「美術の窓」　生活の友社　26(1)　2007.1　p82～85
◇館史研究(3)扇面法華経冊子模本—岡倉天心・小堀鞆音と帝国博物館の模写事業　（恵美千鶴子）「Museum」　東京国立博物館　621　2009.8　p29～62,4

小山正太郎　こやましょうたろう　1857～1916
明治、大正期の洋画家。
【図　書】
◇日本の近代美術〈1〉油彩画の開拓者　丹尾安典編　大月書店　1993.3
◇写生の変容—フォンタネージから子規、そして直哉へ　（松井貴子著）明治書院　2002.2　448p
◇小山正太郎と「書ハ美術ナラス」の時代—明治新国家に燃える熱き理想—油画vs日本画、そして「書」　（新潟県立近代美術館編）　新潟県立近代美術館　2002.10　191p
【雑　誌】
◇岡倉天心と小山正太郎—「和魂洋才」をめぐる西洋の問題　（神原正明）「佐賀大学教育学部研究論文集」　37(1-I)　1989.8
◇小山正太郎筆秋景図（図版解説）　（山梨絵美子）「美術研究」　357　1993.6

◇〈書ハ美術ナラス〉か—小山正太郎対岡倉覚三・日本美術〈論争〉の起点　（亀井志乃）「国語国文研究」　北海道大学国語国文学会　107　1997.11　p40～63
◇小山正太郎書誌研究　（佐藤善一）「女子美術大学研究紀要」　女子美術大学　31　2001　p100～105
◇小山正太郎における自然写生について—日本近代風景画誕生に関する一試論　（山田直子）「女子美術大学研究紀要」　女子美術大学　32　2002　p165～173
◇小山正太郎・不同舎門人筆〔日清戦争パノラマ画〕考　（山田直子）「女子美術大学研究紀要」　女子美術大学　34　2004　p132～142
◇小山正太郎資料(4)遊峡録艸稿　庚申夏日　小山正太郎記　解説・続　（金子一夫）「五浦論叢」　茨城大学五浦美術文化研究所　12　2005　p69～86

是枝柳右衛門　これえだりゅうえもん　1817～1864
幕末の歌人。
【図　書】
◇是枝柳右衛門と若き志士たち—薩摩勤王　（湊正二著）　瞬報社写真印刷出版事業部　2004.7　355p

コンドル, J.　Conder, Josiah　1852～1920
イギリスの建築家。1876年来日、鹿鳴館などを設計。
【図　書】
◇ジョサイア・コンドル建築図面集 1　（河東義之編）　中央公論美術出版　1980.8
◇ジョサイア・コンドル建築図面集 2,3　（河東義之編）　中央公論美術出版　1981.5,11
◇旧古河庭園　（北村信正）　郷学舎　1981.8　（東京公園文庫29）
◇ある「大正」の精神—建築史家天沼俊一の思想と生活　（天沼香）　吉川弘文館　1982.12
◇鹿鳴館の夢—建築家コンドルと絵師暁英（INAXブックレット〈10-2〉）（INAXギャラリー企画委員会〔編〕）INAX　1991
◇開化異国（おつくに）助っ人奮戦記　（荒俣宏著，安井仁撮影）　小学館　1991.2
◇日本近代美術と西洋—明治美術学会国際シンポジウム　（明治美術学会編）　中央公論美術出版　1992.4
◇新しい住宅を求めて—近代の住宅をつくった建築家たち　（藤岡洋保編）（大阪）KBI出版　1992.12
◇コンドルとその周辺展　（桑名市博物館編）　桑名市博物館　1993.6
◇日本の『創造力』—近代・現代を開花させた470人〈15〉貢献した外国人たち　（富田仁編）　日本放送出版協会　1994.2
◇鹿鳴館を創った男—お雇い建築家ジョサイア・コンドルの生涯　（畠山けんじ著）　河出書房新社　1998.2　246p
◇英国と日本—架橋の人びと　（ヒュー・コータッツィ，ゴードン・ダニエルズ編著，横山俊夫解説，大山瑞代訳）　思文閣出版　1998.11　503,68p
◇外国人が残した日本への功績　（プランニングコーツ編）　世界経済情報サービス　2000.3　206p
◇綱町三井倶楽部—J.コンドルの建築をめぐって　（石田繁之介著）　中央公論美術出版　2001.6　219,9p
◇明治日本美術紀行—ドイツ人女性美術史家の日記　（フリーダ・フィッシャー著，安藤勉訳）　講談社　2002.7　233p　（講談社学術文庫）
◇歴史遺産　日本の洋館　第3巻　（藤森照信文，増田彰久写真）　講談社　2002.12　142p
◇窓から読みとく近代建築　（酒井一光著）　学芸出版社　2006.4　207p
◇物語ジョサイア・コンドル—丸の内赤レンガ街をつくった男　（永野芳宣著）　中央公論新社　2006.10　277p
【雑　誌】
◇コンデルと暁斎—コンデル著「河鍋暁斎—絵画と画稿」を主として　（大野七三）「浮世絵芸術」　67　1981.
◇ジョサイア・コンダー著荒川亮訳「河鍋暁斎—絵画と画稿」—序文「浮世絵芸術」　67　1981.
◇近代日本の異色建築家(4)日本の美を心から愛したJ・コンドル　（鈴木博之）「科学朝日」　42(4)　1982.4
◇「ジョサイア・コンドル」　「KAWASHIMA」　8　1982.7
◇「建築学概説」ジョサイヤ・コンドル述　（清水慶一訳・解説）「建築史学」　4　1985.3
◇ジョサイア・コンドルの設計手法に関する研究(1)コンドルの現存設計図面における平面寸法の設計基準について　（河東義之）「日本建築学会計画系論文報告集」　1986.1
◇ジョサイア・コンドル博士の銅像（建設の歴史散歩）（菊岡倶也）「建設業界」　36(5)　1987.5
◇建築家のドローイング(20)ジョサイア・コンドルの工部大学校南門と門衛室　（香山寿夫）「UP」　21(8)　1992.8
◇旧岩崎邸庭園（特集・たてもの保存再生物語）（渡部さとる写真，米山勇文，菊地ひと美絵）「東京人」　18(3)　2003.3　p32～35

◇明治維新期構築旧岩崎弥太郎邸赤レンガ壁面に生じているTafoni状風化 (池田碩)「奈良大学紀要」奈良大学 32 2004.3 p75〜87

細木香以 さいきこうい 1822〜1870
幕末, 明治期の俳人。其角堂氷機の門人。
【図 書】
◇江戸の風流人 (加藤郁乎) 小沢書店 1980.8
【雑 誌】
◇平成16年度〔国文学言語と文芸の会〕大会シンポジウム 幕末・明治ネットワーク物語—〈連〉の遊びとメディア戦略〔含 細木香以主要参考文献一覧〕 (今岡謙太郎, 佐藤悟, 伊藤一郎)「言語と文芸」おうふう 122 2005.12 p5〜69

西郷孤月 さいごうこげつ 1873〜1912
明治期の日本画家。東京美術学校助教授。
【図 書】
◇松本の美術—十三人集 (「松本の美術」刊行委員会編集) 郷土出版社 1982.4
◇西郷孤月画集 (山川武, 菱田春夫編) 信濃毎日新聞社 1983.10
◇近代朝鮮の絵画—日・韓・欧米の画家による (姜健栄著) 朱鳥社 2009.4 214p
【雑 誌】
◇西郷孤月—排除の構造(「明るい茅屋」近代画の内景へ 6) (芥川喜好)「is」37 1987.9
◇〔図版解説〕梶田半古 春宵怨 / 木村武山 熊野 / 小堀鞆音 恩賜の御衣 / 西郷孤月 春暖 / 下村観山 闇維 / 寺崎広業 秋園 / 橋本雅邦 山水 / 菱田春草 菊慈童 / 山田敬中 美音 / 横山大観 迷児 (特輯 日本美術院百年) (富田章, 高階絵里加, 塩谷純〔他〕)「国華」国華社 104(1) 1998.8 p37〜51

西郷四郎 さいごうしろう 1866〜1922
明治期の柔道家。
【図 書】
◇会津の群像—獅子の時代を生きた (小島一男) 歴史春秋社 1981.2
◇史伝西郷四郎—姿三四郎の実像 島津書房 1983.8
◇山嵐西郷四郎 (赤城源三郎, 牧野登監) 歴史春秋社 1987.7
◇世界格闘技 伝説のヒーローたち—達人！鉄人！超人！格闘技に生きた漢たちの物語 (高平鳴海監修, チーム・オクタゴン著) 新紀元社 1996.12 183p
◇武術の新・人間学—温故知新の身体論 (甲野善紀著) PHP研究所 2002.11 248p (PHP文庫)
【雑 誌】
◇講道館柔道と警視庁柔術—主導権争いの技と宣伝(特集・明治ライバル物語) (加太こうじ)「歴史と人物」120 1981.7
◇評伝西郷四郎(5)長崎・尾道・その死 (牧野登)「阿賀路」22 1982.5
◇山嵐の西郷四郎とこれをとりまく人々 (野田晋)「五頭郷土文化」16 1986.2
◇史談往来 北から南から 山嵐 西郷四郎について (杉崎巌)「歴史研究」人物往来社歴史研究会 473 2000.10 p12〜14

税所敦子 さいしょあつこ 1825〜1900
幕末, 明治期の歌人。
【図 書】
◇史実で見る日本の正気—尋古一葉抄 (黒岩棠舟著) 錦正社 1989.12 (国学研究叢書)
◇明治を彩った妻たち (阿片景子著) 新人物往来社 1990.8
◇楓内侍—明治の歌人税所敦子 (平井秋子著) 創英社 2001.4 364p

斎藤月岑〔9代〕 さいとうげっしん 1804〜1878
幕末, 明治期の文人。
【図 書】
◇斎藤月岑日記鈔 (森銑三) 汲古書院 1983.6
◇文化のクリエーターたち—江戸・東京を造った人々 (東京人編集室編) 都市出版 1993.12
◇「斎藤月岑日記」の幕末—外国人との関係の始まりを中心に (鶴田啓)「日記が語る19世紀の横浜」(横浜開港資料館, 横浜近世史研究会編) 山川出版社 1998.3 p162
◇大日本古記録 斎藤月岑日記 3 (東京大学史料編纂所編) 岩波書店 2001.3 283p
【雑 誌】
◇国立国会図書館所蔵本 蔵書印(83)斎藤月岑 「国立国会図書館月報」249 1981.12
◇人と日記(6)町名主 斎藤月岑の日記 (朝倉治彦)「日本古書通信」48(6) 1983.6
◇斎藤月岑と虎の門の金毘羅社 (三谷敏夫)「ことひら」39 1984
◇斎藤月岑の江戸認識—著作刊行物の性格分析を通して (鈴木章生)

「年報〔立正大・院・文〕」5 1988.2
◇江戸—ミクロに 江戸城 斎藤月岑他「江戸名所図会」(〈江戸〉を読む—トポグラフィーとして〈特集〉) (市古夏生)「國文學 解釈と教材の研究」35(9) 1990.8
◇斎藤月岑・滝沢馬琴両家の生活にみる祭祀 (高牧実)「聖心女子大学論叢」聖心女子大学 94 2000.1 p242〜202
◇大日本古記録 斎藤月岑日記四〔史料編纂 刊行物紹介〕「東京大学史料編纂所報」東京大学史料編纂所 38 2002年度 p36〜38
◇斎藤月岑編著『安政見聞誌』について (丹野美子, 高山慶子)「東京都江戸東京博物館研究報告」東京都江戸東京博物館 14 2008.3 p150〜125
◇江戸町名主斎藤月岑の地震記編纂—江戸東京博物館蔵『安政見聞誌』をめぐって (丹野美子)「東京都江戸東京博物館研究報告」東京都江戸東京博物館 14 2008.3 p166〜152

斎藤野の人 さいとうののひと 1878〜1909
明治期の評論家。「時代思潮」の編集に従事。
【雑 誌】
◇本・人・出版社(40)樗牛の弟・斎藤野の人の遺稿集—哲人何処にありや (紅野敏郎)「国文学解釈と鑑賞」至文堂 67(4) 2002.4 p192〜195

斎藤緑雨 さいとうりょくう 1867〜1904
明治期の小説家, 評論家。
【図 書】
◇明治文学石摺考—柳浪・緑雨・荷風 (塚越和夫) 葦真文社 1981.11
◇明治の文学 有精堂出版 1981.12 (日本文学研究資料叢書)
◇幸徳秋水全集 別巻 1 (幸徳秋水全集編集委員会編) 明治文献資料刊行会 1982.4
◇緑雨遺稿 (斎藤緑雨著) 湖北社 1982.4 (近代日本学芸資料叢書第7輯)
◇明治人物閑話 (森銑三) 中央公論社 1982.9
◇小田原近代百年史 (中野敬次郎) 八弘堂書店 1982.10
◇評伝 斎藤緑雨 (衣斐弘行) 火涼会 1984.1
◇泣きどころ人物誌 (戸板康二) 文芸春秋 1984.9
◇言論は日本を動かす 第8巻 コラムで批判する (内田健三解説) 講談社 1985.12
◇始原の声 (小林広一著) 而立書房 1986.3
◇文士の筆跡(1)作家編(1)〔新装版〕 (伊藤整編) 二玄社 1986.4
◇伝統と文学(筑摩叢書〈306〉) (篠田一士著) 筑摩書房 1986.12
◇商人としての樋口一葉 (後藤積著) 千秋社 1987.2
◇川村湊評価(3)音は幻 (川村湊著) 国文社 1987.5
◇泣きどころ人物誌 (戸板康二著) 文芸春秋 1987.11 (文春文庫)
◇近代日本の恋愛小説 (野口武彦著) (大阪)大阪書籍 1987.11 (朝日カルチャーブックス)
◇藤村随筆集 (島崎藤村著, 十川信介編) 岩波書店 1989.3 (岩波文庫)
◇飢は恋をなさず 斎藤緑雨伝 (吉野孝雄) 筑摩書房 1989.5
◇物語・万朝報—黒岩涙香と明治のメディア人たち (高橋康雄著) 日本経済新聞社 1989.5
◇続 明治文学石摺考—緑雨・眉山・深川作家論 (塚越和夫著) 葦真文社 1989.6
◇過ぎゆく日暦(カレンダー) (松本清張著) 新潮社 1990.4
◇前田愛著作集〈第6巻〉テクストのユートピア (前田愛著) 筑摩書房 1990.4
◇忘れ得ぬ人々 (辰野隆著) 講談社 1991.2 (講談社文芸文庫—現代日本のエッセイ)
◇文芸評論 (新保祐司著) 構想社 1991.3
◇河盛好蔵 私の随想選〈第5巻〉私(わたし)の日本文学(2) (河盛好蔵著) 新潮社 1991.6
◇日本近代批評のアングル (野口武彦著) 青土社 1992.3
◇過ぎゆく日暦(カレンダー) (松本清張著) 新潮社 1993.4 (新潮文庫)
◇新編 思い出す人々 (内田魯庵著, 紅野敏郎編) 岩波書店 1994.2 (岩波文庫)
◇内なる江戸—近世再考 (中野三敏著) 弓立社 1994.4 (叢書日本再考)
◇唾玉集—明治諸家インタヴュー集 (伊原青々園, 後藤宙外編) 平凡社 1995.8 402p (東洋文庫)
◇樋口一葉来簡集 (野口碩編) 筑摩書房 1998.10 581p
◇樋口一葉の手紙 (川口昌男著) 大修館書店 1998.11 282p
◇種村季弘のネオ・ラビリントス 8 (種村季弘著) 河出書房新社 1999.3 471p
◇斎藤緑雨全集 巻8 (斎藤賢著) 筑摩書房 2000.1 626p
◇江戸前—日本近代文芸のなかの江戸主義 (平岡正明著) ビレッジセンター出版局 2000.3 269p

◇今昔お金恋しぐれ―文学にみるカネと相場99話　(鍋島高明著)　市場経済研究所　2000.5　280p
◇明治文学遊学案内　(坪内祐三編)　筑摩書房　2000.8　311p
◇批評の時　(新保祐司著)　構想社　2001.3　196p
◇続続　明治文学石摺考　(塚越和夫著,白根孝美編)　葦真文社　2001.8　602p
◇森鷗外論集　出会いの衝撃　(酒井敏,原国人編)　新典社　2001.12　285p
◇明治人のお葬式　(此経啓助著)　現代書館　2001.12　203p
◇文人暴food　(嵐山光三郎著)　マガジンハウス　2002.9　431p
◇樋口一葉と斎藤緑雨―小説における類縁性と差異　(塚本章子)　『論集樋口一葉』(樋口一葉研究会編)　おうふう　2002.9　p254～
◇愛の手紙　友人・師弟篇　(日本近代文学館編)　青土社　2003.11　229p
◇戸川秋骨　人物肖像集　(戸川秋骨,坪内祐三編)　みすず書房　2004.3　210p　(大人の本棚)
◇明治文学―ことばの位相　(十川信介著)　岩波書店　2004.4　390p
◇『食道楽』の人　村井弦斎　(黒岩比佐子著)　岩波書店　2004.6　247,9p
◇古人の風貌　(鶴ヶ谷真一著)　白水社　2004.10　187,3p
◇樋口一葉と十三人の男たち　(木谷喜美枝監修)　青春出版社　2004.11　219p　(プレイブックス・インテリジェンス)
◇池内紀の仕事場　5　(池内紀著)　みすず書房　2004.12　301p
◇大落語　上　(平岡正明著)　法政大学出版局　2005.1　280p
◇斎藤緑雨論攷　(池田一彦著)　おうふう　2005.6　278p
◇文人暴food　(嵐山光三郎著)　新潮社　2006.1　577p　(新潮文庫)
◇北村透谷研究―「内部生命」と近代日本キリスト教　(尾西康充著)　双文社出版　2006.7　29p
◇増補　私の見た明治文壇　2　(野崎左文著,青木稔弥,佐々木亨,山本和明校訂)　平凡社　2007.3　376p　(東洋文庫)
◇明治人物閑話　(森銑三著)　中央公論新社　2007.11　343p　(中公文庫)
◇作家その死　(神津拓夫著)　近代文芸社　2008.10　311p
◇明治文壇の人々　(馬場孤蝶著)　ウェッジ　2009.10　456p　(ウェッジ文庫)

【雑　誌】
◇緑雨伝の為の断片　(衣斐弘行)　「火涼」　14　1980.4
◇斎藤緑雨論(評論当選作)　(小林広一)　「群像」　36(6)　1981.6
◇緑雨と透谷―明治文学に関するノート(1)　(川村湊)　「水脈」　13　1981.7
◇緑雨・夏子のみた一葉―残された伊東夏子の日記から　(島谷純)　「成蹊国文」　15　1981.12
◇斎藤緑雨の手紙―第一回〈幸徳秋水宛〉　(衣斐弘行)　「火涼」　16　1982.2
◇斎藤緑雨の絶筆「も、はがき」　(樋田満え)　「文芸論叢」(文教大学女子短大)　18　1982.3
◇緑雨の小説について―一部の諷刺的作品の文体を中心に　(塚越和夫)　「日本近代文学」　29　1982.10
◇斎藤緑雨の出発―「自由燈」記者から「今日新聞」記者へ　(秋田徹)　「文研論集(専修大)」　8　1982.11
◇緑雨の「国会」時代(ノート)　(池田一彦)　「立教大学日本文学」　49　1982.12
◇斎藤緑雨―女性憎悪とpedophilia―病跡学の課題と寄与　(塚越和夫)　「国文学　解釈と鑑賞」　48(7)　1983.4
◇緑雨における近世と近代(〈前近代〉と〈近代〉〈特集〉)　(塚越和夫)　「日本文学」　33(7)　1984.7
◇斎藤緑雨の文章―その通俗的性格について　(岡本勲)　「中京大学文学部紀要」　19(3・4)　1985
◇「小説八宗」以前の緑雨―「東西新聞」を中心に(江戸から明治への文学〈特集〉)　(池田一彦)　「文学」　53(11)　1985.11
◇瞬間の恋―斎藤緑雨論(批評を読もう〈特集〉)　(小林広一)　「すばる」　8(7)　1986.7
◇最後の訪問者―斎藤緑雨―　(後藤積)　「アカネ」　復刊18　1986.12
◇緑雨　(十川信介)　「文学」　55(11)　1987.11
◇幻の「一葉歌集」発掘奇談　(青木正美)　「新潮45」　7(2)　1988.2
◇古本屋控え帳　斎藤緑雨をめぐって　(青木正美)　「日本古書通信」　705　1988.4
◇不遇の文人　(高井有一)　「本」　13(5)　1988.5
◇笑いを訪ねて―斎藤緑雨の「自己」　(小林広一)　「群像」　43(7)　1988.7
◇一葉と緑雨、芥川と三島、中勘助とその嫂について(作家の日記〔5〕)　(松本清張)　「新潮45」　7(9)　1988.9
◇自評論争覚え書き(2)緑雨の『吾亡妻』は偽物なり」をめぐって　(池田一彦)　「聖徳学園岐阜教育大学国語国文学」　8　1989.3
◇斎藤緑雨著書目録　「日本古書通信」　54(4)　1989.4
◇名前の書いていない手紙…　(品川力)　「彷書月刊」　5(11)　1989.11

◇緑雨と鷗外―鷗外宛の書簡から　(十川信介)　「森鷗外研究」　3　1989.12
◇斎藤緑雨の反近代(1)「油地獄」論　(三好行雄)　「学苑」　603　1990.2
◇「油地獄」と「かくれんぼ」素描　(塚越和夫)　「研究年誌(早稲田大学高等学院)」　34　1990.3
◇天才ヤスケンのホイホイ日記(7)異色の作家,斎藤緑雨の「全集」が遂に刊行された　(安原顕)　「現代詩手帖」　33(8)　1990.8
◇生き返った緑雨―忘れられない妖怪(文学界図書館特別企画)(座談会)　(関川夏央,池内紀,松山巌)　「文学界」　44(11)　1990.11
◇「斎藤緑雨全集」巻一(デュアル・クリティック)」　「早稲田文学〔第8次〕」　175　1990.12
◇『油地獄』『かくれんぼ』(一〇〇年前の日本〈特集〉)　(青木正美)　「彷書月刊」　7(1)　1991.1
◇緑雨とレトリック―その型と形式への意志(近代のレトリック〈特集〉)　(池田一彦)　「日本近代文学」　45　1991.10
◇「緑雨警語」附注顛末　(中野三敏)　「文鐙」　89(1)　1992.1
◇緑雨の「門三味線」　(塚越和夫)　「研究年誌(早稲田大学高等学院)」　36　1992.3
◇樋口一葉最晩年の理解者・斎藤緑雨　(宮沢てつ子)　「ビブリア」　20　1993.1
◇明治の気になる小説を読む―斎藤緑雨「かくれんぼ」(明治の名作小説がいま新しい〈特集〉)　(池田一彦)　「國文學　解釈と教材の研究」　39(7)　1994.6
◇2人の大先生―正直正太夫と三文字屋金平(研究・批評のパラダイム〈特集〉)　(林原純生)　「日本近代文学」　51　1994.10
◇斎藤緑雨の出発期・考　(池田一彦)　「成城国文学論集」　成城大学大学院文学研究科　23　1995.3　p207～230
◇探照灯(111)緑雨と抱一庵　(谷沢永一)　「国文学解釈と鑑賞」　至文堂　61(8)　1996.8.1　p175～178
◇緑雨は一葉をどう読んだか―「われから」―をめぐって　(十川信介)　「資料と研究」　山梨県立文学館　第2輯　1997.1　p46～48
◇斎藤緑雨―僕本月本日を以て目出度死去致し候間,此段謹告仕り候也(特集・幕末明治人物臨終の言葉―近代の夜明けを駆けぬけた44人の人生決別の辞　英傑死してことばを遺す)　(一坂太郎,稲川明雄,今川徳三,井罔寛,宇都宮泰長,河合敦,木村幸比古,祖田浩一,高野澄,高橋和彦,畑山博,三谷茉沙夫,百瀬明治,山村竜也)　「歴史と旅」　24(7)　1997.5　p116～117
◇母の江戸,父の明治―「門(かど)三味線」(斎藤緑雨),『たけくらべ』(樋口一葉)(特集　小説を読む,家族を考える―明治から平成まで―家族/反家族の肖像)　(菅聡子)　「國文學　解釈と教材の研究」　学灯社　42(12)　1997.10　p21～25
◇緑雨・漱石の女性像―現実と創作の間　(及川碧意)　「専修大学人文科学研究所月報」　専修大学人文科学研究所　192　2000.3　p12～22
◇古本屋控え帳(171)雑誌「成功」の緑雨文献　(青木正美)　「日本古書通信」　日本古書通信社　65(10)　2000.10　p29
◇斎藤緑雨の「恋」と「闇」―恋愛神聖論から道徳回帰への時代の中で　(塚本章子)　「近代文学試論」　広島大学近代文学研究会　40　2002.12　p131～143
◇北村透谷と斎藤緑雨―同時代作家の位相　(佐藤毅)　「江戸川短期大学紀要」　江戸川短期大学　18　2003.3　p9～16
◇斎藤緑雨の初期批評方法の変遷について　(天野勝重)　「文芸論叢」　大谷大学文芸学会　60　2003.3　p44～55
◇『沈黙』の考察―藤村と緑雨　(伊狩弘)　「日本文学ノート」　宮城学院女子大学日本文学会　38　2003.7　p108～123
◇緑雨と秋水―それぞれの「非戦論」　(塚本章子)　「国文学攷」　広島大学国語国文学会　184　2004.12　p1～14
◇斎藤緑雨と日露戦争言説―文体・メディア・ジェンダーを視座として　(関礼子)　「亜細亜大学経済学紀要」　亜細亜大学経済学会　29(2)　2005.1　p71～33
◇斉藤緑雨『かくれんぼ』における〈叙〉の意義　(河合恒)　「國學院雑誌」　國學院大學綜合企画部　106(10)　2005.10　p32～43
◇緑雨・女性憎悪のアフォリズム―兆民訳「情海」・秋水訳「情海一瀾」・鷗外訳「毒舌」に見る,西洋アフォリズムとの交差　(塚本章子)　「国文学攷」　広島大学国語国文学会　189　2006.3　p11～23
◇斎藤緑雨『かくれんぼ』における批評精神　(栗飯原匡伸)　「國學院雑誌」　國學院大學綜合企画部　107(3)　2006.3　p33～43
◇コンテクストからテクストへ―緑雨校訂・一葉「棹の雫」から見えてくるもの(小特集　シンポジウム「再生産される作家イメージとその強度」)　(関礼子)　「日本近代文学」　日本近代文学会　77　2007.11　p159～167
◇緑雨と三つの論争―「自著自評論争」「義捐小説論争」「文筆界の破廉恥漢論争」をめぐって　(天野勝重)　「文芸論叢」　大谷大学文芸学会　70　2008.3　p64～75
◇斎藤緑雨とゾラ・モーパッサン―初期自然主義文学との関連から　(塚本章子)　「国語と国文学」　至文堂　86(3)　2009.3　p45～59

嵯峨の屋お室　さがのやおむろ　1863～1947
明治期の小説家。統計院に勤務。
【図書】
◇中国の宗教・思想と科学　牧尾良海博士頌寿記念論集　（牧尾良海博士頌寿記念論集刊行会編）　国書刊行会　1984.6
◇嵯峨の屋むろ研究　（杉崎俊夫著）　双文社出版　1985.2
◇民友社文学の研究　（平林一，山田博光編）　三一書房　1985.5
◇文体としての物語　（小森陽一著）　筑摩書房　1988.4
◇小説表現としての近代　（宇佐美毅著）　おうふう　2004.12　422p
◇日本近代文学と『猟人日記』―二葉亭四迷と嵯峨の屋おむろにおける『猟人日記』翻訳の意義を通して　（籾内裕子著）　水声社　2006.12　409p
◇東京の文人たち　（大村彦次郎著）　筑摩書房　2009.1　343p　（ちくま文庫）
【雑誌】
◇嵯峨の屋おむろと「野末の菊」について　（福地重孝）「史叢」26　1980.12
◇文学的"近代"への可能性とその挫折―嵯峨の屋おむろ「野末の菊」を中心として　（大泉政弘）「論輯（駒沢大）」9　1981.2
◇嵯峨の屋おむろ伝記攷―承前―少年時代（1）（杉崎俊夫）「国文学踏査（大正大）」2　1981.8
◇嵯峨の屋おむろの青春―東京外国語学校時代　（杉崎俊夫）「大正大学研究紀要」69　1984.2
◇「薄命のすゞ子」論―「浮雲」への挑戦　（杉崎俊夫）「国文学踏査（大正大国文学会）」13　1984.11
◇二葉亭四迷と嵯峨の屋お室―ベリンスキー受容の相違点　（佐藤清郎）「文学」53（3）1985.3
◇嵯峨の屋御室における浪漫主義の生成（江戸から明治への文学〈特集〉）（松村友視）「文学」53（11）1985.11
◇「野菊の墓」成立に関する比較文学試論―嵯峨の御室「初恋」を媒介としたロシア文学への志向―（永塚功）「語文（日本大学）」68（薬師寺章明博士記念号）1987.6
◇嵯峨の屋おむろと二葉亭四迷における『猟人日記』（籾内裕子）「早稲田大学大学院文学研究科紀要　第2分冊」早稲田大学大学院文学研究科　44　1998　p135～143
◇嵯峨の屋おむろ「くされたまご」と「小説論略」論争（前）（三川智央）「金沢大学国語国文」金沢大学国語国文学会　34　2009.3　p18～27

坂本嘉治馬　さかもとかじま　1866～1938
明治～昭和期の出版人。
【図書】
◇日本の『創造力』―近代・現代を開花させた470人〈8〉消費時代の開幕　（富田仁編）　日本放送出版協会　1992.11
【雑誌】
◇大言海の誕生―出版人坂本嘉治馬や助手大久保初男らのこと（特集・辞書のたのしみ）（高田宏）「言語」13（1）1984.1

佐久良東雄　さくらあずまお　1811～1860
幕末の歌人。桜田門外の変の実行者をかくまう。
【図書】
◇田中敬著作集6　図書図書館論集　（田中敬）　早川図書　1981.5
◇幕末志士の生活　（芳賀登）　雄山閣　1982.6　（生活史叢書 8）
◇桜田事変と佐久良東雄の生涯　（仲田安夫）　暁印書館　1989.8
◇佐久良東雄歌集　新版　水戸史学会　1990.11
【雑誌】
◇佐久良東雄と大阪　（西野猛）「大阪府立図書館紀要」30　1994.3

桜間伴馬　さくらまばんま　1835～1917
明治，大正期の能役者。金春流シテ方。
【図書】
◇能楽三代　（桜間金太郎著）　白水社　1987.6

佐々木弘綱　さきひろつな　1828～1891
幕末，明治期の歌人，国学者。東京大学講師。
【図書】
◇父の書斎　（有島行光ほか著）　筑摩書房　1989.6　（筑摩叢書）
◇竹柏園姓名録　（坂倉賢芳編著）　竜淵寺　2006.8　152,13p
◇発掘　街道の文学　3　（志水雅明著）　伊勢新聞社　2006.11　325p
◇佐々木弘綱年譜―幕末・維新期歌学派国学者の日記　中　（佐々木弘綱著，高倉一紀，竜泉寺由佳編）　皇学館大学神道研究所　2007.3　152p　（神道資料叢刊）
【雑誌】
◇佐々木弘綱の「俚言解」に用いられる「俗言」について―文末指定辞を中心として　（滝本典広）「国学院雑誌」87（3）1986.3
◇佐々木弘綱のこと　（森川彰）「混沌」11　1987.8

◇雅びの同行―佐々木弘綱と地元の歌人　（津坂治男）「白山国文」東洋大学国語国文学会事務局　2　1998.6　p18～26
◇『類題千船集』について　（朝倉治彦）「四日市大学論集」四日市大学学会　13（1）2000.9　p260～246
◇佐々木弘綱の和歌添削資料　（中沢伸弘）「日本古書通信」日本古書通信社　65（11）2000.11　p24
◇『類題千船集』について（2）（朝倉治彦）「四日市大学論集」四日市大学学会　13（2）2001.3　p190～176
◇茶の湯百人一首　大徹宗斗・宙宝松月・大綱宗彦・佐々木弘綱　（筒井紘一）「淡交」淡交社　57（6）2003.6　p42～45
◇佐々木弘綱の俚言解　（永田信也）「語学文学」北海道教育大学語学文学会　45　2007　p47～52
◇戦争詠を読む―佐佐木弘綱，窪田空穂，河上肇，斎藤茂吉，前田夕暮，土岐善麿，釈迢空，南原繁，米川稔，五島美代子，柴生田稔，春日井広，坪野哲久，渡辺直己，佐藤佐太郎，宮柊二，近藤芳美，山崎方代，正田篠枝，竹山広，塚本邦雄，岡野弘彦，大西民子，他（特集　読みつがれるべき戦争歌）「短歌研究」短歌研究社　64（8）2007.8　p28～55

笹森儀助　ささもりぎすけ　1845～1915
明治期の探検家。青森市長。
【図書】
◇南島研究の歳月―沖縄と民俗学との出会い　（野口武徳）　東海大学出版会　1980.8
◇南嶋探験―琉球漫遊記 1　（笹森儀助著，東喜望校注）　平凡社　1982.7　（東洋文庫 411）
◇南島探険　琉球漫遊記 2　（笹森儀助著，東喜望校注）　平凡社　1983.12　（東洋文庫 428）
◇青森県近代の群像　（稲葉克夫）　北の街社　1985.9
◇紀行を旅する　（加藤秀俊著）　中央公論社　1987.2　（中公文庫）
◇続・百代の過客―日記にみる日本人　（ドナルド・キーン著，金関寿夫訳）　朝日新聞社　1988.1　（朝日選書）
◇雪日本　心日本　（高田宏著）　中央公論社　1988.11　（中公文庫）
◇続　百代の過客―日記にみる日本人　（ドナルド・キーン著，金関寿夫訳）　朝日新聞社　1988.11
◇独学のすすめ―時代を超えた巨人たち　（谷川健一著）　晶文社　1996.10　253,24p
◇新南嶋探験―笹森儀助と沖縄百年　琉球新報社　1999.9　302p
◇「北方の人」の「南嶋」への視線―笹森儀助『南嶋探験』成立の前提　（沼田哲）『「東北」の成立と展開　近世・近現代の地域形成と社会』（沼田哲編）岩田書院　2002.3　p145～
◇笹森儀助の軌跡―辺界からの告発　（東喜望著）　法政大学出版局　2002.4　260p
◇笹森儀助展図録―辺境からのまなざし　明治の青森が生んだ不屈の士魂　（青森県立郷土館編）　青森県立郷土館　2005.7　101p
◇辺境を歩いた人々　（宮本常一著）　河出書房新社　2005.12　224p
◇谷川健一全集　第8巻　（谷川健一著）　冨山房インターナショナル　2008.8　506,11p
◇笹森儀助書簡集　（笹森儀助書簡集編纂委員会編）　東奥日報社　2008.11　372,18p
【雑誌】
◇明治はぶ退治史料（1）笹森儀助大島資料から　「道之島通信」80　1981.4
◇基俊良の上申書，島司笹森儀助の意見書，各戸長の答申書　「道之島通信」82　1981.6
◇紀行を旅する―完―笹森儀助『南島探験』の描いた構想　（加藤秀俊）「歴史と人物」13（15）1983.12
◇負の国際化　明治中期日本女性の海外進出―笹森儀助のルポルタージュと記録に見るシベリアの状況　（東喜望）「紀要（白梅学園短期大学）」25　1989.3
◇笹森儀助と農牧史　（東喜望）「白梅学園短期大学紀要」白梅学園短期大学　36　2000　p1～14
◇笹森儀助のまなざし―『台湾視察日記・台湾視察結論』（1896年）を中心に（特集　近代東アジアにおける自他認識）（飯島渉）「歴史評論」校倉書房　614　2001.6　p2～16
◇笹森儀助―貧旅行から千島探検へ（承前）（東喜望）「白梅学園短期大学紀要」白梅学園短期大学　38　2002　p15～29
◇北の大地から南の島へ―笹森儀助と岩崎卓爾・沖縄をめざした明治の東北人（特集　海を渡る）（飯塚ゆかり）「別冊東北学」東北芸術工科大学東北文化研究センター　4　2002.7　p229～237
◇笹森儀助と地域振興―『南嶋探験』をめぐって　（並松信久）「京都産業大学論集　人文科学系列」京都産業大学　38　2008.3　p116～146

佐藤輔子　さとうすけこ　1871～1895
明治期の女性。島崎藤村の「春」のモデル。
【図書】
◇藤村永遠の恋人　佐藤輔子　（及川和男著）　本の森　1999.11　309p

◇明治女学校生徒佐藤輔子の日記　(佐藤輔子著, 及川和男翻刻・編)　藤村記念館　2003.12　221p
【雑誌】
◇島崎藤村論─佐藤輔子との問題をめぐって─　(小林一郎)「東洋大学短期大学紀要」19　1987.12

沢村田之助〔3代〕　さわむらたのすけ　1845〜1878
幕末, 明治期の歌舞伎役者。
【図書】
◇ドクトル・ヘボン─伝記・ドクトル・ヘボン　(高谷道男著)　大空社　1989.7　(伝記叢書)
◇三代目沢村田之助　(ペヨトル工房編著)　ペヨトル工房　1996.3　333p　(夜想EX)

山々亭有人　さんさんていありんど　1832〜1902
幕末, 明治期の戯作者。
【図書】
◇江戸と明治を生きた戯作者─山々亭有人・条野採菊散人　(土谷桃子著)　近代文芸社　2009.5　308p
【雑誌】
◇山々亭有人著編述書目年表稿(その一)　(土谷桃子)「人間文化研究年報」お茶の水女子大学大学院人間文化研究科　23　1999　p67〜61
◇山々亭有人著編述書目年表稿(その2)　(土谷桃子)「人間文化研究年報」お茶の水女子大学大学院人間文化研究科　24　2000　p2-67〜74
◇山々亭有人著編述書目年表稿(その3)　(土谷桃子)「人間文化研究年報」お茶の水女子大学大学院人間文化研究科　25　2001　p2-17〜24

三遊亭円朝〔初代〕　さんゆうていえんちょう　1839〜1900
幕末〜大正期の落語家。
【図書】
◇傳記　三古会創立50周年記念　第四輯　汲古書院　1980.7
◇笑いの狩人─江戸落語家伝　(長部日出雄)　実業之日本社　1980.9
◇明治の文学　有精堂出版　1981.12　(日本文学研究資料叢書)
◇名人名演落語全集 1 明治篇 1　(斎藤忠市郎ほか編集)　立風書房　1982.6
◇怪談牡丹燈籠　天衣粉上野初花　学研　1982.9
◇明治の古典─カラーグラフィック 1　怪談牡丹燈籠　(三遊亭円朝)　学習研究社　1982.9
◇明治人物閑話　(森銑三)　中央公論社　1982.9
◇鶴見大学文学部創立20周年記念論集　鶴見大学　1983.3
◇近代日本の文学空間─歴史・ことば・状況　(前田愛)　新曜社　1983.6
◇英雄伝説─史実と虚説の谷間　(尾崎秀樹)　旺文社　1983.11　(旺文社文庫)
◇人物探訪 日本の歴史 10 仁侠の群像　暁教育図書　1983.12
◇湯河原と文学(湯河原町立図書館叢書 1)　(石井茂, 高橋徳著)　湯河原町立図書館　湯河原町立図書館　1984.6
◇江戸芸能散歩　(尾河直太郎著)　文理閣　1984.6
◇日本文学研究の方法　近代編(日本文学研究資料叢書)　(日本文学研究資料刊行会編)　有精堂出版　1984.7
◇泣きどころ人物誌　(戸板康二)　文芸春秋　1984.9
◇古典の変容と新生　(川口久雄編)　明治書院　1984.11
◇人物でつづる近代日本語の歴史(雄山閣Books18)　(杉本つとむ)　雄山閣出版　1985.11
◇文学論集(1) 文学の近代　(越智治雄著)　砂子屋書房　1986.3
◇落語名人伝　(関山和夫著)　白水社　1986.7
◇随筆集　砧(きぬた)　(森銑三著)　六興出版　1986.10
◇明治の探偵小説　(伊藤秀雄著)　晶文社　1986.10
◇日本芸能行方不明─近世芸能の落日　(永井啓夫著)　新しい芸能研究室　1987.10
◇泣きどころ人物誌　(戸板康二著)　文芸春秋　1987.11　(文春文庫)
◇落語家の生活　(柳亭燕路著)　雄山閣出版　1988.6　(生活史叢書)
◇日本近代思想大系〈18〉芸能　(倉田喜弘校注)　岩波書店　1988.7
◇物語 馬のいる歴史風景　(山岡明著)　新人物往来社　1989.12
◇鶴見俊輔集〈6〉限界芸術論　(鶴見俊輔著)　筑摩書房　1991.6
◇落語風俗帳　(関山和夫著)　白水社　1991.10　(白水Uブックス)
◇落語は物語を捨てられるか　(矢野誠一著)　新しい芸能研究室　1991.10
◇落語名人伝　(関山和夫著)　白水社　1992.2　(白水Uブックス)
◇説â話の歴史─仏教と話芸　(関山和夫編)　白水社　1992.7　(白水Uブックス)
◇日本の『創造力』─近代・現代を開花させた470人〈3〉流通と情報の革命　(富田仁編)　日本放送出版協会　1993.2
◇日本推理小説史〈第1巻〉　(中島河太郎著)　東京創元社　1993.4
◇仮名垣魯文─文明開化の戯作者　(興津要著)　(横浜)有隣堂　1993.4　(有隣新書)

◇森銑三著作集〈続編 第6巻〉人物篇(6)　(森銑三著)　中央公論社　1993.8
◇文明としての徳川日本　(芳賀徹編)　中央公論社　1993.10　(叢書比較文学比較文化)
◇三遊亭円朝の遺言　(藤浦敦著)　新人物往来社　1996.8　357p
◇明治粋侠伝　(久坂聡三著)　鳥影社　1997.4　364p
◇三遊亭円朝子の伝§江戸の落語§講談落語今昔譚　(朗月散史編§関根黙庵著§関根黙庵編)　クレス出版　1998.1　1冊　(近世文芸研究叢書)
◇近世文芸研究叢書　第2期芸能篇 39　(諸芸)　(近世文芸研究叢書刊行会編)　クレス出版　1998.1　1冊
◇夢幻と狂死─三遊亭円朝を求めて伝記・三遊亭円朝　(新田直ओ)　大空社　1998.2　253,6p　(伝記叢書)
◇三遊亭円朝　新版　(永井啓夫著)　青蛙房　1998.11　289p
◇幽霊名画集─全生庵蔵・三遊亭円朝コレクション　普及版　(辻惟雄監修)　ぺりかん社　1999.6　169p
◇三遊亭円朝の明治　(矢野誠一著)　文芸春秋　1999.7　197p　(文春新書)
◇限界芸術論　(鶴見俊輔)　筑摩書房　1999.11　462p　(ちくま学芸文庫)
◇円朝の世界　(岩波書店文学編集部編)　岩波書店　2000.9　160p
◇三遊亭円朝と歌舞伎　(高野実貴雄著)　近代文芸社　2001.3　239p
◇続続 明治文学石摺考　(塚越和夫著, 白根孝美編)　菫真文社　2001.8　602p
◇「文学」増刊 明治文学の雅と俗　(岩波書店文学編集部編)　岩波書店　2001.10　132p
◇日本のこころ─「私の好きな人」風の巻　(長部日出雄, 谷沢永一, 杉本苑子, 赤坂憲雄, 桶谷秀昭ほか著)　講談社　2001.10　291p
◇ちょん髷とネクタイ─時代小説を楽しむ　(池内紀著)　新潮社　2001.11　229p
◇明治の探偵小説　(伊藤秀雄著)　双葉社　2002.2　597,9p　(双葉文庫)
◇明治を生きる群像─近代日本語の成立　(飯島晴巳著)　おうふう　2002.2　231p
◇三遊亭円朝はわれらの同郷人─谷中の円朝　(谷根千工房編)　谷根千工房　2002.8　44p　(谷根千・文人シリーズ)
◇落語『死神』の世界　(西本晃二著)　青蛙房　2002.11　350p
◇落語の種あかし　(中込重明著)　岩波書店　2004.6　316p
◇落語見取り図─笑いの誕生・職人ばなし　(関厚生編)　うなぎ書房　2005.7　217p
◇図説 落語の歴史　(山本進著)　河出書房新社　2006.5　135p　(ふくろうの本)
◇円朝ざんまい─よみがえる江戸・明治のことば　(森まゆみ著)　平凡社　2006.10　354p
◇志ん生の右手─落語は物語を捨てられるか　(矢野誠一著)　河出書房新社　2007.1　357p　(河出文庫)
◇女の怪異学　(鈴木紀子, 林久美子, 野村幸一郎編著)　晃洋書房　2007.3　210p　(京都橘大学女性歴史文化研究所叢書)
◇明治人物閑話　(森銑三著)　中央公論新社　2007.11　343p　(中公文庫)
◇三遊亭円朝講談『塩原多助一代記』のことば　(山内洋一郎)『国語語彙史の研究』(国語語彙史研究会編)　和泉書院　2008.3　p1
◇こしかたの記　改版　(鏑木清方著)　中央公論新社　2008.5　301p　(中公文庫)
◇幽霊名画集─全生庵蔵・三遊亭円朝コレクション　(辻惟雄監修, 辻惟雄, 河野元昭, 諏訪春雄, 高田衛, 延広真治, 安村敏信執筆)　筑摩書房　2008.8　266p　(ちくま学芸文庫)
◇みんな俳句が好きだった─各界一〇〇人句のある人生　(内藤好之著)　東京堂出版　2009.7　230p
◇怪科異譚─怨念の近代　(谷口基著)　水声社　2009.8　256p
◇円朝牡丹灯籠─怪談噺の深淵をさぐる　(石井明著)　東京堂出版　2009.9　254p
【雑誌】
◇三遊亭円朝とギ・ド・モーパッサン─「名人長二」と「親殺し」　(富田仁)「桜文論叢」11　1981.2
◇三遊亭円朝─近代の芸文と茶の湯　(戸田勝久)「淡交」35(3)　1981.3
◇鶴見大学図書館蔵「怪談牡丹燈籠」別製本について─その書誌の紹介ならびに初版本との語法上の相違点　(清水康行)「鶴見大学紀要(第1部 国語国文学編)」20 1983.3
◇円朝と黙阿弥(演劇す・え・ら)　(渡辺保)「学鐙」80(10)　1983.10
◇ジェイムズと南北と円朝(1)東西の亡霊物語の比較考察　(秋山正幸)「日本大学国際関係学部研究年報」5　1984.2
◇円朝の時代(近代伝記劇〈特集〉)　(矢野誠一)「悲劇喜劇」37(5)　1984.5
◇龍之介と円朝　(矢野誠一)「図書」417　1984.5
◇円朝文芸考(〈前近代〉と〈近代〉〈特集〉)　(林原純生)「日本文

学」33(7) 1984.7
◇三遊亭円朝(特集=大衆文学の世界) (永井啓夫) 「国文学解釈と鑑賞」49(15) 1984.12
◇『怪談 牡丹燈籠』における「ます・まする」の用法 (久保田ひろみ) 「昭和学院国語国文」18 1985.3
◇『怪談 牡丹燈籠』の擬声語・擬態語 (鈴木敏子) 「昭和学院国語国文」18 1985.3
◇子規と円朝—連続と非連続(江戸から明治への文学〈特集〉)(桧谷昭彦) 「文学」53(11) 1985.11
◇円朝の江戸(大江戸曼陀羅〔32〕)(延広真治) 「朝日ジャーナル」29(35) 1987.8.14・21
◇円朝の怪談(特集 怪談)(興津要) 「彷書月刊」4(8) 1988.8
◇三遊亭円朝と有島幸子—モーパッサンの「親殺し」をめぐって(海外から見た日本〈特集〉)(村松定孝) 「ソフィア」37(3) 1988.10
◇近世文学と音曲 落語と近世音曲—三遊亭円朝「月謡荻江一節」(入門・近世音曲の世界—近世文学を読み解くために<特集>)(延広真治) 「国文学 解釈と鑑賞」54(8) 1989.8
◇高橋直二先生旧稿資料集 心静尼と三遊亭円朝 「足立史談だより」22 1990.1
◇三遊亭円朝作「操競女学校」—創作技法よりみた江戸と明治(比較日本文化論〈特集〉)(延広真治) 「教養学科紀要(東京大学教養学部教養学科)」25 1992
◇三遊亭円朝と石棹千亦 (関山和夫) 「日本歴史」524 1992.1
◇作品の世界—三遊亭円朝「怪談牡丹灯篭」—艶麗な怪談噺(古典文学と近代の作家〈特集〉)(永井啓夫) 「国文学解釈と鑑賞」57(5) 1992.5
◇ようこそ怪奇・幻想のワンダーランドへ—三遊亭円朝「真景累ヶ淵」(土俗神乱舞)(近世幻想文芸攷—江戸の怪奇・幻想空間〈特集〉)(延広真治) 「文学 解釈と教材の研究」37(9) 1992.8
◇三遊亭円朝作「粟田口霑笛竹」 (延広真治) 「東京大学教養学部人文科学科紀要」97 1993
◇これはなんだ—円朝本・日本小説文庫 (大屋幸世) 「日本古書通信」59(4) 1994.4
◇三遊亭円朝と宮武外骨 (延広真治) 「日本古書通信」日本古書通信社 61(10) 1996.10 p6〜10
◇円朝と速記と言文一致(鈴木邦男の予備校物語〔28〕)(鈴木邦男) 「月刊TIMES」22(1) 1998.1 p42〜43
◇円朝作「鏡ヶ池操松影」の諸問題 (小島佐江子) 「語文」日本大学国文学会 103 1999.3 p27〜37
◇真景累ヶ淵と累(幽霊が現れるとき)(平木健介) 「歴史と旅」26(14) 1999.9.10 増刊(日本史の恐怖残酷物語集) p294〜297
◇「三遊亭円朝とその時代展」を観て (武藤禎夫) 「日本古書通信」日本古書通信社 65(7) 2000.7 p7〜9
◇円朝コレクション幽霊画展(松屋)ほか(話題展) 「月刊美術」26(8) 2000.8 p186
◇円朝作「後開榛名の梅が香」の描写検証(1)伊香保町・安中市を中心に (高橋光男) 「文学研究」聖徳学園短期大学 16 2001.2 p21〜34
◇円朝の幽霊、シェイクスピアの幽霊 (百瀬泉) 「中央大学文学部紀要」文学部 185 2001.2 p25〜36
◇「累」考—馬琴、円朝から黙阿弥へ (吉田弥生) 「学習院大学国語国文学会誌」学習院大学国語国文学会 第44号 2001.3 p54〜67
◇後衛文学論(3)三遊亭円朝(1) (尾崎秀樹) 「大衆文学研究」大衆文学研究会 2001年(2) 2001.12 p52〜59
◇円朝作「後開榛名の梅が香」の描写検証(2)磯部町・榛名町・伊香保町中心に (高橋光男) 「文学研究」聖徳大学短期大学部国語国文学会 17 2002.2 p27〜42
◇三遊亭円朝後衛文学論(4)三遊亭円朝(2) (尾崎秀樹) 「大衆文学研究」大衆文学研究会 2002年(1) 2002.7 p52〜62
◇三遊亭円朝『欧州小説黄薔薇』論—翻案と〈通俗〉、クロロホルムというモチーフから (小松史生子) 「文学」岩波書店 3(4) 2002.7 p214〜230
◇三遊亭円朝(3)後衛文学論(5) (尾崎秀樹) 「大衆文学研究」大衆文学研究会 2002年(2) 2002.12 p48〜54
◇円朝作「粟田口霑笛竹(しめすふえたけ)」の描写検証(1)市川・松戸市を中心に (高橋光男) 「文学研究」聖徳大学短期大学部国語国文学会 18 2003.2 p21〜32
◇三遊亭圓朝『敵討札所之霊験』にみられる方言的表現について (中田幸子) 「日本語論叢」日本語論叢の会 第4号 2003.3 p25〜36
◇ドッペルゲンガー文学考(30)三遊亭円朝 (山下武) 「幻想文学」アトリエOCTA 66 2003.3 p188〜195
◇三遊亭円朝—明治期人情噺の限界(特集＝舌耕芸・落語誕生—落語名人略伝)(永井啓夫) 「国文学解釈と鑑賞」至文堂 68(4) 2003.4 p99〜108
◇三遊亭円朝(4)後衛文学論(6) (尾崎秀樹) 「大衆文学研究」大衆文学研究会 2003年(1) 2003.6 p29〜37
◇三遊亭円朝(5)後衛文学論(7) (尾崎秀樹) 「大衆文学研究」大衆文学研究会 2003年(2) 2003.12 p25〜34

◇円朝作「粟田口霑笛竹(しめすふえたけ)」の描写検証(2)市川・松戸市を中心に (高橋光男) 「文学研究」聖徳大学短期大学部国語国文学会 19 2004.2 p9〜21
◇円朝と明治の仇討—『怪談乳房榎』論 (相沢奈々) 「跡見学園国語科紀要」跡見学園国語科研究会 47 2004.6 p1〜14
◇三遊亭円朝(6)後衛文学論(8) (尾崎秀樹) 「大衆文学研究」大衆文学研究会 2004年(1) 2004.6 p29〜37
◇三遊亭円朝の霊魂観 (野口圭也) 「日本仏教学会年報」日本仏教学会西部事務所 71 2005年度 p169〜188
◇円朝作「操競(みさおくらべ)女学校」(お蝶の伝)の描写と現地検証 (高橋光男) 「聖徳大学言語文化研究所論叢」聖徳大学出版会 13 2005 p281〜307
◇三遊亭円朝『怪談乳房榎』の構想—『記』『紀』の受容と『奇疾便覧』の援用 (壬生幸子) 「文学・語学」全国大学国語国文学会 183 2006.1 p39〜48
◇条件表現から見た「語り口」の問題—三遊亭円朝の人情話速記本を資料として (揚妻祐樹) 「藤女子大学国文学雑誌」藤女子大学国語国文学会 74 2006.3 p1〜28
◇二人の幽霊、二つめの怪談、怪談の行方—三遊亭円朝『怪談牡丹燈籠』を読む (入口愛) 「愛知淑徳大学国語国文」愛知淑徳大学国文学会 30 2007.3 p67〜83
◇円朝速記のゲス使用相 (野村雅昭) 「国文学研究」早稲田大学国文学会 152 2007.6 p90〜78
◇円朝と怪談(特集 怪談—娯楽之巻)(立川談四楼) 「國文學 解釈と教材の研究」學燈社 52(11) 2007.9 p32〜39
◇三遊亭円朝の時代—大衆芸能に見る、一九世紀民衆の日常心性(特集/文芸作品から読み解く民衆世界)(須田努) 「歴史評論」校倉書房 694 2008.2 p52〜62
◇円朝作品の劇化—五代目菊五郎以前 (佐藤かつら) 「鶴見大学紀要 第1部 日本語・日本文学編」鶴見大学 45 2008.3 p243〜261
◇人気噺家インタビュー 三遊亭円朝だって新作落語家なんですよ(特集 知的生活への誘い 落語の「通」になりたい)(柳家喬太郎、長井好弘)「中央公論」中央公論新社 123(4) 2008.4 p240〜247
◇圓朝 その人と芸と仕事(語り芸の窓から)(鈴々舎馬桜) 「語りの世界」語り手たちの会 48 2009 p28〜33
◇三遊亭円朝「塩原多助後日譚」論—二極化する享受を前にして (宮信明) 「立教大学大学院日本文学論叢」立教大学大学院文学研究科日本文学専攻 9 2009.8 p169〜185
◇考証 渋沢栄一と円朝 (窪田孝司) 「青淵」渋沢栄一記念財団 729 2009.12 p38〜40
◇素陀との出会い—三遊亭円朝『真景累ヶ淵』論 (宮信明) 「立教大学日本文学」立教大学日本文学会 103 2009.12 p81〜93

塩川文麟 しおかわぶんりん 1808〜1877
幕末,明治期の画家。
【図 書】
◇幕末明治 京洛の画人たち (原田平作) 京都新聞社 1985.2
【雑 誌】
◇障壁画の旅(11)薬王寺(岡山県)の障壁画—岡本豊彦・塩川文麟他の障壁画 (田中敏雄) 「日本美術工芸」559 1985.4

篠田雲鳳 しのだうんぽう 1810〜1883
幕末,明治期の詩人。開拓子女鬢教授。
【雑 誌】
◇篠田雲鳳伝考 (壬生芳樹) 「地方史静岡」14 1986.3

柴田是真 しばたぜしん 1807〜1891
幕末,明治期の日本画家。とだえていた青海波塗を復活。
【図 書】
◇柴田是真展—幕末・明治の精華—絵画と漆工の世界 〔東京都〕板橋区立美術館編 板橋区立美術館 1980
◇柴田是真の写生帖 (佐々木英,福田徳樹解説) グラフィック社 1980.1
◇柴田是真の図案手本 (柴田是真著,小町谷朝生,大西長利解説) グラフィック社 1980.4
◇柴田是真絵様手控 (郷家忠臣編) 同朋舎出版 1981.7
◇柴田是真名品集—幕末・開化期の漆工・絵画 (郷家忠臣編) 学習研究社 1981.10
◇Theあんてぃーく〈Vol.6〉特集・江戸の骨董 (読売新聞社編) 読売新聞社 1990.4
◇日本の近代美術〈2〉日本画の誕生 (佐藤道信編) 大月書店 1993.6
◇柴田是真 下絵・写生集 (横溝広子,薩摩雅登編著) 東方出版 2005.4 342,12p
◇柴田是真と京文化 (柏木加代子) 『伝統工芸再考京のうちそと—過去発掘・現状分析・将来展望』(稲賀繁美編) 思文閣出版 2007.7 p163
◇こしかたの記 改版 (鏑木清方著) 中央公論新社 2008.5 301p

（中公文庫）
◇激動期の美術―幕末・明治の画家たち 続 （辻惟雄編） ぺりかん社 2008.10 251p
【雑 誌】
◇柴田是真絵画試論 （安村敏信）「Museum」 363 1981.6
◇（表紙解説）印籠箪笥 柴田是真作 （芥唯雄）「茶道の研究」 27（12） 1982.12
◇アート・リーディング―変革期の残像―是真・暁斎・芳崖の場合 （安村敏信）「美術手帖」 548 1985.8
◇柴田是真筆 漆絵小画帖 （郷家忠臣）「国華」 1132 1990.3
◇福富太郎のアート・キャバレー（5）"嫁入り道具"は柴田是真の大作 （福富太郎）「芸術新潮」 43（10） 1992.10
◇文明開化の間に―幕末・明治の画家たち（11）柴田是真―漆中筆あり―前― （安村敏信）「三彩」 542 1992.11
◇文明開化の間に―幕末・明治の画家たち（11）柴田是真―漆中筆あり―後― （安村敏信）「三彩」 543 1992.12
◇明治の蒔絵額―柴田是真と時代の流れ （長谷川有子）「美術史」 便利堂 46（2） 1997.3 p187～204
◇明治に残る江戸風意匠―柴田是真の「富士と筑波」と「五十の浪」を中心に （根本由香）「服飾美学」 服飾美学会（お茶の水女子大学内） 33 2001.9 p65～80
◇柴田是真「漆画」における制作の背景 （間中恵子）「女子美術大学研究紀要」 女子美術大学 32 2002 p154～164
◇柴田是真の俳諧一枚摺（特集 多色摺の歴史と俳諧一枚摺） （松沢正樹）「江戸文学」 ぺりかん社 25 2002.6 p196～202
◇柴田是真作「温室盆栽蒔絵額」について―第一回内国勧業博覧会の評価をめぐって （間中恵子）「女子美術大学研究紀要」 女子美術大学 33 2003 p157～163
◇柴田是眞と京都〔含 略年譜〕 （柏木加代子）「京都市立芸術大学美術学部研究紀要」 京都市立芸術大学美術学部 49 2005 p13～28
◇柴田是真存命中に開催された作品展覧会について （間中恵子）「女子美術大学芸術学部芸術学科紀要」 女子美術大学芸術学部芸術学科 5 2005 p35～57
◇国宝「彦根屏風」の伝来と柴田是真 （高尾曜）「彦根城博物館研究紀要」 彦根城博物館 第16号 2005.3 p52～77
◇日本の植物画のルーツを探れ!! 植物画と江戸の絵師たち―川原慶賀、清水東谷、柴田是真（特集 華麗なる植物画（ボタニカルアート）の世界―植物画がわかる。 （薩摩雅登）「美術の窓」 生活の友社 25（6） 2006.5 p36～41
◇キーワード 蒔絵・漆工 特別展 江戸の粋・明治の技―柴田是真の漆×絵―三井記念美術館（東京）（大特集・身近にある「知」と「安らぎ」の場所の使い方 美術館へ行こう―第2部 「ああ、良かった」から一歩踏み出すための美術鑑賞基本の「き」 美術の見方とは何か）「サライ」 小学館 21(19)通号508 2009.12 p63～65

下岡蓮杖　しもおかれんじょう　1823～1914
幕末，明治期の写真家。
【図　書】
◇士魂の群像 （吉田武三） 冨山房 1980.7
◇歴史への招待12 日本放送出版協会 1981.2
◇活版印刷史 （川田久長） 印刷学会出版部 1981.10
◇幕末日本の風景と人びと―フェリックス・ベアト写真集 （横浜開港資料館） 明石書店 1987.12
◇全国の伝承 江戸時代 人づくり風土記―ふるさとの人と知恵〈22〉静岡 （加藤秀俊，谷川健一，稲垣史生，石川松太郎，吉田豊編） 農山漁村文化協会 1990.2
◇写された幕末―石黒敬七コレクション （石黒敬七著） 明石書店 1990.4
◇日本の『創造力』―近代・現代を開花させた470人〈1〉御一新の光と影 （富田仁編） 日本放送出版協会 1992.6
◇幕末・明治の写真 （小沢健志） 筑摩書房 1997.7 358p （ちくま学芸文庫）
◇下岡蓮杖写真集 限定版 （石黒敬章編） 新潮社 1999.5 305p
◇士―日本のダンディズム （東京都歴史文化財団東京都写真美術館企画・監修） 二玄社 2003.10 173,19p
◇幕末明治横浜写真館物語 （斎藤多喜夫著） 吉川弘文館 2004.4 219p （歴史文化ライブラリー）
◇日本の写真家101 （飯沢耕太郎編） 新書館 2008.5 222p
◇横浜開港時代の人々 （紀田順一郎著） 神奈川新聞社 2009.4 270p
【雑　誌】
◇写真師の誕生 下岡蓮杖VS上野彦馬(特集・ライバル明治の獅子たち) （小沢健志）「歴史読本」 25（2） 1980.2
◇開港・開化傑物伝）黒船戦が運ぶ銀絵の秘法 開化を先導した写真師一代―下岡蓮杖 （紀田順一郎）「Best partner」 浜銀総合研究所 20（5） 2008.5 p36～41

松旭斎天一〔初代〕　しょうきょくさいてんいち　1853～1912
明治期の奇術師。興業のため欧米を巡業。
【図　書】
◇奇術師誕生―松旭斎天一・天二・天勝 （丸川賀世子） 新潮社 1984.6
◇落語は物語を捨てられるか （矢野誠一著） 新しい芸能研究室 1991.10
◇魔術の女王一代記―美貌の天才奇術師の芸談・奇談 （松旭斎天勝著） かのう書房 1991.12 （私の世界シリーズ）
◇手妻のはなし―失われた日本の奇術 （藤山新太郎著） 新潮社 2009.8 359p （新潮選書）

ジョン万次郎　じょんまんじろう
→中浜万次郎（なかはままんじろう）を見よ

白井千代梅　しらいちよめ　1816～1868
幕末，明治期の歌人。
【雑　誌】
◇白井千代梅と『胡蝶日記』―近世庄内地方の女流文芸（2） （前田淑）「福岡女学院短期大学紀要 一般教育・家政学」 26 1990.2

白瀬矗　しらせのぶ　1861～1946
明治期の探検家。
【図　書】
◇よみがえる白瀬中尉 秋田魁新報社 1982.5
◇極―白瀬中尉南極探検記 上，下 （綱淵謙錠） 新潮社 1983.1
◇日本のリーダー 10 未知への挑戦者 ティビーエス・ブリタニカ 1983.5
◇日本のリーダー10 未知への挑戦者 （第二アートセンター編） ティビーエス・ブリタニカ 1983.5
◇南極記 （南極探検後援会編） 白瀬南極探検隊を偲ぶ会 1984.9
◇雪原へゆく―わたしの白瀬矗 （白瀬京子） 秋田書房 1986.8
◇夢をもとめた人びと〈2〉探検・冒険 （金平正，北島春信，蓑田正治編） （町田）玉川大学出版部 1987.3
◇日本魁物語 （駒敏郎著） 徳間書店 1988.2 （徳間文庫）
◇極―白瀬中尉南極探検記 （綱淵謙錠著） 新潮社 1990.2 （新潮文庫）
◇雪原挑む―白瀬中尉 開南丸船長 野村直吉（さきがけ新書） （渡部誠一） 秋田魁新報社 1992
◇日本の『創造力』―近代・現代を開花させた470人〈7〉驀進から熟成へ （富田仁編） 日本放送出版協会 1992.11
◇冒険者伝説 日本テレビ放送網 1993.9 （知ってるつもり?!）
◇白瀬中尉探検記―伝記・白瀬矗 （木村義昌著，谷口善也著） 大空社 1997.2 414,6p （伝記叢書）
◇堂々日本史 5 （NHK取材班編） KTC中央出版 1997.4 251p
◇白瀬矗―私の南極探検記 （白瀬矗著） 日本図書センター 1998.8 298p （人間の記録）
◇歴史人物アルバム 日本をつくった人たち大集合 5 （PHP研究所編） PHP研究所 2001.2 47p
◇やまとゆきはら―白瀬南極探検隊 （関屋敏作） 福音館書店 2002.10 71p （日本傑作絵本シリーズ）
◇その時歴史が動いた 18 （NHK取材班編） KTC中央出版 2003.2 253p
◇白瀬中尉の南極探検―豊田市郷土資料館特別展 （豊田市郷土資料館編） 豊田市教育委員会 2003.10 119p
◇南極に立った樺太アイヌ―白瀬南極探検隊秘話 （佐藤忠悦著） 東洋書店 2004.6 63p （ユーラシア・ブックレット）
◇南極観測船ものがたり―白瀬探検隊から現在まで （小島敏男著） 成山堂書店 2005.7 220p
【雑　誌】
◇極 白瀬中尉南極探検実記（1～10） （綱淵謙錠）「プレジデント」 19（3～13） 1981.3～12
◇郡司成忠と白瀬矗―二大探険家綾なす愛憎(特集・明治ライバル物語) （夏堀正元）「歴史と人物」 120 1981.7
◇白瀬矗の南極探検とスキー導入のかくされた意味(2) （臼田明）「信濃」 44（10） 1992.10
◇雪原VS氷原(男のシルエット〔139〕) （山室恭子）「Yomiuri Weekly」 62（6） 2003.2.9 p64
◇海を渡った日本人（11）白瀬矗中尉と秋田県金浦町 （大森洋子）「ラ メール」 らめーる日本 33（3） 2008.5・6 p12～15

神中糸子　じんなかいとこ　1860～1943
幕末～昭和期の洋画家。
【図　書】
◇黎明の女たち （島京子編） 神戸新聞出版センター 1986.1
【雑　誌】
◇日本美術教育史攷(1)工部美術学校研究(2)同校出身画家・神中糸子

を中心に (太田将勝)「岡山大学教育学部研究集録」 71 1986.1
◇日本美術教育史攷(1)工部美術学校研究(3)同校出身画家・神中糸子を中心に (太田将勝)「岡山大学教育学部研究集録」 73 1986.11
◇日本美術教育史攷(1)工部美術学校研究(4)同校出身画家・神中糸子を中心に (太田将勝)「岡山大学教育学部研究集録」 74 1987.3
◇日本美術教育史攷(1)工部美術学校研究(5)同校出身画家・神中糸子を中心に (太田将勝)「岡山大学教育学部研究集録」 75 1987.7
◇日本美術教育史攷(1)工部美術学校研究(6)同校出身画家神中糸子を中心に (太田将勝)「岡山大学教育学部研究集録」 76 1987.11
◇日本美術教育史攷(1)工部美術学校研究(7)同校出身画家神中糸子を中心に (太田将勝)「岡山大学教育学部研究集録」 77 1988.3
◇日本美術教育史攷(1)工部美術学校研究(10)神中糸子を中心に (太田将勝)「岡山大学教育学部研究集録」 82 1989.11

陣幕久五郎　じんまくきゅうごろう　1829〜1903
幕末, 明治期の力士。
【図　書】
◇陣幕久五郎通高事跡―復刻版　陣幕会　1984.7

鈴木其一　すずききいつ　1796〜1858
幕末の画家。大胆な装飾性を打ち出す。
【図　書】
◇鈴木其一書状(日本書誌学大系38) (竹谷長二郎, 北野克共編) 青裳堂
◇江戸琳派画人鈴木其一書状(日本書誌学大系 38) (竹谷長二郎, 北野克共編) 青裳堂書店 1984.8
◇日本 その心とかたち(5)琳派 海を渡る (加藤周一, NHK取材班著) 平凡社 1987.12
◇琳派美術館〈3〉抱一と江戸琳派 集英社 1993.9
【雑　誌】
◇江戸後期の「西遊紀行」について―鈴木其一著「癸巳西遊日記」を中心として(上, 下) (玉虫敏子)「Museum」 361,362 1981.4,5
◇「江戸琳派」開題―抱一・其一について (山川武)「三彩」 406 1981.7
◇鈴木其一筆 群鶴図 (小林忠)「国華」 1055 1982.9
◇鈴木其一筆 三十六歌仙図 (小林忠)「国華」 1065 1983.8
◇鈴木其一の画業 (河野元昭)「国華」 1067 1983.10
◇鈴木其一考―伝記及び造形上の諸問題 (横山九実子)「美術史」 43(2) 1994.3
◇鈴木其一筆桜・楓図屏風 (小林忠)「国華」 1183 1994.6
◇鈴木其一筆 蓬莱山図 (河野元昭)「国華」国華社 1212 1996.11 p25〜28
◇鈴木其一の花鳥画における博物図譜の影響―絹本掛幅画を中心に (高木彩)「美術史研究」早稲田大学美術史研究会 40 2002 p123〜144
◇鈴木其一筆 雨中青桐・楓図(特輯 プライス・コレクション) (村重寧)「国華」108(9) 2003.4 p32〜33,15
◇鈴木其一『癸巳西遊日記』解題 (高橋佳奈)「美術史論叢」東京大学大学院人文社会系研究科・文学部美術史研究室 22 2006 p21〜52
◇第6話 鈴木其一―(マンガでわかる、人物史 琳派スーパーヒーロー列伝―THE 琳派劇場) (山村浩二)「美術手帖」美術出版社 60(913) 2008.10 p62〜65

角藤定憲　すどうさだのり　1867〜1907
明治期の新派俳優。
【図　書】
◇新派の芸(日本の芸シリーズ) (波木井皓三著) 東京書籍 1984.1

須藤南翠　すどうなんすい　1857〜1920
明治期の小説家, 新聞記者。
【雑　誌】
◇南翠外史『新説黄廼花筐』 (西荘保)「稿本近代文学」 14 1990.11
◇小新聞記者の政治論―須藤南翠のこと (畑実)「駒沢国文」駒沢大学国文学会 36 1999.2 p19〜33
◇須藤南翠『遠征奇勲曦の旗風』試論 (山口信行)「語学と文学」群馬大学語文学会 40 2004.3 p79〜66

ストレンジ, F.　Strange, Frederick William　1854〜1889
イギリスの教育家。1875年来日, 近代スポーツを紹介する。
【雑　誌】
◇東大とスポーツ―運動とストレンジ先生 (渡辺融)「UP」 133 1983.11

瀬川如皐〔3代〕　せがわじょこう　1806〜1881
幕末, 明治期の歌舞伎作者。
【図　書】
◇江戸歌舞伎論 (服部幸雄) 法政大学出版局 1980.12
◇恋舞台―江戸文学の女たち (中山あい子著) 光文社 1989.1 (光文社文庫)
◇郡司正勝刪定集〈第5巻〉戯世の文 (郡司正勝著) 白水社 1991.9
【雑　誌】
◇瀬川如皐晩年の著作について (小笠原幹夫)「日本文学」 37(5) 1988.5
◇歌舞伎―後期(爛熟期・頽廃期)生世話狂言の貢献者―瀬川如皐(近世演劇の魅力を問い直す<特集>) (武藤元昭)「国文学 解釈と鑑賞」 54(5) 1989.5
◇合巻「東海道四谷怪談」(6完)〔含 作品〕 (瀬川如皐三世〔著〕, 二村文人〔翻刻・解説〕)「江戸文学」 2(6) 1991

大蘇芳年　たいそよしとし　1839〜1892
幕末, 明治期の浮世絵師。稗史画。
【図　書】
◇江戸のろくでなし―月岡芳年考 (矢代静一) 河出書房新社 1982.11
◇清親・楽天と10人の諷刺画家展―近代漫画をつくりあげた 浮世絵太田記念美術館 1984
◇近世の呪縛―サディズムの精神史 (早野泰造著) 牧野出版 1986.5
◇末期浮世絵 爛熟の世界―浮世絵ハンドブック (里文出版編) 里文出版 1986.12
◇秘宝 浮世絵―ジェノヴァ市立東洋美術館所蔵 E.キヨソーネ・コレクション (福田和彦編著) ベストセラーズ 1988.3
◇芳年―狂懐の神々 (横尾忠則編) 里文出版 1989.4
◇日本的聖性の機械学 (松田修著) 思潮社 1989.6
◇浮世絵ヨーロッパ・コレクション (福田和彦編著) ベストセラーズ 1989.10
◇江戸にフランス革命を! (橋本治著) 青土社 1989.11
◇月岡芳年の世界 (悳俊彦〔編〕) 東京書籍 1993.1
◇月岡芳年展―江戸から明治へ・転換期の浮世絵師 (平木浮世絵財団・平木浮世絵美術館編)〔平木浮世絵財団・平木浮世絵美術館〕〔1996〕 12p
◇色競―未公開肉筆画帖 (内廊正人著) 河出書房新社 2000.8 86p
◇芳年妖怪百景 (悳俊彦編) 国書刊行会 2001.7 98p
◇日本美術事件簿 (瀬木慎一著) 二玄社 2001.9 203p
◇六大浮世絵師 (野口米次郎著) 岩波書店 2001.11 292p (岩波美術館初版本復刻シリーズ)
◇描かれた女の謎―アート・キャバレー蒐集奇談 (福富太郎著) 新潮社 2002.1 245p
◇バロックの日本 (守安敏久著) 国書刊行会 2003.12 263p
◇すぐわかる画家別近代日本画の見かた (岡本祐美, 西山純子, 滝沢恭司, 今井圭介著) 東京美術 2004.2 135p
◇東京10000歩ウォーキング文学と歴史を巡る No.11 (籠谷典子編著) 真珠院 2004.10 101p
◇春画 浮世絵の魅惑 3 (福田和彦著) ベストセラーズ 2004.12 1冊 (ベスト新書)
◇こしかたの記 改版 (鏑木清方著) 中央公論新社 2008.5 301p (中公文庫)
◇激動期の美術―幕末・明治の画家たち 続 (辻惟雄編) ぺりかん社 2008.10 251p
◇浮世絵版画の十九世紀―風景の時間、歴史の空間 (菅原真弓著) ブリュッケ 2009.11 395p
【雑　誌】
◇月岡芳年、小林清親(日本画人伝〔4〕) (加太こうじ)「思想の科学」 431 1987.10
◇危うい浮世絵師血まみれ芳年、参上〈特集〉「芸術新潮」 45(9) 1994.9
◇月岡芳年歴史画考 (菅原真弓)「美術史」便利堂 46(1) 1996.10 p64〜77
◇幕末・明治初期の浮世絵界―新しい浮世絵の動向 / 月岡芳年 / 錦絵新聞の流行 / 技術の多様化(清親と明治の浮世絵)「日本の美術」至文堂 368 1997.1 p19〜29
◇月岡芳年、落下と飛翔のバロック絵師 (守安敏久)「宇都宮大学教育学部紀要 第1部」宇都宮大学教育学部 50 2000.3 p75〜85
◇一魁斎芳年書誌(特集・書誌新人集) (外園圭)「文献探索」金沢文圃閣, 文献探索研究会 2006 p435〜441

田岡嶺雲　たおかれいうん　1870〜1912
明治期の文芸評論家, 中国文学者。「中国民報」主筆。
【図　書】
◇青年の風雪 (平尾道雄) 高知新聞社 1981.11 (高新ふるさと文庫 2)

◇日本人の自伝 4 田岡嶺雲.長谷川如是閑 平凡社 1982.5
◇明治人物閑話 (森銑三) 中央公論社 1982.9
◇文士の筆跡〈1〉作家編〈1〉〔新装版〕 (伊藤整編) 二玄社 1986.4
◇義和団戦争と明治国家 (小林一美) 汲古書院 1986.9
◇田岡嶺雲―思想と文学― (岡林清水他著) 土佐出版社 1987
◇田岡嶺雲女子解放論 (田岡嶺雲著,西田勝編) 法政大出版局 1987.7
◇明治・青春の夢―革新的行動者たちの日記 (嶋岡晨著) 朝日新聞社 1988.7 (朝日選書)
◇近代日本と中国―日中関係史論集 (安藤彦太郎編) 汲古書院 1989.3
◇社会文学・社会主義文学研究 (小田切秀雄著) 勁草書房 1990.1
◇思想の最前線で―文学は予兆する (黒古一夫) 社会評論社 1990.5 (思想の海へ「解放と変革」)
◇ハイネ序説 (井上正蔵著) 未来社 1992.8
◇田岡嶺雲と自由民権運動―土佐からの視座 (高橋正)『文学・社会へ地球へ』(西田勝退任・退職記念文集編集委員会編) 三一書房 1996.9 p126
◇田岡嶺雲と上海 (趙夢雲)『文学・社会へ地球へ』(西田勝退任・退職記念文集編集委員会編) 三一書房 1996.9 p139
◇夏目漱石と田岡嶺雲 (吉田真)『文学・社会へ地球へ』(西田勝退任・退職記念文集編集委員会編) 三一書房 1996.9 p153
◇田岡嶺雲の評論における文学的リアリズムと他者の良心 (ロナルド・P.ロフタス)『文学・社会へ地球へ』(西田勝退任・退職記念文集編集委員会編) 三一書房 1996.9 p172
◇田岡嶺雲の記録文学作品のジャンル的特性の問題 (ダグマーラ・P.ヴガエーワ)『文学・社会へ地球へ』(西田勝退任・退職記念文集編集委員会編) 三一書房 1996.9 p177
◇近代日本の先駆的啓蒙家たち―福沢諭吉・植木枝盛・徳富蘇峰・北村透谷・田岡嶺雲 (タグマーラ・バーブロブナ・ブガーエワ著, 亀井博訳) 平和文化 1996.10 222p
◇家永三郎集 第5巻 (家永三郎著) 岩波書店 1998.2 405p
◇日本的 中国的―知ってるつもりの大誤解を説く (陳舜臣著) 祥伝社 1998.7 320p (ノン・ポシェット)
◇上海・文学残像―日本人作家の光と影 (趙夢雲著) 田畑書店 2000.5 301p (現代アジア叢書)
◇中国の文学史観 (川合康三編) 創文社 2002.2 330,130p
◇中国知識人の百年―文学の視座から (岸陽子著) 早稲田大学出版部 2004.3 343p
◇近代日本の戦争と文学 (西田勝著) 法政大学出版局 2007.5 290p
◇中国知識人の百年―文学の視座から 新装版 (岸陽子著) 早稲田大学出版部 2007.6 343p
◇明治人物閑話 (森銑三著) 中央公論新社 2007.11 343p (中公文庫)
【雑 誌】
◇田岡嶺雲のハイネ論 (伊東勉) 「文学的立場(第3次)」 4 1981.7
◇正宗白鳥『漱石と柳村』, 田岡嶺雲『作家ならざる二小説家』, 『本誌前号の評』(『ホトトギス』明38・5)(特集=新・夏目漱石研究図書館) (酒井英行) 「国文学解釈と鑑賞」 49(12) 1984.10
◇森廣運平が関わった高知県人―田岡嶺雲 (別役加代) 「史談いばら」 13 1984.12
◇同情と狂熱と―田岡嶺雲における文芸評論―(特集・明治の諸相) (島田秀男) 「隣人」 3 1986.5
◇田岡嶺雲と幸徳秋水(特集・民権と文学) (西田勝) 「社会文学」 創刊号 1987.6
◇田岡嶺雲の研究(1) 思想形成をめぐって (瀬尾幹夫) 「拓殖大学論集」 175 1988.12
◇田岡嶺雲の研究(2) (瀬尾幹夫) 「拓殖大学論集」 183 1990.1
◇田岡嶺雲の研究(3) (瀬尾幹夫) 「拓殖大学論集」 187 1990.12
◇田岡嶺雲の『女子解放論』 (野水まゆみ) 「虹鱒」 終刊号 1991.8
◇田岡嶺雲の文芸評論――葉をはじめて天下に紹介 (高橋正) 「自由のともしび」 10 1992.12
◇田岡嶺雲の初期文芸評論―批判的リアリズムを提唱 (高橋正) 「日本文学研究(高知日本文学研究会)」 (西本貞先生追悼特集)」 30 1993.3
◇逍遙・文学(32) 「青年評論」:北原白秋・正宗白鳥・田岡嶺雲ら (紅野敏郎) 「國文學 解釈と教材の研究」 39(3) 1994.2
◇田岡嶺雲参考文献目録―昭和21年~平成15年 (鈴木一正) 「国文学研究資料館紀要 文学研究篇」 人間文化研究機構国文学研究資料館 31 2005.2 p319~349
◇田岡嶺雲参考文献目録―明治25年~昭和19年 (鈴木一正) 「国文学研究資料館紀要 文学研究篇」 人間文化研究機構国文学研究資料館 32 2006.2 p243~269
◇本好き人好き(214)田岡嶺雲追懐録―田中貢太郎『桂月先生従遊記』・下田歌子『家庭』 (谷沢永一) 「國文學 解釈と教材の研究」 學燈社 52(8) 2007.7 p156~159
◇支考俳論の語られ方―田岡嶺雲と大西克礼 (中森康之) 「連歌俳諧研究」 俳文学会 114 2008.3 p1~14
◇王国維と日本人学者の交流―藤田豊八・田岡嶺雲・桑木厳翼を中心に

(修斌, 陳琳琳) 「環東アジア研究センター年報」 新潟大学コアステーション人文社会・教育科学系附置環東アジア研究センター 4 2009.3 p139~145
◇悲惨小説期の貧困表象―嶺雲・一葉・眉山・鏡花の射程(小特集〈貧困〉の文学・〈文学〉の貧困) (鈴木啓子) 「日本近代文学」 日本近代文学会 81 2009.11 p224~238

高崎正風 たかさきまさかぜ 1836~1912
幕末,明治期の歌人。御歌所長。
【図 書】
◇史実で見る日本の正気―尋古一葉抄 (黒岩棠舟著) 錦正社 1989.12 (国学研究叢書)
◇品川弥二郎 関係文書 5 (尚友倶楽部品川弥二郎関係文書編纂委員会編) 山川出版社 1999.7 373p
【雑 誌】
◇高崎正風『天長節歌解』(一〇〇年前の日本〈特集〉) (上笙一郎) 「彷書月刊」 7(1) 1991.1
◇桂園派歌人八田知紀と高崎正風―知紀の家集『しのふくさ』と,その第二編巻下跋文の筆者『鶴園親義』について (清水勝) 「鹿児島女子大学研究紀要」 鹿児島女子大学 第18巻第2号 1997.3 p221~227
◇高崎正風研究序説―学問の系譜と人脈を中心に (宮本誉士) 「國學院大学研究開発推進センター研究紀要」 國學院大學研究開発推進機構研究開発推進センター 2 2008.3 p267~297
◇御歌所長高崎正風の教育勅語実践運動―彰善會と一徳會(特集 日本の法制度・法文化 東京奠都百四十年) (宮本誉士) 「明治聖徳記念学会紀要」 明治聖徳記念学会 46 2009.11 p214~236

高島北海 たかしまほっかい 1850~1931
明治,大正期の日本画家。
【図 書】
◇日仏の交流―友好380年 (高橋邦太郎) 三修社 1982.5
◇異貌の美術史―日本近代の作家たち (瀬木慎一) 青土社 1989.7
◇The あんてぃーく〈Vol.7〉特集 ガラスと染付 読売新聞社 1990.8
◇ジャポニスムからアール・ヌーヴォーへ (由水常雄著) 中央公論社 1994.1 (中公文庫)
◇高島北海の日本再発見 (鵜飼敦子)『日仏交感の近代―文学・美術・音楽』(宇佐美斉編著) 京都大学学術出版会 2006.5 (京都大学人文科学研究所研究報告) p225
◇山の名著 明治・大正・昭和戦前編 (近藤信行編) 自由国民社 2009.11 267p (知の系譜)
【雑 誌】
◇官吏画人高島北海の人間像を求めて (松藤市郎) 「三池史談」 16 1983.11
◇海を越えた日本人たちの系譜(30) ナンシー派の画家高島北海 (富田仁) 「明治村通信」 221 1988.1
◇日本とナンシーを結んだ画家―高島北海 (村上佑二) 「月刊百科」 305 1988.3
◇高島北海著『写山要訣』にみる近代絵画観 (井土誠) 「下関市立美術館研究紀要」 下関市立美術館 第9号 2003.3 p2~27
◇エミール・ガレと高島北海への関わり 「偶然」の美 (鵜飼敦子) 「人間・環境学」 京都大学大学院人間・環境学研究科 13 2004 p95~103
◇ジャポニスムの底流―ブラックモンから高島北海まで (北川正) 「東京家政学院大学紀要 人文・社会科学系」 東京家政学院大学〔ほか〕 44 2004 p111~124
◇「第三の文化」としてのアール・ヌーボー―エミール・ガレと高島北海の出会いと高島北海の異文化適応 (磯崎辛子) 「異文化コミュニケーション論集」 立教大学大学院異文化コミュニケーション研究科 4 2006 p135~145
◇日本最初の地質屋・高島得三と山口県の地質図 (金折裕司) 「応用地質」 日本応用地質学会 49(5) 2008.12 p285~292
◇"長門峡"と高島北海 (金折裕司, 廣瀬健太) 「応用地質」 日本応用地質学会 50(5) 2009.12 p295~304

高橋五郎 たかはしごろう 1856~1935
明治,大正期の評論家,英文学者,翻訳家。
【図 書】
◇いろは辞典―漢英対照 (高橋五郎) 名著普及会 1983.2
◇漁書のすさび―古本随筆 (小林高四郎著) 西田書店 1986.8
◇平田禿木選集〈第4巻-第5巻〉英文学エッセイ2,明治文学評論・随筆 (平田禿木著, 島田謹二, 小川和夫編) 南雲堂 1986.10
◇仏教とキリスト教 2 (芹川博通著) 北樹出版 2007.6 392p (芹川博通著作集)
【雑 誌】
◇高橋五郎, 土井晩翠そして幸徳秋水 (小林高四郎) 「日本古書通信」 45(6) 1980.6
◇ドイツ経由のドストエフスキイ―高橋五郎の参照したドイツ語訳「罪と罰」をめぐって (国松夏紀) 「比較文学年誌」 22 1986

◇大正期心霊学受容の諸相―高橋五郎・精神分析・霊術 （一柳広孝）「名古屋大学国語国文学」名古屋大学国語国文学会 78 1996.7 p49～67
◇翻訳委員ศ中訳『新約全書』と高橋五郎 （鈴木英夫, 福井靖子）「白百合女子大学キリスト教文化研究論集」白百合女子大学 2 2001 p3～30
◇明治十年代におけるある仏基論争の位相―高橋五郎と藚津実全を中心に （星野靖二）「宗教学論集」駒沢宗教学研究会 26 2007 p37～65〔含 英語文要旨〕
◇高橋五郎『「和漢/雅俗」いろは辞典』の資料性 （根本真由美）「日本語の研究」日本語学会, 武蔵野書院 3(4) 2007.10 p106～94
◇〈溶融〉する言葉と文化(11)高橋五郎と『漢英対照いろは辞典』 （久米晶文, 中村司）「歴史読本」新人物往来社 52(12) 2007.11 p49～55,330～335
◇近代日本における『原人論』の再発見と論争―高橋五郎と織田得能の論争 （佐藤厚）「東洋学研究」東洋大学東洋学研究所 46 2009 p304～291

高橋泥舟　たかはしでいしゅう　1835～1903
幕末, 明治期の幕臣, 槍術家。講武所の槍術教授。
【図　書】
◇士魂の群像 （吉田武三）冨山房 1980.7
◇三舟及び南洲の書 （寺山万常）巌南堂書店 1982.9
人物探訪 日本の歴史 9 剣客の生涯 暁教育図書 1983.2
非情の人間管理学 江戸の高級官僚たち（旺文社文庫）（童門冬二）旺文社 1986.1
◇幕末三舟伝 （頭山満著）島津書房 1990.8
◇さらりーまん事情（こころ抄）―株式会社江戸幕府 （童門冬二著）ベストセラーズ 1993.10 （ベストセラーシリーズ・ワニの本）
◇歴史の零れもの （司馬遼太郎ほか著, 日本ペンクラブ編） 光文社 1994.3 （光文社文庫）
◇幕末三舟―海舟・鉄舟・泥舟の生きかた （松本健一著）講談社 1996.10 222p （講談社選書メチエ）
◇日本人の志―最後の幕臣たちの生と死 （片岡紀明著）光人社 1996.12 257p
◇泥舟遺稿―伝記・高橋泥舟 （安部正人編）大空社 1997.2 214,5p （伝記叢書）
◇生き方の美学 （中野孝次著）文芸春秋 1998.12 222p （文春新書）
◇「高級な日本人」の生き方 （松本健一著）新潮社 1999.10 214p （新潮選書）
◇幕末三舟伝 （頭山満著）島津書房 1999.11 368p
泥舟遺稿 オンデマンド版 （［高橋］泥舟著, 安部正人編） 島津書房 2001.5 214p
◇泥舟 （河越関古著）邑心文庫 2002.12 627p
◇日本精神の研究―人格を高めて生きる （安岡正篤著）致知出版社 2005.1 505p
◇幕末三舟伝 （頭山満述）国書刊行会 2007.11 340p
【雑　誌】
◇資料高橋泥舟の書簡 （菅井時枝）「中央大学文学部紀要」98 1981.3
◇伝記・「高級な日本人」の研究―新・幕末三舟伝 （松本健一著）「新潮45」15(1) 1996.1 p196～207
◇幕末三舟（海舟・泥舟・鉄舟と慶喜）（特集・徳川慶喜と幕府崩壊―混迷の時代を駆け抜けた「最後の将軍」波瀾の半生）「歴史と旅」25(4) 1998.3 p100～105

高橋由一　たかはしゆいち　1828～1894
幕末, 明治期の洋画家。パリ, ウィーン万博などに出品。
【図　書】
◇近代美術の開拓者たち 1 （石浜恒夫ほか）有斐閣 1980.11 （有斐閣新書）
◇高橋由一と三島通庸―西那須野町開拓百年記念事業 （西那須町, 尾崎尚文編）西那須町 1981.3
◇明治大正の美術 （匠秀夫ほか著）有斐閣 1981.5 （有斐閣選書）
◇高橋由一と金刀比羅宮博物館 （朝日新聞社編）朝日新聞社 1983.4 （朝日・美術館風土記シリーズ 9）
◇高橋由一油画史料 （青木茂編）中央公論美術出版 1984.3
◇絵画の領分―近代日本比較文化史研究 （芳賀徹）朝日新聞社 1984.4
◇母の加護―ベスト・エッセイ集〔'86年版〕（日本エッセイスト・クラブ編）文芸春秋 1986.7
◇絵そして人, 時 （麻生三郎著）中央公論美術出版 1986.9
◇日本西洋画事始め―パリで学んだ明治の画家たちの異文化接触事情 （大沢寛三著）PHP研究所 1987.5 （21世紀図書館）
◇油絵初学 （青木茂著）筑摩書房 1987.9
◇ワーグマンとその周辺―横浜を愛したポンチ絵の元祖 （重富昭夫著）ほるぷ出版 1987.10 （ほるぷ現代ブックス）
◇高橋由一風景への挑戦 栃木県立美術館 1987.11
◇風景画全集 美しい日本〈1〉/北海道 東北 （原田実, 奥岡茂雄著）ぎょうせい 1988.3
◇日本 その心とかたち〈10〉/21世紀の挑戦 （加藤周一, NHK取材班著）平凡社 1988.3
◇東北の道路今昔―三島通庸と高橋由一にみる （建設省東北地方建設局監修）社団法人東北建設協会 1989.3
◇眼の神殿―「美術」受容史ノート （北沢憲昭著）美術出版社 1989.9
◇日本近代美術史論 （高階秀爾著）講談社 1990.9 （講談社学術文庫）
◇絵画の領分―近代日本比較文化史研究 （芳賀徹著）朝日新聞社 1990.10 （朝日選書）
◇日本近代美術と西洋―明治美術学会国際シンポジウム （明治美術学会編）中央公論美術出版 1992.4
◇幕末・明治の画家たち―文明開化のはざまに （辻惟雄編著）ぺりかん社 1992.12
◇野に生きる考古・歴史と教育 （川崎利夫先生還暦記念会〔編〕）実行委員会 1993.2
◇日本の近代美術〈1〉油彩画の開拓者 （丹尾安典編）大月書店 1993.3
◇日本近代の美意識 （高階秀爾著）青土社 1993.9 （高階秀爾コレクション）
◇高橋由一油画の研究―明治前期油画基礎資料集成 （歌田真介編）中央公論美術出版 1994.4
◇日本の近代美術と幕末 （匠秀夫著）沖積舎 1994.9
◇高橋由一 （〔高橋由一〕画, 日本アート・センター編）新潮社 1998.4 93p （新潮日本美術文庫）
◇高橋由一上海留学の国際交流史的考察―慶応二年の海外渡航解禁との関連として （長尾正憲）『近代日本の形成と展開』（安岡昭男編）巌南堂書店 1998.11 p345
◇近代画説―明治美術学会誌 8 （明治美術学会編）明治美術学会 1999.12 106,108p
◇「名画再読」美術館 （芥川喜好著）小学館 2001.2 1冊
◇油絵を解剖する―修復から見た日本洋画史 （歌田真介著）日本放送出版協会 2002.1 221p （NHKブックス）
◇日本近代思想史序説 明治期前篇 下 （岩崎允胤著）新日本出版社 2002.6 358,9p
◇匠秀夫著作集 第2巻 （匠秀夫著）沖積舎 2002.10 450p
◇すぐわかる画家別近代日本絵画の見かた （尾崎正明監修）東京美術 2003.6 135p
◇絵かきが語る近代美術―高橋由一からフジタまで （菊畑茂久馬著）弦書房 2003.8 241,5p
◇東京ノイズ （大倉宏著）アートヴィレッジ 2004.1 251p （てんぴょう叢書）
◇高橋由一油画史料 （青木茂編）中央公論美術出版 2004.5 489p
◇海の鎮 新版 （酒井忠康著）青幻舎 2004.7 313p
◇金刀比羅宮の美術―思いもよらぬ空間芸術 （伊藤大輔著）小学館 2004.12 127p （アート・セレクション）
◇狩野芳崖・高橋由一―西洋画も帰する処は同一の処 （古田亮著）ミネルヴァ書房 2006.2 321,4p （ミネルヴァ日本評伝選）
◇日本近代美術史論 （高階秀爾著）筑摩書房 2006.6 450,8p （ちくま学芸文庫）
◇鑑賞高橋由一―金刀比羅宮所蔵の風景画 （糸川雅子著）沖積舎 2007.4 173p
◇西洋絵画の到来―日本人を魅了したモネ, ルノワール, セザンヌなど （宮崎克己著）日本経済新聞出版社 2007.11 454p
◇幕末・明治の画家たち―文明開化のはざまに 新装版 （辻惟雄編著）ぺりかん社 2008.10 296p
◇高橋由一《鴨図》―みる・しる・しらべるコレクション vol.2 （山口県立美術館編著）オクターブ 2009.6 79p
【雑　誌】
◇明治初期洋画の肖像画レアリスムスについて―高橋由一を中心に（明治時代以降 19世紀日本の情報と社会変動）（D.Croissant）「人文学報（京大）」53 1982.3
◇高橋由一記念碑のこと―「鑿道八景」寄贈から記念碑建立へ （金井忠夫）「那須野ケ原開拓史研究」12 1982.6
◇東北新道石版画 「栃木県立美術館紀要」8 1983.8
◇高橋由一についての二, 三の問題 （榊田絵美子）「美術史」33(1) 1983.11
◇高橋由一試論 （内山淳一）「美術史学」7 1985
◇高橋由一「花魁」考（アート・クリティク）（松浦あき子）「三彩」467 1986.6
◇高橋由一・鑿道8景―作品考 （田代甚一郎）「宇都宮大学教育学部紀要」1(37) 1987.2
◇高橋由一・岸田吟香・田崎格太郎 （青木茂）「ちくま」200 1987.11

◇高橋由一・岸田吟香・田崎格太郎（承前）（青木茂）「ちくま」202 1988.1
◇文明開化の間（はざま）に―幕末・明治の画家たち（4）高橋由一―前、後－（河野元昭）「三彩」512,513 1990.5,6
◇高橋由一 花魁（近代の美術〈特輯〉）（山梨絵美子）「国華」1150 1991.9
◇甲冑図考―高橋由一の新出作品をめぐって（木下直之）「美術史」41（1）1992.2
◇高橋由一の『三重県路完成記念帖』にみる最上地域（小杉利彦）「最上地域史」16 1994.3
◇没後100年、日本洋画の祖―ここが高橋由一の偉いところ（古田亮）「芸術新潮」45（10）1994.10
◇油絵以前＝高橋由一試論―上―博物図譜と風景スケッチを中心に（古田亮）「Museum」ミュージアム出版 526 1995.1 p4〜19
◇油絵以前＝高橋由一試論―中―博物図譜と風景スケッチを中心に（古田亮）「Museum」ミュージアム出版 527 1995.2 p19〜34
◇起業の画家・高橋由一（北沢憲昭）「アステイオン」36 1995.4 p162〜190
◇高橋由一と明治前期の洋画（山梨絵美子〔著・編〕）「日本の美術」至文堂 349 1995.6 p1〜98
◇文化芸術 高橋由一『左官』の格闘（時代の先を読む）（福田和也）「Voice」218 1996.2 p58〜59
◇高橋由一とミケランジェロ（中江彬）「人文学論集」大阪府立大学総合科学部西洋文化講座 第17集 1999.3 p25〜44
◇高橋由一の「江戸の空」（河田明久）「女子美術大学研究紀要」女子美術大学 32 2002 p15〜27
◇美を訪ねて（4）洋画道の志士―高橋由一（酒井哲朗）「福島の進路」福島経済研究所 247 2003.5 p31〜35
◇博物館草創期の高橋由一―浅草文庫伝来品とウィーン万国博覧会関連品（土屋裕子）「Museum」東京国立博物館 595 2005.4 p49〜79,5〜6
◇美を訪ねて（39）高橋由一 栗子山昔時景（酒井哲朗）「福島の進路」福島経済研究所 282 2006.2 p36〜40
◇二つの高橋由一考（奈良岐史）「武蔵文化論叢」武蔵大学大学院人文科学研究科 7 2007.3 p53〜62
◇「眼の下一尺の鯛」をどう描くか―日本近代美術における実物大（その1）高橋由一「鯛図」を中心に（田中恵）「岩手大学生涯学習論集」岩手大学地域連携推進センター 3 2007.3 p53〜76
◇『高橋由一履歴』を読む（芳野明）「紀要」京都嵯峨芸術大学 33 2008 p16〜26
◇東京国立博物館所蔵 高橋由一筆《雪景》の修理保存と新知見について（土屋裕子）「Museum」東京国立博物館 612 2008.2 p35〜52,5
◇高橋由一の「静物画」（石崎佳奈子）「大手前比較文化学会報」大手前大学大学院 10 2009 p25〜31

高畠式部 たかばたけしきぶ 1785〜1881
幕末、明治期の歌人。名は刀美。
【図　書】
◇幕末女流歌人の研究―松原三穂子と周辺の人々（吉崎志保子著）日本文教出版 1983.7
◇碧沖洞叢書 第2巻（第5輯〜第10輯）（簗瀬一雄編著）臨川書店 1995.12 604p
【雑　誌】
◇高畠式部と地方歌人松原三穂子との交遊（吉崎志保子）「地方史研究」32（6）1982.12
◇近世の女筆（7）高畠式部―女流歌人（前田詠子）「日本美術工芸」653 1993.2

高畠藍泉 たかばたけらんせん 1838〜1885
明治期の戯作者。活字版の東京式合巻を書く。
【雑　誌】
◇藍泉と大阪（佐々木亨）「徳島文理大学文学論叢」徳島文理大学文学部 19 2002.3 p17〜34
◇高畠藍泉の作風形成―「梅柳新話」を巡って（佐々木亨）「国文学研究」早稲田大学国文学会 136 2002.3 p117〜127

高村光雲 たかむらこううん 1852〜1934
明治〜昭和期の彫刻家。東京美術学校教授。
【図　書】
◇緑色の太陽―芸術論集（高村光太郎）岩波書店 1982.6（岩波文庫）
◇高村光太郎の世界（溝川利夫著）新典社 1990.12（新典社選書）
◇近代日本最初の彫刻家（田中修二著）吉川弘文館 1994.3
◇日本の近代美術〈11〉近代の彫刻（酒井忠康編）大月書店 1994.4
◇幕末維新懐古談（高村光雲著）岩波書店 1995.1 464p（岩波文庫）
◇『光雲懐古談』の世界―近代日本彫刻の形成に関する考察（池上香苗執筆）建帛社 1997.2 368p
◇歴史人物意外なウラ話―笑える話・恥ずかしい話・驚きのエピソード（高野澄著）PHP研究所 2000.4 267p（PHP文庫）
◇高村光雲―木彫七十年（高村光雲著）日本図書センター 2000.10 357p（人間の記録）
◇人生は博覧会 日本ランカイ屋列伝（橋爪紳也著）晶文社 2001.5 284p
◇江戸東京物語 下町篇（新潮社編）新潮社 2002.1 371p（新潮文庫）
◇東京ウォーキング 18（籠谷典子編著）牧野出版 2002.12 101p
◇Main Themes in Art人景画/JINKEI・GA 世界文芸社 2004.10 308p
◇足尾銅山物語（小野崎敏著）新樹社 2007.7 263p
◇名士の系譜―日本養子伝（新井えり著）集英社 2009.9 238p（集英社新書）
【雑　誌】
◇仏像の造像比例法―高村光雲「仏師木寄法」について（山崎隆之）「愛知県立芸術大学紀要」15 1985
◇高村光雲作 楠公銅像（田辺三朗助）「国華」1153 1991.12
◇高村光雲作 老猿（金子啓明）「国華」1165 1992.12
◇祖父・高村光雲の彫刻思いつくまま（高村規）「高村光太郎研究」高村光太郎研究会 第20号 1999.4 p8〜12
◇茨城県近代美術館「高村光雲とその時代展」より 刀と鑿で動物写生（サライ美術館）「サライ」14（11）2002.6.6 p73〜78
◇「名作」は今も輝く 高村光雲『幕末維新懐古談―楠公銅像の事』（高村光雲）「月刊自由民主」自由民主党，千代田永田書房 675 2009.6 p88〜91

高村素月 たかむらそげつ 1877〜1892
明治期の日本画家。高村光雲の長女。
【雑　誌】
◇素月と伊予日日時代の極堂書翰（塩崎月穂）「子規会誌」43 1989.10

高山樗牛 たかやまちょぎゅう 1871〜1902
明治期の評論家。「太陽」誌上で評論活動。
【図　書】
◇樗牛全集 1〜7 改訂註釈（高山林次郎著 姉崎正治,笹川種郎編）日本図書センター 1980.3
◇研究資料現代日本文学3 評論・論説・随想1（浅井清ほか編）明治書院 1980.5
◇読書有朋（渡部昇一,谷沢永一）大修館書店 1981.2
◇福島と近代文学（塩谷邦夫）桜楓社 1981.6
◇文壇一夕話（巌谷大四）牧羊社 1981.7
◇日本の思想家 近代篇（菅孝行）大和書房 1981.9
◇近代日本の思想と仏教（峰島旭雄編）東京書籍 1982.6
◇明治文学と近代自我―比較文学的考察（小川和夫）南雲堂 1982.6
◇人間と宗教―近代日本人の宗教観（比較思想史研究会編）東洋文化出版 1982.6
◇樗牛青春夢残（長谷川義記）暁書房 1982.11
◇近代文学遊歩―33人の作家と宗教（伝統と現代社）みくに書房 1982.12
◇日本倫理思想史研究（佐藤正英,野崎守英編）ぺりかん社 1983.7
◇近代文学とキリスト教 明治・大正篇（米倉充）創元社 1983.11（現代キリスト教選書7）
◇哲学と宗教―菅谷正貫先生古稀記念論文集（江川義忠編）理想社 1983.11
◇人物探訪 日本の歴史―18―明治の逸材 暁教育図書 1984.2
◇文士の筆跡〈1〉作家編〈1〉〔新装版〕（伊藤整編）二玄社 1986.4
◇保田与重郎全集〈第10巻〉佐藤春夫，天の時雨（保田与重郎著）講談社 1986.8
◇揺れる言葉―喪われた明治をもとめて（木下長宏著）五柳書院 1987.3
◇伝統意識の美学（村尾次郎著）島津書房 1987.4
◇文明開化と日的想像（桶谷秀昭著）武武書店 1987.11
◇未完の主題―日本近代と情念の相克（綱沢満昭著）（名古屋）雁思社 1987.11
◇自己超越の思想―近代日本のニヒリズム（竹内整一著）ぺりかん社 1988.6
◇新版 ナショナリズムの文学―明治精神の探求（亀井俊介著）講談社 1988.7（講談社学術文庫）
◇文士と文士（小山文雄著）河合出版 1989.11
◇前田愛著作集〈第4巻〉幻景の明治（前田愛著）筑摩書房 1989.12
◇思想の最前線で―文学は予兆する（黒古一夫）社会評論社 1990.5（思想の海へ「解放と変革」）
◇現代民主主義と歴史意識（京大政治思想史研究会編）（京都）ミネ

ルヴァ書房 1991.5
◇「雨ニモマケズ」の根本思想―宮沢賢治の法華経日蓮主義 （龍門寺文蔵編）　大蔵出版　1991.8
◇生きる力―法華信仰の群像　（小島五十人編著）　鈴木出版　1992.3
◇中里介山・愛の屈折―雪花蝶に寄せる思慕　（武井昌博編）　（甲府）山梨ふるさと文庫　1992.4
◇日本推理小説史（第1巻）　（中島河太郎著）　東京創元社　1993.4
◇昭和維新試論　（橋川文三著）　朝日新聞社　1993.5　（朝日選書）
◇平塚―ゆかりの文人たち　（井上弘著）　（横浜）門土社総合出版　1993.12
◇ジャーナリスト時代　（鈴木範久著）　教文館　1994.5　（内村鑑三日録）
◇歴史の聞く―森鷗外論集　（酒井敏, 原国人編）　新典社　2000.5　351p
◇石川啄木―時代閉塞状況と「人間」　（上田博著）　三一書房　2000.5　203p　（三一「知と発見」シリーズ）
◇作家論集　（保田与重郎著）　新学社　2000.10　336p　（保田与重郎文庫）
◇自己超越の思想―近代日本のニヒリズム　新装版　（竹内整一著）　ぺりかん社　2001.7　286p
◇封印の近現代史　（谷沢永一, 渡部昇一著）　ビジネス社　2001.8　348p
◇高山樗牛資料目録―高山家寄託　（鶴岡市教育委員会編）　鶴岡市　2001.8　138p
◇日本近代思想の相貌―近代的「知」を問いただす　（綱沢満昭著）　晃洋書房　2001.9　260p
◇漱石―その解纜　（重松泰雄著）　おうふう　2001.9　507p
◇他人に好かれる人ほめられる人―勇気、志、信念を貫いた50人　（谷沢永一著）　海竜社　2002.10　302p
◇文豪たちの大喧嘩―鷗外・逍遙・樗牛　（谷沢永一著）　新潮社　2003.5　316p
◇明治思想家論―近代日本の思想・再考1　（末木文美士著）　トランスビュー　2004.6　330p
◇「近代日本文学」の誕生―百年前の文壇を読む　（坪内祐三著）　PHP研究所　2006.10　384p　（PHP新書）
◇幻景の明治　（前田愛著）　岩波書店　2006.11　296p　（岩波現代文庫）
◇主体の学としての美学―近代日本美学史研究　（浜下昌宏著）　晃洋書房　2007.5　216p
◇昭和維新試論　（橋川文三著）　筑摩書房　2007.5　286p　（ちくま学芸文庫）
◇文芸時評―現状と本当は恐いその歴史　（吉岡栄一著）　彩流社　2007.9　446,24p
◇近代日本の思想家とイギリス理想主義　（行安茂著）　北樹出版　2007.12　398p
［雑　誌］
◇早稲田文学人物誌・高山樗牛　（小野凡）「早稲田文学」 44 1980.1
◇高山樗牛の日蓮主義（特集・近代知識人と仏教）　（渡辺宝陽）「日本仏教」 50・51 1980.3
◇樗牛高山林次郎とウォルト・ホイットマン　（佐渡谷重信）「西南学院大学英語英文学論集」 20（3） 1980.3
◇人間高山樗牛（10,11）　（小野寺凡）「評言と構想」 18,19 1980.6,10
◇高山樗牛「滝口入道」（近代文学と宗教（27））　（桑原玄二）「東方界」 9（6） 1981.6
◇高山樗牛の奉納文（史料紹介）　（宇野量介）「東北文学論集」 4 1981.7
◇高山樗牛と与謝野鉄幹―美的生活論前後　（中皓）「同志社女子大学学術研究年報」 33（3） 1982.1
◇人間高山樗牛（12）帝国大学時代―中―　（小野寺凡）「評言と構想」 22 1982.1
◇高山樗牛の評論―文学論を中心として　（井坂妙子）「日本文学論叢（茨城キリスト教短大）」 7 1982.3
◇高山樗牛と宮沢賢治（特集・日蓮）　（田村芳朗）「現代思想」 10（6） 1982.4
◇樗牛が鷗外に罠を仕掛る（「近代文学論争譜」（5））　（谷沢永一）「新潮」 79（6） 1982.6
◇高山樗牛とハインリヒ・ハイネ　（伊東勉）「ドイツ文学研究」 14 1982.10
◇高山樗牛と与謝野鉄幹―美的生活論前後　（中晧）「同志社女子大学学術研究年報」 33（3） 1982.11
◇高山樗牛と大町桂月―日本主義論をめぐって　（高橋正）「日本文学研究」 20 1982.12
◇樗牛が逍遙に噛まれて謝る（「近代文学論争譜」（8））　（谷沢永一）「新潮」 79（12） 1982.12
◇手練手管の度を越した樗牛の小細工（「近代文学論争譜」（9））　（谷沢永一）「新潮」 80（2） 1983.2
◇高山樗牛についての断想　（坂圭介）「未来」 198 1983.3
◇啄木を形成した人々―樗牛, 晶子, 嘲風　（伊藤淑人）「東海学園国語国文」 23 1983.3

◇高山樗牛―矛盾, 煩悶の一生を生きた主我の人―病跡学の課題と寄与　（長谷川尚）「国文学　解釈と鑑賞」 48（7） 1983.4
◇樗牛が釈明の機を逸する（「近代文学論争譜」（10））　（谷沢永一）「新潮」 80（4） 1983.4
◇高山樗牛と美の悲哀　（中村義一）「美学」 37（2） 1986.9
◇高山樗牛について　（綱沢満昭）「近代風土」 26 1986.10
◇近代における近松の受容―透谷・樗牛の近松論を中心に　（小笠原幹夫）「文芸と批評」 6（10） 1989.9
◇近・現代人の苦悩と仏教　高山樗牛「瀧口入道」（近・現代作家と仏教文学＜特集＞）　（小野寺凡）「国文学　解釈と鑑賞」 55（12） 1990.12
◇高山樗牛小管窺：問題意識の変遷―人物論を中心として　（村井究光）「富山女子短期大学紀要」 26 1991.3
◇高山樗牛（たかやまちょぎゅう）三題　（久保忠夫）「東北学院大学東北文化研究所紀要」　東北学院大学東北文化研究所 28 1996.8 p59～75
◇総合雑誌『太陽』掲載の高山樗牛と姉崎嘲風の文明評論―20世紀初年の日本におけるドイツ思想・文化受容の一面とその意義　（林正子）「岐阜大学国語国文学」　岐阜大学教育学部国語国文学研究室 25 1998 p17～34
◇『太陽』文芸欄主筆期の高山樗牛―個人主義的国家主義から絶対主義的個人主義への必然性（「総合雑誌『太陽』の総合的研究」中間報告―その3）　（林正子）「日本研究」　国際日本文化研究センター 17 1998.2 p303～340
◇樗牛の書簡と乙羽の紀行文ほか　（久保忠夫）「東北学院大学論集　人間・言語・情報」東北学院大学学術研究会 120 1998.7 p45～74
◇探照灯　桑木厳翼の樗牛追悼　（谷沢永一）「国文学解釈と鑑賞」至文堂 63（8） 1998.8 p188～191
◇高山樗牛の人間本性論とイギリス理想主義―T・H・グリーンとの比較において　（行安茂）「くらしき作陽大学・作陽短期大学研究紀要」くらしき作陽大学〔ほか〕 34（1） 2001 p108～94
◇高山樗牛　（綱沢満昭）「近畿大学教養部紀要」　近畿大学教養部 32（3） 2001 p190～179
◇本好き人好き（136）高山樗牛―西宮藤朝『人哲高山樗牛』　赤木桁平『人及び思想家としての高山樗牛』　（谷沢永一）「國文學　解釈と教材の研究」　学灯社 46（1） 2001.1 p148～151
◇高山樗牛の国家教育の思想（1）教育と国家と宗教　（雨田英一）「東京女子大学紀要論集」　東京女子大学 52（1） 2001.9 p97～117
◇宗教学的人間理解の試み―高山樗牛を事例として　（徳田幸雄）「東北大学文学研究科研究年報」　東北大学大学院文学研究科 52 2002年度 p1～28
◇高山樗牛の国家教育の思想（2）教育と国家と宗教　（雨田英一）「東京女子大学紀要論集」　東京女子大学 52（2） 2002.3 p155～177
◇「義仲論」（芥川竜之介）試論―高山樗牛, 山路愛山との関連から　（堀竹忠晃）「論究日本文学」　立命館大学日本文学会 76 2002.5 p14～26
◇高山樗牛の国家教育の思想（3）教育と国家と宗教　（雨田英一）「東京女子大学紀要論集」　東京女子大学 53（1） 2002.9 p107～129
◇魯迅のニーチェ理解について―高山樗牛との比較検討を通じて　（修斌）「敬和学園大学研究紀要」　敬和学園大学人文学部 12 2003.2 p255～273
◇高山樗牛の国家教育の思想（4）教育と国家と宗教　（雨田英一）「東京女子大学紀要論集」　東京女子大学 54（1） 2003.9 p57～80
◇探照灯（197）樗牛の解剖　（谷沢永一）「国文学解釈と鑑賞」　至文堂 68（10） 2003.10 p216～219
◇高山樗牛の「日本主義」思想―日清戦後期における「国家」と「美学」　（長尾宗典）「日本歴史」　吉川弘文館 667 2003.12 p53～70
◇高山樗牛の国家教育の思想（5）教育と国家と宗教　（雨田英一）「東京女子大学紀要論集」　東京女子大学 54（2） 2004.3 p81～106
◇「日本美術史」の試み―高山樗牛における「国民美術」と「ロマンチシズム」（特集　近代の歴史思想）　（長尾宗典）「季刊日本思想史」　ぺりかん社 67 2005 p73～95
◇日本における神話学の発生と高山樗牛―日本主義との関わりを中心に　（平藤喜久子）「国学院大学紀要」　国学院大学 43 2005 p141～156
◇高山樗牛における「道義」と「文学」―物質主義批判と外交問題　（先崎彰容）「日本思想史学」　日本思想史学会, ぺりかん社 37 2005 p190～208
◇明治時代のルネサンス概念、天心と樗牛　（中江彬）「人文学論集」大阪府立大学総合科学部西洋文化講座 第23集 2005.3 p1～23
◇高山樗牛の国家教育の思想（6）教育と国家と宗教　（雨田英一）「東京女子大学紀要論集」　東京女子大学 55（2） 2005.3 p55～79
◇啄木・樗牛・自然主義―啄木の樗牛受容と自然主義　（田口道昭）「立命館文學」立命館大学人文学会 592 2006.2 p387～397
◇高山樗牛の国家教育の思想（7）「自然」・「運命と悲劇」　（雨田英一）「東京女子大学紀要論集」　東京女子大学 57（1） 2006.9 p47～73
◇高山樗牛の国家教育の思想（8）「自然」・「運命と悲劇」（続）　（雨田英一）「東京女子大学紀要論集」　東京女子大学 57（2） 2007.3 p51～74
◇「美的生活を論ず」の背景―高山樗牛と丁酉倫理会との関連を中心に

（全美星）」「文芸論叢」 大谷大学文芸学会 69 2007.9 p82～95
◇高山樗牛と「田舎教師」—世紀転換期における「文明」批判の精神（長尾宗典）「社会文化史学」 社会文化史学会 51 2009.2 p1～20

宝井馬琴〔4代〕 たからいばきん 1853～1928
明治,大正期の講談師。軍団の名手として人気があった。
【図　書】
◇講談資料集成　第1巻 （菊池真一編） 和泉書院 2001.3 344p

滝廉太郎 たきれんたろう 1879～1903
明治期の作曲家。
【図　書】
◇列伝・青春の死—白鳳から大正まで （よこみつる編著） 栄光出版社 1980.11
◇郷土大分の先覚者　中巻 （大分県教育委員会編） 大分県教育委員会 1981.12
◇荒城の月—土井晩翠と滝廉太郎 （山田野理夫著） 恒文社 1987.5
◇滝廉太郎 （小長久子著） 吉川弘文館 1987.9 （人物叢書〔新装版〕）
◇母は平和の大地 （高橋光子著） 潮出版社 1988.7
◇滝廉太郎の心を世界の歌に （西沢正太郎文, 中釜浩一郎絵） 音楽之友社 1992.12 （ジュニア音楽ブックス クラシックの大作曲家）
◇滝廉太郎その生涯 （小倉文雄編著）〔小倉文雄〕 19〔93〕
◇わが愛の譜滝廉太郎物語 新潮社 1993.7
◇清貧の譜—忘れられたニッポン人　楽聖滝廉太郎と父の時代 （加来耕三著） 広済堂出版 1993.8
◇保育の森—子育ての歴史を訪ねて （宍戸健夫著） あゆみ出版 1994.8
◇滝廉太郎 （松本正営, 大分県立先哲史料館編） 大分県教育委員会 1995.3 297p （大分県先哲叢書）
◇滝廉太郎—新しい日本の音楽を開いた人 （松本正文, 早川和絵） 大分県教育委員会 1996.3 187p （大分県先哲叢書）
◇滝廉太郎伝—伝記・滝廉太郎 （宮瀬睦夫著） 大空社 1996.4 284, 33,5p （伝記叢書）
◇九州　音楽之友社 1999.7 119p （先生のための音楽修学旅行シリーズ）
◇心して童謡・唱歌 （縄野欣弘著） 文芸社 1999.9 318p
◇子どもの声が低くなる！—現代ニッポン音楽事情 （服部公一著） 筑摩書房 1999.12 222p （ちくま新書）
◇日本語中・上級用読本　日本を知ろう—日本の近代化に関わった人々 （三浦昭, ワット・伊東泰子著） アルク 2001.12 231p
◇最新・日本歌曲選集　滝廉太郎歌曲集 （音楽之友社編） 音楽之友社 2002.5 63p
◇転換期の音楽—新世紀の音楽学フォーラム 『転換期の音楽』編集委員会編） 音楽之友社 2002.10 484p
◇ケーベル先生のまなざし—滝廉太郎との幸福な出会いそして別れ （関根和江）『転換期の音楽　新世紀の音楽学フォーラム　角倉一朗先生古稀記念論文集』（『転換期の音楽』編集委員会編） 音楽之友社 2002.10 p371～
◇もっと知りたい！人物伝記事典　1 （漆原智良監修） フレーベル館 2003.4 103p
◇あの世とこの世 （永六輔著） 朝日新聞社 2003.5 286p （朝日文庫）
◇夢追い俳句紀行 （大高翔著） 日本放送出版協会 2004.4 237p
◇この素晴らしき日本の歌たち （岡田豊著） 論創社 2004.9 259p
◇滝廉太郎—夭折の響き （海老原敏著） 岩波書店 2004.11 232p （岩波新書）
◇唱歌・讃美歌・軍歌の始源 （小川和佑著） アーツアンドクラフツ 2005.10 286p
◇鉄道の文学紀行 （佐藤喜一著） 中央公論新社 2006.1 242p （中公新書）
◇天才音楽家・滝廉太郎, 二十一世紀に蘇る （渡辺かぞい著） 近代文芸社 2006.7 119p （近代文芸社新書）
◇賛美歌・唱歌とゴスペル—「荒城の月」「オー・ハッピー・デイ！」などをめぐって （大塚野百合著） 創元社 2006.11 262p
◇花とことばの文化誌 （小川和佑著） アーツアンドクラフツ 2007.6 197p
【雑　誌】
◇西洋音楽導入期における滝廉太郎の業績 （楠谷弘美）「大阪樟蔭女子大学論集」 17 1980.3
◇天才作曲家滝廉太郎（上,下） （池田千代吉）「かながわ風土記」 50,51 1981.9,10
◇滝廉太郎と涙香 （伊藤秀雄）「日本古書通信」 48（6） 1983.6
◇"知られざる有名人"滝廉太郎 （郷宏）「波」 27（8） 1993.8
◇滝廉太郎と岡城址（歴史手帖） （中川祐一）「日本歴史」 559 1994.12

◇母への手紙, 野村沙知代, ケルン・サミット, 埼玉, 長嶋語, 鈴木史朗, 鉄道員, スーパーシート, 宇多田ヒカル, 真空総理, 悲観主義, 滝廉太郎（新釈　現代語源辞典—ニヒルな笑いで森羅万象に挑む） （田勢康弘）「現代」 33（8） 1999.8 p116～119
◇名曲「荒城の月」に関する研究 （松本正）「大分大学教育福祉科学部研究紀要」 大分大学教育福祉科学部 23（1） 2001.4 p115～126
◇明治の唱歌をつくった人たち （長野安恒）「正論」 365 2002.12 臨時増刊（明治天皇とその時代） p260～268
◇史談往来/北から南から　滝廉太郎没後百年祭 （服部容子）「歴史研究」 歴研 45（10） 2003.10 p8～10
◇「月光のソナタ」と「荒城の月」 （下村正彦）「神戸山手短期大学紀要」 神戸山手短期大学 47 2004 p175～184
◇滝廉太郎『荒城の月』について—音楽-教育-調査研究のクロストーク （矢島潤平, 藤田光子, 潤上聖子〔他〕）「別府大学短期大学部紀要」 別府大学短期大学部 23 2004.2 p45～57
◇洋楽導入期から第2次大戦までの日本のピアノ曲について（1）幸田延, 瀧廉太郎, 山田耕筰, 信時潔の作品とその周辺について） （花岡千春）「音楽研究」 国立音楽大学大学院 18 2006.3 p1～21
◇瀧廉太郎と大分—日出・竹田・大分への思い （村上博秋）「史料館研究紀要」 大分県立先哲史料館 第11号 2006.6 p25～36
◇教材としての瀧廉太郎に関する研究—「四季」の教材化 （松本正）「大分大学教育福祉科学部研究紀要」 大分大学教育福祉科学部 29（2） 2007.10 p169～182
◇みんなの音楽, みんなで音楽　瀧廉太郎記念全日本高等学校声楽コンクール （江渡孝行）「音楽文化の創造」 音楽文化創造 50 2008.Aut. p42～45
◇ほんとうにあったふしぎな話　平成の滝廉太郎 （弥生まゆ）「児童文芸」 銀の鈴社, 日本児童文芸家協会 54（6） 2008・09.12・1 p74～77

竹内久一 たけうちきゅういち 1857～1916
明治期の彫刻家。東京美術学校教授。
【図　書】
◇近代画説—明治美術学会誌　8 （明治美術学会編） 明治美術学会 1999.12 106,108p
【雑　誌】
◇竹内久一レポート—岡倉天心の彫刻振興策と久一 （吉田千鶴子）「東京芸術大学美術学部紀要」 16 1981.3
◇内田魯庵の不思議—〈失われた日本〉発掘—9— （山口昌男）「群像」 講談社 50（9） 1995.9 p282～294

武村耕靄 たけむらこうあい 1852～1915
明治,大正期の日本画家。従七位。
【図　書】
◇明治日本画史料 （青木茂編） 中央公論美術出版 1991.5

田崎草雲 たざきそううん 1815～1898
明治期の日本画家。藩御用絵師。
【図　書】
◇草の根の維新 （桜沢一昭） 埼玉新聞社 1982.8
◇慶応四年の田崎草雲—その知られざる姿 （菊地卓著） 下野新聞社 2002.7 319p
【雑　誌】
◇奇人変人物語—田崎草雲 （中沢〔ミチ〕夫）「歴史と旅」 8（3） 1981.2
◇田崎草雲の研究 （柴田芳一）「郷土文化」 37（3） 1983.3
◇近世史研究—勤皇画師田崎草雲と誠心隊 （菊池牧人）「在野論（歴史研究会創立30周年記念論文集）」 1989.10.11
◇田崎草雲の教育者的側面 （菊地卓）「東洋文化」 足利工業大学 27 2008.1 p43～60
◇田崎草雲と館林藩士大久保鼎 （菊池卓）「東洋文化」 足利工業大学東洋文化研究会 28 2009.1 p89～105

田沢稲舟 たざわいなぶね 1874～1896
明治期の小説家。
【図　書】
◇新編近代美人伝（下）（岩波文庫） （長谷川時雨著, 杉本苑子編） 岩波書店 1985.12
◇論攷田沢稲舟 （大野茂男） 菁柿堂 1986.11
◇女性—生活と文化（山形女子短期大学創立二十周年記念論集） 山形女子短期大学 1987.3
◇田沢稲舟全集 （細矢昌武編） 東北出版企画 1988.2
◇雪日本　心日本 （高田宏著） 中央公論社 1988.11 （中公文庫）
◇新編　近代美人伝〈下〉 （長谷川時雨著, 杉本苑子編） 岩波書店 1993.8 （岩波文庫）
◇田沢稲舟—作品の軌跡 （松坂俊夫著） 東北出版企画 1996.9 178p
◇田沢稲舟研究資料 （細矢昌武編著） 無明舎出版 2001.3 579p
◇作家・田沢稲舟—明治文学の炎の薔薇 （伊東聖子著） 社会評論社

2005.2　299p
【雑　誌】
◇田沢稲舟作品研究控―「医学修業」を読む―　（松坂俊夫）「山形女子短期大学紀要」17 1985.3
◇田沢稲舟作品研究控―「五大堂」を読む―　（松坂俊夫）「山形女子短期大学紀要」20 1988.3
◇田沢稲舟作品研究控―「唯我独尊」を読む　（松坂俊夫）「山形女子短期大学紀要」22 1990.3
◇田沢稲舟作品研究控―「小町湯」を読む・付「年譜」　（松坂俊夫）「山形女子短期大学紀要」23 1991.3
◇〈閨秀作家〉への視線―田沢稲舟テクストにおけるジェンダー戦略　（中山清美）「名古屋近代文学研究」名古屋近代文学研究会 14 1996.12 p27～43
◇さまざまな愛のかたち―愛の破局　山田美妙と田沢稲舟（特集・恋に果てる生き方―至上の愛を貫いた女と男の波瀾の物語）（松坂俊夫）「歴史と旅」24（13）1997.9 p90～95
◇田沢稲舟の作品群にみる古典詞―『源氏物語』を中心に　（島内景二）「電気通信大学紀要」電気通信大学 15（1）2002.7 p187～208

田島梅子　たじまうめこ　1889～1911
明治期の歌人。
【図　書】
◇田島梅子を偲ぶ―田島梅子没後80年記念集会・記念誌　（秩父文化の会編）髙橋書店 1990
◇歴史紀行 秩父事件　（中沢市朗著）新日本出版社 1991.10
◇井上伝蔵とその時代　（中嶋幸三著）埼玉新聞社 2004.4 355p

橘曙覧　たちばなあけみ　1812～1868
幕末の歌人。
【図　書】
◇橘曙覧遺墨集　（久米田裕編）金井学園 1980.11
◇芳賀矢一選集 1 国学編　（芳賀矢一選集編集委員会）国学院大学 1982.11
◇新修橘曙覧全集　（井手今滋編、辻森秀英増補）桜楓社 1983.5
◇橘曙覧歌評釈（国文学研究叢書）（辻森秀英著）明治書院 1984.2
◇和歌文学講座 第8巻 近代の歌人 1　（和歌文学会編）桜楓社 1984.6
◇古典の変容と新生　（川口久雄編）明治書院 1984.11
◇内なる宣長　（百川敬仁著）東京大学出版会 1987.6
◇吉見だより―なんじゃもんじゃ教育の報告　（小塚三郎著）近代文芸社 1988.10
◇古代うた紀行―名歌にみる古代人の風景　（中西進著）角川書店 1989.6　（角川選書）
◇全国の伝承 江戸時代 人づくり風土記―ふるさとの人と知恵〈18〉福井　（加藤秀俊, 谷川健一, 稲垣史生, 石松松太郎, 吉田豊編）農山漁村文化協会 1990.6
◇短歌の旅　（俵万智著）文芸春秋 1992.6
◇清貧の思想　（中野孝次著）草思社 1992.9
◇清貧の歌人 橘曙覧　（上坂紀夫）フェニックス出版 1993.12
◇独楽吟の橘曙覧　（久米田裕著）近代文芸社 1995.4 135p
◇完本橘曙覧歌集評釈　（辻森秀英著）明治書院 1995.6 279p
◇独楽吟―全訳註　（橘曙覧著, 足立尚計訳註）福井市 1995.9 58p
◇橘曙覧伝并短歌集　（山田秋甫著）クレス出版 1995.11 1冊　（近世文芸研究叢書）
◇近世文芸研究叢書 第1期文学篇 20（作家 6）（近世文芸研究叢書刊行会編）クレス出版 1995.11 1冊
◇橘曙覧「たのしみ」の思想―幕末の歌人たちばなあけみ　（神一行著）主婦と生活社 1996.2 222p
◇大隈言道　（岡田武彦監修, 桑原廉靖著）西日本新聞社 1998.11 209p　（西日本人物誌）
◇折口信夫全集 35　（折口信夫著, 折口信夫全集刊行会編）中央公論社 1998.12 466p
◇橘曙覧「たのしみ」の思想―幕末の歌人　POD版　（神一行著）主婦と生活社 2000.3 222p
◇たのしみは日常のなかにあり―『独楽吟』にまなぶ心の技法　（橘曙覧, 武田鏡村解説）東洋経済新報社 2001.3 178p
◇「たのしみ」な生き方―歌人・橘曙覧の生活法　（神一行著）角川書店 2001.7 248p　（角川文庫）
◇人生の師―混迷する時代に「勇気」と「誇り」と「優しさ」をあたえてくれる先哲先人の教え　（岬竜一郎著）勁文社 2001.7 264p
◇「福井県関係漢詩集、橋本左内、橘曙覧」文献資料の研究　福井大学 2003.3 83p
◇橘曙覧入門 第2版　（福井市橘曙覧記念文学館編）福井市橘曙覧記念文学館 2003.9 23p
◇「橘曙覧の世界」に生きる　（鈴木善勝著）日本文学館 2004.1 231p

◇「日本人の名著」を読む　（岬竜一郎著）致知出版社 2004.12 282p
◇ただごと歌の系譜―近世和歌逍遥　（奥村晃作著）本阿弥書店 2006.12 290p
◇道徳の教科書・実践編―「善く生きる」ことの大切さをどう教えるか　（渡辺毅著）PHP研究所 2007.8 249p
◇楽しみは―橘曙覧・独楽吟の世界　（橘曙覧著, 新井満自由訳・著）講談社 2008.11 123p
◇人生の師を見つけよう―歴史のなかにキラリと光る人々　（岬竜一郎著）PHP研究所 2008.12 198p
◇隠者はめぐる　（富岡多恵子著）岩波書店 2009.7 201p
【雑　誌】
◇近世歌道と曙覧の国学　（辻森秀英）「若越郷土研究」25（1）1980.1
◇曙覧文学の史的位置（1～3完）（玉城徹）「短歌」28（7～9）1981.7～9
◇橘曙覧翁短歌拾遺雑録　（水島直文）「若越郷土研究」27（4）1982.7
◇近世歌文の位相―橘曙覧のナショナリズム（〈前近代〉と〈近代〉＜特集＞）（百川敬仁）「日本文学」33（7）1984.7
◇近世和歌作家研究 橘曙覧―短歌における近代, その発生（近世和歌の世界―江戸時代の短歌を読みなおす〈特集〉）（成瀬有）「短歌」35（8）1988.8
◇橘曙覧の世界　（松坂弘）「江戸時代和歌」10 1989.12
◇橘曙覧ノート　（奥村晃作）「江戸時代和歌」10 1989.12
◇橘曙覧ノート（2）（奥村晃作）「江戸時代和歌」11 1990.6
◇大天狗西行, 小天狗曙覧―へんてこ歌（相似的な2歌人）―どんなにちがうか＜特集＞（奥村晃作）「短歌研究」47（7）1990.7
◇橘曙覧ノート（3）/安藤野雁ノート（2）（奥村晃作）「江戸時代和歌」12 1990.11
◇近代短歌への距離―曙覧論（特集・釈迢空・折口信夫―現代短歌への歌論）（安江茂）「人」21（9）1993.9
◇橘曙覧（特集＝近世の歌人（うたびと）たち―近世後期の歌人たち）（上野洋三）「国文学解釈と鑑賞」至文堂 61（3）1996.3 p132～137
◇橘曙覧と芳野菅子　（足立尚計）「風花」仁愛女子短期大学国文学科郷土文学研究センター 第5号 2000.3 p31～39
◇久津見みち子と彦坂寿清尼 橘曙覧の精神と生活を支えた二人の女性　（足立尚計）「風花」仁愛女子短期大学国文学科郷土文学研究センター 第6号 2001.3 p31～39
◇連鎖する〈家族詠〉―橘曙覧, 栗木京子、島田修三（特集 現代短歌の新しいかたち 家族詠の現在）（加藤孝男）「短歌」角川書店 48（10）2001.9 p84～89
◇橘曙覧作「漢詩十首」之研究　（前川幸雄, 前川正名, 水島直文）「福井大学教育地域科学部紀要 第1部 人文科学 国語学・国文学・中国文学編」福井大学教育地域科学部 53 2002.12.10 p1～17
◇ただごと歌の系譜（28）橘曙覧を読む（1）（奥村晃作）「歌壇」本阿弥書店 17（12）2003.12 p88～91
◇ただごと歌の系譜（29）橘曙覧を読む（2）（奥村晃作）「歌壇」本阿弥書店 18（1）2004.1 p86～89
◇ただごと歌の系譜（30）橘曙覧を読む（3）（奥村晃作）「歌壇」本阿弥書店 18（2）2004.2 p116～119
◇ただごと歌の系譜（31）橘曙覧を読む（4）（奥村晃作）「歌壇」本阿弥書店 18（3）2004.3 p148～150
◇ただごと歌の系譜（32）橘曙覧を読む（5）（奥村晃作）「歌壇」本阿弥書店 18（4）2004.4 p112～115
◇ただごと歌の系譜（33）橘曙覧を読む（6）（奥村晃作）「歌壇」本阿弥書店 18（5）2004.5 p82～85
◇ただごと歌の系譜（34）橘曙覧を読む（7）（奥村晃作）「歌壇」本阿弥書店 18（6）2004.6 p90～93
◇ただごと歌の系譜（35）橘曙覧を読む（8）（奥村晃作）「歌壇」本阿弥書店 18（7）2004.7 p106～109
◇ただごと歌の系譜（36）橘曙覧を読む（9）（奥村晃作）「歌壇」本阿弥書店 18（8）2004.8 p100～103
◇ただごと歌の系譜（37）橘曙覧を読む（10）（奥村晃作）「歌壇」本阿弥書店 18（9）2004.9 p92～95
◇ただごと歌の系譜（38・最終回）橘曙覧を読む（11）（奥村晃作）「歌壇」本阿弥書店 18（10）2004.10 p74～77
◇橘曙覧の隠遁生活が提示するもの 江戸幕末の文人に学ぶ清々しい生活（特集 少ないモノで暮らす―清々しい家と生活への出発）（高田宏）「望星」東海教育研究所, 東海大学出版会 37（2）2006.2 p30～33

橘旭翁〔初代〕　たちばなきょくおう　1848～1919
明治, 大正期の筑前琵琶演奏家。
【図　書】
◇筑前琵琶物語―初代橘旭翁伝　（大坪草二郎著）葦真文社 1983.12

立花家橘之助　たちばなやきつのすけ　1867～1935
明治～昭和期の寄席音曲演奏家。
【図書】
◇浮世に言い忘れたこと　(三遊亭円生)　講談社　1981.10
【雑誌】
◇橘之助師匠の思い出　(橘右近)　「経済往来」　33(10)　1981.10
◇修羅を泳いだ橘之助　芸術座　(矢野誠一)　「演劇界」　39(14)　1981.12

辰野金吾　たつのきんご　1854～1919
明治,大正期の建築家。
【図書】
◇ある「大正」の精神―建築史家天沼俊一の思想と生活　(天沼香)　吉川弘文館　1982.12
◇父の書斎　(有島行光ほか著)　筑摩書房　1989.6　(筑摩叢書)
◇辰野隆 日仏の円形広場　(出口裕弘著)　新潮社　1999.9　226p
◇20世紀 日本の経済人　日本経済新聞編　日本経済新聞社　2000.11　449p　(日経ビジネス人文庫)
◇東京駅の建築家 辰野金吾伝　(東秀紀著)　講談社　2002.9　478p
◇巨匠の宿　(稲葉なおと著)　新潮社　2004.8　213p
【雑誌】
◇それは、辰野金吾の、時代に向かっての、土俵入りであった(特集・えっ、東京駅がなくなる?)　(藤森照信)　「東京人」　3(1)　1988.1
◇建築家のドローイング(32)工部大学校造家学科第一回生辰野金吾の卒業設計作品　(香山寿夫)　「UP」　250　1993.8
◇東京駅と三色旗―辰野金吾・辰野隆(ゆたか)父子　(出口裕弘)　「新潮」　新潮社　96(5)　1999.5　p6～107
◇『東京駅の建築家 辰野金吾伝』東秀紀(文春図書館)　(隈研吾)　「週刊文春」　44(39)　2002.10.10　p136
◇ひと・本―東秀紀『東京駅の建築家 辰野金吾伝』(週刊図書館)「週刊朝日」　107(46)　2002.10.11　p106
◇東京駅赤レンガ駅舎(特集・たてもの保存再生物語)　(渡部さとる写真、米山勇文、菊地ひと美絵)　「東京人」　18(3)　2003.3　p28～31
◇日本銀行小樽支店(明治45年)の設計者について―辰野金吾・長野宇平治・岡田信一郎・小林惣　(駒木定正)「北海道職業能力開発大学校紀要」　北海道職業能力開発大学校　22　2003.4　p23～30
◇住友営繕と伊庭貞剛―辰野金吾との思想的共鳴関係を中心にして　(瀬岡誠,瀬岡和子)　「追手門経済論集」　追手門学院大学経済学会　41(1)　2006.11　p87～121
◇明治の美術界におけるイタリア―画家松岡壽と建築家辰野金吾の場合(特集 国際シンポジウム イタリア観の一世紀―旅と知と美―イタリアをまなざす旅と美意識)　(河上眞理)　「立命館言語文化研究」　立命館大学国際言語文化研究所　20(2)　2008.11　p85～99

伊達千広　だてちひろ　1802～1877
幕末,明治期の歌人。和歌山藩重職歴任。
【図書】
◇時代区分の思想―日本歴史思想序説―　(石田一良編)　ぺりかん社　1985
◇時代区分の思想―日本歴史思想序説　(石田一良編)　ぺりかん社　1986.2
◇陸奥宗光〈上〉　(岡崎久彦著)　PHP研究所　1987.12
◇日本人とは何か。―神話の世界から近代まで、その行動原理を探る〈上〉　(山本七平著)　PHP研究所　1989.9
◇日本人とは何か―神話の世界から近代まで、その行動原理を探る〈上巻〉　(山本七平著)　PHP研究所　1992.4　(PHP文庫)
◇日本人とは何か―神話の世界から近代まで、その行動原理を探る〈下巻〉　(山本七平著)　PHP研究所　1992.4　(PHP文庫)
【雑誌】
◇伊達千広の「大勢三転考」について―その思想史的一考察　(荒川久寿男)　「皇学館論叢」　13(6)　1980.12
◇嘉永五・六年の紀州藩政変―伊達宗広(千広)の失脚をめぐって　(三好国彦)　「南紀徳川史研究」　3　1988.11
◇近世の人々―伊達千広―その著作についての雑感(紀南文化財研究会結成三〇周年記念特集号)　(伊達宗泰)　「くちくまの」　95　1993.12
◇伊達宗広の「和歌神話」草稿について　(伊達宗泰)　「禅文化研究所紀要」　花園大学内禅文化研究所　26　2002.12　p307～323

谷口藹山　たにぐちあいざん　1816～1899
幕末,明治期の南画家。
【図書】
◇谷口藹山―郷土の先賢 南画の巨匠　(谷口藹山翁九十年祭実行委員会編)　谷口藹山翁九十年祭実行委員会　1990.11
【雑誌】
◇谷口藹山発掘秘話　(田中寿和)　「江戸文学」　ぺりかん社　18　1997.12　p150～153

田能村直入　たのむらちょくにゅう　1814～1907
明治期の南画家。京都府画学校開設、校長。
【図書】
◇幕末明治 京洛の画人たち　(原田平作)　京都新聞社　1985.2
◇直入山房印譜　(田能村直入作,田能村直外監修)　竹田商工会議所青年部　1996.10　1冊(ページ付なし)

田村梶子　たむらかじこ　1785～1862
江戸後期～幕末の女性。歌人。
【図書】
◇天保期、少年少女の教養形成過程の研究　(高井浩著)　河出書房新社　1991.8

談洲楼燕枝〔初代〕　だんしゅうろうえんし　1838～1900
幕末,明治期の落語家。
【図書】
◇明治人物閑話　(森銑三)　中央公論社　1982.9
◇落語名人伝　(関山和夫著)　白水社　1986.7
◇落語名人伝　(関山和夫著)　白水社　1992.2　(白水Uブックス)
◇森銑三著作集〈続編 第6巻〉人物篇(6)　(森銑三著)　中央公論社　1993.8
【雑誌】
◇談洲楼燕枝(初代)―柳・三遊全盛時代をもたらす(特集＝舌耕芸・落語誕生―落語名人略伝)　(山本進)　「国文学解釈と鑑賞」　至文堂　68(4)　2003.4　p109～117

千葉佐那　ちばさな　1839～1896
幕末,明治期の女流剣士。道場で坂本龍馬と手合わせした。
【図書】
◇龍馬と八人の女性　(阿井景子著)　戎光祥出版　2005.4　219p
◇概説・武芸者　(小佐野淳著)　新紀元社　2006.2　282p
◇司馬遼太郎作品の女性たち　(北影雄幸著)　文芸企画　2006.2　357p
◇幕末・男たちの名言―時代を超えて甦る「大和魂」　(童門冬二著)　PHP研究所　2007.3　283p
◇日本人の恋物語―男と女の日本史　(時野佐一郎著)　光人社　2009.2　229p
◇龍馬と八人の女性　(阿井景子著)　筑摩書房　2009.9　212p　(ちくま文庫)
◇日本史「宿敵」26番勝負　(関裕二,後藤寿一,一坂太郎著)　宝島社　2009.10　221p　(宝島SUGOI文庫)
◇龍馬伝説　(北影雄幸著)　桜の花出版　2009.12　374p

塚原渋柿園　つかはらじゅうしえん　1848～1917
明治期の小説家。
【図書】
◇明治の文学　有精堂出版　1981.12　(日本文学研究資料叢書)
◇稲垣達郎学芸集　2　(稲垣達郎)　筑摩書房　1982.4
◇明治歴史小説論叢　(三瓶達司著)　新典社　1987.11　(新典社研究叢書)
【雑誌】
◇塚原渋柿園の初期歴史小説　(三瓶達司)　「東京成徳短期大学紀要」　15　1982.3
◇三人の金忠輔―塚原渋柿園・山田美妙・吉川英治の作品にみる〔仙台〕　(三瓶達司)　「歴史研究」　263　1983.1
◇時な流れる(幕末風塵録〔6〕)　(綱淵謙錠)　「諸君!」　17(6)　1985.6
◇渋柿園における由井正雪像拾遺―キリスト者としての性格造型　(三瓶達司)　「東京成徳短期大学紀要」　23　1989.3
◇「金忠輔」をめぐって―渋柿園・美妙・英治　(菊池真一)　「甲南女子大学研究紀要」　28　1991

坪内逍遙　つぼうちしょうよう　1859～1935
明治,大正期の小説家,劇作家。早稲田大学講師。
【図書】
◇研究資料現代日本文学1　明治書院　1980.3
◇研究資料現代日本文学1 小説・戯曲1　(浅井清ほか編)　明治書院　1980.3
◇東海の文学散歩　(助川徳是)　中日新聞社　1981.1
◇逍遙・鷗外・漱石―明治の肖像画　(木村毅)　恒文社　1981.5
◇近代日本と早稲田の思想群像1　(早稲田大学社会科学研究所日本近代思想部会編)　早稲田大学出版部　1981.11
◇明治の文学　有精堂出版　1981.12　(日本文学研究資料叢書)
◇明治文学を語る　(木村毅)　恒文社　1982.3
◇近代日本思想と軌跡―西洋との出会い　(野田又夫ほか編著)　北樹出版　1982.4
◇小説とはなにか　(中村光夫)　福武書店　1982.9

◇近代文学遊歩―33人の作家と宗教　(伝統と現代社)　みくに書房　1982.12
◇ドラマの精神史　(大笹吉雄)　新水社　1983.6
◇近代日本の文学空間―歴史・ことば・状況　(前田愛)　新曜社　1983.6
◇日本近代文芸考　(山内祥史)　双文社出版　1983.6
◇坪内逍遙―伝統主義者の構図　(佐渡谷重信)　明治書院　1983.9　(国文学研究叢書)
◇幻想の類型学　(篠田浩一郎著)　筑摩書房　1984
◇坪内逍遙研究(近代作家研究叢書 25)　(坪内士行著)　日本図書センター　1984.2
◇近代日本の日記　(小田切進著)　講談社　1984.6
◇若き坪内逍遙(近代作家研究叢書 40)　(柳田泉著)　日本図書センター　1984.9
◇文学論集(1)文学の近代　(越智治雄著)　砂子屋書房　1986.3
◇文士の筆跡〈1〉作家編〈1〉[新装版]　(伊藤整編)　二玄社　1986.4
◇坪内逍遙事典　(逍遙協会編)　平凡社　1986.5
◇日本の近代小説Ⅰ 作品論の現在　(三好行雄編)　東京大学出版会　1986.6
◇百年の日本人〈その3〉　(川口松太郎, 杉本苑子, 鈴木史楼ほか著)　読売新聞社　1986.6
◇笛鳴りやまず―ある日の作家たち(中公文庫)　(有本芳水著)　中央公論社　1986.6
◇日本の近代小説〈1〉作品論の現在　(三好行雄編)　東京大学出版会　1986.6
◇日本におけるシェイクスピア　(森谷佐三郎著)　八潮出版社　1986.7
◇平田禿木選集〈第4巻～第5巻〉英文学エッセイ2, 明治文学評論・随筆　(平田禿木著, 島田謹二, 小川和夫編)　南雲堂　1986.10
◇近代文学の成立―思想と文体の模索(日本文学研究資料新集〈11〉)　(小森陽一編)　有精堂出版　1986.12
◇川村湊評価〈3〉音は幻　(川村湊著)　国文社　1987.5
◇坪内逍遙研究資料〈第12集〉　(逍遙協会編)　新樹社　1987.8
◇「ドラマ」・「他界」―明治二十年代の文学状況　(十川信介著)　筑摩書房　1987.11
◇坪内逍遙　(大村弘毅著)　吉川弘文館　1987.12　(人物叢書［新装版］)
◇折口信夫全集―ノート編〈追補 第3巻〉近代文学論　(折口信夫著, 折口博士記念古代研究所編)　中央公論社　1987.12
◇坪内逍遙研究　(石田忠彦)　九州大学出版会　1988.2
◇近代文学の形成　(富岡定市著)　文化書房博文社　1988.6
◇奈良と文学―古代から現代まで　(帝塚山短期大学日本文芸研究室編)(大阪)和泉書院　1988.7　(和泉選書)
◇蘇峰とその時代―よせられた書簡から　(高野静子著)　中央公論社　1988.8
◇鷗外全集〈第22巻〉評論・随筆〈1〉　(森鷗外著)　岩波書店　1988.9
◇偲ぶ草―ジャーナリスト60年　(雨宮庸蔵著)　中央公論社　1988.9
◇坪内逍遙伝　(千葉亀雄著)　湖北社　1988
◇鷗外全集〈第26巻〉評論 随筆〈5〉　(森鷗外著)　岩波書店　1989.1
◇歌を詠み始めた頃　(都筑省吾)　河出書房新社　1989.1
◇日本文学講座〈11〉芸能・演劇　(秦恒平ほか著, 日本文学協会編)　大修館書店　1989.3
◇前田愛著作集〈第2巻〉近代読者の成立　(前田愛著)　筑摩書房　1989.5
◇父の書斎　(有島行光ほか著)　筑摩書房　1989.6　(筑摩叢書)
◇日本思想を解く―神話的思惟の展開　(大嶋仁著)　北樹出版　1989.7　(フマニタス選書)
◇坪内逍遙研究資料〈第13集〉　(逍遙協会編)　新樹社　1989.9
◇長谷川如是閑集〈第1巻〉　(長谷川如是閑著)　岩波書店　1989.10
◇椙山女学園大学短期大学部20周年記念論集　椙山女学園大学短期大学部　1989.12
◇日本近代美学序説　(金田民夫著)　(京都)法律文化社　1990.3
◇雞肋集・半生記　(井伏鱒二著)　講談社　1990.8　(講談社文芸文庫―現代日本のエッセイ)
◇ヘルンと私　(小泉時著)　恒文社　1990.9
◇わが後に洪水あれ　(杉森久英著)　潮出版社　1990.10
◇言霊と他界　(川村湊著)　講談社　1990.12
◇燕雀雑稿　(久保田正文著)　永田書房　1991.3
◇文士の風貌　(井伏鱒二著)　福武書店　1991.4
◇近代文学と能楽　(松田存著)　朝文社　1991.5
◇さまざまな青春　(平野謙著)　講談社　1991.9　(講談社文芸文庫)
◇作者の家―黙阿弥以後の人びと　(河竹登志夫著)　悠思社　1991.10
◇ことばのいろいろ　(辻村敏樹著)　明治書院　1992
◇坪内逍遙研究資料〈第14集〉　(逍遙協会編)　新樹社　1992.4
◇二葉亭・透谷―考証と試論　(関良一著)　教育出版センター　1992.8　(研究選書)
◇日本近代文学の出発　(平岡敏夫著)　塙書房　1992.9　(塙新書)
◇日本文学史〈近代・現代篇 8〉　(ドナルド・キーン著, 角地幸男訳)　中央公論社　1992.12
◇ヘボン博士のカクテル・パーティー　(内藤誠著)　講談社　1993.11
◇会津八一の歌境　(喜多上著)　春秋社　1993.11
◇新編 思い出す人々　(内田魯庵著, 紅野敏郎編)　岩波書店　1994.2　(岩波文庫)
◇思想と表現―近代日本文学史の一側面　(山口博著)　有朋堂　1994.4
◇比較文学プロムナード―近代作品再読　(剣持武彦著)　おうふう　1994.9
◇唾玉集―明治諸家インタヴュー集　(伊原青々園, 後藤宙外編)　平凡社　1995.8　402p　(東洋文庫)
◇会津八一の学風―ひとつの評伝　(豊原治郎著)　晃洋書房　1996.2　227p
◇シェイクスピアの初期受容(1)―坪内逍遙を中心に　(小林康男)『英語・英米文学の風』(中部片平会)　中部片平会　1996.3　p205
◇坪内逍遙　新潮社　1996.4　111p　(新潮日本文学アルバム)
◇坪内逍遙における〈詩歌〉と〈小説〉　(宇佐美毅)『詩う作家たち』(野山嘉正編)　至文堂　1997.4　p30
◇坪内逍遙研究資料　第15集　(逍遙協会編集)　新樹社　1997.8　190p
◇父逍遙の背中　(飯塚クニ著, 小西聖一編)　中央公論社　1997.11　308p　(中公文庫)
◇「色」と「愛」の比較文化史　(佐伯順子著)　岩波書店　1998.1　389,7p
◇坪内逍遙―文人の世界　(植田重雄著)　恒文社　1998.6　332p
◇坪内逍遙研究資料　第16集　(逍遙協会編)　新樹社　1998.6　190p
◇日本文学の百年　(小田切秀雄著)　日本新聞出版局　1998.10　318p
◇喪われた轍―日本文学史における翻訳文学の系譜　(山田潤治著)　文芸春秋　1998.10　181p
◇柿紅葉―坪内逍遙の和歌と俳句　(逍遙協会編)　第一書房　1998.10　236p
◇新聞小説の誕生　(本田康雄著)　平凡社　1998.11　306p　(平凡社選書)
◇ショー・シェイクスピア・ワイルド移入史―逍遙と抱月の弟子たち　市川又彦・坪内士行・本間久雄の研究方法　(清水義和著)　文化書房博文社　1999.3　486p
◇小泉八雲と早稲田大学　(関田かをる著)　恒文社　1999.5　280,9p
◇演劇論の現在　(西洋比較演劇研究会編)　白鳳社　1999.6　262p
◇藤野古白と子規派・早稲田派　(一条孝夫著)　和泉書院　2000.2　280p　(近代文学研究叢刊)
◇新研究資料現代日本文学　第1巻　(浅井清, 佐藤勝, 篠弘, 鳥居邦朗, 松井利彦, 武川忠一ほか編)　明治書院　2000.3　463p
◇日本の芸術論―伝統と近代　(神林恒道編)　ミネルヴァ書房　2000.4　408p
◇孤独と不安―二十世紀思想史の一断面　(山崎庸佑著)　北樹出版　2000.10　139p
◇プロレタリア文学はものすごい　(荒俣宏著)　平凡社　2000.10　258p　(平凡社新書)
◇漱石の留学とハムレット―比較文学の視点から　(仁木久恵著)　リーベル出版　2001.4　287p
◇シェイクスピア批判で知られるバーナード・ショーの作品と思想　(小幡正子著)　文化書房博文社　2001.5　184p
◇あくがれの歌人―若山牧水の青春　(中嶋祐司著)　文芸社　2001.10　514p
◇幻想の近代―逍遙・美妙・柳浪　(山田有策著)　おうふう　2001.11　549p
◇シェイクスピア―この豊かな影法師　新装版　(大井邦雄著)　早稲田大学出版部　2002.1　322p
◇学匠　会津八一の生涯　(豊原治郎著)　晃洋書房　2002.6　224p
◇新編 作家論　(正宗白鳥著, 高橋英夫編)　岩波書店　2002.6　458p　(岩波文庫)
◇朗読劇台本集　4　(岡田陽編)　玉川大学出版部　2002.7　212p
◇文人暴食　(嵐山光三郎著)　マガジンハウス　2002.9　431p
◇短歌紀行 雪は美しいか　(森敬一著)　文芸社　2002.11　182p
◇日本文化―モダン・ラプソディ　(渡辺裕著)　春秋社　2002.11　312, 33p
◇西北への旅人　(奥島孝康著)　成文堂　2002.11　447p
◇滑稽な巨人―坪内逍遙の夢　(津野海太郎著)　平凡社　2002.12　315p
◇文豪たちの大喧嘩―鷗外・逍遙・樗牛　(谷沢永一著)　新潮社　2003.5　316p
◇日本近代文学とシェイクスピア　(水崎野里子著)　日本図書センター　2003.7　138p　(学術叢書)
◇東京文壇事始　(巖谷大四著)　講談社　2004.1　353p　(講談社学術文庫)
◇いつものように幕が開き　(小沢昭一著)　晶文社　2004.2　368p　(小沢昭一百景)
◇探偵小説と日本近代　(吉田司雄編著)　青弓社　2004.3　284p

◇井伏鱒二文集　1　（井伏鱒二著，東郷克美編）　筑摩書房　2004.9　325p　（ちくま文庫）
◇明治の結婚小説　（上田博編）　おうふう　2004.9　223p
◇東京10000歩ウォーキング文学と歴史を巡る　No.11　（籠谷典子編著）　真珠書院　2004.10　101p
◇すぐわかる日本の文学―名作と作家の魅力のエッセンスを楽しむ　（兵藤裕己監修）　東京美術　2004.11　143p
◇坪内逍遙の妻―大八幡楼の恋　（矢田山聖子著）　作品社　2004.11　201p
◇感動！日本の名著　近現代編―たった10分で味わえる　（毎日新聞社編）　ワック　2004.12　386p　（ワックBUNKO）
◇小説表現としての近代　（宇佐美毅著）　おうふう　2004.12　422p
◇「情熱の人坪内逍遙」展示図録　（美濃加茂市民ミュージアム編）　美濃加茂市民ミュージアム　2005.2　61p
◇シェリング年報　第13号（'05）　（日本シェリング協会編）　日本シェリング協会　2005.8　104p
◇随筆　明治文学　1　（柳田泉著，谷川恵一ほか校訂）　平凡社　2005.8　431p　（東洋文庫）
◇随筆　明治文学―文学篇・人物篇　2　（柳田泉著，谷川恵一ほか校訂）　平凡社　2005.9　425p　（東洋文庫）
◇文人暴食　（嵐山光三郎著）　新潮社　2006.1　577p　（新潮文庫）
◇逍遙舞踊鑑賞の手引き―新曲浦島・お夏狂乱・一休禅師　（〔坪内〕逍遙作，浜口久仁子著）　逍遙協会　2006.1　59p
◇近代日本「美学」の誕生　（神林恒道著）　講談社　2006.3　317p　（講談社学術文庫）
◇春城師友録　（市島春城著，山口昌男監修）　国書刊行会　2006.4　434p　（知の自由人叢書）
◇死にざまの昭和史　（高木規矩郎著）　中央公論新社　2006.8　272p
◇坪内逍遥の国語読本―原文，振り仮名，現代語訳つき。　（阿部正恒現代語訳）　パジリコ　2006.12　186p
◇歌舞伎百年百話　（上村以和於著）　河出書房新社　2007.3　227p
◇ハーマン・ウルリチによる『シェイクスピアの劇芸術』と坪内逍遙の書き込み　『演劇研究センター2006年度報告書―早稲田大学21世紀COEプログラム〈演劇の総合的研究と演劇学の確立〉』（演劇研究センター編）　早稲田大学21世紀COEプログラム〈演劇の総合的研究と演劇学の確立〉　2007.3　p78～100
◇蕎麦の極意―池之端・蓮玉庵主人が語る江戸の粋・東京の味　（沢島孝夫著）　有楽出版社　2008.12　185p　（ゆうらくBooks）
◇柳田泉の文学遺産　第3巻　（柳田泉著）　右文書院　2009.6　442p
◇みんな俳句が好きだった―各界一〇〇人句のある人生　（内藤好之著）　東京堂出版　2009.7　230p
◇柳田泉の文学遺産　第2巻　（柳田泉著）　右文書院　2009.8　410p
◇「職業」の発見―転職の時代のために　（池田功，上田博編）　世界思想社　2009.9　200,11p
◇名士の系譜―日本養子伝　（新井えり著）　集英社　2009.9　238p　（集英社新書）

【雑　誌】
◇「小説神髄」とジョン・モルレー―「エリオット評」をめぐって　（菅谷広美）　「比較文学年誌」　16　1980.
◇逍遙と二葉亭の方法　（堀井謙一）　「言語と文芸」　89　1980.2
◇坪内逍遙の楽劇―常闇のなかの祭典　（中村完）　「国文学ノート（成城短大）」　17　1980.3
◇坪内逍遙「当世書生気質」の田の次　（名作の中のおんな101人）　（山田有策）　「國學　解釈と教材の研究」　25（4）　1980.3.臨増
◇近代小説としての「雪中梅」―「小説神髄」との連関―　（福岡秀雄）　「武蔵大学日本文化研究」　準備号　1980.6
◇「小説神髄」の周辺―坪内逍遙覚書　（浅井清）　「国語と国文学」　57（7）　1980.7
◇ARS LONGA,VITA BREVIS―逍遙と八一を結ぶ線　（喜多上）　「銅鑼」　36　1980.9
◇「一読三歎当世書生気質」研究ノート―構想とその破綻の意味　（秋田徹）　「文研論集（専修大）」　6　1980.9
◇逍遙の史劇―「牧の方」を中心に（特集・歴史劇）　（大笹吉雄）　「悲劇喜劇」　33（10）　1980.10
◇坪内逍遙と森鷗外の論争（特集・明治期における西洋思想の受容と反応）　（大嶋仁）　「比較思想」　7　1980.12
◇後南朝悲話―庭鐘・馬琴・逍遙　（徳田武）　「明治大学教養論集」　146　1981
◇史的課題俳人論　（松井利彦）　「俳句」　30（1）　1981.1
◇「経国美談」論　（藪禎子）　「国語国文」　65　1981.2
◇初期戯文の没理想性―逍遙における「戯文」の意味　（石田忠彦）　「活水論文集（活水女子短大）」　24　1981.3
◇「当世書生気質」外来語索引　（住吉千歳）　「日本文学論叢（茨城キリスト教短大）」　6　1981.3
◇「泰西女丈夫伝」と坪内逍遙―新資料とその意義　（青木稔弥）　「国語国文」　50（5）　1981.5

◇坪内逍遙「桐一葉」（近代文学と原教（26））　（桑島玄二）　「東方界」　9　1981.5
◇近代文学論争譜　（谷沢永一）　「新潮」　1981.8,10
◇逍遙夫妻の相愛賦―熱海双柿舎の春秋　（大村弘毅）　「悲劇喜劇」　34（10）　1981.10
◇坪内逍遙と小山内薫―新劇史上における文芸協会と自由劇場　（大笹吉雄）　「悲劇喜劇」　34（11）　1981.11
◇逍遙遺稿―道情七首―について　（西之谷好）　「愛媛国文研究」　32　1982
◇坪内逍遙と言文一致―逍遙の小説観の変遷に即して　（秋田徹）　「専修国文」　30　1982.1
◇尾崎紅葉・坪内逍遙の新潟来遊と会津八一―主に明治32年の「新潟新聞」を中心にして　（若月信信）　「新潟大学国文学会誌」　25　1982.2
◇坪内逍遙とシェイクスピア―没理想論争の展開を中心に　（佐渡谷重信）　「西南学院大学英語英文学論集」　22（3）　1982.3
◇没理想論の萌芽―逍遙における「戯文」の意味（3）　（石田忠彦）　「活水論文集（日本文学科編）（活水女子大・同短大）」　25　1982.3
◇逍遙とシェイクスピア―「逆心」の構造について　（中村完）　「日本文学」　31（4）　1982.4
◇「小説神髄」論―小説の裨益について　（石田忠彦）　「語文研究」　52・53　1982.6
◇坪内逍遙とシェイクスピア―「小説神髄」と没理想論を中心に　（大島芳材）　「英文学論考（立正大）」　10　1982.6
◇坪内逍遙と長唄（史壇散策）　（杉森久英）　「歴史と人物」　12（7）　1982.7
◇逍遙・抱月の近松研究（特集・近松門佐衛門）　（林京平）　「悲劇喜劇」　35（8）　1982.8
◇逍遙の授業負担と処遇　（小松芳喬）　「早稲田大学史紀要」　15　1982.9
◇逍遙の授業負担と処遇　（小松芳喬）　「早稲田大学史紀要」　15　1982.9
◇「一読三歎当世書生気質」の風景―その挿絵・視線・方法をめぐって　（特集・早稲田大学創立百周年記念（1）早稲田と近代文学（1））　（中島国彦）　「国文学研究（早大）」　78　1982.10
◇近代文学と挿絵―逍遙を中心に　（山本芳明）　「日本近代文学」　29　1982.10
◇「小説神髄」の成立過程（特集・早稲田大学創立百周年記念（1）早稲田と近代文学（1））　（菅谷広美）　「国文学研究（早大）」　78　1982.10
◇逍遙「内地雑居未来之夢」の問題点（特集・早稲田大学創立百周年記念（1）早稲田と近代文学（1））　（清水茂）　「国文学研究（早大）」　78　1982.10
◇樗牛が逍遙に噛まれて謝る（「近代文学論争譜」（8））　（谷沢永一）　「新潮」　79（12）　1982.12
◇坪内逍遙と言文一致体小説　（青木稔弥）　「国語国文」　51（12）　1982.12
◇坪内逍遙のシェイクスピア　（野中涼）　「比較文学年誌」　19　1983
◇逍遙の文学理論における美の真理について　（石田忠彦）　「人文学科論集（鹿児島大学法文学部）」　19　1983
◇坪内逍遙とシェイクスピア（大正期の研究）　（大島芳材）　「立正大学人文科学研究所年報」　4　1983
◇「我が邦の史劇」と「桐一葉」―坪内逍遙の演劇活動　（中村完）　「成城大学短期大学部紀要」　14　1983.3
◇「外務大臣」と「細君」―傍観者逍遙の成立　（中村完）　「国文ノート（成城短大）」　20　1983.3
◇坪内逍遙―近代作家年譜集成　（山田有策）　「国文學　解釈と教材の研究」　28（6）　1983.4
◇坪内逍遙―日本現代文学研究必携　（浅井清）　「別冊国文学」　特大号　1983.7
◇近代日本の日記（7）坪内逍遙と二葉亭四迷　（小田切進）　「群像」　38（7）　1983.7
◇「細君」論―「真理」の行方　（石田忠彦）　「近代文学論集」　9　1983.11
◇小説の法則性について―逍遙「美辞論稿」考察（上）　（石田忠彦）　「人文学科論集（鹿児島大学法文学部）」　20　1984
◇坪内逍遙訳シェイクスピアに見られる聖書知識の欠如　（前田利雄）　「神戸女子大学紀要」　17（1）　1984.2
◇坪内逍遙『賢女伝』をめぐって　（青木稔弥）　「金蘭短期大学研究誌」　14　1984.3
◇「底知らずの湖」と「梓神子」―「没理想」観の成立　（中村完）　「国文ノート（成城短期大学）」　21　1984.3
◇坪内逍遙（田中智学宛）（日本人100人の手紙）　（亀井秀雄）　「国文学」　29（12）　1984.9
◇坪内逍遙「一種の近眼」について　（青木稔弥）　「日本近代文学」　31　1984.10
◇『当世書生気質』論　（石田忠彦）　「近代文学論集（日本近代文学会）」　10　1984.11
◇シェイクスピアにつながる人々―日本におけるシェイクスピア（4）　（森谷佐三郎）　「大妻女子大学文学部紀要」　17　1985
◇逍遙における「理想」の意味―没理想論争への一視点　（石田忠彦）

「人文学科論集(鹿児島大学法文学部)」22 1985
◇『新磨妹と背かがみ』論—『花柳春話』を軸として— (高橋修)「上智大学国文学論集」18 1985.1
◇坪内逍遙の文語文 (岡本勲)「国語国文」54(2) 1985.2
◇「小説神髄」の構造—物語空間論として読む (中村完)「日本文学」34(3) 1985.3
◇坪内逍遙訳シェイクスピアに見られる聖書知識の欠如—中— (前田利雄)「神戸女子大学紀要」18(1) 1985.3
◇書生ことばの語彙研究—『一読三歎当世書生気質』を中心として— (中島尚子)「語学と文学(九州女子大学)」15 1985.3
◇「義時の最期」(中村完)「国文学ノート(成城短期大学)」22 1985.3
◇「忘年会」から「松のうち」へ—坪内逍遙と新聞小説(江戸から明治への文学〈特集〉) (青木稔弥)「文学」53(11) 1985.11
◇『小説神髄』の中の「近世」と「近代」(江戸から明治への文学〈特集〉) (菅谷広美)「文学」53(11) 1985.11
◇鷗外・逍遙対立の淵源 (小倉斉)「淑徳国文」27 1986.1
◇『小説神髄』勘考—柳田泉「小説神髄」研究を基軸として(柳田泉特集) (久保田芳太郎)「文学年誌」8 1986.9
◇連載1近代文学閑談・坪内逍遙の『小説三派』 (西田勝)「彷書月刊」2(11) 1986.10
◇「言文一致」運動の日本語論—逍遙・四迷らの実践—(特集・日本語論) (杉山康彦)「言語」15(10) 1986.10
◇「改訂」から「原作」への『近松全集』—逍遙・鷗外・露伴・薫村の序文など— (青木稔弥)「文林(松蔭女子学院大学)」21 1986.12
◇自伝の鼻祖たるの栄誉を求めよ—逍遙における「自伝」と小説 (青木稔弥)「文学」55(12) 1986.12
◇脚本における「概念」と「性格」—9代目団十郎・学海・逍遙 (神山彰)「文芸研究(明治大学文芸研究会)」56 1987.1
◇『逍遙遺稿』札記—才子佳人小説との関わりをめぐって (二宮俊博)「椙山女学園大学研究論集 第2部」18 1987.2
◇坪内逍遙とシェイクスピア—帝劇「ハムレット」をめぐって (小野昌)「城西人文研究」14 1987.2
◇坪内逍遙の『読売新聞』第1作—『読売新聞』投書欄の再検討 (宗像和重)「国文学研究(早稲田大学国文学会)」91 1987.3
◇〈近代文学と奈良〉坪内逍遙「役の行者」と行者伝説 (浅田隆)「青須我波良(帝塚山短期大学)」33 1987.6
◇春酒舎朧の戯文 (山敷和男)「無頼の文学」15 1987.8
◇「架空の恋」から「架空」の恋へ (橋口晋作)「近代文学論集」13 1987.11
◇『逍遙遺稿』札記—秋恩十絶其7について— (二宮俊博)「椙山女学園大学研究論集」2(19) 1988.2
◇逍遙と鷗外—没理想論争を中心に— (小宮曠三)「専修人文論集」41(西川善介・小宮曠三・安良岡康作教授退職記念号) 1988.2
◇坪内逍遙と児童劇—理論・創作・公演 (荻野いずみ)「演劇研究」12 1988.3
◇本のさんぽ187 逍遙・鷗外・露伴・紅葉・美妙らと『国民之友』『国民小説(第一)』(青木稔弥)「文学」56(3) 1988.3
◇逍遙小説の背景—婦人改良・婚姻改良など—(特集・結婚のかたち) (石田忠彦)「近代文学論叢(日本近代文学会)」14 1988.11
◇読者の位置—源氏・宣長・種彦・馬琴・逍遙 (亀井秀雄)「国語国文研究」81 1988.12
◇芭蕉翁二百年忌前後—坪内/逍遙と俳諧— (青木稔弥)「文林(松蔭女子学院大学)」23(大谷篤蔵先生退休記念) 1988.12
◇尤も不得意な時代—明治22,3年ころの坪内逍遙 (二階堂邦彦)「演劇学」30 1989
◇逍遙の舞踊論 (安田文吉)「南山国文論集」13 1989.3
◇『南総里見八犬伝』という鏡—坪内逍遙・模写説の成立 (山田俊治)「文芸と批評」6(9) 1989.4
◇雅言と俗言および人情—徂徠・宣長・馬琴・逍遙 (亀井秀雄)「国語国文研究」83 1989.9
◇逍遙の能楽観と文芸協会—近代文学と能・謡曲(11) (松田存)「論究(二松学舎大学)」27 1989.10
◇坪内逍遙「没理想論」と老荘思想 (坂井健)「稿本近代文学」13 1989.11
◇没理想論争の実相—観念論者逍遙と経験論者鷗外 (坂井健)「稿本近代文学」13 1989.11
◇坪内逍遙著作年表稿—1— (青木稔弥)「文林」松蔭女子学院大学 1989.12
◇坪内逍遙における比較論の出発(比較演劇研究〈特集〉) (二階堂邦彦)「演劇学」31 1990
◇逍鷗論争とシェイクスピアの受容(1) (南谷覚正)「群馬大学教養部紀要」24 1990
◇逸話の紅露逍鷗時代 (谷沢永一)「国文学 解釈と鑑賞」55(3) 1990.3
◇「小説神髄」研究(2)正史実録と小説稗史 (亀井秀雄)「北海道大学文学部紀要」38(3) 1990.3
◇遠堂をめぐる追憶(1) (遠藤祺雄)「日本古書通信」55(4) 1990.4

◇坪内逍遙編国語教科書『国語読本』についての研究 (宮本真貴子)「国語教育攷(兵庫教育大学)」6(長谷川孝士先生ご退官記念) 1990.8
◇日本におけるシェークスピア (河竹登志夫)「知識」105 1990.8
◇「小説神髄」研究(3)寓意と文学史 (亀井秀雄)「北海道大学文学部紀要」39(1) 1990.11
◇坪内逍遙著作年表稿(2) (青木稔弥)「文林(松蔭女子学院大学)」25 1990.12
◇坪内逍遙と小泉八雲—両者の交流とその意義 (佐藤勇夫)「英学史研究」24 1991
◇明治における歴史小説の展開—坪内逍遙の場合 (三瓶達司)「東京成徳短期大学紀要」24 1991.3
◇近代文学成立期と歴史〈物語〉—坪内逍遙「時代物語」論をめぐって (林原純生)「日本近代文学」44 1991.5
◇ハーンと坪内逍遙について〈小泉八雲と逍遙を読む—比較文学の考察に基づいて—Part II-〈特集〉〉 (大場実)「ビブリオ」17 1991.7
◇「小説神髄」研究(5)翻訳と傍訓 (亀井秀雄)「北海道大学文学部紀要」40(1) 1991.11
◇逍遙・文学誌(6)『改造』の芥川追悼号 (紅野敏郎)「國文學 解釈と教材の研究」36(14) 1991.12
◇「逍遙遺稿」札記—狂残痴詩其六について (二宮俊博)「椙山女学園大学研究論集」23(2) 1992
◇坪内逍遙にみるシェイクスピア浄瑠璃訳の研究(1,2) (佐藤勇夫)「英学史研究」25,26 1992,93
◇坪内逍遙「没理想」論私考—「小説」から「ドラマ」へ (水上勲)「帝塚山大学教養学部紀要」31 1992
◇逍遙・文学誌(7)「東京派」—田村泰次郎・大島博光・河田誠一ら (上) (紅野敏郎)「國文學 解釈と教材の研究」37(1) 1992.1
◇青風短歌逍遙—『季節』を読む (松岡裕子)「白珠」47(1)(四十五周年記念) 1992.1
◇〈翻訳〉という自己言及—坪内逍遙訳「贋貨つかひ」のパラドックス (日本文化における翻訳〈特集〉) (高橋修)「文学」3(1) 1992.1
◇「小説神髄」研究(6)纂訳と文体 (亀井秀雄)「北海道大学文学部紀要」40(2) 1992.2
◇坪内逍遙「当世書生気質」(明治長編小説事典〈特集〉) (山田俊治)「国文学解釈と鑑賞」57(4) 1992.4
◇近代の作家と古典文学—坪内逍遙の心の故郷・貸本屋大惣と名古屋の歌舞伎(古典文学と近代の作家〈特集〉) (菊池明)「国文学解釈と鑑賞」57(5) 1992.5
◇逍遙・文学誌(14,15)堀口大学と「時世粧」(上,下) (紅野敏郎)「國文學 解釈と教材の研究」37(9,10) 1992.8,9
◇「小説神髄」研究(7)構成と主人公 (亀井秀雄)「北海道大学文学部紀要」41(1) 1992.9
◇模写という理念—『小説神髄』と『当世書生気質』 (長沼光彦)「論樹」6 1992.9
◇逍遙・文学誌(16)「日本及日本人」の東京復興百景—川瀬巴水・中沢弘光・水島爾保布など (紅野敏郎)「國文學 解釈と教材の研究」37(12) 1992.10
◇逍遙・文学誌(17)「電気と文芸」と「枯野」—長谷川零余子・杉田久女・芥川龍之介・永井荷風ら (紅野敏郎)「國文學 解釈と教材の研究」37(13) 1992.11
◇逍遙・文学誌(18)「亜」—大連からの声,安西冬衛・北川冬彦・滝口武士ら (上) (紅野敏郎)「國文學 解釈と教材の研究」37(14) 1992.12
◇からうた集『逍遙遺稿』考—その成立と詩賦作品の余響など (川崎宏)「短大論叢(関東学院女子短期大学)」89(下田哲教授定年特集) 1993.1
◇逍遙・文学誌(20)「南紀芸術」(上)春夫・潤一郎・加藤一夫・竹内勝太郎・阪中正夫・沖野岩三郎ら (紅野敏郎)「國文學 解釈と教材の研究」38(2) 1993.2
◇近代語資料における校訂の問題と資料性—坪内逍遙『一読三歎当世書生気質』の場合 (増井典夫)「淑徳国文(愛知淑徳短期大学)」34(渡辺綱雄先生追悼) 1993.2
◇「小説神髄」研究(8〜10) (亀井秀雄)「北海道大学文学部紀要」41(3),42(2,3) 1993.2,94.1,2
◇坪内逍遙著作年表稿(4) (青木稔弥)「文林(松蔭女子学院大学・同短大)」27 1993.3
◇坪内逍遙とシェイクスピア (川崎正美)「研究報告(東京都立工業高等専門学校)」28 1993.3
◇逍遙・文学誌(21)「南紀芸術」(下)阪中正夫・砿伊之助・佐藤春夫・井伏鱒二ら (紅野敏郎)「國文學 解釈と教材の研究」38(3) 1993.3
◇逍遙・文学誌(22)「創作時代」—菊池寛・久保泰造・徳田秋声・佐藤春夫ら (紅野敏郎)「國文學 解釈と教材の研究」38(4) 1993.4
◇坪内逍遙論—小説表現の模索(近世と近代—危機の文学〈特集〉) (宇佐美毅)「国語と国文学」70(5) 1993.5
◇逍遙・文学誌(26,27)椎の木社の「尺牘(せきとく)」(上下)室生犀星・井伏鱒二・山下三郎・伊藤整ら (紅野敏郎)「國文學 解釈と教材の研究」38(9,10) 1993.8,9
◇逍遙・文学誌(28)金星堂の「金星」—横光利一・伊藤永之介・今東光

◇ら　(紅野敏郎)「國文學 解釈と教材の研究」38(11) 1993.10
◇逍遙・文学誌(29)「現実・文学」(第1次)—野口富士男・重松宣也・並河亮ら　(紅野敏郎)「國文學 解釈と教材の研究」38(12) 1993.11
◇逍遙・文学誌(30)「現実・文学」(第2次)—野口富士男・青木滋・森武之助ら　(紅野敏郎)「國文學 解釈と教材の研究」38(14) 1993.12
◇「安愚楽鍋」研究(1,2)　(杉崎夏夫)「智山学報」42,43 1993.12, 94.3
◇坪内逍遙の政治小説論について　(小笠原幹夫)「作陽音楽大学・作陽短期大学研究紀要」27(1) 1994
◇坪内逍遙のイノベーション　(曽田秀彦)「明治大学人文科学研究所紀要」35 1994
◇逍遙・文学誌(32)「青年評論」—北原白秋・正宗白鳥・田岡嶺雲ら　(紅野敏郎)「國文學 解釈と教材の研究」39(3) 1994.2
◇明治文学における《浦島説話》の再生—露伴,鷗外,逍遙を中心に(1)　(小倉斉)「淑徳国文(愛知淑徳短期大学)」35 1994.2
◇逍遙・文学誌(33)「新文芸時代」—伊藤整・瀬沼茂樹・上林暁ら　(紅野敏郎)「國文學 解釈と教材の研究」39(4) 1994.3
◇逍遙・文学誌(34)「第一文学」—名古屋時代の矢田津世子　(紅野敏郎)「國文學 解釈と教材の研究」39(5) 1994.3
◇新発見の逍遙「ショー研究ノート」　(小木曽雅文)「実践英米文学(実践女子短期大学)」24(佐藤吉介先生退任記念) 1994.3
◇坪内逍遙と福田恆存—創作劇とシェイクスピア　(小野昌)「城西人文研究」21(2) 1994.3
◇坪内逍遙〈探偵小説〉の試み—「種拾ひ」「贋貨つかひ」をめぐって(近代文学と「語り」(2)〈特集〉)　(髙橋修)「国文学解釈と鑑賞」59(4) 1994.4
◇逍遙・文学誌(35～40)　(紅野敏郎)「國文學 解釈と教材の研究」39(6～11) 1994.5～10
◇逍遙宛書簡に見える二葉亭像(窓外雨蕭々(41))　(関川夏央)「文学界」48(5) 1994.5
◇明治の気になる小説を読む—坪内逍遙「細君」(明治の名作小説がいま新しい〈特集〉)　(石田忠彦)「國文學 解釈と教材の研究」39(7) 1994.6
◇『役の行者』解読　(石田忠彦)「叙説」10 1994.7
◇逍遙・文学誌(41)天人社の「文学風景」(上)暴露文学号　(紅野敏郎)「國文學 解釈と教材の研究」39(13) 1994.11
◇逍遙・文学誌(42)「文学風景」(下)井伏鱒二・橋本英吉・龍胆寺雄・黒島伝治ら　(紅野敏郎)「國文學 解釈と教材の研究」39(14) 1994.12
◇「文明の詩歌」—坪内逍遙『小説神髄』と明治二十年代初頭の詩論　(菅原克也)「東京工業大学人文論叢」東京工業大学 21 1995 p155～167
◇逍遙における日記と書簡　(青木稔弥)「文林」松蔭女子学院大学・松蔭女子学院短期大学学術研究会 第29号 1995.3 p41～57
◇坪内逍遙(特集・読書名人伝—名人奇人の読書家たちがズラリ。いったい誰が読書「名人位」を獲得するか。)「ノーサイド」5(5) 1995.5 p40
◇逍遙・文学誌—50—会津からの声「合評」と「三田文芸陣」補足　(紅野敏郎)「國文學 解釈と教材の研究」学灯社 40(10) 1995.8 p162～165
◇坪内逍遙の周辺—1—福富孝季「臨淵言行録」について　(山本昌一)「日本古書通信」日本古書通信社 60(11) 1995.11 p10～12
◇坪内逍遙の周辺—2—「悟堂言行録」について　(山本昌一)「日本古書通信」日本古書通信社 60(12) 1995.12 p28～29
◇坪内肖像の周辺—3—「天下の記者」——名山田一郎言行録—と「愛川遺稿」と　(山本昌一)「日本古書通信」日本古書通信社 61(2) 1996.2 p24～26
◇坪内逍遙と河竹黙阿弥　(青木稔弥)「文芸論叢」大谷大学文芸学会 第46号 1996.3 p10～19
◇坪内逍遙の周辺(4)　(山本昌一)「日本古書通信」日本古書通信社 61(3) 1996.3 p20～22
◇坪内逍遙と南江二郎　(青木稔弥)「文林」松蔭女子学院大学・松蔭女子学院短期大学学術研究会 第30号 1996.3 p37～57
◇ホーソンの"Dr.Heidegger's Experiment"と坪内逍遙の「回春泉の試験」との比較考察　(神林裕子)「大学院論集」日本大学大学院国際関係研究科 第6号 1996.10 p121～133
◇「妹と背かがみ」小論—「小新聞」との関係から　(林原純生)「神戸大学文学部紀要」神戸大学文学部 24 1997 p39～61
◇逍遙とショー　(小木曽雅文)「実践女子大学文学部紀要」実践女子大学文学部〔ほか〕40 1997 p43～74
◇「双柿舎」扁額と会津八一—坪内逍遙をめぐる人々—断片—より　(柴田光彦)「演劇研究」早稲田大学坪内博士記念演劇博物館 20 1997.3 p43～53
◇「旅ごろも」注釈稿—坪内逍遙と熱海　(青木稔弥)「文林」松蔭女子学院大学・松蔭女子学院短期大学学術研究会 第31号 1997.3 p133～172
◇逍遙・文学誌—70—「近代文芸」—朔太郎・史郎・京村・紫蘭・鐘一・格ら　(紅野敏郎)「國文學 解釈と教材の研究」学灯社 42(5) 1997.4 p162～165

◇不在の「細君」—「細君」(坪内逍遙)(特集 小説を読む,家族を考える—明治から平成まで—家族/反家族の肖像)　(亀井秀雄)「國文學 解釈と教材の研究」学灯社 42(12) 1997.10 p6～10
◇ナサニエル・ホーソンの"Fancy's Show Box"と坪内逍遙の「ある富豪の夢」との比較考察　(神林裕子)「大学院論集」日本大学大学院国際関係研究科 第7号 1997.10 p129～141
◇坪内逍遙の理論とロマン(鈴木邦男の予備校物語(29))　(鈴木邦男)「月刊TIMES」22(2) 1998.2 p38～39
◇日本に於ける英米演劇移入考—坪内逍遙の甥・坪内士行　(清水義和)「愛知学院大学教養部紀要」愛知学院大学一般教育研究会 45(3) 1998.2 p73～114
◇坪内逍遙の〈日本〉—国民国家を語るテクスト　(西田谷洋)「金沢大学国語国文」金沢大学国語国文学会 第23号 1998.2 p186～194
◇饗庭篁村と坪内逍遙—曲亭叢書を通して　(柴田光彦)「跡見学園女子大学紀要」跡見学園女子大学 31 1998.3 p15～35
◇日本に於ける唯美主義移入考—坪内逍遙と島村抱月の弟子—本間久雄　(清水義和)「愛知学院大学教養部紀要」愛知学院大学一般教育研究会 45(4) 1998.3 p63～103
◇坪内逍遙と巌谷小波　(青木稔弥)「文林」松蔭女子学院大学・松蔭女子学院短期大学学術研究会 第32号 1998.3 p83～124
◇翻訳の方法—坪内逍遙『旬国皇子斑烈多物語(はむれつとものがたり)』論　(山本良)「国語と国文学」至文堂 75(4) 1998.4 p43～56
◇『小説神髄』の成立と没理想論争における「真」と「美」の一考察　(常岡晃)「キリスト教文学」日本キリスト教文学会九州支部 第17号 1998.5 p1～15
◇坪内逍遙夫婦の秘密(ずいひつ「波音」)　(板坂元)「潮」472 1998.6 p62～64
◇坪内逍遙と小泉八雲—新資料からみて(特集:横断する ラフカディオ・ハーン 小泉八雲—近代日本とハーン)　(園田かおる)「國文學 解釈と教材の研究」学灯社 43(8) 1998.7 p78～87
◇〈美文天皇〉と〈観音〉—坪内逍遙対森鷗外〈没理想論争〉について　(亀井志乃)「北海道大学文学部紀要」北海道大学文学部 47(1) 1998.10 p29～111
◇樋口一葉「十三夜」試考—坪内逍遙「妹と背かがみ」への抗い　(塚本章子)「近代文学試論」広島大学近代文学研究会 36 1998.12 p1～14
◇「ドラマ」への模索—『小説神髄』とその周辺(外山映次教授退官記念)　(小平麻衣子)「埼玉大学紀要 教育学部 人文・社会科学」埼玉大学教育学部 48(1-2) 1999 p42～34
◇唐代隠逸士人の類型と分析—「逍遙自適」の理念を中心として　(胡山林)「九州中国学会報」九州中国学会 37 1999 p56～73
◇坪内逍遙愛蔵の印　「演劇研究」早稲田大学坪内博士記念演劇博物館 22 1999.3 p21～49, 図1枚
◇境遇悲劇における坪内逍遙の史劇観—「桐一葉」を中心に　(朴泰圭)「日本語・日本文化研究」大阪外国語大学日本語講座 9 1999.11 p85～93
◇坪内逍遙「此木の実……」の歌をめぐる小考—中勘助『銀の匙』と尾張の幼遊び　(酒井敏)「中京国文学」中京大学国文学会 19 2000 p6～14
◇鷗外・シェイクスピア・近松・坪内逍遙—日本におけるシェイクスピア受容の1視点　(水崎野里子)「和洋女子大学英文学会誌」和洋女子大学英文学会 34 2000 p33～46
◇坪内逍遙における「公共劇」の理念　(小川史)「早稲田大学大学院教育学研究科紀要 別冊」早稲田大学大学院教育学研究科 8-2 2000 p49～59
◇坪内逍遙と角田浩々歌客　(青木稔弥)「文林」松蔭女子学院大学・松蔭女子学院短期大学学術研究会 第34号 2000.3 p127～142
◇逍遙・文学誌(106)「生命」—光太郎・片山敏彦・福田正夫・元麿・木村荘太・八幡関太郎ら　(紅野敏郎)「國文學 解釈と教材の研究」学灯社 45(5) 2000.4 p164～167
◇作者は主体であったか—政治的主体と坪内逍遙(近代文学における『作者』)　(山本良)「国語と国文学」至文堂 77(5) 2000.5 p1～13
◇滑稽な巨人(1)坪内逍遙の三つの実験(1)教育勅語の時代　(津野海太郎)「月刊百科」平凡社 453 2000.7 p60～65
◇逍遙・文学誌(109)零余子追悼号「枯野」—かな女・翁久允・大岡竜男・森田恒友・中村楽天ら　(紅野敏郎)「國文學 解釈と教材の研究」学灯社 45(8) 2000.7 p156～159
◇滑稽な巨人 坪内逍遙の三つの実験(2)実践倫理へ　(津野海太郎)「月刊百科」平凡社 454 2000.8 p44～49
◇逍遙・文学誌(110)「文章世界」第100号—豊隆・雨雀・能成・草平・御風・俊子ら　(紅野敏郎)「國文學 解釈と教材の研究」学灯社 45(10) 2000.8 p156～159
◇明治20年代における坪内逍遙のシェイクスピア観と日本近代小説—読む〈ノベル〉と語る〈ドラマ〉の関係　(平辰彦)「秋田経済法科大学経済学部紀要」秋田経済法科大学経済学部 32 2000.9 p15～28
◇坪内逍遙・宝塚歌劇・大阪文化—もう一つの日本近代史(特集 トポス・大阪の文学力)　(渡辺裕)「文学」岩波書店 1(5) 2000.9

p43〜54
◇滑稽な巨人―坪内逍遙の三つの実験(3)劇場としての教室　(津野海太郎)　「月刊百科」　平凡社　455　2000.9　p52〜57
◇坪内逍遙と大阪　(青木稔弥)　「文学」　岩波書店　1(5)　2000.9　p167〜176
◇滑稽な巨人―坪内逍遙の三つの実験(4)学校ぎらい　(津野海太郎)　「月刊百科」　平凡社　456　2000.10　p60〜65
◇滑稽な巨人―坪内逍遙の三つの実験(5)家塾にはじまる　(津野海太郎)　「月刊百科」　平凡社　457　2000.11　p60〜65
◇滑稽な巨人―坪内逍遙の三つの実験(6)逍遙の学統　(津野海太郎)　「月刊百科」　平凡社　458　2000.12　p60〜65
◇大政翼賛会の演劇運動と宮原誠一―『文化政策論稿』における坪内逍遙批判をめぐって　(小川史)　「早稲田大学大学院教育学研究科紀要別冊」　早稲田大学大学院教育学研究科　9-1　2001　p57〜66
◇滑稽な巨人―坪内逍遙の三つの実験(7)新舞踊劇運動　(津野海太郎)　「月刊百科」　平凡社　459　2001.1　p50〜55
◇逍遙・文学誌(115)中外新論―実篤・潤一郎・俊子・白鳥・幹彦・仙子・寿ら　(紅野敏郎)　「國文學 解釈と教材の研究」　学灯社　46(1)　2001.1　p152〜155
◇滑稽な巨人―坪内逍遙の三つの実験(8)イサドラ・ダンカン　(津野海太郎)　「月刊百科」　平凡社　460　2001.2　p62〜67
◇滑稽な巨人―坪内逍遙の三つの実験(9)浦島は私だ　(津野海太郎)　「月刊百科」　平凡社　461　2001.3　p53〜58
◇養生と摂生―坪内逍遙と八代六郎　(青木稔弥)　「文林」　松蔭女子学院大学・松蔭女子学院短期大学学術研究会　第35号　2001.3　p93〜108
◇坪内逍遙の小説―江戸文芸改良の挫折　(本田康雄)　「学校法人佐藤栄学園埼玉短期大学研究紀要」　埼玉短期大学　10　2001.3　p148〜140
◇滑稽な巨人―坪内逍遙の三つの実験(10)夢のゆくえ　(津野海太郎)　「月刊百科」　平凡社　462　2001.4　p56〜61
◇滑稽な巨人―坪内逍遙の三つの実験(11)家族崩壊　(津野海太郎)　「月刊百科」　平凡社　463　2001.5　p57〜62
◇逍遙・文学誌(122)あけぼの(上)オーロラ会の片上伸・逍遙・未明・牧水・御風ら　(紅野敏郎)　「國文學 解釈と教材の研究」　学灯社　46(10)　2001.8　p166〜169
◇国語教育史におけるジェンダー―坪内雄蔵『國語讀本』に見られるジェンダー形成の問題　(牛山恵)　「国語科教育」　全国大学国語教育学会　第50集　2001.9　p18〜25
◇大政翼賛会の演劇運動と宮原誠一―『文化政策論稿』における坪内逍遙批判をめぐって　(小川史)　「早稲田大学大学院教育学研究科紀要別冊」　早稲田大学大学院教育学研究科　別冊第9号(一)(No.9-1　2000)　2001.9　p57〜66
◇逍遙・文学誌(123)あけぼの(下)片上伸・牧水・佐藤緑葉・未明・水口薇陽・逍遙ら　(紅野敏郎)　「國文學 解釈と教材の研究」　学灯社　46(11)　2001.9　p160〜163
◇滑稽な巨人―坪内逍遙の三つの実験(12)普請道楽　(津野海太郎)　「月刊百科」　平凡社　470　2001.12　p40〜44
◇滑稽な巨人―坪内逍遙の三つの実験(13)熱海　(津野海太郎)　「月刊百科」　平凡社　471　2002.1　p26〜30
◇滑稽な巨人―坪内逍遙の三つの実験(14)晩年の運動　(津野海太郎)　「月刊百科」　平凡社　472　2002.2　p38〜42
◇滑稽な巨人―坪内逍遙の三つの実験(15)熱海町ページェント　(津野海太郎)　「月刊百科」　平凡社　473　2002.3　p50〜54
◇滑稽な巨人―坪内逍遙の三つの実験(16)限界芸術　(津野海太郎)　「月刊百科」　平凡社　474　2002.4　p49〜53
◇滑稽な巨人―坪内逍遙の三つの実験(17・最終回)巨人昇天　(津野海太郎)　「月刊百科」　平凡社　475　2002.5　p49〜53
◇MEDICAL ESSAYS 「逍遙の歌―紅もゆる丘の花」に秘められた歌人　(岩辻豊一郎)　「日本医事新報」　日本医事新報社　4093　2002.10.5　p44〜46
◇シェイクスピア劇の〈禅〉とプライスの俳句翻訳―石井露月における坪内逍遙をめぐって　(片辰彦)　「論叢」　秋田経済法科大学短期大学部　70　2002.11　p1〜18
◇坪内逍遙訳「リヤ王」の改訂稿をめぐって　(藤元由記子)　「ソシオサイエンス」　早稲田大学大学院社会科学研究科　9　2003　p199〜210
◇詩人大塚甲山考(5)《自伝材料》から読む大塚甲山の軌跡―坪内逍遙、森鷗外を巡りながら　(きしだみつお)　「初期社会主義研究」　初期社会主義研究会,不二出版　16　2003　p250〜274
◇『滑稽な巨人　坪内逍遙の夢』　津野海太郎(週刊図書館)　(高橋源一郎)　「週刊朝日」　108(4)　2003.1.31　p113〜114
◇明治・大正期における『ヴェニスの商人』翻訳上演研究― 音二郎・逍遙・小山内を中心として　(小杉山紗織)　「Kyoritsu review」　共立女子大学大学院文芸学研究科　No.31　2003.2　p11〜24
◇逍遙のデモクラシー―世界戦争の〈代用物〉　(中山弘明)　「日本文学」　日本文学協会　52(2)　2003.2　p56〜67
◇坪内逍遙と西川流日本舞踊　(田中加代)　「愛国学園大学人間文化研究紀要」　愛国学園大学人間文化学部　5　2003.3　p120〜101
◇坪内逍遙と関根只誠　(青木稔弥)　「国語国文」　中央図書出版社　72(3)　2003.3　p726〜741

◇小林栄と坪内逍遙との手紙にみる清作から英世への改名のこと(研究ノート)　(小檜山六郎)　「歴史春秋」　歴史春秋社　第58号　2003.10　p123〜131
◇「真理」の時代―二葉亭・逍遙・嵯峨の屋など　(坂井健)　「京都語文」　仏教大学国語国文学会　10　2003.11.29　p166〜180
◇逍遙・文学誌(150)新天地(下)漱石・薫・泡鳴・尚江・空穂・未明・藤村・國男・東明ら　(紅野敏郎)　「國文學 解釈と教材の研究」　学灯社　48(14)　2003.12　p162〜165
◇「坪内逍遙日記」と「延葛集」の翻刻完結―『未刊・坪内逍遙資料集』(第一〜六集)　(菊池明)　「演劇映像」　早稲田大学第一文学部演劇映像研究室　45　2004　p26〜31
◇『藪の鶯』浄書原稿の逍遙朱書について　(鶴橋俊宏,田貝和子)　「言語文化研究」　静岡県立大学短期大学部静岡言語文化学会　3　2004.3　p1〜12
◇『逍遙』における孤独者の苦悩―ワーズワスの詩集におけるストイシズム(4)　(中川アユミ)　「大阪医科大学紀要人文研究」　大阪医科大学　35　2004.3　p16〜36
◇逍遙・文学誌(153)「文庫」百册めの臨時増刊「松風」―酔茗・烏水・夜雨・空穂・清白・孤雁・篁砕雨ら　(紅野敏郎)　「國文學 解釈と教材の研究」　学灯社　49(4)　2004.3　p166〜169
◇逍遙・文学誌(162)大阪からの「人間社会」―国枝・爾保布・堺利彦・野枝・市子・逍遙・貞雄・幹彦・俊子・小剣・精二ら　(紅野敏郎)　「國文學 解釈と教材の研究」　学灯社　49(13)　2004.12　p146〜149
◇1920年代の坪内逍遙の演劇活動とその影響(坪内逍遙没後七〇年・坪内孤景没後一〇〇周年記念)　(菊池明)　「早稲田大学史記要」　早稲田大学大学史資料センター　36　2004.12　p259〜309
◇坪内鋭雄と「戊戌日録」(坪内逍遙没後七〇年・坪内孤景没後一〇〇周年記念)　(松山薫)　「早稲田大学史記要」　早稲田大学大学史資料センター　36　2004.12　p311〜340
◇坪内孤景(鋭雄)「戊戌日録」(坪内逍遙没後七〇年・坪内孤景没後一〇〇周年記念)　(早稲田大学大学史資料センター)　「早稲田大学史記要」　早稲田大学大学史資料センター　36　2004.12　p341〜384
◇『逍遙遺稿』札記―香奩体の影響について　(二宮俊博)　「椙山女学園大学研究論集 人文科学篇」　椙山女学園大学　36　2005　p19〜33
◇坪内逍遙による本間久雄宛書簡について―年未詳書簡を中心に　(平田耀子)　「人文研究所」　中央大学人文科学研究所　55　2005　p39〜67
◇ロシア文化逍遙(34)十七世紀のロシア社会を活写―オランダ人ヴィッツェンのモスクワ旅行記　(中村喜和)　「窓」　ナウカ　131　2005.1　p20〜23
◇長原止水の挿絵から〔お茶の水女子大学大学院〕近代文学ゼミ報告『当世書生気質』を読む　(堀井郁加)　「国文」　お茶の水女子大学国語国文学会　102　2005.2　p44〜46
◇リアリズム理論の提唱及び「人情」概念の作品化―坪内逍遙と二葉亭四迷　(黄旭暉)　「国際文化研究」　東北大学国際文化学会　第11号　2005.3　p165〜177
◇坪内逍遙と堺　(青木稔弥)　「上方文化研究センター研究年報」　大阪女子大学上方文化研究センター　6　2005.3　p1〜8
◇リアリズム理論の提唱及び「人情」概念の作品化―坪内逍遙と二葉亭四迷　(黄旭暉)　「国際文化研究」　東北大学国際文化学会　第11号　2005.3　p165〜177
◇坪内逍遙の〈揺らぎ〉―『小説神髄』における『南総里見八犬伝』の言及を中心に(特集 歴史と文学)　(孟然)　「アジア文化研究」　国際アジア文化学会　12　2005.6　p96〜107
◇坪内逍遙の「演劇神髄」―「演芸」と「民衆芸術」の間(特集：演劇―国家と演劇―いま演劇はどうなっているか 演劇の最前線)　(神山彰)　「國文學 解釈と教材の研究」　學燈社　50(11)　2005.11　p49〜55
◇坪内逍遙雑誌紀要単行本論文書誌(特集：書誌新人集)　(平田英子)　「文献探索」　金沢文圃閣,文献探索研究会　2006　p364〜392
◇失意からの回復―『逍遙』第4巻における孤独者　(中川アユミ)　「大阪医科大学紀要人文研究」　大阪医科大学　37　2006.3　p45〜64
◇『文學一斑』における詩の分類と批評について―明治24年頃の不知庵・逍遙・鷗外の比較　(三浦大輔)　「大正大学大学院研究論集」　大正大学　30　2006.3　p75〜87
◇西洋人劇団と草創期のシェイクスピア翻訳劇上演―ミルン一座と坪内逍遙　(小林かおり)　「同朋大学論叢」　同朋学会　90　2006.3　p156〜143
◇フォト散歩 坪内逍遙生誕の地「中山道太田宿」　(市野忠士)　「中部経済界」　中部経済社　43(4)　2006.4　p34〜37
◇坪内逍遙と日露戦争―甥坪内鋭雄の戦死をめぐって　(梅澤宣夫)　「文学年誌」　文学批評の会,華真文社(発売)　第13号　2006.12　p69〜77
◇逍遙・文学誌(188)「改造」の「大震災号」―倉田・藤森・宇野・犀星・春夫・未明・雨雀・実篤・生馬・久米ら　(紅野敏郎)　「國文學解釈と教材の研究」　學燈社　52(2)　2007.2　p174〜177
◇坪内逍遙　(渡辺賢治)　「私小説研究」　法政大学大学院私小説研究会　第8号　2007.3　p32〜33
◇逍遙・文学誌(194)行路(下)十一谷義三郎・三宅幾三郎・清野暢一郎ら　(紅野敏郎)　「國文學 解釈と教材の研究」　學燈社　52(9)　2007.8　p160〜163

◇日本小説技術史(第1回)「偸閒(たちき、)」小説の群れ─馬琴「稗史七則」と逍遥・紅葉 (渡部直己)「新潮」 新潮社 104(12) 2007.12 p127～170
◇逍遥・文学誌(198)青年文壇─小剣・藤村・三重吉・草平・虚子・牧水・空穂・江馬修ら (紅野敏郎)「國文學 解釈と教材の研究」 學燈社 52(15) 2007.12 p170～173
◇明治時代における坪内逍遥・二葉亭四迷の文学(与謝野晶子生誕一三〇年記念、特別企画『旅に立つ─ロシア ウラジオストクの晶子を訪ねて』与謝野晶子来訪記念セミナーより) (サニナクセニア)「与謝野晶子倶楽部」 与謝野晶子倶楽部 22 2008 p23～26
◇朗読法論争─逍遥の近代、鷗外の近代(特集 早稲田と慶應) (金井隆典)「國文學 解釈と教材の研究」 學燈社 53(2) 2008.2 p62～69
◇活動ノート 坪内逍遥作品の上演をめぐって (児玉竜一)「楽劇学」 楽劇学会 15 2008.3 p26～30
◇シェイクスピア翻訳史の端緒と現在─漱石の逍遥批判をめぐって(特集 翻訳を越えて) (河合祥一郎)「國文學 解釈と教材の研究」 學燈社 53(7) 2008.5 p24～32
◇坪内逍遥作『新曲浦島』─東京藝術大学による全三幕初演の試み (瀧井敬子)「新日本学」 拓殖大学日本文化研究所,展転社 9 2008.夏 p61～72
◇坪内逍遥『小説神髄』と曲亭馬琴 (柏木隆雄)「語文」 大阪大学国語国文学会 90 2008.6 p27～37
◇逍遥小説における女性表象の変容 (浅野正道)「国語国文」 中央図書出版社 77(10) 2008.10 p37～54
◇日本文化とシェイクスピア─坪内逍遥や夏目漱石らが教科書としても重用した(大特集・舞台上に人生を描いた古典文学の巨星 シェイクスピア入門─第1部 不朽の名作から学ぶ哲学「沙翁(シェイクスピア)」とは何者か)「サライ」 小学館 20(23)通号483 2008.12.4 p36～37
◇日中近代における伝統芸術解釈の二面性(上)「画」と「美術」の認識をめぐって (平野和彦)「山梨国際研究」 山梨県立大学 4 2009 p19～32
◇坪内逍遥「役の行者」の怒り(特集 流人の文学─流人と呼ばれた人たち) (立花靖弘)「國文學 解釈と教材の研究」 學燈社 54(4) 2009.3 p73～85
◇逍遥におけるノヴェルとアレゴリー─『小説神髄』から『新磨妹と背かゞみ』へ (浅野正道)「日本近代文学会北海道支部会報」 日本近代文学会北海道支部事務局 12 2009.5 p1～14
◇仰ぎ見る大先達─坪内逍遥(賢者は歴史から学ぶ─古代～明治篇─私が学んだ日本史上の人物) (小田島雄志)「文藝春秋special」 文藝春秋 3(4) 2009.秋 p29～31
◇20世紀演劇の精神史(2)「新劇」の始祖たち─逍遥・小山内・抱月 1900～10年代─植民地文化・治安警察法・国体論 (菅孝行)「テアトロ」 カモミール社 826 2009.11 p29～39

鉄翁祖門 てっとうそもん 1791～1872
幕末、明治期の画僧。春徳寺住職。
【雑誌】
◇鉄翁・逸雲・湘帆(研究資料) (鶴田武良)「国華」 1098 1986.11

寺崎広業 てらさきこうぎょう 1866～1919
明治、大正期の日本画家。
【図書】
◇明治日本画史料 (青木茂編) 中央公論美術出版 1991.5
【雑誌】
◇〔図版解説〕梶田半古 春宵怨／木村武山 熊野／小堀鞆音 恩賜の御衣／西郷孤月 春暖／下村観山 闇黒／寺崎広業 秋園／橋本雅邦 山水／菱田春草 菊慈童／山田敬中 美音／横山大観 迷児(特輯 日本美術院百年) (富田章,高階絵里加,塩谷純〔他〕)「国華」 国華社 104(1) 1998.8 p37～51
◇名誉館長館話実施報告抄─千蒲善五郎・寺崎廣業・鈴木空如・金子洋文・後藤逸女・小林多喜二 (野原直吉)「秋田県立博物館研究報告」 秋田県立博物館 30 2005.3 p57～70

唐人お吉 とうじんおきち 1841～1890
幕末、明治期の芸者。アメリカ領事ハリスの侍女。
【図書】
◇日本の女性史 3 封建女性の愛と哀しみ (和歌森太郎,山本藤枝) 集英社 1919 (集英社文庫)
◇図説人物日本の女性史8 封建女性の哀歌 小学館 1980.5
◇歴史への招待10 日本放送出版協会 1980.12
◇素肌のおんなたち─日本を騒がせた三十六人の女意外史 (藤本義一) 都市と生活社 1982.1
◇幕末維新の女性─日本女性の歴史 暁教育図書 1982.8 (日本発見人物シリーズ no.6)
◇近世のなかの女たち (水江漣子) 日本放送出版協会 1983.6 (NHKブックス 440)
◇開国の使者─ハリスとヒュースケン(東西交流叢書〈1〉) (宮永孝著) 雄松堂出版 1986.2
◇雑学 艶歌の女たち (西沢爽著) 文芸春秋 1987.1 (文春文庫)
◇幕末酒徒列伝 (村島健一著) 旺文社 1987.1 (旺文社文庫)
◇歴史を生きた女たち (吉見周子著) 同成社 1988.10
◇涙のスプリングボード (小島康誉著) (名古屋)プラス 1991.4
◇聞き語り にっぽん女性「愛」史 (杉本苑子著) 講談社 1992.4 (講談社文庫)
◇もじり西鶴 好色・日本史─おもわずニヤリ!男と女の愛欲絵巻 (風早恵介著) 日本文芸社 1993.1 (にちぶん文庫)
◇NHK 歴史発見(10) 〔カラー版〕 (NHK歴史発見取材班編) 角川書店 1994.1
◇歴史を動かした女たち (高橋千剣破著) 中央公論社 1997.2 391p (中公文庫)
◇新版 江戸から東京へ 5 (矢田挿雲著) 中央公論社 1999.1 418p (中公文庫)
◇オペラ蝶々夫人のことが語れる本─オペラや映画を見るときに「あっ、そうなのか」 (金子一也著) 明日香出版社 2004.4 238p (アスカビジネス)
◇唐人お吉物語 (竹岡範男著) 文芸社 2006.11 126p
【雑誌】
◇連載対談・幕末明治編上 日本の女性史─幕末維新の女性たち (橋田寿賀子,吉見周子)「歴史と旅」 7(7) 1980.6
◇唐人お吉 (近藤三郎)「江東史談」 199 1981.6
◇唐人お吉供養祭 「大法輪」 48(6) 1981.6
◇『女人哀詞』から『下田のユーディット』へ─プレヒトにおける唐人お吉伝説について (丸本隆)「茨城大学人文学科論集」 15 1982.3
◇唐人お吉 (佐藤雅美)「本」 1 1985.1
◇松陰とお吉秘話の下田温泉(歴史のある名湯秘湯50選(特集))「歴史と旅」 13(14) 1986.10
◇形なき真実の心を憶う=唐人お吉とその周辺 (竹岡範男)「現代詩研究」 現代詩研究会 第34号 1995.4 p55～87
◇唐人お吉の謎(幕末維新の謎)「歴史と旅」 23(11) 1996.7.5 臨増(日本史の謎100選) p354～355
◇『唐人お吉』公演の秘話 (竹岡範男)「現代詩研究」 現代詩研究会 第38号 1997.3 p52～57

戸川残花 とがわざんか 1856～1924
明治─昭和期の詩人,評論家。日本女子大学教授。
【図書】
◇戸川残花伝 (戸川安雄著) 生涯学習研究社 1994.7
◇岡山ゆかりの作家たち─その青春の日の彷徨を追って (片山由子著) 近代文芸社 2001.11 198p
【雑誌】
◇本・人・出版社(46)若松賤子『忘れがたみ』─桜井鷗村・島崎藤村・戸川残花・巖本善治ら (紅野敏郎)「国文学解釈と鑑賞」 至文堂 67(10) 2002.10 p204～207

鳥谷部春汀 とやべしゅんてい 1865～1908
明治期の評論家、ジャーナリスト。
【図書】
◇新十和田湖物語─神秘の湖に憑かれた人びと (鳥谷部陽之助) 彩流社 1983.9
【雑誌】
◇鳥谷部春汀の見るところ (谷沢永一)「国文学 解釈と鑑賞」 55(10) 1990.10

豊沢団平〔2代〕 とよざわだんぺい 1827～1898
幕末、明治期の義太夫節三味線方。
【図書】
◇道八芸談 (鶴沢道八著,鴻池幸武編) ぺりかん社 1987.11 (日本芸術名著選)
◇関西黎明期の群像 (馬場憲二,管宗次編) 和泉書院 2000.5 225p (上方文庫)
◇人物紀行 時代のパイオニアたち (ビジュアルブックス編集委員会編) 神戸新聞総合出版センター 2003.7 141p (ビジュアル・ブックス)
【雑誌】
◇名人豊沢団平の最後 (吉永孝雄)「羽衣学園短期大学研究紀要」 18 1981.12

豊原国周 とよはらくにちか 1835～1900
幕末、明治期の浮世絵師。
【図書】
◇三村竹清集 6(日本書誌学大系 23) (三村竹清) 青裳堂書店 1984.8
◇「忘れられた名匠」豊原国周 (エミイ・レイグル・ニューランド著) Hotei Publishing 2000.12 175p

【雑　誌】
◇浮世絵師・豊原国周について　（大江直吉）「瓜生（京都芸術短大）」3 1980.12
◇大正雑談―喜知六・国周・歌六　（利倉幸一）「演劇界」39（1）1981.1
◇豊原国周の人と作品―国周展に見る団十郎との関係　（森俊彦）「浮世絵」92 1983
◇鼎談　江戸と明治の際から―豊原国周　（大江直吉, 幕内達二, 黒川修一）「瓜生通信」京都造形芸術大学通信教育部 17 2001.2 p2～9
◇明治の役者絵　豊原国周『梅幸百種』　（草野瑞穂）「文化学研究」日本女子大学文化学会 15 2006 p89～111
◇酒造図絵馬の研究(2)新潟県外の事例について(1)　（野堀正雄）「新潟県立歴史博物館研究紀要」新潟県立歴史博物館 9 2008.3 p1～22, 図巻頭4p

内藤鳴雪　ないとうめいせつ　1847～1926
明治, 大正期の俳人。
【図　書】
◇研究資料現代日本文学6 俳句　（浅井清ほか編）明治書院 1980.7
◇福島と近代文学　（塩谷邦夫）桜楓社 1981.6
◇内藤鳴雪（松山子規会叢書 第17集）　（畠中淳編著）松山子規会 1985.10
◇笛鳴りやまず―ある日の作家たち(中公文庫)　（有本芳水著）中央公論社 1986.6
◇滅びのとき味爽のとき　（桶谷秀昭著）小沢書店 1986.11
◇明治秀句　新版　（山口青邨著, 渡辺寛解説）春秋社 2001.3 278p（新版 日本秀句）
◇俳句随想　（海城わたる著）近代文芸社 2002.2 447p
◇新編　子規門下の人々　（阿部里雪著）愛媛新聞社 2004.2 301p
◇坐職の読むや　（加藤郁乎著）みすず書房 2006.2 398p
◇名句鑑賞辞典　（中村幸弘監修）学習研究社 2006.9 288p
【雑　誌】
◇内藤鳴雪と「ほとゝぎす」―松山版を中心として　（畠中淳）「日本大学三島高等学校研究紀要」15 1983.3
◇鳴雪の「大黒小黒」の句　（畠中じゅん）「杜鵑花」46 1983.3
◇内藤鳴雪と「ほとゝぎす」―東京版刊行の前後を中心として　（畠中淳）「日本大学三島高等学校研究紀要」16 1984.3
◇内藤鳴雪―その文学観と教育観―　（畠中淳）「日本大学三島高等学校研究紀要」17 1984.3
◇現代百俳人が記す…近代百俳人子規から草田男まで―代表句・愛誦句鑑賞とことば　「俳句」33（4）1984.4
◇内藤鳴雪の生涯―子規との関係にふれて　（畠中淳）「俳句文学館紀要」3 1984.6
◇内藤鳴雪の月並観　（畠中淳）「杜鵑花」6（12）1984.12
◇内藤鳴雪の「初日影」の句　（畠中淳）「杜鵑花」7（1）1985.1
◇内藤鳴雪と「ホトトギス」　（畠中淳）「子規会誌」24 1985.1
◇陸羯南宛大養毅・井上毅・近衛篤麿・内藤鳴雪の書簡―「羯南全集」への補遺(研究余録)　（梅溪昇）「日本歴史」545 1993.10
◇子規を慕う門人たち　子規山脈の人びと―松山出身者を中心に（第2特集・正岡子規百回忌記念）　（栗田靖）「歴史と旅」28（11）2001.11 p102～109
◇『鳴雪自叙伝』内藤鳴雪（TEMPO）　（鶴ケ谷真一評者）「週刊新潮」47（32）2002.8.29 p127
◇本棚の隙間―人は水に浮かんだ板の上を歩く（週刊図書館）　（蜂飼耳）「週刊朝日」107（42）2002.9.20 p114

長井雲坪　ながいうんぺい　1833～1899
明治期の南画家。作品に「山猿採果」。
【図　書】
◇画人長井雲坪　（清水博）信濃教育会出版部 1981.10
◇北信濃の美術―十六人集　（武田雲室ほか画, 飯沼正治ほか解説）郷土出版社 1983.12
◇本の内そと―一つの回顧八十年　（松本秀夫著）三月書房 1986.5
【雑　誌】
◇清貧と奇行の画人・長井雲坪―反骨と脱俗が故に中央画壇と絶縁し, 無名のまま埋もれかけた画人の生涯　（中野中）「歴史と旅」25 1998.11 p256～265

永井建子　ながいけんし　1865～1940
明治, 大正期の指揮者, 作曲家。陸軍戸山学校軍楽隊長。
【雑　誌】
◇特集・家族の肖像, わが伯父の記　（小沢栄太郎）「悲劇喜劇」33（12）1980.12

中伊三郎　なかいさぶろう　1790～1860
幕末の銅版画家。医書の挿画模刻で知られる。
【図　書】
◇大坂名医伝　（中野操）思文閣出版 1983.4
【雑　誌】
◇江戸の銅版画家(6)中伊三郎『珊瑚採集図』―銅版藍摺り(杜若文庫蔵)　（森登）「日本古書通信」日本古書通信社 70（6）2005.6 p1

中島歌子　なかじまうたこ　1845～1903
明治期の歌人。樋口一葉らを教導。
【図　書】
◇本郷界隈を歩く　（街と暮らし社編）街と暮らし社 2002.12 191p（江戸・東京文庫）
◇郷土出身の歌人中島歌子資料集　（坂戸市教育委員会編）坂戸市教育委員会 2008.3 207p
【雑　誌】
◇一葉と萩の舎―明治二十六年の「萩の舎離反」をめぐって―　（愛知峰子）「名古屋近代文学研究」3 1985.11
◇歌人中島歌子の生年・出生地についての通説に対する疑問　（小島清）「埼玉史談」32（4）1986.1
◇中島歌子逸聞　（青木一男）「解釈」教育出版センター 44（6）1998.6 p2～3
◇林信海と萩一雅号の由来と中島歌子について　（水野恵子）「流通経済大学流通情報学部紀要」流通経済大学流通情報学部 7（2）2003.3 p1～13
◇国のため君のためとぞ思はずば―中島歌子の歌　（佐伯裕子）「禅文化」禅文化研究所 193 2004 p54～59

中島ます　なかじまます　1815～1884
幕末, 明治期の女性。高村光雲の母。
【図　書】
◇埼玉の女たち―歴史の中の24人　（韮塚一三郎）さきたま出版会 1980.11

中西君尾　なかにしきみお　1844～1918
幕末, 明治期の京都祇園の芸妓。
【図　書】
◇維新侠艶録　（井筒月翁著）中央公論社 1988.3　（中公文庫）

中西耕石　なかにしこうせき　1807～1884
幕末, 明治期の南画家。
【図　書】
◇画家とふるさと　（小林忠著）東信堂 2002.8 123p（世界美術双書）

中西為子　なかにしためこ　1841～1870
幕末, 明治期の歌人。京都御所で何度も指導をする。
【雑　誌】
◇幕末の女流歌人・中西為子　（管宗次）「詞林（大阪大学）」6 1989.10
◇中西為子とその周辺　（荒尾親成）「神戸史談」267 1990.8

中西梅花　なかにしばいか　1866～1898
明治期の詩人, 小説家。
【図　書】
◇蘇峰とその時代―よせられた書簡から　（高野静子著）中央公論社 1988.8
◇異端と自由―17人の詩人たち　（清藤碌郎著）北方新社 2000.1 260p
◇《文学青年》の誕生―評伝・中西梅花　（大井田義彰著）七月堂 2006.6 157p
【雑　誌】
◇森鷗外「うたかたの記」に関する一考察―シュトルム「みずうみ」と中西梅花とをめぐって　（服部俊太郎）「二松学舎大学人文論叢」18 1980.10
◇中西梅花「出放題」と『荘子』（読む）　（林淑美）「日本文学」32（11）1983.11
◇中西梅花と虎渓山　（伊藤悟）「美文会報」284 1992.4
◇〈文学青年〉の誕生―評伝・中西梅花(上)　（大井田義彰）「東京学芸大学紀要　第2部門　人文科学」東京学芸大学 53 2002.2 p327～335
◇〈文学青年〉の誕生―評伝・中西梅花(中)　（大井田義彰）「東京学芸大学紀要　第2部門　人文科学」東京学芸大学 54 2003.2 p217～224
◇〈文学青年〉の誕生―評伝・中西梅花(中・続)　（大井田義彰）「東京学芸大学紀要　第2部門　人文科学」東京学芸大学 55 2004.2 p223～229
◇〈文学青年〉の誕生―評伝・中西梅花(中・続々)　（大井田義彰）「東京学芸大学紀要　第2部門　人文科学」東京学芸大学 56 2005.2 p193

～200
◇〈文学青年〉の誕生―評伝・中西梅花（下） （大井田義彰）「東京学芸大学紀要 1 人文社会科学系」 東京学芸大学 57 2006.1 p199～208

長沼守敬 ながぬままもりよし 1857～1942
明治，大正期の彫刻家。東京美術学校教授。
【雑　誌】
◇山口市に残る長沼守敬の作品 （千葉瑞夫）「いわて文化財」 130 1992.7
◇Von Dem Grau Bis Zum Bunt〈152〉ベリベリ物語（1）鷗外と守敬と惟直と （上野賢一）「皮膚科の臨床」 金原出版 48(8) 2006.8 p1033～1035
◇記念碑に込めたヴェネツィアの思い出―長沼守敬作（毛利家群像）についての一考察 （石井元章）「芸術文化研究」 大阪芸術大学大学院芸術文化研究科 第11号 2007.3 p63～85

中野逍遙 なかのしょうよう 1868～1894
明治期の漢詩人。
【図　書】
◇近代日本の文学空間―歴史・ことば・状況 （前田愛） 新曜社 1983.6
◇近代日本の日記 （小田切進著） 講談社 1984.6
◇近代文学としての明治漢詩 （入谷仙介著） 研文出版 1989.2 （研文選書）
◇中野逍遙の詩とその生涯―夭折の浪漫詩人 （川崎宏著） 愛媛県 1995.3 196p
◇漢学者はいかに生きたか―近代日本と漢学 （村山吉広著） 大修館書店 1999.12 233p （あじあブックス）
◇俳句の発見―正岡子規とその時代 （復本一郎著） 日本放送出版協会 2007.11 191p
◇文豪だって漢詩をよんだ （森岡ゆかり著） 新典社 2009.4 127p （新典社新書）
◇明治の漢詩人中野逍遙とその周辺―『逍遙遺稿』札記 （二宮俊博著） 知泉書館 2009.5 327,16p
【雑　誌】
◇「中野逍遙」と島崎藤村 （笹渕友一）「花片頌」 5 1980.8
◇漢詩人中野逍遙人と作品 （宮沢康造）「独協大学教養諸学研究」 22 1987.9
◇『逍遙遺稿』札記―鶴鳴いて月の都を思ふかな 子規と逍遙 （二宮俊博）「椙山女学園大学研究論集 人文科学篇」 椙山女学園大学 27 1996 p105～116

中浜万次郎 なかはままんじろう 1828～1898
幕末，明治期の漁民，翻訳家。開成学校教授。
【図　書】
◇士魂の群像 （吉武武三） 冨山房 1980.7
◇居similar捕鯨―附・鯨の墓 （吉原友吉） 相沢文庫 1982.2
◇ジョン万エンケレセ （永国淳哉） 高知新聞社 1982.3 （高新ふるさと文庫 6）
◇ジョン万エンケレセ （永国淳哉） 高知新聞社 1982.3 （高新ふるさと文庫）
◇日本のリーダー5 国際交流の演出者 （第二アートセンター編） ティビーエス・ブリタニカ 1983.9
◇維新史の青春激像―動乱期に情熱を賭けた獅子たちの熱血譜 （藤田公説） 日本文芸社 1983.10
◇痛快に生きた男たち―"気くばり"なんかブッ飛ばせ （志村武著） ダイヤモンドセールス編集企画 1984.1
◇人物探訪 日本の歴史―17―異郷の人々 暁教育図書 1984.3
◇洋学の系譜 江戸から明治へ （惣郷正明著） 研究社出版 1984.4
◇幕末維新の経済人―先見力・決断力・指導力（中公新書） （坂本藤良著） 中央公論社 1984.4
◇日本史探訪 18 海を渡った日本人 角川書店 1985.4
◇漂巽紀略 （川田維鶴撰） 高知市民図書館 1986.3
◇日本史20の謎（世界の謎シリーズ） （浜洋著） 大陸書房 1986.4
◇ブレーン 歴史にみる群像（4）抜擢 （神坂次郎，永井路子，大石慎三郎，古川薫，赤木駿介，春名徹著） 旺文社 1986.4
◇鯨と日本人 （柴達彦著） 洋泉社 1986.7
◇土佐なまり （土居重俊著） 筑摩書房 1986.12
◇新版 鯨と日本人 （柴達彦著） 洋泉社 1988.2
◇幕末漂流伝―庶民たちの早すぎた「海外体験」の記録 （村上貢著） PHP研究所 1988.4
◇悲劇の将軍―山下奉文・本間雅晴 （今日出海著） 中央公論社 1988.10 （中公文庫）
◇中浜万次郎漂流記 （高橋史朗校訂，前田和男編） 高知県立高知追手前高等学校 1988.11
◇坂本龍馬と海援隊―日本を変えた男のビジネス魂 （坂本藤良著） 講談社 1988.11 （講談社文庫）

◇ビジュアルワイド新日本風土記〈39〉高知県 ぎょうせい 1989.4
◇最初にアメリカを見た日本人 （キャサリン・プラマー著，酒井正子訳） 日本放送出版協会 1989.10
◇ジョン万次郎―アメリカを発見した日本人 （成田和雄著） 河出書房新社 1990.3 （河出文庫）
◇全国の伝承 江戸時代 人づくり風土記―ふるさとの人と知恵〈39〉高知 （加藤秀俊，谷川健一，榧垣史生，石川松太郎，吉田豊編） 農山漁村文化協会 1990.3
◇中浜万次郎集成 （川澄哲夫編著） 小学館 1990.6
◇捕鯨盛衰記 （奈須敬二著） 光琳 1990.7 （食の科学選書）
◇咸臨丸の男たち―勝海舟・ジョン万次郎・福沢諭吉 （砂田弘著） 講談社 1990.12
◇幕末漂流―ジョン万次郎 （永国淳哉） 高新企業出版局 1991
◇雄飛の海―古書画が語るジョン万次郎の生涯 （永田淳哉） 高知新聞企業出版部 1991
◇南太平洋の民族誌―江戸時代日本漂流民のみた世界 （高山純著） 雄山閣出版 1991.3
◇国際交流につくした日本人〈6〉北アメリカ くもん出版 1991.3
◇私のジョン万次郎―子孫が明かす漂流150年目の真実 （中浜博著） 小学館 1991.3
◇鶴見俊輔集〈8〉私の地平線の上に （鶴見俊輔著） 筑摩書房 1991.4
◇万延元年「咸臨」航米 （星亮一著） 教育書籍 1991.4
◇ペリー提督と会えなかった男の本懐―ジョン万次郎のそれから （土橋治重著） 経済界 1991.6 （リュウセレクション―伝記シリーズ）
◇幕末漂流ジョン万次郎 （永国淳哉） 高知新聞社 1991.8
◇ジョン万次郎物語 （長田亮一） 沖縄ジョン万次郎を語る会 1992.2
◇民族のロマン 瀬戸内歴史紀行 （村上圭三著） （岡山）山陽新聞社 1992.3
◇地球時代の先駆者たち 日本テレビ放送網 1992.4 （知ってるつもり?!）
◇「国会新時代」への提言―政治改革はいかにして可能か （平野貞夫著） 五月書房 1992.5
◇ジョン万次郎―日米友好のかけ橋特別展 （博物館明治村編） 名古屋鉄道 1992.10
◇ジョン万次郎のすべて （永国淳哉編） 新人物往来社 1992.12
◇江戸漂流記総集〈第5巻〉 （石井研堂著，山下恒夫編） 日本評論社 1992.12 （石井研堂コレクション）
◇日本史ものしり英雄伝―とっておきの戦略・戦術 （加来耕三著） 広済堂出版 1993.3 （広済堂文庫―ヒューマン・セレクト）
◇野球とクジラ―カートライト・万次郎・ベースボール （佐山和夫著） 河出書房新社 1993.4
◇開国に生きた海の男―中浜万次郎 （清水駿文，高田勲絵） 岩崎書店 1993.4 （伝記 人間にまなぼう）
◇虹かかる海中浜万次郎 光風社出版 1993.10
◇龍馬を創った男 河田小龍 （桑原恭子著） 新人物往来社 1993.12
◇ジョン・マンと呼ばれた男―漂流民中浜万次郎の生涯 （宮永孝著） 集英社 1994.1
◇ひとが生まれる―五人の日本人の肖像 （鶴見俊輔著） 筑摩書房 1994.3 （ちくま文庫）
◇風と海の回廊―日本を変えた知の冒険者たち （泉秀樹著） 広済堂出版 1994.9
◇近代とは何だろうか （鶴見俊輔著） 晶文社 1996.4 446,13p （鶴見俊輔座談）
◇中浜万次郎―日本社会は幕末の帰国子女をどのように受け入れたか （古谷多紀子著） 日本図書刊行会 1997.3 125p
◇海渡ものがたり―「民際人」16の肖像 （神山典士著） 淡交社 1997.6 237p
◇ジョン万次郎―幕末日本の開国を助けた漂流少年 （西東玄著） 明治図書出版 1997.11 119p （教科書が教えない歴史人物の生き方）
◇アメリカが見つかりましたか―戦前篇 （阿川尚之著） 都市出版 1998.11 253p
◇中浜万次郎と咸臨丸 （磯部寿恵，磯部美波，磯部博平共著） 磯部出版 1999.1 58p
◇伝説の旅人―1841‐1974国境を越えた56の魂 （平野久美子，文芸春秋「ノーサイド」編） 文春ネスコ 2001.7 198p
◇ジョン万次郎とその時代 （小沢一郎監修，川澄哲夫編著，阿川尚之特別寄稿） 広済堂出版 2001.7 277p
◇琉球に上陸したジョン万次郎―絵物語 （神谷会昌原案・訳，儀間比呂志文・版画） 沖縄タイムス社 2001.10 32p
◇中浜万次郎集成 増補改訂版 （川澄哲夫編著，鶴見俊輔監修，中浜博史料監修，スチュアート・M.フランク英文史料監修） 小学館 2001.12 1159p
◇知のサムライたち―いまこそ日本をささえる10人の思想 （長尾剛著） 光文社 2002.5 272p
◇BOX絵草紙シリーズ Vol.1 （下田昌克，高山泰治，長谷川義史，中村純司，下谷二助絵，三井舌，片山喜康，大友博，安藤寛志文） アートン 2002.7 5冊（セット）

◇グラウンド・ゼロからの出発―日本人にとってアメリカってなに（鶴見俊輔、ダグラス・ラミス著） 光文社 2002.10 197p
◇アメリカはどこへ行く―覇権主義の源流（槐一男著） 郁朋社 2003.7 222p
◇琉球の女歌人（太田良博著） ボーダーインク 2003.8 335p（太田良博著作集）
◇思想劇画 属国日本史 幕末編（副島隆彦著,ロシナンテ青木劇画） 早月堂書房 2004.9 275p
◇青雲の志 龍馬回想（森田恭二著） 和泉書院 2004.9 93p（IZUMI BOOKS）
◇中浜万次郎―「アメリカ」を初めて伝えた日本人（中浜博著） 冨山房インターナショナル 2005.1 359p
◇夜明け―ジョン万次郎と佐倉惣五郎（河村望著） 人間の科学新社 2005.12 295p
◇黒船とニッポン開国―異文化交錯の劇空間（神徳昭甫著） 富山大学出版会 2006.4 195,7p（富山大学出版会学術図書シリーズ）
◇坂本龍馬とフリーメーソン―明治維新の礎を築いた英雄は秘密結社のエージェントだった!!（鬼塚五十一著） 学習研究社 2007.1 256p（ムー・スーパーミステリー・ブックス）
◇日本史人物「第二の人生」発見読本（楠木誠一郎著） 彩流社 2007.3 222p
◇ファースト・ジャパニーズジョン万次郎（中浜武彦著） 講談社 2007.9 211p
◇帝とかぐや姫―『竹取物語』の世界（河村望著） 人間の科学新社 2007.10 257p
◇グレイト・ウェイヴ―日本とアメリカの求めたもの（クリストファー・ベンフィー著,大橋悦子訳） 小学館 2007.11 381p
◇近代日本の社会と文化―明治維新とは何だったのか（河村望著） 人間の科学新社 2007.12 249p

【雑 誌】
◇外国人の書いた日本（9）エミリィ・V・ワリナーの『ジョン万次郎伝』（宮永孝）「日本古書通信」 50（9）1985.9
◇ジョン万次郎と越通船（石井謙治）「七洋」 275 1985.11
◇捕鯨家・ジョン万次郎（藤井哲博）「海事史研究」 44 1987.3
◇ジョン万次郎がもたらしたもの（1）その開国論と体験的アメリカ（長谷川公一）「国立音楽大学研究紀要」 26 1991
◇ジョン万の海（永国淳哉）「土佐史談」 185 1991.1
◇咸臨丸乗船者のなかで伊豆につらなる人々万次郎と韮山代官の関係年表「豆州歴史通信」 19 1991.4
◇ジョン万次郎と日本の開国―ペリーが四隻の軍艦を率いて来航した時、両国の宿命的な歴史は始まった（特集・日米「宿命の150年戦争」）（八尋舜右）「プレジデント」 29（8）1991.8
◇特集 ジョン万次郎（広谷喜十郎〔他〕）「歴史研究」 363 1991.8
◇中浜万次郎噺聞書の比較研究（中須賀徳行,橋田庫欣）「岐阜大学教養部研究報告」 28 1992
◇ジョン万次郎がもたらしたもの（2）その開国論と体験的アメリカ（長谷川公一）「国立音楽大学研究紀要」 27 1992
◇ジョン万次郎・伊豆東海岸の道中先触れ文書（加藤清志）「豆州歴史通信」 32 1992.2
◇龍馬とジョン万次郎―近代日本の源流（特別講演）（第27回土質工学研究発表会〈特集〉）（永国淳哉）「土と基礎」 40（10）1992.10
◇万次郎と北海道（土佐と北海道特集号）（永国淳哉）「土佐史談」 191 1993.1
◇中浜万次郎噺聞書の比較研究（2）国際交流の原点を求めて（中須賀徳行,橋田庫欣）「岐阜大学教養部研究報告」 30 1994
◇文久3年の英語単語帳（2）栗本一郎の日記とジョン万次郎の発音表記の紹介（佐渡谷紀代子）「多摩美術大学研究紀要」 8 1994.3
◇日米の架け橋の原点をたどる（著者インタビュー）（津本陽）「潮」 422 1994.5
◇中浜万次郎（特集・近代日本 夢の旅人―見知らぬ地図を求めて自分さがしの旅に出た先人たちの行路）「ノーサイド」 5（4）1995.4 p16
◇中浜万次郎とアメリカ―万次郎の西洋情報（都築博子）「大学院論集」 日本大学大学院国際関係研究科 9 1999 p97～112
◇日本史が見落としている一章―ジョン万次郎と福沢諭吉（川澄哲夫）「三田評論」 慶応義塾 1016 1999.9 p24～32
◇中浜万次郎とアメリカ―万次郎の西洋情報（都築博子）「大学院論集」 日本大学大学院国際関係研究科 第9号 1999.10 p97～112
◇「ジョン万次郎漂流記」から「中浜万次郎」へ―個人の追求から〈異人〉の問題へ（鄭宝賢）「国文学攷」 広島大学国語国文学会 173 2002.3 p21～34
◇実践記録/高校世界史「5秒で書ける世界地図」を使った世界史の授業開きで「ジョン万次郎」をテーマに（特集 楽しく地図を学ぶ）（周藤新太郎）「歴史地理教育」 歴史教育者協議会 689 2005.9 p27～33
◇ジョン万次郎の異文化適応―スキーマ理論による分析（梅田紘子）「日欧比較文化研究」 日欧比較文化研究会 4 2005.10 p13～23
◇首長登壇 今もジョン万次郎と会えるまち「土佐清水市」（西村伸一郎）「住民行政の窓」 日本加除出版 295 2006.8 p12～15
◇移民と文明国のはざまから―ジョン万次郎と船乗りの島々（石原俊）「思想」 岩波書店 990 2006.10 p94～115
◇江戸幕末期における地理教育の役割―ジョン万次郎の世界地図を例として（西岡尚也）「琉球大学教育学部紀要」 琉球大学教育学部 70 2007.1 p227～235
◇私の曽祖父中濱（ジョン）万次郎―アメリカを初めて伝えた日本人（中濱博）「学士会会報」 学士会 2007（3）2007.5 p81～86
◇曾祖父ジョン万次郎（中濱武彦）「本」 講談社 32（9）2007.9 p42～44
◇ジョン万次郎の英語発音を推測する―土佐方言の混じった英語だったのだろうか？（堀口誠信）「徳島文理大学研究紀要」 徳島文理大学研究紀要編集委員会 78 2009.9 p69～81

中林梧竹　なかばやしごちく　1827～1913
明治、大正期の書家。

【図 書】
◇中林梧竹―人と芸術 上（佐々木盛行） 二玄社 1983.11
◇梧竹臨書精選〈書法篇〉 教育書籍 1988.8
◇書の終焉―近代書史論（石川九楊著）（京都）同朋舎出版 1990.7
◇中林梧竹―人と書芸術の実証的研究（佐々木盛行） 西日本文化協会 1991
◇新編梧竹堂書話（日野俊顕著） 木耳社 2001.4 189p
◇良寛顕彰史上の中林梧竹・山田寒山（岡村浩著）『望岳室古文字書法論集―浦野俊則退職記念』（浦野俊則先生退職記念論文集刊行会編） 萱原書房 2006.2 p157～170
◇中林梧竹の書（日野俊顕著） 天来書院 2007.6 129,5p

【雑 誌】
◇佐々木哲太郎をめぐる副島種臣と中林梧竹―最終回―（佐々木盛行）「西日本文化」 180 1982.4
◇梧竹堂書話研究（1）（白川義郎）「書論」 20 1982.11
◇梧竹堂書話研究（2）（白川義郎）「書論」 21 1983.5
◇草場佩川と中林梧竹の師弟愛（佐々木盛行）「西日本文化」 195 1983.10
◇中林梧竹と熊本県（1）（佐々木盛行）「西日本文化」 196 1983.11
◇中林梧竹と熊本県（2）（佐々木盛行）「西日本文化」 197 1983.12
◇中林梧竹と熊本県（3）（佐々木盛行）「西日本文化」 199 1984.2
◇中林梧竹と熊本県（4）（佐々木盛行）「西日本文化」 201 1984.5
◇中林梧竹と熊本県（5）（佐々木盛行）「西日本文化」 202 1984.6
◇中林梧竹と熊本県（6）（佐々木盛行）「西日本文化」 204 1984.8
◇中林梧竹と熊本県（7）（佐々木盛行）「西日本文化」 205 1984.10
◇中林梧竹使用の鳩印の由来と逸話（上）（佐々木盛行）「西日本文化」 209 1985.3
◇中林梧竹使用の鳩印の由来と逸語（下）（佐々木盛行）「西日本文化」 211 1985.5
◇中林梧竹と嫡男・経雅（活輪）の生涯（1）（佐々木盛行）「西日本文化」 214 1985.8
◇三郷村の文化財（14）貞享義民社 梧竹の扁額「季刊三郷文化」 14 1985.10
◇中林梧竹と嫡男・経雅（活輪）の生涯（2）（佐々木盛行）「西日本文化」 215 1985.10
◇中林梧竹と嫡男・経雅（活輪）の生涯（3）（佐々木盛行）「西日本文化」 216 1985.11
◇中林梧竹と嫡男・経雅（活輪）の生涯（4）（佐々木盛行）「西日本文化」 217 1985.12
◇中林梧竹と嫡男・経雅（活輪）の生涯（5）（佐々木盛行）「西日本文化」 219 1986.3
◇中林梧竹の嫡男経雅（活輪）の作品を発見（佐々木盛行）「西日本文化」 235 1987.10
◇小城鍋島藩における中林梧竹の実証的研究（4）（佐々木盛行）「西日本文化」 239 1988.3
◇小城鍋島藩における中林梧竹の実証的研究（5）（佐々木盛行）「西日本文化」 240 1988.4
◇小城鍋島藩における中林梧竹の実証的研究（6）（佐々木盛行）「西日本文化」 241 1988.5
◇小城鍋島藩における中林梧竹の実証的研究（7）（佐々木盛行）「西日本文化」 242 1988.6
◇小城鍋島藩における中林梧竹の実証的研究（8）（佐々木盛行）「西日本文化」 245 1988.10
◇小城鍋島藩における中林梧竹の実証的研究（9～19）（佐々木盛行）「西日本文化」 249,251,253,255～257,260～265 1989.3,5,7,10,12, 90.4～9
◇新発見 梧竹の手紙―観音堂建立をめぐる内容（佐々木盛行）「西日本文化」 256 1989.11
◇近代書道史における中林梧竹と副島蒼海（豊島嘉穂,江口葉子）「福岡教育大学紀要 第5分冊 芸術・保健体育・家政科編」 39 1990
◇小城鍋島藩における中林梧竹の実証的研究（14）（佐々木盛行）「西

日本文化」260 1990.4
◇新資料発見 中林梧竹 長崎修業時代の猛勉強ぶりを物語る （佐々木盛行）「西日本文化」286 1992.11
◇梧竹筆清正公碑文の拓本を発見 （佐々木盛行）「西日本文化」289 1993.3
◇中林梧竹の金文臨書について（その1） （橋本栄一）「東京学芸大学紀要 第5部門 芸術・健康・スポーツ科学」 東京学芸大学 47 1995.11 p325～333
◇中林梧竹の書論―風神の美について （内村嘉秀）「国士舘大学文学部人文学会紀要」 国士舘大学文学部人文学会 29 1996.10 p109～124
◇中林梧竹の書論―書作理念と『書話』再構成の構想 （内村嘉秀）「国士舘大学文学部人文学会紀要」 国士舘大学文学部人文学会 31 1998.10 p79～101, 別図1p
◇中林梧竹の書―甲申夏日―七十七叟―扇面 （富久和代）「凌霄」 四国大学 12 2005.3 p1～6
◇中林梧竹の金文臨書に関する研究 （勝目浩司, 小原俊樹）「福岡教育大学紀要 第5分冊 芸術・保健体育・家政科編」 福岡教育大学 56 2007 p1～13
◇潘存が日本近代書道界に与えた影響―楊守敬と中林梧竹の視点からの一考察 （櫻木享子）「書道文化」 四国大学書道文化学会 3 2007.3 p39～52
◇中林梧竹の使用印に関する基礎的研究 （勝目浩司, 小原俊樹）「福岡教育大学紀要 第5分冊 芸術・保健体育・家政科編」 福岡教育大学 57 2008 p13～26
◇未完成の中林梧竹編『鄭道昭集字』―「楷法遡源」と「楷書古鑑」（2）（日野俊顕）「書論」 書論研究会 36 2008.8 p258～267
◇中林梧竹の書論 ―「無法而有法」の書法論 （内村嘉秀）「国士舘大学文学部人文学会紀要」 国士舘大学文学部人文学会 41 2009.3 p1～29

中村歌右衛門〔5代〕 なかむらうたえもん 1865～1940
明治～昭和期の歌舞伎役者。
【図 書】
◇歌右衛門の疎開 （山川静夫） 文芸春秋 1980.2
◇芸能らくがき帖 （吉川義雄） 青蛙房 1981.6
◇歌右衛門の疎開 （山川静夫著） 文芸春秋 1987.12 （文春文庫）
◇三島由紀夫のなかの魅死魔幽鬼夫 （木村嘉長著） 宝文館出版 1988.2
◇日本橋檜物町 （小村雪岱著） 中央公論社 1990.8 （中公文庫）
◇わたしの歌右衛門（五世） （摩耶京子） PMC出版 1990.9
◇日本の舞踊 （渡辺保著） 岩波書店 1991.6 （岩波新書）
◇全国の伝承 江戸時代 人づくり風土記―ふるさとの人と知恵〈17〉石川 （加藤秀俊, 谷川健一, 稲垣史生, 石川松太郎, 吉田豊編） 農山漁村文化協会 1991.6
◇女形の運命 （渡辺保著） 筑摩書房 1991.11 （筑摩叢書）
◇ぜいたく列伝 （戸板康二著） 文芸春秋 1992.9
◇「晩学」のススメ―人生、快楽は後半にあり （江宮隆之著） 祥伝社 1999.10 404p （ノン・ポシェット）
◇人と芸談―先駆けた俳優たち （馬場順著） 演劇出版社 1999.12 326p
◇山の独り言 （山村幸雄著） 文芸社 2000.5 282p
◇ぜいたく列伝 （戸板康二著） 学陽書房 2004.4 324p （人物文庫）
【雑 誌】
◇女形（おやま）―玉三郎・歌右衛門・菊次郎のこと （森茉莉）「潮」 249 1980.2
◇謦咳随筆（13完）鴈治郎と歌右衛門 （福옳隆）「言語生活」 339 1980.3
◇特集・五代目歌右衛門四十年祭に際して 「演劇界」 38（4）1980.4
◇短歌劇場（10）歌右衛門の立役 （浅野光一）「短歌」 27（11）1980.11
◇女形異彩―5代目中村歌右衛門の乃木静子 （戸板康二）「演劇界」 44（13）1986.12
◇みごとな幕切れ―五代目中村歌右衛門の淀君 （戸板康二）「演劇界」 46（6）1988.6
◇評論 五代目中村歌右衛門〈千駄ヶ谷御殿〉の復元 （志水義夫）「歌舞伎」 歌舞伎学会 27 2001.6 p168～184
◇役者と死絵―上方における四代目中村歌右衛門を中心に（特集＝「生と死」を考える―「こころ」の世界）（北川博子）「国文学解釈と鑑賞」至文堂 73（3）2008.3 p189～197

中村歌六〔3代〕 なかむらかろく 1849～1919
幕末～大正期の歌舞伎役者。老役に重用。
【図 書】
◇日本語で生きる〈4〉五音と七音の詩学 （大岡信編） 福武書店 1988.3
【雑 誌】
◇大正雑談―喜知大・国周・歌六 （利倉幸一）「演劇界」 39（1）1981.1

◇大正雑談―中村歌六のことなど （利倉幸一）「演劇界」 39（5）1981.5
◇小特集・三代目時蔵・三代目歌六追慕 「演劇界」 39（6）1981.6

中村鴈治郎〔初代〕 なかむらがんじろう 1860～1935
明治～昭和期の歌舞伎役者。大阪劇壇の王座を獲得。
【図 書】
◇日本人の自伝20 （上原輝男解説） 平凡社 1981.8
◇私説おおさか芸能史 （香川登枝緒） 大阪書籍 1986.2
◇歌舞伎読本 （山川静夫選, 日本ペンクラブ編） 福武書店 1992.1 （福武文庫）
◇人と芸談―先駆けた俳優たち （馬場順著） 演劇出版社 1999.12 326p
◇歌舞伎 研究と批評 31 （歌舞伎学会編） 歌舞伎学会 2003.8 286p
【雑 誌】
◇謦咳随筆（13完）鴈治郎と歌右衛門 （福옳隆）「言語生活」 339 1980.3
◇随想―藤十郎の恋異聞 （井上ince）「新聞研究」 345 1980.4
◇「心中宵庚申」劇評一覧―初代中村鴈治郎上演以後の劇評 （東環）「国文学（関西大学国文学会）」 62 1986.2
◇共演奇縁 初代中村鴈治郎と十三代目守田勘弥の『心中紙屋治兵衛』（戸板康二）「演劇界」 45（12）1987.10
◇和事師三代記（2） （近松座春秋） 11 1990.5
◇俳優の老い （宮本徳蔵）「図書」 498 1990.12
◇特集 初代中村鴈治郎の位置 「歌舞伎」 歌舞伎学会 21 1998.6 p29～161
◇SPレコードに聴く初代中村鴈治郎 （大西秀紀）「歌舞伎」 歌舞伎学会, 雄山閣出版 31 2003.8 p147～160

中村芝翫〔4代〕 なかむらしかん 1830～1899
幕末, 明治期の歌舞伎役者。
【図 書】
◇三島由紀夫文学論集 3 （三島由紀夫著） 講談社 2006.6 342p （講談社文芸文庫）
◇歌舞伎百年百話 （上村以和於著） 河出書房新社 2007.3 227p
【雑 誌】
◇幕末の四代目中村芝翫と五代目坂東彦三郎―両者の関係と世間の評価 （倉橋正恵）「芸能史研究」 芸能史研究会 159 2002.10 p30～45

中村宗十郎〔初代〕 なかむらそうじゅうろう 1835～1889
明治期の歌舞伎役者。明治初期の京阪劇壇の最高峰。
【雑 誌】
◇初代中村宗十郎研究 （岡部竜太郎）「舞台芸術研究」 日本大学大学院芸術学研究科舞台芸術専攻 第3号 1998.3 p146（1）～91（56）

中村仲蔵〔3代〕 なかむらなかぞう 1809～1886
幕末, 明治期の歌舞伎役者。中村座座主。
【図 書】
◇日本人の自伝 （佐伯彰一著） 講談社 1991.8 （講談社学術文庫）
◇手前味噌 新装版 （三代目中村仲蔵著, 郡司正勝校註） 青蛙房 2009.3 522p
【雑 誌】
◇三代目中村仲蔵と岸沢式治 （安田文吉）「南山国文論集（南山大）」 5 1981.3

中山三屋 なかやまみや 1840～1871
幕末, 明治期の歌人, 尼僧。
【雑 誌】
◇近世の女筆（13）中山三屋―勤王歌人 （前田詠子）「日本美術工芸」 659 1993.8

半井桃水 なからいとうすい 1860～1926
明治, 大正期の小説家, 作詞家。
【図 書】
◇明治の文学 有精堂出版 1981.12 （日本文学研究資料叢書）
◇日本文学―伝統と近代 和田繁二郎古稀記念 （和田繁二郎博士古稀記念論集刊行会編） 和泉書院 1983.12
◇愛一通の手紙―炎の作家15人の愛の書簡集 （近藤富枝著） 主婦の友社 1984.4
◇文士の筆跡〈1〉作家編〈1〉〔新装版〕 （伊藤整編） 二玄社 1986.4
◇笛鳴りやまず―ある日の作家たち（中公文庫）（有本芳水著） 中央公論社 1986.6
◇明治の探偵小説 （伊藤秀雄著） 晶文社 1986.10
◇商人としての樋口一葉 （後藤積著） 千秋社 1987.2
◇樋口一葉 （沢田章子著） 新日本出版社 1989.6 （新日本新書）
◇私語り樋口一葉 （西川祐子著） リブロポート 1992.6 （シリーズ

民間日本学者）
◇日本推理小説史〈第1巻〉（中島河太郎著）　東京創元社　1993.4
◇ある明治人の朝鮮観―半井桃水と日朝関係　（上垣外憲一著）　筑摩書房　1996.11　300p
◇樋口一葉来簡集　（野口碩編）　筑摩書房　1998.10　581p
◇樋口一葉の手紙　（川口昌男著）　大修館書店　1998.11　282p
◇明治の探偵小説　（伊藤秀雄著）　双葉社　2002.2　597,9p　（双葉文庫）
◇愛の手紙―文学者の様々な愛のかたち　（日本近代文学館編）　青土社　2002.4　209p
◇歴史小説　真剣勝負　（島内景二著）　新人物往来社　2002.4　291p
◇愛の手紙　友人・師弟篇　（日本近代文学館編）　青土社　2003.11　229p
◇樋口一葉と十三人の男たち　（木谷喜美枝監修）　青春出版社　2004.11　219p　（ブレイブックス・インテリジェンス）
◇こんにちは一葉さん―樋口一葉ってどんな人　（森まゆみ著）　日本放送出版協会　2004.11　221p　（NHKライブラリー）
◇半井桃水と樋口一葉　（全円子）『赤羽淑先生退職記念論文集』（赤羽淑先生退職記念の会編）　赤羽淑先生退職記念の会　2005.3　p297
【雑　誌】
◇半井桃水への接近と訣別―樋口一葉の「雪の日」を読む　（後藤積）「アカネ」11　1981.1
◇一葉と桃水（1）　（高橋和彦）「久留米大学論叢」31（2）1982.11
◇一葉と桃水（2）　（高橋和彦）「久留米大学論叢」33（2）1984.11
◇半井桃水研究（5）天台禅と半井烈　（塚田満江）「立命館文学」481・482　1985.8
◇樋口一葉と半井桃水―短かかった弟子としての日々―　（後藤積）「アカネ」復刊17　1985.11
◇樋口一葉文学における半井桃水の影響―「胡砂吹く風」を通して―　（佐藤慶子）「城南国文」7　1987.2
◇甲子の変と桃水痴史作―「半井桃水の人と文学」補遺　（塚田満江）「立命館文学」513　1989.10
◇半井桃水という作家―歴史小説家としての視点から　（三瓶達司）「紀要（東京成徳短期大学）」23　1990.3
◇半井桃水と朝鮮　（上垣外憲一）「ちくま」　筑摩書房　311　1997.2　p24～27
◇さまざまな愛のかたち―円満具足の恋　樋口一葉と半井桃水（特集・恋に果てる生き方―至上の愛を貫いた女と男の波瀾の物語）（高橋和彦）「歴史と旅」24（13）1997.9　p96～103
◇『胡砂吹く風』研究―『春香伝』と『九雲夢』との受容過程について　（権美敬）「社会環境研究」金沢大学大学院社会環境科学研究科　5　2000.3　p161～172
◇『続胡砂吹く風』研究―『謝氏南征記』の受容と変形　（権美敬）「社会環境研究」金沢大学大学院社会環境科学研究科　6　2001.3　p35～43
◇半井桃水の人と文学―「胡砂吹く風」を政治小説として読む　（全円子）「岡山商大論叢」岡山商科大学学会　39（3）2004.2　p86～67
◇資料紹介　半井桃水訳『鶏林情話　春香伝』校注・解題（上）　（西岡健治）「福岡県立大学人間社会学部紀要」福岡県立大学人間社会学部　12（2）2004.1　p91～112
◇半井桃水訳『鶏林情話　春香伝』校注・解題（下）　（西岡健治）「福岡県立大学人間社会学部紀要」福岡県立大学人間社会学部　13（1）2004.11　p131～151
◇新聞連載『鶏林情話　春香伝』をめぐる一考察―新聞掲載に至る経緯を中心に　（鄭美京）「比較社会文化研究」九州大学大学院比較社会文化学府　18　2005　p57～66
◇日本における『春香伝』翻訳の初期様相―桃水野史訳『鶏林情話春香伝』を対象として　（西岡健治）「福岡県立大学人間社会学部紀要」福岡県立大学人間社会学部　13（2）2005.3　p15～33
◇「天狗廻状（半井桃水）」の風土　（塚田満江）「日本文学風土学会紀事」日本文学風土学会　29　2006　p1～10
◇アジアから見た日本文学―半井桃水が近代の初期に政治小説を書いていたことの意義　（全円子）「清心語文」ノートルダム清心女子大学日本語日本文学会　10　2008.7　p24～31

夏目漱石　なつめそうせき　1867～1916
明治、大正期の小説家，英文学者，評論家。
【図　書】
◇漱石岡本雑話　（岡野他家夫）　日本古書通信社　1980.1　（古通豆本44）
◇夏目漱石遺墨集4,6（2冊）　求龍堂/1,3/3冊　第4巻：解説〈紅野敏郎〉，第6巻　1980.1,3
◇夏目漱石・美術批評　（陰里鉄郎解説）　講談社　1980.1　（講談社文庫）
◇漱石詩集全釈―共同研究5　（佐古純一郎ほか）　二松学舎大学佐古研究室　1980.2
◇日本の思想界―自己確認のために　（中村雄二郎）　増補版　勁草書房　1980.2
◇漱石と則天去私　（岡崎義恵）　新版　宝文館出版　1980.3　（岡崎義恵著作選）
◇研究資料現代日本文学1　小説・戯曲　1　（浅井清ほか編）　明治書院　1980.3
◇夏目漱石はB型人間か―血液型で日本の文豪13人の特長をズバリ分析（鈴木芳正）　産心社　1980.4
◇鑑賞漱石語録　（坂本育雄）　桜楓社　1980.5
◇漱石全集35　（夏目漱石）　岩波書店　1980.5
◇新聞集成夏目漱石像3,4　（平野清介編著）　明治大正昭和新聞研究会　1980.6
◇夏目漱石1～3　（森田草平）　1980.6～8　（講談社学術文庫）
◇比較哲学方法論の研究―心源の研究　（臼木淑夫，峰島旭雄編）　東京書籍　1980.6
◇夏目漱石論―序説　（神山睦美）　国文社　1980.6
◇漱石文学―その表現と思想　（相原和邦）　塙書房　1980.7　（塙選書87）
◇研究資料現代日本文学6　俳句　（浅井清ほか編）　明治書院　1980.7
◇漱石詩集全釈　共同研究6　（佐古純一郎ほか）　二松学舎大学佐古研究室　1980.7
◇傳記　三古会創立50周年記念　第四輯　汲古書院　1980.7
◇明治まんが遊覧船　（清水馥）　文芸春秋　1980.8
◇夏目漱石　（吉村善夫）　春秋社　1980.9
◇夏目漱石　（坂本浩）　右文院　1980.10　（右文新書　新訂文芸読本）
◇夏目漱石―その実像と虚像　（石川悌二）　明治書院　1980.11　（国文学研究叢書）
◇菅泰男・御輿員三両教授退官記念論文集　あぽろん社　1980.11
◇飯田利行博士古稀記念　東洋学論叢　国書刊行会　1981.1
◇東海の文学散歩　（助川徳是）　中日新聞社　1981.1
◇言文一致の歴史論考　続篇　（山本正秀）　桜楓社　1981.2
◇読書有朋　（渡部昇一，谷沢永一）　大修館書店　1981.2
◇鑑賞現代俳句全集12　立風書房　1981.3
◇斎藤昌三著作集3　書物随筆1　（斎藤昌三著　後藤憲二編）　八潮書店　1981.3
◇吉田精一著作集　鷗外・漱石　（吉田精一著　小泉浩一郎解説）　桜楓社　1981.3
◇伊予路の夏目漱石―坊っちゃんの文学遺跡散歩　（鶴村松一）　増補版　松山郷土史文学研究会　1981.4
◇近代日本文学―近代小説に描かれた女性像　（岩崎文人ほか）　渓水社　1981.4
◇防長文化人山脈　（掛橋真）　東洋図書　1981.4
◇夢診断　（秋山さと子）　講談社　1981.4　（講談社現代新書）
◇逍遙・鷗外・漱石―明治の肖像画　（木村毅）　恒文社　1981.5
◇図説漱石大観　角川書店　1981.5
◇漱石詩集全釈　共同研究　8,9　（佐古純一郎ほか）　二松学舎大学佐古研究室　1981.5,9
◇ナルシズムと日本人―精神分析の視点から　（佐々木時雄）　弘文堂　1981.5
◇近代律文学とその周辺　桜楓社　1981.6　（国文学論叢新集3）
◇幻想の解読　（天沢退二郎）　筑摩書房　1981.6
◇東横学園女子短期大学創立25周年記念論文集　東横学園女子短期大学　1981.6
◇講座夏目漱石　1～3　（三好行雄ほか編）　有斐閣　1981.7～11
◇文壇一夕話　（巌谷大四）　牧羊社　1981.7
◇雑誌集成夏目漱石像　1　明治二十五年～明治三十八年（日本文豪資料集成）（平野清介編著）　明治大正昭和新聞研究会　1981.7
◇雑誌集成夏目漱石像　2　明治三十九年（日本文豪資料集成）（平野清介編）　明治大正昭和新聞研究会　1981.7
◇明治の古典―カラーグラフィック　9　吾輩は猫である　（夏目漱石著，山本健吉編）　学習研究社　1981.9
◇雑誌集成夏目漱石像　3　明治四十年一月～明治四十年六月（日本文豪資料集成）（平野清介編著）　明治大正昭和新聞研究会　1981.9
◇雑誌集成夏目漱石像　4　明治四十年七月～明治四十一年三月（日本文豪資料集成）（平野清介編著）　明治大正昭和新聞研究会　1981.9
◇個人主義の運命―近代小説と社会学　（作田啓一）　岩波書店　1981.10　（岩波新書）
◇漱石長篇小説の世界　（深江浩）　桜楓社　1981.10
◇大正の文学　有精堂出版　1981.10
◇鷹津義彦教授追悼論文集　立命館大学人文学会　1981.10
◇ことばの論文集―島田勇雄先生古稀記念　明治書院　1981.11
◇山崎正和著作集7　（山崎正和）　中央公論社　1981.11
◇ことばの論文集―島田勇雄先生古稀記念　（島田勇雄先生古稀記念論文集刊行会編）　明治書院　1981.11
◇夏目漱石研究　第1巻　意識と材源　（岡三郎）　国文社　1981.11
◇雑誌集成夏目漱石像　5　明治四十一年四月～明治四十一年十二月　（平野清介編著）　明治大正昭和新聞研究会　1981.11　（日本文豪資料集成）

◇雑誌集成夏目漱石像 6 明治四十二年一月～明治四十二年十二月 （平野清介編著） 明治大正昭和新聞研究会 1981.11 （日本文豪資料集成）
◇漱石の精神界 （松本健次郎） 金剛出版 1981.12
◇日本自然主義再考 （相馬庸郎） 八木書店 1981.12 （近代文学研究双書）
◇大村喜吉教授退官記念論文集 「大村喜吉教授退官記念論文集」刊行会編） 吾妻書房 1982.1
◇夏目漱石 有精堂出版 1982.2 （一冊の講座 日本の近代文学 1）
◇近代作家の性格論 （小林晃夫） 明治書院 1982.2
◇荒野の旅―近代精神と命根への問い （小椋一葉） 松籟社 1982.2
◇講座夏目漱石 第4巻 漱石の時代と社会 （三好行雄ほか編） 有斐閣 1982.2
◇漱石と世紀末芸術 （佐渡谷重信） 美術公論社 1982.2
◇漱石詩集全釈―共同研究 第10集 補遺篇 2 （佐古純一郎ほか） 二松学舎大学佐古研究室 1982.2
◇漱石詩集全釈 共同研究10 補遺篇2 （佐古純一郎ほか） 二松学舎大学佐古研究室 1982.2
◇唐木順三全集 11 増補版 （唐木順三） 筑摩書房 1982.3
◇明治文学を語る （木村毅） 恒文社 1982.3
◇漱石の悲劇 （林田茂雄） 白石書店 1982.3
◇漱石の悲劇―生死をめぐる現代の不安と苦悩 （清水況） 聖文舎 1982.3
◇稲垣達郎学芸文集 2 （稲垣達郎） 筑摩書房 1982.4
◇講座夏目漱石 第5巻 漱石の知的空間 （三好行雄ほか編） 有斐閣 1982.4
◇新訳漱石詩選 （小村定吉） 沖積舎 1982.4
◇雑誌集成夏目漱石像 7 明治四十三年一月～明治四十三年十月 （平野清介編著） 明治大正昭和新聞研究会 1982.4 （日本文豪資料集成）
◇雑誌集成夏目漱石像 8 明治四十三年十一月～明治四十四年六月 （平野清介編著） 明治大正昭和新聞研究会 1982.4 （日本文豪資料集成）
◇小説はいかに書かれたか―『破戒』から『死霊』まで （篠田浩一郎） 岩波書店 1982.5 （岩波新書）
◇天才と狂気―学としての病跡学のために （津本一郎） 金剛出版 1982.5 （精神医学文庫）
◇悲しみの文学―浪曼精神の探究 （千葉貢） 高文堂出版社 1982.5
◇雑誌集成夏目漱石像 9 明治四十四年七月～明治四十五年六月 （平野清介編著） 明治大正昭和新聞研究会 1982.5 （日本文豪資料集成）
◇雑誌集成夏目漱石像 10 大正元年八月～大正三年十二月 （平野清介編著） 明治大正昭和新聞研究会 1982.5 （日本文豪資料集成）
◇漱石のロンドン （角野喜六） 荒竹出版 1982.7
◇夏目漱石論 （河口司） 近代文芸社 1982.8
◇詳伝夏目漱石 （宮井一郎） 国書刊行会 1982.8
◇ロンドンの夏目漱石 （出口保夫） 河出書房新社 1982.9
◇夏目漱石 （日本文学研究資料刊行会編） 有精堂出版 1982.9 （日本文学研究資料叢書）
◇女性と文学の誕生 （大岡昇平） 新潮社 1982.9
◇病跡学夜話 （伊藤高麗夫） 金剛出版 1982.9
◇明治人物閑話 （森銑三） 中央公論社 1982.9
◇漱石文学全集 第1巻 （夏目漱石著、伊藤整、荒正人編） 集英社 1982.9
◇ナショナリズムの明暗―漱石・キプリング・タゴール （大沢吉博） 東京大学出版会 1982.10 （比較文化叢書 6）
◇歴史のうしろ影―私の鷗外・漱石論他 随想 （太田一夫） 現代社 1982.10
◇雑誌集成夏目漱石像 11 大正四年一月～大正五年七月 （平野清介編著） 明治大正昭和新聞研究会 1982.10 （日本文豪資料集成）
◇雑誌集成夏目漱石像 12 大正五年八月～大正六年一月 （平野清介編著） 明治大正昭和新聞研究会 1982.10 （日本文豪資料集成）
◇夏目漱石辞典 （古川久編） 東京堂出版 1982.11
◇漱石の心的世界―漱石文学における「甘え」の研究 （土居健郎） 角川書店 1982.11 （角川選書 19）
◇漱石文学全集 第2巻 （夏目漱石、伊藤整、荒正人編） 集英社 1982.11
◇漱石の書簡 （古川久） 東京堂出版 1982.11
◇近代文学遊歩―33人の作家と宗教 （伝統と現代社） みくに書房 1982.12
◇日本さらりいまん大研究―山上憶良から夏目漱石まで （福田紀一） PHP研究所 1982.12
◇漱石文学全集 第5巻 （夏目漱石、伊藤整、荒正人編） 集英社 1982.12
◇『それから』から『明暗』へ （神山睦美） 砂子屋書房 1982.12
◇雑誌集成夏目漱石像 13 大正六年三月～大正六年二月 （平野清介編著） 明治大正昭和新聞研究会 1982.12 （日本文豪資料集成）
◇雑誌集成夏目漱石像 14 大正六年三月～大正六年六月 （平野清介編著） 明治大正昭和新聞研究会 1982.12 （日本文豪資料集成）
◇『吾輩は猫である』論―漱石の「猫」とホフマンの「猫」 （吉田六郎） 勁草書房 1983.1
◇漱石俳句評釈 （小室善弘） 明治書院 1983.1
◇漱石文学の心理的探究 （吉田六郎） 勁草書房 1983.1
◇漱石文学全集 第6巻 （夏目漱石、伊藤整、荒正人編） 集英社 1983.1
◇小林勇文集 第4巻 筑摩書房 1983.1
◇漱石文学全集 第3巻 （夏目漱石、伊藤整、荒正人編） 集英社 1983.2
◇雑誌集成夏目漱石像 15 大正六年七月～大正六年十二月 （平野清介編著） 明治大正昭和新聞研究会 1983.3 （日本文豪資料集成）
◇雑誌集成夏目漱石像 16 大正七年一月～大正七年十二月 （平野清介編著） 明治大正昭和新聞研究会 1983.3 （日本文豪資料集成）
◇仏教と文化―中川善教先生頌徳記念論集 （高野山大学仏教学研究会編） 同朋舎出版 1983.3
◇漱石文学全集 第7巻 （夏目漱石、伊藤整、荒正人編） 集英社 1983.3
◇雑誌集成夏目漱石像 17 大正八年三月～大正九年十月 （平野清介編著） 明治大正昭和新聞研究会 1983.4 （日本文豪資料集成）
◇雑誌集成夏目漱石像 18 大正九年十一月～大正十一年十二月 （平野清介編著） 明治大正昭和新聞研究会 1983.4 （日本文豪資料集成）
◇漱石文学の人間像―自我の相剋と倫理 （村上嘉隆） 晢書房 1983.4
◇漱石文学全集 第8巻 （夏目漱石、伊藤整、荒正人編） 集英社 1983.4
◇鷗外と漱石―明治のエートス （三好行雄） 力富書房 1983.5 （金鶏叢書 5）
◇幻想の変容 （高橋英夫） 講談社 1983.5
◇雑誌集成夏目漱石像 19 大正十二年一月～大正十三年十二月 （平野清介編著） 明治大正昭和新聞研究会 1983.5 （日本文豪資料集成）
◇雑誌集成夏目漱石像 20 大正十四年一月～大正十五年十二月 （平野清介編著） 明治大正昭和新聞研究会 1983.5 （日本文豪資料集成）
◇日本思想史に於ける否定の論理の発達 新装版 （家永三郎著、武田清子解説） 新泉社 1983.5 （叢書名著の復刊 10）
◇夢想の解読―近代詩人論 （饗庭孝男） 美術公論社 1983.5
◇漱石と日本の近代 （深江浩） 桜楓社 1983.5
◇漱石と明治文学 （助川徳是） 桜楓社 1983.5
◇漱石文学全集 第4巻 （夏目漱石、伊藤整、荒正人編） 集英社 1983.5
◇子規・虚子・漱石 青雲篇（雁書 104） （松井利彦編） 雁書館 1983.5
◇夏目漱石論 増補版 （桶谷秀昭） 河出書房新社 1983.6
◇近代日本の文学空間―歴史・ことば・状況 （前田愛） 新曜社 1983.6
◇日本近代文芸考 （山内祥史） 双文社出版 1983.6
◇物語と小説のことば （篠田浩一郎） 国文社 1983.6
◇漱石文学全集 第9巻 （夏目漱石、伊藤整、荒正人編） 集英社 1983.6
◇文学における父と子 （笠間選書144 梅光女学院大学公開講座論集第13集） （佐藤泰正編） 笠間書院 1983.6
◇子規と漱石と私 （高浜虚子） 永田書房 1983.7
◇創造のカルテ―精神科医が診る天才たち （朝日新聞社モダンメディシン編集部編） グロビュー社 1983.7 （グロビューブックス）
◇日本倫理思想史研究 （佐藤正英、野崎守英編） ぺりかん社 1983.7
◇老境をゆたかに―文学にみる老人像 （三田英彬） 時事通信社 1983.7
◇漱石文学全集 10 （夏目漱石著、伊藤整、荒正人編） 集英社 1983.7
◇漱石漢詩の世界 （中村宏） 第一書房 1983.9
◇漱石論攷 （佐藤宜行）〔佐藤宣行〕 1983.9
◇山本健吉全集 11 講談社 1983.10
◇漱石詩集全釈 （佐古純一郎） 二松学舎大学出版部 1983.10
◇夏目漱石 新潮社 1983.11 （新潮日本文学アルバム 2）
◇夏目漱石―文芸読本 河出書房新社 1983.11
◇人は、いざ…―開高健全人物論集 2 （開高健） 潮出版社 1983.11
◇坊ちゃん秘話 （近藤英雄） 青葉図書 1983.12
◇夏目漱石と菅虎雄―布衣禅情を楽しむ心友 （原武哲） 教育出版センター 1983.12 （研究選書 31）
◇日本文学―伝統と近代 和田繁二郎博士古稀記念 （和田繁二郎博士古稀記念論集刊行会編） 和泉書院 1983.12
◇大正期の青春群像 （東珠樹著） 美術公論社 1984
◇名作のなかの女たち―対談紀行 （瀬戸内晴美、前田愛著） 角川書店 1984
◇漱石と子規展―日本近代文学の巨星 その文学と芸術 （サンケイ新聞社編） サンケイ新聞社 1984
◇天才の精神分析 続 （福島章著） 新曜社 1984.1
◇和歌文学とその周辺―池田富蔵博士古稀記念論集 （池田富蔵博士古稀記念論集刊行会編） 桜楓社 1984.1
◇狭間の早春 （武田逸英） 日本経済評論社 1984.2
◇人物探訪 日本の歴史―18―明治の逸材 暁教育図書 1984.2
◇猫の墓―父・漱石の思い出（河出文庫） （夏目伸六著） 河出書房新社 1984.2
◇鑑賞日本現代文学 第5巻 夏目漱石 （三好行雄編） 角川書店 1984.3
◇夏目漱石―文芸読本 2 河出書房新社 1984.3
◇幕末・明治海外体験詩集―海舟・敬宇より鷗外・漱石にいたる （川口

◇久雄編） 大東文化大学東洋研究所 1984.3
◇物語と小説―平安朝から近代まで （笹淵友一編） 明治書院 1984.4
◇私の個人主義 （夏目漱石著） 雪華社 1984.4
◇漱石文学の全貌 （宮井一郎著） 国書刊行会 1984.5
◇漱石の恋（春の水）（平野五郎著）〔平野五郎〕 1984.5
◇新聞集成夏目漱石像 5 大正7年～大正9年 （平野清介編著） 明治大正昭和新聞研究会 1984.5
◇新聞集成夏目漱石像 6 大正9年～大正11年 （平野清介編著） 明治大正昭和新聞研究会 1984.5
◇漱石研究年表 増補改訂 （荒正人著） 集英社 1984.6
◇湯河原と文学（湯河原町立図書館叢書 1）（石井茂, 高橋徳著, 湯河原町立図書館編） 湯河原町立図書館 1984.6
◇日本文学研究の方法 近代編（日本文学研究資料叢書）（日本文学研究資料刊行会編） 有精堂出版 1984.7
◇この人そして食―偉人の知られざる胃袋 （ながととしゆき） 文理書院 1984.8
◇夏目漱石漢詩考 （斎藤順二著） 教育出版センター 1984.8
◇夏目漱石論―漱石文学の今日的意義 （高田瑞穂著） 明治書院 1984.8
◇文学史の園―1910年代 （紅野敏郎著） 青英舎 1984.9
◇夏目漱石（Spiritの人と作品）（石井和夫編著） 有精堂 1984.9
◇漱石の師マードック先生（講談社学術文庫）（平川祐弘著） 講談社 1984.9
◇漱石文学の背景（近代作家研究叢書 41）（板垣直子著） 日本図書センター 1984.9
◇夏目漱石物語―則天去私の人 （富田義雄著） 彩流社 1984.9
◇作家用語索引夏目漱石 第1期 第2巻 坊ちゃん （近代作家用語研究会, 教育技術研究所編） 教育社 1984.10
◇作家用語索引夏目漱石 第1期 第3巻 草枕 （近代作家用語研究会, 教育技術研究所編） 教育社 1984.10
◇作家用語索引夏目漱石 第1期 第4巻 三四郎 （近代作家用語研究会, 教育技術研究所編） 教育社 1984.10
◇作家用語索引夏目漱石 第1期 第5巻 それから （近代作家用語研究会, 教育技術研究所編） 教育社 1984.10
◇作家用語索引夏目漱石 第1期 第6巻 門 （近代作家用語研究会, 教育技術研究所編） 教育社 1984.10
◇作家用語索引夏目漱石 第1期 第7巻 彼岸過迄 （近代作家用語研究会, 教育技術研究所編） 教育社 1984.10
◇作家用語索引夏目漱石 第1期 第8巻 行人 （近代作家用語研究会, 教育技術研究所編） 教育社 1984.10
◇作家用語索引夏目漱石 第1期 第9巻 こころ （近代作家用語研究会, 教育技術研究所編） 教育社 1984.10
◇作家用語索引夏目漱石 第1期 第1巻 倫敦塔.薤露行 （近代作家用語研究会, 教育技術研究所編） 教育社 1984.10
◇近代作家の表現研究 （岡田英雄著） 双文社出版 1984.10
◇作品の中の女たち―明治・大正文学を読む （尾形明子著） ドメス出版 1984.10
◇漱石全集 第1巻 吾輩は猫である （夏目漱石著） 岩波書店 1984.10
◇荒正人著作集 第5巻 小説家夏目漱石の全容 三一書房 1984.10
◇日本の名著 42 夏目漱石・森鷗外（中公バックス）（真銅伸彦責任編集） 中央公論社 1984.10
◇現代鎌倉文士 （鹿児島達雄） かまくら春秋社 1984.10
◇芦屋女子短期大学開学25周年記念論文集 芦屋女子短期大学 1984.11
◇古典の変容と新生 （川口久雄編） 明治書院 1984.11
◇夏目漱石―物語と史蹟をたずねて （武蔵野次郎著） 成美堂出版 1984.11
◇漱石全集 第2巻 短篇小説集 （夏目漱石著） 岩波書店 1984.11
◇漱石の病跡―病気と作品から （千谷七郎著） 勁草書房 1984.11
◇新編江藤淳文学集成 1 夏目漱石論 河出書房新社 1984.11
◇英米文学論集―小野協一教授退官記念論集 （小野協一教授退官記念論集刊行委員会編） 南雲堂 1984.11
◇講座日本語の表現 4 表現のスタイル （中村明編） 筑摩書房 1984.11
◇詩琴酒の人―百鬼園物語（小沢コレクション 1）（平山三郎著） 小沢書店 1984.11
◇漱石全集 第3巻 虞美人草.坑夫 （夏目漱石著） 岩波書店 1984.12
◇漱石を読む―自我の孤立と愛への渇き （蒲生芳郎著） 洋々社 1984.12
◇自転車の文化史―市民権のない五五〇〇万台 （佐野裕二著） 文一総合出版 1985.1
◇漱石全集 第4巻 三四郎.それから.門 （夏目漱石著） 岩波書店 1985.1
◇漱石全集 附録 月報―昭和40年版 岩波書店 1985.1
◇漱石全集 第5巻 彼岸過迄.行人 （夏目漱石著） 岩波書店 1985.2
◇漱石全集 第6巻 心.道草 （夏目漱石著） 岩波書店 1985.3
◇ロシアの影―夏目漱石と魯迅（平凡社選書 87）（藤井省三著） 平凡社 1985.4

◇漱石氏と私（近代作家研究叢書 16）（高浜虚子著） 日本図書センター 1985.4
◇漱石全集 第8巻 小品集 （夏目漱石著） 岩波書店 1985.5
◇超時間文学論 鷗外から大江まで27人の作家たち （白川正芳） 洋泉社 1985.5
◇漱石全集 第9巻 文学論 （夏目漱石著） 岩波書店 1985.6
◇漱石全集 第10巻 文学評論 （夏目漱石著） 岩波書店 1985.7
◇夏目漱石 3（日本文学研究資料叢書）（日本文学研究資料刊行会編） 有精堂出版 1985.7
◇漱石全集 第11巻 評論・雑篇 （夏目漱石著） 岩波書店 1985.8
◇漱石のロンドン風景 （出口保夫, アンドリュー・ワット編） 研究社出版 1985.8
◇漱石と文明―文学論集2 （越智治雄著） 砂子屋書房 1985.8
◇個性と影響―比較文学試論 （剣持武彦） 桜楓社 1985.9
◇漱石全集 第12巻 初期の文章及詩歌俳句―附印譜 （夏目漱石著） 岩波書店 1985.9
◇漱石全集物語 （矢口進也著） 青英舎 1985.9
◇夏目漱石論 （梶木剛著） 勁草書房 1985.9
◇漱石全集 第13巻 日記及断片 （夏目漱石著） 岩波書店 1985.10
◇漱石全集 第14巻 書簡集 （夏目漱石著） 岩波書店 1985.11
◇夏目漱石博物館―その生涯と作品の舞台（建築の絵本）（石崎等, 中山繁信著） 彰国社 1985.11
◇漱石全集 第15巻 続書簡集 （夏目漱石著） 岩波書店 1985.12
◇夏目漱石―創造の夜明け（研究選書 42）（加茂章著） 教育出版センター 1985.12
◇夏目漱石 （戸島稔著） 戸島稔 1985.12
◇漱石邸幻想 （阿部正路著） 創樹社 1985.12
◇不機嫌の時代（講談社学術文庫）（山崎正和著） 講談社 1986.2
◇増補 ザ・漱石―全小説全一冊 第三書館 1986.3
◇野上弥生子全集〈第19巻〉評論・随筆〈2〉（野上弥生子著） 岩波書店 1986.3
◇ラファエル前派の美学 （大原三八雄著） 思潮社 1986.3
◇言論は日本を動かす〈第2巻〉人間を探求する （山崎正和著） 講談社 1986.3
◇回想の芸術家たち〈弥生叢書〈23〉〉（三宅正太郎著） 国鉄厚生事業協会 1986.3
◇近代作家十人―文学に見る経済観 （大里恭三郎, 竹腰幸夫編著） 教育出版センター 1986.3
◇漱石芥川の文芸 桜楓社 1986.5
◇自死の日本史 （M.パンゲ著, 竹内信夫訳） 筑摩書房 1986.5
◇西洋の詩 東洋の詩 （平川祐弘著） 河出書房新社 1986.5
◇漱石文芸論集（岩波文庫）（夏目漱石著, 磯田光一編） 岩波書店 1986.5
◇ロンドン漱石文学散歩 （出口保夫著） 旺文社 1986.5
◇漱石と落語―江戸庶民芸能の影響 （水川隆夫著） 彩流社 1986.5
◇野上弥生子（新潮日本文学アルバム〈32〉）（助川徳是編） 新潮社 1986.5
◇文士の筆跡〈2〉作家篇〉〔新装版〕（伊藤整, 木俣修, 瀬沼茂樹, 楠本憲吉, 松井如流編） 二玄社 1986.5
◇いのちへの慈しみ―生と死とをみつめる文学（以文選書）（大久保晴雄編） 教育出版センター 1986.5
◇日本の近代小説I 作品論の現在 （三好行雄編） 東京大学出版会 1986.6
◇窓辺から （杉山忠平著） 未来社 1986.6
◇笛鳴りやまず―ある日の作家たち（中公文庫）（有本芳水著） 中央公論社 1986.6
◇夏目漱石―現代人の原像 （松元寛著） 新地書房 1986.6
◇東西比較作家論 （佐々木基一著） オリジン出版センター 1986.6
◇言述のすがた―わざとらしさの修辞学 （佐藤信夫著） 青土社 1986.7
◇隣りの夫婦―ちょっといい話（知的生きかた文庫）（斎藤茂太著） 三笠書房 1986.7
◇日本におけるシェイクスピア （森谷佐三郎著） 八潮出版社 1986.7
◇子規・虚子・碧梧桐―写生文派文学論 （相馬庸郎著） 洋々社 1986.7
◇日本近代文学における「向う側」 （鶴田欣也） 明治書院 1986.8
◇日本近代の美意識 （高階秀爾著） 青土社 1986.9
◇犬だって散歩する （丸谷才一著） 講談社 1986.9
◇国語研究論集 松村明教授古稀記念 （松村明教授古稀記念会編） 明治書院 1986.10
◇内田百閒―夢と笑い（日本文学研究資料新集〈22〉）（酒井英行編） 有精堂出版 1986.10
◇漱石文明論集（岩波文庫）（夏目漱石著, 三好行雄編） 岩波書店 1986.10
◇斎藤茂吉随筆集（岩波文庫）（斎藤茂吉著, 阿川弘之, 北杜夫編） 岩波書店 1986.10
◇バスの文化史 （中川浩一著） 筑摩書房 1986.10

◇近代の短編小説〈明治篇〉（現代文学研究会編）九州大学出版会 1986.10
◇幻景の街―文学の都市を歩く（前田愛著）小学館 1986.11
◇随筆集 大苑（みみづく）（森銑三著）六興出版 1986.11
◇夏目漱石論（佐藤泰正著）筑摩書房 1986.11
◇現代人の心と仏教（日本仏教のこころシリーズ）（鈴木範久著）大蔵出版 1986.12
◇人・旅・自然（荒垣秀雄著）社会保険出版社 1986.12
◇夏目漱石〈上〉（岩波文庫）（小宮豊隆著）岩波書店 1986.12
◇漱石的主題（吉本隆明, 佐藤泰正著）春秋社 1986.12
◇寺田寅彦全集〈第18巻〉雑篇（寺田寅彦著）岩波書店 1987.1
◇夏目漱石〈中〉（小宮豊隆著）岩波書店 1987.1（岩波文庫）
◇漱石漢詩研究資料集（高木文雄著）名古屋大学出版会 1987.2
◇漱石漢詩研究資料集―用字用語索引・訓読校合（高木文雄）名古屋大学出版会 1987.2
◇日本近代作家の美意識（高田瑞穂著）明治書院 1987.2（国文学研究叢書）
◇夏目漱石〈下〉（小宮豊隆著）岩波書店 1987.2（岩波文庫）
◇野方閑居の記―福原麟太郎・自選随想集（福原麟太郎著）沖積舎 1987.2
◇追手門学院大学創立20周年記念論集 文学部篇 追手門学院大学 1987.3
◇「頭（ヘッド）」と「心（ハート）」―日米の文学と近代（大橋健三郎著）研究社出版 1987.3
◇夢をもとめた人びと〈3〉芸術・文化（金平正, 北島春信, 蓑田正治編）（町田）玉川大学出版部 1987.3
◇新輯 内田百閒全集〈第4巻〉鶴, 凸凹道（内田百閒著）福武書店 1987.4
◇随筆 タンポポすみれ（小村定吉著）沖積舎 1987.4
◇夏目漱石展―人間漱石大きな足跡 日本近代文学館 1987.5
◇日本文芸の形象（前田妙子編著）和泉書院 1987.5
◇漱石とイギリスの旅（稲垣瑞穂著）吾妻書房 1987.5
◇漱石余情―おジュンさま（江下博彦）西日本新聞社 1987.5
◇文学にあらわれた日本人の納税意識（佐藤進著）東京大学出版会 1987.5（UP選書）
◇新輯 内田百閒全集〈第5巻〉有頂天, 居候匆々（内田百閒著）福武書店 1987.5
◇禅ブックス〈第5巻〉禅と日本文化（秋月龍珉編）平河出版社 1987.5
◇夏目漱石論（蓮実重彦著）青土社 1987.5
◇透谷ノート（吉増剛造著）小沢書店 1987.5（小沢コレクション）
◇読書遊記（向井敏著）講談社 1987.5
◇漱石世界と草枕絵（川口久雄著）岩波書店 1987.5
◇サラリーマン日本史―大化け憶良から夏目漱石まで（福田紀一著）旺文社 1987.5（旺文社文庫）
◇行為する思索（西尾幹二著）中央公論社 1987.5
◇百鬼園先生よもやま話（平山三郎編）旺文社 1987.5（旺文社文庫本）
◇文学が変るとき（後藤明生著）筑摩書房 1987.5
◇近代の感情革命―作家論集（磯田光一著）新潮社 1987.6
◇「坊ちゃん」の時代 双葉社 1987.7
◇続 日本人の日記―明治から大正へ（小田切進著）講談社 1987.7
◇生成の詩学―かたちと動くもの（持田季未子著）新曜社 1987.7
◇畏怖する人間（柄谷行人著）トレヴィル 1987.7
◇ダイアローグ〈1（1970～1979）〉（柄谷行人著）第三文明社 1987.7
◇新輯 内田百閒全集〈第8巻〉丘の橋, 鬼ँ横談（内田百閒著）福武書店 1987.8
◇漱石研究―ESSAY ON SŌSEKI（平岡敏夫著）有精堂出版 1987.9
◇狩野亨吉の生涯（青江舜二郎著）中央公論社 1987.9（中公文庫）
◇性の歪みに映るもの―日本近代文学と身体の倒錯（岡庭昇著）青豹書房 1987.9（青豹選書）
◇エッセーの楽しみ（阿部昭著）岩波書店 1987.9
◇小さなモザイク（深谷考著）弓÷社 1987.9
◇漱石と英国―留学体験と創作との間（塚本利明著）彩流社 1987.9
◇二松学舎大学創立110周年記念論集 二松学舎大学 1987.10
◇よろこばしい邂逅―吉本隆明対談集（吉本隆明著）青土社 1987.10
◇英国（ビジネスインデックス社編）ビジネスインデックス社 1987.10
◇漱石という人―吾輩は吾輩である（駒尺喜美著）思想の科学社 1987.10
◇魔術としての文学―夏目漱石論（坂口曜子著）沖積舎 1987.10
◇ロウ管の歌―ある樺太流刑者の足跡（先川信一郎著）（札幌）北海道新聞社 1987.11（道新選書）
◇超西欧的まで（吉本隆明著）弓÷社 1987.11
◇漱石文学論考―後期作品の方法と構造（秋山公男著）桜楓社 1987.11

◇文明開化と日本的想像（桶谷秀昭著）福武書店 1987.11
◇近代日本の恋愛小説（野口武彦著）（大阪）大阪書籍 1987.11（朝日カルチャーブックス）
◇福永武彦全集〈第16巻〉随筆・評論〈3〉（福永武彦著）新潮社 1987.11
◇平野謙研究（論究の会編）明治書院 1987.11（国文学研究叢書）
◇日本の近代美術と文学―挿絵史とその周辺（匠秀夫著）沖積舎 1987.11
◇「意地」の心理（佐竹洋人, 中井久夫編）（大阪）創元社 1987.12
◇論集日本仏教史〈8〉明治時代（池田英俊編）雄山閣出版 1987.12
◇芥川龍之介―作家とその時代（石割透編）有精堂出版 1987.12（日本文学研究資料新集）
◇新輯 内田百閒全集〈第12巻〉随筆億劫帳, 鬼園の琴（内田百閒著）福武書店 1987.12
◇あるのかないのか？ 日本人の創造性―草創期科学者たちの業績から探る（飯沼和正著）講談社 1987.12（ブルーバックス）
◇明治の精神（荒川久寿男著）（伊勢）皇学館大学出版部 1987.12
◇梅光女学院大学公開講座論集〈第22集〉文学における都市（佐藤泰正編）笠間書院 1988.1（笠間選書）
◇最新文学入門―西洋文学の真相を想像力で見る（富岡定市著）文化書房博文社 1988.1
◇続・百代の過客―日記にみる日本人〈上〉（ドナルド・キーン著, 金関寿夫訳）朝日新聞社 1988.1（朝日選書）
◇愛ありて―名作のなかの女たち（瀬戸内晴美, 前田愛著）角川書店 1988.1（角川文庫）
◇日本の近代小説（篠田一士著）集英社 1988.2
◇悟りに到る―漱石とブッダを読みながら（松崎義雄著）水書坊 1988.2
◇語りの文学（清水茂著）筑摩書房 1988.2
◇漱石文学の研究―表現を軸として（相原和邦著）明治書院 1988.2
◇摩擦時代の開国論―英国から見た日本（池田雅之著）成文堂 1988.2
◇屋根のぼれば、吠えたくなって（永倉万治著）毎日新聞社 1988.3
◇日本語で生きる〈4〉五音と七音の詩学（大岡信編）福武書店 1988.3
◇歴史と人生（宮崎道生著）刀水書房 1988.3
◇夏目漱石とその周辺（片岡懋編著）新典社 1988.3（新典社研究叢書）
◇父の映像（犬養健ほか著）筑摩書房 1988.3（筑摩叢書）
◇武者小路実篤全集〈第3巻〉（武者小路実篤著）小学館 1988.4
◇夢・狂気・神話―想像力の根としての（小山田義文著）（八王子）中央大学出版部 1988.4
◇ニュートンの秘密の箱―ドラマティック・サイエンスへの誘い（小山恵太著）丸善 1988.4
◇構造としての語り（小森陽一著）新曜社 1988.4
◇漱石は新しいぞ（田中国男）素人社 1988.5
◇俳句読本（復本一郎著）雄山閣出版 1988.5
◇夏目漱石論（蓮実重彦著）福武書店 1988.5（福武文庫）
◇小説家 夏目漱石（大岡昇平著）筑摩書房 1988.5
◇日本の心を英語で―理論と実践（斎藤襄治著）文化書房博文社 1988.5
◇鑑賞 中国の古典〈13〉陶淵明（都留春雄, 釜谷武志著）角川書店 1988.5
◇漱石研究への道（玉井敬之著）桜楓社 1988.6（国語国文学研究叢書）
◇日本文学講座〈6〉近代小説（伊豆利彦ほか著）大修館書店 1988.6
◇吉本隆明全対談集〈6（1979～1980）〉（吉本隆明著）青土社 1988.6
◇東京風景史の人々（海野弘著）中央公論社 1988.6
◇鑑賞 中国の古典〈5〉荀子・韓非子（片倉望, 西川靖二著）角川書店 1988.6
◇近代文学の形成（富岡定市著）文化書房博文社 1988.6
◇愚者の「さとり」―道元に賭ける（田里亦無著）産業能率大学出版部 1988.6
◇野間宏作品集〈12〉日本近代への遡行（野間宏著）岩波書店 1988.7
◇ことばのある暮し（外山滋比古著）中央公論社 1988.7（中公文庫）
◇夏目漱石全集〈10〉（夏目漱石著）筑摩書房 1988.7（ちくま文庫）
◇紙ヒコーキ通信〈3〉映画は夢の祭り（長部日出雄著）文芸春秋 1988.7
◇俳人 芥川龍之介―書簡俳句の展開（中田雅敏著）近代文芸社 1988.7
◇思いがけない涙―ベスト・エッセイ集〈'88年版〉（日本エッセイスト・クラブ編）文芸春秋 1988.8
◇漱石文学の思想〈第1部〉自己形成の苦悩（今西順吉著）筑摩書房 1988.8
◇肩の文化、腰の文化―比較文学・比較文化論（剣持武彦著）双文社

出版 1988.9
◇現代文学史の構造 （大久保典夫著） 高文堂出版社 1988.9
◇夏目漱石 （石崎等編） 有精堂出版 1988.11
◇漱石への測鉛—「それから」「門」「行人」 （盛忍著） 勁草書房 1988.11
◇夏目漱石—作家とその時代 （石崎等編） 有精堂出版 1988.11 （日本文学研究資料新集）
◇吾輩は漱石である （井上ひさし著） 集英社 1988.11 （集英社文庫）
◇コロンブスの卵 （丸谷才一著） 筑摩書房 1988.12 （ちくま文庫）
◇続 百代の過客—日記にみる日本人 （ドナルド・キーン著, 金関寿夫訳） 朝日新聞社 1988.12
◇鷗外全集〈第26巻〉評論 随筆〈5〉 （森鷗外著） 岩波書店 1989.1
◇歌を詠み始めた頃 （都筑省吾） 河出書房新社 1989.1
◇近代文学としての明治漢詩 （入谷仙介著） 研文出版 1989.2 （研文選書）
◇夏目漱石—ウィリアム・ジェームズ受容の周辺 （小倉脩三著） 有精堂出版 1989.2
◇夢幻系列—漱石・龍之介・百閒 （高橋英夫編） 小沢書店 1989.2
◇昭和文学全集〈第27巻〉 （福田恆存, 花田清輝, 江藤淳, 吉本隆明, 竹内好, 林達夫編） 小学館 1989.3
◇小説世界のロビンソン （小林信彦著） 新潮社 1989.3
◇病気物語—医学リポート （君島善次郎著） 泰流社 1989.3
◇若者・アパシーの時代—急増する無気力とその背景 （稲村博著） 日本放送出版協会 1989.4 （NHKブックス）
◇躓きとしての文学—漱石「明暗」論 （坂口曜子著） 河出書房新社 1989.4
◇幻想文学 伝統と近代 （村松定孝編） 双文社出版 1989.5
◇性の幻想—大庭みな子対談集 （大庭みな子著） 河出書房新社 1989.5
◇吉本隆明全対談集〈12（1986・11～1986・12）＋補遺〉 （吉本隆明著） 青土社 1989.5
◇言葉と悲劇 （柄谷行人著） 第三文明社 1989.5
◇日本語はいかにつくられたか？ （小池清治著） 筑摩書房 1989.5 （ちくまライブラリー）
◇「日本の世紀」の読み方 （渡部昇一著） PHP研究所 1989.6
◇父の書斎 （有島行光ほか著） 筑摩書房 1989.6 （筑摩叢書）
◇長谷川如是閑評論集 （長谷川如是閑著, 飯田泰三, 山領健二編） 岩波書店 1989.6 （岩波文庫）
◇俳諧つれづれ草—私の俳句歳時記 （福田清人著） 明治書院 1989.6
◇夏目漱石と美術—文豪漱石を美術の目で見る （富士美術館学芸課編） 富士美術館 1989.7
◇漱石の方法 （石崎等著） 有精堂出版 1989.7 （Litera Works）
◇日本の心を英語で—理論と実践 （斎藤襄治著） 文化書房博文社 1989.7
◇読者生成論 汎フロイディズム批評序説—渡部直己評論集 （渡部直己著） 思潮社 1989.7 （「昭和」のクリティック）
◇和辻哲郎全集〈第3巻〉日本古代文化, 埋もれた日本 （和辻哲郎著） 岩波書店 1989.7
◇漱石と天皇制 （伊豆利彦著） 有精堂出版 1989.9
◇文化のモザイック—第二人類の異化と希望 由良君美還暦記念画文集 （東京大学教養学部由良ゼミ準備委員会編） 緑書房 1989.9
◇新輯 内田百閒全集〈第32巻〉座談 （内田百閒著） 福武書店 1989.9
◇子規・虚子 （大岡信著） 花神社 1989.9
◇像としての都市—吉本隆明・都市論集 （吉本隆明著） 弓立社 1989.9
◇夏目漱石 1 （平岡敏夫編） 国書刊行会 1989.10
◇「季刊芸術」の十三年・読本 季刊芸術出版 1989.10
◇女の記号学 （江藤淳著） 角川書店 1989.10 （角川文庫）
◇池辺三山—ジャーナリストの誕生 （池辺一郎, 富永健一著） みすず書房 1989.10
◇続 生き方の研究 （森本哲郎） 新潮社 1989.10 （新潮選書）
◇複眼の比較文化—内と外から眺めたニッポン像 （池田雅之著） 成文堂 1989.10 （学際レクチャーシリーズ）
◇長谷川如是閑集〈第1巻〉 （長谷川如是閑著） 岩波書店 1989.10
◇中勘助全集〈第4巻〉随筆・小品〈1〉 （中勘助著） 岩波書店 1989.10
◇結婚の午後 （江原由美子ほか著） ユック舎 1989.10 （シリーズ・いまを生きる）
◇漱石「こゝろ」の謎 （水川隆夫著） 彩流社 1989.10
◇孤高の鬼たち—素顔の作家 （文芸春秋編） 文芸春秋 1989.11 （文春文庫）
◇文士と文士 （小山文雄著） 河出版 1989.11
◇ゾルゲ事件と中国 （尾崎秀樹著） 勁草書房 1989.11
◇夏目漱石入門 （猪野謙二, 鈴木醇編） 筑摩書房 1989.12
◇夜の紅茶 （江藤淳著） 牧羊社 1989.12
◇「甘え」さまざま （土居健郎著） 弘文堂 1989.12

◇明治文芸院始末記 （和田利夫著） 筑摩書房 1989.12
◇前田愛著作集〈第4巻〉幻景の明治 （前田愛著） 筑摩書房 1989.12
◇漱石の謎をとく・『こゝろ』論 （井原三男著） 勁草出版サービスセンター 1989.12
◇病いの人間史—明治・大正・昭和 （立川昭二著） 新潮社 1989.12
◇眩暈を鎮めるもの （上田三四二著） 講談社 1990.1 （講談社学術文庫）
◇日本文芸史—表現の流れ〈第5巻〉近代〈1〉 （畑有三, 山田有策編） 河出書房新社 1990.1
◇文学における二十代 （佐藤泰正編） 笠間書院 1990.2 （笠間選書）
◇英米文学語学論文集—学院創立100周年記念 山梨英和短期大学 1990.2
◇連枝の世紀 透士社 1990.2
◇夏目漱石の文学 （佐古純一郎著） 朝文社 1990.2
◇まなざしの修辞学—「鏡」をめぐる日本文学断章 （山下真由美著） 新典社 1990.2 （叢刊・日本の文学）
◇三四郎 （夏目漱石） 旺文社 1990.3
◇深井一郎教授定年退官記念論文集 深井一郎教授定年退官記念事業会 1990.3
◇夏目さんの人及思想 （島為男著） 日本図書センター 1990.3 （近代作家研究叢書）
◇永詠かくのごとくに候 （大岡信著） 弘文堂 1990.3 （叢書 死の文化）
◇不如帰の時代—水底の漱石と青年たち （藤井淑禎著） （名古屋）名古屋大学出版会 1990.3
◇夏目漱石関係所蔵目録 1 （跡見学園短期大学図書館編） 跡見学園短期大学図書館 1990.4
◇漱石 その陰翳 （酒井英行著） 有精堂出版 1990.4
◇夏目漱石—反転するテクスト （石原千秋編） 有精堂出版 1990.4 （日本文学研究資料新集）
◇内村鑑三と寺田寅彦—海に生きるふたり （影山昇著） くもん出版 1990.4 （くもん選書）
◇漱石日記 （夏目漱石著, 平岡敏夫編） 岩波書店 1990.4 （岩波文庫）
◇漱石書簡集 （夏目漱石著, 三好行雄編） 岩波書店 1990.4 （岩波文庫）
◇夏目漱石 （伊豆利彦著） 新日本出版社 1990.4 （新日本新書）
◇夏目漱石試論—近代文学ノート （井上百合子著） 河出書房新社 1990.4
◇日本人の思惟 （久野昭著） 新典社 1990.4 （叢刊・日本の文学）
◇比較文明と日本 （伊東俊太郎著） 中央公論社 1990.4 （中公叢書）
◇前田愛著作集〈第6巻〉テクストのユートピア （前田愛著） 筑摩書房 1990.4
◇石川啄木—愛とロマンと革命と （清水卯之助著） （大阪）和泉書院 1990.4 （和泉叢書）
◇「舞姫」への遠い旅—ヨーロッパ・アメリカ・中国文学紀行 （平岡敏夫著） 大修館書店 1990.5
◇風前雨後 （中野好夫著） 講談社 1990.5 （講談社文芸文庫—現代日本のエッセイ）
◇近代日本文学への探索—その方法と思想と （祖父江昭二著） 未来社 1990.5
◇思想の最前線で—文学は予兆する （黒古一夫） 社会評論社 1990.5 （思想の海へ「解放と変革」）
◇日本文化の伝統と変容 （木村時夫著） 成文堂 1990.5 （学際レクチャーシリーズ）
◇漱石論究 （佐古純一郎著） 朝文社 1990.5
◇饗宴〈2〉 （蓮実重彦著） 日本文芸社 1990.5
◇遙かなる子規 （天岸太郎著） 近代文芸社 1990.5
◇夏目漱石 （河出書房新社編） 河出書房新社 1990.6
◇夏目漱石ものしり読本 （グループ文明開化） 広済堂出版 1990.6
◇「意地」の構造 （山野保著） （大阪）創元社 1990.6
◇漱石と白樺派 （西垣勤著） 有精堂出版 1990.6
◇国語論究〈第2集〉文字・音韻の研究 （佐藤喜代治編） 明治書院 1990.6
◇石川淳全集〈第15巻〉 （石川淳著） 筑摩書房 1990.6
◇マルクスその可能性の中心 （柄谷行人著） 講談社 1990.7 （講談社学術文庫）
◇書の終焉—近代書史論 （石川九楊著） （京都）同朋舎出版 1990.7
◇文体とはなにか—梅光女学院大学公開講座論集 27 笠間書院 1990.8
◇加賀乙彦評論集〈上巻〉現代文学の方法 （加賀乙彦著） 阿部出版 1990.8
◇小泉八雲の日本 （池田雅之著） 第三文明社 1990.8 （レグルス文庫）
◇わたしの漱石 （米田利昭著） 勁草書房 1990.8
◇私は見た—決定的体験 （文芸春秋編） 文芸春秋 1990.9 （文春文庫）
◇日本文学と老荘神仙思想の研究 （大星光史著） 桜楓社 1990.9

◇長春香　(内田百閒著)　福武書店　1990.9　(福武文庫)
◇大正デモクラシーの群像　(松尾尊兊著)　岩波書店　1990.9　(同時代ライブラリー)
◇近代の抒情　(三好行雄著)　墙書房　1990.9
◇畏怖する人間　(柄谷行人著)　講談社　1990.10　(講談社文芸文庫)
◇絵画の領分―近代日本比較文化史研究　(芳賀徹著)　朝日新聞社　1990.10　(朝日選書)
◇わが後に洪水あれ　(杉森久英著)　潮出版社　1990.10
◇佐古純一郎教授退任記念論文集　(佐古純一郎教授退任記念論文集編集委員会編)　朝文社　1990.11
◇神経症夏目漱石　(平井富雄)　福武書店　1990.11
◇漱石文学作品集〈14〉思い出す事など・硝子戸の中 他七篇　(夏目漱石)　岩波書店　1990.11
◇俳句のたのしみ　(中村真一郎著)　新潮社　1990.11
◇イメージ・ウオッチング　(赤祖父哲二著)　沖積舎　1990.11
◇能と近代文学　(増田正造著)　平凡社　1990.11
◇夏目漱石と倫敦留学　(稲垣瑞穂著)　吾妻書房　1990.11
◇魔術としての文学―夏目漱石論　(坂口曜子著)　沖積舎　1990.12　(ちゅうせき叢書)
◇日本文学新史〈近代〉　(前田愛, 長谷川泉編)　至文堂　1990.12
◇夏目漱石と女性―愛させる理由　(佐々木英昭著)　新典社　1990.12　(叢刊・日本の文学)
◇明治の精神 昭和の心―桶谷秀昭自選評論集　(桶谷秀昭著)　学芸書林　1990.12
◇夏目漱石「明暗」蛇尾の章　(田中文子)　東方出版　1991
◇漱石―円い輪の上で　(石川正一)　能登印刷出版部　1991
◇夏目漱石の房総旅行―「木屑録」を読む(ふるさと文庫)　斎藤均　崙書房　1991
◇漱石作品論集成〈第5巻〉三四郎　(玉井敬之, 村田好哉編)　桜楓社　1991.1
◇鹿鳴館の系譜―近代日本文芸史誌　(磯田光一著)　講談社　1991.1　(講談社文芸文庫)
◇評伝 松岡譲　(関口安義著)　小沢書店　1991.1
◇恋愛小説の陥穽　(三枝和子著)　青土社　1991.1
◇夏目漱石　(加賀乙彦ほか著)　小学館　1991.2　(群像 日本の作家)
◇忘れ得ぬ人々　(辰野隆著)　講談社　1991.2　(講談社文芸文庫―現代日本のエッセイ)
◇漱石作品論集成〈第9巻〉行人　(浅田隆, 戸民子編)　桜楓社　1991.2
◇日本文芸思潮論　(片野達郎編)　桜楓社　1991.3
◇漱石作品論集成〈第1巻〉吾輩は猫である　(浅野洋, 太田登編)　桜楓社　1991.3
◇文明開化と女性　(佐伯順子著)　新典社　1991.3　(叢刊・日本の文学)
◇夏目漱石関係所蔵目録 2　(跡見学園短期大学図書館〔編〕)　跡見学園短期大学図書館　1991.4
◇漱石作品論集成〈第10巻〉こゝろ　(玉井敬之, 藤井淑禎編)　桜楓社　1991.4
◇夏目漱石研究資料集成 I期 別巻1　日本図センター　1991.5
◇夏目漱石―マイクロ版論文集　(和田謹吾著)〔和田謹吾〕　1991.5　(親白亭叢刊 第7)
◇塩飽(しわく)の船影―明治大正文学藻塩草　(平岡敏夫著)　有精堂出版　1991.5
◇漱石作品論集成〈第4巻〉漾虚集・夢十夜　(鳥井正晴, 藤井淑禎編)　桜楓社　1991.5
◇近代文学と能楽　(松田存著)　朝文社　1991.5
◇宮沢賢治論〈1〉人と芸術　(恩田逸夫著, 原子朗, 小沢俊郎編)　東京書籍　1991.5
◇ロンドンの夏目漱石　(出口保夫著)　河出書房新社　1991.5
◇漱石とアーサー王伝説―『薤露行』の比較文学的研究　(江藤淳著)　講談社　1991.6　(講談社学術文庫)
◇漱石作品論集成〈第11巻〉道草　(小森陽一, 芹沢光興編)　桜楓社　1991.6
◇漱石 文学の端緒　(竹盛天雄著)　筑摩書房　1991.6
◇漱石その軌跡と系譜(鷗外・龍之介・有三)―文学の哲学的考察　(藤田健治著)　紀伊国屋書店　1991.6
◇思想史の相貌―近代日本の思想家たち　(西部邁著)　世界文化社　1991.6
◇薔薇をして語らしめよ―空間表象の文学　(川崎寿彦著)　(名古屋)名古屋大学出版会　1991.6
◇愁いなき神―聖書と文学　(北森嘉蔵著)　講談社　1991.7　(講談社学術文庫)
◇日本文学の特質　(平川祐弘, 鶴田欣也編)　明治書院　1991.7
◇梅光女学院大学公開講座論集〈29〉文学における手紙　(佐藤泰正編)　笠間書院　1991.8
◇『新体詩抄』前後―明治の詩歌　(赤塚行雄著)　学芸書林　1991.8
◇漱石作品論集成〈第6巻〉それから　(太田登, 木股知史, 万田務編)　桜楓社　1991.9

◇漱石の倫敦、ハワードのロンドン―田園都市への誘い　(東秀紀著)　中央公論社　1991.9　(中公新書)
◇漱石作品論集成〈第7巻〉門　(赤井恵子, 浅野洋編)　桜楓社　1991.10
◇文学の草の根―漱石の草から有正へ　(沢英彦著)　沖積舎　1991.10　(ちゅうせき叢書)
◇海棠花―子規漢詩と漱石　(飯田利行著)　柏書房　1991.10
◇彼らは何歳で始めたか　(富永直之著)　ダイヤモンド社　1991.10
◇作家の肖像　(小田切進著)　永田書房　1991.10
◇国語論究〈第3集〉文章研究の新視点　(佐藤喜代治編)　明治書院　1991.10
◇続 漱石の精神界　(松本健次郎著)　近代文芸社　1991.11
◇漱石作品論集成〈第12巻〉明暗　(鳥井正晴, 藤井淑禎編)　桜楓社　1991.11
◇近代文学の結晶体　(野口武彦著)　新典社　1991.11　(叢刊・日本の文学)
◇脳死・尊厳死・人権　(加賀乙彦著)　潮出版社　1991.11
◇石橋湛山―文芸・社会評論家時代　(上田博著)　三一書房　1991.11
◇漱石作品論集成〈別巻〉漱石関係記事及び文献　(堀部功夫, 村田好哉編)　桜楓社　1991.11
◇銀座と文士たち　(武田勝彦, 田中康子著)　明治書院　1991.12
◇詩人たちの旅―青春 愛 故郷　(小松健一写真・文)　マガジンハウス　1991.12
◇漱石が見た物理学―首縊りの力学から相対性理論まで　(小山慶太著)　中央公論社　1991.12　(中公新書)
◇夏目漱石―「三四郎の度胸」など　(加藤富一著)　教育出版センター　1991.12　(研究選書)
◇サムライ・マインド―歴史をつくる精神の力とは　(森本哲郎著)　PHP研究所　1991.12
◇夏目漱石関係所蔵目録 3　(跡見学園短期大学図書館編)　跡見学園短期大学図書館　1992.1
◇「坊つちやん」の世界　(平岡敏夫著)　墙書房　1992.1　(墙新書)
◇漱石・芥川・太宰　(佐藤泰正, 佐古純一郎著)　朝文社　1992.1
◇人物・税の歴史―江戸時代から現代まで　(武田昌輔著, 日本税理士会連合会編)　東林出版社　1992.1
◇夏目漱石とその周辺　(井上百合子著)　近代文芸社　1992.2
◇日本的なもの、ヨーロッパ的なもの　(大橋良介著)　新潮社　1992.2　(新潮選書)
◇漱石単行本書誌・粗稿―第2回大阪女子大学図書館蔵漱石作品展　(清水康次編)〔清水康次〕　1992.3
◇〔夏目〕漱石単行本書誌・粗稿 第2回大阪女子大学図書館蔵漱石作品展　(清水康次〔編〕)　(奈良)清水康次　1992.3
◇夏目漱石事典　(三好行雄編)　学燈社　1992.4
◇三十五のことばに関する七つの章　(久保忠夫著)　大修館書店　1992.4
◇漱石論集　(江藤淳著)　新潮社　1992.4
◇日本文学史を読む〈5〉近代〈1〉　(有精堂編集部編)　有精堂出版　1992.6
◇月は東に―蕪村の夢 漱石の幻　(森本哲郎著)　新潮社　1992.6
◇小説家夏目漱石　(大岡昇平著)　筑摩書房　1992.6　(ちくま学芸文庫)
◇自然と日本文学(広島女学院大学公開講座論集)　(広島女学院大学日本文学科編)　広島女学院大学　1992.7
◇作家のアジア体験―近代日本文学の陰画　(芦谷信和, 上田博, 木村一信〔編〕)　世界思想社　1992.7
◇サイコロジー人物日本史―小田晋の精神歴史学〈下巻〉幕末・維新から現代　(小田晋著)　ベストセラーズ　1992.7
◇日本文学史を読む―万葉から現代小説まで　(島津忠夫著)　(京都)世界思想社　1992.7　(SEKAISHISO SEMINAR)
◇作品との対話　(酒井格著)　創樹社　1992.7
◇作家を読む―花袋・藤村・漱石の世界　1992.8
◇文学の影―ジッドと加田伶太郎子著)　駸々堂出版　1992.8
◇E・M・フォースター その他　(松村達雄著)　研究社出版　1992.8
◇小説世界のロビンソン　(小林信彦著)　新潮社　1992.8　(新潮文庫)
◇漱石先生ぞな、もし　(半藤一利著)　文芸春秋　1992.9
◇言葉と沈黙　(江藤淳著)　文芸春秋　1992.10
◇夏目漱石　(坂本育雄著)　永田書房　1992.10
◇日本語論究〈3〉現代日本語の研究　(田島毓堂, 丹羽一弥編)　(大阪)和泉書院　1992.10　(研究叢書)
◇黒部奥山史談　(湯口康雄)　桂書房　1992.11
◇漱石文学の基底　(大竹雅則著)　桜楓社　1992.11
◇漱石の「こゝろ」―どう読むか、どう読まれてきたか　(平川祐弘, 鶴田欣也編)　新曜社　1992.11
◇街道をゆく〈37〉本郷界隈　(司馬遼太郎著)　朝日新聞社　1992.12
◇漱石にみる愛のゆくえ　(清水忠平著)　グラフ社　1992.12
◇本文の生態学―漱石・鷗外・芥川　(山下浩著)　日本エディタースクー

553

◇ル出版部　1993
◇玄耳と猫と漱石と　(安田満)　邑書林　1993
◇女と愛と文学―日本文学の中の女性像　(小泉道,三村晃功〔編〕)　世界思想社　1993.1
◇女と愛と文学―日本文学の中の女性像　(小泉道,三村晃功編)　(京都)世界思想社　1993.1（SEKAISHISO SEMINAR）
◇漱石を読む―日本文学の未来　(小島信夫著)　福武書店　1993.1
◇夏目漱石とロンドンを歩く　(出口保夫著)　PHP研究所　1993.2（PHP文庫）
◇三浦綾子のこころ〔新装版〕　(佐古純一郎著)　朝文社　1993.2
◇自尊心の構造　(森口兼二著)　(京都)松籟社　1993.2
◇三好行雄著作集〈第5巻〉作品論の試み　(三好行雄著)　筑摩書房　1993.2
◇近代語研究〈第9集〉　(近代語学会編)　武蔵野書院　1993.2
◇夏目漱石の文学　(佐古純一郎著)　朝文社　1993.3
◇表現学大系〈総論篇 第2巻〉表現学と諸科学　(今井文男編)　教育出版センター　1993.3
◇名作の戯れ―「春琴抄」「こころ」の真実　(秦恒平著)　三省堂　1993.4
◇三好行雄著作集〈第2巻〉森鷗外・夏目漱石　(三好行雄著)　筑摩書房　1993.4
◇「死」に鍛えられる―臨死体験 至福の記　(中山幹著)　アスペクト　1993.4
◇臨死のまなざし　(立川昭二著)　新潮社　1993.4
◇ヴィクトリア朝の文学と絵画　(松村昌家著)　(京都)世界思想社　1993.4（SEKAISHISO SEMINAR）
◇新編 夏目漱石研究叢書〈1〉　近代文芸社　1993.4
◇漱石の白くない白百合　(塚谷裕一著)　文芸春秋　1993.4
◇感情の歴史―近代日本文学試論　(大石修平著)　有精堂出版　1993.5
◇正岡子規入門　(和田克司編)　(京都)思文閣出版　1993.5
◇森鷗外の漢詩〈上〉　(陳生保著)　明治書院　1993.6
◇漱石の実験―現代をどう生きるか　(松元寛著)　朝文社　1993.6
◇本文の生態学―漱石・鷗外・芥川　(山下浩著)　日本エディタースクール出版部　1993.6
◇三好行雄著作集〈第6巻〉近代文学史の構想　(三好行雄著)　筑摩書房　1993.6
◇古城栗原元吉の足跡―漱石・敏・啄木、及び英国を中心とした西洋の作家との関連において　(鏡味国彦著)　文化書房博文社　1993.6
◇続・漱石先生ぞな、もし　(半藤一利著)　文芸春秋　1993.6
◇言葉と悲劇　(柄谷行人著)　講談社　1993.7（講談社学術文庫）
◇漱石の学生時代の英作文三点―幕末明治英学史論集　(森川隆司著)　近代文芸社　1993.7
◇三好行雄著作集〈第1巻〉島崎藤村論　(三好行雄著)　筑摩書房　1993.7
◇ロンドン塔―光と影の九百年　(出口保夫著)　中央公論社　1993.7（中公新書）
◇老荘神仙の思想　(大星光史著)　プレジデント社　1993.7
◇子規漢詩と漱石―海棠花　(飯田利行著)　柏美術出版　1993.7
◇私の「漱石」と「龍之介」　(内田百閒著)　筑摩書房　1993.8（ちくま文庫）
◇近代の文学―井上百合子先生記念論集　(井上百合子先生記念論集刊行会編)　河出書房新社　1993.8
◇日本近代の美意識　(高階秀爾著)　青土社　1993.9（高階秀爾コレクション）
◇柴田宵曲文集〈第7巻〉漱石覚え書・紙人形・煉瓦塔　(柴田宵曲著)　小沢書店　1993.9
◇漱石ゴシップ―小説のすき間を読む　(長尾剛著)　ネスコ　1993.10
◇漱石と次代の青年―芥川龍之介の型の問題　(石井和夫著)　有朋堂　1993.10
◇魯迅と漱石―悲劇性と文化伝統　(李国棟著)　明治書院　1993.10（世界の中の日本文学シリーズ）
◇漱石とその時代〈第3部〉　(江藤淳著)　新潮社　1993.10（新潮選書）
◇中勘助の恋　(富岡多恵子著)　(大阪)創元社　1993.11
◇漱石と鑑三―「自然」と「天然」　(赤木善光著)　教文館　1993.11
◇漱石は文豪か？　(海野底著)　織文堂出版　1993.11
◇漱石火山展　東京都近代文学博物館　1993.12
◇芭蕉・鷗外・漱石　(時野谷滋著)　近代文芸社　1993.12
◇漱石空間　(中村完者)　有精堂出版　1993.12
◇内田百閒　新潮社　1993.12（新潮日本文学アルバム）
◇サムライ・マインド―日本人の生き方を問う　(森本哲郎著)　PHP研究所　1993.12（PHP文庫）
◇森銑三著作集〈続編 第8巻〉典籍篇〈2〉　(森銑三著)　中央公論社　1993.12
◇菊田茂男教授退官記念日本文芸の潮流　(東北大学文学部国文学研究室〔編〕)　おうふう　1994.1
◇漱石と世紀末芸術　(佐渡谷重信)　講談社　1994.1（講談社文芸文庫）

◇近代日本文学と聖書〈上〉漱石の迷走と救い　(奥山実著)　マルコーシュ・パブリケーション　1994.1
◇文学強盗の最後の仕事　(井上ひさし著)　中央公論社　1994.1（井上ひさしエッセイ集）
◇人間うらおもて　(中野好夫著)　筑摩書房　1994.1（ちくま文庫）
◇夏目漱石―その実存主義的接近　(加茂章著)　教育出版センター　1994.1（研究選書）
◇〔夏目〕漱石「三四郎」書誌　(村田好哉〔編〕)　翰林書房　1994.2
◇漱石の芸術　(小宮豊隆著)　岩波書店　1994.2
◇韜晦の軌跡―小林秀雄論　(高橋良子著)　(国分寺)武蔵野書房　1994.2
◇漫画と小説のはざまで―現代漫画の父・岡本一平　(清水勲,湯本豪一著)　文芸春秋　1994.2
◇夏目漱石を読む―私のベスト1　(安原顕編)　メタローグ　1994.2（リテレール別冊）
◇漱石の謎をとく・『彼岸過迄』論　(井原三男著)　勁草出版サービスセンター　1994.2
◇新編 思い出す人々　(内田魯庵著,紅野敏郎編)　岩波書店　1994.2（岩波文庫）
◇漱石的世界の男と女　(KENT井上著)　日本図書刊行会　1994.2
◇西欧との対決―漱石から三島、遠藤まで　(村松剛著)　新潮社　1994.2
◇世紀末と漱石　(尹相仁著)　岩波書店　1994.2
◇世紀末の文化史―19世紀の暮れかた　(大江一道著)　山川出版社　1994.2
◇夏目漱石―いまも読みつがれる数々の名作を書き、人間の生き方を深く追究しつづけた小説家　(三田村信行著)　偕成社　1994.3（伝記 世界を変えた人々）
◇漱石 その歴程　(重松泰雄著)　おうふう　1994.3
◇美女の図像学　(川本皓嗣編)　(京都)思文閣出版　1994.3
◇わたしの日本学―外国人による日本研究論文集〈3〉　(京都国際文化協会編)　(京都)文理閣　1994.3
◇漱石異説二題―『坊っちゃん』抱腹、『道草』徘徊　(木村直人著)　彩流社　1994.3
◇中世の四季―ダンテとその周辺〔新装版〕　(平川祐弘著)　河出書房新社　1994.3
◇漱石作品の内と外　(高木文雄著)　(大阪)和泉書院　1994.3（近代文学研究叢刊）
◇シンポジウム〈1〉　(柄谷行人編)　太田出版　1994.4（批評空間叢書）
◇思想と表現―近代日本文学史の一側面　(山口博著)　有朋堂　1994.4
◇作家の世界体験―近代日本文学の憧憬と模索　(芦谷信和,上田博,木村一信編)　(京都)世界思想社　1994.4（SEKAISHISO SEMINAR）
◇池辺三山―ジャーナリストの誕生　(池辺一郎,富永健一著)　中央公論社　1994.4（中公文庫）
◇社長としての夏目漱石　(富永直久著)　学陽書房　1994.4
◇夏目漱石の手紙　(中島国彦,長島裕子著)　大修館書店　1994.4
◇わが文芸談　(小泉信三著)　講談社　1994.5（講談社文芸文庫―現代日本のエッセイ）
◇漱石論―鏡あるいは夢の書法　(芳川泰久著)　河出書房新社　1994.5
◇漱石文学考説―初期作品の豊饒性　(秋山公男著)　おうふう　1994.5
◇鷗外と漱石―思考と感情　(中村啓著)　近代文芸社　1994.5
◇化学者池田菊苗―漱石・旨味・ドイツ　(広田鋼蔵著)　東京化学同人　1994.5（科学のとびら）
◇わたくしの漱石先生―異邦人のアプローチ　(楊璧慈著)　近代文芸社　1994.6
◇漱石、もう一つの宇宙―病跡学的アプローチ　(塚本嘉寿著)　新曜社　1994.7
◇「第六潜水艇浮上せず…」―漱石・佐久間艇長・広瀬中佐　(飯島英一著)　創造社　1994.7
◇語られる経験―夏目漱石・辻邦生をめぐって　(小田島本有著)　近代文芸社　1994.7
◇漱石の思い出　(夏目鏡子述,松岡譲筆録)　文芸春秋　1994.7（文春文庫）
◇夏目漱石の全小説を読む―併載 文学批評を読む〔改装版〕　(国文学編集部編)　学燈社　1994.7
◇漱石をよむ　(柄谷行人,小池清治,小森陽一,芳賀徹,亀井俊介著)　岩波書店　1994.7（岩波セミナーブックス）
◇石川啄木余話　(藤田庄一郎著)　(国分寺)武蔵野書房　1994.7
◇続読書の道しるべ　(宮田和美編)　西田書店　1994.7
◇戦後民主主義の黄昏―わたしたちが失おうとしているもの　(大塚英志)　PHP研究所　1994.7
◇朝日新聞記者 夏目漱石　立風書房　1994.7
◇悪妻は六十年の不作か？　日本テレビ放送網　1994.8（知ってるつもり?!）
◇二つの東京物語　(東秀紀著)　講談社　1994.8

◇漱石学入門―吾輩は隣のおじさんである　（長尾剛著）　ごま書房　1994.8　（ゴマブックス）
◇小泉八雲　西洋脱出の夢（平川祐弘著）　講談社　1994.9　（講談社学術文庫）
◇漱石の心的世界―「甘え」による作品分析　（土居健郎著）　弘文堂　1994.9
◇多田道太郎著作集〈6〉ことばの作法　（多田道太郎著）　筑摩書房　1994.9
◇春水人情本と近代小説　（丸山茂著）　新典社　1994.9　（新典社研究叢書）
◇「新しい女」の到来―平塚らいてうと漱石　（佐々木英昭）　名古屋大学出版会　1994.10
◇漱石の夢の女（吉田敦彦著）　青土社　1994.10
◇漱石文学の愛の構造　（沢庭彦著）　沖積舎　1994.11
◇漱石とあたたかな科学―文豪のサイエンス・アイ　（小山慶太著）　文芸春秋　1995.1　244p
◇政治と文学の接点―漱石・蘆花・竜之介などの生き方　（三浦隆著）　教育出版センター　1995.1　222p　（以文選書）
◇漱石の「ちょっといい言葉」―時代を超えて人生に効く名言録　（長尾剛著）　日本実業出版社　1995.1　222p
◇漱石文学のユーモア　（和田利男著）　めるくまーる　1995.1　197p
◇漱石の文学　（森田草平著）　社会思想社　1995.1　317p　（現代教養文庫）
◇孫娘から見た漱石　（松岡陽子マックレイン著）　新潮社　1995.2　184p　（新潮選書）
◇漱石異説『こころ』反証　（木村直人著）　武蔵野書房　1995.2　210p
◇夏目漱石論―「運命」の展開　（森田喜郎著）　和泉書院　1995.3　148p　（和泉選書）
◇磯田光一著作集　6　（磯田光一著）　小沢書店　1995.3　595p
◇漱石初期作品論の展開　（大竹雅則著）　おうふう　1995.3　252p
◇夏目漱石を江戸から読む―新しい女と古い男　（小谷野敦著）　中央公論社　1995.3　229p　（中公新書）
◇夏目漱石―物語と史蹟をたずねて　（武蔵野次郎著）　成美堂出版　1995.4　286p　（成美文庫）
◇小さな文学の旅―日本の名作案内　（漆原智良作）　金の星社　1995.4　257p
◇漱石を読む　（木村游著）〔木村游〕　1995.4　142p
◇図録漱石と子規―愚陀仏庵一〇〇年　第31回特別企画展　（松山市立子規記念博物館編）　朝日新聞社文化企画局大阪企画部　1995.4　120p
◇読む愉しみ―漱石の書簡・日記など　（木村游著）　木村游　1995.4　174p
◇漱石の漢詩―はじめて漢詩を作ろうとするひとへ　（大久保静夫著）　近代文芸社　1995.5　176p
◇漱石のロンドン風景　（出口保夫，アンドリュー・ワット編著）　中央公論社　1995.5　297p　（中公文庫）
◇漱石と会津っぽ・山嵐　（近藤哲著）　歴史春秋出版　1995.5　267p
◇子規・漱石・虚子―その文芸的交流の研究　（柴田奈美著）　本阿弥書店　1995.6　287p
◇漱石を読みなおす　（小森陽一著）　筑摩書房　1995.6　254p　（ちくま新書）
◇夏目漱石―近代という迷宮　（大橋健三郎著）　小沢書店　1995.6　243p
◇『三四郎』の世界―漱石を読む　（千種キムラ・スティーブン著）　翰林書房　1995.6　315p
◇「草枕」論　（佐藤裕子）『フェリス女学院大学国文学論叢』（フェリス女学院大学文学部日本文学科編）　フェリス女学院大学国文学会　1995.6　p195
◇セピアの館―夏目漱石「草枕」異聞　（木村隆之著）　新風舎　1995.8　166p
◇漱石復活　（長尾剛著）　アリアドネ企画　1995.8　222p　（Ariadne entertainment）
◇夏目漱石の世界　（熊坂敦子著）　翰林書房　1995.8　350p
◇天才ほどよく悩む　（木原武一著）　ネスコ　1995.10　252p
◇漱石―作品の誕生　（浅田隆編）　世界思想社　1995.10　278p　（SEKAISHISO SEMINAR）
◇夏目漱石論―序説　（神山睦美著）　砂子屋書房　1995.10　321p
◇夏目漱石研究　第3巻　（岡三郎著）　国文社　1995.10　802p
◇夏目漱石―永日小品／私の個人主義　（夏目漱石著，小森陽一編）　日本図書センター　1995.11　254p　（シリーズ・人間図書館）
◇私論夏目漱石―『行人』を基軸として　（安東璋二著）　おうふう　1995.11　319p
◇夏目漱石　上巻　（松原正著）　地球社　1995.11　333p
◇反俗の文人たち　（浜川博著）　新典社　1995.12　334p　（新典社文庫）
◇『それから』から『明暗』へ　再版　（神山睦美著）　砂子屋書房　1995.12　348p

◇女々しい漱石、雄々しい鷗外　（渡辺澄子著）　世界思想社　1996.1　255p　（Sekaishiso seminar）
◇『三四郎』における語りの構造　（千種・キムラ・スティーブン）『うたの響き・ものがたりの欲望』（関根英二編）　森話社　1996.1　p227
◇満州の誕生―日米摩擦のはじまり　（久保尚之著）　丸善　1996.2　267p　（丸善ライブラリー）
◇凡常の発見―漱石・谷崎・太宰　（細谷博著）　明治書院　1996.2　469p　（南山大学学術叢書）
◇日本文壇史　8　（伊藤整著）　講談社　1996.2　250,22p　（講談社文芸文庫）
◇定本　泉鏡花研究　（村松定孝著）　有精堂出版　1996.3　210p
◇漱石先生ぞな、もし　（半藤一利著）　文芸春秋　1996.3　302p　（文春文庫）
◇出来事としての読むこと　（小森陽一著）　東京大学出版会　1996.3　275p　（Liberal arts）
◇弘中又一―漱石「坊っちゃん」先生　（松原伸夫著）　教育出版センター　1996.3　248p
◇日英語学研究：漱石著『こゝろ』の英訳に学ぶ　（前田尚作著）　山口書店　1996.3　303p
◇春秋の花　（大西巨人著）　光文社　1996.4　262p
◇猫の比較文学―猫と女とマゾヒスト　（堀江珠喜著）　ミネルヴァ書房　1996.4　261p　（Minerva21世紀ライブラリー）
◇夏目漱石の小説と俳句　（斉藤英雄著）　翰林書房　1996.4　342p
◇日本文壇史　9　（伊藤整著）　講談社　1996.4　250,23p　（講談社文芸文庫）
◇漱石の「則天去私」と『明暗』の構造　（加藤敏夫著）　リーベル出版　1996.6　693p
◇風呂で読む　漱石の漢詩　（豊福陸二著）　世界思想社　1996.6　104p
◇迷羊のゆくえ―漱石と近代　（熊坂敦子著）　翰林書房　1996.6　418p
◇夏目漱石『夢十夜』作品論集成　3　（坂本育雄編）　大空社　1996.6　528p　（近代文学作品論叢書）
◇夏目漱石と経済―ヘーゲルから浪矢まで　（鈴木英雄著）　近代文芸社　1996.6　252p
◇夏目漱石『夢十夜』作品論集成　1　（坂本育雄編）　大空社　1996.6　563p　（近代文学作品論叢書）
◇夏目漱石『夢十夜』作品論集成　2　（坂本育編）　大空社　1996.6　492p　（近代文学作品論叢書）
◇漱石と道徳思想　（石川正一著）　能登印刷出版部　1996.7　239p
◇漱石先生大いに笑う　（半藤一利著）　講談社　1996.7　302p
◇正岡子規―ベースボールに賭けたその生涯　（城井睦夫著）　紅書房　1996.9　267p
◇漱石のステッキ　（中沢宏紀著）　第一書房　1996.9　285p
◇新・天才論―教育学からのアプローチ　（古寺雅男著）　ミネルヴァ書房　1996.9　246,3p　（Minerva21世紀ライブラリー）
◇天才、生い立ちの病跡学―甘えと不安の精神分析　（福島章著）　講談社　1996.9　395p　（講談社プラスアルファ文庫）
◇漱石を"読む"―私を探す旅　鏡の会　1996.9　638p
◇漱石『明暗』とポアンカレー　（山口昌哉）『生命の思索』　哲学書房　1996.9　（講座生命'96 vol.1）　p37
◇夏目漱石と田岡嶺雲　（吉田真）『文学・社会へ地球へ』（西田勝退任・退職記念文集編集委員会編）　三一書房　1996.9　p153
◇漱石とカーライル―「それから」をめぐって　（古田芳江）『文学・社会へ地球へ』（西田勝退任・退職記念文集編集委員会編）　三一書房　1996.9　p165
◇オリエンタルな夢―小泉八雲と霊の世界　（平川祐弘著）　筑摩書房　1996.10　329p
◇不肖の孫　（夏目房之介著）　筑摩書房　1996.10　237p
◇漱石の20世紀　（深江浩著）　翰林書房　1996.10　187p
◇漱石書簡の研究―「漱石と群馬」をコンセプトにして　（斎藤順二）『学園創立60周年・短大創設30周年記念論文集』（群馬女子短期大学記念論文集編集委員会編）　群馬女子短期大学　1996.10　p317(21)
◇漱石とその時代　第4部　（江藤淳著）　新潮社　1996.10　449p　（新潮選書）
◇文豪の愛した東京山の手　（文芸散策の会編，近藤富枝監修）　日本交通公社出版事業局　1996.11　143p　（JTBキャンブックス）
◇しのび草―わが師　わが友　（大岡信著）　世界文化社　1996.11　374p
◇二葉亭四迷の明治四十一年　（関川夏央著）　文芸春秋　1996.11　317p
◇独楽の回転―甦る近代小説　（高橋昌男著）　小沢書店　1996.11　241p
◇満鉄総裁中村是公と漱石　（青柳達雄著）　勉誠社　1996.11　364,6p
◇漱石と河上肇―日本の二大漢詩人　（一海知義著）　藤原書店　1996.12　301p
◇高浜虚子『俳諧師』における虚と実―子規と漱石をめぐる青春群像　（二）　（大西貢）『愛媛大学人文学会会誌創立二十周年記念論集』（愛媛大学人文学会編）　愛媛大学人文学会　1996.12　p69
◇日本文壇史　13　（伊藤整著）　講談社　1996.12　288,21p　（講談社文

芸文庫）
◇漱石先生ぞな，もし　続　（半藤一利著）　文芸春秋　1996.12　324p（文春文庫）
◇この人たちの結婚—明治大正名流婚　（林えり子著）　講談社　1997.1　301p
◇身体の文学史　（養老孟司著）　新潮社　1997.1　197p
◇『吾輩は猫である』を読む　（谷口巌著）　近代文芸社　1997.1　198p
◇漱石俳句を愉しむ　（半藤一利著）　PHP研究所　1997.2　213p（PHP新書）
◇漱石文学論究—中期作品の小説作法　（秋山公男著）　おうふう　1997.2　293p
◇夏目漱石・小泉八雲の西海路探訪—天草・島原・長崎・三角・「草枕」の里を訪ねて　（鶴田文史著）　西海文化史研究所　1997.2　436p
◇夏目漱石『門』の主要レトリック—「門」は「対置法」で書かれたシンメトリカルな作品である　（小池清治）『石井文夫教授退官記念論文集』（石井文夫教授退官記念論文集刊行会編）　石井文夫教授退官記念論文集刊行会　1997.2　p1
◇漱石，賢治，啄木のひとり歩きの愉しみ　（辻真先著）　青春出版社　1997.3　221p　（プレイブックス）
◇文人悪食　（嵐山光三郎著）　マガジンハウス　1997.3　429p
◇太宰・漱石・モームの小説—他作家の影響を探る　（越川正三著）　関西大学出版部　1997.4　251,4p
◇『草枕』—鏡が池の詩想　（小橋孝子）『詩う作家たち』（野山嘉正編）　至文堂　1997.4　p101
◇夏目漱石—『坊っちゃん』をかいた人　（桜井信夫作，鍋田幹絵）　岩崎書店　1997.5　136p　（フォア文庫）
◇旅の半空　（森本哲郎著）　新潮社　1997.5　273p
◇もう一度読む　夏目漱石　（長尾剛著）　双葉社　1997.5　270p　（目からウロコの新解釈）
◇あなたの知らない漱石こぼれ話　（長尾剛著）　日本実業出版社　1997.5　222p
◇比較の視野—漱石・オースティン・マードック　（井内雄四郎著）　旺史社　1997.5　195,9p
◇漱石の東京　（武田勝彦著）　早稲田大学出版部　1997.5　246,18p
◇漱石—その新たなる地平　（重松泰雄著）　おうふう　1997.5　382p
◇小宮豊隆と夏目漱石展示図録—平成9年度特別展　（豊津町歴史民俗資料館編）　豊津町歴史民俗資料館　1997.5　35p
◇夏目漱石の「仕方がない」態度—「現代日本の開化」と「草枕」　（首藤基澄）『東アジアの文化構造』（工藤敬一，金原理，森正人編）　九州大学出版会　1997.5　（熊本大学「地域」研究 2）p141
◇漱石研究　第8号　（小森陽一編集，石原千秋編集）　翰林書房　1997.5　223p
◇漱石ゴシップ　（長尾剛著）　文芸春秋　1997.6　251p　（文春文庫）
◇夏目漱石『満韓ところどころ』私見　（呂元明〔訳〕）『近代日本と「偽満州国」』（日本社会文学会編）　不二出版　1997.6　p273
◇水谷昭夫著作選集　第1巻　（水谷昭夫著，奥野政元ほか編集）　新教出版社　1997.6　337p
◇月は東に—蕪村の夢漱石の幻　（森本哲郎著）　新潮社　1997.7　309p（新潮文庫）
◇陸前の大梅寺—草枕異聞則天去私への軌跡　（高橋巌著）　近代文芸社　1997.7　454p
◇ハイドリオタフィア，あるいは偉大なる暗闇—サー・トマス・ブラウンと漱石　（飛ヶ谷美穂子）『日本近代文学と西欧』（佐々木昭夫編）　翰林書房　1997.7　p118
◇漱石漢詩の「元是」—西欧への窓　（加藤二郎）『日本近代文学と西欧』（佐々木昭夫編）　翰林書房　1997.7　p143
◇漱石漢詩と禅の思想　（陳明順著）　勉誠社　1997.8　363p
◇漱石の文体　（宮沢健太郎著）　洋々社　1997.9　261p
◇小泉八雲と夏目漱石　（平川祐弘）『世界と漱石国際シンポジウム報告書』（「'96くまもと漱石博」推進100人委員会編）　「'96くまもと漱石博」推進100人委員会　1997.9　p7
◇「虞美人草」論—受け継がれない「金時計」　（村瀬士朗）『世界と漱石国際シンポジウム報告書』（「'96くまもと漱石博」推進100人委員会編）　「'96くまもと漱石博」推進100人委員会　1997.9　p24
◇「思ひ出す事など」のアイロニーをめぐって　（奥野政元）『世界と漱石国際シンポジウム報告書』（「'96くまもと漱石博」推進100人委員会編）　「'96くまもと漱石博」推進100人委員会　1997.9　p24
◇同一性と差異—「草枕」をめぐる作家たち　（石井和夫）『世界と漱石国際シンポジウム報告書』（「'96くまもと漱石博」推進100人委員会編）　「'96くまもと漱石博」推進100人委員会　1997.9　p25
◇漱石と留学—揺れる自称詞　（関口均）『世界と漱石国際シンポジウム報告書』（「'96くまもと漱石博」推進100人委員会編）　「'96くまもと漱石博」推進100人委員会　1997.9　p26
◇漱石と熊本—『草枕』と『二百十日』を中心に　（加茂章）『世界と漱石国際シンポジウム報告書』（「'96くまもと漱石博」推進100人委員会編）　「'96くまもと漱石博」推進100人委員会　1997.9　p26

◇英語教育者としての漱石—旧制五高時代の夏目金之助教授　（原武哲）『世界と漱石国際シンポジウム報告書』（「'96くまもと漱石博」推進100人委員会編）「'96くまもと漱石博」推進100人委員会　1997.9　p27
◇ラテン・アメリカにおける漱石文学　（藤田富士男）『世界と漱石国際シンポジウム報告書』（「'96くまもと漱石博」推進100人委員会編）「'96くまもと漱石博」推進100人委員会　1997.9　p28
◇鷗外からみた漱石　（金子幸代）『世界と漱石国際シンポジウム報告書』（「'96くまもと漱石博」推進100人委員会編）「'96くまもと漱石博」推進100人委員会　1997.9　p28
◇夏目漱石における「独立」　（猪飼隆明）『世界と漱石国際シンポジウム報告書』（「'96くまもと漱石博」推進100人委員会編）「'96くまもと漱石博」推進100人委員会　1997.9　p29
◇地球的視野による夏目漱石　（平岡敏夫（コーディネーター），清水孝純，ジェイ・ルービン，キム・レーホ，アレキサ・小嶋，千種・キムラ・スティーブン，呂元明，呉英珍，権赫建（パネリスト））『世界と漱石国際シンポジウム報告書』（「'96くまもと漱石博」推進100人委員会編）「'96くまもと漱石博」推進100人委員会　1997.9　p31～73
◇水谷昭夫著作選集　2　（水谷昭夫著）　新教出版社　1997.10　28p
◇反転する漱石　（石原千秋著）　青土社　1997.11　386p
◇漱石の実験—現代をどう生きるか　増補改訂　（松元寛著）　朝文社　1997.11　317p　（朝文社百科シリーズ）
◇漱石の四年三ケ月—くまもとの青春　（'96くまもと漱石博推進100人委員会編集）　'96くまもと漱石博推進100人委員会　1997.11　272p
◇伝統文学と近代文学—「夢十夜」を軸として　（相原和邦）『近世・近代文学の形成と展開』（山根巴，横山邦治編）　和泉書院　1997.11　（継承と展開 7）p43
◇家永三郎集　第1巻　（家永三郎著）　岩波書店　1997.11　352p
◇老舎と漱石—生粋の北京人と江戸っ子　（李寧著）　新典社　1997.12　158p　（新典社文庫）
◇「色」と「愛」の比較文化史　（佐伯順子著）　岩波書店　1998.1　389,7p
◇風呂で読む漱石の俳句　（石井和夫著）　世界思想社　1998.1　104p
◇夏目漱石初期作品攷—奔流の水脈　（硴香文著）　和泉書院　1998.2　254p　（近代文学研究叢刊）
◇夏目漱石—『明暗』まで　（内田道雄著）　おうふう　1998.2　351p
◇漱石のなぞ—『道草』と『思い出』との間　（小山田義文著）　平河出版社　1998.3　251p
◇子規の素顔　（和田茂樹著）　愛媛県文化振興財団　1998.3　397p　（えひめブックス）
◇吾輩は猫である・伝　（高橋康雄著）　北宋社　1998.3　315p
◇夏目漱石と北一輝　（宮本盛太郎）『日本思想の地平と水脈』（河原宏，河原宏教授古稀記念論文集刊行会編著）　ぺりかん社　1998.3　p41
◇近代化の中の文学者たち—その青春と実存　（山口博著）　愛育社　1998.4　279p
◇漱石とあたたかな科学—文豪のサイエンス・アイ　（小山慶太著）　講談社　1998.4　238p　（講談社学術文庫）
◇夏目漱石　1　（藤井淑禎編）　若草書房　1998.4　278p　（日本文学研究論文集成）
◇「草枕」変奏曲—夏目漱石とグレン・グールド　（横田庄一郎著）　朔北社　1998.5　268p
◇漱石とその時代の作家—天理ギャラリー第109回展　（天理大学附属天理図書館編）　天理ギャラリー　1998.5　32p
◇漱石・藤村—〈主人公〉の影　（関谷由美子著）　愛育社　1998.5　303p
◇漱石研究　第10号　（小森陽一，石原千秋編集）　翰林書房　1998.5　217p
◇人間の生涯ということ　（上田閑照著）　人文書院　1998.6　244p
◇文明開化と英学　（川澄哲夫編，鈴木孝夫監修）　大修館書店　1998.6　1366p　（資料日本英学史）
◇鷗外・漱石・芥川　（蒲生芳郎著）　洋々社　1998.6　245p
◇「漱石の美術愛」推理ノート　（新関公子著）　平凡社　1998.6　269p
◇彼らの物語—日本近代文学とジェンダー　（飯田祐子著）　名古屋大学出版会　1998.6　314,3p
◇漱石の「不愉快」—英文学研究と文明開化　（小林章夫著）　PHP研究所　1998.7　199p　（PHP新書）
◇文学の中の法　（長尾竜一著）　日本評論社　1998.7　208p
◇漱石異説『坊つちやん』見落—『漱石研究』落選集　（木村直人著）　武蔵野書房　1998.7　186p
◇漱石の「愚」　（北山正迪）『自己・世界・歴史と科学』（FAS協会編）　法蔵館　1998.7　p263
◇ダイアローグ　5　（柄谷行人著）　第三文明社　1998.7　349p
◇志賀直哉交友録　（志賀直哉著，阿川弘之編）　講談社　1998.8　329p　（講談社文芸文庫）
◇文学館ワンダーランド—全国文学館・記念館ガイド160　（リテレール編集部編）　メタローグ　1998.8　302p
◇おはなし大阪文学史　（水口洋治著）　竹林館　1998.8　225p
◇こちらロンドン漱石記念館　（恒松郁生著）　中央公論社　1998.8

231p（中公文庫）
◇日本文壇史 23 （瀬沼茂樹著） 講談社 1998.8 306p （講談社文芸文庫）
異文化との出会い―国際化のなかの個人と社会 （三好郁朗、宮本盛太郎、村形明人、竹安邦夫、中西輝政、間宮陽介著） 京都大学学術出版会 1998.9 238p （京都大学総合人間学部公開講座）
精神医学からみた作家と作品 新装版 （春原千秋、梶谷哲男著） 牧野出版 1998.9 288p
◇文人追懐――学芸記者の取材ノート （浜川博著） 蝸牛社 1998.9 270p
◇「ゆらぎ」の日本文学 （小森陽一著） 日本放送出版協会 1998.9 318p （NHKブックス）
◇本を枕に （奥本大三郎著） 集英社 1998.9 274p （集英社文庫）
◇散歩する漱石―詩と小説の間 （西村好子著） 翰林書房 1998.9 271p
◇「漱石」がわかる。 朝日新聞社 1998.9 176p （Aera mook）
夏目漱石 2 （片岡豊編） 若草書房 1998.9 258p （日本文学研究論文集成）
◇日本人の生命観 （新保哲編著） 北樹出版 1998.10 208p
◇教育と文芸のひずみ （村松定孝著） 高文堂出版社 1998.10 80p （現代ひずみ叢書）
◇「吾輩は猫である」の謎 （長山靖生著） 文芸春秋 1998.10 221p （文春新書）
◇漱石そのユートピア的世界 （清水孝純著） 翰林書房 1998.10 301p
◇日本文壇史 回想の文学 24 （瀬沼茂樹著） 講談社 1998.10 328, 32p （講談社文芸文庫）
◇東京江戸謎とき散歩―首都の歴史ミステリーを訪ねて （加来耕三, 志治美佐, 黒田敏穂著） 広済堂出版 1998.11 375p
◇イギリス文学論集 （平井正穂著） 研究社出版 1998.11 196p
◇漱石という思想の力 （赤井恵子著） 朝文社 1998.11 267p
◇漱石・芥川・太宰と聖書―近代日本文学の謎を解く!! （奥山実著） マルコーシュ・パブリケーション 1998.11 461p
◇漱石研究 第11号 （小森陽一, 石原千秋編集） 翰林書房 1998.11 221p
◇この日本人を見よ―在りし日の人たち （馬野周二著） フォレスト出版 1998.12 263p
◇身体小説論―漱石・谷崎・太宰 （石井洋二郎著） 藤原書店 1998.12 354p
◇傍流文学論 （野村喬著） 花伝社 1998.12 498p （野村喬著集）
◇語りの仮装―「満韓ところどころ」の戦略をめぐる小論 （栗原敦） 『近代作家論の現在』（分銅惇作編） 蒼丘書林 1998.12 p71
◇漱石を語る 1 （小森陽一, 石原千秋編） 翰林書房 1998.12 268p （漱石研究叢書）
◇漱石を語る 2 （小森陽一, 石原千秋編） 翰林書房 1998.12 268p （漱石研究叢書）
◇時代と女と樋口一葉―漱石も鴎外も描けなかった明治 （菅聡子著） 日本放送出版協会 1999.1 301p （NHKライブラリー）
◇折々の記 （清田金吾著） 日本図書刊行会 1999.1 101p
◇父 阿部次郎 増補版 （大平千枝子著） 東北大学出版会 1999.1 365p （東北大学出版会叢書）
◇心が強くなる漱石の助言 （長尾剛著） 朝日ソノラマ 1999.1 238p
◇近代文学の分身像 （渡辺正彦著） 角川書店 1999.2 222p （角川選書）
◇坊ちゃん―六青校合定本 （高木文雄校注） 朝日書林 1999.2 329p
◇拝啓漱石先生 （大岡信著） 世界文化社 1999.2 278p
◇明治文学の脈動―鴎外・漱石を中心に （竹盛天雄著） 国書刊行会 1999.2 444p
◇「新しい作品論」へ、「新しい教材論」へ―文学研究と国語教育研究の交差 1 （田中実, 須貝千里編著） 右文書院 1999.2 282p
◇漱石と鴎外の遠景―古典で読み解く近代文学 （島内景二著） ブリュッケ 1999.3 181p
◇春秋の花 （大西巨人著） 光文社 1999.3 262p （光文社文庫）
◇漱石と英国―留学体験と創作との間 増補版 （塚本利明著） 彩流社 1999.3 304p
◇アーサー王物語の魅力―ケルトから漱石へ （高宮利行著） 秀文インターナショナル 1999.3 319p
◇詩魔―二十世紀の人間と漢詩 （一海知義著） 藤原書店 1999.3 320p
◇近代秩序への接近―制度と心性の諸断面 （鹿児島経済大学地域総合研究所編） 日本経済評論社 1999.3 285p
◇20世紀日記抄 （「This is 読売」編集部編） 博文館新社 1999.3 229p
◇歴訪の作家たち （小林澪子著） 論創社 1999.3 238p
◇世紀末の予言者・夏目漱石 （小森陽一著） 講談社 1999.3 286p
◇漱石と異文化体験 （藤田栄一著） 和泉書院 1999.3 248p （和泉選書）

◇文学研究から文化研究へ―『坊ちゃん』とその時代 （小森陽一述, 愛知県教育サービスセンター編） 第一法規出版東海支社 1999.3 28p （県民大学叢書）
◇吉川幸次郎全集 第18巻 （吉川幸次郎著） 筑摩書房 1999.3 551p
◇風雅のひとびと―明治・大正文人俳句列伝 （高橋康雄著） 朝日新聞社 1999.4 379p
◇漱石と英文学―「漾虚集」の比較文学的研究 （塚本利明著） 彩流社 1999.4 594p
◇汽笛のけむり今いずこ （佐藤喜一著） 新潮社 1999.4 213p
◇漱石―その退なるもの （大竹雅則著） おうふう 1999.4 258p
◇漱石の記号学 （石原千秋著） 講談社 1999.4 254p （講談社選書メチエ）
◇自分を深めろ！人生を拓け！―漱石の仕事論に学ぶ （鷲田小弥太著） 大和書房 1999.5 186p
◇あの人はどこで死んだか―死に場所から人生が見える （矢島裕紀彦著） 青春出版社 1999.5 269p （青春文庫）
◇謎物語―あるいは物語の謎 （北村薫著） 中央公論新社 1999.5 6, 215p （中公文庫）
◇越境者が読んだ近代日本文学―境界をつくるもの、こわすもの （鶴田欣也著） 新曜社 1999.5 453p
◇文化のダイナミズム （新田義之編） 大学教育出版 1999.5 260p
◇偉人を育てた親たち―子どもの才能をどう見つけどう伸ばすか （松枝史明著） 産能大学出版部 1999.6 242p
◇快絶壮遊 天狗倶楽部―明治バンカラ交遊録 （横田順弥著） 教育出版 1999.6 192p （江戸東京ライブラリー）
◇倫敦赤毛布見物 （出久根達郎著） 文芸春秋 1999.6 258p
◇ソローと漱石の森―環境文学のまなざし （稲本正著） 日本放送出版協会 1999.6 333p
◇漱石と立花銑三郎―その影 熊本・三池・ロンドン （宮崎明著） 日本図書刊行会 1999.7 176p
◇悲の思想―文学にみる生老病死 （佐々木徹著） 法蔵館 1999.7 229p
◇クイズでなっとく「頭出し」文章教室 （月とうさぎ文学探偵団編） 小学館 1999.8 250p （小学館文庫）
◇マルクス探求 （服部文男著） 新日本出版社 1999.8 268p
夏目漱石と芥川竜之介―特別企画展 北海道立文学館 1999.8 44p
◇加藤周一セレクション 2 （鷲巣力編） 平凡社 1999.8 421p （平凡社ライブラリー）
◇漱石とグールド―8人の「草枕」協奏曲 （横田庄一郎編） 朔北社 1999.9 267p
◇学習カレンダー 365日今日はどんな日？4月 （PHP研究所編） PHP研究所 1999.9 49p
◇天文学者の虫眼鏡―文学と科学のあいだ （池内了著） 文芸春秋 1999.9 211p （文春新書）
◇鴎外のオカルト、漱石の科学 （長山靖生著） 新潮社 1999.9 231p
◇やさしくわかるユング心理学―あなたの深層心理を読み解く一歩 （山根はるみ著） 日本実業出版社 1999.9 254p
◇漱石イギリスの恋人 （佐藤高明著） 勉誠出版 1999.9 297p （遊学叢書）
◇世紀末の一年―1900年ジャパン （松山巌著） 朝日新聞社 1999.10 449p （朝日選書）
◇書を読んで羊を失う （鶴ヶ谷真一著） 白水社 1999.10 187,3p
◇魯迅の日本 漱石のイギリス―「留学の世紀」を生きた人びと （柴崎信三著） 日本経済新聞社 1999.10 262p
◇漱石と禅 （加藤二郎著） 翰林書房 1999.10 270p
◇漱石研究 第12号 （小森陽一, 石原千秋編） 翰林書房 1999.10 255p
◇夏目漱石 中巻 （松原正著） 地球社 1999.10 345p
◇唐沢俊一のB級裏モノ探偵団 （唐沢俊一著） 大和書房 1999.11 237p
◇漱石俳句探偵帖 （半藤一利著） 角川書店 1999.11 239p （角川選書）
◇クリスマス―どうやって日本に定着したか （クラウス・クラハト, 克美・タテノクラハト著） 角川書店 1999.11 231p
◇良心と至誠の精神史―日本陽明学の近現代 （大橋健二著） 勉誠出版 1999.11 318p
◇名句を作った人々 （鷹羽狩行著） 富士見書房 1999.12 236p
◇心を癒す漱石からの手紙―文豪といわれた男の、苦しみとユーモアと優しさの素顔 （矢島裕紀彦著） 青春出版社 1999.12 288p
◇反世界の夢―日本幻想小説論 （真杉秀樹著） 沖積舎 1999.12 313p
◇追悼の達人 （嵐山光三郎著） 新潮社 1999.12 444p
◇漱石とその時代 第5部 （江藤淳著） 新潮社 1999.12 290p （新潮選書）
◇漱石―ある佐幕派子女の物語 （平岡敏夫著） おうふう 2000.1

夏目漱石

447p
- ◇科学と幸福　（佐藤文隆著）　岩波書店　2000.1　213p　（岩波現代文庫）
- ◇文章読本—文豪に学ぶテクニック講座　（中条省平著）　朝日新聞社　2000.2　253p
- ◇スケッチ紀行　漱石先生と歩く　（きたとしたか著）　日貿出版社　2000.2　139p
- ◇知的に生きるための思考術—人生の問題を解決する50のキーワード　（鷲田小弥太著）　PHP研究所　2000.2　211p
- ◇漱石の夏やすみ—房総紀行『木屑録』　（高島俊男著）　朔北社　2000.2　329p
- ◇恋愛の起源—明治の愛を読み解く　（佐伯順子著）　日本経済新聞社　2000.2　236p
- ◇夏目漱石—思想の比較と未知の探究　（宮本盛太郎, 関静雄著）　ミネルヴァ書房　2000.2　324,7p　(Minerva21世紀ライブラリー)
- ◇1900年への旅—あるいは、道に迷わば年輪を見よ　（寺島実郎著）　新潮社　2000.2　230,7p
- ◇作文のなかの大日本帝国　（川村湊著）　岩波書店　2000.2　255p
- ◇藤野古白と子規派・早稲田派　（一条孝夫著）　和泉書院　2000.2　280p　（近代文学研究叢刊）
- ◇日本の近代化と知識人—若き日本と世界　2　（東海大学外国語教育センター異文化交流研究編）　東海大学出版会　2000.2　284p
- ◇漱石の東京　2　（武田勝彦著）　早稲田大学出版部　2000.2　265p
- ◇夏目漱石と小宮豊隆—書簡・日記にみる漱石と豊隆の師弟関係に就いて　（脇昭子著）　近代文芸社　2000.3　90p
- ◇きっと会えるよ！新しい自分—占いは楽しく生きるヒント　（結城モイラ著）　ポプラ社　2000.3　158p　（自分探しの旅シリーズ）
- ◇自分の心を高める漱石の言葉　（長尾剛著）　PHP研究所　2000.3　235p
- ◇出来事としての文学—時間錯誤の構造　（小林康夫著）　講談社　2000.4　353p　（講談社学術文庫）
- ◇日本のエロティシズム　（百川敬仁著）　筑摩書房　2000.4　235p　（ちくま新書）
- ◇英語教師　夏目漱石　（川島幸希著）　新潮社　2000.4　253p　（新潮選書）
- ◇一鷲ライブ—「文を聞く・音を読む」CD&CG絵本　1　（一鷲明倫吾り, 安田善三CG）　星の環会　2000.4　30p
- ◇漱石文学全注釈　12　（藤井淑禎注釈）　若草書房　2000.4　404p
- ◇夏目家の糠みそ　（半藤末利子著）　PHP研究所　2000.5　252p
- ◇陽明学が問いかけるもの　（吉田公平著）　研文出版　2000.5　226p　（研文選書）
- ◇座談会　明治・大正文学史　3　（柳田泉, 勝本清一郎, 猪野謙二編）　岩波書店　2000.5　370p　（岩波現代文庫）
- ◇漱石解読—"語り"の構造　（佐藤裕子著）　和泉書院　2000.5　322p　（近代文学研究叢刊）
- ◇漱石先生大いに笑う　（半藤一利著）　筑摩書房　2000.5　274p　（ちくま文庫）
- ◇漱石と落語　増補　（水川隆夫著）　平凡社　2000.5　296p　（平凡社ライブラリー）
- ◇漱石から漱石へ　（玉井敬之編）　翰林書房　2000.5　406p
- ◇東京見おさめレクイエム　（横尾忠則著）　光文社　2000.6　242p　（知恵の森文庫）
- ◇海をこえて　近代知識人の冒険　（高沢秀次著）　秀明出版会　2000.6　329p
- ◇下戸列伝　（鈴木真哉著）　集英社　2000.6　254p　（集英社文庫）
- ◇漱石文学全注釈　8　（佐々木英昭注釈）　若草書房　2000.6　526p
- ◇夏目漱石—テクストの深層　（石崎等著）　小沢書店　2000.7　303p
- ◇日本のこころ—地の巻　「私の好きな人」　（田辺聖子, 高橋睦郎, 山折哲雄, 平山郁夫, 堺屋太一ほか著）　講談社　2000.7　387p
- ◇夏目漱石事典　（平岡敏夫, 山形和美, 影山恒男編）　勉誠出版　2000.7　440,27p
- ◇闊歩する漱石　（丸谷才一著）　講談社　2000.7　244p
- ◇司馬遼太郎全講演　第1巻　（司馬遼太郎著）　毎日新聞社　2000.7　496p
- ◇父親革命　（長山靖生著）　新潮社　2000.8　216p
- ◇俳句的人間・短歌的人間　（坪内稔典著）　岩波書店　2000.8　248p
- ◇漱石を比較文学的に読む　（河村民部著）　近代文芸社　2000.8　307p
- ◇土居健郎選集　7　（土居健郎著）　岩波書店　2000.8　352p
- ◇文人悪食　（嵐山光三郎著）　新潮社　2000.9　562p　（新潮文庫）
- ◇孤独と不安—二十世紀思想史の一断面　（山崎庸佑著）　北樹出版　2000.10　139p
- ◇漱石先生がやって来た　（半藤一利著）　学陽書房　2000.10　288p　（人物文庫）
- ◇『坊っちゃん』とシュタイナー—隈本有尚とその時代　（河西善治著）　ばる出版　2000.10　222p
- ◇漱石の猫と遊ぼう　（坂海司著）　文芸社　2000.10　241p
- ◇漱石研究　第13号　（小森陽一, 石原千秋編）　翰林書房　2000.10　237p
- ◇日本人の帽子　（樋口覚著）　講談社　2000.11　430,14p
- ◇文学夜話—作家が語る作家　（日本ペンクラブ編）　講談社　2000.11　325p
- ◇漱石先生とスポーツ　（出久根達郎著）　朝日新聞社　2000.12　236p
- ◇その時歴史が動いた　3　（NHK取材班編）　KTC中央出版　2000.12　253p
- ◇文学者はつくられる　（山本芳明著）　ひつじ書房　2000.12　326p　（未発選書）
- ◇今、なぜ中国研究か—古典と現代　（内藤幹治編）　東方書店　2000.12　284p
- ◇老人読書日記　（新藤兼人著）　岩波書店　2000.12　217p　（岩波新書）
- ◇漱石と英語　（大村喜吉著）　本の友社　2000.12　230p
- ◇身体の文学史　（養老孟司著）　新潮社　2001.1　221p　（新潮文庫）
- ◇「三四郎」の東京学　（小川和佑著）　日本放送出版協会　2001.1　230p
- ◇流動する概念—漱石と朔太郎と　（勝田和学著）　勝田和学論文集刊行委員会　2001.1　386p
- ◇近代作家自筆原稿集　（保昌正夫監修, 青木正美収集・解説）　東京堂出版　2001.2　210p
- ◇歴史をあるく、文学をゆく　（半藤一利著）　平凡社　2001.2　269p
- ◇漱石のユーモア—"明治"の構造　（張建明著）　講談社　2001.2　230p　（講談社選書メチエ）
- ◇透谷・漱石・独立の精神　（小沢勝美著）　勉誠出版　2001.2　308,6p　（遊学叢書）
- ◇近世と近代の通廊—十九世紀日本の文学　（神戸大学文芸思想史研究会編）　双文社出版　2001.2　301p
- ◇小説の考古学へ—心理学・映画から見た小説技法史　（藤井淑禎著）　名古屋大学出版会　2001.2　286p
- ◇魯迅と漱石の比較文学的研究—小説の様式と思想を軸にして　（李国棟著）　明治書院　2001.2　464p
- ◇文学に描かれた宮崎—県北を中心に　1　（夕刊デイリー新聞社企画・編, 佐藤隆一著）　鉱脈社　2001.2　296p　（みやざき文庫）
- ◇日本ミステリーの100年—おすすめ本ガイド・ブック　（山前譲編）　光文社　2001.3　370p　（知恵の森文庫）
- ◇明治秀句　新版　（山口青邨著, 渡辺寛解説）　春秋社　2001.3　278p　（新版　日本秀句）
- ◇モダンの近似値—スティーヴンズ・大江・アヴァンギャルド　（阿部公彦著）　松柏社　2001.3　438p
- ◇開化・恋愛・東京—漱石・竜之介　（海老井英次著）　おうふう　2001.3　247p
- ◇漱石—『夢十夜』以後　（仲秀和著）　和泉書院　2001.3　227p　（和泉選書）
- ◇文学の内景—漱石とその前後　（荻久保泰幸著）　双文社出版　2001.3　334p
- ◇漱石文学全注釈　9　（小森陽一, 五味淵典嗣, 内藤千珠子注釈）　若草書房　2001.3　352p
- ◇人間力　（谷沢永一著）　潮出版社　2001.4　249p
- ◇日本近代文学の名作　（吉本隆明著）　毎日新聞社　2001.4　187p
- ◇人権からみた文学の世界—大正篇　（川端俊英著）　部落問題研究所出版　2001.4　159p
- ◇漱石の留学とハムレット—比較文学の視点から　（仁木久恵著）　リーベル出版　2001.4　287p
- ◇漱石先生の手紙　（夏目漱石述, 出久根達郎著）　日本放送出版協会　2001.4　253p
- ◇夏目漱石『こころ』作品論集　（猪熊雄治編）　クレス出版　2001.4　391p　（近代文学作品論集成）
- ◇夏目漱石展—木曜日を面会日と定め候　（山梨県立文学館編）　山梨県立文学館　2001.4　72p
- ◇漱石を読む　笠間書院　2001.4　199p　（笠間ライブラリー）
- ◇夏目漱石の作品研究　増補　（荻原桂子著）　花書院　2001.4　337p
- ◇漱石の京都　（水川隆夫著）　平凡社　2001.5　302p
- ◇明治文学の世界—鏡像としての新世紀　（斎藤慎爾編）　柏書房　2001.5　278p
- ◇かまくらで文学を考える　（山口博著）　愛育社　2001.6　263p
- ◇理科を歩く—歴史に学ぶ　（江沢洋著）　新曜社　2001.6　205p
- ◇佐藤泰正著作集　2　（佐藤泰正著）　翰林書房　2001.6　481p
- ◇アジアフェリーで出かけよう！　（金丸知好文, 吉田朗子イラスト）　出版文化社　2001.7　230p
- ◇「帝国」の文学—戦争と「大逆」の間　（桂秀実著）　以文社　2001.7　360p　（以文叢書）
- ◇江藤淳　（田中和生著）　慶応義塾大学出版会　2001.7　246p

◇グレン・グールドを聴く夏目漱石　（樋口覚著）　五柳書院　2001.7　245p　（五柳叢書）
◇漱石と松山―子規から始まった松山との深い関わり　（中村英利子編著）　アトラス出版　2001.7　215p
◇鷗外・漱石と近代の文苑　（伊狩章著）　翰林書房　2001.7　482p
◇増補　漱石論集成　増補版　平凡社　2001.8　575p　（平凡社ライブラリー）
◇青春の終焉　（三浦雅士著）　講談社　2001.9　484p
◇漱石―その解纜　（重松泰雄著）　おうふう　2001.9　507p
◇評伝　広津和郎―真正リベラリストの生涯　（坂本育雄著）　翰林書房　2001.9　278p
◇定本　言語にとって美とはなにか　1　（吉本隆明著）　角川書店　2001.9　398p　（角川ソフィア文庫）
◇「坊っちゃん」はなぜ市電の技術者になったか―日本文学の中の鉄道をめぐる8つの謎　（小池滋著）　早川書房　2001.10　223p
◇百貌百言　（出久根達郎著）　文芸春秋　2001.10　215p　（文春新書）
◇これだけは読んでおきたい名作文学案内　（三木卓監修、石川森彦、高瀬直子漫画、笠原秀、川田由美子、小松みどり、鈴木啓史、和田進文）　集英社　2001.10　287p
◇言葉と文化・文学　（武蔵大学公開講座ワーキング・グループ編）　御茶の水書房　2001.10　284p　（武蔵大学公開講座）
◇青春という亡霊―近代文学の中の青年　（古屋健三著）　日本放送出版協会　2001.10　316p　（NHKブックス）
◇漱石と芥川を読む―愛・エゴイズム・文明　（万田務著）　双文社出版　2001.10　261p
◇漱石研究　第14号　（小森陽一, 石原千秋編）　翰林書房　2001.10　233p
◇「漱石」の御利益―現代人のための人生よろず相談　（長山靖生著）　ベストセラーズ　2001.11　249p
◇評伝　散華抄―妻でない妻　（永田竜太郎著）　永田書房　2001.11　301p
◇隠遁の思想―西行をめぐって　（佐藤正英著）　筑摩書房　2001.11　297p　（ちくま学芸文庫）
◇岡山ゆかりの作家たち―その青春の日の彷徨を追って　（片山由子著）　近代文芸社　2001.11　198p
◇英語襲来と日本人―えげれす語事始　（斎藤兆史著）　講談社　2001.11　194p　（講談社選書メチエ）
◇大正文学史　（上田博, 国末泰平, 田辺匡, 滝本和成編）　晃洋書房　2001.11　255,6p
◇周作人と日本近代文学　（于耀明著）　翰林書房　2001.11　216,14p
◇芸術と実生活　（平野謙著）　岩波書店　2001.11　383p　（岩波現代文庫）
◇たばこ喫みのユーモア　（並木芳雄著）　山愛書院　2001.11　193p
◇自転車に乗る漱石―百年前のロンドン　（清水一嘉著）　朝日新聞社　2001.12　297p　（朝日選書）
◇雑音考―思想としての転居　（樋口覚著）　人文書院　2001.12　258p
◇日本語中・上級用読本　日本を知ろう―日本の近代化に関わった人々　（三浦昭, ワット・伊東泰子著）　講談社　2001.12　231p
◇明治人のお葬式　（此経啓助著）　現代書館　2001.12　203p
◇アメリカ文学ミレニアム　1　（国重純二編）　南雲堂　2001.12　537p
◇欧化と国粋―日露の「文明開化」とドストエフスキー　（高橋誠一郎著）　刀水書房　2002.1　252p　（比較文明叢書）
◇漱石片付かない〈近代〉　（佐藤泉著）　日本放送出版協会　2002.1　277p　（NHKライブラリー）
◇寺田寅彦―人と芸術　（太田文平著）　麗沢大学出版会　2002.2　331
◇明治時代は謎だらけ　（横田順弥著）　平凡社　2002.2　335p
◇明治を生きる群像―近代日本語の成立　（飯島晴巳著）　おうふう　2002.2　329p
◇写生の変容―フォンタネージから子規、そして直哉へ　（松井貴子著）　明治書院　2002.2　448p
◇高等学校における文学の単元構想の研究―『こゝろ』の教材解釈と実践事例の検討を通して　（井上孝志著）　渓水社　2002.2　229p
◇漱石―男の言草・女の仕草　（金正勲著）　和泉書院　2002.2　229p　（近代文学研究叢刊）
◇千年の夢―文人たちの愛と死　上巻　（斎藤なずな著）　小学館　2002.3　382p　（小学館文庫）
◇人格発達と癒し―昔話解釈・夢解釈　（荒木正見著）　ナカニシヤ出版　2002.3　190p
◇文学論集　逸脱と傾斜　（塚本康彦著）　未来社　2002.3　309p
◇妹の力とその変容―女性学の試み　（浜下昌宏著）　近代文芸社　2002.3　238p
◇記録東京帝大学生の聴講ノート　（金子三郎編）　リーブ企画　2002.3　478p
◇〈心〉と〈外部〉―漱石作品の一端　（出ір隆俊）　『〈心〉と〈外部〉表現・伝承・信仰と明恵『夢記』』　大阪大学大学院文学研究科広域文化表現論講座共同研究研究成果報告書』　（荒木浩編）　大阪大学大学院文学研究科広域文化表現論講座　2002.3　p41～
◇愛の手紙―文学者の様々な愛のかたち　（日本近代文学館編）　青土社　2002.4　209p
◇歴史小説　真剣勝負　（島内景二著）　新人物往来社　2002.4　291p
◇"個人"の行方―ルネ・ジラールと現代社会　（西永良成著）　大修館書店　2002.4　296p
◇漱石作品論集　（藤田寛著）　国文社　2002.4　134p
◇夏目漱石展―21世紀へのことば　（神奈川文学振興会編）　県立神奈川近代文学館　2002.4　64p
◇漱石論考　（塚越和夫, 千石隆志著）　葦真文社　2002.4　325p
◇百鬼園随筆　（内田百閒著）　新潮社　2002.5　362p　（新潮文庫）
◇書き写したい言葉　漱石の巻　（川島幸希著）　新潮社　2002.5　220p
◇漱石全集　第3巻　（夏目金之助著）　岩波書店　2002.6　598p
◇えらい人はみな変わってはる　（谷沢永一著）　新潮社　2002.6　221p
◇美術評論　2002　（月刊ギャラリー編集部編）　ギャラリーステーション　2002.6　233p
◇新編　作家論　（正宗白鳥著, 高橋英夫編）　岩波書店　2002.6　458p　（岩波文庫）
◇性的身体―「破調」と「歪み」の文学史をめぐって　（岡庭昇著）　毎日新聞社　2002.6　235p
◇漱石のリアル―測量としての文学　（若林幹夫著）　紀伊国屋書店　2002.6　329p
◇追悼の達人　（嵐山光三郎著）　新潮社　2002.7　642p　（新潮文庫）
◇夏目漱石の研究と書誌　（小田切進昭, 榊原鳴海堂著）　ナダ出版センター　2002.7　318p　（翻訳研究・書誌シリーズ）
◇外山滋比古著作集　8　（外山滋比古著）　みすず書房　2002.8　362p
◇司馬遼太郎が考えたこと　11　（司馬遼太郎著）　新潮社　2002.8　393p
◇文豪の古典力―漱石・鷗外は源氏を読んだか　（島内景二著）　文芸春秋　2002.8　234p　（文春新書）
◇永久の生命―夏目漱石と類似のもの　（細野浩二著）　近代文芸社　2002.8　299p
◇告白の文学―森鷗外から三島由紀夫まで　（伊藤氏貴著）　鳥影社　2002.8　326p
◇読書のたのしみ　（岩波文庫編集部編）　岩波書店　2002.8　216p　（岩波文庫別冊）
◇漱石と寅彦　（沢英彦著）　沖積舎　2002.9　622p
◇漱石と仏教―則天去私への道　（水川隆夫著）　平凡社　2002.9　337p
◇虐炳に惹かれて―名作を通して見つめた家族との想い出　（大橋雅之著）　碧天舎　2002.9　157p
◇漱石まちをゆく―建築家になろうとした作家　（若山滋著）　彰国社　2002.9　239p
◇反＝近代文学史　（中条省平著）　文芸春秋　2002.9　309p
◇夏目漱石の修善寺―修善寺は漱石再生の地　（中山高明著）　静岡新聞社　2002.9　213p
◇比較文学研究　第80号　（東大比較文学会著）　すずさわ書店　2002.9　174p
◇日本語の教室　（大野晋著）　岩波書店　2002.9　229p　（岩波新書）
◇漱石詩注　（吉川幸次郎著）　岩波書店　2002.9　338,15p　（岩波文庫）
◇漱石犬張子　（村田有著）　文芸社　2002.10　230p
◇時代と精神―評論雑感集　（楠谷秀昭著）　北冬舎　2002.10　313p
◇上田閑照集　第11巻　（上田閑照著）　岩波書店　2002.10　397p
◇漱石・子規往復書簡集　（和田茂樹編）　岩波書店　2002.10　500p　（岩波文庫）
◇清張さんと司馬さん　（半藤一利著）　日本放送出版協会　2002.10　251p
◇笑いのユートピア―『吾輩は猫である』の世界　（清水孝純著）　翰林書房　2002.10　427p
◇佐藤泰正著作集　別巻　（佐藤泰正著）　翰林書房　2002.10　309p
◇漱石「こころ」論―変容する罪障感　（盛忍著）　作品社　2002.10　241p
◇夢は枯野を―芭蕉・蕪村からうけついだもの　（永田竜太郎著）　永田書房　2002.10　285p
◇漱石の源泉―創造への階梯　（飛ヶ谷美穂子著）　慶応義塾大学出版会　2002.10　287,45p
◇ちょっと知的な江戸・東京散歩＆ウォッチング　（主婦と生活社編）　主婦と生活社　2002.11　111p
◇自然主義文学盛衰史　（正宗白鳥著）　講談社　2002.11　224p　（講談社文芸文庫）
◇短編小説のレシピ　（阿刀田高著）　集英社　2002.11　249p　（集英社新書）
◇夏目漱石を読む　（吉本隆明著）　筑摩書房　2002.11　258p
◇子規の書簡　下巻　（黒沢勉著）　信山社　2002.11　283p　（黒沢勉・文化シリーズ）

◇魯迅・明治日本・漱石―影響と構造への総合的比較研究 （潘世聖著） 汲古書院 2002.11 320,8p
◇江戸東京名士の墓碑めぐり （人文社編集部編） 人文社 2002.12 104p （古地図ライブラリー）
◇いい言葉は、いい人生をつくる―人生を楽しむ「成功」の処方箋 （斎藤茂太著） ぶんか社 2002.12 235p
◇病いの人間史―明治・大正・昭和 （立川昭二著） 文芸春秋 2002.12 363p （文春文庫）
◇漱石と子規、漱石と修一大逆事件をめぐって （中村文雄著） 和泉書院 2002.12 436p
◇大正時代を訪ねてみた―平成日本の原景 （皿木喜久著） 産経新聞ニュースサービス 2002.12 227p
◇漱石 倫敦の宿 （武田勝彦著） 近代文芸社 2002.12 246p
◇「論理戦」に勝つ技術―ビジネス「護心術」のすすめ （香西秀信著） PHP研究所 2002.12 221p
◇明治人の教養 （竹田篤司著） 文芸春秋 2002.12 198p （文春新書）
◇本郷界隈を歩く （街と暮らし社編） 街と暮らし社 2002.12 191p （江戸・東京文庫）
◇達人たちの悦楽 喰ふ （達人倶楽部編・著） ワンツーマガジン社 2002.12 281p
◇コレデオシマイ。―風太郎の横着人生論 （山田風太郎編） 講談社 2002.12 270p （講談社プラスアルファ文庫）
◇漱石私論―そのロマンと真実 （岡部茂著） 朝日新聞出版サービス （製作） 2002.12 418p
◇小説のナラトロジー―主題と変奏 （北岡誠司、三野博司編） 世界思想社 2003.1 319,7p （SEKAISHISO SEMINAR）
◇名人―志ん生、そして志ん朝 （小林信彦著） 朝日新聞社 2003.1 186p （朝日選書）
◇歴史に学ぶ組織と個人―「豊かな社会」を展望して （上滝泰治著） 健友館 2003.1 302p
◇夏目漱石の言語空間 （山崎甲一著） 笠間書院 2003.1 443p
◇同時代への挨拶 （佐藤菊男著） 文芸社 2003.2 133p
◇生きる力もらった―心が元気になる、知らなかった50の話 （野村春眠著） 幻冬舎 2003.2 236p （幻冬舎文庫）
◇クスリ通 （唐沢俊一著） 幻冬舎 2003.2 226p （幻冬舎文庫）
◇"新しい作品論"へ、"新しい教材論"へ―評論編 1 （田中実, 須貝千里編） 右文書院 2003.2 291p
◇漱石先生 お久しぶりです （半藤一利著） 平凡社 2003.2 291p
◇郊外の文学誌 （川本三郎著） 新潮社 2003.2 300p
◇漱石のレシピ―『三四郎』の駅弁 （藤森清編著） 講談社 2003.2 211p （講談社＋α新書）
◇眼に効く眼の話―歴史の中の「眼」を診る （安達恵美子著） 小学館 2003.3 271p
◇間抜けの実在に関する文献―内田百閒集成 6 （内田百閒著） 筑摩書房 2003.3 437p （ちくま文庫）
◇喫茶店のかたすみから （吉田強著） 新風舎 2003.3 135p （シンブーブックス）
◇文士と姦通 （川西政明著） 集英社 2003.3 217p （集英社新書）
◇投機としての文学―活字・懸賞・メディア （紅野謙介著） 新曜社 2003.3 417p
◇会話の日本語読本 （鴨下信一著） 文芸春秋 2003.3 227p （文春新書）
◇明治の精神異説―神経病・神経衰弱・神がかり （度会好一著） 岩波書店 2003.3 290,8p
◇異文化体験としての大都市―ロンドンそして東京 （明治大学人文科学研究所編） 明治大学人文科学研究所 2003.3 243p （明治大学公開文化講座）
◇物語の臨界―「物語ること」の教育学 （矢野智司, 鳶野克己編） 世織書房 2003.3 314p
◇明暗評釈 第1巻（第1-44章） （烏井正晴著） 和泉書院 2003.3 208,10p
◇近代の影―漱石の宗教を巡る懐疑とアイデンティティー （フランツ・ヒンターエーダー＝エムデ） 『「国際」日本学との邂逅 第4回国際日本学シンポジウム報告書』（お茶の水女子大学大学院人間文化研究科国際日本学専攻・比較社会文化学専攻編） お茶の水女子大学大学院人間文化研究科 2003.3 p2-33～
◇「先生」としての漱石―師弟関係の教育人間学的考察 （矢野智司） 『応答する教育哲学』（山崎高哉編） ナカニシヤ出版 2003.3 p60～
◇教科書が教えない歴史有名人の死の瞬間 （新人物往来社編） 新人物往来社 2003.4 337p
◇出会いと文化 （出会いと文化研究会編） 晃洋書房 2003.4 235p
◇漱石の孫 （夏目房之介著） 実業之日本社 2003.4 277p
◇比較する目 （原幸雄著） 菁柿堂 2003.4 251p
◇教師の哲学―人を導く者の魂とは （岬竜一郎著） PHP研究所 2003.5 219p

◇制度の近代―藤村・鷗外・漱石 （山田有策著） おうふう 2003.5 421p
◇教えること、裏切られること―師弟関係の本質 （山折哲雄著） 講談社 2003.5 213p （講談社現代新書）
◇作家たちの愛の書簡 （大島和雄著） 風濤社 2003.5 221p
◇芥川竜之介を読む （佐藤泰正編） 笠間書院 2003.5 221p （笠間ライブラリー）
◇回想 子規・漱石 （高浜虚子著） 岩波書店 2003.5 278p （岩波文庫）
◇漱石異説『坊つちやん』連想―多田薬師炙り出し （山影冬彦著） 武蔵野書房 2003.5 416p
◇俳人漱石 （坪内稔典著） 岩波書店 2003.5 216p （岩波新書）
◇日本の小説101 （安藤宏編） 新書館 2003.6 226p
◇夏目家の糠みそ （半藤末利子著） PHP研究所 2003.6 293p （PHP文庫）
◇賢治と啄木 （米田利昭著） 大修館書店 2003.6 250p
◇内田百閒―百鬼の愉楽 （酒井英行著） 沖積舎 2003.6 362p
◇死亡記事を読む （諸岡達一著） 新潮社 2003.6 190p （新潮新書）
◇生成論の探究―テクスト・草稿・エクリチュール （松沢和宏著） 名古屋大学出版会 2003.6 500p
◇中国見聞一五〇年 （藤井省三著） 日本放送出版協会 2003.7 222p （生活人新書）
◇日本近代文学とシェイクスピア （水崎野里子著） 日本図書センター 2003.7 138p （学術叢書）
◇日本人が知らない夏目漱石 （ダミアン・フラナガン著） 世界思想社 2003.7 218p
◇ブンガクの言葉 （木内昇著） ギャップ出版 2003.8 239p
◇鉄棒する漱石、ハイジャンプの安吾 （矢島裕紀彦著） 日本放送出版協会 2003.8 210p （生活人新書）
◇絵かきが語る近代美術―高橋由一からフジタまで （菊畑茂久馬著） 弦書房 2003.8 241,5p
◇漱石と英文学―「漾虚集」の比較文学的研究 改訂増補版 （塚本利明著） 彩流社 2003.8 676,12p
◇吾輩はロンドンである （多湖吉郎著） 文芸春秋 2003.8 231p
◇夏目漱石論―『それから』から『明暗』を中心に （八木良夫著） 丸善大阪出版サービスセンター（製作） 2003.8 355p
◇古典中国からの眺め （興膳宏著） 研文出版 2003.9 264p （研文選書）
◇物と眼―明治文学論集 （ジャン＝ジャック・オリガス著） 岩波書店 2003.9 239p
◇わが『文学史』講義―近代・人間・自然 （杉野要吉著） 武蔵野書房 2003.9 383p
◇漱石2時間ウォーキング （井上明久著, 藪野健絵） 中央公論新社 2003.9 183p
◇書物の未来へ （富山太佳夫著） 青土社 2003.10 377,4p
◇近代文学と熊本―水脈の広がり （首藤基澄著） 和泉書院 2003.10 314p （和泉選書）
◇文章読本―文豪に学ぶテクニック講座 （中条省平著） 中央公論新社 2003.10 229p （中公文庫）
◇司馬遼太郎全講演 2 （司馬遼太郎著） 朝日新聞社 2003.10 398p （朝日文庫）
◇喪章を着けた千円札の漱石―伝記と考証 （原武哲著） 笠間書院 2003.10 415,15p
◇漱石研究 第16号 （小森陽一, 石原千秋編） 翰林書房 2003.10 223p
◇明治・大正期の文人たち―漱石をとりまく人々 平成15年度東北大学附属図書館企画展 東北大学附属図書館 2003.10 115p
◇漱石の思ひ出 第14刷改版 （夏目鏡子述, 松岡譲筆録） 岩波書店 2003.10 432p
◇明治・大正期における根岸町子規庵の風景 （磯部彰編著） 東北大学東北アジア研究センター 2003.10 123p （東北アジア研究センター叢書）
◇文人俳句の系譜 （松原珀子著） 日本文学館 2003.11 189p
◇『雨月物語』の方法と言葉 （榎俊博著） 新風舎 2003.11 140p （シンブーブックス）
◇二十世紀の女性表現―ジェンダー文化の外部へ （水田宗子著） 学芸書林 2003.11 326p
◇文学の闇・近代の「沈黙」 （中山昭彦, 島村輝, 飯田祐子, 高橋修, 吉田司雄編） 世織書房 2003.11 446p （文学年報）
◇万葉集再読 （佐竹昭広著） 平凡社 2003.11 213p
◇私小説の方法 （堀厳著） 沖積舎 2003.11 172p
◇愛したのは、「拙にして聖」なる者―漱石文学に秘められた男たちの確執の記憶 （みもとけいこ著） 創風社出版 2003.11 199p （風ブックス）
◇文学散歩 作家が歩いた京の道 （蔵田敏明文） 淡交社 2003.12 127p （新撰 京の魅力）

◇寺田寅彦と連句　(榊原忠彦著)　近代文芸社　2003.12　244p
◇新＝東西文学論―批評と研究の狭間で　(富士川義之著)　みすず書房　2003.12　346p
◇異形の心的現象―統合失調症と文学の表現世界　(吉本隆明, 森山公夫著)　批評社　2003.12　213p
◇漱石・女性・ジェンダー　(中山和子著)　翰林書房　2003.12　530p　(中山和子コレクション)
◇佐藤泰正著作集　12　(佐藤泰正著)　翰林書房　2003.12　606p
◇漱石夫人は占い好き　(半藤末利子著)　PHP研究所　2004.1　189p
◇図説　5分でわかる日本の名作　(本と読書の会編)　青春出版社　2004.1　95p
◇萩原朔太郎　1　新版　(飯島耕一著)　みすず書房　2004.1　269p
◇日本文化へのまなざし―司馬遼太郎記念講演会より　(大阪外国語大学, 産経新聞社編)　河出書房新社　2004.1　245p
◇「おのずから」と「みずから」―日本思想の基層　(竹内整一著)　春秋社　2004.2　262p
◇波の行く末―あなたへの旅路・小さな旅　(宮崎靖久著)　文芸社　2004.2　147p
◇豪雨の前兆　(関川夏央著)　文芸春秋　2004.2　266p　(文春文庫)
◇漱石が聴いたベートーヴェン―音楽に魅せられた文豪たち　(滝井敬子著)　中央公論新社　2004.2　228p　(中公新書)
◇漱石と魯迅における伝統と近代　(欒殿武著)　勉誠出版　2004.2　365p
◇近代日本文芸試論　2　(大田正紀著)　おうふう　2004.3　345p
◇現代に生きる無門関―科学とビジネスの視点からの新解釈　(上村一路著)　郁朋社　2004.3　245p
◇翻訳と異文化―原作との「ずれ」が語るもの　(北条文緒著)　みすず書房　2004.3　156p
◇小説の相貌―"読みの共振運動論"の試み　(古718章著)　南方新社　2004.3　373p
◇夏目漱石原稿「道草」全三巻　(日本近代文学館監修)　二玄社　2004.3　3冊(セット)
◇野あるき花ものがたり　(久保田淳著)　小学館　2004.3　246p
◇都市の異文化交流―大阪と世界を結ぶ　(大阪市立大学文学研究科叢書編集委員会編)　清文堂出版　2004.3　299p　(大阪市立大学文学研究科叢書)
◇アンチ漱石―固有名批判　(大杉重男著)　講談社　2004.3　327p
◇漱石作品における語の習熟　(田島優)　『語彙研究の課題』(田島毓堂編)　和泉書院　2004.3　(研究叢書)　p313
◇松山・道後温泉　2版　昭文社　2004.4　111p　(まっぷるぽけっと)
◇漱石の時代―天皇制下の明治の精神　(林順治著)　彩流社　2004.4　668p
◇言語文化の諸相―近代文学　(藤沢全著)　大空社　2004.4　202p
◇日本の近代化とスコットランド　(オリーヴ・チェックランド著, 加藤詔士, 宮田学訳)　玉川大学出版部　2004.4　222p
◇夢追い俳句紀行　(大高翔著)　日本放送出版協会　2004.4　237p
◇文化のかけ橋―文学から見るアメリカと日本　(仁木勝治)　文化書房博文社　2004.4　176p
◇明治文学―ことばの位相　(十川信介著)　岩波書店　2004.4　390p
◇明治文芸と薔薇―話衆への通路　(中込重明著)　右文書院　2004.4　239p
◇日本の文学傑作100選―ブックコレクション　創刊号　デアゴスティーニ・ジャパン　2004.4　2冊(付録とも)
◇夏目金之助ロンドンに狂せり　(末延芳晴著)　青土社　2004.4　523p
◇歴史をあるく, 文学をゆく　(半藤一利著)　文芸春秋　2004.5　333p　(文春文庫)
◇漱石全集　第26巻　(夏目金之助著)　岩波書店　2004.5　585p
◇歴史認識と文芸評論の基軸　(鈴木斌著)　菁柿堂　2004.5　231p　(Edition Trombone)
◇鎌倉春秋　(林たかし著)　ふらんす堂　2004.5　77p
◇五行でわかる日本文学―英日狂歌滑稽五行詩　(ロジャー・パルバース, 柴田元幸訳, 喜多村紀画)　研究社　2004.5　74p
◇男たちの絆, アジア映画―ホモソーシャルな欲望　(四方田犬彦, 斉藤綾子編)　平凡社　2004.5　312p
◇近代文学の風景―有島・漱石・啄木など　(西垣勤著)　續文堂出版　2004.5　257p
◇遠藤周作を読む―梅光学院大学公開講座論集　第52集　(佐藤泰正編)　笠間書院　2004.5　185p　(笠間ライブラリー)
◇深夜の初会―内田百閒集成　21　(内田百閒著)　筑摩書房　2004.6　378p　(ちくま文庫)
◇一冊で人生論の名著を読む―人の生き方がわかる珠玉の28編　(本田有明著)　中経出版　2004.6　175p
◇漱石文学の研究　(安宗伸郎著)　渓水社　2004.6　388p
◇夏目漱石論―漱石文学における「意識」　(増満圭子著)　和泉書院　2004.6　522p　(近代文学研究叢刊)

◇文学に見る女と男・その愛のかたち―泉鏡花と夏目漱石　(久保田淳著)　川崎市生涯学習振興事業団かわさき市民アカデミー出版部　2004.6　89p　(かわさき市民アカデミー講座ブックレット)
◇日本美術　傑作の見方・感じ方　(田中英道著)　PHP研究所　2004.7　289p　(PHP新書)
◇要約　日本の宗教文学13篇―完全読破の気分になれる！　(立松和平監修)　佼成出版　2004.7　218p
◇人生のことは, 小説が教えてくれた―二五作の名場面で読む人間の"幼年・青春・中年・晩年"　(高橋敏夫著)　中経出版　2004.7　270p
◇謎とき・坊っちゃん―夏目漱石が本当に伝えたかったこと　(石原豪人著)　飛鳥新社　2004.7　139p
◇漱石先生の手紙　([夏目]漱石述, 出久根達郎著)　講談社　2004.7　271p　(講談社文庫)
◇漱石の巨きな旅　(吉本隆明著)　日本放送出版協会　2004.7　188p
◇夏目漱石と森田草平　手紙を書く女・書かない女　(吉川仁子)　『女の手紙』(荒井とみよ, 永渕朋枝編著)　双文社出版　2004.7　p43
◇新・酒のかたみに―酒で綴る亡き作家の半生史　付・名映画監督の酔話　(高山恵太郎監修)　たる出版　2004.8　353p
◇人を信じるということ　(島田裕巳著)　晶文社　2004.9　244p
◇「坊っちゃん」を叱る―私の教師論　(浅野三平著)　早稲田出版　2004.9　254p
◇超恋愛論　(吉本隆明著)　大和書房　2004.9　190p
◇碁のうた　碁のこころ　(秋山賢司著)　講談社　2004.9　219p
◇「エコノミック・アニマル」は褒め言葉だった―誤解と誤訳の近現代史　(多賀敏行著)　新潮社　2004.9　182,6p　(新潮新書)
◇横断する文学―"表象"臨界を超えて　(芳川泰久著)　ミネルヴァ書房　2004.9　325p　(ミネルヴァ評論叢書・文学の在り処)
◇天声人語―2004年1月・6月　(朝日新聞論説委員室著)　朝日新聞社　2004.9　277,6p
◇スコットランドの漱石　(多胡吉郎著)　文芸春秋　2004.9　211p　(文春新書)
◇夏目漱石詩句印譜　(玉井敬之著)　翰林書房　2004.9　51p
◇ハーンの面影　(高木大幹著)　東京図書出版会　2004.10　340p
◇面白いほどよくわかる毒と薬―天然毒, 化学合成毒, 細菌毒から創薬の歴史まで, 毒と薬のすべてがわかる！　(山崎幹夫編, 毒と薬研究会著)　日本文芸社　2004.10　287p　(学校で教えない教科書)
◇"夕暮れ"の文学史　(平岡敏夫著)　おうふう　2004.10　395p
◇ひととせの―東京の声と音　(古井由吉著)　日本経済新聞社　2004.10　251p
◇夏目漱石ロンドン紀行　(稲垣瑞穂著)　清文堂出版　2004.10　266, 15p
◇文芸にあらわれた日本の近代―社会科学と文学のあいだ　(猪木武徳著)　有斐閣　2004.10　221p
◇異文化研究　1　(国際異文化学会編)　国際異文化学会　2004.10　204p
◇漱石と三人の読者　(石原千秋著)　講談社　2004.10　252p　(講談社現代新書)
◇〈漱石〉を読む　(山中正樹編)　三恵社　2004.10　110p
◇名作早わかり　夏目漱石全作品　(小石川文学研究会編)　コスミック出版　2004.11　165p　(コスモブックス)
◇百年の誤読　(岡野宏文, 豊崎由美著)　ぴあ　2004.11　403p
◇文豪ナビ　夏目漱石　(新潮文庫編)　新潮社　2004.11　159p　(新潮文庫)
◇語りの背景　(加藤典洋著)　晶文社　2004.11　292p
◇書物合戦　(樋口覚著)　集英社　2004.11　356p
◇笑う雑学　(唐沢俊一著)　広済堂出版　2004.11　220p　(広済堂文庫)
◇対話する漱石　(内田道雄著)　翰林書房　2004.11　293p
◇漱石的主題　新装版　(吉本隆明, 佐藤泰正著)　春秋社　2004.11　294p
◇漱石と漢詩―近代への視線　(加藤二郎著)　翰林書房　2004.11　332p
◇池内紀の仕事場　5　(池内紀著)　みすず書房　2004.12　301p
◇日本近代思想史序説　明治期後篇　下　(岩崎允胤著)　新日本出版社　2004.12　434,12p
◇漱石文学のモデルたち　(秦郁彦著)　講談社　2004.12　294p
◇大切なことは60字で書ける　(高橋昭男著)　新潮社　2005.1　191p　(新潮新書)
◇俳句とエロス　(復本一郎著)　講談社　2005.1　215p　(講談社現代新書)
◇大落語　上　(平岡正明著)　法政大学出版局　2005.1　280p
◇『坊っちゃん』と『明暗』―「腕力」の決断の物語　(川野純江著)　鶴書院　2005.1　372p
◇漱石と行くヨーロッパ　(斎藤明雄著)　文芸社　2005.2　169p
◇人生に二度読む本　(城山三郎, 平岩外四著)　講談社　2005.2　222p
◇働く気持ちに火をつける―ミッション, パッション, ハイテンショ

ン！（斎藤孝著）文芸春秋 2005.2 220p
◇お札になった偉人（童門冬二著）池田書店 2005.2 191p
◇山本七平の日本の歴史 上（山本七平著）ビジネス社 2005.3 266p
◇売文生活（日垣隆著）筑摩書房 2005.3 266p（ちくま新書）
◇文士が愛した町を歩く（矢島裕紀彦著、高橋昌嗣写真）日本放送出版協会 2005.3 204p（生活人新書）
◇鬼平とキケロと司馬遷と—歴史と文学の間（山内昌之著）岩波書店 2005.3 206,6p（グーテンベルクの森）
◇オノマトペを中心とした中日対照言語研究（呉川著）白帝社 2005.3 217p
◇夏目漱石の『坑夫』における語りの仕組みと明暗（涌井隆）『古典を読み直す』（松岡光治編）名古屋大学大学院・国際言語文化研究科 2005.3（言語文化研究叢書）p263
◇漱石の『木屑録』と海水浴（仙薫豊）『テクストの地平—森晴秀教授古稀記念論文集』（富山太佳夫、加藤文彦、石川慎一郎編）英宝社 2005.3 p263
◇時代別・京都 2（蔵田敏明著、土村清治写真）山と渓谷社 2005.4 158p（歩く旅シリーズ 歴史・文学）
◇別れの精神哲学—青春小説論ノート（高岡健著）雲母書房 2005.4 212p
◇東西を越えて—比較文学文化のために（伊藤宏見著）文化書房博文社 2005.4 207p
◇夏目漱石の修善寺 新訂版（中山高明著）静岡新聞社（発売）2005.4 220p
◇森と生きる。—Evolve with the Forest（稲本正著）角川書店 2005.5 261p
◇飯田竜太全集 第5巻（飯田竜太著）角川学芸出版 2005.5 390p
◇村上春樹スタディーズ2000・2004（今井清人編）若草書房 2005.5 339p
◇敗北と文学—アメリカ南部と近代日本（後藤和彦著）松柏社 2005.5 359p
◇漱石異説『坊っちゃん』練想—指導力不足教員としての坊っちゃん（山影冬彦著）文芸社 2005.5 163p
◇吾輩とあそぼう！（竹内ゆみこ著）新風舎 2005.5 62p
◇序論「おわり」と「はじまり」—夏目漱石「文展と芸術」をめぐって（田中淳）『大正期美術展覧会の研究』（東京文化財研究所美術部編）中央公論美術出版 2005.5 p3
◇おまけの人生（本川達雄著）阪急コミュニケーションズ 2005.6 209p
◇自我の哲学史（酒井潔著）講談社 2005.6 254p（講談社現代新書）
◇反時代的思索者—唐木順三とその周辺（粕谷一希著）藤原書店 2005.6 316p
◇新聞記者夏目漱石（牧村健一郎著）平凡社 2005.6 229p（平凡社新書）
◇偏愛文学館（倉橋由美子著）講談社 2005.7 221p
◇魅せられて—作家論集（蓮實重彦著）河出書房新社 2005.7 251p
◇漱石の「仕事論」—人生、窮まれば仕事（鷲田小弥太著）彩流社 2005.7 200p（鷲田小弥太《人間哲学》コレクション）
◇『こころ』大人になれなかった先生（石原千秋著）みすず書房 2005.7 155p（理想の教室）
◇夏目漱石が面白いほどわかる本—後世にその名を残す大作家の「人」と「作品」がわかる入門書！（出口汪著）中経出版 2005.7 345p
◇思想のケミストリー（大沢真幸著）紀伊国屋書店 2005.8 306p
◇おじさん入門（夏目房之介著）イースト・プレス 2005.8 245p
◇あおばんせ（朝日容子著）新風舎 2005.8 111p
◇出生の秘密（三浦雅士著）講談社 2005.8 617p
◇伊予風土記 下巻 復刻版（松山中央放送局編）風媒社 2005.8 220p
◇比較文学の世界（秋山正幸、榎本義子編著）南雲堂 2005.8 309p
◇夏目漱石『京に着ける夕』（山中哲夫）『神話・象徴・文化』（吉田敦彦、オギュスタン・ベルクほか〔著〕、篠田知和基編）楽浪書院 2005.8 p653
◇漱石の「こころ」（〔夏目漱石〕著、角川書店編）角川学芸出版 2005.8 254p（角川文庫）
◇故郷を象徴する父—夏目漱石『心』論（徳永光展）『近現代文学研究の可能性—若き研究者とともに』（平野栄久編著）竹林館 2005.8 p31（ソフィア叢書）
◇夏目漱石「こゝろ」を読みなおす（水川隆夫著）平凡社 2005.8 212p（平凡社新書）
◇作家たちの往還（勝又浩著）鳥影社 2005.9 287p（季刊文科コレクション）
◇漱石書簡集（三好行雄編）岩波書店 2005.9 359p（ワイド版岩波文庫）
◇漱石と子規の漢詩—対比の視点から（徐前著）明治書院 2005.9 245p
◇放談文学論の試み（古来侃著）菁柿堂 2005.9 163p（Edition trombone）
◇司馬遼太郎が考えたこと 11（司馬遼太郎著）新潮社 2005.10 508p（新潮文庫）
◇漱石と寅彦（沢英彦著）沖積舎 2005.10 622p
◇明治文芸館 5（上田博編）嵯峨野書院 2005.10 7,209p
◇日露戦争 勝利のあとの誤算（黒岩比佐子著）文芸春秋 2005.10 318p（文春新書）
◇フランスの哲学—そのボン・サンスの伝統と日本、アメリカ（紺田千登史著）関西学院大学出版会 2005.10 327p
◇『こころ』の読めない部分（志ային太郎著）文芸社 2005.10 123p
◇「構造物」としての〈遺書〉—夏目漱石『心』試論（松村良）『〈手紙〉としての「物語」』（近代文学合同研究会編）近代文学合同研究会 2005.10（近代文学合同研究会論集）p14
◇夏目漱石—漱石山房の日々 第17回企画展（群馬県立土屋文明記念文学館編）群馬県立土屋文明記念文学館 2005.10 40p
◇近代文学の終り—柄谷行人の現在（柄谷行人著）インスクリプト 2005.11 273p
◇おっとりと論じよう—丸谷才一対談集（丸谷才一著）文芸春秋 2005.11 235p
◇文学空間 02（2005）（20世紀文学研究会）20世紀文学研究会 2005.11 178p
◇独歩と漱石—汎神論の地平（佐々木雅発著）翰林書房 2005.11 366p
◇漱石の転職—運命を変えた四十歳（山本順二著）彩流社 2005.11 204p
◇漱石の〈明〉、漱石の〈暗〉（飯島耕一著）みすず書房 2005.11 243p
◇まんが日本の文学—夏目漱石・田山花袋・徳田秋声（不知火プロ編、畑有三監修）宙出版 2005.11 187p
◇坊っちゃん絵物語§坊っちゃん遺蹟めぐり（夏目漱石文、岡本一平画、川九洸、大野康成編§岡本一平画・文、川九洸、大野康成編）MIC 2005.12 142p
◇漱石のセオリー—『文学論』解読（佐藤裕子著）おうふう 2005.12 414p
◇読みたくなる日本史（加来耕三著）ナツメ社 2006.1 207p（図解雑学Q&A）
◇誰が憲法を壊したのか—「憲法九条」の危機に訴える！（小森陽一、佐高信著）五月書房 2006.1 246p
◇夫婦で語る『こゝろ』の謎—漱石異説（木村澄子、山影冬彦著）彩流社 2006.1 263p
◇都市テクスト論序説（田口律男著）松籟社 2006.2 472p
◇闘争する漱石（丸谷才一著）講談社 2006.2 248p（講談社文庫）
◇孫が読む漱石（夏目房之介著）実業之日本社 2006.2 324p
◇係争中の主体—漱石・太宰・賢治（中村三春著）翰林書房 2006.2 334p
◇夏目漱石『こころ』の学習指導（光宗宏和）『世羅博昭先生御退任記念論集』（渡辺春美編著）世羅博昭先生御退任記念論集刊行会 2006.2 p七七
◇フロイトと漱石にみる幼年期の問題（大橋康宏述）『日本の文化遺産・岡山の国際交流—2005年公開講座講演集』（山陽学園大学・山陽学園短期大学社会サービスセンター編）吉備人出版 2006.2 p55〜72
◇夏目漱石『こころ』の学習指導（光宗宏和）『世羅博昭先生御退任記念論集』（渡辺春美編著）世羅博昭先生御退任記念論集刊行会 2006.2 p77〜92
◇登張竹風・生田長江（登張竹風, 生田長江著）新学社 2006.3 353p（近代浪漫派文庫）
◇俳句で歩く京都（坪内稔典文、三村博史写真）淡交社 2006.3 127p（新撰 京の魅力）
◇近代俳句の光彩（甲斐由起子著）角川書店 2006.3 197p
◇学生と読む『三四郎』（石原千秋著）新潮社 2006.3 286p（新潮選書）
◇夏目漱石の純愛不倫文学（相良英明著）神奈川新聞社 2006.3 76p（比較文化研究ブックレット）
◇リンボウ先生が読む漱石「夢十夜」（〔夏目〕漱石著, 林望著）ぴあ 2006.3 109p
◇漱石が熊本を去った日（許斐慧二）『ことばの楽しみ—東西の文化を越えて』（田島松二編）南雲堂 2006.3 p396
◇漱石二題『ロゴス的随想』（三木正之著）南窓社 2006.3 p161〜178
◇NHKスペシャル 明治 コミック版 1（NHK取材班編, 小川おさむ, 本山一城, 殿塚実, 狩那匠, 三堂司著）ホーム社 2006.4 492p（ホーム社漫画文庫）
◇東西を越えて—比較文学文化のために 改訂増補版（伊藤宏見著）文化書房博文社 2006.4 265p

◇漱石と不愉快なロンドン （出口保夫著） 柏書房 2006.4 304p
◇数学を愛した作家たち （片野善一郎著） 新潮社 2006.5 191p （新潮新書）
◇漱石という生き方 （秋山豊著） トランスビュー 2006.5 361p
◇漱石「行人」論—決定版 （盛忍著） 作品社 2006.5 389p
◇漱石の孫 （夏目房之介著） 新潮社 2006.5 264p （新潮文庫）
◇永井荷風論—西欧的「熱情」の沸点と冷却 （福多久著） 郁朋社 2006.6 254p
◇私小説という哲学—日本近代文学と「末期の眼」 （岡庭昇著） 平安出版 2006.6 367,7p
◇作家の猫 （コロナ・ブックス編集部編） 平凡社 2006.6 134p （コロナ・ブックス）
◇汽車旅放浪記 （関川夏央著） 新潮社 2006.6 282p
◇山本有三と三鷹の家と郊外生活 （三鷹市山本有三記念館, 三鷹市芸術文化振興財団編） 三鷹市山本有三記念館/三鷹市芸術文化振興財団 2006.6 62p
◇ダンテと現代 （米川良夫編著） 沖積舎 2006.6 3,548p
◇夏目漱石抄伝鏡子礼賛 （高橋誠著） 文芸社 2006.6 139p
◇『漾虚集』論考—「小説家夏目漱石」の確立 （宮薗美佳著） 和泉書院 2006.6 211p （近代文学研究叢刊）
◇漱石研究の現在 （佐藤裕子） 『日本語日本文学の新たな視座』（全国大学国語国文学会編）
◇鷗外・漱石・鏡花—実証の糸 （上田正行著） 翰林書房 2006.6 557p
◇小林秀雄の永久革命—漱石・直哉・整・健三郎 （佐藤公一著） アーツアンドクラフツ 2006.7 438p
◇麦酒伝来—森鷗外とドイツビール （村上満著） 創元社 2006.7 314p
◇逆説思考—自分の「頭」をどう疑うか （森下伸也著） 光文社 2006.7 252p （光文社新書）
◇思想の身体—愛の巻 （末木文美士編著） 春秋社 2006.7 260p
◇漱石、ジャムを舐める （河内一郎著） 創元社 2006.7 295p
◇坊っちゃん百年—漱石のあしあと 第五十二回特別企画展 （松山市立子規記念博物館編） 松山市立子規記念博物館 2006.7 92p
◇中国語で聴く夏目漱石漢詩選 （夏目漱石著） 鎌倉漱石の会 2006.7 68,9p
◇洋灯の孤影—漱石を読む （高橋英夫著） 幻戯書房 2006.7 316p
◇恋する文豪 （榮門ふみ著） 角川書店 2006.8 253p
◇夏目漱石—人生を愉快に生きるための「悩み力」 （斎藤孝著） 大和書房 2006.8 126p （斎藤孝の天才に学ぶ）
◇漱石と良寛 （安田未知夫著） 考古堂書店 2006.8 229p
◇漱石と鷗外—新書で入門 （高橋昭男著） 新潮社 2006.8 191p （新潮新書）
◇名句鑑賞辞典 （中村幸弘監修） 学習研究社 2006.9 288p
◇文学の中の法 新版 （長尾竜一著） 慈学社出版 2006.9 306p （慈学社叢書）
◇『坊っちゃん』とたどる明治の松山—愛媛新聞創刊百三十周年記念 愛媛新聞社 2006.9 148p
◇「近代日本文学」の誕生—百年前の文壇を読む （坪内祐三著） PHP研究所 2006.10 384p （PHP新書）
◇ことばの力 平和の力—近代日本文学と日本国憲法 （小森陽一著） かもがわ出版 2006.10 231p
◇漱石響き合うことば （佐々木亜紀子著） 双文社出版 2006.10 261p
◇漱石のたくらみ—秘められた『明暗』の謎をとく （熊倉千之著） 筑摩書房 2006.10 318p
◇トンデモ偉人伝—作家編 （山口智司著） 彩図社 2006.11 191p
◇夏目漱石「則天去私」の系譜 （岡部茂著） 文芸書房 2006.11 513p
◇子規のココア・漱石のカステラ （坪内稔典著） 日本放送出版協会 2006.11 285p （NHKライブラリー）
◇漱石・熊本百句 （坪内稔典, あざ蓉子編） 創風社出版 2006.11 142p
◇小説『坊っちゃん』のモデル関根万司—紹介者/堀川三四郎 （勝山一義著） 勝山幸子 2006.11 144p
◇漱石先生からの手紙—寅彦・豊隆・三重吉 （小山文雄著） 岩波書店 2006.11 207p
◇愛の旅人 （朝日新聞be編集グループ編） 朝日新聞社 2006.12 173p
◇文学の誕生—藤村から漱石へ （大東和重著） 講談社 2006.12 248p （講談社選書メチエ）
◇あの世はあった—文豪たちは見た！ふるえた！ （三浦正雄, 矢原秀人著） ホメオシス 2006.12 253p
◇漱石さんの俳句—私の好きな五十選 （大高翔著） 実業之日本社 2006.12 230p
◇漱石のなかの〈帝国〉—「国民作家」と近代日本 （柴田勝二著） 翰林書房 2006.12 286p

◇夏目漱石『こころ』先生とKの心的距離の表現 （岡田博子） 『松籟』（王朝文学協会編） 王朝文学協会 2006.12 137p
◇孤高の「国民作家」 夏目漱石 （佐藤嘉尚文） 生活情報センター 2007.1 107p （ビジュアル偉人伝シリーズ 近代日本をつくった人たち）
◇漱石先生お久しぶりです （半藤一利著） 文芸春秋 2007.1 303p （文春文庫）
◇声で読む夏目漱石 （坂本浩著） 学灯社 2007.1 251p
◇日本文化の人間学 （新保哲編著） 北樹出版 2007.2 194p
◇子規もうひとつの顔 （日下徳一著） 朝日新聞社 2007.2 236p
◇名人—志ん生、そして志ん朝 （小林信彦著） 文芸春秋 2007.2 237p （文春文庫）
◇近代日本人の宗教意識 （山折哲雄著） 岩波書店 2007.2 321p （岩波現代文庫）
◇漱石・松山百句 （坪内稔典, 中居由美編） 創風社出版 2007.2 135p
◇漱石・子規の病を読む （後藤文夫著） 上毛新聞社出版局（製作・発売） 2007.2 364p
◇文学の花しおり （森千春著） 毎日新聞社 2007.3 206p
◇「赤」の誘惑—フィクション論序説 （蓮實重彥著） 新潮社 2007.3 284p
◇一冊で名作がわかる夏目漱石 （藤森清監修, 小石川文学研究会編） ロングセラーズ 2007.3 207p
◇日本の心は亡びゆく—夏目漱石と本居宣長 （屋敷紘一著） 文化書房博文社 2007.3 201p
◇夏目漱石における東と西 （松村昌家編） 思文閣出版 2007.3 198p （大手前大学比較文化研究叢書）
◇漱石と石鼓文 （朳尾武著） 渡辺出版 2007.3 219p
◇『こゝろ』研究史 （仲秀和著） 和泉書院 2007.3 302p
◇漱石修善寺の大患 （山崎甲一著） 『日本における死への準備教育—死の実存的把握をめざして』 東洋学研究所 2007.2 p77〜93
◇漱石、竜之介、賢治、乱歩、そして謎解き （四季が岳太郎著） 杉並けやき出版 2007.4 360p
◇村上春樹、夏目漱石と出会う—日本のモダン・ポストモダン （半田淳子著） 若草書房 2007.4 278p （MURAKAMI Haruki STUDY BOOKS）
◇夏目漱石とジャパノロジー伝説—「日本学の父」は門下のロシア人・エリセーエフ （倉田保雄著） 文芸社 2007.4 194p
◇古典日本語の世界—漢字がつくる日本 （東京大学教養学部国文・漢文学部会編） 東京大学出版会 2007.4 278p
◇1時間で読める！夏目漱石—要約『吾輩は猫である』 （夏目漱石著, 講談社編） 講談社 2007.4 81p
◇一〇〇年の坊っちゃん （山下聖美著） D文学研究会 2007.4 342p
◇『坊っちゃん』の秘密 （五十嵐正朋著） 新風舎 2007.4 237p
◇座右の名文—ぼくの好きな十人の文章家 （高島俊男著） 文芸春秋 2007.5 223p （文春文庫）
◇作家の値段 （出久根達郎著） 講談社 2007.5 352p
◇二十世紀から何を学ぶか 上 （寺島実郎著） 新潮社 2007.5 241,7p （新潮選書）
◇夏目漱石は思想家である （神山睦美著） 思潮社 2007.5 271p
◇作家の誕生 （猪瀬直樹著） 朝日新聞社 2007.6 244p （新日新書）
◇近代的心性における学知と想像力 （和泉雅人, 松井友視編） 慶応義塾大学出版会 2007.6 280,2p （Centre for Integrated Research on the Mind）
◇戦後文学を読む （佐藤泰正編） 笠間書院 2007.6 181p （笠間ライブラリー）
◇清張 闘う作家—「文学」を超えて （藤井淑禎著） ミネルヴァ書房 2007.6 264p （MINERVA歴史・文化ライブラリー）
◇愛と自由のためのエチュード （鈴木健著） 文芸社 2007.6 441p
◇漱石の夏やすみ （高島俊男著） 筑摩書房 2007.6 266p （ちくま文庫）
◇手紙読本 （江国滋選, 日本ペンクラブ編） ランダムハウス講談社 2007.7 255p （ランダムハウス講談社文庫）
◇足尾銅山物語 （小野崎敏著） 新樹社 2007.7 263p
◇自分ってなんだろう （和田秀樹, 山本容子, 三田誠広, C.W.ニコル, 須藤訓任著） 佼成出版 2007.7 200p （子どもだって哲学）
◇漱石とともにロンドンを歩く （出口保夫文・画） ランダムハウス講談社 2007.7 294,7p
◇ナショナル・アイデンティティとジェンダー—漱石・文学・近代 （朴裕河著） クレイン 2007.7 452p
◇『明暗』論集清子のいる風景 （鳥井正晴監修, 近代部会編） 和泉書院 2007.8 406p （近代文学研究叢刊）
◇漱石文学と「鏡」の表象 （木村功） 『『明暗』論集清子のいる風景』（鳥井正晴監修, 近代部会編） 和泉書院 2007.8 （近代文学研究叢刊） p253
◇夏目漱石『明暗』論 （吉川仁子） 『『明暗』論集清子のいる風景』（鳥井正晴監修, 近代部会編） 和泉書院 2007.8 （近代文学研究叢刊）

p293
◇漱石文学の愛の構造　（沢英彦著）　沖積舎　2007.9　671p
◇天声人語　2007年1月-6月　（朝日新聞論説委員室著）　朝日新聞社　2007.9　278p
◇漢詩一日一首　春　（一海知義著）　平凡社　2007.9　261p　（平凡社ライブラリー）
◇漱石　その陰翳　（酒井英行著）　沖積舎　2007.9　287p
◇反＝近代文学史　（中条省平著）　中央公論新社　2007.9　349p　（中公文庫）
◇知っ得　夏目漱石の全小説を読む　（国文学編集部編）　学灯社　2007.9　216p
◇文豪・夏目漱石―そのこころとまなざし　（江戸東京博物館, 東北大学編）　朝日新聞社　2007.9　142p
◇夏目漱石　新装版　（瀬沼茂樹著）　東京大学出版会　2007.9　342p　（近代日本の思想家）
◇ゴシップ的日本語論　（丸谷才一著）　文芸春秋　2007.10　271p　（文春文庫）
◇梅原猛の授業　道徳　（梅原猛著）　朝日新聞社　2007.10　303p　（朝日文庫）
◇哲学コレクション　1　（上田閑照著）　岩波書店　2007.10　431p　（岩波現代文庫）
◇文章のみがき方　（辰濃和男著）　岩波書店　2007.10　240p　（岩波新書）
◇バカにならない読書術　（養老孟司, 池田清彦, 吉岡忍著）　朝日新聞社　2007.10　245p　（朝日新書）
◇「改造」直筆原稿の研究―山本実彦旧蔵・川内まごころ文学館所蔵　（紅野敏郎, 日高昭二編）　雄松堂出版　2007.10　259,118p
◇今も新しい漱石の女性観―則天去私への道　（熊谷和代著）　日本文学館　2007.10　118p
◇漱石夫妻愛のかたち　（松岡陽子マックレイン著）　朝日新聞社　2007.10　206p　（朝日新書）
◇日本を教育した人々　（斎藤孝著）　筑摩書房　2007.11　205p　（ちくま新書）
◇東海の風雅―日本漢詩の心　（石川忠久著）　研文出版　2007.11　394p　（石川忠久著作選）
◇ジャーナリスト漱石　発言集　（牧村健一郎編）　朝日新聞社　2007.11　316p　（朝日文庫）
◇"歴史"に対峙する文学―物語の復権に向けて　（高口智史著）　双文社出版　2007.11　286p
◇明治人物閑話　（森銑三著）　中央公論新社　2007.11　343p　（中公文庫）
◇夏目漱石絶筆『明暗』における「技巧」をめぐって　（中村美子著）　和泉書院　2007.11　226p　（近代文学研究叢書）
◇機能不全家族―心が折れそうな人たちへ…　（星野仁彦著）　アートヴィレッジ　2007.11　303p
◇漱石と花　（前川貞子著）　新風舎　2007.11　87p
◇俳句の発見―正岡子規とその時代　（復本一郎著）　日本放送出版協会　2007.11　191p
◇夏目漱石と新感覚派前後の小説―論集　（島崎市誠著）　竜書房　2007.11　264p
◇世界文学のスーパースター夏目漱石　（ダミアン・フラナガン著, 大野晶子訳）　講談社インターナショナル　2007.11　249p
◇漱石と日本橋界隈　（武田勝彦著）『日本橋トポグラフィ事典』（日本橋トポグラフィ事典編集委員会編）　たる出版　2007.11　p441～464
◇新聞小説の時代―メディア・読者・メロドラマ　（関肇著）　新曜社　2007.12　364p
◇新版　作家と薬―誰も知らなかった作家と薬の話　（後藤直良著）　薬事日報社　2007.12　299p
◇温泉文学論　（川村湊著）　新潮社　2007.12　207p　（新潮新書）
◇ヒト・モノ・コトバ―明治からの文化誌　（橋詰静子著）　三弥井書店　2007.12　207,11p
◇貧乏するにも程がある―芸術とお金の"不幸"な関係　（長山靖生著）　光文社　2008.1　241p　（光文社新書）
◇北米で読み解く近代日本文学―東西比較文化のこころみ　（萩原孝雄著）　慧文社　2008.1　344,61p
◇左千夫歌集　（永塚功著, 久保田淳監修）　明治書院　2008.2　540p　（和歌文学大系）
◇女が女を演じる―文学・欲望・消費　（小平麻衣子著）　新曜社　2008.2　330p
◇日本近代文学の"終焉"とドストエフスキー―「ドストエフスキー体験」という問題に触れて　（福井勝也著）　のべる出版企画　2008.2　179p
◇贈与と交換の教育学―漱石、賢治と純粋贈与のレッスン　（矢野智司著）　東京大学出版会　2008.2　333,21p
◇夏目漱石と個人主義―〈自律〉の個人主義から〈他律〉の個人主義へ　（亀山佳明著）　新曜社　2008.2　290p

◇夏目漱石「自意識」の罠―後期作品の世界　（松尾直昭著）　和泉書院　2008.2　296p　（近代文学研究叢刊）
◇良寛の生き方と晩年の漱石　（安田未知夫著）　幻冬舎ルネッサンス　2008.2　207p
◇あなたも精神分裂病になれるわけ　中巻　（夏来進著）　文芸社　2008.3　329p
◇流行と虚栄の生成―消費文化を映す日本近代文学　（瀬崎圭二著）　世界思想社　2008.3　394p
◇名作はこのように始まる　1　（千葉一幹, 芳川奈久編著）　ミネルヴァ書房　2008.3　206p　（ミネルヴァ評論叢書・文学の在り処）
◇漱石の森を歩く　（秋山豊著）　トランスビュー　2008.3　348,6p
◇アジアをかける日本近代文学―東京学芸大学・北京師範大学学術交流シンポジウム報告　（東京学芸大学日本語・日本文学研究講座編）〔東京学芸大学日本語・日本文学研究講座〕　2008.3　131p
◇「猫の家」その前と後―『吾輩は猫である』を住生活史からみると　（平井聖著）　昭和女子大学近代文化研究所　2008.3　96p　（ブックレット近代文化研究叢書）
◇夏目漱石『心』論　（徳永光展著）　風間書房　2008.3　363,10p
◇謎解き　若き漱石の秘恋　（加藤湖山著）　アーカイブス出版　2008.4　477p
◇鹿野政直思想史論集　第6巻　（鹿野政直著）　岩波書店　2008.4　434p
◇漱石を書く　復刊　（島田雅彦著）　岩波書店　2008.4　215p　（岩波新書）
◇漱石、ジャムを舐める　（河内一郎著）　新潮社　2008.4　381p　（新潮文庫）
◇漱石―母に愛されなかった子　（三浦雅士著）　岩波書店　2008.4　248p　（岩波新書）
◇夕暮れの文学　（平岡敏夫著）　おうふう　2008.5　290p
◇ルイス・キャロル　身体医文化の実相　（平倫子著）　英宝社　2008.5　310p
◇「仕方がない」日本人　（首藤基澄著）　和泉書院　2008.5　307p
◇悩む力　（姜尚中著）　集英社　2008.5　190p　（集英社新書）
◇消された漱石―明治の日本語の探し方　（今野真二著）　笠間書院　2008.6　428,8p
◇夏目家の福猫　（半藤末利子著）　新潮社　2008.7　211p　（新潮文庫）
◇文学　海を渡る　（佐藤泰正編）　笠間書院　2008.7　189p　（梅光学院大学公開講座論集）
◇一海知義著作集　7　（一海知義著）　藤原書店　2008.7　645p
◇漱石先生の漢字500問答―雲雀や猫やホトトギス「草枕」と「吾輩は猫である」より　〔夏目〕漱石著, 竹屋敷康誠, 末田強輔, 長窪専三監修）　明星企画出版事業部　2008.7　p65
◇「猫の家」その前と後―『吾輩は猫である』を住生活史からみると　改版　（平井聖著）　昭和女子大学近代文化研究所　2008.7　98p　（ブックレット近代文化研究叢書）
◇中心から周縁へ―作品、作家への視覚　（上田正行著）　梧桐書院　2008.8　374p
◇誰も知らない『坊っちゃん』　（島田裕巳著）　牧野出版　2008.8　187p
◇李登輝実践哲学―五十時間の対話　（井尻秀憲著）　ミネルヴァ書房　2008.9　266p
◇文豪たちの大陸横断鉄道　（小島英俊著）　新潮社　2008.9　223p　（新潮新書）
◇理性は泣いている―日本的リベラル思想の提言　（赤堀芳和著）　講談社出版サービスセンター　2008.9　143p
◇大塩平八郎と陽明学　（森田康夫著）　和泉書院　2008.9　389p　（日本史研究叢刊）
◇漱石作品における「てしまう」「ちまう」「ちゃう」　（田島優著）『方言研究の前衛―山口幸洋博士古希記念論文集』（山口幸洋博士の古希をお祝いする会編）　桂書房　2008.9　p65
◇漱石と寅彦―落椿の師弟　（志村史夫著）　牧野出版　2008.9　285p
◇「坊っちゃん」はなぜ市電の技術者になったか　（小池滋著）　新潮社　2008.10　209p　（新潮文庫）
◇江戸の備忘録　（磯田道史著）　朝日新聞出版　2008.10　223p
◇明治国家の精神史的研究―"明治の精神"をめぐって　（鈴木徳男, 嘉戸一将編）　以文社　2008.10　273p
◇作家の死　（神津拓夫著）　近代文芸社　2008.10　311p
◇洋行の時代―岩倉使節団から横光利一まで　（大久保喬樹著）　中央公論新社　2008.10　220p　（中公新書）
◇漱石の大出血はアスピリンが原因か―作家たちの消化器病　（野村益世著）　愛育社　2008.10　201p
◇漱石の『明暗』と明治の気骨　（石原礼三著）　石原礼三　2008.10　134p
◇役立たずの哲学　（菱沼孝幸著）　文芸社ビジュアルアート　2008.11　106p
◇文士のきもの　（近藤富枝著）　河出書房新社　2008.11　199p
◇漱石作品を読む―「二七会」輪読五十年　（二七会編集委員会編）　渓

◇日常生活の漱石（黒須純一郎著）中央大学出版部 2008.12 242p
◇漱石の漢詩を読む（古井由吉著）岩波書店 2008.12 165p
◇『学鐙』を読む―内田魯庵・幸田文・福原麟太郎ら（紅野敏郎著）雄松堂出版 2009.1 591,16p
◇東京の文人たち（大村彦次郎著）筑摩書房 2009.1 343p（ちくま文庫）
◇日本近代文学の断面―1890・1920（岩佐壮四郎著）彩流社 2009.1 293p
◇図説 ロンドン塔と英国王室の九百年（出口保夫著）柏書房 2009.2 252p
◇鷗外漱石から荷風へ―nil admirariの表明と主人公達（福多久著）郁朋社 2009.2 294p
◇事件「大逆」の思想と文学（吉田悦志著）明治書院 2009.2 241p
◇漱石のマドンナ（河内一郎著）朝日新聞出版 2009.2 206p
◇昭和モダニズムを牽引した男―菊池寛の文芸・演劇・映画エッセイ集（菊池寛著）清流出版 2009.3 286p
◇ひとの最後の言葉（大岡信著）筑摩書房 2009.3 251p（ちくま文庫）
◇「私」を生きるための言葉―日本語と個人主義（泉谷閑示著）研究社 2009.3 167p
◇余は、交際を好む者なり―正岡子規と十人の俳士（復本一郎著）岩波書店 2009.3 301p
◇なぜ三ツ矢サイダーは生き残れたのか―夏目漱石、宮沢賢治が愛した「命の水」125年（立石勝規著）講談社 2009.3 232p
◇モダニティの想像力―文学と視覚性（中川成美著）新曜社 2009.3 387p
◇鷗外・漱石―ラディカリズムの起源（大石直記著）春風社 2009.3 598p
◇孫が読む漱石（夏目房之介著）新潮社 2009.3 301p（新潮文庫）
◇漱石と世界文学（坂元昌樹、田中雄次、西槙偉、福沢清編）思文閣出版 2009.3 252p
◇漱石の変身―『門』から『道草』への羽ばたき（熊倉千之著）筑摩書房 2009.3 309p
◇主人公はいない―文学って何だろう（佐藤裕子著）フェリス女学院大学 2009.3 182p（Ferris books）
◇待遇表現の談話分析と指導法―漱石作品を資料にして（呉少華著）勉誠出版 2009.3 162p
◇文豪だって漢詩をよんだ（森岡ゆかり著）新典社 2009.4 127p（新典社新書）
◇『こころ』は本当に名作か―正直者の名作案内（小谷野敦著）新潮社 2009.4 222p（新潮新書）
◇日本語で書くということ（水村美苗著）筑摩書房 2009.4 224p
◇犬と人のいる文学誌（小山慶太著）中央公論新社 2009.4 228p（中公新書）
◇大逆事件と知識人―無罪の構図（中村文雄著）論創社 2009.4 411p
◇「漱石の名作」がすごい！（出口汪著）中経出版 2009.4 447p（中経の文庫）
◇漱石の「こゝろ」を読む（佐々木雅発著）翰林書房 2009.4 147p
◇京の荘厳と雅（立命館大学文学部京都文化講座委員会企画・編）白川書房 2009.5 111p（立命館大学京都文化講座「京都に学ぶ」）
◇日本的なもの、ヨーロッパ的なもの（大橋良介著）講談社 2009.5 317p（講談社学術文庫）
◇漱石・魯迅・フォークナー―枳殻としての近代を越えて（岡庭昇著）新思索社 2009.5 263,14p
◇世界文学のなかの『舞姫』（西成彦著）みすず書房 2009.5 142p（理想の教室）
◇本デアル（夏目房之介著）毎日新聞社 2009.5 251p
◇漱石・竜之介の俳句（斉藤英雄著）翰林書房 2009.5 278p
◇夏目漱石論―＜男性の言説＞と＜女性の言説＞（小泉浩一郎著）翰林書房 2009.5 366p
◇恋する女―一葉・晶子・らいてうの時代と文学（高良留美子著）学芸書林 2009.6 413p
◇文学の言葉―解釈の諸相（大石嘉美著）冬至書房 2009.6 211p
◇父と子の思想―日本の近代を読み解く（小林敏明著）筑摩書房 2009.6 264p（ちくま新書）
◇欲しがらない生き方―高等遊民のすすめ（岬龍一郎著）角川書店 2009.6 207p（角川oneテーマ21）
◇人生に効く漱石の言葉（木原武一著）新潮社 2009.6 203p（新潮選書）
◇漱石と野村伝四と我が母と（佐藤健著）文芸社 2009.7 207p
◇みんな俳句が好きだった―各界一〇〇人句のある人生（内藤好之著）東京堂出版 2009.7 230p
◇身もフタもない日本文学史（清水義範著）PHP研究所 2009.7 213p（PHP新書）
◇名作への招待 日本篇―アメリカ文学者による作品ガイド（岡田量一著）彩流社 2009.7 237p
◇かたち三昧（高山宏著）羽鳥書店 2009.7 185,17p
◇夏目漱石と門下生・皆川正禧（近藤哲著）歴史春秋出版 2009.7 549p
◇ジョンソンとボズウェル―事実の周辺（諏訪部仁著）中央大学出版部 2009.8 193,60p（中央大学学術図書）
◇怪談異譚―怨念の近代（谷口基著）水声社 2009.8 256p
◇百年後に漱石を読む（宮崎かすみ著）トランスビュー 2009.8 367p
◇漱石先生の暗示（サジェスチョン）（佐々木英昭著）名古屋大学出版会 2009.8 315,5p
◇心を癒す漱石の手紙（矢島裕紀彦著）小学館 2009.8 333p（小学館文庫）
◇漱石の病と『夢十夜』（三好典彦著）創風社出版 2009.8 330p
◇性愛と結婚―自然と制度の相克（山口圭一著）中央公論事業出版 2009.9 197p
◇寺田寅彦全集 第1巻（寺田寅彦著, 樋口敬二、太田文平編）岩波書店 2009.9 368p
◇名作の書き出し―漱石から春樹まで（石原千秋著）光文社 2009.9 285p（光文社新書）
◇福田恆存評論集 第1巻（福田恆存著）麗沢大学出版会 2009.9 365p
◇小説『坊っちゃん』誕生秘話（勝山一義著）文芸社 2009.9 213p
◇再発見夏目漱石―65の名場面で読む（出口汪著）祥伝社 2009.9 244p（祥伝社新書）
◇夏目漱石を読む（吉本隆明著）筑摩書房 2009.9 287p（ちくま文庫）
◇漱石の長襦袢（半藤末利子著）文芸春秋 2009.9 254p
◇漱石覚え書（柴田宵曲著, 小出昌洋編）中央公論新社 2009.9 249p（中公文庫）
◇明治文壇の人々（馬場孤蝶著）ウェッジ 2009.10 456p（ウェッジ文庫）
◇思想放談（西部邁、佐高信著）朝日新聞出版 2009.10 357p
◇漱石文学が物語るもの―神経衰弱者への畏敬と癒し（高橋正雄著）みすず書房 2009.10 243p
◇知将秋山真之―ある先任参謀の生涯（生出寿著）光人社 2009.10 341p（光人社NF文庫）
◇『坊っちゃん』と日露戦争―もうひとつの『坂の上の雲』（古川愛哲著）徳間書店 2009.11 269p（徳間文庫）
◇空間創造発想帖―ディスプレイデザイナーのアタマとシゴト（日本ディスプレイデザイン協会企画・監修）六耀社 2009.11 207p
◇漱石のサイエンス（林浩一著）寒灯舎 2009.11 201p
◇あの作家の隠れた名作（石原千秋著）PHP研究所 2009.11 245p（PHP新書）
◇群衆―機械のなかの難民（松山巌著）中央公論新社 2009.11 515p（中公文庫）
◇漱石 芥川 太宰（佐藤泰正、佐古純一郎著）朝文社 2009.11 298p
◇福田恆存評論集 第13巻（福田恆存著）麗沢大学出版会 2009.11 348p
◇親鸞と学的精神（今村仁司著）岩波書店 2009.11 244p
◇文学の授業をつくる―いのち、こころ、しあわせ（松本譲生著）蒼丘書林 2009.11 365p
◇漱石を愛したフェミニスト―駒尺喜美という人（田中喜美子著）思想の科学社 2009.11 237p
◇「修辞」という思想―章炳麟と漢字圏の言語論的批評理論（林少陽著）白沢社 2009.11 381p
◇漱石の夏休み帳―房総紀行『木屑録』（関宏夫著）嵩書房出版 2009.11 269p
◇漱石と近代日本語（田島優著）翰林書房 2009.11 335p
◇文学の権能―漱石・賢治・安吾の系譜（押野武志著）翰林書房 2009.11 285p
◇モーロク俳句ますます盛ん―俳句百年の遊び（坪内稔典著）岩波書店 2009.12 238p
【雑誌】
◇漱石文学の魅力（中野記偉）「ソフィア」34〔刊行年不詳〕
◇漱石と則天去私―自己本位から自己超越へ（西脇良三）「愛知学院大学論叢（一般教育研究）」28（2）1980.
◇「夢十夜」における民俗的要因（鈴木覚雄）「芸術研究」39 1980.
◇漱石とメリディス（竹友藻風）「比較文学」23 1980
◇漱石の病跡（1）（塚本嘉寿）「埼玉大学紀要（人文科学編）」29 1980
◇漱石文学理論における"真"（平井敬則）「愛媛国文研究」30 1980
◇『こころ』の「上」「中」について―教材化のための覚書（1）（勝田

和学）「東洋大学文学部紀要（教育学科篇）」6 1980
◇幸田露伴と漱石の「猫」―市民文庫「滑稽談」（本のさんぽ（90））（紅野敏郎）「國文学 解釈と教材の研究」25（1）1980.1
◇漱石十話（2～10完）（宮崎利秀）「日本古書通信」45（1～9）1980.1～9
◇漱石の描く下女たち―「清」の意味（西川弓子）「石坂洋次郎研究」2 1980.1
◇漱石の「ハムレット」（増見利清）「悲劇喜劇」33（1）1980.1
◇水・椿・オフィーリア―「草枕」をめぐって（大岡昇平）「群像」35（1）1980.1
◇曲説「坊っちゃん」―漱石の転向について（芝仁太郎）「主潮」8 1980.2
◇ケーベル先生と漱石（3）哲学と詩（大久保純一郎）「心」33（2）1980.2
◇「行人」―その主題と方法（佐藤泰正）「文学」48（2）1980.2
◇「こゝろ」における「明治の精神」について（武藤章子）「日本文学ノート（宮城学院女子大）」15 1980.2
◇漱石とConrad―「普遍的血縁」の感覚（5）（瀬藤芳房）「徳島大学教養部紀要（人文・社会科学）」1980.2
◇「漱石の方法」―その準備の考察（1）（栗原敦）「稿」3 1980.2
◇特集・夏目漱石必携「別冊国文学」5 1980.2
◇西川一草亭と漱石―「落花帚記」（本のさんぽ（91））（紅野敏郎）「國文學 解釈と教材の研究」25（2）1980.2
◇「猫」の終焉（下）（山崎甲一）「鶴見大学紀要（第1部 国語国文学編）」17 1980.2
◇「私の個人主義」における「過去」―「道草」の方法・一つの序説（重松泰雄）「文学」48（2）1980.2
◇菅虎雄と夏目漱石（6）付・新資料による行徳二郎年譜（原武哲）「筑後」13 1980.3
◇最後の漱石詩（大塚三郎）「二松学舎大学人文論叢」17 1980.3
◇漱石におけるディケンズ（宮崎孝一）「英語青年」125（12）1980.3
◇漱石のF＋fにならって（宮内文七）「英語青年」125（12）1980.3
◇漱石の芸術における時間の概念―「草枕」理解のために（仮屋敬子）「愛知淑徳大学国語国文」3 1980.3
◇漱石晩年の漢詩と陶淵明詩（大地武雄）「二松学舎大学人物論叢」17 1980.3
◇漱石文学の「詩」「画」的方法（橘浦洋志）「茨城大学教育学部紀要（人文・社会科学・芸術）」29 1980.3
◇第五高等学校長中川元―熊本時代のハーンと漱石外伝（中川浩一）「茨城大学教育学部紀要（人文・社会科学・芸術）」29 1980.3
◇「夏目漱石自画自賛蘭水仙之図」について（新垣宏一）「四国女子大学研究紀要」2 1980.3
◇夏目漱石試論―「心」の世界（佐藤裕子）「学会誌（弘前学院大学国語国文学会）」6 1980.3
◇夏目漱石「夢十夜」のイメージ―「第一夜」を中心に（福中文）「実践国文学」17 1980.3
◇夏目漱石「吾輩は猫である」私論（玉置和美）「国語国文（昭和学院短大）」13 1980.3
◇Bayard Tuckermanと夏目漱石―A History of English Prose Fictionと「文学論ノート」（柏木秀夫）「北海道大学外国語・外国文学研究」26 1980.3
◇「彼岸過迄」の方法（1）読者本位と作者本位の共存（秋山公男）「立命館文学」415・416・417 1980.3
◇「坊っちゃん」一面―一九〇六年の漱石（高木文雄）「金城国文」56 1980.3
◇「坊っちゃん」新校抄（高木文雄）「金城学院大学論集」84 1980.3
◇ロンドン留学期の漱石の思索と体験についての若干の調査研究（岡三郎）「青山学院大学紀要」21 1980.3
◇近代文学者と女性（名作の中のおんな101人）（紅野敏郎編・解説）「國文學 解釈と教材の研究」25（4）1980.3.臨増
◇夏目漱石「明暗」のお延（名作の中のおんな101人）（重松泰雄）「國文學 解釈と教材の研究」25（4）1980.3.臨増
◇漱石と漢文学（加藤二郎）「外国文学」28 1980.3
◇漱石の方法（2）「中学改良策」を中心に・夏目漱石ノート（2）（五十嵐誠毅）「視向」23 1980.4
◇特集・漱石・鴎外とその時代 「歴史公論」6（4）1980.4
◇夏目漱石研究史から（飛鳥井雅道）「歴史公論（雄山閣）」6（4）1980.4
◇舟の論理―薤露行「エレーン」の遺書より（矢宮正）「視向」23 1980.4
◇「道草」（漱石試論）（3）（松本久幸）「視向」23 1980.4
◇漱石の「文鳥」について―三重吉との関連を中心に 斎藤英雄「文芸と批評」5（5）1980.5
◇乃木殉死をめぐる文学―鴎外・漱石たち（小瀬千恵子）「論究日本文学（立命館大）」43 1980.5
◇「彼岸過迄」の方法（2）読者本位と作者本位の共存（秋山公男）「論究日本文学（立命館大）」43 1980.5
◇楽園喪失―「草枕」と「故郷」（米田利昭）「日本文学」29（5）

1980.5
◇猪之吉・より江・漱石―福日文壇（1）（石田忠彦）「地火」1 1980.6
◇「行人」の世界（水上俊一）「関西学院大学日本文芸研究」32（2）1980.6
◇漱石漢詩の一考察―「閑愁」と「暗愁」の相違について（斎藤順二）「群馬女子短期大学紀要」7 1980.6
◇漱石に於ける近代及近代人の問題―関西での講演（明治四十四年八月）に関する覚書（深江浩）「あしかび」18 1980.6
◇夏目漱石とイギリス留学（特集・旅の発見―異国のなかの日本人）（平岡敏夫）「國文學 解釈と教材の研究」25（7）1980.6
◇夏目漱石の学習院就職運動―新資料・立花銑三郎あて漱石書簡の紹介（原武哲）「九州大学語文研究」49 1980.6
◇"憐れ"の行方―「野分」論（片岡豊）「濫辞」4 1980.7
◇お嬢さんの"笑い"―漱石「こゝろ」の一視点（寺田健）「日本文学」29（7）1980.7
◇「それから」―エロスと死について（久保田芳太郎）「文学年誌」5 1980.7
◇夏目漱石の文体―「道草」と「硝子戸の中」の比較（荒木良）「国文（お茶の水女子大）」53 1980.7
◇比較作家論 鴎外と漱石―創作家としての態度を軸として（秋山和夫）「国文学 解釈と鑑賞」45（7）1980.7
◇「愛」の抑圧の人称的構造―漱石の場合（特集・明治の文体―新しい言語空間を求めて）（蓮実重彦）「国文学」25（10）1980.8
◇漱石作品の文体を分析する（明治の文体―新しい言語空間を求めて）（相原和邦）「國文學 解釈と教材の研究」25（10）1980.8
◇罪の論理―「薤露行」（ギニヴィア）への断想（矢宮正）「視向」23 1980.8
◇夏目漱石ノート（3）漱石の方法（3）―「幻影の盾」・「趣味の遺伝」を中心に（五十嵐誠毅）「視向」23 1980.8
◇「思ひ出す事など」論（丹羽章）「日本文芸研究」32（3）1980.9
◇国語教育と文学研究―漱石の「こころ」をめぐって（シンポジウム）（石崎等ほか）「言語と文芸」90 1980.9
◇漱石「こころ」の世界（森嶋邦彦）「関西学院大学日本文芸研究」32（3）1980.9
◇出会いと沈黙―「明暗」最後半部をめぐって（藤沢るり）「国語と国文学」57（9）1980.9
◇夏目漱石―「それから」にあらわれた自然について（清水昌子）「国語研究（九州大谷短大）」8 1980.9
◇夏目漱石における「則天去私」とデタッチメント（宮下治子）「静岡大学研究報告（静岡大教養部）」16（1）1980.9
◇「彼岸過迄」の方法（3）読者本位と作者本位の共存（秋山公男）「立命館文学」422・423 1980.9
◇遐なる国、遐なる心―「虞美人草」の甲野について（遠藤綺一郎）「米沢国語国文」7 1980.9
◇迷羊の青春―「三四郎」における美祢子の生き方をめぐって（阿部弘子）「米沢国語国文」7 1980.9
◇「門」の構造（酒井英行）「日本文学」29（9）1980.9
◇「夢十夜」研究（4）漱石の暗い部分（鳥井正晴）「日本文芸研究」32（3）1980.9
◇薄ら寒さと春光と―「硝子戸の中」における"過去"（重松泰雄）「文学」48（10）1980.10
◇作品「こころ」の中の章の役割り（近代の小説―教材作家研究）（為貞節穂）「解釈」26（10）1980.10
◇大患直後における漱石の風流趣味について―とくにその詩作を中心に（安部成得）「帝京大学文学部紀要 国語国文学」12 1980.10
◇近代文学と宗教（19）夏目漱石「我輩は猫である」（桑島玄二）「東方界」84 1980.10
◇研究動向 文学―漱石研究「神話」の克服と方法意識の深化（Q）「月刊エディター 本と批評」72 1980.10
◇「三四郎」の母―"森の女"をめぐって（酒井英行）「国文学研究（早大）」72 1980.10
◇叙述形態から見た「道草」の他者認識（石原千秋）「成城国文」4 1980.10
◇日本語上級教材としての「坊っちゃん」―近代日本人の原型としての性格分析（塩田勉）「ILT News（早大）」69 1980.10
◇「吾輩は猫である」試論（角田旅人）「日本近代文学」27 1980.10
◇ある明治の青春像―漱石の初期三部作をめぐって（菊地昌美）「オリザ」6 1980.11
◇漱石「こころ」序論（森嶋邦彦）「日本文芸学」15 1980.11
◇漱石における「明星」的なもの―初期作品を中心に（池谷直美）「梅光女学院大学日本文学研究」16 1980.11
◇漱石の嫂―作品における嫂の機能（小平炭）「オリザ」6 1980.11
◇漱石VS.ホームズ―「黄色い下宿人」の背景（特集・シャーロック・ホームズ）（伊村元道）「ユリイカ」12（12）1980.11
◇「彼岸過迄」―その主題と方法（佐藤泰正）「梅光女学院大学日本文学研究」16 1980.11
◇「草枕」小考（赤井恵子）「近代文学試論」19 1980.11

◇「こゝろ」覚書―「先生」は何故自殺したか　(橋本威)「近代文学試論」19　1980.11
◇寒月の「ヴイオリン」―「吾輩は猫である」ノート　(大野淳一)「武蔵大学人文学会雑誌」12(2)　1980.12
◇現代日本の思想　柄谷行人―マルクスの中の漱石　(絓秀実)「現代思想」8(15)　1980.12
◇「行人」(1)その主題と構造　(秋山公男)「立命館文学」424・425・426　1980.12
◇漱石「それから」論―漱石における自然の愛　(山本勝正)「広島女学院大学論集(第1部)」30　1980.12
◇文人木版像―木版連作(35)夏目漱石　(関野準一郎)「日本古書通信」45(12)　1980.12
◇「三四郎」論　(佐々木充)「千葉大学教育学部研究紀要」29(第1部)　1980.12
◇東北大学附属図書館「漱石文庫」のインスペクション　(原田隆吉)「図書館学研究報告(東北大)」13　1980.12
◇夏目漱石の"monoconscious theory"(純一意識理論)の比較思想的解明　(岡三郎)「比較思想研究」7　1980.12
◇漱石の病跡(2)　(塚本嘉壽)「埼玉大学紀要(人文科学編)」30　1981
◇「満韓ところどころ」について(上)漱石におけるアジアの問題　(伊豆利彦)「横浜市立大学論叢(人文科学系列)」32(2・3)　1981
◇「吾輩は猫である」の世界　(西脇良三)「愛知学院大学論叢(一般教育研究)」29(1)　1981
◇夏目漱石「門」論　(大田正紀)「聖和大学論集」9　1981
◇資料：「夏目漱石とG.チョーサー」　(岡田晃忠)「SOUNDINGS」7　1981
◇「年末の一日」考―芥川に於ける漱石の影　(高木文雄)「金城学院大学論集」94　1981
◇漱石とメリディス―続―　(竹友藻風)「比較文学」24　1981
◇漱石と俳句―村田穆学兄に　(北山正迪)「光華女子大学研究紀要」19　1981
◇漱石の『十二夜』―「暖かい夢」のなかのロンドン　(芳賀徹)「教養学科紀要(東大)」14　1981
◇漱石的なもの―「三四郎」の周辺　(井上百合子)「日本女子大学紀要(文学部)」31　1981
◇漱石文学と「ドン・キホーテ」　(剣持武彦)「二松学舎大学東洋学研究所集刊」12　1981
◇「虞美人草」の一考察―藤尾と小野の恋愛を中心に　(万田務)「橘女子大学研究紀要」9　1981
◇共同研究漱石詩集全釈　(佐古純一郎ほか)「二松学舎大学佐古研究室」7　1981.1
◇「草枕」と処女入水伝説(読む)　(難波喜造)「日本文学」30(1)　1981.1
◇漱石と陶淵明　(加藤二郎)「文芸研究(日本文芸研究会)」96　1981.1
◇漱石の「正岡子規に送りたる句稿」検討　(小室善弘)「連歌俳諧研究」60　1981.1
◇代助の感性―「それから」の一面　(吉田煕生)「国語と国文学」58(1)　1981.1
◇東京大学教養学部図書館に発見された夏目漱石の書き入れ本―「文学論ノート」研究(3)　(岡三郎)「青山学院大学文学部紀要」22　1981.1
◇トリスタンとイズーの駈落ち―「三四郎」をめぐって　(大岡昇平)「群像」36(1)　1981.1
◇夏目漱石と禅　(富川法道)「火涼」15　1981.1
◇「吾輩は猫である」における「遊び」と「逸脱」―「トリストラム・シャンディ」と関連して　(飯島武久)「山形大学紀要(人文科学)」9(4)　1981.1
◇小説に現れた金銭あれこれ―大学教師・漱石は貧乏だったか　(吉田恒生)「エコノミスト」59(2)　1981.1.20
◇昔虎雄と夏目漱石(7)芥川龍之助との出会い　(原武哲)「文藝筑後」14　1981.1
◇漱石からFaulknerへ(私の出会い)　(大橋健三郎)「英語青年」126(11)　1981.2
◇漱石の「文学論」(2)　(渡辺晋)「実践女子短大評論」4　1981.2
◇夏目漱石と河内屋　(木村彦三郎)「鎌倉」37　1981.2
◇夏目漱石と与謝蕪村―漱石俳句の視点から(特集・近代の詩歌)　(河辺正行)「解釈」27(2)　1981.2
◇「彼岸過迄」試論―「松本の話」の機能と時間構造　(秋山公男)「国語と国文学」58(2)　1981.2
◇英国学者のイメージ―夏目漱石のロンドン時代の回想　(平川祐弘)「東京大学教養学部紀要」13　1981.3
◇「英文学に欺かれたるが如き不安の念」―「文学論」索引へのまへがき　(高木文雄)「金城学院大学論集」89　1981.3
◇「薤露行」を比較文学的に読む　(松村昌家)「神戸女学院大学論集」27(3)　1981.3
◇「硝子戸の中」論―「道草」とのかかわりを巡って　(仲秀和)「日本文芸研究」33(1)　1981.3

◇「草枕」試論―モチーフと那美像をめぐって　(本田憲代)「実践国文学」19　1981.3
◇「草枕」の美に対する一考察　(越智悦子)「岡大国文論稿(岡山大)」9　1981.3
◇「クレイグ先生」と「ケーベル先生」―夏目漱石と亜米利加(1)　(井上健)「大谷女子大学英文学会誌」8　1981.3
◇「こゝろ」私考―読者の立場から　(清水猛郎)「ノートルダム清心女子大学紀要(国語・国文学編)」5(1)　1981.3
◇「こゝろ」論　(小川卓)「山口国文」4　1981.3
◇自知の明ということ―「吾輩は猫である」発端の形式について　(山崎甲一)「鶴見大学紀要(第1部 国語国文学編)」18　1981.3
◇小説「坊っちゃん」の2英訳についての情報量比較考察　(志村紀子)「語学研究(拓殖大)」26　1981.3
◇漱石些事―「三四郎」より　(川口朗)「甲南大学紀要(文学編)」40　1981.3
◇漱石と自然主義―「坊っちゃん」をめぐって　(大森順子)「金城国文」57　1981.3
◇漱石と「禅林句集」　(加藤二郎)「外国文学」29　1981.3
◇漱石と椿と木瓜と―その趣味の根底にあるもの(上野景福教授記念号)　(仙北谷晃一)「武蔵大学人文学会雑誌」12(3)　1981.3
◇漱石の漢詩における「柳」の用例について―「則天去私」論への序論的考察　斎藤順二「群馬女子短大紀要」8　1981.3
◇漱石の招宴欠席をめぐって　(樋田満夫)「文芸論叢(文教大)」17　1981.3
◇漱石の「明暗」を読む　(飯田利行)「専修国文」28　1981.3
◇漱石の友人(「不敬事件」と漱石)―日本にさよならを告げた人　(鈴木敏幸)「国語国文(立正大)」17　1981.3
◇「それから」(2)　(久保田芳太郎)「東横国文学(東横学園女子短大)」13　1981.3
◇夏目漱石「門」論　(上出恵子)「活水論文集(活水女子短大)」24　1981.3
◇「野分」の周辺　(小泉浩一郎)「湘南文学(東海大)」15　1981.3
◇「煤煙」への一視点―「草枕」との関わり方について　(重枝佳理子)「大妻国文」12　1981.3
◇「彼岸過迄」考―須永の視座　(橋浦洋志)「茨城大学教育学部紀要(人文・社会科学)」30　1981.3
◇ケーベル先生と漱石(4)哲学と芸術　(大久保純一郎)「心」34(4)　1981.4
◇「こゝろ」の方法と構造　(秋山公男)「日本文学」30(5)　1981.5
◇新視角というアプローチ　芥川と漱石―明治の意味　(桶谷秀昭)「國文學 解釈と教材の研究」26(7)　1981.5
◇漱石の師マドック先生　(平川祐弘)「新潮」78(5)　1981.5
◇夏目漱石小論―「野分」成立とその周辺　(戸田民子)「論究日本文学(立命館大)」44　1981.5
◇「こゝろ」論　(長谷川和子)「日本文芸研究」33(2)　1981.6
◇夏目漱石と大逆事件　(河口司)「三池文学」38　1981.6
◇夏目漱石―表現としての漱石　「国文学 解釈と鑑賞」46(6)　1981.6
◇「道草」論　(森嶋邦彦)「日本文芸研究」33(2)　1981.6
◇善と悪―「こゝろ」をめぐって　(加藤富一)「解釈」27(7)　1981.7
◇特集・日露戦争文学(1)　「稿本近代文学(筑波大)」4　1981.7
◇プロイセン号上の漱石　(加茂章)「日本文学」30(7)　1981.7
◇「門」―罪と愛について(講演特集)　(久保田芳太郎)「季刊文学・語学」91　1981.7
◇龍之介の裡なる漱石―小品という"散文"をめぐって　(佐々木充)「文学」49(7)　1981.7
◇「労働」を媒介とする感性と認識をめぐって―その一「坑夫」論　(佐藤孝雄)「異徒」3　1981.7
◇アメリカ・漱石・日本　(蒲生芳郎)「UP」10(8)　1981.8
◇牛込界隈は文豪のまち(東京酩酊散歩)　(山本容朗)「潮」267　1981.8
◇「こゝろ」の方法と構造―補遺―　(秋山公男)「立命館文学」433・434　1981.8
◇漱石と世界文学　(大久保純一郎)「心」34(7〜8)　1981.8
◇漱石の文明論と現代　(西尾幹二)「文学界」35(8)　1981.8
◇漱石のポープ批評　(吉本良典)「國文學 解釈と教材の研究」26(11)　1981.8
◇漱石俳句の展叙―「図説漱石大観」に触れて　(長谷川泉)「俳句」30(8)　1981.8
◇漱石論(1)「猫」と「漾虚集」の関係について　(大竹雅則)「論究」2　1981.8
◇お札と縁遠かった漱石　(松岡筆子)「文芸春秋」59(10)　1981.9
◇姦通の風景―漱石がさぐりあてたもの　(岡庭昇)「群像」36(9)　1981.9
◇「行人」の世界　(藤田喜代志)「日本文芸研究」33(3)　1981.9
◇字物のユートピア―漱石の「文学論」をめぐって　(芳川泰久)「早稲田文学」64　1981.9
◇小特集・夏目漱石　「解釈」27(9)　1981.9

◇生死の間に漱石を読む　(平川祐弘)「新潮」78(9) 1981.9
◇漱石のウィリアム・ジェームス受容について―「彼岸過迄」論の手がかりとして　(小倉脩三)「日本近代文学」28 1981.9
◇漱石の主な作品の執筆日の推定　(加茂章)「新大国語」7 1981.9
◇漱石の文学理論の構造とその位相　(高野実貴雄)「日本近代文学」28 1981.9
◇「それから」論　(植西浩一)「奈良教育大学国文」5 1981.9
◇特集・「朝日文芸欄」を視座として　「近代文学研究と資料(早大)」12 1981.9
◇「彼岸過迄」質疑　(佐々木充)「日本近代文学」28 1981.9
◇「道草」への一視点―存在の意味を巡って　(仲秀和)「日本文芸研究」33(3) 1981.9
◇「道草」論　(中井康行)「日本文芸研究」33(3) 1981.9
◇メリメと漱石、そして鏡花と　(江口清)「調布学園女子短期大学紀要」14 1981.9
◇「倫敦塔」試論―地獄巡りとしての旅　(細島裕次)「新大国語」7 1981.9
◇漱石のウイリアム・ジェームス受容について―『彼岸過迄』論の手がかりとして　(小倉脩三)「日本近代文学」28 1981.9
◇漱石「行人」論 (1)　(上出恵子)「日本文芸学」17 1981.10
◇漱石と少年たち　(才神時雄)「図書」386 1981.10
◇漱石の題画詩について　(安部成得)「帝京大学文学部紀要」国語国文学13 1981.10
◇特集・漱石「三四郎」と「こころ」の世界　「國文學 解釈と教材の研究」26(13) 1981.10
◇「日月の上に」の異同をめぐる一考察　(中村青史)「方位」3 1981.10
◇「彼岸過迄」の構成　(酒井英行)「国文学研究(早大)」75 1981.10
◇「彼岸過迄」の構成―須永の意識構造と作品構造　(安屋久美子)「季刊文学・語学」92 1981.10
◇「こころ」の方法と構造―補遺　(秋山公男)「立命館文学」435・436 1981.10
◇漱石と民権運動―自由民権運動とのかかわりで漱石の思想の出発点をとらえなおす(自由民権運動百年記念特集号)　(小沢勝美)「信州白樺」44・45・46 1981.10
◇「こころ」の下の章について―表現上の工夫(小特集・近代の小説)　(為貞節穂)「解釈」27(11) 1981.11
◇「こころ」による授業　(松本義生)「日本文学」30(11) 1981.11
◇「三四郎」その主題と方法―その人物像を中心として・諸家の論にふれつつ　(佐藤泰正)「日本文学研究(梅光女学院大)」17 1981.11
◇親和と切断―「坊っちゃん」の題をめぐって　(青柳達雄)「言語と文芸」92 1981.11
◇生死を除く　(竹中信常)「在家仏教」332 1981.11
◇漱石と龍之介の書簡(人と書簡(18))　(木下順二)「学鐙」78(11) 1981.11
◇漱石のイギリス　(平野幸仁)「横浜国立大学人文紀要(第1類 哲学社会科学)」27 1981.11
◇「倫敦日記」私註―夏目漱石論・英国留学些事　(松岡美次)「国文学研究ノート(神戸大)」14 1981.11
◇「三四郎」―その主題と方法―その人物像を中心として・諸家の論にふれつつ　(佐藤泰正)「日本文学研究(梅光女子学院大)」17 1981.11
◇夏目漱石と浅井栄凞―鏡子入水事件に関わった禅の人　(原武哲)「近代文学論集」7 1981.11
◇漱石『行人』論再考　(上出恵子)「近代文学論集」7 1981.11
◇「三四郎」試論(上)　(赤井恵子)「国文学攷」92 1981.12
◇漱石のスウィフト批評　(吉本自典)「英米文学(関西学院大)」26(1) 1981.12
◇漱石の読書ほか　(たかはしげをみ)「芸亭」21 1981.12
◇東京外語と漱石山房(上)鹿鳴館の系譜(3)　(磯田光一)「文学界」35(12) 1981.12
◇『こころ』論―闇の中で呼び合う声　(上田正行)「島大国文(島根大)」10 1981.12
◇夏目漱石『彼岸過迄』論―(雨)に関する一考察　(原田理恵)「国語国文学誌(広島女学院大)」11 1981.12
◇「行人」から「道草」への一後期漱石の人間認識を追う　(富岡信子)「女子大国文」90 1981.12
◇「行人」―その主題と構造(2)　(秋山公男)「立命館文学」437・438 1981.12
◇「心」総索引(4)　(鈴木和男)「学習院女子短期大学紀要」19 1981.12
◇「草枕」論　(志保みはる)「日本文芸研究」33(4) 1981.12
◇漱石の方法(4・上)〈英国留学〉前後の『日記・断片』を中心に　(五十嵐誠毅)「視向」25 1981.12
◇鷗外と漱石の感動詞「ふん」と「うん」　(鈴木敏幸)「文学と教育」2 1981.12
◇『漾虚集』について―漱石の夢想世界　(大友泰司)「順天堂大学文理学紀要」24 1981.12

◇『三四郎』に関する二、三の問題　(片山晴夫)「語学文学」20 1982
◇「草枕」の世界　(西脇良三)「愛知学院大学論叢 一般教育研究」30(1) 1982
◇漱石とConrad―「普遍的血縁」の感覚(6)　(瀬藤芳房)「徳島大学教養部紀要(人文・社会科学)」17 1982
◇「虞美人草」と「それから」―作品の連続性について　(酒井格)「東京薬科大学一般教育研究紀要」6 1982
◇「夢十夜」研究(5)漱石の暗い部分(2)　(鳥井正晴)「大阪音楽大学研究紀要」21 1982
◇『こころ』の「下」について(教材化のための覚書(2))　(勝田和学)「東洋大学文学部紀要(教育学科篇)」8 1982
◇近代日本文学とキリスト教―漱石を中心に　(佐藤泰正)「日本の神学」21 1982
◇独入石門中―漱石近体詩平仄検査　(高木文雄)「金城学院大学論集」99 1982
◇霧の中の漱石―「自己本位」の確立　(熊坂敦子)「日本女子大学紀要(文学部)」32 1982
◇漱石の「三四郎」と馬　(佐藤良雄)「武蔵野英米文学」15 1982
◇夏目漱石「七艸集評」全釈―「漱石詩集全釈」拾遺　(斎藤順二)「群馬女子短期大学紀要」9 1982.1
◇漱石が読んだ物理学の論文　(小山慶太)「蟻塔」28(1) 1982.1
◇漱石と謡曲　(斎藤順二)「論究(二松学舎大)」創刊号 1982.1
◇「こころ」の死と倫理―我執との相関　(秋山公男)「国語と国文学」59(2) 1982.2
◇『行人』一試論―これまでの研究の焦点をめぐって　(松本智子)「国文白白(日本女子大)」21 1982.2
◇鹿鳴館の系譜(4)東京外語と漱石山房(下)　(磯田光一)「文学界」36(2) 1982.2
◇菅虎雄と夏目漱石(8)漱石の易簀と消え行く金蘭の友　(原武哲)「筑後」15 1982.2
◇漱石の中のことば―「屋上に屋を架する」　(久保忠夫)「書斎の窓」311 1982.2
◇「こころ」への一視点―"明治"への別離姿勢　(釘宮久男)「国文学攷」93 1982.3
◇『こころ』―「明治の精神」覚書　(清水孝純)「文学論輯」28 1982.3
◇『三四郎』に関する2,3の問題　(片山晴夫)「語学文学(北海道教育大)」20 1982.3
◇「三四郎」試論(下)　(赤井恵子)「国文学攷」93 1982.3
◇夏目漱石と正岡子規―『木屑録』をめぐって　(斎藤順二)「群女国文」10 1982.3
◇夏目漱石とチョーサー作「公爵夫人の書」　(岡田晃忠)「日本大学理工学部一般教育教室彙報」31 1982.3
◇夏目漱石『坑夫』試論―暗部指向と松山行き　(本田憲代)「実践国文学」21 1982.3
◇夏目漱石『彼岸過迄』序論　(上出恵子)「活水論文集(日本文学科編)(活水女子大・同短大)」25 1982.3
◇狂気の価値―夏目漱石を例として　(春原千秋)「交通医学」36(2) 1982.3
◇『行人』の世界　(藤崎島)「日本文芸研究」34(1) 1982.3
◇「心」(1)罪と死について　(久保田芳太郎)「東横国文(東横学園女子短大)」14 1982.3
◇「草枕」における美意識について　(松岡裕美)「日本文学論叢(茨城キリスト教短大)」7 1982.3
◇壺中大夢の人　(滝沢精一郎)「野州国文学(国学院栃木短大)」29 1982.3
◇「渡りもの」の教師たち―「坊っちゃん」ノート　(大野淳一)「武蔵大学人文学会雑誌」13(4) 1982.3
◇特集メ漱石文芸の世界　「日本文芸学」18 1982.3
◇「年末の一日」考―芥川に於ける漱石の影　(高木文雄)「金城学院大学論集(国文学篇)」24 1982.3
◇漱石と草平―「煤煙」と「心」について　(重枝佳理子)「大妻国文」13 1982.3
◇漱石の『十二夜』―「暖かい夢」のなかのロンドン　(芳賀徹)「教養学科紀要(東大)」14 1982.3
◇漱石の見た明治社会の風潮　(越智悦子)「岡山大学国文論稿」10 1982.3
◇漱石の「神経衰弱」について　(大村喜吉)「Heron(埼玉大)」16 1982.3
◇漱石文芸の比較文芸的考察　(大川愛子)「日本文芸研究」34(1) 1982.3
◇夏目漱石の秀句　(阿部誠文)「論究(二松学舎大学)」2 1982.4
◇夏目漱石「坑夫」論考(上)「処世術」と「相対的世界観」の確立について　(本多仁)「都大論究」19 1982.4
◇梶井基次郎―漱石・潤一郎・直哉とのかかわり(特集・梶井基次郎の世界)　(紅野敏郎)「国文学 解釈と鑑賞」47(4) 1982.4
◇「道草」―構想と方法　(秋山公男)「文学」50(4) 1982.4
◇漱石が読んだ良寛詩集の発見　(細井昌文)「論究(二松学舎大学)」

◇漱石と謡曲―「草枕」の一節をめぐって （松田存）「論究(二松学舎大学)」 2 1982.4
◇漱石に於ける「歩行」の問題 （加藤二郎）「国語と国文学」 59(4) 1982.4
◇夏目漱石必携(2) 「別冊国文学」 14 1982.5
◇皆川正禧と夏目漱石 （近藤哲）「阿賀路」 22 1982.5
◇「道草」―鳥瞰図の諸相 （秋山公男）「文学」 50(5) 1982.5
◇漱石とシェークスピア―「マクベスの幽霊に就て」をめぐって （佐藤貞夫）「キリスト教文学」 2 1982.5
◇「こゝろ」の世界 （門田一美）「日本文芸研究」 34(2) 1982.6
◇史的課題俳人論(15)夏目漱石 （松井利彦）「俳句」 31(6) 1982.6
◇「坊っちゃん」の世界 （村田好成）「日本文芸研究」 34(2) 1982.6
◇史的課題俳人論(16)夏目漱石 （松井利彦）「俳句」 31(7) 1982.7
◇明治の三文豪―漱石・鴎外・藤村 （仲秀和）「樟蔭紀要」 5 1982.7
◇「坊っちゃん」の構造―悲劇の方法について （有光隆司）「国語と国文学」 59(8) 1982.8
◇「それから」における恋愛 （赤major恵子）「熊本商大論集」 29(1) 1982.9
◇「吾輩は猫である」をめぐって(共同討議) （司会）(特集・猫の文学博物誌) （三好行雄司会,大野淳一,中島国彦,吉川豊子）「國文學 解釈と教材の研究」 27(12) 1982.9
◇史的課題俳人論(17)夏目漱石 （松井利彦）「俳句」 31(9) 1982.9
◇小特集・漱石をどう読むか 「青春と読書」 79 1982.9
◇俳体詩「尼」評釈 （小室善弘）「俳句文学館紀要」 2 1982.9
◇「彼岸過迄」の位置―後期作品への序曲 （坂本浩）「成城文芸」 101 1982.9
◇福永武彦と夏目漱石(特集・福永武彦) （大野淳一）「国文学 解釈と鑑賞」 47(10) 1982.9
◇漱石「夢十夜」の文芸構造(1)文芸学における作品 （山口昌男）「日本文芸研究」 34(3) 1982.9
◇夏目漱石「坑夫」の創作方法と幻想体験―子規宛書簡を手がかりに （本田憲代）「実践国文学」 22 1982.10
◇「行人」論・言葉の変容 （藤澤るり）「国語と国文学」 59(10) 1982.10
◇史的課題俳人論(18)夏目漱石 （松井利彦）「俳句」 31(11) 1982.10
◇「真珠の指輪」の意味と役割―『それから』の世界 （斉藤英雄）「日本近代文学」 29 1982.10
◇「道草」における健三の対他関係の構造 （石原千秋）「日本近代文学」 29 1982.10
◇『文鳥』の時間 （亀井雅司）「叙説(奈良女子大)」 7 1982.10
◇漱石の墓を詣でるの記 （佐渡谷重信）「英語青年」 128(7) 1982.10
◇漱石『門』への一考察 （玉置邦雄）「人文論究(関西学院大)」 32(2) 1982.10
◇「こゝろ」の構造と主題 （堀井謙一）「信州大学教育学部紀要」 47 1982.11
◇「吾輩は猫である」論―その多言語世界をめぐり （板花淳志）「日本文学」 31(11) 1982.11
◇史的課題俳人論(19)夏目漱石 （松井利彦）「俳句」 31(12) 1982.11
◇事実の論理―漱石「こころ」について （有馬弘純）「早稲田文学(第8次)」 78 1982.11
◇「草枕」の饒舌 （浅野洋）「近代風土」 16 1982.11
◇特集・夏目漱石 「国文学 解釈と鑑賞」 47(12) 1982.11
◇漱石紀行(5)ピーター・ミルワード 「春秋」 240 1982.11
◇「明暗」の主題と方法―第二章を中心に （照屋成治）「成城国文」 6 1982.11
◇漱石と西洋美術―倫敦・明治35年前後 （福田真人,太田昭子）「比較文学研究」 42 1982.11
◇カーライル博物館署名考―夏目漱石「カーライルの博物館」をめぐって （水谷昭夫）「人文論究(関西学院大)」 32(3) 1982.12
◇「こゝろ」論―〈自分の世界〉と〈他人の世界〉のはざまで(同人雑誌推薦作) （松元寛）「文学界」 36(12) 1982.12
◇みんな金が欲しいのだ―夏目漱石(主題・お金) （笠原芳光）「思想の科学(第7次)」 26 1982.12
◇「三四郎」論―美祢子を読む （江種満子）「日本文学」 31(12) 1982.12
◇夏目漱石とスペイン文学 （蔵本邦夫）「日本古書通信」 47(12) 1982.12
◇夏目漱石の作品に於ける「草枕」の位相(外国人の日本文学研究) （Alan Turny,大杉正明訳）「文学」 50(12) 1982.12
◇続曲説「坊っちゃん」―喜劇の方法 （芝仁太郎）「主潮」 11 1982.12
◇漱石論(3)英国留学の意味するもの （大竹雅則）「論究(二松学舎大)」 4 1982.12
◇「夢十夜」研究(6)夢の方法 （鳥井正晴）「日本文芸研究」 34(4) 1982.12

◇和辻哲郎と夏目漱石 （今西順吉）「比較思想研究」 9 1982.12
◇和辻哲郎の思想形成と転回について(上)父瑞太郎・夏目漱石・ハイデッガー （狩集日出男）「現代科学論叢」 16 1982.12
◇漱石「彼岸過迄」論―運命のアイロニーと愛の不透明性をめぐって （山本勝正）「広島女学院大学論集」 32 1982.12
◇漱石と三人の中世英文学者 （高宮利行）「慶応義塾大学言語文化研究所紀要」 14 1982.12
◇漱石の『三四郎』と馬 （佐藤良雄）「武蔵野英米文学(武蔵野女子大)」 15 1982.12
◇作のこと(研究余滴) （新谷敬三郎）「比較文学年誌」 19 1983
◇漱石「文学論」の教材研究的意義―文学の読み指導に於ける教材研究,授業論への適用 （奥野忠昭）「学大国文」 26 1983
◇「夢十夜」の研究(10)文献書誌 （鳥井正晴）「大阪音楽大学研究紀要」 22 1983
◇新資料・漱石の「英国留学始末書」その他をめぐって （岡三郎）「青山学院大学文学部紀要」 25 1983
◇夏目漱石への投影 （佐藤良雄）「武蔵野英米文学」 16 1983
◇「猫」以前の漱石(1) （井上百合子）「日本女子大学紀要 文学部」 33 1983
◇狂気の方法化―「行人」と「ドン・キホーテ」 （中野記偉）「英文学と英語学」 20 1983
◇独入石門中―後―漱石近体詩平仄検按 （高木文雄）「金城学院大学論集」 107 1983
◇「三四郎」と「青年」（歩行と思索） （伊東俊太郎）「現代思想」 11(1) 1983.1
◇夏目漱石と正岡子規(2)次韻の詩を中心に （斎藤順二）「群馬女子短期大学紀要」 10 1983.1
◇漱石「三四郎」の成立(未定稿) （酒井森之介）「国士館大学人文学会紀要」 15 1983.1
◇KerとPitlochryと漱石 （高宮利行）「英語青年」 128(10) 1983.1
◇交通・観光と文学(1)「猫」の眼がみた海水浴 （中川浩一）「トランスポート」 33(1) 1983.1
◇時間・生・運命―『門』の問いかけるもの （渥美孝子）「上智大学国文学論集」 16 1983.1
◇漱石「三四郎」の成立 （酒井森之介）「国士館大学文学部人文学会紀要」 15 1983.1
◇漱石『夢十夜』論 （室井尚）「瓜生(京都芸術短大)」 5 1983.1
◇漱石におけるウイリアム・ジェームズの受容について―「抗夫」の周辺をめぐって （小倉脩三）「日本文学」 32(1) 1983.1
◇漱石文学における「真面目」の位置―独歩『欺かむざるの記』と『こゝろ』を中心に （橋浦洋志）「文芸研究(日本文芸研究会)」 102 1983.1
◇「道草」作者の内部要因 （宮井一郎）「文学」 51(2) 1983.2
◇「明暗」の文体論的一考察―細部表出に沿って （宮沢賢治）「国語と国文学」 60(2) 1983.2
◇『それから』論―作品鑑賞の試み （蒲生芳郎）「日本文学ノート(宮城学院女子大)」 18 1983.2
◇『三四郎』の光線の圧力測定―漱石と物理実験 （小山慶太）「科学と実験」 34(2) 1983.2
◇則天去私と老荘思想 （伊狩章）「新潟大学国文学会誌」 26 1983.2
◇漱石『文学論』の教材研究的意義―文学の読み指導に於ける教材研究,授業論への適用 （奥野忠昭）「学大国文(大阪教育大)」 26 1983.2
◇漱石とドラローシュ （塚本利明）「専修大学人文科学研究所月報」 81 1983.2
◇漱石と現代―(漱石論序説)をかねて〔含 討論〕 （蒲生芳郎）「日本文学」 32(2) 1983.2
◇"吾輩は猫である"と諷刺 （久保源治）「滋賀県立短期大学学術雑誌」 24 1983.3
◇「こゝろ」にみる〈罪と罰〉の構図 （清水孝純）「文学論輯」 29 1983.3
◇「それから」論 （丹羽章）「日本文芸研究」 35(1) 1983.3
◇「一夜」(漱石)―その構造と秘奥 （鈴木理恵）「金城国文」 59 1983.3
◇「吾輩は猫である」と文学論―作家的出発をめぐる考察(2) （加藤豊子）「山梨県立女子短期大学紀要」 16 1983.3
◇「彼岸過迄」と「大津順吉」―大正文学の成立 （川上美那子）「人文学報(都立大)」 160 1983.3
◇「文学と美術」についての管見―『草枕』の一面に即して （田沢英蔵）「苫小牧駒沢短期大学紀要」 11 1983.3
◇「夢十夜」研究―第1夜 （笹淵友一）「学苑」 519 1983.3
◇『孤独地獄』小考―漱石の影響 （吉田俊彦）「岡大国文論稿」 11 1983.3
◇『野分』試論(1) （佐古純一郎）「二松学舎大学論究」 5 1983.3
◇『野分』論―啓蒙と疎隔 （細谷博）「並木の里」 23 1983.3
◇『野分』論―啓蒙と疎隔 （細谷博）「南山国文論集(南山大)」 7 1983.3
◇夏目漱石「こころ」の世界 （細川正義）「九州女学院短期大学学術

紀要」 8 1983.3
◇夏目漱石『坑夫』論考(下)「処世術」と「相対的世界論」の確立について （本多仁）「都大論究」 20 1983.3
◇夏目漱石と龍之介―「年末の一日」を軸として―特集・芥川龍之介 （高木文雄）「国文学 解釈と鑑賞」 48(4) 1983.3
◇裏表のある言葉(上)「坊ちゃん」における〈語り〉の構造 （小森陽一）「日本文学」 32(3) 1983.3
漱石「満韓ところどころ」と花袋「満鮮の行楽」 （赤尾利弘）「花袋研究会会誌」 創刊号 1983.3
漱石が「カンタベリ物語」を読んだ時期について （岡田晃忠）「日本大学理工学部一般教養教室彙報」 33 1983.3
漱石と虚子―作家漱石の誕生 （越智悦子）「岡大国文論稿」 11 1983.3
漱石漢詩の「美人」考―正岡子規宛の書簡を中心に （斎藤順二）「群女国文」 11 1983.3
漱石漢詩の「美人」考―正岡子規宛の書簡を中心に― （斎藤順二）「群女国文（群馬女子短期大学）」 11 1983.3
夏目漱石―近代作家年譜集成 （佐藤泰正）「國文學 解釈と教材の研究」 28(6) 1983.4
◇〈わざとらしさ〉の修辞―散文の現在と漱石―特集・反文章読本―日本語の現在 （佐藤信夫）「ユリイカ」 15(4) 1983.4
夏目漱石における創造の秘密―病跡学の課題と寄与 （土居健郎）「国文学 解釈と鑑賞」 48(7) 1983.4
◇ロンドンの夏目漱石（時評） （中野記偉）「世紀」 395 1983.4
水底（みなぞこ）の夏子 （山田一郎）「新潮」 80(4) 1983.4
裏表のある言葉―「坊ちゃん」における〈語り〉の構造(下) （小森陽一）「日本文学」 32(4) 1983.4
◇『三四郎』試論―統一迷羊について （千種・キムラ・スティーブン）「国文学 解釈と鑑賞」 48(8) 1983.5
◇『漱石文庫目録』の記述について―寅彦が贈った本の点検 （大森一彦）「書誌索引展望」 7(2) 1983.5
漱石研究文献目録の現状 （安部陽子）「書誌索引展望」 7(2) 1983.5
◇「行人」論 （森嶋邦彦）「日本文芸研究」 35(2) 1983.6
◇「夢十夜」研究(7)夢の方法(2)意識低徊趣味 （鳥井正晴）「日本文芸研究」 35(2) 1983.6
夏目漱石「こころ」論―お嬢さんを中心に （山本美苗）「国文瀬名（常葉学園短大）」 4 1983.6
漱石におけるウィリアム・ジェームズの受容について(2)「意識の選択作用」の説をめぐって （小倉脩三）「日本文学」 32(6) 1983.6
漱石後期文芸の内的世界―『硝子戸の中』を中心として （戸田由美）「日本文芸研究」 35(2) 1983.6
漱石小品考(2)「思ひ出す事など」 （堀井哲夫）「女子大国文」 93 1983.6
◇「ロード，ブローアムの見た幽霊」について （塚本利明）「専修大学人文科学研究所月報」 88 1983.6
「明暗」の方法(2) （秋山公男）「立命館文学」 454～456 1983.6
「明暗」の文体論的考察―再び細部表出に沿って （宮沢賢治）「国語と国文学」 60(7) 1983.7
◇『虞美人草』と「真」の文学 （橋川俊樹）「稿本近代文学（筑波大）」 6 1983.7
◇『野分』試論(2) （佐古純一郎）「論究（二松学舎大）」 6 1983.7
夏目漱石―日本現代文学研究必携 （相原和邦）「別冊国文学」 特大号 1983.7
伊村の「生命力」 （飯田静香）「近代文学ゼミ論集（南山大）」 1 1983.7
見果てぬ青春の造型(上)漱石『趣味の遺伝』と鴎外『雁』をめぐって （津田洋行）「論究（二松学舎大）」 5 1983.7
特集・夏目漱石 「方位」 6 1983.7
特集・漱石 「近代文学ゼミ論集（南山大）」 1 1983.7
漱石と楠緒子 （武田庄三郎）「立正大学文学部論叢」 76 1983.7
漱石論(4)草枕―桃源境への誘い （大竹雅則）「論究（二松学舎大）」 5 1983.7
特集・夏目漱石 「方位」 6 1983.7
◇「夢十夜」論―第二夜・第三夜 （笹淵友一）「学苑」 524 1983.8
「明暗」ノート―「小林」をめぐって （馬場重行）「文芸空間」 2(1) 1983.8
◇「こゝろ」試論のための覚え書 （末盛三枝子）「文芸空間」 2(1) 1983.8
ユニヴァーシティ学寮の講義と漱石 （高宮利行）「英語青年」 129(5) 1983.8
敏・漱石・龍之介・正雄の未刊書簡―日本英文学会第五十五回大会外国文学関係文学者遺墨資料 （日本英文学会展示委員会）「学苑」 524 1983.8
新渡戸稲造と夏目漱石 （松本健次郎）「日本医事新報」 3094 1983.8
◇「虞美人草」論―小野と小夜子 （酒井英行）「日本文学」 32(9) 1983.9

◇「行人」論 （中井康行）「日本文芸研究」 35(3) 1983.9
◇「夢十夜」論―第四夜・第五夜 （笹淵友一）「学苑」 525 1983.9
夏目漱石『それから』―恋愛の倫理 （小関里美）「米沢国語国文」 10 1983.9
漱石と楠緒子 （武田庄三郎）「名古屋近代文学研究」 1 1983.9
漱石の学生時代と英語 （岡田晃忠）「日本大学理工学部一般教育教室彙報」 34 1983.9
「明暗」の方法(3) （秋山公男）「立命館文学」 457～459 1983.9
「三四郎」を読む （米田利昭）「日本文学」 32(10) 1983.10
「明暗」 （増田利和）「関西文学」 21(8) 1983.10
漱石「抗夫」論 （酒井英行）「日本文学」 32(10) 1983.10
漱石と原子論―英国留学と科学への関心 （小山慶太）「科学と実験」 34(10) 1983.10
漱石の『三四郎』―その青春の迷路 （新家しのぶ）「たまゆら（比治山女子短大）」 15 1983.10
漱石の英詩 （赤井恵子）「国語国文研究と教育（熊本大）」 12 1983.10
漱石序論―「野分」を中心に （金子博）「日本近代文学」 30 1983.10
最晩年の漱石詩に現われた鶴について （安部成得）「帝京大学文学部紀要 国語国文学」 15 1983.10
小特集・夏目漱石 「論究（二松学舎大）」 7 1983.11
特集・夏目漱石―比較文学の視点から 「國文學 解釈と教材の研究」 28(14) 1983.11
旅と棄郷と(15)漱石のロンドン （近藤信行）「早稲田文学（第8次）」 90 1983.11
漱石とあかり （中根君即）「日本ガス協会誌」 36(11) 1983.11
漱石の猫とグレイの猫 （飯島武久）「英語青年」 129(8) 1983.11
◇『坊っちゃん』における笑いの表現と擬声語 （太田紘子）「就実語文（就実女子大学）」 4 1983.11
修善寺の大患の漱石―「思い出す事など」― （大竹雅則）「日本文学（明治大学）」 11 1983.11
専門医による最初の漱石精神病論を読んで （松本健次郎）「日本医事新報」 3108 1983.11
万里の天に挑戦する漱石―博士号拒否に至るまで― （加茂章）「新大国語」 10 1983.11
漱石研究文献目録―補記― （熊取敦子, 石井和夫）「國文學 解釈と教材の研究」 28(16) 1983.11
◇「夢十夜」論―第六夜・第七夜 （笹淵友一）「学苑」 528 1983.12
漱石と「方丈記」 （下西善三郎）「日本文学」 32(12) 1983.12
夏目漱石の作品について （石川正一）「星稜論苑（星稜女子短期大学）」 4 1983.12
夏目漱石への投影 （佐藤良雄）「武蔵野英米文学（武蔵野女子大学）」 16 1983.12
漱石研究の問題点（講演） （小坂晋）「広島女学院大学国語国文誌」 12 1983.12
見果てぬ青春の造形(下)漱石『趣味の遺伝』と鴎外『雁』をめぐって （津田洋行）「論究」 6 1983.12
三四郎の故郷喪失―『三四郎』論 （大竹雅則）「論究」 6 1983.12
和辻哲郎の思想形成と転向について(下)父瑞太郎・夏目漱石・ハイデッガー （狩集日出男）「現代科学論叢」 17 1983.12
「坑夫」論 （相原和邦）「近代文学試論」 21 1983.12
◇「坑夫」論 （志保みはる）「日本文芸研究」 35(4) 1983.12
漱石「倫敦塔」の世界 （村田好哉）「日本文芸研究」 35(4) 1983.12
漱石小品考(3)「硝子戸の中」 （堀井哲夫）「女子大国文」 94 1983.12
◇『彼岸過迄』の市蔵―近代知識人の自我像 （立川昭二郎）「日本文芸学」 20 1983.12
◇「門」論序説 （赤井恵子）「近代文学試論」 21 1983.12
◇『彼岸過迄』私論 （立川昭二郎）「広島修大論集」 24(2) 1983.12
◇新聞小説としての『虞美人草』 （槌田満文）「文教大学研究紀要」 27 1983.12
漱石の文学―考察「夢十夜」 （大平和男）「学位論文内容の要旨（兵庫教育大学大学院）」 83 1984..1.20
漱石に於けるジェーン・オースティン―「明暗」研究のための一覚書 （清水茂）「比較文学年誌」 20 1984
「夢十夜」研究(11)文献書誌(2) （鳥井正晴）「大阪音楽大学研究紀要」 23 1984
魯迅訳漱石「クレイグ先生」(「克莱喀先生」論) （林叢）「二松学舎大学人文論叢」 29 1984
漱石と子規 （佐藤良雄）「武蔵野英米文学」 17 1984
◇「思ひ出す事など」「硝子戸の中」の世界 （西脇良三）「愛知学院大学論叢 一般教育研究」 32(1) 1984
芸術論としての「草枕」 （矢本貞幹）「英米文学研究」 20 1984
◇「三四郎」と英国絵画 （熊坂敦子）「日本女子大学紀要 文学部」 34 1984

◇漱石と『無何有之郷』（橘浦兵一）「宮城教育大学紀要 1分冊 人文科学・社会科学」19 1984
◇漱石研究文献目録 補記（熊坂敦子,石井和夫）「国文学」29(1) 1984.1
◇『明暗』の終え方についてのノート（大岡昇平）「図書」413 1984.1
◇正岡子規「木屑録評」全釈—『漱石詩集全釈』補説拾遺（斎藤順二）「群馬女子短期大学紀要」11 1984.1
◇姦通の記号学—「それから」「門」をめぐって（大岡昇平）「群像」39(1) 1984.1
◇本を枕に（10）夏目漱石「坑夫」—魂の地獄巡り（奥本大三郎）「すばる」6(1) 1984.1
◇『自伝』の効用—『道草』をめぐって（大岡昇平）「新潮」81(1) 1984.1
◇『明暗』の時空（日本文学における時空意識＜特集＞）（伊豆利彦）「日本文学」33(1) 1984.1
◇漱石研究文献目録—昭和58年1月〜8月（熊坂敦子,石井和夫）「国文学」29(2) 1984.2
◇漱石の象徴主義—「道草論」1—（坂口曜子）「階」創刊号 1984.2
◇狂気の方法化『行人』と『ドン・キホーテ』（中野記偉）「英文学と英語学（上智大学）」20 1984.2
◇漱石とピトロクリ（熊坂敦子）「国文目白（日本女子大学）」23 1984.2
◇「夢十夜」論—第八夜・第九夜（笹淵友一）「学苑（昭和女子大学）」530 1984.2
◇模倣と文学—夏目漱石「行人」をめぐって（西永良成）「世界」459 1984.2
◇「それから」の女性たちの言葉（読む）（坂本育雄）「日本文学」33(2) 1984.2
◇作家漱石の出発—「猫」・「漾虚集」を中心に（山田輝彦）「福岡教育大学紀要 第1部 文科編」33 1984.2
◇「夢十夜」における他者と他界（石原千秋）「東横国文学（東横学園女子短期大学）」16 1984.3
◇夏目漱石の漢詩文 漱石漢詩研究序説 斎藤順二「群女国文（群馬女子短期大学）」12 1984.3
◇漱石に学ぶもの—「坊ちゃん」と数篇の漢詩から（後藤亘）「中国短期大学紀要」15 1984.3
◇『行人』について——一郎・二郎・直の関係をめぐって——（佐々木勝）「青山語文（青山学院大学）」14 1984.3
◇漱石の英詩—I looked at her as she looked at me：—（武田庄三郎）「国語国文（立正大）」20 1984.3
◇『それから』の世界（西脇良三）「愛知学院大学一般教育研究」31(2) 1984.3
◇漱石と虚子(1)（伊狩章）「新潟大学国文学会誌」27 1984.3
◇「それから」論—臆病な知識人—（上田正行）「金沢大学文学部論集 文学科篇」4 1984.3
◇「草枕」における漱石の書道的関心（福島桑雨）「尚絅大学研究紀要」7 1984.3
◇「夢十夜」を読む—「ひっかかり読み」を用いて—（越智悦子）「国文論稿（岡大国文）」12 1984.3
◇漱石『草枕』考—画工の旅と志保田那美—（船越栄）「山形女子短期大学紀要」16 1984.3
◇「それから」を読む（松原正義）「文教大学国文」13 1984.3
◇Athenaeumに紹介された漱石（恒松郁生）「英語青年」129(12) 1984.3
◇花袋と漱石（貞末貫一郎）「国語教育—研究と実践（千葉県高等学校教育研究会）」21 1984.3
◇不如帰の時代—虚子・寅彦・漱石（特集・時代と思潮＝明治）（藤井淑禎）「国語通信」263 1984.3
◇『虞美人草』の選択—その理論を手掛かりに（島野博子）「方位」7 1984.3
◇『野分』試論(4)（佐古純一郎）「論究（二松学舎大学）」8 1984.3
◇『三四郎』『それから』『門』覚書（武蔵やよえ）「昭和学院国語国文」17 1984.3
◇「夢十夜」論—第十夜（笹淵友一）「学苑（昭和女子大学）」531 1984.3
◇「夢十夜」における他者と他界（石原千秋）「東横国文学」16 1984.3
◇「趣味の遺伝」における〈趣味〉の意味（石井貴子）「金城国文」60 1984.3
◇「夢十夜」を読む—「ひっかかり読み」を用いて（越智悦子）「岡大国文論稿」12 1984.3
◇決定論を超える漱石—スペンサー・ジェームス受容の背後にあるもの（加茂章）「日本文学」33(3) 1984.3
◇漱石とConrad—「普遍的血縁」の感覚(7)（瀬藤芳房）「徳島大学教養部紀要 人文・社会科学」19 1984.3
◇自然の昔—「それから」論（酒井英行）「国文学研究（早稲田大学国文学会）」82 1984.3
◇漱石「こゝろ」研究(1)問題の所在と同時代批評・戦前の研究を巡っ

て（仲秀和）「日本文芸研究」36(1) 1984.3
◇『門』再考（玉置邦雄）「日本文芸研究」36(1) 1984.3
◇ロシア文学と明治（余評者）小説考—「浮雲」,「其面影」,「青春」,「何処へ」,「それから」を中心に—（松本鶴雄）「群馬県立女子大学紀要」4 1984.3
◇福沢諭吉 新渡戸稲造 夏目漱石—新紙幣誕生の裏話（ザ・マネー＜特集＞）（笠原常雄）「エコノミスト」62(11) 1984.3.19
◇「門」と「崖下の家」—作品論と文学史論（平岡敏夫）「現点」3 1984.4
◇「憑き物」再論—岩野泡鳴と夏目漱石との関係（伴悦）「文学年誌」7 1984.4
◇夫婦の構図—宗助・御米—（塚越和夫）「文学年誌」7 1984.4
◇現代百俳人が記す…近代百俳人子規から草田男まで—代表句・愛誦句鑑賞とことば「俳句」33(4) 1984.4
◇林煥平：魯迅と夏目漱石（鶴田義郎）「熊本短大論集」35(1) 1984.5
◇小説世界のロビンソン（小林信彦）「波」173 1984.5
◇漱石のたおやめぶり（外山滋比古）「英語青年」130(2) 1984.5
◇漱石と越後・新潟—金力と品性（宮崎荘平）「日本文学」33(5) 1984.5
◇漱石と森巻吉日記抄 斎藤静枝紹介「文学」52(5) 1984.5
◇小説世界のロビンソン（小林信彦）「波」174 1984.6
◇形見の漱石書簡（松尾尊兊）「図書」418 1984.6
◇「門」を読む（米田利昭）「日本文学」33(6) 1984.6
◇『明暗』論（前田勲）「イミタチオ」創刊号 1984.6
◇初期漱石文学と大塚楠緒子文学—「虞美人草」と「薙露行」の場合（小坂晋）「国語と国文学」61(6) 1984.6
◇「門」を読む（米田利昭）「日本文学」33(6) 1984.6
◇漱石「夢十夜」の世界（金戸清高）「日本文芸研究」36(2) 1984.6
◇漱石の法律観（加藤雅信）「判例タイムズ」35(14) 1984.6.1
◇いのちをみつめて—親鸞と漱石—（高史明）「同朋仏教（同朋大学）」18 1984.7
◇漱石と時間空間の理論（小山慶太）「学鐙」81(7) 1984.7
◇評論 文学としての『漱石研究年表』（小田切秀雄）「青春と読書」91 1984.7
◇小説世界のロビンソン（小林信彦）「波」175 1984.7
◇特集 文人・夏目漱石「墨」49 1984.7
◇『明暗』—富裕と貧困の構図（橘川俊樹）「稿本近代文学（筑波大学平岡研究室）」7 1984.7
◇『野分』論（酒井英行）「文芸と批評」5(10) 1984.7
◇漱石「三四郎」一考（末盛三枝子）「日本文学」33(7) 1984.7
◇漱石の中のパステルほか（久保忠夫）「東北学院大学論集 一般教育」78 1984.7
◇小説世界のロビンソン（小林信彦）「波」176 1984.8
◇「三四郎」論の前提（千種・キムラ・スティーブン）「国文学解釈と鑑賞」49(10) 1984.8
◇夏目漱石と内田百閒（特集・幻想文学—夢のモルフォロジー）（石崎等）「国文学」29(10) 1984.8
◇職域倫理(5)ヘレニズムとヘブライズム—漱石「坊っちゃん」とドストエフスキー「罪と罰」（勝部真長）「警察学論集」37(8) 1984.8
◇「明暗」キー・ワード考—＜突然＞をめぐって（清水孝純）「文学論輯」30 1984.8
◇ロンドン先生（杉森久英）「学鐙」81(9) 1984.9
◇夏目漱石（和辻哲郎宛）(日本人100人の手紙)（重松泰雄）「国文学」29(12) 1984.9
◇夏目漱石『虞美人草』論—小説の中の女性達（鈴木とみ子）「米沢国語国文」2 1984.9
◇松山行き以前の漱石について—教師としての側面を中心に（岡田晃忠）「日本大学理工学部一般教育教室彙報」36 1984.9
◇漱石「こゝろ」研究(2)昭和20年代・30年代の研究を巡って（仲秀和）「日本文芸研究」36(3) 1984.9
◇漱石「行人」再論（中井康行）「日本文芸研究」36(3) 1984.9
◇天理図書館蔵「私の個人主義」をめぐって（玉井敬之）「立命館文学」469〜471 1984.9
◇『三四郎』論—画の終焉—（山西雅子）「叙説（奈良女子大学）」9 1984.10
◇特集＝新・夏目漱石研究図書館「国文学解釈と鑑賞」49(12) 1984.10
◇『吾輩は猫である』から『道草』へ（松本健次郎）「日本医事新報」3154 1984.10
◇漱石と謡曲（承前）—晩年の作品への影響〈近代文学と謡曲3〉（松田存）「論究（二松学舎大学）」9 1984.10
◇『三四郎』論—画の終焉（山西雅子）「叙説（奈良女子大学）」9 1984.10
◇「こゝろ」を読む（米田利昭）「日本文学」33(10) 1984.10
◇「坊っちゃん」私論（玉井政雄）「日本及日本人」1576 1984.10
◇晩年の漱石詩における対句の一考察（安部成得）「帝京大学文学部

夏目漱石

紀要 国語国文学」16 1984.10
◇九州における漱石と霽月 （足立修平）「子規博だより」4(2) 1984.10
◇ケンブリッジの英文学―漱石はなぜそこに行かなかったか （川崎寿彦）「学鐙」81(11) 1984.11
◇ロンドン漱石記念館開館に当って （出口保夫）「学鐙」81(11) 1984.11
◇漱石の五厘銅貨事件の真相 （広田鋼蔵）「三省堂ぶっくれっと」53 1984.11
◇洞窟の美神 漱石の草枕的空間 （川口久雄）「創文」250 1984.11
◇アレゴリーの修辞と漱石と （佐藤信夫）「ユリイカ」16(12)増刊 1984.11
◇「それから」論―臆病な知識人 （上田正行）「金沢大学文学部論集」4 1984.11
◇幻の小説―兆民と鷗外〈自由・民権・文学〈特集〉〉（田中実）「日本文学」33(11) 1984.11
◇透谷・漱石における自由と民権〈自由・民権・文学〈特集〉〉（小沢勝美）「日本文学」33(11) 1984.11
◇子規と漱石―風景に立つ二人〈自由・民権・文学〈特集〉〉（米田利昭）「日本文学」33(11) 1984.11
◇『夏目漱石の漢詩』訳―書誌…鄭清茂『夏目漱石の漢詩』（揚壁慈）「上智近代文学研究」3 1984.12
◇作品『こころ』論(2) 現象読解の試み―「先生」，「K」，「奥さん」の意味をめぐって― （松尾直昭）「就実語文（就実女子大学）」5 1984.12
◇夏目漱石の作品について(2) （石川正一）「星稜論苑（星稜女子短期大学）」5 1984.12
◇漱石『思い出す事など』考 （森嶋邦彦）「神学と人文（大阪基督教短期大学）」24 1984.12
◇漱石の〈エナージー〉―科学用語の定着と拡散 （高田誠二）「月刊百科」266 1984.12
◇『文鳥』論―その構図と展開について （一柳広孝）「名古屋近代文学研究」2 1984.12
◇『三四郎』―ことさらなる子供の世界 （角野ますみ）「名古屋近代文学研究」2 1984.12
◇さまざまな『門』―『門』の世界― （斉藤英雄）「文芸と批評」6 (1) 1984.12
◇「坊つちゃん」論―漢詩からの照射 （古江研也）「方位」8 1984.12
◇「私の個人主義」と「則天去私」（大竹雅則）「論究」7 1984.12
◇日本のドン・キホーテー『坊っちゃん』讃 （津田洋行）「論究」7 1984.12
◇夏目漱石「純一無雑」の境界について （沢英彦）「日本文学研究（高知日本文学研究会）」21 1984.12
◇夏目漱石(2)―「物我一如」の位相から （沢英彦）「日本文学研究（高知日本文学研究会）」21 1984.12
◇漱石における身体―方法一筋から自伝的作品に至るまで （佐藤泰正）「梅光女学院大学公開講座論集」16 1984.12
◇漱石と自然―動・静論の視座から （加藤二郎）「宇都宮大学教養部研究報告 第1部」17 1984.12
◇夏目漱石と西園寺公望―招宴辞退をめぐって （高橋正）「高大国語教育」32 1984.12
◇「漾虚集」論(1)虚と幻想 （丹羽章）「日本文芸研究」36(4) 1984.12
◇「吾輩は猫である」論 （志保みはる）「日本文芸研究」36(4) 1984.12
◇『文鳥』論 その構図と展開について （一柳廣孝）「名古屋近代文学研究（名古屋近代文学研究会）」2 1984.12
◇『三四郎』ことさらなる子供の世界 （角野ますみ）「名古屋近代文学研究（名古屋近代文学研究会）」2 1984.12
◇漱石に於けるジェーン・オースティン―承前―「明暗」と "Pride and Prejudice"と （清水茂）「比較文学年誌」21 1985
◇漱石・その「因果（ユーザリティー）」論のゆくえ―漱石論への試み(1) （大塚達也）「語学文学」23 1985
◇漱石詩における用字（資料） （高木文雄）「金城学院大学論集」112 1985
◇「三四郎」の世界 （今村養裕）「日本文学史学」22 1985
◇漱石の創作技法 （井上百合子）「日本女子大学紀要 文学部」35 1985
◇漱石の自覚の形成(1) （金沢大士）「京都市立芸術大学美術学部研究紀要」30 1985
◇鷗外と漱石―乃木希典の「殉死」をめぐる2つの文学 （西成彦）「比較文学」28 1985
◇「関係」についての一考察―伊藤整・小島信夫・夏目漱石をめぐって （高木利秋）「法政大学教養部紀要」54 1985.1
◇漱石作品論『それから』―雨と百合における「自然」の考察― （村田亜紀子）「愛知淑徳大学国語国文」8 1985.1
◇「草枕絵巻」と漱石的空間（上）文学と絵画との交響 （川口久雄）「文学」53(2) 1985.2
◇鷗外・漱石と啄木〈石川啄木〈特集〉〉（熊坂敦子）「国文学 解釈と鑑賞」50(2) 1985.2
◇新稿「夢十夜」論―第十夜 （笹淵友一）「学苑」542 1985.2
◇「事実主義」的アプローチの可能性―「倫敦塔」の一節を例として （塚本利明）「専修人文論集」34 1985.2
◇夏目漱石論(2) 人から人へ掛け渡す"橋"の問題を中心に （宮坂ゆかり）「新大国語」11 1985.2
◇『こゝろ』の先生―「動く」という語に注目して― （丸山陽子）「新大国語」11 1985.2
◇漱石と宗教―則天去私の周辺〈夏目漱石〈特集〉〉（（鼎談）西谷啓治，久山康，北山正迪）「理想」622 1985.3
◇「草枕絵巻」と漱石的空間―中―文学と絵画との交響 （川口久雄）「文学」53(3) 1985.3
◇夏目漱石〈特集〉「理想」622 1985.3
◇蜻蛉句覚書―漱石句私解 （高木文雄）「金城国文」61 1985.3
◇俳人としての漱石〈夏目漱石〈特集〉〉（紀秋郎著，沢入要仁訳）「理想」662 1985.3
◇漱石における「自己本位」と「自我」 （加藤富一）「名古屋女子大学紀要」31 1985.3
◇「則天去私」座右銘の成立―漱石の文章制作態度 （新垣宏一）「四国女子大学紀要」4(2) 1985.3
◇則天去私の真相―それは英文学を起源としないしこのままでは判るはずがない （長谷川洋三）「早稲田人文自然科学研究」27 1985.3
◇漱石の漢虚―漱石の自画像としての「朱達摩渡江図」 （阿部正路）「国学院雑誌」86(3) 1985.3
◇「こゝろ」のオイディプス―反転する語り― （石原千秋）「成城国文学（成城大学）」1 1985.3
◇「こころ」を生成する「心臓」 （小森陽一）「成城国文学（成城大学）」1 1985.3
◇眼差としての他者―「こころ」論― （石原千秋）「東横国文学（東横学園女子短期大学）」17 1985.3
◇夏目漱石と自然主義―モーパッサンの評価をめぐって― （伊狩章）「新潟大学国文学会誌」9 1985.3
◇漱石の『文学論』における科学の意味について （立花太郎）「城西大学研究年報」9 1985.3
◇漱石―その魅力と文学的出発― （長澤漣）「舞鶴工業高等専門学校紀要」20 1985.3
◇夏目漱石の経済感覚―他者への経済援助― （越智悦子）「岡大国文論稿」13 1985.3
◇夏目漱石とジェーン・オースティン―『吾輩は猫である』の場合― （丸山典子）「岡大国文論稿」13 1985.3
◇『三四郎』論―美禰子をめぐって― （宮隆広）「活水論文集 日本文学科編」28 1985.3
◇晩年の漱石―「こころ」（その1）身体の発見― （加藤豊子）「山梨県立女子短期大学紀要」18 1985.3
◇漱石と図書館 （高橋和子）「相模国文」12 1985.3
◇漱石後期三部作にみる人間の苦悩 （浜岡清美）「昭和学院国語国文」18 1985.3
◇夏目漱石と漢詩―全集未収録の自筆資料について― （佐野雅義）「国文学（愛知大学）」24・25 1985.3
◇夏目漱石の弓削田精一あて書簡 （森正経）「子規博だより」4(4) 1985.3
◇「倫敦塔」に見られる漱石の人生観〈近代文学者の海外体験〈欧米篇〉〉（熊谷正志）「雑誌」3 1985.3
◇漱石の生い立ち―その文学における原風景― （沢英彦）「高知学芸高等学校研究報告」3 1985.3
◇夏目漱石『こころ』私記―「明治の精神」にふれて― （丸山茂）「弘学大語文」11 1985.3
◇『こころ』論―先生の死をめぐって （小倉脩三）「国文学ノート（成城短期大学）」11 1985.3
◇夏目漱石と漢詩―全集未収録の自筆資料について― （佐野雅義）「愛知大学国文学」24・25 (久曽神昇教授・大磯義雄教授退職記念号) 1985.3
◇「こゝろ」論―「私」の存在の意義 （国府綾乃）「活水日文」12 1985.3
◇『道草』論―『道草』における「金」の意味― （中田昌三）「国語と教育（大坂教育大学）」11 1985.3
◇漱石と蘇国の旅―「昔」の背景― （稲垣瑞穂）「研究紀要（静岡女子短期大学）」32 1985.3
◇「中学改良策」とその周辺（上）―明治二十五年の漱石― （島崎市誠）「芝学園国語科研究紀要」3 1985.3
◇『明暗』試論―小林の位置― （河原英雄）「蒐書通信」10 1985.3
◇ロンドンの漱石と二人の化学者 （小山慶太）「早稲田人文自然科学研究」27 1985.3
◇夏目漱石「一夜」について （中野協）「金沢大学国語国文」10 1985.3
◇夏目漱石「それから」を読む（近代文学への照明(1)） （米田利昭）「民主文学」233 1985.4
◇「草枕絵巻」と漱石的空間（下）文学と絵画との交響 （川口久雄）

「文学」53(4) 1985.4
◇『道草』論―近代知識人の自己解体 (村橋春洋)「日本文芸研究」37(1) 1985.4
◇漱石とウィリアム・ジェイムズ (塚本利明)「英語青年」131(2) 1985.5
◇夏目漱石『道草』論 (笹淵友一)「学苑」545 1985.5
◇『彼岸過迄』考 (赤井恵子)「熊本短大論集(熊本短期大学)」35(3) 1985.5
◇子規と漱石の拙―和歌文学発生史論攷40― (阿部正路)「太陽の舟」8(3) 1985.5
◇『吾輩は猫である』と『漾虚集』と 漱石文学の端緒 (竹盛天雄)「国文学」30(5) 1985.5
◇漱石研究文献の探索 (熊坂敦子)「書誌索引展望」9(2) 1985.5
◇「二百十日」の周辺―明治39年後半の漱石 (酒井英行)「日本文学」34(6) 1985.6
◇『吾輩は猫である』―言葉の戯れ (佐々木雅発)「国文学研究(早稲田大学国文学会)」86 1985.6
◇『吾輩は猫である』と『漾虚集』と2 『断片』から『猫』「一」へ (竹盛天雄)「国文学」30(7) 1985.6
◇ある友情―漱石と達人「硝子戸の中」9・10への私註 (太田愛人)「文学界」39(7) 1985.7
◇「三四郎」の世界―「森の女」美禰子を巡って (村田好哉)「日本文芸研究」37(2) 1985.7
◇漱石『三四郎』の世界―三四郎の内面的変化を巡って (金戸清高)「日本文芸研究」37(2) 1985.7
◇夏目漱石『行人』の世界 (佐藤裕子)「日本文芸研究」37(2) 1985.7
◇談話室 漱石の獵管、他 「日本古書通信」50(7) 1985.7
◇クレイグ先生と二人の弟子―漱石とルーカス (棚橋克弥)「図書」431 1985.7
◇『吾輩は猫である』と『漾虚集』と3 『書斎』・『座敷』 (竹盛天雄)「国文学」30(8) 1985.7
◇漱石のいわゆる「松山落ち」について (加茂章)「日本文学」34(8) 1985.8
◇夏目漱石の「則天去私」に事寄せて思い付くまま思い出すままに (田中孝雄)「大阪体育大学紀要」16 1985.8
◇方法としての狂言法(ペリフラーズ)―『道草』序説 (清水孝純)「文学論輯」
◇漱石『七艸集批評』注釈 (島森哲男)「宮城教育大学国語国文」15 1985.8
◇『坊っちゃん』ノート(1)―ある心情アナキズムの葬送― (五十嵐誠毅)「視向」28 1985.8
◇〈個〉の思想に関する一考察―漱石私論― (大野浩)「視向」28 1985.8
◇『坊つちやん』覚書 (酒井英行)「文芸と批評」6(2) 1985.8
◇『吾輩は猫である』と『漾虚集』と4 『倫敦塔』の方法 (竹盛天雄)「国文学」30(9) 1985.8
◇無頼の系譜―漱石の視野 (加藤二郎)「文芸研究(日本文芸研究会)」110 1985.9
◇漱石最晩年の漢詩について―「橋」のイメージをめぐって― (金子真由美)「日本文学(東京女子大学)」64 1985.9
◇夏目漱石『行人』論 (佐藤さく子)「米沢国語国文(県立米沢女子短期大学)」12 1985.9
◇『道草』論―日常生活と「論理」をめぐって― (広瀬薫)「米沢国語国文(県立米沢女子短期大学)」12 1985.9
◇漱石の数学の思い出 (小山慶太)「蟻塔」31(5) 1985.9
◇『吾輩は猫である』と『漾虚集』と5 『カーライル博物館』の構図 (竹盛天雄)「国文学」30(10) 1985.9
◇「虞美人草」論 (中井康行)「日本文芸研究」37(3) 1985.10
◇漱石漢詞の中の高青邱 (安部成得)「帝京大学文学部紀要 国語国文学」17 1985.10
◇「坊ちゃん」の学歴をめぐって―明治後期における中・下級エリートについての一考察― (小野一成)「戸板女子短期大学研究年報」28 1985.10
◇夏目漱石と森円月 漱石漢詩研究余話 (斎藤順二)「群馬女子短期大学紀要」12 1985.10
◇「文芸の哲学的基礎」における「東鉄」と「電鉄」と「約束」―漱石的思考法の片鱗― (久泉伸世)「専修大学文研論集」11 1985.10
◇〈シンポジウム〉漱石文学とキリスト教 (笹淵友一, 佐藤泰正, 清水孝純, 清水弘)「キリスト教文学研究」3 1985.10
◇「草枕」と漱石 (井上百合子)「目白近代文学(日本女子大学)」6 1985.10
◇「行人」の構想と「ピエールとジャン」 (伊狩章)「日本近代文学」33 1985.10
◇漱石の水脈―前田利鎌論― (加藤二郎)「日本近代文学」33 1985.10
◇内と外からの夏目漱石 (斉藤恵子)「學鐙」82(10) 1985.10
◇『吾輩は猫である』と『漾虚集』と6 『猫』「二」について (竹盛天

雄)「国文学」30(12) 1985.10
◇夏目漱石と群馬―松山落ちの漢詩解釈を含めて― (斎藤順二)「群女国文(群馬女子短期大学)」13 1985.10
◇漱石漢詩の中の高青邱 (安部成得)「帝京大学文学部紀要 国語国文学」17(角田一郎博士賀寿記念号) 1985.10
◇続・近代日本の日記(2)夏目漱石の滞英日記―明治30年代 (小田切進)「群像」40(11) 1985.11
◇「草枕」と伊勢物語など (岡保生)「学苑」551 1985.11
◇「漱石研究年表」をめぐって (理想)630 1985.11
◇『夢十夜』覚え書 (安東璋二)「函館国語(北海道教育大学函館分校)」1 1985.11
◇漱石「満韓ところどころ」と花袋「満鮮の行楽」(その2) (赤尾利弘)「花袋研究学会々誌」3・4 1985.11
◇『虞美人草』論―詩人・小野の造型 (橋川俊樹)「日本語と日本文学(筑波大学)」5 1985.11
◇『吾輩は猫である』と『漾虚集』と7 『猫』「二」について・承前 (竹盛天雄)「国文学」30(15) 1985.12
◇「吾輩は猫である」冒頭を読む(読む) (鈴木醇爾)「日本文学」34(12) 1985.12
◇『明暗』論 (石川正一)「星稜論苑(星稜女子短期大学)」6 1985.12
◇漱石「草枕」論 画の完成をめぐって (山本勝正)「広島女学院大学国語国文学誌」15 1985.12
◇夏目漱石と西園寺公望―招宴辞退をめぐって― (高橋正)「高大国語教育」32(岡林清水教授退官記念) 1985.12
◇漱石漢詩と老荘―「拙」「愚」の用例をめぐって― (林叢)「論究(二松学舎大学佐古研究室)」14 1985.12
◇漱石漢詩の一考察―漱石詩における良寛のイメージ― (細井昌文)「論究(二松学舎大学佐古研究室)」14 1985.12
◇夏目漱石(3)―無我・恍惚の境界について― (沢英彦)「日本文学研究(高知日本文学研究会)」23 1985.12
◇『硝子戸の中』の微笑 (大竹雅則)「論究」8 1985.12
◇漱石ノート―松山まで (島崎市誠)「語文論叢」14 1986
◇鴎外・漱石の近接について―「草枕」・「生田川」・「青年」 (大石直記)「芸文研究」50 1986
◇夏目漱石「熊本住い」のこと (岡村一郎)「英学史研究」19 1986
◇若醜剔抉―「坊っちゃん」から「道草」まで (高木文雄)「金城学院大学論集」122 1986
◇1人の著者の本全部でいくら(1) 「日本古書通信」678 1986.1
◇夏目漱石 芥川龍之介を虜にした「人格の磁力」―若者たちは「漱石山房」に「熱き血潮」をぶつけ合った(特集・男を鍛える) (利根川裕)「プレジデント」24(1) 1986.1
◇漱石とモーパッサン―"La Parure"と「こころ」の起点の相違について (村松定孝)「学苑」554 1986.2
◇ロンドンからの手紙―漱石と子規 (米田利昭)「宇都宮大学教育学部紀要 第1部」36 1986.2
◇もう一人の迷亭―新資料・小林郁悦漱石書簡から― (原武哲)「福岡女学院短期大学紀要 人文科学」22 1986.2
◇谷崎潤一郎の漱石論 (小林敏一)「近代文学研究会会報(東洋大学)」7 1986.2
◇『心』論―「愛の殉教者」― (坂口曜子)「試行」65 1986.2
◇夏目漱石と英文学―Part I―〈特集〉「ビブリア」6 1986.2
◇漱石の俳句について―研究序説考 (吉村啓)「ビブリア」6 1986.2
◇夏目金之助書簡他新資料紹介 (許斐慧二)「熊本女子大学学術紀要」38 1986.3
◇写すわれと写さるる彼―「趣味の遺伝」のこと (山崎甲一)「鶴見大学紀要 第1部 国語国文学編」23 1986.3
◇漱石と近代口語文―付・『漱石、坊っちゃん』自筆原稿修正箇所一覧(上) (林巨樹, 北村弘明)「青山語文(青山学院大学)」16 1986.3
◇夏目漱石の経済感覚(その2)自分の力で獲得するもの (越智悦子)「岡大国文論稿」14 1986.3
◇夏目漱石論―その夫婦像について― (今野宏)「聖和(聖和学園短期大学)」23 1986.3
◇漱石小論―教мир科の指導・研究 (黒沢勉)「国語空間(岩手県立盛岡南高等学校)」22 1986.3
◇『道草』から『明暗』へ(特集)「国文学」31(3) 1986.3
◇漱石余閒 (松本健次郎)「日本医事新報」3228 1986.3
◇金子健二『人間漱石』についての疑問 (松岡讓)「発見と考証」2 1986.4
◇漱・鴎並び立つ (小島憲之)「学鐙」83(4) 1986.4
◇素顔の漱石―精神医学の権威による通説への反証〔1〕 (平井富雄)「知識」52 1986.4
◇孫娘から見た漱石 (陽子・松岡・マックレイン)「新潮」83(5) 1986.5
◇第3章 「金之助」のロンドン生活(素顔の漱石―精神医学の権威による通説への反証〔3〕) (平井富雄)「知識」54 1986.6
◇漱石と禅の世界 (松本健次郎)「日本医事新報」3242 1986.6

◇鈴木三重吉と漱石　(藤田真木子)「俳句文学館紀要」 4 1986.7
◇第4章　「英学」の意味(素顔の漱石—精神医学の権威による通説への反証〔4〕)　(平井富雄)「知識」 55 1986.7
◇本のさんぽ168　漱石、秋声、飯田政良(青凉)『女の夢』　(紅野敏郎)「国文学」 31(9) 1986.8
◇繁、そして小夜子、美禰子ら(明治30年代の文学〈特集〉)　岡保生「文学」 54(8) 1986.8
◇素顔の漱石—精神医学の権威による通説への反証〔5〕　(平井富雄)「知識」 56 1986.8
◇夏目漱石と英文学−Part II−〈特集〉「ビブリア」 7 1986.8
◇漱石の精神生活　(今井幹雄)「ビブリア」 7 1986.8
◇明暗の世界　(西脇良三)「愛知学院大学論叢一般教育研究」 34(1) 1986.9
◇「三四郎」論—「迷羊」・三四郎と美禰子の孤独—　(西郷成美)「香椎潟(福岡女子大学)」 32 1986.9
◇『それから』断想　(内田道雄)「古典と現代」 54 1986.9
◇『こころ』論—先生の心理を追って　(森玲子)「米沢国語国文(山形県立米沢女子短期大学)」 13 1986.9
◇夏目漱石の漢詩(3)　(鄭清茂著、楊璧慈訳)「論究(二松学舎大学)」 17 1986.9
◇夏目漱石『倫敦塔』論　(鹿島亜紀子)「米沢国語国文(山形県立米沢女子短期大学)」 13 1986.9
◇「性の争い」と孤独—漱石後期3部作について—　(須藤仙之助)「国語通信」 289 1986.10
◇続・近代日本の日記(13)大正の日記—漱石・鷗外・龍之介　(小田切進)「群像」 41(10) 1986.10
◇漱石に表われた中東　(中林隆明)「参考書誌研究」 32 1986.10
◇遠藤文学における宗教的土壌としての日本—漱石と対比しつつ(遠藤周作〈特集〉)　(佐藤泰正)「国文学 解釈と鑑賞」 51(10) 1986.10
◇漱石と近代的自我の一帰趨(近代文学における〈虚構〉と〈自我〉〈特集〉)　(勝又浩)「日本文学」 35(10) 1986.10
◇「三四郎」ノート—青木繁「わだつみのいろこの宮」との関連をめぐって—　(奥野政元)「活水日文」 15(活水学院日本文学会十周年記念) 1986.10
◇夏目漱石の修善寺大患と「伊豆鉄道」　(久泉伸世)「文研論集(専修大学大学院)」 12 1986.10
◇漱石と18世紀英文学—「文学評論」の世界　(中原章雄)「外国文学研究(立命館大学外国語科連絡協議会)」 73 1986.10
◇漱石「行人」論—その肉親への呪詛　(上田由布子)「花園大学国文学論究」 14 1986.10
◇漱石「門」論—霧次奥の〈桃源郷〉から冬の現実へ—　(宮崎隆広)「活水日文」 15(活水学院日本文学会十周年記念) 1986.10
◇〈寺〉を持つ作品群—明治39年の漱石—　(平岡敏夫)「日本語と日本文学(筑波大学)」 6 1986.11
◇分裂病と文学・芸術　(高橋正雄)「こころの科学」 10 1986.11
◇「漱石」とパトグラフィーの迷妄(素顔の漱石—精神医学の権威による通説への反証〔8〕)　(平井富雄)「知識」 59 1986.11
◇〈寺〉を持つ作品群—明治三十九年の漱石—　(平岡敏夫)「日本語と日本文学(筑波大学)」 6 1986.11
◇「坊っちゃん」—読み返すごとに面白い・文学作品をどう読むか1—　(荻久保泰幸)「月刊国語教育」 6(8) 1986.11
◇「夢十夜」論　(赤塚正幸)「近代文学考」 9 1986.11
◇「行人」論—「塵労」章の意味するもの・その考察の前提　(井上公雄)「キリスト教文芸」 4 1986.11
◇『門』の世界—漱石の罪の意味—　(金戸清高)「キリスト教文芸」 4 1986.11
◇『明暗』における『罪と罰』の影響　(段正一郎)「近代文学論集」 12 1986.11
◇夏目漱石特集　「稿本近代文学(筑波大学平岡研究室)」 9 1986.11
◇修善寺大患以後の漱石　(松本健次郎)「日本医事新報」 3266 1986.11
◇日本近代文学における〈知〉の位相—二葉亭から漱石へ—　(佐藤和正)「解纜」創刊号 1986.12
◇日本文学における〈知〉の位相—二葉亭から漱石へ—　(佐藤和正)「解纜」 1 1986.12
◇夏目漱石と平出修　(平出彬)「春秋」 284 1986.12
◇日本人の科学・技術の創造性〔9〕夏目漱石にとって創造とは?「自己本位」からの出立　(飯沼和正)「技術と経済」 238 1986.12
◇「漱石の人間不信」(素顔の漱石—精神医学の権威による通説への反証〔9〕)　(平井富雄)「知識」 60 1986.12
◇「明暗」考　(加藤二郎)「外国文学(宇都宮大学)」 35(若田部博哉教授退官記念号) 1986.12
◇「草枕」の文体—豊かな日本語をめざして—　(小林正治)「グループ・ブリコラージュ紀要」 4 1986.12
◇『それから』の構造—〈花〉と〈絵〉の機能の検討から—　(勝田和学)「国文学 言語と文芸」 100 1986.12
◇『門』の中の子ども—『門』再説—　(三好行雄)「日本文芸論集(山梨英和短期大学)」 15・16(創立20周年記念号) 1986.12

◇自然と信仰—漱石を軸として—(〈シンポジウム〉自然と信仰をめぐって)　(佐藤泰正)「キリスト教文学研究」 4 1986.12
◇昭和60年代の「こゝろ」　(阿部健治)「グループ・ブリコラージュ紀要」 4 1986.12
◇笑われた男—「坊っちゃん」管見—　(浅野洋)「立教大学日本文学」 57 1986.12
◇新資料・自筆「蔵書目録」からみる漱石の英国留学—Malory購入時期などの確定　(岡三郎)「英文学思潮(青山学院大学)」 59 1986.12
◇内田百閒『先行者』をめぐる一考察—漱石『第三夜』の行方—　(谷口基)「立教大学日本文学」 57 1986.12
◇漱石「こゝろ」論—「先生」の悲劇への一視点—　(山本勝正)「国語国文学誌(広島女学院大学)」 16 1986.12
◇漱石と藤村—芭蕉の葉蔭—　(加藤二郎)「宇都宮大学教養部研究報告 第1部」 19 1986.12
◇漱石とウナムーノ—「こゝろ」と『殉教者、聖マヌエル・ブエノ』をめぐって—　(佐藤裕子)「人文論究(関西学院大学)」 36(3) 1986.12
◇漱石と藤村—芭蕉の葉蔭—　(加藤二郎)「宇都宮大学教養部研究報告 第1部」 19 1986.12
◇漱石「坑夫」の材源　(青柳達雄)「国文学 言語と文芸」 100 1986.12
◇「坊っちゃん」一側面—初出製版をめぐって　(高木文雄)「金城学院大学論集」 127 1987
◇自然と天然(上)漱石と鑑三との場合(キリスト教と日本〈特集〉)　(赤木善光)「神学」 49 1987
◇日本文化と漱石文学—「道草」「明暗」を軸として　(相原和邦)「広島大学教育学部紀要 第2部」 36 1987
◇漱石の創作技法一斑—　(井上百合子)「日本女子大学紀要 文学部」 37 1987
◇「こころ」「宣言」「友情」—近代文学の成熟期における三つの青春文学—　(剣持武彦)「上智大学国文学論集」 20 1987.1
◇「帰朝直後」の漱石(素顔の漱石—精神医学の権威による通説への反証〔10〕)　(平井富雄)「知識」 61 1987.1
◇『明暗』その未完の収束—　(木越なぎさ)「日本文学ノート(宮城学院女子大学)」 22 1987.1
◇夏目漱石の漢詩(完)　(鄭清茂著、楊璧慈訳)「論究(二松学舎大学)」 18 1987.1
◇罪と救済—漱石『こゝろ』についての試論　(千石隆志)「Soliloque」創刊号 1987.1
◇戦後作家としての漱石　(吉本隆明, 佐藤泰正)「春秋」 285 1987.1
◇文学作品におけることばの研究—その方法の試み—「坊っちゃん」の冒頭を例にして　(黄順花)「日本文学研究(大東文化大学研究会)」 26 1987.1
◇夏目漱石と英文学−Part III−〈特集〉「ビブリア」 8 1987.1
◇夏目漱石の中等教育における英語改良策について　(杉沼永一)「ビブリア」 8 1987.1
◇「蛇飯」考　(鈴木満)「武蔵大学人文学会雑誌」 18(2) 1987.2
◇『ペデカ』と『倫敦塔』　(中川浩一)「ちくま」 191 1987.2
◇「行人」論—空洞をめぐる言説—　(赤井恵子)「熊本短大論集」 37(3) 1987.2
◇「夢十夜」考—第五夜「天探女」を中心に—　(大泉弘幸)「駒沢国文」 24 1987.2
◇「虞美人草」前後　(酒井英行)「蟹行」 2 1987.2
◇初期漱石の一考察—『草枕』から『野分』へ—　(村田由美)「国文目白(日本女子大学)」 26 1987.2
◇世紀末と漱石の闇　(渡部昇一)「諸君!」 19(2) 1987.2
◇日本のベル・エポック(2)なおも漱石をめぐって　(飯島耕一)「俳句」 36(2) 1987.2
◇漱石研究ノート—「吾輩は猫である」と漱石の原体験　(小坂晋, 遠藤格雄)「岡山大学教養部紀要」 23 1987.2
◇「三四郎」論　(坂本育雄)「鶴見大学紀要 国語・国文学」 24 1987.3
◇「迷羊」再考—漱石の寓意に見る西洋と東洋　(川戸道昭)「英語英米文学(中央大学)」 27 1987.3
◇「三四郎」論—その叙述視点をめぐって—　(重枝佳理子)「大妻国文」 18(浜田義一郎先生追悼) 1987.3
◇「力」としての自然と「美」としての自然—透谷・漱石・独歩と「自然」—　(上田正行)「金沢大学国語国文」 12 1987.3
◇「森の女」と「迷羊」—『三四郎』論1—　(小倉脩三)「国文学ノート(成城短期大学)」 24 1987.3
◇『それから』における「自然」について　(加藤富一)「名古屋女子大学紀要」 33 1987.3
◇『虞美人草』試論—文学と絵画—(上)　(瀬藤芳房)「徳島大学教養部紀要 人文・社会科学」 22 1987.3
◇『それから』—その世紀末　(熊坂敦子)「日本女子大学紀要 文学部」 36 1987.3
◇『草枕』における「非人情」考　(松村昌家)「甲南大学紀要 文学編」 61(荒木一雄教授退職記念論文集) 1987.3
◇『倫敦塔』の内と外　(服部康喜)「活水論文集 日本文学科編」 30

1987.3
◇『こころ』と〈明治の精神〉—教材化のための覚書(3)—　（勝田和学）「東洋大学文学部紀要」 40（教育学科・教職課程編 12） 1987.3
◇『行人』論—共振する沈黙への旅立ち—　（王理恵）「成城国文学」 3 1987.3
◇「心」(2)—罪と死について—　（久保田芳太郎）「東横国文学」 19 1987.3
◇伊予市の子規と漱石(伊予市商店街開町三五〇周年記念特集)　（神野昭）「伊予市の歴史文化」 16 1987.3
◇夏目漱石—その目指すもの—　（加茂章）「新大国語（新潟大学）」 13 1987.3
◇夏目漱石の経済感覚(その3)漱石経済生活の実際　（越智悦子）「岡大国文論稿」 15 1987.3
◇夏目漱石『漾虚集』を通路として—　（宮下今日子）「日本文学論叢（法政大学大学院）」別冊（小田切秀雄先生退職記念論集） 1987.3
◇夏目漱石と土井晩翠　（斎藤順二）「群女国文」 14 1987.3
◇夏目漱石と英国留学—第二・第三の下宿より—　（稲垣瑞穂）「研究紀要（静岡女子短期大学）」 34 1987.3
◇岩礪剛抉—「坊ちゃん」から「道草」まで—　（高木文雄）「金城学院大学論集」 122（国文学編 29） 1987.3
◇近代日本と夏目漱石—江藤淳『漱石論』批判　（和田逸夫）「文化評論」 312 1987.3
◇世紀末と桃源郷『草枕』をめぐって　（前田愛）「新潟大学国文学会誌」 30（伊狩章先生退官記念特集号） 1987.3
◇反＝家族小説としての「それから」　（石原千秋）「東横国文学」 19 1987.3
◇漱石における生と死と　（加藤富一）「名古屋女子大学紀要」 33 1987.3
◇漱石の18世紀の「状況」論における構想と材源—『文学評論』第2編について(1)—　（中原章雄）「外国文学研究所（立命館大学）」 75 1987.3
◇漱石の〈永日感覚〉　（佐々木充）「国語国文研究（北海道大学）」 77 1987.3
◇漱石・その知の辺縁をめぐって—漱石論への試み(2)　（大塚達也）「語学文学（北海道教育大学）」 25 1987.3
◇漱石『虞美人草』と舂園『無情』の比較研究　（崔胡姫）「人間文化研究年報（お茶の水女子大学大学院人間文化研究科）」 10 1987.3
◇漱石の「自己本位」とは（素顔の漱石—精神医学の権威による通説への反証〔11〕）　（平井富雄）「知識」 63 1987.4
◇「大学人」から「文学者」へ（素顔の漱石—精神医学の権威による通説への反証〔最終回〕）　（平井富雄）「知識」 64 1987.4
◇『門』の主題形成とその宗教性　（佐藤裕子）「日本文芸研究（関西学院大学）」 39(1) 1987.4
◇『漱石的主題』を読む　「春秋」 287 1987.4
◇『こゝろ』の「先生」の年齢について　（宮脇徹心）「国語通信」 294 1987.4
◇『門』の主題形成とその宗教性—参禅の意義と「父母未生以前本来の面目」—　（佐藤裕子）「日本文芸研究」 39(1) 1987.4
◇『夢十夜』を読む—『第二夜』短刀と侍—　（越智悦子）「米沢国語国文」 14（国語国文学科創設三十周年記念特集） 1987.4
◇一九〇一年春、異国の夫へ 新資料・留学中の漱石宛、鏡子夫人の手紙　（中島国彦）「図書」 452 1987.4
◇夏目漱石私論　（千鳥達夫）「論究（二松学舎大学）」 19 1987.4
◇作家論—論文の構成と主旨 夏目漱石論—「それから」の書き手としての(作家論と作品論—論文・レポートの文章作法と作例〈特集〉)　（内田道雄）「国文学 解釈と鑑賞」 52(4) 1987.4
◇窓としての「過去」(下)—柳田国男『先祖の話』を読む—　（矢吹省司）「国学院雑誌」 88(4) 1987.4
◇日本のベル・エポック(4)鷗外、そして漱石の「草枕」へ　（飯島耕一）「俳句」 36(4) 1987.4
◇漱石と禅語(1)　（加藤富一）「解釈」 33(4) 1987.4
◇漱石と草平のアイロニー—「浪漫的(ロマンチック)アイロニー」と「俳味禅味」　（佐々木英昭）「比較文学研究」 51 1987.4
◇「こゝろ」　（石井和夫）「月刊国語教育」 7(2) 1987.5
◇『こゝろ』論—「先生」の特質を中心にして—　（宮崎博）「日本文学論叢（法政大学大学院）」 16 1987.5
◇特集・夏目漱石を読むための研究事典　「国文学」 36(6) 1987.5
◇漱石書簡紹介　（大西光幸）「ビブリア」 88 1987.5
◇なつかしい本(六)『吾輩は猫である』　（平川祐弘）「UP」 176 1987.6
◇夏目漱石『夢十夜』—"第十夜"を読む—　（志水富夫）「国文学 言語と文芸」 101 1987.6
◇利玄と漱石—「講義ノート」の意義—新資料(上)　（紅野敏郎）「短歌」 34(6) 1987.6
◇漱石受容の問題—研究史への一視点—（日本文芸史の課題）　（安東璋二）「国学院雑誌」 88(6) 1987.6
◇漱石と禅語(2)　（加藤富一）「解釈」 33(6) 1987.6
◇『吾輩は猫である』(上編1～5章)の本文校訂(1)　（山下浩）「言語文化論集（筑波大学）」 23 1987.7

◇漱石の漢詩にみる「虚白」の用例について—杜詩・荘子との関わり—　（林叢）「論究（二松学舎大学）」 20 1987.7
◇漱石と現代—考えることの欠落—　（前川清太郎）「神奈川大学評論」 2 1987.7
◇「こころ」—Kの自殺について—　（田中利昌）「月刊国語教育」 7(5) 1987.8
◇夏目漱石と骨董　（塚谷晃弘）「陶説」 413 1987.8
◇夏目漱石『硝子戸の中』(レモンの表紙)　（安野光雄）「本」 12(8) 1987.8
◇夏目漱石『虞美人草』　（道浦薫）「近代文学研究」 1 1987.8
◇試読・私読・恣読(1)—「和解」と「坑夫」(漱石)—　（関谷一郎）「現代文学」 35 1987.8
◇松山中学に赴任してきた"坊ちゃん"教師夏目漱石の授業ぶり(目撃者が語る日本史の決定的瞬間)　「歴史読本」 32(17) 1987.8
◇漱石の原稿用紙—夏目漱石展を見る　（森与志男）「民主文学」 261 1987.8
◇「世の中」の実験『坊っちゃん』論　（村瀬士朗）「国語国文研究（北海道大学）」 78 1987.9
◇『三四郎』論—美禰子・そのもう一つの画像をめぐり—　（小泉浩一郎）「東海大学紀要文学部」 47 1987.9
◇行人論　（藤尾健剛）「文芸と批評」 6(6) 1987.9
◇首かしげてる夏目漱石は友情を考えていた(木坂涼のおしゃべり黄卷紙)　（荒川洋治、木坂涼）「詩学」 42(9) 1987.9
◇漱石による修辞学入門 語句の反復のさまざまな型　（佐藤信夫）「図書」 458 1987.9
◇漱石文学における〈自然〉の意味　（平井敬員）「愛文（愛媛大学）」 23 1987.9
◇夏目漱石『門』の世界　（中井康行）「日本文芸研究（関西学院大学）」 39(3) 1987.10
◇夏目漱石私論(2)—漱石の意地と露伴の影響—　（千鳥達夫）「論究（二松学舎大学）」 21 1987.10
◇利玄と漱石—「講義ノート」の意義—新資料(下)　（紅野敏郎）「短歌」 34(10) 1987.10
◇『行人』論—「塵労」章の意味するもの(2)　（井上公雄）「キリスト教文芸」 5 1987.11
◇アディソン論の意義—漱石の『文学評論』を読む—　（中原章雄）「外国文学研究（立命館大学）」 78 1987.11
◇新しい、言文一致への模索—寺田寅彦『団栗』 鈴木三重吉『千鳥』 夏目漱石『三四郎』—(言文一致再説—現代日本語の創造を導いた人々)　（森田美香子、森山昌枝、森田高志、夏目武子）「文学と教育」 142 1987.11
◇坊っちゃんの履歴書(1)坊っちゃんはいつ生まれたか　（谷口巌）「国語国文学報」 45 1987.11
◇漱石『草枕』の世界　（戸田由美）「日本文芸学」 24 1987.11
◇漱石の世紀末的感受性—水底幻想を中心にして(ヨーロッパへの逆光〈特集〉)　（尹相仁）「新潮」 84(11) 1987.11
◇漱石文学における生と死と　（加藤富一）「解釈」 33(11) 1987.11
◇『彼岸過迄』論(日本文学科開設20周年記念特集)　（相原和邦）「国語国文学誌（広島女学院大学）」 17 1987.12
◇『夢十夜』の視線　（亀井雅司）「光華女子大学研究紀要」 25 1987.12
◇『それから』論—ベラスケスと女性像の系譜—　（中村順子）「国文目白（日本女子大学）」 27 1987.12
◇夏目漱石—純粋な芸術家魂の所有者　（平井邦男）「大手前女子大学論集」 21 1987.12
◇夏目漱石特集　「稿本近代文学（筑波大学平岡研究室）」 10 1987.12
◇夢の言説—『夢十夜』の語り—　（藤森清）「名古屋近代文学研究」 5 1987.12
◇漱石文学とツルゲーネフ　（一条孝夫）「帝塚山学院短期大学研究年報」 35 1987.12
◇漱石と老子—「老子の哲学」をめぐって—　（清水孝純）「文学論輯（九州大学）」 33 1987.12
◇漱石『明暗』論—津田の温泉行きの意味—(日本文学科開設20周年記念特集)　（山本勝正）「国語国文学誌（広島女学院大学）」 17 1987.12
◇漱石のサイン　（大谷泰照）「学鐙」 84(12) 1987.12
◇夏目漱石の学歴　（小林洋一郎）「教育方法学研究（教育方法研究会〔編〕）」 8 1988
◇漱石の「こころ」私読　（池川敬司）「学大国文」 31 1988
◇漱石「それから」とオースティン「高慢と偏見」(1)　（福尾芳昭）「Philologia」 20 1988
◇漱石の学生時代の英作文3点　（森川隆司）「英学史研究」 21 1988
◇漱石「こゝろ」の世界　（増山初子）「聖和大学論集」 16 1988
◇鷗外・漱石・芥川の文学語彙—程度副詞すこぶる・大変などの場合　（和泉紀子）「愛媛国文研究」 38 1988
◇「野分」における内外の伝統—漱石の吹かせた新風をめぐって　（中野記偉）「英文学と英語学」 25 1988
◇漱石の自覚的形成(2)　（金沢大士）「京都市立芸術大学美術学部研

◇究紀要」33 1988
◇夏目漱石の学歴（小林洋一郎）「教育方法学研究」8 1988
◇漱石詩管見（高木文雄）「金城学院大学論集」132 1988
◇漱石のスウィフト論（渡辺孔二）「甲南大学紀要 文学編」69 1988
◇漱石「こゝろ」の世界（増山初子）「聖和大学論集」16 1988
◇比較文学の古典発掘(1)独自な比較詩学の創出―夏目漱石「文学論」（清水孝純）「比較文学」31 1988
◇漱石と象徴―その歴史的及び思想的背景について（福島君子）「比較文学」31 1988
◇「漱石と『イズム』」―象徴と古典主義を中心に―（福島君子）「上智大学国文学論集」21 1988.1
◇「草枕」の世界とその比喩表現（楊麗雅）「東方学」75 1988.1
◇語り手の位相〈特集〉「日本文学」37(1) 1988.1
◇〈関係不在〉の様相―「こころ」論―（片岡豊）「立教女学院短期大学紀要」19 1988.2
◇「哲学雑誌」と漱石（上田正行）「金沢大学文学部論集 文学科篇」8 1988.2
◇『彼岸過迄』の構造（勝田和学）「文学論藻（東洋大学）」62（文学部紀要 41）（大学創立100周年記念号）1988.2
◇猿股の洋人―「こころ」の一描写について（リービ英雄）「群像」43(2) 1988.2
◇夏目漱石の用字法（季娜仁高娃）「鹿児島女子短期大学紀要」23 1988.2
◇夏目漱石と木下杢太郎―「木下杢太郎画集」刊行に寄せて―（平川祐弘）「文化会議」224 1988.2
◇旧友の無遠慮―新出の漱石書簡 続・洞窟の美神 7（川口久雄）「創文」286 1988.2
◇日本文学の一側面―夏目漱石，芥川龍之介における漢文学の受容を中心として（曲維）「愛媛大学教育学部紀要 第2部 人文・社会科学」20 1988.2
◇母の不在 父の不在―漱石小説の基本設定（佐々木充）「千葉大学教育学部研究紀要」36（第1部）1988.2
◇漱石病跡論考（鹿子木敏範）「尚絅大学研究紀要」11 1988.2
◇漱石と子規―アイデアとレトリック（米田利昭）「宇都宮大学教育学部論集 第1部」38 1988.2
◇『漱石 坊っちゃん』自筆原稿修正箇所一覧（中）（北村弘明）「青山語文」18 1988.3
◇夏目漱石と英国留学―第四・第五の下宿周辺―（稲垣瑞穂）「研究紀要（静岡県立大学短期大学部）」創刊号 1988.3
◇夏目金之助の出発―デカルト，森有正との対比のなかで―（行吉正一）「日本近代文学研究」6 1988.3
◇夢・悪夢・ファンタジー 夏目漱石「夢十夜」（百川敬仁）「国文学」33(4) 1988.3 臨増（幻想文学の手帖）
◇漱石作品の「語り手」（高木文雄）「金城国文」64 1988.3
◇漱石のワーズワス受容について(2)（近藤哲）「福島県立会津短期大学学報」45 1988.3
◇漱石の「愚」と良寛の「愚」―「則天去私」を基礎づける思想―（林叢）「二松」2 1988.3
◇漱石と『板橋集』（楊璧慈）「二松」2 1988.3
◇漱石語録（加藤富一）「名古屋女子大学紀要」34 1988.3
◇漱石の精神―一体二様の見解（伊豆利彦）「横浜市立大学論叢 人文科学系列」39(2・3) 1988.3
◇「明暗」論―津田と清子（加藤二郎）「文学」56(4) 1988.4
◇夏目漱石とG・パラント（武田元敏）「彷書月刊」4(4) 1988.4
◇漱石二題（小林静生）「古本屋」6 1988.4
◇ワトソンは背信者か―「こころ」再説（三好行雄）「文学」56(5) 1988.5
◇小野の「人情」―漱石文学の転回点（橋浦洋志）「日本近代文学」38 1988.5
◇「こころ」への疑い―呪縛の言説（赤井恵子）「熊本短大論集」39(1) 1988.6
◇明治文学の成立 漱石の史的意味―独自な文学的パラダイムの創出（特集：「明治文学史」の現在―いま何が論点か）（清水孝純）「国文学」33(7) 1988.6
◇恋愛小説の陥穽(2)漱石の過誤（三枝和子）「ユリイカ」20(6) 1988.6
◇漱石『こころ』について―女性像を視点にして―（小林和子）「茨城女子短期大学紀要」15 1988.6
◇漱石の手紙（永田暢男）「オール諏訪」45 1988.6
◇漱石と天文学者木村栄（小山慶太）「学鐙」85(6) 1988.6
◇漱石の過誤（三枝和子）「ユリイカ」20(6) 1988.6
◇漱石文学における「親切」と「去私」と（加藤富一）「解釈」34(6) 1988.6
◇漱石『こころ』研究史(5)―昭和五十年代以降の研究を巡って1―（仲秀和）「文化研究（樟蔭女子短期大学）」2 1988.6
◇漱石「こゝろ」について―女性像を視点にして―（小林和子）「茨城女子短期大学紀要」15 1988.6

◇漱石『こころ』研究史(5)昭和50年代以降の研究を巡って(1)（仲秀和）「文化研究（樟蔭女子短期大学）」2 1988.6
◇「吾輩は猫である」論―言葉と関係性をめぐって（村瀬士朗）「国語国文研究」80 1988.7
◇夏目漱石―作家論と作品論〈特集〉「国文学 解釈と鑑賞」53(8) 1988.8
◇夏目漱石「道草」をめぐって（講演特集）（笹淵友一）「文学・語学」118 1988.8
◇昭和五十年代の夏目漱石（桶谷秀昭）「海燕」7(8) 1988.8
◇日本のベル・エポック(20)谷崎の漱石論（飯島耕一）「俳句」37(8) 1988.8
◇『吾輩は猫である』と『漾虚集』と12「猫」「四」「五」・場面化の進行（竹盛天雄）「国文学」33(11) 1988.9
◇日本のベル・エポック(21)「行人」と「心」（飯島耕一）「俳句」37(9) 1988.9
◇「東西」と「平々地」―「三四郎」の位置（藤尾健剛）「香川大学国文研究」13 1988.9
◇『吾輩は猫である』と『漾虚集』と13「一夜」・ハイカラな「俳句の如きもの」として（竹盛天雄）「国文学」33(12) 1988.10
◇漱石の俳句世界―作家漱石に至るまで（西村好子）「日本近代文学」39 1988.10
◇『吾輩は猫である』と『漾虚集』と14「一夜」・ハイカラな「俳句の如きもの」として（続）（竹盛天雄）「国文学」33(13) 1988.11
◇夏目漱石「倫敦塔」―塔橋をめぐるレトリックの意味―（加納孝代）「青山学院女子短期大学紀要」42 1988.11
◇漱石『それから』の白くない白百合（塚谷裕一）「UP」193 1988.11
◇漱石・美術・ドラマ―英訳「ラオコーン」への書き込みから（上）（中島国彦）「文学」56(11) 1988.11
◇漱石と子規―はじまりの時（米田利昭）「文学」56(11) 1988.11
◇漱石と横浜紳商の子息たち（鈴木隆）「横浜学」2 1988.11
◇漱石の作品中の三角関係をめぐって―吉本隆明・フロイト・ラカンのパラノイア論から（佐藤和正）「解釈」11 1988.11
◇夏目漱石『行人』論―一郎の矛盾性の苦悩を続って（上）（松尾直昭）「就実語文」9 1988.11
◇夏目漱石「倫敦塔」―塔橋をめぐるレトリックの意味（加納孝代）「青山学院女子短期大学紀要」42 1988.11
◇漱石『それから』への一視点―その象徴的手法・色彩表現を中心に（沢井友義）「富山大学国語教育」12・13 1988.11
◇『吾輩は猫である』と『漾虚集』と15「猫」「六」・迷亭の「失恋」譚（竹盛天雄）「国文学」33(14) 1988.12
◇ロンドンの夏目漱石とY校卒業生たち―特に田中孝太郎について―（井田好治）「浜松短期大学研究論集」37 1988.12
◇夏目漱石の文学と宗教(1)（大国忠信）「京都文教短期大学研究紀要」27 1988.12
◇夏目漱石と謡曲（飯塚恵理人）「稿本近代文学（筑波大学平岡研究室）」11 1988.12
◇夏目漱石の恋(2)―『饗宴』の構造―（沢英彦）「日本文学研究（高知日本文学研究会）」26 1988.12
◇原子説論争に関するRücker教授の講演(1901)―夏目漱石の『文学論』のなかの科学観」補正（立花太郎）「化学史研究」45 1988.12
◇漱石の作品とカウンセリング（石川正一）「星稜論苑」9 1988.12
◇漱石とアール・ヌーボ〈序〉（小杉教一）「道都大学紀要 社会福祉学部」11 1988.12
◇漱石とロンドンの古本屋（清水一嘉）「学鐙」85(12) 1988.12
◇漱石と老子(2)「愚見数則」から『坊っちゃん』へ（清水孝純）「文学論輯」34 1988.12
◇漱石の一断面―〈金〉をめぐって―（藤堂尚夫）「仁愛国文」6 1988.12
◇『それから』―代助の不安の一面（金栄哲）「稿本近代文学（筑波大学平岡研究室）」11 1988.12
◇漱石とアール・ヌーボー序―（小杉教一）「道都大学紀要 教養部」7 1988.12
◇漱石における「愛」の一問題（安井俊雄）「愛媛国文研究」39 1989
◇五高を震駭させた外国人不敬事件の顛末―漱石は傍観して外人事件と注記する（中川浩一）「茨城大学教育学部紀要 人文・社会科学・芸術」38 1989
◇近代開化期を生きた2人の東洋文学者・漱石と老舎の出発期をめぐって―漱石「坊っちゃん」と老舎「老張的哲学」（杉野元子）「芸文研究」55 1989
◇漱石の「当て字」あるいは「誤字」について（山下浩）「言語文化論集（筑波大学現代語・現代文化学系）」30 1989
◇日本文化の波及構造―漱石山脈を軸として（相原和邦）「広島大学教育学部紀要 第2部」38 1989
◇「こころ」の「私」―漱石の一人称小説の＜語り＞（中本友文）「高知大学学術研究報告 人文科学」38(1) 1989
◇夏目漱石の人格意識―その序論的考察として（佐古純一郎）「二松学舎大学東洋学研究所集刊」20 1989

◇「行人」論―現在位相からの遁走　(関谷由美子)「日本文学研究(梅光女学院大学日本文学会)」 25 1989
◇『漾虚集』の文体論的考察―「一夜」を中心に　(宮沢健太郎)「白百合女子大学研究紀要」 25 1989
◇低徊と脱線―漱石とスターン　(安藤文人)「比較文学年誌」 25 1989
◇漱石の宗教観(上)『門』を中心に　(渡辺凱一)「関西文学」 27(1) 1989.1
◇『野分』―自己実現の情熱　(江口朗)「国文学試論(大正大学大学院)」 12 1989.1
◇漱石・美術・ドラマ―英訳「ラオコーン」への書き込みから(下)　(中島国彦)「文学」 57(1) 1989.1
◇『三四郎』論　(門田一美)「キリスト教文芸」 6 1989.2
◇セルバンテスとホフマンと漱石(1)　(蔵本邦夫)「サピエンチア 英知大学論叢」 23 1989.2
◇漱石と子規―松山1年　(米田利昭)「宇都宮大学教育学部紀要 第1部」 39 1989.2
◇新考「夏目漱石と大塚楠緒」　(藤嶋万寿子,小坂晋)「岡山大学教養部紀要」 25 1989.2
◇『草枕』論　(宮崎隆広)「活水日文(活水女子大学・活水女子短期大学)」 19 1989.2
◇W.ジェイムズ著 "The Varieties of Religious Experience"への漱石の書き込み　(奥野政元)「活水日文(活水女子大学・活水女子短期大学)」 19 1989.2
◇漱石の宗教観(下)『門』を中心に　(渡辺凱一)「関西文学」 27(2) 1989.2
◇漱石の「書簡」　(李娜仁高娃)「鹿児島女子短期大学紀要」 24 1989.2
◇親のない子供の物語―『虞美人草』と「こころ」　(佐々木充)「千葉大学教育学部研究紀要」 37(第1部) 1989.2
◇コンビの本①夏目漱石と樋口五葉　(槌田満文)「日本古書通信」 54(2) 1989.2
◇高等遊民とは何か―『彼岸過迄』を読む(日本文学と天皇制(2)<特集>)　(米田利昭)「日本文学」 38(2) 1989.2
◇漱石の出発点―子規によって培われたもの　(宮下今日子)「日本文学誌要」 40 1989.2
◇夏目漱石と天皇制　(伊豆利彦)「横浜市立大学論叢 人文科学系列」 40(1) 1989.2
◇漱石と虚子の文芸的交流―『草枕』を中心として　(柴田奈美)「岡山大学国語研究」 3 1989.3
◇『草枕』論―「道」に浮かぶ生　(宮崎隆広)「活水日文」 19 1989.3
◇『明暗』論　(南ひとみ)「活水日文」 19 1989.3
◇W.ジェイムズ著 "A Pluralistic Universe"への漱石の書き込み　(奥野政元)「活水論文集 日本文学科編(活水女子大学・活水女子短期大学)」 32 1989.3
◇指輪のゆくえ―『それから』の<物語>　(遠藤祐)「玉藻(フェリス女学院大学)」 24(小泉和・佐藤喜代治先生御退職記念) 1989.3
◇「草枕」覚え書　(田沢英蔵)「駒沢短大国文」 19 1989.3
◇夏目漱石と真宗　(水川隆夫)「研究紀要(京都女子大学宗教・文化研究所〔編〕)」 2 1989.3
◇夏目漱石と英国留学―第5の宿より帰国に至る　(稲垣瑞穂)「研究紀要(静岡県立大学短期大学部)」 2(静岡女子短期大学紀要最終号) 1989.3
◇『虞美人草』の命根　(岡田真弦)「言語・文化研究(東京外国語大学大学院)」 7 1989.3
◇「夢十夜」に関する覚書―主に第七夜における個と外界について　(松寿敬)「国学院大学大学院文学研究科論集」 16 1989.3
◇夏目漱石の禁忌の愛　(水谷昭夫)「国文学」 34(4) 臨増(近代文壇事件史) 1989.3
◇「坑夫」論　(小倉脩三)「国文学ノート(成城短期大学)」 1989.3
◇「行人」論―底流する懺悔　(羽田澄代)「湘南文学(東海大学)」 23 1989.3
◇『明暗』研究史論　(申賢周)「湘南文学(東海大学)」 23 1989.3
◇「坑夫」の本然―「明」から「暗」へ、そして「明」へ　(福島君子)「上智近代文学研究」 7(村松定孝教授退職記念) 1989.3
◇夏目漱石『それから』における植物―色と匂いとに注目して　(田辺明子)「新大国語」 14 1989.3
◇『三四郎』小考―美祢子の結婚　(金鎬淳)「青山語文」 19 1989.3
◇『それから』(3)　(久保田芳太郎)「東横国文学(東横学園女子短期大学)」 21 1989.3
◇岳父の影―「道草」　(石原千秋)「東横国文学(東横学園女子短期大学)」 21 1989.3
◇夏目漱石「行人」の独身者　(武田充啓)「奈良工業高等専門学校研究紀要」 24 1989.3
◇漱石文学にあらわれた日本人のしぐさ(言語伝達と非言語伝達<特集>)　(相原和邦)「日本語教育」 67 1989.3
◇漱石「硝子戸の中」論―<時>の遡行をめぐって　(大田正紀)「梅花短期大学研究紀要」 37 1989.3

◇夏目漱石と英語的発想について([比較思想学会]研究例会発表要旨(東京地区)―昭和63年度第1回(63.4.23))　(高島敦子)「比較思想研究」 15 1989.3
◇「漱石と象徴」―その歴史的及び思想的背景について　(福島君子)「比較文学」 31 1989.3
◇独自な比較詩学の創出―夏目漱石『文学論』　(清水孝純)「比較文学」 31 1989.3
◇漱石『こゝろ』研究史(6)昭和50年代以降の研究を巡って(2)　(仲秀和)「文化研究」 3 1989.3
◇「猫」と「坊っちゃん」のおもしろさ　(加藤富一)「名古屋女子大学紀要 人文・社会篇」 35 1989.3
◇漱石のオフェリア夢想―「草枕」の中のシェイクスピア　(鈴木保昭)「立正大学文学部論叢」 89 1989.3
◇夏目漱石年譜・研究文献目録　(三好行雄,熊坂,石井)「國文學 解釈と教材の研究」 34(5) 1989.4
◇W.ジェイムズ著 "The Varieties of Religious Experience"への漱石の書き込み　(奥野政元)「活水日文」 19 1989.4
◇夏目漱石伝―作品への通路<特集>「國文學 解釈と教材の研究」 34(5) 1989.4
◇漱石『行人』の世界　(金戸清高)「日本文芸研究(関西学院大学)」 41(2) 1989.4
◇過去への弔辞―漱石『文鳥』論　(朴富子)「文芸と批評」 6(9) 1989.4
◇夏目漱石「趣味の遺伝」をめぐって　(斎藤順二)「群馬近代文学研究」 13 1989.5
◇『彼岸過迄』論―もう一つの「思ひ出す事など」　(寺田健一)「繍」 1(1) 1989.5
◇文豪の陰に「ねえや」あり〔続〕　(奥野健男)「新潮45」 8(5) 1989.5
◇<情熱の否定>と<非人情>―明治39年の鷗外・漱石　(大石直記)「日本近代文学」 40 1989.5
◇漱石「こころ」について(2)先生の自尊心をめぐって　(小林和子)「茨城女子短期大学紀要」 16 1989.6
◇漱石『彼岸過迄』論―時間と自己の構造　(福井慎二)「弘前大学近代文学研究誌」 3 1989.6
◇夏目漱石再読<特集>「新潮」 86(6) 1989.6
◇漱石の朝顔　(塚谷裕一)「図書」 480 1989.6
◇実感・美感・感興―近代文学に描かれた感受性(4)「風韻」「趣味」と「厭世」の間―若き日の漱石と司馬江漢　(中島国彦)「早稲田文学〔第8次〕」 157 1989.6
◇「夢十夜」第十夜の豚のモティーフについて―絵画体験と創作の間　(尹相仁)「比較文学研究」 55 1989.6
◇佐久間信恭と鷗外・漱石・敏(「学鐙」を読む(7))　(紅野敏郎)「学鐙」 86(7) 1989.7
◇『吾輩は猫である』と『漾虚集』と(22)「趣味の遺伝と云ふ理論」の内と外　(竹盛天雄)「国文学」 34(8) 1989.7
◇文学史のなかで<実例>夏目漱石『吾輩は猫である』(特集 作品をどう論じるか―進め方と実例)　(亀井秀雄)「国文学」 34(8) 1989.7
◇「淋しさ」の系譜―夏目漱石論　(真銅正宏)「国文学研究ノート(神戸大学)」 23 1989.7
◇いましめられる「肉体」の主題―『それから』の一断面として　(鎌田広己)「国文学研究ノート(神戸大学)」 23 1989.7
◇実感・美感・感興―近代文学に描かれた感受性(5)子規・漱石・豪傑譚―人間を見る眼,自然を見る眼　(中島国彦)「早稲田文学〔第8次〕」 158 1989.7
◇漱石文芸のなかのロンドン―混沌たる文芸の形成　(荻原桂子)「日本文芸研究(関西学院大学)」 41(2) 1989.7
◇「オシアン」と漱石　(上田正行)「英語青年」 135(5) 1989.8
◇『吾輩は猫である』と『漾虚集』と(23)『猫』「七」「八」から「九」へ　(竹盛天雄)「国文学」 34(10) 1989.8
◇漱石文学における「白百合」の意義―『夢十夜』『それから』など　(加藤富一)「解釈」 35(9) 1989.9
◇『行人』の語り手と聴き手　(内田道雄)「古典と現代」 57 1989.9
◇『吾輩は猫である』と『漾虚集』と(24)『猫』「九」「十」・「読心術」と顛倒風景　(竹盛天雄)「国文学」 34(11) 1989.9
◇代助と「芸者」―『それから』の世界　(斉藤英雄)「文芸と批評」 6(10) 1989.9
◇「夢十夜」試論―「第一夜」をめぐって　(大坪利彦)「明治大学日本文学」 17 1989.9
◇『明暗』私感　(高木文雄)「キリスト教文学研究」 6 1989.10
◇漱石と小松武治　(小林静生)「古本屋」 9 1989.10
◇『吾輩は猫である』と『漾虚集』と(25)『坊っちゃん』について(1)　(竹盛天雄)「国文学」 34(12) 1989.10
◇「行人」の教材化について―身体論的考察を中心に　(後藤恒允)「読書科学」 33(2) 1989.10
◇漱石「こころ」と実篤「友情」重ね読みの基礎論―両者の関連性についての考察　(鳴島甫)「読書科学」 33(2) 1989.10
◇『吾輩は猫である』と『漾虚集』と(26)『坊っちゃん』について(2)

◇（竹盛天雄）「国文学」 34(13) 1989.11
◇『吾輩は猫である』と『漾虚集』と(26,28) （竹盛天雄）「國文學解釋と教材の研究」 34(13),35(1) 1989.11,90.1
◇夏目漱石新資料2種 （岡崎一）「佐賀大国文」 17 1989.11
◇夏目漱石『行人』論—一郎の矛盾性の苦悩を繞って（下） （松尾直昭）「就実語文」 10 1989.11
◇現代医学から見た「天才か狂人か」列伝 （篠田達明）「新潮45」 8(11) 1989.11
◇漱石の和歌浦とマスコミの現況 （恩田雅和）「東海学園国語国文（東海学園女子短期大学）」 36 1989.11
◇新婚時代陸蒸気で日奈久温泉に来たと思われる文豪夏目漱石 （春田康秋）「夜豆志呂」 95 1989.11
◇「明暗」期漱石漢詩の推敲過程 （加藤二郎）「宇都宮大学教養部研究報告 第1部」 22 1989.12
◇「三四郎」における「影響」 （越川正三）「関西大学文学論集」 39(2) 1989.12
◇夏目漱石の文学と宗教 （大国忠師）「京都文教短期大学研究紀要」 28 1989.12
◇『吾輩は猫である』と『漾虚集』と(27)『坊つちやん』から「猫」「十一」へ （竹盛天雄）「国文学」 34(14) 1989.12
◇『野分』論—冒頭をめぐって （藤堂尚夫）「仁愛国文」 7 1989.12
◇夏目漱石における生と死をめぐって（終末＜特集＞） （宗正孝）「世紀」 475 1989.12
◇「行人」論 （石川正一）「星稜論苑（星稜女子短期大学）」 10（創立10周年記念号） 1989.12
◇実感・美感・感興—近代文学に描かれた感受性(10)「夢」と「精霊」と—子規の「夢」漱石の「裸体画」 （中島国彦）「早稲田文学〔第8次〕」 163 1989.12
◇小説「門」にみる時間と空間のパフォーマンス—時間地理学とは？（はじめての時間地理学＜特集＞） （杉浦芳夫）「地理」 34(12) 1989.12
◇漱石・猫の死亡記事 （山田朝一）「日本古書通信」 54(12) 1989.12
◇夏目漱石の恋(3)「饗宴」的構造 （沢英彦）「日本文学研究」 27 1989.12
◇夏目漱石『坊つちやん』の構造—＜ドラマ（劇的高揚）＞はどこにあるか （今西幹一）「日本文芸学」 26 1989.12
◇漱石とバルザック （加藤富一）「文学・語学」 123 1989.12
◇「夢十夜」第十夜試読 （清水孝純）「文学論輯」 35 1989.12
◇夏目漱石再読＜特集＞「民主文学」 289 1989.12
◇＜長野家＞の中心としての＜母＞—『行人』論のために （飯田祐子）「名古屋近代文学研究」 7 1989.12
◇漱石「それから」とオースティン「高慢と偏見」(2) （福尾芳昭）「Philologia」 22 1990
◇漱石作品における女性像(1) （柴月奈美）「岡山県立短期大学研究紀要」 33(2) 1990
◇代助の自然 （亀井雅司）「光華女子大学研究紀要」 28 1990
◇「道草」の特質 （相原和邦）「広島大学教育学部紀要 第2部」 39 1990
◇漱石的主題としてのきずな—「こころ」をめぐって （鎌田広己）「神戸大学文学部紀要」 17 1990
◇夢十夜叙説—第四夜・第五夜・第六夜 （山田晃）「青山学院大学文学部紀要」 32 1990
◇鷗外と漱石の小説にみる漢語のオノマトペ （呉川）「相模女子大学紀要」 54A 1990
◇「門」の周辺—夏目漱石1911(1) （天野雅郎）「地域文化研究（広島大学総合科学部）」 16 1990
◇黒沢の夢、漱石の夢、そして、シェイクスピアの夢 （野谷士）「追手門学院大学文学部紀要」 24 1990
◇漱石「明暗双双」と、そのベルグソン、ポアンカレーへの関連について—「明暗」第2回の位相の考察 （清水茂）「比較文学年誌」 26 1990
◇「坊っちゃん」・稚気の源流 （佐久間保明）「武蔵野美術大学研究紀要」 20 1990
◇2つの「明暗」—夏目漱石と野上弥生子の間 （寅岡真以）「愛媛国文研究」 40 1990
◇「明暗」論—主題へのアプローチ （岡本孝明）「愛媛国文研究」 40 1990
◇作品としての「遺言」—「こゝろ」論 （中丸宣明）「山梨大学教育学部研究報告 第1分冊 人文社会科学系」 41 1990
◇「こころ」試論—先生の見た風景 （島崎市誠）「千葉大学教養部研究報告 A」 23(1) 1990
◇漱石のイギリス留学—西洋との出会いの意義 （中山恵津子）「関西外国語大学研究論集」 51 1990.1
◇『虞美人草』—小野さんの物語 （上村雅美）「近代文学雑誌（兵庫教育大学）」 1 1990.1
◇漱石試論(1)漱石とジャンル （柄谷行人）「群像」 45(1) 1990.1
◇漱石と「数」—「カーライル博物館」を中心に （上田正行）「言語と文芸」 105 1990.1
◇漱石の韓国旅日記論—「満韓ところどころ」未完の部分をめぐり

◇（申賢周）「言語と文芸」 105 1990.1
◇「俳句的小説」としての『草枕』 （西村好子）「国語と国文学」 67(1) 1990.1
◇『吾輩は猫である』と『漾虚集』と(28)『猫』「十一」・繰り延べの語りの大団円 （竹盛天雄）「国文学」 35(1) 1990.1
◇子規・漱石とニッケル時計 （古賀淑人）「子規博だより」 9(3) 1990.1
◇特集・夏目漱石—漱石論の現在と漱石という鏡 「叙説」 1 1990.1
◇実感・美感・感興—近代文学に描かれた感受性(11)「世紀末」のもたらしたもの—漱石初期作品への視点 （中島国彦）「早稲田文学〔第8次〕」 164 1990.1
◇「思ひ出す事など」論 （志保みはる）「日本文芸研究」 41(3・4) 1990.1
◇『吾輩は猫である』の世界—「名前はまだ無い」をめぐって （丹羽章）「日本文芸研究」 41(3・4) 1990.1
◇『行人』再論—「塵労」を中心に （森嶋邦彦）「日本文芸研究」 41(3・4) 1990.1
◇夏目漱石「門」論—参禅の意味をめぐって （松尾直昭）「日本文芸研究」 41(3・4) 1990.1
◇漱石「三四郎」の世界——主人公の誕生に寄せて （中井康行）「日本文芸研究」 41(3・4) 1990.1
◇「虞美人草」—小野さんの物語 （上村雅美）「兵庫教育大学近代文学雑誌」 1990 1990.1
◇漱石文芸における宗教性—『門』『彼岸過迄』『行人』をめぐって （佐藤裕子）「キリスト教文芸」 7（水谷昭夫教授追悼号） 1990.2
◇ハーンの帝大解任の事情—漱石を視野に入れつつ （上田正行）「金沢大学文学部論集 文学科篇」 10 1990.2
◇「こゝろ」についての一考察—御嬢さんとK （片岡懋）「駒沢国文」 27 1990.2
◇「不測の変」の描き方—漱石・初期作品の考察 （山下久樹）「皇学館論叢」 23(1) 1990.2
◇子規周辺の人々 子規と漱石（正岡子規の世界＜特集＞） （大野淳一）「国文学 解釈と鑑賞」 55(2) 1990.2
◇『吾輩は猫である』と『漾虚集』と(29,30完) （竹盛天雄）「國文學解釋と教材の研究」 35(2,3) 1990.2,3
◇実感・美感・感興—近代文学に描かれた感受性(12)「闇」の認識、「闇」の形象—裸体画、写真、そして「明暗」へ （中島国彦）「早稲田文学〔第8次〕」 165 1990.2
◇『三四郎』—「森の女」の意味 （大竹雅則）「文学・語学」 124 1990.2
◇「人間」の構図—日露戦後の社会と漱石の視野 （渡辺善雄）「宮城教育大学国語国文」 18 1990.2
◇漱石—後期作品の問題 （高野実貴雄）「浦和論叢（浦和短期大学）」 4 1990.3
◇夏目漱石「彼岸過迄」の「高等遊民」 （伊豆利彦）「横浜市立大学論叢 人文科学系列」 41(1・2・3) 1990.3
◇漱石と19世紀英文学(1) （阿部幸子）「岡山大学教育学部研究集録」 83 1990.3
◇『こゝろ』ノート （奥野政元）「活水論文集 日本文学科編（活水女子大学・活水女子短期大学）」 33 1990.3
◇夏目漱石と真宗 （水ински隆夫）「京都女子大学宗教・文化研究所研究紀要」 2 1990.3
◇漱石と『行人』の舞台—大阪・和歌山を訪ねて （佐藤宣行）「研修報告（日本大学桜丘高等学校）」 6 1990.3
◇漱石『夢十夜』小論—「第三夜」素材論を超えて （藤田尚樹）「広島女学院中学・高等学校研究紀要」 21 1990.3
◇夏目漱石の国語仮名遣い （京極興一）「国語学」 160 1990.3
◇「明暗」論の基底 （佐々木充）「国語国文研究」 85 1990.3
◇『吾輩は猫である』と『漾虚集』と(30)または一致と差異 （竹盛天雄）「国文学」 35(3) 1990.3
◇「猫」の語りが意味するもの—『吾輩は猫である』論(1) （小倉脩三）「国文学ノート（成城短期大学）」 27 1990.3
◇『野分』—現代日本批判の基本設計 （中村完）「国文学ノート（成城短期大学）」 27 1990.3
◇「こゝろ」私見—語り構造をめぐって （久保教子）「山口国文」 13 1990.3
◇漱石の「明暗」における社会批判 （石田法雄）「滋賀県立短期大学学術雑誌」 37 1990.3
◇漱石『明暗』挿画考 （申賢周）「湘南文学（東海大学）」 24 1990.3
◇漱石・「こころ」の方法(1)語り手の位置など （安東璋二）「人文論究（北海道教育大学函館人文学会）」 50 1990.3
◇『吾輩は猫である』—「険呑なる自己」の出没 （中村完）「成城短期大学紀要」 21 1990.3
◇『それから』の水 （斎藤真）「都大論究」 27 1990.3
◇『坑夫』—小説らしい事実と事実らしい小説 （久保田芳太郎）「東横国文学（東横学園女子短期大学）」 22 1990.3
◇「坊つちゃん」の中の子どもの領分 （井上寿彦）「東海学園国語国文（東海学園女子短期大学）」 37 1990.3

- ◇夏目漱石『彼岸過迄』論の前提 （武田充啓）「奈良工業高等専門学校研究紀要」 25 1990.3
- ◇『夢十夜』における女性像と愛—第1夜、5夜、9夜を中心に （林明秀）「日本文芸論叢（東北大学）」 8 1990.3
- ◇漱石<特集> 「比較文学」 32 1990.3
- ◇漱石文学に現われた女性像とその比喩表現 （楊麗雅）「文体論研究」 36 1990.3
- ◇『彼岸過迄』の構想と愛の姿 （加藤富一）「名古屋女子大学紀要 人文・社会編」 36 1990.3
- ◇日英比較表現研究—夏目漱石『こころ』の言語分析研究(2) 丸山和雄）「立正大学短期大学部紀要」 26 1990.3
- ◇漱石作品における女性像(1) （柴田奈美）「岡山県立短期大学研究紀要」 33（2）1990.4
- ◇日本におけるWordsworth(5)夏目漱石の場合 （佐々木満子）「学苑」 605 1990.4
- ◇お延—『明暗』ノート （若林敦）「国文学 研究ノート（神戸大学）」 24 1990.4
- ◇『三四郎』/『煤煙』—あるいは関係としてのテクスト （沖野厚太郎）「文芸と批評」 7（1）1990.4
- ◇大阪女子大学図書館漱石単行本解説 （清水、青田、沢、西川）「百舌鳥国文（大阪女子大学大学院）」 10 1990.5
- ◇漱石試論(2)漱石と「文」 （柄谷行人）「群像」 45（5）1990.5
- ◇夏目漱石と山崎山荘、宝寺界隈(1) （上野正博）「水無瀬野」 3（1）1990.5
- ◇漱石 双籍・送籍・僧籍という署名—はじまりの読みかえ・書きかえのために（シミュレーション<特集>） （芳川泰久）「早稲田文学〔第8次〕」 168 1990.5
- ◇『門』の問題 （加藤富一）「解釈学」 3 1990.6
- ◇塵に遊ぶ—「行人」における時間と人称 （高田茂樹）「近代（神戸大学近代発行会）」 68 1990.6
- ◇「里見美禰子」の「肖像画」 （菰渕和士）「香川県明善短期大学研究紀要」 21 1990.6
- ◇作品から作家へ—<実例>夏目漱石（作家論の方法—進め方と実例<特集>） （石井和夫）「國文學 解釋と教材の研究」 35（7）1990.6
- ◇「こゝろ」論—不可思議な私 （笹田和子）「女子大国文」 107 1990.6
- ◇『行人』論—その絶対性の探究・漱石リポート（1） （桜井義夫）「水戸評論」 49 1990.6
- ◇対照的な2歌人—漱石か鷗外か…茂吉か白秋か…<特集> 「短歌研究」 47（6）1990.6
- ◇夏目漱石を読む<特輯> 「比較文学研究」 57 1990.6
- ◇夏目漱石事典 「別冊国文学」 39 1990.7
- ◇漱石と19世紀英文学(2) （阿部幸行）「岡山大学教育学部研究集録」 84 1990.7
- ◇「三四郎」研究の問題点—美弥子の青春 （小坂晋、水田卓郎）「岡山大学教養部紀要」 27 1990.7
- ◇夏目漱石と山崎山荘、宝寺界隈(2) （上野正博）「水無瀬野」 3（2）1990.7
- ◇「倫敦塔」「薤露行」「夢十夜」—「F＋f」の架橋 （中村完）「成城文芸」 131 1990.7
- ◇「坊っちゃん」の思想 （秋山公男）「文学」 1（3）1990.7
- ◇倫敦の憂鬱—「自己本位」の獲得 （大竹雅則）「文学・語学」 126 1990.7
- ◇漱石「虞美人草」の世界 （佐藤裕子）「日本文芸研究」 42（2）1990.7
- ◇夏目漱石の金銭貸借関係と個の独立 （曹雅玲）「解釈」 36（8）1990.8
- ◇荷風と漱石—文明批評覚書（その1） （菅原実）「解釈」 36（8）1990.8
- ◇「道草」論 （玉井敬之）「国語と国文学」 67（8）1990.8
- ◇漱石『それから』諸家の考察に触れいつつ （宮田一生）「国語教育攷（兵庫教育大学）」 6（長谷川孝士先生ご退官記念）1990.8
- ◇自然という名の<相対>と<絶対>—「道草」のキャラクターたち （重松泰雄）「叙説」 2 1990.8
- ◇大正3年夏の病院グラフィティ—節・猪之吉・より江・漱石・白蓮 （石田忠彦）「叙説」 2 1990.8
- ◇東京・<集まり>の人々—『三四郎』論ノート(2) （海老井英次）「叙説」 2 1990.8
- ◇「手紙」と近代文学—漱石と直哉、そして太宰にみる2、3の事例 （鈴木敬司）「日本語学」 9（8）1990.8
- ◇夏目漱石文献目録・略年譜 （熊坂敦子、西田りか）「国文学解釈と鑑賞」 55（9）1990.9
- ◇「三四郎」文献書誌(2) （村田好哉）「大阪産業大学論集 人文科学編」 70 1990.9
- ◇荷風と漱石—文明批評覚書(2) （菅原実）「解釈」 36（9）1990.9
- ◇「道草」への前提 （内田道雄）「古典と現代」 58 1990.9
- ◇漱石とM.ノルダウ『退化論』 （藤尾健剛）「香川大学国文研究」 15 1990.9
- ◇夏目漱石文学にみる男と女<特集> 「国文学 解釈と鑑賞」 55（9）1990.9
- ◇夏目漱石と進化論 （倉本孟）「桜井女子短期大学紀要」 12 1990.9
- ◇『野分』論—道也をめぐって （藤堂尚夫）「イミタチオ」 15 1990.10
- ◇「坊っちゃん」—モチーフと方法 （秋山公男）「愛知大学文学論叢」 95 1990.10
- ◇漱石のことば・ノート—「余りだわ」「随分ね」「よくってよ、知らないわ」 （大野淳一）「国語と国文学」 67（10）1990.10
- ◇「永日小品」をどう読むか—<漱石的主題>の一側面をめぐって （佐藤泰正）「国文学研究（早稲田大学国文学会）」 102 1990.10
- ◇『草枕』について—「幻境」との往還 （竹盛天雄）「国文学研究（早稲田大学国文学会）」 102 1990.10
- ◇「坊つちゃん」の中の子どもの領分 （井上寿彦）「東海学園国語国文」 38 1990.10
- ◇「心」論—<作品化>への意志 （関谷由美子）「日本近代文学」 43 1990.10
- ◇『吾輩は猫である』の世界 （荻原桂子）「日本文芸研究（関西学院大学）」 42（3）1990.10
- ◇漱石『虞美人草』の構想と人間像 （戸田由美）「日本文芸研究（関西学院大学）」 42（3）1990.10
- ◇『吾輩は猫である』の世界 （荻原桂子）「日本文芸研究」 42（3）1990.10
- ◇わたしの作品研究(10)夏目漱石作『吾輩は猫である1』 （安良岡康作）「下伊那教育」 167 1990.11
- ◇「明暗」と「高慢と偏見」 （越川正三）「関西大学文学論集」 40（1）1990.11
- ◇『それから』再論 （奥野政元）「近代文学論集（日本近代文学会）」 16 1990.11
- ◇「夢十夜」のテキスト （中原豊）「国語と教育（長崎大学）」 15 1990.11
- ◇「坊っちゃん」論—語り手の視点から （楢原絵里子）「就実語文」 11 1990.11
- ◇夏目漱石『それから』論（上）「倦怠」と「自然」の係わりをめぐって （松尾直昭）「就実語文」 11 1990.11
- ◇漱石の「カーライル蔵書目録」考 （大森一彦）「書誌索引展望」 14（4）1990.11
- ◇知識人指導者としての夏目漱石—漱石の社会観と教育観 （森口兼二）「神戸女子大学紀要」 24L（文学部教育篇）1990.11
- ◇「道草」論—他者との「断絶」の底にある「愛」の讃歌（近代文学における<他者>と<天皇制>（2）<特集>） （小沢勝美）「日本文学」 39（11）1990.11
- ◇良寛和尚と夏目漱石（特集(2)経営者・企業人から見た良寛） （飯田利行）「良寛」 18 1990.11
- ◇〔夏目漱石作〕『三四郎』文献書誌(1) （村田好哉）「産業研究所所報（大阪産業大学）」 13 1990.11
- ◇夏目漱石参考文献目録 （山本勝正）「国語国文学誌（広島女学院大学）」 20 1990.12
- ◇近代化と「家」—花袋・鷗外・漱石の場合 （山田輝彦）「九州女子大学紀要 人文・社会科学編」 26（1）1990.12
- ◇夏目漱石の俳句と小説—「菫」のゆくえ （斉藤英雄）「九州大谷研究紀要（九州大谷短期大学）」 17（開学20周年記念号）1990.12
- ◇夏目漱石とT.カーライル(1)「吾輩ハ猫デアル」をめぐって （古田芳江）「広島女子商短期大学紀要」 創刊号 1990.12
- ◇夢のテクスト—『夢十夜』第一夜を読む （真杉秀樹）「三省堂国語教育」 2 1990.12
- ◇『野分』論—周作をめぐって(1) （藤堂尚夫）「仁愛国文」 8（坂本政親教授退任記念）1990.12
- ◇『門』論 （石川正一）「星稜論苑（星稜女子短期大学）」 11 1990.12
- ◇「吾輩は猫である」論—語り手をめぐって （有光隆司）「清泉女子大学紀要」 38 1990.12
- ◇漱石と古白の周縁 （一条孝夫）「帝塚山学院短期大学研究年報」 38 1990.12
- ◇『門』の文体論的考察 （宮沢健太郎）「白百合女子大学研究紀要」 26 1990.12
- ◇方法としての狂気—「行人」試論 （清水孝純）「文学論輯」 36 1990.12
- ◇夏目漱石はアメリカ女性の訪問をなぜ断ったのだろうか（スピーチのたね） 「文芸春秋」 68（14）1990.12 臨増（日本およまえは何ものか？）
- ◇婆子（ばす）焼庵—「草枕」或いは「こゝろ」 （加藤二郎）「宇都宮大学教養部研究報告 第1部」 23 1990.12
- ◇「三四郎」一面—<美弥子>をめぐる試論 （蒲生芳郎）「キリスト教文化研究所研究年報」 25 1991
- ◇漱石の東京—「それから」を中心に （武田勝彦）「教養諸学研究（早稲田大学政治経済学部教養諸学研究会）」 90 1991
- ◇漱石・老舎・倫敦(1) （高木文雄）「金城学院大学論集」 142 1991
- ◇漱石・老舎・倫敦(2) （高木文雄）「金城学院大学論集」 147 1991
- ◇漱石とラファエル前派—「草枕」におけるオフェリア像を中心に （松村昌家）「甲南大学紀要 文学編」 81 1991

◇三四郎の苦悶　(中本友文)「高知大学学術研究報告　人文科学」40　1991
◇明治23年, 箱根の夏目漱石─「函山雑詠」をめぐって　(岡三郎)「青山学院大学文学部紀要」33　1991
◇日本近代文学の中の「世紀末」(1)「うたかたの記」と「草枕」　(滝田夏樹)「東洋大学紀要　教養課程篇」30　1991
◇初期漱石における〈語り〉の問題─方法としての〈余〉を軸として　(佐藤泰也)「日本文学研究(梅光女学院大学日本文学会)」27　1991
◇ドストエフスキー・漱石・サリンジャー─J.D.サリンジャー論序説　(金山秋男)「明治大学人文科学研究所紀要」29　1991
◇「行人」異見　(佐々木充)「千葉大学教育学部研究紀要」39(第1部)　1991
◇漱石作品における女性像(2)　(柴田奈美)「岡山県立短期大学研究紀要」34　1991.3
◇「草枕」と「草枕絵巻」と　(加藤富一)「紀要(名古屋女子大学)」37　1991.3
◇「夢十夜」第1夜の〈女と男〉のエクリチュール─漱石のテクストにおける赤と黒と白　(篠原昌彦)「駒沢大学苫小牧短期大学紀要」23　1991.3
◇「道草」小考─その比喩　(赤井恵子)「熊本短大論集」41(3)　1991.3
◇漱石作品における女性像(2)　(柴田奈美)「研究紀要(岡山県立短期大学)」34　1991.3
◇「明暗」覚え書─〈幽霊〉〈黒〉〈水〉　(中原豊)「山口国文(山口大学)」14　1991.3
◇「明暗」覚書　(金戸清昂)「山口国文(山口大学)」14　1991.3
◇「明暗」─小林に関する一考察　(久保教子)「山口国文(山口大学)」14　1991.3
◇「明暗」論覚え書2,3　(水本精一郎)「山口国文(山口大学)」14　1991.3
◇森鷗外の身長(笑わぬでもなし(216))　(山本夏彦)「諸君！」23(3)　1991.3
◇夏目漱石『明暗』論─お延像と技巧をめぐり　(申賢周)「湘南文学(東海大学)」25　1991.3
◇「行人」─自己認識の徹底　(中村完)「成城短期大学紀要」22　1991.3
◇「夢十夜」─夢幻について　(久保田芳太郎)「東横国文学(東横学園女子短期大学)」23　1991.3
◇「彼岸過迄」─その関係性の物語　(中村直子)「東京女子大学紀要論集」41(2)　1991.3
◇漱石小論─『こころ』をめぐる二三の覚書　(楊壁慈)「二松(二松学舎大学大学院)」5　1991.3
◇夏目漱石の恋(4)『饗宴』の構造　(沢英彦)「日本文学研究(高知日本文学研究会)」28　1991.4
◇羨望と差異化(特集・羨望と嫉妬の研究)　(織田年和)「思想の科学」477　1991.5
◇漱石文学に表れたコケットリー(特集・羨望と嫉妬の研究)　(伊藤美緒)「思想の科学」477　1991.5
◇漱石と目黒　(野口里井)「目黒区郷土研究」436　1991.5
◇「夢十夜」の時間・試論　(中原豊)「語文研究」71　1991.6
◇漱石の俳句─「夢」の変容　(中村完)「成城文芸」135　1991.6
◇「坑夫」私論　(加藤富一)「文学研究(日本文学研究会)」73　1991.6
◇夏目漱石参考文献目録(2)　(山本勝正)「広島女学院大学日本文学」創刊号　1991.7
◇俳句が語る技術歳時記(2)漱石と花火　(本山卓彦)「はぐるま」421　1991.7
◇ハーンと夏目漱石(小泉八雲を読む─比較文学的考察に基づいて─Part II-〈特集〉)　(佐藤茂樹)「ビブリオ」17　1991.7
◇漱石と19世紀英文学(3)　(阿部幸子)「岡山大学教育学部研究集録」87　1991.7
◇「野分」論─周作をめぐって(2)　(藤堂尚夫)「金沢大学語学・文学研究」20　1991.7
◇「こゝろ」─遅れとしての出来事　(木村敦英)「国文学踏査(大正大学)」16　1991.7
◇漱石『こころ』雑感　(山崎行雄)「磁界」創刊号　1991.7
◇漱石文学の比喩表現におけるイメージ研究─夢・絵画・幽霊　(楊鷹雅)「城西人文研究」19(1)　1991.7
◇夏目漱石の胃病とその文学─修善寺の大患を中心として　(高橋正夫)「日本医史学雑誌」37(3)　1991.7
◇漱石作品における女性像(3)　(柴田奈美)「岡山県立短期大学研究紀要」35　1991.8
◇森田草平と夏目漱石(1)　(原克孝)「郷土史巡礼(阿智史学会)」234　1991.8
◇漱石作品における女性像(3)　(柴田奈美)「研究紀要(岡山県立短期大学)」35　1991.8
◇「漱石『こゝろ』論」への一考察─「明治の精神」(1)　(宮田一生)「国語教育攷(兵庫教育大学)」7　1991.8
◇夏目漱石とその軌跡(2)ロンドン留学時代　(原武哲)「叙説」4　1991.8

◇漱石の西郷隆盛観─開化論の一齣　(石井和夫)「叙説」4　1991.8
◇漱石とその時代　第3部(7,8)　(江藤淳)「新潮」88(8,9)　1991.8,9
◇「趣味の遺伝」における「マクベス」と漱石の「自己本位」　(久泉伸世)「専修人文論集」48　1991.8
◇夏目漱石の『明暗』　(吉田裕江)「虹鱒」終刊号　1991.8
◇小説の中の語り手「私」(3)「坊つちやん」　(小田島本有)「北聚」6　1991.8
◇近代文学の周辺(8)「鬱勃とした革命精神」藤村　漱石　啄木　(伊豆利彦)「民主文学」309　1991.8
◇夏目漱石作中人物事典(近代文学作中人物事典)　(石井和夫)「國文學　解釈と教材の研究」36(11)　臨増　1991.9
◇森田草平と夏目漱石(2)　(原克孝)「郷土史巡礼(阿智史学会)」235　1991.9
◇「彼岸過迄」─言葉と意識　(中村完)「成城文芸」136　1991.9
◇出口保夫『ロンドンの夏目漱石』(著者インタビュー)　(出口保夫)「潮」390　1991.9
◇『こゝろ』のいわゆる「御嬢さん策略家説」再考　(伊佐山潤子)「文献探究」28　1991.9
◇モームと漱石　(西脇克明)「The Albion」37　1991.10
◇森田草平と夏目漱石(3)　(原克孝)「郷土史巡礼(阿智史学会)」237　1991.10
◇「行人」覚え書─則天去私への道　(八木良夫)「甲子園短期大学紀要」10(学院創立50周年記念論文集)　1991.10
◇「行人」─主題と構成のアナロジー　(佐藤泉)「国文学研究(早稲田大学国文学会)」105　1991.10
◇「三四郎」の語り手と作者─アイロニーからの脱出　(松元季久代)「日本近代文学」45　1991.10
◇日露戦後の「坊っちゃん」(窓外雨雀々(10))　(関川夏央)「文学界」45(11)　1991.10
◇漱石の〈感覚〉表現について─『永日小品』を中心に　(朴裕河)「文芸と批評」7(4)　1991.10
◇末期の音─死後の世界は「天上の音楽」に満ちている？(臨死体験(3))　(立花隆)「文芸春秋」69(11)　1991.10
◇漱石と大阪　(草刈丈)「まんだ」44　1991.11
◇夏目漱石と大分　(山田繁伸)「解釈学(解釈学事務局)」6　1991.11
◇我が子という精神分析者─『夢十夜』第3夜のテクスト・クリティーク　(真杉秀樹)「解釈学(解釈学事務局)」6　1991.11
◇漱石の講演について─職業・中味・道徳　(石川正一)「金沢経済大学論集」25(2)　1991.11
◇「矛盾」を虚構する─漱石の「近代」　(渡辺広士)「群像」46(11)　1991.11
◇『こゝろ』─「語り」の構造をめぐって　(小林美鈴)「芸術至上主義文芸」17　1991.11
◇『草枕』ノート「非人情」の行方　(島崎市誠)「芸術至上主義文芸」17　1991.11
◇『それから』〈第十六章〉往還(上)〈鈍感〉と〈欺瞞〉の深層から　(福本彰)「就実語文」12　1991.11
◇夏目漱石『それから』論─逃げる代助　(松尾直昭)「就実語文」12　1991.11
◇虚子と漱石　(松井利彦)「東海学園国語国文(東海学園女子短期大学)」40　1991.11
◇ある「手紙」の行方─回復期の漱石　(山田能子)「日本文芸学」28　1991.11
◇「夢十夜」論(上)統一的なテーマ, モチーフ, イメージと, 漱石の生涯の主題　(仲秀和)「日本文芸学」28　1991.11
◇「永日小品」「猫の墓」漱石自筆原稿(影印と解説)　(宮内博子)「百舌鳥国文(大阪女子大学大学院)」11　1991.11
◇「三四郎」論─「迷羊」をめぐって　(小田島本有)「釧路工業高等専門学校紀要」25　1991.12
◇夏目漱石と良寛(1)共同研究『良寛詩集全釈』へのアプローチ　(斎藤雨二)「群馬女子短期大学紀要」18　1991.12
◇君, 不二山を翻訳して見た事がありますか─漱石『三四郎』小論　(戸田由美)「研究紀要(西南女学院短期大学)」38　1991.12
◇夏目漱石とT.カーライル(2)「吾輩ハ猫デアル」をめぐって　(古田芳江)「広島女子商短期大学紀要」2(1)　1991.12
◇夏目漱石の東京　(酒井英行)「文学」36(15)　臨増(近代文学東京地図)　1991.12
◇『こゝろ』ってなあに(討論)　(小菅健一, 東典幸, 榎本隆之, 原仁司, 畑中基紀〔司会〕, 和田敦彦, 高見研一, 十重田裕一, 篠崎美生子, 寺田健一, 佐々木雅発)「繍」4　1991.12
◇『こゝろ』─先生の遺書　(佐々木雅発)「繍」4　1991.12
◇『こゝろ』論─二つの記憶をめぐる物語　(寺田健一)「繍」4　1991.12
◇夏目漱石『虞美人草』論─「道義」と「真面目」との対立が意味するもの　(硲香文)「叙説(奈良女子大学)」18　1991.12
◇百年たっても男は男　(江国滋)「図書」510　1991.12
◇漱石と子規─「夢十夜」の「第二夜」を中心に　(柴田奈美)「岡山

◇県立短期大学紀要」 37 1992
◇「平凡」と「坊ちゃん」の主人公—二葉亭と漱石の共通項を見る （朱一星）「京都外国語大学研究論叢」 40 1992
◇漱石の東京—「こゝろ」を中心に （武田勝彦）「教養諸学研究(早稲田大学政治経済学部教養諸学研究会)」 99 1992
◇漱石の東京—「門」を中心に （武田勝彦）「教養諸学研究(早稲田大学政治経済学部教養諸学研究会)」 91 1992
◇漱石とスウィンバーン—『薤露行』の「夢」をめぐって （飛ケ谷美穂子）「芸文研究」 60 1992
◇「心」の仏訳語をめぐって—〈Anthologie de nouvelles japonaises contemporaines〉から （白井浩雄）「言語文化論集(名古屋大学言語文化部)」 14(1) 1992
◇英訳方丈記—漱石、ディクソン、そして熊楠 （森川隆司）「工学院大学共通課程研究論叢」 30 1992
◇風土と人間形成—「自己主張する」西洋と「自己主張しない」東洋の統合の手がかりを夏目漱石に求めて （野里房代）「青山学院大学一般教育部会論集」 33 1992
◇小説挿絵のたのしみ—漱石『三四郎』から荷風『〔ボク〕東綺譚』へ （講演）（芳賀徹）「専門図書館」 140 1992
◇「道草」論(2)健三・お住の折り合いを中心に （渡辺澄子）「大東文化大学紀要 人文科学」 30 1992
◇〈小説〉の実験—その展開と変容—漱石・芥川・太宰にふれつつ （佐藤泰正）「日本文学研究(梅光女学院大学日本文学会)」 28 1992
◇「硝子戸の中」論—〈時〉をめぐって （姜熙鈴）「日本文学研究(梅光女学院大学日本文学会)」 28 1992
◇漱石とベルクソン（大正生命主義—隠蔽された可能性〈特集〉） （石崎等）「文芸」 31(3) 1992
◇「近代文学」から見た「螢」の諸相(1)村上春樹「螢」と夏目漱石「こころ」 （渥見秀夫）「愛媛国文研究」 42 1992
◇漱石と皆川正禧—The Shaving of Shagpatの翻訳出版まで （田村道美）「英学史研究」 25 1992
◇「明暗」における愛の構造 （王志松）「広島大学教育学部紀要 第2部」 41 1992
◇漱石の小品「手紙」について （八木恵子）「埼玉大学紀要 人文科学編」 41 1992
◇漱石の病跡(3) （塚本嘉寿）「埼玉大学紀要 人文科学編」 41 1992
◇「道草」評釈—〈幼時の記憶〉をめぐって （佐々木雅発）「早稲田大学大学院文学研究科紀要 文学・芸術学編」 38 1992
◇"風流"の人—漱石 （深津胤房）「二松学舎東洋学研究所集刊」 23 1992
◇「草枕」の底流—メレディスの詩句をめぐって （飛ケ谷美穂子）「比較文学」 35 1992
◇夏目漱石における「身体」と他者(生命観の論理と構造—生と死の意味探究) （清水正之）「論集(三重大学人文学部哲学・思想学系、三重大学教育学部哲学・倫理学教室〔編〕)」 7 1992
◇『行人』論—変容する語り （東浦賢治）「近代文学雑誌(兵庫教育大学)」 3 1992.1
◇漱石と豊一郎・弥生子—Pride and Prejudiceをめぐって （田村道美）「香川大学教育学部研究報告 第1部」 84 1992.1
◇罪の子との〈共生〉—「門」再議 （重松泰雄）「叙説」 5 1992.1
◇漱石と狂気 （清水孝純）「叙説」 5 1992.1
◇夏目漱石の比喩論 （楊麗雅）「城西人文研究」 19(2) 1992.1
◇漱石の「資格」 （江国滋）「図書」 511 1992.1
◇「三四郎」・叙述の視点 （戸松泉）「日本文学」 41(1) 1992.1
◇小説の中の語り手「私」(4)『草枕』 （小田島本有）「北聚」 7 1992.1
◇「猫」の群像 （谷口巌）「愛知教育大学研究報告 人文科学」 41 1992.2
◇『吾輩は猫である』を読みながら （岡保生）「学苑」 628 1992.2
◇「草枕」に関する一つの徒言 （片岡懋）「駒沢国文」 29 1992.2
◇「三四郎」の群像—視線のアポリア （清水康次）「国語国文」 61(2) 1992.2
◇「三四郎」の世界(上)罪を犯す者達の前光景 （中井康行）「城南国文(大阪城南女子短期大学)」 12 1992.2
◇「夢十夜」の叙法—統一読者の想像力ということ （山崎甲一）「文学論藻」 66 1992.2
◇漱石晩年の漢詩について （角田旅人）「いわき明星文学・語学」 1 1992.3
◇「漾虚集」の基層 （秋山公男）「愛知大学文学論叢」 99 1992.3
◇漱石と現代(最終講義)(伊豆利彦教授退官記念号) （伊豆利彦）「横浜市立大学論叢 人文科学系列」 43(1) 1992.3
◇漱石論のアンソロジー—近代文学瞥見 （石原千秋）「海燕」 11(3) 1992.3
◇物語の〈部屋〉—「行人」と「こゝろ」をめぐって （宇佐美毅）「学芸国語文学」 24 1992.3
◇グラスゴウ大学日本語試験委員・夏目漱石(上〜下) （加藤詔士）「学鐙」 89(3〜5) 1992.3〜5
◇漱石の前期3作について （白石一美, 潘勤）「宮崎大学教育学部紀要 人文科学」 71 1992.3
◇漱石と儒教—作家以前の時代を中心に （水川隆夫）「研究紀要(京都女子大学宗教・文化研究所〔編〕)」 5 1992.3
◇夏目漱石『こゝろ』について考える(1) （松本洋二）「研究紀要(広島市立高等学校)」 17 1992.3
◇夏目漱石『それから』の「自然」 （武田充啓）「研究紀要(奈良工業高等専門学校)」 27 1992.3
◇危機をはらむ岡田夫婦—漱石『行人』・「友達」の章をめぐって （浅田隆）「枯野」 9 1992.3
◇「三四郎」論覚書—美弥子のこと （加藤則夫）「枯野」 9 1992.3
◇生成するイメージ—「三四郎」の〈待つ〉をめぐって （笹谷博子）「国語国文 薩摩路」 36 1992.3
◇『行人』論—長野二郎 （井上教）「新樹(梅光女学院大学大学院)」 7 1992.3
◇「道草」論—方法としての自伝性 （姜熙鈴）「新樹(梅光女学院大学大学院)」 7 1992.3
◇漱石とその時代 第3部(9,10) （江藤淳）「新潮」 89(3,4) 1992.3,4
◇「こゝろ」論 （坂本育雄）「鶴見大学紀要 第1部 国語国文学編」 29 1992.3
◇持続する結末—『明暗』と『続明暗』との間 （石原千秋）「東横国文学」 24 1992.3
◇『彼岸過迄』—性のアイデンティティについて （久保田芳太郎）「東横国文学」 24 1992.3
◇「行人」論(上)関係性の物語 （中村直子）「東京女子大学紀要論集」 42(2) 1992.3
◇「それから」論—2つの「悪戯」を視座として （海老井英次）「文学論輯」 37 1992.3
◇笑いのユートピア—「吾輩は猫である」初編・続編の世界 （清水孝純）「文学論輯」 37 1992.3
◇「夢十夜」論 （加藤富一）「名古屋女子大学紀要 人文・社会編」 38 1992.3
◇「こゝろ」に関する一小見—芥川への影響を中心に （平井尚志）「論輯(駒沢大学大学院)」 20 1992.3
◇夏目漱石〈特集〉「言語と文芸」 108 1992.4
◇夏目漱石「吾輩は猫である」(明治長編小説事典〈特集〉) （渡辺澄子）「国文学解釈と鑑賞」 57(4) 1992.4
◇夏目漱石の恋(5)『饗宴』の構造 （沢英彦）「日本文学研究(高知日本文学研究会)」 29 1992.4
◇「行人」における一郎の苦悩 （水野康代）「日本文芸研究」 44(1) 1992.4
◇夏目漱石研究はどこまで来たか （石井和夫）「國文學 解釈と教材の研究」 37(5) 1992.5
◇漱石論(柄谷行人&高橋源一郎) （柄谷行人）「群像」 47(6 臨増) 1992.5
◇漱石型と鷗外型 （横田真人）「原型」 31(5)（創刊三十周年記念) 1992.5
◇漱石論の地平を拓くもの—いま作品を読む 「國文學 解釈と教材の研究」 37(5) 1992.5
◇漱石とその時代 第3部(11〜13) （江藤淳）「新潮」 89(5〜7) 1992.5〜7
◇「行人」論—「次男」であること，「子供」であること （飯田祐子）「日本近代文学」 46 1992.5
◇『彼岸過迄』—漱石と門下生 （藤尾健剛）「日本近代文学」 46 1992.5
◇変容する聴き手—「彼岸過迄」の敬太郎 （工藤京子）「日本近代文学」 46 1992.5
◇漱石「夢十夜」を読む(1) （小田良弼）「国語国文」 61(6) 1992.6
◇「漾虚集」管見 （堀井哲夫）「女子大国文」 111 1992.6
◇矛盾のままの統一体 （三木卓）「図書」 516 1992.6
◇英国のここがかなわない—イギリスびいきについての覚え書(特集・英国の知恵を見直す) （小池滋）「中央公論」 107(6) 1992.6
◇「こゝろ」論—漱石と「明治の精神」 （岩佐厚太郎）「文化評論」 377 1992.6
◇漱石, 影の認識と表白—『虞美人草』のモチーフと幻としての藤尾 （本田憲代）「琰珞(実践女子大学)」 2 1992.6
◇〔夏目〕漱石参考文献目録の現在・雑感 （坂敏弘）「解釈」 38(7) 1992.7
◇夏目漱石参考文献目録III （山本勝正）「広島女学院大学日本文学」 2 1992.7
◇アフラ・ベイン作『オルノーコ』と漱石 （宮沢てつ子）「ビブリア」 19 1992.7
◇「漾虚集」—美の構造と方法 （秋山公男）「愛知大学文学論叢」 100 1992.7
◇理科教育の鍵概念「自然」に関する資料—漱石「道草」・「こころ」に見る自然 （川崎謙〔他〕）「岡山大学教育学部研究集録」 90 1992.7
◇「坊つちゃん」の重層的構造—漱石文学における不気味なるもの （藤中正義）「岡山大学文学部紀要」 17 1992.7
◇現代の漱石たち—近代文学瞥見 （石原千秋）「海燕」 11(7) 1992.7
◇夏目漱石のイギリス体験 （高橋ひさ子）「研究紀要(育英短期大

学)」10 1992.7
◇「自己本位」のこと―漱石,和辻,鷗外 (村松剛)「新潮」89(7) 1992.7
◇「三四郎」考―美弥子の実像 (金正勲)「日本文芸研究」44(2) 1992.7
◇作家の手紙(2)夏目漱石 (青木正美)「彷書月刊」8(7) 1992.7
◇「ガリヴァー旅行記」の読み方―漱石「文学評論」をふまえて (渡辺邦男)「英語青年」138(5) 1992.8
◇漱石と子規―『夢十夜』の「第2夜」を中心に (柴田奈美)「研究紀要(岡山県立短期大学)」37 1992.8
◇漱石とその時代 第3部(14～16) (江藤淳)「新潮」89(8～10) 1992.8～10
◇漱石と旅して (駒場一博)「歴史と文化」創刊号 1992.8
◇「三四郎」文献書誌(5)〈資料〉 (村田好哉)「大阪産業大学論集 人文科学編」77 1992.9
◇宮沢賢治と近代の表現者たち―夏目漱石―浩々洞、オストワルド、ジェイムズなど〈宮沢賢治―脱＝領域の使者〈特集〉〉 (栗原敦)「國文學 解釈と教材の研究」37(10) 1992.9
◇漱石を読む〈特集〉「新潮」89(9) 1992.9
◇「草枕の硯」 (奥本大三郎)「図書」519 1992.9
◇漱石の『ハムレット』研究と「仮対法」 (久泉伸世)「専修人文論集」50 1992.9
◇346―華やぐ数詞―漱石の小説の情報論的パラダイム開示のために〈フォルム∞イデオロギー〈特集〉〉 (芳川泰久)「早稲田文学〈第8次〉」196 1992.9
◇夏目漱石『夢十夜』「第一夜」の文芸構造―『夢十夜』考 その1 (今西幹一)「日本文芸研究(関西学院大学)」日本文学科開設五十周年記念号 1992.9
◇二つの我が我を―津田とお延 (鳥井正晴)「日本文芸研究(関西学院大学)」日本文学科開設五十周年記念号 1992.9
◇漱石「それから」論―代助と三千代の関係についての一考察 (山本勝正)「日本文芸研究(関西学院大学)」日本文学科開設五十周年記念号 1992.9
◇漱石『門』覚書 (仲秀和)「日本文芸研究(関西学院大学)」日本文学科開設五十周年記念号 1992.9
◇漱石と子規『夢十夜』の「第六夜」を中心に (柴田奈美)「俳句文学館紀要」7 1992.9
◇『それから』の「ワルキイル」 (伊佐山潤子)「文献探究」30 1992.9
◇漱石の主題 (石川ее一)「金沢経済大学論集」26(1・2) 1992.10
◇「草枕」―霊の感応と非人情 (秋山公男)「国語と国文学」69(10) 1992.10
◇漱石の芸術観 (楠康子)「二松学舎大学人文論叢」49 1992.10
◇漱石の言葉―「私の個人主義」より (森進一)「日本及日本人」1608 1992.10
◇「草枕」―朧の美学 (秋山公男)「日本近代文学」47 1992.10
◇漱石「こゝろ」の生成〈特集〉「文学」3(4) 1992.10
◇近代日本における知の悲劇―夏目漱石序説・「門」を中心として (山口博)「かながわ高校国語の研究」28 1992.11
◇漱石と物理学者ファラデー (小山慶太)「学鐙」89(11) 1992.11
◇猫の視点・飼い主の視点―夏目漱石と柄谷行人 (江頭誠悟)「群系」5 1992.11
◇夏目漱石『行人』―その全体像 (稲垣政行)「稿本近代文学」17 1992.11
◇森鷗外と夏目漱石〈森鷗外の世界〈特集〉〉 (山崎一穎)「国文学解釈と鑑賞」57(11) 1992.11
◇「三四郎」論序説―美禰子の〈愛〉・広田の〈夢〉 (片岡豊)「作新学院大学短期大学紀要」16 1992.11
◇漱石の生涯の主題―『夢十夜』論(下) (仲秀和)「樟蔭女子短期大学紀要文化研究」6 1992.11
◇漱石とその時代 第3部(17,18) (江藤淳)「新潮」89(11,12) 1992.11,12
◇高等教育の中の男たち―「こゝろ」論―〈男性〉という制度―近代日本文学のなかの男性像〈特集〉 (石原千秋)「日本文学」41(11) 1992.11
◇漱石文芸の世界―「草枕」の実験を中心に (佐藤泰正)「日本文芸学」29 1992.11
◇漱石文芸の世界 (佐藤泰正)「日本文芸学(日本文芸学会)」29 1992.11
◇漱石と「キリクランキーの狭間」―J.M.ディクソンを通して (塚本利明)「英語青年」138(9) 1992.12
◇「理系との遭遇」で漱石は文豪に〈特集・理系の逆襲！〉 (飯沼和正)「科学朝日」52(13) 1992.12
◇「日本近代文学の起源」の視角について―第1次,第2次「漱石試論」との相関(1) (向窪督)「近代文学試論」30 1992.12
◇漱石・鷗外と〈筑後〉を中心に (斎藤英雄)「九州大谷研究紀要(九州大谷短期大学)」19 1992.12
◇軍人未亡人の沈黙―『こゝろ』試論 (小田島本有)「釧路工業高等専門学校紀要」26 1992.12

◇夏目漱石とT.カーライル(3)「吾輩ハ猫デアル」をめぐって (古田芳江)「広島女子商短期大学紀要」3 1992.12
◇夏目漱石文学主脈新研究 (李国棟)「広島大学文学部紀要」52(特輯号3) 1992.12
◇漱石「夢十夜」を読む(2) (小田良弼)「国語国文」61(12) 1992.12
◇漱石とその時代―第三部(18) (江藤淳)「新潮」89(12) 1992.12
◇『道草』の話題 (石川正一)「星稜論苑(星稜女子短期大学)」15(学園創立60周年記念論文集) 1992.12
◇アーバン・ゴシックとしての『彼岸過迄』―漱石覚書き(4) (薗田美和子)「文学研究」19 1992.12
◇一郎とスピリチュアリズム―『行人』一面 (一柳広孝)「名古屋近代文学研究(名古屋近代文学研究会)」10 1992.12
◇漱石の東京―「三四郎」を中心に(1) (武田勝彦)「教養諸学研究(早稲田大学政治経済学部教養諸学研究会)」94 1993
◇「宮」さんのおてがら―「坊っちゃん」の誤植「バッタだらうが雪踏(せった)だらうが」についての覚え書き (山下浩)「言語文化論集(筑波大学現代語・現代文化学系)」37 1993
◇「哲学(会)雑誌」の周辺―漱石をめぐって (大塚達也)「語学文学」31 1993
◇漱石の「文学論」―その追加の意味 (王志松)「広島大学教育学部紀要 第2部」42 1993
◇「心」―遺書と夢の場 (八木恵子)「埼玉大学紀要 人文科学編」42 1993
◇漱石の認識論 (渡部清)「哲学科紀要(上智大学哲学科)」19 1993
◇漱石「心」から「道草」へ―〈男性の言説〉と〈女性の言説〉・序説 (小泉浩一郎)「東海大学紀要 文学部」60 1993
◇日本近代文学の中の「世紀末」(2)初期漱石作品とラファエル前派―女たちの物語 (滝田樹樹)「東洋女学紀要 教養課程篇」32 1993
◇夏目漱石『道草』論 (山尾仁子)「奈良女子大学文学部研究年報」37 1993
◇「こゝろ」をどう読むか―テクスト論的解読へのひとつの問い (佐藤泰正)「日本文学研究(梅光女学院大学日本文学会)」29 1993
◇夏目漱石「こころ」について (大社淑子)「比較文学年誌」29 1993
◇吾輩は"We"である―「猫」に於ける語り手と読者 (安藤文人)「比較文学年誌」29 1993
◇果物の文学誌(1)夏目漱石「三四郎」に黎明期の果物をみる (塚谷裕一)「科学朝日」53(1) 1993.1
◇〈対談〉漱石と現代 (小島信夫)「海燕」12(1) 1993.1
◇漱石とカーライル博士号辞退―その思想的,社会的背景をめぐって (中山恵津子)「関西外国語大学研究論集」57 1993.1
◇漱石とゲーテ (三木正之)「関西外国語大学研究論集」57 1993.1
◇『彼岸過迄』における「語り」の構造―『こゝろ』への道程 (小林美鈴)「芸術至上主義文芸」18 1993.1
◇『門』試論―宗助の帰る場所 (島崎市誠)「芸術至上主義文芸」18 1993.1
◇〈罪〉の揺曳・〈信頼〉のゆらぎ―夏目漱石「門」に於ける〈信〉の世界 (海老井英次)「叙説」7 1993.1
◇「こころ」の円の様式 (石井和夫)「叙説」7 1993.1
◇此岸にして彼岸へ―『行人』一郎の苦闘 (清水孝純)「叙説」7 1993.1
◇メンデルの遺伝法則と夏目漱石 (塚谷裕一)「図書」523 1993.1
◇日本の近代とアジア―「大東亜戦肯定論」と夏目漱石・武田泰淳〈アジアという視座〈特集〉〉 (伊豆利彦)「日本文学」42(1) 1993.1
◇「猫」の群像―続―主要登場人名称考 (谷口厳)「愛知教育大学研究報告 人文科学」42 1993.2
◇中島敦と夏目漱石「牛人」と「夢十夜」(第三夜)の比較を通して (越智良二)「愛媛大学教育学部紀要 第2部 人文・社会科学」25(2) 1993.2
◇「夢十夜」を読む「批評」第六回 (橘豊)「位置」35 1993.2
◇罪の三角関係―漱石「こゝろ」とホーソーン「ロジャー・メルヴィンの埋葬」 (高橋勤)「英語英文学論叢」43 1993.2
◇「カーライル博物館」の秘密―カーライルの家と漱石の家 (中原章雄)「英語青年」139 1993.2
◇芥川世代になって蜜柑は庶民の果物に〈果物の文学誌(2)〉 (塚谷裕一)「科学朝日」53(2) 1993.2
◇続 漱石先生ぞな,もし(1～4完) (半藤一利)「学鐙」90(2～5) 1993.2～5
◇漱石『三四郎』の世界(下)罪を犯す者達の前光景 (中井康行)「城南国文(大阪城南女子短期大学)」13 1993.2
◇漱石とその時代 第3部(19～24完) (江藤淳)「新潮」90(2～8) 1993.2～8
◇漱石の見たもの・見なかったもの―「満韓ところどころ」の旅・ノート(1) (大野淳一)「武蔵大学人文学会雑誌」24(2・3) 1993.2
◇「三四郎」文献書誌(6～9)〈資料〉 (村田好哉)「大阪産業大学論集 人文科学編」78～80 1993.3,5,9
◇文人学者の留学日記 明治篇(1)鷗外・漱石・矢一の往路の場合 (福

田秀一)」「アジア文化研究」19 1993.3
◇「彼岸過迄」論―苦悩の果てに立ち現われてくるもの (佐藤裕子)「フェリス女学院大学文学部紀要」28 1993.3
◇「明暗」―構想とモチーフ(1,2) (秋山公男)「愛知大学文学論叢」102,104 1993.3,10
◇『彼岸過迄』論―〈見るもの〉と〈見られるもの〉 (入柿徹)「解釈」39(3) 1993.3
◇漱石文学の男性像(1)須永市蔵 (加藤富一)「解釈」39(3) 1993.3
◇〔対談〕夏目漱石の戦争 (柄谷行人,小森陽一)「海燕」12(3) 1993.3
◇『こころ』問題―近代文学瞥見 (木股知史)「海燕」12(3) 1993.3
◇漱石「カーライル博物館」の演説使い (時野谷滋)「関東学院大学国語国文」創刊号 1993.3
◇夏目金之助の厭世―虚空に吊し上げられた生 (上田正行)「金沢大学文学部論集 文学科篇」13 1993.3
◇『明暗』の演劇的空間―力の発掘とイデオロギー上演の場 (赤井恵子)「熊本短大論集」43(2) 1993.3
◇夏目漱石の「クレイグ先生」と魯迅の「藤野先生」(李天送)「言語文化研究」15 1993.3
◇「草枕」論 (小橋孝子)「国語と国文学」70(3) 1993.3
◇漱石「夢十夜」を読む(3〜5) (小田良弼)「国語国文」62(3,9,11) 1993.3,9,11
◇「道草」(中村完)「国文学ノート(成城短期大学)」30 1993.3
◇漱石の風呂 (加藤豊子)「山梨県立女子短期大学紀要」26 1993.3
◇代助の「それから」―夏目漱石「それから」論ノート (島村輝)「女子美術大学紀要」23 1993.3
◇『硝子戸の中』論のために (羽田澄代)「湘南文学(東海大学)」27 1993.3
◇夏目漱石『明暗』論―日記・断片・書簡との関わり(1) (申賢周)「湘南文学(東海大学)」27 1993.3
◇『こゝろ』論―〈先生〉の恋愛 (姜熙鈴)「新樹(梅光女学院大学院)」8 1993.3
◇『明暗』試論―地図からの俯瞰 (金貞淑)「新樹(梅光女学院大学院)」8 1993.3
◇「門」―遠くから襲ってくる風 (川上美那子)「人文学報(東京都立大学人文学会編)」243 1993.3
◇「心」の英訳について (秋山勇造)「人文研究(神奈川大学人文学会編)」115 1993.3
◇イギリス嫌いと文明批評―漱石とイギリス世紀末の遭遇 (度会好一)「成蹊人文研究」創刊号 1993.3
◇夏目漱石の人間関係についての考察 (長岡達也)「聖カタリナ女子短期大学紀要」26 1993.3
◇サリンジャーと漱石における自殺 (辻村英夫)「大阪電気通信大学研究論集 人文・社会科学篇」28 1993.3
◇『草枕』再論―テキストの織物 (上田正行)「島大国文(鈴木亨先生退官記念)」21 1993.3
◇『三四郎』と『明暗』の手紙 (石原千秋)「東横国文学(東横学園女子短期大学)」25 1993.3
◇『明暗』論 (久保田芳太郎)「東横国文学(東横学園女子短期大学)」25 1993.3
◇夏目漱石『三四郎』の低徊家 (武田充啓)「奈良工業高等専門学校研究紀要」28 1993.3
◇「漱石」という〈場〉―近代メディアと言説状況〔含 討論〕(日本文学協会第47回大会報告(シンポジウム)) (小森陽一)「日本文学」42(3) 1993.3
◇漱石文学の愛の構造(6)「夏目漱石の恋」改題 (沢英彦)「日本文学研究(高知日本文学研究会)(西本貞先生追悼特集)」30 1993.3
◇西田幾多郎との対比における夏目漱石〔比較思想学会〕研究例会発表要旨」(屋敷紘一)「比較思想研究」19 1993.3
◇友愛論―夏目漱石・中勘助・中上健次(リレー対談(3)) (富岡多恵子,柄谷行人)「文学界」47(3) 1993.3
◇「彼岸過迄」年立考―「雨の降る日」の位置付けの試論 (海老井英次)「文学論輯」38 1993.3
◇「カーライル博物館」再訪―家,妻,そして「猫」 (中原章雄)「立命館文学」528 1993.3
◇『夢十夜』:「第10夜」と『三四郎』―死とエロスの主題をめぐって (岡本文子)「和洋国文研究(和洋女子大学)」28(鈴木正彦先生古稀記念号) 1993.3
◇漱石先生家賃値上げに腹を立て(テーマエッセイ館 引っ越しは楽し) (半藤一利)「プレジデント」31(4) 1993.4
◇「それから」のイメージ(2)拡散するイメージ (水沢不二夫)「言語と文芸」109 1993.4
◇夏目漱石「幻影の盾」注釈(下) (小川康子)「言語と文芸」109 1993.4
◇夏目漱石『明暗』論―お秀像をめぐり (申賢周)「言語と文芸」109 1993.4
◇夏目漱石「こゝろ」(大正・昭和初期長編小説事典〈特集〉) (木股知史)「国文学解釈と鑑賞」58(4) 1993.4

◇夏目漱石「行人」(大正・昭和初期長編小説事典〈特集〉) (宇佐美毅)「国文学解釈と鑑賞」58(4) 1993.4
◇夏目漱石「明暗」(大正・昭和初期長編小説事典〈特集〉) (石原千秋)「国文学解釈と鑑賞」58(4) 1993.4
◇自然のコケットリーと生命力(特集・「イノセント」の力) (伊藤美緒)「思想の科学」499 1993.4
◇「草枕の硯」後日談 (奥本大三郎)「図書」526 1993.4
◇「彼岸過迄」論 (荻原桂子)「日本文芸研究」45(1) 1993.4
◇文人学者の留学日記 明治篇(2)鷗外,漱石,矢一の現地滞在と帰路の場合 (福田秀一)「人文科学研究(国際基督教大学キリスト教と文化研究所)」25 1993.5
◇「草枕の硯」後日談・承前 (奥本大三郎)「図書」527 1993.5
◇「虞美人草」―甲野・宗近の形象について (木村功)「日本文学」42(5) 1993.5
◇宙に浮くK像への批評―「こゝろ」論ノート (前田角蔵)「日本文学」42(5) 1993.5
◇木下順二(4)漱石 (宮岸泰治)「悲劇喜劇」46(5) 1993.5
◇『門』の家庭小説的傾向についての解釈―宗助の選択における漱石の呈示 (保明陽子)「論輯(駒沢大学大学院)」21 1993.5
◇アン・シャーリーの憂うつ,夢(14)アーサー王伝説とテニスン,そして漱石 (松本侑子)「すばる」15(6) 1993.6
◇北のピアニストと南画の小説家―グレン・グールドと夏目漱石(グレン・グールドの諸相〈特集〉) (Sadako Nguyen)「音楽芸術」51(6) 1993.6
◇「心」―武者小路作品との対比において (中村完)「成城文芸」143 1993.6
◇漱石作品と「身体」の発見(文学とスポーツ〈特集〉) (富田玲子)「体育の科学」43(6) 1993.6
◇聴覚空間の中の〈劇〉―「門」論 (伊ھ藤忠)「日本文学」42(6) 1993.6
◇本のある日々―傷だらけの明治の心 (新藤兼人)「波」27(6) 1993.6
◇夏目漱石著「文鳥」の位置 (中村泰行)「立命館産業社会論集」76 1993.6
◇夏目漱石参考文献目録(4,5) (山本勝正)「広島女学院大学日本文学」3,4 1993.7,94.7
◇『門』論―様々な『門』をめぐって (金貞淑)「キリスト教文学」12 1993.7
◇漱石の見た「近代西洋」 (高橋ひさ子)「育英短期大学研究紀要」11 1993.7
◇理科教育の鍵概念「自然」に関する資料(2)漱石「吾輩は猫である」に見る自然 (川崎謙〔他〕)「岡山大学教育学部研究集録」93 1993.7
◇「漱石先生ぞな,もし」余話(1〜12完) (半藤一利)「学鐙」90(7)〜91(6) 1993.7〜94.6
◇漱石の「我」 (三木正之)「関西外国語大学研究論集」58 1993.7
◇「若菜集」における自然―「草枕」論 (九里順子)「国語国文研究」94 1993.7
◇反噬する〈謎〉―「こゝろ」の構造が語るもの (重松泰雄)「叙説」8 1993.7
◇漱石からの出発―一つの回想 岩波茂雄と岩波書店(1) (久野収)「図書」529 1993.7
◇日常の人―「道草」の世界 (石川正一)「星稜論苑(星稜女子短期大学)」16 1993.7
◇漱石の空間〈特集〉「文学」4(3) 1993.7
◇夏目漱石〈特集〉「文学界」47(7) 1993.7
◇「坑夫」―錯覚する自信 (三木卓)「国語と国文学」70(8) 1993.8
◇漱石と私 (稲垣光俊,田中正,戸村毅,薗田博士,天外絹代)「図書」530 1993.8
◇「草枕」の原風景―峠の茶屋に影を落した鏡花 (村松定孝)「日本古書通信」58(8) 1993.8
◇漱石山房の原稿用紙 (八木福次郎)「日本古書通信」58(8) 1993.8
◇『三四郎』読解―主題とPity's akin to loveの意味 (本田憲代)「琅玕(実践女子大学)」2 1993.8
◇漱石・宗教・進化論―クロージャーへの書き込みの検討 (藤尾健剛)「香川大学国文研究」18 1993.9
◇漱石と私 (玉井庸雄,有馬日出子,松田昭三,服部昭,高尾光秀,古屋平和,大沢幸子)「図書」531 1993.9
◇「こゝろ」試論 (中村直子)「東京女子大学紀要論集」44(1) 1993.9
◇「こゝろ」の悲劇―「先生」や「K」はなぜ死んだか (朴裕河)「日本文学」42(9) 1993.9
◇『彼岸過迄』論―ダンディズムの構造 (関谷由美子)「日本文学」42(9) 1993.9
◇三四郎の〈国〉―作中人物三四郎の一側面 (渡辺拓)「論樹」7 1993.9
◇「漱石先生ぞな,もし」余話 (半藤一利)「学鐙」90(10) 1993.10
◇個人と活字―『三四郎』における文字のドラマトゥルギー(特集・文字と共同体) (小森陽一)「現代思想」21(11) 1993.10

夏目漱石

◇良寛と近・現代文学者たち—夏目漱石と良寛（時空を超えて懐しき人良寛〈特集〉）（伊狩章）「国文学解釈と鑑賞」58(10) 1993.10
▷『坊っちゃん』の用字（半藤一利）「図書」532 1993.10
▷ケーベル先生, ヘクトーのことなど（松平千秋）「図書」532 1993.10
◇えっぽどのこと（出久根達郎）「図書」532 1993.10
▷もう一つの三角関係（山崎哲）「図書」532 1993.10
◇ダイヤグラムを求める夏目先生（小池滋）「図書」532 1993.10
◇愚石署名の「太平洋画会」について（宮嶋一郎）「図書」532 1993.10
▷私のなかに住まうペルソナ（村上陽一郎）「図書」532 1993.10
◇道草（大庭みな子）「図書」532 1993.10
◇病跡学と漱石（なだいなだ）「図書」532 1993.10
◇父のことなど（夏目純一）「図書」532 1993.10
▷漫画『坊ちゃん』（森毅）「図書」532 1993.10
◇漱石・虚子・朗読（大岡信）「図書」532 1993.10
◇漱石と一人科体（藤井淑禎）「図書」532 1993.10
◇漱石をめぐって（座談会）（井上ひさし, 奥本大三郎, 関川夏央）「図書」532 1993.10
◇漱石漢詩札記（一海知義）「図書」532 1993.10
◇ジョージ・ギッシングと夏目漱石の比較研究—その自我の追求（小林吉久）「大学院論集（日本大学）」3 1993.10
◇夏目漱石の漢詩研究（張秀文）「大学院論集（日本大学）」3 1993.10
◇『道草』—交換・貨幣・書くこと（柴市郎）「日本近代文学」49 1993.10
◇『行人』論—郎の発見, そして一郎の求めた世界へ（稲垣政行）「日本語と日本文学（筑波大学）」19 1993.10
◇漱石の劣等感（松岡陽子マックレイン）「日本語日本文学（同志社女子大学）」5 1993.10
◇漱石の「破壊」の時代（対談）（小島信夫, 江藤淳）「波」27(10) 1993.10
◇文学それ自身の/からの迂回—夏目漱石『英文学形式論』と形式のレトリック一統—（永野宏志）「文芸と批評」7(8) 1993.10
◇〔鼎談〕日本に閉じられない世界（特集・漱石と世紀末）（柄谷行人, 小森陽一, 石原千秋）「漱石研究」創刊号 1993.10
◇〔夏目〕漱石参考文献目録の現在・雑感(2)（坂敏弘）「解釈学」10 1993.11
◇停止した時間・動き出す時間—『こゝろ』論考(2)ふたつの墓をめぐって（高橋正人）「解釈学」10 1993.11
◇漱石のスターン論—「トリストラム, シャンデー」私注（坂本武）「関西大学文学論集」43(1) 1993.11
◇「明暗」の世界（石川正一）「金沢経済大学論集」27(2) 1993.11
◇『行人』における「語り」の構造（小林美鈴）「芸術至上主義文芸」19 1993.11
◇『夢十夜』研究—悪夢論（鈴木茂樹）「稲本近代文学（筑波大学）」18 1993.11
◇『三四郎』論序説—美禰子の〈愛〉・広田の〈夢〉（片岡豊）「作新学院女子短期大学紀要」16 1993.11
◇代助の〈変貌〉—『それから』一面（片岡豊）「作新学院女子短期大学紀要」17 1993.11
◇漱石とその時代 第4部（1～12）（江藤淳）「新潮」90(1)～91(11) 1993.11～94.11
◇もうひとりの坊っちゃんぞな, もし（江国滋）「図書」533 1993.11
◇漱石と私（東晃, 石橋今日美, 湯本幸彦, 竹内迪夫子）「図書」533 1993.11
◇前古代研究(12)『道草』続・漱石の帰還（青木正次）「藤女子大学国文学雑誌」51 1993.11
◇夏目漱石『夢十夜』「第2夜」の文芸構造（今西幹一）「日本文芸学（日本文芸学会）」30（学会創立30周年記念号）1993.11
◇本のある日々—文学の歴史性を読む（水村美苗）「波」27(1) 1993.11
◇漱石を読む〈特集〉「民主文学」336 1993.11
◇『文鳥』にみる夢の生成—「恐れない男女」の小宇宙（谷口基）「嘉悦女子短期大学研究論集」64（学園創立90周年記念号）1993.12
◇夏目漱石の本歌どり（村松定孝）「学鐙」90(12) 1993.12
◇漱石・鷗外と九州—〈耶馬渓〉を中心に（斎藤英雄）「九州大谷短期大学紀要（九州大谷短期大学）」20 1993.12
◇時代背景から見た『行人』の問題—女性の問題を中心に（小田島本有）「釧路工業高等専門学校紀要」27 1993.12
◇バンヴェニストの「イストワール（物語）」概念と語り手の機能—漱石の『明暗』をめぐって（大野晃彦）「慶応義塾大学言語文化研究所紀要」25 1993.12
◇漱石のアイドル写真（李国棟）「広島大学文学部紀要」53 1993.12
◇夏目漱石「幻影の盾」論—Druerieに潜む重層（硲香文）「叙説（奈良女子大学）」20 1993.12
◇漱石における越後・新潟の地域像—「金力と品性」の問題（宮崎荘平）「人文科学研究（新潟大学人文学部）」84 1993.12

◇漱石と私（小泉博一, 安била純子, 七木田政男, 山下千賀子）「図書」534 1993.12
◇〈Hさんの手紙〉を読む二郎—『行人』の構成（西村芳康）「電気通信大学紀要」6(2) 1993.12
◇「琴のそら音」論—その構造に潜むもの（谷口基）「日本文学」42(12) 1993.12
◇子規と「吾輩は猫である」（西村好子）「日本文学」42(12) 1993.12
◇「彼岸過迄」の文体論的考察（宮沢賢治）「白百合女子大学研究紀要」29 1993.12
◇「野分」試論（上）道也という文学者の造形（加藤富一）「文学研究（日本文学研究会）」78 1993.12
◇『こゝろ』: 遅れることの物語—言葉の内なる〈他者〉を求めて（佐藤和正）「名古屋近代文学研究（名古屋近代文学研究会）」11 1993.12
◇漱石の東京—『三四郎』を中心に(2)（武田勝彦）「教養諸学研究（早稲田大学政治経済学部教養諸学研究会）」95 1994
◇新「漱石全集」（岩波書店）の本文を点検する（山下浩）「言語文化論集（筑波大学現代語・現代文化学系）」39 1994
◇「道草」の中の「産」—視線の奥に潜むもの（増満圭子）「語文論叢」22 1994
◇「虞美人草」における花と匂い—象徴の観点から（太田修司）「成蹊大学文学部紀要」29 1994
◇ヘンリー・ジェイムズの受容—鷗外から漱石まで（武田勝彦）「比較文学年誌」30 1994
◇漱石の「猫」とニーチェ（杉田弘子）「武蔵大学人文学会雑誌」26(2) 1994
◇吾輩は猫である, ほか〔夏目漱石作〕（木股知史〔ほか〕）「国文学解釈と教材の研究」39(2) 1994.1
◇夏目漱石著書目録(1,2)「日本古書通信」59(1,2) 1994.1,2
◇漱石の『行人』に見る「ドン・キホーテ」（蔵本邦夫）「関西外国語大学研究論集」59 1994.1
◇『三四郎』ノート—"光線, と光線をうけるもの"の浪漫（岡庭肇）「近代文学 注釈と批評（東海大学大学院）」創刊号 1994.1
◇夏目漱石の全小説を読む「國文學 解釈と教材の研究」39(2) 臨増 1994.1
◇夏目漱石の『行人』—セルバンテス『愚かな物好きの話』の日本的変容について（ハイナ・フェルナンデス）「思想」835 1994.1
◇夏目漱石と徳永朧枝—俳弟子宛漱石書簡の紹介をかねて（原武哲）「叙説」9 1994.1
◇反噬する〈謎〉—承前—「こゝろ」の構造が語るもの（重松泰雄）「叙説」9 1994.1
◇隠蔽から告白へ—「漱石とその時代第3部」について（対談）（江藤淳, 古井由吉）「新潮」91(1) 1994.1
◇漱石と私（本多忠勝, 清水澄子, 渡辺洋子, 田中靖人, 田中亜紀子, 三神久嘉）「図書」535 1994.1
◇東と西の「笑い」の哲学—夏目漱石とジョージ・メレディス（平成5年度大谷学会春季公開講演会講演要旨）（多田稔）「大谷学報」73(2) 1994.1
◇夏目漱石におけるモーパッサンの『ピエールとジャン』（清田文武）「文芸研究（日本文芸研究会）」135 1994.1
◇今, 漱石が読まれる理由—『坊っちゃん』の持つ「寅さん」的な魅力とは（対談）（江藤淳, 本間長世）「文芸春秋」72(1) 1994.1
◇漱石の描いた女性たち（佐藤泰正）「梅光女学院大学公開講座論集（表現のなかの女性像）」34 1994.1（笠間選書169）
◇「猫」の地図（谷口巌）「愛知教育大学研究報告 人文科学」43 1994.2
◇「道草」と鏡子夫人の「漱石の思ひ出」との間（小山田義文）「英語英米文学（中央大学英米文学会）」34 1994.2
◇「こころ」—Kの4畳間（大泉政弘）「駒沢国文」31 1994.2
◇夏目漱石「明暗」論—吉川夫人・天探女（申賢周）「言語と文芸」110 1994.2
◇問題をかかえ続ける—夏目漱石(1867-1916)（20世紀の「失敗」・人物篇）（鶴見俊輔）「思想の科学」509 1994.2
◇英雑誌The Athenaeumに掲載された夏目漱石の紹介記事（久泉伸世）「専修人文論集」53 1994.2
◇漱石と演劇（福井麻子）「帝塚山学院大学日本文学研究」25 1994.2
◇『行人』覚え書（勝田和学）「文学論藻」68 1994.2
◇漱石「琴のそら音」—出過ぎた洋灯（ランプ）の穂, 幽霊論（山崎甲一）「文学論藻」68 1994.2
◇「漱石作品集成」書誌（1～3）（村田好哉）「大阪産業大学論集 人文科学編」81～83 1994.3,6,9
◇『夢十夜』小論（佐藤裕子）「フェリス女学院大学文学部紀要」29 1994.3
◇「彼岸過迄」—須永市蔵の孤独（越智悦子）「岡大国文論稿」22（赤羽学先生退官記念号）1994.3
◇漱石の致命傷—個人主義の思想原理（曹雅玲）「岡大国文論稿」22（赤羽学先生退官記念号）1994.3

- 夏目漱石の字音仮名遣い　（京極興一）「学海（上田女子短期大学）」10　1994.3
- 夏目漱石の作品にみる宗教性―『門』についての考察　（太田信隆）「関西女子美術短期大学紀要」7　1994.3
- 『漱石書簡集』を読む(1)正岡子規との交遊を中心に　（斎藤順二）「群女国文（群馬女子短期大学）」21　1994.3
- 夏目漱石『夢十夜』論　（冨田裕子）「香椎潟（福岡女子大学）」39　1994.3
- 夏目漱石「夢十夜」における「自分」の考察　（徳永光展）「山口国文」17　1994.3
- 漱石とカルチャーギャップ　（藤田栄一）「神戸学院女子短期大学紀要」27　1994.3
- わたしの漱石　（石堂清倫）「図書」537　1994.3
- 吾輩は猫であるを　（嵐圭史）「図書」537　1994.3
- 漱石を認識する新しい出発点　（山田俊雄）「図書」537　1994.3
- 英国の文学について(2)漱石とPity Is Akin to Love　（林彦一）「大阪樟蔭女子大学論集」31　1994.3
- 漱石、東と西についての一つの考察―ことばの論理と倫理　（久保田芳太郎）「東横国文学（東横学園女子短期大学）」26　1994.3
- 夏目漱石『坑夫』の逃亡者　（武田充啓）「奈良工業高等専門学校研究紀要」29　1994.3
- パリの漱石　（武田勝彦）「文学界」48(3)　1994.3
- 夏目漱石『こゝろ』の世界　（水谷喜美子）「湊川女子短期大学紀要」27　1994.3
- 「こころ」、それ以後―死と再生をめぐるドラマ　（宗正孝）「ソフィア」43(1)　1994.4
- 「こころ」の遺書の構造と意味　（渡辺広士）「国語と国文学」71(4)　1994.4
- 「行人」に関する一考察　（桑原淳子）「国語国文学」33　1994.4
- 夏目漱石「こゝろ」―複数1人称小説（近代文学と「語り」(2)〈特集〉）　（木股知史）「国文学解釈と鑑賞」59(4)　1994.4
- 「私浮気したのよ」―いやらしく高貴な老年の性　（村尾清一）「新潮45」13(4)　1994.4
- 吾輩は猫であるを朗読（よむ）のである―承前―　（嵐圭史）「図書」538　1994.4
- 「それから」のプロット―方法としての〈自然〉　（藤尾健剛）「日本文学」43(4)　1994.4
- 「明暗」論―女としてのお延と、男としての津田について　（飯田祐子）「文学」5(2)　1994.4
- 〔夏目漱石〕「三四郎」論ベスト50　（村田好哉）「漱石研究」2　1994.5
- 「人材山脈」を築き上げた偉大な教師―漱石は友人、門下生などこれはという人に誠実でユーモア溢れる手紙を書き、励ました(特集・夏目漱石)　（紅野敏郎）「プレジデント」32(5)　1994.5
- 「二人の文豪」漱石と鴎外―近代文学の黎明期にあって片や職を辞して文学にうち込み、片や「二足の草鞋」を履き続けた(特集・夏目漱石)　（吉野俊彦）「プレジデント」32(5)　1994.5
- 「余裕派」は終生お金と縁はなかった―「お金の亡者」という説もあるが、「坊っちゃん」同様、常に金銭には恬淡としていた(特集・夏目漱石)　（長尾剛）「プレジデント」32(5)　1994.5
- 「漱石」を愉しむ7つの新視点―文学者にして教育者、落語に興じ、俳句もひねる。今も変わらぬ国民的作家の魅力(対談)(特集・夏目漱石)　（丸谷才一、半藤一利）「プレジデント」32(5)　1994.5
- 「漱石文学の原点」ロンドン散歩道―金欠病とコックニーに悩まされたものの、彼は意外にもこの街での暮らしを愉しんでいる(特集・夏目漱石)　（恒松郁生）「プレジデント」32(5)　1994.5
- 『こゝろ』、日本人の「自我」確立への先鋭な問いかけ―苦悩する近代人「先生」は、それ故にこそ死ななければならなかった(特集・夏目漱石)　（福田正彰）「プレジデント」32(5)　1994.5
- 『吾輩は猫である』、知的な笑いの裏側にあるこの「人生の苦み」―これは文豪が書きたいことを自由に、羽目を外して書いた唯一の作品に違いないが(特集・夏目漱石)　（久世光彦）「プレジデント」32(5)　1994.5
- 『三四郎』、水彩画のごとく描かれる青春の惑い―五高から東大へ、主人公と同じ「青春」を歩いた新聞人が語る忘れ難き過ぎし日(特集・夏目漱石)　（広岡知男）「プレジデント」32(5)　1994.5
- 『坊っちゃん』、何がこの「青春小説」に永遠の命を与えているか―イギリスへの留学体験が近代感覚を磨き、一方で落語への耽溺を産んだ(特集・夏目漱石)　（渡部昇一）「プレジデント」32(5)　1994.5
- 『坊っちゃん』の世界を育んだ正岡子規との交友―寄席通いに興じる2人。その傾倒ぶりは一通りではなかった(特集・夏目漱石)　（興津要）「プレジデント」32(5)　1994.5
- 鏡子夫人と作中の女性たち―自伝的小説『道草』には、愛情を確認し合おうとする度にすれ違う夫婦の葛藤が(特集・夏目漱石)　（小森陽一）「プレジデント」32(5)　1994.5
- 私が診断した漱石の「本当の病名」―1903年当時、東大教授呉博士が診察した漱石の病名は「追跡妄想」だった(特集・夏目漱石)　（なだいなだ）「プレジデント」32(5)　1994.5
- 草枕、「人の世を長閑に」作家精神を巡る心の旅―この作品を最後に漱石は「書く楽しみ」を捨て、孤独な文学の求道者となった(特集・夏目漱石)　（福田和也）「プレジデント」32(5)　1994.5
- 漱石が「則天去私」へと至る道―「年来の累いを一掃せんと」参禅した漱石。そこで得たもの、得られなかったもの(特集・夏目漱石)　（秋月龍珉）「プレジデント」32(5)　1994.5
- 「明暗」論―〈嘘〉についての物語　（飯田祐子）「日本近代文学」50　1994.5
- 新「漱石全集」のことなど　（上田正行）「日本近代文学」50　1994.5
- 「坊っちゃん」論―〈おれ〉の形象について　（木村功）「日本文学」43(5)　1994.5
- 漱石の世界　（石川正一）「金沢経済大学論集」28(1)　1994.6
- 明治の名作小説がいま新しい―その豊かさと個性―漱石を例として（明治の名作小説がいま新しい〈特集〉）　（重松泰雄）「國文學 解釈と教材の研究」39(7)　1994.6
- 明治の名作小説を読み直す―夏目漱石「行人」―終りなき行人（たびびと）（明治の名作小説がいま新しい〈特集〉）　（加藤二郎）「國文學 解釈と教材の研究」39(7)　1994.6
- 拝啓岩波書店殿―新「漱石全集」の問題点について　（山下浩）「国文学（関西大学国文学会）」71　1994.6
- 「それから」という鏡―初期「白樺」の一断面（近代〈特集〉）　（山田俊治）「国文学研究（早稲田大学国文学会）」113　1994.6
- 「吾輩は猫である」瞥見　（堀井哲夫）「女子大国文」115　1994.6
- 漱石『こころ』の一考察―母子関係に着目して　（増田正子）「新国語研究（大阪府高等学校国語研究会）」38　1994.6
- 寅さんと漱石こんなに似ている　（島田裕巳）「新潮45」13(6)　1994.6
- 猫の散歩道　（森まゆみ）「図書」540　1994.6
- またしても漱石について　（早稲田文学〔第8次〕）217　1994.6
- "漱石の孫"道後温泉気疲れ旅。　（夏目房之介）「潮」283　1994.6
- 夏目漱石における自然、神（日本近代思想における自然・霊魂・神〈シンポジウム〉）　（宗正孝）「哲学論集（上智大学哲学会）」23　1994.6
- 夢の方法―漱石「夢十夜」序論　（荻原桂子）「日本文芸研究」46(1)　1994.6
- 甲野さんのことば・宗近君のことば―「虞美人草」を対話で読む　（清水孝純）「福岡大学総合研究所報」160　1994.6
- 「野分」試論（下）道也という文学者の造形　（加藤富一）「文学研究（日本文学研究会）」79　1994.6
- 島田雅彦, 小津と漱石を語る―そのアジアへの眼差し（小津と語る）（インタビュー）　（島田雅彦）「キネマ旬報」1136 臨増　1994.7
- 「三四郎」―視点と構図　（秋山公男）「愛知大学文学論叢」106　1994.7
- 『こゝろ』試論―「先生」の遺書の〈物語〉　（田口信孝）「群馬近代文学研究」16　1994.7
- フランスにおける漱石像をめぐって（下）　（末次エリザベート）「春秋」360　1994.7
- 漱石の正成、芥川の義仲―「明暗」と寺田寅彦訳・ポアンカレー「偶然」との関係　（石井和夫）「叙説」10　1994.7
- 「道草」の時代　（森まゆみ）「図書」541　1994.7
- マードックと漱石　（森嶋通夫）「図書」541　1994.7
- 「こころ」の死生観　（石川正一）「星稜論苑（星稜女子短期大学）」18　1994.7
- 夏目漱石旧居(熊本市)　（有働孝昭）「石人」418　1994.7
- 夏目漱石論(2)その乳幼児期の軌跡をたどって　（清水久美子）「文化論輯（神戸女学院大学大学院）」4　1994.7
- 『永日小品』小考―「クレイグ先生」と〈自分〉　（重松恵子）「燔祭」4　1994.7
- ノイローゼ解消法　（森まゆみ）「図書」542　1994.8
- 自転車に乗る漱石　（富士川義之）「図書」542　1994.8
- 日本近代文学をどう読むか(3)夏目漱石の場合　（中村真一郎）「すばる」16(9)　1994.9
- 夏目漱石「文学評論」第3編における引用の問題性とその起源　（高際澄雄）「宇都宮大学教養部研究報告 第1部」28　1994.9
- 犬と猫―夏目漱石とウィリアム・ジェイムズ　（宮本盛太郎）「学鐙」91(9)　1994.9
- 伝記で読む20世紀の100人―毛沢東、ケネディ、吉田茂からチャップリン、漱石まで名作伝記・自伝で現代史を通観する　（筑紫哲也, 秦郁彦, 山口昌男, 佐伯彰一, 池内了, 山折哲雄, 池井優, 沢地久枝, 山川静夫, 森毅）「現代」28(9)　1994.9
- 「文学論」から見た「こころ」　（桑原聡）「樟蔭女子短期大学紀要 文化研究」9　1994.9
- 漱石『こゝろ』研究史(7)昭和六十年代以降の研究を巡って(1)　（仲秀和）「樟蔭女子短期大学紀要文化研究」8　1994.9
- 『彼岸過迄』論―洋杖をめぐって　（金貞淑）「新樹（梅光女学院大学大学院）」9　1994.9
- 漱石の殺したかった女―『虞美人草』の謎90年　（半藤一利）「新潮45」13(9)　1994.9
- 「行人」論（下）物語構造をめぐって　（中村直子）「東京女子大学紀要論集」45(1)　1994.9

◇夏目漱石「野分」考―道也における金銭の問題をめぐって （宮薗美佳）「日本文芸研究」 46(2) 1994.9
◇「それから」―「自然」の諸相 （秋山公男）「文芸研究(日本文芸研究会)」 137 1994.9
◇「道草」偶感 （佐藤芳子）「目白近代文学」 11 1994.9
◇漱石山脈の傍流―松岡譲論 （福田裕子）「目白近代文学」 11 1994.9
◇『自転車日記』考察ノート （宮木孝子）「瓔珞(実践女子大大学院)」 5 1994.9
◇「夢十夜」の「潜伏者」 （秋山公男）「愛知大学文学論叢」 107 1994.10
◇「吾輩は猫である」の一材源としての『第2読本』 （久泉伸世）「専修人文論集」 55 1994.10
◇イデオロギー論としての『文学論』のために(1)夏目漱石≪と≫『文学論』における形態論的戦略をめぐって （永野宏志）「文芸と批評」 7(10) 1994.10
◇「門」と「彼岸過迄」―その創作方法 （佐々木啓）「北見大学論集」 32 1994.10
◇漱石の生死の心 （石川正一）「金沢経済大学論集」 28(2) 1994.11
◇漱石の目指した読者操作―後期三部作から （小林美鈴）「芸術至上主義文芸」 20 1994.11
◇〈演劇的空間〉としての『明暗』―夏目漱石『明暗』論のために （片岡豊）「作新学院女子短期大学紀要」 18 1994.11
◇「道草」のヒステリー （江種満子）「国語と国文学」 71(12) 1994.12
◇"間"からのクリティーク―「それから」論 （中山昭彦）「国語国文研究」 97 1994.12
◇夏目漱石『三四郎』論(上)〈私〉の形成をめぐって―野々宮との係わりを中心に （松尾直昭）「就実語文」 15 1994.12
◇2千万部売れた漱石『こゝろ』の謎 （松本健一）「新潮45」 13(12) 1994.12
◇漱石の自然 （石川正一）「星稜論苑(星稜女子短期大学)」 19 1994.12
◇宗助の罪意識―「門」再説 （西村芳康）「電気通信大学紀要」 7(2) 1994.12
◇夏目漱石論―方法としての写生 （安森敏隆）「同志社女子大学学術研究年報」 45(4) 1994.12
◇「三四郎」論 （仲秀和）「日本文芸研究」 46(3) 1994.12
◇子規・漱石から虚子へ―自恃の精神 （柴田奈美）「岡山県立大学短期大学研究紀要」 2 1995 p1～17
◇「草枕」叙説 （山田晃）「青山学院大学文学部紀要」 青山学院大学文学部 37 1995 p1～20
◇漱石の東京―「虞美人草」を中心に （武田勝彦）「教養諸学研究」 早稲田大学政治経済学部教養諸学研究会 97・98 1995 p1～40
◇漱石と良寛―大愚をめぐって （中村直子）「東京女子大学比較文化研究所紀要」 東京女子大学比較文化研究所 56 1995 p17～30
◇三十代にみる漱石の劣等感 （磯貝千足）「東京国際大学論叢 商学部編」 東京国際大学 52 1995 p67～83
◇漱石の「こゝろ」について （羽鳥徹哉）「成蹊大学文学部紀要」 成蹊大学文学部 30 1995 p75～102
◇愛と終末―「趣味の遺伝」論 （太田修司）「成蹊大学文学部紀要」 成蹊大学文学部 30 1995 p103～131
◇夏目漱石『野分』の「文学者」 （武田充啓）「奈良工業高等専門学校研究紀要」 奈良工業高等専門学校 31 1995 p122～114
◇漱石にとって「文学」とは―英文学との出会いをめぐって （王志松）「広島大学教育学部紀要 第2部」 広島大学教育学部 44 1995 p253～260
◇からだとこころ―舞踊人生交遊録―3―スタジオの礎石につながる方々 （美二三枝子）「音楽の世界」 日本音楽舞踊会議 34(1) 1995.1 p18～22
◇「三四郎」の〈水〉と〈迷羊(ストレイシープ)〉 （水沢不二夫）「言語と文芸」 桜楓社 111 1995.1 p75～95
◇漱石「野分」における男同士の愛情の意味(男色の領分―性差・歴史・表象〈特集〉) （James Reichert）「文学」 岩波書店 6(1) 1995.1 p84～96
◇「こゝろ」―「私」をめぐって （富永育代）「言語と文芸」 桜楓社 111 1995.1 p133～137
◇「明暗」研究史の一面―清子像をめぐり （申賢周）「言語と文芸」 桜楓社 111 1995.1 p139～148
◇触感と思索―グールド、そして漱石… （グレン・グールド〈特集〉）（宮沢淳一）「ユリイカ」 青土社 27(1) 1995.1 p170～173
◇夏目漱石の『明暗』とJane AustenのPride and Prejudiceにおける対人conflictの研究―女性像をめぐって―1― （中山恵津子）「関西外国語大学研究論集」 関西外国語大学 61 1995.1 p173～188
◇国文学論文目録データベースからみた近代文学の研究動向―島崎藤村、森鷗外、夏目漱石を中心に （沢井清）「日本文学ノート」 宮城学院女子大学日本文学会 第30号 1995.1 p197～216
◇車窓の風景 夏目漱石「初秋の一日」他(特集・元気がないときの自画像を読む)（神山睦美）「思想の科学」 521 1995.2 p71～72
◇「門」についての論 （安藤靖彦）「愛知県立大学説林」 愛知県立大学国文学会 43 1995.2 p101～120
◇横から読む漱石―科学の新知識を旺盛に作品に取り入れた漱石は、類稀れな好奇心と観察眼の持ち主だった （小山慶太、塚谷裕一）「諸君！」 27(2) 1995.2 p154～164
◇漱石とその時代 第4部―13― （江藤淳）「新潮」 新潮社 92(2) 1995.2 p298～308
◇夏目漱石「吾輩は猫である」論―〈猫〉の居場所, 人間たちの地平 （光石亜由美）「山口国文」 山口大学文理学部国語国文学会 18 1995.3 p1～11
◇「心」論―関係の不在 （徳永光展）「山口国文」 山口大学文理学部国語国文学会 18 1995.3 p12～20
◇夏目漱石『明暗』論―日記・断片・書簡とのかかわり(2)下 （申賢周）「湘南文学」 東海大学日本文学研究会 第29号 1995.3 p17～28
◇芥川にとって漱石とは―五通の漱石の芥川宛書簡を中心としてうかがえる芥川の宿命 （山田淳）「湘南文学」 東海大学日本文学研究会 第29号 1995.3 p29～41
◇「吾輩は猫である」と作家漱石の誕生 （田村竜毅）「成蹊国文」 成蹊大学文学部日本文学会 28 1995.3 p88～98
◇ブロンテ姉妹盛儀―漱石のシャーロット精読 （武田勝彦）「公評」 32(2) 1995.3 p106～113
◇漱石漢詩の色彩語に関する一考察 （沈小南）「学芸国語国文学」 東京学芸大学国語国文学会 27 1995.3 p107～97
◇漱石文学の時間―「則天去私」と『明暗』をめぐって （沢英彦）「日本文学研究」 高知日本文学研究会 第32号 1995.3 p115～153
◇「彼岸過迄」論―三角関係と「男」らしさ （松下浩幸）「文芸研究」 明治大学文芸研究会 73 1995.3 p195～212
◇漱石の参禅 （水川隆夫）「研究紀要」 京都女子大学宗教・文化研究所 8 1995.3 p205～226
◇漱石とその時代 第4部―14― （江藤淳）「新潮」 新潮社 92(3) 1995.3 p364～374
◇夏目漱石研究のために〈特集〉「国文学解釈と鑑賞」 至文堂 60(4) 1995.4 p5～177
◇「倫敦塔」論―「怪しい女」が支える「幻想」 （砧香文）「国語と国文学」 至文堂 72(4) 1995.4 p41～54
◇夏目漱石図書館資料室(夏目漱石研究のために〈特集〉) （相原和邦〔他〕）「国文学解釈と鑑賞」 至文堂 60(4) 1995.4 p68～148
◇作品別参考文献目録(夏目漱石研究のために〈特集〉) （石原千秋）「国文学解釈と鑑賞」 至文堂 60(4) 1995.4 p165～177
◇漱石とその時代 第4部―15― （江藤淳）「新潮」 新潮社 92(4) 1995.4 p294～304
◇漱石研究文献目録1990・7～1992・6(特集 漱石と明治) （五十嵐礼子, 大木正義, 工藤京子〔他〕）「漱石研究」 翰林書房 5 1995.5 p210～233
◇漱石の夢 （浦田ますみ）「ユング研究」 日本ユング研究会 10 1995.5 p266～268
◇漱石『こころ』の一考察II―登場人物の隠喩的関係について （増田正子）「新国語研究」 大阪府高等学校国語研究会 第39号 平成6年度 1995.6 p23～29
◇〈他者〉を可視化する実験装置―『三四郎』の権力関係 （深津謙一郎）「明治大学日本文学」 明治大学日本文学研究会 第23号 1995.6 p33～42
◇夏目漱石『こころ』考―E・マクレランの英訳をめぐって （近安里）「明治大学日本文学」 明治大学日本文学研究会 第23号 1995.6 p74～90
◇吾輩は「俗物」である （長尾剛）「新潮45」 14(6) 1995.6 p194～207
◇漱石とその時代 第4部―16― （江藤淳）「新潮」 新潮社 92(6) 1995.6 p300～310
◇「草枕」―「女」になれぬ女「男」になれぬ男 （中山和子）「国語と国文学」 至文堂 72(7) 1995.7 p1～15
◇「虞美人草」―憎悪と復讐の文学 （秋山公男）「愛知大学文学論叢」 愛知大学文学会 109 1995.7 p75～98
◇漱石とジェイン・オースティン―自由間接話法をめぐって （佐藤和代）「人文科学研究」 新潟大学人文学部 88 1995.7 p97～133
◇漱石の生の追求 （石川正一）「金沢経済大学論集」 金沢経済大学経済学会 29(1) 1995.7 p100～86
◇Natsume Soseki's Meian and William Shakespeare's King Lear―A Comparative Study （本間賢史郎）「関西外国語大学研究論集」 関西外国語大学 62 1995.7 p243～261
◇漱石とその時代 第4部―17― （江藤淳）「新潮」 新潮社 92(7) 1995.7 p348～358
◇漱石とその時代 第4部―18― （江藤淳）「新潮」 新潮社 92(8) 1995.8 p299～309
◇『彼岸過迄』論―洋杖をめぐって （金貞淑）「新樹」 梅光女学院大学大学院文学研究科日本文学 第9輯 1995.9 p37～45

◇集合意識・現代文明・社会主義（上）―漱石とル・ボン著『社会主義の心理学』（藤尾健剛）「香川大学国文研究」香川大学国文学会 第20号 1995.9 p40〜51
◇『こゝろ』に関する一考察―汽車に乗ってしまった「私」と、乗せてしまった作者の意図（曽我理恵）「新樹」梅光女学院大学大学院文学研究科日本文学 第10輯 1995.9 p54〜62
◇「片付け」られた〈子供〉―夏目漱石『行人』論（熊田真由美）「論樹」東京都立大学大学院人文科学研究科 第9号 1995.9 p59〜68
◇〔白鳥〕の物語―夏目漱石『薤露行』（明治世紀末―イメージの明治〈特集〉―メタファーの世紀末）（松本雅弘）「國文學 解釈と教材の研究」学燈社 40(11) 1995.9 p64〜70
◇夏目漱石「倫敦塔」論（尾上新太郎）「大阪外国語大学論集」大阪外国語大学 13 1995.9 p97〜106
◇パラダイムとしての趣味についての一考察―横断的にみた漱石, メングス, ゲーテの趣味論（宇津井恵正）「京都教育大学紀要 A 人文・社会」京都教育大学 87 1995.9 p117〜132
◇漱石『彼岸過迄』を読む―構造と素材と名前の迷宮（青柳達雄）「言語と文芸」桜楓社 112 1995.9 p177〜204
◇ホームズと漱石―探偵の記号論（宮崎かすみ）「英語青年」研究社出版 141(6) 1995.9 p283〜287
◇漱石とその時代 第4部―19―（江藤淳）「新潮」新潮社 92(9) 1995.9 p395〜405
◇「それから」の小説作法（秋山公男）「国語と国文学」至文堂 72(10) 1995.10 p1〜14
◇「門」―語り手の〈夢〉（秋山公男）「愛知大学文学論叢」愛知大学文学会 110 1995.10 p1〜31
◇文体の思う病―「坑夫」と漱石のことばあそび（佐藤泉）「国語と国文学」至文堂 72(10) 1995.10 p54〜68
◇日常という逆説―「門」の立つ場所（藤尾健剛）「国文学研究」早稲田大学国文学会 117 1995.10 p72〜83
◇小日向の本法寺―夏目家菩提寺（武田勝彦）「公評」32(9) 1995.10 p106〜113
◇「それから」―物語の交替（佐藤泉）「文学」岩波書店 6(4) 1995.10 p134〜144
◇ジョージ・ギッシングと夏目漱石の比較研究―懐疑思想を中心に（小林吉久）「大学院論集」日本大学大学院国際関係研究科 第5号 1995.10 p139〜156
◇漱石のロンドン留学日記〔20世紀日記抄〔7〕〕（富士川義之）「THIS IS 読売」6(7) 1995.10 p266〜271
◇漱石とその時代 第4部―20―（江藤淳）「新潮」新潮社 92(10) 1995.10 p280〜290
◇「ノート」における東洋と西洋―漱石『文学論』研究（石田忠彦）「近代文学論集」日本近代文学会九州支部「近代文学論集」編集部 第21号 1995.11 p1〜14
◇夏目漱石『三四郎』論(1)―美禰子と三四郎の係わりを中心に（松尾直昭）「就実語文」就実女子大学日本文学会 第16号 1995.11 p41〜60
◇西田幾多郎と夏目漱石―その詩的世界の意義（西田幾多郎歿後50年〈特集〉）（大峯顕）「思想」岩波書店 857 1995.11 p181〜198
◇漱石とその時代 第4部―21―（江藤淳）「新潮」新潮社 92(11) 1995.11 p376〜386
◇漱石と芥川―ある印象（大橋健三郎）「文学空間」20世紀文学研究会, 創樹社（発売）Vol.III No.10 1995.12 p23〜37
◇『こゝろ』の教材化をめぐって（内田道雄）「文学と教育」文学と教育の会 第30集 1995.12 p36〜40
◇熊本時代の漱石（福島讓二）「文芸春秋」73(17) 1995.12 p82〜84
◇夏目漱石の運命（上篇）―暦学からのアプローチ（李directeur棟）「広島大学文学部紀要」広島大学文学部 55 1995.12 p93〜111
◇夏目漱石「我輩は猫である」論―神経衰弱という病い（光石亜由美）「山口大学文学会誌」山口大学文学会 46 1995.12 p99〜116
◇漱石の家族観（石川正一）「金沢経済大学論集」金沢経済大学経済学会 29(1) 1995.12 p116〜100
◇漱石「硝子戸の中」試論（小田島本有）「釧路工業高等専門学校紀要」釧路工業高等専門学校 29 1995.12 p132〜124
◇近代俳句を見なおす―13―子規(しき)と夏目漱石(なつめそうせき)―漱石と文人俳句〔座談会〕山下一海〔他〕）「俳句」角川書店 44(12) 1995.12 p162〜205
◇漱石から子規へ―漱石理論の継承（柴田奈美）「岡山県立大学短期大学部研究紀要」岡山県立大学短期大学部 3 1996 p1〜10
◇漱石の時間―（継続中）と（一体二様の生）（安東璋二）「語学文学」北海道教育大学語学文学会 34 1996 p3〜17
◇漱石の東京―「吾輩は猫である」を中心に（武田勝彦）「教養諸学研究」早稲田大学政治経済学部教養諸学研究会 100 1996 p27〜64
◇『文学論』を読むための予備的考察（山中信夫）「東京女子大学比較文化研究所紀要」東京女子大学比較文化研究所 57 1996 p31〜53

◇『こゝろ』の〈読解〉をめぐって―其1―Kの自殺の真相に迫る道（戸松泉）「相模女子大学紀要」相模女子大学 60A 1996 p41〜56
◇経験論的身体について―夏目漱石『文学論』における「審美」をめぐる言説から（永野宏志）「早稲田大学大学院文学研究科紀要 第3分冊」早稲田大学大学院文学研究科 42 1996 p67〜77
◇夏目漱石の小説にみる音楽のある風景―お琴から洋琴(ピアノ)へ（玉川裕子）「桐朋学園大学研究紀要」桐朋学園大学音楽学部 22 1996 p73〜91
◇漱石の俳諧的世界（小室善弘）「日本現代詩歌研究」日本現代詩歌文学館 2 1996 p113〜131
◇〈退化論幻想〉としての『虞美人草』―藤尾の死/処刑の条件（山本真円）「工学院大学共通課程研究論叢」工学院大学 34 1996 p123〜143
◇漱石の英詩におけるポイエティックス（西川盛雄）「熊本大学教育学部紀要 人文科学」熊本大学教育学部 45 1996 p135〜160
◇『坊っちゃん』の人物描写（中村明）「早稲田大学大学院文学研究科紀要 第3分冊」早稲田大学大学院文学研究科 42 1996 p193〜210
◇〈闘争〉する御米―夏目漱石『門』論 その二（片岡豊）「立教大学日本文学」立教大学日本文学会 第75号 1996.1 p52〜61
◇『門』の熱源（竹上寿恵）「島大国文」島大国文会 第24号 1996.2 p9〜21
◇漱石と『方丈記』―「A Short Essay on Hojio=ki」論（下西善三郎）「金沢大学国語国文」金沢大学国語国文学会 第21号 1996.2 p80〜92
◇漱石もサラリーマンだった〔3〕（長尾剛）「新潮45」15(2) 1996.2 p186〜195
◇Natsume Soseki's Sorekara(And Then)and William Shakespeare's Romeo and Juliet：A Comparative Study（本間賢史郎）「関西外国語大学研究論集」関西外国語大学 63 1996.2 p321〜339
◇漱石とその時代 第4部(22)（江藤淳）「新潮」新潮社 93(2) 1996.2 p381〜391
◇『夢十夜』論―漱石的苦悩の開示（荻原桂子）「キリスト教文芸」日本キリスト教文学会関西支部 第13輯 1996.3 p1〜13
◇漱石におけるイブセン戯曲の受容―留学時代のイブセン読書(1)（木村功）「宇部国文研究」宇部短期大学国語国文学研究室 第27号 1996.3 p(1)〜(15)
◇漱石と寅彦―「ほとゝぎす」第四年目の写生文（荻久保泰幸）「国学院大学大学院紀要」国学院大学大学院 第27輯 1996.3 p19〜32
◇夏目漱石『門』の色彩表現―「金」「銀」「銅」（大口雅久）「新大国語」新潟大学教育学部国語国文学会 第22号 1996.3 p25〜32
◇漱石の人物呼称表現―『虞美人草』から（阿久津友希）「国語表現研究」国語表現研究会 9 1996.3 p26〜18
◇漱石とPater―文体の問題をめぐって（福島君子）「国士館大学教養論集」国士館大学教養学会 42 1996.3 p37〜48
◇夏目金之助、ニーチェとの出会い―『琴のそら音』を中心にして（大友泰司）「順天堂大学一般教養紀要」順天堂大学 1 1996.3 p53〜63
◇夏目漱石『明暗』論―小林像をめぐり（申賢周）「湘南文学」東海大学日本文学研究会 第30号 1996.3 p74〜83
◇夏目漱石の小説と日露戦争―作品教材化の一つの試み（谷口巌, 韓麗娟）「愛知教育大学教科教育センター研究報告」愛知教育大学教科教育センター 第20号 1996.3 p238〜231
◇東京大学講師夏目漱石（上）（亀井俊介）「英語青年」研究社出版 142(1) 1996.4 p11〜13,34
◇漱石と寅彦（沢英彦）「日本文学研究」高知日本文学研究会 第33号 1996.4 p29〜79
◇逆転した『こゝろ』的三角形―大正中期における水準の「渾然」化（飯田祐子）「名古屋近代文学研究」名古屋近代文学研究会 13 1996.4 p53〜67
◇進歩の理念についての一考察―漱石・チャアダーエフ・康有為を軸として比較文明論の視角から（三宅正樹）「日本及日本人」日本及日本人社 1622 1996.4 p84〜91
◇漱石を下敷きにする平成の作家たち(カルチャー・ナウ)「月刊社会民主」491 1996.4 p113
◇漱石の小泉八雲嫌い―知られざる漱石シリーズ〔4〕（長尾剛）「新潮45」15(4) 1996.4 p194〜207
◇漱石とその時代 第4部(23)（江藤淳）「新潮」新潮社 93(4) 1996.4 p314〜324
◇食いしん坊対決―漱石と子規(特集・美食家列伝)（半藤一利）「ノーサイド」6(5) 1996.5 p22〜25
◇東京大学講師 夏目漱石（中）（亀井俊介）「英語青年」研究社出版 142(2) 1996.5 p57〜59,76
◇漱石とその時代 第四部(24)（江藤淳）「新潮」新潮社 93(5) 1996.5 p282〜292
◇二人の個人主義者―夏目漱石とウィリアム・ジェイムズ（宮本盛太郎）「政治経済史学」日本政治経済史学研究所 360 1996.6 p1〜25
◇夏目漱石とウィリアム・ジェイムズの学位辞退（宮本盛太郎, 関静

雄）「書斎の窓」 有斐閣 455 1996.6 p42〜46
◇ダウトの世界 （安部隆宏）「公評」 33(5) 1996.6 p56〜63
◇「心」のコロケーションに関する一考察—夏目漱石の『こころ』から （近安里）「明治大学日本文学」 明治大学日本文学研究会 第24号 1996.6 p92〜117
◇東京大学講師 夏目漱石（下） （亀井俊介）「英語青年」 研究社出版 142(3) 1996.6 p110〜112,130
◇「佐渡が島」から「土」へ（長塚節の風景〔3〕） （南雲道雄）「公評」 33(5) 1996.6 p136〜143
◇歌仙を巻く漱石 （高橋順子）「新潮」 新潮社 93(6) 1996.6 p270〜281
◇漱石とその時代 第四部(25完) （江藤淳）「新潮」 新潮社 93(6) 1996.6 p313〜323
◇漱石『草枕』の世界—「境界世界」の認識 （丹羽章）「四国学院大学論集」 四国学院大学 91 1996.7 p1〜20
◇漱石の視点 （石川正一）「金沢経済大学論集」 金沢経済大学経済学会 30(1) 1996.7 p116〜99
◇夏目漱石—大知識人の言う「自己本位」とは（大特集・「こういう人に私はなりたい」生き方を見つめ直す珠玉のエッセイ21篇） （池部良）「現代」 30(8) 1996.8 p83〜85
◇『それから』の女たち—〈女学生〉をキーワードに （熊田真由美）「論樹」 東京都立大学大学院人文科学研究科 第10号 1996.9 p33〜45
◇漱石と地震 （加藤二郎）「文芸研究」 日本文芸研究会 142 1996.9 p42〜51
◇漱石『草枕』小論—方法としての漢詩 （西川正子）「芦屋大学論叢」 芦屋大学 25 1996.9 p182〜166
◇試論・ポリフォニー小説の概念をめぐって—漱石からドストエフスキーを見る （木下豊房）「スラヴ学論叢」 北海道大学文学部ロシア語ロシア文学研究室 創刊号 1996.9 p192〜198
◇漱石はマザコンだった（知られざる漱石シリーズ〔5〕） （長尾剛）「新潮45」 15(9) 1996.9 p218〜227
◇友だち—青年漱石・青年子規（随想） （大岡信）「新潮」 新潮社 93(9) 1996.9 p387〜391
◇「夏目漱石と英文学」 （小山雅子）「研究報告集」 大阪私立短期大学協会 第33集 1996.10 p73〜78
◇漱石漢詩の用語に関する一考察—「和習」と「和臭」の用例を中心に （朱敏）「実践国文学」 実践国文学会 50 1996.10 p175〜186
◇ムテッポー文学館〔29〕 （中野翠）「毎日グラフ・アミューズ」 49(19) 1996.10.9 p70〜71
◇対談 平川祐弘×江藤 淳—生き身の漱石 （平川祐弘,江藤淳）「波」 新潮社 30(11) 1996.11 p6〜11
◇「行人論」一一郎をとりまく関係 （久我幸司）「近代文学研究会会報」 近代文学研究会 17 1996.11 p7〜11
◇本読みの連想—山東京伝から夏目漱石 （塚谷裕一）「図書」 岩波書店 569 1996.11 p24〜28
◇異化された西洋—漱石と帝劇「ハムレット」 （正木恒夫）「みすず」 みすず書房 38(11) 1996.11 p68〜78
◇夏目漱石「夢十夜」—「第一夜」論の前提 （松尾直昭）「就実語文」 就実女子大学日本文学会 第17号 1996.11 p105〜133
◇漱石の長女筆子さんの話など （井本農一）「俳句研究」 富士見書房 63(11) 1996.11 p146〜148
◇「こころ」解釈をめぐる疑義—「差異化」という視点 （浅田隆）「論究日本文学」 立命館大学日本文学会 65 1996.12 p1〜9
◇漱石,子規,寅彦(特集 寺田寅彦) （如月小春）「図書」 岩波書店 570 1996.12 p16〜19
◇漱石初期作品におけるマドンナ—「坊つちやん」から「三四郎」「草枕」へ （松井忍）「近代文学試論」 広島大学近代文学研究会 34 1996.12 p16〜29
◇漱石と「初期短編小説」を中心に （武田勝彦）「教養諸学研究」 早稲田大学政治経済学部教養諸学研究会 101 1996.12 p19〜52
◇「坊っちゃん」論—閉じない円環 （渥見秀夫）「愛媛国文と教育」 愛媛大学教育学部国語国文学会 29 1996.12 p28〜42
◇夏目漱石 薙露行（明治38年11月号）（滝田樗陰と明治文壇）「中央公論」 111(15) 1996.12 臨増(20世紀日本文学の誕生 文芸欄の100年) p36〜53
◇漱石,鈴木禎次,「ザ・チェース81番地」のことなど （清水一嘉）「図書」 岩波書店 570 1996.12 p38〜42
◇夏目漱石「琴のそら音」考—「余」の見た「幽霊」のもたらしたもの （宮薗美佳）「人文論究」 関西学院大学人文学会 46(3) 1996.12 p50〜68
◇夏目漱石『草枕』とロレンス・スターン『トリストラム・シャンディの生涯と意見』 （剣持武彦）「清泉女子大学紀要」 清泉女子大学 44 1996.12 p51〜62
◇「猫」は主人公か,語り手か—「吾輩は猫である」に関する一考察 （李国棟）「広島大学文学部紀要」 広島大学文学部 56 1996.12 p100〜113

◇『三四郎』の文体論的考察—人称を軸として （宮沢賢治）「白百合女子大学研究紀要」 白百合女子大学 32 1996.12 p137〜157
◇漱石研究 文献目録(1993・7〜1994・6） （五十嵐礼子,工藤京子,田中愛）「漱石研究」 翰林書房 7 1996.12 p204〜225
◇〈対談〉小説記者夏目漱石—『漱石とその時代 第4部』をめぐって （江藤淳,古井由吉）「新潮」 新潮社 93(12) 1996.12 p266〜287
◇夏目漱石 漱石君の文章〈明治41年3月号〉（作家論） （佐藤紅緑）「中央公論」 111(15) 1996.12 臨増(20世紀日本文学の誕生 文芸欄の100年) p561〜562
◇漱石のレトリック—『趣味の遺伝』「索引のついた」作品 （小池清治）「外国文学」 宇都宮大学外国文学研究室 46 1997 p巻末1〜8
◇子規と漱石—対西洋と日本 （柴田奈美）「岡山県立大学短期大学部研究紀要」 岡山県立大学短期大学部 4 1997 p1〜10
◇白雲郷を求めて—アイリス・マードック『四季の鳥』と漱石漢詩の接点 （井内雄四郎）「英文学」 早稲田大学英文学会 73 1997 p1〜14
◇漱石とハーンの神秘主義 （近藤哲）「会津大学短期大学部研究年報」 会津大学短期大学部 54 1997 p11〜27
◇夏目漱石の『文学論』 （亀井俊介）「Aurora」 岐阜女子大学英語英米文学会 1 1997 p73〜80
◇夏目漱石『坊っちゃん』試論—反＝貴種流離譚の構造をめぐって （伊勢英明）「仙台電波工業高等専門学校研究紀要」 仙台電波工業高等専門学校 27 1997 p124〜117
◇夏目漱石『草枕』の〈非人情美学〉 （武田充啓）「奈良工業高等専門学校研究紀要」 奈良工業高等専門学校 33 1997 p168〜159
◇『源氏物語』と夏目漱石—「宿世」と「偶然」をめぐって （上坂信男）「共立女子大学文芸学部紀要」 共立女子大学 43 1997.1 p1〜28
◇「須永」の怯え—夏目漱石『彼岸過迄』における一考察 （増満圭子）「語文論叢」 千葉大学人文学部国語国文学会 24 1997.1 p35〜46
◇ミケランジェロと漱石—鼻の神話 （中江彬）「人文学論集」 大阪府立大学総合科学部西洋文化講座 第15集 1997.1 p63〜84
◇講演 漱石「心」のことなど—わが文学の心根に （秦恒平）「学苑」 昭和女子大学近代文化研究所 683 1997.1 p71〜89
◇夏目漱石と絵画—裸体画論争の中で （三輪正胤）「人文学論集」 大阪府立大学総合科学部西洋文化講座 第15集 1997.1 p85〜102
◇漱石俳句探偵帖(1) （半藤一利）「俳句研究」 富士見書房 64(1) 1997.1 p128〜131
◇漱石とその時代 第5部 （江藤淳）「新潮」 新潮社 94(1) 1997.1 p338〜348
◇夏目漱石「ギディングス・ノート」翻刻 （藤尾健剛）「日本文学研究」 大東文化大学研究科 36 1997.2 p15〜32
◇『門』における上下空間 （大口雅人）「上越教育大学国語研究」 上越教育大学国語教育学会 第11号 1997.2 p42〜55
◇「行人」論—一郎・お直の形象と二郎の〈語り〉について （木村功）「国語と国文学」 至文堂 74(2) 1997.2 p54〜70
◇漱石俳句探偵帖 第二回 「草枕」の隠し味 （半藤一利）「俳句研究」 富士見書房 64(2) 1997.2 p90〜94
Natsume Soseki's Michikusa(Loitering)and William Shakespeare's The Tempest : A Comparative Study （本間賢史郎）「関西外国語大学研究論集」 関西外国語大学 65 1997.2 p99〜117
◇漱石とその時代 第5部(2) （江藤淳）「新潮」 新潮社 94(2) 1997.2 p336〜346
◇夏目漱石におけるイブセン戯曲の受容—留学時代のイブセン読書(2) （木村功）「宇部国文研究」 宇部短期大学国語国文学研究室 第28号 1997.3 p(1)〜(14)
◇夏目漱石とレッシングの『ラオコオン』 （久保忠夫）「東北学院大学論集 人間・言語・情報」 東北学院大学学術研究会 116 1997.3 p1〜29
◇『彼岸過迄』論—その自我崩壊を巡って （河原由香）「湘南文学」 東海大学日本文学研究会 第31号 1997.3 p11〜23
◇「Ruskinノ遺墨ヲ見ル」—漱石のロンドン日記から （清水一嘉）「学鐙」 丸善 94(3) 1997.3 p14〜17
◇日本文学の忘れ物(7)—「愛」と「罪」—夏目漱石『明暗』他 （千葉昌邦）「現代詩研究」 現代詩研究会 第38号 1997.3 p14〜39
◇漱石のメタファー機構—「虞美人草」から （阿久津友希）「国語表現研究」 国語表現研究会 10 1997.3 p18〜35
◇夏目漱石『明暗』研究史の一側面—外国人における『明暗』研究 （申賢局）「湘南文学」 東海大学日本文学研究会 第31号 1997.3 p24〜31
◇「夢十夜」成立期への一視点—〈あまのじゃく〉という方法 （江藤正顕）「Comparatio」 九州大学大学院比較社会文化研究科比較文化研究会 Vol.1 1997.3 p27〜42
◇『三四郎』論—「森の女」について （南香蘭）「国学院大学大学院文学研究科論集」 国学院大学大学院文学研究科 第24号 1997.3 p31〜38
◇漱石と鴎外に見られる日本近代知識人の特徴—魯迅との相違点をみる （李明玉）「共立女子大学総合文化研究所年報」 共立女子大学総合文

化研究所 第3号 1997.3 p43～56
◇漱石の「個人主義」について （鄭相哲）「国学院大学大学院文学研究科論集」 国学院大学大学院文学研究科 第24号 1997.3 p47～54
恋愛の誕生と近代の成立―『三四郎』論 （西村好子）「国語と国文学」 至文堂 74（3）1997.3 p54～68
漱石と寅彦（二）（沢英ós）「日本文学研究」 高知日本文学研究会 第34号 1997.3 p55～112
『一夜』論―「画」に纏わる「死」なるもの （崔明淑）「中央大学国文」 中央大学国文学会 第40号 1997.3 p61～70
◇『明暗』小考―清子の造型について （佐々木啓）「青山語文」 青山学院大学日本文学会 第27号 1997.3 p83～94
夏目漱石による『白痴』からの3つの抜き書きについて―自由間接話法を中心に （佐藤和代）「人文科学研究」 新潟大学人文学部 93 1997.3 p85～107
漱石俳句探偵帖―第3回―『虞美人草』のはじめと終り （半藤一利）「俳句研究」 富士見書房 64（3）1997.3 p90～93
『明暗』の戦略―走りまわる登場人物たちと〈不在〉（山本真由美）「実践国文学」 実践国文学会 51 1997.3 p115～128
夏目漱石著「夢十夜」についての社会科学的アプローチ（1）（佐藤金吾）「社会労働研究」 法政大学社会学部学会 43（3・4）1997.3 p205～249
やっと世に出た「幻の一句」―とことん調べ尽くされ、新しい発見などないと言われていたはずの、知られざる一句の真偽やいかに。（知られざる漱石シリーズ〔6〕）（長尾剛）「新潮45」16（3）1997.3 p216～226
◇漱石とその時代 第5部（3）（江藤淳）「新潮」 新潮社 94（3）1997.3 p330～340
夏目漱石『こころ』にみる悪―エゴイズムと自殺の問題 （鈴木康治）「独協経済」 独協大学経済学部 65 1997.4 p1～37
頭は一つづつ配給されている（特集・自信）（森崎東）「公評」 34（3）1997.4 p42～45
◇漱石俳句探偵帖―第4回―「無弦の素琴」を聞く （半藤一利）「俳句研究」 富士見書房 64（4）1997.4 p116～119
SFCと漱石と私, 慶応義塾大学最終講義―教育は制度がするのではない、人が人をするのです （江藤淳）「Voice」 232 1997.4 p136～162
漱石とその時代 第5部（4）（江藤淳）「新潮」 新潮社 94（4）1997.4 p334～344
◇特集：夏目漱石―時代のコードの中で（21世紀を視野に入れて）「國文學 解釈と教材の研究」 学灯社 42（6）1997.5 p6～140
ヒロインの「生」と「愛」と―『明暗』への一考察 （朴杓礼）「論輯」 駒沢大学大学院国文学会 第25号 1997.5 p29～36
『夢十夜』試論（1）（岸規子）「解釈」 教育出版センター 43（5）1997.5 p38～44
漱石の英文学 （松元寛）「英語青年」 研究社出版 143（2）1997.5 p62～65
『虞美人草』における漱石の〈藤尾殺し〉について（特集：夏目漱石―時代のコードの中で（21世紀を視野に入れて）―フェミニティと漱石）（水田宗子）「國文學 解釈と教材の研究」 学灯社 42（6）1997.5 p102～111
漱石俳句探偵帖 第5回「古池や」をめぐって （半藤一利）「俳句研究」 富士見書房 64（5）1997.5 p110～119
◇特集 外国人が見た夏目漱石 「国文学解釈と鑑賞」 至文堂 62（6）1997.6 p5～170
「吾輩」はなぜ「猫」であるのか （李国棟）「国文学攷」 広島大学国語国文学会 150 1997.6 p15～23
漱石文学における愛（上）（堀井哲夫）「女子大国文」 京都女子大学国文学会 121 1997.6 p57～70
◇『虞美人草』「道義」の問題を中心として（特集 外国人が見た夏目漱石―作品研究の世界）（孫順玉）「国文学解釈と鑑賞」 至文堂 62（6）1997.6 p87～93
喜劇の時代の幕開け―夏目漱石「文学論」における実践について （永野宏志）「国文学研究」 早稲田大学国文学会 122 1997.6 p100～111
漱石の見た自然/自然界と人間の心 （大橋健三郎）「文学空間」 20世紀文学研究会, 創樹社（発売）Vol.IV No.1 1997.6 p104～116
漱石と戦争・序説 （赤井恵子）「熊本学園大学文学・言語学論集」 熊本学園大学文学・言語学論集編集会議 4（1）1997.6 p128～113
夏目漱石『こゝろ』考―二つの英訳比較 （中村京子）「英文学会会報」 広島女学院大学英文学会 第41号 1997.6 p129～137
漱石俳句探偵帖 第6回 是は兒童調である （半藤一利）「俳句研究」 富士見書房 64（6）1997.6 p152～155
海外研究者による「研究文献目録」（特集 外国人が見た夏目漱石）「国文学解釈と鑑賞」 至文堂 62（6）1997.6 p165～170
漱石俳句探偵帖 第7回 「悪妻」について一言 （半藤一利）「俳句研究」 富士見書房 64（7）1997.7 p102～105
◇漱石とその時代第5部（5）（江藤淳）「新潮」 新潮社 94（7）

1997.7 p316～326
◇「坊つちやん」の月 （谷口巌）「図書」 岩波書店 579 1997.8 p2～5
漱石の引っ越し（ずいひつ「波音」）（板坂元）「潮」 462 1997.8 p62～63
◇漱石俳句探偵帖 第8回 僧帰る竹の裡こそ寒からめ （半藤一利）「俳句研究」 富士見書房 64（8）1997.8 p98～101
◇漱石の歎き（テーマ・エッセイ いまどきの父性）（板坂元）「Voice」 236 1997.8 p174～176
漱石とその時代 第5部（6）（江藤淳）「新潮」 新潮社 94（8）1997.8 p309～319
◇「坊つちやん」の反近代 （登尾豊）「国語と国文学」 至文堂 74（9）1997.9 p1～11
神経衰弱と文明―夏目漱石とウィリアム・ジェイムス （宮本盛太郎）「政治経済史学」 日本政治経済史学研究所 373 1997.9 p1～23
『夢十夜』試論（2）（岸規子）「解釈」 教育出版センター 43（9）1997.9 p18～24
1900年パリ〔2〕漱石もエッフェル塔に上った（1900年への旅〔2〕）（寺島実郎）「Foresight」 8（9）1997.9 p52～54
漱石絵画の女たち （佐藤しのぶ）「日本文学」 東京女子大学日本文学研究会 第88号 1997.9 p60～76
熊楠と漱石のニアミス（ずいひつ「波音」）（板坂元）「潮」 463 1997.9 p62～64
少しほめ給へ―漱石と俳句（特集 今, 文人俳句がおもしろい）（坪内稔典）「俳壇」 本阿弥書店 14（10）1997.9 p126～128
漱石の実験工房―『永日小品』一篇の読みの試み （芳賀徹）「日本研究」 国際日本文化研究センター 16 1997.9 p187～209
漱石とその時代 第5部（7）（江藤淳）「新潮」 新潮社 94（9）1997.9 p282～292
漱石とUniversity College London （馬場彰）「英語青年」 研究社出版 143（6）1997.9 p332～333
夏目教授五高最後の試験問題 （福田昇八）「英語青年」 研究社出版 143（6）1997.9 p334～336
『坑夫』考察 （曽我理恵）「新樹」 梅光女学院大学院文学研究科日本文学 第12輯 1997.10 p41～49
◇漱石俳句探偵帖 第10回 「蒙求」はアイディアの宝庫 （半藤一利）「俳句研究」 富士見書房 64（10）1997.10 p128～131
ロンドンの金之助 貨幣・模倣・名 （Ioannis Menzas）「批評空間 2期」 太田出版 15 1997.10 p215～233
漱石とその時代第5部（8）（江藤淳）「新潮」 新潮社 94（10）1997.10 p346～356
夏目漱石『夢十夜』再論―「第一夜」を繞って （松尾直昭）「就実語文」 就実女子大学日本文学会 第18号 1997.11 p1～18
夏目漱石「猫の家」―愛知県犬山市・明治村（文豪の家探訪）「歴史と旅」 24（16）1997.11 p28～29
漱石俳句探偵帖 第11回 シェイクスピアに張り合って （半藤一利）「俳句研究」 富士見書房 64（11）1997.11 p128～131
◇コロケーションにおける「心」のイメージ―『こころ』における「心」の中国語訳を通して （呉川）「国際関係研究 国際文化編」 日本大学国際関係学部国際関係研究所 18（2）1997.12 p1～26
漱石の東京―「彼岸過迄」を中心に （武田勝彦）「教養諸学研究」 早稲田大学政治経済学部教養諸学研究会 103 1997.12 p1～51
漱石と良寛（1）（加藤豊俶）「宮城教育大学国語国文」 宮城教育大学国語国文学会 25 1997.12 p70～76
英雄の死―『行人』の神話的造型 （稲垣政行）「稿本近代文学」 筑波大学文芸・言語学系平岡研究室 22 1997.12 p55～68
『こころ』から『道草』へ―対他的闘争から対自的闘争への転回 （阿武正次）「文学と教育の会 34 1997.12 p60～68
「秋」におけるアイロニー―『三四郎』美禰子の継承 （高橋竜夫）「稿本近代文学」 筑波大学文芸・言語学系平岡研究室 22 1997.12 p69～77
『草枕』の文体論的考察 （宮沢健太郎）「白百合女子大学研究紀要」 白百合女子大学 33 1997.12 p107～119
◯BOTCHAN研究（その1）『坊ちゃん』翻訳にあたっての工夫と難所 （目黒雅也）「白百合女子大学研究紀要」 白百合女子大学 33 1997.12 p127～155
漱石『野分』論―白井道也は〈文学者〉である （小田島本有）「釧路工業高等専門学校紀要」 釧路工業高等専門学校 31 1997.12 p132～124
漱石俳句探偵帖 第12回 食いしん坊という話 （半藤一利）「俳句研究」 富士見書房 64（12）1997.12 p136～139
漱石とその時代 第5部（9）（江藤淳）「新潮」 新潮社 94（12）1997.12 p330～340
◇『道草』と『明暗』の世界 （石川正一）「金沢経済大学論集」 金沢経済大学経済学会 31（2・3）1997.12 p534～512
◇自然の歌―『虞美人草』から老荘思想を見る （祝振媛）「中央大学大学院研究年報」 中央大学 28（文学）1998 p1～12

夏目漱石

◇トルストイからギュイヨーへ?—夏目漱石「文学論」成立の一背景 (藤尾健剛)「大東文化大学紀要 人文科学」 大東文化大学 36 1998 p1~20

◇大橋健三郎先生に聞く—アメリカ・フォークナー・漱石 (大橋健三郎)「ほらいずん」 早稲田大学英米文学研究会 30 1998 p1~22

◇『草枕』論—浮遊する魂 (荻原桂子)「九州女子大学紀要 人文・社会科学編」 九州女子大学〔ほか〕 34(3) 1998 p91~100

◇日本文学共同研究(5)日本文学の伝統と創造 『明暗』—漱石の詩と真実 (熊倉千之)「東京家政学院大学紀要 人文・社会科学系」 東京家政学院大学〔ほか〕 38 1998 p91~101

◇『坑夫』論—「片付かない不安」 (荻原桂子)「九州女子大学紀要 人文・社会科学編」 九州女子大学〔ほか〕 35(1) 1998 p101~109

◇夏目漱石の文学理論 (大野真)「東京薬科大学研究紀要」 東京薬科大学 1 1998 p137~145

◇夏目漱石『坊ちゃん』の「乱暴者」 (武田充啓)「奈良工業高等専門学校研究紀要」 奈良工業高等専門学校 34 1998 p164~155

◇漱石の『草枕』におけるミケランジェロ—超人的芸術論の歴史 (中江彬)「人文学論集」 大阪府立大学総合科学部西洋文化講座 第16集 1998.1 p17~38

◇夏目漱石と京大 (宮本盛太郎)「社会システム研究」 京都大学大学院人間・環境学研究科〔ほか〕 1 1998.1 p1~12

◇〈非人情〉の世界を構築するもの—『草枕』における〈春〉 (笛木美佳)「学苑」 昭和女子大学近代文化研究所 694 1998.1 p51~61

◇夏目漱石『門』を読む—「愛の賫」と「愛の刑」 (相沢朋美)「日本文学ノート」 宮城学院女子大学日本文学会 第33号(通巻55号) 1998.1 p75~88

◇漱石俳句探偵帖(第13回)「厠半ばに」をめぐって (半藤一利)「俳句研究」 富士見書房 65(1) 1998.1 p114~117

◇『行人』・『塵労』論—〈修養〉の時代の文学として読む (王成)「立教大学日本文学」 立教大学 79 1998.1 p141~152

◇夏目漱石の評価とその周辺(長塚節の風景「終回」) (南雲道雄)「公評」 35(1) 1998.1 p158~165

◇作品論「こころ」 (大原つばき)「近代文学研究会会報」 近代文学研究会 18 1998.2 p1~9

◇夏目漱石『こころ』—襟についての一考察 (伊南恵美子)「近代文学研究会会報」 近代文学研究会 18 1998.2 p28~31

◇1900年ロンドン〔1〕二十世紀を持ち帰った夏目漱石(1900年への旅〔7〕) (寺島実郎)「Foresight」 9(2) 1998.2 p60~63

◇漱石とピーナッツ(ずいひつ「波音」) (板坂元)「潮」 468 1998.2 p62~64

◇漱石俳句探偵帖(第14回)是は謡曲好きのものにて候 (半藤一利)「俳句研究」 富士見書房 65(2) 1998.2 p114~117

◇夏目漱石の非人情論と中国漢詩人への省顧—『草枕』の比較文学的新考察を中心として (徳田進)「高崎経済大学論集」 高崎経済大学会 40(4) 1998.2 p226~218

◇「文学論」の「失敗」と漱石のリアリズム (中村泰行)「立命館経済学」 立命館大学経済学会 46(6) 1998.2 p750~777

◇夏目漱石の「倫敦塔」 (李平)「日本文学論集」 大東文化大学大学院文学研究科日本文学専攻 第22号 1998.3 p1~10

◇『夢十夜』「第三夜」と日本・韓国・中国の民話との比較 (権赫建)「Comparatio」 九州大学大学院比較社会文化研究科比較文化研究会 Vol.2 1998.3 p3~33

◇夏目漱石『道草』論—「淋しい」感情について (永846里佳)「日本文学論集」 大東文化大学大学院文学研究科日本文学専攻 第22号 1998.3 p11~17

◇『虞美人草』論—「鱗の紋」にみる「謎の女」への一考察 (荻原桂子)「語学と文学」 九州女子大学・九州女子短期大学国語・国文学会、英語・英文学会、共同出版者：九州女子大学・九州女子短期大学英語・英文学会 第28号 1998.3 p1~20

◇幼少の頃の夏目漱石—その思想の契機・諸性格・傾向性を探る (大沼直樹)「教育学雑誌」 日本大学教育学会事務局 32 1998.3 p14~32

◇夏目漱石—近代人の不安と懐疑『それから』(20世紀の歴史のなかの人物) (大野一夫)「歴史地理教育」 歴史教育者協議会 576 1998.3 p22~23

◇子規の「俳句分類」作業の契機—漱石とのアイデアとレトリック論争を中心に (柴田奈美)「安田女子大学大学院文学研究科紀要 日本語学日本文学専攻」 安田女子大学大学院文学研究科 第3集第3号 1998.3 p31~48

◇漱石と魯迅の比較研究の試み—『坊つちゃん』と『阿Q正伝』の接点を中心に (樂殿武)「語文論叢」 千葉大学人文学部国語国文学会 25 1998.3 p33~46

◇夏目漱石の社会思想—とくに『草枕』の場合 (倉田稔)「小樽商科大学人文研究」 小樽商科大学人文研究室 95 1998.3 p35~48

◇『こころ』論—「人間らしさ」の可能性に開かれる「私」の物語 (崔明淑)「学芸国語国文学」 東京学芸大学国語国文学会 30 1998.3 p41~49

◇漱石「一夜」論—カラーからモノクロームへ (近藤春絵)「金城国文」 金城学院大学国文学会 74 1998.3 p41~51

◇「新しい男」の身体—『それから』の可能性 (生方智子)「成城国文学」 成城国文学会 第14号 1998.3 p42~53

◇「こころ」の私をめぐって (金井二朗)「学芸国語国文学」 東京学芸大学国語国文学会 30 1998.3 p50~58

◇『こころ』「先生と遺書」に於ける超自我—「先生」と死の欲動 (広瀬裕作)「Comparatio」 九州大学大学院比較社会文化研究科比較文化研究会 Vol.2 1998.3 p54~83

◇夏目漱石『明暗』続編考—大岡昇平系譜の作品をめぐり (申賢周)「湘南文学」 東海大学日本文学研究会 第32号 1998.3 p59~70

◇漱石と寅彦(三)—新体詩「水底の感」を巡って (沢英彦)「日本文学研究」 高知日本文学研究会 第35号 1998.3 p73~130

◇漱石の小説的転向—『草枕』執筆と美的ナショナリズムの帰趣をめぐって (佐野正人)「文芸研究」 日本文芸研究会 145 1998.3 p84~94

◇漱石とフランス (秋山和夫)「武蔵大学人文学会雑誌」 武蔵大学人文学会 29(3・4) 1998.3 p142~122

◇漱石の満韓旅行とその紀行文—その本質をめぐって (朱敏)「実践国文学」 実践国文学会 53 1998.3 p206~219

◇漱石『夢十夜』第九夜と『宝物集』宗員出家譚—或る日の教室風景 (特集 国語教育・国語学) (北郷聖)「解釈」 教育出版センター 44(4) 1998.4 p21~24

◇戦争と愛と—横溝正史と夏目漱石 (谷口基)「文学研究」 日本文学研究会 86 1998.4 p69~74

◇漱石とその時代 第5部(10) (江藤淳)「新潮」 新潮社 95(4) 1998.4 p258~268

◇夏目漱石『草枕』論—那美の現実と「憐れ」 (光田鮎美)「キリスト教文学」 日本キリスト教文学会九州支部 第17号 1998.5 p16~26

◇漱石「猫」のメディア批評(随筆) (高橋康雄)「正論」 309 1998.5 p33~35

◇芥川竜之介『羅生門』の構造—『ジャン・クリストフ』と『こゝろ』の受容 (首藤基澄)「キリスト教文学」 日本キリスト教文学会九州支部 第17号 1998.5 p44~57

◇漱石俳句探偵帖 第17回 性病専門の診療所に入院して (半藤一利)「俳句研究」 富士見書房 65(5) 1998.5 p82~85

◇漱石とその時代 第5部(11) (江藤淳)「新潮」 新潮社 95(5) 1998.5 p259~269

◇川端康成と夏目漱石—表現の系譜・『青い海黒い海』『雪国』『伊豆の踊子』 (小池清治)「川端文学への視界」 教育出版センター 第13号 1998.6 p10~24

◇思い出すままに(125)有島武郎という作家・夏目漱石のユーモア (佐藤良雄)「日本古書通信」 日本古書通信社 63(6) 1998.6 p11

◇『門』—「山の手の奥」の心象地理 (深津謙一郎)「明治大学日本文学」 明治大学日本文学研究会 第26号 1998.6 p38~46

◇太宰治と夏目漱石(特集 太宰治没後50年—太宰治と前代) (内田道雄)「国文学解釈と鑑賞」 至文堂 63(6) 1998.6 p63~71

◇ナチュラリストは《外》へ出る—夏目漱石『草枕』/『坑夫』における小説の冒険をめぐって (永野宏志)「国文学研究」 早稲田大学国文学会 125 1998.6 p57~68

◇漱石俳句探偵帖 第18回 まったく無能な教師なり (半藤一利)「俳句研究」 富士見書房 65(6) 1998.6 p86~89

◇『それから』論—代助の自己本位 (田中信子)「女子大国文」 京都女子大学国文学会 123 1998.6 p100~111

◇夏目漱石の懐疑(シリーズ 日本の思想家＝論〔4〕) (佐伯啓思)「正論」 310 1998.6 p102~115

◇『薤露行』論—「鏡」の崩壊 (笹田和子)「女子大国文」 京都女子大学国文学会 123 1998.6 p112~129

◇夏目漱石における「素人」性—「素人と黒人」を中心として (中村美子)「女子大国文」 京都女子大学国文学会 123 1998.6 p130~144

◇漱石とその時代 第5部(12) (江藤淳)「新潮」 新潮社 95(6) 1998.6 p310~320

◇漱石の〈狂気〉について(特集 芝居になる人) (福田善之)「悲劇喜劇」 早川書房 51(7) 1998.7 p14~16

◇漱石俳句探偵帖(第19回)「モナリザの微笑」は気味悪い (半藤一利)「俳句研究」 富士見書房 65(7) 1998.7 p86~89

◇夏目漱石とハーン(特集：横断する ラフカディオ・ハーン 小泉八雲—近代日本とハーン) (平岡敏夫)「國文學 解釈と教材の研究」 学灯社 43(8) 1998.7 p94~98

◇『坊ちゃん』と文学の伝統—一挙掲載 誰も書かなかった画期的漱石論100枚！ (丸谷才一)「現代」 32(7) 1998.7 p164~203

◇漱石の「個人主義」と魯迅の「人間の確立」—儒教的使命感から見る (趙建新)「立命館文学」 立命館大学人文学会 556 1998.7 p209~239

◇漱石ロンドン異聞 (武田勝彦)「新潮」 新潮社 95(7) 1998.7 p318~328

◇漱石とその時代 第5部(13) (江藤淳)「新潮」 新潮社 95(7) 1998.7 p354~364

◇野上弥生子の『明暗』と夏目漱石のその批評をめぐる覚書 (安達美

◇代子）「国学院雑誌」 国学院大学出版部 99（8） 1998.8 p1～25
◇月給八〇円の嘱託教員―漱石の松山行き・探偵メモ （半藤一利）「学鐙」 丸善 95（8） 1998.8 p8～13
◇漱石俳句探偵帖 第20回 われ風流という趣を愛す （半藤一利）「俳句研究」 富士見書房 65（8） 1998.8 p82～85
◇漱石とオカルト―怪談噺を通して（総特集 怪談）（唐沢俊一）「ユリイカ」 青土社 30（11） 1998.8 p104～109
◇Natsume Soseki and William Shakespeare―Gubijinso and Antony and Cleopatra （本間賢史郎）「関西外国語大学研究論集」 関西外国語大学 68 1998.8 p139～156
◇「趣味の遺伝」論―漱石の〈戦争〉小説 （渥見秀夫）「愛媛大学教育学部紀要 第2部 人文・社会科学」 愛媛大学教育学部 31（1） 1998.9 p13～22
◇声の〈戦争〉―「虞美人草」における身体と性 （内藤千珠子）「現代思想」 青土社 26（11） 1998.9 p28～40
◇ポーと漱石―「怪しき鵺」の訳者はだれか （宮永孝）「社会労働研究」 法政大学社会学部学会 45（1） 1998.9 p56～70
◇漱石俳句探偵帖 第21回 天草「海に夕日を」の旅 （半藤一利）「俳句研究」 富士見書房 65（9） 1998.9 p86～89
◇漱石作品における周辺人物についての一考察 （佐々木啓）「北見大学論集」 北海学園北見大学学術研究会 40 1998.9 p134～125
◇漱石とその時代 第5部（14） （江藤淳）「新潮」 新潮社 95（9） 1998.9 p300～310
◇漱石とロンドンの古本屋（承前） （清水一嘉）「学鐙」 丸善 95（10） 1998.10 p32～35
◇夏目漱石の『心』における「自然観」（特集 国語学・近代） （具賢淑）「解釈」 教育出版センター 44（9・10） 1998.10 p39～44
◇「明暗」以後―続・漱石におけるドストエフスキイ （内田道雄）「古典と現代」 古典と現代の会 66 1998.10 p45～55
◇『夢十夜』の時間 （佐竹竜也）「国語の研究」 大分大学国語国文学会 25 1998.10 p52～60
◇漱石俳句探偵帖 第22回 「狐鼠々々、烏鷺々々」した話 （半藤一利）「俳句研究」 富士見書房 65（10） 1998.10 p74～77
◇ジョージ・ギッシングと夏目漱石の文明論 （小林吉久）「大学院論集」 日本大学大学院国際関係研究科 第8号 1998.10 p111～125
◇夏目漱石の講演―「私の個人主義」をめぐって （玉井敬之）「ビブリア 天理図書館報」 天理大学出版部 110 1998.10 p116～134
◇生死の超越―漱石の「父母未生以前」 （加藤二郎）「文学」 岩波書店 9（4） 1998.10 p148～160
◇漱石とその時代 第5部（15） （江藤淳）「新潮」 新潮社 95（10） 1998.10 p288～298
◇夏目漱石の宇宙―『夢十夜』「第一夜」を中心に （武田紀子）「比較文化研究」 広島大学総合科学部比較文化研究室 第21号 1998.11 p1～15
◇漱石「それから」と中村是公―長井誠吾について （青柳達雄）「言語と文芸」 おうふう 115 1998.11 p42～48
◇漱石の考え方 （石川正一）「金沢経済大学論集」 金沢経済大学経済学会 32（2） 1998.11 p84～79
◇漱石俳句探偵帖 第23回 英文学者の漢詩好き （半藤一利）「俳句研究」 富士見書房 65（11） 1998.11 p53～57
◇スネかじり、若い者（もん）に「猫撫で声」でどうする！ くっすん症候群」に冒（おか）される高等遊民の群（むれ） （長山靖生）「諸君！」 30（11） 1998.11 p144～153
◇母の夢―漱石伝への一視角 （相原和邦）「国語と国文学」 至文堂 75（12） 1998.12 p1～13
◇漱石のスタイルシフト （渋谷勝己）「待兼山論叢」 大阪大学文学部 32（日本学） 1998.12 p1～16
◇漱石の東京―『道草』を中心に （武田勝彦）「教養諸学研究」 早稲田大学政治経済学部教養諸学研究会 105 1998.12 p1～44
◇「回想」と「写生文」―後期漱石文学試論 （山下航正）「近代文学試論」 広島大学近代文学研究会 36 1998.12 p44～53
◇「明暗」の世界 （坂本育雄）「国文鶴見」 鶴見大学日本文学会 第33号 1998.12 p27～43
◇ある肉体破砕のイメージ―漱石と魯迅の〈出来事〉 （平岡敏夫）「文学と教育」 文学と教育の会 36 1998.12 p1～9
◇漱石の戦略（一）―『行人』『槍の権三重帷子』『ドン・キホーテ』 （清水鉄子）「名古屋近代文学研究」 名古屋近代文学研究会 16 1998.12 p67～87
◇夏目漱石『夢十夜―「第二夜」論（上）―参禅の動機を繞って （松尾直昭）「就実語文」 就実女子大学日本文学会 第19号 1998.12 p73～94
◇BOTCHAN研究（その2）―『坊ちゃん』翻訳にあたっての工夫と難所 （目黒雅也）「白百合女子大学研究紀要」 白百合女子大学 34 1998.12 p145～171
◇漱石俳句探偵帖（24）下戸がうたう「菊花の酒」 （半藤一利）「俳句研究」 富士見書房 65（12） 1998.12 p158～161
◇『夢十夜』―第四夜・第五夜・第十夜 （大竹雅則）「秋草学園短期大学紀要」 秋草学園短期大学 16 1999 p1～11
◇夏目漱石『『夢十夜』―『第二夜』再論（下）我のゆらぎ （松尾直昭）「就実論叢」 就実女子大学〔ほか〕 29（1） 1999 p1～13
◇夏目漱石『夢十夜』の謎―漱石の人生観を通して （宇野憲治）「比治山大学現代文化学部紀要」 比治山大学現代文化学部 6 1999 p1～18
◇夏目漱石『坊ちゃん』における哲学的背景 （荒木正見）「福岡女学院大学紀要」 福岡女学院大学 9 1999 p1～24
◇『門』評釈一五、六章をめぐって （佐々木雅発）「早稲田大学大学院文学研究科紀要 第3分冊」 早稲田大学大学院文学研究科 45 1999 p3～18
◇『蒙求』と漱石 （祝振媛）「中央大学大学院研究年報」 中央大学大学院研究年報編集委員会 29（文学） 1999 p13～1
◇『吾輩は猫である』の一考察―『猫』の誕生と『猫』の「死」を中心にして （崔明淑）「中央大学大学院研究年報」 中央大学大学院研究年報編集委員会 29（文学） 1999 p15～27
◇漱石『それから』における〈心的現象〉の解剖―「心（臓）」と「自然」との共鳴を中心に （安徳軍一）「北九州大学文学部紀要」 北九州大学文学部 58 1999 p15～49
◇「和合同棲」のための〈男〉の条件―夏目漱石『門』の宗助 （片岡豊）「作新国文」 作新学院女子短期大学国文学会 11 1999 p17～36
◇『こゝろ』に用いられた「自白」という語の意味をめぐって （伊佐山潤子）「国語と教育」 長崎大学国語国文学会 24 1999 p20～27
◇『彼岸過迄』―青年の成長と、それを見守る男達の物語 （高橋礼）「白門国文」 中央大学国文学会 16 1999 p28～43
◇講演『漱石とゲーテ』 （三木正之）「Da」 神戸大学ドイツ文学会 6 1999 p29～61
◇中国と日本における「魯迅と漱石」研究の史的考察―魯迅と漱石の比較論の予備的研究 （潘世聖）「比較社会文化研究」 九州大学大学院比較社会文化研究科 6 1999 p35～43
◇漱石とナルシシズム（上） （李哲権）「研究紀要 第1分冊 人文学部」 聖徳大学 10 1999 p101～109
◇「野分」論―実相と影 （荻原桂子）「九州女子大学紀要 人文・社会科学編」 九州女子大学〔ほか〕 35（3） 1999 p107～116
◇漱石に寄せる挽歌―『白鷺』から「眉かくしの霊」へ （石井和夫）「文芸と思想」 福岡女子大学文学部 63 1999 p121～139
◇近代という衣裳―紅葉と漱石の小説を中心に （羽生清）「瓜生」 京都芸術短期大学 22 1999 p126～114
◇夏目漱石『吾輩は猫である』論 （武田充啓）「奈良工業高等専門学校研究紀要」 奈良工業高等専門学校 35 1999 p136～126
◇ジャン・ショレー訳『吾輩は猫である』を読む（1）その「解説」部分の日本語訳と若干の補説 （谷口巌）「岐阜女子大学紀要」 岐阜女子大学 28 1999 p152～145
◇漱石『明暗』の「純白」について （熊倉千之）「金城学院大学論集」 金城学院大学 187 1999 p169～189
◇『こころ』論―先生の死について （南香蘭）「国学院大学大学院紀要 文学研究科」 国学院大学大学院 31 1999 p235～249
◇漱石とイギリスのことわざ （清水一嘉）「図書」 岩波書店 597 1999.1 p6～10
◇『虞美人草』論―「我の女」と「謎の女」 （光田鮎美）「福岡教育大学国語科研究論集」 福岡教育大学国語国文学会 40 1999.1 p24～33
◇「吾輩は猫である」における「西洋」 （飯島武久）「山形大学紀要 人文科学」 山形大学 14（2） 1999.1 p45～71
◇漱石俳句探偵帖（25）「死こそ真のリアリティだ」 （半藤一利）「俳句研究」 富士見書房 66（2） 1999.1 p142～145
◇漱石のリーダーシップ（テーマ・エッセイ 人の心を摑む）（坂崎重盛）「Voice」 253 1999.1 p190～192
◇「落語家」になりたかった漱石 （長尾剛）「新潮45」 18（1） 1999.1 p228～236
◇『夢十夜』試論（3）（特集 近代）（岸規子）「解釈」 教育出版センター 45（1・2） 1999.2 p30～36
◇百年後を予言した『猫』（鈴木邦男の予備校物語〔39〕）（鈴木邦男）「月刊TIMES」 23（2） 1999.2 p38～39
◇漱石に関する一考察（1）（高木利夫）「法政大学教養部紀要」 法政大学教養部 109 1999.2 p85～109
◇Natsume Soseki and William Shakespeare―Kokoro and Julius Caesar （本間賢史郎）「関西外国語大学研究論集」 関西外国語大学 69 1999.2 p125～144
◇漱石と光太郎―第6回文展評をめぐる綾 （佐々木充）「千葉大学教育学部研究紀要 2 人文・社会科学編」 千葉大学教育学部 47 1999.2 p141～153
◇インタヴューズ日本版―明治大正昭和三代の活字メディアから拾った時の人、実力者、ヒーローたち五十八人の言葉の数々 （坪内祐三構成）「文芸春秋」 77（2） 1999.2 p358～407
◇漱石文庫 （杉山智章）「文献探索」 文献探索研究会 1998 1999.2.23 p226～235
◇漱石の小説に現れた〈解釈〉（上） （橋浦洋志）「茨城大学教育学部紀要 人文・社会科学・芸術」 茨城大学教育学部 48 1999.3 p1～10

夏目漱石

◇夏目漱石『門』論—御米にとっての「崖下の家」 （熊田真由美）「論樹」 東京都立大学大学院人文科学研究科 第12号 1999.3 p1～13
◇『こゝろ』の構造—隠蔽された「私」の罪と静の言葉 （佐藤裕子）「フェリス女学院大学文学部紀要」 フェリス女学院大学 34 1999.3 p1～23
◇夏目漱石の英国留学時の研究(ロンドン大学ユニヴァーシティ・コリッジ) （武田光史）「岡山大学教育学部研究集録」 岡山大学教育学部 110 1999.3 p13～17
◇夏目金之助から夏目漱石へ：ロンドン留学の意味 （武内道子）「人文学研究所報」 神奈川大学人文学研究所 32 1999.3 p13～22
◇魯迅と漱石：魯迅の伝記から見た一考察—魯迅と漱石との比較論のための序章 （潘世聖）「Comparatio」 九州大学大学院比較社会文化研究科比較文化研究会 Vol.3 1999.3 pxiv～xxvii
◇夏目漱石『夢十夜』(第二夜) （東典幸）「大谷女子大国文」 大谷女子大学国文学会 第29号 1999.3 p18～28
◇漱石と寅彦(四) （沢英彦）「日本文学研究」 高知日本文学研究会 第36号 1999.3 p23～70
◇夏目漱石論(3)近代文明への危惧、『行人』 （山口博）「鎌倉女子大学紀要」 鎌倉女子大学 6 1999.3 p29～36
◇夏目漱石『こゝろ』—静・その性格 （森宏予）「創造と思考」 湘南短期大学国語国文学会 9 1999.3 p38～40
◇『研究：夏目漱石の英語』—英語音の投射性と片仮名標記 （菅原俊也）「The Obirin review」 桜美林大学英文学会 Vol.23 1999.3 p45～67
◇倫理思想研究と社会情報学—漱石『こころ』・三人の自殺を事例として （山内春光）「群馬大学社会情報学部研究論集」 群馬大学社会情報学部 第6号 1999.3 p53～75
◇教師夏目金之助の研究(三)—英語教育観を中心に （森下恭光）「明星大学教育学研究紀要」 明星大学教育学研究室 第14号 1999.3 p54～64
◇「白雲郷」の系譜—漱石の作品中の「理想郷」を探って （祝振媛）「中央大学国文」 中央大学国文学会 第42号 1999.3 p55～63
◇『草枕』試論(3)時代設定と文明批判 （中村隆俊）「言語表現研究」 兵庫教育大学言語表現学会 15 1999.3 p63～73
◇『坊ちゃん』の現在—「街鉄の枝手」とは何か （高原和政）「中央大学国文」 中央大学国文学会 第42号 1999.3 p64～71
◇カメラアングル—夏目漱石『行人』〔表慶館〕 （小山秀司）「建設月報」 建設省広報室 52(3) 1999.3 p81～83
◇『行人』論 （川和理恵）「湘南文学」 東海大学日本文学研究会 第33号 1999.3 p83～102
◇漱石について （石川正八）「北陸宗教文化」 北陸宗教文化研究会 11 1999.3 p85～93
◇漱石俳句探偵帖 第27回 「余裕のある小説」を愚考する （半藤一利）「俳句研究」 富士見書房 66(4) 1999.3 p88～91
◇漱石とコルクサル—東西の文学的巨人の類似点について （今井洋子）「京都産業大学論集 外国語と外国文学系列」 京都産業大学 26 1999.3 p90～120
◇『行人』論—〈近代〉と一郎 （宋美景）「国学院大学大学院紀要」 国学院大学大学院 第30輯 1999.3 p99～118
◇『道草』論—想起体験と〈物語〉 （北川扶生子）「文化学年報」 神戸大学大学院文化学研究科 第18号 1999.3 p105～124
◇『彼岸過迄』論ノート—田川敬太郎と須永市蔵 （小田島本有）「日本近代文学会北海道支部会報」 日本近代文学会北海道支部事務局 2 1999.4 p12～25
◇古書歴訪(16)漱石極本の幻影 （川島幸希）「日本古書通信」 日本古書通信社 64(4) 1999.4 p16～17
◇孫から見た文豪・漱石(鈴木邦男の予備校物語〔40〕) （鈴木邦男）「月刊TIMES」 23(3) 1999.4 p34～35
◇戦争と愛と(承前)横溝正史と夏目漱石 （谷口基）「文学研究」 日本文学研究会 87 1999.4 p9～106
◇汽車の中から見えた富士山がなぜ東京では見えなくなるのか、画期的漱石論 三四郎と東京と富士山—漱石は日本で初めてのモダニズム文学者だった （丸谷才一）「文芸春秋」 77(4) 1999.4 p284～307
◇漱石俳句探偵帖 第29回 松山「愚陀仏庵」を訪ねて （半藤一利）「俳句研究」 富士見書房 66(6) 1999.5 p96～99
◇シェークスピアになりたかった漱石 （長尾剛）「新潮45」 18(5) 1999.5 p250～259
◇ミケランジェロと夏目漱石(風の中から…〔9〕) （徳増須磨夫）「経済界」 34(10) 1999.5.25 p50～51
◇回想の愚陀仏庵(松山乙女と歌人医博〔1〕) 武田勝彦「公評」 36(5) 1999.5 p128～133
◇寺田寅彦の文学的先見—夏目漱石に師事した寅彦は連句の重要性を主張した （有馬朗人）「中央公論」 114(6) 1999.6 p280～295
◇夏目漱石『門』—宗助の参禅の意義 （山口洋子）「キリスト教文学」 日本キリスト教文学会九州支部 1999.7 p1～2
◇『明暗』における下位主題群の考察 （石崎等）「国語と国文学」 至文堂 76(7) 1999.7 p1～14

◇漱石と「石鼓文」の装幀 （枋尾武）「成城文芸」 成城大学文芸学部研究室 167 1999.7 p17～58
◇夏目漱石『こころ』研究—「私」という人物についての考察 （江藤亮）「九州大谷国文」 九州大谷短期大学国語国文学会 28 1999.7 p39～48
◇彼岸先生—漱石の光と影(島田雅彦のポリティック—長編小説のワンダーランド) （高橋修）「國文學 解釈と教材の研究」 学灯社 44(9) 1999.7 p134～138
◇夏目金之介ロンドン留学時の研究—クレイグ先生 （武田光史）「岡山大学教育学部研究集録」 岡山大学教育学部 111 1999.7 p183～189
◇漱石が読んだ岡山の新聞(随想) （池田武彦）「新聞研究」 577 1999.8 p7～8
◇笑う漱石—雑誌『ニコニコ』と千円札をめぐって(特集 写真/ボディ・スコープ—光・ロゴス・記憶—小説家と写真、メディア論として) （金子明雄）「國文學 解釈と教材の研究」 学灯社 44(10) 1999.8 p94～99
◇中の川道遙(松山乙女と歌人医博〔3〕) （武田勝彦）「公評」 36(7) 1999.8 p118～123
◇夏目房之介—手塚治虫文化賞を受けた文豪漱石の"不肖の孫"(現代の顔) （平林勉彦）「潮」 486 1999.8 p221～229
◇『夢十夜』の庄太郎—漱石における〈非人情〉の否定 （手塚貴子）「宇大国語論究」 宇都宮大学国語教育学会 11 1999.9 p29～40
◇詩のセミナー講演 雑司ヶ谷・夏目漱石 （小森陽一）「詩人会議」 詩人会議 37(9) 1999.9 p32～44
◇葛藤を生きた森鷗外という存在(1900年への旅〔24〕) （寺島実郎）「Foresight」 10(9) 1999.9 p58～60
◇『こゝろ』の〈たかまり〉—悲劇性のありか （細谷博）「南山国文論集」 南山大学国語学国文学会 第23号 1999.9 p127～154
◇夏目漱石の夢幻世界(ミステリアス作家が描くこの世ならぬ物語世界) （篠田達明）「歴史と旅」 26(14) 1999.9.10 増刊(日本史の恐怖残酷物語集) p188～195
◇漱石と近代(月曜の手紙) （内山節）「エコノミスト」 77(40) 1999.9.21 p13
◇名作と人生(7)日常性のなかの影—門—夏目漱石 （小浜逸郎）「健康保険」 健康保険組合連合会 53(10) 1999.10 p16～19
◇『明暗』にみる漱石の女性観(上) （須田晶子）「日本文学」 東京女子大学日本文学研究会 第92号 1999.10 p31～48
◇「現在的のもの」から「渝らざる愛」へ—『それから』における愛の論理 （松浦史子）「日本文芸論稿」 東北大学文芸談話会 第26号 1999.10 p45～57
◇満韓旅行の漱石 （内田道雄）「古典と現代」 古典と現代の会 67 1999.10 p53～67
◇三津浜の別離(松山乙女と歌人医博〔5〕) （武田勝彦）「公評」 36(9) 1999.10 p118～123
◇文部大臣になりたかった漱石 （長尾剛）「新潮45」 18(10) 1999.10 p195～203
◇夏目漱石「それから」 神楽坂(東京紀行「名作の舞台を撮る」〔4〕)「毎日グラフ・アミューズ」 52(20) 1999.10.27 p68～69
◇沙翁と漱石(1) （大関康境）「高千穂論叢」 高千穂商科大学商学会 34(2・3) 1999.11 p185～198
◇文机のもとの夢—一葉と漱石の中世 （石井和夫）「香椎潟」 福岡女子大学国文学会 45 1999.12 p1～15
◇漱石の東京—『明暗』を中心に （武田勝彦）「教養諸学研究」 早稲田大学政治経済学部教養諸学研究会 107 1999.12 p1～35
◇漱石の写生文と同時代—虚子と自然主義、その横様 （山下航正）「近代文学試論」 広島大学近代文学研究会 37 1999.12 p13～30
◇『行人』姦通罪改悪への批判—直次郎・三勝半七の謎 （清水鉄子）「名古屋近代文学研究」 名古屋近代文学研究会 17 1999.12 p21～32
◇夏目漱石「夢十夜—『第二夜』再論(上)—「我」のゆらぎ （松尾直昭）「就実語文」 就実女子大学日本文学会 20 1999.12 p145～164
◇漱石 2—承前 （高野実貴雄）「浦和論叢」 浦和短期大学 23 1999.12 p190～156
◇『吾輩は猫である』論—「文学論」から写生文へ （福井慎二）「河南論集」 大阪芸術大学芸術学部文芸学科研究室 5 1999.12 p255～274
◇PLUS ONE＝「キムチの本場にも時代の波」(ソウル)∥漱石渡英100周年、ロンドン記念館長の奮闘∥中国の"発禁本"作家∥コール元独首相がもみくちゃ(in short…WORLD)「AERA」 12(52) 1999.12.13 p86～87
◇『こころ』の二重性・相反性・多重性—『こころ』における近代的自我の文化論的考察 （片山弘基）「山口県立大学国際文化学部紀要」 山口県立大学国際文化学部 6 2000 p1～7
◇夢十夜—「第六夜」・「第八夜」 （大竹雅則）「秋草学園短期大学紀要」 秋草学園短期大学 17 2000 p1～7
◇夏目漱石の探偵趣味 （相良英明）「比較文化研究」 鶴見大学比較文化研究所 2 2000 p1～7
◇漱石の文学と初期の漢詩文 （祝振媛）「中央大学大学院研究年報」 中央大学大学院研究年報編集委員会 30文学研究科篇 2000 p1～12

◇日本キリスト教文学試論（2）夏目漱石・芥川竜之介　（大田正紀）「梅花短期大学研究紀要」　梅花短期大学　49　2000　p1～13

◇漱石と寅彦―文学的出発の頃　（荻久保泰幸）「国学院大学大学院紀要　文学研究科」　国学院大学大学院　32　2000　p1～19

◇漱石の初期漢詩における中国の古典詩の影響について―箱根旅行の連作を中心に　（樂殿武）「千葉大学社会文化科学研究」　千葉大学大学院社会文化科学研究科　4　2000　p1～24

◇『坊っちゃん』論―「坊っちゃん」の異国体験とは何か　（大貫徹）「Litteratura」　名古屋工業大学外国語教室　21　2000　p1～26

◇芥川における漱石継承への一視点―「鼻」による〈本歌取り〉の手法から　（高橋竜夫）「香川大学国文研究」　香川大学国文学会　25　2000　p17～22

◇漱石とニーチェ―近代知識人のニーチェ受容の一断面　（菅野孝彦）「東海大学文明研究所紀要」　東海大学文明研究所　20　2000　p17～28

◇漱石の伝記に関する二つの問題　（竹長吉正）「埼玉大学紀要〔教育学部〕　人文・社会科学」　埼玉大学教育学部　49（1-1）2000　p21～43

◇生涯学習としての漱石の作品研究　（荻原桂子）「九州共立大学・九州女子大学・九州女子短期大学生涯学習研究センター紀要」　九州共立大学・九州女子大学・九州女子短期大学生涯学習研究センター　5　2000　p25～30

◇『地の果て　至上の時』と『道草』―〈秋幸〉と〈健三〉を中心に　（大畑景輔）「国語教育論叢」　島根大学教育学部国文学会　10　2000　p25～38

◇言語の時代としての近代―漱石を軸に（特集「モダン/ポストモダン」を読む）　（真砂薫）「近畿大学教養部紀要」　近畿大学教養部　32（1・2）2000　p25～39

◇夏目漱石作『それから』の代助―二葉亭への手向け, 戊申書簡への挑戦　（槐島知明）「中央大学大学院研究年報」　中央大学大学院研究年報編集委員会　30文学研究科篇　2000　p27～39

◇『虞美人草』の「謎」―〈主体〉の分裂と再統合　（好川佐苗）「新樹」　梅光女学院大学大学院文学研究科日本文学　14　2000　p32～41

◇夏目漱石『夢十夜』―「第三夜」論の前提（下）　（松尾直昭）「就実論叢」　就実女子大学〔ほか〕　30　2000　p33～50

◇漱石とオースティン―「明暗」における小説創造の模索　（佐藤恵）「Kawauchi review」　東北大学英語文化比較研究会　1　2000　p35～50

◇夏目漱石『現代日本の開化』読解　演習　（小幡剛隆）「愛知医科大学基礎科学科紀要」　愛知医科大学　27　2000　p37～42

◇「静」の笑い―その心情の一考察　（児玉千夏）「国文学報」　尾道短期大学国文学会　43　2000　p39～46

◇日本語における当て字の諸問題―夏目漱石を中心に（修士論文・卒業論文特集号―修士論文）　（磊群）「人間文化」　神戸学院大学人文学会　14　2000　p39～44

◇漱石と子規の漢詩作品への一考察―唱和する二作品を中心に　（徐前）「二松」　二松学舎大学大学院文学研究科　14　2000　p45～72

◇漱石作品のナラトロジー―写生文の概念をめぐって　（大浦康介）「人文学報」　京都大学人文科学研究所　83　2000　p75～96

◇漱石とナルシシズム（下）　（李哲権）「研究紀要　第1分冊　人文学部」　聖徳大学　11　2000　p77～83

◇夏目漱石について　―「悩み」についての考察　（加藤睦美）「東洋大学短期大学論集　日本文学編」　東洋大学短期大学日本文学研究会　37　2000　p79～91

◇泛萍の嘆き―漱石漢詩小論　（王小林）「大阪工業大学紀要　人文社会篇」　大阪工業大学紀要編集委員会　45（2）2000　p85～92

◇漱石と進化論　（小沢万記）「高知大学学術研究報告　人文科学」　高知大学　49　2000　p87～94

◇夏目漱石と儒学思想　（海老田輝巳）「九州女子大学紀要　人文・社会科学編」　九州女子大学〔ほか〕　36（3）2000　p89～109

◇「三四郎」―「迷羊（ストレイシープ）」について　（荻原桂子）「九州女子大学紀要　人文・社会科学編」　九州女子大学〔ほか〕　36（3）2000　p111～120

◇不在のコミュニケーション―漱石の中の「郵便」（日本語日本文学特集）　（諸岡知徳）「甲南大学紀要　文学編」　甲南大学　119　2000　p115～127

◇ハーンの『草ひばり』と漱石の『文鳥』　（平川佑弘）「人文学研究」　福岡女学院大学人文学研究所紀要編集委員会　3　2000　p125～153

◇人物点描　姿節雄 "三四郎"物語　（百瀬恵夫）「紫紺の歴程」　明治大学大学史委員会　4　2000　p138～147

◇ことばと異文化―夏目漱石・試作としての小説「坑夫」　（吉江孝美）「Ex Oriente」　大阪外国語大学言語社会学会　4　2000　p153～179

◇「こゝろ」論―「私」の選択でわかるもの　（宋美景）「国学院大学大学院紀要　文学研究科」　国学院大学大学院　32　2000　p165～182

◇漱石と植物的な生（聖徳大学言語文化研究所研究発表）　（李哲権）「聖徳大学言語文化研究所論叢」　聖徳大学言語文化研究所　8　2000　p165～192

◇明治末期の女性語について―夏目漱石の小説にみえる「絶対女性語」の考察　（寺田智美）「早稲田日本語研究教育センター紀要」　早稲田大学日本語研究教育センター　13　2000　p169～187

◇ジョージ・ギッシングと夏目漱石の社会観　（小林吉久）「大学院論集」　日本大学大学院国際関係研究科　10　2000　p181～193

◇漱石と荷風における「個人主義」の一考察―〈女性像〉を通して　（王佑心）「広島大学大学院教育学研究科紀要　第二部　文化教育開発関連領域」　広島大学大学院教育学研究科　49　2000　p239～246

◇『明暗』と漢詩の〈自然〉　（田中邦夫）「大阪経大学教養部紀要」　大阪経大学会　18　2000　p304～287

◇『虞美人草』の「謎」―〈主体〉の分裂と再統合　（好川佐苗）「新樹」　梅光女学院大学大学院文学研究科日本文学　第14輯　2000.1　p32～41

◇〈修養〉理念としての「則天去私」―『道草』・『明暗』のめざす方向　（王成）「立教大学日本文学」　立教大学日本文学会　第83号　2000.1　p36～46

◇近代への懐疑―諭吉と漱石（新世紀の思想―いまだからこそナショナリズム〔1〕）　（西部邁）「Voice」　265　2000.1　p190～197

◇明治・大正期における西洋外来語の研究―漱石の小説を資料として（修士論文概要）　（安住誌津江）「Kyoritsu review」　共立女子大学大学院文芸学部研究科　No.28　2000.2　p28～30

◇『虞美人草』における近代文明批判―メレディスの『エゴイスト』と関連して　（飯島武久）「山形大学紀要　人文科学」　山形大学　14（3）2000.2　p21～52

◇漱石に関する一考察（2）　（高木利夫）「法政大学教養部紀要」　法政大学教養部　112　2000.2　p25～46

◇漱石新資料・紹介　「文学」　岩波書店　1（1）2000.2　p129～136

◇一挙掲載　あの有名な名前のない猫―誰も書かなかった画期的漱石論100枚！　（丸谷才一）「現代」　34（2）2000.2　p196～235

◇リアの狂気：シェイクスピア悲劇の本質―『行人』を起点として　（折本素）「愛媛大学法文学部論集　人文学科編」　愛媛大学法文学部　8　2000.2　p213～235

◇「漱石文庫」（2）　（杉山智章）「文献探索」　文献探索研究会　1999　2000.2.23　p317～326

◇夏目金之助ロンドン留学の第一日―永日小品「印象」解題　（武田光史）「岡山大学教育学部研究集録」　岡山大学教育学部　113　2000.3　p1～6

◇ゲールド・漱石・ラファエロ前派　（大上治子）「Avenue」　盛岡大学英語英米文学会　8　2000.3　p1～7

◇与謝野晶子『みだれ髪』の成立―『みだれ髪』同時代評, 与謝野晶子と夏目漱石の表現比較　（加古美奈子）「岡山大学大学院文化科学研究科紀要」　岡山大学大学院文化科学研究科　9　2000.3　p1～20

◇岡本一平と夏目漱石―評価からすべてが始まる　（野谷士）「教育研究所紀要」　追手門学院教育研究所　第19号　2000.3　p1～21

◇所が狭くて困ってるのは, おれ許りではなかった―『坊っちゃん』論　（佐藤裕子）「フェリス女学院大学文学部紀要」　フェリス女学院大学　35　2000.3　p1～15

◇漱石の小説に現れた〈解釈〉（中）　（橋浦洋志）「茨城大学教育学部紀要　人文・社会科学・芸術」　茨城大学教育学部　49　2000.3　p9～18

◇緑雨・漱石の女性像―現実と創作の間　（及川碧悠）「専修大学人文科学研究所月報」　専修大学人文科学研究所　192　2000.3　p12～22

◇夏目漱石『行人』論―お直の内面の苦悩を巡って　（李相福）「日本文学論集」　大東文化大学大学院文学研究科日本文学専攻　24　2000.3　p13～22

◇夏目漱石「満韓ところどころ」論　（吉田真）「成蹊人文研究」　成蹊大学大学院文学研究科　8　2000.3　p13～40

◇漱石とニーチェ―近代知識人のニーチェ受容の一断面　（菅野孝彦）「東海大学文明研究所紀要」　東海大学文明研究所　第20号　2000.3　p17～28

◇『吾輩は猫である』「六」の一考察―そのパロディーの問題を中心として　（崔明淑）「中央大学国文」　中央大学国文学会　第43号　2000.3　p20～28

◇〈知〉の神話―夏目漱石『それから』論　（林圭介）「成城国文学」　成城国文学会　第16号　2000.3　p20～32

◇『それから』論―代助の内的変貌を中心に　（岩沢道子）「宮城学院女子大学大学院人文学会誌」　宮城学院女子大学大学院　1　2000.3　p29～36

◇教師夏目金之助の研究（4）教職観とその背景　（森下恭光）「明星大学教育学研究紀要」　明星大学大学教育学研究室　15　2000.3　p34～43

◇『道草』にみられる沈黙について　（永井里佳）「日本文学論集」　大東文化大学大学院文学研究科日本文学専攻　第24号　2000.3　p35～41

◇「こゝろ」と「私の個人主義」　（張小清）「国学院大学大学院文学研究科論集」　国学院大学大学院文学研究科　27　2000.3　p39～46

◇漱石の東京―『行人』と『硝子戸の中』を中心に　（武田勝彦）「教養諸学研究」　早稲田大学政治経済学部教養諸学研究会　108　2000.3　p41～79

◇『明暗』にみる漱石の女性観（下）　（須田晶子）「日本文学」　東京女子大学日本文学研究会　第93号　2000.3　p43～56

◇『こころ』論―静について　（南香蘭）「国学院大学大学院文学研究科論集」　国学院大学大学院文学研究科　27　2000.3　p47～53

◇反・学校小説『坊っちゃん』　（西村孝）「国文論叢」　神戸大学文学部国語国文学会　29　2000.3　p47～57

◇文末表現の文体に対する影響―漱石『三四郎』における「ている」

夏目漱石

「ていた」文末の場合　(石出靖雄)「早稲田日本語研究」早稲田大学国語学会 8 2000.3 p50～39

◇夏目漱石『薤露行』論争―大岡昇平と江藤淳の見解　(関塚誠)「群馬県立女子大学国文学研究」群馬県立女子大学文学部国語学国文学研究室 20 2000.3 p50～62

◇漱石の口語についての一考察　(赤羽根義章)「宇都宮大学教育学部紀要 第1部」宇都宮大学教育学部 50 2000.3 p51～59

夏目漱石論「こゝろ」の「上」「中」における語りの構造について　(北川淑恵)「樟蔭国文学」大阪樟蔭女子大学国文学会 37 2000.3 p53～67

◇「「門」を評す」と谷崎文学の理念的形成―谷崎潤一郎に於ける夏目漱石　(森岡卓司)「日本文芸論叢」東北大学文学部国文学研究室 第13・14合併号 2000.3 p58～69

◇Patterns of Opposition in Natsume Soseki's Kokoro：A tentative approach to the structural interpretation of literary works (Niculina Nae)「国際開発研究フォーラム」名古屋大学大学院国際開発研究科 15 2000.3 p63～82

夏目漱石のモダニズム―「俳句的小説」としての『草枕』(海老根静江)「お茶の水女子大学人文科学紀要」お茶の水女子大学 53 2000.3 p67～76

漱石文学の対話性―『猫』・スターン・ドストエフスキー (福島君子)「国士館大学教養論集」国士館大学教養学会 50 2000.3 p71～86

漱石と寅彦(五) (沢英彦)「日本文学研究」高知日本文学研究会 第37号 2000.3 p77～131

道徳教育と文学―夏目漱石をめぐって(教育学特集) (播本秀史)「明治学院論叢」明治学院大学 645 2000.3 p85～108

La thematique du fantastique,des Revenants et de la mort dans"Le son trompeur de la harpe"de Natsume Soseki (Olivier Jamet)「京都産業大学論集 外国語と外国文学系列」京都産業大学 27 2000.3 p105～130

夏目漱石『虞美人草』の問題点―漱石とシェイクスピア (水崎野里子)「江戸川女子短期大学紀要」江戸川女子短期大学 15 2000.3 p118～111

◇『夢十夜』論―第一夜 (山口比砂)「愛知県立大学大学院国際文化研究科論集」愛知県立大学大学院国際文化研究科 1 2000.3 p128～115

夏目漱石の見地(一)―新時代への期待と教育的観点 (影山恒男)「調布日本文化」調布学園女子短期大学 第10号 2000.3 p一四七～一五六

対談 日本文学の未来―漱石と秋声を手がかりに (小島信夫,大杉重男)「群像」講談社 55(3) 2000.3 p190～212

漱石『夢十夜』論―第五夜について (梅尾裕子)「語学と文学」九州女子大・九州女子短期大学国語・国文学会 [ほか] 30 2000.3 p199～204

◇『こころ』論―先生の死について (南香蘭)「国学院大学大学院紀要」国学院大学大学院 第31輯 2000.3 p236～249

泉鏡花の言葉と時空間が提起する現代的な問題 (井村俊義)「言葉と文化」名古屋大学大学院国際言語文化研究科日本言語文化専攻 創刊号 2000.3 p235～251

万年ふで(言の葉のしずく(55)) (出久根達郎)「諸君！」32(3) 2000.3 p251

子規と漱石、写生文の開展 (梶木剛)「文学研究」日本文学研究会 88 2000.4 p1～29

特集 反・漱石？ 「文学」岩波書店 1(2) 2000.4 p2～117

漱石評価転換期の分析―『こころ』から漱石の死まで(特集 反・漱石？) (山本芳明)「文学」岩波書店 1(2) 2000.4 p9～21

思い出すままに(147)馬を司る司馬遼太郎 夏目漱石の草枕の旅 (佐藤良雄)「日本古書通信」日本古書通信社 65(4) 2000.4 p21

漱石テクストと「否定」(特集 反・漱石？) (中村三春)「文学」岩波書店 1(2) 2000.4 p22～25

◇ソローと漱石 (稲本正)「ヘンリー・ソロー研究論集」日本ソロー学会事務局 第26号 2000.4 p22～33

〈心の革命〉と〈社会の革命〉―夏目漱石と大杉栄のベルグソン(特集 反・漱石？) (林淑美)「文学」岩波書店 1(2) 2000.4 p26～46

◇変動する漱石(特集 反・漱石？) (佐藤泉)「文学」岩波書店 1(2) 2000.4 p47～62

◇漱石、代作を鞭撻する―徳田秋声・飯田青涼合作『女の夢』とオリジナリティの神話(特集 反・漱石？) (紅野謙介)「文学」岩波書店 1(2) 2000.4 p68～83

海を渡った漱石の手紙 (矢島裕紀彦)「文芸春秋」78(5) 2000.4 p81～82

座談会 反(アンチ)・漱石？(特集 反・漱石？) (大岡信,高橋英夫,十川信介 [他])「文学」岩波書店 1(2) 2000.4 p84～105

「漱石文庫」逸聞考(特集 反・漱石？) (飛ケ谷美穂子)「文学」岩波書店 1(2) 2000.4 p107～117

明治末期の女性語について―夏目漱石の小説にみえる「絶対女性語」の考察 (寺田智美)「早稲田大学日本語研究教育センター紀要」早稲田大学日本語研究教育センター 13 2000.4 p169～187

◇『草枕』・〈低徊〉と〈推移〉の拮抗し合う場―〈漱石〉論へ向けて(近代文学における『作者』) (大石直記)「国語と国文学」至文堂 77(5) 2000.5 p36～46

「世の中に片付くなんてものは殆んどありやしない」―『道草』論 (佐藤裕子)「玉藻」フェリス女学院大学国文学会 36 2000.5 p44～61

学級崩壊―もし、金八ならぬ金之助先生がいたら(教育を立て直す) (長尾剛)「諸君！」32(5) 2000.5 p178～186

W・C(続)(言の葉のしずく〔57〕) (出久根達郎)「諸君！」32(5) 2000.5 p283

『道草』論―『行人』から『道草』まで、夏目漱石の夫婦観の到達点 (李平)「文学と教育」文学と教育の会 39 2000.6 p21～30

漱石先生「金の教え、銀の論し」―千円札の気難しいイメージに隠れた漱石の意外な素顔は、よく笑う「おとっつぁん」だった (半藤一利,出久根達郎)「諸君！」32(6) 2000.6 p150～163

漱石(3)承前 (高野実貴雄)「浦和論叢」浦和短期大学 24 2000.6 p222～192

○○○(言の葉のしずく〔58〕) (出久根達郎)「諸君！」32(6) 2000.6 p251

そうだ散髪に行こう 「毎日グラフ・アミューズ」53(12) 2000.6.28 p35～49

夏目漱石『明暗』 (深江浩)「世界文学」世界文学会 第91号 2000.7 p1～3

夏目金之介ロンドン留学時での冬の一日―永日小品「霧」解題・分析 (武田光史)「岡山大学教育学部研究集録」岡山大学教育学部 114 2000.7 p1～5

夏目漱石『坑夫』論―〈三角関係〉をめぐって (光田鮎美)「キリスト教文学」日本キリスト教文学会九州支部 第19号 2000.7 p1～11

特集 笑う漱石 「月刊百科」平凡社 453 2000.7 p2～19

『行人』論―その語りの力学 (好川佐苗)「キリスト教文学」日本キリスト教文学会九州支部 第19号 2000.7 p12～24

夏目漱石『永日小品』―「火鉢」の〈寒〉〈暖〉 (中島佐和子)「国文」お茶の水女子大学国語国文学会 93 2000.7 p22～30

夏目漱石『明暗』論―「病院」という場所(トポス) (日水史子)「国文」お茶の水女子大学国語国文学会 93 2000.7 p31～41

夏目漱石参考文献目録―11― (山本勝正)「広島女学院大学日本文学」広島女学院大学文学部日本文学科 10 2000.7 p71～80

漱石の書いた手紙の山 (遠丸立)「公評」37(6) 2000.7 p142～149

夏目漱石『彼岸過迄』論―短編連鎖の意義 (金戸清高)「Visio」九州女学院短期大学 [ほか] 27 2000.7 p198～181

正宗白鳥の漱石評(愚図の大いそがし〔125〕) (山本夏彦)「文芸春秋」78(9) 2000.7 p428～429

夏目漱石の『夢十夜』―豚たちとの闘い (高橋正雄)「日本医事新報」週刊日本医事新報社 3978 2000.7.22 p55～58

正宗白鳥の漱石評〔前〕(愚図の大いそがし〔126〕) (山本夏彦)「文芸春秋」78(10) 2000.8 p428～429

夏目漱石の未発表絵葉書及び活水学院と漱石との関わりについて (奥野政元)「活水日文」活水学院日本文学会 40 2000.9 p1～14

グールド、マクルーハン、漱石―聴覚的空間と『草枕』の詩学 (宮沢淳一)「みすず」みすず書房 42(9) 2000.9 p2～14

◇「坊ちゃん」論―写生文、あるいは一人称回想への眼差し (山下航正)「国語国文学攷」広島大学国語国文学会 167 2000.9 p29～41

特別対談・夏目漱石と日本人―話題の新刊『闊歩する漱石』が問いかけるもの (丸谷才一,井上ひさし)「現代」34(9) 2000.9 p136～145

李光洙と漱石(上)『無情』と『虞美人草』とを中心に (尹恵映)「現代社会文化研究」新潟大学大学院現代社会文化研究科 18 2000.9 p308～284

漱石の女性表現―文化テクストとしての〈漱石〉(川島秀一)「山梨英和短期大学紀要」山梨英和短期大学 34 2000.10 p61～73

ジョージ・ギッシングと夏目漱石の社会観 (小林吉久)「大学院論集」日本大学大学院国際関係研究科 第10号 2000.10 p181～193

漱石にとっての神―「吾輩は猫である」を緒に (越智悦子)「岡山商大論叢」岡山商科大学学会 36(2) 2000.10 p332～317

漱石とカーライル―「カーライル博物館」を中心に (塚本利明)「専修人文論集」専修大学学会 67 2000.11 p41～75

芥川竜之介の手紙―塚本文・夏目漱石・恒藤恭宛をめぐって(特集 手紙のディスタンス―作家・思想家と手紙) (紅野敏郎)「國文學 解釈と教材の研究」学灯社 45(13) 2000.11 p68～75

◇アンチ漱石―固有名批判(1) (大杉重男)「群像」講談社 55(11) 2000.11 p160～170

◇『坊っちゃん』原稿への虚子の手入れについて (佐藤栄作)「愛媛国文と教育」愛媛大学教育学部国語国文学会 33 2000.12 p8～18

「美」の言説における夏目漱石「草枕」の位相―子規・透谷の影響 (相川直之)「近代文学試論」広島大学近代文学研究会 38 2000.12 p13～26

◇『草枕』の組立　(大友美佳)「国文鶴見」鶴見大学日本文学会 35 2000.12 p22～32
◇『彼岸過迄』有妻姦その後―姦通もの連作の一つとして　(清水鉄子)「名古屋近代文学研究」名古屋近代文学研究会 18 2000.12 p23～35
◇「夢十夜」論―底流としての写生文　(山下航正)「近代文学試論」広島大学近代文学研究会 38 2000.12 p27～38
◇夏目漱石『行人』論――郎の存在の曖昧さについて　(岡村あいこ)「広島女学院大学国語国文学誌」広島女学院大学日本文学会 30 2000.12 p77～88
◇良寛を恋うる人びと―夏目漱石 良寛の書に魅せられた漱石(総力特集・良寛―僧にあらず俗にあらず)　(半藤一利)「歴史と旅」27(15) 2000.12 p98～99
◇夏目漱石『夢十夜』―「第三夜」論の前提(上)　(松尾直昭)「就実語文」就実女子大学日本文学会 21 2000.12 p117～134
◇漱石(4)承前　(高野実貴雄)「浦和論叢」浦和短期大学 25 2000.12 p246～216
◇『明暗』と漢詩の「自然」　(田中邦夫)「大阪経済大学教養部紀要」大阪経大学会　第18号 2000.12 p304(1)～287(18)
◇アンチ漱石―固有名批判(2)　(大杉重男)「群像」講談社 55(12) 2000.12 p304～314
◇漱石の「開化」、諭吉の「文明」―福沢諭吉と夏目漱石(1)　(赤井恵子)「熊本学園大学文学・言語学論集」熊本学園大学文学・言語学論集編集会議 7(2) 2000.12 p350～331
◇坊つちやん―うらなりの命運　(大竹雅則)「秋草学園短期大学紀要」秋草学園短期大学 18 2001 p1～8
◇漱石と新世紀―その作品化　(相原和邦)「広島大学日本語教育研究」広島大学大学院教育学研究科日本語教育学講座 11 2001 p1～9
◇漱石と魯迅における中国古典文学の文学感情の形成について　(欒殿武)「千葉大学社会文化科学研究」千葉大学大学院社会文化科学研究科 5 2001 p11～21
◇漱石『草枕』にみる西洋美学の受容と翻案―画工の絵にならない俳句的な旅　(桑島秀樹)「美学研究」大阪大学大学院美学研究室 1 2001 p15～25
◇夏目漱石『草枕』について　(古郡康人)「静岡英和女学院短期大学紀要」静岡英和女学院短期大学 33 2001 p35～44
◇夏目漱石の文章修業時代―写生文の視点から　(木内英美)「小田原女子短期大学研究紀要」小田原女子短期大学 31 2001 p39～46
◇魯人と漱石文学における芸術的特徴―民族文化、美意識との関連を含む　(潘世聖)「比較社会文化研究」九州大学大学院比較社会文化研究科 9 2001 p49～57
◇夏目漱石『夢十夜』―「第三夜」論(中)　(松尾直昭)「就実論叢」就実女子大学〔ほか〕31其の1 2001 p61～69
◇漱石の英語詩 "Life's Dialogue"　(仁木久恵)「明海大学外国語学部論集」明海大学外国語学部 13 2001 p61～74
◇駆け引きの運命―夏目漱石『こゝろ』「下・先生と遺書」の一面(近現代文学研究特集)　(葉名尻竜一)「立正大学国語国文」立正大学国語国文学会 40 2001 p86～92
◇漱石文学の源流―その作家的出発をめぐって　(荻原桂子)「九州女子大学院研究紀要 人文・社会科学編」九州女子大学〔ほか〕37(3) 2001 p93～100
◇二人の近代人―デカルトと漱石(1)　(紺田千登史)「関西学院大学社会学部紀要」関西学院大学社会学部 89 2001 p93～106
◇資料 夏目漱石未亡人・鏡子の手紙　(近藤哲)「会津大学短期大学部研究年報」会津大学短期大学部 58 2001 p97～105
◇子規と夏目漱石―荷物ならずな風引くな(正岡子規没後一〇〇年記念特集・正岡子規の革新性)　(坪内稔典)「神奈川大学評論」神奈川大学広報委員会 40 2001 p131～134
◇〔駿河台大学教養文化研究所〕公開講演会 Eーメールとソローと漱石　(エドワード・サイデンステッカー)「駿河台大学論叢」駿河台大学 22 2001 p137～149
◇『夢十夜』「第一夜」試論―語り手の問題を中心として　(佐藤真紀)「文学研究論集 文学・史学・地理学」明治大学大学院 15 2001 p149～159
◇漱石と書く行為　(李哲権)「聖徳大学言語文化研究所論叢」聖徳大学出版会 9 2001 p237～275
◇夏目漱石の『心』論―三人の死を通してみた「明治の精神」を中心として　(李美正)「広島大学大学院教育学研究科紀要 第二部 文化教育開発関連領域」広島大学大学院教育学研究科 50 2001 p243～250
◇漱石文庫(3)(文献探索・書誌・書誌論)　(杉山智章)「文献探索」文献探索研究会 2001 2001 p268～277
◇漱石の『彼岸過迄』における愛(1)　(野沢正次郎)「常葉学園大学研究紀要 教育学部」常葉学園大学 22 2001.年度 p269～294
◇漱石の『彼岸過迄』における愛(2)　(野沢正次郎)「常葉学園大学研究紀要 外国語学部」常葉学園大学 18 2001 p289～302
◇特集 新しい漱石へ「國文學 解釈と教材の研究」学燈社 46(1) 2001.1 p6～125
◇書物合戦(1)20世紀最初の元旦を迎えた子規と漱石　(樋口覚)「すばる」集英社 23(1) 2001.1 p92～101

◇アンチ漱石―固有名批判(3)　(大杉重男)「群像」講談社 56(1) 2001.1 p336～347
◇泉岳寺 夏目漱石「吾輩は猫である」(東京紀行「名作の舞台を撮る」〔18〕)「毎日グラフ・アミューズ」54(1) 2001.1.10 p62～63
◇「20世紀日本」を創った10人、駄目にした10人―激論5時間! 半藤一利vs保阪正康vs松本健一 賢者は歴史に学ぶ(特集・歴史に学ぶ「成功と失敗」―我々は「目先」に囚われすぎていないか)　(半藤一利,保阪正康,松本健一)「プレジデント」39(2) 2001.1.15 p44～53
◇夏目漱石「夢十夜」「第四夜」の夢解釈―方法と場所の問題　(荒木正見)「福岡女学院大学紀要 人文学部編」福岡女学院大学人文学部 11 2001.2 p1～26
◇近代的個人主義の超克―漱石とキェルケゴールに学ぶ　(水田信)「自然と文化」福岡歯科大学・福岡医療短期大学紀要編集委員会 28 2001.2 p19～28
◇夏目漱石『三四郎』論―浮上する美禰子像　(光田鮎美)「日本文学研究」梅光女学院大学日本文学会 36 2001.2 p30～38
◇『坊っちゃん』自筆原稿に見られる虚子の手入れの認定　(佐藤栄仕)「愛媛大学教育学部紀要 第2部 人文・社会科学」愛媛大学教育学部 33(2) 2001.2 p31～48
◇夏目漱石『彼岸過迄』論―子どもの死を手掛りにして　(山口洋子)「日本文学研究」梅光女学院大学日本文学会 36 2001.2 p39～46
◇行人―お直の不幸と一郎の自覚　(李智淑)「日本文学研究」大東文化大学研究会 40 2001/2 p39～51
◇漱石に関する一考察(3)　(高木利夫)「法政大学教養部紀要」法政大学教養部 116 2001.2 p51～66
◇『虞美人草』論―藤尾の愛と死　(李相福)「日本文学研究」大東文化大学研究会 40 2001/2 p52～62
◇『それから』論―心臓の鼓動を恐れる男　(戸田善久)「宇大国語論究」宇都宮大学国語教育学会 12 2001.2 p67～76
◇ホモソーシャル―夏目漱石『こゝろ』(小説)/向田邦子『あ・うん』(小説)/三田誠広『いちご同盟』(小説)(境界を越えて―恋愛のキーワード集)　(石原千秋)「國文學 解釈と教材の研究」学燈社 46(3) 2001.2 p104～106
◇虹の橋はるかに…(2)子規と漱石の友情　(大岡信)「俳句研究」富士見書房 68(3) 2001.2 p146～151
◇アンチ漱石―固有名批判(4)　(大杉重男)「群像」講談社 56(2) 2001.2 p314～324
◇正則と変則と(英会話の深い森へ〔17〕)　(青山南)「毎日グラフ・アミューズ」54(3) 2001.2.14 p67
◇夏目漱石論(4)「こころ」、暗さの実体　(山口博)「鎌倉女子大学紀要」鎌倉女子大学 8 2001.3 p1～10
◇漱石の英国留学とその成果のゆくえ　(相浦玲子)「滋賀県医科大学基礎学研究」滋賀医科大学 11 2001.3 p1～10
◇二人の文豪(漱石・鷗外)と乃木希典―『心』と乃木保典　(宮本昌太郎)「日本文化環境論講座紀要」京都大学大学院人間・環境学研究科日本文化環境論講座 3 2001.3 p1～12
◇漱石「小品」の世界―面一人と人の間　(角田旅人)「いわき明星大学人文学部研究紀要」いわき明星大学 14 2001.3 p1～16
◇「剃刀」を巡る覚書―直哉と漱石　(上田穂積)「徳島文理大学比較文化研究所年報」徳島文理大学比較文化研究所 17 2001.3 p1～20
◇『草枕』を読む―作中のポリフォニー性と〈画〉の成就　(小倉斉)「愛知淑徳大学国語国文」愛知淑徳大学国文学会 24 2001.3 p1～26
◇特集 二十一世紀の夏目漱石「国文学解釈と鑑賞」至文堂 66(3) 2001.3 p5～185
◇漱石の小説に現れた〈解釈〉(下)　(橋浦洋志)「茨城大学教育学部紀要 人文・社会科評論・芸術」茨城大学教育学部 50 2001.3 p11～20
◇『吾輩は猫である』論―女性観・夫婦観を中心に　(李相福)「日本文学論集」大東文化大学大学院文学研究科日本文学専攻 第25号 2001.3 p11～22
◇『彼岸過迄』の人間関係―「不思議」を起点として　(金戸清高)「山口国文」山口大学人文学部国語国文学会 24 2001.3 p17～30
◇漱石『坑夫』における自己同一性をめぐる諸問題　(広瀬裕作)「Comparatio」九州大学大学院比較社会文化研究科比較文化研究会 Vol.5 2001.3 p18～39
◇『こゝろ』論―静の問題を中心に　(李智淑)「日本文学論集」大東文化大学大学院文学研究科日本文学専攻 第25号 2001.3 p23～38
◇英文学者夏目漱石の軌跡　(鈴木善三)「宮城学院女子大学大学院人文学会誌」宮城学院女子大学大学院 2 2001.3 p29～39
◇夏目漱石の書簡を読む―漱石と狩野亨吉　(岩沢道子)「宮城学院女子大学大学院人文学会誌」宮城学院女子大学大学院 2 2001.3 p32～40
◇教師夏目金之助の研究(五)―教育意識の形成と展開　(森下恭光)「明星大学教育学研究紀要」明星大学教育学研究室 第16号 2001.3 p40～50
◇漱石と鄭板橋―『板橋集』の署名をめぐって　(及川碧慈)「専修大学人文科学研究所月報」専修大学人文科学研究所 195 2001.3 p43～52
◇贈与としての洋杖―夏目漱石『彼岸過迄』の社会学　(マイケル・

夏目漱石

◇ボーダッシュ）「日本文芸論叢」 東北大学文学部国文学研究室 第15号 2001.3 p45〜59
◇魯迅と漱石における「個人主義」―その精神構造の方向をめぐって（潘世聖）「Comparatio」 九州大学大学院比較社会文化研究科比較文化研究会 Vol.5 2001.3 p50〜69
◇漱石のユーモアと批評精神 （張建明）「本」 講談社 26（3） 2001.3 p53〜55
◇『彼岸過迄』と『ゲダンケ』―梗概を拒む「小説」 （佐々木亜紀子）「愛知淑徳大学国語国文」 愛知淑徳大学国文学会 24 2001.3 p59〜74
◇青年たちのルールブック―「三四郎」論 （角田香苗）「成城国文学」 成城国文学会 第17号 2001.3 p67〜81
◇『虞美人草』―風景の共有（特集 二十一世紀の夏目漱石―作品論） （杉田智美）「国文学解釈と鑑賞」 至文堂 66（3） 2001.3 p79〜86
◇『草枕』論―詩歌の引用における〈東洋〉と〈西洋〉 （中谷由郁）「大妻女子大学大学院文学研究科論集」 大妻女子大学大学院文学研究科 11 2001.3 p79〜93
◇道徳教育と文学（2）夏目漱石をめぐって（教育学特集） （播本秀史）「明治学院論叢」 明治学院大学 662 2001.3 p93〜109
◇戯曲 漱石山房の人々 （島田九輔）「悲劇喜劇」 早川書房 54（3） 2001.3 p100〜158
◇漱石とショー （小木曽雅文）「実践英米文学」 実践女子短期大学実践英米文学会 31 2001.3 p102〜71
◇まだ見た事のない鳥―漱石の批評行為ということ （山崎甲一）「文学論藻」 東洋大学文学部国文学研究室 75 2001.3 p104〜121
◇素・漱石（1）幼少期に潜む真実 （増満圭子）「東洋学園大学紀要」 東洋学園大学 9 2001.3 p108〜95
◇『草枕』論―那美さんをめぐる「憐れ」と「非人情」 （中谷由郁）「大妻国文」 大妻女子大学国文学会 32 2001.3 p115〜130
◇『こゝろ』論―静の人物像 （関沢さやか）「文学論藻」 東洋大学文学部国文学研究室 75 2001.3 p122〜137
◇森の都のまろうど（7）夏目漱石の熊本での明治30年（1） （木村隆之）「国語国文研究と教育」 熊本大学教育学部国文学会 39 2001.3 p145〜157
◇虹の橋はるかに…（3）漱石のアイディアとレトリック （大岡信）「俳句研究」 富士見書房 68（4） 2001.3 p146〜151
◇近代日本の《光》と《影》―夏目漱石と清沢満之（20世紀の文学） （藤井淳）「岩波書店 2（2） 2001.3 p169〜181
◇夏目漱石参考文献目録（特集 二十一世紀の夏目漱石―研究のための手引き） （槐島知則）「国文学解釈と鑑賞」 至文堂 66（3） 2001.3 p171〜177
◇研究のための手引き（特集 二十一世紀の夏目漱石）「国文学解釈と鑑賞」 至文堂 66（3） 2001.3 p171〜185
◇吾輩ははたして猫なのか？―漱石、自己言及する知性 （犬飼裕一）「四日市大学論集」 四日市大学学会 13（2） 2001.3 p174〜159
◇映画版の『それから』 （井田博樹）「河南論集」 大阪芸術大学芸術学部文芸学科研究室 6 2001.3 p174〜245
◇夏目漱石文学散歩―早稲田・本郷・小石川（特集 二十一世紀の夏目漱石―研究のための手引き） （渡部芳紀）「国文学解釈と鑑賞」 至文堂 66（3） 2001.3 p178〜185
◇虞美人草―その構成と表現 （喜多川恒男）「文芸論叢」 大谷大学文芸学会 56 2001.3 p227〜237
◇漱石『琴のそら音』―インフルエンザの近代文学史 （福井慎二）「河南論集」 大阪芸術大学芸術学部文芸学科研究室 6 2001.3 p270〜307
◇アンチ漱石―固有名批判（5） （大杉重男）「群像」 講談社 56（3） 2001.3 p322〜333
◇漱石と道徳思想 （石川正一）「北陸宗教文化」 北陸宗教文化研究会 13 2001.3 p329〜333
◇ハーン「死後の恋」と漱石の「第一夜」 （近藤哲）「比較文化研究」 日本比較文化学会〔ほか〕 51 2001.3.8 p41〜51
◇漱石の桜―色相世界のはなやぎ『虞美人草』と『三四郎』（特集 桜―桜のエクリチュール）（藤尾健剛）「國文學 解釈と教材の研究」 学灯社 46（5） 2001.4 p124〜128
◇怒「怒り」の漱石、「威厳」の鷗外 （喜怒哀楽） （坂崎重盛）「フォーブス日本版」 10（4） 2001.4 p190〜191
◇明治末期の男性語について―夏目漱石にみえる「絶対男性語」の考察 （寺田智美）「早稲田大学日本語教育センター紀要」 早稲田大学日本語研究教育センター 14 2001.4 p201〜219
◇江藤淳と漱石の晩年（悲しみの精神史〔16〕） （山折哲雄）「Voice」 280 2001.4 p236〜241
◇アンチ漱石―固有名批判（6）第2章 固有名のアンチノミー（承前）第3節 漱石vs西欧―固有名と固有名 （大杉重男）「群像」 講談社 56（4） 2001.4 p310〜322
◇天理図書館蔵『吾輩は猫デアル』印税受取書 （清水康次）「ビブリア 天理図書館報」 天理大学出版部 115 2001.5 p6〜15
◇虹の橋はるかに…（5）俳人・漱石の魅力 （大岡信）「俳句研究」 富士見書房 68（6） 2001.5 p142〜148

◇近代小説新考 明治の青春―夏目漱石「彼岸過迄」（その1） （野山嘉正）「國文學 解釈と教材の研究」 学灯社 46（6） 2001.5 p155〜159
◇アンチ漱石―固有名批判（7） （大杉重男）「群像」 講談社 56（5） 2001.5 p334〜346
◇何があっても後悔しない「働き方、生き方」発見法―あなたには家族、友人、恋人に語れる「自分」と「仕事」がありますか（特集・一週間で差をつける！「人生計画」上方修正プラン） （金井寿宏）「プレジデント」 39（11） 2001.5.14 p50〜57
◇夏目漱石と猫―稲妻の起る宵（特集 俳人と猫） （半藤一利）「俳句」 角川書店 50（7） 2001.6 p84〜89
◇備後丸で出航（松山乙女と歌人医博〔23〕） （武田勝彦）「公評」 38（5） 2001.6 p108〜113
◇近代小説新考 明治の青春（121）夏目漱石「彼岸過迄」（その2） （野山嘉正）「國文學 解釈と教材の研究」 学灯社 46（7） 2001.6 p146〜151
◇アンチ漱石―固有名批判（8） （大杉重男）「群像」 講談社 56（6） 2001.6 p374〜386
◇第1回 概論および日本―夏目漱石にみる女性像（ラジオたんぱ 慶応義塾の時間 各国文学にみる女性たち（1））（唐木圀和）「三色旗 慶応通信」 640 2001.7 p2〜9
◇夏目漱石「二百十日」論―方法としての〈対話〉小説 （好川佐苗）「新樹」 梅光学院大学大学院文学研究科日本文学専攻 15 2001.7 p22〜33
◇『坊っちゃん』原稿の手入れについて（補遺） （佐藤栄作）「愛媛国文と教育」 愛媛大学教育学部国語国文学会 34 2001.7 p33〜41
◇縦書き横書きの日本語史（1）漱石の書き入れから （屋名池誠）「図書」 岩波書店 627 2001.7 p48〜52
◇「こゝろ」を読んだ小学生―松尾寛一宛漱石書簡をめぐって（特集「大正」現象） （宗像和重）「文学」 岩波書店 2（4） 2001.7 p55〜69
◇イギリスの史跡になった漱石の下宿先（ずいひつ「波音」） （恒松郁生）「潮」 509 2001.7 p71〜74
◇近代小説新考 明治の青春（122）夏目漱石「彼岸過迄」（その3） （野山嘉正）「國文學 解釈と教材の研究」 学灯社 46（8） 2001.7 p146〜151
◇アンチ漱石―固有名批判（9） （大杉重男）「群像」 講談社 56（7） 2001.7 p266〜275
◇坊ちゃん（夏目漱石）―語りの位相 （遠藤祐）「学苑」 昭和女子大学近代文化研究所 734 2001.8 p1〜16
◇近代小説新考 明治の青春（123）夏目漱石「彼岸過迄」（その4） （野山嘉正）「國文學 解釈と教材の研究」 学灯社 46（10） 2001.8 p152〜157
◇「こころ」（達人が選んだ「もう一度読みたい」一冊） （小島信夫）「文芸春秋」 79（8） 2001.8 p273〜274
◇アンチ漱石―固有名批判（10） （大杉重男）「群像」 講談社 56（8） 2001.8 p280〜290
◇ウェブ上の漱石 （藤堂尚夫）「金沢大学語学・文学研究」 金沢大学教育学部国語国文学会 29 2001.9 p11〜19
◇坊っちゃんの劣等感について （溶容蓮）「日本学論壇」 新日本文化研究会 2001年第1期 2001.9 p63〜65
◇かかる変な女を描くには―弥生子の『明暗』と漱石 （平井杏子）「文学空間」 20世紀文学研究会, 創樹社（発売）Vol.IV No.8 2001.9 p83〜104
◇近代小説新考 明治の青春（124）夏目漱石「彼岸過迄」（その5） （野山嘉正）「國文學 解釈と教材の研究」 学灯社 46（11） 2001.9 p146〜151
◇アンチ漱石―固有名批判（11） （大杉重男）「群像」 講談社 56（9） 2001.9 p288〜299
◇夏目漱石と『男はつらいよ』 （延広真治）「図書」 岩波書店 630 2001.10 p16〜25
◇漱石の愛蔵書 （飛ヶ谷美穂子）「図書」 岩波書店 630 2001.10 p26〜31
◇公開講演 漱石と禅 （今西順吉）「駒沢大学仏教学部論集」 駒沢大学仏教学部 32 2001.10 p27〜40
◇漱石日記「女皇ノ遺骸市内ヲ通過ス」の謎 （松村昌家）「図書」 岩波書店 630 2001.10 p32〜36
◇近代小説新考 明治の青春（125）夏目漱石「彼岸過迄」（その6） （野山嘉正）「國文學 解釈と教材の研究」 学灯社 46（12） 2001.10 p142〜146
◇アンチ漱石―固有名批判（12） （大杉重男）「群像」 講談社 56（11） 2001.10 p296〜306
◇いつもそばに絵筆があった 明治・大正・昭和の文豪たちの便りから―永井荷風、芥川竜之介、高見順、武者小路実篤、有島武郎、島崎藤村ほか（カルチャー特集・絵のある手紙） 「婦人公論」 86（19） 2001.10.7 p94〜97
◇漱石のヌード画（カルチャー特集・絵のある手紙） （出久根達郎）「婦人公論」 86（19） 2001.10.7 p95

◇夏目漱石の国家観にふれて （尾上新太郎）「日本語・日本文化研究」大阪外国語大学日本語講座 11 2001.11 p1～7

◇「夢十夜」前後 （永井太郎）「国語国文」 中央図書出版社 70(11) 2001.11 p1～16

◇李光洙と漱石（下）『無情』と『虞美人草』とを中心に （尹恵暎）「現代社会文化研究」 新潟大学大学院現代社会文化研究科 22 2001.11 p1～17

◇子規を慕う門人たち 子規山脈の人びと―松山出身者を中心に（第2特集・正岡子規百回忌記念） （栗田靖）「歴史と旅」 28(11) 2001.11 p102～109

◇人間の絆・夏目先生との再会（松山乙女と歌人医博〔28〕） （武田勝彦）「公評」 38(10) 2001.11 p108～113

◇近代小説新考 明治の青春（126）夏目漱石「彼岸過迄」（その7） （野山嘉正）「國文學 解釈と教材の研究」 学灯社 46(13) 2001.11 p136～141

◇『明暗』における「自然物」と「西洋洗濯屋の風景」―禅的世界観と漱石の『明暗』執筆態度との繋がり （田中邦夫）「大阪経大論集」大阪経大学会 52(4) 2001.11 p364～333

◇「彼岸過迄」論―〈導入〉としての高等遊民 （山下航正）「近代文学試論」 広島大学近代文学研究会 39 2001.12 p1～12

◇漱石漢詩の一考察―「海南」五律私解 （陳妍伶）「名古屋近代文学研究」 名古屋近代文学研究会 19 2001.12 p1～16

◇夏目漱石「永日小品」考―「三四郎」と「それから」の間で （二宮智之）「国文学攷」 広島大学国語国文学会 172 2001.12 p13～27

◇漱石の異文化体験と明治の身体―『満韓ところどころ』を手掛かりに （半田淳子）「文学と教育」 文学と教育の会 42 2001.12 p17～27

◇『門』サブテクストを読み解く―政治と文学の間の孤独な所産 （清水鉄子）「名古屋近代文学研究」 名古屋近代文学研究会 19 2001.12 p17～28

◇文学者の見た近代日本の経済と社会（10完）夏目漱石『文芸の哲学的基礎』 （猪木武徳）「書斎の窓」 有斐閣 510 2001.12 p20～23

◇夏目漱石『夢十夜』―第三夜」論（上）因果応報観の変容 （松尾直昭）「就実論文」 就実女子大学日本文学会 22 2001.12 p31～45

◇「明治の精神」と知識人―森鷗外・夏目漱石・芥川竜之介（特集・Meiji the Great 明治天皇というふ人。）（桶谷秀昭）「歴史と旅」28(12) 2001.12 p80～85

◇留学生妻の日々（松山乙女と歌人医博〔29〕）（武田勝彦）「公評」38(11) 2001.12 p104～109

◇『道草』論序説―「正しい方」そして「不愉快」 （小田島本有）「釧路工業高等専門学校紀要」 釧路工業高等専門学校 35 2001.12 p110～102

◇近代小説新考 明治の青春（127）夏目漱石「彼岸過迄」（その8） （野山嘉正）「國文學 解釈と教材の研究」 学灯社 46(14) 2001.12 p150～155

◇子規と漱石（特集 正岡子規没後百年）（荻久保泰幸）「国文学解釈と鑑賞」 至文堂 66(12) 2001.12 p170～177

◇漱石と写生文（1）（中村泰行）「立命館言語文化研究」 立命館大学国際言語文化研究所 13(3) 2001.12 p173～184

◇夏目漱石『吾輩は猫である』の表現とレトリック （西田直敏）「甲南女子大学研究紀要 文学・文化編」 甲南女子大学 39 2002 p1～10

◇学術資料 『漱石作品論集成』書誌（5）（村田好哉）「大阪産業大学論集 人文科学編」 大阪産業大学学会 107 2002 p1～7

◇夏目漱石における「猫」について （日置俊次）「東京医科歯科大学教養部研究紀要」 東京医科歯科大学教養部 32 2002 p1～27

◇鼎談 一郎的な言葉を生きること（特集 行人）（吉本隆明、小森陽一、石原千秋）「漱石研究」 翰林書房 15 2002 p2～29

◇特集 行人 「漱石研究」 翰林書房 15 2002 p2～166

◇学術資料 『漱石作品論集成』書誌（4）（村田好哉）「大阪産業大学論集 人文科学編」 大阪産業大学学会 106 2002 p11～23

◇漱石の英国留学時の英詩「Life's Dialogue」（大竹雅則）「秋草学園短期大学紀要」 秋草学園短期大学 19 2002 p11～24

◇『虞美人草』―近代と朱子学 （藤尾健剛）「大東文化大学紀要 人文科学」 大東文化大学 40 2002 p21～33

◇文末表現の文体研究―漱石「永日小品」に見られる同一文末表現の連鎖を対象として （上田光一郎）「言語文化研究」 聖徳大学大学院言語文化学会 〔1〕2002 p25～33

◇〈死を覚悟する女〉はいかに受け継がれたか―『金色夜叉』から『其面影』『それから』へ （石井和夫）「文芸と思想」 福岡女子大学文学部 66 2002 p39～52

◇漱石と「不如帰（ほととぎす）」の時代―公開講座覚え書き （石井新太郎）「中京短期大学論叢」 中京短期大学 33(1) 2002 p44～36

◇狂気と恋愛の所在―『行人』論（特集 行人―恋愛のディスクール）（松下浩幸）「漱石研究」 翰林書房 15 2002 p44～58

◇夏目漱石とヨーロッパ文化―初期, 中期の作品とオフェーリア美学 （松本要）「愛媛大学法文学部論集 人文学科編」 愛媛大学法文学部 12 2002 p55～80

◇漱石と20世紀文明の問題 （相原和邦, Robert, Tuck）「広島大学日本語教育研究」 広島大学大学院教育学研究科日本語教育学講座 12 2002 p59～66

◇ロマンチックラブの敗退とホモソーシャリティの忌避―『行人』論（特集 行人―恋愛のディスクール）（森本隆子）「漱石研究」 翰林書房 15 2002 p59～75

◇夏目漱石「技巧」論―芸術上の「技巧」を中心に （中村美子）「国文論藻」 京都女子大学 1 2002 p59～85

◇心をよむ難しさ（上）漱石の『こころ』を読む （李哲権）「研究紀要 人文学部」 聖徳大学 13 2002 p89～94

◇歔欷的な里者のディスクール―『行人』の〈語り〉と〈構成〉（特集 行人―意識と身体）（生方智子）「漱石研究」 翰林書房 15 2002 p89～99

◇小説時間と年齢確定をめぐって―夏目漱石『心』読解への前提 （徳永光展）「比較文化」 宮崎国際大学 8 2002 p91～71

◇"Le son trompeur du koto" de Natsume Soseki, traduction annotee（2）（夏目漱石, Olivier Jamet〔訳〕）「天理大学学報」 天理大学学術研究会 53(2) 2002 p95～106

◇歪められた親子関係の超克―漱石の『彼岸過迄』の提示する問題 （赤羽学）「安田女子大学大学院文学研究科紀要 合冊」 安田女子大学大学院文学研究科 8 2002年度 p127～145

◇漱石と子規にとっての松山―漢詩を中心として （徐前）「二松」 二松学舎大学大学院文学研究科 16 2002 p127～155

◇文科大学の学者ということ―あえて品位を欠いた考察（特集 行人―脱特権化される漱石）（高田里恵子）「漱石研究」 翰林書房 15 2002 p141～154

◇「手記」と「遺書」のあわい（1）夏目漱石『こころ』の構造と文体をめぐって （黒木章）「聖学院大学論叢」 聖学院大学 15(1) 2002 p144～125

◇行人注（特集 行人―脱特権化される漱石）（跡上史郎）「漱石研究」 翰林書房 15 2002 p155～166

◇無垢なるものの行方（1）夏目漱石『こゝろ』を中心に （武田充啓）「奈良工業高等専門学校研究紀要」 奈良工業高等専門学校 38 2002年度 p158～149

◇夏目漱石の語彙に関する一考察 （陳黎明）「大谷大学大学院研究紀要」 大谷大学大学院 19 2002 p163～186

◇日本語助動詞のかたちと意味―夏目漱石『坊っちゃん』への文法的アプローチ （今泉志奈子）「人文学論叢」 愛媛大学人文学会 4 2002 p169～183

◇夏目漱石の小説にみえる「相対男性語」の考察―女性が使用する場合を中心に （寺田智美）「早稲田大学日本研究教育センター紀要」 早稲田大学日本語研究教育センター 15 2002 p179～197

◇漱石研究 文献目録（1999.7～2000.6）（五十嵐礼子, 工藤京子, 田中愛）「漱石研究」 翰林書房 15 2002 p184～200

◇夏目漱石『それから』と李光洙『再生』―文明開化を中心として （李美正）「広島大学大学院教育学研究科紀要 第二部 文化教育開発関連領域」 広島大学大学院教育学研究科 51 2002 p327～335

◇漱石の「則天去私」―哲学的考察によるひとつの理解として （渡部清）「ソフィア」 上智大学 51(3) 2002.秋季 p365～379

◇夏目漱石『虞美人草』と李光洙『無情』―主に女性像を中心に （朴順伊）「久留米大学大学院比較文化研究論集」 久留米大学大学院比較文化研究科 11 2002.1 p95～111

◇中州真砂座の「猫」観劇（松山乙女と歌人医博〔30〕）（武田勝彦）「公評」39(1) 2002.1 p104～109

◇強制的異性愛体制下の青春―『三四郎』『青年』（特集＝ヘテロセクシズム）（藤森清）「文学」 岩波書店 3(1) 2002.1 p120～133

◇近代小説新考 明治の青春（128）夏目漱石 彼岸過迄（9）（野山嘉正）「國文學 解釈と教材の研究」 学灯社 47(1) 2002.1 p140～145

◇NATSUME Soseki's Life and Thought in the Age of Japanese Modernization （水田信）「自然と文化」 福岡歯科大学・福岡医療短期大学紀要編集委員会 29 2002.2 p1～10

◇「仕方がない」先生の心―漱石『こゝろ』私解 （首藤基澄）「国語国文研究」 熊本大学法文学部国語国文学会 37 2002.2 p1～13

◇岳堂詩話（23）子規・漱石と房総の旅 （石川忠久）「学鐙」 丸善 99(2) 2002.2 p26～31

◇教科書における漱石作品 （西村るり）「国語国文学と教育」 熊本大学教育学部国文学会 40 2002.2 p41～56

◇森の都のまろうど（8）夏目漱石の熊本での明治30年（2）（木村隆之）「国語国文研究と教育」 熊本大学教育学部国文学会 40 2002.2 p81～92

◇『行人』論―「信」と「疑」の葛藤 （戸田善久）「宇大国語論究」宇都宮大学国語教育学会 13 2002.2 p88～101

◇近代日本と夏目漱石の生涯および思想 （水田信）「自然と文化」 福岡歯科大学教養課程 第29号 2002.2 p1～10

◇近代小説新考 明治の青春（129）夏目漱石「彼岸過迄」（10）（野山嘉正）「國文學 解釈と教材の研究」 学灯社 47(2) 2002.2 p149～153

◇漱石と写生文（2）『野分』論 （中村泰行）「立命館言語文化研究」 立命館大学国際言語文化研究所 13(4) 2002.2 p223～235

◇涙を呑んで夏目漱石（80人の心に残る鮮やかな日本人）（森本哲郎）

「文芸春秋」80(2) 2002.2 p334～335
◇漱石文庫から見えてくるもの―身辺自筆資料「日記」を中心に （越智悦子）「岡山商大論叢」岡山商科大学学会 37(3) 2002.2 p348～323
◇「熱風に吹かれて」の方法―谷崎潤一郎に於ける夏目漱石（二）（森岡卓司）「日本文芸論叢」東北大学文学部国文学研究室 第16号 2002.3 p37～47
◇同時代人としての透谷と漱石―〈ニセ近代〉批判と〈民権思想〉（小沢勝美）「法政大学多摩論集」法政大学経済学部 18 2002.3 p9～26
◇〈趣味〉の力学―『それから』論 （孫軍悦）「奈良教育大学国文」奈良教育大学国文学会 25 2002.3 p25～38
◇『三四郎』試論―〈詩語〉の創出（安藤久美子）「日本文学」東京女子大学日本文学研究会 第97号 2002.3 p28～45
◇教師夏目金之助の研究(6)教師と作家の間 （森下恭光）「明星大学教育学研究紀要」明星大学教育学研究室 17 2002.3 p29～39
◇漱石のモダニズム―『漾虚集』におけるアイロニーの表現をめぐって（佐藤裕子）「フェリス女学院大学文学部紀要」フェリス女学院大学 37 2002.3 p29～42
◇『草枕』における美術引用の意味（中谷由郁）「大妻国文」大妻女子大学国文学会 33 2002.3 p33～52
◇『三四郎』の時計台（小泉浩一郎）「湘南文学」東海大学日本文学研究会 第36号 2002.3 p43～46
◇漱石『それから』序説―代助の労働観を中心に（橋元志保）「国学院大学大学院文学研究科論集」国学院大学大学院文学研究科 第29号 2002.3 p57～63
◇変奏する写生文の構造―漱石『趣味の遺伝』論（福井慎二）「河南論集」大阪芸術大学芸術学部文芸学科研究室 7 2002.3 p57～88
◇夏目漱石と陶淵明（鳥羽田重直）「和洋国文研究」和洋女子大学国文学会 37 2002.3 p64～72
◇駆け引きの運命―夏目漱石『こゝろ』「下・先生と遺書」の一面（葉名尻竜一）「立正大学国語国文」立正大学国語国文学会 第40号 2002.3 p86～92
◇漱石『三四郎』と『道草』における推量系文末の文の機能（石出靖雄）「日本語論叢」日本語論叢の会 第3号 2002.3 p1～12
◇漱石の『彼岸過迄』における愛(3)（野沢正次郎）「一般教育論集」愛知大学教養部 第22号 2002.3 p1～15
◇『坊っちゃん』の松山、『三四郎』の熊本―地域性神話の発生をめぐって（村瀬士朗）「国際文化学部論集」鹿児島国際大学国際文化学部 2(4) 2002.3 p108～94
◇白湯の味(松山乙女と歌人医博[31])（武田勝彦）「公評」39(2) 2002.3 p108～113
◇近代小説新考 明治の青春(130)夏目漱石「彼岸過迄」(11)（野山嘉正）「國文學 解釈と教材の研究」学灯社 47(4) 2002.3 p151～155
◇分身殺しのモチーフ―コルタサルと漱石に見るポーの影響（今井洋子）「京都産業大学論集 外国語と外国文学系列」京都産業大学 29 2002.3 p235～255
◇『明暗』における清子の形象―『十牛図』『碧巌録』および漱石詩との関係（田中邦夫）「大阪経大論集」大阪経大学 52(6) 2002.3 p236～201
◇夏目漱石『それから』論―「自然の昔に帰る」代助の生き方を中心に（具賢淑）「岡大国文論稿」岡山大学文学部国語国文学研究室 第30号 2002.3 p142～148
◇漱石の『彼岸過迄』における愛(1)（野沢正次郎）「常葉学園大学研究紀要 教育学部」常葉学園大学教育学部 第22号（2001年度） 2002.3 p269～294
◇漱石の『彼岸過迄』における愛(2)（野沢正次郎）「常葉学園大学研究紀要 外国語学部」常葉学園大学 第18号 2002.3 p289～302
◇サラジーヌ丸で帰国―マルセイユ～横浜(松山乙女と歌人医博[32])（武田勝彦）「公評」39(3) 2002.4 p104～109
◇近代小説新考 明治の青春(131)夏目漱石「彼岸過迄」(12)（野山嘉正）「國文學 解釈と教材の研究」学灯社 47(5) 2002.4 p162～167
◇夏目漱石の小説にみえる「相対男性語」の考察―女性が使用する場合を中心に（寺田智美）「早稲田大学日本語研究教育センター紀要」早稲田大学日本語研究教育センター 15 2002.4 p179～197
◇滑稽の論理と笑いの喪失―滑稽趣味としての『吾輩は猫である』（中村研示）「論究日本文学」立命館大学日本文学会 76 2002.5 p1～13
◇夏目漱石「薤露行」論―明治三十年代後半におけるキリスト教言説との関連に着目して（宮園美佳）「キリスト教文学研究」日本キリスト教文学会 第19号 2002.5 p71～79
◇博多の四季(松山乙女と歌人医博[33])（武田勝彦）「公評」39(4) 2002.5 p108～113
◇近代小説新考 明治の青春(132)夏目漱石「彼岸過迄」(その13)（野山嘉正）「國文學 解釈と教材の研究」学灯社 47(6) 2002.5 p161～165
◇師と弟子(3)父なるものへの回帰―夏目漱石と和辻哲郎（山折哲雄）「本」講談社 27(6) 2002.6 p17～23

◇なぜ漱石と藤村か―日本近代文学の基軸（剣持武彦）「都大論究」東京都立大学国語国文学会 39 2002.6 p26～35
◇異端の弟子―夏目漱石と中村古峡(上)(近代小特集)（曽根博義）「語文」日本大学国文学会 113 2002.6 p26～39
◇近代小説新考 明治の青春(133)夏目漱石「彼岸過迄」(その14)（野山嘉正）「國文學 解釈と教材の研究」学灯社 47(7) 2002.6 p135～139
◇「ブラジルの漱石」の長編小説の本邦初訳(雑読系[36])（坪内祐三）「論座」85 2002.6 p318～321
◇MEDICAL ESSAYS『草枕』と『方丈記』―隠者文学の系譜（高橋正雄）「日本医事新報」日本医事新報社 4079 2002.6.29 p40～42
◇漱石文学にみる強迫性(特別企画 強迫)（高橋正雄）「こころの科学」日本評論社 104 2002.7 p76～80
◇近代小説新考 明治の青春(134)夏目漱石「彼岸過迄」(その15)（野山嘉正）「國文學 解釈と教材の研究」学灯社 47(8) 2002.7 p136～141
◇『夢十夜』―第一夜（胡興栄）「久留米大学大学院比較文化研究論集」久留米大学大学院比較文化研究科 12 2002.7 p197～211
◇夏目漱石『こゝろ』と李光洙『無情』―両作品における「自殺」をめぐって（朴順伊）「久留米大学大学院比較文化研究論集」久留米大学大学院比較文化研究科 12 2002.7 p231～246
◇ピン助とキシャゴ(お言葉ですが…[346])（高島俊男）「週刊文春」44(27) 2002.7.11 p116～117
◇東京帝大一学生の日記から―八雲、漱石、関根正直、その他の講義（金子三郎）「日本古書通信」日本古書通信社 67(8) 2002.8 p2～4
◇実存の文学―夏目漱石『それから』と『門』が引き受けたもの（岡庭昇）「公評」39(7) 2002.8 p86～93
◇近代小説新考 明治の青春(135)夏目漱石「彼岸過迄」(その16)（野山嘉正）「國文學 解釈と教材の研究」学灯社 47(10) 2002.8 p155～159
◇夏目漱石『心』における非日常性―その構造と文体(特集 文体)（大沢吉博）「比較文学研究」すずさわ書店 80 2002.9 p21～36
◇軽文学の王・夏目漱石の栄枯盛衰―あるいは明治40年、文学の自己同一化(特集 文体)（大東和重）「比較文学研究」すずさわ書店 80 2002.9 p37～55
◇古書ワンダーランド(80)鷗外と漱石の「遺著」?（横田順弥）「本の窓」小学館 25(8) 2002.9 p54～57
◇近代小説新考 明治の青春(136)夏目漱石「彼岸過迄」(その17)（野山嘉正）「國文學 解釈と教材の研究」学灯社 47(11) 2002.9 p140～145
◇『冥途』における漱石（永井太郎）「福岡大学人文論叢」福岡大学研究推進部 34(2) 2002.9 p1185～1211
◇大正五年の漱石と鷗外（佐藤泰正）「森鷗外研究」和泉書院 第9号 2002.9 p188～190
◇かかる変な女を描くには―弥生子の『明暗』と漱石（平井杏子）「文学空間」20世紀文学研究会, 創樹社(発売) Vol.IV No.9 2002.9 p215～238
◇漱石、狩野亨吉の交遊と安藤昌益（中村文雄）「国史談話会雑誌」東北大学文学部国史研究室国史談話会 第43号 2002.9 p233～249
◇『思ひ出す事など』……夏目漱石(永久(とわ)からの伝言(メッセージ)[36])（鈴木治雄）「経界界」37(17) 2002.9.10 p186～187
◇『彼岸過迄』における敬太郎―好奇心とその限界（弥氏亜依子）「光華日本文学」京都光華女子大学日本文学会 10 2002.10 p43～53
◇坊っちゃん学長の死(松山乙女と歌人医博[38])（武田勝彦）「公評」39(9) 2002.10 p104～109
◇近代小説新考 明治の青春(137)夏目漱石「彼岸過迄」(その18)（野山嘉正）「國文學 解釈と教材の研究」学灯社 47(12) 2002.10 p153～157
◇20世紀の「時間」意識：夏目漱石と村上春樹（半田淳子）「専修人文論集」専修大学学会 71 2002.10 p355～372
◇『方丈記』序段の英訳についての一考察―漱石・熊楠・キーン 比較の試み（坂本文利）「国語の研究」大分大学国語国文学会 28 2002.11 p21～30
◇紫式部と夏目漱石―日本文学の基軸を求めて（剣持武彦）「学苑」昭和女子大学 747 2002.11 p22～38
◇『虞美人草』論―象徴性から見た作品世界（太田美友紀）「玉藻」フェリス女学院大学国文学会 38 2002.11 p78～89
◇夏目漱石『行人』論―権力と愛（江頭鑿）「比較文化研究」久留米大学比較文化研究所 30 2002.11 p141～163
◇近代小説新考 明治の青春(138)夏目漱石「彼岸過迄」(その19)（野山嘉正）「國文學 解釈と教材の研究」学灯社 47(13) 2002.11 p154～159
◇ジョージ・ギッシングと夏目漱石の作品に於ける季節感の比較（小林吉久）「大学院論集」日本大学大学院国際関係研究科 第12号 2002.11 p221～235
◇古本屋控え帳(198)大谷繞石と漱石（青木正美）「日本古書通信」

日本古書通信社 67(12) 2002.12 p30
◇文明論小説としての『草枕』―夏目漱石における西洋と東洋 （石川勝久）「奥羽大学文学部紀要」 奥羽大学文学部 14 2002.12 p1～12
◇夏目漱石『こゝろ』論―漱石文芸における『こゝろ』の意義 （細川正義）「人文論究」 関西学院大学人文学会 52(3) 2002.12 p15～30
◇「道草」論―語り手の造形をめぐって（文学史の新視角(2)）（山下航正）「近代文学試論」 広島大学近代文学研究会 40 2002.12 p25～34
◇女性作家による日本の文学史(17)エロスと生死―川端康成『禽獣』・夏目漱石『それから』・佐多稲子『くれない』・平塚らいてう （田辺園子）「本の窓」 小学館 25(10) 2002.12 p42～51
◇異端の弟子―夏目漱石と中村古峡（下） （曽根博義）「語文」 日本大学国文学会 114 2002.12 p52～61
◇文明論小説としての『草枕』―夏目漱石における西洋と東洋 （石川勝久）「奥羽大学文学部紀要」 奥羽大学文学部 第14号 2002.12 p1～12
◇近代小説新考 明治の青春(139)夏目漱石『彼岸過迄』（その20） （野山嘉正）「國文學 解釈と教材の研究」 学灯社 47(14) 2002.12 p152～157
◇漱石(6) （高野実貴雄）「浦和論叢」 浦和短期大学 29 2002.12 p312～292
◇日本語動詞のかたちと意味―夏目漱石『坊っちゃん』への文法的アプローチ （今泉志奈子）「人文学論叢」 愛媛大学人文学会 第4号 2002.12 p169～183
◇鼎談 失敗という名の可能性(特集『虞美人草』) （水村美苗、小森陽一、石原千秋）「漱石研究」 翰林書房 16 2003 p2～23
◇特集 虞美人草」 「漱石研究」 翰林書房 16 2003 p2～185
◇漱石と偸盗 （大竹雅則）「秋草学園短期大学紀要」 秋草学園短期大学 20 2003 p13～23
◇夏目漱石と杉村楚人冠 （曽根博義）「研究紀要」 日本大学文理学部人文科学研究所 66 2003 p1～31
◇『それから』の無意識 （藤尾健剛）「大東文化大学紀要 人文科学」 大東文化大学 41 2003 p27～43
◇『坊っちゃん』冒頭の修辞学的分析―「現在感」による性格描写を中心に （柳沢浩哉）「広島大学日本語教育研究」 広島大学大学院教育学研究科日本語教育学講座 13 2003 p31～37
◇夏目漱石「老子の哲学」に見られる理性と感情との乖離―「絶対の境地」の萌芽 （窪川真紀子）「早稲田大学大学院文学研究科紀要 第3分冊」 早稲田大学大学院文学研究科 49 2003年度 p31～42
◇「幻惑」としての読み―漱石の『文学論』を手がかりとして （中村美子）「国文論藻」 京都女子大学 2003 p55～78
◇男の法、女の法―『虞美人草』における相続と恋愛(特集『虞美人草』―恋と相続の問題系) （北田幸恵）「漱石研究」 翰林書房 16 2003 p65～75
◇夏目漱石と林語堂の作家的出発点―「ユーモア」をめぐる言説の比較考察を通して （王佑心）「芸術研究」 広島芸術学研究会 16 2003 p69～83
◇明治人の哲学的信仰としての「則天去私」問題―夏目漱石の哲学的主張をめぐる考察 （渡部清）「哲学科紀要」 上智大学哲学科 29 2003 p71～92
◇「饒舌という狂気」―漱石『吾輩は猫である』（荻原桂子）「九州女子大学紀要 人文・社会科学編」 九州女子大学〔ほか〕40(1) 2003 p97～107
◇夏目漱石研究―〈友人〉〈O〉について （山本純子）「滋賀大学大学院教育学研究科論集」 滋賀大学大学院教育学研究科 6 2003 p105～115
◇メロドラマとしての『虞美人草』(特集『虞美人草』―型のかたち） （関肇）「漱石研究」 翰林書房 16 2003 p111～125
◇開化へsuggestionナリ―夏目漱石の国際文化論 （佐々木英昭）「国際文化研究」 竜谷大学国際文化学会 7 2003 p120～128
◇幽霊という狂気―漱石『琴のそら音』（荻原桂子）「九州女子大学紀要 人文・社会科学編」 九州女子大学〔ほか〕39(3) 2003 p121～128
◇傍聴生 夏目金之助―漱石とUCL （諏訪部仁）「人文研紀要」 中央大学人文科学研究所 48 2003 p123～138
◇夏目漱石の小説にみえる「相対女性語」の考察―男性が使用する場合を中心に （寺田智美）「早稲田大学日本語研究教育センター紀要」 早稲田大学日本語研究教育センター 16 2003 p143～159
◇無垢なるものの行方(2)夏目漱石『こゝろ』を中心に （武田充啓）「奈良工業高等専門学校研究紀要」 奈良工業高等専門学校 39 2003年度 p160～150
◇奇想天外『虞美人草』講義(特集『虞美人草』) （高山宏、小森陽一、石原千秋）「漱石研究」 翰林書房 16 2003 p161～185
◇資料紹介 夏目漱石家族文書について （磯部彰）「東北アジア研究」 東北大学東北アジア研究センター 8 2003 p187～226
◇蠟管に録音された夏目漱石の音声再生の試み （鈴木英男、平塚健一、山崎治〔他〕）「千葉工業大学研究報告 理工編」 千葉工業大学 50 2003 p189～200

◇漱石と林語堂―「個人主義」思想の行方について （王佑心）「広島大学大学院教育学研究科紀要 第二部 文化教育開発関連領域」 広島大学大学院教育学研究科 52 2003 p203～212
◇『明暗』におけるMoney and Time―"お金"と"お時" （見掛美智子）「大谷大学大学院研究紀要」 大谷大学大学院 20 2003 p209～247
◇ジェイン・オースティンと夏目漱石の作品に於ける登場人物の「異性観」に関する一考察―『Pride and Prejudice（自負と偏見）』と『心』及び『三四郎』を中心に （小林吉久）「大学院論集」 日本大学大学院国際関係研究科 13 2003 p225～241
◇漱石作品における程度表現「くらい」「ほど」に注目して （石出靖雄）「早稲田大学大学院教育学研究科紀要 別冊」 早稲田大学大学院教育学研究科 10-2 2003 p307～317
◇夏目漱石とキリスト教―『道草』をめぐって （上総朋子）「キリスト教文芸」 日本キリスト教文学会関西支部 第19輯 2003.1 p1～17
◇漱石における〈神〉の視座 （安森敏隆）「キリスト教文芸」 日本キリスト教文学会関西支部 第19輯 2003.1 p18～29
◇三角な世界の五か月―漱石という芸術家の定義を通して(特集 今、多々「異文化」を語る) （レベッカエドワーズ）「三色旗」 慶応義塾大学出版会 658 2003.1 p25～35
◇近代への視角―漱石とウェーバー （新矢昌昭）「羽衣学園短期大学研究紀要」 羽衣学園短期大学 39 2003.1 p49～61
◇漱石とロセッティ(特集 アメリカ文学の女性)（永嶋昌子）「実践英文学」 実践英文学会 55 2003.1 p123～135
◇近代小説新考 明治の青春(140)夏目漱石『彼岸過迄』（その21） （野山嘉正）「國文學 解釈と教材の研究」 学灯社 48(1) 2003.1 p153～157
◇森次太郎〔2〕人の環の面白さ―安倍能成、夏目漱石、正岡子規（徳富蘇峰宛書簡〔12〕）（高野静子）「環」 12 2003.1 p492～507
◇『明暗』（フランス料理店の場面）と構想メモとしての五言絶句―作者漱石の視点と小林・津田の形象 （田中邦夫）「大阪経大論集」 大阪経大学会 53(5) 2003.1 p510～532
◇漱石と子規と晩斎―自然は一幅の大活画なり （中江彬）「人文学論集」 大阪府立大学総合科学部西洋文化講座 第21集 2003.2 p2～26
◇夏目漱石「語学力養成」再考 （山田雄一郎）「広島修大論集 人文編」 広島修道大学人文学会 43(2) 2003.2 p1～14
◇夏目漱石に愛された青木繁(特集1 青木繁と近代日本のロマンティシズム) （新関公子）「現代の眼」 国立美術館東京国立近代美術館 538 2003.2・3 p4～6
◇漱石とイブセン(1) （原千代海）「図書」 岩波書店 646 2003.2 p26～29
◇漱石漢詩研究―「修善寺の大患」直後の漢詩について （林〔ケイ〕美）「日本文学研究」 梅光学院大学日本文学会 38 2003.2 p46～54
◇漱石探求―『こゝろ』から何が見えて来るか （佐藤泰正）「日本文学研究」 梅光学院大学日本文学会 38 2003.2 p55～65
◇夏目漱石の作品における「面白くない」について （朴順伊）「久留米大学大学院比較文化研究論集」 久留米大学大学院比較文化研究科 13 2003.2 p125～136
◇近代小説新考 明治の青春(141)夏目漱石『彼岸過迄』（その22） （野山嘉正）「國文學 解釈と教材の研究」 学灯社 48(2) 2003.2 p135～139
◇「良心の声」について―夏目漱石『こゝろ』と和辻哲郎の倫理学における「倫理」 （広瀬裕作）「九大日文」 九州大学日本語文学会「九大日文」編集委員会 2 2003.2.28 p40～56
◇「読み」を動機付ける授業研究―夏目漱石『こころ』を例として （井上次夫）「論文集 高専教育」 国立高等専門学校機構 第26号 2003.3 p303～308
◇夏目漱石の百年 （沢英彦）「日本文学研究」 高知日本文学研究会 第40号 2003.3 p39～69
◇子規と漱石の百年―東北、郡山に於ける近代の受容 （塩谷郁夫）「日本文学誌要」 法政大学国文学会 67 2003.3 p2～11
◇中日両国の近代化と魯迅・漱石 （李国璋）「国文学攷」 広島大学国語国文学会 176・177 2003.3 p13～26
◇教師夏目金之助の研究(7)その師弟関係 （森下恭光）「明星大学教育学研究紀要」 明星大学教育学研究室 18 2003.3 p1～13
◇夏目漱石とウィリアム・ジェイムズ―「意識の流れ」から「視点」へ （佐藤和代）「人文科学研究」 新潟大学人文学部 111 2003.3 p23～47
◇漱石とイブセン(2) （原千代海）「図書」 岩波書店 647 2003.3 p30～33
◇「日本美術」における漱石俳句 （中谷由郁）「大妻女子大学大学院文学研究科論集」 大妻女子大学大学院文学研究科 13 2003.3 p34～54
◇「明暗」のお延の描かれ方―絵の女と現実の女 （山田喜美子）「鶴見日本文学」 鶴見大学 7 2003.3 p47～59
◇創作 新作能「草枕」創作ノート （西野春雄）「日本文学誌要」 法政大学国文学会 67 2003.3 p62～74
◇夏目漱石『門』論―〈笑い〉について （岡村あいこ）「広島女学院大学大学院言語文化論叢」 広島女学院大学大学院言語文化研究科 6

2003.3 p72～56
◇漱石と探偵―分身の視点から　(福島君子)「国士舘大学教養論集」国士舘大学教養学会 53 2003.3 p83～97
△A Comparative Study of Natsume Soseki's Kokoro and Ernest Hemingway's Islands in the Stream (Bruce D. Purdy)「鎌倉女子大学紀要」鎌倉女子大学 10 2003.3 p95～101
漱石とエクリチュール (李哲権)「日本研究」国際日本文化研究センター, 角川書店 27 2003.3 p111～141
近代小説新考 明治の青春(142)夏目漱石「彼岸過迄」(その23) (野山嘉正)「國文學 解釈と教材の研究」学灯社 48(4) 2003.3 p145～149
◇『明暗』における小林の造型と七言律詩―『明暗』の創作方法 (田中邦夫)「大阪経大論集」大阪経大学会 53(6) 2003.3 p402～385
漱石とイプセン(3) (原千代海)「図書」岩波書店 648 2003.4 p28～31
夏目漱石と落語(特集＝舌耕芸・落語誕生―享受と評価) (石井明)「国文学解釈と鑑賞」至文堂 68(4) 2003.4 p143～150
近代小説新考 明治の青春(143)夏目漱石「彼岸過迄」(その24) (野山嘉正)「國文學 解釈と教材の研究」学灯社 48(5) 2003.4 p148～153
こころの王国(13)夏目漱石の一件 (猪瀬直樹)「文学界」文芸春秋 57(4) 2003.4 p308～315
ロンドンにおける老舎と漱石の異文化体験―「我的几个房東」、「倫敦消息」を読む (李寧)「阪大比較文学」大阪大学比較文学会 創刊号 2003.5 p129～147
二十一世紀に読みなおす夏目漱石(夕食会講演) (小森陽一)「学士会会報」学士会 2003(3) 2003.5 p82～103
近代小説新考 明治の青春(144)夏目漱石「彼岸過迄」(その25) (野山嘉正)「國文學 解釈と教材の研究」学灯社 48(6) 2003.5 p149～153
◇漱石晩年の一面 (秋山豊)「かがみ」大東急記念文庫 36 2003.6 p41～65
異端の弟子―夏目漱石と中村古峡(補遺) (曽根博義)「語文」日本大学国文学会 116 2003.6 p67～80
近代小説新考 明治の青春(145)夏目漱石「彼岸過迄」(その26) (野山嘉正)「國文學 解釈と教材の研究」学灯社 48(7) 2003.6 p158～163
漱石と魯迅―留学時代が生んだ偉大な近代文学者 (呉志良)「日本工業大学研究報告」日本工業大学 33(1) 2003.6 p159～166
漱石とカーライル (石井和夫)「香椎潟」福岡女子大学国文学会 49 2003.6 p205～212
漱石『倫敦塔』論―〈方法〉の逆説 (福井慎二)「河南論集」大阪芸術大学芸術学部文芸学科研究室 8 2003.6 p259～282
漱石とイプセン(4) (原千代海)「図書」岩波書店 651 2003.7 p28～31
◇『心』における男と女 (福嶋妙子)「日本文学誌要」法政大学国文学会 68 2003.7 p36～46
漱石の江戸語三題―「まぼしい」「おのぼれ」「つらまえる」 (田島優)「日本文学ノート」宮城学院女子大学日本文学会 38 2003.7 p124～146
近代小説新考 明治の青春(146)夏目漱石「彼岸過迄」(その27) (野山嘉正)「國文學 解釈と教材の研究」学灯社 48(8) 2003.7 p156～160
近代小説新考 明治の青春(147)夏目漱石「彼岸過迄」(その28) (野山嘉正)「國文學 解釈と教材の研究」学灯社 48(10) 2003.8 p139～143
夏目漱石『明暗』の中の小林 (見掛美智子)「文芸論叢」大谷大学文芸学会 61 2003.9 p71～78
近代小説新考 明治の青春(148)夏目漱石「彼岸過迄」(その29) (野山嘉正)「國文學 解釈と教材の研究」学灯社 48(11) 2003.9 p153～157
巻頭随筆 漱石とアジア (天日隆彦)「外交フォーラム」都市出版 16(10) 2003.10 p8
『三四郎』論―「小さんは天才である」をめぐって (田中憲二)「野州国文学」国学院大学栃木短期大学国文学会 72 2003.10 p1～13
『それから』と〈ダンス・ダンス・ダンス〉恋愛と自立の模索 (半田淳子)「専修人文論集」専修大学 73 2003.10 p29～50
近代小説新考 明治の青春(149)夏目漱石「彼岸過迄」(その30) (野山嘉正)「國文學 解釈と教材の研究」学灯社 48(12) 2003.10 p124～129
漱石と倫理―文学の幼年時代 (千葉一幹)「文学界」文芸春秋 57(10) 2003.10 p188～211
◇漱石『木屑録』の旅―風景の成立 (欒殿武)「国際文化研究所紀要」城西大学国際文化研究所 9 2003.10.1 p1～16
『漾虚集』における漱石のアイロニー―「余」の物語をめぐって (佐藤裕子)「玉藻」フェリス女学院大学国文学会 39 2003.11 p1～17
近代小説新考 明治の青春(150)夏目漱石「彼岸過迄」(その31) (野山嘉正)「國文學 解釈と教材の研究」学灯社 48(13) 2003.11 p152～157
◇漱石と三重吉の《文鳥》―響きあうテクスト (二宮智之)「近代文学試論」広島大学近代文学研究会 41 2003.12 p1～18
『虞美人草』の時代 (水原紫苑)「図書」岩波書店 656 2003.12 p6～9
玄冬のものがたり―夏目漱石『こころ』序説 (工藤茂)「別府大学国語国文学」別府大学国語国文学会 45 2003.12 p6～11
「全くたゞの人間」としての読者―「彼岸過迄に就て」と夏目漱石における「読者」の「発見」 (大杉重男)「論樹」論樹の会 17 2003.12 p21～36
『三四郎』と美禰子の装い (鈴木すゞ江)「青山学院女子短期大学紀要」青山学院女子短期大学 57 2003.12 p71～89
『こゝろ』再論―回想する「私」 (小田島本有)「釧路工業高等専門学校紀要」釧路工業高等専門学校 37 2003.12 p90～81
再現の昔―『それから』におけるロマンの(再)創出 (宮本陽子)「広島女学院大学論集」広島女学院大学 53 2003.12 p142～125
近代小説新考 明治の青春(151)夏目漱石「彼岸過迄」(その32) (野山嘉正)「國文學 解釈と教材の研究」学灯社 48(14) 2003.12 p143～147
逍遙・文学誌(150)新天地(下)漱石・薫・泡鳴・尚江・空穂・未明・藤村・国男・東明ら (紅野敏郎)「國文學 解釈と教材の研究」学灯社 48(14) 2003.12 p162～165
『坊っちゃん』の離職行動におけるセルフ・モニタリングの心理 (大野木裕明)「福井大学教育地域科学部紀要 第4部 教育科学」福井大学教育地域科学部 59 2003.12.10 p1～10
『吾輩は猫である』―未完の〈文学論〉と苦沙弥先生と〈猫〉 (橋川俊樹)「共立国際文化」共立女子学園共立女子大学国際文化学部 21 2004.Spr p1～12
漱石・滝太郎・信三―文学と経済の相克 (青柳達雄)「関東短期大学紀要」関東短期大学 48 2004 p1～18
倫理学試論―自己と他者をつなぐもの(1)アポリアとしての他者探究(上)『行人』一郎の問いの在処 (田畑真美)「富山大学人文学部紀要」富山大学人文学部 41 2004 p1～23
鼎談 隠れ里の文学(特集『門』) (川本三郎, 小森陽一, 石原千秋)「漱石研究」翰林書房 17 2004 p2～35
「草枕」の美学＝倫理学―朱子学、ショーペンハウアー、大西祝 (藤尾健剛)「大東文化大学紀要 人文科学」大東文化大学 42 2004 p29～43
漱石の書簡(その1) (加藤正俊)「禅文化」禅文化研究所 191 2004 p33～44
漱石の書簡(その2)漱石の愛した二人の雲水への便り(承前) (加藤正俊)「禅文化」禅文化研究所 193 2004 p35～48
「平凡」をめぐる冒険―『門』の同時代性(特集『門』―仕組まれた冒険と植民地) (押野武志)「漱石研究」翰林書房 17 2004 p36～49
Tropes of the Novel in Modern Japanese Literature: Soseki's Kokoro and Ogai's Maihime (Haga Tadahiko)「千葉大学社会文化科学研究」千葉大学社会文化科学研究科 9 2004 p41～49
漱石作品における「のだ」文の使われ方―鷗外「青年」と比較して (石出靖雄)「早稲田大学大学院教育学研究科紀要 別冊」早稲田大学大学院教育学研究科 11-2 2004 p45～54
漱石の書簡(その2)漱石の愛した二人の雲水への便り (加藤正俊)「禅文化」禅文化研究所 192 2004 p50～60
◇占領の言説、あるいは小市民たちの帝国―『門』と植民地主義を考えるために(特集『門』―仕組まれた冒険と植民地) (五味渕典嗣)「漱石研究」翰林書房 17 2004 p50～62
「残酷な母」の語られ方―『門』と出産イデオロギー(特集『門』―女たちの物語) (久米依子)「漱石研究」翰林書房 17 2004 p63～76
女たちの物語(特集『門』)「漱石研究」翰林書房 17 2004 p63～105
夢幻という狂気―漱石『永日小品』 (荻原桂子)「九州女子大学紀要 人文・社会科学編」九州女子大学〔ほか〕40(3) 2004 p69～75
失われゆく避難所(アジール)―『門』における女・植民地・文体(特集『門』―女たちの物語) (北川扶生子)「漱石研究」翰林書房 17 2004 p77～89
二人の近代人―デカルトと漱石(3) (紺田千登史)「関西学院大学社会学部紀要」関西学院大学社会学部 96 2004 p81～94
漱石の書簡(4)漱石の愛した二人の雲水への便り(承前) (加藤正俊)「禅文化」禅文化研究所 194 2004 p81～96
『虞美人草』と『門』の抱一屏風―明治後半の抱一受容の一断面(特集『門』―女たちの物語) (玉虫敏子)「漱石研究」翰林書房 17 2004 p90～105
絶対という狂気―漱石『行人』 (荻原桂子)「九州女子大学紀要 人文・社会科学編」九州女子大学〔ほか〕41(1) 2004 p91～104
モダニズム文学の実験作―老舎と漱石の初期作品を比較して (李寧)「待兼山論叢」大阪大学大学院文学研究科 38文学篇 2004 p95～109

◇『門』—野中夫婦のゆくえ(特集『門』—『門』を生きる時間)(玉井敬之)「漱石研究」翰林書房 17 2004 p106～118
◇『門』を生きる時間(特集『門』)「漱石研究」翰林書房 17 2004 p106～144
◇Kはなぜ死んだのか―漱石『こゝろ』再論 (山内春光)「群馬大学社会情報学部研究論集」群馬大学社会情報学部 11 2004 p107～127
◇「野分」二題―紫式部と漱石 (宮崎荘平)「芸文攷」日本大学大学院芸術学研究科文芸学専攻 9 2004 p117～119
◇『門』の幾何学紋様―時間意識の構造をめぐる語り手・作者の分袋(特集『門』—『門』を生きる時間)(福井慎二)「漱石研究」翰林書房 17 2004 p119～132
◇検証・夏目漱石『こゝろ』論(2)『こゝろ』論の大海へ (山下聖美)「芸文攷」日本大学大学院芸術学研究科文芸学専攻 9 2004 p121～139
◇過去を書き換えるということ―『門』における記憶と他者(特集『門』—『門』を生きる時間)(千田洋幸)「漱石研究」翰林書房 17 2004 p133～144
◇恐怖と排除の構造―『坊つちゃん』論 (朴裕河)「漱石研究」翰林書房 17 2004 p145～159
◇『明暗』における「技巧」―津田とお延をめぐって(特集 近代)(中村美子)「解釈」解釈学会,日本学会事務センター学術情報事業部 50(1・2) 2004.1・2 p23～32
◇心をよむ難しさ―漱石『こゝろ』を読む (李哲権)「日本研究」国際日本文化研究センター,角川書店 28 2004.1 p47～144
◇『それから』—〈進化〉と〈退化〉の物語 (好川佐苗)「日本文学研究」梅光学院大学日本文学会 39 2004.1 p50～61
◇『道草』をどう読むか―漱石探求(2) (佐藤泰正)「日本文学研究」梅光学院大学日本文学会 39 2004.1 p62～72
◇芥川竜之介 夏目漱石宛書簡(昭和女子大学図書館蔵)について―「芋粥」「猿」の評価をめぐって (平野晶子)「学苑」昭和女子大学 760 2004.1 p96～105
◇近代小説新考 明治の青春(152)夏目漱石『彼岸過迄』(33) (野山嘉正)「國文學 解釈と教材の研究」学灯社 49(1) 2004.1 p147～151
◇漱石『こゝろ』研究史(8)平成6年以降の研究を巡って (仲秀和)「人間科学研究紀要」大阪樟蔭女子大学人間科学部学術研究会 3 2004.1 p204～194
◇『明暗』(小林が津田から金を強請る場面)と漢詩の関係 (田中邦夫)「大阪経大論集」大阪経大学会 54(5) 2004.1 p472～457
◇夏目漱石『三四郎』『それから』『門』をめぐる試論(修士論文概要) (杉浦とし子)「Kyoritsu review」共立女子大学大学院文芸学研究科 No.32 2004.2 p16～18
◇漱石とロセッティ(2) (永嶋昌子)「実践英文学」実践英文学会 56 2004.2 p27～37
◇夏目漱石の『文学論』講義 (亀井俊介)「図書」岩波書店 658 2004.2 p30～36
◇漱石とドーデ―『サッフォー』をめぐって (山中哲夫)「愛知大学文学論叢」愛知大学文学会 129 2004.2 p65～91
◇『三四郎』(1908)と『ノルウェイの森』(1987):モダンとポストモダンの非連続性と連続性 (半田淳子)「東京学芸大学紀要 第2部門 人文科学」東京学芸大学 55 2004.2 p67～76
◇与次郎の二十円―漱石作品における金銭 (佐々木啓)「北見大学論集」北海学園北見大学学術研究会 26(2) 2004.2 p74～65
◇近代小説新考 明治の青春(153)夏目漱石『彼岸過迄』(34) (野山嘉正)「國文學 解釈と教材の研究」学灯社 49(2) 2004.2 p146～149
◇夏目漱石『夢十夜』論―第七夜の星 (大谷廣美)「近畿大学日本語・日本文学」近畿大学文芸学部 第6号 2004.3 p102～113
◇発言引用の諸相―漱石作品を例として (石出靖雄)「日本語論叢」日本語論叢の会 第5号 2004.3 p13～24
◇夏目漱石『それから』論―近代恋愛の成立と挫折 (橋本志保)「国学院大学大学院文学研究科論集」国学院大学大学院文学研究科学生会 32 2004.3 p1～11
◇漱石の読書体験―Endymionにみられる蔵書の書き込みについて (中谷由郁)「大妻女子大学大学院文学研究科論集」大妻女子大学大学院文学研究科 14 2004.3 p1～16
◇漱石『三四郎』論―秘められたドラマ (板垣公一)「名城論叢」名城大学経済・経営学会 4(3) 2004.3 p1～18
◇先生は何故死んでいったか―『こゝろ』における手紙と電報のタイミング (末村時代)「国語国文研究」北海道大学国語国文学会 126 2004.3 p10～25
◇夏目漱石「心(こゝろ)」関係の生成 (新見公康)「横浜国大国語研究」横浜国立大学国語・日本語教育学会 22 2004.3 p11～20
◇夏目漱石の『七艸集』評における漢詩の鑑賞 (高鵬飛,方懋)「明星大学研究紀要 人文学部」明星大学 40 2004.3 p15～22
◇最終講義 透谷・漱石と私(小沢勝美教授 退職記念号) (小沢勝美)「法政大学多摩論集」法政大学多摩論集編集委員会 20 2004.3 p15～27

◇『こころ』における殉死というコード (後藤真紀)「フェリス女学院大学日文大学院紀要」フェリス女学院大学大学院人文科学研究科日本文学専攻 11 2004.3 p40～49
◇夏目漱石『文学論』における恋愛観―引用・蔵書の書き込みをめぐって (中谷由郁)「大妻国文」大妻女子大学国文学会 35 2004.3 p45～64
◇夏目漱石『琴のそら音』の意義―自己像描写とプロットの「相互関係」,及び『文学論』『文学評論』に見るプロット観との比較 (槐島知明)「中央大学国文」中央大学国文学会 47 2004.3 p49～59
◇研究ノート「夏目漱石の日記」から (加畑達夫)「山形県立米沢女子短期大学附属生活文化研究所報告」山形県立米沢女子短期大学附属生活文化研究所 31 2004.3 p56～47
◇漱石漢詩研究―漱石漢詩一首の外部様相と内部詩想について (池秀清)「文明の科学」城西国際大学 3 2004.3 p66～46
◇彷徨する『それから』―「ある文学者の劇評」をてがかりに (佐々木亜紀子)「愛知淑徳大学国語国文」愛知淑徳大学国文学会 27 2004.3 p67～85
◇『門』論―解体される〈語り〉 (山岡正和)「日本文学論究」国学院大学国文学会 63 2004.3 p80～90
◇夏目漱石の学位辞退事件について (山内芳文)「筑波大学教育学系論集」筑波大学教育学系 28 2004.3 p101～119
◇健三における孤独―「知識人としての〈立体性〉をめぐって (潘世聖)「国語国文薩摩路」鹿児島大学法文学部国文学研究室 48 2004.3 p111～118
◇漱石と子規の交友について―結婚の俳句を中心に (斉藤英雄)「九州大谷情報文化」九州大谷短期大学情報文化学会 32 2004.3.1 p9～18
◇夏目漱石(特集 近代文学に描かれた父親像―近代文学に描かれた父親像) (佐藤勝)「国文学解釈と鑑賞」至文堂 69(4) 2004.4 p37～42
◇日本レンアイ文学入門(2)夏目漱石『こゝろ』 (榮門ふみ)「本の旅人」角川書店 10(4) 2004.4 p52～56
◇漱石の血と牢獄 (加藤二郎)「文学」岩波書店 5(3) 2004.5・6 p148～164
◇批評の現在進行形(3)漱石的主題と吉本隆明―「夏目漱石を読む」『異形の心的現象』 (佐藤幹夫)「現代詩手帖」思潮社 47(5) 2004.5 p212～215
◇漱石のThe Amazing Marriageへの書き入れ (見掛美智子)「英文学会会報」大谷大学英文学会 第31号 2004.6 p8～29
◇循環するエージェンシー―『門』再考 (関谷由美子)「日本文学」日本文学協会 53(6) 2004.6 p42～53
◇近代日本文学の誕生(1)子規、虚子、漱石の手紙・交流から(稲畑汀子氏の講演・英訳をおさめる)〔含 英文〕 (平井雅子)「神戸女学院大学論集」神戸女学院大学研究所 51(1) 2004.7 p1～23
◇学習材としての『坊っちゃん』『吾輩は猫である』(特集 漱石・鷗外を学校で読む) (三浦和尚)「日本語学」明治書院 23(9) 2004.7 p16～23
◇「こころ」の授業再考(特集 漱石・鷗外を学校で読む) (高山実佐)「日本語学」明治書院 23(9) 2004.7 p24～38
◇近代の衝撃と海―鷗外・漱石・魯迅・郁達夫・サイチョンガによって表象された「海」(上) (Aitor Telengut)「北海学園大学人文論集」北海学園大学人文学会 28 2004.7 p47～66
◇読書指導としての漱石・鷗外(特集 漱石・鷗外を学校で読む) (三好修一郎)「日本語学」明治書院 23(9) 2004.7 p50～59
◇『文学論』から見る『坊っちゃん』 (立花涼)「名古屋芸術大学短期大学部研究紀要」名古屋芸術大学短期大学部 1 2004.7 p63～75
◇文鳥を殺したのは誰か―漱石『文鳥』解読の試み (山中哲夫)「愛知大学文学論叢」愛知大学文学会 130 2004.7 p5～24
◇漱石の「調育」 (武井啓允)「日本文学誌要」法政大学国文学会 70 2004.7 p109～118
◇比較思想のために―福沢諭吉と夏目漱石(その3) (赤井恵子)「熊本学園大学文学・言語学論集」熊本学園大学文学・言語学論集編集会議 10・11(2・1) 2004.7 p526～507
◇作家の〈文学的出発〉とは―漱石・芥川・堀・遠藤という系脈をめぐって (佐藤泰正)「キリスト教文学」日本キリスト教文学会九州支部 第23号 2004.8 p11～24
◇漱石のひきこもり時代について (斎藤環)「図書」岩波書店 664 2004.8 p2～5
◇『三四郎』論―「是は椎」から始まるもの (藤沢るり)「国語と国文学」至文堂 81(9) 2004.9 p55～69
◇夏目漱石―「において」の用法(近代日本語研究―近代語研究資料と研究) (赤羽根義章)「日本語学」明治書院 23(12臨増) 2004.9 p190～200
◇夏目漱石『夢十夜』「第三夜」の文芸構造―「地蔵」になった「盲目の小僧」 (今西幹一)「二松学舎大学人文論叢」二松学舎大学人文学会 73 2004.10 p29～38
◇漱石のフェミニズム―『文学論』で第一編で引用された二つの物語をめぐる一考察 (佐藤裕子)「言語と文芸」おうふう 121 2004.10

p29～43
◇『坊つちやん』におけるあだなについてのいくつかの考察 （城田世樹）「二松学舎大学人文論叢」 二松学舎大学人文学会 73 2004.10 p39～46
◇『吾輩は猫である』の猫はなぜ名無しの猫なのか？―「固有名詞」論 （小池清治）「宇都宮大学国際学部研究論集」 宇都宮大学国際学部 18 2004.10 p93～98
◇夏目漱石の保身―『こゝろ』の「殉死」をめぐって （小谷野敦）「文学界」 文芸春秋 58(10) 2004.10 p234～246
◇近代の衝撃と海―鷗外・漱石・魯迅・郁達夫・サイチョンガによって表象された「海」（中） （Aitoru Terenguto）「北海学園大学人文論集」 北海学園大学人文学会 29 2004.11 p81～98
◇漱石の著作権意識 （谷口幸代）「名古屋市立大学人文社会学部研究紀要」 名古屋市立大学人文社会学部 17 2004.11 p330～320
◇知識人の自己証明―夏目漱石『こゝろ』論 （吉田達志）「静岡近代文学」 静岡近代文学研究会 19 2004.12 p1～9
◇漱石の「門」と春園の「土」―「開化」と「改造」をめぐる比較考察 （李美正）「国文学攷」 広島大学国語国文学会 184 2004.12 p1～14
◇漱石が見たトーガ劇 （久泉伸世）「専修大学北海道短期大学紀要 人文・社会科学編」 専修大学北海道短期大学 37 2004.12 p39～48
◇〈人間を主にした写生文〉のゆくえ―「吾輩は猫である」・「朝寝」・「或る朝」 （田代ゆき）「九大日文」 九州大学日本語文学会「九大日文」編集委員会 5 2004.12.1 p164～176
◇『彼岸過迄』における偶然性の問題 （広瀬裕作）「九大日文」 九州大学日本語文学会「九大日文」編集委員会 5 2004.12.1 p177～206
◇「七番目の男」を迂回して、「こころ」へ （松本常彦）「九大日文」 九州大学日本語文学会「九大日文」編集委員会 5 2004.12.1 p331～355
◇「吾輩」の変容―夏目漱石の『吾輩は猫である』第一章を読む （小川敏栄）「埼玉大学紀要 教養学部」 埼玉大学教養学部 41(1) 2005 p1～5
◇漱石の松山落ちについて （大竹雅則）「秋草学園短期大学紀要」 秋草学園短期大学 22 2005 p1～8
◇夏目漱石「幻影の盾」と幸田露伴、尾崎紅葉等の文鷹出世作―「幻影の盾」の材源と漱石の創作方法 （樋口晋作）「近代文学論集」 日本近代文学会九州支部 31 2005 p1～10
◇夏目漱石「草枕」論―「霊台方寸のカメラ」機能 （好川佐苗）「梅光学院大学・女子短期大学部論集」 梅光学院大学 38 2005 p1～11
◇遅延された結末―新聞連載小説としての「彼岸過迄」 （諸岡知徳）「神戸山手短期大学紀要」 神戸山手短期大学 48 2005 p1～12
◇「夢十夜」を読む（1） （安田義明）「滝川国文」 国学院短期大学国文学会 21 2005 p1～13
◇武者小路実篤の「個人主義」思想―夏目漱石との関連で （有光隆司）「上智大学国文学論集」 上智大学国文学会 39 2005年 p1～15
◇二人の近代人―デカルトと漱石（4） （紺田千登史）「関西学院大学社会学部紀要」 関西学院大学社会学部 98 2005 p1～16
◇「根本的の手術」は可能か―「明暗」の展開 （藤尾健剛）「大東文化大学紀要 人文科学」 大東文化大学 43 2005 p1～16
◇漱石とレズリー・スティーヴン―Hours in a Libraryを中心に （塚本利明）「人文科学年報」 専修大学人文科学研究所 35 2005 p1～22
◇漱石と自己愛の倫理学（3） （野沢正次郎）「常葉学園大学研究紀要 教育学部」 常葉学園大学 26 2005年度 p1～25
◇特集『明暗』 「漱石研究」 翰林書房 18 2005 p2～138
◇教育講演 病みながらも生きる有り難い畏敬―精神医学者としての夏目漱石（第52回日本病跡学会） （高橋正雄）「日本病跡学雑誌」 日本病跡学会, 金剛出版 70 2005 p4～14
◇明治期の修辞観と社会進化論―夏目漱石のアレグザンダー・ポープ論における分裂と可能性 （北川扶生子）「比較文学」 日本比較文学会 48 2005 p7～21
◇夏目漱石の「神経衰弱」と禅 （林美朗）「日本病跡学雑誌」 日本病跡学会, 金剛出版 69 2005 p24～32
◇近代小説、どこが？（特集『明暗』―小説とは何か） （富山太佳夫）「漱石研究」 翰林書房 18 2005 p26～43
◇小説とは何か（特集『明暗』）「漱石研究」 翰林書房 18 2005 p26～60
◇『虞美人草』論―後期印象派と漱石 （遣田育実）「文芸研究」 近畿大学大学院文芸学研究科 2 2005 p27～53
◇漱石文学における精神症状の変遷―病期と安定期の比較 （高橋正雄）「日本病跡学雑誌」 日本病跡学会, 金剛出版 70 2005 p33～39
◇「語り」の機能の拡大と縮小―『吾輩は猫である』に見られる三相のアスペクトをめぐって （柴田庄一）「言語文化論集」 名古屋大学大学院国際言語文化研究科 27(1) 2005 p35～47
◇資本主義と「文学」―「こゝろ」（特集『明暗』―小説とは何か） （藤森清）「漱石研究」 翰林書房 18 2005 p44～60
◇漱石の書簡（5）漱石の死 （加藤正俊）「禅文化」 禅文化研究所 195 2005 p52～61
◇漱石の小説における債務の構造―「皆」ないし「個人」に向ける、債務者としての日本国家の影響 （Alessandro Clementi）「言語情報科学」 東京大学大学院総合文化研究科言語情報科学専攻 3 2005 p55～69
◇絵画小説としての『三四郎』―漱石とジャポニスム （増田裕美子）「二松学舎大学論集」 二松学舎大学文学部 48 2005 p57～79
◇「擬（まが）いの西洋舘」のト（ロ）ポロジー―『明暗』冒頭のみ（特集『明暗』―はじめとおわり） （高山宏）「漱石研究」 翰林書房 18 2005 p61～72
◇はじめとおわり（特集『明暗』）「漱石研究」 翰林書房 18 2005 p61～82
◇漱石文学における語り手の変遷―創作期別の特徴 （高橋正雄）「日本病跡学雑誌」 日本病跡学会, 金剛出版 69 2005 p62～65
◇夏目漱石「夢十夜」「第七夜」論―〈夢〉と〈神〉の関連を中心にして （井田望）「キリスト教文学研究」 日本キリスト教文学会 22 2005 p64～75
◇〈終り〉をめぐるタイポロジー―『明暗』の結末に向けて（特集『明暗』―はじめとおわり） （高橋修）「漱石研究」 翰林書房 18 2005 p73～82
◇漱石文学における場と時代性―妄想体験と過去への回帰 （高橋正雄）「日本病跡学雑誌」 日本病跡学会, 金剛出版 70 2005 p79～82
◇西洋近代を超えるもの―漱石文芸における〈狂気〉の諸相（2） （荻原桂子）「九州女子大学紀要 人文・社会科学編」 九州女子大学〔ほか〕 42(1) 2005 p81～92
◇漱石ロンドン演劇鑑賞（5） （武田勝彦）「比較文学年誌」 早稲田大学比較文学研究室 41 2005 p81～99
◇不可視と不在の『明暗』(特集『明暗』―『明暗』のうしろがわ） （長山靖生）「漱石研究」 翰林書房 18 2005 p83～95
◇『明暗』のうしろがわ（特集『明暗』）「漱石研究」 翰林書房 18 2005 p83～106
◇漱石の聖書―東北大学漱石文庫所蔵THE HOLY BIBLEにおける書き込みについて （今高義也）「キリスト教文化研究所研究年報」 宮城学院女子大学キリスト教文化研究所 39 2005 p87～112
◇夏目漱石『坑夫』論―交錯する主観と客観(日本語日本文学特集) （田口信吉）「甲南大学紀要 文学編」 甲南大学 143 2005年度 p89～103
◇The Shandyesque in Natsume Soseki's Kusamakura （James Raeside）「教養論叢」 慶應義塾大学法学研究会, 慶應義塾大学出版会 123 2005 p89～105
◇検証・夏目漱石『坊っちゃん』論（1） （山下聖美）「藝文攷」 日本大学大学院芸術学研究科文芸学専攻 10 2005 p93～130
◇『明暗』とポアンカレの「偶然」（特集『明暗』―『明暗』のうしろがわ） （小山慶太）「漱石研究」 翰林書房 18 2005 p96～106
◇『明暗』の「愛」に関するいくつかの疑問（特集『明暗』―愛と女性） （飯田祐子）「漱石研究」 翰林書房 18 2005 p107～118
◇愛と女性（特集『明暗』）「漱石研究」 翰林書房 18 2005 p107～138
◇素町人・甲割・赤十字―『吾輩は猫である』の注釈から （大野淳一）「武蔵大学人文学会雑誌」 武蔵大学人文学会 36(3) 2005 p109～118
◇「罪」と「懺悔」―中国における夏目漱石『こゝろ』の批評をめぐって （孫軍悦）「言語情報科学」 東京大学大学院総合文化研究科言語情報科学専攻 3 2005 p113～127
◇女の「愛」と主体化―『明暗』論（特集『明暗』―愛と女性） （池上玲子）「漱石研究」 翰林書房 18 2005 p119～138
◇漱石と虚子―「鶏頭」前後のこと （竹盛天雄）「漱石研究」 翰林書房 18 2005 p139～144
◇漱石漢詩札記 （一海知義）「漱石研究」 翰林書房 18 2005 p145～151
◇内容見本のなかの漱石 （十重田裕一）「漱石研究」 翰林書房 18 2005 p152～164
◇選び取られた〈狂気〉―漱石文芸における〈狂気〉の諸相 （荻原桂子）「九州女子大学紀要 人文・社会科学編」 九州女子大学〔ほか〕 41(3) 2005 p157～168
◇『三四郎』研究から地理学者が学んだ東京と日本 （杉浦芳夫）「漱石研究」 翰林書房 18 2005 p165～169
◇インタビュー 精神科医が読む漱石 （香山リカ, 小森陽一）「漱石研究」 翰林書房 18 2005 p170～194
◇漱石の『明暗』における愛（1） （野沢正次郎）「常葉学園大学研究紀要 外国語学部」 常葉学園大学 22 2005年度 p173～198
◇夏目漱石の『こころ』―西洋の影の下に（1） （伊藤徳一郎）「岐阜大学教育学部研究報告 人文科学」 岐阜大学教育学部 54(1) 2005 p177～190
◇経験の技法（2）夏目漱石『道草』を読む （武田充啓）「奈良工業高等専門学校研究紀要」 奈良工業高等専門学校 41 2005年度 p192～181
◇夏目漱石『三四郎』論―美禰子の像を中心に （橋元志保）「国学院大学大学院紀要 文学研究科」 国学院大学大学院 37 2005年度 p193～208

◇香水をつけたハンカチ―マックス・ノルダウの退化論と『虞美人草』（加藤洋介）「漱石研究」翰林書房 18 2005 p195～205
◇漱石研究 文献目録 2001・7～2003・6 （五十嵐礼子，田中愛，橋本のぞみ）「漱石研究」翰林書房 18 2005 p210～236
◇夏目漱石と英国モダニズム文学 （高橋渡）「広島女子大学国際文化学部紀要」 県立広島女子大学 13 2005 p214～195
◇漱石詩における「白雲」のイメージについて （藤田智章）「二松」二松学舎大学大学院文学研究科 19 2005 p277～299
◇夏目漱石『夢十夜』物語連鎖の構造―潜在する〈語り手の物語〉 （山口比砂）「愛知県立大学大学院国際文化研究科論集」 愛知県立大学大学院国際文化研究科 6 2005 p280～261
◇漱石の文学と文学的哲学 （李哲権）「聖徳大学言語文化研究所論叢」 聖徳大学出版会 13 2005 p607～642
◇『明暗』をどう読むか―漱石探求（3） （佐藤泰正）「日本文学研究」梅光学院大学日本文学会 40 2005.1 p12～23
◇司馬さんと漱石（特集 街道をゆく） （村井重俊）「一冊の本」 朝日新聞社 10（1） 2005.1 p19～21
◇女性像を通してみる夏目漱石の近代意識 （江頭肇，朴順伊）「比較文化研究」 久留米大学比較文化研究所 34 2005.1 p39～79
◇漱石『三四郎』の雲の描写を読み解く―なぜ美禰子と野々宮は結婚しなかったのか （岸元次子）「鳴尾説林」 武庫川女子大学日本文学談話会 12 2005.1 p49～63
◇マドンナはどこにいる？―『坊っちゃん』における〈うわさ〉の機能 （畑中基紀）「明治大学教養論集」 明治大学教養論集刊行会 390 2005.1 p59～76
◇「世界の禅者」鈴木大拙のつぶやき―鷗外，漱石，大拙 （葛谷登）「言語と文化」 愛知大学語学教育研究室 12 2005.1 p170～158
◇夏目漱石の「風流韻事」試論 （董金霞）「長良アカデミア」 岐阜女子大学大学院文学研究科 8 2005.2 p29～56
◇漱石『夢十夜』の精神分析的解釈の試み―「第三夜」について（1） （山中哲夫）「愛知大学文学論叢」 愛知大学文学会 131 2005.2 p69～82
◇原点としてのガウァー通り―夏目漱石とロンドンの「家（うち）」（青木剛）「明治学院大学英米文学・英語学論叢」 明治学院大学文学会 114・115 2005.2 p107～126
◇夏目漱石『行人』論―〈死〉〈狂〉〈宗教〉そして〈救済〉をめぐって （上總朋子）「キリスト教文芸」 日本キリスト教文学会関西支部 第21輯 2005.3 p1～18
◇「筋」と「文体」―夏目漱石『幻影の盾』における「遠羅天釜」の受容 （谷島潤一）「日本文芸論稿」 東北大学文芸談話会 第29号 2005.3 p14～29
◇夏目漱石『それから』論―近代恋愛の成立と挫折 （橋本志保）「國學院大学大学院文学研究科論集」 國學院大学大学院文学研究科学生会 32 2005.3 p1～11
◇『四郎』における地の文の様相―語り手と作中人物との関わりと，文末表現を中心に （石出靖雄）「日本語論叢」 日本語論叢の会 第6号 2005.3 p1～12
◇漱石の「超自然」（その1）神秘家としての一面 （仲秀和）「阪神近代文学研究」 阪神近代文学会 6 2005.3 p1～13
◇夏目漱石『行人』論―〈死〉〈狂〉〈宗教〉そして〈救済〉をめぐって （上總朋子）「キリスト教文芸」 日本キリスト教文学会関西支部 第21輯 2005.3 p1～18
◇『行人』論―長野二郎の新しさ （湯田はづき）「JIU女性学」 城西国際大学学会女性学会 第8巻第1号 2005.3 p4～31
◇教師夏目金之助の研究（9）森田草平との師弟関係 （森下恭光）「明星大学教育学研究紀要」 明星大学教育学研究室 20 2005.3 p6～15
◇「筋」と「文体」―夏目漱石『幻影の盾』における「遠羅天釜」の受容 （谷島潤一）「日本文芸論稿」 東北大学文芸談話会 第29号 2005.3 p14～29
◇近代日本人の精神―夏目漱石，森鷗外（キリスト教文化とグローバリゼーション（第1回）グローバリゼーションの文脈における日本文化を問う）（黒木摩）「キリスト教文化学会年報」 キリスト教文化学会 50 2005.3 p15～31
◇父の幻影―マルローの『王道』と漱石の『こゝろ』 （大貫明仁）「明治大学人文科学研究所紀要」 明治大学人文科学研究所 57 2005.3 p27～49
◇〈世間〉のレッスン―学校という《世間》と「坊っちゃん」 （畑中基紀）「人文科学論集」 明治大学経営学部人文科学研究室 50・51 2005.3 p29～57
◇言語と文学 文体論の可能性―夏目漱石『門』（第7回明海大学大学院応用言語学研究科セミナー 講演） （塩田勉）「応用言語学研究」 明海大学大学院応用言語学研究科紀要編集委員会 7 2005.3 p31～41
◇ヘンリー・ジェイムズから夏目漱石『行人』へ―語り手・テキスト・読者 （國重裕）「河南論集」 大阪芸術大学芸術学部文芸学科研究室 9 2005.3 p31～46
◇『ツアラッストラ』影響下における漱石・龍之介の創作活動の検討―ワーズワース詩集及び『坊ちゃん』『偸盗』の「天のがわ」を見据えて （大友泰司）「順天堂大学スポーツ健康科学研究」 順天堂大学 9 2005.3 p33～40

◇漱石の個人主義 （崎山隆則）「年報日本思想史」 日本思想史研究会 4 2005.3 p40～42
◇魔境という〈狂気〉―漱石『明暗』 （荻原桂子）「阪神近代文学研究」 阪神近代文学会 6 2005.3 p43～57
◇漱石と子規と漢詩 （鳥羽田重直）「和洋國文研究」 和洋女子大学国文学会 40 2005.3 p48～55
◇「漱石文庫」についての基礎的研究 （菊田茂男）「宮城学院女子大学大学院人文学会誌」 宮城学院女子大学大学院 6 2005.3 p55～71
◇明治18年の透谷と漱石―日本近代文学史の屈折点に於ける二人の批評の象徴性 （小澤勝美）「近代文学研究」 日本文学協会近代部会 22 2005.3 p103～116
◇『明暗』における漱石創作意識の現場―「吉川夫人と津田の対話場面」と漢詩 （田中邦夫）「大阪経大論集」 大阪経大学会 55（6） 2005.3 p116～98
◇現代の〈危機〉と夏目漱石―平和の文化学（1） （片岡豊）「作新学院大学人間文化学部紀要」 作新学院大学人間文化学部 3 2005.3 p120～103
◇漱石の愛した数字，あるいは〈『明暗』の「純白」について〉補遺 （熊倉千之）「金城学院大学論集 人文科学編」 金城学院大学 1（1・2） 2005.3 p178～196
◇駒尺喜美さんを友だち村に訪ね「漱石」を語り合う―日文協近代部会 2003年夏合宿 （小澤勝美）「近代文学研究」 日本文学協会近代部会 22 2005.3 p184～187
◇春を巡る漱石と露伴（再録「葦の葉」近代部会誌 2002年十二月～2003年十月） （西村好子）「近代文学研究」 日本文学協会近代部会 22 2005.3 p202～204
◇『それから』論―代助の職業観を中心にして （中村泰行）「立命館言語文化研究」 立命館大学国際言語文化研究所 16（4） 2005.3 p203～227
◇漱石『幻影の盾』論―読者を裏切る〈美文〉の重層構造 （福井慎二）「河南論集」 大阪芸術大学芸術学部文芸学科研究室 9 2005.3 p207～232
◇夏目漱石の新婚旅行の俳句について―筑紫野市の俳句を中心に （斉藤英雄）「九州大谷情報文化」 九州大谷短期大学情報文化学会 33 2005.3.1 p13～24
◇素修会 漱石と明治日本 （船曳建夫）「日本工業倶楽部会報」 日本工業倶楽部 212 2005.4 p46～63
◇夏目漱石の所有 （沢英彦）「日本文学研究」 高知日本文学研究会 第42号 2005.5 p107～141
◇夏目漱石「京に着ける夕」論―《鶴》の表現と正岡子規との関わりを中心に （二宮智之）「日本近代文学」 日本近代文学会 72 2005.5 p32～43
◇安重根へのまなざし―漱石『門』と鷗外訳『歯痛』 （若松伸哉）「日本近代文学」 日本近代文学会 72 2005.5 p44～57
◇夏目漱石の所有 （沢英彦）「日本文学研究」 高知日本文学研究会 第42号 2005.5 p107～141
◇特集＝ジェンダーで読む夏目漱石 「国文学解釈と鑑賞」 至文堂 70（6） 2005.6 p6～240
◇読む〈聖なるもの〉の表象をめぐって―夏目漱石「琴のそら音」私解 （権田和士）「日本文学」 日本文学協会 54（6） 2005.6 p44～48
◇『文学論』（1907）における「文」の「学」を論ず（総特集 ブックガイド 日本の思想」（林少陽）「現代思想」 青土社 33（7臨増） 2005.6 p108～111
◇天皇の国の貴公子―『坊っちゃん』の〈声〉（特集＝ジェンダーで読む夏目漱石の文学） （関谷由美子）「国文学解釈と鑑賞」 至文堂 70（6） 2005.6 p112～121
◇「心細い」漱石―漱石のアジア観と『満韓ところどころ』（満生洋子）「東アジア比較文化研究」 東アジア比較文化国際会議日本支部 4 2005.6 p121～136
◇『坊っちゃん』を読む―might is right常識との闘い （越智悦子）「岡山商大論叢」 岡山商科大学学会 40（3） 2005.6 p220～187
◇研究の手引き 夏目漱石参考文献目録（特集＝ジェンダーで読む夏目漱石）（溝部優実子）「国文学解釈と鑑賞」 至文堂 70（6） 2005.6 p233～240
◇立体特集・天命に従う，無私の文豪 夏目漱石・則天去私 「サライ」 小学館 17（11） 2005.6.2 p19～101
◇漱石とThe Lotus Library（1）―Saphoの書き込みを中心に（研究論考）（田村道美）「英学史論叢」 日本英学史学会中国・四国支部 第8号 2005.7 p11～18
◇『三四郎』キーワードの含意―「ストレイシープ」「ヘリオトロープ」「森の女」 （山本彩）「尾道大学日本文学論叢」 尾道大学日本文学会 創刊号 2005.7 p15～26
◇『明暗』における「技巧」（2）分類と概観（特集 近代） （中村美子）「解釈」 解釈学会，電算出版企画 51（7・8） 2005.7・8 p2～10
◇『草枕』の中の漢詩③漢詩創作の機微 （一海知義）「図書」 岩波書店 675 2005.7 p11～13
◇漱石とThe Lotus Library（1）―Saphoの書き込みを中心に （田村道美）「英学史論叢」 日本英学史学会中国・四国支部 第8号 2005.7

- ◇漱石『夢十夜』の精神分析的解釈の試み―「第三夜」について(2) (山中哲夫)「愛知大学文学論叢」 愛知大学文学会 132 2005.7 p35～50
- ◇夏目漱石の現代日本開化の心境をめぐって (孫馨)「久留米大学大学院比較文化研究論集」 久留米大学大学院比較文化研究科 17 2005.7 p81～97
- ◇怪談前夜(続)(3) 第三章 ハーンの「心」、漱石の「心」 (大塚英志)「本の旅人」 角川書店 11(7) 2005.7 p88～95
- ◇卒業論文 夏目漱石『明暗』に見る日本近代家族 (高橋麻衣子)「日本文学誌要」 法政大学国文学会 72 2005.7 p92～102
- ◇死後の世界が必要だ 夏目漱石『漱石書簡集』(人生の危機に読む本―愛する人の死、突然の大病、仕事の挫折……困難の時を癒してくれた31冊の書) (帯津良一)「文芸春秋」 文芸春秋 83(9) 2005.7 p308～310
- ◇漱石から芥川へ―神をめぐる往還 (奥野政元)「キリスト教文学」 日本キリスト教文学会九州支部 第24号 2005.8 p25～32
- ◇東洋人が描いたロンドンの霧―老舎の『二馬』、漱石の「霧」を中心に (李寧)「阪大比較文学」 大阪大学比較文学会 第3号 2005.8 p1～25
- ◇芥川龍之介『母』の〈透ける耳〉描写における漱石の影響―中国特派員体験と聴覚 (鈴木暁世)「阪大比較文学」 大阪大学比較文学会 第3号 2005.8 p131～152
- ◇漱石テクストにおける女性表象―「紫の女」の修辞学的考察 (小川隆)「国語国文研究」 北海道大学国語国文学会 128 2005.8 p17～33
- ◇漱石から芥川へ―神をめぐる往還 (奥野政元)「キリスト教文学」 日本キリスト教文学会九州支部 第24号 2005.8 p25～32
- ◇熊楠の方法が必要だ(特集：南方熊楠―ナチュラルヒストリーの文体―ネットワーク) (松居竜五)「國文学 解釈と教材の研究」 學燈社 50(8) 2005.8 p47～53
- ◇ロンドンの田園と夏目漱石 (青木剛)「明治学院大学英米文学・英語学論叢」 明治学院大学文学会 116 2005.9 p39～63
- ◇国語辞書と出典本文のゆれ―『坊っちゃん』の場合(特集：辞書の日本語) (佐藤栄作)「早稲田日本語研究」 早稲田大学日本語学会 14 2005.9 p73～83
- ◇「夢十夜」考説(特集 夢の領分) (須田千里)「文学」 岩波書店 6(5) 2005.9・10 p112～124
- ◇同人雑誌の時代と夏目漱石―特権化される文学 (村瀬士朗)「国際文化学部論集」 鹿児島国際大学国際文化学部 6(2) 2005.9 p158～142
- ◇漱石の俳句と能と『ハムレット』 (木佐貫洋)「融合文化研究」 国際融合文化学会事務局 第6号 2005.10 p66～71
- ◇代助の〈まどろみ〉と〈覚醒〉―『それから』に描かれる〈心〉 (清水康次)「光華日本文学」 京都光華女子大学日本文学会 13 2005.10 p31～50
- ◇捕獲・介入・現前―漱石のいない写真 (前田潤)「日本近代文学」 日本近代文学会 73 2005.10 p64～79
- ◇内田百閒『冥途』と夏目漱石『夢十夜』の構造―「花火」「木霊」と「第三夜」 (大谷哲)「二松学舎大学人文論叢」 二松学舎大学人文学会 75 2005.10 p118～140
- ◇「未亡人」の家―日本語文学と漱石の『こころ』 (Lee Yu-hui)「日本研究」 国際日本文化研究センター、角川書店 31 2005.10 p143～158
- ◇匂いと記憶―夏目漱石の場合 (藤尾健嗣)「文学空間」 20世紀文学研究会、風濤社(発売) vol.V No.2 2005.11 p7～11
- ◇『夢十夜』論―漱石の祈り (竹腰幸夫)「静岡近代文学」 静岡近代文学研究会 20 2005.12 p1～12
- ◇『それから』論―パラサイトシンドロームの前例 (板垣公一)「名城大学人文紀要」 名城大学人文研究会 41(2) 2005.12 p15～27
- ◇夏目漱石『行人』論―女たちの謎と主体性を中心に (斉金英)「国文」 お茶の水女子大学国語国文学会 104 2005.12 p22～32
- ◇夏目漱石参考文献目録 (山本勝正)「広島女学院大学日本文学」 広島女学院大学文学部日本語日本文学科 15 2005.12 p43～49
- ◇漱石が見たパントマイム劇 (久泉伸世)「専修大学北海道短期大学紀要 人文・社会科学編」 専修大学北海道短期大学 38 2005.12 p53～66
- ◇江藤淳『漱石とアーサー王伝説』の虚構と真実―死者を愛し続ける男の物語(没後五年 特集・江藤淳) (飛ヶ谷美穂子)「三田文学〔第3期〕」 三田文学会, 慶應義塾大学出版会 84(80) 2005.冬季 p110～124
- ◇特別寄稿 世界文学としての漱石文学『行人』 (千種キムラスティーブン)「国文学解釈と鑑賞」 至文堂 70(12) 2005.12 p155～169
- ◇猫の変容―夏目漱石の『吾輩は猫である』最終章を読む (小川敏栄)「埼玉大学紀要 教養学部」 埼玉大学教養学部 42(1) 2006 p1～6
- ◇大塚保治と夏目漱石―非対称な合せ鏡 (田口信孝)「風文学紀要」 群馬県立土屋文明記念文学館 10 2006 p1～10
- ◇夏目漱石『こころ』における自我の葛藤―〈頭(ヘッド)〉と〈胸(ハート)〉とをめぐって (小泉浩一郎, 須藤武司)「東海大学紀要 文学部」 東海大学文学部 85 2006 p1～10
- ◇李光洙の「無情」における結婚観―漱石の「三四郎」における結婚観との比較 (吉美顕)「Comparatio」 九州大学大学院比較社会文化学府比較文化研究会 10 2006 p1～10
- ◇漱石「函山雑咏」試考―どちらに帰るか (高橋朱子)「中国文化」 中国文化学会 64 2006 p1～12
- ◇新聞小説の西/東―漱石の西/東 (諸岡知徳)「神戸山手短期大学紀要」 神戸山手短期大学 49 2006 p1～12
- ◇漱石とロンドン留学―漱石のロンドン滞在日記から見えるもの (生田理恵子)「湘南国際女子短期大学紀要」 湘南国際女子短期大学 14 2006年度 p1～14
- ◇「坊ちゃん」と日露戦争―武士道、侠客、仇討ち (藤尾健嗣)「大東文化大学紀要 人文科学」 大東文化大学 44 2006 p1～23
- ◇Japanese modernization as described by Soseki Natsume (Tokunaga Mitsuhiro)「Comparatio」 九州大学大学院比較社会文化学府比較文化研究会 10 2006 p5～15
- ◇〈坊っちゃん〉と〈山嵐〉―明治維新をめぐって (徳永直彰)「埼玉大学紀要 教養学部」 埼玉大学教養学部 42(1) 2006 p7～23
- ◇近代社会環境への警笛―夏目漱石の場合 「福岡工業大学研究論集」 福岡工業大学 39(1) 2006 p17～25
- ◇日韓近代文学―夏目漱石と李光洙を中心として (張南瑚)「人文社会科学論叢」 宮城学院女子大学附属人文社会科学研究所 15 2006 p17～27
- ◇〈異界〉との往還と想像力発動のありか―夏目漱石『漾虚集』における幻視の様態について (柴田庄一)「言語文化論集」 名古屋大学大学院国際言語文化研究科 27(2) 2006 p35～51
- ◇「先生」としての漱石についての長い註 (矢野智司)「臨床教育人間学」 京都大学大学院教育学研究科 8 2006 p61～68
- ◇夏目漱石と西田幾多郎における東洋と西洋―『行人』と『善の研究』 (荻原桂子)「九州女子大学紀要 人文・社会科学編」 九州女子大学〔ほか〕 43(1) 2006 p63～72
- ◇『門』における宗教性―〈立ち竦〉む宗助と〈天〉 (上総朋子)「キリスト教文学研究」 日本キリスト教文学会 23 2006 p66～77
- ◇正岡子規の漢詩世界―格律の角度からの正岡子規の漢詩における分析及び夏目漱石の漢詩創作との比較研究 (周晨亮)「比較文学」 日本比較文学会 49 2006 p67～81
- ◇夏目漱石の『坑夫』―人が自殺を思いとどまる時 (高橋正雄)「日本病跡学雑誌」 金剛出版, 日本病跡学会 71 2006 p80～83
- ◇夢の方法－漱石『三四郎』論 (荻原桂子)「九州女子大学紀要 人文・社会科学編」 九州女子大学〔ほか〕 42(3) 2006 p83～91
- ◇森田草平の『夏目漱石』―その病跡学的な側面 (高橋正雄)「日本病跡学雑誌」 金剛出版, 日本病跡学会 71 2006 p84～87
- ◇『倫敦塔』における歴史と絵画の融合―漱石とポール・ドラローシュ (松村昌家)「大手前大学人文科学部論集」 大手前大学 7 2006 p85～106
- ◇『坊っちゃん』と世間 (山下聖美)「日本大学芸術学部紀要」 日本大学芸術学部 44 2006 p93～102
- ◇明視と盲目(1)夏目漱石『明暗』を読む (武田充啓)「奈良工業高等専門学校研究紀要」 奈良工業高等専門学校 42 2006年度 p106～99
- ◇夏目漱石『それから』の動態―新しい小説の時間論の試み (野網摩利子)「言語文化学会論集」 言語文化学会 26 2006.春 p107～119
- ◇検証・夏目漱石『坊っちゃん』文献(2) (山下聖美)「藝文攷」 日本大学大学院芸術学研究科文芸学専攻 11 2006 p115～139
- ◇体内循環するhumor―夏目漱石『吾輩は猫である』における写生文の経験 (永野宏志)「工学院大学共通課程研究論叢」 工学院大学 44-1 2006 p125～113
- ◇漱石ロンドン演劇鑑賞(6) (武田勝彦)「比較文学年誌」 早稲田大学比較文学研究室 42 2006 p132～148
- ◇『坊っちゃん』から『三四郎』へ―マドンナとディスコミュニケーションの問題をめぐって (増田裕美子)「二松学舎大学論集」 二松学舎大学文学部 49 2006 p133～152
- ◇漱石の『門』に投影される国家イデオロギーの翳―冒頭場面と「罪」の問題をめぐって (金正勲)「社会文学」 日本社会文学会, 不二出版 23 2006 p144～155
- ◇漱石前期作品『坊っちゃん』から『吾輩は猫である』へ―作品の提示する問題 (戸田由美)「西南女学院大学紀要」 西南女学院大学 10 2006 p153～164
- ◇夏目漱石作品の談話分析 (小川栄一)「武蔵大学人文学会雑誌」 武蔵大学人文学会 37(3) 2006 p188～163
- ◇星のある風景：夏目漱石の「坑夫」、「夢十夜」、「思い出すことなど」 (涌井隆)「言語文化論集」 名古屋大学大学院国際言語文化研究科 27(2) 2006 p189～200
- ◇グレン・グールドの夏目漱石『草枕』体験 (渡辺章夫)「愛知論叢」 愛知大学大学院生協議会 81 2006 p196～176
- ◇文学研究と文化研究の現在―漱石・文学批評の論、及び芥川「蜜柑」、横光「蠅」のこと (山崎甲一)「東洋大学大学院紀要」 東洋大学大

学院 43(文学(国文学)) 2006 p209～245
◇漱石詩における「愁」について （藤田智章）「二松」 二松学舎大学大学院文学研究科 20 2006 p215～244
◇研究発表例会 平成17年七月九日 近代作家の死生観―芥川、川端／鷗外、漱石、安吾（東洋大学 東洋学研究所活動報告）（山崎甲一）「東洋学研究」 東洋大学東洋学研究所 43 2006 p262～264
◇未来への希求―『こゝろ』と明治の終焉 （柴田勝二）「東京外国語大学論集」 東京外国語大学 72 2006 p268～243
 Master-disciple relationship in Soseki's Kokoro and Camus's L'Hote （岡崎桂二）「四天王寺国際仏教大学紀要」 四天王寺国際仏教大学 6ママ・43・51 2006年度 p291～318
◇エーリヒ・ケストナーと夏目漱石―『ファービアン』と『吾輩は猫である』を比較する （外山里葉）「Aspekt」 立教大学ドイツ文学研究室 40 2006 p412～425
◇漱石余滴―世紀末パリのグラン・カフェ （牧村健一郎）「月刊百科」 平凡社 519 2006.1 p2～5
◇『硝子戸の中』論―生と死の葛藤をめぐって （山口洋子）「日本文学研究」 梅光学院大学日本文学会 41 2006.1 p9～19
◇漱石のなかの男と女(1)『草枕』から『明暗』まで―漱石探究(4) （佐藤春正）「日本文学研究」 梅光学院大学日本文学会 41 2006.1 p20～31
◇『永日小品』より・「心」を読む(特集 近代) （岸規子）「解釈」 解釈学会,電算出版企画 52(1・2) 2006.1 p21～23
◇漱石とブラウニング―「ストレイシープ」と「ダーターフアブラ」をめぐって （飛ヶ谷美穂子）「文学」 岩波書店 7(1) 2006.1・2 p206～220
◇漱石の知られざる手紙 （牧村健一郎）「図書」 岩波書店 682 2006.2 p8～11
◇漱石作品に見る語彙表現の一考察―『門』を中心にして （岸元次子）「鳴尾説林」 武庫川女子大学日本文学談話会 13 2006.2 p15～23
◇夏目漱石のトゥーティング―開発と再開発 （青木剛）「明治学院大学英米文学・英語学論叢」 明治学院大学 117 2006.2 p43～64
◇夏目漱石『夢十夜』の精神分析的解釈―「第一夜」について(1) （山中哲夫）「愛知大学文学論叢」 愛知大学文学会 133 2006.2 p59～85
◇『夢十夜』を読む―「第十夜」謎の女と豚 （越智悦子）「岡山商大論叢」 岡山商科大学学会 41(3) 2006.2 p84～67
◇夏目漱石『倫敦塔』論―死をめぐる物語 （北川健二）「立命館文學」 立命館大学人文学会 592 2006.2 p498～503
◇漱石と西田哲学―差別と平等をめぐり （小川康子）「湘南文学」 東海大学日本文学会 第40号 2006.3 p83～96
◇漱石『硝子戸の中』論(上)―そのモラトリアム性をめぐって （上野泰隆）「湘南文学」 東海大学日本文学会 第40号 2006.3 p139～152
◇漱石と超人思想の系譜―ミケランジェロ、バクーニン、ニーチェ （中江彬）「人文学論集」 大阪府立大学総合科学部西洋文化講座 第24集 2006.3 p1～39
◇漱石と勘助―「銀の匙」ノート （上田穂積）「徳島文理大学比較文化研究所年報」 徳島文理大学比較文化研究所 22 2006.3 p1～11
◇物語世界内の人物が語る語りの特徴―『坊つちゃん』を中心に （石出靖雄）「日本語論叢」 日本語論叢の会 第7号 2006.3 p1～11
◇特集：漱石―世界文明と漱石 「國文學 解釈と教材の研究」 學燈社 51(3) 2006.3 p6～147
◇漱石の人称代名詞一考察―ポライトネス理論に基づく人称代名詞使用の分析 （呉少華）「武蔵文化論集」 武蔵大学大学院人文科学研究科 6 2006.3 p15～28
◇〈漱石〉的問題構制(プロブレマティーク)の原基的発掘へ向けて―「草枕」再論(特集：漱石―世界文明と漱石―明治と思想圏) （大石直記）「國文學 解釈と教材の研究」 學燈社 51(3) 2006.3 p16～24
◇夏目漱石蔵書,自筆購入時一覧とその考察―東北大学所蔵「漱石文庫」における 「茨城大学教育学部紀要 人文・社会科学・芸術 Humanities and social sciences」 茨城大学教育学会 55 2006.3 p21～36
◇「読者」論序説―夏目漱石と大石泰蔵の「論争」を素材に （大杉重男）「人文学報」 首都大学東京都市教養学部人文・社会系 373 2006.3 p21～36
◇漱石が逆立ちをする可能性―言語時評(10) （工藤力男）「成城文芸」 成城大学文芸学部 194 2006.3 p25～33
◇女を媒介に言葉という他者を意識させるユーモア―『浮雲』と『三四郎』をめぐって(特集：漱石―世界文明と漱石―日本語の文体は漱石で確立されたか) （Indra Levy）「國文學 解釈と教材の研究」 學燈社 51(3) 2006.3 p54～61
◇夏目漱石初期作品における〈詩〉と〈画〉―「一夜」を中心に （神田祥子）「国語と国文学」 至文堂 83(3) 2006.3 p54～69
◇日本語の文体は漱石で確立されたか(特集：漱石―世界文明と漱石) 「國文學 解釈と教材の研究」 學燈社 51(3) 2006.3 p54～99
◇教育現場からの研究ノート 桃源郷からの逆行―夏目漱石『草枕』研究の陥穽、「鶉籠」序に関する一考察 （橋本尚喬）「教職教育研究」 関西学院大学教職教育研究センター 11 2006.3 p55～61
◇『我輩は猫である』の土壌―響き合うことば （佐々木亜紀子）「愛知淑徳大学国語国文」 愛知淑徳大学国語国文学会 29 2006.3 p55～69
◇エッセイ 尼子四郎と夏目漱石 （斎藤晴惠）「医学図書館」 日本医学図書館協会 53(1) 2006.3 p60～64
◇『明暗』における「愛の戦争」(後半)漢詩との繋がり （田中邦夫）「大阪経大論集」 大阪経大学会 56(6) 2006.3 p62～45
◇漱石の文章世界―係り結びと入れ子化(漱石、ジッド、デリダ)(特集：漱石―世界文明と漱石―日本語の文体は漱石で確立されたか) （浅利誠）「國文學 解釈と教材の研究」 學燈社 51(3) 2006.3 p62～71
◇ことばの森(36)景色―『草枕』を例に （久保田淳）「日本語学」 明治書院 25(3) 2006.3 p72～74
◇漱石と鷗外―〈子ども〉を描く(特集：漱石―世界文明と漱石―日本語の文体は漱石で確立されたか) （酒井敏）「國文學 解釈と教材の研究」 學燈社 51(3) 2006.3 p72～81
◇漱石とコルタサルの作品の女性像について―宿命の女(ファム・ファタール)たちはなぜ殺されたのか （今井洋子）「京都産業大学論集 人文科学系列」 京都産業大学 34 2006.3 p74～90
◇文学と闘争する〈美文〉―漱石的美文・写生文の位置(特集：漱石―世界文明と漱石―日本語の文体は漱石で確立されたか) （福井慎二）「國文學 解釈と教材の研究」 學燈社 51(3) 2006.3 p82～90
◇漱石と西田哲学―差別と平等をめぐり （小川康子）「湘南文学」 東海大学日本文学会 第40号 2006.3 p83～96
◇『門』と明治日本の植民地主義 （伊藤博）「日本文学誌要」 法政大学国文学会 73 2006.3 p110～119
◇明治25年の透谷と漱石―列強帝国主義への後追いを拒否する二人の思想 （小澤勝美）「近代文学研究」 日本文学協会近代部会 23 2006.3 p115～129
◇『明暗』における「愛の戦争」場面(前半)と漱石詩―作者漱石の創作時の思い （田中邦夫）「近代文学研究」 日本文学協会近代部会 23 2006.3 p130～147
◇英語圏における『文学論』の意義―理論、科学、所有(特集：漱石―世界文明と漱石―漱石とイギリス、世界文明) （Michael Bourdaghs）「國文學 解釈と教材の研究」 學燈社 51(3) 2006.3 p137～147
◇漱石の作品に表れている仏教語の考察 （陳明順）「国文学踏査」 大正大学国文学会 18 2006.3 p138～152
◇漱石『硝子戸の中』論(上)―そのモラトリアム性をめぐって （上野泰隆）「湘南文学」 東海大学日本文学会 第40号 2006.3 p139～152
◇夏目漱石・鏡子 悪妻伝説の真贋(総力特集「功名が辻」もびっくり！明治・大正・昭和 13の有名夫婦「怪」事件簿）「新潮45」 新潮社 25(4) 2006.4 p38～40
◇夏目漱石コース―根岸／日暮里界隈・子規庵／羽二重団子／天王寺五重塔／漱石旧居跡碑、神田・お茶の水界隈・東京大学発祥の地碑・野球発祥の地碑／「吾輩は猫である」の碑／ニコライ堂／明神下神田川本店／三四郎池(大特集・ぶらり東京「下町」散歩一第4部 一葉、鷗外、漱石のお気に入りを辿る 文士の散歩道)「サライ」 小学館 18(7) 2006.4.6 p117～121
◇漱石とThe Lotus Library(2)―La Faustinの書き込みを中心に （田村道美）「英学史論叢」 日本英学史学会中国・四国支部 第9号 2006.5 p27～34
◇「文学」という概念―「文」「史」の学としての夏目漱石の『文学論』 （林少陽）「思想史研究」 日本思想史・思想論研究会 6 2006.5 p76～108
◇「心理学以前の「魂」と「こころ」(その2)」(多屋頼典稿)について （高橋文博）「岡山大学文学部紀要」 岡山大学文学部 45 2006.7 p1～10
◇日本近代文学小資料(2)宮崎虎之助・光子夫妻―夏目漱石葬儀のことなど （大屋幸世）「日本古書通信」 日本古書通信社 71(7) 2006.7 p6～9
◇『虞美人草』と『無情』に隠されている帝国・植民地イデオロギー―「女学生=新しい女」・「博覧会」・「妓生(キーセン)」との関連性 （李南錦）「国文」 お茶の水女子大学国語国文学会 105 2006.7 p38～52
◇夏目漱石「二百十日」論―漱石のメッセージ性を読み取るために （鵜川紀子）「清心語文」 ノートルダム清心女子大学日本語日本文学会 8 2006.7 p41～54
◇漱石の俳句(1)叙事的側面 （秋山公男）「愛知大学文学論叢」 愛知大学文学会 134 2006.7 p49～72
◇漱石の古仏詩―無我と孤独の表象 （陳妍伶）「名古屋大学国語国文学」 名古屋大学国語国文学会 98 2006.7 p61～78
◇夏目漱石『夢十夜』の精神分析的解釈―「第一夜」について(2) （山中哲夫）「愛知大学文学論叢」 愛知大学文学会 134 2006.7 p73～90
◇漱石の誤字「〔ギョウ〕舌」をめぐって （田島優）「日本文学ノート」 宮城学院女子大学日本文学会 41 2006.7 p83～93
◇「鎌倉漱石の會」裏方雑記 （菅原智治）「日本古書通信」 日本古書通信社 71(8) 2006.8 p22～23
◇夏目漱石『こころ』の学習指導―「上 先生と私」の教材化と授業の実際 （光宗宏和）「語文と教育」 鳴門教育大学国語教育学会 20 2006.8 p57～67

◇春園李光洙の反儒教思想と夏目漱石の道義―女性像をとおして （朴順伊）「比較文化研究」 日本比較文化学会 73 2006.8.21 p1～18
◇漱石の漢詩における格律問題 （周晨亮）「日本比較文学会東京支部研究報告」 日本比較文学会東京支部 3 2006.9 p23～29
◇『三四郎』同時代評についての研究 （岡本直茂）「千里山文学論集」 関西大学大学院文学研究科 76 2006.9 p232～199
◇思考の補助線(17)漱石の失敗 （茂木健一郎）「ちくま」 筑摩書房 427 2006.10 p46～49
◇響き合うテキスト―豊子愷と漱石、ハーン （西槙偉）「日本研究」 人間文化研究機構国際日本文化研究センター 33 2006.10 p55～72
◇漱石から見た「衆（マス）」―明治40年の雲右衛門人気を軸として （山口比砂）「日本近代文学」 日本近代文学会 75 2006.11 p32～45
◇リバタリアン夏目漱石―個人主義と経済（近代における「思想」と「文学」（藤森清）「国語と国文学」 至文堂 83(11) 2006.11 p35～45
◇漱石と活動写真 （寺内伸介）「阪大比較文学」 大阪大学比較文学会 第4号 2006.12 p65～84
◇漱石の吐息―参禅する『門』の宗助 （竹腰季夫）「静岡近代文学」 静岡近代文学研究会 21 2006.12 p12～21
◇『こゝろ』との比較から見る『彼岸過迄』―読書行為を映すテクスト （内堀瑞香）「国文」 お茶の水女子大学国語国文学会 106 2006.12 p12～23
◇「坊っちゃん」とスティーブンソン「ファレサアの浜」―「調子を学んだ」ことをめぐって （レオン・ユットモイ）「近代文学試論」 広島大学近代文学研究会 44 2006.12 p13～25
◇漱石と禅―『行人』の場合 （松本常彦）「語文研究」 九州大学国語国文学会 102 2006.12 p20～35
◇志賀直哉「佐々木の場合」―漱石への献辞の意味 （下岡友加）「近代文学試論」 広島大学近代文学研究会 44 2006.12 p27～35
◇漢詩にみる夏目漱石の「愚」と「痴」 （陳妍伶）「名古屋大学国語国文学」 名古屋大学国語国文学会 99 2006.12 p45～64
◇夏目漱石参考文献目録(17) （山本勝正）「広島女学院大学国語国文学誌」 広島女学院大学日本文学会 36 2006.12 p75～80
◇寺田透の夏目漱石観 （井田〔ヒデ〕穂）「言語文化」 同志社大学言語文化学会 9(2) 2006.12 p303～321
◇『坊っちゃん』における〈名〉―そのアレゴリー的世界 （好川佐苗）「梅光学院大学論集」 梅光学院大学 40 2007 p29～39
◇『夢十夜』或いは『永日小品』を起点として―過去・記憶・生 （中井康行）「大阪城南女子短期大学研究紀要」 大阪城南女子短期大学 41 2007 p51～64
◇言語行為と記憶―夏目漱石『明暗』における可視化の技術(テクノロジー) （渡邊英理）「言語態」 言語態研究会 7 2007 p55～69
◇『吾輩は猫である』における諸問題 （塚本利明）「人文科学年報」 専修大学人文科学研究所 37 2007 p59～101
◇表象の〈狂気〉―漱石 （荻原桂子）「九州女子大学紀要 人文・社会科学編」 九州女子大学〔ほか〕 43(3) 2007 p67～76
◇ホモソーシャルな男たち―グリーン『情事の終わり』を漱石『こゝろ』を介して読む （阿部曜子）「四国大学紀要 Ser.A 人文・社会科学編」 四国大学 27 2007 p65～74
◇文明批評家としての夏目漱石ならびに「教育者」としての意外な素顔―『野分』『それから』とその周辺をめぐって （柴田庄一）「言語文化論集」 名古屋大学大学院国際言語文化研究科 28(2) 2007 p69～86
◇漱石漢詩の一考察 （大地武雄）「二松学舎大学東アジア学術総合研究所集刊」 二松学舎大学東アジア学術総合研究所 37 2007 p71～83
◇漱石ロンドン演劇鑑賞(7) （武田勝彦）「比較文学年誌」 早稲田大学比較文学研究室 43 2007 p74～90
◇MeredithのThe Story of Bhanavar the Beautifulに見られる愛の思想―『草枕』に引用されていた漱石の「読み」の比較研究として （向山義彦）「梅光学院大学論集」 梅光学院大学 40 2007 p74～91
◇Conflicts in the life of a Meiji man and the influence of Western-romantic love as shown in Sanshiro and Jane Eyre （鷲直仁）「都留文科大学研究紀要」 都留文科大学 66 2007 p107～113
◇経験と言語の溝―夏目漱石『吾輩は猫である』の最初と最後のページ （永野宏志）「工学院大学共通課程研究論叢」 工学院大学 2007 p123～112
◇『吾輩は猫である』にみる漱石の衣服論 （楠幹江）「安田女子大学紀要」 安田女子大学・安田女子短期大学 35 2007 p153～161
◇「鏡の中の女」から「森の女」へ―「三四郎」をめぐるささやかな断章 （山中正樹）「桜花学園大学人文学部研究紀要」 桜花学園大学 9 2007 p190～185
◇〈若さ〉を回顧する「私」―夏目漱石『心』論 （徳永光展）「福岡工業大学研究論集」 福岡工業大学 39(2) 2007 p267～280
◇漱石作品における標準語法の採用 （小川栄一）「武蔵大学人文学会雑誌」 武蔵大学人文学会 39(1) 2007 p296～262
◇夏目漱石『木屑録』の海水浴 （瀬崎圭二）「名古屋短期大学研究紀要」 名古屋短期大学 45 2007 p312～300

◇『明暗』における病気と戦争―漱石の内部と外部のたたかい （金正熏）「近代文学研究」 日本文学協会近代部会 24 2007.1 p29～40
◇『明暗』執筆と漢詩創作―「堀家でのお延とお秀の戦争」（一二八回から一三〇回）の場合 （田中邦夫）「近代文学研究」 日本文学協会近代部会 24 2007.1 p41～65
◇鴎外「沈黙の塔」の余波―池辺三山の朝日新聞退社と漱石の「文芸欄」廃止 （渡辺善雄）「鴎外」 森鷗外記念会 80 2007.1 p127～142
◇再読する漱石―自筆原稿での『坊っちゃん』再読 （渥見秀夫）「愛媛国文と教育」 愛媛大学教育学部国語国文学会 39 2007.2 p1～10
◇サー・トマス・ブラウンと夏目漱石―『三四郎』をめぐって （河野豊）「別府大学紀要」 別府大学会 48 2007.2 p17～26
◇『虞美人草』にあやなす色―さまざまな色の語るもの （岸元次子）「武庫川国文」 武庫川女子大学国文学会 69 2007.2 p33～42
◇漱石の『心』―遺書の分量について （山崎甲一）「文学論藻」 東洋大学文学部日本文学文化学科 81 2007.2 p70～94
◇漱石の俳句(2)抒情的側面 （秋山公男）「愛知大学文学論叢」 愛知大学文学会 135 2007.2 p73～97
◇漱石『夢十夜』の精神分析的解釈の試み―「第二夜」について （山中哲夫）「愛知大学文学論叢」 愛知大学文学会 135 2007.2 p99～124
◇一平と『漱石先生』(特集: 家族の肖像―岡本太郎・かの子・一平一岡本一平) （仁平道明）「國文學 解釈と教材の研究」 學燈社 52(2) 2007.2 p114～123
◇夏目漱石―ロンドン留学中に吐露した心意気(特集・五十にして天命を知る。六十にして耳順う 永遠なる人生の指南書『論語』を今こそ―第3部 君子は義に喩る 文士が心酔した『論語』の言葉)「サライ」 小学館 19(3) 2007.2.1 p54～55
◇夏目漱石の『こころ』におけるKの宗教―Kの次男性を中心に （徐永植）「湘南文学」 東海大学日本文学会 第41号 2007.3 p67～77
◇漱石『硝子戸の中』論(下)―そのモラトリアム性をめぐって （上野泰隆）「湘南文学」 東海大学日本文学会 第41号 2007.3 p134～148
◇漱石作品におけるポライトネス分析―言い争い、非難の場面を中心に （呉少華）「武蔵文化論叢」 武蔵大学大学院人文科学研究科 7 2007.3 p1～13
◇夏目金之助書簡〔大正四年五月三日付・磯田多佳宛〕の背景 （堀部功夫）「仏教大学総合研究所紀要」 仏教大学総合研究所 14 2007.3 p1～20
◇夏目漱石における論理の問題―ヘーゲル哲学への開口部 （山本亮介）「津田塾大学紀要」 津田塾大学紀要委員会 39 2007.3 p1～25
◇漱石と自己愛の倫理学(4) （野沢正次郎）「常葉学園大学紀要 教育学部」 常葉学園大学 27 2007.3 p1～26
◇英文学教師 漱石とコルタサル―初期作品におけるキーツ, 世紀末芸術の影響 （今井洋子）「京都産業大学論集 人文科学系列」 京都産業大学 36 2007.3 p19～37
◇明治の恋、大正の恋―漱石とその弟子たち(特集 男と女) （須田千里）「人環フォーラム」 京都大学大学院人間・環境学研究科 20 2007.3 p34～37
◇夏目漱石の欧州航路―西洋建築との出会い(特集 旅と文学) （青木剛）「言語文化」 明治学院大学言語文化研究所 24 2007.3 p36～49
◇『夢十夜』「第六夜」と『荘子』―漱石における東洋と西洋の揺らぎ （西槙偉）「文学部論叢」 熊本大学文学部 94 2007.3 p37～57
◇夏目漱石と『破戒』評(特集 島崎藤村『破戒』刊行一〇〇年) （水川隆夫）「人権と部落問題」 部落問題研究所 59(4) 2007.3 p38～40
◇誤字を考える―漱石原稿の誤字？ （佐藤栄作）「山手日文論攷」 神戸山手短期大学日本語・日本文化学科 26 2007.3 p47～68
◇漱石中期作品の表現―『それから』の語り手の特徴 （石出靖雄）「早稲田日本語研究」 早稲田大学日本語学会 16 2007.3 p49～60
◇芥川中期の小品における漱石からの影響 （張蕾）「国文鶴見」 鶴見大学日本文学会 41 2007.3 p52～60
◇定番教材の起源と生き残りの罪障感―「こころ」「ごんぎつね」「夕鶴」「高瀬舟」ほか （野中潤）「学芸国語国文学」 東京学芸大学国語国文学会 39 2007.3 p54～62
◇夏目漱石『倫敦塔』の世界―「静」と「動」の対比/塔内に響く「声」と「音」 （山本真理江）「フェリス女学院大学日文大学院紀要」 フェリス女学院大学大学院人文科学研究科日本文学専攻 14 2007.3 p71～81
◇L'Individuo e la societa costituita Il Riflesso del dramma di Natsume Soseki come uomo e come artista〔含 日本語文〕 （延安弘恵）「関東学園大学紀要」 関東学園大学 15 2007.3 p85～171
◇漱石とキリスト教―『文学論・第二編「幻惑」と「超自然F」との関連について （佐藤裕子）「玉藻」 フェリス女学院大学国文学会 42 2007.3 p134～144
◇漱石の『明暗』における愛(2) （野沢正次郎）「常葉学園大学研究紀要 外国語学部」 常葉学園大学 23 2007.3 p147～171
◇響き合うテキスト(2)豊子愷の「帯点笑容(ちょっと笑ってください)」と漱石の『硝子戸の中』(上) （西槙偉）「日本研究」 人間文化研究機構国際日本文化研究センター 34 2007.3 p165～178
◇メディアとしての『明暗』―引用される死のスキャンダル （内藤千珠子）「大妻国文」 大妻女子大学国文学会 38 2007.3 p193～209

◇夏目漱石「文学論」からの考察─水底のイメージ （増満圭子）「東洋学園大学紀要」 東洋学園大学 15 2007.3 p270～258
◇フランスにおける近代日本文学の受容および私の漱石研究 （Cario Vincent）「中央大学文学部紀要」 中央大学文学部 215 2007.3 p311～323
◇漱石とThe Lotus Library(3)─A Woman's Soul の書き込みを中心に （田村道美）「英学史論叢」 日本英学史学会中国・四国支部 第10号 2007.5 p33～41
◇「暗示」実験としての漱石短篇─「一夜」「京に着ける夕」『永日小品』の深層 （佐々木英昭）「日本近代文学」 日本近代文学会 76 2007.5 p32～45
◇趣味は遺伝するか─夏目漱石「趣味の遺伝」論 （神田祥子）「日本近代文学」 日本近代文学会 76 2007.5 p46～60
◇鷗外、漱石そしてJ・ティックナー─近代化に果たした役割 （齋藤襄治）「自由」 自由社 49(5) 2007.5 p117～128
◇'Kokoro (Le pauvre coeur des hommes)'(仏訳『こゝろ』出版の周辺─国際文化交流における文学 （山本亮介）「日本近代文学」 日本近代文学会 76 2007.5 p137～152
◇漱石のロンドン大学経験をめぐって （Anna-Marie Farrier）「日本近代文学」 日本近代文学会 76 2007.5 p223～230
◇初公開 よみがえる文豪の肉声 夏目漱石 演説速記「作家の態度」「文芸春秋」 文芸春秋 85(7) 2007.5 p260～280
◇ブックレビュー 竹内洋の読書日記(第8回)漱石はなぜ「坊っちゃん」の主人公を東京物理学校出身にしたのか （竹内洋）「週刊東洋経済」 東洋経済新報社 6080 2007.5.12 p99
◇獅子六の時代(9)ユーモアと漱石の「猫」 （牧村健一郎）「日本古書通信」 日本古書通信社 72(6) 2007.6 p14
◇徹底自然主義について─紅緑・賢治・漱石 （高橋菊弥）「郷土作家研究」 青森県郷土作家研究会 32 2007.6 p15～24
◇文科大学講師・夏目漱石─その身分等職務について(特集 近代) （鈴木良昭）「解釈」 解釈学会、電算出版企画 53(7・8) 2007.7・8 p7～13
◇夏目漱石『坊っちゃん』論─夢の意味、『野分』にある越後を関らせて （鵜川紀子）「清心語文」 ノートルダム清心女子大学日本語日本文学会 9 2007.7 p33～46
◇夏目漱石『彼岸過迄』─洋杖の謎 （山中哲夫）「愛知大学文学論叢」 愛知大学文学部 136 2007.7 p77～101
◇『夢十夜』論─他者と主体形成の物語 （松下浩幸）「常葉国文」 常葉学園短期大学日本語日本文学会 30 2007.8 p71～89
◇新発見・夏目漱石の校正原稿 （川島幸希）「文學界」 文藝春秋 61(8) 2007.8 p177～183
◇響き合うテキスト(3)異国の師の面影─豊子「カイ」の「林先生」と漱石の「クレイグ先生」、魯迅の「藤野先生」 （西槙偉）「日本研究」 人間文化研究機構国際日本文化研究センター 36 2007.9 p47～66
◇夏目漱石(特集＝芥川龍之介再発見─没後80年＝芥川文学を解く鍵) （平岡敏夫）「国文学解釈と鑑賞」 至文堂 72(9) 2007.9 p49～54
◇「文豪・夏目漱石─そのこころとまなざし」展に思ふ （菅佐原智治）「日本古書通信」 日本古書通信社 72(11) 2007.11 p4～7
◇漱石書簡中の「平田君」 （小林信行）「日本古書通信」 日本古書通信社 72(11) 2007.11 p7～8
◇古本屋控え帳(257)「文豪・夏目漱石」展に思う(上) （青木正美）「日本古書通信」 日本古書通信社 72(11) 2007.11 p36
◇漱石の実感─「心」から「道草」へ （竹腰幸夫）「静岡近代文学」 静岡近代文学研究会 22 2007.12 p1～14
◇古本屋控え帳(258)「文豪・夏目漱石」展に思う(下) （青木正美）「日本古書通信」 日本古書通信社 72(12) 2007.12 p29
◇超越論的観念論と純粋経験説の立場─カント・漱石・西田(1) （望月俊孝）「文芸と思想」 福岡女子大学文学部 72 2008 p1～28
◇漱石後期作品『こころ』における心の位相 （戸田由美）「西南女学院大学紀要」 西南女学院大学 12 2008 p45～50
◇夏目漱石『文学論』の世界史的意義─「暗示」の戦いと正典形成 （佐々木英昭）「国際文化研究」 龍谷大学国際文化学会 12 2008 p3～13
◇谷崎潤一郎の漱石観 （石崎等）「藝文攷」 日本大学大学院芸術学研究科文芸学専攻 13 2008 p95～97
◇漱石ロンドン演劇鑑賞(8) （武田勝彦）「比較文学年誌」 早稲田大学比較文学研究室 44 2008 p76～85
◇夏目漱石にみる近代人的心性と自意識の劇(ドラマ)─『門』および<後期三部作>における叙法と主題の相関をめぐって （柴田庄一）「言語文化論集」 名古屋大学大学院国際言語文化研究科 29(2) 2008 p123～142
◇高等遊民の憂鬱─夏目漱石「それから」論 （荒澤夏美）「岩大語文」 岩手大学語文学会 13 2008 p12～17
◇郷土の偉人文豪夏目漱石を学ぶ「漱石号」都電の旅 実践報告─貴重な地域の歴史と文化を次世代に継承させる （長尾剛）「「住まい・まち学習」実践報告・論文集」 丸善出版事業部、住宅総合研究財団 9 2008 p113～118
◇『漱石作品論集成』書誌(8) （村田好哉）「大阪産業大学論集 人文・社会科学編」 大阪産業大学学会 3 2008 p23～39
◇漱石漢詩の一考察 （大地武雄）「二松学舎大学東アジア学術総合研究所集刊」 二松学舎大学東アジア学術総合研究所 38 2008 p173～185
◇夏目漱石『門』・一つの序章(上)男性の ＜孤独＞ をめぐり （小泉浩一郎）「東海大学紀要 文学部」 東海大学文学部 89 2008 p178～162
◇魯迅と周作人の漱石受容に関する一考察 （宋剛）「桜美林国際学論集」 桜美林大学大学院 13 2008 p133～147
◇夏目漱石における職業観について （笠井哲）「研究紀要」 福島工業高等専門学校 49 2008 p45～50
◇小説における物語場面─漱石『こころ』を題材として （石出靖雄）「早稲田大学大学院教育学研究科紀要 別冊」 早稲田大学大学院教育学研究科 2008 p249～260
◇夏目漱石論─オフィーリアと「胎感覚」 （日置俊次）「青山学院大学文学部紀要」 青山学院大学文学部 50 2008 p1～23
◇「自己本位」と「則天去私」─漱石における自己への態度(1) （武田充啓）「奈良工業高等専門学校研究紀要」 奈良工業高等専門学校 44 2008年度 p126～115
◇反－増殖の論理としての〈持続〉─夏目漱石『夢十夜』(後編) （生方智子）「立正大学国語国文」 立正大学国語国文学会 47 2008年度 p85～93
◇錆付いた血液と異性─漱石的テクストにおける「動くこと」 （李哲権）「研究紀要 人文学部」 聖徳大学 19 2008 p89～96
◇夏目漱石『こころ』における＜虚無思想＞の問題点 （上野正二）「大分県立芸術文化短期大学研究紀要」 大分県立芸術文化短期大学 46 2008年度 p168～150
◇夏目漱石『門』・一つの序章(下)＜男性の孤独＞をめぐり （小泉浩一郎）「東海大学紀要 文学部」 東海大学文学部 90 2008 p150～141
◇「満韓ところどころ」と漱石の中国観(下) （二宮智之）「岩国短期大学紀要」 岩国短期大学 37 2008 p1～25
◇漱石の朝日新聞入社─人生において妄想が果たす役割 （高橋正雄）「日本病跡学雑誌」 日本病跡学会、毎日学術フォーラム 75 2008 p88～91
◇心の隔たり─豊子愷「華瞻的日記(華瞻の日記)」と夏目漱石「柿」 （西槙偉）「比較文学」 日本比較文学会 51 2008 p93～105
◇夏目漱石と日本の近代─百年後の今日に語りかけられていること （柴田庄一）「言語文化論集」 名古屋大学大学院国際言語文化研究科 30(1) 2008 p37～46
◇「現代」の定着と「近代」─漱石の「今代」の使用を通して （田島優）「東海学園言語・文学・文化」 東海学園大学日本文化学会 8 2008 p83～94
◇文字の向こうに(新連載・第1回)「坊っちゃん」に流れる漱石先生の音世界 （三宮麻由子）「文學界」 文藝春秋 62(1) 2008.1 p268～274
◇漱石の長襦袢 （半藤末利子）「文芸春秋」 文芸春秋 86(1) 2008.1 p86～88
◇文芸漫談─シーズン2(7)夏目漱石「坊ちゃん」を読む─〈切なくも幸福な青年の物語〉の巻 （奥泉光、いとうせいこう）「すばる」 集英社 30(1) 2008.1 p206～225
◇漱石の慧眼 （Yoko Matsuoka McClain）「一冊の本」 朝日新聞社 13(1) 2008.1 p2～4
◇南方熊楠と夏目漱石─二つの『ロンドン日記』(特集 南方熊楠) （末延芳晴）「ユリイカ」 青土社 40(1) 2008.1 p136～152
◇文科大学講師・夏目漱石の講義時間(特集 近代) （鈴木良昭）「解釈」 解釈学会、電算出版企画 54(1・2) 2008.1・2 p56～59
◇夏目漱石『こゝろ』(特集＝長編小説 時の座標) （渡邊澄子）「国文学解釈と鑑賞」 至文堂 73(2) 2008.2 p59～67
◇夏目漱石『門』を読む─ニーチェ哲学の受容を視座として （橋元志保）「教養・文化論集」 秋田経済法科大学総合研究センター教養・文化研究所 3(1) 2008.2 p105～118
◇『彼岸過迄』論─敬太郎の消失/反転 （河田光史）「近畿大学日本語・日本文学」 近畿大学文芸学部 第10号 2008.3 p57～78
◇夏目漱石『彼岸過迄』前半における語り─語られる出来事と語る時間 （石出靖雄）「日本語論叢」 日本語論叢の会 第8号 2008.3 p1～2
◇崇高と美の《わだつみのいろこの宮》─青木繁と夏目漱石 （中野久美子）「阪大比較文学」 大阪大学比較文学会 Vol.5 2008.3 p61～77
◇夏目漱石『吾輩は猫である』と銭鍾書『囲城』─そのユーモアを中心として （張杭萍）「阪大比較文学」 大阪大学比較文学会 Vol.5 2008.3 p94～107
◇漱石の『明暗』における愛(3) （野矢正次郎）「常葉学園大学研究紀要 外国語学部」 常葉学園大学 24 2008.3 p219～243
◇漱石世界の青年たち─一家の支配者と被支配者(特集 世界文学に見る民衆像) （宋剛）「櫻美林世界文学」 桜美林大学世界文学会 4 2008.3 p97～110
◇漱石と自己愛の倫理学(5) （野矢正次郎）「常葉学園大学研究紀要 教育学部」 常葉学園大学 28 2008.3 p123～147
◇夏目漱石『吾輩は猫である』第三章を読む─名前のない猫と登場人物

◇(Seth Rajdeep)「言葉と文化」 名古屋大学大学院国際言語文化研究科日本言語文化専攻 9 2008.3 p17〜31

◇「よむ」学習行為論―漱石の『吾輩は猫である』の「よみ」を例として （中洌正堯）「言語表現研究」 兵庫教育大学言語表現学会 24 2008.3 p1〜12

◇現代語の副詞「かならず」・「きっと」の意味用法について―夏目漱石・志賀直哉・川端康成の作品を資料として （井上博嗣）「人間文化研究」 京都学園大学人間文化学会 21 2008.3 p314〜277

◇夏目漱石『明暗』論―主人公津田夫婦をめぐる人間関係について （高鵬飛）「日本文芸研究」 日本文学会 59(3・4) 2008.3 p111〜128

◇豊子〔カイ〕と十ヶ月の日本留学 （李愛華、陳洪傑）「龍谷大学国際センター研究年報」 龍谷大学国際センター 17 2008.3 p101〜109

◇繰り返される欲望の模倣（ミメーシス）―夏目漱石『こゝろ』論 （後藤真紀）「フェリス女学院大学日文大学院紀要」 フェリス女学院大学大学院人文科学研究科日本文学専攻 15 2008.3 p33〜42

◇近代の衝撃と海―鷗外・漱石・魯迅・郁達夫・サイチョンガによって表象された「海」(中・続) （Aitoru Terenguto）「北海学園大学人文論集」 北海学園大学人文学会 38 2008.3 p31〜49

◇教師夏目金之助の研究(12)神経衰弱という病歴の意味 （森下恭光）「明星大学教育学研究紀要」 明星大学教育学研究室 23 2008.3 p1〜11

◇夏目漱石作品における「苦笑」と「微笑」―『門』と『道草』の場合 （前田友美）「広島女学院大学大学院言語文化論叢」 広島女学院大学大学院言語文化研究科 11 2008.3 p140〜122

◇桃源の理髪店―豊子〔カイ〕と『草枕』 （西横偉）「文学部論叢」 熊本大学文学部 98 2008.3 p189〜214

◇明治二十二年の子規と漱石 （鳥羽田重直）「和洋國文研究」 和洋女子大学国文学会 43 2008.3 p52〜59

◇漱石『文学論』―作品への投影 （秋山公男）「文芸研究」 日本文芸研究会 165 2008.3 p37〜48

◇夏目漱石『門』における意識・時間・言説 （大野晃彦）「慶応義塾大学言語文化研究所紀要」 慶応義塾大学言語文化研究所 39 2008.3 p247〜299

◇瞬間の残像―わが人生の分水嶺「第5回」マンガ・コラムニスト 夏目房之介 漱石、父、そして自分―三代に受け継がれたのは「似ているからこそ疎ましい」理不尽な感情 （夏目房之介）「週刊ポスト」 小学館 40(12) 2008.3.14 p75〜77

◇文学に見る「老いの住まい」 老いてなお闘いの拠点を―ヘミングウェイ・谷崎潤一郎・夏目漱石 生きる家） （若山滋）「Argus-eye」 日本建築士事務所協会連合会 46(4) 2008.4 p7〜9

◇世紀転換期のヨーロッパ滞在―浅井忠と夏目金之助 （伊藤徹）「関西大学東西学術研究所紀要」 関西大学東西学術研究所 41 2008.4 p19〜61

◇歴史手帖 内田夕闇と夏目漱石 （加藤謙吉）「日本歴史」 吉川弘文館 719 2008.4 p53〜55

◇退屈老人雑録(5)漱石と秋山さんと小生と （高島俊男）「諸君」 文藝春秋 40(5) 2008.5 p245〜249

◇シェイクスピア翻訳史の端緒と現在―漱石の逍遙批判をめぐって (特集 翻訳を越えて) （河合祥一郎）「國文學 解釈と教材の研究」 學燈社 53(7) 2008.5 p24〜32

◇漱石の汽車、直哉の電車 (特集 鉄道系―車窓の文学論) （関川夏央）「すばる」 集英社 30(5) 2008.5 p186〜192

◇書き出しの美学 (新連載・第1回) 夏目漱石『それから』 （石原千秋）「本が好き！」 光文社 3(5) 2008.5 p21〜29

◇東北大学附属図書館「漱石文庫」について （木戸浦庸和）「日本近代文学」 日本近代文学会 78 2008.5 p283〜295

◇夏目漱石と京都の小説『門』に於ける宗教と御米の出逢い （瀧本和成）「論究日本文学」 立命館大学日本文学会 88 2008.5 p1〜11

◇漱石と落語―「二百十日」を中心に (特集 落語を愉しむ) （水川隆夫）「國文學 解釈と教材の研究」 學燈社 53(8) 2008.6 p64〜71

◇特集―漱石ロンドン、中国などで 何が起こったか 「國文學 解釈と教材の研究」 學燈社 53(9臨増) 2008.6 p5〜179

◇「文学」による救済―「夏目漱石『倫敦塔』論 （神田祥子）「国語と国文学」 至文堂 85(6) 2008.6 p59〜72

◇ねこになった漱石 （品川能正）「テアトロ」 カモミール社 806 2008.6 p115〜155

◇夏目漱石『三四郎』論―〈迷える羊〉への自覚 （岡本直美）「阪神近代文学研究」 阪神近代文学会 9 2008.6 p27〜40

◇書くことの交錯と飛躍―夏目漱石『こころ』論 (特集＝〈原文〉と〈語り〉をめぐって―文学作品を読む・読み方(作品研究／教材研究)) （石川則夫）「国文学解釈と鑑賞」 至文堂 73(7) 2008.7 p100〜107

◇漱石『明暗』の校正刷（前編）（川島幸希）「日本古書通信」 日本古書通信社 73(7) 2008.7 p2〜3

◇䑕石・漱石・〔ソウ〕石 （田島優）「日本文学ノート」 宮城学院女子大学日本文学会 43 2008.7 p120〜130

◇近代の衝撃と海―鷗外・漱石・魯迅・郁達夫・サイチョンガによって表象された「海」(中・続) （Aitoru Terenguto）「北海学園大学人文論集」 北海学園大学人文学会 40 2008.7 p59〜80

◇劇評 劇空間の問題―文学座＝風のつめたき櫻かな、東京ギンガ堂＝ねこになった漱石、新国立劇場＝オットーと呼ばれる日本人 （蔵原惟治）「テアトロ」 カモミール社 809 2008.8 p40〜42

◇男ことばはこう時代を彩った（第9回）徳川慶喜から漱石作品の男たち （小林千草）「本が好き！」 光文社 3(8) 2008.8 p76〜81

◇漱石の妄想(1) （山中哲夫）「愛知大学文学論叢」 愛知大学文学会 138 2008.8 p79〜98

◇夏目漱石「幻の大連講演」全文掲載 「論座」 朝日新聞社 160 2008.9 p183〜196

◇特集 漱石の英国十八世紀 「英語青年」 研究社 154(6) 2008.9 p314〜332

◇みんな、素敵な人だった（第26回）漱石の「素人と黒人」など （福田善之）「悲劇喜劇」 早川書房 61(9) 2008.9 p88〜91

◇夏目漱石『野分』の位置―一人称から三人称への階梯 （矢田純子）「国語と国文学」 至文堂 85(9) 2008.9 p53〜66

◇『門』試論―禅的境地をめぐって 漱石の描いた近代的『菜根譚』 （伊藤典文）「言語文化論叢」 京都橘大学文学部野村研究室 2 2008.9 p12〜20

◇悩む力 姜尚中と「漱石の旅」（常井健一）「Aera」 朝日新聞出版 21(42) 2008.9.22 p14〜19

◇漱石・ハイエク・江藤淳「こころ」の絆 （会田弘継）「文藝春秋」 文藝春秋 86(11) 2008.10 p334〜341

◇漱石の無題の英詩をめぐって―〈愛〉と〈葛藤〉の素描 （岸山睦）「学苑」 昭和女子大学近代文化研究所 816 2008.10 p54〜63

◇Culture Finds 一冊の本が露呈する現代〔20〕『こころ』夏目漱石―カバーを剥いだ後に残るものは何か。(Esky)（布施英利文）「エスクァイア日本版」 エスクァイア マガジン ジャパン 22(11)通号254 2008.11 p27

◇夏目漱石と憲法9条―『猫』『幻影の盾』『趣味の遺伝』を中心に （水川隆夫）「人権と部落問題」 部落問題研究所 60(13) 2008.11 p48〜55

◇『こころ』夏目漱石 新潮文庫ほか (大アンケート 死ぬまでに絶対読みたい本―読書家52人生涯の一冊) （新藤兼人）「文藝春秋」 文藝春秋 86(15) 2008.12 p186〜187

◇「名作」は今も輝く―夏目漱石『私の経過した学生時代』 （夏目漱石）「月刊自由民主」 自由民主党, 千代田永田書房 669 2008.12 p90〜95

◇教科書教材をメディア・テクストとして読むことの考察―高等学校現代文『こころ』(夏目漱石)の読みを事例として （上松恵理子）「現代社会文化研究」 新潟大学大学院現代社会文化研究科紀要編集委員会 43 2008.12 p161〜178

◇漱石がロンドンで見たメロドラマ （久泉伸世）「専修大学北海道短期大学紀要 人文・社会科学編」 専修大学北海道短期大学 41 2008.12 p23〜32

◇夏目漱石『坊っちゃん』の文字表記と語種―カタカナの使用法をめぐって（その1）（成田徹男）「名古屋市立大学大学院人間文化研究科人間文化研究」 名古屋市立大学大学院人間文化研究科 10 2008.12 p277〜287

◇夏目漱石『心』研究―救いとしての「死」 （前田友美）「広島女学院大学国語国文学誌」 広島女学院大学日本文学会 38 2008.12 p67〜83

◇夏目漱石参考文献目録(19) （山本勝正）「広島女学院大学国語国文学誌」 広島女学院大学日本文学会 38 2008.12 p21〜59

◇古城栗原元吉と、夏目漱石、上田敏、石川啄木―ふたりの恩師と一人の友人・文学仲間 （鏡味國彦）「現代文学史研究」 現代文学史研究所 11 2008.12.1 p24〜34

◇時代に立ち向かう漱石の苦悩―『門』と『満韓旅行』の前後 （金正勲）「現代文学史研究」 現代文学史研究所 11 2008.12.1 p96〜109

◇日本文化とシェイクスピア―坪内逍遙や夏目漱石らが教科書としても重用した (大特集・舞台上に人生を描いた古典文学の巨星 シェイクスピア入門―第1部 不朽の名作から学ぶ哲学「沙翁(シェイクスピア)」とは何者か)「サライ」 小学館 20(23)通号483 2008.12.4 p36〜37

◇超越論的観念論と純粋経験説の立場―カント・漱石・西田(2) （望月俊孝）「文芸と思想」 福岡女子大学文学部 73 2009 p35〜88

◇夏目漱石「一夜」・「夢十夜」考―〈夢みること〉をめぐる二つの省察 （藤尾健剛）「大東文化大学紀要 人文科学」 大東文化大学 47 2009 p97〜112

◇ジェンダーで読む『彼岸過迄』―須永と千代子 （渡邊澄子）「大東文化大学紀要 人文科学」 大東文化大学 47 2009 p185〜197

◇漱石、葬儀に『鯛』を贈る―漱石のドメスティック・バイオレンスと「井上眼科の娘」について （荻原雄一）「名古屋芸術大学研究紀要」 名古屋芸術大学 30 2009 p446〜430

◇日本近代文学における師弟関係―夏目漱石、樋口一葉、田山花袋、宮沢賢治から、中島敦「名人」まで （山下聖美）「藝文攷」 日本大学大学院芸術学研究科文芸学専攻 14 2009 p61〜75

◇漱石『坊っちゃん』における副助詞バカリとダケ―四迷『平凡』との対比を兼ねて （田中敏生）「四国大学紀要」 四国大学 31 2009

◇夏目漱石と小説の「植民地」―『彼岸過迄』を中心に　(大坪利彦)　「熊本大学社会文化研究」　熊本大学大学院社会文化科学研究科　7　2009　p115～127
◇失われたこころを求めて―近代人漱石の悩み(特集 福岡国際文化セミナー2008 続・日本の文化と心―日本語を基座として―討議)　(Hintereder-Emde Franz)　「Fukuoka UNESCO」　福岡ユネスコ協会　45　2009　p43～49
◇『こころ』に描かれた「時」　(増田裕美子)　「二松学舎大学論集」　二松学舎大学文学部　52　2009　p19～43
◇漱石蔵書中の精神医学書―狩野謙吾の『神経衰弱の豫防法』と『神経衰弱自療法』　(高橋正雄)　「聖マリアンナ医学研究誌」　聖マリアンナ医学研究所　9　2009　p18～26
◇人生学から見た夏目漱石『夢十夜』第三夜(人生学　第7回)　(高橋清隆)　「紀要」　静岡英和学院大学　7　2009　p185～196
◇漱石深読(第1回)『吾輩は猫である』　(小森陽一)　「すばる」　集英社　31(1)　2009.1　p172～183
◇日本橋トポグラフィー(第27回)漱石と荷風の水泳　(武田勝彦)　「公評」　46(1)　2009.1　p86～93
◇パロディだらけの日本文学(8)漱石の文章は英語力のたまもの　(清水義範)　「文蔵」　PHP研究所　40　2009.1　p342～360
◇漱石深読(第2回)『坊っちゃん』　(小森陽一)　「すばる」　集英社　31(2)　2009.2　p202～213
◇漱石と禅―近代の彼岸(特集 現代作家と宗教(仏教編)―近代文学の作家たち―仏教の投影)　(大野淳一)　「国文学解釈と鑑賞」　至文堂　74(2)　2009.2　p169～174
◇監査役スタッフ徒然草(その15)漱石と監査役(1)温泉について　「月刊監査役」　日本監査役協会　552　2009.2　p99～102
◇漱石の妄想(2)　(山中哲夫)　「愛知大学文学論叢」　愛知大学文学会　139　2009.2　p127～152
◇漱石深読(第3回)『草枕』　(小森陽一)　「すばる」　集英社　31(3)　2009.3　p138～150
◇夏目漱石アルバム―今なお多くの読者に愛される文豪(特集 古写真集成 明治人の肖像―特別グラビア 明治偉人古写真帖)　「歴史読本」　新人物往来社　54(3)　2009.3　p198～203
◇漱石と自己愛の倫理学(6)　(野沢正次郎)　「常葉学園大学研究紀要 教育学部」　常葉学園大学　29　2009.3　p1～25
◇漱石の『明暗』における愛(4)　(野沢正次郎)　「常葉学園大学紀要 外国語学部」　常葉学園大学　25　2009.3　p223～248
◇夏目漱石「京に着ける夕」論―〈近代以前〉への憧憬　(佐藤良太)　「佛教大学大学院紀要 文学研究科篇」　佛教大学大学院　37　2009.3　p91～107
◇響き合うテキスト(4)幼児体験の光と影―豊子愷「憶児時(幼時の思い出)」と夏目漱石「硝子戸の中」　(西槇偉)　「日本研究」　人間文化研究機構国際日本文化研究センター　39　2009.3　p65～84
◇この名作を知っていますか―近代小説の愉しみ(5)進化論を超えて―夏目漱石「趣味の遺伝」　(石原千秋)　「文蔵」　PHP研究所　42　2009.3　p396～410
◇「豊子愷の『縁縁堂蔵書』について」(西槇偉)　付録「縁縁堂蔵書目録」(西槇偉・林素幸・呉衛峰)　(西槇偉)　「文学部論叢」　熊本大学文学部　100　2009.3　p261～276
◇反‐増殖の論理としての＜持続＞―夏目漱石『夢十夜』(前編)　(生方智子)　「立正大学文学部論叢」　立正大学文学部　129　2009.3　p83～97
◇教師夏目金之助の研究(13)「自己本位」の原理　森下恭光)　「明星大学教育学研究紀要」　明星大学教育学研究室　24　2009.3　p7～16
◇夏目漱石研究―「洋燈」と「電燈」の役割を巡って　(前田友美)　「広島女学院大学大学院言語文化論叢」　広島女学院大学大学院言語文化研究科　12　2009.3　p126～103
◇〈固有名〉と鼠をめぐる冒険―ハルキと漱石　(上田穂積)　「徳島文理大学比較文化研究所年報」　徳島文理大学比較文化研究所　25　2009.3　p15～22
◇夏目漱石の『坊っちゃん』における食べ物の考察　(權赫建、李美京)　「東アジア日本語教育・日本文化研究」　東アジア日本語教育・日本文化研究学会　12　2009.3　p57～64
◇漱石のイプセン受容をめぐって―明治四十年前後の漱石の文学観との関連から　(藤本晃嗣)　「九大日文」　九州大学日本語文学会「九大日文」編集委員会　13　2009.3.31　p15～33
◇漱石深読(4)『虞美人草』　(小森陽一)　「すばる」　集英社　31(4)　2009.4　p266～278
◇日本の進化論『夏目漱石『文学論』、ヒルゲンドルフ展企画実行委員会(編)『日本の魚学・水産学事始め―フランツ・ヒルゲンドルフ展』、坪内逍遙『小説神髄』　ほか」(総特集 ダーウィン『種の起源』の系統樹―進化論の系統樹―時代/主題別主要著作ガイド　(佐倉統)　「現代思想」　青土社　37(5臨増)　2009.4　p306～309
◇監査役スタッフ徒然草(その16)漱石と監査役(2)恩師について　「月刊監査役」　日本監査役協会　554　2009.4　p96～100
◇漱石と朝鮮一考察―矛盾を越えて透けて見えるもの　(金正勲)　「近代文学研究」　日本文学協会近代部会　26　2009.4　p88～102
◇砂の中で狂う泥鰌―夏目漱石『行人』の語り　(伊藤徹)　「関西大学東西学術研究所紀要」　関西大学東西学術研究所　42　2009.4　p1～40
◇漱石を「書写」してじっくり味わう(大不況を楽しく乗り切る！ 私の「カネのかからない楽しみ」)　(茂木健一郎)　「週刊朝日」　朝日新聞出版　114(18)　2009.4.24　p36～37
◇漱石深読(5)『坑夫』　(小森陽一)　「すばる」　集英社　31(5)　2009.5　p270～282
◇急がば回れ、古典のススメ 漱石やウェーバーの「悩み」に学ぶ(特集 先の見えない時代の勉強術)　(姜尚中)　「中央公論」　中央公論新社　124(5)　2009.5　p196～201
◇子午線 漱石における個人と国家　(柴田勝二)　「日本文学」　日本文学協会　58(5)　2009.5　p32～34
◇漱石深読(6)『三四郎』　(小森陽一)　「すばる」　集英社　31(6)　2009.6　p218～230
◇著名人の森林保養―漱石の滞在したスコットランド　(上原巌)　「現代林業」　全国林業改良普及協会　516　2009.6　p1～6
◇監査役スタッフ徒然草(その17)漱石と監査役(3)友人について　「月刊監査役」　日本監査役協会　556　2009.6　p174～178
◇夏目漱石『坊っちゃん』の舞台―山口高等中学校寄宿舎騒動　(田村貞雄)　「山口県地方史研究」　山口県地方史学会　103　2009.6　p32～48
◇研究へのいざない、夏目漱石「文鳥」を読む　(小平麻衣子)　「語文」　日本大学国文学会　134　2009.6　p60～67
◇夏目漱石『坊っちゃん』の文字表記と語種―カタカナの使い方をめぐって(その2)　(成田徹男)　「名古屋市立大学大学院人間文化研究科人間文化研究」　名古屋市立大学大学院人間文化研究科　11　2009.6　p145～154
◇漱石における東洋と自己本位―束縛から脱出へ　(金正勲)　「現代文学史研究」　現代文学史研究所　12　2009.6.1　p106～119
◇漱石深読(7)『それから』　(小森陽一)　「すばる」　集英社　31(7)　2009.7　p292～303
◇漱石を継承する―「破船」事件と嫉妬する男の物語(特集 嫉妬考)　(杉田智美)　「國文學 解釈と教材の研究」　學燈社　54(10)　2009.7　p34～43
◇ドストエフスキイと十人の日本人(2)響き合う魂 ドストエフスキイと夏目漱石―那美、「西洋の衝撃」と女神の誕生　(芦川進一)　「福音と世界」　新教出版社　64(7)　2009.7　p8～11
◇明治期における接続詞の特質―漱石と鷗外の作品とその翻訳作品から見る　(Chu Xinni)　「久留米大学大学院比較文化論集」　久留米大学大学院比較文化研究科　24　2009.7　p57～70
◇近代の衝撃と海―鷗外・漱石・魯迅・郁達夫・サイチョンガによって表象された「海」(中一統2)　(Aitoru Terenguto)　「北海学園大学人文論集」　北海学園大学人文学部　43　2009.7　p81～112
◇漱石深読(8)『門』　(小森陽一)　「すばる」　集英社　31(8)　2009.8　p244～256
◇監査役スタッフ徒然草(その18)漱石と監査役(4)ペットについて　「月刊監査役」　日本監査役協会　559　2009.8　p142～146
◇夏目漱石「第三夜」―「物語」再考―百年のコノテーション(特集 ＜文脈＞を掘り起こす―文学教育の挑戦)　(大谷哲)　「日本文学」　日本文学協会　58(8)　2009.8　p55～65
◇交通空間としての満州―夏目漱石と後藤新平　(野村幸一郎)　「言語文化論叢」　京都橘大学文学部野村研究室　3　2009.8　p11～21
◇境界のドラマ―漱石『道草』論 教師から作家への変身譚　(伊地典文)　「言語文化論叢」　京都橘大学文学部野村研究室　3　2009.8　p22～38
◇週刊司馬遼太郎(134)子規と秋山兄弟の青春―「坂の上の雲」の世界(第5回)漱石と道後温泉　(村井重俊、守田直樹)　「週刊朝日」　朝日新聞出版　114(39)　2009.8.28　p86～91
◇漱石深読(第9回)『彼岸過迄』　(小森陽一)　「すばる」　集英社　31(9)　2009.9　p214～226
◇特集ルポ 夏目漱石が見た満洲―『満韓ところどころ』を読み解く―ロンドン留学で神経症にかかった漱石は満洲で何を思ったのか(特集 石原莞爾と満洲帝国)　(久保尚之)　「歴史読本」　新人物往来社　54(9)　2009.9　p184～189
◇金剛寺坂の回想―諭吉・漱石・荷風・アリヴェー　(武田勝彦)　「日本比較文学会東京支部研究報告」　日本比較文学会東京支部　6　2009.9　p39～50
◇古都の影(3)第一義の活動―「虞美人草」夏目漱石　(寒竹泉美)　「京の発言」　京の発言出版　13　2009.9　p78～81
◇漱石の満州講演―その文明批評の予告編　(金正勲)　「日本文芸研究」　日本文学会　61(1・2)　2009.9　p17～34
◇漱石、太宰、荷風、清張「文士の名句」を味わう(大特集・「世界最小」の文学を人生の伴とする 知る 作る 味わう 旅する 俳句入門―第3部 鑑賞編 芭蕉、一茶に子規、山頭火まで。名句が生まれた土地へ 俳句を旅する)　「サライ」　小学館　21(17)通号505　2009.10　p93
◇漱石深読(10)『行人』　(小森陽一)　「すばる」　集英社　31(10)　2009.10　p276～288
◇中国思想と明治・大正の偉人たち(1)夏目漱石　(守屋淳)　「青淵」

渋沢栄一記念財団 727 2009.10 p20～23
◇監査役スタッフ徒然草（その19）漱石と監査役（5）京都について 「月刊監査役」 日本監査役協会 561 2009.10 p108～112
◇明治の群像・断片（その1）ヘルン、高峰そして漱石 （石田三雄）「近代日本の創造史」 近代日本の創造史懇話会 8 2009.10 p19～25
◇過去への眼差し―『硝子戸の中』の頃の夏目漱石 （伊藤徹）「日本哲学史研究」 京都大学大学院文学研究科日本哲学史研究室 6 2009.10 p1～28
◇「自然」を見つめる心、「風景」を描く言葉―漱石『思い出す事など』を出発点に （中島国彦）「国文学研究」 早稲田大学国文学会 159 2009.10 p12～22
◇『三四郎』に見られる陰陽の原理―漱石の「東西両洋思想」の表現として （Strack Daniel）「九大日文」 九州大学日本語文学会「九大日文」編集委員会 14 2009.10.1 p18～31
◇漱石深読（11）『心』 （小森陽一）「すばる」 集英社 31(11) 2009.11 p310～322
◇漱石と虚子―「余裕」の帰趨（特集 高浜虚子・没後50年―虚子に未来はあるか―写生文家・虚子） （大沢正善）「国文学解釈と鑑賞」 ぎょうせい 74(11) 2009.11 p25～32
◇虚子にみる回想の仕組み―漱石を語るということ（特集 高浜虚子・没後50年―虚子に未来はあるか―写生文家・虚子） （長島裕子）「国文学解釈と鑑賞」 ぎょうせい 74(11) 2009.11 p33～41
◇〈戦間期〉の地政学―漱石山脈のアメリカ認識（特集 モダニズム期における社会と芸術の〈交通〉） （中山弘明）「日本文学」 日本文学協会 58(11) 2009.11 p2～12
◇夏目漱石の文体の新しさ（歴史からみた新語） （小川栄一）「日本語学」 明治書院 28(14臨増) 2009.11 p158～167
◇日本小説技術年（第5回）反りの合わぬ夫婦たち―夏目漱石のフォルマリズム （渡部直己）「新潮」 新潮社 106(12) 2009.12 p236～264
◇漱石深読（12）『道草』 （小森陽一）「すばる」 集英社 31(12) 2009.12 p208～220
◇夏目漱石『門』論―女性・領土・帝国主義 （斉金英）「国文」 お茶の水女子大学国語国文学会 112 2009.12 p34～44
◇柿への旅（9）漱石は「柿」だった （坪内稔典）「図書」 岩波書店 730 2009.12 p35～37
◇監査役スタッフ徒然草（その20）漱石と監査役（6）伝説の木曜会 「月刊監査役」 日本監査役協会 564 2009.12 p106～110
◇遺稿 近代作家を歌う（未定稿）・漱石の髭 （大里恭三郎）「静岡近代文学」 静岡近代文学研究会 24 2009.12 p60～68
◇漱石は韓国でどう読まれているか （金正勲）「現代文学史研究」 現代文学史研究所 13 2009.12.1 p104～119

涛川惣助　なみかわそうすけ　1847～1910
明治期の七宝製造家。
【雑　誌】
◇七宝工芸の泰斗・涛川惣助（1）―栄光の軌跡 （越川栄一郎）「利根川文化研究」 利根川文化研究会 22 2002.6 p39～45

並河靖之　なみかわやすゆき　1845～1927
明治、大正期の七宝製造家。
【図　書】
◇京七宝 並河靖之作品集―清水三年坂美術館コレクション （村田理如著） 淡交社 2008.9 159p
【雑　誌】
◇史料紹介 並河徳子遺稿『父をかたる』 朝彦親王家臣並河靖之の生涯 （田中正弘、並河徳子）「栃木史学」 国学院大学栃木短期大学史学会 15 2001.3 p110～137

成島柳北　なるしまりゅうほく　1837～1884
幕末、明治期の漢詩人、随筆家、新聞記者。
【図　書】
◇幕臣列伝 （網淵謙錠） 中央公論社 1981.3
◇明治の文学 友精堂出版 1981.12 （日本文学研究資料叢書）
◇「明治人物閑話 （森銑三） 中央公論社 1982.9
◇近代日本の文学空間―歴史・ことば・状況 （前田愛） 新曜社 1983.6
◇人物探訪 日本の歴史―18―明治の逸材 暁教育図書 1984.2
◇幕臣列伝（中公文庫） （網淵謙錠） 中央公論社 1984.5
◇近代日本の日記 （小田切進編） 講談社 1984.6
◇文学論集〈1〉文学の近代 （越智治雄著） 砂子屋書房 1986.3
◇文士の筆跡〈1〉作家編〈1〉〈新装版〉 （伊藤整編） 二玄社 1986.4
◇明治の探偵小説 （伊藤秀雄著） 晶文社 1986.9
◇近代ジャーナリスト列伝―天馬の如く〈上〉（中公文庫） （三好徹著） 中央公論社 1986.11
◇西郷隆盛よ、江戸を焼くな （高野澄著） 読売新聞社 1986.12
◇幕末酒徒列伝 （村島健一著） 旺文社 1987.1 （旺文社文庫）
◇続・百代の過客―日記にみる日本人〈上〉 （ドナルド・キーン著、金関寿夫訳） 朝日新聞社 1988.1 （朝日選書）
◇続 百代の過客―日記にみる日本人 （ドナルド・キーン著、金関寿夫訳） 朝日新聞社 1988.12
◇成島柳北・大沼枕山 （成島柳北,大沼枕山,日野竜夫注） 岩波書店 1990.12 （江戸詩人選集 10）
◇新聞記者の誕生―日本のメディアをつくった人びと （山本武利著） 新曜社 1990.12
◇江戸詩人選集〈第10巻〉成島柳北・大沼枕山 （日野龍夫注） 岩波書店 1990.12
◇成島柳北 （前田愛著） 朝日新聞社 1990.12 （朝日選書）
◇人物・税の歴史―江戸時代から現代まで （武田昌輔著,日本税理士会連合会編） 東林出版社 1992.1
◇帰朝者・荷風 （劉建輝著） 明治書院 1993.1
◇日本のフランス文化―日仏交流の斜断譜 （富田仁著） （京都）白地社 1993.2 （叢書L'ESPRIT NOUVEAU）
◇日本の『創造力』―近代・現代を開花させた470人〈3〉流通と情報の革命 （富田仁編） 日本放送出版協会 1993.2
◇近代文学成立過程の研究―柳北・学海・東海散士・蘇峰 （井上弘著） 有朋堂 1995.1 319p
◇国民国家の構図 （大浜徹也編） 雄山閣出版 1999.11 309p
◇明治文学の世界―鏡像としての新世紀 （斎藤慎爾編） 柏書房 2001.5 278p
◇明治人のお葬式 （此経啓助著） 現代書館 2001.12 203p
◇明治の探偵小説 （伊藤秀雄著） 双葉社 2002.2 597,9p （双葉文庫）
◇明治のジャーナリズム精神―幕末・明治の新聞事情 （秋山勇造著） 五月書房 2002.5 259,7p
◇成島柳北研究 （乾照夫著） ぺりかん社 2003.5 364p
◇江戸漢詩―影響と変容の系譜 （杉下元明著） ぺりかん社 2004.8 484,9p
◇成島柳北 （前田愛著） 朝日新聞社 2005.6 267p （朝日選書）
◇『柳橋新誌』研究―漢文戯作による自己実現 （具島美佐子著） 具島美佐子 2005.7 133p
◇江戸の翻訳空間―蘭語・唐話語彙の表出機構 新訂版 （岡田袈裟男著） 笠間書院 2006.3 255,83p
◇唯小戦争始め候。明治十年のスクープ合戦 （黄民基著） 洋泉社 2006.9 222p （新書y）
◇私の見た明治文壇 1 増補版 （野崎左文著,青木稔弥、佐々木亨,山本和明校訂） 平凡社 2007.2 305p （東洋文庫）
◇新聞人群像―操觚者たちの闘い （嶺隆著） 中央公論新社 2007.3 410p
◇成島柳北の『薔薇日記』について （乾照夫著）『情報文化社会の到来―東京情報大学情報文化学科創立10周年記念論集』（石塚省二編） 東京情報大学総合情報学部情報文化学科,白順社（発売） 2007.8 p185～217
◇明治人物閑話 （森銑三著） 中央公論新社 2007.11 343p （中公文庫）
◇幕末維新パリ見聞記―成島柳北『航西日乗』・栗本鋤雲『暁窓追録』 （井田進也校注） 岩波書店 2009.10 284,2p （岩波文庫）
◇パリの日本人 （鹿島茂著） 新潮社 2009.10 286p （新潮選書）
【雑　誌】
◇新政府を批判した旧幕臣（特集徳川幕府滅亡の舞台裏） （山本武利）「歴史読本」 30(18) 1960.10
◇連載対談・"明治の獅子たち"(3)成島柳北「遊び」の逆説 （前田愛,内村剛介）「歴史読本」 25(5) 1980.4
◇幕臣列伝―最終回―福地桜痴と成島柳北 （綱渕謙錠）「歴史と人物」 10(12) 1980.12
◇近代の暗さ（講演） （中村光夫）「世界」 435 1982.2
◇成島柳北と民権運動（特集・「政治と文学」を洗い直す） （前田愛）「文学的立場（第3次）」 6 1982.4
◇近代日本の日記(2)成島柳北と森鷗外 （小田切進）「群像」 38(2) 1983.2
◇成島柳北―日本現代文学研究必携 （登尾豊）「別冊国文学」 特大号 1983.7
◇一九世紀表現位相の一地点―「柳橋新誌」の位置からの遡及（〈前近代〉と〈近代〉〈特集〉） （岡田袈裟男）「日本文学」 33(7) 1984.7
◇柳北のパリ―その構造・「航西日乗」を通して（世紀末〈小特集〉） （小林茂）「比較文学年誌」 21 1985
◇成島柳北の「詩」（江戸から明治への文学〈特集〉） （野山嘉正）「文学」 53(11) 1985.11
◇成島柳北の研究―明治10年代における花月社文学について （井上弘）「静岡女子大学研究紀要」 20 1987.2
◇維新期日本人の洋楽体験―久米邦武編『特命全権大使米欧回覧実記』と成島柳北『航西日乗』を中心に （中村洪介）「比較文化（筑波大学比較文化会）」 4 1987.7
◇海を越えた日本人たちの系譜(27) 成島柳北―シャノワーヌとの邂逅 （富仁）「明治村通信」 218 1988.8

◇海を越えた日本人たちの系譜(28) 成島柳北のパリ体験 (富田仁)「明治村通信」219 1988.9
◇海を越えた日本人たちの系譜(29) 成島柳北のパリ体験 (富田仁)「明治村通信」220 1988.10
◇成島柳北(上)(日本の漢詩人(5)) (日野龍夫)「創文」302 1989.8
◇成島柳北(下)(日本の漢詩人(6)) (日野龍夫)「創文」303 1989.8
◇成島柳北と自由民権―明治14年以降の『読売新聞』を中心に (乾照夫)「経営情報科学(東京情報大学)」2(4) 1990.3
◇『〔ボク〕堤余香』 (宇津純)「国立国会図書館月報」349 1990.4
◇江戸―ミクロに 柳橋 成島柳北『柳橋新誌』(〈江戸〉を読む―トポグラフィーとして〈特集〉) (佐藤悟)「國文學 解釈と教材の研究」35(9) 1990.8
◇文明開化と成島柳北―〈忠孝の美学〉再考 (山本芳明)「学習院大学文学部研究年報」39 1992
◇メディアと成島柳北―「プリンシプル」なき「プリンシプル」(文学表現とメディア〈特集〉) (山本芳明)「日本近代文学」47 1992.10
◇成島柳北のジャーナリズム観―漢学と近代メディアの間で (山本芳明)「学習院大学文学部研究年報」40 1993
◇「酒字」という英語―成島柳北『柳橋新誌』を読む (水本精一郎)「叙説」7 1993.1
◇成島柳北―儒学と江戸文芸とフランス文学 (赤瀬雅子)「桃山学院大学人間科学」4 1993.3
◇明治10年代における成島柳北の言論活動について (乾照夫)「経営情報科学(東京情報大学)」6(2) 1993.8
◇成島柳北(特集・近代日本 夢の旅人―見知らぬ地図を求めて自分さがしの旅に出た先人たちの行路)「ノーサイド」5(4) 1995.4 p17
◇パリを見た日本人/日本人の見たパリ―成島柳北と栗本鋤雲 (島村輝)「女子美術大学紀要」27 1997.3 p107～117
◇幕末期の成島柳北―幕末奥儒者の生活と漢文学の動向(特集=変動期のメディア) (乾照夫)「メディア史研究」ゆまに書房 8 1999.3 p1～26
◇若き日の成島柳北 (杉下元明)「江戸文学」ぺりかん社 20 1999.6 p127～140
◇前向きの江戸志向―成島柳北(特集 明治十年代の江戸) (久保田啓一)「江戸文学」ぺりかん社 21 1999.12 p59～62
◇成島家歴代の立場―乾照夫氏「幕末期の成島柳北」に寄せて (久保田啓一)「鯉城往来」広島近世文学研究会 第3号 2000.10 p84～98
◇航西の東道主人―成島柳北「航西日乗」とそれ以前の海外紀行文 (マシュー・フレーリ)「京都大学国文学論叢」京都大学大学院文学研究科国語学国文学研究室 第8号 2002.6 p64～89
◇成島柳北の洋行―「航西日乗」の諸コンテクスト (Matthew Fraleigh)「國語国文」中央図書出版社 71(11) 2002.11 p1～55
◇幇間儒者(幕末偏奇館〔23〕) (野口武彦)「歴史読本」47(11) 2002.11 p212～218
◇犬の散歩、猫の散歩―成島柳北と日本近代音楽 (林淑姫)「春秋」春秋社 449 2003.6 p8～11
◇成島柳北の『航薇日記』について (乾照夫)「東京情報大学研究論集」東京情報大学情報サービスセンター 10(2) 2007.3 p185～217
◇国際人成島柳北の旅した明治日本(研究発表) (Matthew FRALEIGH)「国際日本文学研究集会会議録」人間文化研究機構国文学研究資料館 第31回 2008.3 p49～66
◇成島柳北の「航西日乗」と森鷗外の「航西日記」―その詩文の類似性について (遠藤光正)「東洋研究」大東文化大学東洋研究所 168 2008.7 p1～35
◇入選論文 成島柳北『柳橋新誌』における内的機制の考察―「無用の人」と「有用の人」相克からの構造的解明の試み(学生懸賞論文発表)(花澤哲文)「國學院雜誌」國學院大學綜合企画部 110(7) 2009.7 p32～42
◇慕い続けた人 成島柳北と荷風(特集 永井荷風の愉しき孤独―生誕130年、没後50年) (伊藤榮洪)「東京人」都市出版 24(13) 2009.12 p74～79

西川鯉三郎〔初代〕 にしかわこいさぶろう 1824～1899
明治期の振付師、日本舞踊家。
【雑 誌】
◇「夜雨角田の寄木」考―玉沢屋と初代西川鯉三郎をめぐって (安田文吉)「南山国文論集」4 1980.3

西村天囚 にしむらてんしゅう 1865～1924
明治、大正期の小説家、新聞記者、漢学者。
【図 書】
◇大坂学問史の周辺 (梅渓昇著) (京都)思文閣出版 1991.3
◇九州の儒者たち―儒学の系譜を訪ねて (西村天囚〔著〕,蔬口治〔校注〕) 海鳥社 1991.6 (海鳥ブックス)
◇内藤湖南と西村天囚 (岸田知子著)『中国学の十字路―加地伸行博士古稀記念論集』(加地伸行博士古稀記念論集刊行会編) 加地伸行博士古稀記念論集刊行会 2006.4 p621～633
◇明治の漢学者と中国―安繹・天囚・湖南の外交論策 (陶徳民著) 関西大学出版部 2007.3 320p
◇内藤湖南撰書西村天囚墓表余話 (杉村邦彦著)『相山鉄崖古稀記念書学論集』(相山鉄崖古稀記念書学論文集編集委員会編) 木耳社 2007.10 p199～210
【雑 誌】
◇白虹事件―素川、哲堂、柯公(近世ジャーナリスト列伝(19)) (三好徹)「中央公論」97(2) 1982.2
◇西村天囚『居酒屋之娘』の問題点―主として保安条例との関係をめぐって (和田康一郎)「橘本近代文学」12 1989.11
◇西村天囚の『鉄砲伝来史』 (水原渭江)「大谷女子大学紀要」大谷女子大学 30(2) 1996.3 p58～117
◇西村天囚と劉坤一―清末の教育改革をめぐって (陶徳民)「関西大学中国文学会紀要」関西大学中国文学会 18 1997.3 p1～39
◇張謇与内藤湖南及西村天囚―内藤文庫所収未刊書信考証(1) (陶徳民)「関西大学中国文学会紀要」関西大学中国文学会 25 2004.3 p1～13
◇西村天囚の楚辞学(特集 中国学の現在―日本漢詩人・比較文学) (前川正名)「國學院雜誌」國學院大學綜合企画部 106(11) 2005.11 p442～450
◇西村天囚述「五井蘭洲」(大阪人文会第二次例会講演速記録) (竹田健二)「国語教育論叢」島根大学教育学部国文学会 18 2008 p33～55
◇戦勝国がなぜ敗戦国を助けようとしたのか―西村天囚(1865～1924)の事例による複眼的考察(東アジア文化交流―人物往来) (陶徳民)「アジア文化交流研究」関西大学アジア文化交流研究センター 4 2009.3 p81～93

沼田香雪 ぬまたこうせつ 1817～1905
幕末、明治期の漢詩人。
【図 書】
◇女性が主人公―有名328家の新系図 (本多修著) 中央公論事業出版 2005.3 142p (新家系図集成)

野口小蘋 のぐちしょうひん 1847～1917
幕末～大正期の日本画家。女性画家の筆頭として活躍。
【図 書】
◇近代日本の女性史3 華麗なる美の創造(創美社編集) 集英社 1980.11
◇野口小蘋―明治の才媛 (野口小蘋画) 山梨県立美術館 1982.6
◇幕末明治 京洛の画人たち (原田平作) 京都新聞社 1985.2

野口寧斎 のぐちねいさい 1867～1905
明治期の漢詩人。詩誌「百花欄」創刊。
【図 書】
◇森鷗外と漢詩 (藤川正数著) 有精堂出版 1991.9
【雑 誌】
◇早稲田文学人物誌・野口寧斎 (矢作武)「早稲田文学」54 1980.11
◇野口寧斎の文芸批評 (合山林太郎)「東洋文化」無窮会 87 2001.9 p2～9
◇野口寧斎の前半期―明治期における漢詩と小説(無窮會創設九十周年記念論集) (合山林太郎)「東洋文化」無窮会 95 2005.10 p80～96
◇野口寧斎の後半生―明治期漢詩人の詩業と交友圏 (合山林太郎)「斯文」斯文会 115 2007.3 p1～16
◇明治期の時事批評漢詩―国分青厓「評林」と野口寧斎「韻語陽秋」(特集=古典文学の精髄としての漢詩文―中世・近世・近代―近代漢詩文―最後の光芒) (合山林太郎)「国文学解釈と鑑賞」至文堂 73(10) 2008.10 p178～186

野村望東 のむらぼうとう 1806～1867
幕末の女性。歌人。
【図 書】
◇図説人物日本の女性史9 小学館 1980.3
◇江戸後期の女性たち (関民子) 亜紀書房 1980.7
◇幕末動乱に生きる二つの人生―野村望東尼と藤四郎 (安川浄生) みどりや仏壇店書籍部 1980.10
◇向陵集 (野村望東著 楢崎佳枝子校訂) 文献出版 1981.2
◇もとのしづく―贈正五位野村望東尼伝(続日本史籍協会叢書) (三宅竜子編輯) 東京大学出版会 1982.4
◇歴史を変えた愛と行動 (赤星彰) 八重岳書房 1982.5
◇幕末維新の女性―日本女性の歴史 暁教育図書 1982.8 (日本発見人物シリーズ no.6)
◇女人まんだら 続 (古屋照子著) 叢文社 1983.9
◇女性と茶の湯(茶道文化選書) (籠谷真知子) 淡交社 1985
◇女たちの明治維新 (小松浅乃著) 文園社 1986.11
◇文武不岐 (黒岩棠舟著) 錦正社 1994.1 (伝統文化叢書)

◇福岡歴史探検 2 （福岡地方史研究会編） 海鳥社 1995.5 255p
◇大隈言道 （岡田武彦監修、桑原廉靖著） 西日本新聞社 1998.11 209p （西日本人物誌）
◇江戸 生きかたの達人たち （楠戸義昭、左方郁子、祖田浩一、高野澄、童門冬二ほか著） 河出書房新社 2002.5 234p
◇教科書が教えない歴史 普及版 （藤岡信勝、自由主義史観研究会著） 産経新聞ニュースサービス 2005.3 253p
◇野村望東尼 （小河扶希子著） 西日本新聞社 2008.4 236p （西日本人物誌）
【雑　誌】
◇幕末維新の異色女人—二人の勤皇尼さん （山本藤枝）「歴史と旅」 7(1) 1980.1
◇野村望東尼と姫島紀行 （左方郁子）「歴史読本」 26(5) 1981.4
◇野村望東尼自筆本『木葉日記』(新資料) （前田淑）「福岡女学院短期大学紀要」 18 1982.2
◇野村望東尼 （女性と茶の湯） （籠谷真智子）「淡交」 432 1982.10
◇『向陵集』を読む—野村望東尼ノオトⅠ— （松坂弘）「江戸時代和歌」創刊号 1985.12
◇望東尼の禅の生活 （安川浄生）「西日本文化」 245 1988.10
◇燕石と望東尼（特集 高杉晋作の謎） （境淳伍）「歴史研究」339 1989.7
◇勤王の志士に慕われた女流歌人—野村望東尼（いまも昔もおんな史）「潮」 377 1990.8
◇維新運動に女性が登場しないのはなぜ？（幕末史話—"第三の開国"のさ中に〈20〉） （松本健一）「エコノミスト」 72(10) 1994.3.1
◇江戸人に会う—たおやかに一途な人—野村望東尼について （五嶋靖弘）「古典評論 第二次」 古典評論の会 2(2) 1998.10 p18～37
◇茶の湯百人一首(25)後西天皇・一条兼良・窪田空穂・野村望東尼（筒井紘一）「淡交」 淡交社 57(1) 2003.1 p54～57
◇望東尼『みのとしうまのとし』翻刻と解題—『向陵集』との関連において（下）（進藤康子）「文献探究」 文献探究の会 44 2006.3 p33～60
◇史談往来/北から南から 高杉晋作と野村望東尼 （小沢和也）「歴史研究」 歴研 48(7) 2006.7 p12～14
◇史談往来/北から南から 野村望東尼の胸像除幕 （小沢和也）「歴史研究」 歴研 49(3) 2007.3 p15～17

梅亭金鵞　ばいていきんが　1821～1893
幕末、明治期の戯作者。
【図　書】
◇「団団珍聞」（まるまるちんぶん）「驥尾団子」（きびだんご）がゆく （木本至著） 白水社 1989.6

芳賀矢一　はがやいち　1867～1927
明治、大正期の国文学者、国語学者。東京帝国大学教授。
【図　書】
◇芳賀矢一選集 1 国学編 （芳賀矢一選集編集委員会編） 国学院大学 1982.11
◇民族と文化の発見 大明堂 1985
◇芳賀矢一選集 第3巻 国文学編 （芳賀矢一選集編集委員会編） 国学院大学 1985.4
◇個性と影響—比較文学試論 （剣持雅彦） 桜楓社 1985.9
◇くれないの武者の祈り（日本随筆紀行〈9 鎌倉〉） （小林秀雄ほか著） 作品社 1986.8
◇父の書斎 （有島行光ほか著） 筑摩書房 1989.6 （筑摩叢書）
【雑　誌】
◇近代国文学の胎生と新生—芳賀矢一の留学とその意義 （内野吾郎）「国学院雑誌」 84(11) 1983.11
◇小泉八雲における人間の形成 芳賀矢一の『国民性十論』と比較して （萩原順子）「日本大学国際関係学部研究年報」 7 1986.2
◇日本思想史と解釈学（2）芳賀矢一における国学観とドイツ文献学的解釈 （清水正之）「論集（三重大学）」 5 1987.3
◇明治期における古典学者—芳賀矢一—西欧理論に拠る日本文献学の樹立（続・古典学者の群像—明治から昭和戦前まで〈特集〉） （福田秀一）「国文学解釈と鑑賞」 57(8) 1992.8
◇芳賀矢一とフォークロア—その先駆的側面 （斎藤ミチ子）「国学院大学日本文化研究所紀要」 70 1992.9
◇芳賀矢一における「日本」の解釈をめぐって—思想史的研究と国文学（想像＝創造する〈場〉〈特集〉） （清水正之）「日本文学」 41(10) 1992.10
◇文人学者の留学日記 明治篇(1)鷗外・漱石・矢一の往路の場合 （福田秀一）「アジア文化研究」 19 1993.3
◇文人学者の留学日記 明治篇(2)鷗外、漱石、矢一の現地滞在と帰路の場合 （福田秀一）「人文科学研究(国際基督教大学キリスト教と文化研究所)」 25 1993.5
◇追悼雑誌・文集あれこれ(15)芳賀矢一 （大屋幸世）「日本古書通信」 日本古書通信社 62(12) 1997.12 p21～23

◇上田万年・芳賀矢一・橋本進吉—日本近代の国語国文学研究者（その1）（竹長吉正）「埼玉大学紀要〔教育学部〕人文・社会科学」 埼玉大学教育学部 50(2分冊1) 2001 p1～18
◇芳賀矢一の国学観とドイツ文献学 （佐野晴夫）「山口大学独仏文学」 山口大学独仏文学研究会 第23号 2001.12 p1～20
◇上田万年・芳賀矢一・橋本進吉—日本近代の国語国文学研究者（その2）（竹長吉正）「埼玉大学紀要〔教育学部〕人文・社会科学」 埼玉大学教育学部 51(1分冊1) 2002 p1～23
◇国文学研究史についての一考察—1890年代の芳賀矢一をめぐって （花森重行）「大阪大学日本学報」 大阪大学文学部日本学研究室 21 2002.3 p71～85
◇芳賀矢一 形態論の先がけ（特集＝日本語文法の現在—みなおされる文法論）（宮島達夫）「国文学解釈と鑑賞」 至文堂 73(1) 2008.1 p22～29

橋本雅邦　はしもとがほう　1835～1908
明治期の日本画家。日本美術院主幹。
【図　書】
◇近代日本画の巨匠たち （近藤啓太郎） 新潮社 1980.2
◇日本の名著 39 岡倉天心（中公バックス） （色川大吉責任編集） 中央公論社 1984.9
◇父の映像 （犬養健ほか著） 筑摩書房 1988.3 （筑摩叢書）
◇明治日本画史料 （青木茂編） 中央公論美術出版 1991.5
◇日本の近代美術〈2〉日本画の誕生 （佐藤道信編） 大月書店 1993.6
◇近代画説 16 （明治美術学会編） 明治美術学会 2007.12 121,49p
【雑　誌】
◇橋本雅邦＜特集＞ 「三彩」 516 1990.9
◇橋本雅邦筆『谿間富岳図』（嘯月美術館所蔵） （矢崎格）「神道及び神道史」 国学院大学神道史学会 53 1996.3 p37～43
◇〔図版解説〕梶田半古 春宵怨 ・ 木村武山 熊野 ・ 小堀鞆音 恩寵の御衣 ・ 西郷孤月 春暖 ・ 下村観山 闇夜 ・ 寺崎広業 秋園 ・ 橋本雅邦 山水 ・ 菱田春草 菊慈童 ・ 山田敬中 美音 ・ 横山大観 迷児（特輯 日本美術院百年）（富田章、高階絵里加、塩谷純〔他〕）「国華」 国華社 104(1) 1998.8 p37～51
◇二十世紀初頭アメリカにおける日本美術受容—チャールズ・H・キャフィンの橋本雅邦論をめぐって （志邨匠子）「美術史研究」 早稲田大学美術史学会 37 1999.12 p45～60
◇近代滝図の系譜—芦雪から石踊（特集・現代の滝図—いま、ひとはそこに何を見るのか？） （草薙奈津子）「月刊美術」 27(6) 2001.6 p49～53
◇"理想画"への道程—橋本雅邦『竜虎』以後 （塩谷純）「美術研究」 文化財研究所東京文化財研究所 377 2003.2 p1～29
◇橋本雅邦の素画と画稿—新出遺品資料による、その素描家としての資質と近代アカデミー形成の考察 （岡部昌幸）「帝京史学」 帝京大学文学部史学科 21 2006.2 p193～303
◇橋本雅邦（日本のこころ(154)近代日本の画家たち—日本画・洋画 美の競演—理想を求めて） 「別冊太陽」 平凡社 154 2008.8 p31～33
◇圖版 橋本雅邦筆 西行法師圖（特輯 幕末維新期の繪畫—狩野派を中心に） （塩谷純）「國華」 朝日新聞出版、國華社 115(5) 2009.12 p44～46,15

八田知紀　はったとものり　1799～1873
幕末、明治期の歌人。維新後、宮内庁歌道御用掛。
【図　書】
◇史実で見る日本の正気—尋古一葉抄 （黒岩棠舟著） 錦正社 1989.12 （国学研究叢書）
【雑　誌】
◇八田知紀の「白雲日記」〔解説・翻刻〕 （藤田福夫）「椙山国文学（椙山女学園大学）」 10 1986.3
◇「八田知紀歌碑」（吉野山）（歌碑を歩く(13)）「吉野路」 31 1986.10
◇桂園流の興隆—香川景樹門高弟八田知紀における桂園派継承の特性について （清水勝）「鹿児島女子大学研究紀要」 鹿児島女子大学 第18巻第1号 1996.7 p53～98
◇桂園派歌人八田知紀と高崎正風—知紀の家集『しのふくさ』と、その第二編巻下跋文の筆者『鵜聞親義』について （清水勝）「鹿児島女子大学研究紀要」 鹿児島女子大学 第18巻第2号 1997.3 p221～227
◇八田知紀の著作と版本と—『都洲集』の巻末蔵版目録をめぐって （清水勝）「鹿児島国語国文」 鹿児島国語国文学会 創刊号 1997.7 p3～31
◇桂園流歌人八田知紀の歌集『しのふくさ』盛行の理由について—『しのふくさ』(初編)を中心に （清水勝）「鹿児島女子大学研究紀要」 鹿児島女子大学 第19巻第1号 1997.7 p93～120
◇千種有功と八田知紀—有功と知紀の著述（主として版本の特性）より （清水勝）「研究紀要」 志学館大学 22(1) 2000.7 p177～206
◇八田知紀著『神典疑問辨』〔翻刻〕—「天御中主神」重視の言説 （宮本誉士）「國學院大學研究開発推進センター研究紀要」 國學院大學研究開発推進機構研究開発推進センター 3 2009.3 p135～166

服部撫松　はっとりぶしょう　1841～1908
明治期の戯文家，ジャーナリスト。
【図　書】
◇続　明治文学石摺考—緑雨・眉山・深川作家論　（塚越和夫著）　葦真文社　1989.6
【雑　誌】
◇「東京新繁昌記」訳注の試み—初編・第一話「学校」（明治七）　（谷口巌）「愛知教育大学研究報告（人文科学）」　31　1982.2
◇著述家服部撫松の生涯　（山敷男勇）「文学年誌」　6　1982.4
◇「東京新繁昌記」訳注の試み—続—初編・第2話「人力車」　（谷口巌）「愛知教育大学研究報告（人文科学）」　32　1983.1
◇明治初期漢文（8）「改正増補東京新繁昌記」の研究（1）（付　自筆稿本との比較）（山敷和男）「中国古典研究」　28　1983.12
◇「痴放漢会議傍聴録」（明治11年）のこと—政治小説の草叢から　（谷口巌）「国語国文学報」　41　1984.3
◇〈新資料〉服部撫松の政治小説「現今の壮士社会」　（山敷和男）「文学年誌」　7　1984.4
◇服部撫松（無頼の周辺）　（山敷和男）「無頼の文学」　12　1985.2
◇開化のモラリスト—服部撫松のこと　（谷口巌）「国語と国文学」　64（6）　1987.6
◇明治開化期文学考（上，下）（明治の夜明け〈連載特集〉）　（遠藤鎮雄）「日本古書通信」　54（1,2）　1989.1,2
◇撫松編「征清独演説」について　（山敷和男）「文学年誌」　20　1990.12
◇二本松出身の漢学者：服部撫松の研究　（本多隼男）「研究紀要（福島女子短期大学）」　21　1991.3
◇服部撫松『通俗佳人之奇遇』の失墜—戯作から「盗作」へ　（甘露純規）「名古屋大学国語国文学」　名古屋大学国語国文学会　80　1997.7　p15～28

バード，I.　Bird, Isabella Lucy　1831～1904
イギリスの女性。1878年来日，「日本奥地旅行」を著す。
【図　書】
◇紀行を旅する　（加藤秀俊他）　中央公論社　1987.2　（中公文庫）
◇性のポリフォニー—その実像と歴史をたずねて　（原田平作，溝口宏平編）（京都）世界思想社　1990.10　（SEKAISHISO SEMINAR）
◇ヘボン博士のカクテル・パーティー　（内藤誠著）　講談社　1993.11
◇旅する女たち—異文化に触れた11人の心の旅行　（平野久美子著）　近代文芸社　1994.12
◇イザベラ・バード　旅の生涯　（オリーヴ・チェックランド著，川勝貴美訳）　日本経済評論社　1995.7　306p
◇翼をもった女　（加藤幸子著）　講談社　1996.10　179p
◇十二人の賓客—日本に何を発見したか　（ドナルド・リチー著，安西徹雄訳）　ティビーエス・ブリタニカ　1997.3　242p
◇英米の女性が見た明治の女たち英国人イザベラ・バードの場合　（染木泰子）『共同研究日本の近代化と女性』　共立女子大学総合文化研究所神田分室　1998.2　（研究叢書第16冊）　p29
◇北へ…異色人物伝　（北海道新聞社編）　北海道新聞社　2000.12　308p
◇英国と日本—日英交流人物列伝　（イアン・ニッシュ編，日英文化交流研究会訳）　博文館新社　2002.9　424,16p
◇イザベラ・バードの『日本奥地紀行』を読む　（宮本常一著）　平凡社　2002.12　285p　（平凡社ライブラリーoffシリーズ）
◇イザベラ・バードの極東の旅と村落空間の描写—第V期の旅に関する仮説と『揚子江流域とその奥地』について　（金坂清則）『農村空間の研究』（石原潤編）　大明堂　2003.3　p358～
◇ロングフェロー日本滞在記—明治初年，アメリカ青年の見たニッポン　（チャールズ・アップルトン・ロングフェロー著，山田久美子訳）　平凡社　2004.1　404p
◇北の旅学　やまがた　（赤坂憲雄責任編集）　小学館クリエイティブ　2004.7　175p
◇纏足の発見—ある英国女性と清末の中国　（東田雅博著）　大修館書店　2004.12　245p　（あじあブックス）
◇明治の音—西洋人が聴いた近代日本　（内藤高著）　中央公論新社　2005.3　245p　（中公新書）
◇イザベラ・バードの会津紀行　（赤坂憲雄他〔著〕）　会津学研究会　2006.3　197p　（会津学叢書）
◇旅する理由　（山口由美著）　千早書房　2007.6　190p
◇故土津軽—明九十歳翁ふるさとを語る　（小野正文著，清水典子聞き書き）　未知谷　2007.6　171p
◇世界の偉人たちの驚き日本発見記　（波田野毅著）　明成社　2008.1　47p　（日本の息吹ブックレット）
◇近代朝鮮の絵画—日・韓・欧米の画家による　（姜健栄著）　朱鳥社　2009.4　214p
【雑　誌】
◇イザベラ・L・バード『日本奥地紀行』簡略部分紹介（3）　（武藤信義）「栃木史心会会報」　19　1987.8
◇イザベラ・L・バード『日本奥地紀行』簡略一巻本の省略部分紹介（4）　（武藤信義）「栃木史心会会報」　21　1989.11
◇J.ビショップ夫人の揚子江流域紀行—イザベラ・バード論のための基礎作業としての旅行記の部分訳を中心に　（金坂清則）「大阪大学教養部研究集録　人文社会科学」　42　1993
◇騒音の文化—イザベラ・バードとエドワード・モースの聴く日本（1）　（内藤高）「同志社外国文学研究」　66　1993.7
◇イザベラ・L・バード『日本奥地紀行』簡略一巻本の省略部分紹介（5）　（武藤信義）「栃木史心会会報」　25　1993.11
◇蝦夷地紀行の食文化考—ブラキストン，ケプロン，バードおよびランドーの紀行文について　（佐藤茂美，池添彦)「帯広大谷短期大学紀要」　31　1994.3
◇イザベラ・L・バード『日本奥地紀行』簡略一巻本の省略部分紹介（6）　（武藤信義）「栃木史心会会報」　26　1994.7
◇イザベラ・バード「日本奥地紀行」—19世紀最大の女性旅行家イザベラ・バード（外国人の見た日本・日本人〈特集〉—明治時代の日本論）　（加納孝代）「国文学解釈と鑑賞」　至文堂　60（3）　1995.3　p114～123
◇イトー，すなわち伊藤鶴吉に関する資料と知見—イザベラ・バード論の一部として　（金坂清則）「地域と環境」「地域と環境」研究会　No.3　2000.3　p21～46
◇イザベラ・バードの見た日本人（特集　二十一世紀の東北を考える）　（赤坂憲雄）「人と国土」　国土計画協会　27（1）　2001.5　p12～14
◇イサベラ・バードが見た会津（1）　（赤坂憲雄）「福島の進路」　福島経済研究所　262　2004.6　p45～48
◇イサベラ・バードが見た会津（2）　（赤坂憲雄）「福島の進路」　福島経済研究所　263　2004.7　p35～38
◇イサベラ・バードが見た会津（3）　（赤坂憲雄）「福島の進路」　福島経済研究所　264　2004.8　p32～35
◇イサベラ・バードが見た会津（4）　（赤坂憲雄）「福島の進路」　福島経済研究所　265　2004.9　p51～54
◇イサベラ・バードが見た会津（5）　（赤坂憲雄）「福島の進路」　福島経済研究所　266　2004.10　p32～35
◇イサベラ・バードが見た会津（6）　（赤坂憲雄）「福島の進路」　福島経済研究所　267　2004.11　p26～29
◇イサベラ・バードが見た会津（7）　（赤坂憲雄）「福島の進路」　福島経済研究所　268　2004.12　p37～40
◇Bibliotheca Japonica（85）19世紀の女性冒険家　イザベラ・バード著『日本の未踏の地』の成立とその周辺（1）　（八木正自）「日本古書通信」　日本古書通信社　70（1）　2005.1　p23
◇イサベラ・バードが見た会津（8）　（赤坂憲雄）「福島の進路」　福島経済研究所　269　2005.1　p58～61
◇Bibliotheca Japonica（86）19世紀の女性冒険家　イザベラ・バード著『日本の未踏の地』の成立とその周辺（2）　（八木正自）「日本古書通信」　日本古書通信社　70（2）　2005.2　p23
◇イサベラ・バードが見た会津（9）　（赤坂憲雄）「福島の進路」　福島経済研究所　270　2005.2　p46～49
◇イサベラ・バードが見た会津（10）　（赤坂憲雄）「福島の進路」　福島経済研究所　271　2005.3　p48～51
◇イサベラ・バードが見た会津（第11回）　（赤坂憲雄）「福島の進路」　福島経済研究所　272　2005.4　p36～38
◇イサベラ・バードが見た会津（第12回）　（赤坂憲雄）「福島の進路」　福島経済研究所　273　2005.5　p32～35
◇イザベラ・バード試論—パット・バー著『ある女性の奇妙な人生』に寄せて　（小野崎晶裕）「作新学院大学女子短期大学部紀要」　作新学院大学女子短期大学部　29　2006.3　p76～47
◇旅行家イザベラ・バードがみた明治時代の秋田県の医療事情　（山口昭彦）「日本医事新報」　日本医事新報社　4292　2007.7.29　p80～82
◇イザベラ・バードの四川の旅（1896）をたどる—ツイン・タイム・トラベルと万県—成都間のバードの旅のルートの図上復原　（金坂清則（ほか））「地域と環境」「地域と環境」研究会　No.7　2007.3　p1～74
◇イザベラ・バードーひとりの英国人女性が見た明治初期の日本文化　（二階堂みづき）「フェリス女学院大学文学部多文化・共生コミュニケーション論叢」　フェリス女学院大学多文化・共生コミュニケーション学会　4　2009.2　p133～153
◇名作の中の環境史（第16回）【イザベラ・バードの日本紀行】イザベラ・バード著（時岡敬子訳，講談社学術文庫）【日本その日その日】エドワード・S・モース著（石川欣一訳，平凡社）—明治初年の日本の自然　（石弘之）「日経エコロジー」　日経BP社　124　2009.10　p63～65

花井お梅　はないおうめ　1863～1916
明治期の芸者。八杉峯吉を刺殺。
【図　書】
◇明治・大正犯罪史　（加太こうじ）　現代史出版会　1980.2
◇世界の悪女たち　（駒田信二）　文芸春秋　1981.8
◇近代日本の女性史12　愛憎の罪に泣く　（創美社編集）　集英社　1981.9
◇泣きどころ人物誌　（戸板康二）　文芸春秋　1984.9
◇世界の悪女たち（文春文庫）　（駒田信二）　文藝春秋　1985.10

◇殺意を持つ女（旺文社文庫）（藤本義一著）旺文社 1986.4
◇雑学 艶歌の女たち（西沢爽著）文芸春秋 1987.1（文春文庫）
◇泣きどころ人物誌（戸板康二著）文芸春秋 1987.11（文春文庫）
◇明治東京犯罪暦 明治元年〜明治23年（山下恒夫著）東京法経学院出版 1988.4（犯罪ドキュメントシリーズ）
◇時代劇博物館〈2〉（島野功緒著）社会思想社 1994.7（現代教養文庫）
◇毒婦伝（朝倉喬司著）平凡社 1999.4 381p
◇日本史の現場検証 2（合田一道著）扶桑社 1999.11 261p
◇毒婦の誕生―悪い女と性欲の由来（朝倉喬司著）洋泉社 2002.2 220p（新書y）

花柳寿輔〔初代〕 はなやぎじゅすけ 1821〜1903
幕末、明治期の振付師、日本舞踊家。
【図 書】
◇通代花柳流 花の流れ一世紀（柴崎四郎）自由国民社 1985.9
◇初代 花柳寿輔 薫る寿（加野厚志著）阪急コミュニケーションズ 2005.12 331p

浜田彦蔵 はまだひこぞう 1837〜1897
幕末、明治期の通訳、貿易商。
【図 書】
◇ジョセフ彦―ドキュメント・リンカーンに会った日本人 数奇な運命に彩られた漂流者の生涯（近盛晴嘉）日本ブリタニカ 1980.3
◇漂流―ジョセフ・ヒコと仲間たち（春名徹）角川書店 1982.1
◇日本のリーダー5 国際交流の演出者（第二アートセンター編）ティビーエス・ブリタニカ 1983.9
◇を中心に（太田雄三）朝日出版社 1983.11
◇ジョセフ彦と横浜の新聞 横浜開港資料館 1985
◇クリスチャン・ジョセフ彦（近盛晴嘉著）アムリタ書房 1985.1
◇日本史探訪 18 海を渡った日本人 角川書店 1985.4
◇日米人第一号―アメリカ彦蔵と呼ばれた男（現代教養文庫 1143）（中川努著）社会思想社 1985.9
◇ジョセフ＝ヒコ〔新装版〕（人物叢書）（近盛晴嘉著）吉川弘文館 1986.5
◇最初にアメリカを見た日本人（キャサリン・プラマー著、酒井正子訳）日本放送出版協会 1989.10
◇ペリー艦隊 黒船に乗っていた日本人―「栄力丸」17名の漂流人生（足立和著）徳間書店 1990.4
◇歴史のなかの子どもたち〈第1巻〉夢と冒険のはなし（大江一道、鈴木亮、滝尾紀子、長島保編）大月書店 1990.6
◇日本近代思想大系〈1〉開国（田中彰校注）岩波書店 1991.1
◇南海紀聞・東航紀聞・彦蔵漂流記（池田浩〔解説訳〕）雄松堂 1991.10（海外渡航記叢書）
◇屹立―ライバル日本史 6（NHK取材班編）角川書店 1996.11 300p（角川文庫）
◇アメリカが見つかりましたか―戦前篇（阿川尚之著）都市出版 1998.11 253p
◇開国逸史 アメリカ彦蔵自叙伝 新版（土方久徴、藤島長敏共訳、髙市慶雄校訂・解題）ミュージアム図書 1998.12 404,13p（ミュージアム図書 復刊シリーズ）
◇鎮国をはみ出た漂流者―その足跡を追う（松島駿二郎著）筑摩書房 1999.2 199p（ちくまプリマーブックス）
◇明治のジャーナリズム精神―幕末・明治の新聞事情（秋山勇造著）五月書房 2002.5 259,7p
◇仕事ができる人は知っている―古典に学ぶビジネスの知恵（小林薫著）晶文社 2002.6 245p
◇人物紀行 時代のパイオニアたち（ビジュアルブックス編集委員会編）神戸新聞総合出版センター 2003.7 141p（ビジュアル・ブックス）
◇新編 明治前期の憲法構想（家永三郎、松永昌三、江村栄一編）福村出版 2005.10 558p
◇ジョセフ・ヒコと洋式帆船の男たち―絵ものがたり（播磨町ふるさとの先覚者顕彰会編）播磨町 2006.3 47p
◇黒船とニッポン開国―異文化交錯の劇空間（神όω昭甫著）富山大学出版会 2006.4 195,7p（富山大学出版会学術図書シリーズ）
◇ヒコの幕末―漂流民ジョセフ・ヒコの生涯（山下昌也著）水曜社 2007.12 334p
◇ひょうご幕末維新列伝（一坂太郎著）神戸新聞総合出版センター 2008.7 408p
【雑 誌】
◇彦の『海外新聞』と『夷匪入港録』（近盛晴嘉）「日本古書通信」48(10) 1983.10
◇「ジョセフ彦と横浜の新聞」展 「開港のひろば」10 1985.2
◇日本と異国と―ジョセフ・ヒコの生涯を考える（中川努）「学鐙」83(9) 1986.9

◇ジョセフ彦100年祭記念講演（内川芳美、近盛晴嘉）「早稲田大学図書館紀要」早稲田大学図書館 46 1999.3 p12〜33
◇研究の周辺 幕末・明治初期に外国人が発行した邦字新聞(1) ジョセフ・ヒコの『海外新聞』（秋山勇造）「神奈川大学評論」宮陵会 37 2000 p94〜97
◇ジョセフ・彦の生涯と信仰（柳克文）「英知大学大学院論叢」英知大学大学院人文科学研究科 2(1) 2000.9 p69〜101
◇〈新聞の父〉ジョセフ彦―日本にジャーナリズムと民主主義の種を播いた男 「イグザミナ」イグザミナ 237 2007.6 p1〜7
◇ジョセフ・ヒコの異文化体験と帰国〔第1報〕（山井徳行）「名古屋女子大学紀要 人文・社会編」名古屋女子大学 54 2008.3 p149〜159
◇ジョセフ・ヒコの異文化体験と帰国〔第2報〕（山井徳行）「名古屋女子大学紀要 人文・社会編」名古屋女子大学 55 2009.3 p197〜208
◇明治国家をつくった人びと(16) 漂流民ジョセフ・ヒコ―初めてアメリカ大統領と会った日本人（瀧井一博）「本」講談社 34(11) 2009.11 p44〜47

原采蘋 はらさいひん 1798〜1859
幕末の女性漢詩人。長州萩で客死。
【図 書】
◇福岡歴史探検 2（福岡地方史研究会編）海鳥社 1995.5 255p
◇近世閨秀詩人原采蘋と房総の旅―原采蘋研究 その一（前田淑）『日本女性史論集』（総合女性史研究会編）吉川弘文館 1998.4 p279
【雑 誌】
◇詩人 広瀬旭荘伝(3) 追補 広瀬旭荘と遠方荷塘また旭荘と原采蘋（徳田武）「江戸文学」8 1992
◇九州ゆかりの女流漢詩人―原采蘋・亀井少琴・梁川紅蘭（吉田照子）「大宰府国文」福岡女子短期大学国語国文学会 19 2000.3 p1〜8

原田直次郎 はらだなおじろう 1863〜1899
明治期の洋画家。画塾鐘美館を開設。
【図 書】
◇鷗外全集〈第22巻〉評論・随筆〈1〉（森鷗外著）岩波書店 1988.9
◇鷗外全集〈第25巻〉評論 随筆〈4〉（森鷗外著）岩波書店 1988.12
◇絵画の領分―近代日本比較文化史研究（芳賀徹著）朝日新聞社 1990.10（朝日選書）
◇日本の近代美術〈1〉油彩画の開拓者（丹尾安典編）大月書店 1993.3
◇すぐわかる画家別近代日本絵画の見かた（尾崎正明監修）東京美術 2003.6 135p
◇森鷗外と原田直次郎―ミュンヘンに芽生えた友情の行方（新関公子著）東京芸術大学出版会 2008.2 181p
【雑 誌】
◇「うたかたの記」をめぐって―森鷗外、パウル・ハイゼ、原田直次郎・ミュンヘン物語6（小松伸六）「文学界」35(12) 1981.12
◇その邂逅―鷗外と原田直次郎（鷗外をめぐる人物群像）（鈴木進）「国文学解釈と鑑賞」49(2) 1984.1
◇原田直次郎作「靴屋の阿爺」―EPMA法による絵画試料の分析―（宮田順一他著）「東京芸術大学美術学部紀要」22 1987.3
◇原田直次郎の歴史画(1)（中江彬、三輪英夫）「美術研究」337 1987.3
◇森鷗外の美術論―原田直次郎・外山正一をめぐって（伊藤敬一）「日本文学誌要」36 1987.3
◇原田直次郎 靴屋の阿爺（近代の美術〈特輯〉）（馬渕明子）「国華」1150 1991.9
◇原田家来簡集―直次郎宛森鷗外等新出書簡について（宮嶋一郎）「文学」4(2) 1993.4
◇原田家来簡集―直次郎及びその遺族宛鷗外等書簡（宮嶋一郎）「ビブリア 天理図書館報」100 1993.10
◇原田直次郎（特集・近代日本 夢の旅人―見知らぬ地図を求めて自分さがしの旅に出た先人たちの行路）「ノーサイド」5(4) 1995.4 22
◇鷗外の絵画論―原田直次郎との関連に触れて（特集 絵画と文学のセッション）（大石良記）「國文學 解釈と教材の研究」学灯社 45(8) 2000.7 p40〜44
◇鷗外 その出発(97) 原田直次郎、ルートヴィヒ2の死、シュタルンベルガーゼー―『うたかたの記』をめぐって(3)（竹盛天雄）「国文学解釈と鑑賞」至文堂 68(2) 2003.2 p188〜195
◇原田直次郎と徳富蘇峰―財団法人徳富蘇峰記念塩崎財団所蔵 原田直次郎筆「徳富蘇峰宛書簡」の翻刻と解題（宮本久宣）「フィロカリア」大阪大学大学院文学研究科芸術学・芸術史講座 20 2003.3 p127〜160, 図巻頭1枚
◇特報 原田直次郎像の友人・画家エキステルの系図・出生届などについて（生熊文）「鷗外」森鷗外記念会 73 2003.11 p20〜25
◇作品研究 原田直次郎作《騎龍観音》について―ミュンヘンと護国寺と（蔵屋美香）「現代の眼」国立美術館東京国立近代美術館 553 2005.8・9 p10〜13
◇鷗外 その出発(122) 補論 原田直次郎からの照射―『うたかたの記』をめぐって(26)（竹盛天雄）「国文学解釈と鑑賞」至文堂 71(5)

◇原田直次郎「騎龍観音」(一八九〇)における「帝国日本」の寓意—バヴァリアから護国寺へ— (長田謙一) 「美術史」 美術史學會 59(1) 2009.10 p232〜249

原抱一庵 はらほういつあん 1866〜1904
明治期の小説家, 翻訳家。
【図　書】
◇明治文学全集26 根岸派文学集 (稲垣達郎編, 解題) 筑摩書房 1981.4
◇明治の探偵小説 (伊藤秀雄著) 晶文社 1986.10
◇物語・万朝報—黒岩涙香と明治のメディア人たち (高橋康雄著) 日本経済新聞社 1989.5
◇泉鏡花とその周辺 (手塚昌行著) (国分寺)武蔵野書房 1989.7
◇マライア・エッジワース "Simple Susan" とその翻訳—原抱一庵訳「名曲『愛禽』」、本間久訳『小山羊の歌』をめぐって (上村真代) 『比較文化』(比較文化研究所編) 文化書房博文社 1996.11 p489
◇埋もれた翻訳—近代文学の開拓者たち (秋山勇造著) 新読書社 1998.10 312,11p
◇日本ミステリーの100年—おすすめ本ガイド・ブック (山前譲著) 光文社 2001.3 370p (知恵の森文庫)
◇明治の探偵小説 (伊藤秀雄著) 双葉社 2002.2 597,9p (双葉文庫)
【雑　誌】
◇「聖人か盗賊か」—原抱一庵の死 (川戸道昭) 「日本古書通信」 57(2) 1992.2
◇明治20年代の文学に現われた「闇」—原抱一庵『闇中政治家』の場合 (九里順子) 「宮城学院女子大学研究論集」 76 1992.12
◇探照灯(111)緑雨と抱一庵 (谷沢永一) 「国文学解釈と鑑賞」 至文堂 61(8) 1996.8.1 p175〜178
◇原抱一庵—生涯と業績 (秋山勇造) 「人文研究」 神奈川大学人文学会 129 1997.3 p1〜23
◇雑誌探索—「山比古」の検討(下)—国木田独歩・窪田空穂・太田水穂・吉江孤雁・中沢臨川・水野葉舟・秋元洒汀・蒲原有明・平塚紫袖・三津木春影・田山花袋・国府犀東・坪谷水哉・江見水蔭・大島宝水・川崎杜外・神谷鶴伴・山本露滴・原抱一庵・幸田露伴・大塚甲山ら (紅野敏郎) 「資料と研究」 山梨県立文学館 第10輯 2005.3 p111〜150
◇男色と国家—原抱一庵の『闇中政治家』(Mason Michele, 大原関一浩〔訳〕) 「ジェンダー史学」 ジェンダー史学会 5 2009 p7〜20

ハーン, L. Hearn, Lafcadio
→小泉八雲(こいずみやくも)を見よ

坂東亀蔵〔初代〕 ばんどうかめぞう 1800〜1873
幕末, 明治期の歌舞伎役者。
【雑　誌】
◇浮世絵鑑賞室(23)四世坂東彦三郎の『鯉つかみ』 (木佐敬久) 「浮世絵春秋」 ばれんの会 17 1997.12 p22〜24

坂東彦三郎〔5代〕 ばんどうひこさぶろう 1832〜1877
幕末, 明治期の歌舞伎役者。四代の養子。
【図　書】
◇坂東彦三郎と厚木 厚木市教育委員会 1994.2
【雑　誌】
◇坂東彦三郎の代々 「演劇界」 38(2) 1980.2
◇俳優その足跡—坂東彦三郎 (石橋健一郎) 「演劇界」 44(10) 1986.9
◇幕末の四代目中村芝翫と五代目坂東彦三郎—両者の関係と世間の評価 (倉橋正恩) 「芸能史研究」 芸能史研究会 159 2002.10 p30〜45

坂東三津五郎〔4代〕 ばんどうみつごろう 1800〜1863
幕末の歌舞伎座主, 歌舞伎役者。
【雑　誌】
◇今月の表紙—四世坂東三津五郎の神楽獅子 (菊池明) 「邦楽と舞踊」 31(364) 1980.10

樋口一葉 ひぐちいちよう 1872〜1896
明治期の小説家, 歌人。
【図　書】
◇女性芸術家の人生十二支別・易学解説9 申年編 (木下一雄解説) 集英社 1980.2
◇樋口一葉 (木村真佐幸編著) 桜楓社 1980.2
◇研究資料現代日本文学1 明治書院 1980.3
◇研究資料現代日本文学1 小説・戯曲1 (浅井清ほか編) 明治書院 1980.3
◇図説人物日本の女性史11 花開く女流芸術 小学館 1980.6
◇女の一生—人物近代女性史2 (瀬戸内晴美編) 講談社 1980.9
◇近代日本の女性史2 文芸復興の才媛たち 集英社 1980.10
◇文学と仏教1 迷いと悟り 大正大学国文学会教育出版センター 1980.11
◇列伝・青春の死—白鳳から大正まで (よこみつる編著) 栄光出版社 1980.11
◇NHK文化講演会4 日本放送出版協会 1981.3
◇近代日本文学—近代小説に描かれた女性像 (岩崎文人ほか) 渓水社 1981.4
◇樋口一葉研究 (藤井公明) 桜楓社 1981.7
◇近代を彩った女たち (若城希伊子) TBSブリタニカ 1981.8
◇明日を考える文学—日本児童文学にみる女の歩み (西田良子) もく馬社 1981.9
◇樋口一葉全集4上 和歌 1,2 (樋口一葉著 塩田良平ほか編) 筑摩書房 1981.12
◇稲垣達郎学芸文集 2 (稲垣達郎) 筑摩書房 1982.4
◇幸田露伴・樋口一葉 (日本文学研究資料刊行会) 有精堂出版 1982.4 (日本文学研究資料叢書)
◇島尾敏雄全集 13 晶文社 1982.5
◇鑑賞日本現代文学 第2巻 樋口一葉 (松坂俊夫編) 角川書店 1982.8
◇校注樋口一葉 (樋口一葉著, 中野博雄校注) 双文社出版 1982.9
◇日本の作家 44 薄倖の才媛樋口一葉 (岡保生) 新典社 1982.11
◇樋口一葉—薄倖の才媛 (岡保生) 新典社 1982.11 (日本の作家 44)
◇近代文学遊歩—33人の作家と宗教 (伝統と現代社) みくに書房 1982.12
◇一葉の日記 (和田芳恵) 福武書店 1983.1 (文芸選書)
◇幸田露伴と樋口一葉 (伊狩章) 教育出版センター 1983.1 (以文選書 21)
◇近代文学の黎—明治二十年代の一葉・四迷・鷗外の小説研究の試み (橋口晋作著) 『近代文学の黎』刊行会 1983.7
◇樋口一葉研究 増補改訂版 (松坂俊夫) 教育出版センター 1983.10 (研究選書 3)
◇一葉・明治の新しい女—思想と文学 (西尾能仁) 有斐閣出版サービス 1983.11
◇名作のなかの女たち—対談紀行 (瀬戸内晴美, 前田愛著) 角川書店 1984
◇女たちのロマネク—「にごりえ」から「武藤野夫人」まで— (前田愛) 光村図書 1984
◇人物探訪 日本の歴史—18—明治の逸材 暁教育図書 1984.2
◇女の一生—人物近代女性史 2 明治に開花した才媛たち (瀬戸内晴美他著) 講談社 1984.2
◇愛の近代女性史 (田中澄江著) ミリオン書房 1984.2
◇愛一通の手紙—炎の作家15人の愛の書簡集 (近藤富枝著) 主婦の友社 1984.4
◇物語と小説—平安朝から近代まで (笹淵友一編) 明治書院 1984.4
◇国語国文学論集 後藤重郎教授停年退官記念 (名古屋大学国語国文学会後藤重郎教授停年退官記念論集刊行世話人会編) 名古屋大学出版会 1984.4
◇近代日本の日記 (小田切進著) 講談社 1984.6
◇一葉の憶い出(近代作家研究叢書 42) (田辺夏子, 三宅花圃著) 日本図書センター 1984.9
◇作品の中の女たち—明治・大正文学を読む (尾形明子著) ドメス出版 1984.10
◇京都画壇周辺—加藤一雄著作集 (加藤一雄著) 用美社 1984.10
◇梅花女子大学開学20周年記念論文集 梅花女子大学 1985.3
◇樋口一葉論(近代作家研究叢書 3) (湯地孝著) 日本図書センター 1985.3
◇たけくらべ(日本の文学 4) (樋口一葉著) ほるぷ出版 1985.5
◇樋口一葉(新潮日本文学アルバム 3) 新潮社 1985.5
◇樋口一葉と竜泉寺界隈 (荒木慶胤著) 八木書店 1985.9
◇樋口一葉 (人物叢書 新装版) (塩田良平著) 吉川弘文館 1985.10
◇新編近代美人伝(上)(岩波文庫) (長谷川時雨著, 杉本苑子編) 岩波書店 1985.11
◇無頼の文学 (近代小説鑑賞編) 響文社 1986.3
◇一葉の日記(福武文庫) (和田芳恵著, 野口碩補注) 福武書店 1986.3
◇雁よ大空に翔べ—自立への旅・「ひろば」の文学論 (西沢舜一著) 大月書店 1986.3
◇近代作家十人—文学に見る経済観 (大里恭三郎, 竹腰幸夫編著) 教育出版センター 1986.3
◇表現学論考 今井文男教授古稀記念 第2 (今井文男教授古稀記念論集刊行委員会編) 今井文男教授古稀記念論集刊行委員会 1986.4
◇樋口一葉コレクション目録(日本近代文学館所蔵資料目録15) (日本近代文学館編) 日本近代文学館 1986.4
◇女たちの世紀—近代日本のヒロイン群像(朝日カルチャーブックス) (服部正著) 大阪書籍 1986.4
◇文士の筆跡〈1〉作家編〈1〉〔新装版〕 (伊藤整編) 二玄社 1986.4

樋口一葉　文化

◇百年の日本人〈その3〉（川口松太郎, 杉本苑子, 鈴木史楼ほか著）読売新聞社　1986.6
◇笛鳴りやまず―ある日の作家たち（中公文庫）（有本芳水著）中央公論社　1986.6
◇日本の近代小説〈1〉作品論の現在（三好行雄編）東京大学出版会　1986.6
◇保田与重郎全集〈第10巻〉佐藤春夫, 天の時雨（保田与重郎著）講談社　1986.8
◇随筆春夏秋冬（弥生叢書）（小村定吉著）国鉄厚生事業協会　1986.8
◇平田禿木選集〈第4巻‐第5巻〉英文学エッセイ2, 明治文学評論・随筆（平田禿木著, 島田謹二, 小川和夫編）南雲堂　1986.10
◇近代の短編小説〈明治篇〉（現代文学研究会編）九州大学出版会　1986.10
◇正宗白鳥全集〈第30巻〉雑纂（正宗白鳥著）福武書店　1986.10
◇樋口一葉―資料目録（台東区立一葉記念館編）東京都台東区教育委員会　1986.11
◇幻景の街―文学の都市を歩く（前田愛著）小学館　1986.11
◇商人としての樋口一葉（後藤積著）千秋社　1987.2
◇商人としての樋口一葉　改訂増補（後藤積著）多田屋　1987.4
◇日本の名随筆〈55〉葬（日野啓三編）作品社　1987.5
◇近代の感情革命―作家論集（磯田光一著）新潮社　1987.6
◇近代日本の恋愛小説（野口武彦著）（大阪）大阪書籍　1987.11（朝日カルチャーブックス）
◇明治の精神（荒川久寿男著）（伊勢）皇学館大学出版部　1987.12
◇愛ありて―名作のなかの女たち（瀬戸内晴美, 前田愛著）角川書店　1988.1（角川文庫）
◇近代日記文学選（山根賢吉, 橋本威編）（大阪）和泉書院　1988.2（新注近代文学シリーズ）
◇日記の虚実（紀田順一郎著）新潮社　1988.2（新潮選書）
◇近代文章成立の諸相（木坂基著）（大阪）和泉書院　1988.2（研究叢書）
◇続 百代の過客―日記にみる日本人〈下〉（ドナルド・キーン著, 金関寿夫訳）朝日新聞社　1988.2（朝日選書）
◇人間 泉鏡花（巌谷大四著）福武書店　1988.3（福武文庫）
◇文体としての物語（小森陽一著）筑摩書房　1988.4
◇幻の一葉歌集（青木正美）日本図書センター　1988.6
◇続 百代の過客―日記にみる日本人（ドナルド・キーン著, 金関寿夫訳）朝日新聞社　1988.12
◇藤村随筆集（島崎藤村著, 十川信介編）岩波書店　1989.3（岩波文庫）
◇言挙げする女たち―近代女性の思想と文学（円谷真護著）社会評論社　1989.3
◇遅れたものが勝ちになる（井上ひさし著）中央公論社　1989.4（井上ひさし エッセイ集）
◇新時代のパイオニアたち―人物近代女性史（瀬戸内晴美編）講談社　1989.5（講談社文庫）
◇物語・万朝報―黒岩涙香と明治のメディア人たち（高橋康雄著）日本経済新聞社　1989.5
◇一葉青春日記（樋口一葉著, 和田芳恵注）角川書店　1989.6（角川文庫）
◇物語女流文壇史（巌谷大四著）文芸春秋　1989.6（文春文庫）
◇樋口一葉（沢田章子著）新日本出版社　1989.6（新日本新書）
◇日本の作家たち（島尾敏雄著）沖積舎　1989.7（ちゅうせき叢書）
◇一葉・25歳の生涯（西尾能仁）信山出版　1989.9
◇前田愛著作集〈第3巻〉樋口一葉の世界（前田愛著）筑摩書房　1989.9
◇樋口一葉と甲184（荻原留則）甲陽書房　1989.11
◇町田市文学散歩（寺田和雄）浪江虔　1989.11
◇病いの人間史―明治・大正・昭和（立川昭二著）新潮社　1989.12
◇源氏物語私記（金田元彦著）風間書房　1989.12
◇社会文学・社会主義文学研究（小田切秀雄著）勁草書房　1990.1
◇樋口一葉作品研究（橋本威著）（大阪）和泉書院　1990.1（近代文学研究叢刊）
◇深井一郎教授定年退官記念論文集 深井一郎教授定年退官記念事業会　1990.3
◇過ぎゆく日暦（カレンダー）（松本清張著）新潮社　1990.4
◇点滴森鷗外論（長谷川泉著）明治書院　1990.10
◇佐古純一郎教授退任記念論文集（佐古純一郎教授退任記念論文集編集委員会編）朝文社　1990.11
◇"伝説"になった女たち（山崎洋子著）講談社　1990.11
◇悲恋の歌人たち―恋愛歌ものがたり（木俣修著）北辰堂　1990.12
◇国語国文学論集―後藤重郎先生古稀記念（後藤重郎先生古稀記念論集刊行世話人会編）（大阪）和泉書院　1991.2
◇樋口一葉の世界（山梨県立文学館企画・編集）山梨県立文学館　1991.5
◇透谷・藤村・一葉（藪禎子著）明治書院　1991.7（新視点シリーズ 日本近代文学）
◇市井の文人 鏑木清方（塩川京子著）大日本絵画　1991.7
◇今日も待ちぼうけ―作家たちの青春日記（小田切秀雄編）創隆社　1991.10（創隆社ジュニア選書）
◇鷗外文芸の研究〈青年期篇〉（清田文武著）有精堂出版　1991.10
◇近代文学の結晶体（野口武彦著）新典社　1991.11（叢刊・日本の文学）
◇文人短歌―うた心をいしずえに〈2〉（今西幹一編著）朝文社　1992.1
◇樋口一葉（岩橋邦枝ほか著）小学館　1992.3（群像 日本の作家）
◇女が読む日本近代文学―フェミニズム批評の試み（江種満子, 漆田和代編）新曜社　1992.3
◇聞き語り にっぽん女性「愛」史（杉本苑子著）講談社　1992.4（講談社文庫）
◇遅れたものが勝ちになる（井上ひさし著）中央公論社　1992.6（中公文庫―エッセイ集）
◇樋口一葉をよむ（関礼子著）岩波書店　1992.6（岩波ブックレット）
◇私語り樋口一葉（西川祐子著）リブロポート　1992.6（シリーズ民間日本学者）
◇ひとひらの舟―樋口一葉の生涯（三枝和子著）（京都）人文書院　1992.6
◇二葉亭・透谷―考証と試論（関良一著）教育出版センター　1992.8（研究選書）
◇ちくま日本文学全集 41―樋口一葉（樋口一葉）筑摩書房　1992.10
◇樋口一葉研究（和田芳恵）日本図書センター　1992.10
◇街道をゆく〈37〉本郷界隈（司馬遼太郎著）朝日新聞社　1992.12
◇史談 切り捨て御免（海音寺潮五郎著）文芸春秋　1992.12（文春文庫）
◇花はらはら人ちりぢり―私の古典摘み草（田辺聖子著, 長谷川青澄画）角川書店　1993.1
◇過ぎゆく日暦（カレンダー）（松本清張著）新潮社　1993.4（新潮文庫）
◇感情の歴史―近代日本文学試論（大石修平著）有精堂出版　1993.5
◇三好行雄著作集〈第4巻〉近現代の作家たち（三好行雄著）筑摩書房　1993.5
◇一葉誕生（和田芳恵）日本図書センター　1993.6（近代作家研究叢書）
◇樋口一葉の世界（前田愛著）平凡社　1993.6（平凡社ライブラリー）
◇紫陽花の咲く野辺に―中野節子・真由紀遺稿追悼集（荒井俊子編）日本図書刊行会　1993.7
◇新編 近代美人伝〈上〉（長谷川時雨著, 杉本苑子編）岩波書店　1993.8（岩波文庫）
◇恋愛放浪伝 日本テレビ放送網　1993.10（知ってるつもり?!）
◇完全現代語訳 樋口一葉日記（高橋和彦著）アドレエー　1993.11
◇姉の力 樋口一葉（関礼子著）筑摩書房　1993.11（ちくまライブラリー）
◇日本文学における「私」（中西進編）河出書房新社　1993.12
◇樋口一葉丸山福山町時代の小説小論（橋口晋作著）文昆屋　1994.3
◇思想と表現―近代日本文学史の一側面（山口博著）有朋堂　1994.4
◇「伝説」になった女たち（山崎洋子著）講談社　1994.4（講談社文庫）
◇樋口一葉を読みなおす（新・フェミニズム批評の会編）学芸書林　1994.6
◇春水人情本と近代小説（丸山茂著）新典社　1994.9（新典社研究叢書）
◇一葉の面影を歩く（槐一男著）大月書店　1995.3 110p（こだわり歴史散策）
◇一葉『軒もる月』論のために―〈恋情〉からの脱却（橋本威）『開学三十周年記念論文集』（梅花女子大学紀要委員会編）梅花女子大学　1995.3 p49
◇小さな文学の旅―日本の名作案内（漆原智良作）金の星社　1995.4 257p
◇名作を書いた女たち―自分を生きた13人の人生（池田理代子著）講談社　1995.7 229p
◇樋口一葉私論（矢部彰著）近代文芸社　1995.9 317p
◇『たけくらべ』アルバム―樋口一葉 芳賀書店　1995.10 166p（芸術…夢紀行…シリーズ）
◇一葉の日記―現代日本の評伝（和田芳恵著）講談社　1995.11 382p（講談社文芸文庫）
◇樋口一葉―日記(抄)/雪の日（樋口一葉著, 山田有策編）日本図書センター　1995.11 218p（シリーズ・人間図書館）
◇樋口一葉に聞く（井上ひさし, こまつ座編・著）ネスコ　1995.12 249p
◇世界の伝記 36 新装版（村松定孝著）ぎょうせい　1995.12 310p
◇会いたかった人（中野翠著）徳間書店　1996.6 271p

◇文学 近見と遠見と―社会主義と文学、その他 （小田切秀雄著） 集英社 1996.8 260p
◇委託された立身出世―一葉の「花ごもり」（井上理恵）『文学・社会へ地球へ』(西田勝退任・退職記念文集編集委員会編) 三一書房 1996.9 p302
◇短歌に出会った女たち （内野光子著） 三一書房 1996.10 208p
◇わたしの樋口一葉 （瀬戸内寂聴著） 小学館 1996.11 271p
◇論集 樋口一葉 （樋口一葉研究会編） おうふう 1996.11 311p
◇二葉亭四迷の明治四十一年 （関川夏央著） 文芸春秋 1996.11 317p
◇樋口一葉事典 （岩見照代ほか編） おうふう 1996.11 525p
◇かしこ一葉―『通俗書簡文』を読む （森まゆみ著） 筑摩書房 1996.11 376p
◇全集 樋口一葉―一葉伝説 新装復刻版 （野口碩校注） 小学館 1996.12 542p
◇歴史上の本人 （南伸坊著） 日本交通公社出版事業局 1996.12 222p
◇一葉論攷―立志の家系・樋口奈津から作家一葉へ （青木一男著） おうふう 1996.12 374p
◇一葉の口紅曙のリボン （群ようこ著） 筑摩書房 1996.12 246p
◇文人悪食 （嵐山光三郎著） マガジンハウス 1997.3 429p
◇樋口一葉の「十三夜」―現実認識・その甘さの悲劇 （片岡哲）『女性文学の現在』(林浩平編) 東横学園女子短期大学女性文化研究所 1997.3 東横学園女子短期大学女性文化研究所叢書 第8輯 p101
◇樋口一葉の『にごりえ』―「恩寵」の時間と「歴史」の時間 （蓮実重彦）『立教国際シンポジウム報告書』(北山晴一編) 立教大学 1997.3 p279
◇語る女たちの時代―一葉と明治女性表現 （関礼子著） 新曜社 1997.4 387p
◇いま、愛と自由を―寂聴塾ノート （瀬戸内寂聴著） 集英社 1997.5 261p （集英社文庫）
◇一葉恋愛日記 改版 （樋口一葉著,和田芳恵編注） 角川書店 1997.5 210p （角川文庫）
◇樋口一葉論への射程 （高田知波著） 双文社出版 1997.11 218p
◇生きた愛した―対談・日本文学よもやま話 （瀬戸内寂聴著） 新潮社 1997.12 218p
◇名作を書いた女たち （池田理代子著） 中央公論社 1997.12 237p （中公文庫）
◇一葉文学 生成と展開 （滝藤満義著） 明治書院 1998.2 274p （国文学研究叢書）
◇女性作家の「近代」花圃、曙、一葉 （満谷マーガレット）『共同研究日本の近代化と女性』 共立女子大学総合文化研究所神田分室 1998.2 （研究叢書 第16冊） p153
◇樋口一葉と千蔭流 （鈴木淳）『明治開化期と文学』(国文学研究資料館編) 臨川書店 1998.3 p127
◇近代化の中の文学者たち―その青春と実存 （山口博著） 愛育社 1998.4 279p
◇一葉の雲 （江宮隆之著） 河出書房新社 1998.5 249p
◇ことばによる屹立―樋口一葉の文字から （北川秋雄）『ことばから人間を』(吉田金彦編) 昭和堂 1998.6 p307
◇樋口一葉 （増田みず子著） 新典社 1998.7 231p （女性作家評伝シリーズ）
◇樋口一葉来簡集 （野口碩編） 筑摩書房 1998.10 581p
◇教育と文芸のひずみ （村松定孝著） 高文堂出版社 1998.10 80p （現代評論叢書）
◇佐佐木幸綱の世界 5 （佐佐木幸綱著,『佐佐木幸綱の世界』刊行委員会編） 河出書房新社 1998.10 268p
◇樋口一葉の手紙 （川口昌男著） 大修館書店 1998.11 282p
◇一葉という現象―明治と樋口一葉 （北川秋雄著） 双文社出版 1998.11 248p
◇論集樋口一葉 2 （樋口一葉研究会編） おうふう 1998.11 175p
◇紀田順一郎著作集 第7巻 （紀田順一郎著） 三一書房 1998.11 370p
◇時代と女と樋口一葉―漱石も鷗外も描けなかった明治 （菅聡子著） 日本放送出版協会 1999.1 301p （NHKライブラリー）
◇語りかける記憶―文学とジェンダー・スタディーズ （中川成美著） 小沢書店 1999.2 233p
◇「新しい作品論」へ、「新しい教材論」へ―文学研究と国語教育研究の交差 1 （田中実,須貝千里編著） 右文書院 1999.2 282p
◇冒険と涙―童話以前 （高橋康雄著） 北宋社 1999.5 326p
◇あの人はどこで死んだか―死に場所から人生が見える （矢島裕紀彦著） 青春出版社 1999.5 269p （青春文庫）
◇文学がどうした!? （清水良典著） 毎日新聞社 1999.6 255p
◇夢とうつせみ―樋口一葉夏子の肖像 （杉山武子著） IMIオフィス 1999.6 272p
◇論集 島崎藤村 （島崎藤村学会編） おうふう 1999.10 329p
◇一葉の口紅曙のリボン （群ようこ著） 筑摩書房 1999.12 255p （ちくま文庫）

◇恋愛の起源―明治の愛を読み解く （佐伯順子著） 日本経済新聞社 2000.2 236p
◇江戸前―日本近代文芸のなかの江戸主義 （平岡正明著） ビレッジセンター出版局 2000.3 269p
◇源氏物語はこんなにおもしろい （小原真代子著） かもがわ出版 2000.4 271p
◇今昔お金恋しぐれ―文学にみるカネと相場99話 （鍋島高明著） 市場経済研究所 2000.5 280p
◇完本 文語文 （山本夏彦著） 文芸春秋 2000.5 366p
◇生きた書いた愛した―対談・日本文学よもやま話 （瀬戸内寂聴ほか著） 新潮社 2000.8 265p （新潮文庫）
◇作家論集 （保田与重郎著） 新学社 2000.10 336p （保田与重郎文庫）
◇漱石の疼痛、カントの激痛―「頭痛・肩凝り・歯痛」列伝 （横田敏勝著） 講談社 2000.11 214p （講談社現代新書）
◇文学夜話―作家が語る作家 （日本ペンクラブ編） 講談社 2000.11 325p
◇深層の近代―鏡花と一葉 （山田有策著） おうふう 2001.1 317p
◇一葉の四季 （森まゆみ著） 岩波書店 2001.2 213p （岩波新書）
◇女主人公の不機嫌―樋口一葉から富岡多恵子まで （荒井とみよ著） 双文社出版 2001.7 265p
◇樋口一葉『たけくらべ』作品論集 （高橋俊夫編） クレス出版 2001.7 354p （近代文学作品論集成）
◇江戸切絵図を歩く （新人物往来社編） 新人物往来社 2001.8 262p
◇会いたかった人、曲者天国 （中野翠著） 文芸春秋 2001.9 408p （文春文庫）
◇日本語中・上級用読本 日本を知ろう―日本の近代化に関わった人々 （三浦昭,ワット・伊東泰子著） アルク 2001.12 231p
◇森鷗外論集 出会いの衝撃 （酒井敏,原国人編） 新典社 2001.12 285p
◇明治人のお葬式 （此経啓助著） 現代書館 2001.12 203p
◇文学碑のなかの人生と愛 （青柳亨著） 西田書店 2002.3 564p
◇千年の夢―文人たちの愛と死 下巻 （斎藤なずな著） 小学館 2002.4 393p （小学館文庫）
◇愛の手紙―文学者の様々な愛のかたち （日本近代文学館編） 青土社 2002.4 209p
◇朗読の楽しみ―美しい日本語を体で味わうために （幸田弘子） 光文社 2002.7 223p
◇文豪の古典力―漱石・鷗外は源氏を読んだか （島内景二著） 文芸春秋 2002.8 234p （文春新書）
◇論集 樋口一葉 3 （樋口一葉研究会編） おうふう 2002.9 333p
◇「やみ夜」論―年上の悪女 （北川秋雄）『論集樋口一葉』(樋口一葉研究会編) おうふう 2002.9 p7～
◇『文学界』の中の一葉―「大つごもり」と〈俠〉 （大井田義彰）『論集樋口一葉』(樋口一葉研究会編) おうふう 2002.9 p25～
◇「大つごもり」論―貧民救済言説を手がかりとして （松下浩幸）『論集樋口一葉』(樋口一葉研究会編) おうふう 2002.9 p47～
◇閉ざされた門―『たけくらべ』冒頭を読む （中西亮太）『論集樋口一葉』(樋口一葉研究会編) おうふう 2002.9 p68～
◇魂祭りの夜―「にごりえ」論 （太田路my子）『論集樋口一葉』(樋口一葉研究会編) おうふう 2002.9 p89～
◇〈夕暮れ〉の惨禍―一葉・透谷・『罪と罰』 （平岡敏夫）『論集樋口一葉』(樋口一葉研究会編) おうふう 2002.9 p103～
◇新聞小説としての「うつせみ」 （中山清美）『論集樋口一葉』(樋口一葉研究会編) おうふう 2002.9 p127～
◇「某の上人がためしにも同じく」―「軒もる月」を読む （高田知波）『論集樋口一葉』(樋口一葉研究会編) おうふう 2002.9 p145～
◇「こと葉の自由」とはなにか―『通俗書簡文』をめぐって （荒井とみよ）『論集樋口一葉』(樋口一葉研究会編) おうふう 2002.9 p165～
◇〈水の上〉日記を読む―テクストとしての一葉日記(3) （千田かをり）『論集樋口一葉』(樋口一葉研究会編) おうふう 2002.9 p182～
◇一葉回想記に関する些かの問題 （橋本威）『論集樋口一葉』(樋口一葉研究会編) おうふう 2002.9 p200～
◇樋口一葉の小説の構成法とその様相―既発表の自作品の利用を通して （橋口晋作）『論集樋口一葉』(樋口一葉研究会編) おうふう 2002.9 p221～
◇一葉の男性問題（その一） （山本洋）『論集樋口一葉』(樋口一葉研究会編) おうふう 2002.9 p238～
◇樋口一葉と斎藤緑雨―小説における類似性と差異 （塚本章子）『論集樋口一葉』(樋口一葉研究会編) おうふう 2002.9 p254～
◇日清戦争後文学の一主題としての〈一家和熟〉―広津柳浪『河内屋』を出発点として （岡田豊）『論集樋口一葉』(樋口一葉研究会編) おうふう 2002.9 p276～
◇東京人としての樋口一葉 （槌田満文）『論集樋口一葉』(樋口一葉研

究会編）　おうふう　2002.9　p296〜
◇現時点における伝記考証の意味—「田中みの子(ミノ)」伝記の一部修正　（木村真佐幸）『論集樋口一葉』(樋口一葉研究会編）　おうふう　2002.9　p316〜
◇他人に好かれる人ほめられる人—勇気、志、信念を貫いた50人　（谷沢永一著）　海竜社　2002.10　302p
◇元気の出る日本語　（馳浩監修, 花田義塾日本語研究会著）　扶桑社　2002.10　241p
◇「たけくらべ」を読む—やさしさと無常感について　（萩原進著）　揺籃社　2002.10　170p
◇ちょっと知的な江戸・東京散歩＆ウォッチング　（主婦と生活社編）　主婦と生活社　2002.11　111p
◇江戸東京名士の墓碑めぐり　（人文社編集部編）　人文社　2002.12　104p　（古地図ライブラリー）
◇病いの人間史—明治・大正・昭和　（立川昭二著）　文芸春秋　2002.12　363p　（文春文庫）
◇本郷界隈を歩く　（街と暮らし社編）　街と暮らし社　2002.12　191p　（江戸・東京文庫）
◇書を楽しもう　（魚住和晃著）　岩波書店　2002.12　228p　（岩波ジュニア新書）
◇眼に効く眼の話—歴史の中の「眼」を診る　（安達恵美子著）　小学館　2003.3　271p
◇完本・文語文　（山本夏彦著）　文芸春秋　2003.3　334p　（文春文庫）
◇女の東と西—日英女性作家の比較研究　（榎本義子著）　南雲堂　2003.3　236p
◇樋口一葉に聞く　（井上ひさし, こまつ座編著）　文芸春秋　2003.3　307p　（文春文庫）
◇一葉の日記　（井村小波著）　新風舎　2003.4　690p
◇こちら東スポ探偵団　謎と疑問305連発　2　（東京スポーツ新聞社特報部編）　東京スポーツ新聞社　2003.5　317p
◇作家たちの愛の書簡　（大島和雄編）　風濤社　2003.5　221p
◇日本の小説101　（安藤宏編）　新書館　2003.6　226p
◇努力は必ず報われる人—勇気を与えてくれる歴史上の人物12人の絵物語　（下川高士絵・文）　新人物往来社　2003.6　77p　（シリーズ：こどもとおとなたちに贈る人物日本の歴史）
◇ヤクザ・風俗・都市—日本近代の暗流　（朝倉喬司著）　現代書館　2003.6　276p
◇近代文学の女たち—『にごりえ』から『武蔵野夫人』まで　（前田愛著）　岩波書店　2003.7　247p　（岩波現代文庫）
◇名作と歩く東京山の手・下町　第2集　（青木登文・写真）　けやき出版　2003.10　255p
◇愛の手紙　友人・師弟篇　（日本近代文学館編）　青土社　2003.11　229p
◇金子みすゞ　この愛に生きる　（詩と詩論研究会編）　勉誠出版　2003.11　275p
◇一葉以後の女性表現—文体・メディア・ジェンダー　（関礼子著）　翰林書房　2003.11　335,9p
◇樋口一葉日記を読む　（鈴木淳著）　岩波書店　2003.11　175p　（岩波セミナーブックス）
◇こんにちは一葉さん—明治・東京に生きた女性作家　（森まゆみ著）　日本放送出版協会　2003.12　155p　（NHK人間講座）
◇東京文壇事始　（巌谷大四著）　講談社　2004.1　353p　（講談社学術文庫）
◇座談会昭和文学史　第5巻　（井上ひさし, 小森陽一編）　集英社　2004.1　418,14p
◇豪雨の前兆　（関川夏央著）　文芸春秋　2004.2　266p　（文春文庫）
◇一葉　（鳥越碧著）　講談社　2004.2　479p
◇たった一度のありがとう—アルコール依存症の父との愛憎　（大石さち子著）　文芸社　2004.3　169p
◇樋口一葉『うつせみ』論　（趙恵淑）『日本文学研究の諸相—畑有三先生退職記念論文集』　専修大学大学院文学研究科畑研究室　2004.3　p78
◇東京遊歩東京乱歩—文士の居た町を歩く　（磯田和一文・絵）　河出書房新社　2004.4　192p
◇夢追い俳句紀行　（大高翔著）　日本放送出版協会　2004.4　237p
◇恋愛映画館　（小池真理子著）　講談社　2004.4　202p
◇明治文学—ことばの位相　（十川信介著）　岩波書店　2004.4　390p
◇明治文芸と薔薇—話芸への通路　（中込重明著）　右文書院　2004.4　239p
◇五行でわかる日本文学—英日狂演滑稽五行詩　（ロジャー・パルバース著, 柴田元幸訳, 喜多村紘画）　研究社　2004.5　74p
◇樋口一葉　（関礼子著）　岩波書店　2004.5　198p　（岩波ジュニア新書）
◇樋口一葉の手紙教室—『通俗書簡文』を読む　（森まゆみ著）　筑摩書房　2004.5　270p　（ちくま文庫）
◇一葉の恋　（田辺聖子著）　世界文化社　2004.6　292p

◇装うこと生きること—女性たちの日本近代　（羽生清著）　勁草書房　2004.6　229,3p
◇樋口一葉と甲州　続　（荻原留則著）　山梨ふるさと文庫　2004.6　234p
◇われは女なりけるものを—作品の軌跡　（山梨県立文学館編）　山梨県立文学館　2004.7　80p　（樋口一葉展）
◇樋口一葉「いやだ！」と云ふ　（田中優子著）　集英社　2004.7　206p　（集英社新書）
◇樋口一葉　実用の面と社交の面　（荒井とみよ）『女の手紙』（荒井とみよ, 永渕朋枝編著）　双文社出版　2004.7　p7
◇一葉語録　（佐伯順子編）　岩波書店　2004.7　357p　（岩波現代文庫文芸）
◇まんが　たけくらべ　（すずき大和著）　晶文社　2004.8　157p
◇明治の結婚小説　（上田博編）　おうふう　2004.9　223p
◇一葉からはじめる東京町歩き　（坂崎重盛著）　実業之日本社　2004.10　270p
◇一葉舟　（領家高子著）　日本放送出版会　2004.10　209p
◇"夕暮れ"の文学史　（平岡敏夫著）　おうふう　2004.10　395p
◇樋口一葉　その人と作品—美登利の苦悩　遊郭吉原の黒い淵　（和泉怜子）　郁朋社　2004.10　87p
◇生き続ける女性作家——葉をめぐる人々　（山梨県立文学館編）　山梨県立文学館　2004.10　72p　（樋口一葉展）
◇こんにちは一葉さん　（森まゆみ著）　日本放送出版協会　2004.11　221p　（NHKライブラリー）
◇なっちゃん—樋口一葉ものがたり　（たかおかおり著）　彩図社　2004.11　1冊（ページ付なし）
◇樋口一葉と十三人の男たち　（木谷喜美枝監修）　青春出版社　2004.11　219p　（プレイブックスインテリジェンス）
◇炎熱—樋口一葉の恋　（瀬戸内寂聴著）　小学館　2004.12　253p　（小学館文庫）
◇感動！日本の名著　近現代編—たった10分で味わえる　（毎日新聞社編）　ワック　2004.12　386p　（ワックBUNKO）
◇池内紀の仕事場　5　（池内紀著）　みすず書房　2004.12　301p
◇小説表現としての近代　（宇佐美毅著）　おうふう　2004.12　422p
◇樋口一葉と歩く明治・東京　（野口碩監修）　小学館　2004.12　127p　（Shotor travel）
◇一葉伝——樋口夏子の生涯　（沢田章子著）　新日本出版社　2005.1　222p
◇お札になった偉人　（童門冬二著）　池田書店　2005.2　191p
◇文士が愛した町を歩く　（矢島裕紀彦著, 高橋昌嗣写真）　日本放送出版協会　2005.3　204p　（生活人新書）
◇半井桃水と樋口一葉　（全円子）『赤羽淑先生退職記念論文集』（赤羽淑先生退職記念の会）　赤羽淑先生退職記念の会　2005.3　p297
◇樋口一葉と甲州　新装改版　（荻原留則著）　山梨ふるさと文庫　2005.3　280p
◇一葉の日記　新装版　（和田芳恵著）　講談社　2005.4　382p　（講談社文芸文庫）
◇樋口一葉私考—身分と階級　小石川界隈を歩く　（加瀬順一著）〔加瀬順一〕　2005.4　112p
◇さざなみ日記—樋口一葉の世界　（永田竜太郎著）　永田書房　2005.5　315p
◇樋口一葉と現代　（木村真佐幸編）　翰林書房　2005.5　203p
◇魅せられて—作家論集　（蓮実重彦著）　河出書房新社　2005.7　251p
◇つっぱってしてたたかに生きた樋口一葉　（槐一男著）　教育史料出版会　2005.7　206p
◇樋口一葉日記の世界　（白崎昭一郎著）　鳥影社　2005.7　233p　（季刊文科コレクション）
◇一葉のきもの　（近藤富枝, 森まゆみ著）　河出書房新社　2005.9　111p　（らんぶの本）
◇本を旅する　（出久根達郎著）　河出書房新社　2006.3　248p
◇一葉文学の研究　（峯村至津子著）　岩波書店　2006.3　271,12p　（岩波アカデミック叢書）
◇NHKスペシャル　明治　コミック版　2　（NHK取材班編）　ホーム社　2006.5　492p　（ホーム社漫画文庫）
◇「色里」物語めぐり—遊里に花開いた伝説・戯作・小説　（朝倉喬司著）　現代書館　2006.5　370p
◇帝国の和歌　（浅田徹, 勝原晴希, 鈴木健一, 花部英雄, 渡部泰明編）　岩波書店　2006.6　230p　〔和歌をひらく〕
◇樋口一葉—テクスト研究がめざすもの　（戸松淑）『日本語日本文学の新たな視座』(全国大学国語国文学会編）　おうふう　2006.6　p400
◇一葉の歯ぎしり晶子のおねしょ—樋口一葉・与謝野晶子にみる幸せのかたち　（内田聖子著）　新風舎　2006.7　255p　（新風舎文庫）
◇NHKその時歴史が動いたコミック版 女たちの決断編　（三堂司, 高芝昌子, 宮前めぐる, 井沢まさみ, 殿塚実, 安宅一人著, NHK取材班編）　ホーム社　2006.8　498p　（ホーム社漫画文庫）
◇恋する文豪　（柴門ふみ著）　角川書店　2006.8　253p

◇ことばの力 平和の力―近代日本文学と日本国憲法 （小森陽一著） かもがわ出版 2006.10 231p
◇頭痛大学教養学部 （間中信也著） 先端医学社 2006.10 147p
◇一葉樋口夏子の肖像 （杉山武子著） 績文堂出版 2006.10 270p
◇論集樋口一葉 4 （樋口一葉研究会編） おうふう 2006.11 277p
◇樋口一葉―資料目録 新版 台東区立一葉記念館 2006.11 102p
◇私小説という人生 （秋山駿著） 新潮社 2006.12 253p
◇樋口一葉作品研究 （趙恵淑著） 専修大学出版局 2007.2 215p
◇文学の花しおり （森千春著） 毎日新聞社 2007.3 206p
◇至誠に生きた日本人 （モラロジー研究所出版部編） モラロジー研究所 2007.5 223p （「歴史に学ぼう、先人に学ぼう」）
◇作家の値段 （出久根達郎著） 講談社 2007.5 352p
◇一葉に逢いたくて―檜細工、針穴写真で甦る樋口一葉の世界 （三浦宏檜細工、田所美恵子針穴写真、森まゆみ解説） 河出書房新社 2007.5 95p
◇寂聴ほとけ径―私の好きな寺 1 （瀬戸内寂聴著） 光文社 2007.6 185p （光文社文庫）
◇書く女たち―江戸から明治のメディア・文学・ジェンダーを読む （北田幸恵著） 学芸書林 2007.6 398,5p
◇講座源氏物語研究 第6巻 （伊井春樹監修、千葉俊二編） おうふう 2007.8 342p
◇知っ得 近代文壇事件史 （国文学編集部編） 学灯社 2007.10 198p
◇新版 作家と薬―誰も知らなかった作家と薬の話 （後藤直良著） 薬事日報社 2007.12 299p
◇それぞれのたけくらべ―作品研究・一葉のために （牛山潔志著） メディア・ポート 2008.1 260p
◇女が女を演じる―文学・欲望・消費 （小平麻衣子著） 新曜社 2008.2 330p
◇名作はこのように始まる 2 （中村邦生、千葉英世編著） ミネルヴァ書房 2008.3 208p （ミネルヴァ評論叢書・文学の在り処）
◇樋口一葉―人と文学 （戸松泉著） 勉誠出版 2008.3 268p （日本の作家100人）
◇樋口一葉と市川の文人たち （市川市文学プラザ編） 市川市文学プラザ 2008.3 57p （市川市文学プラザ企画展図録）
◇丸山真男と文学の光景 （山崎正純著） 洋々社 2008.4 258p
◇ヒロインたちの百年―文学・メディア・社会における女性像の変容 （岩見照代著） 学芸書林 2008.6 394,4p
◇香町麹町「幻の文人財」を歩く （中井巌著） 彩流社 2008.6 207p
◇作家その死 （神津拓夫著） 近代文芸社 2008.10 311p
◇仮名法語の研究―道元・盤珪をめぐる諸問題 （諏訪安弘著） 地人館 2008.10 290,8p
◇文士のきもの （近藤富枝著） 河出書房新社 2008.11 199p
◇モダニティの想像力―文学と視覚性 （中川成美著） 新曜社 2009.3 387p
◇恋する女―一葉・晶子・らいてうの時代と文学 （高良留美子著） 学芸書林 2009.6 413p
◇樋口一葉と甲州 （山梨県立文学館編） 山梨県立文学館 2009.9 64p
◇樋口一葉―豊饒なる世界へ （山本欣司著） 和泉書院 2009.10 264p （近代文学研究叢刊）
◇島崎藤村『破戒』を歩く 下 （成沢栄寿著） 部落問題研究所 2009.10 440p
【雑誌】
◇特集・一葉を求めて 「国文学 解釈と鑑賞」 45（1） 1980.1
◇「十三夜」の発想―紅葉・薄氷にふれて （伊狩章） 「新潟大学国文学会誌」 23 1980.2
◇樋口一葉研究―その「愛」の問題 （福島敏枝） 「日本文学ノート（宮城学院女子大）」 15 1980.2
◇明治文学随想―透谷の内部と一葉の生 （桑原敬治） 「主潮」 8 1980.2
◇世はすべて夢―「たけくらべ」と後期一葉文学・その覚え書 （佐藤義雄） 「稿」 3 1980.2
◇短歌的なるもの――葉の場合 （佐佐木幸綱） 「国文学 解釈と鑑賞」 45（3） 1980.3
◇「にごりえ」研究の先行文献（上）自・明治二十八年～至・昭和十九年 （山本洋） 「文林（松蔭女子学院大）」 14 1980.3
◇樋口一葉の草稿をめぐって （今西実） 「山辺道」 24 1980.3
◇樋口一葉「たけくらべ」の美登利（名作の中のおんな101人） （畑有三） 「國文學 解釈と教材の研究」 25（4） 1980.3.臨増
◇「にごりえ」の構想と成立 （山本洋） 「国語国文」 49（4） 1980.4
◇樋口一葉の淡き恋 （加太こうじ） 「歴史と人物」 10（4） 1980.4
◇鏡花と一葉 （伊狩章） 「鏡花研究」 5 1980.5
◇樋口一葉論―「にごりえ」にみる別れ （杉山晴美） 「常葉国文」 5 1980.6
◇「十三夜」論 （植田一夫） 「同志社女子大学学術研究年報」 31（3） 1980.11

◇近代女流文学の基底―樋口一葉を中心に（特集・女流の前線―樋口一葉から八〇年代の作家まで） 「國文學 解釈と教材の研究」 25（15） 1980.12
◇近代文学と宗教（21）樋口一葉 「たけくらべ」 （桑島玄二） 「東方界」 8（12） 1980.12
◇樋口一葉と「即興詩人」―「琴の音」から「たけくらべ」へ （安田保雄） 「成蹊国文」 14 1980.12
◇半井桃水への接近と決別―樋口一葉の「雪の日」を読む― （後藤積） 「アカネ」 11 1981.1
◇一葉の親族語彙表記一覧 （吉田典子） 「日本文学論叢（茨城キリスト教短大）」 6 1981.3
◇一葉「十三夜」の構造―録之助の形象をめぐって （鳥羽京子） 「大谷女子大国文」 11 1981.3
◇一葉日記「水の上」より（特集・間違いだらけの戦国史譚） （近藤富枝） 「歴史と人物」 116 1981.3
◇一葉文学に見る近代思想 （西尾能仁） 「大東文化大学紀要（人文科学）」 19 1981.3
◇近代文学にあらわれた仏教 （見理文周） 「大法輪」 48（3） 1981.3
◇「たけくらべ」十二の「若干の不自然性」をめぐって（特集・近代の小説―教材作家研究（2）） （樋口晋作） 「解釈」 27（3） 1981.3
◇「にごりえ」注解（1） （山本洋） 「文林（松蔭女子学院大）」 15 1981.3
◇樋口一葉「にごりえ」寸考 （高橋通子） 「国文学ノート（成城短大）」 18 1981.3
◇樋口一葉入門（1） （植村邦正） 「名古屋女子大学紀要」 27 1981.3
◇丸木橋の生―樋口一葉「にごりえ」考 （森厚子） 「椙山女学園大学研究論集（第1部）」 12 1981.3
◇樋口一葉について 「サージュ」 2（4） 1981.4
◇一葉抄の成立と性格について （井爪康之） 「中古文学」 27 1981.5
◇「ゆく雲」論 （大間恭子） 「石坂洋次郎研究」 3 1981.5
◇脚光のなかの樋口一葉―"この子"を読んで （後藤積） 「アカネ」 復刊12 1981.8
◇樋口一葉論―一葉文学のゆくえを追って （河野郁代） 「香川大学国文研究」 6 1981.9
◇遊里文学近代 （高橋俊夫） 「國文學 解釈と教材の研究」 26（14） 1981.10増
◇後期一葉の「真情」観の変遷 （愛知峰子） 「名古屋大学国語国文学」 49 1981.12
◇北田薄氷ノート（6）薄氷と一葉 （轟栄子） 「目白学園女子短期大学研究紀要」 18 1981.12
◇緑雨・夏子のみた一葉―残された伊東夏子の日記から （島谷純） 「成蹊国文」 15 1981.12
◇「わかれ道」論―発想の観点から （橋本威） 「梅花女子大学文学部紀要（国語・国文学篇）」 18 1982
◇樋口一葉の短歌習作―伊東夏子が山口県に残した資料 （島谷純） 「文学」 50（1） 1982.1
◇樋口一葉研究―「十三夜」をめぐって （佐々木玲子） 「宮城教育大学国語国文」 12 1982.1
◇「うつせみ」私考―一葉研究ノート （山根賢吉） 「甲南国文（甲南女子短大）」 29 1982.3
◇「にごりえ」ノート （藤井信乃） 「星美学園短期大学研究論叢」 14 1982.3
◇「十三夜」論 （岡保生） 「学苑」 507 1982.3
◇「軒もる月」の世界―「たけくらべ」との関係を中心に （橋口晋作） 「解釈」 28（3） 1982.3
◇樋口一葉の文学について―「学問」による身分差を視点として （丸山茂） 「学会誌（弘前学院大）」 8 1982.3
◇樋口一葉の落花の歌（随想・三月の歌） （前田愛） 「短歌」 29（3） 1982.3
◇一葉"青春"の挽歌―"奇跡の期間"と「たけくらべ」の位相 （木村真佐幸） 「札幌大学教養部札幌大学女子短期大学部紀要」 20 1982.5
◇樋口一葉（一通の手紙から） （松田修） 「淡交」 432 1982.10
◇一葉と桃水（1） （高橋和彦） 「久留米大学論叢」 31（2） 1982.11
◇樋口一葉の初期小説―文体を中心として（1） （木谷喜美枝） 「和洋国文研究」 18 1982.12
◇「大つごもり」覚え書き （橋本威） 「梅花女子大学文学部紀要 国語・国文学篇」 19 1983
◇「ゆく雲をめぐって」 （橋口晋作） 「解釈」 29（1） 1983.1
◇収斂する一点―樋口一葉（1872～1896）と短歌（短歌の十字路＜特集＞） （野口綠） 「短歌研究」 40（1） 1983.1
◇樋口一葉後期の小説―「たけくらべ」以後 （片岡懋） 「駒沢国文」 20 1983.2
◇樋口一葉著書目録 （平井紀子） 「日本古書通信」 48（2） 1983.2
◇「十三夜」私見 （沢井孝子郎） 「神戸学院女子短期大学紀要」 16 1983.3
◇『大つごもり』について （浦川知子） 「駒沢短大国文」 13 1983.3
◇樋口一葉『十三夜』試考 （高橋通子） 「国文学ノート（成城短大）」 20 1983.3

◇樋口一葉の文学について—春水人情本との関連において　(丸山茂)「弘前学院大学・弘前学院短期大学紀要」19 1983.3
◇一葉の日記私見　(内山久美)「日本文学論集(大東文化大)」7 1983.3
◇樋口一葉—近代作家年譜集成　(松坂俊夫)「國文學 解釈と教材の研究」28(6) 1983.4
◇樋口一葉—生と精神のはざまにて—病跡学の課題と寄与　(藤井正人)「国文学 解釈と鑑賞」48(7) 1983.4
◇竜泉寺町での樋口一葉(2)「花ごもり」を読んで　(後藤積)「アカネ」14 1983.4
◇樋口一葉—日本現代文学研究必携　(山田有策)「別冊国文学」特大号 1983.7
◇一葉ノート—遺品・「重ねの下着」をめぐって　(愛知峰子)「名古屋近代文学研究」1 1983.9
◇初期一葉の文体—王朝幻想からの脱却—特集・近代文学を読むために　(山田有策)「国語通信」258 1983.9
◇一葉ノート—遺品・「重ねの下着」をめぐって—　(愛知峰子)「名古屋近代文学研究(名古屋近代文学研究会)」1 1983.9
◇樋口一葉の研究　(今田敬子)「たまゆら(比治山女子短大)」15 1983.10
◇伝奇の中の一葉　(松坂俊夫)「潮」294 1983.10
◇近代日本の日記(11)樋口一葉日記　(小田切進)「群像」38(11) 1983.11
◇「たけくらべ」の夏休み　(槌田満文)「日本古書通信」48(12) 1983.12
◇近代日本の日記(12)「身のふる衣」から「水のうへ」へ　(小田切進)「群像」38(12) 1983.12
◇樋口一葉の実像と作品の世界　(今村義裕)「芦屋女子短期大学研究紀要」18 1983.12
◇樋口一葉の日記の文章　(岡本勲)「中京大学文学部紀要」18(3・4) 1984
◇樋口一葉の生活の変化と文体の変化　(岡本勲)「中京大学文学部紀要」19(1) 1984
◇構成から見た一葉の宿命観　(高木利夫)「法政大学教養部紀要」50 1984.1
◇樋口一葉と渋谷三郎　(青木一男)「城西大学紀要」1(1) 1984.2
◇透谷の内部—透谷の内部と一葉の生(4)　(桑原敬治)「主潮」12 1984.2
◇「たけくらべ」ノート　(藤井信乃)「星美学園短期大学研究論叢」16 1984.3
◇『大つごもり』への一視点　(高田知波)「白梅学園短期大学研究」20 1984.3
◇さりとは陽気の町と住みたる人の申き—「たけくらべ」私注—　(山根賢吉)「甲南国文(甲南女子大学)」31 1984.3
◇樋口一葉「わかれ道」考　(松坂俊夫)「山形女子短期大学紀要」16 1984.3
◇一葉、「厭ふ恋」の実相　(内山久美)「日本文学論集(大東文化大学大学院)」8 1984.3
◇「たけくらべ」と小学校制度　(槌田満文)「文芸論叢(文教大学女子短期大学部)」20 1984.3
◇樋口一葉と中島俊子との日記(特集・作家と日記)　(秦恒平)「国文学」29(5) 1984.4
◇樋口一葉参考文献ほか　(松坂俊夫)「the 座(こまつ座)」創刊号 1984.5
◇特集・樋口一葉　「the 座(こまつ座)」創刊号 1984.5
◇一葉の貧について—「にごりえ」小論・補説　(石田忠彦)「国語国文 薩摩路」28 1984.5
◇樋口一葉(半井桃水宛)(日本人100人の手紙)　(前田愛)「国文学」29(12) 1984.9
◇特集 樋口一葉明治東京のフォークロア　「国文学」29(13) 1984.10
◇初期一葉ノート(1)花園と一葉　(滝藤満義)「横浜国立大学人文紀要 第2類語学文学」31 1984.10
◇『たけくらべ』(「文芸倶楽部」本)の抹消事象にみる一葉の表現意識(1)抹消形態と修・訂正事象　(木坂基)「佐賀大国文」12 1984.10
◇一葉と桃水(2)　(高橋和彦)「久留米大学論叢」33(2) 1984.11
◇樋口一葉「雪の日」「この子」の語りをめぐる一考察　(関礼子)「嘉悦女子短期大学研究論集」46 1984.12
◇一葉「この手」覚え書き　(橋本威)「近代文学試論」22 1984.12
◇「たけくらべ」の子どもたち　(内山久美)「日本文学研究(大東文化大学研究会)」24 1985
◇樋口一葉と坂本三郎—破棄された縁談の背後—　(後藤積)「アカネ」16 1985.1
◇日記から見た樋口一葉　(山本裕子)「聖徳学園岐阜教育大学国語国文学」4 1985.1
◇文学界の三才女 樋口一葉・与謝野晶子・清水紫琴(特集花ひらく明治の女性たち)　(吉田知子)「歴史と旅」12(2) 1985.2
◇樋口一葉とシャーロット・ブロンテ　(榎本義子)「フェリス論叢(フェリス女学院短期大学)」21 1985.3
◇星野天知宛一葉書簡考　(山根賢吉)「甲南国文(甲南女子大学)」32 1985.3
◇写し絵・幻燈・茶番—「たけくらべ」の一齣の注釈のためのノート—　(木股知史)「宇部国文研究(宇部短期大学)」16 1985.3
◇一葉の小説・私惑(その二)　(郷衡)「跡見学園国語科紀要」31・32 1985.4
◇「たけくらべ」解釈へのひとつの疑問　(佐多稲子)「群像」40(5) 1985.5
◇薄幸？の美人樋口一葉　(満谷マーガレット)「図書」429 1985.5
◇「うつせみ」をめぐって　(橋口晋作)「文学研究(日本文学研究会)」61 1985.6
◇一葉日記の文芸性—私小説的構成の意味するもの—　(村松定孝)「梅光女学院大学公開講座論集」17(日記と文学)1985.6
◇樋口一葉『わかれ道』—語り手の位置・覚え書—　(棚田輝嘉)「考」1 1985.6
◇「一葉日記」—女流日記文学の系譜(魅せられた日記文学—古典から近代まで)〈特集〉　(岡保生)「国文学 解釈と鑑賞」50(8) 1985.7
◇美登利のために—「たけくらべ」佐多説を読んで　(前田愛)「群像」40(7) 1985.7
◇樋口一葉—作品を中心にして—　(西本慶子)「関西文学」23(7) 1985.8
◇「たけくらべ」解釈のその後　(佐多稲子)「學鐙」82(8) 1985.8
◇樋口一葉(女流作家〈特集〉)　(滝藤満義)「国文学 解釈と鑑賞」50(10) 1985.9
◇「たけくらべ」論考を読んで—前田愛氏説への疑問　(野口富士男)「群像」40(9) 1985.9
◇少女・美登利の像の完成—「たけくらべ」佐多稲子説への反論　(岡保生)「本の窓」9.10 1985.9
◇樋口一葉私論—書かれざる日記「花ごもり」を中心に—　(松本知子)「目白近代文学(日本女子大学)」6 1985.10
◇一葉「大つもごり」「にごりえ」など—下降する男たち—　(青柳達雄)「無頼の文学」14 1985.10
◇樋口一葉「たけくらべ」口惜しさと恥しさ(〈子ども〉の文学博物誌)　(小森陽一)「国文学」30(12) 1985.10
◇樋口一葉と源氏物語　(金田元春)「国学院雑誌」86(10) 1985.10
◇一葉と萩の舎—明治26年の「萩の舎離反」をめぐって—　(愛知峰子)「名古屋近代文学研究(名古屋近代文学研究会)」3 1985.11
◇『たけくらべ』(「文芸倶楽部」本)の抹消事象にみる一葉の表現意識(2)叙述形態と重層表現　(木坂基)「佐賀大国文(佐賀大学)」13 1985.11
◇樋口一葉と半井桃水—短かかった弟子としての日々—　(後藤積)「アカネ」復刊17 1985.11
◇一葉の昼と夜　(幸田弘子)「本」11 1985.11
◇塵の中の拗ね者—龍泉町時代の樋口一葉(近代文学への照明)　(沢田章子)「民主文学」241 1985.12
◇樋口一葉の「五月雨」と朝鮮文学　(野口碩)「日本文学論究」45 1986
◇樋口一葉の読書について　(青木一男)「城西大学紀要」3(1) 1986.1
◇宮本百合子を読みなおす—樋口一葉論と林芙美子論—「婦人と文学」を読む(宮本百合子と現代—没後35周年記念〈特集〉)　(小林八重子)「民主文学」243 1986.2
◇樋口一葉の世界〈特集〉「国文学 解釈と鑑賞」51(3) 1986.3
◇一葉と手紙—前—小林あい・馬場孤蝶との往復書簡をめぐって　(関礼子)「国文学」35(3) 1986.3
◇樋口一葉の初期小説—文体を中心として(2)　(木谷喜美枝)「和洋国文研究」21 1986.3
◇一葉と手紙—後—「通俗書簡文」の世界　(関礼子)「日本文学」35(5) 1986.5
◇囚われた言葉さまよい出す言葉—一葉における「女」の制度(ランク)と言説(ディスクール)(明治30年代の文学〈特集〉)　(小森陽一)「文学」54(8) 1986.8
◇「やみ夜」の性格、位置　(橋口晋作)「近代文学論集」12 1986.11
◇一葉「闇桜」論のために—主に〈桃水の添削〉問題—　(橋本威)「近代文学試論」24 1986.12
◇物語としての『われから』　(関礼子)「立教大学日本文学」57 1986.12
◇一葉「闇桜」論のために—統一内容に関して　(橋本威)「梅花女子大学文学部紀要 国語・国文学篇」22 1987
◇連載3 近代文学閑談・樋口一葉の『たけくらべ』　(西田勝)「彷書月刊」3(1) 1987.1
◇周五郎を読んで(ミニ日記)　(幸田弘子)「新潮45」6(2) 1987.2
◇樋口一葉文学における半井桃水の影響—「胡砂吹く風」を通して—　(佐藤慶子)「城南国文」7 1987.2
◇「たけくらべ」—読みの方法論争・文学作品をどう読むか5—　(荻久保泰幸)「月刊国語教育」6(12) 1987.3
◇「たけくらべ」解釈論考考—その経過と考察　(松坂俊夫)「山形女子短期大学紀要」19 1987.3
◇一葉作品にみる強い女像　(渡辺澄子)「日本文学誌要(法政大学)」36(小田切秀雄教授退職記念特別号) 1987.3

◇一葉没後の「智徳会雑誌」——一葉関係の記事を中心として— （山根賢吉）「甲南国文(甲南女子大学)」 34 1987.3
◇作家論—論文の構成と主旨 樋口一葉論—〈虚構〉の生まれる時（作家論と作品論—論文・レポートの文章作法と作例〈特集〉） （山田有策）「国文学 解釈と鑑賞」 52(4) 1987.4
◇祭り比べ—『たけくらべ』再考(1) （塚田満江）「論究日本文学(立命館大学)」 50 1987.5
◇奈津と雛人形「たけくらべ」再考(2)） （塚田満江）「立命館文学」 501 1987.5
◇杉並の名墓(11) 樋口一葉の墓 （原田弘）「杉並郷土史会々報」 84 1987.7
◇樋口一葉「たけくらべ」(レモンの表紙) （安野光雅）「本」 12(9) 1987.9
◇一葉日記に揺曳する「もう一人の男」の影 （紀田順一郎）「新潮45」 6(10) 1987.10
◇一葉と洒落本—「たけくらべ」「にごりえ」の制作にふれて— （岡保生）「学苑(昭和女子大学)」 575 1987.11
◇一葉文学における竜泉寺町——一葉日記を通して 台東区立一葉記念館 （松本汎司）「博物館研究」 22(12) 1987.12
◇永井荷風のみた樋口一葉 （後藤積）「アカネ」 復刊19 1987.12
◇「たけくらべ」をめぐって〈シンポジウム〉 （山田有策他）「国文学 解釈と鑑賞」 53(2) 1988.2
◇幻の「一葉歌集」発掘奇談 （青木正美）「新潮45」 7(2) 1988.2
◇樋口一葉の文体 （井上ひさし）「すばる」 10(2) 1988.2
◇樋口一葉と「七書」 （山根賢吉）「語文(大阪大学文学部国文学研究室編)」 50 1988.3
◇樋口一葉 「文学」 56(7) 1988.7
◇一葉と緑雨、芥川と三島、中勘助とその嫂について(作家の日記〔3〕 （松本清張）「新潮45」 7(9) 1988.9
◇なぜ水仙にこだわるのか—三度、一葉晩年の小説に寄せて （塚田満江）「立命館文学」 508 1988.12
◇「たけくらべ」前後—「奇蹟の14カ月」の作品の流れ （橋口晋作）「文学研究(日本文学研究)」 68 1988.12
◇「たけくらべ」題名考—「たけくらべ」研究稿・第2章 （橋本威）「近代文学試論」 26 1988.12
◇特集・樋口一葉 「媒」 5 1988.12
◇若松賤子と樋口一葉—「すみれ」と「経づくゑ」と （和田繁二郎）「日本文芸学(日本文芸学会)」 25(学会創立25周年特集) 1988.12
◇一葉文学の基層と展開（シンポジウム）〔含 討論〕 （松坂俊夫、山田有策者、蒲生芳郎司会）「基督教文化研究所研究年報」 23 1989
◇「たけくらべ」における時空間—テクスト、その産出と受容 （鈴木信義）「語学文学」 27 1989
◇「にごりえ」の人物造型—「にごりえ」研究稿・第3章 （橋本威）「梅花女子大学文学部紀要 国語・国文学篇」 24 1989
◇樋口一葉をめぐる男たち （松坂俊夫）「国文学」 34(4) 臨増(近代文壇事件史) 1989.3
◇『たけくらべ』における髪の位相 （張娅娜）「湘南文学(東海大学)」 23 1989.3
◇一葉「十三夜」ノート （藤井信乃）「星美学園短期大学論議」 21 1989.3
◇樋口一葉の表現—「にごりえ」の語りを中心に （古田芳江）「日本研究(広島大学)」 4 1989.4
◇わたしの作品研究—近代文芸の中から・第5回樋口一葉『十三夜』 （安良岡康作）「下伊那教育」 161 1989.7
◇樋口一葉の研究—軌跡の1年をめぐる問題 （清水恵美）「国際関係研究(日本大学)」 9別冊 1989.7
◇記号論の視点—<実例>樋口一葉『にごりえ(特集 作品をどう論じるか—進め方と実例) （関礼子）「国文学」 34(8) 1989.7
◇「十三夜」試論—「母」幻想の称揚 （水野泰子）「文芸と批評」 6(10) 1989.9
◇一葉における「風景」と「女性」の発見—「萩の舎」的世界からの離陸（近代文学における<他者>と<天皇制><特集>） （関礼子）「日本文学」 38(10) 1989.10
◇「にごりえ」引き裂かれた生の諸相 （狩野啓子）「近代文学論集(日本近代文学会)」 15 1989.11
◇樋口一葉の小説における音便形使用—雅俗折衷体の形成との関連で （土屋信一、松原京子）「計量国語学」 17(3) 1989.12
◇一葉から鏡花へ—「わかれ道」と「三枚続」 （須田千里）「光華女子大学研究紀要」 28 1990
◇「十三夜」を読む （紅野謙介、小森陽一、十川信介、山本芳明）「文学」 季刊1(1) 1990.1
◇「たけくらべ」における伊勢と源氏—美登利造型の方法にふれて （久富木原玲）「鹿児島女子短期大学紀要」 25 1990.2
◇一葉文学の基層と展開（シンポジウム） （松坂俊夫、山田有策、蒲生芳郎司会）「基督教文化研究所研究年報(宮城学院女子大学)」 23 1990.3
◇「十三夜」を読む(下) （紅野謙介他）「文学」 1(2) 1990.4
◇一葉における「風景」の様相—明治24年秋の日記から （関礼子）

◇「文学」 1(2) 1990.4
◇現代語訳樋口一葉日記(1) （高橋和彦）「久留米大学論叢」 39(1) 1990.6
◇伝記研究から—<実例>樋口一葉（作家論の方法—進め方と実例<特集>） （松坂俊夫）「國文學 解釈と教材の研究」 35(7) 1990.6
◇「十三夜」小論—記憶のドラマ （松下ः幸）「明治大学日本文学」 18 1990.8
◇恋愛小説の陥穽(11完)「ノルウェイの森」と「たけくらべ」 （三枝和子）「ユリイカ」 22(10) 1990.9
◇「ゆく雲」から「うつせみ」へ—一葉における小説の発想 （滝藤満義）「国語と国文学」 67(1) 1990.10
◇お力と朝之助 （岡保生）「国文学研究(早稲田大学国文学会)」 102 1990.10
◇「雪の日」をめぐって （樋口晋作）「近代文学論集(日本近代文学会)」 16 1990.11
◇現代語訳樋口一葉日記(2) （高橋和彦）「久留米大学論叢」 39(2) 1990.12
◇樋口一葉「十三夜」試論—お関の〈決心〉 （戸松泉）「相模女子大学紀要」 55A 1991
◇「たけくらべ」の哀感—語りの手法 （重松恵子）「日本文学研究(梅光女学院大学日本文学会)」 27 1991
◇一葉と鏡花の小説における擬態語・擬声語 （佐藤なぎさ）「中央大学国文」 34 1991.3
◇女主人公の不機嫌(2)「われから」の場合 （荒井とみよ）「文芸論叢(大谷大学)」 36 1991.3
◇現代語訳樋口一葉日記(3) （高橋和彦）「久留米大学論叢」 40(1) 1991.6
◇樋口一葉作中人物事典(近代文学作中人物事典) （山田有策）「國文學 解釈と教材の研究」 36(11) 臨増 1991.9
◇現代語訳樋口一葉日記(4) （高橋和彦）「久留米大学論叢」 40(2) 1991.12
◇「たけくらべ」の成立基盤 （出原隆俊）「国語国文」 60(12) 1991.12
◇樋口一葉の東京 （関礼子）「国文学」 36(15) 臨増(近代文学東京地図) 1991.12
◇「にごりえ」の構造—〈よびかけ〉と〈まなざし〉を軸として （猪狩友一）「白百合女子大学研究紀要」 27 1991.12
◇「軒もる月」の生成—小説家一葉の誕生 （戸松泉）「相模女子大学紀要」 56A 1992
◇美登利の変貌・再考—「風呂場に加減見る母親」の読み （蒲生芳郎）「日本文学ノート(宮城学院女子大学)」 27 1992.1
◇『にごりえ』『にごりえ』のモデル—小説主人公の造型 （塚田満江）「紀事(日本文学風土学会)」 17 1992.3
◇樋口一葉『ゆく雲』試論—心のゆくえ （菅聡子）「淵叢」 1 1992.3
◇近代文学探訪(1)樋口一葉「にごりえ」 （沢田章子）「民主文学」 317 1992.4
◇「たけくらべ」—美登利の悲戯をめぐって （陳蘇黔）「論樹」 6 1992.9
◇樋口一葉『われから』論—母娘の物語が指向するもの （重松恵子）「近代文学論集(日本近代文学会)」 18 1992.11
◇田岡嶺雲の文芸評論—一葉をはじめて天下に紹介 （高橋正）「自由のともしび」 10 1992.12
◇お力の位相—「にごりえ」の構造・再考 （猪狩友一）「白百合女子大学研究紀要」 28 1992.12
◇『たけくらべ』の断層 （愛知峰子）「名古屋近代文学研究(名古屋近代文学会)」 10 1992.12
◇「にごりえ」試論—お力の「思ふ事」 （山本欣司）「論究日本文学」 57 1992.12
◇一葉の文体について （近野恵子）「ビブリア」 20 1993.1
◇樋口一葉最晩年の理解者・斎藤緑雨 （宮沢てつ子）「ビブリア」 20 1993.1
◇行動する明治の女性 樋口一葉 （高橋恵美子）「ビブリア」 20 1993.1
◇あれも夢見も夢なり一葉の舟—樋口一葉日記(日本近代を読む〔日記大全〕)「月刊Asahi」 5(1) 1993.1・2
◇〈女戸主・一葉〉と「われから」 （高田知波）「駒沢国文」 30 1993.2
◇一葉の〈わかれ道〉—御出世といふは女に限りて （菅聡子）「国語と国文学」 70(2) 1993.2
◇樋口一葉 奇蹟の期間考—作風転換への一考察 （野田正代）「金城国文」 69 1993.3
◇樋口一葉「にごりえ」論 （藤沢真弓）「山口国文」 16 1993.3
◇「金色夜叉」と樋口一葉の小説 （橋口晋作）「文学研究(日本文学研究会)」 77 1993.6
◇樋口一葉作品にみる女性像—妻の歩み （木元伸祐）「日本文学誌要」 47 1993.7
◇「十三夜」の時間と空間 （関礼子）「文学」 4(3) 1993.7
◇特集 詮索・樋口一葉 「四季本郷」 1(3) 1993.11
◇西鶴文芸と一葉文芸 （白倉一由）「日本文芸学(日本文芸学会)」

30(学会創立30周年記念号) 1993.11
◇樋口一葉論─吉三の〈わかれ道〉 (重松恵子)「萩女子短期大学研究紀要」 創刊号 1993.12
◇「われから」における言葉と身体 (千田かをり)「立教大学日本文学」 71 1993.12
◇無垢のゆくえ(2)「たけくらべ」試論 (石崎等)「立教大学日本文学」 71 1993.12
◇文学における日清戦争の意味─独歩・一葉・子規のナショナリズムを中心に (小笠原幹夫)「作陽音楽大学・作陽短期大学研究紀要」 27(2) 1994
◇樋口一葉と萩の舎 (高橋恵美子)「Biblia」 22 1994.1
◇一葉小説の季節 (中山清美)「金城国文」 70 1994.3
◇語られなかった物語─『たけくらべ』を読む (菅聡子)「女子聖学院短期大学紀要」 26 1994.3
◇「たけくらべ」の情景と文章─和歌的表現の役割について (愛知峰子)「表現研究」 59 1994.3
◇少女を語ることば─樋口一葉「たけくらべ」の美登利の変貌をめぐって(近代文学と「語り」(2)〈特集〉) (関礼子)「国文学解釈と鑑賞」 59(4) 1994.4
◇「にごりえ」の〈彼の人〉 (出原隆俊)「文学」 5(2) 1994.4
◇明治の名作小説を読み直す─樋口一葉「にごりえ」─物語の誘惑と差異化(明治の名作小説がいま新しい〈特集〉) (中村三春)「國文學解釈と教材の研究」 39(7) 1994.6
◇樋口一葉とその故郷 (高橋恵美子)「Biblia」 23 1994.7
◇「十三夜」論─お関の「今宵」/斎藤家の「今宵」 (山本欣司)「国語と国文学」 71(8) 1994.8
◇祖母の形見(表紙について・絵の中の人生) (太田治子)「新潮45」 13(8) 1994.8
◇女性による一葉論(1) (岩淵宏子)「目白近代文学」 11 1994.9
◇樋口一葉主要研究文献目録・研究のいま (橋本威,青木稔弥)「国文学解釈と教材の研究」 39(11) 1994.10
◇樋口一葉─越境する性と言葉(特集)「國文學 解釈と教材の研究」 39(11) 1994.10
◇「閨秀小説」評考─「十三夜」の評価を中心として (重松恵子)「萩女子短期大学研究紀要」 2 1994.12
◇書くことの現在─幻在─テクストとしての一葉日記(2) (千田かをり)「立教大学日本文学」 73 1994.12
◇明治28・9年の文壇状況──一葉の小説需要をめぐる問題 (中山清美)「金城国文」 金城学院大学国文学会 71 1995.3 p27～42
◇「たけくらべ」解釈への疑問 (末利光)「調布日本文化」 調布学園女子短期大学 第5号 1995.3 p229～253
◇樋口一葉─新たな一葉像へ向けて〈特集〉「国文学解釈と鑑賞」 至文堂 60(6) 1995.6 p6～174
◇一葉文学研究者への提言(樋口一葉─新たな一葉像へ向けて〈特集〉) (野口碩〔他〕)「国文学解釈と鑑賞」 至文堂 60(6) 1995.6 p161～170
◇樋口一葉略年譜(樋口一葉─新たな一葉像へ向けて〈特集〉) (平沢英子)「国文学解釈と鑑賞」 至文堂 60(6) 1995.6 p171～174
◇樋口一葉「たけくらべ」論─哀しみの共鳴 (塚本章子)「近代文学試論」 広島大学近代文学研究会 33 1995.12 p1～13
◇「こと葉の自由─樋口一葉『通俗書簡文』の生成 補遺 (荒井とみよ)「真宗総合研究所研究紀要」 大谷大学真宗総合研究所 15 1996 p25～30
◇樋口一葉の小説における愛の構造─同時代女流作家の作品との比較を兼ねて (邱雅恵)「芸術研究」 広島芸術学研究会 9 1996 p39～50
◇「十三夜」試論 (太田路枝)「甲南大学紀要 文学編」 甲南大学 103 1996 p69～82
◇一葉初期小説論─「闇桜」から「暁月夜」まで (滝藤満義)「千葉大学人文研究」 千葉大学人文学部 25 1996 p217～249
◇樋口一葉「にごりえ」と小宮山庄司 (林嵐)「文芸研究」 日本文芸研究会 141 1996.1 p24～33
◇「めさまし草」の『たけくらべ』『にごりえ』評をめぐって (畑有三)「専修国文」 専修大学国語国文学会 58 1996.1 p25～29
◇「大つごもり」「はなし」の方法 (滝藤満義)「国語と国文学」 至文堂 73(2) 1996.2 p1～14
◇樋口一葉の日記─自己言及と性の物語(特集:日記─そのディスクール─日記を読む) (高橋修)「國文學 解釈と教材の研究」 学燈社 41(2) 1996.2 p42～47
◇一葉の母について (関萍)「上越教育大学国語研究」 上越教育大学国語教育学会 第10号 1996.2 p106～118
◇樋口一葉「十三夜」の試み (中山清美)「金城国文」 金城学院大学国文学会 72 1996.3 p29～37
◇三代伝はつての出来そこね─八左衛門・則義・一葉 (山田有策)「資料と研究」 山梨県立文学館 第1輯 1996.3 p34～47
◇一葉と紅葉─「たま襷」「五月雨」と「二人比丘尼色懺悔」 (木谷喜美枝)「和洋国文研究」 和洋女子大学国文学会 31 1996.3 p50～58
◇すれ違うことば─「わかれ道」論のために (杉本和弘)「名古屋近代文学研究」 名古屋近代文学研究会 13 1996.4 p39～52
◇『にごりえ』の情景 (愛知峰子)「名古屋大学国語国文学」 名古屋大学国語国文学会 78 1996.7 p21～34
◇100年後の読者のための樋口一葉(特集)「文芸」 河出書房新社 35(3) 1996.8 p1～117
◇樋口一葉の作品『たけくらべ』におけるすれ違いの構造 (邱雅恵)「比較文化研究」 広島大学総合科学部比較文化研究室 第19号 1996.11 p1～10
◇樋口一葉の描いた母親像 (青木一男)「解釈」 教育出版センター 42(11) 1996.11 p40～44
◇樋口一葉 一葉女史〈明治40年6月号〉(作家論) (半井桃水)「中央公論」 111(15) 1996.12 臨増〈20世紀日本文学の誕生 文芸欄の100年〉 p558～561
◇「たけくらべ」私考─〈藤本信如(ふじもとのぶゆき)〉という存在 (豊嶋知佐)「大妻国文」 大妻女子大学国文学会 28 1997 p97～112
◇緑雨は一葉をどう読んだか─「われから」─をめぐって (十川信介)「資料と研究」 山梨県立文学館 第2輯 1997.1 p46～48
◇『十三夜』論─一葉が思い着いた女、生彩を欠くお周像 (木野綾)「日本文学ノート」 宮城学院女子大学日本文学会 第32号(通巻54号) 1997.1 p76～86
◇樋口一葉『別れ霜』の表現と方法 (林嵐)「文芸研究」 日本文芸研究会 143 1997.1 p98～106
◇明治の〈女流文士〉の清少納言観覚書─樋口一葉と青鞜社員上野葉の場合 (中島和歌子)「北海道教育大学紀要 第1部 A 人文科学編」 北海道教育大学 47(2) 1997.2 p13～26
◇愚図の大いそがし〔85〕 (山本夏彦)「文芸春秋」 75(3) 1997.2 p412～413
◇書生の恋の物語─樋口一葉の『暁月夜』を中心に (林嵐)「新大国語」 新潟大学教育学部国語国文学会 第23号 1997.3 p1～11
◇「こと葉の自由」─樋口一葉『通俗書簡文』の生成 (荒井とみよ)「文芸論叢」 大谷大学文芸学会 第48号 1997.3 p19～35
◇今月、この人、この日記〔1〕 (中野翠)「毎日グラフ・アミューズ」 50(5) 1997.3.12 p58～59
◇樋口一葉の『にごりえ』─恩寵」の時間と「歴史」の時間(特集〈時間〉の近代) (蓮実重彦)「文学」 岩波書店 8(2) 1997.4 p49～55
◇樋口一葉─石にでもなっていましょうか(特集・幕末明治人物臨終の言葉─近代の夜明けを駆けぬけた44人の人生決別の辞 英傑死してことばを遺す) (一坂太郎、稲川明雄、今川徳三、井門寛、宇都宮泰長、河合敦、木村幸比古、祖田浩一、高野澄、高橋和彦、畑山博、三谷茉沙夫、百瀬明治、山村竜也)「歴史と旅」 24(7) 1997.5 p106～107
◇『にごりえ』論─反復する「溝(どぶ)」のイメージ (塚本章子)「国文学攷」 広島大学国語国文学会 150 1997.6 p25～34
◇さまざまな愛のかたち─円満具足の恋 樋口一葉と半井桃水(特集・恋に果てる生き方─至上の愛を貫いた女と男の波瀾の物語) (高橋和彦)「歴史と旅」 24(13) 1997.9 p96～103
◇御座敷の狂女 樋口一葉「うつせみ」試論 (木村加奈子)「論樹」 東京都立大学大学院人文科学研究科 第11号 1997.10 p1～13
◇母の江戸、父の明治─「門(かど)三昧線」(斎藤緑雨)、『たけくらべ』(樋口一葉)(特集 小説を読む、家族を考える─明治から平成まで─家族/反家族の肖像) (菅聡子)「國文學 解釈と教材の研究」 学灯社 42(12) 1997.10 p21～25
◇樋口一葉『琴の音』の構想とその基盤 (林嵐)「国際日本文学研究集会会議録」 国文学研究資料館 第20回 1997.10 p112～128
◇樋口一葉─『たけくらべ』の季節と雨 (愛知峰子)「国際関係学部紀要」 中部大学国際関係学部 第19号 1997.10 p144～132
◇「うつせみ」の狂気─同時代小説の中の一葉文学 (峯村至津子)「国語国文」 中央図書出版社 66(11) 1997.11 p1～24
◇一葉「うもれ木」における〈芸〉の歴史的位相─露伴「風流仏」・鷗外訳「埋木」との比較を通して (塚本章子)「近代文学試論」 広島大学近代文学研究会 35 1997.12 p13～24
◇樋口一葉『にごりえ』における性の二重規範(ダブル・スタンダード) (遠藤伸治,有元伸子)「近代文学試論」 広島大学近代文学研究会 35 1997.12 p25～37
◇明治40年代 一葉受容と「新しい女」─「円袋より 女としての樋口一葉」を中心にして((小特集)『青鞜』を読む) (中山清美)「名古屋近代文学研究」 名古屋近代文学研究会 15 1997.12 p121～134
◇生き急いだ一葉─生と死のはざまで (木村真佐幸)「資料と研究」 山梨県立文学館 第3輯 1998.1 p31～46
◇「樋口一葉と甲州」補遺 (萩原留則)「資料と研究」 山梨県立文学館 第3輯 1998.1 p47～50
◇和田芳恵の樋口一葉 (保昌正夫)「資料と研究」 山梨県立文学館 第3輯 1998.1 p51～53
◇和田芳恵の樋口一葉(追記) (保昌正夫)「立正大学国語国文」 立正大学国語国文学会 第36号 1998.3 p61～64
◇誤解を直視する言葉・『たけくらべ』論 (野網摩利子)「国文学研究」 早稲田大学国文学会 124 1998.3 p82～93

◇一葉の初恋（ずいひつ「波音」）（板坂元）「潮」 470 1998.4 p62〜64
◇「馬美人」（掌の小説）論—樋口一葉「にごりえ」に触れつつ（森晴雄）「川端文学への視界」 教育出版センター 第13号 1998.6 p43〜52
◇井上ひさしの樋口一葉（特集 芝居になる人）（栗坪良樹）「悲劇喜劇」 早川書房 51（7）1998.7 p23〜25
◇一葉と目薬の瓶（ずいひつ「波音」）（板坂元）「潮」 474 1998.8 p62〜64
◇樋口一葉「十三夜」試考—坪内逍遙「妹と背かがみ」への抗い（塚本章子）「近代文学試論」 広島大学近代文学研究会 36 1998.12 p1〜14
◇樋口一葉「十三夜」論—"鬼"という言葉に込められているもの（藤村猛）「安田女子大学紀要」 安田女子大学・安田女子短期大学 27 1999 p51〜60
◇樋口一葉の「十三夜」におけるセンチメンタリズム（金丸千雪）「九州女子大学紀要 人文・社会科学編」 九州女子大学〔ほか〕 35（3）1999 p95〜105
◇特集＝樋口一葉 「文学」 岩波書店 10（1）1999.1 p2〜137
◇『にごりえ』樋口一葉著（映画より面白い〔187〕）（西脇英夫）「キネマ旬報」 1275 1999.1.15 p197
◇『大つごもり』覚書（特集 近代）（青木一男）「解釈」 教育出版センター 45（1・2）1999.2 p23〜29
◇『にごりえ』試論（川島みどり）「文学研究論集」 明治大学大学院 第10号 1999.2 p283〜296
◇われは女なりけるものを—明治に生きた樋口一葉（石崎由香利）「文献探索」 文献探索研究会 1998 1999.2.23 p44〜48
◇樋口一葉『通俗書簡文』の研究（一）（八田裕子）「文芸論叢」 大谷大学文芸学会 第52号 1999.3 p48〜62
◇樋口一葉「闇桜」考—同時代の「恋」をめぐる言説の中で（塚本章子）「国文学攷」 広島大学国語国文学会 162 1999.6 p27〜38
◇『にごりえ』5章、丸木橋の背景（峯村至津子）「女子大国文」 京都女子大学国文学会 125 1999.6 p81〜107
◇「一葉女史」誕生—博文館発行『文芸倶楽部』をめぐって（小川昌子）「国語国文研究」 北海道大学国語国文学会 112 1999.7 p1〜22
◇樋口一葉「十三夜」—「月」に託されたもの（愛知峰子）「名古屋大学国語国文学会 84 1999.7 p96〜110
◇黄金座の物語（第11回）『樋口一葉』（太田和彦）「本の窓」 小学館 22（7）1999.8 p44〜51
◇菊坂—樋口一葉『大つごもり』より（東京紀行「名作の舞台を撮る」〔2〕）「毎日グラフ・アミューズ」 52（16）1999.8.25 p78〜79
◇樋口一葉『通俗書簡文』の研究（2）（八田裕子）「文芸論叢」 大谷大学文芸学会 53 1999.9 p30〜40
◇樋口一葉「暗夜」論—交錯する「闇」の諸相（塚本章子）「近代文学試論」 広島大学近代文学研究会 37 1999.12 p1〜14
◇文机のもとの夢—一葉と漱石の中世（石井和夫）「香椎潟」 福岡女子大学国文学会 45 1999.12 p1〜15
◇樋口一葉「十三夜」論—抒情小説・メロドラマ・家庭小説（丸川浩）「山陽女子短期大学研究紀要」 山陽女子短期大学 26 2000 p1〜20
◇一葉の近代作家への変貌—作中の「女の罪意識」の変化様相を通して（梁玉善）「昭和女子大学大学院日本文学紀要」 昭和女子大学 11 2000 p21〜30
◇樋口一葉の『大つごもり』研究—歪められた親子関係（朴那美）「安田女子大学大学院文学研究科紀要 合冊」 安田女子大学大学院文学研究科 6 2000.年度 p29〜47
◇藤村と一葉—透谷を視座として（下山嬢子）「大東文化大学紀要 人文科学」 大東文化大学 38 2000 p43〜57
◇樋口一葉『にごりえ』論—〈境界〉という物語（荻原桂子）「九州女子大学紀要 人文・社会科学編」 九州女子大学〔ほか〕 37（1）2000 p45〜52
◇一葉のかるた取り（森田誠吾）「図書」 岩波書店 609 2000.1 p11〜13
◇The Mind and Muse of Zora Neale Hurston and Higuchi Ichiyo（Paper 2）Higuchi Ichiyo—The Power of Place and Time in the Making of a Writer（Virginia Annette Jenkins）「女性文化研究所紀要」 昭和女子大学女性文化研究所 25 2000.1 p37〜50
◇われは女なりけるものを—明治に生きた樋口一葉（承前）（石崎由香里）「文献探索」 文献探索研究会 1999 2000.2.23 p59〜62
◇『たけくらべ』・『にごりえ』における一葉の語りの方法（早矢仕智子）「宮城学院女子大学大学院人文学会誌」 宮城学院女子大学大学院 1 2000.3 p19〜28
◇『にごりえ』の結末部における謎とその解明への試み（室之園裕美）「岐阜大学国文学会会誌」 岐阜大学国文学会 28 2000.3 p38〜47
◇カメラアングル 樋口一葉「たけくらべ」（小山秀司）「建設月報」 建設省広報室 53（3）2000.3 p69〜71
◇文京区—樋口一葉も文士が愛した本郷を歩く（江戸東京歴史ウォーク—大江戸八百八町の名残りと情緒の探訪）（武田鏡村）「歴史と旅」 27（5）2000.3.10 増刊（江戸東京歴史ウォーク）p102〜105

◇明治文学の愉しみ（4）—葉、柳浪、鏡花、荷風。あるいは、美登利、吉里、菊枝、お糸。（辻原登）「ちくま」 筑摩書房 349 2000.4 p60〜64
◇明治27年という空間—『たけくらべ』注釈から（加藤恭彦）「駒沢大学大学院国文学会論輯」 駒沢大学大学院国文学会 28 2000.5 p33〜43
◇名作と人生（15）大人への岐れ道 たけくらべ—樋口一葉（小浜逸郎）「健康保険」 健康保険組合連合会 54（6）2000.6 p14〜17
◇さりとて人の忘られなくに—樋口一葉の歌（佐伯裕子）「禅文化」 禅文化研究所 177 2000.7 p44〜47
◇「うつせみ」論（千田かをり）「立教大学日本文学」 立教大学日本文学会 第84号 2000.7 p76〜87
◇樋口一葉取材ミニツアー—塩山市に慈雲寺を訪れる（槐一男）「歴史地理教育」 歴史教育者協議会 616 2000.11 p64〜67
◇樋口一葉の『たけくらべ』にみられる悲哀（朴那美）「言語と文芸」 おうふう 117 2000.11 p102〜118
◇近代文学と「文化資源」——一葉研究を例として（《文化資源》としての）（高田知波）「国語と国文学」 至文堂 77（11）2000.11 p114〜127
◇樋口一葉「闇桜」の位相—〈筒井筒〉変奏（屋木瑞穂）「近代文学試論」 広島大学近代文学研究会 38 2000.12 p1〜12
◇樋口一葉筆名由来考（山本洋）「国語国文」 中央図書出版社 69（12）2000.12 p32〜47
◇樋口一葉試論—「たけくらべ」にみられる履き物を中心に（菅野貴子）「昭和女子大学大学院日本文学紀要」 昭和女子大学 12 2001 p31〜40
◇「たけくらべ」試論—美登利変貌論争をふまえて（千葉幸一郎）「宮城工業高等専門学校研究紀要」 宮城工業高等専門学校 37 2001 p88〜79
◇一葉の和歌——「歌語」の用法をめぐって（愛知峰子）「人文学部研究論集」 中部大学人文学部 5 2001.1 p352〜335
◇にごりえ—情念の交響（秋山公男）「愛知大学文学論叢」 愛知大学文学会 123 2001.2 p53〜73
◇『われら』論—母と美尾、美尾と町子（大畑照美）「近代文学研究」 日本文学協会近代部会 18 2001.2 p81〜94
◇駒沢大学図書館新収資料紹介 『たけくらべ』（文学界版）自筆原稿（高田知波）「駒沢国文」 駒沢大学 38 2001.2 p255〜259
◇一葉ノート（1）（藤井信乃）「星美学園短期大学研究論叢」 星美学園短期大学 33 2001.3 p3〜18
◇『文学談義』（初集）について——一葉関係文献補遺（山根賢吉）「甲南国文」 甲南女子短期大学国語国文学会 48 2001.3 p11〜14
◇樋口一葉『たけくらべ』—三の酉の日の美登利（峯岸千紘）「語学と文学」 群馬大学語文学会 37 2001.3 p19〜33
◇樋口一葉『少女』論—「少女」の時間の物語（小野友子）「JIU女性学」 城西国際大学学会女性学会 第4巻第1号 2001.3 p22〜38
◇樋口一葉の『大つごもり』研究—歪められた親子関係（朴那美）「安田女子大学大学院文学研究科紀要 日本語学日本文学専攻」 安田女子大学大学院文学研究科 第6集第6号 2001.3 p29〜47
◇お力の「思ふ事」と結城朝之助—樋口一葉『にごりえ』から（熊谷有佳子）「大妻女子大学大学院文学研究科論集」 大妻女子大学大学院文学研究科 11 2001.3 p66〜78
◇翻刻「校正一葉抄」（岩下武彦、白瀬真之、都築宏和〔他〕）「中央大学文学部紀要」 中央大学文学部 184 2001.3 p67〜314
◇樋口一葉『にごりえ』論—お力を中心に（長浜理沙）「沖縄国際大学語文と教育の研究」 沖縄国際大学文学部国文学科国語教育研究室 2 2001.3 p72〜79
◇『にごりえ』試考—〈お初〉と〈お力〉（北本美沙子）「大妻国文」 大妻女子大学国文学会 32 2001.3 p99〜114
◇樋口一葉の町角へ—下町の職人が見た小説世界（三浦宏）「季刊銀花」 文化出版局 126 2001.6 p137〜143
◇樋口一葉ゆかりの本郷を歩く（第2特集・東京の文士村を歩く）（祖田浩一）「歴史と旅」 28（7）2001.7 p98〜103
◇樋口一葉「大つごもり」論—子供たちの黙劇（塚本章子）「和歌山工業高等専門学校研究紀要」 和歌山工業高等専門学校 36 2001.10 p91〜96
◇縫うこと、綻びること——葉作「ゆく雲」の基層にあるイメージについて（峯村至津子）「女子大国文」 京都女子大学国文学会 130 2001.12 p1〜30
◇樋口一葉と漢詩文（渡辺晴夫）「明海大学教養論集」 明海大学 13 2001.12 p106〜113
◇樋口一葉の頭髪観（田上貞一郎）「茨城女子短期大学紀要」 茨城女子短期大学 29 2002 p21〜32
◇〈一葉〉という抑圧装置—明治40年代の女性の書き手をめぐる諸相（小平麻衣子）「埼玉大学国語教育論叢」 埼玉大学国語教育学会 5 2002 p27〜45
◇樋口一葉「闇桜」の文体について（田貝和子）「東洋大学大学院紀

要」東洋大学大学院 39(文学(国文学)) 2002 p49〜64
◇「にごりえ」論—お力は何故殺されたのか (小林水緒)「学習院大学国語国文学会誌」学習院大学文学部国語国文学研究室 45 2002 p86〜100
◇『にごりえ』と小町説話—視線の中の酌婦 (黒山理子)「文学研究論集 文学・史学・地理学」明治大学大学院 17 2002年度 p165〜184
◇売られる娘の物語—『たけくらべ』試論 (山本欣司)「弘前大学教育学部紀要」弘前大学教育学部 87 2002.3 p11〜21
◇『軒もる月』における一葉の語りの方法 (早矢仕智子)「宮城学院女子大学大学院人文学会誌」宮城学院女子大学大学院 第3号 2002.3 p31〜38
◇樋口一葉「暁月夜」の技法—古典文芸復興の機運のなかで (屋木瑞穂)「解釈」教育出版センター 48(3・4) 2002.3・4 p35〜40
◇樋口一葉と二つの「雪の日」—「雪の日」にこめられた一葉の思い (茂木明子)「創造と思考」湘南短期大学国語国文学会 12 2002.3 p39〜41
◇一葉の憤り—「日記しのふくさ」より (伊藤さおり)「創造と思考」湘南短期大学国語国文学会 12 2002.3 p42〜44
◇樋口一葉「経つくへ」・「大つごもり」典拠考 (中込重明)「日本文学誌要」法政大学国文学会 65 2002.3 p49〜59
◇わが如きもの、わが如くして過ぬべき—近代女性文学と語る欲望 (2)・樋口一葉 (中川成美)「論究日本文学」立命館大学日本文学会 76 2002.5 p44〜51
◇樋口一葉に見る「女性不在」の日本史 (歴史)「AERA」 15(35) 2002.8.26 p71
◇一葉お札は女性蔑視!?小泉新札への風当たり 「Yomiuri Weekly」 61(37) 2002.9.1 p90〜91
◇紙幣の顔はどんな人?(コンセント抜いたか![266])(嵐山光三郎)「週刊朝日」 107(41) 2002.9.13 p136〜137
◇歴史上の女性って人材不足なの?(女のニュース男のニュース)(斎藤美奈子)「婦人公論」 87(18) 2002.9.22 p17
◇雨の物語・その他—一葉日記における天気記述を巡って (棚田輝嘉)「実践国文学」実践国文学会 62 2002.10 p83〜103
◇一葉と半世紀 (幸田真秋)「文芸春秋」 80(13) 2002.10 p87〜89
◇廻れば吉原大門見返り柳(種村季弘 東京「奇想」俳諧録[26])(種村季弘)「サライ」 14(20) 2002.10.17 p122〜123
◇「たけくらべ」論—大音寺前の〈陽気〉な人々 (宮坂隆広)「活水日文」活水女子短期大学日本文学会 44 2002.12 p14〜24
◇「たけくらべ」と「今戸心中」—語りの方法をめぐって (菅聡子)「国文」お茶の水女子大学国語国文学会 98 2002.12 p63〜75
◇『にごりえ・たけくらべ』に見る対人待遇表現 (永田高志)「文学・芸術・文化」近畿大学文芸学会 14(1) 2002.12 p222〜204
◇与謝野晶子と樋口一葉(晶子フォーラム2003)(山根賢吉)「与謝野晶子倶楽部」与謝野晶子倶楽部 12 2003 p1〜12, 図巻頭1p
◇樋口一葉『うもれ木』の文体—幸田露伴『風流仏』との比較から (田貝和子)「東洋大学大学院紀要」東洋大学大学院 40(文学(国文学)) 2003 p93〜102
◇舞台上の殺人—『にごりえ』と小町物歌舞伎 (黒川理子)「文学研究論集 文学・史学・地理学」明治大学大学院 19 2003年度 p95〜113
◇〈雪の日〉—一葉日記における天気記述を巡って (棚田輝嘉)「国文学攷」広島大学国語国文学会 176・177 2003.3 p1〜12
◇〈女性作家〉と〈国民〉の交差するところ—一葉日記を読む (菅聡子)「お茶の水女子大学人文科学紀要」お茶の水女子大学 56 2003.3 p15〜25
◇樋口一葉における「闇」についての一考察 (矢田麻美)「大妻女子大学大学院文学研究科論集」大妻女子大学大学院文学研究科 13 2003.3 p16〜33
◇「美人写真」のドラマトゥルギー—『にごりえ』における〈声〉の機能 (笹尾佳代)「奈良教育大学国文」奈良教育大学国文学会 26 2003.3 p45〜57
◇特集 樋口一葉—これまでの、そしてこれからの 「国文学解釈と鑑賞」至文堂 68(5) 2003.5 p5〜206
◇古書ワンダーランド(86)樋口一葉のSF童話? (横田順弥)「本の窓」小学館 26(4) 2003.5 p92〜57
◇インタビュー 樋口一葉・源氏・朗読 幸田弘子(特集 朗読が小説を二度生かす)(幸田弘子,武藤康史)「文学界」文芸春秋 57(5) 2003.5 p196〜209
◇「水道尻の加藤」と「角町の加藤」—『たけくらべ』註釈から (中西亮太)「駒沢大学大学院国文学会論輯」駒沢大学大学院国文学会 31 2003.6 p95〜111
◇一葉と「薊園の追善会」(愛知峰子)「人文学部研究論集」中部大学人文学部 10 2003.7 p220〜203
◇続・日本文学の忘れ物(19)—愛と罪—バーナード・ショー「マイ・フェア・レディ(My Fair Lady.)」・樋口一葉「たけくらべ」他 (千葉昌邦)「現代詩研究」現代詩研究会 第51号 2003.9 p2〜20
◇樋口一葉『大つごもり』論—〈正直〉をめぐって (趙恵淑)「専修国文」専修大学日本語日本文学会 73 2003.9 p71〜89

◇樋口一葉『にごりえ』論 (安藤美里)「愛知大学国文学」愛知大学国文学会 43 2003.11 p73〜89
◇樋口一葉『うもれ木』論—森鷗外訳『埋木』・幸田露伴『風流仏』『一口剣』との連関 (伊藤佐枝)「論樹」論樹の会 17 2003.12 p1〜20
◇役者に歌わせる井上ひさしの手法—『頭痛肩こり樋口一葉』の場合 (坂本嵩実子)「桐朋学園大学研究紀要」桐朋学園大学音楽学部 30 2004 p37〜48
◇一葉『にごりえ』試論—注釈の空白箇所をめぐって (多羅尾歩)「言語態」言語態研究会 5 2004 p87〜100
◇樋口一葉「たけくらべ」論 (藤村猛)「国語国文論集」安田女子大学日本文学会 34 2004 p1923〜1930
◇美登利の変貌を巡って—「たけくらべ」を読み直す (張晋文)「福岡教育大学国語科研究論集」福岡教育大学国語国文学会 45 2004.1 p70〜81
◇樋口一葉「花ごもり」試論—脅かす〈裏〉 (岡田豊)「駒沢国文」駒沢大学文学部国文学研究室 41 2004.2 p137〜153
◇清水豊子・紫琴と樋口一葉の間—藤目ゆき『性の歴史学』を補助線として(近代文学小特集)(江種満子)「文教大学国文」文教大学国文学会 33 2004.3 p33〜45
◇『たけくらべ』の隠し味 (はぎわらすすむ)「法政大学多摩論集」法政大学多摩論集編集委員会 20 2004.3 p153〜174
◇特集：樋口一葉—日記の領分/創作の場(トポス)「國文學 解釈と教材の研究」学灯社 49(9) 2004.8 p67〜137
◇樋口一葉"いじわる"日記 (荒井とみよ)「文芸論叢」大谷大学文芸学会 63 2004.9 p1〜9
◇第二部 一葉の真実—樋口一葉の可能性〔含 質疑〕(法政大学多摩キャンパス開設20周年記念号—経済学会講演会の記録)(田中優子)「経済志林」法政大学経済学会 72(3) 2004.12 p47〜92
◇『樋口一葉と歩く明治・東京』刊行に寄せて 一葉さんとそぞろ歩けば (藤井忠子)「本の窓」小学館 28(1) 2005.1 p24〜29
◇人物考察 樋口一葉の人生から学ぶもの—新札に登場、いまなぜ樋口一葉か (杉山武子)「月刊自由民主」自由民主党 622 2005.1 p73〜79
◇日本レンアイ文学入門(11)樋口一葉『たけくらべ』 (柴門ふみ)「本の旅人」角川書店 11(1) 2005.1 p78〜82
◇文学の葉脈(16)樋口一葉『たけくらべ』 (秋山駿)「新潮」新潮社 102(2) 2005.2 p316〜320
◇開館十五周年記念企画展 樋口一葉展1 シンポジウム 「女」にとって文学とは何か—樋口一葉をめぐって (中沢けい, 岩橋邦枝, 津島佑子〔他〕)「山梨の文学」山梨県立文学館 21 2005.3 p2〜37
◇樋口一葉—ひぐち一よう 1872〜1896—家督相続と職業から明治期の社会をみる(特集 子どもと学びたい女性の20話)(岡本賢二)「歴史地理教育」歴史教育者協議会 682増刊 2005.3 p6〜13
◇近代女流作家の系譜—樋口一葉を中心に (朴那美)「東アジア日本語教育・日本文化研究」東アジア日本語教育・日本文化研究学会 8 2005.3 p13〜25
◇一葉の孤児物語—「雪の日」から「大つごもり」へ (木村幸雄)「大妻国文」大妻女子大学国文学会 36 2005.3 p79〜96
◇選ぶこと、選ばせられること—樋口一葉「十三夜」の阿関のために (伊藤佐枝)「都大論究」東京都立大学国語国文学会 42 2005.4 p44〜61
◇美登利はなぜ変わったか—「たけくらべ」の研究 (石井茜)「語学と文学」群馬大学語文学会 41 2005.4 p72〜81
◇一葉から洋子へ (小林滋)「ファイナンス」大蔵財務協会 41(1) 2005.4 p94〜96
◇樋口一葉と「糊」の文学 (日垣隆)「新潮45」新潮社 24(5) 2005.5 p176〜184
◇文学の葉脈(17)樋口一葉『たけくらべ』続 (秋山駿)「新潮」新潮社 102(5) 2005.5 p322〜326
◇文学の葉脈(18)樋口一葉『たけくらべ』続続 (秋山駿)「新潮」新潮社 102(6) 2005.6 p272〜277
◇「萩の舎」と樋口一葉—明治宮中文化圏からの離陸 (関礼子)「文学」岩波書店 6(5) 2005.9・10 p170〜190
◇特別寄稿 「たけくらべ」検査場説の検証 (近藤典彦)「国文学解釈と鑑賞」至文堂 70(9) 2005.9 p186〜209
◇文学の葉脈(19)樋口一葉『にごりえ』 (秋山駿)「新潮」新潮社 102(9) 2005.9 p376〜381
◇一葉小説における〈仕草〉—「わかれ道」を中軸に (出原隆俊)「国語国文」中央図書出版社 74(11) 2005.11 p1〜15
◇言語行為から読む「にごりえ」試論—お力の苦悩と愛における心的二重性をめぐって (笹川洋子)「親和国文」神戸親和女子大学国語国文学会 40 2005.12 p37〜74
◇可能性の時代に—樋口一葉「十三夜」 (小仲信孝)「跡見学園女子大学短期大学部紀要」跡見学園女子大学短期大学部 43 2006 p1〜8
◇金子喜一における社会主義フェミニズムへのアプローチ—若松賤子そして樋口一葉との交流をとおして (大橋秀子)「初期社会主義研究」初期社会主義研究会, 不二出版 19 2006 p140〜158
◇片々の金光—樋口一葉『うもれ木』における制度と逸脱 (多羅尾歩)

◇「言語情報科学」 東京大学大学院総合文化研究科言語情報科学専攻 4 2006 p211〜228
◇オアシス 樋口一葉の周辺 （佐川俊一）「鉄道と電気技術」 日本鉄道電気技術協会 17(1) 2006.1 p92〜96
◇〈内面〉の所在―一葉「日記」の読書行為 （笹ížky佳代）「同志社国文学」 同志社大学国文学会 64 2006.3 p9〜20
◇樋口一葉「この子」試論―浮かび上がる〈過去〉のことば （細谷朋代）「明治大学日本文学」 明治大学日本文学研究会 第32号 2006.4 p17〜27
◇樋口一葉コース―吉原界隈・浄閑寺／千束稲荷神社／一葉旧居跡／鷲神社／吉原大門跡の見返り柳／一葉記念館、本郷界隈・かねやす法喜寺／坪内逍遙旧居跡／伊勢屋質店の蔵跡／樋口一葉終焉の地碑（大特集・ぶらり東京「下町」散歩―第4部 一葉、鷗外、漱石のお気に入りを辿る 文士の散歩道）「サライ」 小学館 18(7) 2006.4.6 p106〜110
◇ケーテ・コルヴィッツと樋口一葉と(1) （藤間生大）「海外事情研究」 熊本学園大学付属海外事情研究所 34(1) 2006.9 p129〜152
◇樋口一葉を哀悼した中国革命家陳少白―伊東夏子・副島八十六・片山潜・孫文を結ぶもの （久保田文次）「史艸」 日本女子大学史学研究会 47 2006.11 p75〜93
◇特集=舞台の上の樋口一葉 「悲劇喜劇」 早川書房 59(12) 2006.12 p8〜30
◇「十三夜」試論―ジェンダーと言語行為をめぐって （笹川洋子）「親和国文」 神戸親和女子大学国語国文学会 41 2006.12 p185〜210
◇Portfolio 学問の小箱 一葉の面影 （愛知峰子）「アリーナ」 人間社 2007 p420〜423
◇『武蔵野』と一葉 （峯村至津子）「女子大国文」 京都女子大学国文学会 140 2007.1 p26〜40
◇一葉をどう読むか―『にごりえ』を軸として （佐藤泰正）「日本文学研究」 梅光学院大学日本文学会 42 2007.1 p35〜46
◇一葉作品に向けられた鷗外の視線 （畑有三）「鷗外」 森鷗外記念会 80 2007.1 p96〜109
◇特集 樋口一葉 「すばる」 集英社 29(1) 2007.1 p138〜176
◇樋口一葉研究―「狂気」を通して描く女性像（修士論文概要） （米田恵美子）「Kyoritsu review」 共立女子大学大学院文芸学研究科 第35号 2007.2 p82〜84
◇ケーテ・コルヴィッツと樋口一葉と(2) （藤間生大）「海外事情研究」 熊本学園大学付属海外事情研究所 34(2) 2007.2 p53〜72
◇樋口一葉 伊庭arara次宛書簡二通（翻刻）（野口碩）「資料と研究」 山梨県立文学館 第12輯 2007.3 p54〜56
◇樋口一葉 伊庭arara次宛書簡及び伊庭陸次について(報告) （高室有子）「資料と研究」 山梨県立文学館 第12輯 2007.3 p57〜61
◇樋口一葉「たけくらべ」ほか未定稿資料など （野口碩）「資料と研究」 山梨県立文学館 第12輯 2007.3 p176〜301
◇樋口一葉「雪の日」論―心の底の何者かをめぐって （韓吉子）「日本文芸論稿」 東北大学文芸談話会 第31号 2007.3 p37〜45
◇K.マンスフィールドと樋口一葉―'The Garden Party'と『たけくらべ』を中心に （船木よし美）「富山短期大学紀要」 富山短期大学 42 2007.3 p87〜102
◇届かぬ声―『にごりえ』お力考 （菊池佳織）「大妻国文」 大妻女子大学国文学会 38 2007.3 p135〜153
◇〈烈女幻想〉の揺らぎ―樋口一葉「やみ夜」再考 （峯村至津子）「国語国文」 和泉書院 76(5) 2007.5 p1〜18
◇樋口一葉の時代感覚 （佐伯裕子）「三田文学 [第3期]」 慶應義塾大学出版会, 三田文学会 86(90) 2007.夏季 p214〜217
◇樋口一葉「うもれ木」論 （出口智之）「国語と国文学」 至文堂 84(7) 2007.7 p42〜56
◇ケーテ・コルヴィッツと樋口一葉と(3) （藤間生大）「海外事情研究」 熊本学園大学付属海外事情研究所 35(1) 2007.9 p137〜162
◇〈淫婦〉の恋―『にごりえ』と『河内屋』の交錯と乖離（特集 日本文学と恋）（菅聡子）「文学」 岩波書店 9(5) 2007.9・10 p142〜151
◇コンテクストからテクストへ―緑雨校訂・一葉「棹の雫」から見えてくるもの（小特集 シンポジウム「再生産される作家イメージとその強度」）（関礼子）「日本近代文学」 日本近代文学会 77 2007.11 p159〜167
◇ドラマの中の〈樋口一葉〉―一九三〇年代におけるイメージの創出と変容 （笹尾佳代）「日本文学」 日本文学協会 56(12) 2007.12 p55〜66
◇露伴と一葉―〈お力〉登場まで （関谷博）「學習院大學國語國文學會誌」 學習院大學文學部國語國文學會 51 2008 p31〜45
◇群ようこの世界(2)森茉莉、樋口一葉への視線 （山下聖美）「日本大学芸術学部紀要」 日本大学芸術学部 47 2008 p41〜49
◇樋口一葉「わかれ道」論―共生の夢と心の炎（日本語日本文学特集）（塚本章子）「甲南大学紀要 文学編」 甲南大学 158 2008年度 p11〜22
◇子規、最後の八年(12)一葉、何者ぞ （関川夏央）「短歌研究」 短歌研究社 65(1) 2008.1 p98〜103
◇樋口一葉と万国博覧会―『うもれ木』と「陽明門」 （愛知峰子）

◇「人文学部研究論集」 中部大学人文学部 19 2008.1 p224〜216
◇『則義記録』に含まれる樋口一葉の記録とその周辺 （野口碩）「資料と研究」 山梨県立文学館 第13輯 2008.3 p168〜205
◇人力車夫へ「下降」の現象について―樋口一葉文学の人力車夫モチーフ （高峽）「多元文化」 名古屋大学国際言語文化研究科国際多元文化専攻 8 2008.3 p135〜148
◇二つの雪―一葉「雪の日」を読む （平田智子）「学芸国語国文学」 東京学芸大学国語国文学会 40 2008.3 p29〜37
◇樋口一葉―近代文学史上の巨星（特集 明治大正昭和12人の快女・傑女・優女）（左方郁子）「歴史読本」 新人物往来社 53(4) 2008.4 p102〜108
◇樋口一葉「この子」―ありふれたことを話題とする「私」 （水野亜紀子）「語文」 大阪大学国語国文学会 90 2008.6 p31〜39
◇女性作家・樋口一葉と〈われ〉の生成―詠歌行為の視座から（特集 詩歌の近代）（菅聡子）「文学」 岩波書店 9(4) 2008.7・8 p61〜73
◇樋口一葉原作―今井正監督「にごりえ」の受容空間―映画と文学をめぐる相互交渉（特集 近現代文学における〈交通〉）（関礼子）「日本文学」 日本文学協会 57(11) 2008.11 p25〜35
◇日本小説技術史(第3回)樋口一葉の裁縫用具 （渡部直己）「新潮」 新潮社 105(12) 2008.12 p214〜238
◇樋口一葉『にごりえ』論 （近藤恵美）「愛知大学国文学」 愛知大学国文学会 48 2008.12 p63〜81
◇東京・下町 周辺の散策で情緒も楽しんで―池波正太郎記念文庫・台東区立一葉記念館・田端文士村記念館（特集「文学館」へ行こう）（杉山直隆、須貝俊）「文蔵」 PHP研究所 39 2008.12 p20〜25
◇メディアとしての作家表象―映画『樋口一葉』の射程 （笹尾佳代）「同志社国文学」 同志社大学国文学会 69 2008.12 p70〜82
◇あなたのいた時間を憶えていること―樋口一葉『十三夜』の阿関のために。補遺 （伊集佐枝）「論樹」 論樹の会 21 2008.12 p1〜20
◇日本近代文学における師弟関係―夏目漱石、樋口一葉、田山花袋、宮沢賢治から、中島敦「名人」まで （山下聖美）「藝文攷」 日本大学大学院芸術学研究科文芸学専攻 14 2009 p61〜75
◇樋口一葉と「新しい女」たち―国語教科書から『青鞜』へ、そして「内発的なフェミニズム」の発見 （いひょんじゅん）「超域文化科学紀要」 東京大学大学院総合文化研究科超域文化科学専攻 14 2009 p204〜187
◇特集 樋口一葉を読み直す―この感性は、いま私たちに何を問うのか 「望星」 東海教育研究所, 東海大学出版会 40(3) 2009.3 p10〜62
◇樋口一葉『うもれ木』考 （萩原進）「経済志林」 法政大学経済学部学会 76(3) 2009.3 p175〜194, 図版2p
◇『たけくらべ』論考(1)―「をかし」「口惜し」「恥かし」―我れと彼れとならはしのこと」（翻訳）をとおして （宮本陽子）「広島女学院大学人間・社会文化研究」 広島女学院大学人間・社会文化学科 7 2009.3 p70〜95
◇樋口一葉と山梨（やまなし学シリーズ(4)「やまなし学研究2006―山梨の将来／甲斐の国人物伝」の記録）（川手千興）「山梨学院生涯学習センター研究報告」 山梨学院生涯学習センター 21 2009.3 p45〜51
◇田村俊子の一葉論と〈女作者〉に関する一考察 （高田晴美）「阪神近代文学研究」 阪神近代文学会 10 2009.6 p29〜42
◇樋口一葉の和歌 12首―鑑賞と英訳の試み （愛知峰子, C.H. Haywood）「人文学部研究論集」 中部大学人文学部 22 2009.7 p93〜107
◇一葉文学における和歌「厭恋」の受容 （李政殷）「人間社会環境研究」 金沢大学大学院人間社会環境研究科 18 2009.9 p25〜36
◇悲惨小説期の貧困表象―嶺雲・一葉・眉山・鏡花の射程（小特集〈貧困〉の文学・〈文学〉の貧困）（鈴木啓子）「日本近代文学」 日本近代文学会 81 2009.11 p224〜238
◇表象の領域―全貌を現わわした樋口一葉の新聞小説 （関礼子）「日本近代文学」 日本近代文学会 81 2009.11 p308〜314

ビゴー, G. Bigot, Georges Ferdinand 1860〜1927
フランスの画家。1882年来日, 風刺画を描いた。
【図 書】
◇斎藤昌三著作集4 書物随筆 （後藤憲二編） 八潮書店 1981.5
◇絵で書いた日本人論―ジョルジュ・ビゴーの世界 （清水勲） 中央公論社 1981.10
◇日仏の交流―友好380年 （高橋邦太郎） 三修社 1982.5
◇清親・楽天と10人の諷刺画家展―近代漫画をつくりあげた 浮世絵太田記念美術館 1984
◇ビゴー日本素描集（岩波文庫）（清水勲編） 岩波書店 1986.5
◇時の橋―小林清親私考 （酒井忠康著） 小沢書店 1987.7 （小沢コレクション）
◇漫画空間散策 （清水勲著） 教育社 1989.4 （B6シリーズ）
◇ビゴー素描コレクション〈2〉明治の世相 （ジョルジュ・ビゴー絵, 芳賀徹, 清水勲, 酒井忠康, 川本皓嗣編） 岩波書店 1989.7
◇異貌の美術史―日本近代の作家たち （瀬木慎一著） 青土社 1989.7
◇ビゴー素描コレクション 3 （ジョルジュ・ビゴー, 芳賀徹他編） 岩

波書店　1989.8
◇遠い太鼓―日本近代美術私考　（酒井忠康著）　小沢書店　1990.2
◇国際化と日本文化　特定研究報告書　信州大学・人文学部　1990.3
◇漫画の歴史　（清水勲著）　岩波書店　1991.5　（岩波新書）
◇日本の近代美術と西洋　（匠秀夫著）　沖積舎　1991.9
◇ビゴーがみた世紀末ニッポン　平凡社　1996.10　144p　（別冊太陽）
◇ビゴーが描いた明治の女たち　（清水勲著）　マール社　1997.4　158p　（100年前シリーズ）
◇フランスの浮世絵師ビゴー―ビゴーとエピナール版画　（及川茂著）　木魂社　1998.10　192p
◇ビゴーが見た日本人―風刺画に描かれた明治　（清水勲著）　講談社　2001.9　246p　（講談社学術文庫）
◇明治の面影・フランス人画家ビゴーの世界　（清水勲編著）　山川出版社　2002.9　191p
◇異邦人の見た幕末・明治JAPAN　愛蔵版　（新人物往来社編）　新人物往来社　2005.6　189p
◇ビゴーが見た明治ニッポン　（清水勲著）　講談社　2006.12　248p　（講談社学術文庫）
◇近代日本漫画百選　（清水勲編）　岩波書店　2007.5　310p　（岩波文庫）
◇ぺーる・めーるのたから筐　（遊佐礼子著）　彩流社　2007.12　231,30p
◇開化の浮世絵師・清親　（酒井忠康著）　平凡社　2008.6　300p　（平凡社ライブラリー）
◇ビゴーが見た明治職業事情　（清水勲著）　講談社　2009.1　273p　（講談社学術文庫）
◇横浜開港時代の人々　（紀田順一郎著）　神奈川新聞社　2009.4　270p
◇漫画の歴史　（清水勲著）　岩波書店　2009.8　201,39p　（岩波新書）

【雑　誌】
◇比較文学研究―日本の近代化とフランス(3)神奈川　（冨田ゼミナール）　「文芸論叢（文教大学）」　17　1981.3
◇諷刺画家―ジョルジュ・ビゴー―痛烈な文明批評家　（高橋邦太郎）　「明治村通信」　12(7)　1981.7
◇ジョルジュ・ビゴー筆の皿絵　（村松嘉津）「明治村通信」　12(9)　1981.9
◇百年前点描(1)仏画家ビゴー米朝　（遠藤鎮雄）「日本古書通信」　47(1)　1982.1
◇詩人画家ビゴー　（江崎真澄）「文芸春秋」　60(7)　1982.6
◇ビゴーと日本画家の関係(1)野村芳光について　（御荘金吾）「日本古書通信」　47(7)　1982.7
◇ビゴーと日本画家の関係(2)野村芳亭監督について　（御荘金吾）「日本古書通信」　47(8)　1982.8
◇ノルマントン号事件と居留外国人―ビゴー研究の一試論　（中武香奈美）「三浦古文化」　33　1983.6
◇仏諷刺画家が描いた戦場の人々―特集・日清・日露戦役秘話　（清水勲）「歴史と人物」　13(8)　1983.7
◇ビゴーの遺族たち　（藤林伸治）「自由民権百年（自由民権百年全国集会実行委員会）」　13　1984.1
◇ジョルジュ・F・ビゴー研究書目一覧　（山口順子）「郷土よこはま」　98・99　1984.2
◇ビゴー研究の流れ―研究書目補遺とともに　（山口順子）「郷土よこはま」　101　1985.9
◇日本とニホンのあいだ　（阿部昭）「図書」　481　1989.7
◇G・ビゴーと中江兆民との接点―時局諷刺雑誌『トバエ』考　（清水勲）「歴史と地理」　427　1991.3
◇明治中期在日外国人の日本服飾に対する意識―L.ハーンとG.ビゴーを中心にして　（岩崎雅美）「兵庫教育大学研究紀要　第3分冊　自然系教育,生活・健康系教育」　12　1992
◇路上の裸（文明と裸体―日本人はだかのつきあい(8)）　（井上章一）「月刊Asahi」　4(8)　1992.8
◇G.ビゴーの日本素描（外国人の見た日本・日本人〈特集〉―明治時代の日本論）　（清水勲）「国文学解釈と鑑賞」　至文堂　60(3)　1995.3　p162〜172
◇近代日本美術家列伝(154)ジョルジュ・ビゴー　（堀元彰）「美術手帖」　美術出版社　50(8)　1998.8　p206〜207
◇伊丹市立美術館「明治の面影・フランス人画家ビゴーの世界」展より―120年前のジャポン（サライ美術館）「サライ」　14(22)　2002.11.21　p77〜82
◇Bibliotheca Japonica(70) G.ビゴーの「画集」と「風刺雑誌」刊行とその周辺　（八木正自）「日本古書通信」　日本古書通信社　68(10)　2003.10　p21
◇風刺画を活用した中学校歴史の授業構成―ビゴーの『トバエ』を手がかりに　（青木章浩）「社会系教科教育学研究」　社会系教科教育学会　18　2006　p39〜46
◇教室レポート　「歴史の考察」の実践例　外国人から見た近代日本の発展―ビゴーとベルツ（日本史の研究(213)）　（森晋一郎）「歴史と地理」　山川出版社　595　2006.6　p14〜21

◇「漁夫の利」は正しく理解されているか―ビゴー諷刺画雑感　（清水勲）「本」　講談社　34(2)　2009.2　p55〜57
◇開港・開化傑物伝(14)開化日本を描いたポンチ絵師　抱き続けた神秘の国への慕情―風刺画家＜ジョルジュ・ビゴー＞　（紀田順一郎）「Best partner」　浜銀総合研究所　21(2)　2009.2　p36〜41
◇ビゴーの中江兆民像を読む　（宮村治雄）「図書」　岩波書店　730　2009.12　p8〜15

菱田春草　ひしだしゅんそう　1874〜1911
明治期の日本画家。日本美術院創立に参加。

【図　書】
◇近代日本画の巨匠たち　（近藤啓太郎）　新潮社　1980.2
◇近代美術の開拓者たち1　（石浜恒夫ほか）　有斐閣　1980.11　（有斐閣新書）
◇菱田春草―渋谷区立松濤美術館開館特別陳列　〔東京都〕渋谷区立松濤美術館　1981
◇現世に謳う夢―日本と西洋の画家たち　（大岡信）　中央公論社　1981.12
◇現代日本絵巻全集　4　下村観山・菱田春草　（小池賢博解説）　小学館　1982.8
◇飯田の美術―〈十人集〉　（池田寿一他解説）　郷土出版社　1982.9　（郷土の美術シリーズ）
◇菱田春草とその時代　（勅使河原純）　六芸書房　1982.11
◇現代の水墨画　3　菱田春草・平福百穂　（中村渓男解説）　講談社　1984.4
◇菱田春草　（近藤啓太郎著）　講談社　1984.9
◇足立美術館（カラーブックス）　（内山武夫,足立美術館学芸部共著）　保育社　1986.8
◇現世に謳う夢―日本と西洋の画家たち　（大岡信著）　中央公論社　1988.5　（中公文庫）
◇日本近代美術史論　（高階秀爾著）　講談社　1990.9　（講談社学術文庫）
◇明治日本画史料　（青木茂編）　中央公論美術出版　1991.5
◇日本の近代美術〈2〉日本画の誕生　（佐藤道信編）　大月書店　1993.6
◇菱田春草　（小池賢博編）　学習研究社　1994.9　（巨匠の日本画）
◇菱田春草　（尾崎正明執筆,日本アート・センター編）　新潮社　1997.5　93p　（新潮日本美術文庫）
◇JAPONICA　（石原佳代子著）　彩図社　2001.10　222p　（ぶんりき文庫）
◇THE現実の鑑定―小野コレクションベストピリオドを買え　（早鞆一雄著）　バウハウス　2004.7　143p
◇近代日本画、産声のとき―岡倉天心と横山大観、菱田春草　（児島孝著）　思文閣出版　2004.8　289p
◇日本近代美術史論　（高階秀爾著）　筑摩書房　2006.6　450,8p　（ちくま学芸文庫）

【雑　誌】
◇菱田春草書簡碑（口絵）　（小島恵蔵）「伊那」　629　1980.10
◇特集・菱田春草　「三彩」　417　1982.6
◇五浦の5人展―五浦（いずら）時代の院展制作　（竹田道太郎）「三彩」　462　1986.3
◇菱田春草特集号　「伊那」　724　1988.9
◇未紹介の菱田春草関係書簡（資料紹介）　（関根浩子）「飯田市美術博物館紀要」　3　1992
◇菱田春草終焉の地―代々木の居宅　（小島恵蔵）「伊那」　768　1992.5
◇菱田春草終焉の地―佐々木の居宅(2)　（小島恵蔵）「伊那」　770　1992.7
◇菱田春草について―線と色彩に対する意識の変遷　（佐藤志乃）「芸術教育学」　筑波大学芸術学系芸術教育学研究室　第7号　1995.3　p103〜116
◇菱田春草筆〈六歌仙〉とその周辺　（佐藤志乃）「現代芸術研究」　筑波大学芸術学系藤井研究室・五十殿研究室　第1号　1996.1　p127〜139
◇〔図版解説〕梶田半古　春宵怨／木村武山　熊野／小堀鞆音　恩賜の御衣／西郷孤月　春暖／下村観山　闊樹／寺崎広業　秋園／橋本雅邦　山水／菱田春草　菊慈童／江田敬中　美音／横山大観　迷児（特輯　日本美術院百年）（富田章,高階絵里加,塩谷純〔他〕）「国華」　国華社　104(1)　1998.8　p37〜51
◇菱田春草「落葉」の空間構成に関する一考察―同時代絵画の中での位置付け　（五月女晴恵）「美術史学」　東北大学文学部美学美術史研究室　20　1999　p55〜90
◇菱田春草と日本美術院（100年前の今月〔10〕）（千葉成夫）「中央公論」　114(10)　1999.10　p320〜327
◇作品研究　菱田春草、晩年の作風展開について　（古田亮）「現代の眼」　国立近代美術館　520　2000.2　p7〜9
◇カラー作品・過去2年のオークションにみる主要作家の落札実績―横山大観、菱田春草、村上華岳、速水御舟、小林古径、安田靫彦、前田青邨、上村松園、鏑木清方、伊東深水、川合玉堂、川瀬竜子、横山操、福田平八郎、徳岡神泉、小野竹喬、山口華楊、東山魁夷、杉山寧、奥村土牛、小倉遊亀、富岡鉄斎、竹久夢二、棟方志功（特集・日

本絵画の資産価値〈物故日本画編〉―大観・玉堂から土牛、寧、魁夷まで〉「月刊美術」 27(5) 2001.5 p29～44
◇作品研究 菱田春草《四季山水》その制作年代について （尾崎正明） 「現代の眼」 国立近代美術館 528 2001.6 p13～15
◇近代滝図の系譜―芳崖から石踊（特集・現代の滝図―いま、ひとはそこに何を見るのか？）（草薙奈津子）「月刊美術」 27(6) 2001.6 p49～53
◇菱田春草 賢首菩薩 （尾崎正明）「国華」 国華社 106(12) 2001.7 p30～34

日根対山　ひねたいざん　1813～1869
幕末、明治期の南画家。
【図　書】
◇幕末明治 京洛の画人たち （原田平作） 京都新聞社 1985.2
【雑　誌】
◇日根対山と貫名海屋〔含 指導教員のコメント〕 （中野亮祐, 山本吉左右）「エスキス」 和光大学人文学部・人間関係学部 2002 2002 p160～172

百武兼行　ひゃくたけかねゆき　1842～1884
幕末、明治期の洋画家、官吏。
【図　書】
◇シーボルトの絵師―埋れていた三人の画業 （金子厚男） 青潮社 1982.3
【雑　誌】
◇百武兼行「裸婦」―瘦せっぽちの女（付グラビア）（裸婦の中の裸婦〔6〕）（渋沢龍彦）「文芸春秋」 64(8) 1986.8
◇百武兼行小論―「ピエトロ・ミッカ図」をめぐって （三輪英夫） 「美術研究」 342 1988.3
◇百武兼行作《西洋婦人像》について （野中耕介）「調査研究書」 佐賀県立博物館〔ほか〕 第29集 2005.3 p65(13)～59(19)
◇百武兼行研究―西洋文化受容と油絵 （中村幸子）「美術教育」 日本美術教育学会学会誌編集委員会 289 2006 p44～50
◇百武兼行と松岡壽のローマにおける絵画修業―西洋画受容の過程と美術観の形成 （中村幸子）「教育実践学論集」 兵庫教育大学大学院連合学校教育学研究科 7 2006.3 p135～147
◇百武兼行のパリでの絵画研究に関する考察―百武兼行と五姓田義松 （中村幸子）「美術教育学」 美術科教育学会 27 2006.3 p279～291
◇百武兼行のロンドンにおける絵画制作について―百武兼行と國澤新九郎 （中村幸子）「美術教育」 日本美術教育学会学会誌編集委員会 291 2008 p38～45

平尾魯仙　ひらおろせん　1808～1880
幕末、明治期の文人、画家。
【図　書】
◇砂子瀬・川原平を歩いた人びと―菅江真澄・平尾魯仙・津軽民俗の会 （山下祐介編） 砂川学習館 2007.3 338p 図版12枚 （砂子瀬・川原平の生活文化記録集）
【雑　誌】
◇平尾魯仙「家訓提要」について （佐藤和夫）「弘前大学国史研究」 72 1981.4

平野五岳　ひらのごがく　1809～1893
幕末、明治期の文人画家。広門の二竜。
【図　書】
◇五岳上人遺墨展 （五岳会編） 五岳会 1982
◇五岳上人遺墨撰集 （平野五岳著, 緒方無元編） 五岳上人顕彰会 1983.11
【雑　誌】
◇平野五岳と西郷南洲 （河内昭圓）「文芸論叢」 大谷大学文芸学会 64 2005.3 p1～25

広津柳浪　ひろつりゅうろう　1861～1928
明治期の小説家。「蟹中楼」が文壇で注目。
【図　書】
◇愛の文学選 （森本穫） 渓水社 1980.10
◇明治文学石摺考―柳浪・緑雨・荷風 （塚越和夫） 葦真文社 1981.11
◇明治の文学 有精堂出版 1981.12 （日本文学研究資料叢書）
◇定本広津柳浪作品集 上巻 小説1 （紅野敏郎, 広津桃子編集） 冬夏書房 1982.12
◇定本広津柳浪作品集 下巻 小説2 （紅野敏郎, 広津桃子編集） 冬夏書房 1982.12
◇定本広津柳浪作品集 別巻 広津柳浪研究 （紅野敏郎, 広津桃子） 冬夏書房 1982.12
◇文士の筆跡〈1〉作家編〈1〉〔新装版〕 （伊藤整編） 二玄社 1986.4
◇笛鳴りやまず―ある日の作家たち（中公文庫） （有本芳水著） 中央公論社 1986.6
◇近代文学の成立―思想と文体の模索（日本文学研究資料新集〈11〉）（小森陽一編） 有精堂出版 1986.12
◇『女子参政 蜃中楼』の諸相 専修大学大学院畑研究室 1987.3
◇性の歪みに映るもの―日本近代文学と身体の倒錯 （岡庭昇著） 青豹書房 1987.9 （青豹選書）
◇近代日本の恋愛小説 （野口武彦著） （大阪）大阪書籍 1987.11 （朝日カルチャーブックス）
◇文体としての物語 （小森陽一著） 筑摩書房 1988.4
◇明治三十年代文学の研究 （森英一著） 桜楓社 1988.12
◇父の書斎 （有島行光ほか著） 筑摩書房 1989.6 （筑摩叢書）
◇広津和郎全集〈第13巻〉随筆〈2〉 （広津和郎著） 中央公論社 1989.6
◇続 明治文学石摺考―緑雨・眉山・深川作家論 （塚越和夫著） 葦真文社 1989.6
◇幻の作家たち―消え去りし文学へ寄せるオマージュ （山下武著） 冬樹社 1991.5
◇唾玉集―明治諸家インタヴュー集 （伊原青々園, 後藤宙外編） 平凡社 1995.8 402p （東洋文庫）
◇怠惰の逆説―広津和郎の人生と文学 （松原新一著） 講談社 1998.2 245p
◇広津柳浪・和郎・桃子展―広津家三代の文学 （神奈川文学振興会編） 県立神奈川近代文学館 1998.4 67p
◇続 年月のあしおと 上 （広津和郎著） 講談社 1999.2 289p （講談社文芸文庫）
◇続続 明治文学石摺考 （塚越和夫著, 白根孝美編） 葦真文社 2001.8 602p
◇評伝 広津和郎―真正リベラリストの生涯 （坂本育雄著） 翰林書房 2001.9 278p
◇幻想の近代―逍遙・美妙・柳浪 （山田有策著） おうふう 2001.11 549p
◇性的身体―「破調」と「歪み」の文学史をめぐって （岡庭昇著） 毎日新聞社 2002.6 235p
◇日清戦争後文学の一主題としての〈一家和熟〉―広津柳浪『河内屋』を出発点として （岡田豊）『論集樋口一葉』（樋口一葉研究会編） おうふう 2002.9 p276～
◇小林天眠と関西文壇の形成 （真銅正宏, 田口道昭, 檀原みすず, 増田周子編） 和泉書院 2003.3 275p （上方文庫）
◇明治の結婚小説 （上田博編） おうふう 2004.9 223p
◇小説表現としての近代 （宇佐美毅著） おうふう 2004.12 422p
◇「色里」物語めぐり―遊里に花開いた伝説・戯作・小説 （朝倉喬司著） 現代書館 2006.5 370p
◇東京10000歩ウォーキング―文学と歴史を巡る No.26 （籠谷典子編著） 明治書院 2007.9 103p
【雑　誌】
◇広津柳浪「今戸心中」の吉里（名作の中のおんな101人） （岡保生）「國文學 解釈と教材の研究」 25(4) 1980.3.臨増
◇今戸心中（広津柳浪）（特集・硯友社文学 硯友社文学の軌跡・作品論）（塚越和夫）「国文学 解釈と鑑賞」 45(5) 1980.5
◇ふたりの"お秋"―広津柳浪の「小舟嵐」と「家と児」 （高田知波）「国語と国文学」 57(6) 1980.6
◇広津柳浪の父 （高田知波）「白梅学園短期大学紀要」 17 1981.3
◇「広津柳浪日記」（新資料）を読む （紅野敏郎）「文学」 49(6) 1981.6
◇遊里文学近代 （高橋俊夫）「國文學 解釈と教材の研究」 26(14) 1981.10増
◇「女子参政蜃中楼」ノート （高田知波）「成蹊国文」 15 1981.12
◇「残菊」以後の広津柳浪―「悲惨小説」への彷徨 （宇佐美毅）「学芸国語国文学」 18 1983.3
◇広津柳浪―日本現代文学研究必携 （高田知波）「別冊国文学」 特大号 1983.7
◇広津柳浪「女子参政蜃中楼」の位置 （谷川恵一）「国語国文」 52(11) 1983.11
◇「社会小説」―広津柳浪「雨」 （榎本隆司）「早稲田大学教育学部学術研究国語・国文学編」 33 1984
◇広津柳浪病患者の日常 （村松友視）「三田評論」 843 1984.1
◇供犠の文学―広津柳浪論 （中丸宣明）「国語と国文学」 61(3) 1984.3
◇広津柳浪と「にひしほ」―雑誌探索 （紅野敏郎）「日本文学」 33(8) 1984.8
◇広津柳浪明治20年の動向―館林行をめぐって― （長谷川吉弘）「無頼の文学」 12 1985.2
◇『女子参政蜃虫楼』試論 （和田繁二郎）「広津柳浪研究」 創刊号 1986.3
◇おぞましきものの転位―「柳浪」の30年代（明治30年代の文学〈特集〉）（中丸宣明）「文学」 54(8) 1986.8
◇『花の命』論 （沢正宏）「広津柳浪研究」 2 1986.11
◇身体の文学―広津柳浪の「残菊」― （谷川恵一）「高知大学学術研究報告 人文科学」 35 1986.12

◇柳浪の描いたもう一つの人間像 （塚越和夫）「研究年誌（早稲田大学高等学院）」32 1988.3
◇文学作品の中の「部落」(2)広津柳浪の明治30年代と部落問題（第26回部落問題研究者全国集会報告—日本の民主主義と部落問題研究の課題<特集>—部落問題と文芸分科会〔含 討議〕）（津田潔）「部落問題研究」99 1989.5
◇児童文学と広津柳浪 （藤本芳則）「大阪青山短期大学研究紀要」16 1990.2
◇柳浪の「雨」あるいは貧困の悲劇 （塚越和夫）「文学年誌」20 1990.12
◇広津柳浪「女子参政蜃中楼」（明治長編小説事典〈特集〉）（宇佐美毅）「国文学解釈と鑑賞」57（4）1992.4
◇〈悲劇〉の行方—広津柳浪論 （宇佐美聡）「中央大学文学部紀要」148 1993.3
◇近代文学探訪(10)広津柳浪「変目伝」（森与志男）「民主文学」332 1993.7
◇明治の気になる小説を読む—広津柳浪「河内屋」（明治の名作小説がいま新しい〈特集〉）（川島秀一）「國文學 解釈と教材の研究」39（7）1994.6
◇梅干しと柳浪 （村松友視）「本の窓」17（5）1994.6
◇小説表現としての〈近代〉—「浮雲」と初期柳浪をめぐって （宇佐美毅）中央大学文学部紀要」中央大学文学部 157 1995.2 p143～168
◇広津柳浪の〈悲惨小説〉—家長の存在 （関口のぞみ）「日本文学論集」大東文化大学大学院文学研究科日本文学専攻 第19号 1995.3 p1～9
◇広津柳浪の怪談—「変目伝」における身体・戦争・衛生・下層 （高橋敏夫）「国文学研究」早稲田大学国文学会 120 1996.10 p61～72
◇広津柳浪「残菊」試論—狂気と正気のあいだを読む （岡田豊）「論輯」駒沢大学大学院国文学会 第25号 1997.5 p37～57
◇〈父〉の欠落—「変目伝（へめでん）」（広津柳浪）〈特集 小説を読む, 家族を考える—明治から平成まで—家族/反家族の肖像〉（畑有三）「國文學 解釈と教材の研究」学灯社 42（12）1997.10 p16～20
◇広津柳浪の一人称小説把握のための一視角—「小舟嵐」を主たる素材として （岡田豊）「論輯」駒沢大学大学院国文学会 第26号 1998.3 p31～40
◇広津家三代の展覧会（葭の髄から〔13〕）（阿川弘之）「文芸春秋」76（5）1998.5 p77～78
◇広津柳浪「残菊」論—「私」の揺れがもたらすもの （堀田友子）「国学院大学大学院紀要 文学研究科」国学院大学大学院 31 1999 p219～233
◇広津柳浪『今戸心中』『浅瀬の波』試論—金銭・時間・語りをめぐって （岡田豊）「駒沢国文」駒沢大学文学会 36 1999.2 p131～154
◇広津柳浪『骨ぬすみ』試論 （大村治代）「近代文学研究」日本文学協会近代部会 17 2000.2 p9～21
◇広津柳浪『今戸心中』試論—女主人公の孤立 （全美星）「国文論叢」神戸大学文学部国語国文学会 29 2000.3 p34～46
◇明治文学の愉しみ(4)—葉、柳浪、鏡花、荷風。あるいは、美登利、吉里、菊枝、お糸。（辻原登）「ちくま」筑摩書房 349 2000.4 p60～64
◇「金鳥帽子」（広津柳浪）と「慎鸞交伝奇」（李笠翁）（国末泰平）「園田学園女子大学論文集」園田学園女子大学 35分冊1 2000.12 p25～37
◇心中—広津柳浪「今戸心中」（小説）（境界を越えて—恋愛のキーワード集）（藤沢秀幸）「國文學 解釈と教材の研究」学灯社 46（3）2001.2 p86～88
◇広津柳浪「河内屋」論—「重ね妻」という認識 （全美星）「国文論叢」神戸大学文学部国語国文学会 30 2001.3 p63～74
◇広津柳浪「黒蜴蜒」試論—≪家≫の制度性をめぐって（文学史の新視角（2））（二宮智之）「近代文学試論」広島大学近代文学研究会 40 2002.12 p1～12
◇広津柳浪「亀さん」論—地獄絵の構図 （朝岡浩史）「文学研究論集 文学・史学・地理学」明治大学大学院 19 2003年度 p67～79
◇兄妹の「病」—広津柳浪「紫被布」「二人やもめ」論 （全美星）「文芸論叢」大谷大学文芸学会 60 2003.3 p30～43
◇広津柳浪「今戸心中」を読む—思いと身体は重ね、ずらされ （野寄勉）「日本文学文化」東洋大学日本文学文化学会事務局 4 2004 p41～50
◇廣津柳浪「雙目傳」—特殊な人間の特殊な心理に於ける特殊な事件 （榊原剛, 広瀬信雄）「山梨大学教育人間科学部紀要」山梨大学教育人間科学部 7（2）2005 p1～6
◇「変目伝」論—伝吉の恋の行方と「悲惨小説」（水野洋）「立命館文學」立命館大学人文学会 592 2006.2 p416～421
◇明治期の児童読物に描かれたロシア人像—広津柳浪作「三少年」、巌谷小波作「お伽芝居 櫻太郎」「お伽芝居 蜻蛉丸」、三津木春影作「俠勇小説 銀の十字架」を中心に （丸尾美保）「梅花児童文学」梅花女子大学大学院児童文学会 15 2007.6 p69～86
◇廣津柳浪『変目伝』の可能性 （岡田豊）「駒澤國文」駒沢大学文学部国文学研究室 45 2008.2 p23～47

フェントン, J. Fenton, John William 1828～?
イギリスの軍楽家。1868年来日、海軍、宮内省で指導。
【図　書】
◇開化異国（おつくに）助っ人奮戦記 （荒俣宏著, 安井仁撮影）小学館 1991.2
◇洋楽導入者の軌跡—日本近代洋楽史序説 （中村理平著）刀水書房 1993.2
【雑　誌】
◇フェントンと明治初期の海軍軍楽隊 （塚原康子）「海軍史研究」1 1990.10
◇フェントンと明治初期の海軍軍楽隊 （塚原康子）「海軍史研究（海軍史研究学会）」1 1990.10
◇横濱錦繪物語(8)英吉利軍楽隊とフェントン （齋藤龍）「歴史読本」新人物往来社 53（8）2008.8 p28～30,324～327

フォンタネージ, A. Fontanesi, Antonio 1818～1882
イタリアの画家。1876年来日、初の西洋画教授となる。
【図　書】
◇画家フォンタネージ （井関正昭）中央公論社 1984.9
◇画家フォンタネージ （井関正昭著）中央公論美術出版 1984.9
◇日本の近代美術と西洋 （匠秀夫著）沖積舎 1991.9
◇日本の近代化をになった外国人—フォンタネージ・クラークとケプロン・スコット （国立教育会館編）ぎょうせい 1992.5 （教養講座シリーズ）
◇画家フォンタネージ 〔新装普及版〕 （井関正昭著）中央公論美術出版 1994.3
◇フォンタネージと日本の近代美術—志士の美術家たち （東京都庭園美術館編）東京都歴史文化財団 1997.10 182,68p （東京都庭園美術館資料）
◇兆民をひらく—明治近代の「夢」を求めて （井田進也編）光芒社 2001.12 502p （アンソロジー日本）
◇写生の変容—フォンタネージから子規、そして直哉へ （松井貴子著）明治書院 2002.2 448p
◇画家フォンタネージと芸術家村クレミュー （荒屋舗透）『伝統と象徴—美術史のマトリックス』（前田富士男編）沖積舎 2003.5 p109
【雑　誌】
◇アントニオ・フォンタネージの美術理論—日本・ルネサンス・写真 （松井貴子）「日伊文化研究」日伊協会 40 2002 p86～97
◇アントニオ・フォンタネージの来日経緯再考 （河上真理）「日伊文化研究」日伊協会 41 2003 p70～79

福田半香 ふくだはんこう 1804～1864
幕末の南画家。渡辺崋山に学ぶ。
【図　書】
◇崋山の弟子—半香・顕斎・茜山 （常葉美術館編）常葉学園 1980.10
◇写実の系譜—魂をゆさぶる表現者たち （金原宏行）沖積舎 2008.1 273p
【雑　誌】
◇見付の画人・福田半香の横顔 （鈴木直之）「磐南文化」7 1981.11

福地源一郎 ふくちげんいちろう 1841～1906
明治期の新聞人、劇作家。東京日日新聞社長, 衆議院議員。
【図　書】
◇男たちの明治維新—エピソード人物史 （奈良本辰也ほか）文芸春秋 1980.10 （文春文庫）
◇幕臣列伝 （綱淵謙錠）中央公論社 1981.3
◇明治文学石摺考—柳浪・緑雨・荷風他 （塚越和夫）葦真文社 1981.11
◇明治人物閑話 （森銑三）中央公論社 1982.9
◇維新史の青春激像—動乱期に情熱を賭けた獅子たちの熱血譜 （藤田公道）日本文芸社 1983.10
◇人物探訪 日本の歴史—18—明治の逸材 暁教育図書 1984.2
◇幕臣列伝（中公文庫）（綱淵謙錠）中央公論社 1984.5
◇明治の異才福地桜痴—忘れられた大記者(中公新書) （小山文雄著）中央公論社 1984.10
◇福地桜痴 （柳田泉）吉川弘文館 1989.2 （人物叢書 新装版）
◇続 明治文学石摺考—緑雨・眉山・深川作家論 （塚越和夫著）葦真文社 1989.6
◇文士と文士 （小山文雄著）河合出版 1989.11
◇日本絵画紀行 （モーティマー・メンピス著, 渡辺義雄, 門脇輝夫訳）朝日出版社 1989.11
◇新聞記者の誕生—日本のメディアをつくった人びと （山本武利著）新曜社 1990.12
◇ぜいたく列伝 （戸板康二著）文芸春秋 1992.9
◇日本の『創造力』—近代・現代を開花させた470人〈4〉進む交流と機能 （富田仁編）日本放送出版協会 1993.3

◇文学近代化の諸相―洋学・戯作・自由民権　(小笠原幹夫著)　高文堂出版社　1993.4
◇唾玉集―明治諸家インタヴュー集　(伊原青々園, 後藤宙外編)　平凡社　1995.8　402p　(東洋文庫)
◇近代トルコ見聞録　(長場紘著)　慶応義塾大学出版会　2000.1　223p　(Keio UP選書)
◇福沢諭吉研究―福沢諭吉と幕末維新の群像　(飯田鼎著)　御茶の水書房　2001.7　439,20p　(飯田鼎著作集)
◇愛の手紙―文学者の様々な愛のかたち　(日本近代文学館編)　青土社　2002.4　209p
◇明治のジャーナリズム精神―幕末・明治の新聞事情　(秋山勇造著)　五月書房　2002.5　259,7p
◇ぜいたく列伝　(戸板康二著)　学陽書房　2004.4　324p　(人物文庫)
◇新しい日本のかたち―明治開明の諸相　(秋山勇造著)　御茶の水書房　2005.10　281p
◇唯今戦争始め候。明治十年のスクープ合戦　(黄民基著)　洋泉社　2006.9　222p　(新書y)
◇持丸長者　幕末・維新篇―日本を動かした怪物たち　(広瀬隆著)　ダイヤモンド社　2007.2　373p
◇新聞人群像―操觚者たちの闘い　(嶺隆著)　中央公論新社　2007.3　410p
◇明治人物閑話　(森銑三著)　中央公論新社　2007.11　343p　(中公文庫)
◇旅する長崎学―長崎は『知の都』だった　7　(長崎県企画, 長崎文献社制作)　長崎文献社　2007.12　64p
◇ヨーロッパ人の見た幕末使節団　(鈴木健夫, ポール・スノードン, ギュンター・ツォーベル著)　講談社　2008.8　271p　(講談社学術文庫)
◇近代日本メディア人物誌―創始者・経営者編　(土屋礼子編著)　ミネルヴァ書房　2009.6　277p
【雑　誌】
◇新政府を批判した旧幕臣(特集徳川幕府滅亡の舞台裏)　(山本武利)　「歴史読本」　30(18)　1960.10
◇近世ジャーナリスト列伝(2)変幻―福地桜痴　(三好徹)「中央公論」　95(11)　1980.9
◇近世ジャーナリスト列伝(3)福地桜痴　(三好徹)「中央公論」　95(12)　1980.10
◇幕臣列伝―最終回―福地桜痴と成島柳北　(綱淵謙錠)「歴史と人物」　10(12)　1980.12
◇ミュンヘン物語(2)明治六年のミュンヘン―邦武・桜痴・ワーグナー　(小松伸六)「文学界」　35(8)　1981.8
◇福地桜痴と明治維新　(坂本多加雄)「学習院大学法学部研究年報」　19　1984
◇福地桜痴自筆稿本『近松安宅関』本文校訂翻刻およびその研究(上)　(篠田雅之)「論究(二松学舎大学)」　8　1984.3
◇福地桜痴自筆稿本『近松安宅関』本文校訂翻刻及びその研究(下)　(篠田雅之)「論究(二松学舎大学)」　10　1984.10
◇福地源一郎のエジプト混合裁判所調査―近代日本・アラブ関係史の一齣　(中園三益)「国際商科大学論叢　教養学部編」　32　1985
◇福地桜痴試論―開明期のジャーナリストとして―　(伊藤発子)「中村学園研究紀要」　18　1986.3
◇演博の海外資料(4)小山内薫と福地桜痴の欧州土産　(菊池明)「悲劇喜劇」　39(9)　1986.9
◇福地桜痴「もしや草紙」について(柳田泉特集)　(塚越和夫)「文学年誌」　8　1986.9
◇福地桜痴―「正しき」ジャーナリスト(明治新政府―大いなる国家構想〈特集〉)　(大井真二)「歴史読本」　32(21)　1987.11
◇「扇の恨」と「ラ・トスカ」　(小笠原幹夫)「日本演劇学会紀要」　26　1988
◇福地桜痴と福沢諭吉―「懐往事談」と「福翁自伝」をめぐって　(飯田鼎)「三田学会雑誌」　82(4)　1990.1
◇福地桜痴の初期史劇論考(1)　(水上敏)「帝塚山大学教養学部紀要」　33　1993.3
◇桜痴福地源一郎試論(近世と近代―危機の文学〈特集〉)　(浅井清)「国語と国文学」　70(5)　1993.5
◇「舞踊」という用語の初出と初期の使用法に関する研究―福地桜痴を中心として　(窪田奈希左)「体育・スポーツ哲学研究」　日本体育・スポーツ哲学会　17巻1号　1995.10　p57~66
◇明治初期の新聞文章と言文一致運動―福地桜痴の「文論」を読む　(尾正二郎)「神戸親和女子大学研究論叢」　神戸親和女子大学　30　1996.10　p56~66
◇桜痴『日蓮記』初演周辺の記録　(小山一成)「立正大学国語国文」立正大学国語国文学会　第36号　1998.3　p48~54
◇オリジナルの価値(2)福地源一郎遺稿「徳川史」　(樽見博)「日本古書通信」　日本古書通信社　72(4)　2007.4　p30~31
◇「平民」民権家・福地源一郎の「国民」形成論―士族平民民権争を中心に　(岡安儀之)「歴史」　東北史学会　110　2008.4　p47~69
◇大宰相・原敬(第18回)福地櫻痴　(福田和也)「Voice」　PHP研究所　366　2008.6　p228~237

◇政論新聞化と読者啓蒙―『東京日日新聞』入社期における福地源一郎を中心に　(岡安儀之)「武蔵大学人文学会雑誌」　武蔵大学人文学会　40(4)　2009　p93~118

藤井竹外　ふじいちくがい　1807~1866
幕末の漢詩人。頼山陽に師事。
【図　書】
◇古典拾葉　(吉田澄夫著)　武蔵野書院　1986.7
◇琅玕―藤井竹外漢詩翻訳短歌集　(関俊一著)　(摂津)創森出版　1993.7
【雑　誌】
◇日本漢詩の名作を読む―山陽・竹外・乃木将軍(大特集　日本人の好きな漢詩―読者が選ぶ究極の漢詩名作選)　(池沢一郎)「月刊しにか」大修館書店　13(11)　2002.10　p71~77

藤岡作太郎　ふじおかさくたろう　1870~1910
明治期の国文学者。第三高等学校教授, 文学博士。
【図　書】
◇この父にして―藤岡作太郎・鈴木大拙・木村栄の幼時　(勝尾金弥著)梧桐書院　2004.11　287p
◇ほくりく20世紀列伝　上巻　(北国新聞社論説委員会・編集局編)　時鐘舎　2007.12　281p　(時鐘舎新書)
【雑　誌】
◇明治期における古典学者―藤岡作太郎―近代国文学の始発(続・古典学者の群像―明治から昭和戦前まで〈特集〉)　(野村精一)「国文学解釈と鑑賞」　57(8)　1992.8
◇今川覚神と藤岡作太郎―明治28・9年の動静　(松田章一)「金沢学院短期大学紀要」　金沢学院短期大学　2　2004.3　p72~61
◇藤岡・新村時代の言語学―明治・大正の言語学(その4)　(佐藤喜之)「学苑」　昭和女子大学近代文化研究所　797　2007.3　p32~40
◇20世紀初頭における国文学の展開(1)明治初期における「文学」の形成過程をめぐる国民国家論(6)　(大本達也)「鈴鹿国際大学紀要」　鈴鹿国際大学　15　2008　p89~100
◇翻刻　『我尊会文集　第一』　(上田正行)「金沢大学文学部論集　言語・文学篇」　金沢大学文学部　28　2008.3　p1~36
◇藤岡作太郎の美術研究活動―明治三十五年, 須賀川, 亜欧堂田善　(村角紀子)「Museum」　東京国立博物館　615　2008.8　p55~74,6
◇翻刻　『我尊会文集　第一』(続)　(上田正行)「金沢大学歴史言語文化学系論集　言語・文学篇」　金沢大学歴史言語文化学系　1　2009.3　p1~33
◇八文字屋本『風流宇治頼政』の典拠―藤岡作太郎の指摘を手がかりに　(福島万葉子, 木越治)「金沢大学国語国文」　金沢大学国語国文学会　34　2009.3　p196~202

藤沢浅二郎　ふじさわあさじろう　1866~1917
明治, 大正期の俳優。
【雑　誌】
◇藤澤浅二郎と中国人留学生(春柳社)の交流の位置　(伊藤茂)「人文学部紀要」　神戸学院大学人文学部　25　2005.3　p15~29

二葉亭四迷　ふたばていしめい　1864~1909
明治期の小説家, 翻訳家。
【図　書】
◇研究資料現代日本文学1　小説・戯曲1　(浅井清ほか編)　明治書院　1980.3
◇日本人の自伝15　二葉亭四迷・菊池寛・長谷川伸・吉川英治　平凡社　1980.11
◇竹取と浮雲―説話はいかに書かれるか　(篠田浩一郎)　集英社　1981.3
◇近代日本文学―近代小説に描かれた女性像　(岩崎文人ほか)　渓水社　1981.4
◇ニーチェから日本近代文学へ　(高松敏男)　幻想社　1981.4
◇近代日本の自伝　(佐伯彰一)　講談社　1981.5
◇四迷・鷗外・漱石　(木村毅)　恒文社　1981.5
◇明治文学を語る　(木村毅)　恒文社　1982.3
◇島尾敏雄全集　13　晶文社　1982.5
◇明治の古典―カラーグラフィック　7　武蔵野　(国木田独歩著, 篠田一士編)　学習研究社　1982.5
◇小説とはなにか　(中村光夫)　福武書店　1982.9
◇明治人物閑話　(森銑三)　中央公論社　1982.9
◇近代文学遊歩―33人の作家と宗教　(伝統と現代社)　みくに書房　1982.12
◇憂国警世とリアリズム　(滝崎安之助)　未来社　1983.2
◇夕陽を知らぬ男たち―彼らはいかに生きたか　(小島直記)　旺文社　1983.2　(旺文社文庫)
◇老境をゆたかに―文学にみる老人像　(三田英彬)　時事通信社　1983.7

◇漱石文学全集 10 （夏目漱石著, 伊藤整, 荒正人編） 集英社 1983.7
◇近代文学の甍―明治二十年代の一葉・四迷・鷗外の小説研究の試み （樋口晋作著）『近代文学の甍』刊行会 1983.7
◇二葉亭四迷論（近代作家研究叢書 14） （中村光夫著） 日本図書センター 1983.11
◇近代文学についての私的覚え書き―作家たちのさまざまな生き方をめぐって （三浦泰生著） 近代文芸社 1983.12
◇日本文学―伝統と近代 和田繁二郎博士古稀記念 （和田繁二郎博士古稀記念論集刊行会編） 和泉書院 1983.12
◇物語と小説―平安朝から近代まで （笹淵友一編） 明治書院 1984.4
◇近代日本の日記 （小田切進著） 講談社 1984.6
◇作品の中の女たち―明治・大正文学を読む （尾形明子著） ドメス出版 1984.6
◇二葉亭四迷論 増補版 （十川信介著） 筑摩書房 1984.10
◇二葉亭四迷全集 第1巻 （十川信介, 安井亮平編集） 筑摩書房 1984.11
◇二葉亭四迷全集 第2巻 （十川信介, 安井亮平編集） 筑摩書房 1985.1
◇二葉亭四迷全集 第3巻 （十川信介, 安井亮平編集） 筑摩書房 1985.3
◇二葉亭四迷全集 第4巻 （十川信介, 安井亮平編集） 筑摩書房 1985.7
◇人物でつづる近代日本語の歴史（雄山閣Books18） （杉本つとむ） 雄山閣出版 1985.11
◇文学論集〈1〉文学の近代 （越智治雄著） 砂子屋書房 1986.3
◇文士の筆跡〈1〉作家編〈1〉〔新装版〕 （伊藤整編） 二玄社 1986.4
◇戦争と革命の放浪者 二葉亭四迷（日本の作家〈37〉） （亀井秀雄著） 新典社 1986.5
◇文体の軌跡 （原子朗著） 沖積舎 1986.5
◇日本の近代小説〈1〉作品論の現在 （三好行雄編） 東京大学出版会 1986.6
◇二葉亭四迷と明治日本 （桶谷秀昭著） 文芸春秋 1986.9
◇文学の青春期 （宇野浩二著） 沖積舎 1986.12
◇魅せられた旅人―ロシア文学の愉しみ （木村彰一著） 恒文社 1987.3
◇揺れる言葉―喪われた明治をもとめて （木下長宏著） 五柳書院 1987.3
◇左千夫全集〈第6巻〉歌論・随想〈2〉 （伊藤左千夫著） 岩波書店 1987.4
◇文学が変るとき （後藤明生著） 筑摩書房 1987.5
◇現代日本私註 （加藤周一著） 平凡社 1987.8
◇東西南北浮世絵草書―わたしの読書と生活 （野間宏著） 集英社 1987.10
◇「ドラマ」・「他界」―明治二十年代の文学状況 （十川信介著） 筑摩書房 1987.11
◇近代日本の恋愛小説 （野口武彦著） （大阪）大阪書籍 1987.11 （朝日カルチャーブックス）
◇中国語と近代日本 （安藤彦太郎著） 岩波書店 1988.2 （岩波新書）
◆構造としての語り （小森陽一著） 新曜社 1988.4
◇文体としての物語 （小森陽一著） 筑摩書房 1988.4
◇野間宏作品集〈12〉日本近代への遡行 （野間宏著） 岩波書店 1988.7
◇夏目漱石全集〈10〉 （夏目漱石著） 筑摩書房 1988.7 （ちくま文庫）
◇歴史と想像力 （菊地昌典著） 筑摩書房 1988.10
◇広津和郎全集〈第8巻〉評論〈1〉 （広津和郎著） 中央公論社 1989.1
◇斎木一馬著作集〈3〉古文書の研究 （斎木一馬著） 吉川弘文館 1989.3
◇森鷗外―基層的論究 （山崎国紀著） 八木書店 1989.3 （近代文学研究叢書）
◇藤村随筆集 （島崎藤村著, 十川信介編） 岩波書店 1989.3 （岩波文庫）
◇二葉亭四迷全集〈第6巻〉日記・手帳〈2〉 （二葉亭四迷著） 筑摩書房 1989.6
◇俳諧つれづれ草―私の俳句歳時記 （福田清人著） 明治書院 1989.6
◇日本の作家たち （島尾敏雄著） 沖積舎 1989.7 （ちゅうせき叢書）
◇池辺三山―ジャーナリストの誕生 （池辺一郎, 富永健一著） みすず書房 1989.10
◇明治文芸院始末記 （和田利夫著） 筑摩書房 1989.12
◇社会文学・社会主義文学研究 （小田切秀雄著） 勁草書房 1990.1
◇日本文芸史―表現の流れ〈第5巻〉近代〈1〉 （畑有三, 山田有策編） 河出書房新社 1990.1
◇「舞姫」への遠い旅―ヨーロッパ・アメリカ・中国文学紀行 （平岡敏夫著） 大修館書店 1990.3
◇思想の最前線で―文学は予兆する （黒古一夫著） 社会評論社 1990.5 （思想の海へ「解放と変革」）
◇近代日本の自伝 （佐伯彰一著） 中央公論社 1990.9 （中公文庫）
◇物語 明治文壇外史 （巌谷大四著） 新人物往来社 1990.10
◇鹿鳴館の系譜―近代日本文芸史誌 （磯田光一著） 講談社 1991.1 （講談社文芸文庫）
◇文明開化と女性 （佐伯順子著） 新典社 1991.3 （叢刊・日本の文学）

◇さまざまな青春 （平野謙著） 講談社 1991.9 （講談社文芸文庫）
◇彼らは何歳で始めたか （富永直久著） ダイヤモンド社 1991.10
◇明治の国際化を構築した人びと （小林通, 佐藤三武朗, 清家茂, 高橋公雄, 東和敏, 吉田克己著） 多賀出版 1992.7
◇二葉亭・透谷―考証と試論 （関良一著） 教育出版センター 1992.8 （研究選書）
◇日本近代文学の出発 （平岡敏夫著） 塙書房 1992.9 （塙新書）
◇文学と政治主義 （松原正著） 地球社 1993.4
◇二葉亭四迷伝―ある先駆者の生涯 （中村光夫著） 講談社 1993.8 （講談社文芸文庫）
◇二葉亭四迷全集〈別巻〉 （二葉亭四迷著, 十川信介編） 筑摩書房 1993.9
◇新編 思い出す人々 （内田魯庵著, 紅野敏郎編） 岩波書店 1994.2 （岩波文庫）
◇思想と表現―近代日本文学史の一側面 （山口博著） 有朋堂 1994.4
◇作家の世界体験―近代日本文学の憧憬と模索 （芦谷信和, 上田博, 木村一信編） （京都）世界思想社 1994.4 （SEKAISHISO SEMINAR）
◇池辺三山―ジャーナリストの誕生 （池辺一郎, 富永健一著） 中央公論社 1994.4 （中公文庫）
◇四迷・啄木・藤村の周縁―近代文学管見 （高阪薫著） （大阪）和泉書院 1994.6 （近代文学研究叢刊）
◇比較文学プロムナード―近代作品再読 （剣持武彦著） おうふう 1994.9
◇二葉亭四迷―予が半生の懺悔/平凡 （二葉亭四迷〔著〕, 畑有三〔編〕） 日本図書センター 1994.10 （シリーズ・人間図書館）
◇二葉亭四迷の日本最初の小説『浮雲』におけるロシアの役割 （ジャネット・A・ウォーカー〔著〕, 沢田和彦〔訳〕）『ロシア文化と日本』（中村喜和, トマス・ライマー編） 彩流社 1995.1 p71
◇二葉亭とゴーゴリ （秦野一宏）『ロシア文化と日本』（中村喜和, トマス・ライマー編） 彩流社 1995.1 p96
◇二葉亭四迷研究 （佐藤清郎著） 有精堂出版 1995.5 480p
◇唾玉集―明治諸家インタヴュー集 （伊原青々園, 後島宙外編） 平凡社 1995.8 402p （東洋文庫）
◇二葉亭四迷論ノート （井田輝敏）『近代政治思想の諸相』（柏経学ほか編） 御茶の水書房 1996.6 p273
◇二葉亭四迷の明治四十一年 （関川夏央著） 文芸春秋 1996.11 317p
◇三絃の誘惑―近代日本精神史覚え書 （樋口覚著） 人文書院 1996.12 334p
◇二葉亭四迷と明治日本 （桶谷秀昭著） 小沢書店 1997.3 335p （小沢コレクション）
◇「色」と「愛」の比較文化史 （佐伯順子著） 岩波書店 1998.1 389,7p
◇二葉亭四迷『浮雲』の成立 （田中邦夫著） 双文社出版 1998.2 351p （大阪経済大学研究叢書）
◇二葉亭四迷とその時代 （亥能春人著） 宝文館出版 1998.2 539p
◇「ゆらぎ」の日本文学 （小森陽一著） 日本放送出版協会 1998.9 318p （NHKブックス）
◇日本文学の百年 （小田切秀雄著） 東京新聞出版局 1998.10 318p
◇歴史のつづれおり （井出孫六著） みすず書房 1999.4 247p
◇二葉亭四迷の『あひゞき』の語彙研究―『あひゞき』はどのように改訳されたか （太田紘子著） 和泉書院 2000.3 230p （和泉選書）
◇新研究資料現代日本文学 第1巻 （浅井清, 佐藤勝, 篠弘, 鳥居邦朗, 松井利彦, 武田忠一ほか編） 明治書院 2000.3 463p
◇比較文学の読書のすすめ （渡辺洋著） 世界思想社 2000.5 231,11p （SEKAISHISO SEMINAR）
◇完本 文語文 （山本夏彦著） 文芸春秋 2000.5 366p
◇明治文壇遊学案内 （坪内祐三編） 筑摩書房 2000.8 311p
◇座談の愉しみ―『図書』座談会集 上 （岩波書店編集部編） 岩波書店 2000.11 239p
◇内田魯庵 （内田魯庵著, 鹿島茂, 坪内祐三編） 筑摩書房 2001.3 471,2p （明治の文学）
◇内田魯庵研究―明治文学史の一側面 （木村有美子著） 和泉書院 2001.5 187p （和泉選書）
◇漱石―その解纜 （重松泰雄著） おうふう 2001.9 507p
◇明治人のお葬式 （此経啓助著） 現代書館 2001.12 203p
◇明治を生きる群像―近代日本語の成立 （飯田晴巳著） おうふう 2002.2 231p
◇愛の手紙―文学者の様々な愛のかたち （日本近代文学館編） 青土社 2002.4 209p
◇明治下層記録文学 増補改訂版 （立花雄一著） 筑摩書房 2002.5 330p （ちくま学芸文庫）
◇新編 作家論 （正宗白鳥著, 高橋英夫編） 岩波書店 2002.6 458p （岩波文庫）
◇日本近代思想史序説 明治期前篇 下 （岩崎允胤著） 新日本出版社

◇文人暴食　(嵐山光三郎著)　マガジンハウス　2002.9　431p
◇自然主義文学盛衰史　(正宗白鳥著)　講談社　2002.11　224p　(講談社文芸文庫)
◇完本・文語文　(山本夏彦著)　文芸春秋　2003.3　334p　(文春文庫)
◇思い出す事など 他七篇　(夏目漱石著)　岩波書店　2003.4　189p　(岩波文庫)
◇日本の小説101　(安藤宏編)　新書館　2003.6　226p
◇二葉亭四迷の明治四十一年　(関川夏央著)　文芸春秋　2003.7　334p　(文春文庫)
◇愛の手紙 友人・師弟篇　(日本近代文学館編)　青土社　2003.11　229p
◇小説の相貌―"読みの共振運動論"の試み　(古閑章著)　南方新社　2004.3　373p
◇明治文学―ことばの位相　(十川信介著)　岩波書店　2004.4　390p
◇日本近代文学との戦い―後藤明生遺稿集　(後藤明生著)　柳原出版　2004.4　316p
◇二葉亭四迷 土塊の炎　(幕内満雄著)　叢文社　2004.5　167p
◇小説の終焉　(川西政明著)　岩波書店　2004.9　214p　(岩波新書)
◇感動！日本の名著 近現代編―たった10分で味わえる　(毎日新聞社編)　ワック　2004.12　386p　(ワックBUNKO)
◇小説表現としての近代　(宇佐美毅著)　おうふう　2004.12　422p
◇評伝 渋川玄耳　(古賀行雄著)　文芸社　2005.8　215p
◇日露戦争 勝利のあとの誤算　(黒岩比佐子著)　文芸春秋　2005.10　318p　(文春新書)
◇笑いと創造 第4集　(ハワード・ヒベット, 大学と笑い研究会編)　勉誠出版　2005.11　323p
◇近代文学の終り―柄谷行人の現在　(柄谷行人著)　インスクリプト　2005.11　273p
◇文人暴食　(嵐山光三郎著)　新潮社　2006.1　577p　(新潮文庫)
◇近世思想・近代文学とヒューマニズム―長谷川鉱平評論選　(長谷川鉱平著, 長谷川伸三編)　いなほ書房　2006.1　296p
◇数学を愛した作家たち　(片野善一郎著)　新潮社　2006.5　191p　(新潮新書)
◇ロマネスクの透明度―近・現代作家論集　(高橋英夫著)　鳥影社　2006.5　253p　(季刊文科コレクション)
◇「近代日本文学」の誕生―百年前の文壇を読む　(坪内祐三著)　PHP研究所　2006.10　384p　(PHP新書)
◇私小説という人生　(秋山駿著)　新潮社　2006.12　253p
◇日本近代文学と『猟人日記』―二葉亭四迷と嵯峨の屋おむろにおける『猟人日記』翻訳の意義を通して　(籾内裕子著)　水声社　2006.12　409p
◇日本史人物「第二の人生」発見読本　(楠木誠一郎著)　彩流社　2007.3　222p
◇二葉亭四迷の『其面影』について　(角倉淳)　『文学と言葉とともに―国松昭先生退職記念論文集』(国松昭先生退職記念論文集編集委員会編)　凡人社(発売)　2007.3　p17
◇主体の学としての美学―近代日本美学史研究　(浜下昌宏著)　晃洋書房　2007.5　216p
◇文学への沈礼　(須磨一彦著)　中央大学出版部　2007.5　352,9p　(中央大学学術図書)
◇萌えで読みとく名作文学案内　(牧野武文著)　インフォレスト　2007.11　279p
◇明治人物閑話　(森銑三著)　中央公論新社　2007.11　343p　(中公文庫)
◇日本近代文学の"終焉"とドストエフスキー―「ドストエフスキー体験」という問題に触れて　(福井勝也著)　のべる出版企画　2008.2　179p
◇名作はこのように始まる 1　(千葉一幹, 芳川泰久編著)　ミネルヴァ書房　2008.3　206p　(ミネルヴァ評論叢書・文学の在り処)
◇思い出す事など 他七篇　(夏目漱石著)　岩波書店　2008.6　189p　(ワイド版岩波文庫)
◇中心から周縁へ―作品, 作家への視覚　(上田正行著)　梧桐書院　2008.8　374p
◇作家その死　(神津拓夫著)　近代文芸社　2008.10　311p
◇柳田泉の文学遺産 第3巻　(柳田泉著)　右文書院　2009.6　442p
◇柳田泉の文学遺産 第2巻　(柳田泉著)　右文書院　2009.8　410p
◇福田恆存評論集 第13巻　(福田恆存著)　麗澤大学出版会　2009.11　348p
【雑誌】
◇逍遙と二葉亭の方法　(堀井謙一)　「言語と文芸」　89　1980.2
◇二葉亭四迷「浮雲」―近代文学と宗教(11)　(桑島玄二)　「東方界」　8(2)　1980.2
◇二葉亭四迷「浮雲」のお勢(名作の中のおんな101人)　(畑有三)　「國文學 解釈と教材の研究」　25(4)　1980.3臨増
◇「浮雲」の主人公―文体としての自己意識　(小森陽一)　「異徒」　創刊号　1980.5
◇二葉亭四迷, 内面の言語へ明治の文体―新しい言語空間を求めて　(原子朗)　「國文學 解釈と教材の研究」　25(10)　1980.8
◇文章が近代化するということ―福沢諭吉と二葉亭四迷とを中心に―　(進藤咲子)　「東京女子大学論集」　31(1)　1980.9
◇明治初期翻訳文学における自然と文体―二葉亭四迷の『あひびき』を中心に　(小森陽一)　「日本近代文学」　27　1980.10
◇近代日本の自伝(6)ルソーと白石の間　(佐伯彰一)　「群像」　35(11)　1980.11
◇文学史の新視角―二葉亭のきりひらいたもの　(畑有三)　「国文学 解釈と鑑賞」　45(11)　1980.11
◇「浮雲」の表現　(尾形国治)　「文芸と批評」　5(5)　1980.12
◇近世俗語文学と近代「写実」理念―「浮雲」における「俗語の精神」と「平民的虚思想」に関連しての試論　(林原純生)　「日本文学」　30(1)　1981.1
◇二葉亭四迷の文学的出発―「浮雲」の文体論序説　(遠藤好英)　「日本文学ノート(宮城学院女子大)」　16　1981.1
◇二葉亭四迷の文学理論　(小森陽一)　「国語国文研究」　65　1981.2
◇「浮雲」の主題について―文三の思想と自由民権運動　(田中邦夫)　「大阪経大論集」　143　1981.3
◇浮雲の四年間(2)流行世相の推移を軸に(2)　(藤井淑禎)　「東海学園国語国文」　19　1981.3
◇「浮雲」(二葉亭)とロシア文学―新しい叙述の模索　(佐藤清郎)　「言語文学研究(大阪大)」　7　1981.3
◇二葉亭四迷の人生目的について―「茶筅髪」を中心に(特集・近代の小説―教材作家(2))　(岩居保久志)　「解釈」　27(3)　1981.3
◇二葉亭「其面影」論(1)人物形象の前提となる問題性　(服部康喜)　「活水論文集」　24(活水女子短大)　1981.3
◇構成力としての文体(1,2)「浮雲」の"中絶"をめぐる試論　(小森陽一)　「異徒」　2, 3　1981.4, 7
◇「浮雲」の主題について―文三の思想と自由民権運動　(田中邦夫)　「大阪経大論集」　143　1981.9
◇二葉亭四迷の生育(2)　(畑有三)　「専修国文」　29　1981.9
◇「新編浮雲」の構想について―人物の配置を中心に(小特集・近代の詩歌)　(橋口晋作)　「解釈」　27(10)　1981.10
◇二葉亭「其面影」の世界―運命の欠如・哲也の病巣　(服部康喜)　「日本文芸学」　17　1981.10
◇浮雲の4年間(3)流行世相の推移を軸に(3)　(藤井淑禎)　「東海学園国語国文」　20　1981.10
◇二葉亭『其面影』論―神のゆくえ　(服部康喜)　「近代文学論集」　7　1981.11
◇二葉亭四迷「浮雲」をめぐって―作品中絶の心理　(小嶋知善)　「国文学試論(大正大)」　8　1981.12
◇二葉亭とゴーゴリ―「浮雲」の文体をめぐって　(秦野一宏)　「比較文学年誌」　18　1982.1
◇二葉亭とロシア文学―ゴーゴリを中心に　(諫早勇一)　「人文科学論集(信州大)」　16　1982.3
◇二葉亭の「正直」と自由民権運動―『浮雲』時代における二葉亭の思想　(田中邦夫)　「大阪経大論集」　145・146　1982.3
◇「平凡」―無意味な独白　(佐々木雅発)　「国文学研究(早大)」　76　1982.3
◇二葉亭の背景―「平凡」を通じて　(大沢成子)　「国文学踏査」　12　1982.9
◇二葉亭訳「おひたち」について　(沢田和彦)　「ロシヤ語ロシヤ文学研究」　14　1982.9
◇『其面影』論　(広瀬朱実)　「国文学研究(早大)」　78　1982.10
◇『新編浮雲』の変貌―『落葉のはきよせ 二籠め』へ　(橋口晋作)　「近代文学論集」　8　1982.11
◇北京の二葉亭―分司庁胡同を尋ねて (海外報告)　(平岡敏夫)　「國文學 解釈と教材の研究」　27(15)　1982.11
◇漱石と二葉亭(特集・夏目漱石)　(畑有三)　「国文学 解釈と鑑賞」　47(12)　1982.11
◇二葉亭四迷と〈社会主義〉　(佐藤清郎)　「教養諸学研究(早大)」　70　1982.11
◇「浮雲」の主人公文三は余計者であろうか(外国人の日本文学研究)　(Рехо Ким)　「文学」　50(12)　1982.12
◇二葉亭四迷の小説　(佐々木彰)　「窓」　44　1983.3
◇浮雲の4年間(4)流行世相の推移を軸に(4)　(藤井淑禎)　「東海学園国語国文」　23　1983.3
◇二葉亭四迷―近代作家年譜集成　(畑有三)　「國文學 解釈と教材の研究」　28(6)　1983.4
◇二葉亭四迷―二葉亭の文学における〈狂〉の位相―病跡学の課題と寄与　(清水茂)　「国文学 解釈と鑑賞」　48(7)　1983.4
◇他者の原像―「浮雲」における読者の位置　(小森陽一)　「成城国文学論集」　15　1983.5
◇「浮雲」の中のユレ　(上野力)　「常葉国文」　8　1983.6
◇二葉亭四迷の談話筆記と森鷗外の投書をめぐって　(山本芳明)　「國文學 解釈と教材の研究」　28(8)　1983.6

◇二葉亭四迷―日本現代文学研究必携 (畑有三)「別冊国文学」特大号 1983.7
◇近代日本の日記(7)坪内逍遙と二葉亭四迷 (小田切進)「群像」38(7) 1983.7
◇二葉亭の懊悩―「正直」の崩壊とスペンサー哲学・コントの人間教 (田中邦夫)「大阪経大論集」154 1983.7
◇二葉亭四迷と明治日本(1)文学以前 (桶谷秀昭)「文学界」37(8) 1983.8
◇近代日本の日記(8)「落葉のはきよせ」―二葉亭四迷 (小田切進)「群像」38(8) 1983.8
◇二葉亭四迷と明治日本(2)東京外国語学校 (桶谷秀昭)「文学界」37(10) 1983.10
◇二葉亭四迷論(1)(昭和11年4月号) (中村光夫)「文学界」37(11) 1983.11
◇二葉亭四迷と明治日本(3)インテリゲンチヤ (桶谷秀昭)「文学界」37(12) 1983.12
◇トゥルゲーネフにおける「フローラ」の思想―二葉亭訳『あひゞき』と『片恋』その他に寄せて―ツルゲーネフ没後100年記念 (法橋和彦)「窓」47 1983.12
◇二葉亭の「社会主義」 (田中邦夫)「大阪経済大学教養部紀要」1 1983.12
◇「浮雲」論序説―その〈語り〉の構造を中心に (高野実貴雄)「国語国文」52(12) 1983.12
◇二葉亭四迷と明治日本(4)東京商業学校露語科中退前後 (桶谷秀昭)「文学界」38(2) 1984.2
◇「平凡」論―覚醒への夢― (服部康喜)「活水論文集 日本文学科編(活水女子大学)」27 1984.3
◇ロシア文学と明治〈余計者〉小説考―「浮雲」、「其面影」、「青春」、「何処へ」、「それから」を中心に― (松本鶴雄)「群馬県立女子大学紀要」4 1984.3
◇二葉亭四迷の文学論―近代文学の先駆において (松本佳子)「弘学大語文」10 1984.3
◇二葉亭の理想「正直」の崩懐と儒教的教養 (田中邦夫)「大阪経大論集」158 1984.3
◇二葉亭四迷と明治日本(5)「浮雲」まで (桶谷秀昭)「文学界」38(4) 1984.4
◇二葉亭の新資料について (十川信介)「文 学」52(4) 1984.4
◇二葉亭四迷と明治日本(6)「浮雲」 (桶谷秀昭)「文学界」38(6) 1984.6
◇掛からぬ橋―「浮雲」第三篇の世界 (橋口晋作)「文学研究(日本文学研究会)」59 1984.6
◇二葉亭の理想「正直」とロシア文学 (田中邦夫)「大阪経大論集」159~161 1984.6
◇二葉亭四迷と明治日本(7)「浮雲」―統一 (桶谷秀昭)「文学界」38(8) 1984.8
◇二葉亭四迷と俳諧―その前近代と近代 (西村好子)「日本文学」33(8) 1984.8
◇二葉亭四迷(内田貢宛)(日本人100人の手紙) (畑有三)「国文学」29(12) 1984.9
◇『浮雲』研究の現段階 (藤井淑禎)「東海学園国語国文」26 1984.10
◇二葉亭四迷と明治日本(8)小説抛棄 (桶谷秀昭)「文学界」38(10) 1984.10
◇文三の恋 (橋口晋作)「近代文学論集(日本近代文学会)」10 1984.11
◇『あひゞき』の使用文字と記号 (太田紘子)「就実語文(就実女子大学)」5 1984.12
◇二葉亭四迷と明治日本(9)喪心の人 (桶谷秀昭)「文学界」38(12) 1984.12
◇未完成の魅力―二葉亭四迷の世界 (小田切秀雄,十川信介)「ちくま」165 1984.12
◇東京外国語学校と二葉亭 (亀田帛子)「津田塾大学紀要」17 1985
◇二葉亭四迷と明治日本(10)浦塩・哈拉賓・北京 (桶谷秀昭)「文学界」39(2) 1985.2
◇二葉亭四迷と嵯峨の屋お室―ベリンスキー受容の相違点 (佐藤清郎)「文学」53(3) 1985.3
◇二葉亭四迷と明治日本(11)北京警務学堂 (桶谷秀昭)「文学界」39(4) 1985.4
◇二葉亭四迷と明治日本(12)日露戦争 (桶谷秀昭)「文学界」39(6) 1985.6
◇本のさんぽ154 二葉亭没後の翻訳本二冊『血笑記』と『片恋 外六篇』 (紅野敏郎)「国文学」30(7) 1985.6
◇二葉亭四迷と明治日本(13)「其面影」と日露戦後 (桶谷秀昭)「文学界」39(8) 1985.8
◇『浮雲』研究の今後―藤井淑禎氏の批判に答えて (小森陽一)「成城国文学論集」17 1985.8
◇二葉亭四迷研究案内 (畑有三)「専修国文」37 1985.9
◇二葉亭四迷私論(国際関係の中の日本) (亀田帛子)「総合研究(津田塾大学国際関係研究所)」1 1985.9

◇二葉亭四迷と明治日本(14)「平凡」―態度の文学 (桶谷秀昭)「文学界」39(10) 1985.10
◇「己憶」と「妄想」の果て―起泉、篁村、二葉亭、白鳥(江戸から明治への文学〈特集〉) (山本芳明)「文学」53(11) 1985.11
◇二葉亭四迷と明治日本(15完)ペテルブルグ (桶谷秀昭)「文学界」39(12) 1985.12
◇『浮雲』研究史への照明(1)明治20年代を中心に (松尾直昭)「就実語文」6 1985.12
◇他者へのまなざし―「浮雲」の世界 (谷川恵一)「国語国文」55(2) 1986.2
◇二葉亭四迷研究―「其面影」論― (鈴木律郎)「近代文学研究会会報(東洋大学)」7 1986.2
◇二葉亭四迷と内藤湖南―高橋健三を軸として (亀田帛子)「津田塾大学紀要」18 1986.3
◇高瀬文淵と二葉亭四迷―明治期に於ける「美術の本義」の一紹介― (坂井健)「新潟大学国文学会誌」29 1986.3
◇白夜に挫折の日々―二葉亭ベンガル湾上に死す― (古本昭三)「窓」56 1986.3
◇ピウスツキと男三郎事件 (沢田和彦)「窓」57 1986.6
◇「二葉亭書簡」と稿料前借の楽しみ―山本周五郎の手紙 (木村久邇典)「未来」237 1986.6
◇全集の原理―『二葉亭四迷全集』の場合 (十川信介)「ちくま」184 1986.7
◇『新編浮雲』の執筆 (橋口晋作)「解釈」32(8) 1986.8
◇『平凡』の時間 (服部康喜)「活水日文」15(活水学院日本文学会十周年記念) 1986.10
◇「言文一致」運動の日本語論―逍遙・四迷らの実践―(特集・日本語論) (杉山康彦)「言語」15(10) 1986.10
◇「長谷川辰之助」の肖像―樋口晋作号「二葉亭四迷と明治日本」(話題の本を読む) (前田愛)「文学界」40(12) 1986.12
◇日本近代文学における〈知〉の位相―二葉亭から漱石へ― (佐藤和正)「解釈」創刊号 1986.12
◇平生釟三郎と二葉亭四迷―青春の分岐点 (高阪薫)「甲南大学紀要 文学編」68 1987
◇『平凡』―その文体の成立と位置― (西村好子)「国文論叢(神戸大学)」14 1987.3
◇連載21 瑣事点描 (木村威夫)「彷書月刊」3(6) 1987.6
◇二葉亭四迷論(1) (赤嶺幹雄)「近代文学研究」1 1987.8
◇二葉亭四迷と「樺太千島交換事件」 (畑有三)「専修国文」41 1987.9
◇二葉亭四迷の文末表現―特に断定の助動詞「だ」について (山本清)「帝京大学文学部紀要 国語国文学」19 1987.10
◇明治の青春―二葉亭四迷論・その初期 (尾形国治)「関東学院大学人文科学研究所報」12 1988
◇平生釟三郎と二葉亭四迷(2)矢野二郎をめぐって (高阪薫)「甲南大学紀要 文学編」72 1988
◇「心」と「ハート」、「茶筅髪」から「其面影」へ (諫早勇一)「人文科学論集(信州大学人文学部文学科)」22 1988.3
◇二葉亭四迷「其面影」―知識人としての自己認識 (朱一星)「立命館文学」505 1988.3
◇二葉亭四迷『其面影』―恐れる男と恐れぬ女 (森脇孝子)「島大国文」17 1988.11
◇二葉亭四迷訳『血笑記』について (源貴志)「ヨーロッパ文学研究」36 1989
◇二葉亭四迷『平凡』とゴンチャロフ『平凡物語』 (剣持武彦)「上智大学国文学科紀要」6(上智大学創立75周年記念 村松・太田両教授定年送別記念) 1989.1
◇二葉亭四迷「真理」の変容―仏教への傾倒 (坂井健)「新潟大学国語国文学会誌」32(箕輪真澄先生退官記念) 1989.3
◇二葉亭四迷訳『あひゞき』の鑑賞 (中野恵海)「相愛女子短期大学研究論集」36(創立100周年記念号) 1989.3
◇二葉亭四迷の伝記参考資料―父親の履歴文献 (畑有三紹介)「専修国文」45 1989.9
◇「血笑記」から「平凡」へ (源貴志)「ロシア語ロシア文学研究」21 1989.10
◇『浮雲』をめぐって〈シンポジウム〉 (畑有三他)「国文学 解釈と鑑賞」54(11) 1989.11
◇「藪の鶯」と「新編浮雲」―その相互の影響 (橋口晋作)「文学研究(日本文学研究会)」70 1989.12
◇明治の青春―二葉亭四迷論(2) (尾形国治)「関東学院大学文学部紀要」61 1990
◇二葉亭四迷著書目録 「日本古書通信」55(2) 1990.2
◇二葉亭と「世界語」 (上田友彦)「学苑」603 1990.2
◇『浮雲』論―〈終わり〉の不在 (岡部隆志)「文芸研究(明治大学文芸研究会)」63 1990.2
◇『浮雲』における主人公の自己認識とその表現―「意久地なし」をめぐる論争 (関根俊二)「日本文芸論叢(東北大学)」8 1990.3
◇実感・美感・感興―近代文学に描かれた感受性(14)「俗曲の精霊」か

◇ら浮かび上がるもの—二葉亭四迷における感受性の構造　（中島国彦）「早稲田文学〔第8次〕」167 1990.4
◇「浮雲」と「狂人日記」—作家の思想と作品の関連性について　（朱一星）「立命館文学」516 1990.5
◇海外文学邦訳事始め(8)内田魯庵訳「復活」と二葉亭　（源貴志）「日本古書通信」55(8) 1990.8
◇『其面影』再論　（広瀬朱実）「金蘭短期大学研究誌」21 1990.12
◇「其面影」と「浮雲」　（橋口晋作）「文学研究（日本文学研究会）」72 1990.12
◇二葉亭四迷『浮雲』のお勢—文三への態度の変化をめぐって　（船越栄）「山形女子短期大学紀要」23 1991.3
◇二葉亭の死と魯庵の人生再航路—内田魯庵ノート(13)　（野村喬）「青山学院女子短期大学紀要」45 1991.12
◇「平凡」と「坊ちゃん」の主人公—二葉亭と漱石の共通項を見る　（朱一星）「京都外国語大学研究論叢」40 1992
◇明治の青春—二葉亭四迷論〈3〜5〉　（尾形国治）「関東学院大学文学部紀要」63〜65 1992.2,6,10
◇「浮雲」におけるツルゲーネフ「めぐりあひ」の利用—写実の創始について　（田中邦夫）「大阪経大論集」42(5) 1992.3
◇二葉亭四迷「浮雲」（明治長編小説事典〈特集〉）　（鈴木啓和）「国文学解釈と鑑賞」57(4) 1992.4
◇「浮雲」におけるツルゲーネフ「ベージンの野」「あひびき」の利用—その自然描写の利用の仕方について　（田中邦夫）「大阪経大論集」42(6) 1992.6
◇二葉亭四迷の『浮雲』とロシア文学（東海の文学者たち〈特集〉）　（田中邦夫）「東海地域文化研究（愛知学院大学）」3 1992.6
◇二葉亭の政談演説会傍聴記録とその周辺—「手帳九—A」より　（広瀬朱実）「文芸と批評」7(6) 1992.10
◇二葉亭四迷と木下尚江・ビウスツキ　（広瀬朱実）「研究誌（金蘭短期大学）」23 1992.12
◇厳寒のペテルブルグで最後の正月—二葉亭四迷日記（日本近代を読む〔日記大全〕）「月刊Asahi」5(1) 1993.1・2
◇明治の青春—二葉亭四迷論「浮雲」論(2)　（尾形国治）「関東学院大学文学部紀要」66 1993.2
◇主題としての〈終り〉—『浮雲』の結末(1)　（高橋修）「共立女子短期大学紀要　文科」36 1993.2
◇『浮雲』の破綻　（上村敦之）「岡大国文論稿」21 1993.3
◇『浮雲』管見—文三の恋者を中心に　（木村有美子）「樟蔭国文学（大阪樟蔭女子大学）」30 1993.3
◇「くれの廿八日」と『其面影』—近代知識人をめぐる女性と家庭　（安英姫）「湘南文学（東海大学）」27 1993.3
◇「浮雲」とドストエフスキー「罪と罰」第1部　（田中邦夫）「大阪経大論集」43(6) 1993.3
◇近代文学探訪(8)二葉亭四迷「浮雲」　（松沢信祐）「民主文学」328 1993.3
◇多面体としての二葉亭（窓外雨蕭々(32)）　（関川夏央）「文学界」47(8) 1993.8
◇二葉亭と魯庵の青年時代（窓外雨蕭々(33)）　（関川夏央）「文学界」47(9) 1993.9
◇〈非凡〉なる語り手—二葉亭四迷「平凡」のディスクール（自然主義文学と〈特集〉）　（高橋修）「日本文学」42(11) 1993.11
◇〈私の本箱　オモチャ箱〉(10)二葉亭全集のことあれこれ　（安井亮平）「窓」87 1993.12
◇二葉亭四迷「其面影」と後期の翻訳小説　（源貴志）「比較文学年誌」30 1994
◇二葉亭四迷「浮雲」の同時代性（近代文学と「語り」(2)〈特集〉）　（林原純生）「国文学解釈と鑑賞」59(4) 1994.4
◇甘える二葉亭（窓外雨蕭々(40)）　（関川夏央）「文学界」48(4) 1994.4
◇逍遙宛書簡に見える二葉亭像（窓外雨蕭々(41)）　（関川夏央）「文学界」48(5) 1994.5
◇明治の名作小説を読み直す—二葉亭四迷「平凡」—交通する主体（明治の名作小説がいま新しい〈特集〉）　（小森陽一）「國文學　解釈と教材の研究」39(7) 1994.6
◇帰国前後の二葉亭（窓外雨蕭々(44)）　（関川夏央）「文学界」48(8) 1994.8
◇二葉亭四迷「浮雲」考—その動機と時代背景　（千葉貢）「高崎経済大学論集」37(2) 1994.9
◇二葉亭、退社を勧告される（窓外雨蕭々(46)）　（関川夏央）「文学界」48(10) 1994.10
◇「其面影」はどうござろう（窓外雨蕭々(47)）　（関川夏央）「文学界」48(11) 1994.11
◇『浮雲』の擬音語の漢字表記　（太田紘子）「就実語文」15 1994.12
◇二葉亭四迷「浮雲」考—「正直」者の苦悩　（千葉貢）「立正大学国語国文」立正大学国語国文学会　第31号 1995.3 p58〜63
◇『浮雲』の完結(1) 第3編の成立過程　（田中邦夫）「大阪経大論集」46(6) 1996.3 p520〜481
◇二葉亭四迷最後のインタビュー　（キムレーホ）「窓」ナウカ 97 1996.6 p10〜13
◇愚図の大いそがし〔79〕　（山本夏彦）「文芸春秋」74(10) 1996.8 p410〜411
◇『浮雲』の完結(2)　（田中邦夫）「大阪経大論集」大阪経大学会 47(5) 1997.1 p272〜226
◇二葉亭「手帳九—A」中の二文字について—全集本文への訂正意見　（広瀬朱実）「金蘭国文」金蘭短期大学国文研究室　創刊号 1997.3 p115〜130
◇二葉亭が用いたツルゲーネフ作品集　（木村崇）「文学」岩波書店 8(2) 1997.4 p120〜128
◇二葉亭四迷の罠　（後藤明生）「新潮」新潮社 94(7) 1997.7 p118〜131
◇二葉亭四迷「送別会席上の答辞」—ロシアに賭けた夢（特集＝続・日本人の見た異国・異国人—明治・大正期—明治時代の異国・異国人論）　（畑有三）「国文学解釈と鑑賞」至文堂 62(12) 1997.12 p69〜74
◇嵯峨の屋おむろと二葉亭四迷における『猟人日記』　（枴内裕子）「早稲田大学大学院文学研究科紀要　第2分冊」早稲田大学大学院文学研究科 44 1998 p135〜143
◇二葉亭四迷『其面影』論—《シムボリズム》の拒絶　（寺田達也）「国語と国文学」至文堂 75(1) 1998.1 p28〜42
◇「浮雲」中絶と日本近代文学　（滝藤満義）「語文論叢」千葉大学人文学部国語国文学会 26 1998.12 p1〜20
◇鷗外「舞姫」における"きのふの是（ぜ）はけふの非（ひ）なるわが瞬時の感触"考—『老子』、良寛、四迷『浮雲』との関連について　（遠藤誠治）「鷗外」森鷗外記念会 64 1999.1 p161〜169
◇日本近代文学と私—二葉亭四迷を中心に（日本文学の再検討(2)）（インドラ・リービ）「シュンポシオン」近畿大学文芸学部文学科日本文学研究室 4 1999.3 p19〜31
◇二葉亭四迷『浮雲』論—〈笑い〉のつくりだす関係性　（松岡順子）「国学院大学大学院文学研究科論集」国学院大学大学院文学研究科 第26号 1999.3 p27〜34
◇二葉亭四迷『浮雲』の創作におけるゴンチャロフ『断崖』の模倣とドブロリューボフ『オブローモフ主義とは何か』の解釈に関する検証の報告　（小林実）「立教大学日本文学」立教大学日本文学会 82 1999.7 p28〜41
◇『あひゞき』の多用語　（太田紘子）「就実語文」就実女子大学日本文学会 20 1999.12 p295〜317
◇"一日"の読みと『あひゞき』の翻訳　（太田紘子）「就実語叢」就実女子大学〔ほか〕30 2000 p91〜95
◇思ひ出す人々（愚図の大いそがし〔121〕）　（山本夏彦）「文芸春秋」78(4) 2000.3 p492〜493
◇眼鏡をかける女・かけない女—二葉亭四迷『浮雲』から太宰治「女生徒」まで　（森崎光子）「近代文学論創」論創近代文学研究会 3 2000.6 p64〜96
◇『あひゞき』の付属語　（太田紘子）「就実語文」就実女子大学日本文学会 21 2000.12 p214〜199
◇『あひゞき』と人情本　（青島千恵）「成城国文学」成城国文学会 第17号 2001.3 p56〜66
◇ペテルブルグの二葉亭　（十川信介）「図書」岩波書店 631 2001.11 p2〜6
◇由来の作者—批評家としての二葉亭四迷　（青木純一）「群像」講談社 56(12) 2001.11 p252〜273
◇〈死を覚悟する女〉はいかに受け継がれたか—『金色夜叉』から『其面影』『それから』へ　（石井和夫）「文芸と思想」福岡女子大学文学部 66 2002 p39〜52
◇二葉亭四迷の白ゴマ点（特集　近代）　（岡崎晃一）「解釈」教育出版センター 48(7・8) 2002.7・8 p50〜55
◇シンガポール「日本人墓地公園」を訪ねて—からゆきさん、日本軍将兵、二葉亭四迷（マレーシア・シンガポール総合研究特集号）　（畑有三）「専修大学人文科学研究所月報」専修大学人文科学研究所 201 2002.10 p13〜16
◇巴金と二葉亭四迷の共通点—二人の代表作の比較から　（劉鶴岩）「愛知論叢」愛知大学大学院院生協議会 75 2003 p1〜13
◇MEDICAL ESSAYS　二葉亭四迷の『浮雲』—文学にみる体格と性格　（高橋正雄）「日本医事新報」日本医事新報社 4110 2003.2.1 p57〜61
◇二葉亭四迷と落語—落語的なるものの実質（特集＝舌耕芸・落語誕生—享受と評価）　（上田正行）「国文学解釈と鑑賞」至文堂 68(4) 2003.4 p127〜134
◇探照灯(191)二葉亭四迷　（谷沢永一）「国文学解釈と鑑賞」至文堂 68(4) 2003.4 p224〜227
◇実在範疇としての「戯作的」—ある二葉亭四迷論　（浜下昌宏）「神戸女学院大学論集」神戸女学院大学研究所 50(1) 2003.7 p69〜83
◇「真理」の時代—二葉亭・逍遙・嵯峨の屋など　（坂井健）「京都語文」仏教大学国語国文学会 10 2003.11.29 p166〜180
◇リアリズム理論の提唱及び「人情」概念の作品化—坪内逍遙と二葉亭四迷　（黄旭暉）「国際文化研究」東北大学国際文化学会　第11号 2005.3 p165〜177

◇リアリズム理論の提唱及び「人情」概念の作品化―坪内逍遥と二葉亭四迷 （黄旭暉）「国際文化研究」東北大学国際文化学会 第11号 2005.3 p165～177
◇女を媒介に言葉という他者を意識させるユーモア―『浮雲』と『三四郎』をめぐって（特集：漱石―世界文明と漱石―日本語の文体は漱石で確立されたか）（Indra Levy）「國文學 解釈と教材の研究」學燈社 51(3) 2006.3 p54～61
◇石川啄木「硝子窓」論―二葉亭四迷への共感 （田口道昭）「山手日文論攷」神戸山手短期大学日本語・日本文化学科 26 2007.3 p65～84
◇二葉亭四迷における知識人像の形成と崩壊―『浮雲』の挫折まで （大田英昭）「思想史研究」日本思想史・思想論研究会 7 2007.3 p104～122
◇明治時代における坪内逍遥・二葉亭四迷の文学（与謝野晶子生誕一三〇年記念、特別企画『旅に立つ―ロシア ウラジオストクの晶子を訪ね』与謝野晶子来訪記念セミナーより）（サニナクセニア）「与謝野晶子倶楽部」与謝野晶子倶楽部 22 2008 p23～26
◇二葉亭四迷『浮雲』における文意識―節（Clause）を用いた文体分析の試み(1) （服部隆）「上智大学国文学科紀要」上智大学文学部国文学科 25 2008.3 p35～64
◇日本小説技術史（第2回）二種の官975小説―二葉亭四迷『浮雲』と森鷗外「ドイツ三部作」（渡部直己）「新潮」新潮社 105(6) 2008.6 p170～201
◇二葉亭四迷『平凡』の副助詞バカリとダケ―限定表現における役割分担のありようを中心に （田中敏生）「四国大学紀要」四国大学 31 2009 p99～116
◇漱石『坊っちゃん』における副助詞バカリとダケ―四迷『平凡』との対比を兼ねて （田中敏生）「四国大学紀要」四国大学 31 2009 p117～130
◇アンソロジー 日本近代文学と二葉亭四迷（特集 日本語は亡びるのか？）（青木純一）「ユリイカ」青土社 41(2) 2009.2 p182～199
◇二葉亭四迷『浮雲』における節の述部―節（Clause）を用いた文体分析の試み(2) （服部隆）「上智大学国文学科紀要」上智大学文学部国文学科 26 2009.3 p1～36
◇新出・二葉亭四迷資料二点 （十川信介）「文学」岩波書店 10(3) 2009.5・6 p195～201
◇二葉亭四迷の新発見露文書簡 （沢田和彦）「文学」岩波書店 10(3) 2009.5・6 p202～222

ベアト，F. Beato, Felix 1834～？
イギリスの写真家。1863年来日、横浜ベアト写真館経営。
【図　書】
◇幕末日本の風景と人びと―フェリックス・ベアト写真集 （横浜開港資料館編）明石書店 1987.12
◇幕末漂流 （松本逸也著）人間と歴史社 1993.4
◇F.ベアト写真集 2 （横浜開港資料館編）明石書店 2006.4 135p
【雑　誌】
◇現実と夢想の日本―写真家ベアトとボンティング （吉田光邦）「朱雀」京都府京都文化博物館 第4集 1991.11 p1～15
◇F・ベアトは元治元年八月五日に前田砲台を撮影できたか （中本静暁）「山口県地方史研究」71 1994.6
◇鶴岡八幡宮の幕末古写真―F・ベアトのアルバムより （小山正文）「同朋大学仏教文化研究所紀要」同朋大学仏教文化研究所 23 2003 p13～36
◇Bibliotheca Japonica(72)ベアトが撮った幕末・明治初期日本 （八木正自）「日本古書通信」日本古書通信社 68(12) 2003.12 p21

ベックマン，W. Böckmann, Wilhelm 1832～1902
ドイツの建築家。1886年来日、官庁を設計。
【図　書】
◇明治のお雇い建築家 エンデ＆ベックマン （堀内正昭著）井上書院 1989.4
◇エンデ＆ベックマンの活動 （堀内正昭著）『彼岸の夢―研究論文集 日独百年の建築・都市計画における相互交流 桂、バウハウス、ブルーノ・タウトから新しいエコロジーへ』神戸大学21世紀COEプログラム「安全と共生のための都市空間デザイン戦略」2007.3 p78～93
【雑　誌】
◇エンデ・ベックマンによる和洋折衷諸官庁建築案の成立過程について （堀内正昭）「日本建築学会計画系論文報告集」384 1988.2

本因坊秀甫 ほんいんぼうしゅうほ 1838～1886
幕末、明治期の囲碁家元。
【図　書】
◇日本囲碁大系〈第16巻〉秀甫 （林海峯ほか著）筑摩書房 1991.3
◇明治の碁―本因坊秀栄の生涯 （右遠俊郎著）本の泉社 2002.11 155p
◇碁界黄金の十九世紀―江戸後期から明治・日本の碁を頂点に導いた名手たち。（福井正明監修）日本棋院 2007.7 255p
◇名人・名局選 秀甫 （福井正明著）誠文堂新光社 2009.12 287p

前田夏蔭 まえだなつかげ 1793～1864
幕末の歌人、国学者。水戸藩弘文館に出仕。清水浜臣門下。
【雑　誌】
◇前田夏蔭と水戸藩 （南努治）「茨城県史研究」70 1993.3

正岡子規 まさおかしき 1867～1902
明治期の俳人、歌人。
【図　書】
◇文学の中の被差別部落像 戦前編 （梅沢利彦ほか）明石書店 1980.3
◇子規追悼と伊予俳壇 （鶴村松一編著）青葉図書 1980.4 （松山子規会叢書8）
◇比較俳句論序説 （高橋信之）青葉図書 1980.5
◇斎藤茂吉研究 （平野仁啓,本村勝夫編著）右文書院 1980.6 （近代日本文学作家研究叢書）
◇子規歌論の発展と継承 （有田静昭）桜楓社 1980.6
◇正岡子規 （藤川忠治著 蒲池文雄補訂）桜楓社 1980.7 （短歌シリーズ・人と作品1）
◇研究資料現代日本文学6 俳句 （浅井清ほか編）明治書院 1980.7
◇正岡子規の研究―漢詩文と周辺の人びと （渡辺勝己）青葉図書 1980.9
◇正岡子規―人とその表現 （長谷川孝士）三省堂 1980.9 （松山子規会叢書11）
◇研究資料現代日本文学5 短歌 （浅井清ほか編）明治書院 1981.3
◇鑑賞現代俳句全集1 俳句の出発 （久保田正文〔ほか〕著 飯田龍太〔ほか〕編）立風書房 1981.4
◇子規の書画 （山上次郎）二玄社 1981.4
◇"折々のうた"の世界 （大岡信）講談社 1981.5 （講談社ゼミナール選書）
◇福島と近代文学 （塩谷邦夫）桜楓社 1981.6
◇講座夏目漱石1 漱石の人と周辺 有斐閣 1981.7
◇ひとびとの跫音 上,下 （司馬遼太郎）中央公論社 1981.7
◇文壇一夕話 （巌谷大四）牧羊社 1981.7
◇近代短歌史論考 （薄井忠男）桜楓社 1981.10
◇大村喜吉教授退官記念論文集 （「大村喜吉教授退官記念論文集」刊行会編）吾妻書房 1982.1
◇正岡子規 （粟津則雄）朝日新聞社 1982.3 （朝日評伝選 25）
◇正岡子規―文芸読本 河出書房新社 1982.3
◇文芸読本正岡子規 河出書房新社 1982.3
◇明治文学を語る （木村毅）恒文社 1982.3
◇近代日本詩人選 3 正岡子規 （岡井隆）筑摩書房 1982.4
◇正岡子規 （岡井隆）筑摩書房 1982.4 （近代日本詩人選3）
◇子規の夢―人と生活 （越智通敏）愛媛文化双書刊行会 1982.6 （愛媛文化双書 35）
◇斎藤茂吉選集 20 歌論 7 （斎藤茂吉）岩波書店 1982.8
◇弥吉光長著作集 5 書誌と図書評論 日外アソシエーツ 1982.9
◇中村憲吉全集 2 （中村憲吉,斎藤茂吉編,土屋文明編）岩波書店 1982.11
◇中村幸彦著述集 1 近世文芸思潮論 中央公論社 1982.11
◇子規のふるさと松山・道後温泉 読売新聞社 1982.11
◇文体の発見―本居宣長から中島敦まで 増補版 （粟津則雄）青土社 1983.2
◇子規俳句索引 （松山市立子規記念博物館編）松山市立子規記念博物館 1983.3
◇文学にみられる生と死 （高木きよ子）大明堂 1983.4
◇子規・虚子・漱石 青雲編（雁叢書 104）（松井利彦著）雁書館 1983.5
◇表現における近代―文学・芸術論集 （大岡信）岩波書店 1983.6
◇子規と漱石と私 （高浜虚子）朝日新聞社 1983.7
◇明治の俳句と俳人たち （村山古郷）河出書房新社 1983.7
◇漱石文学全集 10 （夏目漱石著,伊藤整,荒正人編）集英社 1983.7
◇山本健吉全集 12 講談社 1983.8
◇正岡子規 （桶谷秀昭）小沢書店 1983.8
◇子規と周辺の人々（愛媛文化双書 36）（和田茂樹編）愛媛文化双書刊行会 1983.8
◇正岡子規と万葉集 （牧野博行）リーベル出版 1983.9
◇みちのく文化私考 （山形敞一著）万葉堂出版 1983.10
◇仰臥漫録 改版 （正岡子規）岩波書店 1983.11 （岩波文庫）
◇日本文学―伝統と近代 和田繁二郎博士古稀記念 （和田繁二郎博士古稀記念論集刊行会編）和泉書院 1983.12
◇漱石と子規展―日本近代文学の巨星 その文学と芸術 （サンケイ新聞社編）サンケイ新聞社 1984
◇松山市立子規記念博物館蔵資料目録 1 松山市立子規記念博物館 1984.3
◇子規遺芳―松山子規会史 （松山子規会叢書 第15集）（松山子規会編）松山子規会 1984.3

◇季語別子規俳句集（松山市立子規記念博物館編）　松山市立子規記念博物館友の会　1984.3
◇子歌論の展開（有田静昭著）　八木書店　1984.4
◇正岡子規と上原三川―日本派俳句運動の伝播の状況（宮坂静生著）明治書院　1984.6
◇書くに値する毎日―日記名作選（集英社文庫）（日本ペンクラブ編、つかこうへい選）　集英社　1984.10
◇近代俳句―正岡子規・河東碧梧桐・高浜虚子・飯田蛇笏・山口誓子（日本文学研究資料叢書）（日本文学研究資料刊行会編）　有精堂出版　1984.10
◇子規をめぐる画人たち（浅井忠、中村不折画、松山市立子規記念博物館編）　松山市立子規記念博物館　1984.10
◇子規への径（結城健三著）　角川書店　1985.4
◇近代文学論攷―研究と資料（松尾靖秋編）　桜楓社　1985.8
◇言論は日本を動かす　第8巻　コラムで批判する（内田健三解説）　講談社　1985.12
◇正岡子規（新潮日本文学アルバム 21）　新潮社　1986.1
◇正岡子規―人と文学（愛媛文化双書 41）（越智通敏著）　愛媛文化双書刊行会　1986.2
◇笛鳴りやまず―ある日の作家たち（中公文庫）（有本芳水著）　中央公論社　1986.6
◇評伝　正岡子規（岩波文庫）（柴田宵曲著）　岩波書店　1986.6
◇正岡子規〔新装版〕（人物叢書）（久保田正文著）　吉川弘文館　1986.7
◇正岡子規と藤野古白（久保田正文著）　永田書房　1986.8
◇「法隆寺日記」をひらく―廃仏毀釈から100年（NHKブックス〈510〉）（高田良信著）　日本放送出版協会　1986.9
◇人・旅・自然（荒垣秀雄著）　社会保険出版社　1986.12
◇夏目漱石〈上〉（岩波文庫）（小宮豊隆著）　岩波書店　1986.12
◇子規随考（坪内稔典著）　沖積舎　1987.3　（ちゅうせき叢書）
◇左千夫全集〈第5巻〉歌論・随想〈1〉（伊藤左千夫著）　岩波書店　1987.3
◇かな書きの詩―蕪村と現代俳句（平井照敏著）　明治書院　1987.3
◇左千夫全集〈第6巻〉歌論・随想〈2〉（伊藤左千夫著）　岩波書店　1987.4
◇俗中の真（清水基吉著）　永田書房　1987.4
◇美しい歌こころよい歌（宇都宮静男著）　桜楓社　1987.5
◇続　近代日本の日記―明治から大正へ（小田切進著）　講談社　1987.7
◇生き方の研究（森本哲郎著）　新潮社　1987.9　（新潮選書）
◇俳句開眼（平井照敏著）　講談社　1987.11　（講談社学術文庫）
◇粗皮派の饗宴（大河内昭爾著）　文化出版局　1987.11
◇斎藤茂吉覚え書（太田一郎著）　創樹社　1987.11
◇日本の近代美術と文学―挿絵史とその周辺（匠秀夫著）　沖積舎　1987.11
◇芥川龍之介―作家とその時代（石割透編）　有精堂出版　1987.12（日本文学研究資料新集）
◇折口信夫全集―ノート編〈追補 第3巻〉近代文学論（折口信夫著、折口博士記念古代研究所編）　中央公論社　1987.12
◇明治の精神（荒川久寿男著）（伊勢）皇學館大学出版部　1987.12
◇短歌の手帖（細川謙三著）　六法出版社　1988.2
◇自己をならう旅（かわかない心〈3〉）（松原哲明著）　佼成出版社　1988.2
◇続　百代の過客―日記にみる日本人〈下〉（ドナルド・キーン著、金関寿夫訳）　朝日新聞社　1988.2　（朝日選書）
◇中村草田男全集〈15〉座談・対談〈4〉（中村草田男著）　みすず書房　1988.3
◇俳句往来―鑑賞俳句史（加藤楸邨著）　求龍堂　1988.3
◇恋ごろも―「明星」の青春群像（尾崎左永子著）　角川書店　1988.4（角川選書）
◇芭蕉古池伝説（復本一郎著）　大修館書店　1988.4
◇奈良と文学―古代から現代まで（帝塚山短期大学日本文芸研究室編）（大阪）和泉書院　1988.7　（和泉選書）
◇俳句の世界（大岡信、川崎展宏著）　富士見書房　1988.7
◇夏目漱石全集〈10〉（夏目漱石著）　筑摩書房　1988.7　（ちくま文庫）
◇俳句今昔（飯田龍太著）　富士見書房　1988.7
◇俳人　芥川龍之介―書簡俳句の展開（中田雅敏著）　近代文芸社　1988.7
◇日本文学講座〈10〉詩歌〈2 近代編〉（野山嘉正ほか著）　大修館書店　1988.8
◇富士正晴作品集〈3〉（富士正晴著、杉本秀太郎、広重聡他編）　岩波書店　1988.9
◇リアリズムの構造―批評の風景（渡部直己著）　論創社　1988.9
◇子規の話（柳原極堂）　青葉図書　1989
◇鶯卵亭談論（岡井隆著）　六法出版社　1989.1
◇ベースボールの詩学（平出隆著）　筑摩書房　1989.2
◇リアリズムの源流（江藤淳著）　河出書房新社　1989.4

◇俳句は下手でもかまわない（結城昌治著）　朝日新聞社　1989.6
◇日本的自然観の変化過程（斎藤正二著）　東京電機大学出版局　1989.7
◇子規と村上家の人びと（森岡正雄）　日本図書刊行会　1989.9
◇子規・虚子（大岡信著）　花神社　1989.9
◇子規に俳句を学ぶ（立川淳一）　近代文芸社　1989.10
◇底より歌え―近代歌人論（佐佐木幸綱著）　小沢書店　1989.10　（小沢コレクション）
◇文士と文士（小山文雄著）　河合出版　1989.11
◇万葉集入門（土屋文明著）　筑摩書房　1989.12　（ちくま文庫）
◇病いの人間史―明治・大正・昭和（立川昭二著）　新潮社　1989.12
◇正岡子規の短歌の世界―『竹乃里歌』の成立と本質（今西幹一著）　有精堂出版　1990.1
◇俳句―口誦と片言（坪内稔典著）　五柳書院　1990.1　（五柳叢書）
◇正岡子規―根岸短歌会の位相（小泉苳三）　日本図書センター　1990.3
◇日本の自然を詠む―現代俳句の道を拓いて（山口誓子講話, 大阪府なにわ塾編）（大阪）ブレーンセンター　1990.3　（対話講座 なにわ塾叢書）
◇正岡子規　根岸短歌会の位相（小泉苳三著）　日本図書センター　1990.3　（近代作家研究叢書）
◇永詠かくのごとくに候（大岡信著）　弘文堂　1990.3　（叢書 死の文化）
◇俳句の周辺（尾形仂著）　富士見書房　1990.3
◇子規の系族―第21回特別企画展（松山市立子規記念博物館編）　松山市立子規記念博物館　1990.4
◇内村鑑三と寺田寅彦―海に生きたふたり（影山昇著）　くもん出版　1990.4　（くもん選書）
◇前田愛著作集〈第6巻〉テクストのユートピア（前田愛著）　筑摩書房　1990.4
◇子規百首・百句（今西幹一, 室岡和子著）（大阪）和泉書院　1990.5　（和泉選書）
◇遙かなる子規（天岸太郎著）　近代文芸社　1990.5
◇さあ現代俳句へ（宗左近著）　東京四季出版　1990.7
◇夜中の乾杯（丸谷才一著）　文芸春秋　1990.7　（文春文庫）
◇虚子以後（宮坂静生著）　花神社　1990.7
◇近代の抒情（三好行雄著）　塙書房　1990.9
◇子規庵の日々（松山市立子規記念博物館編）　松山市立子規記念博物館　1990.10　（特別企画展図録 第22回）
◇漱石文学作品集〈14〉思い出す事など・硝子戸の中 他七篇（夏目漱石著）　岩波書店　1990.11
◇うたの水脈（三枝昂之著）　而立書房　1990.11
◇長塚節の研究（大戸三千枝著）　桜楓社　1990.12
◇木曽川の流れ―風土とその文学（新井正彦著）（長野）銀河書房　1990.12
◇仰臥漫録（正岡子規著）　岩波書店　1991.1　（ワイド版 岩波文庫）
◇国語国文学論集―後藤重郎先生古稀記念（後藤重郎先生古稀記念論集刊行世話人会編）（大阪）和泉書院　1991.2
◇日本文芸思潮論（片野達郎編）　桜楓社　1991.3
◇愛（かな）しき歌びとたち（大星光史著）　明治書院　1991.3
◇正岡子規からの手紙（三枝昂之著）　五柳書院　1991.3　（五柳叢書）
◇いのちへの慈しみ―生と死とをみつめる文学（大久保晴雄著）　教育出版センター　1991.4
◇塩飽（しわく）の船影―明治大正文学藻塩草（平岡敏夫著）　有精堂出版　1991.5
◇「の」の音幻論（樋口覚著）　五柳書院　1991.5　（五柳叢書）
◇近代文学と能楽（松田存著）　朝文社　1991.5
◇四季歌ごよみ〈恋〉（大岡信著）　学習研究社　1991.6　（ワインブックス）
◇日本人の生死観（宗教思想研究会）　大蔵出版　1991.7
◇正岡子規―創造の共同性（坪内稔典）　リブロポート　1991.8　（シリーズ 民間日本学者）
◇梅光女学院大学公開講座論集〈29〉文学における手紙（佐藤泰正編）　笠間書院　1991.8
◇伊藤左千夫の研究（永塚功著）　桜楓社　1991.10
◇文学の草の根―漱石から有正へ（沢英彦著）　沖積舎　1991.10　（ちゅうせき叢書）
◇海棠花―子規漢詩と漱石（飯田利行著）　柏書房　1991.10
◇「昭和」の履歴書（勝田龍夫著）　文芸春秋　1991.11
◇日本文学史〈近代・現代篇 6〉（ドナルド・キーン著, 新井潤美訳）　中央公論社　1991.12
◇サムライ・マインド―歴史をつくる精神の力とは（森本哲郎著）　PHP研究所　1991.12
◇子規の書〔改訂増補版〕（山上次郎）　青葉図書　1992
◇寺田寅彦　全随筆〈2〉（寺田寅彦著）　岩波書店　1992.1
◇鯨の死滅する日（大江健三郎著）　講談社　1992.2　（講談社文芸文

庫―現代日本のエッセイ)
- ◇俳句で読む正岡子規の生涯　(山下一海著)　永田書房　1992.3
- ◇俳諧裸篇 遊戯〈ゆげ〉三昧　(上甲平谷著)　谷沢書房　1992.4
- ◇日本近代美術と西洋―明治美術学会国際シンポジウム　(明治美術学会編)　中央公論美術出版　1992.4
- ◇柴田宵曲文集〈第3巻〉子規居士・子規居士の周囲 他　(柴田宵曲著)　小沢書店　1992.4
- ◇風景の構図―地理的素描　(千田稔著)　(京都)地人書房　1992.5
- ◇日本文学史を読む〈5〉近代〈1〉　(有精堂編集部編)　有精堂出版　1992.6
- ◇ちくま日本文学全集〈37〉正岡子規　筑摩書房　1992.8
- ◇良寛の世界―20周年記念特集号 故石田吉貞先生追悼編〈その2〉　(良寛会編)　文化書房博文社　1992.8
- ◇俳句の美学　(成井恵子著)　牧羊社　1992.9
- ◇子規のことなど―糸瓜の家のめぐりに　(今西久穂著)　六法出版社　1992.9　(ほるす歌集)
- ◇なつかしき人々―碧梧桐随筆集　(河東碧梧桐著, 滝井孝作編)　桜楓社　1992.9
- ◇山々の雨―歌人・岡麓　(秋山加代著)　文芸春秋　1992.10
- ◇青春を読む―日本の近代詩二十七人　(高橋睦郎著)　小沢書店　1992.11
- ◇子規の回想　(河東碧梧桐著)　沖積舎　1992.11
- ◇とのさま俳話　(成瀬正俊著)　梅里書房　1992.11
- ◇街道をゆく〈37〉本郷界隈　(司馬遼太郎著)　朝日新聞社　1992.12
- ◇子規とベースボール　(神田順治著)　ベースボール・マガジン社　1992.12
- ◇正岡子規とその時代―子規顕彰俳句百年記念展 特別企画展　〔東京都台東区〕　19〔93〕
- ◇子規と常盤会寄宿舎の仲間たち―第27回特別企画展　(松山市立子規記念博物館編)　松山市立子規記念博物館　1993.4
- ◇正岡子規入門　(和田克司編)　(京都)思文閣出版　1993.5
- ◇子規漢詩と漱石―海棠花　(飯田利行著)　柏美術出版　1993.7
- ◇正岡子規　(桶谷秀昭)　小沢書店　1993.8　(小沢コレクション)
- ◇艶の美学　(小沢克己著)　沖積舎　1993.8
- ◇近代の詩人〈1〉正岡子規　(中村稔〔編・解説〕)　潮出版社　1993.10
- ◇正岡子規の世界　〔復刻版〕　六法出版社　1993.11
- ◇サムライ・マインド―日本人の生き方を問う　(森本哲郎著)　PHP研究所　1993.12　(PHP文庫)
- ◇森銑三著作集〈続編 第8巻〉典籍篇〈2〉　(森銑三著)　中央公論社　1993.12
- ◇菊田茂男教授退官記念日本文芸の潮流　(東北大学文学部国文学研究室〔編〕)　おうふう　1994.1
- ◇和歌文学講座〈9〉近代の短歌　(武川忠一編)　勉誠社　1994.1
- ◇現代人の死生観　(田代俊孝編)　(京都)同朋舎出版　1994.1　(市民のためのビハーラ)
- ◇正岡子規の世界―松山市立子規記念博物館総合案内　(松山市立子規記念博物館編)　松山市立子規記念博物館　1994.3
- ◇鼠骨と「子規」　(松山市立子規記念博物館編)　松山市立子規記念博物館　1994.4　(特別企画展図録 第29回)
- ◇人生のうた　(佐高信著)　講談社　1994.4
- ◇春水人情本と近代小説　(丸山茂著)　新典社　1994.9　(新典社研究叢書)
- ◇図録漱石と子規―愚陀仏庵一〇〇年 第31回特別企画展　(松山市立子規記念博物館編)　朝日新聞社文化企画局大阪企画部　1994.5　120p
- ◇子規・漱石・虚子―その文芸的交流の研究　(柴田奈美著)　本阿弥書店　1995.6　287p
- ◇子規点描　(喜田重行著)　青葉図書　1995.7　273p
- ◇正岡子規―現代日本の評伝　(粟津則雄著)　講談社　1995.9　391p　(講談社文芸文庫)
- ◇俳句原始感覚　(宮坂静生著)　本阿弥書店　1995.9　303p
- ◇正岡子規―五つの入口　(大岡信著)　岩波書店　1995.9　255p　(岩波セミナーブックス)
- ◇子規・茂吉の原風景　(伊husband著)　六法出版社　1995.9　152p
- ◇子規と写生文―第32回特別企画展　(正岡子規, 松山市立子規記念博物館編)　松山市立子規記念博物館　1995.10　85p
- ◇正岡子規―筆まか勢(抄)/墨汁一滴(抄)　(正岡子規著, 松井利彦編)　日本図書センター　1995.11　279p　(シリーズ・人間図書館)
- ◇正岡子規　(梶不剛思著)　勁草書房　1995.11　363p
- ◇扇畑忠雄著作集 第3巻　(扇畑忠雄著)　おうふう　1996.3　434p
- ◇正岡子規文庫目録―法政大学図書館蔵　法政大学図書館　1996.3　303,36p
- ◇子規漢詩の周辺　(清水房雄著)　明治書院　1996.4　417p
- ◇佐幕派の子弟たち―少年子規の決断　(松山市立子規記念博物館編)　松山市立子規記念博物館　1996.4　78p
- ◇風呂で読む子規　(和田克司著)　世界思想社　1996.6　104p
- ◇正岡子規の面影　(塩川京子著)　京都新聞社　1996.7　215p
- ◇正岡子規―ベースボールに賭けたその生涯　(城井睦夫著)　紅書房　1996.9　267p
- ◇子規秀句考―鑑賞と批評　(宮坂静生著)　明治書院　1996.9　517p
- ◇俳人虚子　(玉城徹著)　角川書店　1996.10　262p
- ◇日本文学の歴史 16　(ドナルド・キーン, 新井潤美訳)　中央公論社　1996.11　402p
- ◇子規と近代の俳人たち　(稲垣麦男著)　角川書店　1996.11　280p
- ◇三絃の誘惑―近代日本精神史覚え書　(樋口覚著)　人文書院　1996.12　334p
- ◇正岡子規の教育人間学的研究―写生観・死生観の生成過程の分析から　(工藤真由美著)　風間書房　1996.12　397p
- ◇高浜虚子『俳諧師』における虚と実―子規と漱石をめぐる青春群像(二)　(大西貢)　『愛媛大学人文学会創立二十周年記念論集』(愛媛大学人文学会編)　愛媛大学人文学会　1996.12　p69
- ◇漱石、賢治、啄木のひとり歩きの愉しみ　(辻真先著)　青春出版社　1997.3　221p　(プレイブックス)
- ◇文人悪食　(嵐山光三郎著)　マガジンハウス　1997.3　429p
- ◇明治粋侠伝　(久坂聡三著)　鳥影社　1997.4　364p
- ◇とっておきのもの とっておきの話 第1巻　(YANASE LIFE編集室編)　芸神出版社　1997.5　213p　(芸神集団Amuse)
- ◇子規山脈　(坪内稔典著)　日本放送出版協会　1997.10　243p　(NHKライブラリー)
- ◇主観俳句の系譜　(堀古蝶著)　邑書林　1998.1　248p
- ◇子規の時代　(小林高寿著)　エーアンドエー　1998.1　153p
- ◇写生一貫―子規と俳人に学ぶ　(田中順二著)　短歌新聞社　1998.1　213p　(ハハキギ選書)
- ◇子規の素顔　(和田茂樹著)　愛媛県文化振興財団　1998.3　397p　(えひめブックス)
- ◇子規解体新書　(粟津則雄ほか編)　雄山閣出版　1998.3　211p　(Series俳句世界)
- ◇大江健三郎における子規　(一條孝夫)　『大江健三郎』(島村輝編)　若草書房　1998.3　(日本文学研究論文集成 45 藤井貞和ほか監修)　p241
- ◇子規と詩歌―第37回特別企画展　(松山市立子規記念博物館編)　松山市立子規記念博物館　1998.4　72p
- ◇病牀六尺の人生正岡子規―人は死とどう向き合うか　(坪内稔典監修・文)　平凡社　1998.4　144p　(別冊太陽)
- ◇群馬の作家たち　(土屋文明記念文学館編)　塙書房　1998.6　268p　(塙新書)
- ◇人間正岡子規　(和田茂樹著)　関奉仕財団　1998.6　299p
- ◇病者の文学―正岡子規　(黒沢勉著)　信山出版　1998.7　342p
- ◇俳人の生死　(小林高寿著)　新樹社　1998.8　231p
- ◇文学館ワンダーランド―全国文学館・記念館ガイド160　(リテレール編集部編)　メタローグ　1998.8　302p
- ◇文人追懐―一学芸記者の取材ノート　(浜川博著)　蝸牛社　1998.9　270p
- ◇子規の回想　新装覆刻版　(河東碧梧桐著)　沖積舎　1998.10　500p
- ◇兵庫ゆかりの俳人　(柿衛文庫編)　神戸新聞総合出版センター　1998.10　154p
- ◇俳句を読もう―芭蕉から現代までの二六八句　(藤井圀彦編著)　さ・え・ら書房　1998.10　159p
- ◇魅力ある文人たち　(倉橋羊村著)　沖積舎　1998.10　117p
- ◇子規と啄木　(中村稔著)　潮出版社　1998.11　263p　(潮ライブラリー)
- ◇佐佐木幸綱の世界―底より歌え 6　(佐佐木幸綱著)　河出書房新社　1998.11　249p
- ◇あなたに語る日本文学史　新装版　(大岡信著)　新書館　1998.12　562p
- ◇日露戦争の名参謀 秋山兄弟に学ぶリーダーの条件　(池田清著)　ごま書房　1999.1　244p　(ゴマブックス)
- ◇折口信夫 独身漂流　(持田叙子著)　人文書院　1999.1　244p
- ◇拝啓漱石先生　(大岡信著)　世界文化社　1999.2　278p
- ◇秋山真之―日本海海戦の名参謀　(中村晃著)　PHP研究所　1999.4　336p
- ◇風雅のひとびと―明治・大正文人俳句列伝　(高橋康雄著)　朝日新聞社　1999.4　379p
- ◇俳句の歴史―室町俳諧から戦後俳句まで　(山下一海著)　朝日新聞社　1999.4　287p
- ◇英雄と詩人　(保田与重郎著)　新学社　1999.4　310p　(保田与重郎文庫)
- ◇子規と日本派の人びと―第38回特別企画展　(松山市立子規記念博物館編)　松山市立子規記念博物館　1999.4　68p
- ◇伊藤左千夫の歌　(伊藤左千夫著, 永塚功, 永塚史孝編著, 伊藤左千夫記念館監修)　おうふう　1999.5　276p
- ◇古句をたのしむ―芭蕉・蕪村・一茶・子規　(小島康見著)　おうふう

1999.7 268p
◇子規の近代―滑稽・メディア・日本語 （秋尾敏著） 新曜社 1999.7 302p
◇名句 歌ごよみ「秋」 （大岡信著） 角川書店 1999.8 280p （角川文庫）
◇この道に古人なし―休休そして芭蕉・蕪村・子規 （永田竜太郎著） 永田書房 1999.8 294p
◇俳句から見た俳諧―子規にとって芭蕉とは何か （復本一郎著） 御茶の水書房 1999.9 61p （神奈川大学評論ブックレット）
◇俳人の大和路 （田中昭三著，『サライ』編集部編） 小学館 1999.10 127p （ショトル・トラベル）
◇世紀末の一年―1900年ジャパン （松山巖著） 朝日新聞社 1999.10 449p （朝日選書）
◇大谷是空「浪花雑記」―正岡子規との友情の結晶 （和田克司編著） 和泉書院 1999.10 513p （近代文学研究叢刊）
◇心に響くはがき歌 第4集 （はがき歌コンテスト実行委員会編） 河出書房新社 1999.10 172p
◇師弟炎炎―出会いと別れ （倉橋羊村著） 本阿弥書店 1999.11 317p
◇俳句と川柳―「笑い」と「切れ」の考え方，たのしみ方 （復本一郎著） 講談社 1999.11 260p （講談社現代新書）
◇名句を作った人々 （鷹羽狩行著） 富士見書房 1999.12 236p
◇心を癒す漱石からの手紙―文豪といわれた男の，苦しみとユーモアと優しさの素顔 （矢島裕紀彦著） 青春出版社 1999.12 288p
◇追悼の達人 （嵐山光三郎著） 新潮社 1999.12 444p
◇賢者の食欲 （里見真三著） 文芸春秋 2000.1 293p
◇詩人の颯声を聴く （坂村真民，藤尾秀昭著） 致知出版社 2000.1 196p
◇漱石の夏やすみ―房総紀行『木屑録』 （高島俊男著） 朔北社 2000.2 329p
◇藤野古白と子規派・早稲田派 （一条孝夫著） 和泉書院 2000.2 280p （近代文学研究叢刊）
◇少年正岡子規漢詩 （蔦川武夫著） 西山正志 2000.2 205p
◇新研究資料 現代日本文学 第6巻 （浅井清，佐藤勝，篠弘，鳥居邦朗，松井利彦，武川忠一，吉田熈生編） 明治書院 2000.2 406p
◇真砂女の入門歳時記 （鈴木真砂女著） 角川春樹事務所 2000.3 209p （ハルキ文庫）
◇早わかり20世紀年表 （年鑑事典編集部編） 朝日新聞社 2000.3 232p
◇名句鑑賞辞典 （飯田龍太，稲畑汀子，森澄雄監修） 角川書店 2000.4 429p
◇「俳句」の誕生―子規の近代俳句確立 第40回特別企画展 （松山市立子規記念博物館編） 松山市立子規記念博物館 2000.4 64p
◇新研究資料 現代日本文学 第5巻 （浅井清，佐藤勝，篠弘，鳥居邦朗，松井利彦，武川忠一，吉田熈生編） 明治書院 2000.4 402p
◇花の結び目―新子の川柳行路 （時実新子著） 角川春樹事務所 2000.5 259p （ハルキ文庫）
◇名句歌ごよみ 恋 （大岡信著） 角川書店 2000.5 266p （角川文庫）
◇座談会 明治・大正文学史 3 （柳田泉，勝本清一郎，猪野謙二編） 岩波書店 2000.5 370p （岩波現代文庫）
◇子規の書簡―その生涯と文学 上巻 （黒沢勉著） 信山社出版 2000.6 206p （黒沢勉文芸・文化シリーズ）
◇司馬遼太郎全講演 第1巻 （司馬遼太郎著） 毎日新聞社 2000.7 496p
◇俳句的人間・短歌的人間 （坪内稔典著） 岩波書店 2000.8 248p
◇文人悪食 （嵐山光三郎著） 新潮社 2000.9 562p （新潮文庫）
◇詩の近代を越えるもの―透谷・朔太郎・中也など （北川透著） 思潮社 2000.9 281p （詩論の現在）
◇湯めぐり歌めぐり （池内紀著） 集英社 2000.10 238p （集英社新書）
◇漱石先生とスポーツ （出久根達郎著） 朝日新聞社 2000.12 236p
◇仰臥と青空―「老・病・死」を超えて （水上勉著） 河出書房新社 2000.12 157p
◇今，なぜ中国研究か―古典と現代 （内藤幹治編） 東方書店 2000.12 284p
◇老人読書日記 （新藤兼人著） 岩波書店 2000.12 217p （岩波新書）
◇ジャーナリスト子規―子規一〇〇年祭in松山特別企画展 （松山市立子規記念博物館編） 松山市立子規記念博物館 2001.1 60p
◇俳句の明日へ 2 （矢島渚男著） 紅書房 2001.1 309p
◇万葉集の発明―国民国家と文化装置としての古典 （品田悦一著） 新曜社 2001.2 280p
◇明治秀句 新版 （山口青邨著，渡辺寛解説） 春秋社 2001.3 278p （新版 日本秀句）
◇写生の文学―正岡子規，伊藤左千夫，長塚節 （梶木剛著） 短歌新聞社 2001.3 407p

◇漱石先生の手紙 （出久根達郎著） 日本放送出版協会 2001.4 253p
◇子規と友人たち―子規100年祭in松山特別企画展 （松山市立子規記念博物館編） 松山市立子規記念博物館 2001.4 84p
◇曙覧と子規そしてアララギ （福井市橘曙覧記念文学館） 福井市橘曙覧記念文学館 2001.4 35p
◇漱石の京都 （水川隆夫著） 平凡社 2001.5 302p
◇子規・写生―没後百年 （沢木欣一編著） 角川書店 2001.5 282p
◇漱石と松山―子規から始まった松山との深い関わり （中村英利子編） アトラス出版 2001.7 215p
◇子規の文学―子規100年祭in松山特別企画展 （松山市立子規記念博物館編） 松山市立子規記念博物館 2001.7 83p
◇子規と古典文学 （田villa憲治著） 創風社出版 2001.8 143p （風ブックス）
◇糸瓜考・正岡子規のへなぶり精神―糸瓜句から見える世界 （木佐貫洋著） 木佐貫洋 2001.8 210,3p
◇隣の墓―子規没後の根岸・子規庵変遷史 （まつばらとうる著） 文芸社 2001.9 430p
◇ゼロから始める人の俳句の学校 （実業之日本社編） 実業之日本社 2001.9 268p
◇日本のこころ―「私の好きな人」 水の巻 （清水義範，長田弘，中野孝次，山本昌代，小松成美ほか著） 講談社 2001.9 281p
◇正岡子規―死生観を見据えて （宮坂静生著） 明治書院 2001.9 313p
◇正岡子規の絵―子規100年祭in松山特別企画展 （正岡子規ほか著，松山市立子規記念博物館編） 正岡子規100年祭記念事業実行委員会 2001.9 109p
◇子規新古 （山下一海著） 武蔵野書院 〔2001.10〕 246p
◇知的に楽しむ川柳 （復本一郎著） 日東書院 2001.10 251p
◇子規の軌跡とその周辺 （畠中淳著） 杜鵑花発行所 2001.10 371p （杜鵑花叢書）
◇子規・虚子 （大岡信著） 花神社 2001.10 197p
◇絶望をはねのけてこそ人生は楽しい （多湖輝著） 新講社 2001.11 229p
◇明治人のお葬式 （此経啓助著） 現代書館 2001.12 203p
◇正岡子規と俳句分類 （柴田奈美著） 思文閣出版 2001.12 563p
◇人生最後の時間―よく生ききった人たちの物語 （木原武一著） PHP研究所 2002.2 317p （PHP文庫）
◇俳句随想 （海城わたる著） 近代文芸社 2002.2 447p
◇歌の基盤―短歌と人生と （大島史洋著） 北冬舎 2002.2 254p （北冬草書）
◇写生の変容―フォンタネージから子規，そして直哉へ （松井貴子著） 明治書院 2002.2 448p
◇子規の苦闘 （立川淳一著） 文芸社 2002.2 205p
◇哲学の仕事部屋から 花月のコスモロジー （大峯顯著） 法蔵館 2002.2 228p
◇子規の文学―短歌と俳句 （泉定著） 創風社出版 2002.3 197p
◇かくれみの街道をゆく―正岡子規の房総旅行 山はいがいが海はどんどん （関宏夫著） 崙書房 2002.3 359p
◇子規庵要記 （寒川鼠骨著，子規庵保存会編） 寒川知佳子 2002.3 81p
◇司馬遼太郎と「坂の上の雲」 （中島誠文，清重伸之絵） 現代書館 2002.4 174p （FOR BEGINNERSシリーズ）
◇子規―活動する精神 （玉城徹著） 北溟社 2002.4 239p
◇写生論ノート―子規論覚え書 （角谷道仁著） 原生社 2002.4 403p
◇近代短歌の鑑賞77 （小高賢編） 新書館 2002.6 240p
◇正岡子規・革新の日々―子規は江戸俳句から何を学んだか （復本一郎著） 本阿弥書店 2002.6 222p
◇佐藤紅緑 子規が愛した俳人 （復本一郎著） 岩波書店 2002.6 237p
◇子規を語る （河東碧梧桐著） 岩波書店 2002.6 364p （岩波文庫）
◇正岡子規の邦画洋画優劣論―小山正太郎画塾不同舎における写生の意味 （梶岡秀一）『芸術学の視座 真保亨先生古稀記念論文集』（真保亨先生古稀記念論文集編集委員会編） 勉誠出版 2002.6 p283～
◇追悼の達人 （嵐山光三郎著） 新潮社 2002.7 642p （新潮文庫）
◇人の話の聞き方入門―聞かないあなたはホントに手遅れ （三遊亭円窓著） 日本語学研究所 2002.7 175p
◇The Baseball Hall of Fame & Museum2002―人で振り返る野球ハンドブック （野球体育博物館編） ベースボール・マガジン社 2002.7 215p
◇歌品 （坂口昌弘著） 彩図社 2002.8 382p （ぶんりき文庫）
◇文豪の古典力―漱石・鷗外は源氏を読んだか （島内景二著） 文芸春秋 2002.8 234p （文春新書）
◇奥州・秀衡古道を歩く （相京史郎著） 光文社 2002.8 195p （光文社新書）
◇漱石と寅彦 （沢英彦著） 沖積舎 2002.9 622p
◇佐藤春夫研究 （半田美永著） 双文社出版 2002.9 326p

◇近代日本の詩と史実　（野口武彦著）　中央公論新社　2002.9　313p　（中公叢書）
◇子規と四季のくだもの　（戸石重利著）　文芸社　2002.9　415p
◇子規、虚子、松山　（中村草田男著）　みすず書房　2002.9　250p
◇正岡子規―関西の子規山脈　柿衞文庫秋季特別展図録　（柿衞文庫編）　柿衞文庫　2002.9　91p
◇美と宗教の発見　（梅原猛著）　筑摩書房　2002.10　415p　（ちくま学芸文庫）
◇漱石・子規往復書簡集　（和田茂樹編）　岩波書店　2002.10　500p　（岩波文庫）
◇夢は枯野を―芭蕉・蕪村からうけついだもの　（永田竜太郎著）　永田書房　2002.10　285p
◇子規と故郷―第47回特別企画展　（松山市立子規記念博物館編）　松山市立子規記念博物館　2002.10　72p
◇続・古句をたのしむ―芭蕉・蕪村・一茶・子規　（小島康見著）　おうふう　2002.11　284p
◇司馬遼太郎対話選集　1　（司馬遼太郎著, 関川夏央監修）　文芸春秋　2002.11　547p
◇子規の書簡　下巻　（黒沢勉著）　信山社　2002.11　283p　（黒沢勉・文化シリーズ）
◇子規の思い出　（粟津則雄編）　増進会出版社　2002.11　492p　（子規選集）
◇病いの人間史―明治・大正・昭和　（立川昭二著）　文芸春秋　2002.12　363p　（文春文庫）
◇漱石と子規、漱石と修―大逆事件をめぐって　（中村文雄著）　和泉書院　2002.12　436p
◇子規の現在　（粟津則雄編）　増進会出版社　2002.12　395p　（子規選集）
◇子規の俳句・虚子の俳句　（松林尚志著）　花神社　2002.12　240p
◇文学の精神分析とパラノイア―フロイド、ラカン、芭蕉、世阿弥、ダニエルダンテ　（長命俊子著）　リーベル出版　2003.1　95p
◇日本人の漢詩―風雅の過去へ　（石川忠久著）　大修館書店　2003.2　332p
◇俳句地貌論―21世紀の俳句へ　（宮坂静生著）　本阿弥書店　2003.3　335p
◇古書肆「したよし」の記　（松山荘二著）　平凡社　2003.3　243p
◇子規の像、茂吉の影　（梶木剛著）　短歌新聞社　2003.3　435p
◇ことばへの旅　下　（森本哲郎著）　PHP研究所　2003.4　553p　（PHP文庫）
◇思い出す事など　他七篇　（夏目漱石著）　岩波書店　2003.4　189p　（岩波文庫）
◇妹・律の視点から―子規との葛藤が意味するもの　「若葉の子規庵」講演　（米津津英著）　子規庵保存会　2003.4　45p
◇人の話の聞き方入門―聞かないあなたはホントに手遅れ　新装版　（三遊亭円窓著）　日本語学研究所　2003.5　175p
◇教えること、裏切られること―師弟関係の本質　（山折哲雄著）　講談社　2003.5　213p　（講談社現代新書）
◇回想　子規・漱石　（高浜虚子著）　岩波書店　2003.5　278p　（岩波文庫）
◇生きている子規―子規庵〈糸瓜忌〉講演　（田井安曇著）　子規庵保存会　2003.5　45p
◇病者の文学―正岡子規　全訂新版　（黒沢勉著）　信山社　2003.7　334p　（SBC学術文庫）
◇はて知らず―子規と旅　第48回特別企画展　（松山市立子規記念博物館編）　松山市立子規記念博物館　2003.7　72p
◇鉄棒ひく漱石、ハイジャンプの安吾　（矢島裕紀彦著）　日本放送出版協会　2003.8　210p　（生活人新書）
◇今、生きる！子規の世界―死の床で写生し俳句を詠んだ日々の記録、『仰臥漫録』を世界に発信する　（平井雅子編著・監修, 神戸女学院大学英文学科学生・大学院生「仰臥漫録」英訳チーム英訳）　遊タイム出版　2003.8　56p
◇やつあたり俳句入門　（中村裕著）　文芸春秋　2003.9　194p　（文春新書）
◇物と眼―明治文学論集　（ジャン＝ジャック・オリガス著）　岩波書店　2003.9　239p
◇子規との対話　（復本一郎著）　邑書林　2003.9　354p
◇子規はて知らずの記〈草稿〉　（子規庵保存会編）　子規庵保存会　2003.9　34p
◇子規の一生　（正岡子規著, 和田克司編）　増進会出版社　2003.9　760p　（子規選集）
◇吟行入門　私の武蔵野探勝　（深見けん二, 小島ゆかり著）　日本放送出版協会　2003.10　207p
◇司馬遼太郎全講演　2　（司馬遼太郎著）　朝日新聞社　2003.10　398p　（朝日文庫）
◇「子規啞然」「虚子憮然」―『仰臥漫録』自筆稿本始末記　（まつばらとおる著）　文芸社　2003.10　176p

◇明治・大正期における根岸町子規庵の風景　（磯部彰編著）　東北大学東北アジア研究センター　2003.10　123p　（東北アジア研究センター叢書）
◇文人俳句の系譜　（松原珀子著）　日本文学館　2003.11　189p
◇俳句発見　（坪内稔典著）　富士見書房　2003.12　281p
◇正岡子規―人と作品　（正岡子規著）　愛媛新聞社　2003.12　563p　（郷土俳人シリーズ　えひめ発百年の俳句）
◇萩原朔太郎　1　新版　（飯島耕一著）　みすず書房　2004.1　269p
◇波の行く末―あなたへの旅路・小さな旅　（宮崎靖久著）　文芸社　2004.2　147p
◇夕顔の花―虚子連句論　（村松友次著）　永田書房　2004.3　185p
◇松山・道後温泉　2版　昭文社　2004.4　111p　（まっぷるぽけっと）
◇漱石の時代―天皇制下の明治の精神　（林順治著）　彩流社　2004.4　668p
◇夢追い俳句紀行　（大高翔著）　日本放送出版協会　2004.4　237p
◇写説『坂の上の雲』　（谷沢永一, 太平洋戦争研究会著）　ビジネス社　2004.6　165p
◇その時歴史が動いた　26　（NHK取材班編）　KTC中央出版　2004.6　253p
◇漱石先生の手紙　（出久根達郎著）　講談社　2004.7　271p　（講談社文庫）
◇極北の詩精神―西川徹郎論　（小笠原賢二著）　茜屋書店　2004.7　130p　（茜屋叢書）
◇続・近現代歌人偶集―石本隆一評論集　6　（石本隆一著）　短歌新聞社　2004.8　235p
◇子規百句　（坪内稔典, 小西昭夫著）　創風社出版　2004.8　143p
◇碁のうた　碁のこころ　（秋山賢司著）　講談社　2004.9　219p
◇私の詩歌逍遙　（中村稔著）　青土社　2004.9　387p
◇"夕暮れ"の文学史　（平岡敏夫著）　おうふう　2004.10　395p
◇書物合戦　（樋口覚著）　集英社　2004.11　356p
◇教材研究の技術・完璧な授業はこうして誕生する　（松藤司著）　明治図書出版　2004.12　139p　（松藤司・知的授業づくりの提案）
◇俳句とエロス　（復本一郎著）　講談社　2005.1　215p　（講談社現代新書）
◇子規と近代　（長谷部才太郎著）　長谷部才太郎　2005.1　321p
◇ワタリウム美術館の岡倉天心・研究会　（ワタリウム美術館監修）　右文書院　2005.2　316,3p
◇中村稔著作集　第3巻　（中村稔著）　青土社　2005.3　675p
◇文士が愛した町を歩く　（矢島裕紀彦著, 高橋昌嗣写真）　日本放送出版協会　2005.3　204p　（生活人新書）
◇写説『坂の上の雲』を行く　（太平洋戦争研究会著）　ビジネス社　2005.5　175p
◇飯田竜太全集　第5巻　（飯田竜太著）　角川学芸出版　2005.5　390p
◇名句鑑賞読本―茜の巻　新装版　（行方克巳, 西村和子著）　角川学芸出版　2005.6　284p
◇作品・作家にみる色彩語　子規・茂吉における「赤」の表現　（長谷川孝士）『「日本語学」特集テーマ別ファイル』（宮地裕編）　明治書院　2005.6　p284
◇考証子規と松山　（谷сh隆著）　シード書房　2005.6　958,13p
◇子規の青春―第50回特別企画展　（松山市立子規記念博物館編）　松山市立子規記念博物館　2005.7　64p
◇伊予風土記　下巻　復刻版　（松山中央放送局編）　風媒社　2005.8　220p
◇世界に広がる俳句　（内田園生著）　角川学芸出版　2005.9　279p　（角川学芸ブックス）
◇漱石と子規の漢詩―対比の視点から　（徐前著）　明治書院　2005.9　245p
◇柿喰ふ子規の俳句作法　（坪内稔典著）　岩波書店　2005.9　280p
◇松山市立子規記念博物館―総合案内　（松山市立子規記念博物館編）　松山市立子規記念博物館　2005.11　93p
◇書く場所への旅　（国中治著）　れんが書房新社　2005.12　275p
◇詩歌の待ち伏せ　2　（北村薫著）　文芸春秋　2006.3　206p　（文春文庫）
◇近代日本「美学」の誕生　（神林恒道著）　講談社　2006.3　317p　（講談社学術文庫）
◇俳句で歩く京都　（坪内稔典文, 三村博史写真）　淡交社　2006.3　127p　（新撰　京の魅力）
◇愛媛県の歴史散歩　（愛媛県高等学校教育研究会地理歴史・公民部会編）　山川出版社　2006.3　274p　（歴史散歩）
◇正岡子規と角筆文献　（西村浩子著）『国語学論集―小林芳規博士喜寿記念』（小林芳規博士喜寿記念会編）　汲古書院　2006.3　p358～379
◇短歌復活のために―子規の歌論書簡　（玉城徹著）　短歌新聞社　2006.4　215p
◇数学を愛した作家たち　（片野善一郎著）　新潮社　2006.5　191p　（新潮新書）

◇斎藤茂吉論―歌にたどる巨大な抒情的自我 （松林尚志著） 北宋社 2006.6 240p
◇正岡子規の脊椎動物句 （長尾壮七著） 東京四季出版 2006.6 265p
◇日本的自然観の研究 4 （斎藤正二著） 八坂書房 2006.7 614p （斎藤正二著作選集）
◇歌の早春―馬淵礼子評論集 2 （馬淵礼子著） 短歌研究社 2006.7 340p
◇浅井忠白書―馬淵礼子評論集 1 （馬淵礼子著） 短歌研究社 2006.7 286p
◇漱石と良寛 （安田未知夫著） 考古堂書店 2006.8 229p
◇漱石と鴎外―新書で入門 （高橋昭男著） 新潮社 2006.8 191p （新潮新書）
◇名句鑑賞辞典 （中村幸弘監修） 学習研究社 2006.9 288p
◇正岡子規とその時代 （山梨県立文学館編） 山梨県立文学館 2006.9 72p
◇そこが知りたい子規の生涯―同時代人の証言でたどる俳人・正岡子規 （土井中郎著） アトラス出版 2006.10 159p
◇漢詩人子規―俳句開眼の土壌 （加藤国安著） 研文出版 2006.10 355p
◇子規のココア・漱石のカステラ （坪内稔典著） 日本放送出版協会 2006.11 285p （NHKライブラリー）
◇虚子と「ホトトギス」―近代俳句のメディア （秋尾敏著） 本阿弥書店 2006.11 279p
◇国風の守護 （山川弘至著） 錦正社 2006.11 329p
◇近代日本人の宗教意識 （山折哲雄著） 岩波書店 2007.2 321p （岩波現代文庫）
◇子規もうひとつの顔 （日下徳一著） 朝日新聞社 2007.2 236p
◇漱石・子規の病を読む （後藤文夫著） 上毛新聞社出版局（製作・発売） 2007.2 364p
◇文学の花しおり （森千春著） 毎日新聞社 2007.3 206p
◇「赤」の誘惑―フィクション論序説 （蓮實重彦著） 新潮社 2007.3 284p
◇正岡子規の日常 （泉寛著） 創風社出版 2007.4 81p （新居浜からの便り）
◇子規と真之―第一回企画展テーマ展示 （松山市総合政策部, 坂の上の雲ミュージアム編） 松山市総合政策部 2007.4 48p
◇60歳からの楽しい短歌入門 （江田浩司著） 有楽社出版 2007.5 213p
◇俳句美への選択―美の標準は各個の感情に存す （立川淳一著） 文芸社 2007.5 135p
◇竜舌蘭他 （寺田寅彦著） 日本文学館 2007.6 214p （日本名作選）
◇漱石の夏やすみ （高島俊男著） 筑摩書房 2007.6 266p （ちくま文庫）
◇飯田竜太の時代―山廬永訣 （廣瀬直人, 斎藤慎爾, 宗田安正責任編集） 思潮社 2007.6 352p （現代詩手帖特集版）
◇知っ得 俳句の謎―近代から現代まで （国文学編集部編） 学灯社 2007.7 204p
◇司馬遼太郎 歴史のなかの邂逅―ある明治の庶民 4 （司馬遼太郎著） 中央公論新社 2007.7 394p
◇作家論 （粟津則雄著） 思潮社 2007.7 619p （粟津則雄著作集）
◇陸羯南と正岡子規―特別展 （青森県近代文学館編） 青森県近代文学館 2007.7 40p
◇高浜虚子―人と文学 （中田雅敏著） 勉誠出版 2007.8 260p （日本の作家100人）
◇表現に生きる正岡子規 （長谷川孝士著） 新樹社 2007.9 274p
◇子規はて知らずの記〈草稿〉 再版 （[正岡]子規子, 子規庵保存会編） 子規庵保存会 2007.9 39p
◇芥川竜之介全集 第11巻 （芥川竜之介著） 岩波書店 2007.11 415p
◇俳句の発見―正岡子規とその時代 （復本一郎著） 日本放送出版協会 2007.11 191p
◇新版 作家と薬―誰も知らなかった作家と薬の話 （後藤直良著） 薬事日報社 2007.12 299p
◇左千夫歌集 （永塚功著, 久保田淳監修） 明治書院 2008.2 540p （和歌文学大系）
◇正岡子規・斎藤茂吉 （内藤明, 安森敏隆著） 晃洋書房 2008.4 241p （新しい短歌鑑賞）
◇芸術百家 第25篇 アートコミュニケーション 2008.4 559p
◇夕暮れの文学 （平岡敏夫著） おうふう 2008.5 290p
◇思い出す事など 他七篇 （夏目漱石著） 岩波書店 2008.6 189p （ワイド版岩波文庫）
◇ことばで織られた都市―近代の詩と詩人たち （君野隆久著） 三元社 2008.6 238p
◇正岡子規研究 子規研究の会 2008.6 134p
◇子規365日 （夏井いつき著） 朝日新聞出版 2008.8 286p （朝日新書）

◇作家その死 （神津拓夫著） 近代文芸社 2008.10 311p
◇仮名法語の研究―道元・盤珪をめぐる諸問題 （諏訪安弘著） 地人館 2008.10 290,8p
◇素描・二十世紀短歌 （玉城徹著） 短歌新聞社 2008.10 309p
◇ひとの最後の言葉 （大岡信著） 筑摩書房 2009.3 251p （ちくま文庫）
◇余は、交際を好む者なり―正岡子規と十人の俳士 （復本一郎著） 岩波書店 2009.3 301p
◇司馬遼太郎「坂の上の雲」を読む （谷沢永一著） 幻冬舎 2009.4 213p
◇明治の漢詩人中野逍遥とその周辺―『逍遥遺稿』札記 （二宮俊博著） 知泉書館 2009.5 327,16p
◇みんな俳句が好きだった―各界一〇〇人句のある人生 （内藤好之著） 東京堂出版 2009.7 230p
◇子規と紅葉―ことばの冒険 市制施行百二十周年記念 松山市立子規記念博物館第55回特別企画展 （松山市立子規記念博物館編） 松山市立子規記念博物館 2009.7 72p
◇ひとびとの跫音 新装改版 （司馬遼太郎著） 中央公論新社 2009.8 523p
◇逆境を切り開く!!司馬遼太郎『坂の上の雲』50の知恵 （北原義昭監修） ゴマブックス 2009.9 171p
◇寺田寅彦全集 第1巻 （寺田寅彦著, 樋口敬二, 太田文平編） 岩波書店 2009.9 368p
◇日本の命運を決めた『坂の上の雲』の時代―立志・風雲編 （谷沢永一, 太平洋戦争研究会著） 李白社 2009.9 127p
◇「坂の上の雲」と日本人 （関川夏央著） 文芸春秋 2009.10 346p （文春文庫）
◇艶の美学 （小沢克己著） 沖積舎 2009.10 365p
◇「日本文学」の成立 （鈴木貞美著） 作品社 2009.10 508p
◇韓流百年の日本語文学 （木村一信, 崔在哲編） 人文書院 2009.10 334p
◇子規から山頭火へ―山頭火・一草庵祭子規記念博物館特別企画展 （松山市立子規記念博物館編） 山頭火・一草庵祭実行委員会 2009.10 60p
◇『坂の上の雲』もうひとつの読み方 （塩沢実信著） 北辰堂出版 2009.11 359p
◇『坂の上の雲』と司馬史観 （中村政則著） 岩波書店 2009.11 241p
◇『坂の上の雲』を読み解く!―これで全部わかる秋山兄弟と正岡子規 （土居豊著） 講談社 2009.11 191p
◇ことばと精神―粟津則雄講演集 （粟津則雄著） 未来社 2009.11 251p
◇正岡子規の〈楽しむ力〉 （坪内稔典著） 日本放送出版協会 2009.11 197p （生活人新書）
◇東京の子規―歩く人・正岡子規 （井上明久著） 創風社出版 2009.11 223p
◇子規交流 （喜田重行著） 創風社出版 2009.11 175p
◇正岡子規―運命を明るいものに変えてしまった男 （多湖輝著） 新講社 2009.12 189p （新講社ワイド新書）
◇こんなに面白い!『坂の上の雲』の世界―物語をもっと楽しむための"雑学・人物伝" （河合敦監修,『坂の上の雲』研究会著） 三笠書房 2009.12 237p （知的生きかた文庫）

【雑　誌】
◇子規と短歌（2）詩歌革新の系譜と子規 （西浦英之）「皇学館大学紀要」 18 1980.1
◇子規はわれらの同時代人―変革期の生活者・表現者 （大江健三郎）「世界」 410 1980.1
◇新傾向俳句と人間回復―子規批判と長律 （松井利彦）「岡山大学教育学部研究集録」 53 1980.1
◇文学こぼれ話―子規と献立 「海」 12（1） 1980.1
◇子規の俳句分類作業と俳句開眼 （杉浦明平）「俳句」 29（2） 1980.2
◇子規の晩年の短歌 （ジャニーン・バイチマン）「国際日本文学研究集会会議録」 3 1980.2
◇子規の風景 （和泉久子）「鶴見大学紀要（第1部 国語国文学編）」 17 1980.2
◇最晩年の子規 （坪内稔典）「園田国文」 創刊号 1980.3
◇子規と節―歌論にみる万葉受容 （小瀬千恵子）「実践国文学」 17 1980.3
◇漱石十話（4〜7） （宮崎利秀）「日本古書通信」 45（3〜6） 1980.3〜6
◇正岡子規と万葉集―その人麻呂像をめぐって （牧野博行）「万葉樵木」 3 1980.3
◇正岡子規の俳句分類日付別項目一覧（下） （和田克司）「大阪成蹊女子短期大学研究紀要」 17 1980.3
◇正岡子規の墓碑銘について （蒲池文雄）「鹿児島女子大学研究紀要」 1（1） 1980.3
◇最後の一句 （松井利彦）「太陽」 18（4） 1980.4

◇子規研究の態度―子規研究序説　(金村治三郎)「子規会誌」5　1980.4
◇子規の写真から―黎明期の写真家たち　(風戸始)「子規会誌」5　1980.4
◇子規の日清戦争従軍　(村上春次)「子規会誌」5 1980.4
◇子規の四季　(越智通敏)「伊与の民俗」32 1980.6
◇アララギの先進・人と歌―子規・左千夫・節の歌風　(北住敏夫)「群山」35(7) 1980.7
◇幻想文学論序説―正岡子規「叙事文」から　(渡部直己)「早稲田文学」52 1980.9
◇特集・正岡子規　「短歌」27(9) 1980.9
◇子規と虚子その明暗　(松井幸一)「俳句文学館紀要」1 1980.9
◇子規と拓川　(室岡和子)「俳句文学館紀要」1 1980.9
◇静岡新俳句黎明史　(田中あきら)「俳句文学館紀要」1 1980.9
◇客観の開眼　(古舘曹人)「俳句」29(13) 1980.11
◇子規の「自筆墓碑銘」考　(坪内稔典)「園田学園女子大学論文集」15 1980.12
◇「近代」のリアリズムを問う―正岡子規を軸として　(饗庭孝男)「文学界」35(1) 1981.1
◇子規歌論の継承と発展(74〜85)　(有田静昭)「林泉」29(1〜12) 1981.1〜12
◇史的課題俳人論　(松井幸彦)「俳句」1981.1〜7
◇前衛短歌の問題(31〜33,35,36)古代詩遠望(10〜12,14,15)　(岡井隆)「短歌研究」38(1〜3,5,6) 1981.1〜6
◇子規の鶏頭(特集・定評とわが読解―四句について)　(矢島渚男)「俳句」30(2) 1981.2
◇正岡子規―無名の存在への共感(特集・俳句に何を求めるか)　(坪内稔典)「國文學　解釈と教材の研究」26(3) 1981.2
◇正岡子規の「墨田の由縁」2　(和田克司)「大阪成蹊女子短期大学研究紀要」18 1981.3
◇虚碧碓執考(1)現代俳句の源流を探る　(木村重起)「近代風土」11 1981.4
◇写実論―子規における和歌革新の意味　(三枝昂之)「短歌」28(4) 1981.4
◇松山―正岡子規の足跡(特集・都市・近代短歌以後―地図とともに)　(弘田義定)「短歌研究」38(4) 1981.4
◇松山市子規記念博物館を開館して　(中村時雄)「市政」30(5) 1981.5
◇近代俳句の始祖正岡子規の旧居子規庵を訪ねて　(広藤啓川)「西宮文化協会月報」160 1981.7
◇子規と虚子―道潅山事件をめぐって　(橋本寛之)「阪南論集(人文・自然科学編)」16(3・4) 1981.7
◇正岡子規と与謝野鉄幹―"不可並称"論争の構図(特集・明治ライバル物語)　(篠弘)「歴史と人物」122 1981.7
◇子規の〈自然〉―四大随筆考　(米田利昭)「日本近代文学」28 1981.9
◇子規文学と生涯を読む　(大江健三郎)「文学界」35(10) 1981.10
◇番組をどう地域に位置づけるか?―「人間・正岡子規」NHK松山の場合(ローカル放送事情リポート)　(栗田博行)「放送文化」36(10) 1981.10
◇子規の歴史的認識方(特集・近代短歌の発見)　(島有道)「短歌」28(11) 1981.11
◇開館した「松山市立子規記念博物館」　(日野正寛)「博物館研究」16(12) 1981.12
◇子規百歌撰　(小191光雄)「民間伝承」45(3) 1981.12
◇日南と子規―その万葉継承をめぐって　(榎本隆司)「早稲田大学教育学部学術研究(国語・国文学編)」31 1982
◇子規の後継者問題　(栗田靖)「語文(日本大学国文学会)」53 1982.1
◇子規歌論の継承と発展(86)　(有田静昭)「林泉」30(1) 1982.1
◇夏目漱石と正岡子規―『木屑録』をめぐって　(斎藤順二)「群女国文」10 1982.3
◇夏目漱石と正岡子規―『木屑録』をめぐって　(斎藤順二)「群女国文(群馬女子短大)」10 1982.3
◇子規の小説―その位置づけを中心に　(畠中淳)「研究紀要(日大三島高校)」14 1982.3
◇子規歌論の継承と発展(88)　(有田静昭)「林泉」30(2) 1982.3
◇寺田寅彦と正岡子規　(角川源義)「俳句」31(3) 1982.3
◇自由民権運動と子規　(坪内稔典)「園田国文」3 1982.3
◇子規歌論の継承と発展(89)　(有田静昭)「林泉」30(4) 1982.4
◇子規歌論の継承と発展(90)　(有田静昭)「林泉」30(5) 1982.5
◇おもいつくまま(4)子規と伝統　(馬場あき子)「季刊子規博だより」12(1) 1982.7
◇子規と与謝野鉄幹　(坪内稔典)「季刊子規博だより」12(1) 1982.7
◇東京の子規(1)久松邸をめぐって　(和田克司)「季刊子規博だより」12(1) 1982.7
◇子規の方法と現代俳句　(川崎展宏)「書斎の窓」316 1982.8

◇子規・虚子の日本美―天然写生　(松井利彦)「俳句文学館紀要」2 1982.9
◇「子規子の死」とその前後　(橘田憲明)「俳句文学館紀要」2 1982.9
◇松宇と子規―明治25年を中心に　(室岡和子)「聖徳学園岐阜教育大学紀要」9 1982.9
◇正岡子規の俳句開眼への過程　(和田克司)「俳句文学館紀要」2 1982.9
◇子規に生きる(5)久松家と給費生子規　(久松定武,和田茂樹)「季刊子規博だより」2(2) 1982.10
◇子規の画帖(松山市立子規記念博物館)　(日野正寛)「博物館研究」17(10) 1982.10
◇子規の杜詩「秋興八首」の歌訳について　(安部成得)「帝京大学文学部紀要　国語国文学」14 1982.10
◇東京の子規(2)子規の神田の下宿　(和田克司)「季刊子規博だより」2(2) 1982.10
◇子規と漱石―竹の里人と給すは大兄の事なるや(特集・夏目漱石)　(米田利昭)「国文学　解釈と鑑賞」47(12) 1982.11
◇仙波花叟と子規の手紙　(清水正史)「風早」8 1982.11
◇没落士族の妄想―正岡子規(主題・お金)　(橋本寛之)「思想の科学(第7次)」26 1982.12
◇正岡子規と魯迅・周作人　(木山英雄)「言語文化」20 1983
◇子規とカタカナ　(森元四郎)「愛媛国文研究」33 1983
◇正岡子規の「文学」―短歌と俳句　(野山嘉正)「山梨大学教育学部研究報告　第1分冊　人文社会科学系」34 1983
◇夏目漱石と正岡子規(2)次韻の詩を中心に　(斎藤順二)「群馬女子短期大学紀要」10 1983.1
◇子規と虚子―革新と楽園　(川崎展宏)「国語と国文学」60(1) 1983.1
◇子規に生きる(6)子規とふるさとの植物　(山本四郎,和田茂樹)「季刊子規博だより」2(3) 1983.1
◇子規歌論の継承と発展(98)　(有田静昭)「林泉」31(1) 1983.1
◇正岡子規―特集＝現代俳句の世界　(小室善弘)「国文学　解釈と鑑賞」48(3) 1983.2
◇正岡子規―現にあるものへのまなざし―現代短歌の作家、その歌と論と　(粟津則雄)「國文學　解釈と教材の研究」28(3) 1983.2
◇子規歌論の継承と発展(99)　(有田静昭)「林泉」31(2) 1983.2
◇子規小論―「風が吹いたによって箱屋」　(宮坂静生)「岳」6(2) 1983.2
◇館蔵資料紹介(7)「月の都」をめぐる三書簡　(宝来淑子)「季刊子規博だより」2(4) 1983.3
◇子規に生きる(7)開館3年目をむかえて　(中村時雄,和田茂樹)「季刊子規博だより」2(4) 1983.3
◇子規歌論の継承と発展(100)　(有田静昭)「林泉」31(3) 1983.3
◇東京の子規(3)子規上京後の学校　(和田克司)「季刊子規博だより」2(4) 1983.3
◇正岡子規―近代作家年譜集成　(藤岡武雄)「國文學　解釈と教材の研究」28(6) 1983.4
◇正岡子規の器量　(古舘曹人)「俳句」32(4) 1983.4
◇子規の目指したもの―現代に生きる「私」にとって俳句形式とは何か　(坪内稔典)「俳句」32(4) 1983.4
◇正岡子規―日本現代文学研究必携　(坪内稔典)「別冊国文学」特大号 1983.7
◇「子規俳句索引」発行楽屋裏　(日野正寛)「季刊子規博だより(松山市立子規記念博物館)」3(1) 1983.7
◇若者子規　伊香保の抵抗　(古賀蔵人)「季刊子規博だより(松山市立子規記念博物館)」3(1) 1983.7
◇東京の子規(4)子規と東京大学予備門　(和田克司)「季刊子規博だより(松山市立子規記念博物館)」3(1) 1983.7
◇子規における蕪村の発見―特集・蕪村の世界　(山下一海)「俳句」32(9) 1983.9
◇おもいつくまま(9)子規と信綱　(佐佐木幸綱)「季刊子規博だより(松山市立子規記念博物館)」3(2) 1983.10
◇東京の子規(5)子規と第一高等学校　(和田克司)「季刊子規博だより(松山市立子規記念博物館)」3(2) 1983.10
◇時のうつろい(上)子規の時間論　(越智通敏)「季刊子規博だより(松山市立子規記念博物館)」3(2) 1983.10
◇子規の蕪村発見に関する一考察―付・西欧における蕪村受容　(松尾靖秋)「国学院雑誌」84(11) 1983.11
◇漱石と子規　(佐藤良стань)「武蔵野英米文学」17 1984
◇赤彦における子規　(山根巴)「相模女子大学紀要」48 1984
◇正岡子規「木屑録評」全釈―「漱石詩集全釈」補説拾遺―　(斎藤順二)「群馬女子短期大学紀要」11 1984.1
◇おもいつくまま(10)子規写生帖と小野竹喬先生　(小笠原臣也)「季刊子規博だより(松山市立子規記念博物館)」3(3) 1984.1
◇東京の子規(6)根岸の子規庵　(和田克司)「季刊子規博だより(松山市立子規記念博物館)」3(3) 1984.1
◇時のうつろい(下)子規の時間論　(越智通敏)「季刊子規博だより

（松山市立子規記念博物館）」 3(3) 1984.1
◇正岡子規「木屑録評」全釈—『漱石詩集全釈』補説拾遺 （斎藤順二）「群馬女子短期大学紀要」 11 1984.1
◇子規と愚庵 （室៸和子）「聖徳学園岐阜教育大学国語学国文学」 3 1984.1
◇洞窟の美神 貫之は下手な歌よみにて候（子規） （川口久雄）「創文」 241 1984.2
◇正岡子規「詩」—短歌と俳句— （野山嘉正）「国文学論集（山梨大学）」 22 1984.3
◇子規—短歌・長歌・旋頭歌各句索引— （和田克司）「大阪成蹊女子短期大学研究紀要」 21 1984.4
◇正岡子規「漢詩稿」評釈(1) （斎藤順二，大地武雄，吉崎一衞）「論究（二松学舎大学）」 8 1984.3
◇対話と寓意がある風景—子規の複眼思考と俳句の現代性— （鈴木蚊都夫）「現代俳句（現代俳句協会）」 148 1984.3
◇子規，病いと日記（特集・作家と日記） （山田有策）「国文学」 29(5) 1984.4
◇現代百俳人が記す…近代百俳人子規から草田男まで—代表句・愛誦句鑑賞とことば 「俳句」 33(4) 1984.4
◇子規と節と重治のこと （三枝昂之）「本」 9(6) 1984.6
◇正岡子規と蕪村—誤解の創造性（特集＝俳諧の視界） （小室善弘）「国文学解釈と鑑賞」 49(8) 1984.6
◇内藤鳴雪の生涯—子規との関係にふれて （畠中淳）「俳句文学館紀要」 3 1984.6
◇正岡子規「漢詩稿」評釈 （斎藤順二，大地武雄，吉崎一衞）「論究（二松学舎大学）」 9 1984.6
◇正岡子規の岐蘇雑詩三十首—電子計算機による漢詩技法の検出 （和田克司）「語 文（大阪大学文学部国文学研究室編 文進堂）」 43 1984.6
◇現代俳句—移ろうものと継がれゆくもの(2)干戈の発端—正岡子規 （渡辺寛）「俳 句」 33(7) 1984.7
◇現代俳句—移ろうものと継がれゆくもの(3)子規発見（上）（渡辺寛）「俳 句」 33(8) 1984.8
◇正岡子規（高浜虛子宛）（日本人100人の手紙） （磯貝英夫）「国文学」 29(12) 1984.9
◇子規 「文 学」 52(9) 1984.9
◇現代俳句—移ろうものと継がれゆくもの(4)子規発見—中— （渡辺寛）「俳 句」 33(9) 1984.9
◇正岡子規「漢詩稿」評釈(3) （斎藤順二，大地武雄，吉崎一衞）「論究（二松学舎大学）」 10 1984.9
◇現代俳句—移ろうものと継がれゆくもの(5)子規発見（下） （渡辺寛）「俳 句」 33(10) 1984.10
◇子規と蕪村（蕪村） （平井照敏）「文 学」 52(10) 1984.10
◇正岡子規と浅井忠——通の手紙の原風景— （高橋在久）「子規博だより」 4(2) 1984.10
◇浅井忠・中村不折—子規と二人の洋画家— （田城武志）「子規博だより」 4(2) 1984.10
◇子規と漱石—風景に立つ二人（自由・民権・文学＜特集＞） （米田利昭）「日本文学」 33(11) 1984.11
◇正岡子規の俳句革新（俳句創作鑑賞ハンドブック） （矢島渚男）「国文学」 29(16) 1984.12
◇正岡子規の句（俳句創作鑑賞ハンドブック） （川崎展宏）「国文学」 29(16) 1984.12
◇仙台周辺の子規—宮城の子規 1— （和田克司）「子規博だより」 4(3) 1985.1
◇新聞記者正岡子規(1) （喜田重行）「子規会誌」 24 1985.1
◇いま，地方文化を考える(7)〈愛媛県〉俳句王国「松山の文学風土」検証 （佐藤寿志）「學鐙」 82(2) 1985.2
◇子規と松島—宮城の子規 2— （和田克司）「子規博だより」 4(4) 1985.3
◇正岡子規と万葉集—巻16の受容をめぐって— （加藤孝男）「中京国文学」 4 1985.3
◇正岡子規「漢詩稿」評釈(4) （斎藤順二，大地武雄，吉崎一衞）「論究（二松学舎大学）」 11 1985.3
◇正岡子規とナショナリズム—抒情の系譜—子規・独歩・勇— （中野一夫）「跡見学園国語科紀要」 31・32 1985.4
◇子規をみつけた(1) （渡辺寛）「春秋」 268 1985.4
◇子規と漱石の拙—和歌文学発生史論攷40— （阿部正路）「太陽の舟」 8(3) 1985.5
◇子規をみつけた(2) （渡辺寛）「春秋」 269 1985.5
◇正岡子規「漢詩稿」評訳(5) （斎藤順二，大地武雄，吉崎一衞）「論究（二松学舎大学佐古研究室）」 12 1985.6
◇子規をみつけた(3) （渡辺寛）「春秋」 270 1985.6
◇子規の「仰臥漫録」—死を前に〈魅せられた日記文学—古典から近代まで〈特集〉〉 （坪内稔典）「国文学 解釈と鑑賞」 50(8) 1985.7
◇句碑めぐり(13) 正岡子規句碑（吉野町）「吉野路」 26 1985.7
◇子規庵の「燈爐」—よみがえる記録 （古賀蔵人）「子規博だより」 4(1) 1985.7

◇子規漢学の師系 （白田三雅）「子規博だより」 4(1) 1985.7
◇夏橙（季節のうた(28)） （佐佐木幸綱）「本の窓」 7 1985.7
◇子規をみつけた(4) （渡辺寛）「春秋」 271 1985.8
◇正岡子規「漢詩稿」評訳(6) （斎藤順二，大地武雄，吉崎一衞）「論究（二松学舎大学）」 13 1985.9
◇かな書きの詩(9) （平井照敏）「學鐙」 82(9) 1985.9
◇子規をみつけた(5) （渡辺寛）「春秋」 272 1985.9
◇続・近代日本の日記(1)正岡子規の「仰臥漫録」 （小田切進）「群像」 40(10) 1985.10
◇現代俳句—移ろうものと継がれゆくもの(16)葛藤—子規と虛子 （渡辺寛）「俳句」 34(10) 1985.10
◇かな書きの詩(10) （平井照敏）「學鐙」 82(10) 1985.10
◇子規をみつけた(6) （渡辺寛）「春秋」 273 1985.10
◇子規と円朝—連続と非連続（江戸から明治への文学〈特集〉） （桧谷昭彦）「文学」 53(11) 1985.11
◇現代俳句—移ろうものと継がれゆくもの(17)子規最期 （渡辺寛）「俳句」 34(11) 1985.11
◇かな書きの詩(11) （平井照敏）「學鐙」 82(11) 1985.11
◇子規をみつけた(7) （渡辺寛）「春秋」 274 1985.11
◇正岡子規「漢詩稿」評釈 （斎藤順二，大地武雄，吉崎一衞）「論究（二松学舎大学佐古研究室）」 14 1985.12
◇かな書きの詩(12) （平井照敏）「學鐙」 82(12) 1985.12
◇国立国会図書館所蔵本 蔵書印—その132—正岡子規 （馬場万夫）「国立国会図書館月報」 298 1986.1
◇子規をみつけた(8) （渡辺寛）「春秋」 275 1986.1
◇芥川の「芭蕉雑記」と正岡子規—龍之介の子規2— （伊藤一郎）「国文学言語と文芸」 98 1986.1
◇龍之介の子規(2)芥川の「芭蕉雑記」と正岡子規 （伊藤一郎）「言語と文芸」 98 1986.1
◇ロンドンからの手紙—漱石と子規 （米田利昭）「宇都宮大学教育学部紀要 第1部」 36 1986.2
◇書生の兄貴 （司馬遼太郎）「波」 194 1986.2
◇子規をみつけた(9) （渡辺寛）「春秋」 276 1986.2
◇子規をみつけた(10) （渡辺寛）「春秋」 277 1986.4
◇子規をみつけた(11) （渡辺寛）「春秋」 278 1986.5
◇子規をみつけた(12) （渡辺寛）「春秋」 279 1986.6
◇子規と植物(1) （山本四郎）「今治明徳短期大学研究紀要」 17 1986.7
◇子規晩年の随筆 （杉浦明平）「俳句研究」 53(9) 1986.9
◇正岡子規—涼風器のことなど（夭折歌人と青春歌〈特集〉） （後藤直二）「短歌」 33(9) 1986.9
◇子規と外国 （佐藤和夫）「子規博だより」 6(2) 1986.10
◇子規と芭蕉・蕪村(2) （石原誠）「子規博だより」 6(2) 1986.10
◇正岡子規—日本的近代の水路（特集）「国文学」 31(12) 1986.10
◇子規をみつけた(13) （渡辺寛）「春秋」 282 1986.10
◇子規をみつけた(14) （渡辺寛）「春秋」 283 1986.11
◇宇治拾遺物語と正岡子規 （田村憲治）「愛媛大学法文学部論集（文学科篇）」 19 1986.11
◇子規短歌の変貌—調べを通して見た （田島園子）「愛知大学国文学」 26（津之地直一教授・中田祝夫教授退職記念） 1986.11
◇旅と成熟—子規の紀行文— （金井景子）「媒」 3 1986.11
◇子規の短歌革新と俳句仲間 （栗田靖）「東海学園国語国文」 30 1986.12
◇子規をみつけた(15) （渡辺寛）「春秋」 284 1986.12
◇虛構としての子規 （坪内稔典）「枯野」 5 1986.12
◇正岡子規と大谷是空 （和田克司）「連歌俳諧研究」 72 1987.1
◇ある結核人間模様—満之と子規と節 （小西輝夫）「同朋」 107 1987.3
◇伊予市の子規と漱石（伊予市商店街開町三五〇周年記念特集） （神野昭）「伊予市の歴史文化」 16 1987.3
◇荻原井泉水と子規(1) （田城武志）「子規博だより」 6(4) 1987.3
◇なつかしい本（四）『闇汁図解』 （平川祐弘）「UP」 174 1987.4
◇正岡子規「芭蕉雑談」の周辺（連句（俳諧）への招待—伝統と創造） （野山嘉正）「国文学 解釈と鑑賞」 52(5) 1987.5
◇荻原井泉水と子規(2)—二人の「愛桜子」— （田城武志）「子規博だより」 7(1) 1987.6
◇正岡子規略年譜 （大島史洋）「短歌」 34(8) 1987.8
◇正岡子規〈特集〉「短歌」 34(8) 1987.8
◇短詩型プレイヤー子規（素晴らしいベースボール—投げること，打つこと，走ること，捕ること） （平出隆）「現代詩手帖」 30(8) 1987.8
◇金州 北門—中国の子規6— （和田克司）「子規博だより」 7(2) 1987.10
◇正岡子規俳句短歌の植物(4) （日野正寛）「子規博だより」 7(2) 1987.10
◇拓川・「忠恕」の美学—子規に生きる24— （蒲池文雄）「子規博だより」 7(2) 1987.10

◇"村上齋月翁の転和吟"管見―子規居士・漱石子の転和吟より― (中川貴好)「子規博だより」 7(3) 1988.1
◇「異国(ことぐに)」の春―子規『竹乃里歌』の明治35年 (今西幹一)「日本文芸研究」 39(4) 1988.1
◇プロレタリア俳句の原点―子規に生きる25― (瓜生敏一,和田茂樹)「子規博だより」 7(3) 1988.1
◇金比羅さんと子規―青年時代の子規の宗教考 (山上次郎)「ことひら」 43 1988.1
◇金州 北門外と西門―中国の子規7 (和田克司)「子規博だより」 7(3) 1988.1
◇<写生>と<引っ掻き>―晩年のフランツ・カフカと正岡子規の場合 (藤川晴男)「信州大学教養部紀要」 22 1988.2
◇漱石と子規―アイデアとレトリック (米田利昭)「宇都宮大学教育学部紀要 第1部」 38 1988.2
◇正岡子規年譜・著作目録・文献目録(抄) (和田克司,編集部)「書道研究」 2(3) 1988.3
◇「病牀六尺」論―方法としての病(やまい) (関谷由美子)「都大論究」 25 1988.3
◇「南無阿弥陀仏」と「糸瓜仏」――遍上人と子規居士・子規に生きる26― (越智通敏,和田茂樹)「子規博だより」 7(4) 1988.3
◇金州南門城楼―中国の子規8― (和田克司)「子規博だより」 7(4) 1988.3
◇子規の写生及び写生論とその伝承(上) (山下幸雄)「木野評論(京都精華大学)」 19 1988.3
◇子規と植物(2) (山本四郎)「今治明徳短期大学研究紀要」 18 1988.3
◇子規とスペンサー―明治青年の英学修業 (成田龍雄)「大谷女子大学紀要」 22(2) 1988.3
◇子規のロマン主義経路―「小園の記」を糸口にして (和泉久子)「鶴見大学紀要 第1部 国語国文学編」 25 1988.3
◇正岡子規の従軍記者時の往還の記録 (和田克司)「大阪成蹊女子短期大学研究紀要」 25 1988.3
◇子規の書簡が語るもの―柿衛文庫資料紹介― (瀬川照子)「俳句史研究」 2 1988.4
◇正岡子規と鎌倉―近代文学に現われた鎌倉(10) (鹿児島達雄)「鎌倉」 57 1988.5
◇特集・子規の覇権意識と現代短歌のシステム化 「シーガル」 16 1988.5
◇金州 関帝廟と孔子廟―中国の子規9― (和田克司)「子規博だより」 8(1) 1988.6
◇正岡子規と南伊予の人びと (白田三雅)「子規博だより」 8(1) 1988.6
◇大家の作歌推敲過程を探る(7)正岡子規('88短歌セミナー(7)) (梶木剛)「短歌研究」 45(7) 1988.7
◇滅亡論始末(上)―子規・柴舟・啄木・迢空― (村井紀)「藤女子大学国文学雑誌」 41 1988.9
◇近代の作歌における第一歌集と最終歌集 正岡子規『竹乃里歌』―自筆稿本から公刊本へ(特集:短歌―「歌集」のベクトル) (野山嘉正)「国文学」 33(12) 1988.10
◇金州・山東会館―中国の子規10― (和田克司)「子規博だより」 8(2) 1988.10
◇赤い椿・白い椿―碧梧桐と子規・虚子(小特集・河東碧梧桐) (和田悟朗)「船団」 4 1988.10
◇漱石―はじまりの時 (米田利昭)「文学」 56(11) 1988.11
◇漱石と子規―松山1年 (米田利昭)「宇都宮大学教育学部紀要 第1部」 39 1989.2
◇正岡子規小論―主として音韻をめぐって (江口恭平)「群女国文(群馬女子短期大学)」 16 1989.3
◇子規と徳富蘇峰の「金州瞥見」―中国の子規(12) (和田克司)「子規博だより」 8(4) 1989.3
◇子規の古今批判 (和泉久子)「鶴見大学紀要 第1部 国語国文学編」 26 1989.3
◇正岡子規「百中十首」の世界検証(2)選者とその選歌をめぐって (今西幹一)「二松学舎大学人文論叢」 41 1989.3
◇子規の写生及び写生論とその伝承(中) (山下幸雄)「木野評論(京都精華大学)」 20 1989.3
◇子規との邂逅と永訣(夏目漱石伝―作品への通路<特集>) (熊坂敦子)「國文学 解釈と教材の研究」 34(5) 1989.4
◇日記・随筆等からみた子規の一面―墨汁一滴・仰臥漫録・病床六尺を中心に (藤井了諦)「解釈学」 1 1989.6
◇国民新聞に報ぜられた金州―中国の子規(13) (和田克司)「子規博だより」 9(1) 1989.6
◇松高俳句会の思い出(後)―子規に生きる(30)(対談) (大野岬歩,和田茂樹)「子規博だより」 9(1) 1989.6
◇実感・美感・感興―近代文学に描かれた感受性(5)子規・漱石・豪傑譚―人間を見る眼,自然を見る眼 (中島国彦)「早稲田文学〔第8次〕」 158 1989.7
◇実感・美感・感興―近代文学に描かれた感受性(6)「観念高尚」の意味するもの―子規の若き日の小説試作をめぐって (中島国彦)「早稲田文学〔第8次〕」 159 1989.8
◇正岡子規の小説 (畠中淳)「解釈」 35(9) 1989.9
◇正岡子規の漢詩 (鳶山武夫)「子規会誌」 43 1989.10
◇子規と虚子―その人と作品 (畠中淳)「子規会誌」 43 1989.10
◇子規と野球博物館 (天岸太郎)「子規会誌」 43 1989.10
◇子規=西洋・江戸―青春の日本 (森正経)「子規博だより」 9(2) 1989.10
◇「正岡子規」からの手紙―根岸の里のモノクローグ("歌人"からの手紙―もしいま生きていたら…<特集>) (三枝昴之)「短歌研究」 46(11) 1989.11
◇実感・美感・感興―近代文学に描かれた感受性(10)「夢」と「精霊」と―子規の「夢」漱石の「裸体画」 (中島国彦)「早稲田文学〔第8次〕」 163 1989.12
◇「書く」ことの日常―『仰臥漫録』をめぐる考察 (金井景子)「媒」 6 1989.12
◇子規と朔太郎 (坪井秀人)「金沢美術工芸大学紀要」 34 1990
◇正岡子規の写生論 (徳村佑市)「金沢美術工芸大学紀要」 34 1990
◇「4次元」人生から「3次元」人生へ―芭蕉から子規へ (深津胤房)「二松学舎大学東洋学研究所集刊」 21 1990
◇子規・漱石とニッケル時計 (古賀蔵人)「子規博だより」 9(3) 1990.1
◇子規―西洋・江戸(2)悲しきにつけても嬉しきは故郷なり (森正経)「子規博だより」 9(3) 1990.1
◇子規と旅順―中国の子規(14) (和田克司)「子規博だより」 9(3) 1990.1
◇子規の世界<特集>「国文学 解釈と鑑賞」 55(2) 1990.2
◇正岡子規と海南新聞の松風会俳句 (和田克司)「大阪成蹊女子短期大学研究紀要」 27 1990.2
◇子規とその家系(3)「近代」を支えた「江戸」 (森正経)「子規博だより」 9(4) 1990.3
◇子規と旅順の砲台―中国の子規(15) (和田克司)「子規博だより」 9(4) 1990.3
◇一漢詩人と子規の死 (尾形仂)「成城国文学論集」 20 1990.3
◇子規「獺祭書屋俳話」にみられる歴史主義 (和泉久子)「鶴見大学紀要 第1部 国語国文学編」 27 1990.3
◇子規短歌の発想に関わる万葉集 (松井利彦)「東海学園国語国文(東海学園女子短期大学)」 37 1990.3
◇子規および露伴 (谷沢永一)「国文学 解釈と鑑賞」 55(4) 1990.4
◇短歌1首―子規が私を阻んだ(特集 現代短歌・歌人論) (青木きね夫)「桜狩」 21 1990.4
◇シリーズ 俳句100年(1)子規と虚子 (坪内稔典他)「俳句」 39(4) 1990.4
◇実感・美感・感興―近代文学に描かれた感受性(15)子規の「美感」,二葉亭の「実感」―ハルトマン美学との対応を手がかりに (中島国彦)「早稲田文学〔第8次〕」 168 1990.5
◇〔新資料〕中学生子規の戯名作品発見―「戯多々々呟誌」の先駆 (和田茂樹)「子規博だより」 10(1) 1990.6
◇子規とその家系(4)新資料「正岡家系取調報」と子規ノート (森正経)「子規博だより」 10(1) 1990.6
◇子規関係三書その他 (久保田正文)「日本古書通信」 55(7) 1990.7
◇「子規と虚子」―箇より簾へ (柴田奈美)「解釈」 36(8) 1990.8
◇子規の風土(4)本郷真砂町常盤会寄宿舎 (小林かをそ)「鹿火屋」 809 1990.9
◇写生に於ける子規と節 (市村軍平)「古典と現代」 58 1990.9
◇色・形・譚・趣向―若き日の子規の感受性をめぐって (中島国彦)「国文学研究(早稲田大学国文学会)」 102 1990.10
◇「東京上根岸二住ス」―子規庵コノ地二永遠ナレ・子規に生きる(33) (沢田正造)「子規博だより」 10(2) 1990.10
◇子規と根岸(1) (森正経)「子規博だより」 10(2) 1990.10
◇子規庵をめぐって (和田克司)「子規博だより」 10(2) 1990.10
◇子規短歌の発想に関わる万葉集 (松井利彦)「東海学園国語国文」 38 1990.10
◇富士千秋の雪―正岡子規漢詩「西行法師」ほかについて (松本寧至)「二松学舎大学人文論叢」 45 1990.10
◇名作の現場(10)正岡子規「病床六尺」の世界―子規と根岸 (小室善弘)「俳句研究」 57(10) 1990.10
◇正岡子規と現代短歌 (安森敏隆)「日本語日本文学(同志社女子大学)」 2 1990.11
◇子規庵界隈の研究 (小林高寿)「秋草学園短期大学紀要」 7 1990.12
◇子規の幻想 (則武邦昭)「岡山朝日研究紀要」 13 1991.3
◇子規と謡曲 (岡崎正)「駒沢短大国文」 21 1991.3
◇正岡子規と海南新聞の俳句―明治29年春季 (和田克司)「研究紀要(大阪成蹊女子短期大学)」 28 1991.3
◇子規と新体詩 (松井利彦)「東海学園国語国文(東海学園女子短期大学)」 39 1991.3
◇「四次元」人生から「三次元」人生へ―芭蕉から子規へ (深津胤房)「二松学舎大学東洋学研究所集刊」 21 1991.3

◇子規俳句の基調—合わせて「辞世三句」を考究する　（今西幹一）「二松（二松学舎大学大学院）」5 1991.3
◇子規俳句抄(1)　（阿部誠文）「論究」32 1991.5
◇極堂・子規の交友(2)　（伊藤彰規）「子規博だより」11(1) 1991.6
〔新資料〕今居真吉あて書簡—子規最後の旅　（森正経）「子規博だより」11(1) 1991.6
◇子規と日本　（松井利彦）「東海学園女子短期大学紀要」26 1991.7
◇近代小説新考 明治の青春(5,6)正岡子規「月の都」(1,2)　（野山嘉正）「國文學 解釈と教材の研究」36(9,10) 1991.8,9
◇正岡子規(7)2つの視点　（倉橋羊村）「俳句」40(8) 1991.8
◇子規から茂吉へ継がれたもの—茂吉の子規論から　（宝来淑子）「子規博だより」11(2) 1991.9
◇子規俳句抄(8)　（阿部誠文）「論究」33 1991.9
◇正岡子規『曼珠沙華』ノート　（国中治）「論樹（東京都立大学大学院）」5 1991.9
◇子規の風土(6)月の都　（小林かをそ）「鹿火屋」811 1991.10
◇正岡子規(8)子規と露伴　（倉橋羊村）「俳句」40(10) 1991.10
◇子規の後継者としての虚子(2)　（畠中淳）「解釈学」6 1991.11
◇教材研究：子規の3句について　（森木滋）「解釈学(解釈学事務局)」6 1991.11
◇子規の風土(7)仙台の灯　（小林かをそ）「鹿火屋」812 1991.11
◇子規と陸羯南資料『拓川集』より　（松井利彦）「東海学園国語国文（東海学園女子短期大学）」40 1991.11
◇子規と旧派俳諧　（松井利彦）「日本文芸学」28 1991.11
◇正岡子規(9,10)　（倉橋羊村）「俳句」40(11,12) 1991.11,12
◇子規と旧派俳諧　（松井利彦）「日本文芸学(日本文芸学会)」28 1991.11
◇子規の風土(8)小石川非風宅　（小林かをそ）「鹿火屋」813 1991.12
◇子規と虚子—「短歌滅亡論」を中心に　（柴田奈美）「岡山県立短期大学紀要」37 1992
◇漱石と子規—『夢十夜』の「第二夜」を中心に　（柴田奈美）「岡山県立短期大学紀要」37 1992
◇子規と虚子—「適応」を中心に　（柴田奈美）「国語研究(岡山大学)」6 1992
◇子規・「写生」の周辺　（森正経）「子規博だより」11(3) 1992.1
◇自由民権運動と子規(対談)　（岡林清水，和田茂樹）「子規博だより」11(3) 1992.1
◇子規の風土(9)柳樹屯　（小林かをそ）「鹿火屋」814 1992.1
◇子規の風土(10)金州城　（小林かをそ）「鹿火屋」815 1992.1
◇正岡子規(11～13)　（倉橋羊村）「俳句」41(2～4) 1992.2～4
◇子規の風土(11)須磨ノ浦　（小林かをそ）「鹿火屋」816 1992.3
◇子規の革新論—「言」への希求　（和泉久子）「鶴見大学紀要 第1部 国語国文学編」29 1992.3
◇正岡子規「岩手の孝子の歌」考—子規連作歌考のうち　（今西幹一）「二松学舎大学人文論叢」48 1992.3
◇子規の風土(12)上根岸の「国粋派」　（小林かをそ）「鹿火屋」817 1992.4
◇子規の後継者としての虚子(3)　（畠中淳）「解釈学」7 1992.6
◇近代文学者の死生観—子規・独歩・百三にみる　（太田信隆）「関西女子美術短期大学紀要」2 1992.6
◇正岡子規の筆跡　「江東史談」242 1992.6
◇子規の風土(14)駿河興津移転問題　（小林かをそ）「鹿火屋」819 1992.6
◇子規の風土(15)子規庵主の死生観　（小林かをそ）「鹿火屋」820 1992.7
◇正岡子規(14)日本新聞と「小日本」　（倉橋羊村）「俳句」41(7) 1992.7
◇遠いものと近いものと—正岡子規の現実意識(日本の近代随筆〈特集〉)　（Jean Jacques Origas）「文学」3(3) 1992.7
◇子規と虚子：「短詩滅亡論」を中心に　（柴田奈美）「研究紀要(岡山県立短期大学)」37 1992.8
◇漱石と子規—「夢十夜」の「第2夜」を中心に　（柴田奈美）「研究紀要(岡山県立短期大学)」37 1992.8
◇古書ひろい読み(8,9)「子規絵日記」(上,下)　（青木茂）「三彩」539,540 1992.8,9
◇子規の風土(16)子規庵の山会　（小林かをそ）「鹿火屋」821 1992.8
◇洋画家為山と俳人子規　（伊藤彰規）「子規博だより」12(2) 1992.9
◇子規の風土(17)鴬横町の友情　（小林かをそ）「鹿火屋」822 1992.9
◇正岡子規と写生画　（和田克司）「俳句研究」59(9) 1992.9
◇漱石と子規『夢十夜』の「第六夜」を中心に　（柴田奈美）「俳句文学館紀要」7 1992.9
◇正岡子規の新体詩—新体詩の1水脈(1)　（今西幹一）「二松学舎大学人文論叢」49 1992.10
◇正岡子規(15)日本新聞と「小日本」－承前－　（倉橋羊村）「俳句」41(10) 1992.10
◇子規文学の保守性と庶民性　（畠中淳）「解釈学」8 1992.11
◇子規の風土(19)土佐の『海月』　（小林かをそ）「鹿火屋」824 1992.11
◇子規とふるさと松山(第44回都市計画全国大会号愛媛県特集—愛媛県の紹介)　（和田茂樹）「新都市」46(11) 1992.11
◇千代尼の「朝顔に」の句についての一茶と子規の評(一茶小特集)　（小林計一郎）「長野」166 1992.11
◇正岡子規(16,17)従軍　（倉橋羊村）「俳句」41(11,12) 1992.11,12
◇子規の風土(19)高知巡業の紅葉　（小林かをそ）「鹿火屋」825 1992.12
◇正岡子規の翻訳新体詩—「時鳥(カッター)」について　（今西幹一）「二松学舎大学東洋学研究所集刊」24 1993
◇正岡子規(18～19完)　（倉橋羊村）「俳句」42(2,3) 1993.2,3
◇子規と常盤会寄宿舎(上)「雪の間」と「内閣編集局」　（宝来淑子）「子規博だより」12(4) 1993.3
◇正岡子規『墨汁一滴』特集　「情調と形象(二松学舎大学)」創刊号 1993.3
◇子規の俳論と崇高(サブライム)　（和泉久子）「鶴見大学紀要 第1部 国語国文学編」30 1993.3
◇宣長から子規まで—近代江戸期/東京期の言説空間(近世と近代—危機の文学〈特集〉)　（勝原晴希）「国語と国文学」70(5) 1993.5
◇本のある日々—傷だらけの明治の心　（新藤兼人）「波」27(6) 1993.6
◇子規と籠との対話　（都築和可子）「季刊子規博だより」13(2) 1993.9
◇こんにちは俳句－最終回－糸瓜咲て　（黒田杏子）「本の窓」16(8) 1993.9・10
◇鐘が鳴るなり法隆寺(ライクロフトのように)　（中里富美雄）「新潮45」12(10) 1993.10
◇荷風，子規の死とネコの昼寝(特集・人生は悲劇でも日々好日)　（新藤兼人）「新潮45」12(11) 1993.11
◇近代文学探訪(12)正岡子規「歌よみに与ふる書」　（碓田のぼる）「民主文学」336 1993.11
◇子規と「吾輩は猫である」　（西村好子）「日本文学」42(12) 1993.12
◇子規の近松批判から浮かぶもの　（竹下豊）「演劇学」35 1994
◇文学における日清戦争の意味—独歩・一葉・子規のナショナリズムを中心に　（小笠原幹夫）「作陽音楽大学・作陽短期大学研究紀要」27(2) 1994
◇〔対談〕俳句で読む子規の生涯　（山下一海，和田茂樹）「子規博だより」13(3) 1994.1
◇正岡子規と岡麓　（秋山加代）「子規博だより」13(3) 1994.1
◇子規，春の歌と純粋性—月給40円の墓碑銘—その勁さ浄らかさ(新春の歌〈特集〉)　（田井安曇）「短歌」41(1) 1994.1
◇正岡子規における写生説の特性　（佟君）「岡大国文論稿」22(赤羽学先生退官記念号) 1994.3
◇『漱石書簡集』を読む(1)正岡子規との交遊を中心に　（斎藤順二）「群女国文(群馬女子短期大学)」21 1994.3
◇正岡子規と松山—革新の情熱の源泉　（佐藤毅）「江戸川女子短期大学紀要」9 1994.3
◇〈新資料〉子規の五百木瓢亭あて書簡　（和田茂樹）「子規博だより」13(4) 1994.3
◇子規居士と鼠骨師　（大嶋誠之介）「子規博だより」13(4) 1994.3
◇正岡子規と海南新聞の俳句—明治29年夏季　（和田克司）「大阪成蹊女子短期大学研究紀要」31 1994.3
◇子規の絵画的方法—大衆化へのもくろみ　（和泉久子）「鶴見大学紀要 第1部 国語国文学編」31 1994.3
◇正岡子規の小説「花枕」をめぐって　（今西幹一）「二松(二松学舎大学大学院)」8 1994.3
◇正岡子規の翻訳新体詩—「時鳥」について　（今西幹一）「二松学舎大学東洋学研究所集刊」24 1994.3
◇小さな世界はどのようにして語られたか—正岡子規「病状六尺」を中心に(近代文学と「語り」(2)〈特集〉)　（金井景子）「国文学解釈と鑑賞」59(4) 1994.4
◇『坊っちゃん』の世界を育んだ正岡子規との交友—寄席通いに興じる2人。その傾倒ぶりは一通りではなかった(特集・夏目漱石)　（興津要）「プレジデント」32(5) 1994.5
◇子規と茂吉の現在　（小笠原賢二）「図書」539 1994.5
◇子規と鷗門(1)　（畠中淳）「解釈学」11 1994.6
◇正岡子規の小説と俳句—その人権認識にかかわって(第31回部落問題研究所者全国集会報告—日本の民主主義と部落問題研究の課題〈特集〉—部落問題と文芸分科会〔含 討議〕)　（川端俊英）「部落問題研究」129 1994.6
◇文学館のかかえる問題(上)子規記念博物館の展示について　（子規記念博物館）「日本古書通信」59(7) 1994.7
◇作家研究シリーズ(22～24)晩年の子規(上,中,下)　（宮坂静生）「俳句研究」61(9～11) 1994.9～11

◇近代俳句を見なおす(1)正岡子規と俳句革命（座談会）（沢木欣一）「俳句」 43(10) 1994.10
◇えがかれた日清戦争—独歩・子規・鏡花の動向を中心に （小笠原幹夫）「文芸と批評」 7(10) 1994.10
◇大江健三郎における子規 （一条孝夫）「帝塚山学院短期大学研究年報」 42 1994.12
◇子規絶筆3句再説—宮坂静生氏にこたえて （岩井英雅）「俳句研究」 61(12) 1994.12
◇子規・漱石から虚子へ—自恃の精神 （柴田奈美）「岡山県立大学短期大学部研究紀要」 岡山県立大学短期大学部 2 1995 p1～17
◇子規の写生論とその背景 （西山春文）「明治大学教養論集」 明治大学教養論集刊行会 274 1995.1 p49～59
◇死生観生成過程に見る人間の成熟について—正岡子規の考察から （工藤真由美）「人間文化研究科年報」 奈良女子大学大学院人間文化研究科 第10号 1995.3 p23～30
◇インタビュー 明治の青春 漱石と子規(特集 漱石と明治)（大岡信、石原千明、小森陽一）「漱石研究」 翰林書房 5 1995.5 p172～197
◇子規と啄木—反政府に立つ二人 （孫順玉）「国際啄木学会会報」 国際啄木学会 第7号 1995.8 p30～31
◇近代俳句を見なおす—13—子規(しき)と夏目漱石(なつめそうせき)—漱石と文人俳句（〔座談会〕山下一海〔他〕）「俳句」 角川書店 44(12) 1995.12 p162～205
◇漱石から子規へ—漱石理論の継承 （柴田奈美）「岡山県立大学短期大学部研究紀要」 岡山県立大学短期大学部 3 1996 p1～10
◇「藤の花」連作の周辺—1901年春の正岡子規 （中島国彦）「日本現代詩歌研究」 日本現代詩歌文学館 2 1996 p81～96
◇『逍遙遺稿』札記—鶴鳴いて月の都を思ふかな 子規と逍遙 （二宮俊博）「椙山女学園大学研究論集 人文科学篇」 椙山女学園大学 27 1996 p105～116
◇啄木と蕪村—晶子・子規との関係を通して （池田功）「明治大学人文科学研究所紀要」 明治大学人文科学研究所 39 1996 p303～320
◇正岡子規と病の意味—卯の花の散るまで鳴くか子規 （J.Keith Vincent, 河口和也〔訳〕）「批評空間 2期」 太田出版 8 1996.1 p160～187
◇正岡子規—その謎(俳句の謎—俳人の謎)（粟津則雄）「國文學 解釈と教材の研究」 学灯社 41(3) 1996.2 p26～29
◇子規「岐蘇雑詩」注解〔一〕（久保田加恵）「南山国文論集」 南山大学国語国文学会 第20号 1996.3 p35～61
◇正岡子規の地域認識 （小林高寿）「駒沢大学文学部研究紀要」 駒沢大学文学部 54 1996.3 p153～206
◇食いしん坊対決—漱石と子規(特集・美食家列伝)（半藤一利）「ノーサイド」 6(5) 1996.5 p22～25
◇宇宙の子子規一句(随想)（夏石番矢）「現代」 30(5) 1996.5 p342～343
◇夢の狩人, 正岡子規 （稲垣麦男）「俳句」 角川書店 45(6) 1996.6 p68～73
◇漱石研究 文献目録(1992.7～1993.6)「漱石研究」 翰林書房 6 1996.6 p214～229
◇八面六臂のうち—正岡子規の文芸における短歌の位置(特集 短歌と他ジャンルの文学)（今西幹一）「歌壇」 本阿弥書店 10(7) 1996.7 p66～67
◇友だち—青年漱石・青年子規(随想)（大岡信）「新潮」 新潮社 93(9) 1996.9 p387～391
◇〈青春〉と俳人とその俳句—子規から五千石まで(大特集 青春の句)（復本一郎）「俳句」 角川書店 45(10) 1996.10 p132～139
◇特集 漱石と子規 「漱石研究」 翰林書房 7 1996.12 p2～169
◇漱石, 子規, 寅彦(特集 寺田寅彦)（如月小春）「図書」 岩波書店 570 1996.12 p16～19
◇子規・私記〈最終回〉真夜中の病室 （夏井いつき）「俳壇」 本阿弥書店 13(13) 1996.12 p56
◇病床句に学ぶ—正岡子規・日野草城・川端茅舎・石田波郷(年末強力大特集 俳句入門講座 名句に学んで秀句創作への近道)「俳句」 角川書店 45(12) 1996.12 p118～121
◇各論—『坂の上の雲』をより深く味わうために 秋山兄弟と正岡子規の故郷・松山を歩く—主人公たちの未だ知られぬ一面を掘り起こすべく, 歴史探偵は勇躍して松山へ（巻頭特集・『坂の上の雲』の男たち—ビジネスマンに最も愛される司馬作品を味わう）（半藤一利）「プレジデント」 34(12) 1996.12 p50～59
◇子規と漱石—対西洋と日本 （柴田奈美）「岡山県立大学短期大学部研究紀要」 岡山県立大学短期大学部 4 1997 p1～10
◇響子と子規—初学の誓子と子規理解 （柴田奈美）「岡山県立大学短期大学部研究紀要」 岡山県立大学短期大学部 4 1997 p11～21
◇「獺祭書屋俳話」における子規の俳句理解について （松田昌哉）「語文論叢」 千葉大学人文学部国語国文学会 24 1997.1 p23～34
◇正岡子規と近代の教育制度 （藤田万喜子）「聖徳学園岐阜教育大学紀要」 聖徳学園岐阜教育大学 第33集 1997.2 p346～330
◇子規短詩形文学革新への道—『正岡子規文庫目録』を刊行して （島本昌一）「日本文学誌要」 法政大学国文学会 55 1997.3 p54～64
◇子規「岐蘇雑詩」注解〔二〕（久保田加恵）「南山国文論集」 南山大学国語国文学会 第21号 1997.3 p87～108
◇俳諧師の美徳—此岸の子規, 彼岸の虚子 （小林高寿）「駒沢大学文学部研究紀要」 駒沢大学文学部 55 1997.3 p133～211
◇正岡子規—痰一斗瓜の水も間にあはず(特集・幕末明治人物臨終の言葉—近代の夜明けを駆けぬけた44人の人生決別の辞 英傑死してことばを遺す)（一坂太郎, 稲川明雄, 今川徳三, 井門寛, 宇都宮泰長, 河合敦, 木村幸比古, 祖田浩一, 高野澄, 高橋和彦, 畑山博, 三谷茉沙夫, 百瀬明治, 山村竜也）「歴史と旅」 24(7) 1997.5 p110～111
◇特集 歌人子規—生誕130年 「短歌現代」 短歌新聞社 21(6) 1997.6 p43～84
◇特集 子規の歌 （山田富士郎, 沢口芙美, 斎藤彰詰〔他〕）「短歌現代」 短歌新聞社 21(6) 1997.6 p126～129
◇湯めぐり歌めぐり〈第2回〉子規と道後温泉 （池内紀）「歌壇」 本阿弥書店 11(7) 1997.7 p28～31
◇子規の文章「比較」と道遙 （柴田奈美）「解釈」 教育出版センター 43(9) 1997.9 p5～10
◇訪問記・根岸子規庵あたり 「俳壇」 本阿弥書店 14(10) 1997.9 p86～91
◇今月, この人, この日記〔14〕（中野翠）「毎日グラフ・アミューズ」 50(18) 1997.9.24 p56～57
◇子規の小さな「日本」(特集・文学の国境, あるいは国境なき文学)（鈴木章弘）「日本文学」 未来社 46(11) 1997.11 p10～20
◇正岡子規「小園の記」の思想圏—「写生」という問題 （鈴木章弘）「成城国文学」 成城国文学会 第14号 1998.3 p27～41
◇子規の「俳句分類」作業の契機—漱石とのアイデアとレトリック論争を中心に （柴田奈美）「安田女子大学大学院文学研究科紀要 日本語学日本文学専攻」 安田女子大学大学院文学研究科 第3集第3号 1998.3 p31～48
◇子規の文学 1 （玉城徹）「短歌」 角川書店 45(7) 1998.7 p56～60
◇正岡子規—夭折した天才俳人の日記に見る「人間にとって旨いものを食うとは何か？」（賢者の食欲〔13〕）（里見真三）「諸君！」 30(7) 1998.7 p206～210
◇子規の文学 2 （玉城徹）「短歌」 角川書店 45(8) 1998.8 p56～60
◇子規の文学 (3)（玉城徹）「短歌」 角川書店 45(9) 1998.9 p56～60
◇子規の俳句における伝統の継承と革新(特集 国語学・近代)（柴田奈美）「解釈」 教育出版センター 44(9・10) 1998.10 p34～38
◇子規の文学(4)（玉城徹）「短歌」 角川書店 45(10) 1998.10 p56～60
◇子規の文学(5)（玉城徹）「短歌」 角川書店 45(11) 1998.11 p56～60
◇子規の文学(6)（玉城徹）「短歌」 角川書店 45(12) 1998.12 p56～60
◇明治二十六年における子規俳句の独自性 （柴田奈美）「岡山県立大学短期大学部研究紀要」 岡山県立大学短期大学部 6 1999 p16～24
◇正岡子規「筆まかせ」と少女古白の形成 （一条孝夫）「人間文化学部研究年報」 帝塚山学院大学 1 1999 p37～51
◇不純な「写実」—正岡子規「句合の月」論 （鈴木章弘）「成城文芸」 成城大学文芸学部研究室 165 1999.1 p17～33
◇子規の文学(7)（玉城徹）「短歌」 角川書店 46(2) 1999.1 p102～106
◇子規の文学 8 （玉城徹）「短歌」 角川書店 46(3) 1999.2 p56～60
◇子規・藤村の写生 （藤田万喜子）「聖徳学園岐阜教育大学国語国文学」 聖徳学園岐阜教育大学国語国文学会 第18号 1999.3 p1～12
◇子規の文学(9)（玉城徹）「短歌」 角川書店 46(4) 1999.3 p56～60
◇正岡子規の俳句革新—写生と伝統の問題 （飛高隆夫）「大妻女子大学紀要 文系」 大妻女子大学 31 1999.3 p123～131
◇子規の文学10 （玉城徹）「短歌」 角川書店 46(5) 1999.4 p56～60
◇子規の文学(11)（玉城徹）「短歌」 角川書店 46(6) 1999.5 p100～104
◇回想の愚陀仏庵(松山乙女と歌人医博〔1〕)（武田勝彦）「公評」 36(5) 1999.6 p128～133
◇子規の文学(13)（玉城徹）「短歌」 角川書店 46(8) 1999.7 p56～60
◇中の川道遙(松山乙女と歌人医博〔3〕)（武田勝彦）「公評」 36(7) 1999.8 p118～123
◇現代俳句時評(21)子規からの発想 （坪内稔典）「俳句」 角川書店 48(10) 1999.9 p232～239
◇子規の文学(16)（玉城徹）「短歌」 角川書店 46(11) 1999.10 p56～60
◇子規の文学 17 （玉城徹）「短歌」 角川書店 46(12) 1999.11 p56

◇死を見つめる心―国木田独歩と正岡子規の場合　(岡村登志夫)「紀要」　桜美林短期大学 36 2000 p1〜14
◇正岡子規「はて知らずの記」ならびに「一日物語」考―序論として　(豊泉豪)「東北文学の世界」　盛岡大学文学部日本文学科 8 2000 p9〜26
◇子規の俳句と蕪村の発句―明治32年の場合　(柴田奈美)「岡山県立大学短期大学部研究紀要」　岡山県立大学短期大学部 7 2000 p15〜22
◇漱石と子規の漢詩作品への一考察―唱和する二作品を中心に　(徐前)「二松」　二松学舎大学大学院文学研究科 14 2000 p45〜72
◇其角堂機一著『発句作法指南』と正岡子規著『獺祭書屋俳話』　(復本一郎)「日本現代詩歌研究」　日本現代詩歌文学館 4 2000 p139〜153
◇子規の文学(19)　(玉城徹)「短歌」　角川書店 47(2) 2000.1 p122〜126
◇子規が愛した俳人 佐藤紅緑の眼(第13回)(6)紅緑の眼で見た子規の終焉(その1)　(復本一郎)「俳句」　角川書店 49(2) 2000.1 p136〜140
◇子規の文学(20)　(玉城徹)「短歌」　角川書店 47(3) 2000.2 p48〜52
◇子規と江戸俳句(2)『病牀六尺』と江戸俳句(その2)　(復本一郎)「俳壇」　本阿弥書店 17(2) 2000.2 p112〜115
◇研究する子規(特集「文学」の誕生―近代の再定義へ)　(谷川恵一)「文学」　岩波書店 1(1) 2000.2 p119〜128
◇子規が愛した俳人 佐藤紅緑の眼(第14回)(6)紅緑の眼で見た子規の終焉(その2)　(復本一郎)「俳句」　角川書店 49(3) 2000.2 p194〜197
◇子規の文学(21)　(玉城徹)「短歌」　角川書店 47(4) 2000.3 p48〜52
◇子規と江戸俳句(3)『病牀六尺』と江戸俳句(3)　(復本一郎)「俳壇」　本阿弥書店 17(3) 2000.3 p52〜55
◇名句の魅力 明治29年の子規　(小室善弘)「俳句研究」　富士見書房 67(4) 2000.3 p94〜97
◇台東区―江戸の文人や正岡子規が愛した根岸を歩く(江戸東京歴史ウォーク―大江戸八百八町の名残りと情緒の探訪)　(鈴木一夫)「歴史と旅」27(5) 2000.3.10 増刊(江戸東京歴史ウォーク) p136〜139
◇子規と漱石、写生文の開展　(梶木剛)「文学研究」　日本文学研究会 88 2000.4 p1〜29
◇子規の文学(22)　(玉城徹)「短歌」　角川書店 47(5) 2000.4 p48〜52
◇アジアを見た俳人と歌人―正岡子規・河東碧梧桐・斉藤茂吉ほか(特集…俳人と歌人のアジア地図)　(橋本雄一、滝川晃三、大川赳男〔他〕)「朱夏」　せらび書房 14 2000.4 p51〜60
◇子規と江戸俳句(4)『病牀六尺』と江戸俳句(その4)　(復本一郎)「俳壇」　本阿弥書店 17(4) 2000.4 p52〜55
◇子規が愛した俳人佐藤紅緑の眼(第16回)(7)紅緑と虚子　(復本一郎)「俳句」　角川書店 49(5) 2000.4 p228〜232
◇子規と江戸俳句(5)『病牀六尺』と江戸俳句・その5　(復本一郎)「俳壇」　本阿弥書店 17(5) 2000.5 p52〜55
◇子規の文学(24)最終回　(玉城徹)「短歌」　角川書店 47(7) 2000.6 p48〜52
◇子規と江戸俳句―近代俳句の源流(6)『獺祭書屋俳話』と江戸俳句(1)　(復本一郎)「俳壇」　本阿弥書店 17(7) 2000.6 p52〜55
◇奥羽の山脈を越えた人―俳人、正岡子規の跡をたどる　(高橋暁樹)「北方風土」　秋田文化出版社 40 2000.6 p172〜180
◇子規と江戸俳句―近代俳句の源流(7)『獺祭書屋俳話』と江戸俳句(2)　(復本一郎)「俳壇」　本阿弥書店 17(7) 2000.6 p52〜55
◇シリーズ・俳句の世紀 特集 子規か虚子か　「俳壇」　本阿弥書店 17(8) 2000.7 p61〜77
◇子規と江戸俳句(8)『獺祭書屋俳話』と江戸俳句(その3)　(復本一郎)「俳壇」　本阿弥書店 17(9) 2000.8 p52〜55
◇特集 子規の魅力　「短歌現代」　短歌新聞社 24(9) 2000.9 p31〜67
◇芝生の上の木漏れ日―九月(9)恋の秋、子規の秋　(大岡信)「俳句研究」　富士見書房 67(10) 2000.9 p34〜41
◇子規と江戸俳句(9)『獺祭書屋俳話』と江戸俳句(その4)　(復本一郎)「俳壇」　本阿弥書店 17(10) 2000.9 p52〜55
◇子規と江戸俳句―近代俳句の源流(10)『獺祭書屋俳話』と江戸俳句(その5)　(復本一郎)「俳壇」　本阿弥書店 17(11) 2000.10 p52〜55
◇おかしければ笑う、悲しければ泣く―正岡子規の歌　(佐伯裕子)「禅文化」　禅文化研究所 178 2000.10 p114〜117
◇子規と江戸俳句(11)『獺祭書屋俳話』と江戸俳句(その6)　(復本一郎)「俳壇」　本阿弥書店 17(12) 2000.11 p36〜39
◇特集 20世紀、短歌界をゆるがした重大事件―子規の短歌革新・第二芸術論・前衛論争からライトバースまで　「歌壇」　本阿弥書店 14(11) 2000.11 p45〜79

◇子規と江戸俳句(12)『獺祭書屋俳話』と江戸俳句(7)　(復本一郎)「俳壇」　本阿弥書店 17(13) 2000.12 p52〜55
◇正岡子規没後一〇〇年記念特集・正岡子規の革新性　「神奈川大学評論」　神奈川大学広報委員会 40 2001 p120〜153
◇正岡子規と短歌　(藤田万喜子)「岐阜聖徳学園大学紀要 教育学部編」　岐阜聖徳学園大学 40 2001 p140〜130
◇「新石器時代」への招待(10)子規の夏 賢治の冬　(栗原洋一)「詩学」　詩学社 56(1) 2001.1 p84〜88
◇書物合戦(1)20世紀最初の元旦を迎えた子規と漱石　(樋口覚)「すばる」　集英社 23(1) 2001.1 p92〜101
◇虹の橋はるかに…(1)正岡子規の頭脳　(大岡信)「俳句研究」　富士見書房 68(2) 2001.1 p162〜169
◇子規と江戸俳句(14)『獺祭書屋俳話』と江戸俳句(その9)　(復本一郎)「俳壇」　本阿弥書店 18(2) 2001.2 p50〜55
◇虹の橋はるかに…(2)子規と漱石の友情　(大岡信)「俳句研究」　富士見書房 68(3) 2001.2 p146〜151
◇子規と江戸俳句―近代俳句の源流(15)『俳諧大要』と江戸俳句(1)　(復本一郎)「俳壇」　本阿弥書店 18(3) 2001.3 p50〜55
◇子規と江戸俳句(16)『俳諧大要』と江戸俳句(その2)　(復本一郎)「俳壇」　本阿弥書店 18(4) 2001.4 p58〜63
◇子規逝く(松山乙女と歌人医博〔21〕)　(武田勝彦)「公評」38(3) 2001.4 p108〜113
◇子規記念博物館(愛媛県松山市)―俳句革新運動を切り開いた巨人(日本文学館紀行〔16〕)　(川西政明)「潮」　506 2001.4 p230〜235
◇子規と江戸俳句―近世俳句の源流(17)『俳諧大要』と江戸俳句(3)　(復本一郎)「俳壇」　本阿弥書店 18(5) 2001.5 p64〜69
◇子規と江戸俳句―近世俳句の源流(18)『俳諧大要』と江戸俳句(4)　(復本一郎)「俳壇」　本阿弥書店 18(5) 2001.5 p64〜69
◇小議会 特集 正岡子規の歌　「短歌現代」　短歌新聞社 25(6) 2001.6 p90〜93
◇子規の写生俳句とマスメディア(特集：俳句の争点ノート)　(杉橋陽一)「國文學 解釈と教材の研究」　学灯社 46(8) 2001.7 p24〜30
◇子規と江戸俳句―近代俳句の源流(19)『俳諧大要』と江戸俳句(その5)　(復本一郎)「俳壇」　本阿弥書店 18(8) 2001.7 p66〜71
◇子規と江戸俳句―近代俳句の源流(20)『俳諧大要』と江戸俳句(その6)　(復本一郎)「俳壇」　本阿弥書店 18(8) 2001.8 p64〜69
◇「墨汁一滴」(達人が選んだ「もう一度読みたい」一冊)　(松山巖)「文芸春秋」79(8) 2001.8 p288〜289
◇俳句発見(9)子規から百年　(坪内稔典)「俳句研究」　富士見書房 68(9) 2001.9 p54〜59
◇子規と江戸俳句―近代俳句の源流(21)『俳諧問答』と江戸俳句(その1)　(復本一郎)「俳壇」　本阿弥書店 18(10) 2001.9 p64〜69
◇対談 子規とその時代(大特集 子規再発見―百回忌のいま)　川崎展宏、(復本一郎)「俳句」　角川書店 50(10) 2001.9 p76〜101
◇特集 没後百年 正岡子規のすべて　「俳壇」　本阿弥書店 18(10) 2001.9 p77〜143
◇ただごと歌の系譜―蘆庵から子規まで(蘆庵没後二〇〇年　(奥村晃作)「歌壇」　本阿弥書店 15(9) 2001.9 p78〜81
◇正岡子規略年譜(大特集 子規再発見―百回忌のいま)　(松山市立子規記念博物館)「俳句」　角川書店 50(10) 2001.9 p102〜105
◇子規の「俳諧大要」(大特集 子規再発見―百回忌のいま)　(村上護)「俳句」　角川書店 50(10) 2001.9 p106〜111
◇子規と碧梧桐と虚子(大特集 子規再発見―百回忌のいま)　(栗田靖)「俳句」　角川書店 50(10) 2001.9 p112〜117
◇子規の「写生」―理論的再評価の試み(大特集 子規再発見―百回忌のいま)　(川本皓嗣)「俳句」　角川書店 50(10) 2001.9 p118〜123
◇私の好きな子規の3句(大特集 子規再発見―百回忌のいま)「俳句」　角川書店 50(10) 2001.9 p124〜133
◇子規の一〇〇句選―子規晩年の句の魅力(大特集 子規再発見―百回忌のいま)　(小西昭夫)「俳句」　角川書店 50(10) 2001.9 p134〜138
◇正岡子規略年譜(特集 没後百年 正岡子規のすべて)　(渡部光一郎)「俳壇」　本阿弥書店 18(10) 2001.9 p140〜143
◇特集1 子規没後百年改めて問うその本意　「短歌研究」　短歌研究社 58(10) 2001.10 p27〜41
◇特集 正岡子規「歌よみ」の魅力―子規没後百年に際し、その仕事、人物像に迫る　「歌壇」　本阿弥書店 15(10) 2001.10 p33〜86
◇子規と江戸俳句―近代俳句の源流(22)『俳諧問答』と江戸俳句(2)　(復本一郎)「俳壇」　本阿弥書店 18(11) 2001.10 p64〜69
◇ただごと歌の系譜―蘆庵から子規まで(2)蘆庵の生活と歌〈太秦時代〉　(奥村晃作)「歌壇」　本阿弥書店 15(10) 2001.10 p90〜93
◇中級講座12か月 第10講 子規に学ぶ　「俳句研究」　富士見書房 68(11) 2001.10 p170〜179
◇評論部門 子規のライム(上)(2001年詩人会議新人賞受賞作品)　(ゆきゆき亭こやん)「詩人会議」　詩人会議 39(11) 2001.11 p10〜17
◇ただごと歌の系譜―蘆庵から子規まで(3)蘆庵の歌論　(奥村晃作)

◇「歌壇」 本阿弥書店 15(11) 2001.11 p72～75
◇死と向き合う子規—34年11カ月の生涯(第2特集・正岡子規百回忌記念) (石寒太) 「歴史と旅」 28(11) 2001.11 p94～101
◇子規を慕う門人たち 子規山脈の人びと—松山出身者を中心に(第2特集・正岡子規百回忌記念) (栗田靖) 「歴史と旅」 28(11) 2001.11 p102～109
◇子規の句碑めぐり—「寒山落木」「散策集」より(第2特集・正岡子規百回忌記念) 「歴史と旅」 28(11) 2001.11 p110～117
◇特集 正岡子規没後百年 「国文学解釈と鑑賞」 至文堂 66(12) 2001.12 p5～232
◇女性作家による日本の文学史(7)論は男性、実作は女性—正岡子規「歌よみに与ふる書」と与謝野晶子『みだれ髪』 (道浦母都子) 「本の窓」 小学館 24(11) 2001.12 p46～55
◇子規と江戸俳句—近代俳句の源流(23・最終回)『俳句問答』と江戸俳句(3) (復本一郎) 「俳壇」 本阿弥書店 18(13) 2001.12 p58～64
◇評論 子規のライム(下) (ゆきゆき亭こやん) 「詩人会議」 詩人会議 39(12) 2001.12 p88～95
◇正岡子規参考文献目録(特集 正岡子規没後百年) (渡辺順子) 「国文学解釈と鑑賞」 至文堂 66(12) 2001.12 p208～216
◇正岡子規文学散歩(特集 正岡子規没後百年) (渡部芳紀) 「国文学解釈と鑑賞」 至文堂 66(12) 2001.12 p217～232
◇正岡子規と赤木格堂—子規生前までの年譜を中心に (柴田奈美) 「岡山県立大学短期大学部研究紀要」 岡山県立大学短期大学部 9 2002 p13～23
◇子規の「病余漫吟」秋の部の問題 (和田克司) 「大阪成蹊女子短期大学研究紀要」 大阪成蹊女子短期大学 39 2002 p15～28
◇一泊文学鼎談講演録 鉄幹と子規 (太田登) 「与謝野晶子倶楽部」 与謝野晶子倶楽部 9 2002 p19～22
◇かすれた息の書きあと—正岡子規『仰臥漫録』における書と画のブランクについて (永野宏志) 「武蔵野女子大学文学部紀要」 武蔵野女子大学文学部紀要編集委員会 3 2002 p55～65
◇文学と絵画—子規の写生 (石原みどり) 「文芸学研究」 文芸学研究会 6 2002 p103～122
◇現代に生きる正岡子規の教育思想 (影山昇) 「鈴鹿国際大学紀要」 鈴鹿国際大学 9 2002 p109～120
◇漱石と子規にとっての松山—漢詩を中心として (徐前) 「二松」 二松学舎大学大学院文学研究科 16 2002 p127～155
◇正岡子規「はて知らずの記」研究 (野山嘉正) 「放送大学研究年報」 放送大学 20 2002 p244～224
◇俳論時評 子規没後百年総括 (宮坂静生) 「俳壇」 本阿弥書店 19(1) 2002.1 p44～47
◇糸瓜考・正岡子規のへなぶり精神—糸瓜句から見える世界 (木佐貫洋) 「日本大学大学院総合社会情報研究科紀要」 日本大学大学院総合社会情報研究科 2 2002.1 p146～154
◇岳堂詩話(23)子規・漱石と房総の旅 (石川忠久) 「学鐙」 丸善 99(2) 2002.2 p26～31
◇かすれた息の書きあと—正岡子規『仰臥漫録』における書と画のブランクについて (永野宏志) 「武蔵野女子大学文学部紀要」 武蔵野女子大学文学部紀要編集委員会 第3号 2002.3 p55～65
◇正岡子規与中国文学 (陳生保) 「中国研究」 麗沢大学外国語学部中国語学科研究室 10 2002.5 p28～48
◇本・人・出版社(43)正岡子規編の『古白遺稿』 (紅野敏郎) 「国文学解釈と鑑賞」 至文堂 67(7) 2002.7 p224～227
◇文学と絵画—子規の写生 (石原みどり) 「文芸学研究」 文芸学研究会 第6号 2002.7 p103～122
◇芭蕉、蕪村、子規の俳句と能〔その一〕芭蕉の能句(発句) (木佐貫洋) 「融合文化研究」 国際融合文化学会事務局 第1号 2002.8 p20～29
◇子規連句私解 独吟百韻「灯ともさぬ」の巻(其1)表八句 (大島富朗) 「学苑」 昭和女子大学 745 2002.8・9 p19～39
◇エッセー 子規の〈たるむ〉〈たるまぬ〉論(特集 師に学ぶ省略の美学—師の秀句にみる省略のコツとは何か?) (山下一海) 「俳壇」 本阿弥書店 19(9) 2002.8 p64～66
◇師と弟子(6)師資不相承、ここに極まれり—正岡子規と高浜虚子 (山折哲雄) 「本」 講談社 27(9) 2002.9 p15～21
◇子規における雑の句の位置(特集 俳諧史研究の新視点) (復本一郎) 「江戸文学」 ぺりかん社 26 2002.9 p188～192
◇正岡子規(特集 子規の革新) (坪内稔典) 「短歌現代」 短歌新聞社 26(10) 2002.10 p34～37
◇万葉調諸家の事ども(特集 子規の革新) (清水房雄) 「短歌現代」 短歌新聞社 26(10) 2002.10 p38～41
◇大連市に甦る子規の句碑(特集 子規の革新) (池内央) 「短歌現代」 短歌新聞社 26(10) 2002.10 p54～56
◇愚庵と子規と釣鐘の柿 (市村軍平) 「古典と現代」 古典と現代の会 70 2002.10 p56～64
◇子規の歌、一首鑑賞(特集 子規の革新) 「短歌現代」 短歌新聞社 26(10) 2002.10 p57～63

◇特別鼎談 魂の叫び—『仰臥漫録』と子規 (稲畑汀子, 坪内稔典, 稲岡長) 「俳句研究」 富士見書房 69(11) 2002.10 p106～130
◇子規連句私解 独吟百韻「灯ともさぬ」の巻(其2)一の折立～五句迄 (大島富朗) 「学苑」 昭和女子大学 747 2002.11 p39～53
◇正岡子規—枕元の金魚(特集・かかる日本人ありき) (坪内稔典) 「文芸春秋」 80(16) 2002.12 臨時増刊(日本人の肖像 このすがすがしい生きかた) p58～59
◇子規連句私解 独吟百韻「灯ともさぬ」の巻(其3)一ゥ六句～二オ折立迄 (大島富朗) 「学苑」 昭和女子大学 749 2003.1 p63～80
◇子規の俳句と能 (木佐貫洋) 「日本大学大学院総合社会情報研究科紀要」 日本大学大学院総合社会情報研究科 3 2003.1 p239～251
◇森次太郎〔2〕人の環の面白さ—安倍能成、夏目漱石、正岡子規(徳富蘇峰宛書簡〔12〕) (高野靜子) 「環」 12 2003.1 p492～507
◇漱石と子規と晩斎—自然は一幅の大活華なり (中江彬) 「人文学論集」 大阪府立大学総合科学部西洋文化講座 第21集 2003.2 p2～26
◇子規連句私解 独吟百韻「灯ともさぬ」の巻(其4)二オ二句～五句迄 (大島富朗) 「学苑」 昭和女子大学 750 2003.2 p27～41
◇子規の「写生」と虚子の「写生」—「感情的写生」と「主観的写生」(大特集 写生の研究) (復本一郎) 「俳句」 角川書店 52(3) 2003.2 p76～79
◇子規と漱石の百年—東北、郡山に於ける近代の受容 (塩谷郁夫) 「日本文学誌要」 法政大学国文学会 67 2003.3 p2～11
◇子規連句私解 独吟百韻「灯ともさぬ」の巻(其5)二オ六句～九句迄 (大島富朗) 「学苑」 昭和女子大学 751 2003.3 p35～48
◇総論 近世・近代の辞世の句—芭蕉・蕪村・子規の場合(大特集 辞世の句—人生を象徴する一句) (山下一海) 「俳句」 角川書店 52(7) 2003.6 p2～11
◇子規連句私解 独吟百韻「灯ともさぬ」の巻(其六)二オ十句～同折端 (大島富朗) 「学苑」 昭和女子大学 756 2003.8・9 p22～40
◇子規連句私解 独吟百韻「灯ともさぬ」の巻(7)二ゥ折立～六句迄 (大島富朗) 「学苑」 昭和女子大学 757 2003.10 p25～48
◇子規連句私解 独吟百韻「灯ともさぬ」の巻(8)二ゥ七句～同折端 (大島富朗) 「学苑」 昭和女子大学 759 2003.12 p29～51
◇子規・露月と格堂 (柴田奈美) 「岡山県立大学短期大学部研究紀要」 岡山県立大学短期大学部 11 2004 p1～8
◇正岡子規喀血時の帰郷 (和田克司) 「大阪成蹊短期大学研究紀要」 大阪成蹊短期大学 1 2004 p3～19
◇正岡子規の随筆に見る「ベースボール考」試論 (堀江義隆) 「近畿大学語学教育部紀要」 近畿大学語学教育部 4(2) 2004 p29～39
◇子規連句私解 独吟百韻「灯ともさぬ」の巻(9)三オ折立～同六句迄 (大島富朗) 「学苑」 昭和女子大学 760 2004.1 p32～44
◇漢学書生子規—俳論とその文体(特集 正岡子規・やわらかな思想) (川本皓嗣) 「國文學 解釈と教材の研究」 学灯社 49(4) 2004.3 p6～11
◇子規の俳句・子規の短歌10—その根源的新しさ(特集 正岡子規・やわらかな思想) (坪内稔典) 「國文學 解釈と教材の研究」 学灯社 49(4) 2004.3 p12～27
◇子規連句私解 独吟百韻「灯ともさぬ」の巻(10)三オ七句～八句 (大島富朗) 「学苑」 昭和女子大学 762 2004.3 p17～29
◇子規という急行列車(特集 正岡子規・やわらかな思想) (宗像和重) 「國文學 解釈と教材の研究」 学灯社 49(4) 2004.3 p28～35
◇子規と写生画と中村不折(特集 正岡子規・やわらかな思想) (松井貴子) 「國文學 解釈と教材の研究」 学灯社 49(4) 2004.3 p36～43
◇子規と赤木格堂—平賀元義発見の経緯(特集 正岡子規・やわらかな思想) (柴田奈美) 「國文學 解釈と教材の研究」 学灯社 49(4) 2004.3 p44～51
◇赤い写生—写生する主体の揺れ(特集 正岡子規・やわらかな思想) (鈴木章弘) 「國文學 解釈と教材の研究」 学灯社 49(4) 2004.3 p52～59
◇子規の病と表現の問題(特集 正岡子規・やわらかな思想) (和田克司) 「國文學 解釈と教材の研究」 学灯社 49(4) 2004.3 p60～70
◇子規彩について—『仰臥漫録』と質感(特集 正岡子規・やわらかな思想) (永野宏志) 「國文學 解釈と教材の研究」 学灯社 49(4) 2004.3 p72～79
◇『病牀六尺』第二十一回の構造—子規の「悟り」に関する一考察 (乙幡英爾) 「二松学舎大学人文論叢」 二松学舎大学人文学会 72 2004.3 p75～93
◇子規とジェンダー—女性蔑視と天然界へ向かうセクシュアリティ(特集 正岡子規・やわらかな思想) (阿木津英) 「國文學 解釈と教材の研究」 学灯社 49(4) 2004.3 p80～87
◇子規と浅井忠(特集 正岡子規・やわらかな思想) (塩川京子) 「國文學 解釈と教材の研究」 学灯社 49(4) 2004.3 p88～95
◇子規と漢詩の諸相—神韻的のまじめなるもの(特集 正岡子規・やわらかな思想) (小谷喜一郎) 「國文學 解釈と教材の研究」 学灯社 49(4) 2004.3 p96～102
◇連句と正岡子規(特集 正岡子規・やわらかな思想) (鈴木漠) 「國文學 解釈と教材の研究」 学灯社 49(4) 2004.3 p103～109
◇子規の自然観と趣向(特集 正岡子規・やわらかな思想) (高野公彦)

- 「國文學 解釈と教材の研究」 学灯社 49(4) 2004.3 p110～116
- 子規と中川四明―資料 印金模様図から（特集 正岡子規・やわらかな思想）（渡部光一郎）「國文學 解釈と教材の研究」 学灯社 49(4) 2004.3 p118～124
- 電脳短歌と子規―正岡子規の漢字擁護論（特集 正岡子規・やわらかな思想）（大辻隆弘）「國文學 解釈と教材の研究」 学灯社 49(4) 2004.3 p125～131
- 正岡子規の俳句における王賀詩の影響について （渡部英喜）「比較文化研究年報」 盛岡大学比較文化研究センター 14 2004.3 p152～147
- 漱石と子規の交友について―結婚の俳句を中心に （斉藤英雄）「九州大谷情報文化」 九州大谷短期大学情報文化学会 32 2004.3.1 p9～18
- ◇子規の随筆にみる死の準備の過程―夢にあらわれた救済像とその解釈 （有家佳紀）「プシケー」 新曜社 第23号 2004.6 p68～89
- 近代日本文学の誕生（1）子規、虚子、漱石の手紙・交流から（稲畑汀子氏の講演・英訳を紹介して）〔含 英文〕 （平井雅子）「神戸女学院大学論集」 神戸女学院大学研究所 51(1) 2004.7 p1～23
- 子規連句私解 独吟百韻「灯ともさぬ」の巻(11)三オ九句～十句 （大島富朗）「学苑」 昭和女子大学 767 2004.8・9 p19～31
- ◇耳の人―子規長歌について （玉城徹）「短歌現代」 短歌新聞社 28(10) 2004.9 p78～81
- 子規連句私解 独吟百韻「灯ともさぬ」の巻(12)三オ十一句～同折端 （大島富朗）「学苑」 昭和女子大学 768 2004.10 p14～26
- 子規連句私解 独吟百韻「灯ともさぬ」の巻(13)三ウ折立～三句 （大島富朗）「学苑」 昭和女子大学 769 2004.11 p19～37
- 正岡子規と赤木格堂「平賀元義発見譚」解説 （柴田奈美）「岡山県立大学短期大学部研究紀要」 岡山県立大学短期大学部 12 2005 p1～8
- ◇子規〈ホトトギス〉考―失われた記憶表象の場を求めて（特集 記憶表象のトポス）（藤村昌昭）「Ex Oriente」 大阪外国語大学言語社会学会, 嵯峨野書院 12 2005 p3～66
- 子規連句私解 獨吟百韻「灯ともさぬ」の巻 其14（三ウ四句～七句） （大島富朗）「学苑」 昭和女子大学近代文化研究所 771 2005.1 p94～102
- ◇新古今集―その成立 子規・迢空・空穂・水穂と新古今（特集 古今集・新古今集の現代性）（久保田淳）「短歌現代」 短歌新聞社 29(3) 2005.3 p38～41
- 漱石と子規と漢詩 （鳥羽山重直）「和洋國文研究」 和洋女子大学国文学会 40 2005.3 p48～55
- 遊歩のグラフィスム（7）子規にとっての哲学と流転 （平出隆）「図書」 岩波書店 671 2005.3 p58～63
- ◇『聖なる樹々』補遺 「十六桜」と正岡子規の句 （牧野陽一）「成城大学経済研究」 成城大学経済学会 168 2005.3 p63～69
- 子規連句私解 獨吟百韻「灯ともさぬ」の巻(15)三ウ八句～九句 （大島富朗）「学苑」 昭和女子大学近代文化研究所 773 2005.3 p124～134
- 「子規の俳論」の伊東静雄 （渡部満彦）「大妻女子大学紀要 文系」 大妻女子大学 37 2005.3 p189～201
- 夏目漱石「京に着ける夕」論―《鶴》の表現と正岡子規との関わりを中心に （二宮智之）「日本近代文学」 日本近代文学会 72 2005.5 p32～43
- 親友への書簡―正岡子規・高浜虚子（立体特集・天命に従う、無私の文豪 夏目漱石・則天去私―第1部 2500通の書簡で浮かび上がる文豪の「こころ」手紙から読み解く漱石の自画像）「サライ」 小学館 17(11) 2005.6.2 p22～27
- 現代短歌について―後鳥羽院と子規 （安嶋彌）「本の旅人」 角川書店 11(7) 2005.7 p98～103
- 子規連句私解 獨吟百韻「灯ともさぬ」の巻(16)三ウ十句目 （大島富朗）「学苑」 昭和女子大学近代文化研究所 779 2005.9 p25～38
- 遊歩のグラフィスム（13）少年デザイナー子規 （平出隆）「図書」 岩波書店 677 2005.9 p58～63
- 大塚保治と正岡子規にみられる服飾観 （後藤洋子）「服飾美学」 服飾美学会（お茶の水女子大学内） 41 2005.9 p73～88
- 正岡子規に寄せられた同時代評―明治三〇年前後の「写生」俳句の一側面 （青木亮人）「俳文学研究」 京都俳文学研究会 第44号 2005.10 p1～2
- 子規連句私解 獨吟百韻「灯ともさぬ」の巻(17)三ウ十句（承前）～十一句 （大島富朗）「学苑」 昭和女子大学近代文化研究所 780 2005.10 p28～42
- 子規連句私解 獨吟百韻「灯ともさぬ」の巻―其十八〈三ウ十二句～同折端〉 （大島富朗）「学苑」 昭和女子大学近代文化研究所 781 2005.11 p19～37
- 俳句と近代日本の絵画（1）子規の理論の日本画論への影響 （柴田奈美）「岡山県立大学短期大学部研究紀要」 岡山県立大学短期大学部 13 2006 p1～8
- 『七草集』「蕣のまき」私註 （石井倫子）「日本女子大学紀要 文学部」 日本女子大学 56 2006 p1～13
- 正岡子規自筆墓碑銘をめぐって―文学復権のために （柏木隆雄）

- 「Lutece」 大阪市立大学フランス文学会 34 2006 p5～19
- 子規の西洋薔薇の俳句の新しさ （柴田奈美）「俳句文学館紀要」 俳人協会 14 2006 p21～39
- ◇正岡子規の病と夢―「死」に面しての夢と幼児体験の関係性 （牧瀬英幹）「日本病跡学雑誌」 金剛出版, 日本病跡学会 71 2006 p24～33
- 正岡子規と中村不折―俳句革新運動と「美術」（大廣典子）「待兼山論叢」 大阪大学大学院文学研究科 40文学篇 2006 p29～44
- ◇論叢 新発見の子規？「漢詩稿」―almak、竹村鍛のものか （加藤国安）「新しい漢字漢文教育」 全国漢文教育学会 42 2006 p33～41
- 正岡子規の俳論―「写生」成立の機構 （下田祐介）「上智大学国文学論集」 上智大学国文学会 40 2006年度 p49～64
- 正岡子規の漢詩世界―格律の角度からの正岡子規の漢詩における分析及び題画の漢詩創作との比較研究 （周震亮）「比較文学」 日本比較文学会 49 2006 p67～81
- 正岡子規と原抱琴―俳句革新運動の一側面 （黒澤勉）「岩手医科大学教養部研究年報」 岩手医科大学教養部 41 2006 p112～105
- 俳句と絵画の交叉―子規のアイデアとレトリック論（特集 近代）（柴田奈美）「解釈」 解釈学会, 電算出版企画 52(1・2) 2006.1・2 p15～20
- 子規連句私解 獨吟百韻「灯ともさぬ」の巻（其19）四オ折立（日本文学紀要）（大島富朗）「学苑」 昭和女子大学近代文化研究所 783 2006.1 p93～105
- ◇病の人間学の一考察―正岡子規を事例に （小泉博明）「文京学院大学外国語学部文京学院短期大学紀要」 文京学院大学総合研究所 5 2006.2 p355～368
- 特集1 漱石と子規のいる風景―明治の文学を牽引したふたりの出会いから別れまで 「俳壇」 本阿弥書店 23(3) 2006.3 p47～67
- 子規連句私解 獨吟百韻「灯ともさぬ」の巻（其20）四オ二句目 （大島富朗）「学苑」 昭和女子大学近代文化研究所 785 2006.3 p123～133
- 子規庵・東京都台東区―日本家屋に風情をもたらし日除けにもなる糸瓜棚（特集・卓越した美意識と自然観に倣う 文士・画家の「庭」作り）「サライ」 小学館 18(15) 2006.7.20 p94～95
- 子規連句私解 獨吟百韻「灯ともさぬ」の巻（其21）四オ三句 （大島富朗）「学苑」 昭和女子大学近代文化研究所 791 2006.9 p8～19
- 『病牀六尺』第三十三回の構造―子規と雑誌『能樂』に関する一考察 （乙幡英明）「二松学舎大学人文論叢」 二松学舎大学人文学会 77 2006.10 p113～132
- 子規連句私解 獨吟百韻「灯ともさぬ」の巻（其22）四オ四句～五句目 （大島富朗）「学苑」 昭和女子大学近代文化研究所 793 2006.11 p1～10
- 明治俳諧の「余情」と「只言」―三森幹雄と正岡子規の応酬から （青木亮人）「日本近代文学」 日本近代文学会 75 2006.11 p16～31
- 人間子規における文学とベースボール （依藤道夫）「都留文科大学大学院紀要」 都留文科大学大学院 11 2007 p33～53
- 変革期に生きた正岡子規の人格の捉え方とその方法―人格貼付論の視点から（特集 変革期における文化の創造）（平野信喜）「人間文化研究所紀要」 聖カタリナ大学人間文化研究所 12 2007 p35～46
- 独我の追求―子規と不折、そして為山（特集 日本近代〈知〉の巨人たち―時代に屹立する精神）（松井貴子）「神奈川大学評論」 神奈川大学広報委員会 56 2007 p84～91
- 「日本美術」に見る子規と虚子の俳論の影響（特集 近代）（柴田奈美）「解釈」 解釈学会, 電算出版企画 53(1・2) 2007.1・2 p23～28
- 子規連句私解 獨吟百韻「灯ともさぬ」の巻（其23）四オ六句～七句目 （大島富朗）「学苑」 昭和女子大学近代文化研究所 795 2007.1 p42～52
- 子規、最後の八年(1) ベースボールの歌(1) （関川夏央）「短歌研究」 短歌研究社 64(1) 2007.1 p62～66
- 子規、最後の八年(2) ベースボールの歌(2) （関川夏央）「短歌研究」 短歌研究社 64(2) 2007.2 p70～74
- 二つの企画展のこと（平成18年度企画展「辻邦生展」「正岡子規とその時代」をめぐって）（近藤信行）「資料と研究」 山梨県立文学館 第12輯 2007.3 p1～3
- 平成18年度春企画展「辻邦夫展」記念文学講演会 辻邦生の軌跡―「遠い園生」から「西行花伝」まで（平成18年度企画展「辻邦生展」「正岡子規とその時代」をめぐって）（菅野昭正）「資料と研究」 山梨県立文学館 第12輯 2007.3 p4～15
- 辻邦生の「旅」（平成18年度企画展「辻邦生展」「正岡子規とその時代」をめぐって）（辻守昭）「資料と研究」 山梨県立文学館 第12輯 2007.3 p16～20
- 正岡子規の「寒山落木」草稿（平成18年度企画展「辻邦生展」「正岡子規とその時代」をめぐって）（和田克司）「資料と研究」 山梨県立文学館 第12輯 2007.3 p21～44
- 「寒山落木」草稿発見記及び翻刻（平成18年度企画展「辻邦生展」「正岡子規とその時代」をめぐって）（井上康明）「資料と研究」 山梨県立文学館 第12輯 2007.3 p45～53
- 子規連句私解 獨吟百韻「灯ともさぬ」の巻（其24）四オ八句～九句目 （大島富朗）「学苑」 昭和女子大学近代文化研究所 797 2007.3 p1

◇響き合う句画―子規と不折の《猫・海老・行水・重ね絵》 （松井貴子）「宇都宮大学国際学部研究論集」 宇都宮大学国際学部 23 2007.3 p1～15
◇明治期俳人松本證専の事績―正岡子規と交流した旧派の宗匠 （藏角利幸）「金沢学院短期大学紀要」 金沢学院短期大学 5 2007.3 p17～31
◇中国古典と正岡子規 （寺門日出男）「国文学論考」 都留文科大学国語国文学会 43 2007.3 p27～37
◇俳句の「写生」と日本の韻文の伝統―正岡子規と現代俳句の句法について （青木亮人）「同志社国文学」 同志社大学国文学会 66 2007.3 p71～81
◇子規、最後の八年（3）ベースボールの歌（3） （関川夏央）「短歌研究」 短歌研究社 64（3） 2007.3 p122～126
◇子規、最後の八年（4）二十八歳の彼ら（1） （関川夏央）「短歌研究」 短歌研究社 64（4） 2007.4 p52～57
◇福島 正岡子規『はて知らずの記』（特集＝旅と文学） （小瀬千惠子）「国文学解釈と鑑賞」 至文堂 72（4） 2007.4 p60～63
◇千葉 正岡子規『かくれみの』（特集＝旅と文学） （梶木剛）「国文学解釈と鑑賞」 至文堂 72（4） 2007.4 p68～70
◇故郷考―木を巡って（第10回）正岡子規―愛媛県松山市 （沖ななも）「歌壇」 本阿弥書店 21（4） 2007.4 p88～91
◇子規、最後の八年（5）二十八歳の彼ら（2） （関川夏央）「短歌研究」 短歌研究社 64（5） 2007.5 p80～85
◇子規、「古今集」排撃の底にあるもの （清水房雄）「短歌現代」 短歌新聞社 31（5） 2007.5 p112～114
◇R.H.ブライズの俳句観：一茶と子規 （氏家飄乎、上田邦義訳）「融合文化研究」 国際融合文化学会事務局 第9号 2007.6 p16～23
◇夢の途中で（18）子規の名言に異議あり （冨士眞奈美）「俳壇」 本阿弥書店 24（7） 2007.6 p46～49
◇子規、最後の八年（6）「写生」ということ （関川夏央）「短歌研究」 短歌研究社 64（6） 2007.6 p76～81
◇教育と倫理―正岡子規の教育論に思う （倉田三郎）「尾道大学経済情報論集」 尾道大学経済情報学部 7（1） 2007.6 p157～165
◇〔日本書法〕創刊2周年記念特集・俳句 柿とココアと正岡子規 「日本書法」 書道芸術社 3（2） 2007.6.25 p69～76
◇子規連句私解 獨吟百韻「灯ともさぬ」の巻（其25）四ォ十句～十一句目 （大島富朗）「学苑」 昭和女子大学近代文化研究所 802 2007.8 p11～22
◇子規、最後の八年（8）道灌山夕景（2） （関川夏央）「短歌研究」 短歌研究社 64（8） 2007.8 p88～93
◇子規、最後の八年（9）失意と再起 （関川夏央）「短歌研究」 短歌研究社 64（9） 2007.9 p112～117
◇子規連句私解 獨吟百韻「灯ともさぬ」の巻（其26）四オ十二句～十三句目 （大島富朗）「学苑」 昭和女子大学近代文化研究所 804 2007.10 p19～28
◇子規、最後の八年（10）「蛮力」の世界 （関川夏央）「短歌研究」 短歌研究社 64（10） 2007.10 p86～91
◇子規、最後の八年（11）隣国へ赴く （関川夏央）「短歌研究」 短歌研究社 64（11） 2007.11 p50～55
◇子規のみちのくへの旅（4）『はて知らずの記』をめぐって （黒澤勉）「岩手医科大学共通教育研究年報」 岩手医科大学共通教育センター 43 2008 p121～129
◇正岡子規の歌論―写実と題詠 （下田祐介）「上智大学国文学論集」 上智大学国文学会 42 2008年度 p51～65
◇正岡子規―その研究と課題 （下田祐介）「上智大学国文学論集」 上智大学国文学会 42 2008年度 p137～147
◇子規、最後の八年（12）一葉、何者ぞ （関川夏央）「短歌研究」 短歌研究社 65（1） 2008.1 p98～103
◇お茶と文学者（第13回）正岡子規―秋もはや銀煎餅に渋茶哉（1） （角替茂二）「茶」 静岡県茶業会議所 61（1） 2008.1 p44～49
◇子規連句私解 獨吟百韻「灯ともさぬ」の巻（其27）四ォ折端～同ゥ折立 （大島富朗）「学苑」 昭和女子大学近代文化研究所 807 2008.1 p81～96
◇子規、最後の八年（13）一時、新体詩づく （関川夏央）「短歌研究」 短歌研究社 65（2） 2008.2 p58～63
◇「四五」句考―正岡子規達の蕪村調 （青木亮人）「俳文学研究」 京都俳文学研究会 第49号 2008.3 p3～4
◇正岡子規、写生論再考―絵画・絵図・地図・図解 （大廣典子）「阪大比較文学」 大阪大学比較文学会 Vol.5 2008.3 p3～16
◇「見えるもの」から「見えないもの」へ―正岡子規の写生理論における「構図」をめぐって （李蕊）「國學院大學大学院文学研究科論集」 國學院大學大学院文学研究科学生会 35 2008.3 p21～28
◇子規連句私解 獨吟百韻「灯ともさぬ」の巻（其28）四ゥ二句 （大島富朗）「学苑」 昭和女子大学近代文化研究所 809 2008.3 p11～20
◇正岡子規の新出書簡―旧派宗匠の実力を認めた第一級資料 （藏角利幸）「金沢学院短期大学紀要」 金沢学院短期大学 6 2008.3 p72～61

◇子規、最後の八年（14）三千の俳句を閲し柿二つ （関川夏央）「短歌研究」 短歌研究社 65（3） 2008.3 p128～133
◇俳諧を知らざる新聞記者―同時代評の俳人子規像 （青木亮人）「同志社国文学」 同志社大学国文学会 68 2008.3 p24～35
◇正岡子規〈美の標準〉論―「我が俳句」を中心に （永橋禎子）「学芸国語国文学」 東京学芸大学国語国文学会 40 2008.3 p47～56
◇明治二十二年の子規と漱石 （鳥羽田重直）「和洋國文研究」 和洋女子大学国文学会 43 2008.3 p52～59
◇文学碑探訪 左千夫と子規の出会い （中谷順子）「青淵」 渋沢栄一記念財団 709 2008.4 p15～17
◇子規、最後の八年（15）明治三十一年春「歌よみに与ふる書」 （関川夏央）「短歌研究」 短歌研究社 65（4） 2008.4 p82～87
◇三森幹雄と正岡子規の「眼」―明治俳論における「写生」の位相（特集 近代文学の図像学） （青木亮人）「日本近代文学」 日本近代文学会 78 2008.5 p36～51
◇子規、最後の八年（16）歌論から実作へ （関川夏央）「短歌研究」 短歌研究社 65（5） 2008.5 p94～98
◇子規、最後の八年（17）波騒ぐ海 （関川夏央）「短歌研究」 短歌研究社 65（6） 2008.6 p128～133
◇子規、最後の八年（18）「ほととぎす」発刊 （関川夏央）「短歌研究」 短歌研究社 65（7） 2008.7 p84～89
◇正岡子規のジャンル意識―西洋受容と写生論構築（特集 詩歌の近代） （松井貴子）「文学」 岩波書店 9（4） 2008.7・8 p108～119
◇子規、最後の八年（19）生業としての文学 （関川夏央）「短歌研究」 短歌研究社 65（8） 2008.8 p90～95
◇子規、最後の八年（20）美しい五月に病む （関川夏央）「短歌研究」 短歌研究社 65（9） 2008.9 p114～119
◇私の見てある記 子規庵―台東区根岸の正岡子規旧居 （大石さちこ）「共済新報」 共済組合連盟 49（9） 2008.9 p63～65
◇「かけはしの記」に見られる子規の理由なき反抗 （Daniel C. Strack）「北九州市立大学外国語学部紀要」 北九州市立大学外国語学部 123 2008.10 p31～70
◇子規、最後の八年（21）音の「写生」 （関川夏央）「短歌研究」 短歌研究社 65（10） 2008.10 p98～103
◇子規、最後の八年（22）子規庵に四十六人 （関川夏央）「短歌研究」 短歌研究社 65（11） 2008.11 p70～75
◇子規の憤懣―近藤泥牛編『新派俳句集』をめぐって （復本一郎）「文学」 岩波書店 9（6） 2008.11・12 p145～160
◇金子兜太と正岡子規―兜太の中の子規（特集 俳句―にぎやかに行こう―俳句ふたり論） （復本一郎）「國文學 解釈と教材の研究」 學燈社 53（18臨増） 2008.12 p42～46
◇正岡子規「俳諧大要」に見られる季節感―東洋・西洋の季節区分と＜感＞＜感情＞ （永橋禎子）「稿本近代文学」 筑波大学日本文学会近代部会 33 2008.12 p43～56
◇正岡子規の漢詩 （佐藤利行）「広島大学大学院文学研究科論集」 広島大学大学院文学研究科 68 2008.12 p1～9
◇鏡像としてのリアリズム―正岡子規をめぐって （諸田和治）「現代文学史研究」 現代文学史研究所 11 2008.12.1 p1～11
◇「自笑文草」から見た少年期における子規の人格形成について―人格貼付論の視点から （平野信喜）「聖カタリナ大学・聖カタリナ大学短期大学部研究紀要」 聖カタリナ大学 21 2009 p1～17
◇公開講演会 正岡子規と与謝野晶子―明治文学の坂道（東洋大学 東洋学研究所活動報告） （山田吉郎）「東洋学研究」 東洋大学東洋学研究所 46 2009 p194～196
◇世界の病臥として一子規の過剰な生産と過少な消費 （宮内広利）「流砂」『流砂』編集委員会、批評社 2 2009 p60～73
◇子規晩年の疾病観・死生観の形成について―人格貼付論の視点から（特集 新しい文化の創造） （平野信喜）「人間文化研究所紀要」 聖カタリナ大学人間文化研究所 14 2009 p65～92〔含 英語文要旨〕
◇子規周辺「月次十句集」のこと （平出隆）「俳壇」 本阿弥書店 26（1） 2009.1 p170～173
◇子規、最後の八年（23）伊藤左千夫の登場 （関川夏央）「短歌研究」 短歌研究社 66（1） 2009.1 p106～111
◇子規の内なる江戸（新連載・1）「に」止めの可能性 （井上泰至）「俳句」 角川グループパブリッシング、角川学芸出版 58（2） 2009.1 p50～53
◇子規連句私解 獨吟百韻「灯ともさぬ」の巻（其29）四ゥ三句目 （大島富朗）「学苑」 昭和女子大学近代文化研究所 819 2009.1 p36～56
◇（第26回）2008年電気設備学会全国大会特別講演 子規・故郷松山を詠む（（第26回）2008年電気設備学会全国大会）（竹田美惠）「電気設備学会誌」 オーム社、電気設備学会 29（1） 2009.1 p57～63
◇子規、最後の八年（24）君がくれた栗だと思うとうまいよ （関川夏央）「短歌研究」 短歌研究社 66（2） 2009.2 p120～125
◇子規の内なる江戸（2）恋の句の写生と叙情 （井上泰至）「俳句」 角川グループパブリッシング、角川学芸出版 58（3） 2009.2 p42～45
◇子規、最後の八年（25）来客はたのしいが、うるさい （関川夏央）「短歌研究」 短歌研究社 66（3） 2009.3 p132～137

◇子規の内なる江戸(3)イメージを切り取る―絵画と俳句　(井上泰至)「俳句」　角川グループパブリッシング, 角川学芸出版 58(4) 2009.3 p42～45
◇子規の拡大する目―『墨汁一滴』に見る<写生>の思想(特集 書くことの喜び)　(永井聖剛)「国文学研究」　早稲田大学国文学会 157 2009.3 p43～52
◇正岡子規編『謡曲古句』成立に関する一考察―もう一人の編者・池内信嘉をめぐって　(乙幡英剛)「二松学舎大学人文論叢」　二松学舎大学人文学会 82 2009.3 p157～176
◇閨秀作家中島湘烟と正岡子規　(復本一郎)「神奈川大学国際経営論集」　神奈川大学経営学部 37 2009.3 p11～15
◇虚子・子規・近代―近代思想史の視点から　(岩岡中正)「熊本法学」　熊本大学法学会 116 2009.3 p275～297
◇明治御歌所派歌壇の再検討―鉄幹・子規による批判をめぐって　(長福香菜)「国文学攷」　広島大学国語国文学会 201 2009.3 p17～32
◇子規の内なる江戸(4)月並―子規の選句基準　(井上泰至)「俳句」　角川グループパブリッシング, 角川学芸出版 58(5) 2009.4 p42～45
◇子規、最後の八年(26)興津移転騒動　(関川夏央)「短歌研究」　短歌研究社 66(4) 2009.4 p142～147
◇明治の若者の気分―正岡子規像から「坂の上の雲」を読み直す(特集 一九六〇年代を軸として)　(大島丈志)「近代文学研究」　日本文学協会近代部会 26 2009.4 p64～79
◇樹木医・研究と実践の現場から(10)「子規の庭」を守る―正岡明さん―樹木医、正岡庭園設計代表、正岡子規研究所主宰　(正岡明, 中山義治)「グリーン・エージ」　日本緑化センター 36(4) 2009.4 p32～35
◇子規の内なる江戸(5)動きとリズム―能と俳句　(井上泰至)「俳句」　角川グループパブリッシング, 角川学芸出版 58(6) 2009.5 p44～47
◇子規、最後の八年(27)始で果てたる体なれど、痛む　(関川夏央)「短歌研究」　短歌研究社 66(5) 2009.5 p126～131
◇子規、最後の八年(28)倫敦消息　(関川夏央)「短歌研究」　短歌研究社 66(6) 2009.6 p110～115
◇子規の内なる江戸(6)贈答と俳句　(井上泰至)「俳句」　角川グループパブリッシング, 角川学芸出版 58(7) 2009.6 p44～47
◇秋山兄弟、正岡子規……これが歴史ドラマの醍醐味だ「司馬遼太郎を10倍楽しむ」旅ガイド(迷いが晴れる「歴史・古典」入門)　(野地秩嘉)「プレジデント」　プレジデント社 47(13) 2009.6.15 p110～113
◇子規、最後の八年(29)「夜逃げ」顛末　(関川夏央)「短歌研究」　短歌研究社 66(7) 2009.7 p104～109
◇子規の内なる江戸(7)怪奇趣味の句　(井上泰至)「俳句」　角川グループパブリッシング, 角川学芸出版 58(8) 2009.7 p46～50
◇週刊司馬遼太郎(130)子規と秋山兄弟の青春―「坂の上の雲」の世界(第1回)秋山兄弟の生誕地　(村井重俊, 守田直樹)「週刊朝日」　朝日新聞出版 114(34) 2009.7.31 p116～121
◇子規と啄木の生と死(特集 続・「生と死」を考える―日本文学に見る「生と死」)　(池田功)「国文学解釈と鑑賞」　ぎょうせい 74(8) 2009.8 p72～79
◇子規、最後の八年(30)藤の花ぶさ　(関川夏央)「短歌研究」　短歌研究社 66(8) 2009.8 p98～103
◇子規の内なる江戸(8)雄大な景色を詠む俳句　(井上泰至)「俳句」　角川グループパブリッシング, 角川学芸出版 58(9) 2009.8 p44～47
◇週刊司馬遼太郎(131)子規と秋山兄弟の青春―「坂の上の雲」の世界(第2回)好古の遺伝子　(村井重俊, 太田サトル)「週刊朝日」　朝日新聞出版 114(35) 2009.8.7 p98～103
◇週刊司馬遼太郎(132)子規と秋山兄弟の青春―「坂の上の雲」の世界(第3回)「超凡」の友情　(村井重俊, 守田直樹)「週刊朝日」　朝日新聞出版 114(37) 2009.8.14 p84～89
◇週刊司馬遼太郎(133)子規と秋山兄弟の青春―「坂の上の雲」の世界(第4回)少年戦術家　(村井重俊, 守田直樹)「週刊朝日」　朝日新聞出版 114(38) 2009.8.21 p100～105
◇週刊司馬遼太郎(134)子規と秋山兄弟の青春―「坂の上の雲」の世界(第5回)漱石と道後温泉　(村井重俊, 守田直樹)「週刊朝日」　朝日新聞出版 114(39) 2009.8.28 p86～91
◇子規、最後の八年(31)短歌、最後の高揚　(関川夏央)「短歌研究」　短歌研究社 66(9) 2009.9 p134～139
◇子規の内なる江戸(9)子規の滑稽　(井上泰至)「俳句」　角川グループパブリッシング, 角川学芸出版 58(10) 2009.9 p28～32
◇ミュージカルで挑む正岡子規(賢者は歴史から学ぶ―古代～明治篇―私が学んだ日本史上の人物)　(ジェームス三木)「文藝春秋special」　文藝春秋 3(4) 2009.秋 p45～47
◇週刊司馬遼太郎(135)子規と秋山兄弟の青春―「坂の上の雲」の世界(第6回)さらば松山中学　(村井重俊, 守田直樹)「週刊朝日」　朝日新聞出版 114(40) 2009.9.4 p90～95
◇週刊司馬遼太郎(136)子規と秋山兄弟の青春―「坂の上の雲」の世界(第7回)好古の詩情　(村井重俊)「週刊朝日」　朝日新聞出版 114(42) 2009.9.11 p94～99
◇週刊司馬遼太郎(137)子規と秋山兄弟の青春―「坂の上の雲」の世界(第8回)津軽の恩人　(村井重俊)「週刊朝日」　朝日新聞出版 114(44) 2009.9.18 p84～89
◇週刊司馬遼太郎(138)子規と秋山兄弟の青春―「坂の上の雲」の世界(第9回)弥次喜多の日々　(村井重俊, 太田サトル)「週刊朝日」　朝日新聞出版 114(45) 2009.9.25 p84～89
◇正岡子規―古都と柿を愛した夭逝の俳人に思いを馳せる(大特集・「世界最小」の文学を人生の伴とする 知る 作る 味わう 旅する 俳句入門―第3部 鑑賞編 芭蕉、一茶に子規、山頭火まで。名句が生まれた土地へ 俳句を旅する)　(長谷川櫂)「サライ」　小学館 21(17)通号505 2009.10 p84～87
◇子規、最後の八年(32)食欲と表現欲　(関川夏央)「短歌研究」　短歌研究社 66(10) 2009.10 p106～112
◇子規の内なる江戸(10)ナショナリスト子規の風景　(井上泰至)「俳句」　角川グループパブリッシング, 角川学芸出版 58(11) 2009.10 p44～47
◇子規連句私解 獨吟百韻「灯ともさぬ」の巻(其30)四ゥ四句目　(大島富朗)「学苑」　昭和女子大学近代文化研究所 828 2009.10 p21～37
◇週刊司馬遼太郎(139)子規と秋山兄弟の青春―「坂の上の雲」の世界(第10回)子規の影法師　(村井重俊)「週刊朝日」　朝日新聞出版 114(47) 2009.10.2 p96～101
◇週刊司馬遼太郎(140)子規と秋山兄弟の青春―「坂の上の雲」の世界(第11回)野球と子規　(村井重俊, 守田直樹)「週刊朝日」　朝日新聞出版 114(48) 2009.10.9 p102～107
◇週刊司馬遼太郎(141)子規と秋山兄弟の青春―「坂の上の雲」の世界(第12回)真之と遠泳　(村井重俊, 守田直樹)「週刊朝日」　朝日新聞出版 114(49) 2009.10.16 p84～89
◇週刊司馬遼太郎(142)子規と秋山兄弟の青春―「坂の上の雲」の世界(第13回)明治23年の「祝猿」　(村井重俊)「週刊朝日」　朝日新聞出版 114(50) 2009.10.23 p86～91
◇子規、最後の八年(33)妹の力　(関川夏央)「短歌研究」　短歌研究社 66(11) 2009.11 p92～97
◇子規の内なる江戸(11)子規と芭蕉　(井上泰至)「俳句」　角川グループパブリッシング, 角川学芸出版 58(12) 2009.11 p44～48
◇露伴と子規の『八犬伝』受容　(徳田武)「文学」　岩波書店 10(6) 2009.11・12 p174～186
◇新資料・明治二十九年八月十五日付正岡子規書簡―窺える子規の人間性　(浅沼璞)「文学」　岩波書店 10(6) 2009.11・12 p187～193
◇イヴェント・レヴュー　「虚子没後五十年記念 子規から虚子へ―近代俳句の夜明け」展を見る　(秋尾敏)「日本近代文学」　日本近代文学会 81 2009.11 p347～350
◇週刊司馬遼太郎(143)子規と秋山兄弟の選択―「坂の上の雲」の世界(第2部・第1回)鷲横丁の日々　(村井重俊, 太田サトル)「週刊朝日」　朝日新聞出版 114(55) 2009.11.27 p84～89
◇「坂の上の雲」を仰いだ明治の青春群像(1)正岡子規―35年という短い生涯で明治を明朗に生き抜く(特集・司馬遼太郎が見た、「日本の青春」の所在「坂の上の雲」を仰ぐ)「サライ」　小学館 21(19)通号508 2009.12 p118～119
◇描かれなかった明治の青春のその後 正岡子規の野球仲間と近代日本の暗部(特集 司馬遼太郎と明治日本)　(松本健一)「中央公論」　中央公論新社 124(12) 2009.12 p106～113
◇子規の内なる江戸(12)子規の季語感　(井上泰至)「俳句」　角川グループパブリッシング, 角川学芸出版 58(13) 2009.12 p42～45
◇人物特集 時代を動かした数々の出会い 正岡子規を支えた「友」　(村上護)「俳句」　角川グループパブリッシング, 角川学芸出版 58(13) 2009.12 p129～145
◇週刊司馬遼太郎(144)子規と秋山兄弟の選択―「坂の上の雲」の世界 第2部(第2回)新聞人の磁場　(村井重俊)「週刊朝日」　朝日新聞出版 114(57) 2009.12.4 p118～123
◇週刊司馬遼太郎(145)子規と秋山兄弟の選択―「坂の上の雲」の世界 第2部(第3回)日清戦争前夜　(村井重俊, 守田直樹)「週刊朝日」　朝日新聞出版 114(58) 2009.12.11 p90～95
◇週刊司馬遼太郎(146)子規と秋山兄弟の選択―「坂の上の雲」の世界 第2部(第4回)伊藤博文と下関条約　(村井重俊, 守田直樹)「週刊朝日」　朝日新聞出版 114(60) 2009.12.18 p92～97
◇週刊司馬遼太郎(147)子規と秋山兄弟の選択―「坂の上の雲」の世界 第2部(第5回)子規の従軍　(村井重俊, 守田直樹)「週刊朝日」　朝日新聞出版 114(62) 2009.12.25 p144～149

松浦武四郎　まつうらたけしろう　1818～1888

幕末、明治期の探検家。

【図　書】

◇士魂の群像　(吉田武三)　冨山房　1980.7
◇納紗布日記　(松浦武四郎著 丸山道子訳)　放送アートセンター　1980.9
◇斎藤昌三著作集4 書物随筆　(後藤憲二編)　八潮書店　1981.5
◇アイヌ人物誌　(松浦武四郎原著 更科源蔵, 吉田豊共訳)　農山漁村文化協会　1981.8　(人間選書47)
◇ぷらら新書―新装覆刻 第45巻 随筆松浦武四郎　(和田義雄編集, 吉田武三)　沖積舎　1981.10

松浦武四郎

◇丁巳東西蝦夷山川地理取調日記 上・下 （松浦武四郎, 秋葉実解読） 北海道出版企画センター 1982.11
◇近世史の研究 3 文化論, 生活論, 学問論, 史学論 （伊藤多三郎） 吉川弘文館 1983.6
◇人物探訪日本の歴史 12 文人と先覚者 暁教育図書 1983.11
◇歴史の群像—12—雄飛 集英社 1984.10
◇蝦夷日誌 下 西蝦夷日誌 （松浦武四郎著, 吉田常吉編） 時事通信社 1984.11
◇北見市史 （北見市史編さん委員会） 北見市 1984.11
◇蝦夷日誌 上 東蝦夷日誌 （松浦武四郎著, 吉田常吉編） 時事通信社 1984.11
◇北見市史 （北見市史編さん委員会） 福村書店 1984.11
◇戊午東西蝦夷山川地理取調日誌 上 （松浦武四郎著, 高倉新一郎校訂, 秋葉実解読） 北海道出版企画センター 1985.3
◇戊午東西蝦夷山川地理取調日誌 上 （松浦武四郎著, 高倉新一郎校訂） 北海道出版企画センター 1985.3
◇日本史探訪 18 海を渡った日本人 角川書店 1985.4
◇戊午東西蝦夷山川地理取調日誌 中 （松浦武四郎著, 高倉新一郎校訂, 秋葉実解読） 北海道出版企画センター 1985.7
◇戊午東西蝦夷山川地理取調日誌 中 （松浦武四郎著, 高倉新一郎校訂） 北海道出版企画センター 1985.7
◇戊午東西蝦夷山川地理取調日誌 下 （松浦武四郎著, 高倉新一郎校訂, 秋葉実解読） 北海道出版企画センター 1985.10
◇歴史のなかの紀行〈北日本・海外〉 （中田嘉種著） そしえて 1986.7
◇続・百代の過客—日記にみる日本人〈上〉 （ドナルド・キーン著, 金関寿夫訳） 朝日新聞社 1988.1 （朝日選書）
◇簡約松浦武四郎自伝 北海道出版企画センター 1988.9
◇静かな大地—松浦武四郎とアイヌ民族 （花崎皋平著） 岩波書店 1988.9
◇校注 簡約 松浦武四郎自伝 （松浦武四郎研究会編） 北海道出版企画センター 1988.10
◇武四郎蝦夷地紀行 （松浦武四郎著, 秋葉実解） 北海道出版企画センター 1988.10
◇北への視角—第34回特別展・松浦武四郎没後百年記念展 （北海道開拓記念館編） 北海道開拓記念館 1988.10
◇続 百代の過客—日記にみる日本人 （ドナルド・キーン著, 金関寿夫訳） 朝日新聞社 1988.12
◇釧路昔むかし—江戸時代の釧路 （釧路市史編さん事務局編） 釧路市 1989.3
◇北への視角—シンポジウム「松浦武四郎」 （松浦武四郎研究会編） 北海道出版企画センター 1990
◇日本考古学研究〈3〉日本考古学史の展開 （斎藤忠著） 学生社 1990.1
◇幕末北方関係史考 （大熊良一著） 近藤出版社 1990.4
◇北への視角—シンポジウム「松浦武四郎」 （松浦武四郎研究会編） （札幌）北海道出版企画センター 1990.9
◇決断のとき—歴史にみる男の岐路 （杉本苑子著） 文芸春秋 1990.10
◇武四郎のタルマイ越え （地威慶護） （札幌）みやま書房 1991.3
◇松浦武四郎書簡—平松楽斎文書 15—付山田三郎書簡 （津市教育委員会〔編〕） 津市教育委員会 1991.12
◇国史大辞典 付録 史窓余話〈13〉 吉川弘文館 1992.4
◇全国の伝承 江戸時代 人づくり風土記—ふるさとの人と知恵〈24〉三重 （加藤秀俊, 谷川健一, 稲垣史生, 石川松太郎, 吉田豊編） 農山漁村文化協会 1992.5
◇北の国の誇り高き人びと—松浦武四郎とアイヌを読む （横山孝雄著） かのう書房 1992.5 （人の世界シリーズ）
◇日本の『創造力』—近代・現代を開花させた470人〈1〉御一新の光と影 （富田仁編） 日本放送出版協会 1992.12
◇泰山荘—松浦武四郎の一畳敷の世界 （ヘンリー・スミス著, 国際基督教大学博物館湯浅八郎記念館編） 国際基督教大学博物館湯浅八郎記念館 1993.3
◇静かな大地—松浦武四郎とアイヌ民族 （花崎皋平） 岩波書店 1993.10 （同時代ライブラリー）
◇決断のとき—歴史にみる男の岐路 （杉本苑子著） 文芸春秋 1993.10 （文春文庫）
◇奇っ怪紳士録 （荒俣宏著） 平凡社 1993.11 （平凡社ライブラリー）
◇「北方四島」のアイヌ語地名ノート—松浦武四郎「山川図」による （榊原正文） 北海道出版企画センター 1994.3
◇松浦武四郎の自然観と宗教観—武四郎晩年の大台が原山登山との関わりから （大川吉崇） 『民俗学の視座』（堀田吉雄先生カジマヤー記念論文集編集委員会編） 伊勢民俗学会 1995.8 p433
◇サハリン 松浦武四郎の道を歩く （梅木孝昭著） 北海道新聞社 1997.3 216p （道新選書）
◇松浦武四郎伝―松浦武四郎 （横山健堂著） 大空社 1997.5 467,4,5p （伝記叢書）
◇北海道 身近な歴史紀行 （地蔵慶護著） 北海道新聞社 1999.11 197p

◇幕末明治の佐渡日記 （磯部欣三著） 恒文社 2000.12 19,390p
◇松浦武四郎「刊行本」書誌 （高木崇世芝編） 北海道出版企画センター 2001.10 103p
◇ほっかいどう百年物語―北海道の歴史を刻んだ人々 （STVラジオ編） 中西出版 2002.2 343p
◇松浦武四郎—シサム和人の変容 （佐野芳和編） 北海道出版企画センター 2002.4 306p
◇北海道人―松浦武四郎 （佐江衆一著） 講談社 2002.12 369p （講談社文庫）
◇風俗史学―日本風俗史学会誌 22号 （日本風俗史学会編） 日本風俗史学会 2003.1 96p
◇松浦武四郎上川紀行 （秋葉実著） 旭川振興公社 2003.3 193p （旭川叢書）
◇松浦武四郎関係文献目録 （高木崇世芝編） 北海道出版企画センター 2003.6 145p
◇北方領土探検史の新研究—その水戸藩との関はり （吉沢義一著） 水戸史学会 2003.7 249p （水戸史学選書）
◇松浦武四郎江別での足跡 （野口久男著） 江別市教育委員会 2003.10 45p （ふるさと読本）
◇ゆたかなる大地―松浦武四郎が歩く （小松哲郎著） 北海道出版企画センター 2004.1 548p
◇アイヌ絵誌の研究 （佐々木利和著） 草風館 2004.2 365p
◇北海道東部における松浦武四郎の道と内陸交通路 （西幸隆） 『アイヌ文化の成立―宇田川洋先生華甲記念論文集』（宇田川洋先生華甲記念論文集刊行実行委員会編） 北海道出版企画センター 2004.3 p579
◇松浦武四郎時代と人びと―第58回特別展 （北海道開拓記念館編） 十勝毎日新聞社 2004.4 79p
◇松浦武四郎時代と人びと （北海道開拓記念館編） 北海道出版企画センター 2004.4 79p
◇江戸の旅日記―「徳川啓蒙期」の博物学者たち （ヘルベルト・プルチョウ著） 集英社 2005.8 238p （集英社新書）
◇辺境を歩いた人々 （宮本常一著） 河出書房新社 2005.12 224p
◇松浦武四郎と江戸の百名山 （中村博男著） 平凡社 2006.10 198p （平凡社新書）
◇北海道の名付け親松浦武四郎―アイヌ民族と交流した伊勢人の生涯 （山本命語り手） 伊勢の国・松阪十楽 2007.3 76p （十楽選よむゼミ）
◇江戸明治の百名山を行く―登山の先駆者松浦武四郎 （渡辺隆著） 北海道出版企画センター 2007.7 278p （ブックス新書）
◇日記をのぞく （日本経済新聞社編） 日本経済新聞出版社 2007.11 278p
◇静かな大地―松浦武四郎とアイヌ民族 （花崎皋平著） 岩波書店 2008.2 390p （岩波現代文庫）
◇「北海道」の名づけ親松浦武四郎 （合田一道著） 北海道科学文化協会 2008.4 122p （北海道青少年叢書）
◇青年・松浦武四郎の四国遍路―宇和島伊達藩領内の見聞 （木下博民著） 創風社出版 2008.10 121p （風ブックス）
◇山の名著 明治・大正・昭和戦前編 （近藤信行編） 自由国民社 2009.11 267p （知の系譜）

【雑　誌】
◇安政三年採録のニクブン語彙を繞って―松浦武四郎の「野帳」を中心に 〔谷沢尚一〕「北方文化研究」 13 1980.
◇隠れた開拓者・有珠郡開拓景況調・松浦北海翁 （菅原清三）「室蘭地方史研究」 15 1981.3
◇松浦武四郎幕末書簡および関連文書―吉永孝雄氏所蔵「松浦武四郎翁尺牘」 （小堀一正）「待兼山論叢（大阪大）」 16 （史学） 1982
◇松浦武四郎の「海防策」小考 （荒川久寿男）「皇学館大学紀要」 20 1982.1
◇特集II 浜益街道 （付）増毛山道―資料(4)西蝦夷日誌・五編(抄)「そろらっぷち」 29 1983.3
◇北辺探索と北方図（特集ロシアの黒船鎮国日本を揺るがす） （秋月俊幸）「歴史と人物」 14(7) 1984.7
◇松浦武四郎と楢林昌建（二見一鸚斎）「松浦竹四郎研究会会誌」 2 1984.12
◇松浦武四郎作製の蝦夷地図(2) （高木崇世芝）「松浦竹四郎研究会会誌」 2 1984.12
◇開拓使と松浦武四郎 （堅田精司）「松浦竹四郎研究会会誌」 2 1984.12
◇松浦武四郎とその師平松楽斉(上)―往復書簡・平松楽斎日記・簡略松浦武四郎自伝日誌 （丸山道子）「北海道史研究」 37 1985.6
◇松浦武四郎と知床〈北海道羅臼町〉(付グラビア)（ANA空からの歴史探訪〔21〕）（戸川幸夫）「中央公論」 100(7) 1985.7
◇札幌と松浦武四郎 （秋葉実）「札幌の歴史」 12 1987.2
◇武四郎との出会い―『近世蝦夷人物誌』（静かな大地―松浦武四郎と「北加伊道」〔1〕）（花崎皋平）「世界」 503 1987.7
◇初めて蝦夷地へ―『初航蝦夷日誌』を読む（静かな大地―松浦武四郎と「北加伊道」〔2〕）（花崎皋平）「世界」 504 1987.8

◇セタナイからシマコマキへ―『竹四郎廻浦日誌』より（静かな大地―松浦武四郎と「北加伊道」〔3〕）（花崎皋平）「世界」 505 1987.9
◇『丁巳日誌』の世界〔1〕（静かな大地―松浦武四郎と「北加伊道」〔4〕）（花崎皋平）「世界」 506 1987.10
◇松浦武四郎と丙戌後記―草津白根山中「毒水の碑」（山口武夫）「群馬文化」 212 1987.10
◇クナシリ・メナシ・シレトコ（静かな大地 松浦武四郎と「北加伊道」〔6〕）（花崎皋平）「世界」 508 1987.12
◇安政5年、最後の旅（静かな大地―松浦武四郎と「北加伊道」〔7〕）（花崎皋平）「世界」 509 1988.1
◇松浦武四郎とその師平松楽斎（下の2）―往復書簡・平松楽斎日記・簡略松浦武四郎自伝日誌（丸山道子）「北海道史研究」 40 1988.2
◇松浦武四郎書簡を繞る補遺資料（谷沢尚一）「北海道史研究」 40 1988.2
◇北オホーツク沿岸をゆく（静かな大地―松浦武四郎と「北加伊道」〔8〕）（花崎皋平）「世界」 511 1988.2
◇十勝・日高路（静かな大地―松浦武四郎と「北加伊道」〔9〕）（花崎皋平）「世界」 512 1988.3
◇しめくくり―『近代蝦夷人物誌』を中心に（静かな大地―松浦武四郎と「北加伊道」〔10〕）（花崎皋平）「世界」 513 1988.4
◇新「知床日誌」松浦武四郎踏査の道（甲斐崎圭）「歴史読本」 33(17) 1988.9
◇足代弘訓あて松浦武四郎書翰（秋葉実）「まちなみ」 48 1989.3
◇阿倍比羅夫と松浦武四郎の北海道行（土田和美）「歴史研究」 342 1989.10
◇北海道の名付け親・松浦武四郎（安部晧）「歴史研究」 342 1989.10
◇F.スタール―松浦武四郎との接点（梅原達治）「北海道の文化財」 63 1991.2
◇松浦武四郎資料にみる四天王寺付近の「無文銀銭」（菅谷文則）「大阪の歴史」 32 1991.6
◇松浦武四郎の人間像―署名変化による生涯区分を通して（大山晋吾）「三重県史研究」 8 1992.3
◇松浦武四郎の調査記録による蝦夷地の地域構造の分析（片上広子）「歴史地理学」 158 1992.3
◇近世における石狩地域の動態―松浦武四郎日誌を中心に（片上広子）「人文地理」 45(6) 1993.12
◇北海道の名付親松浦武四郎記念館を三重に訪ねて（林実）「文化情報」 153 1994.12
◇竜飛（松浦武四郎・北への旅〔4〕）（本間寛治）「歴史と旅」 23(6) 1996.4 p203～207
◇三厩（松浦武四郎・北への旅〔5〕）（本間寛治）「歴史と旅」 23(7) 1996.5 p203～207
◇野辺地（松浦武四郎・北への旅〔6〕）（本間寛治）「歴史と旅」 23(9) 1996.6 p203～207
◇尻屋崎（松浦武四郎・北への旅〔7〕）（本間寛治）「歴史と旅」 23(10) 1996.7 p208～213
◇鹿角（松浦武四郎・北への旅〔9〕）（本間寛治）「歴史と旅」 23(13) 1996.9 p208～211
◇松前（松浦武四郎・北への旅〔10〕）（本間寛治）「歴史と旅」 23(15) 1996.10 p208～211
◇江差（松浦武四郎・北への旅〔11〕）（本間寛治）「歴史と旅」 23(16) 1996.11 p208～211
◇日本人の旅行記（8）松浦武四郎「久摺日誌」（金子民雄）「日本古書通信」 日本古書通信社 68(8) 2003.8 p1
◇出版人・松浦武四郎（高木崇世芝）「日本古書通信」 日本古書通信社 72(12) 2007.12 p2～4
◇玉璧と松浦武四郎を結ぶもの（序）（北郷泰道）「宮崎県立西都原考古博物館研究紀要」 宮崎県立西都原考古博物館 4 2008.3 p66～70
◇松浦武四郎・大槻文彦の北方研究―明治期北方史学史の文献的研究（新藤透）「日欧比較文化研究」 日欧比較文化研究会 9 2008.4 p44～58
◇松浦武四郎文献における空知の「アイヌ古道」（3）（平隆一）「アイヌ語地名研究」 アイヌ語地名研究会, 北海道出版企画センター 11 2008.12.25 p85～104
◇松浦武四郎文献の特色と山の呼称（渡辺隆）「アイヌ語地名研究」 アイヌ語地名研究会, 北海道出版企画センター 11 2008.12.25 p105～116
◇玉璧と松浦武四郎を結ぶもの（2）（北郷泰道）「宮崎県立西都原考古博物館研究紀要」 宮崎県立西都原考古博物館 5 2009.3 p26～31
◇松浦武四郎が歩いた道（特集 北海道の海岸―豊なる境界線）（吉田惠介）「モーリー」 北海道新聞社 20 2009.7 p41～44

松岡荒村 まつおかこうそん 1879～1904
明治期の詩人, 評論家。
【図　書】
◇荒村遺稿 復刻・増補版（天野茂編解題） 不二出版 1982.4
◇埋もれた明治の青春―松岡荒村（天野茂） 不二出版 1982.4
◇現代世界の暴力と詩人（竹田日出夫著） 武蔵野大学 2005.1 219p（武蔵野大学シリーズ）
【雑　誌】
◇松岡荒村小論―文明呪咀から「君が代」批判へ（荻野富士夫）「小樽商科大学人文研究」 78 1989.8

松田緑山 まつだろくざん 1837～1903
幕末, 明治期の銅版画家, 画家。
【図　書】
◇活版印刷史（川田久長） 印刷学会出版部 1981.10
【雑　誌】
◇江戸の銅版画家（11）松田緑山《銅鐫大日本国細図》より―銅版墨摺り・折帖（杜若文庫蔵）（森登）「日本古書通信」 日本古書通信社 70(11) 2005.11 p1

松の門三艸子 まつのとみさこ 1832～1914
幕末～大正期の歌人。
【図　書】
◇渡辺刀水集2〈日本書誌学大系47(2)〉（渡辺金造） 青裳堂書店 1986.10
◇悲願千人斬の女（小沢信男著） 筑摩書房 2004.8 205p

松林伯円〔2代〕 まつばやしはくえん 1834～1905
幕末, 明治期の講釈師。
【図　書】
◇人物探訪 日本の歴史 10 仁俠の群像 暁教育図書 1983.12
◇明治文芸と薔薇―話芸への通路（中込重明著） 右文院 2004.4 239p
【雑　誌】
◇「天保六花撰」（江戸から明治への文学〈特集〉）（延広真治）「文学」 53(11) 1985.11
◇「安政三組盃」をめぐって（延広真治）「森鷗外研究」 和泉書院 第8号 1999.11 p135～138

松本楓湖 まつもとふうこ 1840～1923
明治期の日本画家日。東宮殿襖絵を揮毫。
【図　書】
◇今村紫紅―近代日本画の鬼才（中村渓男著）（横浜）有隣堂 1993.8（有隣新書）

間宮八十子 まみややそこ 1823～1891
幕末, 明治期の歌人, 国学者。
【雑　誌】
◇間宮永好、八十子と南部利剛、明子と―挿話として（山田洋嗣）「福岡大学人文論叢」 福岡大学研究推進部 41(2) 2009.9 p985～1027

丸山晩霞 まるやまばんか 1867～1942
明治～昭和期の水彩画家, 洋画家。日本水彩画会理事。
【図　書】
◇日本の水彩画〈11〉丸山晩霞（陰里鉄郎編著） 第一法規出版 1989.9
◇丸山晩霞―水彩画家 復刻版（〔小山周次〕編）一草舎出版 2007.9 346p 図版28枚
【雑　誌】
◇丸山晩霞にみる「崇高」と「壮美」―明治末期における二つの翻訳語の問題（岸田恵理）「長野県立歴史館研究紀要」 長野県立歴史館 13 2007.3 p86～95

万亭応賀 まんていおうが 1819～1890
幕末, 明治期の戯作者。
【図　書】
◇河鍋暁斎戯画集（河鍋暁斎著, 山口静一, 及川茂編） 岩波書店 1988.8（岩波文庫）
◇日本仏伝文学の研究（黒部通善著）（大阪）和泉書院 1989.6（研究叢書）
【雑　誌】
◇万亭應賀の著作に見る河鍋暁斎の戯画（特集 絵を読む 文字を見る―日本文学とその媒体）（及川茂）「アジア遊学」 勉誠出版 109 2008.4 p153～163

三浦乾也 みうらけんや 1821～1889
幕末, 明治期の陶工。
【図　書】
◇土魂の群像（吉田武三） 冨山房 1980.7
◇小田原近代百年史（中野敬次郎） 八小堂書店 1982.10
◇三浦乾也―幕末の鬼才（益井邦夫著） 里文出版 1992.5
◇すぐわかる作家別やきものの見かた（中ノ堂一信編） 東京美術 2004.2 127p

三浦乾也（続き）

【雑　誌】
◇三浦乾也と土佐の記録　（丸山和雄）「陶説」340　1981.7
◇反射炉絵図と三浦乾也　（岡田広吉）「技術と文明」1　1985.3
◇天禄堂三浦乾也の事蹟考察　（益井邦夫）「国学院大学紀要」24　1986.3
◇尚古園窯業史考序説—乾也と良助を巡って　（益井邦夫）「国学院雑誌」87（12）1986.12
◇三浦乾也—陶工、造船家にして戦略家の才覚（経営者の精神史〔12〕）（山口昌男）「ダイヤモンド」91（2）2003.1.11　p108〜109

三木竹二　みきたけじ　1867〜1908
明治期の劇評家、医師。森鷗外の弟。
【図　書】
◇森鷗外の系族　（小金井喜美子著）岩波書店　2001.4　465p（岩波文庫）
◇時代のなかの歌舞伎—近代歌舞伎批評家論　（上村以和於著）慶応義塾大学出版会　2003.9　299,27p
◇近代歌舞伎劇評家論　増補版　（権藤芳一著）演劇出版社　2006.8　378p
【雑　誌】
◇三木竹二の人と仕事（特集・近代の劇評家）（権藤芳一）「悲劇喜劇」35（5）1982.5
◇森鷗外と弟・三木竹二の演劇活動をめぐって—文京区立鷗外記念本郷図書館（演劇書のある図書館（特集））（岩村孝子）「悲劇喜劇」47（11）1994.11
◇伯仲の本（7）三木竹二『観劇偶評』（鈴木地蔵）「日本古書通信」日本古書通信社　74（8）2009.8　p15

三沢富子　みさわとみこ　1821〜1915
幕末、明治期の歌人。
【雑　誌】
◇明治歌人肖像千人の三沢富子　（村上薫）「鷹巣地方史研究」17　1985.10

水野年方　みずのとしかた　1866〜1908
明治期の日本画家。陶画、南画などを学ぶ。
【図　書】
◇描かれた女の謎—アート・キャバレー蒐集奇談　（福富太郎著）新潮社　2002.1　245p
【雑　誌】
◇水野年方筆「三井好都のにしき」について　（金窪佐和）「美術史研究」早稲田大学美術史研究会　34　1996.12　p1〜18

御船千鶴子　みふねちづこ　1886〜1911
明治期の女性。透視能力者。
【図　書】
◇魂魄　付・叔母、千里眼御船千鶴子の生涯　（湯川康平）自刊　1980.
◇ノンフィクション　貞子ウィルス—封印された真実　（大野和雄著）鳥影社　2000.1　177p
◇透視も念写も事実である—福来友吉と千里眼事件　（寺沢竜著）草思社　2004.1　309p
◇凶悪殺人と「超能力者」たち—スキゾタイパル人格障害とは何か　（矢幡洋著）青弓社　2007.11　200p
◇日本「霊能者」列伝　（別冊宝島編集部編）宝島社　2008.7　202p（宝島SUGOI文庫）

三森幹雄　みもりみきお　1829〜1910
幕末、明治期の俳人。
【図　書】
◇新研究資料　現代日本文学　第6巻　（浅井清、佐藤勝、篠弘、鳥居邦朗、松井利彦、武川忠一、吉田煕生編）明治書院　2000.2　406p
◇三森幹雄評伝—三十余年幹雄研究の結晶　（関根林吉著）遠沢繁　2002.7　216p
【雑　誌】
◇明治前期俳壇の一様相—幹雄の動向を中心として　（越後敬子）「連歌俳諧研究」87　1994.7
◇三森幹雄の俳論—「画句図句之論」を巡って　（遠藤智子）「俳句文学館紀要」俳人協会　14　2006　p5〜20
◇三森幹雄の集金力　（青木亮人）「俳文学研究」京都俳文学研究会　第45号　2006.11　p2〜3
◇近代の「旧派」の句法—其角堂永機と三森幹雄　（青木亮人）「俳文学研究」京都俳文学研究会　第46号　2006.10　p3〜4
◇明治俳諧の「余情」と「只言」—三森幹雄と正岡子規の応酬から　（青木亮人）「日本近代文学」日本近代文学会　75　2006.11　p16〜31
◇三森幹雄と正岡子規の「眼」—明治俳諧における「写生」の位相（特集　近代文学の図像学）（青木亮人）「日本近代文学」日本近代文学会　78　2008.5　p36〜51

◇三森幹雄と蕪村—明治期における「蕪村発見」再考　（大谷弘至）「二松学舎大学人文論叢」二松学舎大学人文学会　82　2009.3　p140〜156

宮川香山　みやがわこうざん　1842〜1916
幕末、明治期の陶工。真葛焼の開祖。
【図　書】
◇宮川香山と横浜真葛焼　（二階堂充著）有隣堂　2001.6　149p（横浜美術館叢書）

三宅雪嶺　みやけせつれい　1860〜1945
明治〜昭和期の評論家、哲学者。在野の思想家。
【図　書】
◇明治文学全集98　明治文学回顧録集1　筑摩書房　1980.3
◇読書有朋　（渡部昇一、谷沢永一）大修館書店　1981.2
◇日本の思想家　近代篇　（菅孝行）大和書房　1981.9
◇日本仏教史研究　4　続国家と仏教　近世・近代編　（二葉憲香編）永田文昌堂　1981.9
◇明治文学石摺考　（塚越和史）葦真文社　1981.11
◇幸徳秋水全集　別巻 1　（幸徳秋水全集編集委員会編）明治文献資料刊行会　1982.4
◇日本人の自伝 5　徳富猪一郎.三宅雪嶺　平凡社　1982.10
◇日本の名著 37　陸羯南・三宅雪嶺（中公バックス）（鹿野政直責任編集）中央公論社　1984.8
◇独歩吟　（宮崎市定著）岩波書店　1986.4
◇言論は日本を動かす〈第9巻〉文明を批評する　（丸谷才一編著）講談社　1986.8
◇新世代の国家像—明治における欧化と国粋　（ケネス・B.パイル著、松本三之介監訳、五十嵐暁郎訳）社会思想社　1986.11
◇大久保利謙歴史著作集 8　明治維新の人物像　吉川弘文館　1987.7
◇近代日本文学誌〈本・人・出版社〉（紅野敏郎著）早稲田大学出版部　1988.10
◇長谷川如是閑評論集　（長谷川如是閑著、飯田泰三、山領健二編）岩波書店　1989.6（岩波文庫）
◇長谷川如是閑集〈第1巻〉（長谷川如是閑著）岩波書店　1989.10
◇民権の獅子—兆民をめぐる男たちの生と死　（日下藤吾著）叢文社　1991.12　（現代を拓く歴史名作シリーズ）
◇政教社の研究　（中野目徹著）（京都）思文閣出版　1993.6
◇日本策士伝—資本主義をつくった男たち　（小島直記著）中央公論社　1994.5（中公文庫）
◇人生の叡智　（谷沢永一著）PHP研究所　1994.10
◇志—かつて日本にあったもの　（小島直記著）新潮社　1995.10　186p
◇司馬遼太郎が語る雑誌言論100年　（司馬遼太郎ほか著）中央公論社　1998.11　492p
◇山路愛山—史論家と政論家のあいだ　（岡利郎著）研文出版　1998.11　306p　（研文選書）
◇明治ナショナリズムの研究—政教社の成立とその周辺　（佐藤能丸著）芙蓉書房　1998.11　350p
◇国民国家の構図　（大浜徹也編）雄山閣出版　1999.11　309p
◇人間力　（谷沢永一著）潮出版社　2001.4　249p
◇公共性のエートス—三宅雪嶺と在野精神の近代　（長妻三佐雄著）世界思想社　2002.11　282p（SEKAISHISO SEMINAR）
◇遊芸文化と伝統　（熊倉功夫編）吉川弘文館　2003.3　350p
◇志akの明治人　下巻　（佐藤能丸著）芙蓉書房　2005.10　142p
◇思想のレクイエム—加賀・能登が生んだ哲学者15人の軌跡　（浅見洋著）春風社　2006.4　259p
◇男の晩節　（小島英記著）日本経済新聞社　2006.7　332p
◇鹿野政直思想史論集　第6巻　（鹿野政直著）岩波書店　2008.4　434p
◇大塩平八郎と陽明学　（森田康夫著）和泉書院　2008.9　389p（日本史研究叢刊）
◇日本を創った思想家たち　（鷲田小弥太著）PHP研究所　2009.6　390,6p（PHP新書）
◇男の晩節　（小島英記著）日本経済新聞出版社　2009.9　365p（日経ビジネス人文庫）
【雑　誌】
◇内藤湖南と三宅雪嶺　（ジョシュア・フォーゲル、スコギンズ・正木・千枝訳、辻久也校閲・監訳）「書論」18　1981.5
◇三宅雪嶺の佐賀人評（上、下）「佐賀文談」12（1,2）1981.6,7
◇三宅雪嶺著作目録　（山野博史）「関西大学法学論集」36（1）1986.4
◇国民的価値と政治的価値—三宅雪嶺の東京図書館批判　（松本三喜夫）「図書館学会年報」32（3）1986.9
◇三宅雪嶺〔1〕「先見の明」（随筆家列伝）（渡部昇一）「諸君！」18（9）1986.9
◇三宅雪嶺〔2〕「妙世界の宇宙」（随筆家列伝）（渡部昇一）「諸君！」18（10）1986.10
◇三宅雪嶺〔3〕「徂徠の卑屈」（随筆家列伝）（渡部昇一）「諸君！」

◇三宅雪嶺〔4〕「浪人の地位」(随筆家列伝) (渡部昇一)「諸君！」 18(11) 1986.11
◇三宅雪嶺〔4〕「浪人の地位」(随筆家列伝) (渡部昇一)「諸君！」 18(12) 1986.12
◇三宅雪嶺〔5〕「浪人の気分」(随筆家列伝) (渡部昇一)「諸君！」 19(1) 1987.1
◇「天才と識見」(随筆家列伝—三宅雪嶺〔6〕) (渡部昇一)「諸君！」 19(3) 1987.3
◇「深遠な圧力」(随筆家列伝—三宅雪嶺〔7〕) (渡部昇一)「諸君！」 19(4) 1987.4
◇「連帯保証人」(随筆家列伝—三宅雪嶺〔8〕) (渡部昇一)「諸君！」 19(5) 1987.5
◇「知能指数」(随筆家列伝 三宅雪嶺〔9〕) (渡部昇一)「諸君！」 19(6) 1987.6
◇「世の中」(随筆家列伝 三宅雪嶺〔10〕) (渡部昇一)「諸君！」 19(7) 1987.7
◇「シナ観」(随筆家列伝 三宅雪嶺〔11〕) (渡部昇一)「諸君！」 19(8) 1987.8
◇『真善美日本人』と『偽悪醜日本人』(一〇〇年前の日本〈特集〉) (岡利郎)『彷書月刊』7(1) 1991.1
◇雪嶺短観—蘇峰と比較して (清家基良)「政治経済史学」324 1993.6
◇三宅雪嶺の「浩然と自由」—日本における自由概念の伝統をめぐって (梶田明宏)「メディア史研究」1 1994.3
◇三宅雪嶺と能登 (横山敬雄)「七尾の地方史」29 1994.10
◇三宅雪嶺(特集・読書名人伝—名人奇人の読書家たちがズラリ。いったい誰が読書「名人位」を獲得するか。)「ノーサイド」5(5) 1995.5 p61
◇「綜合型知識人」の歴史叙述—三宅雪嶺『同時代史』と徳富蘇峰『近世日本国民史』の比較検討(特集＝メディアと言説) (杉原志啓)「メディア史研究」ゆまに書房 4(4) 1996.5 p39～58
◇三宅雪嶺—地位と名誉が何ほどのものか(大特集・「こういう人に私はなりたい」生き方を見つめ直す珠玉のエッセイ21篇) (谷沢永一)「現代」30(8) 1996.8 p66～68
◇三宅雪嶺の維新史論—「勢」.「公譲興論」・キーパースン (長妻三佐雄)「同志社法学」同志社法学会 50(1) 1998.10 p99～156
◇国粋主義の成立条件—志賀重昂と三宅雪嶺 (荻原隆)「研究年報」名古屋学院大学産業科学研究所 12 1999 p100～69
◇三宅雪嶺における「個」と「公共性」の問題—日露戦争後の時論を中心に (長妻三佐雄)「同志社法学」同志社法学会 52(3) 2000.9 p754～806
◇三宅雪嶺、ジャーナリストとしての主張—日露戦争の場合 (蔵角利幸)「学園」金沢学院短期大学 43 2001 p1～11
◇伝記叙述の傑作(本は私にすべてのことを教えてくれた—雑誌放蕩記〔自ово編〕〔2〕) (谷沢永一)「Voice」278 2001.2 p244～249
◇三宅雪嶺の福沢諭吉観—学問と政治の関連を中心に (長妻三佐雄)「同志社法学」同志社法学会 53(2) 2001.7 p451～478
◇『日本及日本人』創立者 三宅雪嶺 自分を語る四題 (三宅雪嶺)「日本及日本人」日本及日本人社 1643 2002.1 p118～133
◇架空インタビュー 雪嶺・三宅雄二郎博士 現代青年を語る (箕輪文男, 三宅雪嶺)「日本及日本人」日本及日本人社 1646 2002.11 p44～57
◇三宅雪嶺と島田一良 (野村昭子)「日本及日本人」日本及日本人社 1647 2003.1 p39～45
◇架空インタビュー 雪嶺・三宅雄二郎博士 現代社会への提言 (箕輪文男)「日本及日本人」日本及日本人社 1647 2003.1 p46～57
◇三宅雪嶺と関西大学 (山野博史)「関西大学年史紀要」関西大学事務局出版部 14 2003.3 p1～31
◇三宅雪嶺の英雄論—西郷隆盛と「革命家」のエートス (長妻三佐雄)「日本歴史」吉川弘文館 662 2003.7 p74～90
◇大正期における「英雄論」と三宅雪嶺 (見城悌治)「千葉大学人文研究」千葉大学文学部 33 2004 p101～125
◇三宅雪嶺の国粋主義—志賀重昂と対比して (荻原隆)「研究年報」名古屋学院大学総合研究所 17 2004 p172～154
◇同時代史としての近代—三宅雪嶺『同時代史』の世界を読む(特集 近代の歴史思想) (中野目徹)「季刊日本思想史」ぺりかん社 67 2005 p3～27
◇三宅雪嶺—その気骨と国家観 (越後和典)「彦根論叢」滋賀大学経済学会 354 2005.5 p165～170
◇本好き人好き(194)文藝改造の第一歩—新城和一『真理の光』三宅雄二郎監修・萬朝報社編刊『新日本史』第三巻 (谷沢永一)「國文學 解釈と教材の研究」學燈社 50(11) 2005.11 p168～171
◇大塩の陽明思想の継承者・三宅雪嶺 (森田康夫)「大塩研究」大塩事件研究会 第54号 2006.3 p64～82
◇三宅雪嶺先生の宇宙論をめぐって (塚越和夫)「文学年誌」文学批評の会, 審真文社(発売) 第13号 2006.12 p1～68
◇有機体的共同性に関する一考察—三宅雪嶺を中心に (長妻三佐雄)「同志社大学ヒューマン・セキュリティ研究センター年報」萌書房 4 2007 p146～161

◇「公益」と「私益」をめぐる覚書『実業之世界』における三宅雪嶺と幸田露伴 (長妻三佐雄)「大阪商業大学商業史博物館紀要」大阪商業大学商業史博物館 8 2007.10 p111～124
◇志賀重昂・三宅雪嶺の日本論・中国論 (藤田昌志)「三重大学国際交流センター紀要」三重大学国際交流センター 3 2008 p19～32

宮崎湖処子　みやざきこしょし　1864～1922
明治, 大正期の詩人, 小説家。
【図　書】
◇民友社思想文学叢書 第5巻 民友社文学集 1 (山田博光編) 三一書房 1984.5
◇民友社文学の研究 (平林一, 山田博光編) 三一書房 1985.5
◇山と詩人 (田中清光) 文京書房 1985.12
◇蘇峰とその時代—よせられた書簡から (高野静子著) 中央公論社 1988.8
◇前田愛著作集〈第6巻〉テクストのユートピア (前田愛著) 筑摩書房 1990.4
◇宮崎湖処子・国木田独歩の詩と小説 (北野昭彦著) (大阪)和泉書院 1993.6 (近代文学研究叢刊)
◇民友社の〈詩想〉—蘇峰・愛山・湖処子・独歩を中心に (猪狩友一)『詩う作家たち』(野山嘉正編) 至文堂 1997.4 p65
◇明治文学における明治の時代性 (神立春樹著) 御茶の水書房 1999.11 253p (岡山大学経済学研究叢書)
◇国木田独歩論 (小野末夫著) 牧野出版 2003.9 258p
◇宮崎湖処子伝—甦る明治の知識人 (木村圭三著) 彩流社 2009.6 555,48p
【雑　誌】
◇宮崎湖処子 (安陪光正)「西日本文化」182 1982.6
◇帰省小説の出現とその背景—宮崎湖処子『帰省』論— (北野昭彦)「大谷女子大国文(大谷女子大学)」14 1984.3
◇湖処子の訳詩「少年カサビアンカ」をめぐって (武田美代子)「淑徳短期大学研究紀要」29 1990.3
◇『帰省』の「普遍性」—誘導力の形成過程 (九里順子)「国語国文学」30 1991.3
◇近代小説新考 明治の青春(13)宮崎湖処子「帰省」(1) (野山嘉正)「國文學 解釈と教材の研究」37(4) 1992.4
◇近代小説新考 明治の青春(14～16)宮崎湖処子「帰省」(2～4) (野山嘉正)「國文學 解釈と教材の研究」37(5,7,8) 1992.5～7
◇近代小説新考 明治の青春(17)宮崎湖処子「帰省」(5) (野山嘉正)「國文學 解釈と教材の研究」37(9) 1992.8
◇近代小説新考 明治の青春(18)宮崎湖処子「帰省」(6) (野山嘉正)「國文學 解釈と教材の研究」37(10) 1992.9
◇湖処子における物語詩について (中村青史)「キリスト教文学」12 1993.7
◇アジア民族抒情詩横断(日本・ペルシャ・トルコ・ハンガリー)(第1) 近代日本抒情詩界の一番星・宮崎湖処子 (山本治夫)「福岡大学総合研究所報」福岡大学総合研究所 191 1997.3 p121～364
◇『帰省』の「風景表象」からみた宮崎湖処子の出発—柳宗元とアーヴィングとの間 (中島国彦)「比較文学年誌」早稲田大学比較文学研究室 43 2007 p1～10
◇宮崎湖処子『帰省』(特集＝旅と文学—福岡) (西野常夫)「国文学 解釈と鑑賞」至文堂 72(4) 2007.4 p200～203

ムテージウス, H.　Muthesius, Hermann　1861～1927
ドイツの建築家。1887年ベックマンらと来日。
【図　書】
◇世紀末のドイツ建築 (小幡一著) 井上書院 1987.10
◇日本、イギリス、そしてドイツへの帰還 (田所辰之助著)『彼岸の夢』神戸大学21世紀COEプログラム「安全と共生のための都市空間デザイン戦略」2007.3 p94～108
【雑　誌】
◇H.ムテジウスとドイツ工作連盟 (小幡一)「日本建築学会論文報告集」308 1981.10

村井弦斎　むらいげんさい　1863～1927
明治, 大正期の小説家, 新聞記者。
【図　書】
◇大正の「日本少年」と「少女の友」 (渋沢清花) 千人社刊 1981.10
◇笛鳴りやまず—ある日の作家たち(中公文庫) (有本芳水著) 中央公論社 1986.6
◇明治歴史小説論集 (三瓶達司編) 新典社 1987.11 (新典社研究叢書)
◇新・日本SFこてん古典 (横田順弥, 会津信吾著) 徳間書店 1988.8 (徳間文庫)
◇父の書斎 (有島行光ほか著) 筑摩書房 1989.6 (筑摩叢書)
◇日本の『創造力』—近代・現代を開花させた470人〈8〉消費時代の開幕 (富田仁編) 日本放送出版協会 1992.11

◇平塚―ゆかりの文人たち （井上弘著）（横浜）門土社総合出版 1993.12
◇美食家列伝 （文芸春秋「ノーサイド」編） 文春ネスコ 2002.2 205p
◇部落問題文芸素描 （住田利夫著） 南斗書房 2002.9 238p
◇怪獣はなぜ日本を襲うのか？ （長山靖生著） 筑摩書房 2002.11 223p
◇『食道楽』の人 村井弦斎 （黒岩比佐子著） 岩波書店 2004.6 247,9p
◇病いとかかわる思想―看護学・生活学から"もうひとつの臨床教育学"へ （森本芳生著） 明石書店 2006.3 414p
◇奇想科学の冒険―近代日本を騒がせた夢想家たち （長山靖生著） 平凡社 2007.6 226p （平凡社新書）
◇食通小説の記号学 （真銅正宏著） 双文社出版 2007.11 268p
◇新聞小説の時代―メディア・読者・メロドラマ （関肇） 新曜社 2007.12 364p
◇歴史のかげにグルメあり （黒岩比佐子著） 文芸春秋 2008.8 254p （文春新書）
【雑 誌】
◇村井弦斎研究―食生活改良論 （山本文乃）「文教大学研究紀要」 26 1982.12
◇村井弦斎の歴史小説瞥見 （三瓶達司）「東京成徳短期大学紀要」 19 1986.3
◇谷崎潤一郎の幼少期における読書体験―村井弦斎の「近江聖人」を中心として― （千葉俊二）「学術研究（早稲田大学教育学部）」 35 1986.12
◇『食道楽』以前以後―明治の実用小説家・村井弦斎の夢（上） （河内紀）「月刊百科」 291 1987.1
◇『食道楽』以前以後―明治の実用小説家村井弦斎の夢（中） （河内紀）「月刊百科」 295 1987.5
◇『食道楽』以前以後―明治の実用小説家村井弦斎の夢〈下〉 （河内紀）「月刊百科」 298 1987.8
◇食に関する名文篇（忘れられた名文たち（58））（鴨下信一）「諸君！」 24 (10) 1992.10
◇近代日本最初のグルメ―村井弦斎（平成日本の源流30人）（入江吉正）「文芸春秋」 72 (5) 1994.4
◇村井弦斎『小猫』―小説における偶然―明治大正流行小説の研究(4) （真銅正宏）「人文学」 同志社大学人文学会 159 1996.3 p114～137
◇厨房に入る男ども―荻昌弘/本山荻舟/草野心平/秋山徳蔵/坂東三津五郎/国分一太郎/土屋文明/村井弦斎/金子信雄/戸井田道三（特集・美食家列伝）「ノーサイド」 6(5) 1996.5 p68～77
◇明治人、驚異の予言者は村井弦斎（21世紀大予言、100年後の世界） （横田順弥）「THIS IS 読売」 8(11) 1998.1 p162～167
◇「血嚢衣」をめぐって―村井弦斎「両美人」の変容 （飯塚容）「中央大学文学紀要」 中央大学文学部 180 2000.2 p113～129
◇『食道楽』作家・村井弦斎にみる消費者教育 （石田あゆう）「京都社会学年報」 京都大学文学部社会学研究室 8 2000.12 p31～50
◇明治の食道楽―村井弦斎「食道楽」・幸田露伴「珍饌会」―食通小説の世界（5）（真銅正宏）「人文学」 同志社大学人文学会 168 2000.12 p119～160
◇ジャーナリズムのなかの文学―村井弦斎『日の出島』とその読者 （関肇）「京都光華女子大学研究紀要」 京都光華女子大学 39 2001.12 p25～55
◇日本全国ご当地カレー（食）「AERA」 15(35) 2002.8.26 p48～51
◇多才の元祖"食通"―日本の食生活を変えた啓蒙書、明治のベストセラー「食道楽」（特集・発掘）漱石を凌ぐ、明治の大ベストセラー「食道楽」―村井弦斎の文明開化料理）「サライ」 15(10) 2003.5.1 p96～97
◇文明開化生活提言―「徳育、智育、体育よりも食育が一番」と弦斎は喝破した（特集・発掘）漱石を凌ぐ、明治の大ベストセラー「食道楽」―村井弦斎の文明開化料理）「サライ」 15(10) 2003.5.1 p98～99
◇文明開化生活提言―「天然の味を失わざること」これが美食の果てに出した結論（特集・発掘）漱石を凌ぐ、明治の大ベストセラー「食道楽」―村井弦斎の文明開化料理）「サライ」 15(10) 2003.5.1 p100～101
◇『日の出島』雲岳女史の演説について（共同研究報告 ジェンダーと言語）（浜田雄介）「駿河台大学論叢」 駿河台大学教養文化研究所 28 2004 p135～138
◇村井弦斎『食道楽』から見る西洋料理―冷たい料理の今と昔（特集 愛知学泉大学コミュニティ政策学部 平成17年度 卒業論文（選抜））（杉山恵理）「コミュニティ」 愛知学泉大学コミュニティ政策研究所 9 2006 p34～41
◇歴史のかげに"食"あり（第10回）村井弦斎 "食道楽"作家とロシア兵捕虜の交流 （黒岩比佐子）「文學界」 文藝春秋 61(5) 2007.5 p272～279
◇明治の出版物にみる食用油脂及び油脂調理について―小説『食道楽』を中心として （大橋きょう子）「学苑」 昭和女子大学近代文化研究所 803 2007.9 p84～93

◇村井弦斎「料理心得の歌」私註 （中村弘行）「小田原女子短期大学研究紀要」 小田原女子短期大学 38 2008 p1～7
◇村井弦斎の英文小説とマーク・トウェイン （黒岩比佐子）「図書」 岩波書店 725 2009.7 p28～31

村上鬼城　むらかみきじょう　1865～1938
明治～昭和期の俳人。「ホトトギス」派。
【図 書】
◇研究資料現代日本文学6 俳句 （浅井清ほか編） 明治書院 1980.7
◇鑑賞現代俳句全集2 （飯田龍太（ほか）編） 立風書房 1980.11
◇村上鬼城の研究 （中里昌之） 明治書院 1981.4
◇大村喜吉教授退官記念論文集 （「大村喜吉教授退官記念論文集」刊行会編） 吾妻書房 1982.1
◇村上鬼城の世界 （松本旭著） 角川書店 1985.9
◇村上鬼城の境涯俳句の本質と展開（学術研究叢書 1）（松本旭著） 城西大学女子短期大学部文学科 1985.12
◇近代俳人列伝〈第2巻〉（上田都史著） 永田書房 1987.1
◇村上鬼城の新研究 （徳田次郎） 本阿弥書店 1987.9
◇俳句開眼 （平井照敏著） 講談社 1987.11 （講談社学術文庫）
◇俳人句話―現代俳人たちの風貌と姿勢〈下〉（森澄雄著） 角川書店 1989.10
◇蕪村の遠近法 （清水孝之著） 国書刊行会 1991.4
◇艶の美学 （小沢克己著） 沖積舎 1993.8
◇生命讃詠の道―野見山朱鳥とその周辺 （園本穿子著） 梅里書房 1993.10
◇人生のうた （佐高信著） 講談社 1994.4
◇大正の俳人たち （松井利彦著） 富士見書房 1996.12 350p
◇群馬の作家たち （土屋文明記念文学館編） 墙書房 1998.6 268p （墙新書）
◇ひとは生きてきたようにしか死なない―生病老死に関する25章 （草柳大蔵著） 保健同人社 1999.4 219p
◇沼沼燦燦 （下鉢清子著） 朝日新聞社 2000.6 161p
◇村上鬼城新研究 （松本旭著） 本阿弥書店 2001.4 423p
◇俳句随想 （海城わたる著） 近代文芸社 2002.2 447p
◇名句鑑賞読本―藍の巻 （行方克巳, 西村和子著） 角川学芸出版 2005.6 308p
◇大正の花形俳人 （小島健著） ウエップ 2006.8 210p
◇名句鑑賞辞典 （中村幸弘監修） 学習研究社 2006.9 288p
◇知っ得 俳句の謎―近代から現代まで （国文学編集部編） 学灯社 2007.7 204p
◇アルジュナ No.2 （鯨雲社編集制作） セレレ 2007.11 158p
◇鬼城文学の原点を探る―青雲時代の漢詩文とのかかわり （徳田次郎著） あさを社 2009.4 47p
◇みんな俳句が好きだった―各界一〇〇人句のある人生 （内藤好之著） 東京堂出版 2009.7 230p
◇艶の美学 （小沢克己著） 沖積舎 2009.10 365p
【雑 誌】
◇鬼城俳句の発生基層―その無常感の形成をめぐって （中里昌之）「群馬女子短期大学紀要」 7 1980.6
◇鬼城俳句の史的達成 （中里昌之）「群馬女子短期大学紀要」 8 1981.3
◇村上鬼城と重田寛城―寛城宛鬼城書簡について （中里昌之）「群馬女子短期大学紀要」 9 1982.1
◇鬼城の人間性 （中里昌之）「群女国文（群馬女子短大）」 10 1982.3
◇村上鬼城の世界―鬼城俳句にあらわれたる月 （松本旭）「俳句文学館紀要」 2 1982.9
◇『紅顔』考―鬼城俳句の形成精神 （中里昌之）「群馬女子短期大学紀要」 10 1983.1
◇村上鬼城―特集＝現代俳句の世界 （国岡彬一）「国文学 解釈と鑑賞」 48(3) 1983.2
◇村上鬼城初期詩文演説集『紅顔』考(2)論説文を中心に （中里昌之）「群女国文」 11 1983.3
◇私の接した郷土の文人たち―村上鬼城 （田島武夫）「群馬歴史散歩」 57 1983.3
◇村上鬼城初期詩文演説集『紅顔』考(2)論説文を中心に （中里昌之）「群女国文（群馬女子短期大学）」 11 1983.3
◇村上鬼城の生涯―代書人罷免事件について （松本旭）「連歌俳諧研究」 65 1983.7
◇『紅顔』考(3)演説文を中心に （中里昌之）「群馬女子短期大学紀要」 11 1984.1
◇村上鬼城初期詩文演説集『紅顔』考補遺―その精神形成における〈顚落〉と〈上昇〉―（中里昌之）「群女国文（群馬女子短期大学）」 12 1984.3
◇現代百俳人が記す…近代百俳人子規から草田男まで―代表句・愛誦句鑑賞とことば 「俳句」 33(4) 1984.4
◇近代俳句と芭蕉―鬼城・秋邨の受容 （小瀬渺美）「聖徳学園岐阜教

育大学紀要」 11 1984.9
◇村上鬼城の句(俳句創作鑑賞ハンドブック) (松本旭)「国文学」 29(16) 1984.12
◇鬼城俳句解環(1) (中里昌之)「群馬女子短期大学紀要」 12 1985.10
◇村上鬼城未発表稿本『覚書帖』翻刻と考察(1) (中里昌之)「群女国文(群馬女子短期大学)」 13 1985.10
◇『村上鬼城の基礎的研究』正誤と補訂 (中里昌之)「群女国文」 14 1987.3
◇村上鬼城未発表稿本『覚書帖』翻刻と考察(2) (中里昌之)「群女国文」 14 1987.3
◇村上鬼城未発表稿本『覚書帖』翻刻と考察(3) (中里昌之)「群女国文」 15 1988.3
◇村上鬼城を英訳して—俳句と英語の類似性 (鶴田恭子)「英語英文学研究紀要(東京都私立短期大学協会)」 1988年度 1989.3
◇「鬼城」伝達のストラテジー—『自句自釈』翻訳記 (鶴田恭子)「育英短期大学研究紀要」 7 1989.7
◇日米文化相対論—鬼城英訳の根底 (鶴田恭子)「育英短期大学研究紀要」 8 1990.7
◇鬼城俳句解環(2) (中里昌之)「群馬女子短期大学紀要」 17 1990.11
◇村上鬼城取材ノート(特集 高崎) (浅田晃彦)「群馬歴史散歩」 109 1991.11
◇鬼城俳句解環(3) (中里昌之)「群馬女子短期大学紀要」 18 1991.12
◇鬼城俳句攷(1) (中里昌之)「郡女国文(群馬女子短期大学)」 19 1992.3
◇鬼城俳句解環(4) (中里昌之)「群馬女子短期大学紀要」 19 1992.12
◇鬼城俳句攷(2) (中里昌之)「群女国文」 20 1993.3
◇評伝・大正の俳人たち(7)村上鬼城 (松井利彦)「俳句研究」 60(7) 1993.7
◇近代俳句を見なおす(2)村上鬼城の境涯俳句の世界(座談会) (目崎徳衛〔他〕)「俳句」 43(11) 1994.11
◇境涯句に学ぶ—村上鬼城・原石鼎・山口誓子・平畑静塔(年末強力大特集 俳句入門講座 名句に学んで秀句創作への近道)「俳句」 角川書店 45(12) 1996.12 p122～125
◇シリーズ・俳句の世紀 特集 俳句に新風をもたらした百人一句—高浜虚子・村上鬼城から上田五千石・折笠美秋まで、この百年俳句に次々と新たないのちを吹きこんだ百句を一挙公開 「俳壇」 本阿弥書店 17(4) 2000.4 p61～113
◇逍遙・文学誌(139)ウコギ—紅緑・蛇笏・井泉水・乙字・蝶衣・鬼城・亜浪・鵤平・寒骨ら (紅野敏郎)「國文學 解釈と教材の研究」 学灯社 48(1) 2003.1 p166～169
◇虚子と「ホトトギス」—近代俳句のメディア(18)村上鬼城 (秋尾敏)「俳壇」 本阿弥書店 21(7) 2004.6 p46～49
◇村上鬼城の未発表稿本『俳句文法』翻刻と考察(1) (中里昌之)「学校法人昌賢学園論集」 昌賢学園群馬社会福祉大学 4 2005年度 p39～56
◇村上鬼城と俳画(特集：俳句/世界のHAIKU—ことばを折りたたむ/響きと新しみ) (村上幹也)「國文學 解釈と教材の研究」 學燈社 50(9) 2005.9 p116～125
◇村上鬼城の未発表稿本『俳句文法』翻刻と考察(2) (中里昌之)「学校法人昌賢学園論集」 昌賢学園群馬社会福祉大学 5 2006年度 p41～62
◇鬼城と青獻—聴覚障害者の俳句 (三栖隆介)「武蔵野大学文学部紀要」 武蔵野大学文学部紀要編集委員会 7 2006 p45～56
◇俳壇誌上句集(30)村上鬼城 100句〔含 解説〕 (村上鬼城)「俳壇」 本阿弥書店 25(7) 2008.6 p231～245

村山龍平　むらやまりょうへい　1850～1933
明治～昭和期の新聞人。
【図　書】
◇男の切れ味—先見力・着眼力・行動力の研究 (小堺昭三) PHP研究所 1983.12
◇朝日新聞訪欧大飛行 上 (前間孝則著) 講談社 2004.8 286p
◇日本史偉人「健康長寿法」 (香村宗冬著) 講談社 2007.5 201p (講談社プラスアルファ新書)
◇近代日本メディア人物誌—創始者・経営者編 (土屋礼子編著) ミネルヴァ書房 2009.6 277p
【雑　誌】
◇特集・日本経済を築いた数寄者たち 数寄に生きた実業家 「太陽」 231 1982.2
◇村山香雪翁と香雪美術館(美術館めぐり) (小田栄一)「茶道の研究」 28(12) 1983.12
◇美術館を創った人々 村山龍平—香雪美術館 (小田栄一)「茶道の研究」 33(2) 1988.2

本居豊穎　もとおりとよかい　1834～1913
明治期の国文学者、歌人。女子高等師範教授。
【図　書】
◇皇典講究所草創期の人びと 国学院大学 1982.11
◇維新前後に於ける国学の諸問題—創立百周年記念論文集 (国学院大学日本文化研究所創立百周年記念論文集編集委員会) 国学院大学日本文化研究所 1983.3
【雑　誌】
◇若き日の本居豊穎—村上忠順との交遊から (中澤伸弘)「神道宗教」 神道宗教学会 212 2008.10 p83～92

本山彦一　もとやまひこいち　1853～1932
明治、大正期の新聞経営者。毎日新聞社社長。
【図　書】
◇古代遺跡の考古学者 (斎藤忠著) 学生社 2000.8 257p
◇「中立」新聞の形成 (有山輝雄著) 世界思想社 2008.5 246p
◇近代日本メディア人物誌—創始者・経営者編 (土屋礼子編著) ミネルヴァ書房 2009.6 277p
【雑　誌】
◇75周年記念 歴史に学ぼう—『エコノミスト』を創った新聞界の巨人はフィランスロピーの先駆者だった(気分一新 勉強だ！乗っ取られるニッポン) (前坂俊之)「エコノミスト」 76(13) 1998.3.24 p79

森一鳳　もりいっぽう　1798～1871
幕末、明治期の画家。
【図　書】
◇古画総覧 円山四条派系 1 (佐々木丞平, 佐々木正子編著) 国書刊行会 2000.1 1289p
◇江戸の動物画—近世美術と文化の考古学 (今橋理子著) 東京大学出版会 2004.12 344,27p
【雑　誌】
◇障壁画の旅(4)普賢院(ふげんいん)(岡山市)の障壁画—森一鳳の襖絵 (田中омを雄)「日本美術工芸」 552 1984.9

森鷗外　もりおうがい　1862～1922
明治、大正期の小説家、陸軍軍医。陸軍軍医総監。
【図　書】
◇鷗外選集 15～21 (森林太郎著 石川淳編) 1980.1～7
◇森鷗外の医学と文学 (宮本忍) 勁草書房 1980.2
◇鷗外文学入門 (景山直治) 古川書房 1980.3 (古川叢書)
◇関西学院創立九十周年文学部記念論文集 関西学院大学文学部 1980.3
◇大逆事件＝文学作家論 (森山重雄編) 三一書房 1980.3
◇歴史文学読本 (尾崎秀樹, 菊地員典) 平凡社 1980.3
◇研究資料現代日本文学1 小説・劇曲1 (浅井清ほか編) 明治書院 1980.3
◇夏目漱石はB型人間か—血液型で日本の文豪13人の特長をズバリ分析 (鈴木芳正) 産心社 1980.4
◇森鷗外とドストエフスキイ (西山邦彦) 啓文社 1980.4
◇国語語彙史の研究1 和泉書院 1980.5
◇斎藤茂吉研究 右文書院 1980.6 (近代日本文学作家研究叢書)
◇森鷗外百話 (苫米虎雄) 山陰中央新報社 1980.6 (山陰中央新報ふるさと文庫7)
◇鷗外と女性像—森鷗外のユマニテを求めて (赤羽貞雄) ほたる書房 1980.6
◇鷗外—闘う家長 (山崎正和) 新潮社 1980.7 (新潮文庫)
◇人物史でまなぶ日本の歴史 (黒羽清隆) 地歴社 1980.7
◇傳記 三古会創立50周年記念 第四輯 汲古書院 1980.7
◇虚無からの脱出—森鷗外 (吉野俊彦) PHP研究所 1980.8
◇森鷗外—初期文芸評論の理論と方法 (嘉部嘉隆) 桜楓社 1980.9
◇愛の文学選 (森本穫) 溪水社 1980.10
◇森鷗外覚書 (成瀬正勝) 中央公論社 1980.11 (中公文庫)
◇青春の激情と挫折＝森鷗外 (吉野俊彦) PHP研究所 1981.1
◇医師としての森鷗外 (伊達一男) 績文堂出版 1981.2
◇青春の激情と挫折—森鷗外 (吉野俊彦) PHP研究所 1981.2
◇大作家は盗作家(？)—剽窃と創造の谷間を考える (永田真理) こう書房 1981.2 (こう選書)
◇読書有朋 (渡部昇一, 谷沢永一) 大修館書店 1981.2
◇鷗外研究文献目録 1977～1980 (鷗外記念本郷図書館) 編刊 1981.3
◇近代詩人群像 (古川清彦) 教育出版センター 1981.3
◇豊熟の時代—森鷗外 (吉野俊彦) PHP研究所 1981.3
◇吉田精一著作集—鷗外・漱石 (吉田精一著 小泉浩一郎解説) 桜楓社 1981.3
◇近代日本文学—近代小説に描かれた女性像 (岩崎文人ほか) 溪水社

◇防長文化人山脈 （掛橋真） 東洋図書 1981.4
◇森鷗外―その若き時代 （伊藤敬一） 古川書房 1981.4
◇森鷗外の史伝―『渋江抽斎』論 （板垣信一） 中部日本教育文化会 1981.4
◇近代日本の自伝 （佐伯彰一） 講談社 1981.5
◇逍遙・鷗外・漱石―明治の肖像画 （木村毅） 恒文社 1981.5
◇天皇陛下に願ひ奉る―文芸評論集 （野田宇太郎） 永田書房 1981.5
◇国語語彙史の研究 2 （国語語彙史研究会編） 和泉書院 1981.5
◇森鷗外遺品目録 増補版 （鷗外記念本郷図書館） 編刊 1981.6
◇鷗外とその周辺 （小堀桂一郎） 明治書院 1981.6 （国文学研究叢書）
◇千住宿と足立 （勝山準四郎） 足立史談会 1981.6
◇仏教の歴史的展開に見る諸形態―古田紹欽博士古稀記念論集 創文社 1981.6
◇鑑賞日本現代文学1 森鷗外 （磯貝英夫編） 角川書店 1981.8
◇唐木順三全集2 鷗外の精神―鷗外・鷗外論拾遺他 （唐木順三） 筑摩書房 1981.9
◇晩年の父 （小堀杏奴） 岩波書店 1981.9 （岩波文庫）
◇森鷗外論実証と批評 （小泉浩一郎） 明治書院 1981.9
◇鷗外・歴史小説史の研究 （山崎一穎） 和泉書院 1981.9
◇山梨英和短期大学創立十五周年記念 国文学論集 笠間書院 1981.10
◇鷗外文学の側溝 （長谷川泉） 明治書院 1981.11 （国文学研究叢書）
◇斎藤茂吉選集11 随筆4 （斎藤茂吉） 岩波書店 1981.11
◇森鷗外その歴史小説 （山崎一穎） 桜楓社 1981.11
◇山崎正和著作集7 鷗外・闘ふ家長 中央公論社 1981.11
◇大逆事件と知識人 （中村文雄） 三一書房 1981.12
◇雑誌集成森鷗外像 1 明治二十二年二月～明治二十五年十二月 （平野清介編著） 明治大正昭和新聞研究会 1981.12 （日本文豪資料集成）
◇雑誌集成森鷗外像 2 明治二十六年一月～明治二十九年三月 （平野清介編著） 明治大正昭和新聞研究会 1981.12 （日本文豪資料集成）
◇大逆事件と知識人 （中村文雄） 三一書房 1981.12
◇近代作家の性格論 （小林晃夫） 明治書院 1982.2
◇講座夏目漱石 第4巻 （三好行雄ほか編） 有斐閣 1982.2
◇北陸・文学への旅 （小林良子） 七尾市立図書館友の会 1982.2
◇作家の生活 （加賀乙彦） 潮出版社 1982.3
◇森鷗外―文業解題 翻訳篇 （小堀桂一郎） 岩波書店 1982.3
◇明治の古典―カラーグラフィック 8 舞姫・雁 （森鷗外著, 井上靖訳・編） 学習研究社 1982.3
◇明治文学を語る （木村毅） 恒文社 1982.3
◇稲垣達郎学芸文集 2 （稲垣達郎） 筑摩書房 1982.4
◇近代日本思想と軌跡―西洋との出会い （野田又夫ほか編著） 北樹出版 1982.4
◇初心忘るべからず （谷沢永一） 潮出版社 1982.4
◇森鷗外・史伝小説の研究 （山崎一穎） 桜楓社 1982.5
◇島尾敏雄全集 13 晶文社 1982.5
◇明治文学と近代自我―比較文学的考察 （小川和夫） 南雲堂 1982.6
◇双頭の獅子―森鷗外 （吉野俊彦） PHP研究所 1982.7
◇不遇の人鷗外―日本語のモラルを問う （小堀杏奴） 求竜堂 1982.7
◇斎藤茂吉選集 20 歌論7 （斎藤茂吉） 岩波書店 1982.8
◇田川の文学とその人びと （瓜生敏一） 瓜生敏一先生著作集刊行委員会 1982.8
◇小説とはなにか （中村光夫） 福武書店 1982.9
◇明治人物閑話 （森銑三） 中央公論社 1982.9
◇安野光雅対談―ロジックの詩人たち （安野光雅） 平凡社 1982.10
◇去る人来る影 （江藤淳） 牧羊社 1982.10
◇歴史のうしろ影―私の鷗外・漱石他 随想 （太田一夫） 現代社 1982.10
◇去る人来る影 （江藤淳） 牧羊社 1982.10
◇鷗外展―生誕120周年記念 〔東京都〕文京区立鷗外記念本郷図書館 1982.11
◇近代文学遊歩―33人の作家と宗教 （伝統と現代社） みくに書房 1982.12
◇国づくりの文化史―日本の風土形成をたずねる旅 （菊岡倶也） 清文社 1983.1
◇小林勇文集 第4巻 筑摩書房 1983.1
◇森鷗外の世界 （篠原義彦） 桜楓社 1983.2
◇鷗外研究文献目録 1977～1981 〔東京都〕文京区立鷗外記念本郷図書館 1983.3
◇鶴見大学文学部創立20周年記念論集 鶴見大学 1983.3
◇小室栄一教授古稀記念論集 （小室栄一教授古稀記念論集刊行会編） 五月書房 1983.3
◇鷗外、屈辱に死す （大谷晃一） 人文書院 1983.4
◇鷗外と漱石―明治のエートス （三好行雄） 力富書房 1983.5 （金鶏叢書 5）
◇鷗外の歴史小説―その詩と真実 （蒲生芳郎） 春秋社 1983.5
◇近代作家論叢―自我確立の系譜 （片岡懋） 新典社 1983.6 （新典社研究叢書 9）
◇近代日本の文学空間―歴史・ことば・状況 （前田愛） 新曜社 1983.6
◇日本近代文芸考 （山内祥史） 双文社出版 1983.6
◇鷗外雑志 （富士川英郎） 小沢書店 1983.7
◇文学と宗教―作品論・文学紀行―太宰・芥川・鷗外など （清水茂雄） 教育出版センター 1983.7 （以文選書22）
◇老境をゆたかに―文学にみる老人像 （三田英彬） 時事通信社 1983.7
◇近代文学の甍―明治二十年代の一葉・四迷・鷗外の小説研究の試み （橘口晋吉著） 『近代文学の甍』刊行会 1983.7
◇演劇創造の系譜―日本近代演劇史研究 （菅井幸雄） 青木書店 1983.10
◇みちのく文化私考 （山形敏一著） 万葉堂出版 1983.10
◇山形の鷗外・茂吉 （斎藤利世著） やまがた散歩社 1983.10
◇鷗外・逆境の人間学 （吉野俊彦） グラフ社 1983.11
◇近代文学とキリスト教 明治・大正篇 （米倉充） 創元社 1983.11 （現代キリスト教選書7）
◇近代文学についての私的覚え書き―作家たちのさまざまな生き方をめぐって （三浦泰生著） 近代文芸社 1983.12
◇日本文学―伝統と近代 和田繁二郎博士古稀記念 （和田繁二郎博士古稀記念論集刊行会編） 和泉書院 1983.12
◇生きる場の風景―その継承と創造 （花崎皋平著） 朝日新聞社 1984
◇名作のなかの女たち―対談紀行 （瀬戸内晴美, 前田愛著） 角川書店 1984
◇女たちのロマネク―「にごりえ」から「武藤野夫人」まで― （前田愛） 光村図書 1984
◇ことばの重み―鷗外の謎を解く漢語（新潮選書） （小島憲之著） 新潮社 1984.1
◇人物探訪 日本の歴史―18―明治の逸材 暁教育図書 1984.2
◇森鷗外（一冊の講座） 有精堂出版 1984.2
◇国際関係論のフロンティア3―東南アジアの政治と文化 （土屋健治, 白石隆編） 東京大学出版会 1984.3
◇複線的ライフワークのすすめ―サラリーマン生きがいの探求 充実した人生をどう創るか（PHP business library） （吉野俊彦著） PHP研究所 1984.3
◇森鷗外の観照と幻影 （北川伊朋著） 近代文芸社 1984.3
◇幕末・明治海外体験詩集―海舟・敬宇より鷗外・漱石にいたる （川口久雄編） 大東文化大学東洋研究所 1984.3
◇雑誌集成森鷗外像 3 明治二十九年四月～明治四十二年十二月（日本文豪資料集成） （平野清介編） 明治大正昭和新聞研究会 1984.3
◇雑誌集成森鷗外像 4 明治三十年一月～明治三十二年六月（日本文豪資料集成） （平野清介編） 明治大正昭和新聞研究会 1984.3
◇物語と小説―平安朝から近代まで （笹淵友一編） 明治書院 1984.4
◇鷗外文学の涓滴 （長谷川泉編） 至文堂 1984.4
◇森鷗外の断層撮影像 （長谷川泉編） 至文堂 1984.4
◇近代日本の日記 （小田切進編） 講談社 1984.6
◇森鷗外―文芸読本 河出書房新社 1984.7
◇鷗外と衛生学 （丸山博著） 勁草書房 1984.7
◇鷗外と西欧芸術 （佐渡谷重信著） 美術公論社 1984.7
◇鷗外その紋様 （竹盛天雄著） 小沢書店 1984.7
◇森鷗外文庫目録―菰池佐一郎収集（日本近代文学館所蔵資料目録 12） （日本近代文学館編） 日本近代文学館 1984.9
◇森鷗外文庫目録 （菰池佐一郎収集, 日本近代文学館編） 日本近代文学館 1984.9
◇「孤独」の構造―日本近代小説作品集 （社本武著） 桜楓社 1984.10
◇作品の中の女たち―明治・大正文学を読む （尾形明子著） ドメス出版 1984.10
◇夏目漱石森鷗外 （真継伸彦責任編集） 中央公論社 1984.10
◇書くに値する毎日―日記名作選（集英社文庫） （日本ペンクラブ編, つかこうへい選） 集英社 1984.10
◇日本の名著 42 夏目漱石・森鷗外（中公バックス） （真継伸彦責任編集） 中央公論社 1984.10
◇ことば・まつり（明治大学公開文化講座 2） 明治大学人文科学研究所 1984.10
◇古典の変容と新生 （川口久雄編） 明治書院 1984.11
◇鷗外への視角（新鋭研究叢書 3） （大屋幸世著） 有精堂出版 1984.12
◇鷗外探索 （近藤晴彦） 沖積舎 1985
◇近世・近代の思想と文化 （宮崎道生） ぺりかん社 1985
◇森鷗外の世界（東電文庫） 東京電力お客さま相談室 1985.1
◇森鷗外（新潮日本文学アルバム 1） 新潮社 1985.2
◇森鷗外・於母影研究（国文学論叢 新集 7） 慶応義塾大学国文学研

◇在村の蘭学　(柴田一)　名著出版　1985.2
◇森鷗外資料目録 1984年版　〔東京都〕文京区立鷗外記念本郷図書館編）　文京区立鷗外記念本郷図書館　1985.3
◇孤独地獄―森鷗外　(吉野俊彦著)　PHP研究所　1985.3
◇森鷗外の系族(近代作家研究叢書 15)　(小金井喜美子著)　日本図書センター　1985.3
◇森鷗外(Spirit)　(山崎一穎編著)　有精堂出版　1985.6
◇森鷗外集―歴史小説(近代文学初出復刻 3)　(山崎国紀, 福本彰編)　和泉書院　1985.6
◇美神と軍神と―日露戦争中の鷗外―　(大石汎)　門土社総合出版　1985.7
◇美神と軍神と―日露戦争中の鷗外　(大石汎著)　門土社総合出版　1985.7
◇舞姫・うたかたの記(日本の文学 2)　(森鷗外著)　ほるぷ出版　1985.8
◇個性と影響―比較文学試論　(剣持武彦)　桜楓社　1985.9
◇作家用語索引森鷗外　(近代作家用語研究会, 教育技術研究所編)　教育社　1985.10
◇言論は日本を動かす 第10巻 風俗を変革する　(丸谷才一編)　講談社　1985.10
◇森鷗外　(高橋義孝著)　新潮社　1985.11
◇森峰子・母の日記　(森峰子著, 山崎国紀編)　三一書房　1985.11
◇西遊文学抄　(川俣晃自)　青山社　1985.12
◇鷗外文学と「独逸紀行」　(長谷川泉著)　明治書院　1985.12
◇不機嫌の時代(講談社学術文庫)　(山崎正和著)　講談社　1986.2
◇笛鳴りやまず―ある日の作家たち(中公文庫)　(有本芳水著)　中央公論社　1986.6
◇政治家 その善と悪のキーワード　(加藤尚文著)　日経通信社　1986.6
◇軍医鷗外森林太郎の生涯(研究選書)　(浅井卓夫著)　教育出版センター　1986.7
◇日本におけるシェイクスピア　(森谷佐三郎著)　八潮出版社　1986.7
◇日本近代の美意識　(高階秀爾著)　青土社　1986.9
◇人生の隣(福武文庫)　(安岡章太郎著)　福武書店　1986.9
◇「森鷗外」論　暁印書館　1986.11
◇鷗外百話　(吉野俊彦著)　徳間書店　1986.11
◇去る人来る影〔新装版〕　(江藤淳著)　牧羊社　1986.12
◇江戸っ子東京っ子―深田祐介対話集　(深田祐介ほか著)　広済堂出版　1987.2　(広済堂文庫―ヒューマン・セレクト)
◇日本近代作家の美意識　(高田瑞穂著)　明治書院　1987.2　(国文学研究叢書)
◇和魂洋才の系譜―内と外からの明治日本　(平川祐弘著)　河出書房新社　1987.2
◇サラリーマンの生きがい　(吉野俊彦著)　徳間書店　1987.3　(徳間文庫)
◇読書好日　(富士川英郎著)　小沢書店　1987.3
◇太宰治―『右大臣実朝』試論　(熊谷孝著)　みずち書房　1987.4
◇文学にあらわれた日本人の納税意識　(佐藤進著)　東京大学出版会　1987.5　(UP選書)
◇読書遊記　(向井敏著)　講談社　1987.5
◇図書館屋の書物捜索　(朝倉治彦著)　東京堂出版　1987.5
◇鏡花と戯曲〈文学論集〉　(越智治雄著)　砂子屋書房　1987.6
◇続 近代日本の日記―明治から大正へ　(小田切進著)　講談社　1987.7
◇鳥の歌　(丸谷才一著)　福武書店　1987.8
◇現代日本私注　(加藤周一著)　平凡社　1987.8
◇木下杢太郎記　(沢柳大五郎著)　小沢書店　1987.8
◇鷗外文学管窺　(長谷川泉著)　明治書院　1987.8　(世界の日本文学シリーズ)
◇坪内逍遙研究資料〈第12巻〉　(逍遙協会編)　新樹社　1987.8
◇天皇の影法師　(猪瀬直樹著)　新潮社　1987.8　(新潮文庫)
◇ぶらり日本名作の旅〈4〉京都　(日本テレビ編)　日本テレビ放送網　1987.10
◇ぶらり日本名作の旅〈3〉　(日本テレビ編)　日本テレビ放送網　1987.10
◇日本文学講座〈8〉評論　(亀井秀雄ほか著)　大修館書店　1987.11
◇森鷗外―初期作品の世界　(田中実編)　有精堂出版　1987.11　(日本文学研究資料新集)
◇雑学 明治珍聞録　(西沢爽著)　文芸春秋　1987.11　(文春文庫)
◇サラリーマンのライフワーク　(吉野俊彦著)　徳間書店　1987.11　(徳間文庫)
◇西洋から西欧へ　(小林昇, 杉山忠平著)　日本経済評論社　1987.11
◇近代日本の恋愛小説　(野口武彦著)　(大阪)大阪書籍　1987.11　(朝日カルチャーブックス)
◇福永武彦全集〈第16巻〉随筆・評論〈3〉　(福永武彦著)　新潮社　1987.11
◇粗食派の饗宴　(大河内昭爾著)　文化出版局　1987.11

◇「意地」の心理　(佐竹洋人, 中井久夫編)　(大阪)創元社　1987.12
◇折口信夫全集―ノート編〈追補 第3巻〉近代文学論　(折口信夫, 折口博士記念古代研究所編)　中央公論社　1987.12
◇明治の精神　(荒川久寿男著)　(伊勢)皇学館大学出版部　1987.12
◇森鷗外「舞姫」諸本研究と校本　(嘉部嘉隆編)　桜楓社　1988.1
◇あきらめの哲学―森鷗外　(吉野俊彦著)　PHP研究所　1988.1　(PHP文庫)
◇続・百代の過客―日記にみる日本人〈上〉　(ドナルド・キーン著, 金関寿夫訳)　朝日新聞社　1988.1　(朝日選書)
◇愛ありて―名作のなかの女たち　(瀬戸内晴美, 前田愛著)　角川書店　1988.1　(角川文庫)
◇建築再読の旅―人はなぜ建築するのか　(若山滋著)　彰国社　1988.2
◇日本の近代小説　(篠田一士著)　集英社　1988.2
◇模倣の時代〈上〉　(板倉聖宣著)　仮説社　1988.3
◇軍医サンよもやま物語　(関亮著, 白鳥堅イラスト)　光人社　1988.3　(イラスト・エッセイシリーズ)
◇父の映像　(犬養健ほか著)　筑摩書房　1988.3　(筑摩叢書)
◇星のきらめく夜は私の星座―白川正芳評論集 現代文学の行方　(白川正芳著)　三一書房　1988.3
◇文体としての物語　(小森陽一著)　筑摩書房　1988.4
◇日本の心を英語で―理論と実践　(斎藤襄治著)　文化書房博文社　1988.5
◇森鷗外関係所蔵目録1(注)昭和61年度受入分まで　跡見学園短期大学図書館　1988.6
◇跡見学園短期大学図書館森鷗外関係所蔵目録 1(昭和61年度受入分まで)　(跡見学園短期大学図書館編)　跡見学園短期大学図書館　1988.6
◇森鷗外「渋江抽斎」基礎資料　(松本明知編著)　日本医史学会　1988.6
◇日本文学講座〈6〉近代小説　(伊豆利彦ほか著)　大修館書店　1988.6
◇近代文学の形成　(富岡定市著)　文化書房博文社　1988.6
◇ことばのある暮し　(外山滋比古著)　中央公論社　1988.7　(中公文庫)
◇介山・直哉・龍之介―1910年代 孤心と交響　(竹盛天雄著)　明治書院　1988.7
◇奈良と文学―古代から現代まで　(帝塚山短期大学日本文芸研究室編)　(大阪)和泉書院　1988.7　(和泉選書)
◇蘇峰とその時代―よせられた書簡から　(高野静子著)　中央公論社　1988.8
◇日本文学における漢語表現　(小島憲之著)　岩波書店　1988.8
◇肩の文化、腰の文化―比較文学・比較文化論　(剣持武彦著)　双文社出版　1988.9
◇森鷗外その心の旅―その作品から　(赤羽貞雄)　郷土出版社　1988.10
◇森鷗外―その壮なる時代　(伊藤敬一著)　古川書房　1988.10　(古川叢書)
◇芦屋大学創立25周年記念論文集　芦屋大学　1988.11
◇平生の心がけ　(小泉信三著)　講談社　1988.11　(講談社学術文庫)
◇サラリーマンの知的読書法　(吉野俊彦著)　徳間書店　1988.11　(徳間文庫)
◇続 百代の過客―日記にみる日本人　(ドナルド・キーン著, 金関寿夫訳)　朝日新聞社　1988.12
◇ニーチェとの対話　(氷上英広著)　岩波書店　1988.12
◇日清戦争中の森鷗外　(大石汎)　門土社総合出版　1989
◇古代史論集 下　(直木孝次郎先生古稀記念会編)　塙書房　1989.1
◇ビジュアルワイド 新日本風土記〈32〉島根県　ぎょうせい　1989.1
◇病気物語―医学リポート　(君島善次郎著)　近代文芸社　1989.1
◇ビジネスマンとしての「私」の勉強術　(吉野俊彦著)　講談社　1989.1　(講談社ビジネス)
◇古代史論集〈下〉　(直木孝次郎先生古稀記念会編)　塙書房　1989.1
◇近代文学としての明治漢詩　(入谷仙介著)　研文出版　1989.2　(研文選書)
◇軍医森鷗外 統帥権と文学　桜楓社　1989.3
◇森鷗外―基層的論究　(山崎国紀著)　八木書店　1989.3　(近代文学研究双書)
◇藤村随筆集　(島崎藤村著, 十川信介編)　岩波書店　1989.3　(岩波文庫)
◇病気物語―医学リポート　(君島善次郎著)　泰流社　1989.3
◇森鷗外関係所蔵目録 2(昭和62年度受入分まで)　(跡見学園短期大学図書館編)　跡見学園短期大学図書館　1989.4
◇文学教育の主体―文学教師への模索　(樋口正規著)　近代文芸社　1989.4
◇リアリズムの源流　(江藤淳著)　河出書房新社　1989.4
◇森鷗外の歴史小説　(稲垣達郎著)　岩波書店　1989.4
◇摩擦に立つ文明―ナウマンの牙の射程　(五十嵐一著)　中央公論社　1989.4　(中公新書)
◇続 医師としての森鷗外　(伊達一男著)　績文堂出版　1989.4

◇幻想文学 伝統と近代 （村松定孝編） 双文社出版 1989.5
◇前田愛著作集〈第2巻〉近代読者の成立 （前田愛著） 筑摩書房 1989.5
◇旅行鞄のなか （吉村昭著） 毎日新聞社 1989.6
◇正倉院よもやま話 （松嶋順正著） 学生社 1989.6
◇父の書斎 （有島行光ほか著） 筑摩書房 1989.6 （筑摩叢書）
◇日本の心を英語で—理論と実践 （斎藤襄治著） 文化書房博文社 1989.7
◇日本の作家たち （島尾敏雄著） 沖積舎 1989.7 （ちゅうせき叢書）
◇日本思想を解く—神話的思惟の展開 （大嶋仁著） 北樹出版 1989.7 （フマニタス選書）
◇虫の宇宙誌 （奥本大三郎著） 青土社 1989.8
◇新輯 鷗外割註 （沢柳大五郎著） 小沢書店 1989.8
◇像としての都市—吉本隆明・都市論集 （吉本隆明著） 弓立社 1989.9
◇鷗外全集〈第35巻〉日記 （森鷗外著） 岩波書店 1989.10
◇研究と鑑賞 日本近代詩 （角田敏郎著） （大阪）和泉書院 1989.10 （研究叢書）
◇意味という病 （柄谷行人著） 講談社 1989.10 （講談社文芸文庫）
◇スキャンダルの科学史 （科学朝日） 朝日新聞社 1989.10
◇古典の詩学—山口昌男国文学対談集 （山口昌男ほか著） （京都）人文書院 1989.10
◇鷗外全集〈第36巻〉書簡 （森鷗外著） 岩波書店 1989.11
◇島尾敏雄論 他 （中山正道著） 近代文芸社 1989.12
◇明治文芸院始末記 （和田利夫著） 筑摩書房 1989.12
◇社会文学・社会主義文学研究 （小田切秀雄著） 勁草書房 1990.1
◇日本文芸史—表現の流れ〈第5巻〉近代〈1〉 （畑有三, 山折有策編） 河出書房新社 1990.1
◇丸山博著作集〈3〉食生活の基本を問う （丸山博著） 農山漁村文化協会 1990.1
◇深井一郎教授定年退官記念論文集 深井一郎教授定年退官記念事業会 1990.3
◇近代日本文学の諸相 （安川定男先生古稀記念論文集編集委員会編） 明治書院 1990.3
◇石川淳全集〈第12巻〉 （石川淳著） 筑摩書房 1990.3
◇夏目漱石—反転するテクスト （石原千秋編） 有精堂出版 1990.4 （日本文学研究資料新集）
◇「サロメ」の変容—翻訳・舞台 （井村君江著） 新書館 1990.4
◇夏目漱石試論—近代文学ノート （井上百合子著） 河出書房新社 1990.4
◇日本人の思惟 （久野昭著） 新典社 1990.4 （叢刊・日本の文学）
◇過ぎゆく日暦（カレンダー） （松本清張著） 新潮社 1990.4
◇比較文明と日本 （伊東俊太郎著） 中央公論社 1990.4 （中公叢書）
◇石川啄木—愛とロマンと革命と （清水卯之助著） （大阪）和泉書院 1990.4 （和泉選書）
◇「舞姫」への遠い旅—ヨーロッパ・アメリカ・中国文学紀行 （平岡敏夫著） 大修館書店 1990.5
◇斎藤茂吉の研究—その生と表現 （本林勝夫著） 桜楓社 1990.5
◇明治大学公開文化講座〈11〉異国 明治大学人文科学研究所 1990.5
◇日本神話と古代国家 （直木孝次郎著） 講談社 1990.6 （講談社学術文庫）
◇斎藤緑雨全集〈巻1〉批評〈1〉 （斎藤緑雨著） 筑摩書房 1990.6
◇歴史文学夜話—鷗外からの180篇を読む （尾崎秀樹著） 講談社 1990.7
◇鳥の歌 （丸谷才一著） 福武書店 1990.8 （福武文庫）
◇近代日本の自伝 （佐伯彰一著） 中央公論社 1990.9 （中公文庫）
◇近代の抒情 （三好行雄著） 塙書房 1990.9
◇最後のひと （山本夏彦著） 文芸春秋 1990.10
◇絵画の領分—近代日本比較文化史研究 （芳賀徹著） 朝日新聞社 1990.10 （朝日選書）
◇点滴森鷗外論 （長谷川泉著） 明治書院 1990.10
◇岡井隆の短歌鑑〈鑑賞7〉日輪の巻 （岡井隆編） 六法出版社 1990.11 （ほるす歌書）
◇三田の文人 （慶応義塾大学文学部開設百年記念三田の文人展実行委員会編） 丸善 1990.11
◇歴史小説 （大岡昇平著） 岩波書店 1990.11 （同時代ライブラリー）
◇岡山雑記帳 （富岡敬之著） 近代文芸社 1990.12
◇日本文学新史〈近代〉 （前田愛, 長谷川泉編） 至文堂 1990.12
◇高村光太郎の世界 （請川利夫著） 新典社 1990.12 （新典社選書）
◇漱石作品論集成〈第5巻〉三四郎 （玉井敬之, 村田好哉編） 桜楓社 1991.1
◇鷗外文芸の研究〈中年期篇〉 （清田文武著） 有精堂出版 1991.1
◇森鷗外—教育の視座 （矢664彰著） 近代文芸社 1991.1
◇忘れ得ぬ人々 （辰野隆著） 講談社 1991.2 （講談社文芸文庫—現代日本のエッセイ）

◇柳田国男の青春 （岡谷公二著） 筑摩書房 1991.2 （筑摩叢書）
◇森鷗外資料目録 1990年版 （鷗外記念本郷図書館〔編〕） 東京都文京区立鷗外記念本郷図書館 1991.3
◇日本文芸思潮論 （片野達郎編） 桜楓社 1991.3
◇燕雀雑稿 （久保田正文著） 永田書房 1991.3
◇文明開化と女性 （佐伯順子著） 新典社 1991.3 （叢刊・日本の文学）
◇森鷗外読本 （田中実） 双文社出版 1991.5
◇塩飽（しわく）の船影—明治大正文学藻塩草 （平岡敏夫著） 有精堂出版 1991.5
◇芥川龍之介論 （平島英利子著） 近代文芸社 1991.5
◇山椒大夫読例 （清水克彦著） （京都）世界思想社 1991.6 （SEKAISHISO SEMINAR）
◇漱石その軌跡と系譜〔鷗外・龍之介・有三〕—文学の哲学的考察 （藤田健治著） 紀伊国屋書店 1991.6
◇希望のありか—内村鑑三と現代 （佐藤全弘著） 教文館 1991.7
◇鷗外、初期小説と土地意識 （明石利代著） 近代文芸社 1991.8
◇晶子と寛の思い出 （与謝野光著） （京都）思文閣出版 1991.9
◇森鷗外と漢詩 （藤川正数著） 有精堂出版 1991.9
◇さまざまな青春 （平野謙著） 講談社 1991.9 （講談社文芸文庫）
◇マザコン文学論—呪縛としての「母」 （山下悦子著） 新曜社 1991.10 （ノマド叢書）
◇今日も待ちぼうけ—作家たちの青春日記 （小田切秀雄編） 創隆社 1991.10 （創隆社ジュニア選書）
◇論考 茂吉と文明 （本林勝夫著） 明治書院 1991.10
◇鷗外文芸の研究〈青年期篇〉 （清田文武著） 有精堂出版 1991.10
◇森鷗外—二生を行く人 （山崎一穎） 新典社 1991.11
◇「中世の秋」の絵画—美術史小論集 （前川誠郎著） 中央公論美術出版 1991.11
◇銀座と文士たち （武田勝彦, 田中康子著） 明治書院 1991.12
◇詩人たちの旅—青春 愛 故郷 （小松健一写真・文） マガジンハウス 1991.12
◇読書閑適 （富士川英郎著） 小沢書店 1991.12
◇山室静自選著作集第4巻—鷗外・藤村論 （山室静） 郷土出版社 1992
◇文人短歌—うた心をいしずえに〈2〉 （今西幹一編著） 朝文社 1992.1
◇記憶の絵 （森茉莉著） 筑摩書房 1992.2 （ちくま文庫）
◇小説鷗外の恋—永遠の今 （荻原雄一） 立風書房 1992.3
◇森鷗外—永遠の希求 （佐々木雄爾著） 河出書房新社 1992.3
◇近代の自我をめぐって （菊田芳治著） 新読書社 1992.4
◇三十五のことばに関する七つの章 （久保忠夫著） 大修館書店 1992.4
◇森鷗外 （池沢夏樹ほか著） 小学館 1992.5 （群像 日本の作家）
◇叢書・史層を掘る〈3〉王権の基層へ （赤坂憲雄編著） 新曜社 1992.5
◇石川淳の小説 （井沢義雄著） 岩波書店 1992.5
◇日本文学と人間の発見 （上田博, 国末泰平, 宮岡薫, 安森敏隆著） （京都）世界思想社 1992.5 （SEKAISHISO SEMINAR）
◇日本文学史を読む〈5〉近代〈1〉 （有精堂編集部編） 有精堂出版 1992.6
◇長谷川泉著作選〈2〉森鷗外論考 涓滴 （長谷川泉著） 明治書院 1992.6
◇鷗外をめぐる女たち （文沢隆一） （大宮）林道舎 1992.7
◇サイコロジー人物日本史—小田晋の精神歴史学〈下巻〉幕末・維新から現代 （小田晋） ベストセラーズ 1992.7
◇日本語よどこへ行く （土屋道雄著） 日本教文社 1992.8 （日本語ライブラリー）
◇二葉亭・透谷—考証と試論 （関良一著） 教育出版センター 1992.8 （研究選書）
◇森鷗外展—日本文学の巨峰 東京都近代文学博物館 1992.9
◇日本近代文学の出発 （平岡敏夫著） 塙書房 1992.9 （塙新書）
◇現代文学における古典の受容 （平山城児著） 有精堂出版 1992.10
◇青春を読む—日本の近代詩二十七人 （高橋睦郎著） 小沢書店 1992.11
◇鷗外と「女性」—森鷗外究論 （金子幸代著） 大東出版社 1992.11
◇街道をゆく〈37〉本郷界隈 （司馬遼太郎著） 朝日新聞社 1992.12
◇鷗外 森林太郎 （山崎国紀著） （京都）人文書院 1992.12
◇日本文学史〈近代・現代篇 8〉 （ドナルド・キーン著, 角地幸男訳） 中央公論社 1992.12
◇森鷗外盛儀 （長谷川泉著） 教育出版センター 1992.12 （以文選書）
◇森鷗外と明治国家 （中村文雄著） 三一書房 1992.12
◇美神と軍神と—日露戦争中の森鷗外 （大石汎） 門土社総合出版 1993
◇森鷗外の翻訳文学—「即興詩人」から「ペリカン」まで （長島要一著） 至文堂 1993.1

◇帰朝者・荷風　(劉建輝著)　明治書院 1993.1
◇森鷗外の『独逸日記』—「鷗外文学」の淵　(植田敏郎著)　大日本図書 1993.1
◇異郷における森鷗外、その自己像獲得への試み　(林正子著)　近代文芸社 1993.2
◇森鷗外の構図　(篠原義彦著)　近代文芸社 1993.3
◇新国学の視点　(国学院大学院友学術振興会編)　桜楓社 1993.4
◇三好行雄著作集〈第2巻〉森鷗外・夏目漱石　(三好行雄著)　筑摩書房 1993.4
◇長谷川泉著作選〈10〉対談　(長谷川泉著)　明治書院 1993.4
◇都市の思想—空間論の再構成にむけて　(吉原直樹編著)　青木書店 1993.4
◇過ぎゆく日暦(カレンダー)　(松本清張著)　新潮社 1993.4　(新潮文庫)
◇感情の歴史—近代日本文学試論　(大石修平著)　有精堂出版 1993.5
◇森鷗外の漢詩〈上〉　(陳生保著)　明治書院 1993.6
◇森鷗外の漢詩〈下〉　(陳生保著)　明治書院 1993.6
◇近代読者の成立　(前田愛著)　岩波書店 1993.6　(同時代ライブラリー)
◇本文の生態学—漱石・鷗外・芥川　(山下浩著)　日本エディタースクール出版部 1993.6
◇近代の文学—井上百合子先生記念論集　(井上百合子先生記念論集刊行会編)　河出書房新社 1993.8
◇日本近代の美意識　(高階秀爾著)　青土社 1993.9　(高階秀爾コレクション)
◇父親としての森鷗外　(森於菟著)　筑摩書房 1993.9　(ちくま文庫)
◇自由人の軌跡—近代の文学と思想　(大和田茂、岡野幸江、藤田富士男、前田和敏著)　国分寺)武蔵野書房 1993.11
◇〔森〕鷗外文献集纂(長谷川泉著作選4)　明治書院 1993.12
◇芭蕉・鷗外・漱石　(時野谷滋著)　近代文芸社 1993.12
◇森銑三著作集〈続編 第8巻〉典籍篇〈2〉　(森銑三著)　中央公論社 1993.12
◇長谷川泉著作選〈4〉鷗外文献集纂　(長谷川泉著)　明治書院 1993.12
◇菊田茂男教授退官記念日本文芸の潮流　(東北大学文学部国文学研究室〔編〕)　おうふう 1994.1
◇森鷗外を学ぶ人のために　(山崎国紀〔編〕)　世界思想社 1994.2
◇現代の比較文学　(亀井俊介著)　講談社 1994.2　(講談社学術文庫)
◇新編 思い出す人々　(内田魯庵著、紅野敏郎編)　岩波書店 1994.2　(岩波文庫)
◇西欧との対決—漱石から三島、遠藤まで　(村松剛著)　新潮社 1994.2
◇鷗外・啄木・荷風 隠された闘い—いま明らかになる天才たちの輪舞　(吉野俊彦著)　ネスコ 1994.3
◇中世の四季—ダンテとその周辺　〔新装版〕　(平川祐弘著)　河出書房新社 1994.3
◇森鷗外と下水道—下水道夜話　(斎藤健次郎著)　環境新聞社 1994.3
◇作家の世界体験—近代日本文学者の憧憬と模索　(芦谷信和、上田博、木村一信)　世界思想社 1994.4
◇思想と表現—近代日本文学史の一側面　(山口博著)　有朋堂 1994.4
◇わが文芸談　(小泉信三著)　講談社 1994.5　(講談社文芸文庫—現代日本のエッセイ)
◇鷗外と漱石—思考と感情　(中村啓著)　近代文芸社 1994.5
◇森鷗外論　(平島英利子著)　近代文芸社 1994.6
◇四迷・啄木・藤村の周縁—近代文学管見　(高阪薫著)　(大阪)和泉書院 1994.6　(近代文学研究叢刊)
◇イメージ豊かな授業の工夫　(石井郁男著)　あゆみ出版 1994.7
◇石川啄木余話　(藤田庄一郎著)　(国分寺)武蔵野書房 1994.7
◇二つの東京物語　(東秀紀著)　講談社 1994.8
◇鷗外・五人の女と二人の妻—もうひとつのキタ・セクスアリス　(吉野俊彦著)　ネスコ 1994.8
◇鷗外—その側面　(中野重治著)　筑摩書房 1994.9　(ちくま学芸文庫)
◇男性作家を読む—フェミニズム批評の成熟へ　(江種満子、関礼子ほか著)　新曜社 1994.9
◇春水人情本と近代小説　(丸山茂著)　新典社 1994.9　(新典社研究叢書)
◇両像・森鷗外　(松本清張著)　文芸春秋 1994.11
◇森鷗外の日本近代　(野村幸一郎著)　白地社 1995.3　206p
◇森鷗外『青年』論—"内なる自然"への回帰　(田中裕之)　『開学三十周年記念論文集』(梅花女子大学紀要委員会編)　梅花女子大学 1995.3　p81
◇小さな文学の旅—日本の名作案内　(漆原智良作)　金の星社 1995.4　257p
◇森鷗外—明治40年代の文学　(矢部彰著)　近代文芸社 1995.4　448p
◇鷗外の子供たち—あとに残されたものの記録　(森類著)　筑摩書房 1995.6　255p　(ちくま文庫)

◇「ぢいさんばあさん」論—〈エロス〉という契機をめぐって　(小泉浩一郎)　『フェリス女学院大学国文学論叢』(フェリス女学院大学学部日本文学科編)　フェリス女学院大学国文学会 1995.6　p210
◇唾玉集—明治諸家インタヴュー集　(伊原青々園、後藤宙外編)　平凡社 1995.8　402p　(東洋文庫)
◇「私の鷗外」を求めて　(尾崎健次著)　近代文芸社 1995.9　214p
◇森鷗外—現代小説の世界　(滝本和成著)　和泉書院 1995.10　204p　(和泉選書)
◇森鷗外論 2　(平島英利子著)　近代文芸社 1995.12　201p
◇松本清張全集 64　(松本清張著)　文芸春秋 1996.1　467p
◇女々しい漱石、雄々しい鷗外　(渡辺澄子著)　世界思想社 1996.1　255p　(Sekaishiso seminar)
◇鷗外歴史小説の研究—「歴史其儘」の内実　(福本彰著)　和泉書院 1996.1　366p　(近代文学研究叢刊)
◇心に生きる日本人—歴史を彩る人物列伝　(杉田幸三著)　展転社 1996.2　294p
◇日本文壇史 8　(伊藤整著)　講談社 1996.2　250,22p　(講談社文芸文庫)
◇鷗外「小倉左遷」の謎　(石井郁男著)　葦書房 1996.3　196p
◇森鷗外資料目録 1996年版　〔東京都〕文京区立鷗外記念本郷図書館編)　文京区立鷗外記念本郷図書館 1996.3　2冊(別冊とも)
◇春秋の花　(大西巨人著)　光文社 1996.4　262p
◇世界一の森鷗外記念館—生地津和野町に完成　(長谷川泉)　『新国学の諸相』(国学院大学院友学術振興会編)　おうふう 1996.6　p265
◇新・天才論—教育学からのアプローチ　(古寺雅男著)　ミネルヴァ書房 1996.9　246,3p　(Minerva21世紀ライブラリー)
◇『高瀬舟』の隠し味　(藤森賢一)　『高野山大学論文集』(高野山大学創立百十周年記念論文集編集委員会編)　高野山大学 1996.9　p213
◇鷗外史伝の根源　(渡辺哲夫著)　西田書店 1996.10　100p
◇エリスのえくぼ—森鷗外『舞姫』論　(千葉俊二)　『日本文芸の系譜』(山梨英和短期大学日本文学編)　山梨英和短期大学日本文学会 1996.10　p109
◇抗争—ライバル日本史 4　(NHK取材班編)　角川書店 1996.10　304p　(角川文庫)
◇文豪の愛した東京山の手　(文芸散策の会編、近藤富枝監修)　日本交通公社出版事業局 1996.11　143p　(JTBキャンブックス)
◇独庵の回想—甦る近代小説　(高橋昌男著)　小沢書店 1996.11　241p
◇森鷗外『渋江抽斎』作品論集成　(長谷川泉編)　大空社 1996.11　521p　(近代文学作品論叢書)
◇ドイツにおける若き森鷗外—鷗外とドイツ・ノベレ—『うたかたの記』の愛を中心に　(松本要)　『愛媛大学人文学会創立二十周年記念論集』(愛媛大学人文学会編)　愛媛大学人文学会 1996.12　p185
◇日本文壇史 13　(伊藤整著)　講談社 1996.12　288,21p　(講談社文芸文庫)
◇鷗外の三男坊—森類の生涯　(山崎国紀著)　三一書房 1997.1　313p
◇鷗外—成熟の時代　(山崎国紀著)　和泉書院 1997.1　293p　(近代文学研究叢刊)
◇身体の文学史　(養老孟司著)　新潮社 1997.1　197p
◇文人悪食　(嵐山光三郎著)　マガジンハウス 1997.3　429p
◇エリスのえくぼ—森鷗外への試み　(千葉俊二著)　小沢書店 1997.3　302p
◇〈形式〉と〈内容〉の間—森鷗外における韻文と散文　(大塚美保)　『詩う作家たち』(野山嘉正編)　至文堂 1997.4　p53
◇鷗外の人と周辺　(平川祐弘、平岡敏夫、竹盛天雄編)　新曜社 1997.5　478p　(講座 森鷗外)
◇鷗外の作品　(平川祐弘、平岡敏夫、竹盛天雄編)　新曜社 1997.5　464p　(講座 森鷗外)
◇とっておきのもの とっておきの話 第1巻　(YANASE LIFE編集室編)　芸神出版社 1997.5　213p　(芸神集団Amuse)
◇鷗外の知的空間　(平川祐弘、平岡敏夫、竹盛天雄編)　新曜社 1997.6　472p　(講座 森鷗外)
◇散文様式の芸術的完成—森鷗外とG・フロベール　(小堀桂一郎)　『日本近代文学と西欧』(佐々木昭夫編)　翰林書房 1997.7　p47
◇鷗外とオイケン—秀麿物再考　(渡辺善雄)　『日本近代文学と西欧』(佐々木昭夫編)　翰林書房 1997.7　p76
◇侍・士卒のいびき—「阿部一族」「堺事件」の一場面　(清田文武)　『日本近代文学と西欧』(佐々木昭夫編)　翰林書房 1997.7　p97
◇森鷗外のエロティシズム—「青年」について　(佐々木昭夫)　『日本近代文学と西欧』(佐々木昭夫編)　翰林書房 1997.7　p28
◇中野重治全集 16　(中野重治著)　筑摩書房 1997.7　525p
◇鷗外からみた漱石　(金子幸代)　『世界と漱石国際シンポジウム報告書』(「'96くまもと漱石博」推進100人委員会編)　「'96くまもと漱石博」推進100人委員会 1997.9　p76
◇日清戦争と森鷗外—『徂征日記』を中心に　(酒井敏)　『日清戦争と東アジア世界の変容』(東アジア近代史学会編)　ゆまに書房 1997.9　p321

◇鷗外の坂　(森まゆみ著)　新潮社　1997.10　367p
◇森鷗外『スバル』の時代　(鷗外研究会編)　双文社出版　1997.10　226p
◇両像・森鷗外　(松本清張著)　文芸春秋　1997.11　309p　(文春文庫)
◇カイゼル髭の恋文―岡野敬次郎と森鷗外　(吉野俊彦著)　清流出版　1997.11　342p
◇康成・鷗外―研究と新資料　(野末明著)　審美社　1997.11　398p
◇国家という難題―東湖と鷗外の大塩事件　(武藤功著)　田畑書店　1997.12　330p
◇鷗外東西紀行―津和野発ベルリン経由千駄木行　(寺岡襄文,小松健一写真)　京都書院　1997.12　319p　(京都書院アーツコレクション)
◇森鷗外研究　7　和泉書院　1997.12　172p
◇「色」と「愛」の比較文化史　(佐伯順子著)　岩波書店　1998.1　389,7p
◇鷗外をめぐる医師たち　(土屋重朗著)　戸田書店　1998.2　238p
◇日本研究―国際日本文化研究センター紀要　第17集　(国際日本文化研究センター編)　角川書店　1998.2　404,9p
◇近代化の中の文学者たち―その青春と実存　(山口博著)　愛育社　1998.4　279p
◇森鷗外・母の日記　増補版　(森峰子著,山崎国紀編)　三一書房　1998.4　414p
◇森鷗外論考　(篠原義彦著)　近代文芸社　1998.5　249p
◇鷗外―もう一つの実像　(白崎昭一郎著)　吉川弘文館　1998.6　216p　(歴史文化ライブラリー)
◇鷗外・漱石・芥川　(蒲生芳郎著)　洋々社　1998.6　245p
◇文学の中の法　(長尾竜一著)　日本評論社　1998.7　208p
◇文学館ワンダーランド―全国文学館・記念館ガイド160　(リテレール編集部編)　メタローグ　1998.8　302p
◇日本文壇史　23　(瀬沼茂樹著)　講談社　1998.8　306p　(講談社文芸文庫)
◇「舞姫」のベルリン　(浦部重雄著)　和泉書院　1998.9　163p
◇精神医学からみた作家と作品　新装版　(春原千秋,梶谷哲男著)　牧野出版　1998.9　288p
◇トルストイと日本　(柳富子著)　早稲田大学出版部　1998.9　360,6p
◇文士の大和路　(田中ішь三著)　小学館　1998.10　127p　(SHOTOR TRAVEL)
◇贅沢貧乏のマリア　(群ようこ著)　角川書店　1998.10　236p　(角川文庫)
◇教育と文芸のひずみ　(村松定孝著)　高文堂出版社　1998.10　80p　(現代ひずみ叢書)
◇日本文壇史―回想の文学　24　(瀬沼茂樹著)　講談社　1998.10　328,32p　(講談社文芸文庫)
◇佐佐木幸綱の世界　5　(佐佐木幸綱著,『佐佐木幸綱の世界』刊行委員会編)　河出書房新社　1998.10　268p
◇森鷗外論　3　(平島英利子著)　近代文芸社　1998.11　179p
◇森鷗外―批評と研究　(小堀桂一郎著)　岩波書店　1998.11　391p
◇森鷗外燦遺映　(長谷川泉著)　明治書院　1998.12　102p
◇傍流文学論　(野村喬著)　花伝社　1998.12　498p　(野村喬著述集)
◇傍流文学論　(野村喬著)　花伝社　1998.12　498p
◇鷗外『走馬灯と分身』の位相―「書き手」という存在　(須田喜代次)『近代文学論の現在』(分銅惇作編)　蒼丘書林　1998.12　p47
◇時代と女と樋口一葉―漱石も鷗外も描けなかった明治　(菅聡子著)　日本放送出版協会　1999.1　301p　(NHKライブラリー)
◇学生小品　森鷗外・稲垣達郎　(竹盛天雄著)　明治書院　1999.2　300p
◇森鷗外「北游日乗」の足跡と漢詩　(安川里香子著)　審美社　1999.2　237p
◇明治文学の脈動―鷗外・漱石を中心に　(竹盛天雄著)　国書刊行会　1999.2　444p
◇「新しい作品論」へ、「新しい教材論」へ―文学研究と国語教育研究の交差　1　(田中実,須貝千里編)　右文書院　1999.2　282p
◇日記のお手本―自分史を刻もう　(荒木経惟,梶井基次郎,大宅壮一,大宅歩,奥浩平ほか著)　小学館　1999.3　238p　(小学館文庫)
◇漱石と鷗外の遠景―古典で読み解く近代文学　(島内景二著)　ブリュッケ　1999.3　181p
◇春秋の花　(大西巨人著)　光文社　1999.3　262p　(光文社文庫)
◇森鷗外と北九州　北九州森鷗外記念会　1999.3　304p
◇父親の研究　(木原武一著)　新潮社　1999.4　249p　(新潮選書)
◇評伝森鷗外　(山室静著)　講談社　1999.4　299p　(講談社文芸文庫)
◇森鷗外研究と資料　(大屋幸世著)　翰林書房　1999.5　254p
◇森鷗外論とその時代　(石田頼房著)　日本経済評論社　1999.6　276p　(都市叢書)
◇小倉時代の「鷗外の婢」たち―特に八代市日奈久出身、永遠の気っ風　吉村春　(久保田義夫著)　春の会　1999.6　166p
◇生きて死ぬことのヒント　(立川昭二著)　小学館　1999.7　249p　(小学館文庫)
◇鷗外留学始末　(中井義幸著)　岩波書店　1999.7　349p
◇クイズでなっとく「頭出し」文章教室　(月とうさぎ文学探偵団編)　小学館　1999.8　250p　(小学館文庫)
◇森鷗外の青春文学　(池野誠著)　山陰文芸協会　1999.8　274p　(山陰文芸シリーズ)
◇ことば散策　(山田俊雄著)　岩波書店　1999.8　214p　(岩波新書)
◇加藤周一セレクション　2　(鷲巣力編)　平凡社　1999.8　421p　(平凡社ライブラリー)
◇鷗外のオカルト、漱石の科学　(長山靖生著)　新潮社　1999.9　231p
◇決定版　吉川幸次郎全集　第24巻　第三刷　(吉川幸次郎著)　筑摩書房　1999.9　401p
◇涙した神たち―丸山薫とその周辺　(八木憲爾著)　東京新聞出版局　1999.10　331p
◇森鷗外の手紙　(山崎国紀著)　大修館書店　1999.11　218p
◇クリスマス―どうやって日本に定着したか　(クラウス・クラハト,克美・タテノクラハト著)　角川書店　1999.11　231p
◇鷗外の思い出　(小金井喜美子著)　岩波書店　1999.11　304p　(岩波文庫)
◇森鷗外研究　8　和泉書院　1999.11　217p
◇天皇の影法師　(猪瀬直樹著)　朝日新聞社　2000.1　289p　(朝日文庫)
◇日本文学の百年　現代詩の魅力　(嶋岡晨著)　東京新聞出版局　2000.2　282p
◇恋愛の起源―明治の愛を読み解く　(佐伯順子著)　日本経済新聞社　2000.2　236p
◇日本の近代化と知識人―若き日本と世界　2　(東海大学外国語教育センター異文化交流研究会編)　東海大学出版会　2000.2　284p
◇江戸前―日本近代文芸のなかの江戸主義　(平岡正明著)　ビレッジセンター出版局　2000.3　269p
◇続　森鷗外燦遺映　(長谷川泉著)　明治書院　2000.3　220p
◇森鷗外明治人の生き方　(山崎一穎著)　筑摩書房　2000.3　237p　(ちくま新書)
◇森鷗外　不遇への共感　(平岡敏夫著)　おうふう　2000.4　303p
◇日本のエロティシズム　(百川敬仁著)　筑摩書房　2000.4　235p　(ちくま新書)
◇新説　鷗外の恋人エリス　(植木哲著)　新潮社　2000.4　259p　(新潮選書)
◇一鷺ライブ―「文を聞く・音を読む」CD&CG絵本　4　(一鷺明伶語り,安田善吉CG)　星の環会　2000.4　30p
◇歴史の聞く　森鷗外論集　(酒井敏,原臥人編)　新典社　2000.5　351p
◇歴史へのいざない　(小谷野修著)　近代文芸社　2000.5　193p
◇鷗外を読む　笠間書院　2000.5　179p　(笠間ライブラリー)
◇海をこえて　近代知識人の冒険　(高沢秀次著)　秀明出版会　2000.6　329p
◇鷗外の坂　(森まゆみ著)　新潮社　2000.7　451p　(新潮文庫)
◇父親革命　(長山靖生著)　新潮社　2000.8　216p
◇俳句的人間・短歌的人間　(坪内稔典著)　岩波書店　2000.8　248p
◇土居健郎選集　7　(土居健郎著)　岩波書店　2000.8　352p
◇文人悪食　(嵐山光三郎著)　新潮社　2000.9　562p　(新潮文庫)
◇恋に死ぬということ―危うき恋と至上の愛の間に命揺れる時　(矢島裕紀彦著)　青春出版社　2000.10　272p
◇森鷗外『舞姫』作品論集　(長谷川泉編)　クレス出版　2000.10　394p　(近代文学作品論集成)
◇身体の文学史　(養老孟司著)　新潮社　2001.1　221p　(新潮文庫)
◇旅の散歩・散歩の旅　(岡田政信著)　宝塚出版　2001.1　203p
◇近代作家自筆原稿集　(保昌正夫監修,青木正美収集・解説)　東京堂出版　2001.2　210p
◇近世と近代の通廊―十九世紀日本の文学　(神戸大学文芸思想史研究会編)　双文社出版　2001.2　280p
◇文学に描かれた宮崎―県北を中心に　1　(夕刊デイリー新聞社企画・編,佐藤隆一著)　鉱脈社　2001.2　296p　(みやざき文庫)
◇文学の内景―漱石とその前後　(荻久保泰幸著)　双文社出版　2001.3　334p
◇森鷗外資料目録　2001年版　(文京区立鷗外記念本郷図書館編)　文京区立鷗外記念本郷図書館　2001.3　312p
◇日本近代文学の名作　(吉本隆明著)　毎日新聞社　2001.4　187p
◇人権からみた文学の世界―大正篇　(川端俊英著)　部落問題研究所　2001.4　159p
◇漱石先生の手紙　(出久根達郎著)　日本放送出版協会　2001.4　253p
◇楓内侍―明治の歌人税所敦子　(平井秋子著)　創英社　2001.4　364p
◇漱石の留学とハムレット―比較文学の視点から　(仁木久恵著)　リーベル出版　2001.4　287p
◇鷗外の系族　(小金井喜美子著)　岩波書店　2001.4　465p　(岩波

文庫)
◇明治文学の世界―鏡像としての新世紀 (斎藤慎爾編) 柏書房 2001.5 278p
◇鷗外最大の悲劇 (坂内正著) 新潮社 2001.5 308p (新潮選書)
◇舞姫―エリス、ユダヤ人論 (荻原雄一編著) 至文堂 2001.5 257p
◇内田義彦セレクション 第4巻 (内田義彦著) 藤原書店 2001.5 332p
◇「帝国」の文学―戦争と「大逆」の間 (絓秀実著) 以文社 2001.7 360p (以文叢書)
◇『鷗外』散策 (尾崎健次著) 驢馬出版 2001.7 204p (驢馬文芸叢書)
◇鷗外・漱石と近代の文苑 (伊狩章著) 翰林書房 2001.7 482p
◇鷗外残照 (重松泰雄著) おうふう 2001.9 506p
◇定本 言語にとって美とはなにか 1 (吉本隆明著) 角川書店 2001.9 398p (角川ソフィア文庫)
◇「文学」増刊 明治文学の雅と俗 (岩波書店文学編集部編) 岩波書店 2001.10 132p
◇百貌百言 (出久根達郎著) 文藝春秋 2001.10 215p (文春新書)
◇青春という亡霊―近代文学の中の青年 (古屋健三著) 日本放送出版協会 2001.10 316p (NHKブックス)
◇文学の中の日本語―深く読むために (塩崎紀子著) かわさき市民アカデミー出版部 2001.11 72p (かわさき市民アカデミー講座ブックレット)
◇新世紀ドイツ旅の心得 (平井正著) 光人社 2001.11 219p
◇大正文学史 (上田博, 国末泰平, 田辺匡, 滝本和成著) 晃洋書房 2001.11 255,6p
◇芸術と実生活 (平野謙著) 岩波書店 2001.11 383p (岩波現代文庫)
◇混迷経済脱出 (荒浜英一著) 中央公論事業出版 2001.12 302p
◇帝王ノート―混沌の時代を生き抜く 新装版 (伊藤肇著) PHP研究所 2001.12 245p
◇森鷗外論集 出会いの衝撃 (酒井敏, 原国人編) 新典社 2001.12 285p
◇歴史とテクスト―西鶴から論吉まで (井田進也著) 光芒社 2001.12 370p
◇比較文学論攷―鷗外・漢詩・西洋化 (神田孝夫著, 神田孝夫遺稿集刊行会編) 明治書院 2001.12 571p
◇森鷗外と近代日本 (池内健次著) ミネルヴァ書房 2001.12 298,8p (Minerva21世紀ライブラリー)
◇文学でたどる世界遺産・奈良 (浅田隆, 和田博文編) 風媒社 2002.1 227p
◇森鷗外「独逸三部作」の漢字について (浅野敏彦)『国語語彙史の研究』(国語語彙史研究会編) 和泉書院 2002.3 左開1～
◇愛の手紙―文学者の様々な愛のかたち (日本近代文学館編) 青土社 2002.4 209p
◇歴史小説 真剣勝負 (島内景二) 新人物往来社 2002.4 291p
◇現代日本文学「盗作疑惑」の研究―「禁断の木の実」を食べた文豪たち (竹山哲著) PHP研究所 2002.4 233p
◇新編 作家論 (正宗白鳥著, 高橋英夫編) 岩波書店 2002.6 458p (岩波文庫)
◇追悼の達人 (嵐山光三郎著) 新潮社 2002.7 642p (新潮文庫)
◇東京文学探訪 明治を見る、歩く 下 (井上謙編) 日本放送出版協会 2002.7 250p (NHKライブラリー)
◇森鷗外、史伝と探墓 (村岡功著)〔村岡功〕 2002.7 251p
◇鷗外その終焉―津和野への回帰 森鷗外生誕一四〇周年記念第2期特別展 (山崎一穎監修, 森鷗外記念館編) 森鷗外記念館 2002.7 54p
◇一灯を提げた男たち (小島直記著) 新潮社 2002.8 418p (新潮文庫)
◇司馬遼太郎が考えたこと 11 (司馬遼太郎著) 新潮社 2002.8 393p
◇文豪の古典力―漱石・鷗外は源氏を読んだか (島内景二著) 文藝春秋 2002.8 234p (文春新書)
◇鷗外を読み拓く (大塚美保著) 朝文社 2002.8 309p
◇にんげんは夢を盛るうつわ (森まゆみ著) みすず書房 2002.8 209p
◇告白の文学―森鷗外から三島由紀夫まで (伊藤氏貴著) 鳥影社 2002.8 326p
◇読書のたのしみ (岩波文庫編集部編) 岩波書店 2002.8 216p (岩波文庫別冊)
◇鷗外の歴史小説―史料と方法 (尾形仂著) 岩波書店 2002.8 304p (岩波現代文庫 文芸)
◇森鷗外における「奇」と中国の明清小説―『雁』と『虞初新志』との関連をめぐって (林淑丹著, 富士ゼロックス小林節太郎記念基金) 富士ゼロックス小林節太郎記念基金 2002.8 59p
◇彪炳に惹かれて―名作を通して見つめた家族との想い出 (大橋雅之著) 碧天舎 2002.9 157p

◇森鷗外研究 9 (谷沢永一, 山崎国紀編) 和泉書院 2002.9 212p
◇美学事始―芸術学の日本近代 (神林恒道著) 勁草書房 2002.9 251p
◇佐藤春夫研究 (半田美永著) 双文社出版 2002.9 326p
◇近代日本の詩と史実 (野口武彦著) 中央公論新社 2002.9 313p (中公叢書)
◇日本語の教室 (大野晋著) 岩波書店 2002.9 229p (岩波新書)
◇八雲と鷗外 (浅野三平著) 翰林書房 2002.9 385p
◇浦島伝説の逆転 アーヴィングと鷗外 (坂田千鶴子)『神話・象徴・文学』(篠田知和基編) 楽浪書院 2002.9 p307～
◇時代小説作家ベスト101 (向井敏編) 新書館 2002.10 220p
◇サフラン 随想選―沈黙と思索の世界へ (上田博, チャールズ・フォックス, 滝本和成編) 嵯峨野書院 2002.10 245p
◇清張さんと司馬さん (半藤一利著) 日本放送出版協会 2002.10 251p
◇森鷗外・歴史文学研究 (山崎一穎著) おうふう 2002.10 379p
◇ちょっと知的な江戸・東京散歩&ウォッチング (主婦と生活社編) 主婦と生活社 2002.11 111p
◇絵本 即興詩人 (安野光雅著) 講談社 2002.11 150p
◇自然主義文学盛衰史 (正宗白鳥著) 講談社 2002.11 224p (講談社文芸文庫)
◇森鷗外の歴史意識とその問題圏―近代的主体の構造 (野村幸一郎著) 晃洋書房 2002.11 206p
◇鷗外宛年賀状―鷗外生誕140周年記念第3期特別展 第3集 (山崎一穎監修) 森鷗外記念館 2002.11 50p
◇鷗外 歴史小説―よこ道うら道おもて道 (神沢秀太郎著) 文芸社 2002.12 491p
◇評論雑感集 下 (楠谷秀昭著) 北冬舎 2002.12 315p
◇大正時代を訪ねてみた―平成日本の原景 (皿木喜久著) 産経新聞ニュースサービス 2002.12 227p
◇達人たちの悦楽 喰ふ (達人倶楽部編・著) ワンツーマガジン社 2002.12 281p
◇東京ウォーキング 18 (籠谷典子編著) 牧野出版 2002.12 101p
◇写真でたどる森鷗外の生涯―生誕140周年記念 (文京区立鷗外記念本郷図書館編) 文京区教育委員会 2002.12 66p (所蔵資料図録)
◇小説のナラトロジー―主題と変奏 (北岡誠司, 三野博司編) 世界思想社 2003.1 319,7p (SEKAISHISO SEMINAR)
◇朽葉色のショール (小堀杏奴著) 講談社 2003.1 325p (講談社文芸文庫)
◇近代作家論 (中央大学人文科学研究所編) 中央大学出版部 2003.2 418p
◇明治三十一年から始まる『鷗外史伝』 (目野由希著) 渓水社 2003.2 250p
◇森鷗外論―ペッテンコーファー、ミュンヘン「南墓地」によせて (相馬久康)『近代作家論』(中央大学人文科学研究所編) 中央大学出版部 2003.2 (中央大学人文科学研究所研究叢書 31) p117～
◇古書肆「したよし」の記 (松山荘二著) 平凡社 2003.3 243p
◇京築の文学風土 (城戸淳一著) 海鳥社 2003.3 229p
◇森鷗外とその文学への道標 (酒井敏著) 新典社 2003.3 382p (新典社研究叢書)
◇名作鑑賞 森鷗外『花子』 (細江光)『日本文芸論叢』(片山章編) 和泉書院 2003.3 p181～
◇達人たちの悦楽 性に取り憑かれた文豪たち (達人倶楽部編著) ワンツーマガジン社 2003.4 293p
◇鷗外の小倉―小林安司著作集 (小林安司著) 北九州森鷗外記念会 2003.4 302p
◇制度の近代―藤村・鷗外・漱石 (山田有策著) おうふう 2003.5 421p
◇作家たちの愛の書簡 (大島和雄著) 風濤社 2003.5 221p
◇文豪たちの大喧嘩―鷗外・逍遙・樗牛 (谷沢永一著) 新潮社 2003.5 316p
◇日本の小説101 (安藤宏編) 新書館 2003.6 226p
◇眠る技術―疲れ・ストレスから解放されるための (佐々木三男著) 経済界 2003.6 213p (リュウ・ブックス)
◇独断的作家論 (宇野浩二著) 講談社 2003.6 459p (講談社文芸文庫)
◇「即興詩人」のイタリア (森まゆみ著) 講談社 2003.6 302p
◇近代文学の女たち―『にごりえ』から『武蔵野夫人』まで (前田愛著) 岩波書店 2003.7 247p (岩波現代文庫)
◇昴誌消息 (江南文三著) 日本文学館 2003.8 98p
◇20世紀日本怪異文学誌―ドッペルゲンガー文学考 (山下武著) 有楽出版社 2003.9 391p
◇だいたいで、いいじゃない。 (吉本隆明, 大塚英志著) 文藝春秋 2003.9 299p (文春文庫)
◇古典中国からの眺め (興膳宏著) 研文出版 2003.9 264p (研文

◇選書）
◇物と眼―明治文学論集 （ジャン＝ジャック・オリガス著） 岩波書店 2003.9 239p
◇近代文学と熊本―水脈の広がり （首藤基澄著） 和泉書院 2003.10 314p （和泉選書）
◇文章読本―文豪に学ぶテクニック講座 （中条省平著） 中央公論新社 2003.10 229p （中公文庫）
◇森鷗外と中村不折―我が墓石の書を中村不折に委託した鷗外 （赤羽貞雄著） ユースビジコム出版 2003.11 87p
◇森茉莉―贅沢貧乏暮らし （神野薫著） 阪急コミュニケーションズ 2003.12 156p
◇佐藤泰正著作集 12 （佐藤泰正著） 翰林書房 2003.12 606p
◇図説 5分でわかる日本の名作 （本と読書の会編） 青春出版社 2004.1 95p
◇鷗外と神奈川 （金子幸代著） 神奈川新聞社 2004.1 238p
◇「おのずから」と「みずから」―日本思想の基層 （竹内整一著） 春秋社 2004.2 262p
◇波の行く末―あなたへの旅路・小さな旅 （宮崎靖久著） 文芸社 2004.2 147p
◇漱石が聴いたベートーヴェン―音楽に魅せられた文豪たち （滝井敬子著） 中央公論新社 2004.2 228p （中公新書）
◇近代日本文芸試論 2 （大田正紀著） おうふう 2004.3 345p
◇父のこと 母のこと （日本エッセイスト・クラブ編） 岩波書店 2004.3 223p
◇新版 近代の自我をめぐって （菊田芳治著） 新読書社 2004.4 308p
◇言語文化の諸相―近代文学 （藤沢全著） 大空社 2004.4 202p
◇明治文学―ことばの位相 （十川信介著） 岩波書店 2004.4 390p
◇歴史認識と文芸評論の基軸 （鈴木斌著） 菁柿堂 2004.5 231p （Edition Trombone）
◇五行でわかる日本文学―英日狂詠滑稽五行詩 （ロジャー・パルバース著、柴田元幸訳、喜多村画） 研究社 2004.5 74p
◇クリニック・クリティーク―私批評宣言 （千葉一幹著） ミネルヴァ書房 2004.6 275p （ミネルヴァ評論叢書・文学の在り処）
◇一冊で人生論の名著を読む―人の生き方がわかる珠玉の28編 （本田有明著） 中経出版 2004.6 175p
◇作家論集―島崎藤村から安部公房まで （佐伯彰一著） 未知谷 2004.7 346p
◇要約 日本の宗教文学13篇―完全読破の気分になれる！ （立松和平監修） 佼成出版社 2004.7 218p
◇森鷗外論集 彼より始まる （酒井敏、原国人編） 新典社 2004.7 318p
◇漱石先生の手紙 （出久根達郎著） 講談社 2004.7 271p （講談社文庫）
◇投書家時代の森鷗外―草創期活字メディアを舞台に （宗像和重著） 岩波書店 2004.7 331p
◇新・酒のかたみに―酒で綴る亡き作家の半生史 付・名映画監督の酔話 （高山恵太郎監修） たる出版 2004.9 353p
◇井伏鱒二文集 1 （井伏鱒二著、東郷克美編） 筑摩書房 2004.9 325p （ちくま文庫）
◇明治の結婚小説 （上田博編） おうふう 2004.9 223p
◇森鷗外研究 10 （谷沢永一、山崎国紀編） 和泉書院 2004.9 282p
◇森鷗外「舞姫」における外来語 （杉本雅子）『日本語教育学の視点―国際基督教大学大学院教授飛田良文博士退任記念』（論集編集委員会編） 東宝堂出版 2004.9 p508
◇長明・兼好・芭蕉・鷗外―老年文学の系譜 （佐々木雄爾著） 河出書房新社 2004.10 318p
◇一葉からはじめる東京町歩き （坂崎重盛著） 実業之日本社 2004.10 270p
◇"夕暮れ"の文学史 （平岡敏夫著） おうふう 2004.10 395p
◇日本文学と漢詩―外国文学の受容について （中西進著） 岩波書店 2004.10 201,3p （岩波セミナーブックス）
◇樋口一葉と十三人の男たち （木谷喜美枝監修） 青春出版社 2004.11 219p （プレイブックス・インテリジェンス）
◇生きつづけるということ―文学にみる病いと老い （長井苑子著、泉孝英注記） メディカルレビュー社 2004.11 352p
◇日本のこころ、日本人のこころ （山折哲雄著） 日本放送出版協会 2004.11 316p
◇文学空間 01（2004） （20世紀文学研究会編） 20世紀文学研究会 2004.11 261p
◇晩年の森鷗外と私の晩年と （赤羽貞雄著） ユースビジコム出版 ［2005］ 130p
◇五木寛之の百寺巡礼 ガイド版 第8巻 （五木寛之監修、講談社学芸局編） 講談社 2005.3 213p
◇森鷗外初期言文一致体翻訳小説の本文改訂から見えてくるもの （藤田保幸著）『国語語彙史の研究』（国語語彙史研究会編） 和泉書院 2005.3 p221

◇森鷗外「阿部一族」を読み直す （松本伊瑳子）『古典を読み直す』（松岡光治編） 名古屋大学大学院・国際言語文化研究科 2005.3 （言語文化研究叢書） p159
◇別れの精神哲学―青春小説論ノート （高岡健著） 雲母書房 2005.4 212p
◇森鷗外論―「エリーゼ来日事件」の隠された真相 （小平克著） おうふう 2005.4 295p
◇仮面の人・森鷗外―「エリーゼ来日」三日間の謎 （林尚孝著） 同時代社 2005.4 233p
◇中国と日本―言葉・文学・文化 （陳生保著） 麗沢大学出版会 2005.5 227p
◇反時代的思索者―唐木順三とその周辺 （粕谷一希著） 藤原書店 2005.6 316p
◇鷗外十話 （山崎一穎著） 鳥影社 2005.6 208p
◇偏愛文学館 （倉橋由美子著） 講談社 2005.7 221p
◇小説の悪魔―鷗外と茉莉 （田中美代子著） 試論社 2005.8 300p
◇鷗外の遺産 第2巻 （小堀鷗一郎、横光桃子編、小尾俊人編註） 幻戯書房 2005.8 679p
◇司馬遼太郎が考えたこと 11 （司馬遼太郎著） 新潮社 2005.10 508p （新潮文庫）
◇宗教常識の嘘 （島田裕巳著） 朝日新聞社 2005.10 198p
◇桜井琢巳全集 第4巻 （桜井琢巳著） 沖積舎 2005.10 531p
◇森鷗外と奈良 （喜多野徳俊著） ミューズ木本 2005.10 64p
◇森鷗外―文化の翻訳者 （長島要一著） 岩波書店 2005.10 228p （岩波新書）
◇漱石の「明」、漱石の「暗」 （飯島耕一著） みすず書房 2005.11 243p
◇図録・新資料でみる森田思軒とその交友―竜渓・蘇峰・鷗外・天心・涙香 （森田思軒研究会編著、川戸道昭、榊原貴教、谷口靖彦、中林良雄編） 松柏社 2005.11 119p
◇「森鷗外と美術」展図録 （島根県立石見美術館、和歌山県立近代美術館、静岡県立美術館） 森鷗外と美術展実行委員会 2006 367p
◇近世思想・近代文学とヒューマニズム―長谷川鑛平評論選 （長谷川鑛平著、長谷川伸三編） いなほ書房 2006.1 296p
◇日向の歴史と文化 （早稲田大学日本地域文化研究所編） 行人社 2006.1 300p （日本地域文化ライブラリー）
◇鷗外のマカロン―近代文学喫茶洋菓子御馳走帖 （奥野響子著） 丸善プラネット 2006.1 73,4p
◇知られざる「診断書」 あの人の顛末 （歴史の謎研究会編） 青春出版社 2006.2 219p （青春文庫）
◇異評 司馬遼太郎 （岩倉博著） 草の根出版会 2006.2 235p
◇恋の手紙 愛の手紙 （半藤一利著） 文芸春秋 2006.2 238p （文春新書）
◇おじさんはなぜ時代小説が好きか （関川夏央著） 岩波書店 2006.2 244p （ことばのために）
◇登張竹風・生田長江 （登張竹風、生田長江著） 新学社 2006.3 353p （近代浪漫派文庫）
◇近代日本「美学」の誕生 （神林恒道著） 講談社 2006.3 317p （講談社学術文庫）
◇NHKスペシャル 明治 コミック版 1 （NHK取材班編、小川おさむ、本山一城、殿塚実、狩野匠、三堂司著） ホーム社 2006.4 492p （ホーム社漫画文庫）
◇鷗外の「舞姫」 （〔森鷗外〕著、角川書店編） 角川学芸出版 2006.4 205p （角川文庫）
◇本の話 絵の話 （山本容子著） 文芸春秋 2006.5 278p （文春文庫）
◇荒川流域の文学―埼玉をめぐる人と作品 （埼玉文芸家集団編） さきたま出版会 2006.6 241p （埼玉文芸叢書）
◇帝国の和歌 （浅田徹、勝原晴希、鈴木健一、花部英雄、渡部泰明編） 岩波書店 2006.6 230p （和歌をひらく）
◇晩年の父 （小堀杏奴著） 岩波書店 2006.6 223p （岩波文庫）
◇山本有三と三鷹の家と郊外生活 （三鷹市山本有三記念館、三鷹市芸術文化振興財団編） 三鷹市山本有三記念館／三鷹市芸術文化振興財団 2006.6 62p
◇鷗外研究年表 （苦木虎雄著） 鷗出版 2006.6 1265p
◇戦後鷗外研究史の余白に （大石直記）『日本語日本文学の新たな視座』（全国大学国語国文学会編） おうふう 2006.6 p391
◇鷗外・漱石・鏡花―実証の糸 （上田正行著） 翰林書房 2006.6 557p
◇鷗外の遺産 第3巻 （小堀鷗一郎、横光桃子編、小尾俊人編註） 幻戯書房 2006.6 764p
◇森鷗外「我百首」と「舞姫事件」 （小平克著） 同時代社 2006.6 247p
◇麦酒伝来―森鷗外とドイツビール （村上満著） 創元社 2006.7 314p
◇歴史の精神―日本人の誇り （永田竜太郎著） 永田書房 2006.7 291p

◇恋する文豪　（柴門ふみ著）　角川書店　2006.8　253p
◇漱石と鷗外―新書で入門　（高橋昭男著）　新潮社　2006.8　191p（新潮新書）
◇催眠術の日本近代　（一柳廣孝著）　青弓社　2006.9　213p　（復刊選書）
◇文学の中の法　新版　（長尾龍一著）　慈学社出版　2006.9　306p（慈学社叢書）
◇和魂洋才の系譜―内と外からの明治日本　上　（平川祐弘著）　平凡社　2006.9　434p　（平凡社ライブラリー）
◇健康の社会史―養生、衛生から健康増進へ　（新村拓著）　法政大学出版局　2006.10　247,8p
◇京の美学者たち　（神林恒道編著）　晃洋書房　2006.10　258p
◇言語都市・ベルリン　1861-1945　（和田博文, 真銅正宏, 西村将洋, 宮内淳子, 和田桂子著）　藤原書店　2006.10　479p
◇和魂洋才の系譜―内と外からの明治日本　下　（平川祐弘著）　平凡社　2006.10　379p　（平凡社ライブラリー）
◇トンデモ偉人伝―作家編　（山口智司著）　彩図社　2006.11　191p
◇Ogai's antiquarianism　（Thomas Keirstead著）『History and folklore studies in Japan』(David L.Howell,James C.Baxter編)　国際日本文化研究センター　2006.11　p27～36
◇森鷗外論攷　（山﨑一穎著）　おうふう　2006.12　719p
◇森鷗外の文学における神話・伝説と歴史　（小林幸夫著）『神話的世界と文学』(小泉進, 小倉博孝編)　上智大学出版、ぎょうせい(製作・発売)　2006.12　p38
◇鷗外、闘う啓蒙家　（渡辺善雄著）　新典社　2007.2　542p　（新典社研究叢書）
◇日本史人物「第二の人生」発見読本　（楠木誠一郎著）　彩流社　2007.3　222p
◇文学の花しおり　（森千春著）　毎日新聞社　2007.3　206p
◇「赤」の誘惑―フィクション論序説　（蓮實重彥著）　新潮社　2007.3　284p
◇森鷗外訳「折薔薇」とその本文改訂をめぐって　（藤田保幸著）『国語語彙史の研究』(国語語彙史研究会編)　和泉書院　2007.3　p237
◇安楽死・尊厳死に関する若干の考察　（大鹿勝之著）『日本における死への準備教育』　東洋学研究所　2007.3　『東洋学研究』別冊)　p23～33
◇森鷗外訳「折薔薇」とその本文改訂をめぐって　（藤田保幸著）『国語語彙史の研究』(国語語彙史研究会編)　和泉書院　2007.3　p237～253
◇人は60歳で何をしたか　（藤原治著）　文藝春秋　2007.4　238p
◇東西食卓異聞　（高橋哲雄著）　ミネルヴァ書房　2007.4　218p
◇主体の学としての美学―近代日本美学史研究　（浜下昌宏著）　晃洋書房　2007.5　216p
◇座右の名文―ぼくの好きな十人の文章家　（高島俊男著）　文藝春秋　2007.5　223p　（文春新書）
◇作家の値段　（出久根達郎著）　講談社　2007.5　352p
◇近代的心性における学知と想像力　（和泉雅人, 松村友視編）　慶應義塾大学出版会　2007.6　280,2p　（Centre for Integrated Research on the Mind）
◇森鷗外主筆・主宰雑誌目録　（苦木虎雄編著）　鷗出版　2007.6　289, 11p
◇手紙読本　（江国滋編, 日本ペンクラブ編）　ランダムハウス講談社　2007.7　255p　（ランダムハウス講談社文庫）
◇ロンドンの味―吉田健一未収録エッセイ　（吉田健一著）　講談社　2007.7　306p　（講談社文芸文庫）
◇ナショナル・アイデンティティとジェンダー―漱石・文学・近代　（朴裕河著）　クレイン　2007.7　452p
◇評伝森鷗外　（山崎国紀著）　大修館書店　2007.7　849,17p
◇東京の三十年　（田山花袋作）　岩波書店　2007.8　334p　（岩波文庫）
◇鷗外訳『マクベス』　（立花広彦著）『伊藤広里教授傘寿記念論集』(伊藤広里教授傘寿記念論集編集委員会編)　伊藤広里教授傘寿記念論集刊行会　2007.8　p15～30
◇文芸時評―現状と本当は恐いその歴史　（吉岡栄一著）　彩流社　2007.9　446,24p
◇森鷗外　新装版　（生松敬三著）　東京大学出版会　2007.9　233,6p　（近代日本の思想家）
◇知っ得　近代文壇事件史　（国文学編集部編）　学燈社　2007.10　198p
◇バカにならない読書術　（養老孟司, 池田清彦, 吉岡忍著）　朝日新聞社　2007.10　245p　（朝日新書）
◇食通小説の記号学　（真銅正宏著）　双文社出版　2007.11　268p
◇明治人物閑話　（森銑三著）　中央公論新社　2007.11　343p　（中公文庫）
◇啄木への目線―鷗外・道造・修司・周平　（門屋光昭著）　洋々社　2007.12　252p
◇新版　作家と薬―誰も知らなかった作家と薬の話　（後藤直良著）　薬事日報社　2007.12　299p
◇ヒト・モノ・コトバ―明治からの文化誌　（橋詰静子著）　三弥井書店　2007.12　207,11p
◇「未来派」と日本の詩人たち　（香内信子著）　JPG　2007.12　280p
◇森鷗外『舞姫』の文体　（柴田哲谷）『ことばの論文集―安達隆一先生古稀記念論文集』(安達隆一先生古稀記念論文集)〔安達隆一先生古稀記念論文集〕刊行委員会　2007.12　p459
◇北米で読み解く近代日本文学―東西比較文化のこころみ　（萩原孝雄著）　慧文社　2008.1　344,61p
◇左千夫歌集　（永塚功著, 久保田淳監修）　明治書院　2008.2　540p　（和歌文学大系）
◇不安に生きる文学誌―森鷗外から中上健次まで　（木村一信著）　双文社出版　2008.2　295p
◇日清戦争と軍医森鷗外―『明治二十七八年役陣中日誌』を中心として　（森富著）　鷗出版　2008.2　230p
◇森鷗外と原田直次郎―ミュンヘンに芽生えた友情の行方　（新関公子著）　東京芸術大学出版会　2008.2　181p
◇流行と虚栄の生成―消費文化を映す日本近代文学　（瀬崎圭二著）　世界思想社　2008.3　394p
◇歴史小説の空間―鷗外小説とその流れ　（勝倉寿一著）　和泉書院　2008.3　301p　（近代文学研究叢刊）
◇名作はこのようにして始まる　2　（中村邦生, 千石英世編著）　ミネルヴァ書房　2008.3　208p　（ミネルヴァ評論叢書・文学の在り処）
◇神経内科医の文学診断　（岩田誠著）　白水社　2008.4　237p
◇丸山真男と文学の光景　（山﨑正純著）　洋々社　2008.4　258p
◇夕暮れの文学　（平岡敏夫著）　おうふう　2008.5　290p
◇死してなお求める恋心―「菟原娘子伝説」をめぐって　（広川晶輝著）　新典社　2008.5　159p　（新典社新書）
◇『鷗外全集』の誕生―森潤三郎あて与謝野寛書簡群の研究　（森富, 阿部武彦, 渡辺善雄著）　鷗出版　2008.5　294p
◇鷗外と日清・日露戦争　（末延芳晴著）　平凡社　2008.8　359p
◇二列目の人生―隠れた異才たち　（池内紀著）　集英社　2008.9　232p　（集英社文庫）
◇小説の中の先生　（上田博, 池田功, 前芝憲一編）　おうふう　2008.9　223p
◇鷗外の花暦　（青木宏一郎著）　養賢堂　2008.9　157p
◇作家その死　（神津拓夫著）　近代文芸社　2008.10　311p
◇洋行の時代―岩倉使節団から横光利一まで　（大久保喬樹著）　中央公論新社　2008.10　220p　（中公新書）
◇鷗外・茂吉・杢太郎―「テエベス百門」の夕映え　（岡井隆著）　書肆山田　2008.10　501p
◇大谷晃一著作集　第3巻　（大谷晃一著）　沖積舎　2008.10　609p
◇鷗外　森林太郎と脚気紛争　（山下政三著）　日本評論社　2008.11　472p
◇「愛」と「性」の文化史　（佐伯順子著）　角川学芸出版　2008.11　269p　（角川選書）
◇松本清張　歴史小説のたのしみ　（森本穫著）　洋々社　2008.11　253p
◇ブレない生き方―自分に軸を通す　（斎藤孝著）　光文社　2008.11　221p
◇「学鐙」を読む―内田魯庵・幸田文・福原麟太郎ら　（紅野敏郎著）　雄松堂出版　2009.1　591,16p
◇日本近代文学の断面―1890・1920　（岩佐壮四郎著）　彩流社　2009.1　293p
◇観潮楼の一夜―鷗外と光太郎　（北川太一著）　北斗会出版部(製作)　2009.1　110p
◇鷗外は何故袴をはいて死んだのか―「非医」鷗外・森林太郎と脚気論争　（志田信男著）　公人の友社　2009.1　240p
◇鷗外漱石から荷風へ―nil admirariの表明と主人公達　（福多久著）　郁朋社　2009.2　294p
◇オペラ学の地平―総合舞台芸術への学際的アプローチ2　（丸本隆編集代表, 伊藤直子, 長谷川悦朗, 福中冬子, 森佳子編）　彩流社　2009.3　294,28p
◇作品より長い作品論―名作鑑賞の試み　（細江光著）　和泉書院　2009.3　690p　（近代文学研究叢刊）
◇鷗外・漱石―ラディカリズムの起源　（大石直記著）　春風社　2009.3　598p
◇文豪だって漢詩をよんだ　（森岡ゆかり著）　新典社　2009.4　127p　（新典社新書）
◇『こころ』は本当に名作か―正直者の名作案内　（小谷野敦著）　新潮社　2009.4　222p　（新潮新書）
◇大逆事件と知識人―無罪の構図　（中村文雄著）　論創社　2009.4　411p
◇森鷗外展―近代の扉をひらく　（神奈川文学振興会編）　県立神奈川近代文学館　2009.4　64p
◇美女の骨格―名画に隠された秘密　（宮永美知代著）　青春出版社　2009.5　189p　（青春新書INTELLIGENCE）
◇鷗外ゆかりの人々　（山崎一穎著）　おうふう　2009.5　612p

◇世界文学のなかの『舞姫』（西成彦著）みすず書房 2009.5 142p（理想の教室）
◇恋する女――晶子・らいてうの時代と文学（高良留美子著）学芸書林 2009.6 413p
◇みんな俳句が好きだった――各界一〇〇人句のある人生（内藤好之著）東京堂出版 2009.7 230p
◇名作への招待 日本篇――アメリカ文学者による作品ガイド（岡田量一著）彩流社 2009.7 237p
◇森鷗外論――現象と精神（小林幸夫著）国研出版 2009.8 251p（国研叢書）
◇森鷗外と『戦争論』――「小倉左遷人事」の真実（石井郁男著）芙蓉書房出版 2009.9 187p
◇明治文壇の人々（馬場孤蝶著）ウェッジ 2009.10 456p（ウェッジ文庫）
◇鷗外全集刊行会版『鷗外全集』資料集（鷗出版編集室編）鷗出版 2009.10 248p
◇近代未満の軍人たち――兵資二十八軍学塾（兵頭二十八著）光人社 2009.11 217p
◇『坂の上の雲』もうひとつの読み方（塩沢実信著）北辰堂出版 2009.11 359p
◇旅立ちのかたち――イギリスと日本（懐徳堂記念会編）和泉書院 2009.11 197p（懐徳堂ライブラリー）
◇福田恆存評論集 第13巻（福田恆存著）麗沢大学出版会 2009.11 348p
◇加藤周一自選集 3（加藤周一著）岩波書店 2009.11 429p
◇文学の授業をつくる――いのち、こころ、しあわせ（松本議生著）蒼丘書林 2009.11 365p
◇"著者"の出版史――権利と報酬をめぐる近代（浅岡邦雄著）森話社 2009.12 255p
◇日本統計史群像（島村史郎著）日本統計協会 2009.12 214p

【雑　誌】

◇「堺事件」私見――「堺事件」は"反"権力的な小説か（蒲生芳郎）「文学」 48(1) 1980.1
◇日本文学史 近代篇(11)森鷗外（ドナルド・キーン著徳岡孝夫訳）「海」 12(1) 1980.1
◇森鷗外「山椒太夫」考(1)その本文校訂について（工藤茂）「別府大学紀要」 21 1980.1
◇鷗外その紋様(10〜16)（竹盛天雄）「國文学 解釈と教材の研究」 25(2,3,5,6,11,12,14) 1980.2〜5,9〜11
◇荷風と鷗外における洋行体験をめぐって(3)「西遊日誌抄」と「独逸日記」の対比を中心に（平岩昭三）「日本大学芸術学部紀要」 9 1980.2
◇「雁」論――現実認識の錯誤をめぐり（小泉浩一郎）「東海大学紀要（文学部）」 32 1980.2
◇「佐橋甚五郎」の評価をめぐって（樋口正規）「稿」 3 1980.2
◇「舞姫」成立前後（渡口敏夫）「立正女子大学」 2 1980.2
◇森鷗外と日露戦争――「うた日記」の意味（小林幸夫）「国文学論集」 13 1980.2
◇鷗外「北条霞亭」索引（続）化政期一文人の生活資料（尾形仂）「成城国文学論集」 12 1980.3
◇鷗外用語「硝子出」考(1,2)　青山語文 10 1980.3
◇「プルムウラ」論（佐々木充）「帯広大谷短期大学紀要」 17 1980.3
◇森鷗外――人と文学のふるさと(5)（名阪神地方の遺蹟・津和野）（大島井人、八角真）「明治大学教養論集」 134 1980.3
◇森鷗外初期3部作の基底（亀地峰子）「岡大国文論稿」 8 1980.3
◇森鷗外とゲーテにおける"Resignation"序説(1)（原田茂・小島正男）「東京理科大学紀要（教養篇）」 12 1980.3
◇森鷗外とハインリヒ・ハイネ――「ファスチェス」・「沈黙の塔」を中心に（清田文武）「新潟大学教育学部紀要（人文・社会科学編）」 21 1980.3
◇鷗外「雁」のお玉（名作の中のおんな101人）（山崎一穎）「國文學 解釈と教材の研究」 25(4) 1980.3.臨増
◇「灰燼」と鷗外の影（厳川正樹）「唆」 1 1980.4
◇近代日本の自伝(4)欧化主義者の悲哀（佐伯彰一）「群像」 35(4) 1980.4
◇特集・漱石・鷗外とその時代　「歴史公論」 6(4)53 1980.4
◇森鷗外の反自然主義とその系列（高田瑞穂）「成城文芸（成城大）」 92 1980.4
◇鷗外――初期文学評論活動の一側面（小倉斉）「文芸と批評」 5(4) 1980.5
◇鷗外「センツアマニ」原典考――ゴーリキイ「イタリア物語」第二十三話（原題「夜半」）、アドルフ・ヘス訳〈Familie Ohnehand〉について（土谷直人）「比較文学研究」 37 1980.5
◇乃木殉死をめぐる文学――鷗外・漱石たち（小瀬千恵子）「立命館大学論究日本文学」 43 1980.5
◇森鷗外「仮面」の世界（清田文武）「文芸研究」 94 1980.5
◇レクラム料理（高橋邦太郎）「明治村通信」 11(5) 1980.5

◇鷗外「舞姫」の世界（長谷川和子）「関西学院大学人文論究」 30 1980.6
◇無縁坂と「雁」（森鷗外）（特集・"文学空間としての都市"）（助川徳是）「国文学 解釈と鑑賞」 45(6) 1980.6
◇森鷗外のエリスのドイツ（特集・旅の発見――異国のなかの日本人）（大久保喬樹）「國文學 解釈と教材の研究」 25(7) 1980.6
◇明治文学におけることばの意識――鷗外の場合を中心として（大島田人）「明治大学文化講座講演集」 3 1980.6
◇日本古代史の研究と学問の自由――森鷗外・三宅米吉・津田左右吉を中心に（直木孝次郎）「歴史評論」 363 1980.7
◇特集・森鷗外――その小説世界　「国文学 解釈と鑑賞」 45(7) 1980.7
◇森鷗外の七月（野田宇太郎）「明治村通信」 11(7) 1980.7
◇森鷗外論(3)鷗外の生き方(1)（佐藤全弘）「少数者」 10 1980.7
◇森鷗外の文体と文体意識――「舞姫」を視座として（小泉浩一郎）「国文学解釈と教材の研究」 25(10) 1980.8
◇鷗外「舞姫」の美（渡辺孝夫）「日本文芸研究（関西学院大）」 32(3) 1980.9
◇ベルリン一八八八年――都市小説としての「舞姫」（前田愛）「文学」 48(9) 1980.9
◇森鷗外博士の書翰（田辺尚雄）「季刊邦楽」 24 1980.9
◇特集・近代の小説――教材作家研究(1)「ちいさんばあさん」の歴史離れ(1)（浦部重雄）「解釈」 26(10) 1980.10
◇昭和十年代における鷗外研究（昭和十年代における「批評と研究」）（長谷川泉）「昭和文学研究」 2 1980.10
◇「ヰタ・セクスアリス」の底流（上）（浅野洋）「熊本短大論集」 31(2) 1980.10
◇森鷗外「生田川」の世界と方法（清田文武）「新大国語」 6(10) 1980.10
◇森鷗外「うたかたの記」に関する一考察――シュトルム「みずうみ」と中西梅花とをめぐって（服部俊太郎）「二松学舎大学人文論叢」 18 1980.10
◇鷗外「佐橋甚五郎」論（須田喜代次）「日本近代文学」 27 1980.10
◇「阿部一族」補考（福本彰）「就実女子大学就実論文」 1 1980.11
◇鷗外「半日」ノート（山田輝彦）「近代文学考」 6 1980.11
◇アデンの鷗外――サイゴンの豊太郎（亀井秀雄）「群像」 35(12) 1980.12
◇鷗外「山椒大夫」の世界(1)歴史と運命への自由（玉置邦雄）「日本文芸研究（関西学院大）」 32(4) 1980.12
◇鷗外文学にみるキリシタン迫害の軌跡――津和野藩異宗徒説得方・金森一峰との関係を軸に（山崎国紀）「評言と構想」 20 1980.12
◇研究ノート 舞姫第2作品についての疑問（嘉部嶺隆）「樟蔭国文学（大阪樟蔭女子大）」 18 1980.12
◇青年森林太郎の民族意識（大井博夫）「駱駝」 2 1980.12
◇樋口一葉と「即興詩人」――「琴の音」から「たけくらべ」へ（安田保雄）「成蹊国文」 14 1980.12
◇森鷗外における「雁」について（立川昭二郎）「広島修大論集」 21(2) 1980.12
◇森鷗外の史伝――渋江抽斎の人間像（板垣公一）「名城商学」 30(別冊)人文科学特集) 1980.12
◇森鷗外「舞姫」異本考――縮刷本「美奈和集」の位置づけのために（檀原みすず）「樟蔭国文学（大阪樟蔭女子大）」 18 1980.12
◇森鷗外「早稲田文学の没理想」考（斎藤順二）「群女国文」 9 1980.12
◇坪内逍遙と森鷗外の論争（特集・明治期における西洋思想の受容と反応）（大嶋仁）「比較思想研究」 7 1980.12
◇医学士・森林太郎のこと（神谷昭典）「中京女子大学紀要」 15 1981
◇森鷗外の「浜松市歌」（夏目隆文）「愛知大学綜合郷土研究所紀要」 26 1981
◇若き森鷗外とゲーテ及びシラー「自由と美との認識」の問題をめぐって（清田文武）「比較文学」 24 1981
◇森鷗外の故郷意識（清田文武）「新潟大学教育学部紀要（人文・社会科学編）」 23 1981
◇『舞姫』論序説（橋本威）「梅花女子大学文学部紀要（国語・国文学篇）」 17 1981
◇明治末年の鷗外――「妄想」・「かのやうに」・「灰燼」を中心に（山田輝彦）「福岡教育大学紀要（第1部 文科編）」 31 1981
◇鷗外の友人・賀古鶴所（沢井清）「宮城学院女子大学研究論文集」 55 1981
◇鷗外・史伝の方法一側面――新聞連載形式の諸特性（片山宏行）「青山学院大学文学部紀要」 23 1981
◇「阿部一族」と「歴史其侭」――主として作品前半部をめぐり（小泉浩一郎）「東海大学紀要（文学部）」 34 1981.1
◇森鷗外の「智恵袋」（小堀桂一郎）「波」 6(1) 1981.1
◇森鷗外の幼少年時代（苦木虎雄）「郷土石見」 8 1981.1
◇鷗外,その視座の一面――「渋江抽斎」その百二,百三を手がかりに（田崎哲郎）「愛知大学文学論叢」 66 1981.2
◇鷗外とその紋様(17〜24)「寂しき人々」を補助線として(4〜11)

◇（竹盛天雄）「国文学」解釈と教材の研究 1981.2,4～9,12
◇「観潮楼歌会」の資料二、三 （八角真）「明治大学教養論集」 146 1981.2
◇先導者としての森鷗外・覚え書「半日」「仮面」「追儺」のころ （田中実）「国文学論考」 17 1981.2
◇森鷗外―人と文学のふるさと（6） （大島田人, 八角真）「明治大学教養論集」 146 1981.2
◇鷗外特用語考（1） （西野玲子）「緑岡詞林」 5 1981.3
◇鷗外における言葉の問題―初期文語文体の意味を中心に（言葉との出会い） （小泉浩一郎）「日本文学」 30（3） 1981.3
◇鷗外「北条霞亭」未紹介書簡 （尾形仂）「成城国文学論集」 13 1981.3
◇「佐橋甚五郎」と「堺事件」の提示するもの （井村紹快）「椙山国文学」 5 1981.3
◇森鷗外の家系意識 （清田文武）「新潟大学教育学部紀要（人文・社会科学編）」 22 1981.3
◇森鷗外の「浜松市歌」 （夏目隆文）「愛知大学総合郷土研究所紀要」 26 1981.3
◇森鷗外の「舞姫」について―近世小説との関連において （丸山茂）「弘前学院大学・弘前学院短期大学紀要」 17 1981.3
◇「安井夫人」論―その「歴史離れ」の意味するもの （津田行夫）「文芸研究 明治大学文学部紀要」 45 1981.3
◇陸軍軍医総監・陸軍省医務局長森林太郎の周辺―鷗外「豊熟の時代」の一側面 （須田喜代次）「文教大学国文」 10 1981.3
◇文芸にとらえられた大塩事件―森鷗外「大塩平八郎」 （井上俊夫）「大塩研究」 11 1981.3
◇鷗外にだけは気をつけよ（「近代文学論争譜」（1）） （谷沢永一）「新潮」 78（4） 1981.4
◇特集・森鷗外 「信州白樺」 41・42 1981.4
◇明治国家を生きた森鷗外（特集・日本史の新しい見方） （長谷川泉）「知識」 22 1981.4
◇芥川における歴史と考証―鷗外と芥川（特集・芥川龍之介追跡） （重松泰雄）「國文學 解釈と教材の研究」 26（7） 1981.5
◇鷗外の歴史小説・その始動―中「興津弥五右衛門の遺書」の改稿 （蒲生芳郎）「基督教文化研究所研究年報」 13 1981.5
◇鷗外「箱入娘の歌」 （長谷川泉）「明治村通信」 12（5） 1981.5
◇鷗外の歴史小説・その始動―上「興津弥五右衛門の遺書」の成立まで （蒲生芳郎）「宮城学院女子大学研究論集」 54 1981.5
◇鷗外はじめて苦境に立つ（「近代文学論争譜」（2）） （谷沢永一）「新潮」 78（6） 1981.6
◇筑豊炭田と森鷗外 （玉井政雄）「月刊ペン」 14（6） 1981.6
◇森鷗外研究年表（1） （苦木虎雄）「鷗外（本郷図書館内）」 29 1981.7
◇観潮楼歌会と高村光太郎 （石川義雄）「日本古書通信」 46（7） 1981.7
◇特集・日露戦争文学1 「稿本近代文学（筑波大）」 4 1981.7
◇ミュンヘン物語 （小松伸六）「文学界」 1981.7,9～12
◇森鷗外「堺事件」について（下） （高橋正）「土佐史談」 157 1981.7
◇来日したエリーゼへの照明―「舞姫」異聞の謎解き作業の経過 （金山重秀, 成田俊謄）「国文学 解釈と鑑賞」 46（8） 1981.8
◇論理に勝って気合い負け逍遙 （谷沢永一）「新潮」 78（8） 1981.8
◇鷗外「高瀬舟」論（上） （秦行正）「福岡大学人文論叢」 13（2） 1981.9
◇文芸を尊敬せよ―ホトトギス問題につき森鷗外氏の所説（資料紹介） （岩佐しのぶ）「近代文学研究と資料（早大）」 12 1981.9
◇「舞姫」論 （丹羽章）「日本文芸研究」 33（3） 1981.9
◇森鷗外の用語「写像」について （清田文武）「新大国語」 7 1981.9
◇森鷗外論（4完）鷗外の生き方（2） （佐藤全弘）「少数者」 11 1981.9
◇鷗外の追撃を断ち切った逍遙（「近代文学論争譜」（4）） （谷沢永一）「新潮」 78（10） 1981.10
◇鷗外文芸の思想性 （篠原義彦）「日本文芸学」 17 1981.10
◇鷗外「舞姫」論 （立川昭二郎）「日本文芸学」 17 1981.10
◇出遊する鷗外―日乗類を中心として （小島憲之）「国語国文」 50（10） 1981.10
◇父鷗外のいろけについて （森茉莉）「婦人公論」 66（10） 1981.10
◇日本の世界的役割を考える―森鷗外にみる「改革」と米ソ対決の「デタント」 （村上巌）「自由」 23（10） 1981.10
◇遊鬼―鷗外「百物語」後日譚 （白洲正子）「芸術新潮」 32（10） 1981.10
◇鷗外と森林太郎との使い分け （吉野俊彦）「経済往来」 33（11） 1981.11
◇P.ハイゼ「ドイツ短篇集」序論・訳並びに註 （笠原賢介）「比較文学研究」 40 1981.11
◇「舞姫」二題（小特集・近代の小説） （浦部重雄）「解釈」 27（11） 1981.11
◇森鷗外におけるツルゲーネフ―調査報告 （我田広之）「比較文学研究」 40 1981.11

◇鷗外とその紋様（24）「妄想」の「寂しさ」 （竹盛天雄）「國文學 解釈と教材の研究」 26（16） 1981.12
◇「於母影」の英詩（英米文学の翻訳） （杉田弘子）「英語青年」 127（9） 1981.12
◇「かのやうに」の構造 （黒川正巳）「島根医科大学紀要」 4 1981.12
◇森鷗外『雁』の分析―時間・空間・人間 （大熊徹）「文学と教育」 2 1981.12
◇『青年』論―「弱い」鷗外の意義をめぐって （小林一郎）「文学論藻」 56 1981.12
◇鷗外と漱石の感動詞「ふん」と「うん」 （鈴木敏幸）「文学と教育」 2 1981.12
◇鷗外の軌跡（2）明治43年後半の政治的状況をめぐって （篠原義彦）「日本文学研究（高知日本文学研究会）」 19 1981.12
◇鷗外「舞姫」論 （松尾直昭）「日本文芸研究」 33（4） 1981.12
◇森鷗外―人と文学のふるさと（7） （大島田人, 八角真）「明治大学教養論集」 156 1982
◇鷗外の歴史小説・その始動（下）「興津弥五右衛門の遺書」の改稿上の問題点をめぐって （蒲生芳郎）「宮城学院女子大学研究論集」 56 1982
◇森林太郎と陸軍と （神谷昭典）「中京女子大学紀要」 16 1982
◇ライプチヒの森鷗外―フランツ・ホフマンとの関係を中心に （清田文武）「新潟大学教育学部紀要（人文・社会科学編）」 24（1） 1982
◇森林太郎と陸軍と （神谷昭典）「中京女子大学紀要」 16 1982
◇森鷗外「最後の一句」私見 （勝倉寿一）「文芸研究（日本文芸研究会）」 99 1982.1
◇森鷗外「山淑太夫」考（2）その典拠について （工藤茂）「別府大学紀要」 23 1982.1
◇森鷗外「大塩平八郎」とゲーテ「ギヨッツ」―平八郎と宇津木の人物造型をめぐって （有光隆司）「国文学論集（上智大）」 15 1982.1
◇日本神話と近代思想―「かのやうに」と芥川龍之介「老いたる素戔嗚尊」 （川副武胤）「山形大学紀要（人文科学）」 10（1） 1982.1
◇「夢がたり」論 森鷗外の生のかたち （小林幸夫）「上智大学国文学論集」 15 1982.1
◇旅と棄郷と（7）鷗外の「独逸日記」 （近藤信行）「早稲田文学（第8次）」 68 1982.1
◇鷗外 その紋様（25）『藤鞆絵』から『百物語』まで （竹盛天雄）「國文學 解釈と教材の研究」 27（1） 1982.1
◇森鷗外小特集 「樟蔭国文学（大阪樟蔭女子大）」 19 1982.2
◇「石見人」森林太郎―鷗外覚え書き （倉西博之）「金蘭短期大学研究誌」 12 1982.2
◇旅と棄郷と（8）留学小説 （近藤信行）「早稲田文学（第8次）」 69 1982.2
◇鷗外その紋様（26）『藤鞆絵』から『百物語』まで―統一 （竹盛天雄）「國文學 解釈と教材の研究」 27（3） 1982.2
◇鷗外森林太郎帰国前後の欝屈と憂悶―「大和会」演説・「還東日乗」を中心に （神田孝夫）「東洋大学大学院紀要（文学研究科）」 18 1982.2
◇「エリス」の発見―森鷗外の恋人を探す （中川浩一）「茨城大学教育学部紀要（人文・社会科学）」 31 1982.3
◇「うたかたの記」を読む （重松泰雄）「文学論輯」 28 1982.3
◇九州の文化と森鷗外 「西日本文化」 179 1982.3
◇医人・文豪鷗外・森林太郎 （大豫敏三）「医学図書館」 29（1） 1982.3
◇『羽鳥千尋』における鷗外の創意 （林正子）「国文論叢（神戸大）」 9 1982.3
◇「雁」「ある女の生涯」「お富の貞操」の方法―その〈動物〉の役割を中心に （安藤幸輔）「駒沢短大国文」 12 1982.3
◇『護持院原の敵討』論―宇下の造型を中心として （津田洋行）「文芸研究 明治大学文学部紀要」 47 1982.3
◇『山椒大夫』についての一考察―官僚森鷗外を通して （大割郁代, 金子清美）「東京成徳国文」 5 1982.3
◇森鷗外とゲーテにおける"Resignation"序説（3） （原田茂, 小島正男）「東京理科大学紀要（教養篇）」 14 1982.3
◇森鷗外と津和野 （水内透他）「山陰文化研究紀要（人文・社会科学篇島根大）」 22 1982.3
◇森鷗外の「遊び」の文学について （三上孝廉）「新潟短期大学社会科学論集」 19 1982.3
◇「舞姫」論―変貌の抒情 （服部康喜）「活水論文集（日本文学科編）（活水女子大・同短大）」 25 1982.3
◇鷗外「うたかたの記」の世界 （増山初子）「日本文芸研究」 34（1） 1982.3
◇鷗外 その紋様（27）「イブセンの所謂幽霊」について （竹盛天雄）「國文學 解釈と教材の研究」 27（4） 1982.3
◇森鷗外『ながし』の原資料「ぬれきぬ」について―その比較・検討を軸に （山崎国紀紹介）「文学」 50（4） 1982.4
◇森鷗外の『舞姫』と『新説八十日間世界一周』 （赤羽学）「文芸研究（日本文芸研究会）」 100 1982.5
◇西欧思想の擁護と排斥―大逆事件後の森鷗外と井上哲次郎（外来文

◇と日本文化）（渡辺善雄）「文芸研究（日本文芸研究会）」100 1982.5
◇西周、森鷗外は板橋へ何しに来たか（相沢氏研究（5））（小原武三郎）「板橋史談」90 1982.5
◇樗牛が鷗外に罠を仕掛る（「近代文学論争譜」(5)）（谷沢永一）「新潮」79（6）1982.6
◇旅と棄郷と（9）留学小説一統一（近藤信行）「早稲田文学（第8次）」73 1982.6
◇特集・鷗外—その表現の神話学「國文學 解釈と教材の研究」27（10）1982.7
◇明治の三文豪—漱石・鷗外・藤村（仲秀和）「樟蔭紀要」5 1982.7
◇鷗外 その紋様（28）『雁』について（竹盛天雄）「國文學 解釈と教材の研究」27（10）1982.7
◇メーテルリンク受容をめぐって—鷗外における「運命」(1)（金子幸代）「言語と文芸」93 1982.7
◇近代短歌の発見（10）「短歌」29（8）1982.8
◇評論から手を引く羽目になった鷗外（「近代文学論争譜」(6)）（谷沢永一）「新潮」79（8）1982.8
◇「舞姫」エリス攷（水谷昭夫）「日本文芸研究」34（3）1982.9
◇福永武彦と鷗外（特集・福永武彦）（長谷川泉）「国文学 解釈と鑑賞」47（10）1982.9
◇鷗外 その紋様（29）『雁』について(2)（竹盛天雄）「國文學 解釈と教材の研究」27（12）1982.9
◇九州における斎藤茂吉と森鷗外序説（斎藤茂吉と地域社会—第七回共同地域調査）（斎藤茂吉と地域社会—第七回共同地域調査）（杉沼永一）「地域社会研究」7 1982.10
◇森鷗外「文づかひ」の世界（清田文武）「日本近代文学」29 1982.10
◇対決を回避して通走する鷗外（「近代文学論争譜」(7)）（谷沢永一）「新潮」79（10）1982.10
◇鷗外その紋様（30）『雁』について(3)（竹盛天雄）「國文學 解釈と教材の研究」27（14）1982.10
◇鷗外のドイツ（平野幸仁）「横浜国立大学人文紀要（第2類 語学文学）」29 1982.10
◇森鷗外と化学—「テエベス百門の大都」の一門をめぐって（飯島義郎）「早稲田商学」298 1982.10
◇存在の根への郷愁—鷗外の現代長編小説三つの関連（宮崎隆広）「近代文学論集」8 1982.11
◇『舞姫』再考（山崎国紀）「花園大学国文学論究」10 1982.11
◇鷗外の一面（三島泰治先生他御退職記念号）（藤井和義）「神戸学院大学紀要」13 1982.11
◇鷗外 その紋様（31）『雁』について(4)（竹盛天雄）「國文學 解釈と教材の研究」27（15）1982.11
◇「寒山拾得」新注（古田島洋介）「比較文学研究」42 1982.11
◇もののふの道 日本を貫走する武士道の歴史（52）武士道終焉（高橋富雄）「武道」193 1982.12
◇「一点の彼を増む心」—「舞姫」試論（橋口晋作）「文学研究（日本文学研究）」56 1982.12
◇鷗外の軌跡(3)思想小説「かのやうに」をめぐる諸問題について（篠原義彦）「日本文学研究」20 1982.12
◇鷗外 その紋様（32）『雁』について(5)（竹盛天雄）「國文學 解釈と教材の研究」27（16）1982.12
◇恬淡で細心な態度—森鷗外（主題・お金）（中島香）「思想の科学（第7次）」26 1982.12
◇「興津弥五右衛門の遺書」論（宮崎隆広）「語文研究」54 1982.12
◇森鷗外—人と文学のふるさと（大島見人、八角真）「明治大学教養論集」165 1983
◇森鷗外「そめちがへ」論（剣持彦彦）「二松学舎大学人文論叢」24 1983
◇森鷗外「都甲太兵衛」論（清田文武）「新潟大学教育学部紀要（人文・社会科学編）」25（1）1983
◇太田豊太郎の象形—統合的な理解のために（佐々木勝）「青山学院大学文学部紀要」25 1983
◇〔森〕鷗外研究年表(4)（苦木虎雄）「鷗外（森鷗外記念会）」32 1983.1
◇「鷗外文庫」目録抄(8)（坂本透次）「鷗外（森鷗外記念会）」32 1983.1
◇「お佐代さん」考（浦部重雄）「愛知淑徳大学国語国文」6 1983.1
◇「三四郎」と「青年」（歩行と思索）（伊東俊太郎）「現代思想」11（1）1983.1
◇森鷗外「電車の窓」の世界（清田文武）「文芸研究」102 1983.1
◇鷗外 その紋様（33）『雁』について(6)（竹盛天雄）「國文學 解釈と教材の研究」28（1）1983.1
◇太田豊太郎の人物像—出自との関係を中心として—（清田文武）「新大国語」9 1983.1
◇「舞姫」論への一視点（檀原みすず）「樟蔭国文学（大阪樟蔭女子大）」20 1983.2
◇森鷗外「花子」の解釈（清田文武）「文化（東北大）」46（3・4）1983.2
◇森鷗外「山椒大夫」の世界（上野芳喜）「学苑（関西大倉高校）」22 1983.2
◇鷗外 その紋様（34）『灰燼』再考（竹盛天雄）「國文學 解釈と教材の研究」28（3）1983.2
◇鷗外『渋江抽斎』のこと（福井貞助）「静大国文」28 1983.2
◇鷗外『青年』ノート—小泉純一の性格について（山口幸祐）「富山大学人文学部紀要」6 1983.2
◇近代日本の日記(2)成島柳北と森鷗外（小田切進）「群像」38（2）1983.2
◇復元された鷗外の旧居（佐渡谷重信）「文芸春秋」61（2）1983.2
◇「ナウマン論争」の性格—鷗外・論争の特質（山崎国紀）「花園大学研究紀要」14 1983.3
◇「阿部一族」（歩行と思索）（伊藤俊太郎）「現代思想」11（3）1983.3
◇「盗侠行」論—初期鷗外の文学的モチーフ（松木博）「国語国文研究」69 1983.3
◇「舞姫」前後（小島憲之）「国語国文」52（3）1983.3
◇『青年』論—鷗外の青年像（小林玲子）「日本文学論叢（茨城キリスト教短大）」8 1983.3
◇森鷗外とスペイン文学（蔵本邦夫）「日本古書通信」48（3）1983.3
◇森鷗外と西洋（水内透,小島一良,南勉）「山陰文化研究紀要（人文・社会科学篇）」23 1983.3
◇森鷗外と龍之介—特集・芥川龍之介（山崎一穎）「国文学 解釈と鑑賞」48（4）1983.3
◇鷗外 その紋様（35）『灰燼』再考(2)（竹盛天雄）「國文學 解釈と教材の研究」28（4）1983.3
◇鷗外・史伝の位相—新聞連載物としての側面（片山宏行）「山手国文論攷」5 1983.3
◇鷗外「オリエント急行」に乗る（交通・観光と文学(2)）（中川浩一）「トランスポート」33（3）1983.3
◇鷗外「天保物語」論(1)「護持院原の敵討」を中心に（須田喜次）「大妻女子大学文学部紀要」15 1983.3
◇鷗外の寄贈本（朝倉治彦）「参考書誌研究」26 1983.3
◇鷗外ノート(2)中期世界—岡崎理論を基軸に(2)（奥野政元）「活水論文集（日本文学科編）（活水女子大）」26 1983.3
◇鷗外詩歌考—「我百首」を中心とした一考察（須田喜次）「大妻国文」14 1983.3
◇近代日本の日記(3)鷗外の「航西日記」（小田切進）「群像」38（3）1983.3
◇交通・観光と文学(2)鷗外オリエント急行に乗る（中川浩一）「トランスポート」33（3）1983.3
◇折口信夫と森鷗外—「用字の周辺」拾遺—小特集・折口信夫—没後30年記念（石内徹）「碼」6 1983.3
◇前田愛氏「ベルリン1888年—都市小説としての『舞姫』—」をめぐり（小泉浩一郎）「東海大学紀要（文学部）」38 1983.3
◇「舞姫」、「うたかたの記」、「文づかひ」のヒロイン設定について（河内章）「愛知大学国文学」22・23 1983.3
◇森鷗外—近代作家年譜集成（磯貝英夫）「國文學 解釈と教材の研究」28（6）1983.4
◇森鷗外—ドッペルゲンガーの調整・拮抗—病跡学の課題と寄与（長谷川泉）「国文学 解釈と鑑賞」48（7）1983.4
◇近代日本の日記(4)一つの青春—「独逸日記」（小田切進）「群像」38（4）1983.4
◇森鷗外・知識人の在り方（上）（村上巌）「自由」25（5）1983.5
◇鷗外「北条霞亭」史料—的矢文書目録稿（尾形仂）「成城国文学論集」15 1983.5
◇近代日本の日記(5)挫折の日—鷗外「独逸日記」（小田切進）「群像」38（5）1983.5
◇森鷗外・知識人の在り方（下）（村上巌）「自由」25（6）1983.6
◇森鷗外「山椒大夫」論（出口汪）「日本文芸研究」35（2）1983.6
◇二葉亭四迷の談話筆記と森鷗外の投書をめぐって（山本芳明）「國文學 解釈と教材の研究」28（8）1983.6
◇鷗外 その紋様（36）『灰燼』再考(3)（竹盛天雄）「國文學 解釈と教材の研究」28（8）1983.6
◇鷗外「高瀬舟」論（下）（秦行正）「福岡大学人文論叢」15（1）1983.6
◇近代文学の女性像—お佐代・葉子・ナオミ（竹内清巳）「冬扇」8 1983.6
◇旅と棄郷と（13）普請中という表現（近藤信行）「早稲田文学（第8次）」85 1983.6
◇鷗外研究文献目録—昭和54年1月〜55年12月（岩佐しのぶほか編）「國文學 解釈と教材の研究」28（9）1983.7
◇〈国詞〉と〈東京詞〉—少年鷗外の一風景（岸まさよ）「立教大学日本文学」50 1983.7
◇森鷗外—日本現代文学研究必携（三好行雄）「別冊国文学」特大号 1983.7
◇森鷗外と中江藤樹（高橋一郎）「奥出雲」99 1983.7

◇鷗外 その紋様(37)『灰燼』再考(4) (竹盛天雄)「國文學 解釈と教材の研究」 28(9) 1983.7
◇見果てぬ青春の造型(上)漱石『趣味の遺伝』と鷗外『雁』をめぐって (津田洋行)「論究(二松学舎大)」 5 1983.7
◇森鷗外「半日」の方法—日露戦後文学における家・家庭 (平岡敏夫)「国語と国文学」 60(8) 1983.8
◇鷗外 その紋様(38)『灰燼』再考(5) (竹盛天雄)「國文學 解釈と教材の研究」 28(10) 1983.8
◇鷗外研究文献目録—昭和56年1月~56年12月 (岩佐しのぶほか編)「國文學 解釈と教材の研究」 28(12) 1983.9
◇鷗外 その紋様(39)『灰燼』再考(6) (竹盛天雄)「國文學 解釈と教材の研究」 28(12) 1983.9
◇鷗外「舞姫」序論 (増山初子)「日本文芸研究」 35(3) 1983.9
◇エリス異聞—鷗外におけるエリス残照の位置 (鈴木康治)「独協大学教養諸学研究」 18 1983.9
◇「アンドレアス・タアマイエルが遺書」をめぐって—「豊熟の時代」前夜 (酒井敏)「文芸と批評」 5(9) 1983.10
◇森鷗外『ながし』論—原資料『ぬれきぬ』(大下次郎)との関係について (山崎国紀)「国文学論究(花園大)」 11 1983.10
◇那須与一,「ウィルヘルム・テル」,鷗外「雁」における命中についての比較考察 (武田昭)「東北学院大学論集(一般教育)」 76 1983.10
◇鷗外 その紋様(40)『灰燼』再考(7) (竹盛天雄)「國文學 解釈と教材の研究」 28(13) 1983.10
◇森鷗外『ながし』論—原資料『ぬれきぬ』(大下次郎)との関係について— (山崎国紀)「国文学論究(花園大)」 11 1983.10
◇森鷗外の岡山出張 (富岡敬之)「岡山地方史研究会々報」 38 1983.10
◇鷗外「文づかひ」試論 (津田洋行)「文芸研究(明治大学文芸研究会)」 50 1983.10
◇「西楽論争」—森鷗外と上田敏のヴァーグナー論 (小林典子)「比較文学研究」 44 1983.10
◇森鷗外「山椒大夫」論—語り物諸本との対比に即して (大島保льって)「比較文学研究」 44 1983.10
◇「興津弥五右衛門の遺書」後考(下)蒲生芳郎氏の〈論法〉について (福本彰)「就実語文」 4 1983.11
◇『阿部一族』論—歴史世界を越えるもの (宮崎隆広)「近代文学論集」 9 1983.11
◇「舞姫」諸本考再論 (檀原みすず)「樟蔭国文学」 21 1983.11
◇森鷗外文芸評論の研究(6)『「志がらみ草紙」の本領を論ず』の論理 (嘉部嘉隆)「樟蔭国文学」 21 1983.11
◇鷗外 その紋様(41)『不思議な鏡』から『ながし』まで(1) (竹盛天雄)「國文學 解釈と教材の研究」 28(14) 1983.11
◇「舞姫」諸本考再論 (檀原みすず)「樟蔭国文学(大阪樟蔭女子大学)」 21 1983.11
◇森鷗外「魔睡」考(下) (清田文武)「新大国語」 10 1983.11
◇森鷗外とツルゲーネフ—ツルゲーネフ没後100年記念 「窓」 47 1983.12
◇鷗外 その紋様(42)『不思議な鏡』から『ながし』まで(2) (竹盛天雄)「國文學 解釈と教材の研究」 28(16) 1983.12
◇「高瀬舟」私解 言うことによる覚醒 (岸まさよ)「日本文学(立教大)」 51 1983.12
◇森鷗外『阿部一族』論覚書 (森嶋邦彦)「神学と人文(大阪基督教短期大学)」 23 1983.12
◇鷗外・森林太郎と況斎・石黒忠悳 (坂本秀次)「山梨学院大学一般教育論集」 6 1983.12
◇「文学と自然」論争における鷗外—『文学ト自然 ヲ読ム』の残した課題— (小倉斉)「淑徳国文(愛知淑徳短期大学)」 25 1983.12
◇見果てぬ青春の造形(下)漱石『趣味の遺伝』と鷗外『雁』をめぐって (津田洋行)「論究(二松学舎大)」 13 1983.12
◇『論衡』と江戸漢学 (大久保隆郎)「言文(福島大学)」 31 1983.12
◇「最後の一句」の意図—大逆事件との関連 (藤本千鶴子)「近代文学試論」 21 1983.12
◇森鷗外「舞姫」私議—辞書と法律,その他 (浅田隆)「奈良大学紀要」 12 1983.12
◇森鷗外—人と文学のふるさと(9) (大島田人)「明治大学教養論集」 172 1984
◇「そめちがへ」と「かくれんぼ」—明治30年の鷗外 (須田喜代次)「大妻国文」 15 1984
◇若き森鷗外における文芸と医学—文芸理論の基礎的問題をめぐって (清田文武)「新潟大学教育学部紀要 人文・社会科学編」 25(2) 1984
◇「人生相渉論争」の波紋(上) (佐藤善也)「立教大学研究報告 人文科学」 43 1984
◇森鷗外と西周 (清田文武)「新潟大学教育学部紀要 人文・社会科学編」 26(1) 1984
◇鷗外の軌跡—「高瀬舟」「寒山拾得」と「上院占席」問題 (篠原義彦)「高知大学学術研究報告 人文科学」 33 1984
◇森鷗外「堺事件」—その歴史性・文学性をめぐって (岡林清水)「高知大学学術研究報告 人文科学」 33 1984

◇森鷗外—人と文学のふるさと (大島田人,八角真)「明治大学人文科学研究所紀要 別冊」 4 1984
◇森鷗外参考文献目録(昭和57年1月以降58年7月) (田中実)「国文学 解釈と鑑賞」 49(2) 1984.1
◇森鷗外の断層撮影像 (長谷川泉)「国文学解釈と鑑賞」 49(2) 1984.1
◇鷗外をめぐる人物群像 「国文学解釈と鑑賞」 49(2) 1984.1
◇「舞姫」背景の発掘と照明 「国文学解釈と鑑賞」 49(2) 1984.1
◇伊達一男の遺稿—加藤九祚「天の蛇」をめぐって (長谷川泉)「国文学解釈と鑑賞」 49(2) 1984.1
◇森鷗外その紋様(43)集としての『走馬燈』『分身』の意味 (竹盛天雄)「国文学」 29(1) 1984.1
◇鷗外「諦念」の能動性—「かのやうに」を視座として (渡辺善雄)「文芸研究(日本文芸研究会)」 105 1984.1
◇鷗外の文庫本(未定稿) (大屋幸世)「鶴見大学紀要 第1部 国語国文学編」 21 1984.2
◇泉鏡花とBalzac—鷗外が『L'Interdiction』と『化銀杏』を比較した事に関する一考察— (村松定孝)「国文学科紀要(上智大)」 1 1984.2
◇「かのやうに」再論。併せて『鶏』『蛇』『帝謚考』のこと—小堀氏の所論に関説して鷗外後年の思想に及ぶ— (川副武胤)「史学論集(山形大)」 4 1984.2
◇森鷗外比較文学研究 (蔵本邦夫)「サピエンチア 英知大学論叢」 18 1984.2
◇「恋愛」のかたちと〈公私〉の接点(上)森鷗外における「日本の近代」 (柴田庄一)「名古屋大学言語文化論集」 5(2) 1984.3
◇「阿部一族」について(1)鷗外ノート(4) (奥野政元)「活水論文集 日本文学科編(活水女子大学)」 27 1984.3
◇森鷗外と西洋(続) (水内透他)「山陰文化研究紀要(島根大学)」 24 1984.3
◇荷風と鷗外と(特集=永井荷風の世界) (秋山和夫)「国文学解釈と鑑賞」 49(4) 1984.3
◇食の文学を読む—鷗外「牛鍋」(特集・食の文学博物誌) (小泉浩一郎)「国文学」 29(3) 1984.3
◇森鷗外「青年」について (古郡康人)「芝学園国語科研究紀要」 2 1984.3
◇先導者としての森鷗外覚え書—「蛇」のころ,あるいは「忘想」まで (田中実)「国文学論考」 20 1984.3
◇「恋愛」のかたちと〈公私〉の接点(上) (柴田庄一)「言語文化論集」 5(2) 1984.3
◇森鷗外とドイツの学問・芸術論 (上垣外憲一)「東洋大学紀要 教養課程編」 23 1984.3
◇森鷗外と西洋—統一 (水内透,小島一良,南勉)「山陰文化研究紀要 人文・社会科学篇」 24 1984.3
◇鷗外の剽窃 読書遊記16 (向井敏)「本」 9(4) 1984.4
◇ベルリンの鷗外記念館 (長谷川泉)「国文学解釈と鑑賞」 49(5) 1984.4
◇鷗外の遺詩碑 (榊田凌次郎)「北域」 19 1984.5
◇「澀江抽斎」森鷗外自筆増訂稿本」の考察—その復元と校異を中心に (山崎国紀)「ビブリア」 82 1984.5
◇鷗外「独逸日記」の成立 (阪上善政)「関西外国語大学研究論集」 40 1984.5
◇母と子—森鷗外の場合を中心に (中山和子)「梅光女学院大学開講座論集(文学における母と子)」 15(笠間選集148) 1984.6
◇「舞姫」試論 (小森陽一)「成城国文学論集」 16 1984.6
◇鷗外の千住の家—百年前ドイツで公表されていた (高田渙)「足立史談」 197 1984.7
◇近代作家と「江戸」(第2部)鷗外・露伴の漢詩唱見 (高橋俊夫)「清和女子短期大学紀要」 13 1984.8
◇森鷗外『舞姫』—優しさの持つ残酷性について (岡省三)「国語通信」 267 1984.8
◇森鷗外(第1回日本医学会発起人各位宛)(日本人100人の手紙) (磯貝英夫)「国文学」 29(12) 1984.9
◇鷗外「舞姫」論 (増山初子)「日本文芸研究」 36(3) 1984.9
◇鷗外,敗れたり (浅岡邦雄)「スペイン現代史(法政大学スペイン現代史研究室)」 創刊号 1984.10
◇倩女離魂—鷗外「妄想」のためのノート (山田晃)「古典と現代」 52 1984.10
◇鷗外「椙原品」私見—その位置と内実への疑義 (片山宏行)「山手国文論攷(御子柴市蔵教授退職記念)」 5 1984.10
◇明治文学におけることばの意識—鷗外の場合を中心として— (大島田人)「明治大学公開文化講座」 2 1984.10
◇「阿部一族」について(2)—鷗外ノート 5— (奥野政元)「活水日文」 11(故清田正喜先生追悼号) 1984.10
◇「恋愛」のかたちと〈公私〉の接点(下)森鷗外における「日本の近代」 (柴田庄一)「言語文化論集(名古屋大学)」 6(1) 1984.11
◇翻訳「緑葉の歎」について—鷗外初期翻訳文学考 (重松泰雄)「文学」 52(11) 1984.11

◇「恋愛」のかたちと〈公私〉の接点(下) 森鷗外における「日本の近代」 (柴田庄一)「言語文化論集」6(1) 1984.11
◇鷗外歴史小説を語る—「山椒大夫」を視座として—(対談) (水谷昭夫, 福本彰)「就実語文(就実女子大学)」5 1984.12
◇「明治22年批評家の詩眼」における鷗外と忍月 (小倉斉)「淑徳国文(愛知淑徳短期大学)」26 1984.12
◇森鷗外と太宰治—太宰治の作品に拾う (田中九州男)「西日本文化」207 1984.12
◇「烏有先生」の意味—鷗外を軸とする論争の再検討1— (松木博)「異徒」6 1984.12
◇近代文学における身体—「舞姫」を中心に (吉田煕生)「梅光女学院大学公開講座論集」16 1984.12
◇鷗外初期文芸の研究(1)「水沫集」の世界 (長谷川和子)「日本文芸研究」36(4) 1984.12
◇「高瀬舟」における逆転の構図—羽田庄兵衛と喜助の問題 (篠原義彦)「高大国語教育」32 1984.12
◇「佐橋甚五郎」論 (佐々木充)「千葉大学教育学部研究紀要」33 (第1部) 1984.12
◇「明治22年批評家の詩眼」における鷗外と忍月 (小倉斉)「淑徳国文」26 1984.12
◇森鷗外「棧橋」の世界 (清田文武)「新潟大学教育学部紀要 人文・社会科学編」26(2) 1985
◇森鷗外と芸術の形式 (清田文武)「新潟大学教育学部紀要 人文・社会科学編」27(1) 1985
◇森鷗外—人と文学のふるさと(10) (大島田人, 八角真)「明治大学教養論集」179 1985
◇明治末年の鷗外 (前川清太郎)「人文研究(神奈川大学人文学会)」93 1985
◇鷗外と漱石—乃木希典の「殉死」をめぐる2つの文学 (西成彦)「比較文学」28 1985
◇若き森鷗外における「学問の自由」の認識の体験 (清田文武)「比較文学」28 1985
◇早稲田大学講師・森林太郎 (高橋正明)「早稲田大学史記要」17 1985.1
◇〈シンポジウム〉森鷗外『舞姫』をどう読むか (分銅惇作, 阿部芳夫)「言語と文芸」96 1985.1
◇鷗外・漱石と啄木(石川啄木〈特集〉) (熊坂敦子)「国文学 解釈と鑑賞」50(2) 1985.2
◇森鷗外・歌唱作者の一側面 (八角真)「明大商学論叢」67(2〜7) 1985.2
◇「傍観者」に付き従う女性—鷗外作品中の太郎と品— (清田文武)「新大国語」11 1985.2
◇森鷗外・於母影研究 (「国文学論叢(慶応義塾大学)」7 1985.2
◇鷗外と杢太郎—戯曲作品をめぐって(木下杢太郎〈特集〉) (杉山二郎)「悲劇喜劇」38(3) 1985.3
◇洋行と"からゆき"—反「舞姫」小説の位相 (出原隆俊)「文学」53(3) 1985.3
◇平出修, 大逆事件弁護とその根幹—森鷗外の示教をめぐって (中村文雄)「国史学」125 1985.3
◇『うたかたの記』論—「ロオレライ」の構図をめぐって— (渡辺千恵子)「成城国文学(成城大学)」1 1985.3
◇『青年』の世界 (野見山睦美)「活水日文」12 1985.3
◇将校相当官森鷗外—軍制に於ける軍医の位置— (松井利彦)「東海学園国語国文」27 1985.3
◇鷗外二題 (河原英雄)「蒐書通信」10 1985.3
◇鷗外漁史とは誰ぞ (金文京)「三田評論」856 1985.3
◇「鎚一下」考—森鷗外とマックス＝ヴェーバーの交差 (荒木康彦)「文学」53(4) 1985.4
◇「文づかひ」の決着—テクストと作者の通路 (田中実)「文学」53(4) 1985.4
◇鷗外「青年」の文芸構造(1)序 (渡辺孝夫)「日本文芸研究」37(1) 1985.4
◇森鷗外「静」の世界 (清田文武)「文芸研究(日本文芸研究会)」109 1985.5
◇「大塩平八郎」論管見 (芹澤光興)「名古屋短期大学研究紀要」23 1985.5
◇折口信夫と森鷗外—大谷晃一著『鷗外, 屈辱に死す』読後— (石内徹)「みとす」34 1985.5
◇鷗外「ぢいさんばあさん」論(上)(噂話)の意味をめぐって (秦行正)「福岡大学人文論叢」17(1) 1985.6
◇傍観者の日記・作品の中の傍観者—森鷗外小論— (中野新治)「梅光女学院大学公開講座論集」17(日記と文学) 1985.6
◇「独逸日記」—ミュンヘン時代の一面(魅せられた日記文学-古典から近代まで〈特集〉 (竹盛天雄)「国文学 解釈と鑑賞」50(8) 1985.7
◇鷗外歴史小説の展開を巡って (玉置邦雄)「日本文芸研究」37(2) 1985.7
◇森鷗外の遺書 (長谷川泉)「明治大学公開文化講座」4 1985.7

◇森鷗外「雁」のモデル—石原と嘉納治五郎— (松井利彦)「東海学園女子短期大学紀要」20 1985.7
◇「高瀬舟」について (前島和子)「九州大国文」14 1985.7
◇鷗外「北条霞亭」史料目録—的矢文書・浜野知三郎旧蔵文書 (尾形仂)「成城国文学論集」17 1985.8
◇森鷗外論断章—とくに藩医・軍医の問題について (重松泰雄)「文学論輯」31 1985.8
◇現代国語教材『舞姫』考 (矢部彰)「文芸と批評」6(2) 1985.8
◇鷗外の俳句—正岡子規との交流を通して— (松井利彦)「東海学園国語国文」28 1985.9
◇「水沫集」の世界—鷗外初期翻訳をめぐる問題 (長谷川和子)「日本文芸研究」37(3) 1985.10
◇鷗外「青年」の世界 (増山初子)「日本文芸研究」37(3) 1985.10
◇森鷗外のドイツ留学の学資金についての一資料 (新妻佳珠子)「目白近代文学(日本女子大学)」6 1985.10
◇鷗外「初期三部作」小論—そのヒロイン形象の意味— (椿井里子)「国文学論究(花園大学)」13(鷲山樹心教授学位受領記念) 1985.10
◇鷗外とゴッホ (前川誠郎)「図書」434 1985.10
◇森鷗外の批評活動とレッシング (中村ちよ)「比較文学研究」48 1985.10
◇人称的世界の生成—鷗外ドイツ3部作における文体と構成(江戸から明治への文学〈特集〉) (小森陽一)「文学」53(11) 1985.11
◇鷗外の千住の家再考(上) (高田渙)「足立史談」214 1985.12
◇「高瀬舟」における逆転の構図—羽田庄兵衛と喜助の問題— (篠原義彦)「高大国語教育」32(岡林清水教授退官記念) 1985.12
◇鷗外の軌跡(4)—五条秀麿の苦渋— (篠原義彦)「日本文学研究(高知日本文学研究会)」23 1985.12
◇森鷗外—人と文学のふるさと(11) (大島田人, 八角真)「明治大学教養論集」191 1986
◇鷗外・漱石の近接について—「草枕」・「生田川」・「青年」— (大石直記)「芸文研究」50 1986
◇鷗外とクライスト (伊藤嘉啓)「比較文学」29 1986
◇鷗外の千住の家再考(中) (高田渙)「足立史談」215 1986.1
◇森鷗外と家—家系にみる文才素養— (永井宏一)「古都のかげり」2 1986.1
◇鷗外・趙遙対立の淵源 (小倉斉)「淑徳国文」27 1986.1
◇鷗外の千住の家再考(下) (高田渙)「足立史談」216 1986.2
◇友の会会員短信—鷗外とローベルト・コッポ (宗田一)「科学医学資料研究」141 1986.2
◇森鷗外における虚無(1)大石路花について (磯貝英夫)「国文学攷」108・109 1986.3
◇佐藤元萇先生と森林太郎 (渡辺春園)「足立史談」217 1986.3
◇鷗外と佐倉 (八重尾比斗史)「歴史研究」299 1986.3
◇「狂気」と「慈悲」と—明治二十二, 三年の鷗外— (矢部彰)「文芸と批評」6(3) 1986.3
◇小説『破戒』構想化の経緯—続「佐久活動の木村熊二」・義塾の出発— (鶴見俊)「研究と評論(法政大学第二中学高等学校)」36 1986.3
◇漱・鷗並び立つ (小島憲之)「学鐙」83(4) 1986.4
◇明治44年, 鷗外の生活—日記の沈黙とさまざまな事件— (浅野洋)「近代風土」25 1986.5
◇鷗外と宗教の問題—科学者の宗教観 (永井宏一)「古都のかげり」3 1986.5
◇1人の著者の本全部でいくら森鷗外・島崎藤村 「日本古書通信」684 1986.7
◇鷗外の千住の家再考 (高田渙)「足立史談」221 1986.7
◇「舞姫」の言葉遣いに関する分析と考察-深く正確に読むための試み (長島猛人)「国語通信」287 1986.8
◇ハルトマン援用の意味—鷗外を軸とする論争の再検討2— (松木博)「異徒」7 1986.8
◇鷗外の打った点 (柴田光彦)「日本歴史」460 1986.9
◇脚気(ビタミンB1欠乏症)に対する森林太郎軍医と鈴木梅太郎教授との考え方の比較 (上山昭則)「関西外国語大学研究論集」44 1986.9
◇鷗外「桟橋」論 (佐藤彩子)「米沢国語国文(山形県立米沢女子短期大学)」13 1986.9
◇続・近代日本の日記(13)大正の日記—漱石・鷗外・龍之介 (小田切進)「群像」41(10) 1986.10
◇投書家時代の森鷗外—「読売新聞」投書欄の再検討(上) (宗像和重)「文学」54(10) 1986.10
◇森鷗外「舞姫」の社会的側面小論—ハイネ, 法の精神, 民間学を中心に— (遠藤誠治)「個人誌作品研究」創刊号 1986.10
◇森鷗外の詩「都鳥」の成立とその波紋-独歩, 透谷, 藤村との関連- (遠藤誠治)「個人誌作品研究」創刊号 1986.10
◇翻訳論からみた日本語論—鷗外・直哉の文体の意味—(特集・日本語論) (柳父章)「言語」15(10) 1986.10
◇投書家時代の森鷗外—「読売新聞」投書欄の再検討(下) (宗像和

◇重）「文学」54(11) 1986.11
◇「因襲」への探究―「阿部一族」論の序にかえて―（松代周平）「函館国語（北海道教育大学）」2 1986.11
◇『雁』論考―偶然の構造とその位相（森安みどり）「就実語文」7 1986.11
◇小説『破戒』構想化の経緯(5)―"小諸郷友"、町議会の動きなど中心に―（鶴見亨）「研究と評論（法政大学第二中学高等学校）」37 1986.11
◇小倉時代の乃木と森鷗外―その相違と共通点（森田定治）「西日本文化」227 1986.12
◇森鷗外試論―あの眼の功罪（木村敦英）「国文学試論（大正大学大学院）」2 1986.12
◇森鷗外と兵食―白米食について―（松井利彦）「東海学園国語国文」30 1986.12
◇『舞姫』現代語訳（高木徹）「名古屋近代文学研究」4 1986.12
◇「改訂」から「原作」への『近松全集』―逍遙・鷗外・露伴・篁村の序文など―（青木稔弥）「文林（松蔭女子学院大学）」21 1986.12
◇『渋江抽斎』の副主人公・森枳園の実像をめぐり（小川康子）「国文学 言語と文芸」100 1986.12
◇森鷗外の「假名遺意見」をめぐって（三瓶弘子）「麗沢大学紀要」43 1986.12
◇森鷗外の大正期―陸軍退職前後（伊狩章）「人文科学研究（新潟大学人文学部）」70 1986.12
◇「ロオレライ」が聞こえる……森鷗外のために（天野雅郎）「地域文化研究（広島大学総合科学部）」13 1987
◇森鷗外「雁」の世界（篠原義彦）「高知大学学術研究報告 人文科学」36 1987
◇森鷗外の漢学的素養について（藤川正数）「岐阜女子大学紀要」16 1987
◇「寒山拾得」―鷗外最後の歴史小説―文学作品をどう読むか3―（荻久保泰幸）「月刊国語教育」6(10) 1987.1
◇鷗外『山椒大夫』の世界（増山初子）「人文論究（関西学院大学）」36(4) 1987.1
◇森鷗外「高瀬舟」の構造―庄兵衛の意識と無意識―（有光隆司）「上智近代文学研究」5 1987.1
◇「ぢいさんばあさん」論（佐々木充）「千葉大学教育学部研究紀要 第1部」35 1987.2
◇「階段の風景」―森鷗外『舞姫』について（日下部英司）「新潟大学国文学会誌」30(伊狩章先生退官記念特集号) 1987.3
◇「鷗外博士談片」をめぐって―大正9年の鷗外―（須田喜代次）「大妻国文」18(浜田義一郎先生追悼) 1987.3
◇「興津弥五右衛門の遺書」論―主人公の人間像を中心に―（早瀬彰）「金沢大学国語国文」12 1987.3
◇「寒山拾得」考（矢部彰）「文芸と批評」6(5) 1987.3
◇「かのやうに」と「興津弥五右衛門の遺書」―その断絶の問題をめぐって―（清田文武）「新潟大学国文学会誌」30(伊狩章先生退官記念特集) 1987.3
◇「階段の風景」―森鷗外『舞姫』について―（日下部英司）「新潟大学国文学会誌」30(伊狩章先生退官記念特集) 1987.3
◇「半日」図式―再活躍時代の小説方法（十木ひづる）「日本文学論集（大東文化大学大学院）」(稲垣達郎先生追悼号) 1987.3
◇『於母影』と森鷗外のドイツ3部作（清田文武）「新大国語（新潟大学）」13 1987.3
◇『舞姫』一考（和田和彦）「富嶽論叢（静岡県立富士高等学校）」4 1987.3
◇『於母影』と森鷗外のドイツ三部作（清田文武）「新大国語」13 1987.3
◇鷗外の史伝について（前川清太郎）「表現研究」45 1987.3
◇鷗外の美学志向―亀井茲明とのかかわりを中心に―（中島久）「花袋研究学会々誌」5 1987.3
◇雑書法楽「枯れ」の作者と読者（出久根達郎）「図書」451 1987.3
◇森鷗外『鶏』をめぐって―鷗外作品史上の位置―（酒井敏）「国文学研究（早稲田大学）」91 1987.3
◇森鷗外『舞姫』の『塵泥』における改稿問題（檀原みすず）「樟蔭国文学（大阪樟蔭女子大学）」24(木村三四吾教授退職記念号) 1987.3
◇森鷗外の美術論―原田直次郎・外山正一をめぐって（伊藤敬一）「日本文学誌要」36 1987.3
◇森鷗外―人と文学のふるさと(12)（大島田人、八角真）「明治大学教養論集」203 1987.3
◇森鷗外の女性描写―「雁」「魚玄機」「キタ・セクスアリス」（鈴木剛）「日本文学論究」46 1987.3
◇森鷗外「青年」論―失敗した教養小説の内実―（酒井敏）「文芸と批評」6(5) 1987.3
◇森鷗外「舞姫」草稿における推敲の意味（承前）（嘉部嘉隆）「樟蔭国文学」24(木村三四吾教授退職記念) 1987.3
◇森鷗外の結婚―幻の閨閥―（松井利彦）「東海学園国語国文」31 1987.3
◇大正期の森鷗外―宮内省御用掛と山県有朋（伊狩章）「新潟大学国文学会誌」30(伊狩章先生退官記念特集号) 1987.3

◇朝比奈知泉の大学論と森鷗外（清田文武）「新潟大学教育学部紀要 人文・社会科学編」28(2) 1987.3
◇日本のベル・エポック(3)鷗外はどうしていたか（飯島耕一）「俳句」36(3) 1987.3
◇日本のベル・エポック(4)鷗外、そして漱石の「草枕」へ（飯島耕一）「俳句」36(4) 1987.4
◇「還東日乗」の「逐客」と愕堂「退去日録」（長谷川泉）「森鷗外研究」1 1987.5
◇「普請中」の世界（清田文武）「森鷗外研究」1 1987.5
◇「興津弥五右衛門の遺書」への一視角―初稿文の〈あとがき〉の読みを通して―（福本彰）「森鷗外研究」1 1987.5
◇「舞姫」についての諸問題(1)（嘉部嘉隆）「森鷗外研究」1 1987.5
◇『半日』の構造―その擬作性と『追儺』の意味―（山崎国紀）「森鷗外研究」1 1987.5
◇鷗外の仏文（須田喜代次）「日本近代文学」36 1987.5
◇鷗外雑談（大屋幸世）「森鷗外研究」1 1987.5
◇鷗外歴史小説の基底思考(1)（谷沢永一）「森鷗外研究」1 1987.5
◇森鷗外と常磐会―主に会の発意者について（中村文雄）「政治経済史学」253 1987.5
◇森鷗外「最後の一句」論―その〈最後の一句〉をめぐり―（小泉浩一郎）「森鷗外研究」1 1987.5
◇森鷗外と大逆事件―言論弾圧と思想統制への抵抗を中心として―（特集・民権と文学）（渡辺善雄）「社会文学」創刊号 1987.6
◇鷗外研究年表(12)（苦木虎雄）「鷗外」41 1987.7
◇森/鷗外の漢学的素養について（藤川正数）「岐阜女子大学紀要」16 1987.7
◇森鷗外の士道―「興津弥五右衛門の遺書」（松井利彦）「東海学園女子短期大学紀要」22 1987.7
◇森鷗外「高瀬舟」(レモンの表紙)（安野光雅）「本」12(7) 1987.7
◇森鷗外医事年譜（松井利彦）「東海学園国語国文」32 1987.9
◇『渋江抽斎』と『伊沢蘭軒』のあいだ―いわゆる歴史物を捉える視点（柴口順一）「国語国文研究（北海道大学）」78 1987.9
◇『重訂西隻散記』の鷗外書き込みについて（布村弘）「解纜」2 1987.9
◇鷗外の犬の名、ほか（久保忠雄）「東北学院大学論集 一般教育」88 1987.9
◇鷗外に学ぶ死生観(特集・死ぬための生き方)（吉野俊彦）「新潮」45(6(9)) 1987.9
◇森鷗外『文づかひ』私見―欠唇の牧童をめぐって―（酒井敏）「文芸と批評」6(6) 1987.9
◇「舞姫」と『当世書生気質』（橋口晋作）「解釈」32(10) 1987.10
◇森鷗外と山県有朋―大正期思想界の一局面(上)（小堀桂一郎）「日本及日本人」1588 1987.10
◇鷗外の大正記念道碑について(1)（高田渙）「足立史談」237 1987.11
◇森鷗外『寒山拾得』(言文一致再説―現代日本語の創造を導いた人々)（山下明）「文学と教育」142 1987.11
◇鷗外およびその文学の性格(下の2)（佐々木雄爾）「佐世保工業高等専門学校研究報告」24 1987.12
◇鷗外の大正記念道碑について(2)（高田渙）「足立史談」238 1987.12
◇森鷗外の「観念小説」論（野末明）「国学院雑誌」88(12) 1987.12
◇創作と感情―森鷗外の作品(1)―（中村啓）「東北大学教養部紀要」48 1987.12
◇森鷗外「うたかたの記」の世界(上)（清田文武）「新潟大学教育学部紀要 人文・社会科学編」29(2) 1988
◇森鷗外と漢時―評釈を中心に（藤川正教）「岐阜女子大学紀要」17 1988
◇森鷗外「うたかたの記」の世界―中―（清田文武）「新潟大学教育学部紀要 人文・社会科学編」30(1) 1988
◇森鷗外「灰燼」論―新聞への拘執を軸として（酒井敏）「中京大学文学部紀要」23(1) 1988
◇森鷗外『舞姫』と「底本」の選定（山下浩）「言語文化論集(筑波大学現代語・現代文化学系)」27 1988
◇明一知識人の用字―森鷗外「青年」について（山田貞雄）「図書館情報大学研究報告」7(1) 1988
◇鷗外・漱石・芥川の文学語彙―程度副詞すこぶる・大変などの場合（和泉紀子）「愛媛国文研究」38 1988
◇森鷗外『舞姫』と「底本」の選定（山下浩）「言語文化論集(筑波大学現代語・現代文化学系)」27 1988
◇森鷗外と平出修と幸徳秋水（篠原義彦）「高知大学学術研究報告 人文科学」37 1988
◇森鷗外とリントナーの心理学（清田文武）「比較文学」31 1988
◇女性解放と森鷗外―「さへづり」の背景と意義（渡辺善雄）「比較文学」31 1988
◇興津弥五右衛門の涙(読む)（小林幸夫）「日本文学」37(1) 1988.1

669

◇森鷗外と山県有朋―大正期思想界の一局面―中―（小堀桂一郎）「日本及日本人」1589 1988.1
◇覆刻版発行以前のオリジナル（長谷川泉）「彷書月刊」4(2) 1988.2
◇逍遥と鷗外―没理想論争を中心に―（小宮曠三）「専修人文論集」41（西川善介・小宮曠三・安良岡康作教授退職記念号）1988.2
◇鷗外と鶴所附・「藤のゆかり」（広瀬千香）「日本古書通信」704 1988.3
◇森鷗外「舞姫」のころ（山極圭司）「国文白百合」19 1988.3
◇森鷗外初期の文体意識に関する覚書(1)（小倉斉）「愛知淑徳短期大学研究紀要」27 1988.3
◇森鷗外―人と文学のふるさと(13)（大島田人、八角真）「明治大学教養論集」213 1988.3
◇森鷗外の「隊務日記」と「シャルロッテンブルグ宮殿」(上)（資料紹介）（大島田人）「明治大学教養論集」205 1988.3
◇水面下の闘い―兆民主筆「自由・平等経綸」と森鷗外（田中実）「国文学論考」24 1988.3
◇本のさんぽ187 逍遥・鷗外・露伴・紅葉・美妙らと「国民之友」『国民小説』（第一）（紅野敏郎）「国文学」33(3) 1988.3
◇森鷗外と山県有朋―大正期思想界の一局面(下)（小堀桂一郎）「日本及日本人」1590 1988.4
◇偶然の一致か模倣か―鷗外の「ヰタ・セクスアリス」と魯迅の「朝花夕拾」（張競）「比較文学研究」53 1988.4
◇森鷗外の在独通信―偶然居士「政海の波瀾」第1報の再検討（宗像和重）「文学」56(5) 1988.5
◇明治の陸軍軍医学校―校長石黒忠悳, 教官森林太郎（坂本秀次）「医学史研究」61 1988.5
◇近代文学の自覚 鷗外と〈近代〉一面―『日本家屋論』をめぐって（特集：「明治文学史」の現在―いま何が論点か）（竹盛天雄）「国文学」33(7) 1988.6
◇森鷗外と平出修（平出彬）「春秋」299 1988.6
◇森鷗外・ふたつの業績（大石汎）「早稲田大学国語教育研究」8 1988.6
◇「新しき女」たちの台頭―日独における女性解放と森鷗外―（特集・女性解放と文学）（金子幸代）「社会文学」2 1988.7
◇鷗外のいわゆる歴史物を分けるもの―筋, 論理, そして構成（柴口順一）「国語国文研究」80 1988.7
◇故人に近接するひととき（小島憲之）「学鐙」85(7) 1988.7
◇森鷗外と「軍人勅諭」―智と徳行の必要―（松井利彦）「東海学園女子短期大学紀要」23（長谷川知一教授退休記念号）1988.7
◇鷗外「於母影」と松陰「野山獄読書記」（岡崎三郎）「郷土石見」21 1988.8
◇森鷗外「舞姫」のスタイルの誕生（清田文武）「文学・語学」118 1988.8
◇漢語あそび―鷗外語の周辺（小島憲之）「文学」56(10) 1988.10
◇森鷗外の死とその創作欲の秘密（作家の日記〔4〕）（松本清張）「新潮45」7(10) 1988.10
◇「舞姫」論のアポリア(上)（渥見秀夫）「AMOR ET LUMEN（愛光学園）」5 1988.10
◇鷗外「佐橋甚五郎」小考―為政者像への視線（山崎国紀）「花園大学国文学論究」16 1988.10
◇「舞姫」考（矢部彰）「文芸と批評」6(8) 1988.10
◇「孤独地獄」からの脱出（特集 寂しさの効用）（吉野俊彦）「新潮45」7(11) 1988.11
◇鷗外「小倉日記」発見経緯（松本清張）「三田文学」67(15) 1988.11
◇漢語あそび―鷗外語「係恋」の場合（小島憲之）「文学」56(11) 1988.11
◇森鷗外のドイツ留学―陸軍将官との交叉年譜―（松井利彦）「東海学園国語国文」34（建部一男先生追悼）1988.11
◇森林太郎と陸軍兵食と脚気(上)（山下政三）「UP」193 1988.11
◇1900年の森鷗外―世紀末文芸観をめぐって（尹相仁）「比較文学研究」54 1988.11
◇森林太郎と陸軍兵食と脚気(下)（山下政三）「UP」194 1988.12
◇『普請中』の書記法(1)（中路正恒）「詩論」12 1988.12
◇「寒山拾得」の世界（西川正子）「日本文芸学（日本文芸学会）」25（学会創立25周年特集）1988.12
◇森鷗外と漢詩(上)作品を中心に（藤川正数）「岐阜女子大学紀要」18 1989
◇「かのやうに」―「鈿一下」からの照射（鷹尾由紀子）「高大国語教育」37 1989
◇森鷗外「カズイスチカ」の構図（篠原義彦）「高大国語教育」37 1989
◇森鷗外論考―「古い手紙から」への道程（篠原義彦）「高知大学学術研究報告 人文科学」38(1) 1989
◇「舞姫」の主題とその展開(上)（清田文武）「新潟大学教育学部紀要 人文・社会科学編」31(1) 1989
◇森鷗外「鼠坂」の執筆動機（モチーフ）―当時の新聞と日記から（酒井敏）「中京大学文学部紀要」24(3・4) 1989
◇鷗外の「寒山拾得」とトルストイの「三人の隠者」（柳富子）「比較文学年誌」25 1989
◇明治―知識人の用字(2) 森鷗外「青年」における同一語表記の変容について（山田貞雄）「図書館情報大学研究報告」8(1) 1989
◇明治―知識人の用字(3) 森鷗外「青年」における同一語表記の変容について(2)（山田貞雄）「図書館情報大学研究報告」8(2) 1989
◇森鷗外「灰燼」論―「新聞国」の生成（古郡康人）「紀要（静岡英和女学院短期大学）」21 1989.2
◇森鷗外の語学力と作家活動（大野透）「中村学園研究紀要」21 1989.2
◇森鷗外初期の文体意識に関する覚書(2)（小倉斉）「愛知淑徳短期大学研究紀要」28 1989.3
◇日露戦争における森鷗外―『うた日記』への思想史的アプローチ（時野谷滋）「紀要（関東短期大学）」33 1989.3
◇森鷗外の芸術と実生活（田中実）「国文学」34(4) 臨増（近代文壇事件史）1989.3
◇森鷗外否定論―私注（塚ум進）「女子聖学院短期大学紀要」21 1989.3
◇森鷗外における小倉時代（清田文武）「新潟大学国語国文学会誌」32（箕輪真澄先生退官記念）1989.3
◇歴史小説への一考察―菊池・芥川・鷗外（今野宏）「聖和（聖和学園短期大学）」26 1989.3
◇森鷗外の翻訳作品(1)「音調高洋箏一曲」の一側面（松木博）「大妻国文」20 1989.3
◇森鷗外「緑葉歎」論―緑葉の歎き（松木博）「大妻女子大学文学部紀要」21 1989.3
◇森鷗外とリントナーの心理学（清田文武）「比較文学」31 1989.3
◇女性解放と森鷗外―「さへづり」の背景と意義（渡辺善雄）「比較文学」31 1989.3
◇森鷗外―人と文学のふるさと(14)（大島田人）「明治大学教養論集」223 1989.3
◇森鷗外の「隊務日記」と「シャルロッテンブルグ宮殿」(下)（資料紹介）（大島田人）「明治大学教養論集」215 1989.3
◇「ヰタ・セクスアリス」論（矢部彰）「文芸と批評」6(9) 1989.4
◇流れる(10)（笑わぬでもなし(194)）（山本夏彦）「諸君！」21(5) 1989.5
◇森鷗外と乃木将軍の死, 白樺派のことなど（作家の日記(5)）（松本清張）「新潮45」8(5) 1989.5
◇〈情熱の否定〉と〈非人情〉―明治39年の鷗外・漱石（大石直記）「日本近代文学」40 1989.5
◇鷗外の場合（近代文学と「東京」〈特集〉）（出原隆俊）「日本近代文学」40 1989.5
◇森鷗外の文学に現れた女たち（小松原千里）「近代（神戸大学近代発行会）」66 1989.6
◇「寒山拾得」新注・補正（古田島洋介）「比較文学研究」55 1989.6
◇特集 軍医 森鷗外（嘉部嘉隆ほか）「彷書月刊」5(6) 1989.6
◇佐久間信恭と鷗外・漱石・敏（「学鐙」を読む(7)）（紅野敏郎）「学鐙」86(7) 1989.7
◇典拠との比較―〈実例〉森鷗外『阿部一族』（特集 作品をどう論じるか―進め方と実例）（山崎一穎）「国文学」34(8) 1989.7
◇森鷗外と階―『普請中』をめぐって（飯田満寿男）「駿台フォーラム（駿台教育研究所）」7 1989.7
◇流れる(12)（笑わぬでもなし(196)）（山本夏彦）「諸君！」21(7) 1989.7
◇流れる(13)（笑わぬでもなし(197)）（山本夏彦）「諸君！」21(8) 1989.8
◇鷗外「うた日記」と光太郎「戦時下の詩」について(1)（請川利夫）「高村光太郎研究」10 1989.9
◇流れる(14)（笑わぬでもなし(198)）（山本夏彦）「諸君！」21(9) 1989.9
◇明治40年代の鷗外（喜多川恒男）「大谷学報」69(2) 1989.9
◇随想 鷗外をめぐる5人の女性（吉野俊彦）「本」14(9) 1989.9
◇森鷗外必携（別冊国文学）37 1989.10
◇森鷗外「舞姫」にみる母子関係（父と子・母と子〈特集〉）（大谷晃一）「児童心理」43(12) 1989.10
◇森鷗外と法医学(1)（小関恒雄）「犯罪学雑誌」55(5) 1989.10
◇軍医 森林太郎考―前-軍医副時代―初任職場,2つの場合（坂本秀次）「医学史研究」63 1989.11
◇まなざしと時―『雁』の視界（服部康喜）「近代文学論集（日本近代文学会）」15 1989.11
◇村野四郎における森鷗外の詩業(上)（清田文武）「芸術至上主義文芸」15 1989.11
◇森鷗外「澀江抽斎」を回って（鈴木康治）「独協大学教養諸学研究」24 1989.11
◇森鷗外研究―歴史小説論（菅野重之）「二松学舎大学人文論叢」42 1989.11

◇鷗外における共同体と個―歴史小説集「意地」三部作の構造　(藤本千鶴子)「近代文学試論」27 1989.12
◇5つの短かい作品―鷗外のいわゆる史伝について　(柴口順一)「国語国文研究」84 1989.12
◇無縁坂の女―森鷗外「雁」と地名起源説話　(千葉俊二)「山梨英和短期大学紀要」23(学院創立100周年記念特集号) 1989.12
◇金井湛の＜詞＞意識―「ヰタ・セクスアリス」論のために　(小倉斉)「淑徳国文 (愛知淑徳短期大学)」31 1989.12
◇「舞姫」研究史(1)　(嘉部嘉隆)「森鷗外研究」3 1989.12
◇『安井夫人』雑考　(助川徳是)「森鷗外研究」3 1989.12
◇「流行」及び「さへづり」の周辺　(山崎国紀)「森鷗外研究」3 1989.12
◇鷗外と故郷　(玉井敬之)「森鷗外研究」3 1989.12
◇鷗外学事―『夷堅志』を中心として　(小島憲之)「森鷗外研究」3 1989.12
◇鷗外雑談(3)　(大屋幸世)「森鷗外研究」3 1989.12
◇山崎国紀著『森鷗外―基層的論究』について　(竹盛天雄)「森鷗外研究」3 1989.12
◇森鷗外の帰国第一声をめぐって――『読売新聞』投書欄の再検討　(宗像和重)「森鷗外研究」3 1989.12
◇緑雨と鷗外―鷗外宛の書簡から　(十川信介)「森鷗外研究」3 1989.12
◇ノラの行くえ―森鷗外とイプセンの戯曲　(金子幸代)「森鷗外研究」3 1989.12
◇大阪樟蔭女子大学蔵森鷗外自筆原稿『文づかひ』の複製の意義　(山崎一穎)「森鷗外研究」3 1989.12
◇森鷗外「文づかひ」の美　(清田文武)「文学・語学」123 1989.12
◇森鷗外と漢詩(下)作品を中心に　(藤川正数)「岐阜女子大学紀要」19 1990
◇逍鷗論争とシェイクスピアの受容(1)　(南谷覚正)「群馬大学教養部紀要」24 1990
◇肺病・コッホ・鷗外―結核の比較文化史　(福田真人)「言語文化論集 (名古屋大学総合言語センター)」12(1) 1990.1
◇鷗外作品における"ことば"の問題　(篠原義彦)「高大国語教育」38 1990
◇「サフラン」と「大発見」―森鷗外における「知」の問題　(篠原義彦)「高知大学教育学部研究報告 第2部」42 1990
◇森鷗外「舞姫」の主題とその展開(中)　(清田文武)「新潟大学教育学部紀要 人文・社会科学編」31(2) 1990
◇鷗外と漱石の小説にみる漢語のオノマトペ　(呉川)「相模女子大学紀要」54A 1990
◇森鷗外「与謝野晶子さんに就いて」と火星学者パーシバル・ローエル〔含 付録 ローエル「極東の心」第1章「個人性」(翻訳)〕　(中崎昌雄)「中京大学教養論叢」31(3) 1990
◇森鷗外―人と文学のふるさと(15)　(大島田人)「明治大学教養論集」232 1990
◇わたしの作品研究―近代文芸の中から(7)森鷗外作『高瀬舟』　(安良岡康作)「下伊那教育」164 1990.2
◇森鷗外「うたかたの記」について　(古郡康人)「紀要 (静岡英和女学院短期大学)」22 1990.2
◇忍月と鷗外　(畑実)「駒沢国文」27 1990.2
◇ドイツ語訳が出た鷗外短編集『羊をめぐる冒険』の英訳(翻訳された日本)　(細野秀之)「知識」98 1990.2
◇森潤三郎―鷗外先生の末弟　(苦木虎雄)「郷土石見」24 1990.3
◇逸話の紅露逍鷗時代　(谷沢永一)「国文学 解釈と鑑賞」55(3) 1990.3
◇森鷗外『舞姫』における友の問題　(山極圭司)「国文白百合」21 (乙骨明夫教授追悼) 1990.3
◇森鷗外と蘭学の系譜　(水内透)「山陰地域研究(島根大学・山陰研究総合センター)」6 1990.3
◇森鷗外「半日」の世界とその位相　(清田文武)「新大国語」16 1990.3
◇比較文学ノート(8)「うたかたの記」とHeyseの"L'Arrabbiata"　(安田保雄)「成蹊国文」23 1990.3
◇鷗外「灰燼」論―第1章の山口節蔵を視座として　(須田喜代次)「大妻国文」21 1990.3
◇大逆事件高等官傍聴席の森鷗外　(篠原義彦)「文学・語学」125 1990.3
◇鷗外の自己表現―「雁」の場合　(藤森賢一)「密教文化」169 1990.3
◇森鷗外「蛇」論―＜新しい女＞をめぐって　(滝本和成)「立命館文学」515 1990.3
◇森鷗外史跡研究　(大島田人、八角真)「明治大学人文科学研究所紀要 別冊」10 1990.3
◇鷗外「舞姫」原稿のことなど　(反町茂雄)「古本屋」10 1990.4
◇「山椒太夫」　(矢部彰)「文芸と批評」7(1) 1990.4
◇荷風・鷗外と大正「即位の礼」(「天皇即位」と日本文学＜特集＞)　(佐藤静夫)「民主文学」293 1990.4

◇森鷗外「大塩平八郎」,その研究史上の問題　(小森美幸)「日本文芸研究」42(1) 1990.4
◇『魚玄機』考―森鷗外と中国文学　(永井宏一)「古都のかげり」14 1990.5
◇文学に現われた庇護者の問題―森鷗外『雁』の場合＝＜お玉は鷗外である＞　(小林崇利)「主潮」18 1990.5
◇森鷗外「金毘羅」論　(滝本和成)「論究日本文学」53 1990.5
◇心の中の異国―森鷗外の「舞姫」における"かぶれ"について　(中村希明)「公開文化講座(明治大学)」9 1990.5
◇森鷗外「渋江抽斎」と伊藤梅軒(特集 憂国の士、津軽藩伊東梅軒特集)　(清水金司)「古文幻想」8 1990.6
◇対照的な2歌人―漱石か鷗外か…茂吉か白秋か…＜特集＞「短歌研究」47(6) 1990.6
◇森鷗外の初期文学―ドイツ短篇小説理論とクライスト受容を通して　(青田寿美)「国語国文」59(7) 1990.7
◇「高瀬舟」を冒頭から読む―森鷗外「歴史小説」序説　(水本精一郎)「叙説」2 1990.8
◇実感・美感・感興―近代文学に描かれた感受性(18)「照魔鏡」としてのロダン―光太郎と鷗外との間　(中島国彦)「早稲田文学〔第8次〕」171 1990.8
◇『舞姫』の文体の一考察―時の助動詞を中心に　(石尾真理子)「香川大学国文研究」15 1990.9
◇鷗外「舞姫」の＜七不思議＞とその基底としての伝承・伝統に就いて　(清水茂)「国文学研究(早稲田大学国文学会)」102 1990.10
◇ジャンルの交錯・ドラマと小説と―鷗外「半日」の位置付けのために　(大石直記)「日本近代文学」43 1990.10
◇森鷗外と音楽(音楽と文学＜特輯＞)　(平尾典子)「比較文学研究」58 1990.10
◇森鷗外『大発見』論　(瀧本和成)「日本文芸学(日本文芸学会)」27 1990.11
◇台湾における森鷗外―その科学者としての実像を視る　(新妻佳珠子)「目白近代文学(日本女子大学大学院)」10 1990.11
◇軍医 森林太郎―後‐軍医副時代―初任職場,2つの場合　(坂本秀次)「医学史研究」64 1990.12
◇近代化と「家」―花袋・鷗外・漱石の場合　(山田輝彦)「九州女子大学紀要 人文・社会科学編」26(1) 1990.12
◇我心は処女に似たり―『舞姫』の＜夜の航海＞　(坂田千鶴子)「東邦学誌(東邦学園短期大学)」19(短大創立25周年記念特別号) 1990.12
◇鷗外の「仮名遣意見」をめぐる考察　(佐瀬三千夫)「文京女子短期大学英語英文学科紀要」23(島田和幸学長追悼号) 1990.12
◇鷗外『舞姫』成立と帰国前後　(千葉真郎)「目白学園女子短期大学研究紀要」27 1990.12
◇「舞姫」の文体と女性描写について　(岡田充代)「愛媛国文と教育」22 1990.12
◇『「伊沢蘭軒」森鷗外自筆増訂稿本』の考察　(山崎国紀)「ビブリア」98 1991
◇「舞姫」論考　(鷹尾由紀子)「愛媛国文研究」41 1991
◇鷗外ドイツ3部作の相関性　(高阪薫)「甲南大学紀要 文学編」84 1991
◇森鷗外「あそび」の問題　(篠原義彦)「高大国語教育」39 1991
◇鷗外と大逆事件―「出来事中心の世間縦横記」の問題　(篠原義彦)「高知大学学術研究報告 人文科学」40 1991
◇鷗外の「塵家」語彙について　(斉藤匡史)「山口大学教養部紀要 人文科学篇」25 1991
◇日本近代文学の中の「世紀末」(1)「うたかたの記」と「草枕」　(滝田夏樹)「東洋大学紀要 教養課程篇」30 1991
◇鷗外とSalomé　(大川裕)「英文学論叢(日本大学英文学会)」39 1991
◇「護持院原の敵討」森鷗外自筆原稿　(小倉斉)「早稲田大学図書館紀要」33 1991.1
◇鷗外文芸に於ける「自然」への一省察―「大塩平八郎」を契機として　(小森美幸)「日本文芸研究」42(4) 1991.1
◇『文づかひ』(一〇〇年前の日本＜特集＞)　(嘉部嘉隆)「彷書月刊」7(1) 1991.1
◇軍旗と香木―「興津弥五右衛門の遺書」の問題　(藤森賢一)「岡大国文論稿」19(江実先生追悼号) 1991.3
◇鷗外と洋学者　(巳野保嘉治)「科学人間(関東学院大学工学部)」20 1991.3
◇森鷗外研究『うたかたの記』―異郷と愛の形態　(水内透)「山陰地域研究」7 1991.3
◇森鷗外の身長(笑わぬでもなし(216))　(山本夏彦)「諸君！」23(3) 1991.3
◇鷗外歴史小説の中の女性像　(小泉立身)「棲神(身延山短期大学)」63 1991.3
◇明治人の国家意識と戦後日本(特集・改めて「国家」を問う)　(小堀桂一郎)「正論」223 1991.3
◇北九州文学案内(2)森鷗外・小倉時代の著述を中心に　(轟良子)「西日本文化」270 1991.4
◇『高瀬舟』―喜助の精神の風光　(長沢靖浩)「新国語研究(大阪府高

◇等学校国語研究会)」 35 1991.5
◇鷗外「堺事件」論―〈堺事件〉をめぐる4つの作品(1) (蒲生芳郎)「宮城学院女子大学研究論文集」 73 1991.6
◇鷗外文献論纂 (長谷川泉)「鷗外」 49 1991.7
◇視線の変容―鷗外「独逸日記」と「文づかひ」 (金子幸代)「文学」 2(3) 1991.7
◇鷗外「キタ・セクスアリス」の年立をめぐり (小泉浩一郎)「言語と文芸」 107 1991.8
◇鷗外 その出発(2)留学目的の読み替えをめぐって―橋本、石橋そして小池 (竹盛天雄)「国文学 解釈と鑑賞」 56(8) 1991.8
◇鷗外―二重構造の軌跡・平岡敏夫『日露戦後文学の研究』にふれて (鈴木斌)「虹鱒」 終刊号 1991.8
◇森鷗外作中人物事典(近代文学作中人物事典) (山崎一穎)「國文學解釈と教材の研究」 36(11) 臨増 1991.9
◇森鷗外を読む―最後の一句, 舞姫の新しい読みそして新教材の開発 〈特集〉「月刊国語教育」 11(6) 1991.9
◇鷗外 その出発(3)留学目的の読み替えをめぐって (竹盛天雄)「国文学 解釈と鑑賞」 56(9) 1991.9
◇鷗外の市区改正論―「市区改正論略」を中心に (石田頼房)「総合都市研究」 43 1991.9
◇石川啄木と森鷗外―文芸取締問題を中心に(啄木と同時代人) (滝本和成)「啄木文庫」 19 1991.9
◇〈物語言説〉に仕組まれたもの―森鷗外「堺事件」 (石田仁志)「論樹(東京都立大学大学院)」 5 1991.9
◇鷗外 その出発(4~7) (竹盛天雄)「国文学解釈と鑑賞」 56(10)~57(1) 1991.10~92.1
◇鷗外の「独逸日記」(演劇人の日記〈特集〉) (今村忠純)「悲劇喜劇」 44(10) 1991.10
◇ふたつの〈告白〉―「懺悔記」から「舞姫」へ (井上優)「文芸と批評」 7(4) 1991.11
◇鷗外とカルデロン (柴山了一)「関西大学文学論集」 41(1) 1991.11
◇鷗外漁史の再生―『玉篋両浦嶼』執筆の意図 (小倉斉)「研究紀要(愛知淑徳短期大学)」 30(開学30周年記念号) 1991.11
◇「うたかたの記」論―「ロオレライ」の図の完成・未完成をめぐって (田中裕之)「近代文学試論」 29 1991.12
◇森鷗外の東京 (山本芳明)「国文学」 36(15) 臨増(近代文学東京地図) 1991.12
◇「興津弥五右衛門の遺書」と物語の生成 (堀竜一)「新潟大学教養部研究紀要」 22 1991.12
◇創作と感情―森鷗外の作品(2) (中村啓)「東北大学教養部紀要」 57 1991.12
◇「伊沢蘭軒」の方法 (板垣公一)「名城大学人文紀要」 27(1) 1991.12
◇森鷗外史伝のレーゾン・デートル―「渋江抽斎」から「伊沢蘭軒」への〈発展〉 (林正子)「岐阜大学教養部研究報告」 28 1992
◇炎上する鷗外 (高橋吉文)「言語文化部紀要」 22 1992
◇鷗外・「鶏」の位相 (安東璋二)「語学文学」 30 1992
◇森鷗外における東と西の問題 (篠原義彦)「高知大学学術研究報告 人文科学」 41 1992
◇鷗外と「サラメアの村長」 (柴山了一)「関西大学文学論集」 41(2) 1992.1
◇森鷗外の三国越え (高橋伝左衛門)「魚沼文化」 35 1992.1
◇森鷗外と旅の歌など (永井宏一)「古都のかげり」 15 1992.1
◇比較学問エートス論 (佐々木力)「思想」 811 1992.1
◇鷗外にみる近代と現代の相克(インタビュー) (長谷川泉, 武田勝彦)「知識」 122 1992.1
◇森鷗外と長崎 (新名規明)「長崎談叢」 78 1992.1
◇庶物と聖性―鷗外「金毘羅」の世界 (大石直記)「日本文学」 41(1) 1992.1
◇太宰治「女の決闘」をめぐって―森鷗外と太宰治・覚え書 (古郡康人)「紀要(静岡英和女学院短期大学)」 24 1992.2
◇スキャンダルの効用(文明と裸体―日本人はだかのつきあい(2)) (井上章一)「月刊Asahi」 1992.2
◇鷗外 その出発(8)鷗外・竹二同訳「音調高洋箏一曲」の断絃と続絃をめぐって(3)「書くこと」の自覚にむけて (竹盛天雄)「国文学解釈と鑑賞」 57(2) 1992.2
◇鷗家の人びと―鷗外の末子の眼から (森類)「新潮」 89(2) 1992.2
◇郷土文学拾遺考(1)鷗外と有島と芙美子の場合 (所一哉)「創造と思考(湘南短期大学)」 2 1992.2
◇観念としての「理想」―鷗外「審美論」における訳語の問題を中心に (坂井健)「日本語と日本文学(筑波大学)」 16 1992.2
◇森鷗外「山椒大夫」とマーテルリンク〈[比較思想学会]研究例会発表要旨〉 (清田文武)「比較思想研究」 18 1992.2
◇「蛇」小論 (前田淳)「宮崎女子短期大学紀要」 18 1992.3
◇鷗外「かのやうに」の読み方 (橋詰静子)「国語国文学(目白学園女子短期大学)」 1 1992.3

◇鷗外 その出発(9)ジャンルへの挑戦―「千載一遇」の季節を背景に (竹盛天雄)「国文学解釈と鑑賞」 57(3) 1992.3
◇森鷗外研究―小説理論と初期三部作 (水内透)「山陰地域史研究」 8 1992.3
◇「舞姫」論〈[山口大学近代文学ゼミナール]第2回シンポジウム〉「山口国文」 15 1992.3
◇森鷗外終生の友 鶴舞藩出身賀古鶴所 (野口博芳)「市原地方史研究」 17 1992.3
◇明治22年 鷗外の詩眼―森鷗外「明治二十二年批評家の詩眼」注釈の試み (島村輝)「女子美術大学紀要」 22 1992.3
◇文学の中の柴川―森鷗外, 文豪の目・医学者の目 (小林安司)「西日本文化」 279 1992.3
◇帝室博物館総長兼図書頭時代の鷗外森林太郎 (須田喜代次)「大妻女子大学紀要 文系」 24 1992.3
◇ラント作, 鷗外訳「冬の王」の世界 (清田文武)「文学・語学」 133 1992.3
◇鷗外:『舞姫』のエリス (金子幸代)「神奈川県立外語短期大学紀要」 14 1992.3
◇「舞姫」の愛の表現―オリエンタルの無限の光明と西洋舞踊をめぐって (黒津真由美)「和洋国文研究」 27 1992.3
◇佐藤春夫全集未収録資料―鷗外との関わりをめぐって(資料) (半田美永)「皇学館論叢」 25(2) 1992.4
◇鷗外 その出発(10,11)ジャンルへの挑戦(2,3) (竹盛天雄)「国文学解釈と観賞」 57(4,5) 1992.4,5
◇森鷗外「青年」(明治長編小説事典〈特集〉) (小林洋)「国文学解釈と鑑賞」 57(4) 1992.4
◇森鷗外「即興詩人」(明治長編小説事典〈特集〉) (松木博)「国文学解釈と鑑賞」 57(4) 1992.4
◇森鷗外「ぢいさんばあさん」をめぐって(おばあさん〈特集〉) (紅野敏郎)「悲劇喜劇」 45(4) 1992.4
◇「『伊沢蘭軒』森鷗外自筆増訂稿本」の考察 (山崎国紀)「ビブリア 天理図書館報」 98 1992.5
◇漱石型と鷗外型 (横田真人)「原型」 31(5)(創刊三十周年記念) 1992.5
◇森鷗外「吃逆」の意図と背景―オイケンの宗教論と三教会同 (渡辺善雄)「日本近代文学」 46 1992.5
◇森鷗外「里芋の芽と不動の目」論 (滝本和成)「論究日本文学」 56 1992.5
◇鷗外「堺事件」論(3完) (蒲生芳郎)「宮城学院女子大学研究論文集」 75 1992.6
◇鷗外 その出発(12,13) (竹盛天雄)「国文学解釈と観賞」 57(6,7) 1992.6,7
◇『舞姫』における〈鎮魂〉という主題 (山田俊治)「早稲田大学国語教育研究」 12 1992.6
◇『舞姫』における文語文体再生の背景 (小倉斉)「早稲田大学国語教育研究」 12 1992.6
◇森鷗外の「歴史小説」試論―「興津弥五右衛門の遺書」の場合 (陸根和)「琺琅(実践女子大学)」 3 1992.6
◇「自己本位」のこと―漱石, 和辻, 鷗外 (村松剛)「新潮」 89(7) 1992.7
◇鷗外の恋人 (波多野虎雄)「郷土石見」 30 1992.8
◇「うたかたの記」試論―ロオレライ像について (大塚美保)「国語と国文学」 69(8) 1992.8
◇鷗外 その出発(14~16) (竹盛天雄)「国文学解釈と鑑賞」 57(8~10) 1992.8~10
◇パラノイアとしての豊太郎―『舞姫』試論 (渡仲良也)「静岡近代文学」 7 1992.8
◇近代文学探訪(3)森鷗外「舞姫」 (細窪孝)「民主文学」 321 1992.8
◇〔森鷗外〕編集覚え書 (長谷川泉)「鷗外」 51 1992.9
◇「長宗我部信親」論 (清田文武)「新潟大学教育学部紀要 人文・社会科学編」 34(1) 1992.10
◇鷗外研究のために (渡辺善雄)「日本近代文学」 47 1992.10
◇「豊熟の時代」の原基―森鷗外「半日」とリルケ (水本精一郎)「日本文学」 41(10) 1992.10
◇鷗外 その出発(17)「玉を懐て罪あり」の訳出の方法(3) (竹盛天雄)「国文学解釈と鑑賞」 57(11) 1992.11
◇森鷗外の世界〈特集〉「国文学解釈と鑑賞」 57(11) 1992.11
◇鷗外「桟橋」「昔請中」「花子」の問題 (篠原義彦)「日本文芸学」 29 1992.11
◇森鷗外『鼠坂』論 (野村幸一郎)「日本文芸学」 29 1992.11
◇森鷗外『鼠坂』論 (野村幸一郎)「日本文芸学(日本文芸学会)」 29 1992.11
◇鷗外の漢詩「柳村遺稿題辞」について (景慧)「宇都宮大学教養部研究報告 第1部」 24 1992.12
◇事業と愛―鷗外におけるファウスト的主題について(2) (長沼行太郎)「関東短期大学紀要」 37 1992.12
◇森鷗外の嫁えらび (森澄泰文)「郷土石見」 31 1992.12

◇漱石・鷗外と九州：〈筑後〉を中心に　（斎藤英雄）「九州大谷研究紀要（九州大谷短期大学）」19 1992.12
◇「うたかたの記」「文づかひ」とT.シュトルムのAquis Submersus　（佐々木充）「文学・語学」136 1992.12
◇森鷗外のハイネ受容について　（一条正雄）「岐阜大学教養部研究報告」29 1993
◇鷗外・森林太郎における和魂洋才の本質―遺書とその意味をめぐって　（志田信男）「東京薬科大学一般教育研究紀要」12 1993
◇詩歌と現代詩―森鷗外から島田修三へ　（柳宜宏）「まひる野」48（1）1993.1
◇森鷗外『鷗外全集』（特集・懐かしい本懐かしい一冊）　（飯田経夫）「正論」245 1993.1
◇鷗外　その出発（19,20）「新世界の浦島」について（1,2）　（竹盛天雄）「国文学解釈と鑑賞」58(2,3) 1993.2,3
◇文人学者の留学日記　明治篇(1)鷗外・漱石・矢一の往路の場合　（福田秀一）「アジア文化研究」19 1993.3
◇森鷗外『北遊日乗』考（1,2）　（安川里香子）「研究紀要（川村短期大学）」13,14 1993.3,94.3
◇森鷗外研究―翻訳論をめぐって　（水内透）「山陰地域史研究」9 1993.3
◇『ふた夜』注解（未定稿）抄―「初の夜」より　（川口朗）「樟蔭国文学」30 1993.3
◇森鷗外論雑記(3)　（嘉部嘉隆）「樟蔭国文学（大阪樟蔭女子大学）」30 1993.3
◇「うたかたの記」論―「水沫集」巻頭としての位置をふまえつつ　（須田喜代次）「大妻国文」24 1993.3
◇「舞姫」の文体　（前川清太郎）「文体論研究」39 1993.3
◇森鷗外に於ける森家の影響　（Paul Ziegler）「北星大学教養紀要」27 1993.3
◇続・鷗外こぼれ話（1～5）　（苫木虎雄）「郷土石見」32～36 1993.4～8
◇森鷗外「渋江抽斎」（大正・昭和初期長編小説事典〈特集〉）　（小川康子）「国文学解釈と鑑賞」58(4) 1993.4
◇ベルリンのユダヤ人(2)森鷗外「舞姫」の舞台　（山下万里）「拓殖大学論集　人文・自然科学」1(1) 1993.4
◇原田家来簡集―直次郎宛森鷗外等新出書簡について　（宮嶋一郎）「文学」4(2) 1993.4
◇鷗外　その出発（21～34）「於母影」の実験（1～14）　（竹盛天雄）「国文学解釈と鑑賞」58(5)～59(12) 1993.5～94.12
◇鷗外と交錯した人々(1)『舞姫』とエリス　（平井孝）「書斎の窓」424 1993.5
◇文人学者の留学日記　明治篇(2)鷗外、漱石、矢一の現地滞在と帰路の場合　（福田秀一）「人文科学研究（国際基督教大学キリスト教と文化研究所）」25 1993.5
◇森鷗外と徳富蘇峰　（高野静子）「日本歴史」540 1993.5
◇森鷗外「青年」の構造　（野村幸一郎）「論究日本文学」58 1993.5
◇鷗外と交錯した人々(2)『独逸日記』と武島務　（平井孝）「書斎の窓」425 1993.6
◇鷗外盛儀の数々　（長谷川泉）「学鐙」90(7) 1993.7
◇鷗外と交錯した人々(3)『独逸日記』と名倉幸作　（平井孝）「書斎の窓」426 1993.7・8
◇鷗外現代の「時評性」　（風里谷桂）「日本文学誌要」47 1993.7
◇森鷗外にみる和歌的発想と短歌の発想　（安森敏隆）「PHOENIX」5 1993.8
◇『山椒太夫』にみる自然描写　（永井宏一）「古都のかげり」16 1993.8
◇鷗外「鶏」の意図―人生の参謀としての石田小介像をめぐって　（秦行正）「福岡大学人文論叢」25(2) 1993.9
◇「舞姫」における太田豊太郎の苦悩と醒覚―「奥深く潜みたりしまことの我」と「弱くふびんなる心」の構造をめぐって　（秦行正）「福岡大学総合研究所報」152 1993.9
◇森鷗外訳「クサンチス」における原作本文の省略　（小沢次郎）「論樹」2 1993.9
◇原田家来簡集―直次郎及びその遺族宛鷗外等書簡　（宮嶋一郎）「ビブリア　天理図書館報」100 1993.10
◇鷗外の史伝と社会史（社会史と文学〈特集〉）　（草光俊雄）「三田学会雑誌」86(3) 1993.10
◇史料の尊重と史料の解釈―森鷗外と郭沫若の歴史小説の比較　（蔡暁軍）「実践国文学」44 1993.10
◇森鷗外「懇親会」論　（清田文武）「新潟大学教育学部紀要　人文・社会科学編」35(1) 1993.10
◇近代短歌史試論―森鷗外を視軸として　（安森敏隆）「日本語日本文学（同志社女子大学）」3 1993.10
◇「渋江抽斎」のジャンルについて　（Emanuel Lozerand）「文学」4(4) 1993.10
◇漱石・鷗外と九州―〈耶馬渓〉を中心に　（斎藤英雄）「九州大谷研究紀要（九州大谷短期大学）」20 1993.12
◇鷗外とエリーゼ―「舞姫」その虚construct性が語るもの　（三国博子）「新

潟大学教養部研究紀要」25 1993.12
◇実現されなかった詩精神―森鷗外論　（黒川正巳）「島根医科大学紀要」16 1993.12
◇「森鷗外の漢詩」陳生保　（古田島洋介）「比較文学研究」64 1993.12
◇森鷗外「小嶋宝素」伝補　（高橋智）「芸文研究」65 1994
◇森鷗外「独身」論―身体言語としての〈笑い〉　（中村三代司）「芸文研究」65 1994
◇森鷗外「桟橋」の問題　（篠原義彦）「高知大学学術研究報告　人文科学」43 1994
◇ヘンリー・ジェイムズの受容―鷗外から漱石まで　（武田勝彦）「比較文学年誌」30 1994
◇「鷗外文庫・蔵書目録」最終回総括・研究年表　（坂本、苫木、長谷川、泉）「鷗外（森鷗外記念会）」54 1994.1
◇森鷗外・奇の系譜(1)『濹江抽斎』『うたかたの記』『文づかひ』を中心に　（小川康子）「近代文学　注釈と批評（東海大学大学院）」創刊号 1994.1
◇森鷗外「青年」（第一章）注釈　（庄司達也）「近代文学　注釈と批評（東海大学大学院）」創刊号 1994.1
◇森鷗外『ヰタ・セクスアリス』注釈　（小泉浩一郎）「近代文学　注釈と批評（東海大学大学院）」創刊号 1994.1
◇森鷗外青年期の漢詩文受容(1)鷗外文庫　調査をめぐり　（山根弘子）「近代文学　注釈と批評（東海大学大学院）」創刊号 1994.1
◇逍遙・文学誌(31)「美術之日本」―森鷗外・与謝野寛・晶子・蒲原有明ら　（紅野敏郎）「國文學　解釈と教材の研究」39(1) 1994.1
◇『雁』小論―「物語の範囲」をめぐって　（牧野茂）「静岡精華短期大学紀要」2 1994.1
◇ベルリンのユダヤ人(3)森鷗外「舞姫」の舞台・補遺　（山下万里）「拓殖大学論集　人文・自然科学」1(3) 1994.1
◇明治文学における〈浦島説話〉の再生―露伴,鷗外,逍遙を中心に(1)　（小倉斉）「淑徳国文（愛知淑徳短期大学）」35 1994.2
◇森鷗外「心中」論　（滝本和成）「城南国文（大阪城南女子短期大学）」14 1994.2
◇『ヰタ・セクスアリス』論―「醜男子」意識について　（森本美穂）「帝塚山学院大学日本文学研究」25 1994.2
◇「佐橋甚五郎」論―2つの物語　（小林幸夫）「宇都宮大学教育学部紀要　第1部」44 1994.3
◇森鷗外〈豊熟の時代〉の反自然主義的文学―『ヰタ・セクスアリス』『青年』『雁』における主題の変奏と方法の展開　（林正子）「岡大国文論稿」22（赤羽学先生退官記念号）1994.3
◇光太郎と鷗外の理想的女性像　（靍川利夫）「高村光太郎研究」14 1994.3
◇留学体験と文学―森鷗外と郭沫若の文学形成について　（蔡暁軍）「実践国文学」45 1994.3
◇森鷗外『曽我兄弟』（独文）の成立とその翻訳　（清田文武）「新大国語」20 1994.3
◇「文づかひ」の叙述の方法　（松木博）「大妻国文」25 1994.3
◇森鷗外とサーンキヤ哲学　（今西順吉）「比較思想研究」20 1994.3
◇隠蔽する「語り」―森鷗外「舞姫」・「うたかたの記」（近代文学と「語り」(2)〈特集〉）　（金子幸代）「国文学解釈と鑑賞」59(4) 1994.4
◇鷗外文学における近代日本超克への道程―西洋文化受容を通しての鷗外精神史（世界のなかの日本文化〈特集〉）　（林正子）「日本の科学者」29(4) 1994.4
◇森鷗外「山椒大夫」の治者　（水沢不二夫）「日本文学」43(4) 1994.4
◇小説の中の語り手「私」(7)「雁」　（小田島本有）「北聚」10 1994.4
◇「二人の文豪」漱石と鷗外―近代文学の黎明期にあって片や職を辞して文学に専念し、片や「二足の草鞋」を履き続けた（特集・夏目漱石）（吉野俊彦）「プレジデント」32(5) 1994.5
◇芦屋処女のゆくえ―鷗外と唯識思想　（大塚美保）「日本近代文学」50 1994.5
◇語り手の近代―森鷗外「山椒大夫」論　（高橋広満）「日本文学」43(5) 1994.5
◇「舞姫」と言論統制　（槇本敦史）「国語と国文学」71(6) 1994.6
◇明治の名作小説を読み直す―森鷗外「青年」―時代思潮の中の小泉純一（明治の名作小説がいま新しい〈特集〉）（出原隆俊）「國文學　解釈と教材の研究」39(7) 1994.6
◇森鷗外「舞姫」の位置―先行する作品の世界との比較から　（橋口晋作）「文学研究（日本文学研究会）」79 1994.6
◇鷗外「羽鳥千尋」の素材再考―千尋妻帯をめぐって　（中村潔）「群馬近代文学研究」16 1994.7
◇椋鳥・Phoenix・かもめ―鷗外文学における随筆の誘惑　（Emmanuel Lozerand）「早稲田文学〔第8次〕」218 1994.7
◇鷗外、内面の転回―「灰燼」をめぐって　（伊藤敬一）「日本文学誌要」50 1994.7
◇「性的生活」の誕生―「ヰタ・セクスアリス」と自然主義再考　（ヨコタ村上孝之）「比較文学研究」65 1994.7
◇伝説の文体―森鷗外訳「聖ジュリアン」について（説話の流伝と変容

◇〈特輯〉〉（菅原克也）「比較文学研究」 65 1994.7
◇日本近代文学をどう読むか(2)森鷗外の場合 （中村真一郎）「すばる」 16(8) 1994.8
◇森鷗外と伊藤素軒 （大庭良美）「郷土石見」 36 1994.8
◇東京大学の特殊集書ものがたり(3)鷗外文庫 （柳生四郎）「日本古書通信」 59(8) 1994.8
◇〔資料紹介〕森鷗外の伊沢徳苑宛書簡 （檀原みすず）「樟蔭女子短期大学紀要文化研究」 9 1994.9
◇〔資料紹介〕森鷗外の「台湾総督府衛生概況」 （新妻佳珠子）「目白近代文学」 11 1994.9
◇森鷗外の小説「羽鳥千尋」について （新妻佳珠子）「目白近代文学」 11 1994.9
◇「羽鳥千尋」論(上) （清田文武）「新潟大学教育学部紀要 人文・社会科学編」 36(1) 1994.10
◇鷗外日記の誤植についてなど （中村真一郎）「図書」 544 1994.10
◇〔解放思想〕の枠組を脱して―モダニティをめぐる鷗外、らいてうの思想的接面（研究・批評のパラダイム〈特集〉）（大石直記）「日本近代文学」 51 1994.10
◇「鷗外と百物語」瑣話 （小出昌洋）「日本古書通信」 59(10) 1994.10
◇脚色の観点―「阿部一族」を中心に（脚色のすすめ〈特集〉）（津上忠）「悲劇喜劇」 47(10) 1994.10
◇森鷗外と弟・三木竹二の演劇活動をめぐって―文京区立鷗外記念本郷図書館（演劇書のある図書館〈特集〉）（岩村孝子）「悲劇喜劇」 47(11) 1994.11
◇森鷗外・統計訳字論争・疫学統計 （福井幸男）「商学論究（関西学院大学商学研究会）」 42(2) 1994.12
◇鷗外と明治という時代 （福沢栄司）「人文科学研究（新潟大学人文学部）」 86 1994.12
◇鷗外『阿部一族』の組織論―「殉死」という一大興行の行方 （栗坪良樹）「青山学院女子短期大学紀要」 48 1994.12
◇鷗外の「独逸日記」にあるモアビット病院とその歴史 （泉彪之助）「日本医史学雑誌」 40(4) 1994.12
◇鷗外森林太郎「航西日記」注解ノート （井沢恒夫, 伊藤由美子, 大野亮司, 武智政幸, 本田孔明）「立教大学日本文学」 73 1994.12
◇正宗敦夫と森鷗外―正宗敦夫宛鷗外書簡を中心に （赤羽淑）「ノートルダム清心女子大学紀要 国語・国文学編」 ノートルダム清心女子大学 19(1) 1995 p1～11
◇東ベルリンの「森鷗外記念館」（藤井啓行教授追悼記念号） （藤井啓行）「独逸文学」 関西大学独逸文学会 39 1995 p7～9
◇「羅生門」と「橋の下」―芥川竜之介と鷗外 （松本寧至）「二松学舎大学東洋学研究所集刊」 二松学舎大学東洋学研究所 26 1995 p51～77
◇〔問わずがたり〕鷗外の描いた女性 （石田忠彦）「女性史学」〔女性史総合研究会〕 5 1995 p102～107
◇森鷗外「堺事件」論―大岡昇平における鷗外との和解 （日比野由布子）「言語と文芸」 桜楓社 111 1995.1 p97～115
◇鷗外 その出発―35―「戯曲「曼弗列度」1節」の第4,5連をめぐって―「於母影」の実験―15― （竹盛天雄）「国文学解釈と鑑賞」 至文堂 60(1) 1995.1 p172～176
◇国文学論文目録データベースからみた近代文学の研究動向―島崎藤村, 夏目漱石の場合 （沢井清）「日本文学ノート」 宮城学院女子大学日本文学会 第30号 1995.1 p197～216
◇市隠の居処―団子坂観潮楼（鷗外の坂〔6〕） （森まゆみ）「アステイオン」 35 1995.1 p254～274
◇〈差別〉・〈誘惑〉・〈物語〉―森鷗外『うたかたの記』論 （井上優）「早稲田大学大学院文学研究科紀要 別冊」 早稲田大学大学院文学研究科 第21集 1995.2 p15～27
◇鷗外 その出発―36―「戯曲「曼弗列度」1節」の第6連, 第7連について―「於母影」の実験―16― （竹盛天雄）「国文学解釈と鑑賞」 至文堂 60(2) 1995.2 p196～201
◇鷗外の遺言をめぐる論争 （山下英一）「中野重治研究会会報」 中野重治研究会 No.11 1995.3 p14～18
◇「羅生門」の表現方法―鷗外「金貨」の影 （小林幸夫）「上智大学国文学科紀要」 上智大学国文学科 第12号 1995.3 p25～44
◇鷗外の描く女性像、そして女性観―「山椒大夫」から「伊沢蘭軒」まで （渡辺澄子）「近代文学研究」 日本文学協会近代部会 第12号 1995.3 p37～54
◇信濃教界に於ける森鷗外―〈川井訓導事件〉の波紋 （山崎一穎）「跡見学園女子大学紀要」 跡見学園女子大学 28 1995.3 p53～83
◇鷗外の小説論を読む―森鷗外「現代諸家の小説論を読む」注釈の試み （島村輝）「女子美術大学紀要」 女子美術大学 25 1995.3 p61～74
◇森鷗外「不思議な鏡」の問題 （篠原義房）「日本文学研究」 高知日本文学研究会 第32号 1995.3 p155～164
◇鷗外 その出発―37―「於母影」の実験―17―「野梅」と「別離」と （竹盛天雄）「国文学解釈と鑑賞」 至文堂 60(3) 1995.3 p185～190
◇無縁坂の女―玉とせき（鷗外の坂〔7〕） （森まゆみ）「アステイオン」 36 1995.4 p256～278
◇鷗外「蛇」の考察―2つの観点 （山崎国紀）「立命館文学」 立命館大学人文学会 540 1995.7 p69～89
◇森鷗外「雁」の世界 （滝本和成）「立命館文学」 立命館大学人文学会 540 1995.7 p90～103
◇鷗外文学とオイケン思想―五条秀磨物から歴史小説へ （野村幸一郎）「立命館文学」 立命館大学人文学会 540 1995.7 p104～117
◇鷗外 その出発―38―「於母影」の実験―18―依田学海の批判と鷗外の反論 （竹盛天雄）「国文学解釈と鑑賞」 至文堂 60(7) 1995.7 p177～183
◇鷗外 その出発―39―時勢と論争 （竹盛天雄）「国文学解釈と鑑賞」 至文堂 60(8) 1995.8 p178～184
◇ドラッグ・心霊―森鷗外「魔睡」を視座として―催眠術の世紀末（明治世紀末―イメージの明治〈特集〉）―メタファーの世紀末） （一柳広孝）「國文學 解釈と教材の研究」 学灯社 40(11) 1995.9 p77～81
◇鷗外 その出発―40―「善」と「美」の分離―「『文学ト自然』ヲ読ム」をめぐって―2― （竹盛天雄）「国文学解釈と鑑賞」 至文堂 60(9) 1995.9 p190～196
◇鷗外 その出発―41―空想・製造・点化―『『文学ト自然』ヲ読ム』をめぐって―3― （竹盛天雄）「国文学解釈と鑑賞」 至文堂 60(10) 1995.10 p191～198
◇二つの家―しげのこと（鷗外の坂〔8〕）（森まゆみ）「アステイオン」 38 1995.10 p236～259
◇森鷗外（文学鶴亀〔15〕）（武藤康史）「ノーサイド」 5(11) 1995.11 p130～131
◇近代の常用漢字―2―森鷗外訳「玉を懐いて罪あり」の場合 （山田俊雄）「成城国文学論集」 成城大学大学院文学研究科 24 1995.12 p1～323
◇鷗外『キタ・セクスアリス』の一考察 （清水茂雄）「文学と教育」 文学と教育の会 第30集 1995.12 p91～98
◇森鷗外「仮面」論―〈伯林はもつと寒い―併し設備が違ふ〉 （林広親）「成蹊大学文学部紀要」 成蹊大学文学部 31 1996 p23～39
◇森鷗外作「なかじきり」解釈試論―「医」に関する言及をめぐって （志田信男）「東京薬科大学一般教育研究紀要」 東京薬科大学 13 1996 p27～35
◇鷗外と故郷へのまなざし―「キタ・セクスアリス」を中心に （浅野洋）「近畿大学教養部研究紀要」 近畿大学教養部 27(3) 1996 p78～61
◇鷗外「安井夫人」論―「『遠い, 遠い所に注がれてゐ』る視線」をめぐって （中野新治）「日本文学研究」 梅光女学院大学日本文学会 31 1996 p95～104
◇「内的独白」の一つの系譜―デュジャルダン, シュニッツラー, 森鷗外 （西村靖敬）「千葉大学人文研究」 千葉大学人文学部 25 1996 p141～162
◇『阿部一族』―その秩序 （前田淳）「比較文化」 宮崎国際大学 2 1996 p171～164
◇〈Als-ob（アルス・オブ）〉から〈Als（アルス）〉へ―鷗外「秀麿もの」の軌跡 （大塚美保）「国語と国文学」 至文堂 73(1) 1996.1 p40～52
◇耀く日々―子どもたちの地図（鷗外の坂〔最終回〕）（森まゆみ）「アステイオン」 39 1996.1 p248～271
◇森鷗外「雁」試論―語り手〈僕〉の位相と〈物語〉の組成 （大石直記）「国語と国文学」 至文堂 73(2) 1996.2 p42～55
◇森鷗外の『玉篋両浦嶼』における韓国―歴史主義的なコンテクストをめぐって （James A. Wren）「現代社会文化研究」 新潟大学大学院現代社会文化研究科 第4号 1996.2 p249～293
◇「舞姫」授業の一展開―表現する読解と鑑賞 （石本裕之）「旭川工業高等専門学校研究報文」 旭川工業高等専門学校 33 1996.3 p1～14
◇森鷗外の作品における陽明学 （海老田輝巳）「語学と文学」 九州女子大学・九州女子短期大学英語, 英語・英文学会, 共同出版者：九州女子大学・九州女子短期大学英語・英文学会 第26号 1996.3 p1～22
◇鷗外「金貨」論―親和と連帯 （小林幸夫）「上智大学国文学科紀要」 上智大学国文学科 第13号 1996.3 p33～57
◇鷗外『津下四郎左衛門』論―過渡期の歴史叙述をめぐり （山根弘子）「湘南文学」 東海大学日本文学研究会 第30号 1996.3 p65～73
◇森鷗外研究 アードルフ・フォン・クニッゲ―森鷗外の『知恵袋』との関連において （水内透）「山陰地域研究」 島根大学山陰地域研究総合センター 12 1996.3 p106～92
◇頭の思想・身体の思想―「舞姫」をめぐって （山田晃）「青山語文」 青山学院大学日本文学会 第26号 1996.3 p151～163
◇鷗外の「題言」から見えてくるもの―フリードリヒ・エステルレンを中心に （梶田昭）「医学史研究」 医学史研究会 68 1996.3 p232～235
◇丸山博著『森鷗外と衛生学』をめぐる読書的ノート（下）（高橋実）「医学史研究」 医学史研究会 68 1996.3 p246～251
◇森鷗外「北游日乗」考―4― （安川里香子）「川村短期大学研究紀要」 川村短期大学 16 1996.3 p258～242

◇森鷗外におけるシュニッツラーの「みれん」（清田文武）「新潟大学教育学部紀要 人文・社会科学編」 新潟大学教育学部 37(2) 1996.3 p446～439

◇森鷗外・明治四十三年の視座（篠原義彦）「日本文学研究」 高知日本文学研究会 第33号 1996.4 p101～112

◇〈唇〉としての叛乱（テクスト）—森鷗外『文づかひ』論（井上優）「文学」 岩波書店 7(2) 1996.4 p139～148

◇鷗外 その出発(44)『「堀出し物」を読む』を読む（竹盛天雄）「国文学解釈と鑑賞」 至文堂 61(5) 1996.5 p181～186

◇『高瀬舟』の授業—主題統一の試み（岸本尚子）「新国語研究」 大阪府高等学校国語研究会 第40号 1996.6 p17～24

◇鷗外 その出発(45)新帰朝者の「技癢」としての発言—「偏聴と成心」について—2—（竹盛天雄）「国文学解釈と鑑賞」 至文堂 61(6) 1996.6 p168～173

◇鷗外・幻の論文「日本文学の新傾向について」—翻訳と解説（開化期の文芸）（井戸田総一郎）「文学」 岩波書店 7(3) 1996.7 p46～52

◇鷗外 その出発(46)「人境」と「詩境」の区別—「偏聴と成心」について(3)（竹盛天雄）「国文学解釈と鑑賞」 至文堂 61(8) 1996.8.1 p171～174

◇特集 松本清張と森鷗外「松本清張研究」 砂書房 1 1996.9 p9～49

◇鷗外 その出発(47)『「志がらみ草紙」の本領を論ず』を読む—「偏聴と成心」について(4)（竹盛天雄）「国文学解釈と鑑賞」 至文堂 61(9) 1996.9 p179～180

◇「可哀らしい小々波のうねり」について—森鷗外を読む（高橋英夫）「群像」 講談社 51(9) 1996.9 p207～215

◇山田温泉・鷗外の宿・藤井荘（長野県）（味の合集国〔78〕）「毎日グラフ・アミューズ」 49(17) 1996.9.11 p78～79

◇鷗外の演劇改革—「簡模なる劇場」のルーツをもとめて（井戸田総一郎）「文学」 岩波書店 7(4) 1996.10 p127～138

◇鷗外 その出発(48)続『「志がらみ草紙」の本領を論ず』を読む（竹盛天雄）「国文学解釈と鑑賞」 至文堂 61(10) 1996.10 p173～179

◇鷗外の「護持院原の敵討」の一考察—その宗教問題を中心に（清水茂雄）「文学と教育」 文学と教育の会 32 1996.12 p1～8

◇森鷗外の外国語学習（前田昭彦）「比較文化研究」 日本比較文化学会〔ほか〕 33 1996.12 p46～59

◇森鷗外 山椒大夫（大正4年1月号）（滝田樗陰と明治文壇）「中央公論」 111(15) 1996.12 臨増〔20世紀日本文学の誕生 文芸欄の100年〕 p60～79

◇森鷗外「ちいさんばあさん」私論（勝倉寿一）「福島大学教育学部論集 人文科学部門」 福島大学教育学部 61 1996.12 p84～72

◇森鷗外 森林太郎君に付て（明治42年9月号）（作家論）（石黒忠悳）「中央公論」 111(15) 1996.12 臨増〔20世紀日本文学の誕生 文芸欄の100年〕 p564～566

◇太田豊太郎推理『舞姫』と条約改正問題（山口信行）「群馬近代文学研究」 群馬近代文学研究会 18 1997 p31～45

◇堀辰雄における森鷗外の位置（竹内清己）「文学論藻」 東洋大学文学部国文学研究室 71 1997 p131～143

◇「山椒太夫」の成立—母娘の物語から姉弟の物語へ（塩谷千恵子）「女性文化研究所紀要」 昭和女子大学女性文化研究所 19 1997.1 p47～62

◇鷗外 その出発(49)単穂のモデルの一つとしての翻訳『洪水』について（竹盛天雄）「国文学解釈と鑑賞」 至文堂 62(1) 1997.1 p140～146

◇森鷗外「舞姫」のモデルとしての青木周蔵（水沢周）「学鐙」 丸善 94(2) 1997.2 p24～29

◇「高瀬舟」論—物質からの自由, 時の権威からの自由（外尾登志美）「大阪教育大学紀要 1人文科学」 大阪教育大学 45(2) 1997.2 p59～71

◇鷗外—その出発(50) 単穂のモデルの一つとしての翻訳『洪水』について(2)（竹盛天雄）「国文学解釈と鑑賞」 至文堂 62(2) 1997.2 p191～198

◇鷗外・歴史小説への軌跡（前田久徳）「金沢大学教育学部紀要 人文科学・社会科学編」 金沢大学教育学部 46 1997.2 p192～181

◇森鷗外『舞姫』論覚書—どのようにして来たか（板垣公一）「名城大学人文紀要」 名城大学人文研究会 32(3) 1997.3 p1～11

◇「所謂運武」・「小説及人之利害」・「読書之法勿拘泥」—ゲーテ著『詩と真実』への鷗外の書き入れ若干（清田文武）「新大国語」 新潟大学教育学部国語国文会 第23号 1997.3 p12～22

◇森鷗外『舞姫』論—選択された記憶としての手記（市川秀）「国学院大学大学院文学研究科論集」 国学院大学大学院文学研究科 第24号 1997.3 p16～27

◇漱石と鷗外に見られる日本近代知識人の特徴—魯迅との相違点をみる（李telling玉）「共立女子大学総合文化研究所年報」 共立女子大学総合文化研究所 第3号 1997.3 p43～56

◇鷗外—その終焉をめぐる考察（山崎一穎）「跡見学園女子大学国文学科報」 跡見学園女子大学国文学科 第25号 1997.3 p76～95

◇森鷗外の椋鳥通信に現れた第1次大戦直前のヨーロッパ社会相（近衛秀健）「独協大学ドイツ学研究」 独協大学学術研究会 37 1997.3 p123～141

◇森鷗外「雁」と周茂叔「愛蓮説」（篠原義彦）「日本文学研究」 高知日本文学研究会 第34号 1997.3 p127～136

◇森鷗外「雁」における登場人物の複合的モデル造型性—〈巡査〉と〈Profesor W〉（河野基樹）「国学院大学大学院紀要」 国学院大学大学院 第28輯 1997.3 p155～179

◇鷗外 その出発(51) 単穂のモデルの一つとしての翻訳『洪水』について(3)（竹盛天雄）「国文学解釈と鑑賞」 至文堂 62(3) 1997.3 p188～195

◇森鷗外「興津弥五右衛門の遺書」小論（岸田正吉）「日本女子体育大学紀要」 日本女子体育大学 27 1997.3 p206～193

◇森鷗外「後北游日乗」の漢詩(1)（安川里香子）「川村短期大学研究紀要」 川村短期大学 17 1997.3 p228～213

◇〈初期資料〉鷗外の暗示（松本清張）「松本清張研究」 砂書房 2 1997.4 p102～105

◇鷗外 その出発(52)『女歌舞伎操一舞』の挫折と『瑞西館に歌を聞く』の翻訳（竹盛天雄）「国文学解釈と鑑賞」 至文堂 62(4) 1997.4 p176～179

◇鷗外の〈Tragodie〉観(上)初期文芸評論を中心に（青田寿美）「国語国文」 中央図書出版社 66(5) 1997.5 p14～29

◇森鷗外「藤棚」論—秀麿の葛藤（滝本和成）「論究日本文学」 立命館大学日本文学会 66 1997.5 p19～26

◇性と知, あるいは領土化をめぐる言説の抗争—森鷗外『キタ・セクスアリス』論（井上優）「思想」 岩波書店 875 1997.5 p110～132

◇鷗外 その出発(53)『瑞西館に歌を聞く』の「自然の美」について（竹盛天雄）「国文学解釈と鑑賞」 至文堂 62(5) 1997.5 p196～200

◇鷗外の〈Tragodie〉観(下)初期文芸評論を中心に（青田寿美）「国語国文」 中央図書出版社 66(6) 1997.6 p23～41

◇森鷗外と佐佐木信綱（特集 歌人子規—生誕130年—同時代の人々）（坪内稔典）「短歌現代」 短歌新聞社 21(6) 1997.6 p62～64

◇鷗外 その出発(54)『瑞西館に歌を聞く』の「叙事の妙」と重訳の微妙さと（竹盛天雄）「国文学解釈と鑑賞」 至文堂 62(6) 1997.6 p183～189

◇特集 森鷗外を読む「文学」 岩波書店 8(3) 1997.7 p4～149

◇鷗外 その出発(55)『瑞西館に歌を聞く』の終結部の「瞑想」をめぐって（竹盛天雄）「国文学解釈と鑑賞」 至文堂 62(7) 1997.7 p191～199

◇森鷗外旧居/福岡県北九州市（文豪の家探訪）「歴史と旅」 24(12) 1997.8 p28～29

◇森鷗外の都市計画論—衛生新篇の都市, 家屋の章について（特集 都市住民と健康）（石田頼房）「総合都市研究」 東京都立大学都市研究センター 63 1997.9 p101～128

◇『舞姫』における研究のパラダイム（加茂章）「聖徳学園岐阜教育大学紀要」 聖徳学園岐阜教育大学 第34集 1997.9 p252(43)～242(53)

◇黄禍論（巻末御免〔153〕）（谷沢永一）「Voice」 237 1997.9 p270

◇森鷗外と鉄幹（滝本和成）「鉄幹と晶子」 和泉書院 第3号 1997.10 p63～74

◇森鷗外『キタ・セクスアリス』の哲学（Maria De Prada Vicente）「国際日本文学研究集会会議録」 国文学研究資料館 第20回 1997.10 p129～143

◇鷗外 その出発(56)鷗外・竹二同訳『伝奇トーニー』について（竹盛天雄）「国文学解釈と鑑賞」 至文堂 62(10) 1997.10 p192～196

◇鷗外 その出発(57)『伝奇トーニー』の「末段」（竹盛天雄）「国文学解釈と鑑賞」 至文堂 62(11) 1997.11 p175～184

◇明治31年から始まる鷗外の日本近世美術史（日野由希）「稿本近代文学」 筑波大学文芸・言語学系平岡研究室 22 1997.12 p1～10

◇森鷗外「山椒大夫」研究—〈実〉と〈虚〉をめぐって・埋もれていた二つの資料（池田純溢）「静岡近代文学」 静岡近代文学研究会 12 1997.12 p3～53

◇森鷗外「Eindrucke（アインドリュッケ）（感想）」—2人の師・コッホとベッテンコーフェル（特集＝続・日本人の見た異国・異国人—明治・大正期—明治時代の異国・異国人論）（大塚美保）「国文学解釈と鑑賞」 至文堂 62(12) 1997.12 p75～80

◇森鷗外「佐橋甚五郎」私論—謁見の場の構図と日韓併合問題について（勝倉寿一）「福島大学教育学部論集 人文科学部門」 福島大学教育学部 63 1997.12 p84～69

◇鷗外 その出発(58)『悪因縁』の世界—クライスト『セント・ドミンゴ島の婚約』の翻訳（竹盛天雄）「国文学解釈と鑑賞」 至文堂 62(12) 1997.12 p192～199

◇森鷗外『サフラン』における「物」と「名」（紅野謙介）「研究紀要」 日本大学文理学部人文科学研究所 56 1998 p17～26

◇森鷗外「我百首」ノート(3)〈4章〉(26)首～(34)首（宇佐川智美）「山口国文」 山口大学文理学部国語国文学会 21 1998 p101～113

◇鷗外の背景としての19世紀の津和野—場所論として（荒木正見）「地域文化研究」 梅光女学院大学地域文化研究所 13 1998 p103～

◇森鷗外訳「緑葉の欺」初出本文及び総索引 （藤田保幸）「滋賀大学教育学部紀要 人文科学・社会科学」滋賀大学教育学部 48 1998 p220～197
◇特集：森鷗外を読むための研究事典 「國文學 解釈と教材の研究」学灯社 43(1) 1998.1 p6～127
◇鷗外 その出発(59)トオニイの「変心」（竹盛天雄）「国文学解釈と鑑賞」至文堂 63(1) 1998.1 p177～184
◇森鷗外『阿部一族』の方法（野村幸一郎）「国語と国文学」至文堂 75(2) 1998.2 p43～55
◇鷗外 その出発(60)—母と娘の隔たり（竹盛天雄）「国文学解釈と鑑賞」至文堂 63(2) 1998.2 p184～189
◇森鷗外と中国文化—その漢詩から見て（陳生保）「日本研究」国際日本文化研究センター 17 1998.2 p187～219
◇乏しき時代の読書ノート—2—鷗外の魅力（粕谷一希）「創文」創文社 396 1998.3 p18～21
◇歴史小説の生成—森鷗外『興津弥五右衛門の遺書』改稿の問題（特集 歴史と文学（シンポジウム））（上田渡）「日本文学論究」国学院大学国語国文学会 57 1998.3 p19～27
◇「渋江抽斎」の魅力（永ісlash市）「愛知淑徳大学国語国文」愛知淑徳大学国文学会 第21号 1998.3 p19～34
◇島崎藤村と森鷗外—日本の近代と文学者(20世紀の歴史のなかの人物)（池田錬二）「歴史地理教育」歴史教育者協議会 576 1998.3 p20～21
◇森鷗外の〈腰弁当〉時代（小林幸夫）「上智大学国文学科紀要」上智大学国文学科 第15号 1998.3 p39～73
◇苔を掃うの記 森鷗外の墓（森まゆみ）「本」講談社 23(3) 1998.3 p59
◇コンラッドと鷗外(1)同時代の作家の対比研究として（田中賢司）「海技大学校研究報告」海技大学校 41 1998.3 p89～100
◇森鷗外と「侃諛の議論」（篠原義彦）「日本文学研究」高知日本文学研究会 第35号 1998.3 p155～164
◇森鷗外『雁』覚書—「物語の文法」による（原国人）「中京大学文学部紀要」中京大学文学部 32（特集号）1998.3 p209～230
◇ザクセンの森鷗外（松尾展成）「岡山大学経済学会雑誌」岡山大学経済学会 29(4) 1998.3 p595～632
◇鷗外 その出発(61)悲劇への転換（竹盛天雄）「国文学解釈と鑑賞」至文堂 63(4) 1998.4 p186～189
◇鷗外 その出発(62)「悪因縁」の位置（竹盛天雄）「国文学解釈と鑑賞」至文堂 63(5) 1998.5 p186～192
◇太宰治と森鷗外—太宰評価軸転換のために(特集 太宰治没後50年—太宰治と前代)（小泉浩一郎）「国文学解釈と鑑賞」至文堂 63(6) 1998.6 p39～43
◇循環する清浄—森鷗外『大発見』の言説空間（井上優）「国文学研究」早稲田大学国文学会 125 1998.6 p69～80
◇鷗外を悩ませた明治のオカルトブーム（長山靖生）「新潮45」17(6) 1998.6 p130～146
◇鷗外「舞姫」のホンキートンク（平岡正明）「公評」35(5) 1998.6 p142～152
◇森鷗外「審美学」の研究(1)序説（浜下昌宏）「神戸女学院大学論集」神戸女学院大学研究所 45(1) 1998.7 p69～78
◇日本人千年の知恵—無常の風に身をまかせ(生きる事と死ぬ事と)（山折哲雄）「THIS IS 読売」9(5) 1998.8 p56～63
◇翻刻資料「渋江家乗 単」（森鷗外編）（板垣公一）「名城大学人文紀要」名城大学人文研究会 34(1) 1998.9 p1～21
◇日本に伝えられた第一次大戦直前のヨーロッパ音楽事情(1909～1914)—1—森鷗外の椋鳥通信を読む（近衛秀健）「独協大学外国語研究」独協大学外国語学部共通科目担当者会議 2(1) 1998.9 p96～146
◇ザクセンの森鷗外 補遺（松尾展成）「岡山大学経済学会雑誌」岡山大学経済学会 30(2) 1998.9 p309～349
◇〈美文天皇〉と〈観音〉—坪内逍遙対森鷗外〈没理想論争〉について（亀井玆乃）「北海道大学文学部紀要」北海道大学文学部 47(1) 1998.10 p29～111
◇歩く厨子王—鷗外『山椒太夫』と説教（永吉雅夫）「アジア文化学年報」追手門学院大学文学部アジア文化学会 1 1998.11 p99～110
◇森鷗外「舞姫」覚書—その文芸史的位置をめぐって（原国人）「中京大学文学部紀要」中京大学文学部 33(2) 1998.11 p104～81
◇明治三十一年から始まる鷗外史伝(2)夢の日本近世美術史料館（目野由希）「稿本近代文学」筑波大学文芸・言語学系平岡研究室 23 1998.12 p11～21
◇隠国(こもりく)の城下町 石見津和野—森鷗外、西周など明治開明期の知性を輩出した山峡の小京都をゆく（ふるさとの歴史［278］）「歴史と旅」25(18) 1998.12 p163～169,174～183
◇〈僕〉のテクスト戦略—森鷗外『雁』を読む（小仲信孝）「跡見学園女子大学短期大学部紀要」跡見学園女子大学短期大学部 36 1999 p1～11
◇森鷗外の武谷水城宛書簡一通（武谷恵美子）「筑紫女学園短期大学紀要」筑紫女学園短期大学 34 1999 p1～17

◇鷗外と『ファウスト』（その1）—「対話」「団子坂」など（田中岩男）「人文社会論叢 人文科学篇」弘前大学人文学部 3 1999 p15～25
◇太宰治「女の決闘」の冒頭部—森鷗外訳「女の決闘」の翻訳の問題点をふまえて（小林芳雄）「言文」福島大学教育学部国語国文学会 47 1999 p56～69
◇森鷗外「追儺」の文章展開（古田芳江）「広島女子商短期大学学会誌」広島女子商短期大学学会 3 1999 p57～65
◇鷗外・『蛇』の新しさ—貫流する〈理性〉（池田嘉穂子）「日本女子大学大学院文学研究科紀要」日本女子大学 6 1999 p61～73
◇森鷗外と朱子学（海老田輝巳）「九州女子大学紀要 人文・社会科学編」九州女子大学〔ほか〕35(3) 1999 p61～77
◇森鷗外訳「洪水」初出本文及び総索引（藤田保幸）「滋賀大学教育学部紀要 人文科学・社会科学」滋賀大学教育学部 49 1999 p170～131
◇詩人大塚甲山研究(2)甲山と大逆事件—森鷗外を巡りながら（きしだみつお）「初期社会主義研究」弘隆社 12 1999 p273～299
◇「アンデルセンと鷗外」幻想のイタリア旅行「即興詩人」を歩く(1)バルベリイニ広場（森まゆみ）「本」講談社 24(1) 1999.1 p2～4
◇森鷗外と京大（宮本盛太郎）「日本文化環境論講座紀要」京都大学大学院人間・環境学研究科日本文化環境論講座 1 1999.1 p3～10
◇『阿部一族』論考（柄目美香）「日本文学ノート」宮城学院女子大学日本文学会 第34号（通巻56号）1999.1 p92～103
◇森鷗外『キタ・セクスアリス』からはじまる系譜(特集 セクシュアリティ革命—近代の)（千葉一幹）「國文學 解釈と教材の研究」学灯社 44(1) 1999.1 p116～123
◇森鷗外の資料引用(研究余録)（梅谷文夫）「日本歴史」吉川弘文館 608 1999.1 p118～120
◇「アンデルセンと鷗外」幻想のイタリア紀行「即興詩人」を歩く—2—骸骨寺（森まゆみ）「本」講談社 24(2) 1999.2 p2～4
◇『山椒大夫』序説—〈冬の時代〉における鷗外の歴史小説（佐藤嗣男）「明治大学人文科学研究所紀要」明治大学人文科学研究所 44 1999.2 p13～23
◇「時と紙筆とを費やす者」—太田豊太郎の手記をめぐって（宗像和重）「国文学研究」早稲田大学国文学会 127 1999.3 p1～10
◇「アンデルセンと鷗外」幻想のイタリア旅行—「即興詩人」を歩く(3)スパニア石段（森まゆみ）「本」講談社 24(3) 1999.3 p2～4
◇鷗外史伝と〈歴史叙述〉（山根弘子）「湘南文学」東海大学日本文学研究会 第33号 1999.3 p19～32
◇森鷗外と大嘗祭—「盛儀私記」「最後の一句」など（高橋広満）「相模国文」相模女子大学国文研究室 第26号 1999.3 p19～33
◇森鷗外と自然主義（細田明彦）「花袋研究学会々誌」花袋研究学会 17 1999.3 p26～35
◇運命との対峙—森鷗外『ぢいさんばあさん』論（奴田原諭）「文教大学国文」文教大学国語研究室，文教大学国文学会 第28号 1999.3 p53～64
◇コンラッドと鷗外(2)作中の対立について（田中賢司）「海技大学校研究報告」海技大学校 42 1999.3 p61～67
◇森鷗外の漢語—「舞姫」の漢語「坎坷」と「轗軻」の語義について（何欣泰）「岡大国文論稿」岡山大学文学部国語国文学研究室 第27号 1999.3 p62(7)～53(16)
◇森鷗外『半日』論—博士の矛盾（佐藤ゆかり）「国文白百合」白百合女子大学国語国文学会 30号 1999.3 p64～72
◇「冬の時代」の鷗外と実篤（渡辺善雄）「文芸研究」日本文芸研究会 147 1999.3 p68～77
◇鷗外「半日」論—生成される読者（崎間志津子）「日本文学論究」国学院大学国語国文学会 58 1999.3 p77～84
◇森鷗外と晶子—その自由な精神の在処をめぐって(特集 与謝野晶子—自由な精神—与謝野晶子ワールド 2 人・精神・時代)（滝本和成）「國文學 解釈と教材の研究」学灯社 44(4) 1999.3 p91～93
◇日本に伝えられた第1次大戦直前のヨーロッパ音楽事情(1909～1914)森鷗外の椋鳥通信を読む(2)（近衛秀健）「独協大学諸学研究」独協大学外国語学部共通科目担当者会議 2(2) 1999.3 p134～160
◇鷗外の恋人「エリス」（植木哲）「関西大学法学論集」関西大学人文科学研究所 48(5・6) 1999.3 p975～1105
◇「アンデルセンと鷗外」幻想のイタリア紀行「即興詩人」を歩く(4)エジエリアの泉（森まゆみ）「本」講談社 24(4) 1999.4 p2～4
◇『破戒』に先行する人種論(1)森鷗外による問題提起（川端俊英）「同朋大学論叢」同朋学会 80 1999.6 p1～16
◇鷗外 その出発地「帰朝者の価値」、文体模索と実験（竹盛天雄）「国文学解釈と鑑賞」至文堂 64(6) 1999.6 p190～194
◇『阿部一族』論(1)その殉死観をめぐって（秦行正）「福岡大学人文論叢」福岡大学総合研究所 31(1) 1999.6 p763～776
◇「即興詩人」を歩く 7 アラチエリの階段（森まゆみ）「本」講談社 24(7) 1999.7 p2～4
◇築地精養軒とその光景—森鷗外「普請中」にふれて(特集 写真/ボ

◇ディ・スコープ—光・ロゴス・記憶—まなざしの記録/光の記憶）（川崎晴朗）「國文學 解釈と教材の研究」学灯社 44(10) 1999.8 p48〜54

◇鷗外 その出発(65)直文との出会いと『言文論』について（竹盛天雄）「国文学解釈と鑑賞」至文堂 64(8) 1999.8 p184〜188

◇葛藤を生きた森鷗外という存在(1900年への旅〔24〕) 寺島実郎「Foresight」10(9) 1999.9 p58〜60

◇鷗外その出発(66)新しい雅文体構築への野心 （竹盛天雄）「国文学解釈と鑑賞」至文堂 64(9) 1999.9 p180〜185

◇『阿部一族』論(2)その悲劇の構造をめぐって（上）（秦行正）「福岡大学人文論叢」福岡大学総合研究所 31(2) 1999.9 p1579〜1589

◇座談会 鷗外歴史文学の魅力 （小堀桂一郎、出久根達郎、森まゆみ）「図書」岩波書店 607 1999.11 p2〜12

◇鷗外、その出発(67)近代短篇小説の創出にむけて （竹盛天雄）「国文学解釈と鑑賞」至文堂 64(11) 1999.11 p185〜189

◇鷗外 その出発(68)「スケッチ」と単種—近代短篇小説の創出にむけて(2) （竹盛天雄）「国文学解釈と鑑賞」至文堂 64(12) 1999.12 p186〜190

◇ミミクリーとしての文章—「ヰタ・セクスアリス」試論 （掛川みち恵）「早稲田大学大学院教育学研究科紀要 別冊」早稲田大学大学院教育学研究科 8-2 2000 p1〜12

◇日本キリスト教文芸試論(1)中村正直・森鷗外 （大田正紀）「梅花短大国語国文」梅花短期大学国語国文学会 13 2000 p1〜14

◇鷗外と『ファウスト』（その2）時間論的にみた『舞姫』/『グレートヒェン悲劇』 （田中岩男）「人文社会論叢 人文科学篇」弘前大学人文学部 4 2000 p1〜20

◇森鷗外と松本清張—不遇への共感 （平岡敏夫）「松本清張研究」北九州市立松本清張記念館 1 2000 p6〜18

◇森鷗外の北部九州における講演による啓蒙活動 （海老田輝巳）「九州共立大学・九州女子大学・九州女子短期大学生涯学習研究センター紀要」九州共立大学・九州女子大学・九州女子短期大学生涯学習研究センター 5 2000 p11〜24

◇一泊文学踏査講演録 与謝野晶子と森鷗外 （渡辺澄子）「与謝野晶子倶楽部」与謝野晶子倶楽部 5 2000 p17〜23

◇森鷗外と渋谷水城 （武él恵美子）「筑紫女学園短期大学紀要」筑紫女学園短期大学 35 2000 p17〜25

◇特集 清張と鷗外 「松本清張研究」北九州市立松本清張記念館 1 2000 p19〜55

◇鷗外訳『マクベス』—翻訳の軌跡(1) （立花広）「研究紀要」昭和音楽大学 20 2000 p55〜72

◇森鷗外研究—『山椒太夫』〈粟の鳥追い歌〉考 （児玉朋美）「東洋大学短期大学論集 日本文学編」東洋大学短期大学日本文学研究会 37 2000 p79〜91

◇「清張と鷗外」展のねらい（記念館研究ノート） 「松本清張研究」北九州市立松本清張記念館 1 2000 p122〜126

◇或る「小倉日記」伝」発想のヒント—企画展「清張と鷗外」後日談 （記念館研究ノート）「松本清張研究」北九州市立松本清張記念館 1 2000 p134〜137

◇鷗外における『左伝』（上） （清田文武）「新潟大学教育人間科学部紀要 人文・社会科学編」新潟大学教育人間科学部 2(2) 2000 p278〜271

◇バイリンガルの手記—『舞姫』論への一視点 （高田知波）「駒沢国文」駒沢大学国文学会 37 2000.2 p13〜31

◇森鷗外とルートヴィヒ・シュタイン （宮本盛太郎）「社会システム研究」京都大学大学院人間・環境学研究科〔ほか〕3 2000.2 p15〜24

◇「鷗外の思い出」の思い出 （八木福次郎）「日本古書通信」日本古書通信社 65(2) 2000.2 p30〜31

◇曽祖父・鷗外と森家（わが家の百年—戦争あり、天災あり……幾多の風雪に耐えたこの人この家族、喜びと悲しみの百年） （森美奈子）「文芸春秋」78(3) 2000.2 臨増（私たちが生きた20世紀 全篇書き下ろし362人の物語・永久保存版）p60〜61

◇知られざる罪と罰〔17〕権力への反抗の罪（ロー・クラス）（村井敏邦）「法学セミナー」45(2) 2000.2 p98〜102

◇鷗外 その出発(69)「話」と小説—近代短篇小説の創出に向けて （竹盛天雄）「国文学解釈と鑑賞」至文堂 65(2) 2000.2 p181〜185

◇鷗外の「人主策」抄訳の周辺 （清田文武）「新大国語」新潟大学教育学部国語国文学会 26 2000.3 p1〜5

◇「普請中」のベルリン—1887年・88年当時の森鷗外第二・第三住居環境考 （神山伸弘）「跡見学園女子大学紀要」跡見学園女子大学 33 2000.3 p1〜28

◇「うたかたの記」考察—巨勢とマリイの心境について （又吉ひろみ）「沖縄国際大学語文と教育の研究」沖縄国際大学文学部国文学科国語教育研究室 1 2000.3 p12〜16

◇森鷗外論雑記(4) （嘉部嘉隆）「樟蔭国文学」大阪樟蔭女子大学文学会 37 2000.3 p23〜32

◇森鷗外と山県有朋 （宮本盛太郎）「日本文化環境論講座紀要」京都大学大学院人間・環境学研究科日本文化環境論講座 2 2000.3 p29〜38

◇第三次岩波版『鷗外全集』〈第二刷〉収載の書簡錯簡考 （広石修、山崎一穎）「跡見学園女子大学紀要」跡見学園女子大学 33 2000.3 p29〜42

◇『月草』における改稿の意図—『逍遙子の諸評語』における異同をめぐって （坂井健）「京都語文」仏教大学国語国文学会 5 2000.3 p50〜60

◇森鷗外とインド学・仏教学 （杉山次郎）「国際仏教学大学院大学研究紀要」国際仏教学大学院大学 3 2000.3 p79〜123

◇鷗外「半日」における《家》（上） （青田寿美）「神女大国文」神戸女子大学国文学会 11 2000.3 p71〜89

◇省察・「生命の質」—鷗外とトルストイを視座に （高橋正夫）「杏林大学研究報告 教養部門」杏林大学 17 2000.3 p79〜89

◇『梁塵秘抄』と森鷗外 （下崎結）「文学論藻」東洋大学文学部国文学研究室 74 2000.3 p92〜102

◇森鷗外訳ストリンドベリー『債鬼』から消えたエロス （長島要一）「国際日本文学研究集会会議録」国文学研究資料館 第23回 2000.3 p126〜134

◇鷗外その出発(70)『舞姫』について(1) （竹盛天雄）「国文学解釈と鑑賞」至文堂 65(3) 2000.3 p187〜192

◇文豪で医学者・森鷗外とその一族—医学者で文学者である鷗外 その血脈は弟妹や子女、そして縁者で短編小説の名手星新一へと続く（大河の血脈—ファミリー・ツリー） （酒井シヅ）「歴史と旅」27(4) 2000.3 p242〜253

◇「アンデルセンと鷗外」幻想のイタリア紀行「即興詩人」を歩く（16）吾友なる貴公子 （森まゆみ）「本」講談社 25(4) 2000.4 p64〜66

◇知られざる罪と罰〔19〕大逆事件【中】（ロー・クラス）（村井敏邦）「法学セミナー」45(4) 2000.4 p99〜104

◇人間、とりあえず主義(20)森鷗外はそんなに偉い人だったか （なだいなだ）「ちくま」筑摩書房 350 2000.5 p2〜3

◇この「父」の姿勢に学べ！ 子と真正面から向き合った鷗外、露伴……（特集 やり直しの「父親学」）（木原武一）「望星」東海教育研究所 31(5) 2000.5 p38〜43

◇鷗外文学の献身の精神 （清水茂雄）「文学と教育」文学と教育の会 39 2000.6 p11〜20

◇卒業論文 森鷗外『雁』論—語り手「僕」と登場人物について （武田知栄子）「米沢国語国文」山形県立米沢女子短期大学国語国文学会 29 2000.6 p21〜30

◇特別研究 文豪・森鷗外への疑問—『能久親王事蹟』の謎 （川本斉一）「歴史研究」人物往来社歴史研究会 469 2000.6 p42〜48

◇鷗外「日本回帰」の軌跡 （長島要一）「文学」岩波書店 1(3) 2000.6 p111〜129

◇文学は語りを横溢する—森鷗外と中野重治（シルバーバーグ『チェンジングマン』とトリン T.ミンハの著作を受けて）（［国際言語文化研究所］公開シンポジウム 二十一世紀的世界と多言語・多文化主義—周辺からの遠近法（再論））（西成彦）「立命館言語文化研究」立命館大学国際言語文化研究所 12(1) 2000.6 p125〜129

◇鷗外その出発(71)「余一人のみなれば」ということ—『舞姫』について(2) （竹盛天雄）「国文学の解釈と鑑賞」至文堂 65(6) 2000.6 p172〜177

◇『阿部一族』論(3)その悲劇の構造をめぐって（下）（秦行正）「福岡大学人文論叢」福岡大学総合研究所 32(1) 2000.6 p633〜649

◇「航西日記」注釈(V—1) （井沢恒夫、伊藤由美子、大野亮司ほか）「立教大学日本文学」立教大学日本文学会 第84号 2000.7 p40〜59

◇鷗外『沈黙の塔』 （金子幸代）「世界文学」世界文学会 第91号 2000.7 p49〜50

◇『舞姫』試論・〈隠微〉を拓く言葉たち〜〈近代小説〉史の古層へ向けて （大石直記）「文学芸術」共立女子大学総合文化研究所 24 2000.7 p107〜120

◇『高瀬舟』小論—知足への理解 （洪潔清）「比較文化研究」日本比較文化学会〔ほか〕49 2000.7 p125〜131

◇鷗外その出発(72)「厳重なる家庭の教へ」と「学問の荒れ衰ふこともなく」と （竹盛天雄）「国文学解釈と鑑賞」至文堂 65(7) 2000.7 p202〜207

◇森鷗外『舞姫』のエリス—植木哲『新説』の読後感 （住谷一彦）「未来」未来社 407 2000.8 p1〜5

◇交換と贈与—森鷗外『雁』論 （井上優）「文学」岩波書店 1(4) 2000.8 p116〜140

◇森鷗外『高瀬舟』の二つのテーマ（特集 近代の指標）（清田文武）「文芸研究」日本文芸研究会 150 2000.9 p36〜45

◇鷗外 その出発(73)「ところに係累なき外人」ということ—『舞姫』について(4) （竹盛天雄）「国文学解釈と鑑賞」至文堂 65(9) 2000.9 p204〜207

◇鷗外 その出発(74)「黄なる面」の意識—『舞姫』について(5) （竹盛天雄）「国文学解釈と鑑賞」至文堂 65(10) 2000.10 p205〜208

◇鷗外 その出発(75)豊太郎の目撃証言—『舞姫』について(6) （竹盛天雄）「国文学解釈と鑑賞」至文堂 65(11) 2000.11 p203〜207

◇森鷗外の漢文日記に見られる外国人名の表記についての一考察—『隊

◇務日記」を中心に　(何欣泰)「岡山大学大学院文化科学研究科紀要」岡山大学大学院文化科学研究科 10 2000.11 p312～297
◇鷗外「沈黙の塔」──一名、慨世悲歌≪拝火教徒(パアシイ)≫騒動始末記　(新保邦寛)「楢本近代文学」 筑波大学文芸・言語学系平岡研究室 25 2000.12 p1～9
◇歴史随想　津和野を訪ねて──「鷗外の遺言」考　(宇野俊一)「千葉史学」 千葉歴史学会 37 2000.12 p4～6
◇森鷗外作品における文の接続の研究──その論理と表現　(王艮樹)「愛文」 愛媛大学法文学部国語国文学会 第36号 2000.12 p65～76
◇鷗外 その出発(76)「価高き花束」をめぐって──『舞姫』について(7)　(竹盛天雄)「国文学解釈と鑑賞」 至文堂 65(12) 2000.12 p171～176
◇森鷗外記念館(島根県鹿足郡津和野町)──鷗外少年が歩いた津和野の道(日本文学館紀行〔12〕)　(川西政明)「潮」 502 2000.12 p230～235
◇森鷗外『魚玄機』論──「才子佳人小説」を視点として　(林淑丹)「人間文化研究年報」 お茶の水女子大学大学院人間文化研究科 25 2001 p2-32～39
◇森鷗外の日本兵食論とドイツ人医師のみた明治時代の日本人の食生活　(今井佐恵子)「同志社女子大学生活科学」 同志社女子大学生活科学会 35 2001 p45～50
◇フィクションの中の補償──トーマス・マンと鷗外　(伊藤嘉啓)「教養論叢」 慶応義塾大学法学研究会, 慶応義塾大学出版会 115 2001 p49～63
◇森鷗外訳「父」初出本文及び総索引　(藤田保幸)「滋賀大学教育学部紀要 人文科学・社会科学」 滋賀大学教育学部 51 2001 p54～35
◇明治期の洋画発展に関する一考察──外山と鷗外の論争がもたらしたもの　(東純代)「橘史学」 京都橘女子大学歴史学会 16 2001 p111～130
◇法律と文学(2)明治21～22年「舞姫」の時代──市区改正条例と森鷗外　(加藤百合)「研究紀要」 つくば国際大学 7 2001 p147～161
◇子規と森鷗外(正岡子規没後一〇〇年記念特集・正岡子規の革新性)　(村上護)「神奈川大学評論」 神奈川大学広報委員会 40 2001 p149～153
◇靴？屐(げた)(1)森鷗外の著作の独訳　(森鷗外,Angela Drews)「人文学科論集」 鹿児島大学法文学部 53 2001 p189～217
◇鷗外訳『マクベス』──翻訳の軌跡(2)　(立花広)「研究紀要」 昭和音楽大学 21 2001 p201～214
◇Mori Ogai und das Theater　(井戸田総一郎)「芸文研究」 慶応義塾大学芸文学会 81 2001 p275～256
◇Untersuchungen zu Mori Ogais Yo ga tachiba und dessen Hintergrunden(1)　(Angela Drews)「人文学科論集」 鹿児島大学法文学部 54 2001 p277～282
◇森鷗外とルードルフ・フォン・イェーリング　(宮本盛太郎, 西村稔)「書斎の窓」 有斐閣 501 2001.1 p37～41
◇鷗外 その出発(77)「悪因(「悪因縁」)」という仕掛け──『舞姫』について(8)　(竹盛天雄)「国文学解釈と鑑賞」 至文堂 66(1) 2001.1 p199～203
◇森鷗外・井上哲次郎・乃木希典──三者の関係　(宮本盛太郎)「社会システム研究」 京都大学大学院人間・環境学研究科〔ほか〕 4 2001.2 p19～30
◇「鰐」の時代　(藤沢峰子)「上越教育大学国語研究」 上越教育大学国語教育学会 15 2001.2 p56～67
◇「アンデルセンと鷗外」幻想のイタリア紀行「即興詩人」を歩く(26)シクスツス礼拝堂　(森まゆみ)「本」 講談社 26(2) 2001.2 p65～67
◇ヒステリー──森鷗外『半日』(小説)(境界を越えて──恋愛のキーワード集)　(出原隆俊)「國文學 解釈と教材の研究」 学灯社 46(3) 2001.2 p185～187
◇鷗外 その出発(78)普通名詞「少女」から固有名詞「エリス」へ──『舞姫』について(9)　(竹盛天雄)「国文学解釈と鑑賞」 至文堂 66(2) 2001.2 p201～207
◇森鷗外「天寵」の世界(下)　(清田文武)「新大国語」 新潟大学教育学部国語国文学会 27 2001.3 p1～4
◇二人の文豪(漱石・鷗外)と乃木希典──『心』と乃木保典　(宮本盛太郎)「日本文化環境論講座紀要」 京都大学大学院人間・環境学研究科日本文化環境論講座 3 2001.3 p1～12
◇ミミクリーとしての文章──「ヰタ・セクスアリス」試論　(掛井みち恵)「早稲田大学大学院教育学研究科紀要別冊」 早稲田大学大学院教育学研究科 別冊第8号(二)(No.8-2 2000) 2001.3 p一～一二
◇フィクションが立ち上がる時──森鷗外「うたかたの記」論　(小林幹也)「近畿大学日本語・日本文学」 近畿大学文芸学部 第3号 2001.3 p27～37
◇鷗外、「小倉左遷」説は消えたか　(山崎一穎)「跡見学園女子大学文学科報」 跡見学園女子大学国文学科 29 2001.3 p35～46
◇『寒山拾得』に就いて　(山田史生)「弘前大学教育学部研究紀要クロスロード」 弘前大学教育学部 3 2001.3 p55～68
◇「我中心に満足を与へん」ものを問うて──太田豊太郎の葛藤　(戸田

◇泉)「相模国文」 相模女子大学国文研究室 第28号 2001.3 p62～81
◇分身小説としての「不思議な鏡」(森鷗外)詳説　(渡辺正彦)「群馬県立女子大学国文学研究」 群馬県立女子大学文学部国語学国文学研究室 21 2001.3 p70～87
◇森鷗外『山椒大夫』依拠本──翻刻と解説　(中田久美子, 信多純一)「神女大国文」 神戸女子大学国文学会 12 2001.3 p102～129
◇鷗外 その出発(79)相沢の友情とエリスの「心の誠」──『舞姫』について(10)　(竹盛天雄)「国文学解釈と鑑賞」 至文堂 66(3) 2001.3 p216～219
◇「アンデルセンと鷗外」幻想のイタリア紀行「即興詩人」を歩く(28)ツスクルム──山寨　(森まゆみ)「本」 講談社 26(4) 2001.4 p65～67
◇怒「怒り」の漱石、「威厳」の鷗外(喜怒哀楽)　(坂崎重盛)「フォーブス日本版」 10(4) 2001.4 p190～191
◇鷗外 その出発(80)「ビヨネルは寧ろハイゼを学びて」と「ビヨネルは寧ろハイネを学びて」と──『舞姫』について(11)　(竹盛天雄)「国文学解釈と鑑賞」 至文堂 66(4) 2001.4 p206～211
◇東洋文庫を読む(17)森鷗外と児童文学　(上田信道)「月刊百科」 平凡社 463 2001.5 p50～52
◇鷗外 その出発(81)ハイネ『フランスの状態』と鷗外──『舞姫』について(番外)　(竹盛天雄)「国文学解釈と鑑賞」 至文堂 66(5) 2001.5 p212～215
◇森鷗外と松本清張(悲しみの精神史〔17〕)　(山折哲雄)「Voice」 281 2001.5 p280～285
◇鷗外について──『うたかたの記』本文・羽鳥千尋・啄木・清張・『舞姫』など　(平岡敏夫)「文学と教育」 文学と教育の会 41 2001.6 p1～6
◇史談往来/北から南から 史学と文学・森鷗外と森銑三に観る　(奥田豊)「歴史研究」 歴研 43(6) 2001.6 p11～13
◇「アンデルセンと鷗外」幻想のイタリア紀行「即興詩人」を歩く(30)キケロの墓──テルラチナ、ガエタ、フオルミエ　(森まゆみ)「本」 講談社 26(6) 2001.6 p65～67
◇法の執行停止──森鷗外の歴史小説(第四十四回群像新人文学賞発表)　(青木純一)「群像」 講談社 56(6) 2001.6 p125～159
◇鷗外 その出発(82)ハイネ『フランスの状態』と鷗外(2)──『舞姫』について(番外)　(竹盛天雄)「国文学解釈と鑑賞」 至文堂 66(6) 2001.6 p211～217
◇MEDICAL ESSAYS 軍医・鷗外森林太郎考　(村上瑛一)「日本医事新報」 日本医事新報社 4026 2001.6.23 p39～43
◇津和野町森鷗外記念館所蔵「裴将軍帖」小考──森鷗外手書題辞を中心として　(福田哲之)「Problematique」 同人Problematique II 2001.7 p125～138
◇鷗外 その出発(83)ハイネ『フランスの状態』と鷗外(完)『舞姫』について(番外)　(竹盛天雄)「国文学解釈と鑑賞」 至文堂 66(7) 2001.7 p208～215
◇「アンデルセンと鷗外」幻想のイタリア紀行「即興詩人」を歩く(31)拿破里(ナポリ)トレド街　(森まゆみ)「本」 講談社 26(8) 2001.8 p64～66
◇カオスと老子──21世紀における欧亜文明の交流　(中西進)「諸君！」 33(8) 2001.8 p102～110
◇鷗外『魔睡』のスキャンダル──〈姦通〉・語り・テクスト間相互関連性を視座として　(大塚美保)「聖心女子大学論叢」 聖心女子大学 97 2001.9 p37～67
◇「アンデルセンと鷗外」幻想のイタリア紀行「即興詩人」を歩く(33)古市ポムペイ　(森まゆみ)「本」 講談社 26(9) 2001.9 p65～67
◇赴任早々鷗外の洗礼(山陰中央新報・津和野支局)(わが支局 わが日々)　(土谷康夫)「新聞研究」 602 2001.9 p86
◇鷗外 その出発(84)「民間学」ということ──『舞姫』について(12)　(竹盛天雄)「国文学解釈と鑑賞」 至文堂 66(9) 2001.9 p182～187
◇「アンデルセンと鷗外」幻想のイタリア紀行「即興詩人」を歩く(34)噴火山エズキオ　(森まゆみ)「本」 講談社 26(10) 2001.10 p65～67
◇鷗外 その出発(85)留学体験の夢としての「民間学」──『舞姫』について(13)　(竹盛天雄)「国文学解釈と鑑賞」 至文堂 66(10) 2001.10 p211～215
◇鷗外筆『心理学図表』試解──手沢本『西洋哲学史』添付の図表について　(坂井健)「京都語文」 仏教大学国語国文学会 8 2001.10.6 p52～69
◇「アンデルセンと鷗外」幻想のイタリア紀行「即興詩人」を歩く(35)ポジリッポの厳窟　(森まゆみ)「本」 講談社 26(11) 2001.11 p65～67
◇森鷗外『うたかたの記』論　(軽込順子)「玉藻」 フェリス女学院大学国文学会 37 2001.11 p89～100
◇鷗外「流行」論　(相模久美子)「文学」 岩波書店 2(6) 2001.11 p257～269
◇森鷗外「魚玄機」試論　(九内悠水子)「近代文学試論」 広島大学近

◇代文学研究会 39 2001.12 p13〜20
◇森鷗外『舞姫』の戦略 (塩田加織) 「国文」 お茶の水女子大学国語国文学会 96 2001.12 p21〜32
◇明治「史伝」と鷗外「史伝」—明治20〜30年代を中心に (目野由希) 「国士舘大学文学部人文学会紀要」 国士舘大学文学部人文学会 34 2001.12 p33〜42
◇見慣れた〈世界(コスモス)〉を見慣れない〈世界(カオス)〉のように—鷗外『普請中』 (新保邦寛) 「橋本近代文学」 筑波大学文芸・言語学系平岡研究室 26 2001.12 p44〜50
◇「アンデルセンと鷗外」幻想のイタリア紀行 「即興詩人」を歩く (36)サン、カルロ劇場 (森まゆみ) 「本」 講談社 26(12) 2001.12 p65〜67
◇「明治の精神」と知識人—森鷗外・夏目漱石・芥川竜之介(特集・Meiji the Great 明治天皇というふ人。) (桶谷秀昭) 「歴史と旅」 28(12) 2001.12 p80〜85
◇鷗外 その出発(86)情報の送り手と「民間学」—『舞姫』について(14) (竹盛天雄) 「国文学解釈と鑑賞」 至文堂 66(12) 2001.12 p243〜247
◇鷗外文学における「奇」 (林淑丹) 「人間文化論叢」 お茶の水女子大学大学院人間文化研究科 5 2002 p4-1〜11
◇森鷗外「かのやうに」論—父の立場 (谷口佳代子) 「福岡大学日本語日本文学」 福岡大学日本語日本文学会 12 2002 p17〜25
◇森鷗外訳「オルフエウス」をめぐる一考察 (滝井敬子) 「東京芸術大学音楽学部紀要」 東京芸術大学音楽学部 28 2002年度 p21〜45
◇森鷗外訳「いつか君は帰ります」初出本文及び総索引 (藤田保幸) 「滋賀大学教育学部紀要 人文科学・社会科学」 滋賀大学教育学部 52 2002 p32〜9
◇病苦と生命の尊厳と—『告白』(シュトルム)変奏曲としての『高瀬舟』 (田淵昌太) 「ドイツ文学論集」 同学社 35 2002 p84〜93
◇森鷗外『舞姫』序論 (荻原桂子) 「九州女子大学紀要 人文・社会科学編」 九州女子大学〔ほか〕 39(1) 2002 p85〜92
◇明治のスペイン文学の邦訳—森鷗外 (古家久世) 「京都外国語大学研究論叢」 京都外国語大学国際言語平和研究所 59 2002 p107〜128
◇森鷗外の〈大学〉論と〈学問〉観—その主張内容に見る現代的意義 (林正子) 「岐阜大学地域科学部研究報告」 岐阜大学地域科学部 10 2002 p170〜151
◇調査報告 森鷗外「独逸三部作」の振り仮名付き漢字 (浅野敏彦) 「大阪成蹊女子短期大学研究紀要」 大阪成蹊女子短期大学 39 2002 p313〜336
◇鷗外の論文「ビールの利尿作用について」 (武智秀夫) 「鷗外」 森鷗外記念会 70 2002.1 p1〜20
◇靴を磨く男のイメージ—森鷗外訳「冬の王」と三浦綾子『積木の箱』との場合(特集 近代) (清田文武) 「解釈」 教育出版センター 48(1・2) 2002.1・2 p2〜6
◇森綱浄著『与三学医書』を読む—綱浄は、森鷗外の祖父 (林量三) 「鷗外」 森鷗外記念会 70 2002.1 p21〜68
◇「アンデルセンと鷗外」幻想のイタリア紀行 「即興詩人」を歩く (37)ソレントへ (森まゆみ) 「本」 講談社 27(1) 2002.1 p64〜66
◇『鷗外図録』中の写真について (川田文芳) 「鷗外」 森鷗外記念会 70 2002.1 p93〜98
◇『しがらみ草紙』の「詩月旦」—森鷗外と文壇批評漢詩 (合山林太郎) 「鷗外」 森鷗外記念会 70 2002.1 p99〜111
◇強制的異性愛体制下の青春—『三四郎』『青年』(特集=ヘテロセクシズム) (藤森清) 「文学」 岩波書店 3(1) 2002.1 p120〜133
◇鷗外 その出発(87)豊太郎の「民間学」—『舞姫』について(15) (竹盛天雄) 「国文学解釈と鑑賞」 至文堂 67(1) 2002.1 p173〜179
◇鷗外文献集纂 (長谷川泉) 「鷗外」 森鷗外記念会 70 2002.1 p374〜377
◇北千住往来の森鷗外・蜀山人(種村季弘 東京"奇想"徘徊録〔8〕) (種村季弘) 「サライ」 14(2) 2002.1.17 p108〜109
◇森鷗外の日本兵食論とドイツ人医師のみた明治時代の日本人の食生活 (今井佐恵子) 「同志社女子大学生活科学」 同志社女子大学生活科学会 第35号(2001) 2002.2 p45〜50
◇「アンデルセンと鷗外」幻想のイタリア紀行 「即興詩人」を歩く (38)古祠ペストム (森まゆみ) 「本」 講談社 27(2) 2002.2 p65〜67
◇鷗外 その出発(88)「一筋の道」と「綜括的」と、そして「明治二十年の冬」を起点とする展開—「舞姫」について(16) (竹盛天雄) 「国文学解釈と鑑賞」 至文堂 67(2) 2002.2 p189〜193
◇森鷗外研究「舞姫」 (加藤公昱子) 「国語国文学研究」 熊本大学法文学部国語国文学会 37 2002.2 p201〜215
◇森鷗外と福沢諭吉の食生活論 (今井佐恵子) 「京都短大論集」 京都短期大学成美学会 30(1) 2002.3 p17〜24
◇『祖征日記』に見る鷗外の戦争へのスタンス (上田正行) 「金沢大学文学部論集 言語・文学篇」 金沢大学文学部 22 2002.3 p27〜51
◇森鷗外の〈文化〉認識とオイケン受容 (林正子) 「岐阜大学国語国文学」 岐阜大学教育学部国語国文学研究室 29 2002.3 p28〜49
◇森鷗外『高瀬舟』に見られる安楽死の思想・覚書—名古屋高裁判決の安楽死容認の6要件との関連で (阿部真司) 「日本文学研究」 高知日本文学研究会 第39号 2002.3 p37〜45
◇佐藤春夫と森鷗外(特集 佐藤春夫の世界—佐藤春夫をめぐって) (山崎一穎) 「国文学解釈と鑑賞」 至文堂 67(3) 2002.3 p52〜58
◇森鷗外「青年」における外来語の役割 (杉本雅子) 「静岡大学留学生センター紀要」 静岡大学留学生センター 1 2002.3 p57〜73
◇「アンデルセンと鷗外」幻想のイタリア紀行 「即興詩人」を歩く (39)カプリ、夢幻境 (森まゆみ) 「本」 講談社 27(3) 2002.3 p65〜67
◇『鷗外全集』第三十五巻 日記索引(人名篇)・余録 (青田寿美) 「神女大国文」 神戸女子大学国文学会 13 2002.3 p70〜78
◇鷗外 その出発(89)ペテルブルクとベルリンの距離—『舞姫』について(17) (竹盛天雄) 「国文学解釈と鑑賞」 至文堂 67(3) 2002.3 p227〜231
◇「アンデルセンと鷗外」幻想イタリア旅行 「即興詩人」を歩く (40)アマルフィイ (森まゆみ) 「本」 講談社 27(4) 2002.4 p65〜67
◇鷗外 その出発(90)帰国と栄達、そしてエリスへの愛—『舞姫』について(18) (竹盛天雄) 「国文学解釈と鑑賞」 至文堂 67(4) 2002.4 p187〜191
◇根津権現裏と"谷根千"の今昔(種村季弘 東京"奇想"徘徊録〔14〕) (種村季弘) 「サライ」 14(8) 2002.4.18 p104〜105
◇「アンデルセンと鷗外」幻想イタリア紀行 「即興詩人」を歩く (41)チヲリ (森まゆみ) 「本」 講談社 27(5) 2002.5 p65〜67
◇「舞姫」小考(再録『葦の葉』(近代部会誌)(2001年1月(206号)〜11月(215号))) (前田角蔵) 「近代文学研究」 日本文学協会近代部会 19 2002.5 p137〜144
◇鷗外 その出発(91)巧妙な物語展開の積み重ね—『舞姫』について(19) (竹盛天雄) 「国文学解釈と鑑賞」 至文堂 67(5) 2002.5 p239〜242
◇「戦闘的啓蒙」の論理—鷗外初期言論の構造と背景 (松村友視) 「国語と国文学」 至文堂 79(6) 2002.6 p1〜17
◇初版本講義(9)森鷗外の巻 (川島幸希) 「日本古書通信」 日本古書通信社 67(6) 2002.6 p8〜9
◇「アンデルセンと鷗外」幻想イタリア紀行 「即興詩人」を歩く (最終回)水の都エネチア (森まゆみ) 「本」 講談社 27(6) 2002.6 p65〜67
◇鷗外 その出発(92)代行の活躍とその意味—『舞姫』について(20) (竹盛天雄) 「国文学解釈と鑑賞」 至文堂 67(6) 2002.6 p207〜211
◇還東日乗を読む(2) (武智秀夫) 「鷗外」 森鷗外記念会 71 2002.7 p1〜28
◇鷗外研究年表(38)明治44年 (苦木虎雄) 「鷗外」 森鷗外記念会 71 2002.7 p42〜67
◇森鷗外、権力のなかの抵抗—『魔睡』『キタ・セクスアリス』を中心に(発禁・近代文学誌—発禁本とその周辺をめぐる問題系) (一柳広孝) 「國文學 解釈と教材の研究」 学灯社 47(9臨増) 2002.7 p51〜55
◇鷗外研究年表(39)明治44年〜45年 (苦木虎雄) 「鷗外」 森鷗外記念会 71 2002.7 p68〜93
◇伝承の水脈—鷗外『うたかたの記』論 (金子幸代) 「世界文学」 世界文学会 第95号 2002.7 p80〜89
◇鷗外文献集纂 (長谷川泉) 「鷗外」 森鷗外記念会 71 2002.7 p99〜152
◇「児戯」と言われた『雁』の問題—森鷗外文学に関する一考察 (呉小敏) 「久留米大学大学院比較文化研究論集」 久留米大学大学院比較文化研究科 12 2002.7 p247〜267
◇鷗外 その出発(93)「マンサルド」の密室空間にての出来事をめぐって—『舞姫』について(21) (竹盛天雄) 「国文学解釈と鑑賞」 至文堂 67(8) 2002.8 p214〜219
◇森鷗外『山椒太夫』における安寿寺—説経浄瑠璃本文の一問題を視点として (清田文武) 「解釈」 教育出版センター 48(9・10) 2002.9・10 p28〜32
◇鷗外・明治四一年三月一七日—上田敏宛書簡から (宗像和重) 「森鷗外研究」 和泉書院 第9号 2002.9 p52〜67
◇古書ワンダーランド(80)鷗外と漱石の「遺著」? (横田順弥) 「本の窓」 小学館 25(8) 2002.9 p54〜57
◇森鷗外『安井夫人』の文体(特集・私の書き方—いい文章を書きたい人のために、23人の文章作法) (車谷長吉) 「文芸春秋」 80(12) 2002.9 臨時増刊(美しい日本語 言葉の力をみがつける) p82〜83
◇東京の詩人(器物愛玩〔16〕) (中沢けい) 「発言者」 101 2002.9 p94〜99
◇鷗外 その出発(94)悲劇的結末をめぐって—『舞姫』について(22・完) (竹盛天雄) 「国文学解釈と鑑賞」 至文堂 67(9) 2002.9 p191〜195
◇『鷗外全集』の誕生—与謝野寛と森潤三郎 (森富, 阿部武彦, 渡辺善雄) 「森鷗外研究」 和泉書院 第9号 2002.9 p151〜164
◇鷗外史にみる明治四十年代 (山崎国紀) 「森鷗外研究」 和泉書院

第9号 2002.9 p165〜176
◇本文(テキスト)の謎―鷗外のしたたかさ （竹盛天雄）「森鷗外研究」 和泉書院 第9号 2002.9 p177〜180
鷗外と馬賊 （松井利彦）「森鷗外研究」 和泉書院 第9号 2002.9 p185〜187
◇大正五年の漱石と鷗外 （佐藤泰正）「森鷗外研究」 和泉書院 第9号 2002.9 p188〜190
考証不要〔巻末御免〔215〕〕（谷沢永一）「Voice」 299 2002.11 p290
◇1911〜1920年前編―教科書は死守すべき！芥川の飛び抜けた輝き（百年の誤読〔3〕）（岡野宏文, 豊崎由美）「ダ・ヴィンチ」 9(11) 2002.11 p58〜59
◇鷗外 その出発(95)『うたかたの記』をめぐって （竹盛天雄）「国文学解釈と鑑賞」 至文堂 67(11) 2002.11 p188〜194
森鷗外「空車」考 （滝本和成）「論究日本文学」 立命館大学日本文学会 77 2002.12 p1〜7
◇永井荷風と森鷗外―「舞姫」から「放蕩」への展開と差異について （特集 永井荷風を読む―永井荷風をめぐって） （竹盛天雄）「国文学解釈と鑑賞」 至文堂 67(12) 2002.12 p49〜56
◇弱さあるいは明晰さの悲劇―『アドルフ』と『舞姫』 （村山紀明）「専修大学北海道短期大学紀要 人文・社会科学編」 専修大学北海道短期大学 35 2002.12 p128〜122
松本清張文学の淵源と指標―テーマとしての〈森鷗外〉 （林正子）「岐阜大学地域科学部研究報告」 岐阜大学地域科学部 12 2003 p1〜20
森鷗外『青年』のモチーフ（日本語日本文学特集） （日塔美代子）「甲南大学紀要 文学編」 甲南大学 133 2003年度 p19〜31
◇森鷗外訳「ソクラテエスの死」初出本文及び総索引 （藤田保幸）「滋賀大学教育学部紀要 人文科学・社会科学」 滋賀大学教育学部 53 2003 p112〜86
◇森鷗外「鼠坂」試論―〈多層〉的構造と〈反復〉する〈語り〉 （川島みどり）「文学研究論集 文学・史学・地理学」 明治大学大学院 20 2003年度 p181〜193
国語教育における文学作品の主題―森鷗外「高瀬舟」を中心として （近藤政美, 浜千代いづみ）「岐阜聖徳学園大学教育学部教育実践科学研究センター紀要」 岐阜聖徳学園大学 3 2003年度 p191〜201
詩人大塚甲山研究(5)《自伝材料》から読む大塚甲山の軌跡―坪内逍遙、森鷗外を巡りながら （きしだみつお）「初期社会主義研究」 初期社会主義研究会, 不二出版 16 2003 p250〜274
鷗外小倉発信288号書簡の整序と小倉発信全書簡の空欄補塡考 （川田国芳）「鷗外」 森鷗外記念会 72 2003.1 p36〜42
◇鷗外文献集纂 （長谷川泉）「鷗外」 森鷗外記念会 72 2003.1 p121〜153
「『山椒太夫』というヒント―ベルリンから見る日本人拉致事件と対イラク戦争（脱052戦）（特集・「ブッシュの戦争」は止められるか）（梶村太一郎）「世界」 709 2003.1 p136〜145
◇鷗外 その出発(96)本務と余暇、そして出会い―『うたかたの記』をめぐって(2) （竹盛天雄）「国文学解釈と鑑賞」 至文堂 68(1) 2003.1 p202〜207
森鷗外「舞姫」試論―相沢謙吉は真の親友ではない （張軍）「八戸工業大学紀要」 八戸工業大学 22 2003.2 p93〜98
◇鷗外 その出発(97)原田直次郎、ルートヴィヒ2の死、シュタルンベルガーゼー―『うたかたの記』をめぐって(3) （竹盛天雄）「国文学解釈と鑑賞」 至文堂 68(2) 2003.2 p188〜195
鷗外「うた日記」「鶏」（特集 戦争と私小説―特集小論 戦争をめぐる「私」）（風里谷桂）「私小説研究」 法政大学大学院私小説研究会 第4号 2003.3 p38〜39
鷗外訳「正體」の〈正体〉―言論・思想弾圧政策と鷗外の抵抗 （小泉浩一郎）「湘南文学」 東海大学日本文学会 第37号 2003.3 p1〜14
森鷗外の歴史小説と検閲の抑圧 （水沢不二夫）「湘南文学」 東海大学日本文学会 第37号 2003.3 p75〜87
◇森鷗外『妄想』にみられる死生観・覚書 （阿部眞司）「日本文学研究」 高知日本文学研究会 第40号 2003.3 p71〜82
鷗外「流行」論―補足と資料紹介 （相模久美子）「鶴見日本文学」 鶴見大学 7 2003.3 p78〜62
藤堂省三―ある研究会の記録から〔1〕（藤田省三述, 本堂明（近代文学研究）記録）「世界」 711 2003.3 p154〜163
森鷗外の漢詩における漢字漢語の用法 （何欣泰）「岡大国文論稿」 岡山大学文学部言語国語国文学会 31 2003.3 p218〜209
◇鷗外 その出発(98)鷗外・ナウマンの二つの「日本」論の交錯―『うたかたの記』をめぐって(4) （竹盛天雄）「国文学解釈と鑑賞」 至文堂 68(4) 2003.4 p213〜219
◇鷗外 その出発(99)ナウマンの「日本」への寄与―『うたかたの記』をめぐって(5) （竹盛天雄）「国文学解釈と鑑賞」 至文堂 68(6) 2003.6 p227〜231
鷗外の小説「青年」のモデルたち （高橋菊弥）「郷土作家研究」 青森県郷土作家研究会 28 2003.7 p1〜8
◇状況に切り込む文学教育―森鷗外『高瀬舟』をめぐって（特集・いま

再び問う―文学教育の根拠）（斎藤知也）「日本文学」 日本文学協会 52(8) 2003.8 p36〜47
◇物語の意味論―森鷗外『杯』の意味論的解釈 （野林靖彦）「文芸研究」 日本文芸研究会 156 2003.9 p33〜51
◇森鷗外「細木香以」再考 （高寺康仁）「言語と文芸」 おうふう 120 2003.10 p67〜82
◇鷗外 その出発(100)ナウマンと原田の論争―『うたかたの記』をめぐって(6) （竹盛天雄）「国文学解釈と鑑賞」 至文堂 68(10) 2003.10 p206〜211
短編小説考―森鷗外『雁』とギュンター・グラス『鈴蛙の叫び声』（大羽武）「西日本ドイツ文学」 日本ドイツ文学会西日本支部 15 2003.11 p37〜48
◇訂正の訂正二題、その他―『舞姫』の舞台に関して （山下万里）「鷗外」 森鷗外記念会 73 2003.11 p7〜19
鷗外の雪冤、木下モトの鎮魂―『削除の復元』再考 （村岡功）「鷗外」 森鷗外記念会 73 2003.11 p56〜60
森鷗外の小倉転補について （川田国芳）「鷗外」 森鷗外記念会 73 2003.11 p61〜68
森鷗外の病の光学―『仮面』論 （真杉秀樹）「鷗外」 森鷗外記念会 73 2003.11 p69〜82
鷗外研究年表(40)明治45年〜大正元年 （苦木虎雄）「鷗外」 森鷗外記念会 73 2003.11 p93〜117
森鷗外資料目録 （鷗外）森鷗外記念会 73 2003.11 p118〜137
もっともすぐれた敵―森鷗外の公衆衛生学（特集 争点としての生命―言説の争点）（佐藤泉）「現代思想」 青土社 31(13) 2003.11 p198〜214
鷗外 その出発(101)ナウマンと原田の論争（続）『うたかたの記』をめぐって(7) （竹盛天雄）「国文学解釈と鑑賞」 至文堂 68(11) 2003.11 p230〜235
樋口一葉『うもれ木』論―森鷗外訳『埋木』・幸田露伴『風流仏』『一口剣』との連関 （伊藤佐枝）「論樹」 論樹の会 17 2003.12 p1〜20
解釈学の方法としての語彙論―森鷗外『木精』を例に （野林靖彦, 野林正路）「麗沢大学紀要」 麗沢大学 77 2003.12 p1〜25
国際収支のJカーブ効果と森鷗外の経済認識 （大島陽一）「帝京経済学研究」 帝京大学経済学会 37(1・2) 2003.12 p23〜32
◇森鷗外のカルデロン翻訳（1889年）をめぐって （吉田彩子）「清泉女子大学紀要」 清泉女子大学 51 2003.12 p35〜47
鷗外 その出発(102)駁撃鳥〔マン〕論『日本の実情』―『うたかたの記』をめぐって(8) （竹盛天雄）「国文学解釈と鑑賞」 至文堂 68(12) 2003.12 p202〜207
森鷗外「舞姫」冒頭部の文の解析 （小沢次郎）「北海道医療大学人間基礎科学論集編集委員会 30 2004 pB1〜7
森鷗外と『情史類略』の関係について―『舞姫』を中心に （劉鶴岩）「愛知論叢」 愛知大学大学院生協議会 76 2004 p1〜10
啄木と鷗外の観潮楼歌会 （門屋光昭）「東北文学の世界」 盛岡大学文学部日本文学科 12 2004 p11〜35
特別寄稿 森鷗外と日露戦争―「黄禍」論と「扣鈕」の詩 （山崎国紀）「翰林書房 2(2) 2004 p40〜45
◇Tropes of the Novel in Modern Japanese Literature: Soseki's Kokoro and Ogai's Maihime （Haga Tadahiko）「千葉大学社会文化科学研究」 千葉大学大学院社会文化科学研究科 9 2004 p41〜49
◇漱石作品における「のだ」文の使われ方―鷗外『青年』と比較して （石出靖雄）「早稲田大学大学院教育学研究科紀要 別冊」 早稲田大学大学院教育学研究科 11-2 2004 p45〜54
◇鷗外はブランデンブルク門の彼方に凱旋塔を見なかったのか―『舞姫』における「目睫の間」の「景物」をめぐって （神山伸弘）「跡見学園女子大学人文学フォーラム」 跡見学園女子大学文学部人文学科 2 2004 p66〜79
◇シュヴェーグラー『西洋哲学史』への森鷗外自筆書き込み―翻刻および翻訳 （Josef Furnkas, 和泉雅人, 村松真理〔他〕）「芸文研究」 慶応義塾大学芸文学会 86 2004 p251〜155
◇鷗外 その出発(103)『うたかたの記』をめぐって(9)駁撃鳥〔マン〕論『日本の実情』（続）（竹盛天雄）「国文学解釈と鑑賞」 至文堂 69(1) 2004.1 p225〜228
◇森鷗外と農の心―伊藤左千夫『去年』等を中心に （遠藤誠治）「鷗外」 森鷗外記念会 74 2004.2 p30〜38
持続と邂逅―森鷗外の史伝形成 （木下守）「国語と国文学」 至文堂 81(2) 2004.2 p33〜47
◇森鷗外の「多摩武蔵野実視行」をたどる―明治31年（1898）11月の日記より （高橋修司）「鷗外」 森鷗外記念会 74 2004.2 p99〜125
平成13年版 森鷗外資料目録 追録(2) 「鷗外」 森鷗外記念会 74 2004.2 p126〜142
◇個別性の発一―森鷗外「大発見」と花子 （山根弘子）「湘南文学」 東海大学日本文学会 第38号 2004.3 p178〜186
◇森鷗外「蛇」の検閲と読者の身体 （水沢不二夫）「湘南文学」 東海大学日本文学会 第38号 2004.3 p187〜199

◇森鷗外「舞姫」試論—「白」と「黒」そして「灰色」をめぐる経緯（浜田真由美）「同志社国文学」 同志社大学国文学会 60 2004.3 p35～46

◇カズイスチカ—鷗外における精神の二面性 （柄目美香）「宮城学院女子大学大学院人文学会誌」 宮城学院女子大学大学院 5 2004.3 p39～45

◇帝都のゾライズム—鷗外『小説論』と「市区改正」問題 （辻吉祥）「国文学研究」 早稲田大学国文学会 142 2004.3 p76～87

◇鷗外 その出発（104）駁騫烏〔マン〕論『日本の実状』（続々）『うたかたの記』をめぐって（10）（竹盛天雄）「国文学解釈と鑑賞」 至文堂 69（3）2004.3 p222～227

◇森鷗外『文づかひ』のテクスト生成研究 資料篇（檀原みすず）「大阪樟蔭女子大学学芸学部論集」 大阪樟蔭女子大学学芸学部学術研究委員会 41 2004.3 p244～213

◇森鷗外『雁』論—「僕」の〈語りの衝動〉（田中絵美利）「明治大学日本文学」 明治大学日本文学研究部 第30号 2004.4 p27～40

◇森鷗外（特集 近代文学に描かれた父親像—近代文学に描かれた父親像）（山崎一穎）「国文学解釈と鑑賞」 至文堂 69（4）2004.4 p31～36

◇鷗外 その出発（105）ナウマンの弁明—『うたかたの記』をめぐって（11）（竹盛天雄）「国文学解釈と鑑賞」 至文堂 69（4）2004.4 p211～215

◇鷗外「大発見」・一〇八〇分—テクストの無意識を暴く（特集：レッスン・複合領域（インターディシプリン）の文化研究）（酒井敏）「國文學 解釈と教材の研究」 学灯社 49（6）2004.5 p68～79

◇鷗外 その出発（106）ナウマンとの論争の意味—『うたかたの記』をめぐって（12）（竹盛天雄）「国文学解釈と鑑賞」 至文堂 69（5）2004.5 p203～207

◇森鷗外のヴァーグナー体験（特集 リヒャルト・ワーグナー新時代）（滝井敬子）「文学界」 文芸春秋 58（5）2004.5 p206～212

◇鷗外 その出発（107）全集未収録『鷗処遺稿』序を紹介し、「志がらみ草紙」に掲載されていた『うたかたの記を読む』に対面する—『うたかたの記』をめぐって（番外）（竹盛天雄）「国文学解釈と鑑賞」 至文堂 69（6）2004.6 p179～187

◇森鷗外「舞姫」を〈わたし〉の哲学として読む（竹盛浩二）「Problématique」同人Problematique V 2004.7 p181～194

◇森鷗外と常磐会—主に会の発意者について（中村文雄）「鷗外」 森鷗外記念会 75 2004.7 p1～34

◇学校が生み出す「鷗外」—「舞姫」の位置を中心に（特集 漱石・鷗外を学校で読む）（千田洋幸）「日本語学」 明治書院 23（9）2004.7 p6～14

◇森鷗外『雁』論—深層の物語における末造の支配性と語り手「僕」（河田恵）「国文」 お茶の水女子大学国語国文学会 101 2004.7 p29～37

◇森鷗外・中里介山における非戦の系譜—墨子・トルストイ・内田魯庵にも触れて（遠藤誠治）「鷗外」 森鷗外記念会 75 2004.7 p35～48

◇教材としての『高瀬舟』（特集 漱石・鷗外を学校で読む）（丹藤博文）「日本語学」 明治書院 23（9）2004.7 p40～48

◇近代の衝撃と海—鷗外・漱石・魯迅・郁達夫・サイチョンガによって表象された『海』（上）（Aitor Telengut）「北海学園大学人文論集」 北海学園大学人文学会 28 2004.7 p47～66

◇読書指導としての漱石・鷗外（特集 漱石・鷗外を学校で読む）（三好修一郎）「日本語学」 明治書院 23（9）2004.7 p50～59

◇日本の現（うつつ）に警鐘を鳴らす最後の一言—小説『最後の一句』を考える（宮田忠彦）「鷗外」 森鷗外記念会 75 2004.7 p69～85

◇日本レンアイ文学入門（5）森鷗外『舞姫』（柴門ふみ）「本の旅人」 角川書店 10（7）2004.7 p82～86

◇「鷗外」号について（川田正芳）「鷗外」 森鷗外記念会 75 2004.7 p102～109

◇「舞姫」の太田豊太郎の母の死をめぐって（1）（三浦吉明）「鷗外」 森鷗外記念会 75 2004.7 p110～127

◇歩く鷗外を見つけた！—鷗外動画発見の記録（大沢恵子）「鷗外」 森鷗外記念会 75 2004.7 p128～133

◇森鷗外『キタ・セクスアリス』論—物語生成の痕跡を求めて（上田渡）「国学院雑誌」 国学院大学綜合企画部 105（9）2004.9 p28～37

◇鷗外 その出発（108）『うたかたの記』をめぐって（13）「正直学士braver Doctor」のミュンヘン風景（竹盛天雄）「国文学解釈と鑑賞」 至文堂 69（9）2004.9 p178～183

◇鷗外 その出発（109）凱旋門の下より左に—『うたかたの記』をめぐって（14）（竹盛天雄）「国文学解釈と鑑賞」 至文堂 69（10）2004.10 p227～231

◇都市・身体・速度—鷗外の足（メディアとしての身体）（美留町義雄）「文学空間」 20世紀文学研究会, 風濤社（発売） vol.V No.1 2004.11 p7～26

◇近代の衝撃と海—鷗外・漱石・魯迅・郁達夫・サイチョンガによって表象された「海」（中）（Aitoru Terenguto）「北海学園大学人文論集」 北海学園大学人文学会 29 2004.11 p81～98

◇鷗外 その出発（110）「そこひ知らぬ憂」の「目」—『うたかたの記』をめぐって（15）（竹盛天雄）「国文学解釈と鑑賞」 至文堂 69（11）2004.11 p218～223

◇森鷗外『半日』論—高山家に見える〈時代〉の混沌（出光公治）「人文論究」 関西学院大学人文学会 54（3）2004.12 p1～19

◇疑問の行方—森鷗外『高瀬舟』論（小田島本有）「釧路工業高等専門学校紀要」 釧路工業高等専門学校 38 2004.12 p108～103

◇鷗外 その出発（111）「ロオレライ」の構図—『うたかたの記』をめぐって（16）（竹盛天雄）「国文学解釈と鑑賞」 至文堂 69（12）2004.12 p197～203

◇〈人間を主にした写生文〉のゆくえ—「吾輩は猫である」・「朝寝」・「或る朝」（田代ゆき）「九大日文」 九州大学日本語文学会「九大日文」編集委員会 5 2004.12.1 p164～176

◇鷗外の考証・その発想法—『北条霞亭』の第二北游・南帰をめぐり（小泉浩一郎）「東海大学紀要 文学部」 東海大学文学部 84 2005 p1～9

◇平成17年度 第1回「晶子講座」（要旨）テーマ「与謝野鉄幹の再評価—鉄幹没後70年に因んで」鉄幹・晶子と森鷗外（瀧本和成）「与謝野晶子倶楽部」 与謝野晶子倶楽部 16 2005 p14～24

◇周作人と森鷗外の「キタ・セクスアリス」—近代東アジア知識人のある共通性（王蘭）「比較文学」 日本比較文学会 48 2005 p22～35

◇鷗外・森林太郎のキャリアへの一考察（谷光太郎）「研究紀要」 大阪成蹊大学現代経営情報学部 3（1）2005 p27～60

◇森鷗外「普請中」に描かれた旧築地居留地—明治後期の東京の都市空間から見た日本外交（長沼秀明）「法史学研究会会報」 法史学研究会 10 2005 p28～42

◇石川淳『森鷗外』論—批評と実践（山口徹）「早稲田大学教育学部学術研究 国語・国文学編」 早稲田大学教育会 54 2005 p43～54

◇Mori Ogai, Hokuyu Nichijo-An Account of a Journey to the North （小野泰央,Robert Tuck）「群馬高専レビュー」 群馬工業高等専門学校 24 2005年度 p49～55

◇日本近代劇再考—『オセロ』上演と鷗外の「歌舞伎」（金子幸代）「富山大学人文学部紀要」 富山大学人文学部 42 2005 p82～72

◇〈ニル, アドミラリイ〉の世界—葉巻とワルツと舞姫と（清瀬卓）「Cosmica」 京都外国語大学国際言語平和研究所 35 2005 p95～111

◇流行論の生成と森鷗外「流行」（瀬崎圭二）「言語情報科学」 東京大学大学院総合文化研究科言語情報科学専攻 3 2005 p99～112

◇森鷗外訳「新世界の浦島」初出本及び総索引（中）（藤田保幸）「滋賀大学教育学部紀要 人文科学・社会科学」 滋賀大学教育学部 55 2005 p106～69

◇日露戦争後の鷗外・森林太郎における「国家」と「文学」—明治期における「文学」概念の形成過程をめぐる国民国家論（3）（大本達也）「鈴鹿国際大学紀要」 鈴鹿国際大学 12 2005 p175～183

◇森鷗外『青年』論—「青年」と「美少年」（太田翼）「文学研究論集」 明治大学大学院 23 2005年度 p251～263

◇鈴木六林男・茨木のり子における森鷗外（清田文武）「新潟大学教育人間科学部紀要 人文・社会科学編」 新潟大学教育人間科学部 7（2）2005 p296～282

◇若き日の森鷗外と『荘子』の「性命」論（清田文武）「鷗外」 森鷗外記念会 76 2005.1 p21～32

◇もう一度読みたかった本（13）昔物語の叙述と当世人生事情—森鷗外『最後の一句』『高瀬舟』（柳田邦男）「月刊百科」 平凡社 507 2005.1 p22～27

◇「舞姫」の太田豊太郎の母の死をめぐって（2）（三浦吉明）「鷗外」 森鷗外記念会 76 2005.1 p33～41

◇森鷗外・国木田独歩における博愛と愛国心—トルストイ『戦争と平和』を出発点に（遠藤誠治）「鷗外」 森鷗外記念会 76 2005.1 p42～46

◇鷗外と唯識（安川民男）「鷗外」 森鷗外記念会 76 2005.1 p47～62

◇日本の住宅についての民族学的衛生学的研究（1888）—森林太郎（高田涙訳）「森林太郎, 高田涙〔訳〕」「鷗外」 森鷗外記念会 76 2005.1 p63～82

◇森鷗外『舞姫』のテクスト生成研究（資料篇）（檀原みすず）「樟蔭国文学」 大阪樟蔭女子大学国語国文学会 42 2005.1 p69～115

◇平成13年版 森鷗外資料目録 追録（3）「鷗外」 森鷗外記念会 76 2005.1 p83～94

◇「世界の禅者」鈴木大拙のつぶやき—鷗外, 漱石, 大拙（葛谷登）「言語と文化」 愛知大学語学教育研究室 12 2005.1 p170～158

◇新出 鷗外のホーフマンスタール宛書簡—『オイディプスとスフィンクス』と『エレクトラ』をめぐって（関根裕子）「文学」 岩波書店 6（1）2005.1・2 p214～230

◇「高瀬舟」の語り（松本麞）「日本語と日本文学」 筑波大学国語国文学会 40 2005.2 p1～12

◇歪まぬベルリン空間—鷗外が『舞姫』で伝えたかった情景について（特集：森鷗外の問題系）（神山伸弘）「國文學 解釈と教材の研究」 學燈社 50（2）2005.2 p6～16

◇山本芳翠と森鷗外—戦地での出会い（特集：森鷗外の問題系）（酒井

◇鷗外翻訳の国語学的分析―初期の言文一致体の試みをめぐって（特集：森鷗外の問題系）（藤田保幸）「國文學 解釈と教材の研究」學燈社 50（2）2005.2 p24～35
◇中国と鷗外―漢詩文の世界（特集：森鷗外の問題系）（齋藤希史）「國文學 解釈と教材の研究」學燈社 50（2）2005.2 p36～42
◇森鷗外と演劇―比較演劇史の視点の重要性（特集：森鷗外の問題系）（井戸田総一郎）「國文學 解釈と教材の研究」學燈社 50（2）2005.2 p43～51
◇衛生学の二つの顔―日本における近代衛生学と森鷗外（特集：森鷗外の問題系）（大塚美保）「國文學 解釈と教材の研究」學燈社 50（2）2005.2 p52～57
◇森鷗外と検閲（特集：森鷗外の問題系）（水沢不二夫）「國文學 解釈と教材の研究」學燈社 50（2）2005.2 p58～63
◇縁（えにし）の線条―鷗外日記の点と線（特集：森鷗外の問題系）（青田寿美）「國文學 解釈と教材の研究」學燈社 50（2）2005.2 p64～71
◇鷗外史伝の方法とヴァルター・ベンヤミン―書物は離散しまた集う（特集：森鷗外の問題系）（山口徹）「國文學 解釈と教材の研究」學燈社 50（2）2005.2 p72～79
◇森鷗外と顔真卿『裴将軍帖』（特集：森鷗外の問題系）（福田哲之）「國文學 解釈と教材の研究」學燈社 50（2）2005.2 p80～85
◇近代国家と和歌―明治天皇、山県有朋、森鷗外（特集：森鷗外の問題系）（加藤孝男）「國文學 解釈と教材の研究」學燈社 50（2）2005.2 p86～92
◇中野重治と鷗外（特集：森鷗外の問題系）（竹内栄美子）「國文學 解釈と教材の研究」學燈社 50（2）2005.2 p93～99
◇鷗外と谷崎潤一郎―「渋江抽斎」から「春琴抄」へ（特集：森鷗外の問題系）（千葉俊二）「國文學 解釈と教材の研究」學燈社 50（2）2005.2 p100～105
◇森鷗外と大岡昇平―「史伝」に「構成力」を見る（特集：森鷗外の問題系）（関塚誠）「國文學 解釈と教材の研究」學燈社 50（2）2005.2 p106～110
◇「冬の時代」と秀麿物（特集：森鷗外の問題系）（渡辺善雄）「國文學 解釈と教材の研究」學燈社 50（2）2005.2 p112～117
◇戦場で規律が破られる時―「朝寐」を書く鷗外（特集：森鷗外の問題系）（松木博）「國文學 解釈と教材の研究」學燈社 50（2）2005.2 p118～123
◇大塩平八郎―貸本屋の本を視点として（特集：森鷗外の問題系）（鈴木圭一）「國文學 解釈と教材の研究」學燈社 50（2）2005.2 p124～131
◇ドイツの村上春樹／森鷗外との類縁性―現代文学の寵児と近代文学のエートス連繋論の模索（特集：森鷗外の問題系）（林正子）「國文學 解釈と教材の研究」學燈社 50（2）2005.2 p132～137
◇司馬遼太郎と森鷗外（特集：森鷗外の問題系）（柴口順一）「國文學 解釈と教材の研究」學燈社 50（2）2005.2 p138～142
◇鷗外 その出発（113）マリイ像の変現―『うたかたの記』をめぐって（18）（竹盛天雄）「国文学解釈と鑑賞」至文堂 70（2）2005.2 p202～207
◇森鷗外『心中』論―鷗外・過去への光源（高尾麻衣）「近畿大学日本語・日本文学」近畿大学文芸学部 第7号 2005.3 p67～86
◇森鷗外と明清小説『情史類略』―『舞姫』『うたかたの記』『雁』を中心に（研究発表）（林嵐丹）「国際日本文学研究集会会議録」国文学研究資料館 第28回 2005.3 p113～129
◇石川淳「北条霞亭」（『森鷗外』）論の位相（小泉浩一郎）「湘南文学」東海大学日本文学会 第39号 2005.3 p1～8
◇谷崎潤一郎『少将滋幹の母』論―鷗外史伝小説との係わりから（小川康子）「湘南文学」東海大学日本文学会 第39号 2005.3 p89～106
◇森鷗外『うたかたの記』論―バワリアのヘテロジニアス・西欧のカノン・日本のあはれ（南明日香）「相模国文」相模女子大学国文研究会 第32号 2005.3 p38～55
◇MORI Ogai's Views on Fine Arts and Utakata no Ki― Creation of Picture of Lorelei by imagination（檀原みすず）「大阪樟蔭女子大学学芸学部論集」大阪樟蔭女子大学学芸学部学術研究委員会 42 2005.3 p1～8
◇石川淳「北条霞亭」（『森鷗外』）論の位相（小泉浩一郎）「湘南文学」東海大学日本文学会 第39号 2005.3 p1～8
◇他者の領分―『高瀬舟』の授業から（特集・日本文学協会第59回大会報告 テーマ〈メディア社会と文学〉）（丹藤博文）「日本文学」日本文学協会 54（3）2005.3 p2～9
◇近代日本人の精神―夏目漱石、森鷗外（キリスト教文化とグローバリゼーション）（第1回）グローバリゼーションの文脈における日本文化を問う）（黒木章）「キリスト教文化学会年報」キリスト教文化学会 50 2005.3 p15～31
◇再会の物語とモチーフ―『最後の一句』を中心に（日塔美代子）「阪神近代文学会」阪神近代文学会 6 2005.3 p29～42
◇森鷗外『うたかたの記』論―バワリアのヘテロジニアス・西欧のカノン・日本のあはれ（南明日香）「相模国文」相模女子大学国文研究会 第32号 2005.3 p38～55
◇丸山眞男と森鷗外―明治30年代の〈政治〉思想（山崎正純）「女子大文学 国文篇」大阪女子大学人文社会学部人文学科日本語日本文学専攻 56 2005.3 p43～60
◇森鷗外『心中』論―鷗外・過去への光源（高尾麻衣）「近畿大学日本語・日本文学」近畿大学文芸学部 第7号 2005.3 p67～86
◇〈近代〉―鷗外を中心に（特集 平成15年（自1月～至12月）国語国文学界の動向―近代）（小泉浩一郎）「文学・語学」全国大学国語国文学会 181 2005.3 p80～83
◇森鷗外と明清小説『情史類略』―『舞姫』『うたかたの記』『雁』を中心に（林嵐丹）「国際日本文学研究集会会議録」国文学研究資料館 第28回 2005.3 p113～129
◇「安井夫人」「ぢいさんばあさん」にみる歴史小説の妻（第十五回 成蹊大学文学部）日本文学科研究奨励賞（欅賞）発表・佳作要旨）（喜久村亨）「成蹊国文」成蹊大学文学部日本文学科 38 2005.3 p135～137
◇私の大学院時代（14）鷗外学事始め（金子幸代）「日本の科学者」日本科学者会議 40（3）2005.3 p142～147
◇空間認識という方法―『舞姫』を視座として（その1）（再録 「葦の葉」近代部会誌 2002年十二月～2003年十月）（小泉浩一郎）「近代文学研究」日本文学協会近代部会 22 2005.3 p209～211
◇MEDICAL ESSAYS 森鷗外の『高瀬舟』―病みながら生きる者への畏敬（高橋正雄）「日本医事新報」日本医事新報社 4219 2005.3.5 p57～59
◇石黒忠悳と森鷗外のベルリンの想い出―「緑の眼と白い薔薇」についての若干の異論（高橋陽一）「皇学館論叢」皇学館大学人文学会 38（2）2005.4 p82～97
◇鷗外 その出発（114）「母に引かる、稚子の如く」―『うたかたの記』をめぐって（19）（竹盛天雄）「国文学解釈と鑑賞」至文堂 70（4）2005.4 p213～217
◇森鷗外『興津弥五右衛門の遺書』『堺事件』にみられる死生観・覚書（阿部眞司）「日本文学研究」高知日本文学研究会 第42号 2005.5 p71～106
◇安重根へのまなざし―漱石「門」と鷗外訳「歯痛」（若松伸哉）「日本近代文学」日本近代文学会 72 2005.5 p44～57
◇『文づかひ』における「聞えさせ玉ふ」「おほとのごもり玉ふ」（特集 国語学・国語教育）（藁谷隆純）「解釈」解釈学会、電算出版企画 51（5・6）2005.5・6 p45～50
◇森鷗外『興津弥五右衛門の遺書』『堺事件』にみられる死生観・覚書（阿部眞司）「日本文学研究」高知日本文学研究会 第42号 2005.5 p71～106
◇鷗外 その出発（115）湖畔を「馬車」に乗って―『うたかたの記』をめぐって（20）（竹盛天雄）「国文学解釈と鑑賞」至文堂 70（5）2005.5 p205～209
◇『うたかたの記』のバイエルンを歩く（田中幸昭）「新国語研究」大阪府高等学校国語研究会 第49号 2005.6 p11～37
◇森鷗外の「さみだれ」の句（清田文武）「暁星論叢」新潟中央短期大学 56 2005.6 p19～28
◇漱石と鷗外（特集＝ジェンダーで読む夏目漱石―同時代文学からの照明）（藤木直実）「国文学解釈と鑑賞」至文堂 70（6）2005.6 p77～86
◇森鷗外『金毘羅』論―「性命」をめぐる物語として（出光公治）「日本文芸研究」日本文学会 57（1）2005.6 p97～116
◇森林太郎先生と現代（1）近代日本の思想的反省を試みつつ（眞鍋俊二）「関西大学法学論集」関西大学法学会 55（1）2005.6 p139～239
◇鷗外の恋人は「賎女」だった―森鷗外研究に見直しを迫る新たな資料を発見！（山崎國紀）「文芸春秋」文芸春秋 83（8）2005.6 p350～357
◇二つの創作小説―森鷗外文学についての一考察（呉小敏）「久留米大学大学院比較文化研究論集」久留米大学大学院比較文化研究科 17 2005.7 p17～32
◇鷗外と脚気問題（安川民男）「鷗外」森鷗外記念会 77 2005.7 p38～55
◇日露戦争時の森林太郎（山下政三）「鷗外」森鷗外記念会 77 2005.7 p56～75
◇舞姫―「クロステル巷の古寺」考（藤咲憲一）「鷗外」森鷗外記念会 77 2005.7 p76～101
◇悲運の漢籍 多紀晴之助氏探訪記―森林太郎の記述に秘める深遠な含蓄を知る（宮田忠郎）「鷗外」森鷗外記念会 77 2005.7 p102～121
◇筑摩叢書版『父親としての森鷗外』人名索引―文京区立鷗外記念本郷図書館鷗外記念室担当作成（文京区立鷗外記念本郷図書館鷗外記念室担当）「鷗外」森鷗外記念会 77 2005.7 p122～131
◇鷗外 その出発（116）読書体験―『春波』こと『春の水』をとおして―『うたかたの記』をめぐって（番外）（竹盛天雄）「国文学解釈と鑑賞」至文堂 70（7）2005.7 p236～245
◇森林太郎先生と現代（2）近代日本の思想的反省を試みつつ（眞鍋俊二）「関西大学法学論集」関西大学法学会 55（2）2005.7 p399～

479
◇鷗外『うた日記』の詩的実験 （大塚美保）「聖心女子大学論叢」 聖心女子大学 105 2005.8 p67～100
◇鷗外 その出発(117)あやしき幻の形―『うたかたの記』をめぐって（21）（竹盛天雄）「国文学解釈と鑑賞」 至文堂 70(8) 2005.8 p233～237
◇鷗外 その出発(118)マリイの死について―『うたかたの記』をめぐって（22）（竹盛天雄）「国文学解釈と鑑賞」 至文堂 70(9) 2005.9 p216～221
◇MEDICAL ESSAYS 精神医学的にみた鷗外文学 （高橋正雄）「日本医事新報」 日本医事新報社 4245 2005.9.3 p39～43
◇鷗外 その出発(119)「ロオレライ」の構図の「ゆくへ」―『うたかたの記』をめぐって（23）（竹盛天雄）「国文学解釈と鑑賞」 至文堂 70(10) 2005.10 p234～238
◇「鷗外史」―「明治41年」の復権への試み―「豊熟の時代」への疑問も （山崎國紀）「日本近代文学」 日本近代文学会 73 2005.10 p274～280
◇『舞姫』における「虚構」と「事実」―森鷗外論 余滴 （小平克）「近代文学資料と試論」 「近代文学資料と試論」の会 5 2005.11 p1～24
◇怪異の生成とうわさ―祇右衛門・飾磨屋・中村玄道（特集 怪異をひらく―近代の時空へ）（安藤徹）「日本文学」 日本文学協会 54(11) 2005.11 p36～47
◇幻の鷗外訳オペラ （滝井敬子）「文芸春秋」 文芸春秋 83(15) 2005.11 p85～86
◇鷗外 その出発(120)原『うたかたの記』という考え方―『うたかたの記』をめぐって（24）（竹盛天雄）「国文学解釈と鑑賞」 至文堂 70(11) 2005.11 p203～209
◇鷗外の小品―「羅生門」と「春の盗賊」に投じた影 （石井和夫）「香椎潟」 福岡女子大学国文学会 51 2005.12 p23～33
◇もう一つの『舞姫』―鷗外『獨逸日記』考（特集 紀行の文学）（金子幸代）「世界文学」 世界文学会 102 2005.12 p24～32
◇森鷗外「吃逆」論 （今福ちひろ）「論究日本文学」 立命館大学日本文学会 83 2005.12 p47～56
◇歴史叙述の実験―森鷗外「津下四郎左衛門」論 （村上祐紀）「稿本近代文学」 筑波大学日本文学会近代部会 30 2005.12 p58～71
◇森鷗外「舞姫」試論―初期翻訳とのつながり（明治20年代を中心に）（濱田真由美）「同志社国文学」 同志社大学国文学会 63 2005.12 p70～83
◇鷗外・森林太郎のキャリアへの一考察（続）（合光太郎）「研究紀要」 大阪成蹊大学現代経営情報学部 4(1) 2006 p1～32
◇『高瀬舟』論―近代国家の根底的な彼岸へ・非人の生存体像を介して （青木正次）「藤女子大学紀要 第1部」 藤女子大学 43 2006 p1～115
◇明治期の解剖学書―森鷗外の美術解剖書―「藝用解體學」について （島田和幸）「形態科学」 人類形態科学研究会編集部 10(1) 2006 p7～16
◇森鷗外「青年」における絵画とその象徴的意味 （谷口佳代子）「Comparatio」 九州大学大学院比較社会文化学府比較文化研究会 10 2006 p11～19
◇森鷗外訳「新世界の浦島」初出本文及び総索引（下）付.森鷗外訳「洪水」校異補訂（藤田保幸）「滋賀大学教育学部紀要 人文科学・社会科学」 滋賀大学教育学部 56 2006 p40～25
◇日本近代劇再考（3）イプセン劇と鷗外の「歌舞伎」（金子幸代）「富山大学人文学部紀要」 富山大学人文学部 44 2006 p98～87
◇森鷗外『高瀬舟』―剃刀を抜く （葉名尻竜一）「立正大学国語国文」 立正大学国語国文学会 45 2006年度 p101～113
◇Early Chinese Poetry by Mori Ogai (Susanne Klien)「アジア文化研究」 国際基督教大学 32 2006 p111～122
◇日本近代劇再考（4）『プルムウラ』と鷗外の「歌舞伎」（金子幸代）「富山大学人文学部紀要」 富山大学人文学部 45 2006 p234～222
◇研究発表例会 平成17年七月九日 近代作家の死生観―芥川、川端／鷗外、漱石、安吾（東洋大学 東洋学研究所活動報告）（山崎甲一）「東洋学研究」 東洋大学東洋学研究所 43 2006 p262～264
◇「鷗外の恋人は「賤女」だった」への異見 （平林司）「鷗外」 森鷗外記念会 78 2006.2 p1～5
◇「鷗外の恋人は「賤女」だった」に反論する （荻原雄一）「鷗外」 森鷗外記念会 78 2006.2 p6～15
◇鷗外二題―戦争・天皇のこと （遠藤誠治）「鷗外」 森鷗外記念会 78 2006.2 p16～21
◇『かのやうに』を巡って （安川民男）「鷗外」 森鷗外記念会 78 2006.2 p22～38
◇「舞姫事件」の真相（総力特集・明治・大正・昭和 文壇13の「怪」事件簿）（福田ますみ）「新潮45」 新潮社 25(2) 2006.2 p34～36
◇石黒忠悳、森鷗外のアヴァ号船上漢詩の応酬―離郷三載帰郷ヲ恐ル （高橋陽一）「鷗外」 森鷗外記念会 78 2006.2 p39～58
◇森鷗外の役割―「観潮楼歌会」の意味とはなにか（特集 明治短歌の形成―その人物群像）（岡井隆）「短歌現代」 短歌新聞社 30(2) 2006.2 p44～47
◇『舞姫』の舞台に関する補注 （山下萬里）「鷗外」 森鷗外記念会 78 2006.2 p59～72
◇『舞姫』―「クロステル巷の古寺」考・補説 （藤咲憲一）「鷗外」 森鷗外記念会 78 2006.2 p73～77
◇平成13年版 森鷗外資料目録 追録（4）（文京区立鷗外記念本郷図書館）「鷗外」 森鷗外記念会 78 2006.2 p78～87
◇鷗外 その出発(121)作品の感触、補助線を引く―『うたかたの記』をめぐって（25）（竹盛天雄）「国文学解釈と鑑賞」 至文堂 71(2) 2006.2 p190～198
◇森鷗外「冬の王」論（田口真理子）「立命館文學」 立命館大学人文学会 592 2006.2 p457～466
◇森鷗外『安井夫人』小考―佐代のイメージ （日塔美代子）「立命館文學」 立命館大学人文学会 592 2006.2 p467～474
◇森鷗外『花子』論 （今福ちひろ）「立命館文學」 立命館大学人文学会 592 2006.2 p513～519
◇森鷗外『文づかひ』における物語的側面への考察 （須藤武司）「湘南文学」 東海大学日本文学会 第40号 2006.3 p107～118
◇鷗外がハルトマンを選んだわけ （坂井健）「文学部論集」 佛教大学文学部 90 2006.3 p1～10
◇『舞姫』の空間・補説―その神話的構造をめぐって （小泉浩一郎）「湘南文学」 東海大学日本文学会 第40号 2006.3 p1～18
◇森鷗外訳『即興詩人』とダンテ『神曲』（堀竜一）「新大国語」 新潟大学教育人間科学部国語国文学会 31 2006.3 p1～20
◇鷗外と文化の問題―文化交流の視点から （青山政雄）「言語文化研究」 静岡県立大学短期大学部静岡言語文化学会 5 2006.3 p1～28
◇緑雨・女性憎悪のアフォリズム―兆民訳『情海』・秋水訳『情海一瀾』・鷗外訳『毒舌』に見る、西洋アフォリズムとの交差 （塚本章子）「国文学攷」 広島大学国語国文学会 189 2006.3 p1～13
◇森鷗外『山椒太夫』を読む―一家族の物語の生成 （橋元志保）「教養・文化論集」 秋田経済法科大学総合研究センター教養・文化研究所 1(1) 2006.3 p38～45
◇印刷されたテキスト―森鷗外『文づかひ』の漢字字形／字体をめぐって（特集 伝承・流布・メディア）（今野真二）「国文学研究」 早稲田大学国文学会 148 2006.3 p54～62
◇漱石と鷗外―〈子ども〉を描く（特集：漱石―世界文明と漱石―日本語の文体は漱石で確立されたか）（酒井敏）「國文學 解釈と教材の研究」 學燈社 51(3) 2006.3 p72～81
◇『文学一斑』における詩の分類と批評について―明治24年頃の不知庵・逍遙・鷗外の比較 （三浦大輔）「大正大学大学院研究論集」 大正大学 30 2006.3 p75～87
◇森鷗外の漢詩文における一人称代名詞について （何欣泰）「岡大国文論稿」 岡山大学文学部言語国語国文学会 34 2006.3 p84～75
◇森鷗外『文づかひ』における物語的側面への考察 （須藤武司）「湘南文学」 東海大学日本文学会 第40号 2006.3 p107～118
◇音読による授業構成の試み（3）「諦念」・明治42年の森鷗外 「愛知教育大学教育実践総合センター紀要」 愛知教育大学教育実践総合センター 9 2006.3 p135～144
◇白紙還元tabula rasaの思想―ルソオ, ホフマン, そして鷗外 （中井義幸）「文学」 岩波書店 7(2) 2006.3・4 p200～216
◇鷗外と西洋絵画 （谷口佳代子）「東アジア日本語教育・日本文化研究」 東アジア日本語教育・日本文化研究学会 9 2006.3 p289～303
◇森鷗外の「我百首」解釈と「舞姫事件」―森鷗外論 余滴 （小平克）「文学研究」 日本文学研究会 94 2006.4 p1～23
◇森鷗外コース―団子坂／観潮楼跡（本郷図書館鷗外記念室）／千駄木だんだん／根津神社／水月ホテル鷗外荘（森鷗外旧居）／上野精養軒／不忍池／無縁坂（大特集・ぶらり東京「下町」散歩―第4部 一葉、鷗外、漱石のお気に入りを辿る 文士の散歩道）「サライ」 小学館 18(7) 2006.4.6 p111～116
◇森鷗外の安楽死の思想―『高瀬舟』再論 （阿部眞司）「日本文学研究」 高知日本文学研究会 第43号 2006.5 p63～78
◇ワキ役の花道（第1回）とちり末造―森鷗外「雁」（池内紀）「本の話」 文芸春秋 12(5) 2006.5 p20～23
◇森鷗外の安楽死の思想―『高瀬舟』再論 （阿部眞司）「日本文学研究」 高知日本文学研究会 第43号 2006.5 p63～78
◇鷗外 その出発(122)補論 原田直次郎からの照射―『うたかたの記』をめぐって（26）（竹盛天雄）「国文学解釈と鑑賞」 至文堂 71(5) 2006.5 p198～206
◇〈紅一点〉の物語に於ける選ばれること／選ぶこと―志賀直哉『赤西蠣太』、森鷗外『安井夫人』、島崎藤村『破戒』に即して （伊藤佐枝）「都大論究」 東京都立大学国語国文学会 43 2006.6 p27～41
◇鷗外の熊本（アーティスト・イン・レジデンス：熊本 記録）（特集：映画の最前線―世界でいまいちばんホットな映画はこれです!!）（篠田正浩）「國文學 解釈と教材の研究」 學燈社 51(7) 2006.6 p120～127
◇鷗外 その出発(123)「埋れ木」の表情 （竹盛天雄）「国文学解釈と鑑賞」 至文堂 71(6) 2006.6 p204～209

◇史伝に見られる森鷗外の歴史観　(古賀勝次郎)「早稲田社会科学総合研究」早稲田大学社会科学学会 7(1) 2006.7 p1～18

◇滞米中の荷風と『即興詩人』(鷗外訳)—英文書簡から(特集 近代)(具島美佐子)「解釈」解釈学会,電算出版企画 52(7・8) 2006.7・8 p8～11

◇舞姫—「ミス エリーゼ・ヴィーゲルト」試論 (藤咲憲一)「鷗外」森鷗外記念会 79 2006.7 p21～39

◇鷗外 その出発(124)天才ゲザの遭遇の迹をたどって—『埋れ木』の表情(2) (竹盛天雄)「国文学解釈と鑑賞」至文堂 71(7) 2006.7 p210～216

◇鷗外 その出発(125)つか穴・埋れ木・シメエル—『埋れ木』の表情(3) (竹盛天雄)「国文学解釈と鑑賞」至文堂 71(8) 2006.8 p206～211

◇Von Dem Grau Bis Zum Bunt(152)ベリベリ物語(1)鷗外と守敬と惟直と (上野賢一)「皮膚科の臨床」金原出版 48(8) 2006.8 p1033～1035

◇森鷗外「心中」論 (清田文武)「文芸研究」日本文芸研究会 162 2006.9 p23～32

◇〈森鷗外〉の昭和十年代 (松本和也)「芸術至上主義文芸」芸術至上主義文芸学会事務局 32 2006.11 p128～137

◇森鷗外「審美論」と本保義太郎筆録「美学」ノート (坂井健)「京都語文」仏教大学国語国文学会 13 2006.11.25 p98～107

◇知識人の自己貫徹—森鷗外『かのやうに』論 (吉田達志)「静岡近代文学」静岡近代文学研究会 21 2006.12 p1～11

◇「忠君愛国」のレッスン—森鷗外「栗山大膳」論 (村上祐紀)「稿本近代文学」筑波大学日本文学会近代部会 31 2006.12 p16～29

◇『舞姫』授業とフォローアップ試論—生徒の「論」を交差させる試み (篠原武志)「同志社国文学」同志社大学国文学会 65 2006.12 p42～53

◇鷗外晩年の言語学術的営為の位置づけをめぐる二、三の提言 (大石直記)「言語と文芸」おうふう 123 2006.12 p71～88

◇森鷗外「雁」—その時代時代性について (渡邉まさひこ)「立教大学日本文学」立教大学日本文学会 97 2006.12 p78～85

◇随想 Von Dem Grau Bis Zum Bunt(156)ベリベリ物語(5)森林太郎の登場 (上野賢一)「皮膚科の臨床」金原出版 48(13) 2006.12 p1789～1791

◇雑誌「実録文学」紹介—芸術大衆化論争から鷗外歴史小説受容へ (河野至恩)「日本近代文学館年誌」日本近代文学館 3 2007 p41～51

◇「三百年前の遺跡」としての聖母マリア教会—森鷗外『舞姫』「古寺」考証 (神山伸弘)「跡見学園女子大学人文学フォーラム」跡見学園女子大学文学部人文学科 5 2007 p53～69

◇衛生都市ベルリン—鷗外のもう一つの都市体験 (美留町義雄)「大東文化大学紀要 人文科学」大東文化大学 45 2007 p99～119

◇明治期露西亜文学翻訳論攷(6)森鷗外・昇曙夢(重訳)と「風土」 (加藤百合)「文藝言語研究 文藝篇」筑波大学大学院人文社会科学研究科文芸・言語専攻 52 2007 p148～105

◇日本近代劇再考(5)『玉篋兩浦嶼』と鷗外の「歌舞伎」 (金子幸代)「富山大学人文学部紀要」富山大学人文学部 47 2007 p216～198

◇詩人鷗外 (平川祐弘)「鷗外」森鷗外記念会 80 2007.1 p1～9

◇森鷗外の近代劇邂逅—『ミカド』から『ドン・カルロス』へ (金子幸代)「鷗外」森鷗外記念会 80 2007.1 p31～55

◇不可知なる自己—〈私〉的問題構制の始発点へ向けて (大石直記)「鷗外」森鷗外記念会 80 2007.1 p56～79

◇森鷗外『青年』論—反〈立身出世〉小説 (小林幸夫)「上智大学国文学科紀要」上智大学文学部国文学科 24 2007.1 p73～92

◇講演『舞姫』の新しい読み方(上)機能としての〈語り〉 (田中実)「鷗外」森鷗外記念会 80 2007.1 p80～95

◇一葉作品に向けられた鷗外の視線 (畑有三)「鷗外」森鷗外記念会 80 2007.1 p96～109

◇森鷗外の〈戦争〉における〈文学〉の位相—〈詩を要求する〉心の軌跡と文学の力 (林正子)「鷗外」森鷗外記念会 80 2007.1 p110～126

◇鷗外「沈黙の塔」の余波—池辺三山の朝日新聞退社と漱石の「文芸欄」廃止 (渡辺善雄)「鷗外」森鷗外記念会 80 2007.1 p127～142

◇romantiqueとrealistique—森鷗外「藤鞆絵」試論 (古郡康人)「鷗外」森鷗外記念会 80 2007.1 p160～173

◇鷗外『諸国物語』の位相 (須田喜代次)「鷗外」森鷗外記念会 80 2007.1 p174～190

◇鷗外史伝小説の人々—多紀〔サイ〕庭をめぐって (小川康子)「鷗外」森鷗外記念会 80 2007.1 p191～208

◇鷗外最晩年の思索—「古い手帳から」など (川上俊之)「鷗外」森鷗外記念会 80 2007.1 p209～225

◇石川淳「古い手帳から」論の修辞法—鷗外を「敵」とするもの (小泉浩一郎)「鷗外」森鷗外記念会 80 2007.1 p226～233

◇佐藤春夫の詩と鷗外 (清田文武)「鷗外」森鷗外記念会 80 2007.1 p234～146

◇資料紹介 (山崎一穎)「鷗外」森鷗外記念会 80 2007.1 p247～263

◇すべては一冊の本から始まった—私にとって鷗外は祖父、谷崎は父、三島は兄だった(文春・夢の図書館—読書の達人が選ぶ337冊)「文芸春秋」文芸春秋 85(1) 2007.1 p262～267

◇〈立證〉と〈創造力〉—森鷗外「椙原品」論 (村上祐紀)「日本語と日本文学」筑波大学国語国文学会 44 2007.2 p37～48

◇鷗外『藤棚』覚え書き—作品空間の隠喩性をめぐって (小泉浩一郎)「湘南文学」東海大学日本文学会 第41号 2007.3 p1～10

◇森鷗外とカール・レーヴィット覚書(特集 ヨーロッパ文化と日本) (小松恵一)「ヨーロッパ研究」東北大学大学院国際文化研究科ヨーロッパ文化論講座 6 2007.3 p1～22

◇特集 森鷗外を読み直す「文学」岩波書店 8(2) 2007.3・4 p2～222

◇鷗外のサービス精神—本保義太郎筆録「美学」ノートの独白性 (坂井健)「文学部論集」佛教大学文学部 91 2007.3 p13～22

◇「文づかひ」を書く鷗外(特集 森鷗外を読み直す) (須田喜代次)「文学」岩波書店 8(2) 2007.3・4 p21～34

◇森鷗外『羽鳥千尋』論—書簡体小説からみる歴史的意識と歴史小説への道 (柄目美香)「宮城学院女子大学大学院人文学会誌」宮城学院女子大学文学会 8 2007.3 p23～51

◇定番教材の起源と生き残りの罪障感—「こころ」「ごんぎつね」「夕鶴」「高瀬舟」ほか (野中潤)「学芸国語文学」東京学芸大学国語国文学会 39 2007.3 p54～61

◇鷗外作品における〈狂気〉の位相—初期三部作の女性像をめぐって (廖育卿)「国語国文学研究」熊本大学文学部国語国文学会 42 2007.3 p55～68

◇鷗外初期翻訳戯曲の言語について—「調高矣津紋一曲」を中心に (藤田保幸)「龍谷大学国際センター研究年報」龍谷大学国際センター 16 2007.3 p81～94

◇独の文学を草して井筧節三に交付す—「鷗外日記」一九一二年十二月二十日の記述をめぐって (須田喜代次)「大妻国文」大妻女子大学国文学会 38 2007.3 p175～192

◇展覧会評 森鷗外と美術 (青木茂)「美術研究」文化財研究所東京文化財研究所 391 2007.3 p204～207

◇Von Dem Grau Bis Zum Bunt(159)ベリベリ物語(8)鷗外をめぐって (上野賢一)「皮膚科の臨床」金原出版 49(3) 2007.3 p307～309

◇鷗外「蛇」論—語ることの価値 (天野愛子)「九大日文」九州大学日本語文学会「九大日文」編集委員会 9 2007.3.31 p16～27

◇鷗外、漱石そしてJ・ティックナー—近代化に果たした役割 (齋藤襄治)「自由」自由社 49(5) 2007.5 p117～128

◇〈歴史と文学〉のなかで—石川淳『森鷗外』における史伝評価 (若松伸哉)「日本近代文学」日本近代文学会 76 2007.5 p169～182

◇「森鷗外と美術」展—近代日本における油彩画の変遷 (安田孝)「日本近代文学会 76 2007.5 p319～322

◇鷗外の「日東七客歌」新釈補遺—その三重構造 (高橋陽一)「鷗外」森鷗外記念会 81 2007.7 p1～16

◇森鷗外「舞姫」と藤山治一のドイツ留学体験について—〈諫死〉説に関連して(特集 近代) (小熊牧久)「解釈」解釈学会,電算出版企画 53(7・8) 2007.7・8 p2～6

◇『舞姫』—「クロステル巷の古寺」考(補説2) (藤咲憲一)「鷗外」森鷗外記念会 81 2007.7 p17～32

◇「舞姫事件」研究の意義とその重要性—「舞姫事件」考(その1) (林尚孝)「鷗外」森鷗外記念会 81 2007.7 p33～46

◇鷗外最後の遺言状とその周辺 (安川民男)「鷗外」森鷗外記念会 81 2007.7 p47～64

◇「文づかひ」のデーベン城 (川上俊之)「鷗外」森鷗外記念会 81 2007.7 p65～72

◇クラブント—旅の追憶 (ベアーテヴォンデ)「鷗外」森鷗外記念会 81 2007.7 p73～77

◇「二本足の学者」森鷗外を論ずるにはいかなる視野が大切か (平川祐弘)「鷗外」森鷗外記念会 81 2007.7 p80～99

◇鷗外と荷風との寄席趣味につきて(下)反「近代」の系譜 (池澤一郎)「文学」岩波書店 8(4) 2007.7・8 p197～216

◇鷗外「佐橋甚五郎」試論 (韓貞淑)「日本語と日本文学」筑波大学国語国文学会 45 2007.8 p27～49

◇鷗外 その出発(126)「埋れ木」のイメージと「シメエル」という夢想と—『埋れ木』の表情(4) (竹盛天雄)「国文学解釈と鑑賞」至文堂 72(8) 2007.8 p196～202

◇鷗外「椋鳥通信」から「さへづり」へ—情報メディアと創作 (金子幸代)「日本比較文学会東京支部研究報告」日本比較文学会東京支部 4 2007.9 p12～18

◇森鷗外—歴史と文学 (菊田均)「三田文学 [第3期]」慶應義塾大学出版会,三田文学会 86(91) 2007.秋季 p174～186

◇鷗外 その出発(127)『埋れ木』の受容について—『埋れ木』の表情(5) (竹盛天雄)「国文学解釈と鑑賞」至文堂 72(9) 2007.9 p225～230

◇鷗外 その出発(128)続『埋れ木』の受容について—『埋れ木』の表情(6) (竹盛天雄)「国文学解釈と鑑賞」至文堂 72(10) 2007.10

p222〜227
◇森鷗外の「追儺」と写生文 （清田文武）「芸術至上主義文芸」 芸術至上主義文芸学会事務局 33 2007.11 p56〜61
◇「自己」との決闘―森鷗外訳から太宰治の『女の決闘』へ（特集＝太宰治文学に描かれた女性像―作品に描かれた女性像）（金子幸代）「国文学解釈と鑑賞」 至文堂 72(11) 2007.11 p129〜133
◇鷗外 その出発(129)『うきよの波』を読む （竹盛天雄）「国文学解釈と鑑賞」 至文堂 72(11) 2007.11 p212〜218
◇鷗外 その出発(130)おし寄せる「紅の波」―『うきよの波』を読む(2) （竹盛天雄）「国文学解釈と鑑賞」 至文堂 72(12) 2007.12 p193〜200
◇元文の五孝子及び森鷗外『最後の一句』関連資料 （佐野大介）「懐徳堂センター報」 大阪大学大学院文学研究科・文学部懐徳堂センター 2008 〔2008〕 p101〜125
◇ベルリンのカフェにて―「バウエル茶店」と鷗外 （美留町義雄）「大東文化大学紀要 人文科学」 大東文化大学 46 2008 p115〜137
◇〔福岡ユネスコ協会〕創立60年記念北九州文化講演会 鷗外のドイツ滞在に学ぶ （清水孝純）「Fukuoka UNESCO」 福岡ユネスコ協会 44 2008 p66〜87
◇森鷗外訳『即興詩人』における文体表現―ドイツ三部作との比較及び再検討 （廖育卿）「熊本大学社会文化研究」 熊本大学大学院社会文化科学研究科 6 2008 p365〜379
◇翻刻 『森鷗外氏講義 美学』(其之2)本保義太郎筆記ノート(於東美美術学校) （吉田直子, 井上陳彦）「カリスタ」 美学・藝術論研究会 15 2008 p83〜120
◇「うたかたの記」出現への胎動―『国民新聞』を場とする一考察 （酒井敏）「中京大学文学部紀要」 中京大学文学部 42(1) 2008 p1〜24
◇鷗外 その出発(131)一たび流にいであひては―『うきよの波』を読む(3) （竹盛天雄）「国文学解釈と鑑賞」 至文堂 73(1) 2008.1 p226〜233
◇退役後の森林太郎と臨時脚気病調査会 （山下政三）「鷗外」 森鷗外記念会 82 2008.1 p87〜96
◇森鷗外の「後北游日乗」と「北游記」に関連して （松木明知）「鷗外」 森鷗外記念会 82 2008.1 p97〜109
◇森鷗外の『航西日記』中の漢詩四十首について （遠藤光正）「東洋研究」 大東文化大学東洋研究所 167 2008.1 p69〜97
◇鷗外における俊〔コウ〕と天海(特集 近代) （清田文武）「解釈」 解釈学会, 電算出版企画 54(1・2) 2008.1・2 p2〜10
◇正月随想 鷗外の青春(上) （川越憲治）「公正取引情報」 競争問題研究所 2114 2008.1.7 p6〜8
◇正月随想 鷗外の青春(下) （川越憲治）「公正取引情報」 競争問題研究所 2115 2008.1.14 p6〜8
◇森鷗外「青年」(特集＝長編小説 時の座標) （小川康子）「国文学解釈と鑑賞」 至文堂 73(2) 2008.2 p42〜49
◇朗読法論争―逍遥の近代, 鷗外の近代(特集 早稲田と慶應) （金井隆典）「國文學 解釈と教材の研究」 学燈社 53(2) 2008.2 p62〜69
◇森鷗外訳「調高矣洋絃一曲」の音訛の実態 （藤田保幸）「國文學論叢」 龍谷大學國文學會 53 2008.2 p59〜77
◇"Ost=Asien"における森鷗外『舞姫』(宇佐美濃守独訳) （泉健）「和歌山大学教育学部紀要 人文科学」 和歌山大学教育学部 58 2008.2 p27〜50
◇森鷗外と大逆事件―彼の知り得た情報, および見解発信のあり方に関する覚え書き （大塚美保）「聖心女子大学論叢」 聖心女子大学 110 2008.2 p107〜124
◇森鷗外訳「調高矣洋絃一曲」の科白の性格―待遇表現と自称・対称代名詞の使用の面から （藤田保幸）「龍谷大学国際センター研究年報」 龍谷大学国際センター 17 2008.3 p33〜47
◇近代の衝撃と海―鷗外・漱石・魯迅・郁達夫・サイチョンガによって表象された「海」(中一続) （Aitoru Terenguto）「北海学園大学人文論集」 北海学園大学人文学会 38 2008.3 p31〜49
◇森鷗外と町井正路―二つの「ファウスト」, その翻訳と受容 （松木博）「大妻国文」 大妻女子大学国文学会 39 2008.3 p29〜56
◇「一学徒」としての鷗外―『三田文学』という"場"を視座とした鷗外関連資料報告 （須田喜代次）「大妻国文」 大妻女子大学国文学会 39 2008.3 p107〜124
◇森鷗外著「木精」考―子ども時代への訣別 （長田真紀）「児童文化研究所所報」 上田女子短期大学児童文化研究所 30 2008.3 p117〜124
◇森鷗外『銃後瞶言七則』の小説観 （清田文武）「新大国語」 新潟大学教育人間科学部国語国文学会 32 2008.3 p1〜8
◇清田文武著『鷗外文芸とその影響』読後感―永井荷風の「小説作法」論を中心に （青木彬樹）「新大国語」 新潟大学教育人間科学部国語国文学会 32 2008.3 p27〜32
◇鷗外晩年の境地「知足」についての一考察―「蛇」「高瀬舟」「委蛇録」を中心として （天野愛子）「九大日文」 九州大学日本語文学会「九大日文」編集委員会 11 2008.3.31 p36〜41
◇鷗外 その出発(132)突然の東京脱出行―『みちの記』という道中記(1) （竹盛天雄）「国文学解釈と鑑賞」 至文堂 73(4) 2008.4

p196〜202
◇鷗外の『文づかひ』・『舞姫』研究余滴（再録『葦の葉』近代部会誌2006年12月〜2007年12月） （金子幸代）「近代文学研究」 日本文学協会近代部会 25 2008.4 p101〜103
◇鷗外 その出発(133)続 突然の東京脱出行―『みちの記』という道中記(2) （竹盛天雄）「国文学解釈と鑑賞」 至文堂 73(5) 2008.5 p230〜236
◇鷗外 その出発(134)浮〔オウ〕子は狂愚なり――一八九〇年秋の鷗外 （竹盛天雄）「国文学解釈と鑑賞」 至文堂 73(6) 2008.6 p198〜205
◇日本小説技術史(第2回)二種の官吏小説―二葉亭四迷『浮雲』と森鷗外「ドイツ三部作」 （渡部直己）「新潮」 新潮社 105(6) 2008.6 p170〜201
◇元文の五孝子関連文献及び森鷗外『最後の一句』の解釈について （佐野大介）「中国研究集刊」 大阪大学中国学会 46 2008.6 p73〜90
◇鷗外「阿部一族」論 （上野芳喜）「阪神近代文学研究」 阪神近代文学会 9 2008.6 p14〜26
◇鷗外 その出発(135)『文づかひ』について （竹盛天雄）「国文学解釈と鑑賞」 至文堂 73(7) 2008.7 p186〜193
◇土地を歩く(107)小倉にて鷗外と清張と （八木美雄）「水道公論」 日本水道新聞社 44(7) 2008.7 p94〜96
◇森鷗外の「後北游日乗」,「北游記」に関連して(2)安川氏の論文を読んで （松木明知）「鷗外」 森鷗外記念会 83 2008.7 p1〜18
◇もう一つの鷗外の漢詩 （高橋陽一）「鷗外」 森鷗外記念会 83 2008.7 p50〜59
◇鷗外旧蔵『獄中消息』(大逆事件被告獄中書簡写し)をめぐって （大塚美保）「鷗外」 森鷗外記念会 83 2008.7 p60〜72
◇成島柳北の「航西日乗」と森鷗外の「航西日記」―その詩文の類似性について （遠藤光正）「東洋研究」 大東文化大学東洋研究所 168 2008.7 p1〜35
◇近代の衝撃と海―鷗外・漱石・魯迅・郁達夫・サイチョンガによって表象された「海」(中一続1) （Aitoru Terenguto）「北海学園大学人文論集」 北海学園大学人文学会 40 2008.7 p59〜80
◇鷗外 その出発(136)透徹と謎―『文づかひ』について(2) （竹盛天雄）「国文学解釈と鑑賞」 至文堂 73(8) 2008.8 p194〜201
◇先生のおじいさん(特集 文士の墓にお参りする) （谷村志穂）「文蔵」 PHP研究所 35 2008.8 p56〜62
◇迷信と大逆―鷗外『蛇』「里芋の芽と不動の目」, そして永錫会 （大塚美保）「聖心女子大学論叢」 聖心女子大学 111 2008.8 p5〜43
◇『大塩平八郎』(森鷗外)に見る明治大逆事件の影 （荒木傳）「大塩研究」 大塩事件研究会 第59号 2008.9 p2〜20
◇森鷗外の作品と玉水俊〔コウ〕 （清田文武）「文芸研究」 日本文芸研究会 166 2008.9 p1〜11
◇森鷗外『於母影』(素晴らしき日本語の世界―特集・私の文章読本 日本語の達人が選ぶ古今の名文) （高橋睦郎）「文芸春秋SPECIAL」 文芸春秋 2(4)通号6 2008.10 p18〜19
◇統計史群像(8)森鷗外と統計 （島村史郎）「統計」 日本統計協会 59(10) 2008.10 p38〜46
◇鷗外 その出発(137)イヘダ姫の形象―『文づかひ』について(3) （竹盛天雄）「国文学解釈と鑑賞」 至文堂 73(11) 2008.11 p182〜188
◇森鷗外、「非武装」へのまなざし―史伝『都甲太兵衛』と「据物」の思想 （末延芳晴）「月刊百科」 平凡社 553 2008.11 p10〜13
◇『即興詩人』とイタリア―森鷗外とアンデルセン(特集 国際シンポジウム イタリア観の一世紀―旅と知と美―イタリア・イメージの形成と交差) （長島要一）「立命館言語文化研究」 立命館大学国際言語文化研究所 20(2) 2008.11 p43〜49
◇鷗外 その出発(138)続 イヘダ姫の形象―『文づかひ』について(4) （竹盛天雄）「国文学解釈と鑑賞」 至文堂 73(12) 2008.12 p177〜184
◇森鷗外『文づかひ』の背景―「舞姫事件」との関連で読み解く （小平克）「近代文学資料と試論」 「近代文学資料と試論」の会 9 2008.12 p1〜29
◇病気の日本近代史(2)脚気論争と森鷗外 （秦郁彦）「政経研究」 日本大学法学会 45(3) 2008.12 p701〜733
◇鷗外と森林太郎―『キタ・セクスアリス』を中心に （神木まなみ）「論樹」 論樹の会 21 2008.12 p21〜31
◇〈翻訳〉として見た「渋江抽斎」 （千葉俊二）「比較文学年誌」 早稲田大学比較文学研究室 45 2009 p113〜123
◇明治期の〈黄禍論〉言説に見る森鷗外―講演「人種哲学梗概」と「黄禍論梗概」を中心に （廖育卿）「熊本大学社会文化研究」 熊本大学大学院社会文化科学研究科 7 2009 p233〜248
◇森鷗外によるフロイトの神経症論への言及 （新田篤）「精神医学史研究」 ワールドプランニング, 精神医学史学会 13(2) 2009 p115〜124
◇明末清初の小説と日本の近代小説―鷗外・荷風とその後の作家たちへの影響 （具島美佐子）「国際文化表現研究」 国際文化表現学会 5 2009 p145〜176

◇鷗外 その出発(139)語り手・小林のはたらき―『文づかひ』について(5) (竹盛天雄) 「国文学解釈と鑑賞」 至文堂 74(1) 2009.1 p220〜225
◇鷗外の「北游日乗」に表れた「手児奈祠」と津軽方言「てこな」 (松木明知) 「鷗外」 森鷗外記念会 84 2009.1 p1〜17
◇鷗外と石見―遺言の「石見人森林太郎」が意味するもの (池野誠) 「鷗外」 森鷗外記念会 84 2009.1 p93〜114
◇鷗外 その出発(140)ドレスデン王宮にて―『文づかひ』について(6) (竹盛天雄) 「国文学解釈と鑑賞」 至文堂 74(2) 2009.2 p210〜216
◇日本語論必読ブックガイド―夏目漱石から水村美苗、『KY式日本語』まで 幸田露伴『五重塔』 夏目漱石『文学論ノート』 森鷗外『仮名遣意見』ほか (特集 日本語は亡びるのか?) (青木純一, 倉数茂) 「ユリイカ」 青土社 41(2) 2009.2 p170〜181
◇鷗外「舞姫」と蔣防「霍小玉伝」との影響関係 (李学義) 「中央大学国文」 中央大学国文学会 52 2009.3 p62〜72
◇万葉調短歌と鷗外の「うた日記」 (平山城児) 「国文学踏査」 大正大学国文学会 21 2009.3 p84〜98
◇なぜ"witch"や"Hexe"を「魔女」と訳すことができるのか―日本における「魔女」あるいは「魔」の系譜 (大野寿子, 千艘秋男, 野呂香〔他〕) 「東洋大学人間科学総合研究所紀要」 東洋大学人間科学総合研究所 10 2009.3 p75〜97
◇日本医史学会平成20年11月例会 シンポジウム「森林太郎と森鷗外」 「日本医史学雑誌」 日本医史学会 55(1) 2009.3 p97〜110
◇"統計論争"をとおしてみた森林太郎―シンポジウムへの導入をかねて(日本医史学会平成20年11月例会 シンポジウム「森林太郎と森鷗外」) (岡田靖雄) 「日本医史学雑誌」 日本医史学会 55(1) 2009.3 p97〜100
◇森林太郎の医学大業績―臨時脚気病調査会の創設とその成果(日本医史学会平成20年11月例会 シンポジウム「森林太郎と森鷗外」) (山下政三) 「日本医史学雑誌」 日本医史学会 55(1) 2009.3 p101〜103
◇森鷗外と「北游日乗」,「北遊記」―函館、青森を中心として(日本医史学会平成20年11月例会 シンポジウム「森林太郎と森鷗外」) (松木明知) 「日本医史学雑誌」 日本医史学会 55(1) 2009.3 p104〜107
◇森鷗外と医学留学生たちの交流(日本医史学会平成20年11月例会 シンポジウム「森林太郎と森鷗外」) (山崎光夫) 「日本医史学雑誌」 日本医史学会 55(1) 2009.3 p108〜110
◇森鷗外「小嶋宝素」―考証上の問題点をめぐる考察二、三 (安達原達晴) 「言語と文芸」 おうふう 125 2009.3 p59〜74
◇鷗外史伝小説における考証派の人々―特に若い日の海保漁村をめぐって (小川康子) 「言語と文芸」 おうふう 125 2009.3 p75〜101
◇森鷗外「FESTSPIELE」について―コッホ歓迎表敬歌舞伎座公演догSCript書 (八木恵子) 「国際交流センター紀要」 埼玉大学国際交流センター 3 2009.3 p67〜80
◇認識の衝撃―花子とロダンと鷗外 (横田和憲) 「金城学院大学論集 人文科学編」 金城学院大学 5(2) 2009.3 p143〜150
◇もう一つの「老曹長」―森鷗外・『平和の礎』・上原好雄 (須田喜代次) 「大妻国文」 大妻女子大学国文学会 40 2009.3 p79〜95
◇民法学の人物伝 鷗外と民法典の起草者たち(特集 ゼロから学ぼう法律学 法学入門2009) (七戸克彦) 「法学セミナー」 日本評論社 54(4) 2009.4 p20〜21
◇鷗外 その出発(141) イダ姫の告白、あるいは弁明―『文づかひ』について(7) (竹盛天雄) 「国文学解釈と鑑賞」 ぎょうせい 74(5) 2009.5 p175〜182
◇鷗外 その出発(142) 恋ふるも恋ふるゆゑに恋ふるとこそ開け、嫌らもまたさならむ。―『文づかひ』について(8) (竹盛天雄) 「国文学解釈と鑑賞」 ぎょうせい 74(6) 2009.6 p224〜229
◇鷗外『舞姫』論 (上野芳喜) 「阪神近代文学研究」 阪神近代文学会 10 2009.6 p1〜13
◇森鷗外『普請中』と「舞姫事件」―『普請中』の本文読解とトポスの的読解 (小平克) 「近代文学資料と試論」 「近代文学資料と試論」の会 10 2009.6 p1〜29
◇森鷗外の『諸国物語』と金東仁の翻訳小説について―モルナールの「辻馬車」を中心に (鄭応洙) 「比較文化研究」 日本比較文化学会 87 2009.6.30 p97〜109
◇鷗外 その出発(143) 宮の内こそわが家穴なれ―『文づかひ』について(9) (竹盛天雄) 「国文学解釈と鑑賞」 ぎょうせい 74(7) 2009.7 p208〜213
◇未翻刻森鷗外書翰紹介―東京大学総合図書館鷗外文庫蔵「宗旨雑記」より (合山林太郎, 出口智之) 「鷗外」 森鷗外記念会 85 2009.7 p1〜18
◇議論のある鷗外の漢詩四首 (高橋陽一) 「鷗外」 森鷗外記念会 85 2009.7 p19〜37
◇森鷗外の『後北游日乗』と三好中将の検閲使 (松木明知) 「鷗外」 森鷗外記念会 85 2009.7 p38〜56
◇日本人の精神(2) 森鷗外―鷗外の社会思想考 (山崎一穎) 「季論21」 『季論21』編集委員会, 本の泉社 5 2009.7 p128〜138
◇明治期における接続詞の特質―漱石と鷗外の作品とその翻訳作品から見る (Chu Xinni) 「久留米大学大学院比較文化研究論集」 久留米大学大学院比較文化研究科 24 2009.7 p57〜70
◇近代の衝撃と海―鷗外・漱石・魯迅・郁達夫・サイチョンガによって表象された「海」(中―続2) (Aitoru Terenguto) 「北海学園大学人文論集」 北海学園大学人文学部 43 2009.7 p81〜112
◇読む 幻視される仮名成立期の「国語政策」―鷗外「仮名遺意見」から (山本一) 「日本文学」 日本文学協会 58(8) 2009.8 p76〜79
◇森鷗外と国定修身教科書編纂―「教科用図書調査委員会」をめぐって (大塚美保) 「聖心女子大学論叢」 聖心女子大学 113 2009.8 p57〜83
◇「照葉狂言」を語る声―森鷗外訳「即興詩人」との関連から(特集 泉鏡花文学の位相―没後70年 作品の再発見・再検証―同時代からの照射(2)) (野口哲也) 「国文学解釈と鑑賞」 ぎょうせい 74(9) 2009.9 p105〜111
◇東京大学総合図書館所蔵鷗外文庫「明代勅命」管見 (小島浩之) 「漢字文献情報処理研究」 好文出版 10 2009.10 p4〜16
◇森鷗外『青年』の成立と上田敏 (清田文武) 「芸術至上主義文芸」 芸術至上主義文芸学会事務局 35 2009.11 p55〜60
◇イヴェント・レヴュー 「森鷗外展―近代の扉をひらく」 をめぐる虚構座談会 (大塚美保) 「日本近代文学」 日本近代文学会 81 2009.11 p342〜346
◇お玉の物語―森鷗外『雁』 (目野由希) 「国語と国文学」 ぎょうせい 86(12) 2009.12 p54〜67
◇La医ぶらり(40) 鷗外森林太郎と脚気紛争 (浦部晶夫) 「ほすぴたるらいぶらりあん」 日本病院ライブラリー協会 34(4) 2009.12 p280〜282

森槐南 もりかいなん 1863〜1911
明治期の漢詩人。明治漢詩壇の第一人者。
【図　書】
◇近代文学としての明治漢詩 (入谷仙介著) 研文出版 1989.2 (研文選書)
【雑　誌】
◇森槐南と陳碧城―槐南青少年期の清詩受容について (福井辰彦) 「国語国文」 中央図書出版社 72(8) 2003.8 p40〜57
◇幕末明治期の艶体漢詩―森春濤・槐南一派の詩風をめぐって 「和漢比較文学」 和漢比較文学会 37 2006.8 p17〜32
◇鄭孝胥氏と東京の漢学者たち (深澤一幸) 「言語文化研究」 大阪大学大学院言語文化研究科 34 2008 p61〜81
◇漢詩における明治調―森槐南と国分青厓(特集 詩歌の近代) (合山林太郎) 「文学」 岩波書店 9(4) 2008.7・8 p83〜94
◇森春濤と森槐南―「新文詩」ノート(特集=古典文学の精髄としての漢詩文―中世・近世・近代―近代漢詩文―最後の光芒) (日野俊比) 「国文学解釈と鑑賞」 至文堂 73(10) 2008.10 p170〜177

森川杜園 もりかわとえん 1820〜1894
幕末, 明治期の彫刻家。正倉院御物の模造に従事。
【雑　誌】
◇狂言師としての森川杜園 (古川久) 「能楽研究」 6 1980
◇森川杜園における「三職」の意義 (浅井允晶) 「堺女子短期大学紀要」 18 1982.11
◇森川杜園『正倉院御物写』と日名子文書 (稲田奈津子) 「正倉院文書研究」 吉川弘文館 11 2009.2 p85〜104

森寛斎 もりかんさい 1814〜1894
幕末, 明治期の日本画家。森徹山に師事、如雲社を主宰。
【図　書】
◇防長文化人山脈 (掛altaré真) 東洋図書 1981.4
◇幕末明治 京洛の画人たち (原田平作) 京都新聞社 1985.2
◇長州の密偵森寛斎―知られざる勤王の画家 (神力要著) 東京経済 2000.3 260p

森清子 もりきよこ 1833〜1872
幕末, 明治期の女流歌人。明倫堂教師。
【図　書】
◇ひいらぎの垣根をこえて―ハンセン病療養所の女たち (佐々木雅子著) 明石書店 2003.5 245p

森春濤 もりしゅんとう 1819〜1889
幕末, 明治期の漢詩人。茉莉吟社を創始。
【図　書】
◇近代文学としての明治漢詩 (入谷仙介著) 研文出版 1989.2 (研文選書)
◇漢詩人 森春濤の遺墨 一宮市博物館 1993.2
◇近世文学の境界―個我と表現の変容 (揖斐高著) 岩波書店 2009.2 510p

【雑誌】
◇山水の詩情—宮崎筠圃と森春濤　（山本和義）「南山国文論集」 18 1994.3
◇森春濤「高山竹枝」注解(1)　（山本和義、山中仁美）「アカデミア 文学・語学編」 南山大学 61 1996.9 p282～243
◇森春濤「高山竹枝」注解[2]　（山本和義、山中仁美）「アカデミア 文学・語学編」 南山大学 62 1997.3 p366～317
◇明治漢詩の出発—森春濤試論（特集 明治十年代の江戸）（揖斐高）「江戸文学」 ぺりかん社 21 1999.12 p5～20
◇森春濤「十一月十六日挙児」詩考（日野俊彦）「二松」 二松学舎大学大学院文学研究科 18 2004 p241～255
◇幕末期の森春涛　（日野俊彦）「二松」 二松学舎大学大学院文学研究科 19 2005 p231～251
◇森春濤編『清三家絶句』について　（新井洋子）「二松」 二松学舎大学大学院文学研究科 19 2005 p253～276
◇幕末明治期の艶体漢詩—森春濤・槐南一派の詩風をめぐって 「和漢比較文学」 和漢比較文学会 37 2006.8 p17～32
◇森春濤「新潟竹枝」をよむ　（福井辰夫）「国語国文」 中央図書出版社 75(11) 2006.11 p32～48
◇森春濤と森槐南—「新文詩」ノート(特集=古典文学の精髄としての漢詩文—中世・近世・近代—近代漢詩文—最後の光芒)（日野俊彦）「国文学解釈と鑑賞」 至文堂 73(10) 2008.10 p170～177

守田勘弥〔12代〕　もりたかんや　1846～1897
幕末、明治期の歌舞伎座主、歌舞伎作者。
【図書】
◇河竹黙阿弥　（河竹繁俊著）　吉川弘文館 1987.1　（人物叢書〔新装版〕）
◇人物探訪 地図から消えた東京遺産　（田中聡著）　祥伝社 2000.2 297p （祥伝社黄金文庫）
◇安政から文久年間の森田（守田）座　（寺田詩麻著）『演劇研究センター紀要』（演劇研究センター紀要編集委員会編）早稲田大学演劇博物館 2007.1 p89～103
【雑誌】
◇プロデューサーの姿—四人の大プロデューサー(特集・プロデューサーの時代はくるか)（戸部銀作）「テアトロ」 468 1982.2

森田思軒　もりたしけん　1861～1897
明治期の翻訳者, 新聞記者。
【図書】
◇明治文学全集26 根岸派文学集　（稲垣達郎編）筑摩書房 1981.4
◇民友社文学の研究　（平林一、山田博光編）三一書房 1985.5
◇明治の探偵小説　（伊藤秀雄著）晶文社 1986.10
◇近代文学の成立—思想と文体の模索(日本文学研究資料新集〈11〉)　（小森陽一編）有精堂出版 1986.12
◇蘇峰とその時代—よせられた書簡から　（高野静子著）中央公論社 1988.8
◇鷗外全集〈第23巻〉評論・随筆〈2〉　（森鷗外著）岩波書店 1988.10
◇泉鏡花とその周辺　（手塚昌行著）（国分寺）武蔵野書房 1989.7
◇岡山雑記帳　（富岡敬之著）近代文芸社 1990.12
◇埋もれた翻訳—近代文学の開拓者たち　（秋山勇造著）新読書社 1998.10 312,11p
◇明治翻訳異聞　（秋山勇造著）新読書社 2000.5 230p
◇伝記 森田思軒—明治の翻訳王　（谷口靖彦著）山陽新聞社 2000.6 279p
◇明治の探偵小説　（伊藤秀雄著）双葉社 2002.2 597,9p（双葉文庫）
◇森田思軒とその交友—竜渓・蘇峰・鷗外・天心・涙香 図録新資料でみる　（白石静子監修, 森田思軒研究会編著）松柏社 2005.11 119p
【雑誌】
◇森田思軒の社会的背景—備中玉島の一族について（富岡敬之）「日本文学論究」 41 1981.11
◇森田思軒における「周密体」の形成(2)「局外」「旁観者」の認識　（小森陽一）「成城文芸」 104 1983.8
◇なつかしい本（二）『十五少年』　（平川祐弘）「UP」 172 1987.2
◇森田思軒の周密文体の特徴—「探偵ユーベル」に見る文章表現上の特色　（中里理子）「埼玉短期大学紀要」 2 1993.3
◇梁啓超訳『十五小豪傑』に見られる森田思軒の影響と梁啓超の文体改革　（范苓）「大阪大学言語文化学」 大阪大学言語文化学会 12 2003 p5～17
◇「白鬼女物語」から「高野聖」へ—森田思軒訳『金縷譚』の受容と方法　（野口哲也）「日本近代文学」 日本近代文学会 73 2005.10 p33～47
◇美辞麗句研究序説—森田思軒と啓蒙メディア(特集 フォーミュラ—声と知を繋ぐもの)（藤井淑禎）「文学」 岩波書店 7(2) 2006.3・4 p96～113
◇森田思軒の新資料—「十五少年」の訳稿をめぐって　（川戸道昭）「日本古書通信」 日本古書通信社 71(6) 2006.6 p7～9
◇森田思軒と東アジア情勢　（藤井淑禎）「東海学園言語・文学・文化」 東海学園大学日本文化学会 8 2008 p50～60

森山多吉郎　もりやまたきちろう　1820～1871
幕末、明治期の通訳。1862年遣欧使節通訳として渡英。
【図書】
◇江戸西洋事情—鎖国うちそと　（金井円著）新人物往来社 1988.2
◇日本語中・上級用読本 日本を知ろう—日本の近代化に関わった人々　（三浦昭, ワット・伊東泰子著）アルク 2001.12 231p
◇帝とかぐや姫—『竹取物語』の世界　（河村望著）人間の科学新社 2007.10 257p
◇幕末の外交官森山栄之助　（江越弘人著）弦書房 2008.6 185p
【雑誌】
◇夢物語—「森山多吉郎日記」（金井円）「古文書研究」 22 1983.12
◇森山栄之助研究　（森悟）「英学史研究」 21 1988
◇ロンドン覚書秘話—森山多吉郎を中心に（武田勝彦）「公評」 35(8) 1998.9 p72～79
◇森山多吉郎とプロイセン人（Gunter Zobel）「教養諸学研究」 早稲田大学政治経済学部教養諸学研究会 119 2005 p31～43
◇日米和親条約の締結前後における領事駐在権をめぐって—オランダ通詞森山栄之助の関与とハリス駐在問題の発生と解決（岩下哲典）「応用言語学研究」 明海大学大学院応用言語学研究科紀要編集委員会 7 2005.3 p77～86
◇書簡に見る福澤人物誌(16)森山多吉郎、脇屋卯三郎—外国奉行翻訳掛当時の出来事　（小野修三）「三田評論」 慶応義塾 1082 2005.8・9 p56～60

門田朴斎　もんでんぼくさい　1797～1873
幕末、明治期の漢詩人, 備後福山藩儒。
【雑誌】
◇菅茶山と門田朴齋　（西原千代）「中國學論集」 中國文學研究会 44 2007.1 p55～79

安原玉樹　やすはらたまき　1806～1876
江戸後期～明治期の女性。歌人。
【図書】
◇幕末女流歌人の研究—松原三穂子と周辺の人々　（吉崎志保子著）日本文教出版 1983.7
【雑誌】
◇安原玉樹　（吉崎志保子）「高梁川」 39 1982.10

柳川一蝶斎〔3代〕　やながわいっちょうさい　1847～1909
幕末、明治期の日本手品師。
【図書】
◇手妻のはなし—失われた日本の奇術　（藤山新太郎著）新潮社 2009.8 359p（新潮選書）

梁川紅蘭　やながわこうらん　1804～1879
幕末、明治期の漢詩人。各地を遊歴、詩作。
【図書】
◇図説人物日本の女性史8 封建女性の哀歓　小学館 1980.5
◇幕末志士の生活　（芳賀登）雄山閣出版 1982.6（生活史叢書 8）
◇幕末維新の女性—日本女性の歴史　暁教育図書 1982.8（日本発見人物シリーズ no.6）
◇木米と永翁　（宮崎市定著）中央公論社 1988.2（中公文庫）
◇梁川星巌と紅蘭　（梁川星巌・紅蘭夫婦顕彰事業委員会編）大垣市教育委員会 1989.9
◇江戸詩人選集 8　（頼山陽, 梁川星巖, 入谷仙介注）岩波書店 1990.4
◇江戸百鬼夜行　（野口武彦）ぺりかん社 1990.10
◇全国の伝承 江戸時代 人づくり風土記—ふるさとの人と知恵〈21〉岐阜　（加藤秀俊, 谷川健一, 稲垣史生, 石川松太郎, 吉田豊編）農山漁村文化協会 1992.9
◇近世文芸研究叢書 第1期文学篇 23(作家 9)（近世文芸研究叢書刊行会編）クレス出版 1995.11 1冊
◇幕末裏面史—勤皇烈女伝　（小川煙村著）新人物往来社 1998.1 292p（日本伝記叢書）
◇女たちの幕末京都　（辻ミチ子著）中央公論新社 2003.4 250p（中公新書）
◇幕末京都—新選組と龍馬たち　（川端洋之文, 中田昭写真）光村推古書院 2003.11 95p（SUIKO BOOKS）
◇梁川星巖150年回記念特別展—図録　（大垣市文化事業団編）大垣市 2007.9 31p
◇梁川星巖・紅蘭「京への道」—桑名・ひとときの休息　（伊藤宗隆著）文芸社 2007.12 104p

【雑　誌】
◇幕末維新の異色女人―理論派志士の婦人たち　（梅本育子）「歴史と旅」7(1)　1980.1
◇染川星巌と紅蘭　（杉原美作）「美濃民俗」167　1981.4
◇九州ゆかりの女流漢詩人―原采蘋・亀井少琴・梁川紅蘭　（吉田照子）「大宰府国文」福岡女子短期大学国語国文学会　19　2000.3　p1～8
◇梁川紅蘭の「買琴歌」（<琴>の文化史 東アジアの音風景―琴学文化の中国と日本）（徳田武）「アジア遊学」勉誠出版　126　2009.9　p180～184

柳原極堂　やなぎはらきょくどう　1867～1957
明治～昭和期の俳人。松山における正岡子規の顕彰に尽力。
【図　書】
◇柳原極堂―伊予路の文学遺跡散歩　（鶴村松一）松山郷土史文学研究会　1980.5
◇子規の文友柳原極堂の生涯　（二神将著）松山子規会　1997.2　305p 図版20p　（子規会叢書）
◇新編　子規門下の人々　（阿部里雪著）愛媛新聞社　2004.2　301p
【雑　誌】
◇柳原極堂翁と新居浜鶏頭会　（門田モトエ）「郷土史談」107　1984.6
◇極堂翁の思い出(2)―里風日記から―　（橘春美）「子規会誌」24　1985.1
◇極堂・子規の交友(2)　（伊藤彰規）「子規博だより」11(1)　1991.6

柳家小さん〔3代〕　やなぎやこさん　1856～1930
明治、大正期の落語家。
【図　書】
◇名人名演落語全集　4　明治篇　4　（斎藤忠市郎ほか編集）立風書房　1982.9
◇落語名人伝　（関山和夫著）白水社　1986.7
◇落語家―いま、むかし　（興津要著）旺文社　1987.2　（旺文社文庫）
◇新輯　内田百閒全集〈第4巻〉鶴、凸凹道　（内田百閒著）福武書店　1987.4
◇落語名人伝　（関山和夫著）白水社　1992.2　（白水Uブックス）

山川登美子　やまかわとみこ　1879～1909
明治期の歌人。共著「恋衣」に「白百合」131首を発表。
【図　書】
◇白百合の崖―山川登美子歌と恋　（津村節子）新潮社　1983.5
◇白百合の崖（きし）―山川登美子・歌と恋（新潮文庫）（津村節子著）新潮社　1986.10
◇『明星』の時代―与謝野晶子・山川登美子　（赤間均著）赤間均　1988
◇恋ごろも―「明星」の青春群像　（尾崎左永子著）角川書店　1988.4　（角川選書）
◇雪日本　心日本　（高田宏著）中央公論社　1988.11　（中公文庫）
◇比叡の雪　（竹西寛子著）青土社　1989.9
◇近代史を拓いた女性たち―日本女子大学に学んだ人たち　（青木生子著）講談社　1990.6
◇岡井隆の文学塾〈鑑賞編7〉日輪の巻　（岡井隆編）六法出版社　1990.11　（ほるす歌書）
◇悲恋の歌人たち―恋愛歌ものがたり　（木俣修著）北辰堂　1990.12
◇山川登美子　（竹西寛子著）講談社　1992.7　（講談社文芸文庫―現代日本のエッセイ）
◇白百合考―歌人・山川登美子論　（松本聡子著）波乗社　1992.7　（夢本シリーズ）
◇晶子曼陀羅　（佐藤春夫著）講談社　1993.11　（講談社文芸文庫）
◇和歌文学講座〈9〉近代の短歌　（武川忠一編）勉誠社　1994.1
◇日本文壇史　8　（伊藤整著）講談社　1996.2　250,22p　（講談社文庫）
◇山川登美子と与謝野晶子　（直木孝次郎著）塙書房　1996.9　246p
◇山川登美子と明治歌壇　（白崎昭一郎著）吉川弘文館　1996.11　356p
◇わがふところにさくら来てちる―山川登美子と『明星』　（今野寿美著）五柳書院　1998.3　294,3p　（五柳叢書）
◇文学の旅へ―みだれ髪から井伏鱒二　（岡保生著）新典社　1998.11　254p
◇京の恋歌・近代の彩　（松本章男著）京都新聞社　1999.4　273p
◇狭間に立つ近代文学者たち　（菅原孝雄著）沖積舎　2000.10　235p
◇千年の夢―文人たちの愛と死　上巻　（斎藤なずな著）小学館　2002.3　382p　（小学館文庫）
◇鉄幹晶子全集　3　（与謝野寛,与謝野晶子著）勉誠出版　2002.11　389p
◇女歌の百年　（道浦母都子著）岩波書店　2002.11　226p　（岩波新書）
◇山川登美子私論―清部千鶴子小論集　（清部千鶴子著）短歌新聞社　2002.11　156p
◇百年の恋　（道浦母都子著）小学館　2003.6　381p
◇輝く晩年―作家・山川亮の歌と足跡　（小泉修一著）光陽出版社　2004.2　139p
◇月の下で　（森光伸写真, 光村推古書院編集部編）光村推古書院　2006.4　191p
◇山川登美子の世界―夭折の歌人　（安田純生監修, 山川登美子倶楽部「しろゆりの会」編）青磁社　2007.4　156p
◇愛の歌　恋の歌　（坂東真理子著）関東図書　2008.1　334p
◇恋衣全釈　（逸見久美著）風間書房　2008.5　349p
◇中西進著作集　8　（中西進著）四季社　2009.3　377p
【雑　誌】
◇山川登美子論―歌に見る人物像　（法安淳子）「たまゆら（比治山女子短大）」12　1980.10
◇特集・近代秀歌鑑賞, 野辺の柩―山川登美子　（松岡盟子）「短歌」27(11)　1980.11
◇女のロマンと抒情―与謝野晶子と山川登美子（女流の前線―樋口一葉から八十年代の作家まで）（本林勝夫）「國文學 解釈と教材の研究」25(15)　1980.12
◇「山川登美子論」―鉄幹・晶子からの自立を中心に　（寺林裕美子）「立正大学国語国文」17　1981.3
◇白い炎のように―山川登美子の歌と生涯　（松平盟子）「短歌」28(8)　1981.8
◇山川登美子の京都時代(1)　（岩田晋次）「ハハキギ」572　1981.10
◇山川登美子と英学　（田中洋）「舞鶴工業高等専門学校紀要」17　1982.3
◇山川登美子の人と作品(1)その短歌開眼まで　（前野博）「湊川女子短期大学紀要」15　1982.3
◇山川登美子の研究(2)「恋衣」をめぐって　（前野博）「湊川女子短期大学紀要」16　1983.3
◇山川登美子論―その本質と位置について　（斎藤法子）「国文瀬名（常葉学園短大）」4　1983.6
◇明星の五人(2)菫（すみれ）の章　（尾崎左永子）「短 歌」31(11)　1984.11
◇明星の五人(3)向日葵の章　（尾崎左永子）「短 歌」31(12)　1984.12
◇特別対談　川上貞奴と山川登美子の炎の生涯(特集花ひらく明治の女性たち)　（杉本苑子, 津村節子）「歴史と旅」12(2)　1985.2
◇与謝野晶子研究(11)―鉄幹と晶子・登美子―　（石川恭子）「白珠」40(10)　1985.10
◇与謝野晶子研究(12)―山川登美子について1―　（石川恭子）「白珠」40(11)　1985.11
◇与謝野晶子研究(13)―山川登美子について2―　（石川恭子）「白珠」40(12)　1985.12
◇山川登美子ノート(2)　（中西洋子）「人」13(9)　1986.9
◇青春の白百合―山川登美子の場合(夭折歌人と青春歌〈特集〉)　（尾崎左永子）「短歌」33(9)　1986.9
◇山川登美子論　（井谷真美）「与謝野晶子研究」64　1986.10
◇山川登美子―戒律の髪―近世的自我の限界(明治・大正・昭和の女流歌人〈特集〉)　（横弥生子）「短歌」33(11)　1986.11
◇浪花の恋―鉄幹・晶子・登美子　（藤岡武雄）「国文学」34(4) 臨増（近代文壇事件史）1989.3
◇山川登美子（花の象（かたち）(15)）　（中西進）「短歌」37(3)　1990.3
◇山川登美子略年譜　（坂本政親）「短歌」37(10)　1990.10
◇山川登美子の世界<特集>　「短歌」37(10)　1990.10
◇愛と修羅に生きた女性―山川登美子の生涯（鼎談）（馬場あき子, 永畑道子, 清川妙）「短歌」37(10)　1990.10
◇君も雛罌粟われも雛罌粟―与謝野鉄幹・晶子夫妻の生涯(1～3)　（渡辺淳一）「文芸春秋」69(5～7)　1991.4～6
◇君も雛罌粟われも雛罌粟―与謝野鉄幹・晶子夫妻の生涯(4)　（渡辺淳一）「文芸春秋」69(8)　1991.7
◇山川登美子の「恋衣」所収, 初出不明歌をめぐって　（岡保生）「学苑」622　1991.8
◇君も雛罌粟われも雛罌粟―与謝野鉄幹・晶子夫妻の生涯(5)　（渡辺淳一）「文芸春秋」69(9)　1991.8
◇君も雛罌粟われも雛罌粟―与謝野鉄幹・晶子夫妻の生涯(7)　（渡辺淳一）「文芸春秋」69(11)　1991.10
◇君も雛罌粟われも雛罌粟―与謝野鉄幹・晶子夫妻の生涯(8)　（渡辺淳一）「文芸春秋」69(12)　1991.11
◇君も雛罌粟われも雛罌粟―与謝野鉄幹・晶子夫妻の生涯(9)　（渡辺淳一）「文芸春秋」69(13)　1991.12
◇君も雛罌粟われも雛罌粟―与謝野鉄幹・晶子夫妻の生涯(10)　（渡辺淳一）「文芸春秋」70(1)　1992.1
◇君も雛罌粟われも雛罌粟―与謝野鉄幹・晶子夫妻の生涯(11)　（渡辺淳一）「文芸春秋」70(2)　1992.2
◇「哀歌」に寄せる―山川登美子をめぐる晶子と寛(特集・湘南の与謝野晶子)　（箱根裕泰）「湘南文学」4　1992.10

◇君も雛罌粟われも雛罌粟―与謝野鉄幹・晶子夫妻の生涯(25)（渡辺淳一）「文芸春秋」71(4) 1993.4
◇近代の女流文学者(3～7)短歌を通してみた山川登美子（星谷亜紀）「あるご」12(8～12) 1994.8～12
◇若狭の登美子（津村節子）「短歌研究」短歌研究社 52(1) 1995.1 p12～15
◇晶子と登美子(愛と情熱の歌人・与謝野晶子)（今野寿美）「短歌」角川書店 42(2) 1995.2 p129～133
◇鉄幹と山川登美子―明治三十三年の歌の軌跡（今野寿美）「鉄幹と晶子」和泉書院 第1号 1996.3 p72～86
◇山川登美子歌碑及びその碑歌について（橋本威）「梅花女子大学文学部紀要 日本語・日本文学編」梅花女子大学文学部 31 1997 p35～52
◇山川登美子と短歌の世界（長田英利子）「風花」仁愛女子短期大学国文学科郷土文学研究センター 第2号 1997.3 p21～26
◇特別企画「明星」の系譜―創刊100年目のいまに生きる叙情―与謝野鉄幹、窪田空穂、与謝野晶子、山川登美子、北原白秋、木下杢太郎、石川啄木、吉井勇　本阿弥書店 14(7) 2000.7 p99～115
◇山川登美子と結核（白崎昭一郎）「医学史研究」医学史研究会 80 2001 p49～57
◇百年の恋(14)山川登美子(その1)忘れ草つむ（道浦母都子）「本の窓」小学館 24(1) 2001.1 p38～45
◇百年の恋(15)山川登美子(その2)わがさす紅（道浦母都子）「本の窓」小学館 24(2) 2001.2 p38～45
◇百年の恋(16)山川登美子(その3)蓬莱のしま（道浦母都子）「本の窓」小学館 24(3) 2001.3 p38～43
◇うたのある生活〔7〕（竹西寛子）「婦人之友」95(8) 2001.7 p164～165
◇短歌 "創作語"事典(22)山川登美子の「創作語」(1)（今野寿美）「短歌研究」短歌研究社 58(8) 2001.8 p88～90
◇短歌 "創作語"辞典(23)山川登美子の「創作語」(2)（今野寿美）「短歌研究」短歌研究社 58(9) 2001.9 p124～126
◇陸は海より悲しきものを(歌の与謝野晶子〔1〕)（竹西寛子）「婦人之友」96(7) 2002.7 p144～149
◇陸は海より悲しきものを〔5〕（竹西寛子）「婦人之友」96(11) 2002.11 p142～147
◇陸は海より悲しきものを〔6〕（竹西寛子）「婦人之友」96(12) 2002.12 p178～183
◇陸は海より悲しきものを(歌の与謝野晶子〔7〕)（竹西寛子）「婦人之友」97(1) 2003.1 p164～169
◇陸は海より悲しきものを―歌の与謝野晶子〔8〕（竹西寛子）「婦人之友」97(2) 2003.2 p160～165
◇平成15年度 第二回晶子講座（要旨）おもふ事おほき人 山川登美子―『明星』掲載歌からさぐる登美子（宮本正章）「与謝野晶子倶楽部」与謝野晶子倶楽部 13 2004 p7～13
◇黒谷の塔―山川登美子私記（辻憲男）「神戸親和女子大学研究論叢」神戸親和女子大学 39 2006.3 p28～50
◇をみなへしをとこへし唯うらぶれて―山川登美子の花のうた（佐伯裕子）「歌壇」禅文化研究所 204 2007 p149～154
◇故郷考―木を巡って(第13回)山川登美子―福井県小浜市（沖ななも）「歌壇」本阿弥書店 21(7) 2007.7 p102～105
◇鉄幹・晶子・登美子の歌垣（Leith Morton）「言語文化論叢」東京工業大学外国語研究教育センター 12 2008 p1～20
◇若狭小浜での山川登美子顕彰について―一日文学踏査（四方吉郎）「与謝野晶子倶楽部」与謝野晶子倶楽部 21 2008 p48～51
◇近代の女性表現と女性フォーラム―晶子・登美子・寛の関係性と表現を中心に（田中光子）「国語国文学」福井大学言語文化学会 47 2008.3 p1～11
◇山川登美子の歌(2)『恋衣』拾遺・『明星』掲載歌（越野格）「国語国文学」福井大学言語文化学会 48 2009.3 p23～32
◇博士論文を書き終えて 新視点を拓く登美子の『遺稿ノート』―晶子・登美子・寛の関係性と近代の表現（田中光子）「Rim」城西大学ジェンダー・女性学研究所 11(1) 2009.7 p12～15

山下りん　やましたりん　1857～1939
明治～昭和期の聖像(イコン)画家。
【図　書】
◇山下りん―信仰と聖像画に捧げた生涯（小林秀夫）筑波書林 1980.4（ふるさと文庫）
◇近代日本の女性史3 華麗なる美の創造（創美社編集）集英社 1980.11
◇われら生涯の決意―大主教ニコライと山下りん（川又一英）新潮社 1981.3
◇愛の近代女性史（田中澄江著）ミリオン書房 1984.2
◇女性画家列伝(岩波新書)（若桑みどり）岩波書店 1985.10
◇山下りん―信仰と聖像画に捧げた生涯（小田秀夫）筑波書林 1990（ふるさと文庫）

◇ニコライの塔―大主教ニコライと聖像画家山下りん（川又一英著）中央公論社 1992.2（中公文庫）
◇美の司祭と巫女（みこ）―西洋美術史論叢（前川誠郎先生記念論集刊行会編）中央公論美術出版 1992.11
◇イコン―ビザンティン世界からロシア、日本へ（鐸木道剛、定村忠士著）毎日新聞社 1993.2（MONO BOOKS）
◇近代ロシア美術と山下りん（鐸木道剛）『ロシア文化と日本』（中村喜和、トマス・ライマー編）彩流社 1995.1 p259
◇魂のイコン　山下りん（高橋文彦著）原書房 1995.9 235p
◇女たちの20世紀・100人―姉妹たちよ（ジョジョ企画編）集英社 1999.8 158p
◇ニコライ堂の女性たち（中村健之介, 中村悦子著）教文館 2003.3 576,22p
◇山下りん―明治を生きたイコン画家（大下智一著, 北海道立近代美術館編）北海道新聞社 2004.3 242p（ミュージアム新書）
◇美と真実―近代日本の美術とキリスト教（竹中正夫著）新教出版社 2006.7 339p
【雑　誌】
◇女流画家の系譜(8)大いなる無名者の芸術―山下りん（若桑みどり）「創文」245 1984.6
◇ペテルブルグの山下りん―『ゲッセマネのキリスト』のイコンをおって―（鐸木道剛）「岡山大学文学部紀要」7 1986.12
◇山下りん研究の問題点―たとえば横山松三郎の存在―（鐸木道剛）「岡山大学文学部紀要」8 1987.12
◇山下りんの聖画像研究―「主ノ洗礼」図及び「主ノ昇天」図に関する調査報告―（大築勇喜嗣）「哲学会誌(学習院大学)」12 1988.3
◇山下りん研究(3)ペテルブルグのノヴォジェーヴィチ復活女子修道院と東京十字架聖堂（鐸木道剛）「岡山大学文学部紀要」10 1988.12
◇山下りんの画業の意義（鐸木道剛）「窓」68 1989.3
◇一関に残る山下りんの聖像画（千葉瑞夫）「いわて文化財」113 1989.9
◇山下りん研究:『大聖福音経』の聖画挿絵及び装幀の復元に関する一考察（大築勇喜嗣）「学習院女子短期大学紀要」27 1989.12
◇ニコライ二世のふたつのイコン―山下りんと大津事件（鐸木道剛）「窓」73 1990.6
◇迷えるイコン―山下りんとペテルブルグの悲劇（川又一英）「新潮」90(4) 1993.4
◇山下りんの聖像画研究―「就寝聖像」に関する調査報告（大築勇喜嗣）「学習院女子短期大学紀要」32 1994.12
◇ビザンティン美術におけるイコンとナラティヴ―山下りん作イコン「復活」とストゥデニツァの「冥府降下」（鐸木道剛）「美術史」便利堂 44(1) 1995.3 p19～29
◇ニコライ堂と明治の女性たち 1 イリナ山下りん（中村健之介）「窓」ナウカ 99 1996.12 p6～11
◇山下りん作イコンの調査報告―北海道、東北（大下智）「紀要」北海道立近代美術館 1996・97 1997.3 p3～24
◇近代日本美術家列伝(153)山下りん（長門佐季）「美術手帖」美術出版社 50(8) 1998.8 p204～205
◇山下りん筆〈聖母子とヨハネ〉の原画について（久保いくこ）「日本美術研究」筑波大学芸術学系日本美術史研究室 1 2001.9 p29～43
◇日本ハリストス正教会収蔵の19世紀ロシア製「就寝聖像」に関する若干のノート―山下りんの聖像画研究の補遺として〔含 付図〕（大築勇喜嗣）「東京国際大学論叢 人間社会学部編」東京国際大学 10 2004 p95～111
◇山下りん（一八五七～一九三七）―明治の女性イコン(聖像)画家（房総に生きた人びとと歴史―近現代）（下西陽子）「千葉史学」千葉歴史学会 54 2009.5 p184～189

山田音羽子　やまだおとわこ　1795～1877
幕末、明治期の女性。藩主転封の道中記を著す。
【雑　誌】
◇山田音羽子のお国替え道中絵巻(特集・江戸時代のおんな旅)（知る史の会）「歴史と旅」24(7) 1997.5 p254～259

山田美妙　やまだびみょう　1868～1910
明治期の小説家、詩人、国語学者。辞書編纂などに従事。
【図　書】
◇研究資料現代日本文学1 小説・戯曲1（浅井清ほか編）明治書院 1980.3
◇明治の文学　有精堂出版 1981.12（日本文学研究資料叢書）
◇文士の筆跡〈1〉作家編〈1〉［新装版〕（伊藤整編）二玄社 1986.4
◇日本におけるシェイクスピア（森谷佐三郎著）八潮出版社 1986.7
◇耳ぶくろ―ベスト・エッセイ集〈'83年版〉(文春文庫)（日本エッセイスト・クラブ編）文芸春秋 1986.10
◇明治歴史小説論叢（三瓶達司著）新典社 1987.11（新典社研究叢書）
◇蘇峰とその時代―よせられた書簡から（高野静子著）中央公論社

1988.8
◇鷗外全集〈第23巻〉評論・随筆〈2〉（森鷗外著）岩波書店　1988.10
◇物語・万朝報—黒岩涙香と明治のメディア人たち（高橋康雄著）日本経済新聞社　1989.5
◇山田美妙研究（塩田良平）日本図書センター　1989.10
◇たらちね（井伏鱒二著）筑摩書房　1992.5
◇新編　思い出す人々（内田魯庵著，紅野敏郎編）岩波書店　1994.2（岩波文庫）
◇思想と表現—近代日本文学史の一側面（山口博著）有朋堂　1994.4
◇美妙文学選（大阪）和泉書院　1994.5
◇孤りの歩み—山田美妙論（深作俊史著）近代文芸社　1994.6
◇山田美妙『竪琴草紙』本文の研究（山田俊治，十重田裕一，笹原宏之編）笠間書院　2000.7　264p（近代文学—テクストの森）
◇続続　明治文学石摺考（塚越和夫著，白根孝美編）葦真文社　2001.8　602p
◇漱石—その解縺（重松泰雄著）おうふう　2001.9　507p
◇美妙、消えた。（嵐山光三郎著）朝日新聞社　2001.9　318p
◇幻想の近代—逍遙・美妙・柳浪（山田有策著）おうふう　2001.11　549p
◇ことばの詩学—定型詩というポエムの幻想（村椿四朗著）土曜美術社出版販売　2001.12　253p
◇歴史小説　真剣勝負（島内景二著）新人物往来社　2002.4　291p
◇山田美妙試論—『この子』について（大杉重男）『水脈　川上美那子先生退職記念論文集』（川上美那子先生退職記念論文集刊行会編）川上美那子先生退職記念論文集刊行会　2002.6　p18〜
◇小説表現としての近代（宇佐美毅著）おうふう　2004.12　422p
◇山田美妙—人と文学（山田篤朗著）勉誠出版　2005.12　252p（日本の作家100人）
◇知っ得　近代文壇事件史（国文学編集部編）学灯社　2007.10　198p
◇明治文壇の人々（馬場孤蝶著）ウェッジ　2009.10　456p（ウェッジ文庫）
◇"著者"の出版史—権利と報酬をめぐる近代（浅岡邦雄著）森話社　2009.12　255p
【雑　誌】
◇山田美妙の「評註日本浄瑠璃叢書」について（山根賢吉）「学大国文」　23　1980.
◇山田美妙の「註解日本浄瑠璃叢書」について（山根賢吉）「大阪教育大学」　23　1980.1
◇「山田美妙大人の小説」について（近代の小説—教材作家研究（1））（中山栄晩）「解釈」　26（10）1980.10
◇徳富蘇峰記念館の書簡—山田美妙の四十二通の手紙（高野静子）「神奈川県博物館協会会報」　46　1982.3
◇三人の金忠輔—塚原渋柿園・山田美妙・吉川英治の作品にみる〔仙台〕（三瓶達司）「歴史研究」　263　1983.1
◇『平清盛』—山田美妙の歴史小説—（橋田ますみ，小西教子）「東京成徳国文」　7　1984.3
◇近代詩史の試み（2）山田美妙の位置（亀井秀雄）「文　学」　52（8）1984.8
◇1人称への苦闘—山田美妙をめぐって（江戸から明治への文学〈特集〉）（山田有策）「文学」　53（11）1985.11
◇文化財あれこれ（36）—山田美妙祖父祖の墓（浦田敬三）「いわて文化財」　91　1986.1
◇構想力としての作者—山田美妙「蝴蝶」の技法—（山田俊治）「文芸と批評」　6（5）1987.3
◇本のさんぽ187　逍遙・鷗外・露伴・紅葉・美妙らと「国民之友」「国民小説」（第一）（紅野敏郎）「国文学」　33（3）1988.3
◇山田美妙の没落（塚越和夫）「国文学」　34（4）臨増（近代文壇事件史）1989.3
◇実感・美感・感興—近代文学に描かれた感受性（7）美・高尚　裸体画—山田美妙「蝴蝶」の挿絵がもたらしたもの（中島国彦）「早稲田文学（第8次）」　160　1989.9
◇山田美妙の初期詩集『新体詞華少年姿』論覚書—附、『新体詞華少年姿』翻刻（上）（庄司達也）「明治詩探究」　創刊号　1990.7
◇スキャンダルの効用（文明と裸体—日本人はだかのつきあい（2））（井上章一）「月刊Asahi」　4（2）1992.2
◇近代の作家と古典文学—山田美妙--中世軍記を背景とした佳作（古典文学と近代の作家〈特集〉）（山田有策）「国文学解釈と鑑賞」　57（5）1992.5
◇美妙自筆草稿「風琴調一節」に関するノート—翻刻と問題点（木村義之）「早稲田大学図書館紀要」　38　1993.5
◇「紅葉・美妙の再会」（文学みをつくし）（岡保生）「学苑」　645　1993.9
◇山田美妙『新体詞華少年姿』翻刻（下）（庄司達也）「明治詩探究」　2　1994.2
◇明治の翻訳者（2）山田美妙（秋山勇造）「人文研究（神奈川大学人文学会編）」　122　1994.12
◇山田美妙—「平重衡」について（畑実）「駒沢国文」　駒沢大学文

◇学会　33　1996.2　p105〜117
◇小説表現としての〈近代〉—美妙と紅葉をめぐって（宇佐美毅）「中央大学文学部紀要」　中央大学文学部　166　1997.3　p45〜73
◇さまざまな愛のかたち—愛の破局　山田美妙と田沢稲舟（特集・恋に果てる生き方—至上の愛を貫いた女と男の波瀾の物語）（松坂俊夫）「歴史と旅」　24（13）1997.9　p90〜95
◇『明治文学全集』における校訂の問題について—山田美妙「武蔵野」を中心に（増井典夫）「愛知淑徳大学国語国文」愛知淑徳大学国文学会　23　2000.3　p21〜32
◇まるで書き下ろしのような、『美妙、消えた。』（雑読系〈29〉）（坪内祐三）「論座」　78　2001.11　p324〜327
◇捕物・時代　時代小説としての山田美妙『平清盛』（特集：〈時代小説〉のアルケオロジー—反＝時代とは何か）（山田俊治）「國文學　解釈と教材の研究」　学灯社　47（13）2002.11　p50〜56
◇山田美妙作「ふくさづゝみ」の地平—新しき教材の発掘を求めて　その（2）（横本敦史）「長野県短期大学紀要」　長野県短期大学　58　2003　p125〜131
◇山田美妙の白ゴマ点（岡崎晃一）「解釈」　解釈学会、電算出版企画　52（5・6）2006.5・6　p49〜54
◇エミリオ・アギナルドの表象—山田美妙と押川春浪（土屋忍）「武蔵野大学文学部紀要」　武蔵野大学文学部紀要編集委員会　9　2008　p43〜54
◇古葛籠の中の美妙—早稲田大学図書館本間久雄文庫の資料をめぐって（宗像和重）「日本近代文学館年誌」　日本近代文学館　4　2008　p51〜65
◇立命館大学所蔵　山田美妙関係資料について（中川成美）「日本近代文学館年誌」　日本近代文学館　4　2008　p66〜79
◇塩田良平文庫蔵　美妙関係書簡をめぐって（十川信介）「日本近代文学館年誌」　日本近代文学館　4　2008　p80〜94
◇「山田美妙関係手稿」のことなど（青木稔弥）「日本近代文学」　日本近代文学会　78　2008.5　p276〜282
◇韻律の彼方へ—山田美妙「田舎聖者」「鎌倉小雛失明恨」を中心として（本庄あかね）「稿本近代文学」筑波大学日本文学会近代部会　33　2008.12　p15〜30

山本芳翠　やまもとほうすい　1850〜1906

明治期の洋画家。作品に「西洋婦人像」「十二支」など。

【図　書】
◇日仏の交流—友好380年（高橋邦太郎）三修社　1982.5
◇日本西洋事始め—パリで学んだ明治の画家たちの異文化接触事情（大沢寛三著）PHP研究所　1987.5（21世紀図書館）
◇日本近代美術史論（高階秀爾著）講談社　1990.9（講談社学術文庫）
◇山本芳翠の世界—画集（平光明彦）（岐阜）郷土出版社　1991.5
◇日本の近代美術〈1〉油彩画の開拓者（丹尾安典編）大月書店　1993.3
◇山本芳翠—明治洋画の快男児（佐々木絵之助著）里文出版　1994.5（目の眼ハンドブック）
◇近代画説—明治美術学会誌　7（明治美術学会編）明治美術学会　1998.12　143p
◇異界の海—芳翠・清輝・天心における西洋（高階絵里加著）美術の図書三好企画　2000.12　315p
◇異界の海—芳翠・清輝・天心における西洋　改訂版（高階絵里加著）三好企画　2006.1　315p

【雑　誌】
◇明治初年　パリを舞台に山本芳翠と文豪の娘（画家とモデル〈特集〉）（阿部信雄）「芸術新潮」　36（9）1985.9
◇サージェント展—ある貴婦人の肖像—サージェントと山本芳翠の作品について（今月の展覧会）（岡部昌幸）「三彩」　497　1989.2
◇山本芳翠の滞仏作品の源泉について—＜天女＞と＜裸婦＞の場合（三浦篤）「三彩」　500　1989.5
◇明治洋画の快男児山本芳翠奮戦記！「芸術新潮」　44（6）1993.6
◇福富太郎のアート・キャバレー（23）ある母子の肖像で読む五姓田義松と山本芳翠の関係（福富太郎）「芸術新潮」　45（4）1994.4
◇山本芳翠　12支（高階絵里加）「国華」　1187　1994.10
◇山本芳翠の裸婦像について（三浦篤）「国華」　1187　1994.10
◇美術史的観点から見た山本芳翠作《鮫島尚信像》（三浦篤）「創形美術学校修復研究所報告」　高沢学園　Vol.13　1997.12　p20〜21
◇山本芳翠の沖縄訪問に関する試論（高階絵里加）「美術史」　便利堂　47（2）1998.3　p141〜151
◇山本芳翠と洋画背景の流行（坂本麻衣）「早稲田大学大学院文学研究科紀要　第3分冊」　早稲田大学大学院文学研究科　46　2000　p79〜88
◇絵付録「磐梯山噴火真図」（ようこそニュースパークへ〔11〕）（春原昭彦）「新聞研究」　620　2003.3　p75
◇先人顕彰事業　平成14年企画展「松井直吉展」「山本芳翠・熊谷守一展」を開催して（高橋秀典）「岐阜県歴史資料館報」岐阜県歴史資料館　26　2003.3　p94〜99

◇山本芳翠と森鷗外─戦地での出会い（特集：森鷗外の問題系）（酒井敏）「國文學 解釈と教材の研究」學燈社 50(2) 2005.2 p17～23

横山松三郎　よこやままつさぶろう　1838～1884
幕末、明治期の写真家，洋画家。
【図書】
◇活版印刷史（川田久長）印刷学会出版部 1981.10
◇日本写真史を歩く（飯沢耕太郎著）新潮社 1992.10
◇明治維新畸人伝─かつて、愛すべき「変な日本人」がいた（鈴木明著）勁文社 1993.10（勁文社文庫21）
◇明治東京畸人伝（森まゆみ著）新潮社 1999.7 320p（新潮文庫）
◇日本写真史を歩く（飯沢耕太郎著）筑摩書房 1999.7 350p（ちくま学芸文庫）
◇日本畸人伝─明治・七人の侍（鈴木明著）光人社 2000.10 301p
◇日本の写真家101（飯沢耕太郎編）新書館 2008.5 222p
【雑誌】
◇「旧江戸城之図」と横山松三郎（万木康博）「Museum」 349 1980.4
◇山下りん研究の問題点─たとえば横山松三郎の存在─（鐸木道剛）「岡山大学文学部紀要」 8 1987.12
◇フットパト 日本の写真(1) 未realの曠野を駆け抜けた孤高の写真師 横山松三郎（飯沢耕太郎）「芸術新潮」 41(2) 1990.2
◇横山松三郎─探究するまなざし（知られざる美術家の肖像〈特集〉）（森山朋絵）「美術手帖」 665 1993.2
◇横山松三郎と日光山写真（池田厚史）「Museum」 ミュージアム出版 535 1995.10 p15～34

与謝野晶子　よさのあきこ　1878～1942
明治～昭和期の歌人，詩人，評論家。
【図書】
◇定本与謝野晶子全集2～4,9～11,13～18 講談社 1980.1～12
◇与謝野寛・晶子年譜─東京新詩社・明星関係資料（新川一男編）〔東京都〕渋谷区立渋谷図書館 1980.3
◇回想教壇上の文学者 蒼丘書林 1980.4
◇図説人物日本の女性史11 花開く女流芸術 小学館 1980.6
◇女の一生─人物近代女性史1 火と燃えた女流文学 講談社 1980.7
◇晶子拾遺（江村峯代）清水弘文堂 1980.7
◇与謝野晶子全集総索引 その1（鈴木和生編）学習院女子短期大学図書館 1980.8（学習院短大図書館叢刊3）
◇女性芸術家の人生─十二支別・易学解説3（木下一雄解説）集英社 1980.9
◇近代日本の女性史2 文芸復興の才女たち 集英社 1980.10
◇定本与謝野晶子全集 5,6,8,12,19,20 講談社 1981.1～12
◇与謝野晶子の秀歌（馬場あき子）短歌新聞社 1981.1（現代短歌鑑賞シリーズ）
◇一億人の昭和史 日本人1 三代の女たち 上 明治大正編 毎日新聞社 1981.2
◇晶子の周辺（入江春行）洋々社 1981.3
◇大阪自叙伝（藤沢桓夫）中央公論社 1981.3（中公文庫）
◇研究資料現代日本文学5 短歌（浅井清ほか編）明治書院 1981.3
◇童話感覚─漫画論と偉人伝（佐野美津男）北斗出版 1981.4
◇"折々のうた"の世界（大岡信）講談社 1981.5（講談社ゼミナール選書）
◇幻のベル・エポック─大正の日本人（中野久夫、先崎昭雄、河田宏）ぺりかん社 1981.6
◇与謝野晶子全集総索引 その2（鈴木和生編）学習院女子短期大学図書館 1981.7（学習院短大図書館叢刊 4）
◇近代を彩った女たち（若城希伊子）TBSブリタニカ 1981.8
◇明日を考える文学─日本児童文学にみる女の歩み（西田良子）もく馬社 1981.9
◇炎の女─大正女性生活史（永畑道子）新評論 1981.10
◇大逆事件と知識人（中村文雄）三一書房 1981.12
◇与謝野晶子（新間進一）桜楓社 1981.12（短歌シリーズ・人と作品4）
◇大逆事件と知識人（中村文雄）三一書房 1981.12
◇素肌のおんなたち─日本を騒がせた三十六人の女意外史（藤本義一）都市と生活社 1982.1
◇現代日本におけるジャーナリズムの政治的機能（田中浩編集）御茶の水書房 1982.7
◇大阪の女たち（西岡まさ子）松籟社 1982.7
◇与謝野晶子全集総索引 その3（鈴木和生編）学習院女子短期大学図書館 1982.7（学習院短大図書館叢刊 5）
◇炎の女─大正女性生活史（永畑道子）新評論 1982.7
◇文明開化と女性─日本女性の歴史 暁教育図書 1982.10（日本発見 人物シリーズno.8）
◇与謝野晶子─堺が生んだ稀有な歌人（阪口千寿）〔阪口千寿〕1982.10
◇三代反戦運動史─明治，大正，昭和（松下芳男）光人社 1982.12
◇大正デモクラシーの群像（鈴木正節）雄山閣 1983.2
◇和歌文学の世界 第8集 論集明星とアララギ（和歌文学会編）笠間書院 1983.4
◇与謝野晶子の文学（入江春行）桜楓社 1983.5（近代の文学 13）
◇天眠文庫蔵与謝野寛・晶子書簡集（植田安也子、逸見久美編）八木書店 1983.6
◇女の一生─人物近代女性史 1 火と燃えた女流文学（瀬戸内晴美他著）講談社 1984.1
◇人物探訪 日本の歴史─18─明治の逸材 暁教育図書 1984.2
◇愛の近代女性史（田中澄江著）ミリオン書房 1984.2
◇与謝野晶子─昭和五十九年春季特別展（堺市博物館）堺市博物館 1984.3
◇愛と反逆─近代女性史を創った女たち（岩橋邦枝著）講談社 1984.4
◇湯河原と文学（湯河原町立図書館叢書 1）（石井茂、高橋徳著，湯河原町立図書館編）湯河原町立図書館 1984.6
◇永遠の恋人たち（集英社文庫コバルトシリーズ）（内山登美子）集英社 1984.7
◇晶子の周辺（入江春行著）洋々社 1984.11
◇明治を駆けぬけた女たち（中村彰彦編著）KKダイナミックセラーズ 1984.12
◇私の生ひ立ち（与謝野晶子著）刊行社 1985.1
◇与謝野晶子評論集（岩波文庫）（鹿野政直、香内信子編）岩波書店 1985.8
◇黄金の釘を打ったひと─歌人・与謝野晶子の生涯（山本藤枝著）講談社 1985.9
◇夢のかけ橋─晶子と武郎有情（永畑道子著）新評論 1985.9
◇与謝野晶子主要著書主要参考文献年譜（内藤健治編）東京板橋詩人会 1985.10
◇与謝野晶子（新潮日本文学アルバム 24）新潮社 1985.11
◇与謝野晶子の教育論（桑原三二著）桑原三二 1985.11
◇愛することと歌うこと─女流歌人・俳人の肖像（辺見じゅん著）美術公論社 1986.3
◇深尾須磨子の世界（武田隆子著）宝文館出版 1986.5
◇笛鳴りやすま─ある日の作家たち（中公文庫）（有本芳水著）中央公論社 1986.6
◇隣りの夫婦─ちょっといい話（知的生きかた文庫）（斎藤茂太著）三笠書房 1986.7
◇日本近代化の思想（講談社学術文庫）（鹿野政直著）講談社 1986.7
◇まぼろしの柱ありけり─九条武子の生涯（末水文子著）昭和出版 1986.7
◇山の動く日きたる 評伝与謝野晶子（山本千恵）大月書店 1986.8
◇文学の青春期（宇野浩二著）沖積舎 1986.12
◇保田与重郎全集〈第14巻〉和泉式部私抄（保田与重郎著）1986.12
◇和魂洋才の系譜─内と外からの明治日本（平川祐弘著）河出書房新社 1987.2
◇左千夫全集〈第6巻〉歌論・随想〈2〉（伊藤左千夫著）岩波書店 1987.4
◇十九世紀後半の英文学と近代日本（鏡味国彦著）文化書房博文社 1987.7
◇良寛とともに（良寛会編）文化書房博文社 1987.8
◇風の花嫁たち─古今女性群像（大岡信著）社会思想社 1987.8（教養文庫）
◇女性解放の思想家たち（山田洸著）青木書店 1987.9
◇文明開化と日本的想像（桶谷秀昭著）福武書店 1987.11
◇『明星』の時代─与謝野晶子・山川登美子（赤間均著）赤間均 1988
◇恋ごろも─「明星」の青春群像（尾崎左永子著）角川書店 1988.4（角川選書）
◇現代作家の回想（高橋健二著）小学館 1988.5
◇雪月花の時（山本健吉著）角川書店 1988.6
◇華の乱（永畑道子著）新評論 1988.7
◇夢のかけ橋─晶子と武郎有情（永畑道子著）新評論 1988.7
◇奈良と文学─古代から現代まで（帝塚山短期大学日本文芸研究室編）（大阪）和泉書院 1988.7（和泉選書）
◇マダム・Xの春─深尾須磨子作品抄（深尾須磨子著）小沢書店 1988.9
◇みだれ髪の系譜（芳賀徹著）講談社 1988.10（講談社学術文庫）
◇鉄幹・与謝野晶子とその時代（矢野峰人著）弥生書房 1988.10
◇姑の心、嫁の思い─義母・与謝野晶子との会話（与謝野道子著）PHP研究所 1988.11
◇小扇全釈─与謝野晶子第二歌集（逸見久美著）八木書店 1988.11
◇万葉の伝統（小田切秀雄著）講談社 1988.12（講談社学術文庫）
◇鷗外全集〈第26巻〉評論 随筆〈5〉（森鷗外著）岩波書店 1989.1

◇憂国の詩(うた)―鉄幹と晶子・その時代 （永畑道子著） 新評論 1989.2
◇生誕110年記念与謝野晶子展 産経新聞社 1989.3
◇歴史のなかの個性たち―日本の近代を裂く （鹿野政直著） 有斐閣 1989.3 （有斐閣選書）
◇言挙げする女たち―近代女性の思想と文学 （円谷真護著） 社会評論社 1989.3
◇アメリカで与謝野晶子をうたえば （吉岡しげ美） 朝日新聞社 1989.5
◇えひめの教育 未来へのかけ橋 （山本万喜雄著） 青磁社 1989.5
◇日本児童史の開拓 （上笙一郎著） 小峰書店 1989.5
◇物語女流文壇史 （巌谷大四著） 文芸春秋 1989.6 （文春文庫）
◇椙山女学園大学短期大学部20周年記念論集 椙山女学園大学短期大学部 1989.12
◇史実で見る日本の正気―尋古一葉抄 （黒岩棠舟著） 錦正社 1989.12 （国学研究叢書）
◇和歌史の構想 （島津忠夫編著） （大阪）和泉書院 1990.3 （研究叢書）
◇みだれ髪攷 （佐藤亮雄編著） 日本図書センター 1990.3 （近代作家研究叢書）
◇歴史文学夜話―鷗外からの180篇を読む （尾崎秀樹著） 講談社 1990.7
◇与謝野晶子研究―明治の青春 （赤塚行雄） 学芸書林 1990.8
◇美と知に目覚めた女性たち （円地文子ほか） 天山出版 1990.9 （天山文庫）
◇ダンテ・ゲイブリエル・ロセッティと明治期の詩人たち （鏡味国彦著） 文化書房博文社 1990.9
◇夢のかけ橋―晶子と武郎有情 （永畑道子著） 文芸春秋 1990.10 （文春文庫）
◇与謝野晶子の教育思想研究 （平子恭子著） 桜楓社 1990.10
◇"伝説"になった女たち （山崎洋子著） 講談社 1990.11
◇国文学論集―浜口博章教授退職記念 （浜口博章教授退職記念国文学論集刊行会編） （大阪）和泉書院 1990.12
◇国語国文学論集―後藤重郎先生古稀記念 （後藤重郎先生古稀記念論集刊行世話人会編） （大阪）和泉書院 1991.2
◇与謝野晶子―その生涯と作品 没50年記念特別展 （堺市博物館編） 堺市博物館 1991.3
◇与謝野晶子歌碑めぐり〈全国版〉 （堺市博物館編） （大阪）二瓶社 1991.4
◇塩飽(しわく)の船影―明治大正文学藻塩草 （平岡敏夫著） 有精堂出版 1991.5
◇与謝野晶子 河出書房新社 1991.6 （新文芸読本）
◇四季歌ごよみ〈恋〉 （大岡信著） 学習研究社 1991.6 （ワインブックス）
◇透谷・藤村・一葉 （藪禎子著） 明治書院 1991.7 （新視点シリーズ日本近代文学）
◇晶子と寛の思い出 （与謝野光編） （京都）思文閣出版 1991.9
◇新詩社文庫目録―湯浅光雄収集 （日本近代文学館編） 日本近代文学館 1991.10 （日本近代文学所蔵資料目録 21）
◇石橋湛山―文芸・社会評論家時代 （上田博） 三一書房 1991.11
◇与謝野寛と晶子と板柳町―青森県民文化祭元年・晶子没五十年記年の津軽の歌碑 （間山洋八編） 鈴木康生 1991.12 （青森県社会教育小史双書 第5集）
◇日本文学史〈近代・現代篇 6〉 （ドナルド・キーン著, 新井潤美訳） 中央公論社 1991.12
◇歴史をひらく愛と結婚 （福岡女性学研究会編） ドメス出版 1991.12
◇源氏物語講座〈9〉近代の享受と海外との交流 （今井卓爾, 鬼束隆昭, 後藤祥子, 中野幸一編） 勉誠社 1992.1
◇与謝野晶子 （尾崎左永子ほか著） 小学館 1992.4 （群像 日本の作家）
◇聞き語り にっぽん女性「愛」史 （杉本苑子著） 講談社 1992.4 （講談社文庫）
◇三国路の晶子―与謝野晶子展 （群馬・新治）四国路紀行文学館 1992.6
◇与謝野晶子「明星抄」の研究 （荻野恭茂） 桜楓社 1992.6
◇華の乱 （永畑道子著） 文芸春秋 1992.6 （文春文庫）
◇白百合考―歌人・山川登美子論 （松本聡子著） 波乗社 1992.7 （夢本シリーズ）
◇与謝野晶子ノート （石川恭子） 角川書店 1992.8
◇栄花物語の研究〈続篇〉 （松村博司著） 風間書房 1992.10
◇堺市立中央図書館蔵与謝野晶子著書・研究書目録 （堺市, 堺市立中央図書館） 堺市 1992.11
◇鷗外と「女性」―森鷗外論究 （金子幸代著） 大東出版社 1992.11
◇日本史に光る女性22話―その虚像と実像と （田郷利雄著） 近代文芸社 1993.1
◇愛のうた―晶子・啄木・茂吉 （尾崎左永子著） 創樹社 1993.3
◇心の四季 （池田大作著） 第三文明社 1993.5

◇日本語はすてき （俵万智著） 河出書房新社 1993.5 （河出書房新社）
◇恋愛放浪伝 日本テレビ放送網 1993.10 （知ってるつもり?!）
◇与謝野晶子―昭和期を中心に （香内信子著） ドメス出版 1993.10
◇晶子曼陀羅 （佐藤春夫著） 講談社 1993.11 （講談社文芸文庫）
◇わが晶子 わが啄木―近代短歌史上に輝く恒星と遊星 （川内通生著） 有朋堂 1993.11
◇和歌文学講座〈9〉近代の短歌 （武川忠一編） 勉誠社 1994.1
◇君死にたまふこと勿れ （中村文雄著） （大阪）和泉書院 1994.2 （和泉選書）
◇日本女性史入門講座〈2〉自立する女たち （吉見周子著） 同成社 1994.3
◇昭和文芸瑣末記 （和田利夫著） 筑摩書房 1994.3
◇中世の四季―ダンテとその周辺 〔新装版〕 （平川祐弘著） 河出書房新社 1994.3
◇「伝説」になった女たち （山崎洋子著） 講談社 1994.4 （講談社文庫）
◇石川啄木余話 （藤田庄一郎著） （国分寺）武蔵野書房 1994.7
◇うたの心に生きた人々 （茨木のり子著） 筑摩書房 1994.9 （ちくま文庫）
◇与謝野晶子研究 （赤塚行雄） 学芸書林 1994.10
◇晶子讃歌 （中山凡流著） 沖積舎 1994.10
◇明治を駆けぬけた女たち （中村彰彦編著） ダイナミックセラーズ出版 1994.11
◇人間の海―ある戦後ノオト （永畑道子著） 岩波書店 1994.11
◇西村一平コレクション目録 （星の降る里百年記念館編） 星の降る里百年記念館 1995.3 94p
◇与謝野晶子 （平子恭子編著） 河出書房新社 1995.4 242p （年表作家読本）
◇詩歌と歴史と生死 第1巻 （福田昭昌著） 教育開発研究所 1995.4 262p
◇与謝野晶子を学ぶ人のために （上田博, 富村俊造編） 世界思想社 1995.5 400p
◇名作を書いた女たち―自分を生きた13人の人生 （池田理代子著） 講談社 1995.7 229p
◇晶子・鉄幹と石川啄木―『明星』ルネサンスとその時代 与謝野晶子ギャラリー開館1周年記念特別企画展パンフレット （堺市文化振興財団, 与謝野晶子ギャラリーアルフォンスミュシャギャラリー堺編） 堺市文化振興財団 1995.9 28p
◇乳房のうたの系譜 （道浦母都子著） 筑摩書房 1995.11 201p
◇世界の伝説 47 新装版 （桂木寛子著） ぎょうせい 1995.12 309p
◇鉄幹と晶子 詩の革命 （永畑道子著） 筑摩書房 1996.1 411p （ちくま文庫）
◇与謝野晶子書簡集 新版 （岩野喜久代編） 大東出版社 1996.2 363p
◇夢のかたち―「自分」を生きた13人の女たち （鈴木由紀子著） ベネッセコーポレーション 1996.2 268p
◇日本文壇史 8 （伊藤整著） 講談社 1996.2 250,22p （講談社文芸文庫）
◇日本のフェミニズム―源流としての晶子・らいてう・菊栄・かの子 （島田燁子著） 北樹出版 1996.4 207p
◇春秋の花 （大西巨人著） 光文社 1996.4 262p
◇新みだれ髪全釈―晶子第一歌集 （逸見久美著） 八木書店 1996.6 385p
◇資料 与謝野晶子と旅 （沖良機著） 武蔵野書房 1996.7 239p
◇私の生ひ立ち （与謝野晶子著） 学陽書房 1996.7 176p （女性文庫）
◇山川登美子と与謝野晶子 （直木孝次郎著） 塙書房 1996.9 246p
◇与謝野晶子と「横浜貿易新報」 （香内信子）『文学・社会へ地球へ』 （西田勝退任・退職記念文集編集委員会編） 三一書房 1996.9 p220
◇愛ひびきあう―近代日本を奔った女たち （永畑道子著） 筑摩書房 1996.11 219p
◇日本文学の歴史 16 （ドナルド・キーン, 新井潤美訳） 中央公論社 1996.11 330p
◇女をかし与謝野晶子―横浜貿易新報の時代 （赤塚行雄著） 神奈川新聞社 1996.11 351p
◇絵画と色彩と晶子の歌―私の与謝野晶子 （持谷靖子著） にっけん教育出版社 1996.12 393p （にっけんの文学・文芸シリーズ）
◇影たちの棲む国 （佐伯裕子著） 北冬舎 1996.12 209p
◇与謝野晶子歌集 （吉田精一編） 小沢書店 1997.1 259p （小沢クラシックス「世界の詩」）
◇与謝野晶子と源氏物語―評論・感想文に見える源氏物語意識 （市川千尋）『源氏物語の思惟と表現』（上坂信男編） 新典社 1997.2 （新典社研究叢書 103） p360
◇文人悪食 （嵐山光三郎著） マガジンハウス 1997.3 429p
◇与謝野晶子の『満蒙遊記』 （香内信子）『近代日本と「偽満州国」』

（日本社会文学会編）　不二出版　1997.6　p280
◇鉄幹と晶子　第3号　（上田博編）　和泉書院　1997.10　201p
◇与謝野晶子『みだれ髪』作品論集成　3　（逸見久美編）　大空社　1997.11　489p　（近代文学作品論叢書）
◇与謝野晶子『みだれ髪』作品論集成　1　（逸見久美編）　大空社　1997.11　433p　（近代文学作品論叢書）
◇与謝野晶子『みだれ髪』作品論集成　2　（逸見久美編）　大空社　1997.11　487p　（近代文学作品論叢書）
◇名作を書いた女たち　（池田理代子著）　中央公論社　1997.12　237p　（中公文庫）
◇尾崎行雄―「議会の父」と与謝野晶子　（上田博著）　三一書房　1998.3　304p
◇群馬の作家たち　（土屋文明記念文学館編）　墟書房　1998.6　268p　（墟新書）
◇与謝野晶子と源氏物語　（市川千尋著）　国研出版　1998.7　431p　（国研叢書）
◇与謝野晶子と周辺の人びと―ジャーナリズムとのかかわりを中心に　（香内信子著）　創樹社　1998.7　334p
◇与謝野晶子　（渡辺澄子著）　新典社　1998.10　223p　（女性作家評伝シリーズ）
◇芸術家　（トーマス・マンほか著）　国書刊行会　1998.10　251p　（書物の王国）
◇日本文学の百年　（小田切秀雄著）　東京新聞出版局　1998.10　318p
◇想ひあふれて　（吉岡しげ美著）　毎日新聞社　1998.10　220p
◇文学の旅へ―みだれ髪から井伏鱒二　（岡保生著）　新典社　1998.11　254p
◇風呂で読む与謝野晶子　（松平盟子著）　世界思想社　1999.2　104p
◇春秋の花　（大西巨人著）　光文社　1999.3　262p　（光文社文庫）
◇京の恋影・近代の彩　（松本章男著）　京都新聞社　1999.4　273p
◇新・代表的日本人　（佐高信編著）　小学館　1999.6　314p　（小学館文庫）
◇君は反戦詩を知ってるか―反戦詩・反戦川柳ノート　（井之川巨樹）　皓星社　1999.6　429p
◇舞姫全釈―与謝野晶子第五歌集　（逸見久美著）　短歌新聞社　1999.7　242p
◇おんな愛いのち―与謝野晶子/森崎和江/ヘーゲル　（園田久子著）　創言社　1999.7　272p
◇伊豆遊草―与謝野晶子伊豆の旅　（渡辺つぎ著）　渡辺つぎ　1999.8　260p
◇黒髪考、そして女歌のために　（日高堯子著）　北冬舎　1999.11　209p
◇現代詩としての短歌　（石井辰彦著）　書肆山田　1999.12　305p　（りぶるどるしおる）
◇早わかり20世紀年表　（年鑑事典編集部編）　朝日新聞社　2000.3　232p
◇Mary Wollstonecraftと与謝野晶子　（堀恵子）『藤井治彦先生退官記念論文集』（藤井治彦先生退官記念論文集刊行会著）　英宝社　2000.3　p341
◇20世紀のすてきな女性たち―与謝野晶子、ビアトリクス・ポター、リリアン・ヘルマン、いわさきちひろ　2　（越水利江子、今関信子、落合恵子、松本由理子著）　岩崎書店　2000.4　159p
◇与謝野晶子ノート　続　（石川恭子著）　角川書店　2000.4　239p
◇新研究資料　現代日本文学　第5巻　（浅井清、佐藤勝、篠弘、鳥居邦朗、松井利彦、武[]忠一、吉田煕生編）　明治書院　2000.4　402p
◇名句歌ごよみ　恋　（大岡信著）　角川書店　2000.5　266p　（角川文庫）
◇明治快女伝―わたしはわたしよ　（森まゆみ著）　文芸春秋　2000.8　387p　（文春文庫）
◇近代女性詩を読む　（新井豊美著）　思潮社　2000.8　180p
◇文人悪食　（嵐山光三郎著）　新潮社　2000.9　562p　（新潮文庫）
◇与謝野寛・晶子　心の遠景　（上田博著）　嵯峨野書院　2000.9　167p
◇晶子・かの子と鎌倉―愛・いのち・文学　特別展　鎌倉市教育委員会　2000.9　33p
◇恋に死ぬということ―危うき恋と至上の愛の間に命揺れる時　（矢島裕紀彦著）　青春出版社　2000.10　272p
◇湯めぐり歌めぐり　（池内紀著）　集英社　2000.10　238p　（集英社新書）
◇あなたと読む恋の歌百首　（俵万智著）　朝日新聞社　2001.2　239p　（朝日文庫）
◇喜怒哀楽のうた　（佐高信著）　徳間書店　2001.11　411p　（徳間文庫）
◇歴史家が読む「つくる会」教科書　（歴史学研究会編）　青木書店　2001.11　117,31p
◇日本語中・上級用読本　日本を知ろう―日本の近代化に関わった人々　（三浦昭、ワット・伊東泰子著）　アルク　2001.12　231p
◇歌人　中原綾子　（松本和男編著）　中央公論事業出版　2002.1　735p
◇現代短歌全集　第9巻　増補版　（鹿児島寿蔵ほか著）　筑摩書房　2002.2　604p
◇人物日本の歴史・日本を変えた53人　7　（高野尚好監修）　学習研究社　2002.2　64p
◇千年の夢―文人たちの愛と死　上巻　（斎藤なずな著）　小学館　2002.3　382p　（小学館文庫）
◇九州における与謝野寛と晶子　（近藤晋平著）　和泉書院　2002.6　168p　（和泉選書）
◇詩人の愛―百年の恋、五〇人の詩　（正津勉著）　河出書房新社　2002.7　196p
◇歌のあれこれ　1　（米長保著）　鳥影社　2002.7　162p
◇歌ひつくさばゆるされむかも―歌人三ヶ島葭子の生涯　（秋山佐和子著）　ティビーエス・ブリタニカ　2002.8　310p
◇歌品　（坂口昌弘著）　彩図社　2002.8　382p　（ぶんりき文庫）
◇文豪の古典力―漱石・鷗外は源氏を読んだか　（島内景二著）　文芸春秋　2002.8　234p　（文春新書）
◇日本のこころ　花の巻　（竹西寛子、加藤周一、脇田修、ドナルド・キーン、小原信、深田祐介、林真理子、門屋光昭、藤田宜永、西沢潤一ほか著）　講談社　2002.8　243p
◇汚された詩碑―中・高生のための朗読詩　（井戸賀芳郎著）　アーバンプロ出版センター　2002.8　317p
◇佐藤春夫研究　（半田美永著）　双文社出版　2002.9　326p
◇キッスキッスキッス　（渡辺淳一著）　小学館　2002.10　371p
◇サフラン　随想選―沈黙と思索の世界へ　（上田博、チャールズ・フォックス、滝本和成編）　嵯峨野書院　2002.10　245p
◇文法探究法　（小池清治、赤羽根義章著）　朝倉書店　2002.10　160p　（シリーズ日本語探究法）
◇深尾須磨子―女の近代をうたう　（逆井尚子著）　ドメス出版　2002.10　338p
◇与謝野寛晶子書簡集成　第1巻　（逸見久美編）　八木書店　2002.10　295,4p
◇教科書にでてくる日本の恋歌　（東京美術、翔文社編）　東京美術　2002.11　214p
◇森鷗外の歴史意識とその問題圏―近代的主体の構造　（野村幸一郎著）　晃洋書房　2002.11　206p
◇女歌の百年　（道浦母都子著）　岩波書店　2002.11　226p　（岩波新書）
◇百年目の泣菫『暮笛集』―『暮笛集』から『みだれ髪』へ　（木村真理子著）　日本図書刊行会　2002.12　373p
◇女の書　（飯島太千雄著）　日本放送出版協会　2002.12　222p
◇時代を生きる短歌　（田中礼著）　かもがわ出版　2003.1　206p
◇与謝野晶子とチチアン―『みだれ髪』の裸形の歌とイタリアンルネッサンスの画家チチアン（ティツィアーノ）の絵との接点　（ジャニーン・バイチマン）「『国際』日本学との邂逅　第4回国際日本学シンポジウム報告書」（お茶の水女子大学大学院人間文化研究科国際日本学専攻・比較社会文化学専攻編）　お茶の水女子大学大学院人間文化研究科　2003.3　p1-79～
◇与謝野晶子　童話の世界　（古沢夕起子著）　嵯峨野書院　2003.4　186,2p
◇与謝野晶子とその時代―女性解放と歌人の人生　（入江春行著）　新日本出版社　2003.4　183,6p
◇その時歴史が動いた　19　（NHK取材班編）　KTC中央出版　2003.6　253p
◇与謝野晶子の歌鑑賞　（平子恭子著）　短歌新聞社　2003.6　340p
◇昴誌消息　（江南文三著）　日本文学館　2003.8　98p
◇詩をポケットに―愛する詩人たちへの旅　（吉増剛造著）　日本放送出版協会　2003.9　307p　（NHKライブラリー）
◇近代日本の法社会史―平和・人権・友愛　（後藤正人著）　世界思想社　2003.10　262p　（SEKAISHISO SEMINAR）
◇一葉以後の女性表現―文体・メディア・ジェンダー　（関礼子著）　翰林書房　2003.11　335,9p
◇文学散歩　作家が歩いた京の道　（蔵田敏明文）　淡交社　2003.12　127p　（新撰　京の魅力）
◇桜の文学史　（小川和佑著）　文芸春秋　2004.2　291p　（文春新書）
◇日本人の手紙　（村尾清一著）　岩波書店　2004.2　206p
◇言語文化の諸相―近代文学　（藤沢全著）　大空社　2004.4　202p
◇晶子百歌―精選　解釈と鑑賞　（入江春行著）　奈良新聞社　2004.4　146p
◇与謝野晶子「女性地位向上と文学」―三十一字の詩形と自己表現　（宇山照江著）　宇山照江　2004.4　95p
◇五行でわかる日本文学―英日狂演滑稽五行詩　（ロジャー・パルバース著、柴田元幸訳、喜多村紀和）　研究社　2004.5　74p
◇一葉の恋　（田辺聖子著）　世界文化社　2004.6　292p
◇炎立つとは―むかし女ありけり　（福本邦雄著）　講談社　2004.6　323p
◇装うこと生きること―女性たちの日本近代　（羽生清著）　勁草書房　2004.6　229,3p

◇与謝野晶子私信と公開状における自己表現　(住友元美)『女の手紙』(荒井とみよ,永渕朋枝編著)　双文社出版　2004.7　p79
◇明治の結婚小説　(上田博編)　おうふう　2004.9　223p
◇陸は海より悲しきものを―歌の与謝野晶子　(竹西寛子著)　筑摩書房　2004.9　204p
◇百年の誤読　(岡野宏文,豊崎由美著)　ぴあ　2004.11　403p
◇名歌即訳 与謝野晶子―短歌の意味がすぐわかる！　(大塚寅彦著)　ぴあ　2004.11　255p
◇日本をつくった女たち―52人のリレー日本史　(仙堂弘著)　水曜社　2004.12　295p
◇金尾文淵堂をめぐる人びと　(石塚純一著)　新宿書房　2005.2　297p
◇君死にたもうことなかれ　(吉田隆子著)　新宿書房　2005.3　297,11p
◇与謝野晶子に学ぶ―幸福になる女性とジェンダーの拒絶　(中川八洋著)　グラフ社　2005.3　197p
◇与謝野寛・晶子 展　(仙台文学館編)　仙台文学館　2005.3　69p
◇田辺聖子全集 13　(田辺聖子著)　集英社　2005.4　739p
◇24のキーワードで読む与謝野晶子　(今野寿美著)　本阿弥書店　2005.4　303p
◇与謝野晶子・岡本かの子　(木股知史,外村彰著)　晃洋書房　2005.5　240p　(新しい短歌鑑賞)
◇夜明け時代のTVプロデューサー　(佐々木欽三著)　悠飛社　2005.8　227p　(悠飛社ホット・ノンフィクション)
◇与謝野晶子―さまざまな道程　(香内信子著)　一穂社　2005.8　381,7p
◇日常を生きる教育論　(渡辺重範著)　早稲田大学出版部　2005.10　201p
◇観光コースでない満州―瀋陽・ハルビン・大連・旅順　(小林慶二文,福井理文写真)　高文研　2005.11　254p
◇晶子とシャネル　(山田登世子著)　勁草書房　2006.1　337p
◇本を旅する　(出久根達郎著)　河出書房新社　2006.3　248p
◇与謝野晶子と有島武郎の恋　(佐藤和夫)『ひとに学びひとに生かす―神戸親和女子大学公開講座』(神戸親和女子大学生涯学習センター編)　みるめ書房　2006.3　p125
◇満州の歌と風土―与謝野寛・晶子合著『満蒙遊記』を訪ねて　(川崎キヌ子著)　おうふう　2006.3　297p
◇月の下で　(森光伸写真,光村推古書院編集部編)　光村推古書院　2006.4　191p
◇日本近代短歌史の構築―晶子・啄木・八一・茂吉・佐美雄　(太田登著)　八木書店　2006.4　475,10p
◇恋ひ恋ふ君と―与謝野寛・晶子　(鎌倉市芸術文化振興財団鎌倉文学館編)　鎌倉市芸術文化振興財団鎌倉文学館　2006.4　64p
◇島津忠夫著作集―付、歌枕・俳枕　第9巻　(島津忠夫著)　和泉書院　2006.6　573p
◇一葉の歯ぎしり晶子のおねしょ―樋口一葉・与謝野晶子にみる幸せのかたち　(内田聖子著)　新風舎　2006.9　255p　(新風舎文庫)
◇忘れな草―啄木の女性たち　(山下多恵子著)　未知谷　2006.9　253p
◇表現者の廻廊―井上靖晩影　(瀬戸口宣司著)　アーツアンドクラフツ　2006.10　186p
◇回想与謝野寛晶子研究　(逸見久美著)　勉誠出版　2006.11　255p
◇愛の旅人　(朝日新聞be編集グループ編)　朝日新聞社　2006.12　173p
◇女性詩史再考―「女性詩」から「女性性の詩」へ　(新井豊美著)　思潮社　2007.2　190p　(誌の森文庫)
◇近代日本人のフランス―かの国にたどる芸術家十人の生の軌跡　(滝沢寿著)　駿河台出版社　2007.3　214p
◇与謝野晶子の『みだれ髪』を英語で味わう　(リース・モートン著)　中経出版　2007.3　223p
◇君死にたもうことなかれ―与謝野晶子の真実の母性　(茨木のり子作)　童話屋　2007.4　131p　(詩人の評伝シリーズ)
◇文学者の手紙―片岡鉄兵・深尾須磨子・伊藤整・野間宏 4　(片岡鉄兵,深尾須磨子,伊藤整,野間宏著,日本近代文学館編)　博文館新社　2007.5　315p　(日本近代文学館資料叢書第2期)
◇『白桜集』の魅力―与謝野晶子が辿りついた歌境　(井上ひさ子著)　砂子屋書房　2007.5　294p
◇与謝野晶子歌碑めぐり　新訂　(堺市国際文化部編)　二瓶社　2007.5　212p
◇秋風嶺路―四国路の与謝野寛・晶子　菊池寛記念館第十六回文学展「与謝野寛・晶子展」図録　(菊池寛記念館編)　菊池寛記念館　2007.6　74p
◇知っ得 短歌の謎―近代から現代まで　(国文学編集部編)　学灯社　2007.7　206p
◇人妻魂　(嵐山光三郎著)　マガジンハウス　2007.8　228p
◇評伝与謝野寛晶子　明治篇　(逸見久美著)　八木書店　2007.8　750p
◇与謝野晶子の読んだ『源氏物語』　(神野藤昭夫)『源氏物語から源氏物語へ―中古文学研究24の証言』(永井和子編)　笠間書院　2007.9　p269

◇知っ得 近代文壇事件史　(国文学編集部編)　学灯社　2007.10　198p
◇鉄幹・晶子―夢の憧憬　(国文学編集部編)　学灯社　2007.10　162p
◇鹿野政直思想史論集 第2巻　(鹿野政直著)　岩波書店　2007.12　402p
◇「未来派」と日本の詩人たち　(香内信子著)　JPG　2007.12　280p
◇愛の歌 恋の歌　(坂東真理子著)　関東図書　2008.1　334p
◇左千夫歌集　(永城功著,久保田淳監修)　明治書院　2008.2　540p　(和歌文学大系)
◇夏目漱石と個人主義―"自律"の個人主義から"他律"の個人主義へ　(亀山佳明著)　新曜社　2008.3　228p
◇伝えよう！晶子の国際性―国際シンポジウム報告書 堺・南大阪地域学　大阪府立大学　2008.3　38p
◇花の座　(甲斐久子著)　美研インターナショナル　2008.5　109p
◇夕暮れの文学　(平岡敏夫著)　おうふう　2008.5　290p
◇恋衣全釈　(逸見久美著)　風間書房　2008.5　349p
◇番町麹町「幻の文人町」を歩く　(新井巌著)　彩流社　2008.6　207p
◇講座源氏物語研究 第12巻　(伊井春樹監修,河添房江編)　おうふう　2008.6　315p
◇代表的日本人　(斎藤孝著)　筑摩書房　2008.7　219p　(ちくま新書)
◇「愛」と「性」の文化史　(佐伯順子著)　角川学芸出版　2008.11　269p　(角川選書)
◇百年の誤読　(岡野宏文,豊崎由美著)　筑摩書房　2008.11　466,17p　(ちくま文庫)
◇随想の記　(中山成彬著)〔中山成彬〕　2008.11　321p
◇日本人の恋物語―男と女の日本史　(時野佐一郎著)　光人社　2009.2　229p
◇与謝野晶子　(松村由利子著)　中央公論新社　2009.2　314p　(中公叢書)
◇晶子の美学―珠玉の百首鑑賞　(荻野恭茂著)　新典社　2009.3　142p　(新典社選書)
◇女三人のシベリア鉄道　(森まゆみ著)　集英社　2009.4　349p
◇恋する女―一葉・晶子・らいてうの時代と文学　(高良留美子著)　学芸書林　2009.6　413p
◇文学の器―現代作家と語る昭和文学の光芒　(坂本忠雄著)　扶桑社　2009.8　423p
◇評伝与謝野寛晶子 大正篇　(逸見久美著)　八木書店　2009.8　493p
◇火の女　(福田清人著)　勉誠出版　2009.11　286p　(人間愛叢書)

【雑　誌】
◇一葉を求めて 一葉と晶子―比較女性論　(藪禎子)「国文学 解釈と鑑賞」　35(1)　1980.1
◇与謝野晶子―その古風さについて　(滝典子)「愛知淑徳大学国語国文」　3　1980.1
◇佐藤春夫の描く与謝野晶子像「みだれ髪を読む」を中心として　(豊田晶子)「相模国文」　7　1980.3
◇「みだれ髪」の与えたもの　(新間進一)「青山語文」　10　1980.3
◇「みだれ髪」の成立事情について　(坂口倫子)「与謝野晶子研究」　36　1980.3
◇「みだれ髪」刊行のいきさつ　(浅井尚子)「与謝野晶子研究」　36　1980.3
◇恋が試練であった時代　(沢地久枝)「歴史と人物」　10(4)　1980.4
◇生きざまと芸術と―与謝野晶子と女性論　(主題・在野・民間の思想)　(溝口明代)「思想の科学 第6次」　118　1980.5
◇「君死にたまふこと勿れ」をめぐって　(石川淳子)「与謝野晶子研究」　37　1980.5
◇「君死にたまふこと勿れ」について　(中瀬明美)「与謝野晶子研究」　37　1980.5
◇旅の発見―異国のなかの日本人―放たれた旅・「巴里より」の与謝野寛・晶子　(永岡健右)「國文學 解釈と教材の研究」　25(7)　1980.6
◇与謝野晶子の世界(2)晶子と巴里　(山本千恵)「学院文学(文化学院)」　6　1980.6
◇評釈「みだれ髪」(5)付・文献目録　(入江春行)「大谷女子大学紀要」　15(1)　1980.7
◇対談・日本の女性史 幕末明治編(下)明治を生きた女性たち　(橋本寿賀子,吉見周子)「歴史と旅」　7(8)　1980.7
◇与謝野晶子の逸文(4)明治青春文学史　(林真)「日本古書通信」　45(7)　1980.7
◇創作の転機―透谷と晶子(特集・現代歌人にみる作歌の転機―新たな飛躍)　(笠原伸夫)「短歌研究」　37(10)　1980.10
◇海と望郷の歌人・与謝野晶子　(川内通生)「言語と文学」　12　1980.11
◇女のロマンと抒情―与謝野晶子と山川登美子(女流の前線―樋口一葉から八十年代の作家まで)　(本林勝夫)「國文學 解釈と教材の研究」　25(15)　1980.12
◇晶子―言葉が状況を変える(特集・言葉との出合い―明治二,三十年代)　(米田利昭)「日本文学」　30(1)　1981.1
◇与謝野晶子の世界　(馬場あき子)「短歌現代」　5(2)　1981.1

◇啄木と鉄幹・晶子との出合い （梅木奈千子）「与謝野晶子研究」 41 1981.2
◇「みだれ髪」雑考—藤村・泣童詩との関連 （山根賢吉）「学大国文（大阪教育大）」 24 1981.2
◇日本象徴主義の展開 （伝馬義澄）「国学院大学紀要」 19 1981.3
◇「みだれ髪」の表現変化の意味するもの—助詞「を」の用法をめぐって （松沢信祐）「文教大学国文」 10 1981.3
◇「山川登美子論」—鉄幹,晶子からの自立を中心に （寺林裕美子）「立正大学国語国文」 17 1981.3
◇与謝野晶子と婦人問題 （田口佳子）「法政大学大学院紀要」 6 1981.3
◇与謝野晶子のデモクラシー論（上） （大木基子）「高知短期大学研究報告社会科学論集」 41 1981.3
◇与謝野晶子ノート（1）評論集「一隅より」に見られる女性観・教育観 （松平盟子）「南山国文論集」 5 1981.3
◇与謝野晶子「みだれ髪」について （山後輝美）「駒沢短大国文」 2 1981.3
◇その子はたち・堺の旅—伊良子清白と与謝野鉄幹・晶子 （伊良子正）「短歌」 28（4） 1981.4
◇蕪村から晶子へ—近代の俳句と短歌（特別企画・古典文学をたづねる（20））（芳賀徹,井上朱美）「短歌研究」 38（5） 1981.5
◇「みだれ髪」の修辞 （真銅美弥子）「与謝野晶子研究」 42 1981.5
◇絵とき「みだれ髪」—世紀末詩画の交流 （芳賀徹）「国語教室」 7 1981.6
◇現代短歌論連続討究（18）「われ」のうたわれ方の移り変わり—与謝野晶子・中城ふみ子から受け継ぐもの （藤田武,河野裕子）「短歌研究」 38（6） 1981.6
◇与謝野夫妻の昭和期の動向 （佐藤正美）「与謝野晶子研究」 43 1981.7
◇評訳「みだれ髪」（6） （入江春行）「大谷女子大学紀要」 16（1） 1981.9
◇与謝野寛,同晶子書簡五通 （藤田福夫）「金沢大学語学・文学論集」 11 1981.10
◇小説「明るみへ」に見る晶子 （山田温子）「与謝野晶子研究」 44 1981.10
◇鉄幹・晶子の歌—歌誌「冬柏」より （荒尾達雄）「伊豆通信」 235 1981.11
◇「栄花物語」と与謝野晶子—〈再話〉としての「絵巻のために」収載短歌 （佐藤宗子）「四天王寺国際仏教大学文学部紀要」 15 1982
◇ミュンヘン物語（8）日曜日の美術館—カンディンスキー,パスキン,知義,晶子 （小松伸六）「文学界」 36（2） 1982.2
◇「明星」と鉄幹・晶子（座談会）（近代短歌の発見（4））（上田三四二他）「短歌」 29（2） 1982.2
◇与謝野晶子研究—「みだれ髪」について— （和田典子）「宇部国文研究」 13 1982.3
◇朔太郎と明星派の人々—晶子・啄木・白秋など（特集・萩原朔太郎のすべて） （野山嘉正）「国文学 解釈と鑑賞」 47（5） 1982.5
◇晶子・その児童文化的側面（上）児童文化史の人びと・そのx（シリーズ評論〈子ども〉（2））（上笙一郎）「日本児童文学」 28（5） 1982.5
◇短歌における〈象徴性〉をめぐって—晶子研究ノートより （石川恭子）「白珠」 37（5） 1982.5
◇晶子・その児童文化的側面—中—児童文化史の人びと・そのx（シリーズ評論〈子ども〉（2））（上笙一郎）「日本児童文学」 28（7） 1982.7
◇晶子・その児童文化的側面（下）児童文化史の人びと・そのx（シリーズ評論〈子ども〉（2））（上笙一郎）「日本児童文学」 28（8） 1982.8
◇大正デモクラシーの群像（11）与謝野晶子 （鈴木正節）「歴史公論」 8（10） 1982.10
◇《君死にたまふことなかれ》の詩的論理—同時代評価をめぐって（1） （田口佳子）「日本文学論叢（法政大）」 12 1982.12
◇与謝野晶子ノート「舞姫」を中心に （佐藤和夫）「親和国文（親和女子大）」 17 1982.12
◇大正期童謡運動と女流作家 （滝沢典子）「学苑」 517 1983.1
◇与謝野晶子—華麗な情熱と近代的知性—現代短歌の作家,その歌と論と （馬場あき子）「國文學 解釈と教材の研究」 28（3） 1983.2
◇「みだれ髪」に於ける晶子の感覚—色彩語を中心にして （下灘由香理）「山口国文」 6 1983.3
◇「やは肌の」の歌研究史考 （青木冨美子）「相模国文（相模女子大）」 10 1983.3
◇啄木を形成した人々—樗牛,晶子,嘲風 （伊藤淑人）「東海学園国語国文」 23 1983.3
◇与謝野晶子—近代作家年譜集成 （新聞進一）「國文學 解釈と教材の研究」 28（6） 1983.4
◇与謝野晶子—愛と死の間—病跡学の課題と寄与 （逸見久美）「国文学 解釈と鑑賞」 48（7） 1983.4
◇短歌における〈象徴性〉をめぐって—晶子研究ノートより（2） （石川恭子）「白珠」 38（5） 1983.5
◇与謝野晶子の教育思想への一考察—臨時教育会議への批判をめぐって （石川恭子）「教育学研究」 50（2） 1983.6
◇与謝野晶子—日本現代文学研究必携 （今井泰子）「別冊国文学」 特大号 1983.7

◇本のさんぽ（135）木下杢太郎の序文—晶子の歌集『旅の歌』 （紅野敏郎）「國文學 解釈と教材の研究」 28（13） 1983.10
◇与謝野晶子と大谷学園（改稿）（入江春行）「与謝野晶子研究」 50 1983.12
◇第二次「明星」以後における与謝野寛・晶子の断想—新発見の書簡を中心として （近藤晋平）「近代文学試論」 21 1983.12
◇与謝野晶子〈特集〉「短 歌」 31（2） 1984.2
◇評釈「みだれ髪」（7）（入江春行）「大谷女子大学紀要」 18（2） 1984.2
◇与謝野晶子の草稿二題—本学図書館所蔵「梗概源氏物語」と「中部山岳抄作歌ノート」について （池田利夫）「鶴見大学紀要 第1部 国語国文学編」 21 1984.2
◇与謝野寛と晶子の渡欧（1）晶子渡欧まで （逸見久美）「女子聖学院短期大学紀要」 16 1984.3
◇与謝野晶子の婦人論 （岡崎一）「国文学」 29（3） 1984.3
◇与謝野晶子—その青春と恋愛観からみた女性像 （中嶋佐代子）「昭和学院国語国文」 17 1984.3
◇「みだれ髪」と宗教的表現 （明石利代）「女子大文学 国文編」 35 1984.3
◇与謝野晶子京都歌枕めぐり・洛中あちこち （川内通生）「新国語研究（大阪府高等学校国語研究会）」 28 1984.5
◇『明るみへ』攷 （北吉清子）「与謝野晶子研究」 57 1984.5
◇女と母と—与謝野晶子小論 （安森敏隆）「梅光女学院大学開講座論集（文学における母と子）」 15（笠間選書148） 1984.6
◇誰か知る無雑の詩魂—晶子の詩と飛泉の歌に思う （黒木晩石）「日本及日本人」 1575 1984.7
◇与謝野晶子（河野鉄南宛）（日本人100人の手紙）（岩城之徳）「国文学」 29（12） 1984.9
◇明星の五人（1）罌粟（けし）の章 （尾崎左永子）「短 歌」 31（10） 1984.10
◇与謝野晶子新資料 （岡崎一）「佐賀大国文」 12 1984.11
◇明星派歌人・松原海雨（萍花）について—啄木・鉄幹・晶子の未公表資料を中心に （塩浦彰）「国文学」 29（14） 1984.11
◇明星の五人（2）菫（すみれ）の章 （尾崎左永子）「短 歌」 31（11） 1984.11
◇明星の五人（3）向日葵の章 （尾崎左永子）「短 歌」 31（12） 1984.12
◇想をとおして（労働運動と女性）（早川紀代）「現代史研究」 32 1985
◇文学界の三才女 樋口一葉・与謝野晶子・清水紫琴（特集花ひらく明治の女性たち）（吉田知子）「歴史と旅」 12（2） 1985.2
◇晶子と啄木（石川啄木〈特集〉）（目良卓）「国文学 解釈と鑑賞」 50（2） 1985.2
◇与謝野寛・晶子の渡欧（2）（逸見久美）「女子聖学院短期大学紀要」 17 1985.3
◇与謝野晶子『明星抄』の研究（1）解題と翻刻 （荻野恭茂）「椙山国文学（椙山女学園大学）」 9 1985.3
◇与謝野晶子・京都歌枕めぐり—洛北・洛西編— （川内通生）「新国語研究（大阪府高等学校国語研究会）」 29 1985.5
◇与謝野晶子研究（8）—晶子短歌の変化 （石川恭子）「白珠」 40（7） 1985.7
◇与謝野晶子とその創造性 （喜多美奈子）「与謝野晶子研究」 63 1985.7
◇与謝野晶子研究（10）—鉄幹と直文— （石川恭子）「白珠」 40（9） 1985.9
◇『みだれ髪』における「神」（外山玲子）「音」 4（9） 1985.9
◇評論家与謝野晶子の原像 （鹿野政直）「図書」 433 1985.9
◇与謝野晶子研究（11）—鉄幹と晶子・登美子— （石川恭子）「白珠」 40（10） 1985.10
◇〈小伝〉与謝野晶子 （越次倶子）「無頼の文学」 14 1985.10
◇与謝野晶子研究（13）—山川登美子について2— （石川恭子）「白珠」 40（12） 1985.12
◇与謝野晶子の教育思想 （辻秀子）「慶応義塾大学大学院社会学研究科紀要 社会学・心理学・教育学」 26 1986.1
◇与謝野晶子研究（14）—鉄幹と晶子、その恋愛— （石川恭子）「白珠」 41（1） 1986.1
◇与謝野晶子（15）—鉄幹（寛）と晶子、その結婚— （石川恭子）「白珠」 41（2） 1986.2
◇啄木と晶子—しら玉はくろき袋に（石川啄木—生誕100年記念〈特集〉）（石川恭子）「短歌」 33（3） 1986.3
◇与謝野晶子研究（16）—『明星』および鉄幹（寛）、その後— （石川恭子）「白珠」 41（3） 1986.3
◇与謝野晶子研究（17）—晶子の〈巴里だより〉（その1）（石川恭子）「白珠」 41（4） 1986.4
◇与謝野晶子研究（18）—晶子の〈巴里だより〉（その2）（石川恭子）「白珠」 41（5） 1986.5
◇与謝野晶子研究（20）—帰国後の寛・晶子— （平子恭子）「白珠」 41（7） 1986.7

与謝野晶子

◇晶子選「万朝報」歌壇(1) (久保忠夫)「短歌」33(8) 1986.8
◇与謝野晶子研究(21)―晶子と有島武郎,その接点1― (平子恭子)「白珠」41(8) 1986.8
◇晶子選「万朝報」歌壇(2) (久保忠夫)「短歌」33(9) 1986.9
◇与謝野晶子研究(22)―晶子と有島武郎,その接点2― (平子恭子)「白珠」41(9) 1986.9
◇1人の著者の本 全部でいくら―若山牧水・与謝野晶子・与謝野寛「日本古書通信」687 1986.10
◇与謝野晶子研究(23)―晶子と有嶋武郎,その接点3― (平子恭子)「白珠」41(10) 1986.10
◇鉄幹と晶子 (中山暴庵)「解釈」32(11) 1986.11
◇与謝野晶子研究(24)―晶子・寛,そして子供たち1― (平子恭子)「白珠」41(2) 1986.11
◇与謝野晶子―ヴェーヌスベルグの女神(明治・大正・昭和の女流歌人〈特集〉) (井辻朱美)「短歌」33(11) 1986.11
◇与謝野晶子と大和―近代文学と奈良 (入江春行)「青須我波良(帝塚山短期大学)」32 1986.12
◇昭和女子大学近代文庫蔵 与謝野晶子未発表書簡―近江家宛(1～3) (杉本邦子,大塚豊子)「女性文化研究所紀要」2～4 1987～89
◇資料紹介:与謝野晶子の手紙 (赤羽淑)「古典研究(ノートルダム清心女子大学)」14 1987.1
◇与謝野晶子と『源氏物語』―浪漫主義の形成をめぐって― (平子恭子)「白珠」42(1) 1987.1
◇与謝野晶子編著『女子作文新講』 (上笙一郎)「彷書月刊」3(2) 1987.2
◇与謝野晶子研究(26)―晶子・寛,そして子供たち3― (平子恭子)「白珠」42(2) 1987.2
◇歌集『夢之華』 (石川浩子)「青山語文」17 1987.3
◇私観・鉄幹と晶子 (高瀬笑子)「与謝野晶子研究」71 1987.3
◇与謝野晶子と万葉集 (山根巴)「相模女子大学紀要」50 1987.3
◇与謝野晶子研究(27)―晶子の仕事について― (平子恭子)「白珠」42(3) 1987.3
◇母の歌える(この父母ありて―思い出の家庭教育) (山本七瀬)「婦人之友」81(4) 1987.4
◇与謝野晶子研究(28)―晶子の作歌指導論1― (平子恭子)「白珠」42(4) 1987.4
◇与謝野晶子研究(29)―晶子の作歌指導論2― (平子恭子)「白珠」42(5) 1987.5
◇与謝野晶子研究(30)―晶子の作歌指導論3― (平子恭子)「白珠」42(6) 1987.6
◇与謝野晶子研究(31)―晶子の作家指導論4― (平子恭子)「白珠」42(7) 1987.7
◇与謝野晶子研究(32)―晶子の作歌指導論5― (平子恭子)「白珠」42(8) 1987.8
◇与謝野晶子研究(33)―晶子の作歌指導論6― (平子恭子)「白珠」42(9) 1987.9
◇晶子歌における『源氏物語』投影―用語を中心に― (市川千尋)「平安朝文学研究(早稲田大学)」復刊3 1987.10
◇与謝野晶子ノート(1)春より秋へ〈季節〉 (石川恭子)「短歌」34(10) 1987.10
◇与謝野晶子研究(34)―寛の死1― (平子恭子)「白珠」42(10) 1987.10
◇与謝野晶子ノート(2)いつまでもこの世秋にて〈季節〉 (石川恭子)「短歌」34(11) 1987.11
◇与謝野晶子研究(35)―寛の死2― (平子恭子)「白珠」42(2) 1987.11
◇与謝野晶子ノート(3)光明のわれより出でむ〈自己像〉 (石川恭子)「短歌」34(12) 1987.12
◇与謝野晶子研究(36)―晶子の死― (平子恭子)「白珠」42(12) 1987.12
◇母性保護論争(1)与謝野晶子の発言についての考察(上) (太田鈴子)「女性文化研究所紀要」3 1988
◇与謝野晶子ノート(4)諸悪の渦〈自己像〉 (石川恭子)「短歌」35(1) 1988.1
◇与謝野晶子歌集『常夏』考(1) (石川浩子)「音」7(1) 1988.1
◇与謝野晶子ノート(5)寄辺なき太郎〈自己像〉 (石川恭子)「短歌」35(2) 1988.2
◇与謝野晶子ノート(6)神と小羊〈恋人像〉 (石川恭子)「短歌」35(3) 1988.3
◇与謝野晶子の研究―与謝野晶子と旧横浜高等女学校 (長谷川明久)「日本私学教育研究所紀要」23(2) 1988.3
◇与謝野晶子ノート(7)祭り日の花笠人〈恋人像〉 (石川恭子)「短歌」35(4) 1988.4
◇大家の作歌推敲過程を探る(5)与謝野晶子(『みだれ髪』) (88短歌セミナー(5)) (逸見久美)「短歌研究」45(5) 1988.5
◇特集 与謝野晶子 「彷書月刊」4(5) 1988.5
◇与謝野晶子ノート(8)冬の夜の星〈恋人像〉 (石川恭子)「短歌」35(5) 1988.5

◇与謝野晶子ノート(9)あらしの中に棲む鳥〈恋〉 (石川恭子)「短歌」35(6) 1988.6
◇晶子の評論(上) (寺坂美佳)「与謝野晶子研究」73 1988.7
◇与謝野晶子ノート(10)夏の花摘みて小馬に〈恋〉 (石川恭子)「短歌」35(7) 1988.7
◇与謝野晶子と大逆事件周辺―明治終末期における晶子の思想的変容― (特集・女性解放と文学) (香内信子)「社会文学」2 1988.7
◇晶子短歌の様相―「明星」終焉のころ1― (石川浩子)「音」7(8) 1988.8
◇奥出雲と文学・芸術(2) 与謝野鉄幹・晶子の歌と文 「奥出雲」161 1988.9
◇晶子短歌の様相―「明星」終焉のころ2― (石川浩子)「音」7(9) 1988.9
◇与謝野晶子ノート(11)永久の恋〈恋〉 (石川恭子)「短歌」35(9) 1988.9
◇与謝野晶子短歌の語彙論的考察―『みだれ髪』から『火の鳥』へ (能煩幸子)「香川大学国文研究」13 1988.9
◇近代の歌集を読む第一歌集と最終歌集 与謝野晶子『みだれ髪』と『白桜集』(特集:短歌―「歌集」のベクトル) (馬場あき子)「国文学」33(12) 1988.10
◇母・与謝野晶子の帽子―映像の暴力― (森藤子)「新潮45」7(10) 1988.10
◇命を賭けた女の恋の時代(対談) (永畑道子,深作欣二)「婦人公論」73(11) 1988.10
◇与謝野晶子ノート(12)ペンペン草の尖〈生活〉 (石川恭子)「短歌」35(10) 1988.10
◇「君死にたまふこと勿れ」のたおやかさに惹かれる日々―与謝野晶子と映画『華の乱』に寄せて (永畑道子)「朝日ジャーナル」30(44) 1988.10.28
◇らいてうと晶子 「愛媛近代史研究」56 1988.11
◇与謝野晶子ノート(13)夜の2時を昼の心地に〈生活〉 (石川恭子)「短歌」35(11) 1988.11
◇与謝野晶子ノート(14)何をする男女(をとこをんな)ぞ〈社会〉 (石川恭子)「短歌」35(12) 1988.12
◇与謝野晶子ノート(15)猛く戦へ〈社会〉 (石川恭子)「短歌」36(1) 1989.1
◇母性保護論争(1)与謝野晶子の発言についての考察(上) (太田鈴子)「昭和女子大学女性文化研究所紀要」3 1989.2
◇浪花の恋―鉄幹・晶子・登美子 (藤岡武雄)「国文学」34(4) 臨増(近代文壇事件史) 1989.3
◇与謝野晶子未公開書簡1通―昭和5年池田実穏氏宛をめぐって (若月忠信)「新潟大学国語国文学会誌」32(箕輪真澄先生退官記念) 1989.3
◇与謝野晶子ノート(16)世は冬のまま〈社会〉 (石川恭子)「短歌」36(4) 1989.3
◇詩歌に描かれた老い 与謝野晶子の「老い」―その3つの様相(近代文学に描かれた「老い」〈特集〉) (逸見久美)「国文学 解釈と鑑賞」54(4) 1989.4
◇与謝野晶子ノート(17)我は矛盾の女なり〈社会〉 (石川恭子)「短歌」36(5) 1989.4
◇与謝野晶子著書目録 「日本古書通信」54(5) 1989.5
◇与謝野晶子ノート(18,19) (石川恭子)「短歌」36(6,8) 1989.5,7
◇コンビの本(5)与謝野晶子と藤島武二・中沢弘光 (槌田満文)「日本古書通信」54(5) 1989.5
◇与謝野晶子略年譜 「墨」14(3) 1989.6
◇晶子、渡欧まで(1,2)『青海波』から『夏より秋へ』 (石川浩子)「音」8(6,7) 1989.6,7
◇与謝野晶子ノート(20～22) (石川恭子)「短歌」36(9～11) 1989.8～10
◇恋して、天路に到る―晶子と青春(短歌と青春〈特集〉) (永畑道子)「短歌」36(10) 1989.9
◇与謝野晶子ノート(23)紫の藤ちるごとく〈哀〉 (石川恭子)「短歌」36(12) 1989.11
◇「与謝野晶子」からの手紙―シンポジウム時代の豊かな個性("歌人"からの手紙―もしいま生きていたら…〈特集〉) (馬場あき子)「短歌研究」46(11) 1989.11
◇与謝野晶子ノート(24完)霧移る〈死〉 (石川恭子)「短歌」36(13) 1989.12
◇大町桂月対与謝野晶子―「君死にたまふこと勿れ」をめぐって (高橋正)「日本文学研究」27 1989.12
◇有島武郎と与謝野晶子 (安川定男)「中央大学文学部紀要」134 1990.2
◇与謝野晶子の体育思想―生活者としての体育意識の形成 (庄司節子)「人文科学論集(名古屋経済大学・市邨学園短期大学)」46 1990.6
◇与謝野晶子略年譜 (逸見久美)「短歌」37(8) 1990.8
◇与謝野晶子の情熱と魅力(鼎談) (清川妙, 篠弘, 藤井常世)「短歌」37(8) 1990.8
◇与謝野晶子の新しい魅力〈特集〉 「短歌」37(8) 1990.8
◇天理図書館蔵「晶子歌稿ノート」について (入江春行)「ビブリア」

◇『日本古典全集』刊行周辺——一九二〇年代後半の出版「大衆化」と小出版社・印刷所の位置 (香内信子)「出版研究21」1990年度 1991.3
◇昭和・恋のうた100選—きれぎれの相聞歌 (辺見じゅん)「現代」25(5) 1991.4 臨増(女たちへ)
◇君も雛罌粟われも雛罌粟—与謝野鉄幹・晶子夫妻の生涯(1) (渡辺淳一)「文芸春秋」69(4) 1991.4
◇君も雛罌粟われも雛罌粟—与謝野鉄幹・晶子夫妻の生涯(2) (渡辺淳一)「文芸春秋」69(6) 1991.5
◇君も雛罌粟われも雛罌粟—与謝野鉄幹・晶子夫妻の生涯(3) (渡辺淳一)「文芸春秋」69(7) 1991.6
◇〈女流短歌史〉ノート(3)晶子 (中西洋子)「人」19(7) 1991.7
◇君も雛罌粟われも雛罌粟—与謝野鉄幹・晶子夫妻の生涯(4) (渡辺淳一)「文芸春秋」69(8) 1991.7
◇君も雛罌粟われも雛罌粟—与謝野鉄幹・晶子夫妻の生涯(5) (渡辺淳一)「文芸春秋」69(9) 1991.8
◇与謝野晶子「産褥の記」をめぐる母性の問題—評論と短歌の交差(啄木と同時代人) (岡本麻希)「啄木文庫」19 1991.9
◇君も雛罌粟われも雛罌粟—与謝野鉄幹・晶子夫妻の生涯(6) (渡辺淳一)「文芸春秋」69(10) 1991.9
◇与謝野晶子を支えた生のエネルギー—没後50年 (香内信子)「月刊Asahi」3(11) 1991.10
◇与謝野晶子未発表書簡 (杉本邦子, 大塚豊子〔編〕)「女性文化研究叢書(昭和女子大学)」1 1991.10
◇君も雛罌粟われも雛罌粟—与謝野鉄幹・晶子夫妻の生涯(7) (渡辺淳一)「文芸春秋」69(11) 1991.10
◇晶子を支えたふるさと (福井絢子)「わかくす」20 1991.11
◇憂愁の色濃き『さくら草』とその周辺(1)与謝野晶子第十二歌集 (石川浩子)「音」10(11) 1991.11
◇与謝野晶子没後50年〈特集〉「短歌研究」48(11) 1991.11
◇君も雛罌粟われも雛罌粟—与謝野鉄幹・晶子夫妻の生涯(8) (渡辺淳一)「文芸春秋」69(12) 1991.11
◇憂愁の色濃き『さくら草』とその周辺(2)与謝野晶子第十二歌集 (石川浩子)「音」10(12) 1991.12
◇君も雛罌粟われも雛罌粟—与謝野鉄幹・晶子夫妻の生涯(9) (渡辺淳一)「文芸春秋」69(13) 1991.12
◇与謝野晶子と源氏物語—地名をめぐって (市川千尋)「並木の里」35 1991.12
◇「みだれ髪」の語彙索引を作る (新谷敬三郎)「比較文学年誌」28 1992
◇与謝野晶子没後50年—鉄幹・晶子, その創作の謎(対談) (渡辺淳一, 馬場あき子)「短歌研究」49(1) 1992.1
◇与謝野晶子と現代女子学生 (赤塚行雄)「日本及日本人」1605 1992.1
◇君も雛罌粟われも雛罌粟—与謝野鉄幹・晶子夫妻の生涯(10) (渡辺淳一)「文芸春秋」70(1) 1992.1
◇〈女流短歌史〉ノート—IV8—女歌の近代と晶子 (中西洋子)「人」20(2) 1992.2
◇君も雛罌粟われも雛罌粟—与謝野鉄幹・晶子夫妻の生涯(11) (渡辺淳一)「文芸春秋」70(2) 1992.2
◇与謝野晶子の古典研究(講演) (片桐洋一)「女子大文学 国文編」43 1992.3
◇君も雛罌粟われも雛罌粟—与謝野鉄幹・晶子夫妻の生涯(12) (渡辺淳一)「文芸春秋」70(3) 1992.3
◇山ం温泉と与謝野晶子 (片桐昭)「須高」34 1992.4
◇君も雛罌粟われも雛罌粟—与謝野鉄幹・晶子夫妻の生涯(13) (渡辺淳一)「文芸春秋」70(4) 1992.4
◇与謝野晶子と加藤一夫(加藤一夫の中のトルストイ) (香内信子)「加藤一夫研究」4 1992.5
◇明星「君も雛罌粟われも雛罌粟—与謝野鉄幹・晶子夫妻の生涯(14) (渡辺淳一)「文芸春秋」70(5) 1992.5
◇君も雛罌粟われも雛罌粟—与謝野鉄幹・晶子夫妻の生涯(15) (渡辺淳一)「文芸春秋」70(6) 1992.6
◇与謝野晶子「源氏物語礼讃」の成立事情—小林一三宛未発表書簡をめぐって (市川千尋)「並木の里」36 1992.6
◇歌人篇(2)〈忘れられた名文たち(55)〉 (鴨下信一)「諸君!」24(7) 1992.7
◇与謝野晶子と近江家宛書簡—女性文化研究叢書第一集について (塩谷千恵子)「昭和女子大学女性文化研究所紀要」10 1992.7
◇君も雛罌粟われも雛罌粟—与謝野鉄幹・晶子夫妻の生涯(16) (渡辺淳一)「文芸春秋」70(7) 1992.7
◇君も雛罌粟われも雛罌粟—与謝野鉄幹・晶子夫妻の生涯(17) (渡辺淳一)「文芸春秋」70(8) 1992.8
◇君も雛罌粟われも雛罌粟—与謝野鉄幹・晶子夫妻の生涯(18) (渡辺淳一)「文芸春秋」70(9) 1992.9
◇与謝野晶子の生涯(1)その生いたち (池田幸枝)「あるご」10(10) 1992.10

◇特集・湘南の与謝野晶子 「湘南文学」4 1992.10
◇君も雛罌粟われも雛罌粟—与謝野鉄幹・晶子夫妻の生涯(19) (渡辺淳一)「文芸春秋」70(10) 1992.10
◇与謝野晶子の生涯(2)その生いたち (池田幸枝)「あるご」10(11) 1992.11
◇与謝野晶子は私たちにとって神話だった(鼎談) (馬場あき子, 尾崎左永子, 安永蕗子)「短歌」39(11) 1992.11
◇与謝野晶子没後50年〈特集〉「短歌」39(11) 1992.11
◇君も雛罌粟われも雛罌粟—与謝野鉄幹・昌子夫妻の生涯(20) (渡辺淳一)「文芸春秋」70(12) 1992.11
◇与謝野晶子の生涯(3)その生いたち (池田幸枝)「あるご」10(12) 1992.12
◇「みだれ髪」を考える(下) (岡保生)「短歌」39(12) 1992.12
◇君も雛罌粟われも雛罌粟—与謝野鉄幹・晶子夫妻の生涯(21) (渡辺淳一)「文芸春秋」70(13) 1992.12
◇与謝野晶子の生涯(4)その生いたち (池田幸枝)「あるご」11 1993.1
◇与謝野晶子と社会教育(1)女子教育・文学教育の実際家として (滝沢典子)「学苑」638 1993.1
◇与謝野晶子の「源氏物語」口語訳について (逸見久美)「国学院雑誌」94(1) 1993.1
◇君も雛罌粟われも雛罌粟—与謝野鉄幹・晶子夫妻の生涯(22〜45) (渡辺淳一)「文芸春秋」71(1)〜72(16) 1993.1〜94.12
◇与謝野晶子の生涯(5)恋の炎 (池田幸枝)「あるご」11(2) 1993.2
◇与謝野晶子関連資料スクラップ 「与謝野晶子研究(奈良・入江春行)」101 1993.3
◇与謝野晶子の生涯(6)みだれ髪 (池田幸枝)「あるご」11(3) 1993.3
◇『みだれ髪』合作説をめぐって (牧野茂)「静岡精華短期大学紀要」1 1993.3
◇与謝野晶子の生涯(7〜15) (池田幸枝)「あるご」11(4〜12) 1993.4〜12
◇「与謝野晶子と源氏物語」書誌調査 (田村早智)「私立大学図書館協会会報」100 1993.6
◇与謝野晶子の古典摂取—更級日記・徒然草 (市川千尋)「並木の里」38 1993.6
◇与謝野晶子の美意識 (岡本あつ子)「文化研究(樟蔭女子短期大学紀要)」7 1993.9
◇与謝野寛・晶子における北九州若松の意味—大正六年九州旅行の場合 (近藤晋平)「近代文学論集」19 1993.11
◇与謝野晶子の戦争観(1) (中村文雄)「春秋」353 1993.11
◇与謝野晶子の生涯(16)晶子の歌碑 (池田幸枝)「あるご」12(1) 1994.1
◇与謝野晶子と社会教育(2)中等教育学校の教科書編纂者として (滝沢典子)「学苑」649 1994.1
◇与謝野晶子の小説—「故郷の夏」を中心として (太田鈴子)「学苑」649 1994.1
◇逍遙・文学誌(31)「美術之日本」—森鷗外・与謝野寛・晶子・蒲原有明ら (紅野敏郎)「國文學 解釈と教材の研究」39(1) 1994.1
◇晶子, 春の歌に秘める浪漫(新春の歌〈特集〉) (石川恭子)「短歌」41(1) 1994.1
◇与謝野晶子文献目録 (逸見久美)「国文学解釈と鑑賞」59(2) 1994.2
◇与謝野晶子の生涯(17)寛の死 (池田幸枝)「あるご」12(2) 1994.2
◇与謝野晶子の世界〈特集〉「国文学解釈と鑑賞」59(2) 1994.2
◇「源氏物語」現代語訳の流れ—与謝野晶子から橋本治まで(「源氏物語」登場—王朝物語の世界〈特集〉) (平沼恵, 五十嵐正貴)「国文学解釈と鑑賞」59(3) 1994.3
◇与謝野晶子『明るみへ』論—大正期晶子の出発 (田口道昭)「山手国文論攷(神戸山手女子短期大学)」15 1994.3
◇根源的痛覚と詩人の魂—晶子と東明における人間性の発露 (中野幸次)「女性文化研究所紀要」13 1994.3
◇〔資料〕与謝野寛・晶子添削正宗敦夫歌稿(大正五年) (赤羽淑)「古典研究(ノートルダム清心女子大学)」21 1994.3
◇与謝野晶子の海と青春性(海の歌〈特集〉) (岡保生)「短歌」41(4) 1994.4
◇道玄坂から所沢へ—晶子と葭子をめぐって(通巻二五記念号) (福井絢子)「わかくす」25 1994.6
◇与謝野晶子の源氏物語詠—巻名の詠み込まれた歌について (市川千尋)「並木の里」40 1994.6
◇与謝野晶子—「白桜集」理念 (岡本あつ子)「樟蔭女子短期大学紀要文化研究」9 1994.9
◇『みだれ髪』研究序説 (皆川晶)「新樹(梅光女学院大学大学院)」9 1994.9
◇Genese d'une reflexion sur la condition feminine Yosano Akiko (1878—1942)et la maternite (Claire Dodane)「言語文化論集」名古屋大学言語文化部 17(1) 1995 p161〜187
◇愛と情熱の歌人・与謝野晶子 「短歌」角川書店 42(2) 1995.2

与謝野晶子

p86～191
- ◇「昭和」短歌を読みなおす—15—与謝野晶子と吉井勇 （〔座談会〕岡井隆〔他〕）「短歌」 角川書店 42(2) 1995.2 p194～227
- ◇与謝野晶子（特集・近代日本 夢の旅人—見知らぬ地図を求めて自分さがしの旅に出た先人たちの行路）「ノーサイド」 5(4) 1995.4 p35
- ◇正宗敦夫と与謝野寛・晶子 （赤羽淑）「古典研究」 ノートルダム清心女子大学国語国文学科 22号 1995.5 p1～4
- ◇与謝野晶子（特集・読書名人伝—名人奇人の読書家たちがズラリ。いったい誰が読書「名人位」を獲得するか。）「ノーサイド」 5(5) 1995.5 p73
- ◇石川啄木と与謝野晶子—『みだれ髪』から『一握の砂』へ （太田登）「国際啄木学会会報」 国際啄木学会 第7号 1995.8 p24～25
- ◇『みだれ髪』研究序説 （皆川晶）「新樹」 梅光女学院大学大学院文学研究科日本文学 第9輯 1995.9 p27～36
- ◇ミーハー的感覚 （渡辺淳一）「文芸春秋」 73(13) 1995.9 p92～93
- ◇与謝野晶子の戯曲について（続この人、この劇作〈特集〉） （逸見久美）「悲劇喜劇」 早川書房 48(11) 1995.11 p20～23
- ◇啄木と蕪村・晶子・子規との関係を通して （池田功）「明治大学人文科学研究所紀要」 明治大学人文科学研究所 39 1996 p303～320
- ◇燃えたぎる激しさで生きた男と女—与謝野鉄幹・晶子の物語 （渡辺淳一）「本の話」 文芸春秋 2(1) 1996.1 p66～71
- ◇高田保馬の詩文と学問—与謝野鉄幹・晶子との文雅の交流（近代京都における自由主義思潮の研究） （上田博）「立命館大学人文科学研究所紀要」 立命館大学人文科学研究所 65 1996.2 p121～141
- ◇童話「紫の帯」と随筆「おさやん」—少女のかなしみと癒し （古沢夕起子）「鉄幹と晶子」 和泉書院 第1号 1996.3 p87～100
- ◇晶子の古典体験 （高橋照美）「鉄幹と晶子」 和泉書院 第1号 1996.3 p101～106
- ◇与謝野晶子の家庭教育 （滝沢典子）「学苑」 昭和女子大学近代文化研究所 677 1996.7 p1～10
- ◇竜の爪—与射野晶子の恋歌と古川大航 （佐伯裕子）「正論」 287 1996.7 p130～139
- ◇『みだれ髪』研究—「旅人と女」「僧と女」の設定について （皆川晶）「新樹」 梅光女学院大学大学院文学研究科日本文学 第11輯 1996.9 p40～49
- ◇与謝野晶子「寧ろ父親を保護せよ」にみられる父親論 （海妻径子）「生活社会科学研究」 お茶の水女子大学生活社会科学研究会 第3号 1996.9 p43～57
- ◇桐は琴となる（与謝野鉄幹・晶子） （大特集 夫と妻の恋歌—〈短歌で辿る歌人夫婦像〉） （石川恭子）「短歌」 角川書店 43(11) 1996.11 p78～79
- ◇与謝野晶子—近代文学の位置 （平岡敏夫）「鉄幹と晶子」 和泉書院 第2号 1996.12 p13～28
- ◇「木下杢太郎さんの顔」の詩のこころ （上田博）「鉄幹と晶子」 和泉書院 第2号 1996.12 p29～55
- ◇晶子と高村光太郎 （沢正宏）「鉄幹と晶子」 和泉書院 第2号 1996.12 p56～69
- ◇晶子と徒然草 （市川千尋）「鉄幹と晶子」 和泉書院 第2号 1996.12 p70～85
- ◇晶子と牡丹 （吉田輝雄）「曙光」 和泉書院 7 1996.12 p79～84
- ◇「颱風」の朝、晶子は （井上史）「鉄幹と晶子」 和泉書院 第2号 1996.12 p86～95
- ◇晶子の詩—ことばあそびの世界 （美濃千鶴）「鉄幹と晶子」 和泉書院 第2号 1996.12 p96～103
- ◇ダンス史のなかの文化学院—「明星舞踏会」のころ （永井良和）「鉄幹と晶子」 和泉書院 第2号 1996.12 p104～109
- ◇与謝野晶子の「源氏物語礼讃」歌 （竹西寛子）「資料と研究」 山梨県立文学館 第2輯 1997.1 p49～52
- ◇与謝野晶子における昭和 （渡辺澄子）「昭和文学研究」 昭和文学会, 笠間書院（発行） 第34集 1997.2 p1～13
- ◇魯迅と与謝野晶子—「草」を媒介として （秋吉収）「高知女子大学紀要 人文・社会科学編」 高知女子大学 45 1997.3 p15～26
- ◇与謝野『みだれ髪』の色彩表現 （加古美奈子）「岡大国文論稿」 岡山大学文学部国語国文学研究室 第25号 1997.3 p20～29
- ◇与謝野晶子（特集 母の歌） （石川恭子）「短歌現代」 短歌新聞社 21(5) 1997.5 p56～57
- ◇「婦人も参政権を要求する」（大正8年3月号）（女の世紀を開いた名論文） （与謝野晶子）「婦人公論」 82(9) 1997.9 p245～249
- ◇解説「婦人も参政権を要求する」与謝野晶子（女の世紀を開いた名論文） （下村満子）「婦人公論」 82(9) 1997.9 p250～251
- ◇寛と晶子のヨーロッパ行き（一） （逸見久美）「鉄幹と晶子」 和泉書院 第3号 1997.10 p13～30
- ◇斎藤茂吉と晶子—茂吉歌論に於ける〈晶子〉の位相 （安森敏隆）「鉄幹と晶子」 和泉書院 第3号 1997.10 p31～47
- ◇晶子と中国の女性運動——九二〇年代の女性評論の翻訳をめぐって （張競）「鉄幹と晶子」 和泉書院 第3号 1997.10 p75～90
- ◇晶子の恋文—『短歌三百講』に寄せて （上田博）「鉄幹と晶子」 和泉書院 第3号 1997.10 p91～100
- ◇「環の一年間」—令嬢教育の物語 （古沢夕起子）「鉄幹と晶子」 和泉書院 第3号 1997.10 p109～117
- ◇鉄幹・晶子の時代のフランス 一九一二年・パリ （丹治恒次郎）「鉄幹と晶子」 和泉書院 第3号 1997.10 p118～123
- ◇夫婦別性論者の「下心」—押しつけ憲法24条「男女平等」論で解体された家族の再生こそ喫緊の課題 （中川八洋）「諸君！」 29(10) 1997.10 p152～161
- ◇海を越えた詩心—与謝野晶子と近代中国の「小詩」 （張競）「季刊アステイオン」 ティビーエス・ブリタニカ 46 1997.10 p198～214
- ◇与謝野晶子「夏より秋へ」—与謝野晶子の耳（特集＝続・日本人の見た異国・異国人—明治・大正期—大正時代の異国・異国人論） （今野寿美）「国文学解釈と鑑賞」 至文堂 62(12) 1997.12 p132～137
- ◇近代詩歌の誕生—与謝野晶子の『みだれ髪』(1901年)における新体詩と和歌の伝統 （Leith Morton）「日本現代詩歌研究」 日本現代詩歌文学館 3 1998 p1～47
- ◇鉄幹晶子とロセッティ （中晧）「日本現代詩歌研究」 日本現代詩歌文学館 3 1998 p103～117
- ◇与謝野晶子—日露戦争(20世紀の歴史のなかの人物) （河崎かよ子）「歴史地理教育」 歴史教育者協議会 576 1998.3 p16～19
- ◇与謝野鉄幹・晶子新資料について （有富裕子）「日本文学風土学会紀事」 日本文学風土学会 第23号 1998.3 p22～29
- ◇与謝野晶子「みだれ髪」チョコレート語訳の挑戦—「やは肌の…」の歌を平成の歌に訳せばどうなるか （俵万智）「文芸春秋」 76(9) 1998.9 p222～228
- ◇気の滅入るような日々だから与謝野晶子の激しい情熱が必要だ(書想インタビュー)(書想倶楽部) （俵万智）「SAPIO」 10(16) 1998.9.23 p50～52
- ◇正宗敦夫と与謝野寛・晶子 （赤羽淑）「鉄幹と晶子」 和泉書院 第4号 1998.10 p18～33
- ◇『心の遠景』に近く、遠く—少女子とロオランサンの絵を見れど （上田博）「鉄幹と晶子」 和泉書院 第4号 1998.10 p34～47
- ◇寛と晶子のヨーロッパ行き（二） （逸見久美）「鉄幹と晶子」 和泉書院 第4号 1998.10 p48～67
- ◇晶子童話における花物語 （古沢夕起子）「鉄幹と晶子」 和泉書院 第4号 1998.10 p81～111
- ◇与謝野晶子—詩歌の深層(短歌の謎—近代から現代まで—歌人の謎) （野山嘉正）「國文學 解釈と教材の研究」 学灯社 43(13) 1998.11 p34～37
- ◇誘惑する着物—与謝野晶子『みだれ髪』 （千田かをり）「立教大学日本文学」 立教大学日本文学会 81 1998.12 p57～68
- ◇与謝野晶子の批評—ベルグソニズム受容を視座として （野村幸一郎）「京都橘女子大学研究紀要」 京都橘女子大学 26 1999 p1～18
- ◇セーヌ川を渡るたび(7)与謝野晶子が息をした町—パリ、ロンドン（上） （松平盟子）「歌壇」 本阿弥書店 13(1) 1999.1 p32～36
- ◇セーヌ川を渡るたび(8)与謝野晶子が息をした街—パリ・ロンドン（下） （松平盟子）「歌壇」 本阿弥書店 13(2) 1999.2 p32～36
- ◇与謝野晶子 女性が政治のリーダーに（「新春特別企画」この人に学ぶ—新年アンケート 今の日本にこの人がいれば、私が選んだ歴史上の人物） （道浦母都子）「潮」 480 1999.2 p101～102
- ◇1998年度第1回コロキウム—与謝野晶子と社会評論 「女性学研究」 大阪女子大学女性学研究資料室 7 1999.3 p1～
- ◇与謝野晶子における表現活動の変遷—短歌から評論活動への移行過程 （1998年度第1回コロキウム—与謝野晶子と社会評論） （香内信子）「女性学研究」 大阪女子大学女性学研究資料室 7 1999.3 p3～9
- ◇特集 与謝野晶子—自由な精神 「國文學 解釈と教材の研究」 学灯社 44(4) 1999.3 p6～141
- ◇与謝野晶子の古典研究—『紫式部新考』を中心に （加古美奈子）「岡大国文論稿」 岡山大学文学部国語国文学研究室 第27号 1999.3 p21～32
- ◇与謝野晶子—町人の自立と女性の自立(1998年度第1回コロキウム—与謝野晶子と社会評論) （田川建三）「女性学研究」 大阪女子大学女性学研究資料室 7 1999.3 p30～41
- ◇与謝野晶子「環の一年間」と「源氏物語」—次の世代に伝えようとしたこと （土屋葵）「創造と思考」 湘南短期大学国語国文学会 9 1999.3 p34～7
- ◇与謝野晶子の評論にみる性と生殖(1998年度第1回コロキウム—与謝野晶子と社会評論) （船橋邦子）「女性学研究」 大阪女子大学女性学研究資料室 7 1999.3 p42～53
- ◇与謝野晶子の評論にみる性と生殖 （船橋邦子）「女性学研究」 大阪女子大学女性学研究資料室 第7号 1999.3 p(42)～(64)
- ◇愛は平等・教育は個別的—与謝野晶子の家庭教育 （香内信子）「女子教育」 日白学園女子学園短期大学 No.22 1999.3 p44～47
- ◇与謝野晶子全歌集解題（書誌・解題・歌)(特集 与謝野晶子—自由な精神） （上田博、美濃千鶴）「國文學 解釈と教材の研究」 学灯社 44(4) 1999.3 p118～129
- ◇与謝野晶子略年譜(特集 与謝野晶子—自由な精神)「國文學 解釈と

教材の研究」学灯社 44(4) 1999.3 p130
◇与謝野晶子没後50年以降の研究動向 付=参考文献目録(特集 与謝野晶子―自由な精神)(香内信子)「國文學 解釈と教材の研究」学灯社 44(4) 1999.3 p132～140
◇与謝野晶子と反フェミニズム(シリーズ 日本の思想家=論〔12〕)(中川八洋)「正論」319 1999.3 p136～150
◇湯めぐり歌めぐり(23)晶子と箱根(1)(池内紀)「歌壇」本阿弥書店 13(4) 1999.4 p90～93
◇湯めぐり歌めぐり(26)晶子と箱根(4)(池内紀)「歌壇」本阿弥書店 13(7) 1999.7 p116～119
◇与謝野晶子の童話(桑原三郎)「鉄幹と晶子」和泉書院 第5号 1999.10 p21～33
◇炉上の雪 新生「明星」と自己新生と(上田博)「鉄幹と晶子」和泉書院 第5号 1999.10 p53～63
◇吾子らに贈りし晶子の童話(白木豫弥)「鉄幹と晶子」和泉書院 第5号 1999.10 p65～97
◇『八つの夜』―物語の中の十三参り(古沢夕起子)「鉄幹と晶子」和泉書院 第5号 1999.10 p98～106
◇大正期のベルグソニズムと与謝野晶子(野村幸一郎)「鉄幹と晶子」和泉書院 第5号 1999.10 p107～113
◇本好き人好き(124)新芸術と新人―江口渙『新芸術と新人』 与謝野晶子『愛の創作』(谷沢永一)「國文學 解釈と教材の研究」学灯社 45(1) 2000.1 p152～155
◇与謝野晶子と星のイメージ(中江彬)「人文学論集」大阪府立大学総合科学部西洋文化講座 第18集 2000.3 p27～44
◇与謝野晶子『みだれ髪』の成立―『みだれ髪』同時代評、与謝野晶子と夏目漱石の表現比較(加古美奈子)「岡山大学大学院文化科学研究科紀要」岡山大学大学院文化科学研究科 9 2000.3 p1～20
◇小議会 特集 与謝野晶子の歌(逸見久美、松平盟子、入江春行〔他〕)「短歌現代」短歌新聞社 24(4) 2000.4 p98～101
◇晶子のパリ1912年―君と行くノオトル・ダムの塔ばかり(1)与謝野寛はなぜパリへ行ったか(松平盟子)「短歌研究」短歌研究社 57(6) 2000.6 p72～77
◇西村伊作と与謝野晶子―大正自由教育と文化学院(影山昇)「成城文芸」成城大学文芸学部研究室 171 2000.6 p80～32
◇大正文学と中国とのかかわりについて―与謝野晶子と佐藤春夫を中心に(張競)「明治大学人文科学研究所年報」明治大学人文科学研究所 No.41 2000.7 p42～43
◇晶子のパリ1912年―君と行くノオトル・ダムの塔ばかり(2)晶子や物に狂ふらん(松平盟子)「短歌研究」短歌研究社 57(7) 2000.7 p104～108
◇特集 与謝野晶子 「ユリイカ」青土社 32(11) 2000.8 p59～216
◇晶子のパリ1912年―君と行くノオトル・ダムの塔ばかり(3)シベリア鉄道、または海外との対面(松平盟子)「短歌研究」短歌研究社 57(8) 2000.8 p102～106
◇与謝野晶子と中国―1920年代前半に翻訳された評論について(張競)「明治大学教養論集」明治大学教養論集刊行会 338 2000.9 p1～22
◇晶子のパリ1912年―君と行くノオトル・ダムの塔ばかり(4)衝撃はフランスの女たちから(松平盟子)「短歌研究」短歌研究社 57(9) 2000.9 p150～154
◇大正期・臨時教育会議「女子教育」審議・答申と与謝野晶子の女子教育論―人間平等主義と男女共学制(影山昇)「成城文芸」成城大学文芸学部研究室 172 2000.10 p109～76
◇晶子のパリ1912年―君と行くノオトル・ダムの塔ばかり(5)晶子到着まで寛はパリの何を見たか(松平盟子)「短歌研究」短歌研究社 57(10) 2000.10 p122～126
◇与謝野晶子における古典の受容―『源氏物語』投影の諸相(加古美奈子)「岡山大学大学院文化科学研究科紀要」岡山大学大学院文化科学研究科 10 2000.11 p21～41
◇与謝野晶子『みだれ髪』全釈釈(1)(竹腰幸夫)「静岡近代文学」静岡近代文学研究会 15 2000.11 p117～126
◇晶子のパリ1912年―君と行くノオトル・ダムの塔ばかり(6)五月のパリに光あふれて(松平盟子)「短歌研究」短歌研究社 57(11) 2000.11 p154～158
◇与謝野晶子と文化学院(堀恵子)「大阪教育大学英文学会誌」大阪教育大学英文学会 46 2001 p103～111
◇与謝野晶子と『横浜貿易新報』―女性・教育両評論を中心として(影山昇)「成城文芸」成城大学文芸学部研究室 173 2001.1 p59～2
◇荷風断想 与謝野夫妻との関わり(特集 永井荷風)(逸見久美)「湘南文学」湘南短期大学 14 2001.1 p85～90
◇晶子のパリ1912年―君と行くノオトル・ダムの塔ばかり(7)「暗殺の酒場」を愉しんだ夜(松平盟子)「短歌研究」短歌研究社 58(1) 2001.1 p142～146
◇誘惑―与謝野晶子『みだれ髪』(歌集)(境界を越えて―恋愛のキーワード集)(勝原晴希)「國文學 解釈と教材の研究」学灯社 46(3) 2001.2 p50～52
◇晶子のパリ1912年―君と行くノオトル・ダムの塔ばかり(8)詩人レニエを訪問する(松平盟子)「短歌研究」短歌研究社 58(2) 2001.2 p94～98

◇明星派と蕪村―与謝野晶子を中心に(特集=与謝蕪村―その画・俳二道の世界―近代文人の「蕪村」)(久保和子)「国文学解釈と鑑賞」至文堂 66(2) 2001.2 p152～160
◇生活文化講演会記録 与謝野晶子はどう読まれていたか―1920年代の中国文学における受容について(張競)「生活文化研究所年報」ノートルダム清心女子大学生活文化研究所 14 2001.3 p3～25
◇生活文化講演会記録 与謝野晶子はどう読まれていたか――一九二〇年代の中国文学における受容について(張競)「生活文化研究所年報」ノートルダム清心女子大学生活文化研究所 第14輯 2001.3 p3～26
◇『明星』初期の女流歌人(尾崎左永子)「鉄幹と晶子」和泉書院 第6号 2001.3 p13～29
◇与謝野晶子の女子教育論(張暁寧、橋浦洋志)「茨城大学教育学部紀要 教育科学」茨城大学教育学部 50 2001.3 p33～35
◇与謝野晶子の童話「金魚のお使」―初出誌「少女世界」と童話集『少年少女』の異同を中心に(古沢夕起子)「鉄幹と晶子」和泉書院 第6号 2001.3 p73～85
◇晶子のパリ1912年―君と行くノオトル・ダムの塔ばかり(9)巨匠ロダンにまみえた午後(松平盟子)「短歌研究」短歌研究社 58(3) 2001.3 p148～152
◇晶子のパリ1912年―君と行くノオトル・ダムの塔ばかり(10)パリ、ロンドンの文化比較(松平盟子)「短歌研究」短歌研究社 58(4) 2001.4 p96～100
◇晶子のパリ1912年―君と行くノオトル・ダムの塔ばかり(11)晶子、その揺曳する心(松平盟子)「短歌研究」短歌研究社 58(5) 2001.5 p114～118
◇晶子のパリ1912年―君と行くノオトル・ダムの塔ばかり(12)晶子はパリから何を持ち帰ったか(松平盟子)「短歌研究」短歌研究社 58(6) 2001.6 p100～104
◇黄金の釘(ずいひつ「波音」)(杉本苑子)「潮」509 2001.7 p64～65
◇晶子のパリ1912年―君と行くノオトル・ダムの塔ばかり(13)「未来派」に共感した寛(松平盟子)「短歌研究」短歌研究社 58(7) 2001.7 p94～96
◇晶子とパリ1912年―君と行くノオトル・ダムの塔ばかり(14)パリ以後という試練(最終回)(松平盟子)「短歌研究」短歌研究社 58(8) 2001.8 p98～102
◇晶子、パリとの邂逅(松平盟子)「図書」岩波書店 631 2001.11 p7～11
◇与謝野晶子の教育論(土橋荘司)「自由」自由社 43(11) 2001.11 p145～154
◇うたのある生活〔11〕(竹西寛子)「婦人之友」95(12) 2001.11 p162～163
◇女性作家による日本の文学史(7)論は男性、実作は女性―正岡子規「歌よみに与ふる書」と与謝野晶子『みだれ髪』(道浦母都子)「本の窓」小学館 24(11) 2001.12 p46～55
◇平成13年度第二回「晶子講座」『みだれ髪』と晶子の結婚観(佐伯順子)「与謝野晶子倶楽部」与謝野晶子倶楽部 9 2002 p10～14
◇平成13年度 特別講座 第5回『晶子講座』さかい男女共同参画週間協賛事業 晶子のさまざまな表現宇宙―女性の自立について(香内信子)「与謝野晶子倶楽部」与謝野晶子倶楽部 9 2002 p10～14
◇平成13年度第三回『晶子講座』『みだれ髪』のロマン主義(上田博)「与謝野晶子倶楽部」与謝野晶子倶楽部 9 2002 p15～18
◇平成13年度 第6回『晶子講座』『みだれ髪』の色彩世界(尾崎左永子)「与謝野晶子倶楽部」与謝野晶子倶楽部 9 2002 p15～20
◇与謝野夫妻の旅を求めて(9)加茂川の水(沖良機)「与謝野晶子倶楽部」与謝野晶子倶楽部 10 2002 p21～23
◇一日文学踏査講演録 晶子と京都(入江春行)「与謝野晶子倶楽部」与謝野晶子倶楽部 10 2002 p24～27
◇瀬波温泉庵家の宝さがし(2)与謝野晶子瀬波温泉の旅探訪(沢治)「与謝野晶子倶楽部」与謝野晶子倶楽部 10 2002 p26～28
◇『みだれ髪』の画像世界(木股知史)「甲南大学紀要 文学編」甲南大学 128 2002年度 p32～69
◇与謝野夫妻の旅を求めて(8)亡き魂の籠(沖良機)「与謝野晶子倶楽部」与謝野晶子倶楽部 9 2002 p36～38
◇研究 小日山直登資料にみる与謝野晶子(6)(太田登)「与謝野晶子倶楽部」与謝野晶子倶楽部 9 2002 p39～43
◇晶子再発見 やまなし春鶯囀蔵元(株)萬屋醸造店 酒造ギャラリー六斎オープン(中込紀子)「与謝野晶子倶楽部」与謝野晶子倶楽部 9 2002 p47～49
◇晶子ゆかりの宿 歴史と文学といで湯のまち―城崎(岸田倭子)「与謝野晶子倶楽部」与謝野晶子倶楽部 9 2002 p50～52
◇与謝野晶子の『白桜集』研究(井上久子)「言語文化研究」聖徳大学大学院言語文化学会〔1〕2002 p75～87
◇特集・創刊900号記念復刻「旅」を彩った作家たち 「旅」76(1) 2002.1 p227～258
◇与謝野晶子の教育論―その特色と現代への示唆(土橋荘司)「自由」自由社 44(3) 2002.3 p43～50

与謝野晶子

◇与謝野晶子における『源氏物語』「末摘花」「蓬生」をめぐって—晶子源氏、「女あるじの零落」、蕪村 （加古美奈子）「岡大国文論稿」 岡山大学文学部日本語日本文学研究室 30 2002.3 p133〜141

◇与謝野晶子における『源氏物語』「末摘花」「蓬生」をめぐって—晶子源氏、「女あるじの零落」、蕪村 （加古美奈子）「岡大国文論稿」 岡山大学文学部国語国文学研究室 第30号 2002.3 p133〜141

◇与謝野晶子の歌(1)24のキーワードで読み解く与謝野晶子—春（その1） （今野寿美）「歌壇」 本阿弥書店 16(4) 2002.4 p80〜83

◇与謝野晶子の歌(2)24のキーワードで読み解く与謝野晶子 春（その2） （今野寿美）「歌壇」 本阿弥書店 16(5) 2002.5 p70〜73

◇与謝野晶子の歌(3)24のキーワードで読み解く与謝野晶子 われ （今野寿美）「歌壇」 本阿弥書店 16(6) 2002.6 p70〜79

◇与謝野晶子の歌(4)24のキーワードで読み解く与謝野晶子 はつなつ （今野寿美）「歌壇」 本阿弥書店 16(7) 2002.7 p80〜83

◇陸は海より悲しきものを（歌の与謝野晶子〔1〕）（竹西寛子）「婦人之友」 96(7) 2002.7 p144〜149

◇萩原朔太郎と晶子・啄木(特集 萩原朔太郎の世界—朔太郎をめぐって)（今野寿美）「国文学解釈と鑑賞」 至文堂 67(8) 2002.8 p51〜56

◇与謝野晶子の歌(5)24のキーワードで読み解く与謝野晶子 子（その1） （今野寿美）「歌壇」 本阿弥書店 16(8) 2002.8 p76〜79

◇陸は海より悲しきものを（歌の与謝野晶子〔2〕）（竹西寛子）「婦人之友」 96(8) 2002.8 p146〜151

◇周作人と与謝野晶子—両者の貞操論をめぐって （阿莉塔）「九大日文」 九州大学日本語文学会「九大日文」編集委員会 1 2002.8.1 p131〜149

◇与謝野晶子の歌(6)24のキーワードで読み解く与謝野晶子 子（その2） （今野寿美）「歌壇」 本阿弥書店 16(9) 2002.9 p72〜75

◇陸は海より悲しきものを（歌の与謝野晶子〔3〕）（竹西寛子）「婦人之友」 96(9) 2002.9 p144〜149

◇与謝野晶子の歌—24のキーワードで読み解く与謝野晶子(7)子（その3） （今野寿美）「歌壇」 本阿弥書店 16(10) 2002.10 p74〜77

◇陸は海より悲しきものを（歌の与謝野晶子〔4〕）（竹西寛子）「婦人之友」 96(10) 2002.10 p148〜153

◇与謝野晶子の歌—24のキーワードで読み解く与謝野晶子(8)子（その4） （今野寿美）「歌壇」 本阿弥書店 16(11) 2002.11 p100〜103

◇陸は海より悲しきものを(歌の与謝野晶子〔5〕）（竹西寛子）「婦人之友」 96(11) 2002.11 p142〜147

◇書物としての『みだれ髪』—『紫』との比較を中心に （高木えりか）「論樹」 論樹の会 16 2002.12 p1〜16

◇『みだれ髪』の性愛表現—与謝野晶子『みだれ髪』を読む （田口道昭）「論究日本文学」 立命館大学日本文学会 77 2002.12 p9〜21

◇与謝野晶子の歌—24のキーワードで読み解く与謝野晶子(9)君 （今野寿美）「歌壇」 本阿弥書店 16(12) 2002.12 p86〜89

◇陸は海より悲しきものを（歌の与謝野晶子〔6〕）（竹西寛子）「婦人之友」 96(12) 2002.12 p178〜183

◇与謝野晶子短歌の裾野—『冬柏』『明星』同人三宅雪枝のこと （岩崎文人）「近代文学試論」 広島大学近代文学研究会 40 2002.12 p222〜228

◇与謝野晶子とフランス （芳賀徹）「与謝野晶子倶楽部」 与謝野晶子倶楽部 11 2003 p1〜11

◇国木田独歩一樋口一葉（晶子フォーラム2003）（山根賢吉）「与謝野晶子倶楽部」 与謝野晶子倶楽部 12 2003 p1〜12, 図巻頭1p

◇晶子フォーラム2003 「与謝野晶子倶楽部」 与謝野晶子倶楽部 12 2003 p1〜20, 図巻頭3p, 図巻末1p

◇平成14年度第1回晶子講座 晶子と啄木 （田中礼）「与謝野晶子倶楽部」 与謝野晶子倶楽部 11 2003 p12〜18

◇歌碑巡りと歴史文学ツアー（晶子フォーラム2003）「与謝野晶子倶楽部」 与謝野晶子倶楽部 12 2003 p13〜17, 図巻末1p

◇晶子歌碑と歴史文学ツアーに参加して（晶子フォーラム2003—歌碑巡りと歴史文学ツアー）（川内通生）「与謝野晶子倶楽部」 与謝野晶子倶楽部 12 2003 p14〜16

◇「書道・華道・絵画などで描く晶子の姿」ギャラリー展示に参加して（晶子フォーラム2003）「与謝野晶子倶楽部」 与謝野晶子倶楽部 12 2003 p18〜20, 図巻頭2p

◇平成14年度第2回晶子講座 与謝野寛・晶子 心の遠景 （上田博）「与謝野晶子倶楽部」 与謝野晶子倶楽部 11 2003 p19〜25

◇平成14年度第3回晶子講座 花の時代—西洋植物熱と秋、晶子 （井上洋子）「与謝野晶子倶楽部」 与謝野晶子倶楽部 11 2003 p26〜33

◇平成14年度第4回晶子講座 与謝野晶子と高村光太郎 （持谷靖子）「与謝野晶子倶楽部」 与謝野晶子倶楽部 11 2003 p34〜40

◇与謝野夫妻の旅を求めて(11)旅の心に来て棲める鳥 （沖良機）「与謝野晶子倶楽部」 与謝野晶子倶楽部 12 2003 p36〜38

◇平塚らいてうと与謝野晶子 1930年代のアソシエーティブな生き方 （井上史）「与謝野晶子倶楽部」 与謝野晶子倶楽部 12 2003 p39〜43

◇与謝野夫妻の旅を求めて(10)紫の水したたりぬ （沖良機）「与謝野晶子倶楽部」 与謝野晶子倶楽部 11 2003 p45〜47

◇晶子の詩歌との出会い （斎藤正浩）「与謝野晶子倶楽部」 与謝野晶子倶楽部 11 2003 p52〜54

◇北から南—与謝野晶子情報コーナー 会員のページ 恋歌（こひうた）と挽歌（ひきうた）—与謝野晶子を繞（めぐ）る （高田直昭）「与謝野晶子倶楽部」 与謝野晶子倶楽部 12 2003 p55〜57

◇北から南—与謝野晶子情報コーナー 会員のページ 二十一回目の白桜忌と記念誌『白桜』完成を祝して （井上史）「与謝野晶子倶楽部」 与謝野晶子倶楽部 12 2003 p58〜59, 図巻頭1p

◇源氏物語の栞 与謝野晶子『新訳源氏物語』書誌拾遺 （神野藤昭夫）「源氏研究」 翰林書房 8 2003 p213〜216

◇与謝野晶子の歌—24のキーワードで読み解く与謝野晶子(10)百二十里 （今野寿美）「歌壇」 本阿弥書店 17(1) 2003.1 p70〜73

◇陸は海より悲しきものを(歌の与謝野晶子〔7〕)（竹西寛子）「婦人之友」 97(1) 2003.1 p164〜169

◇与謝野晶子の歌—24のキーワードで読み解く与謝野晶子(11)たまへ （今野寿美）「歌壇」 本阿弥書店 17(2) 2003.2 p102〜105

◇陸は海より悲しきものを—歌の与謝野晶子〔8〕 （竹西寛子）「婦人之友」 97(2) 2003.2 p160〜165

◇与謝野晶子訳『紫式部日記』について （田村隆）「文献探究」 文献探究の会 41 2003.3 p33〜42

◇与謝野晶子の歌—24のキーワードで読み解く与謝野晶子(12)の （今野寿美）「歌壇」 本阿弥書店 17(3) 2003.3 p140〜143

◇陸は海より悲しきものを—歌の与謝野晶子〔9〕 （竹西寛子）「婦人之友」 97(3) 2003.3 p158〜163

◇与謝野晶子の歌—24のキーワードで読み解く与謝野晶子(13)の（その2） （今野寿美）「歌壇」 本阿弥書店 17(4) 2003.4 p108〜111

◇近代日韓におけるセクシュアリティの問題—羅蕙錫と与謝野晶子との比較を中心に （金華榮）「阪大比較文学」 大阪大学比較文学会 創刊号 2003.5 p66〜88

◇大正快女伝(21)与謝野晶子—愛しつづける苦しみ （森まゆみ）「本の話」 文芸春秋 9(5) 2003.5 p74〜77

◇与謝野晶子の歌—24のキーワードで読み解く与謝野晶子(14)百合 （今野寿美）「歌壇」 本阿弥書店 17(5) 2003.5 p124〜127

◇与謝野晶子の歌 24のキーワードで読み解く与謝野晶子(15)やうに （今野寿美）「歌壇」 本阿弥書店 17(6) 2003.6 p104〜107

◇与謝野晶子の歌—24のキーワードで読み解く与謝野晶子(16) （今野寿美）「歌壇」 本阿弥書店 17(7) 2003.7 p100〜103

◇与謝野晶子の歌—24のキーワードで読み解く与謝野晶子(17)ほととぎす （今野寿美）「歌壇」 本阿弥書店 17(8) 2003.8 p98〜101

◇与謝野晶子の歌—24のキーワードで読み解く与謝野晶子(18)髪（その1） （今野寿美）「歌壇」 本阿弥書店 17(9) 2003.9 p96〜99

◇与謝野晶子の歌—24のキーワードで読み解く与謝野晶子(19)髪（その2） （今野寿美）「歌壇」 本阿弥書店 17(10) 2003.10 p82〜85

◇与謝野晶子『みだれ髪』の「みだれ髪」—「みだれ髪」の由来と意義をめぐって （Marat Safiullin）「岡山大学大学院文化科学研究科紀要」 岡山大学大学院文化科学研究科 16 2003.11 p15〜30

◇与謝野晶子の歌—24のキーワードで読み解く与謝野晶子(20)神 （今野寿美）「歌壇」 本阿弥書店 17(11) 2003.11 p80〜83

◇与謝野晶子の歌—24のキーワードで読み解く与謝野晶子(21)罪 （今野寿美）「歌壇」 本阿弥書店 17(12) 2003.12 p92〜95

◇平成16年度 第一回晶子講座(要旨) 晶子と「君死にたまふことなかれ」 （中村文雄）「与謝野晶子倶楽部」 与謝野晶子倶楽部 14 2004 p3〜9

◇『君死にたまふことなかれ』百年—朗読劇と音楽の夕べ(晶子フォーラム2004)「与謝野晶子倶楽部」 与謝野晶子倶楽部 14 2004 p10〜15

◇晶子フォーラム2004 「与謝野晶子倶楽部」 与謝野晶子倶楽部 14 2004 p10〜20, 図巻頭6p

◇平成16年度「晶子歌碑と歴史文学ツアー」に参加して(晶子フォーラム2004)「与謝野晶子倶楽部」 与謝野晶子倶楽部 14 2004 p17〜20

◇与謝野夫妻の旅を求めて(13)わが船は白き墓場となりにけり （沖良機）「与謝野晶子倶楽部」 与謝野晶子倶楽部 14 2004 p21〜24

◇晶子と荻窪の家(1) （萩原茂）「与謝野晶子倶楽部」 与謝野晶子倶楽部 14 2004 p25〜30

◇平成15年度 第四回晶子講座(要旨) 与謝野晶子の子育てと童話 （古沢夕起子）「与謝野晶子倶楽部」 与謝野晶子倶楽部 13 2004 p28〜34

◇晶子ゆかりの宿「与謝野寛・晶子と人吉温泉」 （近藤晋平）「与謝野晶子倶楽部」 与謝野晶子倶楽部 14 2004 p31〜37

◇平成15年度 第五回晶子講座(要旨) 1920年の与謝野夫妻について—晶子生誕日(十二月七日)に因んで （沖良機）「与謝野晶子倶楽部」 与謝野晶子倶楽部 13 2004 p36〜44

◇旅人は独り思はず旅に立つ—晶子詩碑にふたたび （田中和子）「与謝野晶子倶楽部」 与謝野晶子倶楽部 13 2004 p45〜47

◇与謝野夫妻の旅を求めて(第12回)仏蘭西の野は火の色す （沖良機）「与謝野晶子倶楽部」 与謝野晶子倶楽部 13 2004 p48〜51

◇北から南 与謝野晶子情報コーナー 会員のページ 羅〔ケイ〕錫と与

謝野晶子（金華栄）「与謝野晶子倶楽部」与謝野晶子倶楽部 13 2004 p59～61
◇Yosano Akiko et la ≪litterature feminine≫ japonaise（Claire Dodane）「立教大学フランス文学」立教大学フランス文学研究室 33 2004 p77～92
◇与謝野晶子の〈虹〉歌とその表現（荻原恭茂）「椙山女学園大学文化情報学部紀要」椙山女学園大学文化情報学部 4 2004 p113～123
◇与謝野晶子と岡本かの子―近代短歌における「髪」（特集 近代）（桐生直代）「解釈」解釈学会,日本学会事務センター学術情報事業部 50（1・2）2004.1・2 p3～10
◇与謝野晶子・短歌の文体―明治期と大正・昭和期の比較（高崎みどり）「明治大学教養論集」明治大学教養論集刊行会 377 2004.1 p69～79
◇与謝野晶子の歌―24のキーワードで読み解く与謝野晶子(22)恋（今野寿美）「歌壇」本阿弥書店 18(1) 2004.1 p90～93
◇与謝野晶子の歌―24のキーワードで読み解く与謝野晶子(23)源氏の君（今野寿美）「歌壇」本阿弥書店 18(2) 2004.2 p120～123
◇与謝野晶子社会詩確立の道筋―「女は掠奪者だ」を中心に（永岡健右）「研究紀要」日本大学通信教育部通信教育研究所 16・17 2004.3 p17～41
◇明治34年の短歌史的意味―「片われ月」と『みだれ髪』の絵画的特性をめぐって（太田登）「山辺道」天理大学国語国文学会 48 2004.3 p61～75
◇「上毛新聞」と与謝野晶子（市川祥子）「群馬県立女子大学国文学研究」群馬県立女子大学国語国文学会 24 2004.3 p66～98
◇与謝野晶子の歌―24のキーワードで読み解く与謝野晶子(24)似る（今野寿美）「歌壇」本阿弥書店 18(3) 2004.3 p152～155
◇与謝野晶子の歌―24のキーワードで読み解く与謝野晶子(25)名（今野寿美）「歌壇」本阿弥書店 18(4) 2004.4 p116～119
◇与謝野晶子の歌―24のキーワードで読み解く与謝野晶子(26)星（今野寿美）「歌壇」本阿弥書店 18(5) 2004.5 p86～89
◇文化学院における晶子の国語教育―「名著講読」と「作歌指導」にみられる本質感得主義（加賀由起子）「同志社女子大学日本語日本文学」同志社女子大学日本語日本文学会 16 2004.6 p21～36
◇与謝野晶子の歌―24のキーワードで読み解く与謝野晶子(27)大阪（今野寿美）「歌壇」本阿弥書店 18(6) 2004.6 p94～97
◇与謝野晶子の歌―24のキーワードで読み解く与謝野晶子(28)母（今野寿美）「歌壇」本阿弥書店 18(7) 2004.7 p110～114
◇与謝野晶子の歌―24のキーワードで読み解く与謝野晶子(29)国（今野寿美）「歌壇」本阿弥書店 18(8) 2004.8 p104～108
◇与謝野晶子の歌―24のキーワードで読み解く与謝野晶子(30・最終回)桜（今野寿美）「歌壇」本阿弥書店 18(9) 2004.9 p96～100
◇与謝野晶子『みだれ髪』の「髪」―「髪」の歌の例に見られる理想像（Safiullin Marat）「岡山大学大学院文化科学研究科紀要」岡山大学大学院文化科学研究科 18 2004.11 p39～56
◇晶子フォーラム2005 記念講演 鉄幹・晶子の家庭教育（上笙一郎）「与謝野晶子倶楽部」与謝野晶子倶楽部 16 2005 p1～13,図巻頭1p
◇平成17年一月二十二日「晶子講座」(講演要旨) 与謝野晶子から何を受けとるのか（香内信子）「与謝野晶子倶楽部」与謝野晶子倶楽部 15 2005 p1～23
◇平成17年度 第1回「晶子講座」(要旨) テーマ「与謝野鉄幹の再評価―鉄幹没後70年に因んで」鉄幹・晶子と森鷗外（瀧本和成）「与謝野晶子倶楽部」与謝野晶子倶楽部 16 2005 p14～24
◇平成16年度 第5回「晶子講座」(要旨) 名歌の解釈と鑑賞（2）（入江春行）「与謝野晶子倶楽部」与謝野晶子倶楽部 16 2005 p25～32
◇与謝野晶子夫妻の旅を求めて(第15回)蒙古かぜ大連を吹き海暗し（沖良機）「与謝野晶子倶楽部」与謝野晶子倶楽部 16 2005 p33～37
◇平成16年度 第三回「晶子講座」(要旨)『日露戦争』の時代―日本「国民」の形成（井口和起）「与謝野晶子倶楽部」与謝野晶子倶楽部 15 2005 p34～43
◇晶子と荻窪の家(3)（萩原茂）「与謝野晶子倶楽部」与謝野晶子倶楽部 16 2005 p38～43
◇平成16年度 第四回「晶子講座」(要旨) 名歌の解釈と鑑賞（1）（入江春行）「与謝野晶子倶楽部」与謝野晶子倶楽部 16 2005 p44～51
◇晶子歌碑と歴史文学ツアーに参加して―鉄幹没後70年に因んで（松井敬子）「与謝野晶子倶楽部」与謝野晶子倶楽部 16 2005 p47,図巻末2p
◇第11回「与謝野晶子短歌文学賞」大会報告（西真理子）「与謝野晶子倶楽部」与謝野晶子倶楽部 16 2005 p49～53
◇一日文学踏査講演(要旨) 近江路を訪ねて(近江路へ晶子を訪ねる(一日文学踏査))（北沢紀味子）「与謝野晶子倶楽部」与謝野晶子倶楽部 15 2005 p52～54
◇近江路へ晶子を訪ねる(一日文学踏査)「与謝野晶子倶楽部」与謝野晶子倶楽部 15 2005 p52～59,巻頭1p
◇「堺・晶子研究会」の報告 与謝野晶子の小説から学ぶ（阿部恵子）「与謝野晶子倶楽部」与謝野晶子倶楽部 16 2005 p54～57
◇一日文学踏査講演(要旨)『源氏物語』と晶子(近江路へ晶子を訪ねる(一日文学踏査))（鈴木ゆみ）「与謝野晶子倶楽部」与謝野晶子倶

楽部 15 2005 p55～59
◇山陰へ 晶子の旅をたどる(一泊文学踏査)（中村佳子）「与謝野晶子倶楽部」与謝野晶子倶楽部 15 2005 p60～62,巻頭1p
◇堺市立文化館・与謝野晶子文芸館のページ「与謝野晶子倶楽部」与謝野晶子倶楽部 16 2005 p61～63,図巻頭2p
◇与謝野夫妻の旅を求めて(第14回)承久の院二十にて（沖良機）「与謝野晶子倶楽部」与謝野晶子倶楽部 15 2005 p63～65
◇晶子と荻窪の家(2)（萩原茂）「与謝野晶子倶楽部」与謝野晶子倶楽部 15 2005 p66～71
◇『晶子ゆかりの宿』油屋旅館と備北路の旅（森幸影）「与謝野晶子倶楽部」与謝野晶子倶楽部 15 2005 p76～80
◇ロシア紀行の周辺から―ウラジオストクの与謝野晶子詩碑修復に寄せて（我部政男）「窓」ナウカ 131 2005.1 p14～18
◇発動するいのち―与謝野晶子『みだれ髪』の「いのち」の表現をめぐって（桐生直代）「福岡女学院大学紀要 人文学部編」福岡女学院大学人文学部 15 2005.2 p81～96
◇与謝野晶子―歌の遍歴（木股知史）「上方文化研究センター研究年報」大阪女子大学上方文化研究センター 6 2005.3 p9～19
◇与謝野晶子―よさの・あきこ 1878～1942―日露戦争への反戦詩(特集 子どもと学びたい女性の20話)（諏訪淑子）「歴史地理教育」歴史教育者協議会 682増刊 2005.3 p14～19
◇省筆の訳出―「晶子源氏」の再検討（田村隆）「文献探究」文献探究の会 43 2005.3 p27～38
◇与謝野晶子の短歌に表われた柳と白楊、そして柳絮について（川崎キヌ子）「和洋國文研究」和洋女子大学国文学会 40 2005.3 p28～39
◇二人の「情熱歌人」和泉式部と与謝野晶子―近代における「古典」受容の一場面（楳野政子）「大阪大学日本学報」大阪大学大学院文学研究科日本学研究室 24 2005.3 p55～78
◇〈臙脂紫〉の意味するもの―与謝野晶子『みだれ髪』（安川里香子）「川村短期大学研究紀要」川村短期大学 25 2005.3 p72～67
◇逍遙・文学誌(167)大阪からの「現代之家庭」創刊号―与謝野晶子と有島武郎の「土地私有制ではいつ迄も駄旦」（紅野敏郎）「國文學 解釈と教材の研究」學燈社 50(5) 2005.5 p164～167
◇本好き人好き(189)與謝野晶子の見るところ―『激動の中を行く』『晶子歌話』（谷沢永一）「國文學 解釈と教材の研究」學燈社 50(6) 2005.6 p158～161
◇逍遙・文学誌(170)鐘が鳴る(下)駁彦・梅原・村上華岳・龍子・御風・白秋・晶子・荘八・劉生ら（紅野敏郎）「國文學 解釈と教材の研究」學燈社 50(8) 2005.8 p182～185
◇与謝野晶子の歌を引用した 若き日の石橋湛山の手紙―1905(明治38)年八月、恩師・望月日謙師へ托した心情（[自由思想] 一〇〇号記念特集(1)『石橋湛山全集』未収録論文等）「自由思想」石橋湛山記念財団 100 2005.9 p4～6
◇第二回晶子講座 鉄幹と『文壇照魔鏡』事件（木村勲）「与謝野晶子倶楽部」与謝野晶子倶楽部 17 2006 p1～10
◇晶子フォーラム2006 創作劇 晶子、愛をうたう―若者に贈るいのちの賛歌―に参加しての感想「与謝野晶子倶楽部」与謝野晶子倶楽部 18 2006 p3～9,図巻頭2p
◇第一回晶子講座 晶子・鉄幹のフランスの旅（入江春行）「与謝野晶子倶楽部」与謝野晶子倶楽部 18 2006 p10～17
◇第三回晶子講座 編集者としての鉄幹（太田登）「与謝野晶子倶楽部」与謝野晶子倶楽部 17 2006 p11～21
◇海外文学踏査 晶子・鉄幹のフランスの旅に学ぶ（入江春行）「与謝野晶子倶楽部」与謝野晶子倶楽部 18 2006 p18～28,図巻頭3p
◇與謝野晶子における古典の意義―初期短歌、評論をめぐって（加藤美奈子）「就実論叢」就実大学 35其の1 2006 p21～35
◇第四回晶子講座 鉄幹の愛と政治の歌（青井史）「与謝野晶子倶楽部」与謝野晶子倶楽部 17 2006 p22～30
◇世界の扉をあけた与謝野晶子―パリの君に逢いにゆく（田中和子）「与謝野晶子倶楽部」与謝野晶子倶楽部 18 2006 p29～34
◇第五回晶子講座 小林天眠と与謝野夫妻（黒川直則）「与謝野晶子倶楽部」与謝野晶子倶楽部 17 2006 p31～39
◇フランスから帰国し、その直後の晶子と鉄幹の主な活躍の中から（阿部恵子）「与謝野晶子倶楽部」与謝野晶子倶楽部 18 2006 p35～39
◇巴里レポート「与謝野晶子倶楽部」与謝野晶子倶楽部 18 2006 p40～45
◇名歌の解釈と鑑賞(3)（入江春行）「与謝野晶子倶楽部」与謝野晶子倶楽部 17 2006 p40～46
◇与謝野夫妻の旅を求めて(第17回)この頃は故国を恐る 満蒙旅行(その3)（沖良機）「与謝野晶子倶楽部」与謝野晶子倶楽部 18 2006 p46～48
◇一日文学踏査「晶子と安喜子」・潤一郎と虚子を訪ねて―西宮・芦屋・文学めぐり（笹尾章子）「与謝野晶子倶楽部」与謝野晶子倶楽部 17 2006 p47～48,図巻末2p
◇一泊文学踏査 晶子・鉄幹 甲州の旅をたどる（楊井満寿子,大西由紀子）「与謝野晶子倶楽部」与謝野晶子倶楽部 17 2006 p49～53,図巻頭4p

与謝野晶子

◇与謝野夫妻の旅を求めて（第16回）若き日の旅寝に似たり（満蒙旅行（その2））（沖良機）「与謝野晶子倶楽部」 与謝野晶子倶楽部 17 2006 p54～56
◇湯河原静養の晶子─丹羽安喜子宛自筆葉書から （近藤晋平）「与謝野晶子倶楽部」 与謝野晶子倶楽部 18 2006 p57～59
◇晶子と荻窪の家（4） （萩原茂）「与謝野晶子倶楽部」 与謝野晶子倶楽部 17 2006 p57～61
◇堺の今むかし、晶子歌碑めぐり 「与謝野晶子倶楽部」 与謝野晶子倶楽部 18 2006 p63～66
◇市場に引き渡された歌の対話性─『みだれ髪』刊行の意味するもの（特集・日本の文化と文学─移りゆくものを見つめて） （阿木津英）「神奈川大学評論」 神奈川大学広報委員会 55 2006 p65～73
◇堺市立文化館・与謝野晶子文芸館のページ 「与謝野晶子倶楽部」 与謝野晶子倶楽部 17 2006 p67～69
◇第十二回「与謝野晶子短歌文学賞」大会報告 （佐藤多賀子）「与謝野晶子倶楽部」 与謝野晶子倶楽部 18 2006 p67～70
◇反戦の声─内村鑑三と与謝野晶子 （Doron B. Cohen）「一神教学際研究」 同志社大学一神教学際研究センター 2 2006 p78～92
◇与謝野晶子の研究─『みだれ髪』以後の短歌をめぐって （荻野恭茂）「椙山女学園大学文化情報学部紀要」 椙山女学園大学文化情報学部 6 2006 p101～118
◇童話作家としての与謝野晶子（特集・書誌新人集） （吉岡邦恵）「文献探索」 金沢文圃閣, 文献探索研究会 2006 p490～495
◇遊遙・文学誌（179）大阪柳屋の「美術と文芸」─夢二・白秋・富本憲吉・勇・晶子・黒田鵬心・中井宗太郎 ら （紅野敏郎）「國文學 解釈と教材の研究」 學燈社 51（5） 2006.5 p170～173
◇『晶子とシャネル』山田登世子─「はたらく」姿勢を貫いた同時代の「恋する女」たち（読書空間─Book Review） （松平盟子（歌人）評）「論座」 朝日新聞社 132 2006.5 p302～303
◇与謝野晶子と丹後・天橋立─昭和五年・十五年の旅を中心に （川内通し）「新国語研究」 大阪府高等学校国語研究会 第50号 2006.6 p27～34
◇与謝野晶子と丹後・天橋立─昭和五年・十五年の旅を中心に （川内通し）「新国語研究」 大阪府高等学校国語研究会 第50号 2006.6 p27～34
◇1920年代後半の与謝野晶子について─中国との関わりを視座として （司麗娟, 和田勉）「九州産業大学国際文化学部紀要」 九州産業大学国際文化学会 34 2006.9 p1～19
◇基調講演 晶子における異文化体験（晶子フォーラム二〇〇七 国際シンポジウム「伝えよう！晶子の国際性」─愛・自由・平和） （太田登）「与謝野晶子倶楽部」 与謝野晶子倶楽部 20 2007 p1～3
◇晶子を誇る（与謝野晶子歌碑建立記念講演） （難波利三）「与謝野晶子倶楽部」 与謝野晶子倶楽部 19 2007 p1～8
◇晶子フォーラム二〇〇七 国際シンポジウム「伝えよう！晶子の国際性」─愛・自由・平和 「与謝野晶子倶楽部」 与謝野晶子倶楽部 20 2007 p1～10
◇与謝野晶子歌碑建立記念講演 「与謝野晶子倶楽部」 与謝野晶子倶楽部 19 2007 p1～23, 巻頭6p
◇問題提起 晶子の豊かさと複雑性（晶子フォーラム二〇〇七 国際シンポジウム「伝えよう！晶子の国際性」─愛・自由・平和） （田原）「与謝野晶子倶楽部」 与謝野晶子倶楽部 20 2007 p3～5
◇問題提起 海を越えた晶子（晶子フォーラム二〇〇七 国際シンポジウム「伝えよう！晶子の国際性」─愛・自由・平和） （Janine Beichman）「与謝野晶子倶楽部」 与謝野晶子倶楽部 20 2007 p6～10
◇歌碑建立のいきさつ（与謝野晶子歌碑建立記念講演） （田中和子）「与謝野晶子倶楽部」 与謝野晶子倶楽部 19 2007 p11～14
◇第一回 晶子講座 アウギュストは象に乗って （古澤夕起子）「与謝野晶子倶楽部」 与謝野晶子倶楽部 20 2007 p18～27
◇与謝野晶子歌碑めぐり（与謝野晶子歌碑建立記念講演） （鶴埜清治）「与謝野晶子倶楽部」 与謝野晶子倶楽部 19 2007 p21～23
◇与謝野夫妻の旅を求めて（第18回）天に示して逆しまに飛ぶ （沖良機）「与謝野晶子倶楽部」 与謝野晶子倶楽部 19 2007 p24～29
◇晶子、トルストイに非戦を学ぶ （岩崎紀美子）「与謝野晶子倶楽部」 与謝野晶子倶楽部 20 2007 p28～30
◇晶子ゆかりの宿─阿蘇・内牧温泉 （蘇山郷） （近藤晋平）「与謝野晶子倶楽部」 与謝野晶子倶楽部 19 2007 p30～39
◇与謝野夫妻の旅を求めて（第19回）唯だ抱けるは妻の真心 （沖良機）「与謝野晶子倶楽部」 与謝野晶子倶楽部 20 2007 p31～35
◇「わが恋をみちびく星」は"金星" （中井正弘）「与謝野晶子倶楽部」 与謝野晶子倶楽部 20 2007 p36～38
◇身近になった晶子─御所坊の歌に出会って （金井きみ子）「与謝野晶子倶楽部」 与謝野晶子倶楽部 19 2007 p40～43
◇与謝野晶子没後六十五年プロジェクト事業より 「与謝野晶子倶楽部」 与謝野晶子倶楽部 20 2007 p41～49
◇晶子のふるさと山之口 夢浪漫本舗に花開く夢（与謝野晶子没後六十五年プロジェクト事業より） （松永直子）「与謝野晶子倶楽部」 与謝野晶子倶楽部 20 2007 p42～44
◇堺を愛と花でいっぱいに（与謝野晶子没後六十五年プロジェクト事業より） （岸田かおる）「与謝野晶子倶楽部」 与謝野晶子倶楽部 20 2007 p44～46
◇与謝野晶子と私の叔母、幾世喜久子のこと （幾世淳紀）「与謝野晶子倶楽部」 与謝野晶子倶楽部 19 2007 p46～48
◇堺の今むかし 晶子歌碑めぐり （北村みどり）「与謝野晶子倶楽部」 与謝野晶子倶楽部 20 2007 p50～53
◇鉄幹・晶子歌碑が荻窪に建立 （萩原茂）「与謝野晶子倶楽部」 与謝野晶子倶楽部 19 2007 p57～59
◇堺・ひと・もの・こころ（晶子講座（第3回）地域の中で晶子を学ぼう） （松若千代子, 築地寛明）「与謝野晶子倶楽部」 与謝野晶子倶楽部 19 2007 p62～65
◇晶子講座（第3回）地域の中で晶子を学ぼう 「与謝野晶子倶楽部」 与謝野晶子倶楽部 19 2007 p62～73
◇自己と社会とのかかわりをめぐって（晶子講座（第3回）地域の中で晶子を学ぼう） （太田登）「与謝野晶子倶楽部」 与謝野晶子倶楽部 19 2007 p66～73
◇与謝野晶子倶楽部機関誌二十号までのあゆみ 「与謝野晶子倶楽部」 与謝野晶子倶楽部 20 2007 p75～84
◇与謝野晶子倶楽部十年の歩み 「与謝野晶子倶楽部」 与謝野晶子倶楽部 19 2007 p86～90
◇窪田空穂と与謝野晶子─「明星」時代を中心に （西村真一）「共立女子大学文芸学部紀要」 共立女子大学 53 2007.1 p1～23
◇新連載 晶子、百合子、美美子─女三人のシベリア鉄道（1） （森まゆみ）「すばる」 集英社 29（3） 2007.3 p230～256
◇女性詩人のよこがお（第4回）惚れて、産んで、書いて─与謝野晶子 （長嶋南子）「詩学」 詩学社 62（4） 2007.4 p68～71
◇晶子、百合子、美美子─女三人のシベリア鉄道（2） （森まゆみ）「すばる」 集英社 29（5） 2007.5 p183～207
◇鉄幹・晶子─夢の憧憬 「國文學 解釈と教材の研究」 學燈社 52（7臨増） 2007.6 p5～153
◇対談 鉄幹の眼、晶子の声（鉄幹・晶子─夢の憧憬） （與謝野文子, 吉増剛造）「國文學 解釈と教材の研究」 學燈社 52（7臨増） 2007.6 p6～32
◇与謝野鉄幹先生と泉鏡花 その恋の人─晶子令嬢と芸妓桃太郎（鉄幹・晶子─夢の憧憬─パリ、そして世界思想） （泉名月）「國文學 解釈と教材の研究」 學燈社 52（7臨増） 2007.6 p33～35
◇パリ、そして世界思想（鉄幹・晶子─夢の憧憬） 「國文學 解釈と教材の研究」 學燈社 52（7臨増） 2007.6 p33～55
◇晶子源氏─新訳までの道（鉄幹・晶子─夢の憧憬─パリ、そして世界思想） （山根基世）「國文學 解釈と教材の研究」 學燈社 52（7臨増） 2007.6 p53～55
◇明治・大正のメディア/教育（鉄幹・晶子─夢の憧憬） 「國文學 解釈と教材の研究」 學燈社 52（7臨増） 2007.6 p56～99
◇「明星」の色彩革命（鉄幹・晶子─夢の憧憬─明治・大正のメディア/教育） （木股知史）「國文學 解釈と教材の研究」 學燈社 52（7臨増） 2007.6 p66～75
◇文化学院へ─与謝野寛、晶子と西村伊作（鉄幹・晶子─夢の憧憬─明治・大正のメディア/教育） （植野比佐見）「國文學 解釈と教材の研究」 學燈社 52（7臨増） 2007.6 p76～87
◇第二次「明星」と鉄幹と文化学院のこと（鉄幹・晶子─夢の憧憬─明治・大正のメディア/教育） （天童大人）「國文學 解釈と教材の研究」 學燈社 52（7臨増） 2007.6 p88～91
◇編集の時間─新詩社の一隅にて（鉄幹・晶子─夢の憧憬─明治・大正のメディア/教育） （石塚純一）「國文學 解釈と教材の研究」 學燈社 52（7臨増） 2007.6 p92～99
◇鉄幹・晶子、象徴と譬喩と（鉄幹・晶子─夢の憧憬─鉄幹・晶子それぞれの短歌革新） （成瀬有）「國文學 解釈と教材の研究」 學燈社 52（7臨増） 2007.6 p100～108
◇鉄幹・晶子それぞれの短歌革新（鉄幹・晶子─夢の憧憬） 「國文學 解釈と教材の研究」 學燈社 52（7臨増） 2007.6 p100～118
◇和歌革新と「虎の鉄幹」から「紫の鉄幹」へ（鉄幹・晶子─夢の憧憬─鉄幹・晶子それぞれの短歌革新） （逸見久美）「國文學 解釈と教材の研究」 學燈社 52（7臨増） 2007.6 p109～118
◇鉄幹晶子をめぐる人々とイタリアの美術（鉄幹・晶子─夢の憧憬） （末永航）「國文學 解釈と教材の研究」 學燈社 52（7臨増） 2007.6 p119～126
◇時代の証言：寛・晶子が『満蒙遊記』で見たもの（鉄幹・晶子─夢の憧憬） （永岡健右）「國文學 解釈と教材の研究」 學燈社 52（7臨増） 2007.6 p127～135
◇若き日の鉄幹晶子書簡をめぐって（鉄幹・晶子─夢の憧憬） （逸見久美）「國文學 解釈と教材の研究」 學燈社 52（7臨増） 2007.6 p136～144
◇与謝野寛（鉄幹）・晶子の年譜（鉄幹・晶子─夢の憧憬） （市川千尋）「國文學 解釈と教材の研究」 學燈社 52（7臨増） 2007.6 p145～153
◇恋歌のゆくえ─信綱・鉄幹・晶子（特集 日本文学と恋） （猪狩友一）「文学」 岩波書店 8（5） 2007.9・10 p127～141
◇晶子、百合子、美美子─女三人のシベリア鉄道（3） （森まゆみ）

「すばる」 集英社 29(9) 2007.9 p136〜160
◇「道」の歌—業平の人生、晶子の恋 (松平盟子)「道路行政セミナー」 道路広報センター 18(7) 2007.10 p1〜3
◇晶子と寛、大逆事件の深き傷跡—〈新資料〉沖野岩三郎宛、晶子紀州旅行の礼状 (塚本章子)「日本近代文学」 日本近代文学会 77 2007.11 p17〜31
◇晶子、百合子、芙美子—女三人のシベリア鉄道(4) (森まゆみ)「すばる」 集英社 29(11) 2007.11 p254〜278
◇鉄幹・晶子・登美子の歌垣 (Leith Morton)「言語文化論叢」 東京工業大学外国語研究教育センター 12 2008 p1〜20
◇与謝野晶子の短歌における薄田泣菫の影響—新体詩「尼が紅」(『暮笛集』所収)と『みだれ髪』の描いた「尼」 (加藤美奈子)「吉備地方文化研究」 就実女子大学吉備地方文化研究所 18 2008 p87〜106
◇一日文学踏査 「与謝野晶子倶楽部」 与謝野晶子倶楽部 21 2008 p48〜53
◇晶子ゆかりの宿 (澤治)「与謝野晶子倶楽部」 与謝野晶子倶楽部 21 2008 p54〜57
◇北から南 与謝野晶子情報コーナー 会員のページ 与謝野晶子との出会い—人吉観光を思う (堀尾里美)「与謝野晶子倶楽部」 与謝野晶子倶楽部 21 2008 p58〜60
◇堺市立文化館・与謝野晶子文芸館のページ 「与謝野晶子倶楽部」 与謝野晶子倶楽部 21 2008 p70〜72
◇与謝野晶子生誕一三〇年・『源氏物語』千年記念 記念講演会 晶子と『源氏物語』 (尾崎左永子)「与謝野晶子倶楽部」 与謝野晶子倶楽部 22 2008 p1〜11, 図巻頭2p
◇与謝野晶子生誕一三〇年記念、特別企画『旅に立つ—ロシア ウラジオストクの晶子を訪ねて』与謝野晶子来訪記念セミナーより 「与謝野晶子倶楽部」 与謝野晶子倶楽部 22 2008 p12〜41, 図巻頭3p, 図巻末2p
◇与謝野晶子作品におけるロシアとロシア人(与謝野晶子生誕一三〇年記念、特別企画『旅に立つ—ロシア ウラジオストクの晶子を訪ねて』与謝野晶子来訪記念セミナーより) (スレメイノヴァアイーダ)「与謝野晶子倶楽部」 与謝野晶子倶楽部 22 2008 p15〜18
◇晶子と啄木—晶子そのままと晶子ばなれ(与謝野晶子生誕一三〇年記念、特別企画『旅に立つ—ロシア ウラジオストクの晶子を訪ねて』与謝野晶子来訪記念セミナーより) (入江春行)「与謝野晶子倶楽部」 与謝野晶子倶楽部 22 2008 p19〜22
◇与謝野晶子と堺の町並み(与謝野晶子生誕一三〇年記念、特別企画『旅に立つ—ロシア ウラジオストクの晶子を訪ねて』与謝野晶子来訪記念セミナーより) (たつみ都志)「与謝野晶子倶楽部」 与謝野晶子倶楽部 22 2008 p27〜31
◇与謝野晶子から生まれた日本との交流(与謝野晶子生誕一三〇年記念、特別企画『旅に立つ—ロシア ウラジオストクの晶子を訪ねて』与謝野晶子来訪記念セミナーより) (坂本裕子)「与謝野晶子倶楽部」 与謝野晶子倶楽部 22 2008 p32〜34
◇ウラジオストク文学踏査を終えて(与謝野晶子生誕一三〇年記念、特別企画『旅に立つ—ロシア ウラジオストクの晶子を訪ねて』与謝野晶子来訪記念セミナーより)「与謝野晶子倶楽部」 与謝野晶子倶楽部 22 2008 p35〜41
◇第十四回「与謝野晶子短歌文学賞」大会報告 (西真理子)「与謝野晶子倶楽部」 与謝野晶子倶楽部 22 2008 p51〜54
◇北から南 与謝野晶子情報コーナー 会員のページ 『与謝野晶子文芸サロン』誕生 「与謝野晶子倶楽部」 与謝野晶子倶楽部 22 2008 p55〜57
◇堺市立文化館・与謝野晶子文芸館のページ 「与謝野晶子倶楽部」 与謝野晶子倶楽部 22 2008 p63〜65
◇子どもの文化ホットライブ ようこそ晶子童話の世界へ—『与謝野晶子児童文学全集』刊行 (古澤夕起子)「子どもの文化」 子どもの文化研究所 40(2) 2008.2 p32〜35
◇与謝野晶子の朗読した『源氏物語』のテキストはなにか—『新新訳源氏物語』の周辺 (波頭) (神野藤昭夫)「平安朝文学研究」 平安朝文学研究会 復刊第16号(通巻第44号) 2008.3 p39〜41
◇与謝野晶子の恋(特集 恋) (赤間均)「紫明」 紫明の会 22 2008.3 p22〜27
◇近代の女性表現と女性フォーラム—晶子・登美子・寛の関係性と表現を中心に (田中光子)「国語国文学」 福井大学言語文化学会 47 2008.3 p1〜11
◇与謝野寛・晶子の九州横断旅行を追って—熊本県阿蘇市内牧温泉を中心に (近藤晉平)「北九州国文」 北九州地区高等学校国語部会 35 2008.3 p78〜83
◇北から南から 全国消防署イラスト紀行(232)鉄砲鍛冶屋敷、茶の湯、与謝野晶子… 魅力ある自由都市・堺 堺市高石市消防組合堺消防署の巻 (中川英雄)「近代消防」 近代消防社 46(8) 2008.7 p134〜137
◇特集=生誕百三十年 与謝野晶子大研究 「国文学解釈と鑑賞」 至文堂 73(9) 2008.9 p6〜180
◇〈与謝野晶子〉になる少女—随筆「私の生ひ立ち」 (古澤夕起子)「言語文化論叢」 京都橘大学文学部野村研究室 2 2008.9 p21〜25
◇与謝野晶子の書簡文—その表現的特徴と時期的変化 (茗荷円)「聖心女子大学大学院論集」 聖心女子大学 30(2) 2008.10 p44〜26
◇世の見方の始まり(4)与謝野晶子・髪 (池内紀)「新潮」 新潮社 105(11) 2008.11 p304〜313
◇特集 生誕130年・わたしの与謝野晶子 「短歌研究」 短歌研究社 65(11) 2008.11 p55〜69
◇大特集 与謝野晶子 生誕130年 「短歌」 角川グループパブリッシング, 角川学芸出版 55(13) 2008.12 p53〜113
◇日本人のシンガポール体験(38)与謝野鉄幹の詩、与謝野晶子の短歌 (西原大輔)「シンガポール」 日本シンガポール協会 2008(4) 2008.12 p26〜29
◇与謝野晶子の『みだれ髪』と鉄幹の『紫』のモダニズム (Leith Morton)「言語文化論叢」 東京工業大学外国語研究教育センター 14 2009 p45〜62
◇日本女性会議二〇〇九さかいプレイベント 与謝野晶子生誕百三十年記念シンポジウム 二十一世紀に伝えよう！晶子の魅力 (太田登, たつみ都志, 西村富美子〔他〕)「与謝野晶子倶楽部」 与謝野晶子倶楽部 23 2009 p1〜13, 図巻頭3p
◇一日文学踏査(第二回晶子講座)「与謝野晶子倶楽部」 与謝野晶子倶楽部 23 2009 p14〜24, 図巻頭1p
◇晶子・鉄幹 高松・琴平をめぐる旅(一泊文学踏査) (森川巳津子)「与謝野晶子倶楽部」 与謝野晶子倶楽部 23 2009 p27〜29, 図巻頭2p
◇第三回晶子講座 地域の人々へ伝えよう 晶子からのメッセージ (下村晴美, 白井伸)「与謝野晶子倶楽部」 与謝野晶子倶楽部 23 2009 p30〜33
◇第三回晶子講座 講演 与謝野晶子の児童文学について (畑中圭一)「与謝野晶子倶楽部」 与謝野晶子倶楽部 23 2009 p34〜43
◇第五回晶子講座 講演 源氏物語から見た『晶子源氏』 (泉紀子)「与謝野晶子倶楽部」 与謝野晶子倶楽部 23 2009 p44〜54
◇北九州市で開かれた「与謝野寛・晶子展」 (近藤晉平)「与謝野晶子倶楽部」 与謝野晶子倶楽部 23 2009 p55〜61
◇堺市立文化館・与謝野晶子文芸館のページ 特別展「与謝野晶子と故郷堺」開催を終えて 「与謝野晶子倶楽部」 与謝野晶子倶楽部 23 2009 p75〜77
◇歴史に学ぶ女と男の関係—与謝野晶子・平塚らいてう・山川菊栄とそのパートナーたち (金子幸子)「名古屋短期大学研究紀要」 名古屋短期大学 47 2009 p113〜125
◇公開講演会 正岡子規と与謝野晶子—明治文学の坂道(東洋大学 東洋学研究所活動報告) (山田吉郎)「東洋学研究」 東洋大学東洋学研究所 46 2009 p194〜196
◇「あさまし」の現代語訳からみる空蝉像—与謝野晶子による解釈と人物造形の一考察 (三宅李佳)「東京外国語大学日本研究教育年報」 東京外国語大学日本課程 13 2009 p45〜61
◇与謝野晶子生誕130周年、日本女性会議2009さかい開催記念 晶子フォーラム2009 与謝野晶子記念コンサート 人及び女として—明日につなげよう晶子の生き方 「与謝野晶子倶楽部」 与謝野晶子倶楽部 24 2009 p図巻頭3p
◇超人の晶子、支援の寛 (逸見久美)「与謝野晶子倶楽部」 与謝野晶子倶楽部 24 2009 p1〜11
◇第一回晶子講座 ワークライフバランスと晶子の生き方 (金谷千慧子)「与謝野晶子倶楽部」 与謝野晶子倶楽部 24 2009 p18〜25
◇第三回「与謝野寛・晶子を偲ぶ会」 (松平盟子)「与謝野晶子倶楽部」 与謝野晶子倶楽部 24 2009 p30〜33
◇与謝野晶子 "歌" のゆくえ(第1回) (沖良機)「与謝野晶子倶楽部」 与謝野晶子倶楽部 24 2009 p34〜37
◇晶子のふるさと山之口 (小川雅司)「与謝野晶子倶楽部」 与謝野晶子倶楽部 24 2009 p38〜43
◇第十五回「与謝野晶子短歌文学賞」大会報告 (小西美根子)「与謝野晶子倶楽部」 与謝野晶子倶楽部 24 2009 p44〜47
◇北から南 与謝野晶子情報コーナー 会員のページ 晶子さんの歌碑 湊駅前建立について (鎌苅一身)「与謝野晶子倶楽部」 与謝野晶子倶楽部 24 2009 p48〜50
◇薄田泣菫『暮笛集』と与謝野晶子『みだれ髪』—新体詩「尼が紅」「兄と妹」、『みだれ髪』同時代評をめぐって (加藤美奈子)「岡大国文論稿」 岡山大学文学部言語国語国文学会 37 2009.3 p40〜52
◇与謝野晶子の社会評論再考—家族論・女子教育論を中心に (吉田啓子)「比較文化研究」 比較文化研究会 28 2009.3 p45〜61
◇与謝野晶子と斎藤茂吉 両極端の言語執着(特集 ザ・ライバル—もう一つの短歌鑑賞法) (今野寿美)「短歌」 角川グループパブリッシング, 角川学芸出版 56(5) 2009.4 p2〜47
◇現代の歌枕(11)与謝野晶子・祇園 (道浦母都子)「短歌研究」 短歌研究社 66(4) 2009.4 p8〜10
◇与謝野晶子、故郷と父の描き方 (古澤夕起子)「言語文化論叢」 京都橘大学文学部野村研究室 3 2009.8 p39〜45
◇与謝野寛・晶子と北備渓谷—なぜ夫妻は高梁への再遊を果たさなかったのか (石上敏)「大阪商業大学商業史博物館紀要」 大阪商業大学商業史博物館 10 2009.8 p185〜204
◇粟田山の梅—『みだれ髪』における梅の花の歌の意義 (福山恵理

「日本語と日本文学」 筑波大学日本語日本文学会 49 2009.8 p7〜21
『新版評伝与謝野寛晶子』(大正篇)に思うことども （逸見久美）
「日本古書通信」 日本古書通信社 74(11) 2009.11 p6〜8

吉沢検校〔2代〕 よしざわけんぎょう 1808〜1872
幕末, 明治期の箏曲家。
【雑　誌】
◇特集・〈千鳥の曲〉名曲総合研究(1) 「季刊邦楽」 31 1982.6

芳野菅子 よしのすげこ 1837〜1915
明治, 大正期の歌人。間宮八十子や橘曙覧に師事。
【雑　誌】
◇橘曙覧と芳野菅子 （足立尚計）「風花」 仁愛女子短期大学国文学科郷土文学研究センター 第5号 2000.3 p31〜39

依田学海 よだがくかい 1833〜1909
明治期の演劇評論家, 劇作家。演劇改良運動を推進。
【図　書】
◇旧雨社小伝 巻3（幕末維新儒者文人小伝シリーズ 第10冊） （坂口筑母著） 坂口筑母 1984.2
◇近代日本の日記 （小田切進著） 講談社 1984.6
◇墨水別墅雑録（ぼくすいべっしょざつろく） （依田学海著, 今井源衛校訂） 吉川弘文館 1987.4
◇学海日録〈第7巻〉 （依田学海著, 学海日録研究会編） 岩波書店 1990.11
◇学海日録〈第8巻〉 （依田学海著, 学海日録研究会編） 岩波書店 1991.1
◇学海日録〈第9巻〉 （学海日録研究会編） 岩波書店 1991.3
◇学海日録〈第10巻〉 （依田学海著, 学海日録研究会編） 岩波書店 1991.5
◇学海日録〈第11巻〉 （学海日録研究会編） 岩波書店 1991.7
◇学海日録〈第1巻〉 （依田学海著, 学海日録研究会編） 岩波書店 1991.9
◇学海日録〈第2巻〉 （依田学海著, 学海日録研究会編） 岩波書店 1991.11
◇学海日録〈第3巻〉 （依田学海著, 学海日録研究会編） 岩波書店 1992.1
◇学海日録〈第4巻〉 （依田学海著, 学海日録研究会編） 岩波書店 1992.3
◇学海日録〈第5巻〉 （依田学海著, 学海日録研究会編） 岩波書店 1992.5
◇学海日録〈第6巻〉 （依田学海著, 学海日録研究会編） 岩波書店 1992.7
◇日本の『創造力』―近代・現代を開花させた470人〈2〉殖産興業への挑戦 （富田仁編） 日本放送出版協会 1993.1
◇学海日録〈別巻〉 （学海日録研究会編） 岩波書店 1993.6
◇近代文学成立過程の研究―柳北・学海・東海散士・蘇峰 （井上弘著） 有朋堂 1995.1 319p
◇最後の江戸留守居役 （白石良夫著） 筑摩書房 1996.7 254p （ちくま新書）
◇東京会議所の地方民会活動―依田学海の行動を中心として （中嶋久人）『明治維新の地域と民衆』(明治維新史学会編) 吉川弘文館 1996.12 （明治維新史研究 4） p130
◇敗者学のすすめ （山口昌男著） 平凡社 2000.2 390p
◇還暦以後 （松浦玲著） 筑摩書房 2002.11 319p
◇依田学海の漢文小説 （有沢晶子）『日本漢文小説の世界―紹介と研究』(日本漢文小説研究会編) 白帝社 2005.3 p174
◇還暦以後 （松浦玲著） 筑摩書房 2006.6 339p （ちくま文庫）
◇幕末インテリジェンス―江戸留守居役日記を読む （白石良夫著） 新潮社 2007.10 281p （新潮文庫）
【雑　誌】
◇学海宛綾足書翰考(1) （森川昭）「ビブリア 天理図書館報」 75 1980.10
◇近代日本の日記(6)「学海日録」と「小波日記」―埋もれた日記 （小田切進） 「群像」 38(6) 1983.6
◇依田学海の漢文体日記―韓国々立中央図書館蔵「墨水別墅雑録」「墨水雑録」について （今井源衛）「日本文学研究（梅光女学院大学日本文学会）」 20 1984.11
◇依田学海の愛妾瑞香とその家族―韓国々立中央図書館所蔵「墨水別墅雑録」「墨水雑録」より （今井源衛） 「文学」 53(3) 1985.3
◇脚本における「概念」と「性格」―9代目団十郎・学海・逍遙 （神山彰） 「文芸研究（明治大学）」 56 1987.1
◇大学者が残した妾日記（ミニ日記） （今井源衛）「新潮45」 6(6) 1987.6
◇依田学海の研究―『墨水別墅雑録』を通してみた文学活動について― （井上弘） 「静岡女子大学国文研究」 21 1988.3
◇石田忠彦氏の〈紹介〉「依田学海 墨水別墅雑録」〔語文研究第64号所収〕を読む （今井源衛） 「語文研究」 65 1988.6
◇『学海日録』の魅力（座談会） （中野三敏, 市川任三, 松崎仁, 今井源衛） 「図書」 498 1990.12
◇依田学海と徳富蘇峰 （高野静子）「日本歴史」 520 1991.9
◇依田学海の研究―馬琴に根ざした評論活動 （井上弘）「富士フェニックス論叢」 1 1993.3
◇依田学海の妾瑞香の年齢と「学海記蹤」 （今井源衛）「國文學 解釈と教材の研究」 38(7) 1993.6
◇痴情は人の免れざるところなり―幕末・明治の大碩学「依田学海」の妾宅日記 （今井源衛）「新潮45」 1(2) 1993.6
◇依田学海の家族と妾瑞香 （今井源衛）「国語と国文学」 70(12) 1993.12
◇依田学海の研究(2)進歩的な演劇活動 （井上弘）「富士フェニックス論叢（富士フェニックス短期大学）」 2 1994.3
◇依田学海（特集・読書名人伝―名人奇人の読書家たちがズラリ。いったい誰が読書「名人位」を獲得するか。）「ノーサイド」 5(5) 1995.5 p84〜85
◇鷗外 その出発―38―「於母影」の実験―18―依田学海の批判と鷗外の反論 （竹盛天雄） 「国文学解釈と鑑賞」 至文堂 60(7) 1995.7 p177〜183
◇鷗外 その出発―42―文学上の創作権の問題提起―依田学海・川尻宝岑「文覚上人勧進帳」に触れて （竹盛天雄） 「国文学解釈と鑑賞」 至文堂 60(12) 1995.12 p193〜202
◇鷗外 その出発―43―「剽窃」について―依田学海・川尻宝岑「文覚上人勧進帳」に触れて―2― （竹盛天雄） 「国文学解釈と鑑賞」 至文堂 61(1) 1996.1 p177〜186
◇依田学海の演劇観 （有澤晶子） 「文学論藻」 東洋大学文学部日本文学文化学科 79 2005.2 p205〜229
◇『学海余滴』学海余滴研究会編―これぞ明治文人の随筆、小説あり覚え書きあり（読書空間―Book Review） （坂崎重盛（エッセイスト）評） 朝日新聞社 133 2006.6 p314〜315
◇依田学海の馬琴に関する言説について（特集 変貌する近世文学研究―散文（小説・演劇）） （高橋昌彦） 「国文学解釈と鑑賞」 至文堂 74(3) 2009.3 p166〜173
◇依田学海（一八三三―一九〇九）―佐倉藩士、漢学者として幕末から明治を見つめた男（房総に生きた人びとと歴史―近世） （土佐博文） 「千葉史学」 千葉歴史学会 54 2009.5 p138〜144

ラグーザ, V. Ragusa, Vincenzo 1841〜1927
イタリアの彫刻家。1876年来日, 工部美術学校教授。
【図　書】
◇明治大正の美術 （匠秀夫ほか） 有斐閣 1981.5 （有斐閣選書）
【雑　誌】
◇路上の裸（文明と裸体―日本人はだかのつきあい(8)） （井上章一）「月刊Asahi」 4(8) 1992.8
◇ヴィンチェンツォ・ラグーザ作「山尾庸三像」石膏原型修復とブロンズ像収蔵について （澄川喜一, 本郷寛, 矢野真〔他〕）「東京芸術大学美術学部紀要」 東京芸術大学美術学部 37 2002.7 p5〜16

ラグーザ玉 ラグーザタマ 1861〜1939
明治〜昭和期の女性洋画家。彫刻家ラグーザと結婚。
【図　書】
◇ラグーザお玉自叙伝 （ラグーザ玉著 木村毅編） 恒文社 1980.10
◇女の一生―人物近代女性史・3 （瀬戸内晴美編） 講談社 1980.12
◇女の一生―人物近代女性史 3 黎明の国際結婚 （瀬戸内晴美他著） 講談社 1984.4
◇女が見る眼・女を見る眼（大和文庫） （草柳大蔵著） ダイワアート 1984.5
◇ラグーザ・玉―女流洋画家第一号の生涯（NHKブックスカラー版 C22） （加地悦子著） 日本放送出版協会 1984.9
◇明治を駆けぬけた女たち （中村彰彦編著） KKダイナミックセラーズ 1984.12
◇国際結婚の黎明―人物近代女性史 （瀬戸内晴美編） 講談社 1989.6 （講談社文庫）
◇異貌の美術史―日本近代の作家たち （瀬木慎一著） 青土社 1989.7
◇国際交流につくした日本人〈4〉ヨーロッパ(1) くもん出版 1991.1
◇明治を駆けぬけた女たち （中村彰彦編著） ダイナミックセラーズ出版 1994.11
◇旅する女たち―異文化に触れた11人の心の旅路 （平野久美子著） 近代文芸社 1994.12
◇夢のかたち―「自分」を生きた13人の女たち （鈴木由紀子著） ベネッセコーポレーション 1996.2 268p
◇日本人の足跡 1 （産経新聞「日本人の足跡」取材班著） 産経新聞ニュースサービス 2001.11 592p
◇ラグーザ玉伝を検証する （早川義郎著） えあ社（製作） 2002.4 222p
◇明治文明開化の花々―日本留学生列伝 3 （松邨賀太著） 文芸社 2004.3 184p

◇国際社会で活躍した日本人―明治～昭和13人のコスモポリタン （植木武編）　弘文堂　2009.4　260p
◇日本人は偉いだ―いちばん心に響く！世界に誇る20人の生き方　（増子岳寿者）　コスモトゥーワン　2009.4　246p
【雑　誌】
◇女流画家の系譜（7）絵に生き、恋に生きた真実のプリマ・ドンナ―ラグーザ・玉―　（若桑みどり）「創文」244　1984.5
◇芸能界の三才媛　三浦環・ラグーザ玉・松旭斎天勝（特集花ひらく明治の女性たち）　（中山あい子）「歴史と旅」12（2）1985.2
◇ラグーザ玉展―ラグーザ玉のこと（今月の展覧会）　（加地悦子）「三彩」468　1986.9
◇清原玉（特集・近代日本　夢の旅人―見知らぬ地図を求めて自分さがしの旅に出た先人たちの行路）「ノーサイド」5（4）1995.4　p18～19
◇検証　女性洋画家ラグーザ玉―作られた虚像に迫る　（森川緑）「文化学研究」日本女子大学文学会　12　2003　p184～196
◇ラグーザお玉―海外で成功した女流画家第一号（特集 明治女傑伝―特集ワイド　明治大正昭和12人の快女・傑女・優女）　（平松洋）「歴史読本」新人物往来社　53（4）2008.4　p76～84

笠亭仙果　りゅうていせんか　1804～1868
幕末、明治期の戯作家。長編合巻の世界に活躍。
【図　書】
◇中村幸彦著述集　12　国学者紀譚　中央公論社　1983.2
◇近世歌謡の諸相と環境　（小野恭靖著）　笠間書院　1999.10　621p
【雑　誌】
◇初代笠亭仙果年譜稿（2）　（石川了）「大妻女子大学文学部紀要」12　1980.3
◇初代笠亭仙果年譜稿（3）　（石川了）「大妻女子大学文学部紀要」14　1982.3
◇初代笠亭仙果年譜稿―補遺（上）　（石川了）「大妻女子大学文学部紀要」15　1983.3
◇初代笠亭仙果年譜稿―補遺（下）―学園日本音楽資料室蔵書を中心として果の第一次整理　（石川了）「大妻女子大学文学部紀要」16　1984.3
◇笠亭仙果の江戸紀行―天保3年『ふしまちの日記』（解題・翻刻）（石川了）「大妻国文」25　1994.3
◇笠亭仙果の歌謡研究　（小野恭靖）「大阪教育大学紀要　1人文科学」大阪教育大学　46（1）1997.8　p67～77
◇『女水滸伝』論―「江戸の水滸伝」のうち　（石川秀仁）「国際文化研究科論集」東北大学大学院国際文化研究科　14　2006　p156～140
◇幕末中京文人達の西鶴受容―事項・出典一覧（その1・笠亭仙果）（竹野静雄）「二松学舎大学東アジア学術総合研究所集刊」二松学舎大学東アジア学術総合研究所　37　2007　p193～227

若松賤子　わかまつしずこ　1864～1896
明治期の翻訳家。
【図　書】
◇とくと我を見たまへ―若松賤子の生涯　（山口玲子）　新潮社　1980.5
◇近代日本の女性史2　（創美社編集）　集英社　1980.10
◇福島と近代文学　（塩谷邦夫）　桜楓社　1981.6
◇明日を考える文学―日本児童文学にみる女の歩み　（西田良子）　もく馬社　1981.9
◇近代作家論叢―自我確立の系譜　（片岡懋）　新典社　1983.6　（新典社研究叢書 9）
◇愛の近代女性史　（田中澄江著）　ミリオン書房　1984.2
◇明治女学校の世界―明治女学校と「女学雑誌」をめぐる人間群像とその思想　（藤田美実著）　青英舎　1984.10
◇明治初期の三女性―中島湘煙・若松賤子・清水紫琴　（相馬黒光著）　不二出版　1985.3
◇ふくしまの女たち　福島県立図書館　1985.9
◇小公子と若松賤子　（三橋正雄文, 有我俊男絵）　歴史春秋出版　1986.10
◇言挙げする女たち―近代女性の思想と文学　（円谷真護著）　社会評論社　1989.3
◇会津のキリスト教―明治期の先覚者列伝　（内海健寿著）　キリスト新聞社　1989.5　（地方の宣教叢書）
◇日本児童史の開拓　（上笙一郎著）　小峰書店　1989.5
◇翻訳者への道　（徳岡孝夫著）　ダイヤモンド社　1989.11
◇会津人の書く戊辰戦争　（宮崎十三八著）　恒文社　1993.11
◇若松賤子と英詩「花嫁のヴェール」　（斉藤恵子）『共同研究日本の近代化と女性』　共立女子大学総合文化研究所神田分室　1998.2　（研究叢書第16冊）　p113
◇児童文学の故郷　（桑原三郎著）　岩波書店　1999.1　255p　（岩波セミナーブックス）
◇冒険と涙―童話以前　（高橋康雄著）　北宋社　1999.5　326p
◇女たちの20世紀・100人―姉妹たちよ　（ジョジョ企画編）　集英社　1999.8　158p

◇若松賤子―この足どり　知性豊かに教育を慈しむ　（吉田千代子編著）　福島県女性のあゆみ研究会　1999.9　159p　（福島県女性のあゆみ叢書）
◇明治の児童文学 翻訳編　第3巻　復刻版　（川戸道昭, 榊原貴教編）　五月書房　1999.11　250p
◇ふくしまに生きた女性たち　（小林澪子著）　歴春春秋出版　2002.7　196p　（歴春ふくしま文庫）
◇岡田純也著作選集　1　（岡田純也著）　KTC中央出版　2005.3　221p
◇若松賤子―黎明期を駆け抜けた女性　（尾崎るみ著）　港の人　2007.6　438p　（港の人児童文化研究叢書）
◇人妻魂　（嵐山光三郎著）　マガジンハウス　2007.8　228p
◇少女少年のポリティクス　（飯田祐子, 島村輝, 高橋修, 中山昭彦編著）　青弓社　2009.2　286p
◇金子みすゞ こだまする家族愛　（詩と詩論研究会編）　勉誠出版　2009.4　217p
◇島崎藤村『破戒』を歩く　下　（成沢栄寿著）　部落問題研究所　2009.10　440p
【雑　誌】
◇もう一つの少女小説―賤子と千代の夢みた世界（特集・いわゆる少女小説および…）　（浜野卓也）「日本児童文学」27（1）1981.3
◇「若松賤子」と"女性解放"―英文レポートから　（高橋政俊）「研究紀要（会津方部高校）」4　1981.3
◇若松賤子と「小公子」（英米文学の翻訳）　（赤尾憲一）「英語青年」127（9）1981.12
◇若松賤子の受けた教育の環境と周辺―特にミス・キダーについて　（本多隼男）「福島女子短期大学研究紀要」10　1981.12
◇巌本嘉志子The Japan Evangelist　（師岡愛子）「日本女子大学紀要（文学部）」32　1982
◇すべてを律する澄明さ―山口玲子『とくと我を見たまへ―若松賤子の生涯』―特集・伝記にみる女の生　（市原正恵）「思想の科学（第7次）」31　1983.4
◇若松賤子―はざまに立った女性　（加納孝代）「學鐙」82（7）1985.7
◇若松賤子「忘れ形見」の文体―清水紫琴「こわれ指環」との比較　（長谷川政次）「国学院雑誌」87（5）1986.5
◇若松賤子と樋口一葉―「すみれ」と「経づくゑ」と　（和田繁二郎）「日本文芸学」25　1988.12
◇さがみの歴史・文学・民俗を掘る（55）名訳『小公子』で知られる女流翻訳家　（堤清一）「かながわ風土記」149　1989.12
◇翻訳名文篇（忘れられた名文たち（30））　（鴨下信一）「諸君！」22（6）1990.6
◇若松賤子の〈天来の客〉を信じて（"女の一生"を読む〈特集〉）　（林豊美）「彷書月刊」8（2）1992.2
◇「少年世界」の少女欄―巌本善治・若松賤子のかかわり　（飯干陽）「白百合児童文化」3　1992.3
◇『女学雑誌』〈児鑑〉における若松賤子―短篇3作品の再評価を中心に　（宮井京子）「梅花児童文学（梅花女子大学）」創刊号　1993.7
◇明治期の翻訳者―3―若松賤子　（秋山勇造）「人文研究」神奈川大学人文学会　123　1995.3　p25～61
◇最初の女性児童文学者としての若松賤子　（尾崎るみ）「白百合児童文化」白百合女子大学児童文化学会　6　1995.6　p51～68
◇若松賤子の作品に見る女性像―その母親像・夫人像を中心に　（服部裕子）「児童文学論叢」日本児童文学学会中部例会　第2号　1996.10　p1～14
◇若松賤子のもう一つの顔―『ジャパン・エヴァンジェリスト』子ども欄の書き手としての若松賤子　（尾崎るみ）「白百合女子大学児童文化研究センター研究論文集」白百合女子大学児童文化研究センター　1　1997.3　p166～151
◇若松賤子の心寄せ（この道をゆく〔18〕）　（山崎朋子）「月刊福祉」80（6）1997.6　p58～59
◇巌本嘉志子の思想形成　（武田京子）「岩手大学教育学部研究年報」岩手大学教育学部　57（1）1997.10　p29～44
◇若松賤子訳『小公子』の〈語り〉と文体（特集 日本語の一世紀―文法・語彙―若松賤子訳『小公子』のことばから）　（中村哲也）「国文学解釈と鑑賞」至文堂　64（7）1999.7　p23～31
◇文法・語彙―若松賤子訳『小公子』のことばから（特集 日本語の一世紀）「国文学解釈と鑑賞」至文堂　64（7）1999.7　p23～131
◇百年まえの口語文―「小公子」の文章（特集 日本語の一世紀―文法・語彙―若松賤子訳『小公子』のことばから）　（宮島達夫）「国文学解釈と鑑賞」至文堂　64（7）1999.7　p32～38
◇若松賤子訳『小公子』における動詞の語形変化（特集 日本語の一世紀―文法・語彙―若松賤子訳『小公子』のことばから）　（迫田健一郎, 鈴木重幸）「国文学解釈と鑑賞」至文堂　64（7）1999.7　p39～49
◇『小公子』のテンス・アスペクト形式（特集 日本語の一世紀―文法・語彙―若松賤子訳『小公子』のことばから）　（松本泰丈）「国文学解釈と鑑賞」至文堂　64（7）1999.7　p50～66
◇若松賤子訳「小公子」における可能表現おぼえがき（特集 日本語の一世紀―文法・語彙―若松賤子訳『小公子』のことばから）　（かねこひさかず）「国文学解釈と鑑賞」至文堂　64（7）1999.7　p67～72

◇「小公子」における受身表現について（特集 日本語の一世紀―文法・語彙―若松賤子訳『小公子』のことばから）（河村静江）「国文学解釈と鑑賞」 至文堂 64(7) 1999.7 p78～87
◇「小公子」における格助詞「乗る」と共起する「に」と「へ」（特集 日本語の一世紀―文法・語彙―若松賤子訳『小公子』のことばから）（岡部寛）「国文学解釈と鑑賞」 至文堂 64(7) 1999.7 p88～93
◇若松賤子訳『小公子』のなかの見慣れない単語（特集 日本語の一世紀―文法・語彙―若松賤子訳『小公子』のことばから）（高木一彦）「国文学解釈と鑑賞」 至文堂 64(7) 1999.7 p103～112
◇送り仮名の変化（特集 日本語の一世紀―文法・語彙―若松賤子訳『小公子』のことばから）（広岡理栄）「国文学解釈と鑑賞」 至文堂 64(7) 1999.7 p113～116
◇若松賤子訳『小公子』諸本の異同から（特集 日本語の一世紀―文法・語彙―若松賤子訳『小公子』のことばから）（松本泰丈）「国文学解釈と鑑賞」 至文堂 64(7) 1999.7 p117～121
◇「小公子」におけるアメリカ英語・イギリス英語（特集 日本語の一世紀―文法・語彙―若松賤子訳『小公子』のことばから）（Eric Long）「国文学解釈と鑑賞」 至文堂 64(7) 1999.7 p122～131
◇唱歌の口語化（特集 日本語の一世紀―文法・語彙―若松賤子訳『小公子』のことばから）（高橋太郎）「国文学解釈と鑑賞」 至文堂 64(7) 1999.7 p132～141
◇親族名称の変遷「おとうさん」「おかあさん」を中心として（特集 日本語の一世紀―文法・語彙―若松賤子訳『小公子』のことばから）（木越昌子）「国文学解釈と鑑賞」 至文堂 64(7) 1999.7 p142～148
◇近代文法変化研究目録（特集 日本語の一世紀―文法・語彙―若松賤子訳『小公子』のことばから）（小俣岳, 比嘉奈津子）「国文学解釈と鑑賞」 至文堂 64(7) 1999.7 p149～153
◇庄内方言の陳述副詞―デッテ・エッテをめぐって（その2）（特集 日本語の一世紀―文法・語彙―若松賤子訳『小公子』のことばから）（荒井孝一）「国文学解釈と鑑賞」 至文堂 64(7) 1999.7 p154～158
◇キリスト者としての若松賤子の文学 （水崎野里子）「和洋女子大学英文学会誌」 和洋女子大学英文学会 36 2002.3 p75～104
◇本・人・出版社（46）若松賤子『忘れがたみ』―桜井鷗村・島崎藤村・戸川残花・巌本善治ら （紅野敏郎）「国文学解釈と鑑賞」 至文堂 67(10) 2002.10 p204～207
◇神の賤女―若松賤子のこと（研究プロジェクト総合報告 キリスト教を中心とした英文学と日本文学の比較対照研究）（杉野徹）「総合文化研究所紀要」 同志社女子大学総合文化研究所 21 2004 p9～26
◇途上を生きた人々の系譜（第6回）西洋の視点を得た明治女性―若松賤子 （尾崎るみ）「神奈川大学評論」 神奈川大学広報委員会 50 2005 p139～143
◇若松賤子と英米文学―『小公子』の翻訳を中心にして （黒田宏子）「Aurora」 岐阜女子大学英語英米文学会 10 2006 p43～60
◇金子喜一における社会主義フェミニズムへのアプローチ―若松賤子そして樋口一葉との交流をとおして （大橋秀子）「初期社会主義研究」 初期社会主義研究会, 不二出版 19 2006 p140～158
◇若松賤子の翻訳業績―翻訳・翻案・創作作品の考察 （山本紀久子）「日本女子大学大学院人間社会研究科紀要」 日本女子大学大学院人間社会研究科 12 2006.3 p195～221
◇母と子の時間―若松賤子『忘れ形見』を読む （橋元志保）「教養・文化論集」 秋田経済法科大学総合研究センター教養・文化研究所 2(2) 2007.3 p147～152
◇五つの姓を生きた女性―若松賤子 （松井祐子）「京都光華女子大学短期大学部研究紀要」 京都光華女子大学短期大学部 46 2008 p75～125
◇若松賤子の翻訳作品における話法の展開 （和田佐規子）「日本比較文学会東京支部研究報告」 日本比較文学会東京支部 5 2008.9 p37～43
◇若松賤子と英米児童文学 （尾崎るみ）「キリスト教文学研究」 日本キリスト教文学会 26 2009 p116～128
◇若松賤子訳『小公子』の初出本文と初版本文の異同について （北澤尚, 趙燦）「東京学芸大学紀要 1 人文社会科学系」 東京学芸大学 60 2009.1 p93～160

◇碧瑠璃園の歴史小説 （三瓶達司）「東京成徳短期大学紀要」 20 1987.3
◇渡辺霞亭『渦巻』―江戸, 明治大正, そして現代―明治大正流行小説の研究(8) （真銅正宏）「人文学」 同志社大学人文学会 163 1998.3 p36～55

渡辺霞亭　わたなべかてい　1864～1926
明治, 大正期の小説家。
【図　書】
◇東京大学総合図書館霞亭文庫目録 （東京大学総合図書館編） 雄松堂書店 1982.3
◇蒐書家・業界・業界人 （反町茂雄著） 八木書店 1984.6
◇明治歴史小説論叢 （三瓶達司著） 新典社 1987.11 （新典社研究叢書）
【雑　誌】
◇「霞亭文庫目録」紹介〔含 渡辺霞亭略年譜〕 （小林元江）「大学図書館研究」 23 1983.11
◇渡辺霞亭の手紙 （平光善久）「郷土研究岐阜」 38 1984.6
◇『まごころ』における女性の登場人物 （小山美沙子）「愛知女子短期大学研究紀要 一般教育・学際編」 18 1985.2

幕末明治 人物研究文献目録

2010年5月25日 第1刷発行

発 行 者／大高利夫
編集・発行／日外アソシエーツ株式会社
　　　　　〒143-8550　東京都大田区大森北1-23-8　第3下川ビル
　　　　　電話(03)3763-5241(代表)　　FAX(03)3764-0845
　　　　　URL　http://www.nichigai.co.jp/
発 売 元／株式会社紀伊國屋書店
　　　　　〒163-8636　東京都新宿区新宿3-17-7
　　　　　電話(03)3354-0131(代表)
　　　　　ホールセール部(営業)　電話(03)6910-0519

電算漢字処理／日外アソシエーツ株式会社
印刷・製本／光写真印刷株式会社

不許複製・禁無断転載　　《中性紙H-三菱書籍用紙イエロー使用》
〈落丁・乱丁本はお取り替えいたします〉
ISBN978-4-8169-2251-0　　Printed in Japan, 2010

本書はデジタルデータでご利用いただくことができます。詳細はお問い合わせください。

歴史人物肖像索引
A5・540頁　定価19,530円（本体18,600円）　2010.2刊

歴史上の人物5,000人の肖像画・彫刻・肖像写真を探せる総索引。人名事典・地方史資料・美術全集・写真集など967冊に掲載された、近世までの人物5,000人の肖像20,000点を人物ごとに一覧。見出し人名には、生没年・身分・職業など人物の略歴もわかる。

日本古代史図書総覧　明治～平成
B5・780頁　定価29,400円（本体28,000円）　2008.6刊

日本中世史図書総覧　明治～平成
B5・580頁　定価29,925円（本体28,500円）　2008.11刊

日本近世史図書総覧　明治～平成
B5・970頁　定価33,600円（本体32,000円）　2009.6刊

1868年～2007年に刊行された日本の古代、中世、近世に関する図書収録した図書目録。法制史・外交史・美術史・経済史・文学史等の主題ごとに分類。140年間の稀覯本から最新の学説書まで、包括的に幅広く調査できる。著者、テーマ・地名などから検索できる「著者名索引」「事項名索引」付き。

新訂増補 海を越えた日本人名事典
富田 仁編　A5・940頁　定価15,750円（本体15,000円）　2005.7刊

16世紀から明治中期に、欧米諸国に渡航し日本と西洋の交流のさきがけとなった日本人の事典。使節団、留学生、商人、技術者、旅芸人、漂流者など2,102人を収録。略歴、渡航先・年・目的のほか、参考文献も多数掲載。

事典 日本人の見た外国
富田 仁編　A5・510頁　定価9,800円（本体9,333円）　2008.1刊

「航海日記」（勝海舟）、「独逸日記」（森鷗外）、「米国女学生の美風」（津田梅子）など、江戸時代から昭和戦前期に海外へ渡航した日本人の見聞録・体験記377点を時代背景や人物像とともに解説。

新訂 歴史博物館事典
A5・610頁　定価12,600円（本体12,000円）　2008.10刊

全国の歴史博物館・資料館、記念館288館の最新情報を紹介した利用ガイド。各館にアンケート調査を行い、沿革、収蔵品、展示内容、開館時間などを詳細に収録。外観写真、展示写真、案内地図も掲載。

考古博物館事典
A5・480頁　定価13,650円（本体13,000円）　2010.1刊

考古学関連の博物館・資料館、埋蔵文化財センター、遺跡ガイダンス施設等209館の最新情報を紹介した利用ガイド。各館にアンケート調査を行い、沿革、展示・収蔵、事業、出版物、周辺遺跡などの情報を収録。外観写真、展示写真、案内地図も掲載。

データベースカンパニー
日外アソシエーツ　〒143-8550　東京都大田区大森北1-23-8
TEL.（03）3763-5241　FAX.（03）3764-0845　http://www.nichigai.co.jp/